D1748190

J. von Staudingers
Kommentar zum Bürgerlichen Gesetzbuch
mit Einführungsgesetz und Nebengesetzen
EGBGB/IPR
Einleitung zum IPR; Art 3–6 EGBGB

Kommentatoren

Dr. Karl-Dieter Albrecht
Richter am Bayerischen Verwaltungsgerichtshof, München

Dr. Hermann Amann
Notar in Berchtesgaden

Dr. Martin Avenarius
Wiss. Assistent an der Universität Göttingen

Dr. Christian von Bar
Professor an der Universität Osnabrück

Dr. Wolfgang Baumann
Notar in Wuppertal

Dr. Okko Behrends
Professor an der Universität Göttingen

Dr. Detlev W. Belling, M.C.L.
Professor an der Universität Potsdam

Dr. Werner Bienwald
Professor an der Evangelischen Fachhochschule Hannover

Dr. Dieter Blumenwitz
Professor an der Universität Würzburg

Dr. Reinhard Bork
Professor an der Universität Hamburg, Richter am Hanseatischen Oberlandesgericht zu Hamburg

Dr. Wolf-Rüdiger Bub
Rechtsanwalt in München

Dr. Elmar Bund
Professor an der Universität Freiburg i. Br.

Dr. Jan Busche
Wiss. Assistent an der Freien Universität Berlin

Dr. Michael Coester
Professor an der Universität München

Dr. Dagmar Coester-Waltjen, LL.M.
Professorin an der Universität München

Dr. Dr. h. c. mult. Helmut Coing
em. Professor an der Universität Frankfurt am Main

Dr. Matthias Cremer
Notar in Dresden

Dr. Hermann Dilcher
em. Professor an der Universität Bochum

Dr. Heinrich Dörner
Professor an der Universität Düsseldorf

Dr. Christina Eberl
Wiss. Mitarbeiterin an der Universität Potsdam

Dr. Werner Ebke, LL.M.
Professor an der Universität Konstanz

Dr. Eberhard Eichenhofer
Professor an der Universität Osnabrück

Dr. Volker Emmerich
Professor an der Universität Bayreuth, Richter am Oberlandesgericht Nürnberg

Dipl.-Kfm. Dr. Norbert Engel
Ministerialrat im Bayerischen Senat, München

Dr. Helmut Engler
Professor an der Universität Freiburg i. Br., Minister in Baden-Württemberg a. D.

Dr. Karl-Heinz Fezer
Professor an der Universität Konstanz, Richter am Oberlandesgericht Stuttgart

Dr. Johann Frank
Notar in Amberg

Dr. Rainer Frank
Professor an der Universität Freiburg i. Br.

Dr. Bernhard Großfeld, LL.M.
Professor an der Universität Münster

Dr. Karl-Heinz Gursky
Professor an der Universität Osnabrück

Dr. Ulrich Haas
Wiss. Assistent an der Universität Regensburg

Norbert Habermann
Richter am Amtsgericht Offenbach

Dr. Johannes Hager
Professor an der Humboldt-Universität Berlin

Dr. Rainer Hausmann
Professor an der Universität Konstanz

Dr. Dott. h. c. Dieter Henrich
Professor an der Universität Regensburg

Dr. Reinhard Hepting
Professor an der Universität Mainz

Joseph Hönle
Notar in Tittmoning

Dr. Bernd von Hoffmann
Professor an der Universität Trier

Dr. Heinrich Honsell
Professor an der Universität Zürich

Dr. Dr. Klaus J. Hopt, M.C.J.
Professor, Direktor des Max-Planck-Instituts für Ausländisches und Internationales Privatrecht, Hamburg

Dr. Norbert Horn
Professor an der Universität Köln

Dr. Christian Huber
Professor an der Universität Augsburg

Dr. Heinz Hübner
Professor an der Universität Köln

Dr. Rainer Jagmann
Richter am Oberlandesgericht Karlsruhe

Dr. Ulrich von Jeinsen
Rechtsanwalt und Notar in Hannover

Dr. Dagmar Kaiser
Wiss. Assistentin an der Universität Freiburg i. Br.

Dr. Rainer Kanzleiter
Notar in Neu-Ulm, Professor an der Universität Augsburg

Wolfgang Kappe †
Vorsitzender Richter am Oberlandesgericht Celle a. D.

Dr. Benno Keim
Notar in München

Dr. Sibylle Kessal-Wulf
Richterin am Schleswig-Holsteinischen Oberlandesgericht in Schleswig

Dr. Diethelm Klippel
Professor an der Universität Bayreuth

Dr. Helmut Köhler
Professor an der Universität Augsburg, Richter am Oberlandesgericht München

Dr. Jürgen Kohler
Professor an der Universität Greifswald

Dr. Heinrich Kreuzer
Notar in München

Dr. Jan Kropholler
Professor an der Universität Hamburg, Wiss. Referent am Max-Planck-Institut für Ausländisches und Internationales Privatrecht, Hamburg

Dr. Hans-Dieter Kutter
Notar in Schweinfurt

Dr. Gerd-Hinrich Langhein
Notar in Hamburg

Dr. Dr. h. c. Manfred Löwisch
Professor an der Universität Freiburg i. Br., vorm. Richter am Oberlandesgericht Karlsruhe

Dr. Dr. h. c. Werner Lorenz
Professor an der Universität München

Dr. Peter Mader
Univ. Dozent an der Universität Salzburg

Dr. Ulrich Magnus
Professor an der Universität Hamburg, Richter am Hanseatischen Oberlandesgericht zu Hamburg

Dr. Peter Mankowski
Wiss. Assistent an der Universität Osnabrück

Dr. Heinz-Peter Mansel
Akademischer Rat an der Universität Heidelberg

Dr. Peter Marburger
Professor an der Universität Trier

Dr. Wolfgang Marotzke
Professor an der Universität Tübingen

Dr. Dr. Michael Martinek, M.C.J.
Professor an der Universität des Saarlandes, Saarbrücken

Dr. Jörg Mayer
Notar in Pottenstein

Dr. Dr. h. c. mult. Theo Mayer-Maly
Professor an der Universität Salzburg

Dr. Dr. Detlef Merten
Professor an der Hochschule für Verwaltungswissenschaften, Speyer

Dr. Peter O. Mülbert
Professor an der Universität Trier

Dr. Dirk Neumann
Vizepräsident des Bundesarbeitsgerichts a. D., Kassel, Präsident des Landesarbeitsgerichts Chemnitz a. D.

Dr. Ulrich Noack
Professor an der Universität Düsseldorf

Dr. Hans-Heinrich Nöll
Rechtsanwalt in Hamburg

Dr. Jürgen Oechsler
Wiss. Assistent an der Universität des Saarlandes, Saarbrücken

Dr. Hartmut Oetker
Professor an der Universität Jena

Wolfgang Olshausen
Notar in Rain am Lech

Dr. Dirk Olzen
Professor an der Universität Düsseldorf

Dr. Gerhard Otte
Professor an der Universität Bielefeld

Dr. Hansjörg Otto
Professor an der Universität Göttingen

Dr. Lore Maria Peschel-Gutzeit
Senatorin für Justiz in Berlin, Vorsitzende Richterin am Hanseatischen Oberlandesgericht zu Hamburg i. R.

Dr. Frank Peters
Professor an der Universität Hamburg, Richter am Hanseatischen Oberlandesgericht zu Hamburg

Dr. Axel Pfeifer
Notar in Hamburg

Dr. Alfred Pikalo
Notar in Düren

Dr. Jörg Pirrung
Ministerialrat im Bundesministerium der Justiz, Bonn

Dipl.-Verwaltungswirt
Dr. Rainer Pitschas
Professor an der Hochschule für Verwaltungswissenschaften, Speyer

Dr. Ulrich Preis
Professor an der Fern-Universität Hagen und an der Universität Düsseldorf

Dr. Manfred Rapp
Notar in Landsberg

Dr. Thomas Rauscher
Professor an der Universität Leipzig, Dipl. Math.

Dr. Peter Rawert, LL.M.
Notar in Hamburg

Eckhard Rehme
Vorsitzender Richter am Oberlandesgericht Oldenburg

Dr. Wolfgang Reimann
Notar in Passau, Professor an der Universität Regensburg

Dr. Gert Reinhart
Professor an der Universität Heidelberg

Dr. Dieter Reuter
Professor an der Universität Kiel, Richter am Schleswig-Holsteinischen Oberlandesgericht in Schleswig

Dr. Reinhard Richardi
Professor an der Universität Regensburg

Dr. Volker Rieble
Privatdozent an der Universität Freiburg i. Br.

Dr. Wolfgang Ring
Notar in Landshut

Dr. Herbert Roth
Professor an der Universität Münster

Dr. Rolf Sack
Professor an der Universität Mannheim

Dr. Ludwig Salgo
Professor an der Universität Frankfurt am Main

Dr. Gottfried Schiemann
Professor an der Universität Tübingen

Dr. Eberhard Schilken
Professor an der Universität Bonn

Dr. Peter Schlosser
Professor an der Universität München

Dr. Jürgen Schmidt
Professor an der Universität Münster

Dr. Karsten Schmidt
Professor an der Universität Hamburg

Dr. Günther Schotten
Notar in Köln, Professor an der Universität Bielefeld

Dr. Peter Schwerdtner
Professor an der Universität Bielefeld, Richter am Oberlandesgericht Hamm

Dr. Hans Hermann Seiler
Professor an der Universität Hamburg

Dr. Walter Selb †
Professor an der Universität Wien

Dr. Jürgen Sonnenschein
Professor an der Universität Kiel

Dr. Ulrich Spellenberg
Professor an der Universität Bayreuth

Dr. Sebastian Spiegelberger
Notar in Rosenheim

Dr. Hans Stoll
Professor an der Universität Freiburg i. Br.

Dr. Hans-Wolfgang Strätz
Professor an der Universität Konstanz

Dr. Gerd Stuhrmann
Ministerialrat im Bundesministerium der Finanzen, Bonn

Dr. Dr. h. c. Fritz Sturm
Professor an der Universität Lausanne

Dr. Gudrun Sturm
Assessorin, Wiss. Mitarbeiterin an der Universität Lausanne

Burkhard Thiele
Ministerialdirigent im Justizministerium des Landes Mecklenburg-Vorpommern, Schwerin

Dr. Bea Verschraegen, LL.M.
Professorin an der Universität Bielefeld

Dr. Reinhard Voppel
Rechtsanwalt in Köln

Dr. Günter Weick
Professor an der Universität Gießen

Gerd Weinreich
Richter am Oberlandesgericht Oldenburg

Dr. Joachim Wenzel
Richter am Bundesgerichtshof, Karlsruhe

Dr. Olaf Werner
Professor an der Universität Jena

Dr. Wolfgang Wiegand
Professor an der Universität Bern

Dr. Roland Wittmann
Professor an der Universität Frankfurt (Oder), Richter am Brandenburgischen Oberlandesgericht

Dr. Hans Wolfsteiner
Notar in München

Dr. Eduard Wufka
Notar in Starnberg

Redaktoren

Dr. Christian von Bar
Dr. Wolf-Rüdiger Bub
Dr. Heinrich Dörner
Dr. Helmut Engler
Dr. Karl-Heinz Gursky
Norbert Habermann
Dr. Dott. h. c. Dieter Henrich
Dr. Heinrich Honsell
Dr. Norbert Horn
Dr. Heinz Hübner

Dr. Jan Kropholler
Dr. Dr. h. c. Manfred Löwisch
Dr. Ulrich Magnus
Dr. Dr. Michael Martinek, M.C.J.
Dr. Gerhard Otte
Dr. Peter Rawert, LL.M.
Dr. Dieter Reuter
Dr. Herbert Roth
Dr. Wolfgang Wiegand

J. von Staudingers
Kommentar zum Bürgerlichen Gesetzbuch
mit Einführungsgesetz und Nebengesetzen

Einführungsgesetz zum
Bürgerlichen Gesetzbuche/IPR
Einleitung zum IPR;
Art 3–6 EGBGB;
Anhang zu Art 4 EGBGB: Länderberichte zum Renvoi und zur Unteranknüpfung bei Mehrrechtsstaaten;
Anhang zu Art 5 EGBGB: Das internationale Flüchtlingsrecht;
Anhang zu Art 6 EGBGB: Vergeltungsrecht

Dreizehnte
Bearbeitung 1996
von
Dieter Blumenwitz
Rainer Hausmann
Fritz Sturm
Gudrun Sturm

Redaktor
Dieter Henrich

Sellier – de Gruyter · Berlin

Die Kommentatoren

Dreizehnte Bearbeitung 1996
Einl zum IPR: FRITZ STURM/GUDRUN STURM
Art 3, 4 EGBGB: RAINER HAUSMANN
Art 5, 6 EGBGB: DIETER BLUMENWITZ

12. Auflage
Einl zu Art 7 ff EGBGB: FRITZ STURM/
GUDRUN STURM (1984)
Art 27, 28 EGBGB aF (= Art 3 Abs 3, 4
EGBGB nF): Professor Dr. Dr. EUGEN
D. GRAUE, LL.M. (1981)
Art 5, 6 EGBGB: DIETER BLUMENWITZ
(1988)

11. Auflage
Einl zu Art 7 ff EGBGB: Professor
Dr. FRIEDRICH KORKISCH (1970)
Art 27, 28 EGBGB aF (= Art 3 Abs 3, 4
EGBGB nF): Professor Dr. Dr. EUGEN
D. GRAUE, LL.M. (1981)
Art 5, 6 EGBGB: DIETER BLUMENWITZ
(1988)

Sachregister

Rechtsanwalt Dr. Dr. VOLKER KLUGE, Berlin

Zitierweise

STAUDINGER/STURM/STURM (1996) Einl 1 zum IPR
STAUDINGER/HAUSMANN (1996) Art 3 EGBGB Rn 1
STAUDINGER/BLUMENWITZ (1996) Anh zu Art 5 EGBGB 1

Zitiert wird nach Paragraph bzw Artikel und Randnummer.

Hinweise

Das **vorläufige Abkürzungsverzeichnis** für das Gesamtwerk STAUDINGER befindet sich in einer Broschüre, die zusammen mit dem Band §§ 985–1011 (1993) geliefert worden ist.

Der **Stand der Bearbeitung** ist jeweils mit Monat und Jahr auf den linken Seiten unten angegeben.

Am Ende des Bandes befindet sich eine Übersicht über den aktuellen **Stand des Gesamtwerks** STAUDINGER zum Zeitpunkt des Erscheinens dieses Bandes.

Die Deutsche Bibliothek – CIP-Einheitsaufnahme

J. von Staudingers Kommentar zum Bürgerlichen Gesetzbuch : mit Einführungsgesetz und Nebengesetzen / [Kommentatoren Karl-Dieter Albrecht ...]. – Berlin : Sellier de Gruyter.
Teilw. hrsg. von Günther Beitzke ... – Teilw. im Verl. Schweitzer, Berlin. – Teilw. im Verl. Schweitzer de Gruyter, Berlin. – Teilw. u. d. T.: J. v. Staudingers Kommentar zum Bürgerlichen Gesetzbuch
ISBN 3-8059-0784-2
NE: Staudinger, Julius von [Begr.]; Beitzke, Günther [Hrsg.]; Staudingers Kommentar zum Bürgerlichen Gesetzbuch; Kommentar zum Bürgerlichen Gesetzbuch; J. v. Staudingers Kommentar zum Bürgerlichen Gesetzbuch

[Erg.-Bd.]. Einführungsgesetz zum Bürgerlichen Gesetzbuche, IPR.
  Einleitung zum IPR; Art 3–6 EGBGB [u. a.]. – 13. Bearb. / von Dieter Blumenwitz ... –
  1996
  ISBN 3-8059-0866-0
NE: Blumenwitz, Dieter

© Copyright 1996 by Dr. Arthur L. Sellier & Co. – Walter de Gruyter & Co., Berlin.

Dieses Werk einschließlich aller seiner Teile ist urheberrechtlich geschützt. Jede Verwertung außerhalb der engen Grenzen des Urheberrechtsgesetzes ist ohne Zustimmung des Verlages unzulässig und strafbar. Das gilt insbesondere für Vervielfältigungen, Übersetzungen, Mikroverfilmungen und die Einspeicherung und Verarbeitung in elektronischen Systemen.

Printed in Germany. – Satz und Druck: Buch- und Offsetdruckerei Wagner GmbH, Nördlingen. – Bindearbeiten: Lüderitz und Bauer, Buchgewerbe GmbH, Berlin. – Umschlaggestaltung: Bib Wies, München.

♾ Gedruckt auf säurefreiem Papier, das die US-ANSI-Norm über Haltbarkeit erfüllt.

Inhaltsübersicht

	Seite*
Allgemeines Schrifttum	IX
Ergänzendes Abkürzungsverzeichnis	XIII

Einführungsgesetz zum Bürgerlichen Gesetzbuche/IPR

Erster Teil. Allgemeine Vorschriften

Zweites Kapitel. Internationales Privatrecht

Einleitung zum Internationalen Privatrecht	1
A. Aufgabe, Begriff, Name, Rechtsnatur und Methoden des IPR	1
B. IPR und seine überstaatliche Vernetzung	68
C. Quellen des IPR	116
D. Intertemporales Privatrecht und Statutenwechsel	146
E. Interlokales und interpersonales Privatrecht	152
F. Entstehungsgeschichte des Gesetzes	161
G. Reformvorhaben	174

Erster Abschnitt. Verweisung

Art 3 EGBGB. Allgemeine Verweisungsvorschriften	179
Art 4 EGBGB. Rück- und Weiterverweisung; Rechtsspaltung	224
Anhang zu Art 4 EGBGB: Länderberichte zum Renvoi und zur Unteranknüpfung bei Mehrrechtsstaaten	366
Art 5 EGBGB. Personalstatut	556
Anhang zu Art 5 EGBGB: Das internationale Flüchtlingsrecht	732
Art 6 EGBGB. Öffentliche Ordnung (ordre public)	775
Anhang zu Art 6 EGBGB: Vergeltungsrecht	825
Sachregister	845

---

* Zitiert wird nicht nach Seiten, sondern nach Paragraph bzw Artikel und Randnummer; siehe dazu auch S VI.

Allgemeines Schrifttum

Das Sonderschrifttum ist zu Beginn der einzelnen Kommentierungen bzw in Fußnoten innerhalb der Kommentierung aufgeführt.

ACHILLES/GREIFF/BEARBEITER, Bürgerliches Gesetzbuch (21. Aufl 1958)
Alternativkommentar, Kommentar zum Bürgerlichen Gesetzbuch, (1979 ff) (zit: AK-BGB/BEARBEITER)
AGUILAR NAVARRO, Derecho internacional privado, Bd 1 (4. Aufl 1982), Bd 2 (3. Aufl 1982)
ANTON, Private International Law. A treatise from the standpoint of Scots law (2. Aufl 1990)
AUDIT, Droit international privé (1991)
vBAR, Internationales Privatrecht, 1. Bd: Allgemeine Lehren (1987), 2. Bd: Besonderer Teil (1991)
BARTIN, Principes de droit international privé selon la loi et la jurisprudence françaises, Bd 1 (1930), Bd 2 (1932), Bd 3 (1935)
BATIFFOL/LAGARDE, Traité de droit international privé, Bd 1 (8. Aufl 1993), Bd 2 (7. Aufl 1983)
BAUMBACH/LAUTERBACH/BEARBEITER, Zivilprozeßordnung (54. Aufl 1996)
BERGMANN/FERID, Internationales Ehe- und Kindschaftsrecht (5. Aufl) (Loseblattausgabe)
BINCHY, Irish Conflicts of Law (1988)
Botschaft zum (schweiz) Bundesgesetz über das internationale Privatrecht (IPR-Gesetz) (1982) (zit: Botschaft)
BUCHER, Droit international privé suisse, 2. Bd: Personnes, Famille, Successions (1992)
BÜLOW/BÖCKSTIEGEL/GEIMER/SCHÜTZE, Der internationale Rechtsverkehr in Zivil- und Handelssachen (3. Aufl 1994 ff) (Loseblattsammlung)
(schweiz) Bundesgesetz über das internationale Privatrecht (IPR-Gesetz). Schlußbericht der Expertenkommission zum Gesetzesentwurf (1979) (zit: Schlußbericht)
vCAEMMERER, Vorschläge und Gutachten zur Reform des deutschen internationalen Schuldrechts (1983)
CARILLO SALCEDO, Derecho internacional privado (3. Aufl 1983)
CASTEL, Canadian Conflicts of Laws (3. Aufl 1993)
CHESHIRE/NORTH, Private International Law (12. Aufl 1992)
CRAMPTON/CURRIE/KAY/KRAMER, Conflict of Laws (5. Aufl 1993)
DERRUPPÉ, Droit international privé (11. Aufl 1995)
DICEY/MORRIS, On the Conflict of Laws, 2 Bde (12. Aufl 1993)
DROBNIG, American-German Private International Law (2. Aufl 1972)
DUCHEK/SCHWIND, Internationales Privatrecht. Das IPR-Gesetz vom 15. 6. 1978 samt einschlägigen sonstigen Rechtsvorschriften und zwischenstaatlichen Abkommen mit ausführlichen Erläuterungen (1979)
EEK, The Swedish Conflict of Laws (1965)
ERAUW, Bronnen van Internationaal Privaatrecht (1991)
ERMAN/BEARBEITER, Handkommentar zum Bürgerlichen Gesetzbuch, 2 Bde (9. Aufl 1993)
EHRENZWEIG, Private International Law. A Comparative Treatise on American International Conflicts Law Including the Law of Admiralty, Bd 1 (2. Aufl 1972), Bd 2 (1973), Bd 3 (1977) (Bde 2 und 3 von EHRENZWEIG/JAYME)
FERID/BÖHMER, Internationales Privatrecht (3. Aufl 1987)
FERID/FIRSCHING/LICHTENBERGER, Internationales Erbrecht (4. Aufl) (Loseblattausgabe)
FIRSCHING/vHOFFMANN, Internationales Privatrecht (4. Aufl 1995)
FRANKENSTEIN, Internationales Privatrecht (Grenzrecht), Bd 1 (1926), Bd 2 (1929), Bd 3 (1934), Bd 4 (1935)
GAMILLSCHEG, Internationales Arbeitsrecht (1959)
Die GEBHARDschen Materialien, veröffentlicht

von NIEMEYER, Zur Vorgeschichte des Internationalen Privatrechts (1915) (zit: GEBHARD)
GEIMER, Internationales Zivilprozeßrecht (2. Aufl 1993)
GOLDSCHMIDT, Derecho internacional privado (7. Aufl 1990)
GONZÁLES CAMPOS, Derecho internacional privado, 1. Bd: Parte geral (5. Aufl 1992), 2. Bd: Parte especial (6. Aufl 1995)
GRAULICH, Introduction à l'étude du droit international privé (1978)
GRAVESON, Conflict of Laws. Private International Law (7. Aufl 1974)
GOODRICH/SCOLES, Handbook of the Conflict of Laws (4. Aufl 1964)
GUTZWILLER, Internationalprivatrecht (1931)
HABICHT, Internationales Privatrecht nach dem Einführungsgesetze zum bürgerlichen Gesetzbuche (1907)
Handbuch des Internationalen Zivilverfahrensrechts, Bd I (1982), Bd III/1 (1984), Bd III/2 (1984)
HARTWIEG/KORKISCH, Die geheimen Materialien zur Kodifikation des deutschen Internationalen Privatrechts 1881–1896 (1973)
vHECKE/LENAERTS, Internationaal Privaatrecht (2. Aufl 1989)
HEINI/BEARBEITER, IPRG-Kommentar. Kommentar zum Bundesgesetz über das Internationale Privatrecht (IPRG) vom 1. Januar 1989 (1993)
HELDRICH, Internationale Zuständigkeit und anwendbares Recht (1969)
JAYME/HAUSMANN, Internationales Privat- und Verfahrensrecht (Textsammlung) (8. Aufl 1996)
KEGEL, Internationales Privatrecht (7. Aufl 1995)
KEIDEL/KUNTZE/WINKLER, Freiwillige Gerichtsbarkeit, Teil A (13. Aufl 1992)
KROPHOLLER, Internationales Privatrecht (2. Aufl 1994)
KÜHNE, IPR-Gesetz-Entwurf. Entwurf eines Gesetzes zur Reform des internationalen Privat- und Verfahrensrechts (1980) (zit: KÜHNE-Entwurf)
KUNZ, Internationales Privatrecht (3. Aufl 1993)
LEFLAR/McDOUGAL/FELIX, American Conflicts Law (4. Aufl 1986)

LESKE/LOEWENFELD, Rechtsverfolgung im internationalen Verkehr (3. Aufl 1963 ff)
LEWALD, Das deutsche internationale Privatrecht (1931)
LINKE, Internationales Zivilprozeßrecht (2. Aufl 1995)
LOUSSOUARN/BOUREL, Droit international privé (4. Aufl 1993)
LÜDERITZ, Internationales Privatrecht (2. Aufl 1992)
LUNZ, Internationales Privatrecht, Bd 1 (1961), Bd 2 (1964) (Übersetzung aus dem Russischen)
MAKAROV, Quellen des Internationalen Privatrechts. Nationale Kodifikationen (3. Aufl 1978)
MARÍN LÓPEZ, Derecho internacional privado, Bd 1 (9. Aufl 1994), Bd 2 (8. Aufl 1994)
MAYER, Droit international privé (5. Aufl 1994)
MELCHIOR, Die Grundlagen des deutschen internationalen Privatrechts (1932)
MIAJA DE LA MUELA, Derecho internacional privado, Bd 1 (9. Aufl 1985), Bd 2 (10. Aufl 1987)
MORRIS/McCLEAN, The Conflict of Laws (4. Aufl 1993)
Münchener Kommentar zum Bürgerlichen Gesetzbuch, Bd 4 (2. Aufl 1986), Bd 7 (2. Aufl 1990) (zit: MünchKomm/BEARBEITER)
Münchener Kommentar zur Zivilprozeßordnung, 3 Bde (1992) (zit: MünchKommZPO/BEARBEITER)
NAGEL, Internationales Zivilprozeßrecht (3. Aufl 1991)
NEUHAUS, Die Grundbegriffe des internationalen Privatrechts (2. Aufl 1976)
NIBOYET, Traité de droit international privé français, Bd 1 (2. Aufl 1947), Bd 2 (2. Aufl 1951), Bd 3 (1947), Bd 4 (1948), Bd 5 (1949), Bd 6 (1950)
NORTH/FAWCETT, Cheshire and North's Private International Law (12. Aufl 1992)
NUSSBAUM, Grundzüge des internationalen Privatrechts unter besonderer Berücksichtigung des amerikanischen Rechts (1952)
NUSSBAUM, Deutsches internationales Privatrecht (1932)
NYGH, Conflict of Laws in Australia (6. Aufl 1995)
PALANDT/BEARBEITER, Bürgerliches Gesetzbuch mit Einführungsgesetz (55. Aufl 1996)
PIRRUNG, Internationales Privat- und Verfah-

Allgemeines Schrifttum

rensrecht nach Inkrafttreten der Neuregelung des IPR. Texte, Materialien, Hinweise (1987)
RAAPE, Internationales Privatrecht (5. Aufl 1961)
RAAPE/STURM, Internationales Privatrecht, Bd 1 (6. Aufl 1977)
RABEL, The Conflict of Laws. A Comparative Study, Bd 1 (2. Aufl 1958), bearbeitet von DROBNIG), Bd 2 (2. Aufl 1960, bearbeitet von DROBNIG), Bd 3 (2. Aufl 1964, bearbeitet von BERNSTEIN), Bd 4 (1958)
Reform des deutschen internationalen Privatrechts, hrsg von DOPPFEL/DROBNIG/SIEHR (1980) (zit: Reform)
Reichsgerichtsrätekommentar, Das Bürgerliche Gesetzbuch mit besonderer Berücksichtigung der Rechtsprechung des Reichsgerichts und des Bundesgerichtshofes (12. Aufl 1974 ff) (zit: BGB-RGRK/BEARBEITER)
REITHMANN/BEARBEITER, Internationales Vertragsrecht (4. Aufl 1988; 5. Aufl 1996)
RIEZLER, Internationales Zivilprozeßrecht und prozessuales Fremdenrecht (1949)
RIGAUX, Droit international privé, Bd 1 (1977), Bd 2 (1979)
RIGAUX/FALLON, Droit international privé, 1. Bd: La théorie générale (3. Aufl 1992), 2. Bd: Droit positif belge (2. Aufl 1993)
vROOIJ/POLAK, Private International Law in the Netherlands (1987)
SANDROCK, Handbuch der internationalen Vertragsgestaltung, 2 Bde (1980)
SAVIGNY, System des heutigen Römischen Rechts, Bd 8 (1849)
SCHACK, Internationales Zivilverfahrensrecht (1991)
SCHACK, Höchstrichterliche Rechtsprechung zum Internationalen Privat- und Verfahrensrecht (1993)
SCHLOSSHAUER/SELBACH, Internationales Privatrecht (1989)
SCHMITTHOFF, The English Conflict of Laws (3. Aufl 1954)
SCHNITZER, Handbuch des internationalen Privatrechts, Bd 1 (4. Aufl 1957), Bd 2 (4. Aufl 1958)
SCHOTTEN, Das internationale Privatrecht in der notariellen Praxis (1995)

SCHRÖDER, Internationale Zuständigkeit (1971)
SCHWIMANN, Grundriß des internationalen Privatrechts. Mit besonderer Berücksichtigung der IPR-Staatsverträge (1982)
SCHWIND, Internationales Privatrecht (1990)
SCOLES/HAY, Conflict of Laws (2. Aufl 1992)
SOERGEL/BEARBEITER, Bürgerliches Gesetzbuch mit Einführungsgesetz und Nebengesetzen, Bd 8 (11. Aufl 1984)
SPIRO, Conflict of Laws (1973)
STAUDINGER/BEARBEITER, Kommentar zum Bürgerlichen Gesetzbuch mit Einführungsgesetz und Nebengesetzen (10./11. Aufl 1954 ff; 12. Aufl 1987 ff; 13. Bearb 1993 ff)
STEIN/JONAS/BEARBEITER, Kommentar zur Zivilprozeßordnung (20. Aufl 1977 ff; 21. Aufl. 1992 ff)
STORY, Commentaries on the Conflict of Laws (8. Aufl 1883)
STRIKWERDA, Inleiding tot het Nederlandse Internationaal Privaatrecht (4. Aufl 1995)
SYKES/PRYLES, Australian Private International Law (3. Aufl 1991)
VAN DER ELST/WESER, Droit international privé, 1. Bd: Conflits de lois (1983), 2. Bd: Conflits de juridictions (1985)
VITTA, Diritto internazionale privato, Bd 1 (1972), Bd 2 (1973), Bd 3 (1975)
VITTA/MOSCONI, Corso di diritto internazionale privato (5. Aufl 1994)
WALKER, Internationales Privatrecht (5. Aufl 1934)
WEINTRAUB, Commentary on the Conflict of Laws (3. Aufl 1986)
WENGLER, Gutachten zum internationalen und ausländischen Familien- und Erbrecht, 2 Bde (1971)
WIECZOREK/SCHÜTZE, Zivilprozeßordnung (3. Aufl 1994 ff)
WOLFF, Das internationale Privatrecht Deutschlands (3. Aufl 1954)
WOLFF, Private International Law (2. Aufl 1950)
ZITELMANN, Internationales Privatrecht, Bd 1 (1897), Bd 2 (1912)
ZÖLLER/BEARBEITER, Zivilprozeßordnung mit Gerichtsverfassungsgesetz und den Einführungsgesetzen (19. Aufl 1995)

Ergänzendes Abkürzungsverzeichnis

AlbLRev	Albany Law Review (zitiert nach Band, Jahr und Seite)
Ann fac dr Strasb	Annales de la Faculté de Droit, des Sciences Politiques et de Gestion et du Département des Recherches Non Technologiques de l'Université de Strasbourg (zitiert nach Band, Jahr und Seite)
ArkLRev	Arkansas Law Review and Bar Association Journal (zitiert nach Band, Jahr und Seite)
BaWüAGBGB s AGBGB	Baden-Württembergisches Ausführungsgesetz zum Bürgerlichen Gesetzbuch
Bull ASA	Bulletin de l'Association suisse de l'arbitrage (zitiert nach Jahr und Seite)
DNotI	Gutachten des Deutschen Notarinstituts zum internationalen und ausländischen Privatrecht
DuquesneLRev	Duquesne Law Review (zitiert nach Band, Jahr und Seite)
EGV	Vertrag zur Gründung der Europäischen Gemeinschaft (= EWGV vom 25. 3. 1957 idF vom 7. 2. 1992) (BGBl 1957 II 766; BGBl 1992 II 1253, 1256)
EU	Europäische Union
EUV	Vertrag über die Europäische Union vom 7. 2. 1992 (BGBl II 1253)
EWS	Europäisches Wirtschafts- und Steuerrecht (zitiert nach Jahr und Seite)
EWRA	Abkommen über den Europäischen Wirtschaftsraum vom 2. 5. 1992 (BGBl 1993 II 267)
EWR-AG	Gesetz zur Ausführung des Abkommens vom 2. 5. 1992 über den Europäischen Wirtschaftsraum (EWR-Ausführungsgesetz) vom 27. 4. 1993 (BGBl I 512)
FamNamRG	Gesetz zur Neuregelung des Familiennamensrechts vom 16. 12. 1993 (BGBl I 1221)
FlorJIntL	Florida Journal of International Law (zitiert nach Band, Jahr und Seite)
griech	griechisch
HRG	Handwörterbuch zur deutschen Rechtsgeschichte
HumHAG	Gesetz über Maßnahmen für im Rahmen humanitärer Hilfsaktionen aufgenommene Flüchtlinge vom 22. 7. 1980 (BGBl I 1057)

InsO	Insolvenzordnung vom 5. 10. 1994
InformatikR	Informatik und Recht (zitiert nach Jahr und Seite)
IPG	Gutachten zum internationalen und ausländischen Privatrecht
IPR-NRG	Gesetz zur Neuregelung des Internationalen Privatrechts vom 25. 7. 1986 (BGBl I 1142)
I servizi demografici	I Servizi Demografici. Mensile professionale per i servizi di anagrafe, stato civile, elettorale, leva, statistica ed informatica (zitiert nach Jahr und Seite)
iSv	im Sinne von
JbItalR	Jahrbuch für Italienisches Recht (zitiert nach Band, Jahr und Seite)
JbSozRG	Jahrbuch des Sozialrechts der Gegenwart (zitiert nach Jahr und Seite)
JIndLInst	Journal of the Indian Law Institute (zitiert nach Band, Jahr und Seite)
jugosl	jugoslawisch
King'sCLJ	King's College Law Journal (zitiert nach Band, Jahr und Seite)
LdR	Lexikon des Rechts
McGillLJ	McGill Law Journal (zitiert nach Band, Jahr und Seite)
MercerLRev	Mercer Law Review (zitiert nach Band, Jahr und Seite)
mschr	maschinenschriftlich
niederl	niederländisch
OG	(schweiz) Gesetz über die Organisation der Bundesrechtspflege vom 16. 12. 1943
OhioStLJ	Ohio State Law Journal (zitiert nach Band, Jahr und Seite)
öst	österreichisch
OklLRev	Oklahoma Law Review (zitiert nach Band, Jahr und Seite)
RechtsbereinigungsG	Rechtsbereinigungsgesetz vom 16. 12. 1986 (BGBl I 2441)
Rép Dalloz DrInt	Répertoire Dalloz de Droit International
Rev dr des étr	Revue de droit des étrangers (zitiert nach Jahr und Seite)
Rev dr aff int	Revue de droit des affaires internationales (zitiert nach Jahr und Seite)
Rev Fac Der Granada	Revista de la Facultad de Derecho de la Universidad de Granada (zitiert nach Band, Jahr und Seite)
Rev Fac Montevideo	Revista de la Facultad de Derecho y Ciencias Sociales (zitiert nach Jahr und Seite)
Rev Inst belge	Institut belge de droit comparé. Revue de droit international et de droit comparé (zitiert nach Jahr und Seite)
Rev int dr pén	Revue internationale de droit pénale (zitiert nach Jahr und Seite)

Ergänzendes Abkürzungsverzeichnis

RJN	Recueil de jurisprudence neuchâteloise (zitiert nach Jahr und Seite)
rumän	rumänisch
SachenRÄndG	Sachenrechtsänderungsgesetz vom 21. 9. 1994 (BGBl I 2457)
SCarolLRev	South Carolina Law Review (zitiert nach Band, Jahr und Seite)
schweiz	schweizerisch
Slg	Sammlung der Rechtsprechung des Gerichtshofes (= der Europäischen Gemeinschaften)
SZIER	Schweizerische Zeitschrift für internationales und europäisches Recht (zitiert nach Jahr und Seite)
UCDavisLRev	University of California Davis Law Review (zitiert nach Band, Jahr und Seite)
ungar	ungarisch
v	versus
VandJTL	Vanderbilt Journal of Transnational Law (zitiert nach Band, Jahr und Seite)
Wash & Lee LRev	Washington and Lee Law Review (zitiert nach Band, Jahr und Seite)
WbVR	Wörterbuch des Völkerrechts
WHO	World Health Organization
WiscLRev	Wisconsin Law Review (zitiert nach Band, Jahr und Seite)
ZAR	Zeitschrift für Ausländerrecht und Ausländerpolitik
ZBJV s ZBernJV	Zeitschrift des Bernischen Juristenvereins (zitiert nach Jahr und Seite)
ZEuP	Zeitschrift für Europäisches Privatrecht (zitiert nach Jahr und Seite)
ZfG	Zeitschrift für Gesetzgebung (zitiert nach Jahr und Seite)

Zweites Kapitel
Internationales Privatrecht

Einleitung zum Internationalen Privatrecht

Systematische Übersicht

A.	**Aufgabe, Begriff, Name, Rechtsnatur und Methoden des IPR**		**III.**	**IPR und Rechtsvereinheitlichung**	**239**
			1.	Allgemeines	239
			2.	Vereinheitlichtes Sachrecht	240
I.	Aufgabe	1	3.	Vereinheitlichtes Kollisionsrecht	267
			4.	Ergebnisse der Rechtsvereinheitlichung im Bereich des IPR	272
II.	Begriff	4	a)	Haager Abkommen	272
III.	Name	21	b)	Abkommen der Vereinten Nationen	282
			c)	Europarats-Abkommen	283
IV.	Rechtsnatur	31	d)	Abkommen der Internationalen Zivilstandskommission	285
V.	Methoden und Modelle	54	e)	Abkommen der Europäischen Union	288
1.	Allgemeines	54	f)	Nordische Konventionen	294
2.	Die klassische Methode	55	g)	Verträge von Montevideo, Código Bustamante, interamerikanische Abkommen	297
3.	Conflicts revolution	61			
4.	Echo auf dem Kontinent	89			
5.	Ersatz von Kollisionsnormen durch Sachnormen	91	h)	Rechtshilfeverträge ehemaliger sozialistischer Staaten	302
6.	Einheitsrecht für internationale Sachverhalte	96	**IV.**	**IPR und Völkerrecht**	**304**
7.	Moderne Tendenzen im kontinentalen Kollisionsrecht	114	**V.**	**IPR und Fremdenrecht**	**335**
a)	Schutz des Schwächeren	116	1.	Begriff und Aufgabe	335
b)	Parteiautonomie	123	2.	Deutsches Fremdenrecht	342
c)	Günstigkeitsprinzip	142	a)	Ausländereigenschaft	342
d)	Ausweichklauseln	152	b)	Privilegierte Ausländer	344
e)	Zug zur lex fori	172	c)	Fremdenrechtliche Beschränkungen	354
VI.	Nachbargebiete	195	**C.**	**Quellen des IPR**	
B.	**IPR und seine überstaatliche Vernetzung**		**I.**	**Allgemeines**	**381**
			II.	**Gesetzliche Quellen des deutschen IPR**	**384**
I.	IPR und ausländisches Recht	216	1.	Hauptquelle	384
			2.	IPR-Vorschriften außerhalb des EGBGB	388
II.	IPR und Rechtsvergleichung	237	a)	Versteckte Kollisionsnormen	388

b)	Recht der natürlichen Personen	389	IV.	Verhältnis des EGBGB zum Rechtsanwendungsgesetz der ehemaligen DDR nach dem Beitritt ___ 515
c)	Schuldrecht	390		
d)	Sachenrecht	391		
e)	Familienrecht	392		
f)	Handels- und Wirtschaftsrecht	393	V.	Statutenwechsel ___ 520
g)	Versicherungsrecht	394		
h)	Gewerblicher Rechtsschutz	395		
i)	Staatsangehörigkeitsrecht	396	E.	Interlokales und interpersonales Privatrecht
3.	Verfahrensrechtliche Vorschriften	398		
4.	Landesrechtliches IPR	400	I.	Allgemeines ___ 527
5.	Recht der ehemaligen Deutschen Demokratischen Republik	403		
6.	Staatsvertraglich vereinbartes IPR	404	II.	Verweisung auf das Recht von Ländern mit Rechtsspaltung im deutschen IPR ___ 532
a)	Zweiseitige Staatsverträge	404		
b)	Mehrseitige Staatsverträge	411		
			III.	Mehrrechtsstaaten ___ 537
III.	Ausländisches IPR	414		
1.	Anglo-amerikanischer Rechtskreis	415		
2.	Romanischer Rechtskreis	424	IV.	Deutsches interlokales Privatrecht ___ 545
3.	Lateinamerika	428	1.	Nach Inkrafttreten des EGBGB ___ 545
4.	Skandinavische Staaten	432	2.	Gebietserweiterungen im Dritten Reich ___ 546
5.	Europäische Staaten mit bruchstückhafter Regelung	433		
6.	Europäische Kodifikationen	442	3.	Nachkriegsdeutschland ___ 548
7.	Kodifikationen in Übersee	463	4.	Einigungsvertrag ___ 557
8.	Kodifikationen im östlichen Europa	467		
9.	Nachfolgestaaten der Sowjetunion	479	F.	Entstehungsgeschichte des Gesetzes
10.	Ferner Osten	484		
11.	Muslimische Staaten	488	I.	Allgemeines ___ 562
12.	Israel	501		
			II.	Das EGBGB aF ___ 563
D.	Intertemporales Privatrecht und Statutenwechsel		III.	Das EGBGB nF ___ 571
I.	Allgemeine Grundsätze des intertemporalen Rechts	502	G.	Reformvorhaben
			I.	EGBGB-Ergänzungsgesetz ___ 614
II.	Verhältnis des EGBGB zu den Kollisionsrechten der deutschen Bundesstaaten vor 1900	513	II.	Weitere Reformbestrebungen ___ 630
			III.	Internationales Verfahrensrecht ___ 633
III.	Verhältnis der Vorschriften des IPR-NRG zum EGBGB aF	514		

2. Kapitel. IPR
Einleitung

Alphabetische Übersicht

Abgeschlossener Tatbestand ⎯ 112, 403, 521
Abkommen ⎯ 317, s auch Staatsvertrag
Abkommen von Bretton Woods ⎯ 36, 202
Ägypten
- Abkommen ⎯ 244 f, 278, 282
- Mehrrechtsstaat ⎯ 543
- Rechtsquellen ⎯ 488
Äthiopien
- Abkommen ⎯ 282
Afghanistan
- Rechtsquellen ⎯ 488
Albanien
- Rechtsquellen ⎯ 472
Algerien
- Abkommen ⎯ 282
- Mehrrechtsstaat ⎯ 543
- Rechtsquellen ⎯ 488
Allgemeine Geschäftsbedingungen ⎯ 7, 631, s auch Klauselrecht
Amtspflegschaft ⎯ 366
Andorra
- Rechtsquellen ⎯ 434
Anerkennung des fremden Staates ⎯ 311, 561
Anerkennung ausländischer Entscheide ⎯ 398, 430, 438, 450, 452, 455, 457, 460, 473, 487, 501, 555, 590, 609, 631, 633
Anerkennungs- und Vollstreckungsabkommen ⎯ 278 f, 282 f, 290, 294, 297, 301, 320, 398, 405 ff
Angola
- Abkommen ⎯ 282
Anknüpfung
- akzessorische ⎯ 128, 157
- alternative ⎯ 115, 142 ff, 450, 587, 604
- subsidiäre ⎯ 115, 142, 149 ff
Anknüpfungsbegriff ⎯ 55, 62, 145, 284, 520 f, 532, 553 f, 583, 620
Anknüpfungsgegenstand ⎯ 62
Anknüpfungsgrund s Anknüpfungsbegriff
Anknüpfungsleiter ⎯ 181, 232, s auch Kegelsche Leiter
Anknüfungsmoment s Anknüpfungsbegriff
Anknüpfungspunkt s Anknüpfungsbegriff
Antigua und Barbuda
- Abkommen ⎯ 278, 282
Anwerbevereinbarung ⎯ 349
Äquatorialguinea

- Abkommen ⎯ 282
Arbeitserlaubnis ⎯ 335, 338, 360 f
Arbeitsrecht, internationales ⎯ 45, 119, 197
Argentinien
- Abkommen ⎯ 244 f, 278, 282, 295, 301
- Rechtsquellen ⎯ 429, 431
Armenien
- Abkommen ⎯ 278, 282, 331
- Rechtsquellen ⎯ 480
Asylberechtigter ⎯ 352, 359, 361, 378, 389
Atomhaftungsrecht ⎯ 5, 252
Aufenthalt
- gewöhnlicher ⎯ 45, 121, 136, 146, 150, 366, 378, 389 ff, 437, 532, 554, 604, 624, 632
- schlichter ⎯ 389
Aufenthaltsbefugnis ⎯ 358
Aufenthaltsberechtigung ⎯ 358
Aufenthaltsbewilligung ⎯ 358
Aufenthaltserlaubnis ⎯ 351, 358 f, 361
Aufentshaltsgenehmigung ⎯ 357 ff
Aufenthaltsprinzip ⎯ 172
Aufenthaltsrecht ⎯ 119, 135, 137, 141, 389 f
Aufgabe ⎯ 1 ff, 11, 32
Ausländer ⎯ 312, 314, 335 f, 342 ff
Ausländisches IPR ⎯ 217, 414 ff
Auslandsberührung ⎯ 2, 4, 8 ff, 12, 81, 91, 195, 197, 217, 304
Auslandsbezug s Auslandsberührung
Auslandsrecht ⎯ 176, 190, 216 ff, 226, 232, 238
Ausnahmeklausel s Ausweichklausel
Australien
- Abkommen ⎯ 244, 278, 282
- Mehrrechtsstaat ⎯ 540
- Rechtsquellen ⎯ 418
Ausweichklausel 115, 117, 128, 152 ff, 464, 622
Außenprivatrecht ⎯ 8

Bagatellsachen ⎯ 115, 174, 176 f, 611
Bangladesh
- Abkommen ⎯ 282
- Mehrrechtsstaat ⎯ 542
Bahamas
- Abkommen ⎯ 278, 282
Bahrain
- Abkommen ⎯ 282
- Rechtsquellen ⎯ 492
Barbados

Einl zum IPR EGBGB. 1. Teil.
Allgemeine Vorschriften

- Abkommen —— 278, 283
Begriff —— 4 ff
Belarus
- Abkommen —— 244, 278, 282, 331
- Rechtsquellen —— 480
Belgien
- Abkommen —— 250, 278, 282 f, 286, 290, 405 f
- Rechtsquellen —— 425
Belize
- Abkommen —— 278, 282
Beneluxkonvention —— 318
Benin
- Abkommen —— 282
Berichtigungsklausel s Ausweichklausel
Better law approach —— 74 ff, 89
Bindungswille —— 334
Bolivien
- Abkommen —— 282, 295 f
- Rechtsquellen —— 428
Bosnien-Herzegovina
- Abkommen —— 244 f, 250, 278, 282, 333
- Rechtsquellen —— 474 f
Botsuana
- Abkommen —— 278, 282
Brasilien
- Abkommen —— 282, 296, 301
- Rechtsquellen —— 430
Brunei Daressalam
- Abkommen —— 278
Bulgarien
- Abkommen —— 244, 282 f, 347
- Rechtsquellen —— 467, 478
Bundesrepublik Deutschland s Deutschland
Burkina-Faso
- Abkommen —— 278, 282
- Rechtsquellen —— 427
Burma
- Mehrrechtsstaat —— 542
Burundi
- Abkommen —— 282
- Rechtsquellen —— 427

Chile
- Abkommen —— 244, 278, 282, 296
- Rechtsquellen —— 427
China
- Abkommen —— 244, 278, 282
- Rechtsquellen —— 487
China (Taiwan)

- Abkommen —— 282
- Rechtsquellen —— 486
Choice-influencing considerations —— 76
CIDIP s Interamerikanische Spezialkonferenzen für IPR
CIEC-Abkommen —— 286 f
CISG —— 5, 110, 242 ff
Code of conduct s Verhaltensrichtlinie
Código Bustamante —— 296 ff, 318
Comparative impairment-Theorie —— 73
Conflicts revolution —— 61 ff
Costa Rica
- Abkommen —— 282 f, 296
- Rechtsquellen —— 429

Dänemark
- Abkommen —— 244, 253, 278, 282 f, 290, 294
- Rechtsquellen —— 432
Datenbank —— 219
Dauerverhältnis —— 522, s auch intertemporales Recht
Deutsche Demokratische Republik s auch Deutschland
- Abkommen —— 245, 410
- Rechtsquellen —— 111 f, 403
Deutscher —— 343, 354, 390, 392, 605, 613, 623
Deutscher Rat für IPR —— 577 f, 615
Deutschland
- Abkommen —— 110, 202, 244, 278, 282 f, 286, 290, 377, 404 ff, 411 ff
- IPR-Reform —— 514, 571 ff, 614 ff
- Rechtsquellen —— 384 ff
- Referentenentwurf —— 128, 163, 384, 581, 589, 614 ff, 628 ff
- Regierungsentwurf 10, 187, 590, 593 f, 596 f
Devisenbewirtschaftung —— 157, 202 ff
Dienstanweisung für die Standesbeamten —— 399
Diskriminierung —— 370, 378, 390, 535 f
Dominica
- Abkommen —— 282
Dominikanische Republik
- Abkommen —— 245, 282, 296
- Rechtsquellen —— 428
Domizilprinzip s Wohnsitzprinzip
Dschibuti
- Abkommen —— 282

Ecuador
- Abkommen —— 244, 250, 278, 282, 296

2. Kapitel. IPR
Einleitung

- Rechtsquellen — 428
ECE-Bedingungen — 106
EG-Abkommen —
— 288 ff, 406, s auch EuGVÜ, EVÜ
EG-Angehöriger s Unionsbürger
EG-Assoziierungsabkommen — 347
EGV 214, 345, 355, 359, 365, 370, 378, 390, 613
Eilsachen — 115, 174, 178 ff
Eingriffsnormen
- inländische — 17
- ausländische — 19 f, 42 ff, 115, 205, 207, 215
Einheitliches europäisches Vertragsrecht — 263
Einheitliches Kaufrecht — 110, s auch CISG
Einheitsrecht —
— 5, 7, 96, 110, 112 f, 119, 239 ff, 321
EKAG/EKG — 110
Elfenbeinküste
- Abkommen — 282
El Salvador
- Abkommen — 296
- Rechtsquellen — 428
Embargo — 37
Engster Bezug — 56, 87, 156 f, 450, 456
Enteignung — 200 f, 312 ff, 553
Entscheidungsharmonie — 239, 270
Entstehung des EGBGB — 562 ff
Entwurf Neuhaus-Kropholler — 587
Erga-omnes-Wirkung — 319, 321
Ersatzrecht — 232 ff
Estland
- Abkommen — 244, 282, 332, 347
EuGVÜ — 271, 290, 316, 406, 416
Europaratsabkommen — 219, 253, 283, 348
Europäische Privatrechtskodifikation — 261 ff
EVÜ — 10, 17, 45, 48 f, 52 f, 119, 126,
 143, 161 f, 271, 290, 299, 316, 416, 465, 630
EWGV — 259, 271, 345, 370, 378, 390, 613
EWRA — 214, 346, 355, 359 ff
EWR-Angehörige — 346, 360, 365, 370, 631
Fakultatives Kollisionsrecht —
— 115, 174 f, 185 ff, 611
Fidschi
- Abkommen — 278, 282
Finnland
- Abkommen — 244, 278, 282 f, 290, 294
- Rechtsquellen — 432
(First) Restatement — 86

Flüchtlinge —
— 282, 343, 350 f, 359, 372, 374, 378, 389, 392
Foelix, Johann Jakob — 22
Forum shopping — 82
Forum non conveniens — 71, 82
Forumstaat — 37, 44, 55, 71, 76, 165
Frankreich
- Abkommen — 244, 248, 278, 282 f, 286, 290
- Rechtsquellen — 424
Free law approach — 66
Fremdenrecht — 8, 335 ff, 427, 453, 462
Fremde — 335, 342, s auch Ausländer
Freundschaftsvertrag — 353, 371
Functional law approach — 65
Gabun
- Abkommen — 282
- Rechtsquellen — 427
Gambia
- Abkommen — 282
- Mehrrechtsstaat — 543
Ghana
- Abkommen — 282
- Mehrrechtsstaat — 543
Gegenseitigkeitsprinzip — 632 f
Geltungsanspruch — 14, 69, 79, 339
Geltungsbereich — 10,
 14, 19, 35, 67, 197, 209, 239, 278, 392, 427, 467
Geltungsgebiet — 2, 270
Geltungswille — 19, 69
Gemeinschaft unabhängiger Staaten — 331, 480
Genfer Flüchtlingskonvention — 282, 350
Georgien
- Abkommen — 282, 331
- Rechtsquellen — 480
Gesamtverweisung — 217
Gewerbebetrieb — 362
Gewohnheitsrecht — 381, 530
Gewohnheitsrecht, internationales — 7, 304, 329
Gleichberechtigung —
— 133, 443, 453, 455, 468, 484, 572 f, 583, 603
Gleichberechtigungsgesetz — 573 f
Goa — 427
Governmental interest analysis — 70 ff, 76
Grenada
- Abkommen — 278, 282
Grenzfall — 2
Griechenland

- Abkommen
  — 253, 278, 282 f, 286, 290, 349, 353, 405 f
- Mehrrechtsstaat — 544
- Rechtsquellen — 442 f
Großbritannien s Vereinigtes Königreich
Großbritannien und Nordirland
Grundgesetz
  — 123 f, 314, 323, 341 ff, 354, 369, 389, 585
Grundrechte — 314,
  341, 354, 369, 573, s auch Gleichberechtigung
Grundstück — 81, 136, 138, 165, 367
Guatemala
- Abkommen — 282, 296
- Rechtsquellen — 430
Günstigkeitsprinzip
  — 115, 117, 127 f, 142 ff, 524, 621
Guinea
- Abkommen — 244, 282
- Rechtsquellen — 427
Guinea-Bissau
- Abkommen — 282
GUS s Gemeinschaft unabhängiger Staaten
Haager Abkommen — 45, 110,
  136, 140 f, 143, 150, 276, 278 ff, 286, 316, 318,
  320, 322 ff, 412, 415, 417, 456, 509, 590, 607
Haager Staatenkonferenz — 272 ff
Haiti
- Abkommen — 282, 296
- Rechtsquellen — 428
Handelsvertrag — 404
Heiliger Stuhl
- Abkommen — 282
Heimatlose Ausländer — 350, 359 f, 378, 389
Heimwärtsstreben — 83, 172
Hert, Nikolaus — 28
Honduras
- Abkommen — 278, 282, 296
- Rechtsquellen — 428
Huber, Ulrich — 26

Immaterialgüterrecht — 365, 580, 627
Incoterms — 7, 106 f
Indien
- Abkommen — 282
- Mehrrechtsstaat — 542
- Rechtsquellen — 418, 427
Indonesien
- Abkommen — 282
- Mehrrechtsstaat — 542

- Rechtsquellen — 427
Inlandsfall — 1 f
Inkorporation von Staatsverträgen
  — 49, 119, 162, 324, 562, 594, 607
Insolvenzrecht, internationales — 291, 582, 632 f
Institut de droit international
  — 105, 269, 503, 521
Institut international pour l'unification du
  droit privé s UNIDROIT
Institutsthesen — 587
Interamerikanische Spezialkonferenzen
  für IPR — 297 f
Interessen — 2, 32, 46, 56 ff, 125, 182, 184, 267
Intergentiles Privatrecht
  — 528, s auch interpersonales Privatrecht
Interkantonales Privatrecht
  — 528, s auch interlokales Privatrecht
Interlokales Privatrecht
  — 419, 455, 515, 527 ff, 538 ff, 545 ff
Internationale Zivilstandskommission
  — 255 f, 285
Inter-partes-Wirkung — 132, 298, 319 f
Interpersonales Privatrecht
  — 381, 498, 527 ff, 542 ff
Interregionales Privatrecht
  — 528, s auch interlokales Privatrecht
Interreligiöses Privatrecht
  — 496, 528, s auch interpersonales Privatrecht
Intertemporales Privatrecht — 24, 386, 502 ff
Interzonales Privatrecht
  — 528, s auch interlokales Privatrecht
IPR-freie Sachnorm — 14 ff, 115, 117, 339
IPR-NRG — 133, 187, 323, 384 f,
  390, 397, 514 ff, 533, 552, 562, 571, 599 ff, 614
Irak
- Abkommen — 244, 282
- Mehrrechtsstaat — 542
- Rechtsquellen — 488
Iran
- Abkommen — 282, 353, 404
- Mehrrechtsstaat — 536, 542
- Rechtsquellen — 495
Irland
- Abkommen — 278, 282 f, 290
- Rechtsquellen — 417
Israel
- Abkommen — 278, 282, 405
- Mehrrechtsstaat — 542
- Rechtsquellen — 501

Italien
- Abkommen —— 244, 248, 250, 278, 282 f, 286, 290, 349, 353, 371, 405 f
- Rechtsquellen —— 442, 444 ff
Ius gentium —— 97

Jamaika
- Abkommen —— 282
Japan
- Abkommen —— 278, 282, 353
- Rechtsquellen —— 484
Jemen
- Abkommen —— 282
- Rechtsquellen —— 488
Jordanien
- Abkommen —— 282
- Mehrrechtsstaat —— 542
- Rechtsquellen —— 488
Jugoslawien, ehemaliges
- Abkommen —— 244 f, 250, 278, 282, 349
- Mehrrechtsstaat —— 530, 538
- Rechtsquellen —— 474 f
- Staatennachfolge —— 330, 333, 474
Jugoslawien (Bundesrepublik) —— 333, 474 f, 530, 538
Juristische Person —— 362, 368, 380, 398
Justizgewährung —— 378

Kamerun
- Abkommen —— 282
Kambodscha
- Abkommen —— 282
Kanada
- Abkommen —— 244, 250, 278, 282
- Mehrrechtsstaat —— 539
- Rechtsquellen —— 418
Kap Verde
- Abkommen —— 282
Kartellrecht, internationales —— 208 ff, 393
Kasachstan
- Abkommen —— 331
- Rechtsquellen —— 480, 481
Kegelsche Leiter —— 606
Kenia
- Abkommen —— 282
- Mehrrechtsstaat —— 543
Kindesrecht —— 573
Kirgisistan
- Abkommen —— 331

- Rechtsquellen —— 480
Kiribati
- Abkommen —— 282
Klauselrecht —— 106 f
Kollisionsnorm —— 9, 13
- allseitige —— 86, 90, 562 f, 566
- einseitige —— 209, 428, s auch Sonderanknüpfung
- gleichberechtigungswidrige —— 133, 572 ff, 583, 600
- versteckte —— 388
Kollisionsrecht —— 9, 13, 28
Kolumbien
- Abkommen —— 282, 295
- Rechtsquellen —— 428
Kongo
- Abkommen —— 282
- Mehrrechtsstaat —— 543
Konkursabkommen —— 283, 291
Konkursrecht, internationales —— 195
Konsularvertrag, deutsch-sowjetischer —— 404
Kontingentflüchtlinge —— 351, 389
Konvention s Staatsvertrag
Konventionskonflikte —— 269
Korea (Republik)
- Abkommen —— 282, 349
- Rechtsquellen —— 485
Kroatien
- Abkommen —— 278, 282, 333
- Rechtsquellen —— 474 f
Kuba —— 205
- Abkommen —— 244 f, 282, 296
- Rechtsquellen —— 430
Kühne-Entwurf —— 586
Kuwait
- Abkommen —— 282

Landesrecht —— 367 f, 400 ff, 561
Laos
- Abkommen —— 282
Lateinamerikanische Verträge —— 295 ff, 316
Legitimität, völkerrechtliche —— 311
Lesotho
- Abkommen —— 244, 278, 282
Lettland
- Abkommen —— 278, 282, 332, 347
Lex causae —— 11, 17, 42, 44, 143, 183, 203, 454
Lex favorabilior s Günstigkeitsprinzip
Lex firmae habitationis —— 624

Einl zum IPR

Lex fori — 2, 17, 59 f, 71, 79 ff, 130, 156 f, 170 ff, 193, 232 ff, 307, 437, 531, 532, 536
Lex fori approach — 79, 83
Lex loci actus — 143
Lex loci delicti commissi — 125, 532, 620, 624
Lex loci gestionis — 620
Lex mercatoria — 98 ff, 107
Lex rei sitae — 81, 131, 532, 620
Lex uniformis 5, 321, 325, s auch Einheitsrecht
Libanon
– Abkommen — 278, 282
– Mehrrechtsstaat — 542
– Rechtsquellen — 493
Liberia
– Abkommen — 282
Libyen
– Abkommen — 250, 282
– Rechtsquellen — 488
Liechtenstein
– Abkommen — 278, 282 f, 377
– Rechtsquellen — 436 f
Litauen
– Abkommen — 332, 347
Loi d'application immédiate — 14, s auch IPR-freie Sachnorm
Loi de police — 15
Loi uniforme — 325, s auch lex uniformis
Londoner Abkommen — 254
Louisiana s auch Vereinigte Staaten von Amerika
– Rechtsquellen — 422, 464
Luftfahrzeug — 282, 391
Lugano-Übereinkommen — 271, 290, 292, 316, 406
Luxemburg
– Abkommen — 136, 278, 282 f, 286, 290, 318
– Rechtsquellen — 425 f

Madagaskar
– Abkommen — 282
– Rechtsquellen — 427
Malawi
– Abkommen — 278, 282
Malaysia
– Abkommen — 282
– Mehrrechtsstaat — 542
Mali
– Abkommen — 282
Malta

EGBGB. 1. Teil.
Allgemeine Vorschriften

– Abkommen — 278, 282 f
Mannesrecht — 455, 572, 583
Marokko
– Abkommen — 278, 282, 349
– Mehrrechtsstaat — 543
– Rechtsquellen — 497
Marshallinseln
– Abkommen — 278
Mauretanien
– Abkommen — 282
– Rechtsquellen — 491
Mauritius
– Abkommen — 278, 282
Max-Planck-Institut — 220, 574 f, 587 f, 593 f, 630
Mazedonien
– Abkommen — 278, 282, 333
– Rechtsquellen — 474 f
Mehrrechtsstaat — 527 ff, 537 ff, 548 ff
Menschenrechte s Grundrechte
MERCOSUR — 301
Methodenstreit — 54 ff
Mexiko
– Abkommen — 244 f, 278, 282
– Mehrrechtsstaat — 538
– Rechtsquellen — 429
Modellgesetz — 247
Moldau (Republik)
– Abkommen — 244, 278
Monaco
– Abkommen — 278, 282
Montenegro s Jugoslawien (Bundesrepublik)
Mosambik
– Abkommen — 282
Mutterrecht — 573, 632

Name — 5, 13, 21 ff
Nachlaßabkommen — 278, 294, 404
Neu-Kaledonien
– Mehrrechtsstaat — 544
Neuseeland
– Abkommen — 244, 278, 282
Nicaragua
– Abkommen — 282, 296
– Rechtsquellen — 430
Niederlande
– Abkommen — 244, 278, 282 f, 286, 290, 405 f
– Rechtsquellen — 438 ff

Januar 1996

Niederlassungsabkommen ___ 353
- deutsch-iranisches ___ 404
- europäisches ___ 348
Niger
- Abkommen ___ 250, 278, 282
Nigeria
- Abkommen ___ 248, 282
- Mehrrechtsstaat ___ 543
- Rechtsquellen ___ 418
Nordische Konventionen ___ 294, 316, 432
Norwegen
- Abkommen ___
___ 244 f, 253, 278, 282 f, 290, 294, 405 f
- Rechtsquellen ___ 432

Obervolta
- Abkommen ___ 282
Öffentliches Recht ___ 31, 197, 203, 339, 354
Öffentliches Recht, fremdes ___
___ 33 ff, 203 ff, 459, s auch Eingriffsnormen
Österreich
- Abkommen ___
___ 244, 253, 278, 282 f, 286, 398, 404 ff
- Rechtsquellen ___ 442, 456 f
Ordre public ___ 15 f, 19, 37, 51, 109, 117, 159, 170 f, 205, 312 ff, 398, 430, 459, 496

Pakistan
- Abkommen ___ 278, 282
- Mehrrechtsstaat ___ 542
Panama
- Abkommen ___ 278, 282, 296
- Rechtsquellen ___ 429
Papua-Neuguinea
- Abkommen ___ 282
Paraguay
- Abkommen ___ 282, 295, 301
- Rechtsquellen ___ 430
Parteiautonomie ___ 80, 115, s auch Rechtswahl
Personalitätsprinzip ___ 547
Peru
- Abkommen ___ 282, 295 f
- Rechtsquellen ___ 430, 471
Philippinen
- Abkommen ___ 282
Polen
- Abkommen ___ 278, 282 f, 347, 371
- Rechtsquellen ___ 471
Portugal

- Abkommen ___ 250, 278, 282 f, 286, 290, 349
- Rechtsquellen ___ 442, 453 f
Principles for International Commercial
   Contracts ___ 265
Principles of European Contract Law ___ 264
Principles of preference ___ 67
Prozeßkostenhilfe ___ 378, 398
Prozeßkostensicherheit ___ 378, 398
Puerto Rico ___ 466

Quebec s auch Kanada
- Rechtsquellen ___ 418, 465
Quellen ___ 7, 258, 285, 299, 315, 381 ff
Quintilian ___ 29

Rat für gegenseitige Wirtschaftshilfe 112 f, 302
Rechtsanwendungsrecht ___ 9
Rechtsauskunftsabkommen 175, 219, 236, 283
Rechtsgutachten ___ 175, 218, 220, 236, 576
Rechtshilfevertrag ___ 302 f, 410
Rechtsnatur ___ 31 ff
Rechtssicherheit ___
___ 51, 68, 78, 125, 156, 165, 167, 171, 585
Rechtsspaltung ___ 497, 527 ff
Rechtsstaatsprinzip ___ 512, 585
Rechtsvereinheitlichung
- IPR ___ 239, 267 ff
- Sachrecht ___ 239, 240 ff
Rechtsvergleichung ___ 237 f, 264, 427
Rechtsverkehrsabkommen ___ 371
Rechtswahl ___
   30, 45, 81, 100, 102, 104 f, 119 ff, 123 ff, 167 f,
   394, 437, 450, 487, 586 f, 596, 604, 612, 621
Referentenentwurf s Deutschland
Regierungsentwurf s Deutschland
Restatement of the Law (Third) ___ 423
Restatement Second ___ 87, 165, 419 ff
Retorsion ___ 2
Rodenburg, Christian ___ 25
Ruanda
- Abkommen ___ 282
Rumänien
- Abkommen ___ 244 f, 278, 282 f, 347
- Rechtsquellen ___ 476 f
Russische Föderation
- Abkommen ___ 244 f, 278, 282 f, 331
- Rechtsquellen ___ 480, 483

Sachnorm ___ 8, 11 f, 14 f, 17, 19 f, 32, 45

Einl zum IPR

- sich selbst begrenzende
 ——————— 14, s auch IPR-freie Sachnorm
Sachnormen für internationale Sachverhalte ——————————————— 8
St. Kitts und Newis
- Abkommen ————————————— 278
St. Vincent und die Grenadinen
- Abkommen ————————————— 282
Sambia
- Abkommen ———————————— 244 f, 282
- Rechtsquellen ———————————— 418
Samoa
- Abkommen ————————————— 282
San Marino
- Abkommen ———————————— 278, 282
- Rechtsquellen ———————————— 435
São Tomé und Principe
- Abkommen ————————————— 282
Savigny, Friedrich Carl von ———— 24, 55, 114
Schaeffner, Wilhelm ———————————— 23
Scheckrecht, internationales 297, 322, 393, 413
Schiedsgerichtsabkommen 247, 282 f, 297, 408
Schiff ———————————————— 8, 391, 462
Schutz des Schwächeren ——————— 38, 115 ff
Schutzlandprinzip ———————————— 627
Schweden
- Abkommen —— 244, 253, 278, 282 f, 290, 294
- Rechtsquellen ———————————— 432
Schweiz
- Abkommen 244, 278, 282 f, 286, 290, 377, 405
- Rechtsquellen ———————————— 459 ff
Schwerpunkt ———————————————— 55
Self-executing convention ——————————— 323
Senegal
- Abkommen ————————————— 282
- Mehrrechtsstaat ———————————— 543
- Rechtsquellen ———————————— 427
Serbien s Jugoslawien (Bundesrepublik)
Seychellen
- Abkommen ———————————— 278, 282
Sierra Leone
- Abkommen ————————————— 282
- Mehrrechtsstaat ———————————— 543
Simbabwe
- Abkommen ————————————— 282
- Mehrrechtsstaat ———————————— 543
- Rechtsquellen ———————————— 418
Singapur
- Abkommen ———————————— 278, 282

EGBGB. 1. Teil.
Allgemeine Vorschriften

Slowakei
- Abkommen ———————— 244 f, 278, 282, 347
- Rechtsquellen ———————————— 470
Slowenien
- Abkommen ——————————— 244, 278, 282
- Rechtsquellen ———————————— 474 f
Soft Law ——————————————————— 109
Somalia
- Abkommen ————————————— 282
- Rechtsquellen ———————————— 488
Sonderanknüpfung — 17, 19 f, 44 ff, 115, 117 ff
Sowjetunion, ehemalige
- Abkommen ———————— 244, 278, 282 f, 404
- Rechtsquellen ———————————— 479 f
- Staatennachfolge ————————— 330 ff, 480
Sozialrecht, internationales ————— 197, 392
Spanien
- Abkommen
 — 244, 278, 282, 283, 286, 290, 349, 353, 405 f
- Mehrrechtsstaat ———————————— 530
- Rechtsquellen ———————————— 538
Spanierentscheid ———————————— 583
Sprung ins Dunkle ———————————— 62
Sri Lanka
- Abkommen ———————————— 278, 282
- Rechtsquellen ———————————— 427
Staatenlose ————————— 342, 372 ff, 378, 547
Staatenlosenübereinkommen ——————
 ——————————————— 282, 324, 373, 378
Staatsangehörigkeit —— 2, 308 f, 343, 355, 366,
 389 f, 404, 520, 523, 534, 536, 554, 573, 605
Staatsangehörigkeitsprinzip ——————
 ——————— 172 f, 216, 390, 447, 455 f, 487, 604
Staatsangehörigkeitsrecht ———— 198, 340, 396
Staatsgewalt, effektiv ausgeübte ————— 311
Staatsgrenze ————————————— 310
Staatshaftung ———————————— 368 ff
Staatsvertrag
- mehrseitiger —— 316 f, 334, 404, 409 f, 411 ff
- zweiseitiger —— 302, 316 f, 334, 404 ff, 409 f
Stare decisis ————————————— 68
Statutenwechsel ———————————— 520 ff
Steuerrecht, internationales —————— 196
Strafrecht, internationales ———— 196, 283, 296
Sudan
- Abkommen ————————————— 282
- Mehrrechtsstaat ———————————— 543
- Rechtsquellen ———————————— 418, 488
Südafrika

- Abkommen — 278, 282
- Mehrrechtsstaat — 543
- Rechtsquellen — 418

Südamerikanischer Gemeinsamer Markt
  s MERCOSUR

Suriname
- Abkommen — 278, 282

Swasiland
- Abkommen — 278

Syrien
- Abkommen — 244, 282
- Mehrrechtsstaat — 542
- Rechtsquellen — 488

Tadschikistan
- Abkommen — 282, 331
- Rechtsquellen — 480

Taiwan s China (Taiwan)

Tansania
- Abkommen — 282
- Mehrrechtsstaat — 543

Territorialitätsprinzip — 201, 203

Thailand
- Abkommen — 282
- Rechtsquellen — 486

Togo
- Abkommen — 282
- Rechtsquellen — 427

Tonga
- Abkommen — 278

Trinidad und Tobago
- Abkommen — 282

Tschad
- Abkommen — 282
- Rechtsquellen — 427

Tschechische Republik
- Abkommen — 244 f, 278, 282, 333 f
- Rechtsquellen — 470

Tschechoslowakei, ehemalige
- Abkommen — 244 f, 278, 282
- Rechtsquellen — 467, 469
- Staatennachfolge — 330, 333 f

Türkei
- Abkommen — 278, 282 f, 286, 347, 349, 353, 359, 371, 404, 442
- Rechtsquellen — 458

Tunesien
- Abkommen — 282, 349, 405
- Mehrrechtsstaat — 543

- Rechtsquellen — 498

Tuvalu
- Abkommen — 282

Übereinkommen — 317, s auch Staatsvertrag

Übergangsrecht — 502, s auch intertemporales Recht

Uganda
- Abkommen — 244 f, 282

Ukraine
- Abkommen — 244 f, 282, 283, 331
- Rechtsquellen — 480, 482

UN-Abkommen — 245, 282

UN-Kaufrecht s CISG

UNCITRAL — 7, 241

Ungarn
- Abkommen — 244 f, 278, 282 f, 347
- Rechtsquellen — 473

UNIDROIT — 248 ff, 265

Unionsbürger — 345, 355, 365, 370, 378

Unteranknüpfung — 528, 534, 542

Uruguay
- Abkommen — 282, 295, 301
- Rechtsquellen — 428, 430

Usbekistan
- Abkommen — 331
- Rechtsquellen — 480

Vaterrecht — 446, 573, 583, 632

Vatikan
- Abkommen — 278

Venezuela
- Abkommen — 278, 282, 296
- Rechtsquellen — 429, 431

Verbraucherschutz — 45, 117 ff

Vereinbarung — 317, s auch Staatsvertrag

Vereinigte Arabische Emirate
- Rechtsquellen — 488

Vereinigte Arabische Republik
- Mehrrechtsstaat — 542

Vereinigte Staaten von Amerika
- Abkommen — 244 f, 278, 282, 353
- Mehrrechtsstaat — 530, 538
- Rechtsquellen — 419 ff

Vereinigtes Königreich Großbritannien und Nordirland
- Abkommen — 278, 282 f, 290, 404
- Mehrrechtsstaat — 530, 538
- Rechtsquellen — 416

Verfahrensrecht, internationales 195, 278, 282 f, 290, 297, 436, 457, 458 ff, 465, 469, 476 f, 479, 499, 608 f	Wiener Vertragsrechtskonvention 270, 327 f
	Wiener Konvention über die Staatennachfolge in Verträge 329
Verfassungswidrigkeit 446, 572, 583, 585, 600	Wohnsitz 2, 8
Verhaltensrichtlinie 108 f	Wohnsitzprinzip 172, 432, 460, 539
Verschleppte Personen 350, 389	
Verträge von Montevideo 295, 299, 316	Zaire
Verwaltungsrecht, internationales 196, 322	– Abkommen 282
Verweisungsnorm 13	Zentralafrikanische Republik
Verweisungsrecht 9	– Abkommen 282
Völkerrecht 304 ff, 341	– Rechtsquellen 427
Völkerrechtswidrigkeit 307, 309, 312 ff	Zivilprozeßrecht, internationales 195, s auch Verfahrensrecht
Vollzugsgesetz 322	
Vormundschaftsabkommen, deutsch-österreichisches 404	Zuständigkeit, internationale 2, 278, 290, 292, 301, 398, 438, 440, 450, 457, 462, 473, 487, 608
Wechselrecht, internationales 5, 322, 393, 413	Zypern
Weißrußland s Belarus	– Abkommen 250, 278, 282 f
Welthandelsrecht 7, 98 ff	– Mehrrechtsstaat 542
Wiener Kaufrecht s CISG	

A. Aufgabe, Begriff, Name, Rechtsnatur und Methoden des IPR

I. Aufgabe

1 Angesichts der zahlreichen in der Welt geltenden Rechtsordnungen ist stets zu prüfen, welches Recht einen bestimmten Sachverhalt beherrscht. Hat der Sachverhalt nur Bezüge zur eigenen (heimischen, inländischen) Rechtsordnung, so ist die Anwendung dieses Rechts eine Selbstverständlichkeit. Sinnlos ist die Frage nach dem anwendbaren Recht aber auch in solchen Fällen nicht. Sie wird nur nicht ausdrücklich gestellt. Der Rechtsanwendung liegt hier eine stillschweigende Entscheidung zugrunde (BEITZKE, Betrachtungen zur Methodik im Internationalprivatrecht, in: FS Smend [1952] 3 f; KEGEL, IPR 5; STAUDINGER/HAUSMANN Art 3 EGBGB Rn 5).

2 Weist der zu beurteilende Sachverhalt einen Bezug zu einer anderen Rechtsordnung auf – sei es daß einer der Beteiligten durch seinen Wohnsitz, seinen Aufenthalt oder seine Staatsangehörigkeit mit ihr in Verbindung steht, sei es daß sich der Sachverhalt ganz oder teilweise in ihrem Geltungsgebiet ereignete oder seine Wirkungen dort eintraten – so liegt die Notwendigkeit auf der Hand, das anzuwendende Recht zu bestimmen. Es würde zu untragbaren Ergebnissen führen, wollte man in *Fällen mit Auslandsberührung* (Grenzfällen) eigenes Recht, die lex fori auch dann anwenden, wenn die Parteien die Geltung fremden Rechts erwarten oder voraussetzen dürfen (su Rn 185 ff). Ebensowenig können sich inländische Gerichte und Behörden darauf beschränken, nur Fälle zu entscheiden, die dem inländischen Recht unterliegen. Abgesehen davon, daß es sehr schwierig und überhaupt nur bei bestimmten Sachverhalten oder bestimmten Rechtsfolgen möglich wäre, die im Tatbestand vertypten Merkmale einer Norm gebietsmäßig so zu begrenzen, daß diese nur auf Sachverhalte mit reinem Inlandsbezug passen, würde eine solche Regelung in sehr vielen Fällen, auch in sol-

nen Inländer beteiligt sind oder inländische Interessen berührt werden, praktisch zu einer Rechtsverweigerung führen. Ein solches Vorgehen liefe aber nicht nur eigenen Interessen des Staates zuwider, sondern könnte auch Belange fremder Staaten verletzen und Gegenmaßnahmen (Retorsion) herausfordern. Jeder Staat legt Wert darauf, daß im Ausland lebende oder geschäftlich tätige Bürger dort auch ihr Recht finden.

Da sich kein Staat der Aufgabe entziehen kann, Fälle, in denen die Anwendung 3 ausländischen Rechts in Betracht kommt, durch seine Gerichte und Behörden entscheiden zu lassen, ist zu normieren, nach *welcher Rechtsordnung* ein solcher Rechtsfall zu beurteilen ist, muß die Frage beantwortet werden, ob inländisches oder ausländisches Recht zu gelten hat.

II. Begriff

Sachverhalte mit Auslandsberührung lassen sich auf verschiedene Weise regeln. 4 Zum einen durch Schaffung und Anwendung übernationaler einheitlicher Rechtsnormen, zum anderen durch nationale Normen, die bestimmen, welche von mehreren in Betracht kommenden Rechtsordnungen maßgebend sein soll.

1. Der Name **Internationales Privatrecht** (IPR) läßt an das von RABEL, FS Erich 5 Kaufmann (1950) 309, als **Privatrecht auf internationaler Ebene** bezeichnete mehrstaatliche Privatrecht denken. Jedoch wird der Ausdruck hierfür im allgemeinen nicht verwandt. Man spricht vielmehr von *internationalem Einheitsrecht*. Dieses kann auf verschiedene Weise entstehen. Vor allem dadurch, daß mehrere Staaten in gemeinsamen Beratungen einheitliche Rechtsnormen ausarbeiten und dieses Einheitsrecht (lex uniformis, loi uniforme, uniform law) dann mit oder ohne staatsvertragliche Vereinbarung zum Bestandteil ihrer Rechtsordnungen machen (KROPHOLLER, Internationales Einheitsrecht [1975]).

Solches Privatrecht auf internationaler Ebene findet sich vor allem auf Gebieten, auf denen zwischenstaatlicher Verkehr und Handel eine besonders große Rolle spielen. Hierher gehören Wechsel- und Scheckrecht, gewerblicher Rechtsschutz, Urheberrecht sowie Kaufrecht (CISG) und Atomhaftungsrecht. Ferner rechnen hierzu See-, Luft-, Eisenbahn- und Straßenverkehrsrecht. In all diesen Bereichen gibt es eine Fülle von Abkommen (Näheres bei CHR vBAR, IPR I Rn 47 ff; KEGEL, IPR 60 ff).

Weitere Rechtsquelle des mehrstaatlichen Privatrechts ist die supranationale 6 Rechtssetzung gewisser internationaler Organisationen. Als Beispiel für das durch sie geschaffene interne Staatengemeinschaftsrecht sei das Privatrecht der Europäischen Union genannt, das auch Vorschriften enthält, nach denen sich die Rechtsbeziehungen von Personen aus den Mitgliedstaaten zu richten haben.

Zur Entwicklung einheitlicher Privatrechtsinstitute im internationalen Bereich trägt 7 ferner die Fortbildung *internationalen Gewohnheitsrechts* durch den Gerichtsgebrauch vor internationalen Instanzen oder Schiedsgerichten bei. Das Welthandelsrecht (SCHMIDTHOFF, Das neue Recht des Welthandels, RabelsZ 1964, 47) wird durch die UNCITRAL (KROPHOLLER, Internationales Einheitsrecht 46 ff) und außerstaatliche Organe wie zB Internationale Handelskammer und International Law Association vor allem in Form allgemeiner Geschäftsbedingungen, zB die Incoterms, gefördert (su Rn 106). Ältere *Quellen* sind veröffentlicht in ZWEIGERT/KROPHOLLER, Sources of International Uniform Law – Sources du droit uniforme international – Quellen des Internationalen Einheitsrechts, 3 Bde (1971/1972/1973) und Ergänzungsbd (1979).

8 2. Als **Internationales Privatrecht im weiteren Sinne** kann man auch alle Normen bezeichnen, die privatrechtliche Sachverhalte mit Außenbezug regeln. Hierunter fallen Sachnormen, die mit Rücksicht auf eine derartige Außenorientierung in der Sache selbst eine Sonderregelung treffen. So die Normen des Fremdenrechts ratione personae (su Rn 335). Ferner gehören hierher privatrechtliche Vorschriften, deren Tatbestand einen Auslandsbezug enthält. Dazu zählen §§ 1944 Abs 3, 1954 Abs 3 BGB (Ausschlagungs- und Anfechtungsfrist bei Auslandswohnsitz des Erblassers oder Auslandsaufenthalt des Erben), § 2251 BGB (Seetestament an Bord eines deutschen Schiffes außerhalb eines inländischen Hafens), § 92 c HGB (Abdingbarkeit von Vorschriften des deutschen Handelsvertreterrechts bei Tätigkeit oder bei Vermittlung bzw Abschluß von Schiffahrtsgeschäften außerhalb des Gebiets der EWR-Staaten). NEUHAUS, Grundbegriffe 99 f, spricht von bedingtem Sonderrecht für internationale Sachverhalte.

Das IPR im engeren Sinne wäre dann nur eine Unterart des *Außenprivatrechts*.

9 3. Als **Internationales Privatrecht im engeren Sinne** bezeichnet man das *Kollisionsrecht* (Grenz-, Konflikts-, Rechtsanwendungs-, Verweisungs- oder Zwischenprivatrecht) auf dem Gebiet des Privatrechts.

Kollisionsnormen bestimmen in Fällen mit Auslandsberührung, welches Recht auf den jeweiligen Fall anzuwenden ist.

10 Hiervon geht auch Art 3 Abs 1 S 1 EGBGB aus (s Begr des RegE, BR-Drucks 222/83 S 35). Die durch das IPR-NRG eingefügte Legaldefinition wird freilich nicht allen Ansprüchen gerecht (KEGEL, IPR 4; MünchKomm/SONNENBERGER Art 3 EGBGB Rn 2; STAUDINGER/HAUSMANN Art 3 EGBGB Rn 2). Sie sucht nämlich zugleich den Geltungsbereich der neuen Normen, der „folgenden Vorschriften", zu umreißen. Derartige Programmartikel finden sich in zahlreichen neueren IPR-Kodifikationen (zB § 2 RAG, Art 1 ungar IPR-VO, Art 1 türk IPRG, Art 1 jugosl IPRG, Art 1 schweiz IPRG, Art 1 ital IPRG [1995] und auch Art 1 Abs 1 EVÜ). In Fällen mit Auslandsberührung darf daher nicht übersehen werden, daß es auch außerhalb des EGBGB zahlreiche geschriebene und ungeschriebene Kollisionsregeln gibt (su Rn 388 ff).

11 Aufgabe einer **Kollisionsnorm** ist es nicht, in der Sache selbst zu entscheiden. Das ist Aufgabe des Rechts, auf das verwiesen wird. Der Kollisionsnorm steht die materielle oder materiellrechtliche Norm (lex causae) gegenüber, für die KAHN (JherJb 39 [1889] 1 = Abhandlungen I 161) den jetzt allgemein gebrauchten Ausdruck **Sachnorm** prägte (RAAPE/STURM, IPR I 4 ff; CHR vBAR, IPR I Rn 17; KROPHOLLER, IPR 87 f; KEGEL, IPR 53 ff). Neuerdings spricht man auch von Sachvorschriften (Art 3 Abs 1 S 2, Art 4 Abs 1 S 2 EGBGB).

12 Sachnormen entscheiden in der Sache selbst. Kollisionsnormen bestimmen, ob in einem Fall mit Auslandsberührung die eigenen (inländischen) Sachnormen oder die eines fremden Staats anzuwenden sind.

Die Ausdrücke Kollisionsnorm, Kollisionsrecht setzten sich als Oberbegriff für 13
Rechtsanwendungsregeln (Verweisungsnormen) ebenso durch wie der Name Internationales Privatrecht für die auf dem Gebiete des Privatrechts geltenden Konfliktsregeln (RAAPE/STURM, IPR I 7).

4. Im Schrifttum* treten in Widerstreit zu Kollisionsnormen die sogenannten **lois** 14

---

* **Schrifttum:** BALLARINO, Norme di applicazione necessaria e forma degli atti, Riv dir int priv proc 1967, 721; BATIFFOL, Point de contact entre le droit international public et le droit international privé, in: FS Yanguas Messía (1972) 77 = Choix d'articles (1976) 37, 43 ff; ders, Le pluralisme des méthodes en droit international privé, Rec des Cours 139 (1973-II) 75, 84, 138 ff; CASSONI, Le norme di applicazione necessaria nella Convenzione di Roma del 19 giugno 1980, ComStudi 1985, 131; ders, Spunti in tema di norme di applicazione necessaria, Giur ital 1986 IV 354; DE NOVA, Conflits de lois et normes fixant leur propre domaine d'application, in: FS Maury I (1960) 377 = I conflitti di legge e le norme con apposita delimitazione della sfera di efficacia, DirInt 1959, 13 = Scritti di diritto internazionale privato (1977) 353; ders, Ancora sulle norme sostanziali „autolimitate", DirInt 1959, 500 = Scritti 383; ders, Conflict of Laws and Functionally Restricted Substantial Rules, CalLRev 54 (1966) 1569 = I conflitti di legge e le norme sostanziali funzionalmente limitate, Riv dir int priv proc 1967, 699 = Scritti 387; ders, Historical and Comparative Introduction to Conflict of Laws, Rec des Cours 118 (1966-II) 441, 531 ff; ders, An Australian Case on the Application of Spatially Conditioned Internal Rules, Rev hell dr int 22 (1969) 24 = Scritti 397; ders, Norme autolimitate e autonomia delle parti, in: FS Wengler II (1973) 617 = DirInt 1971, 239; DERAINS, Les normes d'application immédiate dans la jurisprudence arbitrale internationale, in: FS Goldman (1982) 29; FRANCESKAKIS, La théorie du renvoi et les conflits de systèmes en droit international privé (1958) Nr 7 ff, 46 ff; ders, Quelques précisions sur les „lois d'application immédiate" et leurs rapports avec les règles de conflits de lois, Rev crit dr i p 1966, 1; ders, Lois d'application immédiate et règles de conflit, Riv dir int priv proc 1967, 691; ders, Lois d'application immédiate et droit du travail, Rev crit dr i p 1974, 273; GOTHOT, Le renouveau de la tendance unilatéraliste en droit international privé, Rev crit dr i p 1971, 1, 209, 415 ff; GRAULICH, Règles de conflit et règles d'application immédiate, in: FS Dabin II (1963) 629; GRIGERA NAÓN, Les règles de droit limitant leur propre domaine d'application. Doctrine comparée et droit argentin, in: Gedschr Constantinesco (1983) 185; GUEDJ, The theory of the „Lois de police". A functional trend in continental private international law. A comparative analysis with modern American theories (1989); HAY, Comments on „Self-Limited Rules of Law" in Conflicts Methodology, AmJCompL 30 – Supplement (1982) 129; VHOFFMANN, Inländische Sachnormen mit zwingendem internationalen Anwendungsbereich, IPRax 1989, 261; KARAQUILLO, Etude de quelques manifestations des lois d'application immédiate (1977); LIPSTEIN, Inherent Limitations in Statutes and the Conflict of Laws, in: FS Morris (1978) 184 = IntCompLQ 26 (1977) 884; ders, Les normes fixant leur propre domaine d'application. Les expériences anglaises et américaines, Trav Com fr dr i p 1977–1979 (1980) 187; MARQUES DOS SANTOS, As normas de aplicação imediata no direito internacional privado. Esboço de uma Teoria Geral, 2 Bde (1991); ders, Les règles d'application immédiate dans le droit international privé portugais, in: Droit international et Droit communautaire (1991) 187; MAYER, Les lois de police, Trav Com fr dr i p, Journée du cinquantenaire (1989) 105; MOSCONI, Norme di applicazione necessaria e norme di conflitto di origine convenzionale, Riv dir int priv proc 1967, 730; VOVERBECK, Les questions générales de droit international privé à la lumière des codifications et projets récents, Rec des Cours 176 (1982-III) 9, 177 ff; POCAR, Norme di applicazione necessaria e conflitti di legge in tema di rapporti di lavoro, Riv dir int priv proc 1967, 734; SCHURIG, Lois d'application immé-

(règles) **d'application immédiate**, lois d'application nécessaire, spatially conditioned internal rules, legislatively localised rules, laws containing localising limitations, functionally restricting rules, special substantive rules for multi-state problems, leggi con apposita delimitazione della sfera d'efficacia, norme autolimitate, norme di applicazione necessaria. Diese Ausdrücke können verdeutscht werden als Sachnormen, die ihren räumlichen Geltungsbereich selbst bestimmen, Sachnormen mit unmittelbarem Geltungsanspruch, **IPR-freie** oder **sich selbst begrenzende Sachnormen**. HELDRICH, Internationale Zuständigkeit und anwendbares Recht (1969) 43, spricht von selbstbegrenzten Sachnormen; NEUHAUS, Grundbegriffe 105, und ihm folgend KROPHOLLER, IPR 93, von Sachnormen mit einer eigenen (ausdrücklichen oder stillschweigenden) einseitigen Kollisionsnorm; KEGEL, in: Gedschr Ehrenzweig 53 und IPR 234 f, eher spöttisch von selbstgerechten Sachnormen.

15 Genau besehen handelt es sich hier nicht um eine neue Normenkategorie, um ein Tertium zwischen Kollisions- und Sachnormen, sondern um *Vorschriften, die zum positiven ordre public gehören*, also um Normen, die sich gegenüber fremdem Recht stets durchsetzen (BGB-RGRK/WENGLER, IPR 89 f; SCHURIG, in: HOLL/KLINKE [Hrsg] 65). FRANCESCAKIS, auf den die neue Terminologie zurückgeht, bezeichnet sie jetzt (Conflits de lois. Principes généraux, in: Rép Dalloz DrInt I [1968] Nr 136 f) auch völlig zu Recht als *lois de police*, als Vorschriften, deren Beachtung für die Aufrechterhaltung der politischen, sozialen und wirtschaftlichen Ordnung eines Landes notwendig ist.

16 Das Bemühen, Bestimmungen gerecht zu werden, die sich in einem starren IPR-System nicht unterbringen lassen, und die Sorge, dem weit verbreiteten ordre public-Trauma Vorschub zu leisten, führten zu der neuen, dogmatischer Klarheit nicht unbedingt förderlichen, von manchen Autoren sogar als völlig nutzlos bezeichneten Terminologie (A BUCHER, Grundfragen der Anknüpfungsgerechtigkeit im IPR [1975] 66 ff, 115 ff, 220; E LORENZ, Zur Struktur des IPR [1977] 73 f; LALIVE, Tendances et méthodes en droit international privé, Rec des Cours 155 [1977-II] 11, 120 ff, 142 ff; SCHURIG, Kollisionsnorm und Sachrecht [1981] 318 f).

17 Der Gedanke einer sich gegenüber der lex causae durchsetzenden, der lex fori angehörenden loi d'application immédiate fand ihren Niederschlag in Art 7 Abs 2 EVÜ (GIULIANO/LAGARDE, Bericht über das EVÜ, BR-Drucks 224/83, 33, 60) und von hier Eingang in Art 34 EGBGB, der jene Vorschrift ins nationale Recht inkorporierte. Beschränkt auf das internationale Schuldrecht besitzt Deutschland daher eine Norm zur einseitigen Sonderanknüpfung eigener Sachnormen mit international zwingendem Anwendungsbereich. Solche zwingenden Vorschriften mit ordnungspolitischem Charakter werden neuerdings als inländische Eingriffsnormen bezeichnet (Münch-

diate und Sonderanknüpfung zwingenden Rechts. Erkenntnisfortschritt oder Mystifikation?, in: HOLL/KLINKE (Hrsg), Internationales Privatrecht – Internationales Wirtschaftsrecht (1985) 55; SCHWANDER, Lois d'application immédiate, Sonderanknüpfung, IPR-Sachnormen und andere Ausnahmen von der gewöhnlichen Anknüpfung im IPR (1975) 184 ff, 248 ff; SPERDUTI, Les lois d'application nécessaire en tant que lois d'ordre public, Rev crit dr i p 1977, 257; TALPIS, Legal rules which determine their own sphere of application. A proposal for their own recognition in Quebec private international law, Themis (Montréal) 17 (1983) 201; VITTA, Cours général de droit international privé, Rec des Cours 162 (1979-I) 9, 118 ff, 137 ff, 159 ff; VOSER, Die Theorie der lois d'application immédiate im Internationalen Privatrecht (1993).

Komm/SONNENBERGER Einl IPR Rn 49; ERMAN/HOHLOCH Art 34 EGBGB Rn 1; PALANDT/ HELDRICH Art 34 EGBGB Rn 1).

Das Schweizer Recht kennt sogar einen Generalvorbehalt für Bestimmungen, die wegen ihres besonderen Bezugs zur innerstaatlichen Ordnung Durchsetzung erheischen (Art 18 IPRG) (HEINI/VISCHER, IPRG Kommentar [1993] Art 18 Rn 1 f). Auch Art 17 ital IPRG (su Rn 445) sieht ganz allgemein den Vorrang italienischer norme di applicazione necessaria vor dem an sich berufenen Sachrecht vor.

Ferner zeigt sich das Bestreben, auch *ausländische Sachnormen*, die ihren Geltungsbereich selbst bestimmen, im Wege der Sonderanknüpfung (su Rn 44 ff) in die Rechtsanwendung einzubeziehen. Dies ließe sich über den ordre public nicht erreichen, da der inländische Richter den fremden ordre public nicht zu beachten hat (hM und Rspr vgl RAAPE/STURM, IPR I 220 f).

Indes ist eine solche Sonderanknüpfung fremder Eingriffsnormen gar nicht wünschenswert. Jedenfalls ist es bedenklich und nicht ungefährlich, gewisse Sachnormen, die inhaltlich in keiner Weise abzugrenzen sind, nur deshalb in das an sich von einer einschlägigen Kollisionsnorm abgegrenzte Gebiet einbrechen zu lassen, weil sie – nach Ansicht der Gesetzesinterpreten – unabhängig vom IPR angewandt werden wollen. Die weitaus meisten Regeln des Privatrechts besitzen in der Tat kein eindeutig bestimmbares Anwendungsfeld. Einem mehr oder weniger verschwommenen Geltungswillen folgen, heißt kollisionsrechtlich abdanken und sich richterlicher Willkür verschreiben (SCHWANDER, Lois d'application immédiate 295; NEUHAUS, Grundbegriffe 105 ff; SCHURIG, Kollisionsnorm und Sachrecht 318 f).

III. Name

Der Name Internationales Privatrecht ist wesentlich jünger als das Rechtsgebiet selbst. Er geht auf JOSEPH STORY zurück, der in seinem 1834 in Boston erschienenen Werk Commentaries of the Conflict of Laws 9 ausführt: this branch of public law may be fitly denominated *private international law*.

In Frankreich verwandte diesen Ausdruck zuerst JOHANN JAKOB FOELIX, ein Pariser Anwalt deutscher Herkunft. Seine 1840 in der Revue étrangère et française de législation et d'économie politique veröffentlichte Darstellung trug den Titel Du conflit des lois de différentes nations ou du *droit international privé*, sein 1843 erschienenes, mehrfach aufgelegtes Werk nannte er Traité de droit international privé.

In Deutschland machte den Ausdruck *internationales Privatrecht* der Frankfurter Anwalt WILHELM SCHAEFFNER heimisch. Er veröffentlichte 1841 die Schrift Entwicklung des internationalen Privatrechts.

SAVIGNY, der das europäische IPR stärkstens beeinflußte, nannte Band 8 seines Systems des heutigen Römischen Rechts (1849) noch Herrschaft der Rechtsregeln über die Rechtsverhältnisse. Kapitel 1 trägt die Überschrift Örtliche Grenzen der Herrschaft der Rechtsregeln über die Rechtsverhältnisse, Kapitel 2 ist den zeitlichen Grenzen, also dem intertemporalen Recht, gewidmet.

25 Die in der angloamerikanischen und französischen Rechtssprache üblichen Ausdrücke conflict of laws, conflit de lois gehen auf den lateinischen Ausdruck *conflictus legum* zurück, den zum ersten Mal CHRISTIAN RODENBURG in einer 1653 erschienenen Monographie gebraucht haben dürfte: Tractatus de iure coniugum cum tractatione praeliminari de iure quod oritur ex statutorum vel consuetudinum discrepantium conflictu.

26 ULRICH HUBER, der seit 1657 in Franeker lehrte und drei Rufe nach Leyden ausschlug, war also nicht der erste, der in seinen berühmten Praelectiones iuris civilis (pars II, liber I, titulus III) (1689) den kollisionsrechtlichen Teil mit de conflictu legum überschrieb (KOLLEWIJN, Geschiedenis van de nederlandse wetenschap van het internationaal privaatrecht tot 1880, in: Geschiedenis der nederlandse rechtswetenschap I [1937] 131 Fn 1; VEEN, Recht en nut. Studiën over en naar aanleiding van Ulrik Huber [1636–1694] [Diss Groningen 1976] 7 Fn 37, 96 Fn 30).

27 Immerhin ist bemerkenswert, daß in dem 1688 anonym in Paris erschienenen Dictionnaire civil et canonique contenant les étymologies, définitions, divisions et principes du droit français conféré avec le Droit Romain das Stichwort conflit de juridiction, aber nicht der Ausdruck conflit de lois zu finden ist.

28 Das Wort *Kollisionsrecht* dürfte auf den Gießener Rechtslehrer NIKOLAUS HERT und seine 1688 erschienene Schrift De collisione legum zurückgehen.

29 In der Antike wurden diese Ausdrücke noch nicht gebraucht. Bei QUINTILIAN (Institutiones oratoriae VII 7, 1 f) finden wir zwar die Wendungen leges colliduntur, leges confligunt, Wendungen, die für den Autor soviel besagen wie legem legi contrariam esse. Jedoch spielt QUINTILIAN hiermit nicht auf sich widersprechende Normen verschiedener Städte, Provinzen oder Länder an, sondern behandelt ganz allgemein das Problem der Antinomie: Zwei Mädchen werden vom gleichen Manne entführt. Die eine verlangt die Hand, die andere den Kopf des Bösewichts (STURM, Comment l'Antiquité réglait-elle ses conflits des lois?, Clunet 1979, 259).

30 Im angloamerikanischen Sprachraum wird häufig auch *choice of law* verwendet. Hierunter ist nicht etwa Rechtswahl, sondern Kollisionsrecht zu verstehen (NORTH/FAWCETT 8; SCOLES/HAY 3; §§ 5 und 6 Restatement 2nd). Die Wendung dürfte erstmals von ALBERT VENN DICEY in The Conflict of Laws (1896) gebraucht worden sein.

IV. Rechtsnatur

31 1. Die Frage, ob die Regeln des IPR als Privatrecht oder als öffentliches Recht anzusprechen sind (MAURY, Règles générales des conflits de lois, Rec des Cours 57 [1936-II] 407 ff) oder aber als etwas Drittes (GUTZWILLER, Internationalprivatrecht [1931] 1536 ff) spielt mehr eine systematische und methodische Rolle. Praktisch bedeutsam wird die Frage in einem Bundesstaat im Hinblick auf die Verteilung der Gesetzgebungsgewalt zwischen Bund und Gliedstaaten (BEITZKE, Grundgesetz und Internationalprivatrecht [1961] 5 ff).

32 Nach heute wohl einhelliger Meinung ist das IPR **Privatrecht**, da es ebenso wie das materielle Privatrecht private Lebensverhältnisse regelt, ohne daß der Staat als

Hoheitsträger beteiligt ist (NEUHAUS, Grundbegriffe 5 f; RAAPE/STURM, IPR I 6; CHR vBAR, IPR I Rn 243 Fn 146; KEGEL, IPR 18 f; ERMAN/HOHLOCH Einl Art 3 EGBGB Rn 1). Der Umstand, daß das IPR dieser Aufgabe nur mittelbar dient, ist dabei ebensowenig maßgebend wie die Tatsache, daß es mitunter auch öffentliche Interessen berücksichtigt. Dies kann ja auch bei Sachnormen des Privatrechts der Fall sein.

2. In diesem Zusammenhang stellt sich die Frage, ob *IPR-Normen*, worauf der Name hindeutet, nur auf Privatrecht verweisen, oder *auch öffentlichrechtliche Vorschriften* einbeziehen.

Im Schrifttum ist das Problem, ob und unter welchen Voraussetzungen überhaupt **fremdes öffentliches Recht** herangezogen werden darf, außerordentlich kontrovers*.

---

* **Schrifttum:** ANDEREGG, Ausländische Eingriffsnormen im internationalen Vertragsrecht (1989); BAADE, Operation of Foreign Public Law, IntEncCompL III 12−36 ff, 56 ff; BASEDOW, Wirtschaftskollisionsrecht. Theoretischer Versuch über die ordnungspolitischen Normen des Forumstaates, RabelsZ 1988, 8; DROBNIG, Die Beachtung von ausländischen Eingriffsgesetzen – eine Interessenanalyse, in: FS Neumayer (1985) 159; ERNE, Vertragsgültigkeit und drittstaatliche Eingriffsnormen (1985); GRAUE, Recognition and enforcement of foreign security interests under domestic conflict rules, GermanYbIntL 26 (1983) 125; HAAK, Plaats en invloed van ‚publiekrechtelijke' regels in het IPR, WPNR 1984, 669, 689; HARTLEY, Foreign Public Law and Private International Law: English Report, in: KLEIN (Hrsg), Colloque de Bâle sur le rôle du droit public en droit international privé (1991) 13; VAN HECKE und KALENSKÝ, Ius cogens and the Law of International Trade, in: Essays in the Law of International Trade, Hague-Zagreb Colloquium (1976) 4 u 49; VAN HECKE, The Effect of Economic Coercion on Private Relationships, Rev belge dr int 1984−1985, 113; HEINI, Die Anwendung wirtschaftlicher Zwangsmaßnahmen im internationalen Privatrecht, BerGesVR 22 (1982) 37; ders, Ausländische Staatsinteressen und IPR, ZSR 100 (1981) I 65; HENTZEN, Zur Anwendung fremden Eingriffsrechts seit der IPR-Reform, RiW/AWD 1988, 508; KEGEL, Die Rolle des öffentlichen Rechts im Internationalen Privatrecht, in: FS Seidl-Hohenveldern (1988) 243, 258 ff; ders, The Rôle of Public Law in Private International Law: German Report, in: KLEIN (Hrsg), Colloque de Bâle (1991) 29; KREUZER, Parteiautonomie und fremdes Außenwirtschaftsrecht, in: Kolloquium vCaemmerer (1983) 89; ders, Ausländisches Wirtschaftsrecht vor deutschen Gerichten. Zum Einfluß fremdstaatlicher Eingriffsnormen auf private Rechtsgeschäfte (1986); LALIVE, Le droit public étranger et le droit international privé, Trav Com fr dr i p 1973−1975 (1977) 215; ders, L'application du droit public étranger, Rapport préliminaire et Rapport définitif, AnnInstDrInt 56 (1975) I 157, 219; LIPSTEIN, Conflict of Public Laws – Visions and Realities, in: FS Zajtay (1982) 357; ders, Öffentliches Recht und internationales Privatrecht, in: HOLL/KLINKE (Hrsg), Internationales Privatrecht – Internationales Wirtschaftsrecht (1983) 39; E LORENZ, Die Rechtswahlfreiheit im internationalen Schuldvertragsrecht. Grundsatz und Grenzen, RiW/AWD 1987, 569, 578 ff; MANN, Sonderanknüpfung und zwingendes Recht im internationalen Privatrecht, in: FS Beitzke (1979) 607; MARESCA, Conformità dei valori e rilevanza del diritto pubblico straniero (1990); MAYER, Les lois de police étrangères, Clunet 1981, 277; ders, Le rôle du droit public en droit international privé, Rev int dr comp 1986, 467; ders, Le rôle du droit public en droit international privé français, in: KLEIN (Hrsg), Colloque de Bâle (1991) 63; PÉREZ BEVÍA, La aplicación del derecho público extranjero (1989); PHILIP, General Course on Private International Law, Rec des Cours 160 (1978-II) 1, 63 ff; PIEHL, Ausländische zwingende Vorschriften im deutschen Schuld-

In der Sache selbst hat man drei theoretische Ansätze zu unterscheiden, die sich in den praktischen Ergebnissen sehr nahe kommen und nur methodisch-dogmatisch auseinanderlaufen.

35 (1) Internationales Privatrecht grenzt per definitionem nur den Geltungsbereich von Vorschriften des Privatrechts ab. Fremdes öffentliches Recht wird *grundsätzlich ignoriert* (BGHZ 31, 367, 371 = IzRspr 1958/59 Nr 136). Hiervon gibt es aber vier Ausnahmen:

36 (a) In internationalen Abkommen wird die Anwendung fremden öffentlichen Rechts ausdrücklich vereinbart. So zB im Abkommen von Bretton Woods (su Rn 202) (BGH NJW 1980, 502 = IPRspr 1979 Nr 139).

37 (b) Das fremde öffentliche Recht fördert die Belange des Forumstaats in einem Maße, daß es kraft positiven ordre publics geboten ist, die betreffenden Vorschriften auch im Forumstaat durchzusetzen. So zB die Beachtung amerikanischer Embargo-Vorschriften, die verhindern sollten, daß mit westlichen Wirtschaftsgütern das Kriegsmaterial des Ostens vergrößert wird (BGHZ 34, 169, 177 f = NJW 1961, 822; BGH NJW 1962, 1436) oder des nigerianischen Ausfuhrverbots von Kulturgut (BGHZ 59, 82, 86). Der BGH arbeitet hier mit § 138 BGB, was im Ergebnis auf das Gleiche hinausläuft.

38 (c) Fremdes öffentliches Recht ist privatrechtlich zu qualifizieren, weil es vorwiegend dem Schutz des Einzelnen dient und einen billigen Ausgleich von Einzelbelangen zu erreichen sucht (vHOFFMANN, Der Schutz des Schwächeren bei internationalen Schuldverträgen, RabelsZ 1974, 396; KROPHOLLER, Das kollisionsrechtliche System des Schutzes

statut, RiW/AWD 1988, 841; RADICATI DI BROZOLO, Foreign Public Law before Italian Courts, in: KLEIN (Hrsg), Colloque de Bâle (1991) 85; REICHELT, Beachtung zwingender Bestimmungen im österreichischen IPRG. Ansätze richterlicher Rechtsfortbildung zu § 1 ö IPRG, ZfRvgl 1988, 82; RADTKE, Schuldstatut und Eingriffsrecht, ZVglRW 84 (1985) 325; VAN ROOIJ, Conflict of Laws and Public Law, in: Netherlands Reports to the Twelfth International Congress of Comparative Law (1987) 175; SCHÄFER, Eingriffsnormen im deutschen IPR – eine neverending story, in: FS Sandrock (1995) 37; SCHIFFER, Sonderanknüpfung ausländischen „öffentlichen" Rechts durch Richterrecht in der Internationalen Handelsschiedsgerichtsbarkeit?, IPRax 1991, 84; SCHULTSZ, Les lois de police étrangères, Trav Com fr dr i p 1982–1983 (1986) 39; SCHURIG, Zwingendes Recht, „Eingriffsnormen" und neues IPR, RabelsZ 1990, 217; ders, Lois d'application immédiate und Sonderanknüpfung zwingenden Rechts: Erkenntnisfortschritte oder Mystifikation?, in: HOLL/KLINKE (Hrsg), Internationales Privatrecht – Internationales Wirtschaftsrecht (1985) 55; SIEHR, Ausländische Eingriffsnormen im inländischen Wirtschaftskollisionsrecht, RabelsZ 1988, 41; SONNENBERGER, Internationales Privatrecht/Internationales Öffentliches Recht, in: FS Rebmann (1989) 819; SPERDUTI, Droit international privé et droit public étranger, Clunet 1977, 5; STRIKWERDA, Semipubliekrecht in het conflictenrecht (1978); WENGLER, Sonderanknüpfung, positiver und negativer ordre public, JZ 1979, 175; ZIEGENHAIN, Extraterritoriale Rechtsanwendung und die Bedeutung des Genuine-Link-Erfordernisses. Eine Darstellung der deutschen und amerikanischen Staatenpraxis (1992); ZIMMER, Ausländisches Wirtschaftsrecht vor deutschen Zivilgerichten: Zur Unterscheidung zwischen einer normativen Berücksichtigung fremder zwingender Normen und einer bloßen Beachtung ihrer tatsächlichen Folgen, IPRax 1993, 65.

der schwächeren Vertragspartei, RabelsZ 1978, 634, 648 ff; BGHZ 31, 367, 371 = NJW 1959, 1101 = IzRspr 1958/59 Nr 136; BGHZ 64, 183, 189 = NJW 1975, 1220 = IPRspr 1975 Nr 118).

(d) Fremdes öffentliches Recht löste oder löst de facto im Machtbereich des fremden **39** Staats Tatbestandswirkungen aus, vor denen nur weltfremdes Theoretisieren die Augen verschließen könnte (SCHULZE, Das öffentliche Recht im Internationalen Privatrecht [1972] 216 ff; RGZ 91, 260, 261 u RGZ 93, 182, 184 – Unmöglichkeit der Leistung infolge kriegsbedingten Ausfuhrverbots; RGZ 96, 282 – Schmuggel; BGHZ 9, 34, 38 f = NJW 1953, 542 = IPRspr 1952/53 Nr 37 – Tilgung einer dem Reich verfallenen Forderung; BGHZ 83, 197 – Unmöglichkeit wegen veränderter politischer Verhältnisse im Iran; Wegfall der Geschäftsgrundlage als Folge iranischen Alkoholimportverbots BGH NJW 1984, 1746 = IPRax 1986, 154 mit Aufsatz von MÜLBERT, Ausländische Eingriffsnormen als Datum, ebenda 140 = RabelsZ 1989, 146 mit Anm von BAUM ebenda 152).

Dies ist die klassische, von der Rspr immer noch vertretene Theorie, wie sie NIEDE- **40** RER, Einführung in die allgemeinen Lehren des IPR (1954) 307 ff; SCHULZE 46 ff; RAAPE/STURM, IPR I 210, 310; SANDROCK/STEINSCHULTE, Handbuch der internationalen Vertragsgestaltung I (1980) Rn 183 ff; PALANDT/HELDRICH Art 34 EGBGB Rn 5, vertraten. Von SOERGEL/KEGEL Vor Art 7 EGBGB Rn 396 f; KEGEL, IPR 118 ff, 849 ff, 854 ff, wurde sie dahin modifiziert, daß fremdes öffentliches Recht nur insoweit zum Zuge kommt, als sich der fremde Staat in den Grenzen seiner Macht hält, also seine Normen kraft des ihm zu Gebote stehenden Gerichts- und Verwaltungsapparats auch durchzusetzen vermag. Keiner ihrer Kritiker konnte nachweisen, daß sie zu stoßenden Ergebnissen führt.

An ihr ist auch nach der IPR-Reform festzuhalten. Näheres su Rn 49 ff. **41**

(2) Andere leugnen den Satz von der grundsätzlichen Nichtanwendbarkeit fremden **42** öffentlichen Rechts und stellen auf das berufene Sachstatut, die *lex causae*, ab. In ihrem Rahmen soll das fremde Recht als Einheit, also ohne Rücksicht auf den Unterschied zwischen privatem und öffentlichem Recht, zum Zuge kommen und allenfalls durch die Vorbehaltsklausel verdrängt werden können. Soweit die fremde Norm des ausländischen öffentlichen Rechts nicht von der Kollisionsnorm berufen ist, bleibt sie außer Betracht. Eine Sonderanknüpfung fremder Eingriffsnormen ist weder zulässig noch erwünscht (LALIVE, Sur l'application du droit public étranger, SchwJbIntR 27 [1971] 103, 124 f; MANN, Conflict of Laws and Public Law, Rec des Cours 132 [1971-I] 107, 182 ff; ders, Eingriffsgesetze und Internationales Privatrecht, in: FS Wahl [1973] 139, 146 = Beiträge zum IPR [1976] 178, 186; ders, in: FS Beitzke 607; STOLL, Rechtliche Inhaltskontrolle bei internationalen Handelsgeschäften, in: FS Kegel [1987] 623, 628 f; PALANDT/HELDRICH Art 34 EGBGB Rn 6).

Diese Schuldstatuttheorie fand Eingang in Art 13 schweiz IPRG, dessen S 2 **43** bestimmt:

Die Anwendbarkeit einer Bestimmung des ausländischen Rechts ist nicht dadurch ausgeschlossen, daß ihr ein öffentlichrechtlicher Charakter zugeschrieben wird.

Die zurückhaltende Formulierung führte aber dazu, daß man sich – im Widerspruch zur Regierungsbegründung (Botschaft, BBl 135 [1983] I 263, Nr 214.2) – überlegt, welche

Eingriffsnormen auszugrenzen sind (HEINI, IPRG Kommentar [1993] Art 13 Rn 22 ff). Kritisch zur Öffnung gegenüber öffentlichrechtlichen Normen STURM, Allgemeine Grundsätze im IPR-Gesetz, in: FS Moser (1987) 3, 14 ff.

44 (3) Wieder andere verlangen eine **Sonderanknüpfung ausländischer Eingriffsnormen**. Fremde Eingriffsnormen öffentlichrechtlicher Provenienz sind neben der an sich berufenen lex causae, die sie insoweit als Sonderstatut verdrängen, immer berufen, wenn sie mit dem zu beurteilenden Sachverhalt in hinreichend engem Zusammenhang stehen (WENGLER, Die Anknüpfung des zwingenden Schuldrechts im IPR, ZVglRW 54 [1941] 168; ders, Über die Maxime von der Unanwendbarkeit ausländischer politischer Gesetze, IntRDipl 1956, 191; ders, Sonderanknüpfung, positiver und negativer ordre public, JZ 1979, 175; ders, in: BGB-RGRK/WENGLER, IPR 530 f; ZWEIGERT, Nichterfüllung auf Grund ausländischer Leistungsverbote, RabelsZ 1942, 283; ders, IPR und öffentliches Recht, in: Fünfzig Jahre Institut für internationales Recht an der Universität Kiel [1965] 124; NEUMAYER, Die Notgesetzgebung des Wirtschaftsrechts im IPR, BerGesVR 2 [1958] 35; ders, Autonomie de la volonté et dispositions impératives en droit international privé des obligations, Rev crit dr i p 1957, 579 u 1958, 53; HABSCHEID, Territoriale Grenzen der staatlichen Rechtsetzung, BerGesVR 11 [1971] 47, 66 ff; SCHULTE, Die Anknüpfung von Eingriffsnormen, insbesondere wirtschaftsrechtlicher Art, im internationalen Vertragsrecht [1975] 114 ff; SCHWANDER, Lois d'application immédiate, Sonderanknüpfung, IPR-Sachnormen und andere Ausnahmen von der gewöhnlichen Anknüpfung im IPR [1975] 344 ff, 376; MAYER Clunet 1981, 316 ff).

In letzter Zeit wird der Akzent vom Anwendungswillen der Eingriffsnorm auf das Anwendungsinteresse des Forumstaats verlagert (KREUZER, Ausländisches Wirtschaftsrecht 88 f, 91 ff; SONNENBERGER, in: FS Rebmann 827 f, 833; MünchKomm/SONNENBERGER Einl IPR Rn 53, 264, 277).

45 Die Lehre von der Sonderanknüpfung von Schutzgesetzen und Eingriffsnormen, von Vorschriften, die staats-, sozial- oder wirtschaftspolitische Ziele verfolgen, erfreut sich neuerdings in Gesetzen und Abkommen besonderer Beliebtheit.

§ 41 öst IPRG (1979) verlangt eine solche Sonderanknüpfung für Verbraucherverträge. Zum Zuge kommt ohne Rücksicht auf eine anders getroffene Rechtswahl der Konsumentenschutz des Staates, in dem der Verbraucher seinen gewöhnlichen Aufenthalt hat.

Art 29 Abs 1 und Art 30 Abs 1 EGBGB sehen – entsprechend Art 5 Abs 2 und Art 6 Abs 1 EVÜ – eine allseitige Sonderanknüpfung bei Verbraucher- und Arbeitsverträgen vor, die sich gegenüber einer Rechtswahl durchsetzt.

Im schweiz IPRG (1987) erleidet die freie Rechtswahl ebenfalls Einbrüche zum Schutz von Konsumenten (Art 120) und Arbeitnehmern (Art 121 Abs 2).

Art 16 des Haager Abkommens über das auf die Stellvertretung anwendbare Recht vom 14. 3. 1978 (su Rn 278) bestimmt, daß insoweit zwingendes Recht eines jeden Staats herangezogen werden kann, zu dem der zu beurteilende Sachverhalt einen effektiven Bezug hat, als die betreffenden Vorschriften den von den Kollisionsnormen dieses Staates berufenen Sachnormen vorgehen.

2. Kapitel. IPR. Einleitung.
A. Aufgabe, Begriff, Name, Rechtsnatur und Methoden

Einl zum IPR
46—49

Drängen bei diesen Vorschriften Normen privatrechtlicher und privatinteressen- **46**
schützender Natur das Vertragsstatut beiseite, so erlaubt Art 19 Abs 1 schweiz IPRG
unter der Marginale Zwingende Bestimmungen eines ausländischen Rechts die
Beachtung öffentlichrechtlicher Eingriffsnormen von Drittstaaten. Dort heißt es:

Anstelle des Rechts, das durch dieses Gesetz bezeichnet wird, kann die Bestimmung eines anderen
Rechts, die zwingend angewandt sein will, berücksichtigt werden, wenn nach schweizerischer
Rechtsauffassung schützenswerte und offensichtlich überwiegende Interessen einer Partei es gebieten und der Sachverhalt mit jenem Recht einen engen Zusammenhang aufweist.

Während die Bestimmung von Mitgliedern der Expertenkommission begrüßt wurde
(VISCHER, Zwingendes Recht und Eingriffsgesetze nach dem schweizerischen IPR-Gesetz, RabelsZ
1989, 438, 447 ff; vOVERBECK, Le norme di applicazione necessaria, in: BROGGINI [Hrsg], Il nuovo
diritto internazionale privato in Svizzera [1990] 21, 24 ff; HEINI/VISCHER, IPRG Kommentar [1993]
Art 19 Rn 1 ff, 10 ff), stieß sie auch auf heftige Kritik (STURM, Die allgemeinen Grundsätze im
schweizerischen IPR-Gesetzesentwurf. Eine kritische Analyse, in: FS Moser [1987] 3, 16 ff).

Der Schweizer Vorschrift stand offensichtlich das EG-Übereinkommen über das auf **47**
vertragliche Schuldverhältnisse anzuwendende Recht vom 19. 6. 1980 (su Rn 290)
Pate. Art 7 Abs 1 dieses Übereinkommens lautet wie folgt:

Bei Anwendung des Rechts eines bestimmten Staates aufgrund dieses Übereinkommens kann den
zwingenden Bestimmungen des Rechts eines anderen Staates, mit dem der Sachverhalt eine enge
Verbindung aufweist, Wirkung verliehen werden, soweit diese Bestimmungen nach dem Recht des
letztgenannten Staates ohne Rücksicht darauf anzuwenden sind, welchem Recht der Vertrag unterliegt. Bei der Entscheidung, ob diesen zwingenden Bestimmungen Wirkung zu verleihen ist, sind
ihre Natur und ihr Gegenstand sowie die Folgen zu berücksichtigen, die sich aus ihrer Anwendung
oder ihrer Nichtanwendung ergeben würden.

Schon der Entwurf, dann das EVÜ selbst waren seitens der Anhänger der klassi- **48**
schen Lehre Gegenstand scharfer und berechtigter Kritik (KEGEL, Die selbstgerechte
Sachnorm, in: Gedschr Ehrenzweig [1976] 51, 84; MANN, in: FS Beitzke 616 ff; FIRSCHING, Übereinkommen über das auf vertragliche Schuldverhältnisse anzuwendende Recht [IPR-VertragsÜ] vom
11. 6. 1980, IPRax 1981, 37, 40; COING, Zur Anwendung zwingender ausländischer Vorschriften:
Art 7 des Übereinkommens über das auf vertragliche Schuldverhältnisse anzuwendende Recht, WM
1981, 810; SANDROCK/STEINSCHULTE, Handbuch der Internationalen Vertragsgestaltung I [1980]
Rn 195 f; HEINI ZSR 100 [1981] I 75 f, 83; ders, BerGesVR 22 [1982] 40 f; JUENGER, Parteiautonomie und objektive Anknüpfung im EG-Übereinkommen zum Internationalen Vertragsrecht. Eine
Kritik aus amerikanischer Sicht, RabelsZ 1982, 57, 67 f, 80 ff; SCHURIG, in: HOLL/KLINKE 75 f;
E LORENZ RiW/AWD 1987, 584).

Das IPR-NRG inkorporierte die Vorschrift nicht in das EGBGB und erklärte bei der **49**
Ratifikation des EVÜ einen entsprechenden Vorbehalt. Der Bundesrat befürchtete
insbesondere eine unvertretbare Rechtsunsicherheit infolge des weiten Ermessensspielraums, den die Norm den Gerichten eröffnet (BT-Drucks 10/504 S 100). Zu Recht
(KEGEL, IPR 231; ERMAN/HOHLOCH Art 34 EGBGB Rn 24; PALANDT/HELDRICH Art 34 EGBGB
Rn 1).

Damit besteht de lege lata keine gesetzliche Grundlage für die Sonderanknüpfung fremder Eingriffsnormen.

50 Dennoch wollen zahlreiche Autoren an diesem Lösungsweg festhalten und suchen – wenn auch vergeblich – die inhaltlichen Maßstäbe (Martiny, Der deutsche Vorbehalt gegen Art 7 Abs 1 des EG-Schuldvertragsübereinkommens vom 19.6.1980 – seine Folgen für die Anwendung ausländischen zwingenden Rechts, IPRax 1987, 277, 279 f; E Lorenz RiW/AWD 1987, 581 ff; Schurig RabelsZ 1990, 234; MünchKomm/Sonnenberger Einl IPR Rn 277 ff; MünchKomm/Martiny Art 34 EGBGB Rn 46 ff; Kropholler, IPR 435 f; Erman/Hohloch Art 34 EGBGB Rn 24; differenzierend Chr vBar, IPR I Rn 263 ff).

51 Die hierdurch heraufbeschworene Rechtsunsicherheit spricht dafür, am Bewährten festzuhalten und ordnungspolitischen Vorschriften ausländischer Staaten über Vorschriften des Sachrechts und den positiven ordre public zu steuern (so Rn 35 ff) (Radtke ZVglRW 84 [1985] 355 ff; Sturm, in: FS Moser 21; Schäfer, in: FS Sandrock 50 ff).

52 Wesentlich zurückhaltender als Art 7 Abs 1 EVÜ ist die Resolution des Institut de Droit International von 1991. Art 9 Abs 2 setzt voraus, daß die drittstaatlichen Eingriffsnormen von der internationalen Staatengemeinschaft allgemein anerkannt werden (franz Text IPRax 1991, 430; franz und engl Text RabelsZ 1992, 563).

53 Art 10 des niederl Entwurfs (su Rn 439) folgt hingegen Art 7 Abs 1 EVÜ fast wörtlich.

V. Methoden und Modelle

1. Allgemeines

54 Auf keinem anderen Rechtsgebiet wird ein so heftiger und unerbittlicher Meinungsstreit über Methodenfragen ausgetragen wie auf dem Gebiet des Kollisionsrechts. Auf keinem anderen Rechtsgebiet sind herkömmliche Modelle und Arbeitsmethoden so angefochten wie im Zwischenprivatrecht. Auf keinem Rechtsgebiet werden Schuldoktrin und Lehre so stark von Eigeninteressen getrübt wie im IPR, einem Feld, das eben sehr weitgehend von Privat- und Institutsgutachtern beackert, bepflanzt und finanziell genutzt wird.

2. Die klassische Methode

55 In Deutschland herrscht trotz aller Kritik noch die traditionelle, klassische Methode, die man im In- und Ausland, wenn auch zu Unrecht (Sturm, Savigny und das IPR seiner Zeit, Ius commune 8 [1979] 92, 99 ff), mit dem Namen Friedrich Carl von Savignys verbindet. Kennzeichnend für sie ist, daß mit Hilfe abstrakter Begriffe, den sog Anknüpfungsbegriffen, der Schwerpunkt des zu beurteilenden Rechtsverhältnisses ausgelotet und die Sachfrage – ohne Rücksicht auf das Ergebnis – mechanisch der so gefundenen lex unterworfen wird. Eine Korrektur erfolgt nur, falls dieses Ergebnis sich mit der politischen, sozialen und wirtschaftlichen Grundordnung des Forumstaats ganz und gar nicht vereinbaren läßt. Dann wird die an sich einschlägige lex vom ordre public des Gerichtsstaates ausgeschlossen.

2. Kapitel. IPR. Einleitung. **Einl zum IPR**
A. Aufgabe, Begriff, Name, Rechtsnatur und Methoden **56—60**

KEGEL (Begriffs- und Interessenjurisprudenz im internationalen Privatrecht, in: FS Lewald [1953] **56**
259; Vaterhaus und Traumhaus, in: FS Beitzke [1979] 551, 558 ff; Wandel auf dünnem Eis, in:
JUENGER, Zum Wandel des Internationalen Privatrechts [1974] 35; IPR 104) und sein Schüler
SCHURIG (Kollisionsnorm und Sachrecht [1981] 270 ff) verteidigen das klassische Modell,
das GERHARD KEGEL mit Axiomen, die Wertungen der *Interessenjurisprudenz* entsprechen, abzusichern sucht. Hauptaxiom sind für ihn die beiden folgenden Postulate:

(1) Grenz- und sachrechtliche Gerechtigkeit sind scharf zu trennen. Nur bei letzterer geht es um das sachlich beste, um das gerechte Ergebnis. Bei der internationalprivatrechtlichen Gerechtigkeit geht es allein um die Frage, welches Recht räumlich gesehen das beste, welche Norm mit dem zu beurteilenden Sachverhalt örtlich am nächsten verbunden ist, zu der zu beantwortenden Frage den engsten Bezug besitzt.

(2) Internationalprivatrechtliche Gerechtigkeit geht vor materiellrechtlicher. Zunächst ist das anwendbare Privatrecht zu bestimmen; dann erst in seinem Rahmen nach dem besten Ergebnis zu suchen.

Internationalprivatrechtliche Gerechtigkeit setzt für KEGEL und seine Schule zutref- **57**
fende Bewertung von Rechtsanwendungsinteressen voraus. Er unterscheidet Parteiinteressen (das Interesse des Durchschnittsmenschen, nach einer Rechtsordnung beurteilt zu werden, der er eng verbunden ist), Verkehrsinteressen (der internationale Rechtsverkehr ist durch einfache und leicht zu handhabende Kollisionsnormen zu fördern) und Ordnungsinteressen (äußerer und innerer Entscheidungseinklang sind zu wahren, Recht muß durchsetzbar sein, die Arbeit der Gerichte darf nicht übermäßig erschwert werden).

KEGEL stellt aber keine Hierarchie der Interessen auf und zieht im Gegensatz zu **58**
LÜDERITZ (Anknüpfung im Parteiinteresse, in: FS Kegel [1977] 31) auch keine praktischen
Folgen aus seinem Interessenkatalog, der offenbar nur mit modernen Waffen die
Zitadelle der überkommenen Regeln absichern soll. Kritisch zu beiden Münch-
Komm/SONNENBERGER Einl IPR 74 ff und zu KEGEL bereits NEUHAUS, Grundbegriffe 45.

In AXEL FLESSNER (Interessenjurisprudenz im internationalen Privatrecht [1990]) ist KEGEL **59**
nach 40 Jahren ein streitbarer Gegner erwachsen. Er tritt für eine *realistische Interessenjurisprudenz* ein: Nicht die vermuteten Interessen des Durchschnittsmenschen, nicht abstrakte kollisionsrechtliche Interessen sind im internationalen Raum letztlich entscheidend, sondern das sachrechtlich motivierte Interesse der konkreten Beteiligten an der Anwendung eines bestimmten Rechts (FLESSNER 44 ff, 48 ff, 140 ff). Nicht Ordnungsinteressen gilt es zu wahren, sondern dem Parteiwillen zu folgen (FLESSNER 98 ff). Das Interesse der Beteiligten ist auch ohne eine dahingehende Rechtswahl auf die Anwendung der lex fori gerichtet (FLESSNER 119 ff).

Damit brach FLESSNER das auf dem europäischen Kontinent herrschende System- **60**
denken auf, ohne freilich den letzten Schritt zu einer rein ergebnisorientierten
Rechtsanwendung zu tun. Gegen ihn wendet sich vom traditionellen Standpunkt aus

SCHURIG (Interessenjurisprudenz contra Interessenjurisprudenz im IPR, RabelsZ 1995, 229), aber auch NORTH in seiner Rezension, AmJCompL 39 (1991) 437.

3. Conflicts revolution

61 Die überkommene Methode war schon früher vor allem in den USA Gegenstand von Angriffen und führte geradezu zu einer conflicts revolution*.

---

* **Schrifttum:** BLIESENER, Fairness and Choice of Law: A Critique of the Political Rights – Based Approach to the Conflict of Laws, AmJCompL 42 (1994) 687; BODENHEIMER, Norm und Ermessen in der Entwicklung des amerikanischen internationalen Privatrechts, RabelsZ 1987, 1; BORCHERS, The Choice-of-Law Revolution: An Empirical Study, Wash & Lee LRev 49 (1992) 357; BRILMAYER, Interest Analysis and the Myth of Legislative Intent, MichLRev 78 (1980) 392; dies, Governmental Interest Analysis: A House Without Foundations, OhioStLJ 48 (1987) 51; dies, Post-modernism in American Choice of Law, in: Liber Memorialis Laurent (1989) 695; dies, Conflict of Laws. Foundations and Future Directions (1991); GREEN, Legal Realism, Lex Fori, and the Choice-of-Law Revolution, YaleLJ 104 (1994/95) 967; JUENGER, Zum Wandel des Internationalen Privatrechts (1974); ders, American and European Conflicts Law, AmJCompL 30 (1982) 117; ders, Conflict of Laws. A Critique of Interest Analysis, AmJCompL 32 (1984) 1; ders, Governmental Interests – Real and Spurious – in Multistate Disputes, UCDavisLRev 21 (1988) 515; ders, Mass Disasters and the Conflict of Laws, UIllLRev 1989, 105; ders, Governmental Interests and Multistate Justice. A Reply to Professor Sedler, UCDavisLRev 23 (1990) 227; ders, Jurisdiction, Choice of Law and the Elusive Goal of Decision Harmony, in: FS Voskuil (1992) 137; ders, An International Transaction in the American Conflict of Laws, FlorJIntL 7 (1992) 383; ders, Choice of Law and Multistate Justice (1993); ders, Babcock v Jackson Revisited: Judge Fuld's Contribution to American Conflicts Law, AlbLRev 56 (1993) 727; ders, Private International Law or International Private Law?, King'sCLJ 5 (1994/95) 45; ders, The Complex Litigation Project's Tort Choice-of-Law Rules, LaLRev 54 (1994) 907; ders, The Evolution of American Choice-of-Law Doctrines Since Heini's „Neuere Strömungen", in: FS Heini (1995) 225; KAY, Theory into Practice: Choice of Law in the Courts, MercerLRev 34 (1983) 521 (Rez KROPHOLLER, RabelsZ 1984, 791); dies, A Defense of Currie's Governmental Interest Analysis, Rec des Cours 215 (1989-III) 9; dies, The Use of Comparative Impairment to Resolve True Conflicts: An Evaluation of the California Experience, CalLRev 68 (1980) 577; MCDOUGAL III, The Real Legacy of Babcock v Jackson: Lex Fori Instead of Lex Loci Delicti and Now It's Time for a Real Choice-of-Law Revolution, AlbLRev 56 (1993) 795; PETERSON, Moderne amerikanische IPR-Theorie, in: HOLL/KLINKE (Hrsg), Internationales Privatrecht – Internationales Wirtschaftsrecht (1985) 77; ders, New Openness to Statutatory Choice of Law Solutions, AmJCompL (1990) 423; POSNAK, Choice of Law: Interest Analysis and Its „New Crits", AmJCompL 37 (1989) 681; ders, Choice of Law-Rules vs Analysis: A More Workable Marriage than the (Second) Restatement. A Very Well-Curried Leflar over Reese Approach, MercerLRev 40 (1989) 869; REESE, American Choice of Law, AmJCompL 30 (1982) 135; ROSENBERG, The Comeback of Choice-of-Law-Rules, ColumLRev 81 (1981) 946; SEDLER, The Governmental Interest Approach to Choice of Law: An Analysis and a Reformulation, UCLALRev 25 (1977) 181; ders, Interest Analysis as a Preferred Approach to Choice of Law. A Response to Professor Brilmayer's „Foundational Attack", OhioStLJ 46 (1985) 483; ders, Professor Juenger's Challenge to the Interest Analysis Approach to Choice-of-Law. An Appreciation and a Reponse, UCDavisLRev 23 (1990) 865; ders, Interest Analysis, State Sovereignty and Fede-

Die *Kritik* setzt an sechs Punkten an: 62

– an den unbefriedigenden, oft vom Zufall abhängigen Ergebnissen;

– an den viel zu abstrakten und starren Anknüpfungsgegenständen und Anknüpfungsbegriffen, die Einzelfallgerechtigkeit verhindern;

– an dem Sprung ins Dunkle oder, wie die Amerikaner es nennen, am blindfold test, den das europäische Kollisionsrecht vom Richter verlange;

– an den theoretischen Tricks und Zauberkunststücken, wie Qualifikation, Angleichung, Vorfrage und renvoi, die die Europäer erfunden hätten, um die Unbrauchbarkeit ihres deduktiven Systemdenkens zu verdecken;

– an der Anwendung fremden Rechts selbst dort, wo dieses Recht gar nicht zum Zuge kommen wolle;

– an der völligen Mißachtung von Gemeinwohlinteressen, die bei der Anknüpfung ebenfalls eine Rolle zu spielen hätten.

Für die Kritiker ist das traditionelle IPR nichts anderes als ein Glasperlenspiel sub- 63
tiler lebensfremder Konstruktionen, das in der Praxis mehr Schaden als Nutzen stiftet.

Eine Reihe von **Ersatzmodellen** sucht nach Abhilfe. 64

a)   Einen **functional law approach** befürwortet DAVID F CAVERS (A Critique of the 65
Choice-of-Law Problem, HarvLRev 47 [1933/34] 173 = Selected Readings on the Conflict of Laws [1956] 101 = in: PICONE/WENGLER, IPR [1974] 125 mit einem Nachwort; The Conditional Seller's Remedies and the Choice of Law Process, NYULRev 35 [1960] 1126; The Choice-of-Law Process [1965]; Bibliographie in FS Cavers = Law & ContProb 41 [1977] 164). Auf der Suche nach einer möglichst gerechten Lösung des Einzelfalls müßten die sich aus den betroffenen Rechten ergebenden widerstreitenden Lösungen (*results*) gegenübergestellt und die Gesetzeszwecke (*policies*) unter Berücksichtigung der internationalen Komponente abgewogen werden. Aus den Umständen des Einzelfalls ergäbe sich dann, daß entweder eine Rechtsordnung ohne Beeinträchtigung der policy der andern angewandt werden kann oder daß dem Entscheidungsanspruch einer Rechtsordnung der Vorrang gebührt.

---

rally-Mandated Choice of Law in „Mass Tort" Cases, AlbanyLRev 56 (1993) 855; SEIDELSON, Interest Analysis or the Restatement Second of Conflicts: Which is the Preferable Approach to Resolving Choice-of-Law Problems, DuquesneLRev 27 (1988) 73; SIMSON, Plotting the Next „Revolution" in Choice of Law: A Proposed Approach, CornellIntLJ 24 (1991) 279; SIN- GER, Facing Real Conflicts (New Directions in Choice of Law: Alternatives to Interest Analysis), CornellIntLJ 24 (1991) 197; WHITE, Staking the Deck; Wisconsin's Application of Leflar's Choice-Influencing Considerations to Torts Choice-of-Law Cases, WiscLRev 1985, 401. Stimmen europäischer Autoren in den Sternchenfn bei Rn 89.

66 YNTEMA (Les objectifs du droit international privé, Rev crit dr i p 1969, 6, 9) nennt diese Methode zu Recht einen *free law approach*.

67 Diesen Vorwurf will CAVERS aber dadurch ausräumen, daß er allgemeine Rahmenrichtlinien (*principles of preference*) entwickelt, die dann zu gelten haben, wenn die policies der einschlägigen Sachnormen einen sich flächenmäßig überschneidenden Geltungsbereich erheischen (CAVERS, The Choice-of-Law Process [1965] 114 ff, 139 ff).

68 Man kann CAVERS nicht mit den meisten seiner Kritiker (LALIVE, Tendances et méthodes en droit international privé, Rec des Cours 155 [1977-II] 366 ff) vorwerfen, sein Modell gefährde die Rechtssicherheit. CAVERS lehnt zwar jurisdiction selection rules, leicht praktikable Kollisionsnormen, die ein Maximum an Voraussehbarkeit gewährleisten, völlig ab. Er will sich von civil law-Regeln lösen und zur case law-Methode und ihrem pragmatischen Festhalten an Präjudizien (stare decisis) zurückkehren. Es läßt sich aber nicht bestreiten, daß an sich auch kasuistisches Denken sichere Aussagen über das geltende Recht ermöglicht; zumindest nach einer gewissen Übergangszeit, in der sich die Rechtsprechung festigen kann (PM GUTZWILLER, Von Ziel und Methode des IPR, SchwJbIntR 26 [1968] 161, 188).

69 Die CAVERSsche Methode ist jedoch aus einem anderen Grund zu verwerfen; CAVERS geht von dem Postulat aus, die ratio legis eines Rechtssatzes ermögliche, seinen räumlichen und persönlichen Geltungsanspruch zu bestimmen. Die historische Erfahrung zeigt aber, daß dieses Postulat unzutreffend ist. Die Statutenlehre, die es ebenfalls – wenn auch in sehr starrer, vereinfachender Weise – zugrundelegte, scheiterte. Die Statutarier waren in einen völlig unfruchtbaren, kaum übersehbaren doktrinären Zuordnungsstreit zerfallen. Vestigia terrent. Hinzu kommt, daß der Inhalt eines Rechtssatzes und die von ihm verfolgten rechtspolitischen Ziele nur in den seltensten Fällen gestatten, den Geltungsanspruch einer Norm zu bestimmen (NEUHAUS, Grundbegriffe 31 f). Dem Gesetzgeber ist räumliches Denken in aller Regel fremd. Er entscheidet sich für eine Lösung, weil sie seinem Gerechtigkeitsideal entspricht oder er sie zumindest für die zweckmäßigste und praktikabelste hält. Schon hieraus ergibt sich ein umfassender Geltungswille.

70 b) Als **governmental interests analysis** läßt sich das Modell BRAINERD CURRIES nennen (Notes on Methods and Objectives in the Conflict of Laws, DukeLJ 8 [1959] 171 = Selected Essays on the Conflict of Laws [1963] 177 = in: PICONE/WENGLER, IPR [1974] 309, sowie weitere in den Selected Essays veröffentlichte Aufsätze).

Für CURRIE hat nicht die materiellrechtliche Interpretation konkurrierender Rechtsordnungen die kollisionsrechtliche Analyse zu steuern, sondern das Rechtsanwendungsinteresse der Staaten (*governmental interests*), die von der Lösung des zu beurteilenden Falls mittelbar oder unmittelbar betroffen werden.

71 Die Schritte des kollisionsrechtlichen Rechtsfindungsprozesses lassen sich aus der Sicht CURRIES wie folgt zusammenfassen:

(1) Zunächst ist an Hand des mit einer Norm verfolgten Zwecks (*policy*) das Interesse des Forumstaats an Heranziehung seines Rechts festzustellen.

(2) Dann ist die gleiche Analyse für die Normen der beteiligten fremden Staaten vorzunehmen.

(3) Hat nur die lex fori oder eines der beteiligten fremden Rechte ein Rechtsanwendungsinteresse, dann liegt eine echte Kollision (*true conflict*) gar nicht vor (*false conflict*). Zum Zuge kommt also die lex, die in casu angewandt werden will.

(4) Überall sonst hat das Gericht entweder nach der forum non conveniens-Lehre sich für unzuständig zu erklären oder die lex fori anzuwenden, der aus Sachgründen natürlicherweise der Vorzug gebühre. Nur der Kongreß, nicht der Richter könne über echte Interessenkollisionen zweier Bundesstaaten entscheiden.

CURRIES Lehre folgen insbesondere KAY (A Defense of Currie's Governmental Interests Analysis, Rec des Cours 215 [1989-III] 9), aber auch SEDLER (UCLALRev 25 [1977] 181; OhioStLJ 46 [1985] 483; UCDavisLRev 23 [1990] 865).

Genau besehen läuft die CURRIESche Methode auf die CAVERSsche hinaus, die CURRIE heftig bekämpft: Ob der Urteilsstaat oder der fremde Staat sein Recht auf den konkreten Fall angewandt wissen will, ist letztlich nichts anderes als Herausschälen von policies, wie es CAVERS vorschreibt (HILL, Governmental Interest and the Conflict of Laws – A Reply to Professor Currie, UChiLRev 27 [1960] 463, 477). Damit beginnt auch hier ein Ratespiel. Erforschung und Erfassung von policies and governmental interests sind von der Praxis einfach nicht zu leisten (KAHN-FREUND, Delictual Liability and the Conflict of Laws, Rec des Cours 124 [1968-II] 1, 60; ZWEIGERT, Zur Armut des IPR an sozialen Werten, RabelsZ 1973, 435, 440 f; BRILMAYER MichLRev 78 [1980] 402 ff; ROSENBERG ColumLRev 81 [1981] 946; JUENGER AmJCompL 32 [1984] 33 ff), ganz abgesehen davon, daß bei ihnen nur in den seltensten Fällen über ein subjektives und meist willkürliches Werturteil hinauszukommen ist. Kritisch vor allem BRILMAYER OhioStLJ 48 (1987) 51; JUENGER UCDavisLRev 21 (1988) 517, 528 ff; ders UCDavisLRev 23 (1990) 227.

Entsprechendes gilt für die auf CURRIES Sicht beruhende, diese aber stark abwandelnde **comparative impairment-Theorie**: Bei echter Kollision ist das Recht des Staates anzuwenden, dessen Interesse durch Nichtanwendung seines Rechts am stärksten beeinträchtigt würde (BAXTER, Choice of Law and the Federal System, StanfordLRev 16 [1963] 1).

Wohin die Methode führt, zeigt treffend der von LÜDERITZ (Gerhard Kegel und das deutsche IPR, RabelsZ 1982, 475, 485 ff) besprochene Entscheid in Re Air Crash Disaster Near Chicago, 644 F 2d 594 (1981). Kritisch auch KAY CalLRev 68 (1980) 577.

c) Für **better law approach** setzen sich ein: ROBERT A LEFLAR (Choice-Influencing Considerations in Conflicts Law, NYULRev 41 [1966] 267; Conflicts Law: More on Choice-Influencing Considerations, CalLRev 54 [1966] 1584; Conflict of Laws: Arkansas – the Choice-Influencing Considerations, ArkLRev 28 [1974] 199; Choice of Law: A Well-Watered Plateau, Law & ContProb 41 [1977] 10; American Conflicts Law [3. Aufl 1977] 193 ff, 205 ff, 215 ff; One Life in the Law [1985] 207 ff; dazu JUENGER, Leflar's Contributions to American Conflicts Law [Symposium: Leflar on Conflicts], SCarolLRev 31 [1980] 413) und LUTHER L McDOUGAL III, Towards Application of the Best Rule of Law in Choice of Law Cases, MercerLRev 35 (1984) 483, der zusammen mit FELIX 1986 die 4. Auflage von LEFLARS Lehrbuch herausgab, sowie FRIEDRICH K JUENGER (Choice of Law in Interstate Torts, UPaLRev 118 [1969] 202, 230 ff;

Möglichkeiten einer Neuorientierung des internationalen Privatrechts, NJW 1973, 1521, 1525; Zum Wandel des IPR 21 ff; FS Voskuil 146 f; Choice of Law and Multistate Justice 236 f).

75 Für JUENGER hat die den Zeitbedürfnissen entsprechende materiellrechtliche Lösung stets Vorrang vor verkrusteten überholten Regeln, die die Versteinerungen älterer Rechtsschichten darstellen. Auch Kollisionsrecht ist fortschrittlichem Rechtsdenken verpflichtet.

76 Anders LEFLAR: Für ihn ist die better rule nur eine der fünf Leitlinien (*choice-influencing considerations*), an denen sich kollisionsrechtliches Denken auszurichten hat:

– Vorhersehbarkeit der Ergebnisse (predictability of results);

– Gewährleistung interlokaler bzw internationaler Ordnung (maintenance of interstate and international order);

– Vereinfachung der Aufgaben des Richters (simplification of the judicial task);

– Förderung der Belange des Forumstaats (advancement of the forum's governmental interest);

– Anwendung der besseren Sachnorm (application of the better rule of law).

77 Dabei gilt es Zweierlei zu beachten:

(a) Die Anordnung der Leitlinien besagt weder etwas über das Gewicht der einzelnen Standards noch über die Reihenfolge ihrer Prüfung. Welche Rolle sie zu spielen haben, hängt vom Einzelfall ab (LEFLAR, Conflicts 195).

(b) Die klassischen Anknüpfungen sollen durch diese Leitlinien nicht ersetzt, sondern mit ihrer Hilfe nur überprüft werden. Das klassische Kollisionsrecht wird also nicht beiseitegeschoben, sondern dort fortgebildet, wo überholte Mechanismen lebensnahen Lösungen im Wege stehen (LEFLAR, Conflicts 215 f).

78 Gegen JUENGER und LEFLAR, deren Thesen am überzeugendsten sind, wird man mit ZWEIGERT (RabelsZ 1973, 435, 442), E LORENZ (Zur Struktur des IPR [1977] 94 ff) und SCHURIG (Kollisionsnorm und Sachrecht [1981] 309 ff) ein Doppeltes einzuwenden haben:

(1) Better law approach ist subjektiv und überläßt es dem Richter zu bestimmen, wo Fortschritt, wo Rückschritt liegt. In einer politisch zerstrittenen Welt mit starken weltanschaulichen Gegensätzen ist aber nicht gewährleistet, daß sich die Rechtsprechung nach einer gewissen Übergangszeit auf einer Mittellinie einpendelt und damit dem Gleichheitssatz genügt.

(2) Better law approach trägt dem Bedürfnis nach Rechtssicherheit nicht genügend Rechnung. Er erschwert den Parteien die Vorausplanung und schließt sichere Voraussagen aus.

d) ALBERT A EHRENZWEIG (A Proper Law in a Proper Forum. A „Restatement" of the 79
„Lex Fori Approach", OklLRev 18 [1965] 340 = in: PICONE/WENGLER, IPR [1974] 323; Specific
Principles of Private Transnational Law, Rec des Cours 124 [1968-II] 167, 214 ff; A Treatise on the
Conflict of Laws [1962]; Conflicts in a Nutshell [13. Aufl 1974]; Private International Law I [2. Aufl
1972], EHRENZWEIG/JAYME, PrIntL II und III [1973/1977]; Wirklichkeiten einer „Lex-Fori Theorie":
Zwischen dem Begriffshimmel der Überrechte und der „Begriffshölle" des Eigenrechts, in: FS
Wengler II [1973] 251; und dazu SIEHR, Ehrenzweigs lex-fori-Theorie und ihre Bedeutung für das
amerikanische und deutsche Kollisionsrecht, RabelsZ 1970, 585; ders, Die lex-fori-Theorie heute, in:
SERICK ua [Hrsg], Ehrenzweig und das internationale Privatrecht [1986] 35, 49 ff; HESSEL, Rezeption der internationalprivatrechtlichen Lehren Albert A Ehrenzweigs in Europa, ebenda 143; dies,
Albert A Ehrenzweigs kollisionsrechtliche Lehren: Person und Werk [1990]; ABEND, Die lex validitatis im internationalen Vertragsrecht. Zugleich eine Untersuchung Ehrenzweigs Lehre von der
rule of validation im amerikanischen Kollisionsrecht für Verträge [Diss Heidelberg 1991]) hat sich
mit seinem **lex fori approach** den Übernamen Wächter redivivus eingehandelt (LIPSTEIN, Principles of the Conflict of Laws, National and International [1981] 30 ff). In der Tat
entnimmt er CARL GEORG WÄCHTERS Arbeit (Über die Collision der Privatrechtsgesetze
verschiedener Staaten, AcP 24 [1841] 230; 25 [1842] 1, 161, 361) zwei Grundideen: Ausgangs-
und Mittelpunkt jeder kollisionsrechtlichen Betrachtung hat die lex fori zu sein. Sie
stellt eine *basic* und eine *residuary rule* zugleich dar. Soweit nämlich klassische oder
von der Rechtsprechung entwickelte Kollisionsnormen fehlen, sind die Sachnormen
der lex fori auf ihren räumlichen Geltungsanspruch und das Eingreifen einer fremden lex zu befragen.

EHRENZWEIG, der nicht in die Reihe der IPR-Revolutionäre zu stellen ist, wird man 80
aber nicht gerecht, wenn man in ihm nur einen Epigonen WÄCHTERS sieht. Der
amerikanische Rechtslehrer entwickelte in Auseinandersetzung mit dem traditionellen IPR und der amerikanischen conflicts revolution eine Fülle eigener Ideen.
Wichtig ist seine feste methodische Stufenordnung, sein Eintreten für Parteiautonomie und ein begrenztes Wahlrecht von Unfallopfern.

Nach EHRENZWEIG ist in Fällen mit Auslandsberührung wie folgt vorzugehen: 81
Zunächst ist wirkliches Überrecht (*superlaw*) zu befragen, also völkerrechtliche Verträge (EHRENZWEIG, PrIntLaw I 28 f). Dann kommen die wenigen allgemein anerkannten oder ausdrücklich formulierten Kollisionsnormen zum Zuge, wie zB Geltung der
lex situs für Grundstücke, der lex voluntatis für Verträge (ebenda 85, 92). Fehlen wie
meist auch solche, dann ist auf Normen abzustellen, die die Rechtsprechung bei
echtem Aufeinanderprallen gegensätzlicher oder unterschiedlicher Lösungen entwickelte (ebenda 86 ff) oder die sich aus solchen Entscheiden herausschälen lassen
(ebenda 89 ff). Überall sonst gilt die Grund- und Auffangregel: Auf fremdes Recht ist
zu verzichten; es gilt die lex fori (ebenda 103 ff).

Hierbei ist Zweierlei zu bedenken: 82

(1) Ortsgebundene Regeln (*local data*), zB die am Unfallort geltenden Verkehrsregeln, sind stets zu beachten, wertende Standards (*moral data*) sind in aller Regel der
lex fori zu entnehmen (ebenda 77 ff, 83 ff); dazu JAYME, Ausländische Rechtsregeln
und Tatbestand inländischer Sachnormen. Betrachtungen zu Ehrenzweigs Datumtheorie, in: Gedschr Ehrenzweig (1976) 35.

(2) Um unerwünschtes forum shopping auszuschließen, gilt es, besondere Zuständigkeitsregeln zu entwickeln. Im forum non conveniens darf nicht geklagt werden (ebenda 107 ff, 233 ff).

83 EHRENZWEIG hat das große Verdienst, die bei Kollisionsrechtlern sehr oft als provinziell verschrieene lex fori wieder zu Ehren gebracht und aufgezeigt zu haben, daß der lex fori approach methodenehrlicher ist als die Akrobatik, mit der das traditionelle Kollisionsrecht sattsam bekanntes *Heimwärtsstreben* (homeward trend – oder wie EHRENZWEIG sagt – trend to stay at home) verdeckt.

84 Andererseits hängt auch EHRENZWEIG der irrigen Vorstellung an, Inhalt und Zweck von lex fori-Sachnormen könnten ihre örtliche Reichweite, ja gegebenenfalls sogar die Geltung eines ganz bestimmten fremden Rechts abgelauscht werden (KEGEL Rec des Cours 112 [1964-II] 224 ff; SCHURIG, Kollisionsnorm und Sachrecht 312 ff).

85 Schließlich befrachtet EHRENZWEIG das Verfahrensrecht mit Präzisierungslasten, die im traditionellen kontinentalen Kollisionsrecht die klassische Anknüpfungstechnik zu tragen vermag. Die Schwierigkeiten werden also nur verlagert (E LORENZ, Zur Struktur des internationalen Privatrechts 102).

86 Die amerikanische conflicts revolution war zunächst eine Auflehnung der Lehre gegen das *(First) Restatement* of the Law of Conflict of Laws, das von JOSEPH H BEALE verfaßt und 1934 vom American Law Institute veröffentlicht wurde. Seine weitgespannten, allseitigen, starren Kollisionsnormen mit ausschließlich territorialer Anknüpfung wurzelten in der Theorie der wohlerworbenen Rechte (vested rights) und führten zu stoßenden, da vom Zufall abhängigen Ergebnissen (JUENGER, Choice of Law and Multistate Justice 89 ff).

87 Als Antwort auf die Kritik sucht WILLIS REESE im *Second Restatement* (su Rn 419 f) überwiegend nicht durch strenge Regeln, sondern durch Leitlinien zum bedeutsamsten, zum engsten Bezug (most significant relationship) hinzuführen (JUENGER, Choice of Law and Multistate Justice 105 f).

88 Die eigentliche conflicts revolution beschränkte sich auf das Deliktsrecht (JUENGER, Conflicts of Laws, in: CLARK/ANSAY [Hrsg], Introduction to the Law of the United States [1992] 411, 429).

Einen guten Einblick in die facettenreiche amerikanische Rechtsprechung gibt KAY MercerLRev 34 (1983) 521; zu Einzelfragen vgl auch WHITE WiscLRev 1985, 401; BORCHERS Wash & Lee LRev 49 (1992) 357; JUENGER AlbLRev 56 (1993) 727; McDOUGAL III AlbLRev 56 (1993) 795.

4. Echo auf dem Kontinent

89 Auf dem Kontinent war das Echo der amerikanischen Lehren bemerkenswert*, der

---

* **Schrifttum:** AUDIT, A Continental Lawyer Looks at Contemporary American Choice-of-Law Principles (mit Stellungnahmen von vMEHREN und JUENGER), AmJCompL 27 (1979) 589; ders, Flux et reflux de la crise des conflits de lois, Trav Com fr dr i p, Journée du

2. Kapitel. IPR. Einleitung.
A. Aufgabe, Begriff, Name, Rechtsnatur und Methoden

Einfluß auf das kollisionsrechtliche Denken aber gering. Immerhin ist ZWEIGERT, Die Armut des IPR an sozialen Werten, RabelsZ 1973, 435, 444, 446, vom better law approach so beeindruckt, daß er bei Fehlen einer Norm, die klar und eindeutig das anwendbare Recht bestimmt, derjenigen lex den Vorzug gibt, welche das betroffene Rechtsgut am wirksamsten schützt.

In Europa herrscht weiterhin die klassische Methode. Der Zugang zum anwendbaren Recht erfolgt über – regelmäßig mehrseitige – Kollisionsnormen, nicht über eine von Sachnormen ausgehende, wertorientierte Betrachtungsweise. Wenn sich auch nicht, dem mos Americanus folgend, „policy-based" (vMEHREN AmJCompL 27 [1991] 606), „result-selective" (JUENGER, in: FS Voskuil 146) approaches durchsetzten, so haben sich doch die Kollisionsnormen selbst gewandelt, sind flexibler und für materiellrechtliche Werte offener geworden (AUDIT Trav com fr dr i p [1989] 61 f, 70 ff; LOUSSOUARN, L'évolution de la règle de conflit de lois, ebenda 79 ff; DE BOER, in: Forty Years On 4 ff, 13; JAYME ebenda 21 ff). Einzelheiten hierzu Rn 114 ff.

---

cinquantenaire (1989) 59; DE BOER, Forty Years On: The Evolution of Postwar Private International Law in Europe, im gleichnamigen Sammelband (1990) 1; DE NOVA, Le concezioni statunitensi dei conflitti di leggi viste da un continentale (1964); FLESSNER, Interessenjurisprudenz im internationalen Privatrecht (1990); HANOTIAU, Droit international privé américain. Du permier au second Restatement of the Law, Conflict of Laws (1979); ders, The American Conflicts Revolution and European Tort Choice-of-Law Thinking, AmJCompL 30 (1982) 73; HEINI, Eine neue Methode im IPR?, ZSR 86 (1967) I 265; ders, Neuere Strömungen im Amerikanischen IPR, SchwJbIntR 19 (1972) 31; ders, Privat- oder „Gemein"-Interessen im IPR, ZSR 92 (1973) I 381; HELLER, Realität und Interesse im amerikanischen internationalen Privatrecht (1983); JAYME, The American Conflicts Revolution and its Impact on European Private International Law, in: Forty Years On: The Evolution of Postwar Private International Law in Europe (1990) 15; JOERGES, Zum Funktionswandel des Kollisionsrechts. Die „Governmental Interest Analysis" und die „Krise des internationalen Privatrechts" (1971) 38 ff; KEGEL, The Crisis of Conflict of Laws, Rec des Cours 112 (1964-II) 95; ders, Vaterhaus und Traumhaus, in: FS Beitzke (1979) 551; LANDO, The American Choice of Law Principles and the European Conflict of Laws of Contracts, AmJCompL 30 (1982) 19; E LORENZ, Zur Struktur des IPR (1977) 1 ff, 97 f; LOWENFELD, Renvoi Among the Law Professors: An American's View of the European View of American Conflict of Laws, AmJCompL 30 (1982) 99; MÜHL, Die Lehre vom „besseren" und „günstigeren" Recht im Internationalen Privatrecht. Zugleich eine Untersuchung des „better-law-approach" im amerikanischen Kollisionsrecht (1982); AK SCHNYDER, Interessenabwägung im Kollisionsrecht. Zu Brainerd Curries „governmental-interest analysis", ZSR 105 (1986) I 101; SIEHR, Ehrenzweigs lex fori-Theorie und ihre Bedeutung für das amerikanische und deutsche Kollisionsrecht, RabelsZ 1970, 466; ders, Domestic Relations in Europe: European Equivalents to American Evolutions, AmJCompL 30 (1982) 37; STRIKWERDA, Interest Analysis: No More than a „Protest Song"?, in: FS Voskuil (1992) 301; TRUTMANN, Das internationale Privatrecht der Deliktsobligationen. Ein Beitrag zur Auseinandersetzung mit den neuen kollisionsrechtlichen Theorien (1973); VISCHER, Die Kritik an der herkömmlichen Methode des Internationalen Privatrechts, in: FS Germann (1969) 287; VITTA, Réflexions sur quelques théories récentes aux Etats-Unis d'Amérique en matière de conflit de lois, Rev Inst Belge 47 (1970) 201; ders, Cours général de droit international privé, Rec des Cours 162 (1979-I) 9, 163 ff; ders, The Impact in Europe of the American „Conflicts Revolution", AmJCompL 30 (1982) 1.

5. Ersatz von Kollisionsnormen durch Sachnormen

91 In ganz andere Richtung geht die Tendenz, Kollisionsnormen durch Sachnormen zu ersetzen, die Fälle mit Auslandsberührung einer Sonderregelung zuführen. Genau genommen geht es um Herausbildung von Sachnormen für internationale Sachverhalte.

92 Hauptvertreter dieser Lehre ist STEINDORFF (Sachnormen im internationalen Privatrecht [1958]), dessen Thesen von WENGLER (Bespr, AcP 158 [1959/1960] 543), KEGEL (Rec des Cours 112 [1964-II] 238 ff), SCHWANDER (Loi d'application immédiate, Sonderanknüpfung, IPR-Sachnormen und andere Ausnahmen von der gewöhnlichen Anknüpfung im IPR [1975] 222 ff, 420 f) und SCHURIG (Kollisionsnorm und Sachrecht [1981] 43 ff, 331 ff) diskutiert werden. STEINDORFF nahe steht vMEHREN (Special Substantive Rules for Multistate Problems: Their Role and Significance in Contemporary Choice of Law Methodology, HarvLRev 88 [1974] 347). Auch STEINDORFF kämpft gegen das klassische IPR an. Das Absurde der immer noch herrschenden Methode sieht er darin, daß internationale Sachverhalte nationalisiert werden: Unsere Kollisionsnormen unterwürfen sie einem ganz bestimmten nationalen Recht. Bei starker internationaler Verflechtung führe eine solche Zuordnung nicht zu befriedigenden Ergebnissen. Internationalen Sachverhalten würde man nur dann gerecht, wenn man die Lösungen vergleiche, zu denen Kollisions- und Sachnormen aller beteiligten Staaten führten. Bei faktischem Gleichgewicht will STEINDORFF bald die den beteiligten Rechtsordnungen gemeinsamen Rechtsgedanken zugrundelegen (Kumulation), bald den Richter eine der von diesen Rechten angebotenen Lösungen wählen lassen.

93 Wie WENGLER zeigte, sind die Thesen STEINDORFFS überspitzt. Die Berücksichtigung mehrerer Rechtsordnungen – man denke nur an Kumulation, Vorfrage, renvoi – ist schon im traditionellen Kollisionsrecht gang und gäbe. Nicht genug. Die Vorschläge STEINDORFFS sind auch unklar, verschwommen und für die Praxis unbrauchbar. MünchKomm/SONNENBERGER Einl IPR Rn 61 ff spricht sich ebenfalls gegen sie aus.

94 Was sind internationale Sachverhalte? STEINDORFF kann nur negativ definieren. Nach ihm fallen hierunter nicht:

– Sachverhalte, bei denen alle beteiligten Rechtsordnungen darüber einig sind, daß ein bestimmtes Sachrecht zum Zuge kommen solle;

– Sachverhalte, die zwar nach den traditionellen Kollisionsnormen von abweichenden Sachstatuten beherrscht, die aber nach den einschlägigen Sachrechten gleich geregelt werden;

– Sachverhalte, bei denen die zu einem der beteiligten Rechte bestehende Verknüpfung in tatsächlicher Hinsicht überwiegt.

95 Die Beachtung dieser Regeln würde die Arbeit von Gerichten und Gutachtern nicht nur vervielfachen, sondern mangels eindeutiger Kriterien auch zu völlig unsicheren Ergebnissen führen, ganz abgesehen davon, daß die Parteien bei vorsorgender

Gestaltung ihrer Rechtsverhältnisse ebenso mit der Stange im Nebel herumfahren müßten wie während eines gerichtlichen Verfahrens.

6. Einheitsrecht für internationale Sachverhalte

Internationale Sachverhalte – das läßt sich nicht leugnen – wären natürlich besser 96 aufgehoben, wenn sie nicht in nationalen Rechten verankert, sondern international geregelt würden. Selbst die moderne amerikanische Lehre stellt dies heraus (McDougal III, „Private" International Law: Ius Gentium Versus Choice of Law Rules or Approaches, AmJCompL 38 [1990] 521; Juenger, Private International Law or International Private Law, King'sCLJ 5 [1994/95] 45). Hierzu bedarf es aber wirklich *einheitlicher Sachnormen* für internationale Sachverhalte.

a) Rom hat solche in Form von *ius gentium* geschaffen und konnte damit weitge- 97 hend besonderer Kollisionsnormen entraten (Sturm, Comment l'Antiquité réglait-elle ses conflits de lois?, Clunet 1979, 259, 270 ff).

b) Die Kaufmannschaft entwickelte im Mittelalter eine weltweit geltende **lex mer-** 98 **catoria***. Diese Tradition suchten insbesondere Aleksandar Goldstajn (The New Law Merchant, JBL 1961, 11), Clive Schmitthoff (International Trade Law and Private

---

* **Schrifttum:** Berger, Die UNIDROIT-Prinzipien für Internationale Handelsverträge. Indiz für ein autonomes Weltwirtschaftsrecht?, ZVglRW 94 (1995) 217; Blaurock, Übernationales Recht des Internationalen Handels, ZEuP 1993, 247; Bredin, A la recherche de l'aequitas mercatoria, in: FS Loussouarn (1994) 109; Dasser, Internationale Schiedsgerichte und lex mercatoria (1989); Gaillard (Hrsg), Chambre de commerce international – Transnational rules in international commercial arbitration (Paris 1993); ders, Trente ans de lex mercatoria. Pour une application de la méthode des principes généraux du droit, Clunet 1995, 5; Giardina, La Lex Mercatoria et la sécurité du commerce et des investissements internationaux, in: FS Rigaux (1993) 223; vHoffmann, „Lex mercatoria" vor internationalen Schiedsgerichten, IPRax 1984, 106; ders, Grundsätzliches zur Anwendung der „lex mercatoria" durch internationale Schiedsgerichte, in: FS Kegel (1987) 215; Juenger, The lex mercatoria and the Conflict of Laws, in: Carbonneau (Hrsg), Lex Mercatoria and Arbitration. A Discussion of the New Law Merchant (1990) 213; ders, Lex mercatoria und Eingriffsnormen, in: FS Rittner (1991) 233; ders, American Conflicts Scholarship and the New Law Merchant, VandJTL 28 (1995) 487; Ph Kahn, Les principes généraux du droit devant les arbitres du commerce international, Clunet 1989, 305; ders, La lex mercatoria: point de vue français après quarante ans de controverses, McGillLJ 37 (1992) 413; Kappus, „Lex mercatoria" in Europa und Wiener UN-Kaufrechtskonvention 1980 (1990); ders, „Conflicts avoidance" durch „lex mercatoria" und UN-Kaufrecht 1980, RiW/AWD 1990, 788; ders, „Lex mercatoria" als Geschäftsstatut vor staatlichen Gerichten im deutschen internationalen Schuldrecht, IPRax 1993, 137; Lagarde, Approche critique de la lex mercatoria, in: FS Goldman (1982) 125; Lando, The Lex Mercatoria and International Commercial Arbitration, IntCompLQ 34 (1985) 747; W Lorenz, Die Lex Mercatoria: Eine internationale Rechtsquelle?, in: FS Neumayer (1985) 407; Mádl, A Comparative Law Synthesis Theory versus Private Transnational Law as a New Concept of Private International Law, CompLYb 2 (1978) 1; Mertens, Nichtlegislatorische Rechtsvereinheitlichung durch transnationales Wirtschaftsrecht und Rechtsbegriff, RabelsZ 1992, 219; Meyer, Bona fides und lex mercatoria in der europäischen Rechtstradition (1994); Mustill, The New Lex Mercatoria: The First Twenty-five Years, in: Liber Amicorum Wilber-

International Law, in: FS Dölle II [1963] 254; Das neue Recht des Welthandels, RabelsZ 1964, 47), BERTHOLD GOLDMAN (Frontières du droit et lex mercatoria, ArchPhilDr 9 [1964] 177; La lex mercatoria dans les contrats et l'arbitrage international: réalités et perspectives, Clunet 1979, 475) und EUGEN LANGEN (Vom internationalen Privatrecht zum Transnationalen Handelsrecht, NJW 1969, 358; Transnational Commercial Law [1973]; Transnationales Recht [1981]) neu zu beleben. PHILIPPE KAHN stellte bereits 1961 in seiner von GOLDMAN betreuten Dissertation, La vente commerciale internationale 35 ff, 365 ff, aufgrund rechtssoziologischer Untersuchungen fest, daß es im Welthandel Sachnormen gibt, die auch ohne staatliche Sanktion gelten.

99 In Deutschland stieß der Gedanke eines „autonomen Rechts des Welthandels" zunächst überwiegend auf Ablehnung (KROPHOLLER, Internationales Einheitsrecht [1975] 121 ff; IPR 84 f; W LORENZ, in: FS Neumayer 428 f – „gegenwärtig illusionär" –; CHR vBAR, IPR I Rn 103 ff; KEGEL, IPR 68; REITHMANN/MARTINY, VertragsR Rn 38; MünchKomm/SONNENBERGER Einl IPR Rn 152 ff, 161 ff; SPICKHOFF RabelsZ 1992, 131 f).

100 Bemerkenswert ist jedoch, daß sich Schiedsgerichte in internationalen Handelssachen vielfach unmittelbar oder kraft Rechtswahl auf lex mercatoria bzw allgemeine Rechtsgrundsätze stützen und diese Schiedssprüche vor staatlichen Gerichten Bestand haben.

Der Spruch im Fall Pabalk v Norsolor wurde letztendlich sowohl von den österreichischen als den französischen Gerichten anerkannt (Trib gr inst Paris Clunet 1981, 836 mit Anm KAHN; Cass DS 1985, 101 mit Anm ROBERT = Rev crit dr i p 1985, 555; OGH IPRax 1984, 97 mit Aufsatz vHOFFMANN ebenda 106). Der vom LG Paris eingeschlagene Weg wurde vom französischen Kassationshof schon einige Monate später im Fall Fougerolle v Banque du Proche Orient bestätigt (Clunet 1982, 935 mit Anm OPPETIT). Der Schiedsspruch in Sachen Dt Schachtbau- und Tiefbohrgesellschaft v Rakoil war ebenfalls auf lex mercatoria gestützt; englische Gerichte erklärten ihn für vollstreckbar ([1987] 2 AllER 769 und dazu LALIVE Bull ASA 1987, 165; [1988] 2 AllER 883 und dazu KAPPUS IPRax 1990, 133). Lag in all diesen Fällen keine ausdrückliche Ermächtigung der Parteien vor, nach allgemeinen Rechtsgrundsätzen zu entscheiden, so ging das Schiedsgericht im Fall Primary Coal v Compania Valenciana von einer stillschweigenden Wahl der lex mercatoria aus. Auch sein Entscheid wurde nicht aufgehoben (Cour d'appel de Paris Clunet 1990, 430 mit Anm GOLDMAN; Cass Rev crit dr i p 1992, 113 mit Anm OPPETIT, und dazu BERGER, Lex mercatoria in der internationalen Wirtschaftsschiedsgerichtsbarkeit. Der Fall „Compania Valenciana", IPRax 1993, 281; GOLDMAN, Nouvelles réflexions sur la Lex Mercatoria, in: FS Lalive [1993] 241).

Das OG Zürich (BlZüRspr 1986, 44) stützte sogar im ordentlichen Verfahren die Auslegung einer Bankgarantie auf eine supranationale lex mercatoria, ohne nach einem Vertragsstatut nationalen Rechts zu fragen.

force (1987) 149; SIEHR, Sachrecht im IPR, transnationales Recht und lex mercatoria, in: HOLL/KLINKE (Hrsg), Internationales Privatrecht – Internationales Wirtschaftsrecht (1985) 103; SPICKHOFF, Internationales Handelsrecht vor Schiedsgerichten und staatlichen Gerichten, RabelsZ 1992, 116; STRENGER, La notion de lex mercatoria en droit du commerce international, Rec des Cours 227 (1991-II) 207; WENGLER, Allgemeine Rechtsgrundsätze als wählbares Geschäftsstatut?, ZfRvgl 1982, 11.

Zu diesen und weiteren Entscheiden Näheres bei KAPPUS, Lex Mercatoria 85 ff, und MEYER 99 ff.

Deutsche Gerichte hatten sich im Rahmen von Aufhebungs- oder Vollstreckungsverfahren noch nicht mit Schiedssprüchen zu befassen, die auf Rechtsgrundsätzen der lex mercatoria gründeten. Im Urteil BGHZ 96, 40, 44 ff = NJW 1986, 1437 = IPRspr 1985 Nr 200 (dazu SANDROCK, Zügigkeit und Leichtigkeit versus Gründlichkeit, JZ 1986, 370) ging es darum, ob das Schiedsgericht seinem Auftrag zuwider eine reine Billigkeitsentscheidung getroffen habe. Nur die Vorinstanz (OLG Frankfurt RiW/AWD 1984, 400 = IPRspr 1983 Nr 97) erwähnt überhaupt die lex mercatoria, siedelt sie aber offensichtlich nicht im Bereich des Rechts, sondern der Billigkeit an.

Im deutschen Schrifttum bahnt sich indessen eine Trendwende an. Zum Teil wird die lex mercatoria als Grundlage einer von den Schiedsparteien gewünschten Billigkeitsentscheidung oder bei deren ausdrücklicher Rechtswahl zugelassen (zB vHOFFMANN, in: FS Kegel 233). Zum Teil wird stillschweigende, aber hinreichend klare Rechtswahl als ausreichend angesehen (zB BERGER IPRax 1993, 286; MünchKomm/MARTINY Art 27 EGBGB Rn 28). Zum Teil sogar der direct approach, die von kollisionsrechtlicher Anknüpfung losgelöste Anwendung der lex mercatoria im schiedsgerichtlichen Verfahren bejaht (KAPPUS, Lex mercatoria 125; EHRIKE JuS 1990, 967, 969).

Die internationale Wirtschaft schuf und schafft sich durch die Spruchtätigkeit ihrer Schiedsgerichte Regeln, die den Bedürfnissen des Welthandels angemessen sind. Die mit ihnen heute wohl noch verbundene geringere Voraussehbarkeit der Ergebnisse verhinderte ihre Akzeptanz in einer Zeit zunehmender wirtschaftlicher Verflechtung nicht. Wir stehen damit vor dem Phänomen einer von staatlicher Rechtssetzung losgelösten Rechtsquelle (MERTENS RabelsZ 1992, 238; BLAUROCK ZEuP 1993, 267).

Es bleibt die mehr theoretische Frage, ob auch vor staatlichen Gerichten die lex mercatoria anstelle staatlicher Rechtssätze zum Vertragsstatut erhoben werden kann. WENGLER ZfRvgl 1982, 27 f; vHOFFMANN, in: FS Kegel 220 ff, 232; W LORENZ, Vom alten zum neuen internationalen Schuldvertragsrecht, IPRax 1987, 269, 272; SPICKHOFF RabelsZ 1992, 133 f; ERMAN/HOHLOCH Art 27 EGBGB Rn 9 ua lehnen dies ab. Zustimmend jedoch SIEHR, Die Parteiautonomie im Internationalen Privatrecht, in: FS Keller (1989) 485, 501 f; KAPPUS IPRax 1993, 138 ff, und wohl auch PALANDT/HELDRICH Art 27 EGBGB Rn 3. Eine Flucht aus den Grenzen der Rechtswahl, die Art 27 ff EGBGB ziehen, ist hier natürlich nicht möglich. Mißbräuche lassen sich auch dadurch verhindern, daß die Wahl der lex mercatoria Verträgen der internationalen Wirtschaft vorbehalten bleibt.

Das Institut de droit international sparte in seiner Resolution zur Parteiautonomie die Frage nach der Wählbarkeit nichtstaatlichen Rechts leider aus, nur ein Vorbehalt wurde in der Präambel verankert (JAYME IPRax 1991, 429).

c) Im internationalen Handelsverkehr besonders wichtig ist das **Klauselrecht** (KROPHOLLER, Internationales Einheitsrecht [1975] 119 ff, 223 f; CHR VBAR, IPR I Rn 100). Hierzu gehören: die von der *Internationalen Handelskammer* in Paris geschaffenen International Commercial Terms, internationale Regeln für die Auslegung der handelsüblichen Vertragsformeln (*Incoterms*) (DERAINS/EISEMANN, La pratique des Incoterms [3. Aufl 1988]; BREDOW/SEIFFERT, Incoterms 1990. Wegweiser für die Praxis [1990]; XUEREF, Les Incoterms 1990, in: DESSEMONTET [Hrsg], Les contrats de vente international de marchandises [1991] 131; BORGIA, Gli Incoterms della Camera di Commercio internazionale nella nuova edizione 1990, Riv dir int priv proc 1991, 71; RENCK, Der Einfluß der Incoterms 1990 auf das UN-Kaufrecht [Diss Hamburg 1995]; Wortlaut bei BAUMBACH/HOPT, HGB [29. Aufl 1995] 2. Teil Nr 6), die ebenfalls von ihr konzipierten *Einheitlichen Richtlinien und Gebräuche für Dokumentenakkreditive* (EISEMANN/SCHÜTZE, Das Dokumentenakkreditiv im Internationalen Handelsverkehr [3. Aufl 1989]; HOLTIJ, Dokumentenakkreditivgeschäft [1994]; NIELSEN, Die Revision der Einheitlichen Richtlinien und Gebräuche für Dokumenten-Akkreditive zum 1. Januar 1994, WM Sonderbeilage 2/94; ders, Neue Richtlinien für Dokumenten-Akkreditive [1994]; Wortlaut bei BAUMBACH/HOPT, HGB [29. Aufl 1995] 2. Teil Nr 11), die Einheitlichen Richtlinien für *Vertragsgarantien* (COING, Probleme der internationalen Bankgarantien, ZHR 1983, 125; STUMPF, Einheitliche Richtlinien für Vertragsgarantien [Bankgarantien] der Internationalen Handelskammer, RiW/AWD 1979, 1; TROST, Bankgarantien im Außenhandel. Die „Einheitlichen Richtlinien für Vertragsgarantien" der internationalen Handelskammer von 1978 [1982]; NIELSEN, Ausgestaltung internationaler Bankgarantien unter dem Gesichtspunkt etwaigen Rechtsmißbrauchs, ZHR 1983, 145; Wortlaut in IHK-Publikation Nr 325), die Einheitlichen Richtlinien für *auf Anfordern zahlbare Garantien* (GRAF VON WESTPHALEN, Ausgewählte Fragen zur Interpretation der Einheitlichen Richtlinien für auf Anfordern zahlbare Garantien, RiW/AWD 1992, 691; HASSE, Die Einheitlichen Richtlinien für auf Anfordern zahlbare Garantien der Internationalen Handelskammer – Uniform Rules for Demand Guarantees [URDG] – , WM 1993, 1985; PABBRUWE, Uniforme regels voor bankgaranties van de Internationale Kamer van Koophandel, WPNR 1993, 921; Wortlaut in IHK-Publikation Nr 458/1) sowie die *Allgemeinen Lieferbedingungen für den Export von Maschinen und Anlagen*, die die *Wirtschaftskommission der Vereinten Nationen für Europa* (Economic Commission for Europe) für Exporte in Entwicklungsländer aufstellte und die deshalb häufig ECE-Bedingungen genannt werden; schließlich eine Reihe anderer allgemeiner Lieferbedingungen der ECE für Obst, Gemüse, Trockenfrüchte usf (FERID, Die Allgemeinen Lieferbedingungen für den Export von Anlagegütern [1954]; TUNC, L'élaboration de conditions générales de vente sous les auspices de la Commission Economique pour l'Europe, Rev int dr comp 12 [1960] 108; SCHMITTHOFF, The Unification or Harmonisation of Law by Means of Standard Contracts and General Conditions, IntCompLQ 17 [1968] 551; CORNIL, The ECE General Conditions of Sale, JWorldTradeL 3 [1969] 390).

107 All diese Regelwerke finden durch Parteivereinbarung Eingang in internationale Verträge. Als kodifizierte Handelsbräuche können jedenfalls die Incoterms und die Einheitlichen Richtlinien und Gebräuche für Dokumentenakkreditive auch ohne besondere Abrede über das Vertragsstatut (zB nach § 346 HGB und § 157 BGB) Anwendung erheischen. Bisweilen werden sie sogar der lex mercatoria zugerechnet (REITHMANN/MARTINY, VertragsR Rn 37).

108 d)   Kein Normcharakter, auch keine Eigenschaft als Handelsbrauch kommt den *Verhaltensrichtlinien* (codes of conduct) zu, die von internationalen Organisationen erstellt werden. Zu denken ist etwa an die OECD-Erklärung über internationale Investitionen und die multinationalen Unternehmen nebst Leitlinien für multinationale Unternehmen von 1976 (dazu STAUDINGER/GROSSFELD [1993] IntGesR Rn 995 ff), den UN-Kodex zur Kontrolle wettbewerbsbeschränkender Geschäftspraktiken von 1980

2. Kapitel. IPR. Einleitung.
A. Aufgabe, Begriff, Name, Rechtsnatur und Methoden

Einl zum IPR
109—111

(dazu STAUDINGER/GROSSFELD [1993] IntGesR Rn 1017 ff) und den WHO-Kodex für die Vermarktung von Muttermilchersatznahrung von 1981.

Sie richten sich nicht nur an die Mitgliedstaaten dieser Organisationen, sondern zum **109** Teil auch unmittelbar an die Teilnehmer am internationalen Wirtschaftsverkehr, sind aber nicht bindend. Als Vorstufe zu Einheitsrecht enthalten sie Vorstellungen, wie dieses Recht aussehen sollte. Die einzelnen Verhaltensregeln sind Ausdruck politischer und rechtsethischer Grundwerte, die vom internationalen Konsens getragen werden. Derartigem **Soft Law*** könnte und sollte – wenigstens in gewissen Grenzen – bei der Anwendung heimischen Rechts über §§ 138 und 157 BGB, gegenüber ausländischem Recht und ausländischen Urteilen über den ordre public Nachachtung verschafft werden (GROSSFELD, Internationales Unternehmensrecht [1986] 292; HORN RabelsZ 1980, 447; BAADE IntEncCompL III 12—26; MünchKomm/SONNENBERGER Einl IPR Rn 229).

e) Auf Einzelgebieten entstand auch staatliches internationales **Einheitsrecht 110** (leges uniformes). Hierzu gehört das Haager Einheitliche Kaufrecht, das in der Bundesrepublik innerstaatlich umgesetzt als EKAG und EKG galt. Ihm war auf internationaler Ebene nur geringer Erfolg beschieden. Es wird mit der Zeit wohl vollständig durch das Wiener UNCITRAL-Übereinkommen über Verträge über den internationalen Warenkauf verdrängt. Das Wiener Kaufrecht, das auch im deutschsprachigen Schrifttum als CISG (Convention on Contracts for the International Sale of Goods) bezeichnet wird, verlangt nämlich eine vorgängige Kündigung der Haager Abkommen. Ihm sind bereits weltweit über 40 Staaten beigetreten (su Rn 244); auch die Bundesrepublik Deutschland.

f) Die Staaten des ehemaligen Ostblocks erließen besondere Gesetze über inter- **111** nationale Wirtschaftsverträge. Das GIW der DDR vom 5. 2. 1976 (GBl DDR 1976 I Nr 5 S 61) wurde im Anschluß an den Staatsvertrag zur Währungs-, Wirtschafts- und Sozialunion inhaltlich zum GW vom 28. 6. 1990 (GBl DDR 1990 I 483) umgestaltet und auf innerstaatliche Wirtschaftsverträge ausgedehnt. Beide Gesetze sind nur noch auf Altverträge anwendbar (Näheres bei STAUDINGER/RAUSCHER[12] Art 232 § 1-3 EGBGB Rn 7 u 11).

---

* **Schrifttum:** ABI-SAAB, Eloge du „droit assourdi". Quelques réflexions sur le rôle de la soft law en droit international contemporain, in: FS Rigaux (1993) 59; BAADE, Operation of Foreign Public Law, IntEncCompL III 12—26; BOTHE, Legal and Non-Legal Norm – A Meaningful Distinction in International Relations?, NedYBIntL 11 (1980) 65; DE LY, De privaatrechtelijke dimensie van transnationale gedragscodes, in: Eenvormig en vergelijkend privaatrecht (1989) 75; EHRICKE, „Soft law" – Aspekte einer neuen Rechtsquelle, NJW 1989, 1906; HORN, Die Entwicklung des internationalen Wirtschaftsrechts durch Verhaltensrichtlinien. Neue Elemente eines internationalen ordre public, RabelsZ 1980, 423; IDA, Formation des normes internationales dans un monde en mutation: critique de la notion de „Soft Law", in: FS Virally (1991) 333; RIGAUX, Les situations juridiques individuelles dans un système de relativité générale, Rec des Cours 213 (1989-I) 9, 355 ff, 362 f; SANDERS, Codes of Conduct and Sources of Law, in: FS Goldman (1987) 281; ŠARČEVIĆ, Unification and „Soft Law", in: FS vOverbeck (1990) 87; SEIDL-HOHENVELDERN, International Economic „Soft Law", Rec des Cours 163 (1979-II) 165; THÜRER, „Soft Law" – eine neue Form von Völkerrecht, ZSR 104 (1985) I 429; WEIMAR, Die wettbewerbsrechtliche Bedeutung internationaler Verhaltensregeln im Weltwirtschaftsrecht, RiW/AWD 1993, 85.

112 Außerdem galten für die Beziehungen zwischen den Mitgliedstaaten des *Rats für Gegenseitige Wirtschaftshilfe* (Comecon) mit normativer Kraft ausgestattete einheitliche Sonderregeln, insbes die *ALB/RGW 1968/1988* (Allgemeine Bedingungen für die Warenlieferungen zwischen den Organisationen der Mitgliedländer des Rates für Gegenseitige Wirtschaftshilfe, GBl DDR 1989 II 41) (Näheres darüber in STAUDINGER/ STURM/STURM[12] Rn 79 u 80). Auch sie verloren durch den Einigungsvertrag mit dem 3. 10. 1990 ihre Geltung in den neuen Bundesländern und spielen dort nur noch bei der Abwicklung bestehender Altverträge eine Rolle (STROHBACH, Auslegungsfragen zum intertemporalen Privatrecht, in: JAYME/FURTAK [Hrsg], Der Weg zur deutschen Rechtseinheit [1991] 131, 137; SPROSS, Fortwirkung des alten DDR-Wirtschaftsrechts nach dem Beitritt, DtZ 1992, 37, 39 ff).

113 Der Rat für gegenseitige Wirtschaftshilfe selbst wurde aufgrund der tiefgreifenden politischen Änderungen in Osteuropa am 28. 6. 1991 aufgelöst. Das von ihm entwikkelte Einheitsrecht ist damit auch für die Staaten Mittel- und Osteuropas hinfällig und wurde zum Teil durch neue bilaterale Verträge ersetzt (CAPATINA, Les règles conventionnelles des Etats de l'Europe de l'Est concernant les conflits de lois et la procédure internationale, in: VBAR [Hrsg], Perspektiven des Internationalen Privatrechts nach dem Ende der Spaltung Europas [1993] 29, 35 f).

7. Moderne Tendenzen im kontinentalen Kollisionsrecht

114 Entgegen manch pessimistischer Prophezeiung (zB JESSURUN D'OLIVEIRA, De ruïne van een paradigma: de konfliktregel [1976]) brachte die von Amerika ausgehende Erschütterung (so Rn 61 ff) bei uns das Denken in Kollisionsnormen nicht zum Einsturz. Europa suchte die Augenbinde SAVIGNYS (den Ausdruck prägte DEELEN, De blindoek van Von Savigny [1966]) abzulegen, das IPR von seiner Gleichgültigkeit gegenüber materiellrechtlichen Werten zu befreien und die Offenheit für befriedigende Lösungen in das System selbst einzubauen (VÉKÁS, Wertorientierung und ihre Grenzen im IPR, in: HOLL/ KLINKE [Hrsg], Internationales Privatrecht – Internationales Wirtschaftsrecht [1985] 145; LÜDERITZ, Fortschritte im deutschen internationalen Privatrecht, in: FS Köln [1988] 271; AUDIT, Flux et reflux de la crise des conflits de lois, Trav Com fr dr i p, Journée du cinquantenaire [1989] 59, 70 ff; LOUSSOUARN, L'évolution de la règle de conflit de lois, ebenda 79, 91 ff; DE BOER, Forty Years on: The Evolution of Postwar Private International Law in Europe, im Sammelband desselben Namens [1990] 1, 4 f, 13). Das Kollisionsrecht wurde ergebnisorientierter, funktioneller (LOUSSOUARN 87; AUDIT 70 f; ders, Droit international privé [1991] 106; SCHWIND, Die funktionelle Anknüpfung im IPR, in: FS Müller-Freienfels [1986] 547).

115 Dies zeigt sich an folgenden **Tendenzen**:

– *Schutz des Schwächeren* (su Rn 116 ff);

– stärkere Betonung der *Parteiautonomie* (su Rn 123 ff);

– *Günstigkeitsprinzip* und alternative bzw subsidiäre Anknüpfung (su Rn 142 ff);

– *Ausweichklauseln* (su Rn 152 ff);

– Zurückdrängen fremden Rechts durch Ausschluß des Kollisionsrechts in Bagatell-

und Eilsachen sowie bei fehlendem Antrag der Beteiligten (*fakultatives Kollisionsrecht*) (su Rn 174 ff);

– Bejahung *IPR-freier Sachnormen* (lois d'application immédiate) (so Rn 14 ff);

– *Sonderanknüpfung* von Eingriffsnormen (so Rn 44 ff).

a) Schutz des Schwächeren
Im IPR der Gegenwart tritt ganz besonders die Tendenz hervor, die schwächere Partei zu schützen*.

Hier zeigt sich der Fluch der bösen Tat: Der ordre public, den noch RG JW 1932, 591 = IPRspr 1931 Nr 7 zum Schutze eines deutschen Abzahlungskäufers einzusetzen vermochte, wurde von hM und Rspr derart entschärft und geschwächt, daß man beim Verbraucherschutz, also bei Abzahlungs-, Kleinkredit-, Versicherungsverträgen, bei Miete, Pacht und Fernlehrgängen, ja ganz allgemein bei Formularverträgen nicht mehr mit ihm auszukommen glaubte und sich gezwungen sah, auf andere, oft nicht weniger unscharfe Mittel zurückzugreifen wie Sonderanknüpfung, IPR-freie Sachnormen, Ausweichklauseln und ein im Sinne eines Mindeststandards aufgefaßtes (KROPHOLLER RabelsZ 1978, 649 f) Günstigkeitsprinzip. Die Parteiautonomie wird damit ganz bewußt beiseitegeschoben.

Erste Versuche des deutschen Kollisionsrechts, in das Neuland des Verbraucherschutzes vorzudringen, finden sich in § 12 AGBG und dem fast wörtlich übereinstimmenden § 11 FernUSG (REITHMANN, VertragsR Rn 302 f).

Eine Neuorientierung brachte das EVÜ (su Rn 290), das als lex uniformis die kollisionsrechtlichen Vorschriften aller Mitgliedstaaten der EU ablösen wird und bereits in das EGBGB inkorporiert ist (su Rn 607).

Nach Art 29 Abs 1 EGBGB (entspricht Art 5 Abs 2 EVÜ) darf dem Verbraucher durch Rechtswahl nicht der Schutz entzogen werden, den ihm die zwingenden Normen seines Aufenthaltsstaats gewähren. Auch im Arbeitsrecht können nach Art 30

---

* **Schrifttum:** vHOFFMANN, Über den Schutz des Schwächeren bei internationalen Schuldverträgen, RabelsZ 1974, 396; ders, Inländische Sachnormen mit zwingendem internationalem Anwendungsbereich, IPRax 1993, 261; KELLER, Schutz des Schwächeren im Internationalen Vertragsrecht, in: FS Vischer (1983) 175; KLINGSPORN, Der Schutz des Verbrauchers im internationalen Vertragsrecht, WM 1994, 1093; KNAPP, Essai sur la sauvegarde de l'ordre public et la protection des faibles en droit international privé, in: FS Guisan (1950) 191; KREN, Schutz der schwächeren Partei im schweizerischen internationalen Vertragsrecht unter Berücksichtigung der deutschen Rechtsordnung, ZVglRW 88 (1989) 48; KROPHOLLER, Das kollisionsrechtliche System des Schutzes der schwächeren Vertragspartei, RabelsZ 1978, 634; PINGEL, La protection de la partie faible en droit international privé. Du salarié au consommateur, Droit social 1986, 133; POCAR, La protection de la partie faible en droit international privé, Rec des Cours 188 (1984-V) 339; REITHMANN, VertragsR Rn 292 ff; REITHMANN/MARTINY, VertragsR 433, 449 f; TRENK-HINTERBERGER, Internationales Wohnungsmietrecht (Diss Marburg 1977) 140 ff; VISCHER, The Antagonism between Legal Security and the Search for Justice in the Field of Contracts, Rec des Cours 142 (1974-II) 1, 30 ff.

Abs 1 EGBGB (entspricht Art 6 Abs 1 EVÜ) die Schutzvorschriften nicht abbedungen werden, die sich aus objektiver Anknüpfung ergeben. Ferner sieht Art 34 EGBGB (entspricht Art 7 Abs 1 EVÜ) die einseitige Sonderanknüpfung deutscher privatschützender Normen vor.

120 Über dieses neuartige System des Schutzes der schwächeren Vertragspartei durch international zwingende Normen, die sich gegenüber dem gewählten Vertragsstatut durchsetzen, vHOFFMANN IPRax 1989, 261. Zur praktischen Umsetzung der neuen Normen STURM, La Convenzione di Roma nell'esperienza della giurisprudenza tedesca, in: BALLARINO (Hrsg), La Convenzione di Roma sulla legge applicabile alle obbligazioni contrattuali (1994) 67.

121 Entsprechende Vorschriften kennt auch das öst IPRG. Arbeits- und Verbraucherverträge unterliegen den Schutzvorschriften des Landes, in dem die Arbeit geleistet wird (§ 44) oder der Verbraucher sich gewöhnlich aufhält (§ 41). Zum Nachteil von Arbeitnehmer oder Verbraucher können diese Vorschriften nicht durch Parteiabrede ausgeschaltet werden. Darüberhinaus schützt § 42 Abs 2 IPRG Mieter und Pächter gegen eine sie benachteiligende Rechtswahl.

122 Die Schweiz unterwarf Konsumenten- (Art 120 IPRG) und Arbeitsverträge (Art 121 IPRG) ebenfalls Sondervorschriften (Näheres bei KREN ZVglRW 88 [1989] 48).

b) Parteiautonomie

123 Die Parteiautonomie* läßt sich als kollisionsrechtliches Regelungsprinzip bis in die Antike zurückverfolgen (STURM, in: FS Ernst Wolf 637 ff). Sie ist aber nicht nur alt, als Ausdruck privatrechtlicher Gestaltungsfreiheit ist sie zugleich in Art 2 GG verankert.

124 Art 2 GG macht privatrechtliche Gestaltungsfreiheit zu einem Grundpfeiler des deutschen Rechts. Staatliche Eingriffe durch Gesetz oder Einzelmaßnahmen sind

---

* **Schrifttum:** CARLIER, Autonomie de la volonté et statut personnel (1992); GANNAGÉ, La pénétration de l'autonomie de la volonté dans le droit international privé de la famille, Rev crit dr i p 1992, 425; GORÉ, „De la mode" dans les successions internationales. Contre les prétentions de la „professio iuris", in: FS Loussouarn (1994) 193; JUNKER, Die freie Rechtswahl und ihre Grenzen. Zur veränderten Rolle der Parteiautonomie im Schuldvertragsrecht, IPRax 1993, 1; MOSTERMANS, Party Autonomy: Why and When, in: Forty Years on: The Evolution of Postwar Private International Law in Europe (1990) 123; OSCHMANN, Faktische Grenzen der Rechtswahl, in: FS Sandrock (1995) 25; vOVERBECK, L'irrésistible extension de l'autonomie en droit international privé, in: FS Rigaux (1993) 619; SCHWANDER, Zur Rechtswahl im IPR des Schuldvertragsrechts, in: FS Keller (1989) 473; SIEHR, Die Parteiautonomie im Internationalen Privatrecht, in: FS Keller (1989) 485; STURM, Zur Gleichberechtigung im deutschen internationalen Privatrecht, in: FS Heidelberg (1967) 155, 168 ff; ders, Parteiautonomie als bestimmender Faktor im internationalen Familien- und Erbrecht, in: FS Ernst Wolf (1985) 637; ders, Die Privatautonomie im schweizerischen IPR-Gesetz: in: FS Giger (1989) 673; THIEDEMANN, Die Rechtswahl im deutschen Internationalen Erbrecht, RabelsZ 1991, 17; VANDER ELST, Liberté, respect et protection de la volonté en droit international privé, in: FS Rigaux (1993) 507; WATTÉ, L'autonomie de la volonté dans les Conventions de la Haye, Rev belge dr int 1991, 413.

2. Kapitel. IPR. Einleitung. **Einl zum IPR**
A. Aufgabe, Begriff, Name, Rechtsnatur und Methoden **125–131**

nur zulässig, wenn anerkannte Gemeinschaftsgüter wie Rechts- und Sozialstaatlichkeit anders nicht geschützt werden können (BVerfGE 20, 150, 154; 42, 263, 294 f; 46, 120, 159; 72, 155, 170; 89, 214, 216).

Parteiautonomie ist nicht nur eine Verlegenheitslösung, die Rechtssicherheit schafft. **125** Dank der Möglichkeit, das anwendbare Recht zu wählen, können die Betroffenen die objektive Anknüpfung beiseite schieben und – in den vorgegebenen Grenzen – zu der Rechtsordnung vorstoßen, die ihren Interessen am besten entspricht.

Im internationalen *Vertragsrecht* setzte sich die Parteiautonomie nahezu weltweit **126** durch. Einzelheiten bei vOVERBECK, in: FS Rigaux 619 ff. Das EVÜ und ihm folgend Art 27–37 EGBGB gehen vom Prinzip der freien Rechtswahl aus; sogar eine parteiautonome Vertragsspaltung ist zulässig. Andererseits wurden der Parteiautonomie zum Schutz der schwächeren Vertragspartei (so Rn 116 ff) Grenzen gezogen.

Im internationalen *Deliktsrecht* zeichnet sich noch keine einheitliche Linie ab. Im **127** geltenden, ungeschriebenen deutschen Recht erlaubt die neuere Lehre den Beteiligten, sich über das auf die Schadensabwicklung anwendbare Recht zu einigen (statt aller STAUDINGER/vHOFFMANN[12] Art 38 EGBGB nF Rn 145 ff); die Gerichte erkennen eine Rechtswahl jedenfalls nach Begehung der unerlaubten Handlung an (BGHZ 98, 263, 274 = NJW 1987, 592 = IPRspr 1986 Nr 144; BGH NJW-RR 1988, 534, 535 = IPRspr 1987 Nr 27; BGH NJW 1994, 1408, 1409). Daneben steht dem Geschädigten ein Wahlrecht zu, das bei Auseinanderfallen von Handlungs- und Erfolgsort den Richter vom Günstigkeitsvergleich befreit (statt aller PALANDT/HELDRICH Art 38 EGBGB Rn 3).

Der Referentenentwurf zur Ergänzung des IPR (su Rn 614) gibt zwar das Günstig- **128** keitsprinzip auf und kehrt zur Anknüpfung an den Handlungsort zurück (Art 40 Abs 1 S 1 EGBGB-RefE), gestattet dem Verletzten aber weiterhin, das Recht des Erfolgsorts zu wählen (favor laesi) (Art 40 Abs 1 S 2 EGBGB-RefE). Den Parteien ist aber nur noch nachträgliche Rechtswahl gestattet (Art 42 EGBGB-RefE). Bei Delikten, die sich im Rahmen eines Vertragsverhältnisses ereignen, kann es über die Ausweichklausel des Art 41 EGBGB-RefE zu einer akzessorischen Anknüpfung kommen und sich so eine bereits vor der schadenstiftenden Handlung vorgenommene Rechtswahl durchsetzen.

Kollisionsrechtliche Rechtswahl läßt auch Österreich zu; § 35 IPRG ist nämlich auch **129** auf außervertragliche Schuldverhältnisse anwendbar.

Art 112 schweiz IPRG gestattet hingegen nur die nachträgliche Wahl der lex fori, **130** bekennt sich aber in Art 113 Abs 3 IPRG uneingeschränkt zum Akzessorietätsprinzip. Großzügigere Wahlmöglichkeiten werden dem Verletzten aber bei der Produkthaftung (Art 135 Abs 1 IPRG), bei Immissionen (Art 138 IPRG) und bei Verletzung der Persönlichkeit durch Medien (Art 139 Abs 1 IPRG) eingeräumt.

Im internationalen *Sachenrecht* wird im allgemeinen an der lex rei sitae festgehalten, **131** wenn sich auch im Mobiliarsachenrecht ein Bedürfnis nach Auflockerung der starren Anknüpfung zeigt. STAUDINGER/STOLL[12] Int SachenR Rn 216 tritt daher für eine beschränkte Zulassung der Parteiautonomie ein; ablehnend FIRSCHING/vHOFFMANN § 12 Rn 10.

132 Die schweizerische Lösung, die eine Rechtswahl mit inter-partes-Wirkung zuläßt (Art 104 IPRG), ist eine Mißgeburt. Sie verkennt die wesenstypische Absolutheit dinglicher Rechte und führt in der Praxis in eine Sackgasse (STURM, in: FS Giger 689 ff; SIEHR, in: FS Keller 491).

133 Das deutsche internationale *Familienrecht* blieb der Parteiautonomie lange verschlossen. Ein Vorschlag FRITZ STURMS, in: FS Heidelberg 168 ff, die gleichberechtigungswidrigen Kollisionsnormen des alten EGBGB dadurch zu korrigieren, daß man den Ehegatten und Eltern eine begrenzte Rechtswahl eröffnet, fand zunächst nur im internationalen Namensrecht Widerhall (BGHZ 56, 193, 197, 203 f = FamRZ 1971, 426 = IPRspr 1971 Nr 48). Wandel brachte hier aber das IPR-NRG, das dem Parteiwillen wenigstens in engen Grenzen Raum gibt (Art 10 Abs 2–4, Art 14 Abs 2–4, Art 15 Abs 2 u 3, Art 17 Abs 1 u 3 iVm Art 14, Art 220 Abs 3 S 1 Nr 2 u S 2 EGBGB nF).

134 Auch im Ausland setzt sich Rechtswahl durch die Beteiligten immer mehr durch.

135 Art 311-16 Abs 2 frz CC stellt es bei der Ehelicherklärung (légitimation par autorité de justice) dem Antragsteller anheim, sich auf seine lex patriae oder die lex patriae infantis zu berufen. Nach Art 311-18 CC richtet sich der Unterhaltsanspruch (action à fin de subsides) nach Wahl des nichtehelichen Kindes nach Aufenthaltsrecht des Kindes oder nach Aufenthaltsrecht des Schuldners. Art 14 Abs 1 türk IPRG (1982) erlaubt es den Ehegatten, ihre güterrechtlichen Verhältnisse dem Recht ihres Wohnsitzes oder einem ihrer Heimatrechte im Zeitpunkt der Eheschließung zu unterstellen. § 9 der ungar IPR-VO (1979) gestattet den Parteien, statt des an sich anwendbaren fremden Rechts ungarisches Recht zu wählen. Ähnlich das internationale Ehescheidungsrecht der Niederlande (G vom 25. 3. 1981): Ausländische oder binationale Ehegatten können sich stets niederländischem Recht unterwerfen. Eine solche Unterwerfung gilt sogar als gemeinsam erfolgt, wenn sie nur ein Ehegatte vornimmt und der andere nicht widerspricht (Art 1 Abs 4). Für gemeinsames fremdes Heimatrecht können die Ehegatten optieren, wenn ein Ehegatte nur nominell mit dem Staat verbunden ist, dem der andere angehört (Art 1 Abs 2 S 2). § 19 öst IPRG (1978) läßt zur Bestimmung des Güterstatuts Rechtswahl zu, in engen Grenzen auch Art 52 schweiz IPRG (1987).

136 Wenn auch keine freie, so doch eine großzügige Wahlmöglichkeit räumt das Haager Güterrechts-IPR vom 14. 3. 1978 ein, das in Frankreich, Luxemburg und den Niederlanden gilt. Wählbar sind nach Art 3 und 6 des Übereinkommens:

– das Recht des Staates, dem einer der Verlobten oder Ehegatten angehört,

– das Recht des Staates, in dem sich einer der Verlobten oder Ehegatten gewöhnlich aufhält,

– das Recht des Staates, in dem ein Verlobter nach der Eheschließung Wohnsitz nehmen wird,

– für alle oder einzelne Grundstücke das Recht des jeweiligen Belegenheitsstaats.

Das ital IPRG (su Rn 445) gibt der lex volontatis beim Güterrecht ebenfalls Raum. **137** Gewählt werden kann Heimat- oder Aufenthaltsrecht eines jeden Ehegatten (Art 30 Abs 1 S 2). Jedoch wird die Rechtswahl, die der Schriftform bedarf, dadurch erschwert, daß, sowohl was Form als was Inhalt anbelangt, das gewählte Recht oder das Recht des Ortes, an dem gewählt wurde, die Rechtswahl anerkennen muß (Art 30 Abs 2).

Im internationalen *Erbrecht* ließ der deutsche Reformgesetzgeber nur die Wahl deut- **138** schen Rechts für im Inland belegene Grundstücke zu (Art 25 Abs 2 EGBGB).

Das öst IPRG (1978) lehnt erbrechtliche Privatautonomie überhaupt ab. Nach **139** Art 90 Abs 2 schweiz IPRG (1987) kann ein Ausländer mit letztem Wohnsitz in der Schweiz für sein Heimatrecht optieren (professio iuris). Auslandsschweizer werden besser behandelt. Ihnen eröffnen Art 87 Abs 2 und Art 91 Abs 2 die Möglichkeit, ihren ganzen Nachlaß oder den in der Schweiz belegenen Teil Schweizer Recht und Schweizer Zuständigkeit zu unterstellen.

Das noch nicht in Kraft getretene Haager Übereinkommen über das auf die Rechts- **140** nachfolge von Todes wegen anwendbare Recht vom 1. 8. 1989 ist großzügig. Art 5 Abs 1 bestimmt:

Une personne peut désigner la loi d'un Etat déterminé pour régir l'ensemble de sa succession. La désignation ne prend effet que si cette personne, au moment de la désignation ou au moment du décès, possédait la nationalité de cet Etat ou y avait sa résidence habituelle.

Das Haager Abkommen inspirierte den italienischen Gesetzgeber. Art 46 Abs 2 S 1 **141** ital IPRG läßt den Erblasser zwischen Heimat- und Aufenthaltsrecht wählen. Darüber hinaus bestehen – wie schon nach bisheriger italienischer Praxis – für die Auseinandersetzung des Nachlasses Wahlmöglichkeiten. Gemäß Art 46 Abs 3 ital IPRG können die Miterben teilen: nach dem Erbstatut; nach dem Recht des Landes, in dem der Erbfall eintritt; nach dem Recht des Landes, in dem sich ein oder mehrere Erbschaftsgegenstände befinden.

Der niederl Entwurf (su Rn 439) verweist in Art 65 auf das Haager Abkommen, das ratifiziert werden soll.

c) Günstigkeitsprinzip

Dem Savignyschen Prinzip wertneutraler Kollisionsnormen diametral entgegenge- **142** setzt sind *alternative und subsidiäre Anknüpfungen**. Das in ihnen zum Ausdruck gekommene Günstigkeitsprinzip zielt auf das sachrechtlich gewünschte Ergebnis.

---

* **Schrifttum:** Braun, Alternativanknüpfungen. Begriff, Funktion, Kritik (1985); Dörner, Moderne Anknüpfungstechniken im internationalen Personen- und Familienrecht, StAZ 1990, 1, 5 ff; Ganshof, La règle alternative de droit en matière de filiation, in: FS Vander Elst (1986) 323; Jorge, Rattachements alternatifs et principe de proximité. Les apports récents du droit international privé portugais, in: Droit international et Droit communautaire (1991) 213; vOverbeck, Les questions générales du droit international privé à la lumière des codifications et projets récents, Rec des Cours 176 (1982-III) 9, 81 ff.

143 Schon seit langem anerkannt ist der favor validitatis, wie er in Art 11 Abs 1 EGBGB aF und nF zum Ausdruck kommt: Rechtsgeschäfte sind formgültig, wenn sie den Erfordernissen des Geschäftsstatuts (lex causae) oder des Ortsstatuts (lex loci actus) entsprechen. Art 9 EVÜ erweiterte und verfeinerte diesen Grundsatz, eine dem Günstigkeitsprinzip verpflichtete Lösung, die in Art 11 EGBGB nF eingestellt wurde. In örtlicher und zeitlicher Hinsicht am weitgespanntesten ist das Günstigkeitsdenken im Haager Testamentsformabkommen (su Rn 278). Die Vielzahl alternativ vorgesehener Anknüpfungen dürfte Formungültigkeit letztwilliger Verfügungen im internationalen Rechtsverkehr so gut wie immer aus der Rechtspraxis verbannt haben.

144 Schon vor Inkrafttreten des EGBGB stellte das RG (RGZ 23, 305) die noch heute (BGHZ 80, 199 = NJW 1981, 1606 = IPRspr 1981 Nr 25) geltende Regel auf, daß bei Distanzdelikten das dem Verletzten günstigere Recht anzuwenden sei.

145 Heutzutage sind alternative Anknüpfungsbegriffe im Familienrecht beliebt, um die Herstellung von Statusverhältnissen zu erleichtern. So in Deutschland bei der ehelichen Abstammung (Art 19 Abs 1 S 1 u 2 EGBGB), der Legitimation (Art 21 Abs 1 S 1 u 2 EGBGB) und der Vaterschaftsfeststellung (Art 21 Abs 1 S 1 u 2 EGBGB).

146 Art 311-16 Abs 1 frz CC (1972) läßt legitimatio per matrimonium subsequens eintreten, wenn entweder die Voraussetzungen des Ehewirkungsstatuts (gemeinsames Heimat- bzw Wohnsitzrecht), der lex patriae eines Ehegatten oder der des Kindes gegeben sind; Art 311-17 CC fordert für Mutter- und Vaterschaftsanerkenntnis Vorliegen der Voraussetzungen, die entweder das Heimatrecht des Anerkennenden oder das Heimatrecht des Kindes aufstellt.

Art 72 schweiz IPRG (1987) ist noch großzügiger und stellt neben gewöhnlichem Aufenthalt und Heimatrecht des Kindes auch Wohnsitz oder Heimatrecht von Vater oder Mutter im Zeitpunkt der Anerkennung zur Verfügung.

147 Eine zeitliche Alternativität liegt hingegen § 25 Abs 1 S 1 u 2 öst IPRG (1978) zu Grunde. Die Anerkennung der Vaterschaft unterliegt dem Personalstatut des Kindes zur Zeit der Geburt oder seinem späteren Personalstatut.

148 Auch im ital IPRG (su Rn 445) tritt die lex favorabilior zu Tage. Das Anerkenntnis nichtehelicher Abkömmlinge unterliegt entweder dem Heimatrecht des Kindes bei Geburt, oder, falls dieses Recht günstiger ist, dem Heimatrecht des anerkennenden Elternteils im Zeitpunkt der Abgabe der Erklärung (Art 35 Abs 1). Entsprechende Regeln gelten für Ehelichkeit (Art 33) und Legitimation (Art 34).

149 Auch subsidiäre Anknüpfung kann in den Dienst eines materiellrechtlich erwünschten Ergebnisses gestellt werden.

150 Das Haager Unterhaltsstatutabkommen von 1973 (su Rn 278) knüpft in Art 4 Abs 1 primär an den gewöhnlichen Aufenthalt des Unterhaltsberechtigten an. Kann der Berechtigte nach diesem Recht keinen Unterhalt erlangen, so stellen Art 5 u 6 zwei weitere Anknüpfungsmöglichkeiten bereit. Das UStA wurde in das EGBGB inkorporiert (Art 18). Art 49 und 83 Abs 1 schweiz IPRG verweisen ausdrücklich auf dieses auch von der Schweiz ratifizierte Abkommen.

Einen entsprechenden Verweis enthält Art 45 ital IPRG.

Subsidiäre Anknüpfungen treffen wir auch in favorem divortii. Erwähnt seien Art 17 Abs 1 S 2 EGBGB, Art 310 frz CC (1975), § 20 Abs 2 öst IPRG (1978), Art 61 Abs 3 schweiz IPRG (1987) sowie Art 31 Abs 2 ital IPRG (1995). **151**

d) Ausweichklauseln
Der Kritik, auf die das klassische Kollisionsrecht besonders in den Vereinigten Staa- **152** ten stieß, versucht man auch dadurch zu steuern, daß man auf die Korrekturen hinweist, die Ausnahme-, Ausweich- oder Berichtigungsklauseln* (clauses échappatoires, clauses d'exception, clausole d'eccezione, exemption clauses, escape clauses, equitable exceptions, rules of displacement) ermöglichen.

aa) Eine *allgemeine Ausweichklausel* führte erstmals in der IPR-Geschichte der **153** Schweizer Gesetzgeber ein. Art 15 Abs 1 bestimmt mit dem Marginaltitel Ausnahmeklausel:

Das Recht, auf welches dieses Gesetz verweist, ist ausnahmsweise nicht anwendbar, wenn nach den gesamten Umständen offensichtlich ist, daß der Sachverhalt mit diesem Recht in nur geringem, mit einem anderen Recht jedoch in viel engerem Zusammenhang steht.

Seinem Vorbild folgt der Code civil von Quebec (su Rn 465), dessen Art 3082 folgendermaßen lautet:

A titre exceptionnel, le droit désigné par le présent livre n'est pas applicable si, compte tenu de l'ensemble des circonstances, il serait plus approprié d'appliquer le droit d'un autre Etat.

---

* **Schrifttum:** CAMPIGLIO, First Decisions on the „European" Escape Clause in Contractual Matters, Riv dir int priv proc 1992, 241; DUBLER, Les clauses d'exception en droit international privé (1983); KOKKINI-IATRIDOU (Hrsg), Les clauses d'exception en matière de conflits de lois et conflits de juridictions – ou le principe de proximité (1994) mit Beiträgen von BOELE-WOELKI, MAYER, MEINERTZHAGEN-LIMPENS, MOURA RAMOS, KOKKINI-IATRIDOU, PAMBOUKIS, SCHNABEL, SPIEGEL, SYMEONIDES; KOKKINI-IATRIDOU/FROHN, De exceptieclausules in het verdragenrecht, een verkenning, in: Eenvormig en vergelijkend privaatrecht 1989, 215; KREUZER, Berichtigungsklauseln im Internationalen Privatrecht, in: FS Zajtay (1982) 295; ders, Zur Funktion der kollisionsrechtlichen Berichtigungsnorm, ZfRvgl 1992, 168; LAGARDE, Le principe de proximité dans le droit international privé contemporain, Rec des Cours 196 (1986-I) 9, 97 ff; MANN, The Proposed New Law of Exemption Clauses and the Conflict of Laws, in: FS Morris = IntCompLQ 26 (1977) 203; MOSCONI, Exceptions to the Operation of Choice of Law Rules, Rec des Cours 217 (1989-V) 9, 188 ff; NADELMANN, Choice of Law Resolved by Rules or Presumptions with an Escape Clause, AmJCompL 33 (1985) 297; vOVERBECK, Les questions générales du droit international privé à la lumière des codifications et projets récents, Rec des Cours 176 (1982-III) 9, 186 ff; STURM, Die allgemeinen Grundsätze im schweizerischen IPR-Gesetzentwurf, in: FS Moser (1987) 3, 7 f.

Auch der niederl Entwurf (su Rn 439) nahm in Art 8 eine allgemeine Ausweichklausel auf:

> Die Anwendung einer Verweisungsnorm dieses Gesetzes oder einer Rechtsnorm, auf die sie verweist, ist ausgeschlossen, wenn ihre Anwendung zu einem Ergebnis führt, das mit der öffentlichen Ordnung offensichtlich unvereinbar ist. [Dies kann auch dann der Fall sein, wenn unter den gegebenen Umständen das Ergebnis gemessen an den Maßstäben von Redlichkeit und Billigkeit unannehmbar wäre.]

154 § 1 öst IPRG

> (1) Sachverhalte mit Auslandsberührung sind in privatrechtlicher Hinsicht nach der Rechtsordnung zu beurteilen, zu der die stärkste Beziehung besteht.
>
> (2) Die in diesem Bundesgesetz enthaltenen besonderen Regelungen über die anzuwendende Rechtsordnung (Verweisungsnormen) sind als Ausdruck dieses Grundsatzes anzusehen.

wird heute ebenfalls die Funktion einer Ausnahmeklausel zugemessen.

155 Die Berichtigungsklausel der kanadischen Provinz Quebec trat erst 1994 in Kraft. Entscheide, die sich auf sie stützen, gibt es anscheinend noch nicht. GROFFIER, Rev crit dr i p 1992, 584, 592 f, sieht in ihr den Ausdruck des principe de proximité, des engeren Bezugs.

156 Während der Vorarbeiten zur Schweizer Norm waren verschiedentlich Stimmen laut geworden, die mit der Ausnahmeklausel auch materiellrechtlichen Anliegen zum Durchbruch verhelfen wollten (DIETZI, Zur Einführung einer generellen Ausweichklausel im schweizerischen IPR, in: FS zum schweiz Juristentag 1973 [1973] 49; A BUCHER, Auslegungsregeln in der neueren Gesetzgebung des internationalen Privatrechts, in: FS Meier-Hayoz [1982] 45; Schlußbericht 28 f; VISCHER, La Loi fédérale de droit international privé. Introduction générale, in: Le nouveau droit international privé suisse [1988] 11, 15; ders, Kollisionsrechtliche Verweisung und materielles Resultat. Bemerkungen zur Auslegung der Ausnahmeklausel [Art 15 IPRG], in: FS Heini [1995] 479, 485). Das schweiz BG schob hier einen Riegel vor. In seinem Urteil vom 27. 1. 1992 (BGE 118 II 79 = Rev crit dr i p 1992, 484 mit zust Anm von KNOEPFLER = SZIER 1994, 292 mit zust Anm von A BUCHER) hebt es hervor: Aus Gründen der Rechtssicherheit darf von der ordentlichen Anknüpfung nur in extremen Fällen abgewichen werden, wenn diese das Prinzip des engsten Zusammenhangs nicht zu verwirklichen vermag. Die Ausnahmeklausel dient weder der Vermeidung von Härten, noch der Anwendung des besseren Rechts. Sie ist also frei von materiellrechtlichen Wertungen und nur international-privatrechtlichem Systemdenken verpflichtet. Anders die Vorinstanz, das Kantonsgericht Neuenburg, RJN 1991, 58.

Entschieden wurde folgender Fall: Eine Deutsche und ein Kanadier heirateten 1960 in Kanada. Ihr erster ehelicher Wohnsitz lag in Texas. Dort erhielten sie die US-amerikanische Staatsbürgerschaft. In den folgenden Jahren wohnten sie aus beruflichen Gründen an den verschiedensten Orten der USA, Afrikas und Europas. Vom letzten gemeinsamen Wohnsitz in der Schweiz verzog die Ehefrau nach Deutschland. Der Ehemann erhob in der Schweiz Scheidungsklage. Nach Art 61 Abs 2 IPRG wäre

2. Kapitel. IPR. Einleitung.
A. Aufgabe, Begriff, Name, Rechtsnatur und Methoden

auf Scheidung und nachehelichen Unterhalt das Recht der USA (wohl des Staates Texas) anwendbar gewesen. Das schweiz BG zog die lex fori heran.

Den Anreiz, über die Ausnahmeklausel zur lex fori zu gelangen, bremste das schweiz BG zu Recht in seinem Entscheid vom 7. 4. 1995 (BGE 121 III 246): Art 15 IPRG ist eng auszulegen! Die Vorinstanz hatte die Scheidungsklage italienischer Gatten, von denen zwar einer Wohnsitz, aber keinen gewöhnlichen Aufenthalt in der Schweiz hatte, entgegen Art 61 Abs 2 IPRG nach schweizerischem Recht beurteilt, weil die Ehe in der Schweiz geschlossen war und die Kinder hier auf die Welt kamen.

Zur lex fori greift auch der OGH in seinen Urteilen vom 29. 6. 1988 (ZAS 1990, 58 = ZfRvgl 1988, 303) und vom 21. 11. 1989 (ZfRvgl 1991, 305 = IPRax 1991, 194 mit Aufsatz von Schwind ebenda 201).

Wird im ersten Fall die akzessorische Anknüpfung der Ausfallgarantie an einen nigerianischem Recht unterliegenden Arbeitsvertrag mit Hilfe von § 1 IPRG durchbrochen, so konnte das Gericht im zweiten Probleme bei der Anknüpfung und der Anwendung fremden Rechts zur Seite schieben: Die in Australien lebende Klägerin lieh ihrem Vater in Österreich insgesamt 980 000 S. Das Geld wurde ihm in Teilbeträgen in ausländischer Währung unter Verletzung österreichischer Devisenvorschriften übergeben. Das Darlehen sollte durch Erbeinsetzung der Klägerin oder durch Rückzahlung auf ein Konto in Österreich getilgt werden. Der Vater setzte aber seinen Sohn zum Erben ein. Diesen nimmt die Klägerin nun auf Zahlung in Anspruch. Nach Auffassung des OGH sollen die besonderen Verweisungsnormen den Grundsatz der stärksten Beziehung lediglich konkretisieren. Sie sind ihm daher untergeordnet. Das zu beurteilende Rechtsverhältnis (Darlehen und Bereicherungsanspruch) habe aber die stärkste Beziehung zum österreichischen Sachrecht. Auch der OGH argumentiert also ausschließlich mit dem engsten Zusammenhang, ohne auf das materielle Ergebnis Bezug zu nehmen.

In diesen beiden Urteilen unterlegte der OGH § 1 Abs 2 IPRG eine allgemeine Ausnahmeklausel, rückte hiervon in seinem Grundsatzentscheid vom 7. 9. 1994 (JurBl 1995, 116 = IPRax 1995, 326 mit Aufsatz von W Lorenz ebenda 329) aber wieder ab: Der klare Wortlaut von Verweisungsnormen darf nicht durch eine Ausweichklausel beiseite geschoben werden.

Schon Beitzke (Neues österreichisches Kollisionsrecht, RabelsZ 1979, 245, 248) erwog, ob sich die Generalnorm des § 1 öst IPRG zur Ausweichklausel entwickeln könnte. Schwind (Prinzipien des neuen österreichischen IPR-Gesetzes, StAZ 1979, 109, 110) lehnte dies ab. Soweit könne man „leider" nicht gehen. Mittlerweile änderte er aber seine Ansicht (§ 1 IPRG. Rechtssicherheit und Funktionalität im Lichte der historischen Entwicklung, ZfRvgl 1991, 255; Funktionalität als Grundproblem des Rechts, ZfRvgl 1993, 89). Sein Hinweis auf das Spannungsverhältnis zwischen Systemgerechtigkeit und Fallgerechtigkeit (ZfRvgl 1991, 255) läßt sogar vermuten, daß er die generelle Ausweichklausel auch für geeignet hält, materiellrechtliche Werte zu verwirklichen. Der OGH schob hier mit seinem Grundsatzurteil (so Rn 157) einen Riegel vor.

Art 8 niederl Entwurf (su Rn 439) mit seinem Hinweis auf die öffentliche Ordnung,

auf Redlichkeit und Billigkeit ist sicher auch auf sachrechtliche und nicht nur auf internationalprivatrechtliche Gerechtigkeit ausgerichtet. Gerade diese Vermischung von ordre public mit bona fides und aequitas wird aber im Schrifttum angegriffen (BOELE-WOELKI, Kodifikation des niederländischen Privat- und Verfahrensrechts, IPRax 1995, 264, 266).

160 bb) Nur von einer bestimmten Kollisionsnorm abzuweichen, erlauben *spezielle Ausweichklauseln*.

161 Solche Berichtigungsnormen kennt das EVÜ bei der objektiven Anknüpfung von schuldrechtlichen Verträgen (Art 4 Abs 5 S 2) und Arbeitsverhältnissen (Art 6 Abs 2). Die Regelanknüpfung wird hier verdrängt, wenn sich aus der Gesamtheit der Umstände ergibt, daß der Vertrag engere Verbindungen mit einem anderen Staat aufweist. Nach Art 4 Abs 1 S 2 EVÜ kommt es sogar zur Abspaltung eines abtrennbaren Vertragsteils, wenn dieser eine engere Verbindung zu einem anderen Staat aufweist. Zur Anwendung dieser Normen in den Vertragsstaaten CAMPIGLIO Riv dir int priv proc 1992, 241.

162 In Deutschland, das das europäische Einheitsrecht in das EGBGB inkorporierte (Art 28 Abs 5, Art 30 Abs 2 und Art 28 Abs 1 S 2), liegen bereits zahlreiche Urteile vor, trat doch das EGBGB nF vor dem EVÜ in Kraft. Der BGH (BGHZ 104, 29, 36 f = IPRax 1990, 318 mit Aufsatz von W LORENZ ebenda 292 = IPRspr 1989 Nr 195) gelangte bei Mietverträgen über im Ausland gelegene Ferienwohnungen über die Ausweichklausel zu deutschem Recht. Das BAG (BAGE 63, 17, 26 ff = IPRax 1991, 407 mit Aufsatz von MAGNUS ebenda 382 = IPRspr 1989 Nr 72) wandte hingegen bei einem Seearbeitsvertrag kraft der Ausnahmeklausel englisches Recht an, bei Arbeitsverträgen von Piloten US-amerikanisches (IPRax 1994, 123 mit Aufsatz von MANKOWSKI ebenda 88 = IPRspr 1992 Nr 69 b).

Eine Berichtigungsklausel für alle außervertraglichen Schuldverhältnisse sieht Art 41 EGBGB-RefE (su Rn 614) vor. Hier wird eine wesentlich engere Verbindung zu einer anderen Rechtsordnung verlangt als sie zum Recht der Grundsatzanknüpfung besteht. Eine entsprechende Regel will Art 43 Abs 4 EGBGB-RefE im Sachenrecht einführen.

163 Im Vereinigten Königreich, das durch den Private International Law (Miscellaneous Provisions) Act 1995 sein internationales Deliktsrecht normierte, schiebt Sect 12 die Regelanknüpfung zugunsten des Rechts beiseite, zu dem der wesentlich engere Bezug besteht.

164 Österreich, dem eine ausdrückliche allgemeine clause échappatoire fremd ist, fügte zwei spezielle Ausweichklauseln in sein IPRG ein: § 48 Abs 1 S 2 für deliktische Haftung und § 18 Abs 2 S 2 für persönliche Ehewirkungen.

165 Geradezu eine Vorliebe für Ausweichklauseln besitzt das amerikanische Restatement Second (su Rn 419). Bei der kollisionsrechtlichen Erfassung von Schuldverträgen über dingliche Rechte an Grundstücken (§ 189), Mobilien (§ 191), Lebens- (§ 192), Schadensversicherungen (§ 193), Garantieverträgen (§ 194), Darlehen (§ 195), Arbeits- bzw Dienst- (§ 196) und Beförderungsverträgen (§ 197) finden wir

folgende stereotype Wendung: unless, with respect to the particular issue, some other state has a more significant relationship under the principles stated in § 6 to the transaction (contract) and (to) the parties, in which event the local law of the other state will be applied.

Nach § 6 (1) sind gesetzlich fixierte Kollisionsnormen übrigens stets zu beachten. Nur wenn solche fehlen, darf mit Hilfe der in § 6 (2) aufgeführten Kriterien zu einem engeren Bezug vorgestoßen werden. Zu diesen Kriterien gehören: Erfordernisse interlokaler und internationaler Streitschlichtung, gesetzgeberische Zwecke des Forumstaats und anderer betroffener Länder, Schutz berechtigter Erwartungen, Rechtssicherheit, Vorhersehbarkeit und Gleichförmigkeit der Ergebnisse, Leichtigkeit bei Ermittlung und Anwendung des anzuwendenden Rechts.

cc) Die Berechtigung von Ausweichklauseln war und ist umstritten. Eifrigen **166** Befürwortern (Neuhaus/Kropholler, Entwurf eines Gesetzes über internationales Privat- und Verfahrensrecht [IPR-Gesetz], RabelsZ 1980, 326, 336; Kreuzer, in: FS Zajtay 313 ff; ders, ZfR vgl 1992, 182 ff; vOverbeck Rec des Cours 176 [1982-III] 206 f; Mosconi Rec des Cours 217 [1989-V] 193 ff; Kokkini-Iatridou, Rapport général, in: Les clauses d'exception en matière de conflits de lois et de conflits de juridictions 39 ff; Kropholler, IPR 27) stehen entschiedene Gegner (Schurig, Kollisionsnorm und Sachrecht [1981] 340 ff; Sturm, in: FS Moser 7 f; Lüderitz, IPR 30; Kegel, IPR 234; MünchKomm/Sonnenberger Einl IPR Rn 507 ff) gegenüber.

Lagarde, Rec des Cours 196 (1986-I) 116 f, sieht sehr wohl, daß mit den Ausnah- **167** meklauseln Rechtssicherheit und Voraussehbarkeit geopfert werden. Er hält dies aber für gerechtfertigt, wenn die Parteien durch Rechtswahl das anwendbare Recht festlegen und damit Rechtsklarheit schaffen können.

Jedoch wird der Privatautonomie im IPR jedenfalls bisher nur sehr spärlich Raum **168** gewährt. Auch machen die Parteien – meist aus Unkenntnis – von ihr oft keinen Gebrauch. Selbst dort, wo die Gestaltung rechtlicher Beziehungen nicht vorausgeplant wird oder werden sollte, muß bei der Prozeßvorbereitung feststellbar sein, auf welches Recht eine Klage gestützt werden kann (Wengler, L'évolution moderne du droit international privé et la prévisibilité du droit applicable, Rev crit dr i p 1990, 657, 665 ff, 674). Alles andere verursacht unnötige Kosten, verlängert das Verfahren und macht die Beteiligten in atypischen Fällen zum Spielball der Justiz.

Um die Gefahr zu bannen, daß vom Gesetzgeber geschaffene Kollisionsnormen **169** unterlaufen werden, strich denn auch die liechtensteinische Regierung auf Drängen des Anwaltsverbands in ihrem IPRG-E (su Rn 437) eine Art 15 schweiz IPRG entlehnte Ausweichklausel, die der Vernehmlassungsentwurf vorsah (Sturm, Zur liechtensteinischen IPR-Reform, in: FS Heini [1995] 448).

Auch Italien nahm keine allgemeine clausola d'eccezione in sein IPRG auf (Ballarino, Sul progetto di riforma del sistema italiano di diritto internazionale privato, in: Gedschr Vitta [1994] 3, 39 ff).

Die praktische Erfahrung lehrt, daß Ausnahmeklauseln die Anwendung der lex fori **170** fördern (Dubler 101 ff; Mosconi Rec des Cours 217 [1989-V] 194). Es wird sogar teilweise als einer ihrer Vorzüge angesehen, daß mit ihrer Hilfe der Griff zum ordre public vermieden werden kann (VISCHER, Introduction générale, in: Le nouveau droit international privé suisse [1988] 15).

171 Offen mit dem ordre public zu arbeiten und die lex fori anzuwenden, halte ich aber immer noch für methodenehrlicher und für die Parteien befriedigender, als verkappt und die Rechtssicherheit gefährdend mit einer notwendig weitgefaßten „Aufweichklausel" herumzuoperieren.

e) Zug zur lex fori

172 Zu den epidemischen Krankheiten des *deutschen* Kollisionsrechts gehören weniger Heimwärtsstreben als Verfemung der lex fori, grenzenlose Überschätzung des Werts, den die Betroffenen aus der Heranziehung fremden Rechts schöpfen, Geltung fremden Rechts nicht als Ausnahme-, sondern als Regelerscheinung (BRAGA, Staatsangehörigkeitsprinzip oder Wohnsitzprinzip. Ein Beitrag zur Reform des IPR [1954] 35; KROPHOLLER, Vom Staatsangehörigkeitsprinzip zum Aufenthaltsprinzip, JZ 1972, 16; NEUHAUS/KROPHOLLER, Entwurf eines Gesetzes über Internationales Privat- und Verfahrensrecht, RabelsZ 1980, 326, 335; dies, Das Elend mit dem Internationalen Privatrecht, FamRZ 1980, 753; dies, Resignation oder Provokation im deutschen IPR?, StAZ 1981, 80; NEUHAUS, Um die Reform des deutschen Internationalen Personen-, Familien- und Erbrechts, FamRZ 1981, 741; GRASMANN, Zur Dringlichkeit der gesetzlichen Reform des deutschen Internationalen Privatrechts und Gesichtspunkte für deren stärkere Orientierung am Domizilprinzip [Umweltrecht], in: FS Neumayer [1985] 249). Ein überbetontes Staatsangehörigkeitsprinzip verzerrt hier Strukturen und Folgen von Rechtssätzen, die zu SAVIGNYS Zeiten fast überall in Deutschland auf das damals geltende Wohnsitzprinzip geeicht und ausgerichtet waren.

173 Solange man sich nicht zur Einsicht bekennt, daß das Staatsangehörigkeitsprinzip eine Fehlentwicklung einleitete, die den europäischen Zusammenschluß erschwert, wird man der exzessiven, Rechtsfindung und Gerechtigkeit nicht gerade förderlichen Geltung fremden Rechts in anderer Weise zu wehren haben.

174 Vorgeschlagen wurden hierzu zwei Wege:

(1) Der Ausschluß internationalprivatrechtlicher Betrachtungen in Bagatell- und Eilsachen;

(2) fakultatives Kollisionsrecht.

175 Diesen Modellen liegen folgende *rechtssoziologische Feststellungen* (FLESSNER, Fakultatives Kollisionsrecht, RabelsZ 1970, 547, 549 ff; ders, Interessenjurisprudenz im internationalen Privatrecht [1990] 58 ff, 119 ff; SIMITIS, Über die Entscheidungsfindung im internationalen Privatrecht, StAZ 1976, 6; RAAPE/STURM, IPR I 306 ff; STURM, Fakultatives Kollisionsrecht. Notwendigkeit und Grenzen, in: FS Zweigert [1981] 329, 345) zugrunde:

(1) Hat der Richter fremdes Recht anzuwenden, so ist er in der Regel gezwungen abzudanken und sich auf Gutachter zu verlassen, die er – wenn es sich um wissenschaftliche Institute handelt – nicht einmal selbst auszusuchen vermag. Die rechtsprechende Gewalt wird damit in verfassungsrechtlich höchst bedenklicher Weise an mehr oder minder abhängige Wissenschaftler mit ihren Hilfs- und Zuarbeitern delegiert.

(2) Im eigenen Recht ist der Richter geübt und auch bereit, neue Wege zu gehen, wenn die bisherige Rechtsprechung ihn nicht mehr befriedigt. Im fremden ist er bestenfalls Photograph, vielleicht sogar nur Sonntagsmaler! Dies gilt selbst dann, wenn er aufgrund des Europäischen Rechtsauskunftsübereinkommens (su Rn 283) Auskunftsersuchen an fremde Gutachterstellen richten kann und von diesen über Schrifttum und Rechtsprechung des betreffenden Landes unterrichtet wird.

(3) Bei Anwendung fremden Rechts häufen sich die Fehlerquellen: Nicht nur für den Richter, auch für den Gutachter gilt nämlich das italienische Sprichwort: Sa più un matto in casa propria che un savio in casa altrui. Im eigenen Haus findet sich auch der Dümmste halbwegs zurecht, im fremden hat es der Gescheiteste schwer. Fremdes Recht sehen wir stets durch unsere Brille. Wir lernen es aus Büchern und Berichten. Wir verzerren es in unserer Eigenoptik.

(4) Kommt fremdes Recht zum Zuge, so wird die ohnehin schon bedenkliche Verfahrensdauer noch verlängert. Gutachten kosten Zeit. Bei vielen deutschen Instituten gibt es Wartefristen von über einem Jahr (BENDREF, IPR und Anwaltschaft, AnwaltsBl 1982, 468; STURM, Bespr von IPG 1979 und 1980, RabelsZ 1983, 386). So manche Anfrage wird regelrecht zwischen den einzelnen Instituten hin- und hergeschoben (STURM RabelsZ 1983, 386 f).

(5) Gutachten verteuern das Verfahren um ein Vielfaches: Ganz einfache auslandsrechtliche Fälle vermögen schon einen riesigen, zuweilen unverhältnismäßig großen Aufwand an Zeit und Kosten zu verursachen, von Obergutachten ganz zu schweigen.

(6) Wird fremdes Recht angewandt, so wird zumindest in Deutschland den Parteien das Rechtsmittel der Revision abgeschnitten (§ 549 ZPO).

aa) In **Bagatellsachen** sollte stets unmittelbar zur lex fori gegriffen werden. So der einleuchtende Vorschlag LANDOS (Länderbericht Skandinavien, in: Die Anwendung ausländischen Rechts im internationalen Privatrecht [1968] 128, 131 f; ders, Consumers Contracts and Party Autonomy in the Conflict of Laws, in: FS Malmström [1972] 141). Den Parteien wird wirklich nicht geholfen, wenn man sie in Fällen mit geringem Streitwert jahrelang auf einen kostspieligen, qualitativ vielleicht nicht einmal einwandfreien Entscheid warten läßt. Ablehnend KROPHOLLER, IPR 46; GRUBER, Die Anwendung ausländischen Rechts durch deutsche Gerichte, ZRP 1992, 6, 7. Differenzierend BAUMBACH/LAUTERBACH/HARTMANN § 495 a ZPO Rn 47, die darauf abstellen wollen, ob sich im Einzelfall die Ermittlung fremden Rechts am Grundsatz der Unverhältnismäßigkeit bricht. Das in Bagatellsachen bestehende offene Mißverhältnis von Streitwert und Kostenaufwand ist aber schon für sich gesehen ausreichend; auf die mehr oder minder großen Schwierigkeiten beim Feststellen von Auslandsrecht darf es nicht ankommen, da hier ein Keim für Ungleichbehandlung liegt.

Als Bagatellsachen wird man vermögensrechtliche Streitigkeiten ansehen dürfen, in denen ein Rechtsmittel wegen Nichterreichens der Berufungssumme (1500 DM) ausgeschlossen ist (§ 511 a Abs 1 ZPO), nicht nur Kleinverfahren iSv § 495 a Abs 1 ZPO (Streitwert nicht über 1200 DM), die nach vereinfachten prozessualen Regeln durchgeführt werden.

178 bb) Ob in **Eilsachen** die kollisionsrechtlichen Vorschriften des In- und Auslands zu beachten sind und unter Umständen fremdes Recht zum Zuge kommen muß, ist in Schrifttum und Rechtsprechung umstritten. Der Streit wurde vor allem zu § 627 ZPO aF, §§ 620, 641 d, 916 ff, 935 ff ZPO ausgetragen.

Fünf Lösungsansätze stehen sich gegenüber:

179 (1) Einer materiellrechtlichen Grundlage bedarf es nicht. Beim einstweiligen Rechtsschutz geht es um Maßnahmen des Verfahrensrechts, die keine Dauerwirkung, sondern nur vorläufigen Charakter besitzen (LEWALD, IPR 91 f; NUSSBAUM, IPR 147 Fn 3; RAAPE, IPR [5. Aufl 1961] 307 f; RAAPE/STURM, IPR I 308, 318; RIEZLER, Internationales Zivilprozeßrecht [1949] 525; STURM, Deutsche vor dem Schweizer Scheidungsrichter, in: FS Beitzke [1979] 787, 806 Fn 98; ders, Ehegattenunterhalt bei Ausländerbeteiligung, in: FS Constantinesco [1983] 505 ff; OLG Karlsruhe JustABlBW 1972, 203 = IPRspr 1972 Nr 64 a - Sorgerecht; offengelassen von OLG Karlsruhe FamRZ 1984, 184 = IPRspr 1983 Nr 156. Ältere Entscheide bei STAUDINGER/GAMILLSCHEG[10/11] § 606 b ZPO Rn 565).

180 (2) Beim einstweiligen Rechtsschutz bedarf es einer materiellrechtlichen Grundlage. Anzuwenden ist jedoch stets die deutsche lex fori. Gesetzlich verankert ist diese Lösung in Art 24 Abs 3 EGBGB. Vorläufige Maßregeln im Erwachsenenschutz (Betreuung, Unterbringung, Pflegschaft) unterliegen dem Recht des anordnenden Staats. Nur die lex fori bietet nämlich Gewähr für ausreichenden Schutz (BT-Drucks 10/504 S 74). Dasselbe gilt für Eilmaßnahmen nach § 9 MSA, der zusammen mit §§ 1, 2, 8 MSA das EGBGB im Bereich des Minderjährigenschutzes verdrängt (OLG Celle IPRax 1991, 258 mit Aufsatz von COESTER ebenda 236 = IPRspr 1989 Nr 133). Zur lex fori greifen auch OLG Karlsruhe JustABlBW 1972, 313 = IPRspr 1972 Nr 64 b - Recht zum Getrenntleben, Sorgerecht, Ehegatten- und Kindesunterhalt; OLG Köln MDR 1973, 674 = IPRspr 1973 Nr 149 – Prozeßkostenvorschuß; OLG Karlsruhe StAZ 1976, 19 = IPRspr 1975 Nr 48 – Unterhalt für Ehefrau; OLG Stuttgart JustABlBW 1979, 229 = IPRspr 1979 Nr 184 – Prozeßkostenvorschuß; OLG Frankfurt FamRZ 1980, 174 = IPRspr 1979 Nr 236 – Hausratsteilung; OLG Karlsruhe IPRax 1985, 106 mit Aufsatz von HENRICH ebenda 88 = IPRspr 1984 Nr 156 – Wohnungszuweisung; OLG Karlsruhe IPRspr 1992 Nr 11 – Zuweisung der Ehewohnung.

181 (3) Falls sich der Inhalt fremden Rechts nicht schnell genug feststellen läßt, ist aus dem bestehenden Eilbedürfnis heraus die Anwendung deutschen Sachrechts als lex fori zu rechtfertigen. Dies ist die heute vorherrschende Meinung (CHR VBAR, IPR I Rn 375; GEIMER, IZPR Rn 2135, 2144; NAGEL, IZPR Rn 447 f; SCHACK, IZPR Rn 627; KROPHOLLER, IPR 46, 198 f; KEGEL, IPR 533; BGB-RGRK/WENGLER IPR 383; MünchKomm/SONNENBERGER Einl IPR 449, 562; STEIN/JONAS/SCHLOSSER § 620 ZPO Rn 2 c [21. Aufl 1993]; ZÖLLER/GEIMER § 293 ZPO Rn 11; BAUMBACH/LAUTERBACH/HARTMANN § 293 ZPO Rn 10; BAUMBACH/LAUTERBACH/ALBERS § 620 ZPO Rn 2; OLG Celle NdsRpfl 1972, 20 = IPRspr 1971 Nr 67 – Sorgerecht; OLG Stuttgart FamRZ 1972, 373 = IPRspr 1972 Nr 65 – Kindesunterhalt; OLG Düsseldorf FamRZ 1974, 456 = IPRspr 1974 Nr 56 – Ehegattenunterhalt; OLG Düsseldorf FamRZ 1975, 634 = IPRspr 1975 Nr 44 – Ehegattenunterhalt; OLG Frankfurt FamRZ 1980, 174 = IPRspr 1979 Nr 236 – Hausratsauseinandersetzung; OLG Karlsruhe IPRax 1985, 106 mit Aufsatz von HENRICH ebenda 88 = IPRspr 1984 Nr 156 – Wohnungszuweisung). Vorgeschlagen werden auch Anknüpfungslei-

2. Kapitel. IPR. Einleitung.
A. Aufgabe, Begriff, Name, Rechtsnatur und Methoden

Einl zum IPR
182—184

tern, bei denen die lex fori erst als letzte Stufe erscheint (KREUZER, Einheitsrecht als Ersatzrecht. Zur Frage der Nichtermittelbarkeit fremden Rechts, NJW 1983, 1943).

(4) Läßt sich das nach unseren Kollisionsnormen einschlägige Recht nicht schnell **182** genug ermitteln, so kann der Richter die Interessen der Parteien frei abwägen und hiernach Notwendigkeit und Inhalt der einstweiligen Maßnahmen bestimmen (LEIPOLD, Grundlagen des einstweiligen Rechtsschutzes im zivil-, verfassungs- und verwaltungsgerichtlichen Verfahren [1971] 83 ff, 164 ff; SCHLOSSER, Zur Abänderung ausländischer Unterhaltsentscheidungen, IPRax 1981, 120, 122; STEIN/JONAS/LEIPOLD § 293 ZPO Rn 56 [20. Aufl 1987]; MünchKommZPO/PRÜTTING § 293 ZPO Rn 56; SCHACK, Subrogation und Prozeßstandschaft im einstweiligen Verfügungsverfahren, IPRax 1995, 158, 160 ff).

(5) Kollisionsnormen sind stets einzuschalten. Das einschlägige fremde Sachrecht ist **183** ausnahmslos heranzuziehen (OLG Köln NJW 1972, 394 = IPRspr 1971 Nr 68 – Entzug des Aufenthaltsbestimmungsrechts; OLG München NJW 1972, 1011 = IPRspr 1971 Nr 71 A – Ehegatten- und Kindesunterhalt; OLG München FamRZ 1973, 94 = IPRspr 1972 Nr 52 – Ehegattenunterhalt; KG FamRZ 1974, 461 = IPRspr 1973 Nr 72 – Personensorge; OLG Düsseldorf FamRZ 1974, 132 = IPRspr 1973 Nr 42 – Ehegattenunterhalt; OLG Düsseldorf FamRZ 1975, 42 und 44 = IPRspr 1974 Nr 54 und 55 – Prozeßkostenvorschuß; OLG München FamRZ 1980, 448 = IPRspr 1980 Nr 56 – Prozeßkostenvorschuß; OLG Hamm FamRZ 1989, 621 = IPRax 1990, 114 mit Aufsatz WEBER ebenda 95 = IPRspr 1988 Nr 90 – Unterhalt; OLG Karlsruhe FamRZ 1992, 58 = IPRspr 1991 Nr 107 – Ehegattenunterhalt). Bei den genannten Entscheiden war allerdings die Ermittlung der lex causae unproblematisch. Treten Schwierigkeiten auf, so läßt man die summarische Feststellung ausländischen Rechts, den wahrscheinlichen Norminhalt, genügen (STAUDINGER/SPELLENBERG[12] §§ 606 ff ZPO Rn 427; SPELLENBERG/LEIBLE, Die Notwendigkeit vorläufigen Rechtsschutzes bei transnationalen Streitigkeiten, in: GILLES [Hrsg], Transnationales Prozeßrecht [1995] 293, 318; OLG Hamm NJW 1977, 1597 = FamRZ 1977, 330 = IPRspr 1976 Nr 158 – Ehegattenunterhalt; OLG Karlsruhe FamRZ 1984, 184 = IPRspr 1983 Nr 156 – Wohnungszuweisung; OLG Koblenz RiW/AWD 1993, 939 = IPRax 1995, 171 mit ablehnendem Aufsatz von SCHACK ebenda 158). Bei Arrest und einstweiliger Verfügung wird anders als bei den einstweiligen Anordnungen in Ehe- und Kindschaftssachen meist die Mitwirkungspflicht der Parteien bei der Ermittlung fremden Rechts betont und vom Antragsteller dessen Glaubhaftmachung gefordert (NAGEL, IZPR Rn 447; LG Düsseldorf IPRspr 1962/63 Nr 205 a und b; OLG Frankfurt NJW 1969, 991 = IPRspr 1968/69 Nr 171; OLG Hamm RiW/AWD 1970, 31 = IPRspr 1968/69 Nr 173; OLG Stuttgart IPRspr 1977 Nr 107; OLG Hamburg RiW/AWD 1990, 225 = IPRax 1990, 400 mit Aufsatz von MANKOWSKI/KERFACK ebenda 372 = IPRspr 1989 Nr 67). Reichen die präsenten Erkenntnisquellen dann nicht aus, wird einstweiliger Rechtsschutz versagt (zustimmend zu den genannten Entscheiden SOERGEL/KEGEL Vor Art 7 EGBGB Rn 129; KROPHOLLER, IPR 199; aA CHR vBAR, IPR I Rn 375; NAGEL, IZPR Rn 447; MünchKomm/SONNENBERGER Einl IPR Rn 563, die zur lex fori als Ersatzrecht greifen).

Die erste Ansicht dürfte den Vorzug verdienen. Es geht darum, der hilfsbedürftigen, **184** in der Regel sozial schwächeren Partei rasche Hilfe zuteil werden zu lassen. Mit halsbrecherischen Turnübungen auf dem Begriffs- und IPR-Trapez ist ihr nicht gedient. Alle anderen Vorschläge verunsichern Gericht und Parteien. Wann kann der Inhalt fremden Rechts sofort festgestellt werden? Wie hat eine Interessenabwägung zu erfolgen? Wer im Summarissimum zu entscheiden hat, kann sich auf solches Rätseln nicht einlassen.

185 cc) Im übrigen sollte fremdes Recht nur herangezogen werden, wenn zumindest eine Partei hierauf anträgt. Die lex fori muß deshalb in allen Verfahren frei wählbar sein, Kollisionsrecht zur Disposition der Parteien stehen (**fakultatives Kollisionsrecht**).*

186 Kollisionsrechtliche Abkommen sind aber stets zu beachten (STURM, in: FS Zweigert 342). Internationaler Rechtsvereinheitlichung gebührt Vorrang vor Parteiinteressen. Die ständig wachsende Zahl von IPR-Übereinkommen nimmt der These von der fakultativen Natur des Kollisionsrechts allmählich ihre Brisanz.

187 Die Begründung zum Regierungsentwurf des IPR-NRG (su Rn 590) lehnte die Theorie vom fakultativen Kollisionsrecht ab (BT-Drucks 10/504 S 2). Eine Norm, die ausdrücklich bestimmt, Kollisionsrecht sei von Amts wegen zu beachten, fand in das neue Gesetz aber keinen Eingang.

---

* **Schrifttum:** *Für fakultatives Kollisionsrecht treten ein*: FLESSNER, Fakultatives Kollisionsrecht, RabelsZ 1970, 547; ders, Interessenjurisprudenz im internationalen Privatrecht (1990) 58 ff, 119 ff; MÜLLER-GRAFF, Fakultatives Kollisionsrecht im internationalen Wettbewerbsrecht?, RabelsZ 1984, 289; RAAPE/ STURM, IPR I 8, 306 f; REICHERT-FACILIDES, Fakultatives und zwingendes Kollisionsrecht (1995); SIMITIS, Über die Entscheidungsfindung im internationalen Privatrecht, StAZ 1976, 6, 14 f; STURM, Fakultatives Kollisionsrecht. Notwendigkeit und Grenzen, in: FS Zweigert (1981) 329; ders, Bespr von IPG 1979 und 1980, RabelsZ 1983, 386; ZWEIGERT, Zur Armut des IPR an sozialen Werten, RabelsZ 1973, 435. *Gegen fakultatives Kollisionsrecht sprechen sich aus:* CHR VBAR, IPR I Rn 541; BEITZKE, Nationales Recht für internationale Sachverhalte, Anzeiger der philosophisch-historischen Klasse der öst Akademie der Wissenschaften 111 (1974) 277, 292 ff; BOLKA, Zum Parteieneinfluß auf die richterliche Anwendung des IPR, ZfRvgl 1972, 241, 248 f; BOSCHIERO, Norme di diritto internazionale privato „facoltative"?, Riv dir int priv proc 1993, 541; BUCHHOLZ, Zur richterlichen Rechtsfindung in internationalen Familiensachen, in: FS Hauß (1978) 15, 19 f; DÖLLE, IPR 100; ERMAN/HOHLOCH Einl Art 3 EGBGB Rn 48; FERID/BÖHMER, IPR 1–141,4; FIRSCHING, Bespr von Raape/ Sturm, FamRZ 1980, 409 f; FIRSCHING/VHOFFMANN, IPR § 3 Rn 131; FRANK, Les problèmes actuels posés par l'application des lois étrangères en droit international privé allemand, Ann fac dr Strasb 34 (1988) 86; HELDRICH, Heimwärtsstreben auf neuen Wegen, in: FS Ferid (1978) 209, 213 f; JAYME, Zu den Auswirkungen des italienischen Scheidungsgesetzes auf den deutsch-italienischen Rechtsverkehr, FamRZ 1971, 221, 228 Fn 65; ders, Bespr von Raape/Sturm, RabelsZ 1979, 566, 569 f; KEGEL, IPR 363; KOERNER, Fakultatives Kollisionsrecht in Frankreich und in Deutschland (1995) 85, 139 ff; KROPHOLLER, IPR 45; LALIVE, Tendances et méthodes en droit international privé, Rec des Cours 155 (1977-II) 1, 164, 169 ff; LÜDERITZ, Anknüpfung im Parteiinteresse, in: FS Kegel (1977) 31, 51; ders, IPR 179; G LUTHER, Kollisions- und Fremdrechtsanwendung in der Gerichtspraxis, RabelsZ 1973, 660, 667 f; MünchKomm/SONNENBERGER Einl IPR 448; MünchKommZPO/PRÜTTING § 293 ZPO Rn 8; NEUHAUS, Neue Wege im europäischen IPR, RabelsZ 1971, 401; ders, Grundbegriffe 65 f; SCHURIG, Kollisionsnorm und Sachrecht (1981) 49 f, 343 ff; ders, Interessenjurisprudenz contra Interessenjurisprudenz im IPR, RabelsZ 1995, 229, 243; VOVERBECK, Les questions générales du droit international privé à la lumière des codifications et projets récents, Rec des Cours 176 (1982-III) 9, 55 ff; ders, La théorie des „règles de conflits facultatives" et l'autonomie de la volonté, in: FS Vischer (1983) 257; PALANDT/HELDRICH Einl v Art 3 EGBGB Rn 1; ZÖLLER/GEIMER § 293 ZPO Rn 10.

Auch der BGH (NJW 1993, 2305 = JZ 1993, 193; NJW 1995, 2097 = JZ 1995, 784) folgt der hL **188** und verwirft den fakultativen Charakter des internationalen Privatrechts.

Einige moderne Kodifikationen legen indessen die Pflicht des Gerichts, die Kolli- **189** sionsnormen der lex fori zu beachten, ausdrücklich fest; zB Art 2 türk IPRG und Art 12 Nr 6 Einl span ZGB. Weniger genau formuliert ist § 2 öst IPRG (die für die Anknüpfung an eine bestimmte Rechtsordnung maßgebenden tatsächlichen und rechtlichen Voraussetzungen sind von Amts wegen festzustellen), wird aber in diesem Sinne ausgelegt (OGH ZfRvgl 1988, 215; ZfRvgl 1994, 74). Für die Schweiz ergibt sich die zwingende Geltung von Kollisionsnormen mittelbar aus Art 16 Abs 1 S 1 IPRG iVm Art 43 a Abs 1 Bst a, Art 68 Abs 1 Bst b und c OG, hat doch das Bundesgericht zu prüfen, ob zu Recht oder zu Unrecht nach in- oder ausländischem Recht entschieden wurde. Der Grundsatz wird freilich dadurch teilweise wieder zurückgenommen, daß bei vermögensrechtlichen Streitigkeiten das Gericht gemäß Art 16 Abs 1 S 3 IPRG den Parteien den Nachweis des Inhalts anwendbaren ausländischen Rechts überbürden kann. Verweigern sie hier die Mitarbeit, findet die lex fori als Ersatzrecht Anwendung (HEINI/KELLER/GIRSBERGER, IPRG Kommentar [1993] Art 16 Rn 12, 30 ff, 40 f).

Fakultatives Kollisionsrecht praktiziert der angloamerikanische Rechtskreis. **190**

In England wird fremdes Recht als Tatsache angesehen, die von den Parteien zu beweisen ist. Beruft sich keine Partei auf fremdes Recht, so wird nach der lex fori entschieden (NORTH/FAWCETT, Cheshire and North's Private International Law [12. Aufl 1992] 107 f).

In den Vereinigten Staaten wird zwar nunmehr, insbesondere auf Bundesebene, Auslandsrecht Rechtscharakter zugemessen; es muß aber immer noch bewiesen werden. Berufen sich die Parteien nicht auf fremdes Recht, so bleibt es unbeachtet (SCOLES/HAY, Conflict of Laws [2. Aufl 1992] 423 ff).

Im neuen, am 1.1.1994 in Kraft getretenen Code civil von Quebec (su Rn 465) ist **191** dieser Grundsatz sogar ausdrücklich verankert. Art 2809 bestimmt:

Le tribunal peut prendre connaissance d'office... du droit d'un Etat étranger, pourvu qu'il ait été allégué. Il peut aussi demander que la preuve en soit faite...

Die französische Rechtsprechung ist ins Schwanken geraten. In einer Grundsatzent- **192** scheidung vom 12.5.1959 (Rev crit dr i p 1960, 62 mit Anm BATIFFOL) stellte der Kassationshof fest, daß das Gericht nicht verpflichtet ist, Kollisionsnormen von Amts wegen zu beachten. Von dieser Aussage rückte es in zwei Urteilen vom 11. und 18.10.1988 ab (Rev crit dr i p 1989, 368; LEQUETTE, L'abandon de la jurisprudence Bisbal, ebenda 277; PONSARD, L'office du juge et l'application du droit étranger, Rev crit dr i p 1990, 607; BISCHOFF, Le régime de la loi étrangère en France après les arrêts des 11 et 18 octobre 1988, Trav Com fr dr i p 1990–1991 [1992] 19). Doch mittlerweile schlug das Pendel wieder zurück (vgl die Urteile Rev crit dr i p 1991, 558 mit Anm NIBOYET-HOEGY; 1992, 314 mit Anm MUIR WATT; 1993, 276 mit Anm ANCEL; 1994, 332 mit Anm LAGARDE; 1994, 341 mit Anm MUIR WATT; 1995, 60 mit Anm BUREAU; 1995, 300 mit Anm MUIR WATT). Offensichtlich muß fremdes Recht – und damit die französische Kollisionsnorm – dort nicht angewandt werden, wo kein

Staatsvertrag besteht und die geltendgemachten Ansprüche der Parteidisposition unterliegen.

193 Kein fakultatives Kollisionsrecht, aber doch die Möglichkeit, sich stets der lex fori zu unterwerfen, sieht § 9 ungar IPR-VO vor. Ähnlich auch Art 13 (1) austr Choice of Law Bill 1992 (su Rn 418):

> If the parties to a proceeding agree that a specified question arising in the proceeding is to be determined in accordance with the law in force in the State or Territory in which the proceeding was commenced, or to which it has been transferred or remitted, the question is to be determined in accordance with that law unless the court determines that it would not be appropriate to determine the question in accordance with that law.

194 § 293 ZPO steht der These, daß Kollisionsrecht nur auf Wunsch der Parteien heranzuziehen ist, nicht entgegen. Diese Vorschrift besagt lediglich, daß fremdes Recht – unter der Voraussetzung, daß es überhaupt zum Zuge kommt – von Amts wegen zu ermitteln und im Wege des Freibeweises festzustellen ist (RAAPE/STURM, IPR I 308; NAGEL, IZPR Rn 436; MünchKommZPO/PRÜTTING § 293 ZPO Rn 11 ff; MünchKomm/SONNENBERGER Einl IPR Rn 448) (su Rn 222).

VI. Nachbargebiete

195 Soweit Kollisionsnormen darüber entscheiden, welche Privatrechtsordnung auf einen Fall mit Auslandsberührung anzuwenden ist, spricht man von internationalem Privatrecht. Da aber Rechtsfälle mit Auslandsberührung in allen Bereichen der Rechtsordnung auftreten, gibt es auch in anderen Rechtsbereichen Kollisionsnormen oder kollisionsrechtliche Grundsätze. Im Zusammenhang mit dem IPR ist das **internationale Verfahrensrecht** besonders wichtig. Es regelt die kollisionsrechtlichen Fragen des Zivilprozesses*, der freiwilligen Gerichtsbarkeit**, des Konkurses*** und der Schiedsgerichtsbarkeit****.

---

* **Schrifttum:** BAUMBACH/LAUTERBACH/ALBERS/HARTMANN, Zivilprozeßordnung (54. Aufl 1996); BAUMGÄRTEL, Das Beweismaß im deutschen Zivilprozeß, in: HABSCHEID/BEYS (Hrsg), Grundfragen des Zivilprozeßrechts – die internationale Dimension (1991) 539; BÜLOW/BÖCKSTIEGEL/GEIMER/SCHÜTZE, Der internationale Rechtsverkehr in Zivil- und Handelssachen, 3 Ordner (3. Aufl 1993 ff); CARBONE, Lo spazio giudiziario europeo. Le convenzioni di Bruxelles e di Lugano (1995); COESTER-WALTJEN, Internationales Beweisrecht. Das auf den Beweis anwendbare Recht in Rechtsstreitigkeiten mit Auslandsbezug (1983); COLLINS, Provisional and protective measures in international litigation, Rec des Cours 234 (1992-III) 9; DROZ, Compétence judiciaire et effets des jugements dans le Marché commun. Etude de la Convention de Bruxelles du 27 septembre 1968 (1972); ders, La Convention de Lugano parallèle à la Convention de Bruxelles concernant la compétence judiciaire et l'exécution des décisions en matière civile et commerciale, Rev crit dr i p 1989, 1; ders, La Convention de San Sebastian alignant la Convention de Bruxelles sur la Convention de Lugano, Rev crit dr i p 1990, 1; EILERS, Maßnahmen des einstweiligen Rechtsschutzes im europäischen Zivilrechtsverkehr. Internationale Zuständigkeit, Anerkennung und Vollstreckung (Diss Bonn 1989/90 [1991]); FIRSCHING/vHOFFMANN, Internationales Privatrecht einschließlich der Grundzüge des Internationalen Zivilverfahrensrechts (4. Aufl 1995) § 3 Rn 1 ff; GAUDEMET-TALLON, Les Conventions de Bruxelles et de Lugano. Compétence internationale, reconnaissance et exécution des jugements en Europe (1993); GEIMER, Das Nebeneinander und Miteinander von europäischem und nationalem Zivilprozeßrecht, NJW 1986, 2991; ders, Internationales Zivilprozeßrecht, in: ZÖLLER, ZPO (19. Aufl 1995); ders, Internationales Zivilprozeßrecht (2. Aufl 1993); ders, Anerkennung ausländischer Entscheidungen in Deutschland (1995); GEIMER/SCHÜTZE, Internationale Urteilsanerkennung. Kommentar, I/1 (1983), I/2 (1984), II (1971); GOTTWALD, Die internationale Zwangsvollstreckung, IPRax 1991, 285; ders, Internationales Zivilprozeßrecht, in: Münchener Kommentar zur Zivilprozeßordnung III (1992) 1569; GOTTWALD und KLAMARIS, Die Stellung des Ausländers im Prozeß, in: HABSCHEID/BEYS (Hrsg), Grundfragen des Zivilprozeßrechts – die internationale Dimension (1991) 3 u 101; GRONSTEDT, Grenzüberschreitender einstweiliger Rechtsschutz (1994); Handbuch des Internationalen Zivilverfahrensrechts I (1982), III/1 (1984), III/2 (1984); HERBOTS/KREMLIS, La convention parallèle concernant la compétence judiciaire et l'exécution des décisions en matière civile et commerciale, Cah dr europ 1990, 3; JAHR, Internationales Zwangsvollstreckungsrecht, in: LÜKE/PRÜTTING (Hrsg), LdR Gerichtsverfassungs- und Zivilverfahrensrecht (1988); JAMETTI GREINER, Überblick zum Lugano-Übereinkommen über die gerichtliche Zuständigkeit und die Vollstreckung gerichtlicher Entscheidungen in Zivil- und Handelssachen, ZBJV 1992, 42; KEGEL, Internationales Privatrecht (7. Aufl 1995) 791 ff; KLINKE, Brüsseler Übereinkommen und Übereinkommen von Lugano über die gerichtliche Zuständigkeit und die Vollstreckung gerichtlicher Entscheidungen in Zivil- und Handelssachen (2. Aufl 1993); KROPHOLLER, Europäisches Zivilprozeßrecht, Kommentar zum EuGVÜ und Lugano-Übereinkommen (4. Aufl 1993); ders, Internationales Privatrecht (2. Aufl 1994) 481 ff; KURTH, Internationaler Rechtsschutz gegen Verfahren vor ausländischen Gerichten (1989); LEIPOLD, Lex fori, Souveränität, Discovery. Grundlagen des Internationalen Zivilprozeßrechts (1989); LINKE, Internationales Zivilprozeßrecht (2. Aufl 1995); MERCIER/DUTOIT, L'Europe judiciaire. Les conventions de Bruxelles et de Lugano (1991); MERKT, Les mesures provisoires en droit international privé (1993); NAGEL, Internationales Zivilprozeßrecht (3. Aufl 1991); NEUHAUS, Internationales Zivilprozeßrecht und Internationales Privatrecht, RabelsZ 1955, 201; POCAR, La convenzione di Bruxelles sulla giurisdizione e l'esecuzione delle sentenze (3. Aufl 1995); SCHACK, Internationales Zivilverfahrensrecht (1991); SCHLOSSER, Extraterritoriale Rechtsdurchsetzung im Zivilprozeß, in: FS Lorenz (1991) 495; SCHMIDT (Hrsg), Materielles Recht und Prozeßrecht und die Auswirkungen der Unterscheidung im Recht der Internationalen Zwangsvollstreckung (1992); SCHÜTZE, Rechtsverfolgung im Ausland (1986); ders, Internationales Zivilprozeßrecht und Rechtsvergleichung, in: FS Waseda Universität (Tokyo) (1988) 323; ders, Die Bedeutung der Rechtsprechung als Rechtsquelle im deutschen internationalen Zivilprozeß, ZVglRW 92 (1993) 29; SCHWANDER (Hrsg), Das Lugano-Übereinkommen (1990); ders, Ein erster Blick auf das Lugano-Übereinkommen, AJP 1992, 92; VOYAME ua, L'espace judiciaire européen. La Convention de Lugano du 16 septembre 1988 (1992); WALTER, Von Brüssel nach Lugano, Recht 1991, 89; ZÖLLER, Zivilprozeßordnung mit Gerichtsverfassungsgesetz und den Einführungsgesetzen, mit Internationalem Zivilprozeßrecht, Kostenanmerkungen (19. Aufl 1995).

** **Schrifttum:** DÖLLE, Kernprobleme des internationalen Rechts der freiwilligen Gerichtsbarkeit, in: Deutscher Notartag (1961), 29; ders, Über einige Kernprobleme des internationalen Rechts der freiwilligen Gerichtsbarkeit, RabelsZ 1962/63, 201; FIRSCHING/vHOFFMANN, Internationales Privatrecht (4. Aufl 1995) § 3 Rn 271 ff; GEIMER, Anerkennung ausländischer Entscheidungen auf dem Gebiet der freiwilligen Gerichtsbarkeit, in: FS Ferid (1988) 89; KEIDEL/KUNTZE/WINKLER, Freiwillige Gerichtsbarkeit, Teil A (13. Aufl 1992); KREFFT, Vollstreckung und Abänderung ausländischer Entscheidungen der freiwilligen Gerichtsbarkeit (1993); RICHARDI, Die Anerkennung und Vollstreckung ausländischer Akte der freiwilligen Gerichtsbarkeit unter besonderer Berücksichtigung des autonomen Rechts (1991);

196 Zu nennen ist weiter das **internationale Verwaltungsrecht*** einschließlich des **internationalen Steuerrechts**** und das internationale **Strafrecht*****.

ROTH, Zwangsvollstreckung aus ausländischen Entscheidungen der Freiwilligen Gerichtsbarkeit, IPRax 1988, 75; ders, Probleme um internationale und örtliche Zuständigkeit aus dem Verfahrenbereich der Freiwilligen Gerichtsbarkeit, IPRax 1989, 279.

*** (Rn 195) **Schrifttum**: CAMPBELL, International Corporate Insolvency Law (1992); DANIELE, Il fallimento nel diritto internazionale privato e processuale (1987); DIOS MARCER, Los principios rectores de los procedimientos concursales en el orden internacional. Derecho comparado, derecho comunitario y derecho internacional privado (1990); FLESSNER, Entwicklungen im internationalen Konkursrecht, besonders im Verhältnis Deutschland-Frankreich, ZIP 1989, 749; ders, Internationales Insolvenzrecht in Europa, in: FS Heinsius (1991) 111; ders, Ausländischer Konkurs und inländischer Arrest, in: FS Merz (1992) 93; FLETCHER (Hrsg), Cross-Border Insolvency. National and Comparative Studies (1992); GRASMANN, Effets nationaux d'une procédure d'exécution collective étrangère, Rev crit dr i p 1990, 421; HABSCHEID, Entwicklungstendenzen des internationalen Konkursrechts, ZaöRV 50 (1990) 282; HANISCH, Rechtszuständigkeit der Konkursmasse (1973); ders, Allgemeine kollisionsrechtliche Grundsätze im internationalen Insolvenzrecht, in: FS Jahr (1993) 455; JAHN, Insolvenzen in Europa (1994); JAHR, Internationales Konkursrecht, in: LÜKE/PRÜTTING (Hrsg), LdR Gerichtsverfassungs- und Zivilverfahrensrecht (1989); JEANNERET, Banqueroute et faillites internationales, SchwJZ 1991, 336; KIRCHHOF, Grenzüberschreitende Insolvenzen im Europäischen Binnenmarkt, WM 1993, 1364; 1993, 1401; F MERZ, Problemi relativi alle procedure concorsuali nei rapporti italo-tedeschi, Riv dir int priv proc 1983, 731; RIESENFELD, Transnational Bankruptcies in the Late Eighties. A Tale of Evolution and Atavism, in: FS Merryman (1990) 409; ders, Das neue Gesicht des deutschen internationalen Konkursrechts aus ausländischer Sicht, in: FS Franz Merz (1992) 497; SCHMIDT, System des deutschen internationalen Konkursrechts (1972); SUMM, Anerkennung ausländischer Konkurse in der Bundesrepublik Deutschland (1992); SMART, Cross-Border Insolvency (1991); STUMMEL, Konkurs und Integration. Konventionsrechtliche Wege zur Bewältigung grenzüberschreitender Insolvenzverfahren (Diss Heidelberg 1990 [1991]); VOLKEN, L'harmonisation du droit international privé de la faillite (1991); WOOD, Principles of International Insolvency (1995).

**** (Rn 195) **Schrifttum**: ADEN, Internationale Handelsschiedsgerichtsbarkeit. Kommentar zu den Verfahrensordnungen (1988); BERGER, Internationale Wirtschaftsschiedsgerichtsbarkeit. Verfahrens- und materiellrechtliche Grundprobleme im Spiegel moderner Schiedsgesetze und Schiedspraxis (1992); BERNARDINI, L'arbitrato internazionale (1987); GLOSSNER, Die internationale Handelsschiedsgerichtsbarkeit. Versuch einer Standortbestimmung, in: FS Semler (1993) 909; GRIGERA NAÓN, Choice-of-Law Problems in International Commercial Arbitration (1992); vHOFFMANN, Internationale Handelsschiedsgerichtsbarkeit. Die Bestimmung des maßgeblichen Rechts (1970); KOHL, Vorläufiger Rechtsschutz in internationalen Handelsschiedsverfahren (1990); LEW, Applicable Law in International Commercial Arbitration (1978); OPPETIT, Philosophie de l'arbitrage commercial international, Clunet 1993, 811; REDFERN/HUNIER, Droit et pratique de l'arbitrage commercial international (2. Aufl 1994); RUBINO-SAMMARTANO, International Arbitration Law (1990); SCHLOSSER, Das Recht der internationalen privaten Schiedsgerichtsbarkeit (2. Aufl 1989); SCHWAB/WALTER, Schiedsgerichtsbarkeit (5. Aufl 1995); SCHÜTZE ua, Handbuch des Schiedsverfahrens. Praxis der deutschen und internationalen Schiedsgerichtsbarkeit (1990); SONNAUER, Die Kontrolle der Schiedsgerichte durch die staatlichen Gerichte (1992); STORME/DE LY, The Place of Arbitration (1992).

* **Schrifttum**: BEYERLIN, Rechtsprobleme der lokalen grenzüberschreitenden Zusammenarbeit (1988); G HOFFMANN, Internationales Ver-

2. Kapitel. IPR. Einleitung.
A. Aufgabe, Begriff, Name, Rechtsnatur und Methoden

Einen besonderen Bereich des Kollisionsrechts stellt das **internationale Arbeits-***

waltungsrecht, in: vMünch (Hrsg), Besonderes Verwaltungsrecht (7. Aufl 1985) 851 ff; Neumeyer, Internationales Verwaltungsrecht, 4 Bde (1910/1922/1926/1936); Steindorff, Internationales Verwaltungsrecht, WbVR III 581; Vogel, Der räumliche Anwendungsbereich der Verwaltungsrechtsnorm. Eine Untersuchung über Grundfragen des sog internationalen Verwaltungs- und Steuerrechts (1965).

** **Schrifttum:** Arnold, Doppelbesteuerung und Beilegung internationaler Steuerkonflikte, BB 1987, 595; Baker, Double Taxation Agreements and International Tax Law. A Manual on the OECD Model Double Taxation Convention 1977 (1991); Bisch/Feinschreiber, Fundamentals of International Taxation (2. Aufl 1985); Bühler, Internationales Steuerrecht und IPR (1960); Burmester, Grundlagen internationaler Regelungskumulation und -kollision, unter besonderer Berücksichtigung des Steuerrechts (1993); Debatin, System und Auslegung der Doppelbesteuerungsabkommen, Betrieb 1985, Beilage Nr 23; Gest/Tixier, Droit fiscal international (2. Aufl 1990); Grossfeld, Grundprobleme des Außensteuergesetzes, German YbIntL 19 (1976) 177; Grützner, Doppelbesteuerungsabkommen. Ein Leitfaden für die Praxis (1978); Höhn (Hrsg), Handbuch des Internationalen Steuerrechts der Schweiz (2. Aufl 1993); Jacobs (Hrsg), Internationale Unternehmensbesteuerung. Handbuch zur Besteuerung deutscher Unternehmen mit Auslandsbeziehungen (3. Aufl 1995); Kluge, Das deutsche internationale Steuerrecht (3. Aufl 1992); Korn/Debatin, Doppelbesteuerung. Kommentar (9. Aufl 1994); Mössner, Rechtsprechungs-Report Internationales Steuerrecht, Rechtsprechung der Jahre 1980–1989 mit Kommentierung (1991); Piltz, Die Personengesellschaften im internationalen Steuerrecht der Bundesrepublik Deutschland (1981); Ritter, Entwicklungstendenzen des internationalen Steuerrechts, BB 1984, 353; Sass, Neuere Entwicklungen beim Abbau steuerrechtlicher Diskriminierungen von Ausländern in der Europäischen Union, BB 1995, 69; Schaumburg, Internatio-

nales Steuerrecht. Außensteuerrecht. Doppelbesteuerungsrecht (1993); Vogel (Hrsg), Grundfragen des internationalen Steuerrechts (1985); ders, Doppelbesteuerungsabkommen der Bundesrepublik Deutschland auf dem Gebiet der Steuern vom Einkommen und Vermögen. Kommentar auf der Grundlage der Musterabkommen (2. Aufl 1990); Wassermeyer, Handbuch des Außensteuerrechts (1995); Weber-Fas (Hrsg), Staatsverträge im Internationalen Steuerrecht. Zur Rechtsnatur, Geschichte und Funktion der deutschen Doppelbesteuerungsabkommen (1982); Wilke, Lehrbuch des internationalen Steuerrechts (5. Aufl 1994).

*** **Schrifttum:** Eser, Internationale Rechtshilfe in Strafsachen. Rechtsprechungssammlung 1949–1992 (2. Aufl 1993); Feller, La résolution des conflits de juridictions en matière pénale, Rev int dr pén 1976, 537; Gardocki, Über den Begriff des Internationalen Strafrechts, ZStrW 98 (1986) 703; Grützner/Pötz, Internationaler Rechtshilfeverkehr in Strafsachen. Die für die Rechtsbeziehungen der Bundesrepublik Deutschland mit dem Ausland in Strafsachen maßgeblichen Bestimmungen (2. Aufl 1980 ff); Oehler, Internationales Strafrecht, Geltungsbereich des Strafrechts, Internationales Rechtshilferecht, Recht der Gemeinschaften, Völkerstrafrecht (2. Aufl 1983); Pictet, L'évolution du droit international pénal, in: FS Haug (1986) 205; Treves, La giurisdizione nel diritto penale internazionale (1973); Uhlig/Schomburg/Lagodny, Gesetz über die internationale Rechtshilfe in Strafsachen (IRG) mit Erläuterungen der wichtigsten internationalen Vereinbarungen, Auszügen aus einschlägigen Rechtsquellen sowie mit Rechtshilfetabellen (2. Aufl 1992).

* **Schrifttum:** Agel-Pahlke, Der internationale Geltungsbereich des Betriebsverfassungsgesetzes. Eine Untersuchung der für das Betriebsverfassungsgesetz geltenden internationalarbeitsrechtlichen Kollisionsnormen (1988); Birk, Das internationale Arbeitsrecht der Bundesrepublik Deutschland, RabelsZ 1982, 384; ders, Länderbericht Bundesrepublik Deutschland, in: Erster Europäischer Regionaler Kon-

und **Sozialrecht*** dar. Es umfaßt die sich aus der Auslandsberührung eines Arbeitsverhältnisses ergebenden Fragen und damit sowohl die Grundsätze, nach denen sich die privatrechtliche Seite des Arbeitsverhältnisses richtet, wie auch die Grundsätze, nach denen der Geltungsbereich öffentlichrechtlicher Schutzvorschriften zu beurteilen ist.

greß des Arbeitsrechts und der sozialen Sicherheit (1989) 423; ders, Internationales und Europäisches Arbeitsrecht, in: RICHARDI/WLOTZKE, Münchener Handbuch zum Arbeitsrecht I (1992) 184; ders, Die Bedeutung der Parteiautonomie im internationalen Arbeitsrecht, RdA 1989, 201; COURSIER, Le conflit de lois en matière de contrat de travail (1993); DÄUBLER, Das neue Internationale Arbeitsrecht, RiW/AWD 1987, 249; DÉPREZ, Les clauses relatives au règlement des litiges dans le contrat de travail international, Rev dr aff int 1990, 7; ESER, Kollisionsrechtliche Probleme bei grenzüberschreitenden Arbeitsverhältnissen, RiW/AWD 1992, 1; GANZERT, Das internationale Arbeitsverhältnis im deutschen und französischen Kollisionsrecht (1992); HEILMANN, Das Arbeitsvertragsstatut (1991); HERZOG, Private International Law Aspects of Labour Relations, AJCompL 30-Supplement (1982) 143; JAMBU-MERLIN, La loi applicable aux accidents du travail en droit international et en droit communautaire, Rec des Cours 180 (1983-II) 237; JUNKER, Die „zwingenden Bestimmungen" im neuen internationalen Arbeitsrecht, IPRax 1989, 69; ders, Internationales Arbeitsrecht. Vertragsstatut, Haftung, Arbeitnehmervertretung, RdA 1990, 212; ders, Internationales Arbeitsrecht im Konzern (1992); ders, Zwingendes ausländisches Recht und deutscher Tarifvertrag, IPRax 1994, 21; KANEIN/RENNER, Ausländerrecht (6. Aufl 1993) § 10 AuslG Rn 92 ff; KÄRCHER, Öffentliches Arbeitsrecht in Fällen mit Auslandsberührung. Räumliche Kollision und territorialer Anwendungsbereich formell privater, „inhaltlich" öffentlicher Arbeitsrechtsnormen (Diss Marburg 1990); KRAUSHAAR, Die Auslandsberührungen des deutschen Arbeitsrechts, BB 1989, 2121; LAGARDE, Le contrat de travail dans les conventions européennes de droit international privé (1991); E LORENZ, Die Grundsätze des deutschen internationalen Betriebsverfassungsrechts, in: FS Lorenz (1991) 441; ders, Das objektive Arbeitsstatut nach dem Gesetz zur Neuregelung des Internationalen Privatrechts, RdA 1989, 220; MALINTOPPI, Les rapports de travail en droit international privé, Rec des Cours 205 (1987-V) 331; MAYER, Les clauses relatives à la compétence internationale, inserées dans les contrats de travail, in: FS Holleaux (1990) 263; MOURA RAMOS, Da lei aplicável ao contrato de trabalho internacional (1990); PULTE, Internationales Arbeitsrecht, AuR 1990, 285; SCHLUNCK, Die Grenzen der Parteiautonomie im internationalen Arbeitsrecht (1990); SCHMID/TRENK-HINTERBERGER, Grundzüge des Arbeitsrechts (2. Aufl 1994) 45 f; SCHMIDT-HERMESDORF, Personengesellschaften im internationalen Arbeitsrecht, RiW/AWD 1988, 938; SIMITIS, Internationales Arbeitsrecht. Standort und Perspektiven, in: FS Kegel (1977) 153; VALTICOS, Le développement du droit international du travail, in: FS Berenstein (1989) 193; WALZ, Multinationale Unternehmen und internationaler Tarifvertrag. Eine arbeitskollisionsrechtliche Untersuchung (1981); H WEBER, Das Zwingende an den zwingenden Vorschriften im neuen internationalen Arbeitsrecht, IPRax 1988, 82; WIMMER, Die Gestaltung internationaler Arbeitsverhältnisse durch kollektive Normenverträge (1992); ders, Neuere Entwicklungen im internationalen Arbeitsrecht. Überlegungen zur Politik des Arbeitskollisionsrechts, IPRax 1995, 207.

* **Schrifttum:** CLEVER, Internationales und europäisches Sozialrecht (1990); EICHENHOFER, Das Europäische Sozialrecht. Bestandsaufnahme und Entwicklungsperspektiven, JZ 1992, 269; ders, Entwicklungen im deutschen internationalen Sozialrecht 1991 und 1992, JbSozRG 1993, 503; ders, Internationales Sozialrecht (1994); LUGATO, Assicurazioni sociali e diritto internazionale privato (1995); SCHULER, Das Internationale Sozialrecht der Bundesrepublik

Vielfältige wechselseitige Berührungspunkte und Verflechtungen bestehen zwischen 198
IPR und **Staatsangehörigkeitsrecht*** (STURM, Ineinandergreifen von IPR und Staatsangehörigkeitsrecht, in: FS Jahr [1993] 497; teilweise überholt durch § 4 Abs 1 RuStAG nF vgl dazu STURM StAZ 1994, 273).

Besondere Kollisionsnormen wurden im Hinblick auf die in diesem Jahrhundert häu- 199
figen Eingriffe des Staates in private Rechtsverhältnisse entwickelt, die politische
oder wirtschaftspolitische Ziele verfolgen.

Im Ausland erfolgte **Enteignungen**** werden grundsätzlich nur beachtet, wenn sie im 200

Deutschland (1988); SCHULTE/TRENK-HINTERBERGER, Sozialhilfe (2. Aufl 1986) 444 ff; STEINMEYER/SCHULTE/FRANK, Zwischenstaatliches und Internationales Sozialrecht, in: vMAYDELL/RULAND (Hrsg), Sozialrechtshandbuch (1988) 1178 ff; WICKENHAGEN, Internationales Sozialversicherungsrecht (2. Aufl 1982).

* **Schrifttum:** BERGMANN/KORTH, Deutsches Staatsangehörigkeits- und Paßrecht. Praxishandbuch mit vollständigen Gesetzestexten (2. Aufl 1990); BLECKMANN, Völker- und verfassungsrechtliche Probleme des Erwerbs und des Verlusts der deutschen Staatsangehörigkeit (1992); BRAGA, Zur Dogmatik des Staatsangehörigkeitsrechts, in: FS Seidl-Hohenveldern (1988) 35; CASTANGIA, Il criterio della cittadinanza nel diritto internazionale privato (1983); DONNER, The Regulation of Nationality in International Law, Clunet 1987, 518; DE GROOT, Staatsangehörigkeitsrecht im Wandel (1989); GUSSECK, Neues zu Deutschland und zur deutschen Staatsangehörigkeit?, NJW 1988, 1302; HAILBRONNER/RENNER/LANG, Staatsangehörigkeitsrecht. Kommentar (1991); HECKER, Staatsangehörigkeitsfragen in zweiseitigen Verträgen der Bundesrepublik Deutschland (1988); JAYME/MANSEL, Nation und Staat im internationalen Privatrecht. Zum kollisionsrechtlichen Staatsangehörigkeitsprinzip in verfassungsrechtlicher und internationalprivatrechtlicher Sicht (1989); JELLINEK, Entwicklungstendenzen und Probleme des deutschen Staatsangehörigkeitsrechts (1986); JESSURUN D'OLIVEIRA, Principe de nationalité et droit de nationalité (1989); ders, Tendenzen im Staatsangehörigkeitsrecht, ZAR 1990, 114; LAGARDE, Vers une approche fonctionnelle du conflit positif de nationalité, Rev crit dr i p 1988, 29; LANG, Grundkonzeption und Entwicklung des deutschen Staatsangehörigkeitsrechts (1990); MAKAROV/vMANGOLDT, Deutsches Staatsangehörigkeitsrecht. Kommentar (3. Aufl 1981 ff); PANZERA, Limiti internazionali in materia di cittadinanza (1984); RIEGE, Die Staatsbürgerschaft der DDR (2. Aufl 1986); SCHLESER, Die deutsche Staatsangehörigkeit. Ein Leitfaden (4. Aufl 1980); SILAGI, Einbürgerung und doppelte Staatsangehörigkeit im geltenden Recht, StAZ 1993, 309; SONNENBERGER und vMANGOLDT, Anerkennung der Staatsangehörigkeit und effektive Staatsangehörigkeit natürlicher Personen im Völkerrecht und im internationalen Privatrecht, BerGesVR 29 (1988) 9 u 37; THEDIECK, Deutsche Staatsangehörigkeit im Bund und in den Ländern (1989); WEIDELENER, Neue staatsangehörigkeitsrechtliche Regelungen, StAZ 1991, 131; WEIDELENER/HEMBERGER, Deutsches Staatsangehörigkeitsrecht. Vorschriftensammlung (3. Aufl 1991); WIESSNER, Die Funktion der Staatsangehörigkeit. Eine historisch-rechtsvergleichende Analyse unter besonderer Berücksichtigung der Rechtsordnungen der USA, der UdSSR und der Bundesrepublik Deutschland (1989); WOLLENSCHLÄGER/SCHRAML, Ius soli und Hinnahme von Mehrstaatigkeit. Zulässige und notwendige Elemente einer Reform des Staatsangehörigkeitsrechts?, ZRP 1994, 225; ZIEMSKE, Mehrstaatigkeit und Prinzipien des Erwerbs der deutschen Staatsangehörigkeit, ZRP 1993, 334; ders, Verfassungsrechtliche Garantien des Staatsangehörigkeitsrechts, ZRP 1994, 229.

** **Schrifttum:** AMBROSCH-KEPPELER, Die Anerkennung fremdstaatlicher Enteignungen. Eine rechtsvergleichende Untersuchung (1991); AMERASINGHE, Issues of Compensation for

enteignenden Staat belegenes Vermögen betreffen (BGHZ 62, 340, 345 mwN = IPRspr 1974 Nr 136). Näheres bei STAUDINGER/STOLL[12] IntSachenR Rn 128 ff und STAUDINGER/GROSSFELD (1993) IntGesR Rn 749 ff.

201 Dem Territorialitätsprinzip folgen auch die meisten ausländischen Rechtsordnungen (vgl zB HARTLEY, Foreign Public Law in Private International Law: English Report, in: KLEIN [Hrsg], Colloque de Bâle sur le rôle du droit public en droit international privé [1991] 13, 14 ff; MAYER, Le rôle du droit public en droit international privé français, ebenda 63, 70 ff; RADICATI DI BROZOLO, Foreign Public Law before Italian Courts, ebenda 85, 97 ff; Österreich: SCHWIMANN, Grundriß des internationalen Privatrechts [1982] 191 ff, 82 f, und weiterhin – trotz

Taking of an Alien Property in the Light of Recent Cases and Practice, IntCompLQ 41 (1992) 22; BEHRENDS, Multinationale Unternehmen im internationalen Enteignungsrecht der Bundesrepublik Deutschland (1980); BEITZKE, Probleme der Enteignung im IPR, in: FS Raape (1948) 93; BOGDAN, Expropriation in Private International Law (1975); BOULANGER, Les nationalisations en droit international privé comparé (1975); BOUTARD-LABARDE, Nationalisations imposées, nationalisations négociées (1984); COING, Zur Nationalisierung in Frankreich, WM 1982, 378; J-F FLAUSS, Nationalisation et indemnisation préférentielle de la propriété étrangère dans le cadre de la convention européenne des droits de l'homme, GazPal 1986, doct 729; FLUME, Juristische Person und Enteignung im IPR, in: FS Mann (1977) 143; GROSSFELD, Praxis des Internationalen Privat- und Wirtschaftsrechts. Rechtsprobleme multinationaler Unternehmen (1975) 192 ff; HERZOG, La théorie de l'Act of State dans le droit des Etats-Unis, Rev crit d i p 1982, 617; KEGEL, Probleme des internationalen Enteignungs- und Währungsrechts (1956); ders, Die Rolle des Öffentlichen Rechts im internationalen Privatrecht, in: FS Seidl-Hohenveldern (1988) 243, 252 ff; KEGEL/SEIDL-HOHENVELDERN, Zum Territorialitätsprinzip im internationalen Öffentlichen Recht, in: FS Ferid (1978) 233, 246 ff; KOPPENSTEINER, Enteignungs- oder Nationalisierungsmaßnahmen gegen ausländische Kapitalgesellschaften. Kollisions- und gesellschaftsrechtliche Aspekte unter besonderer Berücksichtigung der Entziehung von Mitgliedschaftsrechten, BerGesVR 13 (1973) 65; MANN, Die Konfiskation von Gesellschaften,

Gesellschaftsrechten und Gesellschaftsvermögen im IPR, RabelsZ 1962, 1 = Beiträge zum IPR (1976) 116; ders, Nochmals zur völkerrechtswidrigen Enteignung vor deutschen Gerichten, in: FS Duden (1977) 287; ders, Der konfiszierende Staat als Gesamtrechtsnachfolger, in: FS Zweigert (1981) 275; ders, The Effect in England of the Compulsory Acquisition by a Foreign State of the Shares in a Foreign Company, LQRev 102 (1986) 191; MATTHIAS, Die internationalen Auswirkungen von Verstaatlichungsmaßnahmen, RiW/AWD 1982, 640; NJEM, Le régime juridique et la nationalisation de concessions pétrolières et autres concessions d'immeuble. Une étude de droit international privé au regard des pays en voie de développement (1980); PENROSE/JOFFÉ/STEVENS, Nationalization of Foreign Property, ModLRev 55 (1992) 351; PIRRWITZ, Behandlung von Auslandsforderungen inländischer Gläubiger und Inlandsforderungen ausländischer Gläubiger im internationalen Enteignungsrecht der USA, RiW/AWD 1989, 96; QUIOÑES ESCAMEZ, Eficacia internacional de las nacionalizaciones. Nombre comercial y marcas (1988); RIGAUX/VERHOEVEN, Nationalisations et relations internationales (à propos de la loi française du 11-2-1982), J trib 1982, 489; SEIDL-HOHENVELDERN, Internationales Enteignungsrecht, in: FS Kegel (1977) 265; STAKER, Public International Law and the Lex Situs rule in Property Conflicts and Foreign Expropriations, BritYbIntL 58 (1987) 151; STOLL, Neuere Entwicklungen im internationalen Enteignungsrecht, in: Rechtsfragen des vereinten Deutschland (1992) 77; VIGENER, Zum internationalen Enteignungsrecht, in: FS Simson (1983) 367.

2. Kapitel. IPR. Einleitung.
A. Aufgabe, Begriff, Name, Rechtsnatur und Methoden

Art 13 Abs 1 S 2 und Art 19 IPRG – auch die Schweiz: HEINI, IPRG Kommentar [1993] Vor Art 97–108 Rn 8 ff).

Was die Maßnahmen der **Devisenbewirtschaftung** anbelangt, so gilt für die Bundesrepublik Deutschland das Abkommen über den Internationalen Währungsfonds vom Juli 1944, meist nach dem Abschlußort *Abkommen von Bretton Woods* genannt. Art VIII Abschn 2 (b) dieses Abkommens bestimmt, daß Abreden, die die Währung eines Mitgliedstaats berühren und mit den devisenrechtlichen Vorschriften dieses Mitgliedstaats nicht vereinbar sind, in keinem Mitgliedstaat eingeklagt werden können (MANN, Der Internationale Währungsfonds und das Internationale Privatrecht, JZ 1970, 709; JZ 1981, 327; KOHL, Zur Anwendbarkeit von Art VIII Abschnitt 2 (b) des Abkommens von Bretton Woods, IPRax 1986, 285; EBKE, Internationales Devisenrecht [1991] 163 ff; ders, Die Rechtsprechung zur „Unklagbarkeit" gemäß Art VIII Abschn 2 (b) Satz 1 IWF-Übereinkommen im Zeichen des Wandels, WM 1993, 1169; EHRICKE, Die Funktion des Art VIII des IWF-Vertrages in der Internationalen Schuldenkrise, RiW/AWD 1991, 365; SEUSS, Extraterritoriale Geltung von Devisenkontrollen. Art VIII 2 b S 1 des Übereinkommens über den Internationalen Währungsfonds [1991]; MünchKomm/MARTINY Nach Art 34 EGBGB Anh II Rn 9 ff; BGHZ 116, 77, 84 f = IPRax 1992, 377 mit Aufsatz von FUCHS ebenda 361 = EWiR 1992, 203 mit Anm GEIMER = IPRspr 1992 Nr 181; BGH IPRax 1994, 298 mit Aufsatz von EBENROTH/WOGGON ebenda 276; BGH NJW 1994, 1868 = IPRax 1995, 110 mit Aufsatz von FUCHS ebenda 82; OLG München JZ 1991, 370 mit Aufsatz von EBKE ebenda 335, und MANN ebenda 614).

Das Abkommen von Bretton Woods gilt heute in über 180 Staaten (aufgeführt im Fundstellennachweis B, Beilage zum BGBl II [1996] 236 ff).

Soweit das Abkommen nicht eingreift, sind ausländische Devisenvorschriften von deutschen Gerichten selbst dann nicht zu beachten, wenn sie der Staat erließ, dessen Recht lex causae ist. Vorschriften des öffentlichen Rechts zeitigen grundsätzlich jenseits der Landesgrenzen des rechtsetzenden Staates keine Rechtsfolgen (Prinzip der Territorialität) (BGHZ 31, 367, 371 = NJW 1960, 1101 = IzRspr 1958/59 Nr 136; BGH RiW/AWD 1977, 433 = IPRspr 1976 Nr 118; FERID/BÖHMER, IPR Nr 6-107; KEGEL, IPR 872). Etwas anderes gilt nur dann, wenn sie bereits konkret auf den zu beurteilenden Sachverhalt gestaltend einwirkten oder ihre gezielte Umgehung aus deutscher Sicht als sittenwidrig erscheint (BGH NJW 1970, 1002 = IPRspr 1970 Nr 100; BGHZ 55, 334, 339 = NJW 1971, 983 = IPRspr 1971 Nr 116 b; LG Berlin IPRspr 1958/59 Nr 167; LG Hamburg IPRax 1981, 174; COING, Inländische Werte und ausländisches Devisenrecht, WM 1972, 838; vHOFFMANN, Aufrechnung und Zurückbehaltungsrecht bei Fremdwährungsforderungen, IPRax 1981, 155; HAHN, Währungsrecht [1990] 391 ff).

Entsprechend verfahren ausländische Gerichte. Auch sie lassen sich nicht in den Dienst fremder Devisenpolitik stellen.

Am eindeutigsten brachte das schweiz BG zum Ausdruck, daß ausländische Devisenvorschriften nicht zu beachten sind (BGE 60 II [1934] 294, 311 – ein Solidarbürge kann sich nicht darauf berufen, daß der Hauptschuldner durch Devisenvorschriften befreit wurde; 61 II [1935] 242, 246 – die deutschen devisenrechtlichen Zahlungsverbote stellen einen spoliativen Eingriff in die Gläubigerrechte dar, der unabhängig davon, ob fremdes öffentliches Recht anzuwenden ist oder nicht, den schweizerischen ordre public verletzt; 68 II [1942] 203, 210 – die Nichtberücksichtigung der deutschen Devisenvorschriften durch das amerikanische Recht verstößt nicht gegen den schweizerischen ordre public; 76 II [1950] 33, 40 ff – der Verstoß gegen fremdes Devisenrecht ist aus Schweizer Sicht weder rechts- noch sittenwidrig und deshalb unbeachtlich. Ebenso BG SchwJbIntR 10 [1953] 323, 325; BGE 80 II [1954] 49, 50 f; 95 II [1969] 109, 114 f und BG SchweizAG 1981, 69). Im bewußten Gegensatz hierzu steht der neue Art 19 IPRG, nach dem fremde Eingriffsnormen uU „berücksichtigt werden können". Das BG hatte sich mit dieser Vorschrift bisher noch nicht zu befassen. BGE 118 II (1992) 348, bei dem kubanische Devisenschutzmaßnahmen eine Rolle spielten, war den Übergangsbestimmungen zufolge noch nach altem Recht zu beurteilen. Doch macht dieser Entscheid immerhin deutlich, daß auch unter Herrschaft des IPRG ausländisches öffentliches Recht, das der Durchsetzung von Machtansprüchen dienen soll, keinen Anspruch auf Anerkennung zu begründen vermag.

206 Die Cour de cassation (Rev crit dr i p 1968, 661) nahm an der Verletzung tschechoslowakischer Devisenbestimmungen keinen Anstoß, obwohl tschechoslowakisches Recht den Vertrag beherrschte; ebensowenig die Cour d'appel de Reims (Clunet 1978, 99) am Schmuggel von Devisen aus Algerien. Die Umgehung fremder wirtschaftlicher Normen gehe die französische Rspr nichts an. Näheres bei MAYER, Le rôle de droit public en droit international privé français, in: KLEIN (Hrsg), Colloque de Bâle (1991) 63, 64 ff.

207 Der niederländische Hoge Raad entschied im Falle Sewrajsingh im gleichen Sinn (Rev crit dr i p 1980, 68 mit Anm von VAN ROOIJ). Anders aber im Falle Alnati (Rev crit dr i p 1967, 522 mit Anm von STRUYCKEN), einem der Ausgangspunkte der Lehre von der Sonderanknüpfung drittstaatlicher Eingriffsnormen. Vgl dazu auch SCHULTSZ, Dutch Antecedents and Parallels to Art 7 of the CEE Contract Convention of 1980, RabelsZ 1983, 267; ders, Les lois de police étrangères, Trav Com fr dr i p 1982–1983 (1986) 39, 44 ff.

208 In neuerer Zeit gewinnt im Bereich des Kollisionsrechts auch das **internationale Kartellrecht*** zunehmend an Bedeutung.

---

* **Schrifttum:** BÄR, Kartellrecht und Internationales Privatrecht. Die kollisionsrechtliche Behandlung wirtschaftsrechtlicher Eingriffe, dargestellt am Beispiel des Gesetzes gegen Wettbewerbsbeschränkungen (1965); ders, Internationales Kartellrecht und unlauterer Wettbewerb, in: FS Moser (1987) 143; vBAR, Internationale Wettbewerbsbeschränkungen zwischen Sach- und Kollisionsrecht, in: FS Ferid (1988) 13; BASEDOW, Entwicklungslinien des internationalen Kartellrechts, NJW 1989, 627; BURKHARDT, Kartellrecht (1995); EBENROTH, Herausforderungen für das internationale Wirtschaftsrecht, RiW/AWD 1994, 1; EMMERICH, Kartellrecht (6. Aufl 1991); FIKENTSCHER, Hauptfelder und Zwecke des Kartellrechts in rechtspolitischer und kollisionsrechtlicher Sicht, in: FS Lorenz (1991) 341; FIKENTSCHER/DREXL, Der Draft International Antitrust Code. Zur institutionellen Struktur eines künftigen Weltkartellrechts, RiW/AWD 1994, 93; GROSSFELD, Internationales Unternehmensrecht (1986) 176 ff; IMMENGA, Grundsätze exterritorialer Anwendung des Kartellrechtes nach deutschem Recht und europäischem Gemeinschaftsrecht, in: HOLL/KLINKE (Hrsg), Internationales Privatrecht – Internationales Wirtschaftsrecht (1985) 203; ders, Internationale Selbstbeschränkungsabkommen zwischen staatlicher Handelspolitik und privater Wettbewerbsbeschränkung. Eine Untersuchung nach deutschem und europäischem Kartellrecht, RabelsZ 1985, 303; IMMENGA/MESTMÄCKER, Gesetz gegen Wettbewerbsbeschränkungen (2. Aufl 1992); JUENGER, The „Extraterritorial" Application of American Antitrust Law and the New Foreign Relations Law Resta-

Das *deutsche Kartellrecht* bestimmt seinen Geltungsbereich durch einseitig gefaßte **209** Normen selbst (§§ 6, 98 Abs 2 und 99 ff GWB).

Reine Exportkartelle sind zulässig (§ 6 Abs 1 GWB), müssen jedoch, um Wirksam- **210** keit zu erlangen, bei der Kartellbehörde angemeldet werden und unterliegen der Mißbrauchsaufsicht (§ 98 Abs 2 S 2 iVm § 9 Abs 1 bzw § 12 Abs 2 GWB). Dies gilt selbst dann, wenn sie keine Inlandsauswirkung haben aber ein Unternehmen mit Sitz im Inland beteiligt ist (LANGEN/JUNGBLUTH, KartR § 98 GWB Rn 99; LANGEN/KIECKER, KartR § 6 GWB Rn 5 ff; § 12 GWB Rn 27 f). Ausfuhrkartelle, deren Wettbewerbsregelung sich notwendig auf den inländischen Markt erstreckt, sog *qualifizierte* Exportkartelle, sind gem § 6 Abs 2 GWB erlaubnispflichtig (LANGEN/KIECKER, KartR § 6 GWB Rn 16 ff, 25 f).

Außerhalb des Bereichs der Exportkartelle sind nach § 98 Abs 2 S 1 GWB die Vor- **211** schriften des Gesetzes auf auslandsbezogene Sachverhalte dann anwendbar, wenn sich eine Wettbewerbsbeschränkung im Inland spürbar auswirkt. Der Ort, wo die wettbewerbsbeschränkenden Abreden getroffen oder die aufeinander abgestimmten Verhaltensweisen veranlaßt werden, von dem aus eine marktbeherrschende Stellung mißbraucht wird oder an dem ein Zusammenschluß von Unternehmen erfolgt, ist unerheblich; ebenso der Sitz der beteiligten Unternehmen. Um den internationalen Anwendungsbereich der Vorschriften des Gesetzes nicht ausufern zu lassen, sind nur solche Folgen zu berücksichtigen, die in den Schutzbereich der fraglichen deutschen Sachnorm fallen (BGHSt 25, 208, 212 = NJW 1973, 1609 = IPRspr 1973 Nr 116; BGHZ 74, 322, 326 = NJW 1979, 2613 = IPRspr 1979 Nr 142 b; KG Die AG 1984, 130; LANGEN/JUNGBLUTH, KartR § 98 GWB Rn 96 ff).

§ 98 Abs 2 GWB ist unabdingbar. Unternehmen können sich nicht dadurch der **212** Anwendung des Gesetzes entziehen, daß sie die Geltung ausländischen Rechts vereinbaren (OLG Frankfurt WRP 1992, 331 = IPRspr 1991 Nr 159; LANGEN/JUNGBLUTH, KartR § 98 GWB Rn 102).

Für Ausnahmebereiche enthalten §§ 99 ff GWB Sondervorschriften. **213**

---

tement, WuW 1990, 602; KEVEKORDES, Auslandszusammenschlüsse im internationalen und materiellen Kartellrecht (Diss Münster 1985 [1986]); KRONSTEIN, Das Recht der internationalen Kartelle (1967); LANGEN/BUNTE, Kommentar zum deutschen und europäischen Kartellrecht (7. Aufl 1994) (KartR); MARTINEK, Das internationale Kartellprivatrecht. Ein Beitrag zur kollisionsrechtlichen Sonderanknüpfung im internationalen Wirtschaftsrecht (1987); MEESSEN, Völkerrechtliche Grundsätze des internationalen Kartellrechts (1975); MERTENS, Ausländisches Kartellrecht im deutschen IPR, RabelsZ 1967, 385; REHBINDER, Extraterritoriale Wirkungen des deutschen Kartellrechts (1965), AK SCHNYDER, Wirtschaftskollisionsrecht. Sonderanknüpfung und extraterritoriale Anwendung wirtschaftlicher Normen unter besonderer Berücksichtigung von Marktrecht (1990); SHODA, Vereinheitlichung im internationalen Kartellrecht, in: HOLL/KLINKE (Hrsg), Internationales Privatrecht – Internationales Wirtschaftsrecht (1985) 191; TEPASS, Extraterritoriale Anwendung nationalen Kartellrechts und Möglichkeiten zur Lösung zwischenstaatlicher Jurisdiktionskonflikte (Diss Gießen 1992); WAMSER, Enforcement of Antitrust Law. A Comparison of the Legal and Factual Situation in Germany, the EEC, and the USA (1994).

214 Im Verhältnis zum *europäischen Kartellrecht* gilt deutsches nur subsidiär (WALZ, Der Vorrang des europäischen vor dem nationalen Kartellrecht [1994]).

Kartellrechtliche Vorschriften enthalten Art 65 und 66 des Montanunion-Vertrags, Art 85 ff EGV und die hierzu ergangenen Verordnungen sowie Art 53 ff EWRA, die nahezu wortgleich mit Art 85 und 86 EGV und der Fusionskontrollverordnung sind. Das europäische Kartellrecht stimmt in seiner wirtschaftspolitischen Zielsetzung mit dem GWB überein. Es soll den Handel zwischen den Mitgliedstaaten vor Beeinträchtigungen schützen (LANGEN/BUNTE, KartR Einf zum EG-Kartellrecht Rn 12 ff, 20 ff, 35 ff, 49 ff; GLEISS/HIRSCH/BURKERT, Kommentar zum EG-Kartellrecht I [4. Aufl 1993] Einl Rn 1, 11 ff, 21, 27 ff, 58 ff; GUGENBAUER, EWR-Kartellrecht. Wettbewerbsregeln und Fusionskontrolle [1993]).

215 Wann deutsche Gerichte und Behörden *ausländisches Kartellrecht* anzuwenden haben, regelte der Gesetzgeber nicht. Die Frage ist streitig (IMMENGA/MESTMÄCKER/ REHBINDER § 98 Abs 2 GWB Rn 242 ff) und gehört zum Problemkreis der Beachtlichkeit wirtschaftspolitischer Eingriffsnormen (so Rn 34 ff). Sie stellt sich natürlich nur, falls weder europäisches noch deutsches Kartellrecht zum Zuge kommt. Deutsche Rspr zu dieser Frage fehlt. Zur ausländischen und den Vorschlägen im Schrifttum Näheres bei STAUDINGER/FIRSCHING$^{10/11}$ Vorbem 425 zu Art 12 EGBGB und bei IMMENGA/ MESTMÄCKER/REHBINDER § 98 Abs 2 GWB Rn 244 ff.

B. IPR und seine überstaatliche Vernetzung*

I. IPR und ausländisches Recht**

216 Das im EGBGB verankerte Staatsangehörigkeitsprinzip hat zur Folge, daß die

---

* Die fortschreitende internationale Verflechtung führt zu einem ungeheuren Output neuer Normierungen, neuer Entscheide, neuer Kommentare und kritischer Äußerungen. Die Materialfülle ist mit Büchern und Zeitschriften kaum noch zu bewältigen. Überschaubar wird der Informationsfluß aber dank neuer Technologien. In fast allen wirtschaftlich hochentwickelten Staaten gibt es juristische **Datenbanken**. Das dort gespeicherte Material ist meist direkt zugänglich (*Online*), teilweise aber auch auf *CD-ROM* erhältlich. Für deutsches Recht ist insbesondere die juris-Datenbank bedeutsam. Über weitere Dokumentationssysteme und den Zugang zu ihnen unterrichten: BERRING, Volltext-Datenbanken und juristische Informationssuche: mit dem Rücken zur Zukunft, InformatikR 1987, 5; LLOYD, Legal Databases in Europe.

User Attitudes and Supplier Strategies (1986); PASCUZZI, Cyberdiritto. Guida alle banche dati italiane e straniere, alla rete Internet e all'apprendimento assistito da calcolatore (1995); SCEMAMA, Répertoire international des banques de données juridiques (1990).

** Über **Schrifttum zum ausländischen IPR** vgl unten Rn 414 ff.

Als **Nachschlagewerke zum Auslandsrecht** sind zu erwähnen: BERGMANN/FERID/HENRICH (Hrsg), Internationales Ehe- und Kindschaftsrecht (mit Staatsangehörigkeitsrecht), 12 Ordner (6. Aufl 1983 ff); BRANDHUBER/ZEYRINGER, Standesamt und Ausländer. Sammlung systematischer Übersichten über die wesentlichen Rechtsnormen ausländischer Staaten, 3 Ordner (1987 ff); FERID/FIRSCHING/LICHTENBERGER (Hrsg), Internationales Erbrecht. Quellensammlung mit

deutschen Kollisionsnormen häufig, viel zu häufig, **fremdes Sachrecht** berufen. Nun gibt es sicher eine ganze Reihe deutschsprachiger Einführungen, die den Zugang zum fremden Recht erleichtern. Bei Lösung konkreter Rechtsfragen kommt man jedoch meist nicht an fremdsprachigen Gesetzestexten, Lehrbüchern, Kommentaren und Entscheiden vorbei (RAAPE/STURM, IPR I 308 ff).

systematischen Darstellungen des materiellen Erbrechts sowie des Kollisionsrechts der wichtigsten Staaten, 7 Ordner (4. Aufl 1982 ff); VERWILGHEN (Hrsg), Régimes matrimoniaux, successions et libéralités. Droit international privé et Droit comparé, 2 Bde (1979); SCHWAB/HENRICH (Hrsg), Entwicklungen des Europäischen Kindschaftsrechts (1994); International Encyclopedia of Comparative Law, 17 Bde (1971 ff); Juris Classeur de droit comparé, 3 Ordner (1975 ff); Le droit des affaires dans les pays de la CEE, 133 Ordner (1958 ff).
Neuere **Darstellungen ausländischer Rechte** stammen aus der Feder von: ADOMEIT/FRÜHBECK, Einführung in das spanische Recht (1993); BINNUN, Einführung in das Recht des Staates Israel (1983); BLUMENWITZ, Einführung in das anglo-amerikanische Recht (5. Aufl 1994); BRAUN/DROBNIG, Japanisches Handels- und Wirtschaftsrecht (1994); ELSING, US-amerikanisches Handels- und Wirtschaftsrecht (1985); FERID/SONNENBERGER, Das französische Zivilrecht Bd 1/1 (2. Aufl 1994), Bd 2 (2. Aufl 1986), Bd 3 (2. Aufl 1987), Bd 4/1 (2. Aufl 1993); FISCHER/FISCHER, Spanisches Handels- und Wirtschaftsrecht (2. Aufl 1995); GRAF V BERNSTORFF, Einführung in das englische Recht (1996); HENRICH, Einführung in das englische Privatrecht (2. Aufl 1993); HÜBNER/CONSTANTINESCO, Einführung in das französische Recht (3. Aufl 1994); IBÁN, Einführung in das spanische Recht (1995); IGARASHI, Einführung in das japanische Recht (1990); KERAMEUS/KOZYRIS, Introduction to Greek Law (2. Aufl 1993); KINDLER, Einführung in das italienische Recht (1993); LYALL, An Introduction to British Law (1994); vSENGER, Einführung in das chinesische Recht (1994); TRIBEL/HODGSON ua, Englisches Handels- und Wirtschaftsrecht (2. Aufl 1995); TURCON/ZIMMER, Grundlagen des US-amerikanischen Gesellschafts-, Wirtschafts-, Steuer- und Fremdenrechts (1994); WEBER, Einführung

in das schottische Recht (1978); ZIMMERMANN, Das römisch-holländische Recht in Südafrika (1983).
Eine *Bibliographie* älterer Darstellungen enthalten CHR vBAR, IPR I Rn 130 ff, und STURM (Hrsg), Wahlfach Internationales Privatrecht und Rechtsvergleichung (1982) 284 ff. Über deutsches Schrifttum zum internationalen und ausländischen Privatrecht der Jahre 1945 bis 1965 unterrichten DROBNIG und DES COUDRES, RabelsZ 1952, 111; 1954, 733; 1957, 668; 1960, 658; 1964, 494; 1967, 82, sowie SOYKE/WESER, Bibliographie des deutschen Schrifttums zum internationalen und ausländischen Privatrecht 1945–1970 (1978); seit 1965 auch die Karlsruher Juristische Bibliographie. Veröffentlichungen des In- und Auslands über die Rechte aller Länder berücksichtigt die vom Max-Planck-Institut in Hamburg herausgegebene Aufsatzdokumentation zur Privatrechtsvergleichung, Privatrechtsvereinheitlichung sowie zum internationalen Privatrecht und ausländischen Privatrecht. Eine Bibliographie der Jahre 1968–1972 (1975); entsprechende Bibliographien der Jahre 1973 ff erschienen 1977 ff. Leider wird die Sammlung nicht fortgesetzt. In begrenztem Umfang trat an ihre Stelle vBAR, Ausländisches Privat- und Privatverfahrensrecht in deutscher Sprache. Systematische Nachweise aus Schrifttum, Rechtsprechung und Gutachten 1980–1992 (1993). Die Dokumentation erscheint auch auf CD-ROM, einer Computerdatenbank, die laufend ergänzt wird. Über die neuesten Entwicklungen auf dem Gebiete des Familienrechts in der ganzen Welt unterrichtet der Annual Survey of Family Law, der jährlich als Teil des University of Louisville Journal of Family Law erscheint. Schwer auffindbare Fundstellen vermitteln SCHMIDT ua, Neue Rechtsvorschriften der Nachfolgestaaten der UdSSR (1993).
Kenntnisse über Auslandsrecht lassen sich auch

217 Auch die Kenntnis des **fremden IPR** ist in Fällen mit Auslandsberührung unumgänglich, denn das deutsche Recht erkennt Rück- und Weiterverweisung an (Art 4 Abs 1 EGBGB und dazu STAUDINGER/HAUSMANN Art 4 Rn 45 ff). Beruft die inländische Kollisionsnorm eine fremde lex und wird hiermit nicht nur auf fremdes Sachrecht abgezielt, so stehen wir vor einer Gesamtverweisung. Das fremde Recht mit Einschluß seines IPR ist heranzuziehen. Die ausländischen Kollisionsnormen sind also daraufhin zu befragen, ob sie auf deutsches Recht zurück- oder auf ein drittes Recht weiterverweisen.

218 Auslandsrechtskunde tut also Not. Dennoch wird es für den Praktiker schon aus Zeitgründen notwendig und ratsam sein, sich die erforderlichen Kenntnisse durch **Gutachten** zu beschaffen (RAAPE/STURM, IPR I 309; BENDREF, IPR und Anwaltschaft, AnwaltsBl 1982, 468; SCHÜTZE, Die Anwendung ausländischen Rechts durch deutsche Notare, BWNotZ 1992, 122).

219 Ein Verfahren zur Einholung von Informationen über ausländisches Recht und ausländische Rechtsprechung regelt für Gerichte, die fremdes Recht anzuwenden haben, das Europäische *Übereinkommen betreffend Auskünfte über ausländisches Recht* (Europaratsabkommen Nr 62) vom 7. 6. 1968 (BGBl 1974 II 937; AusfG vom 5. 7. 1974, BGBl I 1433), das am 19. 3. 1975 in der Bundesrepublik in Kraft trat (A WOLF, Das europäische Übereinkommen vom 7. 6. 1968 betreffend Auskünfte über ausländisches Recht, NJW 1975, 1583; LEONCINI BARTOLI, Considerazioni sulla posizione del giudice rispetto al problema della conoscenza del diritto straniero a seguito della Convenzione di Londra del 7 giugno 1968, Riv dir int priv proc 1983, 333; OTTO, Die gerichtliche Praxis und ihre Erfahrungen mit dem Europäischen Übereinkommen vom 7. 6. 1968 betreffend Auskünfte über ausländisches Recht, in: FS Firsching [1985] 209; ders, Das Europäische Übereinkommen vom 7. 6. 1968 betreffend Auskünfte über ausländisches Recht – im Abseits?, JbItalR 1994, 233). Vertragsstaaten bei Rn 283.

220 In der Praxis üblich ist auch die Einholung von Gutachten beim Max-Planck-Institut für ausländisches und internationales Privatrecht in Hamburg, bei Universitätsinstituten oder einzelnen Professoren (HETGER, Sachverständige für ausländisches und internationales Privatrecht. Nachschlagewerk für den Praktiker, der sich mit Sachverhalten mit Auslandsbezug auseinandersetzt [1990]; ders, Sachverständige für ausländisches und internationales Privatrecht, DNotZ 1994, 88; ders, Die Ermittlung ausländischen Rechts, FamRZ 1995, 654 und DRiZ 1995, 267). Anfragen an deutsche oder ausländische Botschaften und Konsulate haben sich weniger bewährt. Man stößt bei solchen Anfragen, wenn sie überhaupt verstanden und beantwortet werden, nur selten auf gutinformierte Kräfte.

221 2. Den Inhalt ausländischen Rechts braucht der *Richter** nicht zu kennen. Er muß

aus *Gutachtensammlungen* schöpfen: Gutachten zum internationalen und ausländischen Privatrecht, hrsg von FERID/KEGEL/ZWEIGERT (1965 ff); WENGLER, Gutachten zum internationalen und ausländischen Familien- und Erbrecht, 2 Bde (1971); PFAFF/WAEHLER, Familien- und Erbrecht der Flüchtlinge und Umsiedler. Gutachten zum IPR und Staatsangehörigkeitsrecht sowie zum Recht der sozialistischen Länder (1972).

Kommentierte *Landkarten* finden sich bei GALGANO/FERRARI, Atlante di diritto privato comparato (1992).

* **Schrifttum:** ANCEL, La connaissance de la loi étrangère applicable, in Droit international et Droit communautaire, Actes du colloque, Paris

ihn aber **von Amts wegen ermitteln** (RAAPE/STURM, IPR I 306 ff; CHR vBAR, IPR I Rn 372 ff; KROPHOLLER, IPR 191 ff; KEGEL, IPR 362 ff; MünchKomm/SONNENBERGER Einl IPR Rn 453 ff; MünchKommZPO/PRÜTTING [1992] § 293 Rn 12 ff; ERMAN/HOHLOCH Einl Art 3 EGBGB Rn 51 ff; PALANDT/HELDRICH Einl v Art 3 EGBGB Rn 33 ff; BGH NJW 1961, 410 = IPRspr 1960/61 Nr 5; BGH NJW 1988, 647 = IPRax 1988, 228, 229 = IPRspr 1987 Nr 2; BGHZ 118, 151, 162 = IPRax 1993, 87, 90 = IPRspr 1992 Nr 265; BGH NJW-RR 1995, 766; BGH NJW 1996, 54).

Dabei hat er nach pflichtgemäßem Ermessen alle erreichbaren Erkenntnisquellen 222 auszuschöpfen (BGH NJW 1988, 648 = IPRax 1988, 227 mit Aufsatz GOTTWALD ebenda 210 = IPRspr 1987 Nr 1; BGH NJW 1988, 647 = IPRax 1988, 228 = IPRspr 1987 Nr 2; BGH NJW 1992, 3106). Welche Anforderungen an Umfang und Intensität dieser Ermittlungen zu stellen sind, hängt von den Besonderheiten des einzelnen Falles ab (BGHZ 118, 151, 163 f = IPRax 1993, 87, 91 = IPRspr 1992 Nr 265; sehr weitgehend BGH NJW 1991, 1418 = IPRspr 1991 Nr 1 b und dazu kritisch SAMTLEBEN, Der unfähige Gutachter und die ausländische Rechtspraxis, NJW 1992, 3057; BGH IPRax 1995, 333 mit Aufsatz von OTTO ebenda 299).

Die Parteien dürfen dem Gericht bei der Ermittlung des ausländischen Rechts helfen 223 und müssen dies tun, wenn sie dazu aufgefordert werden (HUZEL, Zur Zulässigkeit eines „Auflagenbeschlusses" im Rahmen des § 293 ZPO, IPRax 1990, 77; BGH NJW 1961, 410 = IPRspr 1960/61 Nr 5; BGH NJW 1976, 1581, 1583 = IPRspr 1976 Nr 2; BGH NJW 1987, 1145, 1146 = IPRax 1988, 26, 27 = IPRspr 1986 Nr 128 b).

Wenn § 293 ZPO dem Richter gestattet, sich bei seinen Ermittlungen des beweis- 224 rechtlichen Instrumentariums zu bedienen, so bedeutet dies nicht, daß ein Scheitern seines Bemühens zu Lasten der Partei geht, der die nicht ermittelte Norm günstig

---

5 et 6 avril 1990 (1990) 87; Die Anwendung ausländischen Rechts im IPR, Kolloquium anläßlich des 40jährigen Bestehens des Max-Planck-Instituts für ausländisches und internationales Privatrecht (1968); CARBONE, Il diritto straniero ed il giudice italiano. Presente e prospettive di sviluppo, Riv dir int 74 (1991) 838; EVANGELOU, Straßburger Kolloquium über vergleichendes Internationales Privatrecht, IPRax 1987, 263; FENTIMAN, Foreign Law in English Courts, LQRev 108 (1992) 142; GENGHINI, Sulla conoscenza della legge straniera, Giust civ 1985 I 1895; GRUBER, Die Anwendung ausländischen Rechts durch deutsche Gerichte, ZRP 1992, 6; HANTEL, Anwendung ausländischen Rechts vor französischen Gerichten, RabelsZ 1991, 143; HELDRICH, Heimwärtsstreben auf neuen Wegen. Zur Anwendung der lex fori bei Schwierigkeiten der Ermittlung ausländischen Rechts, in: FS Ferid (1978) 209; KRAUSE, Ausländisches Recht und deutscher Zivilprozeß (1990); KREUZER, Einheitsrecht als Ersatzrecht, NJW 1983, 1943; KRINGS, L'interprétation de la loi étrangère par le juge du for et le contrôle de cette interprétation par la Cour de cassation, in: FS Baumgärtel (1990) 267; MAYER, Le juge et la loi étrangère, SZIER 1991, 481; PEREZ VOITURIEZ, El procedimento de la ley extranjera en derecho español (1988); ders, La información de la ley extranjera en el derecho internacional privado (1988); PONSARD, L'office du juge et l'application du droit étranger, Rev crit dr i p 1990, 607; Les problèmes actuels posés par l'application des lois étrangères, Actes du colloque austro-franco-germano-suisse de droit international privé comparé des 22 et 23 mai 1986, Annales de la faculté de droit de Strasbourg XXXIV (1988); RUBINO-SAMMARTANO, Il giudice nazionale di fronte alla legge straniera, Riv dir int priv proc 1991, 315; TAVENNE, L'établissement du contenu du droit étranger, Rev dr des étr 1985, 43; THEISS, Die Behandlung fremden Rechts im deutschen und italienischen Zivilprozeß (1990); WENGLER, Der deutsche Richter vor unaufklärbarem und unbestimmtem Recht, JR 1983, 221.

wäre (BGH NJW 1961, 410 = IPRspr 1960/61 Nr 5; BGHZ 69, 387, 393 = NJW 1978, 496, 497 f = IPRspr 1977 Nr 98 b; BGH NJW 1982, 1215, 1216 = IPRspr 1981 Nr 2).

225 Eine Verletzung der von der Rspr aus § 293 ZPO abgeleiteten prozeßrechtlichen Ermittlungspflicht ist ein **revisibler Gesetzesverstoß** iSv § 549 ZPO (FASTRICH, Revisibilität der Ermittlung ausländischen Rechts, ZZP 97 [1984] 423; BGH NJW 1988, 647 = IPRax 1988, 228, 229 = IPRspr 1987 Nr 2; BGHZ 118, 151, 162 f = IPRax 1993, 87, 90 = IPRspr 1992 Nr 265).

226 Der Inhalt des ausländischen Rechts und seine richtige Anwendung im Einzelfall ist aber in der Revision nicht nachprüfbar (BGH NJW 1988, 647 = IPrax 1988, 228, 229 = IPRspr 1987 Nr 2; BGHZ 118, 151, 163 = IPRax 1993, 87, 90 = IPRspr 1992 Nr 265). Indem der BGH jedoch die an die tatrichterlichen Ermittlungen zu stellenden Anforderungen laufend verschärfte, nähert er sich freilich der Revisibilität ausländischen Rechts langsam an. Wegen der fließenden Grenzen wurde daher erneut der Ruf laut, Auslandsrecht revisibel zu machen (GRUBER ZRP 1992, 7 f; zustimmend SAMTLEBEN NJW 1992, 3061).

227 Hiermit würde die schweizerische Lösung noch übertroffen. Nach dem durch das IPRG neugeschaffenen Art 43 a Abs 2 OG kann nämlich nur in nichtvermögensrechtlichen Streitigkeiten die der deutschen Revision vergleichbare Berufung an das Bundesgericht darauf gestützt werden, daß fremdes Recht falsch angewandt wurde.

Unsere höchsten Gerichte, die ohnehin überlastet sind, sollten jedoch nicht durch die auch im Zeitalter der Kommunikationsvernetzung noch immer zeitraubende Kontrolle richtiger Anwendung fremden Rechts von ihrer eigentlichen Aufgabe abgezogen werden, über Rechtseinheit und Rechtsfortbildung im eigenen Lande zu wachen. Die Gefahr von Irrtümern ist groß, die Autorität von Entscheiden über fremdes Recht gering.

228 Es wäre also kein Schaden, bei der weiteren Beschwerde nach § 27 FGG von der Nachprüfbarkeit der Feststellungen über fremdes Recht abzurücken (BGHZ 44, 121, 127 = IPRspr 1964/65 Nr 95 b; BGH NJW 1980, 532, 533 = IPRspr 1979 Nr 1) und die Revisibilität ausländischer Normen nach § 73 ArbGG (BAG MDR 1975, 874 = IPRspr 1975 Nr 30 b; BAGE 63, 17, 28 f = IPRspr 1989 Nr 72) zu opfern.

229 Fremdes Recht ist so anzuwenden, wie es im Ausland gilt. Der Richter darf sich daher nicht auf den reinen Gesetzeswortlaut beschränken, sondern hat die ausländische Rechtspraxis, Rechtslehre und Rechtsprechung bei seiner Auslegung heranzuziehen (BGH NJW 1963, 252, 253 = IPRspr 1962/63 Nr 44; IPRspr 1974 Nr 4; IPRspr 1981 Nr 2; BGH NJW 1988, 648 = IPRax 1988, 227 = IPRspr 1987 Nr 1).

230 Zeigen sich Streitfragen, so gebührt der in der Rspr vorherrschenden Ansicht als meist zuverlässiger Spiegel der Rechtswirklichkeit der Vorzug.

231 Wirft ein Fall neue Probleme auf, zu denen sich weder in der Rechtsprechung noch im Schrifttum Lösungen finden, darf der deutsche Richter auch ausländisches Recht fortbilden (MünchKomm/SONNENBERGER Einl IPR Rn 456 f; MünchKommZPO/PRÜTTING § 293 Rn 58). Er ist dabei dem Geist der ausländischen Rechtsordnung verpflichtet.

232 Läßt sich das anzuwendende Auslandsrecht nicht ermitteln, dann ist auf die **lex fori**

als Ersatzrecht zurückzugreifen (RAAPE/STURM, IPR I 311 f; LÜDERITZ, IPR Rn 183; MünchKomm/SONNENBERGER Einl IPR Rn 557 ff; MünchKommZPO/PRÜTTING § 293 Rn 59 ff; ERMAN/ HOHLOCH Einl Art 3 Rn 56). Andere Ersatzlösungen wie die Heranziehung des früheren Rechtszustands, des nächstverwandten Rechts, allgemeiner Rechtsgrundsätze, Einheitsrecht oder einer Anknüpfungsleiter sind willkürlich und befriedigen inhaltlich nicht; auch widersprechen sie den Parteiinteressen (FLESSNER, Interessenjurisprudenz im internationalen Privatrecht [1990] 125 f).

Auch der BGH rekurriert nunmehr grundsätzlich auf die lex fori. Nur wenn die 233 Anwendung deutschen Rechts äußerst unbefriedigend wäre, hält er die Anwendung des nächstverwandten oder wahrscheinlich geltenden Rechts für gerechtfertigt (BGHZ 69, 387, 393 f = NJW 1978, 496, 497 f = IPRspr 1977 Nr 98 b; BGH NJW 1982, 1215, 1216 = IPRspr 1981 Nr 2, zwei Urteile, die aufgrund deutschen Sachrechts ergingen). Nach anfänglich heftiger Kritik (insbes HELDRICH, in: FS Ferid 209) schwenkte das Schrifttum aber auf diese Linie ein (neben oben Rn 232 Genannten CHR vBAR, IPR I Rn 376; KROPHOLLER, IPR 195 ff; aA FERID/BÖHMER, IPR Rn 4-100; KEGEL, IPR 372; PALANDT/HELDRICH Einl v Art 3 EGBGB Rn 36).

Neue IPR-Kodifikationen machten sich den Grundsatz von der lex fori als Ersatz- 234 recht ebenfalls zu eigen (§ 4 Abs 2 öst IPRG, Art 16 Abs 3 schweiz IPRG, Art 7 Abs 3 rumän IPRG, Art 14 Abs 2 S 2 ital IPRG [su Rn 445]; ferner Art 8 niederl Entwurf [su Rn 439] und der durch den EV aufgehobene § 182 Abs 2 DDR-ZPO).

3. Der *Notar* muß fremdes Recht ebenfalls nicht kennen und kann sich schon bei 235 bloßen Zweifeln an der Geltung deutschen Rechts von seiner Haftung freizeichnen (§ 17 Abs 3 BeurkG). Andererseits ist den Beteiligten mit der Aufnahme einer Urkunde auf der Grundlage deutschen Sachrechts nicht gedient, wenn diese im Ausland nicht die erstrebten Wirkungen entfaltet.

Kraft seiner Aufklärungs- und Beratungspflicht hat der Notar aber nicht nur auf 236 diese Gefahren hinzuweisen, man wird ihn für verpflichtet halten, ein Gutachten oder eine Rechtsauskunft einzuholen (STURM, Kollisionsrecht, eine terra incognita für den deutsche Notar?, in: FS Ferid [1978] 417, 428), zumindest darf er eigene Ermittlungen anstellen (SCHÜTZE, Die Anwendung ausländischen Rechts durch deutsche Notare, BWNotZ 1992, 122, 124; KEIDEL/KUNTZE/WINKLER, Freiwillige Gerichtsbarkeit, Teil B [12. Aufl 1986] § 17 BeurkG Rn 23).

Der Weg über das europäische Rechtsauskunftsübereinkommen (so Rn 219) steht Notaren leider nicht offen.

II. IPR und Rechtsvergleichung*

Gerade auf dem Gebiete des Kollisionsrechts darf die Rechtsvergleichung nicht 237

---

* **Schrifttum:** ANCEL, Utilité et méthodes du droit comparé (1971); ARMINJON/NOLDE/ WOLFF, Traité de droit comparé, 3 Bde (1950/1951); AYASTA GONZÁLES, El derecho comparado y los sistemas jurídicos contemporaneos (1991); BARTELS, Methode und Gegenstand intersystemarer Rechtsvergleichung (1982); BOGDAN, Comparative Law (1994); BOULANGER, Droit civil de la famille, Bd 1 Aspects internes et internationaux (1990), Bd 2

vernachlässigt werden. Die allgemeinen Lehren sind, von Ansätzen etwa in Art 3-6 EGBGB abgesehen, überhaupt nicht kodifiziert. Sie wurden und werden von Lehre

Aspects comparatifs et internationaux (1994); BUTLER/KUDRIAVTSEV, Comparative Law and Legal Systems. Historical and Socio-Legal Perspectives (1985); COING, Europäisierung der Rechtswissenschaft, NJW 1990, 937; CONSTANTINESCO, Rechtsvergleichung, 3 Bde (1971/1972/1983); DAVID, Le droit comparé. Droits d'hier, droits de demain (1982); DAVID/JAUFFRET-SPINOSI, Les grands systèmes de droit contemporains (8. Aufl 1982); DAVID/GRASMANN ua, Einführung in die großen Rechtssysteme der Gegenwart. Rechtsvergleichung (2. Aufl 1982); DE LOS MOZOS, Derecho civil. Método, sistemas y categorías jurídicas (1988); DOEHRING, The Auxiliary Function of Comparative Law for the Interpretation of Legal Rules of National and International Law, in: FS Ago (1987) 47; DROBNIG, Die Nutzung der Rechtsvergleichung durch den deutschen Gesetzgeber, RabelsZ 1982, 253; ders, Rechtsvergleichung zwischen Rechtsordnungen verschiedener Wirtschaftssysteme. Zum Problem der intersystemaren Rechtsvergleichung, RabelsZ 1984, 233; ders, Rechtsvergleichung in der deutschen Rechtsprechung, RabelsZ 1986, 610; DROZ, Regards sur le droit international privé comparé, Cours général de droit international privé, Rec des Cours 229 (1991-IV) 424; EÖRSI, Comparative Civil (Private) Law (1979); FIKENTSCHER, Methoden des Rechts, 5 Bde (1975/1976/1977); FROMONT, Grands systèmes de droit étranger (2. Aufl 1994); GROSSFELD, Macht und Ohnmacht der Rechtsvergleichung (1984); ders, Rechtsmethoden und Rechtsvergleichung, RabelsZ 1991, 4; GUTTERIDGE, Comparative Law (2. Aufl 1949, Nachdr 1971); HÜBNER, Sinn und Möglichkeiten retrospektiver Rechtsvergleichung, in: FS Kegel (1987) 235; JAYME, Rechtsvergleichung und Fortschrittsidee, in: FS Schwind (1989) 175; KAHN, Internationales Privatrecht und Rechtsvergleichung, in: Über Inhalt, Natur und Methode des IPR, JherJb 40 (1899) 1, 49 ff = Abhandlungen I, 254, 311; ders, Bedeutung der Rechtsvergleichung mit Bezug auf das IPR, NiemZ 10 (1900) 97 = Abhandlungen I 491; KOKKINI-IATRIDOU,

Een inleiding tot het rechtsvergelijkende onderzoek (1988); KÖTZ, Rechtsvergleichung und Rechtsdogmatik, RabelsZ 1990, 203; KROPHOLLER, Die vergleichende Methode und das IPR, ZVglRW 77 (1978) 1; LOSANO, I grandi sistemi giuridici. Introduzione ai diritti europei ed extraeuropei (1978); MAKAROV, IPR und Rechtsvergleichung (1949); vMEHREN, L'apport du droit comparé à la théorie et à la pratique du droit international privé, Rev int dr comp 29 (1977) 493; MANSEL, Rechtsvergleichung und europäische Rechtseinheit, JZ 1991, 529; OFFERHAUS, De Haagse conferentie voor internationaal privaatrecht en de rechtsvergelijking, in: FS Frédéricq (1965) 769; PETEV, Sozialistisches Zivilrecht. Eine rechtsvergleichende Einführung unter Berücksichtigung der Rechte der Volksrepublik Bulgarien, der CSSR, der DDR, der Volksrepublik Polen, der Rumänischen Sozialistischen Republik, der Ungarischen Volksrepublik und der UdSSR (1975); W POSCH, Grundzüge fremder Privatrechtssysteme (1995); RABEL, Aufgabe und Notwendigkeit der Rechtsvergleichung (1925); REINHART, Rechtsvergleichung und richterliche Rechtsfortbildung auf dem Gebiete des Privatrechts, in: FS Heidelberg (1986) 599; RODIÈRE, Introduction au droit comparé (1979); RHEINSTEIN, Einführung in die Rechtsvergleichung (2. Aufl 1987); SANDROCK, Über Sinn und Methode zivilistischer Rechtsvergleichung (1966); SAUVEPLANNE, Rechtsstelsels in vogelvlucht. Een inleiding tot de privaatrechtsvergelijking (1975); SCHWARZ-LIEBERMANN VON WAHLENDORF, Droit comparé. Théorie générale et principes (1978); SCHNITZER, Vergleichende Rechtslehre, 2 Bde (2. Aufl 1961); ZWEIGERT, Die Rechtsvergleichung im Dienste der europäischen Rechtsvereinheitlichung, RabelsZ 1951, 387; ZWEIGERT/KÖTZ, Einführung in die Rechtsvergleichung auf dem Gebiete des Privatrechts, 2 Bde (2. Aufl 1984).

Rechtsvergleichende Analysen bringt auch die International Encyclopedia of Comparative Law, 17 Bde (1971 ff).

und Rechtsprechung auf rechtsvergleichender Grundlage herausgearbeitet und laufend weiterentwickelt. Auch die sachgerechte Fortbildung einzelstaatlicher Kollisionsnormen wird durch rechtsvergleichende Betrachtung gefördert, ganz abgesehen von den Impulsen, die von ihr für den Gesetzgeber ausgehen können und sollen (Kropholler, IPR 68 ff; Chr vBar, IPR I Rn 123 ff; Kegel, IPR 57).

Die Kenntnis der Rechtsfamilien fördert darüberhinaus das Verständnis des Auslandsrechts und bewahrt auch bei Anwendung und Ausbau inländischer Normen vor nationaler Enge.

III. IPR und Rechtsvereinheitlichung

1. Allgemeines

Überstaatliche Rechtsvereinheitlichung hat für das IPR unterschiedliche Bedeutung, je nachdem ob Kollisionsnormen oder Sachnormen betroffen werden. Durch die *Vereinheitlichung des IPR** wird der Zusammenprall verschiedener Rechtsordnungen nicht beseitigt. Die Konfliktslösung erfolgt aber einheitlich, da in den einzelnen Staaten nunmehr übereinstimmende Rechtsanwendungsnormen gelten. Dadurch wird Entscheidungsharmonie erzielt. Eine *Vereinheitlichung des materiellen Rechts***

---

* **Schrifttum:** Braga, Rechtsvergleichung, Rechtsvereinheitlichung und das IPR. Bemerkungen zur Vereinheitlichung des IPR, Annales Universitatis Saravensis 4 (1955) 3; Diamond, Harmonization of Private International Law relating to Contractual Obligations, Rec des Cours 199 (1986-IV) 233; Graveson, Private International Law: A Century of Unification, in: Liber Memorialis Laurent (1989) 795; Jayme, Ein IPR für Europa (1991); Kalensky, Evolution towards International Unification in Private International Law of the Socialist States in Central and Eastern Europe, in: Liber Memorialis Laurent (1989) 861; Kropholler, Nationale IPR-Reform und internationale Rechtsvereinheitlichung, in: FS Müller-Freienfels (1986) 409; Lagarde, L'unification des conflits de lois et des conflits de juridictions dans l'Europe communautaire: un modèle pour l'Europe de l'Est?, in: vBar (Hrsg), Perspektiven des IPR nach dem Ende der Spaltung Europas (1993) 207; Müller-Freienfels, Übernationales Ziel und nationale Kodifikation internationalen Privatrechts heute, in: FS Vischer (1983) 223; North, An European Harmonisation of Private International Law a Myth or a Reality?: A British Perspective, in: Forty Years on: The Evolution of Postwar Private International Law in Europe (1990) 29; Siehr, Rechtsangleichung im IPR durch nationale Kodifikationen, in: FS vOverbeck (1990) 205; van Loon, The Increasing Significance of International Cooperation for the Unification of Private International Law, in: Forty Years on: The Evolution of Postwar Private International Law in Europe (1990) 101; Westenberg, The Quest for Unification, ebenda 195.

** **Schrifttum:** Bartels, Rechtsvereinheitlichung zwischen unterschiedlichen Gesellschaftsordnungen, RabelsZ 1981, 106; Behrens, Voraussetzungen und Grenzen der Rechtsfortbildung durch Rechtsvereinheitlichung, RabelsZ 1986, 19; Blaurock, Übernationales Recht und Internationales Handelsrecht, ZEuP 1993, 247; David, The International Unification of Private Law, IntEncCompL II 5; ders, The Methods of Unification, AmJCompL 16 (1968/69) 13; ders, L'avenir des droits européens: unification ou harmonisation, in: Le droit comparé. Droits d'hier, droits de demain (1982) 295; Ferid, Methoden, Möglichkeiten und Grenzen der Privatrechtsvereinheitlichung, ZfRvgl 1963, 133; Glenn, Unification of Law, Harmonisation of Law and Private In-

dagegen verhindert in seinem Geltungsbereich das Entstehen von Kollisionen überhaupt.

2. Vereinheitlichtes Sachrecht

240 Vereinheitlichtes Sachrecht mit dem Ziel weltweiter Geltung entwickelt sich vor allem in den Bereichen internationalen Handels und Verkehrs.

241 Hier übernahm die **UNCITRAL**, die United Nations Commission on International Trade Law, die Vorreiterrolle.

Zu diesem Organ der UN-Generalversammlung J BISCHOFF, Allgemeine Erfahrungen bei der Rechtsvereinheitlichung in der UNCITRAL, SZIER 1993, 623; CARRASCOSA GONZÁLES, La labor de UNCITRAL en el ámbito de la contratación internacional y su relación con otras experiencias de la codificación internacional, in: España y la codificación internacional del Derecho internacional privado (1993) 91.

242 Auf das *UN-Kaufrecht* vom 11. 4. 1980 wurde bereits hingewiesen (so Rn 110). Es gilt in der Bundesrepublik seit dem 1. 1. 1991 (SCHLECHTRIEM, Einheitliches UN-Kaufrecht [1981]; Wiener Übereinkommen von 1980 über den internationalen Warenkauf. Lausanner Kolloquium [1985]; SCHLECHTRIEM [Hrsg], Kommentar zum Einheitlichen UN-Kaufrecht [2. Aufl 1995]; E BUCHER [Hrsg], Wiener Kaufrecht. Der schweizerische Außenhandel unter dem UN-Übereinkommen über den internationalen Warenkauf [1991]; HERBER/CZERWENKA, Internationales Kaufrecht. Kommentar zu dem Übereinkommen der Vereinten Nationen vom 11. 4. 1980 über Verträge über den internationalen Warenkauf [1991]; HONNOLD, Uniform Law of International Sales under the 1980 United Nations Convention [2. Aufl 1991]; REINHART, UN-Kaufrecht. Kommentar [1991]; NEUMAYER/MING, Convention de Vienne sur les contrats de vente internationale de marchandises. Commentaire [1993]; PILTZ, Internationales Kaufrecht. Das UN-Kaufrecht in praxisorientierter

---

ternational Law, in: Liber Memorialis Laurent (1989) 783; GRAVESON, The International Unification of Law, AmJCompL 16 (1968) 4; VAN HECKE, Réflexions sur l'état présent de l'unification du droit, Rev dr int dr comp 1983, 124; JAYME (Hrsg), Ein internationales Zivilverfahrensrecht für Gesamteuropa (1992); KÖTZ, Rechtsvereinheitlichung – Nutzen, Kosten, Methoden, Ziele, RabelsZ 1986, 1; KROPHOLLER, Internationales Einheitsrecht (1975); MOULY, La doctrine, source d'unification internationale du droit, Rev int dr comp 38 (1986) 351; NEUHAUS/KROPHOLLER, Rechtsvereinheitlichung – Rechtsverbesserung, RabelsZ 1981, 73; RIEG, L'harmonisation européenne du droit de la famille: mythe ou réalité?, in: FS vOverbeck (1990) 473; RIESE, Einheitliche Gerichtsbarkeit für vereinheitlichtes Recht, RabelsZ 1961, 604; ders, Über die Methoden der internationalen Vereinheitlichung des Privatrechts, ZSR 108 (1967) I 1; SCHLECHTRIEM, Rechtsvereinheitlichung in Europa und Schuldrechtsreform in Deutschland, ZEuP 1993, 217; SIEHR, Vereinheitlichung des Mobiliarsachenrechts in Europa, insbesondere im Hinblick auf Kulturgüter, RabelsZ 1995, 454; STORME, Rechtsvereinheitlichung in Europa. Ein Plädoyer für ein einheitliches europäisches Prozeßrecht, RabelsZ 1992, 290; ders, Überall dasselbe Prozeßrecht?, in: FS Matscher (1993) 495; STRÖMHOLM, Rechtsvergleichung und Rechtsangleichung, RabelsZ 1992, 611; VAN DER VELDEN, Europa 1992 en het eenvormig privaatrecht, in: Eenvormig en vergelijkend privaatrecht 1993, 3; WIEACKER, Historical Models for the Unification of European Law, in: FS Summers (1994) 297; ZWEIGERT, Grundsatzfragen der europäischen Rechtsangleichung, ihre Schöpfung und Sicherung, in: FS Dölle II (1963) 401.

Darstellung [1993]; ders, Neue Entwicklungen im UN-Kaufrecht, NJW 1994, 1101; BONELL, UN-Kaufrecht und das Kaufrecht des Uniform Commercial Code im Vergleich, RabelsZ 1994, 20; STAUDINGER/MAGNUS [1994] CISG; WILL, International Sales Law under CISG. The First Hundred Decisions [1994]).

Der im CISG erreichte Kompromiß zwischen Vorstellungen und Bedürfnissen von Ländern mit freier Marktwirtschaft oder Planwirtschaft, von Industriestaaten ebenso wie von Entwicklungsländern hat zu seinem Erfolg beigetragen.

Vertragsstaaten sind (Stand vom 31. 12. 1995): Ägypten, Argentinien, Australien, Belarus (Weißrußland), Bosnien-Herzegowina, Bulgarien, Bundesrepublik Deutschland, Chile, China, Dänemark, Ecuador, Estland, Finnland, Frankreich, Georgien, Guinea, Irak, Italien, ehemaliges Jugoslawien, Kanada, Kuba, Lesotho, Litauen (1. 2. 1996), Mexiko, Moldau, Neuseeland, Niederlande, Norwegen, Österreich, Polen (1. 6. 1996), Rumänien, Russische Föderation, Sambia, Schweden, Schweiz, Singapur (1. 3. 1996), Slowakei, Slowenien, ehemalige Sowjetunion, Spanien, Syrien, Tschechische Republik, ehemalige Tschechoslowakei, Uganda, Ukraine, Ungarn, Vereinigte Staaten.

Weniger erfolgreich war das UN-Abkommen über die *Verjährung beim internationalen Warenkauf* vom 14. 6. 1974. Dieses Übereinkommen nebst Änderungsprotokoll vom 11. 4. 1980 trat in der DDR am 1. 3. 1990 zusammen mit dem UN-Kaufrecht in Kraft (ENDERLEIN, Das UN-Verjährungsübereinkommen und seine Geltung in Deutschland, in: JAYME/FURTAK [Hrsg], Der Weg zur deutschen Rechtseinheit [1991] 65). Die Bundesrepublik hält sich hierdurch jedoch nicht für gebunden und beabsichtigt auch nicht, dem Abkommen beizutreten (Schreiben des BJM, DtZ 1992, 241). Das Abkommen gilt in den neuen Bundesländern aber fort (THORN, Die UN-Verjährungskonvention und ihre Geltung in Deutschland, IPRax 1993, 215; KEGEL, IPR 63).

Vertragsstaaten des Verjährungsabkommens sind (Stand vom 19. 5. 1995): Ägypten, Argentinien, Bosnien-Herzegowina, Dominikanische Republik, Ghana, Guinea, ehemaliges Jugoslawien, Kuba, Mexiko, Norwegen, Polen, Rumänien, Sambia, Slowakei, Tschechische Republik, ehemalige Tschechoslowakei, Uganda, Ungarn, Ukraine, Vereinigte Staaten; von diesen haben die Dominikanische Republik, Ghana, Kuba und Norwegen das Änderungsprotokoll nicht ratifiziert.

Hervorzuheben ist ferner das Abkommen über *internationale gezogene Wechsel* und internationale Eigenwechsel vom 9. 12. 1988, das für internationale Wechsel wählbares Einheitsrecht bereitstellt (SCHÜTZ, Die UNCITRAL-Konvention über internationale gezogene Wechsel und internationale Eigenwechsel [1992]). Das Abkommen ist noch nicht in Kraft.

Wenigstens auf eine Harmonisierung des Rechts, wenn schon auf keine Vereinheitlichung zielen *Modellgesetze*. Mit ihnen wird den Staaten eine Richtschnur an die Hand gegeben, wie sie nationale Rechtsnormen international aufeinander abstimmen können, so im UNCITRAL-Modellgesetz zur Regelung des internationalen *Überweisungsverkehrs* (J BISCHOFF SZIER 1993, 285; HADDING/SCHNEIDER WM 1993, 629; GENNER, Das UNCITRAL Modellgesetz über den internationalen Überweisungsverkehr – Ein Vorbild für Europa?, ZEuP 1995, 60) und über die internationale *Handelsschiedsgerichtsbar-*

keit (BENTO SOARES/MOURA RAMOS, Arbitragem comercial internacional. Análise da Lei-Modelo da CNUDCI de 1985 [1986]; KH SCHWAB, Das Uncitral-model law und das deutsche Recht, in: FS Nagel [1987] 427; HUSSLEIN-STICH, Das UNCITRAL-Modellgesetz über die internationale Handelsschiedsgerichtsbarkeit [1990]; REAL ZVglRW 89 (1990) 407; HERRMANN und CALAVROS, in: HABSCHEID/BEYS [Hrsg], Grundfragen des Zivilprozeßrechts – die internationale Dimension [1991] 235 u 309).

248 Einen weiteren Schritt zur Vereinheitlichung des Rechts internationaler Handelsbeziehungen bilden die vom Institut international pour l'unification du droit privé (**UNIDROIT**) betreuten Übereinkommen über die *Stellvertretung beim internationalen Warenkauf* vom 17. 2. 1983 (MOULY, La convention de Genève sur la représentation en matière de vente internationale de marchandises, Rev int dr comp 1983, 829; STÖCKER, Das Genfer Übereinkommen über die Vertretung beim internationalen Warenkauf, WM 1983, 778), über das internationale *Finanzierungsleasing* vom 28. 5. 1988 (Text RabelsZ 1987, 736) (POCZOBUT, Internationales Finanzierungsleasing. Das UNIDROIT-Projet – vom Entwurf [Rom 1987] zum Übereinkommen [Ottawa 1988], RabelsZ 1987, 681; DAGEFÖRDE, Internationales Finanzierungsleasing – Deutsches Kollisionsrecht und die Konvention von Ottawa [1992]) und über das internationale *Factoring* vom selben Tag (Text RabelsZ 1989, 733) (REBMANN, Das UNIDROIT-Übereinkommen über das internationale Factoring, RabelsZ 1989, 599).

Die beiden letzteren Abkommen traten am 1. 5. 1995 für Frankreich, Italien und Nigeria in Kraft (DAGEFÖRDE, Inkrafttreten der UNIDROIT-Konvention von Ottawa vom 28. 5. 1988 über Internationales Finanzierungsleasing, RiW/AWD 1995, 265; MARIANI, L'entrata in vigore delle due convenzioni UNIDROIT sul leasing internazionale e sul factoring internazionale, Riv dir int priv proc 1995, 562; ZACCARIA, Internationales Factoring nach Inkrafttreten der Konvention von Ottawa, IPRax 1995, 279).

249 Zur Arbeit des Instituts vgl MATTEUCI, L'unification du droit et le rôle de l'UNIDROIT. Origine de l'Institut et sa politique législative, Rev Inst belge 1982, 279.

250 Auf Vorarbeiten des UNIDROIT beruht das Washingtoner Übereinkommen über ein *einheitliches Recht der Form eines internationalen Testaments* vom 26. 10. 1973 (engl Text und dt Übersetzung bei STAUDINGER/FIRSCHING[12] Vorbem zu Art 24–26 EGBGB Rn 401; franz Text Rev crit dr i p 1995, 152) (NADELMANN, The Formal Validity of Wills and the Washington Convention 1973 Providing the Form of an International Will, AmJCompL 22 [1974] 365; PINTENS/TORFS/TORFS, Internationaal testament [1985]; GROPPI, Il testamento internazionale, Riv not 1992, 113; REVILLARD, L'entrée en vigueur de la Convention de Washington du 26 octobre 1973 protant loi uniforme sur la forme d'un testament international, Clunet 1995, 585; STAUDINGER/DÖRNER [1995] Vorbem zu Art 25 f EGBGB Rn 142 ff).

Das Abkommen gilt in (Stand 15. 6. 1995): Belgien, Bosnien-Herzegowina, Ecuador, Frankreich, Italien, ehemaliges Jugoslawien, einigen Gliedstaaten Kanadas (Alberta, Manitoba, Neufundland, Ontario, Prinz-Eduard-Insel, Saskatchewan), Libyen, Niger, Portugal, Slowenien, Zypern. Die US-Staaten Kalifornien, Minnesota und North Dakota fügten dem Einheitsgesetz entsprechende Vorschriften in ihr Recht ein.

251 Die Vereinheitlichung des Wechsel- und Scheckrechts, des gewerblichen Rechtsschutzes und des Urheberrechts sowie der Vorschriften für die Personen- und

Güterbeförderung zu Lande, zu Wasser und in der Luft setzte bereits früher ein (Zusammenstellung der für Deutschland geltenden Abkommen bei CHR VBAR, IPR I Rn 76, 73 ff, 77 ff; KEGEL, IPR 61, 83 ff, 70 ff).

Drei Abkommen – vom 29. 7. 1960, vom 25. 5. 1962 und 17. 12. 1971 – betreffen das **252** *Atomhaftungsrecht*, ein von 59 Staaten ratifiziertes Übereinkommen vom 29. 11. 1969 betrifft die zivilrechtliche Haftung für *Ölverschmutzungsschäden* (KEGEL, IPR 69, 71 f).

Dagegen bindet das Übereinkommen des **Europarats** vom 20. 4. 1959 über die obli- **253** gatorische *Haftpflichtversicherung für Kraftfahrzeuge* bisher neben der Bundesrepublik nur Dänemark, Griechenland, Norwegen, Österreich und Schweden.

Kein Einheitsrecht, auch kein Modellgesetz ist das sog *Londoner Abkommen*. Es **254** handelt sich vielmehr um einen allgemein gültigen Modellvertrag, nach dem bei internationalen Kraftverkehrsunfällen die nationalen Büros (in Deutschland der HUK-Verband) Schadensersatzansprüche abwickeln (SCHMITT/SCHOMAKER, Das Londoner Muster-Abkommen [1993]; STAUDINGER/VHOFFMANN[12] Art 38 EGBGB nF Rn 286 ff).

Die **Internationale Zivilstandskommission** (CIEC) fördert Vereinheitlichung und Har- **255** monisierung von Fragen des materiellen und formellen Personen- und Familienrechts (su Rn 285 ff).

Über ihre Arbeit berichtet laufend die StAZ. Dort werden auch die Abkommen und **256** Empfehlungen abgedruckt. Einen Sammelband, Conventions et Recommandations (1956–1987), veröffentlichte das Secrétariat général der CIEC in Straßburg.

Punktueller aber insgesamt gesehen wesentlich dichter erweist sich das Netz des **257** vereinheitlichten oder doch wenigstens harmonisierten Rechts der **Europäischen Union**. Schätzungen gehen davon aus, daß rund 80 bis 90% des deutschen Wirtschaftsrechts von Rechtsakten der EU, seien es nun Verordnungen oder Richtlinien, beeinflußt sind. Die Vereinheitlichung gewisser Ausschnitte von Rechtsgebieten hat laufend zugenommen und wird weiter zunehmen (EVERLING, Rechtsvereinheitlichung durch Richterrecht in der Europäischen Gemeinschaft, RabelsZ 1989, 193; HAYDER, Neue Wege der europäischen Rechtsangleichung? Die Auswirkungen der Einheitlichen Europäischen Akte von 1986, RabelsZ 1989, 622; MANSEL, Rechtsvergleichung und europäische Rechtseinheit, JZ 1991, 529; MÜLLER-GRAFF, Privatrecht und Europäisches Gemeinschaftsrecht – Gemeinschaftsprivatrecht [2. Aufl 1991]; PESCATORE, Einführung in das Europäische Gemeinschaftsrecht. Grundzüge und Entwicklungsstand der EG-Rechtsordnung, SZIER 1991, 25; GROSSFELD/BILDA, Europäische Rechtsangleichung, ZfRvgl 1992, 421; MÜLLER-GRAFF [Hrsg], Gemeinsames Privatrecht in der Europäischen Gemeinschaft [1993] mit Beiträgen von BIRK, HABSCHEID, HAYDER, HOMMELHOFF, JOERGES/BRÜGGEMEIER, KREUZER, LANDO, MÜLLER-GRAFF, TASCHNER, TILMANN, USHER, ULLRICH; ders, Europäisches Gemeinschaftsrecht und Privatrecht. Das Privatrecht in der europäischen Integration, NJW 1993, 13; TAUPITZ, Europäische Privatrechtsvereinheitlichung heute und morgen [1993]; VBAR, Vereinheitlichung und Angleichung von Deliktsrecht in der Europäischen Union, ZfRvgl 1994, 221; SCHWARTZ, Perspektiven der Angleichung des Privatrechs in der Europäischen Gemeinschaft, ZEuP 1994, 559; ZIMMERMANN, Konturen eines Europäischen Vertragsrechts, JZ 1995, 477; EHRICKE, Die richtlinienkonforme und gemeinschaftskonforme Auslegung nationalen Rechts. Ein Beitrag zu ihrer Bedeutung für die Verwirklichung „europäischen Privatrechts",

RabelsZ 1995, 598; REMIEN, Denationalisierung des Privatrechts in der Europäischen Union? Legislative und gerichtliche Wege, ZfRvgl 1995, 116; SCHMIDT, Privatrechtsangleichende EU-Richtlinien und nationale Auslegungsmethoden, RabelsZ 1995, 569).

258 Eine Quellensammlung wird neuerdings herausgegeben von HOMMELHOFF/JAYME, Europäisches Privatrecht (1993).

259 Rechtsangleichung in Europa dient nach Art 100 EWGV (= Art 100 EGV) der Errichtung und dem Funktionieren des Gemeinsamen Marktes. Die Einheitliche Europäische Akte von 1986 setzte mit Art 100 a EWGV (= Art 100 a EGV) ein weiteres Ziel, die Vollendung des Binnenmarktes, in dem der freie Verkehr von Waren, Personen und Dienstleistungen zu gewährleisten ist.

Hingegen ist es wohl nicht – oder noch nicht – Aufgabe der EU, ein einheitliches Privatrecht für die Mitgliedstaaten zu schaffen (SANDROCK EWS 1994, 5 mwN).

260 Das Europäische Parlament hält aber die bisher erzielte Rechtsangleichung für ungenügend. In zwei Entschließungen (ABlEG 1989 C 158/400, abgedruckt auch in RabelsZ 1992, 320; ABlEG 1994 C 205/518, abgedruckt auch in ZEuP 1995, 668) forderte es die Mitgliedstaaten und die Organe der EG daher auf, mit Vorbereitungen zur Ausarbeitung eines einheitlichen Zivilgesetzbuches zu beginnen. Der Vereinheitlichung des Schuldrechts wird dabei besondere Bedeutung zugemessen.

261 Der Gedanke einer europäischen Privatrechtskodifikation ist in der Wissenschaft auf große Zurückhaltung, um nicht zu sagen auf Ablehnung gestoßen. Betont werden Nachteile und Schwierigkeiten, vorgeschoben angebliche Möglichkeiten einer nichtlegislatorischen Vereinheitlichung des Rechts (MERTENS, Nichtlegislatorische Rechtsvereinheitlichung durch transnationales Wirtschaftsrecht und Rechtsbegriff, RabelsZ 1992, 219; REMIEN, Rechtseinheit ohne Einheitsgesetze?, RabelsZ 1992, 300; ders, Illusion und Realität eines europäischen Privatrechts, JZ 1992, 277; P ULMER, Vom deutschen zum europäischen Privatrecht?, JZ 1992, 1; TAUPITZ, Privatrechtsvereinheitlichung durch die EG: Sachrechts- oder Kollisionsrechtsvereinheitlichung?, JZ 1993, 533; SANDROCK, Die Europäischen Gemeinschaften und die Privatrechte ihrer Mitgliedstaaten, EWS 1994, 1; BLAUROCK, Europäisches Privatrecht, JZ 1994, 270; OPPETIT, Droit commun et droit européen, in: FS Loussouarn [1994] 311; MARTINY, Europäisches Familienrecht – Utopie oder Notwendigkeit?, RabelsZ 1995, 419).

262 Eine Europäisierung der Rechtswissenschaft ist sicher ein Schritt in die richtige Richtung (FLESSNER, Rechtsvereinheitlichung durch Rechtswissenschaft und Juristenausbildung, RabelsZ 1992, 243; ZIMMERMANN, Das römisch-kanonische ius commune als Grundlage europäischer Rechtseinheit, JZ 1992, 8). Sich damit zu begnügen und die Vereinheitlichung größerer Rechtsgebiete von vornherein für utopisch zu halten, ist einer von europäischem Geist beseelten Rechtswissenschaft unwürdig.

263 Erste Ansätze gibt es schon. GIUSEPPE GANDOLFI versammelte 1990, 1993, 1994 und 1995 in Pavia eine Gruppe europäischer Rechtswissenschaftler, die über Machbarkeit eines einheitlichen europäischen Vertragsrechts diskutierten (STEIN [Hrsg], Incontro di studio su il futuro codice europeo dei contratti, Pavia, 20–21 ottobre 1991 [1993]; STURM, Bemühungen um ein einheitliches europäisches Vertragsrecht, JZ 1991, 555). Um die Arbeit zu beschleunigen, will man vom italienischen Codice civile ausgehen, der eine Synthese zwischen deutschem und französischem Recht darstellt, aber auch den Grundsätzen des Common Law nicht widerstreitet. Einbezogen werden soll aber insbesondere der Entwurf eines Vertragsgesctzes, den HARVEY MCGREGOR im Auftrag der English Law Commission erarbeitete. Dieser Entwurf sucht einen Ausgleich zwischen der Tradition des englischen Common Law und dem in seiner Denkweise römischrechtlich beeinflußten schottischen Recht (MCGREGOR, Contract Code [1993]).

Bereits im Jahr 1980 konstituierte sich eine finanziell von der EG getragene Arbeitsgruppe, die sich zum Ziel setzte, allgemeine Grundsätze des Vertragsrechts für die Mitgliedstaaten zu erarbeiten und damit zu einer Harmonisierung des Rechts beizutragen (LANDO, Principles of European Contract Law, in: Liber Memorialis Laurent [1989] 555; ders, Principles of European Contract Law. An Alternative or a Precursor of European Legislation, RabelsZ 1992, 261; HARTKAMP ua [Hrsg], Towards a European Civil Code [1994] mit Beiträgen von BETLEM, BOLLEN/DE GROOT, DE BOER, DALHUISEN, DROBNIG, HARTKAMP, HONDIUS, HOWELLS, LANDO, KORTMANN/FABER, MARKESINIS, MÜLLER-GRAFF, STORME, SWADLING, TALLON, TUNC, VAN ERP, VAN MAANEN, VAN ROSSUM, WEHRENS, ZIMMERMANN und Wiedergabe der Principles; HEISS, Europäisches Vertragsrecht: in statu nascendi, ZfRvgl 1995, 54; Text, Kommentar und rechtsvergleichende Hinweise wurden veröffentlicht von LANDO/BEALE [Hrsg], The Principles of European Contract Law, Part I [1995]; deutsche Übersetzung von DROBNIG/ZIMMERMANN, ZEuP 1995, 864). **264**

Das UNIDROIT beabsichtigte sogar ein weltweit geltendes Recht für Schuldverträge zu erarbeiten, strebt aber heute ebenfalls nur noch eine Empfehlung von Grundprinzipien an (LANDO, in: Liber Memorialis Laurent [1989] 555, 562 ff). Die vom Institut erarbeiteten *Principles for International Commercial Contracts* mit den offiziellen Erläuterungen wurden 1994 veröffentlicht und von BONELL, An International Restatement of Contract Law. The UNIDROIT Principles of International Commercial Contracts (1994), kommentiert. Sie sind auch bei HARTKAMP (so Rn 264) abgedruckt. Dazu auch HARTKAMP, The UNIDROIT Principles for International Commercial Contracts and the United Nations Convention on Contracts for the Sale of Goods, in: FS Kokkini-Iatridou (1994) 85; GIARDINA, Les Principes UNIDROIT sur les contrats internationaux, Clunet 1995, 547; KASSEDJIAN, Un exercice de rénovation des sources du droit des contrats du commerce international: Les Principes proposés par l'Unidroit, Rev crit dr i p 1995, 641. **265**

Die Vereinheitlichung des gesamten Sachrechts zu einem *einheitlichen Weltrecht* liegt im Bereich der Utopie und ist im Hinblick auf die sozialen und kulturellen Unterschiede in den einzelnen Ländern nicht einmal erstrebenswert. **266**

3. Vereinheitlichtes Kollisionsrecht

Anders ist die Sachlage im Hinblick auf eine Vereinheitlichung des Kollisionsrechts. Da positive und negative Kompetenzkonflikte unvermeidlich sind, wenn jede Rechtsordnung ihren Anwendungsbereich eigenständig bestimmt, wäre ein international einheitliches Rechtsanwendungsrecht am besten geeignet, die dem IPR gestellten Aufgaben zu erfüllen. Einer Vereinheitlichung des Kollisionsrechts in weltweitem Rahmen stehen auch nicht die Bedenken entgegen, auf die man bei Gleichschaltung und Harmonisierung aller Sachnormen stieße. Dem Ziel wird man aber nur dann nahe kommen, wenn man schrittweise vorgeht und jeweils nur dieje- **267** nigen kollisionsrechtlichen Fragen regelt, in denen für möglichst viele Staaten gleichgelagerte Interessen gegeben sind.

268 Die schrittweise Vereinheitlichung durch internationale Abkommen führt zu einem Nebeneinander von nationalem Kollisionsrecht und Vertragsrecht. Dabei genießen die Staatsverträge stets Vorrang (Art 3 Abs 2 S 1 EGBGB; VITTA, International Conventions and National Conflict Systems, Rec des Cours 126 [1969-I] 111, 164 ff).

269 Die Vielzahl der von manchen Staaten ratifizierten Abkommen kann zu einer *Kollision von Vertragsnormen* führen. Immer häufiger grenzen sich internationale Abkommen selbst von anderen ab. Ist dies nicht der Fall, so ergibt sich ein Problem, zu dessen Lösung allseits befriedigende Grundsätze noch nicht gefunden sind. Einen untauglichen Versuch stellen Art 30 und 59 des Wiener Übereinkommens über das Recht der Verträge vom 23. 5. 1969 dar (dazu Rn 327 f). Das Abkommen ist zu stark völkerrechtlich geprägt und beschränkt sich auf Selbstverständlichkeiten. Nicht einmal der Grundsatz vom Vorrang der lex specialis wird berücksichtigt (MAJOROS, Les conventions internationales en matière de droit privé I [1976] 185 ff; II 1 [1980]; ders, Konflikte zwischen Staatsverträgen auf dem Gebiete des Privatrechts, RabelsZ 1982, 84; ders, Das Kollisionsrecht der Konventionskonflikte etabliert sich. Die Regel der maximalen Wirksamkeit in der doctrine des schweizerischen Bundesgerichts, in: FS Neumayer [1985] 431; VOLKEN, Konventionskonflikte im IPR [1977]; GODEFROID, Bilaterale Staatsverträge zum Internationalen Privat- oder Verfahrensrecht zwischen Vertragspartnern multilateraler Abkommen [Diss Bonn 1980]; DUTOIT/MAJOROS, Le lacis des conflits de conventions en droit privé et leurs solutions possibles, Rev crit dr i p 1984, 565; MünchKomm/SONNENBERGER Einl IPR Rn 192 ff; aA CHR VBAR, IPR I Rn 208, der in der Wiener Vertragsrechtskonvention eine jedenfalls zur Zeit noch ausreichende Konfliktslösung sieht). Das Institut de droit international, das sich ebenfalls mit der Frage befaßte, rang sich nicht zu einer Empfehlung durch (Le champ d'application des règles de conflit ou de droit matériel uniforme prévues par les traités, AnnInstDrint 59 II [1982] 139, 252; Text der Resolution auch Rev crit dr i p 1981, 816).

270 Der Zweck einer überstaatlichen Vereinheitlichung des IPR ist allerdings nur dann auf Dauer gesichert, wenn auch bei der Anwendung der vereinheitlichten Normen der Gedanke der Entscheidungsharmonie beachtet wird. Es genügt nicht, daß in jedem an der Vereinheitlichung des IPR beteiligten Staat bei der Entscheidung desselben Falles die übereinstimmenden Kollisionsnormen herangezogen werden; nur bei einer *gleichartigen Auslegung* dieser Normen ist auch die Gewähr gegeben, daß alle gleichgelagerten Fälle im Geltungsgebiet der vereinheitlichten Normen nach dem materiellen Recht derselben Rechtsordnung entschieden werden. Staatsverträge auf dem Gebiete des IPR sind daher nicht aus dem Geist des nationalen Rechts, sondern autonom, vertragsimmanent, aus sich heraus, auszulegen. Einen Leitfaden geben Art 30–33 der Wiener Vertragsrechtskonvention (BARIATTI, L'interpretazione delle convenzioni internazionali di diritto uniforme [1986] 175 ff, 319 ff; MEYER-SPARENBERG, Staatsvertragliche Kollisionsnormen [1990] 101 ff; MünchKomm/SONNENBERGER Einl IPR Rn 195 ff).

271 Die Beachtung von Lehre und Rspr der anderen Vertragsstaaten ist dabei unumgänglich. Wirklich gewahrt wird einheitliche Anwendung und koordinierte Fortbildung vereinheitlichten Rechts nur durch einen supranationalen Gerichtshof.

Die Europäische Union verfügt mit dem EuGH über eine *zentrale Auslegungsinstanz*. Er hat die Aufgabe, darüber zu wachen, daß Gemeinschaftsrecht wirklich gemeinsames Recht bleibt, und unterschiedliche Auslegungen durch die Gerichte der Mitgliedstaaten zu verhindern. Auf Vorlage urteilt er im Wege des Vorabentscheids über Auslegungsfragen (Art 177 EGV; Art 3 Luxemburger Protokoll vom 3. 6. 1971 betreffend die Auslegung des EuGVÜ; zwei weitere Protokolle vom 19. 12. 1988 betreffen die Auslegung des EVÜ, sind aber noch nicht in Kraft). Für das Lugano-Übereinkommen (su Rn 290) besteht keine dem EuGVÜ entsprechende Vorlagemöglichkeit. Um eine einheitliche Auslegung der beiden Parallelabkommen zu sichern, schuf das Protokoll Nr 2 vom 16. 9. 1988 ein System des Informationsaustauschs. Darüber hinaus verpflichteten sich die Vertragsstaaten, ihre Rspr zu diesem Abkommen aufeinander abzustimmen. Die Effektivität einer solchen Zusage darf bezweifelt werden. Zu möglichen Alternativen SCHMIDT-PARZEFALL, Die Auslegung des Parallelübereinkommens von Lugano (1995).

4. Ergebnisse der Rechtsvereinheitlichung im Bereich des IPR

a) Bestrebungen, das IPR zu vereinheitlichen, sind seit über hundert Jahren im Gange. Bedeutsamstes Ergebnis dieser Bemühungen ist das von der **Haager Staatenkonferenz** ausgearbeitete Vertragswerk (GUTZWILLER, Das Internationalprivatrecht der Haager Konferenzen. Vergangenheit und Zukunft, SchwJbIntR 2 [1945] 48; DROZ, La Conférence de la Haye de droit international privé et les méthodes d'unification du droit: Traités internationaux ou lois modèles, Rev int dr comp 31 [1961] 507; VAN HOOGSTRAATEN, La codification par traités en droit international privé dans le cadre de la Conférence de la Haye, Rec des Cours 122 [1967-III] 337; DROZ/PELICHET/DYER, La Conférence de la Haye de droit international privé vingt-cinq ans après la création de son bureau permanent. Bilan et perspectives, Rec des Cours 168 [1980-III] 123; GRAVESON, Problems of the Hague Conference of Private International Law, in: FS Ago IV [1987] 125; PIRRUNG, Die Haager Konferenz für Internationales Privatrecht. Bilanz und Ausblick nach der Neuregelung des IPR, in: FS Ferid [1988] 339; VAN LOON, Quelques réflexions sur l'unification progressive du droit international privé dans le cadre de la Conférence de La Haye, in: Liber Memorialis Laurent [1989] 1133; DROZ, Evolution du rôle des autorités administratives dans les conventions de droit international privé au cours du premier siècle de la Conférence de La Haye, in: FS Bellet [1991] 129; DYER, L'évolution du droit international privé de la famille en Europe au cours du „premier siècle" de la Conférence de La Haye de droit international privé: les avatars des Conventions de La Haye, in: Le droit de la famille en Europe [1992] 95; ASSER Instituut [Hrsg], The Influence of the Hague Conference on Private International Law. Selected Essays to celebrate the 100th anniversary of the Hague Conference on Private International Law [1993] = NTIR 40 [1993], mit Beiträgen von CASTEL, DE BOER, GAUDEMET-TALLON, JÄNTERÄ-JAREBORG, MCCLEAN, MOURA RAMOS, PRYLES, SCHOCKWEILER, SIEHR und vOVERBECK; Hundert Jahre Haager Konferenz 1893–1993, RabelsZ 1993, 1, mit Beiträgen von vBAR, COESTER-WALTJEN, FISCHER, GRAUE, LANDO, W LORENZ, KROPHOLLER, PIRRUNG und SCHACK; LIPSTEIN, One Hundred Years of Hague Conferences on Private International Law, IntCompLQ 42 [1993] 553; PARRA-ARANGUREN, The Centenary of the Hague Conference on Private International Law, in: FS Lalive [1993] 97; vOVERBECK, La contribution de la Conférence de La Haye au développement du droit international privé, Rec des Cours 233 [1992-II] 9; ders, Die Staaten Osteuropas und das Abkommenswerk der Haager Konferenz, in: vBAR [Hrsg], Perspektiven des IPR nach dem Ende der Spaltung Europas [1993] 183; MCCLEAN, The Contribution of the Hague Conference to the Development of Private International Law in Common Law Countries, Rec des Cours 233 [1992-II] 267; SCHACK, Hundert Jahre Haager Konferenz für IPR. Ihre Bedeutung für die Vereinheitlichung des internationalen Zivilverfahrens-

rechts, RabelsZ 1993, 224; OPERTTI BADÁN, La codificación del Derecho internacional privado. Análisis comparativo de la labor ralizada por la Conferencia de Derecho internacional privado de La Haya y por CIDIP, in: España y la codificación internacional del Derecho internacional privado [1993] 259; TOMAS ORTIZ DE LA TORRE, Conferencia de La Haya de Derecho internacional privado. Evolución histórica y convenciones adoptadas [1993]; DROZ, Démembrement d'Etats et succession aux Conventions de La Haye, in: FS Loussouarn [1994] 157; ders, A Comment on the Role of the Hague Conference on Private International Law, Law & ContProb 57 [1994] 3; LEQUETTE, Le droit international privé de la famille à l'épreuve des conventions internationales, Rec des Cours 246 [1994-II] 9; STEENHOFF, Asser et la fondation de la Conférence de La Haye de droit international privé, Rev crit dr i p 1994, 297; VAN LOON, Honderd jaar Haagse Conferentie voor Internationaal Privaatrecht, in: KOKKINI-IATRIDOU [Hrsg], Studiedag. Schets van een algemene wet betreffende het Internationaal Privaatrecht, NIPR Sonderausgabe 1994, 5).

273 Schon im Jahre 1874 hatte die niederländische Regierung zu einer IPR-Konferenz eingeladen. Erst 1893 kam jedoch die erste Tagung zustande. Ihr folgten innerhalb eines Zeitraumes von zehn Jahren drei weitere (1894, 1900, 1904). In der Zwischenkriegszeit fanden nur zwei Tagungen (1925 und 1928) statt. Nach dem zweiten Weltkrieg wurden die Beratungen wieder aufgenommen. Die Konferenz tagte seither elfmal (1951, 1956, 1960, 1964, 1968, 1972, 1976, 1980, 1984, 1988, 1993); ferner in einer außerordentlichen Sitzung (1985).

274 Im deutschen Sprachgebrauch hat sich für jede dieser Zusammenkünfte die Bezeichnung „Konferenz" eingebürgert. Amtlich heißen sie jedoch „sessions" (Sitzungsperioden) der als permanent gedachten Konferenz. Ihre Organisation ist durch die auf der 7. Tagung (1951) beschlossene Satzung geregelt: Satzung der Haager Konferenz für IPR vom 31. 10. 1951 (Revidierte Fassung, BGBl 1959 II 981; 1983 II 732).

275 Hauptorgan ist die durch das Königliche Dekret vom 20. 2. 1897 als ständiges Beratungsgremium der Konferenz errichtete *niederländische Staatskommission*. Die laufenden Arbeiten versieht ein *Ständiges Büro* im Haag, das die Verbindung mit den einzelnen Mitgliedstaaten aufrecht erhält. Es gibt seit 1923 über jede Konferenz *Actes et documents* heraus. In der Zeit zwischen den Tagungen bereiten *Spezialkommissionen*, die von der Konferenz selbst oder von der Staatskommission bestellt werden, die nächsten Tagungen vor allem durch die Ausarbeitung neuer Konventionsentwürfe vor.

276 Jedes Haager Abkommen trägt ein *Datum*. Dies ist nicht das Datum des Tages, an dem das Abkommen von der Konferenz beschlossen wurde, sondern das Datum der ersten Unterzeichnung.

277 In Kraft tritt das Abkommen, wenn es die im Abkommen vereinbarte Zahl von Staaten ratifiziert und eine bestimmte Frist verstrichen ist. Heute ist dies meist der erste Tag des dritten Kalendermonats nach Hinterlegung der dritten Ratifikationsurkunde beim Ministerium für Auswärtige Angelegenheiten des Königreichs der Niederlande.

278 Die **Haager Konferenz** hat bisher folgende Abkommen ausgearbeitet (Stand vom 31. 12. 1995).

(1) Abkommen vom 12. 6. 1902 zur Regelung des Geltungsbereichs der Gesetze auf dem Gebiete der Eheschließung (*Eheschließungsabkommen*). In Kraft in der Bundesrepublik Deutschland, Italien, Portugal und Rumänien. Für die Bundesrepublik gilt es nur noch im Verhältnis zu Italien. Belgien, Frankreich, Luxemburg, Niederlande, Polen, Schweden, Schweiz und Ungarn haben es wieder gekündigt. In der DDR galt es bis zu deren Untergang.

(2) Abkommen vom 12. 6. 1902 zur Regelung des Geltungsbereichs der Gesetze und der Gerichtsbarkeit auf dem Gebiete der Ehescheidung und der Trennung von Tisch und Bett (*Ehescheidungsabkommen*). In Kraft in Portugal und Rumänien. Deutschland, Belgien, Frankreich, Italien, Luxemburg, Niederlande, Polen, Schweden, Schweiz und Ungarn haben es wieder gekündigt.

(3) Abkommen vom 12. 6. 1902 zur Regelung der Vormundschaft über Minderjährige (*Vormundschaftsabkommen*). In Kraft in der Bundesrepublik Deutschland, Belgien, Italien, Luxemburg, Polen, Portugal, Rumänien, Spanien. Es gilt nicht mehr im Verhältnis der Vertragsstaaten des MSA, also der Bundesrepublik Deutschland, Italien, Luxemburg, Polen, Portugal, Spanien. In der Bundesrepublik Deutschland gilt es nur noch im Verhältnis zu Belgien. Frankreich, Niederlande, Schweden, Schweiz und Ungarn haben es wieder gekündigt.

(4) Abkommen vom 17. 7. 1905 betreffend den Geltungsbereich der Gesetze in Ansehung der Wirkungen der Ehe auf die Rechte und Pflichten der Ehegatten in ihren persönlichen Beziehungen und auf das Vermögen der Ehegatten (*Ehewirkungsabkommen*). In Kraft in Portugal und Rumänien. Die Bundesrepublik Deutschland, Belgien, Frankreich, Italien, Niederlande, Polen, Schweden haben es wieder gekündigt.

(5) Abkommen vom 17. 7. 1905 über die Entmündigung und gleichartige Fürsorgemaßregeln (*Entmündigungsabkommen*). In Kraft in Italien, Polen, Portugal, Rumänien. Die Bundesrepublik Deutschland (mit Wirkung vom 23. 3. 1992, BGBl II 272), Frankreich, Niederlande, Schweden, Ungarn haben es wieder gekündigt.

(6) Abkommen vom 17. 7. 1905 über den *Zivilprozeß*. Auf der 7. Tagung (1951) wurde dieses Übereinkommen neu gefaßt. Vertragspartner der Neufassung vom 1. 3. 1954 sind die Bundesrepublik Deutschland, Ägypten, Argentinien, Belarus, Belgien, Bosnien-Herzegowina, Dänemark, Finnland, Frankreich, Israel, Italien, Japan, ehemaliges Jugoslawien, Kroatien, Lettland, Libanon, Luxemburg, Marokko, Moldau, Niederlande, Norwegen, Österreich, Polen, Portugal, Rumänien, Russische Föderation, Schweden, Schweiz, Slowakei, Slowenien, ehemalige Sowjetunion, Spanien, Suriname, Tschechische Republik, ehemalige Tschechoslowakei, Türkei, Ungarn, Vatikanstadt. Für die Bundesrepublik Deutschland gilt das frühere Abkommen noch im Verhältnis zu Island.

(7) Übereinkommen vom 15. 6. 1955 über das auf *internationale Käufe beweglicher Sachen* anwendbare Recht. In Kraft getreten für Belgien, Dänemark, Finnland, Frankreich, Italien, Niger, Norwegen, Schweden, Schweiz.

(8) Übereinkommen vom 15. 6. 1955 zur Regelung der *Konflikte zwischen dem Heimatrecht und dem Wohnsitzrecht*; noch nicht in Kraft getreten.

(9) Übereinkommen vom 1. 6. 1956 über die *Anerkennung der Rechtspersönlichkeit von ausländischen Gesellschaften*, Vereinen und Stiftungen; noch nicht in Kraft getreten.

(10) Übereinkommen vom 24. 10. 1956 über das auf Unterhaltsverpflichtungen gegenüber Kindern anzuwendende Recht (*Unterhaltsstatutabkommen für Kinder*) (UStAK). In Kraft getreten für die Bundesrepublik Deutschland, Belgien, Frankreich, Italien, Japan, Liechtenstein, Luxemburg, Niederlande, Österreich, Portugal, Schweiz, Spanien, Türkei. Es gilt nicht mehr im Verhältnis der Vertragsstaaten des Unterhaltsstatutabkommen von 1973, also der Bundesrepublik Deutschland, Frankreich, Italien, Japan, Luxemburg, Niederlande, Portugal, Schweiz, Spanien, Türkei; es ist nur noch im Verhältnis zu Belgien, Liechtenstein und Österreich anzuwenden.

(11) Übereinkommen vom 15. 4. 1958 über die Anerkennung und Vollstreckung von Entscheidungen auf dem Gebiet der Unterhaltspflicht gegenüber Kindern (*Unterhaltsvollstreckungsabkommen für Kinder*). In Kraft getreten für die Bundesrepublik Deutschland, Belgien, Dänemark, Finnland, Frankreich, Italien, Liechtenstein, Niederlande, Norwegen, Österreich, Portugal, Schweden, Schweiz, Slowakei, Spanien, Suriname, Tschechische Republik, ehemalige Tschechoslowakei, Türkei, Ungarn. Es gilt nicht mehr zwischen den Vertragsstaaten des Unterhaltsvollstreckungsabkommens von 1973, also nur noch im Verhältnis der Bundesrepublik Deutschland zu Belgien, Liechtenstein, Österreich, Suriname und Ungarn.

(12) Übereinkommen vom 15. 4. 1958 über das auf den *Eigentumsübergang bei internationalen Käufen* beweglicher Sachen anzuwendende Recht; noch nicht in Kraft getreten.

(13) Übereinkommen vom 15. 4. 1958 über die Zuständigkeit des *vertraglich vereinbarten Gerichts bei internationalen Käufen* beweglicher Sachen; noch nicht in Kraft getreten.

(14) Übereinkommen vom 5. 10. 1961 zur Befreiung ausländischer öffentlicher Urkunden von der *Legalisation*. In Kraft getreten für die Bundesrepublik Deutschland, Antigua und Barbuda, Argentinien, Armenien, Australien, Bahamas, Belarus, Belgien, Belize, Bosnien-Herzegowina, Botsuana, Brunei Darussalam, Fidschi, Finnland, Frankreich, Griechenland, Israel, Italien, Japan, ehemaliges Jugoslawien, Kroatien, Lesotho, Liechtenstein, Luxemburg, Malawi, Malta, Marshallinseln, Mauritius, Mazedonien, Mexiko, Niederlande, Norwegen, Österreich, Panama, Portugal, Russische Föderation, San Marino, Schweiz, Seychellen, Slowenien, Spanien, St Kitts und Newis, Südafrika, Suriname, Swasiland, Tonga, Türkei, Ungarn, Vereinigtes Königreich, Vereinigte Staaten, Zypern.

(15) Übereinkommen vom 5. 10. 1961 über das auf die Form letztwilliger Verfügungen anzuwendende Recht (*Testamentsformabkommen*). In Kraft getreten für die Bundesrepublik Deutschland, Antigua und Barbuda, Australien, Belgien, Bosnien-

Herzegowina, Botsuana, Brunei Darussalam, Dänemark, Fidschi, Finnland, Frankreich, Grenada, Griechenland, Irland, Israel, Japan, ehemaliges Jugoslawien, Kroatien, Lesotho, Luxemburg, Mauritius, Mazedonien, Niederlande, Norwegen, Österreich, Polen, Schweden, Schweiz, Slowenien, Spanien, Südafrika, Swasiland, Tonga, Türkei, Vereinigtes Königreich. In der DDR galt es bis zu deren Untergang.

(16) Übereinkommen vom 5. 10. 1961 über die Zuständigkeit der Behörden und das anzuwendende Recht auf dem Gebiet des Schutzes von Minderjährigen (*Minderjährigenschutzabkommen*) (MSA). In Kraft getreten für die Bundesrepublik Deutschland, Frankreich, Italien, Luxemburg, Niederlande, Österreich, Polen, Portugal, Schweiz, Spanien, Türkei.

(17) Übereinkommen vom 15. 11. 1965 über die Zuständigkeit der Behörden, das anwendbare Recht und die *Anerkennung von Entscheidungen auf dem Gebiet der Adoption*. In Kraft getreten für Österreich, Schweiz, Vereinigtes Königreich.

(18) Übereinkommen vom 15. 11. 1965 über die *Zustellung* gerichtlicher und außergerichtlicher Schriftstücke im Ausland in Zivil- und Handelssachen. In Kraft getreten für die Bundesrepublik Deutschland, Ägypten, Antigua und Barbuda, Barbados, Belgien, Botsuana, China, Dänemark, Finnland, Frankreich, Griechenland, Israel, Italien, Japan, Kanada, Lettland, Luxemburg, Malawi, Niederlande, Norwegen, Pakistan, Portugal, Schweden, Schweiz, Seychellen, Slowakei, Spanien, Tschechische Republik, ehemalige Tschechoslowakei, Türkei, Venezuela, Vereinigtes Königreich, Vereinigte Staaten, Zypern.

(19) Übereinkommen vom 25. 11. 1965 über die *Gerichtsstandsvereinbarungen*; noch nicht in Kraft gesetzt.

(20) Übereinkommen vom 18. 3. 1970 über die *Beweisaufnahme* im Ausland in Zivil- und Handelssachen. In Kraft getreten für die Bundesrepublik Deutschland, Argentinien, Australien, Barbados, Dänemark, Finnland, Frankreich, Israel, Italien, Lettland, Luxemburg, Mexiko, Monaco, Niederlande, Norwegen, Portugal, Schweden, Schweiz, Singapur, Slowakei, Spanien, Tschechische Republik, ehemalige Tschechoslowakei, Venezuela, Vereinigtes Königreich, Vereinigte Staaten, Zypern.

(21) Übereinkommen vom 1. 6. 1970 über die *Anerkennung von Scheidungen und Trennungen von Tisch und Bett*. In Kraft getreten für Ägypten, Australien, Dänemark, Finnland, Italien, Luxemburg, Niederlande, Norwegen, Portugal, Schweden, Schweiz, Slowakei, Tschechische Republik, ehemalige Tschechoslowakei, Vereinigtes Königreich, Zypern.

(22) Übereinkommen vom 1. 2. 1971 über die *Anerkennung und Vollstreckung ausländischer Urteile in Zivil- und Handelssachen* mit Zusatzprotokoll. In Kraft getreten für die Niederlande, Portugal und Zypern.

(23) Übereinkommen vom 4. 5. 1971 über das auf *Verkehrsunfälle* anzuwendende Recht. In Kraft getreten für Belgien, Bosnien-Herzegowina, Frankreich, ehemaliges Jugoslawien, Kroatien, Luxemburg, Mazedonien, Niederlande, Österreich,

Schweiz, Slowakei, Slowenien, Spanien, Tschechische Republik, ehemalige Tschechoslowakei.

(24) Übereinkommen vom 2.10.1973 über die internationale *Nachlaßverwaltung*. In Kraft getreten für Portugal, Slowakei, Tschechische Republik, ehemalige Tschechoslowakei.

(25) Übereinkommen vom 2.10.1973 über das auf die *Produkthaftpflicht* anzuwendende Recht. In Kraft getreten für Finnland, Frankreich, ehemaliges Jugoslawien, Kroatien, Luxemburg, Mazedonien, Niederlande, Norwegen, Slowenien, Spanien.

(26) Übereinkommen vom 2.10.1973 über das auf Unterhaltspflichten anzuwendende Recht (*Unterhaltsstatutabkommen*) (UStA). In Kraft getreten für die Bundesrepublik Deutschland, Frankreich, Italien, Japan, Luxemburg, Niederlande, Portugal, Schweiz, Spanien, Türkei. In der Bundesrepublik Deutschland wurden die Grundsätze des Abkommens in Art 18 EGBGB aufgenommen.

(27) Übereinkommen vom 2.10.1973 über die Anerkennung und Vollstreckung von Unterhaltsentscheidungen (*Unterhaltsvollstreckungsabkommen*). In Kraft getreten für die Bundesrepublik Deutschland, Dänemark, Finnland, Frankreich, Italien, Luxemburg, Niederlande, Norwegen, Portugal, Schweden, Schweiz, Slowakei, Spanien, Tschechische Republik, ehemalige Tschechoslowakei, Türkei, Vereinigtes Königreich.

(28) Übereinkommen vom 14.3.1978 über das auf *Ehegüterstände* anzuwendende Recht. In Kraft getreten für Frankreich, Luxemburg, Niederlande.

(29) Übereinkommen vom 14.3.1978 über *Schließung und Anerkennung der Gültigkeit von Ehen*. In Kraft getreten für Australien, Luxemburg, Niederlande.

(30) Übereinkommen vom 14.3.1978 für das auf die *Stellvertretung* anzuwendende Recht. In Kraft getreten für Argentinien, Frankreich, Niederlande, Portugal.

(31) Übereinkommen vom 25.10.1980 über die zivilrechtlichen Aspekte internationaler *Kindesentführung*. In Kraft getreten für die Bundesrepublik Deutschland, Argentinien, Australien, Bahamas, Belize, Bosnien-Herzegowina, Burkina Faso, Chile, Dänemark, Ecuador, Finnland, Frankreich, Griechenland, Honduras, Irland, Israel, Italien, ehemaliges Jugoslawien, Kanada, Kroatien, Luxemburg, Mauritius, Mexiko, Monaco, Neuseeland, Niederlande, Norwegen, Österreich, Panama, Polen, Portugal, Rumänien, Schweden, Schweiz, Slowenien, Spanien, St Kitts und Newis, Ungarn, Vereinigtes Königreich, Vereinigte Staaten, Zypern.

(32) Übereinkommen vom 25.10.1980 zur Erleichterung des internationalen *Zugangs zu den Gerichten*. In Kraft getreten für Bosnien-Herzegowina, Finnland, Frankreich, ehemaliges Jugoslawien, Kroatien, Mazedonien, Niederlande, Polen, Schweden, Schweiz, Slowenien, Spanien.

(33) Übereinkommen vom 1.7.1985 über das auf *Trusts* anwendbare Recht und ihre

Anerkennung. In Kraft getreten für Australien, Italien, Kanada, Vereinigtes Königreich.

(34) Übereinkommen vom 22. 12. 1986 über das auf *internationale Warenkäufe* anwendbare Recht; noch nicht in Kraft.

(35) Übereinkommen vom 1. 8. 1989 über das auf die *Rechtsnachfolge von Todes wegen* anwendbare Recht; noch nicht in Kraft.

(36) Übereinkommen vom 29. 5. 1993 über den Schutz von Kindern und die Zusammenarbeit auf dem Gebiet der *internationalen Adoption*. In Kraft getreten für Mexiko, Rumänien, Sri Lanka, Zypern (1. 6. 1995).

Das wichtigste Thema für die 18. Tagung 1996 wird die *Überarbeitung des MSA* und seine Erweiterung auf den *Erwachsenenschutz* sein.

Eine Sonderkonferenz wird sich darüberhinaus mit der Frage eines neuen weltweiten *Anerkennungs- und Vollstreckungsabkommens* befassen. Da eine vollkommene convention double, die sämtliche Entscheidungs- und Anerkennungszuständigkeiten festlegt, wegen der unterschiedlichen Qualität der Rechtsprechung keine Aussicht auf Erfolg hat, tendiert man zu einer sog convention mixte. Hier sollen in einer weißen und einer schwarzen Liste gutgeheißene und als exorbitant verworfene Zuständigkeiten aufgeführt werden. Im Zwischenbereich, der Grauzone, steht es dann den Staaten frei, Entscheidungs- und Anerkennungszuständigkeit eigenständig zu regeln.

Übersichten über den neuesten Stand der Haager Abkommen werden jährlich in der IPRax abgedruckt und laufend ergänzt. Die Rev crit dr i p veröffentlicht jedes Jahr eine genaue Aufstellung von Unterzeichungen und Ratifikationen, von Inkrafttreten, nationalen Vorbehalten und Erstreckungen auf Überseegebiete. Auch die Haager Konferenz selbst gibt eine Liste zum Stand der Ratifikationen heraus.

Über die *Rechtsprechung* in den einzelnen Vertragsstaaten und über das Schrifttum zu den Abkommen unterrichtet SUMAMPOUW, Les nouvelles conventions de La Haye. Leur application par les juges nationaux, 4 Bde (1976/1980/1984/1994).

b) Abkommen zur Vereinheitlichung des IPR werden aber nicht nur im Haag ausgearbeitet. Aus dem Kreis der **UN-Abkommen** sind hervorzuheben (Stand 31. 12. 1995):

(1) (Genfer) Abkommen vom 19. 6. 1948 über die internationale Anerkennung von *Rechten an Luftfahrzeugen*. In Kraft getreten für die Bundesrepublik Deutschland, Ägypten, Algerien, Argentinien, Äthiopien, Bangladesch, Belgien, Bosnien-Herzegowina, Brasilien, Chile, Dänemark, Ecuador, Elfenbeinküste, El Salvador, Estland, Frankreich, Gabun, Grenada, Griechenland, Guatemala, Guinea, Haiti, Irak, Island, Italien, ehemaliges Jugoslawien, Kamerun, Kongo, Kroatien, Kuba, Kuwait, Laos, Libanon, Libyen, Luxemburg, Madagaskar, Mali, Marokko, Mauretanien, Mauritius, Mazedonien, Mexiko, Monaco, Niederlande, Niger, Norwegen, Oman, Pakistan, Paraguay, Philippinen, Portugal, Ruanda, Rumänien, Schweden, Schweiz,

Seychellen, Simbabwe, Sri Lanka, Thailand, Togo, Tschad, Tunesien, Ungarn, Uruguay, Vereinigte Staaten, Zentralafrikanische Republik.

(2) (Genfer) Abkommen vom 28. 7. 1951 über die Rechtsstellung der Flüchtlinge (*Genfer Flüchtlingskonvention*). In Kraft getreten für die Bundesrepublik Deutschland, Ägypten, Albanien, Algerien, Angola, Antigua und Barbuda, Äquatorialguinea, Argentinien, Armenien, Aserbaidschan, Äthiopien, Australien, Bahamas, Belgien, Belize, Benin, Bolivien, Bosnien-Herzegowina, Botsuana, Brasilien, Bulgarien, Burkina Faso, Burundi, Chile, China, Costa Rica, Dänemark, Dominica, Dominikanische Republik, Dschibuti, Ecuador, Elfenbeinküste, El Salvador, Fidschi, Finnland, Frankreich, Gabun, Gambia, Ghana, Griechenland, Guatemala, Guinea, Guinea-Bissau, Haiti, Heiliger Stuhl, Honduras, Iran, Irland, Island, Israel, Italien, Jamaika, Japan, Jemen, ehemaliges Jugoslawien, Kambodscha, Kamerun, Kanada, Kenia, Kolumbien, Kongo, Korea (Republik), Kroatien, Lesotho, Liberia, Liechtenstein, Luxemburg, Madagaskar, Malawi, Mali, Malta, Marokko, Mauretanien, Mazedonien, Monaco, Mosambik, Namibia, Neuseeland, Nicaragua, Niederlande, Niger, Nigeria, Norwegen, Österreich, Panama, Papua-Neuguinea, Paraguay, Peru, Philippinen, Polen, Portugal, Ruanda, Rumänien, Russische Föderation, Salomonen, Sambia, Samoa, São Tomé und Principe, Schweden, Schweiz, Senegal, Seychellen, Sierra Leone, Simbabwe, Slowakei, Slowenien, Somalia, Spanien, St Vincent und die Grenadinen, Sudan, Suriname, Tadschikistan, Tansania, Togo, Tschad, Tschechische Republik, ehemalige Tschechoslowakei, Tunesien, Türkei, Tuvalu, Uganda, Ungarn, Uruguay, Vereinigtes Königreich, Zaire, Zentralafrikanische Republik, Zypern. Ergänzt durch das

(3) *Protokoll* vom 31. 1. 1967 *über die Rechtsstellung der Flüchtlinge*. In Kraft getreten für die Bundesrepublik Deutschland und für die bei (2) genannten Staaten außer Madagaskar, Monaco, Samoa, St Vincent und die Grenadinen, aber zusätzlich noch für Kap Verde, Swasiland, Venezuela und die Vereinigten Staaten.

(4) (New Yorker) Übereinkommen vom 28. 9. 1954 über die *Rechtsstellung der Staatenlosen*. In Kraft getreten für die Bundesrepublik Deutschland, Algerien, Antigua und Barbuda, Argentinien, Armenien, Australien, Barbados, Belgien, Bolivien, Bosnien-Herzegowina, Botsuana, Costa Rica, Dänemark, Ecuador, Fidschi, Finnland, Frankreich, Griechenland, Guinea, Irland, Israel, Italien, ehemaliges Jugoslawien, Kiribati, Korea (Republik), Kroatien, Lesotho, Liberia, Libyen, Luxemburg, Mazedonien, Niederlande, Norwegen, Sambia, Schweden, Schweiz, Slowenien, Trinidad und Tobago, Tunesien, Uganda, Vereinigtes Königreich.

(5) Übereinkommen vom 20. 6. 1956 über die *Geltendmachung von Unterhaltsansprüchen* im Ausland (Rechtshilfeabkommen ohne Kollisionsnormen). In Kraft getreten für die Bundesrepublik Deutschland, Algerien, Argentinien, Australien, Barbados, Belgien, Bosnien-Herzegowina, Brasilien, Burkina Faso, Chile, China (Taiwan), Dänemark, Ecuador, Finnland, Frankreich, Griechenland, Guatemala, Haiti, Heiliger Stuhl, Israel, Italien, ehemaliges Jugoslawien, Kap Verde, Kroatien, Luxemburg, Marokko, Mazedonien, Mexiko, Monaco, Neuseeland, Niederlande, Niger, Norwegen, Österreich, Pakistan, Philippinen, Polen, Portugal, Rumänien, Schweden, Schweiz, Slowakei, Slowenien, Spanien, Sri Lanka, Suriname, Tschechi-

sche Republik, ehemalige Tschechoslowakei, Tunesien, Türkei, Ungarn, Uruguay, Vereinigtes Königreich, Zentralafrikanische Republik, Zypern.

(6) (New Yorker) Übereinkommen vom 10. 6. 1958 über die *Anerkennung und Vollstreckung ausländischer Schiedssprüche*, das im Verhältnis der Vertragsstaaten untereinander das Protokoll vom 24. 9. 1923 über Schiedsklauseln und das Abkommen vom 26. 9. 1927 zur Vollstreckung ausländischer Schiedssprüche ersetzt. In Kraft getreten für die Bundesrepublik Deutschland, Ägypten, Algerien, Antigua und Barbuda, Argentinien, Australien, Bahrain, Bangladesch, Barbados, Belarus, Belgien, Benin, Bolivien, Bosnien-Herzegowina, Botsuana, Bulgarien, Burkina Faso, Chile, China, Costa Rica, Dänemark, Dominica, Dschibuti, Ecuador, Elfenbeinküste, Estland, Finnland, Frankreich, Georgien, Ghana, Griechenland, Guatemala, Guinea, Haiti, Heiliger Stuhl, Indien, Indonesien, Irland, Israel, Italien, Japan, Jordanien, ehemaliges Jugoslawien, Kambodscha, Kamerun, Kanada, Kenia, Kolumbien, Korea (Republik), Kroatien, Kuba, Kuwait, Lesotho, Lettland, Litauen, Luxemburg, Madagaskar, Malaysia, Mali, Marokko, Mazedonien, Mexiko, Mongolei, Monaco, Neuseeland, Niederlande, Niger, Nigeria, Norwegen, Österreich, Panama, Peru, Philippinen, Polen, Portugal, Rumänien, Russische Föderation, San Marino, Saudi-Arabien, Schweden, Schweiz, Senegal, Simbabwe, Singapur, Slowakei, Slowenien, ehemalige Sowjetunion, Spanien, Sri Lanka, Südafrika, Syrien, Tansania, Thailand, Trinidad und Tobago, Tschechische Republik, ehemalige Tschechoslowakei, Tunesien, Türkei, Uganda, Ukraine, Ungarn, Uruguay, Venezuela, Vereinigtes Königreich, Vereinigte Staaten, Zentralafrikanische Republik, Zypern. In der DDR galt es bis zu deren Untergang.

(7) (Genfer) Europäisches Übereinkommen vom 21. 4. 1961 über die *internationale Handelsschiedsgerichtsbarkeit*. In Kraft getreten für die Bundesrepublik Deutschland, Belarus, Belgien, Bosnien-Herzegowina, Bulgarien, Dänemark, Frankreich, Italien, ehemaliges Jugoslawien, Kroatien, Kuba, Luxemburg, Mazedonien, Obervolta, Österreich, Polen, Rumänien, Russische Föderation, Slowakei, Slowenien, ehemalige Sowjetunion, Spanien, Tschechische Republik, ehemalige Tschechoslowakei, Türkei, Ukraine, Ungarn.

c) Auch der **Europarat** schuf Abkommen kollisionsrechtlichen Inhalts (Stand 31. 12. 1995):

(1) (Pariser) Vereinbarung vom 17. 12. 1962 über die Anwendung des Europäischen Übereinkommens (so Rn 282) über die *internationale Handelsschiedsgerichtsbarkeit*. In Kraft getreten für die Bundesrepublik Deutschland, Belgien, Dänemark, Frankreich, Italien, Luxemburg, Österreich.

(2) Europäisches Übereinkommen vom 11. 12. 1967 über *Fremdwährungsschulden*; noch nicht in Kraft.

(3) Europäisches Übereinkommen vom 7. 6. 1968 zur Befreiung der von diplomatischen oder konsularischen Vertretern errichteten Urkunden von der *Legalisation*. In Kraft getreten für die Bundesrepublik Deutschland, Frankreich, Griechenland, Italien, Liechtenstein, Luxemburg, Niederlande, Norwegen, Österreich, Polen, Portugal, Schweden, Schweiz, Spanien, Türkei, Vereinigtes Königreich, Zypern.

(4) Europäisches Übereinkommen vom 7. 6. 1968 betreffend *Auskünfte über ausländisches Recht*. In Kraft getreten für die Bundesrepublik Deutschland, Belgien, Bulgarien, Costa Rica, Dänemark, Finnland, Frankreich, Griechenland, Island, Italien, Liechtenstein, Luxemburg, Malta, Niederlande, Norwegen, Österreich, Polen, Portugal, Rumänien, Russische Föderation, Schweden, Schweiz, ehemalige Sowjetunion, Spanien, Türkei, Ukraine, Ungarn, Vereinigtes Königreich, Zypern. Ergänzt durch das

(5) *Zusatzprotokoll* vom 15. 3. 1978. Es gilt für die Bundesrepublik Deutschland und alle unter (4) genannten Staaten mit Ausnahme von Costa Rica, Liechtenstein, Russische Föderation, ehemalige Sowjetunion und Türkei.

(6) Europäisches Übereinkommen vom 16. 5. 1972 über den *Zahlungsort* bei Geldschulden; noch nicht in Kraft.

(7) Europäisches Übereinkommen vom 20. 5. 1980 über die Anerkennung und Vollstreckung von Entscheidungen über das *Sorgerecht für Kinder und die Wiederherstellung des Sorgeverhältnisses*. In Kraft getreten für die Bundesrepublik Deutschland, Belgien, Dänemark, Finnland, Frankreich, Griechenland, Italien, Irland, Luxemburg, Niederlande, Norwegen, Österreich, Portugal, Schweden, Schweiz, Spanien, Vereinigtes Königreich, Zypern.

(8) Die Europäische *Konkurskonvention* vom 5. 6. 1990 liegt für Mitgliedstaaten und Nichtmitglieder des Europarats zur Zeichnung auf (ARNOLD, Straßburger Entwurf eines europäischen Konkursübereinkommens, IPRax 1986, 133; HABSCHEID, Wege zu einem Europäischen Konkursrecht, in: FS Matscher [1993] 163, 171; VALLENS, La convention du Conseil d'Europe sur certains aspects internationaux de la faillite, Rev crit dr i p 1993, 136; DANIELE, La convenzione europea su alcuni aspetti internazionali del fallimento. Prime riflessioni, Riv dir int priv proc 1995, 499).

284 Eine Vereinheitlichung, wenn nicht des Rechts, so doch wichtiger Anknüpfungsbegriffe, strebt das Ministerkomitee des Europarats mit der *Empfehlung (72) 1* vom 18. 1. 1972 an (Unification des concepts juridiques de „domicile" et de „résidence"; Text Rev crit dr i p 1973, 847; deutsche Übersetzung bei LOEWE, Die Empfehlung des Europarats zur Vereinheitlichung der Rechtsbegriffe „Wohnsitz" und „Aufenthalt", ÖJZ 1974, 144, und RAAPE/STURM, IPR I 118, 119 f), die bisher zu wenig beachtet wurde.

285 d) Das Personenstandsrecht zu harmonisieren und die Technik des Standesamtswesens zu verbessern sind Hauptaufgaben der **Internationalen Zivilstandskommission** (CIEC) (J-M BISCHOFF, Harmonisation du droit privé: l'exemple du travail de la Commission Internationale de l'Etat Civil, in: FS vOverbeck [1990] 117; ders, La Commission Internationale de l'Etat Civil, in: Le droit de la famille en Europe [1992] 85).

Die Texte sämtlicher Übereinkommen und Empfehlungen finden sich in dem vom Generalsekretariat in Straßburg herausgegebenen Band Conventions et Recommandations. 1956–1987 (1988).

Die CIEC arbeitete verschiedene Abkommen aus, die Bezüge zum internationalen **286**
Privat- und Verfahrensrecht aufweisen (Stand 31.12.1995).

(1) (Istanbuler) Übereinkommen vom 4. 9. 1958 über die *Änderung von Namen und Vornamen*. In Kraft getreten für die Bundesrepublik Deutschland, Frankreich, Italien, Luxemburg, Niederlande, Österreich, Portugal, Spanien, Türkei.

(2) (Römisches) Übereinkommen vom 14. 9. 1961 über die Erweiterung der Zuständigkeit der *Behörden, vor denen nichteheliche Kinder anerkannt werden können*. In Kraft getreten für die Bundesrepublik Deutschland, Belgien, Frankreich, Griechenland, Italien, Niederlande, Portugal, Schweiz, Spanien, Türkei.

(3) (Brüsseler) Übereinkommen vom 12. 9. 1962 über die *Feststellung der mütterlichen Abstammung* nichtehelicher Kinder. In Kraft getreten für die Bundesrepublik Deutschland, Griechenland, Luxemburg, Niederlande, Schweiz, Spanien, Türkei.

(4) (Pariser) Übereinkommen vom 10. 9. 1964 zur *Erleichterung der Eheschließung im Ausland*. In Kraft getreten für die Bundesrepublik Deutschland, Griechenland, Niederlande, Spanien, Türkei.

(5) (Luxemburger) Übereinkommen vom 8. 9. 1967 über die *Anerkennung von Entscheidungen in Ehesachen*. In Kraft getreten für Niederlande, Österreich und Türkei.

(6) (Römisches) Übereinkommen vom 10. 9. 1970 über die *Legitimation durch nachfolgende Ehe*. In Kraft getreten für Frankreich, Griechenland, Italien, Luxemburg, Niederlande, Österreich, Türkei.

(7) (Münchener) Übereinkommen vom 5. 9. 1980 über das auf *Namen und Vornamen* anzuwendende Recht. In Kraft getreten für Italien, Niederlande, Spanien, Portugal.

(8) (Münchener) Übereinkommen vom 5. 9. 1980 über die freiwillige *Anerkennung nichtehelicher Kinder*; noch nicht in Kraft.

(9) (Münchener) Übereinkommen vom 5. 9. 1980 über die *Ausstellung von Ehefähigkeitszeugnissen*. In Kraft getreten für Italien, Luxemburg, Niederlande, Österreich, Portugal, Schweiz, Spanien, Türkei.

(10) (Haager) Übereinkommen vom 8. 9. 1982 über die *Ausstellung von Bescheinigungen über die unterschiedliche Führung von Familiennamen*. In Kraft getreten für Frankreich, Italien, Niederlande, Spanien.

Über die Arbeit der CIEC wird laufend in der StAZ berichtet, gelegentlich auch **287**
über den Ratifikationsstand.

Da die Ratifikation eines Abkommens durch die Mitgliedstaaten der Internationalen Zivilstandskommission und der Beitritt von Nichtmitgliedstaaten dem Schweizerischen Bundesrat zu notifizieren sind, kann der neueste Stand beim Zivilstandsdienst des Bundesamts für Justiz in Bern erfragt werden.

288 e) In der **Europäischen Union** liegt der Schwerpunkt von Rechtsvereinheitlichung und Rechtsangleichung, wie bisher in der Europäischen Gemeinschaft, immer noch auf dem Gebiete des Sachrechts. Doch gewinnt das Kollisionsrecht integrationspolitisch zunehmend an Bedeutung (KREUZER, Lex communis europaea de collisione legum: utopie ou nécessité?, in: España y la codificación internacional del Derecho internacional privado [1993] 225; CUARTERO RUBIO, Técnicas de unificación del Derecho internacional privado en la C.E.E., ebenda 247).

Sachnormbegleitende Kollisionsregeln verhindern, daß über nationales IPR Einheitsrecht aufgebrochen und dadurch Marktstörungen erzeugt werden. So regelt Art 93 der VO Nr 1408/71 die Anerkennung schadensersatzrechtlicher Legalzession und Regreßrechte sowie arbeitsrechtlicher Haftungsbefreiung. Zunehmend enthalten auch Richtlinien zur Angleichung innerstaatlicher Rechtsvorschriften kollisionsrechtliche Vorgaben (ROTH, Der Einfluß des Europäischen Gemeinschaftsrechts auf das IPR, RabelsZ 1991, 623; ders, Angleichung des IPR durch sekundäres Gemeinschaftsrecht, IPRax 1994, 165; BRÖDERMANN, Europäisches Gemeinschaftsrecht versus IPR: Einflüsse und Konformitätsgebot, MDR 1992, 89; BRÖDERMANN/IVERSEN, Europäisches Gemeinschaftsrecht und Internationales Privatrecht [1994]; JAYME/KOHLER, L'interaction des règles de conflit contenues dans le droit dérivé de la Communauté européenne et des conventions de Bruxelles et de Rome, Rev crit dr i p 1995, 1, 4 ff; vHOFFMANN, Richtlinien der Europäischen Gemeinschaft und Internationales Privatrecht, ZfRvgl 1995, 45). So stellt Art 5 S 2 der Insider-Richtlinie 89/592/EWG auf das Marktrecht ab.

289 Neben solcher punktuellen, sachrechtsbegleitenden Koordination sind aber auch schon größere kollisionsrechtliche Teilgebiete durch Staatsverträge vereinheitlicht worden (HALLSTEIN, Angleichung des Privat- und Prozeßrechts in der EWG, RabelsZ 1964, 211; MOCHI ONORY, L'unificazione del diritto internazionale privato nella Comunità Economica Europea, DirInt 1969, 404 ff; VANDER ELST, L'unification des règles de conflit de lois dans la CEE, Foro It 1973 V 249; SCHWARTZ, Wege zur EG-Rechtsvereinheitlichung: Verordnungen der Europäischen Gemeinschaft oder Übereinkommen unter den Mitgliedstaaten?, in: FS vCaemmerer [1978] 1067; DROBNIG, Unification of National Law and the Uniformisation of the Rules of Private International Law, in: Institut universitaire international Luxembourg [Hrsg], L'influence des Communautés européennes sur le droit international privé des Etats membres [1981] 1; BADIALI, Le droit international privé des Communautés européennes, Rec des Cours 191 [1985-II] 9; vBAR [Hrsg], Europäisches Gemeinschaftsrecht und Internationales Privatrecht [1991] mit Beiträgen von DROBNIG, EBKE, FISCHER, HÜBNER, MARTINY, SCHNYDER, PIRRUNG und VOLKEN).

290 Folgende Staatsverträge sind zu nennen (Stand 31. 12. 1995):

(1) Übereinkommen vom 29. 12. 1968 über die gegenseitige *Anerkennung von Gesellschaften und juristischen Personen;* noch nicht in Kraft getreten.

(2) (a) (*Brüsseler*) Übereinkommen vom 27. 9. 1968 über die *gerichtliche Zuständigkeit und die Vollstreckung* gerichtlicher Entscheidungen in Zivil- und Handelssachen (EuGVÜ); in Kraft getreten für die Bundesrepublik Deutschland, Belgien, Frankreich, Italien, Luxemburg, Niederlande.

Die ursprüngliche Fassung wurde geändert durch das

(b) Übereinkommen vom 9. 10. 1978 über den Beitritt des Königreichs Dänemark, Irlands und des Vereinigten Königreichs Großbritannien und Nordirland zum Übereinkommen; in Kraft getreten für die Bundesrepublik Deutschland, Belgien, Dänemark, Frankreich, Irland, Italien, Luxemburg, Niederlande, Vereinigtes Königreich.

Die Fassung im 1. Beitrittsabkommen wurde geändert durch das

(c) Übereinkommen vom 25. 10. 1982 über den Beitritt Griechenlands zum Übereinkommen von 1968 idF des Übereinkommens von 1978; in Kraft getreten für die Bundesrepublik Deutschland, Belgien, Dänemark, Frankreich, Griechenland, Irland, Italien, Luxemburg, Niederlande, Vereinigtes Königreich.

Die Fassung im 2. Beitrittsabkommen wurde geändert durch das 3. Beitrittsabkommen,

(d) Übereinkommen vom 26. 5. 1989 über den Beitritt des Königreichs Spanien und der Portugiesischen Republik zum Übereinkommen von 1968 idF des Übereinkommens von 1978 und des Übereinkommens von 1982; in Kraft getreten für die Bundesrepublik Deutschland, Frankreich, Griechenland, Irland, Italien, Luxemburg, Niederlande, Portugal, Spanien, Vereinigtes Königreich.

Zum EuGVÜ erging das Ausführungsgesetz vom 29. 7. 1972. An seine Stelle trat das allgemeinere Gesetz vom 30. 5. 1988 zur Ausführung zwischenstaatlicher Anerkennungs- und Vollstreckungsverträge in Zivil- und Handelssachen (AVAG) (su Rn 398).

(e) Das EuGVÜ wird ergänzt durch das

(aa) Protokoll über bestimmte Zuständigkeits- und Vollstreckungsfragen vom 27. 9. 1968 und das

(bb) Protokoll betreffend die Auslegung des Übereinkommens durch den Gerichtshof vom 3. 6. 1971,

die in sämtlichen Beitrittsübereinkommen geändert wurden.

(3) (a) Übereinkommen vom 19. 6. 1980 über das *auf vertragliche Schuldverhältnisse anzuwendende Recht* (EVÜ) und

(b) Übereinkommen vom 10. 4. 1984 über den Beitritt der Republik Griechenland; beide in Kraft getreten für die Bundesrepublik Deutschland, Belgien, Dänemark, Frankreich, Griechenland, Irland, Italien, Luxemburg, Niederlande und das Vereinigte Königreich.

(c) Übereinkommen vom 18. 5. 1992 über den Beitritt des Königreichs Spanien und der Portugiesischen Republik; in Kraft getreten für die Bundesrepublik Deutschland, Frankreich, Italien, Niederlande, Portugal, Spanien.

(d) Das EVÜ wird ergänzt durch das

(aa) Erste Protokoll vom 19. 12. 1988 betreffend die Auslegung des Übereinkommens über das auf vertragliche Schuldverhältnisse anzuwendende Recht durch den Gerichtshof der europäischen Gemeinschaften und das

(bb) Zweite Protokoll vom 19. 12. 1988 zur Übertragung bestimmter Zuständigkeiten für die Auslegung des Übereinkommens über das auf vertragliche Schuldverhältnisse anzuwendende Recht auf den Gerichtshof der Europäischen Gemeinschaften; beide Protokolle sind noch nicht in Kraft.

(4) (*Luganer*) Übereinkommen vom 16. 9. 1988 über die *gerichtliche Zuständigkeit und die Vollstreckung* gerichtlicher Entscheidungen in Zivil- und Handelssachen; in Kraft getreten für die Bundesrepublik Deutschland, Finnland, Frankreich, Irland, Italien, Luxemburg, Niederlande, Norwegen, Portugal, Schweden, Schweiz, Spanien, Vereinigtes Königreich.

Das Lugano-Übereinkommen ist ein Parallelübereinkommen zum EuGVÜ und gilt zwischen EG-Staaten und EFTA-Staaten sowie unter den EFTA-Staaten.

Es wird ergänzt durch das

(a) Protokoll Nr 1 über bestimmte Zuständigkeits-, Verfahrens- und Vollstreckungsfragen vom 16. 9. 1988, das den Linien des Protokolls zum EuGVÜ von 1968 folgt,

(b) Protokoll Nr 2 vom 16. 9. 1988 über die einheitliche Auslegung des Übereinkommens,

(c) Protokoll Nr 3 vom 16. 9. 1988 über die Anwendung von Artikel 57.

(5) Übereinkommen vom 6. 11. 1990 über die Vereinfachung der Verfahren zur *Geltendmachung von Unterhaltsansprüchen*; noch nicht in Kraft getreten.

291 Der von der Kommission der EG erarbeitete Entwurf eines Übereinkommens über den *Konkurs*, Vergleiche und ähnliche Verfahren von 1980 ist inzwischen gescheitert (THIEME, Der Entwurf eines Konkursübereinkommens der EG-Staaten von 1980, RabelsZ 1981, 459; KEGEL [Hrsg], Vorschläge und Gutachten zum Entwurf eines EG-Konkursübereinkommens [1988]; AMINOFF, The CEE Draft Bankruptcy Convention. An exercise in harmonizing private international law, LIEI 1990, 121; FLESSNER, Internationales Insolvenzrecht in Europa, in: FS Heinsius [1991] 111). Eine Arbeitsgruppe beim Rat der EG legte 1992 einen grundlegend neuen Entwurf eines EG-Konkursübereinkommens vor (Text ZIP 1992, 1197), das die Konkurskonvention des Europarats (so Rn 283) mitberücksichtigt (POTTHAST, Probleme eines Europäischen Konkursübereinkommens [1995]).

292 Eine von FRANÇOIS RIGAUX und MARC FALLON ins Leben gerufene Groupe européen de droit international privé legte im Herbst 1993 den Entwurf eines Übereinkommens über die gerichtliche Zuständigkeit und die Vollstreckung von *Entscheidungen in Familien- und Erbrechtssachen* vor, das die Abkommen von Brüssel und Lugano ergänzen soll (franz Text IPRax 1994, 67; SZIER 1994, 216; Rev crit dr i p 1993, 841; Riv dir int priv proc 1993, 1079 mit einem Rapport von LAGARDE).

Über die Entwicklung des europäischen Kollisionsrechts erscheinen aus der Feder **293** von JAYME und KOHLER ausführliche Jahresberichte in der IPRax (1990, 353; 1991, 361; 1992, 346; 1993, 357; 1994, 405; 1995 343).

f) Durch die **nordischen Konventionen** haben Dänemark, Finnland, Island, Nor- **294** wegen und Schweden im Verhältnis zueinander das internationale Familienrecht, das internationale Erbrecht und einzelne Bereiche des internationalen Verfahrensrechts vereinheitlicht: Abkommen, enthaltend gewisse Bestimmungen des IPR über Ehe, Adoption und Vormundschaft vom 6. 2. 1931 in der Fassung des Übereinkommens vom 26. 3. 1953, 3. 11. 1969 und 20. 11. 1973; Abkommen über die Beitreibung von Unterhaltsleistungen vom 10. 2. 1931 und 23. 2. 1962; Abkommen über die Anerkennung und Vollstreckung von Zivilurteilen vom 16. 3. 1932; Konkursabkommen vom 7. 11. 1933; Abkommen über Erbschaft und Nachlaßteilung vom 19. 11. 1934 (PHILIP, The Scandinavian Conventions on Private International Law, Rec des Cours 96 [1959-I] 241).

g) Eine Reihe südamerikanischer Staaten hat im Verhältnis zueinander durch die **295** sog **Verträge von Montevideo** wesentliche Teile ihres IPR vereinheitlicht. Es handelt sich um drei Verträge über internationales Privatrecht, über internationales Handelsrecht und über internationales Prozeßrecht und ein Zusatzprotokoll über die Anwendung ausländischen Rechts, die am 12. 2. 1889 zwischen Argentinien, Uruguay, Paraguay, Bolivien und Peru geschlossen wurden; Kolumbien trat später bei. Im Verhältnis zwischen Argentinien, Paraguay und Uruguay wurden sie am 19. 3. 1940 durch vier Verträge über internationales Privatrecht, Handelsrecht, Schiffahrts- und Luftrecht, sowie Prozeßrecht und ein neues Zusatzprotokoll ersetzt.

Die Kodifikationsbewegung war damit noch nicht zum Abschluß gekommen. Auf **296** der panamerikanischen Konferenz von Havanna wurde am 13. 2. 1928 der **Código Bustamante** angenommen. Er ist im wesentlichen das Werk des kubanischen Rechtslehrers ANTONIO SANCHES DE BUSTAMANTE Y SIRVÉN. Das Gesetzbuch besteht aus 437 Artikeln und regelt ausführlich das internationale Privatrecht, Handelsrecht, Prozeß- und Strafrecht. Volle Rechtseinheit schaffte es nicht, da es den Vertragsstaaten die Wahl zwischen Staatsangehörigkeitsgrundsatz und Wohnsitzprinzip läßt und zahlreichen Landesvorbehalten Raum gibt. Der Código Bustamante wurde von Bolivien, Brasilien, Chile, Costa Rica, der Dominikanischen Republik, Ecuador, Guatemala, Haiti, Honduras, Kuba, Nicaragua, Panama, Peru, El Salvador und Venezuela ratifiziert. Bolivien und Peru lassen im Verhältnis zueinander die Verträge von Montevideo vorgehen (BRICEÑO BERRÚ, Los tratados sudamericanos de derecho commercial internacional y el libro segundo del Código Bustamante, Riv dir int priv proc 1986, 39; BOUTIN, Código de Bustamante y normas internas de derecho internacional privado [1990]).

Die Organisation der Amerikanischen Staaten, die zunächst eine Revision des Códi- **297** go Bustamante plante, entschied sich schließlich für die *schrittweise Neuordnung einzelner Gebiete*, insbesondere des internationalen Handels- und Prozeßrechts.

Dieses Ziel wird in Lateinamerika auf den *Interamerikanischen Spezialkonferenzen für Internationales Privatrecht* (CIDIP) in die Tat umgesetzt.

Auf der Staatenkonferenz von Panama 1975 (CIDIP I) wurden sechs **Konventionen** angenommen:

(1) Interamerikanisches Abkommen über internationales Wechselrecht

(2) Interamerikanisches Abkommen über internationales Scheckrecht

(3) Interamerikanisches Abkommen über internationale Handelsschiedsgerichtsbarkeit

(4) Interamerikanisches Abkommen über internationale Rechtshilfe

(5) Interamerikanisches Abkommen über Beweisaufnahmen im Ausland

(6) Interamerikanisches Abkommen über Vollmachten im internationalen Rechtsverkehr.

Auf der Konferenz von Montevideo (CIDIP II) wurden 1979 sieben Konventionen und ein Zusatzprotokoll unterzeichnet:

(7) Interamerikanisches Abkommen über allgemeine Grundsätze des IPR

(8) Interamerikanisches Abkommen über den Wohnsitz natürlicher Personen im IPR

(9) Interamerikanisches Abkommen über internationales Gesellschaftsrecht

(10) Interamerikanisches Abkommen über internationales Scheckrecht (Neufassung des Abkommens von 1975)

(11) Interamerikanisches Abkommen über Beweis und Ermittlung ausländischen Rechts

(12) Interamerikanisches Abkommen über Anerkennung und Vollstreckung ausländischer Urteile und Schiedssprüche

(13) Interamerikanisches Abkommen über die Vollstreckung einstweiliger Anordnungen

(14) Zusatzprotokoll zum interamerikanischen Rechtshilfeabkommen von 1975.

Auf der Konferenz von La Paz (CIDIP III) entstanden 1984 drei Abkommen und ein Zusatzprotokoll:

(15) Interamerikanisches Abkommen über Rechts- und Handlungsfähigkeit der Juristischen Personen im IPR

(16) Interamerikanisches Abkommen über das Kollisionsrecht der Minderjährigenadoption

(17) Interamerikanisches Abkommen über die internationale Anerkennungszuständigkeit

(18) Zusatzprotokoll zum interamerikanischen Beweisaufnahmeabkommen von 1975.

Die Konventionen sind bereits alle in Kraft getreten und wurden von den meisten Signatarstaaten ratifiziert.

Daneben wurden auf der Konferenz auch eine Reihe bilateraler Abkommen unter lateinamerikanischen Staaten abgeschlossen, die ebenfalls fast alle schon in Kraft getreten sind (SAMTLEBEN RabelsZ 1992, 1, 30 ff).

Die Konferenz von Montevideo 1989 (CIDIP IV) stellte drei neue Konventionen fertig:

(19) Interamerikanisches Abkommen über Unterhaltsverpflichtungen

(20) Interamerikanisches Abkommen über die internationale Rückführung von Minderjährigen

(21) Interamerikanisches Abkommen über den internationalen Gütertransport auf Straßen.

Die Konferenz von Mexiko (CIDIP V) erarbeitete 1994 zwei weitere Übereinkommen:

(22) Interamerikanisches Abkommen über den Kinderhandel

(23) Interamerikanisches Abkommen über das auf internationale Verträge anwendbare Recht.

Die interamerikanischen Konventionen gelten wie die Verträge von Montevideo und der Código Bustamante nur im Verhältnis zwischen den Vertragsstaaten.

Der Text der Verträge von Montevideo von 1889 und 1940 sowie der Interamerikanischen Konventionen von 1975, 1979 und 1984 sind abgedruckt bei VIEIRA, Derecho internacional privado: tratados de Montevideo 1889, 1940, 1979, conventiones de Panamá (1975), conventiones de La Paz (1984), conventiones de cooperación juridicial, normas nacionales. Notes y concordancias (5. Aufl 1990). Englische Fassung der Interamerikanischen Konventionen RabelsZ 1980, 368, 379; 1992, 142, 157. Der Text des in Mexiko (1994) erarbeiteten Vertrags-IPR, das vom EVÜ beeinflußt ist, findet sich in französischer Übersetzung in Rev crit dr i p 1995, 173.

Ratifikationsstand der neueren Konventionen und ausführliche Schrifttumsnachweise bei SAMTLEBEN RabelsZ 1992, 1, 87 ff.

Zu den Abkommen: PARRA-ARANGUREN, Recent Developments of Conflict of Laws Conventions in Latin-America, Rec des Cours 164 (1979-III) 55; SAMTLEBEN, IPR in Lateinamerika (1979); GOLDSCHMIDT, Normas generales de la CIDIP II: Hacia una teoría general del derecho internacional privado interamericano, Anuario jurídico interamericano 1979, 141; SAMTLEBEN, Die interamerikanischen Spezialkonferenzen für IPR, RabelsZ 1980, 257; BRICEÑO BERRÚ, Las conferencias especializadas interamericanas sobre derecho internacional privado y las convenciones interamericanas de derecho internacional civil y procesal civil, Riv dir int priv proc 1982, 27; NEUHAUS, Die Konventionen der OAS über Internationales Privatrecht in der Sicht eines Europäers, ZfRvgl 1982, 287; VILLELA, L'unification du droit international privé en Amérique latine, Rev crit dr i p 1984, 233; BRICEÑO BERRÚ, Las convenciones interamericanas sobre derecho internacional privado de 1984, Riv dir int priv proc 1987, 429; PARRA-ARANGUREN, Codification in America with Particular Reference to the Third Specialized Inter-American Conference on Private International Law, in: FS Ago (1987) 227; ders, The Fourth Inter-American Specialized-Conference on Private International Law, in: FS vOverbeck (1990) 155; CARL, Unification of Private International Law in the Western Hemisphere, in: Liber Memorialis Laurent (1989) 707; BOUTIN I, Convenios de Panamá de derecho internacional privado (1990); TELLECHEA BERGMAN, Las Convenciones Interamericanas sobre restitución internacional de menores y obligaciones alimentarias de Montevideo de 1989, Rev Fac Montevideo 1990, 107; ders, El nuevo derecho internacional privado interamericano sobre familia y protección internacional de menores (1991); PEREZNIETO CASTRO, Some Aspects Concerning the Movement for Development of Private International Law in the Americas through Multilateral Conventions, NTIR 39 (1992) 243; SAMTLEBEN, Neue interamerikanische Konventionen zum Internationalen Privatrecht, RabelsZ 1992, 1; ders, Los resultados de la labor codificadora de la CIDIP desde la perspectiva europea, in: España y la codificación internacional del Derecho internacional privado (1993) 295; JUENGER, The Inter-American Convention on the Law Applicable to International Contracts. Some Highlights and Comparisons, AmJCompL 42 (1994) 381; PARRA-ARANGUREN, La Quinta Conferencia Especializada Interamericana sobre Derecho Internacional Privado (1994); FERNÁNDEZ ARROYO, La Convention interaméricaine sur la loi applicable aux contrats internationaux: certains chemins conduisent au-delà de Rome, Rev crit dr i p 1995, 178.

301 Der *Südamerikanische Gemeinsame Markt* (MERCOSUR), zu dem sich Argentinien, Brasilien, Paraguay und Uruguay zusammenschlossen, zielt wie die Europäische Union darauf hin, die wirtschaftliche Zusammenarbeit durch Zivilverfahrensrecht zu erleichtern. 1992 wurde ein Rechtshilfe- und Vollstreckungsübereinkommen geschlossen. Ergänzt wird es durch ein 1994 vereinbartes Protokoll über die internationale Zuständigkeit für Klagen aus Schuldverträgen, das, beschränkt auf dieses Gebiet, zwischen den Vertragsstaaten die internationale Entscheidungs- und Anerkennungszuständigkeit regelt (SAMTLEBEN, Ein Gerichtsstandsübereinkommen für den Südamerikanischen Gemeinsamen Markt, IPRax 1995, 129).

302 h) Die *sozialistischen Staaten* strebten ebenfalls eine einheitliche Regelung des internationalen Personen-, Familien- und Erbrechts an und schlossen zu diesem Zweck zweiseitige **Rechtshilfeverträge**, die fast alle europäischen und einige asiatischen Länder untereinander verbanden (BATIFFOL, Les règles de conflits de lois dans les traités conclus entre l'U.R.S.S. et les démocraties populaires, Rev crit dr i p [1960], 187; DROBNIG, Die Kollisionsnormen in den Rechtshilfeverträgen der Staaten des Ostblocks, OER 1960, 154; USCHAKOW, Vereinheitlichung des IPR im Ostblock durch Staatsverträge, OER 1961, 161; MARKOFF, Le règlement du statut personnel dans les traités conclus entre l'URSS et les démocraties populaires, Rev crit dr i p 1966, 575; JP WAEHLER, Das Internationale Privat- und Verfahrensrecht in den zweiseitigen Verträgen und dem Vorentwurf eines Abkommens der sozialistischen Länder über Rechtshilfe und die gegenseitigen Rechtsbeziehungen, zugleich ein Beitrag zur Angleichung und Vereinheitlichung des Kollisionsrechts durch Staatsverträge in den sozialistischen Ländern sowie zwischen Ost und West, OER 1971, 281; SOŚNIAK, Les conventions conclues entre les pays socialistes sur le droit civil international et le droit international de la famille, Rec des Cours 144 [1975-I] 1; MAJOROS, Eine neue Generation von Rechtshilfeverträgen der osteuropäischen Staaten, OER 1981, 190).

Für Wirtschaftsverträge der Mitgliedstaaten des mittlerweile aufgelösten Rats für Gegenseitige Wirtschaftshilfe gelten Standardbedingungen, die auch Kollisionsnormen enthalten (so Rn 112).

Der *Zusammenbruch des Ostblocks*, das Auseinanderfallen von Staaten und die interne Umstellung sind für sich allein kein Grund, die Rechtshilfeverträge für hinfällig anzusehen, ist ihr Inhalt doch nicht von sozialistischem Gedankengut geprägt (CAPATINA, Les règles conventionnelles des Etats de l'Europe de l'Est concernant les conflits de lois et la procédure internationale, in: VBAR [Hrsg], Perspektiven des Internationalen Privatrechts nach dem Ende der Spaltung Europas [1993] 29).

IV. IPR und Völkerrecht*

1. Unter Völkerrecht versteht man die Rechtsordnung der internationalen

---

* **Schrifttum:** BATIFFOL, Points de contact entre le droit international public et le droit international privé, in: FS Yanguas Messía (1972) 77 = Choix d'articles (1976) 37; BLECKMANN, Die völkerrechtlichen Grundlagen des internationalen Kollisionsrechts (1992); BÜHLER, Der völkerrechtliche Gehalt des IPR, in: FS Martin Wolff (1952) 177; HAMBRO, The Relations between Private and Public International Law, Rec des Cours 105 (1962-I) 1; JAYME und MEESSEN, Staatsverträge zum IPR, BerGesVR 16 (1975) 7 u 49; KAHN, Völkerrecht und IPR, in: Über Inhalt, Natur und Methode des internationalen Privatrechts, JherJb 40 (1899) 1, 18 ff = Abhandlungen I 254, 268 ff; LIPSTEIN, Principles of Private International Law, Rec des Cours 135 (1972-I) 97, 167 ff; MAKAROV, Völkerrecht und IPR, in: FS Streit I (1939) 535; ders, IPR und Völkerrecht, WbVR II 129; MEESSEN, Kollisionsrecht als Bestandteil des allgemeinen Völkerrechts: Völkerrechtliches Minimum und kollisionsrechtliches Optimum, in: FS Mann (1977) 227; NEUHAUS, Der Beitrag des Völkerrechts zum IPR, JbIntR 21 (1978) 60; NIEDERER, IPR und Völkerrecht, SchwJbIntR 5 (1948) 63; RIGAUX, Le droit international face au droit international privé, Rev crit dr i p 1976, 261; SCHNITZER, Les relations entre le Droit international privé et le Droit international public, Temis 33–36 (1973–1974) 583 (= FS García Arias); ders, Rechtsvergleichung, IPR und Völkerrecht im System des Rechts, ZVglRW 1976, 13; SCHÜTZE, Zur Anerkennung ausländischer Zivilurteile, JZ 1982, 636; STOLL, Völkerrechtliche Vorfragen bei der Anwendung ausländischen Rechts, BerGesVR 14 (1961) 131; WENGLER, Fragen der Faktizität und Legitimität bei der Anwendung fremden Rechts, in: FS Lewald (1953) 615; BGB-RGRK/WENGLER, IPR 13 ff; WORTLEY, The Interaction of Public and Private International Law, Rec des Cours 85 (1954-I) 245.

Gemeinschaft (MÖSSNER, Einführung in das Völkerrecht [1977] 1 f; SCHWEISFURTH, Völkerrecht. Definition, Lexikon des Rechts. Völkerrecht [2. Aufl 1991] 394; KROPHOLLER, IPR 48). Soweit nicht staatsvertraglich vereinbart, ist seine Quelle internationales Gewohnheitsrecht. IPR hingegen stellt innerstaatliches Recht dar und bestimmt, welche der nebeneinander in der Welt geltenden staatlichen Privatrechtsordnungen auf einen Sachverhalt mit Auslandsberührung anzuwenden ist (CHR vBAR, IPR I Rn 131; MünchKomm/SONNENBERGER Einl IPR 89).

305 2. An Versuchen, IPR und Völkerrecht zu einer dogmatischen Einheit zu verbinden, hat es nicht gefehlt. Bedeutendster deutscher Vertreter dieser *internationalen Schule* ist ERNST ZITELMANN (IPR I 71 ff). Nach seiner Ansicht teilt das Völkerrecht die Gesetzgebungsgewalt unter den Staaten dahin auf, daß über ein Rechtsverhältnis nur ein bestimmter Staat und kein anderer zu gebieten hat. Seiner Ansicht nach gibt es nur *ein* richtiges und vollständiges IPR-System. Lehren dieser Art werden heute jedoch wegen ihres Widerspruchs zur Rechtswirklichkeit allgemein abgelehnt.

306 3. Streit herrscht noch darüber, ob Völkerrecht dem innerstaatlichen internationalen Privat- und Zivilprozeßrecht **inhaltliche Grenzen** setzt, die der Gesetzgeber zu beachten hat. Diese Frage hat jedoch keine praktische Bedeutung. Zu klein ist die Zahl der Grundsätze, die als völkerrechtliche Maßstäbe zu gelten haben, zu selbstverständlich ihr Inhalt. Beachtet werden sie ohnehin.

307 Völkerrechtliche Pflicht ist es, andere Staaten und ihre Rechtsordnung zu achten. Völkerrechtswidrig wäre daher, das Recht eines oder mehrerer bestimmter Staaten von der Anwendung auszuschließen. Völkerrechtswidrig wäre ferner ein IPR, das auch in Fällen mit Auslandsberührung zwingend innerstaatliches Recht beriefe (RAAPE/STURM, IPR I 44 mwN; NEUHAUS, Grundbegriffe 73 f; FERID, Wechselbeziehung zwischen Verfassung und Kollisionsnormen, in: FS Dölle II [1963] 119, 127 ff; KROPHOLLER, IPR 48 f; MünchKomm/SONNENBERGER Einl IPR 89; kritisch CHR vBAR, IPR I Rn 139, 141). Oder anders ausgedrückt, die nicht vom Willen der Parteien getragene zwingende Anwendbarkeit der lex fori setzt eine gewisse Mindestintensität der Inlandsverknüpfung voraus (BGB-RGRK/WENGLER, IPR 13 f, 16 ff).

308 4. Bezüge zum Völkerrecht können auch durch den *Tatbestand der Kollisionsnorm* hergestellt werden. Dieser kann in der Tat auf Rechtsbegriffe abstellen, welche völkerrechtlich zu werten sind, wie zB Staatsangehörigkeit und Staatsgebiet.

309 Steht es den Staaten auch grundsätzlich frei, wen sie als **Staatsbürger** in Anspruch nehmen, wen nicht, so unterliegen sie insoweit doch gewissen völkerrechtlichen Schranken (vMANGOLDT, Anerkennung der Staatsangehörigkeit und effektive Staatsangehörigkeit natürlicher Personen im Völkerrecht und im Internationalen Privatrecht, BerGesVR 29 [1988] 47, 65 ff). Die Zwangseinbürgerung der Bevölkerung im Krieg besetzter Gebiete ist ebenso völkerrechtswidrig wie kollektive Zwangsausbürgerungen (STOLL BerGesVR 4 [1961] 147) und der willkürliche Entzug der Staatsbürgerschaft im Einzelfall (WENGLER, Völkerrecht II [1964] 1030). Den völkerrechtswidrigen Akt wegzublenden, kann in diesen Fällen aber ebenso zu absurden, dem Zweck der Kollisionsnorm widersprechenden Ergebnissen führen, wie ihn bedenkenlos hinzunehmen. Man wird hier auf die Umstände des Einzelfalls abzustellen und gegebenenfalls von der Anknüpfung an die Staatsangehörigkeit abzurücken haben.

Auch die Änderung der **Staatsgrenzen** unterliegt völkerrechtlichen Regeln. Schlägt 310
ein Staat in völkerrechtswidriger Weise ein Territorium seinem Staatsgebiet zu und
übt er dort effektiv Herrschaft aus, dann folgt das IPR diesen sachlichen Gegebenheiten. Ebenso, wenn ein Gebiet ohne völkerrechtlichen Gebietswechsel unter
fremde Verwaltung gestellt wird (so OLG Köln IPRspr 1964/65 Nr 72 für den belgisch verwalteten Ort Aachen-Bildchen und OLG Düsseldorf OLGZ 1969, 80 = IPRspr 1968/69 Nr 159 für das
niederländisch verwaltete Elten).

Auf die effektiv ausgeübte Staatsgewalt ist auch dann abzustellen, wenn die Macht, 311
Recht zu setzen, auf völkerrechtswidrige Weise erlangt wurde. *Völkerrechtliche Legitimität* ist hier ebensowenig erforderlich wie die **Anerkennung des fremden Staates**,
dessen Recht berufen ist (STOLL BerGesVR 4 [1961] 134; das schweiz BG vertrat bei der
Anwendung von Sowjetrecht schon früh diesen Standpunkt: BGE 50 II [1924] 511. So jetzt auch die
franz Cour de Cassation Rev crit d i p 1975, 426; VERHOEVEN, Relations internationales de droit
privé en l'absence de reconnaissance d'un Etat, d'un gouvernement ou d'une situation, Rec des
Cours 192 [1985-II] 13, 179 ff; ENGEL, Die Bedeutung völkerrechtlicher Anerkennungen für das
Internationale Privatrecht, in: FS Rothoeft [1994] 87; einschränkend MünchKomm/SONNENBERGER
Einl IPR Rn 105 ff; aA WENGLER, in: FS Lewald 615 ff, der freilich eine „Vorbehaltsklausel der
Humanität" zugunsten alltäglicher, lebensnotwendiger Rechtsgeschäfte eingreifen läßt). Entsprechendes gilt für Staaten, deren Urteile anerkannt werden sollen (OLG Schleswig
SchlHA 1957, 127 = IPRspr 1956/57 Nr 202).

5. Schließlich ist möglich, daß der *Inhalt von Sachnormen*, die das IPR beruft, 312
völkerrechtswidrig ist. Solche Vorschriften brechen sich am deutschen ordre public
(Art 6 EGBGB) (MünchKomm/SONNENBERGER Einl IPR Rn 103, Art 6 EGBGB Rn 69).

Auch *ausländische Rechtsakte* können völkerrechtswidrig sein. Wichtigster Fall ist
die entschädigungslose Enteignung ausländischen, im Enteignungsstaat belegenen
Vermögens. Derartige Konfiskationen sind völkerrechtlich zwar gegen Inländer
zulässig; richten sie sich jedoch auch, oder sogar allein, gegen Ausländer, so verletzen sie den völkerrechtlichen Mindeststandard von Fremden (su Rn 341).

Umstritten ist nur die innerstaatliche *Sanktion* eines solchen Verstoßes. Ein Teil der 313
Lehre will den ordre public bemühen (Näheres bei STAUDINGER/STOLL[12] IntSachenR
Rn 150 ff; MünchKomm/KREUZER nach Art 38 EGBGB Anh III Rn 7, 34, 40 ff; ERMAN/HOHLOCH
Anh nach Art 38 Rn 35; PALANDT/HELDRICH Art 38 EGBGB Anh II Rn 13; obiter BGHZ 104, 240,
245 = IPRspr 1988 Nr 5). Andere erklären völkerrechtswidrige Enteignungen für unbeachtlich und nichtig (WOLFF, IPR 12; MANN, Völkerrechtswidrige Enteignungen vor nationalen
Gerichten, NJW 1961, 705, 707 ff = Beiträge zum IPR [1976] 163, 168 ff; ders, Nochmals zu völkerrechtswidrigen Enteignungen vor deutschen Gerichten, in: FS Duden [1977] 288, 301; DAHM, Zum
Problem der Anerkennung im Inland durchgeführter völkerrechtswidriger Enteignungen im Ausland, in: FS Kraus [1964] 67, 79 ff; FERID/BÖHMER, IPR Nr 7-133 und 7-137; RAAPE/STURM, IPR I
201 f; SEIDL-HOHENVELDERN, Internationales Enteignungsrecht, in: FS Kegel [1977] 265, 278 f;
BGHZ 39, 220, 227 = IPRspr 1962/63 Nr 157).

Letztere Ansicht verdient den Vorzug. Zieht man sich auf den ordre public zurück, 314
so beschwört man die Gefahr herauf, daß entschädigungslose Enteignungen mangels
Inlandsbezugs hingenommen werden (LG Hamburg RabelsZ 37 [1973] 578 = IPRspr 1973
Nr 112 a; LG Hamburg AWD 1973, 163 = RabelsZ 37 [1973] 579 = IPRspr 1973 Nr 112 b und noch

weitergehend BEHRENS, Rechtsfragen im chilenischen Kupferstreit, RabelsZ 37 [1973] 394, 432 f) oder, weil zB im Rahmen der Entkolonialisierung erfolgt, in ihnen überhaupt kein Verstoß gegen den ordre public gesehen wird (OLG Bremen AWD 1959, 207 mit Anm von SEIDL-HOHENVELDERN = IPRspr 1958/59 Nr 7 A; BÖCKSTIEGEL, Enteignungs- oder Nationalisierungsmaßnahmen gegen ausländische Kapitalgesellschaften, BerGesVR 13 [1974] 1, 38 Fn 97). Auch wenn an dem Rechtsstreit nur Ausländer beteiligt sind, dürfen sich Behörden der Bundesrepublik Deutschland aber nicht zum Büttel von Staaten machen, die zu entschädigungslosen Enteignungen schreiten und damit auf dem Boden der Bundesrepublik Maßnahmen verwirklichen, die im Widerspruch stehen zu Art 17 Abs 2 der UNO-Erklärung der Menschenrechte, Art 1 Abs 1 des Ersten Zusatzprotokolls zur EMRK, Art 14 Abs 3 S 2 und 15 GG (SEIDL-HOHENVELDERN, in: FS Kegel 278, 280 f).

315 6. Berührungspunkte zum Völkerrecht bestehen nicht nur bei Setzung und Anwendung nationaler Kollisionsnormen. Immer größere Bedeutung erlangte in diesem Jahrhundert der **völkerrechtliche Vertrag als Rechtsquelle** des internationalen Privat- und Verfahrensrechts.

316 a) Es gibt zweiseitige (su Rn 404 ff) und mehrseitige (su Rn 411 ff) Verträge. Beiden gemeinsam ist das Bestreben, das IPR aus seinen rein nationalen Bindungen zu lösen und auf eine breitere Basis zu stellen. Eine Reihe multilateraler Abkommen zielt darauf ab, *Rechtseinheit* innerhalb eines bestimmten Kreises von Staaten herzustellen. So das EuGVÜ, das Lugano-Übereinkommen und das EVÜ (so Rn 290), die nordischen Konventionen (so Rn 294) oder die lateinamerikanischen Verträge (so Rn 295 ff). Andere, wie die Haager Übereinkommen (so Rn 278), streben ihre Ratifikation durch möglichst viele Staaten an. Aber auch bilaterale Abkommen haben im Endergebnis einen über die Zweierbeziehung hinausgehenden flächendeckenden Effekt, wenn sie systematisch und im wesentlichen gleichlaufend zwischen einer Vielzahl von Staaten geschlossen werden, wie dies unter den sozialistischen Ländern (so Rn 302) üblich war.

317 Zweiseitige Staatsverträge werden im offiziellen **Sprachgebrauch** der Bundesrepublik Deutschland als *Vertrag, Vereinbarung*, insbesondere aber als *Abkommen*, mehrseitige als *Übereinkommen* bezeichnet. Früher wurden auch letztere Abkommen genannt. Die Verwendung des Wortes Abkommen in diesem weiteren Sinn ist jedoch als Breviloquenz noch heute üblich; man spricht von Minderjährigenschutzabkommen, Testamentsformabkommen usw.

318 b) Die **inhaltliche Tragweite** ist mehr oder weniger weit gespannt. Sie geht von der Gesamtkodifikation bis zur Regelung von Einzelfragen. Eine umfassende Normierung stellt etwa der Código Bustamante (so Rn 296) oder die Beneluxkonvention dar, die freilich nie in Kraft trat (Projet de loi uniforme relative au droit international privé élaboré par la Commission belgo-néerlando-luxembourgeoise pour l'étude de l'unification du droit du 15 mars 1950, Text Rev crit dr i p 1951, 710 und die Neufassung im Projet de la loi uniforme relative au droit international privé [1968], Text Rev crit dr i p 1968, 812, das sogar über das Zeichnungsstadium nicht hinauskam). Einzelfragen ordnen zB die Haager Unterhaltsstatutabkommen. Die Tendenz geht heute, wie die Arbeit der Haager Konferenz (so Rn 272) und der Organisation der Amerikanischen Staaten (so Rn 297) zeigt, zur schrittweisen Rechtsvereinheitlichung.

c) Vom **Wirkungsbereich** her gesehen können Übereinkommen sich darauf 319 beschränken, das IPR nur im Verhältnis der Vertragsstaaten zueinander zu ordnen (*inter-partes-Wirkung*). Sie können aber auch darauf abzielen, nationale Kollisionsnormen ganz allgemein abzuändern (*erga-omnes-Wirkung*).

Den erstgenannten Weg schlugen insbesondere die älteren Haager Abkommen ein, 320 also Eheschließungsabkommen, Ehescheidungsabkommen, Ehewirkungsabkommen usw, aber auch das Haager Übereinkommen über den Zivilprozeß von 1951 oder über die Anerkennung von Scheidungen.

Zu einer Änderung innerstaatlichen Kollisionsrechts, nicht nur zu seiner Verdrän- 321 gung in gewissen Fällen, führen Staatsverträge, die allseitiges **Einheitsrecht** schaffen, also eine loi uniforme zum Gegenstand haben. Der hierbei gewählte rechtstechnische Weg ist freilich nicht stets derselbe.

Die Genfer Abkommen über das internationale Wechsel- und Scheckrecht (su 322 Rn 413) enthielten Bestimmungen, die die Vertragspartner in ihr nationales Recht einzubringen hatten. Diese mit der Ratifikation der Abkommen eingegangene völkerrechtliche Verpflichtung erfüllte der deutsche Gesetzgeber durch *Erlaß entsprechender Vorschriften* im WG und ScheckG (su Rn 393). Von der gleichen Konzeption geht auch das Haager Übereinkommen über das auf internationale Käufe beweglicher Sachen von 1955 anwendbare Recht aus (so Rn 278).

Das Haager Testamentsformabkommen hingegen ist ohne Rücksicht auf Gegenseitig- 323 keit auch im Verhältnis zu Nichtvertragsstaaten, also allseitig, anzuwenden. Es wurde mit Inkrafttreten des Abkommens für die Bundesrepublik am 1. 1. 1966 Bestandteil des deutschen IPR. Eines Gesetzes zum Vollzug des nach Art 59 Abs 2 GG für völkerrechtliche Verträge erforderlichen Zustimmungsgesetzes bedurfte es hier nicht. Das Abkommen ist *„self-executing"* (BUERGENTHAL, Self-Executing and Non-Self-Executing Treaties in National and International Law, Rec des Cours 235 [1992-IV] 303). Durch das IPR-NRG wurde sein Inhalt in Art 26 EGBGB übernommen (PIRRUNG, IPR 172).

Die *Inkorporation* multilateraler Staatsverträge in nationale Kodifikationen stellt 324 eine Neuerung dar. Sie dient der Übersichtlichkeit und erleichtert die praktische Rechtsanwendung. Die Bundesrepublik Deutschland ist diesen Weg des unmittelbaren Einbezugs – trotz erheblicher Widerstände (su Rn 594) – nicht nur beim Testamentsform- und beim Unterhaltsstatutabkommen (Art 26 u 18 EGBGB), sondern auch hinsichtlich des EG-Schuldvertragsübereinkommens gegangen (Art 27–37 EGBGB). Die Schweiz beschränkt sich im IPRG auf einen Hinweis im jeweiligen systematischen Zusammenhang (Art 24 Abs 1: New Yorker Staatenlosenübereinkommen; Art 47 und 83 Abs 1: Haager Unterhaltsstatutabkommen; Art 85 Abs 1: Haager Minderjährigenschutzabkommen; Art 93 Abs 1: Haager Testamentsformabkommen; Art 134: Haager Straßenverkehrsunfallabkommen; Art 194: New Yorker Übereinkommen über die Anerkennung und Vollstreckung ausländischer Schiedssprüche). Wie die Schweiz verfährt Italien (Art 3 Abs 2: EuGVÜ; Art 42 Abs 1: MSA; Art 45: UStA; Art 59: Genfer Abkommen über Wechsel- und Scheckrecht).

Entgegen dem im deutschen Schrifttum (zB KEGEL, IPR 9; FIRSCHING/vHOFFMANN, IPR § 3 325 Rn 67) zum Teil üblichen, einschränkenden Sprachgebrauch sollte mit der im Haag üblichen *Terminologie* (DROZ, Rapport sur les travaux du comité restreint en matière de lois modèles, Actes et Doc IX/1 [1961] 231; FERID, Die 9. Haager Konferenz, RabelsZ 27 [1962/63] 411, 454; VERWILGHEN, Rapport explicatif, Actes et Doc XII/4 [1975] 439) als **loi uniforme** jedes allseitig geltende, staatsvertraglich vereinbarte Recht bezeichnet werden (NEUHAUS, Grundbegriffe 9 Fn 28, 78; RAAPE/STURM, IPR I 59 Fn 47, 48, 52 und 53; FERID/BÖHMER, IPR Nr 1–8, 3; CHR VBAR, IPR I Rn 28; KROPHOLLER, IPR 62; zum Begriffsfeld vgl SCHWANTAG, Gegenseitigkeit und „loi uniforme" in Abkommen zum Internationalen Privat- und Prozeßrecht [1977] 9 ff).

326 Der Zug der Zeit geht *in die Richtung des Einheitsgesetzes*. Das zeigt sich deutlich an den beiden Unterhaltsstatutabkommen. Während das Übereinkommen von 1956 auf dem Gegenseitigkeitssystem beruhte (Art 6), ist das Übereinkommen von 1973 zu einer universellen Lösung übergegangen (Art 3). Daß dies zu einer erheblichen Vereinfachung der Rechtsanwendung führen wird, leuchtet ein (vgl auch den erläuternden Bericht von VERWILGHEN 439 f).

327 7. Die zunehmende Bedeutung völkerrechtlicher Verträge nicht nur im zwischenstaatlichen Bereich, sondern auch als Rechtsquelle führte zum **Wiener Übereinkommen über das Recht der Verträge** vom 23. 5. 1969. Es wurde von der United Nations Conference on the Law of Treaties ausgearbeitet und trat am 27. 1. 1980 in Kraft, nachdem 35 Staaten ratifiziert hatten. Heute gilt es in über 70 Ländern; in der Bundesrepublik seit dem 20. 8. 1987.

328 Die Wiener Vertragsrechtskonvention spiegelt den gegenwärtigen Meinungsstand des Völkerrechts wider (KROPHOLLER, Einheitsrecht [1975] 239 Fn 12) und hat daher als solche schon Gewicht. In Art 28 ff enthält sie Vorschriften über die Anwendung, in Art 31 ff über die Auslegung von Verträgen (YASSEEN, L'interprétation des traités d'après la Convention de Vienne sur le droit des Traités, Rec des Cours 151 [1976-III] 1; WETZEL/RAUSCHNING, Die Wiener Vertragsrechtskonvention. Materialien zur Entstehung der einzelnen Vorschriften [1978]; VIERDAG, The Law Governing the Treaty Relations between Parties to the Vienna Convention on the Law of Treaties and States not Party to the Convention, AmJIntL 76 [1982] 779; CAPOTORTI, in: Convenzione di Vienna sul diritto dei trattati [1984] 9; SINCLAIR, The Vienna Convention on the Law of Treaties [2. Aufl 1984]).

329 Noch nicht in Kraft getreten ist die **Wiener Konvention über die Staatennachfolge in Verträge** vom 23. 8. 1978 (engl Text ZaöRV 39 [1979] 280). Auch dieses UN-Übereinkommen gießt andeutungsweise bestehendes Völkergewohnheitsrecht in Völkervertragsrecht um, ohne freilich alle denkbaren Fälle einzubeziehen. Art 15 schreibt für die Abtretung von Gebietsteilen den Grundsatz der beweglichen Vertragsgrenzen fest. Geregelt werden ferner Zusammenschluß und Trennung von Staaten (Art 31 ff) sowie koloniale Separation (Art 16 ff) (YASSEEN, La Convention de Vienne sur la succession d'Etats aux traités, Ann français dr int 1978, 59; TREVIRANUS, Die Konvention der Vereinten Nationen über Staatensukzession bei Verträgen, ZaöVR 39 [1979] 259; ZEMANEK, Die Wiener Konvention über die Staatennachfolge in Verträge, in: FS Verdross [1980] 718; GUTIÉRREZ ESPADA, Consideraciones sobre algunas cuestiones del Derecho de los Tratados a la luz del Convenio de Viena sobre sucesión de Estados en materia de tratados, AnDerInt 1979–1981, 423; MERIBOUTE, La codification de la succession d'Etats aux traités [1984]; KORMAN, The 1978 Vienna Convention on Succession of States in Respect of Treaties: An Inadequate Response on the Issue of State Succession, Suffolk Transnational Law Review 1992, 174).

2. Kapitel. IPR. Einleitung.
B. IPR und seine überstaatliche Vernetzung

Bisher liegen 13 von 15 notwendigen Ratifikationen vor, nicht jedoch die der Bundesrepublik Deutschland.

8. Durch das Auseinanderbrechen mittel- und osteuropäischer Staaten (Sowjetunion, Jugoslawien, Tschechoslowakei) gewann die Frage nach der Weitergeltung von Staatsverträgen unerwartete Bedeutung. Auch ohne Konvention wurde sie bewältigt.

Bei Gründung der Gemeinschaft unabhängiger Staaten (**GUS**) am 8./21. 12. 1991 erklärten die Nachfolgestaaten der Sowjetunion in der Erklärung von Alma Ata, die von der UdSSR eingegangenen völkerrechtlichen Verpflichtungen zu erfüllen (GÖCKERITZ, Die vertraglichen Grundlagen der Gemeinschaft Unabhängiger Staaten, ROW 1994, 117 u 160; 1995, 155 u 259). Durch gemeinsame Erklärung oder Notenwechsel wurde die Fortgeltung auch bereits überwiegend klargestellt (Armenien, BGBl 1993 II 169; Belarus, BGBl 1994 II 2533; Georgien, BGBl 1992 II 1128; Kasachstan, BGBl 1992 II 1120; Kirgisistan, BGBl 1992 II 1015; Russische Föderation, BGBl 1992 II 1016; Tadschikistan, BGBl 1995 II 255; Ukraine, BGBl 1993 II 1189; Usbekistan, BGBl 1993 II 2038, BGBl 1995 II 205).

Estland, **Lettland** und **Litauen** gehen von der Staatengemeinschaft unwidersprochen davon aus, die völkerrechtlichen Verträge der Sowjetunion hätten für die baltischen Staaten nie gegolten.

Auch im Verhältnis zur **Slowakei** und zur **Tschechischen Republik** (BGBl 1993 II 762) wurde die Lage hinsichtlich bilateraler und multilateraler Verträge klargestellt. Dasselbe gilt für die Nachfolgestaaten der SFRJ mit Ausnahme der aus Serbien und Montenegro bestehenden Bundesrepublik Jugoslawien (**Bosnien-Herzegowina**, BGBl 1992 II 1196; **Kroatien**, BGBl 1992 II 1146; **Mazedonien**, BGBl 1994 II 326; **Slowenien**, BGBl 1993 II 1261).

Aber selbst unabhängig davon, ob Nachfolge- oder Beitrittserklärungen abgegeben wurden, geht die Bundesrepublik davon aus, daß zumindest mehrseitige Staatsverträge grundsätzlich fortgelten. Die Rspr schloß sich dieser Ansicht an (OLG Zweibrücken IPRax 1996, 28 mit Aufsatz von SCHWEISFURTH/BLÖCKER ebenda 9).

Zweiseitige Staatsverträge sind dem fortbestehenden Bindungswillen beider Seiten stärker ausgesetzt. Über das pragmatische Vorgehen der Schweiz vgl CAFLISCH SZIER 1993, 669, 709 f.

V. IPR und Fremdenrecht*

1. Begriff und Aufgabe

Ausländer stehen Inländern nicht auf allen Gebieten gleich. Von der Teilhabe an

---

* **Schrifttum:** BAMBERGER, Ausländerrecht und Asylverfahrensrecht (1995); BEITZKE, Juristische Personen im IPR und Fremdenrecht (1938); BROWNLIE, Treatment of Aliens: Assumption of Risk and the International Standard, in: FS Mann (1977) 309; CAARLS, Vreemdeling en recht (1984); CAMPBELL (Hrsg), Legal Aspects of Alien Acquisition of Real Property (1980); COULON, Ausländer im österreichischen Recht (1991); DOEHRING, Die staatsrechtliche Stellung der Ausländer in der Bundesrepublik Deutschland. Der Status der Frem-

Staatswillensbildung und politischem Leben sind Fremde regelmäßig ausgeschlossen. Durch Beschränkung von Einreise, Aufenthalt, Niederlassung und Arbeitserlaubnis verfolgt der Staat wirtschafts-, zT auch bevölkerungspolitische Ziele.

den im Verfassungsrecht der Bundesrepublik Deutschland unter dem Gesichtspunkt der normativen Verschränkung von Völkerrecht und Verfassungsrecht, VVDStRL 32 (1974) 7; Dt Handelskammer für Spanien (Hrsg), Erwerb von Grundstücken und Ferienhäusern in Spanien (12. Aufl 1981); DUBLER, La nouvelle législation suisse sur l'acquisition d'immeubles par des personnes à l'étranger, Rev crit dr i p 1985, 605; EVANS, The Political Status of Aliens in International Law, Municipal Law and European Community Law, IntCompLQ 30 (1981) 20; Faculteit der Rechtsgeleerdheid Nijmegen (Hrsg), La condition juridique de l'étranger, hier et aujourd'hui (1988); FERNÁNDEZ ROZAS/ALVAREZ RODRÍGUEZ, Legislación básica sobre extranjeros (3. Aufl 1992); FERRER PEÑA, Los derechos de los extranjeros en España (1989); FORSTMOSER/PLÜSS, Probleme von Publikumsgesellschaften mit der „lex Friedrich" unter neuem Aktienrecht, SchwJZ 1993, 297; FROWEIN/WOLF (Hrsg), Ausländerrecht im internationalen Vergleich (1985); FROWEIN/STEIN (Hrsg), Die Rechtsstellung von Ausländern nach staatlichem Recht und Völkerrecht, 2 Bde (1987); GOTTWALD und KLAMARIS, Die Stellung des Ausländers im Prozeß, in: HABSCHEID/BEYS (Hrsg), Grundfragen des Zivilprozeßrechts – die internationale Dimension (1991) 3; GUTZWILLER/BAUMGARTNER, Schweizerisches Ausländerrecht. Die Rechtsstellung der Ausländer in der Schweiz (1989); HAILBRONNER, Ausländerrecht. Ein Handbuch (2. Aufl 1989); ders, Das Gesetz zur Neuregelung des Ausländerrechts, NJW 1990, 2153; ders, Reform des Asylrechts. Steuerung und Kontrolle des Zuzugs von Ausländern (1994); ders, Die europäische Asylrechtsharmonisierung nach dem Vertrag von Maastricht, ZAR 1995, 3; ders, Ausweisung und Abschiebung in der neueren Rechtsprechung und Gesetzgebung, JZ 1995, 127; HELDMANN, Ausländergesetz. Kommentar (2. Aufl 1993); HENKEL, Das neue Asylrecht, NJW 1993, 2705; HOLTER-MANN, Vreemdelingenrecht. Toelating en verblijf van freemdelingen in Nederland (3. Aufl 1993); B HUBER, Handbuch des Ausländer- und Asylrechts (1994); ISENSEE, Die staatsrechtliche Stellung der Ausländer in der Bundesrepublik, VVDStRL 32 (1974) 50; KAHN, IPR und Fremdenrecht, in: Über Inhalt, Natur und Methode des IPR, JherJb 40 (1899) 1, 11 ff = Abhandlungen I, 225, 263 ff; KANEIN/RENNER, Ausländerrecht. Ausländergesetz und Asylverfahrensgesetz mit Art 16a GG und materiellem Asylrecht sowie arbeits- und sozialrechtlichen Vorschriften. Kommentar (6. Aufl 1993); KLOESEL/CHRIST/HÄUSSER, Deutsches Ausländerrecht. Kommentar zum Ausländergesetz und zu den wichtigsten ausländerrechtlichen Vorschriften, 2 Bde (3. Aufl, Loseblattwerk); LILLICH, Duties of States Regarding the Civil Rights of Aliens, Rec des Cours 161 (1978-III) 329; G LUTHER, Zum Rechtsschutz der Ausländer in der deutschen Rechtspflege. IPR, Verfahrensrecht, Gerichtsorganisation, in: FS Bosch (1976) 559; NASCIMBENE, Lo straniero nel diritto italiano (1990); PAETZOLD, Ausländer in der Schweiz. Aufenthalt, Erwerbstätigkeit, Niederlassung (5. Aufl 1989); dies, Grundstückserwerb in der Schweiz. Beschränkungen des Erwerbs bebauter und unbebauter Grundstücke und Eigentumswohnungen durch Ausländer, Vertragsabschluß und Grundbucheintragung, Besteuerung, Finanzierung, Verwaltung (1990); PAPACHARALAMBOUS/LINTZ, Grunderwerb in Griechenland durch Ausländer, BayNotZ 1986, 151; PERRIG, L'acquisition d'immeubles en Suisse par des personnes à l'étranger (1990); RANDELZHOFER, Der Einfluß des Völker- und Europarechts auf das deutsche Ausländerrecht (1980); RENNER, Aufenthaltsrechtliche Grundlagen für Arbeitserlaubnis und Sozialleistungen, ZAR 1995, 13; ROTH, The Minimum Standard of International Law Applied to Aliens (1949); SANDHOLZER, Grundverkehr und Ausländergrunderwerb im Bundesländervergleich (1991); SCHIEDERMAIER/

Normen öffentlich- und privatrechtlicher Natur, die eigens auf Ausländereigenschaft 336
abstellen, bezeichnet man als Fremdenrecht. Fremdenrecht ist also *Sonderrecht für
Ausländer*.

Fremdenrecht ist *kein IPR*. Während Kollisionsnormen bestimmen, welche Rechts- 337
ordnung und welche Sachnormen zum Zuge kommen sollen, gehören fremdenrechtliche Vorschriften zum Sachrecht selbst.

Unzutreffend ist jedoch die häufig vertretene Ansicht (so auch STAUDINGER/KOR- 338
KISCH[10/11] Einl IPR Rn 74), die Anwendung fremdenrechtlicher Vorschriften setze die
Geltung inländischen Sachrechts voraus. Niemand kann sich dadurch einschlägigem
Fremdenrecht entziehen, daß er mit seinem Partner eine fremde lex wählt (RAAPE/
STURM, IPR I 23). Die erforderliche Arbeitserlaubnis für einen türkischen Arbeitneh-
mer wird nicht dadurch entbehrlich, daß man den Dienstvertrag türkischem Recht
unterwirft.

Der *öffentlichrechtliche Einschlag* ist auch bei privatrechtlichen Normen des Fremden- 339
rechts unverkennbar. Diese erheischen Beachtung, sobald ihre Voraussetzungen
erfüllt sind. Sie können daher als Sachnormen mit unmittelbarem Geltungsanspruch
angesehen werden (so Rn 14).

Der unterschiedliche Normencharakter sollte jedoch nicht darüber hinwegtäuschen, 340
daß IPR und Fremdenrecht eng miteinander zusammenhängen. In den Ländern des
romanischen Rechtskreises wird denn auch das Fremdenrecht (condition des étrangers) neben dem Staatsangehörigkeitsrecht (droit de la nationalité) dem IPR zugerechnet. IPR wird dort in einem weiteren Sinne als in Deutschland, Österreich und
der Schweiz verstanden, wo man mit diesem Begriff nur das typische Rechtsanwendungsrecht erfaßt.

Grenzen werden innerstaatlichem Fremdenrecht durch Verfassung (zB Art 1, 3, 4, 5, 341
6, 10, 13, 16 a, 17 GG) und Völkerrecht gezogen. Zu den allgemeinen Regeln des
Völkerrechts, die nach Art 25 GG auch als Bundesrecht zu beachten sind, gehört die
Lehre vom Mindeststandard (SCHNITZER, Mindeststandard, WbVR II 537 f; SEIDL-HOHEN-
VELDERN, Völkerrecht [8. Aufl 1994] 357 ff). Danach ist es völkerrechtliche Pflicht des
Gastlandes, jedem Fremden ein Mindestmaß an Rechten zu gewähren, die seine
Person, seine Teilnahme am Rechtsleben und seine Stellung vor inländischen
Gerichten und Behörden betreffen.

2. Deutsches Fremdenrecht

a) Ausländereigenschaft

Die Begriffe *Fremder* und *Ausländer* werden heute synonym gebraucht. Sie umfas- 342

WOLLENSCHLÄGER, Handbuch des Ausländer-
rechts der Bundesrepublik Deutschland (3 Ord-
ner, Loseblattwerk); SCHULTE/TRENK-HINTER-
BERGER, Sozialhilfe (2. Aufl 1986) 444 ff; TUR-
PIN, La réforme de la condition des étrangers
par la loi des 24 août et 30 décembre 1993 et par
la loi constitutionnelle du 25 novembre 1993,
Rev crit dr i p 1994, 1; E ULMER, Fremdenrecht
und internationales Privatrecht im gewerblichen
Rechtsschutz und Urheberrecht, in: HOLL/
KLINKE (Hrsg.), Internationales Privatrecht –
Internationales Wirtschaftsrecht (1985) 257.

sen Angehörige eines fremden Staates und Staatenlose. Im Gegensatz zum Staatsfremden steht der Deutsche iS von Art 116 Abs 1 GG.

343 *Deutscher* iS des GG ist, wer die deutsche Staatsangehörigkeit besitzt und wer als Flüchtling oder Vertriebener deutscher Volkszugehörigkeit, als dessen Ehegatte oder Abkömmling im Gebiet des Deutschen Reiches nach dem Stande vom 31. 12. 1937 Aufnahme fand (Statusdeutscher). Statusdeutsche werden, auch wenn sie nicht deutsche Staatsangehörige sind, fremdenrechtlich wie deutsche Staatsbürger behandelt.

b) Privilegierte Ausländer
344 Die fremdenrechtliche Stellung ist nicht für alle Ausländer gleich. Gewisse Gruppen genießen einen Sonderstatus.

345 Bevorrechtigt sind insbesondere *Angehörige der EG-Staaten* (Unionsbürger). Der EWGV vom 25. 3. 1957 – seit dem am 7. 2. 1992 in Maastricht unterzeichneten Vertrag über die Europäische Union EGV genannt – zielt auf Berufsfreiheit für Gemeinschaftsinländer (Art 48 ff, 52 ff, 59 ff EGV). Ihre fremdenrechtliche Stellung ist im G über Einreise und Aufenthalt von Staatsangehörigen der Mitgliedstaaten der Europäischen Wirtschaftsgemeinschaft (AufenthG/EWG) vom 22. 7. 1969 idF vom 31. 1. 1980 (BGBl I 116, zuletzt geändert durch G vom 27. 4. 1993 [BGBl I 512, 528]) verankert.

346 Unionsbürgern gleichgestellt sind *Angehörige von EFTA-Staaten des EWR*. Sie genießen ebenfalls Freizügigkeit und Niederlassungsfreiheit; auch nehmen sie am freien Dienstleistungsverkehr teil (Art 28 ff, 36 ff EWRA) (STREIT, Abkommen über den Europäischen Wirtschaftsraum, NJW 1994, 555; WELTE, Das Abkommen über den Europäischen Wirtschaftsraum – Freier Personenverkehr, ZAR 1994, 80).

347 Vergünstigungen werden auch Türken aufgrund des *Assoziierungsabkommens EWG/Türkei* vom 12. 9. 1963 (BGBl 1964 II 509) zuteil (KRÜCK, Die Freizügigkeit der Arbeitnehmer nach dem Assoziierungsabkommen EWG/Türkei, EuR 1984, 289).

Die am 1. 2. 1994 in Kraft getretenen *EG-Assoziierungsabkommen* vom 16. 12. 1991 mit *Ungarn* (BGBl 1993 II 1472) und *Polen* (BGBl 1993 II 1316) gewähren ebenfalls einen Sonderstatus; ebenso die noch nicht in Kraft getretenen parallelen Abkommen mit *Bulgarien* (BGBl 1994 II 2753), *Rumänien* (BGBl 1994 II 2957), der *Slowakei* (BGBl 1994 II 3126) und der *Tschechischen Republik* (BGBl 1994 II 3320). Auch mit *Litauen, Lettland* und *Estland* sind bereits Assoziierungsabkommen unterzeichnet.

348 Fremdenrechtliche Erleichterungen schuf für *Angehörige von Mitgliedstaaten des Europarats* das Europäische Niederlassungsabkommen vom 13. 12. 1955 (BGBl 1959 II 998).

349 Sonderrecht unterliegen auch Angehörige von Staaten, mit denen die Bundesrepublik *Anwerbe- und Vermittlungsvereinbarungen* für die Übernahme von Arbeitnehmern getroffen hat (Griechenland, Italien, ehemaliges Jugoslawien, [Süd-]Korea, Marokko, Portugal, Spanien, Türkei, Tunesien). Diese Abkommen sind jedoch nahezu bedeutungslos, da einige Staaten der EU beigetreten sind, bei den anderen Staaten zur Zeit ein Anwerbestop besteht.

In der Nachkriegszeit brachte das AHKG Nr 23 (ABlAHK 1950, 140) und vor allem das **350** G über die Rechtsstellung *heimatloser Ausländer* im Bundesgebiet (HeimatlAuslG) vom 25. 4. 1951 (BGBl I 269) für nichtdeutsche Flüchtlinge und verschleppte Personen eine Besserstellung; ebenso die *Genfer Flüchtlingskonvention* (GFlKonv) vom 28. 7. 1951 (BGBl 1953 II 560). Dazu auch Rn 389 und Rn 282 sowie RAAPE/STURM, IPR I 147 ff.

Den Flüchtlingen iS der GFlKonv gleichgestellt sind die *Kontingentflüchtlinge* (§ 1 G **351** über Maßnahmen für im Rahmen humanitärer Hilfsaktionen aufgenommene Flüchtlinge vom 22. 7. 1980 [BGBl I 1057]). Hierunter fällt, ohne daß es einer besonderen Nachprüfung der Flüchtlingseigenschaft oder der Durchführung eines Asylverfahrens nach dem AsylVfG vom 27. 7. 1993 (BGBl I 1361, geändert durch G vom 2. 8. 1993 [BGBl I 1442, 1443], G vom 28. 10. 1994 [BGBl I 3186] und G vom 31. 3. 1995 [BGBl I 430]) bedarf, wer aufgrund einer Aufenthaltserlaubnis vor der Einreise in der Form eines Sichtvermerks nach § 3 Abs 3 AuslG oder aufgrund einer Übernahmeerklärung nach § 33 Abs 1 AuslG in der Bundesrepublik aufgenommen wurde, ebenso Kinder bis 16 Jahre, die im Rahmen humanitärer Hilfsaktionen Aufnahme fanden.

Sonderrecht genießen ferner *anerkannte Asylberechtigte* (§§ 2 Abs 1, 68 und 69 **352** AsylVfG).

Auch gibt es *bilaterale Abkommen* (Freundschafts-, Handels- und Niederlassungsab- **353** kommen), in denen die Vertragspartner den Staatsangehörigen der anderen Seite eine bevorzugte Stellung gegenüber den Angehörigen anderer Staaten einräumen. Solche bestehen zB mit der Schweiz (RGBl 1911, 89, 887; dazu Vereinbarung vom 19. 12. 1953 [GMBl 1959, 22], geändert durch Notenwechsel vom 30. 4. 1991 [GMBl 1991, 595]), der Türkei (RGBl 1927 II 53), Japan (RGBl 1927 II 1087), dem Iran (RGBl 1930 II 1002), den USA (BGBl 1956 II 487), Frankreich (BGBl 1957 II 1661), Italien (BGBl 1959 II 949), Griechenland (BGBl 1962 II 1505) und Spanien (BGBl 1972 II 1041). Die Abkommen mit EU-Staaten sind freilich, soweit sie keine günstigeren Regelungen enthalten, gegenstandslos geworden.

c) Fremdenrechtliche Beschränkungen

Der Schwerpunkt fremdenrechtlicher Beschränkungen liegt auf dem Gebiete des **354** öffentlichen Rechts. Eine Reihe von Grundrechten wie Versammlungsfreiheit (Art 8 Abs 1 GG), Vereinigungsfreiheit (Art 9 Abs 1 GG), Freizügigkeit (Art 11 Abs 1 GG), freie Wahl von Beruf und Arbeitsplatz (Art 12 Abs 1 GG), Zugang zu öffentlichen Ämtern (Art 33 Abs 2 GG) stehen Ausländern nicht zu. Auch Wahlrecht, Wählbarkeit, Wehrpflicht sind Deutschen vorbehalten.

Gemeinschaftsrecht brach aber die Deutschenrechte auf. Freizügigkeit und Berufs- **355** freiheit – wenn auch in gewissen Grenzen – gewähren Art 8 a, 48 ff EGV sowie Art 28 EWRA. Die Übernahme als Beamter darf über Art 48 Abs 4 EGV nur versagt werden, wenn mit der Stelle die Ausübung hoheitlicher Befugnisse verbunden ist, die auf die Wahrung allgemeiner Belange des Staates gerichtet sind (EuGH Slg

1986, 2121, 2146 = DVBl 1986, 883 f; BVerwG EWS 1993, 371, 372 = DVBl 1993, 559, 560; GEIGER, Grundgesetz und Völkerrecht. Die Bezüge des Staatsrechts zum Völkerrecht und Europarecht [2. Aufl 1994] 265 ff). Jeder Unionsbürger mit Wohnsitz in einem Mitgliedstaat, dessen Staatsangehörigkeit er nicht besitzt, hat dort aktives und passives Wahlrecht bei Kommunalwahlen (Art 8 b Abs 1 EGV).

356 Die politische Betätigung Fremder kann eingeschränkt oder untersagt werden (§ 37 AuslG), insbesondere dann, wenn erhebliche Belange der Bundesrepublik dies erfordern. Auch unterliegen Ausländervereine und ausländische Vereine, die sich in der Bundesrepublik betätigen, besonderen Verbotsnormen (§§ 14 und 15 VereinsG). Nach § 23 BGB besteht für ausländische nichtrechtsfähige Vereine aber die Möglichkeit, im Inland Rechtsfähigkeit zu erlangen (STAUDINGER/GROSSFELD [1993] IntGesR Rn 107 ff).

357 Ausländer unterliegen einer besonderen fremdenpolizeilichen Überwachung. Sie bedürfen einer **Aufenthaltsgenehmigung** (§ 3 AuslG).

358 Unter den Oberbegriff der Aufenthaltsgenehmigung fallen die vier in § 5 AuslG genannten Aufenthaltstitel. Die **Aufenthaltserlaubnis** (§§ 15–26 AuslG) begründet ein allgemeines Aufenthaltsrecht, das grundsätzlich nicht an einen bestimmten Aufenthaltszweck gebunden ist. Zum Daueraufenthaltsrecht verfestigt ist die **Aufenthaltsberechtigung** (§ 27 AuslG); notwendig zeitlich und räumlich unbeschränkt, kann sie nicht mit Bedingungen oder Auflagen verbunden werden. Die **Aufenthaltsbewilligung** (§§ 28, 29 AuslG) wird für einen bestimmten, seiner Natur nach lediglich vorübergehenden Aufenthalt gewährt. Die **Aufenthaltsbefugnis** (§§ 30 ff AuslG) wird erteilt, wenn aus völkerrechtlichen oder dringenden humanitären Gründen oder zur Wahrung politischer Interessen der Bundesrepublik Deutschland ein Aufenthalt erlaubt werden soll.

359 Vom Erfordernis einer Aufenthaltsgenehmigung bestehen jedoch zahlreiche Ausnahmen. **Befreit** hiervon sind heimatlose Ausländer (§ 12 HeimatlAuslG), vor allem aber im Rahmen von § 8 AufenthG/EWG Angehörige der EG-Staaten und der EFTA-Staaten des EWR (§ 15 c AufenthG/EWG) – nämlich Arbeitsuchende während drei Monaten; Erbringer und Empfänger von Dienstleistungen, deren Dauer voraussichtlich drei Monate nicht übersteigt, und Grenzarbeitnehmer aus Mitgliedstaaten. Weitere Befreiungen im Verordnungsweg läßt § 3 Abs 1 S 2 AuslG zu. Hiervon wurde ua für Kurzaufenthalte (§ 1 DVAuslG vom 18. 12. 1990 [BGBl I 2983], zuletzt geändert durch VO vom 4. 7. 1995 [BGBl I 905]), für bestimmte Ausländer unter 16 Jahren (§ 2 DVAuslG), Personen bei Vertretungen ausländischer Staaten (§ 3 DVAuslG), Inhaber besonderer Ausweise und amtlicher Pässe (§ 4 DVAuslG) Gebrauch gemacht. Andere Personen haben einen **Anspruch** auf Erteilung der Aufenthaltserlaubnis. Das AuslG selbst regelt dies ua für Ausländer, die als Minderjährige rechtmäßig ihren Aufenthalt im Bundesgebiet hatten (§ 16 AuslG), Ehegatten, Kinder und sonstige Familienangehörige bestimmter Ausländer (§§ 18 ff AuslG). Außerhalb des AuslG wird folgenden Ausländern ein Anspruch auf Aufenthaltserlaubnis gewährt: Flüchtlingen, die im Rahmen humanitärer Hilfsaktionen aufgenommen werden (§ 1 Abs 3 HumHAG), anerkannten Asylberechtigten (§ 68 AsylVfG). Angehörige der EG-Staaten und der EWR-Vertragsstaaten der EFTA haben, soweit sie nicht vom Erfordernis einer Aufenthaltsgenehmigung überhaupt

befreit sind, nach Maßgabe der §§ 3–7 a, 15 c AufenthG/EWG Recht auf eine besondere *Aufenthaltserlaubnis-EG.* Sie ist Ausdruck der durch EGV und EWRA gewährten Freizügigkcit für Erwerbstätige, ehemalige Erwerbstätige und Nichterwerbstätige, die über ausreichende finanzielle Mittel verfügen, sowie deren Familienangehörige. Türkische Staatsangehörige nehmen aufgrund des Assoziierungsabkommens EWG/Türkei (so Rn 347) als unselbständige Erwerbstätige in stark eingeschränkter Form an der Freizügigkeit teil.

Um einer Erwerbstätigkeit nachzugehen, bedürfen Ausländer ferner einer **Arbeits- 360 erlaubnis** (§ 19 Abs 1 AFG). Hiervon sind heimatlose Ausländer für nichtselbständige Tätigkeiten (§ 17 Abs 1 HeimatlAuslG) befreit. EU-Bürger und Angehörige von EFTA-Staaten des EWR genießen sogar volle Freizügigkeit auf dem Arbeitsmarkt (§§ 1, 15 c AufenthG/EWG).

Unter welchen Voraussetzungen Fremde eine Arbeitserlaubnis erhalten, regelt die 361 aufgrund § 19 Abs 4 AFG erlassene VO über die Arbeitserlaubnis für nichtdeutsche Arbeitnehmer (ArbeitserlaubnisVO), die laufend geändert und den Bedürfnissen angepaßt wird. Nach § 2 Abs 1 Nr 1 und 2 dieser VO steht Ausländern, die mit einem deutschen Familienangehörigen in familiärer Lebensgemeinschaft leben und eine Aufenthaltserlaubnis nach § 23 Abs 1 AuslG besitzen, ein Anspruch auf Arbeitserlaubnis ebenso zu wie unanfechtbar anerkannten Asylberechtigten.

§ 12 GewO, der den Betrieb eines **Gewerbes** durch eine ausländische juristische Per- 362 son genehmigungspflichtig machte, wurde durch G vom 25. 7. 1984 (BGBl I 1008) aufgehoben.

Einer Erlaubnis bedürfen hingegen weiterhin Versicherungsunternehmen mit Sitz 363 außerhalb der EG bzw des EWR, die in der Bundesrepublik das Direktversicherungsgeschäft durch Mittelspersonen betreiben wollen (§ 105 VAG).

Der Vertrieb ausländischer Investmentanteile durch ausländische Investmentgesellschaften ist anzeigepflichtig (§ 7, 14 AuslandinvestmentG vom 28. 7. 1969 [BGBl I 986]). Für den Vertrieb von sog EG-Investmentanteilen besteht Sonderrecht (§§ 15 ff AuslandinvestmentG idF des durch das EWR-AusführungsG vom 27. 3. 1993 [BGBl I 512, 543] geänderten FinanzmarktforderungsG vom 22. 2. 1990 [BGBl I 266, 279]).

Rechtsbeschränkungen für Ausländer im **Berufsrecht** sind für Angehörige von EG- 364 Staaten und anderer Vertragsstaaten des EWRA durchbrochen. Einen beeindruckenden Überblick gibt das EWR-AG vom 27. 4. 1993 (BGBl I 512).

Der **Schutz von Immaterialgütern** ist für Fremde eingeschränkt (§§ 121 ff UrhG, §§ 23 365 und 35 WZG). Inlandsschutz ergibt sich aber unmittelbar aus Art 6 Abs 1 EGV für alle Unionsbürger (BGHZ 125, 382, 386 ff) und nach Art 4 EWRA für alle Angehörigen der anderen Mitgliedstaaten des EWR. Als wirtschaftlich zweckmäßiger erweist sich zunehmend cine andere Behandlung von Gebietsfremden, unabhängig von ihrer Staatszugehörigkeit; vgl zB § 28 UWG, § 16 GeschmG nF, § 35 Abs 2 WZG, §§ 25, 81 Abs 7 PatG.

Während früher ausländische nichteheliche Kinder, die in der Bundesrepublik leb- 366 ten, nicht unter **Amtspflegschaft** standen, wird heute unabhängig von der Staatsangehörigkeit allein auf den gewöhnlichen Aufenthalt des Kindes abgestellt (§ 1709 BGB iVm §§ 55, 56 SGB VIII in der Auslegung durch BGHZ 111, 199 = IPRspr 1990 Nr 143 und dazu STURM, Bei der elterlichen Sorge irrlichtert Art 3 MSA nicht mehr, IPRax 1991, 231).

367 Der **Erwerb deutscher Grundstücke** durch ausländische Privatpersonen ist nicht genehmigungsbedürftig. Kein Bundesland hat nämlich vom Vorbehalt des Art 88 EGBGB Gebrauch gemacht (STAUDINGER/MERTEN/KIRCHHOF[12] Art 88 EGBGB Rn 13; PALANDT/HEINRICHS Art 88 EGBGB Rn 1 [53. Aufl 1994]). Für *juristische Personen* können kraft Art 86 EGBGB noch vereinzelt landesrechtliche Erwerbsbeschränkungen für Grundstücke und andere Gegenstände im Wert von mehr als 5.000.- DM in Betracht kommen (STAUDINGER/MERTEN/KIRCHHOF[12] Art 86 EGBGB Rn 29; STAUDINGER/GROSSFELD [1993] IntGesR Rn 277; PALANDT/HEINRICHS Art 86 EGBGB Rn 2 [53. Aufl 1994]). Doch sind hiervon Gesellschaften ausgenommen, die nach dem Recht eines EG-Staats gegründet wurden und in einem EG-Staat ihren Sitz haben (§ 1 Abs 1 G zur Aufhebung von Erwerbsbeschränkungen für Staatsangehörige und Gesellschaften der Mitgliedstaaten der EWG vom 2. 4. 1964 [BGBl I 248]). Im EWR-AG wurde diese Vergünstigung versehentlich nicht auf Gesellschaften aus EWR-Staaten ausgedehnt. Der Inlandsschutz kann aber unmittelbar aus Art 4 und 40 EWRA entnommen werden (so Rn 365).

368 Ungleich behandelt werden Ausländer immer noch im Bereich der **Staatshaftung**. Bund und Länder haften für eine Amtspflichtverletzung ihrer Beamten gegenüber Ausländern nur, soweit dies § 7 RBHaftG und die einschlägigen Vorschriften der Länder ausdrücklich vorsehen. Baden-Württemberg, Berlin, Hamburg, Hessen und Nordrhein-Westfalen kennen keine Haftungsbeschränkungen; ebenso nicht die neuen Bundesländer gem § 10 DDR-StHG idF von Anl II Kap III Sachgeb B Abschn III Nr 1 Bst h EV (BGBl 1990 II 889, 1168), der nach Art 9 EV als Landesrecht fortgilt. Die Haftung des Bundes und der übrigen Bundesländer ist jedoch bei Fehlen der Gegenseitigkeit im Verhältnis zum Heimatstaat des Geschädigten ausgeschlossen. Mit Ausnahme von Hessen muß nördlich des Mains die Verbürgung der Gegenseitigkeit sogar amtlich bekanntgemacht werden (STAUDINGER/SCHÄFER[12] § 839 BGB Rn 43 ff).

369 Die Schlechterstellung der Ausländer verstößt nicht gegen Art 3 Abs 1 GG, was trotz BVerfGE 30, 409, 413; BVerfG NJW 1991, 2757 (LS) = NVwZ 1991, 661 = IPRspr 1991 Nr 53; BGH NJW 1956, 1836 = IPRspr 1956/57 Nr 45; BGHZ 76, 375, 380 = NJW 1980, 1567, 1569 = IPRspr 1980 Nr 35; BGH NJW 1981, 518 = IPRspr 1980 Nr 40 immer wieder (zB MünchKomm/PAPIER § 839 BGB Rn 302) zu Unrecht bestritten wird (RAAPE/STURM, IPR I 24, 29 Fn 29).

Von dem rechtspolitisch überholten Erfordernis verbürgter Gegenseitigkeit wird aber abgesehen, wenn und soweit der Schadensersatzanspruch des verletzten Ausländers auf einen inländischen Sozialversicherungsträger übergegangen ist (BGHZ 99, 62, 64 = IPRspr 1986 Nr 37; OLG Frankfurt NVwZ 1986, 508 = VersR 1985, 1191 = IPRspr 1985 Nr 38; zust OSSENBÜHL, Staatshaftungsrecht [4. Aufl 1991] 82; krit BREUER, Staatshaftung durch Forderungsübergang?, NJW 1988, 1567).

370 Für Angehörige von Mitgliedstaaten der EG und anderer Vertragsstaaten des EWR kommt es nie auf Verbürgung der Gegenseitigkeit an. Der Haftungsausschluß ist insoweit nach Art 6 Abs 1 EGV (früher Art 7 Abs 1 EWGV) bzw Art 4 EWRA als unzulässige Diskriminierung entfallen (AK-BGB/RITTSTIEG § 839 BGB Rn 49; HAUSCHKA, Der Ausschluß der Staatshaftung nach § 839 BGB gegenüber Staatsangehörigen aus Ländern der Europäischen Gemeinschaft, NVwZ 1990, 1155). Abzulehnen sind BGH NJW 1985, 1287, 1288 = IPRspr 1984 Nr 31 und OLG Hamburg IPRspr 1992 Nr 57, wonach die Regelung des Staatshaftungsrechts nicht zum Anwendungsbereich des EWG-Vertrages gehört.

Ebenfalls zu eng legt die Praxis auch Rechtsschutzklauseln aus, die sich in Rechts- 371 verkehrs- oder Freundschaftsverträgen finden. Die dort vorgesehene Inländergleichbehandlung enthalte keinen reichs- bzw bundesrechtlichen Verzicht auf die Verbürgung der Gegenseitigkeit (RGZ 149, 83, 85 ff – zum deutsch-türkischen Rechtsverkehrsabkommen vom 28. 5. 1929; BGHZ 13, 241, 242 f = IPRspr 1954/55 Nr 30 – zum deutsch-polnischen Rechtsverkehrsabkommen; BGH WM 1966, 185, 186 ff = IPRspr 1966/67 Nr 54 und BGH NJW 1985, 1287, 1288 = IPRspr 1984 Nr 31 – zum deutsch-italienischen Freundschaftsvertrag).

Für Staatenlose und Flüchtlinge gelten Besonderheiten. Soweit der Haftungsaus- 372 schluß wegen nicht verbürgter Gegenseitigkeit „Angehörige eines ausländischen Staates" betrifft (zB § 7 RBHaftG und § 7 PrBHaftG), werden nur Fremdstaater, nicht aber Staatenlose erfaßt, die sich ja nie auf die Verbürgung der Gegenseitigkeit zu berufen vermögen. Anders dürfte es sich jedoch in Bundesländern verhalten, in deren Vorschriften generell von „Ausländern" die Rede ist (wie zB in § 60 Abs 2 BayAGBGB) (BGB-RGRK/KREFT § 839 BGB Rn 36; zu weitgehend STAUDINGER/SCHÄFER[12] § 839 BGB Rn 44; STAUDINGER/LEISS[10/11] Art 77 EGBGB Rn 9; MünchKomm/PAPIER § 839 BGB Rn 303; PALANDT/THOMAS § 839 BGB Rn 5, die annehmen, Staatenlosen müsse ausnahmslos gehaftet werden).

Werden Staatenlose vom Haftungsausschluß betroffen, so kommt ihnen aber nach 373 dreijährigem Aufenthalt in der Bundesrepublik Deutschland Art 7 Abs 2 des New Yorker Staatenlosenübereinkommens (so Rn 282) zugute, das generell vom Gegenseitigkeitserfordernis befreit.

Art 7 Abs 2 GFlKonv bestimmt Gleiches für internationale Flüchtlinge. Nach § 5 374 HeimatlAuslG gilt bei dieser Personengruppe nicht einmal die für Staatenlose und Flüchtlinge vorgesehene dreijährige Wartefrist.

Auf Gegenseitigkeit stellt auch § 14 Nr 2 PflVersG ab. Diese Vorschrift ermächtigt 375 den Bundesminister der Justiz durch Rechtsverordnung zu bestimmen, daß Ansprüche, die Deutschen gegen den **Entschädigungsfonds** für Schäden aus Kraftfahrzeugunfällen nach §§ 12 und 13 PflVersG zustehen, von Ausländern ohne festen Wohnsitz im Inland, soweit nicht völkerrechtliche Verträge entgegenstehen, nur geltendgemacht werden können, wenn die Gegenseitigkeit verbürgt ist.

Von dieser Ermächtigung hat der Bundesminister der Justiz Gebrauch gemacht. Die 376 VO über den Entschädigungsfonds für Schäden aus Kraftfahrzeugunfällen vom 14. 12. 1965 bestimmt in ihrem § 11, daß die Verkehrsopferhilfe nicht privilegierten Ausländern nur bei Verbürgung der Gegenseitigkeit Leistungen erbringt.

377 Durch internationale Abkommen kann jedoch etwas anderes vereinbart werden. So zB zwischen Deutschland, Liechtenstein und der Schweiz durch den Vertrag über die Schadendeckung bei Verkehrsunfällen vom 30. 5. 1969 (BGBl 1971 II 91).

378 Alle Fremden haben einen Anspruch auf **Justizgewährung**. Das deutsche Prozeßrecht beruht auf dem Grundsatz der Gleichstellung von In- und Ausländern. Selbst die Prozeßkostenhilfe für die bedürftige Partei ist nicht mehr von verbürgter Gegenseitigkeit abhängig (§ 114 ZPO nF). Die beklagte deutsche Partei kann aber, von Ausnahmen abgesehen, vom ausländischen Kläger, selbst wenn er im Inland wohnt, Sicherheitsleistung für die Prozeßkosten verlangen (§§ 110 ff ZPO). Internationale Flüchtlinge (Art 16 GFlKonv), heimatlose Ausländer (§ 11 HeimatlAuslG), Staatenlose (Art 16 New Yorker Staatenlosenübereinkommen) und anerkannte Asylberechtigte (§ 2 Abs 1 AsylVfG iVm Art 16 GFlKonv) werden jedoch wie Inländer behandelt; in Familiensachen auch verschleppte Personen und Flüchtlinge iSd AHKG Nr 23 (Art 3). Staatenlose, die ihren Wohnsitz und gewöhnlichen Aufenthalt nur im Ausland haben, sind aber grundsätzlich zur Sicherheitsleistung verpflichtet (Art 110 Abs 1 S 2 ZPO iVm § 16 New Yorker Staatenlosenübereinkommen).

Nicht anwendbar ist § 110 ZPO auf Unionsbürger. Die Vorschriften über die Prozeßkostensicherheit für Ausländer verstoßen gegen das Diskriminierungsverbot des Art 6 EGV (früher Art 7 EWGV) (EuGH NJW 1993, 2431 = IPRax 1994, 203; OLG München NJW 1993, 865 = IPRax 1994, 202; KAUM, Ausländersicherheit und Europarecht, IPRax 1994, 180; BORK/SCHMIDT-PARZEFALL, Zur Reformbedürftigkeit des § 110 ZPO, JZ 1994, 18).

379 Sondergesetzliche Vorschriften enthalten § 129 S 2 PatG und § 21 Abs 2 GebrMG.

380 Das für Gesellschaften, Vereine und andere **juristische Personen** geltende Fremdenrecht ist bei STAUDINGER/GROSSFELD (1993) IntGesR Rn 895 ff ausführlich dargestellt.

C. Quellen des IPR

I. Allgemeines

381 Das IPR ist fast ausschließlich **staatliches Recht**. Nur ausnahmsweise sind auch andere Gemeinschaften, zB religiöse, befugt, darüber zu bestimmen, unter welchen Voraussetzungen ihre Rechtsordnung heranzuziehen ist. In der Regel nimmt diese Befugnis aber auch für den Bereich des interpersonalen Privatrechts der Staat für sich in Anspruch.

Obwohl die Zahl der gesetzlichen Regelungen in den letzten Jahrzehnten beträchtlich zunahm, gibt es in sehr vielen staatlichen Rechtsordnungen noch keine oder doch jedenfalls keine vollständige gesetzliche Regelung. Vieles blieb *Gewohnheitsrecht*.

382 Die wichtigsten nationalen Kodifikationen werden, wenigstens für das Familienrecht, von BERGMANN/FERID und für das Erbrecht von FERID/FIRSCHING/LICHTENBERGER abgedruckt. Umfassender ist die Dokumentation des Juris Classeur de

droit comparé. Leider ließ das Hamburger Max-Planck-Institut das zweibändige Sammelwerk MAKAROVS, Quellen des IPR (2. Aufl 1953/1960) und das 1978 unter dem gleichen Titel erschienene Bändchen über nationale Kodifikationen veralten.

Eine außerordentlich nützliche Sammlung der deutschen Rechtsquellen veröffentlichten JAYME/HAUSMANN, Internationales Privat- und Verfahrensrecht (8. Aufl 1996).

II. Gesetzliche Quellen des deutschen IPR

1. Hauptquelle

Hauptquelle des deutschen IPR sind die am 1. 9. 1986 in Kraft getretenen Art 3−38, 220 Abs 1-4 EGBGB. Eingeführt wurden sie durch das IPR-NRG vom 25. 7. 1986 (BGBl I 1142). Sie ersetzten die Art 7−31 EGBGB aF, die weitgehend verfassungswidrig waren. Näheres in STAUDINGER/STURM/STURM[12] Rn 223 ff und bei PIRRUNG, IPR 16 ff.

Im Gegensatz zum alten Recht regelt die Novelle aber nicht nur das internationale Personen-, Familien- und Erbrecht, sondern auch das internationale Vertragsrecht. Sie inkorporierte nämlich das Römische EG-Übereinkommen über das auf vertragliche Schuldverhältnisse anzuwendende Recht. Näheres unten unter Rn 562. Eine gesetzliche Regelung des internationalen Sachenrechts und der gesetzlichen Schuldverhältnisse (Quasikontrakte, Delikt) wird demnächst ergehen. Ein Referentenentwurf für ein Gesetz zur Ergänzung des Internationalen Privatrechts (außervertragliche Schuldverhältnisse und Sachen) liegt bereits vor. Näheres unten unter Rn 614 ff.

Das IPR-NRG wurde auch ins Französische und Spanische übersetzt (STURM, Loi du 25 juillet 1986 portant réforme du droit international privé, Rev crit dr i p 1987, 170; ALBIEZ DOHRMANN/COLLADOS AIS, Traducción de la Ley de Reforma del Derecho internacional privado alemán de 25 de julio de 1986, Rev Fac Der Granada 15 [1988] 253).

Der Einigungsvertrag vom 31. 8. 1990 (BGBl II 889) fügte unter der Überschrift Einführungsgesetz: Internationales Privatrecht Art 236 EGBGB ein, der in § 1 das intertemporale, in §§ 2 und 3 das Kollisionsrecht des Familien- und Güterrechts regelt (Näheres bei STAUDINGER/DÖRNER[12] Art 236).

Das BtG vom 12. 9. 1990 (BGBl I 2002) hob Art 8 EGBGB auf und schob in Art 24 Abs 1 S 1 und Abs 3 EGBGB das Wort Betreuung ein. Den Inhalt von Art 8 EGBGB nimmt Art 24 Abs 1 S 2 auf. Für einen im Inland lebenden fremden Staatsangehörigen kann ein Betreuer nach deutschem Recht bestellt werden.

Das FamNamRG vom 16. 12. 1993 (BGBl I 2054) strich mit Wirkung vom 1. 4. 1994 die Vorschriften der Art 10 Abs 3 und 4, 220 Abs 4 und 5 EGBGB und änderte inhaltlich sehr stark Art 10 Abs 2 und 5. Letzterer rückte zu Abs 3 auf. Das internationale Namensrecht wurde dadurch stark vereinfacht (STURM, Der Familienname des Kindes nach dem FamNamRG-E, StAZ 1993, 273, 277 ff; ders, Namensführung in gemischt-nationalen Ehen, StAZ 1995, 255; HENRICH, Kollisionsrechtliche Aspekte der Neuordnung des Familiennamensrechts, IPRax 1994, 174; WAGENITZ/BORNHOFEN, Familiennamensrechtsgesetz, Kommentar [1994] 154).

Am 21. 9. 1994 wurde das EGBGB aufgrund von Art 2 § 10 SachenRÄndG insgesamt neu bekanntgemacht (BGBl I 2494).

2. IPR-Vorschriften außerhalb des EGBGB

a) Versteckte Kollisionsnormen

388 Abgesehen von einigen Bestimmungen, die äußerlich als Sachnormen erscheinen aber trotz ihres Standortes im BGB Verweisungsnormen sind oder solche enthalten (versteckte Kollisionsnormen), wie zB § 244 BGB (Umrechnungsbefugnis bei Fremdwährungsschulden), sind folgende IPR-Vorschriften anderer Gesetze zu beachten:

b) Recht der natürlichen Personen

389 (1) Art 116 Abs 1 GG iVm Art 9 Abs 2 Nr 5 FamRÄndG vom 11. 8. 1961 und § 69 c und d PStG vom 18. 5. 1957: Personen, die Deutsche iS des Art 116 GG sind (*volksdeutsche Flüchtlinge, Heimatvertriebene und Spätaussiedler*) stehen den deutschen Staatsangehörigen gleich, soweit nach deutschem Recht die Staatsangehörigkeit einer Person maßgebend ist.

(2) § 94 BVFG idF des KriegsfolgenbereinigungsG vom 21. 12. 1992 (BGBl I 2094) ermöglicht Vertriebenen und Spätaussiedlern eine Namensführung nach deutschem Recht.

(3) AHKG Nr 23 über die Rechtsverhältnisse *verschleppter Personen* und Flüchtlinge vom 17. 3. 1950, ABlAHK 140, idF des AHKG Nr 48 vom 1. 3. 1951, ABlAHK 808, ersetzt für diesen Personenkreis die Anknüpfung an die Staatsangehörigkeit durch die Anknüpfung an den gewöhnlichen Aufenthalt bzw an den schlichten Aufenthalt (ausgenommen ist das internationale Erbrecht). Für West-Berlin erging das gleichlautende G Nr 9 vom 28. 8. 1950, VOBl 458, das durch G Nr 14 vom 13. 4. 1951, GVBl 332, abgeändert wurde. Diese Vorschriften, die jetzt in ganz Deutschland gelten, spielen nur noch in den seltenen Fällen eine Rolle, in denen Ausländer ihren Status von displaced persons ableiten.

(4) Eine Vorschrift über die wohlerworbenen Rechte *heimatloser Ausländer* enthält das G über die Rechtsstellung heimatloser Ausländer im Bundesgebiet vom 25. 4. 1951 in dem unklaren § 8. Das Gesetz läuft aus. Nach § 1 Abs 2 HeimatlAuslG idF des G zur Neuregelung des Ausländerrechts vom 9. 7. 1990 (BGBl I 1354) kann den Status eines heimatlosen Ausländers nur noch erwerben, wer seine Staatsangehörigkeit von einem heimatlosen Ausländer ableitet und sich am 1. 1. 1991 (Inkrafttreten des AuslG) rechtmäßig in Deutschland gewöhnlich aufhielt.

(5) Eine Rechtsfolgenverweisung auf Art 12 GFlKonv (so Rn 282) enthält § 1 des G vom 22. 7. 1980 über Maßnahmen für im Rahmen humanitärer Hilfsaktionen aufgenommene Flüchtlinge (BGBl I 1057). Personalstatut dieser sog *Kontingentflüchtlinge* ist daher deutsches Recht als Wohnsitz- hilfsweise als Aufenthaltsrecht (JAYME, Zum Personalstatut der „Kontingentflüchtlinge", IPRax 1981, 73).

(6) Art 12 GFlKonv gilt kraft Verweisung in § 2 Abs 1 und 3 AsylVfG auch für in Deutschland anerkannte *Asylberechtigte*.

(7) *§§ 1 Abs 1 Nr 1 und 8 Abs 1 Nr 1 TranssexuellenG* vom 10. 9. 1980 (BGBl I 1654), die Änderung des Vornamens und Geschlechtsumwandlung nur Personen mit deutschem Personalstatut ermöglichen.

c) **Schuldrecht**
(1) *§ 12 AGBG* vom 9. 12. 1976 regelt die Anwendung des Gesetzes auf Rechtsgeschäfte, die ausländischem Recht unterliegen. Dabei sind die Vorschriften der §§ 23 und 24 über sachlichen und persönlichen Anwendungsbereich des AGBG zu beachten. Art 6 § 2 IPR-NRG hob § 10 Nr 8 des AGBG auf. Die Vorschrift hätte Art 27 EGBGB widersprochen.

(2) *§ 11 FernUSG* vom 24. 8. 1976 entspricht § 12 AGBG nahezu wörtlich.

(3) Nach der hL gilt die *VO über die Rechtsanwendung bei Schädigung deutscher Staatsangehöriger außerhalb des Reichsgebiets* vom 7. 12. 1942 weiter. Bei gemeinsamer deutscher Staatsangehörigkeit soll also Heimatrecht nicht nur als Deliktsstatut berufen sein, sondern alle außervertraglichen Schadensersatzansprüche, zB aus culpa in contrahendo, Geschäftsführung ohne Auftrag, verschärfter Haftung aus ungerechtfertigter Bereicherung beherrschen (MünchKomm/SONNENBERGER Einl IPR Rn 167; MünchKomm/KREUZER Art 38 EGBGB Rn 72; KROPHOLLER, IPR 448; ERMAN/HOHLOCH Vor Art 38 EGBGB Rn 1; PALANDT/HELDRICH Anh I zu Art 38 EGBGB). Die Rspr wendet die VO aber nur noch mit der Einschränkung an, daß Schädiger und Geschädigter sich in Deutschland auch gewöhnlich aufhalten (BGHZ 87, 95, 98 = NJW 1983, 1972 = IPRspr 1983 Nr 31).

Die VO darf indes nicht mehr angewandt werden. Sie verletzt das Diskriminierungsverbot von Art 6 Abs 1 EGV und verstieß schon gegen den gleichlautenden Art 7 Abs 1 EWGV (FISCHER, Gemeinschaftsrecht und kollisionsrechtliches Staatsangehörigkeitsprinzip, in: vBAR, Europäisches Gemeinschaftsrecht und Internationales Privatrecht [1991] 172; älteres Schrifttum bei STAUDINGER/STURM/STURM[12] Rn 237). Daß der Schutz von Leib und Leben die Freizügigkeit berührt, kann nach dem Cowan-Urteil des EuGH NJW 1989, 2183 nicht bezweifelt werden. Auch darf nach EuGH IPRax 1994, 287, 289 jedermann von den nationalen Gerichten eines Mitgliedstaats der EU verlangen, diskriminierende Vorschriften außer Betracht zu lassen.

Die Diskriminierung von Angehörigen der EU besteht darin, daß bei deutscher Staatsangehörigkeit und deutschem Aufenthaltsrecht aller Beteiligten die Schadensabwicklung, auch wenn der Tatort im Ausland liegt, wesentlich schneller erfolgt als bei Beteiligung von Angehörigen der EU oder Drittstaaten, bei denen Tatortrecht heranzuziehen und meist ein langwieriger Prozeß mit allen Unsicherheiten zu führen ist. Solche Mühsal erspart man den Beteiligten auch nicht, wenn man mit MünchKomm/KREUZER Art 38 EGBGB Rn 78 die VO allseitig auslegt. Die VO will auch CHR vBAR, IPR I Rn 675 nicht mehr länger angewandt wissen. Er hält sie für ein unbrauchbares Fossil.

d) Sachenrecht

391 (1) Nach *§ 1 Abs 2 des SchiffsRG* vom 15. 11. 1940 werden Erwerb und Verlust des Eigentumes an einem Schiff, das im Schiffsregister eines deutschen Gerichts eingetragen ist, von deutschem Recht beherrscht.

(2) Das *LuftfzRG* vom 26. 2. 1959 unterwirft dingliche Rechte an Luftfahrzeugen der Rechtsordnung des Landes, in dem diese als staatszugehörig registriert sind. Einzelheiten regeln die §§ 103 ff LuftfzRG.

e) Familienrecht

392 (1) *§ 8 KonsG* vom 11. 9. 1974, das das G betreffend die Eheschließung und die Beurkundung des Personenstandes von Bundesangehörigen im Ausland vom 4. 5. 1870 ersetzte. Unter gewissen Voraussetzungen können Konsularbeamte im Ausland Eheschließungen vornehmen und beurkunden. Jedoch muß zumindest einer der Verlobten Deutscher sein und darf der andere nicht dem Empfangsstaat angehören.

(2) *§ 13 a Abs 2 EheG* idF vom 16. 12. 1993 gestattet deutschen Ehegatten, die im Ausland heirateten, bei ihrer Rückkehr in die Heimat innert Jahresfrist eine *Namenserklärung* abzugeben.

(3) Durch das G vom 4. 8. 1969 über den ehelichen *Güterstand von Vertriebenen und Flüchtlingen* wurde der Grundsatz der Unwandelbarkeit des Güterstandes für Ehegatten, die zu diesem Personenkreis gehören (Vertriebene, Sowjetzonenflüchtlinge, aus der Sowjetzone zugezogene Deutsche), beide ihren gewöhnlichen Aufenthalt im Geltungsbereich des EGBGB hatten und im gesetzlichen Güterstand eines außerhalb des Geltungsbereichs dieses Gesetzes maßgebenden Rechts lebten, aufgegeben; für sie gilt ab 1. 10. 1969 das eheliche Güterrecht des BGB.

(4) Gemäß *§ 31 Abs 1 S 2 PStG* kann eine *Legitimation*, die sich nach ausländischem Recht richtet, im Geburtenbuch beigeschrieben werden, wenn nach dem einschlägigen fremden Recht die Rechtswirkungen der Legitimation auch ohne vorherige Vaterschaftsfeststellung eintreten.

(5) Nach *§ 34 SGB I* wird ein Rechtsverhältnis fremden Familienrechts, das nach deutschen Kollisionsnormen kraft ausländischen Sachrechts besteht, bei *sozialrechtlichen Vorfragen* nur berücksichtigt, wenn es in seinem Wesensgehalt einem deutschen entspricht. Hiervon abgesehen werden Ansprüche auf Hinterbliebenenrente mehrerer verwitweter Ehegatten anteilig und endgültig aufgeteilt.

f) Handels- und Wirtschaftsrecht

393 (1) *§§ 835 und 837 HGB* regeln das auf die Verpflichtungen des Versicherers bei großer Havarie anwendbare Recht.

(2) *Art 91–98 WG* vom 21. 6. 1933 und *Art 60–66 ScheckG* vom 14. 8. 1933 enthalten das für das Wechsel- und Scheckrecht maßgebende Grenzrecht.

(3) Nach *§ 61 BörsG* vom 22. 6. 1896 idF vom 11. 7. 1989 können aus einem *Börsentermingeschäft* ohne Rücksicht auf das anzuwendende Recht keine weitergehenden

Ansprüche, als nach deutschem Recht begründet sind, gegen eine Person geltend gemacht werden, für die das Geschäft nach § 53 BörsG nicht verbindlich ist, die ihren gewöhnlichen Aufenthalt zur Zeit des Geschäftsabschlusses im Inland hat und im Inland die für den Abschluß des Geschäfts erforderliche Willenserklärung abgab.

(4) Nach *§ 98 Abs 2 GWB* gilt deutsches Kartellrecht für alle Wettbewerbsbeschränkungen, die sich in Deutschland auswirken. Es gilt ferner für Ausfuhrkartelle, an denen deutsche Unternehmen beteiligt sind.

g)   **Versicherungsrecht**
Die *Art 7–15 EGVVG* setzen die Zweite Richtlinie des Rates vom 22. 6. 1988 zur **394** Koordinierung der Rechts- und Verwaltungsvorschriften für die Direktversicherung (mit Ausnahme der Lebensversicherung) und zur Erleichterung der tatsächlichen Ausübung des freien Dienstleistungsverkehrs (ABl EG 1988 Nr L 172, 1) um und regeln für die EU Anwendungsbereich, gesetzliche Anknüpfung und Rechtswahl.

h)   **Gewerblicher Rechtsschutz**
§ 28 UWG läßt den Schutz gegen unlauteren Wettbewerb von Firmen, die keine **395** Hauptniederlassung besitzen, davon abhängen, daß Gegenrecht gehalten wird. Entsprechendes gilt für Urheberrechte nach *§ 121 Abs 4 S 2 UrhG* und für Warenzeichen nach *§ 35 Abs 1 WZG*. § 34 WZG ermächtigt das Bundesministerium der Finanzen außerdem, in bestimmten Fällen bei Einfuhr oder Durchfuhr fremder Waren Retorsion zu üben.

i)   **Staatsangehörigkeitsrecht**
Auf das deutsche Kollisionsrecht verweisen § 4 Abs 1 S 2 RuStAG vom 22. 7. 1913 **396** idF vom 30. 6. 1993, § 5 RuStAG, § 6 RuStAG idF vom 25. 7. 1986, § 8 Abs 1 Nr 1 RuStAG, § 12 RuStAG idF vom 2. 7. 1976, § 10 RuStAG idF vom 20. 10. 1974 sowie Art 3 Abs 1 S 2 und Abs 5 S 4 RuStAÄndG (1974) (Sturm, Ineinandergreifen von IPR und Staatsangehörigkeitsrecht, in: FS Jahr [1993] 497; ders, Der neue § 4 Abs 1 RuStAG, StAZ 1994, 273; ders, Une importante réforme du Code de la nationalité allemande, Rev crit dr i p 1994, 836; ders, Un importante riforma del codice della cittadinanza tedesca, I servici demografici 1995, 277).

Aufgehoben wurden durch das IPR-NRG § 10 Nr 8 AGBG und § 15 a EheG, durch **397** das RechtsbereinigungsG vom 16. 12. 1986 (BGBl I 2441) § 11 a GewO.

3.   **Verfahrensrechtliche Vorschriften**

Für das IPR wichtig sind auch eine Reihe von Vorschriften aus dem Nachbargebiet **398** Verfahrensrecht. Hierzu gehören im *GVG*: §§ 18–20 (Exterritoriale); in der *ZPO*: §§ 16, 23, 23 a, 32 a (Gerichtsstand), §§ 38, 40 (Gerichtsstandsvereinbarung), § 55 (Prozeßfähigkeit von Ausländern im Inland), § 110 (Sicherheitsleistung für Prozeßkosten durch Ausländer), § 116 Abs 1 Nr 2 (keine Prozeßkostenhilfe für ausländische juristische Personen), § 199 (Zustellung im Ausland), § 293 (Nachweis ausländischen Rechts), § 328 (Anerkennung ausländischer Urteile), §§ 363, 364 (Beweisaufnahme im Ausland), § 549 (keine Revisibilität ausländischen Rechts), § 606 a (internationale Zuständigkeit in Ehesachen), § 640 a (internationale Zuständigkeit in Kindschaftssachen), §§ 641 l Abs 3, 642 a Abs 4 (internationale Zuständigkeit in

Minderjährigen-Unterhaltssachen), § 689 Abs 2 S 2 und 3 ZPO (internationale Zuständigkeit im Mahnverfahren), §§ 722, 723 (Vollstreckung ausländischer Urteile); § 791 (Vollstreckung im Ausland), § 1041 Abs 1 Nr 2 (Aufhebung von Schiedssprüchen, die gegen den deutschen ordre public verstoßen), § 1044 (Anerkennung ausländischer Schiedssprüche); im AVAG (Anerkennung von Schuldtiteln im Rahmen zwischenstaatlicher Anerkennungs- und Vollstreckungsverträge); im *FGG*: § 16 a (Anerkennung ausländischer Entscheidungen), §§ 35 b, 43, 43 a, 43 b, 44, 44 a, 45 Abs 2, 47, 65, 70 Abs 2 und 4, 73 Abs 3, sowie 74 (Vorschriften, die sämtlich die internationale Zuständigkeit regeln); im *RPflG*: § 5 Abs 1 Nr 3 (Richtervorbehalt, wenn fremdes Recht in Betracht kommt), § 14 Abs 1 Nr 4 (Richtervorbehalt bei Anordnung einer Vormundschaft, Betreuung, Pflegschaft für Staatsangehörige fremder Staaten), § 16 Abs 1 Nr 6 (Richtervorbehalt bei Erteilung gegenständlich beschränkter Erbscheine), § 17 Nr 1 (Richtervorbehalt bei bestimmten Handels- und Registersachen, die ausländische Gesellschaften betreffen), § 19 a (Richtervorbehalt bei Ausführung des deutsch-österreichischen Konkursvertrags – su Rn 405), § 29 (dem Rechtspfleger übertragene Geschäfte des internationalen Rechtsverkehrs); im *FamRÄndG* (1961): Art 7 § 1 (Anerkennung ausländischer Entscheidungen in Ehesachen); in der *KO*: § 5 (Gleichstellung ausländischer Gläubiger, Vergeltungsrecht), § 50 (Ersatzpflicht wegen Verschaffung eines Absonderungsrechts nach fremdem Recht), § 56 (Ersatzpflicht wegen Verschaffung einer Aufrechnungsmöglichkeit nach fremdem Recht), § 237 (Territorialität ausländischer Konkurse), § 238 (Territorialität inländischer Konkurse); in der *VerglO*: § 17 Nr 2 (Ablehnung der Eröffnung, wenn innerhalb der letzten fünf Jahre ein inländisches Konkurs- oder Vergleichsverfahren eröffnet oder mangels Masse abgelehnt wurde), § 34 (Forderungen in ausländischer Währung), § 37 (Gleichstellung ausländischer Gläubiger); im *BGB*: § 2369 (Zuständigkeit bei gegenständlich beschränktem Erbschein); im *EheG*: § 10 (Ehefähigkeitszeugnis für Ausländer) und § 15 Abs 3 (internationale Zuständigkeit); im *VerschG*: § 12 (internationale Zuständigkeit); im *BeurkG*: § 17 Abs 3 (Belehrung bei Geltung fremden Rechts); im *PStG*: § 5 a (Bescheinigung des deutschen Konsuls über die Befugnis der ausländischen Behörde zur Ausstellung von Ehefähigkeitszeugnissen), §§ 12 und 15 a (internationale Zuständigkeit für die Anlegung eines Familienbuchs von Amts wegen und auf Antrag), § 15 c Abs 1 Nr 4 (Erklärungen nach Art 10 Abs 2 S 1 und 2 EGBGB), § 15 e (Erklärungen zur Namensführung nach § 94 BVFG [so Rn 389]), § 16 (Anzeige von Geburten), § 29 a (Vaterschaftsanerkenntnis), § 29 b (Mutterschaftsanerkenntnis), § 31 Abs 2 (Vorlage an das Amtsgericht, wenn eine Legitimation ganz oder teilweise von fremdem Recht abhängt), § 31 a Abs 2 (Entgegennahme von Erklärungen über den Kindesnamen), § 32 (Anzeige von Sterbefällen), § 41 (Beurkundung von Geburten und Sterbefällen, die im Ausland erfolgten), § 69 b (Ausstellung von Ehefähigkeitszeugnissen für Deutsche, die im Ausland heiraten wollen); im *KonsularG*: § 8 (Eheschließungen, Niederschriften über Geburten und Sterbefälle), § 9 (Überführung Verstorbener und Nachlaßfürsorge), § 10 (Aufnahme von Niederschriften und Vermerken), § 11 (Beurkundung und Verwahrung von Verfügungen von Todes wegen), § 12 (Entgegennahme von Erklärungen), § 13 (Legalisation ausländischer öffentlicher Urkunden), § 14 (Bestätigung der Echtheit inländischer öffentlicher Urkunden), § 15 (Vernehmungen und Anhörungen), § 16 (Zustellungen).

399 Die internationalprivat- wie -verfahrensrechtlichen Vorschriften auf dem Gebiete des Familienrechts fanden Niederschlag in der **DA für die Standesbeamten** und ihre Aufsichtsbehörden, die laufend der Rechtsentwicklung angepaßt wird. Die DA ist keine Rechtsnorm, sondern behördliches Innenrecht, mehr norminterpretative Hilfe als Befehl (UNGER, Verwaltungsvorschriften und Standesamt. Die Dienstanweisung für Standesbeamte und ihre Aufsichtsbehörden, StAZ 1971, 325; ders, Das Standesamt zwischen Gericht und Verwaltung. Zur Bindung der Standesbeamten an die Dienstanweisung, StAZ 1973, 63; GAAZ, Die Bedeutung der Dienstanweisung für den Standesbeamten, StAZ 1988, 217).

4. Landesrechtliches IPR

Mit Inkrafttreten des EGBGB büßten die bis dahin geltenden landesrechtlichen Kollisionsnormen grundsätzlich ihre Geltung ein. **400**

Kollisionsrechtliche Bestimmungen des Landesrechts sind somit nur noch auf Gebieten möglich, die nach Art 55–152 EGBGB zur Verlustliste der deutschen Rechtseinheit gehören. Nur soweit es sich um solches Landesrecht handelt, blieben die vor 1900 geltenden Kollisionsnormen, wenn sie nicht wie in Preußen (Art 89 AGBGB), in Bayern (Art 1 AGBGB) und in Baden (Art 39 AGBGB) aufgehoben wurden, in Kraft. Nur insoweit können neue Vorschriften erlassen werden (Art 1 Abs 2 EGBGB). **401**

Fehlen solche landesrechtlichen Vorschriften, so waren vor Inkrafttreten des IPR-NRG die Art 7–30 EGBGB aF, auch ohne ausdrückliche Anordnung, wie sie zB in Baden vor Aufhebung von Art 2 AGBGB aF = Art 1 AGBGB nF durch § 51 Abs 1 lit a Nr 1 BaWüAGBGB bestand (STURM, Eine verkannte badische Perle, BWNotZ 1974, 125), für die dem Landesrecht vorbehaltenen Fragenbereiche entsprechend anzuwenden. An ihre Stelle traten nach dem 1.9.1986 die Art 3–38, 220 und 236 EGBGB. Es ist aber nicht davon auszugehen, daß in Ländern, in denen die landesrechtlichen Vorschriften ausdrücklich aufgehoben wurden, auch die für die vorbehaltenen Rechtsmaterien geltenden ungeschriebenen altrechtlichen Rechtsanwendungsregeln beseitigt werden sollten (BAADE, Anerbenrecht und Ausländererbfolge, SchlHAnz 1959, 33; SOERGEL/KEGEL Vorbem 6 und 7 zu Art 7 EGBGB; RAAPE/STURM, IPR I 51; KG OLGE 14, 261 ff; OLG Hamburg NiemZ 19 [1909] 255 ff; OLG Hamburg und RG HansGZ 1914 B 233 ff; BGHZ 22, 317, 328 = NJW 1957, 259 = JZ 1957, 345 mit Anm von PRITSCH [zum Anerbenrecht]). **402**

5. Recht der ehemaligen Deutschen Demokratischen Republik

Das in der DDR geltende Rechtsanwendungsgesetz (RAG) vom 5.12.1975 (GBl I 748) trat am 3.10.1990 außer Kraft, ist aber auf abgeschlossene Tatbestände von Gerichten und Verwaltungsbehörden im Beitrittsgebiet weiter anzuwenden. Entsprechendes gilt in Fällen der Weiterverweisung (Art 27 EGBGB aF, Art 4 Abs 1 EGBGB nF) und der Näherberechtigung (Art 28 EGBGB aF, Art 3 Abs 3 EGBGB nF) für Verwaltungsbehörden und Gerichte der alten Bundesländer. Das ergibt sich aus Art 8 EV und Art 236 EGBGB (STAUDINGER/DÖRNER[12] Art 236 §§ 1-3 EGBGB Rn 23 ff, der freilich den Fall der Weiterverweisung außer acht läßt). **403**

6. Staatsvertraglich vereinbartes IPR

a) Zweiseitige Staatsverträge

404 Kollisionsrechtliche oder das Kollisionsrecht berührende Vorschriften bringen eine Reihe zwei- und mehrseitiger Staatsverträge. Eine größere Anzahl von Handels- und Schiffahrtsverträgen regelt die gegenseitige Anerkennung von juristischen Personen. Vereinzelt, so im deutsch-iranischen Niederlassungsabkommen vom 17. 2. 1929 (RGBl 1930 II 1002), das seit dem 4. 11. 1954 (BGBl 1955 II 829) wieder angewandt wird, ist ganz allgemein die Anknüpfung an die Staatsangehörigkeit im Personen-, Familien- und Erbrecht vereinbart. Kollisionsrechtliche Sondervereinbarungen bestehen auch mit Österreich im Vormundschaftsabkommen vom 5. 2. 1927 (RGBl II 510), das mit Wirkung vom 1. 10. 1959 wieder in Kraft gesetzt wurde (BGBl II 1250), und mit der Türkei in dem als Anlage zu Art 20 des Konsularvertrages vom 28. 5. 1929 (RGBl 1930 II 747) vereinbarten Nachlaßabkommen, das seit dem 1. 3. 1952 wieder angewandt wird (BGBl II 608) und Nachlaßspaltung eintreten läßt. Der Konsularvertrag mit der ehemaligen Sowjetunion vom 25. 4. 1958 (BGBl 1959 II 232) gestattet Konsuln, Eheschließungen von Staatsangehörigen des Entsendestaats vorzunehmen. Zu seiner Fortgeltung so Rn 331.

405 Bilaterale Abkommen über die *Anerkennung und Vollstreckung* ausländischer Entscheide bestehen mit folgenden Staaten:

(1) Schweiz: Abkommen vom 2. 11. 1929 über die gegenseitige Anerkennung und Vollstreckung von gerichtlichen Entscheidungen und Schiedssprüchen (RGBl 1930 II 1065)

(2) Italien: Abkommen vom 9. 3. 1936 über die Anerkennung und Vollstreckung gerichtlicher Entscheidungen in Zivil- und Handelssachen (RGBl 1937 II 145)

(3) Belgien: Abkommen vom 30. 6. 1958 über die gegenseitige Anerkennung und Vollstreckung von gerichtlichen Schiedssprüchen und öffentlichen Urkunden in Zivil- und Handelssachen (BGBl 1959 II 765)

(4) Österreich: Vertrag vom 6. 6. 1959 über die gegenseitige Anerkennung und Vollstreckung von gerichtlichen Entscheidungen, Vergleichen und öffentlichen Urkunden in Zivil- und Handelssachen (BGBl 1960 II 1245) und Vertrag vom 25. 9. 1979 auf dem Gebiet des Konkurs- und Vergleichs-(Ausgleichs-)rechts (BGBl 1985 II 410)

(5) Vereinigtes Königreich Großbritannien und Nordirland: Abkommen vom 14. 7. 1960 über die gegenseitige Anerkennung und Vollstreckung von gerichtlichen Entscheidungen in Zivil- und Handelssachen (BGBl 1961 II 301); ausgedehnt auf Hongkong (BGBl 1973 II 1306)

(6) Griechenland: Vertrag vom 4. 11. 1961 über die gegenseitige Anerkennung und Vollstreckung von gerichtlichen Entscheidungen, Vergleichen und öffentlichen Urkunden in Zivil- und Handelssachen (BGBl 1963 II 109)

(7) Niederlande: Vertrag vom 30. 8. 1962 über die gegenseitige Anerkennung und Vollstreckung gerichtlicher Entscheidungen und anderer Schuldtitel in Zivil- und

Handelssachen (BGBl 1965 II 26); ausgedehnt auf die Niederländischen Antillen (BGBl 1971 II 11)

(8) Tunesien: Vertrag vom 19. 7. 1966 über Rechtsschutz und Rechtshilfe, die Anerkennung und Vollstreckung gerichtlicher Entscheidungen in Zivil- und Handelssachen sowie über die Handelsschiedsgerichtsbarkeit (BGBl 1969 II 889)

(9) Israel: Vertrag vom 20. 7. 1977 über die gegenseitige Anerkennung und Vollstreckung gerichtlicher Entscheidungen in Zivil- und Handelssachen (BGBl 1980 II 925)

(10) Norwegen: Vertrag vom 17. 6. 1977 über die gegenseitige Anerkennung und Vollstreckung gerichtlicher Entscheidungen und anderer Schuldtitel in Zivil- und Handelssachen (BGBl 1981 II 341)

(11) Spanien: Vertrag vom 14. 11. 1983 über die Anerkennung und Vollstreckung von gerichtlichen Entscheidungen und Vergleichen sowie vollstreckbaren öffentlichen Urkunden in Zivil- und Handelssachen (BGBl 1987 II 34).

Im Verhältnis zu Italien, Belgien, Griechenland, dem Vereinigten Königreich, den Niederlanden und Spanien sind die Abkommen gemäß *Art 56 EuGVÜ* aber nur noch in Bereichen anzuwenden, die nicht unter das EG-Abkommen (so Rn 290) fallen.

Im Verhältnis zu Norwegen, der Schweiz und nach Inkrafttreten des Lugano-Übereinkommens für Österreich auch im Verhältnis zu Österreich werden diese Abkommen ebenfalls auf Rechtsgebiete beschränkt, die das Parallelübereinkommen (so Rn 290) nicht regelt (Art 55 und 56 Luganer Übereinkommen).

Über Auslegung und Anwendung der Anerkennungs- und Vollstreckungsabkommen JP WAEHLER, in: Handbuch des Internationalen Zivilverfahrensrechts III/2 (1984) Kap III.

Über bilaterale Abkommen auf dem Gebiete des *Schiedsgerichtswesens* vgl STAUDINGER/FIRSCHING[10/11] Vor Art 12 EGBGB Rn 622.

Von der Bundesrepublik Deutschland vor dem Beitritt der Deutschen Demokratischen Republik abgeschlossene zwei- und mehrseitige Staatsverträge erstrecken sich nach dem *Grundsatz der beweglichen Vertragsgrenzen* seit dem 3. 10. 1990 grundsätzlich auf das neu hinzugekommene Gebiet (HELDRICH, Die rechtlichen Auswirkungen der Wiedervereinigung Deutschlands aus der Sicht von Drittstaaten, JurBl 1991, 273, 274 f). Hierauf fußt auch Art 11 EV.

Bezüglich der von der Deutschen Demokratischen Republik abgeschlossenen völkerrechtlichen Verträge ist die Rechtslage im Hinblick auf die von Art 12 EV geschaffene Schwebelage umstritten (HELDRICH JurBl 1991, 276; ERMAN/HOHLOCH Art 236 EGBGB Rn 4).

Die DDR hatte insbesondere mit 34, überwiegend sozialistischen Ländern *Rechtshilfeverträge* geschlossen. Die Bundesregierung geht davon aus, daß diese Übereinkünfte mit der Herstellung der Einheit Deutschlands erloschen sind. Nach Konsultationen mit den einzelnen Vertragspartnern stellte sie diesen eine Verbalnote zu und veröffentlichte das Erlöschen im BGBl (STAUDINGER/DÖRNER[12] Art 236 §§ 1-3 EGBGB Rn 46).

Die Rechtshilfeverträge sind jedoch keineswegs mit dem Untergang der DDR gegenstandslos geworden, sondern wurden erst im Einvernehmen mit den Vertragspartnern aufgehoben (DANNEMANN, Das staatsvertragliche Kollisionsrecht der DDR nach der Vereinigung, DtZ 1991, 130; STURM, Gelten die Rechtshilfeverträge der DDR fort?, in: FS Serick [1992] 351; KEGEL, IPR 202).

b) **Mehrseitige Staatsverträge**

411 Die wichtigsten mehrseitigen Staatsverträge kollisionsrechtlichen Inhalts wurden oben Rn 272 ff aufgeführt. Dort auch Näheres über ihren Gegenstand und die Frage ihrer Geltung in der Bundesrepublik Deutschland.

412 Am wichtigsten sind die **Haager Abkommen**. Neben ihnen gewinnt das **europäische Kollisionsrecht** immer größere Bedeutung.

413 Mit dem **Wechsel- und Scheckrecht** wurde auch das IPR dieser Gebiete vereinheitlicht. Das Abkommen vom 7.6.1930 enthielt zugleich Bestimmungen auf dem Gebiete des internationalen Wechsel- (RGBl 1933 II 444), das Abkommen vom 19.3.1931 zugleich Vorschriften auf dem Gebiete des internationalen Scheckprivatrechts (RGBl 1933 II 594). Beide traten am 1.1.1934 in Deutschland in Kraft. Über ihre Wiederanwendung gaben sowohl die Bundesrepublik (30.5.1953, BGBl II 148; 13.3.1953, BGBl II 117) als auch die DDR (25.6.1976, GBl DDR II 1242 und 1243) entsprechende Erklärungen ab.

III. Ausländisches IPR

414 Die meisten Rechtsordnungen der Welt enthalten nur vereinzelte kollisionsrechtliche Vorschriften. Die folgende Übersicht kann deshalb nur ein unvollkommenes Bild von der tatsächlichen Rechtslage vermitteln. Auch die Schrifttumsangaben beschränken sich auf grundlegende, meist neuere Werke; weiterführende Hinweise bei CHR VBAR, IPR I Rn 514; MünchKomm/SONNENBERGER Einl IPR Rn 203 b; älteres Schrifttum bei RAAPE/STURM, IPR I 68 ff.

1. Anglo-amerikanischer Rechtskreis

415 Nach Art der Rechtsquellen und Form der Rechtsfindung, nach Struktur und Inhalt stimmen die Rechtsordnungen des anglo-amerikanischen Rechtskreises weitgehend überein.

416 a) Abgesehen von vereinzelten Normen des internationalen Familien-, Erb- und Handelsrechts, beruhte im **Vereinigten Königreich** Großbritannien und Nordirland bis in die neueste Zeit hinein das Rechtsleben im wesentlichen auf der Praxis der Gerichte (*case law*) (NORTH, Problems of Codification in a Common Law System, RabelsZ 1982, 490, 500 f). Nur das internationale Deliktsrecht ist nunmehr in Teil III des Private International Law (Miscellaneous Provisions) Act 1995 umfassend geregelt (vgl dazu

den Bericht der Law Commissions, Private International Law. Choice of Law in Tort and Delict [1990]; KAYE, Recent Developments in the English Private International Law of Tort, IPRax 1995, 406). Die Ratifikation zahlreicher Haager Abkommen, die Mitgliedschaft in der Europäischen Union und die hierdurch bedingte Übernahme des europäischen Kollisionsrechts, insbesondere EVÜ und EuGVÜ, führen aber zu einer Rezeption kontinentaleuropäischer internationalprivatrechtlicher Normstruktur und Denkweise (NORTH/FAWCETT, Cheshire and North's Private International Law [12. Aufl 1992]; COLLINS [Hrsg], Dicey and Morris on the Conflict of Laws, 2 Bde [12. Aufl 1993]; MORRIS/MCCLEAN, The Conflict of Laws [4. Aufl 1993]; NORTH, Private International Law Problems in Common Law Jurisdictions [1993]; SMITH, Conflict of Laws [1993]; COLLIER, Conflict of Laws [2. Aufl 1994]; ANTON/ BEAUMONT, Private International Law. A Treatise from the Standpoint of Scots Law [2. Aufl 1990]; NORTH, The Private International Law of Matrimonial Causes in the British Isles and the Republic of Ireland [1977]).

b) Das gilt auch für **Irland** (BINCHY, Irish Conflicts of Law [1988]). **417**

c) Die kollisionsrechtlichen Vorstellungen des englischen Common Law gelten **418** grundsätzlich in den früher zum **britischen** Empire gehörenden Staaten des **Commonwealth** weiter; zB **Australien** (SYKES/PRYLES, Australian Private International Law [3. Aufl 1991]; NYGH, Conflict of Laws in Australia [6. Aufl 1995]; JUENGER, Localising Provisions in International Contracts: Efficacy, Utility and the Limitation of International Risk, ALJ 1994, 649) – die Australian Law Reform Commission hält die traditionellen Rechtsregeln des Common Law aber für überholt. Sie erarbeitete daher für das Bundesrecht und für das Recht der Gliedstaaten je einen Entwurf, der sich, ohne eine Kodifikation anzustreben, in seinen Lösungen am Recht der Europäischen Union und den Haager Abkommen orientiert (NYGH, Reform of Private International Law in Australia, RabelsZ 1994, 727; Text der Choice of Law Bill 1992, RabelsZ 1994, 741) – ; **Indien** (CHAVAN, Indian Private International Law [1982]; DIWAN, Private International Law. Indian and English [3. Aufl 1993]); **Kanada** (CASTEL, Canadian Conflict of Laws [3. Aufl 1994]; ders, Some recent important trends in Canadian private international law, NTIR 1993, 15; BLOM, Canadian Private International Law. An English System Transplantated into a Federal State, NTIR 39 [1992] 155) mit Ausnahme des Rechts der Provinz Quebec, das bis zur Kodifikation (su Rn 465) im Code civil wurzelte; ebenso **Nigeria** (AGBEDE, Themes on Conflict of Laws [1989]); **Sambia** (Art 7 Wills Act regelt das auf die Testamentsform anwendbare Recht, RabelsZ 1990, 748); **Simbabwe** (BENNET, Conflict of Laws. The Application of Customary Law and the Common Law in Zimbabwe, IntCompLQ 30 [1981] 59); **Sudan** (TIER, Private International Law in the Sudan [1981]) und **Südafrika** (FORSYTH, Private International Law. The Modern Roman-Dutch Law Including the Jurisdiction of Supreme Court [2. Aufl 1990]; HOSTEN, Legal Sources and the Codification Movement in South Africa, in: Liber Memorialis Laurent [1989] 301; zum Enforcement of Foreign Judgments Act 1988 RabelsZ 1990, 374).

d) In den **USA** faßte das American Law Institute die Grundsätze des amerikani- **419** schen internationalen und interlokalen Privatrechts im *Restatement of the Law Second*, Conflict of Laws 2d, 2 Bde (1971) mit Revisions (1988, 1989) und 3 Appendices (1971, 1980, 1988), zusammen. Das Restatement ist kein Gesetz und besitzt keine Gesetzeskraft. Es handelt sich vielmehr um eine private, in Normen gefaßte und durch Hinweise auf einzelstaatliche Besonderheiten abgesicherte Aufzeichnung des Rechtsstoffs, die in ihrer Genauigkeit einer Rechtsquelle aber sehr nahe kommt (LEFLAR, American Conflicts Law [3. Aufl 1977] 6: This body of description and explanation would constitute „the law", as nearly as it was possible to state it; kritischer JUENGER, Choice of Law and Multistate Justice [1993] 105: Eclecticism codified; älteres Schrifttum zum Restatement Second in STAUDINGER/STURM/STURM[12] Rn 275) (SCOLES/HAY, Conflict of Laws [2. Aufl 1992]; HAY, Conflict of Laws [2. Aufl 1994]; SIEGEL, Conflicts in a nutshell [2. Aufl 1994]).

420 Als Ausgangspunkt für kollisionsrechtliche Analysen leistet das Restatement Second außerordentlich wertvolle Dienste. Sein Einfluß auf die amerikanische Rechtspraxis ist unverkennbar. Das American Law Institute gibt Ergänzungsbände heraus, die über das Restatement in der Gerichtspraxis informieren (1980, 1988 und laufend in Heften). Bei Anwendung US-amerikanischen Rechts kann deshalb ohne weiteres auf diese Privatkodifikation verwiesen werden (NEUHAUS, Grundbegriffe 449 Fn 1219; IPG 1973 Nr 41 [Köln]; IPG 1977 Nr 33 [Heidelberg]).

421 Auf dem Gebiet des Handelsrechts wird das Restatement vom UCC überlagert (STAUDINGER/FIRSCHING[12] Vorbem 135 zu Art 27–37 EGBGB nF).

422 Zum IPR von Louisiana und dem Kodifikationsprojekt in Puerto Rico su Rn 465 u 466.

423 Mit dem Anwendungsbereich ordnungspolitischer Normen befaßte sich das American Law Institute im *Restatement of the Law (Third)*. The Foreign Relations Law of the United States, 2 Bde (1986).

2. Romanischer Rechtskreis

424 a) Der romanische Rechtskreis wird vom französischen IPR geprägt. Die Normierung des **Code civil** von 1804 ist nur bruchstückhaft (Art 3, 47, 48, 170, 999, 1000, 2128) und wurde punktuell im Zuge der Reform des Kindschaftsrechts 1972 (Art 311-14 bis 311-18) und des Scheidungsrechts 1975 (Art 310) novelliert. Lehre und Rechtsprechung bauten diese Vorschriften zu einem vollständigen System aus (HOLLEAUX/FOYER/DE GEOUFFRE DE LA PRADELLE, Droit international privé [1987]; AUDIT, Droit international privé [1991]; BATIFFOL/LAGARDE, Traité de droit international privé I [8. Aufl 1993], II [7. Aufl 1983]; LOUSSOUARN/BOUREL, Droit international privé [4. Aufl 1993]; MAYER, Droit international privé [5. Aufl 1994]; DERRUPPÉ, Droit international privé [11. Aufl 1995]; ANCEL/LEQUETTE, Grands arrêts de la jurisprudence française de droit international privé [2. Aufl 1987]). Die EG-Richtlinie über mißbräuchliche Klauseln in Verbraucherverträgen setzt Art L 135-1 des Code de la consommation in nationales Recht um (Text Rev crit dr i p 1995, 436).

425 b) Die ursprüngliche Regelung des Code civil gilt heute noch in **Belgien** und Luxemburg. Beide Länder entwickelten sie aber weiter. Der französische Einfluß ist dabei unverkennbar. In Belgien gilt für Scheidungen in Fällen mit Auslandsberührung das G vom 27. 6. 1960, adoptionsrechtliche Vorschriften des Code civil änderte das G vom 27. 4. 1987 (VERWILGHEN, L'adoption internationale en droit belge [1991]), zu Art 912 CC nF ERAUW, Das neue „privilegium Belgicum" – Eine Überraschung im belgischen internationalen Erbrecht, IPRax 1982, 260 (Gesetzestexte einschließlich eingebrachter Entwürfe bei ERAUW/WATTÉ, Les sources du droit international privé belge et communautaire [1992]; Quellen auch bei ERAUW, Bronnen van Internationaal Privaatrecht [2. Aufl 1991] und im Ergänzungsband Aktualisiering tot januari 1994 von CLAEYS/WAUTERS [1994]) (RIGAUX, Droit international privé I [2. Aufl 1989]; VAN HECKE/LENAERTS, Internationaal Privaatrecht [2. Aufl 1989]; RIGAUX/FALLON, Droit international privé II [2. Aufl 1993]).

c) In **Luxemburg** ist das internationale Adoptionsrecht in Art 370 CC nF geregelt **426** (WEITZEL, Neues luxemburgisches Adoptionsrecht, IPRax 1983, 139), internationalen Verbraucherschutz garantiert das G vom 25. 8. 1983 (SCHOCKWEILER IPRax 1984, 337); (SCHOCKWEILER, Les conflits de lois et les conflits de juridictions en droit international privé luxembourgeois [1988]).

d) In den Staaten **Afrikas und Asiens**, die aus dem französischen, belgischen oder **427** niederländischen Kolonialreich hervorgingen, gelten die alten Grundsätze regelmäßig weiter und werden in neue kollisionsrechtliche Regelungen übernommen (dazu VERWILGHEN, Burundi – Nouvelle législation de droit international privé, Rev crit dr i p 1981, 576). So die bruchstückhaften Regeln **Guineas**: G vom 14. 4. 1962 über die Gesetze im Allgemeinen und G vom selben Tag über den Genuß bürgerlicher Rechte (Text Rev crit dr i p 1973, 392); **Madagaskars**: VO vom 19. 9. 1962 über die allgemeinen Bestimmungen des internen Rechts und des IPR (Text und Erläuterung von TSIRANANA, Rev crit dr i p 1964, 370) und ihnen folgend der **Zentralafrikanischen Republik**: G vom 3. 6. 1965 über die Geltungskraft von Gesetzen, Verwaltungsakten und Staatsverträgen, über den zeitlichen Geltungsbereich der Gesetze, über das Fremdenrecht und über die Gesetzesanwendung (Text Rev crit dr i p 1973, 394); **Tschads**: Art 70 der VO vom 21. 3. 1967 betreffend die Reform der Gerichtsverfassung (Text bei SÉID-NABIA, Familien- und Erbrecht im Tschad, RabelsZ 1992, 41); **Senegals**: Art 840 ff FamGB vom 12. 6. 1972 (BOUREL, Le nouveau droit international privé sénégalais de la famille, Revue sénégalaise de droit 1973, 5; Text und Erläuterung von BOUREL Rev crit dr i p 1973, 382); **Togos**: Art 702 ff FamGB vom 31. 1. 1980 (Text Rev crit dr i p 1982, 602; AGBEKPONOU, La détermination de la loi applicable au divorce international et le nouveau code togolais de la famille, Rec Penant 1983, 283) und **Burundis**: Art 1 ff Personen- und FamilienG vom 15. 1. 1980 (Text Rev crit dr i p 1981, 584 und dazu VERWILGHEN, ebenda 576; REICHELT, Das neue Personen- und Familiengesetz Burundis, ZfRvgl 1982, 222) sowie die Kodifikation **Gabuns**: G vom 29. 7. 1972 über die Einführung des Ersten Teils des ZGB; ferner **Burkina Faso**: Art 988 ff Personen- und FamilienG vom 16. 11. 1989 (Text und Erläuterung von MEYER Rev crit dr i p 1991, 220; MEYER, Droit international privé burkinabè et comparé [1993]). Bestimmungen über internationale Adoptionen kennt **Sri Lanka** (JAYME, Änderungen im Adoptionsrecht von Sri Lanka für ausländische Annehmende, IPRax 1983, 47). Zu **Indonesien** SURIANEGARA, La pluralité des statuts personnels dans le droit indonésien. Conflits internes et internationaux (Diss Paris I 1986). Über das Weiterleben des portugiesischen Rechts im jetzt zu Indien gehörenden **Goa** D OTTO, in: JAYME (Hrsg), 2. Deutsch-Lusitanische Rechtstage (1994) 124. *Rechtsvergleichend* BOULANGER, Essai comparatif sur la notion du statut personnel dans les relations internationales des pays d'Afrique noire, Rev crit dr i p 1982, 647; BOYE, Statut personnel dans le droit international privé des pays africains au sud du Sahara, Rec des Cours 238 (1993-I) 247.

3. Lateinamerika

a) Von den lateinamerikanischen Staaten sind vor allem die Rechte **Boliviens, 428 Haitis** und der **Dominikanischen Republik** Abkömmlinge des französischen bzw des spanischen Rechts. Das IPR der übrigen Staaten zeigt größere Eigenständigkeit, wobei kodifikatorische Schwerpunkte festzustellen sind. So haben **Ecuador, Kolumbien** und **Uruguay** mit dem ZGB **Chiles** von 1855 auch dessen, allerdings nur Einzelfragen regelnde kollisionsrechtliche Bestimmungen übernommen; ebenso **Honduras**, das einzelne Vorschriften später abänderte, und **El Salvador**, das 1986 in der Ley de Extranjería einseitige Normen für im Land lebende Ausländer hinzufügte (TIEDEMANN, Neue Kollisionsnormen in El Salvador, RabelsZ 1987, 120). **Chile** selbst kodifizierte durch G vom 10. 7. 1992 sein IPR und IZPR (Text: Código de derecho internacional privado [1992]).

429 Kollisionsnormen in größerer Zahl enthalten auch die Zivil- und Handelsgesetzbücher von **Costa Rica** (neue verfahrensrechtliche Vorschriften finden sich im ZivilprozeßG von 1989, RabelsZ 1990, 757), **Panama** (BOUTIN I, Código de Bustamante y normas internas de derecho internacional privado [1990]), **Venezuela** und verschiedener Staaten von **Mexiko** (Text IPRax 1989, 119 und – einschließlich der prozessualen Normen – Rev crit dr i p 1989, 583 mit Erläuterung von PEREZNIETO CASTRO; PRINZ VON SACHSEN-GESSAPHE, Neues IPR in Mexico, IPRax 1989, 111; VÁQUEZ PANDO, El nuevo derecho internacional privado mexicano [1990]; PEREZNIETO CASTRO, Derecho internacional privado [5. Aufl 1991]; ARELLANO GARCÍA, Derecho internacional privado [10. Aufl 1992]; VARGAS, Conflict of Laws in Mexico: The New Rules Introduced by the 1988 Amendments, IntLaw 1994, 659). In **Argentinien** sind zu den Normen des ZGB von 1896 im Ehegesetz von 1987 auch Regeln über internationales Ehe- und Scheidungsrecht getreten (PILTZ, IPRax 1988, 320; BOGGIANO, Derecho internacional privado, 3 Bde [3. Aufl 1991]; FELDSTEIN DE CÁRDENAS, Derecho internacional privado [1994]).

430 b) Nahezu lückenlose Kodifikationen besitzen **Nicaragua**: ZGB von 1904 (MONTIEL ARGÜELLO, Manual de derecho internacional privado, Parte general [1974]); **Uruguay**: durch G von 1941 an das ZGB angefügter Schlußtitel Art 2393 ff (VIEIRA, Derecho internacional privado [5. Aufl 1990]), Vorschriften zum internationalen Zivilprozeßrecht enthält das Allgemeine VerfahrensG von 1988 (RabelsZ 1989, 553) und das G vom 23. 7. 1974 über die Anerkennung ausländischer Scheidungen; **Brasilien**: EGZGB von 1942 (Text: DOLINGER/TIBURCIO, Vade-mécum de direito internacional privado [1994]; DE AMORIM ARAÚJA, Introdução ao direito internacional privado [1990]; RODAS, Direito internacional privado brasileiro [1993]; DOLINGER, Direito internacional privado. Parte geral [3. Aufl 1994]); **Guatemala**: GVG von 1968, G über die Ausländer von 1986, ZGB und ZPO von 1963, HGB von 1970 (SAMTLEBEN, Zur Entwicklung des internationalen Privatrechts in Guatemala, RabelsZ 1987, 111; LARIOS OCHETA, Manual de derecho internacional privado [1989]); **Peru**: das neue ZGB von 1984 regelt in seinem 10. Buch (Art 2046–2111) das internationale Privat- und Prozeßrecht (Text RabelsZ 1985, 522 und Rev crit dr i p 1986, 192 mit Erläuterung von LISBONNE; SAMTLEBEN, Neues Internationales Privatrecht in Peru, RabelsZ 1985, 486); **Paraguay**: im Einleitungstitel und an verstreuter Stelle des ZGB von 1985 (Text RabelsZ 1987, 454 und Rev crit dr i p 1987, 469; zur Ehescheidung RabelsZ 1992, 323; BAUS, Der neue Código Civil von Paraguay und seine Kollisionsnormen, RabelsZ 1987, 440), Vorschriften zum internationalen Verfahrensrecht enthält das Zivilprozeßgesetz von 1988 (RabelsZ 1989, 552); **Kuba**: der neue Código Civil von 1987 enthält spanischer Tradition folgend Kollisionsnormen in den Einleitungsbestimmungen, denen Vorschriften zum internationalen Personen- und Familienrecht gegen Ende des Gesetzes hinzugefügt werden. Von sozialistischem Geist geprägt ist Art 14 über den ordre public. Normen des IZPR wurden schon 1977 geschaffen (Text IPRax 1990, 418) (HUZEL, Neues internationales Privatrecht in Kuba, IPRax 1990, 416).

Näheres über die gegenseitigen Einflüsse bei SAMTLEBEN, IPR in Lateinamerika 431 (1979) 244 ff. Zu den Bestrebungen, durch Staatsverträge das Kollisionsrecht Lateinamerikas zu vereinheitlichen, so Rn 297. Sie haben das Bemühen um ein modernes autonomes Kollisionsrecht nicht verdrängt (FERNÁNDEZ ARROYO, La codificación del derecho internacional privado en América Latina. Ámbitos de producción jurídica y orientaciones metodológicas [1994]). Entwürfe über neue IPR-Gesetze gibt es in Venezuela (1965), Brasilien (1970), Argentinien (1974; DAHL, Argentina: Draft Code of Private International Law, IntLegMat 1985, 269).

4. Skandinavische Staaten

Auf dem europäischen Kontinent stimmen das von Rspr und Lehre entwickelte 432 Kollisionsrecht **Dänemarks, Islands** und **Norwegens** auch ihrem Inhalt nach in allen wesentlichen Fragen überein. Es geht vom Wohnsitzprinzip aus. Gesetzlich verankert ist in Norwegen das internationale Adoptionsrecht (Art 29 ff des G über die Adoptionen idF vom 13. 6. 1980); in Dänemark das Recht zur Registrierung internationaler gleichgeschlechtlicher Partnerschaften (JAYME IPRax 1990, 197). **Finnland** und **Schweden** knüpfen grundsätzlich an die Staatsangehörigkeit an, haben außerdem gesetzliche Regelungen auf dem Gebiet des internationalen Familienrechts, in Schweden auch des internationalen Erbrechts, in Finnland des internationalen Namensrechts und des Vertragsrechts (KORKISCH, Der Anteil der nordischen Länder an den Fragen des IPR, RabelsZ 1958, 599; EEK, The Swedish Conflict of Laws [1965]; ders, Conflicts of Laws in Swedish Courts, IntCompLQ 20 [1971] 605; Loi sur les questions internationales de filiation paternelle nebst Erläuterungen von PÅLSSON, Rev crit dr i p 1987, 198; BOGDAN, Ein neues schwedisches IPR-Gesetz zum Ehegüterrecht, IPRax 1991, 70; ders, IPR-Aspekte der schwedischen eingetragenen Partnerschaft für Homosexuelle, IPRax 1995, 56; JAYME, Zur Kodifikation des internationalen Namensrechts in Finnland, IPRax 1986, 319; BUURE-HÄGGLUND, New Finnish Legislation on Law Applicable to Contracts, IPRax 1989, 407 [nebst Gesetzestext]).

Zu den internordischen IPR-Konventionen so Rn 294.

5. Europäische Staaten mit bruchstückhafter Regelung

Auch andere Länder Europas leben ohne oder mit nur bruchstückhaften internatio- 433 nalprivatrechtlichen Vorschriften.

a) In **Andorra** greift die Praxis auf altkatalonische und altkanonische Rechtsquel- 434 len zurück. In Fragen des modernen Geschäftslebens werden ergänzend Grundsätze des französischen und spanischen Rechts herangezogen, ohne diese als solche zu kennzeichnen (RAU, Internationales Privat- und Prozeßrecht in Andorra, RabelsZ 1989, 207).

b) **San Marino** fügte in sein FamilienrechtsreformG vom 26. 4. 1986 auch eine 435 ganze Reihe kollisionsrechtlicher Vorschriften ein (JAYME, Einführung der Ehescheidung in San Marino, IPRax 1988, 189).

c) In **Liechtenstein** gelten, soweit andere Gesetze keine Neuregelung brachten, 436 immer noch die Vorschriften des öst ABGB (§§ 4, 33–37). Das Personen- und Gesellschaftsrecht vom 20. 1. 1926 und sein integrierender Bestandteil, das G über das Treuunternehmen vom 10. 4. 1928, beide zuletzt geändert am 15. 4. 1980, enthalten zahlreiche internationalprivat- und verfahrensrechtliche Normen (Art 8, 9, 14, 23, 24, 27, 29–31, 37, 42, 45, 49, 53, 57, 89, 105, 232–243, 595, 613, 676–678, 778, 778, 793, 828, 833, 930, 931, 932 a § 170 [Treuunternehmen], 943, 1010, 1044, 1066 sowie § 70 Schlußabteilung). Kollisionsnormen finden sich auch im Sachenrecht vom 31. 12. 1922 (Art 9–18) und im StraßenverkehrsG von 1978 (Art 80 Abs 2), nicht hingegen im EheG vom 13. 12. 1973. Weiter zu beachten sind die mit dem deutschen Recht übereinstimmenden Art 91–98 WG und Art 60–66 ScheckG vom 24. 11. 1971, ferner das G betreffend die Abhandlung der Verlassenschaften von Ausländern vom 4. 12. 1911.

437 Kodifikationspläne bestehen. Bericht und Antrag zum Gesetz über das IPR (Nr 106/1992) wurden von der Regierung dem Landtag unterbreitet. Der Entwurf lehnt sich eng, zum Teil sogar wörtlich an das öst IPRG an. Ein Zug zur lex fori macht sich jedoch an verschiedenen Stellen bemerkbar: Nur eine Rückverweisung auf liechtensteinisches Recht wird beachtet (Art 5 Abs 1 S 2 E). Die persönlichen Ehewirkungen richten sich in erster Linie nach dem gewöhnlichen Aufenthalt der Ehegatten (Art 18 Abs 1 E), ebenso mangels Rechtswahl das Ehegüterrecht (Art 19 E). Die Wirkungen der Ehelichkeit und der Legitimation folgen dem gewöhnlichen Aufenthalt des Kindes (Art 24 E). Verschollenerklärung (Art 14 E) und Entmündigung (Art 15 E) beurteilen liechtensteinische Gerichte ebenso nach liechtensteinischem Recht wie sie bei einer Verlassenschaftsabhandlung die Rechtsfolge von Todes wegen nach eigenem Recht bestimmen (Art 28 E). Eigenartigerweise werden nicht sämtliche Bestimmungen zum IPR aus dem Personen- und Gesellschaftsrecht in das neue G übernommen (Art 54 E) (STURM, Der liechtensteinische IPR-Entwurf, in: FS Heini [1995] 445).

438 d) Auf französischem Vorbild beruht das IPR der **Niederlande**, dessen Normen in verschiedenen Gesetzen verstreut sind. Herangezogen werden müssen Art 6–10 des G über die allgemeinen Bestimmungen für die Gesetzgebung vom 15. 5. 1829, Art 22 Abs 1, 25 lit d des 1. Buches des neuen ZGB, das G vom 25. 3. 1981 über das Kollisionsrecht bezüglich Ehescheidung und Trennung von Tisch und Bett und bezüglich der Anerkennung von Entscheidungen hierüber (Text IPRax 1982, 82), G vom 3. 7. 1989 über das Namenskollisionsrecht (Text IPRax 1990, 337), G vom 7. 9. 1989 über das Ehekollisionsrecht (Text IPRax 1990, 338) (BOELE-WOELKI, IPR-Gesetzgebung in den Niederlanden – Das Namenskollisions- und das Ehekollisionsgesetz, IPRax 1990, 337), G vom 20. 11. 1991 über das Ehegüterstandskollisionsrecht; G vom 16. 9. 1993 über das Konfliktsrecht der persönlichen Ehewirkungen. Weitere Gesetze über einzelne Teilbereiche des IPR sind in Vorbereitung; Art 992 des alten ZGB, der Niederländern im Ausland nur in öffentlicher Form zu testieren gestattete, wurde bereits mit Wirkung vom 1. 8. 1982 aufgehoben; Art 1218 ZGB entfiel mit Inkrafttreten des 3. Buches des neuen ZGB. Gesamtdarstellungen sind daher weitgehend überholt (VAN ROOIJ/POLAK, Private International Law in the Netherlands [1987]; SAUVEPLANNE, Elementair internationaal privaatrecht [9. Aufl 1989]; STRIKWERDA, Inleiding tot het Nederlandse internationaal privaatrecht [2. Aufl 1990]; TEN WOLDE, Nederlands Antillians e Aruabaans internationaal privaatrecht. Jurisprudentie [1992]).

439 Die Zweckmäßigkeit einer Kodifikation ist immer noch umstritten (DE BOER, Vast en zeker? De betrekkelijke waarde van een ipr-codificatie [1988]; VAN RIJN VAN ALKEMADE, La codification du droit international privé des Pays Bas, in: FS Giuliano [1989] 975; DE BOER/POLAK, Naar een gecodificeerd internationaal privaatrecht (!/?) [1990]; TENBIEG, Kodifikation des internationalen Privatrechts in den Niederlanden?, FuR 1990, 146; POLAK, Towards Codified Dutch Private International Law!, NTIR 38 [1991] 312). Mittlerweile liegt ein Diskussionsentwurf vor: Schets van een algemene wet betreffende het internationaal privaatrecht, NIPR 1992, 451. Auseinander setzten sich mit ihm KOKKINI-IATRIDOU/BOELE-WOELKI, Opmerkingen over de „Schets van een algemene wet betreffende het Internationaal Privaatrecht", NIPR 1992, 477, sowie die Serie von Aufsätzen zu Einzelfragen von JOPPE, POLAK, REINHARTZ, STEFFENS, VAN MAAS DE BIE, VONKEN WPNR 1993, 599–931; ferner von BUTIN BIK WPNR 1994, 500; HEYNING/MARCK, MOURIK, JOPPE WPNR 1994, 586; POLAK, De IPR-schets: algemene kenmerken, WPNR 1994, 605; und von DUINTJER TEBBENS, ERAUW, POLAK, SIEHR, vOVERBECK, SCHULTSZ, in: KOKKINI-IATRIDOU [Hrsg], Studiedag. Schets van een algemene wet betreffende het Internationaal Privaatecht, NIPR Sonderausgabe [1994] 13–60; BOELE-WOELKI, Kodifikation des niederländischen Internationalen Privat- und Verfahrensrechts, IPRax 1995, 264).

Schon weiter vorangetrieben ist eine Teilnovelle zur niederl ZPO. Der Vorentwurf betrifft insbesondere auch die internationale Zuständigkeit (Text NIPR 1993, 319) (KOKKINI-IATRIDOU/BOELE-WOELKI, De regeling van de „internationale rechtsmacht" in het voorontwerp van wet van 1993, NIPR 1993, 323; VAN HOUTTE, Enkele kritische kanttekeningen bij de regeling van rechtsmacht zoals opgenomen in het Voorontwerp tot aanpassing van het Wetboek von Burgerlijke Rechtsvordering, in: KOKKINI-IATRIDOU [Hrsg], Studiedag [1994] 72; VLAS, De regeling van de rechtsmacht in het Voorontwerp van wet tot aanpassing van het Wetboek van Burgerlijke Rechtsvordering, ebenda 61; BOELE-WOELKI IPRax 1995, 264, 269 ff). **440**

Am Ende der schrittweise erfolgenden Reform soll eine Kodifikation des gesamten internationalen Privat- und Verfahrensrechts stehen. **441**

6. Europäische Kodifikationen

Vollständige oder doch nahezu vollständige Kodifikationen besitzen im westlichen Europa bereits Griechenland, Italien, Portugal, die Schweiz, Spanien, Österreich und die Türkei. **442**

a) In **Griechenland** wird das IPR in dem 1946 in Kraft getretenen ZGB vom 15.3.1940 geregelt (Art 4-33) (GOGOS-AUBIN, Das IPR im gr ZGB von 1940, RabelsZ 1949/50, 240). Art 13 ZGB, der die Anknüpfung von Voraussetzungen und Form der Ehe regelt, wurde durch G Nr 1250/1982 grundlegend geändert (Text IPRax 1982, 214 und dazu CHIOTELLIS, Zur Einführung der Zivilehe in Griechenland – Sachnormen und IPR, IPRax 1982, 169, sowie VASSILAKAKIS, Note, Rev crit dr i p 1982, 792). Das G Nr 1329/1983 paßte Art 14–22 und 30 dem Gleichberechtigungsgebot der Verfassung an; gleichzeitig wurde Art 612 Abs 1 ZPO über den Eheprozeß geändert (franz Text Rev crit dr i p 1984, 168 mit einer Note von VASSILAKAKIS) (KOURTIS, Private international law, Rev hell dr int 1991, 325). **443**

b) **Italien** besaß in den Art 16–31 der Einl zum ZGB (disposizioni sulla legge in generale = preleggi) sowie in Art 115, 116, 2505–2510 ZGB vom 16.3.1942 umfangreiche kollisionsrechtliche Vorschriften. Diese wurden hinsichtlich der Adoption durch das G Nr 184 vom 4.5.1983 (JAYME, Neues Adoptionsrecht in Italien – **444**

Sachnormen und Internationales Privatrecht, IPRax 1983, 305; DAVÌ, La nouvelle réglementation italienne de l'adoption internationale, Rev crit dr i p 1984, 175) ergänzt, hinsichtlich gewisser Scheidungen durch Art 12-quinquies des G Nr 898 vom 1. 12. 1970 idF des G Nr 74 vom 6. 3. 1987, hinsichtlich Gesellschaften durch Art 101-ter und 101-quater der Durchführungs- und Übergangsbestimmungen zum ZGB. See- und Luftrecht sind in Art 5-14 Einl zum Schiffahrtsgesetzbuch (Codice di navigazione) vom 30. 3. 1942 nebst Art 14 des Präsidialdekrets Nr 66 vom 21. 2. 1990 geregelt. Prozeßrechtliche Vorschriften enthielt der Codice di procedura civile vom 28. 10. 1940 (Art 2–5, 37, 41, 142, 204, 367, 669-bis – 660-quaterdecies, 796–805) (VITTA/MOSCONI, Corso di diritto internazionale privato e processuale [5. Aufl 1994]; Leitsätze und Fundstellen wichtiger Entscheide bei CAPOTORTI ua, La giurisprudenza italiana di diritto internazionale privato e processuale. Repertorio 1967–1990 [1991]). Mit G Nr 25 vom 5. 1. 1994 wurde die ital ZPO durch Vorschriften über internationale Schiedsverfahren (Art 832–840) ergänzt (Text Riv dir int priv proc 1994, 446, 452; LUZZATTO, L'arbitrato internazionale e lodi stranieri nella nuova disciplina legislativa italiana, ebenda 257; BROGGINI, L'arbitrage commercial international en Italie, SZIER 1995, 3).

445 Am 1. 9. 1995 traten die Vorschriften der Art 16–31 der Einl zum ZGB, die Art 2505–2509 ZGB und die Art 2, 3, 4, 37 Abs 2, 796–805 ital ZPO außer Kraft. Seit diesem Tage gilt in Italien das IPRG vom 31. 5. 1995 (Legge n 218 – Riforma del sistema italiano di diritto internazionale privato [Supplemento ordinario alla „Gazzetta Ufficiale" n 128 del 3 giugno 1995]; Text auch Riv dir int priv proc 1995], 511).

446 Wie kam es zu dieser Reform? Der italienische *Verfassungsgerichtshof* erklärte 1987 Art 18 und 20 Abs 1 der Preleggi insoweit für verfassungswidrig, als sie an Heimatrecht des Ehemanns bzw Vaters anknüpfen (HOHLOCH, Verfassungswidrigkeit des Ehewirkungs- und Ehescheidungsstatuts des italienischen Rechts, IPRax 1987, 257; JAYME, Verfassungswidrigkeit der Anknüpfung an das Heimatrecht des Vaters, IPRax 1988, 322; MANSEL, Richterliche Reform des italienischen Kollisionsrechts, JbItalR 1989, 165; BALLARINO, Diritto Internazionale Privato. Saggi Integrativi [1989] 1, 21 ff; BAREL/COSTANTINO [Hrsg], Norme di conflitto italiane e controllo di costituzionalità. Atti del convegno di studio sulle sentenze n 71/87 e 477/87 della Corte Costituzionale [1990]). Die hierdurch entstandene Unsicherheit bei der Anknüpfung gab den schon seit langem bestehenden *Reformbestrebungen* neuen Auftrieb.

447 Anstoß zur Reform hatte 1968 EDOARDO VITTA (Relazione e progetto di legge, in: Prospettive del diritto internazionale privato [1968] 1, 261) gegeben. Sein Reformentwurf löste eine Flut von Stellungnahmen aus (VITTA, Aspetti di una riforma del diritto internazionale privato, Riv dir int 69 [1986] 5; ders, In tema di riforma del diritto internazionale privato, Foro It 1986 V 1; LETTIERI, Sul coordinamento fra codificazione del diritto internazionale privato e convenzioni internazionali, Riv dir int 70 [1987] 321; SCHWIND, Aperçu de la partie générale du droit international privé à l'occasion du projet italien „Vitta", in: FS Ago IV [1987] 339; VITTA, Per una riforma del diritto privato italiano nel movimento verso nuove codificazioni interne ed internazionali, in: FS Ago IV [1987] 395; LONARDO, Rapporti trasnazionali e diritto civile costituzionale. A proposito di un recente progetto di riforma del diritto internazionale privato [1988]).

Die völlig umgestaltete Neufassung dieses Entwurfs war Gegenstand eines 1984 einberufenen internationalen Kongresses (VITTA, Relazione e progetto di legge, in: Consiglio nazionale del notariato [Hrsg], Problemi di riforma del diritto internazionale privato italiano [1986] 3).

2. Kapitel. IPR. Einleitung.
C. Quellen des IPR

Diese Tagung veranlaßte das italienische Justizministerium im März 1985 eine Kommission einzusetzen, die sich in amtlichem Auftrag mit der IPR-Reform befaßte und 1989 einen Kommissionsentwurf vorlegte (Schema di articolato redatto dalla Commissione per la riforma del sistema italiano di diritto internazionale privato, Riv dir int 73 [1990] 741 = Riv dir int priv proc 1989, 932, und Relazione allegata allo schema di articolato, ebenda 947; BALLARINO, Sul progetto di riforma del sistema italiano di diritto internazionale privato, Riv dir int 73 [1990] 525; DAVÌ, Le questioni generali del diritto internazionale privato nel progetto di riforma, Riv dir int 73 [1990] 556; JAYME, Italienischer Gesetzentwurf zur Reform des Internationalen Privatrechts, IPRax 1990, 196; LETTIERI, Die beabsichtigte italienische IPR-Reform unter besonderer Berücksichtigung des Staatsangehörigkeitsprinzips, in: JAYME/MANSEL, Nation und Staat im IPR [1990] 203; LUZZATTO, Sulla riforma del sistema italiano di diritto processuale civile internazionale, Riv dir int 73 [1990] 832; MONACO, Per un nuovo diritto internazionale privato: i lavori della Commissione ministeriale, Documenti Giustizia 1990, 20; PICONE, I metodi di coordinamento tra ordinamenti nel progetto di riforma del diritto internazionale privato italiano, Riv dir int 73 [1990] 639; STARACE, La disciplina dell'ambito della giurisdizione italiana nel progetto di riforma, Riv dir int 73 [1990] 5; Comitato notarile regionale della Campania [Hrsg], La riforma del diritto internazionale privato e i suoi riflessi sull'attività notarile [1991]; WINKLER, Zum Reformentwurf für das italienische Kollisionsrecht, JbItalR 1991, 101; BALLARINO, Codification du droit international privé italien, Trav Com fr dr i p 1990–1991 [1992] 95; EBENROTH/KAISER, Die Reform des Internationalen Gesellschaftsrechts in Italien, ZVglRW 91 [1992] 223; PANEBIANCO-MARTINO, La riforma del diritto internazionale privato tra attualità e storia [1992]; AZZOLINI, Problemi relativi alle persone giuridiche nella riforma del diritto internazionale privato, Riv dir int priv proc 1993, 893; POCAR, Le disposizioni generali sui conflitti di leggi nel progetto italiano di riforma del diritto internazionale privato, in: FS Schwind [1993] 117).

Nach gründlicher Überarbeitung (FUMAGALLI, La riforma del diritto internazionale privato **448** nel disegno di legge governativo, Riv dir int priv proc 1993, 494) wurde der Regierungsentwurf eines IPRG am 23. 4. 1993 im Senat eingebracht (XI. Legislaturperiode Nr 1192/1993) (GAJA [Hrsg], La riforma del diritto internazionale privato e processuale. Raccolta in ricordo di Edoardo Vitta [1994]; dort auch Disegno di legge, S 449, samt Erläuterungen, Relazione, S 401).

Der Senat verabschiedete am 16. 12. 1993 eine stark veränderte Fassung (DI BLASE/ **449** GIARDINA, Diritto internazionale privato e processuale. Materiali didattici [1994] 495), die in der laufenden XII. Legislaturperiode als Vorlage Nr 472/1994 am 20. 9. 1994 erneut die Hürde des Senats nahm, in der Deputiertenkammer nochmals verändert und von ihr am 6. 4. 1994 verabschiedet wurde. Der Senat stimmte am 17. 5. 1995 zu.

Das IPRG kodifiziert das internationale Privat- und Prozeßrecht. Am Staatsangehö- **450** rigkeitsgrundsatz wird festgehalten. Ehegatten verschiedener Staatsangehörigkeit unterliegen hinsichtlich ihrer persönlichen und güterrechtlichen Verhältnisse sowie hinsichtlich Scheidung und Trennung dem Recht des Staates, mit dem das eheliche Leben am engsten verbunden ist (Art 29 Abs 2, 30 Abs 1 S 1 und 31 Abs 1). Rechtswahl (Art 30 Abs 1 S 2 – Güterrecht, Art 46 Abs 2 – Rechtsnachfolge von Todes wegen) und alternativer Anknüpfung (Art 33 Abs 2 – eheliche Abstammung, Art 34 Abs 1 – Legitimation, Art 35 Abs 1 – nichteheliche Abstammung, Art 48 – Testamentsform) werden, wenn auch nicht gerade großzügig, Raum gegeben (STURM, Das künftige internationale Familienrecht Italiens, in: FS Schnyder [1995] 761; ders, Neues im internationalen Zivilverfahrensrecht Italiens, in: Le droit en action [1996] 445; PESCE, Die Reform des italienischen Privat- und Verfahrensrechts, RiW/AWD 1995, 977).

451 Verschiedentlich verweist das IPRG ausdrücklich auf Abkommen, um sie mit der Wendung „in ogni caso" auch über ihren Anwendungsbereich hinaus für anwendbar zu erklären (Art 42 Abs 1 – Minderjährigenschutz, Art 45 – Familienunterhalt, Art 57 – vertragliche Schuldverhältnisse, Art 59 – Wechsel- und Scheckrecht).

452 Geradezu revolutionierend für das italienische Recht ist die in letzter Minute von der Deputiertenkammer verordnete Zulassung des renvoi (Art 13). Auch die Beseitigung des Delibationszwangs (Art 64 ff) wirkt erfrischend. Ausländische Entscheide der streitigen und freiwilligen Gerichtsbarkeit werden in Zukunft also inzidenter auf ihre Anerkennungsfähigkeit hin überprüft; die diesbezüglichen Vorschriften sind aber vorerst noch suspendiert.

453 c)   In **Portugal** normierte der Código civil vom 25. 11. 1966 IPR und Fremdenrecht (Art 14–65, 2223). Ein Gesetzesdekret vom 25. 11. 1977 paßte diese Regelung dem Gleichberechtigungsgebot der Verfassung an (NEUHAUS/RAU, Das IPR im neuen portugiesischen Zivilgesetzbuch, RabelsZ 1968, 500; MOURA RAMOS, Portugal – Droit de la famille – Dispositions intéressant le droit international privé, Rev crit dr i p 1978, 598; RAU, Kurzinformation, RabelsZ 1978, 331). Das Mehrstaaterproblem lösen Art 27 und 28 des StaatsangehörigkeitsG vom 3. 10. 1981 (JAYME, Kollisionsnormen im neuen portugiesischen Staatsangehörigkeitsgesetz vom 3. 10. 1981, IPRax 1982, 166; MOURA RAMOS, Portugal-Nationalité, Commentaire, Rev crit dr i p 1982, 803).

454 In den folgenden Jahren sind zahlreiche punktuelle Änderungen zu verzeichnen, so Art 3 HGB vom 2. 9. 1986 über das Gesellschaftsstatut und die Sitzverlegung von Gesellschaften, so die Schaffung zwingender Sachnormen im IPR, zB Art 33 des Dekretgesetzes Nr 446/85 vom 25. 10. 1985, der die Normen des AGB-G auch über den Bereich der portugiesischen lex causae hinaus für anwendbar erklärt (Text und Erläuterung von JAYME IPRax 1987, 44; Kurzinformation, RabelsZ 1986, 398); vgl MOURA RAMOS, Aspects récents du droit international privé au Portugal, Rev crit dr i p 1988, 473. Das Verfahren bei Adoptionen mit Auslandsberührung ordnete das Gesetzesdekret Nr 185/93 vom 22. 5. 1993 und lehnte sich dabei an das neue Haager Adoptionsübereinkommen an (Text und Erläuterung von JAYME IPRax 1995, 58 u 57) (FERRER-CORREIA/FERREIRA PINTO, Direito internacional privado. Leis e projectos de leis, convenções internacionais [1988]; MACHADO, Lições de direito internacional privado [4. Aufl 1990]; PROENÇA, Direito internacional privado [1992]).

455 d)   **Spanien** novellierte am 31. 5. 1974 den Einleitungstitel zum Código civil und regelte dort internationales (Art 8–12) und interlokales (Art 13–16) Privatrecht umfassend (vHOFFMANN/ORTIZ-ARCE, Das neue spanische IPR, RabelsZ 1975, 647). Bei Einführung der Scheidung durch G vom 7. 7. 1981 erhielt das span ZGB einen neuen Art 107, der Ehetrennung und Ehescheidung anknüpft, sowie zwei neue Normen, Art 49 und 50, über die Form der Eheschließung (Text StAZ 1982, 86). Die Novelle beruht ebenso wie die Normen des Einleitungstitels auf dem Staatsangehörigkeitsprinzip, doch wird anders als bisher Mannesrecht kein Vorrang mehr eingeräumt (RAU, Neues spanisches Internationales Familienrecht, IPRax 1981, 189, 191; CARRILLO SALCEDO, La nouvelle réglementation du mariage dans le droit international privé espagnol, Rev crit dr i p

1983, 1). Bei Reform des Adoptionsrechts wurden durch G vom 11. 11. 1987 nicht nur Anknüpfung und Anerkennung ausländischer Adoptionen neu geregelt (Art 9 Nr 5 Einl span ZGB), sondern ganz allgemein das Eltern-Kind-Verhältnis dem Heimatrecht des Kindes unterworfen (Art 9 Nr 4 Einl span ZGB) (Text IPRax 1989, 123). Volle Gleichberechtigung auf dem Gebiete des internationalen und interlokalen Privatrechts brachte das G Nr 11/1990 vom 15. 10. 1990, das die Vorschriften über die Wirkungen der Ehe (Art 9 Nr 2), den Ehevertrag (Art 9 Nr 3), den Erbteil des überlebenden Ehegatten (Art 9 Nr 8) revidierte, aber auch Änderungen des internationalen Adoptionsrechts (Art 9 Nr 5 Abs 4) enthält (Text StAZ 1991, 173 und IPRax 1992, 399; KIRCHMAYER, Das reformierte internationale und interlokale Privatrecht in Spanien, StAZ 1991, 158; GONZÁLEZ BEILFUSS, Zur Reform des spanischen internationalen und interregionalen Privatrechts, IPRax 1992, 396) (Quellensammlung: BORRÁS RODRÍGUES, Legislación básica de Derecho internacional privado [2. Aufl 1992]; GONZÁLES CAMPOS/FERNÁNDEZ ROZAS, Derecho internacional privado español. Textos y materiales, I: Derecho judicial internacional [2. Aufl 1992]; GONZÁLES CAMPOS ua, Derecho internacional privado [3. Aufl 1990]; PEUSTER, Das spanische internationale Privatrecht, in: LÖBER/PEUSTER [Hrsg], Aktuelles spanisches Handels- und Wirtschaftsrecht [1991] 1; FERNÁNDEZ ROZAS/SÁNCHEZ LORENZO, Curso de derecho internacional privado [2. Aufl 1993]; ORTIZ DE LA TORRE, Derecho internacional privado. Parte general I [1992], Parte general II [2. Aufl 1990]; PÉREZ VERA, Derecho internacional privado, 2 Bde [4. Aufl 1993]; GONZÁLES CAMPOS ua, Derecho internacional privado. Parte especial [6. Aufl 1995]; MARÍN LÓPEZ, Derecho internacional privado español. Parte general [9. Aufl 1994], Parte especial [8. Aufl 1994]; FERNÁNDEZ ROZAS [Hrsg], Legislación sobre arbitraje: interno e internacional [1990]).

e) Über eine neue Kodifikation verfügt **Österreich**. Das auf Vorarbeiten SCHWINDS (Entwurf eines Bundesgesetzes über das internationale Privat- und Prozeßrecht, ZfRvgl 1971, 161) beruhende BundesG vom 15. 6. 1978 über das internationale Privatrecht (IPR-Gesetz) trat am 1. 1. 1979 in Kraft (Text in RabelsZ 1979, 375 und StAZ 1979, 127). Es geht vom Staatsangehörigkeitsprinzip aus, versucht aber dem engsten Bezug über andere Anknüpfungen zum Durchbruch zu verhelfen (BEITZKE, Neues österreichisches Kollisionsrecht, RabelsZ 1979, 246; DUCHEK/SCHWIND, IPR. Das IPR-Gesetz vom 15. 6. 1979 samt einschlägigen sonstigen Rechtsvorschriften und zwischenstaatlichen Abkommen mit ausführlichen Erläuterungen [1979]; SCHWIND, Prinzipien des neuen österreichischen IPR-Gesetzes, StAZ 1979, 109; SCHWIMANN, Grundriß des Internationalen Privatrechts [1982]; SCHWIND, Das österreichische IPR-Gesetz im deutschsprachigen Rechtskreis, RabelsZ 1990, 251; ders, Internationales Privatrecht [1990]; SCHWIMANN, IPR-Gesetz, in: RUMMEL [Hrsg], Kommentar zum ABGB mit IPR-Gesetz II [2. Aufl 1992] 1283 ff; ders, Internationales Privatrecht mit vielen Beispielen [1993]; MÄNHARDT, Internationales Privatrecht, Privatrechtsvergleichung, Einheitsprivatrecht. Eine Einführung in die internationalen Dimensionen des Privatrechts [1994]; MÄNHARDT/POSCH, Internationales Privatrecht [1994]; SCHWIMANN [Hrsg], Österreichische Entscheidungen zum internationalen Privat- und Verfahrensrecht, 1: bis 1983 [1983], 2: 1983–1987 [1991], 3: 1988–1990 [1994]).

Vorschriften über das internationale Verfahrensrecht, insbesondere die internationale Zuständigkeit, finden sich in der Jurisdiktionsnorm (JN) und im AußStrG, zur Anerkennung ausländischer Entscheidungen in §§ 79–85 Exekutionsordnung und § 24 der 4. DVEheG sowie in zahlreichen Staatsverträgen (FASCHING, Zivilprozeßrecht [1984, Ergänzungsheft 1987] Rn 2396 ff; LOEWE ua, Zwischenstaatlicher Rechtsverkehr in Zivilsachen, 2 Bde [1984, 1987]; RECHBERGER [Hrsg], Kommentar zur ZPO. Jurisdiktionsnorm und Zivilprozeßordnung samt den Einführungsgesetzen [1994]).

458 f) In der **Türkei** trat am 22. 11. 1982 das G Nr 2675 über das internationale Privat- und Zivilverfahrensrecht vom 22. 5. 1982 in Kraft. Damit werden erstmals das internationale Privat- und Zivilprozeßrecht umfassend geregelt (Text IPRax 1982, 254; StAZ 1983, 50; RabelsZ 1983, 131) (TEKINALP, Das türkische Gesetz über internationales Privatrecht und Zivilverfahrensrecht von 1982, RabelsZ 1983, 74; KRÜGER, Das türkische IPR-Gesetz von 1982, IPRax 1982, 252; ders, Das türkische Gesetz Nr 2675 vom 20. 5. 1982 über das internationale Privat- und Zivilverfahrensrecht, in: Berichte und Dokumente Nr 162/1982 der Bundesstelle für Außenhandelsinformation; ders, Türkei. Internationales Privat- und Zivilverfahrensrecht, StAZ 1983, 49; ders, Neues internationales Privatrecht in der Türkei, ZfRvgl 1982, 169; ANSAY, Zur Scheidung von Türken in der Bundesrepublik Deutschland nach Inkrafttreten des neuen IPR-Gesetzes, StAZ 1983, 29; ders, Das neue Gesetz über das internationale Privatrecht der Türkei, in: HOLL/KLINKE [Hrsg], Internationales Privatrecht – Internationales Wirtschaftsrecht [1985] 161; ÖZSUNAY, Türkisches internationales Ehe- und Kindschaftsrecht, ebenda 365; ANSAY/SCHNEIDER, The New Private International Law of Turkey, NTIR 1990, 139; SAKMAR, Le nouveau droit international privé turc, Rec des Cours 223 [1990-IV] 303).

459 g) Am 1. 1. 1989 trat in der **Schweiz** das Bundesgesetz vom 18. 12. 1987 über das Internationale Privatrecht (IPRG) in Kraft, das auch das internationale Verfahrensrecht umfassend regelt (Text IPRax 1988, 376; A BUCHER, Internationales Privatrecht. Bundesgesetz und Staatsverträge [3. Aufl 1994]).

Den Namen IPR verspielte es, weil auch das gesamte fremde öffentliche Recht in den Schweizer Rechtsraum hineingezogen wird (Art 13 S 2 IPRG) und überall der fremde ordre public zu berücksichtigen ist (Art 19 IPRG).

460 Bereits im ersten Kapitel, das die gemeinsamen Vorschriften enthält, trifft man auf die alle übrigen Kapitel durchziehende Dreiteilung: internationale Zuständigkeit, anwendbares Recht, Anerkennung und Vollstreckung ausländischer Entscheide. Grundsätzlich maßgebend ist das Domizilprinzip. Heimatgerichtsstand und Anwendbarkeit von Heimatrecht auf Auslandschweizer wurden in doktrinärer Weise beseitigt (STURM, Die Entrechtung der Auslandschweizer im neuen IPR-Gesetz. Ein finsteres Kapitel schweizerischer Gesetzgebungsgeschichte, in: FS Keller [1989] 529). Die Anknüpfung kann mit der Vorbehaltsklausel des Art 16 aufgebrochen werden, wenn zu einem anderen Recht ein engerer Zusammenhang besteht (so Rn 153).

461 Über Ziel und Inhalt der Reform unterrichtet die ausführliche Begründung, mit der der Bundesrat den Entwurf den eidgenössischen Räten zuleitete (Botschaft zum Bundesgesetz über das Internationale Privatrecht, BBl 135 [1983] I 263). Über geistige Strömungen, die das Gesetz durchziehen, STURM, Zum Geist der Österreichischen und Schweizer IPR-Reform unter besonderer Berücksichtigung des internationalen Familienrechts, in: FS Schwind (1989) 147.

Bibliographie: IPRax 1988, 389; 1990, 270; 1993, 124. An Gesamtdarstellungen sind zu nennen: SCHWANDER, Einführung in das internationale Privatrecht, I. Allgemeiner Teil (2. Aufl 1990); AK SCHNYDER, Das neue IPR-Gesetz (2. Aufl 1990); A BUCHER, Droit international privé suisse, I/2. Partie générale. Droit applicable (1995), II. Personnes, Famille, Successions (1992); KNOEPFLER/SCHWEIZER, Précis de droit international privé suisse (2. Aufl 1995); HEINI ua, IPRG. Kommentar (1993); PATOCCHI/GEISINGER, Code de droit international privé suisse annoté

(1995); DUTOIT, Droit international privé suisse. Commentaire (1996); HONSELL ua (Hrsg), Internationales Privatrecht (Kommentar) (1996); VOGEL, Grundriß des Zivilprozeßrechts und des internationalen Zivilprozeßrechts der Schweiz (3. Aufl 1992); WALDER, Einführung in das Internationale Zivilprozeßrecht der Schweiz (1989); WALTER, Das neue internationale Zivilprozeßrecht der Schweiz, Lugano-Übereinkommen und internationale Schiedsgerichtsbarkeit, ZZP 105 (1992) 46; ders, Internationales Zivilprozeßrecht der Schweiz (1995); NUSSBAUM, Das schweizerische internationale Insolvenzrecht gemäß dem Bundesgesetz vom 18. Dezember 1987 über das internationale Privatrecht und sein Umfeld in Europa (1989); GILLIÉRON, Les dispositions de la nouvelle loi fédérale de droit international privé sur la faillite internationale (1991); LALIVE/POUDRET/REYMOND, Le droit de l'arbitrage interne et international en Suisse (1989); WALTER/BOSCH/BRÖNNIMANN, Internationale Schiedsgerichtsbarkeit in der Schweiz (1991).

Das neue Bundesgesetz ist nicht die einzige Quelle des schweizerischen Kollisionsrechts. Eine Reihe fremdenrechtlicher und internationalprivatrechtlicher Normen enthält auch das Bundesgesetz über die Seeschiffahrt unter der Schweizer Flagge (Seeschiffahrtsgesetz, SSG) vom 23. 9. 1953. Auf hoher See gilt an Bord schweizerischer Seeschiffe ausschließlich Schweizer Bundesrecht (Art 4 Abs 1 SSG). Für dingliche Klagen über Rechte an schweizerischen Seeschiffen sind ausschließlich die Gerichte des Kantons Basel-Stadt zuständig, ein Gerichtsstand, der bei Klagen aus Schuldverhältnissen dann offensteht, wenn es sonst an einem Gerichtsstand in der Schweiz fehlt (Art 14 SSG). An schweizerischen Schiffen können nur dingliche Rechte begründet werden, die das schweizerische Recht kennt. Handänderung und Heuervertrag unterstehen ebenfalls zwingend Schweizer Recht (Art 37 ff SSG iVm Art 31 ff SchiffsregisterG, Art 68 Abs 1, 162 Abs 1 SSG) (HJ PETER, Internationales Seeprivatrecht, SchwJZ 1991, 37). Auch an Bord schweizerischer Luftfahrzeuge gilt Schweizer Recht, soweit nicht das Recht des Staates, in oder über welchem sie sich befinden, zwingend anzuwenden ist (Art 11 Abs 3 Luftfahrtgesetz vom 21. 12. 1948) (KELLER/SIEHR, Allgemeine Lehren des internationalen Privatrechts [1986] 312; HEINI, IPRG Kommentar [1993] Art 107 Rn 1, listet die vom IPRG vorbehaltene Spezialgesetzgebung auf). **462**

7. Kodifikationen in Übersee

Die Kodifikationsidee griff auch in Nordamerika, und zwar in zwei Staaten, deren **463** Recht von starken kontinentaleuropäischen Einflüssen geprägt ist.

a) Mit dem G Nr 923 von 1991, das am 1. 1. 1992 in Kraft trat, kodifizierte der **464** US-Staat **Louisiana** sein IPR. Art 14 der Einl zum ZGB wurde als Hinweisnorm gefaßt und dem ZGB ein neues 4. Buch (Art 3515–3549) angefügt, das die eigentliche Normierung enthält (Text RabelsZ 1993, 508; IPRax 1993, 56; Rev crit dr i p 1992, 394). Common Law und Droit civil werden miteinander verwoben, eine Synthese von règle de droit und approach angestrebt. Auch ohne allgemeine Ausweichklausel gestattet das Normensystem Flexibilität bei der Rechtsanwendung (SYMEONIDES, Les grands problèmes de droit international privé et la nouvelle codification de Louisiane, Rev crit dr i p 1992, 223; ders, Private International Law Codification in a Mixed Jurisdiction. The Louisiana Experience, RabelsZ 1993, 460; JAYME, Neue Kodifikation des Internationalen Privatrechts in Louisiana, IPRax 1993, 56; HERMAN, The Louisiana Civil Code. A European Legacy for the United States

[1993]; HAYS, Property Rights. Perspectives on Louisiana's Statutes on Conflict of Laws, Louisiana Bar Journal 1993, 124; SYMEONIDES, La nuova normativa della Louisiana sul diritto internazionale privato in tema di responsabilità extracontrattuale, Riv dir int priv proc 1993, 43).

465 b)   Die kanadische Provinz **Quebec**, die bisher der französischen Tradition folgte, fügte im Rahmen der Reform ihres Code civil diesem durch G vom 18.12.1991 ein Buch 10 an, in dem das internationale Privat- und Prozeßrecht umfassend geregelt ist. Das G trat am 1.1.1994 in Kraft (Text IPRax 1994, 318; Rev crit dr i p 1992, 574). Es ist stark von den neuesten europäischen Kodifikationen und dem EVÜ beeinflußt (CASTEL, Commentaire sur certaines dispositions du Code civil du Québec se rapportant au droit international privé, Clunet 1992, 625; GROFFIER, La réforme du droit international privé québécois, Rev crit dr i p 1992, 584; dies, Précis de droit international privé québécois. Supplément: La réforme du droit international privé québécois [1993]; GLENN, Codification of Private International Law in Quebec – an Overview, IPRax 1994, 308).

466 c)   Eine Kodifikation seines IPR plant auch das mit den USA assoziierte **Puerto Rico** (SYMEONIDES, Revising Puerto Rico's Conflicts Law. A Preview, ColumJTransnatL 1990, 413; ders, RabelsZ 1993, 462 Fn 3).

8.   Kodifikationen im östlichen Europa

467 In den ehemals sozialistischen Ländern des östlichen Europas war das IPR bis in die Zeit nach dem zweiten Weltkrieg, sieht man von dem poln G von 1926 ab, nur durch vereinzelte Vorschriften geregelt. Im übrigen waren die von Lehre und Rspr vor allem im Geltungsbereich des früheren österreichischen Rechts entwickelten kollisionsrechtlichen Grundsätze maßgebend. Das erste größere Nachkriegsgesetz war die gesamtstaatliche Kodifikation des IPR in der Tschechoslowakei von 1948. In den folgenden Jahren haben sämtliche Länder bis auf Rumänien und Bulgarien ihr IPR kodifiziert.

468 Im IPR all dieser Staaten wird die *Gleichberechtigung von Mann und Frau* konsequent durchgeführt. Methodisch lehnen sich die Regelwerke sehr eng an das *kontinentaleuropäische Recht* an. Von einem eigenständigen sozialistischen IPR konnte daher nicht gesprochen werden (SZÁSZY, Private International Law in Socialist Countries, Rec des Cours 111 [1964-I] 171; LUNZ, L'objet et les principes fondamentaux du droit international privé en U.R.S.S. et dans les autres pays socialistes européens, Clunet 1973, 97; BOGOUSLAVSKI, Doctrine et pratique soviétiques en droit international privé, Rec des Cours 170 [1981-I] 331; BALLARINO, Osservazioni sulla codificazione di diritto internazionale privato nell'Europea centro-orientale, in: FS Ago IV [1987] 3, 5; KALENSKY, Evolution towards International Unification in Private International Law of the Socialist States in Central and Eastern Europe, in: Liber Memorialis Laurent [1989] 861). Dennoch besteht ein Bedürfnis, das Kollisionsrecht Mittel- und Osteuropas zu modernisieren und neuen westlichen Tendenzen Eingang zu verschaffen (BURIÁN, Die Konsequenzen des Umbruchs für die Theorie und für das positive Kollisionsrecht, in: VBAR [Hrsg], Perspektiven des Internationalen Privatrechts nach dem Ende der Spaltung Europas [1993] 79; BOGUSLAWSKIJ [Hrsg], Private International Law. Contemporary Problems, 2 Bde [1993]). Solange der Umstrukturierung der Wirtschaft Vorrang eingeräumt und nicht zu einer Neukodifizierung geschritten wird, sind grundsätzlich die vor dem Umbruch geltenden Normen anzuwenden.

a) Die Tschechoslowakei erließ am 4. 12. 1963 das G über das Internationale Privat- und Prozeßrecht, das die Kodifikation von 1948 ablöste und am 18. 12. 1969 kleine Änderungen erfuhr (Text bei MAKAROV, Quellen [3. Aufl 1978] 292, und in Rev crit dr i p 1965, 614) (KORKISCH, Neues IPR in Ostmitteleuropa, RabelsZ 1968, 601; ders, Zum Außenprivatrecht der Tschechoslowakei unter besonderer Berücksichtigung des IPR, WGO 1970, 133; BYSTRICKÝ, Les traits généraux de la codification tchéchoslovaque en droit international privé, Rec des Cours 123 [1968-I] 409; KORKISCH, Neue Tendenzen im IPR Osteuropas, JbOstR 1980, 9). **469**

Das G wird in der **Tschechischen Republik** und in der **Slowakei** weiter angewandt. Das tschechische G vom 1. 11. 1994 über Schiedsverfahren und Vollstreckung von Schiedssprüchen ist auch im internationalen Verhältnis anwendbar (Text IPRax 1995, 410 und dazu ROZEHNALOVÁ, Zur Entscheidung international-handelsrechtlicher Streitigkeiten nach tschechischem Recht, IPRax 1995, 403). **470**

b) In **Polen** erging am 12. 11. 1965 das G über das IPR (Text bei MAKAROV, Quellen [3. Aufl 1978] 184, und in Rev crit dr i p 1966, 323) (KORKISCH, oben Rn 469; USCHAKOV, Das neue polnische Gesetz über das internationale Privatrecht, ROW 1966, 198; SOŚNIAK, Précis de droit international privé polonais [1976]). **471**

c) **Albanien** hat mit dem G vom 21. 11. 1964 über den Genuß von Zivilrechten durch Ausländer und die Anwendung ausländischer Gesetze (IPRG), das weitgehend eine Rezeption des tschechoslowakischen Gesetzes von 1963 darstellt, ebenfalls die wichtigsten internationalprivatrechtlichen Fragen geregelt (Text bei MAKAROV Quellen [3. Aufl 1978] 22) (KORKISCH, oben Rn 469). **472**

d) **Ungarn** kodifizierte sein IPR durch VO vom 31. 5. 1979. Diese enthält auch die für internationale Zuständigkeit und Anerkennung und Vollstreckung ausländischer Entscheide maßgebenden Grundsätze (Text StAZ 1980, 78 und Rev crit dr i p 1981, 161) (BENKÖ/PEUSTER, Grundzüge des ungarischen IPR, OER 1980, 39; ZOLTAN, La nouvelle réglementation hongroise en droit international privé, Rev int dr comp 32 [1980] 87; MÁDL/VÉKÁS, Über das ungarische IPR-Gesetz in rechtsvergleichender Betrachtung, ZfRvgl 1982, 266; MÁDL, System and Principles of the Hungarian Code of Private International Law, Rev hell dr int 44 [1991] 227). **473**

Die VO über die Personenstandsbücher, das Eheschließungsverfahren und die Namensführung von 1982 erklärt für den Namen eines Ausländers dessen Heimatrecht für maßgebend.

e) Die Sozialistische Föderative Republik Jugoslawien ist zerfallen. Ihre früheren Teilrepubliken **Slowenien, Kroatien, Bosnien-Herzegowina, Mazedonien**, Montenegro und Serbien (mit den autonomen Gebieten Wojwodina und Kosovo) erlangten staatliche Selbständigkeit und werden international auch weitgehend anerkannt. Das gilt nicht für die **Bundesrepublik Jugoslawien**, zu der sich Serbien und Montenegro zusammenschlossen. Das bisherige IPR Jugoslawiens gilt weiter und wird nun auch im Verhältnis der neuen Staaten untereinander angewandt. **474**

Seit 1. 1. 1983 ist das G zur Lösung der Gesetzeskollisionen mit Vorschriften anderer Staaten vom 15. 7. 1982 in Kraft. Es regelt das internationale Privat- und Zivilprozeßrecht umfassend (Text StAZ 1983, 42; IPRax 1983, 6, Berichtigung IPRax 1983, 94; RabelsZ 1985, 544; Rev crit dr i p 1983, 353 mit Erläuterung von CIGOJ). Daneben gelten die einschlä- **475**

gigen Vorschriften im WechselG von 1946, im SeerechtsG vom 22. 4. 1977, im G über
die Luftfahrt von 1977 und im G über Reisen und Aufenthalt der Ausländer von 1980
(Namensrecht in Art 77). Über die Kodifikation FIRSCHING, Das neue jugoslawische
IPR-Gesetz, IPRax 1983, 1; LIPOWSCHEK, Jugoslawien: Internationales Privat- und
Prozeßrecht, StAZ 1983, 38; ders, Das neue jugoslawische Internationale Privat-
und Prozeßrecht im Bereich des Vermögensrechts, RabelsZ 1985, 426; VARADY,
Some Observations on the New Yugoslav Private International Law Code, Riv dir int
priv proc 1983, 69; Šarčević, The New Yugoslav Private International Law Act,
AmJCompL 33 (1985) 283.

476 f)   Erst nach dem Umsturz kam es in **Rumänien** zu einer Kodifikation. Das G
Nr 105 über die Regelung der internationalen Privatrechtsverhältnisse vom
22. 9. 1992 kodifiziert nicht nur den allgemeinen und besonderen Teil des IPR nebst
internationalem Wertpapier-, See- und Luftrecht, sondern auch das internationale
Zivilprozeßrecht (Text RabelsZ 1994, 534; StAZ 1994, 55 [Auszug]; Rev crit dr i p 1994,
172).

477 Der Zeitpunkt seiner Entstehung erlaubte, auch Lösungsmuster neuer westlicher
Gesetze und Abkommen zu berücksichtigen (MINDACH, Rumänisches Internationales Pri-
vat- und Zivilverfahrensrecht, ROW 1993, 349; dies, Rumänien. Internationales Privat- und Verfahrensrecht, in: Berichte und Dokumente Nr 26/1993 der Bundesstelle für Außenhandelsinformation;
CÂPATÎNĂ, Das neue rumänische Internationale Privatrecht, RabelsZ 1994, 465; ders, La réforme du
droit international privé roumain, Rev crit dr i p 1994, 167; LEONHARDT, Das neue Internationale
Privatrecht Rumäniens, IPRax 1994, 156; BĂCANU/CÂPATÎNĂ/ZILBERSTEIN, Rumänien: Das Internationale Privatrecht von 1992, JbOstR 1993, 185).

478 g)   Nur Teilkodifikationen über internationales Familienrecht und Seehandelsrecht gibt es in **Bulgarien** (POPOV, Bulgarisches IPR, RabelsZ 1977, 726; JESSEL-HOLST, Die
Neuregelung des bulgarischen Internationalen Familienrechts im Familienkodex von 1985, RabelsZ
1987, 35).

9.   Nachfolgestaaten der Sowjetunion

479 a)   In der Sowjetunion war das IPR recht lückenhaft geregelt. Die maßgeblichen
Vorschriften finden sich in den Grundlagen für die Zivil- und Zivilprozeßgesetzge-
bung der UdSSR und der Unionsrepubliken vom 8. 12. 1961 idF des Erlasses vom
16. 5. 1977 sowie in den Grundlagen für die Gesetzgebung der UdSSR und der Unionsrepubliken über Ehe und Familie vom 27. 6. 1968 idF des Erlasses vom 9. 10. 1979
und den entsprechenden Vorschriften der Gesetzbücher der einzelnen Unionsrepubliken (MAKAROV, Kollisionsnormen der sowjetischen „Grundlagen" des Ehe- und Familienrechts,
in: FS Rheinstein I [1969] 363; ders, Kollisionsnormen in den Grundlagen für die Zivilgesetzgebung
in der Sowjetunion und den Unionsrepubliken, JbOstR 1969, 1; JP WAEHLER, Neues sowjetisches
Familienrecht. Zum Gesetz der UdSSR über Ehe und Familie vom Juni 1968, FamRZ 1968, 557,
563; ders, Zur Novellierung des sowjetischen IPR, WGO 1977, 97; ders, Zur Novellierung des
sowjetischen internationalen Zivilprozeßrechts, WGO 1978, 91; ders, Neues internationales Familienrecht der UdSSR. Zur sowjetischen Familienrechtsnovelle vom Oktober 1979, FamRZ 1980,
424; ders, Das IPR der UdSSR, IWB 1980, 287; BOGUSLAWSKIJ, Private International Law. The
Sovjet Approach [1988]).

Die Grundlagen für die Zivilgesetzgebung der UdSSR und der Unionsrepubliken **480** wurden am 31. 5. 1991 neu gefaßt (Text IPRax 1992, 403), traten aber wegen des Erlöschens der UdSSR als Völkerrechtssubjekt im Dezember 1991 nicht mehr in Kraft. Die heute in der **GUS** verbundenen Staaten wenden vorerst die Kollisionsnormen weiter an, die sich in ihren alten ZGB und FamGB finden (BOGUSLAWSKIJ, Ausarbeitung neuer Kollisionsnormen in der Sowjetunion und den Mitgliedstaaten der GUS, IPRax 1992, 401).

b) **Kasachstan** erließ am 22. 10. 1993 ein neues G über Ehe und Familie, das auch **481** IPR-Vorschriften enthält (Text der Kollisionsnormen und des internationalen Zivilprozeßrechts Kasachstans IPRax 1994, 322) (WEISHAUPT, Zur Entwicklung des Kollisions- und internationalen Zivilprozeßrechts der Republik Kasachstan, IPRax 1994, 311).

c) Die **Ukraine** änderte am 23. 6. 1992 ihr Ehe- und FamGB einschließlich der **482** IPR-Normen (WGO 1992, 342).

d) In **Rußland** wurde der Entwurf eines G über das IPR und IZPR eingebracht, **483** der auf den nicht in Kraft getretenen Grundlagen von 1991 aufbaut (BOGUSLAWSKIJ, IPRax 1994, 403).

10. Ferner Osten

a) Von Staaten des nahen und fernen Ostens besitzt **Japan** eine eingehende Rege- **484** lung. Das G vom 21. 6. 1898 betreffend die Anwendung der Gesetze (Horei) wurde durch G vom 28. 6. 1989 erheblich umgestaltet und dem Gleichberechtigungsgrundsatz angepaßt (Text MAKAROV, Quellen [3. Aufl 1978] 148, und RabelsZ 1990, 579) (MÜNZEL, Internationales Privatrecht, in: EUBEL [Hrsg], Das japanische Rechtssystem [1979] 519; Kurzinformation, RabelsZ 1990, 583; IGARASHI, Einführung in das japanische Recht [1990] 155 ff; SCHMIDT, Die Reform des japanischen internationalen Privatrechts [1992]; KIM, New Japanese Private International Law. The 1990 Horei, AmJCompL 40 [1992] 1).

b) Von den Horei stark beeinflußt ist das G über das Zivilrecht mit Außenbezug **485** vom 15. 1. 1962 in **(Süd)Korea** (Text Rev crit dr i p 1972, 347).

c) Ausführlich ist auch das **thailändische** G vom 4. 8. 1937 über Gesetzeskollisio- **486** nen und das G über die Rechtsanwendung in Zivilrechtsfällen mit Auslandsberührung vom 6. 6. 1953, das **Taiwan** erließ.

d) Im Zuge ihrer sich dem Ausland öffnenden Wirtschaftspolitik begann auch die **487** Volksrepublik **China** zu legiferieren. Hauptquelle des internationalen Privatrechts sind die Allgemeinen Grundsätze des Zivilrechts der VR China vom 12. 4. 1986, die am 1. 1. 1987 in Kraft traten (§ 8 und §§ 142–150), im Familienrecht allerdings große Lücken aufweisen (Text IPRax 1988, 58). Auf Erbfälle ist daneben § 36 des Erbgesetzes vom 10. 4. 1985 anwendbar (Text IPRax 1988, 60). Überwiegend materielles Recht für Außenwirtschaftsverträge enthält das Außenwirtschaftsvertragsgesetz vom 21. 3. 1985 (Text IPRax 1988, 59), das in § 5 Rechtswahl zuläßt. Vorschriften über die internationale Zuständigkeit sowie die Anerkennung und Vollstreckung ausländischer Entscheide fanden sich bereits in der ZPO vom 8. 3. 1982, die zunächst nur versuchsweise in Kraft trat (Text RabelsZ 1983, 94; IPRax 1988, 118), durch G vom 9. 4. 1991 dann aber ihre endgültige, ausführlichere Fassung erhielt. Bindenden Charakter haben die Erläuterungen des Obersten Volksgerichts zu den einzelnen Gesetzen (Texte IPRax 1988, 119; 1989, 109) (MÜNZEL, Die neue Zivilprozeßordnung der Volksrepublik China, RabelsZ 1983, 78; ders, Das IPR und IZPR der Volksrepublik China, IPRax 1988, 46; ders, Neues chinesisches Kollisionsrecht, IPRax 1989, 109; XU GUOJIAN, Establishing a System of Private International Law with Chinese Characteristics, RevSocL 1990, 333; ders, Anwendungsprobleme des chinesischen internationalen Kaufrechts [1994]; LI ZERUI, Le droit international privé dans les législations récentes de la Chine populaire, Clunet 1987, 611; SÜSS, Neues chinesisches IPR, RiW/AWD 1989, 788; ders, Grundzüge des chinesischen IPR [1991]; YOUNG GUO-HUA, A General Survey of Private International Law in China, IPRax 1993, 343 mit Bibliographie; vSENGER, Volksrepublik China, in: BERGMANN/FERID [Hrsg], Internationales Ehe- und Kindschaftsrecht – mit Gesetzestexten, 39 ff; vSENGER/XU GUOJIAN, Internationales Privat- und Zivilverfahrensrecht der Volksrepublik China, 2 Bde [1994]; XUE DEMING, International Conflict of Laws. A New Agenda for China [1994]; MA LIN, Die gegenwärtige Entwicklung des chinesischen Privatrechts. IPR-Gesetzentwurf in der VR China, IPRax 1995, 334).

11. Muslimische Staaten

488 a) In der muslimischen Welt gibt es eine Reihe mehr oder minder umfangreicher Kodifikationen. Vorbild ist das ZGB **Ägyptens** vom 16. 7. 1948 (Text MAKAROV, Quellen [3. Aufl 1978] 17). Es folgt dem Staatsangehörigkeitsprinzip (SAWARBI/UTMAN, Einführung in das ägyptische internationale Privatrecht [1991]). Seine Normen wurden zum Teil wörtlich übernommen in die Zivilgesetzbücher **Syriens** (1949), des **Iraks** (1951) (KÜPPERS, Das irakische Zivilgesetzbuch, ZvglRW 1960, 181; KRÜGER/KÜPPERS, Das internationale Privat- und Zivilverfahrensrecht des Irak, IPRax 1988, 180 – mit Gesetzestexten), **Libyens** (1953), **Somalias** (1973), **Algeriens** (1975) (Text StAZ 1977, 288) (DUTOIT, Le droit international privé algérien dans le nouveau code civil du 26 septembre 1975, in: FS Beitzke [1979] 459; BEN ABDERRAHMANE, Das neue algerische internationale Schiedsrecht, IPRax 1994, 313), **Jordaniens** (1976) (KRÜGER, Das internationale Privatrecht Jordaniens, IPRax 1987, 126 – mit Gesetzestext; dgl Rev crit dr i p 1987, 643 mit Anmerkungen von ALDEEB ABU-SAHLIEH), **Afghanistans** (1977), **Sudans** (1984) (ELWAN, Die kollisionsrechtlichen Bestimmungen im Gesetz über den zivilrechtlichen Geschäftsverkehr der Demokratischen Republik Sudan, IPRax 1986, 56 – mit Gesetzestext ; dgl Rev crit dr i p 1992, 165 mit Anmerkung von ALDEEB ABU-SAHLIEH; TIER, Conflict of Laws and Legal Pluralisme in the Sudan, IntCompLQ 39 [1990] 611), der **Vereinigten Arabischen Emirate** (1985) (KRÜGER/KÜPPERS, Das internationale Privatrecht der Vereinigten Arabischen Emirate, IPRax 1986, 389 – mit Gesetzestext; ALDEEB ABU-SAHLIEH, Dispositions relatives au droit international privé dans le code des transactions civiles des Emirats arabes unis, Rev crit dr i p 1986, 393 – mit Gesetzestext) und der Republik **Jemen** (1990) (KRÜGER, Allgemeiner Rechtszustand und internationales Privatrecht der Republik Jemen, RiW/AWD 1993, 28 – mit Normtext). Durch dieses Gesetz wurden das ZGB der Arabischen Republik Jemen (1979/1983) und der Volksrepublik Jemen (1988) abgelöst.

489 Die *Arabische Liga* legte zu Beginn der achtziger Jahre den *Entwurf* eines Einheitlichen arabischen Gesetzes über zivilrechtliche Rechtsgeschäfte vor. Dieser enthält weitgehend vom ägypt ZGB beeinflußte internationalprivatrechtliche Normen. Er beginnt aber, anders als sein Vorbild, mit 85 allgemeinen Grundsätzen muslimischen Rechts, die ihren Ursprung in der osmanischen Medjelle haben. Eine betonte Islamisierung des Rechts! (ALDEEB ABU-SAHLIEH, Dispositions relatives au droit international privé dans le projet de code arabe unifié des transactions préparé par la Ligue des Etats arabes, Rev crit dr i p 1984, 386; Text der IPR-Artikel ebenda 383).

Ein besonderes IPRG erließ **Kuweit** (1961), folgte inhaltlich aber ebenfalls ägypti- 490
schem Vorbild (Text MAKAROV, Quellen [3. Aufl 1978] 158). Die verfahrensrechtlichen
Bestimmungen des IPRG wurden aufgehoben und in das neue Zivil- und Handels-
prozeßgesetzbuch (1980) eingefügt, während die eigentlichen IPR-Normen fortgelten (KRÜGER, Internationales Recht in Kuweit nach den Gesetzesreformen 1980–1981, RiW/AWD
1983, 801).

b) Unvollständig ist die Normierung in **Mauretanien** (1983/1989) (KRÜGER, Das inter- 491
nationale Privat- und Zivilverfahrensrecht Mauretaniens, RiW/AWD 1990, 988 – mit Gesetzestexten).

Bahrain verankerte in der ZPO (1971) neben Vorschriften über die internationale Zu- 492
ständigkeit und die Vollstreckung ausländischer Urteile kollisionrechtliche Bestimmungen für ausländische Nichtmuslime im Bereich des Familien- und Erbrechts (EL-
WAN, Bahrainische Kollisionsbestimmungen über das Personalstatut, IPRax 1986, 59).

Die internationale Zuständigkeit seiner Gerichte regelte **Libanon** in seiner ZPO von 493
1983 (Text Rev crit dr i p 1992, 564; DIAB, La compétence judiciaire internationale dans le nouveau
code libanais de procédure civile, ebenda 567). Darüberhinaus gilt überwiegend Rechtspre-
chungsrecht. Ebenso in **Oman**, das Vorschriften über die internationale Zuständigkeit in Handelsstreitigkeiten erließ (ELWAN, Die Rechtsordnung des Sultanats Oman, in: FS
Trinkner [1995] 525).

c) In anderen arabischen Staaten, zB **Quatar**, gibt es überhaupt nur Rechtspre- 494
chungsrecht.

d) Zur Lage im **Iran** SAFAVI, Régime actuel du droit international privé en Iran 495
avec une annexe comportant la traduction des lois et quelques traités types (mschr
Diss Toulouse 1951).

e) Bei all diesen Normen steht *religiös bestimmtes Personalstatut* im Vordergrund 496
(GANNAGÉ, Observations sur la codification du droit international privé dans les Etats de la Ligue
arabe, in: FS Ago IV [1987] 105; NASIR, The Islamic Law of Personal Status [2. Aufl 1990]; CARLIER/
VERWILGHEN [Hrsg], Le statut personnel des musulmans [1992]). Im Bereich des Personalsta-
tuts ist die interreligiöse Rechtsspaltung zu beachten (K WÄHLER, Interreligiöses Kollisionsrecht im Bereich privatrechtlicher Rechtsbeziehungen [1978]). Über den ordre public
kommen trotz Anknüpfung an die Staatsangehörigkeit bei allen Ausländern, die
Muslime sind, stets muslimische Rechtsgrundsätze zum Zuge (ALDEEB ABU-SAHLIEH
Rev crit dr i p 1984, 386, 392; KRÜGER IPRax 1986, 389, 390; ELWAN, Einflüsse des Islam und des
Begriffs der arabischen Nation auf Staatsangehörigkeits-, Fremden- und Kollisionsrecht der arabischen Staaten, in: JAYME/MANSEL [Hrsg], Nation und Staat im Internationalen Privatrecht [1990]
291, 298 f, 304 f).

f) In **Marokko** wird das IPR noch stark von französischen Denkformen geprägt, 497
wenn auch hier islamische Vorstellungen, insbesondere über den ordre public, immer
stärker in den Vordergrund drängen. Immer noch angewandt wird der Dahir vom
12. 8. 1913 über die zivilrechtliche Stellung der Franzosen und der Ausländer. Dieses
zunächst im französischen Protektorat Marokko geltende Gesetz – verwandte Dahire
vom 1. 6. 1914 bzw vom 15. 1. 1924 gab es in der spanischen Einflußzone und in der

internationalen Zone von Tanger – wird seit 1958 allgemein angewandt. Ein Dahir vom 24. 4. 1959 unterwirft Muslime ausländischer Staatsangehörigkeit der Gerichtszuständigkeit des Kadi. Der Dahir über die Eheschließung zwischen marokkanischen Staatsangehörigen und Ausländern vom 4. 3. 1960 rundet diese Rechtsquellen ab (SAREHANE/LAHLOU-RACHDI, Conflits de lois, Conflits de juridictions, JClDrComp Maroc Fasc 4 [1994]). Der Rechtszustand wird als unbefriedigend befunden, daher bestehen Reformpläne (MOULAY RCHID, Le droit international privé du Maroc indépendant en matière de statut personnel, in: CARLIER/VERWILGHEN [Hrsg], Le statut personnel des musulmans [1992] 143).

498 g) Vom religiös geprägten Personalstatut befreit hat sich **Tunesien**. Die VO vom 24. 6. 1957 ergänzte die VO vom 12. 7. 1956 über das Personalstatut nicht muslimischer und nicht israelitischer Tunesier durch Regeln für internationale Konflikte, während das G vom 27. 9. 1957 die interpersonalen Vorschriften aufhob und alle Tunesier dem G über das Personalstatut vom 13. 8. 1956 unterwarf. Ausländer unterliegen im Bereich des Personalstatuts nach Art 1 der VO von 1957 Heimatrecht. Dennoch setzt sich über den ordre public das tunesische, als muslimisch gewertete Recht bei ausländischen Muslims durch.

499 Prozessuale Vorschriften finden sich im G über das Verfahren in Zivil- und Handelssachen vom 5. 10. 1959 (ROUSSIER, Le code tunisien du statut personnel, Rev jur pol ind coop 1957, 215; MEZION, Le droit international privé tunisien en matière de statut personnel, in: CARLIER/VERWILGHEN [Hrsg], Le statut personnel des musulmans [1992] 275).

500 Weitere Einzelheiten bei KRÜGER, Arabische Staaten. Übersicht über die wichtigsten Gesetzesbestimmungen, Berichte und Dokumente der Bundesstelle für Außenhandelsinformation (3. Aufl 1990).

12. Israel

501 Israel geht, soweit es sich um Fragen des Personalstatuts handelt, ebenfalls von *religiösen Grundlagen* aus, ist aber sonst von *englischen Einflüssen* geprägt. Manche Gesetze regeln zugleich das Kollisionsrecht, so das UnterhaltsG von 1959, das G von 1962 über die Rechtsfähigkeit und die Vormundschaft, das auch die elterliche Sorge regelt, das ErbG von 1965, das G über die Vermögensverhältnisse zwischen Ehegatten von 1973, das AdoptionsG von 1981; Anerkennung und Vollstreckung ausländischer Entscheide richten sich nach einem G von 1958/1974/1977 (SCHEFTELOWITZ, Interkonfessionelles und internationales Kollisionsrecht in Israel, AcP 152 [1952/1953] 516; ders, Israel, in: BERGMANN/FERID [Hrsg], Internationales Ehe- und Kindschaftsrecht – mit Gesetzestexten; SUSSMANN, Das Zivilrecht Israels, JZ 1967, 205, 207 f).

D. Intertemporales Privatrecht und Statutenwechsel

I. Allgemeine Grundsätze des intertemporalen Rechts*

502 1. Werden die in einem Rechtsgebiet geltenden Normen durch neue ersetzt, so

---

* **Schrifttum:** AFFOLTER, System des deutschen bürgerlichen Übergangsrechts (1903); BATIF-FOL, Conflit de lois dans l'espace et conflit de lois dans le temps, in: FS Ripert I (1950) 292 =

erhebt sich die Frage, welche Tatbestände noch nach den alten und welche schon nach den neuen Vorschriften zu beurteilen sind. Die Grundsätze, die diese Frage entscheiden, bilden das intertemporale Recht *(Übergangsrecht)*.

Ein Fall, der Bezüge zu einer ausländischen Rechtsordnung aufweist und außerdem an der Wende von altem zu neuem Kollisionsrecht liegt, ist sowohl in örtlicher wie in zeitlicher Hinsicht ein Grenzfall. Bei seiner Lösung müssen neben den Grundsätzen des internationalen auch die des intertemporalen Privatrechts herangezogen werden. Mit diesem Problem befaßte sich auch eine Resolution des Institut de droit international (Rev crit dr i p 1981, 815).

2. Die Schwierigkeiten werden noch größer, wenn sich gleichzeitig Kollisions- und Sachnormen ändern. Dies war am 1.1.1900 bei Inkrafttreten von BGB und EGBGB der Fall, aber auch am 3. 10. 1990 beim Beitritt der DDR zur Bundesrepublik Deutschland (Art 8 EV) (STURM, L'impact du Traité d'unification sur le droit privé de l'Allemagne unie, Clunet 1991, 7).

a) **Ändern sich sowohl die Kollisions- wie auch die Sachnormen** und reicht der zu beurteilende Sachverhalt in den früheren Rechtszustand hinein, so ist *zunächst* zu prüfen, ob das bisherige oder das neue Kollisionsrecht eingreift. Erst wenn diese Frage mit Hilfe der *kollisionsrechtlichen Übergangsnormen* entschieden ist und feststeht, daß inländisches materielles Recht zum Zuge kommt, dann kann mit Hilfe der *Übergangsvorschriften des materiellen Rechts* ermittelt werden, ob das frühere oder das neue inländische Sachrecht heranzuziehen ist (MELCHIOR, Grundlagen 64 ff).

Choix d'articles rassemblés par ses amis (1976) 179; ders, Conflits mobiles et droit transitoire, in: FS Roubier I (1961) 39 = Choix d'articles 189; ders, Sur l'application des règles de conflit dans le temps du droit étranger, in: FS Ferid (1978) 25; CIGOJ, Les droits acquis, les conflits mobiles et la rétroactivité à la lumière des Conventions de La Haye, Rev crit dr i p 1978, 1; COURBE, Les objectifs temporels des règles de droit international privé (1981); DO NASCIMENTO E SILVA, Le facteur temps et les traités, Rec des Cours 154 (1977-I) 215; ELIAS, The Doctrine of Intertemporal Law, AmJIntL 74 (1980) 285; FOYER/COURBE, Conflits de lois dans le temps, JClDrInt Fasc 533 (1985); GAVALDA, Les conflits dans le temps en droit international privé (1955); GIARDINA, Successione di norme di conflitto (1970); GRAVESON, The Problem of Choice of Time in Private International Law, AnnInstDrInt 58 I (1979) 1; 58 II (1980) 197; 59 I (1981) 285; 59 II (1982) 52; GRODECKI, Intertemporal Conflict of Laws, IntEncCompL III 8; HÉRON, L'application dans le temps des règles de conflit, Rev crit dr i p 1987, 305; JOPPE, Overgangsrecht in het internationaal privaatrecht en het fait accompli (1987); KAHN, Das zeitliche „Anwendungsgebiet" der örtlichen Kollisionsnormen, JherJb 43 (1901) 299 = Abhandlungen I 363; LAGARDE, Le droit transitoire des règles de conflit après les réformes récentes du droit de la famille, Trav Com fr d i p 1977–1979 (1980) 89; RIGAUX, Le conflit mobile en droit international privé, Rec des Cours 117 (1966-I) 333; ROUBIER, Le droit transitoire (2. Aufl 1960); SCHNEIDER, L'application dans le temps des nouvelles règles de conflit. L'expérience allemande, SchwJbIntR 28 (1972) 161; SCHNITZER, Die zeitlichen Grenzen der Rechtsanwendung, SchwJZ 1970, 317; SIEMER-KRANTZ, Das intertemporale Recht im internationalen Familienrecht Deutschlands, Frankreichs und der Schweiz (1984); SONNENBERGER, Intertemporales Privatrecht fürs Internationale Privatrecht, in: FS Ferid (1988) 447; SPIRO, The Incidence of Time in the Conflict of Laws, IntCompLQ 9 (1960) 357; ZITELMANN, Verhältnis der örtlichen und zeitlichen Anwendungsnormen zueinander, JherJb 42 (1900) 189.

506 Entsprechend ist vorzugehen, wenn in dem maßgeblichen fremden Recht während des Zeitraums, in den der Sachverhalt hineinreicht, Rechtsänderungen eintraten (MELCHIOR, Grundlagen 68 ff; PALANDT/HELDRICH Einl v Art 3 EGBGB Rn 24).

507 Änderungen im ausländischen IPR, die bei Rück- und Weiterverweisung bedeutsam werden können, sind nach dessen Übergangsrecht zu beurteilen (MünchKomm/SONNENBERGER Einl IPR Rn 251; PALANDT/HELDRICH Einl v Art 3 EGBGB Rn 24).

508 b) Bei Einführung neuer Kollisionsnormen wendet der Gesetzgeber dem Übergangsrecht meist weniger Aufmerksamkeit zu als beim Erlaß neuer Sachnormen. So **fehlen** oft **besondere intertemporale Vorschriften**. Man wird hier auf die allgemeinen *Regeln des für das materielle Recht geltenden Übergangsrechts* zurückgreifen. So hM und Rspr in Deutschland, Belgien und Frankreich (RAAPE/STURM, IPR I 26 f; CHR vBAR, IPR I Rn 302; KROPHOLLER, IPR 168 ff; KEGEL, IPR 45; BGH NJW 1973, 950 = IPRspr 1973 Nr 81; RIGAUX, Droit international privé I [1979] Nr 512; BATIFFOL/LAGARDE, Droit international privé I [8. Aufl 1993] Nr 316; MAYER, Droit international privé [5. Aufl 1994] Nr 244; Cass Rev crit dr i p 1971, 255 mit Anm von WEILL; Cour d'appel de Paris JClP 1977 II 18721 und Rev crit dr i p 1979, 603 mit Anm von SIMON-DEPITRE; einschränkend Cass Rev crit dr i p 1982, 551 mit Anm von BATIFFOL: Übergangsrecht für Sachnormen, das Ausnahmecharakter besitzt und von den allgemeinen Grundsätzen abweicht, zB altes Recht trotz eindeutig formulierten Reformwillens weiterschleppt, ist ausdehnender Anwendung nicht zugänglich und deshalb ohne Einfluß auf das Kollisionsrecht; SCHNITZER, Handbuch des internationalen Privatrechts I [4. Aufl 1957] 196; NIEDERER, Einführung in die allgemeinen Lehren des IPR [3. Aufl 1961] 356 f; BGE 96 II [1970] 4).

Dies war und ist aber nicht unbestritten. STAUDINGER/RAAPE[9] 42, 346 und RAAPE, IPR (5. Aufl 1961) 13 Fn 17, wollte differenzieren und prüfen, ob am Stichtag bereits ein Bezug zum Inland bestand und hierdurch überhaupt ein schutzwürdiger Vertrauenstatbestand geschaffen werden konnte. Auch belgische und französische Autoren betonen die besonderen kollisionsrechtlichen Belange, die zu einer Modifizierung der Grundregel führen können, von der hM und Rspr ausgehen (GRAULICH, Introduction à l'étude du droit international privé [1978] Nr 58; MAYER, Droit international privé Nr 249, und LAGARDE, Trav Com fr d i p 1977–1979 [1980] 89 ff, zusammengefaßt von BELLET, Rev crit dr i p 1979, 255, 259 f).

509 3. Im Zweifel ist wie beim Übergangsrecht zum materiellen Recht auch im IPR davon auszugehen, daß **in der Vergangenheit verwirklichte Tatbestände** und ihre bereits eingetretenen Rechtsfolgen auch weiterhin dem Recht unterliegen, auf das das bisherige IPR verweist (RAAPE/STURM, IPR I 26). Dabei ist ein Verkehrsunfall, der sich vor Inkrafttreten des Haager Verkehrsunfallübereinkommens ereignete, nach den nationalen Kollisionsnormen zu behandeln (Cass DS 1982 IR 86). Das öst IPRG kommt auf einen Berufungsentscheid nicht zur Anwendung, wenn das erstinstanzliche Urteil vor dem 1.1.1979 gefällt wurde, § 5 ABGB (OLG Wien ZfRvgl 1980, 224 mit Anm von HOYER).

510 Nur die künftigen Wirkungen eines **Dauertatbestands** sind nach dem Recht zu beurteilen, das nach der neuen Kollisionsnorm maßgebend ist. So jetzt auch Art 196 schweiz IPRG und Art 72 ital IPRG. Dieselben Grundsätze liegen Art 220 Abs 1 und 2 sowie Art 236 §§ 1 und 2 EGBGB zugrunde.

Bisweilen ergehen neue Kollisionsnormen mit **rückwirkender Kraft**. So unterwirft 511 Art 7 griech G Nr 1250/1982 (so Rn 443) die Eheschließung eines Griechen, was Form und Voraussetzungen anbelangt, den neuen Kollisionsnormen grundsätzlich auch dann, wenn sie vor deren Inkrafttreten stattfand. Damit werden hinkende Ehen und Kindschaftsverhältnisse rückwirkend geheilt. Selbst die bereits im Ausland erfolgte Scheidung ist anerkennungsfähig. Die Notwendigkeit eines Rückbezugs kann sich auch aus der ratio legis der neuen Kollisionsnorm selbst ergeben. Näheres bei RAAPE/STURM, IPR I 132 (zu Art 29 EGBGB), 148 (zu AHKG Nr 23), 152 (zu Art 12 GFlKonv).

4. Der Änderung internationalprivatrechtlicher Normen vergleichbar ist ein 512 **Wandel der höchstrichterlichen Rechtsprechung** (BGHZ 59, 193 = IPRspr 1971 Nr 48 – Anknüpfung des Namens der Ehefrau; BGHZ 73, 370 = IPRspr 1979 Nr 3 b – Anknüpfung des Namens von Kindern in gemischtnationalen Ehen). Aus Gründen des Vertrauensschutzes darf die Rechtsprechungsänderung nicht ohne weiteres auf Altfälle angewandt werden. Es ist vielmehr den Betroffenen zu überlassen, ob sie sich die geläuterte Rechtsprechung zu Nutze machen wollen. Das Rechtsstaatsprinzip zieht einer Rückanknüpfung hier also Grenzen. Diese sind aber zeitlich verschieden anzusetzen, je nachdem, ob der Rechtsprechungswandel Grundrechten zum Durchbruch verhilft, lediglich einen im Schrifttum herrschenden Meinungsstreit klärt oder plötzlich die überkommene und allgemein gebilligte Rechtsprechung über Bord wirft (STURM, Änderung der höchstrichterlichen Rechtsprechung und Berichtigungspflicht des Standesbeamten, in: Vorträge zur Fachtagung des Fachverbandes der bayerischen Standesbeamten [1992] 49).

II. Verhältnis des EGBGB zu den Kollisionsrechten der deutschen Bundesstaaten vor 1900

Das EGBGB enthält keine allgemeinen intertemporalen Kollisionsnormen. Daß die 513 materiellrechtlichen Übergangsvorschriften der Art 153–218 EGBGB unmittelbar oder entsprechend auch auf die Ablösung der vor 1900 geltenden kollisionsrechtlichen Normen und Grundsätze anzuwenden sind, wird von der hM nahezu einhellig bejaht (MELCHIOR, Grundlagen 64 ff und die dort angeführten Entscheide; RAAPE/STURM, IPR I 25 ff; KEGEL, IPR 45; MünchKomm/SONNENBERGER [1. Aufl 1983] Einl IPR Rn 212; CHR VBAR, IPR I Rn 302).

III. Verhältnis der Vorschriften des IPR-NRG zum EGBGB aF

Intertemporale Rechtsanwendungsprobleme, die sich durch Inkrafttreten der IPR- 514 Reform am 1. 9. 1986 ergaben, regeln besondere Übergangsvorschriften. Näheres bei STAUDINGER/DÖRNER[12] Art 220 EGBGB.

IV. Verhältnis des EGBGB zum Rechtsanwendungsgesetz der ehemaligen DDR nach dem Beitritt

Bis zum 3. 10. 1990 zerfiel das Deutschland der Nachkriegszeit in zwei Teilrechtsord- 515 nungen. Ihre Abgrenzung ist eine Frage des innerdeutschen, des interlokalen Kollisionsrechts; dazu unten unter Rn 548 ff.

Mit dem Beitritt der DDR wurde in den fünf neuen Bundesländern und Ost-Berlin 516 das RAG vom EGBGB abgelöst (Art 230 Abs 2 EGBGB). Für diesen intertemporalen Konflikt schuf Art 236 §§ 1-3 EGBGB Normen, die Art 220 nachgebildet sind. Näheres bei STAUDINGER/DÖRNER[12] Art 236 §§ 1-3 EGBGB Rn 5 ff, 23 ff. Da sich hier intertemporale mit interlokalen Kollisionen verquicken, war und ist im einzelnen vieles streitig.

517 Umstritten ist insbesondere, ob Art 236 §§ 1-3 EGBGB direkt oder analog auch auf *innerdeutsche* Konflikte anwendbar ist, da der Einigungsvertrag selbst keine interlokalen Rechtsanwendungsregeln enthält. Näheres bei STAUDINGER/DÖRNER[12] Art 236 §§ 1-3 EGBGB Rn 73 ff, 85 ff. Außer den dort Zitierten wollen im Beitrittsgebiet Art 236 EGBGB analog, aber unmittelbar heranziehen STURM, L'impact du Traité d'unification sur le droit privé de l'Allemagne unie, Clunet 1991, 7, 18, und KREUZER, Les conflits de lois inter-allemands après l'unification de l'Allemagne, Rev crit dr i p 1993, 1, 11 f, 23; KEGEL, IPR 37, 46.

518 Der BGH (BGHZ 124, 270, 272 ff = IPRax 1995, 114 mit Aufsatz von DÖRNER ebenda 89 = JZ 1994, 468 mit Anm von THODE) folgte dieser Ansicht nicht. Er schaltet die Frage vor, ob nach den Regeln des in ganz Deutschland anwendbaren innerdeutschen Kollisionsrechts das Recht der ehemaligen DDR überhaupt anwendbar ist. Im Grunde wird der Vertrauensschutz dem innerdeutschen Entscheidungseinklang geopfert, der intertemporale Konflikt durch den interlokalen überspielt.

Obwohl der Entscheid einen rein innerdeutschen Rechtsstreit betraf, ist er auch in Fällen mit *Auslandsbezug* bedeutsam, hält er doch bei allen Übergangsvorschriften im 6. Teil des EGBGB stets eine Antwort auf die vorrangige Frage nach der interlokalen Anknüpfung für erforderlich. Nur wenn sie zum Recht des Beitrittsgebiets führt, ist das RAG als Ausgangspunkt internationalprivatrechtlicher Überlegungen heranzuziehen. Zustimmend PALANDT/HELDRICH Art 236 EGBGB Rn 1 u 6 f, der immer schon diese Auffassung vertrat (zuletzt Interlokales Privatrecht im vereinten Deutschland, in: FS Lerche [1993] 913).

519 Seine Bedeutung ist damit stark zurückgedrängt; in rein innerdeutschen Fällen ist das RAG überhaupt unanwendbar (PALANDT/HELDRICH Art 236 EGBGB Rn 7 u 4).

V. **Statutenwechsel***

520 1. Wird ein Sachverhalt infolge **Änderung des Anknüpfungsgrundes** (Staatsangehörigkeit, Wohnsitz, Aufenthalt, Situs) anderen kollisions- oder materiellrechtlichen Normen unterworfen, dann entsteht eine Lage, die mit der Einführung neuer kollisions- oder materiellrechtlicher Vorschriften vergleichbar ist. Man spricht hier von

---

* **Schrifttum:** BÖHMER, Heilung formfehlerhafter Ehen durch Statutenwechsel?, in: FS Firsching (1985) 41; LÜDERITZ, Wechsel der Anknüpfung in bestehendem Schuldvertrag, in: FS Keller (1989) 459; SCHEUERMANN, Statutenwechsel im internationalen Erbrecht (1969); SIEHR, Heilung durch Statutenwechsel, in: Gedschr Ehrenzweig (1976) 129; ders, Spezielle Kollisionsnormen für die Heilung einer unwirksamen Eheschließung durch „Statutenwechsel", IPRax 1987, 19; WAGNER, Statutenwechsel und dépeçage im internationalen Deliktsrecht, Unter besonderer Berücksichtigung der Datumtheorie (1988); WENGLER, Skizzen zur Lehre vom Statutenwechsel, RabelsZ 1958, 535.

2. Kapitel. IPR. Einleitung. **Einl zum IPR**
D. Intertemporales Privatrecht 521—524

Statutenwechsel (ZITELMANN, IPR I 151 ff), in Frankreich von conflit mobile (BARTIN, Principes I 193), in der englischsprachigen Welt von changes in the connecting factor.

Eine Rechtsordnung löst die andere ab. Grundsätzlich ist jedes Statut **wandelbar**. Die einschlägige Kollisionsnorm kann aber etwas anderes anordnen. Sie kann den Anknüpfungsgrund zeitlich festlegen und damit das Statut *versteinern*.

2. Bei **abgeschlossenen Tatbeständen** stellt sich die Frage nicht, von welcher lex bei 521 nachträglichem Wandel des Anknüpfungsbegriffs auszugehen ist. Maßgebend kann allein die Rechtsordnung sein, die bei Verwirklichung des betreffenden Tatbestands einschlägig war. So ausdrücklich § 7 öst IPRG. Auch beim conflit mobile sind abgeschlossene Tatbestände also hinzunehmen, wohlerworbene Rechte bleiben erhalten (RAAPE/STURM, IPR I 26; MünchKomm/SONNENBERGER Einl IPR Rn 492; PALANDT/HELDRICH Einl v Art 3 EGBGB Rn 23; Resolution des Instituts de droit international, Rev crit dr i p 1981, 815; BGHZ 63, 107, 110 ff = IPRspr 1974 Nr 60; BGH IPRspr 1991 Nr 71 = IPRax 1993, 176 mit Aufsatz von KREUZER ebenda 157; OLG Celle StAZ 1981, 57 = IPRspr 1980 Nr 58; OLG Hamburg IPRspr 1990 Nr 64; OLG Hamm StAZ 1992, 112 = IPRspr 1992 Nr 8; LG Hagen IPRspr 1991 Nr 11).

3. Ist bei Eintritt des Statutenwechsels der zu beurteilende Lebensvorgang aber 522 noch nicht beendet oder liegt ein **Dauerverhältnis** vor, so sind nur die bereits entstandenen Rechtswirkungen nach dem bisher einschlägigen Recht zu beurteilen. Für die Entstehung neuer Rechte und Pflichten oder ihre Änderung gilt diejenige lex, welche nach dem jetzt gegebenen Anknüpfungsbegriff zur Regelung des Tatbestands berufen ist (BGHZ 63, 107, 111 = IPRspr 1974 Nr 60; KG FamRZ 1992, 472 = IPRspr 1991 Nr 141; OLG Düsseldorf FamRZ 1992, 953 = IPRspr 1992 Nr 115).

Zuweilen wird hiervon durch ausdrückliche Vorschrift abgewichen. So zB in Art 7 523 Abs 2 EGBGB, Art 26 Abs 5 S 2 EGBGB oder in Art 55 Abs 1 S 1 schweiz IPRG. Auch können Vorbehaltsklausel und Kampf gegen Gesetzesumgehung zu einem anderen Ergebnis führen (IPG 1977 Nr 36 [Hamburg]). Schließlich kann sich ein **Rückbezug** aus der Natur der Sache ergeben: Erwirbt ein Ausländer die deutsche Staatsangehörigkeit, so wird seine Vaterschaft auch dann mit ex-tunc-Wirkung festgestellt, wenn sein bisheriges, bis zum Statutenwechsel maßgebliches Heimatrecht dies nicht zuließ (BGH NJW 1977, 498 = IPRspr 1976 Nr 87 b; OLG Köln DAVorm 1975, 418 = IPRspr 1975 Nr 87).

Noch weiter gehen zuweilen Gerichte der USA, um Hinterbliebene von Unfallop- 524 fern möglichst umfassend zu schützen. Der erst nach dem Tod des Unfallopfers erfolgte Umzug der Witwe von Wisconsin nach Minnesota führte – rückwirkend – zur Anwendung des günstigeren Rechts von Minnesota: Hague v Allstate Insurance Company 289 NW 2d 43 (Minn 1978), bestätigt vom Supreme Court of Minnesota 289 NW 2d 50 (1979) und vom Supreme Court der Vereinigten Staaten 449 US 302 (1981). Hierzu LOWENFELD und SILBERMAN, Choice of Law and the Supreme Court: A Dialogue Inspired by Allstate Insurance Co v Hague, UCDavisLRev 14 (1981) 837; PETERSON, Proposals of Marriage Between Jurisdiction and Choice of Law, ebenda 869; KOZYRIS, Reflections on Allstate – The Lessening of Due Process in Choice of Law, ebenda 889; JUENGER, Supreme Court Intervention in Jurisdiction and Choice of Law, ebenda 907; ders, Kollisionsrecht und Verfassung, IPRax 1982,

206; VITTA, Conflitti di legge e federalismo negli USA, Riv dir int priv proc 1981, 853.

525 Der BGH (BGHZ 87, 95, 103 = IPRax 1994, 30 mit Aufsatz von HOHLOCH, ebenda 14 = IPRspr 1983 Nr 31) ließ eine Auflockerung des Deliktsstatuts durch Statutenwechsel bisher nicht zu. Doch versucht insbesondere WAGNER, Statutenwechsel und dépeçage im internationalen Deliktsrecht (1988) 143 ff, 172 f, dem Gedanken de lege lata et ferenda zum Durchbruch zu verhelfen.

526 4. Mit diesen Regeln darf nicht die **Heilung** verwechselt werden, die ein unter dem einschlägigen Statut unwirksames Rechtsgeschäft durch Statutenwechsel erfahren kann (RGZ 132, 416 = IPRspr 1931 Nr 59; BayObLGZ 1968, 331 = IPRspr 1968/69 Nr 270; LG Koblenz IPRspr 1975 Nr 39; KG IPRax 1987, 33 = IPRspr 1986 Nr 51; abzulehnen LG Bonn IPRspr 1992 Nr 81; SIEHR, in: Gedschr Ehrenzweig 131 ff; ders IPRax 1987, 19; STURM, in: FS Jahr [1993] 503 ff; MünchKomm/SONNENBERGER Einl IPR Rn 495 ff).

E. Interlokales* und interpersonales** Privatrecht

I. Allgemeines

527 1. In vielen Staaten ist das Privatrecht nicht vereinheitlicht. Vielmehr gelten

---

* **Schrifttum:** BEITZKE, Internationales und interlokales Privatrecht, in: FS Nipperdey (1955) 41; DE NOVA, Diritto interlocale e diritto internazionale privato: ancora un raffronto, Riv dir int priv proc 1976, 5 = Gedschr Ehrenzweig (1976) 111; DÖLLE, Betrachtungen zum ausländischen internationalen und interzonalen Privatrecht, in: FS Raape (1948) 174; EILERS, Systeme des interlokalen Privatrechts. Rechtsvergleichung und Versuch einer Typisierung (1954); GRAVESON, Problems of Private International Law in Non-Unified Legal Systems, Rec des Cours 141 (1974-I) 187; KEGEL, Die Anwendung des Rechts ausländischer Staaten mit räumlicher Rechtsspaltung, in: FS Arnold (1955) 61; LALIVE, Droit interrégional et droit international privé, Schweizer Landesbericht zum IV. internationalen Kongress für Rechtsvergleichung in Paris 1954 (1955) 103; vMEHREN, Conflict of Laws in a Federal System. Some Perspectives, IntCompLQ 18 (1969) 681; D OTTO, Die Bedeutung des Art 4 Abs 3 EGBGB bei Verweisung auf das Recht eines Mehrrechtsstaats, IPRax 1994, 1; RAUSCHER, Die Ausschaltung fremden interlokalen Rechts durch Art 4 Abs 3 S 1 EGBGB, IPRax 1987,

206; STOLL, Kollisionsrechtliche Fragen bei räumlicher Spaltung des anwendbaren Rechts, in: FS Keller (1989) 511; SUMAMPOUW, Droit interrégional privé et droit international privé, in: FS Kokkini-Iatridou (1994) 291; VITTA, Interlocal Conflict of Laws, IntEncCompL III 9.

** **Schrifttum:** BARTHOLOMEW, Private Interpersonal Law, IntCompLQ 1 (1952) 325; BENATHAR, Problèmes relatifs au droit international privé de la famille dans les pays de droit personnel, Rec des Cours 121 (1967-II) 1; CHARFI, L'influence de la religion dans le droit international privé des pays musulmans, Rec des Cours 203 (1987-III) 321; DOI, Non-Muslims under Shari'ah (Islamic Law) (3. Aufl 1983); ELGEDDAWY, Relations entre systèmes confessionnel et laïque en droit international privé (1971); ELWAN, Einflüsse des Islam und des Begriffs der arabischen Nation auf Staatsangehörigkeits-, Fremden- und Kollisionsrecht der arabischen Staaten, in: JAYME/MANSEL (Hrsg), Nation und Staat im Internationalen Privatrecht (1990) 291; GANNAGÉ, La coexistence des droits confessionnels et des droits laïcisés dans les relations privées internationales, Rec des Cours 164 (1973-III) 339; KOLLEWIJN, Inter-

mehrere Privatrechtsordnungen nebeneinander, sei es daß in einzelnen Gebietsteilen verschiedenes Privatrecht in Kraft ist (Teile eines Bundesstaats, autonome Teile eines Einheitsstaates, eingegliederte Länderteile), sei es daß bestimmte Bevölkerungsgruppen je nach religiöser oder stammesmäßiger Zugehörigkeit nach einem besonderen Privatrecht leben.

Verweist eine Kollisionsnorm auf das Recht eines solchen **Mehrrechtsstaates**, so stellt sich stets die Frage: Welche der verschiedenen Privatrechtsordnungen des betreffenden Staates ist maßgebend? Beantwortet wird sie durch die sog **Unteranknüpfung:** Um die anwendbaren Sachnormen ermitteln zu können, sind noch weitere Kollisionsnormen zu befragen. Grundsätze und Normen, nach denen diese Unteranknüpfung erfolgt, werden unter dem Begriff des **interlokalen**, interzonalen, interprovinziellen, interkantonalen, interregionalen Privatrechts zusammengefaßt, wenn es sich um Recht handelt, das in verschiedenen Gebietsteilen gilt; als interreligiöses, **interpersonales**, intergentiles Privatrecht, wenn mehrere Personengruppen im Spiele sind.

Interlokales und interpersonales Privatrecht haben innerhalb eines Staatswesens, in dem mehrere Privatrechtsordnungen gelten, also die Aufgabe, die das IPR im Verhältnis zwischen einzelnen Staaten zu erfüllen hat.

Es gibt Mehrrechtsstaaten, die ein *einheitliches interlokales* oder *interpersonales Privatrecht* besitzen, sei es in der Form gesetzlicher Normierung (Spanien, Bundesrepublik Jugoslawien), sei es als Rechtsprechungs- oder Gewohnheitsrecht (islamische Länder des vorderen Orients und viele Staaten Afrikas). Die Teilrechtsordnungen folgen dabei entweder *eigenständigen internen Abgrenzungsregeln* (USA, England, Schottland) oder mehreren für bestimmte Gebiete oder Personengruppen zugeordneten Privatrechtsordnungen steht ein gesamtstaatlich geltendes gemeines Recht gegenüber (Spanien, Bundesrepublik Jugoslawien). Ferner ist denkbar, daß eine der Teilrechtsordnungen Vorrang vor anderen Teilrechtsordnungen beansprucht (islamische Rechte).

Dieser unterschiedliche Befund erschwert den Zugang zu einer theoretisch wie praktisch befriedigenden Lösung. Frankreich (MAYER, Droit international privé [5. Aufl 1994] Nr 239 ff, und AUDIT, Droit international privé [1991] Nr 287 ff) weist dem Normengefüge des Mehrrechtsstaats eine vorherrschende Rolle zu und drängt demgegenüber die lex fori so weit als möglich zurück. Österreich und Italien stellen bei Fehlen einheit-

gentiel recht (1955); LEMAIRE, Kwesties bij de studie von het intergentiel recht (1956) = Dir-Int 15 (1961) 103; LIPSTEIN/SZÁSZY, Interpersonal Conflict of Laws, IntEncCompL III 10; STIEL, Das interpersonale Kollisionsrecht im IPR (Diss Augsburg 1990); SZÁSZY, Le conflit de lois interpersonnel dans les pays en voie de développement, Rec des Cours 138 (1973-I) 81; ders, Interpersonal Conflicts of Laws, in: FS Wengler II (1973) 793; TIER, The Relationship Between Conflict of Personal Law and Private International Law, JIndLInst 18 (1976) 241; VITTA, Il diritto interpersonale, AnnDirComp 28 (1953) 119; WÄHLER, Interreligiöses Kollisionsrecht im Bereich privatrechtlicher Rechtsbeziehungen (1978); WENGLER, The Problems of „Intergentile" Law and the Possible Methods of their Solutions, in: The General Principles of Private International Law, Rec des Cours 104 (1961-III) 274, 289 ff; ders, Grundprobleme des interreligiösen Kollisionsrechts, in: FS Fragistas II (1967) 485.

lichen interlokalen oder interpersonalen Rechts auf den stärksten Bezug ab (§ 5 Abs 3 öst IPRG, Art 18 ital IPRG). Die Schweiz verzichtete im neuen IPRG überhaupt auf eine Norm.

II. Verweisung auf das Recht von Ländern mit Rechtsspaltung im deutschen IPR

532 1.   Vor der IPR-Reform war die Lösung streitig. Während eine Ansicht sie möglichst weitgehend im Recht des Mehrrechtsstaats suchte und den renvoi begünstigte (zB STAUDINGER/STURM/STURM[12] Rn 324 f; RAAPE/STURM, IPR I 380, 385), ging die andere bei räumlich ausgerichteten Anknüpfungsbegriffen wie Lageort, Handlungsort, gewöhnlicher Aufenthalt nicht nur von der lex fori aus, sondern bestimmte mit ihr die maßgebende Teilrechtsordnung unmittelbar (KEGEL, IPR [5. Aufl 1985] 238).

533 2.   Das IPR-NRG erhob letzteren Lösungsansatz zum Gesetz. Art 4 Abs 3 EGBGB nF bestimmt: „Wird auf das Recht eines Staates mit mehreren Teilrechtsordnungen verwiesen, *ohne die maßgebende zu bezeichnen*, so bestimmt das Recht dieses Staates, welche Teilrechtsordnung anwendbar ist. Fehlt eine solche Regelung, so ist die Teilrechtsordnung anzuwenden, mit welcher der Sachverhalt am engsten verbunden ist". Art 35 Abs 2 EGBGB enthält eine Sondernorm für Schuldverträge.

534 3.   Die gesetzliche Regelung wirkte nicht befriedigend. Im Gegenteil. Über den Streitstand MünchKomm/SONNENBERGER Einl IPR Rn 87 ff; STAUDINGER/HAUSMANN Art 4 EGBGB Rn 321 ff.

Ist bei Staaten mit **interlokaler** Rechtsspaltung das Auffinden der maßgeblichen Teilrechtsordnung heute daher fraglicher denn je, ergeben sich bei Ländern mit interpersonaler Rechtsspaltung auch dann keine Probleme, wenn nicht an die Staatsangehörigkeit, sondern an den Aufenthalt angeknüpft wird. Zur Regelung **interpersonaler** Konflikte findet nämlich stets eine Unteranknüpfung statt. Es sind die Regeln des Mehrrechtsstaats zu befragen (STAUDINGER/HAUSMANN Art 4 EGBGB Rn 341 ff).

535 Im Bereich des interpersonalen Rechts werden bestimmte Religionen oder Bevölkerungsgruppen häufig bevorzugt (ELWAN, in: JAYME/MANSEL 304). Hier gebietet der Gleichheitssatz, *Diskriminierungen* einen Riegel vorzuschieben und insoweit fremde Normen auszuschalten (RAAPE/STURM, IPR I 385; MünchKomm/SONNENBERGER Art 4 EGBGB Rn 94).

536 Als gegen die Glaubens- und Gewissensfreiheit verstoßend darf auch nicht hingenommen werden, daß ein Land mit religiös gespaltenem Personalstatut einer Glaubensgemeinschaft die Anerkennung versagt und sie damit unter das Recht einer anderen zwingt (ULLMANN, Familien- und personenstandsrechtliche Diskriminierungen von Angehörigen der Baha'í-Religion im Iran, ZBlJugR 1989, 242). Das verkennt das OLG Hamm (IPRax 1994, 49 = IPRspr 1992 Nr 159), wenn es auf Baha'í iranischer Staatsangehörigkeit muslimisches Recht der schiitischen Schule anwendet, statt die deutsche lex fori heranzuziehen.

2. Kapitel. IPR. Einleitung.
E. Interlokales Privatrecht

Einl zum IPR
537—542

III. Mehrrechtsstaaten

1. Auf dem europäischen Kontinent führten Grenzverschiebungen und Entste- 537 hen neuer Staaten in der ersten Hälfte dieses Jahrhunderts dazu, daß nicht in allen Gebietsteilen dasselbe Privatrecht galt. Die meisten Staaten, die durch Gebietsänderungen zu Mehrrechtsstaaten wurden, dehnten das im bisherigen Staatsgebiet geltende Privatrecht auf die neuerworbenen Gebiete aus. Andere Staaten schufen überhaupt erst Rechtseinheit auf privatrechtlichem Gebiet. Zur Rechtsgeographie vgl STAUDINGER/STURM/STURM[12] Rn 328 ff sowie RAAPE/STURM, IPR I 379 u 386 Fn 1—12, 381 u 391 Fn 40.

2. Das *interlokale* Privatrecht verschiedener Staaten (**Spanien**, ehemaliges **Jugo-** 538 **slawien** und Bundesrepublik Jugoslawien [Restjugoslawien] als einer seiner Nachfolgestaaten, **Mexiko**, aber auch **Kanada**, **USA** und **Großbritannien**) ist in den Länderberichten bei STAUDINGER/HAUSMANN Anh nach Art 4 EGBGB Rn 248 ff, 328 ff, 437, 67, 79 und 23 behandelt.

3. Auch in **Kanada** herrscht auf dem Gebiete des Privatrechts Rechtsspaltung. 539 Gilt in der Provinz Quebec seit dem 1. 1. 1994 der neue Code civil, der immer noch stark vom französischen Recht geprägt wird, so stützen sich die Rechte der übrigen Provinzen auf Common Law. Art 3077 Abs 1 CC, der von Staaten mit örtlich gespaltenem Recht handelt und jede Gebietseinheit einem Staat gleichstellt, ist auch auf Kanada selbst anzuwenden (GROFFIER Rev crit dr i p 1992, 584, 593). Da das neue IPR (so Rn 465) dem Domizilprinzip folgt, lösen sich aus der Sicht von Quebec interne Konflikte problemlos. Über die anderen Provinzen DUBLER, Partage des pouvoirs et droit international privé dans la fédération canadienne, SchwJbIntR 1984, 66, 69 ff, 81 ff.

Das Privatrecht **Australiens** ist ebenfalls nicht vereinheitlicht. Dieser Bundesstaat 540 zerfällt vielmehr in sechs Teilstaaten und eine Reihe sog unmittelbarer Bundesgebiete. Alle besitzen ihr eigenes Rechts- und Gerichtssystem (PRYLES, Interstate Conflict of Laws in Australia, RabelsZ 1979, 708; SYKES/PRYLES, International and Interstate Conflict of Laws [2. Aufl 1981]).

Interlokale Konflikte gilt es auch zwischen den **Niederlanden** und ihren überseeischen 541 Gebieten zu regeln (Quellen bei WOLDE, Bronnen van interregionaal privaatrecht [1994]).

4. Rechtsverschiedenheit nach *Bevölkerungsgruppen* besteht im Personen-, 542 Familien- und Erbrecht zahlreicher **asiatischer Staaten** (KHOURY, Die rechtliche Stellung religiöser Minderheiten im Vorderen Orient, ZVglRW 84 [1985] 105), zB **Bangladesh** (PEARL, Interpersonal Conflict of Laws in India, Pakistan and Bangladesh [1981]), **Burma, Indien** (RAMA RAO, Conflict of Laws in India, RabelsZ 1958, 259; PEARL, Interpersonal Conflict of Laws in India, Pakistan and Bangladesh [1981]; GUPTA, Personal Laws [1983]; DIAGOU, Le droit applicable aux musulmans de l'Inde I [2. Aufl 1987]), **Indonesien** (GOUWGIOKSIONG, Interpersonal Law in Indonesia, RabelsZ 1965, 545; CAMMACK, Islamic Law in Indonesia's New Order, IntCompLQ 38 [1989] 53; SURIANEGARA, La pluralité des statuts personnels dans le droit indonésien. Conflits internes et conflits internationaux [Diss Paris 1986]), **Irak** (STAUDINGER/HAUSMANN Anh nach Art 4 EGBGB Rn 481), **Iran** (STAUDINGER/HAUSMANN Anh nach Art 4 EGBGB Rn 489 und o Rn 495), **Israel** (SCHEFTELOWITZ, Interkonfessionelles und internationales Kollisionsrecht in Israel, AcP 152

[1952/53] 516; ENGLARD, Religious Law in the Israel Legal System [1975]; ders, Law and Religion in Israel, AmJCompL 35 [1987] 185; FALK/LEHMANN, Conflits de juridictions en matière de statut personnel en droit israelien, Clunet 1980, 76; SHIFMAN, Religious Affiliation in Israeli Interreligious Law, IsraelLRev 15 [1980] 1; LAYISH, Marriage, Divorce and Succession in the Druze Family. A Study Based on Decisions of Druze Arbitrators and Religious Courts in Israel and the Golan Heights [1982]; WASSERSTEIN-FASSBERG, Choice of Law Models. The Internal Interreligious Context, in: FS Vander Elst II [1986] 885; BISHART, Palestinian Lawyers and Israeli Rule. Law and Disorder in the West Bank [1989]; KRETZMER, The Legal Status of Arabs in Israel [1990]; LEVIN, Konflikte zwischen einer weltlichen und einer religiösen Rechtsordnung. Eine kritische Würdigung des israelischen Familienrechts mit besonderer Berücksichtigung des jüdischen Scheidungsrechts aus der Sicht des schweizerischen internationalen Privatrechts [1991]), **Jordanien, Libanon** (GANNAGÉ, L'Etat face au pluralisme des statuts familiaux au Liban, Rev jur pol ind coop 1967, 157; ders, Droit intercommunautaire et droit international privé. A propos de l'évolution du droit libanais face aux droits orientaux, Clunet 1983, 479; HOUEISS, Le régime matrimonial légal à travers les conflits internes de lois et de juridictions. Etude de droit libanais, Rev dr int dr comp 1981, 105), **Malaysia** (HOOKER, Private International Law and Personal Laws. A Note on Malaysian Experience, MalayaLRev 10 [1968] 55; RICHTER, Die Rechtsspaltung im malaysischen Familienrecht, zugleich ein Beitrag zur „gestuften" Unteranknüpfung im internationalen Privatrecht [1978]; ders, Neuordnung des Familienrechts in Malaysia, IPRax 1983, 140), **Pakistan** (PEARL, Interpersonal Conflict of Laws in India, Pakistan and Bangladesh [1981]), **Syrien, Vereinigte Arabische Republik** (MIKAYIS, Internationales und interreligiöses Personen-, Familien- und Erbrecht in der Vereinigten Arabischen Republik, RabelsZ 1969, 517), **Zypern** (EMILIANI-DIS, Interracial and Interreligious Law in Cyprus, Rev hell dr int 11 [1958] 286).

5. Entsprechendes gilt für eine Reihe von Staaten **Afrikas** (LAMPUÉ, La diversité des statuts de droit privé dans les États africains, Rec Penant 1961, 1; GLUCKMAN, Custom and Conflict in Africa [1973]; HOOKER, Legal Pluralism. An Introduction to Colonial and Neo-Colonial Laws [1975]; TARAZI, La solution des problèmes de statut personnel dans le droit des pays arabes et africains, Rec des Cours 159 [1978-I] 345; BOULANGER, Essai comparatif sur la notion de statut personnel dans les relations internationales des pays d'Afrique noire, Rev crit dr i p 1982, 645; BENNETT, The Application of Customary Law in Southern Africa. The Conflict of Personal Laws [1985]; SPELLENBERG, Interpersonelles und interlokales Privatrecht in afrikanischen Staaten, in: ABUN-NASR ua [Hrsg], Law, Society and National Identity in Africa [1990] 109; UCHE, Conflict of Laws in Multi-Ethnic Setting. Lessons from Anglophone Africa, Rec des Cours 224 [1991-III] 273; BOYE, Le statut personnel dans le droit international privé des pays africains au sud du Sahara. Conceptions et solutions des conflits de lois. Le poids de la tradition négro-africaine personnaliste, Rec des Cours 238 [1993-I] 247), zB **Ägypten** (LINANT DE BELLEFONDS, La jurisprudence égyptienne et les conflits de lois en matière de statut personnel, Clunet 1960, 822; K WÄHLER, Internationales Privatrecht und interreligiöses Kollisionsrecht, IPRax 1981, 163; RIAD/SADEK, Les conflits de lois en droit interne et en droit international privé égyptien dans les matières de statut personnel, in: CARLIER/VERWILGHEN [Hrsg], Le statut personnel des musulmans [1992] 67; MENHOFER, Religiöses Recht und internationales Privatrecht, dargestellt am Beispiel Ägypten [1995]), **Algerien** (KOLLEWIJN, Le droit intergentiel en Algérie, Rev jur pol ind coop 1954, 321), **Gambia, Ghana** (KWAME OPUKU, The Law of Marriage in Ghana. A Study in Legal Pluralism [1976]), **Kenia, Kongo** (ODICKY EYENGA EKOTO, Coexistance des droits coutumiers et du droit moderne dans la République populaire du Congo et conflits interpersonnels [Diss Aix-Marseille 1977]), **Marokko** (BOURELY, Le droit international privé du Maroc indépendant, Rev crit dr i p 1962, 211 u 445; DEPREZ, Pluralisme des statut personnels, Conflits interpersonnels, JClDrComp Maroc, Fasc 1 [1975]), **Nigeria** (BOPARAI, The Customary and Statutory Law of Marriage in Nigeria, RabelsZ

1982, 530, 542 ff; ASIEDU-AKROFI, Judicial Recognition and Adoption of Customary Law in Nigeria, AmJCompL 37 [1989] 571), **Senegal** (KOUASSIGAN, Les conflits interpersonnels et internationaux de lois et leurs incidences sur la forme du mariage en Afrique noire francophone. Réflexions à partir de l'expérience sénégalaise, Rev crit dr i p 1978, 641), **Sierra Leone, Simbabwe** (BENNETT, Conflict of Laws. The Application of Customary Law and the Common Law in Zimbabwe, IntCompLQ 30 [1981] 59), **Sudan** (TIER, Conflict of Laws and Legal Pluralism in the Sudan, IntCompLQ 39 [1990] 611), **Südafrika** (SUTTNER, Legal Pluralism in South Africa, IntCompLQ 19 [1970] 134; SANDERS, The Internal Conflict of Laws in South Africa [1990]) und **Tansania**, aber *nicht mehr* Tunesien.

6. Auch sonst in der Welt kommt interpersonale Rechtsspaltung vor, zB in **Neu-Kaledonien** (NICOLAU, L'autonomie de la coutume canaque, Rev jur pol ind coop 1992, 219; VIVIER, Les limites du statut personnel des kanaks, ebenda 473); selbst in Europa, nämlich in **Griechenland** für die Muslime Thraziens (DEMETRIOU/GOTTWALD, Zur Intestaterbfolge nach griechischen Muslimen, IPRax 1995, 193).

IV. Deutsches interlokales Privatrecht

1. Mit Inkrafttreten des BGB am 1.1.1900 wurde die im Deutschen Reich bestehende *Rechtszersplitterung* beseitigt. Das bis dahin außerordentlich wichtige interlokale Privatrecht fristete von nun an nur noch ein Schattendasein.

2. Mit dem *Anschluß Österreichs und des Sudetenlands* sowie der Einverleibung anderer Rechtsgebiete wurden aber Fragen des interlokalen Privatrechts erneut virulent (HUBERNAGEL, Das interlokale und interpersonale Privatrecht im großdeutschen Raum [1942]; FLECHSIG, Die Grundprobleme des deutschen interlokalen Privatrechts in Rechtslehre und Rechtsprechung der Jahre 1938–1945 [1951]; B RAISER, Die Rechtsprechung zum deutschen internationalen Eherecht im „Dritten Reich" [1980]). Diese wirken bis auf den heutigen Tag nach (BGH FamRZ 1976, 612 = IPRspr 1976 Nr 41).

Der Gesetzgeber griff erst nach Jahren ein. Er vereinheitlichte zunächst das internationale und interlokale Familienrecht in den Reichsgauen der Ostmark, des Sudetenlands und im Protektorat Böhmen und Mähren. Die 4. DVO zum EheG vom 25.10.1941 (RGBl I 654) führte dort Vorschriften ein (§§ 5–18 der 4. DVO), die im wesentlichen mit Art 13, 14, 17–23, 27–30 EGBGB aF übereinstimmten und in Österreich bis zum Inkrafttreten des IPRG (1.1.1979) fortgalten (MÄNHARDT, Das internationale Personen- und Familienrecht Österreichs [1971] 48 ff; SCHWIND, Handbuch des Österreichischen Internationalen Privatrechts [1975] 61, 68). Ausgespart blieben nur Güter- und Erbrecht. Im Güterrecht wandte man im ganzen Reich das Recht des ersten ehelichen Wohnsitzes an (RAAPE, Deutsches Internationales Privatrecht [2. Aufl 1945] 214 f). Das interlokale Erbrecht regelte die VO über den Anwendungsbereich erbrechtlicher Vorschriften vom 12.12.1941 (RGBl I 765). Maßgebend war der letzte inländische Wohnsitz. Dem Erblasser wurde aber gestattet, durch professio iuris das Sachrecht eines Teilrechtsgebiets für anwendbar zu erklären, in dem er früher einmal einen Wohnsitz besaß. Sondervorschriften galten für die Rechtsanwendung im Protektorat Böhmen und Mähren (§ 1 Abs 3 und 4 der VO vom 12.12.1941, sowie VO über die Anwendung deutschen Rechts auf deutsche Staatsangehörige im Protektorat Böhmen und Mähren vom 20.7.1939 [RGBl I 1309]). Hier wurde das Personalitätsprinzip (STURM, Personalitätsprinzip, HRG III [1983] 1587, 1591) wieder belebt. In den eingegliederten Ostgebieten galt faktisch deutsches Recht. Für Deutschland und die Sowjetunion war Polen durch debellatio untergegangen, waren polnische Bürger zu Staatenlosen geworden. Jedenfalls sollten Eingliederung und Eindeutschung beschleunigt und conflits d'annexion vermieden werden. Diesem Zwecke dienten die Ost-Rechtspflege-VO vom 25. 9. 1941 (RGBl I 597) und die 1. DVO zur Ost-Rechtspflege-VO (RGBl I 599).

548 3.   Im **Nachkriegsdeutschland*** hat sich das Problem noch verschärft. In der Deutschen Demokratischen Republik, der ehemaligen sowjetischen Besatzungszone, wurde das Privatrecht völlig in sozialistischem Geist umgestaltet. Die VO über Eheschließung und Eheauflösung vom 24. 11. 1955 (EheVO) und das FamGB vom 20. 12. 1965, das das gesamte Familienrecht aus dem BGB herausnahm und in §§ 22–24 EGFamGB auch die Art 13–23 EGBGB ersetzte, waren Beginn des von der Sowjetunion und ihren östlichen Machthabern bewußt vorangetriebenen und geförderten Auseinanderbrechens der deutschen Rechtseinheit. Den Schlußstrich zogen drei am 1. 1. 1976 in Kraft getretene Kodifikationen: das Zivilgesetzbuch (DDR-ZGB), die Zivilprozeßordnung (DDR-ZPO) und das Gesetz über die Anwendung des Rechts auf internationale zivil-, familien- und arbeitsrechtliche Beziehungen sowie auf internationale Wirtschaftsverträge, das Rechtsanwendungsgesetz (RAG), das das gesamte Kollisionsrecht umfassend regelte und die Vorschriften des EGFamGB außer Kraft setzte.

---

* **Schrifttum:** BEITZKE, Hauptprobleme des interzonalen Privatrechts, JR 1952, 1, 141 u 419; ders, Internationales und interlokales Privatrecht, in: FS Nipperdey (1955) 41; ders, Die Anwendung der Grundsätze des internationalen Privatrechts auf interlokale Kollisionen in Deutschland, in: Deutsche Landesreferate zum IV. internationalen Kongreß für Rechtsvergleichung in Paris 1954 (1955) 125; BREITKOPF, Die Behandlung von Immobilienrechten Deutscher mit Wohnsitz in der Bundesrepublik Deutschland und Berlin (West), in der DDR und Berlin (Ost) (1983); DROBNIG, Interzonale Kollisionsnormen in der Gesetzgebung Deutschlands, RabelsZ 1954, 463; ders, Die entsprechende Anwendung des IPR auf das interzonale Recht Deutschlands, JbOstR 1961 II 31; ders, Der „Grundvertrag" und die innerdeutschen Zivilrechtsbeziehungen, RabelsZ 1973, 485; ders, Probleme des interlokalen Kindschaftsrechts, in: Das Familienrecht in beiden deutschen Staaten (1983) 215; HELDRICH, Innerdeutsches Kollisionsrecht und Staatsangehörigkeitsfragen, NJW 1978, 2169; ders, Innerdeutsches Kollisionsrecht, ZfRvgl 1978, 292; JACOBSEN, Die Rechtswahl im interlokalen Erbrecht Deutschlands, ROW 1983, 97; KNOKE, Deutsches interlokales Privat- und Privatverfahrensrecht nach dem Grundvertrag (1980); NAGEL, Fragen der Zuständigkeit bei Ehe- und Statusklagen sowie Anerkennung von Urteilen zwischen beiden deutschen Staaten, in: Das Familienrecht in beiden deutschen Staaten (1983) 237; SCHEUNER, Die deutsche einheitliche Staatsangehörigkeit: ein fortdauerndes Problem der deutschen Teilung, Eur-Arch 1979, 345; K WÄHLER, Interlokale Konflikte im deutschen Eherecht, BlnAnwBl 1983, 151 u 175; WENGLER, Prinzipienfragen des interzonalen Rechts in Deutschland, NJW 1951, 49; E WOLFF, Probleme des interlokalen Privatrechts in Deutschland, in: FS Raape (1948) 181; ZIEGER, Deutsche Staatsangehörigkeit und Drittstaaten, in: FS Mann (1977) 505.

Ältere Urteile wurden veröffentlicht in der Sammlung der deutschen Entscheidungen zum interzonalen Privatrecht (IzRspr). Es erschienen die Bände 1945–1953, 1954–1957, 1958/59, 1960/61, 1962/63, 1964/65 und 1966/67. Spätere Urteile wurden in Die deutsche Rechtsprechung auf dem Gebiete des internationalen Privatrechts (IPRspr) aufgenommen.

2. Kapitel. IPR. Einleitung.
E. Interlokales Privatrecht

Aus der **Sicht der Bundesrepublik** waren die *DDR und Ost-Berlin kein Ausland*, die 549 dort geltenden Gesetze kein fremdes Recht. Das ergibt sich klar aus dem Beschluß des BVerfG zum Grundlagenvertrag (BVerfGE 36, 1, 17, 30 = NJW 1973, 1539; BVerfGE 37, 57, 64 = NJW 1974, 893; ebenso schon BGH ROW 1961, 209 = IzRspr 1960/61 Nr 3). Die zuweilen aufgeworfene Frage, ob im Verhältnis zur DDR und zu Ost-Berlin nach Abschluß des Grundlagenvertrags und in Anbetracht völlig auseinanderklaffender Normen IPR anzuwenden sei (DÖLLE, IPR [2. Aufl 1972] 14; ERMAN/ARNDT [6. Aufl 1975] Vor Art 7 EGBGB Rn 4; HELDRICH NJW 1978, 2169; MünchKomm/SONNENBERGER [1. Aufl 1983] Einl IPR Rn 124) wurde damit gegenstandslos (RAAPE/STURM, IPR I 382; WENGLER, Staatsangehörigkeit als Anknüpfungsmoment im zwischendeutschen Kollisionsrecht, NJW 1981, 903, 904). Zivilrechtliche Beziehungen im deutschen Ost-West-Verhältnis waren deshalb mit der hM (RAAPE/STURM, IPR I 381 ff; KEGEL, IPR [6. Aufl 1987] 21 f; ERMAN/MARQUORDT [2. Aufl 1972] Vor Art 7 EGBGB Rn 42 ff; SOERGEL/KEGEL [11. Aufl 1984] Vorbem 180 zu Art 7 EGBGB; DROBNIG RabelsZ 1973, 491; WENGLER NJW 1981, 903) und der Rspr (BGH FamRZ 1979, 793 = IPRspr 1979 Nr 113; BGHZ 84, 17, 18 f = NJW 1982, 1947 = IPRspr 1982 Nr 136; BGHZ 85, 16, 22 = NJW 1983, 279 = IPRspr 1982 Nr 71; BGHZ 91, 186 = NJW 1984, 2361 = IPRax 1985, 37 = IPRspr 1984 Nr 63) stets interlokalem Privatrecht zuzuordnen (RAAPE/STURM, IPR I 381 ff; CHR VBAR, IPR I Rn 283). Daran änderte auch die Tatsache nichts, daß im deutsch-deutschen Verhältnis der bei anderen Mehrrechtsstaaten vorhandene Grundkonsens fehlte, daß *beide Teile* sich nicht als integrierende Bestandteile eines einheitlichen Staatswesens verstanden.

Durch die Umgestaltung des Privatrechts wurden die gemeinsamen Grundlagen des 550 Rechtslebens in einem Maße zerstört, daß auf die **Vorbehaltsklausel** keinesfalls verzichtet werden konnte (Näheres bei RAAPE/STURM, IPR I 383 und bei STAUDINGER/STURM/STURM[12]).

Die **Grundsätze des innerdeutschen Verweisungsrechts** wurden in Anlehnung an die 551 Regeln des IPR entwickelt (RAAPE/STURM, IPR I 382 ff; BVerfGE 5, 17 = IzRspr 1954–1957 Nr 5 A; BGH IzRspr 1945–1953 Nr 1; BGHZ 40, 32, 34 = IzRspr 1962/63 Nr 7; BGH WM 1965, 267 = IzRspr 1964/65 Nr 68; BSG NJW 1962, 1541 = IzRspr 1962/63 Nr 116).

Das IPR-NRG änderte hieran nichts; es enthielt keine interlokalen Normen, son- 552 dern überließ deutsch-deutsche Rechtskollisionen Lehre und Rechtsprechung.

Soweit **räumliche** Anknüpfungsmomente in Frage kamen, bot die Anknüpfung keine 553 Schwierigkeiten (BGH FamRZ 1961, 261 = IzRspr 1960/61 Nr 8; BGH NJW 1964, 650 = IzRspr 1962/63 Nr 75 – beide Delikt; BGHZ 1, 109, 113 = IzRspr 1945–1953 Nr 232; BFH Betrieb 1963, 887 = IzRspr 1962/63 Nr 64; LG Mannheim IzRspr 1945–1953 Nr 7 – alle Enteignung).

Nur bei der Anknüpfung **persönlicher** Rechtsverhältnisse ergaben sich Zweifelsfra- 554 gen. Die *Anknüpfung an die Staatsangehörigkeit war hier unbrauchbar*. Diese Feststellung galt auch und gerade der neugeschaffenen Staatsbürgerschaft der DDR gegenüber.

Die Frage, welches Anknüpfungsmoment an Stelle der Staatsangehörigkeit heranzuziehen ist, Wohnsitz oder gewöhnlicher Aufenthalt, war in der Rspr zunächst umstritten (Nachweise bei RAAPE/STURM, IPR I 383 und 394 Fn 79 und 80). Doch setzte sich die Anknüpfung an den **gewöhnlichen Aufenthalt** allgemein durch (BGHZ 40, 32, 34 =

IzRspr 1962/63 Nr 7; BGH FamRZ 1979, 793 = IPRspr 1979 Nr 113; BGHZ 85, 16, 23 f = NJW 1983, 279 = IPRspr 1982 Nr 71; BGHZ 91, 186, 194 ff = IPRspr 1984 Nr 63; weitere Nachweise bei RAAPE/STURM, IPR I 395 Fn 81; CHR VBAR, IPR I Rn 286 ff).

555 Auch die Vorschriften des internationalen **Verfahrensrechts** konnten im innerdeutschen Verhältnis nicht unmittelbar angewandt werden. Sie waren interlokalrechtlich zu modifizieren (BGHZ 4, 62 = IzRspr 1945–1953 Nr 467, bestätigt von BGH NJW 1971, 196; BGHZ 30, 1 = IzRspr 1958/59 Nr 179; BGHZ 34, 134 = IzRspr 1960/61 Nr 179; BGHZ 36, 11 = IzRspr 1960/61 Nr 108 b; BGHZ 38, 1 = IzRspr 1962/63 Nr 125; BGHZ 65, 311 = IPRspr 1975 Nr 211 b; BGH WM 1976, 404 = IPRspr 1976 Nr 203; BGH FamRZ 1977, 786 = IPRspr 1977 Nr 184 b; BGHZ 84, 17, 18 f = NJW 1982, 1947 = IPRspr 1982 Nr 136). Dies spielte vor allem bei interlokaler Zuständigkeit sowie Anerkennung und Vollstreckung von DDR-Entscheiden eine Rolle (Voss, Die Anwendbarkeit international-rechtlicher Vorschriften der ZPO auf die SBZ [Diss Bonn 1961]; STAUDINGER/GAMILLSCHEG[10/11] § 606 b ZPO Rn 644 ff und § 328 ZPO Rn 587 ff; RAAPE/STURM, IPR I 384).

556 Die **Deutsche Demokratische Republik** betrachtete die Bundesrepublik seit Mitte der 60er Jahre als Ausland. Deutsch-deutsche Rechtsbeziehungen beurteilte sie daher nach *internationalprivatrechtlichen* Grundsätzen (WEHSER, Zum internationalen Familienrecht im neuen Rechtsanwendungsgesetz der DDR, JZ 1977, 449, 450; MünchKomm/SONNENBERGER Einl IPR Rn 150 f; CHR VBAR, IPR I Rn 283; STAUDINGER/DÖRNER[12] Art 236 §§ 1-3 EGBGB Rn 72). Die seit 1. 4. 1966 geltenden §§ 15–25 und § 26 Abs 1 S 2 EGFGB vom 20. 12. 1965 (FGB-Kommentar [4. Aufl 1973]) und die Normen des EGBGB, soweit sie hierdurch nicht aufgehoben waren, wurden am 1. 1. 1976 durch das RAG vom 5. 12. 1975 (GBl I 748) und §§ 181 ff DDR-ZPO vom 19. 6. 1975 (GBl I 533) abgelöst (MAMPEL, Das Rechtsanwendungsgesetz der DDR, NJW 1976, 1521; LÜBCHEN/POSCH, Zivilrechtsverhältnisse mit Auslandsberührung [3. Aufl 1978]; LÜBCHEN [Hrsg], Internationales Privatrecht. Kommentar zum Rechtsanwendungsgesetz [1989]).

557 4. Der **Einigungsvertrag** vom 31. 8. 1990 (BGBl 1990 II 889) beseitigte die deutsch-deutsche Rechtsspaltung nahezu vollständig. Im Privatrecht ist seit dem 3. 10. 1990 die *Rechtseinheit* also im wesentlichen wiederhergestellt.

558 Innerdeutschen Kollisionsrechts bedarf es aber weiterhin in zwei Bereichen: Einmal auf Gebieten, die von der Einführung bundesdeutschen Rechts ausdrücklich ausgenommen wurden. Zum anderen in den sog Altfällen, Fällen, in denen nach den intertemporalen Übergangsbestimmungen der Art 231–236 EGBGB das bisherige Recht in den neuen Bundesländern und Ost-Berlin weitergilt.

559 Mit dem Inkrafttreten bundesdeutschen Rechts in der ehemaligen DDR wurden auch die von der Rechtspraxis in Anlehnung an das EGBGB entwickelten Regeln des innerdeutschen Kollisionsrechts übernommen (KROPHOLLER, IPR 186; PALANDT/HELDRICH Anh zu Art 3 EGBGB Rn 3, Art 236 EGBGB Rn 4; ERMAN/HOHLOCH Art 236 EGBGB Rn 5; BGHZ 124, 270, 273). Besteht heute noch Rechtsspaltung und liegt der zu beurteilende Vorgang nach dem Beitritt, so sind diese Grundsätze heranzuziehen.

560 In Altfällen ist bei rein innerdeutschen Rechtskonflikten die Anknüpfung höchst umstritten. Näheres bei STAUDINGER/DÖRNER[12] Art 236 §§ 1-3 EGBGB Rn 73 ff). Das bereits oben Rn 518 angeführte Urteil des BGH (BGHZ 124, 270, 272 f = IPRax

1995, 114 mit Aufsatz von DÖRNER ebenda 89) schaffte zumindest vordergründig Klarheit. Anzuwenden sind in den alten und in den neuen Bundesländern die Regeln des innerdeutschen Kollisionsrechts, das die Bundesrepublik entwickelt hatte.

Der BGH verfuhr also anders als seinerzeit das RG. Am 1.1.1900 löste in den **561** einzelnen Ländern des Reiches das EGBGB die landesrechtlichen Kollisionsnormen ab, bei denen – ebenso wie beim RAG – internationales und interlokales Privatrecht nicht gesondert waren. Bei dieser vergleichbaren Lage wandte das RG in altrechtlichen Fällen auch im Verhältnis der einzelnen Bundesstaaten untereinander deren altes internationales Privatrecht an (MELCHIOR, Grundlagen 66).

Nach dem 3.10.1990 ebenso zu verfahren, hätte mit der Anerkennung der DDR Ernst gemacht, wie es Sinn und Zweck des Einigungsvertrags entspricht. Leider setzte man sich darüber hinweg und läßt so den Gedanken aufkommen, daß es sich bei der Wiedervereinigung nicht um den Zusammenschluß zweier selbständiger Staaten handelte, sondern um den Anschluß des Gebiets der ehemaligen DDR (STURM, L'impact du Traité d'unification sur le droit privé de l'Allemagne unie, Clunet 1991, 7, 9 ff, 17 ff; ders, Gelten die Rechtshilfeverträge der DDR fort?, in: FS Serick [1992] 351, 363 ff).

F. Entstehungsgeschichte des Gesetzes

I. Allgemeines

Das IPR-NRG vom 25.7.1986 (BGBl I 1142), das am 1.9.1986 in Kraft trat und in das **562** EGBGB ein Zweites Kapitel mit der Überschrift Internationales Privatrecht einschob, ersetzte fast alle Vorschriften des alten EGBGB.

Zwar ist auch die Neuregelung lückenhaft. Jedoch gelang es, durch Inkorporation von Abkommen (Unterhaltsstatutabkommen 1973 [so Rn 278], Testamentsformabkommen 1961 [so Rn 278], Römer Schuldvertragsabkommen [so Rn 290]) und Einschaltung neuer Regeln (zB über das Namensrecht) den Normenbestand erheblich zu vermehren und insbesondere allseitige Kollisionsnormen für Schuldverhältnisse aus Vertrag zu schaffen.

II. Das EGBGB aF

1. Lückenhaftigkeit war die Hauptkritik, die Art 7–31 EGBGB aF traf (RAAPE/ **563** STURM, IPR I 46). In der Tat trug der erste Abschnitt des EGBGB aF (Allgemeine Vorschriften) fragmentarische Züge und wurde von NIEMEYER (IPR, in: Deutschland unter Kaiser Wilhelm II. [1914] 346, 354) als klägliches Machwerk apostrophiert, von NEUBECKER (IPR auf deutschrechtlicher Grundlage, in: Jahrbuch für den Internationalen Rechtsverkehr 1912/13, 8, 9) als deplacierter Torso bezeichnet. Diese Dürftigkeit erstaunt. Ursprünglich war ja geplant, das IPR ausführlich und in Form allseitiger Kollisionsnormen zu regeln, die in den Allgemeinen Teil eingestellt werden sollten.

2. Wie kam es zu diesem Bruch? Hierüber ließen sich zunächst nur Vermutungen **564** aufstellen. NIEMEYER (aaO) sprach von Unverstand namenloser Amtsstellen. Die Beratungen des Bundesrats wurden nicht veröffentlicht. Erst 1915 war es möglich, die von GEBHARD, dem ersten Bearbeiter des Kollisionsrechts, verfaßten Motive zu seinen beiden ausführlichen Vorentwürfen zum IPR der Allgemeinheit zugänglich zu machen. So blieben bis in jüngste Zeit wichtige Abschnitte der Entstehungsgeschichte, wie STAUDINGER/RAAPE[9] 54 es treffend kennzeichnete, ein Arkanum.

565 3. Zwei deutschen Wissenschaftlern gebührt das Verdienst, diese Vorgänge durch Auswertung unveröffentlichter Materialien aufgehellt und erstmals eine lückenlose Darstellung der Entstehungsgeschichte des EGBGB gezeichnet zu haben: FRIEDRICH KORKISCH und OSKAR HARTWIEG.

566 4. Es waren wirklich **Bismarck** und nach seinem Ausscheiden das **Auswärtige Amt**, die eine Aufnahme des Kollisionsrechts in die Kodifikation zu verhindern suchten. Doch nicht etwa Rücksichtnahme gegenüber dem Ausland oder das Bestreben, die Freiheit von Wissenschaft und Rechtsprechung durch ein Normensystem nach Möglichkeit nicht zu beengen, bewogen sie zu ihrem Kampf gegen Erste und Zweite Kommission, die auch das Kollisionsrecht geregelt wissen wollten. Wie KORKISCH und HARTWIEG in den von ihnen verfaßten Einführungen (Die geheimen Materialien zur Kodifikation des deutschen Internationalen Privatrechts 1881–1896 [1973] 1 ff, 23 ff) zeigen, standen hinter diesem Kampf ganz andere Erwägungen und Triebkräfte: Reichskanzler und Auswärtiges Amt beanspruchten eine der Gesetzgebung nicht unmittelbar unterworfene Zuständigkeit in Fragen der auswärtigen Politik. Man sah das Völkerrecht, zu dem man zumindest im Auswärtigen Amt auch das Internationale Privatrecht rechnete, als ureigenste Domäne an, aus der man sich nicht beliebig Teile herausschneiden lassen wollte. Man befürchtete – zu Recht oder zu Unrecht – eine Schwächung der deutschen Verhandlungsposition auf der internationalen Bühne, wenn man sich hinsichtlich der Anwendung fremden Rechts schon zu früh festgelegt hätte. Man hoffte, in internationalen Verhandlungen zumindest Gegenseitigkeit und damit einen entsprechend großen Herrschaftsbereich deutscher Rechtsnormen erzwingen zu können. Man wollte in der Abwehr ausländischen Rechts freie Hand behalten und sah in den von GEBHARD entworfenen allseitigen Kollisionsnormen, die auf weiten Gebieten auch deutsche Staatsbürger fremdem Recht unterwarfen, übertriebenes und keineswegs berechtigtes Hintansetzen eigener Belange.

567 5. Schon die **Erste Kommission** wurde vom Auswärtigen Amt über die Bedenken unterrichtet, die seiner Ansicht nach einer Normierung des IPR entgegenstanden. Seitens der Kommission zeigte man sich beeindruckt und erklärte sich nicht für befugt, die hochpolitische Frage selbst zu entscheiden (Die geheimen Materialien 161 f). Man begnügte sich, den Entwurf eines selbständigen Gesetzes vorzulegen, den der Bundesrat und das Reichsjustizamt aber nie veröffentlichten.

568 6. Die **Zweite Kommission** war selbstsicherer. Sie beschloß gleich zu Beginn, das IPR im BGB zu regeln (Prot I 1 f). Jetzt begann gewissermaßen auf höherer Ebene ein emsiger und nicht sehr erfreulicher Schriftverkehr zwischen Reichsjustizamt und Auswärtigem Amt, in den auch der Preußische Justizminister einbezogen wurde. Die Verquickung von Reichs- und preußischen Ministerämtern dürfte dabei eine nicht unerhebliche Rolle gespielt haben (Die geheimen Materialien 45).

569 7. Schließlich entschloß man sich zu kommissarischen Verhandlungen und bildete eine **geheime IPR-Kommission**, die die bestehenden Meinungsverschiedenheiten

bereinigen und einen Kompromißvorschlag erarbeiten sollte. Ursprünglich war geplant, auch einen Referenten der Zweiten Kommission zu beteiligen (Die geheimen Materialien 226). Tatsächlich hielt man aber den inzwischen an die Juristische Fakultät der Universität Freiburg berufenen GEBHARD von den Beratungen fern. GEBHARD, dessen Namen man nicht einmal richtig schreiben konnte, wurde als weltfremder Theoretiker angesehen, der die Auswirkungen seines Entwurfs nicht bedacht habe (Die geheimen Materialien 240). Die erste Sitzung der IPR-Kommission fand am 23. 11. 1895 statt. Nach wenigen Minuten ging man aber schon wieder auseinander. Staatssekretär NIEBERDING hob die Sitzung auf, weil die Vertreter des Auswärtigen Amts weiter Obstruktion betrieben und nicht bereit waren, zur Sache zu verhandeln. Diese Haltung gab das Auswärtige Amt aber im weiteren Verlauf der Sitzungen auf. Da man erkannte, daß man sich gegenüber Reichsjustizamt, Preußischem Justizminister und den Vertretern der Hansestädte, die ebenfalls beteiligt wurden, nicht durchsetzen konnte, wurde man zusehends kompromißfreudiger und unterstützte aus Zeitnot die Vorschläge der Hansestädte, die mit dem Entwurf der Zweiten Kommission hart ins Gericht gingen und zahlreiche Alternativen anboten (Die geheimen Materialien 297 ff). Was dort nicht gestrichen oder umformuliert war, wurde von der Kommission gestutzt oder verfremdet (Die geheimen Materialien 330 ff, 340 ff, 370 ff).

8. Das **Reichsjustizamt** überarbeitete das Ergebnis der Beratungen, teilte dem Entwurf die §§ a-z zu und ließ zunächst Reichskanzler und Preußens Minister Stellung nehmen. Das Preußische Staatsministerium schlug vor, Buch 6 ganz zu streichen und die neu erarbeiteten Vorschriften ins EGBGB aufzunehmen (Die geheimen Materialien 391 f). Jetzt konnte man den „preußischen Entwurf" den Staatsministerien der Bundesstaaten zur Stellungnahme zuleiten und vom Justizausschuß, der nur noch den Entwurf der IPR-Kommission beriet, die **Reichstagsvorlage** beschließen lassen, die dann in kaum veränderter Gestalt Gesetz wurde (JAKOBS/SCHUBERT, Die Beratungen des Bürgerlichen Gesetzbuches in systematischer Zusammenstellung der unveröffentlichten Quellen. Einführungsgesetz zum BGB I [1990] 211 ff).

III. Das EGBGB nF

1. Nur wenige Vorschriften des EGBGB wurden vor Inkrafttreten des IPR-NRG geändert bzw durch Zusatznormen ergänzt. Näheres bei STAUDINGER/STURM/STURM[12] Rn 256, 349 ff und o Rn 389 ff (KÜLPER, Die Gesetzgebung zum deutschen IPR im „Dritten Reich" [1976]).

2. Nach dem Zweiten Weltkrieg fehlte es aber nicht an **Reformansätzen**. Schon auf dem Frankfurter Juristentag 1950 vertrat EUGEN ULMER (Die Gleichberechtigung der Frau, in: Verhandlungen des 38. DJT in Frankfurt 1950 [1951] B 31, 51) als Referent die Ansicht, der das EGBGB kennzeichnende Vorrang des Mannes müsse fallen. MAKAROV (Die Gleichberechtigung der Frau und das IPR, RabelsZ 1952, 382), BEITZKE (Hauptprobleme des IPR, JR 1952, 141; Bespr FS Martin Wolff, JR 1952, 450; Gleichheit von Mann und Frau, in: NEUMANN/NIPPERDEY/SCHEUNER, Die Grundrechte II [1954] 199, 241 f; Entscheidungsanmerkung, MDR 1956, 540; ACHILLES/GREIFF/BEITZKE Art 14 EGBGB Anm 2, Art 17 Anm 4, Art 19 Anm 1; Grundgesetz und Internationalprivatrecht [1961] 23), MÜLLER-FREIENFELS (Scheidungsstatut und Gleichberechtigung, JZ 1957, 141), HILDEGARD KRÜGER (in: KRÜGER/BREETZKE/NOWACK, Gleichberechtigungsgesetz [1958] Einl Rn 310 ff) und STURM (Zur Gleichberechtigung im deutschen internationalen Privatrecht, in: Rechtsvergleichung und Rechtsvereinheitlichung, FS Heidelberg [1967] 155 mit weiterem Schrifttum 156 Fn 7) erklärten, mit dem 1. 4. 1953 gäbe es keine Kollisionsnormen mehr, die auf Mannesrecht abstellten, und erarbeiteten Vorschläge zur Anpassung des EGBGB an Art 3 Abs 2 GG.

573 3. Der von der Bundesregierung 1952 vorgelegte Entwurf für ein **Gleichberechtigungsgesetz** enthielt auch neue kollisionsrechtliche Vorschriften. In Art 14 Abs 2 EGBGB wurden die Worte „wenn der Mann die Reichsangehörigkeit verloren, die Frau sie aber behalten hat" durch den Ausdruck „wenn ein Ehegatte die deutsche Staatsangehörigkeit verloren hat" ersetzt; in Art 19, 20 und 21 EGBGB trat Kindesrecht an die Stelle von Vater- bzw Mutterrecht (MASSFELLER, Das Neue Familienrecht. Gesetzentwurf [1952] 307 ff).

574 Diese Vorschriften wurden aber nicht Gesetz. Zwischenzeitlich hatte sich nämlich die Phalanx von **Gegnern** gebildet, die an den Normen des EGBGB bis zu einer Gesamtreform des IPR auf Biegen und Brechen festhalten wollten. Hierzu gehörten außer dem damaligen Direktor des Max-Planck-Instituts für ausländisches und internationales Privatrecht HANS DÖLLE (Die Gleichberechtigung von Mann und Frau im Familienrecht, in: FS Erich Kaufmann [1950] 19, 39 ff; Die Gleichberechtigung von Mann und Frau im Familienrecht, JZ 1953, 353, 356), MARTIN WOLFF (IPR 217), LEO RAAPE (IPR [4. Aufl 1955] 309 Fn 107 a; IPR [5. Aufl 1961] 43 f, 324 Fn 107 a; Bespr von BEITZKE, Grundgesetz und Internationalprivatrecht, ROW 1962, 172), GERHARD KEGEL (IPR [1. Aufl 1960] 235 f; IPR [2. Aufl 1964] 258 f; IPR [3. Aufl 1971] 212, 292 ff; IPR [4. Aufl 1977] 339 f; IPR [5. Aufl 1985] 448 ff, sowie in SOERGEL/KEGEL [9. Aufl 1961/10. Aufl 1970] Vorbem 9 zu Art 13 EGBGB) und MURAD FERID (Wechselbeziehungen zwischen Verfassungsrecht und Kollisionsnormen, in: FS Dölle II [1963] 119, 136 ff; Bespr von BEITZKE, Grundgesetz und Internationalprivatrecht, FamRZ 1963, 58; anders aber später in IPR [2. Aufl 1982] Rn 2-64 f).

575 DÖLLE ließ vom *Max-Planck-Institut* für ausländisches und internationales Privatrecht eine als vorläufige Stellungnahme gekennzeichnete Verlautbarung (RabelsZ 1953, 119) abgeben, die sich wie alle Provisorien als ungeheuer dauerhaft erwies. Die Rechtsprechung beeinflußte sie umso nachhaltiger, als sie die clausula salvatoria enthielt, den Gerichten solle natürlich nicht vorgegriffen werden.

576 Noch stärker war der Einfluß, der von der *Gutachterpraxis* ausging. Die Großinstitute in Hamburg, Köln und München, die unter Leitung der Professoren DÖLLE, KEGEL und FERID standen, steuerten die Rechtsprechung des BGH und der deutschen Obergerichte, und zwar nicht nur, was Inhalt und Tragweite des fremden Rechts anbelangt, sondern auch bei der Weichenstellung, bei der Frage also, ob und aufgrund welcher Norm deutsches oder ausländisches Recht zu gelten habe.

577 4. Die Gegner der Reform von 1952 waren sich aber darin einig, daß auf Dauer an den frauenfeindlichen Kollisionsnormen des EGBGB nicht festgehalten werden kann und die Vorschriften des EGBGB dringend einer Überarbeitung und Modernisierung bedürfen. Um hier Vorarbeit zu leisten, wurde 1953 in Hamburg der Deutsche Rat für IPR gegründet, ein Professorengremium, das sich als autonomes Organ der Wissenschaft versteht und sich die Aufgabe stellte, Gesetzgebung und Gestaltung internationaler Abkommen auf dem Gebiete des Kollisionsrechts zu fördern und den Bundesminister der Justiz in allen einschlägigen Fragen ehrenamtlich

zu beraten (Deutscher Rat für IPR, NJW 1953, 1741; FERID, Von der Arbeit des Deutschen Rats für IPR, NJW 1954, 1878).

Seine Mitglieder verjüngen sich ständig. Auf Vorschlag seines Präsidenten – derzeit HANS STOLL, Freiburg – werden nämlich alle jüngeren Kollegen kooptiert, die auf den Gebieten des internationalen Privat- und Verfahrensrechts durch Schriften und Aufsätze hervortreten.

5. Der Deutsche Rat für IPR besteht aus zwei Kommissionen, der **Familienrechts-** **578** **kommission**, der derzeit DIETER HENRICH, Regensburg, vorsitzt, und der **Schuldrechtskommission**, die von HANS-JÜRGEN SONNENBERGER geleitet wird.

Beide Kommissionen legten **Vorschläge und Gutachten** vor, die die Grundlage für die **579** deutsche IPR-Reform von 1986 wurden.

LAUTERBACH gab die Entwürfe zum Eherecht (1962), Kindschafts-, Vormund- **580** schafts- und Pflegschaftsrecht (1966), Erbrecht (1969), Personen- und Sachenrecht (1972) heraus, BEITZKE 1979 die stark überarbeiteten Vorschläge für eine Reform des deutschen internationalen Personen-, Familien- und Erbrechts, HENRICH 1991 die Vorschläge und Gutachten zur Reform des deutschen internationalen Sachen- und Immaterialgüterrechts.

Die Schuldrechtskommission schloß ihre Arbeiten erst 1982 ab. VON CAEMMERER **581** veröffentlichte 1983 die Vorschläge und Gutachten zur Reform des deutschen internationalen Privatrechts der außervertraglichen Schuldverhältnisse, die dem kürzlich vorgelegten Referentenentwurf eines Gesetzes zur Ergänzung des Internationalen Privatrechts (außervertragliche Schuldverhältnisse und Sachen) Pate standen. Ergänzend erschienen 1991 die Stellungnahmen und Gutachten zum Europäischen Internationalen Zivilverfahrens- und Versicherungsrecht, die HANS STOLL herausgab.

Eine Sonderkommission wurde zur Überprüfung des EG-Konkursübereinkommens **582** und der Reform des internationalen Insolvenzrechts eingesetzt, die ihre Vorschläge und Gutachten 1988 und 1992 unter Federführung GERHARD KEGELS und HANS STOLLS veröffentlichte.

6. Mitten in diese Reformarbeiten platzte der berühmte **Spanierentscheid des** **583** **BVerfG** vom 4. 5. 1971 (BVerfGE 31, 58 = NJW 1971, 1509 = IPRspr 1971 Nr 39). Er gab den Autoren recht, die die Anknüpfung an Mannesrecht für verfassungswidrig halten (STURM, Durchbruch der Grundrechte in Fällen mit Auslandsberührung, FamRZ 1972, 16; FISCHER, Die Gleichberechtigung im IPR, JZ 1974, 661; RAAPE/STURM, IPR I 105; AK-BGB/ FINGER Vor Art 13 EGBGB Rn 1). In einem der Leitsätze wird klar ausgesprochen, daß *Kollisionsnormen nicht verfassungsneutral* sind, sondern sich grundrechtskonformer Kriterien zu bedienen haben. *Die Auswahl der Anknüpfungspunkte, das Regelungsprinzip muß sich voll an den Grundrechten messen lassen.* Kollisionsnormen, die Mannes- bzw Vaterrecht berufen, benützen aber ein Differenzierungsmerkmal, das – wie BVerfGE 3, 225, 239 f; 10, 59, 73; 15, 337, 343 ff; 21, 329, 343; 31, 1, 4; 37, 217, 244 f betonten – untersagt ist.

584 Nicht nur Abgeordnete aller Parteien drängten nun auf eine zügige Reform. Vorstellig wurde vor allem die **IAF**, die Interessengemeinschaft mit Ausländern verheirateter Frauen, die in allen größeren deutschen Städten Initiativgruppen gründete, eine Bundesgeschäftsstelle mit Beratungsaufgaben einrichtete (Kasseler Straße 1a, 60486 Frankfurt am Main), eine Zeitschrift (iaf-informationen) herausgibt und Bundeskongresse abhält (STURM, Glückwunsch und Dank, in: Trommeln nützt was!, iaf-informationen Heft 3/1992, 15).

Das umfangreiche Schrifttum über Reform und Reformanliegen ist in der Voraufl (Sternchenfn vor Rn 368) abgedruckt.

585 Die klaren Sätze des BVerfG wurden – ein in der deutschen Rechtsgeschichte einmaliger Vorgang – **von hL und Rspr** regelrecht **überspielt**: Da sich das BVerfG ausdrücklich nur mit Art 13 EGBGB befaßt und dessen Verfassungsmäßigkeit bejaht habe, könne man auch die übrigen Vorschriften des EGBGB weiter anwenden. Dazu sei man von Verfassung wegen sogar gezwungen. Wie die Vielzahl der im Schrifttum angebotenen Lösungen zeige, käme es sonst zu einem heillosen Rechtschaos. Hierdurch werde die *Rechtssicherheit in unerträglicher Weise gefährdet*. Dies laufe aber dem in Art 20 Abs 3, 28 Abs 1 S 1 GG verbürgten Rechtsstaatsprinzip zuwider (HENRICH, Verfassungswidrige Kollisionsnormen – ein Rechtschaos?, RabelsZ 1974, 490; NEUHAUS, Grundbegriffe 46; FIRSCHING, IPR [2. Aufl 1981] 176, und fast sämtliche Kommentare). Eine Rechtsprechungsübersicht geben LOCKEMANN, Grundrechtswidrige Kollisionsnormen und Rechtsprechung, NJW 1976, 1004, sowie STAUDINGER/STURM/STURM[12] Rn 232.

586 7. Um vor den Bundestagswahlen zur 9. Legislaturperiode (1980) nicht mit leeren Händen dazustehen und die sich außerordentlich schleppend und zähflüssig voranschreitenden Reformarbeiten zu beschleunigen, ließ Bundesjustizminister Dr HANS-JOCHEN VOGEL in seinem Hause auf der Grundlage der Vorschläge des Deutschen Rats einen Diskussionsentwurf erarbeiten, den der zuständige Referent, Dr GÜNTHER KÜHNE, ein Fachmann auf dem Gebiete des IPR, nach seiner Berufung auf den Lehrstuhl für Energierecht an der Universität Clausthal als wissenschaftliches Gutachten vorlegte.

Der **Kühne-Entwurf** brachte gegenüber den Vorschlägen des Deutschen Rats zahlreiche Verbesserungen. Insbesondere gab er der Parteiautonomie mehr Raum, die er auch bei den persönlichen Ehewirkungen verwirklicht sehen wollte.

587 8. Im Max-Planck-Institut für ausländisches und internationales Privatrecht in Hamburg entstanden zwei weitere Gesetzgebungsvorschläge:

(a) der **Entwurf Neuhaus/Kropholler**,

(b) die **Institutsthesen**, die unter Federführung PETER DOPFFELS und KURT SIEHRS von BASEDOW, DOPFFEL, DROBNIG, JESSEL, LUTHER, MAGNUS, MARTINY, MÜNZEL, SAMTLEBEN, SIEHR und JAN-PETER WAEHLER abgefaßt wurden und sich wesentlich von dem traditionelleren NEUHAUS/KROPHOLLER-Entwurf unterschieden. Mit Parteiautonomie und alternativen Anknüpfungen wurde hier erstmals Ernst gemacht.

9. Vom 19. bis 21. Juni 1980 fand im Hamburger Max-Planck-Institut ein internationales Kolloquium statt, in dem alle Vorschläge Vertretern aus Wissenschaft, Verwaltung und Rechtsprechung des In- und Auslandes vorgestellt und von ihnen erörtert wurden.

Über das **Hamburger Kolloquium** unterrichten DOPFFEL/DROBING/SIEHR in ihrer 1980 erschienenen Schrift Reform des deutschen IPR (dort sind alle Entwürfe und auch zahlreiche synoptische Tabellen abgedruckt), ferner HENRICH, Zum Stand der deutschen IPR-Reform, IPRax 1981, 2.

10. Im Bundesjustizministerium wurde hierauf ein **Referentenentwurf** ausgearbeitet und Justiz- und Verwaltungsbehörden, Verbänden und betroffenen Berufsvertretungen zur Stellungnahme zugeleitet. Der Referentenentwurf, der aus der Feder Regierungsdirektors Dr JÖRG PIRRUNG stammt, wurde mit dem Vermerk „vertraulich" versehen und nicht veröffentlicht. Er erfuhr aufgrund der eingegangenen Äußerungen zahlreiche zT einschneidende Änderungen.

Die gestürzte SPD/FDP-Koalition wollte den Entwurf in der neunten Legislaturperiode in die gesetzgebenden Körperschaften einbringen (SCHMUDE, Gesetzgebungsprogramm für die 9. Legislaturperiode, Recht [BMJ] 1981, 25, 26). Hierzu kam es nicht mehr.

11. Erst in der 10. Legislaturperiode konnten die gesetzgebenden Körperschaften mit einem **Regierungsentwurf*** befaßt werden.

---

* **Schrifttum:** Zum Regierungsentwurf äußerten sich außer den in der Voraufl, Sternchenfn vor Rn 368, Genannten noch folgende Autoren: ADAM, Internationaler Versorgungsausgleich (1985); vBAR, Das Internationale Eherecht auf dem Prüfstand der Verfassung, NJW 1983, 1929; ders, Probleme und Problemlösungen des Versorgungsausgleichsrechts in Fällen mit Auslandsberührung. Die familienrechtliche Praxis, in: ZACHER (Hrsg), Der Versorgungsausgleich im internationalen Vergleich und in der zwischenstaatlichen Praxis (1985) 361; vBAR/IPSEN, Die Durchsetzung des Gleichberechtigungsgrundsatzes im internationalen Ehegüterrecht, NJW 1985, 2849; BEIER/SCHMÜCKER/E ULMER, Stellungnahme des Max-Planck-Instituts für ausländisches und internationales Patent-, Urheber- und Wettbewerbsrecht zum Entwurf eines Gesetzes zur Ergänzung des IPR (außervertragliche Schuldverhältnisse und Sachen), GRUR IntT 1985, 104; BEITZKE, Das Familienrecht, in: ZACHER (Hrsg), Der Versorgungsausgleich im internationalen Vergleich und in der zwischenstaatlichen Praxis (1985) 223; ders, Das Kindschaftsrecht im Entwurf eines Gesetzes zur Neuregelung des IPR, in: PIRRUNG ua, Die Familie im IPR (1985) 57; BERKEMANN, Gleichberechtigungswidriges Güterrechtsstatut bei gemischt-nationalen Ehen (Art 15 EGBGB), EuGRZ 1984, 237; BÖHMER, Der Entwurf eines Gesetzes zur Neuregelung des IPR, JA 1986, 235; BRONDICS/MARK, Gleichberechtigungsgebot und Rechtswahl im Internationalen Ehegüterrecht. Aktuelle Probleme des deutschen und niederländischen Internationalen Ehegüterrechts unter Berücksichtigung des Haager Ehewirkungsabkommens, DNotZ 1985, 131; Deutsches Anwaltsinstitut (Hrsg), Das neue IPR-Gesetz (1987); DICKSON, The Reform of Private International Law in the Federal Republic of Germany, IntCompLQ 34 (1985) 231; FIRSCHING, Parteiautonomie und Ehewirkungsstatut im IPR-Gesetzentwurf, IPRax 1984, 125; GAMILLSCHEG, Ein Gesetz über das internationale Arbeitsrecht, ZfA 1983, 307; GOTTWALD, Das internationale Verfahrensrecht im Entwurf eines IPR-Gesetzes, IPRax 1984, 57; GRASMANN, Zur Dringlichkeit der gesetzlichen Reform des deutschen IPR und Gesichtspunkte für deren stärkere Orientierung am Domizilprinzip (Umweltrecht), in: FS Neumayer (1985) 249; GRUNDMANN, Zur parallelen Anknüpfung von Anerkennungserfordernis (§ 606 b Nr 1 ZPO) und Scheidungsstatut, StAZ 1984, 152; HELDRICH, Reform des internationalen Familienrechts durch Richterspruch. Neue Anknüpfungsregeln für das Scheidungs-, Ehegüter- und Kindschaftsstatut, FamRZ 1983, 1079; ders, Zur Neubestimmung des Güterrechtsstatuts, IPRax 1984, 143; HENRICH, Art 15 EGBGB nichtig: Was nun?, IPRax 1983, 208; ders, Ehegüter- und Erbrecht, in Lausanner Kolloquium über den deutschen und den schweizerischen Gesetzentwurf zur Neuregelung des IPR (1984) 103; ders, Individualgerechtigkeit und Typenbildung im Ehe- und Kindschaftsrecht des Entwurfs eines deutschen IPR-Gesetzes, in: HOLL/KLINKE (Hrsg), Internationales Privatrecht – Internationales Wirtschaftsrecht (1985) 339; ders, Zur Reform des Internationalen Unterhaltsrechts, in: PIRRUNG ua, Das Familienrecht im IPR (1985) 43; JAYME, Die Lösungsansätze im internationalen Vergleich, in: ZACHER (Hrsg), Der Versorgungsausgleich im internationalen Vergleich und in der zwischenstaatlichen Praxis (1985) 289; ders, Versorgungsausgleich mit Auslandsberührung und Theorie des IPR, in: ZACHER (Hrsg), Der Versorgungsausgleich im internationalen Vergleich und in der zwischenstaatlichen Praxis (1985) 423; ders, Internationales Familienrecht heute, in: FS Müller-Freienfels (1986) 341; JAYME/KOHLER, Zum Stand des internationalen Privat- und Verfahrensrechts der Europäischen Gemeinschaft, IPRax 1985, 65; KOHLER, Kein Weg zur Rechtsvereinheitlichung. Zur Übernahme des EG-Übereinkommens vom 19. Juli 1980 über das auf vertragliche Schuldverhältnisse anzuwendende Recht, EuR 1984, 155; KREUZER, Erklärung eines generellen Vorbehalts zu Art 7 Abs 1 des Übereinkommens vom 19. 6. 1980 über das auf vertragliche Schuldverhältnisse anzuwendende Recht? Kritische Bemerkungen zu dem entsprechenden Vorschlag des Bundesrats, IPRax 1984, 293; KRONKE, Das Arbeitsrecht im Gesetzentwurf zur Neuregelung des IPR, Betrieb 1984, 404; KÜHNE, Personen- und Eherecht, in: Lausanner Kolloquium über den deutschen und den schweizerischen Gesetzentwurf zur Neuregelung des IPR (1984) 61; LOHR, Der Stand der Reform des Versorgungsausgleichs, in: ZACHER (Hrsg), Der Versorgungsausgleich im internationalen Vergleich und in der zwischenstaatlichen Praxis (1985) 269; MATSCHER/SIEHR/DELBRÜCK, Multilaterale Staatsverträge erga omnes und deren Inkorporation in nationale IPR-Kodifikationen. Vor- und Nachteile einer solchen Rezeption (1986); vMAYDELL, Das Sozialrecht und andere Instrumente sozialer Sicherheit, in: ZACHER (Hrsg), Der Versorgungsausgleich im internationalen Vergleich und in der zwischenstaatlichen Praxis (1985) 249; NOLTE, Zur Technik der geplanten Einführung des EG-Schuldvertragsübereinkommens in das deutsche Recht aus völkerrechtlicher Sicht, IPRax 1985, 71; OTTO, Der deutsche und der schweizerische Entwurf eines Gesetzes über das internationale Privat- und Prozeßrecht auf dem Prüfstand, StAZ 1984, 29; PIRRUNG, Internationales Verfahrensrecht, in: Lausanner Kolloquium über den deutschen und den schweizerischen Gesetzentwurf zur Neuregelung des IPR (1984) 237; ders, Der Versorgungsausgleich in der Reform des deutschen IPR, in: ZACHER (Hrsg), Der Versorgungsausgleich im internationalen Vergleich und in der zwischenstaatlichen Praxis (1985) 343; ders, Das Familienrecht im IPR. Eine Einführung zum „Entwurf eines Gesetzes zur Neuregelung des IPR", in: PIRRUNG ua, Die Familie im IPR (1985) 7; REICHARD, Stand des Entwurfs zur Änderung des IPR nach Abschluß der Beratungen im Deutschen Bundesrat in der Sitzung am 1. 7. 1983, StAZ 1984, 81; ders, Das Namensrecht im IPR-Entwurf, StAZ 1986, 1; REINHART, Die güterrechtlichen Wirkungen der auslandsbezogenen Ehe, in: PIRRUNG ua, Die Familie im IPR (1985) 21; ders, Zur Parteiautonomie im künftigen deutschen IPR auf den Gebieten des Familien- und des Erbrechts (§§ 14, 15, 29 IPR-Gesetz-Entwurf), ZVglRW 80 (1981) 150; SCHNITZER, Grundsätzliche Bemerkungen zum IPR von heute und morgen, IPRax 1984, 233; SCHURIG, Keine Rechtssicherheit für ausländische Adoptivkinder?, IPRax 1984, 25; ders, Das Verhältnis von Staatsange-

Am 20. 5. 1983 wurden dem Bundesrat zugeleitet:

(1) der Entwurf eines *Gesetzes zur Neuregelung des Internationalen Privatrechts* (BR-Drucks 222/83) – RegE –;

(2) der Entwurf eines Gesetzes zu dem Übereinkommen vom 19. 6. 1980 über das auf vertragliche Schuldverhältnisse anzuwendende Recht (BR-Drucks 224/83 = BT-Drucks 10/503);

(3) der Entwurf eines Gesetzes zu den Haager Übereinkommen vom 2. 10. 1973 über die Anerkennung und Vollstreckung von Unterhaltsentscheidungen sowie über das auf Unterhaltspflichten anzuwendende Recht (BR-Drucks 225/83 = BT-Drucks 10/258; die BR-Drucks 223/83 = BT-Drucks 10/241 betreffen den RegE eines AusführungsG zum Unterhaltsvollstreckungs-Übereinkommen).

Grundlegend zur **Entstehung des Gesetzes** BÖHMER, Das deutsche Gesetz zur Neuregelung des IPR von 1986, RabelsZ 1986, 646, 647 ff; PIRRUNG, Internationales Privat- und Verfahrensrecht nach Inkrafttreten der Neuregelung des IPR. Texte, Materialien, Hinweise (1987), dort auch Abdruck aller Gesetzesmaterialien.

12. Die Stellungnahme des Bundesrats und die Gegenäußerung der Bundesregierung (Übersicht in IPRax 1984, 54) gingen am 20. 10. 1983 dem Bundestag als BT-Drucks 10/504 zu, der am 10. 11. 1983 nach erster Lesung den Entwurf an die Ausschüsse verwies.

13. Einige Tage später, am 14. und 15. 10. 1983, veranstaltete das Schweizerische Institut für Rechtsvergleichung das **Lausanner Kolloquium**. Referate und Diskussion wurden in Band 1 der Schriftenreihe des Instituts unter dem Titel Lausanner Kolloquium über den deutschen und den schweizerischen Gesetzentwurf zur Neuregelung des Internationalen Privatrechts (1984) abgedruckt.

hörigkeitsprinzip und Unwandelbarkeit im gegenwärtigen und künftigen deutschen internationalen Ehegüterrecht, JZ 1985, 559; SCHWIMANN, Worum geht es bei der geplanten Neukodifikation des IPR?, JuS 1984, 14; SIEHR, Kindschaftsrecht, in: Lausanner Kolloquium über den deutschen und den schweizerischen Gesetzentwurf zur Neuregelung des IPR (1984) 161; ders, Codification of Private International Law in the Federal Republic of Germany, NTIR 31 (1984) 92; SONNENBERGER, IPR-Reform und Verfassungswidrigkeit von Art 15 Abs 1 EGBGB, IPRax 1984, 5; ders, Probleme und Problemlösungen des Versorgungsausgleichsrechts in Fällen mit Auslandsberührung, in: ZACHER (Hrsg), Der Versorgungsausgleich im internationalen Vergleich und in der zwischenstaatlichen Praxis (1985) 321; SPICKHOFF, Zur Reform des deutschen internationalen Deliktsrechts, VersR 1985, 124; STURM, Zur Reform des internationalen Familien- und Erbrechts in der Schweiz und in der Bundesrepublik Deutschland, FamRZ 1984, 744; ders, Das internationale Namensrecht im Regierungsentwurf für ein IPR-Gesetz, in: BEITZKE/HOFFMANN/STURM, Einbindung fremder Normen in das Personenstandsrecht (1984) 73; ders, Parteiautonomie als bestimmender Faktor im internationalen Familien- und Erbrecht, in: FS Ernst Wolf (1985) 637; WEBER, Sonderanknüpfung im Internationalen Privatrecht. Ein Instrument zur völkerrechtlichen Durchsetzung von Aufklärungspflichten, in: FS Werner (1984) 955; WENGLER, Zum IPR des Namens, in: FS Firsching (1985) 327.

593 14. Kritisch zum RegE äußerte sich das Hamburger Max-Planck-Institut, das zahlreiche, ausführlich begründete **Gegenvorschläge** formulierte (Drobnig ua RabelsZ 1983, 595) und nochmals versuchte, seinen Vorstellungen Nachdruck zu verleihen. Eine Stellungnahme gab auch der Bundesverband der Deutschen Standesbeamten, StAZ 1984, 97, ab.

594 15. Gegen die sehr vernünftige Inkorporation multilateraler Staatsverträge (Pirrung, IPR 22) zogen das Hamburger Max-Planck-Institut (so Rn 389) sowie im März 1985 auf der **Berliner Tagung der Deutschen Gesellschaft für Völkerrecht** die Referate Matschers und Siehrs zu Felde, konnten aber nicht überzeugen (Matscher/Siehr/ Delbrück, Multilaterale Staatsverträge erga omnes und deren Inkorporation in nationale IPR-Kodifikationen. Vor- und Nachteile einer solchen Rezeption, BerGesVR 27 [1986] 11 ff, 45 ff). Die Inkorporation begrüßen hingegen Dickson, The Reform of Private International Law in the Federal Republic of Germany, IntCompLQ 35 (1985) 231, 238; Ferid/ Böhmer, IPR Rn 6-17; Herber, Gesetzgebungsprobleme bei der internationalen Zivilrechtsvereinheitlichung, ZfG 1987, 17, und Meyer-Sparenberg, Staatsvertragliche Kollisionsnormen (1990) 47 ff. Ebensowenig fruchtete eine von deutschen Professoren veranlaßte Intervention der EG-Kommission (Empfehlung der Kommission vom 15. 1. 1985 betreffend das Übereinkommen vom 19. 6. 1980 über das auf vertragliche Schuldverhältnisse anzuwendende Recht [EuIPRÜ] [85/111/EWG], ABlEG 1985 L 44/42). Es blieb bei der vom RegE gewählten Technik und Art 1 Abs 2 des Zustimmungsgesetzes zum EG-Schuldvertragsübereinkommen vom 25. 7. 1986, BGBl II 809, wonach das Übereinkommen in Deutschland nicht unmittelbar anzuwenden ist. Freilich bestimmt Art 36 EGBGB, daß die Materialien des Übereinkommens bei Auslegung der inkorporierten Kollisionsnormen zu berücksichtigen sind.

595 16. Auch auf die **Tagung: Die Familie im internationalen Privatrecht** – Zum Entwurf eines Gesetzes zur Neuregelung des Internationalen Privatrechts, die die Katholische Akademie Schwerte am 8. und 9. 6. 1985 abhielt, gehen wichtige Änderungsvorschläge zurück (Akademie-Vorträge Heft 24 [1985]).

596 17. Schließlich setzte sich noch der **Deutsche Notartag** (12. bis 15. 6. 1985) mit dem RegE auseinander und plädierte vor allem für Zulassung der Parteiautonomie im internationalen Erbrecht (Geimer, Die Reform des deutschen IPR aus notarieller Sicht, Podiumsgespräch und Diskussion, 22. Deutscher Notartag München 1985, Sonderheft der DNotZ [1985] 99 ff, 109 ff, 143, 146).

597 18. Inzwischen bereiteten die **Berichterstatter des Rechtsausschusses**, die Juristen Eylmann für die CDU/CSU und Stiegler für die SPD, die Ausschußberatung im persönlichen Gespräch intensiv vor. Das Plenum des Deutschen Bundestags hatte nämlich in seiner 33. Sitzung am 10. 11. 1983 den RegE federführend an den Rechtsausschuß und mitberatend an die Ausschüsse für Wirtschaft, für Jugend, Familie und Gesundheit sowie für wirtschaftliche Zusammenarbeit verwiesen, der Rechtsausschuß die Einzelberatung mangels Sachkompetenz den beiden Parlamentariern überlassen. An den Gesprächen nahmen auch Vertreter des Bundesjustizministeriums und der FDP-Fraktion teil.

Der Rechtsausschuß selbst beriet den RegE am 23. 1. 1986 und am 14. 5. 1986. Die beiden Berichterstatter legten hierbei eine Synopse mit den Änderungsvorschlägen vor, auf die man sich geeinigt hatte. Eine Abstimmung erfolgte erst in der Sitzung vom 4.6.1986. Beide Berichterstatter wollten sich nochmals mit ihren Fraktionen rückkoppeln. Die einstimmig gefaßte Beschlußempfehlung des Rechtsausschusses wurde bereits am 9.6.1986 als Drucks 10/5632 dem Bundestag vorgelegt.

19. Die **zweite und dritte Lesung** erfolgten in der 222. Sitzung am 19.6.1986. Der Bundestag ließ den Entwurf des Rechtsausschusses einstimmig passieren (Deutscher Bundestag, Stenographische Berichte, 10. Legislaturperiode, S 17247 C). Am 11.7.1986 stimmte ihm auch der Bundesrat einstimmig zu (Bundesrat, Stenographischer Bericht, S 459 C).

20. Das **IPR-NRG** wurde am 30.7.1986 im BGBl verkündet und trat bereits einen Monat später, am 1.9.1986, in Kraft.

21. Grund für die Eile war ein weiterer Entscheid des BVerfG. Das Karlsruher Gericht hatte am 3.12.1985 (BVerfGE 71, 224 = NJW 1986, 658 = IPRspr 1985 Nr 155) § 606 b Nr 1 ZPO aF teilweise für verfassungswidrig erklärt. Schwebende Scheidungsverfahren ausländischer Paare mußten also bis zum Erlaß des IPR-NRG ausgesetzt werden (HENRICH, Internationale Zuständigkeit zur Scheidung von Ausländern, IPRax 1986, 139; WINKLER VON MOHRENFELS, Zur Verfassungswidrigkeit des § 606 b Nr 1 ZPO, NJW 1986, 639).

22. Das IPR-NRG wurde im in- und ausländischen Schrifttum in zahlreichen Abhandlungen und Aufsätzen gewürdigt*.

---

* **Schrifttum:** vBAR/VOGT, Konzept und Grundprinzipien des deutschen internationalen Privatrechts, JA 1991, 33; 1991, 73; BASEDOW, Les conflits de juridictions dans la réforme du droit international privé allemand, Rev crit dr i p 1987, 77; ders, Die Neuregelung des Internationalen Privat- und Prozeßrechts, NJW 1986, 2971; BERNHARDT, Die Neufassung des IPR, Betrieb 1986, 2009; BÖHMER, Das deutsche Gesetz zur Neuregelung des IPR von 1986. Struktur, Entstehung, Lücken und Schwerpunkte, RabelsZ 1986, 646; Bundesministerium der Justiz (Hrsg), IPR. Die Neuregelung im Überblick (1986); DJV-Stellungnahme: Amtsvormundschaft und Amtspflegschaft nach dem IPR-NRG, DAVorm 1986, 669; 1986, 753; 1987, 377; DÖRNER, Probleme des neuen Internationalen Erbrechts, DNotZ 1988, 67; ders, Moderne Anknüpfungstechniken im internationalen Personen- und Familienrecht, StAZ 1990, 1; FLESSNER, Reform des IPR: Was bringt sie dem Seehandelsrecht?, Schriften des Dt Vereins für Internationales Seerecht (1987); GRAUE, German Conflict Rules Revamped, GermanYbIntL 30 (1987) 224; HELDRICH, Erste Erfahrungen mit dem neuen deutschen Gesetz über das internationale Privatrecht – Bilanz eines Jahres, in: SCHWIND (Hrsg), Österreichs Stellung heute in Europarecht, IPR und Rechtsvergleichung (1989) 105; HENRICH, Das internationale Eherecht nach der Reform, FamRZ 1986, 841; ders, Zur Auslegung des Art 220 Abs 3 EGBGB, IPRax 1987, 93; ders, Ehe- und Kindesnamen: Namenswahl oder Namensführung kraft Gesetzes, IPRax 1987, 225; HERNANZ SÁNCHEZ, La reforma del Derecho Internacional Privado en la Republica Federal de Alemania, Rev der priv 1988, 867; HOFMAN, A propos des nouvelles règles de la partie générale du droit international privé en RFA, en Autriche et en Suisse, Rev int dr comp 38 (1986) 921; HOHLOCH, Erste Erfahrung mit der Neuregelung des IPR in der Bundesrepublik Deutschland, JuS 1989, 81; HÖNSCH, Die Neuregelung des Internationalen Privatrechts aus arbeitsrechtlicher Sicht, NZA 1988, 113; JAYME, Das neue IPR-Gesetz – Brennpunkte der Reform, IPRax 1986, 265; ders, Grundgesetz

602 23. Die Grundideen der Reform und des IPR-NRG lassen sich in folgenden sieben Punkten zusammenfassen:

und Neuorientierung des IPR, in: MUSSGNUG (Hrsg), Rechtsentwicklung unter dem Bonner Grundgesetz (1990) 127; KEGEL, Internationales Privatrecht: Rechtsangleichung in Europa und deutsche Reform, Rpfleger 1987, 1; KLINKHARDT, Zur Feststellung der Vaterschaft nach dem neuen IPR-Gesetz. Unter besonderer Berücksichtigung der gesetzlichen Vertretung minderjähriger ausländischer Kinder bei der Zustimmung zur Anerkennung der Vaterschaft, StAZ 1986, 237; ders, Neues IPR und Unterhaltsabkommen, DAVorm 1986, 675; KOCH, Das neue IPR, Teil I: Verschnitt aus mehreren Lagen, JZ 1986, 1102; KROPHOLLER, Der Einfluß der Haager Übereinkommen auf die deutsche IPR-Kodifikation, RabelsZ 1993, 207; KÜHNE, Die außerschuldvertragliche Parteiautonomie im neuen IPR, IPRax 1987, 69; LEHMANN, Eingriffsnormen dritter Staaten und die deutsche IPR-Reform, ZRP 1987, 319; LICHTENBERGER, Zum Gesetz zur Neuregelung des IPR, DNotZ 1986, 644; E LORENZ, Die Rechtswahlfreiheit im internationalen Schuldvertragsrecht. Grundsatz und Grenzen, RiW/AWD 1987, 569; W LORENZ, Vom alten zum neuen internationalen Schuldvertragsrecht, IPRax 1987, 269; LÜDERITZ, Die Ehescheidung nach dem Gesetz zur Neuregelung des IPR, IPRax 1987, 74; ders, IPR im Übergang – Theoretische und praktische Aspekte der deutschen Reform, in: FS Kegel (1987) 343; ders, Fortschritte im deutschen IPR, in: FS Köln (1989) 271; MANSEL, Zu Auslegungsproblemen des IPR-Reformgesetzes, StAZ 1986, 315; MARTINY, Der deutsche Vorbehalt gegen Art 7 Abs 1 des EG-Schuldvertragsübereinkommens vom 19. 6. 1980 – seine Folgen für die Anwendung ausländischen zwingenden Rechts, IPRax 1987, 277; DE MEO, Das französische IPR-System im Vergleich mit der Neuregelung des deutschen IPR, ZfRvgl 1987, 12; 1987, 107; PÜNDER, Internationales Erbrecht. Vergleich des neuen IPR-Gesetzes mit den bisherigen Regelungen im EGBGB, MittRhNotK 1989, 1; PUTTFARKEN, Ehe in Hamburg, Firma in Liechtenstein, Ranch in Kanada. Art 220 Abs 3 EGBGB: Verfassungswidriges Neben-IPR zum Ehegüterrecht, RiW/AWD 1987, 834; RAUSCHER, Art 220 Abs 3 EGBGB verfassungswidrig?, NJW 1987, 532; ders, Neues internationales Kindschaftsrecht – Schwerpunkte der Reform, StAZ 1987, 121; ders, Neues Scheidungsstatut in schwebenden Scheidungsverfahren, IPRax 1987, 137; ders, Die Ausschaltung fremden interlokalen Rechtes durch Art 4 Abs 3 S 1 EGBGB, IPRax 1987, 206; REICHARD, Die Namensführung nach Inkrafttreten des neuen IPR-Gesetzes, StAZ 1986, 242; REINHART, Zur Neuregelung des deutschen internationalen Erbrechts, BWNotZ 1987, 97; RÖLL, Das Gesetz zur Neuregelung des Internationalen Privatrechts in der notariellen Praxis, BayNotZ 1989, 1; SANDROCK, Die Bedeutung des Gesetzes zur Neuregelung des IPR für die Unternehmenspraxis, RiW/AWD 1986, 841; ders, Das Gesetz zur Neuregelung des IPR und der internationalen Schiedsgerichtsbarkeit, RiW/AWD 1987, Beil 2 zu H 5, S 1; SCHRÖDER, Vom Sinn der Verweisung im internationalen Schuldvertragsrecht, IPRax 1987, 90; SCHURIG, Zwingendes Recht, „Eingriffsnormen" und neues IPR, RabelsZ 1990, 217; SIEHR, Das internationale Erbrecht nach dem Gesetz zur Neuregelung des IPR, IPRax 1987, 4; ders, Rechtsangleichung im IPR durch nationale Kodifikationen, in: FS vOverbeck (1990) 205; SONNENBERGER, Introduction générale à la réforme du droit international privé dans la République fédérale d'Allemagne selon la loi du 25 juillet 1986, Rev crit dr i p 1987, 1; STURM, Das neue internationale Kindschaftsrecht: Was bleibt von der Rechtsprechung des Bundesgerichtshofs?, IPRax 1987, 1; ders, Personnes, famille et successions dans la Loi du 25 juillet 1986 portant réforme du droit international privé allemand, Rev crit dr i p 1987, 33; WENGLER, Zur Technik der internationalprivatrechtlichen Rechtsanwendungsanweisungen des IPR-"Reform"gesetzes, RabelsZ 1989, 409; WITZ, La loi allemande du 25 juillet 1986 portant réforme du droit international privé (RFA) et les opérateurs du commerce international, Dr aff int 1987, 561.

(a) Mit 33jähriger Verspätung erhalten deutsche Frauen und Ausländerinnen, die in 603 Deutschland leben oder mit Deutschen verheiratet sind, auch im IPR, was ihnen auf allen anderen Rechtsgebieten 1953 kampflos zufiel: *Gleichberechtigung*. In der DDR wurde dieses Prinzip bereits 1949 verwirklicht (Art 30 Abs 2 Verfassung vom 7. 10. 1949 [GBl 4]).

(b) Das *Staatsangehörigkeitsprinzip* wird nicht aufgegeben, aber aufgelockert. Technische Mittel sind Rechtswahl (Art 10 Abs 2 und 3, 14 Abs 2 und 3, 15 Abs 2, 17 Abs 1 S 1, 25 Abs 2 EGBGB), alternative Anknüpfung (Art 11 Abs 1, 19 Abs 1 S 2, 20 Abs 1 S 1 und 3, 21 Abs 1 S 2, 26 Abs 2) und Abstellen auf den gewöhnlichen Aufenthalt. Die Geltung fremden Rechts wird so auf ein erträgliches Maß reduziert. 604

(c) Die deutsche Staatsangehörigkeit hat Vorrang (Art 5 S 2 EGBGB). 605

(d) Ein Familienstatut – die *Kegelsche Leiter* – bestimmt die Anknüpfung in allen 606 familienrechtlichen Fragen (Art 14 Abs 1, 15 Abs 1, 17 Abs 1 S 1, 19 Abs 1 S 1 und Abs 2 S 1, 21 Abs 1 S 1, 22 Abs 1 S 2 EGBGB).

(e) Drei *Abkommen* werden *inkorporiert* (so Rn 562), nämlich das Haager Unter- 607 haltsstatutabkommen (1973) (so Rn 278), das Europäische Schuldvertragsübereinkommen (so Rn 290) und das Haager Testamentsformabkommen (so Rn 278) (Art 18, 26, 27 ff EGBGB).

(f) Die Normen über *internationale Zuständigkeit* werden liberalisiert. Ein Heimat- 608 gerichtsstand wird ebenso garantiert wie das Recht von Ausländern, die in Deutschland leben, deutsche Gerichte anzurufen (§§ 606 a, 640 a Abs 2 ZPO, §§ 35 b Abs 1, 43 Abs 1, 43 a Abs 1 FGG).

(g) Die *Anerkennung fremder Entscheide* wird in FGG und ZPO wesentlich erleich- 609 tert und eigentlich nur noch aus drei Gründen versagt: wenn bei Geltung deutschen Verfahrensrechts die fremde Behörde nicht zuständig gewesen wäre (Fehlen spiegelbildlicher Zuständigkeit), wenn schwere Verfahrensfehler vorliegen oder wenn der Entscheid als solcher zu einem für die deutsche Rechtsordnung untragbaren Ergebnis führt (§ 328 ZPO, § 16 a FGG).

24. Reformdefizite sind insofern zu verzeichnen, als 610

(a) die Lehre vom *fakultativen Kollisionsrecht* (so Rn 174 ff) verworfen wurde, also 611 auch gegen den Willen der Beteiligten selbst in Bagatellsachen Kollisionsnormen und fremdes Recht heranzuziehen sind (BT-Drucks 10/504 S 25 = PIRRUNG, IPR 77);

(b) *Rechtswahl* nur in sehr spärlichem Umfang zugelassen und im Erbrecht – sieht 612 man von Art 25 Abs 2 EGBGB ab – ebenso ausgeschlossen wurde wie generell für Mehrstaater. Der Ansatz in Art 14 Abs 2 EGBGB ist dürftig, aber ein erster Schritt in die richtige Richtung.

(c) das Deutschenprivileg von Art 12 EGBGB aF als Art 38 EGBGB Eingang ins 613 neue Recht fand, und dies trotz des offensichtlichen Verstoßes gegen Art 7 Abs 1 EWGV = Art 6 Abs 1 EGV (so Rn 390 und STAUDINGER/STURM/STURM[12] Rn 237).

G. Reformvorhaben

I. EGBGB-Ergänzungsgesetz

614 1. Um die auch nach Erlaß des IPR-NRG noch bestehenden Lücken zu schließen, legte das Bundesjustizministerium am 1. 12. 1993 einen **Referentenentwurf** (Text IPRax 1995, 132) vor, der die Überschrift trägt: Entwurf zur Ergänzung des Internationalen Privatrechts (außervertragliche Schuldverhältnisse und Sachen). Er stammt aus der Feder Ministerialrats Dr JÖRG PIRRUNG.

615 Der Entwurf beruht auf den Vorschlägen und Gutachen, die der **Deutsche Rat für IPR** (so Rn 577) erarbeitete (vCAEMMERER, Vorschläge und Gutachten zur Reform des deutschen internationalen Privatrechts der außervertraglichen Schuldverhältnisse [1983]; HENRICH, Vorschläge und Gutachten zur Reform des deutschen internationalen Sachen- und Immaterialgüterrechts [1991]; JAYME ua, Reform des internationalen Privatrechts der außervertraglichen Schuldverhältnisse und des Sachenrechts, in: JAYME/FURTAK [Hrsg], Der Weg zur deutschen Rechtseinheit [1991] 305), weicht in zahlreichen Punkten aber von ihm ab. Er berücksichtigt nämlich auch die Stellungnahmen, die dem BMJ nach Versand eines ersten Entwurfs von 1984 zugingen.

616 Auch der Referentenentwurf 1993 wird noch nicht alle Materien abdecken. Das *internationale Gesellschaftsrecht* soll nämlich erst zu einem späteren Zeitpunkt geregelt werden.

617 Ob das IPR-Ergänzungsgesetz in der 13. Legislaturperiode verabschiedet wird, ist fraglich.

618 2. Der Referentenentwurf enthält nur acht Vorschriften. Art 38–42 EGBGB-RefE fügen an das geltende Recht einen zweiten Unterabschnitt an: **Außervertragliche Schuldverhältnisse**, Art 43–45 EGBGB-RefE einen sechsten Abschnitt: **Sachenrecht**.

619 3. Den Referentenentwurf kennzeichnen fünf **Grundtendenzen**:

620 (1) Festgehalten wird an erprobten, **international anerkannten Anknüpfungsbegriffen**. So bei Geschäftsführung ohne Auftrag an der lex loci gestionis (Art 39 Abs 1 EGBGB-RefE), bei unerlaubten Handlungen an der lex loci delicti commissi (Art 40 Abs 1 S 1 EGBGB-RefE), an der lex rei sitae im Sachenrecht (Art 43 Abs 1 EGBGB-RefE).

621 (2) **Rechtswahl** wird im Sachenrecht nicht zugelassen, im außervertraglichen Schuldrecht nur nach Eintritt des Ereignisses, auf dem das Schuldverhältnis beruht (Art 42 EGBGB-RefE). In einem Punkt wird ein Wahlrecht eingeräumt, bei dem bisher nach dem Günstigkeitsprinzip verfahren wurde. Fallen Handlungs- und Erfolgsort auseinander, so ist kraft Art 40 Abs 1 S 1 EGBGB-RefE das Recht des Handlungsorts maßgebend. Das Gericht soll nicht mit alternativer Überprüfung mehrerer Rechtsordnungen belastet werden. Nach Art 40 Abs 1 S 2 EGBGB-RefE kann der Verletzte aber verlangen, daß das Recht des Staates angewandt wird, in dem das geschützte Interesse verletzt wurde.

(3) Aufgenommen wurde sowohl im Schuld- als im Sachenrecht eine **Ausweichklausel** (so Rn 160, 163), Art 41 und 43 Abs 4 EGBGB-RefE. Sie wird mehr Unsicherheit schaffen als Gutes bewirken, entspricht aber einer weit verbreiteten Modevorstellung. 622

(4) **Typisch deutsche Anknüpfungsregeln entfallen.** So werden die EU-widrigen Vorschriften des Art 38 EGBGB und der VO über die Rechtsanwendung bei Schädigung deutscher Staatsangehöriger außerhalb des Reichsgebiets (so Rn 390) auch formell aufgehoben. 623

An ihre Stelle treten zwei andere Vorschriften, die Grundgedanken dieser Normen aufnehmen und fortbilden. 624

Nach fremdem Recht kann nicht Ersatz verlangt werden, der den eingetretenen Schaden wesentlich übersteigt oder wie bei multiple oder punitive damages anderen Zwecken als der angemessenen Entschädigung des Opfers dient (Art 40 Abs 3 EGBGB-RefE).

Hielten sich Ersatzpflichtiger und Verletzter zur Zeit des schädigenden Ereignisses gewöhnlich in einem anderen Staat als dem Tatort auf, dann gilt nicht die lex loci delicti commissi, sondern die lex firmae habitationis (Art 40 Abs 2 S 1 EGBGB-RefE).

(5) Schließlich verfährt man nach dem Gesetz der Sparsamkeit der Mittel, versucht also mit einem **Minimum von Kollisionsnormen** auszukommen, was außerordentlich verdienstlich ist. 625

Zwar stellt Art 44 EGBGB-RefE klar, daß Behelfe des Deliktsrechts und actio negatoria gleich angeknüpft werden. Es werden aber entgegen den perfektionistischen und teilweise höchst unklaren und unübersichtlichen Schweizer Regeln keine Sondernormen für Produkthaftung, Persönlichkeitsverletzung, Ansprüche aus unlauterem Wettbewerb, Amtshaftung oder Kraftfahrzeug-, Schiffs- und Flugzeugzusammenstößen aufgenommen. 626

Der Entwurf sagt auch nichts über die Rechtsanwendung bei Verletzung von *Immaterialgüterrechten* wie Urheberrechten, Patenten, Gebrauchs- und Geschmacksmustern, Warenzeichen und sonstigen Unternehmenskennzeichen. Es kann hier, wie die Begründung des Referentenentwurfs S 21 zutreffend unterstreicht, beim allgemein anerkannten *Schutzlandprinzip* verbleiben. Anzuknüpfen ist also an das Recht des Staates, für dessen Gebiet der Verletzte Schutz sucht. Dieses Schutzlandprinzip liegt ja auch der in Stockholm 1967 revidierten Pariser Verbandsübereinkunft vom 20. 3. 1883 (BGBl 1970 II 293, 391, 1073; 1971 II 1015) zugrunde (E ULMER, Die Immaterialgüterrechte im IPR [1975] 10, 12). 627

628 *Unlauterer Wettbewerb* ist grundsätzlich nach dem Recht des Marktorts zu entscheiden, ein Ergebnis, das sich auch ohne Spezialnorm schon aus der allgemeinen Regel ableiten läßt. Werden nur Belange eines einzelnen Mitbewerbers betroffen, so kann Art 41 EGBGB-RefE weiterhelfen.

629 Schließlich überläßt der Entwurf Lehre und Rechtsprechung, die *Grenzen des Deliktsstatuts* zu bestimmen. Was Schadensverlagerung und Regreß anbelangt, so verweist die Begründung auf Art 33 Abs 3 EGBGB, der über Art 13 EG-Schuldvertragsabkommen (so Rn 290) hinausgeht und eine ausreichende Handhabe für die kollisionsrechtliche Regelung einer cessio legis bildet.

Eine kritische Analyse der haftungsrechtlichen Bestimmungen des Entwurfs gibt vHoffmann, IPRax 1996, 1.

II. Weitere Reformbestrebungen

630 1.   Art 1 Abs 3 u 4 EVÜ und ihm folgend Art 37 Nr 4 EGBGB nehmen bestimmte Versicherungsverträge von den vereinheitlichten Vorschriften aus. Nachdem durch weitere Versicherungsrichtlinien innerhalb der EG eine materiellrechtliche Basis geschaffen ist, befaßte sich ein vom Max-Planck-Institut in Hamburg veranstaltetes Kolloquium mit den internationalprivatrechtlichen Aspekten. Reichert-Facilides legte dabei einen Gesetzesvorschlag zur Neuregelung des deutschen internationalen *Versicherungsvertragsrechts* vor (Vorabdruck in VersR 1993, 1177). Er erstrebt eine einheitliche Regelung, die die Wertvorstellungen von EVÜ/EGBGB mit denen des Richtlinienrechts verbindet.

631 2.   Ein Referentenentwurf des Bundesjustizministeriums, der jetzt in überarbeiteter Fassung vorliegt – Stand vom 13. 6. 1995 – (Umsetzung der Richtlinie des Rates über mißbräuchliche Klauseln in Verbraucherverträgen; Text in EWS 1995, 266) beabsichtigt, § 12 AGBG zu ändern, um der vom Ministerrat der EG am 5. 4. 1993 erlassenen Richtlinie über mißbräuchliche Klauseln in Verbraucherverträgen (ABlEG Nr L 95/29 vom 21. 4. 1993) gerecht zu werden. In S 1 soll künftig bestimmt werden, daß die Vorschriften des AGBG auch gelten, wenn der Vertrag einen engen Zusammenhang mit dem Gebiet der Bundesrepublik Deutschland aufweist. Die Voraussetzungen der Nr 1 und 2 sollen diesen Zusammenhang nur beispielhaft verdeutlichen.

Die ursprüngliche Fassung des Referentenentwurfs (EWS 1995, 28) ging weiter und sah vor, daß das deutsche AGBG sich auch durchsetzt, wenn der Verwender in einem Mitgliedstaat der EU oder einem anderen Vertragsstaat des EWRA tätig wird und der Verbraucher in einem dieser Staaten Wohnsitz oder gewöhnlichen Aufenthalt besitzt (Michalski, Änderung des AGB-Gesetzes durch die EG-Richtlinie über mißbräuchliche Klauseln in Verbraucherverträgen, Betrieb 1994, 665; Baumert, Die Umsetzung des Art 6 Abs 2 der AGB-Richtlinie im System des europäischen kollisionsrechtlichen Verbraucherschutzes, EWS 1995, 57, 66 ff).

632 3.   Der Referentenentwurf eines Gesetzes zur Reform des *Kindschaftsrechts* (Kindschaftsrechtsreformgesetz – KindRG), dessen Konzept die Bundesministerin für Justiz Sabine Leutheusser-Schnarrenberger, Recht (BMJ) 1994, 78, am

28. 7. 1994 vorstellte, sieht die Änderung der Art 10 und 19–21 EGBGB vor. Der inzwischen vorliegende Regierungsentwurf entwickelt die Ansätze weiter (BR-Drucks 180/96 S 33 f, 147 ff).

Da künftig jeder Unterschied zwischen ehelichen und nichtehelichen Kindern entfallen soll, werden die Worte ehelich, nichtehelich und Legitimation überall ausgemerzt. Der neue Art 10 Abs 3 EGBGB-RegE faßt die bisherigen Absätze 3 und 4 in einer einzigen Norm zusammen. Er weist dem Inhaber der elterlichen Sorge die Befugnis zur Namenswahl zu und schafft für alle Kinder dieselben Wahlmöglichkeiten. Auch Art 19 und 20 EGBGB können miteinander verschmolzen werden. In Art 19 Abs 1 EGBGB-RegE wird die Abstammung dem Aufenthaltsrecht des Kindes unterworfen, mögen die Eltern miteinander verheiratet sein oder nicht. Im Verhältnis zu jedem Elternteil kann wahlweise auch dessen lex patriae, und nur diese, herangezogen werden. Ist oder war die Mutter verheiratet, steht darüberhinaus das Ehewirkungsstatut zur Verfügung; nur hier wird an der Unwandelbarkeit festgehalten. Art 20 EGBGB-RegE regelt die Anfechtung der Abstammung. Sie wird dem Recht unterworfen, aus dem sich die Abstammung ergibt. Ferner wird dem Kind die Möglichkeit eröffnet, seine Abstammung auch nach Aufenthaltsrecht anzufechten.

Das Rechtsverhältnis zwischen Eltern und Kind unterliegt generell dem gewöhnlichen Aufenthalt (Art 21 EGBGB-RegE). Welche Sachnorm heranzuziehen ist, wenn das berufene fremde Recht die Unterscheidung zwischen ehelichen und nichtehelichen Kindern aufrechterhält und eine Legitimation kennt, bleibt Schrifttum und Rechtsprechung überlassen. Der Entwurf und seine Begründung schweigen sich dazu aus. Zu befürchten ist, daß die klaffende Lücke dadurch ausgefüllt wird, daß man kurzerhand und systemwidrig die Vorfrage ehelicher/nichtehelicher Geburt unselbständig anknüpft, also die Kollisionsnormen des fremden Heimat- bzw Aufenthaltsrechts befragt.

III. Internationales Verfahrensrecht

1. Der Regierungsentwurf zur Ergänzung der kollisionsrechtlichen Vorschriften des EGBGB (so Rn 614) bringt auch eine Änderung des internationalen Verfahrensrechts. Durch **Neufassung von § 606 Abs 2 ZPO** soll klargestellt werden, daß die Vorschrift, soweit sie sich auf Abs 1 S 1 Nr 4 bezieht, nur besagt, daß ausländische Entscheide, die im Aufenthaltsstaat einer der Parteien ergingen, ohne Rücksicht darauf anerkannt werden, wie die Heimatstaaten der Ehegatten sich zu diesen Entscheiden stellen (PIRRUNG, IPR 202).

2. Das **internationale Insolvenzrecht** beabsichtigte der Gesetzentwurf einer Insolvenzordnung vom 3. 1. 1992 (BR-Drucks 1/92) umfassend zu regeln. Der Neunte Teil des InsO-E (§§ 379–399) trug den Titel Internationales Insolvenzrecht. Der Bundesrat erhob in seiner Stellungnahme vom 14. 2. 1992 (BR-Drucks 1/92 S 43) aber eine Reihe von Einwänden. So wurde die Bundesregierung gebeten zu prüfen, ob die neuen Vorschriften öffentlich-rechtliche Forderungen fremder Staaten in Deutschland vollstreckbar werden lassen. Ferner wünschte der Bundesrat, daß das Gegenseitigkeitsprinzip in der künftigen InsO festgeschrieben wird. Der Rechtsausschuß empfahl, den Neunten Teil der InsO ganz zu streichen. Dem entsprach der Bundestag.

635 Die InsO vom 5. 10. 1994 (BGBl 1994 I 2866), die am 1. 1. 1999 in Kraft treten wird (§ 335 iVm Art 110 Abs 1 EGInsO), enthält keine Vorschriften über das internationale Insolvenzrecht mehr. Das internationale Insolvenzrecht wurde in das Einführungsgesetz zur Insolvenzordnung (EGInsO) vom gleichen Tag (BGBl 1994 I 2911, 2951) verbannt. Art 102 EGInsO bestimmt, wann sich ein ausländisches Insolvenzverfahren auf das im Inland befindliche Vermögen des Schuldners erstreckt (Abs 1), wann der ausländische Insolvenzverwalter anfechten kann (Abs 2), und stellt fest, daß die Anerkennung eines ausländischen Verfahrens ein gesondertes Insolvenzverfahren im Inland nicht ausschließt (Abs 3) (LEIPOLD, Miniatur oder Bagatelle: das internationale Insolvenzrecht im deutschen Reformwerk, in: FS Henckel [1995] 533; SCHMIDT-RÄNTSCH, Insolvenzordnung mit Einführungsgesetz [1995]). Das Gegenseitigkeitsprinzip wurde nicht Gesetz.

636 3. Das Bundesjustizministerium arbeitete auch den Entwurf eines Gesetzes zur Neuregelung des **Schiedsverfahrensrechts** aus, den die Bundesministerin für Justiz SABINE LEUTHEUSSER-SCHNARRENBERGER am 15. 11. 1995 in Berlin vorstellte (Veraltetes Recht ersetzen – Schiedskultur entwickeln, Recht [BMJ] 1995, 88). Der Referentenentwurf, der sich eng an das Modellgesetz der Kommission für Internationales Handelsrecht der Vereinten Nationen (UNCITRAL) (so Rn 247) anlehnt und das 10. Buch der ZPO (§§ 1025 ff) novelliert, enthält auch eine Kollisionsnorm. § 1051 Abs 1 ZPO-RefE läßt die Parteien wählen, Abs 2 hilfsweise das Recht des Staates zum Zuge kommen, mit dem der Gegenstand des Verfahrens die engste Verbindung aufweist. Die Parteien können das Schiedsgericht ermächtigen, einen Billigkeitsentscheid zu treffen. Eine solche Ermächtigung muß aber ausdrücklich sein.

Erster Abschnitt
Verweisung

Art 3 EGBGB. Allgemeine Verweisungsvorschriften

(1) Bei Sachverhalten mit einer Verbindung zum Recht eines ausländischen Staates bestimmen die folgenden Vorschriften, welche Rechtsordnungen anzuwenden sind (Internationales Privatrecht). Verweisungen auf Sachvorschriften beziehen sich auf die Rechtsnormen der maßgebenden Rechtsordnung unter Ausschluß derjenigen des Internationalen Privatrechts.

(2) Regelungen in völkerrechtlichen Vereinbarungen gehen, soweit sie unmittelbar anwendbares innerstaatliches Recht geworden sind, den Vorschriften dieses Gesetzes vor. Regelungen in Rechtsakten der Europäischen Gemeinschaften bleiben unberührt.

(3) Soweit Verweisungen im Dritten und Vierten Abschnitt das Vermögen einer Person dem Recht eines Staates unterstellen, beziehen sie sich nicht auf Gegenstände, die sich nicht in diesem Staat befinden und nach dem Recht des Staates, in dem sie sich befinden, besonderen Vorschriften unterliegen.

Materialien: BT-Drucks 10/504 S 35–37; BT-Drucks 10/5632 S 39; Pirrung, Internationales Privat- und Verfahrensrecht nach dem Inkrafttreten der Neuregelung des IPR. Texte, Materialien, Hinweise (1987) 114–117.

Systematische Übersicht

A. Allgemeines ... 1	3. Innerdeutsches Kollisionsrecht ... 9
	III. Sachnormverweisung
B. Begriff und Funktion des IPR (Abs 1)	1. Grundsatz ... 10
	2. Einzelfälle ... 11
I. Begriff ... 2	
1. IPR-Vorschriften ... 3	
2. Auslandsberührung ... 4	C. Vorrang von Staatsverträgen (Abs 2)
a) Erfordernis einer Auslandsberührung ... 4	
b) Kritik ... 5	I. Normzweck
c) Art der Auslandsberührung ... 6	1. Verfassungsrechtliche Ausgangslage ... 13
	2. Auslegungsregel ... 14
II. Funktion	3. Konstitutive Bedeutung ... 16
1. Bezeichnung des anwendbaren Rechts ... 7	II. Voraussetzungen des Vorrangs
2. Privatrecht und öffentliches Recht ... 8	1. Transformation des Staatsvertrags ... 18

2.	Vertraglicher Regelungsbereich	23	2.	Reichweite des Vorrangs	61
a)	Zeitlicher Anwendungsbereich	24	a)	Ausgeschlossene Kollisionsnormen	61
b)	Räumlicher Anwendungsbereich	25	b)	Vorfragen	64
c)	Persönlicher Anwendungsbereich	26	c)	Teilfragen	65
d)	Sachlicher Anwendungsbereich	27	d)	Rück- und Weiterverweisung	66
3.	Verfassungsmäßigkeit	28	3.	Abgrenzungen	67
			a)	Teilrück- bzw -weiterverweisung	67
III.	Reichweite des Vorrangs		b)	Abweichende „allgemeine" Anknüpfung des Vermögensstatuts	68
1.	Grundsatz	29			
2.	Inkorporierte Staatsverträge	30	c)	Allgemeine Vorschriften des inländischen Sachrechts	70
a)	Transformierte Staatsverträge	31			
b)	Nicht transformierte Staatsverträge	35	4.	Erfaßte Gegenstände	71
			a)	Sachen und Rechte	72
IV.	Vorrang des Gemeinschaftsrechts	36	b)	Gesellschaftsanteile	73
			c)	Versorgungsanwartschaften	74
V.	Konventionskonflikte	37	5.	Rechtsfolgen	75
1.	Regelung im Übereinkommen	38	a)	Anwendbares Recht	75
2.	Völkerrechtliche Grundsätze	39	b)	Ausgleichsansprüche	76
			c)	Nachlaßkonkurs	77
D.	Vorrang des Einzelstatuts vor dem Gesamtstatut		IV.	„Besondere Vorschriften" des inländischen Belegenheitsrechts	
I.	Normzweck	40	1.	Anwendbarkeit des Art 3 Abs 3	78
			a)	Sachnormen	78
II.	Geschichte	41	b)	Kollisionsnormen	83
1.	Belegenheitsrecht und Sachnormen	42	aa)	Grundsatz	83
a)	Anglo-amerikanisches Recht	43	bb)	Innerdeutsches Kollisionsrecht	84
b)	Deutsches Recht	45	2.	Unanwendbarkeit des Art 3 Abs 3	89
c)	Rechte anderer kontinentaler Länder	46	3.	Anwendbarkeit deutschen Rechts aus anderen Gründen	93
2.	Belegenheitsrecht und Kollisionsnormen	47			
a)	Anglo-amerikanisches Recht	47	V.	„Besondere Vorschriften" ausländischer Belegenheitsrechte	
b)	Kontinentaleuropäische Rechte	48	1.	England	99
3.	Verständnis des Art 28 EGBGB aF	49	2.	USA	102
4.	Neuregelung in Art 3 Abs 3 EGBGB	51	3.	Frankreich	104
5.	Vergleichbare Vorschriften	53	4.	Italien	106
a)	Staatsverträge	53	5.	Niederlande	108
b)	Ausländisches Kollisionsrecht	54	6.	Norwegen	109
			7.	Österreich	111
III.	Anwendungsbereich		8.	Schweiz	116
1.	Besondere Vorschriften	55	9.	Israel	119
a)	Sachnormen	56	10.	Lateinamerika	122
b)	Kollisionsnormen	59			

Alphabetische Übersicht

Anerbenrecht — 45, 70, 80, 85, 109, 111
Aufwertungsrecht — 93

Ausgleichsansprüche — 76
Auslandsberührung — 4 ff

Bedingte Verweisung	75
Belegenheitsrecht s u lex rei sitae	
Besitz- und Eigentumsschutz	96
Besondere Vorschriften	
– Sachnormen	
– – allgemeine	42, 49 f, 55 ff
– – ausländische	9, 102, 104, 106, 109, 111, 116, 119
– – inländische	78 ff
– Kollisionsnormen	
– – allgemeine	59 ff, 76 ff
– – inländische	83
– interlokale	84 ff
– – ausländische	100 f, 103, 105, 112 ff, 120 f
EG-Schuldvertragsübereinkommen (EVÜ)	20, 35, 38
Einzelstatut und Gesamtstatut	40 ff
England	43, 47, 99 ff
Erbschein	88, 115
Erbstatut	61, 68, 73, 84 ff
Familienfideikommiß	45, 82
Frankreich	48, 69, 76, 104 f
Funktion des IPR	7 f, 84 ff
Gemeinschaftsrecht, Vorrang	36
Genfer Flüchtlingsabkommen	19
Gesamtstatut und Einzelstatut	40 ff
Gesamtverweisung	1, 10
Gesellschaftsanteile	73, 98
Grundstücksgeschäfte	
– Genehmigungsbedürftigkeit	85
– Grundstücksverkehrsgesetz	81
Güterrechtsstatut	63, 66 f
Haager Eheschließungsabkommen	25 f
Haager Ehewirkungsabkommen	28, 53
Haager Einheitliches Kaufrecht	18
Haager Kindesentführungsabkommen	24 ff, 38
Haager Minderjährigenschutzabkommen	24 ff, 30, 38
Haager Testamentsformabkommen	22, 24 ff, 31 ff
Haager Unterhaltsabkommen	22, 24 ff, 31 ff, 38
Hausrat	70
Höferecht	45 f, 70, 78 f, 106
Immaterialgüterrechte	72
Inkorporation von Staatsverträgen	20, 28, 30 ff
Inlandssachverhalt	4 ff
Innerdeutsches Kollisionsrecht	9, 84 ff
– Erbschein	88
– Erbausschlagung	87
– Nachlaßspaltung	84 ff
– Pflichtteilsansprüche	87
– Qualifikation	86
– Restitutionsansprüche	86
– Testamentsanfechtung	87
– Testamentsauslegung	87
– Testamentsvollstreckung	87
IPR, Legaldefinition	2 ff
Israel	54, 119 ff
Italien	46, 106 f
Konventionskonflikte	37 ff
Lex rei sitae	42 ff, 47 ff, 60, 64, 75, 95 ff
Nachlaßkonkurs	76
Nachlaßspaltung	60, 76, 84 ff, 100 f, 103, 105, 112 ff
Niederlande	92, 108
Nießbrauch	95
Norwegen	46, 109 f
Numerus clausus der dinglichen Rechte	97
Öffentliches Recht und IPR	8
Österreich	46, 48, 54, 66, 111 ff
Pflichtteilsanspruch	76, 87
Qualifikation	73
Rechtswahl und Einzelstatut	63
Renvoi s u Rück- und Weiterverweisung	
Rück- und Weiterverweisung	1 f, 29, 66 f, 100, 110, 113
Sachen	72
Sachenrecht	70
Sachnormverweisung	10 f
Scheidungsfolgenstatut	61
Schweden	54
Schweiz	46, 48, 116 ff
Sondervermögen	42 ff, 56 ff
Staatsverträge	13 ff

– Auslegung 33	Testamentsvollstreckung 87, 90
– Inkorporation 20, 30 ff	Transformation von Staatsverträgen 18 ff, 31 ff
– Konkurrenz 37 ff	
– Regelungsbereich 23 ff	Übernahmerecht 104, 119
– Transformation 13, 18 ff, 31 ff	USA, Einzelstaaten 44, 47, 102 f
– Verfassungsmäßigkeit 28	
– Vorrang 13 ff, 18 ff, 29 ff	Versorgungsanwartschaften 74, 98
– Zustimmungsgesetz 18 f	Vorfrage 64
Teilfrage 65	Zinssenkungsvorschriften 94
Teilrenvoi 67	

A. Allgemeines

1 Art 3 behandelt unter der wenig aussagekräftigen Überschrift „Allgemeine Verweisungsvorschriften" drei sehr unterschiedliche und heterogene Fragenkreise. Abs 1 beschreibt die Aufgabe des IPR und hebt in S 1 vor allem das Erfordernis einer Auslandsberührung für die Anwendung der Kollisionsnormen des EGBGB hervor. Er hat den Charakter einer *Definitionsnorm* (Palandt/Heldrich Rn 1). Systematisch wenig glücklich findet sich auch die Definition der Sachnormverweisung in Abs 1 S 2 anstatt in Art 4, wo sie – in Abgrenzung zu der dort geregelten Gesamtverweisung – besser aufgehoben wäre. Abs 2 regelt das Verhältnis des autonomen IPR der Art 3–38 EGBGB zu kollisionsrechtlichen Staatsverträgen auf der Grundlage des Spezialitätsgrundsatzes. Ferner wird der Vorrang von Kollisionsregeln in Rechtsakten der Europäischen Gemeinschaften vor dem innerstaatlichen IPR betont. Schließlich normiert Abs 3 den kollisionsrechtlichen Grundsatz der „Näherberechtigung" („Einzelstatut bricht Gesamtstatut"). Die Vorschrift nimmt mit gewissen redaktionellen Verbesserungen die Regel des Art 28 aF auf und stellt sie zutreffend in den ersten Abschnitt ein, weil es sich um einen allgemeinen Grundsatz der Verweisungslehre handelt, der im gesamten dritten und vierten Abschnitt des Gesetzes Bedeutung erlangen kann.

B. Begriff und Funktion des IPR (Abs 1)

I. Begriff

2 Die in S 1 enthaltene Legaldefinition bezeichnet als IPR „die folgenden Vorschriften", die „bei Sachverhalten mit einer Verbindung zum Recht eines ausländischen Staates bestimmen..., welche Rechtsordnungen anzuwenden sind". Diese Definition ist – worauf mit Recht hingewiesen worden ist (MünchKomm/Sonnenberger Rn 2; Firsching/vHoffmann, IPR § 1 Rn 15 ff) – in mehrfacher Hinsicht zu eng ausgefallen und deshalb irreführend.

1. IPR-Vorschriften

3 Zum einen beschränkt sich das deutsche IPR auch nach der Reform von 1986 nicht auf die Vorschriften der Art 3–38 EGBGB. Es umfaßt vielmehr darüber hinaus alle in völkerrechtlichen **Staatsverträgen** und im europäischen Gemeinschaftsrecht enthaltenen Kollisionsnormen, deren Vorrang in Abs 2 ausdrücklich hervorgehoben wird. Darüberhinaus kennt das deutsche Recht weiterhin eine Fülle von Kollisionsnormen in **Sondergesetzen** außerhalb des EGBGB, die gleichfalls Bestandteil des deutschen IPR sind (zB § 1 Gesetz über Rechte an eingetragenen Schiffen und Schiffsbauwerken vom 15. 11. 1940; Art 91–98 WG; Art 60–66 ScheckG; Art 7 ff EGVVG; § 61 BörsG; § 98 GWB). Schließlich sind wichtige Teile des deutschen IPR – wie zB das Sachenrecht, das außervertragliche Schuldrecht, das Gesellschaftsrecht oder das Recht der Stellvertretung – noch nicht kodifiziert, so daß insoweit auf Richterrecht zurückzugreifen ist. Eine korrekte Definition des IPR hat auch diese staatsvertraglichen, spezialgesetzlichen und richterrechtlichen Kollisionsregeln mit einzuschließen. Demgegenüber zählen spezielle materielle Regelungen für internationale Sachverhalte nach deutschem Verständnis nicht zum internationalen Privatrecht, wenngleich die Grenzziehung nicht immer scharf durchgehalten wird (vgl zB Art 7 Abs 2 oder Art 18 Abs 7 EGBGB; dazu MünchKomm/SONNENBERGER Einl Rn 2 mwBsp).

2. Auslandsberührung

a) Erfordernis einer Auslandsberührung

Die Anwendbarkeit der Kollisionsregeln setzt nach der Legaldefinition des Abs 1 S 1 **4** weiterhin eine Auslandsberührung des Sachverhalts voraus. Danach ließe das IPR die Frage offen, weshalb in reinen Inlandsfällen die jeweilige lex fori zur Anwendung kommt. Die Anwendung deutschen Rechts folgt nach diesem Verständnis des IPR als eines Sonderrechts für Auslandssachverhalte aus der Rechtssetzungskompetenz des inländischen Gesetzgebers für ausschließlich inlandsbezogene Sachverhalte und bedarf daher keiner besonderen Begründung (idS die Gesetzesbegründung in BT-Drucks 10/504 zu Art 3 Abs 1: „... für reine Inlandsfälle scheidet eine Anwendung des IPR von vornherein aus"; zust E LORENZ, in: FS Kegel [1987] 310 f; PALANDT/HELDRICH Rn 2; ERMAN/HOHLOCH Rn 3).

b) Kritik

Gegen diese Sicht spricht, daß die Bedeutung einer Auslandsberührung für die Ent- **5** scheidung eines konkreten Falles nicht im voraus bestimmt werden kann, sondern sich erst als Ergebnis der Subsumtion des Sachverhalts unter die maßgeblichen Kollisionsnormen ergibt (zutr KELLER/SIEHR, IPR 254 f; FIRSCHING/vHOFFMANN, IPR § 1 Rn 21). Aus diesem Grunde erscheint die Vorüberlegung, ob ein Sachverhalt mit Auslandsberührung vorliegt, entbehrlich. Das inländische IPR ist vielmehr auf jeden im Inland zu beurteilenden Sachverhalt anwendbar, ohne Rücksicht auf dessen nationalen oder internationalen Charakter (KELLER/SIEHR IPR 254; NEUHAUS, Grundbegriffe 104; KEGEL, IPR[7] § 1 III; FIRSCHING/vHOFFMANN, IPR § 1 Rn 22; MünchKomm/SONNENBERGER Rn 2; zurecht krit zum Verständnis des IPR als Sonderrecht für Auslandssachverhalte auch STOLL IPRax 1984, 1; LÜDERITZ, in: FS Kegel [1987] 345 ff; JAHR RabelsZ 54 [1990] 481, 500 ff). Für diese Ansicht spricht auch, daß eine scharfe Grenzziehung zwischen Fällen mit einer (entscheidungserheblichen) Auslandsberührung und sog „reinen Inlandsfällen" ausgeschlossen scheint (NEUHAUS aaO; FIRSCHING/vHOFFMANN, IPR § 1 Rn 23).

c) Art der Auslandsberührung

Auch zur Frage, wie die Verbindung des Sachverhalts zum Auslandsrecht beschaffen **6** sein muß, äußert sich Art 3 Abs 1 S 1 nicht. Die Anhänger einer auf die Regelung von Auslandssachverhalten beschränkten Funktion des IPR lassen demgemäß jedwede Auslandsbeziehung genügen; diese kann sich etwa aus der ausländischen Staatsangehörigkeit oder dem ausländischen Wohnsitz bzw Aufenthalt eines Beteiligten oder aus der Vornahme eines Rechtsgeschäfts, der Begehung einer unerlaubten Handlung oder der Belegenheit einer Sache im Ausland ergeben. Ein ausreichender Auslandsbezug soll bei einem Schuldvertrag nach der Gesetzesbegründung (BR-Drucks 222/83 S 35) bereits in der Wahl eines ausländischen Rechts durch die Vertragsparteien liegen (vgl Art 27 Abs 1, 3; zust PALANDT/HELDRICH Rn 2; ERMAN/ HOHLOCH Rn 2; aA zurecht STOLL IPRax 1984, 1; KINDLER RIW 1987, 660, 661).

II. Funktion

1. Bezeichnung des anwendbaren Rechts

7 Ist die Legaldefinition in Art 3 Abs 1 S 1 somit auch zu eng und teilweise irreführend, so bringt sie doch zutreffend zum Ausdruck, daß es nicht Aufgabe des IPR ist, den zu beurteilenden Sachverhalt selbst in der Sache zu entscheiden; vielmehr geht es allein darum, diejenige staatliche Privatrechtsordnung zu ermitteln, die auf diesen Sachverhalt zur Anwendung kommt. Nimmt man die Gesetzesbegründung (BR-Drucks 222/83 und BT-Drucks 10/504, jeweils S 35) hinzu, so läßt sich der Vorschrift immerhin ein grundsätzliches Bekenntnis zum Savigny'schen IPR-Verständnis entnehmen, also zu einem **System von allseitigen Kollisionsnormen** zur Ermittlung derjenigen Rechtsordnung, die mit dem Sachverhalt am engsten verbunden ist (zutr MünchKomm/SONNENBERGER Rn 4). Dies ist insofern von Bedeutung, als damit zugleich eine Leitlinie für die Fortentwicklung des IPR gegeben wird. Diese hat sich mithin ebenfalls an dem Ziel zu orientieren, allseitige Kollisionsnormen für die noch nicht geregelten Bereiche zu entwickeln. Darin liegt zugleich die Ablehnung eines Systems einseitiger Kollisionsnormen, die lediglich den Anwendungsbereich des deutschen Sachrechts bestimmen, wie auch eines Systems, das im wesentlichen auf Sachnormen für international gelagerte Sachverhalte beruht (MünchKomm/SONNENBERGER aaO).

2. Privatrecht und öffentliches Recht

8 Abs 1 S 1 verweist nur ganz allgemein auf „Rechtsordnungen". Damit hat der Gesetzgeber zur Frage, ob darunter neben dem Privatrecht auch das öffentliche Recht zu verstehen ist, nicht Stellung genommen. Er hat insbesondere das schwierige Problem der Abgrenzung und Anknüpfung von Eingriffsnormen ausgespart und der Entwicklung in Lehre und Rechtsprechung überlassen (vgl STOLL IPRax 1984, 1 f; dazu eingehend MünchKomm/SONNENBERGER Einl Rn 30 ff, 253 ff). Ausländisches öffentliches Recht kann aufgrund der von Art 3 ff ausgesprochenen Verweisungen grundsätzlich erfaßt werden. Dies kommt insbesondere dann in Betracht, wenn die Vorschriften des ausländischen öffentlichen Rechts aus der für die Qualifikation maßgeblichen Sicht des deutschen IPR einen privatrechtlichen Sachverhalt regeln, etwa ein Heimfallrecht des Staates bei einem erbenlosen Nachlaß vorsehen. Auch die Ermittlung der *Staatsangehörigkeit* einer Person erfordert häufig die Prüfung nach Maßgabe ausländischen Staatsangehörigkeitsrechts. Ferner sind etwa bei der Beurteilung von Schadensersatzansprüchen nach Verkehrsunfällen im Ausland die Verkehrsregeln des Tatortrechts unabhängig vom anwendbaren Deliktstatut zu prü-

fen. Schließlich können bei Geltung eines ausländischen Vertragsstatuts uU auch Eingriffsnormen des fremden öffentlichen Rechts zur Anwendung zu bringen sein (MünchKomm/MARTINY Art 34 Rn 24 ff). Aus dem Gesagten folgt, daß ein allgemeiner Grundsatz der Nichtanwendung ausländischen öffentlichen Rechts im deutschen IPR nicht besteht (ZWEIGERT, in: FS Kieler Institut für internationales Recht [1965] 124; KROPHOLLER, IPR² § 22 II; SIEHR, Ausländische Eingriffsnormen im inländischen Wirtschaftskollisionsrecht, RabelsZ 52 [1988] 41, 75 f; PALANDT/HELDRICH Rn 4; ERMAN/HOHLOCH Rn 4; **aA** BGH 17. 12. 1959, BGHZ 31, 367, 370 f = IzRspr 1958/59 Nr 136; BGH 16. 4. 1975, BGHZ 64, 183, 188 ff = NJW 1975, 1220 = IPRspr 1975 Nr 118; SANDROCK/STEINSCHULTE, in: SANDROCK [Hrsg], Hdb der int Vertragsgestaltung I Rn 184).

3. Innerdeutsches Kollisionsrecht

Da Abs 1 eine Verbindung zum Recht eines *ausländischen* Staates verlangt, sind die Art 3 ff bei interlokalen, dh innerdeutschen Kollisionsrechtsfällen unmittelbar nicht anzuwenden (vgl BT-Drucks 10/504 S 30; PALANDT/HELDRICH Rn 3; zu den Grundsätzen des geltenden deutschen interlokalen Privatrechts, insbesondere zur Geltung der Art 3–38 EGBGB im Beitrittsgebiet s näher STAUDINGER/DÖRNER¹² Art 236 Rn 5 ff; PALANDT/HELDRICH Anh Art 3 Rn 1 ff und Art 236 Rn 4 f; ERMAN/HOHLOCH Art 3 Rn 21 ff; zu Abs 3 s auch u Rn 84 ff).

III. Sachnormverweisung

1. Grundsatz

Nach Art 3 Abs 1 S 2 beziehen sich Verweisungen auf Sachvorschriften auf die Rechtsnormen der maßgebenden Rechtsordnung „unter Ausschluß derjenigen des Internationalen Privatrechts". Die Vorschrift besagt nichts darüber, *wann* eine solche Sachnormverweisung stattfindet; dies ergibt sich vielmehr aus der Formulierung der einzelnen Kollisionsnormen. Sie stellt vielmehr nur klar, daß in den Fällen, in denen auf Sachvorschriften eines Staates verwiesen wird, dessen Kollisionsnormen von der Verweisung nicht erfaßt werden. Aus ihr läßt sich damit im Gegenschluß der Grundsatz entnehmen, daß immer dann, wenn nicht ausdrücklich auf Sachvorschriften verwiesen wird, von einer sog *Gesamtverweisung* und damit von der Beachtlichkeit eines Renvoi auszugehen ist (MünchKomm/SONNENBERGER Rn 7). Dieser Grundsatz wird anschließend in Art 4 Abs 1 noch einmal ausdrücklich bestätigt.

2. Einzelfälle

Unmittelbar auf Sachnormen beziehen sich die Verweisungen in Art 12 (Schutz des inländischen Rechtsverkehrs), Art 18 (Unterhaltsrecht) und Art 26 (Testamentsform); hinzu kommen nach Art 35 Abs 1 sämtliche Verweisungen des internationalen Schuldvertragsrechts (Art 27 ff). Gleiches gilt gem Art 4 Abs 2 in allen Fällen einer zulässigen *Rechtswahl* auch außerhalb des Schuldvertragsrechts. Eine solche kommt insbesondere in Betracht im Namensrecht (Art 10 Abs 2 und 3), im Recht der persönlichen Ehewirkungen (Art 14 Abs 2 und 3), im Ehegüterrecht (Art 15 Abs 2) und im Erbrecht (Art 25 Abs 2). Soweit man eine Rechtswahl der Parteien im außervertraglichen Schuldrecht und im Sachenrecht anerkennt, gilt der Ausschluß des Renvoi auch dort (dazu näher Art 4 Rn 285 ff, 305 ff).

12 Sachnormverweisungen sind ferner dann gegeben, wenn eine Kollisionsnorm ausdrücklich nur auf **deutsches Recht** verweist (vgl Art 9 S 2, 10 Abs 2 Nr 2 und Abs 3 Nr 2, 13 Abs 2 und Abs 3 S 1, 17 Abs 1 S 2 und Abs 3 S 2, 18 Abs 2 und 5, 23 S 2, 24 Abs 1 S 2, 25 Abs 2, 38). Von einer Sachnormverweisung wird schließlich zT auch dann ausgegangen, wenn die deutsche Kollisionsnorm auf Sacherfordernisse des maßgebenden Rechts verweist (vgl PALANDT/HELDRICH Rn 5; ERMAN/HOHLOCH Rn 5; KROPHOLLER, IPR^2 § 24 II 2). Dieser Auffassung ist indes zu widersprechen; in den in diesem Zusammenhang genannten Fällen der Art 11 Abs 1, 2, 4 und 5, 14 Abs 4, 15 Abs 3, 19 Abs 3, 23 S 1 und 24 S 3 ist vielmehr von Fall zu Fall zu entscheiden, ob die Beachtung einer Rück- oder Weiterverweisung dem Sinn der Verweisung iSv Art 4 Abs 1 S 1 2 HS widerspricht (dazu näher Art 4 Rn 84 ff). Eine Sachnormverweisung ist nur insoweit zwingend anzunehmen, als die genannten Vorschriften inkorporierten staatsvertraglichen Regelungen entsprechen, wie dies zB hinsichtlich der Form von Schuldverträgen auf Art 11 Abs 1–4 zutrifft (vgl Art 9 EVÜ).

C. Vorrang von Staatsverträgen (Abs 2)*

I. Normzweck

1. Verfassungsrechtliche Ausgangslage

13 Das Grundgesetz regelt den Vorrang völkerrechtlicher Vereinbarungen vor dem nationalen Recht selbst nicht. Insbesondere läßt sich aus dem Grundsatz „pacta sunt servanda" über Art 25 GG kein Übergesetzesrang des transformierten Völkervertragsrechts ableiten (MAUNZ, in: MAUNZ/DÜRIG, GG^3 Art 25 Rn 29). Denn dieser Grundsatz begründet lediglich eine obligatorische Verpflichtung der Staaten, die geschlossenen Verträge einzuhalten, wirkt aber selbst nicht als Transformator; die Umsetzung völkerrechtlicher Verträge bestimmt sich vielmehr allein nach Art 59 GG (MEYER-SPARENBERG 36 ff mwN). Die nach Art 59 Abs 2 S 2 GG transformierten Vertragsbestimmungen stehen in der Normenhierarchie daher auf der Ebene eines einfachen Bundesgesetzes (vMÜNCH/ROJAN, GG^2 [1983] Art 59 Rn 43). An diese verfassungsrechtlichen Vorgaben war der Reformgesetzgeber gebunden, so daß Art 3 Abs 2 S 1 nicht etwa das staatsvertragliche Kollisionsrecht in der Normenhierarchie über das einfache Gesetzesrecht stellt. Ein solches Rangverhältnis kann nur das Verfassungsrecht selbst festlegen, weil der einfache Gesetzgeber im Rahmen seiner Transformationskompetenz kein über dem Gesetz stehendes Recht schaffen kann. Art 3 Abs 2 S 1 betrifft daher nicht das Rangverhältnis unterschiedlicher Rechtsquellen, sondern nur das Konkurrenzverhältnis (zutr MEYER-SPARENBERG 64).

2. Auslegungsregel

14 Da Staatsverträge somit als einfaches Gesetzesrecht ins nationale Recht übernom-

---

* **Schrifttum:** JAYME/MEESSEN, Staatsverträge zum IPR, BDGesVR 16 (1975) 25; MEYER-SPARENBERG, Staatsvertragliche Kollisionsnormen (1990); WALCH, Gespaltene Normen und Parallelnormen im deutschen IPR. Zum Verhältnis zwischen staatsvertraglichem und nationalem IPR nach der Reform von 1986 unter besonderer Berücksichtigung der rechtsvergleichenden Methode bei der Auslegung von Kollisionsrecht (1991).

men werden, gelten für ihr Verhältnis zum autonomen Kollisionsrecht grundsätzlich die Regeln: „lex posterior derogat legi anteriori" und „lex specialis derogat legi generali". Danach ersetzt also ein späterer Staatsvertrag das bisherige Kollisionsrecht autonomen Ursprungs; ferner gehen meist auch ältere Konventionen als leges speciales dem neuen Gesetzesrecht vor. Schließlich sind nationale Gesetze grundsätzlich völkerrechtsfreundlich zu interpretieren; im Zweifel kann deshalb davon ausgegangen werden, daß der Gesetzgeber sich nicht über bestehende völkerrechtliche Verpflichtungen hat hinwegsetzen wollen. Mit diesem ungeschriebenen Grundsatz hatte bereits das Reichsgericht auch den Vorrang kollisionsrechtlicher Staatsverträge vor den Vorschriften des EGBGB begründet (RG 24. 6. 1909, RGZ 71, 293, 296; ebenso BGH 11. 1. 1984, BGHZ 89, 325, 336 = NJW 1984, 1302). Diese Vermutung zugunsten des Vorrangs völkerrechtlicher Vereinbarungen ergänzt insbesondere den lex specialis-Grundsatz in Zweifelsfällen (MEYER-SPARENBERG 66 f).

Da nicht anzunehmen ist, daß der Gesetzgeber durch Aufnahme einer ausdrücklichen Bestimmung in das EGBGB hinter dem bisherigen Rechtszustand zurückbleiben wollte, kodifiziert Art 3 Abs 2 S 1 zumindest den bisher ungeschriebenen, gewohnheitsrechtlich anerkannten Vertragsvorbehalt. In diesem Sinne kommt der Vorschrift jedenfalls eine **klarstellende Funktion** zu. Diese bezieht sich freilich nicht nur auf die allgemeinen Grundsätze der lex posterior und der lex specialis mit der Folge, daß entgegen dem Wortlaut des Art 3 Abs 2 das spätere Bundesrecht – vorbehaltlich des lex specialis-Grundsatzes – ältere Staatsverträge verdrängen könnte (so FERID, IPR³ Rn 1–9, 1; wohl auch die Begründung des Regierungsentwurfs, BT-Drucks 10/504 S 36). Bestätigt wird vielmehr auch die zusätzliche Vermutung, wonach der Gesetzgeber sich im Zweifel nicht über seine völkervertraglichen Pflichten hinwegsetzen will (MünchKomm/SONNENBERGER Rn 10; FIRSCHING/vHOFFMANN, IPR § 1 Rn 78). Deshalb sind auch nach Inkrafttreten der IPR-Reform von 1986 die zahlreichen älteren kollisionsrechtlichen Staatsverträge auf dem Gebiet des Familien- und Erbrechts weiter anzuwenden (vgl idS zum Vorrang von Art 13 des Zusatzabkommens zum NATO-Truppenstatut vom 3. 8. 1959 [BGBl 1961 II 1183] vor Art 20 Abs 2 EGBGB OLG Karlsruhe 4. 2. 1993, FamRZ 1993, 898 = IPRspr 1993 Nr 91; PALANDT/HELDRICH Art 20 Rn 11). 15

3. Konstitutive Bedeutung

Die Funktion des Art 3 Abs 2 S 1 beschränkt sich jedoch nicht auf eine bloße Auslegungsregel (so aber – unter Hinweis auf die Gesetzesbegründung – MünchKomm/SONNENBERGER Rn 9 f; FIRSCHING/vHOFFMANN, IPR § 1 Rn 75). Denn bereits nach dem Wortlaut der Vorschrift kommt den Staatsverträgen nicht nur im Zweifel Vorrang zu. Die ausdrückliche gesetzliche Regelung befreit den Rechtsanwender vielmehr davon, durch Auslegung der konkurrierenden Normen über das Konkurrenzverhältnis entscheiden zu müssen. Die Vorschrift des Art 3 Abs 2 S 1 hat damit – über die bisherige Rechtslage hinaus – teilweise konstitutive Bedeutung. Sie enthält ein vor die Klammer gezogenes negatives Tatbestandsmerkmal der Kollisionsnormen des EGBGB des Inhalts, daß die jeweilige Rechtsfrage nicht bereits unter eine staatsvertragliche Kollisionsnorm fallen darf (zutr MEYER-SPARENBERG 68; im Erg ebenso PALANDT/HELDRICH Rn 7; ERMAN/HOHLOCH Rn 6). Durch ein solches Verständnis des Art 3 Abs 2 wird die Einhaltung der völkerrechtlichen Verpflichtungen der Bundesrepublik Deutschland wirksam und ohne Einschränkungen gewährleistet. 16

17 Der in Art 3 Abs 2 angeordnete generelle Vorrang der Staatsverträge gilt freilich nur für die **Vorschriften des EGBGB**. Denn der Gesetzgeber hat ausdrücklich nur für die „Vorschriften dieses Gesetzes" eine Regelung der Konkurrenzfrage getroffen. Für Kollisionsnormen außerhalb des EGBGB sowie für die bisher nicht kodifizierten richterrechtlichen Grundsätze des internationalen Delikts- und Sachenrechts verbleibt es daher bei dem bisherigen gewohnheitsrechtlichen Vertragsvorbehalt in Form einer ungeschriebenen Auslegungsregel (MEYER-SPARENBERG 68 f; PALANDT/HELDRICH Rn 7; aA ERMAN/HOHLOCH Rn 9). Die praktische Bedeutung dieser Frage ist freilich gering, weil einerseits die Kodifikation des Rechts der außervertraglichen Schuldverhältnisse und des Sachenrechts im EGBGB (Art 38 ff) unmittelbar bevorsteht, andererseits bisher keine Fälle bekannt geworden sind, in denen die Auslegung autonomer Kollisionsnormen zu dem Ergebnis geführt hätte, daß sie in völkerrechtswidriger Weise Vorrang vor einer staatsvertraglichen Regelung beanspruchen.

II. Voraussetzungen des Vorrangs

1. Transformation des Staatsvertrags

18 Um eine konkurrierende autonome Kollisionsnorm verdrängen zu können, muß die staatsvertragliche Kollisionsnorm – wie Art 3 Abs 2 S 1 ausdrücklich klarstellt – „unmittelbar anwendbares innerstaatliches Recht" geworden sein. Da das IPR Gegenstand der Bundesgesetzgebung ist, werden kollisionsrechtliche Staatsverträge nach Art 59 Abs 2 S 1, 2. Fall GG in innerstaatliches Recht transformiert. Danach bedarf es zur Begründung einer völkerrechtlichen Verpflichtung für die Bundesrepublik Deutschland der Zustimmung in Form eines Bundesgesetzes (SCHWEITZER, Staatsrecht Bd III[4] [1992] Rn 115 ff; STERN, Das Staatsrecht der BRD, Bd I[2] [1984] 504 f). Dieses Zustimmungsgesetz nach Art 59 Abs 2 GG legitimiert einerseits die zuständigen Bundesorgane zur Ratifikation und verschafft andererseits den im Vertrag getroffenen Regelungen innerstaatliche Geltung (BVerfG 30.7.1952, BVerfGE 1, 396, 410 f; MAUNZ, in: MAUNZ/DÜRIG, GG[3] Art 59 Rn 22 ff; SCHWEITZER Rn 313). Innerstaatliche Anwendung finden freilich nur solche Normen des Vertrages, die ihrem Charakter nach unmittelbar anwendungsfähig („self-executing") sind. Dies setzt voraus, daß die Norm nach Wortlaut, Zweck und Inhalt geeignet und hinreichend bestimmt ist, wie eine innerstaatliche Vorschrift rechtliche Wirkung zu entfalten, also dafür keiner weiteren Ausfüllung bedarf. Anders als etwa die Haager Übereinkommen zur Einführung der Einheitlichen Kaufgesetze vom 1.7.1964 (BGBl 1973 II 886, 919), die lediglich eine Verpflichtung der Vertragsstaaten zum Erlaß eines in einer Anlage enthaltenen Einheitsgesetzes begründeten, enthalten die bisher geschlossenen kollisionsrechtlichen Konventionen die vereinbarten Vorschriften selbst. Die staatsvertraglichen Kollisionsnormen sind daher als Folge der Transformation innerstaatlich unmittelbar anwendbar (vgl idS ausdrücklich zum New Yorker Übk zur Rechtsstellung der Staatenlosen v 28.9.1954: BVerwG 16.10.1990, BVerwGE 17, 11, 13; ebenso zum Genfer Flüchtlingsabkommen v 28.7.1951: BVerwG 4.6.1991, BVerwGE 58, 254, 257).

19 Der Gesetzgeber erläßt, wenn er die staatsvertraglichen Normen in unmittelbar anwendbares innerstaatliches Recht transformiert, **selbständige Vorschriften**, die von der völkerrechtlichen Vereinbarung als solcher zu unterscheiden sind. Das Zustimmungsgesetz bedient sich in den Fällen des Art 59 Abs 2 GG nur aus Gründen der

Vereinfachung der Technik, allgemein auf die Bestimmungen des Staatsvertrages zu verweisen, anstatt diese einzeln in seinem Wortlaut aufzuführen. Die innerstaatliche Verbindlichkeit dieser Vorschriften ist vom völkerrechtlichen Inkrafttreten des Staatsvertrages grundsätzlich unabhängig. Der Gesetzgeber kann daher ausdrücklich die Verbindlichkeit eines Abkommens vorschreiben, ohne daß dieses in Kraft getreten sein müßte; so trat das Genfer Flüchtlingsabkommen nach Art 2 des Gesetzes vom 1. 9. 1953 (BGBl II 559) innerstaatlich bereits am 24. 12. 1953 in Kraft, völkerrechtlich aber erst am 22. 4. 1954 (Bek v 25. 5. 1954, BGBl II 619). Bei Fehlen einer ausdrücklichen Bestimmung ist das Zustimmungsgesetz freilich im Zweifel dahin auszulegen, daß die innerstaatliche Wirksamkeit aufschiebend bedingt durch die völkerrechtliche Verbindlichkeit des Vertrages sein soll; demgemäß gibt der Gesetzgeber das völkerrechtliche Inkrafttreten auch jeweils gesondert im Bundesgesetzblatt bekannt (vgl BVerfG 30. 7. 1952, BVerfGE 1, 396, 411; MAUNZ, in: MAUNZ/DÜRIG, GG[3] Art 59 Rn 34; MEYER-SPARENBERG 38).

Abweichend von der bisherigen Praxis in der Bundesrepublik Deutschland sind die **20** Vorschriften des **EG-Schuldvertragsübereinkommens** (EVÜ) in die nationale Kodifikation eingearbeitet worden. Nach Art 1 Abs 2 des Zustimmungsgesetzes vom 25. 7. 1986 (BGBl II 809) finden die Art 1–21 EVÜ innerstaatlich keine unmittelbare Anwendung. Dies wird in der Begründung zum Regierungsentwurf damit gerechtfertigt, daß das Übereinkommen als „loi uniforme" in seinem sachlichen Geltungsbereich keinen Raum mehr für abweichende nationale Vorschriften lasse und außerdem „die Überschaubarkeit des internationalen Privatrecht gewahrt und einer zukünftigen Rechtszersplitterung entgegengewirkt werden" solle. Diese Methode der sog *Inkorporation* (FERID, IPR[3] Rn 6–17, 3 f; W LORENZ IPRax 1987, 269; PALANDT/ HELDRICH vor Art 27 Rn 1) bzw „speziellen Transformation" (MEYER-SPARENBERG 39 f) hatte der Gesetzgeber bereits bei der Umsetzung der Genfer Übereinkommen über Bestimmungen auf dem Gebiete des internationalen Wechsel- und Scheckprivatrechts von 1930/31 in das Wechsel- bzw Scheckgesetz (Art 91–98 WG; Art 60–66 ScheckG; dazu JAYME/HAUSMANN[8] Nr 59–62) befolgt. Im Unterschied zum Schuldvertragsübereinkommen war eine Inkorporation dieser beiden Abkommen aber im Vertragstext selbst angelegt. Darüberhinaus konnten die Kollisionsregeln der Wechsel- und Scheckübereinkommen wörtlich und ohne systematische Änderungen übernommen werden. Im Gegensatz dazu mußte der Gesetzgeber des IPR-Reformgesetzes von der Systematik des Schuldvertragsübereinkommens weitgehend abweichen. Vor allem hat er Fragen, die den allgemeinen Teil des IPR betreffen (Art 16 EVÜ) oder außerhalb des internationalen Schuldvertragsrechts von Bedeutung sein können (Art 9, 11 EVÜ) auch in der nationalen Kodifikation vor die Klammer gezogen und in den Abschnitten über die Verweisung (Art 6 EGBGB) bzw über die Rechtsgeschäfte (Art 11, 12 EGBGB) geregelt.

Eine hiervon abweichende besondere Form der Inkorporation hat der deutsche **21** Gesetzgeber schließlich im Falle des **Haager Unterhaltsabkommens von 1973 und des Haager Testamentsformabkommens von 1961** gewählt. Beide Staatsverträge werden zwar inhaltlich – einschließlich der Bestimmungen des allgemeinen Teils (zB der Vorbehaltsklauseln in Art 11 Abs 1 Unterhaltsabkommen, Art 7 Testamtensformabkommen) – in Art 6 S 1, 18 und 26 Abs 1–3 EGBGB übernommen (vgl zur Begründung BT-Drucks 10/504 S 62, 75; dazu den Bericht des Rechtsausschusses BT-Drucks 10/5632 S 43 f). Daneben sind diese Übereinkommen aber – im Gegensatz zum Schuldvertragsübereinkommen – noch in unmittelbar anwendbares Recht transformiert worden. Da auch die staatsvertraglichen Vorschriften als sog „lois uniformes" ausgestaltet sind und deshalb unabhängig davon gelten, ob die von ihnen bestimmten Anknüpfungsmomente auf das Recht eines Vertragsstaates oder das Recht eines Nichtvertragsstaates verweisen, führt die Inkorporation in das EGBGB innerhalb des Geltungsbereichs der Staatsverträge zu einer Verdoppelung des Regelwerks (vgl SIEHR, in: MATSCHER/SIEHR/DELBRÜCK, BerGesVR 27 [1986] 95 ff; zu den sich daraus ergebenden Konkurrenzproblemen s u Rn 31 ff).

22 Seinem Wortlaut nach bezieht sich Art 3 Abs 2 S 1 nur auf „Regelungen in völkerrechtlichen Vereinbarungen", dh auf Verträge, die als solche in unmittelbar anwendbares Recht transformiert wurden. Dazu zählen auch Einheitsgesetze, die – wie etwa die früheren Haager Einheitlichen Kaufgesetze – im Anhang eines Übereinkommens enthalten sind und damit selbst einen Bestandteil der völkerrechtlichen Vereinbarung bilden. Vom Wortlaut des Art 3 Abs 2 S 1 nicht mehr erfaßt werden dagegen autonome Vorschriften, die Staatsverträge nur unter redaktionellen und systematischen Änderungen „kopieren". Da der Gesetzgeber diese Fälle erkennbar nicht bedacht hat, kommt jedoch eine **analoge Anwendung** der Vorschrift in Betracht. Denn der Zweck des Art 3 Abs 2 trifft auch auf autonome Kollisionsnormen staatsvertraglichen Ursprungs insoweit zu, als die Inkorporation in Erfüllung einer völkerrechtlichen Verpflichtung der Bundesrepublik Deutschland erfolgt ist (zutr MEYER-SPARENBERG 70).

2. Vertraglicher Regelungsbereich

23 Ist der Staatsvertrag innerstaatlich anwendbar, so muß ferner die zu entscheidende Rechtsfrage in den Regelungsbereich des Staatsvertrages fallen. Denn nur wenn die tatbestandlichen Voraussetzungen der staatsvertraglichen Kollisionsnormen erfüllt sind, bleibt für abweichendes autonomes Recht kein Raum. Maßgebend ist danach vor allem, daß die staatsvertragliche Kollisionsnorm zeitlich, räumlich, persönlich und sachlich anwendbar ist. Diese Voraussetzungen ergeben sich idR nicht aus der Kollisionsnorm selbst, wohl aber aus anderen Bestimmungen des Staatsvertrages.

a) Zeitlicher Anwendungsbereich
24 Die neueren kollisionsrechtlichen Staatsverträge enthalten durchwegs ausdrückliche Regelungen über ihre intertemporale Geltung. So findet das **Haager Testamentsformabkommen** von 1961 nur in Fällen Anwendung, in denen der Erblasser nach dem Inkrafttreten des Übereinkommens gestorben ist (Art 8); ferner können sich die Vertragsstaaten das Recht vorbehalten, die Anwendung des Abkommens auf letztwillige Verfügungen zu beschränken, die nach dessen Inkrafttreten errichtet worden sind (Art 13). Das **Haager Unterhaltsabkommen** von 1973 ist nach seinem Art 12 nicht anzuwenden, soweit in einem Vertragsstaat Unterhalt für die Zeit verlangt wird, die vor dem Inkrafttreten in diesem Staat liegt. Danach beurteilten sich Unterhaltsnachforderungen aus der Zeit vor dem 1. 4. 1987 in der Bundesrepublik Deutschland nach dem Haager Abkommen von 1956 und aus der Zeit seit dem 1. 9. 1986 nach Art 18 EGBGB. Das **Haager Minderjährigenschutzabkommen** von 1961 ist nach seinem Art 17 Abs 1 nur auf Maßnahmen anzuwenden, die nach seinem Inkrafttreten getroffen worden sind; ferner sind gesetzliche Gewaltverhältnisse, die nach dem Heimatrecht des Minderjährigen bestehen, erst vom Inkrafttreten des Übereinkom-

mens an anzuerkennen (Art 17 Abs 2). Während diese Regelung allein auf das Inkrafttreten im Gerichtsstaat abstellt, findet das neue **Haager Kindesentführungsabkommen** von 1980 auf ein widerrechtliches Verbringen oder Zurückhalten von Kindern nur dann Anwendung, wenn dieses zu einem Zeitpunkt stattgefunden hat, in dem das Übereinkommen sowohl für den früheren wie auch für den derzeitigen Aufenthaltsstaat des Kindes bereits in Kraft getreten war (Art 35 Abs 1 c; vgl OLG Karlsruhe 4. 12. 1991, FamRZ 1992, 1212 = IPRspr 1991 Nr 128).

b) Räumlicher Anwendungsbereich
Die älteren kollisionsrechtlichen Staatsverträge setzten durchwegs eine hinreichende 25 räumliche Beziehung des Sachverhalts zu den Vertragsstaaten des Übereinkommens voraus. So findet das Haager Eheschließungsabkommen von 1902 nur auf Ehen Anwendung, die im Gebiet der Vertragsstaaten geschlossen wurden (Art 8 Abs 1). Das Haager Unterhaltsabkommen von 1956 (Art 6) und das Haager Minderjährigenschutzabkommen von 1961 (Art 13 Abs 1) machen ihre Anwendbarkeit davon abhängig, daß der Unterhaltsgläubiger bzw Minderjährige seinen gewöhnlichen Aufenthalt in einem Vertragsstaat hat. Auch das Haager Kindesentführungsabkommen von 1980 setzt voraus, daß das Kind unmittelbar vor einer Verletzung des Sorgerechts seinen gewöhnlichen Aufenthalt in einem Vertragsstaat hatte (Art 4 S 1). Demgegenüber sind das Haager Testamentsformabkommen von 1961 (Art 6) und das Haager Unterhaltsabkommen von 1973 (Art 3) als „lois uniformes" ausgestaltet; sie ersetzen daher das autonome Kollisionsrecht mit Wirkung erga omnes, dh auch im Verhältnis zu Nichtvertragsstaaten.

c) Persönlicher Anwendungsbereich
Teilweise legen Staatsverträge neben dem räumlichen zugleich den persönlichen 26 Geltungsbereich fest. So verlangt Art 8 Abs 1 des Haager Eheschließungsabkommens von 1902 nicht nur den räumlichen Bezug durch die Eheschließung in einem Vertragsstaat; vielmehr muß mindestens einer der zukünftigen Ehepartner darüber hinaus auch Angehöriger eines Vertragsstaats sein. Das Haager Unterhaltsabkommen von 1956 gilt nur für Unterhaltspflichten gegenüber „Kindern", die in Art 1 Abs 4 vertragsautonom als Personen definiert werden, die das 21. Lebensjahr noch nicht vollendet haben. Demgegenüber verzichtet das Haager Minderjährigenschutzabkommen auf eine eigenständige Definition des „Minderjährigen" und verlangt, daß Minderjährigkeit sowohl nach dem Heimatrecht wie nach dem Recht des gewöhnlichen Aufenthalts gegeben ist (Art 12). Das Haager Kindesentführungsabkommen von 1980 beschränkt seinen persönlichen Geltungsbereich wiederum auf Kinder, die das 16. Lebensjahr noch nicht voll beendet haben (Art 4 S 2).

d) Sachlicher Anwendungsbereich
Am schwierigsten zu bestimmen ist regelmäßig der sachliche Anwendungsbereich. 27 So ist für die Anwendung der Haager Unterhaltsabkommen etwa der Leitbegriff des „Unterhalts" zu konkretisieren (dazu näher HAUSMANN IPRax 1990, 382 ff). Entsprechendes gilt für die „Form" einer letztwilligen Verfügung im Haager Testamtensformabkommen oder für die Begriffe der „Schutzmaßnahme" bzw des „gesetzlichen Gewaltverhältnisses" im Haager Minderjährigenschutzabkommen. Teilweise gibt es auch hier der Inhalt des Staatsvertrages ausdrückliche Hilfestellung (vgl etwa Art 5 des Haager Testamtensformabkommens zum Begriff der „Form" einer letztwilligen

Verfügung). Im übrigen ist der sachliche Anwendungsbereich mit Hilfe allgemeiner Auslegungsgrundsätze zu bestimmen.

3. Verfassungsmäßigkeit

28 Vorrang vor dem autonomen IPR haben schließlich nur solche staatsvertraglichen Kollisionsnormen, die verfassungsmäßig sind. Da auch Staatsverträge auf dem Gebiet des Kollisionsrechts zu „einfachem", dh im Rang unter dem Grundgesetz stehenden Bundesrecht transformiert werden (Rn 13), unterliegen sie der Überprüfung an den Wertmaßstäben der Verfassung im gleichen Umfang wie Kollisionsnormen des autonomen Rechts. Halten sie dieser Überprüfung nicht Stand, so sind sie ebenso unanwendbar wie letztere (PALANDT/HELDRICH Rn 7; ERMAN/HOHLOCH Rn 8). Für eine nachsichtigere Behandlung von Grundrechtsverstößen in Staatsverträgen („favor conventionis", vgl JAYME, in: JAYME/MEESSEN, Staatsverträge zum IPR [1975] 7, 29 f, 34 ff, 40 f, 120 f; ders, IPRax 1983, 130) besteht keine Veranlassung; etwas anderes folgt insbesondere nicht aus Art 25 GG, weil der Inhalt zwischenstaatlicher Abkommen nicht zu den „allgemeinen Regeln des Völkerrechts" iSv Art 25 GG gehört (BGH 17.9.1986, NJW 1987, 114 m Anm HENRICH 93 = DNotZ 1987, 292 m Anm LICHTENBERGER = IPRspr 1986 Nr 58; vBAR/IPSEN NJW 1985, 2849, 2855 f). Auch der im Völkerrecht anerkannte Grundsatz „pacta sunt servanda" schließt es nicht aus, Staatsverträge an den Grundrechten zu messen. Denn auch die allgemeinen Regeln des Völkerrechts gehen nur den einfachen Gesetzen, nicht aber der Verfassung vor (MAUNZ, in: MAUNZ/DÜRIG, GG³ Art 25 Rn 24 f). Deutsche Gerichte haben daher mit Recht die in Art 2 Abs 1 des Haager Ehewirkungsabkommens vom 17.7.1905 enthaltene Kollisionsregel des internationalen Ehegüterrechts, die an das Heimatrecht des Ehemannes anknüpfte, wegen Verstoßes gegen Art 3 Abs 2 GG für verfassungswidrig und deshalb unanwendbar erklärt (BGH aaO; BGH 8.4.1987, NJW 1988, 638 = IPRax 1988, 100 m Anm SCHURIG 88 = IPRspr 1987 Nr 47 b; KG 13.2.1986, IPRax 1987, 117 m Anm JAYME 95 = IPRspr 1987 Nr 47 a; zust RAUSCHER NJW 1987, 531).

III. Reichweite des Vorrangs

1. Grundsatz

29 Soweit staatsvertragliche und autonome Vorschriften denselben Regelungsbereich aufweisen, geht nach Art 3 Abs 2 S 1 die völkerrechtliche Vereinbarung vor. Dies gilt gleichermaßen für multilaterale wie für bilaterale Verträge (vgl zum Vorrang von Art 18 des deutsch-türkischen Konsularvertrages v 28.5.1929 [RGBl 1930 II 798] vor Art 13 Abs 3 S 2 EGBGB: BayObLG 17.5.1988, BayObLGZ 1988, 86 = IPRspr 1988 Nr 59). Dieser Vorrang bezieht sich auch nicht nur auf die eigentlichen Kollisionsregeln, sondern auf alle innerstaatlich unmittelbar anwendbaren (Hilfs-)Normen, also auch auf ergänzende Vorschriften des allgemeinen Teils wie Art 4 oder 5 EGBGB. Auch soweit ein Staatsvertrag Fragen des allgemeinen Teils nicht ausdrücklich regelt, darf nicht ohne weiteres auf die Art 3—6 EGBGB zurückgegriffen werden. Äußert sich etwa ein Staatsvertrag nicht explizit zur *Renvoi*-Problematik, so folgt daraus nicht die Beachtung einer Rück- oder Weiterverweisung in den Grenzen des Art 4 EGBGB; vielmehr wird sich regelmäßig im Wege der Auslegung des Staatsvertrages ergeben, daß dieser lediglich Sachnormverweisungen ausspricht (dazu näher Art 4 Rn 112 ff). Knüpft eine staatsvertragliche Kollisionsnorm an die Staatsangehörigkeit an, so ist in

Fällen von *Mehrstaatigkeit* nicht zwangsläufig auf Art 5 Abs 1 EGBGB zurückzugreifen; der Vereinheitlichungszweck des Staatsvertrages kann vielmehr eine alternative Anknüpfung (so zum Haager Testamentsabkommen von 1961 STAUDINGER/BLUMENWITZ Art 5 Rn 437) oder eine Anknüpfung an die effektive Staatsangehörigkeit des Mehrstaaters erfordern, auch wenn dieser zugleich Deutscher ist (vgl zur Problematik im Rahmen von Art 3 MSA MANSEL IPRax 1985, 209; MARTINY JZ 1993, 1198; STAUDINGER/KROPHOLLER [1994] Vorbem 331 ff zu Art 19). Enthält der Staatsvertrag keine *Vorbehaltsklausel*, so darf nicht ohne weiteres auf die autonome ordre public-Regel zurückgegriffen werden; vielmehr kann dies bedeuten, daß eine Berufung auf den ordre public – entgegen Art 6 EGBGB – generell ausgeschlossen sein soll (vgl dazu näher MEYER-SPARENBERG 152 ff; MünchKomm/SONNENBERGER Art 6 Rn 27; STAUDINGER/BLUMENWITZ Art 6 Rn 52 f).

2. Inkorporierte Staatsverträge

Umstritten ist, ob Art 3 Abs 2 S 1 auch die vorrangige Anwendung der staatsvertraglichen Kollisionsnormen gegenüber den vom Bundesgesetzgeber in das EGBGB inkorporierten Abkommensinhalten gebietet. Diese Frage ist jedenfalls dann zu bejahen, wenn sich eine autonome Kollisionsnorm zwar bei der Auswahl des Anknüpfungspunktes an bestehende Übereinkommen anlehnt, jedoch nicht vollständig mit der staatsvertraglichen Regelung übereinstimmt. So darf im Anwendungsbereich des Haager Minderjährigenschutzabkommens nicht Art 19 Abs 3 EGBGB, sondern nur Art 2 MSA herangezogen werden (zutr MEYER-SPARENBERG 72; KRZYWON BWNotZ 1987, 37 ff; vgl auch LG Stuttgart 9. 2. 1988, BWNotZ 1988, 33 = IPRspr 1988 Nr 96). 30

a) Transformierte Staatsverträge
Der in Art 3 Abs 2 S 1 angeordnete Vorrang gilt darüber hinaus grundsätzlich auch für die in die nationale Kodifikation inkorporierten Kollisionsnormen staatsvertraglichen Ursprungs, soweit der betreffende Staatsvertrag unmittelbar anwendbares innerstaatliches Recht geworden ist, wie dies insbesondere auf die Haager Übereinkommen über das auf Unterhaltsverpflichtungen gegenüber Kindern anzuwendende Recht vom 24. 10. 1956 und über das auf Unterhaltspflichten anzuwendende Recht vom 2. 10. 1973 im Verhältnis zu Art 18, sowie für das Haager Übereinkommen über das auf die Form letztwilliger Verfügungen anzuwendende Recht vom 5. 10. 1961 im Verhältnis zu Art 26 Abs 1 bis 3 S 1 EGBGB zutrifft. Die staatsvertraglichen Kollisionsnormen verdrängen mithin die ihnen nachempfundenen Vorschriften im EGBGB (BGH 27. 3. 1991, NJW 1991, 2212 = IPRax 1992, 101 m Anm HENRICH 84 = IPRspr 1991 Nr 106). Praktische Bedeutung hat dieser Vorrang insbesondere dort, wo die nationale Kollisionsnorm von ihrem staatsvertraglichen Vorbild *abweicht*. Dies trifft etwa auf die Regelung in Art 4 Abs 3 über die Unteranknüpfung im Fall der Verweisung auf einen Mehrrechtsstaat im Verhältnis zu Art 16 des Haager Unterhaltsabkommens von 1973 zu (dazu näher Art 4 Rn 350 ff). 31

Umstritten ist hingegen, ob die Anwendung der inkorporierten Kollisionsnormen in Art 18, 26 Abs 1–3 S 1 EGBGB anstelle der ihnen korrespondierenden staatsvertraglichen Kollisionsnormen wenigstens insoweit möglich bleibt, als diese sich mit ihren Vorbildern **inhaltlich decken**. Für eine solche Sicht wird geltend gemacht, die Inkorporierung des Unterhalts- und des Testamentsformabkommens in das EGBGB spreche für den Willen des Gesetzgebers, daß die autonomen Kollisionsnormen 32 neben die vertragliche Regelung treten sollen; denn dem Gesetzgeber könne nicht unterstellt werden, er habe praktisch bedeutungslose Vorschriften in das EGBGB aufnehmen wollen. Auch seien die inkorporierten Kollisionsnormen in der Praxis einfacher zu handhaben als die ihnen zugrundeliegenden Staatsverträge (so vBar, IPR I Rn 203; Lüderitz, IPR² Rn 47; Kropholler, IPR² § 47 I 4; Pirrung, IPR 110; Schurig JZ 1987, 764; Palandt/Heldrich Rn 8; im Erg auch Erman/Hohloch Rn 10; Firsching/vHoffmann, IPR § 1 Rn 81 f).

33 Indessen ist zu berücksichtigen, daß **Staatsverträge anders auszulegen** und anzuwenden sind als autonome Vorschriften. So ist für die Haager Konventionen nicht die deutsche Übersetzung, sondern allein die französische bzw englische Originalfassung maßgeblich. Ferner sind die in staatsvertraglichen Kollisionsnormen verwendeten Begriffe im Wege autonomer Qualifikation auf rechtsvergleichender Grundlage und unter Berücksichtigung sowohl der Entstehungsgeschichte und des Zwecks der staatsvertraglichen Regelung wie der Rechtspraxis in den übrigen Vertragsstaaten zu bestimmen (vgl dazu näher Meyer-Sparenberg 101 ff; Kropholler, IPR² § 9 V; ders, Internationales Einheitsrecht [1975] 235 ff; 258 ff). Damit besteht aber die Gefahr, daß die Heranziehung der autonomen Regeln in der Praxis zu Ergebnissen führt, die mit der völkerrechtlichen Verpflichtung der Bundesrepublik Deutschland nicht mehr vereinbar wären. Hält man die autonomen Kollisionsnormen neben ihren staatsvertraglichen Vorbildern für anwendbar, so gerät die zugrunde liegende staatsvertragliche Regelung allzu leicht aus dem Blickfeld, zumal – anders als im Falle der Inkorporierung des Schuldvertragsübereinkommens (vgl Art 36 EGBGB) – keine Norm existiert, die ausdrücklich auf den Staatsvertrag hinweist. Dem in Art 3 Abs 2 S 1 zum Ausdruck gebrachten Ziel, die völkerrechtliche Verpflichtung zu einer einheitlichen Auslegung staatsvertraglicher Kollisionsnormen möglichst effektiv zu erfüllen, wird man daher am besten gerecht, wenn man im Anwendungsbereich der Übereinkommen allein den Vertragstext zugrunde legt (so auch Jayme IPRax 1986, 266; Basedow NJW 1986, 2975; Mansel StAZ 1986, 316; Rauscher StAZ 1987, 130 und IPRax 1988, 349; Siehr IPRax 1987, 6; Hausmann IPRax 1990, 383; Breuer, in: Rahm/Künkel, Hdb des FamGVerf VIII Rn 55; Henrich, Internationales Familienrecht [1989] § 5 I; Meyer-Sparenberg 72 ff; zust zum Haager Unterhaltsabkommen von 1973 etwa OLG Hamm 7. 7. 1987, FamRZ 1987, 1307 = IPRspr 1987 Nr 69; 8. 9. 1987, FamRZ 1988, 516, 517 = IPRspr 1987 Nr 55; 7. 6. 1989, FamRZ 1989, 1333, 1334 = IPRspr 1989 Nr 115; KG 23. 7.1987, FamRZ 1988, 167, 169 = IPRax 1988, 234 m Anm vBar 220 = IPRspr 1987 Nr 70; 5. 2. 1993; FamRZ 1993, 976 = IPRax 1994, 455 m Anm Baumann = IPRspr 1993 Nr 156; OLG Karlsruhe 20. 4. 1989, FamRZ 1989, 1310 = IPRspr 1989 Nr 204; 24. 8. 1989, FamRZ 1989, 313 = IPRspr 1989 Nr 117; 7. 6. 1989; FamRZ 1990, 1351 = IPRspr 1990 Nr 104; OLG Celle 4. 12. 1990, FamRZ 1991, 598 = IPRspr 1990 Nr 116; OLG Schleswig 11. 2. 1991, IPRspr 1991 Nr 102; OLG Koblenz 2. 4. 1992, FamRZ 1992, 1428 = IPRspr 1992 Nr 116). Da auch die Gegenansicht gezwungen ist, die inkorporierten Kollisionsnormen staatsvertraglichen Ursprungs im Geltungsbereich der Staatsverträge anders auszulegen als die sonstigen autonomen Kollisionsnormen des deutschen Rechts, bleibt von der mit der Inkorporation angestrebten Rechtsvereinfachung ohnehin wenig übrig (zutr Palandt/Heldrich vor Art 3 Rn 8).

34 Eigenständige Bedeutung behalten die inkorporierten Kollisionsnormen hingegen, soweit der zugrunde liegende Staatsvertrag zeitlich, räumlich oder sachlich nicht eingreift. So hatte Art 18 EGBGB vor allem in der Zeit zwischen dem Inkrafttreten des IPR-Reformgesetzes und des Haager Unterhaltsabkommens von 1973 einen eigenständigen Anwendungsbereich; die Vorschriften des Art 26 Abs 1–3 EGBGB haben über die Verweisung in Abs 4 im autonomen Kollisionsrecht auch für Erbverträge Bedeutung.

b) Nicht transformierte Staatsverträge

Auch wenn ein Staatsvertrag – wie das EG-Schuldvertragsübereinkommen – innerstaatlich nicht unmittelbar anwendbar ist, stellt sich das Problem, ob bei eventuellen inhaltlichen Abweichungen der inkorporierten Vorschriften vom Vertragstext aus allgemeinen völkerrechtlichen Grundsätzen ein Vorrang des Übereinkommens abgeleitet werden kann. Diese Frage dürfte jedenfalls für das Schuldvertragsübereinkommen zu verneinen sein. Denn Art 36 EGBGB ist nach Wortlaut und Zweck eine Auslegungsvorschrift, die es nur erlaubt, bei Unklarheiten auf den Vertragstext zurückzugreifen. Der deutsche Richter kann hingegen nicht die eindeutige Entscheidung des Gesetzgebers, die unmittelbare Anwendbarkeit des EVÜ in Art 1 Abs 2 des Zustimmungsgesetzes auszuschließen, unter Berufung auf Art 36 EGBGB korrigieren, ohne seine Bindung an Gesetz und Recht (Art 20 Abs 3 GG) zu verletzen. Etwaige inhaltliche Differenzen zwischen den inkorporierten Vorschriften des EGBGB und dem zugrunde liegenden Übereinkommen können daher nicht über Art 36 EGBGB beseitigt werden, sondern müssen ungeachtet der Verletzung der völkerrechtlichen Verpflichtungen innerstaatlich hingenommen werden (zutr MANSEL StAZ 1976, 317; MEYER-SPARENBERG 76 f; aA KEGEL, IPR[7] § 1 IV 1). Das Gebot der einheitlichen Auslegung vor Staatsverträgen strahlt freilich auch auf die Auslegung der vom Staatsvertrag abweichenden autonomen Kollisionsnormen aus (vgl zu § 1 SeemannsG BAG 24. 8. 1989, IPRax 1991, 407, 411 = IPRspr 1989 Nr 72; dazu MAGNUS IPRax 1991, 382, 384 f).

IV. Vorrang des Gemeinschaftsrechts

Nach Abs 2 S 2 bleiben Regelungen in Rechtsakten der Europäischen Gemeinschaften unberührt; auch sie gehen mithin den Art 3 ff vor. Die Vorschrift ist erst vom Rechtsausschuß in Anlehnung an Art 20 EVÜ eingefügt worden, um Aufmerksamkeit auf die spezialgesetzliche Rechtsetzung durch die Gemeinschaftsorgane zu lenken (BT-Drucks 10/5632 S 39). Die Norm hat damit nur deklaratorische Bedeutung. S 2 bezieht sich ferner lediglich auf Gemeinschaftsrecht, nicht auf harmonisiertes nationales Recht, das auf Rechtsangleichungsrichtlinien der EG beruht (PALANDT/HELDRICH Rn 9; ERMAN/HOHLOCH Rn 11). Gemeint sind also nur Kollisionsnormen, die in Verordnungen oder Übereinkommen der EG enthalten sind (MünchKomm/SONNENBERGER Rn 13). Demgemäß haben etwa die Vorschriften in Art 7 ff EGVVG, die in Umsetzung der EG-Richtlinie vom 22. 6. 1988 (88/357/EWG) das internationale Versicherungsvertragsrecht regeln, nicht aufgrund von Art 3 Abs 2 S 2, sondern nach den allgemeinen Grundsätzen der lex posterior und der lex specialis Vorrang vor den Art 27 ff EGBGB.

V. Konventionskonflikte*

Konventionskonflikte entstehen, wenn ein Staat auf demselben Rechtsgebiet meh-

---

* **Schrifttum:** DUTOIT/MAJOROS, Le lacis des conflits de conventions en droit privé et leurs solutions possibles, Rev crit 1984, 383; MAJOROS, Konflikte zwischen Staatsverträgen auf

rere Staatsverträge abgeschlossen und in innerstaatliches Recht transformiert hat. Aufgrund der verwirrenden Vielfalt vom IPR-Konventionen – zB auf dem Gebiet des Unterhaltsrechts oder des Minderjährigenschutzes – sind sie inzwischen ein „bedrückendes Problem" für den Rechtsanwender geworden (vBAR, IPR I Rn 207). Die Konflikte treten dabei nicht nur im Verhältnis der IPR-Konventionen zueinander, sondern auch im Verhältnis zwischen kollisions- und sachrechtsvereinheitlichenden Staatsverträgen auf, da letztere zunehmend ihren räumlichen Anwendungsbereich selbst festlegen (vgl zB Art 1 des Wiener UN-Kaufrechts). Die Lösung ergibt sich nicht aus Art 3 Abs 2, weil der Konflikt nicht das Verhältnis des staatsvertraglichen zum autonomen IPR betrifft. Ausgangspunkt für die Frage, welcher von mehreren in Betracht kommenden Staatsverträgen Vorrang genießt, sind vielmehr die in der Wiener Vertragsrechtskonvention vom 23. 5. 1969 (BGBl 1985 II 926) kodifizierten Regeln des Völkergewohnheitsrechts.

1. Regelung im Übereinkommen

38 Maßgebend sind danach in erster Linie die in den Staatsverträgen häufig selbst enthaltenen Regelungen über das Verhältnis zu konkurrierenden Übereinkommen (vgl Art 50 Abs 2 WVR). So stellt etwa das Römische Schuldvertragsübereinkommen von 1980 in seinem Art 21 klar, daß durch seine Vorschriften die Anwendung anderer internationaler Übereinkommen, denen ein Vertragsstaat angehört oder angehören wird, nicht berührt werden soll. Ähnliche Regelungen enthalten auch das Haager Minderjährigenschutzabkommen von 1961 (Art 18 Abs 2) und das Haager Unterhaltsabkommen von 1973 (Art 19); diesen Abkommen geht daher Art 8 Abs 3 des deutsch-iranischen Niederlassungsabkommens vom 17. 2. 1929 vor (vgl zu Art 18 Abs 2 MSA zuletzt BGH 14. 10. 1992, BGHZ 120, 29, 31 = NJW 1993, 848 = IPRspr 1992 Nr 2 b; BGH 21. 4. 1993, NJW-RR 1993, 962 = FamRZ 1993, 1053; STAUDINGER/KROPHOLLER [1994] Vorbem 587 zu Art 19 mwN). Andererseits ordnet das Haager Unterhaltsabkommen von 1973 in Art 18 Abs 1 ausdrücklich seinen Vorrang vor dem älteren Übereinkommen über das auf Unterhaltsverpflichtungen gegenüber Kindern anzuwendende Recht von 1956 an. Entsprechende Regelungen enthalten auch das Haager Minderjährigenschutzabkommen von 1961 in bezug auf das Haager Vormundschaftsabkommen von 1905 (Art 18 Abs 1) und das Haager Kindesentführungsabkommen von 1980 in Bezug auf das Haager Minderjährigenschutzabkommen (Art 34 S 1).

2. Völkerrechtliche Grundsätze

39 In Ermangelung einer Regelung von Konventionskonflikten in den konkurrierenden Staatsverträgen ist auf die allgemeinen völkerrechtlichen Grundsätze zurückzugreifen. Danach ist zu unterscheiden, ob die Parteien des früheren Vertrages ganz oder teilweise mit den Parteien des späteren identisch sind oder nicht (Art 30 Abs 2 und 4 WVR). Soweit sich die Vertragsstaaten decken, geht in ihrem Verhältnis das jüngere Abkommen vor. Völkergewohnheitsrechtlich anerkannt ist ferner der Vorrang eines inhaltlich spezielleren Abkommens vor einem allgemeiner gefaßten Vertrag.

dem Gebiet des Privatrechts, RabelsZ 46 (1982) 84; ders, Das Kollisionsrecht der Konventionskonflikte etabliert sich: Die Regel der maximalen Wirksamkeit in der *doctrine* des schweizerischen Bundesgerichts, in: FS Neumayer (1986) 431; VOLKEN, Konventionskonflikte im IPR (1977).

D. Vorrang des Einzelstatuts vor dem Gesamtstatut*

I. Normzweck

Grundsätzlich verweisen die Art 15, 19 Abs 2, 20 Abs 2 und 25 auf ein *einheitliches familien- und erbrechtliches Vermögensstatut*. Vorbehaltlich der Rechtswahlmöglichkeit für Immobiliarvermögen nach Art 15 Abs 2 Nr 3, 25 Abs 2 beherrscht demnach das Güterrechtsstatut das gesamte Vermögen der Eheleute, das Erbstatut den gesamten Nachlaß. Zu einer kollisionsrechtlichen Sonderbehandlung einzelner Gegenstände kommt es danach grundsätzlich nur dann, wenn das zur Anwendung berufene Gesamtstatut insoweit eine (Teil-) Rück- oder Weiterverweisung ausspricht. Dahinter steht die Überzeugung, daß den kollisionsrechtlichen Interessen durch eine einheitliche und umfassende Regelung des Schicksals zusammengehöriger Vermögensmassen – Nachlaß, Ehe- oder Kindesvermögen – am besten gedient ist.

Dieses einheitliche Vermögensstatut gilt grundsätzlich auch für Gegenstände, die **in einem Drittstaat belegen** sind. Der lex rei sitae wird im Rahmen der Anknüpfung des familien- oder erbrechtlichen Vermögensstatuts kein Mitspracherecht eingeräumt. Dies führt zu Problemen, wenn das Recht des Belegenheitsstaates die in seinem Territorium befindlichen Gegenstände einer Sonderregelung unterwirft. Denn in einem solchen Falle könnte weder das deutsche Recht die von seinen Kollisionsnormen vorgenommene Zuweisung noch ein von ihnen bezeichnetes fremdes Gesamtvermögensstatut die Geltung seiner Sachnormen durchsetzen. Art 3 Abs 3 soll diesen aussichtslosen Streit um den Vorrang von vornherein zugunsten desjenigen Rechts entscheiden, das als Belegenheitsrecht zur Durchsetzung seines Geltungswillens am ehesten imstande ist (ERMAN/HOHLOCH Rn 13). Die Vorschrift dient damit zugleich einem deutschen Ordnungsinteresse, weil sie widersprüchliche Entscheidungen in Deutschland und im Belegenheitsstaat vermeidet (vgl MünchKomm/SONNENBERGER Rn 15). Damit ist freilich noch nicht erklärt, warum das Vermögensstatut zwar vor dem als Einzelstatut berufenen Belegenheitsrecht, nicht jedoch vor einem fremden Gesamtstatut zurückweicht; denn das Ziel internationaler Entscheidungsharmonie würde auch ein Zurückweichen vor dem ausländischen Gesamtstatut bezüglich der in seinem Territorium belegenen Gegenstände gebieten. Daraus folgt, daß es in Art 3 Abs 3 vornehmlich darum geht, die Zusammenfassung verschiedener Gegenstände zu einer Vermögenseinheit von der Anerkennung durch das für den jeweiligen Einzelgegenstand maßgebende Recht abhängig zu machen (TIEDEMANN, Internationales Erbrecht in Deutschland und Lateinamerika [1993] 41, 52; DÖRNER IPRax 1994, 362, 363). Sperrt sich also das Sachstatut des einzelnen Gegenstandes gegen dessen rechtliche Zugehörigkeit zu einem Gesamtvermögen, so wird dies nach Art 3 Abs 3 respektiert

---

* **Schrifttum**: BAADE, Anerbenrecht und Ausländererbfolge, SchlHAnz 1959, 33; BRAGA, Einheitliches Erb- und Ehegüterrecht, in: FS Wengler II (1973) 191; DÖRNER; Nachlaßspaltung – und die Folgen, IPRax 1994, 362; MELCHIOR, Die Selbstbeschränkung des deutschen internationalen Privatrechts, RabelsZ 3 (1929) 733; REICHELT, Gesamtstatut und Einzelstatut im IPR (Wien 1985); STÖCKER, Die Neuordnung des internationalen Privatrechts und das Höferecht, WM 1980, 1134; WOCHNER, Gesamtstatut und Einzelstatut, in: FS Wahl (1973) 161; ZEUGE, Das Recht der belegenen Sache im deutschen internationalen Erbrecht (Art 28 EGBGB) (1989); ZITELMANN, Sondergut nach deutschem IPR, in: FS Giercke (1911) 255.

(idS schon früher ZITELMANN, IPR II [1912] 695 ; FRANKENSTEIN, IPR [1926] 508 f). Die eigentliche Funktion der Vorschrift besteht mithin darin, speziell das Verhältnis von Einzel- und Gesamtstatut im Sinne eines Vorrangs der Sicht des Belegenheitsrechts zu regeln (STAUDINGER/DÖRNER [1995] Art 25 Rn 522).

II. Geschichte

1. Belegenheitsrecht und Sachnormen

42 Art 3 Abs 3 soll diejenigen Normen berücksichtigen, die das rechtliche Schicksal einer Vermögensmasse nicht so sehr mit der Person des Rechtsinhabers als mit der **Art und Belegenheit des einzelnen Vermögensgegenstandes** verknüpfen. Die „besonderen Vorschriften", auf die es hiernach ankommen soll, entstammen dem mittelalterlichen Adels-, Bauern- und Lehnsrecht. Ihr Wesensmerkmal ist der unterschiedliche Grad von Freiheit einerseits, Bindung andererseits bei der Verfügung über einzelne Vermögensgegenstände. Bindungen waren vor allem für bestimmte Rechte an Grund und Boden charakteristisch; sie beschränkten sowohl die Verfügungsfreiheit unter Lebenden wie diejenige von Todes wegen. Obwohl diese Bindungen heute weitgehend abgebaut sind, wirken sie sich noch immer in Unterschieden der für Grundstücke und bewegliche Habe geltenden Normen aus.

a) **Anglo- amerikanisches Recht**

43 In **England** galt bis zur Reformgesetzgebung von 1925 (Law of Property Act, Settled Land Act, Administration of Estates Act) nicht nur eine unmittelbar aus dem Lehnsrecht stammende Bodenordnung, sondern auch ein unterschiedlicher Erbgang für Liegenschaften (real property) und Fahrnis (personal property); erstere fielen an die lehnsrechtlich bestimmten Erben (heirs), letztere zunächst an einen mit treuhänderischen Befugnissen ausgestatteten Verwalter, der entweder vom Erblasser bestellt war (executor) oder vom Gericht ernannt wurde (administrator), in jedem Falle aber gemeinrechtliches Eigentum (legal title) erwarb und nur im Innenverhältnis den eigentlichen Erben (beneficiaries) nach Billigkeitsrecht (equity) verantwortlich war. Seit 1925 fällt der gesamte Nachlaß zunächst dem Verwalter an (Sec 33 [1] Administration of Estates Act; vgl FERID/FIRSCHING/HENRICH Großbritannien, Texte 1). In Nordirland wurde die unterschiedliche Regelung der Erbfolge in Grundstücke und bewegliches Vermögen 1955, in der Republik Irland 1963 beseitigt.

44 Auch die **Einzelstaaten der USA** (außer Louisiana) hatten dieses System ungeachtet seiner feudalrechtlichen Herkunft zunächst übernommen. Erst in den letzten Jahrzehnten entstand in den meisten Staaten eine gleichermaßen für Liegenschaften und Fahrnis geltende Erbordnung. Seit 1971 übernahmen 12 Staaten, (Alaska, Arizona, Colorado, Hawai, Idaho, Montana, Nebraska, New Mexico, North Dakota, Utah) den Uniform Probate Code, ein nationalisiertes Mustergesetz für Nachlaßsachen, welches den Erbgang in Liegenschaften und Fahrnis einheitlich gestaltet. Allein in Kentucky, Virginia und – mit Einschränkungen – im District of Columbia ist die äußerliche Trennung im Erbgang bis heute bestehen geblieben; auch hier zeigt sich jedoch die Tendenz zur Angleichung der für Liegenschaften und Fahrnis geltenden Normen (Einzelheiten bei FERID/FIRSCHING USA Grdz Rn 20, 68 ff; ferner RAAPE/STURM, IPR I § 12 III 2 mwN in Fn 22–25).

b) Deutsches Recht

In den kontinentaleuropäischen Rechten fanden sich um 1900 noch zahlreiche Son- **45** dernormen, die vor allem den *Grundstücksverkehr* betrafen. In Deutschland erklärte das Einführungsgesetz zum BGB ausdrücklich die landesrechtlichen Normen über Sonderrechte der Dynastien und des hohen Adels, über Familienfideikommisse, Rentengüter, Erbpachtrechte und Anerbenrechte für unberührt (Art 57–59, 62–64 EGBGB). Die vom Gesetzgeber betonte Verfügungsfreiheit (§ 137 S 1 BGB) fand hier ihre Grenze; nur der gutgläubige Erwerb wurde geschützt (Art 61 EGBGB). Zwar wurden nach dem 1. Weltkrieg die Adelsrechte sofort und Fideikommisse allmählich beseitigt; aber das *Anerbenrecht* erfuhr 1933 durch das Reichserbhofgesetz sogar eine Verstärkung und blieb nach 1945 auf landesrechtlicher Ebene bestehen. Die Höfeordnung in den Ländern der Britischen Zone (Nordrhein-Westfalen, Niedersachsen, Hamburg und Schleswig-Holstein), sowie die Anerbengesetze in den übrigen Ländern der Bundesrepublik Deutschland (außer Bayern) stellen die in der Praxis wichtigste Ausnahme vom Grundsatz der Gesamtrechtsnachfolge (§ 1922 BGB) dar. Daneben traten die Vorschriften über die Zuweisung landwirtschaftlicher Betriebe an jeweils einen unter mehreren Miterben (§§ 13–17 GrdStVG).

c) Rechte anderer kontinentaler Länder

Entsprechende *Regelungen des Anerbenrechts* sind auch in anderen kontinentalen **46** Ländern zu finden, vor allem im deutschen und nordischen Sprachbereich. Ebenso wie in Deutschland handelt es sich dabei jeweils um gesetzliche Verfestigungen alten Gewohnheitsrechts. In *Österreich* gelten Sondergesetze über das Anerbenrecht in den Bundesländern Tirol und Kärnten sowie ein entsprechendes Bundesgesetz von 1958 in den übrigen Bundesländern außer Vorarlberg (dazu Rn 111). Das Tiroler Anerbenrecht wurde seit 1954 auch im deutschsprachigen Teil Südtirols durch ein Provinzialgesetz der autonomen Provinz Bozen über die geschlossenen Höfe wiederbelebt (dazu Rn 106). In der *Schweiz* wurde das Anerbenrecht der alemannischen Kantone als Übernahmerecht in das Zivilgesetzbuch von 1907 aufgenommen und im Jahre 1991 durch das Bundesgesetz über das bäuerliche Bodenrecht weiter verstärkt (dazu Rn 116). In *Norwegen* wurde das überkommene Näher- und Übernahmerecht (odelsretten og asetesretten) 1974 gesetzlich geregelt (dazu Rn 109), während in den übrigen nordischen Ländern bisher keine gesetzliche Regelung dieser Art zustandegekommen ist (MATTILA, Les successions agricoles et la structure de la société [1979] 115 ff, 143 ff, 151 ff mwN). In *Frankreich* ist ebenfalls die Übernahme landwirtschaftlicher Betriebe durch einen von mehreren Miterben gestattet (Art 832 Abs 3 Cc; dazu näher Rn 104).

2. Belegenheitsrecht und Kollisionsnormen

a) Anglo-amerikanisches Recht

Die unterschiedliche Behandlung von Grundstücken und Fahrnis auf der Ebene der **47** Sachnormen fand ihr Gegenstück auf der Ebene der *Kollisionsnormen*. Nicht nur die erbrechtlichen, sondern auch die güter- und kindschaftsrechtlichen Kollisionsnormen des anglo-amerikanischen Rechtsbereichs unterscheiden zwischen unbeweglichen Vermögensteilen (immovables) und beweglichen (movables). Die heutige Grenzziehung entspricht nicht ganz derjenigen zwischen Liegenschaften und Fahrnis, hat aber dieselbe historische Ursache, nämlich das Bedürfnis nach Unterwerfung des unbeweglichen Vermögens unter das Recht des Belegenheitsstaates und des beweglichen unter das Recht desjenigen Staates, der am Wohnsitz des Vermögensträgers die Staatsgewalt ausübt (Einzelheiten bei FERID/FIRSCHING/HENRICH Großbritannien Grdz Rn 9 ff; FERID/FIRSCHING USA Grdz Rn 56 ff; dazu auch Art 4 Rn 24, 30, 92 ff). Die kollisionsrechtliche Spaltung ist im englischen Recht wie in den Rechten aller Einzelstaaten der USA auch nach Beseitigung der materiellrechtlichen Unterschiede zwischen Liegenschaften und Fahrnis bestehen geblieben.

b) Kontinentaleuropäische Rechte

48 Auch die *Kollisionsnormen* einzelner kontinentaleuropäischer Staaten unterschieden zwischen Grundstücks- und Fahrnisvermögen: Der Code civil (Art 3 Abs 2) unterwarf französische Grundstücke dem französischen Recht; daraus wurde durch Umkehrschluß abgeleitet, daß ausländische Grundstücke dem jeweiligen Belegenheitsrecht unterworfen sein sollen (LOUSSOUARN/BOUREL, DIP^4 n 170; dazu näher Anh zu Art 4 Rn 152). Das österreichische ABGB ließ in § 300 aF über Grundstücksvermögen die Belegenheit, über Fahrnis die Staatsangehörigkeit entscheiden. Das schweizerische Gesetz über die Rechtsverhältnisse der Niedergelassenen und Aufenthalter von 1891 erklärte für Vermögensmassen das jeweilige Wohnsitzrecht des Vermögensinhabers zum Gesamtstatut (Art 1, 2, 9, 19, 22, 23 und 32 NAG), unterwarf jedoch alle in der Schweiz belegenen Liegenschaften schweizerischer Staatsangehöriger dem schweizerischen Recht (Art 28 Ziff 1 NAG).

3. Verständnis des Art 28 EGBGB aF

49 Angesichts dieser Vielzahl in- und ausländischer Sondernormen stand der deutsche Gesetzgeber vor der Frage, ob und inwieweit die in den Kollisionsnormen des EGBGB vorgeschriebene Unterwerfung von Vermögensmassen unter das jeweilige Gesamtstatut der Staatsangehörigkeit (Art 15, 19, 25 EGBGB aF) gegenüber dem Willen eines ausländischen Gesetzgebers, im eigenen Staatsgebiet die eigenen Normen durchzusetzen, überhaupt erreichbar sei. Er konnte einerseits – in Übereinstimmung mit dem geltenden italienischen Kollisionsrecht – die fremden Sondernormen unbeachtet lassen und die hierdurch entstehenden Machtproben in Kauf nehmen; er konnte andererseits auch vor dem fremden Belegenheitsrecht jeweils zurückweichen und im Gegenzug die deutschen Belegenheitsnormen gegenüber einem fremden Gesamtstatut durchsetzen. Art 28 EGBGB aF vermied beide Extreme; die Vorschrift ließ fremdem wie deutschem Belegenheitsrecht den Vorrang, aber nur insoweit, als es „besondere Vorschriften" enthielt.

50 Die Erforschung der **Materialien zu Art 28** aF hat zu dem Ergebnis geführt, daß mit „besonderen Vorschriften" nur die *Sach*normen des inländischen und ausländischen Rechts gemeint waren; eine Berücksichtigung fremder *Kollisions*normen, die auf die Belegenheit von einzelnen Gegenständen abstellten, war hingegen nicht beabsichtigt (WOCHNER, in: FS Wahl [1973] 176 f). Angesichts der Bedeutung, die damals noch den auf den Schutz des Adels und des Bauernstandes abzielenden Sachnormen zugemessen wurde, war eine solche Eingrenzung des Gesetzeszwecks verständlich. Der Wortlaut des Art 28 aF ließ jedoch eine weitergehende Auslegung durchaus zu. „Besondere Vorschriften" konnten danach auch Kollisionsnormen sein, die auf einen im Gebiete ihres Geltungsbereichs befindlichen Gegenstand das inländische Recht für anwendbar erklärten (s u Rn 59 f). Die Kollisionsnorm mußte freilich dem Recht eines Landes

angehören, das weder durch Verweisung noch durch Rück- oder Weiterverweisung zur Anwendung berufen wurde.

4. Die Neuregelung in Art 3 Abs 3 EGBGB

Die Vorschrift des Art 28 aF war in der Diskussion um die Reform des deutschen IPR heftig umstritten. Namentlich der Deutsche Rat für IPR hatte sich für eine Streichung der Vorschrift ausgesprochen (LAUTERBACH [Hrsg], Vorschläge und Gutachten zur Reform des deutschen internationalen Erbrechts [1969] 2; BEITZKE [Hrsg], Vorschläge und Gutachten zur Reform des deutschen internationalen Personen-, Familien- und Erbrechts [1981] 14). Die Bundesregierung hat an der Regel dennoch festgehalten; zur Begründung hat sie insbesondere darauf hingewiesen, daß sich andernfalls das deutsche Höferecht bei ausländischem Gesamtvermögensstatut nicht durchsetzen lasse (BR-Drucks 222/83; BT-Drucks 10/504, jeweils S 37; vgl dazu auch STÖCKER WM 1980, 1134 ff). Daneben wurde vor allem auf die enge Verzahnung von Erb- und Sachenrecht hingewiesen; dahinter stand die – vor allem praktische – Erwägung, daß eine Regelung des Gesamtvermögensstatuts, die im Widerspruch zur lex rei sitae eines einzelnen Gegenstandes steht, häufig ohne Wirkung bleiben wird.

In der Literatur ist die **Kritik an der Regelung in Art 3 Abs 3** freilich nicht verstummt. Man hat vor allem geltend gemacht, daß in einem vom Staatsangehörigkeitsprinzip geprägten IPR ohne Ausweichklausel die Beschränkung des Näherrechts auf eine ausländische lex rei sitae nicht zu rechtfertigen sei (SIEHR IPRax 1987, 4, 6: „Anomalie"; MünchKomm/SIEHR Art 15 Rn 124: „kollisionsrechtlicher Sündenfall"; MünchKomm/BIRK Art 25 Rn 97: „rechtspolitisch verfehlt"). Denn die für die Nachlaß- bzw Güterstandsspaltung in den Fällen des Art 3 Abs 3 gegebene Begründung – enge räumliche Verbundenheit mit dem Belegenheitsrecht und daraus folgende Schwierigkeiten der Durchsetzung eines abweichenden Gesamtstatuts – gälten in gleicher Weise, wenn dem inländischen Gesamtstatut ein hiervon abweichendes ausländisches Gesamtstatut gegenüberstehe (für Beseitigung der Vorschrift de lege ferenda daher MünchKomm/SONNENBERGER Rn 27; vgl auch REICHELT, Gesamtstatut und Einzelstatut [1985] 110, die einen Vorrang des Gesamtstatuts vor dem Einzelstatut postuliert). Sieht man in Art 3 Abs 3 freilich eine spezielle Regelung zum Verhältnis von Einzel- und Vermögensstatut (s o Rn 41), so ist diese Kritik nicht berechtigt.

5. Vergleichbare Vorschriften

a) Staatsverträge

Der in Art 28 aF enthaltene Rechtsgedanke war wenige Jahre nach Inkrafttreten der Vorschrift auch in das Haager Ehewirkungsabkommen von 1905 eingegangen, wo er allerdings ausdrücklich auf *Grundstücke* beschränkt wurde:

Art 7. Die Bestimmungen dieses Abkommens sind nicht anwendbar auf solche Grundstücke, welche nach dem Gesetze der belegenen Sache einer besonderen Güterordnung unterliegen.

Das Abkommen hat freilich keine nennenswerte Bedeutung erlangt, da ihm nur wenige und ausschließlich kontinentaleuropäische Staaten beitraten. Es galt nach mehreren Kündigungen zuletzt nur noch im Verhältnis zu Italien (STAUDINGER/vBAR[12]

Vorbem 119 ff zu Art 13 aF) und ist für die Bundesrepublik Deutschland mit Wirkung vom 25. 8. 1987 außer Kraft getreten (BGBl 1986 II 505).

b) Ausländisches Kollisionsrecht

54 Dem Art 3 Abs 3 funktionsäquivalente Vorschriften finden sich auf dem Gebiet des *Erbrechts* im schwedischen Gesetz über internationale Nachlaßverhältnisse von 1937 (Kap 1 § 2), im israelischen Succession Act von 1965 (Sec 138), im österreichischen IPRG von 1978 (§ 32), im schweizerischen IPRG von 1987 (Art 86, Abs 2), sowie – beschränkt auf ein durch Rechtswahl bestimmtes Erbstatut – im IPR von Quebec (Art 3099 Abs 2 Cc; dazu Art 4 Rn 64). Auf dem Gebiet des *Ehegüterrechts* wird der Vorrang des Einzelstatuts nach dem Recht der Republik China beachtet (§ 13 Abs 3 IPRG 1953).

III. Anwendungsbereich

1. Besondere Vorschriften

55 Voraussetzung für die Verdrängung des einheitlichen familien- bzw erbrechtlichen Vermögensstatuts ist, daß die lex rei sitae den Gegenstand „besonderen Vorschriften" unterwirft. Was genau in diesem Zusammenhang unter „besonderen Vorschriften" zu verstehen ist, war schon bei den Beratungen der Entwürfe des Art 28 aF unklar und konnte auch in der Folgezeit nicht abschließend geklärt werden.

a) Sachnormen

56 Weithin unstreitig sind „besondere Vorschriften" iSv Art 3 Abs 3 solche Sachnormen des Belegenheitsstaates, die für bestimmte dort belegene Vermögensgegenstände eine rechtliche Sonderordnung vorsehen und sie damit dem allgemeinen bürgerlichen Recht entziehen. Im Anschluß an MOMMSEN (AcP 61 [1878] 180, 201) und GEBHARDT (vgl § 30 seiner Entwürfe, abgedr bei HARTWIEG/KORKISCH, Die geheimen Materialien zur Kodifikation des deutschen IPR 1881–1896 [1973] 66, 72) rechnete die Erste Kommission Lehen, Fideikommisse, Stammgüter und Anerbengüter hierher (Protokoll 11575, abgedr bei HARTWIEG/KORKISCH 135 f, 168, 175 f). Der BGH fügte dieser Aufzählung noch Rentengüter und Erbhöfe hinzu (BGH 5. 4. 1968, BGHZ 50, 63, 64 = NJW 1968, 1571 = IPRspr 1968/69 Nr 158). Es handelt sich dabei um *Sondervermögen*, das vornehmlich **aus wirtschafts- oder gesellschaftspolitischen Gründen** einer vom sonstigen Vermögen abweichenden Regelung unterworfen wird (KEGEL, IPR^7 § 12 I und II 2 b; RAAPE/STURM, IPR § 12 III 2; zu Einzelheiten s u Rn 78 ff). An der Berücksichtigung derartiger Vorschriften des Belegenheitsrechts besteht auch im Rahmen der Neuregelung nach Art 3 Abs 3 kein Zweifel (BR-Drucks 222/83, BT-Drucks 10/5034, jeweils S 36; MünchKomm/SONNENBERGER Rn 18; vBAR, IPR I Rn 524 und IPR II Rn 371; ERMAN/HOHLOCH Rn 16). Einer Formulierung einseitiger Kollisionsnormen, die den vorgenannten Sachnormen zur Durchsetzung gegenüber einem abweichenden Gesamtvermögensstatut verhelfen (dafür STAUDINGER/DÖRNER [1995] Art 25 Rn 535, 545 f), bedarf es angesichts der Regelung in Art 3 Abs 3 nicht, die gerade diese Funktion erfüllen soll.

57 Bereits unter Geltung des Art 28 aF umstritten war hingegen die Frage, ob als „besondere Vorschriften" des Belegenheitsstaates auch solche Normen gelten können, die das Gesamtvermögen einer Person in einzelne Teile aufspalten und diese **im Interesse von Privatpersonen** zwingend unterschiedlichen Regeln unterwerfen. Der

Streit betrifft insbesondere den Fall, daß der Belegenheitsstaat für bewegliches und unbewegliches Vermögen eine unterschiedliche Erbfolge vorsieht, indem er etwa die Ehefrau am beweglichen Vermögen beteiligt, das unbewegliche Vermögen dagegen zur Erhaltung des Familienguts den Abkömmlingen zuwendet. An diese – vor allem im anglo-amerikanischen Recht (s o Rn 43 f) beheimatete – Vorstellung hat man zweifellos bei Abfassung des Art 28 aF gedacht. Dementsprechend erklärte bereits GEBHARDT die lex rei sitae für vorrangig, soweit infolge tradierter lehnsrechtlicher Grundauffassung Immobilien auch privatrechtlich nach besonderen Normen behandelt würden (vgl dazu WOCHNER, in: FS Wahl [1973] 165). Die erste Kommission ist dem unter ausdrücklichem Hinweis auf das Common Law gefolgt, so daß davon auszugehen ist, daß Art 28 aF auch solche zwingenden Sondervorschriften erfaßt hat, die lediglich dem Schutz privater Interessen dienten.

Die Anwendung der Vorschrift auf zwingende materiell-privatrechtliche Vorschriften hat insbesondere KEGEL kritisiert und geltend gemacht, derartige Regeln seien heute überholt (KEGEL, IPR^7 § 12 II 2 b bb; SOERGEL/KEGEL^{11} Art 28 aF Rn 11: „Alter Zopf"). Gegen eine solche Einschränkung des Anwendungsbereichs der Vorschrift ist indes mit Recht eingewandt worden, daß dem Rechtsanwender keine Befugnis zusteht, ein Gesetz allein deshalb außer Acht zu lassen, weil es zur Anwendung von Vorschriften führt, die er für veraltet hält, zumal es häufig nur unter Schwierigkeiten festzustellen sein wird, ob diese ausschließlich private oder zugleich wirtschafts- oder gesellschaftspolitische Interessen verfolgen (zutr KROPHOLLER, IPR^2 § 26 II 2 b; MünchKomm/ SONNENBERGER Rn 20). Da der Gesetzgeber anläßlich der Neufassung des Art 3 Abs 3 von einer entsprechenden Einschränkung abgesehen hat, verbleibt es somit bei der Anwendung der Vorschrift auch auf zwingende Sachnormen der lex rei sitae zum Schutz rein privater Interessen. Die praktische Bedeutung derartiger Vorschriften ist freilich gering und wird aller Voraussicht nach in Zukunft weiter abnehmen (vgl vBAR, IPR I Rn 554: „sterbendes Recht"). **58**

b) Kollisionsnormen
Praktisch wesentlich bedeutsamer ist die Frage, ob „besondere Vorschriften" iSv Art 3 Abs 3 auch Kollisionsnormen des Belegenheitsstaates sind, die für Immobilien nicht – wie für bewegliche Sachen – das Personalstatut (Recht der Staatsangehörigkeit, des Wohnsitzes oder gewöhnlichen Aufenthalts), sondern die lex rei sitae zur Anwendung berufen. Eine derartig gespaltene Anknüpfung sehen zahlreiche ausländische Rechtsordnungen namentlich auf dem Gebiet des Erbrechts vor, indem sie nur die Erbfolge in den beweglichen Nachlaß dem Heimat- oder Wohnsitzrecht unterwerfen, die Erbfolge in den unbeweglichen Nachlaß hingegen nach dem jeweiligen Belegenheitsstatut beurteilen (dazu näher die Länderberichte im Anhang zu Art 4). Die vom Common Law beeinflußten Rechte erstrecken diese kollisionsrechtliche Spaltung von Mobilien und Immobilien auch auf das Gebiet des Güter- und Kindschaftsrechts. Verweisen die deutschen Kollisionsnormen des Güter- oder Erbrechts auf ein Recht, das einen derartig gespaltenen Ehegüterstand oder Nachlaß vorsieht, so ist dieser fremden Regelung vornehmlich im Rahmen eines Renvoi nach Art 4 Abs 1 Rechnung zu tragen (dazu Art 4 Rn 175 f, 249 ff m ausf Nachw). Wären die ausländischen Kollisionsnormen, die Immobilien im Ehegüter- oder Erbrecht der lex rei sitae unterwerfen, als „besondere Vorschriften" iSv Art 3 Abs 3 anzuerkennen, so kämen sie freilich auch dann zur Anwendung, wenn ihnen vom deutschen Kollisionsrecht das Wort nicht erteilt wird, weil als familien- oder erbrechtliches Gesamtstatut **59**

das deutsche Recht oder das Recht eines dritten Staates zur Anwendung berufen ist, das eine derartig gespaltene Anknüpfung nicht vorsieht.

60 Bis zur IPR-Reform von 1986 war die Frage der Anwendbarkeit des Art 28 aF auf Fälle der kollisionsrechtlichen Güterstands- oder Nachlaßspaltung umstritten (vgl zum damaligen Streitstand eingehend REICHELT, Gesamtstatut und Einzelstatut [1985] 83 ff). Während die Rechtsprechung sie bejahte (BGH 5. 4. 1968, BGHZ 50, 63, 69 ff = NJW 1968, 1571 = IPRspr 1968/69 Nr 158; BayObLG 2. 6. 1982, BayObLGZ 1982, 236 = IPRax 1983, 187 m Anm FIRSCHING 166 = IPRspr 1982 Nr 115; KG 22. 5. 1984, OLGZ 1984, 428, 429 = IPRspr 1984 Nr 206; OLG Zweibrücken 10. 7. 1985, OLGZ 1985, 413, 416 = IPRax 1987, 108 m Anm WITZ/BOPP 83 = IPRspr 1985 Nr 211), wurde sie in der Lehre vor allem unter Hinweis auf die Entstehungsgeschichte und den Normzweck vielfach verneint (vgl MünchKomm/SONNENBERGER [1. Aufl] Art 28 aF Rn 6 ff; KEGEL, IPR^5 § 12 II 2 b cc; RAAPE/STURM, IPR I § 12 III 2, jeweils mwN). Der Gesetzgeber hat diesen Streit zwar nicht im Gesetzestext selbst entschieden; die Materialien heben jedoch ausdrücklich hervor, daß der Anwendungsbereich des neugefaßten Art 3 Abs 3 sich auch auf die Fälle erstreckt, in denen das Kollisionsrecht des Belegenheitsstaates auf dem Gebiet des Familien- oder Erbrechts bestimmte Vermögensgegenstände der lex rei sitae unterwirft (BR-Drucks 222/83, BT-Drucks 10/504 jeweils S 3 f). Diese Auffassung hat sich seither in Rechtsprechung und Lehre auch weithin durchgesetzt (BGH 21. 4. 1993, NJW 1993, 1920, 1921 = FamRZ 1993, 1065 = IPRax 1994, 375 m Anm DÖRNER 362 = IPRspr 1993 Nr 115; BayObLG 3. 4. 1990, NJW-RR 1990, 1033 = IPRspr 1990 Nr 144; OTTE IPRax 1993, 142, 144; LÜDERITZ, IPR^2 Rn 168; vBAR, IPR I Rn 534; MünchKomm/SONNENBERGER Rn 22; PALANDT/HELDRICH Rn 14; ERMAN/HOHLOCH Rn 18; STAUDINGER/DÖRNER [1995] Art 25 Rn 536; **aA** weiterhin SCHURIG, IPRax 1990, 389, 390 m Fn 6). Zu Einzelheiten s u Rn 83 ff (Inland) und Rn 99 ff (Ausland).

2. Reichweite des Vorrangs

a) Ausgeschlossene Kollisionsnormen

61 Art 3 Abs 3 verdrängt die Anwendung der „Verweisungen im Dritten und Vierten Abschnitt", soweit sie sich auf das Vermögen beziehen. Betroffen sind folglich *nur das Familien- und Erbrecht*. Im einzelnen treten damit das Güterrechtsstatut (Art 15), das Scheidungsfolgenstatut (Art 17 Abs 1), das Statut der Eltern-Kind-Beziehungen (Art 19 Abs 2, 20 Abs 2, 21, 22), soweit es sich auf das Vermögen ehelicher, nichtehelicher, legitimierter und adoptierter Kinder bezieht, sowie das Erbstatut (Art 25) zurück, wenn der Belegenheitsstaat für die in seinem Territorium belegenen Vermögensgegenstände „besondere Vorschriften" im vorgenannten Sinne kennt. Neben den Rechtswahlmöglichkeiten in Art 15 Abs 2 Nr 3 und Art 25 Abs 2 und der Beachtung eines Teilrenvoi (dazu u Rn 67) bewirkt Art 3 Abs 3 somit eine weitere Einschränkung des an sich maßgeblichen einheitlichen Vermögensstatuts.

62 Die weitaus größte praktische Bedeutung hat Art 3 Abs 3 dabei auf dem Gebiet des **Erbrechts** (dazu eingehend STAUDINGER/DÖRNER [1995] Art 25 Rn 520 ff). Hier ist zu beachten, daß auch ein etwaiger Widerspruch des nach Art 25 Abs 1 maßgeblichen Heimatrechts eines ausländischen Erblassers gegen die Anwendung der lex rei sitae für uns unbeachtlich ist. Der deutsche Gesetzgeber stellt sich in dem Konflikt der beiden Rechtsordnungen auf die Seite des Belegenheits-, nicht des Heimatsstaats. Hinterläßt ein italienischer Erblasser ein französisches Grundstück, so hat der deutsche Richter den Geltungsanspruch des französischen Rechts also zu beachten, obwohl ein italienischer Richter die Erbfolge insgesamt nach italienischem Recht beurteilen würde (STAUDINGER/FIRSCHING[12] Vorbem 358 zu Art 24–26 aF).

Zweifelhaft ist, ob Art 3 Abs 3 auch dann gilt, wenn das Vermögensstatut nicht **63** objektiv, sondern durch **Rechtswahl** bestimmt wird. Nach geltendem deutschen Kollisionsrecht stellt sich dieses Problem allein auf dem Gebiet des ehelichen Güterrechts, wo die Ehegatten den Güterstand dem Recht des Staates unterwerfen können, dem einer von ihnen angehört oder in dem einer von ihnen seinen gewöhnlichen Aufenthalt hat (Art 15 Abs 2 Nr 1 und 2). Insoweit wird man zwischen einer materiellrechtlichen und einer kollisionsrechtlichen Vermögensspaltung zu unterscheiden haben. Die *Sachnormen* eines ausländischen Belegenheitsrechts, die gewisse Vermögensgegenstände einer besonderen Regelung unterwerfen, haben idR einen unbedingten Geltungswillen, der auch im Inland uneingeschränkt respektiert werden sollte; eine Rechtswahl erfaßt daher nicht solche Sondervermögen, die nach der lex rei sitae besonderen sachlichen Vorschriften unterliegen (MünchKomm/SIEHR Art 15 Rn 123; aA SCHOTTEN, IPR Rn 165). Hingegen sollte es den Ehegatten gestattet sein, ihr gesamtes Vermögen auch entgegen einer vom ausländischen Belegenheitsrecht normierten *kollisionsrechtlichen* Vermögensspaltung durch Rechtswahl einem einheitlichen Gesamtstatut zu unterstellen. Die Wirksamkeit einer solchen Rechtswahl sollte mithin im Inland unabhängig davon anerkannt werden, ob auch die ausländische lex rei sitae sie zuläßt (MünchKomm/SIEHR Art 15 Rn 124; STOLL, Die Rechtswahl im Namens-, Ehe- und Erbrecht [1991] 106 f; SCHOTTEN aaO). Da die Ehegatten eine güterrechtliche Zuordnung von im Ausland belegenen Vermögensgegenständen entgegen dem zwingenden Kollisionsrecht der lex rei sitae nicht durchsetzen können, empfiehlt sich eine solche Rechtswahl freilich nicht. Die in einem Ehevertrag enthaltene Rechtswahlklausel ist daher in Ermangelung entgegenstehender Anhaltspunkte restriktiv in dem Sinne auszulegen, daß sie sich nicht auf Vermögen bezieht, das nach dem Belegenheitsstatut zwingend einem anderen Recht unterworfen ist (so auch MünchKomm/SIEHR aaO; aA STOLL aaO). Erst recht ist kein Bedürfnis zu erkennen, das vom Einzelstatut erfaßte Vermögen einem vom Gesamtstatut verschiedenen Recht zu unterstellen (so aber SCHOTTEN aaO).

b) Vorfragen
Inländische Kollisionsnormen, die auf ein einheitliches Vermögensstatut verweisen, **64** werden durch besondere sach- oder kollisionsrechtliche Vorschriften des Belegenheitsrechts jedenfalls insoweit verdrängt, als es um die Hauptfrage der güter- bzw erbrechtlichen Behandlung dort belegener Vermögensgegenstände geht. Über Vorfragen entscheidet die lex rei sitae auch im Rahmen des Art 3 Abs 3 hingegen nur insoweit, als ihr eine diesbezügliche Entscheidungsbefugnis vom deutschen IPR eingeräumt wird. Dies trifft auf dem Gebiet des Erbrechts etwa für die Testierfähigkeit zu, soweit sie als besondere erbrechtliche Geschäftsfähigkeit nicht nach Art 7, sondern nach Art 25 EGBGB zu beurteilen ist (MünchKomm/BIRK Art 26 Rn 13; PALANDT/ HELDRICH Art 25 Rn 16). Darüberhinaus wird das familien- oder erbrechtliche Gesamtstatut hinsichtlich derjenigen Vorfragen verdrängt, die nach deutschem IPR *unselbständig* anzuknüpfen sind (MünchKomm/SONNENBERGER Rn 24). Soweit Vorfragen hingegen *selbständig* anzuknüpfen sind, greift Art 3 Abs 3 nicht ein (STAUDINGER/ DÖRNER [1995] Art 25 Rn 525). Demgemäß beurteilt sich etwa die Geschäftsfähigkeit nach Art 7, die Gültigkeit einer Eheschließung nach Art 13 oder die Begründung

einer Kindschaftsbeziehung nach Art 19 Abs 1 bzw 20 Abs 1 EGBGB; auf das Belegenheitsrecht wird insoweit keine Rücksicht genommen (ERMAN/HOHLOCH Rn 20).

c) **Teilfragen**

65 Der Vorrang besonderer Vorschriften des Belegenheitsrechts gilt nicht nur, wenn diese Normen in vollem Umfang an die Stelle des vom deutschen IPR zur Anwendung berufenen Gesamtstatuts treten wollen, sondern auch dann, wenn die lex rei sitae sie nur auf bestimmte Teilfragen für anwendbar erklärt (MünchKomm/SONNENBERGER Rn 22; STAUDINGER/DÖRNER [1995] Art 25 Rn 539). Dies trifft namentlich in deutsch-österreichischen Erbfällen zu, weil das österreichische IPR zwar die Erbfolge – in Übereinstimmung mit Art 25 Abs 1 EGBGB – dem Heimatrecht des Erblassers unterstellt, jedoch hiervon abweichend den Eigentumsübergang an in Österreich belegenen Grundstücken nach österreichischem Recht beurteilt (vgl BayObLG 2. 6. 1982, IPRax 1983, 187 ff; dazu FIRSCHING IPRax 1983, 166, 168, sowie näher u Rn 112 ff).

d) **Rück- und Weiterverweisung**

66 Anders als Art 28 aF nennt Art 3 Abs 3 als verdrängte Verweisungen nicht mehr den an die Stelle von Art 27 aF getretenen Art 4 Abs 1. Eine sachliche Änderung war damit aber nicht beabsichtigt. Der Gesetzgeber hat vielmehr einen ausdrücklichen Hinweis auf Art 4 Abs 1 für entbehrlich gehalten, weil für diese Hilfskollisionsnorm nichts anderes gelten kann als für die ausdrücklich erwähnten Kollisionsnormen des Dritten und Vierten Abschnitts, die Art 4 Abs 1 lediglich ergänzt. Soweit die auf ein einheitliches Vermögensstatut verweisenden Kollisionsnormen nach Art 3 Abs 3 durch besondere Vorschriften des Belegenheitsrechts verdrängt werden, ist auch ein Renvoi des fremden Güter- oder Erbstatuts nicht beachtlich, wenn er zur Maßgeblichkeit eines vom Belegenheitsrecht verschiedenen Gesamtstatuts führt (MünchKomm/SONNENBERGER Rn 25; KROPHOLLER, IPR^2 § 26 II 1; KEGEL, IPR^7 § 12 II 2 a). Ist etwa ein Norweger mit letztem Wohnsitz in der Bundesrepublik Deutschland verstorben, so verweist zwar das von Art 25 Abs 1 berufene Erbstatut gem Art 4 Abs 1 auf das deutsche Recht zurück (s u Art 4 Rn 255). Gehört jedoch zum Nachlaß ein in England oder Frankreich belegenes Grundstück, so erstreckt sich die Rückverweisung hierauf aus deutscher Sicht nicht; vielmehr unterliegt die Erbfolge in dieses Grundstück nach Art 3 Abs 3 dem englischen bzw französischen Recht (vgl FERID, IPR^3 Rn 3–149; RAAPE/STURM, IPR I § 12 III 3).

Auch wenn man die Anwendung von Art 3 Abs 3 EGBGB auf ausländische *Kollisionsnormen* erstreckt, die bestimmte Vermögensgegenstände der lex rei sitae unterwerfen (Rn 60), so ist eine Rück- oder Weiterverweisung durch das IPR des Belegenheitsstaates vom deutschen Richter keinesfalls zu beachten. Dies gilt auch dann, wenn die nach Art 3 Abs 3 maßgebliche ausländische Kollisionsnorm den sachlichen Anwendungsbereich des Güter- oder Erbstatuts enger zieht als die verweisende deutsche Kollisionsnorm (Art 15, 25 f EGBGB). In einem solchen Falle kommt es mithin nicht etwa zu einem Renvoi kraft abweichender Qualifikation (so aber zum deutschen interlokalen Privatrecht KG 17. 11. 1994, FamRZ 1995, 762; dazu u Rn 87 aE). Es verbleibt vielmehr bezüglich der von der ausländischen Kollisionsnorm nicht der lex rei sitae unterworfenen (Teil-)Fragen bei der Maßgeblichkeit des von Art 15, 25 f EGBGB zur Anwendung berufenen Gesamtstatuts, weil es im Belegenheitsstaat insoweit an einer „besonderen" (Kollisions-)Norm fehlt.

3. Abgrenzungen

Aus dem zuvor Gesagten ergibt sich nicht nur, wann Art 3 Abs 3 anwendbar ist, sondern auch, wann die Vorschrift nicht anwendbar ist.

a) Teilrück- bzw -weiterverweisung

Der Anwendungsbereich des Art 3 Abs 3 ist gegenüber der Geltung des Art 4 Abs 1 in den Fällen eines Teilrenvoi, wie ihn etwa die Kollisionsnormen des englischen oder französischen Rechts aussprechen, deutlich abzugrenzen. Hat ein englischer oder französischer Erblasser ein Grundstück in Deutschland hinterlassen, so ist insoweit deutsches Recht anwendbar, weil die nach Art 25 Abs 1 maßgeblichen Kollisionsnormen des englischen bzw französischen internationalen Erbrechts dies anordnen und der deutsche Richter die auf den Immobiliarnachlaß beschränkte Rück- oder Weiterverweisung nach Art 4 Abs 1 zu beachten hat (s Art 4 Rn 58 f). In diesen Fällen ist Art 3 Abs 3 schon deshalb nicht anwendbar, weil das Grundstück gerade in demjenigen Land liegt, dessen Gesetze nach Art 25 Abs 1 iVm Art 4 Abs 1 zur Anwendung kommen, nämlich in der Bundesrepublik Deutschland (WOCHNER, in: FS Wahl [1973] 161; SOERGEL/KEGEL[11] Art 28 aF Rn 11; RAAPE/STURM, IPR I § 12 VI). Liegt das Grundstück in einem Drittstaat (zB in Italien), so führt die nach Art 4 Abs 1 beachtliche Teilweiterverweisung bereits zum Recht des Lageortes; für eine Anwendung des Art 3 Abs 3 ist auch insoweit kein Raum (zutr DÖRNER IPRax 1994, 362, 364; unklar insoweit OLG Köln 24. 2. 1992, IPRax 1994, 376).

b) Abweichende „allgemeine" Anknüpfung des Vermögensstatuts

Art 3 Abs 3 ist ferner auch dann nicht anwendbar, wenn sich zwar ein Vermögensgegenstand in einem anderen Staat als demjenigen befindet, dessen Recht durch die inländischen Kollisionsnormen als maßgeblich bezeichnet wird, aber die in diesem Staat geltenden Kollisionsnormen keine „besonderen Vorschriften" iSv Art 3 Abs 3 sind, sondern das **Gesamtstatut abweichend vom deutschen IPR** bestimmen (FERID, IPR³ Rn 3–136; MünchKomm/SONNENBERGER Rn 22; PALANDT/HELDRICH Rn 15). Hinterläßt etwa ein deutscher Erblasser u a ein Grundstück an seinem letzten Wohnsitz in Dänemark, so unterliegt der gesamte Nachlaß aus deutscher Sicht nach Art 25 Abs 1 dem deutschen Recht. Art 3 Abs 3 greift nicht ein, weil die dänische Kollisionsnorm, die an den Wohnsitz anknüpft, für den *gesamten Nachlaß* und nicht nur für das dänische Grundstück gilt. Gleiches gilt, wenn das Belegenheitsrecht zwar – in Übereinstimmung mit Art 25 Abs 1 – dem Staatsangehörigkeitsprinzip folgt, für die Beerbung eines Mehrstaaters jedoch eine andere Staatsangehörigkeit des Erblassers als „effektiv" erachtet als das deutsche Recht (vgl zu einem solchen Fall BayObLG 2. 6. 1982, BayObLGZ 1982, 236 = IPRspr 1982 Nr 115: Österreich).

Darüber hinaus scheidet die Anwendbarkeit des Art 3 Abs 3 nach seinem Normzweck (Rn 41) auch dann aus, wenn ein Teil des Nachlasses **ohne Rücksicht auf seine Belegenheit einem eigenen Erbstatut** unterstellt wird, wie dies etwa das englische und französische Kollisionsrecht für das bewegliche Nachlaßvermögen anordnen. Verstirbt daher ein deutscher Staatsangehöriger mit letztem Domizil in London und hinterläßt er bewegliches Vermögen in England, so unterliegt dieses nicht gem Art 3 Abs 3 dem englischen Erbrecht, sondern es verbleibt insoweit bei der Geltung deutschen Rechts. Denn die Kollisionsregel des englischen Rechts, die bewegliches Vermögen dem Domizilrecht des Erblassers unterwirft, gilt ohne Rücksicht auf die

Belegenheit der einzelnen Nachlaßgegenstände; sie ist daher keine „besondere Vorschrift" iSv Art 3 Abs 3 (zutr EBENROTH/EYLES IPRax 1989, 1, 4; MünchKomm/SONNENBERGER Rn 22 aE; ebenso – bezüglich der in Frankreich belegenen beweglichen Nachlaßgegenstände einer deutschen Erblasserin – BayObLG 3. 4. 1990, NJW-RR 1980, 1033 = IPRspr 1990 Nr 144 gegen LG München I 1. 8. 1989, Rpfleger 1990, 167 m abl Anm S LORENZ). Abweichende Anknüpfungen eines ausländischen Kollisionsrechts werden, wenn das deutsche IPR nicht auf sie verweist, also nur dann berücksichtigt, wenn sie das eigene Recht deshalb berufen, weil ein bestimmter Gegenstand innerhalb dieses Staates belegen ist. Verweist die ausländische Kollisionsnorm hingegen auf das eigene materielle Recht, weil es eine vom deutschen Recht abweichende Anknüpfung verwendet, die nicht auf den Lageort abstellt, so ist dies im Rahmen von Art 3 Abs 3 unbeachtlich (STAUDINGER/DÖRNER [1995] Art 25 Rn 541).

c) Allgemeine Vorschriften des inländischen Sachrechts

70 Gehört zu einer Vermögensmasse, die einem ausländischen Gesamtstatut unterworfen ist, ein im Inland belegener Vermögensgegenstand, so ist die Versuchung, über Art 3 Abs 3 zur Anwendung inländischen Rechts auf diesen Vermögensgegenstand zu gelangen, besonders groß. Ihr muß jedoch widerstanden werden, wenn die einschlägigen Vorschriften des inländischen Rechts nicht besondere, sondern *allgemeine* sind. Insbesondere sind im Inland belegene Grundstücke, die zum Ehegut oder Nachlaß von Ausländern gehören, nicht schon deshalb „besonderen Vorschriften" iSv Art 3 Abs 3 unterworfen, weil sie als Grundstücke in mehrfacher Hinsicht anderen Vorschriften unterliegen als das bewegliche Vermögen (vgl BGH 3. 10. 1962, NJW 1963, 46 = IPRspr 1962/63 Nr 145; dazu FERID, IPR³ Rn 3–133, 151 f mwBsp). „Besondere Vorschriften" sind vielmehr nur solche, die eine selbständige und vom allgemeinen Recht abweichende Ordnung aufstellen, wie etwa die landesgesetzlichen Vorschriften des Höfe- oder Anerbenrechts (OLG Köln 1. 12. 1954, IPRspr 1954/55 Nr 133; BGH 14. 7. 1965, MDR 1965, 818 = IPRspr 1964/65 Nr 171). Aus dem gleichen Grunde kann inländisches Recht auch in Bezug auf hier befindliche bewegliche Sachen nicht mit Hilfe des Art 3 Abs 3 gegenüber dem ausländischen Gesamtstatut durchgesetzt werden. So führen etwa die Sonderregeln, die im deutschen Güterrecht für die Verfügung über Hausratsgegenstände gelten (§ 1369 iVm §§ 1366 ff BGB), nicht zur Verdrängung der abweichenden Vorschriften des von Art 15 berufenen ausländischen Güterrechtsstatuts (vgl LG München I 13. 4. 1963, WM 1963, 1355 = IPRspr 1962/63 Nr 88). Inländisches Recht kann für solche Gegenstände also höchstens insoweit maßgeblich sein, als Fragen des *Sachenrechts* berührt sind. Geltungsgrund ist dann freilich nicht Art 3 Abs 3, sondern die (ungeschriebene) inländische Kollisionsregel, die sachenrechtliche Fragen der lex rei sitae unterwirft (dazu näher Rn 95 ff).

4. Erfaßte Gegenstände

71 Art 3 Abs 3 spricht von „Gegenständen", die sich nicht in dem Gebiet des Staates befinden, dessen Recht nach den familien- und erbrechtlichen Kollisionsnormen Gesamtvermögensstatut ist, und die in dem anderen Staat, in dem sie sich befinden, besonderen Vorschriften unterliegen.

a) Sachen und Rechte

72 Nach dem Wortlaut der Vorschrift sind in erster Linie körperliche (unbewegliche wie bewegliche) Gegenstände gemeint. Darüber hinaus sind aber auch besondere Vorschriften des Belegenheitsstaats für bestimmte immaterielle Güter – wie Forderungen, Urheber- oder gewerbliche Schutzrechte – anzuwenden (Soergel/Kegel[11] Art 28 aF Rn 16; MünchKomm/Sonnenberger Rn 31; Erman/Hohloch Rn 15). Dabei ist grundsätzlich diesen besonderen Vorschriften der lex rei sitae zu entnehmen, welche Gegenstände erfaßt werden. Über den Ort der Belegenheit entscheiden wir hingegen selbst (KG 21.12.1935, JW 1936, 2465 = IPRspr 1935/44 Nr 227; LG Hamburg 28.11.1972, IPRspr 1972 Nr 127; Kropholler, IPR² § 26 II 3; Soergel/Kegel Art 28 aF Rn 16; aA Staudinger/Dörner [1995] Art 25 Rn 532: Anwendung der potentiellen lex rei sitae). Bei *Sparbüchern* ist insoweit der Ort der Belegenheit der Forderung (und nicht des Sparbuchs) maßgebend (LG Traunstein 23.4.1986, IPRspr 1986 Nr 111, bestätigt durch OLG München 14.1.1987, WM 1987, 809).

b) Gesellschaftsanteile

Als „besondere Vorschriften" iSv Art 3 Abs 3 werden teilweise auch solche Vor- **73** schriften des in- oder ausländischen Rechts erachtet, die ein Sonderrecht für die Vererbung von Gesellschaftsanteilen vorsehen. Danach sollen die vom BGH herausgearbeiteten Grundsätze über die Vererbung von Gesellschaftsanteilen an einer deutschen OHG/KG nach Art 3 Abs 3 auch dann Anwendung finden, wenn der verstorbene Gesellschafter nach ausländischem Recht beerbt wird (so Palandt/Heldrich Rn 13; Erman/Hohloch Rn 16; MünchKomm/Birk Art 25 Rn 100; Raape/Sturm, IPR I § 12 IV 2 e; vBar, IPR II Rn 371; Staudinger/Graue[12] Art 28 aF Rn 2). Indessen handelt es sich bei der Frage nach dem Verhältnis von Erbstatut und Gesellschaftsstatut in diesen Fällen primär um ein Qualifikationsproblem, nämlich um die Abgrenzung der Reichweite der erbrechtlichen und der gesellschaftsrechtlichen Kollisionsnormen (zutr MünchKomm/Sonnenberger Rn 32). Ob nämlich ein bestimmter Gegenstand zum Nachlaß gehört, entscheidet nicht das Erbstatut, sondern dasjenige Recht, dem dieser Gegenstand als solcher untersteht (Palandt/Heldrich Art 25 Rn 17; MünchKomm/Birk Art 26 Rn 25). Geht man daher mit dem für das Gesellschaftsrecht zuständigen II. Zivilsenat des BGH davon aus, daß Anteile an einer Personengesellschaft im Wege der gesellschaftsrechtlichen Sondernachfolge übergehen und deshalb überhaupt nicht in den Nachlaß fallen (vgl BGH 30.4.1984, BGHZ 91, 132, 136), so entscheidet über die Rechtsnachfolge allein das aus deutscher Sicht anzuwendende Gesellschaftsstatut; ein Konflikt mit dem Erbstatut, das den übrigen Nachlaß beherrscht, tritt insoweit nicht auf. Aber auch dann, wenn man mit der Gegenmeinung daran festhält, daß der Gesellschaftsanteil an einer Personengesellschaft in den Nachlaß fällt (so der für das Erbrecht zuständige IV a -Zivilsenat, vgl BGH 14.5.1986, BGHZ 98, 48, 50 f), setzen sich die Regeln des deutschen Gesellschaftsrechts über die Sondererbfolge in einen solchen Gesellschaftsanteil nicht als zwingende erbrechtliche Sondervorschriften des deutschen Belegenheitsrechts iSv Art 3 Abs 3, sondern kraft ihrer gesellschaftsrechtlichen Qualifikation durch, die zu einer Einschränkung der Reichweite des Erbstatuts führt (MünchKomm/Sonnenberger Rn 32; Lüderitz, IPR² Rn 168 Fn 38; Ebenroth, Erbrecht [1993] Rn 1246; Staudinger/Dörner [1995] Art 25 Rn 524 mwN).

c) Versorgungsanwartschaften

Auch der Ausgleich von Versorgungsanwartschaften ist kein Anwendungsfall von **74** Art 3 Abs 3. Denn ein solcher Ausgleich findet nach dem grundsätzlich maßgeblichen Ehewirkungsstatut im Zeitpunkt der Scheidung ohne Rücksicht auf die Belegenheit der Anwartschaften statt (MünchKomm/Sonnenberger Rn 33; Palandt/Heldrich Rn 13; Soergel/Schurig Nachträge Art 17 Rn 141; aA AG Charlottenburg 29.8.1983, NJW

1984, 2042 = IPRspr 1983 Nr 70; PILTZ, Zum Versorgungsausgleich im IPR, FamRZ 1979, 991, 992 f). Art 17 Abs 3 S 2 Nr 1 legt abschließend die Voraussetzungen fest, unter denen eine im Inland belegene Anwartschaft auch dann auszugleichen ist, wenn Ausgleichsstatut im übrigen nicht das deutsche Recht ist; diese Vorschrift verdrängt Art 3 Abs 3 als lex specialis.

5. Rechtsfolgen

a) Anwendbares Recht

75 Art 3 Abs 3 ordnet – wie schon Art 28 aF – nur an, daß die Kollisionsnormen des Dritten und Vierten Abschnitts im Anwendungsbereich der Vorschrift nicht gelten. Daraus ist teilweise der Schluß gezogen worden, es handle sich überhaupt nicht um eine Kollisionsnorm, sondern um eine Zuständigkeitsregel (WOCHNER, in: FS Wahl [1973] 182). Richtigerweise ist der Vorschrift jedoch eine ungeschriebene Kollisionsregel zu entnehmen, die hinsichtlich der von ihr erfaßten Gegenstände (Rn 71 ff) auf die lex rei sitae verweist (so schon zu Art 28 aF BGH 2.5 1966, BGHZ 45, 351 = NJW 1966, 2270 = IPRspr 1966/67 Nr 3; SOERGEL/KEGEL[11] Art 28 aF Rn 1, 3; grundsätzlich auch RAAPE/ STURM, IPR I § 12 V; STAUDINGER/GRAUE[12] Art 28 aF Rn 13; ebenso zuletzt wieder BGH 21.4.1993, NJW 1993, 1920, 1921 = IPRax 1994, 375 m zust Anm DÖRNER 262 = IPRspr 1993 Nr 115). Dabei handelt es sich freilich nicht um die allgemeine sachenrechtliche Kollisionsnorm, die eine Gesamtverweisung enthält (dazu Art 4 Rn 305 ff); vielmehr wird dem Recht des Belegenheitsorts nur soweit Raum gegeben, als dieses selbst in seinem Geltungsbereich belegene Gegenstände beherrschen will und deshalb diesbezüglich auch keinen Renvoi ausspricht. Insoweit kann man daher von einer „**bedingten Verweisung**" sprechen (so insbes KEGEL, IPR[7] § 12; LÜDERITZ, IPR[2] Rn 168; EBENROTH/EYLES IPRax 1989, 1, 3). Diese bedingte Verweisung verdrängt in ihrem Anwendungsbereich die allgemeineren Kollisionsregeln des Dritten und Vierten Abschnitts über das Gesamtvermögensstatut als lex specialis (vBAR, IPR I Rn 534; abw MünchKomm/ SONNENBERGER Rn 26, der Art 3 Abs 3 von der Normstruktur her mit einer Eingriffsnorm vergleicht).

b) Ausgleichsansprüche

76 Soweit nach dem zuvor Gesagten das Gesamtstatut nach Art 3 Abs 3 vor dem Sonderstatut zurücktritt, kann sich aus den Sachnormen des Sonderstatuts – zB dem Belegenheitsrecht in Bezug auf ein ausländisches Nachlaßgrundstück eines deutschen Erblassers – für einzelne Beteiligte eine Benachteiligung ergeben, die auch durch Ausgleichs- oder Abfindungsansprüche nach dem Sonderstatut nicht beseitigt werden kann. Für diese Fälle wird teilweise der Ausgleich oder die Abfindung aus dem verdrängten Gesamtstatut entnommen (STAUDINGER/GRAUE[12] Art 28 aF Rn 6; RAAPE/ STURM, IPR I § 12 II 3; vgl auch KEGEL, IPR[7] § 12 II 2 b cc). Demgegenüber sind die Vermögensgegenstände, die nach Art 3 Abs 3 einem Sonderstatut unterliegen, grundsätzlich unabhängig von dem für das sonstige Vermögen geltenden Gesamtstatut zu beurteilen. Insoweit gelten die gleichen Grundsätze wie im Falle einer auf ein Teilvermögen beschränkten Rechtswahl (zB nach Art 15 Abs 2 Nr 3, 25 Abs 2) oder einer nach Art 4 Abs 1 zu beachtenden Teilrück- bzw -weiterverweisung (dazu Art 4 Rn 58 f). Hinterläßt ein deutscher Erblasser daher ein Grundstück in Frankreich, so wird dieses Grundstück als Teilnachlaß nach französischem Recht vererbt. Das französische Recht gilt dann für alle erbrechtlichen Fragen, die diesen abgespaltenen Teilnachlaß betreffen, also etwa auch für die Zulässigkeit und Gültigkeit einer Ver-

fügung von Todes wegen (BGH 5. 4. 1968, BGHZ 50, 63, 69 f = IPRspr 1968/69 Nr 158). Deutsche Gerichte sind – wegen des im Nachlaßverfahren geltenden Gleichlaufgrundsatzes – für die Erteilung eines Erbscheins für diesen französischen Teilnachlaß nicht international zuständig (OLG Zweibrücken 10. 7. 1985, IPRax 1987, 108 m Anm Witz/ Bopp 83 = IPRspr 1985 Nr 211; BayObLG 3. 4. 1990, NJW-RR 1990, 1033 = IPRspr 1990 Nr 144). Entsprechend können **Pflichtteilsansprüche**, die nach dem von Art 25 Abs 1 berufenen deutschen Erbstatut bestehen, hinsichtlich von Nachlaßgrundstücken, die in den Vereinigten Staaten liegen und gem Art 3 Abs 3 dem dortigen Belegenheitsrecht unterworfen sind, nicht geltend gemacht werden (BGH 21. 4. 1993, NJW 1993, 1920, 1921). Allenfalls ließe sich in einem solchen Fall daran denken, den vom Sonderstatut erfaßten Nachlaß rechnerisch bei der Bemessung des Pflichtteilsanspruchs am sonstigen Vermögen nach deutschem Recht zu berücksichtigen (idS insbes die österreichische Rechtsprechung, vgl OGH 9. 10. 1986, ZfRvgl 1987, 280 m Anm Zemen = IPRax 1988, 37 m Anm Schwind; ferner Dörner DNotZ 1988, 102 f; Staudinger/Dörner [1995] Art 25 Rn 741 f; MünchKomm/Birk Art 25 Rn 136; für eine isolierte Betrachung auch insoweit hingegen wohl BGH aaO).

c) **Nachlaßkonkurs**
Die Nachlaßspaltung nach Art 3 Abs 3 wirkt auch in einem Nachlaßkonkursverfahren über das Vermögen des Erblassers fort (vgl Hanisch, Grenzüberschreitende Nachlaßinsolvenzverfahren, ZIP 1990, 1241, 1245 ff). 77

IV. „Besondere Vorschriften" des inländischen Belegenheitsrechts

1. **Anwendbarkeit des Art 3 Abs 3**

a) **Sachnormen**
Von den zahlreichen Sonderregelungen des deutschen Rechts, durch die noch im 19. Jahrhundert der Adels- und Bauernstand erhalten werden sollte, ist nur wenig geblieben. Für die Praxis kommen als „besondere Vorschriften" iSd Art 3 Abs 3 nur noch die folgenden in Betracht: 78

aa) Die erbrechtlichen Vorschriften der **Höfeordnung** idF des 2. Gesetzes zur Änderung der Höfeordnung vom 1. 7. 1976 (BGBl I 831) in den Ländern der früheren britischen Zone (Hamburg, Niedersachsen, Nordrhein-Westfalen und Schleswig-Holstein). In der Gerichtspraxis ist denn auch die Höfeordnung das wichtigste Beispiel „besonderer Vorschriften" iSv Art 3 Abs 3; ihre Sonderregeln über die Erbfolge an landwirtschaftlichen Höfen (§§ 4 ff HöfeO) setzen sich auch gegenüber einem ausländischen Erbstatut durch (OLG Köln 1. 12. 1954, IPRspr 1954/55 Nr 133: niederländischer Erblasser; BGH 14. 7. 1965, MDR 1965, 818 = IPRspr 1964/65 Nr 171: schweizerischer Erblasser; vgl auch OLG Oldenburg 1. 2. 1979, IPRspr 1979 Nr 135; zust Stöcker WM 1980, 1134; Ferid, IPR³ Rn 3–141; Palandt/Heldrich Rn 13; MünchKomm/Sonnenberger Rn 28 ff). Soweit ein Grundstück zu einem der Höfeordnung unterliegenden Hof gehört (§ 2 HöfeO), aber in einem Lande außerhalb des Geltungsbereichs der Höfeordnung liegt (sog Ausmärkergrundstück), gilt es aufgrund eines im nordwestdeutschen Raum bestehenden Gewohnheitsrechts als zu diesem Hof gehörig; es untersteht daher der Höfeordnung und nicht dem Landesrecht der Belegenheit (BGH 11. 12. 1956, BGHZ 22, 317 = NJW 1956, 259).

79 Insoweit ist allerdings zu berücksichtigen, daß die Vorschriften des novellierten Höferechts in den Ländern der ehemaligen britischen Zone teilweise von einer **fakultativen Eintragung eines Hofvermerks** ins Grundbuch als Voraussetzung für die Begründung der Hofeigenschaft abhängen (vgl DRESSEL NJW 1976, 1244 ff). Daraus wird man folgern können, daß Art 3 Abs 3 für das deutsche Höferecht nur noch insoweit Bedeutung hat, als die Hofeigenschaft zwingend festgelegt ist (zutr MünchKomm/SONNENBERGER Rn 30; aA STÖCKER WM 1980, 1134). Ist die Anwendbarkeit des Höferechts hingegen fakultativ, so steht einem ausländischen Erblasser die Rechtswahlmöglichkeit nach Art 25 Abs 2 EGBGB offen; in Verbindung mit der Eintragung eines Hofvermerks führt sie dann zur Sondererbfolge in den Hof nach Maßgabe der deutschen Höfeordnung (so auch STAUDINGER/DÖRNER [1995] Art 25 Rn 547, der bereits die vom ausländischen Erblasser veranlaßte Eintragung in die Höferolle als konkludente Rechtswahl zugunsten des deutschen Rechts iSv Art 25 Abs 2 EGBGB wertet).

80 bb) Auch die Vorschriften der **Anerbengesetze** in den Ländern Baden-Württemberg, Bremen, Hessen und Rheinland-Pfalz (vgl dazu den Überblick bei PALANDT/EDENHOFER Art 64 EGBGB Rn 7) setzen sich gegenüber einem ausländischen Erbstatut nach Art 3 Abs 3 durch (MünchKomm/SONNENBERGER Rn 29; STAUDINGER/DÖRNER [1995] Art 25 Rn 548). Gleiches gilt für die Anerbenverordnung in Mecklenburg-Schwerin (LG Zweibrücken 11. 2. 1991, Rpfleger 1992, 107 = IPRspr 1991 Nr 150).

81 cc) Die Vorschriften in §§ 13—17 des **Grundstücksverkehrsgesetzes** von 1961 über die gerichtliche Zuweisung landwirtschaftlicher Betriebe an jeweils einen unter mehreren Miterben sind ebenfalls „besondere Vorschriften" iSv Art 3 Abs 3 (FERID, IPR³ Rn 3—145; KEGEL, IPR⁷ § 12 b aa; aA MünchKomm/SONNENBERGER Rn 27).

82 dd) Schließlich können die Vorschriften über die Abwicklung früherer **Familienfideikommisse** (vgl dazu näher vBAR/STRIEWE ZNR 1981, 184; PALANDT/BASSENGE Art 59 EGBGB Rn 1) nach Art 3 Abs 3 Bedeutung erlangen.

b) **Kollisionsnormen**
aa) **Grundsatz**
83 Im Gegensatz zu zahlreichen ausländischen Rechten geht das geltende deutsche Kollisionsrecht vom Grundsatz eines einheitlichen Vermögensstatuts im internationalen Familien- und Erbrecht aus, enthält also keine Kollisionsnormen, die als „besondere Vorschriften" iSv Art 3 Abs 3 zu einer Vermögensspaltung führen könnten.

bb) **Innerdeutsches Kollisionsrecht***
84 Eine Ausnahme galt freilich im Recht der Deutschen Demokratischen Republik

---

* **Schrifttum:** ADLERSTEIN/DESCH, Das Erbrecht in den neuen Bundesländern, DtZ 1991, 193; BADER, Anwendbares Erbrecht bei Restitutionsansprüchen auf Grundbesitz in der früheren DDR, DtZ 1994, 22; BESTELMEYER, Erbfälle mit Nachlaßgegenständen in der ehemaligen DDR, Rpfleger 1992, 229; BÖHRINGER, Erbscheinsverfahren nach dem Einigungsvertrag, Rpfleger 1991, 275; DÖRNER, Interlokales Erb- und Erbscheinrecht nach dem Einigungsvertrag, IPRax 1991, 392; GRAF, Probleme der nachlaßgerichtlichen Praxis in Vollzug der Deutschen Einigung, DtZ 1991, 370; HELDRICH, Das interlokale Privatrecht Deutschlands nach dem Einigungsvertrag (1992); HENRICH, Probleme des interlokalen und internationalen Ehegüter- und Erbrechts nach dem Einigungsvertrag, IPRax 1991, 14; KÖSTER; Erb-

aufgrund des am 1.1.1976 in Kraft getretenen Gesetzes über die Anwendung des Rechts auf internationale zivil-, familien- und arbeitsrechtliche Beziehungen sowie auf internationale Wirtschaftsverträge (Rechtsanwendungsgesetz) vom 5.12.1975 (GBl I 748) auf dem Gebiet des Erbrechts. Denn nach § 25 Abs 2 dieses Gesetzes bestimmten sich die „erbrechtlichen Verhältnisse in Bezug auf das Eigentum und andere Rechte an Grundstücken und Gebäuden, die sich in der Deutschen Demokratischen Republik befinden", nach dem dort geltenden Recht, also dem Zivilgesetzbuch der DDR. Diese Vorschrift führte im innerdeutschen Kollisionsrecht in Erbfällen, die zwischen dem 1.1.1976 und dem Beitritt der ehemaligen DDR zur Bundesrepublik Deutschland am 3.10.1990 eingetreten waren, zur Nachlaßspaltung, wenn der Erblasser seinen gewöhnlichen Aufenthalt im Zeitpunkt seines Todes in den alten Bundesländern hatte. Denn er wurde dann zwar in entsprechender Anwendung von Art 25 Abs 1 EGBGB (bzw Art 24, 25 EGBGB aF) nach den Vorschriften des BGB beerbt; gehörten zu seinem Nachlaß auch Grundstücke oder Gebäude im Gebiet der ehemaligen DDR, so war jedoch in entsprechender Anwendung von Art 3 Abs 3 (bzw Art 28 aF) die dort geltende Bestimmung des § 25 Abs 2 RAG als „besondere Vorschrift" maßgeblich. Daran hat sich mit dem Inkrafttreten des BGB und des EGBGB in ganz Deutschland nichts geändert (einhM, vgl BGH 30.11.1994, FamRZ 1995, 481; BayObLG 19.2.1991, BayObLGZ 1991, 103, 105 = NJW 1991, 1237 = IPRax 1991, 414 m Anm DÖRNER 392 = IPRspr 1991 Nr 143; BayObLG 9.11.1993, FamRZ 1994, 723, 724 m Anm GOTTWALD; OLG Frankfurt 10.6.1991, OLGZ 1992, 35, 38 = IPRspr 1991 Nr 145; KG 14.1.1992, OLGZ 1992, 279, 280 f = FamRZ 1992, 611 und 11.8.1992, OLGZ 1993, 1, 2; OLG Zweibrücken 20.7.1992, FamRZ 1992, 1474; OLG Oldenburg 30.3.1992, NdsRpfl 1992, 180; OLG Hamburg 3.9.1992, DtZ 1993, 28; OLG Köln 20.12.1993, OLGZ 1994, 334, 336 = FamRZ 1994, 591; OLG Hamm 23.1.1995, FamRZ 1995, 758, 759; LG Aachen 30.8.1991, Rpfleger 1991, 400 = IPRspr 1991 Nr 147; LG Karlsruhe 6.5.1994, DtZ 1994, 318, 319; TRITTEL, DNotZ 1991, 241 und 1992, 450; KÖSTER Rpfleger 1991, 97; RAU DtZ 1991, 19; BÖHRINGER Rpfleger 1991, 275, 278; SCHOTTEN/JOHNEN DtZ 1991, 225, 233 und 157 f; WÄHLER ROW 1992, 107; PALANDT/HELDRICH Art 25 Rn 23; PALANDT/EDENHOFER Art 235 § 1 Rn 7; STAUDINGER/RAUSCHER[12] Art 235 § 1 Rn 8; MünchKomm/LEIPOLD Art 235 § 1 Rn 16, jeweils mwN).

Für **Erbfälle vor dem 1.1.1976** verbleibt es demgegenüber beim Grundsatz der Nach- 85 laßeinheit (OLG Frankfurt 10.6.1991 aaO und 19.1.1993, FamRZ 1993, 857; OLG München 9.2.1992, DtZ 1993, 153, 154; BayObLG 19.3.1992, BayObLGZ 1992, 64, 67 = DtZ 1992, 284; 20.12.1993, BayObLGZ 1993, 382, 385 = FamRZ 1994, 848; 11.3.1994, BayObLGZ 1994, 40, 47 = NJW-RR 1994, 967; LG Gießen 14.1.1992, FamRZ 1992, 603; PALANDT/HELDRICH aaO), soweit

---

rechtliche Fragestellungen nach dem Einigungsvertrag, Rpfleger 1991, 97; S LORENZ, Rechtsnachfolge in enteignetes Vermögen – zum Begriff des „Rechtsnachfolgers" in § 3 Abs 1 VermG, DStR 1993, 1224; vMORGEN/GÖTTING, Gespaltene Testamentsvollstreckung bei gesamtdeutschen Nachlässen, DtZ 1994, 199; RAU, Erbnachweise für Vermögen im Bereich der ehemaligen DDR, DtZ 1991, 19; SCHOTTEN/JOHNEN, Erbrecht im deutsch-deutschen Verhältnis – die Rechtslage vor der Vereinigung und die Regelungen im Einigungsvertrag, DtZ 1991, 225; dies, Probleme hinsichtlich der Anerkennung, der Erteilung und des Inhalts von Erbscheinen im deutsch-deutschen Verhältnis, DtZ 1991, 257; SOLOMON, Nachlaß-Spaltung, Qualifikation, Pflichtteil und der Rückübertragungsanspruch nach dem Vermögensgesetz, IPRax 1995, 24; TRITTEL, Deutsch-deutsches Erbrecht nach dem Einigungsvertrag, DNotZ 1991, 237; WÄHLER, Intertemporale, interlokale und materiellrechtliche Probleme des Erbrechts nach der Wiedervereinigung, ROW 1992, 103.

nicht ausnahmsweise Vorschriften des Höferechts der neuen Bundesländer als „besondere Vorschriften" iSv Art 3 Abs 3 zu beachten sind (vgl LG Zweibrücken 11. 12. 1991, Rpfleger 1992, 107 = IPRspr 1991 Nr 150: Anerbengüter in Mecklenburg-Schwerin). Zur Nachlaßspaltung nach Art 3 Abs 3 iVm § 25 Abs 2 RAG kommt es auch, wenn das Nachlaßgrundstück im Zeitpunkt des Erbfalls unter vorläufige Verwaltung gestellt war (LG Karlsruhe 6. 5. 1994, DtZ 1994, 318).

86 Hinsichtlich der **Qualifikation von Nachlaßgegenständen** als unbeweglich verweist Art 3 Abs 3 iVm § 25 Abs 2 RAG auf das Recht der ehemaligen DDR (PALANDT/EDENHOFER aaO; STAUDINGER/RAUSCHER[12] Art 235 § 1 Rn 9). Unter die Bestimmung fallen das Grundstückseigentum, das Gebäudeeigentum (§§ 288 Abs 4, 292 Abs 3 ZGB), dingliche Nutzungsrechte an Grundstücken (§§ 287 ff, 291 ff ZGB), grundstücksgebundene Konten, zB solche der ehemaligen VEB Kommunale Wohnungsverwaltung (KÖSTER Rpfleger 1991, 98), sowie Guthaben aus Haus- und Grundstückserträgnissen (OLG Zweibrücken 20. 7. 1992 aaO). Hingegen sind nicht unbeweglich in diesem Sinne die schuldrechtlichen Nutzungsverhältnisse nach §§ 312 ff ZGB (STAUDINGER/RAUSCHER[12] aaO; aA MünchKomm/LEIPOLD Art 235 § 1 Rn 17), sowie Rückübertragungs- und Entschädigungsansprüche nach §§ 3 ff VermG. Der schuldrechtliche Anspruch auf Rückübertragung von enteigneten Eigentumsrechten an Grundstücken und Gebäuden in der ehemaligen DDR nach § 3 Abs 1 VermG entstand mit Inkrafttreten des VermG am 29. 9. 1990 originär in der Person des an diesem Stichtag Berechtigten iSv § 2 Abs 1 VermG. Dies konnte auch ein Rechtsnachfolger des ursprünglich enteigneten Grundeigentümers sein (vgl BGH 23. 6. 1993, BGHZ 123, 76 = NJW 1993, 2176, 2177; OLG Koblenz 27. 5. 1993, DtZ 1993, 253, 254; FIEBERG/REICHENBACH VermG, § 2 Rn 10). Da der Rechtsnachfolger diesen Anspruch mithin nicht vom Erblasser geerbt hat, er vielmehr gar nicht in dessen Nachlaß gefallen ist (BezG Erfurt NJ 1993, 373; LIMMER ZEV 1994, 31 ff; einschränkend – für § 2369 BGB – allerdings BayObLG 11. 3. 1994, BayObLGZ 1994, 40, 45), kommt die Anwendung von § 25 Abs 2 RAG insoweit nicht in Betracht (PALANDT/HELDRICH Art 25 Rn 23; PALANDT/EDENHOFER Art 235 § 1 Rn 7; SCHOTTEN/JOHNEN DtZ 1991, 257, 260; im Erg auch BGH 23. 6. 1993 aaO; OLG Celle 10. 8. 1992, DtZ 1992, 355; OLG Oldenburg 30. 3. 1992, NdsRpfl 1992, 180 = MDR 1992, 879; OLG Hamm 27. 1. 1995, MittBayNot 1995, 220, 221 f; MünchKomm/LEIPOLD Art 235 § 1 Rn 18; DRESSLER DtZ 1993, 229, 231; aA S LORENZ DStR 1993, 1226; CASIMIR DtZ 1993, 362 ff; BESTELMEYER, FamRZ 1994, 610; DIECKMANN ZEV 1994, 279; STAUDINGER/DÖRNER [1995] Art 25 Rn 900). Auf die Qualifikation des schuldrechtlichen Rückübertragungsanspruchs als „anderes Recht" iSv § 25 Abs 2 RAG kommt es insoweit nicht an (PALANDT/HELDRICH aaO; gegen eine solche Qualifikation zurecht OLG Celle 10. 8. 1992 aaO; OLG Oldenburg 30. 3. 1992 aaO; PALANDT/EDENHOFER aaO; ERMAN/HOHLOCH Art 25 Rn 59; STAUDINGER/RAUSCHER[12] Art 235 § 1 Rn 9; FASSBENDER DNotZ 1994, 359, 362; BADER DtZ 1994, 22; aA TRITTEL DNotZ 1992, 452).

87 Rechtsfolge der Nachlaßspaltung ist auch im innerdeutschen Kollisionsrecht, daß das von § 25 Abs 2 RAG erfaßte Grundvermögen in der ehemaligen DDR als selbständiger Nachlaß anzusehen ist und die Erbfolge für jede Nachlaßmasse nach dem jeweiligen Erbstatut gesondert zu beurteilen ist. Eine **Erbausschlagung** nach §§ 1945 ff BGB erfaßte daher den in der ehemaligen DDR belegenen Immobiliarnachlaß nicht; hierfür war vielmehr eine gesonderte Ausschlagung nach Maßgabe der Vorschriften des ZGB erforderlich (BayObLG 19. 2. 1991 aaO; BayObLG 9. 11. 1993, FamRZ 1994, 723, 726; KG 14. 1. 1992, OLGZ 1992, 279, 280 f; OLG Karlsruhe 26. 5. 1995, DtZ 1995, 338; LG Bonn 9. 8. 1991, Rpfleger 1991, 507, 508 = IPRspr 1991 Nr 146; Notariat Baden-

Baden 8. 4. 1991, Rpfleger 1991, 252 = IPRRspr 1991 Nr 144; DÖRNER IPRax 1991, 395; WÄHLER, in: FS Mampel [1983] 191, 197 ff; RAU DtZ 1991, 19, 20; TRITTEL DNotZ 1991, 237, 241; PALANDT/ EDENHOFER § 1944 Rn 13). Auch die Anfechtung der Ausschlagung ist hinsichtlich des in der ehemaligen DDR belegenen Nachlaßteils nach dortigem Recht zu prüfen (DÖRNER IPRax 1991, 392, 396 gegen LG Berlin 6. 12. 1990, NJW 1991, 1238, 1239 = IPRax 1991, 416 = IPRspr 1990 Nr 148). Gleiches gilt für die **Testamentsauslegung** (OLG Köln 20. 12. 1993, OLGZ 1994, 334, 336 = FamRZ 1994, 591; KG 17. 11. 1994, FamRZ 1995, 762, OLG Hamm 23. 1. 1995, FamRZ 1995, 788, 761; MünchKomm/LEIPOLD Art 235 § 1 Rn 19; PALANDT/ HELDRICH Art 25 Rn 23); letztere hat aber einheitlich nach den Vorschriften des BGB zu erfolgen, wenn der Erblasser von deren Geltung ausgegangen ist und die Möglichkeit einer Nachlaßspaltung aufgrund von Art 3 Abs 3 iVm § 25 Abs 2 RAG nicht bedacht hat (OLG Oldenburg 30. 3 1992, DtZ 1992, 290; vgl auch BayObLG 9. 11. 1993, FamRZ 1994, 723). Entsprechend sind auch **Pflichtteilsansprüche** für jeden Nachlaßteil nach dem für ihn geltenden Recht zu beurteilen (LG Hamburg 3. 9. 1992, DtZ 1993, 28 f; PALANDT/EDENHOFER Überbl vor § 2303 Rn 5). Gleiches gilt für eine **Testamentsvollstreckung** (KG 21. 3. 1995, FGPrax 1995, 157, 158; vMORGEN/GÖTTING DtZ 1994, 199) sowie für eine Erbteilsübertragung (vgl BULTMANN NJ 1994, 5).

Eine gesonderte Anknüpfung sieht § 26 RAG für die Fähigkeit zur Errichtung oder Aufhebung sowie für die zulässigen Arten testamentarischer Verfügungen, ferner für die Anfechtung und die Rechtsfolgen von Erklärungsmängeln bei ihrer Errichtung vor; insoweit soll einheitlich – für bewegliches wie unbewegliches Vermögen – das Wohnsitzrecht maßgebend sein. Aus dieser Vorschrift wird teilweise auch bezüglich der in der ehemaligen DDR belegenen Immobilien eine Rückverweisung auf das Erbrecht des BGB entnommen, wenn der Erblasser seinen gewöhnlichen Aufenthalt bereits bei Testamentserrichtung im Bundesgebiet hatte (so KG 17. 11. 1994, FamRZ 1995, 762; Notariat Stuttgart-Botnang FamRZ 1994, 658; BESTELMEYER Rpfleger 1993, 381, 385; MünchKomm/LEIPOLD aaO). Dies ist freilich nur im Ergebnis zutreffend. Denn eine Rück- oder Weiterverweisung des von Art 3 Abs 3 EGBGB zur Anwendung berufenen Rechts hat grundsätzlich auszuscheiden (s o Rn 66). Richtig ist vielmehr, daß das Kollisionsrecht der ehemaligen DDR für die in § 26 RAG geregelten erbrechtlichen Fragen eine „besondere Vorschrift" iSv Art 3 Abs 3 EGBGB nicht enthielt. Insoweit verbleibt es daher von vorne herein bei der Maßgeblichkeit des BGB-Erbrechts in entsprechender Anwendung von Art 26 Abs 5 EGBGB.

Hat ein Nachlaßgericht der Bundesrepublik einen auf den hier befindlichen Nachlaß **88** bezogenen **Erbschein** erteilt, so wird der eingetretenen Nachlaßspaltung dadurch Rechnung getragen, daß das nunmehr gem § 73 Abs 1 FGG zuständige Nachlaßgericht auf Antrag eines Erbprätendenten einen auf die Nachlaßgegenstände iSv § 25 Abs 2 RAG beschränkten Erbschein zu erteilen hat (KG aaO; OLG Zweibrücken aaO; BayObLG 9. 11. 1993, FamRZ 1994, 723, 724; LG Berlin 13. 9. 1991, FamRZ 1992, 230 = IPRspr 1991 Nr 198; LG München I 11. 3. 1991, FamRZ 1991, 1489 = IPRspr 1991 Nr 231; PALANDT/ EDENHOFER § 2353 Rn 7 ff; vgl zur Bezeichnung und zur inhaltlichen Fassung eines solchen Erbscheins auch LG Berlin 10. 6. 1991, FamRZ 1991, 1361 m Anm HENRICH = IPRspr 1991 Nr 234; BÖHRINGER Rpfleger 1991, 275, 278; KÖSTER Rpfleger 1991, 97, 101; RAU DtZ 1991, 19,20; SCHOTTEN/JOHNEN DtZ 1991, 257). Stattdessen kommt auch die Ergänzung eines vor dem Beitritt erteilten Erbscheins durch einen klarstellenden Vermerk in Betracht (LG Hamburg 13. 8. 1992, FamRZ 1992, 1475; ADLERSTEIN/DESCH DtZ 1991, 193, 200; WANDEL BwNotZ 1991, 24 ff; BESTELMEYER Rpfleger 1992, 229; PALANDT/EDENHOFER § 2353 Rn 9; TRITTEL

DNotZ 1991, 257). Einer Einziehung des bereits erteilten Erscheins nach § 2361 BGB bedarf es nicht (BayObLG 9. 11. 1993 aaO; LG München I 11. 3. 1991, FamRZ 1991, 1489 = IPRspr 1991 Nr 231; LG Berlin 13. 9. 1991, DtZ 1992, 30, 31; BÖHRINGER aaO; DÖRNER aaO).

2. Unanwendbarkeit des Art 3 Abs 3

89 In der Hoffnung, mit Hilfe des Art 3 Abs 3 deutsches Belegenheitsrecht durchzusetzen, wird teilweise von Anwälten mit geradezu abenteuerlichen Begründungen versucht, die Gerichte zur Anwendung des Art 3 Abs 3 (bzw Art 28 aF) zu überreden. Dies ist jedoch durchwegs mißlungen. So wurde entschieden, daß zu den „besonderen Vorschriften" iSd Art 3 Abs 3 nicht gehören:

a) die Vorschriften über die Erteilung eines **Fremdrechtserbscheins** (§ 2369 BGB) und eines Testamentsvollstreckerzeugnisses (§ 2368 BGB), soweit im Einzelfall der im Inland belegene Nachlaß eines Ausländers betroffen ist (OLG Neustadt 25. 5. 1951, JZ 1951, 644 m Anm NEUHAUS = IPRspr 1950/51 Nr 112);

90 **b)** die nach deutschem Recht bestehende Befugnis des Erben, trotz Anordnung einer **Testamentsvollstreckung** wirksam Verpflichtungsgeschäfte einzugehen, sofern das ausländische Gesamtstatut auch derartige Verpflichtungsgeschäfte von einer Genehmigung des Testamentsvollstreckers abhängig macht (BGH 3. 10. 1962, NJW 1963, 46 = IPRspr 1962/63 Nr 145);

91 **c)** die Vorschriften des **Bundesbaugesetzes** über die Genehmigungsbedürftigkeit von Grundstücksgeschäften (BGH 18. 10. 1968, NJW 1969, 369 = IPRspr 1968/69 Nr 88; dazu GAMILLSCHEG FamRZ 1969, 79 und KÜHNE FamRZ 1969, 371; zust PALANDT/HELDRICH Rn 13; ERMAN/HOHLOCH Rn 16);

92 **d)** die Vorschriften über die Veräußerung und Belastung von **Miterbenanteilen** an einzelnen Nachlaßgegenständen (§ 2033 Abs 2 BGB), wenn ein ausländisches Recht Gesamtstatut ist (LG Aachen 11. 12. 1970, IPRspr 1970 Nr 93 A [Niederlande]).

3. Anwendbarkeit deutschen Rechts aus anderen Gründen

93 In anderen Fällen kann zwar die Anwendung deutschen Rechts im Ergebnis richtig, ihre Begründung über Art 3 Abs 3 jedoch verfehlt sein:

a) Die Anwendung deutschen **Aufwertungsrechts** auf die Kaufpreisforderung für ein früher deutsches und jetzt polnisches Grundstück ergab sich nicht aus Art 3 Abs 3 (bzw Art 28 aF), sondern aus einer stillschweigenden Rechtswahl der Parteien (so richtig KG 2. 2. 1928, JW 1928, 1462 = IPRspr 1928 Nr 88).

94 **b)** Die Geltung der **Zinssenkungsvorschriften** einer inländischen Notverordnung für die an einem inländischen Grundstück von ausländischen (ungarischen) Ehegatten im Rahmen eines Unterhaltsvertrages bestellte Rentenschuld ergibt sich nicht aus Art 3 Abs 3 (so aber zu Art 28 aF KG 21. 12. 1935, JW 1936, 2466, 2469), sondern aus dem öffentlich-rechtlichen Charakter der Notverordnung (SOERGEL/KEGEL[11] Art 15 aF Rn 42).

c) Der **Nießbrauch** an einem inländischen Grundstück, das zum Nachlaß eines **95** ausländischen (schweizerischen) Erblassers gehört, untersteht dem deutschen Recht nicht wegen Art 3 Abs 3, sondern als ein dem Belegenheitsrecht unterworfenes dingliches Recht (so richtig RG 2. 10. 1930, HRR 1930 Nr 2366 = IPRspr 1930 Nr 88).

d) Die inländischen Vorschriften über den **Besitz- und Eigentumsschutz** gelten auch **96** im Verhältnis zwischen ausländischen (schweizerischen) Ehegatten, die im Inland leben und sich gegenseitig den Hausrat streitig machen; Grundlage hierfür ist aber nicht Art 3 Abs 3, sondern die (ungeschriebene) sachenrechtliche Kollisionsnorm, die Abwehransprüche dem inländischen Recht als Belegenheitsrecht zuweist (so richtig LG München I 30. 4. 1963, WM 1963, 1355).

e) Aus dem gleichen Grunde ist der im deutschen Sachenrecht geltende Grund- **97** satz des **numerus clausus der dinglichen Rechte** in Bezug auf Sachen, die im Inland belegen sind, der insoweit maßgeblichen deutschen lex rei sitae, nicht aber dem Art 3 Abs 3 zu entnehmen (PALANDT/HELDRICH Rn 13; ERMAN/HOHLOCH Rn 16). Wenn also ein nach ausländischem Erbrecht kraft Gesetzes entstehendes Nießbrauchsrecht des überlebenden Ehegatten an deutschen Nachlaßgrundstücken nicht anerkannt wird, so folgt dies nicht aus Art 3 Abs 3 (so aber [zu Art 28 aF] BayObLG 13. 1. 1961, BayObLGZ 1961, 4, 19 = IPRspr 1960/61 Nr 143), sondern daraus, daß über den Kreis der gesetzlich anzuerkennenden Rechte an im Inland belegenen Sachen das deutsche Recht als Sachenrechtsstatut zu befinden hat (so zutr – zum Vindikationslegat nach ausländischem Erbrecht an deutschen Grundstücken – zuletzt BGH 28. 9. 1994, WM 1994, 2124 = IPRax 1996, 39 m Anm DÖRNER 26).

f) Schließlich gelten auch die Vorschriften des deutschen Personengesellschafts- **98** rechts über die **Sondernachfolge in Gesellschaftsanteile** kraft ihrer gesellschaftsrechtlichen Qualifikation, nicht hingegen aufgrund eines Vorrangs des inländischen Belegenheitsrechts iSv Art 3 Abs 3 (Rn 73). Entsprechend unterliegen inländische Versorgungsanwartschaften bei ausländischem Ausgleichsstatut dem Versorgungsausgleich nur nach Maßgabe von Art 17 Abs 3 S 2 Nr 1 (Rn 74).

V. „Besondere Vorschriften" ausländischer Belegenheitsrechte

Weit häufiger als inländische verdrängen ausländische „besondere Vorschriften" iSv **99** Art 3 Abs 3 das von den deutschen Kollisionsnormen berufene (inländische oder ausländische) Gesamtstatut.

1. England

a) Das englische Recht gehörte bis zur Reformgesetzgebung von 1925 (Law of Property Act, Settled Land Act, Administration of Estates Act) zu den wichtigsten Beispielen für die lehensrechtlich bedingte Unterscheidung zwischen materiellem Grundstücks- und Fahrnisrecht. Seither ist der Unterschied zwar nicht beseitigt, aber auf das auch nach kontinentalen Rechten unumgängliche Maß abgemildert worden. Insbesondere fällt seither der gesamte – und nicht nur wie vor 1925 der bewegliche – Nachlaß eines ohne letztwillige Verfügung Verstorbenen unter die Treuhänderschaft des vom Gericht bestellten Verwalters (Administration of Estates Act, Sec 33) Im englischen *Sachrecht* sind damit „besondere Vorschriften" iSv Art 3 Abs 3 selten geworden.

100 b)   Für das System der englischen **Kollisionsnormen** ist die Unterscheidung zwischen unbeweglichem Vermögen (immovables) und beweglichem Vermögen (movables) hingegen nach wie vor charakteristisch: ersteres wird dem Belegenheitsrecht (lex situs), letzteres dem Recht des Wohnsitzes (lex domicilii) zugewiesen (vgl näher Art 4 Anh Rn 24, 30). Diese Unterscheidung gilt für Fragen der Geschäftsfähigkeit und der Ehewirkungen ebenso wie für das Erbrecht (Bank of Africa, Ltd v Cohen [1909] 2 Ch 129). Wird durch Anwendung einer deutschen Kollisionsnorm englisches Recht für maßgeblich erklärt, weil der Inhaber einer Vermögensmasse Engländer oder ein in England lebender Staatenloser ist, so unterliegt ein in der Bundesrepublik Deutschland belegenes Grundstück, das zu dieser Vermögensmasse gehört, dem deutschen Recht (BayObLG 3. 1. 1967, BayObLGZ 1967, 1 = MDR 1967, 495). Dies ergibt sich freilich nicht aus Art 3 Abs 3, sondern aus Art 4 Abs 1 EGBGB; denn es handelt sich um eine Rückverweisung, deren Besonderheit nur darin liegt, daß sie lediglich für einen Teil der Vermögensmasse ausgesprochen wird. Die englische Kollisionsnorm, die diese Rückverweisung befiehlt, ist keine „besondere Vorschrift" iSv Art 3 Abs 3; denn das Grundstück liegt im Bereich einer Rechtsordnung, die über Art 4 Abs 1 gerade für anwendbar erklärt wird und nicht, wie es Art 3 Abs 3 voraussetzen würde – vom Mechanismus der Hin- und Rückverweisung unberührt bleibt (s o Rn 67).

101   Anders steht es dann, wenn ein **deutscher Erblasser** ein in England belegenes Grundstück hinterläßt oder ein deutsches Ehepaar um ein in England belegenes Grundstück streitet, dessen Wert in den Zugewinnausgleich einbezogen werden soll. Zwar wäre nach den inländischen Kollisionsnormen mit Rücksicht auf die deutsche Staatsangehörigkeit des Erblassers bzw der Ehegatten deutsches Recht anzuwenden; hier liegt jedoch das Grundstück im Geltungsbereich einer Rechtsordnung, die weder durch Art 25 Abs 1 noch durch Art 15 Abs 1 iVm Art 14 Abs 1 Nr 1 als Gesamtstatut berufen wird, aber in Gestalt ihrer *Kollisionsnormen* „besondere Vorschriften" iSv Art 3 Abs 3 enthält. Daher tritt das deutsche Gesamtstatut vor dem englischen Sonderstatut zurück (ebenso FERID, IPR³ Rn 3–142).

2.   USA

102 a)   In den Einzelstaaten der USA – außer Louisiana – ist das englische Grundstücksrecht trotz seiner lehensrechtlichen Herkunft ebenso übernommen worden wie die verwaltungsmäßige Einteilung in „Grafschaften" (counties). Die ebenfalls lehensrechtlich bedingte **Unterscheidung zwischen Grundstücks- und Fahrnisrecht** ist zwar – vor allem unter dem Einfluß des Uniform Probate Act – heute in den meisten Staaten beseitigt und hat sich nur in wenigen Staaten erhalten (s o Rn 44). Sondernormen für Grundstücke, die in einem solchen Staat liegen, sind aber als „besondere Vorschriften" iSv Art 3 Abs 3 anzusehen, wenn das Recht des betreffenden Staates nicht ohnehin Gesamtstatut ist. Gehört ein Grundstück dieser Belegenheit zum Ehegut, Kindesvermögen oder Nachlaß von Personen, auf deren Rechtsverhältnisse nach den deutschen Kollisionsnormen wegen ihrer deutschen Staatsangehörigkeit oder wegen gewöhnlichen Aufenthalts in der Bundesrepublik Deutschland das deutsche Recht als Gesamtstatut Anwendung findet, so sind die Sachnormen des betreffenden Einzelstaates über Grundstücksvermögen als „besondere Vorschriften" iSv Art 3 Abs 3 anzuwenden (ebenso KEGEL, IPR[7] § 12 II 2 b bb).

b) Von größerer Bedeutung für die Praxis ist die – aus dem englischen Recht übernommene – Unterscheidung der einzelstaatlichen **Kollisionsnormen** zwischen unbeweglichem Vermögen (immovables) und beweglichem Vermögen (movables), die gleichermaßen im Verhältnis zwischen den einzelnen US-Bundesstaaten („interstate conflict") wie im Verhältnis zu ausländischen Staaten („international conflict") gilt. Verweist eine Kollisionsnorm des vom deutschen Recht berufenen Gesamtstatuts auf das Recht des Belegenheitsstaates, so ergibt sich dessen Anwendung schon aus dem in Art 4 Abs 1 enthaltenen Grundsatz der Gesamtverweisung (RAAPE/STURM, IPR I § 12 VI; dazu näher Art 4 Rn 45 ff); dabei macht es keinen Unterschied, ob die Kollisionsnorm des Gesamtstatuts (zB New York) auf das Recht eines anderen US-Bundesstaats (zB Florida) oder auf das Recht eines Drittstaats (zB Kanada) als Belegenheitsstatut weiterverweist. Ist aber eine Rechtsordnung als Gesamtstatut berufen, die keinen solchen (Teil)-Renvoi auf das Belegenheitsrecht ausspricht, so gilt letzteres nach Art 3 Abs 3 dennoch, wenn seine Kollisionsnormen die eigenen Sachnormen für maßgeblich erklären. Das in einem Einzelstaat der USA belegene Grundstück eines deutschen Erblassers wird folglich nach dortigem Recht vererbt, obwohl das deutsche Recht nach Art 25 Abs 1 Gesamtstatut ist (BGH 21. 4. 1993, NJW 1993, 1920, 1921; ferner FERID, IPR[3] Rn 8–80 f mit 121). Dagegen wird zwar eingewandt, daß der Vorrang des amerikanischen Belegenheitsrechts zur Ungleichbehandlung verschiedener Berechtigter (zB Miterben) führen könne (KEGEL, IPR[7] § 12 II 2 b cc); dies ist indes der Preis dafür, daß wir in den Grenzen des Art 3 Abs 3 die kollisionsrechtliche Nachlaßspaltung anerkennen. Das Gesagte gilt entsprechend, wenn das Recht eines dritten Landes Gesamtstatut ist, das – wie etwa das italienische Recht – weder auf das deutsche Recht als Wohnsitzrecht zurück-, noch auf das Recht des Belegenheitsstaates weiterverweist.

3. Frankreich

a) Um bei der Teilung eines Nachlasses zu vermeiden, daß wirtschaftliche Einheiten aufgesplittert werden, sieht der Code civil aufgrund mehrerer Reformen ein **Übernahmerecht** des überlebenden Ehegatten und jedes Miterben vor, sofern zum Nachlaß ein landwirtschaftlicher Betrieb oder ein gewerblicher Familienbetrieb gehört (Art 832 ff Cc, Loi du 19. 12. 1961; Einzelheiten bei FERID/SONNENBERGER Frz ZivilR Rn 5 D 222 ff). Vom Grundsatz der strengen Gleichbehandlung und Realteilung wird damit abgewichen (FERID/SONNENBERGER Rn 5 D 222). Aus deutscher Sicht handelt es sich um „besondere Vorschriften" iSv Art 3 Abs 3, die als *Sachnormen* des Belegenheitsrechts ein ausländisches Gesamtstatut verdrängen.

b) Auf der Ebene der **Kollisionsnormen** weist der Code civil jeweils dem französischen Recht als Belegenheitsrecht die Zuständigkeit für den unbeweglichen Nachlaß französischer wie ausländischer Staatsangehöriger zu (Art 3 Abs 2 Cc). Soweit also zum Nachlaß eines deutschen Erblassers ein französisches Grundstück gehört, trifft das deutsche Gesamtstatut (Art 25 Abs 1 EGBGB) mit dem französischen Belegenheitsstatut zusammen. Damit gilt für die französische Kollisionsnorm, die dem Belegenheitsstatut angehört und es für maßgeblich erklärt, was die deutsche Praxis schon unter Geltung von Art 28 aF mit Recht – wenn auch nicht im Sinne des historischen Gesetzgebers – der entsprechenden Kollisionsnorm des österreichischen Rechts (dem früheren § 300 ABGB) entnommen hat (BGH 5. 4. 1968, BGHZ 50, 63 = NJW 1968, 1571): Sie ist eine „besondere Vorschrift" iSv Art 3 Abs 3 und bewirkt daher, daß aus deutscher Sicht das inländische Gesamtstatut dem französischen Belegenheitsrecht weichen muß (vgl STAUDINGER/FIRSCHING[12] Vorbem 346–357 zu Art 24–26 aF, Art 24 aF Rn 4, Art 25 aF Rn 5; ferner OLG Zweibrücken 10. 7. 1985, OLGZ 1985, 415, 416 = IPRax 1987, 108 m Anm WITZ/BOPP 93 = IPRspr 1985 Nr 211; BayObLG 16. 8. 1982; BayObLGZ 1982, 284, 289 = IPRspr 1982 Nr 117). Für in Frankreich befindliche *bewegliche* Nachlaßgegenstände gilt dies hingegen nicht; denn für sie hält das französische internationale Erbrecht keine „besonderen" Vorschriften bereit; vielmehr weicht nur die allgemeine Anknüpfung an den letzten Wohnsitz des Erblassers von der in Art 25 Abs 1 EGBGB vorgesehenen ab (BayObLG 3. 4. 1990, NJW-RR 1990, 1033 = IPRspr 1990 Nr 144 gegen LG München I 1. 8. 1989, Rpfleger 1990, 167 m abl Anm S LORENZ).

4. Italien

106 a) Im italienischen Rechtssystem findet sich ein Beispiel für „besondere Vorschriften" im **Höferecht der autonomen Provinz Bozen**. Diese Gesetzgebung geht auf das Tiroler Anerbengesetz von 1900 zurück, das seinerseits auf landwirtschaftlichem Gewohnheitsrecht beruht und im österreichisch gebliebenen Nordtirol heute noch als Landesgesetz gilt. Nachdem der italienische Gesetzgeber 1929 das Anerbengesetz aufgehoben hatte, gehörte das Höferecht zu den wichtigsten Streitpunkten zwischen der Zentralgewalt und den politischen Kräften im deutschsprachigen Teil Südtirols. Nachdem der Provinz Bozen eine selbständige Gesetzgebungshoheit zugestanden worden war, kam es zum „Landesgesetz über die Regelung der geschlossenen Höfe" (Legge provinciale sull'ordinamento dei masi chiusi) vom 29. 3. 1954, das in der Folgezeit mehrfach geändert und ergänzt wurde; die letzte Neufassung wurde durch Dekret des Landeshauptmanns von Südtirol (Decreto del Presidente della Giunta Provinciale di Bolzano) vom 28. 12. 1978 verkündet. Das Gesetz umschreibt den geschlossenen Hof, regelt seine Entstehung im Einzelfall, beschränkt die Befugnis des Eigentümers zur Änderung, Abtrennung und Vereinigung von Hofgrundstücken und regelt vor allem mit großer Ausführlichkeit die Erbschaftsteilung (Art 16–32). Ausgangsgedanke ist, daß bei der Teilung des Erbschaftsvermögens der geschlossene Hof (maso chiuso) samt Zubehör als unteilbare Einheit anzusehen ist und nur einem Erben oder Vermächtnisnehmer zugewiesen werden kann (Art 16). Die Reihenfolge der unter mehreren Miterben in Betracht kommenden Übernehmer ist festgelegt, wobei jeweils den ehelichen Abkömmlingen vor den nichtehelichen und ganz allgemein den männlichen Anwärtern gleichen Grades vor den weiblichen der Vorrang eingeräumt wird (Art 18). In Höhe des Wertbetrages abzüglich der Lasten wird der Übernehmer als Schuldner der Nachlaßmasse angesehen (Art 20). Vom gesetzlichen Erbrecht nach dem Codice civile, das eine Gleichbehandlung verlangt und den nächsten Angehörigen ein Noterbrecht (riserva) zubilligt (Art 536 ff, 565 ff), weicht diese Regelung erheblich ab. Ist italienisches Recht in einem Erbfall Gesamtstatut, so gilt, falls ein geschlossener Hof zum Nachlaß gehört, das Höfegesetz der Provinz Bozen als anzuwendendes Partikularrecht. Falls aber das Gesamtstatut aus deutscher Sicht ein anderes als das italienische – also etwa das österreichische oder das deutsche – Recht ist, werden die Bestimmungen des Bozener Höfegesetzes als „besondere Vorschriften" iSv Art 3 Abs 3 zu gelten haben. Daß es sich um Provinzialrecht handelt, steht seiner Anwendung ebensowenig entgegen wie derjenigen des deutschen oder österreichischen Landesrechts.

b) Ist italienisches Recht **Gesamtstatut**, so ergreift es auch das außerhalb Italiens belegene Vermögen. Insbesondere gehört auch ein in der Bundesrepublik Deutschland belegenes Grundstück, soweit es nicht der Höfeordnung oder einem sonstigen deutschen Anerbengesetz unterliegt, zu der vom italienischen Güter- oder Erbstatut beherrschten Vermögensmasse. Deutsches Recht ist als Belegenheitsrecht somit nicht anwendbar, solange es für dieses Grundstück keine „besonderen Vorschriften" enthält (Beispiel bei FERID, IPR³ Rn 3–133 mit 3–151). Eine dem Art 3 Abs 3 entsprechende Vorschrift findet sich in den italienischen Kollisionsnormen auch nach der Neuregelung durch das IPRG 1995 nicht. Daß sich das italienische Recht als Gesamtstatut gegenüber ausländischen Belegenheitsrechten vielfach nicht durchsetzen kann, wird in Kauf genommen (FERID/FIRSCHING Italien Grdz C Rn 9 mwN).

5. Niederlande

Das niederländische Recht enthält weder in seinen Sachnormen noch in seinen Kollisionsnormen „besondere Vorschriften" iSv Art 3 Abs. 3. Dennoch hat die Vorschrift (bzw ihr Vorläufer in Art 28 aF) im Verhältnis zu den Niederlanden mehrfach die Gerichte beschäftigt. Anlaß war jeweils die Frage, ob auf das in der Bundesrepublik Deutschland belegene Vermögen niederländischer Staatsangehöriger deutsches Recht anzuwenden sei. Die Praxis bejahte dies in Einzelfällen, wenn das Vermögen „besonderen Vorschriften" des deutschen Belegenheitsrechts, insbesondere der Höfeordnung unterlag (OLG Köln 1.12.1954, IPRspr 1954/55 Nr 133); damit verdrängten also diese Sondernormen das durch die deutschen Kollisionsnormen berufene niederländische Gesamtstatut. Handelt es sich dagegen um allgemeine und nicht um besondere Normen des deutschen Belegenheitsrechts, so verbleibt es insgesamt bei der Geltung niederländischen Rechts (OLG Neustadt 25.5.1951, JZ 1951, 644 m Anm NEUHAUS = IPRspr 1950/51 Nr 112: Erteilung eines Testamentsvollstreckerzeugnisses; LG Aachen 11.12.1970, IPRspr 1970 Nr 93 A: Eintrag einer Verfügung über den Erbanteil an einem deutschen Grundstück ins Grundbuch).

6. Norwegen

Das Gesetz über das landwirtschaftliche Näherrecht und Anerbenrecht (Lov om odelsretten og åsetesretten) vom 28.6.1974 sieht ein **Anerbenrecht für landwirtschaftliche Betriebe** (åsetesrett) vor, dessen Voraussetzungen gesetzestechnisch denen des landwirtschaftlichen Näherrechts (odelsrett) angepaßt sind (§§ 51–56). Ist der Eigentümer eines dem Näherrecht unterworfenen Grundvermögens verstorben, so kann einer unter mehreren zur Erbschaft berufenen Abkömmlingen sich dieses Vermögen zuweisen lassen (§ 51 Abs 1). Ebenso wie beim Näherrecht haben jeweils der ältere Bruder und die ältere Schwester sowie ihre Abkömmlinge grundsätzlich den Vorrang vor jüngeren Geschwistern (§ 23 Abs 1 und § 52 Abs 1). Das Recht auf Zuweisung bezieht sich ebenso wie das Näherrecht jeweils nur auf einen von mehreren landwirtschaftlichen Betrieben (§§ 14 und 53). Der durch die Zuweisung Begünstigte kann verlangen, daß die Höhe der von ihm zu zahlenden Ablösungsbeträge in einem besonderen Schätzverfahren festgestellt wird; die Ablösung muß den Regeln der Billigkeit entsprechen und dem Zuweisungsbegünstigten eine für ihn annehmbare Bewirtschaftung des Betriebs ermöglichen (§ 56). Da das Recht auf Zuweisung nur den Abkömmlingen zusteht, bedarf der überlebende Ehegatte des Schutzes. Dieser wird dadurch erreicht, daß gemäß den allgemeinen Regeln des Erbgesetzes auf Antrag des Ehegatten der Nachlaß zunächst ungeteilt bleibt (§§ 9 ff Arvelov). Allerdings kann das Gericht dennoch die Teilung des Nachlasses anordnen, wenn der Erblasser in seinem Testament einen entsprechenden Willen geäußert hat (§ 11 Arvelov). Die erwähnte Vorschrift über die Festsetzung der Ablösesummen nach Billigkeit gilt auch gegenüber dem Ehegatten (§ 56 Abs 2 des Gesetzes von 1974). Diese Regelung beruht auf jahrhundertealtem Gewohnheitsrecht, ist aber – etwa durch die Gleichstellung männlicher und weiblicher Abkömmlinge – modernen Rechtsvorstellungen angepaßt (Einzelheiten bei MATTILA, Les successions agricoles et la structure de la société [1979] 115 ff, 143 ff, 151 ff mwN; KNOPH, Oversikt over Norges Rett[7] [1978] § 43).

110 Das norwegische Anerbenrecht war schon früher und bleibt auch künftig ein **Lehrbuchbeispiel für die Anwendbarkeit des Art 3 Abs 3** (KEGEL, IPR[7] § 12 II 2 b aa). Verweist eine deutsche Kollisionsnorm des Ehegüter-, Kindschafts- oder Erbrechts auf ein anderes als das norwegische Recht, und gehört zu der Vermögensmasse ein in Norwegen liegendes Grundstück, das dem Näher- oder Anerbenrecht unterworfen ist, so ist ohne Rücksicht auf das bezeichnete Gesamtstatut auf dieses landwirtschaftliche Vermögen die norwegische Sonderregelung anzuwenden. Dasselbe gilt, wenn das zunächst berufene Gesamtstatut durch seine Kollisionsnormen auf das deutsche oder ein drittes Recht zurück- bzw weiterverweist. Ist das norwegische Recht selbst zunächst als Gesamtstatut berufen, verweist es aber – etwa weil sich der nach norwegischem Recht maßgebliche Wohnsitz in Deutschland oder einem dritten Land befindet – auf das deutsche oder dritte Recht insgesamt zurück- oder weiter, so wird das dem Gesetz von 1974 unterworfene landwirtschaftliche Vermögen von dieser Rück- oder Weiterverweisung nicht erfaßt.

7. Österreich

111 a) Das österreichische Recht enthält „besondere Vorschriften" iSv Art 3 Abs 3 auf der Ebene der Sachnormen und enthielt sie bis zum Inkrafttreten des IPR Gesetzes von 1978 auch auf der Ebene der Kollisionsnormen. **Sachnormen** mit gegenständlich begrenztem Regelungsinhalt betreffen vor allem das landwirtschaftliche Anerbenrecht. Rechtsquellen sind

– das *Bundesgesetz* über besondere Vorschriften für die bäuerliche Erbteilung (Anerbengesetz) vom 21. 4. 1958 (BGBl 1958/106 idF BGBl 1973/108), das aber nicht in den Bundesländern Tirol, Kärnten und Vorarlberg gilt (§ 21);

– für *Tirol* das Gesetz betreffend die besonderen Rechtsverhältnisse geschlossener Höfe vom 12. 6. 1900 (LGBl 1900/47 idF LGBl 1970/35);

– für *Kärnten* das Gesetz betreffend die Einführung besonderer Erbteilungsvorschriften für landwirtschaftliche Besitzungen mittlerer Größe (Erbhöfe) vom 16. 9. 1903 (LGBl 1903/33 idF LGBl 1974/85).

112 b) Für die internationale Praxis wesentlich bedeutsamer war die **kollisionsrecht-**

liche Spaltung zwischen beweglichem und unbeweglichem Vermögen, die jeweils das unbewegliche Vermögen dem Belegenheitsrecht unterwarf (§ 300 ABGB). Diese Vorschrift erwies sich im Verhältnis zum deutschen Recht nicht nur als häufiger Anlaß zu Rückverweisungen, wenn sich unbewegliches Vermögen eines österreichischen Ehemannes oder Erblassers in Deutschland befand (so schon RG 31. 5. 1906, RGZ 63, 356; dazu näher Anh zu Art 4 Rn 263 mwN). Sie wirkte sich vielmehr auch auf in Österreich belegene Grundstücke aus, die der österreichischen lex rei sitae auch dann unterworfen wurden, wenn sie ausländischen Eigentümern gehörten. War der Eigentümer Deutscher, so traf jeweils das deutsche Gesamtstatut (Art 15, 19–24 EGBGB aF) mit dem österreichischen Belegenheitsstatut zusammen, ohne dieses verdrängen zu können. So war es nur folgerichtig, wenn die deutsche Praxis die österreichische Verweisung auf das Belegenheitsstatut als „besondere Vorschrift" iSv Art 28 EGBGB aF verstand und damit dem österreichischen Recht den Vorrang überließ (BayObLG 27. 10. 1959, BayObLGZ 1959, 390, 399 ff = NJW 1960, 775 = IPRspr 1958/59 Nr 150 ; BGH 5. 4. 1968, BGHZ 50,63 = NJW 1968, 1571 = IPRspr 1968/69 Nr 158). Im Schrifttum wurde diese Kursänderung, die sich zwangsläufig auch im Rechtsverkehr mit anderen Ländern auswirkte, zumeist gebilligt (FERID, IPR³ Rn 3–146; aA mit Rücksicht auf den beabsichtigten Zweck des Art 28 aF WOCHNER, in: FS Wahl [1973] 176; RAAPE/STURM, IPR I § 12 II–III). Demgemäß wurde in der Praxis auch geprüft, ob bestimmte Vermögensgegenstände anderer Art, die zum Nachlaß eines deutschen Erblassers gehörten, nach den österreichischen Normen dem unbeweglichen oder beweglichen Vermögen zuzurechnen waren (LG Hamburg 28. 11. 1972, IPRspr 1972 Nr 127: Anteile an einer österreichischen GmbH sind nach § 298 ABGB auch dann bewegliches Vermögen, wenn der GmbH in Österreich Grundstücke gehören; dazu krit HOYER ZfRvgl 16 [1975] 149). Da die Sonderanknüpfung an das Belegenheitsrecht (§ 300 ABGB) durch das IPRG von 1978 beseitigt wurde, ist dieser Anlaß für die Anwendung des Art 3 Abs 3 im deutsch-österreichischen Rechtsverkehr entfallen.

c) Der österreichische Gesetzgeber von 1978 hat die Gefahr der Kollision zwischen dem in § 31 IPRG normierten Belegenheitsstatut und einem Gesamtstatut für wichtig genug gehalten, um ihr seinerseits in § 32 IPRG durch eine **besondere Kollisionsnorm** zu begegnen. Sie lautet:

§ 32. Für dingliche Rechte an einer unbeweglichen Sache ist der § 31 auch dann maßgebend, wenn diese Rechte in den Anwendungsbereich einer anderen inländischen Verweisungsnorm fallen.

Die Vorschrift dient demselben Zweck wie Art 3 Abs 3 EGBGB. Durch ihre Beschränkung auf Grundstücke macht sie deutlich, daß sie vor allem für Rechtsklarheit im Grundbuchverkehr sorgen soll. Andererseits ist sie – wie ihre allseitige Fassung zeigt – nicht etwa nur zur Durchsetzung österreichischen Belegenheitsrechts gegenüber einem fremden Gesamtstatut bestimmt; das Belegenheitsstatut kann also auch ein fremdes sein, während das österreichische Recht Gesamtstatut ist. Der Vorrang des Belegenheitsstatuts nach § 32 IPRG gilt gegenüber dem Güterrechtsstatut (§ 19 IPRG), dem Elternrechtsstatut (§§ 24, 25 Abs 2 IPRG) und dem Erbstatut (§§ 28–29 IPRG). Der Gegensatz zwischen Belegenheits- und Gesamtstatut erledigt bzw verlagert sich, wenn das von der österreichischen Verweisungsnorm berufene fremde Gesamtstatut auf österreichisches Belegenheitsrecht zurück- oder auf ein drittes Recht weiterverweist; denn diese Rück- oder Weiterverweisung ist nach § 5 IPRG vom österreichischen Gericht zu beachten (RUMMEL/SCHWIMANN § 32 Rn 1).

114 Die in § 32 für maßgeblich erklärte sachenrechtliche Kollisionsnorm des § 31 IPRG gilt freilich nach heute in Österreich hM nicht für die gesamte Rechtsänderung an Liegenschaften (so aber SCHWIND, IPR 174, 188), sondern beschränkt sich auf die rein **sachenrechtlichen Fragen des Vollzugs der dinglichen Rechtsänderung** (Modus). Demgegenüber beurteilen sich Berufung und Titel zur dinglichen Rechtsänderung weiterhin nach dem jeweiligen Gesamtstatut. Ob also der Erbe Eigentümer eines Nachlaßgrundstücks oder der Ehegatte Miteigentümer eines Grundstücks wird, entscheidet das Erb- bzw das Güterrechtsstatut (vgl OGH 8. 10. 1991, IPRax 1992, 328, 329; RUMMEL/ SCHWIMANN § 32 IPRG Rn 4). Nur das „wie" der dinglichen Rechtsänderung beurteilt sich gem. § 31 Abs 1 IPRG nach der lex rei sitae. So bedarf der dingliche Rechtserwerb an österreichischen Grundstücken unter Lebenden auch kraft Güter- oder Elternrechts der Verbücherung und als Erwerb von Todes wegen der Einantwortung durch ein österreichisches Verlassenschaftsgericht (§§ 797 ff ABGB). Nur in diesem – beschränkten – Umfang setzt sich das österreichische Recht nach Art 3 Abs 3 auch in einem Verfahren vor deutschen Gerichten gegenüber dem deutschen oder ausländischen Gesamtstatut durch. Im übrigen verbleibt es jedoch bei der Geltung des vom deutschen IPR berufenen Gesamtstatuts. Daher ist auch über die Erbfolge in den österreichischen Grundbesitz eines deutschen Erblassers nach deutschem Recht als einheitlichem Erbstatut zu entscheiden (FIRSCHING IPRax 1981, 86, 87 und 1983, 166, 168; JAYME ZfRvgl 24 [1983] 162, 167 f; **aA** – zu Unrecht – BayObLG 2. 6. 1982, BayObLGZ 1982, 236 = IPRax 1983, 187 = IPRspr 1982 Nr 115).

115 d) Schwierigkeiten bereitet diese kollisionsrechtliche Spaltung des österreichischen IPR zwischen der Erbfolge und dem Erbschaftserwerb an Immobilien (Erbgang) im deutschen **Erbscheinverfahren**. Insoweit wird vor allem § 28 Abs 2 IPRG, wonach der Erbschaftserwerb nach österreichischem Recht zu beurteilen ist, wenn eine Verlassenschaftsabhandlung in Österreich durchgeführt wird, als „besondere Vorschrift" iSv Art 3 Abs 3 EGBGB aufgefaßt. Da bezüglich des in Österreich belegenen Grundbesitzes eines deutschen Erblassers gem. § 107 JN iVm § 22 AußStrG eine Verlassenschaftsabhandlung in Österreich durchzuführen sei, müsse auch das deutsche Nachlaßgericht die internationale Zuständigkeit der österreichischen Gerichte beachten und sei deshalb gehindert, einen unbeschränkten Erbschein zu erteilen, der sich auch auf den in Österreich belegenen Grundbesitz erstreckt. Der Erbschein müsse vielmehr zum Ausdruck bringen, daß er den in Österreich belegenen Immobiliarnachlaß nicht erfasse (so KG 22. 5. 1984, OLGZ 1984, 428, 431 = IPRspr 1984 Nr 206; FIRSCHING IPRax 1983, 166, 168). Ist die Einantwortung durch das zuständige österreichische Gericht bereits geschehen, so dürften allerdings gegen die Erteilung eines unbeschränkten Eigenrechtserbscheins nach § 2353 BGB keine Bedenken mehr bestehen (JAYME aaO).

8. Schweiz

116 a) Das Schweizerische Zivilgesetzbuch von 1907 nahm von Anfang an in seine Vorschriften über die Erbschaftsteilung (Art 602 ff ZGB) eine **Sonderregelung für landwirtschaftliche Betriebe** auf (Art 619 ff). Diese Regelung wurde mit Wirkung vom 1. 1. 1994 durch das Bundesgesetz über das bäuerliche Bodenrecht vom 4. 10. 1991 abgelöst. Befindet sich danach im Nachlaß ein landwirtschaftlicher Betrieb, so kann jeder Erbe verlangen, daß ihm dieser in der Erbteilung zugewiesen wird, wenn er ihn selbst bewirtschaften will und dafür geeignet erscheint (§ 11 Abs 1). Verlangt kein

Erbe die Zuweisung zur Selbstbewirtschaftung oder erscheint derjenige, der die Zuweisung verlangt, als ungeeignet, so kann jeder Pflichtteilsberechtigte die Zuweisung verlangen (§ 11 Abs 2). Der landwirtschaftliche Betrieb wird dem selbst bewirtschaftenden Erben grundsätzlich nur zum Ertragswert auf seinen Erbteil angerechnet (§§ 17, 18). Bei diesen Vorschriften des bäuerlichen Bodenrechts handelt es sich fraglos um „besondere Vorschriften" iSv Art 3 Abs 3 EGBGB.

b) Die **Kollisionsnormen** des schweizerischen IPRG von 1987 enthalten auf den Gebieten des *Ehegüter- und Elternrechts* – im Gegensatz zum früheren Recht – grundsätzlich Sachnormverweisungen (vgl näher Anh zu Art 4 Rn 275 f); danach werden die güterrechtlichen Verhältnisse von Ehegatten in Ermangelung einer Rechtswahl dem gemeinsamen Wohnsitzrecht (Art 54 Abs 1, 55 IPRG), die Eltern- Kind-Beziehungen dem Aufenthaltsrecht des Kindes (Art 79 Abs 1 IPRG) unterstellt. Demgegenüber spricht Art 91 Abs 1 IPRG auf dem Gebiet des internationalen *Erbrechts* eine Gesamtverweisung auf das letzte Wohnsitzrecht des Erblassers aus. Hat ein deutscher Erblasser seinen letzten Wohnsitz in der Schweiz, so unterliegt sein gesamter Nachlaß aus schweizerischer Sicht dem dortigen Recht, sofern der Erblasser den Nachlaß nicht in einer letztwilligen Verfügung seinem deutschen Heimatrecht unterstellt hatte (vgl Art 90 Abs 2 IPRG). Da hierin indes keine besondere, sondern eine allgemeine Regelung zu sehen ist, greift Art 3 Abs 3 nicht ein (s oben Rn 68); aus deutscher Sicht unterliegt der gesamte Nachlaß dem deutschen Recht (Art 25 Abs 1 EGBGB). Beide Rechtsordnungen beanspruchen mithin insgesamt Geltung; solche Kollisionen können aber auch mit Hilfe des Art 3 Abs 3 nicht vermieden werden (vgl FERID, IPR³ Rn 3–134 ff). Auch wenn die Erbfolge insgesamt dem schweizerischen Erbrecht unterliegt, erkennt das schweizerische Kollisionsrecht freilich in Art 26 Abs 2 IPRG die ausschließliche Zuständigkeit der Gerichte am ausländischen Belegenheitsort von Nachlaßgrundstücken – und damit zugleich die Maßgeblichkeit der lex rei sitae für deren erbrechtliche Beurteilung – an und nimmt die sich hieraus ergebende Nachlaßspaltung in Kauf.

Aus deutscher Sicht sind **deutsche Grundstücke**, die zu einer insgesamt dem schweizerischen Recht unterliegenden Vermögensmasse gehören, nur dann dem deutschen Recht unterworfen, wenn für sie eine bundes- oder landesrechtliche Sonderregelung gilt. Dies ist der Fall, wenn das Grundstück der Höfeordnung unterliegt (BGH 14.7.1965, MDR 1965, 818 = IPRspr 1964/65 Nr 171) oder wenn es um ein in der ehemaligen DDR belegenes Nachlaßgrundstück geht, sofern der Erblasser zwischen dem 1.1.1976 und dem 3.10.1990 verstorben ist. Es ist dagegen nicht der Fall, wenn die deutschen Vorschriften, von denen das schweizerische Gesamtstatut abweicht, nicht besondere, sondern allgemeine sind (RG 2.10.1930, IPRspr 1930 Nr 88 [Nießbrauch]; BGH 3.10.1962, NJW 1963, 46 = IPRspr 1962/63 Nr 145 [Befugnisse eines schweizerischen Willensvollstreckers]; dazu auch FERID, IPR³ Rn 3-152).

9. Israel

a) Das israelische Erbgesetz von 1965 (Succession Law 5725–1965) sieht im Rahmen der Nachlaßteilung **für landwirtschaftliche Betriebe ein Übernahmerecht** zugunsten eines zur Übernahme bereiten und geeigneten Miterben vor (Sec 114). Hierin wird eine „besondere Vorschrift" iSv Art 3 Abs 3 zu sehen sein.

120 b) Das Erbgesetz ersetzt auf **kollisionsrechtlicher Ebene** die frühere Anknüpfung an die Staatsangehörigkeit durch diejenige an den Wohnsitz (Sec 137). Soweit jedoch einzelne Vermögensgegenstände ausschließlich nach dem Recht ihrer Belegenheit vererbt werden, unterliegen sie dem Belegenheitsrecht (Sec 139: „The succession to property which according to the law of the place where it is situated passes by succession in accordance only with such law, shall be governed by such law"). Diese Vorschrift sagt für den Bereich des internationalen Erbrechts dasselbe aus wie Art 3 Abs 3; ebenso wie dieser ist sie nicht auf Grundstücke beschränkt (FERID/FIRSCHING/ STRAUSS II Grdz D Rn 35). Damit läßt Israel – ebenso wie das deutsche Recht – das jeweilige Gesamtstatut (hier also das Wohnsitzrecht) zurücktreten. Dies ist insbesondere dann von Bedeutung, wenn der Erblasser – gleich welcher Staatsangehörigkeit – seinen letzten Wohnsitz in Israel hatte, einzelne Vermögensgegenstände jedoch in einem anderen Land belegen sind, das für sie eine materiell- oder kollisionsrechtliche Sonderregelung vorsieht.

121 Stirbt ein **deutscher Erblasser mit letztem Wohnsitz in Israel**, so gilt aus israelischer Sicht israelisches Recht (Sec 137 Succession Law), aus deutscher Sicht dagegen deutsches Recht (Art 25 Abs 1 EGBGB). Da die israelischen Kollisionsnormen keine Nachlaßspaltung vornehmen, das Wohnsitzrecht also Gesamtstatut sein soll, treffen in diesem Fall zwei Gesamtstatuten aufeinander. Weder Art 3 Abs 3 EGBGB noch Sec 138 Succession Law ist in diesem Falle anwendbar (FERID/FIRSCHING/STRAUSS II Grdz C Rn 55). Aus deutscher Sicht ist daher insgesamt deutsches Recht anzuwenden, soweit nicht die das Übernahmerecht betreffenden Sachnormen des Erbgesetzes eingreifen.

10. Lateinamerika

122 „Besondere Vorschriften" iSv Art 3 Abs 3 EGBGB kennen auf dem Gebiet des Erbrechts schließlich auch einige lateinamerikanische Rechtsordnungen. So wird das in Brasilien herrschende Prinzip der Wohnsitzanknüpfung in Art 10 § 1 LI zugunsten des brasilianischen Ehegatten und der ehelichen Kinder des Erblassers durchbrochen. Danach bestimmt sich das Erbrecht dieser Personen bezüglich des in Brasilien belegenen – beweglichen wie unbeweglichen – Vermögens nach brasilianischem Recht, sofern das Wohnsitzrecht des Erblassers sie nicht günstiger stellt. In die gleiche Richtung zielt auch Art 5 XXXI der brasilianischen Verfassung vom 5. 10. 1988, der ebenfalls die Erbfolge in das in Brasilien belegene Vermögen eines Ausländers zugunsten des brasilianischen Ehegatten und der brasilianischen Kinder dem brasilianischen Erbrecht unterwirft, sofern das „persönliche Gesetz" des Erblassers diese Personen nicht günstiger stellt (vgl zum Verhältnis dieser Bestimmungen näher STAUDINGER/ DÖRNER [1995] Anh zu Art 25 f Rn 80). Diese Schutzvorschriften zugunsten brasilianischer Angehöriger finden beim Tode eines deutschen Erblassers, der Vermögen in Brasilien hinterläßt, gem Art 3 Abs 3 als „besondere Vorschriften" Anwendung, weil sie an die Belegenheit von Nachlaßvermögen in Brasilien anknüpfen (STAUDINGER/ DÖRNER [1995] Art 25 Rn 538).

123 Demgegenüber handelt es sich bei Vorschriften, die – wie zB Art 998 des chilenischen Codigó civil – Inländer ohne Rücksicht auf die Belegenheit von einzelnen Nachlaßgegenständen privilegieren, indem sie ihnen die Erb- und Pflichtteilsrechte nach inländischem Recht als Mindestschutz auch gegenüber einem ausländischen

Erbstatut einräumen, nicht um „besondere Vorschriften" iSv Art 3 Abs 3. Sie kommen daher bei Geltung deutschen Erbstatuts nicht zur Anwendung (vgl STAUDINGER/ DÖRNER [1995] Anh zu Art 25 f Rn 106).

Art 4 EGBGB. Rück- und Weiterverweisung; Rechtsspaltung

(1) Wird auf das Recht eines anderen Staates verwiesen, so ist auch dessen Internationales Privatrecht anzuwenden, sofern dies nicht dem Sinn der Verweisung widerspricht. Verweist das Recht des anderen Staates auf deutsches Recht zurück, so sind die deutschen Sachvorschriften anzuwenden.

(2) Soweit die Parteien das Recht eines Staates wählen können, können sie nur auf die Sachvorschriften verweisen.

(3) Wird auf das Recht eines Staates mit mehreren Teilrechtsordnungen verwiesen, ohne die maßgebende zu bezeichnen, so bestimmt das Recht dieses Staates, welche Teilrechtsordnung anzuwenden ist. Fehlt eine solche Regelung, so ist die Teilrechtsordnung anzuwenden, mit welcher der Sachverhalt am engsten verbunden ist.

Materialien: BT-Drucks 10/504 S 37–40; BT-Drucks 10/5632 S 39–40; PIRRUNG, Internationales Privat- und Verfahrensrecht nach dem Inkrafttreten der Neuregelung des IPR (1987) 117–120.

Schrifttum

BAUER, Renvoi im internationalen Schuld- und Sachenrecht (1985)
BEITZKE, Rück- und Weiterverweisung im internationalen Deliktsrecht?, in: FS Wilburg (1975) 31
ders, Bemerkungen zur Kollisionsrechtsvergleichung in der Praxis, RabelsZ 48 (1984) 623 (Zur Zuständigkeitsrückverweisung und versteckten Rückverweisung 627 ff)
ders, Zuständigkeitsverweisung und versteckte Rückverweisung in Adoptionssachen, RabelsZ 37 (1973) 380
DESSAUER, Zum Renvoi im internationalen Deliktsrecht, ZVglRW 81 (1982) 215
EBENROTH/EYLES, Der Renvoi nach der Novellierung des deutschen IPR, IPRax 1989, 1
EDLER, Verjährung und Res judicata im englischen IPR, RabelsZ 40 (1976) 43
FIRSCHING, Deutsch-Amerikanische Erbfälle (1965)

GRAUE, Rück- und Weiterverweisung (renvoi) in den Haager Abkommen, RabelsZ 57 (1993) 26
GÜNDISCH, Internationale Zuständigkeit und versteckte Rückverweisung bei Adoption durch Amerikaner in Deutschland, FamRZ 1961, 352
HANISCH, Die versteckte Rückverweisung im internationalen Familienrecht, NJW 1966, 2085
HARTWIEG, Der Renvoi im deutschen internationalen Vertragsrecht (1967)
JAYME, Zur Qualifikationsverweisung im IPR, ZfRvgl 17 (1976) 93
ders, Zur „versteckten" Rück- und Weiterverweisung im IPR, ZfRvgl 11 (1970) 253
ders, Zur Rückverweisung durch staatsvertragliche Kollisionsnormen, IPRax 1981, 17
KARTZKE, Renvoi und Sinn der Verweisung, IPRax 1988, 8 ff
KEGEL, Die Grenze von Qualifikation und

Renvoi im internationalen Verjährungsrecht (1962)
KROPHOLLER, Internationales Einheitsrecht (1975)
ders, Anknüpfungssystem für das Deliktsstatut, RabelsZ 33 (1969) 625
KÜHNE, Der Anwendungsbereich des Renvoi im Lichte der Entwicklung des IPR, in: FS Ferid (1980) 251
MELCHIOR, Die Grundlagen des deutschen IPR (1932)
K MÜLLER, Zum Problem der Gesamtverweisung, in: FS Heidelberger Institut (1967) 191
MÜLLER-FREIENFELS, Die Verjährung englischer Wechsel vor deutschen Gerichten, in: FS Zepos Bd II (1973) 491
PAGENSTECHER, Der Grundsatz des Entscheidungseinklangs im IPR (1951)

RAAPE, Die Rückverweisung im internationalen Schuldrecht, NJW 1959, 1013
RAUSCHER, Sachnormverweisungen aus dem Sinn der Verweisung, NJW 1988, 215
SAUVEPLANNE, Renvoi, Int Enc Comp L, Bd III, Ch 6 (1990)
SCHWIMANN, Versteckte Rückverweisung und Art 27 EGBGB, NJW 1976, 1000
ders, Anglo-amerikanische Lex-fori-Regel als „versteckte Rückverweisung"?, in: FS Bosch (1976) 909
WENGLER, Die versteckte Rückverweisung im IPR, in: FS Möhring (1973) 27.

Vgl auch die Schrifttumshinweise zur Rechtsspaltung im Teil E (Rn 311 ff) sowie zum ausländischen Recht in der Länderübersicht im Anhang zu Art 4 EGBGB.

Systematische Übersicht

A.	**Allgemeines**	1
I.	**Begriff**	2
II.	**Rückverweisung**	
1.	Problemstellung	3
2.	Sachnormverweisung oder Gesamtverweisung	5
3.	Sachnorm- oder IPR-Rückverweisung	6
a)	Sachnorm-Rückverweisung	7
b)	IPR-Rückverweisung	8
aa)	Einfacher Renvoi	9
bb)	Doppelter Renvoi	10
cc)	„Foreign court"-Theorie	11
4.	Argumente für die Rückverweisung	12
a)	Praktikablität	12
b)	Heimwärtsstreben	13
c)	Internationaler Entscheidungseinklang	14
5.	Argumente gegen die Rückverweisung	16
a)	Relativierung der eigenen kollisonsrechtlichen Wertungen	16
b)	Schwierigkeiten der Ermittlung des ausländischen Kollisionsrechts	17
c)	Verfehlung des internationalen Entscheidungseinklangs	18

III.	**Weiterverweisung**	
1.	Problemstellung	19
2.	Anerkennung der Weiterverweisung	21
3.	Abbruch der Weiterverweisung	23
B.	**Geschichte**	
I.	**Die Entdeckung des Problems im In- und Ausland**	
1.	Der französische Fall Forgo	25
2.	Der englische Fall Collier v Rivaz	27
3.	Die Entscheidung des OAG Lübeck von 1861	28
II.	**Die Entstehung des Art 27 EGBGB aF**	30
III.	**Die Auslegung von Art 27 EGBGB aF**	33
1.	Die Rechtsprechung bis zum Zweiten Weltkrieg	34
2.	Die Nachkriegsrechtsprechung bis zur Reform von 1986	40
3.	Die Haltung der Lehre	43
C.	**Rück- und Weiterverweisung im geltenden Recht**	

2. Kapitel. IPR
1. Abschnitt. Verweisung

- **I. Der Grundsatz der Gesamtverweisung (Art 4 Abs 1)**
  1. Allgemeines — 45
  2. Sachnormverweisung des ausländischen Kollisionsrechts — 47
  3. Gesamtverweisung des ausländischen Kollisionsrechts — 49
     - a) Rückverweisung — 49
     - b) Weiterverweisung — 51
  4. Umfang des Renvoi — 56
     - a) Auslegung der fremden Kollisionsnorm — 56
     - b) Teilverweisung — 58

- **II. Sonderfälle**
  1. Rückverweisung kraft abweichender Qualifikation — 60
     - a) Grundsatz — 60
     - b) Einzelfälle — 61
     - c) Schranken — 63
  2. Qualifikationsverweisung — 64
     - a) Bewegliches/ unbewegliches Vermögen — 65
     - b) Versorgungsausgleich — 70
  3. Versteckte Rückverweisung — 72
     - a) Begriff — 72
     - b) Meinungsstand — 73
     - c) Stellungnahme — 76

- **III. Ausschluß und Einschränkungen des Renvoi** — 81
  1. Verweisung auf deutsches Recht — 82
  2. Verweisung auf Sachnormen — 83
  3. Widerspruch zum Sinn der deutschen Verweisung — 84
     - a) Allgemeines — 84
     - b) Alternative Anknüpfungen — 86
       - aa) Ausschluß von Rück- und Weiterverweisung — 87
       - bb) Erhaltung von Anknüpfungsalternativen — 88
       - cc) Stellungnahme — 89
     - c) Akzessorische Anknüpfungen — 91
       - aa) Außervertragliches Schuldrecht — 92
       - bb) Familienrecht — 93
     - d) Anknüpfung an die „engste Beziehung" — 96
       - aa) Allgemeine Ausweichklauseln — 97
       - bb) Effektive Staatsangehörigkeit — 98
       - cc) Hilfsanknüpfung in Art 14 Abs 1 Nr 3 — 99
     - e) Anlehnung an staatsvertragliche Anknüpfung — 100
     - f) Gleichheitswidrige ausländische Kollisionsnorm — 101
  4. Rechtswahl (Abs 2) — 103
     - a) Grundsatz — 103
     - b) Anwendungsfälle — 104
     - c) Rechtsfolgen — 105

- **IV. Innerdeutsches Kollisionsrecht** — 106

- **V. Rück- und Weiterverweisung im Verfahrensrecht**
  1. Nichtfeststellbarkeit eines Renvoi — 107
  2. Revisibilität der Anwendung ausländischer Kollisionsnormen — 108
     - a) Rückverweisende Kollisionsnormen — 109
     - b) Weiterverweisende Kollisionsnormen — 110
     - c) Rückverweisende Zuständigkeitsnormen — 111

- **VI. Rück- und Weiterverweisung in Staatsverträgen**
  1. Allgemeines — 112
  2. In der Bundesrepublik Deutschland geltende Staatsverträge — 116
     - a) Vorkriegsverträge — 116
       - aa) Haager Eheschließungsabkommen von 1902 — 116
       - bb) Haager Vormundschaftsabkommen von 1902 — 117
       - cc) Genfer Wechsel- und Scheckrechtsabkommen von 1930/31 — 118
     - b) Nachkriegsverträge — 120
       - aa) Genfer Flüchtlingsabkommen von 1951 — 121
       - bb) New Yorker Staatenlosenabkommen von 1954 — 123
       - cc) Haager Unterhaltsabkommen von 1956 — 125
       - dd) Haager Testamentsformabkommen von 1961 — 126
       - ee) Haager Minderjährigenschutzabkommen von 1961 — 128
       - ff) Haager Unterhaltsabkommen von 1973 — 131
       - gg) Haager Kindesentführungsabkommen von 1980 — 132

3. Rückverweisung durch im Ausland geltende Staatsverträge _____ 134
a) Haager Abkommen über Straßenverkehrsunfälle von 1971 _____ 135
b) Haager Produkthaftpflichtabkommen von 1973 _____ 137
c) Haager Ehegüterrechtsabkommen von 1978 _____ 138
d) Haager Trust-Übereinkommen von 1985 _____ 139

D. **Rück- und Weiterverweisung in einzelnen Sachbereichen**

I. **Personenrecht**
1. Geschäftsfähigkeit _____ 140
a) Grundsatz _____ 141
b) Einzelfälle _____ 141
aa) Rückverweisung auf das Wohnsitzrecht _____ 141
bb) Weiterverweisung _____ 142
cc) Grundstücksgeschäfte _____ 143
c) Verkehrsschutz _____ 144
2. Todeserklärung _____ 145
3. Name _____ 146
a) Grundsatzanknüpfung nach Abs 1 _____ 146
b) Einzelfälle _____ 147
c) Rechtswahl nach Abs 2 und 3 _____ 148
d) Alternative Anknüpfung nach Abs 4 _____ 149
4. Juristische Personen _____ 150
a) Rückverweisung _____ 151
b) Weiterverweisung _____ 152

II. **Rechtsgeschäftslehre**
1. Form von Rechtsgeschäften _____ 153
a) Sachnorm- oder Gesamtverweisung? _____ 154
b) Fremdes Geschäftsrecht _____ 155
c) Fremdes Ortsrecht _____ 156
d) Schranken _____ 157
aa) Schuldverträge _____ 157
bb) Testamente _____ 158
2. Stellvertretung _____ 159
3. Verjährung _____ 161

III. **Eherecht**
1. Eheschließung _____ 163
a) Materielle Ehevoraussetzungen _____ 163
aa) Grundsatz _____ 163

bb) Funktion von Rück- und Weiterverweisung _____ 164
cc) Einzelfälle _____ 165
b) Form der Eheschließung _____ 167
aa) Geschäftsrecht _____ 168
bb) Ortsrecht _____ 169
2. Allgemeine Ehewirkungen _____ 170
a) Grundsatz _____ 171
b) Verpflichtungsbeschränkungen _____ 172
3. Ehegüterrecht _____ 173
a) Grundsatz _____ 174
b) Einzelfälle _____ 175
aa) Rückverweisung auf das Wohnsitzrecht _____ 175
bb) Rückverweisung auf die lex rei sitae _____ 176
cc) Rückverweisung kraft beweglicher Anknüpfung _____ 178
dd) Rückverweisung kraft Rechtswahl _____ 180
c) Schranken _____ 183
aa) Sinnwidrige Rückverweisung _____ 183
bb) Rechtswahl _____ 184
d) Weiterverweisung _____ 186
4. Ehescheidung _____ 187
a) Grundsatz _____ 187
b) Einzelfälle _____ 188
aa) Rückverweisung auf das Wohnsitzrecht _____ 188
bb) Versteckte Rückverweisung _____ 191
c) Schranken _____ 198
d) Scheidungsfolgen _____ 199
5. Versorgungsausgleich _____ 200
a) Grundsatz _____ 200
b) Sachnormverweisung in Art 17 Abs 3 S 1 HS 2 _____ 202
c) Einzelfälle _____ 203
aa) Rückverweisung kraft güterrechtlicher Qualifikation _____ 203
bb) Rückverweisung kraft subsidiärer Qualifikation als Scheidungsfolge _____ 204
cc) Versteckte Rückverweisung _____ 205

IV. **Unterhaltsrecht** _____ 206
1. Grundsatz: Sachnormverweisung _____ 207
2. Sonderregelung für den Scheidungs- und Trennungsunterhalt _____ 208

V. **Kindschaftsrecht** _____ 209
1. Eheliche Abstammung _____ 210

a)	Grundsatzanknüpfung nach Art 19 Abs 1 S 1	210		aa)	Rückverweisung auf das Wohnsitzrecht	239
b)	Alternative Anknüpfungen nach Art 19 Abs 1 S 2 und 4	211		bb)	Versteckte Rückverweisung	240
				cc)	Teilrückverweisung	242
c)	Verhältnis der Anknüpfungen zueinander	212		7.	Zustimmungserklärungen	243
aa)	Ehelichkeitsfeststellung	212		**VI.**	**Vormundschaftsrecht**	
bb)	Ehelichkeitsanfechtung	213		1.	Grundsatz	244
d)	Einzelfälle	214		2.	Vorrang von Staatsverträgen	245
aa)	Rückverweisung auf das Wohnsitzrecht	214		**VII.**	**Erbrecht**	
bb)	Rückverweisung auf das Aufenthaltsrecht des Kindes	215		1.	Erbfolge	248
				a)	Grundsätze	248
cc)	Rückverweisung auf das Heimatrecht der Mutter oder des Kindes	216		aa)	Rückverweisung	248
				bb)	Teilverweisung	249
dd)	Versteckte Rückverweisung	217		cc)	Weiterverweisung	253
2.	Rechtsverhältnis zwischen Eltern und ehelichem Kind	218		b)	Einzelfälle	254
				aa)	Rückverweisung auf das Wohnsitzrecht	255
a)	Grundsatzanknüpfung nach Art 19 Abs 2	218		bb)	Rückverweisung auf die lex rei sitae	263
b)	Einzelfälle	219		cc)	Rückverweisung kraft Rechtswahl	269
aa)	Gesetzliches Gewaltverhältnis	219		c)	Schranken	271
bb)	Sorgerechtsregelung	220		aa)	Sinnwidriger Renvoi	271
c)	Schutzmaßnahmen nach Art 19 Abs 3	222		bb)	Rechtswahl	272
3.	Nichteheliche Abstammung	223		cc)	Vorrang des Einzelstatuts	273
a)	Grundsatzanknüpfung nach Art 20 Abs 1 S 1	223		d)	Erbscheinverfahren	274
				aa)	Fallgruppen	274
b)	Alternative Anknüpfungen nach Art 20 Abs 1 S 3	224		bb)	Teilrückverweisung	275
				2.	Testierfähigkeit	277
c)	Einzelfälle	226		3.	Form von letztwilligen Verfügungen und Erbverträgen	278
4.	Rechtsverhältnis zwischen Eltern und nichtehelichem Kind	228		a)	Haager Testamentsformabkommen von 1961	278
a)	Grundsatz (Art 20 Abs 2)	228				
b)	Einzelfälle	229		b)	Autonomes Recht	279
5.	Legitimation	230		4.	Inhaltliche Gültigkeit und Auslegung	280
a)	Grundsatzanknüpfung nach Art 21 Abs 1 S 1 und Abs 2	230		a)	Gültigkeit	280
				b)	Auslegung	281
b)	Alternative Anknüpfungen nach Art 21 Abs 1 S 2	231		**VIII.**	**Schuldvertragsrecht**	282
c)	Einzelfälle	232		1.	Grundsatz	283
aa)	Rückverweisung auf das Wohnsitzrecht	232		2.	Formfragen	284
bb)	Rückverweisung kraft zusätzlicher alternativer Anknüpfungen	234		**IX.**	**Außervertragliche Schuldverhältnisse**	
				1.	Ungerechtfertigte Bereicherung	285
cc)	Qualifikationsprobleme	235		a)	Leistungskondiktion	285
6.	Adoption	236		b)	Nichtleistungskondiktion	286
a)	Grundsatz (Art 22 S 1)	236		c)	Schranken	287
b)	Ehegattenadoption (Art 22 S 2)	237		2.	Geschäftsführung ohne Auftrag	288
c)	Einzelfälle	238		3.	Unerlaubte Handlungen	289

a)	Meinungsstand	290	2.	Verweisung auf das Recht des Gesamtstaates … 326
aa)	Rechtsprechung	290		
bb)	Schrifttum	293	a)	Anwendung des gesamtstaatlichen interlokalen Privatrechts … 326
cc)	Ausländisches Recht	296		
dd)	Reformentwurf	297	b)	Bestimmung der maßgebenden Teilrechtsordnung mit Hilfe des Kriteriums der „engsten Verbindung" … 327
b)	Stellungnahme	298		
aa)	Grundsatz	298		
bb)	Schranken	300	aa)	Konkretisierung der „engsten Verbindung" … 328

X. Sachenrecht

1. Bedeutung … 305
2. Grundsatz … 308
3. Schranken … 309

bb) Mehrere Anknüpfungssubjekte … 330
3. Unteranknüpfung und Gesamtverweisung … 333
a) Einheitliches Kollisionsrecht … 334
aa) Staatsangehörigkeitsanknüpfung … 334
bb) Lokale Anknüpfung … 336
b) Gespaltenes Kollisionsrecht … 338
aa) Staatsangehörigkeitsanknüpfung … 338
bb) Lokale Anknüpfung … 340

XI. Immaterialgüterrecht … 310

E. Unteranknüpfung bei Mehrrechtsstaaten (Abs 3)

I. Normzweck … 311

IV. Rechtsanwendungsprobleme in Fällen personaler Rechtsspaltung … 341
1. Staatliches und nichtstaatliches interpersonales Privatrecht … 342

II. Staaten mit Rechtsspaltung … 313
1. Lokale Rechtsspaltung … 314
a) Einheitliches interlokales Privatrecht … 314
b) Gespaltenes interlokales Privatrecht … 315
c) Teilweise vereinheitlichtes interlokales Privatrecht … 316
2. Personale Rechtsspaltung … 317

2. Anknüpfungskriterien des interpersonalen Privatrechts … 344
3. Voraussetzungen für die Anwendung personalen (religiösen) Rechts durch deutsche Gerichte … 346

V. Staatsvertragliche Sonderregeln
1. Allgemeines … 348
2. Lokale Rechtsspaltung … 351
a) Interlokales Privatrecht des Mehrrechtsstaates … 351
b) Anknüpfung an die engste Verbindung … 353
3. Interpersonale Rechtsspaltung … 354

III. Rechtsanwendungsprobleme in Fällen lokaler Rechtsspaltung … 320
1. Unmittelbare Verweisung auf eine Teilrechtsordnung … 321
a) Die Regelung in Art 4 Abs 3 S 1 … 321
b) Kritik … 322
c) Lösungsmöglichkeiten … 323

Alphabetische Übersicht

Abstammung
– eheliche … 210 f
– nichteheliche … 223 ff
Adoption … 236 ff
Anknüpfung
– akzessorische … 91 ff
– – allg … 86 ff
– – Abstammung … 211 ff, 224 f
– – Legitimation … 231, 234

– – Name … 149
– staatsvertragliche … 100
Ausweichklauseln, allgemeine … 97
Außervertragliche Schuldverhältnisse … 92, 285 ff
Ausschluß des Renvoi
– allg … 81 ff, 148 f, 159 ff, 183 ff, 271 ff, 300 ff
– Einzelfälle

Belegenheitsrecht s u lex rei sitae

Deliktsrecht s u Unerlaubte Handlungen

Ehelichkeit — 210 ff
– Anfechtung — 213
– Feststellung — 212
Eherecht — 163 ff
– Ehegüterrecht — 173 ff
– Ehescheidung — 187 ff
– Eheschließung — 163 ff
– – sachliche Voraussetzungen — 163 ff
– – Form — 167 ff
– Ehewirkungen — 94 f, 170 ff
– Ehescheidung — 187 ff
– Scheidungsfolgen — 199
– Scheidungs- und Trennungsunterhalt — 208
– Versorgungsausgleich — 70 f, 200 ff
Einzelstatut, Vorrang — 273
Erbrecht — 25 ff, 248 ff
– Erbfolge — 248 ff
– Erbscheinverfahren — 274
– Erbverträge — 278 f

Familienrecht — 93 ff, 163 ff
„Foreign court"-Theorie — 11, 27, 38

Genfer Flüchtlingsabkommen — 121 f
Genfer Wechsel- und Scheckrechtsabkommen — 118 f
Gesamtverweisung — 5, 34 f, 45 ff, 49 ff 81 ff, 85, 154, 253
– Ausnahmen — 81 ff
Geschäftsfähigkeit — 140 ff
– Grundstücksgeschäfte — 143
– Verkehrsschutz — 144
Geschäftsführung ohne Auftrag — 288
Geschichte des Renvoi — 25 ff
Gesellschaftsrecht — 150 ff
Günstigkeitsprinzip — 86 ff, 211 ff, 224 f, 231

Haager Abkommen
– Ehegüterrecht — 138
– Eheschließung — 116
– Kindesentführung — 132 f
– Minderjährigenschutz — 128 ff, 246
– Produkthaftpflicht — 137
– Straßenverkehrsunfälle — 135 f
– Testamentsform — 126 f, 158, 278

– Trust — 139
– Unterhalt — 125, 131
– Vormundschaft — 117, 245

Immaterialgüterrecht — 310
Innerdeutsches Kollisionsrecht — 106
Interlokales Privatrecht s u Mehrrechtsstaat
Internationaler Entscheidungseinklang — 10 f, 14 f, 18, 38, 41, 55
Interpersonales Privatrecht s u Mehrrechtsstaat
IPR-Verweisung s u Gesamtverweisung

Juristische Personen — 150 ff

Kindschaftsrecht — 209 ff
– Adoption — 236 ff
– eheliche Abstammung — 210 ff
– gesetzliches Gewaltverhältnis — 219
– Legitimation — 230 ff
– nichteheliche Abstammung — 223 ff
– Schutzmaßnahmen — 222
– Sorgerechtsregelung — 219
– Zustimmungserklärungen — 243
Kollisionsnormen, ausländische
– Auslegung — 56 f
– gleichheitswidrige — 101 f, 183
– Revisibilität — 108 ff

Legitimation — 230 ff
Lex fori s u Versteckte Rückverweisung
Lex rei sitae — 65 ff, 143, 176, 263 ff, 305

Mehrrechtsstaaten — 311 ff
– Lokale Rechtsspaltung — 314 ff, 322 ff, 351
– Personale Rechtsspaltung — 318 ff, 343 ff, 352
– staatsvertragliche Sonderregeln — 348 ff

Namensrecht — 62, 146 ff
New Yorker Staatenlosenabkommen — 123 f

Ordre public — 56, 101 f

Personenrecht — 140 ff

Qualifikationsverweisung — 64 ff, 177, 263 ff

Rechtsgeschäftslehre — 153 ff

- Form — 153 ff
- Stellvertretung — 159 ff
- Verjährung — 161 ff
Rechtsspaltung s u Mehrrechtsstaat — 313 ff
Rechtswahl
- Ausschluß des Renvoi
- - allg — 103 ff
- - Einzelfälle — 148, 184, 272
- Grundlage des Renvoi — 180 ff, 269 ff
Renvoi s u Rückverweisung
Revisibilität
- ausländisches IPR — 108 ff
- ausländisches IZPR — 111
Rückverweisung
- allgemein — 3 ff, 12 ff, 16 ff, 249
- - Abbruch — 9, 49 ff
- - Ausschluß und Einschränkungen 81 ff, 87
- - doppelte — 10, 50
- - einfache — 9
- - „Foreign court"-Theorie — 11, 27, 38
- - gegenständlich beschränkte — 36, 143
- - IPR-Rückverweisung — 8 ff, 49 ff
- - Nichtfeststellbarkeit — 107
- - Qualifikationsprobleme — 60 ff, 235
- - Qualifikationsverweisung — 64 ff
- - Sachnormrückverweisung — 7, 38 f, 42
- - sinnwidrige — 84 ff, 160, 183, 271
- - staatsvertragliche — 112 ff
- - Umfang — 56
- - versteckte —
  — 72 ff, 111, 191 ff, 205, 217, 221, 227, 240 f
- Einzelfälle
- - abweichende Qualifikation —
  — 60 ff, 147, 162, 203
- - auf Aufenthaltsrecht — 215
- - auf Belegenheitsrecht — 176, 263 ff
- - auf gewähltes Recht — 180 ff, 269 ff
- - auf Wohnsitzrecht — 142,
  147, 165, 175, 188 ff 214, 232 f, 239 255 ff
Sachenrecht — 305 ff
Sachnormverweisung

- allg — 5, 7, 9, 38 f, 47 f, 53, 75, 82 f, 113
- Einzelfälle — 154, 159 ff, 202, 207, 253
Schuldvertragsrecht — 158, 282 ff
Staatsverträge und Renvoi
- allg — 112 ff
- Nachkriegsverträge — 120 ff
- Vorkriegsverträge — 116 ff
Stellvertretung — 159 f
Teilrückverweisung
- allg — 58 f, 109
- Einzelfälle — 242, 249 ff, 275 f
Testament — 158, 278 ff
Testierfähigkeit — 277
Todeserklärung — 145

Unerlaubte Handlungen — 92, 289 ff
Ungerechtfertigte Bereicherung — 92, 285 ff
Unteranknüpfung s u Mehrrechtsstaat
Unterhaltsrecht — 206 ff

Verfügungen, letztwillige — 278 f
Verjährung — 161 f
Verlöbnisbruch — 61
Verpflichtungsbeschränkungen — 172
Versorgungsausgleich — 70 f, 200 ff
Versteckte Rückverweisung
- allg — 72 ff, 111
- Einzelfälle — 191 ff, 205, 221, 227, 240 ff, 271
Vertragsrecht s u Schuldvertrag
Vollmacht s u Stellvertretung
Vormundschaftsrecht — 244 ff

Wechsel- und Scheckfähigkeit — 118
Weiterverweisung
- allg — 19 ff, 37, 51 ff
- - Abbruch — 23 f
- - Anerkennung — 21 f
- - IPR-Weiterverweisung — 81 ff
- - mehrfache — 54
- - Sachnorm-Weiterverweisung — 47 f
- Einzelfälle — 143, 152, 186, 253

A. Allgemeines

1 Das Problem der Rück- oder Weiterverweisung stellt sich in allen Fällen, in denen eine inländische Kollisionsnorm fremdes Recht für anwendbar erklärt. Es geht dabei um die Frage, was geschehen soll, wenn das fremde Recht durch seine eigenen

Kollisionsnormen den Fall an das inländische Recht zurück- oder an ein drittes Recht weiterverweist.

I. Begriff

Von *Rückverweisung* (renvoi au premier degré) spricht man dann, wenn die vom inländischen IPR zur Anwendung berufene Rechtsordnung ihrerseits die Anwendung *deutschen* Rechts vorschreibt. Demgegenüber spricht man von einer *Weiterverweisung* (renvoi au second degré), wenn das vom inländischen IPR zur Anwendung berufene ausländische Recht das Recht eines *dritten Staates* für maßgeblich erklärt (vgl KEGEL, IPR[7] § 10 I; KROPHOLLER, IPR[2] § 24 vor I).

II. Rückverweisung

1. Problemstellung

Die Rückverweisung steht nach der Zahl der Fälle und ihrer Bedeutung für die Praxis im Vordergrund. Das folgende *Beispiel* macht das Problem deutlich:

Ist ein Däne oder Franzose mit letztem Wohnsitz in Hamburg verstorben, so wird der nach § 73 Abs 1 FGG für die Erteilung eines Erbscheins zuständige deutsche Nachlaßrichter durch Art 25 Abs 1 EGBGB auf das dänische bzw französische Heimatrecht des Erblassers verwiesen. Würde man als „Recht des Staates", dem der Erblasser im Zeitpunkt seines Todes angehörte, nur die materiellrechtlichen Normen des dänischen oder französischen Rechts verstehen, so stünde jetzt schon fest, daß sich die Erbfolge nach dänischem bzw französischem Recht zu richten hat. Was aber soll gelten, wenn die Kollisionsnormen des fremden Rechts, die ja ebenfalls Gesetze des fremden Staates sind, zu erkennen geben, daß der fremde Staat die Erbfolge gar nicht regeln will? Im vorliegenden Fall stellen sowohl das dänische wie das französische IPR nicht auf die letzte Staatsangehörigkeit, sondern auf den letzten Wohnsitz des Verstorbenen ab. Befand sich dieser in Hamburg, so überlassen beide Rechte dem deutschen Recht die Regelung der Erbfolge. Anders ausgedrückt: Die Verweisung der deutschen Kollisionsnorm auf dänisches bzw französisches Recht als das Recht der letzten Staatsangehörigkeit wird von diesen mit einer Rückverweisung auf deutsches Recht als Recht des letzten Wohnsitzes beantwortet.

Es stellen sich also **zwei Fragen**:

(1) Ist die Verweisung einer inländischen Kollisionsnorm auf ausländisches Recht lediglich auf die Sachnormen des fremden Rechts gerichtet oder umfaßt sie auch dessen Kollisionsnormen, die möglicherweise ihrerseits auf ein fremdes Recht verweisen?

(2) Soll, falls die erste Frage zugunsten einer Gesamtverweisung entschieden wird, eine von der fremden Kollisionsnorm ausgesprochene Rückverweisung auf das deutsche Recht von diesem angenommen und befolgt werden, so daß schließlich doch das deutsche Recht angewendet wird?

2. Sachnormverweisung oder Gesamtverweisung

5 Die erste Frage läßt sich ohne Verstoß gegen die Logik in völlig entgegengesetzter Weise beantworten. Entscheidend ist nur, was man unter dem „Recht" des fremden Staates, auf das die inländische Kollisionsnorm verweist, verstehen *will*. Soll damit *nur das materielle Recht* gemeint sein, so ist die Verweisung aus inländischer Sicht endgültig; ob das fremde Recht den Vorgang überhaupt regeln will, ist dann aus inländischer Sicht ohne Belang. Soll sich die Verweisung dagegen auf das fremde Recht einschließlich seiner Kollisionsnormen beziehen, so ist die von einer Kollisionsnorm des fremden Rechts ausgesprochene Rückverweisung auf inländisches Recht zu beachten. Beide Standpunkte werden vertreten. In den nordischen Rechten (außer dem finnischen) sowie im griechischen Recht, aber auch in den Rechten der arabischen Staaten und der USA wird die Verweisung auf ausländisches Recht im Regelfall als endgültig verstanden. Das deutsche Recht bekennt sich dagegen mit dem österreichischen, dem französischen und zahlreichen anderen Rechtsordnungen im Grundsatz zur Verweisung auf das fremde Recht einschließlich seiner Kollisionsnormen (vgl dazu näher die Länderübersicht im Anhang; ferner vOverbeck, Rec des Cours 176 [1982-III] 127, 133 ff). Art 4 Abs 1 EGBGB bringt dies – im Gegensatz zu seinem Vorläufer (Art 27 EGBGB aF) – unmißverständlich zum Ausdruck, wenn er anordnet, daß im Falle einer Verweisung auf das Recht eines anderen Staates „auch dessen internationales Privatrecht" anzuwenden ist. Ausnahmen gelten nur insoweit, als die Verweisung – wie in Unterhaltssachen (Art 18 EGBGB) – ausdrücklich als Sachnormverweisung gekennzeichnet ist (dazu Art 3 Rn 10 f) oder die Berücksichtigung des fremden Kollisionsrechts dem Sinn der Verweisung widersprechen würde (dazu u Rn 84 ff).

3. Sachnorm- oder IPR-Rückverweisung

6 Sprechen die eigenen Kollisionsnormen – wie diejenigen des deutschen Rechts (Art 4 Abs 1 EGBGB) – grundsätzlich Gesamtverweisungen aus, so macht es für die weitere Behandlung des Falles einen Unterschied, ob die Kollisionsnormen des fremden IPR ihrerseits Sachnorm- oder IPR-Verweisungen sind.

a) Sachnorm- Rückverweisung

7 Sieht das fremde IPR eine Sachnorm-Rückverweisung vor, so ist diese zu befolgen. Es werden dann die deutschen Sachnormen angewandt. Eine derartige Sachnorm-Rückverweisung spricht in unserem Ausgangsbeispiel das dänische Recht aus, weil dort die Beachtung eines Renvoi grundsätzlich abgelehnt wird (dazu im Anh Rn 103 f). Die Erbfolge nach dem mit Wohnsitz in Hamburg verstorbenen Dänen wird daher nach §§ 1924 ff BGB beurteilt.

b) IPR-Rückverweisung

8 Schwieriger liegt es, wenn die Kollisionsnormen des fremden IPR ihrerseits Gesamtverweisungen aussprechen. Dies trifft in unserem Ausgangsfall auf das französische internationale Erbrecht zu (dazu im Anh Rn 153 ff). In diesem Fall ist durch die Beachtung einer Rückverweisung auf das inländische Recht noch nichts entschieden. Denn die inländische Kollisionsnorm verweist nach wie vor auf das französische Recht. Da dieses aber seinerseits erneut zurückverweist, müßte sich hieraus ein unendlicher

Ballwechsel zwischen zwei Kollisionsnormen ergeben. Zur Beendigung dieser wechselseitigen Verweisungen werden unterschiedliche Lösungen vorgeschlagen:

aa) Einfacher Renvoi

Man kann in einem solchen Fall die Rückverweisung abbrechen, dh die IPR-Rückverweisung wie eine Sachnorm-Rückverweisung behandeln. In unserem Ausgangsfall beurteilt man die Erbfolge nach dem mit Wohnsitz in Hamburg verstorbenen Franzosen genauso wie die des Dänen, setzt sich also darüber hinweg, daß das französische IPR seinerseits auf Art 25 Abs 1 EGBGB verweist und die sich hieraus ergebende Rückverweisung auf das französische Heimatrecht des Erblassers annimmt. Für einen solchen Abbruch der Rückverweisung hatte sich die deutsche Rechtsprechung bereits unter Geltung des Art 27 EGBGB aF ausgesprochen (dazu u Rn 33 ff); Art 4 Abs 1 S 2 schreibt diese Lösung nunmehr ausdrücklich vor. **9**

bb) Doppelter Renvoi

Eine andere Lösung besteht darin, die IPR-Rückverweisung zu befolgen. Bricht das fremde IPR die von seinem Standpunkt aus gegebene Rückverweisung des deutschen Rechts seinerseits ab, so verbleibt es auch aus deutscher Sicht bei der Maßgeblichkeit des ausländischen Sachrechts. Diese Figur nennt man doppelte Rückverweisung oder „double renvoi". Sie wird insbesondere von denjenigen Autoren befürwortet, die das wesentliche Ziel der Beachtung des Renvoi in der Erreichung internationalen Entscheidungseinklangs sehen (zB PAGENSTECHER NJW 1952, 801; MELCHIOR, IPR [1932] 532; KEGEL, IPR⁷ §10 III 3). Da ein französischer Richter in unserem Ausgangsfall die deutsche Verweisung in Art 25 Abs 1 EGBGB als Sachnorm-Rückverweisung behandelt und französisches materielles Erbrecht anwendet, hätte auch der deutsche Richter dem zu folgen. Schwierigkeiten bereitet der „double renvoi" hingegen, wenn auch das fremde IPR ihn befolgt. Denn in diesem Falle ergibt sich mehr als eine doppelte Rückverweisung (KEGEL, IPR⁷ § 10 III 1 aE: „Von diesem hin- und her rasenden Zug muß man abspringen; es fragt sich nur wo?"). **10**

cc) „Foreign court"-Theorie

Noch einen Schreitt weiter als die Lehre vom „double renvoi" geht die von den englischen Gerichten entwickelte „foreign court theory". Danach hätte der deutsche Richter dasselbe materielle Recht anzuwenden wie ein Gericht des Landes, auf dessen Recht die deutsche Kollisionsnorm verweist (vgl dazu näher im Anh Rn 13 ff). Deutsche Gerichte hätten sich also auch hinsichtlich der Befolgung einer Rückverweisung in vollem Umfang den Standpunkt der Rechtsordnung zu eigen zu machen, die vom deutschen IPR als lex causae bestimmt wird. **11**

4. Argumente für die Rückverweisung

Für die Rückverweisung sprechen folgende Erwägungen: **12**

a) Praktikabilität

Die Rückverweisung ermöglicht dem Anwalt und Richter die *Anwendung des inländischen Rechts*, das ihnen im Zweifel besser vertraut ist als das von der inländischen Kollisionsnorm zunächst berufene ausländische Recht. Damit ist auch den Parteien gedient, denn die Gefahr einer fehlerhaften Rechtsanwendung wird verringert. Zudem vereinfacht es die praktische Arbeit, wenn der Anwalt und Richter im

Rechtsverkehr mit bestimmten Staaten und im Bereich bestimmter Fallgruppen von der Möglichkeit einer Rückverweisung ausgehen kann. Dies gilt vor allem im internationalen Personen-, Familien- und Erbrecht gegenüber denjenigen Rechtsordnungen, deren Kollisionsnormen an den Wohnsitz und nicht – wie die deutsche – an die Staatsangehörigkeit anknüpfen. Soweit die Rückverweisung reicht, wird der Fall, um den es jeweils geht, rechtlich zu einem *inländischen*. Der Renvoi entbindet daher den inländischen Anwalt und Richter von der häufigen Notwendigkeit, gemäß § 293 ZPO die erforderlichen *Auskünfte* über fremdes Recht zu beschaffen, die den Rechtsstreit verteuern, ohne immer auf ihre Zuverlässigkeit überprüfbar zu sein. Diese Erleichterung der Rechtsanwendung erscheint vor allem dann gerechtfertigt, wenn das fremde Recht selbst nicht angewandt sein will (KELLER/SIEHR, IPR 467; NEUHAUS, Grundbegriffe² 271; FERID, IPR³ Rn 3-88; LÜDERITZ, IPR² Rn 157; KROPHOLLER, IPR² § 24 I 1; krit hingegen MünchKomm/SONNENBERGER Rn 20).

b) Heimwärtsstreben

13 Sieht man die möglichst weitreichende Anwendung eigenen Rechts als erstrebenswert an, so kann der Gesetzgeber – unabhängig von der Möglichkeit, die Anwendung ausländischen Rechts bereits durch seine Kollisionsnormen zu begrenzen – die Rückverweisung als zusätzliches *Mittel zur Durchsetzung des eigenen Rechts* benutzen. Denn im Ergebnis wird von Staaten, die den Renvoi beachten, wesentlich häufiger das eigene materielle Recht angewandt, als dies nach ihren eigenen Kollisionsregeln der Fall wäre (FIRSCHING/VHOFFMANN, IPR § 6 Rn 92). Dieser Gedanke hat bereits im vorigen Jahrhundert der Rückverweisung im französischen wie im deutschen Recht zur Anerkennung verholfen (vgl vBAR, IPR I Rn 625).

c) Internationaler Entscheidungseinklang

14 Auch wenn die Anerkennung des Renvoi die Gegensätze der Kollisionsnormen nicht immer überbrückt, so führt sie doch nicht selten zu der wünschenswerten internationalen Entscheidungsgleichheit. Das Bemühen um internationalen Entscheidungseinklang wird daher als wesentliches Motiv für die Beachtung des Renvoi genannt (KEGEL, IPR⁷ § 10 III 3; FERID, IPR³ Rn 3-84; MünchKomm/SONNENBERGER Rn 21). Verweist allerdings das Heimatrecht auf das Wohnsitzrecht und das Wohnsitzrecht auf das Heimatrecht, so ist Entscheidungsgleichheit nur dadurch zu erzielen, daß die beiden beteiligten Rechtsordnungen sich zur Rückverweisung verschieden verhalten. Wenn also ein Land die Rückverweisung anerkennt, muß die andere sie ablehnen (oder einen „double renvoi" akzeptieren). Dies wird zwar in der kollisionsrechtlichen Theorie zurecht kritisiert (vgl etwa LORENZEN, Selected Articles on the Conflict of Laws [1947] 127: „I cannot approve a doctrine which is workable only if the other country rejects it"); aber es ist „doch wohl das kleinere Übel gegenüber der konsequenten Disharmonie der Entscheidungen" (KROPHOLLER, IPR² § 24 I 2).

15 Im internationalen Personen-, Familien- und Erbrecht wird die Entscheidungsgleichheit freilich im Ergebnis häufig dadurch erreicht, daß Rechtsordnungen, die auf dem Boden des Staatsangehörigkeitsprinzips stehen, eine Rückverweisung annehmen, während Staaten in denen das Wohnsitzprinzip gilt, sie meist ignorieren (vgl dazu die Länderübersicht im Anhang). Diese Linie folgte auch die Haager Konvention vom 15. 6. 1955 zur Regelung der Konflikte zwischen dem Heimatrecht und dem Recht des Wohnsitzes, indem sie die Verweisung des Heimatrechts auf das Domizilrecht stets für beachtlich erklärte, die Verweisung des Domizilrechts auf das Heimatrecht

dagegen nur dann, wenn dieses auch selbst angewandt sein wollte. Das Übereinkommen ist aber mangels einer ausreichenden Anzahl von Ratifikationen nie in Kraft getreten (vgl dazu GRAUE RabelsZ 57 [1993] 26, 35 ff).

5. Argumente gegen die Rückverweisung

Die Gegner des Renvoi stützen sich vor allem auf die folgenden Erwägungen: **16**

a) Relativierung der eigenen kollisionsrechtlichen Wertungen

Durch die Befolgung der Rückverweisung wird zwar formal das eigene Kollisionsrecht nicht zugunsten des fremden Kollisionsrechts preisgegeben, denn die Anordnung, in gewissen Fällen fremde Kollisionsnormen zu beachten, ist ja ein Teil des inländischen Kollisionsrechts. Die Anerkennung von Rück- und Weiterverweisung im deutschen IPR schränkt freilich die Grundsätze der Nachlaßeinheit (Art 25 Abs 1 EGBGB) und der Einheit des Güterstatuts (Art 15 EGBGB) erheblich ein und unterminiert sogar so grundsätzliche Wertentscheidungen wie das Bekenntnis zur Einheit des Familienstatuts (vBAR, IPR I Rn 626; dazu u Rn 171). Der Befehl, einer fremden Kollisionsnorm zu folgen, fällt „um so schwerer, je mehr die inländische Kollisionsnorm von positiven Vorstellungen über eine sachgerechte Anknüpfung getragen ist (zB über die Bedeutung örtlicher Verhältnisse für eine Rechtsbeziehung oder über den Zusammenhang einer Rechtsfrage mit einer anderen) und je differenzierter sie ausgestaltet ist, je weniger sie also nur auf Erwägungen der Rechtssicherheit, fortgeschleppter Tradition oder schierer Verlegenheit beruht" (KROPHOLLER, IPR² § 24 I; ähnlich LÜDERITZ, IPR² Rn 155). Das geltende deutsche Recht eröffnet dem Rechtsanwender daher in gewissen Grenzen die Möglichkeit, eine Rückverweisung als „sinnwidrig" auszuschließen (dazu u Rn 84 ff).

b) Schwierigkeiten der Ermittlung des ausländischen Kollisionsrechts

Die Beachtung einer Rückverweisung macht die Beschäftigung mit ausländischem **17** Recht auch keineswegs überflüssig, denn ihre Voraussetzungen müssen unter Zuhilfenahme der ausländischen Kollisionsnormen und ihrer Auslegung festgestellt werden. Dabei besteht für den Praktiker ständig die Versuchung, vorschnell eine Rückverweisung anzunehmen, obwohl ihre Voraussetzungen nicht bestehen oder nicht genügend nachgeprüft sind. So werden bei einer Kollision zwischen Staatsangehörigkeit und Wohnsitz die Voraussetzungen eines Wohnsitzes in der Bundesrepublik Deutschland nicht selten bejaht, obwohl sie nach dem fremden Recht nicht vorliegen. Vor allem im Verhältnis zum englischen Recht, dessen Wohnsitzbegriff sich vom deutschen erheblich unterscheidet, ist die Gefahr eines Mißverständnisses stets gegeben (krit zur deutschen Gerichtspraxis aus englischer Sicht COHN, English Law before German Courts, Essays in Tribute to G W Keeton [1967] 115; dazu näher im Anh Rn 5 ff). Ferner bereitet auf manchen Rechtsgebieten – wie zB im internationalen Deliktsrecht – die Feststellung des (häufig nicht kodifizierten) ausländischen Kollisionsrecht größere Schwierigkeiten als die Anwendung des ausländischen Sachrechts (vgl STAUDINGER/ vHOFFMANN¹² Art 38 Rn 164; dazu u Rn 289 ff).

c) Verfehlung des internationalen Entscheidungseinklangs

Schließlich wird auch das mit dem Renvoi angestrebte Ziel des internationalen Ent- **18** scheidungseinklangs häufig nicht erreicht. Zwar wird durch die Beachtung einer Rückverweisung das fremde Recht in seiner Gesamtheit angewandt. Wenn aber

Art 4 Abs 1 S 2 die Anwendung deutschen Rechts und damit den Abbruch der Verweisung anordnet, so hört spätestens an dieser Stelle die Berücksichtigung des fremden Rechts auf. Ob dieses die Entscheidung des Falles nach deutschen Recht wünscht oder aber die deutsche Verweisung seinerseits als Rückverweisung annimmt, wird nicht mehr zur Kenntnis genommen. Entscheidungseinklang kann durch Annahme einer fremden Rückverweisung und Anwendung deutschen Rechts also – wie schon erwähnt (s o Rn 14) – nur hergestellt werden, wenn das fremde Recht seinerseits *keine Rückverweisung annimmt* und die Verweisung seiner Kollisionsnormen auf das deutsche Recht als endgültig ansieht; hiervon ist etwa im Verhältnis zu Dänemark, Norwegen und den meisten Einzelstaaten der USA auszugehen. Trifft dagegen die Verweisung einer deutschen Kollisionsnorm auf die Rückverweisung durch Kollisionsnormen eines fremden Rechts, das seinerseits – wie zB das französische oder belgische Recht – die deutsche Verweisung als Rückverweisung behandelt, so wendet schließlich jeder der beteiligten Staaten, und zwar jeweils infolge Annahme einer Rückverweisung durch den anderen, sein eigenes Recht an (krit zur Rück- und Weiterverweisung aus diesem Grunde schon KAHN JherJb 30 [1891] 1, 21 ff; differenzierend, je nachdem ob Entscheidungseinklang erreicht wird oder nicht, PAGENSTECHER, Entscheidungseinklang 1 ff und NJW 1952, 801; SOERGEL/KEGEL[11] Art 27 aF Rn 27; KEGEL, IPR[7] § 10 III 3 mwN).

III. Weiterverweisung

1. Problemstellung

19 Die Weiterverweisung (renvoi au second degré, transmission) spielt in der Praxis eine geringere Rolle als die Rückverweisung, weil hier die Verbindung des Sachverhalts mit der inländischen Rechtsordnung weniger eng ist. Zur Illustrierung sei der Ausgangsfall (Rn 3) wie folgt abgewandelt:

Der Däne/Franzose ist nicht in der Bundesrepublik Deutschland, sondern mit letztem Wohnsitz in Athen verstorben; er hatte jedoch Wertpapiere bei einer deutschen Bank hinterlegt. Der für diese Vermögensgegenstände nach § 73 Abs 3 FGG zuständige deutsche Nachlaßrichter wird durch Art 25 Abs 1 EGBGB wiederum zunächst auf das dänische bzw französische Heimatrecht des Erblassers verwiesen. Da beide Rechte auf den letzten Wohnsitz abstellen, wird zunächst griechisches Recht zur Anwendung berufen. Die Kollisionsnorm des griechischen internationalen Erbrechts verweist – ebenso wie Art 25 Abs 1 EGBGB – auf das Recht der letzten Staatsangehörigkeit, unterstellt also den Dänen dem dänischen, den Franzosen dem französischen Erbrecht. Mehr noch: Anders als das deutsche Recht nimmt das griechische IPR die vom dänischen bzw französischen Recht ausgesprochene Rückverweisung auf griechisches Recht nicht an; es soll also mit der Verweisung der griechischen Kollisionsnorm auf das Heimatrecht des Erblassers sein Bewenden haben.

20 Die beiden zu stellenden **Fragen** lauten also wie folgt:

1. Ist die Weiterverweisung anzuerkennen, wenn und weil die Rückverweisung anerkannt wird?

2. Wenn ja, wo findet die Weiterverweisung ihr Ende? Kommt es auf die Kollisionsnormen derjenigen Rechtsordnung an, auf die sich die Weiterverweisung bezieht?

Auch diese Fragen lassen sich unterschiedlich beantworten:

2. Anerkennung der Weiterverweisung

Mit einiger Sicherheit läßt sich nur sagen, daß eine Rechtsordnung, die das Prinzip der Rückverweisung ablehnt, auch und erst recht die Weiterverweisung nicht anerkennt. Andererseits folgt aus der grundsätzlichen Hinnahme der Rückverweisung noch nicht, daß auch die Weiterverweisung anerkannt wird. Die Weiterverweisung rechtfertigt sich ausschließlich als *Gegenstück zur Rückverweisung*: Ist diese eine notwendige Folge des Umstandes, daß eine Verweisung auf fremdes Recht auch dessen Kollisionsnormen erfaßt, so müssen logischerweise diese Kollisionsnormen auch dann maßgeblich sein, wenn sie auf ein drittes Recht verweisen. Dieser logischen Folgerichtigkeit entspricht allerdings nicht der praktische Nutzen der Weiterverweisung; denn diese erspart dem Anwalt und Richter – im Gegensatz zur Rückverweisung – keineswegs die Ermittlung und Anwendung fremden materiellen Rechts, sondern erschwert sie auch noch, indem zunächst die weiterverweisenden Kollisionsnormen des vom deutschen IPR berufenen fremden Rechts und dann die von diesem für anwendbar erklärten Normen eines dritten Rechtssystems festgestellt werden müssen. In unserem Ausgangsfall sind also zunächst die dänischen bzw französischen Kollisionsnormen und, soweit sich hieraus eine Weiterverweisung auf griechisches Recht ergibt, die maßgeblichen griechischen Kollisions- oder Sachnormen zu ermitteln. Zur Anwendung deutschen materiellen Rechts kommt es auf diese Weise überhaupt nicht, womit also wesentliche Vorteile der Rückverweisung entfallen. Aus diesem Grunde wird in zahlreichen Rechtsordnungen, die eine Rückverweisung im engeren Sinne beachten, die Anerkennung einer Weiterverweisung abgelehnt (so zB in Spanien, Rumänien, Ungarn, Iran, Korea und Thailand) oder nur mit Einschränkungen befolgt (so zB in der Schweiz sowie in Polen, Portugal und Kuba; vgl dazu näher die Länderberichte im Anhang).

Demgegenüber haben Praxis und Lehre in **Deutschland** die Weiterverweisung schon früh als logisches Gegenstück zur Rückverweisung erkannt und trotz ihres geringeren praktischen Nutzens berücksichtigt. Durch die Überschrift des Art 4 EGBGB und die fehlende Differenzierung zwischen Rück- und Weiterverweisung in dessen Abs 1 hat der Gesetzgeber nunmehr klargestellt, daß die Verweisung des deutschen Kollisionsrechts auch dann als Kollisionsnorm- oder Gesamtverweisung zu behandeln ist, wenn das zur Anwendung berufene fremde Recht auf ein drittes Recht (weiter-) verweist.

3. Abbruch der Weiterverweisung

Während der Abbruch der Rückverweisung beim inländischen Recht praktischen Zwecken dient und deshalb auch in Art 4 Abs 1 S 2 angeordnet wird, gibt es für die Weiterverweisung weder ein logisches noch ein interessengemäßes Ende. Wo immer der Abbruch stattfindet, er wird stets in der einen oder anderen Weise willkürlich sein, vor allem wenn damit notwendig eine der zur Anwendung berufenen Kollisionsnormen mißachtet wird. In Betracht käme eine entsprechende Anwendung der für den Abbruch der Rückverweisung geltenden Regel des Art 4 Abs 1 S 2. Danach würde die Weiterverweisung nur insoweit beachtet, als die Kollisionsnorm des zunächst bezeichneten ausländischen Rechts auf ein *drittes* Recht weiterverweist. In unserem Ausgangsfall würde bei diesem Abbruch also in Kauf genommen, daß die Erbfolge aus deutscher Sicht nach griechischem Recht beurteilt werden muß, obwohl das griechische Recht selbst auf das dänische bzw französische Recht verweist. Damit würde im Fall des *dänischen* Erblassers dem Umstand entscheidendes Gewicht beigemessen, daß die dänische Rechtsordnung – als von der deutschen Kollisionsnorm zunächst berufene – die Regelung der Erbfolge dem griechischen Recht überläßt und die Rückverweisung durch das griechische IPR nicht annimmt. Fraglich ist aber, ob im Fall des *französischen* Erblassers ebenso entschieden werden kann; denn das französische IPR nimmt – im Gegensatz zum dänischen – die Rückverweisung des griechischen Rechts seinerseits an.

24 Der **deutsche Reformgesetzgeber** von 1986 hat diese Fragen nicht entschieden. Die Begründung der Bundesregierung geht lediglich davon aus, daß immer dann, wenn es doch noch zu einem Renvoi auf deutsches Recht kommt, abzubrechen ist, denn insoweit sei Art 4 Abs 1 S 2 unmittelbar anwendbar (BR-Drucks 222/83, BT-Drucks 10/504, jeweils S 39). Die Behandlung der Weiterverweisung auf ein drittes Recht wurde dagegen der Rechtsentwicklung überlassen (dazu näher u Rn 51 ff).

B. Geschichte

I. Die Entdeckung des Problems im In- und Ausland

1. Der französische Fall Forgo

25 International anerkanntes Geburtsdatum der Rück- und Weiterverweisung ist der 24. Juni 1878, an dem der Senat für Zivilsachen des französischen Kassationshofs die zweite von insgesamt drei höchstrichterlichen Entscheidungen im Rechtsstreit um den Nachlaß Forgo verkündete. Es handelt sich dabei um eine gleichsam kolumbianische Entdeckung – nicht die erste, aber die endgültige.

François Xavier Forgo war 1801 in Bayern als unehelicher Sohn der Anne-Marie Dichtl geboren. Seine Mutter war, als er fünf Jahre alt war, mit ihm nach Frankreich ausgewandert, hatte dort einen Franzosen geheiratet und dadurch die französische Staatsangehörigkeit erworben. Forgo blieb in Frankreich, heiratete eine Französin und starb 1869 als vermögender Mann in Pau. Da er kein Testament hinterließ, kamen für seinen in Frankreich belegenen Fahrnisnachlaß nach bayerischem Recht (Codex Maximilianeus Bavaricus Civilis von 1756, Teil III Kap 12 § 4) die Seitenverwandten der Mutter als Erben in Betracht, während nach französischem Recht, das ein solches Erbrecht am Nachlaß nichtehelicher Kinder damals nicht vorsah, der Fiskus (Administration des Domaines) Ansprüche geltend machte (Art 768 Code civil). Das erstinstanzliche Gericht in Pau gewährte bereits 1871 dem Fiskus die Einweisung in den Besitz („envoi en possession"); das Berufungsgericht stellte dagegen fest, daß Forgo bayerischer Untertan geblieben sei und niemals die nach damaligem Recht zur Begründung eines Wohnsitzes in Frankreich erforderliche Genehmigung erhalten habe; sein beweglicher Nachlaß unterliege deshalb nicht dem französischen, sondern dem bayerischen Recht. Der Kassationshof erstreckte jedoch seine Nachprüfung auf die Kollisionsnormen des bayerischen Rechts und entnahm diesen, daß der bewegliche Nachlaß eines Erblassers den an seinem tatsächlichen Wohnsitz geltenden Sachnormen unterliegen solle (Codex Teil I Kap 2 § 17 S 2 mit Teil III Kap 12 § 1); wenn aber die bayerischen Kollisionsnormen auf „la loi du domicile de fait ou de résidence habituelle du défunt" abstellten, so folge daraus „que ... la dévolution héréditaire des biens meubles qu' il possédait en France où il s'était fixé doit être régie par la loi française". Mit diesen schlichten Worten wurde die Rückverweisung der bayerischen Kollisionsnormen auf das französische Erbrecht angenommen und zugleich das Erbrecht des französischen Fiskus anerkannt (Cass civ 24. 6. 1878, S 1878. 1. 429 = DP 1879. 1. 56). Ein neuerlicher Kassationsantrag der bayerischen Seitenverwandten scheiterte als offensichtlich unbegründet schon in der Vorprüfung (Cass Req 22. 2. 1882, S 1882. 1. 393).

In dieser Entscheidung sind bereits die seither noch deutlicher hervorgetretenen **26** Vorzüge und Nachteile der Rückverweisung erkennbar: Einerseits wird dem Anwalt und Richter die Anwendung des eigenen und im Zweifel besser bekannten Rechts ermöglicht, wobei der Rechtsanwender sogar annehmen darf, daß er hiermit das ausländische Recht so verstehe, wie es selbst verstanden sein wolle. Andererseits stellt sich schon hier die Frage nach dem richtigen Verständnis der fremden Kollisionsnorm; vor allem aber ist bezeichnend, daß die Rückverweisung gerade in diesem Fall als Mittel zur Durchsetzung nicht nur der inländischen Sachnormen, sondern auch handfester Interessen des eigenen Staates dienen mußte (vgl zum Fall Forgo näher: LABBE, S 1882. 1. 393; POTU, La question du renvoi [Paris 1913]; PHILONENKO, L'affaire Forgo [1874–1882], Clunet 1932, 281–322; FRANCESCAKIS, La théorie du renvoi [Paris 1958] n 243; dazu auch im Anh Rn 153 ff).

2. Der englische Fall Collier v Rivaz

In England hatte schon das Testamentsgesetz (Wills Act) von 1837 die Frage einer **27** Rückverweisung aufgeworfen. Hier ging es um die Formgültigkeit handschriftlicher Testamente, die von britischen Untertanen, die im Ausland lebten, im Einklang mit dem Ortsrecht, aber im Gegensatz zu den Formvorschriften des Wills Act errichtet worden waren. Stellte das fremde Wohnsitzrecht auf die Staatsangehörigkeit des Erblassers ab oder machte es den Erwerb eines Wohnsitzes von einer – möglicherweise nicht eingeholten – Genehmigung abhängig, so wäre eine Rückverweisung auf englisches Recht und damit eine mögliche Formnichtigkeit solcher Testamente zu erwägen gewesen. Offenbar um dies zu vermeiden, erklärte schon 1841 der englische Richter Sir Herbert Jenner, er werde so entscheiden, wie es das Gericht des Wohnsitzlandes in einem solchen Fall tun würde (Collier v Rivaz [1841] 2 Curt 855). Die mit dieser Entscheidung begründete „foreign court doctrine" erlaubte es den englischen Richtern, die Kollisionsnormen des Wohnsitzlandes anzuwenden, was regelmäßig dazu führte, daß testamentarische Verfügungen als gültig angesehen wurden oder das gesetzliche Erbrecht des Wohnsitzlandes zur Anwendung kam. Für die Rückverweisung bedeutet dies: Die Rückverweisung auf englisches Recht wird zwar anerkannt; verweist aus der Sicht des ausländischen Gerichts aber das englische Recht wiederum auf das ausländische zurück oder weiter, so wendet auch der englische Richter letztlich das ausländische Recht an (Re Annesley [1926] Ch 692 = RabelsZ 2 [1928] 253; Re Askew [1930] 2 Ch 259; Re Ross [1930] 1 Ch 377 = RabelsZ 4 [1930] 824; Re O'Keefe [1940] 1 Ch 124; Re Duke of Wellington [1947] Ch 506 = RabelsZ 15 [1949] 149; dazu näher im Anh Rn 13 ff).

3. Die Entscheidung des OAG Lübeck von 1861

28 In Deutschland hatte vor allem die politische und rechtliche Zersplitterung den Gerichten das Problem der Rück- und Weiterverweisung bewußt gemacht. Wie im französischen und englischen Rechtsbereich ging es um erbrechtliche Streitigkeiten. Zwar bestand im wesentlichen Einigkeit darüber, daß sowohl die gesetzliche Erbfolge wie auch die Wirksamkeit des Inhalts letztwilliger Verfügungen dem jeweiligen Recht des letzten Wohnsitzes unterliegen sollte; bestimmte sich aber der letzte Wohnsitz eines Zugewanderten in einzelnen Territorien nach tatsächlichen Gegebenheiten, während er in anderen nach damaligem französischem Vorbild nur mit behördlicher Genehmigung begründet werden konnte, so war damit schon die Möglichkeit einer Rück- oder Weiterverweisung gegeben.

29 Einen solchen Fall entschied am 21. März 1861 das Oberappellationsgericht Lübeck (SeuffA 14 Nr 107 S 164): Die Kläger verlangten von der Erbin einer in Mainz verstorbenen Erblasserin mit Frankfurter Staatsangehörigkeit den Pflichtteil aus dem Fahrnisvermögen und stützten ihren Anspruch auf Mainzer Recht, während die Beklagte darauf hinwies, daß die Erblasserin zwar in Mainz ständig gewohnt, aber keine Genehmigung zum Wohnsitzerwerb besessen habe. Das Gericht stellte fest, daß eine etwaige Verweisung des Mainzer Rechts auf Frankfurter Recht berücksichtigt werden müsse und Mainzer Erbrecht nur anzuwenden sei, wenn die Mainzer Kollisionsnormen im Einklang mit einer vordringenden Lehre im französischen Recht vom tatsächlichen Wohnsitz der Erblasserin ausgingen. Der entscheidende Satz lautet:

„Eine richtige Befolgung des gemeinrechtlichen Prinzips verlangt, daß die am Wohnsitz des Erblassers bestehende Gesetzgebung in ihrer Totalität angewendet und der Erbfall ganz ebenso beurtheilt werde, wie er von den an jenem Wohnort bestehenden Gerichten würde beurtheilt werden müssen."

Das dogmatische Problem wurde also hier bereits klar erkannt und in eindeutiger Weise gelöst: Ist ein Fall nach fremdem Recht zu beurteilen, weil die eigenen Kollisionsnormen dies verlangen, so ist die fremde Rechtsordnung „in ihrer Totalität", also einschließlich ihrer eigenen Kollisionsnormen anzuwenden; verweisen diese Kollisionsnormen auf ein anderes Recht, so ist dieses maßgeblich. Damit wird nicht nur die Rückverweisung, sondern auch die Weiterverweisung anerkannt.

II. Die Entstehung des Art 27 EGBGB aF

30 Die Entscheidung des OAG Lübeck hätte einer gesetzlichen Regelung als Grundlage dienen können. Tatsächlich hat sie sich indessen auf den späteren Art 27 EGBGB so gut wie gar nicht ausgewirkt. Schon die beiden ersten **Vorentwürfe** für die Regelung des IPR, die der badische Ministerialrat GEBHARD 1881 und 1887 der ersten Gesetzgebungskommission vorlegte, enthielten in § 31 die für Art 27 EGBGB aF charakteristische Aufzählung einzelner Kollisionsnormen und schlossen die Anwendung des hiernach maßgeblichen fremden Rechts aus, wenn nach dem Heimatrecht des betreffenden Ausländers nicht dessen Sachnormen, sondern die deutschen Gesetze gelten sollten. Hiernach war also die Rückverweisung – und nur diese, nicht die Weiterverweisung – lediglich als Ausnahme von dem Grundsatz gedacht, daß die Verweisung auf fremdes Recht ausschließlich dessen Sachnormen betreffe. Nur soweit die deutsche Kollisionsnorm auf die fremde Staatsangehörigkeit einer Person abstellte und das betreffende Recht auf das deutsche zurückverwies, sollte also deutsches Recht gelten. Zugleich war die Regelung als Ausnahme vom Grundsatz der Anknüpfung an die Staatsangehörigkeit gedacht. In diesem doppelten Ausnahmecharakter der Vorschrift wird ein grundsätzlicher Gegensatz zum Gedankengang des OAG Lübeck von 1861 erkennbar, das noch von der „Totalität" einer Verweisung auf fremdes Recht und vom gemeinrechtlichen Wohnsitzprinzip ausgegangen war. Dennoch wurden Rück- und Weiterverweisung sowohl in der ersten wie später auch in der zweiten Kommission schlechthin abgelehnt.

Vom Justizausschuß des Bundesrates, der sich anschließend mit dem Gesamtentwurf 31 zu befassen hatte, wurde eine **IPR-Kommission** gebildet, die sich im Dezember 1895 nach mühevollen Auseinandersetzungen zwischen den Vertretern der einzelnen Länder, des Reichsjustizamtes und des Auswärtigen Amtes auf die später zum Gesetz erhobene Fassung einigte; Justizausschuß, Bundesrat und Reichstag übernahmen diesen Wortlaut. Anders als in den Beratungen der Justizkommission wurde jedoch die geplante Vorschrift gemeinsam mit den übrigen kollisionsrechtlichen Entwürfen bei den weiteren Beratungen in Bundesrat und Reichstag nicht mehr als Bestandteil des BGB angesehen, sondern dem Einführungsgesetz zugewiesen, wo seither das IPR angesiedelt ist.

Der aus dieser Entstehungsgeschichte hervorgegangene **Art 27 EGBGB aF** trug alle 32 Anzeichen eines mühsamen Kompromisses. Er enthielt nicht nur keine klare, sondern überhaupt keine Aussage zur Frage des Umfangs einer Verweisung auf fremdes Recht und schrieb lediglich für die ausgewählten Einzelfälle die Beachtung einer Rückverweisung auf deutsches Recht vor; praktisch bedeutete dies kaum mehr, als schon GEBHARD erreichen wollte, nämlich die Annahme der Rückverweisung in denjenigen Fällen, in denen das Heimatrecht eines Ausländers auf das deutsche Recht – insbesondere als Wohnsitzrecht – zurückverweist. Von der Konzeption, die das Lübecker Urteil von 1861 getragen hatte, blieb kaum etwas übrig (vgl TH NIEMEYER, Zur Vorgeschichte des internationalen Privatrechts im Deutschen Bürgerlichen Gesetzbuch ["Die Gebhard'schen Materialien"; 1915]; HARTWIEG, Der Renvoi im deutschen Internationalen Vertragsrecht [1967] 84 ff; HARTWIEG/KORKISCH, Die geheimen Materialien zur Kodifikation des deutschen IPR [1973]; dazu KEGEL RabelsZ 39 [1975] 130, 136; HARTWIEG RabelsZ 42 [1978] 431).

III. Die Auslegung von Art 27 EGBGB aF

Rechtsprechung und Lehre standen deshalb vor einer Auslegungsfrage: Art 27 33 EGBGB aF konnte einerseits als Ausnahme von dem allgemeinen Grundsatz verstanden werden, daß eine Verweisung auf fremdes Recht eine Sachnormverweisung sei und dieses fremde Recht daher ohne Rücksicht auf dessen Willen endgültig für anwendbar erkläre. Die Vorschrift konnte aber ebensowohl als eine nur beispielhafte und daher nicht abschließende Aufzählung der Folgen angesehen werden, die sich aus der umfassenden Anwendung fremden Rechts einschließlich seiner Kollisionsnormen ergeben mußten. Soweit die Entstehungsgeschichte des Art 27 überhaupt bekannt war, konnte jede dieser beiden Auslegungen auf eine der im Entstehungsprozeß geäußerten Meinungen gestützt werden.

1. Die Rechtsprechung bis zum Zweiten Weltkrieg

34 Ohne erkennbares Zögern hat die Rechtsprechung den letzteren Weg gewählt, der ihr die weitestmögliche Berücksichtigung fremder Kollisionsnormen und damit auch die Anwendung deutschen Rechts erlaubte. Schon 1906 erklärte das Reichsgericht, daß auf den Unterhaltsstreit zwischen in Hamburg wohnhaften Ehegatten portugiesischer Staatsangehörigkeit deutsches Recht anzuwenden sei, wenn sich herausstellen sollte, daß nach portugiesischem Kollisionsrecht die Unterhaltspflicht zwischen Ehegatten dem Recht ihres Wohnsitzes unterliege (RG 15. 2. 1906, RGZ 62, 400); „denn in diesem Falle, der von der Bestimmung des Art 27 Einf.-Ges. zum B.G.B. nicht betroffen wird, würde das deutsche Recht Platz greifen, weil die Parteien in Hamburg wohnen, und von dem deutschen Gerichte das portugiesische Recht so angewandt werden müßte, wie es von den portugiesischen Gerichten zu geschehen hätte" (404). Hier wurde also von einem **allgemeinen Grundsatz** ausgegangen, der ganz unabhängig von Art 27 EGBGB aF die Anwendung fremden Rechts insgesamt gebiete.

35 Noch grundsätzlicher äußerte sich das Reichsgericht wenig später, als es um die Nichtigkeit der in Deutschland geschlossenen Ehe zwischen einem österreichischen Katholiken und einer geschiedenen deutschen Protestantin ging (RG 15. 2. 1912, RGZ 78, 234, 236). Die in der Rechtslehre vertretene Ansicht, daß Art 27 EGBGB aF nur als Ausnahme von einem gegenteiligen Grundsatz die Berücksichtigung fremder Kollisionsnormen erlaube (s u Rn 43), wurde ausdrücklich zurückgewiesen:

„Das Reichsgericht trägt vielmehr keine Bedenken, auszusprechen, daß der deutsche Richter, wenn er überhaupt zur Anwendung des fremden Rechts berufen wird, dieses fremde Recht grundsätzlich auch in vollem Umfange, mithin nicht bloß seine Sachnormen, sondern auch seine Kollisionsvorschriften anzuwenden hat" (236).

Zwar sei die Ehe nach dem österreichischen Hofdekret von 1835 nichtig, weil der geschiedene Ehemann der deutschen Ehefrau noch lebe. Die Kollisionsnorm des § 4 ABGB beschränke aber, so wie sie in Österreich ausgelegt werde, die Anwendbarkeit österreichischer Gesetze auf das Inland, wenn der österreichische Staatsbürger die betreffende Rechtshandlung im Ausland vorgenommen habe und diese Handlung nur im Ausland rechtliche Folgen hervorbringen solle; darin liege eine stillschweigende Rückverweisung auf deutsches Recht, die zwar nicht ausdrücklich in Art 27 EGBGB erwähnt sei, aber vom deutschen Richter beachtet werden müsse:

„Art 27 enthält mithin keine Ausnahmevorschrift, die den deutschen Richter nur in den dort besonders hervorgehobenen Fällen zur Anwendung auch der fremden Kollisionsnormen ermächtigt, sondern im Gegenteil eine Bekräftigung der Regel, daß er das fremde Recht, wenn überhaupt, dann grundsätzlich auch in seiner Gesamtheit anzuwenden hat" (237; ferner SOERGEL/KEGEL[11] Art 27 aF Rn 30 mwN).

36 War damit schon die Annahme der Rückverweisung über den Wortlaut des Art 27 EGBGB aF hinaus im Grundsatz erkannt, so stand einer **gegenständlich beschränkten Rückverweisung** erst recht kein Bedenken entgegen. So entschied denn das Reichsgericht, daß die Erbfolge nach einem französischen Erblasser sich über Art 25 EGBGB nach französischem Recht einschließlich seiner Kollisionsnormen bestimme und demgemäß die in Elsaß-Lothringen belegenen Grundstücke des Erblassers gemäß Art 3 Abs 2 Code civil dem deutschen Erbrecht unterlägen (RG 27. 11. 1911, RGZ 78, 48, 50). Ob Art 27 zumindest entsprechend anwendbar sei, könne schon deshalb unerörtert bleiben, weil der Vorrang des Sachstatuts vor dem Personalstatut ohnehin die Anerkennung einer solchen Sonderrechtsnachfolge erfordere (51). Schon vorher hatte das OLG München die Zustimmung des Reichsgerichts für seine Ansicht gefunden, daß der in Deutschland belegene Grundbesitz einer österreichischen Erblasserin angesichts der in § 300 ABGB enthaltenen Rückverweisung auf das deutsche Belegenheitsrecht dem deutschen Erbrecht unterliege (RG 31. 5. 1906, RGZ 63, 356).

Da die Gerichte sich von Art 27 EGBGB aF nicht an der Berücksichtigung sonstiger 37 Fälle der Rückverweisung hatten hindern lassen, mußte folgerichtig auch der Fall der **Weiterverweisung** einbezogen werden. Dies geschah während des Ersten Weltkriegs (RG 8. 11. 1917, RGZ 91, 139). Ein verheirateter Erblasser belgischer Staatsangehörigkeit war 1908 in St Petersburg kinderlos verstorben. Nach damaligem russischen Recht waren neben der Witwe nur seine Neffen gesetzlich erbberechtigt; seine Nichten machten jedoch geltend, daß die Erbfolge dem belgischen Recht unterliege, das keine Bevorrechtigung der Neffen kenne. Das Reichsgericht hielt bezüglich des in Rußland belegenen Grundbesitzes russisches Recht für anwendbar, weil das belgische Recht durch seine Kollisionsnormen insoweit auf russisches Recht als Recht der Belegenheit verweise. Das bewegliche Vermögen des Erblassers unterliege dagegen dem Recht, das von den belgischen Kollisionsnormen als für die Fahrnis maßgeblich bezeichnet werde. In beiden Richtungen sei „das belgische Recht so anzuwenden, wie es der belgische Richter zur Anwendung gebracht haben würde, d.h. nicht nur in seinen Sachnormen, sondern auch in seinen Kollisionsnormen" (141). Mit diesem Urteil fand das Reichsgericht endgültig den Anschluß an die Entscheidung des OAG Lübeck von 1861, die gleichfalls einem Fall der Weiterverweisung – Verweisung von Lübeck nach Mainz, Weiterverweisung von Mainz nach Frankfurt – gegolten hatte.

In den bisher genannten Entscheidungen war nun allerdings – aus der Sicht des 38 deutschen Richters – eine Rück- oder Weiterverweisung durch ausländische Kollisionsnormen immer als endgültige, also als **Verweisung auf die Sachnormen** des deutschen oder dritten Rechtes behandelt worden. Gesetzlich vorgeschrieben war dies nur, soweit einer der in Art 27 EGBGB aF geregelten Fälle vorlag: dann nämlich mußte das Spiel der Verweisungen abgebrochen und deutsches Recht angewendet werden. Machte man aber Ernst mit dem immer wieder ausgesprochenen Gedanken, daß mit der Anwendung fremder Kollisionsnormen das fremde Recht so angewandt werden solle, wie es selbst angewendet werden wolle, so standen diese Entscheidungen immer dann nicht mit den fremden Kollisionsnormen in Einklang, wenn diese gleichfalls eine Rück- oder Weiterverweisung vorsahen. So hätte etwa im Verhältnis zum französischen Recht eine Rückverweisung nur im Rahmen des Art 27 EGBGB aF als Sachnormverweisung auf deutsches Recht angenommen werden dürfen, während ansonsten die Anerkennung des Renvoi durch die französische Rechtsprechung (Cass civ 24. 6. 1878, S 1878. 1. 429, DP 1879. 1. 56 [Forgo]) aus deutscher Sicht eine nochmalige Verweisung (double renvoi) auf die französischen Sachnormen hätte begründen müssen. Nur eine solche Betrachtungsweise hätte wirklichen *Entscheidungseinklang* bewirken können, wie er etwa von der „foreign court theory" des englischen Rechts angestrebt wird.

39 Das Reichsgericht nahm in einer Scheidungssache zwischen zwei US-Amerikanern, die ihren ehelichen Wohnsitz zunächst in St. Louis/Missouri, und später in Hamburg gehabt hatten, die Gelegenheit zu einer grundsätzlichen Stellungnahme wahr (RG 2. 6. 1932, RGZ 136, 361 = JW 1933, 1587 m Anm RAAPE): selbst wenn das Recht von Missouri nicht nur auf das deutsche Wohnsitzrecht verweise, sondern außerdem die in Art 17 EGBGB aF enthaltene Verweisung auf das Recht der Staatsangehörigkeit als Rückverweisung ansehe, so sei der deutsche Richter durch Art 27 EGBGB aF „an das sachliche deutsche Recht gebunden"; eine Prüfung, ob die deutschen Kollisionsnormen erneut auf fremdes Recht verweisen, komme nicht in Betracht, weil dies zu einer endlosen Hin- und Herverweisung führen würde: „Die Rückverweisung des ausländischen Rechts auf die deutschen Gesetze ist also nach Art 27 als Sachnormrückverweisung, nicht als Rückverweisung auch auf die Vorschriften des deutschen internationalen Privatrechts aufzufassen" (366). Die Entscheidung hätte angesichts der mehrheitlichen Ablehnung des renvoi in den USA auch von einem amerikanischen Richter getroffen werden können, stellte also den Entscheidungseinklang zwischen den beiden Rechtsordnungen nicht in Frage. Im Verhältnis zu denjenigen Rechtsordnungen, die wie die französische selbst den renvoi anerkennen, ist dagegen der Entscheidungseinklang nicht erreichbar, solange die Kollisionsnormen beider Rechte jeweils etwaige Rückverweisungen der fremden Kollisionsnormen auf die eigenen Sachnormen annehmen. Das Reichsgericht hat, wie seine Begründung erkennen läßt, angesichts des Gesetzeswortlauts diese Folge für unvermeidlich gehalten.

2. Die Nachkriegsrechtsprechung bis zur Reform von 1986

40 Nach dem Zweiten Weltkrieg übernahm der Bundesgerichtshof die Rechtsprechung des Reichsgerichts. Unter seinen eigenen Beiträgen zum Problem der Rück- und Weiterverweisung sind insbesondere zwei Entscheidungen zu nennen, die das *internationale Vertragsrecht* betreffen. In beiden Fällen ging es um die im internationalen Vertragsrecht typische Kollision zwischen der Anknüpfung an den Erfüllungsort, von der das deutsche Recht vor 1986 bei Fehlen einer Rechtswahl ausging, und der in vielen ausländischen Rechtsordnungen bevorzugten Anknüpfung an den Abschlußort. Im Streit zwischen einem italienischen Käufer und einem deutschen Verkäufer wegen angeblicher Mängel der Ware sah der BGH den Erfüllungsort am Sitz des italienischen Käufers, weil der Streit seine Zahlungspflicht betraf; aus der italienischen Anknüpfung an den Abschlußort (Art 25 disp prel Cc aF) entnahm er jedoch eine Rückverweisung auf deutsches Recht, weil der Vertrag in der Bundesrepublik zustandegekommen war (BGH 14. 2. 1958, NJW 1958, 750 = IPRspr 1958/59 Nr 59). Wenig später bestimmte der BGH den Erfüllungsort für einen Kaufvertrag in Louisiana, berücksichtigte aber die Weiterverweisung durch die dortigen Kollisionsnormen auf das Recht von Illinois (BGH 9. 6. 1960, NJW 1960, 1720 = IPRspr 1960/61 Nr 23).

41 Bis zur IPR-Reform von 1986 fanden sich nur vereinzelt Ansätze zu einer **Einschränkung des Renvoi** zur Wahrung des internationalen Entscheidungseinklangs: Erwiderte ein fremdes Recht die Verweisung deutscher Kollisionsnormen auf die Staatsangehörigkeit mit einer Verweisung auf einen in der Bundesrepublik befindlichen Wohnsitz, erklärte es sich aber selbst für maßgeblich, falls das inländische Recht nicht als Wohnsitzrecht zuständig sein wollte, so wurde teilweise angenommen, die vom fremden Recht scheinbar ausgesprochene Rückverweisung stehe in Wirklichkeit unter einem *Vorbehalt*, der die Anwendung deutschen Rechts ausschließe. Einen solchen Vorbehalt enthielt früher das schweizerische Recht für den Fall, daß die personen-, familien- oder erbrechtlichen Verhältnisse eines im Ausland wohnhaften Schweizers vom ausländischen Wohnsitzrecht nicht bzw nicht in seiner Eigenschaft als Wohnsitzrecht geregelt wurden (Art 28 Ziff 2 NAG). Entsprechendes besagt noch heute das israelische Erbgesetz von 1965 für den Fall, daß ein mit letztem Wohnsitz im Ausland verstorbener Israeli deshalb nicht dem Wohnsitzrecht unterliegt, weil dieses auf israelisches Recht verweist (Sec 142 Succession Law). Die deutsche Praxis hat diese Einschränkung erkannt und demgemäß in Erbfällen jeweils schweizerisches oder israelisches Recht angewandt, obwohl die fremden Kollisionsnormen auf das Recht des letzten Wohnsitzes verwiesen und dieser in der Bundesrepublik Deutschland gelegen hatte (SchlHOLG 22. 10. 1976, IPRspr 1976 Nr 116 = SchlHAnz 1978, 37 [Schweiz]; BayObLG 22. 6. 1976, IPRspr 1976 Nr 115 = BayObLGZ 1976, 151 = NJW 1976, 2076 [Israel]). Der Vorteil dieser Begründung lag darin, daß sie einerseits zum Entscheidungseinklang führte, andererseits aber einen offenen Bruch mit der bisherigen Praxis vermied, wie er sich etwa durch Zuhilfenahme eines double renvoi auf das fremde Heimatrecht ergeben hätte (so die Vorinstanz AG München 15. 1. 1974, IPRspr 1974 Nr 130 [Israel]; idS auch KEGEL, IPR^7 § 10 III 2–3).

Zusammenfassend hat sich die deutsche Rechtsprechung also unter Geltung von Art 27 aF generell zugunsten der Kollisionsnormverweisung ausgesprochen, auch soweit es sich um richterrechtliche Verweisungsregeln oder um Normen des EGBGB handelte, die erst durch Richterrecht zu allseitigen Kollisionsnormen ausgebaut worden waren. Die Beachtlichkeit des Renvoi wurde als allgemeiner Rechtsgrundsatz anerkannt; demgemäß wurde auch eine Unterscheidung zwischen Rückverweisung auf deutsches Recht und Weiterverweisung auf das Recht eines dritten Staates nicht gemacht. Die Rückverweisung auf deutsches Recht wurde jedoch ohne Rücksicht auf den Standpunkt des ausländischen IPR als Sachnormverweisung behandelt. **42**

3. Die Haltung der Lehre

Die Wissenschaft hat der Rück- und Weiterverweisung zunächst überwiegend skeptisch gegenübergestanden. Schon vor dem Inkrafttreten des Art 27 EGBGB aF sprach sich FRANZ KAHN gegen sie aus, weil sie zur Herbeiführung des Entscheidungseinklangs ungeeignet seien (JherJ 30 [1891] 1, 21 = Abhandlungen zum IPR I [1928] 1, 18: „... dieses Prinzip ist zweckwidrig, logisch undurchführbar, der Natur der Normen über internationales Privatrecht widersprechend"). Als Fremdkörper im System des deutschen IPR verstanden auch ZITELMANN (IPR Bd I [1897] 28 ff) und LEWALD (in: FS Fritsche [1952] 165 ff) die Regelung in Art 27 aF und wandten sich deshalb gegen eine Verallgemeinerung des Prinzips der Gesamtverweisung. Auch MAX PAGENSTECHER befürwortete grundsätzlich eine Sachnormverweisung und wollte hiervon nur abweichen, wenn entweder durch die Annahme einer Rückverweisung der Entscheidungseinklang erreicht oder durch Beachtung einer Weiterverweisung sichergestellt werde, daß in sämtlichen beteiligten Rechtsordnungen nach den gleichen Sachnormen entschieden werde. Dem Wortlaut des Art 27 aF werde dadurch keine Gewalt angetan, vielmehr müßten die Wendungen „die deutschen Gesetze" und „diese Gesetze" einheitlich, nämlich auf die deutschen Sachnormen bezogen, verstanden werden. Sei hiernach die Rückverweisung schon eine Ausnahme vom Grundsatz, so könne die Weiterverweisung erst recht nur ausnahmsweise berücksichtigt werden, wenn sie **43** nämlich zum Entscheidungseinklang führe (Der Grundsatz des Entscheidungseinklangs im IPR [1951] 15 ff; NJW 1952, 801). MARTIN WOLFF verlangte von der Rück- und Weiterverweisung, daß sie „gesund" sein müßten; dies sei aber nur dann der Fall, wenn die Rückverweisung die Anwendung deutschen Rechts ermögliche, die Weiterverweisung den Entscheidungseinklang bewirke (IPR^3 [1954] 76 ff).

44 Andererseits gab es auch schon frühzeitig **Befürworter des Renvoi**. Zu ihnen gehörte vor allem GEORG MELCHIOR, der eine elastische Handhabung ähnlich der englischen „foreign court theory" forderte (Die Grundlagen des deutschen IPR [1932] 532 ff; JW 1925, 1571 ff). In der Nachkriegszeit aber überwogen dann differenzierte Stellungnahmen. GERHARD KEGEL will nur die Sachnormverweisung auf deutsches Recht berücksichtigt wissen, die internationalprivatrechtliche Verweisung dagegen im Sinne der fremden Kollisionsnorm behandeln und demgemäß mittels eines „double renvoi" zum fremden Recht zurückgehen (IPR^7 § 10 III 3). PAUL HEINRICH NEUHAUS unterscheidet nach dem Ziel maximaler Entscheidungsharmonie dem Typus nach renvoifreundliche und -feindliche Anknüpfungen, will aber notfalls der Anwendung deutschen Rechts infolge einer bloß internationalprivatrechtlichen Rückverweisung den Vorzug vor einem doch nicht erreichbaren Entscheidungseinklang geben; für die Weiterverweisung wünscht er Entscheidungseinklang, hält aber als Faustregel jedenfalls die Beachtung der ersten Weiterverweisung für angebracht (Grundbegriffe^2 § 35 II-III; ähnlich SAMTLEBEN, RabelsZ 38 [1974] 650). LEO RAAPE und ihm folgend FRITZ STURM wollen einen Renvoi berücksichtigen, wenn er zu einer gerechten und billigen Anknüpfung führt (IPR § 10 III 3). KLAUS MÜLLER will nach den von der einzelnen Kollisionsnorm verfolgten Interessen entscheiden, ob sie eine Sachnorm- oder Kollisionsnormverweisung anordnet. Danach soll es darauf ankommen, ob die Verweisung eine Sachentscheidung enthält, ob es ihr aus rechtspolitischen Gründen auf die Anwendung eines bestimmten Rechts ankommt, ob sie auf die Wirksamkeit von Rechtsgestaltungen abzielt, ob sie dem berufenen Recht den Vortritt lassen will, usw (in: FS Heidelberg [1967] 191, 206 ff).

C. Rück- und Weiterverweisung im geltenden Recht

I. Der Grundsatz der Gesamtverweisung (Art 4 Abs 1)

1. Allgemeines

45 Nach der Novellierung des deutschen Kollisionsrechts durch das Gesetz zur Neuregelung des internationalen Privatrechts vom 25. 7. 1986 sind die tragenden Grundsätze zur Rück- und Weiterverweisung in den Vorschriften des Art 4 Abs 1 und 2 niedergelegt. Sie werden ergänzt durch den gesetzlich angeordneten Ausschluß des Renvoi in Fällen der Sachnormverweisung (Art 3 Abs 1 S 2) und im internationalen Schuldvertragsrecht (Art 35 Abs 1).

46 Art 4 Abs 1 S 1 bestimmt, daß Verweisungen des deutschen Kollisionsrechts auf eine ausländische Rechtsordnung grundsätzlich als Gesamtverweisungen aufzufassen sind. Sie sind also nicht nur auf die Sachnormen des ausländischen Rechts, sondern auch auf dessen Kollisionsnormen gerichtet. Der deutsche Richter hat folglich – im Interesse des äußeren Entscheidungseinklangs (vgl PIRRUNG, IPR 118) – grundsätzlich auch das IPR der zur Anwendung berufenen fremden Rechtsordnung zu beachten (krit dazu FLESSNER, Interessenjurisprudenz im IPR [1990] 129). Damit ist – abweichend von zahlreichen ausländischen Rechten (zB Art 12 Nr 2 span Cc; ferner o Rn 21 mwN) – nicht nur die Rückverweisung, sondern auch die Weiterverweisung anerkannt.

2. Sachnormverweisung des ausländischen Kollisionsrechts

Eine Rück- oder Weiterverweisung des vom deutschen IPR zur Anwendung berufe- **47** nen fremden Rechts ist jedenfalls zu beachten, wenn die Kollisionsnormen des zunächst berufenen Rechts Sachnormverweisungen enthalten (KEGEL, IPR[7] § 10 III 1 und IV 1; MünchKomm/SONNENBERGER Rn 24). Die Befolgung des Renvoi bewirkt in diesem Fall, daß sowohl aus deutscher wie aus der Sicht des zunächst berufenen ausländischen Rechts das gleiche Sachrecht entscheidet, und zwar entweder deutsches Recht (bei Rückverweisung) oder das Recht eines dritten Staates (bei Weiterverweisung). Namentlich bei der *Rückverweisung* auf deutsches Sachrecht – wie sie zB die Rechte der US-Einzel-Staaten aussprechen (vgl im Anh Rn 73 ff) – treffen somit die beiden Hauptargumente für die Beachtung eines Renvoi zu: Praktikabilität und internationaler Entscheidungseinklang (s o Rn 12 ff). Die Anwendung deutscher Sachvorschriften folgt hier bereits aus der Beachtung des Renvoi; Art 4 Abs 1 S 2 wirkt insoweit nur deklaratorisch (FIRSCHING/vHOFFMANN, IPR § 6 Rn 95). Die mitunter schwierig zu beantwortende Frage, ob die Verweisung des ausländischen IPR Sachnorm- oder Gesamtverweisung ist, kann der deutsche Richter freilich im Hinblick auf Art 4 Abs 1 S 2 offenlassen, wenn auf deutsches Recht zurückverwiesen wird (FERID, IPR[3] Rn 3–97,5; vBAR, IPR I Rn 619; abw zB das portugiesische IPR [Art 18 Abs 1 Cc]). Die Erzielung internationaler Entscheidungsgleichheit mit dem – aus der Sicht des deutschen IPR – sachnächsten Recht rechtfertigt aber auch die Beachtung einer Sachnormweiterverweisung (vgl etwa OLG Frankfurt 24. 4. 1990, NJW 1990, 2204 = IPRspr 1990 Nr 21: Weiterverweisung des schweizerischen internationalen Gesellschaftsrechts auf die Sachnormen des panamaischen Gründungsrechts einer Gesellschaft).

Die Beachtung eines Renvoi hat ihre Grundlage allein in der – in Art 4 Abs 1 getrof- **48** fenen – **Entscheidung des deutschen IPR**. Rück- oder Weiterverweisung können deshalb nicht etwa mit der Begründung ausgeschlossen werden, daß das zunächst berufene Recht – wie zB das dänische, griechische oder das frühere italienische Recht – nur Sachnormverweisungen kenne, sich also am Renvoi nicht beteilige. Denn das ausländische Recht hat nur auf die Frage zu antworten, welches Recht nach seinem IPR anzuwenden ist und ob sich seine Verweisungen auf fremde Sachnormen beziehen oder ihrerseits Gesamtverweisungen sind. Die sich hieraus ergebenden Schlußfolgerungen für die Befolgung einer Rück- oder Weiterverweisung hat der deutsche Rechtsanwender hingegen ausschließlich der Regelung in Art 4 Abs 1 zu entnehmen (BGH 14. 2. 1958, NJW 1958, 750 f = IPRspr 1958/59 Nr 39; FERID, IPR[3] Rn 3–88; MünchKomm/SONNENBERGER Rn 25).

3. Gesamtverweisung des ausländischen Kollisionsrechts

Enthalten die Kollisionsnormen des zunächst berufenen Rechts wiederum Gesamt- **49** verweisungen, so ist zu unterscheiden:

a) Rückverweisung

Verweist die ausländische Kollisionsnorm auf *deutsches Recht* zurück, so greift Art 4 Abs 1 S 2 ein; danach wird die Rückverweisung als Sachnormverweisung behandelt. Der Erwartung des ausländischen Rechts, vom deutschen Recht seinerseits eine Rückverweisung zu erhalten, wird also nicht entsprochen. Mit diesem *Abbruch der Rückverweisung* folgt der Gesetzgeber der von der Rechtsprechung zur früheren Regelung in Art 27 aF vertretenen Auffassung (BT-Drucks 10/504 S 34; SIEHR IPRax 1987, 4, 5; zum früheren Recht grundlegend RG 2. 6. 1932, RGZ 136, 361, 366 = IPRspr 1921 Nr 5; ferner BGH 29. 3. 1972, NJW 1972, 1001 = IPRspr 1972 Nr 124; BayObLG 21. 2. 1975, BayObLGZ 1975, 86, 89 = IPRspr 1975 Nr 115 und 4. 12. 1986, IPRax 1987, 242 m Anm HENRICH 235 = IPRspr 1986 Nr 16; OLG Stuttgart 22. 5. 1979, FamRZ 1979, 1022 = IPRspr 1979 Nr 64; zust RAAPE/STURM, IPR I § 11 VI; STAUDINGER/GRAUE[12] Art 27 aF Rn 3, 6 mwN). Diese Lösung ist zwar nicht unproblematisch, weil sie die ausländische Kollisionsnorm verformt und den – zB mit Hilfe eines „double renvoi" (s o Rn 10) möglichen – äußeren *Entscheidungseinklang preisgibt* (krit aus diesem Grunde KEGEL, IPR[7] § 10 III 3; KELLER/SIEHR, IPR 466, 577; MünchKomm/ SONNENBERGER Rn 27). So spricht etwa in deutsch-französischen Erbfällen das französische IPR eine Gesamtverweisung auf das Recht am letzten Wohnsitz und das deutsche IPR eine Gesamtverweisung auf das Heimatrecht des Erblassers aus. Demgemäß wendet der deutsche Richter auf die Erbfolge nach einem in München verstorbenen Erblasser gemäß Art 25 Abs 1 iVm Art 4 Abs 1 S 2 EGBGB deutsches Wohnsitzrecht, der französische Richter hingegen aufgrund der Rückverweisung durch Art 25 Abs 1 EGBGB das französische Heimatrecht an. Der Abbruch der Rückverweisung in beiden Rechten hat also zur Folge, daß im Ergebnis jeweils die lex fori angewandt wird.

50 Für den Abbruch der Verweisungskette im Inland sprechen jedoch gewichtige **praktische Gründe**: „Den Gerichten wird es so ermöglicht, die oftmals nur unter unverhältnismäßigen Schwierigkeiten zu entscheidende Frage offenzulassen, ob es sich bei der Rückverweisung des fremden Rechts um eine Sachnorm- oder um eine Kollisionsnorm-Rückverweisung handelt. Zudem ist die Anerkennung der doppelten Rückverweisung nur unter der Voraussetzung durchführbar, daß das fremde Recht nicht ebenso verfährt. Tut es dies doch, wie zB die englische Praxis nach der sog foreign-court-Doktrin, so geriete man in einen endlosen Zirkel" (BT-Drucks 10/504 S 39). Zudem lassen sich die mit der Anwendung ausländischen Sachrechts verbundenen Schwierigkeiten kaum rechtfertigen, wenn das ausländische Recht selbst gar nicht unbedingt angewandt sein will (zutr KROPHOLLER, IPR[2] § 24 II 4 b). Aus diesem Grunde wird der in Art 4 Abs 1 S 2 angeordnete Abbruch der Rückverweisung auch in den meisten anderen renvoi-freundlichen Rechtsordnungen praktiziert (vgl dazu die Länderberichte im Anhang).

b) Weiterverweisung

51 Für den Fall, daß das vom deutschen IPR zur Anwendung berufene fremde IPR eine Gesamtverweisung auf das *Recht eines dritten Staates* enthält, gibt Art 4 Abs 1 dem deutschen Gericht keine Entscheidungshilfe. Weitgehende Einigkeit besteht darüber, daß das Sachrecht des Drittstaates anzuwenden ist, wenn das drittstaatliche IPR die vom zweitstaatlichen Kollisionsrecht ausgesprochene Gesamtverweisung *annimmt*. Denn auf diese Weise wird der internationale Entscheidungseinklang zwischen allen beteiligten Staaten erzielt (vgl zuletzt OLG Hamm 24. 7. 1991, StAZ 1991, 315 = NJW-RR 1992, 391 = IPRspr 1991 Nr 74: Annahme der Weiterverweisung des pakistanischen Hei-

matrechts durch das englische Ortsrecht für Form der Eheschließung; OLG Köln 24. 2. 1992, FamRZ 1992, 860 = IPRax 1994, 376 m Anm DÖRNER 364 = IPRspr 1992 Nr 158: Annahme der Weiterverweisung des belgischen Heimatrechts des Erblassers durch das französische Belegenheitsrecht von Nachlaßgrundstücken; zust KEGEL, IPR[7] § 10 IV 1; KROPHOLLER, IPR[2] § 24 II 5; FIRSCHING/vHOFFMANN, IPR § 6 Rn 100).

Zweifelhaft ist die Lösung hingegen, wenn das IPR des dritten Staates **seinerseits** 52 **einen Renvoi** ausspricht, also etwa auf das Recht eines vierten oder weiteren Staates verweist oder auf das Recht des zweiten Staates zurückverweist. Der Gesetzgeber hat sich insoweit einer abschließenden Stellungnahme enthalten. In der Gesetzesbegründung zu Art 4 Abs 1 EGBGB heißt es dazu: „Grundsätzlich sind unter dem vom deutschen Recht berufenen fremden IPR iS des Satzes 1 auch dessen allgemeine Regeln über die Rück- und Weiterverweisung zu verstehen. Dies muß aber nicht ausnahmslos zu befriedigenden Ergebnissen führen und wird deshalb nicht ausdrücklich angeordnet. Insbesondere soll darauf verzichtet werden, zwingend festzulegen, wo eine Verweisungskette außerhalb des deutschen Rechts abgebrochen werden soll. Dies erscheint mit Rücksicht auf die Seltenheit entsprechender Fälle vertretbar. Nach dem in Satz 2 ausgedrückten Grundsatz führt jedoch jede Rückverweisung fremden Rechts auf deutsches, also auch nach einer Weiterverweisung, zur Anwendung deutscher Sachvorschriften" (BT-Drucks 10/504 S 38; PIRRUNG, IPR 118).

Die Rechtsprechung bis zur Reform von 1986 deutete die Weiterverweisung des 53 fremden IPR teilweise – ebenso wie die Rückverweisung – in eine **Sachnormverweisung** um (so RG 30. 11. 1906, RGZ 64, 389, 394; AG Kaufbeuren 31. 1. 1984, IPRax 1984, 221 = IPRspr 1984 Nr 71 b). Für den Fall, daß das Recht des dritten Staates nicht auf das deutsche Recht zurückverweist und die Weiterverweisung des zweiten Staates auch nicht annimmt, wird auch in der Lehre zT empfohlen, bei der Weiterverweisung des zweiten Staates stehen zu bleiben und die kollisionsrechtliche Prüfung – wie in Art 4 Abs 1 S 2 – hier abzubrechen. Die Prüfung weiterer Anknüpfungs- oder Renvoi-Regeln fremder Rechtsordnungen erscheine als ein „zu hoher Preis für die Hoffnung auf internationale Entscheidungsgleichheit" (KROPHOLLER, IPR[2] § 24 II 5; grundsätzlich auch FERID, IPR[3] Rn 3–104; NEUHAUS, Grundbegriffe[2] § 35).

Überwiegend wurde demgegenüber der Charakter der Weiterverweisung als 54 Gesamtverweisung nach dem ausländischen Kollisionsrecht beachtet und eine **mehrfache Weiterverweisung** zugelassen (vgl LG Bochum 21. 6. 1959, IPRspr 1958/59 Nr 147; LG Augsburg 20. 4. 1972, IPRspr 1972 Nr 89; BayObLG 15. 12. 1972, BayObLGZ 1972, 383, 385 f = IPRspr 1972 Nr 128; LG Frankfurt 9. 7. 1975, IPRspr 1975 Nr 53; OLG Köln 4. 2. 1980, NJW 1980, 2646 m krit Anm KROPHOLLER = IPRspr 1980 Nr 33; SOERGEL/KEGEL[11] Art 27 aF Rn 28; offenlassend BGH 9. 6. 1960, NJW 1960, 1720 = IPRspr 1960/61 Nr 23). Im Interesse des internationalen Entscheidungseinklangs ist daran auch im geltenden Recht festzuhalten. Eine mehrfache Weiterverweisung ist daher von deutschen Gerichten zu beachten, sofern die jeweils zur Anwendung berufenen Rechtsordnungen ihrerseits Gesamtverweisungen aussprechen (zust PALANDT/HELDRICH Rn 3; MünchKomm/SONNENBERGER Rn 28; ERMAN/HOHLOCH Rn 4, 9). Eingeschränkt wird dieser Grundsatz wiederum durch Art 4 Abs 1 S 2: Enthält also das Recht eines der Drittstaaten, auf welches weiterverwiesen wird, eine Kollisionsnorm-Rückverweisung auf *deutsches* Recht, so wird die Verweisungskette abgebrochen; die letzte Verweisung wird mithin als Sachnormverweisung behandelt, weil es nach Art 4 Abs 1 S 2 keinen Unterschied machen kann, ob die Rückverweisung bereits durch das erste oder ein späteres Recht in der Verweisungskette erfolgt (BR-Drucks 222/83; BT-Drucks 10/504, jeweils S 39; MünchKomm/ SONNENBERGER Rn 28; PALANDT/HELDRICH Rn 3).

55 In entsprechender Anwendung des aus Art 4 Abs 1 S 2 zu entnehmenden Rechtsgedankens wird die Verweisungskette von manchen auch dann abgebrochen, wenn **erstmals auf ein in dieser Kette vorangegangenes ausländisches Recht zurückverwiesen wird** (so HOFMANN Rev int dr comp 1986, 921, 925; PALANDT/HELDRICH Rn 3; MünchKomm/ SONNENBERGER Rn 28). Diese – auch im Ausland (zB in Österreich, vgl § 5 Abs 2 IPRG) praktizierte – Auffassung verfehlt freilich in gewissen Fallkonstellationen den internationalen Entscheidungseinklang sowohl mit dem Zweit- wie mit dem Drittstaat.

Beispiel: Verstirbt ein englischer Staatsangehöriger, der ein Bankguthaben in München hinterlassen hat, mit letztem Wohnsitz in Österreich, so wird das zuständige deutsche Nachlaßgericht von Art 25 Abs 1 EGBGB auf das englische Heimatrecht des Erblassers verwiesen, das seinerseits auf das österreichische Wohnsitzrecht weiterverweist. Dieses verweist wiederum auf englisches Recht zurück (§ 28 Abs 1 öst IPRG). Bricht man die Verweisungskette an dieser Stelle analog Art 4 Abs 1 S 2 EGBGB ab und wendet englisches Erbrecht an, wird der Entscheidungseinklang mit dem österreichischen Recht verfehlt, weil der österreichische Richter die Verweisung des englischen IPR auf das Wohnsitzrecht als Rückverweisung beachtet und österreichisches Erbrecht anwendet (§ 5 Abs 1 öst IPRG). Zugleich wird aber auch kein Entscheidungseinklang mit dem englischen Recht erzielt, weil der englische Richter sich nach der „foreign court theory", seinerseits den Standpunkt des österreichischen Richters zu eigen macht. In einem solchen Falle ist es daher allein sachgerecht, wenn sich auch der deutsche Richter dieser Beurteilung anschließt.

Im Ergebnis sollte daher für die Beachtung einer Weiterverweisung das Interesse am internationalen Entscheidungseinklang mit dem Recht des Staates ausschlaggebend sein, auf das die deutsche Kollisionsnorm verweist; der deutsche Richter sollte also – vorbehaltlich einer Rückverweisung auf deutsches Recht – ebenso entscheiden wie ein Gericht des erstmals weiterverweisenden Staates (KEGEL, IPR[7] § 10 IV 3; FIRSCHING/ vHOFFMANN, IPR § 6 Rn 104 f; LÜDERITZ, IPR[2] Rn 163).

4. Umfang des Renvoi

a) Auslegung der fremden Kollisionsnorm

56 Spricht das fremde IPR eine Rück- oder Weiterverweisung aus, so müssen seine Kollisionsnormen so angewendet werden, wie sie in der fremden Rechtsordnung tatsächlich gelten. Daraus folgt, daß insbesondere die in den fremden Kollisionsnormen verwendeten *Systembegriffe* nach Maßgabe des Rechts auszulegen sind, dem sie angehören (RG 5. 7. 1934, RGZ 145, 85, 86 = IPRspr 1934 Nr 5; BGH 5. 6. 1957, BGHZ 24, 352, 355 = NJW 1957, 1316 = IPRspr 1956/57 Nr 146; BGH 17. 9. 1980, NJW 1980, 2016, 2017 m Anm SAMTLEBEN 2645 = IPRax 1981, 25 m Anm FIRSCHING 14 = IPRspr 1980 Nr 126; FERID, IPR[3] Rn 3–97, 3; KEGEL, IPR[7] § 10 VI; PALANDT/HELDRICH Rn 1; MünchKomm/SONNENBERGER Rn 49; vgl aber zur Qualifikationsverweisung u Rn 64 ff). Gleiches gilt für die *Anknüpfungsmomente*, die das fremde IPR verwendet; bei einem Renvoi durch englisches Recht auf das Wohnsitzrecht ist daher der englische Begriff des „domicile" zugrundezulegen

(vgl BayObLG 22. 6. 1976, BayObLGZ 1976, 151 = IPRspr 1976 Nr 115 [Israel]; vgl näher im Anh Rn 5 ff). Knüpft das ausländische IPR an die Staatsangehörigkeit an, so sind im Rahmen der Prüfung einer Rückverweisung die fremden Regeln über die kollisionsrechtliche Behandlung von Mehrstaatern maßgebend (BGH 9. 7. 1986, NJW 1986, 3022 = IPRax 1987, 22 m Anm STURM 1 = IPRspr 1986 Nr 11). Auch die Anwendung des fremden IPR unterliegt allerdings der Kontrolle durch den inländischen *ordre public* (Art 6); führt die Anwendung der ausländischen Kollisionsnorm, so wie sie vom fremden IPR verstanden wird, daher zu einem Ergebnis, das gegen die deutsche öffentliche Ordnung verstößt, so entfällt der Renvoi (PALANDT/HELDRICH Rn 1; dazu näher u Rn 101 f).

Auch **Lücken** im System des ausländischen Kollisionsrechts können nicht nach den im deutschen IPR entwickelten Grundsätzen geschlossen werden; vielmehr kommt es auch insoweit auf den Standpunkt des fremden Rechts an. Sieht dieses etwa nur eine Kollisionsnorm für die Trennung von Tisch und Bett vor, weil die Scheidung unbekannt ist, so kann diese Kollisionsregel auf Scheidungen nur dann analog angewendet werden, wenn das *fremde Recht* eine solche Analogie erlaubt. Aus dem Umstand, daß im deutschen IPR die für die Ehescheidung maßgebliche Kollisionsnorm in Art 17 Abs 1 auf die Trennung von Tisch und Bett analog angewandt wird (vgl BGH 22. 3. 1967, BGHZ 47, 324 = NJW 1967, 2109 = IPRspr 1966/67 Nr 90), kann somit für die Lückenfüllung nach fremdem Recht nichts abgeleitet werden (zutr MünchKomm/SONNENBERGER Rn 50; abw OLG Hamm 28. 2. 1968, NJW 1968, 1052, 1053 = IPRspr 1968/69 Nr 87).

b) **Teilverweisung**
Der Renvoi kann auch partiell sein. Eine solche Teilrückverweisung oder Teilweiterverweisung ist vom deutschen Richter gleichfalls zu beachten, denn sie beruht auf den Kollisionsnormen des aus deutscher Sicht anwendbaren Rechts (unstreitig, vgl MünchKomm/SONNENBERGER Rn 57). Ihre Bedeutung ist besonders groß im Rechtsverkehr mit ausländischen Staaten, deren Kollisionsnormen zwischen Grundstücks- und Fahrnisvermögen unterscheiden. Dies gilt vor allem für das englische und schottische Recht, sowie für die Rechtsordnungen der USA, darüber hinaus aber auch für einige kontinentaleuropäische Rechte, wie etwa das französische, belgische oder rumänische Recht. Soweit hiernach eine kollisionsrechtliche Vermögensspaltung stattfindet, unterliegen unbewegliche Vermögensgegenstände (immovables, immeubles) dem Recht der jeweiligen Belegenheit (lex situs), was also schon für den Grundbesitz zur Geltung unterschiedlicher Rechte führen kann. Für das Fahrnisvermögen ist nach den vom englischen Common Law beeinflußten Rechtsordnungen und nach französischem internationalen Erbrecht der Wohnsitz maßgeblich, der aber seinerseits ganz unterschiedlich bestimmt wird.

Beispiel: Ein Franzose ist mit letztem Wohnsitz in der Bundesrepublik Deutschland verstorben; ihm gehörte außer Fahrnisvermögen auch ein in Italien belegenes Grundstück. Der deutsche Nachlaßrichter wird von Art 25 Abs 1 auf das Recht der letzten Staatsangehörigkeit, hier also französisches Recht verwiesen. Dieses verweist durch seine Kollisionsnorm bzgl der Fahrnis auf das Recht des letzten Wohnsitzes, also auf das deutsche Recht, bzgl der Grundstücke dagegen auf das Recht der Belegenheit, also auf italienisches Recht. Das deutsche Recht nimmt gem Art 4 Abs 1 S 2 die Rückverweisung an; das Fahrnisvermögen unterliegt demnach deutschem Recht.

Daß die französischen Kollisionsnormen die deutsche Verweisung auf das Heimatrecht des Erblassers ihrerseits als Rückverweisung werten, wird nicht beachtet. Der auszustellende Erbschein ist folglich Eigenrechtserbschein gem § 2353 BGB, allerdings beschränkt auf das von der französischen Kollisionsnorm umfaßte Fahrnisvermögen ohne Rücksicht auf seine Belegenheit (vgl näher u Rn 274 ff). Die Weiterverweisung der französischen Kollisionsnorm auf das italienische Recht als Recht der Belegenheit des Grundstücks wird von der italienischen Kollisionsnorm (Art 46 Abs 1 IPRG) mit einer Verweisung auf das französische Heimatrecht des Erblassers erwidert; da das französische Recht diese als Rückverweisung annimmt, unterliegt die Erbfolge in das italienische Grundstück aus deutscher Sicht französischem Recht (vgl MEZGER JZ 1956, 303 und NJW 1967, 732). Daß der Entscheidungseinklang mit dem italienischen Recht dabei verfehlt wird, weil dieses seit der Reform von 1995 die Verweisung des französischen IPR seinerseits als Rückverweisung behandelt und diese abbricht (Art 13 Abs 1 IPRG; dazu Anh Rn 221), muß in Kauf genommen werden (vgl o Rn 55 aE).

II. Sonderfälle

1. Rückverweisung kraft abweichender Qualifikation

a) Grundsatz

60 Eine Rück- oder Weiterverweisung kann sehr unterschiedliche Ursachen haben. Im Vordergrund steht sicherlich der Fall, daß das ausländische Kollisionsrecht einen anderen Anknüpfungsbegriff verwendet als das deutsche IPR (zB den Wohnsitz oder gewöhnlichen Aufenthalt statt der Staatsangehörigkeit) oder daß es auf einen einheitlichen Verweisungsbegriff des deutschen IPR mit einer gespaltenen Anknüpfung reagiert, indem es zB die Erbfolge in das bewegliche Vermögen dem Domizilrecht und in das unbewegliche Vermögen der lex rei sitae unterstellt (vgl zuvor Rn 58 f). Anknüpfungsdifferenzen können sich weiterhin daraus ergeben, daß das ausländische Kollisionsrecht auf eine andere Person abstellt (zB im Kindschaftsrecht auf das Kind statt auf die Eltern oder einen Elternteil, vgl u Rn 216) oder einen anderen Anknüpfungszeitpunkt für maßgebend erklärt (zB im Ehegüterrecht – abweichend von Art 15 Abs 1 EGBGB – eine wandelbare Anknüpfung bevorzugt, vgl u Rn 178 f). Denkbar ist aber auch ein Renvoi kraft abweichender Qualifikation, wenn das ausländische IPR eine Rechtsfrage kollisionsrechtlich anders einordnet als das inländische IPR. In solchen Fällen haben wir der abweichenden Qualifikation grundsätzlich zu folgen und eine sich daraus ergebende Rück- oder Weiterverweisung zu beachten (NEUHAUS, Grundbegriffe[2] § 36 V 3; RAAPE/STURM, IPR I §11 III 4; KEGEL, IPR[7] §10 VI; KROPHOLLER, IPR[2] § 24 II 1; MünchKomm/SONNENBERGER Rn 29 ff). Voraussetzung für die Annahme eines solchen Renvoi infolge abweichender Qualifikation ist freilich, daß das ausländische Recht das Rechtsinstitut, um dessen Qualifikation es geht, jedenfalls der Funktion nach kennt. Ist dies nicht der Fall, so wird die ausländische Regelung – einschließlich der für sie geltenden Kollisionsnorm – von der deutschen Verweisung nicht erfaßt; damit scheidet aber auch ein Renvoi von vorneherein aus (zutr MünchKomm/SONNENBERGER Rn 31).

b) Einzelfälle

61 Diskutiert wird die Problematik insbesondere am Beispiel des *Verlöbnisbruchs*. Daraus resultierende Ansprüche werden nach hM im deutschen IPR dem Heimatrecht des verpflichteten Verlobten, teilweise aber auch dem Heimatrecht des Anspruchstellers oder dem Recht am gewöhnlichen Aufenthalt der Verlobten unterstellt (vgl BGH 21. 11. 1958, BGHZ 28, 376, 380 = IPRspr 1958/59 Nr 110; STAUDINGER/vBAR[12] Anh zu Art 13 aF Rn 12 ff; MünchKomm/SCHWIMANN vor Art 13 Rn 4, jeweils mwN). Demgegenüber ordnen namentlich die romanischen Rechte Ansprüche wegen Verlöbnisbruchs überwiegend *deliktisch* ein (vgl zur „rupture de la promesse de mariage" nach französischem Recht Trib civ Seine 16. 6. 1936, Gaz Pal 1936. 2. 744; TOURNEAU, La responsabilité civile[3] [1982] n 1932 ff). Da diese Rechte also besondere Vorschriften für die Haftung wegen Verlöbnisbruchs kennen, werden sie von der in Analogie zu Art 13, 14 EGBGB entwickelten eherechtlichen Verweisungsnorm des deutschen Rechts erfaßt; eine sich aus der deliktischen Qualifikaton in der zur Anwendung berufenen ausländischen Rechtsordnung ergebende Rück- oder Weiterverweisung (zB auf das Tatortrecht) ist daher zu beachten (MünchKomm/SONNENBERGER aaO; KROPHOLLER aaO; MünchKomm/SCHWIMANN vor Art 13 Rn 5; aA STAUDINGER/vBAR[12] Anh zu Art 13 Rn 19). Enthält das ausländische Recht hingegen überhaupt keine Sonderregeln für Schadensersatzansprüche wegen Verlöbnisbruchs, sondern greift es in diesen Fällen auf allgemeine deliktsrechtliche Anspruchsgrundlagen zurück, so werden diese Vorschriften von der deutschen richterrechtlichen Kollisionsnorm nicht mehr erreicht. Darauf gestützte Ansprüche werden vielmehr bereits im deutschen Kollisionsrecht als deliktsrechtlich qualifiziert; die ausländischen Vorschriften können daher in diesem Fall nur zur Anwendung kommen, wenn die Rechtsordnung, der sie angehören als Deliktsstatut zur Anwendung berufen ist (STAUDINGER/vBAR[12] Anh zu Art 13 Rn 16; FERID, IPR[3] Rn 8–30; PALANDT/HELDRICH Art 13 Rn 30).

Ein Renvoi kraft abweichender Qualifikation kann sich weiterhin insbesondere im internationalen **Namensrecht** ergeben, wenn das Heimatrecht des ausländischen Namensträgers den Einfluß familienrechtlicher Statusänderungen auf den Namen dem jeweiligen familienrechtlichen Wirkungsstatut unterstellt (dazu u Rn 146 ff). Gleiches gilt im *Scheidungsfolgenrecht*, wo ausländische Rechte die Abgrenzung zwischen Scheidungsunterhalt, Zugewinn- und Versorgungsausgleich zT anders ziehen als das deutsche Recht (vgl näher u Rn 199 ff). Praktische Bedeutung hat dies insbesondere im deutsch-österreichischen Rechtsverkehr, weil die hM in Österreich die Aufteilung sowohl des ehelichen Gebrauchsvermögens wie auch der ehelichen Ersparnisse nicht güterrechtlich, sondern als Scheidungsfolgen qualifiziert (vgl OGH 25. 5. 1993, IPRax 1995, 42 m Anm S LORENZ 47; SCHWIND, IPR [1990] Rn 253, 265; differenzierend hingegen RUMMEL/SCHWIMANN, IPRG[2] [1992] § 19 Rn 1). Verweist das deutsche internationale Ehegüterrecht daher in einer deutsch-österreichischen Ehe auf österreichisches Recht, weil die Ehegatten dort ihren gewöhnlichen Aufenthalt zur Zeit der Eheschließung hatten (Art 15 Abs 1 iVm Art 14 Abs 1 Nr 2 EGBGB), so kann sich ein Renvoi kraft abweichender Qualifikation ergeben, wenn die Ehegatten ihren gewöhnlichen Aufenthalt im Zeitpunkt der Scheidung nach Deutschland oder in einen Drittstaat verlegt hatten (§ 20 iVm § 18 IPRG; vgl S LORENZ IPRax 1995, 50). 62

c) **Schranken**
Bisweilen kann die Beachtung einer Rück- oder Weiterverweisung kraft abweichender Qualifikation freilich auch dem „Sinn der Verweisung" in Art 4 Abs 1 EGBGB widersprechen. Dies trifft insbesondere in den Fällen zu, in denen das ausländische IPR den Anwendungsbereich des *Prozeßrechts* erheblich weiter zieht als das deutsche Recht. „Denn die Abspaltung bestimmter Teilfragen vom anwendbaren mate- 63

riellen Recht und ihre Zuweisung an die jeweilige lex fori bedeutet einen Verzicht auf Entscheidungsharmonie, da ein und derselbe Fall je nach dem gewählten Forum anders entschieden werden kann" (KROPHOLLER, IPR² § 24 II 1). Aus diesem Grunde beachten wir namentlich die prozessuale Qualifikation der *Aufrechnung* und der *Verjährung* im Recht der amerikanischen Einzelstaaten auch außerhalb des Schuldvertragsrechts nicht, sondern halten im Interesse des internationalen Entscheidungseinklangs an unserer materiellrechtlichen Qualifikation dieser Rechtsinstitute fest (vgl zur Verjährung näher u Rn 161 f m Nachw).

2. Qualifikationsverweisung

64 Nicht selten verzichtet das fremde IPR auf eine eigenständige Definition von Systembegriffen in seinen Kollisionsnormen und überläßt diese demjenigen Recht, auf das es für den betreffenden Regelungskomplex (zB den Güterstand oder die Erbfolge) zurück- oder weiterverweist.

a) Bewegliches/unbewegliches Vermögen

65 In der Praxis stellt sich dieses Problem insbesondere bei der Beurteilung von Nachlässen englischer oder US-amerikanischer Staatsangehöriger, die ganz oder teilweise im Inland belegen sind. Denn sowohl das englische wie das anglo-amerikanische Kollisionsrecht unterscheidet insoweit zwischen dem beweglichen und dem unbeweglichen Nachlaßvermögen. Während der bewegliche Nachlaß (movables) nach dem letzten Domizilrecht des Erblassers vererbt wird, unterliegt der unbewegliche Nachlaß (immovables) der jeweiligen lex rei sitae (dazu schon o Rn 58, sowie näher im Anh Rn 24/30, 92 ff). Die hiernach wesentliche Qualifikation eines Gegenstandes als beweglich oder unbeweglich wird dabei dem zur Anwendung berufenen Recht überlassen (vgl DICEY/MORRIS, Conflict¹² Rule 114, S 899 ff; dazu NEUHAUS RabelsZ 19 [1954] 556 ff; JAYME, Zur Qualifikationsverweisung im IPR, ZfRvgl 17 [1976] 93 ff; HERING, Die gesetzlichen Rechte des überlebenden Ehegatten in deutsch-kanadischen Erbfällen [1984] 92 ff). Wie darauf im Rahmen von Art 4 Abs 1 EGBGB reagiert werden soll, ist strittig:

66 Nach verbreiteter Meinung ist die Qualifikationsverweisung des ausländischen IPR *anzunehmen*, mit der Folge, daß die Unterscheidung zwischen beweglichen und unbeweglichen Gegenständen nach dem deutschen materiellen Belegenheitsrecht vorzunehmen ist; zu diesem Zwecke orientierte man sich früher vornehmlich an § 1551 Abs 1 BGB aF (so zB LG Wiesbaden 30. 3. 1973, FamRZ 1973, 657 m abl Anm JAYME; NEUHAUS RabelsZ 19 [1954] 568). Gegen die Heranziehung des § 1551 Abs 1 BGB aF sprach jedoch, daß die Vorschrift rein güterrechtlichen Zwecken diente. Die Unterscheidung „movable-immovable" hatte jedenfalls bis zur IPR-Reform von 1986 im deutschen Recht keine Parallele, so daß die Qualifikationsverweisung des anglo-amerikanischen IPR insoweit ins Leere stieß (zutr BGH 5. 6. 1957, BGHZ 24, 352 = NJW 1957, 1316 = IPRspr 1956/57 Nr 146; dazu FERID, in: FS Hueck [1959] 343 ff).

67 Aus diesem Grunde lehnt insbesondere KEGEL einen Renvoi in diesen Fällen gänzlich ab. Wenn das amerikanische IPR dem deutschen Belegenheitsrecht die Abgrenzung „movable-immovable" für die Zwecke der Erbfolge oder des Güterstands überlasse, so wolle es nur den **Interessen des Belegenheitsstaats** Rechnung tragen; dieser solle also berechtigt sein, den Kreis der Nachlaßgegenstände, die er als „immovables" nach dem eigenen Recht zu behandeln wünsche, selbst festlegen dür-

fen. Da das deutsche IPR jedoch die Nachlaßeinheit vorziehe, habe es ein entsprechendes Interesse überhaupt nicht; demgemäß könne man es bei der Anwendung amerikanischen Erbrechts auch auf im Inland belegene Grundstücke belassen (KEGEL, IPR[7] § 10 VI). Dagegen spricht, daß die von KEGEL zugrundegelegte Zielrichtung der Qualifikationsverweisung durch die amerikanischen Kollisionsregeln in der von ihm zitierten amerikanischen Judikatur nicht abgesichert ist (zutr MünchKomm/ SONNENBERGER Rn 32; näher zur Haltung des amerikanischen Kollisionsrechts FIRSCHING, Deutsch-amerikanische Erbfälle [1965] 26 ff; EHRENZWEIG, Conflicts 656 ff; dazu auch im Anh Rn 80 f mwN).

Nach einer dritten – insbesondere vom BGH vertretenen – Auffassung, ist die Qualifikationsverweisung des anglo-amerikanischen IPR grundsätzlich anzunehmen; die den amerikanischen Systembegriffen „movables/immovables" entsprechenden Begriffe im deutschen IPR sind jedoch unter Berücksichtigung der Wertungen des deutschen Sachrechts **eigenständig zu entwickeln**. In der grundlegenden Entscheidung von 1957 ging es um die Qualifikation eines Rückerstattungsanspruchs wegen der Beteiligung des amerikanischen Erblassers an einer deutschen GmbH, zu der auch inländische Grundstücke gehörten. Die Qualifikation des Anspruchs als „immovable" hätte zur Nachlaßspaltung geführt. Der BGH betonte demgegenüber den gesellschaftsrechtlichen Grund des Anspruchs und lehnte es deshalb ab, diesen dem unbeweglichen Nachlaßvermögen zuzuordnen (BGH aaO). **68**

Diesem Ansatz des BGH ist grundsätzlich zuzustimmen. Allerdings bedarf es des Rückgriffs auf die Wertungen des deutschen *Sachrechts* nicht mehr, seit das deutsche IPR selbst den Begriff des „unbeweglichen Vermögens" in Art 15 Abs 2 Nr 3 und Art 25 Abs 2 EGBGB als Anknüpfungsmerkmal verwendet. Die zur Auslegung dieser Kollisionsnormen entwickelten Grundsätze (vgl dazu BÖHRINGER BWNotZ 1987, 109; LICHTENBERGER, in: FS Ferid [1988] 284; KRZYWON, Der Begriff des unbeweglichen Vermögens in Art 25 Abs 2 EGBGB, BWNotZ 1986, 154 ff; MünchKomm/SIEHR Art 15 Rn 27) sind daher auch dann zugrundezulegen, wenn das englische oder anglo-amerikanische Kollisionsrecht hinsichtlich der Qualifikation von Vermögensgegenständen als „immovables" auf deutsches Recht zurückverweist. Der Begriff des unbeweglichen Vermögens umfaßt daher jedenfalls Grundstücke einschließlich ihrer Bestandteile und des Zubehörs, sowie Wohnungs- bzw Stockwerkseigentum und Erbbaurechte, ferner die sonstigen beschränkt dinglichen Rechte an Grundstücken (JAYME IPRax 1986, 270; LICHTENBERGER DNotZ 1986, 659; MünchKomm/SIEHR Art 15 Rn 28). Hingegen zählen *Gesellschaftsanteile* grundsätzlich nicht zum unbeweglichen Vermögen, mag auch das Gesellschaftsvermögen zu einem wesentlichen Teil aus Grundstücken bestehen (RÖLL MittBayNot 1989, 3; PALANDT/HELDRICH Art 15 Rn 22; im Erg ebenso schon früher BGH aaO; BFH 7. 5. 1986, BFHE 147, 70 = IPRspr 1986 Nr 112). **69**

b)   Versorgungsausgleich
Qualifikationsprobleme nach ausländischem Kollisionsrecht hat in jüngerer Zeit ferner vor allem das vielen ausländischen Rechten unbekannte Rechtsinstitut des Versorgungsausgleichs aufgeworfen. Allein aus diesem Fehlen eines dem Versorgungsausgleich entsprechenden Instituts im Sachrecht der von Art 17 Abs 3 S 1 zur Anwendung berufenen ausländischen Rechtsordnung kann freilich nicht gefolgert werden, es finde auch kollisionsrechtlich kein Renvoi statt (so aber OLG Bamberg 2. 8. 1979, FamRZ 1979, 930 = IPRspr 1979 Nr 71; OLG Oldenburg 10. 1. 1984 FamRZ 1984, 715 = **70**

IPRspr 1984 Nr 57; s auch u Rn 200 ff mwN). Denn ebenso wie das deutsche IPR (vgl nur MünchKomm/SONNENBERGER Einl Rn 355 ff) orientieren sich auch fremde Kollisionsrechte bei der Auslegung von Systembegriffen nicht nur am heimischen Sachrecht, sondern ordnen auch Rechtsinstitute des ausländischen Rechts, die im eigenen materiellen Recht keine Entsprechung haben, unter die Systembegriffe ihrer Kollisionsnormen ein (zutr LÜDERITZ IPRax 1987, 74, 80). Andererseits reicht es für die Annahme eines Renvoi nicht in jedem Falle aus, daß das berufene Recht hinsichtlich der Scheidungsfolgen auf deutsches Recht zurückverweist. Denn damit würde man den Begriff „Scheidungsfolgen" in der einschlägigen ausländischen Kollisionsnorm nach deutschem Recht qualifizieren. Dies verstößt aber gegen den Grundsatz, daß der Inhalt der ausländischen Kollisionsnormen im Rahmen der Renvoi-Prüfung in erster Linie nach ausländischem Kollisionsrecht zu ermitteln ist (zutr HENRICH IPRax 1985, 231; JAYME IPRax 1984, 104; SONNENBERGER, in: ZACHER [Hrsg], Der Versorgungsausgleich im internationalen Vergleich und in der zwischenstaatlichen Praxis [1984] 321 f, 327).

71 Das ausländische Kollisionsrecht kann zur Qualifikation von Scheidungsfolgen aber ganz unterschiedliche Standpunkte einnehmen. Es kann einerseits ein dem Versorgungsausgleich funktional vergleichbares Rechtsinstitut abweichend – zB güterrechtlich – qualifizieren; eine sich hieraus etwa ergebende Rück- oder Weiterverweisung hat der deutsche Richter dann zu beachten (dazu näher u Rn 203). Es kann ferner den Begriff der Scheidungsfolgen selbst näher festlegen; ein Renvoi auf deutsches Recht findet dann nur statt, wenn auch dem Versorgungsausgleich funktional vergleichbare Institute zu den Scheidungsfolgen zählen. Schließlich kann sich das ausländische IPR auch darauf beschränken, eine generelle Rückverweisung hinsichtlich der Scheidungsfolgen auszusprechen, so daß es dem kraft Rück- oder Weiterverweisung maßgeblichen Recht überlassen bleibt, wie weit es den Begriff der „Scheidungsfolgen" zieht. Wird in einem solchen Falle auf deutsches Recht verwiesen, so erfaßt dieser Renvoi auch den Versorgungsausgleich (vgl näher u Rn 204 mwN).

3. Versteckte Rückverweisung

a) Begriff

72 Von einer versteckten Rückverweisung spricht man dann, wenn das deutsche IPR auf ein ausländisches Recht verweist, das die Frage nach dem anwendbaren Recht unbeantwortet läßt, weil Gerichte dieses Staates stets ihr eigenes Recht anwenden, wenn sie sich für international zuständig halten. Wendet etwa ein US-amerikanisches Gericht auf Ehescheidungen oder Adoptionen stets die lex fori an, macht es aber seine internationale Zuständigkeit davon abhängig, daß die Parteien ihren Wohnsitz im Gerichtsstaat haben, so wird im Ergebnis die *lex domicilii* angewandt. Liegt in einem solchen Falle der Wohnsitz der Beteiligten nicht in den USA, sondern im Inland, so werden US-amerikanische Gerichte eine Entscheidung wegen mangelnder internationaler Zuständigkeit ablehnen. Anders als im Falle einer ausdrücklichen Rückverweisung durch eine fremde Kollisionsnorm läßt sich mithin nicht feststellen, daß das amerikanische Gericht in diesem Falle deutsches Recht anwenden würde. Dessen Anwendung dürfte freilich in dieser Situation den Intentionen des US-amerikanischen Kollisionsrechts am nächsten kommen. Den Jurisdiktionsnormen des US-amerikanischen Rechts ließe sich damit eine versteckte Kollisionsnorm entnehmen, die auf das Recht des Staates verweist, dessen jurisdiction aus amerikanischer Sicht anzuerkennen ist.

b) Meinungsstand

Ob ein Renvoi auch dann anzunehmen ist, wenn die von einer deutschen Kollisions- 73
normverweisung zunächst berufene Rechtsordnung nur einseitig festlegt, wann
Gerichte oder Behörden das eigene Recht anzuwenden haben, ist in der Literatur
umstritten. Nach hL entspricht es dem Sinn des fremden Kollisionsrecht, wenn das
deutsche Gericht in diesen Fällen deutsches Recht als lex fori anwendet. Dies gelte
nicht nur dann, wenn die deutschen Gerichte aus der Sicht des fremden Staates zur
Entscheidung *ausschließlich* zuständig seien, sondern in gleicher Weise auch dann,
wenn ihnen nur eine *fakultative* Zuständigkeit neben den Gerichten des „rückverweisenden" Staates eingeräumt werde (vgl idS schon früher MELCHIOR, IPR 228 ff; ferner
NEUHAUS, Grundbegriffe[2] § 37 I; DÖLLE RabelsZ 27 [1962] 227; GÜNDISCH FamRZ 1961, 352 ff;
RAAPE/STURM, IPR I § 11 IV; ebenso zum geltenden Recht vBAR, IPR I Rn 544; KEGEL, IPR[7] § 10
VI S 296 f; KROPHOLLER, IPR[2] § 25 I; PALANDT/HELDRICH Rn 2; ERMAN/HOHLOCH Rn 6; OTTO
StAZ 1994, 178, 179 f). Die deutsche Rechtsprechung hat sich dieser Auffassung schon
frühzeitig uneingeschränkt angeschlossen (vgl zur *Adoption* KG 13. 7. 1959, NJW 1960, 248,
250 f = IPRspr 1958/59 Nr 140; dazu näher u Rn 240 ff mwN; zur *Ehescheidung* OLG Bamberg
2. 8. 1979, FamRZ 1979, 930 = IPRspr 1979 Nr 71; OLG Stuttgart 24. 5. 1984, IPRax 1987, 121 =
IPRspr 1985 Nr 68; dazu näher u Rn 191 ff mwN).

Demgegenüber schränkt ein Teil der Lehre die Reichweite der versteckten Rückver- 74
weisung ein. Die Annahme eines Renvoi sei nur dann gerechtfertigt, wenn der
ausländische Staat den deutschen Gerichten die *ausschließliche* jurisdiction zuge-
stehe; im Fall einer lediglich konkurrierenden Zuständigkeit soll es hingegen bei der
Anwendung des Rechts, auf das die deutschen Kollisionsnormen verweisen, sein
Bewenden haben (BEITZKE NJW 1960, 249). Grundsätzlich gegen die Annahme einer
versteckten Rückverweisung hat sich vor allem WENGLER gewandt. Nach seiner Auffassung enthält das ausländische Recht, das ausländische Entscheidungen dann
anerkennt, wenn das – aus der Sicht des fremden Rechts – zuständige Gericht sein
eigenes Recht angewendet hat, keine Verweisung auf die lex fori, sondern stellt dem
zuständigen Gericht die Anwendung der lex fori lediglich frei. Kollisionsrechtliche
Gleichgültigkeit lasse sich aber nicht in einen Renvoi umdeuten (WENGLER NJW 1959,
127 ff, 129; zust BEITZKE RabelsZ 37 [1973] 380 ff, 390 ff). Nachdrücklich gegen die versteckte Rückverweisung hat sich ferner SCHWIMANN ausgesprochen. Er sieht darin
einen unzulässigen Ausbau der lex-fori-Regel zur allseitigen Kollisionsnorm, womit
sich der deutsche Richter über die Eigenart der anglo-amerikanischen jurisdiction-
Normen hinwegsetze. Die deutsche Verweisung verfehle in diesen Fällen ihr Ziel;
erforderlich sei deshalb eine Ersatzanknüpfung. Unter Hinweis auf das latente
Anwendungsinteresse des heimischen Rechts gelangt er freilich im Ergebnis ebenfalls zur Anwendung der deutschen lex fori (SCHWIMANN NJW 1976, 1000 ff; ders, in: FS
Bosch [1977] 909 ff).

Ähnlich argumentiert auch SONNENBERGER. Nach seiner Ansicht ist Art 4 Abs 1 75
EBGBG nur auf den Normalfall zugeschnitten, daß die zur Anwendung berufene
Rechtsordnung die aufgeworfene kollisionsrechtliche Frage ihrerseits dadurch
beantwortet, daß sie entweder die Verweisung annimmt oder eine Rück- oder Weiterverweisung ausspricht. Lasse sie die kollisionsrechtliche Frage hingegen unbeantwortet, so liege ein Lücke im deutschen IPR vor. Sehe das ausländische Recht eine
alternative oder fakultative Jurisdiktion seiner eigenen Gerichte vor, so sei diese
Lücke, dadurch zu schließen, daß die deutschen Kollisionsnormen als *Sachnormver-*

weisungen behandelt würden; denn auch wenn eine Annahme der deutschen Verweisung nicht erfolge, komme es doch im Ergebnis zu einer parallelen Rechtsanwendung und damit zur Erzielung des internationalen Entscheidungseinklangs. Bekunde das fremde Recht hingegen mit der Verneinung seiner Jurisdiktion völliges Desinteresse an der Regelung des Sachverhalts, müsse das deutsche IPR zur Lückenfüllung eine eigene Ersatzanknüpfung entwickeln. Statt an die ausländische Staatsangehörigkeit sei dann an den gewöhnlichen Aufenthalt anzuknüpfen (MünchKomm/Sonnenberger Rn 42–46).

c) Stellungnahme

76 Der Kritik ist zwar einzuräumen, daß die Begründung einer Rückverweisung auf die lex fori in den behandelten Fällen gewisse Schwierigkeiten bereitet. Denn während ein Renvoi im Regelfall nur dann angenommen wird, wenn das fremde IPR eine Verweisung auf deutsches oder ein drittes Recht ausspricht, begnügt man sich in den Fällen der versteckten Rückverweisung damit, daß das fremde IPR die Anwendung eines anderen Rechts lediglich duldet. Ferner können Kollisionsnormen, die auf die lex fori verweisen, auch als *einseitige* Kollisionsnormen ausgelegt werden, die nur bei inländischer Zuständigkeit die Anwendung des inländischen Rechts vorschreiben; denn vernünftigerweise wird keine Rechtsordnung von ausländischen Gerichten verlangen wollen, daß diese zwingend ihr eigenes Recht anwenden. Dennoch verdient im Ergebnis die hM den Vorzug. Die Schwierigkeiten, eine versteckte Rückverweisung zu begründen, rechtfertigen allein noch kein Abrücken von der primär maßgeblichen inländischen Kollisionsnorm. Die Anerkennung der versteckten Rückverweisung entspricht auch dem Willen des Gesetzgebers (vgl BT-Drucks 10/504 S 38: „Die gerichtliche Praxis [zum versteckten Renvoi] wird mit dem bisherigen Spielraum beibehalten werden können, da sie im Ansatz mit den Verweisungsprinzipien übereinstimmt, die dem [Art 4 Abs 1] Satz 2 zugrundeliegen"). Eine versteckte Rückverweisung ist daher auf den Gebieten, auf denen eine Rückverweisung überhaupt zu befolgen ist, jedenfalls dann zu bejahen, wenn (1) das Recht des Staates, auf das die deutschen Kollisionnormen verweisen, das anwendbare Recht mit der internationalen Zuständigkeit verknüpft, ein international zuständiges Gericht also stets die lex fori anwendet, (2) die deutschen Gerichte nach dem Recht des Staates, auf das die deutschen Kollisionsnormen verweisen, international zuständig sind und deswegen (3) mit der Anerkennung der deutschen Entscheidung gerechnet werden kann.

77 Wesentlich ist mithin zum einen, daß die Gerichte des fremden Staates, soweit sie ihre internationale Zuständigkeit bejahen, das eigene Recht **als lex fori** – und nicht zB als lex domicilii oder aufgrund einer speziellen Vorbehaltsklausel – anwenden. Diese Voraussetzung liegt vor, wenn entweder mehrere Kriterien die Zuständigkeit alternativ begründen (zB Wohnsitz, gewöhnlicher Aufenthalt, Staatsangehörigkeit) oder die Zuständigkeitsanknüpfung prozessual bestimmt ist (zB Wohnsitz des jeweiligen Beklagten). Zum anderen muß in dem betreffenden Staat auch eine gleichartige fremde Praxis anerkannt werden; danach hat die Annahme einer versteckten Rückverweisung dann auszuscheiden, wenn das Recht des Staates, auf das die deutschen Kollisionsnormen verweisen, die Anerkennung einer deutschen Entscheidung davon abhängig macht, daß nicht das deutsche, sondern das eigene oder ein drittes Recht angewandt worden ist (Kropholler, IPR² § 25 II).

78 Die Annahme einer versteckten Rückverweisung auf die lex fori ist auch nicht auf

Fälle zu beschränken, in denen den deutschen Gerichten eine ausschließliche Zuständigkeit eingeräumt wird. Sind diese **nur fakultativ neben den ausländischen Gerichten zuständig**, so besteht zwar die Gefahr widersprechender Entscheidungen, weil dann in Deutschland nach deutschem Recht, in dem fremden Staat hingegen nach der dortigen lex fori entschieden wird. Die den Parteien damit eröffnete Möglichkeit des „forum shopping" entspricht jedoch dem Willen der vom deutschen Kollisionsrecht für maßgeblich erklärten Rechtsordnung und ist deshalb hinzunehmen (KROPHOLLER, IPR² § 25 III; KEGEL, IPR⁷ § 10 VI). Die Verknüpfung zwischen der Einräumung fakultativer Zuständigkeiten und dem lex-fori-Prinzip ist also im Ergebnis nicht anders zu behandeln als eine *alternative Verweisung* im ausländischen Kollisionsrecht, die ebenfalls ausreicht, eine Rückverweisung auszulösen (LÜDERITZ, IPR² Rn 166). Wird mit der Annahme einer versteckten Rückverweisung dann auch die internationale Entscheidungsharmonie verfehlt, so kommt doch der andere Grund der Rückverweisung, nämlich der Vorteil der Anwendung heimischen Rechts, voll zum Tragen (NEUHAUS, Grundbegriffe² § 37 II 3; im Erg ebenso die deutsche Praxis, vgl KG 3.1.1966, IPRspr 1965/66 Nr 94; BayObLG 23.4.1971, BayObLGZ 1971 157 = IPRspr 1971 Nr 164; dazu näher u Rn 191 ff, 240 ff mwN).

79 Steht fest, daß die deutschen Gerichte nach den Jurisdiktionsnormen des Rechts, auf das die deutschen Kollisionsnormen verweisen, die – zumindest fakultative – jurisdiction haben, so hängt die Annahme einer versteckten Rückverweisung nicht von der zusätzlichen Voraussetzung ab, daß mit einer **Anerkennung der deutschen Entscheidung** im „rückverweisenden" Staat gerechnet werden kann. Denn die Anerkennung kann dann nur aus Gründen versagt werden, die – wie zB verfahrensrechtliche Verstöße oder ordre public Erwägungen – die hinreichende Beziehung des Sachverhalts zum Inland nicht in Frage stellen und deshalb im Rahmen der Beachtung einer versteckten Rückverweisung keine Bedeutung haben können (zutr KEGEL, IPR⁷ § 10 VI).

80 Davon zu unterscheiden ist die Frage, ob eine versteckte Rückverweisung bereits dann angenommen werden kann, wenn die deutschen Gerichte zwar nach den Jurisdiktionsvorschriften des Staates, auf dessen Recht verwiesen ist, **nicht zuständig** wären, mit einer Anerkennung der deutschen Entscheidung aber gleichwohl gerechnet werden kann. Dies wird insbesondere im internationalen *Adoptionsrecht* zT unter Hinweis auf die Tendenz bejaht, ausländische Adoptionen schon dann anzuerkennen, wenn die ausländischen Gerichte nach ihren eigenen Zuständigkeitsnormen zuständig waren, auch wenn diese sich mit den Zuständigkeitsnormen des Anerkennungsstaates nicht decken (vgl idS STAUDINGER/HENRICH¹² Art 22 Rn 19). Gegen eine solche Ausweitung des Instituts der versteckten Rückverweisung bestehen freilich Bedenken; der bloße Umstand, daß eine deutsche Entscheidung in dem Staat, auf dessen Recht die deutsche Kollisionsnorm verweist, anerkennungsfähig ist, vermag die Annahme einer versteckten Rückverweisung nicht zu tragen. Dies schließt nicht aus, eine „offene" Rückverweisung auf deutsches Recht dann anzunehmen, wenn die Anerkennung der deutschen Entscheidung davon abhängig gemacht wird, daß das deutsche Gericht sein eigenes Recht angewandt hat (so – im Hinblick auf Art 4 Abs 3 des englischen Adoption Act 1968 – AG Darmstadt 10.8.1979, StAZ 1979, 325 m zust Anm JAYME; dazu näher u Rn 241).

III. Ausschluß und Einschränkungen des Renvoi

81 Der Grundsatz der Gesamtverweisung wird von zahlreichen Ausnahmen durchbrochen, in denen unmittelbar auf die Sachvorschriften des ausländischen Rechts verwiesen wird. Dies trifft namentlich in den nachfolgenden Fällen zu:

1. Verweisung auf deutsches Recht

82 Soweit durch die Kollisionsnormen des deutschen IPR deutsches Recht für anwendbar erklärt wird, bezieht sich diese Verweisung stets ohne weitere kollisionsrechtliche Prüfung unmittelbar auf die deutschen Sachnormen. Art 4 Abs 1 bringt das dadurch zum Ausdruck, daß er den Renvoi auf Fälle beschränkt, in denen auf „das Recht eines anderen Staates" verwiesen wird. Ausgeschlossen ist eine Rückverweisung danach insbesondere in den Fällen, in denen – wie zB nach Art 9 S 2, 10 Abs 2 Nr 2 und Abs 3 Nr 2, 13 Abs 2 und Abs 3 S 1, 16, 17 Abs 1 S 2 und Abs 3 S 2, 18 Abs 2 und 5, 23 S 3, 24 Abs 1 S 2 – deutsches Recht zum Schutze deutscher Staatsangehöriger hilfsweise zur Anwendung berufen wird (PALANDT/HELDRICH Rn 5; ERMAN/ HOHLOCH Rn 15).

2. Verweisung auf Sachnormen

83 Die Prüfung einer Rück- oder Weiterverweisung scheidet ferner aus, wenn die Kollisionsnormen des deutschen IPR ausdrücklich auf Sachvorschriften einer bestimmten Rechtsordnung verweisen. Denn solche Verweisungen beziehen sich – wie Art 3 Abs 1 S 2 EGBGB klarstellt – auf die Rechtsnormen der maßgebenden Rechtsordnung unter Ausschluß des IPR. Dies trifft etwa auf die Verweisungen in Art 12 und 18 (vgl dazu näher Art 3 Rn 10 ff), sowie wegen Art 35 Abs 1 auf alle Verweisungen im internationalen Schuldvertragsrecht (Art 27–34 EGBGB) zu. Dagegen ist der Umstand allein, daß die deutsche Kollisionsnorm bezüglich bestimmter materiellrechtlicher Erfordernisse auf ausländisches Recht verweist, kein hinreichender Grund für die Annahme einer Sachnormverweisung. So verweist Art 11 Abs 1 nur hinsichtlich der Form von Schuldverträgen zwingend auf Sachvorschriften; im übrigen ist über die Qualifikation als Gesamt- oder Sachnormverweisung – ebenso wie in den Fällen der Art 14 Abs 4, 15 Abs 3 – im Lichte des mit der alternativen Anknüpfung bezweckten favor negotii zu entscheiden (dazu näher u Rn 86 ff).

3. Widerspruch zum Sinn der deutschen Verweisung

a) Allgemeines

84 Die Frage, ob eine Rück- oder Weiterverweisung des fremden IPR auch über die in Art 27 aF geregelten Fälle hinaus befolgt werden sollte, bildete bis zur IPR-Reform von 1986 eine der wichtigsten Streitfragen im deutschen IPR (s o Rn 33 ff). Dieser Unsicherheit wollte der Reformgesetzgeber ein Ende setzen und erklärte deshalb die Gesamtverweisung in Art 4 Abs 1 S 1 zur Regel. Abweichungen von dieser Regel ließ der ursprüngliche Regierungsentwurf nur für die Fälle zu, in denen die deutsche Kollisionsnorm ausdrücklich als Sachnormverweisung formuliert war (Art 3 Abs 1 S 2; vgl KÜHNE, IPR-Gesetzentwurf 42 ff; SAMTLEBEN, Reform des deutschen IPR [1980] 75 ff). Dagegen hat insbesondere STOLL eingewandt, es sei „noch nicht hinreichend geklärt, inwieweit materiell-rechtliche Wertungen, die in eine Kollisionsnorm einfließen,

oder individualisierende, dh die Umstände des Einzelfalls berücksichtigende Anknüpfungen implizit einen Renvoi ausschließen". Vorzuziehen sei daher eine offenere Formulierung, nach der ein Renvoi in bestimmten Fällen auch „nach dem besonderen Zweck einer Verweisungsnorm ausgeschlossen" werden könne (STOLL IPRax 1984 1,2). Diese Anregung wurde im Rechtsausschuß des Deutschen Bundestages aufgegriffen und dem Art 4 Abs 1 S 1 ein weiterer Halbsatz angefügt, der die Befolgung einer Rück- oder Weiterverweisung davon abhängig macht, daß sie „nicht dem Sinn der Verweisung widerspricht". In der Gesetzesbegründung wird in diesem Zusammenhang insbesondere auf die alternativen Anknüpfungen hingewiesen, deren Zweck durch das Spiel von Rück- oder Weiterverweisung verfehlt werden könne (BT-Drucks 10/3632 S 39). Die offene Formulierung des Art 4 Abs 1 S 1 hält freilich – über das in der Begründung genannte Beispiel hinaus – die Diskussion darüber, wann ein Renvoi mit den kollisionsrechtlichen Wertungen des Gesetzes vereinbar ist, auch unter dem neuen Recht offen (zutr MünchKomm/SONNENBERGER Rn 13; krit dazu FERID, IPR[3] Rn 3–97, 99 ff). Die von Rechtsprechung und Lehre zu Art 27 aF geleisteten Beiträge behalten daher weiterhin ihre Bedeutung, soweit sie nicht durch die ausdrückliche Anordnung von Sachnormverweisungen iSv Art 3 Abs 1 S 2 überholt sind.

Durch die im Rechtsausschuß eingefügte Einschränkung des Prinzips der Gesamt- 85 verweisung soll verhindert werden, daß anderweitige rechtspolitische Ziele des deutschen Rechts – und zwar sowohl materiellrechtliche wie kollisionsrechtliche – durchkreuzt werden. Grundsätzlich ist es zwar Aufgabe des Gesetzgebers, die Voraussetzungen, unter denen ein Renvoi des ausländischen Rechts außer acht gelassen werden soll, selbst festzulegen. Da er dies in Art 3 Abs 1 S 2 iVm Art 12, 18 und Art 35 Abs 1 sowie in Art 4 Abs 2 ausdrücklich getan hat, dürfte im übrigen eine **Vermutung gegen den Ausschluß des Renvoi** sprechen (MünchKomm/SONNENBERGER Rn 22). Der Sinnvorbehalt des Art 4 Abs 1 S 1 ist als Ausnahme vom bewährten Prinzip der Gesamtverweisung daher eng auszulegen (EBENROTH/EYLES IPRax 1989, 1, 10; PALANDT/HELDRICH Rn 6; ERMAN/HOHLOCH Rn 17; aA FLESSNER, Interessenjurisprudenz im IPR [1990] 139). Dem Sinn der inländischen Verweisung widerspricht die Beachtung des Renvoi daher im Personen-, Familien- und Erbrecht nicht etwa schon dann, wenn die ausländische Kollisionsnorm von der inländischen abweicht, indem sie ein anderes Anknüpfungsmoment verwendet oder einen anderen Zeitpunkt für maßgebend erklärt (KROPHOLLER, IPR[2] § 24 II 3 b). Denn nur in solchen Fällen kann es überhaupt zu einer Rück- oder Weiterverweisung kommen, deren Befolgung Art 4 Abs 1 grundsätzlich vorschreibt. Die wenig aussagekräftige Formel vom „Sinn der Verweisung" muß vielmehr durch Herausbildung einzelner Fallgruppen Struktur gewinnen, in denen der Zweck der deutschen Verweisung ausnahmsweise durch die Beachtung des Renvoi verfehlt würde.

b) Alternative Anknüpfungen
Sinnwidrig kann die Berücksichtigung einer Rück- oder Weiterverweisung des aus- 86 ländischen IPR insbesondere in den Fällen sein, in denen der Gesetzgeber die materiellrechtliche Entstehung eines Rechtsverhältnisses durch alternative Mehrfachanknüpfung begünstigen wollte (Günstigkeitsprinzip). Wenn zB Art 19 Abs 1 S 2 die Ehelichkeit eines Kindes oder Art 21 Abs 1 S 2 eine Legitimation durch nachfolgende Eheschließung nicht nur nach dem gemeinsamen Heimatrecht der Eltern, sondern auch nach dem Heimatrecht eines jeden Elternteils eintreten läßt, so gibt

der Gesetzgeber damit zu erkennen, daß er zugunsten eines materiellrechtlichen favor legitimitatis bzw legitimationis sogar eine hinkende Ehelichkeit/Legitimation in Kauf nimmt und damit dem internationalen Entscheidungseinklang nur eine zweitrangige Bedeutung beimißt (MünchKomm/SONNENBERGER Rn 22; KROPHOLLER, IPR^2 § 24 II 3 c; aA KEGEL, IPR^7 § 10 V). Über die Frage, wie dieser wertenden Entscheidung des Gesetzgebers im Rahmen von Art 4 Abs 1 zum Erfolg zu verhelfen ist, besteht freilich in der Literatur keine Einigkeit.

aa) Ausschluß von Rück- und Weiterverweisung

87 Überwiegend läßt man das durch die alternative Anknüpfung begünstigte *materiellrechtliche Ziel* darüber entscheiden, ob eine Rück- oder Weiterverweisung beachtet werden soll oder nicht. Dabei soll nach einer Variante eine Rück- oder Weiterverweisung grundsätzlich angenommen werden und die Beachtung des Renvoi nur dann dem Sinn der Verweisung widersprechen, wenn alle berufenen Rechtsordnungen auf ein und dasselbe Sachrecht verweisen und dieses die Ehelichkeit, Legitimation etc verneint. Für diesen Fall sollen ausnahmsweise die alternativen Gesamtverweisungen in entsprechende Sachnormverweisungen umgedeutet werden können, wenn eines der dadurch berufenen Sachrechte die Ehelichkeit, Legitimation etc bejaht (so vBAR, IPR II Rn 307; MünchKomm/SCHWIMANN Art 19 Rn 5; im Erg auch HEPTING/GAAZ § 21 PStG Rn 172). Demgegenüber soll nach einer zweiten Variante eine Rück- oder Weiterverweisung nur dann beachtlich sein, wenn die Sachnormen des anwendbaren Rechts nicht bereits zum gewünschten materiell-rechtlichen Ziel führen. Hier werden also die alternativen Verweisungen von vornherein als Sachnormverweisungen betrachtet und eine Rück- oder Weiterverweisung überhaupt nur für den Fall geprüft, daß sich aus keinem der hiernach anzuwendenden Sachrechte die Ehelichkeit, Legitimation etc ergibt (so KARTZKE IPRax 1988, 8, 9; KROPHOLLER, IPR § 24 II 3 c; im Erg auch ERMAN/HOHLOCH Rn 19; FIRSCHING/vHOFFMANN, IPR § 6 Rn 113).

bb) Erhaltung der Anknüpfungsalternativen

88 Gegen diese hM hat insbesondere HENRICH eingewandt, daß sie die Suche nach dem anwendbaren Recht mit materiell-rechtlichen Zielsetzungen vermenge, weil mithilfe des Kollisionsrechts nach dem „sachlich" erwünschten Ziel gesucht werde. Aufgabe des Kollisionsrechts sei es aber nur, das „räumlich" sachnächste Recht zu ermitteln. Nach seiner Ansicht wollte der Gesetzgeber zur Erreichung des angestrebten Ziels lediglich mehrere Rechte zur Wahl stellen. Der Zweck der alternativen Anknüpfung würde daher nur dann verfehlt, wenn durch Rück- oder Weiterverweisung die Zahl dieser Alternativen reduziert würde (STAUDINGER/HENRICH [1994] Art 19 Rn 47). Unter Hinweis auf die Äußerung des Rechtsausschusses, wonach eine Rückverweisung dann auszuscheiden habe, „wenn der Sinn einer alternativen Anknüpfung dadurch verfehlt würde, daß trotz Berührung zu verschiedenen Staaten nur ein einziges innerstaatliches Recht anzuwenden wäre, weil alle in Betracht kommenden Rechte auf ein und dieselbe Rechtsordnung (weiter)verweisen" (BT-Drucks 10/5232 S 39), stellen auch andere Autoren maßgeblich darauf ab, daß durch die Beachtung eines Renvoi die Zahl der anwendbaren Rechte nicht verengt werden dürfe (MünchKomm/SONNENBERGER Rn 22; PALANDT/HELDRICH Rn 7; LÜDERITZ, IPR^2 Rn 159). Zur Bewahrung dieser vom Gesetzgeber gewollten Anknüpfungsvielfalt werden alternative Anknüpfungen zT durchgängig als Sachnormverweisungen gewertet (so KÜHNE, in: FS Ferid II [1988] 251, 257 f; RAUSCHER NJW 1988, 2133). Demgegenüber wollen andere eine Rück- oder Weiterverweisung grundsätzlich berücksichtigen, falls hierdurch lediglich eine Anknüp-

fung durch eine andere ersetzt, die Zahl der Anknüpfungsmöglichkeiten aber insgesamt nicht vermindert wird (so STAUDINGER/HENRICH [1994] Art 19 Rn 48).

cc) **Stellungnahme**
Wenn es auch grundsätzlich zutrifft, daß es nach deutschem Verständnis nicht Aufgabe des IPR ist, iS des amerikanischen „better law approach" das sachlich beste, sondern das räumlich nächste Recht zur Anwendung zu bringen, so erleidet dieser Grundsatz doch eine Ausnahme in den Fällen, in denen der Gesetzgeber um eines bestimmten materiell-rechtlichen Ziels willen alternative Anknüpfungen zur Verfügung stellt. In diesen Fällen geht es also nicht allein darum, die Zahl der Anknüpfungsmöglichkeiten durch die Annahme eines Renvoi nicht einzuschränken; vielmehr soll dem durch die alternativen Anknüpfungen begünstigten materiellen Ziel sowohl das Instrument der Gesamtverweisung wie der Sachnormverweisung nutzbar gemacht werden. Bleibt das Kind also im Fall des Art 19 Abs 1 S 2 nach dem vom Heimatrecht eines Elternteils zur Anwendung berufenen Recht seines Aufenthaltslandes nichtehelich, während es nach dem sachlichen Heimatrecht dieses Elternteils ehelich wäre, so widerspricht die Beachtung des Renvoi auch dann dem Sinn der Verweisung, wenn die Zahl der Anknüpfungsmöglichkeiten insgesamt gleichgeblieben ist. Allerdings besteht keine Veranlassung, eine Rück- oder Weiterverweisung in Fällen der alternativen Anknüpfung *grundsätzlich* als sinnwidrig zu erachten und nur dann zu befolgen, wenn eine Sachnormverweisung nicht zu dem gewünschten Ergebnis führt. Der gebotenen restriktiven Auslegung des Sinnvorbehalts (s o Rn 85) entspricht es besser, den Grundsatz der Gesamtverweisung auch in diesen Fällen zu beachten und eine Umdeutung in eine Sachnormverweisung auf Fälle zu beschränken, in denen nur auf diese Weise das angestrebte materielle Ziel erreicht werden kann.

Da Art 4 Abs 1 S 1 eine zu den allgemeinen Lehren des IPR zählende Regel aufstellt, kann die Vorschrift auch für die noch nicht kodifizierten Teile des besonderen IPR Geltung beanspruchen. Zunehmende praktische Bedeutung hat die Renvoi-Problematik vor allem im **internationalen Deliktsrecht** erlangt. Denn dort wird bei einem Auseinanderfallen von Handlungs- und Erfolgsort heute ebenfalls alternativ nach dem Günstigkeitsprinzip angeknüpft (vgl HOHLOCH, Deliktsstatut [1984] 202 ff). Auch in diesen Fällen ist durch einen Vergleich der mit Hilfe von Sachnorm- und Gesamtverweisungen ermittelten Rechte festzustellen, welches materielle Recht dem Geschädigten am günstigsten ist. Das günstigere Ergebnis bestimmt dann die Art der zum Zuge kommenden Verweisung (ERMAN/HOHLOCH Rn 20; aA MünchKomm/ SONNENBERGER Rn 23; dazu näher u Rn 289 ff mwN).

c) **Akzessorische Anknüpfungen**
Ob in Fällen der akzessorischen Anknüpfung – abweichend vom Prinzip des Art 4 Abs 1 S 1 – eine Sachnormverweisung anzunehmen ist, hängt von der Funktion der jeweiligen Anknüpfungsregeln ab. Nur wenn mit der Akzessorietät die einheitliche *materiell-rechtliche* Beurteilung eines Lebenssachverhalts bezweckt wird, erstreckt sich ein für die Hauptanknüpfung angeordneter Ausschluß des Renvoi auch auf die akzessorische Anknüpfung.

aa) **Außervertragliches Schuldrecht**
Diese Voraussetzung ist insbesondere bei den akzessorischen Anknüpfungen auf

dem Gebiet des außervertraglichen Schuldrechts regelmäßig erfüllt. Konkurrieren etwa vertragliche und deliktische Ansprüche, so ergreift der für die vertragliche Anknüpfung angeordnete Ausschluß des Renvoi in Art 35 Abs 1 auch die konkurrierenden deliktischen Ansprüche, weil die Befolgung eines Renvoi bezüglich der letzteren zu einer kollisionsrechtlichen Spaltung führen könnte, die durch die akzessorische Anknüpfung gerade vermieden werden soll (KROPHOLLER, IPR² § 24 II 3d; FIRSCHING/vHOFFMANN, IPR § 6 Rn 114; dazu näher u Rn 301). Entsprechendes gilt etwa, soweit *Bereicherungsansprüche* dem Recht des fehlgeschlagenen Vertrages unterworfen werden; denn auch hier gebietet die materielle Ausgleichsfunktion der bereicherungsrechtlichen Normen eine Harmonisierung mit den Normen des Vertragsstatuts, so daß grundsätzlich von einer Sachnormverweisung auszugehen ist (MünchKomm/SONNENBERGER Rn 22; dazu näher u Rn 287).

bb) Familienrecht

93 In anderen Fällen akzessorischer Anknüpfung fehlt es an einem solchen Zwang zur Harmonisierung. Dies gilt insbesondere für die akzessorischen Anknüpfungen im internationalen Familienrecht. Zwar wird durch die Verweisungen in Art 15 Abs 1 (Güterrechtsstatut), Art 17 Abs 1 S 1 (Scheidungsstatut), Art 17 Abs 3 S HS 1 (Versorgungsausgleichsstatut), Art 19 Abs 1 S 1 (Abstammungsstatut), Art 19 Abs 2 S 1 (Kindschaftsstatut), Art 21 Abs 1 S 1 (Legitimationsstatut) und Art 22 S 2 (Adoptionsstatut) ebenfalls ein einheitliches Familienstatut intendiert (JAYME IPRax 1986, 265, 266; PALANDT/HELDRICH Art 14 Rn 1). Diese Einheitlichkeit des Familienstatuts wird indes schon im deutschen IPR nur ansatzweise verwirklicht. Denn während das Ehewirkungsstatut selbst wandelbar ist, werden Güterrechts-, Scheidungs-, Abstammungs- und Legitimationsstatut *unwandelbar* angeknüpft. Ferner wird im internationalen Kindschaftsrecht durchgängig nur auf das objektiv bestimmte Ehewirkungswirkungsstatut nach Art 14 Abs 1 verwiesen, so daß eine von den Ehegatten getroffene *Rechtswahl* nach Art 14 Abs 2 oder 3 für die akzessorische Anknüpfung außer Betracht bleibt. Schließlich können die Ehegatten im internationalen Güterrecht die akzessorische Anknüpfung durch eine Rechtswahl nach Art 15 Abs 2 selbst beseitigen. Da das deutsche IPR somit in vielfältiger Weise eine Spaltung des Familienstatuts in Kauf nimmt, ist es nicht gerechtfertigt, den Grundsatz der Gesamtverweisung nach Art 4 Abs 1 S 1 in den Fällen einer akzessorischen Anknüpfung im internationalen Familienrecht einzuschränken und das Interesse am internationalen Entscheidungseinklang zurücktreten zu lassen (zutr HENRICH FamRZ 1986, 841; RAUSCHER NJW 1988, 2132, 2134; KARTZKE IPRax 1988, 8, 10 f; EBENROTH/EYLES IPRax 1989, 1, 12; DÖRNER StAZ 1990, 1, 4 f; KROPHOLLER, IPR² § 24 II 3 d; FIRSCHING/vHOFFMANN, IPR § 6 Rn 115). Bei den akzessorischen Anknüpfungen an das Ehewirkungsstatut handelt es sich mithin nur um kürzelartige Bezugnahmen auf ein gleichberechtigungskonformes Anknüpfungsmodell, das der Gesetzgeber im internationalen Familienrecht für vorbildlich hielt. Die genannten Verweisungen sind daher so zu lesen, als enthielten sie selbst die Anknüpfungstatbestände des Art 14 Abs 1 (KARTZKE aaO; S LORENZ IPRax 1992, 305, 308; PALANDT/HELDRICH Rn 9; MünchKomm/SONNENBERGER Rn 22; zu den einzelnen akzessorischen Anknüpfungen näher u Rn 174, 187, 200, 210, 218, 230, 237).

94 Ist mit dem Ziel der Familieneinheit somit nur eine **kollisionsrechtliche Einheit** gemeint (RAUSCHER NJW 1988, 2151, 2154) und hat es der IPR-Gesetzgeber durch seine Grundsatzentscheidung für den Renvoi zur Wahrung des internationalen Entscheidungseinklangs einkalkuliert, daß andere Rechtsordnungen keine solche „Parallel-

schaltung" (S LORENZ IPRax 1992, 305, 307) der Anknüpfungen im internationalen Familienrecht vorsehen, so ist im Fall des Art 15 Abs 1 die güterrechtliche, im Fall des Art 17 Abs 1 S 1 die scheidungsrechtliche, im Fall des Art 19 Abs 1 S 1 die abstammungsrechtliche Kollisionsnorm des fremden Rechts heranzuziehen. Hingegen ist es aus deutscher Sicht unerheblich, wie das ausländische IPR in den genannten Fällen das *Ehewirkungsstatut* bestimmt. Die Störung des Gleichlaufs zwischen Ehewirkungsstatut und den akzessorischen Anknüpfungen des deutschen internationalen Familienrechts aufgrund abweichender Qualifikation im ausländischen Kollisionsrecht widerspricht daher nicht dem Sinn der Verweisungen in Art 15 Abs 1, 17 Abs 1 S 1, 19 Abs 1, S 1 usw (KARTZKE aaO; S LORENZ aaO; EBENROTH/EYLES aaO). Auf die fremde Kollisionsnorm zur Bestimmung des Ehewirkungsstatuts kommt es somit im Rahmen des Renvoi nur ausnahmsweise dann an, wenn das fremde Kollisionsrecht insoweit gleichfalls akzessorisch anknüpft, also zB zwischen allgemeinen und güterrechtlichen Ehewirkungen nicht unterscheidet und deshalb im Ergebnis das Güterrecht dem Ehewirkungsstatut unterstellt.

Auch wenn der Gedanke der Akzessorietät somit den Ausschluß von Rück- und Weiterverweisung im internationalen Familienrecht nicht trägt, sollte man hiervon doch eine Ausnahme für den Fall einer von den Parteien getroffenen **Rechtswahl des Ehewirkungsstatuts** nach Art 14 Abs 2 bzw 3 anerkennen und den in Art 4 Abs 2 festgelegten Ausschluß des Renvoi (dazu u Rn 103 ff) im Interesse der Vorhersehbarkeit und des Vertrauensschutzes auch auf die güter- und scheidungsrechtlichen Folgen dieser Rechtswahl erstrecken. Zwar wählen die Ehegatten unmittelbar nur das Ehewirkungsstatut; ihre eigentliche Bedeutung entfaltet diese Rechtswahl jedoch vor allem im Güter- und Scheidungsrecht. Das Vertrauen der Ehegatten in das – mittelbar – festgelegte Güter- bzw Scheidungsstatut könnte aber durch die Befolgung eines Renvoi enttäuscht werden (KARTZKE IPRax 1988, 8, 10 f; DÖRNER StAZ 1990, 4 f; FIRSCHING/vHOFFMANN, IPR § 6 Rn 110; KROPHOLLER aaO; aA RAUSCHER NJW 1988, 2154; KÜHNE, in: FS Ferid [1988] 251, 263; EBENROTH/EYLES IPRax 1989, 1, 11 f; dazu näher u Rn 185 und 198).

d) Anknüpfung an die „engste Beziehung"
Die Beachtung einer Rück- oder Weiterverweisung könnte ferner auch dann dem Sinn der Verweisung widersprechen, wenn das deutsche Kollisionsrecht diejenige Rechtsordnung für maßgeblich erklärt, mit der der Sachverhalt die engste Verbindung aufweist. Denn diese Anknüpfung ist nicht das Ergebnis der Verwendung typisierender Kriterien wie der Staatsangehörigkeit oder des gewöhnlichen Aufenthalts, sondern beruht auf einer umfassenden Würdigung aller Umstände des Einzelfalles. Die vom deutschen IPR für diesen konkreten Einzelfall getroffene Wertung könnte daher uU durch die Beachtung eines Renvoi verfehlt werden, weil damit im Ergebnis den – von unseren Vorstellungen abweichenden – Wertungen des ausländischen IPR zur Durchsetzung verholfen würde. Aus diesem Grunde wird die Anknüpfung aufgrund der engsten Verbindung zT notwendig als Verweisung auf die Sachnormen der für anwendbar erklärten Rechtsordnung angesehen (PALANDT/HELDRICH Rn 8; ERMAN/HOHLOCH Rn 18; ferner etwa LAGARDE Rec des Cours 1986 I 92 f).

aa) Allgemeine Ausweichklauseln
Dieser Auffassung ist für den Bereich des internationalen Schuldvertragsrechts (vgl Art 28 Abs 1 S 1 und Abs 5, Art 30 Abs 2 aE) bereits wegen Art 35 Abs 1 zuzustim-

men. Gleiches muß aber auch auf anderen Rechtsgebieten gelten, soweit das – kodifizierte oder richterrechtliche – Kollisionsrecht allgemeine Ausweichklauseln anerkennt, die es dem Richter ermöglichen, von den typisierten Primäranknüpfungen abzuweichen, wenn der Sachverhalt mit dem Recht eines anderen Staates eine wesentlich engere Verbindung aufweist. Diese Möglichkeit sieht der Entwurf des BMJ für ein IPR-Ergänzungsgesetz insbesondere für das internationale Deliktsrecht (Art 41) und für das internationale Sachenrecht (Art 43 Abs 4) vor. Hat der deutsche Richter aufgrund einer solchen individualisierenden Anknüpfung unter Berücksichtigung der atypischen Verhältnisse des Einzelfalles den Schwerpunkt des Rechtsverhältnisses im Staate A ermittelt, so würde ein Renvoi auf ein Recht, das aus deutscher Sicht notwendigerweise weniger eng mit dem Sachverhalt verknüpft ist, in der Tat dem Sinn der deutschen Verweisung widersprechen. Dies gilt vor allem dann, wenn das IPR der aus deutscher Sicht maßgebenden Rechtsordnung aus Gründen der Rechtssicherheit nur typisierende Anknüpfungsmerkmale verwendet und deshalb den besonderen Umständen des Einzelfalles nicht gerecht werden kann (vgl idS auch BATIFFOL/LAGARDE, DIP I^8 n 301 ff).

bb) Effektive Staatsangehörigkeit
98 Die vorstehenden Erwägungen gelten entsprechend im Rahmen der Ermittlung der effektiven Staatsangehörigkeit eines Doppel- oder Mehrstaaters mit Hilfe des Kriteriums der engsten Verbindung. Führt also die Verweisung in Art 5 Abs 1 S 1 zu einem Heimatrecht, dessen Kollisionsrecht nun gerade auf das andere Heimatrecht weiterverweist, so ist der Mehrstaater mit diesem Recht aus unserer Sicht notwendig weniger eng verbunden. Damit widerspricht die Befolgung des Renvoi aber dem Sinn der Verweisung (SIEHR IPRax 1987, 4,5; MünchKomm/BIRK Art 25 Rn 96; aA MünchKomm/SONNENBERGER Rn 22).

cc) Hilfsanknüpfung in Art 14 Abs 1 Nr 3
99 Aus ähnlichen Gründen wird ein Ausschluß von Rück- oder Weiterverweisung nach Abs 1 S 1 HS 2 auch im Fall der Anknüpfung des Ehewirkungsstatuts an die gemeinsame engste Verbindung der Ehegatten (Art 14 Abs 1 Nr 3) befürwortet (SIEHR, Die gemischtnationale Ehe im IPR, in: FS Ferid [1988] 433, 441; PILTZ, Internationales Scheidungsrecht [1988] 58; JOHANNSEN/HENRICH, EheR Art 17 Rn 17; PALANDT/HELDRICH Rn 8; grundsätzlich auch STOLL, in: FS Keller [1989] 521). Bei der Frage nach dem Sinn der Verweisung in Art 14 Abs 1 Nr 3 ist indes zu berücksichtigen, daß es sich bei der Anknüpfung an die engste Verbindung um die letzte Stufe der familienrechtlichen Anknüpfungsleiter handelt. Sie dient also – im Gegensatz zu den zuvor behandelten allgemeinen Ausweichklauseln und zu Art 5 Abs 1 S 1 – weniger einer Individualisierung der Anknüpfung, als vielmehr der Suche nach einem gleichberechtigungskonformen Anknüpfungspunkt in solchen Fällen, in denen die vorrangige Anknüpfung an die (frühere) gemeinsame Staatsangehörigkeit und an den (früheren) gemeinsamen gewöhnlichen Aufenthalt versagt. Versteht man aber die Verweisungen mit Hilfe der (stärkeren) primären gesetzlichen Anknüpfungspunkte als Gesamtverweisungen, so ist nicht zu sehen, warum im Falle der (schwächeren) Aushilfsanknüpfung davon abgewichen werden soll. Beachtet man also einen Renvoi des gemeinsamen Heimat- oder Aufenthaltsrechts der Eheleute im Rahmen von Art 14 Abs 1 Nr 1 und 2, so läßt sich nur schwer begründen, warum bei einem Scheitern dieser Anknüpfungen die Aushilfsanknüpfung nach Nr 3 als Sachnormverweisung behandelt werden soll (zutr VBAR, IPR I Rn 622 und IPR II Rn 208; PIRRUNG, IPR 110; KROPHOLLER, IPR^2 § 24 II 3 a;

FIRSCHING/vHOFFMANN, IPR § 6 Rn 116; KARTZKE IPRax 1988, 8, 9; KÜHNE, in: FS Ferid [1988] 251, 262; EBENROTH/EYLES IPRax 1989, 1, 11; MünchKomm/SONNENBERGER Rn 22; HEPTING/GAAZ, PStG vor § 11 EheG Rn 24; einschränkend ERMAN/HOHLOCH Rn 18 aE, der eine Gesamtverweisung nur annehmen will, wenn Art 14 Abs 1 Nr 3 nicht unmittelbar, sondern aufgrund einer akzessorischen Anknüpfung [zB nach Art 15 Abs 1, 17 Abs 1 S 1 usw] Anwendung findet. Für eine Einzelfallprüfung RAHM/BREUER, Hdb des FamGVerf VIII Rn 76).

e) Anlehnung an staatsvertragliche Anknüpfung

100 Von einer Sachnormverweisung wird teilweise auch dann ausgegangen, wenn der Gesetzgeber eine Verweisungsnorm in Anlehnung an eine staatsvertragliche Regelung formuliert hat und diese eine Sachnormverweisung enthält (so – wegen Art 1, 2 Haager MSA – für Art 20 Abs 2 MünchKomm/KLINKHARDT Art 20 Rn 31; dazu näher u Rn 228 f). Gegen diese Ansicht bestehen indes Bedenken. Denn in den beiden wichtigsten Normen dieser Art, nämlich in Art 18 und 26 EGBGB, ergibt sich der Charakter der Sachnormverweisung unmittelbar aus dem Wortlaut. Wenn der Gesetzgeber in anderen Fällen – wie etwa in Art 20 Abs 2 – auf eine entsprechende Klarstellung verzichtet hat, so dürfte dies gegen seine Absicht sprechen, sich der staatsvertraglichen Regelung soweit anzunähern, daß auch der Grundsatz der Gesamtverweisung preisgegeben werden sollte (MünchKomm/SONNENBERGER Rn 22).

f) Gleichheitswidrige ausländische Kollisionsnorm

101 Als unvereinbar mit dem Sinn der deutschen Verweisung wird zT auch die Anwendung fremder Kollisionsnormen erachtet, die sich von anderen Wertungen leiten lassen als das deutsche Kollisionsrecht. Hierzu wird insbesondere der Fall gerechnet, daß eine dem Art 3 Abs 2 GG entsprechende Verweisung des deutschen internationalen Familienrechts auf ein ausländisches Recht stößt, in dem – wie zB in den vom Islam geprägten Rechten (dazu Anh Rn 446 ff) – der Grundsatz der Gleichberechtigung von Mann und Frau kollisionsrechtlich noch nicht verwirklicht ist (so BGH 17. 9. 1986, NJW 1987, 583 m Anm RAUSCHER = IPRax 1987, 114 m Anm HENRICH 93 = IPRspr 1986 Nr 58 und BGH 8. 4. 1987, FamRZ 1987, 679 = NJW 1988, 638 = IPRax 1988, 100 m Anm SCHURIG 88 = IPRspr 1987 Nr 47 b zu der damals in Italien noch geltenden güterrechtlichen Kollisionsregel in Art 2 des Haager Ehewirkungsabkommens von 1905; ebenso SIEHR, in: FS Ferid [1988] 442; GEIMER DNotZ 1985, 102, 108 f, sowie schon früher RAAPE/STURM, IPR I 171 und 221). Dahinter steht die Erwägung, daß die vom BVerfG erzwungene Reform des deutschen IPR im Ergebnis unterlaufen würde, wenn über die Beachtung eines Renvoi nach Art 4 Abs 1 S 1 HS 1 gleichberechtigungswidrige Kollisionsnormen des ausländischen IPR doch wieder zur Bevorzugung des Mannes-/Vaterrechts führen könnten.

102 Die Auffassung, die den Sinn der deutschen Verweisungen des internationalen Familienrechts iSv Art 4 Abs 1 S 1 HS 2 in der Gleichberechtigungskonformität sieht, überzeugt freilich nicht. Der Sinnvorbehalt ist **kein Instrument zur Korrektur der Anwendung des ausländischen IPR**; er schließt vielmehr von vornherein aus, daß die deutsche Verweisung das ausländische Kollisionsrecht erfaßt, weil das deutsche Recht hierfür besondere Gründe hat. Die Schranke des Art 4 Abs 1 S 1 HS 2 greift mithin unabhängig davon ein, welchen Inhalt die ausländischen Kollisionsnormen haben. Die Ausschaltung gleichheitswidrigen fremden Kollisionsrechts kann nur mit Hilfe des ordre public-Vorbehalts in Art 6 erfolgen, der die Grundrechte in S 2 ausdrücklich zum Bestandteil der deutschen öffentlichen Ordnung erklärt (zutr KARTZKE IPRax 1988, 1, 11; SCHURIG IPRax 1988, 88, 93; EBENROTH/EYLES IPRax 1989, 1, 11; KROPHOLLER,

IPR² § 24 II 3 b; HENRICH IntFamR § 2 I 2 d; PALANDT/HELDRICH Rn 9; MünchKomm/SONNENBERGER Rn 22). Dabei ist freilich zu beachten, daß es nicht Aufgabe von Art 6 ist, den Inhalt ausländischer Vorschriften abstrakt an den deutschen Grundrechten und insbesondere am Gleichberechtigungsgebot des Art 3 Abs 2 GG zu messen, sondern nur das mit ihnen erzielte sachliche *Ergebnis*. Daraus folgt, daß ein Renvoi grundsätzlich auch dann zu beachten ist, wenn er auf einer Kollisionsnorm beruht, die der Verweisung auf das Mannesrecht den Vorzug gibt. Etwas anderes gilt nur dann, wenn die Anwendung der gleichberechtigungswidrigen fremden Kollisionsnorm im konkreten Einzelfall zu einem untragbaren Ergebnis führt. Dies ist aber nur dann der Fall, wenn die Verweisung zur Anwendung eines Rechts führt, das die Frau *materiellrechtlich* unerträglich benachteiligt; davon kann insbesondere in den Fällen einer Rückverweisung auf deutsches Recht grundsätzlich nicht ausgegangen werden (vgl PALANDT/HELDRICH Art 6 Rn 9; MünchKomm/SONNENBERGER Art 6 Rn 46, 48). Unbedenklich ist es in jedem Falle, die *Annahme* der – zB auf das Recht des gemeinsamen gewöhnlichen Aufenthalts von Ehegatten gerichteten – deutschen Verweisung durch ein fremdes Kollisionsrecht zu beachten, das seinerseits gleichheitswidrig anknüpft (vgl OLG Karlsruhe 16. 2. 1989, IPRax 1990, 122 m Anm JAYME 102 = IPRspr 1989 Nr 87: Ehegüterrecht/Italien).

4. Rechtswahl (Abs 2)

a) Grundsatz

103 Bis zur IPR-Reform von 1986 war nicht eindeutig geklärt, ob und unter welchen Umständen eine von den Beteiligten getroffene Rechtswahl sich auf das IPR des gewählten Rechts beziehen konnte und in welchen Fällen eine auf fremdes Kollisionsrecht gerichtete Rechtswahl überhaupt zulässig war. Der Reformgesetzgeber hat diese Frage nunmehr in Art 4 Abs 2 eindeutig beantwortet. Während ursprünglich daran gedacht war, eine Rechtswahl nur im Zweifel als Sachnormwahl zu erachten, also eine bloße *Auslegungsregel* zu normieren (vgl KÜHNE, IPR-Gesetz-Entwurf 46 f), stellt Art 4 Abs 2 nunmehr klar, daß in allen Fällen einer vom Gesetz zugelassenen Rechtswahl – außerhalb des Schuldvertragsrechts, für das Rück- und Weiterverweisung überhaupt ausgeschlossen sind (Art 35 Abs 1; dazu näher u Rn 283) – nur Sachvorschriften für anwendbar erklärt werden können und ein Renvoi damit nicht zu beachten ist (PALANDT/HELDRICH Rn 11; MünchKomm/SONNENBERGER Rn 64; aA RAUSCHER NJW 1988, 2152; vgl ferner KÜHNE IPRax 1987, 70 ff).

b) Anwendungsfälle

104 Die Fälle einer Rechtswahl außerhalb des Schuldvertragsrechts, bei denen sich Art 4 Abs 2 auswirkt, sind verhältnismäßig selten. Die namensrechtlichen Wahlmöglichkeiten nach Art 10 Abs 2 und 3, sowie die erbrechtlichen nach Art 25 Abs 2 sind so gefaßt, daß ohnehin nur eine Sachrechtswahl in Betracht kommt. Damit hat die Schranke des Art 4 Abs 2 vor allem Bedeutung für die Rechtswahl auf dem Gebiet der persönlichen Ehewirkungen (Art 14 Abs 2 und 3), sowie im internationalen Ehegüterrecht (Art 15 Abs 2 bzw Art 220 Abs 3 S 1 Nr 2; vgl dazu BGH 8. 4. 1987, IPRax 1988, 100, 103 m zust Anm SCHURIG 88, 93). Darüber hinaus beschränkt Art 4 Abs 2 die Rechtswahl auch in den vom Richterrecht anerkannten Fällen der Wahl des auf einen deliktsrechtlichen Schadensersatzanspruch anwendbaren Rechts (dazu STAUDINGER/vHOFFMANN¹² Art 38 nF Rn 146 f; ferner Art 42 EGBGB idF des RefE 1993) auf die Wahl des maßgebenden Sachrechts (dazu näher u Rn 302 f).

c) Rechtsfolgen

Eine gegen Art 4 Abs 2 verstoßende Vereinbarung ist unwirksam; in den von der 105 Vorschrift erfaßten Fällen kommt auch einer ausdrücklichen Wahl des fremden Rechts einschließlich seiner Kollisionsnormen keine Wirkung zu (MünchKomm/Sonnenberger Rn 66; Palandt/Heldrich Rn 11; vBar, IPR I Rn 620; aA – zum Schuldvertragsrecht – Schröder IPRax 1987, 92; Erman/Hohloch Rn 14). Eine Umdeutung der getroffenen Rechtswahl in eine Sachnormverweisung kommt allenfalls in Betracht, wenn das gewählte Kollisionsrecht zum Sachrecht des gleichen Staates führt (MünchKomm/Sonnenberger aaO). Im übrigen tritt an die Stelle der unwirksamen Vereinbarung die objektive Anknüpfung; verstößt also eine Rechtswahl nach Art 14 Abs 2 oder 3 gegen Art 4 Abs 2, so beurteilen sich die Ehewirkungen nach Art 14 Abs 1 Nr 2 bzw 3.

IV. Innerdeutsches Kollisionsrecht

Rück- oder Weiterverweisung waren bisher auch im innerdeutschen Kollisionsrecht 106 zu beachten, wenn die Kollisionsnormen der Bundesrepublik Deutschland auf das Recht der DDR verwiesen und dieses das Recht der Bundesrepublik oder eines dritten Staates für anwendbar erklärte (BGH 16. 5. 1979, BGHZ 91, 186, 197 = FamRZ 1979, 793 = IPRspr 1979 Nr 113; BGH 16. 5. 1984, IPRax 1985, 37, 40 m Anm vBar 18 = IPRspr 1984 Nr 63; KG 15. 3. 1985, OLGZ 1985, 179 = IPRspr 1985 Nr 113; KG 29. 9. 1987, NJW 1988, 341 = IPRspr 1987 Nr 41; OLG Stuttgart 6. 9. 1985, IPRspr 1985 Nr 63; AG Ahrensburg 7. 8. 1989, IPRspr 1989 Nr 150; Wohlgemuth ROW 1985, 162; Mansel DtZ 1990, 232; Staudinger/Graue[12] Art 27 aF Rn 175 ff, 391 ff mwN). Seit dem Beitritt der früheren DDR zur Bundesrepublik und dem damit verbundenen Außerkrafttreten des RAG ist das innerdeutsche Kollisionsrecht vereinheitlicht (vgl Art 230 Abs 2 EGBGB). Eine Rück- oder Weiterverweisung kommt daher insoweit nicht mehr in Betracht (Palandt/Heldrich Rn 4; Erman/Hohloch Rn 10).

V. Rück- und Weiterverweisung im Verfahrensrecht

1. Nichtfeststellbarkeit eines Renvoi

Läßt sich im Einzelfall nicht feststellen, ob das zur Anwendung berufene fremde 107 Kollisionsrecht eine Rück- oder Weiterverweisung ausspricht, so will die in der Literatur vorherrschende Meinung diejenigen Regeln anwenden, die allgemein bei Nichtfeststellbarkeit ausländischen Rechts zum Zuge kommen (Kegel, IPR[7] § 10 VI aE; Soergel/Kegel[11] Art 27 aF Rn 39; vBar, IPR I Rn 624; Kreuzer NJW 1983, 1943; Ebke RabelsZ 48 [1984] 337 f). Demgegenüber ist zu betonen, daß die Nichtfeststellbarkeit der Existenz oder des Gehalts einer fremden Kollisionsnorm mit der Nichtfeststellbarkeit ausländischen Sachrechts nicht ohne weiteres vergleichbar ist. Läßt sich das ausländische Sachrecht nicht feststellen, so muß zwingend eine Ersatzlösung gefunden werden, weil man anderenfalls dem Kläger den Rechtsschutz verweigern würde. Demgegenüber besteht die Funktion des Renvoi nur darin, eine bestehende Anknüpfungsdifferenz zwischen dem verweisenden IPR und dem zur Anwendung berufenen IPR zu entscheiden. Kann eine solche Disharmonie nicht festgestellt werden, so besteht kein Bedürfnis, die vom eigenen IPR ausgesprochene Verweisung zurücktreten zu lassen. Es ist dann ebenso wie in Fällen einer Sachnormverweisung zu verfahren (MünchKomm/Sonnenberger Rn 63; Spellenberg IPRax 1992, 233, 236). Von einer Nichtfeststellbarkeit einer ausländischen Kollisionsnorm kann freilich nur ausgegangen werden, wenn sämtliche Erkenntnis- und Auslegungsmöglichkeiten ausgeschöpft worden sind. Insoweit gelten die gleichen Voraussetzungen wie für die Annahme der Nichtfeststellbarkeit ausländischen Sachrechts (dazu näher MünchKomm/ SONNENBERGER Einl Rn 453).

2. Revisibilität der Anwendung ausländischer Kollisionsnormen

108 Nach dem eindeutigen Wortlaut des § 549 Abs 1 ZPO darf eine Revision nur auf die Verletzung inländischen Rechts gestützt werden. Dementsprechend ist gemäß § 562 ZPO die Entscheidung des Berufungsgerichts über das Bestehen und den Inhalt nicht revisiblen Rechts für die in der Revisionsinstanz ergehende Entscheidung maßgebend. Damit wird dem Revisionsgericht die Nachprüfung von Entscheidungen der Vorinstanzen insoweit entzogen, als diese auf der Anwendung ausländischen Rechts beruhen. Eine Ausnahme gilt namentlich im FGG-Verfahren, wo auch ausländisches Recht vom Gericht der weiteren Beschwerde in vollem Umfang nachzuprüfen ist (BGH 4. 3. 1960, FamRZ 1960, 229, 230 = IPRspr 1960/61 Nr 128; BGH 4. 10. 1990, NJW 1991, 3088 = IPRspr 1990 Nr 73). Angesichts der immer stärkeren Verflechtung des in- und ausländischen Rechtsverkehrs und der sich hieraus ergebenden Bedürfnisse nach zentraler Auswertung vorhandener Erkenntnisquellen ist die eingeschränkte Revisibilität von Auslandsrecht zu bedauern (ebenso KEGEL, IPR[7] § 15 IV). Der Grundsatz läßt sich auch, wie das Beispiel der Rück- und Weiterverweisung zeigt, nicht überall durchhalten. Denn ob die von der Praxis gewünschte Folge der Rückverweisung, nämlich die Anwendung deutschen Sachrechts, nach Art 4 Abs 1 S 2 wirklich eintritt, kann zuverlässig nur entschieden werden, wenn die fremde Kollisionsnorm, die angeblich eine Rückverweisung anordnet, auf ihre Anwendbarkeit ebenso sorgfältig geprüft worden ist wie die sie auslösende deutsche Kollisionsnorm.

a) Rückverweisende Kollisionsnormen

109 Die Rechtsprechung hat daher schon vor der IPR-Reform von 1986 die für eine Rückverweisung maßgeblichen Kollisionsnormen des fremden Rechts in die revisionsrechtliche Prüfung des Art 27 aF einbezogen. Der Inhalt des ausländischen Rechts wurde insoweit bereits vom RG lediglich als „Vorfrage" für die Entscheidung über die Anwendbarkeit der deutschen Gesetze gesehen (RG 2. 6. 1932, RGZ 136, 361, 362). Dementsprechend hat auch der BGH in der bereits mehrfach erwähnten Grundsatzentscheidung zum Renvoi im internationalen Vertragsrecht selbst geprüft, ob das von der deutschen Kollisionsnorm bezeichnete (italienische) Recht des Erfüllungsortes auf das (deutsche) Recht des Abschlußortes zurückverweise, und hat diese Frage bejaht; in derselben Entscheidung wies er auch das Argument zurück, eine Rückverweisung durch das italienische Recht dürfe nicht berücksichtigt werden, weil das italienische Recht selbst die Rückverweisung nicht annehme (BGH 14. 2. 1958, NJW 1958, 750, 751 = IPRspr 1958/59 Nr 39). Ebenso prüfte der BGH auch die Voraussetzungen einer *Teilrückverweisung* durch amerikanische Kollisionsnormen auf deutsches Belegenheitsrecht nach; er bejahte – allerdings aufgrund unzulänglicher Erkenntnisquellen – die Frage, ob diese Kollisionsnormen dem deutschen Recht die Abgrenzung zwischen unbeweglichem und beweglichem Vermögen überließen (BGH 5. 6. 1957, BGHZ 24, 352 = NJW 1957, 1316 = IPRspr 1956/1957 Nr 146). Auch wenn eine Rückverweisung nicht in Betracht kam, wie etwa bei der Anwendung österreichischen Rechts auf einen Kranzgeldanspruch, hat der BGH dies ausdrücklich hervorgehoben (BGH 21. 11. 1958, BGHZ 28, 375, 380 = JZ 1959, 486 m Anm DÖLLE = NJW 1959, 529 m Anm LÜDERITZ 1032 = IPRspr 1958/59 Nr 110). Daran hat sich auch unter der Geltung des Art 4 Abs 1 nF nichts geändert. Da das fremde Kollisionsrecht nicht der Entscheidung des Streitfalles dient, sondern nur die Vorfrage entscheidet, welches Sachrecht anwendbar ist, unterliegt es in vollem Umfang der Nachprüfung durch das Revisionsgericht (BGH 6. 11. 1991, NJW 1992, 438 = IPRspr 1991 Nr 6; MünchKomm/SONNENBERGER Einl Rn 480; MünchKomm/WALCHSHÖFER § 549 ZPO Rn 13).

b) Weiterverweisende Kollisionsnormen
Die Frage einer möglichen Weiterverweisung wurde dagegen bis zur IPR-Reform von 1986 als nicht revisibel angesehen. Im Falle einer belgischen Erblasserin, deren unbewegliches Vermögen in Österreich und deren bewegliches Vermögen teilweise in der Schweiz belegen war, und die durch ein in der Schweiz errichtetes Testament die Anwendung belgischen Rechts vorgeschrieben hatte, war das Berufungsgericht der Ansicht, daß die Kollisionsnormen des maßgeblichen belgischen Rechts Teilweiterverweisungen auf österreichisches und schweizerisches Recht aussprachen; die von der Erblasserin vorgenommene Rechtswahl sei jedoch nach dem Recht des schweizerischen Errichtungsortes zulässig und führe zur Anwendung belgischen Rechts auf den gesamten Nachlaß, womit auch der internationale Entscheidungseinklang hergestellt werde. Der BGH hielt sich nicht für befugt, die sich aus den belgischen Kollisionsnormen ergebende Weiterverweisung nachzuprüfen; insbesondere ging er nicht auf die mit der Revision aufgeworfene Frage ein, ob die nochmalige Rückverweisung der schweizerischen Kollisionsnorm auf das von der Erblasserin gewählte belgische Recht aus deutscher Sicht überhaupt berücksichtigt werden dürfte (BGH 2. 5. 1966, BGHZ 45, 351, 355 = NJW 1966, 2270 = IPRspr 1966/1967 Nr 3). Diese Selbstbeschränkung ist zu bedauern. Für sie bestand schon unter Geltung von Art 27 aF kein Anlaß. Dies gilt erst recht nach der Neuregelung in Art 4 Abs 1, die ausdrücklich die Anwendung des IPR der verwiesenen Rechtsordnung vorschreibt, ohne zwischen Rück- und Weiterverweisung zu unterscheiden. Auch die Frage, ob das vom deutschen IPR zur Anwendung berufene Recht eine Weiterverweisung auf das Recht eines dritten Staates ausspricht, betrifft somit die richtige Anwendung von Art 4 Abs 1 S 1 und sollte insoweit einer Nachprüfung durch das Revisionsgericht zugänglich gemacht werden.

110

c) Rückverweisende Zuständigkeitsnormen
Eine Rückverweisung sprechen auch diejenigen Vorschriften des ausländischen Rechts (zB der amerikanischen Einzelstaaten) aus, die nur einseitig die internationale Zuständigkeit der eigenen Gerichte regeln, damit aber zugleich unter entsprechenden Voraussetzungen – Wohnsitz bzw ständiger Aufenthalt der Betroffenen im Gerichtsstaat – ausländischen Gerichten die internationale Zuständigkeit überlassen und diesen aufgrund des anerkannten Gleichlaufs zwischen Zuständigkeit und anwendbarem Recht die Entscheidung nach Maßgabe der lex fori gestatten (s o Rn 72 ff). Ob eine solche „versteckte" Rückverweisung wirklich vorliegt, kann ohne Prüfung der fremden Zuständigkeitsnormen nicht endgültig festgestellt werden. Damit ist auch die richtige Auslegung und Anwendung dieser Jurisdiktionsnormen vom Revisionsgericht zu überprüfen (vBAR, IPR I Rn 544). Für die Weiterverweisung sollte entsprechend dem zuvor Gesagten dasselbe gelten.

111

VI. Rück- und Weiterverweisung in Staatsverträgen

1. Allgemeines

112 Kollisionsnormen in Staatsverträgen gehen dem nationalen IPR gemäß Art 3 Abs 2 vor, so daß auch Art 4 im Geltungsbereich der von der Bundesrepublik Deutschland ratifizierten Staatsverträge nicht anzuwenden ist. Vielmehr ist dem jeweiligen Staatsvertrag selbst zu entnehmen, ob er Sachnorm- oder Kollisionsnormverweisungen enthält. Diese Frage sollte nach Möglichkeit in einem Staatsvertrag nicht offenbleiben; denn die von den Vertragsstaaten mehr oder weniger mühsam erzielte Einigung auf bestimmte Anknüpfungskriterien – Staatsangehörigkeit, gewöhnlicher Aufenthalt, Wohnsitz etc. – würde alsbald wieder unterlaufen, wenn jeder Vertragsstaat die im Vertrag vorgesehene Anknüpfung entsprechend seiner eigenen Rechtstradition entweder als Sachnormverweisung oder als Gesamtverweisung deuten könnte.

113 Im Regelfall handelt es sich bei staatsvertraglichen Verweisungen um **Sachnormverweisungen**, weil Staatsverträge das Problem von Verweisungsdisharmonien durch die Schaffung einheitlicher Kollisionsregeln zu lösen versuchen (vgl KROPHOLLER, Internationales Einheitsrecht [1975] § 22 III; FERID, IPR³ Rn 3–101; vBAR, IPR I Rn 212; PALANDT/ HELDRICH Rn 13; MünchKomm/SONNENBERGER Rn 58); dies gilt insbesondere für die neueren Haager Konventionen, die ausdrücklich auf das innerstaatliche Recht („loi interne") verweisen (dazu näher u Rn 126 ff). Dieser Ausschluß des Renvoi ist ohne weiteres einleuchtend, soweit einheitliche Kollisionsnormen das Recht eines *Vertragsstaates* für maßgebend erklären. Denn die staatsvertraglichen Kollisionsnormen sollen das autonome IPR der Mitgliedsstaaten gerade verdrängen; der angestrebte Vereinheitlichungseffekt würde aber durch die Berücksichtigung nationalen Kollisionsrechts im Rahmen einer Rück- oder Weiterverweisung unterlaufen: „Das Ideal der internationalen Entscheidungsharmonie, das im autonomen IPR für die Berücksichtigung des Renvoi spricht, ist unter den Vertragsstaaten durch die Vereinheitlichung der Kollisionsnormen bereits erreicht" (KROPHOLLER, IPR² § 24 III 1).

114 Die Frage, ob der grundsätzliche Ausschluß eines Renvoi im staatsvertraglichen Kollisionsrecht auch dann uneingeschränkt Geltung beansprucht, wenn auf das **Recht von Nichtvertragsstaaten** verwiesen wird, ist demgegenüber nicht so eindeutig zu beantworten. Denn der Verzicht auf die Befolgung eines Renvoi gefährdet den Entscheidungseinklang mit dem Drittstaat, auf dessen Recht die staatsvertragliche Kollisionsnorm gerade wegen der besonders engen Beziehung des Sachverhalts zu diesem Staat verweist. Aus diesem Grunde schränkt etwa das – noch nicht in Kraft getretene – Haager Erbrechtsübereinkommen vom 1. 8. 1989 in Art 4 das grundsätzliche Renvoiverbot seines Art 17 für den Fall ein, daß das – nach dem Übereinkommen maßgebende – Recht eines Nichtvertragsstaats auf das Recht eines anderen Nichtvertragsstaats weiterverweist, der diese Verweisung annimmt. Dennoch dürften die besseren Argumente auch hier gegen die Beachtung eines Renvoi sprechen. Da das autonome IPR der Mitgliedsstaaten einer IPR-Konvention die Renvoi-Problematik ganz unterschiedlich löst (vgl dazu die Länderübersicht im Anhang), läßt sich die Entscheidungsharmonie mit dem Drittstaat nur durch den gleichzeitigen Verlust an Entscheidungsharmonie unter den Vertragsstaaten erkaufen. Zu einer unterschiedlichen Beurteilung in den einzelnen Vertragsstaaten kann es in diesem Falle sogar dann kommen, wenn diese in der Frage der Befolgung eines Renvoi übereinstim-

men, indem sie etwa nur eine Rückverweisung, nicht aber eine Weiterverweisung beachten; denn die Verweisung eines Nichtvertragsstaats auf das Recht eines Vertragsstaats kann für diesen eine beachtliche Rückverweisung, dagegen für die anderen Vertragsstaaten eine unbeachtliche Weiterverweisung bedeuten (zutr KROPHOLLER, IPR² § 24 III 2). Im Ergebnis sollte daher der Entscheidungsharmonie im Verhältnis der Vertragsstaaten Vorrang vor dem Entscheidungseinklang zwischen einem einzelnen Vertragsstaat und einem Drittstaat eingeräumt werden (so auch vBAR, IPR I Rn 212; MünchKomm/SONNENBERGER Rn 59).

Eine abweichende Beurteilung gilt für die Beachtung eines **Renvoi durch einen in** **115** **Deutschland noch nicht in Kraft getretenen Staatsvertrag**, der aber von anderen Staaten bereits ratifiziert worden ist. Verweist das deutsche IPR auf das Recht eines solchen Staates, so ist nach Art 4 Abs 1 dessen Kollisionsrecht berufen, ohne daß nach seinem (autonomen oder staatsvertraglichen) Ursprung gefragt wird. Ob ein Renvoi erfolgt, hängt demnach davon ab, ob der betreffende Staat die Anwendung der staatsvertraglichen Kollisionsnormen vom Erfordernis der Gegenseitigkeit abhängig macht oder nicht (MünchKomm/SONNENBERGER Rn 60). Wird der Staatsvertrag in den ausländischen Staaten, in denen er gilt, als „loi uniforme" angewendet, so ist eine sich hieraus ergebende Rück- oder Weiterverweisung mithin vom deutschen Richter zu beachten (vgl JAYME, in: FS Beitzke [1979] 541 ff; ders IPRax 1981, 17; NEUHAUS, Grundbegriffe² § 36 V; RAAPE/STURM, IPR I § 3 III 4; DESSAUER ZVerglRW 81 [1982] 215, 245 SOERGEL/ KEGEL[11] Art 27 aF Rn 37; dazu näher u Rn 134 ff).

2. In der Bundesrepublik Deutschland geltende Staatsverträge

a) Vorkriegsverträge
aa) Haager Eheschließungsabkommen von 1902

Das Haager Eheschließungsabkommen vom 12. 6. 1902 (Text bei JAYME/HAUSMANN[8] **116** Nr 20; STAUDINGER/vBAR[12] Vorbem 82 zu Art 13 aF) schreibt die Rücksichtnahme auf fremde Kollisionsnormen ausdrücklich vor. Art 1 lautet:

„Das Recht zur Eingehung der Ehe bestimmt sich in Ansehung eines jeden Verlobten nach dem Gesetz des Staates dem er angehört (Gesetz des Heimatstaates), soweit nicht eine Vorschrift dieses Gesetzes auf ein anderes Gesetz verweist".

Damit übernahm das Abkommen die Rechtsauffassung der meisten – durchweg kontinentaleuropäischen – Vertragsstaaten; Rück- und Weiterverweisung waren ein Zugeständnis an das in der Schweiz vorherrschende Wohnsitzprinzip (STAUDINGER/ vBAR[12] Vorbem 85 zu Art 13 aF mwN). Die deutsche Praxis engte allerdings den Anwendungsbereich der Rückverweisung dadurch ein, daß sie den Ausdruck „Vorschrift dieses Gesetzes" wörtlich verstand und die Rückverweisung nur berücksichtigte, wenn sie sich aus einer ausdrücklichen Gesetzesvorschrift ergab (RG 15. 12. 1930, JW 1931, 1940 = IPRspr 1931 Nr 58 [Ungarn]); dies entspricht – wie die Anknüpfung des Abkommens überhaupt – kontinentaler Denkweise. Nach einer Reihe von Kündigungen gilt das Abkommen heute nur noch im Verhältnis zu Italien (JAYME/ HAUSMANN[7] Nr 20 Fn 2). Insoweit ist Art 1 S 2 aber gegenstandslos, weil Italien hinsichtlich der Ehevoraussetzungen ebenfalls auf die Staatsangehörigkeit abstellt.

bb) Haager Vormundschaftsabkommen von 1902

117 Das Haager Vormundschaftsabkommen vom 12. 6. 1902 (Text bei JAYME/HAUSMANN[8] Nr 34; STAUDINGER/KROPHOLLER[12] Vorbem 12 ff zu Art 23 aF) unterstellt die Vormundschaft über einen Minderjährigen den Gesetzen des Staates, dem er angehört (Art 1). Da das Abkommen die Rück- und Weiterverweisung nicht erwähnt, sind als „Gesetz des Heimatstaates" nur dessen Sachnormen zur Anwendung berufen (SOERGEL/KEGEL[11] Art 23 aF Rn 42; GRAUE RabelsZ 57 [1993] 32). Im Verhältnis der Bundesrepublik Deutschland zu den Staaten, die das Haager Minderjährigenschutzabkommen vom 5. 10. 1961 ratifiziert haben, ist das Vormundschaftsabkommen durch dieses Abkommen ersetzt worden (Art 18 Abs 1 MSA); es gilt daher heute nur noch im Verhältnis zu Belgien (STAUDINGER/KROPHOLLER[12] Vorbem 12 zu Art 23 aF; JAYME/HAUSMANN[8] Nr 34 Fn 2).

cc) Genfer Wechsel- und Scheckrechtsabkommen von 1930/31

118 Die Genfer Abkommen über Bestimmungen auf dem Gebiet des internationalen Wechselprivatrechts vom 7. 6. 1930 und über Bestimmungen auf dem Gebiet des internationalen Scheckprivatrechts vom 19. 3. 1931 schreiben jeweils in ihrem Art 1 Abs 1 S 2 für den Bereich der Wechsel- und Scheckfähigkeit ausdrücklich die Annahme der Rück- und Weiterverweisung vor. Das Deutsche Reich trat beiden Abkommen bei und übernahm diese Regelungen in das Wechselgesetz und das Scheckgesetz von 1933 (Art 91 Abs 1 S 2 WG, 60 Abs 1 S 2 ScheckG). Im Einklang mit Art 7 Abs 1 EGBGB werden hiermit die Wechsel- und Scheckfähigkeit jeweils dem Recht der Staatsangehörigkeit des Erklärenden unterworfen; zugleich wird aber eine Rück- oder Weiterverweisung durch das Heimatrecht für beachtlich erklärt. In der Anknüpfung an die Staatsangehörigkeit wie auch in der ausdrücklichen Annahme der Rück- und Weiterverweisung zeigt sich der beherrschende Einfluß französischen und deutschen Rechtsdenkens auf den Wortlaut der Vorschriften. Dennoch wurde das Abkommen von Staaten ratifiziert, die ansonsten die Rück- und Weiterverweisung nicht anerkennen (Italien, Griechenland, Dänemark, Norwegen), und von denen einige außerdem vom Wohnsitzprinzip ausgehen (Dänemark, Norwegen). Andererseits dürfte gerade hierin einer der Gründe dafür liegen, daß kein Staat des anglo-amerikanischen Rechtskreises den Abkommen beigetreten ist.

119 Die Kollisionsnormen des Wechsel- und Scheckgesetzes gelten auch *gegenüber Nichtvertragsstaaten*. Daß Rück- und Weiterverweisung nur hinsichtlich der Wechsel- und Scheckfähigkeit ausdrücklich zugelassen sind, rechtfertigt aus deutscher Sicht ferner keinen Umkehrschluß gegen ihre Zulässigkeit in anderen Fällen (MÜLLER-FREIENFELS, Die Verjährung englischer Wechsel vor deutschen Gerichten, in: FS Zepos II [1973] 491, 508). So hat die Praxis die Rück- und Weiterverweisung auch dann bejaht, wenn die Form und die Wirkungen einer Wechselerklärung sich nach fremdem Recht bestimmten (Art 92 Abs 1 und 93 Abs 2 WG) und dieses auf deutsches Recht zurückverwies (LG Mainz 13. 12. 1973, IPRspr 1974 Nr 27 und – in der Begründung fast gleichlautend – OLG Koblenz 10. 12. 1976, IPRspr 1976 Nr 20: Rückverweisung durch Sec 72 [3] des englischen Bills of Exchange Act [1882]).

b) Nachkriegsverträge

120 Seit dem Zweiten Weltkrieg tritt in Staatsverträgen eine Tendenz hervor, die autonomen Kollisionsnormen der Vertragsstaaten und damit die Rück- und Weiterverweisung auszuschließen.

aa) Genfer Flüchtlingsabkommen von 1951
Ein frühes Beispiel hierfür ist das Genfer Abkommen über die Rechtsstellung der 121
Flüchtlinge vom 28. 7. 1951, das für die Bundesrepublik Deutschland innerstaatlich am 24. 12. 1953 in Kraft getreten ist (Text bei STAUDINGER/BLUMENWITZ Anh zu Art 5 Rn 35). Es erklärt in Art 12 Abs 1 in erster Linie das Wohnsitzrecht, in zweiter das Aufenthaltsrecht zum Personalstatut. Die Frage, ob im Rahmen dieses Abkommens eine *Rück- bzw Weiterverweisung des Wohnsitzrechts zu* beachten ist, wird unterschiedlich beantwortet. Nach einer im Schrifttum vertretenen Auffassung beschränkt sich die Regelung in Art 12 des Abkommens darauf, die Staatsangehörigkeit als Anknüpfungsmerkmal in allen das Personalstatut des Flüchtlings betreffenden Fragen durch den Wohnsitz bzw den gewöhnlichen Aufenthalt zu ersetzen. Darüber hinaus sollte durch das Abkommen aber nicht in das kollisionsrechtliche System der Vertragsstaaten eingegriffen werden, so daß es für deutsche Gerichte beim Grundsatz des Art 4 Abs 1 sein Bewenden habe; etwas anderes gelte nur in den Fällen, in denen die deutschen Kollisionsnormen – wie zB in Unterhaltssachen (vgl Art 18 EGBGB) – eine Sachnormverweisung aussprechen (so MünchKomm/SONNENBERGER Art 5 Anh II Rn 78; STAUDINGER/BLUMENWITZ Anh zu Art 5 Rn 51).

Demgegenüber ist festzuhalten, daß gerade die politischen und humanitären 122
Gründe, die zum Abschluß des Genfer Flüchtlingsabkommens geführt haben, die Annahme einer Rück- oder Weiterverweisung durch die Kollisionsnormen des Wohnsitz- oder Aufenthaltslandes ausschließen. Es widerspräche ersichtlich dem Sinn der Verweisung in Art 12 Abs 1 des Abkommens, wenn das hiernach zur Anwendung berufene Recht eines Nichtvertragsstaats, in dem der Flüchtling seinen Wohnsitz genommen hat, auf das Recht des Vertreibungsstaates weiterverweisen würde. Art 12 Abs 1 verweist demnach nur auf die Sachnormen des Wohnsitz- bzw Aufenthaltsrechts (so auch die hM, vgl OLG Hamm 29. 7. 1991, StAZ 1991, 315, 317 = NJW-RR 1992, 391 = IPRspr 1991 Nr 74 und 15. 1. 1992, StAZ 1993, 77, 79 = IPRspr 1992 Nr 144; SOERGEL/ KEGEL[11] Art 29 aF Rn 46; PALANDT/HELDRICH Anh zu Art 5 Rn 28; ERMAN/HOHLOCH Art 5 Rn 87).

bb) New Yorker Staatenlosenabkommen von 1954
Entsprechende Grundsätze gelten auch für das Übereinkommen über die Rechts- 123
stellung der Staatenlosen vom 28. 9. 1954, das für die Bundesrepublik Deutschland am 24. 1. 1977 in Kraft getreten ist (Text bei STAUDINGER/BLUMENWITZ Art 5 Rn 482). Die – mit Art 12 Abs 1 des Genfer Flüchtlingsabkommens identische – Anknüpfung des Personalstatuts in Art 12 Abs 1 dieses Übereinkommens enthält mithin ebenfalls eine Sachnormverweisung auf das Recht des Staates, in dem der Staatenlose seinen Wohnsitz bzw Aufenthalt hat (so auch KG 30. 4. 1985, IPRax 1986, 41 m Anm FIRSCHING 25 = IPRspr 1985 Nr 115 [obiter]; STAUDINGER/BLUMENWITZ Art 5 Rn 494; aA MünchKomm/SONNENBERGER Art 5 Anh I Rn 10). Der Ausschluß des Renvoi gilt jedoch hier – wie auch im Rahmen der Genfer Flüchtlingskonvention – nur für die allgemeine Anknüpfung des Personalstatuts; soweit das IPR des Wohnsitzlandes bestimmte Fragen kraft abweichender Qualifikation nicht dem Personalstatut, sondern einem Sonderstatut unterstellt (zB die Beerbung von Grundstücken der lex rei sitae), ist eine sich hieraus ergebende Rück- oder Weiterverweisung im Interesse der Integration des Staatenlo-

sen bzw Flüchtlings in das Recht seines Wohnsitzstaates zu beachten (RAAPE/STURM, IPR I § 10 A I 3; PALANDT/HELDRICH Anh zu Art 5 Rn 28).

124 Greift das New Yorker Übereinkommen ausnahmsweise nicht ein und ist deshalb das Personalstatut eines Staatenlosen nach **Art 5 Abs 2 EGBGB** zu beurteilen (vgl zur Abgrenzung STAUDINGER/BLUMENWITZ Art 5 Rn 461 ff m Nachw), so ist ein Renvoi hingegen nach dem Grundsatz des Art 4 Abs 1 zu beachten (vgl KG 30.4.1985, IPRax 1986, 41 = IPRspr 1985 Nr 115; PALANDT/HELDRICH Art 5 Rn 8; STAUDINGER/BLUMENWITZ Art 5 Rn 477). Eine Rückverweisung kann sich etwa ergeben, wenn die Kollisionsnormen des Aufenthaltsstaates auf das deutsche oder ein drittes Recht als *Wohnsitzrecht* zurück- oder weiterverweisen (BGH 3.5.1961 FamRZ 1961, 364 = IPRspr 1960/61 Nr 145 [Schweiz], BayObLG 3.1.1967, BayObLGZ 1967, 1 = MDR 1967, 495 [England]). Erst recht ist eine Rück- oder Weiterverweisung denkbar, wenn die betreffende Person zwar aus inländischer Sicht staatenlos ist, aus der Sicht des Aufenthaltsstaates aber eine bestimmte *Staatsangehörigkeit* hat. Schließlich können die Kollisionsnormen des Aufenthaltsstaates, wenn über das rechtliche Schicksal eines Grundstücks zu entscheiden ist, auch auf das Recht der *Belegenheit* zurück- oder weiterverweisen (OLG Köln 3.12.1954, NJW 1955, 755 [Teilrückverweisung durch Art 3 Abs 2 Code civil]).

cc) Haager Unterhaltsabkommen von 1956

125 Das Haager Übereinkommen über das auf Unterhaltspflichten gegenüber Kindern anzuwendende Recht vom 24.10.1956, das für die Bundesrepublik Deutschland am 1.1.1962 in Kraft getreten ist (Text bei JAYME/HAUSMANN[8] Nr 28) läßt grundsätzlich das Recht des Staates, in dem das Kind seinen gewöhnlichen Aufenthalt hat, über dessen Unterhaltsanspruch entscheiden (Art 1 Abs 1). Damit sind nach heute einmütiger Ansicht nur die *Sachnormen* des Aufenthaltsstaates gemeint; eine Rück- oder Weiterverweisung durch das Aufenthaltsrecht wird daher nicht beachtet (MünchKomm/SIEHR Art 18 Anh II Rn 23; STAUDINGER/KROPHOLLER[12] Vorbem 65 zu Art 18 EGBGB aF mwN). Versagt allerdings das Recht des gewöhnlichen Aufenthalts dem Kind jeden Anspruch auf Unterhalt und wendet das angerufene Gericht deshalb sein innerstaatliches Kollisionsrecht an (Art 3), so steht einer Beachtung des Renvoi nach Maßgabe dieses autonomen Kollisionsrechts nichts im Wege (GRAUE RabelsZ 57 [1993] 46); das deutsche autonome IPR schließt freilich in Art 18 EGBGB durch die ausdrückliche Verweisung auf die „Sachvorschriften" eine Rück- oder Weiterverweisung des hiernach maßgeblichen Unterhaltsstatuts ebenfalls aus (vgl Art 3 Abs 1 S 2). Das Übereinkommen wird im Verhältnis zu den Vertragsstaaten des Haager Übereinkommens über das auf Unterhaltspflichten anwendbare Recht vom 2.10.1973 (Rn 131) durch dieses neue Übereinkommen ersetzt; es gilt daher seit dem 1.4.1987 nur noch im Verhältnis zu Belgien, Liechtenstein und Österreich (JAYME/HAUSMANN[8] Nr 28 Fn 1).

dd) Haager Testamentsformabkommen von 1961

126 Seit Anfang der sechziger Jahre werden Rück- und Weiterverweisung in den Haager Übereinkommen zumeist ausdrücklich dadurch ausgeschlossen, daß auf das innerstaatliche Recht („loi interne") abgestellt wird. So erkärt das Haager Abkommen über das auf die Form letztwilliger Verfügungen anzuwendende Recht vom 5.10.1961, das für die Bundesrepublik Deutschland am 1.1.1966 in Kraft getreten ist (Text bei JAYME/HAUSMANN[8] Nr 39; STAUDINGER/DÖRNER [1995] Vorbem 37 ff zu Art 25 f), eine letztwillige Verfügung für formwirksam, wenn sie dem innerstaatlichen Recht des Errichtungsortes, der Staatsangehörigkeit, des Wohnsitzes oder gewöhnlichen Aufenthalts des Erblassers oder, soweit es sich um unbewegliches Vermögen handelt, des Belegenheitsortes entspricht (Art 1 Abs 1). Die Beachtung von Rück- und Weiterverweisungen scheidet insoweit aus (BayObLG 6. 11. 1967, BayObLGZ 1967, 425 ff; vBar, IPR II Rn 393; Soergel/Kegel[11] vor Art 24 aF Rn 116; Staudinger/Dörner [1995] Vorbem 51 zu Art 25 f; siehe auch – zu der entsprechenden Regelung in Art 26 Abs 1 Nr 1–4 EGBGB – Palandt/Heldrich Art 26 Rn 2 mwN und u Rn 278).

Zu beachten ist freilich, daß Art 3 des Übereinkommens den Vertragsstaaten die **127** Möglichkeit eröffnet, auch solche Testamente als formwirksam anzuerkennen, die nach einem anderen Recht als den in Art 1 Abs 1 genannten formwirksam errichtet worden sind. Von dieser Möglichkeit hat der deutsche Gesetzgeber dahingehend Gebrauch gemacht, daß er in Art 26 Abs 1 Nr 5 EGBGB auch die Einhaltung der Formvorschriften des Erbstatuts genügen läßt. Wird das Erbstatut aber nach Art 25 Abs 1 iVm Art 4 Abs 1 unter Beachtung einer Rück- oder Weiterverweisung des Heimatrechts des Erblassers bestimmt, so kann dieser Renvoi mittelbar auch im Geltungsbereich des Haager Testamentsabkommens zur Formgültigkeit eines nach Art 1 Abs 1 des Abkommens formnichtigen Testaments führen (vgl BT-Drucks 10/5632 S 44; Palandt/Heldrich Art 26 Rn 2; Staudinger/Dörner [1995] Art 26 Rn 27). Vertragsstaaten sind nicht nur kontinentaleuropäische Länder (zB Belgien, Bosnien-Herzegowina, Frankreich, Griechenland, Jugoslawien, Kroatien, Luxemburg, Mazedonien, Niederlande, Österreich, Polen, Schweiz, Slowenien, Spanien, Türkei), sondern auch zahlreiche Länder des Commonwealth (zB Großbritannien, Irland, Australien, Südafrika), die skandinavischen Staaten, sowie Israel und Japan (vgl Jayme/Hausmann[8] Nr 39 Fn 5).

ee) Haager Minderjährigenschutzabkommen von 1961
Das Haager Übereinkommen über die Zuständigkeit der Behörden und das anzu- **128** wendende Recht auf dem Gebiet des Schutzes von Minderjährigen vom 5. 10. 1961, das für die Bundesrepublik Deutschland am 17. 9. 1971 in Kraft getreten ist (Text bei Jayme/Hausmann[8] Nr 35), schließt die Rück- und Weiterverweisung gleich mehrfach aus. Einerseits begründet es eine internationale Zuständigkeit der Behörden des Staates, in dem der Minderjährige seinen gewöhnlichen Aufenthalt hat (Art 1), und weist sie an, die nach ihrem innerstaatlichen Recht vorgesehenen **Maßnahmen** zu treffen (Art 2 Abs 1). Diese ausdrückliche Bezugnahme auf das „innerstaatliche Recht" bedeutet auch hier den Auschluß des IPR. Dementsprechend ist allgemein anerkannt, daß im Rahmen des Art 2 die Kollisionsnormen des Aufenthaltsstaates nicht zu beachten sind (OLG Zweibrücken 27. 9. 1973, OLGZ 1974, 171 = FamRZ 1974, 153 m Anm Siehr = IPRspr 1973 Nr 67; OLG Karlsruhe 18. 7. 1975, OLGZ 1976, 1 = FamRZ 1976, 708 m Anm Jayme = IPRspr 1975 Nr 67 b; MünchKomm/Siehr Anh zu Art 19 Rn 127; Palandt/Heldrich Anh zu Art 24 Rn 4; Ferid, IPR[3] Rn 8–244; Staudinger/Kropholler [1994] Vorbem 251 zu Art 19 mwN). Aufgrund des von der Konvention angestrebten Gleichlaufs von internationaler Zuständigkeit und anwendbarem Recht schreibt auch Art 4 Abs 1 für Maßnahmen der Heimatbehörden ausdrücklich die Anwendung von deren „innerstaatlichem Recht" vor.

Zum anderen ordnet Art 3 des Abkommens die Anerkennung **gesetzlicher Gewaltver- 129 hältnisse** an, die nach dem innerstaatlichen Recht des Staates bestehen, dem der

Minderjährige angehört. Aufgrund des unmißverständlichen Wortlauts geht die in Rspr und Lehre hM auch im Rahmen des Art 3 MSA davon aus, daß ein Renvoi ausgeschlossen ist (KROPHOLLER NJW 1972, 371; JAYME JR 1973, 181 f, 185; PALANDT/HELDRICH Anh zu Art 24 Rn 22; MünchKomm/SIEHR Anh zu Art 19 Rn 178; aA FERID, IPR³ Rn 8−239). Daran ist auch festzuhalten, wenn Art 3 auf das Recht eines Nichtvertragsstaates verweist, weil nur so der Entscheidungseinklang mit den übrigen Vertragsstaaten gesichert werden kann (vgl o Rn 114; dazu näher STAUDINGER/KROPHOLLER [1994] Vorbem 298 ff zu Art 19 mwN).

130 Vertragsstaaten des Abkommens sind außer der Bundesrepublik Deutschland Frankreich, Italien, Luxemburg, die Niederlande (einschließlich der niederländischen Antillen und Aruba), Österreich, Polen, Portugal (einschließlich Macao), die Schweiz, Spanien und die Türkei; damit hat das Abkommen die mit ihm verbundenen Hoffnungen nicht erfüllt. Seine praktische Bedeutung in den Vertragsstaaten, die − wie die Bundesrepublik Deutschland − den Vorbehalt nach Art 13 Abs 3 nicht erklärt haben, ist dennoch beträchtlich.

ff)   Haager Unterhaltsabkommen von 1973
131 Das Haager Übereinkommen über das auf Unterhaltspflichten anzuwendende Recht vom 2. 10. 1973, das für die Bundesrepublik Deutschland am 1. 4. 1987 in Kraft getreten ist (Text bei JAYME/HAUSMANN⁸ Nr 29), umfaßt alle Unterhaltspflichten aus Familienbeziehungen, Verwandtschaft, Ehe oder Schwägerschaft einschließlich der Unterhaltspflicht gegenüber nichtehelichen Kindern (Art 1) und geht damit über das Abkommen von 1956 weit hinaus. Es behebt auch die durch das Abkommen von 1956 nicht restlos beseitigten Zweifel, indem es bezüglich aller genannten Unterhaltspflichten das am gewöhnlichen Aufenthalt des Unterhaltsberechtigten geltende *innerstaatliche* Recht (und für den Fall eines Aufenthaltswechsels das innerstaatliche Recht des neuen gewöhnlichen Aufenthalts) für maßgebend erklärt (Art 4 Abs 1 und 2). Damit ist also klargestellt, daß Rück- und Weiterverweisungen nicht zu beachten sind (STAUDINGER/KROPHOLLER¹² Vorbem 65 zu Art 18 aF mwN). Das Abkommen erklärt sich in seinem Art 3 ausdrücklich zur „loi uniforme", ist also auch dann anzuwenden, wenn sich der gewöhnliche Aufenthalt des Unterhaltsberechtigten in einem Nichtvertragsstaat befindet. Auch in diesem Falle bleiben eine etwaige Rück- oder Weiterverweisung durch das Recht des Aufenthaltsstaates des Unterhaltsberechtigten unberücksichtigt. Der Anwendungsbereich des Abkommens ist freilich bisher im wesentlichen auf kontinentaleuropäische Länder beschränkt (Frankreich, Italien, Luxemburg, die Niederlande, Portugal, die Schweiz, Spanien und die Türkei); darüber hinaus gilt es lediglich noch in Japan.

gg)   Haager Kindesentführungsabkommen von 1980
132 Das Haager Übereinkommen über die zivilrechtlichen Aspekte internationaler Kindesentführung vom 25. 10. 1980, das für die Bundesrepublik Deutschland am 1. 12. 1990 in Kraft getreten ist (Text bei JAYME/HAUSMANN⁸ Nr 114), regelt in erster Linie die Rückgabe von Kindern wegen Verletzung des Sorgerechts (Art 8−20) und in zweiter Linie die Durchsetzung des Besuchsrechts (Art 21). Die für die Anwendung des Übereinkommens zentrale Frage, wem das Sorgerecht über ein Kind zusteht, beurteilt sich nach Art 3 Abs 1 lit a nach dem Recht am gewöhnlichen Aufenthaltsort des Kindes. Eine Beschränkung auf das „innerstaatliche Recht" dieses Landes ist − ganz im Gegensatz zum Minderjährigenschutzabkommen, dem das Übereinkom-

men im Verhältnis zwischen Vertragsstaaten beider Abkommen vorgeht (Art 34) – nicht vorgesehen. Daraus ist zu entnehmen, daß eine etwaige Rück- oder Weiterverweisung durch die Kollisionsnormen des am gewöhnlichen Aufenthaltsort geltenden Rechts zu beachten ist (für Gesamtverweisung die einhM, vgl öst OGH 11. 7. 1990, SZ 63/131, 32, 36 = ÖJBl 1991, 389 f und 20. 5. 1992, ZfRvgl 1993, 34; Cass civ 16. 12. 1992, DS 1993 Somm 352 m Anm AUDIT; AG Bielefeld 9. 12. 1991, FamRZ 1992, 467 = IPRspr 1991 Nr 130; MünchKomm/SIEHR Art 19 Anh II Rn 18; PALANDT/HELDRICH Anh zu Art 24 Rn 61; MANSEL NJW 1990, 2176, 2177; HÜSSTEGE IPRax 1992, 369, 371; GRAUE RabelsZ 57 [1993] 56; STAUDINGER/KROPHOLLER [1994] Vorbem 639 zu Art 19 mwN).

Das Haager Kindesentführungsabkommen von 1980 gilt inzwischen für 35 Staaten 133 und hat damit wesentlich mehr Anhänger gefunden als das Haager Minderjährigenschutzabkommen; es ist insbesondere nicht auf Länder Mittel- und Westeuropas (zB Frankreich, Griechenland, Italien, Niederlande, Österreich, Portugal, Schweiz, Spanien) beschränkt, sondern gilt auch für zahlreiche osteuropäische Staaten (Bosnien-Herzegowina, Jugoslawien, Kroatien, Mazedonien, Polen, Rumänien, Slowenien, Ungarn), die skandinavischen Länder, die wichtigsten Staaten des Common Law-Rechtskreises (Vereinigtes Königreich, Irland, USA, Kanada, Australien und Neuseeland) sowie für Länder Lateinamerikas (zB Argentinien, Chile, Ecuador, Honduras, Panama, Mexiko), Afrikas (zB Belize, Burkina Faso) und des Nahen Ostens (zB Israel, vgl JAYME/HAUSMANN[8] Nr 114 Fn 1).

3. Rückverweisung durch im Ausland geltende Staatsverträge

Entsprechend dem o Rn 115 Gesagten können auch Staatsverträge, denen die Bun- 134 desrepublik Deutschland (noch) nicht beigetreten ist, die aber bereits in ausländischen Staaten gelten, Grundlage für eine nach Art 4 Abs 1 vom deutschen Richter zu beachtende Rück- oder Weiterverweisung sein. Dies kommt namentlich dann in Betracht, wenn der betreffende Staatsvertrag als „loi uniforme" ausgestaltet ist und das Kollisionsrecht der Mitgliedstaaten daher nicht nur im Verhältnis zu anderen Vertragsstaaten, sondern auch zu Nichtvertragsstaaten verändert. Aus deutscher Sicht kann sich daher eine Rück- oder Weiterverweisung vor allem aus den nachfolgenden neueren Haager Übereinkommen ergeben:

a) Haager Abkommen über Straßenverkehrsunfälle von 1971

Das Haager Übereinkommen über das auf Straßenverkehrsunfälle anzuwendende 135 Recht vom 4. 5. 1971 (Text bei JAYME/HAUSMANN[8] Nr 52) erklärt in Art 3 in erster Linie das materielle Recht des Staates, auf dessen Gebiet sich der Unfall ereignet hat, für maßgeblich. Dieser Grundsatz wird freilich im folgenden durch mehrere wichtige Ausnahmen durchbrochen, die dem Abkommen seine eigentliche Bedeutung geben. Ist nur ein einziges Fahrzeug am Unfall beteiligt, das in einem anderen als dem Unfallstaat zugelassen ist, soll das materielle Recht des Zulassungsstaates gelten (Art 4 lit a). Sind mehrere Fahrzeuge beteiligt, soll das Recht des Zulassungsstaates nur eingreifen, wenn alle Fahrzeuge in demselben Staat zugelassen sind (Art 4 lit b). Sind in den Unfall auch Personen verwickelt, die sich am Unfallort, aber außerhalb der Fahrzeuge befanden, gelten die vorgenannten Bestimmungen nur dann, wenn alle Personen ihren gewöhnlichen Aufenthalt im Zulassungsstaat haben, auch wenn sie Verletzte des Unfalls sind (Art 4 lit c). Für nicht zugelassene oder in verschiedenen Staaten zugelassene Fahrzeuge soll das materielle Recht desjenigen Staates gelten, in dem das Fahrzeug seinen gewöhnlichen Standort hat (Art 6). Alle diese Kollisionsnormen verweisen eindeutig auf *materielles Recht* und schließen damit eine Rück- oder Weiterverweisung aus. Das Abkommen gilt nach seinem Art 11 S 2 auch dann, wenn das bezeichnete Recht nicht dasjenige eines Vertragsstaates ist.

136 Das Übereinkommen ist am 3. 6. 1975 zwischen Belgien, Frankreich und Österreich in Kraft getreten. Es gilt heute ferner für Bosnien-Herzegowina, Jugoslawien, Kroatien, Luxemburg, Mazedonien, die Niederlande, die Schweiz, Slowenien, Spanien, die Tschechische und die Slowakische Republik. Wenn die Bundesrepublik dem Übereinkommen auch bisher fernblieb, so wurde es doch in der deutschen Lehre und Praxis der wichtigste Anwendungsfall für die Rückverweisung durch im Ausland geltende Staatsverträge. Bejaht man nämlich mit der in Deutschland hM die Frage, ob im internationalen Deliktsrecht ein Renvoi überhaupt zu beachten ist (dazu näher u Rn 289 ff), so folgt daraus zwangsläufig, daß eine Verweisung des Rechts am Unfallort auf deutsches Recht (zB als Recht des Zulassungsstaates) auch dann als Rückverweisung anzunehmen ist, wenn sie sich aus einem im Unfallstaat, aber nicht in Deutschland geltenden internationalen Abkommen ergibt (dazu grundlegend JAYME, in: FS Beitzke [1979] 541 ff). Dementsprechend hat die deutsche Gerichtspraxis mehrfach die Verweisung jugoslawischen Unfallortsrechts auf deutsches Recht nach Art 4 des Abkommens als Rückverweisung beachtet (LG Schweinfurt 25. 10. 1979, IPRax 1981, 26 m zust Anm JAYME 17 f = IPRspr 1979 Nr 23 A; LG Nürnberg-Fürth 31. 1. 1980, VersR 1980, 953 m zust Anm DÖRNER = IPRspr 1980 Nr 32; vgl auch OLG Köln 4. 2. 1980, NJW 1980, 2646 m Anm KROPHOLLER = IPRspr 1980 Nr 33; OLG München 10. 12. 1982, IPRspr 1983 Nr 29; zust AHRENS NJW 1978, 468; MünchKomm/SONNENBERGER Rn 60).

b) Haager Produkthaftpflichtabkommen von 1973
137 Das Haager Übereinkommen über das auf die Haftung für Produkte anwendbare Recht vom 2. 10. 1973 (Text in RabelsZ 37 [1973] 494; dazu Bericht W LORENZ ebenda 317 ff) verweist für die Produkthaftpflicht jeweils auf das innerstaatliche Recht des Staates, auf dessen Staatsgebiet das schadensstiftende Ereignis eingetreten ist, sofern dieser Staat zugleich entweder der Staat des gewöhnlichen Aufenthalts des unmittelbar Verletzten oder der Staat der Hauptniederlassung der in Anspruch genommenen Person oder schließlich der Staat ist, auf dessen Gebiet das Produkt von der unmittelbar verletzten Person erworben wurde (Art 4 lit a bis c). Auch die in Art 5 und 6 vorgesehenen Abweichungen von dieser Grundsatzanknüpfung erklären jeweils das innerstaatliche Recht („loi interne") für maßgeblich. Damit läßt das Übereinkommen im Verhältnis der Vertragsstaaten zueinander für Rück- oder Weiterverweisungen keinen Raum. Da auch dieses Abkommen sich aber als „loi uniforme" versteht (Art 11), können die Gerichte von Nichtvertragsstaaten die Kollisionsnormen des Abkommens von Fall zu Fall durchaus als Rück- oder Weiterverweisung auffassen (GRAUE RabelsZ 37 [1993] 52 f). Beachtet man daher mit der in Deutschland hM eine Rück- oder Weiterverweisung auf dem Gebiet des internationalen Deliktsrecht, so sind die Kollisionsregeln des Haager Produkthaftpflichtabkommens von 1973 jeweils in Betracht zu ziehen, wenn das deutsche IPR auf das Recht eines Vertragsstaats dieses Abkommens als Tatortrecht verweist. Vertragsstaaten sind derzeit Finnland, Frankreich, Jugoslawien, Kroatien, Luxemburg, Mazedonien, die Niederlande, Norwegen, Slowenien und Spanien.

c) Haager Ehegüterrechtsabkommen von 1978

Das Übereinkommen über das auf Ehegüterstände anwendbare Recht vom **138** 14. 3. 1978 (Text in RabelsZ 41 [1977] 554 ff) soll – unter Beschränkung auf das Güterrecht – an die Stelle des Haager Ehewirkungsabkommens von 1905 treten. Es erklärt in erster Linie das von den Ehegatten vor oder nach der Eheschließung einverständlich bezeichnete innerstaatliche Recht für maßgeblich (Art 3 Abs 1, 6 Abs 1), wobei die Rechtswahlmöglichkeiten in jeweils unterschiedlicher Weise begrenzt werden (Art 3 Abs 2, 6 Abs 2). In Ermangelung einer Rechtswahl gilt – abweichend von Art 15 Abs 1 EGBGB – das innerstaatliche Recht des ersten gemeinsamen gewöhnlichen Aufenthalts der Ehegatten nach der Eheschließung (Art 4 Abs 1, 7 Abs 2). Ausnahmsweise soll jedoch mangels vorheriger Rechtswahl das innerstaatliche Recht der gemeinsamen Staatsangehörigkeit der Ehegatten eingreifen (Art 4 Abs 2), und zwar ua auch dann, wenn der gemeinsame Heimatstaat nicht Vertragspartei des Übereinkommens ist und nach seinen Kollisionsnormen sein innerstaatliches Recht anwendbar ist; gleiches gilt, wenn die Ehegatten ihren ersten gewöhnlichen Aufenthalt nach der Eheschließung in einem Staat nehmen, der nicht Vertragsstaat ist und dessen Kollisionsnormen ebenfalls die Anwendung ihres Heimatrechts vorsehen (vgl zu den einzelnen Anknüpfungen näher im Anh Rn 145 ff). Mit dieser Regelung, deren Undurchsichtigkeit ihren Kompromißcharakter deutlich macht, werden für die zuvor beschriebenen Fälle die Rück- und Weiterverweisung zugelassen (GRAUE RabelsZ 57 [1993] 26, 54; vBAR RabelsZ 57 [1993] 63, 97). Das Übereinkommen ist am 1. 9. 1992 für Frankreich, Luxemburg und die Niederlande in Kraft getreten. Damit hat auch der deutsche Richter die Kollisionsregeln des Übereinkommens im Rahmen der Prüfung einer Rück- oder Weiterverweisung nach Art 4 Abs 1 zugrundezulegen, wenn er durch Art 15 Abs 1 EGBGB auf das Recht eines dieser Staaten verwiesen wird. Intertemporal gilt das Übereinkommen freilich nur für die güterrechtlichen Verhältnisse in Ehen, die nach seinem Inkrafttreten geschlossen wurden (Art 21).

d) Haager Trust-Übereinkommen von 1985

Das Übereinkommen über das auf trusts anwendbare Recht und über ihre Anerken- **139** nung vom 1. 7. 1985 (Text in RabelsZ 1986, 678; deutsche Fassung in IPRax 1987, 53 und bei STAUDINGER/DÖRNER [1995] Vorbem 141 zu Art 25 f) bestimmt das auf trusts anzuwendende Recht und regelt ihre Anerkennung (Art 1). Danach untersteht das vor allem im englischen und anglo-amerikanischen Recht beheimatete Rechtsinstitut des trust in erster Linie dem vom Begründer gewählten Recht (Art 6), ansonsten dem Recht des Staates, mit dem der trust die engsten Verbindungen aufweist (Art 7). Ein Renvoi ist im Verhältnis der Vertragsstaaten durch Art 17 ausdrücklich ausgeschlossen. Da die Kollisionsnormen des II. Kapitels in den Vertragsstaaten aber als „loi uniforme" anzuwenden sind – lediglich die Geltung des Kapitels III über die Anerkennung von trusts kann nach seinem in Art 21 zugelassenen Vorbehalt auf trusts beschränkt werden, deren Gültigkeit dem Recht eines Vertragsstaats unterliegt –, können sie für ein deutsches Gericht, das hinsichtlich der Beurteilung eines trusts auf das Recht eines Vertragsstaats verwiesen wird, eine Rück- oder Weiterverweisung begründen. Vertragsstaaten sind derzeit Australien, Italien, Kanada und das Vereinigte Königreich.

D. Rück- und Weiterverweisung in einzelnen Sachbereichen

I. Personenrecht

1. Geschäftsfähigkeit

a) **Grundsatz**

140 Die Geschäftsfähigkeit bietet sich als Lehrbuchbeispiel der Rück- und Weiterverweisung geradezu an. In früherer Zeit gaben die zum Teil erheblichen Unterschiede zwischen den Volljährigkeitsgrenzen der einzelnen Rechtsordnungen häufig Anlaß zu Rechtsstreitigkeiten, bei denen sich auch die Frage nach einer Rück- oder Weiterverweisung stellte. Seit dem 2. Weltkrieg ist indes eine stetige Tendenz zur Herabsetzung des Volljährigkeitsalters auf 18 Jahre zu beobachten (vgl hierzu den Überblick über das geltende Volljährigkeitsalter in den einzelnen Rechtsordnungen bei REITHMANN/MARTINY/HAUSMANN, Internationales Vertragsrecht[5] [1996] Rn 2002 ff). Diese Rechtsangleichung enthebt natürlich den deutschen Richter nicht der Notwendigkeit, das maßgebliche Recht auch unter Zuhilfenahme der Rück- oder Weiterverweisung festzustellen. Die Folgen einer solchen Vorentscheidung – vor allem wenn sie eine Fehlentscheidung ist – sind jedoch weniger einschneidend als früher, wenn die beteiligten Rechtsordnungen übereinstimmende Volljährigkeitsgrenzen haben.

b) **Einzelfälle**
aa) **Rückverweisung auf das Wohnsitzrecht**

141 Die Beachtlichkeit einer Rück- oder Weiterverweisung ergibt sich in Geschäftsfähigkeitsfragen aus dem allgemeinen Grundsatz des Art 4 Abs 1 (PALANDT/HELDRICH Art 7 Rn 1; ERMAN/HOHLOCH Art 7 Rn 2; vBAR, IPR II Rn 2). Zu einer Rückverweisung auf das deutsche Sachrecht kommt es insbesondere dann, wenn das Heimatrecht des in Deutschland lebenden Ausländers die Geschäftsfähigkeit nach dem Domizilprinzip beurteilt. Demgemäß bestimmt sich etwa die Geschäftsfähigkeit eines in Flensburg wohnhaften *Dänen* gem Art 4 Abs 1 nach deutschem Recht (vgl – zu Art 27 aF – KG 7.6.1929, IPRspr 1929 Nr 88; BayObLG 17.5.1963, BayObLGZ 1963, 123 = IPRspr 1962/63 Nr 107). Da das dänische IPR die Rückverweisung grundsätzlich ablehnt, verweist es ebenfalls endgültig auf die deutschen Sachnormen (PHILIP, Dansk International Privat-og Procesret[3] [1976] 50; dazu näher Anh Rn 103 f). Dänisches und deutsches Recht kommen also zu demselben Ergebnis, nämlich zur Anwendung deutschen Sachrechts; es besteht damit internationaler Entscheidungseinklang. Gleiches gilt etwa für die Beurteilung der Geschäftsfähigkeit eines im Inland wohnhaften *Schweizers* (Art 35 IPRG). Angesichts der klaren Aussage des Art 4 Abs 1 müßte allerdings ein deutscher Richter im Falle der Rückverweisung durch fremde Kollisionsnormen auch dann deutsches Recht anwenden, wenn das IPR des betreffenden Staates die Verweisung des Art 4 Abs 1 aus seiner Sicht als Rückverweisung betrachten würde (SOERGEL/KEGEL[11] Art 27 aF Rn 27; STAUDINGER/BEITZKE[12] Art 7 aF Rn 15).

bb) **Weiterverweisung**

142 Hatte der Däne seinen Wohnsitz in einem dritten Land, etwa in Schweden, so käme eine Weiterverweisung in Betracht. Auch diese ist nach Art 4 Abs 1 von deutschen Gerichten zu berücksichtigen (MünchKomm/BIRK Art 7 Rn 24; STAUDINGER/BEITZKE[12] Art 7 Rn 14). Das schwedische IPR geht zwar von der Staatsangehörigkeit aus (EEK, The Swedish Conflict of Laws [1965] 231; dazu Anh Rn 115 ff) und nimmt grundsätzlich eine Rück-

verweisung durch fremde Kollisionsnormen nicht an (EEK 175; dazu näher Anh Rn 122 ff). Im Fall der Weiterverweisung muß aber das deutsche Gericht im Einklang mit den Kollisionsnormen desjenigen fremden Rechts entscheiden, auf das Art 7 Abs 1 verweist, hier also des dänischen Rechts; daß das Recht des Drittlandes – hier also das schwedische Recht – diese Verweisung nicht annimmt, ist aus deutscher Sicht unbeachtlich, weil das dänische Recht seinerseits die Rückverweisung des schwedischen Rechts auf das dänische Heimatrecht nicht annimmt (für dieselbe Verfahrensweise auch STAUDINGER/BEITZKE[12] Art 7 aF Rn 15 gegen PAGENSTECHER, Entscheidungseinklang [1951] 31).

cc) **Grundstücksgeschäfte**

143 Eine nach Art 4 Abs 1 EGBGB beachtliche Rück- oder Weiterverweisung kann auch daraus resultieren, daß das von Art 7 Abs 1 zur Anwendung berufene Heimatrecht die Frage der Geschäftsfähigkeit dem *Wirkungsstatut* des Geschäfts unterstellt. Insbesondere in England, aber auch in den USA und Kanada geht die Tendenz dahin, die Geschäftsfähigkeit für Verfügungsgeschäfte über Immobilien nach der lex rei sitae zu beurteilen (vgl DICEY/MORRIS, Conflict[12] Rule 122, S 961 f; STAUDINGER/BEITZKE[12] Art 7 aF Rn 4 f; IPG 1971 Nr 12 [München]: Verfügung über kanadische Grundstücke durch in Deutschland domizilierte Minderjährige). Geht es also um die Geschäftsfähigkeit eines britischen oder amerikanischen Staatsangehörigen für die Vornahme eines Verfügungsgeschäfts bezüglich eines inländischen Grundstücks, so entscheidet hierüber kraft Rückverweisung das deutsche Recht. Demgegenüber wird die Geschäftsfähigkeit für Schuldverträge über bewegliche wie unbewegliche Sachen dem „proper law of the contract" unterstellt (DICEY/MORRIS, Conflict[12] Rule 181, S 1271 ff). Auch eine sich hieraus ergebende Rück- oder Weiterverweisung ist nach Art 4 Abs 1 von deutschen Gerichten zu beachten. Sie wird insbesondere nicht etwa durch Art 35 EGBGB ausgeschlossen; denn die Ermittlung des Vertragsstatuts nach fremdem Kollisionsrecht dient hierbei nur der Bestimmung des Geschäftsfähigkeitsstatuts. Rück- und Weiterverweisung sind in diesen Fällen also jeweils *gegenständlich beschränkt*. Die Geschäftsfähigkeit kann im Hinblick auf ein in Deutschland belegenes Grundstück dem deutschen Recht, im Hinblick auf das bewegliche Vermögen dem Wohnsitzrecht oder dem Wirkungsstatut des Rechtsgeschäfts unterliegen. Soweit es danach auf die Grenzziehung zwischen unbeweglichem und beweglichem Vermögen ankommt, obliegt sie dem von Art 7 Abs 1 berufenen fremden Recht (RG 5. 7. 1934, RGZ 145, 85). Überläßt das fremde Recht die Grenzziehung der lex rei sitae, so wird diese „Qualifikationsverweisung" angenommen; bei inländischer Belegenheit des Vermögens entscheidet mithin das deutsche Recht (vgl BGH 5. 6. 1957, BGHZ 24, 352, 356 ff = IPRspr 1956/57 Nr 146; dazu allg o Rn 65 ff).

c) **Verkehrsschutz**

144 Verweist das Heimatrecht eines Ausländers hinsichtlich der Geschäftsfähigkeit auf deutsches Wohnsitz- oder Belegenheitsrecht zurück, so ergibt sich die volle Geschäftsfähigkeit von Jugendlichen, die das 18. Lebensjahr vollendet haben, bereits aus der nach Art 4 Abs 1 zu beachtenden Rückverweisung; ein Rückgriff auf die Verkehrsschutzbestimmung des Art 12 EGBGB erübrigt sich in diesem Falle. Befindet sich der Wohnsitz des Ausländers dagegen in einem Drittstaat, so ist eine Weiterverweisung des Heimatrechts auf die Rechtsordnung des Drittstaats zu beachten (s o Rn 142); wird danach die volle Geschäftsfähigkeit später als nach deutschem Recht erlangt, so wird der inländische Rechtsverkehr nach Art 12 EGBGB in gleichem Umfang geschützt wie gegenüber Beschränkungen der Geschäftsfähigkeit nach dem Heimatrecht.

2. Todeserklärung

145 Die Todeserklärung sowie Lebens- und Todesvermutungen unterliegen gemäß Art 9 dem Recht des Staates, dem der Verschollene in dem letzten Zeitpunkt angehörte, in dem er nach den vorhandenen Nachrichten gelebt hat. Folgt das Heimatrecht in personenrechtlichen Fragen dem Domizilprinzip, so ist eine sich daraus ergebende Rück- oder Weiterverweisung nach Art 4 Abs 1 zu beachten (PALANDT/HELDRICH Art 9 Rn 2; ERMAN/HOHLOCH Art 9 Rn 3). Dies kann vor allem im Recht der Kommorientenvermutungen praktisch werden, wenn das Heimatrecht zB die lex domicilii, die lex fori, die lex loci oder das Wirkungsstatut beruft (vBAR, IPR II Rn 20; dazu näher JAYME/HAACK ZVerglRW 84 [1985] 80, 81 ff; vOVERBECK IntEncCompL III 15–15 ff).

3. Name

a) Grundsatzanknüpfung nach Abs 1

146 Das deutsche IPR folgt auch im internationalen Namensrecht dem Staatsangehörigkeitsprinzip. Soweit der Name nach Art 10 Abs 1 unmittelbar dem Heimatrecht (bzw dem sonstigen Personalstatut) unterstellt wird, ist auch eine Rück- oder Weiterverweisung (zB auf das Wohnsitzrecht) nach Art 4 Abs 1 zu beachten (OLG Hamm 28. 1. 1991, StAZ 1991, 138, 141 = NJW 1991, 2218 = IPRspr 1991 Nr 12; OLG Stuttgart 24. 10. 1989, StAZ 1990, 19 = IPRax 1991, 53 m Anm COESTER 36 = IPRspr 1989 Nr 23; ERMAN/HOHLOCH Art 10 Rn 5; vBAR, IPR II Rn 82; ebenso schon vor der IPR-Reform OLG Hamm 10. 12. 1981, IPRax 1982, 194 m Anm HENRICH 180 = IPRspr 1981 Nr 115; OLG Oldenburg 5. 2. 1984, StAZ 1981, 196 = IPRspr 1981 Nr 54; OLG Hamburg 2. 5. 1983, OLGZ 1983, 291 = IPRspr 1983 Nr 9); dem Sinn der Verweisung widerspricht dies trotz der öffentlichrechtlichen Bezüge des Namensrechts nicht (vBAR, IPR II Rn 83; PALANDT/HELDRICH Art 10 Rn 3).

b) Einzelfälle

147 Im internationalen Namensrecht kann es verhältnismäßig häufig zu Rück- und Weiterverweisung kommen. Qualifiziert das von Art 10 EGBGB zur Anwendung berufene ausländische Recht den Namen ebenfalls personenrechtlich, so kommt ein Renvoi namentlich dann in Betracht, wenn das fremde IPR das Personalstatut mit Hilfe des Domizilprinzips bestimmt (vgl BayObLG 4. 12. 1986, StAZ 1987, 73 = IPRax 1987, 242 m Anm HENRICH 225 = IPRspr 1986 Nr 16: Neuseeland). Zahlreiche Staaten bevorzugen statt dessen freilich noch immer eine Qualifikation des Ehenamens als *Ehewirkung* (vgl dazu vBAR IntEncCompL III 17–60). Aus dieser abweichenden Qualifikation kann sich namentlich in gemischt-nationalen Ehen eine Rück- oder Weiterverweisung ergeben, wenn das fremde IPR zur Bestimmung des Ehewirkungsstatuts auf das gemeinsame Aufenthaltsrecht der Ehegatten verweist. Ebenso kann es liegen, wenn das Heimatrecht der Ehefrau zur Bestimmung des – für ihren Ehenamen maßgeblichen – Ehewirkungsstatuts noch an das Heimatrecht des Mannes anknüpft (vgl ZINKE StAZ 1978, 166: Chile; HERINGSHAUS StAZ 1980, 126: Thailand; dazu allg HEPTING, Das internationale Namenrecht in der Reform, StAZ 1994, 1, 3). Entsprechendes gilt, wenn das Personalstatut eines Kindes den Kindesnamen als Wirkung des Eltern-Kind-Verhältnisses qualifiziert. Schließlich ist auch eine versteckte Rückverweisung im internationalen Namensrecht möglich, soweit ausländische Rechte bezüglich der Namensführung an die lex fori anknüpfen (vgl vBAR, IPR II Rn 75: England).

c) Rechtswahl nach Abs 2 und 3

Nach Art 10 Abs 2 S 1 idF des FamNamRG vom 16. 12. 1993 (BGBl I 2054) können **148** Ehegatten bei oder nach der Eheschließung gegenüber dem Standesbeamten ihren künftig zu führenden Namen wählen; zur Wahl stehen dabei neben dem deutschen Recht (Nr 2) auch die Heimatrechte beider Ehegatten (Nr 1). Soweit die Ehegatten von dieser Rechtswahl Gebrauch machen und den Ehenamen nach dem ausländischen Heimatrecht eines der Ehegatten bestimmen, bezieht sich diese Rechtswahl nach Art 4 Abs 2 unmittelbar auf die ausländischen *Sachnormen* unter Ausschluß des IPR. Gleiches gilt für den Fall, daß Eltern gem Art 10 Abs 3 vor der Beurkundung der Geburt eines ehelichen Kindes den Familiennamen nach dem ausländischen Heimatrecht eines der Elternteile bestimmen.

d) Alternative Anknüpfung nach Abs 4

Für nichteheliche Kinder sieht Art 10 Abs 4 eine alternative Anknüpfung des **149** Namens vor; danach kann das nichteheliche Kind den Familiennamen – außer nach seinem Personalstatut (Art 10 Abs 1) – auch nach den Heimatrechten beider Eltern oder eines den Namen erteilenden Dritten (zB des Ehemannes der Mutter) erhalten. Eine Rück- oder Weiterverweisung ist auch insoweit zu beachten, wenn sie das Spektrum der anwendbaren Rechte zugunsten des nichtehelichen Kindes erweitert (vgl BayObLG 8. 6. 1989, FamRZ 1990, 93 = IPRspr 1989 Nr 15 A; ERMAN/HOHLOCH Art 10 Rn 61). Hingegen wird dem Kind die Namensführung nach dem Sachrecht der in Art 10 Abs 4 alternativ genannten Rechtsordnungen durch eine Rück- oder Weiterverweisung nicht abgeschnitten (dazu allg o Rn 86 ff).

4. Juristische Personen

Die Regeln über die Rück- und Weiterverweisung sind auch im Rahmen der **150** Anknüpfung der Rechts- und Geschäftsfähigkeit juristischer Personen zu beachten und ergänzen hier die in Deutschland herrschende Sitztheorie (vgl eingehend FERID, in: FS Hueck [1959] 543 ff). Die Anwendbarkeit des Art 4 Abs 1 wird im internationalen Vereins- und Gesellschaftsrecht auch nicht durch Art 37 Nr 2 EGBGB ausgeschlossen (EBENROTH/EYLES DB-Beilage 2/89 S 7 unter Hinweis auf die Gesetzessystematik).

a) Rückverweisung

Verweist das deutsche internationale Gesellschaftsrecht auf ausländisches Recht, **151** weil die Gesellschaft ihren effektiven Verwaltungssitz im Ausland hat, so kommt eine Rückverweisung auf deutsches Recht in Betracht, wenn die *Gesellschaft im Inland gegründet* worden ist und das Kollisionsrecht des Sitzstaates seinerseits die Gründungstheorie befolgt (MünchKomm/EBENROTH nach Art 10 Rn 208; STAUDINGER/GROSSFELD [1993] IntGesR Rn 183). Diese Rückverweisung führt zwar nicht zu einer wirksamen Gründung der Gesellschaft im Inland, wenn es an dem hierfür erforderlichen inländischen Verwaltungssitz zur Zeit der Gründung gefehlt hat (STAUDINGER/GROSSFELD [1993] IntGesR Rn 90); sie kann aber – namentlich bei Personengesellschaften (vgl VBAR, IPR II Rn 624) – für die Beurteilung von Einzelfragen Bedeutung erlangen.

b) Weiterverweisung

Weitaus größere praktische Bedeutung hat im internationalen Gesellschaftsrecht die **152** Weiterverweisung. Sie kommt in Betracht, wenn eine Gesellschaft mit Verwaltungssitz im ausländischen Staat A nach dem Recht des Drittstaates B gegründet worden ist. Es ist dann zu prüfen, ob der Staat A seinerseits der Sitz- oder der Gründungstheorie folgt. Folgt er der Sitztheorie, so ist die Gesellschaft nach dem Recht des Staates A nicht wirksam gegründet, und zwar unabhängig davon, ob der Staat B sie als wirksam ansieht. Gilt im Staat A hingegen die Gründungstheorie, so unterstellt er die Gesellschaft dem Recht des Staates B. Diese Weiterverweisung des zunächst berufenen (Sitz-)Rechts des Staates A auf das (Gründungs-)Recht des Staates B ist auch für den deutschen Richter beachtlich (OLG Hamburg 21. 1. 1987, RIW 1988, 816 = IPRspr 1987 Nr 10: Rechtsfähigkeit einer „englischen Ltd" mit Verwaltungssitz in der Schweiz kraft Weiterverweisung des schweizerischen IPR nach englischem Gründungsrecht beurteilt; OLG Frankfurt 24. 4. 1990, NJW 1990, 2204 = RIW 1990, 583 m Aufs SCHÜTZE 674 = EWiR 1990, 827 m Anm EBENROTH: Rechts- und Parteifähigkeit einer panamesischen Gesellschaft mit Verwaltungssitz in der Schweiz kraft Weiterverweisung des schweizerischen IPR nach dem Recht von Panama beurteilt; dazu GROSSFELD/KÖNIG, Weiterverweisung im schweizerischen Gesellschaftsrecht, IPRax 1991, 379; zust vBAR, IPR II Rn 624 f; EBENROTH/EYLES, IPRax 1989, 1, 9; PALANDT/HELDRICH Anh zu Art 12 Rn 4; ebenso schon zu Art 27 aF RG 3. 6. 1927, RGZ 117, 215, 217 [USA/Delware]; BGH 13. 6. 1984, NJW 1984, 2762 = IPRax 1985, 221, 223 m Anm KÖTZ 205 = IPRspr 1984 Nr 121 [Kanada]; OLG Stuttgart 18. 3. 1974, NJW 1974, 1627 m Anm COHN, NJW 1975, 499 = IPRspr 1974 Nr 7 [Liberia]; LG Hamburg 12. 2. 1986, IPRspr 1986 Nr 17 [England]; einschränkend SOERGEL/ LÜDERITZ[11] vor Art 7 Rn 267). Aus der Beachtung der Weiterverweisung folgt, daß die in dem Drittstaat wirksam gegründete Gesellschaft auch in Deutschland als rechtsfähig gilt und nach Gründungsrecht beurteilt wird. Die Weiterverweisung auf das Recht des Gründungsstaates geht freilich nicht weiter als der Staat des Verwaltungssitzes sie anerkennt; wendet letzterer also partiell doch sein eigenes Recht – etwa zum Schutz von Gesellschaftsgläubigern – an (vgl idS zB Art 159 schweiz IPRG), so ist diese Schranke der Weiterverweisung auch im Inland zu beachten (STAUDINGER/GROSSFELD [1993] IntGesR Rn 104).

II. Rechtsgeschäftslehre

1. Form von Rechtsgeschäften

153 Nach der Grundregel des Art 11 Abs 1 EGBGB ist ein Rechtsgeschäft formgültig, wenn es die Formerfordernisse des Rechts, das auf das seinen Gegenstand bildende Rechtsverhältnis anzuwenden ist *(Geschäftsrecht)*, oder des Rechts des Staates erfüllt, in dem es vorgenommen worden ist *(Ortsrecht)*. Sonderregeln gelten für gewisse Schuldverträge (Abs 2-4) und für dingliche Rechtsgeschäfte (Abs 5).

a) Sachnorm- oder Gesamtverweisung?

154 Da Art 11 Abs 1 hinsichtlich der „Formerfordernisse" eines Rechtsgeschäfts auf bestimmte Rechte verweist, wird die Vorschrift zT als *Sachnormverweisung* iSv Art 3 S 2 verstanden, denn Formerfordernisse könne nur ein Sachrecht aufstellen (so – unter Hinweis auf die Begründung des Regierungsentwurfs [BT-Drucks 10/ 504 S 48] – etwa PALANDT/ HELDRICH Art 11 Rn 1; ERMAN/HOHLOCH Art 11 Rn 5; KROPHOLLER, IPR[2] § 41 III 4). Dem ist indes zu widersprechen, weil es keine Anhaltspunkte dafür gibt, daß der Gesetzgeber durch die – auf Art 9 des EG-Schuldvertragsübereinkommens zurückgehende – Neufassung der Vorschrift auch für Rechtsgeschäfte außerhalb des Schuldvertragsrechts eine Änderung gegenüber dem bisherigen Recht beabsichtigt hat. Bis zur Reform von 1986 entsprach es aber der nahezu einhelligen Auffassung in Rechtsprechung und Lehre, daß ein Renvoi im Rahmen von Art 11 EGBGB grundsätzlich zu beachten sei (vgl STAUDINGER/GRAUE[12] Art 27 aF Rn 43 ff; SOERGEL/KEGEL[11] Art 11 aF Rn 7, 36; STAUDINGER/FIRSCHING[12] Art 11 aF Rn 38 ff, 58 ff, jeweils mwN). Da das Gebot der einheitlichen Auslegung in Art 36 EGBGB auf das vertragliche Schuldrecht beschränkt ist, sind die deutschen Gerichte auch nach geltendem Recht nicht gehindert, die Formvorschriften des Art 11 Abs 1–4 EGBGB etwa im *internationalen Sachen- oder Familienrecht* in Anwendung nationaler Auslegungskriterien abweichend zu interpretieren; insbesondere erfordert das Prinzip der „Einheit der Rechtsordnung" keine Ausweitung der einheitlichen Auslegung über den sachlichen Geltungsbereich des EVÜ hinaus (zutr MEYER/SPARENBERG 189 ff). Außerhalb des Schuldvertragsrechts bleibt in Formfragen daher ein „renvoi sélectif" mit dem Ziel möglich, im Interesse des favor negotii alternativ auch das Kollisionsrecht der lex loci actus anzuwenden (zutr VBAR, IPR I Rn 622; EBENROTH/EYLES IPRax 1989, 1, 10; KARTZKE IPRax 1988, 8, 10; MEYER-SPARENBERG 191).

b) Fremdes Geschäftsrecht

Demnach sind Rück- und Weiterverweisung durch ein ausländisches Geschäftsrecht auch hinsichtlich der Form grundsätzlich verbindlich. Dies bedeutet zunächst, daß ein Renvoi, der im Rahmen der Bestimmung des Geschäftsrechts nach Art 4 Abs 1 zu beachten ist, mittelbar auch für die Anknüpfung der Form wirkt (unstreitig, vgl PALANDT/HELDRICH Rn 1; KROPHOLLER, IPR[2] § 41 III 4, sowie zur Form der Eheschließung u Rn 168 mwN). Die in Art 11 Abs 1, 1. Alt angeordnete akzessorische Anknüpfung von Geschäfts- und Formstatut ist jedoch nicht zwingend; dies folgt bereits daraus, daß das deutsche IPR die einheitliche Anknüpfung in Art 11 Abs 1, 2. Alt selbst durchbricht. Aus diesem Grunde ist ein Renvoi des ausländischen Geschäftsrechts im Rahmen von Art 11 Abs 1, 1. Alt auch dann für den deutschen Richter bindend, wenn das Geschäftsrecht eine Sonderanknüpfung der Form des Rechtsgeschäfts anordnet und damit im Ergebnis die Einheit von Geschäfts- und Formstatut durchbricht. Unterwirft also das ausländische Geschäftsrecht die Form des Rechtsgeschäfts zwingend der lex loci actus, so ist eine sich hieraus ergebende Rück- oder Weiterverweisung auch für den deutschen Richter beachtlich (vgl zu Art 11 Abs 1 aF OLG Hamm 8. 3. 1993, IPRspr 1993 Nr 20 [Mexiko]; STAUDINGER/FIRSCHING[12] Rn 41, 59 mwN).

c) Fremdes Ortsrecht

Gleichrangig mit dem Geschäftsrecht ist nach Art 11 Abs 1, 2. Alt auch die Einhaltung der Formerfordernisse des Ortsrechts für die Formgültigkeit des Rechtsgeschäfts ausreichend. Dies gilt auch dann, wenn das Wirkungsstatut den Satz „locus regit actum" nicht anerkennt und deshalb das Geschäft als ungültig behandelt (RG 22. 6. 1931, RGZ 133, 161, 163 = IPRspr 1931 Nr 23; BGH 12. 1. 1967, NJW 1967, 1177 = IPRspr 1966/67 Nr 19; PALANDT/HELDRICH Art 11 Rn 11; STAUDINGER/FIRSCHING[12] Art 11 aF Rn 58 mwN). Verweist das IPR des ausländischen Ortsrechts auf deutsches Recht zurück oder auf ein drittes Recht weiter, so genügt auch die Einhaltung der Sachvorschriften des deutschen bzw drittstaatlichen Rechts (KG 20. 3. 1972, RzW 1972, 466 = IPRspr 1972 Nr 6; OLG Stuttgart 18. 12. 1981, OLGZ 1982, 257 = IPRspr 1981 Nr 12; SOERGEL/KEGEL[11] Art 11 aF Rn 5; STAUDINGER/FIRSCHING[12] Art 11 aF Rn 61). Ist freilich das Geschäft nach den Sachvorschriften am Vornahmeort gültig, nach dem vom fremden IPR zur Anwendung berufenen deutschen oder dritten Recht hingegen formnichtig, so widerspricht die Beachtung des Renvoi dem „Sinn der Verweisung" in Art 11 Abs 1. Im Interesse des mit der alternativen Anknüpfung bezweckten favor negotii ist die Gesamtverweisung dann in eine Sachnormverweisung umzudeuten (so die hM zu Art 11 aF, vgl OLG Stuttgart aaO; SOERGEL/KEGEL[11] Rn 7; NEUHAUS, Grundbegriffe[2] § 35 II; STAUDINGER/FIRSCHING[12] Rn 61; ebenso zum geltenden Recht MünchKomm/SPELLENBERG Art 11 Rn 59).

d) Schranken
aa) Schuldverträge

157 Ausgeschlossen ist die Beachtung einer Rück- oder Weiterverweisung auf dem Gebiet des Schuldvertragsrechts. Insoweit folgt aus der Verpflichtung der deutschen Gerichte zur einheitlichen Auslegung der Kollisionsnormen des internationalen Schuldvertragsrechts (Art 36 EGBGB), daß sich der in Art 35 Abs 1 EGBGB normierte Ausschluß von Rück- und Weiterverweisung auch auf die Formgültigkeit von Schuldverträgen nach Art 11 Abs 1–4 erstreckt (s o Rn 154). Ein etwaiger Renvoi des fremden Geschäfts- oder Ortsrechts bleibt danach auch dann unberücksichtigt, wenn das Vertragsstatut nicht durch Rechtswahl, sondern im Wege objektiver Anknüpfung ermittelt wird.

bb) Testamente

158 Ausgeschlossen sind Rück- und Weiterverweisung ferner bei der Beurteilung der Formgültigkeit von Testamenten durch das Haager Testamentsformabkommen von 1961. Denn das Übereinkommen verweist insoweit ausdrücklich auf das jeweilige „innerstaatliche" Recht (dazu näher o Rn 126 f). Aufgrund der Verweisung in Art 26 Abs 4 EGBGB gilt gleiches auch für die Anknüpfung der Formgültigkeit von Erbverträgen.

2. Stellvertretung

159 Das für die Vollmacht maßgebende Recht ist gesetzlich nicht geregelt (vgl Art 37 Nr 3 EGBGB). Es gilt jedoch heute als gesicherter Grundsatz im deutschen IPR, daß die rechtsgeschäftlich erteilte Vollmacht gesondert anzuknüpfen ist. Anwendbar ist also nicht das Geschäftsstatut des von dem Bevollmächtigten mit dem Dritten abgeschlossenen Rechtsgeschäfts, sondern das Recht des Landes, in dem die Vollmacht nach dem Willen des Vollmachtgebers ihre Wirkung entfalten soll (*Wirkungsland*; vgl BGH 13. 5. 1982, NJW 1982, 2733 = IPRax 1983, 87 m Anm STOLL = IPRspr 1982 Nr 139; BGH 4. 10. 1990, NJW 1990, 3088 = IPRspr 1990 Nr 73; REITHMANN/MARTINY/HAUSMANN, Internationales Vertragsrecht[5] [1996] Rn 1716 ff mwN).

160 Ein Renvoi des Rechts des Wirkungslandes (zB auf das Recht, dem das Hauptgeschäft oder das der Vollmacht zugrundeliegende Auftragsverhältnis untersteht) ist vom deutschen Richter nicht zu beachten. Soweit die Vollmacht für den Abschluß eines Schuldvertrages erteilt wird, spricht für die Nichtbeachtung des Renvoi der dann bestehende enge Zusammenhang mit dem Vertragsrecht, in dem der Renvoi ausgeschlossen ist (Art 35 Abs 1). Die hierfür im Vertragsrecht angeführten Argumente gelten auch für das Vertretungsrecht. Danach sollen die für die Anknüpfung der Vollmacht entwickelten Kollisionsregeln, die den besonderen Interessen des Drittkontrahenten Rechnung tragen, nicht durch – häufig zufällige und zT nur schwer feststellbare – Rückverweisungen verfälscht werden. Vor allem widerspricht die Befolgung eines Renvoi aber deshalb dem „Sinn der Verweisung", weil der mit der Sonderanknüpfung der Vollmacht angestrebte Verkehrsschutz (vgl REITHMANN/ MARTINY/HAUSMANN aaO Rn 1726) auf diese Weise verfehlt würde. Die Verweisung des deutschen IPR ist daher auf die am Gebrauchsort geltenden *Sachvorschriften* (unter Ausschluß des IPR) zu beziehen, so wie dies Art 12 S 1 EGBGB ausdrücklich für den Verkehrsschutz in Fällen der Geschäftsunfähigkeit vorsieht (s o Rn 144; wie hier KROPHOLLER, IPR² § 41 I 4; vBAR, IPR II Rn 589; ERMAN/HOHLOCH Art 37 Rn 18; PALANDT/ HELDRICH Anh zu Art 32 Rn 1; aA SOERGEL/LÜDERITZ[11] vor Art 7 Rn 312). Ein Renvoi ist in jedem Fall ausgeschlossen, soweit das Vollmachtsstatut durch Rechtswahl bestimmt worden ist (Art 4 Abs 2).

3. Verjährung

Die Verjährung ist nach kontinental-europäischer Auffassung ein Institut des materiellen Rechts; sie wird deshalb dem Recht entnommen, das den geltend gemachten Anspruch beherrscht. Dies ist im deutschen IPR nunmehr für Schuldverträge ausdrücklich normiert (Art 32 Abs 1 Nr 4 EGBGB), aber auch für andere Rechtsgebiete allgemein anerkannt. Demgegenüber untersteht die Verjährung von Ansprüchen nach Common Law traditionell dem Recht des Gerichtsortes (lex fori), weil sie als verfahrensrechtlich eingestuft wird („the statute of limitations affects the remedy and not the right"). In England wird die Verjährung allerdings seit Inkrafttreten des Limitations Periods Act 1984 materiellrechtlich qualifiziert; ähnliche Tendenzen sind auch im US-amerikanischen Kollisionsrecht festzustellen (vgl HAY, Zur Qualifikation der Verjährung im US-amerikanischen Kollisionsrecht, IPRax 1989, 187 ff). **161**

Hat ein deutsches Gericht über die Verjährung eines Anspruchs zu entscheiden, der nach inländischem Kollisionsrecht dem Recht eines Einzelstaates der USA unterliegt, der an der herkömmlichen **prozessualen Qualifikation** festhält, so könnte man eine (versteckte) Rückverweisung auf das deutsche Recht als Recht des Gerichtsortes in Betracht ziehen (so RG 6. 7. 1934, RGZ 145, 121; KEGEL, Die Grenze von Qualifikation und Renvoi im internationalen Verjährungsrecht [1962]; SOERGEL/KEGEL[11] Vorbem 218 zu Art 7 aF; MÜLLER-FREIENFELS, in: FS Zepos II [1973] 491 ff, 520; STAUDINGER/GRAUE[12] Art 27 aF Rn 52, 234). Überwiegend wird ein solcher Renvoi kraft abweichender Qualifikation indes für diesen Fall heute zurecht abgelehnt (vgl schon BGH 9. 6. 1960, NJW 1960, 1720 = LM Nr 13 zu Art 7 ff EGBGB = IPRspr 1960/61 Nr 23; zust KROPHOLLER, IPR² § 41 II 1; FIRSCHING/vHOFFMANN, IPR § 10 Rn 21; SOERGEL/LÜDERITZ[11] Vorbem 321 zu Art 7 aF; GIRSBERGER, Verjährung und Verwirkung im internationalen Obligationenrecht [1989] 70 ff mwN). Eine Rück- oder Weiterverweisung kann sich in Fragen der Verjährung also nur noch mittelbar daraus ergeben, daß hinsichtlich des betroffenen Anspruchs selbst ein Renvoi nach Art 4 Abs 1 zu beachten ist (vgl auch o Rn 63). **162**

III. Eherecht

1. Eheschließung

a) Materielle Ehevoraussetzungen
aa) Grundsatz
Soweit Art 13 Abs 1 hinsichtlich der materiellen Ehevoraussetzungen auf ausländisches Recht verweist, sind Rück- oder Weiterverweisung nach der ausdrücklichen Anordnung in Art 4 Abs 1 stets zu befolgen (BGH 4. 10. 1990, NJW 1991, 3088 = FamRZ 1991, 300 = IPRspr 1990 Nr 73; OLG Hamm 29. 7. 1991, StAZ 1991, 315, 317 = FamRZ 1992, 551 = IPRspr 1991 Nr 74; PALANDT/HELDRICH Art 13 Rn 1; ERMAN/HOHLOCH Art 13 Rn 7; vBAR, IPR II **163**

Rn 129). Fälle, in denen die Beachtung eines Renvoi „dem Sinn der Verweisung widerspricht", sind im Anwendungsbereich des Art 13 Abs 1 kaum vorstellbar (MünchKomm/SCHWIMANN Art 13 Rn 11). Rück- und Weiterverweisung waren im internationalen Eherecht – wegen der ausdrücklichen Bezugnahme des Art 27 aF auf Art 13 Abs 1 – auch vor der IPR-Reform von 1986 weithin anerkannt (vgl RG 15. 2. 1912, RGZ 78, 234; LG Hamburg 16. 10. 1958, StAZ 1960, 99 m Anm HENRICH = IPRspr 1958/59 Nr 117 und LG Stuttgart 29. 5. 1963, FamRZ 1963, 573 m Anm NEUHAUS = IPRspr 1962/63 Nr 64; STAUDINGER/vBAR[12] Vorbem 176 ff zu Art 13 aF mwN). Da die Ehefähigkeit jedes der Beteiligten nach seinem Heimatrecht zu prüfen ist, können Rück- oder Weiterverweisung bei unterschiedlicher Staatsangehörigkeit der Verlobten auf einen von ihnen beschränkt sein (LG Hamburg 8. 10. 1975, IPRspr 1975 Nr 38: Ehefrau Portugiesin, Ehemann Bürger von New York mit deutschem Wohnsitz: Über das Ehehindernis der Doppelehe entscheiden das portugiesische und kraft [versteckter] Rückverweisung des New Yorker Rechts das deutsche Recht).

bb) Funktion von Rück- und Weiterverweisung

164 Gerade dem IPR der Ehevoraussetzungen entnehmen die Anhänger der Rück- und Weiterverweisung seit jeher eines ihrer stärksten Argumente: Besteht nämlich nach dem von Art 13 Abs 1 zur Anwendung berufenen Heimatrecht der Eheschließenden ein Ehehindernis und verweisen die Kollisionsnormen dieses fremden Rechts auf ein anderes – das inländische oder ein drittes Recht –, das ein solches Ehehindernis nicht kennt, so wäre ohne Rück- oder Weiterverweisung die Ehe möglicherweise nichtig, obwohl das die Nichtigkeit anordnende fremde Recht selbst für diesen Fall gar nicht gelten will, sondern die Entscheidung einem anderen Recht überläßt, das die Ehe für gültig erklärt. Rück- oder Weiterverweisung sind nach dieser Meinung nicht nur logisch und vernünftig, sondern gelegentlich auch zur Vermeidung absurder Ergebnisse unentbehrlich (RAAPE, IPR 69; RAAPE/STURM, IPR I 166). Mitunter können Rück- oder Weiterverweisung freilich auch die entgegengesetzte Wirkung haben und an die Stelle des zunächst berufenen Heimatrechts, das die Ehe für gültig hält, ein anderes Recht setzen, nach dem sie ungültig ist (vgl das Beispiel bei STAUDINGER/GRAUE[12] Art 27 aF Rn 66).

cc) Einzelfälle

165 Zu kollidierenden Anknüpfungen kommt es auf dem Gebiet der materiellen Ehevoraussetzungen vor allem im Verhältnis zum *englischen*, *schottischen* und *irischen* Recht, die wie die meisten Länder des Commonwealth auf den **Wohnsitz** (domicile) des jeweiligen Verlobten verweisen (vgl zum Recht von Ghana BGH 4. 10. 1990, NJW 1991, 3088 = IPRspr 1990 Nr 73; OLG Hamburg 18. 8. 1983, IPRax 1984, 162 [JAYME] = IPRspr 1983 Nr 50 und 6. 11. 1987, StAZ 1988, 132 = IPRspr 1987 Nr 46; OLG Karlsruhe 15. 3. 1994, StAZ 1994, 286, 287; ferner OLG Hamm 25. 7. 1991, StAZ 1991, 315, 317 = NJW-RR 1992, 391 = IPRspr 1991 Nr 74: Eheschließung pakistanischer Staatsangehöriger in London; BayObLG 13. 5. 1993, BayObLGZ 1993, 222 = IPRspr 1993 Nr 187 [Nigeria]; LG Kiel 18. 2. 1990, IPRax 1992, 255 m Anm SPELLENBERG 233 = IPRspr 1990 Nr 68 [Indien]; zur älteren Rechtsprechung STAUDINGER/vBAR[12] Art 13 Rn 28 ff). Auch nach *norwegischem* IPR werden die sachlichen Voraussetzungen der Eheschließung vom Wohnsitzrecht der Verlobten beherrscht; wird die Ehe in Norwegen geschlossen, so sind etwaige Eheverbote des norwegischen Rechts aber auch dann zu berücksichtigen, wenn einer der Verlobten oder beide im Ausland wohnen. Das *dänische* IPR verweist hinsichtlich der sachlichen Voraussetzungen einer Eheschließung im Ausland ebenfalls auf das Wohnsitzrecht der Verlobten zurück oder weiter (OLG Schleswig 27. 1. 1953, IPRspr 1952/53 Nr 2); wird die Ehe hingegen in Dänemark geschlossen, so werden nicht nur die formellen, sondern auch die sachlichen Voraussetzungen der Eheschließung nach dänischem Recht beurteilt; eine Rück- oder Weiterverweisung scheidet dann aus. Eine Rückverweisung auf deutsches Wohnsitzrecht kann sich auch daraus ergeben, daß das fremde IPR den eigenen Staatsangehörigen ein Wahlrecht zugunsten des Wohnsitzrechts einräumt und sie davon Gebrauch machen (vBar, IPR II Rn 129 unter Hinweis auf das schwedische internationale Eherecht; dazu im Anh Rn 116).

Das Kollisionsrecht der meisten US-amerikanischen Einzelstaaten verweist dagegen **166** für die materiellen und formellen Voraussetzungen einer gültigen Eheschließung einheitlich auf das **Recht des Abschlußortes**. Wird die Ehe daher in Deutschland geschlossen, so ist die Ehefähigkeit amerikanischer Verlobter kraft Rückverweisung nach deutschem materiellen Recht zu beurteilen (Rabel, Conflict I [1958] 244; OLG Karlsruhe 3. 10. 1968, StAZ 1969, 71 = IPRspr 1968/69 Nr 69 [Texas]). Denkbar ist auch ein Renvoi kraft abweichender Qualifikation, namentlich wenn das für die materiellen Ehevoraussetzungen maßgebliche ausländische Heimatrecht eines Ehegatten den Anwendungsbereich des Formstatuts – zulasten des Sachstatuts – weiter zieht als das deutsche Recht und deshalb auf die lex loci celebrationis zurück- oder weiterverweist (vgl LG Hamburg 16. 10. 1958, StAZ 1960, 99 m Anm Henrich = IPRspr 1958/59 Nr 117 [England/Libyen]; dazu vBar, IPR II Rn 129).

b) Form der Eheschließung

Auch hinsichtlich der Formerfordernisse der Eheschließung kommt eine Rück- oder **167** Weiterverweisung in Betracht, sofern die Heirat *im Ausland* erfolgt (dazu schon o Rn 154 ff). Für diesen Fall beurteilt sich die Form der Eheschließung nach Art 11 Abs 1 EGBGB. Danach ist alternativ maßgebend das Geschäftsrecht (dh das Personalstatut beider Verlobter, Art 13 Abs 1) oder das Recht des Ortes, an dem die Eheschließung vollzogen wurde. Dabei wird auch die Zulässigkeit einer Eheschließung durch Stellvertreter (sog „Handschuhehe") als Formfrage qualifiziert (BGH 19. 12. 1958, BGHZ 29, 137, 138 = NJW 1959, 717 = IPRspr 1958/59 Nr 112).

aa) Geschäftsrecht

Verweist das von Art 13 Abs 1 als *Geschäftsstatut* berufene Recht auf deutsches **168** Recht zurück oder auf ein anderes Recht weiter, so ist dieser Renvoi nach Art 4 Abs 1 beachtlich und wirkt sich mittelbar auch auf das Formstatut nach Art 11 Abs 1, 1. Alt aus (OLG Hamm 29. 7. 1991, StAZ 1991, 315, 317 reSp = NJW-RR 1992, 391 = IPRspr 1991 Nr 74; OLG Karlsruhe 15. 3. 1994, StAZ 1994, 286; MünchKomm/Spellenberg Art 11 Rn 43; Palandt/Heldrich Art 11 Rn 1). Richtet sich die Form der Eheschließung aus der Sicht des zurück- oder weiterverweisenden fremden Kollisionsrechts ausschließlich nach dem Ortsrecht, so ist dies auch für den deutschen Richter maßgebend; die Einhaltung der materiellen Formvorschriften des Geschäftsstatuts reicht dann nicht aus (Staudinger/Firsching[12] Art 11 aF Rn 41; Soergel/Kegel[11] Art 11 aF Rn 6; vBar, IPR II Rn 162; vgl auch OLG Koblenz 21. 10. 1975, IPRspr 1975 Nr 39, S 92).

bb) Ortsrecht

Nach Art 11 Abs 1, 2. Alt tritt das Recht des Vornahmeortes hinsichtlich der Form **169** gleichberechtigt neben das Wirkungsstatut. Ob auch das nach Art 13 Abs 1 zur Anwendung berufene Heimatrecht der Verlobten die Ortsform genügen läßt, ist mithin aus deutscher Sicht unerheblich (BGH 19. 12. 1958 aaO; OLG Karlsruhe 15. 3. 1994, StAZ 1994, 286). Eine Rück- oder Weiterverweisung durch das Ortsrecht ist – anders als im Fall des Art 11 Abs 1, 1. Alt – nur eingeschränkt, nämlich *nur zugunsten der Formgültigkeit* der Eheschließung zu beachten. Es genügt mithin in jedem Fall die Einhaltung der materiellen Formvorschriften des Ortsrechts (KEGEL, IPR7 § 17 IV 3 b); darüber hinaus reicht es jedoch auch aus, wenn die Eheschließung nach einem Recht gültig ist, auf das die Kollisionsnormen der lex loci actus zurück- oder weiterverweisen (für Beachtlichkeit des Renvoi in favorem matrimonii auch OLG Hamm 20. 2. 1985, StAZ 1986, 134 = IPRspr 1985 Nr 72; MünchKomm/SPELLENBERG Art 11 Rn 58 mwN; ebenso in Frankreich App Aix-en-Provence 21. 1. 1981, Rev crit 71 [1982] 297). Die Auslegung des Art 11 Abs 1, 2. Alt als Sachnormverweisung (dafür etwa PALANDT/HELDRICH Art 11 Rn 1) kann auf dem Gebiet des Eherechts nicht damit begründet werden, daß die Vorschrift aus dem Römischen Übereinkommen über das auf Schuldverträge anzuwendende Recht von 1980 übernommen worden und dort als reine Sachnormverweisung ausgestaltet ist (vgl Art 9 Abs 1, 15 EVÜ; dazu näher o Rn 154). Selbst wenn man aber Art 11 Abs 1 als Sachnormverweisung erachtet, wäre es jedenfalls unerträglich, allein wegen Verstoßes gegen die Sachnormen der lex loci celebrationis eine unwirksame Eheschließung anzunehmen; in diesem Fall muß daher mit Hilfe von funktionsäquivalenten Hilfskonstruktionen ein der kollisionsrechtlichen (Weiter-)Verweisung vom Orts- auf das Heimatrecht entsprechende Lösung entwickelt werden (vgl dazu vBAR, IPR II Rn 160 f).

2. Allgemeine Ehewirkungen

170 Da Art 14 Abs 1 aF für die persönlichen Ehewirkungen lediglich eine einseitige Kollisionsnorm enthielt, die das gemeinsame Heimatrecht deutscher Ehegatten für maßgeblich erklärte, auch wenn diese im Ausland wohnhaft waren, war die Beachtung einer Rück- oder Weiterverweisung für den Bereich der persönlichen Ehewirkungen in Art 27 aF nicht ausdrücklich vorgeschrieben. Dennoch hat das Reichsgericht die Rückverweisung des gemeinsamen fremden Heimatrechts auf das deutsche Wohnsitzrecht angenommen und deutsches Recht angewandt (RG 15. 2. 1906, RGZ 62, 400 [Portugal]); an dieser Auffassung haben Rechtsprechung und Lehre bis zur IPR-Reform von 1986 festgehalten (BayObLG 20. 3. 1953, BayObLGZ 1953, 102 = IPRspr 1952/53 Nr 175 [Dänemark]; LG Augsburg 30. 3. 1973, FamRZ 1973, 375 = IPRspr 1973 Nr 40 [Tennessee]; OLG Stuttgart 22. 5. 1979, FamRZ 1979, 1022, 1029 = IPRspr 1979 Nr 64 [Polen]; BGH 17. 2. 1982, NJW 1982, 1216 = IPRax 1983, 71 m Anm HENRICH 62 = IPRspr 1982 Nr 47 [Österreich]; STAUDINGER/GRAUE[12] Art 27 aF Rn 69 mwN). Teilweise wurde sogar eine versteckte Rückverweisung auf deutsches Unterhaltsrecht im Fall getrennt im Inland lebender amerikanischer Ehegatten bejaht (OLG Nürnberg 8. 2. 1982, IPRspr 1982 Nr 106: [Washington]; vgl auch STAUDINGER/vBAR[12] Art 14 aF Rn 46 mwN).

a) Grundsatz

171 Aufgrund der allgemein gehaltenen Fassung des Art 4 Abs 1 sind Rück- und Weiterverweisung im Rahmen des Art 14 Abs 1 heute allgemein zu befolgen (MünchKomm/ SIEHR Art 14 Rn 118 f). Dies gilt nicht nur bei der Verweisung auf das gemeinsame Heimatrecht (Nr 1; dazu vBAR, IPR II Rn 196), sondern auch, soweit in Nr 2 bei verschiedener Staatsangehörigkeit der Ehegatten das Recht am gemeinsamen gewöhnlichen Aufenthalt für maßgeblich erklärt wird (PALANDT/HELDRICH Art 14 Rn 3; FIRSCHING/vHOFFMANN, IPR § 8 Rn 25). Darüberhinaus widerspricht die Beachtung einer Rück- oder Weiterverweisung auch im Fall der Anknüpfung an die gemeinsame engste Verbindung der Ehegatten mit dem Recht eines Staates nach Abs 1 Nr 3 nicht dem Sinn der Verweisung; denn wenn die Anwendungswilligkeit des verwiesenen Rechts schon bei den „starken" Anknüpfungen an die gemeinsame Staatsangehörigkeit bzw den gemeinsamen gewöhnlichen Aufenthalt Voraussetzung seiner Berufung zum Ehewirkungsstatut ist, so muß dies erst recht für die „schwache" Beziehung gelten, die Art 14 Abs 1 Nr 3 zu dem verwiesenen Recht herstellt (vBAR, IPR II Rn 208; aA HENRICH IntFamR § 2 I 2 d; dazu näher o Rn 99 m ausf Nachw). *Ausgeschlossen* sind Rück- und Weiterverweisung hingegen nach Art 4 Abs 2, soweit die Ehegatten das Ehewirkungsstatut gemäß Art 14 Abs 2 oder Abs 3 durch Rechtswahl bestimmt haben (vBAR, IPR II Rn 201).

b) Verpflichtungsbeschränkungen

Zum Schutz des Familienvermögens unterliegen Ehegatten nach zahlreichen Rechtsordnungen Beschränkungen bei der Eingehung von Verträgen, durch die sie sich als Bürge, Schuldmitübernehmer oder Garant zur Absicherung einer fremden Schuld verpflichten, soweit dies nicht in Ausübung eines Berufs oder im Rahmen eines Geschäftsbetriebs geschieht. Derartige Verpflichtungsbeschränkungen ergeben sich aus deutscher Sicht aus dem von Art 14 EGBGB zur Anwendung berufenen Recht; sie werden durch eine schuldvertragliche Rechtswahl nicht beeinflußt (STAUDINGER/vBAR[12] Art 14 Rn 62; REITHMANN/MARTINY/HAUSMANN, Internationales Vertragsrecht[5] [1996] Rn 1851 ff; aA zu Unrecht BGH 15. 11. 1976, NJW 1977, 1011 m abl Anm JOCHEM = JZ 1977, 438 m abl Anm KÜHNE = IPRspr 1976 Nr 9). Zu einer Rück- bzw Weiterverweisung des hiernach maßgebenden ausländischen Rechts kann es freilich kommen, wenn dieses derartige *Verpflichtungsbeschränkungen* abweichend qualifiziert. So unterstellen verschiedene Einzelstaaten der USA Verpflichtungsbeschränkungen von Ehegatten dem Vertragsstatut und wenden das Recht des Abschlußortes an (Burr v Beckler, 264 Ill 230, 106 NE 206 [1914]). Die darin liegende etwaige Weiterverweisung wäre vom deutschen Richter nach Art 4 Abs 1 EGBGB zu beachten (näher dazu Anh Rn 74). Demgegenüber wertet das Schweizer Bundesgericht die entsprechende Verpflichtungsbeschränkung in Art 494 Abs 1 OR als Schranke der allgemeinen Handlungsfähigkeit und stellt deshalb auf das Personalstatut des Bürgen ab (BG 14. 12. 1984, BGE 110 II, 484 = IPRax 1987, 34 m Anm HANISCH 47). Der inländische Rechtsverkehr wird gegenüber solchen Verpflichtungsbeschränkungen freilich in entsprechender Anwendung von Art 16 Abs 2 EGBGB geschützt (REITHMANN/MARTINY/HAUSMANN Rn 1988 f).

3. Ehegüterrecht

In Art 27 aF war die Beachtung einer Rückverweisung nur für die Fälle des Art 15 Abs 2 aF vorgeschrieben. Da Art 15 Abs 1 aF aber in Rechtsprechung und Lehre zur allseitigen Kollisionsnorm erweitert worden ist, haben deutsche Gerichte ständig deutsches materielles Güterrecht angewandt, wenn das ausländische Heimatrecht des Ehemannes auf dieses (zB als Wohnsitz- oder Belegenheitsrecht) zurückverwies (OLG München 15. 3. 1913, OLGZ 30, 34 [Ungarn]; OLG Breslau 31. 10. 1929, JW 1930, 1011 [Dänemark]; BayObLG 20. 3. 1953, BayObLGZ 1953, 102 = IPRspr 1952/53 Nr 175 [Dänemark]; BayObLG 13. 2. 1971, BayObLGZ 1971, 94 = FamRZ 1971, 258 m Anm GAMILLSCHEG 307 = NJW 1971, 991 = IPRspr 1971 Nr 51 [Österreich]; LG Wiesbaden 30. 3. 1973, FamRZ 1973, 657 m Anm JAYME = IPRspr 1973 Nr 46 [Indiana]; STAUDINGER/vBAR[12] Art 15 aF Rn 26 f mwN).

a) Grundsatz

174 Im geltenden Recht unterstellt Art 15 Abs 1 die güterrechtlichen Wirkungen der Ehe im Interesse einer einheitlichen Anknüpfung aller Rechtsbeziehungen zwischen den Ehegatten dem von der familienrechtlichen Grundsatzkollisionsnorm des Art 14 berufenen Recht. Diese akzessorische Anknüpfung des Güterstatuts ist indes nur als eine verkürzte Bezugnahme auf ein gleichberechtigungskonformes Anknüpfungsmodell zu verstehen, so daß nicht etwa auf das Sachrecht verwiesen wird, dem die allgemeinen Ehewirkungen unterstehen; vielmehr spricht Art 15 Abs 1 (iVm Art 14 Abs 1 Nr 1–3) eine Gesamtverweisung auf das ausländische Recht des Staates aus, dem die Ehegatten im Zeitpunkt der Eheschließung gemeinsam angehörten bzw in dem sie zu diesem Zeitpunkt ihren gemeinsamen gewöhnlichen Aufenthalt hatten oder mit dem sie sonst am engsten verbunden waren. Daraus folgt, daß nunmehr nach Art 4 Abs 1 anhand der *güterrechtlichen* Kollisionsnorm dieses Rechts zu prüfen ist, ob auf deutsches Recht zurück- oder auf das Recht eines dritten Staates weiterverwiesen wird (OLG Hamm 10. 4. 1992, FamRZ 1992, 963 = IPRspr 1992 Nr 88; ERMAN/ HOHLOCH Art 15 Rn 7; vBAR, IPR II Rn 213; vgl dazu allg o Rn 93 f). Hingegen bleibt die für die allgemeinen Ehewirkungen maßgebliche Kollisionsnorm des ausländischen Rechts außer Betracht; eine durch sie ausgesprochene Rück- oder Weiterverweisung bestimmt das Güterrechtsstatut auch nicht mittelbar. Auch wenn die allgemeinen Ehewirkungen ausländischer Eheleute zB kraft Rückverweisung auf das Wohnsitzrecht dem deutschen Recht unterliegen, erledigt sich damit das Renvoi-Problem für den Güterstand nicht von selbst (so aber MünchKomm/SIEHR Art 15 Rn 110); auch in diesem Fall können die Ehegatten vielmehr in einem fremden Güterstand leben, wenn das von Art 15 Abs 1 iVm Art 14 Abs 1 zur Anwendung berufene ausländische IPR – ebenso wie das deutsche – zwischen allgemeinen Ehewirkungen und Ehegüterrecht unterscheidet und die güterrechtlichen Wirkungen zB unwandelbar anknüpft.

b) Einzelfälle
aa) Rückverweisung auf das Wohnsitzrecht

175 Auf dem Wohnsitzprinzip beruht etwa das *Schweizer* Recht. Dort unterstehen die güterrechtlichen Verhältnisse in Ermangelung einer Rechtswahl dem Recht des Staates, in dem beide Ehegatten gleichzeitig ihren Wohnsitz haben bzw zuletzt gehabt haben (Art 54 Abs 1 IPRG; dazu näher Anh Rn 270). Schweizerische Eheleute mit Wohnsitz in der Bundesrepublik Deutschland leben daher, soweit sie keine zulässige Rechtswahl getroffen (und keinen Ehevertrag geschlossen) haben, kraft Rückverweisung im gesetzlichen Güterstand der Zugewinngemeinschaft (§§ 1363 ff BGB). Dem Wohnsitzgrundsatz folgen im Güterrecht auch das *dänische* und das *norwegische* Recht (BayObLG 20. 3. 1953, BayObLGZ 1953, 102 = IPRspr 1952/53 Nr 175: Dänemark; IPG 1971 Nr 16 [Heidelberg]: Norwegen). Der erste eheliche Wohnsitz der Ehegatten bestimmt das anwendbare Güterrecht ferner in *Israel* (vgl OLG Hamm 18. 1. 1974, IPRspr 1974 Nr 62), sowie – in Anlehnung an das IPR-Übereinkommen von Montevideo – in zahlreichen südamerikanischen Staaten (zB in Argentinien, Brasilien, Chile, Ecuador, Kolumbien, Paraguay, Peru und Uruguay; vgl LG Augsburg 18. 3. 1957, IPRspr 1956/57 Nr 144: Argentinien; IPG 1977 Nr 15 [Köln]: Ecuador; IPG 1979 Nr 30 [Köln]: Chile). Schließlich beurteilen sich die güterrechtlichen Verhältnisse von Ehegatten auch in *Großbritannien* und den *USA* hinsichtlich des beweglichen Vermögens nach dem Wohnsitzrecht. Dabei knüpft das englische Recht grundsätzlich an das gemeinsame domicile der Ehegatten im Zeitpunkt der Eheschließung an (vgl DICEY/MORRIS, Conflict[12] Rule 150, S 1066 ff). Diese Anknüpfung wird auch in *Irland* und den meisten

Commonwealth-Staaten (zB Australien, Neuseeland, Kanada, Südafrika) befolgt (vgl LG Frankfurt 9.7.1975, IPRspr 1975 Nr 53: Pakistan). Demgegenüber stellen die US-amerikanischen Einzelstaaten überwiegend auf das „current marital domicile" im Zeitpunkt des Erwerbs des jeweiligen Gegenstandes ab (SCOLES/HAY, Conflict^2 476 ff). An die Begründung eines Wahldomizils in der Bundesrepublik Deutschland und eine daraus abgeleitete Rückverweisung auf deutsches Güterrecht sind freilich strenge Anforderungen zu stellen (vgl LG Wiesbaden 30. 3. 1973, FamRZ 1973, 657 m krit Anm JAYME = IPRspr 1973 Nr 46 zur Rückverweisung durch das Recht von Indiana kraft Begründung eines Wahldomizils durch den mit einer deutschen Frau verheirateten amerikanischen Soldaten).

bb) Rückverweisung auf die lex rei sitae

Das englische Kollisionsrecht und im folgend die meisten vom Common Law geprägten Rechtsordnungen unterscheiden – abweichend vom deutschen Recht – im Rahmen der güterrechtlichen Anknüpfung scharf zwischen beweglichem und unbeweglichem Vermögen. Nur für das bewegliche Vermögen („movables") gilt die lex domicilii; hingegen werden die güterrechtlichen Verhältnisse an Grundbesitz („immovables") nach dem Recht der belegenen Sache (lex rei sitae) beurteilt. Hat ein verheirateter US-Amerikaner also Grundbesitz in verschiedenen Ländern, so wird auch hinsichtlich seiner güterrechtlichen Verhältnisse auf ebenso viele Rechte zurück- bzw weiterverwiesen (RABEL I 337; SCOLES/HAY, Conflict^2 470 f). Eine Einschränkung ergibt sich lediglich dann, wenn der Grunderwerb aus Mitteln finanziert wird, die unter einem von der lex rei sitae verschiedenen Güterrechtsstatut erworben wurden; in diesem Fall setzt sich die güterrechtliche Zuordnung der Finanzierungsmittel an dem Grundbesitz fort (vgl zu dieser sog „tracing-rule" Hughes v Hughes, 91 NM 339, 573 P2d 1194 [1978]; SCOLES/HAY, Conflict^2 471 ff mwN). Verweist Art 15 Abs 1 iVm Art 14 Abs 1 daher auf englisches Recht oder auf das Recht eines Einzelstaats der USA, so entscheidet allein das jeweilige Recht der Belegenheit darüber, ob ein Grundstück durch die Eheschließung in das Miteigentum des anderen Ehegatten übergegangen ist oder ob dieser sonstige Rechte an diesem Grundstück erworben hat. In Bezug auf inländische Grundstücke gilt daher deutsches Recht einschließlich der Verfügungsbeschränkung nach § 1365 BGB (vgl OLG Colmar 24.8.1911, RheinZ 4 [1912] 295 = ELJW 1912, 182: New York; OLG Hamm 18.1.1974, IPRspr 1974 Nr 62: Israel; OLG Karlsruhe 29.6.1989, NJW 1990, 1420, 1421 = IPRax 1990, 407 m Anm SCHURIG 389 = IPRspr 1989 Nr 164: Texas; IPG 1967/68 Nr 23 [Hamburg]: New York; IPG 1978 Nr 36 [Kiel]: England; IPG 1984 Nr 40 [München]: Nebraska). Eine solche partielle Rückverweisung wird mithin im Inland beachtet, obwohl das deutsche internationale Ehegüterrecht vom Grundsatz der Vermögenseinheit ausgeht (BayObLG 15.2.1971, BayObLGZ 1971, 34 = NJW 1971, 991 = IPRspr 1971 Nr 51). Dies widerspricht nicht dem Sinn der deutschen Verweisung iSv Art 4 Abs 1 S 1; denn in Art 3 Abs 3 geben wir selbst einer stärkeren lex rei sitae nach und gestatten sogar in Art 15 Abs 2 Nr 3 eine Durchbrechung des Prinzips der Vermögenseinheit durch Rechtswahl (MünchKomm/SIEHR Art 15 Rn 111).

Soweit das englische oder amerikanische Kollisionsrecht auf das Recht des Lageortes zurückverweist, ist zu beachten, daß letzteres auch für die Frage der **Qualifikation einer Sache als unbeweglich** ("immovable) maßgebend ist (vgl LG Wiesbaden 30.3.1973, FamRZ 1973, 657 m krit Anm JAYME = IPRspr 1973 Nr 46: Zugewinnausgleichsforderung des amerikanischen Ehemannes gegen seine deutsche Ehefrau bezüglich der in Deutschland belegenen Grundstücke infolge Qualifikationsrückverweisung durch das Recht von Indiana auf die lex rei sitae nach deutschem Recht dem beweglichen Vermögen zugeordnet; dazu JAYME, Zur Qualifikationsverweisung im IPR, ZfRvgl 17 [1976] 93ff; STAUDINGER/vBAR[12] Art 15 Rn 58, sowie allg o Rn 65 ff). Eine Teilrückverweisung auf die lex rei sitae hinsichtlich der güterrechtlichen Verhältnisse an unbeweglichem Vermögen ist im übrigen nicht auf die Common-Law-Staaten beschränkt (vgl AG Wolfratshausen 25. 11. 1980, IPRax 1982, 23 m Anm JAYME 11 = IPRspr 1980 Nr 69 A: Rückverweisung auf deutsches Belegenheitsrecht durch das bisherige rumänische internationale Ehegüterrecht; anders aber das neue rumänische IPRG von 1992, vgl dazu Anh Rn 349).

cc) **Rückverweisung kraft beweglicher Anknüpfung**

178 Während das deutsche internationale Ehegüterrecht in Art 15 Abs 1 auf die Verhältnisse zur Zeit der Eheschließung abstellt und eine spätere Veränderung der für die Anknüpfung nach Art 14 EGBGB maßgebenden Verhältnisse – zB einen Staatsangehörigkeits- oder Aufenthaltswechsel der Ehegatten – für unerheblich erklärt (Unwandelbarkeit des Güterrechtsstatuts), knüpfen zahlreiche ausländische Rechtsordnungen das Güterrecht in Übereinstimmung mit den allgemeinen Ehewirkungen wandelbar an. Dies gilt hinsichtlich des beweglichen Vermögens etwa nach den Rechten der meisten *US-Einzelstaaten*, sowie mit gewissen Einschränkungen auch im englischen Recht (vgl CHESHIRE/NORTH, PrIntLaw[12] 869 ff). Verlegen die Ehegatten mithin nach der Eheschließung ihr domicile in einen anderen Staat, so ist für ihre güterrechtlichen Verhältnisse grundsätzlich das neue Recht maßgebend. Die Zuordnung des unter dem früheren Güterstand erworbenen Vermögens bleibt jedoch erhalten (sog „vested rights theory" oder „source doctrine", vgl SCOLES/HAY, Conflict[2] 476 ff mNachw). Noch weiter geht das neue *Schweizer* IPR, das im Falle eines Wohnsitzwechsels der Eheleute das Güterrecht des neuen Wohnsitzstaates sogar rückwirkend auf den Zeitpunkt der Eheschließung für maßgeblich erklärt; die Ehegatten können diese Rückwirkung allerdings durch schriftliche Vereinbarung ausschließen (Art 55 Abs 1 IPRG). Beweglich wird das Güterrechtsstatut ferner – abweichend vom bisherigen Recht – im neuen *italienischen* und *japanischen* IPR-Gesetz, sowie im *spanischen* Recht und in den meisten *osteuropäischen Rechten* (zB Albanien, Jugoslawien, Polen, Slowakei, Tschechien, Ungarn) angeknüpft (vgl die Länderübersicht im Anhang).

179 Die **Wandelbarkeit des Güterrechtsstatuts** nach dem von Art 15 Abs 1 iVm Art 14 zur Anwendung berufenen ausländischen Recht ist im Rahmen einer Rück- oder Weiterverweisung nach Art 4 Abs 1 auch im Inland zu beachten (KG 10. 12. 1934, IPRspr 1934 Nr 45; OLG Hamm 18. 1. 1974, IPRspr 1974 Nr 62: Israel; IPG 1965/66 Nr 50 [Köln]: England; IPG 1978 Nr 36 [Kiel]: England; WOCHNER, Zum Güterrechtsstatut bei deutsch-amerikanischen Ehen, IPRax 1985, 90, 92; HENRICH IntFamR § 3 I 4). Die Befolgung einer solchen beweglichen Rückverweisung verstößt insbesondere nicht gegen den Sinn der deutschen Verweisung in Art 15 Abs 1, und zwar auch dann nicht, wenn das Recht der engsten Beziehung im Zeitpunkt der Eheschließung beweglich anknüpft und auf ein Recht verweist, zu dem die Eheleute erst später gemeinsame Beziehungen hergestellt haben (SCHURIG JZ 1985, 559, 562 f; MünchKomm/SIEHR Art 15 Rn 112; vBAR, IPR II Rn 213). Denn der Grundsatz der Unwandelbarkeit des Güterrechtsstatuts ist auch im deutschen Kollisionsrecht nicht unumstößlich; vielmehr ist es den Ehegatten in den Grenzen des Art 15 Abs 2 freigestellt, sich durch eine Rechtswahl vom unwandelbar angeknüpften objektiven Güterrechtsstatut zu lösen.

dd) Rückverweisung kraft Rechtswahl

180 Auch die Anknüpfung an den Parteiwillen kann wie eine Rückverweisung wirken. Die praktische Bedeutung dieser Fallgruppe ist zwar durch die erweiterte Anerkennung der Parteiautonomie im deutschen internationalen Ehegüterrecht zurückgegangen. Zu einer Rückverweisung kann es jedoch weiterhin kommen, wenn das nach Art 15 Abs 1 zur Anwendung berufene Recht der Parteiautonomie im internationalen Ehegüterrecht in weiterem Umfang Raum gibt als das deutsche Recht oder an die Form einer solchen Rechtswahl geringere Anforderungen stellt, indem es auch eine privatschriftlich, mündlich oder gar stillschweigend getroffene Vereinbarung ausreichen läßt. So unterstellt vor allem das *französische* Kollisionsrecht die güterrechtlichen Beziehungen dem Recht, welchem sich die Ehegatten wirklich oder vermutlich unterworfen haben. Diese großzügige Anerkennung der Parteiautonomie, die der sachlich-rechtlichen Wertung des ehelichen Güterrechts als Teil des Vertragsrechts und des vertragslosen gesetzlichen Güterstandes als „régime primaire" entspricht, führt im Ergebnis meist zur Anwendung des Rechts am ersten ehelichen Wohnsitz, bisweilen allerdings auch des gemeinsamen Heimatrechts der Ehegatten (BATIFFOL/LAGARDE, DIP II⁶ n 616 ff; IPG 1972 Nr 13 [München]; dazu näher im Anh Rn 158, 170). Auf den – ausdrücklichen oder stillschweigenden – Parteiwillen stellen im Anschluß an die französische Praxis auch das *belgische* und das *luxemburgische* Recht ab (vgl RIGAUX/FALLON, DIP II⁴ n 1437 ff; dazu im Anh Rn 177, 190). Darüberhinaus hat sich die Parteiautonomie auch im *niederländischen* internationalen Ehegüterrecht durchgesetzt (HR 10. 12. 1976, Rev crit 1978, 97 m Anm JESSURUN D'OLIVEIRA; dazu KLINKE DNotZ 1981, 351 ff, sowie näher im Anh Rn 202). Seit dem 1. 9. 1992 gelten für Frankreich, Luxemburg und die Niederlande die Kollisionsregeln des Haager Übereinkommens über das auf Güterstände anzuwendende Recht vom 14. 3. 1978 als „loi uniforme", das in Art 3 und 6 die Rechtswahl der Ehegatten ausdrücklich als Primäranknüpfung anerkennt (vgl dazu o Rn 138).

181 Auch in **Österreich** unterliegt das Ehegüterrecht nunmehr in erster Linie dem von den Parteien ausdrücklich gewählten Recht (§ 19 IPRG); die Einhaltung der für Eheverträge vorgeschriebenen Form ist – abweichend von Art 15 Abs 3 iVm Art 14 Abs 4 EGBGB – nicht erforderlich. Eine solche Rechtswahl ist im Rahmen von Art 4 Abs 1 zu beachten (vgl BayObLG 14. 5. 1981, BayObLGZ 1981, 178 = DNotZ 1982, 50 m Anm DÖRNER = IPRspr 1981 Nr 130). Das neue *Schweizer* IPR unterwirft die güterrechtlichen Verhältnisse von Ehegatten ebenfalls primär dem gewählten Recht. Die Ehegatten können wählen zwischen dem Recht des Staates, in dem beide ihren Wohnsitz haben oder nach der Eheschließung haben werden, und dem Recht eines ihrer Heimatstaaten. Die Rechtswahl muß lediglich privatschriftlich vereinbart werden (Art 53 IPRG). In ähnlicher Weise beschränkt auch das neue *italienische, japanische* und *türkische* IPR die Rechtswahl auf das Wohnsitzrecht oder die Heimatrechte der Ehegatten (Art 30 Abs 1 S 2 it IPRG, Art 15 Abs 1 HS 2 jap IPRG, Art 14 türk IPRG). Das italienische Recht macht die Rechtswahl ferner davon abhängig, daß das gewählte Recht oder das Recht des Abschlußortes die Rechtswahlvereinbarung anerkennen (Art 30 Abs 2 IPRG). Das *jugoslawische* IPR läßt eine Rechtswahl im Güterrecht nur zu, wenn das bei Vertragschluß maßgebliche Ehewirkungsstatut sie gestattet (Art 37 Abs 2 IPRG).

182 Schließlich räumt man auch in **England** und den meisten anderen Staaten des Common-Law-Rechtskreises den Ehegatten die Möglichkeit ein, das Güterrechtsstatut durch Rechtswahl zu bestimmen. Das in einem Ehevertrag ausdrücklich oder stillschweigend gewählte Güterrecht beherrscht dann zumindest die Rechtsbeziehungen der Ehegatten hinsichtlich des gesamten *beweglichen* Vermögens, auch soweit dieses erst nach der Eheschließung erworben wird, und unabhängig von einem späteren Wechsel des Domizils (DICEY/MORRIS, Conflict[12] Rule 151, S 1074 ff; RABEL I/2 392, 397 f). Ob die Ehegatten im Wege der Rechtswahl auch die Geltung der lex rei sitae für ihre güterrechtlichen Verhältnisse an unbeweglichem Vermögen ausschalten können, ist hingegen fraglich (CHESHIRE/NORTH, PrIntLaw[12] 872 ff). Die Gültigkeit der getroffenen Rechtswahl wird im übrigen davon abhängig gemacht, daß sie auch von dem gewählten Recht anerkannt wird (vgl KG 21. 12. 1935, JW 1936, 2466 m Anm MASSFELLER; IPG 1972 Nr 14 [Köln]: anglo-indisches Recht).

c) **Schranken**
aa) **Sinnwidrige Rückverweisung**

183 Ein Verstoß gegen den Sinn der deutschen Verweisung in Art 15 Abs 1 wird teilweise dann angenommen, wenn das zur Anwendung berufene ausländische Recht entweder für alle Ehewirkungen oder nur für das Ehegüterrecht *nicht geschlechtsneutral* anknüpft. Stellt also das ausländische internationale Ehegüterrecht einseitig auf das jeweilige Heimat- oder Wohnsitzrecht des Ehemannes ab, so soll eine solche gleichberechtigungswidrige Anknüpfung von deutschen Gerichten nicht zu beachten sein, sofern nicht die Ehefrau dieselben Anknüpfungsmerkmale erfüllt und deshalb kein gleichberechtigungswidriges Ergebnis eintritt (BGH 8. 4. 1987, FamRZ 1987, 679, 681 = NJW 1988, 638 = IPRax 1988, 100 m Anm SCHURIG 88 = IPRspr 1987 Nr 47b: Rückverweisung des italienischen Rechts [Art 2 Haager Ehewirkungsabkommen von 1905 bzw Art 19 Disp prel aF] auf das deutsche Heimatrecht des Ehemannes wegen Widerspruchs zum Sinn der Verweisung in Art 15 Abs 1 nicht beachtet; zust MünchKomm/SIEHR Art 15 Rn 113; ebenso schon zuvor RAAPE/STURM IPR I 171, 221; aA noch KG 13. 2. 1986, IPRax 1987, 117 m Anm JAYME 95 = IPRspr 1987 Nr 47a). Indessen ist ausländisches Kollisionsrecht – im Gegensatz zu deutschem Kollisionsrecht – nicht abstrakt an deutschen Grundrechten zu messen, sondern nur dann nach Art 6 S 2 EGBGB auszuschalten, wenn seine Anwendung im konkreten Einzelfall zu einer mit Art 3 Abs 2 GG nicht zu vereinbarenden unerträglichen Benachteiligung der Ehefrau gegenüber ihrem Ehemann führt (für eine Korrektur lediglich mit Hilfe des ordre public-Vorbehalts zurecht KARTZKE IPRax 1988, 8, 11 f, KÜHNE, in: FS Ferid [1988] 251, 259; EBENROTH/EYLES IPRax 1989, 1, 10 f; MünchKomm/SONNENBERGER Rn 22; dazu näher o Rn 101 f). Ebensowenig ist im Rahmen der objektiven Anknüpfung nach Art 15 Abs 1 iVm Art 14 Abs 1 Nr 3 eine Rückverweisung schon dann sinnwidrig, wenn das berufene Recht ebenfalls unbeweglich anknüpft und das Güterrechtsstatut anders festlegt als wir es tun (MünchKomm/SONNENBERGER Rn 13; aA PALANDT/HELDRICH Art 15 Rn 2; MünchKomm/SIEHR Art 15 Rn 113 aE; dazu näher o Rn 99).

bb) **Rechtswahl**

184 Ausgeschlossen sind Rück- und Weiterverweisung gem Art 4 Abs 2 ferner dann, wenn die Ehegatten das anwendbare Güterrecht durch eine gültige Rechtswahl nach Art 15 Abs 2 oder Art 220 Abs 3 S 1 Nr 2 bestimmt haben (unstreitig, vgl MünchKomm/SIEHR Art 15 Rn 117). Im letzteren Fall reicht es auch aus, daß die Ehegatten lediglich von der Geltung eines bestimmten Rechts „ausgegangen" sind, weil darin eine schlüssige Rechtswahl zu sehen ist (so auch BGH 8. 4. 1987 aaO; VBAR, IPR II Rn 230 aE).

Gleiches muß schließlich auch dann gelten, wenn das Güterrechtsstatut gem Art 15 **185**
Abs 1 iVm Art 14 Abs 2—4 durch **mittelbare Rechtswahl** festgelegt worden ist. Zwar
läßt sich bei formaler Betrachtung die Auffassung vertreten, die Anknüpfung in
Art 15 Abs 1 bleibe auch dann objektiv, wenn auf das von den Ehegatten nach
Art 14 Abs 2—4 wirksam gewählte Ehewirkungsstatut verwiesen wird, so daß insoweit für eine Anwendung von Art 4 Abs 2 kein Raum sei (so KÜHNE, in: FS Ferid [1988]
264; RAUSCHER NJW 1988, 2151, 2154). Der Gleichlauf zwischen Güter- und Erbstatut,
der durch die Zulassung eines Renvoi gefördert werden soll, ist aber über Art 15
Abs 1 iVm Art 14 Abs 2—4 nur unvollkommen zu erreichen; denn die unterschiedlichen Anknüpfungsmerkmale und -zeitpunkte in Art 14, 15 und 25 Abs 1, sowie die
nur beschränkte Parteiautonomie im internationalen Erbrecht stehen einer effektiven Koordinierung von Güterrechts- und Erbstatut entgegen. Die besseren Gründe
sprechen daher dafür, die Bestimmung des Ehegüterrechtsstatuts durch mittelbare
Rechtswahl (Art 15 Abs 1 iVm Art 14 Abs 2—4) als *Sachnormverweisung* zu qualifizieren und einen Renvoi über Art 4 Abs 1 S 1 HS 2 oder Abs 2 auszuschließen (so
auch KARTZKE IPRax 1988, 8, 10 f; PALANDT/HELDRICH Art 15 Rn 2; ERMAN/HOHLOCH Art 15
Rn 21; MünchKomm/SIEHR Art 15 Rn 116; dazu bereits allg o Rn 95 mwN).

d) Weiterverweisung
Die zuvor in Rn 174 ff genannten Grundsätze gelten für eine etwaige Weiterver- **186**
weisung entsprechend; lediglich Art 4 Abs 1 S 2 greift nicht ein, so daß eine ausländische
IPR-Verweisung als solche zu befolgen ist. Hierbei ist darauf zu achten, daß nicht
jede Rechtsordnung eine fremde Verweisung auf eigenes Recht annimmt. Besitzen
zB englische Eheleute mit erstem Wohnsitz in England Grundstücke sowohl in New
York als auch in Griechenland, so kommt auf die amerikanischen Grundstücke
(kraft Weiterverweisung auf die lex rei sitae) New Yorker Recht zur Anwendung,
weil dieses die Verweisung annimmt. Die griechischen Grundstücke unterstehen hingegen englischem Recht, weil das griechische IPR die Verweisung nicht annimmt,
sondern seinerseits auf englisches Sachrecht als gemeinsames Heimatrecht der Ehegatten verweist (vgl Art 15, 32 ZGB; dazu näher Anh Rn 284, 288). Diese Rückverweisung nimmt der englische Richter an, weil er den Fall nach der „foreign court theory"
entscheidet (vgl dazu näher Anh Rn 13 ff).

4. Ehescheidung

a) Grundsatz
Rück- und Weiterverweisung wurden im deutschen internationalen Scheidungs- **187**
rechts bereits vor der IPR-Reform von 1986 aufgrund der ausdrücklichen Erwähnung des Art 17 Abs 1 in Art 27 aF allgemein befolgt (vgl STAUDINGER/GRAUE[12] Art 27 aF
Rn 77 f; STAUDINGER/vBAR[12] Art 17 aF Rn 34 f, jeweils m ausf Nachw). Im geltenden Recht
folgt dies aus dem Grundsatz des Art 4 Abs 1 S 1. Da Art 17 Abs 1 S 1 für die
Anknüpfung der Scheidung auf das Ehewirkungsstatut im Zeitpunkt des Eintritts
der Rechshängigkeit des Scheidungsantrags verweist, erlangt eine Rück- oder Weiterverweisung des von Art 14 Abs 1 zur Anwendung berufenen ausländischen Rechts
mittelbar auch für die Anknüpfung des Schcidungsstatuts Bedeutung (PALANDT/HELDRICH Art 17 Rn 2; JOHANNSEN/HENRICH, EheR Art 17 Rn 17, 24; PILTZ, Internationales Scheidungsrecht [1988] 58). Über die Annahme der von Art 17 Abs 1 S 1 (iVm Art 14 Abs 1)
ausgesprochenen Gesamtverweisung entscheidet freilich nicht die für die Anknüpfung der allgemeinen Ehewirkungen maßgebliche Kollisionsnorm des fremden

Rechts, sondern dessen *scheidungsrechtliche* Kollisionsnorm. Denn das Scheidungsstatut ist – wie das Güterrechtsstatut (Rn 174) – trotz seiner Anbindung an das Ehewirkungsstatut für die Zwecke des Renvoi als eigenständiges Statut zu behandeln; die akzessorische Anknüpfung führt mithin nicht zu einer Einschränkung des Renvoi nach Art 4 Abs 1 S 1 HS 2 (vgl OLG Karlsruhe 7. 6. 1989, NJW-RR 1990, 777 = FamRZ 1990, 168 = IPRax 1989 Nr 98; HENRICH FamRZ 1986, 841, 849 f; LÜDERITZ IPRax 1987, 74, 76; DOPFFEL FamRZ 1987, 1212; KARTZKE IPRax 1988, 8, 10 f; RAUSCHER NJW 1988, 2154; KÜHNE, in: FS Ferid [1988] 251, 263; EBENROTH/EYLES IPRax 1989, 1, 12; BUNGERT IPRax 1993, 10; VBAR, IPR II Rn 248; KROPHOLLER, IPR[2] § 46 I 3; ERMAN/HOHLOCH Art 17 Rn 6; abw die öst Rechtsprechung und Lehre zur Auslegung von § 20 IPRG, der die Scheidung ebenfalls dem Ehewirkungsstatut unterstellt, vgl OGH 28. 1. 1986, IPRax 1987, 35, 36 m Anm SCHWIND 51; SCHWIMANN, Grundriß des IPR [1982] 216 f).

b) Einzelfälle
aa) Rückverweisung auf das Wohnsitzrecht

188 Zur Rückverweisung auf deutsches Recht kommt es insbesondere dann, wenn das nach Art 17 Abs 1 S 1 iVm Art 14 Abs 1 Nr 1 maßgebende gemeinsame Heimatrecht der Ehegatten für die Zwecke der Ehescheidung an deren Wohnsitz oder ständigen Aufenthalt anknüpft und dieser sich in der Bundesrepublik Deutschland befindet. In der bisherigen deutschen Praxis wurde eine Rückverweisung auf deutsches Recht als Wohnsitzrecht etwa aus den Kollisionsnormen des *isländischen* (RG 6. 4. 1936, RGZ 151, 103, 106), *dänischen* (LG Hamburg 6. 3. 1974, IPRspr 1974 Nr 67; OLG Schleswig 10. 7. 1981, SchlHA 1982, 27 = IPRspr 1981 Nr 77; OLG Frankfurt 1. 6. 1987, NJW-RR 1987, 1478 = IPRspr 1957 Nr 61) und *norwegischen* Rechts (OLG Celle 15. 10. 1925, JW 1926, 338 m Anm NEUMEYER = IPRspr 1926/27 Nr 71) hergeleitet. Gleiches gilt für verschiedene lateinamerikanische Rechtsordnungen, zB *Argentinien* (vgl LG Hamburg 18. 7. 1973, FamRZ 1974, 460 = IPRspr 1973 Nr 143 und KG 25. 7. 1979, FamRZ 1980, 450 = NJW 1980, 535 = IPRspr 1979 Nr 178, jeweils zum argentinischen Recht vor Einführung der Ehescheidung; zum geltenden Recht s AG Freiburg 27. 4. 1988 und AG Bonn 27. 10. 1988, IPRax 1989, 108 [JAYME]; AG Detmold 13. 9. 1989, IPRax 1990, 415 = IPRspr 1989 Nr 100), *Peru* (AG Hamburg 4. 12. 1985, NJW-RR 1986, 374 = IPRspr 1985 Nr 78) und *Venezuela* (AG Düsseldorf 26. 10. 1977, IPRspr 1977 Nr 72). Auch das neue *Schweizer* IPR knüpft im Scheidungsrecht primär an das gemeinsame Wohnsitzrecht der Ehegatten an (Art 61 Abs 1 IPRG; dazu Anh Rn 271, 277).

189 Das **irische Recht** kennt zwar bisher eine Scheidung nicht und enthält deshalb auch keine ausdrückliche Kollisionsnorm für die Ehescheidung. Eine solche kann jedoch den Regeln über die Anerkennung ausländischer Scheidungen iVm der grundsätzlichen Anwendbarkeit der lex domicilii in allen ehe- und standesrechtlichen Fragen entnommen werden. Sec 5 (1) Domicile and Recognition of Foreign Divorces Act 1986 setzt voraus, daß im Ausland eine Ehe zwischen Iren nach ausländischem Recht geschieden werden kann, wenn ein Ehegatte dort sein domicile hat. Darin liegt eine Rückverweisung auf das Wohnsitzrecht des im Gerichtsstaat domizilierten Ehegatten (OLG Köln 13. 5. 1988, IPRax 1989, 227 m Anm COESTER-WALTJEN 282 = IPRspr 1988 Nr 74; AG Minden 17. 1. 1991, IPRax 1992, 108 = IPRspr 1991 Nr 186).

190 Namentlich in der Zeit bis zur deutschen IPR-Reform von 1986 ergab sich eine Rückverweisung ferner nicht selten daraus, daß die Verweisung des Art 17 Abs 1 aF (Heimatrecht des Ehemannes) auf eine Rechtsordnung traf, die in **staatsangehörigkeitsrechtlich gemischten Ehen** das Recht am gemeinsamen gewöhnlichen Aufenthalt

der Ehegatten für maßgeblich erklärte (vgl etwa BGH 26. 5. 1982, NJW 1982, 1940 = IPRspr 1982 Nr 66 [Frankreich]; OLG Stuttgart 22. 5. 1979, FamRZ 1979, 1022 = IPRspr 1979 Nr 64 [Polen]; OLG München 7. 5.1986, FamRZ 1986, 807 = IPRspr 1986 Nr 67 [Österreich]; AG Eggenfelden 6. 11. 1981, IPRax 1982, 78 [JAYME] = IPRspr 1981 Nr 177 [Österreich/Jersey]; AG Darmstadt 6. 3. 1981, IPRspr 1981 Nr 71 A [Österreich]; AG Altena 24. 2. 1983, IPRspr 1983 Nr 145 [Niederlande/Türkei]); diese Problematik hat sich durch die Neufassung des Art 17 Abs 1 erledigt, der in diesen Fällen nunmehr (iVm Art 14 Abs 1 Nr 2) das Aufenthaltsrecht unmittelbar zur Anwendung beruft.

bb) Versteckte Rückverweisung

Eine „versteckte Rückverweisung" wird – wie o Rn 72 ff gezeigt – nicht aus fremden Kollisionsnormen, sondern aus fremden *Zuständigkeitsvorschriften* gefolgert. Sie beruht auf der Prämisse, daß den kollisionsrechtlichen Interessen bereits auf der Zuständigkeitsebene Rechnung getragen wird. Davon kann ausgegangen werden, wenn die internationale Zuständigkeit in Ehesachen von so engen Voraussetzungen abhängig gemacht wird, daß die Anwendung der lex fori auch kollisionsrechtlich angemessen erscheint. In Scheidungssachen hatten deshalb sowohl das englische Recht (vgl ADAM IPRax 1987, 98, 100) als auch das amerikanische Recht die jurisdiction zunächst davon abhängig gemacht, daß *beide Ehegatten ihr domicile im Gerichtsstaat* hatten. Da das domicile im anglo-amerikanischen Kollisionsrecht zugleich das zentrale Anknüpfungsmerkmal in Ehe- und Familiensachen ist, war auf diese Weise die notwendige Verbundenheit zwischen den Parteien und dem angewendeten Recht gewährleistet. Demgemäß hatte schon das Reichsgericht die an den Ehewohnsitz (matrimonial domicile) anknüpfende Zuständigkeitsregel des New Yorker Rechts als versteckte Rückverweisung gewertet, die dem deutschen Richter die Anwendung des eigenen Scheidungsrechts gestatte (RG 2. 6. 1932, RGZ 136, 361). **191**

Allerdings bereitete der **Wohnsitzbegriff des englischen Rechts** (dazu im Anh Rn 5 ff) den deutschen Gerichten gerade in Scheidungssachen größere Schwierigkeiten. Zwar hatte das Kammergericht bereits früh erkannt, daß selbst ein langdauernder Aufenthalt im Ausland nach englischem Verständnis noch nicht zur Begründung eines Wahldomizils führt, der zu einer Rückverweisung Anlaß geben könnte (KG 30. 3. 1936, JW 1936, 3570 m Anm SÜSS). In der Folgezeit neigten deutsche Gerichte indes bisweilen zur vorschnellen Annahme einer Rückverweisung, um englischen Eheleuten die Scheidung nach deutschem Recht zu ermöglichen (vgl LG Köln 28. 4. 1959, NJW 1959, 1591 = IPRspr 1958/59 Nr 168; LG Duisburg 12. 5. 1959, MDR 1960, 115; dazu kritisch COHN, English Law before German Courts, in: FS Keaton [1967] 7). In der späteren Rechtsprechung wurde freilich zumeist sehr sorgfältig geprüft, ob wirklich in der Bundesrepublik ein Wohnsitz der Ehegatten im Sinne des englischen Rechts begründet worden war (vgl LG Frankfurt 21. 4. 1976, FamRZ 1976, 640 = IPRspr 1976 Nr 152; LG Hamburg 30. 3. 1977, IPRspr 1977 Nr 130 [Hongkong]; OLG Hamm 25. 3. 1991, NJW 1991, 3101 = IPRspr 1991 Nr 90). Weniger Probleme warf idR der Wohnsitzbegriff des *amerikanischen Rechts* (dazu Anh Rn 72) auf. Hier wurde in der Zeit nach dem 2. Weltkrieg insbesondere in Scheidungssachen, an denen frühere amerikanische Soldaten oder Zivilangestellte beteiligt waren, wiederholt die Begründung eines domicile of choice in der Bundesrepublik Deutschland angenommen, wenn eine völlige Integration des betreffenden Ehegatten in seine deutsche Umgebung erkennbar war (vgl zur älteren Rechtsprechung STAUDINGER/GAMILLSCHEG[10, 11] Art 17 Rn 145; ferner zuletzt noch OLG Zweibrücken 11. 11. 1987, FamRZ 1988, 323, 345 = IPRax 1988, 357 m Anm RAUSCHER 343 = IPRspr 1987 Nr 63; AG **192**

Heidelberg 31.1.1989, IPRax 1990, 126 [JAYME] = IPRspr 1989 Nr 93, sowie die Nachw in Rn 193 f).

193 Später ging man in den USA dazu über, das **domicile nur** *eines* Ehegatten im Gerichtsstaat für ausreichend zu erachten, um die Scheidungszuständigkeit zu begründen (sog „ex parte" divorce; vgl Williams v North Carolina, 317 U.S. 287 [1942]; SCOLES/HAY, Conflict² [1992] § 154; Restatement Second Conflict of Laws, § 71). Demgemäß haben es deutsche Gerichte für die Annahme einer versteckten Rückverweisung durch das anglo-amerikanische Recht genügen lassen, wenn lediglich der *Ehemann* sein Wahldomizil im Inland begründet hatte (vgl LG Weiden 26.7.1974, NJW 1974, 2190 = IPRspr 1974 Nr 165; AG Miesbach 18.12.1979, IPRspr 1979 Nr 80; OLG Frankfurt 3.11.1981, IPRax 1982, 203 = IPRspr 1981 Nr 81, jeweils Massachusetts). Aber auch den jurisdiction-Regeln der vom englischen Recht geprägten Staaten wurde von Fall zu Fall eine versteckte Rückverweisung auf das deutsche Recht entnommen, wenn nur der klagende Ehemann sein domicile im Inland hatte (vgl idS OLG Hamm 12.12.1961, IPRspr 1960/61 Nr 185 [Schottland]; LG Ravensburg 13.7.1967, IPRspr 1966/67 Nr 230 [Kanada/Quebec]; LG Berlin 11.5.1967, IPRspr 1966/67 Nr 229 [Jamaika]).

194 Für die Begründung der jurisdiction in Scheidungssachen genügt es nach englischem und anglo-amerikanischem Recht bereits seit längerem, daß sich nur der **Wohnsitz der Ehefrau** im Gerichtsbezirk befindet. In den USA hatte der Supreme Court der Ehefrau schon früh einen selbständigen Wohnsitz zugebilligt (Cheever v Wilson, 9 Wall 108, 19 L Ed 604 [1869]: „The rule is that she may acquire a separate domicil whenever it is necessary and proper for her to do so"). In Großbritannien wurde die Bindung der Ehefrau an den Wohnsitz des Mannes – von Lord DENNING als „the last barbarous relic of a wife's servitude" bezeichnet (Formosa v Formosa, [1962] P 419, 422 = 3 All E R 167) – erst durch den Domicile and Martrimonial Proceedings Act von 1973 beseitigt (sec 1 [1]; dazu FARNBOROUGH NJW 1974, 396; CHESHIRE/NORTH, PrIntLaw¹² 163 ff). Schon vorher war in Neuseeland dasselbe geschehen (New Zealand Matrimonial Proceedings Act, 1963, sec 3 [1]), während Australien kurz darauf nachzog (Family Law Act, 1975, sec 42 [3] [b]; dazu NYGH, Reform of the Law of Domicile in Australia, 25 IntLQRev [1976] 634). Eine versteckte Rückverweisung auf deutsches Recht läßt sich solchen Normen entnehmen, wenn auch die Gerichte des nach Art 17 Abs 1 berufenen fremden Rechts den Wohnsitz der Ehefrau im Inland für die Anwendung inländischen Rechts genügen lassen (vgl idS LG Hamburg 27.9.1967, IPRspr 1966/67 Nr 231 [Ghana]; LG Hamburg 23.1.1974, IPRspr 1974 Nr 65 [Georgia]; LG Frankfurt 21.4.1976, FamRZ 1976, 640 = IPRspr 1976 Nr 152 [England]; LG Bamberg 14.9.1976, IPRspr 1976 Nr 155 [South Carolina]).

195 Heute reicht nach englischem Recht ein **gewöhnlicher Aufenthalt** („habitual residence") von einem Jahr (Sec 3 [2] [b] Domicile and Matrimonial Proceedings Act, 1973; dazu CHESHIRE/NORTH, PrIntLaw¹² 630 ff), nach den Gesetzen mancher US-Einzelstaaten sogar eine nur sechs-monatige („bona fide") residence aus, um die jurisdiction in der Hauptsache zu begründen (vgl die Übersicht in 24 AmJur 2d, Divorce and Separation², § 240). Auch daraus ergibt sich jedenfalls dann eine versteckte Rückverweisung auf das deutsche Recht, wenn den deutschen Gerichten nach den Zuständigkeitsvorschriften des von Art 17 Abs 1 S 1 zur Anwendung berufenen fremden Rechts die *alleinige* jurisdiction zukommt (ganz hM, vgl OLG Frankfurt 1.2.1971, FamRZ 1973, 33 m Anm JAYME = IPRspr 1971 Nr 136 [New York]; OLG Bamberg 2.8.1979, FamRZ 1979, 930 = IPRspr 1979 Nr 71 [Georgia]; OLG Stuttgart 24.5.1984, IPRax 1987, 121 = IPRspr 1985

Nr 68 [England]; OLG Hamm 10. 4. 1990, IPRax 1991, 197 = IPRspr 1990 Nr 82 [England]; HANISCH NJW 1966, 2085, 2086 f; vBAR, IPR I Rn 544; MünchKomm/WINKLER vMOHRENFELS Art 17 Rn 44; aA BEITZKE RabelsZ 48 [1984] 623, 627f ; SCHWIMANN NJW 1976, 1000). Bei der Scheidung von US-Staatsangehörigen ist allerdings stets sorgfältig zu prüfen, ob die an die bloße „residence" anknüpfende jurisdiction nicht nur interlokal (im Verhältnis zu anderen Bundesstaaten der USA), sondern auch international anerkannt wird; dies dürfte im Regelfall eher zweifelhaft sein (vgl HAY IPRax 1988, 265 ff; HENRICH IntFamR 96).

Problematisch ist hingegen ob eine versteckte Rückverweisung auch dann angenommen werden kann, wenn neben den deutschen Gerichten zugleich auch die englischen oder amerikanischen Gerichte jurisdiction besitzen. Zu einer solchen **konkurrierenden jurisdiction** kommt es immer dann, wenn der eine Ehegatte sein domicile in Deutschland, der andere das seine in den USA bzw in Großbritannien hat. Aus der Zulassung der „ex parte divorce" geht indessen hervor, daß der Grundgedanke der anglo-amerikanischen Methode auch für diesen Fall gilt. Jurisdiction bedeutet im Sinne des anglo-amerikanischen Rechts eben nicht nur Zuständigkeit, sondern auch Rechtsmacht zur Entscheidung des Rechtsstreits (vgl 24 AmJur 2 d, Divorce and Separation, § 232); diese Rechtsmacht entfällt aber nicht dadurch, daß sie zugleich auch den Gerichten eines anderen Staates zugebilligt wird. Auch bei konkurrierender jurisdiction kommen wir deshalb dem Willen des fremden Staats am nächsten, wenn wir eine versteckte Rückverweisung annehmen, sofern sich die jurisdiction der deutschen Gerichte aus dem inländischen domicile oder Aufenthalt eines der Ehegatten ergibt (so bei inländischem domicile eines Ehegatten die zuvor in Rn 193 f mitgeteilten Entscheidungen; ebenso bei bloßer residence eines [oder beider] Ehegatten im Inland AG Heidelberg 7. 4. 1977, IPRax 1988, 113 [JAYME] = IPRspr 1977 Nr 134 [Rhode Island]; ausdrücklich zust HANISCH NJW 1966, 2085, 2090; KEGEL, IPR[7] § 10 VI; MünchKomm/WINKLER vMOHRENFELS Art 17 Rn 46; offenlassend aber zuletzt OLG Hamm 25. 3. 1991, NJW 1991, 2101 = IPRspr 1991 Nr 90). Daß der internationale Entscheidungseinklang in dieser Situation nur erreicht werden könnte, wenn die deutschen Gerichte amerikanisches bzw englisches Recht anwenden würden (vgl ADAM IPRax 1987, 98, 101), ändert am Vorliegen der versteckten Rückverweisung nichts (HENRICH IntFamR 94 f). Denn der Gesetzgeber hat in Art 4 Abs 1 S 2 entschieden, daß eine Rückverweisung unabhängig davon anzunehmen ist, welches Recht die ausländischen Gerichte anwenden würden, wenn sie den Fall zu entscheiden hätten (vgl auch o Rn 78). **196**

Sind die deutschen Gerichte nach dem von Art 17 berufenen Recht – ausschließlich oder konkurrierend – international zuständig für die Ehescheidung, so ist die Annahme einer versteckten Rückverweisung nicht davon abhängig, daß der fremde Staat das **deutsche Scheidungsurteil anerkennt**. Denn die Anerkennung scheitert in einem solchen Falle nicht daran, daß der deutsche Richter sein eigenes Recht zugrundegelegt hat, sondern aus anderen Gründen (zB wegen Verfahrensmängeln); diese sind aber für die Prüfung nach Art 4 Abs 1 unerheblich (zutr KEGEL, IPR[7] § 10 VI). Andererseits dürfte die bloße Anerkennungsfähigkeit des deutschen Urteils im Heimatstaat der Ehegatten für die Annahme einer versteckten Rückverweisung nicht ausreichen, wenn dem deutschen Gericht die jurisdiction aus der Sicht des fremden Rechts fehlt (AG Eggenfelden 6. 11. 1981, IPRax 1982, 78 [JAYME] = IPRspr 1981 Nr 177 [Jersey]; vgl aber zum irischen Recht o Rn 189). **197**

c) Schranken

198 Der Beachtung einer Rück- bzw Weiterverweisung sind im internationalen Scheidungsrecht die nämlichen Schranken gezogen wie im internationalen Güterrecht (s o Rn 183 ff). Wie dort erstreckt sich der Ausschluß von Rück- und Weiterverweisung nach Art 4 Abs 2 auch auf die Fälle einer *mittelbaren Rechtswahl*. Haben die Ehegatten mithin das Ehewirkungsstatut nach Art 14 Abs 2 oder 3 gewählt, so bleibt nicht nur eine Rück- oder Weiterverweisung hinsichtlich des Ehewirkungsstatuts, sondern auch hinsichtlich des Scheidungsstatuts unbeachtet. Denn diese Rechtswahl soll den Ehegatten gerade die Möglichkeit geben, mit dem Ehewirkungsstatut zugleich das Scheidungsstatut festzulegen und damit auch hinsichtlich der Voraussetzungen und Folgen einer etwaigen Ehescheidung Rechtssicherheit zu schaffen. Dieses Ziel würde aber durch die Beachtung einer Rück- oder Weiterverweisung durchkreuzt und das Vertrauen der Eheleute enttäuscht (zutr KARTZKE IPRax 1988, 8, 10 f; PALANDT/HELDRICH Art 17 Rn 2; ERMAN/HOHLOCH Art 17 Rn 6; MünchKomm/WINKLER vMOHRENFELS Art 17 Rn 37 aE). Dem Sinn der Verweisung widerspricht auch hier die Beachtung einer Rückverweisung aufgrund gleichberechtigungswidriger ausländischer Kollisionsnormen nicht (s o Rn 101 f); ferner sind Rück- und Weiterverweisung auch im Falle der Bestimmung des Scheidungsstatuts nach Art 17 Abs 1 S 1 iVm Art 14 Abs 1 Nr 3 (engste Verbindung) nicht ausgeschlossen (dazu o Rn 99).

d) Scheidungsfolgen

199 Auch soweit Scheidungsfolgen nicht – wie zB die güterrechtliche Auseinandersetzung oder die Verteilung der elterlichen Sorge über die aus der Ehe hervorgegangenen Kinder – bereits im deutschen IPR gesondert angeknüpft werden, sondern dem Scheidungsstatut unterliegen (vgl dazu MünchKomm/WINKLER vMOHRENFELS Art 17 Rn 136), können die beiden Statute infolge einer Qualifikationsabweichung im Rahmen des Renvoi letztlich doch auseinanderfallen (dazu allg o Rn 60 ff; ferner STAUDINGER/vBAR[12] Art 17 Rn 127 m Nachw). So ist es denkbar, daß das als Scheidungsstatut zur Anwendung berufene Recht hinsichtlich der Scheidung selbst auf deutsches Recht zurückverweist, einzelne Scheidungsfolgen aber aufgrund abweichender Qualifikation hiervon ausnimmt; in diesem Fall verbleibt es für die betreffenden Scheidungsfolgen dann bei der Anwendbarkeit des ausländischen Rechts. Qualifiziert das Scheidungsstatut allerdings den *nachehelichen* Unterhalt abweichend von Art 18 Abs 4 EGBGB nicht als scheidungsrechtliche, sondern zB als unterhaltsrechtliche Scheidungsfolge und verweist es hinsichtlich des Unterhalts auf deutsches Recht (zB als Aufenthaltsrecht) zurück, so ist dies vom deutschen Richter nicht zu beachten, weil es sich insoweit um eine Sachnormverweisung handelt (dazu u Rn 208).

5. Versorgungsausgleich

a) Grundsatz

200 Der Gesetzgeber hat für das Rechtsinstitut des Versorgungsausgleichs in Art 17 Abs 3 eigenständige Kollisionsregeln entwickelt. Aus dieser Sonderanknüpfung des Versorgungsausgleichs folgt, daß für die Prüfung einer – grundsätzlich auch hier beachtlichen – Rück- oder Weiterverweisung nicht die ausländischen Kollisionsregeln des Scheidungsrechts, sondern diejenigen des ausländischen Versorgungsausgleichsrechts auf einen Renvoi zu untersuchen sind (MünchKomm/WINKLER vMOHRENFELS Art 17 Rn 190). Die Akzessorität der Anknüpfung vermag also auch hier die Anwendung des Art 4 Abs 1 S 1 HS 2 nicht zu begründen (dazu allg Rn 93 ff). Da sich die Verweisung des Art 17 Abs 3 S 1 nicht auf Art 17 Abs 1 S 2 erstreckt, nimmt der Gesetzgeber sogar bewußt eine Spaltung von Scheidungs- und Versorgungsausgleichsstatut in Kauf.

Bis zur IPR-Reform von 1986 wurde verbreitet argumentiert, daß eine Rückverweisung von vornherein ausgeschlossen sei, wenn dem nach Art 17 Abs 3 S 1 zur Anwendung berufenen ausländischen Recht das **Rechtsinstitut des Versorgungsausgleichs unbekannt** sei; denn für diesen Fall könne es auch keine Kollisionsnorm enthalten, die eine Rückverweisung auf deutsches Recht ausspreche (so OLG Bamberg 2. 8. 1979, FamRZ 1979, 930, 931 = IPRspr 1979 Nr 71; OLG Oldenburg 10. 1. 1984, FamRZ 1984, 715 = IPRspr 1984 Nr 57; AG München 9. 3. 1978, IPRspr 1978 Nr 62; AG Pforzheim 11. 2. 1982, IPRax 1983, 81 = IPRspr 1982 Nr 56; AG Heilbronn 10. 8. 1984, IPRspr 1984 Nr 67 A; AG Hamburg 4. 12. 1985, NJW-RR 1986, 374, 375 = IPRax 1987, 120 m Anm SAMTLEBEN 96 = IPRspr 1985 Nr 78; zust FIRSCHING DNotZ 1978, 440, 442; STAUDINGER/GRAUE[12] Art 27 Rn 98). Dabei wurde freilich übersehen, daß auch unbekannte materiellrechtliche Institute kollisionsrechtlich eingeordnet werden müssen (LÜDERITZ IPRax 1987, 74, 80). Ein Grundsatz, wonach eine ausländische Rechtsordnung nicht auf eine ihr unbekannte Scheidungsfolge zurückverweisen könne, ist mithin nicht anzuerkennen (zutr OLG Stuttgart 24. 5. 1984, FamRZ 1986, 687 = IPRax 1987, 121, 122 m Anm ADAM 98 = IPRspr 1985 Nr 68; OLG Hamm 10. 4. 1990, IPRax 1991, 197 [zust HENRICH] = IPRspr 1990 Nr 82; JAYME Versorgungsausgleich und IPR, ZfRvgl 21 [1980] 175, 181 ff; HENRICH IPRax 1991, 422 f; STAUDINGER/VBAR[12] Art 17 aF Rn 129; MünchKomm/ WINKLER vMOHRENFELS Art 17 Rn 191; PALANDT/HELDRICH Art 17 Rn 2; SOERGEL/SCHURIG[11] Nachträge Rn 140; FIRSCHING/ v HOFFMANN, IPR § 8 Rn 55; KROPHOLLER, IPR[2] § 46 III 1). Der Umstand allein, daß die Qualifikation des Versorgungsausgleichs nach einem ausländischen Recht, das dieses Rechtsinstitut nicht kennt, erhebliche Schwierigkeiten verursachen kann, enthebt den deutschen Richter von dieser Prüfung nicht. Der Gesetzgeber hat dieses Problem freilich insofern weitgehend entschärft, als bei Nichtfeststellbarkeit einer Rück- oder Weiterverweisung des ausländischen Rechts in vielen Fällen die Sonderanknüpfung nach Art 17 Abs 3 S 2 zum Zuge kommen wird (JOHANNSEN/HENRICH, EheR Rn 55; vBAR, IPR II Rn 275).

b) **Sachnormverweisung in Art 17 Abs 3 S 1 HS 2**
Eine Einschränkung erfährt der Grundsatz der Gesamtverweisung allerdings in Art 17 Abs 3 S 1 HS 2, der eine Durchführung des Versorgungsausgleichs davon abhängig macht, daß ihn das Recht eines der Staaten kennt, denen die Ehegatten im Zeitpunkt des Eintritts der Rechtshängigkeit des Scheidungsantrags angehört haben. Diese Regelung enthält nach zutreffender Auffassung eine bloße Sachnormverweisung, weil die Grundsatzanknüpfung nach Art 17 Abs 3 S 1 HS 1 (iVm Art 17 Abs 1 S 1, 14) weitgehend leerliefe, wenn man verlangen wollte, daß das IPR des jeweiligen Heimatstaates über eine den Versorgungsausgleich betreffende Kollisionsnorm verfügt (zutr AG Heidelberg 31. 1. 1989, IPRax 1990, 126 = IPRspr 1989 Nr 93; AG Detmold 13. 9. 1989, IPRax 1990, 415 = IPRspr 1989 Nr 100; AG München 17. 1. 1991, IPRax 1992, 108 = IPRspr 1991 Nr 186; HENRICH FamRZ 1986, 841, 851 f; SAMTLEBEN IPRax 1987, 98; KARTZKE IPRax 1988, 8, 12 f; EBENROTH/EYLES IPRax 1989, 1, 12; JAYME IPRax 1989, 108 und 1990, 415; vBAR, IPR I Rn 622; MünchKomm/WINKLER vMOHRENFELS Art 17 Rn 195; PALANDT/HELDRICH Art 17 Rn 20; ERMAN/HOHLOCH Art 17 Rn 50; aA KEGEL, IPR[7] § 20 VII 4; LÜDERITZ IPRax 1987, 79, 80; FERID/BÖHMER, IPR[3] Rn 8–163; offenlassend OLG Koblenz 21. 3. 1991, FamRZ 1991, 1324 = IPRspr 1991 Nr 89). Rück- und Weiterverweisung sind also insoweit nicht zu beachten.

c) **Einzelfälle**
aa) **Rückverweisung kraft güterrechtlicher Qualifikation**
203 Eine Rück- oder Weiterverweisung kraft abweichender Qualifikation kommt insbesondere dann in Betracht, wenn das von Art 17 Abs 3 S 1 zur Anwendung berufene ausländische Recht Versorgungsansprüche der Ehegatten *güterrechtlich* ausgleicht, wie dies u a in zahlreichen Community-Property-Staaten der USA (dazu HENRICH FamRZ 1986, 841, 852; LÜDERITZ IPRax 1987, 74, 79; JAYME, in: ZACHER [Hrsg], Der Versorgungsausgleich im internationalen Vergleich und in der zwischenstaatlichen Praxis [1984] 293 f), in einigen kanadischen Provinzen (LÜDERITZ aaO; HERING, in: ZACHER aaO 531 ff) und in Neuseeland (HENRICH IPRax 1991, 422 f) der Fall ist. Diese abweichende Qualifikation hat der deutsche Richter gem Art 4 Abs 1 zu beachten. Der Versorgungsausgleich unterliegt folglich kraft Rück- oder Weiterverweisung demjenigen Recht, auf das die güterrechtliche Kollisionsnorm des betreffenden Staates verweist (LÜDERITZ aaO; HERING, in: ZACHER aaO 550; MünchKomm/WINKLER VMOHRENFELS Art 17 Rn 192). Dies gilt auch dann, wenn die güterrechtliche Ausgleichsregelung des ausländischen Rechts aus deutscher Sicht nicht als Versorgungsausgleich zu qualifizieren ist, weil kein umfassender Ausgleich aller Versorgungsanwartschaften stattfindet, denn über die Qualifikation im Rahmen des Renvoi entscheiden die Vorstellungen des ausländischen Rechts (dazu allg o Rn 60 ff).

bb) **Rückverweisung kraft subsidiärer Qualifikation als Scheidungsfolge**
204 Enthält das nach Art 17 Abs 3 S 1 zur Anwendung berufene ausländische Recht keine eigenständigen Kollisionsregeln für den Ausgleich von Versorgungsanwartschaften, so ist im Zweifel davon auszugehen, daß der Versorgungsausgleich als Nebenfolge der Scheidung dem Scheidungsstatut unterliegt. Verweist das ausländische Recht mithin hinsichtlich der Scheidung auf deutsches Recht zurück, so ist grundsätzlich auch der Versorgungsausgleich vom deutschen Gericht nach §§ 1587 ff BGB durchzuführen; etwas anderes gilt nur dann, wenn Anhaltspunkte dafür gegeben sind, daß die scheidungsrechtliche Nebenfolge des Versorgungsausgleichs nach dem anwendbaren Recht von dieser Verweisung nicht umfaßt sein könnte (MünchKomm/WINKLER VMOHRENFELS Art 17 Rn 192). Der bloße Umstand, daß das ausländische Recht das Rechtsinstitut des Versorgungsausgleichs nicht kennt, reicht hierfür aber nicht aus. Denn gerade in einem solchen Falle kann dem ausländischen Recht nicht unterstellt werden, daß es zwar bezüglich der Ehescheidung selbst und der ihm bekannten Scheidungsfolgen (zB Scheidungsunterhalt) auf deutsches Recht zurückverweist, hinsichtlich der ihm unbekannten Scheidungsfolge Versorgungsausgleich aber die Verweisung des deutschen Rechts annimmt. Dies gilt erst recht, wenn das ausländische Recht auch hinsichtlich sämtlicher Wirkungen der Ehe auf deutsches Recht als Wohnsitz- oder Aufenthaltsrecht der Ehegatten zurückverweist (JAYME ZfRvgl 21 [1980] 175, 183; AG Hamburg 10. 3. 1983, IPRspr 1983 Nr 64; im Erg auch OLG Hamm 10. 4. 1990, IPRax 1991, 197 = IPRspr 1990 Nr 82).

cc) **Versteckte Rückverweisung**
205 Die Selbständigkeit der Anknüpfung des Versorgungsausgleichs ist freilich vor allem im Verhältnis zu den Rechtsordnungen des anglo-amerikanischen Rechtskreises zu beachten. Denn hier umfaßt die jurisdiction für die Ehescheidung, die Grundlage für eine verstecke Rückverweisung auf deutsches Recht sein kann, nicht ohne weiteres auch die jurisdiction für die vermögensrechtlichen Scheidungsfolgen; die hierfür erforderliche jurisdiction „in personam" ist vielmehr jeweils besonders festzustellen

und unterliegt anderen Voraussetzungen als die Scheidungszuständigkeit. Die personal jurisdiction ist insbesondere nicht gegeben, wenn der ausländische Antragsgegner sein domicile im Sinne des Common Law im Ausland hat und sich auf das inländische Scheidungsverfahren nicht eingelassen hat. Mit Rücksicht auf das inländische domicile des Antragsstellers kann in einem solchen Falle zwar hinsichtlich der Scheidung eine versteckte Rückverweisung angenommen werden (dazu o Rn 193 f); diese erstreckt sich jedoch nicht auf den Versorgungsausgleich, wenn den deutschen Gerichten die zu dessen Durchführung notwendige personal jurisdiction über den Antragsgegner nach Maßgabe des von Art 17 Abs 1 zur Anwendung berufenen Rechts fehlt (HAY, Die Anwendung US-amerikanischer jurisdiction-Regeln als Verweisungsnorm bei Scheidung von in Deutschland wohnhaften Amerikanern, IPRax 1988, 265 ff; MünchKomm/ WINKLER vMOHRENFELS Art 17 Rn 194; im Erg auch OLG Oldenburg 10. 1. 1984, FamRZ 1984, 755 = IPRspr 1984 Nr 57).

IV. Unterhaltsrecht

Zugleich mit der Verabschiedung des IPR-Gesetzes hat die Bundesrepublik **206** Deutschland das Haager Übereinkommen über das auf Unterhaltspflichten anwendbare Recht vom 2. 10. 1973 ratifiziert, das nach seinem Art 18 im Verhältnis zwischen den Vertragsstaaten das alte Haager Übereinkommen über das auf Unterhaltspflichten gegenüber Kindern anwendbare Recht vom 24. 10. 1956 ersetzt. Das neue Abkommen ist als „loi uniforme" konzipiert, dh es gilt unter Verzicht auf das Erfordernis der Gegenseitigkeit in den Vertragsstaaten auch dann, wenn der Unterhaltsberechtigte seinen gewöhnlichen Aufenthalt nicht in einem Vertragsstaat hat und die Unterhaltspflicht auch nicht dem Recht eines Vertragsstaats unterliegt (vgl o Rn 131). Die Vorschriften des Haager Unterhaltsübereinkommens von 1973 sind mit geringen Abweichungen in den Worlaut des Art 18 EGBGB „eingestellt" worden. Diese Vorschrift – bzw die vorrangig anzuwendenden Vorschriften des Abkommens (vgl Art 3 Rn 31 ff) – enthalten heute eine umfassende Regelung für die Anknüpfung familienrechtlicher Unterhaltspflichten, die bisher verstreut in verschiedenen Kollisionsnormen (zB Art 14, 17, 19, 21 aF) und in dem alten Haager Unterhaltsübereinkommen von 1956 enthalten war.

1. Grundsatz: Sachnormverweisung

Die allgemeine Anknüpfungsregel in Art 18 Abs 1 erklärt – in Übereinstimmung mit **207** der staatsvertraglichen Grundlage in Art 4 und 5 des Haager-Übereinkommens von 1973 – auf Unterhaltspflichten in erster Linie die *Sachvorschriften* des am jeweiligen gewöhnlichen Aufenthalt des Unterhaltsberechtigten geltenden Rechts für maßgeblich (S 1). Kann der Berechtigte nach diesem Recht vom Verpflichteten keinen Unterhalt erhalten, so sind hilfsweise die Sachvorschriften des gemeinsamen Heimatrechts des Berechtigten und des Verpflichteten anzuwenden (S 2). Die ausdrückliche Verweisung auf die „Sachvorschriften" des Aufenthalts- bzw Heimatrechts stellt klar, daß Rück- oder Weiterverweisung durch das IPR des angerufenen Rechts auszuscheiden haben, Art 3 Abs 1 S 2 (unstreitig, vgl PALANDT/HELDRICH Art 18 Rn 3; MünchKomm/SIEHR Art 18 Rn 39; vBAR, IPR II Rn 285; KROPHOLLER, IPR² § 47 II 5). Gleiches gilt für die Anknüpfung der Sonderregeln für Unterhaltspflichten zwischen Verwandten in der Seitenlinie oder Verschwägerten nach Art 18 Abs 3.

2. Sonderregelung für den Scheidungs- und Trennungsunterhalt

208 Wurde im Inland eine Ehescheidung ausgesprochen oder anerkannt, so ist nach Art 18 Abs 4 – in Übereinstimmung mit Art 8 des Haager Übereinkommens – für die Unterhaltspflichten zwischen den geschiedenen Ehegatten und die Änderung von Entscheidungen über diese Pflichten das auf die Ehescheidung angewandte Recht maßgebend. Dies gilt auch im Falle einer Trennung ohne Auflösung des Ehebandes und im Fall der für nichtig oder ungültig erklärten Ehe (S 2). Da somit in den genannten Fällen das Unterhaltsstatut mittelbar durch das Scheidungs-, Trennungs- oder Eheauflösungsstatut bestimmt wird, wirkt sich eine im Rahmen von Art 17 Abs 1 S 1 bzw Art 13 Abs 1 zu beachtende Rück- oder Weiterverweisung auch auf das Unterhaltsstatut aus. Ist also die Ehe britischer oder US-amerikanischer Eheleute aufgrund eines Wahldomizils in der Bundesrepublik Deutschland nach deutschem Recht zu scheiden, so gelten für den Scheidungsunterhalt die Vorschriften des deutschen Rechts (§§ 1569 ff BGB). Beurteilt sich die Ehescheidung demgegenüber in Ermangelung einer Rück- oder Weiterverweisung nach ausländischem Recht, so sind dessen *Sachnormen* auf die Unterhaltspflichten zwischen den geschiedenen Ehegatten anzuwenden. Dies gilt auch dann, wenn die als Scheidungsstatut berufene Rechtsordnung für diese Unterhaltspflichten aufgrund abweichender Qualifikation eine Rück- oder Weiterverweisung aussprechen sollte; denn auch durch Art 18 Abs 4 S 1 (bzw Art 8 Haager Unterhaltsstatutübereinkommen 1973) werden nur die Sachnormen des Scheidungsstatuts zur Anwendung berufen (BGH 6. 11. 1991, NJW 1992, 438, 439 = FamRZ 1992, 298 = IPRspr 1991 Nr 6; JOHANNSEN/HENRICH, EheR Art 18 Rn 17; PALANDT/ HELDRICH Art 18 Rn 3; ERMAN/HOHLOCH Art 18 Rn 9 aE; aA MünchKomm/WINKLER VMOHREN-FELS Art 17 Rn 148).

V. Kindschaftsrecht

209 Bis zur IPR-Reform von 1986 waren die Vorschriften des EGBGB über eheliche Abstammung (Art 18 aF) und eheliche Kindschaft (Art 19 aF) in Art 27 aF nicht erwähnt. Gleiches galt für die Kollisionsnormen betreffend die Beziehungen des nichtehelichen Kindes zu seiner Mutter (Art 20 aF) und zu seinem Vater (Art 21 aF). Der Grundgedanke, daß Rück- und Weiterverweisung nur die Folge einer das gesamte fremde Recht einschließlich seiner Kollisionsnormen erfassenden Verweisung sind, führte indessen schon früher in allen genannten Fällen zur Annahme einer Rück- oder Weiterverweisung auf das deutsche bzw ein drittes Recht (STAUDINGER/ GRAUE[12] Art 27 aF Rn 108, 115, 117, 120; STAUDINGER/HENRICH[12] Art 18 aF Rn 107; Art 19 aF Rn 26; SOERGEL/KEGEL[11] Art 20 aF Rn 22; Art 21 aF Rn 67 ff, jeweils m Nachw aus der Rspr).

1. Eheliche Abstammung

a) **Grundsatzanknüpfung nach Art 19 Abs 1 S 1**

210 Im Rahmen der von Art 19 Abs 1 S 1 angeordneten Grundsatzanknüpfung der ehelichen Abstammung und der Ehelichkeitsanfechtung an das „allgemeine Familienstatut" des Art 14 Abs 1 stellt sich – ähnlich wie schon bei der Anknüpfung des Güterrechtsstatuts (Rn 174) und des Scheidungsstatuts (Rn 187) – die allgemeine Frage nach der Bedeutung der im Interesse der Familieneinheit vorgesehenen akzessorischen Anknüpfung. Die gesetzgeberische Motivation einer möglichst einheitlichen Beurteilung sämtlicher Ehewirkungen läßt sich zwar ebensogut auf die kollisionsrechtliche wie auf die sachrechtliche Ebene beziehen (zutr MünchKomm/ SCHWIMANN Art 19 Rn 4). Die besseren Argumente sprechen freilich für die Annahme, daß der Gesetzgeber lediglich eine *kollisionsrechtliche* Familieneinheit beabsichtigt hat; dies folgt nicht zuletzt daraus, daß er ganz bewußt vielfältige Durchbrechungen der einheitlichen Anknüpfung im Familienrecht hingenommen hat (dazu näher o Rn 93). Die eheliche Abstammung bzw die Ehelichkeitsanfechtung unterliegen daher nicht den Sachvorschriften desjenigen Rechts, das die persönlichen Ehewirkungen im Zeitpunkt der Geburt des Kindes beherrscht (so FERID/BÖHMER, IPR³ Rn 8–267,1); vielmehr ist zur Wahrung des internationalen Entscheidungseinklangs eine Rück- oder Weiterverweisung des von Art 19 Abs 1 S 1 iVm Art 14 Abs 1 zur Anwendung berufenen Rechts grundsätzlich zu beachten (AG Bonn 16.6.1988, StAZ 1988, 354 = IPRspr 1988 Nr 7 a; MünchKomm/SCHWIMANN aaO; ERMAN/HOHLOCH Art 19 Rn 7; HENRICH Int-FamR 177; KLINGELHÖFFER IPRax 1994, 167, 168; im Erg auch KARTZKE IPRax 1988, 8, 10; RAUSCHER NJW 1988, 2151, 2154; EBENROTH/EYLES IPRax 1989, 1, 12). Auch die Verweisung in Art 19 Abs 1 S 1 reduziert sich damit auf einen bloßen Textverweis; die Vorschrift ist mithin so zu lesen, als enthalte sie selbst die Anknüpfungstatbestände des Art 14 Abs 1. Die akzessorische Anknüpfung bedeutet freilich nicht, daß das berufene Recht nun zu befragen wäre, wie es seinerseits die persönlichen Ehewirkungen anknüpft (so aber MünchKomm/SCHWIMANN Art 19 Rn 3). Die Verknüpfung des Abstammungsstatuts mit dem Ehewirkungsstatut im deutschen IPR ändert vielmehr nichts daran, daß das fremde IPR im Fall einer Gesamtverweisung so anzuwenden ist, wie es der fremde Richter anwenden würde. Maßgebend ist danach *ausschließlich* diejenige Kollisionsnorm in der verwiesenen Rechtsordnung, die das auf die eheliche Abstammung bzw die Ehelichkeitsanfechtung maßgebende Recht bestimmt (STAUDINGER/HENRICH [1994] Art 19 Rn 42).

b) Alternative Anknüpfungen nach Art 19 Abs 1 S 2 und 4

Gehören die Ehegatten im Zeitpunkt der Geburt des Kindes verschiedenen Staaten an, so ist das Kind nach Art 19 Abs 1 S 2 auch dann ehelich, wenn es nach dem Recht eines dieser Staaten ehelich ist. Ferner kann das Kind gem Art 19 Abs 1 S 4 die Ehelichkeit auch nach dem Recht des Staates anfechten, in dem es seinen gewöhnlichen Aufenthalt hat. Durch diese alternativen Anknüpfungen soll im ersteren Fall die Ehelichkeit begünstigt und im zweiten Fall die Ehelichkeitsanfechtung durch das Kind erleichtert werden. Die damit angestrebte materielle Privilegierung darf aber nicht dadurch zunichte gemacht werden, daß alle berufenen Rechtsordnungen auf ein und dasselbe Sachrecht zurück- oder weiterverweisen, welches das gewünschte Sachergebnis – Ehelichkeit des Kindes, Anfechtbarkeit der Ehelichkeit durch das Kind – verneint (vgl Bericht des Rechtsausschusses des deutschen Bundestages, BT-Drucks 10/5632 S 39). Die Zahl der anwendbaren Rechte darf also durch die Annahme eines Renvoi nicht vermindert werden (STAUDINGER/HENRICH [1994] Art 19 Rn 47; vBAR, IPR I Rn 307; LÜDERITZ, IPR² 80; PALANDT/HELDRICH Art 19 Rn 2; MünchKomm/SCHWIMANN Art 19 Rn 5). Führt die Annahme einer Rück- oder Weiterverweisung durch das von Art 19 Abs 1 S 2 bzw S 4 zur Anwendung berufene Recht daher zur Nichtehelichkeit des Kindes bzw zur Unzulässigkeit einer Ehelichkeitsanfechtung durch das Kind, so sind die genannten Alternativverweisungen in entsprechende Sachnormverweisungen umzudeuten, sofern wenigstens eines der dadurch berufenen Sachrechte das gewünschte Ergebnis bejaht (KELLER/SIEHR, Allg Lehren des IPR [1986] 477; LÜDERITZ, IPR² 80; MünchKomm/SCHWIMANN aaO; s näher o Rn 86 ff). Ist das Sachergebnis einer solchen Umdeutung ebenfalls negativ, so bleibt es bei der Maßgeblichkeit des Rechts, auf welches das von Art 19 Abs 1 S 2 oder 4 alternativ zur Anwendung berufene Recht durch seine Kollisionsnormen verweist (MünchKomm/SCHWIMANN Art 19 Rn 5; aA KARTZKE IPRax 1988, 8, 9; KROPHOLLER, IPR² § 24 II 3 c; FIRSCHING/vHOFFMANN, IPR § 8 Rn 129, die einen Renvoi nur subsidiär und unter der Voraussetzung zulassen möchten, daß nicht bereits die Sachnormverweisung zum gewünschten Ergebnis führt). Keinesfalls können die alternativen Anknüpfungen des Art 19 Abs 1 S 2 und 4 ohne Rücksicht auf das Sachergebnis in jedem Fall als Sachnormverweisungen behandelt werden (MünchKomm/SCHWIMANN aaO; aA RAUSCHER NJW 1988, 2153 f; EBENROTH/EYLES IPRax 1989, 1, 10; HEPTING/GAAZ, PStG § 30 Rn 113).

c) Verhältnis der Anknüpfungen zueinander

212 Umstritten ist das Verhältnis der Regelanknüpfung in Art 19 Abs 1 S 1 zu den zusätzlichen Anknüpfungen in Abs 1 S 2. Insoweit ist richtigerweise zwischen der Feststellung und der Anfechtung der Ehelichkeit des Kindes zu unterscheiden:

aa) Ehelichkeitsfeststellung

Durch die Anknüpfungen in Art 19 Abs 1 S 2 soll die Feststellung der Ehelichkeit des Kindes nach dem Willen des Gesetzgebers begünstigt werden; das Kind soll schon dann ehelich sein, wenn ihm dieser Status nach dem Heimatrecht nur eines der Ehegatten zukommt. Führt die Anwendung eines dieser Rechte also – mit oder ohne Einschluß eines Renvoi – zu dem gewünschten Sachergebnis, so kann sich der deutsche Richter auf die Feststellung beschränken, daß hiernach das Kind ehelich ist. Eine vorrangige Prüfung der Regelanknüpfung nach Art 19 Abs 1 S 1 – einschließlich einer etwaigen Rück- oder Weiterverweisung – erübrigt sich für diesen Fall (DÖRNER StAZ 1990, 1, 8; HENRICH IPRax 1993, 392 f; FERID/BÖHMER, IPR³ Rn 8–247; KROPHOLLER, IPR² § 48 III 2; MünchKomm/SIEHR Art 19 Rn 15; aA [Subsidiarität der Anknüpfung nach Abs 1 S 2] PALANDT/HELDRICH Art 19 Rn 4; ERMAN/HOHLOCH Art 19 Rn 15). Aus dieser *Alternativität der Anknüpfung* folgt, daß das in Art 19 Abs 1 S 2 zum Ausdruck kommende Günstigkeitsprinzip auf die Grundsatzanknüpfung in Abs 1 S 1 in der Weise zurückwirkt, daß auch die Beachtung eines Renvoi durch das ausländische Aufenthaltsrecht der Eltern dem Sinn der Verweisung widerspricht, wenn sie zur Nichtehelichkeit des Kindes führt, während das Kind nach dem von S 1 iVm Art 14 Abs 1 Nr 2 berufenen Sachrecht ehelich wäre (im Erg ebenso HEPTING/GAAZ, PStG § 21 Rn 172 f und § 30 Rn 112; aA – im Interesse einer einheitlichen Anknüpfung nach Abs 1 und Abs 2 – STAUDINGER/ HENRICH [1994] Art 19 Rn 50; gegen jede Berücksichtigung von Günstigkeitserwägungen im Rahmen der Regelanknüpfung nach Abs 1 S 1 auch MünchKomm/SCHWIMANN Art 19 Rn 4; PALANDT/ HELDRICH Art 19 Rn 2; ERMAN/HOHLOCH Art 19 Rn 7).

bb) Ehelichkeitsanfechtung

213 Dem favor legitimitatis entspricht jedoch kein favor impugnationis; die nach dem Ehewirkungsstatut (Art 19 Abs 1 S 1) festgestellte Ehelichkeit kann daher nicht nach dem – hiervon abweichenden – Heimatrecht eines der Ehegatten (Art 19 Abs 1 S 2) angefochten werden. Bei der Ehelichkeitsanfechtung stehen die Anknüpfungen nach Art 19 Abs 1 S 1 und S 2 daher nicht im Verhältnis der Alternativität, sondern der *Subsidiarität*. Primäres Anfechtungsstatut ist daher das von Art 19 Abs 1 S 1 ermittelte Recht (BGH 11.5.1994, NJW 1994, 2360, 2361 = FamRZ 1994, 1027 gegen OLG Stuttgart 3.12.1992, IPRax 1993, 414 m abl Anm HENRICH 392 = IPRspr 1992 Nr 126; KROPHOLLER, IPR² § 48 III 3; MünchKomm/SCHWIMANN Art 19 Rn 43); danach ist eine Rück- oder Weiterverweisung in jedem Fall zu beachten (STAUDINGER/HENRICH [1994] Art 19 Rn 166).

Demgegenüber kommt S 2 erst dann zum Zuge, wenn sich die Ehelichkeit des Kindes nicht schon aus dem Ehewirkungsstatut, sondern nur aus dem Heimatrecht eines der Ehegatten ergibt (HENRICH IPRax 1993, 392, 393). Gilt in diesem Fall das Kind nach den Heimatrechten *beider* Eltern als ehelich, so kommen für die Ehelichkeitsanfechtung beide Rechte alternativ in Betracht. Eine Rückverweisung bleibt dann als sinnwidrig unbeachtlich, wenn sie den Kreis der anwendbaren Rechte verkleinern würde (KROPHOLLER, IPR² § 48 III 4; STAUDINGER/HENRICH [1994] Art 19 Rn 170 f). Der Grundsatz der *Alternativität* gilt hingegen wiederum für die Ehelichkeitsanfechtung durch das Kind nach Art 19 Abs 1 S 4, weil sie dem Interesse des Kindes an der Feststellung seiner wirklichen Abstammung dient. Demgemäß scheidet die Beachtung einer Rück- oder Weiterverweisung durch das Aufenthaltsrecht des Kindes wiederum als sinnwidrig aus, wenn sie den Kreis der anwendbaren Rechte verringern würde (STAUDINGER/HENRICH [1994] Art 19 Rn 172 f).

d) Einzelfälle
aa) Rückverweisung auf das Wohnsitzrecht

Zu Rück- und Weiterverweisung auf dem Gebiet der ehelichen Abstammung kommt **214** es insbesondere dort, wo das nach Art 19 Abs 1 S 1 iVm Art 14 Abs 1 Nr 1 zur Anwendung berufene gemeinsame Heimatrecht der Eltern an den **Wohnsitz der Eltern oder des Kindes** anknüpft. Dies trifft etwa auf das *dänische* und das *norwegische* IPR zu, wo auf den Wohnsitz des Ehemannes der Mutter verwiesen wird (PHILIP, Dansk international privat- og procesret [1976] 244 mwN; GAARDER, Internasjonal privatrett [1975] 145; AG Bremerhaven 25. 4. 1963, IPRspr 1962/63 Nr 134). Auch das *englische* und *kanadische* Recht knüpfen an das domicile des Kindesvaters zur Zeit der Geburt des Kindes an (AG Homburg 16. 9. 1982, IPRspr 1983 Nr 76: England; AG Flensburg 21. 6. 1983, IPRspr 1983 Nr 78: Kanada/Saskatchewan). Die Kollisionsnormen von Einzelstaaten der *USA* verweisen auf den ehelichen Wohnsitz oder, wenn die Eheleute keinen gemeinsamen Wohnsitz haben, wahlweise auf den Wohnsitz des Ehemannes oder den der Mutter (LG Hamburg 30. 9. 1968, IPRspr 1968/69 Nr 268 = StAZ 1970, 23: Rückverweisung des New Yorker Rechts auf deutsches Wohnsitzrecht der Mutter). Die Anerkennung eines selbständigen Wohnsitzes der getrennt lebenden oder geschiedenen Ehefrau hat dabei zur Folge, daß die Ehelichkeit eines Kindes im Verhältnis zu beiden Elternteilen festgestellt werden muß (RÖDER, Die Anwendung US-amerikanischen Kindschaftsrechts durch deutsche Gerichte [1972] 27 ff). Dies kann dazu führen, daß ein Kind im Verhältnis zu einem Elternteil ehelich, im Verhältnis zum anderen nichtehelich ist (LG Hamburg aaO: Kind nach dem Recht von New York als dem Wohnsitzrecht des Vaters nichtehelich, nach deutschem Recht als dem durch Rückverweisung ermittelten Wohnsitzrecht der Mutter ehelich).

bb) Rückverweisung auf das Aufenthaltsrecht des Kindes

In Anlehnung an die neueren Haager Übereinkommen knüpfen jüngere IPR-Kodi- **215** fikationen teilweise im internationalen Kindschaftsrecht primär an den gewöhnlichen Aufenthalt des Kindes an. Dies führt bei inländischem Aufenthalt des Kindes zu einer Rückverweisung auf deutsches Recht in den Fällen, in denen das EGBGB vorrangig auf die gemeinsame Staatsangehörigkeit der Eltern abstellt (zB Art 19 Abs 1 S 1 iVm Art 14 Abs 1 Nr 1). Die Anknüpfung an das Recht am gewöhnlichen Aufenthaltsort des Kindes gilt namentlich im neuen Schweizer IPR-Gesetz für das Abstammungsstatut und die Ehelichkeitsanfechtung (Art 68 Abs 1).

cc) Rückverweisung auf das Heimatrecht der Mutter oder des Kindes

216 In *Frankreich* wird die durch Gesetz vom 3. 1. 1972 eingefügte Kollisionsnorm in Art 311–14 Code civil, die an das *Heimatrecht der Mutter* zur Zeit der Geburt des Kindes anknüpft, von der Praxis als Sachnormverweisung angesehen. Im Streit zwischen zwei geschiedenen Eheleuten um die Gültigkeit eines vor der Eheschließung abgegebenen Vaterschaftsanerkenntnisses wurde demgemäß entschieden, die Kollisionsnorm verweise auf schweizerisches Recht, weil die Mutter – eine Staatenlose ungarischer Herkunft – zur Zeit der Geburt in Lausanne ihren Wohnsitz gehabt habe; zwar verweise das (damalige) schweizerische IPR auf das französische Recht als das Heimatrecht des Ehemannes zurück, aber im Interesse der Rechtsklarheit sei eine solche Rückverweisung nicht anzunehmen (App Paris 11. 5. 1976, Rev crit 1977, 109; dazu näher Anh Rn 164). Diese Ansicht würde, wenn die Mutter Deutsche und der Vater Franzose wäre, aus deutscher Sicht zu einer Sachnormrückverweisung des nach Art 19 Abs 1 S 1 iVm Art 14 Abs 1 Nr 2 berufenen gemeinsamen Aufenthaltsrechts und damit zum Entscheidungseinklang führen (dazu krit MEZGER, in: FS Ferid [1978] 621, 636 ff). Eine Rückverweisung scheidet hingegen aus, wenn die Mutter neben der deutschen auch die französische Staatsangehörigkeit besitzt (BGH 9. 7. 1986, NJW 1986, 3022 = IPRax 1987, 22 m Anm STURM 1 = IPRspr 1986 Nr 11). Bei unterschiedlicher Staatsangehörigkeit der Eltern kommt eine Rückverweisung des ausländischen Aufenthaltsrechts in Betracht, wenn dieses an die (deutsche) *Staatsangehörigkeit des Kindes* anknüpft. Diese Anknüpfung ist insbesondere in osteuropäischen Rechten vorherrschend, zB in Albanien, Bulgarien, Polen, der Tschechischen und der Slowakischen Republik sowie Ungarn, hat sich aber auch im neuen italienischen IPRG durchgesetzt (vgl die Länderberichte im Anhang).

dd) Versteckte Rückverweisung

217 Nach dem englischen Common Law wird die Frage, wie Ehelichkeitsvermutungen („presumptions") widerlegt werden können als Frage des Verfahrensrechts angesehen und darum der lex fori zugewiesen (DICEY/MORRIS, Conflict[12] 189). Gleiches gilt nach dem Recht der meisten Einzelstaaten der USA (vgl Restatement Conflict of Laws 2d § 134). Angesichts dieser Praxis liegt es nahe, eine versteckte Rückverweisung auf die jeweilige lex fori und damit eine Rückverweisung auf deutsches Recht anzunehmen, wenn ein deutsches Gericht die eheliche Abstammung eines Kindes zu beurteilen hat (LG Stade 22. 11. 1974, DAVorm 1975, 495 = IPRspr 1974 Nr 77; HENRICH IPRax 1990, 33, 34; **aA** die noch hM, vgl zum Streitstand näher STAUDINGER/HENRICH [1994] Art 19 Rn 202 ff m ausf Nachw).

2. Rechtsverhältnis zwischen Eltern und ehelichem Kind

a) Grundsatzanknüpfung nach Art 19 Abs 2

218 Das Rechtsverhältnis zwischen den Eltern und einem ehelichen Kind unterliegt nach Art 19 Abs 2 S 1 ebenfalls dem Recht, das nach Art 14 Abs 1 für die allgemeinen Wirkungen der Ehe maßgebend ist. Insoweit gelten für die Beachtung von Rück- und Weiterverweisungen die Ausführungen zum Abstammungsstatut (Rn 210) entsprechend. Die Verweisung ist mithin auch hier nicht auf die Sachnormen derjenigen Rechtsordnung gerichtet, die nach Art 14 Abs 1 die persönlichen Ehewirkungen beherrscht (so FERID/BÖHMER, IPR[3] Rn 8–267,1). Vielmehr kommt es ausschließlich darauf an, welches Recht das von Art 19 Abs 2 S 1 iVm Art 14 Abs 1 berufene Kollisionsrecht als Sorgerechtsstatut oder als Statut sonstiger Rechtsfragen der Eltern-

Kind-Beziehungen bestimmt (zutr S LORENZ IPRax 1992, 305, 307 f). Das Ehewirkungsstatut aus der Sicht des fremden Kollisionsrechts bleibt hingegen außer Betracht (aA MünchKomm/SCHWIMANN Art 19 Rn 6). In gleicher Weise ist eine Rück- oder Weiterverweisung auch bei der Anknüpfung nach Art 19 Abs 2 S 2 an den gewöhnlichen Aufenthalt des Kindes beachtlich (PALANDT/HELDRICH Art 19 Rn 2; STAUDINGER/HENRICH [1994] Art 19 Rn 287).

b) Einzelfälle
aa) Gesetzliches Gewaltverhältnis
Fragen der Eltern-Kindbeziehung, die keine gerichtlichen Schutzmaßnahmen erfordern, wie zB die gesetzliche Vertretung des Kindes oder die Verwaltung des Kindesvermögens während bestehender Ehe, unterliegen gem Art 19 Abs 2 S 1 iVm Art 14 Abs 1 Nr 1 in erster Linie dem gemeinsamen Heimatrecht der Eltern. Zu einer Rück- oder Weiterverweisung kommt es insbesondere dann, wenn das Heimatrecht der Eltern seinerseits an den Wohnsitz der Eltern oder des Kindes anknüpft. Dies trifft etwa auf das dänische und das schweizerische Recht, aber auch auf zahlreiche südamerikanischen Rechte zu (zB Brasilien, Chile, Venezuela). Hinsichtlich der gesetzlichen Vertretung in vermögensrechtlichen Angelegenheiten und der Verwaltung des Kindesvermögens knüpfen auch die Rechtsordnungen des Common Law-Rechtskreises überwiegend an das Domizilrecht der Eltern an. Bezieht sich die Vertretung bzw Verwaltung des Kindesvermögens allerdings auf Immobilien, so gilt stattdessen die jeweilige lex rei sitae (vgl DICEY/MORRIS, Conflict^{12} Rule 94; dazu o Rn 176 f).

bb) Sorgerechtsregelung
Auf dem Gebiet der Regelung der elterlichen Sorge nach einer Ehescheidung kann es zu einer Rück- oder Weiterverweisung kommen, soweit das Kind seinen gewöhnlichen Aufenthalt nicht in einem Vertragsstaat des Haager Minderjährigenschutzabkommens hat. Ein Renvoi durch das von Art 19 Abs 2 S 2 zur Anwendung berufene Aufenthaltsrecht des Kindes sprechen etwa diejenigen Staaten aus, die an das **Heimatrecht des Kindes** anknüpfen; dies trifft insbesondere auf die meisten osteuropäischen Rechte (zB Albanien, Bulgarien, Polen, Tschechische und Slowakische Republik, Ungarn) zu, mit Einschränkungen auch auf das finnische und japanische Recht (vgl dazu näher die Länderberichte im Anhang; ferner STAUDINGER/HENRICH [1994] Art 19 Rn 288). Eine Rückverweisung auf deutsches Recht setzt allerdings idR voraus, daß das Kind ausschließlich die deutsche Staatsangehörigkeit besitzt; hat es zugleich die Staatsangehörigkeit seines Aufenthaltsstaates inne, so scheitert ein Renvoi zumeist daran, daß das IPR des Aufenthaltsstaates – ähnlich wie das deutsche (vgl Art 5 Abs 1 S 2 EGBGB) – der eigenen Staatsangehörigkeit den Vorzug gibt. Diese Sicht des ausländischen IPR ist aber im Rahmen der Renvoi-Prüfung ausschlaggebend (vgl o Rn 56). Vor allem Staaten des fernen Ostens (zB Republik China, Republik Korea, Thailand) knüpfen die elterliche Sorge über eheliche Kinder an das Heimatrecht des Vaters an. Auch eine sich hieraus ergebende Rückverweisung auf deutsches Recht ist beachtlich; insbesondere verstößt die Berücksichtigung der gleichheitswidrigen Anknüpfung nicht gegen den Sinn der deutschen Verweisung (dazu allg o Rn 101 f).

Hat das Kind seinen gewöhnlichen Aufenthalt in England oder in den USA, so kommt auch eine **versteckte Rückverweisung** hinsichtlich der Personensorge (custody) auf deutsches Recht in Betracht. Steht den deutschen Gerichten die jurisdiction für die Regelung der Personensorge nach Maßgabe der englischen bzw US-amerikanischen Zuständigkeitsvorschriften zu, so können sie ihr eigenes Recht anwenden (dazu allg o Rn 72 ff). Die internationale Zuständigkeit zur Regelung der Personensorge ist jedenfalls aus englischer Sicht gegeben, wenn die Sorgerechtsmaßnahme im Rahmen einer Ehesache getroffen werden soll und das deutsche Gericht für diese zuständig ist (Sec 2 [1] 2 A Family Law Act 1986; STAUDINGER/HENRICH [1994] Art 19 Rn 291).

c) Schutzmaßnahmen nach Art 19 Abs 3

222 Im Gegensatz zu Art 19 Abs 1 und 2 enthält Abs 3, der im Falle der Gefährdung des Kindeswohls Schutzmaßnahmen auch nach dem Recht des Staates zuläßt, in dem das Kind seinen gewöhnlichen Aufenthalt hat, eine *Sachnormverweisung* und schließt als solche Rück- und Weiterverweisung aus (PALANDT/HELDRICH Art 19 Rn 2; ERMAN/HOHLOCH Art 19 Rn 7; MünchKomm/SCHWIMANN Art 19 Rn 7; FIRSCHING/vHOFFMANN, IPR § 8 Rn 138; aA nur vBAR, IPR II Rn 345). Dies folgt sowohl aus dem Gesetzeswortlaut („Schutzmaßnahmen" kann nur ein Sachrecht vorsehen), wie aus der gesetzlich gewollten Parallelität zum Haager Minderjährigenschutzabkommen, das bekanntlich nur Sachnormverweisungen ausspricht (s o Rn 128 ff). Die Bedeutung des Art 19 Abs 3 ist im übrigen gering, weil die Vorschrift sowohl durch das Haager Minderjährigenschutzabkommen von 1961 wie durch das Haager Kindesentführungsabkommen von 1980 verdrängt wird, wenn das Kind seinen gewöhnlichen Aufenthalt in Deutschland oder in einem anderen Vertragsstaat hat (vgl aber AG Ingolstadt 12. 2. 1992, IPRax 1992, 326 m Anm S LORENZ 305).

3. Nichteheliche Abstammung

a) Grundsatzanknüpfung nach Art 20 Abs 1 S 1

223 Nach Art 20 Abs 1 S 1 unterliegt die Abstammung eines nichtehelichen Kindes dem Recht des Staates, dem die Mutter bei der Geburt des Kindes angehört. Eine Rück- oder Weiterverweisung des Heimatrechts der Mutter ist nach dem Grundsatz des Art 4 Abs 1 uneingeschränkt zu beachten, wenn – wie zB bei der Feststellung der Mutterschaft – nur auf *ein* Recht verwiesen wird. Hingegen hängt die Befolgung des Renvoi bei der Vaterschaftsfeststellung im Hinblick auf die alternativen Anknüpfungen in Abs 1 S 3 auch im Rahmen der Grundsatzanknüpfung nach Abs 1 S 1 davon ab, daß sie die Feststellung der Abstammung zum Vater erleichtert und nicht erschwert (MünchKomm/KLINKHARDT Art 20 Rn 32; STAUDINGER/KROPHOLLER[12] Art 20 Rn 79 f; aA PALANDT/HELDRICH Art 20 Rn 2). Ist die Vaterschaftsfestellung daher nach dem Recht, auf welches das Heimatrecht der Mutter verweist, unzulässig, so kann die Vaterschaft (auch) nach dem materiellen Heimatrecht der Mutter festgestellt werden (vgl HENRICH IntFamR 198 m Beispiel).

b) Alternative Anknüpfungen nach Art 20 Abs 1 S 3

224 Nach Art 20 Abs 1 S 3 kann die Vaterschaft alternativ auch nach dem Heimatrecht des Vaters im Zeitpunkt der Geburt des Kindes oder nach dem gewöhnlichen Aufenthaltsrecht des Kindes festgestellt werden. Das diesen alternativen Anknüpfungen zugrunde liegende Günstigkeitsprinzip hat zur Folge, daß eine Rück- oder Weiterverweisung dem Sinn der Verweisung widerspricht, wenn die Beachtung eines Renvoi die Möglichkeiten zu einer Feststellung der Vaterschaft nicht erweitert, sondern einschränkt. In diesem Falle ist die Verweisung nach Abs 1 S 3 (ausnahmsweise) in eine Sachnormverweisung umzudeuten, wenn hierdurch die Feststellung der

Vaterschaft erleichtert wird (vgl allg o Rn 86 ff). Diese Auffassung steht mit dem in Art 4 Abs 1 normierten Grundsatz der Gesamtverweisung besser in Einklang als die Gegenmeinung, die – umgekehrt – zunächst prüft, ob die Vaterschaftsfeststellung nach dem materiellen Heimatrecht des Vaters zur Zeit der Geburt des Kindes bzw nach dem materiellen Recht am gewöhnlichen Aufenthaltsort des Kindes zulässig ist und einen Renvoi nur in Betracht zieht, wenn diese Prüfung negativ verläuft (so KARTZKE IPRax 1988, 8; PALANDT/HELDRICH Art 4 Rn 7; STAUDINGER/KROPHOLLER[12] Art 20 Rn 80; gegen jede Beachtung des Renvoi in diesen Fällen KÜHNE, in: FS Ferid [1988] 251, 258; RAUSCHER NJW 1988, 2153).

Im Hinblick auf die Befolgung eines Renvoi besteht zwischen den beiden alternativen Anknüpfungen in Art 20 Abs 1 S 3 kein Unterschied. Für einen zwingenden **Gleichlauf zwischen Abstammungsstatut und Unterhaltsstatut** ergeben sich aus Art 20 Abs 1 keine hinreichenden Anhaltspunkte. Der bloße Umstand, daß der Unterhaltsanspruch des nichtehelichen Kindes gegenüber seinem Vater nach Art 18 Abs 1 den Sachnormen am Ort seines ausländischen gewöhnlichen Aufenthalts unterliegt, hindert mithin die Annahme einer Rück- oder Weiterverweisung des Aufenthaltsrechts auf deutsches Recht oder das Recht eines dritten Staates nicht, wenn hierdurch die nach dem Aufenthaltsrecht ausgeschlossene Feststellung der Vaterschaft ermöglicht wird (FERID/BÖHMER, IPR[3] Rn 8–292; STAUDINGER/KROPHOLLER[12] Art 20 Rn 80 aE; im Erg auch PALANDT/HELDRICH Art 20 Rn 2; aA unter Hinweis auf die Entstehungsgeschichte MünchKomm/ KLINKHARDT Art 20 Rn 31). 225

c) **Einzelfälle**
Da Art 20 Abs 1 für die Feststellung der Vaterschaft mit dem Heimatrecht der Mutter, dem Heimatrecht des Vaters und dem Recht am gewöhnlichen Aufenthaltsort des Kindes bereits drei alternative Anknüpfungen zur Verfügung stellt, kommt dem Problem des **Renvoi nur eine untergeordnete Bedeutung** zu. Denn im Regelfall wird zumindest eine dieser Anknüpfungen zur Anwendung deutschen Rechts führen und damit die Vaterschaftsfeststellung nach Maßgabe der §§ 1600 a ff BGB ermöglichen (vgl BGH 19. 12. 1990, NJW 1991, 2961 = FamRZ 1991, 426 = IPRspr 1990 Nr 136). Auch soweit ausnahmsweise nur ausländische Rechte zur Anwendung berufen sein sollten, hat eine Rück- oder Weiterverweisung außer Betracht zu bleiben, soweit hierdurch die Zahl der alternativen Anknüpfungen vermindert wird. Da aber auch die Kollisionsrechte fremder Staaten mehrheitlich an die Staatsangehörigkeit der Eltern bzw den gewöhnlichen Aufenthalt des Kindes anknüpfen (vgl dazu die Länderübersicht im Anhang, sowie STAUDINGER/KROPHOLLER[12] Art 20 Rn 95 ff), bleibt für einen beachtlichen Renvoi nur wenig Raum. In Betracht kommt eine Rück- oder Weiterverweisung grundsätzlich nur dann, wenn das fremde IPR zusätzliche Anknüpfungen für die Feststellung der nichtehelichen Vaterschaft bereitstellt. Zu denken ist etwa an Fälle, in denen das ausländische IPR an das *Heimatrecht des Kindes* anknüpft, sofern das Kind außer der von den Eltern abgeleiteten Staatsangehörigkeit (zB durch Geburt in einem Drittstaat, der dem jus-soli-Prinzip folgt) eine weitere Staatsangehörigkeit erworben hat. An das Heimatrecht des Kindes knüpft namentlich das belgische, österreichische und das neue italienische IPR an; gleiches gilt für die Rechte der meisten osteuropäischen Staaten (dazu näher die Länderberichte im Anhang). 226

Verweist das deutsche IPR in Art 20 Abs 1 auf das Recht eines Common-Law-Staates, so kommt auch eine **versteckte Rückverweisung** auf deutsches Recht in 227

Betracht (STAUDINGER/KROPHOLLER[12] Art 20 Rn 82; dazu allg o Rn 72 ff). Insoweit ist zu beachten, daß dem Common-Law weder die Vaterschaftsfeststellungsklage noch ein freiwilliges Vaterschaftsanerkenntnis bekannt ist. Die Feststellung der nichtehlichen Vaterschaft erfolgt vielmehr inzident im Rahmen der Unterhaltsklage („affiliation proceedings"; vgl THÜMMEL, Das IPR der nichtehelichen Kindschaft [1983] 71 ff). Soweit Staaten des Common-Law-Rechtskreises die „jurisdiction" für die „affiliation proceedings" nur davon abhängig machen, daß sich der Vater als Unterhaltsschuldner gewöhnlich im Gerichtsstaat aufhält (vgl dazu STAUDINGER/KROPHOLLER[12] Art 20 Rn 107 ff), kann sich hieraus eine versteckte Rückverweisung auf das deutsche Recht auch dann ergeben, wenn beide Eltern die englische, kanadische usw Staatsangehörigkeit besitzen und das Kind seinen gewöhnlichen Aufenthalt im Ausland hat.

4. Rechtsverhältnis zwischen Eltern und nichtehelichem Kind

a) Grundsatz (Art 20 Abs 2)

228 Das Rechtsverhältnis zwischen Eltern und einem nichtehelichen Kind unterliegt gem Art 20 Abs 2 dem Recht des Staates, in dem das Kind seinen gewöhnlichen Aufenthalt hat. Rück- und Weiterverweisungen des Aufenthaltsrechts sind nach dem Grundsatz des Art 4 Abs 1 uneingeschränkt zu beachten (PALANDT/HELDRICH Art 20 Rn 2; STAUDINGER/KROPHOLLER[12] Art 20 Rn 81; LG Memmingen 12. 7. 1989, DAVorm 1989, 296, 298 = IPRspr 1989 Nr 160). Der Umstand allein, daß der deutsche Gesetzgeber sich bei der Wahl des Anknüpfungskriteriums in Art 20 Abs 2 maßgeblich am Haager Minderjährigenschutzabkommen von 1961 orientiert hat (SONNENBERGER Rev crit 1987, 115; STURM Rev crit 1987, 33, 66), das in Art 2 Abs 1 iVm Art 1 auf die Sachnormen am gewöhnlichen Aufenthaltsort des Kindes verweist (dazu Rn 128), reicht nicht aus, die Beachtung eines Renvoi auch im autonomen deutschen IPR als sinnwidrig auszuschließen (ERMAN/HOHLOCH Art 20 Rn 4; aA MünchKomm/KLINKHARDT Art 20 Rn 53).

b) Einzelfälle

229 Auch im Rahmen des Art 20 Abs 2 ist die praktische Bedeutung von Rück- und Weiterverweisung gering; denn im Regelfall haben es die deutschen Gerichte mit Kindern zu tun, die ihren gewöhnlichen Aufenthalt im Inland haben. Hat das Kind seinen gewöhnlichen Aufenthalt im Ausland, so werden deutsche Gerichte zumeist nur angerufen, um Schutzmaßnahmen zu treffen, insbesondere die elterliche Sorge zu regeln. Auch insoweit scheidet die Anwendung des Art 20 Abs 2 aus, wenn das Kind seinen gewöhnlichen Aufenthalt in einem anderen Vertragsstaat des Haager Minderjährigenschutzabkommens hat (vgl zum Vorrang von kollisionsrechtlichen Staatsverträgen näher Art 3 Rn 13 ff). Raum für die Beachtung eines Renvoi ist mithin nur dann, wenn Schutzmaßnahmen zugunsten eines nichtehelichen Kindes getroffen werden sollen, das sich gewöhnlich in einem Staat aufhält, der nicht Mitgliedsstaat des Haager Minderjährigenschutzabkommens ist, oder wenn Fragen des nichtehelichen Kindschaftsverhältnisses zu beurteilen sind, die – wie die gesetzliche Vertretung oder die Verwaltung des Kindesvermögens durch Eltern oder Mutter – keine Schutzmaßnahmen erfordern (vgl zu diesen – seltenen – Fällen die Länderübersicht im Anhang sowie STAUDINGER/KROPHOLLER[12] Art 20 Rn 119 ff; ferner zuletzt OLG Karlsruhe 4. 2. 1993, FamRZ 1993, 848 = IPRspr 1993 Nr 91 [USA/Ohio]).

5. Legitimation

a) Grundsatzanknüpfung nach Art 21 Abs 1 S 1 und Abs 2

Obwohl Art 22 Abs 1 aF im Katalog des Art 27 aF nicht aufgeführt war, wurden Rück- und Weiterverweisung im internationalen Legitimationsrecht schon vor der IPR-Reform von 1986 grundsätzlich beachtet (BGH 30. 9. 1981, StAZ 1982, 42 = NJW 1982, 521 = IPRax 1982, 192 m Anm JAYME/GOUSSOUS 179 = IPRspr 1981 Nr 120; BGH 8. 6. 1983, StAZ 1983, 273, 274 = IPRspr 1983 Nr 120; SOERGEL/KEGEL[11] Art 22 aF Rn 80; STAUDINGER/ GRAUE[12] Art 27 aF Rn 122 ff mwN). Im geltenden Recht folgt die Beachtlichkeit eines Renvoi aus Art 4 Abs 1; sie gilt gleichermaßen für die Legitimation durch nachfolgende Ehe (Art 21 Abs 1) wie für die Legitimation in anderer Weise (zB durch Ehelicherklärung, Art 21 Abs 2). Soweit Art 21 Abs 1 S 1 die Voraussetzungen einer Legitimation durch nachfolgende Ehe akzessorisch anknüpft und das Ehewirkungsstatut zur Zeit der Eheschließung für maßgeblich erklärt, gelten für die Beachtung von Rück- und Weiterverweisungen die Ausführungen zum Abstammungsstatut (Rn 210) entsprechend. Die Verweisung auf das von Art 14 Abs 1 zur Anwendung berufene Recht ist daher nicht Sachnorm-, sondern Gesamtverweisung, so daß die für die *Legitimation* maßgebliche Kollisionsnorm des Ehewirkungsstatuts auf einen Renvoi hin zu untersuchen ist (MünchKomm/KLINKHARDT Art 21 Rn 33; STAUDINGER/HENRICH[12] Art 21 Rn 19; KROPHOLLER, IPR² § 49 I 2; dazu allg o Rn 93 mwN). Wenn die Annahme einer Gesamtverweisung allerdings die – nach dem ausländischen Sachrecht mögliche – Legitimation des Kindes verhindert, so widerspricht dies jedenfalls im Rahmen der Anknüpfung nach Art 21 Abs 1 S 1 dem Sinn der Verweisung. Denn der im Rahmen der alternativen Verweisung nach Abs 1 S 2 zulässige Rückgriff auf das (unterschiedliche) materielle Heimatrecht jedes Elternteils kann nicht ausgeschlossen sein, wenn die Eltern ein gemeinsames Heimatrecht haben (**aA** HENRICH IntFamR 259).

b) Alternative Anknüpfungen nach Art 21 Abs 1 S 2

Gehören die Ehegatten im Zeitpunkt der Eheschließung verschiedenen Staaten an, so wird das Kind nach Art 21 Abs 1 S 2 auch dann legitimiert, wenn diese Folge nur nach dem Recht eines dieser Staaten eintritt. Dieser Vorschrift liegt das *Günstigkeitsprinzip* zugrunde; daraus folgt, daß – ähnlich wie in den Fällen des Art 19 Abs 1 S 2 und 4 und des Art 20 Abs 1 S 3 (Rn 211, 224) – das gewünschte Sachergebnis, hier die Legitimation des Kindes, durch die Beachtung einer Rück- oder Weiterverweisung nicht beeinträchtigt werden darf. Wird daher auf ein Recht zurück- oder weiterverwiesen, das nach Art 21 Abs 1 ohnehin anwendbar ist, so ist dieser Renvoi nicht zu beachten. Der Kreis der anwendbaren Rechtsordnungen darf also durch eine Rück- oder Weiterweisung nur erweitert, nicht aber verengt werden (PALANDT/HELDRICH Art 21 Rn 2; ERMAN/HOHLOCH Art 21 Rn 4; MünchKomm/KLINKHARDT Art 21 Rn 35; STAUDINGER/HENRICH[12] Art 21 Rn 19; dazu allg o Rn 86 ff mwN). Für das Verhältnis der Anknüpfungen nach Abs 1 S 1 und S 2 zueinander gelten die gleichen Grundsätze wie im Fall des Art 19 Abs 1 (s o Rn 212; DÖRNER StAZ 1990, 1,8).

c) Einzelfälle
aa) Rückverweisung auf das Wohnsitzrecht

Die Annahme einer Rückverweisung kommt vor allem in Betracht, wenn das von Art 21 Abs 1 S 1 iVm Art 14 Abs 1 Nr 1 bezeichnete Heimatrecht der Ehegatten auf deutsches Recht zurückverweist, weil sich in der Bundesrepublik Deutschland der

Wohnsitz des/der Legitimierenden befindet. Eine solche Rückverweisung sprechen
etwa die Kollisionsnormen des *norwegischen* Rechts aus (AG Hamburg 20. 2. 1968,
IPRspr 1968/69 Nr 130). Gleiches gilt nach *englischem* Recht (vgl Sec 2 Legitimacy Act
1976) und den von ihm beeinflußten Rechtsordnungen (AG Bielefeld 11. 6. 1971, IPRspr
1971 Nr 106 [Indien]; AG Münster 5. 5. 1975, IPRspr 1975 Nr 103 [Israel]; AG Bremen 13. 9. 1976,
StAZ 1977, 141 = IPRspr 1976 Nr 105 [Sri Lanka]; OLG Zweibrücken 9. 3. 1982, IPRax 1983, 43 m
Anm WENGLER 28 = IPRspr 1982 Nr 2 [Indien]). Dabei ist freilich in jedem Fall sorgfältig
an Hand des ausländischen Rechts zu prüfen, ob der Legitimierende wirklich sein
domicile iS des rückverweisenden Rechts in der Bundesrepublik Deutschland
begründet hat; andernfalls verbleibt es bei der Anwendung seines Heimatrechts (vgl
zu Art 22 Abs 1 aF KG 25. 9. 1973, OLGZ 1974, 82 = NJW 1974, 415 = IPRspr 1973 Nr 97 [USA/
Kalifornien]). In einzelnen Staaten der USA wird alternativ auch auf den Wohnsitz des
Kindes abgestellt; eine sich hieraus ergebende Rückverweisung ist gleichfalls zu
beachten (AG Münster 9. 12. 1975, IPRspr 1975 Nr 106 [Illinois]). Verweist das Heimatrecht
des Legitimierenden auf ein drittes Recht weiter, weil der Wohnsitz des Legitimierenden sich dort befindet, so ist auch eine solche Weiterverweisung zu befolgen und
das Recht des Wohnsitzstaates anzuwenden (vgl zu Art 22 Abs 1 aF AG Hamburg
15. 7. 1966, StAZ 1967, 301 = IPRspr 1966/67 Nr 138 d: Recht von Liberia als Heimatrecht verweist
weiter auf das Recht von New Jersey als Wohnsitzrecht).

233 Aus **englischer Sicht** wird die deutsche Annahme der Rückverweisung zur Kenntnis
genommen und nachvollzogen. Anlaß dazu gab ein Fall, in dem ein Engländer sich
vor dem ersten Weltkrieg in Deutschland niedergelassen, dort die Scheidung von
seiner englischen Ehefrau erreicht und die Mutter seiner noch vor der Scheidung in
der Schweiz unehelich geborenen Tochter geheiratet hatte. Nach englischem Recht
war das Kind, selbst wenn man den erst 1926 in Kraft getretenen Legitimacy Act auf
den Fall anwandte, durch die Eheschließung seiner natürlichen Eltern nicht legitimiert worden, weil es im Ehebruch erzeugt worden war. Richter MAUGHAM stellte
jedoch fest, daß der Vater in Deutschland einen Wahlwohnsitz im englischen Sinne
begründet habe. Zwar verweise das Recht dieses Wahlwohnsitzes auf das englische
Recht als Heimatrecht des Legitimierenden, es nehme aber die Rückverweisung des
englischen Rechts auf das Wohnsitzrecht an. Entsprechend der im englischen Recht
herrschenden „foreign court theory" habe er so zu entscheiden wie ein Richter des
Wohnsitzlandes entscheiden würde, und damit sei gemäß deutschem Recht das Ehe-
bruchkind durch die Eheschließung seiner Eltern wirksam legitimiert worden (Re
Askew, [1930] 2 Ch 259; dazu CHESHIRE/NORTH, PrIntLaw[12] 69 f; EDLER RabelsZ 5 [1931] 64).
Dies ist einer der seltenen Fälle, in denen ein englisches Gericht die Begründung
eines Wahlwohnsitzes durch einen Engländer in einem Lande außerhalb des englischen Sprachkreises anerkannt hat.

bb) Rückverweisung kraft zusätzlicher alternativer Anknüpfungen
234 Eine Rück- bzw Weiterverweisung kann sich ferner daraus ergeben, daß das von
Art 21 Abs 1 S 1 bzw Abs 2 zur Anwendung berufene Heimat- oder Aufenthaltsrecht im Interesse einer Begünstigung der Legitimation weitere alternative Anknüpfungen vorsieht. Dies trifft insbesondere auf das CIEC-Übereinkommen über die Legitimation durch nachfolgende Ehe vom 10. 9. 1970 (Text bei JAYME/HAUSMANN[8] Nr 32)
zu. Nach diesem Übereinkommen, das – z T unter weitgehenden Vorbehalten –
von Frankreich, Griechenland, Luxemburg, Italien, den Niederlanden, Österreich
und der Türkei ratifiziert wurde, kommt eine Legitimation bereits dann wirksam

zustande, wenn das Heimatrecht des Vaters oder der Mutter sie zuläßt (Art 1). Da das Übereinkommen als „loi uniforme" konzipiert ist, wird es von den Vertragsstaaten auch im Verhältnis zu Nicht-Vertragsstaaten – wie der Bundesrepublik Deutschland – angewandt. Eine Ausnahme gilt aber im Verhältnis zu Italien, weil Italien sich die Nichtanwendung der Kollisionsnormen des Abkommens vorbehalten hat (LG Bonn 12. 2. 1980, IPRax 1981, 27 m zust Anm JAYME 17 = IPRspr 1980 Nr 106). Die praktische Bedeutung dieser wahlweisen Rückverweisung durch das Übereinkommen auf das Heimatrecht des Vaters oder der Mutter ist allerdings durch die Einfügung einer entsprechenden Kollisionsregel in Art 21 Abs 1 S 2 EGBGB im Zuge der IPR-Reform von 1986 stark eingeschränkt worden; denn diese alternativen Anknüpfungen sind – ebenso wie im Falle des Art 19 Abs 1 S 2 – im Verhältnis zur Regelanknüpfung nicht subsidiär. Ist die Legitimation mithin nach dem Heimatrecht des Vaters oder der Mutter eingetreten, so kann sich das deutsche Gericht auf diese Feststellung beschränken; eine vorrangige Prüfung der Regelanknüpfung nach Art 21 Abs 1 S 1 unter Einschluß einer etwaigen Rück- oder Weiterverweisung kann mithin für diesen Fall unterbleiben (vgl BayObLG 13. 5. 1994 StAZ 1994, 284, 285; AG Tübingen 6. 2. 1987, StAZ 1987, 141 = IPRspr 1987 Nr 84; LG Frankfurt 28. 7. 1987, StAZ 1987, 349 = IPRspr 1987 Nr 89; DÖRNER IPRax 1989, 30 und StAZ 1990, 8; PALANDT/HELDRICH Art 21 Rn 4). Alternative Anknüpfungen des ausländischen Rechts sind nach Art 4 Abs 1 daher nur dann zu beachten, wenn sie über die in Art 21 Abs 1 S 2 genannten hinausgehen. Dies trifft etwa auf das *französische* Recht zu, das seit der Reform des internationalen Kindschaftsrechts durch Gesetz Nr 72—3 vom 2. 1. 1972 für die Legitimation *vier* alternative Anknüpfungen vorsieht. Nach Art 311—16 Cc ist die Legitimation wirksam, wenn sie am Tage der Eheschließung entweder dem – aus französischer Sicht zu bestimmenden – Ehewirkungsstatut oder dem Heimatrecht eines der Ehegatten oder dem Heimatrecht des Kindes entspricht.

cc) Qualifikationsprobleme
Zu Problemen der Qualifikation im Rahmen der Rück- oder Weiterverweisung kommt es insbesondere dann, wenn das von Art 21 zur Anwendung berufene ausländische Recht das Institut der Legitimation nicht kennt. Das Problem hat sich in der deutschen Praxis vor allem in deutsch-portugiesischen Legitimationsfällen gestellt. Denn in Portugal wurden nach der vollständigen Gleichstellung der vor und während der Ehe geborenen Kinder durch Art 38 Abs 4 der Verfassung von 1977 die Kollisionsnormen über die Legitimation und die nichteheliche Kindschaft (Art 58, 59 Cc) aufgehoben. Seither ist das portugiesische internationale Kindschaftsrecht nur noch in zwei Artikeln geregelt, wobei Art 56 Cc das auf die Begründung des Kindschaftsverhältnisses, Art 57 Cc das auf die Beziehungen zwischen Eltern und Kindern anwendbare Recht bestimmt. Der Umstand, daß das portugiesische Recht somit eine spezielle Kollisionsnorm für die Legitimation durch nachfolgende Eheschließung nicht mehr zur Verfügung stellt, bedeutet freilich nicht, daß eine Rück- oder Weiterverweisung aus diesem Grunde ausscheidet. Es stellt sich vielmehr für das portugiesische IPR das Problem, das ihm nunmehr unbekannte Institut der Legitimation durch nachfolgende Ehe zu qualifizieren, wobei lediglich eine entsprechende Anwendung der kindschaftsrechtlichen Kollisionsnormen in Betracht kommt. Während die deutsche Praxis sich zunächst für die analoge Heranziehung von Art 57 Cc ausgesprochen hat (LG Bonn 29. 1. 1979, StAZ 1979, 202 f = IPRspr 1979 Nr 118 und 7. 6. 1983, StAZ 1984, 15; LG Bielefeld 20. 6. 1983, StAZ 1984, 14 f = IPRax 1984, 274 m krit Anm GALVAO 257 = IPRspr 1983 Nr 104; zust JAYME StAZ 1979, 203 f), dürften die besse-

ren Argumente für eine entsprechende Anwendung des Art 56 Cc sprechen, weil es bei der Legitimation um eine Statusänderung, nicht hingegen um die Anknüpfung der bereits bestehenden Eltern-Kind-Beziehungen geht (zutr BOGLER, Qualifikationsproblem und Günstigkeitsprinzip in deutsch-portugiesischen Legitimationsfällen, StAZ 1987, 160, 162 f). Da Art 56 Cc eine mit Art 21 Abs 1 S 2 EGBGB übereinstimmende Kollisionsregel vorsieht, dh auf das der Legitimation günstigere Vater- oder Mutterrecht abstellt, bedarf es des Umwegs über die Regelanknüpfung nach Art 21 Abs 1 S 1 und die Rückverweisung des portugiesischen IPR freilich im Regelfall nicht (vgl zur Gleichrangigkeit der Anknüpfungen in Art 21 Abs 1 S 1 und S 2 o Rn 231 aE; aA BOGLER 165 f).

6. Adoption

a) Grundsatz (Art 22 S 1)

236 Die Annahme als Kind unterliegt nach Art 22 S 1 grundsätzlich dem Recht des Staates, dem der Annehmende bei der Annahme angehört. Die Beachtung einer Rück- oder Weiterverweisung durch das Heimatrecht des Annehmenden entsprach bereits unter Geltung von Art 22 Abs 1 aF der allgM, obwohl die Vorschrift in Art 27 aF nicht erwähnt war (KG 13.7.1959, NJW 1960, 248, 250 m Anm BEITZKE = IPRspr 1958/59 Nr 140; BGH 4.3.1960, StAZ 1960, 207 m Anm GÜNDISCH 310 = IPRspr 1960/61 Nr 128; STAUDINGER/GRAUE[12] Art 27 aF Rn 128); im geltenden Recht folgt dies aus Art 4 Abs 1 (unstreitig, vgl statt aller STAUDINGER/HENRICH[12] Art 22 Rn 13). Ein Ausschluß des Renvoi nach Art 4 Abs 2 scheidet schon deshalb aus, weil es im internationalen Adoptionsrecht – wie im internationalen Kindschaftsrecht allgemein – kein Wahlrecht gibt.

b) Ehegattenadoption (Art 22 S 2)

237 Die Annahme durch einen oder beide Ehegatten unterliegt nach Art 22 S 2 dem Recht, das nach Art 14 Abs 1 für die allgemeinen Wirkungen der Ehe maßgebend ist. Insoweit gelten die für andere akzessorische Anknüpfungen im internationalen Familienrecht entwickelten Regeln entsprechend (dazu o Rn 210 mwN). Auch Art 22 S 2 enthält damit keine Sachnormverweisung auf das materielle Recht, das die Ehewirkungen beherrscht, sondern eine Gesamtverweisung. Verweist Art 14 Abs 1 auf das gemeinsame ausländische Heimat- oder Aufenthaltsrecht der Ehegatten, so sind folglich nicht dessen Kollisionsnormen zum Ehewirkungsstatut, sondern diejenigen zum *Adoptionsstatut* hinsichtlich einer etwaigen Rück- oder Weiterverweisung zu befragen (DÖRNER StAZ 1990, 1, 4 f; PALANDT/HELDRICH Art 22 Rn 2; STAUDINGER/HENRICH[12] Art 22 Rn 14; HEPTING/GAAZ Art 22 Rn 12 f). Die Rechtfertigung ergibt sich auch hier vor allem daraus, daß die Einheitlichkeit des Familienstatuts bereits im deutschen IPR vielfach durchbrochen ist (dazu allg o Rn 93). Auch wenn das Ehewirkungsstatut nach Art 14 Abs 1 Nr 3 (engste Verbindung) ermittelt wird, widerspricht die Beachtung einer Rück- oder Weiterverweisung nicht dem Sinn der Verweisung (vgl allg o Rn 99; zust STAUDINGER/HENRICH[12] Art 22 Rn 16; aA PALANDT/HELDRICH Art 22 Rn 2).

c) Einzelfälle

238 In der deutschen Praxis hat sich das Problem der Rück- und Weiterverweisung im internationalen Adoptionsrecht vor allem im Rechtsverkehr mit Großbritannien, den USA und sonstigen zum Einflußbereich des englischen Rechts gehörigen Staaten gestellt. Die Adoption war nie Bestandteil des Common Law und ist in das englische und amerikanische Recht erst vergleichsweise spät – in England 1926 – durch parlamentarische Gesetze (statutes) eingeführt worden; deshalb gibt es bis heute in Großbritannien und den Einzelstaaten der USA keine einheitlichen Rechtsgrundsätze, sondern in Einzelheiten zT stark voneinander abweichende gesetzliche Regelungen, die in jedem Fall die genaue Ermittlung des von Art 22 S 1 bzw S 2 iVm Art 14 Abs 1 Nr 1 bezeichneten Heimatrechts erforderlich machen. Dies gilt auch und vor allem für die jeweiligen Kollisionsnormen. Diese knüpfen in erster Linie an den Wohnsitz (domicile) des Adoptivelternteils an und machen damit eine Auseinandersetzung mit dem jeweiligen Verständnis des Wohnsitzbegriffs erforderlich; in den USA wird der Begriff vielfach bereits durch das elastischere Kriterium des ständigen Aufenthalts (residence) ersetzt und durch zusätzliche Anknüpfungen an den Wohnsitz und ständigen Aufenthalt des Kindes ergänzt. Schließlich hat die „versteckte" Rückverweisung auf dem Gebiet des Adoptionsrechts neben dem Scheidungsrecht ihre größte praktische Bedeutung.

aa) Rückverweisung auf das Wohnsitzrecht
An den Wohnsitz der Adoptiveltern knüpfte bis zur Mitte der sechziger Jahre vor **239** allem das englische IPR an. In Fällen der Adoption deutscher Kinder durch britische Staatsangehörige unter Mitwirkung deutscher Behörden kam es daher jeweils darauf an, ob die Adoptiveltern auf deutschem Staatsgebiet ein domicile im Sinne des englischen Rechts begründet hatten; dies wurde vor allem bei der Adoption deutscher Kinder durch britische Soldaten in zahlreichen Fällen verneint und eine Bestätigung der nach damaligem Recht zustandegekommenen Adoptionsverträge aus diesem Grunde versagt (vgl LG Lüneburg 15. 12. 1952, MDR 1953, 424 = IPRspr 1952/53 Nr 228; OLG Celle 14. 4. 1954, JZ 1954, 702 = IPRspr 1954/55 Nr 125; AG Bielefeld 19. 3. 1963, StAZ 1965, 80 = IPRspr 1962/ 63 Nr 140; zust NEUHAUS JZ 1954, 703). Diese Rechtsprechung wurde bestätigt durch eine Entscheidung des englischen Court of Appeal, der eine in Südafrika von einem Ehepaar aus Rhodesien vorgenommene Adoption zweier Kinder mit südafrikanischem domicile für ungültig erklärte, weil sie nicht nach dem Wohnsitzrecht der Adoptiveltern zustandegekommen sei (Re Valentine's Settlement [1965] Ch 831 [1965] 2 All E R 226 CA; CHESHIRE/NORTH, PrIntLaw[12] 767 ff). Der Supreme Court of Victoria (Australien) hielt sogar die Adoption eines Kindes durch deutsche Adoptiveltern, die zZ der Adoption ihren Wohnsitz noch in Deutschland hatten, deshalb für ungültig, weil die gerichtliche Bestätigung des Adoptionsvertrages erst erfolgte, nachdem die Beteiligten nach Australien ausgewandert waren und dort ein neues domicile begründet hatten (R v A ex parte W [1955] Victoria L Rev 241; teilw abgedr in RabelsZ 22 [1955] 357). Auf das domicile der Adoptiveltern stellen noch heute verschiedene Rechte der Commonwealth-Staaten ab (vgl zum indischen Recht zuletzt AG Heidelberg 30. 12. 1991, IPRax 1992, 327 m Anm OTTO 309 = IPRspr 1991 Nr 137; dazu OTTO, Indisches Adoptionsrecht und deutsche Praxis, StAZ 1993, 39, 45).

bb) Versteckte Rückverweisung
Die Neigung, eine Rückverweisung anzunehmen und deutsches Recht anzuwenden, **240** war in Fällen der Adoption deutscher Kinder durch *amerikanische* Staatsbürger von vornherein stärker. Sie rechtfertigte sich einerseits durch den elastischeren Charakter des amerikanischen Wohnsitzbegriffs und die Tendenz zahlreicher amerikanischer Einzelstaaten, auch den Wohnsitz des Kindes als zumindest fakultative Anknüpfung genügen zu lassen. Daneben wurde vor allem die Lehre von der „versteckten" Rückverweisung (dazu allg o Rn 72 ff) bemüht, um zur Anwendung deutschen Adoptionsrechts zu gelangen. War also nach dem Zuständigkeitsrecht des jeweiligen US-Bundesstaates ein deutsches Gericht für die Adoption international

zuständig, so wurde daraus eine versteckte Rückverweisung auf die deutschen Sachnormen entnommen (vgl KG 13. 7. 1959, NJW 1960, 248, 250 f m abl Anm BEITZKE = FamRZ 1960, 244 = IPRspr 1958/59 Nr 140 [Pennsylvania]; zust NEUHAUS, Grundbegriffe² 282; GÜNDISCH, Internationale Zuständigkeit und versteckte Rückverweisung bei Adoptionen durch Amerikaner in Deutschland, FamRZ 1961, 352; HANISCH, Die versteckte Rückverweisung im internationalen Familienrecht, NJW 1966, 2085; krit dazu WENGLER, Zur Adoption deutscher Kinder durch amerikanische Staatsangehörige, NJW 1959, 217; BEITZKE, Zuständigkeitsverweisung und versteckte Rückverweisung in Adoptionssachen, RabelsZ 37 [1973] 380, 388). Als Grundlage für eine versteckte Rückverweisung reicht auch eine nur konkurrierende Zuständigkeit aus, sofern einer der möglichen Anknüpfungsorte – etwa der Wohnsitz oder ständige Aufenthalt des Kindes – sich in Deutschland befindet (KG aaO; zust RAAPE/STURM, IPR § 11 IV 1; HANISCH NJW 1966, 2090 f; GÜNDISCH FamRZ 1961, 356; STAUDINGER/HENRICH¹² Art 22 Rn 17 ff; aA BEITZKE NJW 1960, 249 und RabelsZ 37 [1973] 390; STAUDINGER/GRAUE¹² Art 27 aF Rn 134; dazu näher o Rn 78). Nimmt der Heimatstaat des/der Annehmenden hingegen eine *ausschließliche Zuständigkeit* in Anspruch, so scheidet eine versteckte Rückverweisung aus (BayObLG 22. 3. 1957, BayObLGZ 1957, 692 = NJW 1957, 692 = IPRspr 1956/57 Nr 137).

241 Im **deutsch-britischen Rechtsverkehr** gewann die versteckte Rückverweisung vor allem aufgrund der Übernahme des Haager Übereinkommens über die Zuständigkeit der Behörden, das anwendbare Recht und die Anerkennung von Entscheidungen auf dem Gebiet der Annahme an Kindes Statt vom 15. 11. 1965 (Text bei JAYME/HAUSMANN⁸ Nr 33) in die britische Gesetzgebung (Adoption Act 1968; Sec 24 Children Act 1975) an Bedeutung. Für eine „convention adoption" genügt danach, daß die Adoptiveltern Staatsangehörige des Vereinigten Königreichs oder Staatsangehörige eines Vertragsstaates sind und ihren gewöhnlichen Aufenthalt (habitual residence) auf britischem Gebiet oder in einem anderen Vertragsstaat haben; gleiches wird für das Adoptivkind in Sec 24 Abs 4 und 5 Children Act 1975 verlangt. Entsprechend großzügig ist die Anerkennung von „overseas adoptions" und „convention adoptions" geregelt. Zu den erstgenannten gehören Adoptionen in bestimmten Ländern des Commonwealth, in den USA, Israel und Südafrika sowie in allen Ländern Europas mit Ausnahme der ehemals sozialistischen Ostblockstaaten. Von Adoptionen im Rahmen dieser Gruppe unterscheiden sich „convention adoptions" nur dadurch, daß sie in einem Land erfolgt sind, das ebenso wie Großbritannien das Haager Adoptionsübereinkommen ratifiziert hat; bisher sind dies nur Österreich und die Schweiz. Aus den Zuständigkeitsvorschriften des Adoption Act 1968 haben deutsche Gerichte eine versteckte Rückverweisung jedenfalls hinsichtlich der Voraussetzungen und der Durchführung der Adoption entnommen, wobei auch hier eine konkurrierende Zuständigkeit als ausreichend erachtet wurde (LG Wuppertal 8. 7. 1976, FamRZ 1976, 714; KG 19. 11. 1982, OLGZ 1983, 129, 131 f = IPRspr 1982 Nr 108). Teilweise wird aus Art 4 Abs 3 des Adoption Act 1968 auch eine „offene" Rückverweisung auf deutsches Recht abgeleitet, weil diese Vorschrift die Anerkennung von „overseas adoptions" davon abhängig macht, daß das ausländische Gericht sein eigenes Recht angewandt hat (so AG Darmstadt 10. 8. 1979, StAZ 1979 325 m zust Anm JAYME und 15. 5. 1986, ZfJ 1988, 152, 153 = IPRspr 1986 Nr 103 A). Hinsichtlich der *Wirkungen* der Adoption verbleibt es hingegen bei der Maßgeblichkeit britischen Rechts (LG Wuppertal aaO). In ähnlicher Weise wurde auch die Regelung der jurisdiction für Adoptionen in anderen vom englischen Recht beeinflußten Rechtsordnungen als Grundlage für eine versteckte Rückverweisung gewertet (vgl LG Freiburg 13. 10. 1976, DAVorm 1977, 60 = IPRspr 1976 Nr 112 [Nova Scotia]).

cc) **Teilrückverweisung**

Zu einer Teilrückverweisung auf deutsches Recht kommt es nicht selten bei der Adoption deutscher Kinder durch Ausländer, wenn das nach Art 22 S 1 EGBGB berufene Heimatrecht des Annehmenden die *kumulative Anwendung* des Heimatrechts des Kindes vorschreibt. Dies trifft etwa auf das österreichische (§ 26 Abs 1 S 1 IPRG; vgl AG Darmstadt 8. 10. 1985, IPRspr 1985 Nr 111), jugoslawische (AG Landshut 13. 1. 1983, IPRax 1983, 246), rumänische und ungarische Kollisionsrecht zu. Die entsprechende Regelung im italienischen Recht (vgl AG Münster 4. 1. 1985, IPRspr Nr 106; IPG 1982 Nr 28 [Göttingen]) ist im Zuge der IPR-Reform von 1995 auf die Volljährigenadoption beschränkt worden. Gleiches gilt, wenn das ausländische Heimatrecht des Annehmenden eine *gekoppelte Anknüpfung* in dem Sinne vorsieht, daß jeder Beteiligte hinsichtlich der in seiner Person zu erfüllenden Voraussetzungen seinem Heimatrecht untersteht (so zB das griechische und das türkische IPR; dazu näher die Länderübersicht im Anhang). Schließlich kommt eine Teilrückverweisung bei der *Ehegattenadoption* in Betracht, wenn das nach Art 22 S 2 (iVm Art 14 Abs 1 Nr 2) EGBGB zur Anwendung berufene Aufenthaltsrecht der Ehegatten die kumulative Anwendung ihrer beiden Heimatrechte vorschreibt (so zB das österreichische, tschechische und slowakische IPR).

7. Zustimmungserklärungen

Die Erforderlichkeit einer Zustimmung des Kindes und einer Person, zu der das Kind in einem familienrechtlichen Verhältnis steht, zu einer Abstammungserklärung, Namenserteilung, Legitimation oder Annahme als Kind unterliegt gemäß Art 23 S 1 zusätzlich dem Recht des Staates, dem das Kind angehört. Die Vorschrift wird in der deutschen Rechtsprechung und Lehre aufgrund ihres Schutzzwecks zum Teil als *Sachnormverweisung* qualifiziert mit der Folge, daß Rück- oder Weiterverweisungen durch das Heimatrecht des Kindes gemäß Art 3 Abs 1 S 2 nicht beachtet werden (BayObLG 17. 2. 1988, FamRZ 1988, 870 = IPRax 1989, 172 = IPRspr 1988 Nr 111 [Türkei]; LG Bielefeld 3. 5. 1989, FamRZ 1989, 1338 = IPRspr 1989 Nr 149 [Äthiopien]; LG Wuppertal 4. 11. 1992, IPRspr 1992 Nr 154 [Polen]; KROPHOLLER, IPR[2] § 49 IV 2; PALANDT/HELDRICH Art 23 Rn 2). Indessen lassen sich weder aus dem Wortlaut noch aus dem Zweck des Art 23 S 1 hinreichende Argumente für die Qualifikation als Sachnormverweisung entnehmen. Insbesondere scheint es wenig sinnvoll, die in der Vorschrift genannten Statusänderungen an einer fehlenden Zustimmung nach dem Heimatrecht des Kindes scheitern zu lassen, obwohl dieses Recht gar nicht angewandt sein will, sondern hinsichtlich des Zustimmungserfordernisses zB auf deutsches Recht als Legitimations- oder Adoptionsstatut zurückverweist (zutr AG Bielefeld 8. 3. 1988, IPRax 1989, 172 = IPRspr 1988 Nr 220; AG Siegen 15. 1. 1992, IPRax 1992, 259 = IPRspr 1992 Nr 146; JAYME, Kindesrecht und Rückverweisung im internationalen Adoptionsrecht, IPRax 1989, 157; ders, IPRax 1990, 309, 310; vBAR, IPR II Rn 323; OTTO StAZ 1993, 39, 45; STAUDINGER/HENRICH[12] Art 23 Rn 6; MünchKomm/KLINKHARDT Art 23 Rn 6; ERMAN/HOHLOCH Art 23 Rn 4). Denn Art 23 zielt darauf ab, hinkende Kindschaftsverhältnisse, die im Heimatstaat des Kindes nicht anerkannt werden, zu vermeiden. Diese Gefahr besteht aber nicht, wenn das von Art 23 berufene Recht ausdrücklich auf deutsches Recht zurückverweist (zutr HOHNERLEIN IPRax 1994, 197). Die Gegenmeinung ist daher auch häufig darauf angewiesen, zur Erzielung vernünftiger Ergebnisse auf deutsches Recht nach Art 23 S 2 auszuweichen (vgl BayObLG aaO).

VI. Vormundschaftsrecht

1. Grundsatz

244 Bezüglich der Entstehung, Änderung und Beendigung einer Vormundschaft, Betreuung oder Pflegschaft sowie des Inhalts der gesetzlichen Vormundschaft und Pflegschaft verweist Art 24 Abs 1 auf das Heimatrecht des Mündels, Betreuten oder Pfleglings. Eine Rück- oder Weiterverweisung dieses Rechts ist nach dem Grundsatz des Art 4 Abs 1 zu beachten (PALANDT/HELDRICH Art 24 Rn 1; MünchKomm/KLINKHARDT Art 24 Rn 18; STAUDINGER/KROPHOLLER[12] Art 24 Rn 58 ff; ebenso schon zu Art 23 aF BayObLG 15. 2. 1962, BayObLGZ 1963, 35, 44 = FamRZ 1964, 469 m Anm LINDACHER 647 = IPRspr 1962/63 Nr 142 [Österreich]; 31. 5. 1966, BayObLGZ 1966, 203, 210 = FamRZ 1968, 105 = IPRspr 1966 Nr 146). Auch soweit in Art 24 Abs 2 die Voraussetzungen für die Anordnung einer Pflegschaft wegen des Auslandsaufenthalts eines Beteiligten – abweichend von Abs. 1 S 1 – dem Recht unterstellt werden, das für die Angelegenheit maßgebend ist, kann sich eine Rück- oder Weiterverweisung im Rahmen der Ermittlung des für die jeweilige Angelegenheit maßgebenden Rechts mittelbar auch auf das Pflegschaftsstatut auswirken (PALANDT/HELDRICH aaO; STAUDINGER/KROPHOLLER[12] Art 24 Rn 62.) Einen Überblick über die Anknüpfung der Vormundschaft und Pflegschaft in ausländischen Rechten geben STAUDINGER/KROPHOLLER[12] Art 24 Rn 63–84.

2. Vorrang von Staatsverträgen

245 Die Kollisionsregeln des Art 24 werden allerdings in weitem Umfang durch staatsvertragliche Sonderregelungen verdrängt. So begründet das **Haager Vormundschaftsabkommen** vom 12. 6. 1902 (Text bei JAYME/HAUSMANN[8] Nr 34) für die Anordnung einer Vormundschaft eine einheitliche Anknüpfung an das Heimatrecht des Minderjährigen (Art 1), die als bloße Sachnormverweisung aufgefaßt wird und deshalb Rück- oder Weiterverweisung ausschließt (STAUDINGER/KROPHOLLER[12] Vorbem 14 zu Art 24; dazu o Rn 117). Da das Abkommen seit Inkrafttreten des Haager Minderjährigenschutzabkommens vom 5. 10. 1961 gemäß dessen Art 18 im Verhältnis der Vertragsstaaten dieses Übereinkommens zueinander nicht mehr anwendbar ist, gilt es heute nur noch im Verhältnis zu Belgien (Bek vom 14. 2. 1955, BGBl II 188).

246 Die Bestellung eines Vormunds oder Pflegers ist eine typische Schutzmaßnahme iSv Art 1 des **Haager Minderjährigenschutzabkommens** vom 5. 10. 1961 (PALANDT/HELDRICH Anh zu Art 24 Rn 13 mwN). Die von den nach Art 1 MSA zuständigen Behörden zu treffenden Maßnahmen sind den Vorschriften des innerstaatlichen Rechts zu entnehmen (Art 2 Abs 1 MSA). Damit entfallen Rück- und Weiterverweisung (STAUDINGER/KROPOLLER [1994] Vorbem 251 zu Art 19; dazu o Rn 128 mwN). Gleiches gilt für die Anknüpfung eines nach dem Heimatrecht des Minderjährigen etwa bestehenden gesetzlichen Gewaltverhältnisses (Art 3 MSA); auch insoweit schließt die ausdrückliche Verweisung auf das innerstaatliche Recht die Rück- oder Weiterverweisung aus (STAUDINGER/KROPHOLLER [1994] Vorbem 298 ff vor Art 19; dazu näher o Rn 129 mwN).

247 Im Verhältnis zu Österreich ist schließlich das **deutsch-österreichische Vormundschafts-**

abkommen vom 5. 2. 1927 (Text bei JAYME/HAUSMANN[8] Nr 36) zu beachten. Auch bei den Verweisungen in Art 4 Abs 1 und 2 dieses Abkommens auf das Heimatrecht des Mündels bzw das Recht des Staates, in dem die Vormundschaft geführt wird, handelt es sich um Sachnormverweisungen.

VII. Erbrecht

Häufiger als in allen anderen Rechtsgebieten treten Rück- und Weiterverweisung im internationalen Erbrecht auf (vgl STAUDINGER/DÖRNER [1995] Art 25 Rn 621 ff; SOERGEL/ KEGEL[11] vor Art 24 aF Rn 91 ff; MünchKomm/BIRK Art 25 Rn 82 ff). Es waren durchwegs Erbrechtsfälle, in denen der Renvoi von französischen, englischen, deutschen und amerikanischen Gerichten als Problem entdeckt wurde. **248**

1. Erbfolge

a) Grundsätze
aa) Rückverweisung

Die Rechtsnachfolge von Todes wegen unterliegt nach Art 25 Abs 1 EGBGB dem Recht des Staates, dem der Erblasser im Zeitpunkt seines Todes angehörte. Zu einem Renvoi kommt es daher immer dann, wenn das von der deutschen Kollisionsnorm berufene ausländische Erbstatut andere Anknüpfungskriterien als die nach Art 25 Abs 1 maßgebende Staatsangehörigkeit des Erblassers verwendet. Verweist das ausländische Erbstatut auf das deutsche Recht – zB als Wohnsitz- oder Belegenheitsrecht – zurück, so ist dies gem Art 4 Abs 1 S 2 als eine Rückverweisung auf das deutsche materielle Erbrecht aufzufassen; dies gilt unabhängig davon, wie das ausländische Kollisionsrecht die Verweisung versteht (vgl MünchKomm/BIRK Art 25 Rn 85 ff; STAUDINGER/DÖRNER [1995] Art 25 Rn 638). Die Rückverweisung wird mithin auch dann abgebrochen, wenn das Heimatrecht des Erblassers ebenfalls vom Grundsatz der Gesamtverweisung ausgeht und die Verweisung in Art 25 Abs 1 seinerseits als Rückverweisung behandelt. War also der Erblasser Franzose und hatte er einen letzten Wohnsitz und/oder Grundvermögen in der Bundesrepublik Deutschland, so ist auf sein bewegliches und/oder unbewegliches Nachlaßvermögen wegen Art 4 Abs 1 S 2 deutsches Recht anzuwenden, obwohl ein französischer Richter unter diesen Voraussetzungen französisches Erbrecht anwenden würde. Denn für eine Anwendung der „foreign court"-Theorie ist im geltenden deutschen Recht kein Raum mehr (s o Rn 49 f). **249**

bb) Teilverweisung

Noch wesentlich häufiger als im internationalen Güterrecht (dazu o Rn 176 f) sehen ausländische Kollisionsrechte im internationalen Erbrecht eine unterschiedliche Anknüpfung für das bewegliche und das unbewegliche Vermögen des Erblassers vor. Während das unbewegliche Vermögen nach der lex rei sitae vererbt wird, kann der bewegliche Nachlaß entweder dem Heimatrecht oder dem Recht des letzten Domizils bzw Wohnsitzes des Erblassers unterworfen sein (dazu näher u Rn 259 ff). In diesen Fällen der *Nachlaßspaltung* nach dem von Art 25 Abs 1 zur Anwendung berufenen ausländischen Kollisionsrecht kommt es zu einer teilweisen Rückverweisung auf deutsches Recht, wenn der mit Wohnsitz im Ausland verstorbene Erblasser Grundstücke im Inland hinterlassen hat; gleiches gilt, wenn der Erblasser zwar seinen letzten Wohnsitz im Inland hatte, aber Immobilien in seinem Heimatstaat (oder **250** einem Drittstaat) zum Nachlaß gehören. Auch eine solche teilweise Rückverweisung auf deutsches Erbrecht ist nach dem Grundsatz des Art 4 Abs 1 zu beachten (vgl zu Art 27 aF BGH 5.6.1957, BGHZ 24, 352 = NJW 1957, 1316 = IPRspr 1956/57 Nr 146; BayObLG 6.11.1967, BayObLGZ 1967, 418, 424 = IPRspr 1966/67 Nr 181); sie widerspricht wegen der zahlreichen Durchbrechungen des Prinzips der Nachlaßeinheit (vgl Art 3 Abs 3, 25 Abs 2 EGBGB) auch nicht dem Sinn der Verweisung in Art 25 Abs 1 (OLG Köln 24.2.1992, FamRZ 1992, 860 = IPRax 1994, 376 m Anm Dörner 362 = IPRspr 1992 Nr 158; Siehr IPRax 1987, 4, 5; Palandt/Heldrich Art 25 Rn 2; Firsching/vHoffmann, IPR § 9 Rn 8; Münch-Komm/Birk Art 25 Rn 84 mwN; zur Behandlung im Erbscheinverfahren s u Rn 275). Der Nachlaß wird in diesen Fällen nach mehreren Rechtsordnungen unabhängig voneinander vererbt. Dabei ist jeder durch die Spaltung entstandene Nachlaßteil grundsätzlich als *selbständig* zu behandeln. Der in Deutschland belegene (Teil-)Nachlaß ist mithin so anzusehen, als ob er den gesamten Nachlaß bilden würde (zB auch hinsichtlich etwaiger Pflichtteilsrechte; vgl BGH aaO; Staudinger/Dörner [1995] Art 25 Rn 646). Soweit dabei Spannungen zwischen den nebeneinander anwendbaren Erbrechten auftreten, müssen diese durch das deutsche Kollisionsrecht gelöst oder abgemildert werden (zu den Möglichkeiten einer Angleichung eingehend Staudinger/Dörner aaO Rn 733 ff).

251 Die Nachlaßspaltung kraft Teilverweisung ist zu unterscheiden von der Nachlaßspaltung, die infolge einer auf das inländische Grundvermögen beschränkten *Rechtswahl* nach Art 25 Abs 2 (dazu u Rn 269) oder aufgrund **besonderer Vorschriften des Belegenheitsstaats** eintritt, die nach Art 3 Abs 3 Vorrang vor der Anknüpfung des Erbstatuts nach Art 25 Abs 1 haben (dazu Art 3 Rn 40 ff). Für das Verhältnis von Art 4 Abs 1 zu Art 3 Abs 3 gilt, daß die letztgenannte Vorschrift nur auf Gegenstände anzuwenden ist, die sich außerhalb des Staates befinden, dessen Recht aufgrund der allgemeinen erbrechtlichen Kollisionsnormen die Rechtsnachfolge von Todes wegen beherrscht. Welches Recht als Erbstatut maßgibt, ist mit Hilfe der Art 25 Abs 1 und 4 Abs 1 zu ermitteln. Eine Rück- oder Weiterverweisung des hiernach zur Anwendung berufenen ausländischen Erbstatuts ist also auch im Rahmen von Art 3 Abs 3 zu beachten (Kegel, IPR[7] § 12 II 2a; MünchKomm/Sonnenberger Art 3 Rn 25). Damit ist Art 4 Abs 1 S 1 vorrangig: Soweit bereits eine (partielle) Weiterverweisung zum Recht des Lageorts führt, kommt eine Anwendung des Art 3 Abs 3 nicht in Betracht (Dörner IPRax 1994, 362, 364; dazu näher Art 3 Rn 67).

252 Von der teilweisen Rückverweisung im Rahmen der Bestimmung des Erbstatuts zu unterscheiden ist auch die Rückverweisung hinsichtlich einer gesondert anzuknüpfenden **Teilfrage**, die anläßlich der Beurteilung eines internationalen Erbfalls zu entscheiden ist. So kann etwa die Rück- oder Weiterverweisung hinsichtlich der Testierfähigkeit des Erblassers zu beachten sein, wenn das ausländische Heimatrecht des Erblassers die Verweisung durch Art 25 Abs 1 EGBGB für die Bestimmung des Erbstatuts annimmt, die Testierfähigkeit aber kraft abweichender Qualifikation nach deutschem Recht oder dem Recht eines dritten Staates beurteilt (MünchKomm/Birk Art 25 Rn 92; dazu näher u Rn 277).

cc) **Weiterverweisung**

253 Verweist das vom deutschen Kollisionsrecht berufene ausländische Erbstatut in vollem Umfang oder auch nur teilweise – zB nur hinsichtlich des unbeweglichen Vermögens – auf eine dritte Rechtsordnung, so ist diese Weiterverweisung nach

Art 4 Abs 1 S 1 ebenfalls zu befolgen (MünchKomm/BIRK Art 25 Rn 93; ebenso bereits zu Art 27 aF RG 8.11.1917, RGZ 91, 139; BGH 2.5.1966, BGHZ 45, 351 = NJW 1966, 2270 = IPRspr 1966/67 Nr 3). Aus Art 4 Abs 1 läßt sich freilich nicht entnehmen, ob die Weiterverweisung durch das Erbstatut als Gesamtverweisung oder als Sachnormverweisung aufzufassen ist. Hierüber entscheidet vielmehr das von Art 25 Abs 1 bestimmte Erbstatut; damit gilt insoweit die „foreign court"-Theorie (KEGEL, IPR[7] § 10 IV 3; MünchKomm/BIRK Art 25 Rn 94). Spricht das Heimatrecht des Erblassers eine *Sachnormverweisung* auf das Recht eines dritten Staates aus, so ist diese auch für den deutschen Richter verbindlich. Handelt es sich bei der vom Erbstatut ausgesprochenen Weiterverweisung hingegen um eine *Gesamtverweisung*, so ist zu unterscheiden: Nimmt das Kollisionsrecht des Drittstaates die Verweisung durch das Heimatrecht des Erblassers an, so wird diese Anordnung befolgt; anwendbar ist dann das materielle Erbrecht des Drittstaates (OLG Köln 24.2.1992, FamRZ 1992, 860 = IPRax 1994, 376 m Anm DÖRNER 364: Weiterverweisung des belgischen Heimatrechts des Erblassers auf französisches Belegenheitsrecht wird vom französischen IPR angenommen). Verweist das IPR des Drittstaates seinerseits auf das Erbstatut zurück oder auf deutsches Recht weiter, so wird diese Rück- bzw Weiterverweisung in (unmittelbarer oder entsprechender) Anwendung von Art 4 Abs 1 S 2 abgebrochen (vgl BayObLG 15.12.1972, BayObLGZ 1972, 383 = IPRspr 1972 Nr 128: Weiterverweisung des südafrikanischen Heimatrechts des Erblassers auf schweizerisches Domizilrecht und erneute Weiterverweisung auf deutsches Recht als Wohnsitzrecht des Erblassers zur Zeit der Errichtung des Erbvertrages; LG Bochum 21.5.1959, IPRspr 1958/59 Nr 147: Weiterverweisung des belgischen Heimatrechts des Erblassers auf schweizerisches Wohnsitzrecht, das seinerseits auf belgisches Recht zurückverweist). Die – seltene – Weiterverweisung auf ein viertes Recht ist hingegen grundsätzlich zu befolgen (vgl dazu allg o Rn 51 ff mwN; **aA** STAUDINGER/DÖRNER [1995] Art 25 Rn 641).

b)   Einzelfälle
Rück- und Weiterverweisung scheiden aus, soweit das ausländische Erbstatut ebenfalls vom Grundsatz der Nachlaßeinheit ausgeht und in Übereinstimmung mit Art 25 Abs 1 an die Staatsangehörigkeit des Erblassers im Zeitpunkt seines Todes anknüpft. Dies gilt etwa für das griechische, das schwedische und finnische Recht, sowie für zahlreiche romanische Rechte (zB Italien, Spanien und Portugal). Auch das niederländische Recht knüpft die Erbfolge heute – entgegen der älteren Praxis – einheitlich an das Heimatrecht des Erblassers im Zeitpunkt seines Todes an. Gleiches gilt für die meisten osteuropäischen Rechte (zB Albanien, Bulgarien, Jugoslawien, Polen, Tschechische und Slowakische Republik, Ungarn), sowie zahlreiche Rechtsordnungen des Nahen Ostens (zB Ägypten, Algerien, Irak, Iran, Jordanien, Libyen, Syrien) und des fernen Ostens (zB Republik China, Japan, Korea, Thailand) (zu den Einzelheiten siehe die Länderübersicht im Anhang, sowie STAUDINGER/DÖRNER [1995] Anh zu Art 25 f).

aa)   Rückverweisung auf das Wohnsitzrecht
Auf dem Wohnsitzprinzip beruht das internationale Erbrecht namentlich in *Dänemark* und *Norwegen*. Beide Rechte haben aus den Gesetzbüchern Christians V. (Danske Lov 1683, Norske Lov 1687) eine auf den letzten Wohnsitz des Erblassers hinweisende Kollisionsnorm entwickelt (PHILIP, IPR 275; GJELSVIK, IPR 82). Die dortige Praxis unterwirft demgemäß die Nachlässe inländischer Erblasser, die mit letztem Wohnsitz im Ausland verstorben sind, dem Wohnsitzrecht und nimmt nicht einmal eine Rückverweisung durch das Wohnsitzrecht an. Hierdurch wird im Verhältnis

zum deutschen Recht der Entscheidungseinklang ermöglicht (PHILIP, IPR 50; GJELSVIK, IPR 83; GAARDER, IPR 79).

256 Auch das **israelische** Erbgesetz von 1965 stellt grundsätzlich auf den letzten Wohnsitz ab (Succession Act 5725/1965, Sec 137). Dies soll allerdings nicht für Vermögensgegenstände gelten, die nach dem Recht des Belegenheitsstaates nur gemäß dessen Recht vererbt werden (Sec 138). Diese Vorschrift entzieht der Anwendung des Wohnsitzrechts jedoch nur die einem ausländischen Belegenheitsstatut zwingend unterworfenen Gegenstände und entspricht insoweit dem Rechtsgedanken des Art 3 Abs 3 EGBGB (FERID/FIRSCHING/STRAUSS Israel Grdz Rn 35). Zwar wird eine Rückverweisung des ausländischen Wohnsitzrechts von israelischen Gerichten beachtet, während die Weiterverweisung auf ein drittes Recht nicht berücksichtigt wird (Sec 142); ein mit letztem Wohnsitz in Deutschland verstorbener Israeli wird daher aus israelischer Sicht kraft Rückverweisung durch das deutsche IPR (Art 25 Abs 1 EGBGB) nach israelischem Recht beerbt. Für den deutschen Richter ist ein etwaiger Anspruch des israelischen Rechts, Nachlässe der mit ausländischem Wohnsitz verstorbenen Israelis zu regeln, solange der Wohnsitzstaat nicht sein eigenes Recht durchsetzen will (vgl dazu FERID/FIRSCHING/STRAUSS Rn 36; WENGLER JR 1966, 401), hingegen unbeachtlich. Er hat vielmehr aufgrund der Rückverweisung durch Sec 137 des israelischen Erbgesetzes gemäß Art 4 Abs 1 S 2 deutsches materielles Erbrecht anzuwenden; für einen „renvoi double" ist nach geltendem Recht kein Raum mehr (KEGEL, IPR[7] § 10 III 3; ebenso öst OGH 14.5.1992, IPRax 1993, 188 m zust Anm SCHWIND 196; **aA** noch BayObLG 12.6.1976, BayObLGZ 1976, 151, 160 = NJW 1976, 2076 = IPRspr 1976 Nr 115; STAUDINGER/GRAUE[12] Art 27 aF Rn 149).

257 Auf dem Wohnsitzprinzip beruht auch das **schweizerische** internationale Erbrecht. Vorbehaltlich einer in engen Grenzen zulässigen Rechtswahl untersteht der Nachlaß eines Erblassers, der mit letztem Wohnsitz in der Schweiz verstorben ist, dem schweizerischen Recht (Art 90 Abs 1 IPRG). Demgegenüber wird der Nachlaß einer Person, die mit letztem Wohnsitz im Ausland verstorben ist, in Art 91 Abs 1 IPRG demjenigen Recht unterworfen, auf welches das Kollisionsrecht des Wohnsitzstaates verweist. Die Auslegung dieser Vorschrift ist zwar in der schweizerischen Literatur streitig; die besseren Argumente sprechen jedoch dafür, daß der schweizerische Gesetzgeber durch die gewählte Formulierung die Wirkung eines Renvoi als Sachnorm- oder Gesamtverweisung dem Kollisionsrecht des ausländischen Wohnsitzstaates iS der englischen „foreign court-theory" überlassen wollte. Ist ein Schweizer Erblasser mit letztem Wohnsitz in der Bundesrepublik Deutschland verstorben, so bezieht sich die (Rück-)Verweisung in Art 91 Abs 1 IPRG daher nicht nur auf Art 25 Abs 1, sondern auch auf Art 4 Abs 1 EGBGB. Da der schweizerische Richter somit das Erbstatut nach einem im Ausland verstorbenen Schweizer gemäß Art 91 Abs 1 IPRG ebenso zu bestimmen hat wie der Richter im Wohnsitzstaat des Erblassers, wird ein mit letztem Wohnsitz in Deutschland verstorbener Schweizer kraft Rückverweisung des schweizerischen IPR nach deutschem Recht beerbt (KRZYWON BWNotZ 1989, 153, 156 ff; dazu näher im Anh Rn 276).

258 Die Wohnsitzanknüpfung herrscht schließlich auch im **russischen Recht** (dazu Anh Rn 364), sowie in einigen **südamerikanischen** Rechtsordnungen. So unterwirft das *brasilianische* Einführungsgesetz von 1942 zum Zivilgesetzbuch von 1916 den gesamten Nachlaß dem Recht am letzten Wohnsitz des Erblassers (Art 10). Gleiches gilt für das *peruanische* Recht (Art 2100 Cc), sowie im Grundsatz auch für das *chilenische* Kollisionsrecht (Art 955 Cc), für letzteres freilich mit der Einschränkung, daß inländische Staatsangehörige auch dann nach chilenischem Recht erben, wenn der Erblasser mit letztem Wohnsitz im Ausland verstorben ist (dazu Anh Rn 415).

Während in den zuvor genannten Rechtsordnungen das Wohnsitzprinzip ohne Rücksicht auf die Belegenheit der einzelnen Nachlaßgegenstände gilt (*Grundsatz der Nachlaßeinheit*), beschränken zahlreiche andere Rechtsordnungen die Wohnsitzanknüpfung auf das bewegliche Nachlaßvermögen, während der Immobiliarnachlaß der jeweiligen lex rei sitae unterworfen wird. Dieser **Grundsatz der Nachlaßspaltung** gilt insbesondere im *englischen* Recht sowie in den vom englischen Recht beeinflußten Ländern des Commonwealth (Lord RUSSEL in re Berchtold, [1923] 1 Ch 692: „... when a conflict of law arises on the death of an intestate, the devolution of his immovables is governed by the lex situs, the devolution of his movables by the lex domicilii"). Verstirbt ein englischer Staatsangehöriger daher mit letztem domicile in der Bundesrepublik Deutschland, so wird er hinsichtlich seines beweglichen Vermögens kraft Rückverweisung durch das englische IPR nach deutschem Recht beerbt (BayObLG 3. 1. 1967, BayObLGZ 1967, 1, 4 ff = IPRspr 1966/67 Nr 175: Nachlaß eines Staatenlosen; 30. 9. 1982, BayObLGZ 1982, 331, 336 = IPRspr 1982 Nr 119; 5. 5. 1988, FamRZ 1988, 1100, 1101 = IPRspr 1988 Nr 132).

Diese Grundsätze des englischen Kollisionsrecht wurden auch in den meisten **Einzelstaaten der USA** übernommen. Demgemäß beurteilt sich auch die Beerbung amerikanischer Staatsangehöriger, die vor ihrem Tode ein Wahldomizil in Deutschland begründet hatten, hinsichtlich ihres beweglichen Vermögens kraft Rückverweisung nach deutschem Recht (RG 23. 10. 1911, JW 1912, 22 [New York]; BGH 15. 4. 1959, NJW 1959, 1317 = RabelsZ 25 [1960] 313 m Anm KNAUER = IPRspr 1958/59 Nr 49 [New York]; BayObLG 7. 2. 1958, BayObLGZ 1958, 34 = IPRspr 1957/58 Nr 143 [Kalifornien]; 6. 11. 1967, BayObLGZ 1967, 418, 424 = IPRspr 1966/67 Nr 146 [Kentucky]; 27. 5. 1974, BayObLGZ 1974, 223, 225 = IPRspr 1974 Nr 131 [Wisconsin]; 21. 2. 1975, BayObLGZ 1975, 86, 88 = NJW 1975, 1075 = IPRspr 1975 Nr 115 und 27. 10. 1983, Rpfl 1984, 66 = IPRspr 1983 Nr 118 [New York]). Vor Annahme einer Rückverweisung ist freilich jeweils sorgfältig zu prüfen, ob der Erblasser nach Maßgabe des jeweiligen einzelstaatlichen Rechts ein domicile of choice in Deutschland wirksam begründet hatte (BayObLGZ 1975, 86, 89 mwN).

Auch das **französische, belgische und luxemburgische Recht** unterscheidet zwischen unbeweglichem Vermögen (immeubles) und beweglichem Vermögen (meubles) und unterwirft den beweglichen Nachlaß dem Recht am letzten Wohnsitz des Erblassers (dernier domicile du défunt, vgl für Frankreich Cass civ 19. 6. 1939 D P 1939. 1. 97; BATIFFOL/ LAGARDE, DIP II⁶ n 636; für Belgien Cass 28. 3. 1952, Pas 1952 I 483; RIGAUX/FALLON, DIP II⁴ n 1458 ff). Dementsprechend nehmen deutsche Gerichte eine Rückverweisung der französischen bzw belgischen Kollisionsnormen auf deutsches Wohnsitzrecht bzgl des beweglichen Nachlasses an (vgl für Frankreich BayObLG. 3. 4. 1990, NJW-RR 1990, 1033 = FamRZ 1990, 1123 = IPRspr 1990 Nr 144; LG München 1. 8. 1989, Rpfleger 1990, 167 m Anm S LORENZ = IPRspr 1989 Nr 165; MEZGER JZ 1956, 303; für Belgien OLG Hamm 21. 7. 1954, NJW 1954, 1731 = IPRspr 1954/55 Nr 206; OLG Köln 19. 2. 1986, NJW 1986, 2199 = IPRspr 1986 Nr 110 und 24. 2. 1992, FamRZ 1992, 860, 861 = IPRax 1994, 376 m Anm DÖRNER 364 = IPRspr 1992 Nr 158).

Eine auf den beweglichen Nachlaß beschränkte Anknüpfung an den letzten Wohnsitz des Erblassers kennen ferner einige **südamerikanische Rechte**. So erklärt der *argentinische* Código Civil von 1869 zwar ausdrücklich den letzten Wohnsitz des Erblassers ohne Rücksicht auf dessen Staatsangehörigkeit für maßgeblich (Art 3283). Die für inländische Grundstücke und Mobilien mit festem Lageort geltende Bindung an das Belegenheitsrecht (Art 10 und 11 Cc) bleibt jedoch nach der argentinischen Gerichtspraxis auch beim Erbfall erhalten (dazu näher Anh Rn 391 mwN). Eine Rück- oder Weiterverweisung kommt demnach in Betracht, wenn ein argentinischer Staatsangehöriger mit letztem Wohnsitz außerhalb Argentiniens verstorben ist. Sie erstreckt sich aber nicht auf den in Argentinien belegenen Grundbesitz. Eine ähnliche Regelung gilt auch im *kolumbianischen* Kollisionsrecht (Art 1012 Cc; dazu Anh Rn 420).

bb) **Rückverweisung auf die lex rei sitae**

263 Eine generelle Anknüpfung an das Belegenheitsrecht ist im internationalen Erbrecht selten. Sie gilt etwa im Kollisionsrecht von *Uruguay* (Art 2400 Cc: „Ley del lugar della situación de los bienes hereditarios al tiempo del falicimiento de la persona de cuya sucesión se trate, rige lo relativo a la sucesión legitima o testamentaria"), sowie im Recht von *Venezuela* (dazu Anh Rn 463) und zahlreicher *mexikanischer* Einzelstaaten (vgl etwa OLG Hamburg 26.5.1981, IPRax 1982, 252 = IPRspr 1981 Nr 131 [Jalisco]; dazu näher Anh Rn 431).

264 Sehr viel häufiger ist die **auf den Immobiliarnachlaß beschränkte Anknüpfung** an die lex rei sitae. Sie gilt – wie bereits erwähnt – im Kollisionsrecht *Englands* und der *US-amerikanischen Einzelstaaten*. Hat ein englischer oder amerikanischer Erblasser daher ein Grundstück oder sonstiges Immobiliarvermögen in der Bundesrepublik Deutschland hinterlassen, so bestimmt sich die Erbfolge in diesen Nachlaß kraft (Teil-) Rückverweisung nach deutschem Recht (vgl für England OLG Frankfurt 2.7.1953, NJW 1954, 111 = RabelsZ 19 [1954] 554 m Anm NEUHAUS = IPRspr 1952/53 Nr 238; BayObLG 30.9.1982, BayObLGZ 1982, 331, 336 = IPRspr 1982 Nr 119; 27.10.1983, DNotZ 1984, 86 = IPRspr 1983 Nr 117; 5.5.1988, FamRZ 1988, 1100, 1101 = IPRspr 1988 Nr 132; für Kanada BGH 29.3.1972, NJW 1972, 1001 = IPRspr 1972 Nr 124 [Ontario]; für die USA BGH 5.6.1957, BGHZ 24, 353 = NJW 1957, 1316 = IPRspr 1956/57 Nr 146 [Kalifornien]; 20.3.1967, FamRZ 1967, 473 = IPRspr 1966/67 Nr 177 [Illinois]; BayObLG 27.5.1974, BayObLGZ 1974, 223, 225 = IPRspr 1974 Nr 131 [Wisconsin]; 21.2.1975, BayObLGZ 1975, 86, 88 = IPRspr 1975 Nr 115 [New York]; 1.2.1980, BayObLGZ 1980, 42, 46 = IPRax 1982, 111 m Anm FIRSCHING 111 = IPRspr 1980 Nr 124 [New Jersey]; OLG Dresden 6.5.1930, IPRspr 1931 Nr 95 [New Jersey]; OLG Frankfurt 29.12.1962, IPRspr 1962/63 Nr 146 [Missouri]). Da das Kollisionsrecht der genannten Staaten auch bezüglich des Güterstatuts auf die lex rei sitae verweist (s o Rn 176), kommt insoweit die Erhöhung des gesetzlichen Ehegattenerbrechts nach § 1371 BGB zur Anwendung (vgl OLG Karlsruhe 29.6.1989, NJW 1990, 1420, 1421 = IPRax 1990, 407 m Anm SCHURIG 389 = IPRspr 1989 Nr 164 [Texas]). Die Qualifikation eines Nachlaßgegenstandes als „immovable" überläßt das Recht der genannten Staaten des anglo-amerikanischen Rechtskreises dabei dem Belegenheitsrecht (s o Rn 65 ff).

265 Im **französischen, belgischen und luxemburgischen** Recht unterwirft die bereits im ursprünglichen Code Civil enthaltene Kollisionsnorm des Art 3 Abs 2 alle im Inland belegenen Grundstücke dem inländischen Recht („Les immeubles, même ceux possédés par des étrangers, sont régis par la loi française"). Da die Vorschrift in den genannten Rechten als allseitige Kollisionsnorm interpretiert wird, nehmen deutsche

Gerichte eine Rückverweisung auf deutsches Belegenheitsrecht an, wenn zum Nachlaß inländische Grundstücke gehören (für Frankreich RG 27. 11. 1911, RGZ 78, 48; OLG Köln 3. 12. 1954, NJW 1955, 755 = IPRspr 1954/55 Nr 132; OLG Saarbrücken 16. 12. 1966, NJW 1967, 732, 733 m zust Anm MEZGER = IPRspr 1966/67 Nr 174; für Belgien OLG Köln 19. 2. 1986, NJW 1986, 2199 = IPRspr 1986 Nr 110). Entsprechend geht man von einer Weiterverweisung auf ein drittstaatliches Belegenheitsrecht aus (BGH 2. 5. 1966, BGHZ 45, 351, 352 = WM 1966, 1014 = IPRspr 1966/67 Nr 3: Weiterverweisung des belgischen Heimatrechts auf österreichisches Belegenheitsrecht; OLG Köln 24. 2. 1992, FamRZ 1992, 860 = IPRax 1994, 376 m Anm DÖRNER 364: Weiterverweisung des belgischen Heimatrechts auf französisches Belegenheitsrecht).

Der Grundsatz der Nachlaßspaltung gilt weiterhin im **rumänischen Recht**. Danach **266** unterliegt nicht nur die Erbfolge in Grundstücke, sondern auch in das „Geschäftsvermögen" des Erblassers der jeweiligen lex rei sitae, während der bewegliche Nachlaß nach dem Heimatrecht vererbt wird (dazu Anh Rn 354). Das **türkische** IPR beschränkt die Geltung der lex rei sitae auf den in der Türkei belegenen Immobiliarnachlaß, während ausländische Grundstücke ebenso wie bewegliches Vermögen nach dem Heimatrecht des Erblassers vererbt werden (dazu Anh Rn 297). Auch zahlreiche **südamerikanische** Rechtsordnungen unterwerfen die Erbfolge in den unbeweglichen Nachlaß der lex rei sitae, während die Erbfolge in den beweglichen Nachlaß dem Wohnsitzprinzip folgt (zB Argentinien, Kolumbien; dazu Anh Rn 391, 420).

Auch in **Österreich** unterschied eine ursprünglich interlokal gemeinte Kollisionsnorm **267** zwischen beweglichem und unbeweglichem Vermögen (§ 300 ABGB: „Unbewegliche Sachen sind den Gesetzen des Bezirks unterworfen, in welchem sie liegen; alle übrigen Sachen hingegen stehen mit der Person ihres Eigentümers unter gleichen Gesetzen"). Demnach kam es im Erbrecht zur Nachlaßspaltung: Unbewegliche Sachen wurden nach dem Recht des Lageorts vererbt, während sich die Erbfolge in das sonstige Vermögen nach dem Heimatrecht des Erblassers zum Zeitpunkt seines Todes richtete (OGH 4. 5. 1972, ZfRvgl 14 [1973] 139; OGH 1973, ÖNotZ 1974, 90). Deutsche Gerichte faßten dies, wenn ein Nachlaßgrundstück in Deutschland belegen war, als Rückverweisung auf deutsches Recht auf (RG 31. 5. 1906, RGZ 63, 356; 357; BGH 26. 4. 1976, ZfRvgl 18 [1977] 133 m krit Anm BEITZKE = IPRspr 1976 Nr 15; BayObLG 15. 2. 1971, BayObLGZ 1971, 34, 37 f = ZfRvgl 12 [1971] 124 m Anm KRALIK = FamRZ 1971, 179 m Anm GAMILLSCHEG = IPRspr 1971 Nr 51; 10. 4. 1975, BayObLGZ 1975, 153, 155 = ZfRvgl 16 [1975] m Anm HOYER = IPRspr 1975 Nr 52; OLG Frankfurt 30. 9. 1975, OLGZ 1977, 180 f = IPRspr 1975 Nr 213A; KG 4. 3. 1977, IPRspr 1977 Nr 186). Die Abgrenzung zwischen unbeweglichem und beweglichem Vermögen wurde dem österreichischen Heimatrecht des Erblassers überlassen (RG 5. 7. 1934, RGZ 145, 85; BGH 17. 4. 1980, NJW 1980, 2016, 2017 m Anm SAMTLEBEN 2645 = IPRax 1981, 25 m Anm FIRSCHING 14 = IPRspr 1980 Nr 126).

Seit Erlaß des österreichischen **IPR-Gesetzes vom 15. 6. 1978** gilt die Nachlaßspaltung **268** als überwunden, denn § 28 Abs 1 IPRG unterstellt die Rechtsnachfolge von Todes wegen dem Personalstatut des Erblassers zum Zeitpunkt seines Todes; Personalstatut einer natürlichen Person ist das Recht des Staates, dem sie angehört (§ 9 Abs 1 S 1 IPRG). Zwar unterwirft das IPR-Gesetz den Erwerb und Verlust dinglicher Rechte an unbeweglichen Sachen dem Belegenheitsrecht (§ 31), und zwar auch in den Fällen, in denen „diese Rechte in den Bereich einer anderen inländischen Verweisungsnorm fallen" (§ 32). Diese Vorschrift ordnet indes nach zutreffendem

Verständnis lediglich für den „modus" des Erbschaftserwerbs an unbeweglichen Sachen die Geltung der lex rei sitae an, läßt aber das Erbstatut, was die Frage des „titulus" anbetrifft, unberührt (RUMMEL/SCHWIMANN § 32 IPRG Rn 2; SCHWIMANN, Grundzüge des IPR [1983] 183, 256; SCHWIND StAZ 1979, 109, 118; FIRSCHING IPRax 1983, 166; JAYME ZfRvgl 24 [1983] 167). Nachdem der OGH zunächst durch eine Entscheidung vom 27. 5. 1986 (ZfRvgl 28 [1987] 278 = IPRax 1988, 35) Verwirrung gestiftet hatte, weil er die Erbfolge in ein spanisches Grundstück nach einem österreichischen Erblasser spanischem Recht unterworfen hatte, hat er sich in seiner neueren Rechtsprechung eindeutig zum Grundsatz der Nachlaßeinheit bekannt (OGH 1. 10. 1986, IPRax 1988, 36 f; 9. 10. 1986, IPRax 1988, 37 ff; 19. 11. 1986, IPRax 1988, 246 m Anm HOYER 255; S LORENZ IPRax 1990, 206). Dementsprechend haben auch deutsche Gerichte die Erbfolge nach einem österreichischen Erblasser unabhängig von der Art der Nachlaßgegenstände nach österreichischem Recht zu beurteilen; auch bezüglich in Deutschland belegener Nachlaßgrundstücke kommt eine (Teil-)Rückverweisung also nicht mehr in Betracht (zutr BayObLG 23. 9. 1980, BayObLGZ 1980, 276, 278 = IPRax 1981, 100 m Anm FIRSCHING 86 und COESTER 206 = IPRspr 1980 Nr 191). Lediglich der Erbschaftserwerb, dh die Art der Berechtigung der vom Erbstatut bestimmten Erben, unterliegt für unbewegliche Sachen dem jeweiligen Belegenheitsrecht (vgl OGH 8. 10. 1991, IPRax 1992, 328, 329; S LORENZ aaO).

cc) **Rückverweisung kraft Rechtswahl**

269 Anders als im Ehegüterrecht gibt das *deutsche internationale Erbrecht* der Parteiautonomie nur in sehr eingeschränktem Umfang Raum. Nach Art 25 Abs 2 EGBGB kann der Erblasser nur für im Inland belegenes unbewegliches Vermögen in der Form einer Verfügung von Todes wegen deutsches Recht wählen. Vorschläge für eine weitergehende Zulassung der Rechtswahl (DÖLLE RabelsZ 30 [1966] 205; KÜHNE, Die Parteiautonomie im internationalen Erbrecht [1973]; ders JZ 1973, 403 ff) haben sich im Zuge der IPR-Reform von 1986 nicht durchgesetzt; maßgebend dafür war vor allem die Überlegung, daß zwingende Vorschriften zum Schutz nächster Angehöriger durch Pflichtteils- oder Noterbrechte sonst allzu leicht umgangen werden könnten (vgl BGH 29. 3. 1972, NJW 1972, 1001 = JZ 1973, 423 = IPRspr 1972 Nr 124; FERID, IPR[3] Rn 9-13 und in: FS Cohn [19] 38; KEGEL, IPR[7] § 21 I 1; STAUDINGER/FIRSCHING[12] Vorbem 193 ff zu Art 24 bis 26). Eine von Art 25 Abs 2 nicht gedeckte Rechtswahl des Erblassers zugunsten in- oder ausländischen Rechts kann freilich eine wertvolle Hilfe bei der Auslegung eines Testaments sein und ist als solche zu berücksichtigen (BGH aaO; DOPFFEL DNotZ 1976, 347; PALANDT/HELDRICH Art 25 Rn 7).

270 Die der Parteiautonomie im deutschen internationalen Erbrecht gezogenen engen Schranken schließen es ferner nicht aus, der von einem **ausländischen Erblasser** getroffenen Rechtswahl nach Maßgabe des von Art 25 Abs 1 zur Anwendung berufenen Heimatrechts Wirkung beizumessen (vBAR, IPR II Rn 366; STAUDINGER/DÖRNER [1995] Art 25 Rn 470). Läßt das Heimatrecht etwa eine Wahl des Rechts am letzten Wohnsitz oder gewöhnlichen Aufenthalt des Erblassers uneingeschränkt zu, so hat dies auch der deutsche Richter zu berücksichtigen. Hatte der Erblasser seinen letzten Wohnsitz in der Bundesrepublik Deutschland, so wirkt eine von ihm nach seinem Heimatrecht wirksam getroffene Rechtswahl zugunsten des deutschen Rechts auch hinsichtlich des beweglichen Nachlaßvermögens als eine nach Art 4 Abs 1 beachtliche Rückverweisung. Nahezu uneingeschränkt wird die Parteiautonomie im Erbrecht etwa durch das *rumänische* IPR-Gesetz von 1992 gewährleistet (dazu Anh

Rn 354). Ein verhältnismäßig großzügiges Wahlrecht räumt aber auch das *schweizerische* IPR-Gesetz dem Erblasser ein. Danach kann einerseits ein Ausländer durch letztwillige Verfügung oder Erbvertrag den Nachlaß seinem Heimatrecht – im Falle der Mehrstaatigkeit jedem seiner Heimatrechte – unterstellen und damit die Maßgeblichkeit des schweizerischen Wohnsitzrechts ausschließen (Art 90 Abs 2). Andererseits kann auch der im Ausland lebende Schweizer seinen gesamten Nachlaß oder auch nur das in der Schweiz belegene Vermögen durch letztwillige Verfügung oder Erbvertrag dem schweizerischem Recht unterwerfen (Art 91 Abs 2 iVm Art 87 Abs 2). Hat ein in Deutschland lebender Schweizer von dieser Möglichkeit Gebrauch gemacht, so entfällt damit die Rückverweisung auf das deutsche Wohnsitzrecht nach Art 91 Abs 1 IPRG (dazu S LORENZ DNotZ 1993, 148, 155 ff mit Hinweisen zu weiteren Rechtswahlmöglichkeiten). Schließlich gestattet auch das neue *italienische* IPR-Gesetz von 1995 dem Erblasser, durch eine ausdrückliche testamentarische Rechtswahl zugunsten seines Wohnsitzrechts zu optieren (Art 46 Abs 2; dazu näher Anh Rn 219).

c) **Schranken**
aa) **Sinnwidriger Renvoi**
Nach Art 4 Abs 1 S 1 ist der Renvoi nur zu beachten, sofern dies nicht dem Sinn der **271** Verweisung widerspricht. Im allgemeinen dürfte ein solcher Fall bei der objektiven Bestimmung des Erbstatuts durch Art 25 Abs 1 freilich nur selten vorkommen. Denkbar wäre er jedoch bei mehrfacher ausländischer Staatsangehörigkeit des Erblassers, wenn das durch die effektive Staatsangehörigkeit (Art 5 Abs 1 S 1) bestimmte Heimatrecht das Problem der Mehrstaatigkeit abweichend – etwa durch den Vorrang der zuletzt erworbenen Staatsangehörigkeit – löst und damit auf ein anderes Recht als das von Art 5 Abs 1 S 1 bezeichnete weiterverweist. Hier widerspräche der Renvoi dem Sinn der Verweisung, nämlich das Recht entscheiden zu lassen, mit dem der Erblasser am engsten verbunden ist (SIEHR IPRax 1987, 5; Münch-Komm/BIRK Art 25 Rn 90; aA STAUDINGER/DÖRNER [1995] Art 25 Rn 643; vgl auch o Rn 98).

bb) **Rechtswahl**
Die quantitative Bedeutung des Renvoi im Erbrecht ließe sich zweifellos verringern, **272** wenn man dem Erblasser auch im deutschen Recht die Wahl des maßgeblichen Rechts gestatten würde; denn eine solche Rechtswahl wäre nach Art 4 Abs 2 EGBGB auf die Sachnormen des gewählten Erbrechts gerichtet. Das geltende deutsche Kollisionsrecht läßt die Rechtswahl indessen – wie zuvor in Rn 269 gezeigt – nur in den engen Grenzen des Art 25 Abs 2 EGBGB zu. Damit kommt der Schranke des Art 4 Abs 2 im internationalen Erbrecht keine Bedeutung zu. Die Wahl deutschen Erbrechts ist – selbstverständlich – stets auf die Sachnormen der §§ 1922 ff BGB gerichtet (STAUDINGER/DÖRNER [1995] Art 25 Rn 619).

cc) **Vorrang des Einzelstatuts**
Eingeschränkt wird das Spiel von Rück- und Weiterverweisung im internationalen **273** Erbrecht hingegen durch Art 3 Abs 3 EGBGB, der den Vorrang des Einzelstatuts vor dem erbrechtlichen Gesamtstatut anordnet. Da als „besondere Vorschriften" im Sinne dieser Norm auch ausländische Kollisionsregeln anzusehen sind, die für Grundstücke zwingend die Geltung der lex rei sitae anordnen (s o Art 3 Rn 59 f), setzt sich diese Anknüpfung auch gegenüber einer hiervon abweichenden Rück- oder Weiterverweisung des Heimatrechts des Erblassers durch (s auch Art 3 Rn 66). Dem-

gemäß unterliegt die Erbfolge in Grundstücke, die ein mit letztem Wohnsitz in Deutschland verstorbener dänischer Erblasser in England oder Frankreich hinterlassen hat, nach Art 3 Abs 3 EGBGB dem englischen bzw französischen Recht. Der Rückverweisung des von Art 25 Abs 1 zur Anwendung berufenen dänischen Heimatrechts auf das deutsche Wohnsitzrecht kommt bezüglich dieser Grundstücke keine Bedeutung zu. Hingegen ist für die Anwendung des Art 3 Abs 3 kein Raum, wenn bereits die Beachtung einer Rück- oder Weiterverweisung zum Recht des Lageortes der Grundstücke führt (s o Rn 251).

d) Erbscheinverfahren

274 Ob das von Art 25 Abs 1 zur Anwendung berufene ausländische Heimatrecht des Erblassers eine Rück- oder Weiterverweisung ausspricht, wirkt sich auch im Erbscheinverfahren vor deutschen Nachlaßgerichten aus.

aa) Fallgruppen

War der Erblasser im Zeitpunkt seines Todes *ausländischer* Staatsangehöriger, so sind folgende Fälle zu unterscheiden:

(1) Das ausländische Heimatrecht des Erblassers nimmt die von Art 25 Abs 1 ausgesprochene Verweisung an: In diesem Fall ist lediglich für die in der Bundesrepublik Deutschland befindlichen – beweglichen oder unbeweglichen – Nachlaßgegenstände ein Erbschein auszustellen, der die Erbfolge nach dem fremden Recht dokumentiert; es handelt sich um einen (gegenständlich beschränkten) *Fremdrechtserbschein* iSv § 2369 Abs 1 BGB (STAUDINGER/FIRSCHING[12] § 2369 Rn 3 ff).

(2) Das ausländische Heimatrecht des Erblassers verweist – insgesamt oder teilweise – auf deutsches Recht zurück: In diesem Fall ist hinsichtlich des gesamten von der Rückverweisung erfaßten Vermögens ein Erbschein nach deutschem Recht zu erteilen; dabei handelt es sich – ebenso wie beim Tod eines deutschen Erblassers – um einen (gegebenenfalls territorial oder gegenständlich beschränkten) *Eigenrechtserbschein* iSv § 2353 BGB (PALANDT/EDENHOFER § 2369 Rn 5).

(3) Das Heimatrecht des Erblassers verweist ganz oder teilweise auf eine dritte Rechtsordnung weiter: In diesem Fall ist wiederum ein *Fremdrechtserbschein* nach § 2369 BGB zu erteilen, der auf die in der Bundesrepublik Deutschland belegenen Nachlaßgegenstände beschränkt ist.

Für das Erbscheinsverfahren kommt es also nur darauf an, ob deutsches Recht ganz oder teilweise den Nachlaß beherrscht; hingegen sind die Gründe für die Geltung deutschen Rechts gleichgültig. Ist fremdes Recht ganz oder teilweise anwendbar, so werden durch den Erbschein nur diejenigen zum Nachlaß gehörenden Gegenstände erfaßt, die auf deutschem Hoheitsgebiet belegen sind; auch insoweit ist es unerheblich, ob sich die Anwendung fremden Rechts unmittelbar aus Art 25 Abs 1 oder aus einer Weiterverweisung durch das Heimatrecht des Erblassers ergibt.

bb) Teilrückverweisung

275 Wird nur ein Teil des Nachlasses kraft Rückverweisung nach deutschem Recht vererbt (dazu o Rn 250), so kann und muß auch der insoweit zu erteilende Eigenrechtserbschein iSv § 2353 BGB hinsichtlich seiner Geltung territorial oder gegenständlich

beschränkt werden (BayObLG 3.1.1967, BayObLGZ 1967, 1, 8 = IPRspr 1966/67 Nr 175; 15.2.1971, BayObLGZ 1971, 34, 39 = IPRspr 1971 Nr 51; 1.2.1980, BayObLGZ 1980, 42, 46 = IPRax 1982, 111 m Anm FIRSCHING = IPRspr 1980 Nr 124). Hinterläßt der Erblasser in diesem Falle Vermögen im Inland, das nicht von der Rückverweisung erfaßt wird, sondern zB nach seinem Heimatrecht oder dem Recht eines dritten Staates vererbt wird, so ist daneben ein auf dieses inländische Vermögen beschränkter Fremdrechtserbschein nach § 2369 BGB zu erteilen (PALANDT/EDENHOFER § 2369 Rn 9). Hat etwa ein mit letztem Wohnsitz in den USA verstorbener amerikanischer Erblasser sowohl Grundstücke als auch Wertpapiere in der Bundesrepublik Deutschland hinterlassen, so ist hinsichtlich der Grundstücke kraft Rückverweisung auf deutsches Recht ein Eigenrechtserbschein, hinsichtlich der Wertpapiere ein Fremdrechtserbschein nach Maßgabe des Domizilrechts auszustellen (STAUDINGER/FIRSCHING[12] § 2369 Rn 5). Eigen- und Fremdrechtserbschein können dabei in einer Urkunde miteinander verbunden werden (sog „Doppelerbschein", vgl BayObLG 15.2.1971 aaO; 21.2.1975, BayObLGZ 1975, 86, 88 = IPRspr 1975 Nr 115; 26.5.1983, DNotZ 1984, 47 = IPRspr 1983 Nr 117). Hatte der amerikanische Erblasser – umgekehrt – seinen letzten Wohnsitz in Deutschland, jedoch im Ausland belegenes Grundvermögen hinterlassen, so untersteht nur der bewegliche Nachlaß – insgesamt und ohne Rücksicht auf seine Belegenheit im In- oder Ausland – dem deutschen Recht; insoweit ist ein Eigenrechtserbschein nach § 2353 BGB zu erteilen. Hinsichtlich des im Ausland belegenen Grundvermögens sind die deutschen Nachlaßgerichte hingegen weder zur Erteilung eines Eigenrechtserbscheins noch zur Erteilung eines Fremdrechtserbscheins international zuständig (STAUDINGER/FIRSCHING[12] aaO; vgl auch BayObLG 6.11.1967, BayObLGZ 1967, 418, 424 = IPRspr 1966/67 Nr 175; ebenso für belgischen Erblasser OLG Köln 24.2.1992, IPRax 1994, 376, 377 m Anm DÖRNER 264). In dem zu erteilenden Eigenrechtserbschein ist daher klarzustellen, daß dieser sich, was das unbewegliche Vermögen angeht, auf die im Inland befindlichen Gegenstände beschränkt (BayObLG aaO; OLG Köln aaO; dazu STAUDINGER/DÖRNER [1995] Art 25 Rn 832 ff mw Beispielen).

Ein Teilrenvoi liegt ferner dann vor, wenn das von Art 25 Abs 1 zur Anwendung **276** berufene Heimatrecht – wie zB das chilenische und andere südamerikanischen Rechte (s im Anh Rn 415) – zwar auf deutsches Recht als Wohnsitzrecht des Erblassers zurückverweist, zugleich aber für eigene Staatsangehörige einen Vorbehalt macht, indem es ihnen ein Noterbrecht nach Maßgabe des eigenen Rechts einräumt. In einem solchen Fall ist ein uneingeschränkter Eigenrechtserbschein auszustellen; das vorbehaltene Noterbrecht nach ausländischem Recht ist aber im Erbschein zu vermerken (MünchKomm/SONNENBERGER Rn 57).

2. Testierfähigkeit

Die Fähigkeit eines Erblassers zur Errichtung einer Verfügung von Todes wegen **277** unterliegt nicht dem gleichen Recht wie die allgemeine Geschäftsfähigkeit (Art 7 EGBGB), sondern – wie andere besondere Geschäftsfähigkeiten auch – dem Wirkungsstatut, dh dem von Art 26 Abs 5 EGBGB auf die Gültigkeit einer letztwilligen Verfügung für maßgeblich erklärten Heimatrecht des Erblassers zur Zeit der Testamentserrichtung (vBAR, IPR II Rn 380; MünchKomm/BIRK Art 26 Rn 14; STAUDINGER/DÖRNER [1995] Art 25 Rn 222 ff m Nachw zum Streitstand). Kennt dieses Errichtungsstatut eine besondere Testierfähigkeit nicht, sondern stellt es insoweit auf die allgemeine Geschäftsfähigkeit ab, so ist im Rahmen der Prüfung einer Rück- oder Weiterverweisung die fremde Kollisionsnorm zur Geschäftsfähigkeit anzuwenden; insoweit kann es also zu einem Renvoi kraft abweichender Qualifikation kommen, wenn insoweit auf deutsches Recht – zB als Wohnsitz- oder Belegenheitsrecht – zurückverwiesen wird (vgl auch o Rn 140 ff).

3. Form von letztwilligen Verfügungen und Erbverträgen

a) Haager Testamentsformabkommen von 1961

278 Die Form letztwilliger Verfügungen, die nach dem 1. 1. 1966 errichtet worden sind, bestimmt sich nach dem Haager Abkommen über das auf die Form letztwilliger Verfügungen anzuwendende Recht vom 5. 10. 1961 (Text bei JAYME/HAUSMANN[8] Nr 39). Dieses Abkommen verdrängt gemäß Art 3 Abs 2 S 1 EGBGB in seinem räumlichen und sachlichen Anwendungsbereich die autonomen Kollisionsregeln des Art 26 Abs 1-3 EGBGB (MünchKomm/BIRK Art 26 Rn 2 ff; dazu näher Art 3 Rn 31 ff). Soweit das Haager Abkommen reicht, kommt es nur auf das „innerstaatliche Recht" der in seinem Art 1 genannten Staaten, also nur auf die *Sachnormen* an; damit bleiben Rück- und Weiterverweisung außer Betracht (BayObLG 6. 11. 1967, BayObLGZ 1967, 418, 427 = IPRspr 1966/67 Nr 181; MünchKomm/BIRK Art 26 Rn 45; dazu näher o Rn 126 f). Auch soweit gemäß Art 5 S 1 des Haager Abkommens „persönliche Eigenschaften" des Erblassers, insbesondere seine Minderjährigkeit, die Benutzung einzelner Arten der letztwilligen Verfügung nicht erlauben, kommt es – ebenso wie in Art 1 – nur auf das innerstaatliche Recht an; Rück- und Weiterverweisung entfallen demnach auch hier. Dieser Fall ist von der zuvor erwähnten allgemeinen Testierfähigkeit zu trennen. Während letztere nicht zur Form gehört und deshalb dem Abkommen nicht unterworfen ist, erfaßt Art 5 S 1 etwa das Verbot des eigenhändigen Testaments eines Minderjährigen (§ 2247 Abs 4 BGB; SOERGEL/KEGEL[11] vor Art 24 aF Rn 120; MünchKomm/ BIRK Art 26 Rn 66).

b) Autonomes Recht

279 Soweit das Haager Übereinkommen nicht eingreift, beurteilt sich die Form einer Verfügung von Todes wegen nach Art 26 Abs 1 bis 4 EGBGB. Danach gelten die Formalternativen des Art 26 Abs 1 insbesondere auch für die vom Haager Abkommen nicht unmittelbar geregelten *Erbverträge* (Art 26 Abs 4). Auch insoweit sind Rück- und Weiterverweisung grundsätzlich ausgeschlossen. Der bloße Umstand daß Art 26 Abs 1 bis 4 wegen der beabsichtigten Parallelität zum Haager Testamentsabkommen auf „Formerfordernisse" der betreffenden Rechtsordnung verweist, ist hingegen kein ausreichendes Indiz für eine Sachnormverweisung (s o Rn 154; aA STAUDINGER/DÖRNER [1995] Art 26 Rn 32). Eine Ausnahme gilt freilich für die akzessorische Anknüpfung in Art 26 Abs 1 Nr 5, denn sie soll sicherstellen, daß auch die Erfüllung der Formvorschriften eines durch Rück- oder Weiterverweisung berufenen Erbstatuts ausreichend ist (BT-Drucks 10/5632 S 44; PALANDT/HELDRICH Art 26 Rn 2).

4. Inhaltliche Gültigkeit und Auslegung

a) Gültigkeit

280 Zwischen der Errichtung einer Verfügung von Todes wegen und dem Erbfall liegt häufig ein längerer Zeitraum, in dem sich die für die Anknüpfung des Erbstatuts nach Art 25 Abs 1 maßgebenden Umstände ändern können. Relevant in diesem Zusammenhang ist nicht nur eine Änderung der Staatsangehörigkeit des Erblassers

(bzw des gewöhnlichen Aufenthalts von Staatenlosen oder Flüchtlingen); ein Statutenwechsel kann sich vielmehr auch daraus ergeben, daß eine Änderung von Umständen eintritt, an die nicht das deutsche IPR, sondern das von Art 25 Abs 1 zur Anwendung berufene *fremde IPR* anknüpft. Geht es um die Beerbung eines britischen oder US-amerikanischen Erblassers, so ändert sich das Erbstatut auch dadurch, daß der Erblasser nach Errichtung der letztwilligen Verfügung ein Wahldomizil oder unbewegliches Vermögen im Inland bzw in einem dritten Staat erwirbt (PALANDT/HELDRICH Art 26 Rn 7). Da der Erblasser mithin im Zeitpunkt der Errichtung einer Verfügung nicht immer vorhersehen kann, nach welchem Recht er beerbt wird, unterstellt Art 26 Abs 5 S 1 die Gültigkeit der Errichtung einer Verfügung von Todes wegen und die Bindung an sie dem Heimatrecht des Erblassers zur Zeit der Errichtung als dem hypothetischen Erbstatut. Unter „Gültigkeit" sind sämtliche Wirksamkeitsvoraussetzungen der letztwilligen Verfügung zu verstehen, insbesondere die Zulässigkeit der Errichtung von gemeinschaftlichen Testamenten und Erbverträgen (vgl näher STAUDINGER/DÖRNER [1995] Art 25 Rn 234 ff); für die Formgültigkeit verbleibt es hingegen bei der Regelung im Haager Abkommen von 1961 bzw in Art 26 Abs 1. Auch bei der Bestimmung des hypothetischen Erbstatuts gemäß Art 26 Abs 5 S 1 sind Rück- oder Weiterverweisung nach Art 4 Abs 1 zu beachten. Insoweit gelten die Ausführungen zur Verweisung nach Art 25 Abs 1 entsprechend; es sind lediglich die tatsächlichen Verhältnisse im Zeitpunkt der Errichtung der Verfügung von Todes wegen zugrunde zu legen (PALANDT/HELDRICH Art 26 Rn 2).

b) Auslegung

Die Auslegung einer letztwilligen Verfügung hat nach den Grundsätzen des Erbstatuts zu erfolgen (BGH 2. 6. 1976, WM 1976, 811 = IPRspr 1976 Nr 114; OLG Köln 19. 2. 1986 NJW 1986, 2199, 2200 = IPRspr 1986 Nr 110; MünchKomm/BIRK Art 26 Rn 83; STAUDINGER/DÖRNER [1995] Art 25 Rn 249 ff, jeweils mwN). Zu Auslegungsproblemen kommt es vor allem dann, wenn der Erblasser seine letztwillige Verfügung nach den Normen eines Rechts gestaltet hat, das im Ergebnis nicht als Erbstatut berufen ist. Dieser Fall kann insbesondere aufgrund des Spiels von Rück- und Weiterverweisung eintreten, wenn der Erblasser sich etwa an den erbrechtlichen Sachnormen seines Heimatrechts orientiert und nicht damit gerechnet hat, daß das Kollisionsrecht ganz oder teilweise ein anderes Recht für anwendbar erklären könnte. Bei Geltung deutschen Erbstatuts ist dann der Erblasserwille möglichst aufrechtzuerhalten, soweit er sich mit den erbrechtlichen Vorstellungen des BGB in Übereinstimmung bringen läßt (MünchKomm/BIRK Art 26 Rn 84; LÜDERITZ, IPR^2 Rn 413). Hat ein französischer Erblasser, zu dessen Nachlaß ein deutsches Grundstück gehört, durch Testament seine Ehefrau zum „légataire universel" eingesetzt, ohne seinen Kindern etwas zuzuwenden, so ist zu berücksichtigen, daß der légataire universel zwar einerseits einem testamentarisch eingesetzten Alleinerben nach deutschem Recht nahesteht, der Code Civil aber andererseits die Abkömmlinge durch ein dinglich wirkendes Noterbrecht wesentlich stärker schützt als das BGB. Dies kann eine Erbscheinserteilung an Ehefrau und Kinder nebeneinander rechtfertigen (OLG Saarbrücken 16. 12. 1966, NJW 1967, 732 m zust Anm MEZGER = IPRspr 1966/67 Nr 174). Ist US-amerikanisches Recht als Erbstatut berufen, so ist zu beachten, daß der Grundsatz der Nachlaßspaltung (s o Rn 264 ff) auf dem Gebiet der Testamentsauslegung und -ergänzung („construction") zunehmend eingeschränkt wird. Maßgebend ist – ohne Rücksicht auf die Belegenheit von Nachlaßgegenständen – das Recht, das der Verfügung ausdrücklich oder vermutlich zugrundeliegt (vgl Sec 2–602 Probate Code; SCOLES/HAY, Conflict^2 810 f); dies führt auch bei einer letztwilligen Verfügung über Grundstücke idR zu deren einheitlicher Auslegung nach dem Wohnsitzrecht. Schließlich kann eine – nach dem ausländischen Heimatrecht des Erblassers wirksame – Rechtswahl auch hinsichtlich des Auslegungsstatuts zu einer Rück- oder Weiterverweisung führen (vgl OLG Köln aaO; STAUDINGER/DÖRNER [1995] Art 25 Rn 249).

VIII. Schuldvertragsrecht

282 Bis zur Reform von 1986 waren die Voraussetzungen und Schranken für die Beachtung eines Renvoi im internationalen Schuldvertragsrecht umstritten. Die von den Parteien getroffene Rechtswahl wurde überwiegend auf die Sachnormen des gewählten Rechts bezogen; Rück- und Weiterverweisung waren damit im Falle einer – ausdrücklichen wie stillschweigenden – Rechtswahl ausgeschlossen (SOERGEL/KEGEL[11] vor Art 7 Rn 278; STAUDINGER/GRAUE[12] Art 27 aF Rn 49 mwN). Demgegenüber wurde bei der Bestimmung des Vertragsstatuts mit Hilfe des sog hypothetischen Parteiwillens, vor allem aber bei der Hilfsanknüpfung an den Erfüllungsort eine Rück- oder Weiterverweisung beachtet (vgl BGH 14. 2. 1958, NJW 1958, 750 = IPRspr 1958/59 Nr 59 [Italien]; BGH 9. 6. 1960, NJW 1960, 1720 = IPRspr 1960/61 Nr 23 [USA/Louisiana]; dazu STAUDINGER/GRAUE[12] Art 27 aF Rn 51 ff; aA RAAPE NJW 1959, 1013; MANN JZ 1962, 13; STAUDINGER/FIRSCHING[10/11] Vorbem 350, 359 zu Art 12 aF mwN).

1. Grundsatz

283 Im geltenden Recht sind Rück- und Weiterverweisung nach Art 35 Abs 1 EGBGB – in Anlehnung an Art 15 des EG-Übereinkommen über das auf vertragliche Schuldverhältnisse anzuwendende Recht (EVÜ) vom 19. 6. 1980 – ausgeschlossen. Dieser Ausschluß gilt mithin nicht nur – in Übereinstimmung mit Art 4 Abs 2 EGBGB und der schon bisher hM – für den Fall einer ausdrücklichen oder stillschweigenden Rechtswahl, sondern darüberhinaus auch dann, wenn das Vertragsstatut im Wege objektiver Anknüpfung nach Art 28, 29 Abs 2 oder 30 Abs 2 EGBGB bestimmt worden ist (vgl OLG Düsseldorf 4. 6. 1993, RIW 1993, 761 = IPRspr 1993 Nr 33; zu den Einzelheiten s näher die Kommentierung bei STAUDINGER/HAUSMANN[12] zu Art 35 EGBGB).

2. Formfragen

284 Der Ausschluß des Renvoi gilt nach dem Wortlaut von Art 35 Abs 1 nur für „diesen Unterabschnitt", dh für die Anknüpfungen in Art 27 bis 34 EGBGB. Er scheint sich daher nicht auf die Anknüpfung der **Form von Schuldverträgen** zu beziehen, weil der Gesetzgeber die hierfür maßgeblichen Kollisionsregeln der Art 11 Abs 1–4 EGBGB nicht in den 1. Unterabschnitt des 5. Abschnitts über das vertragliche Schuldrecht, sondern in den 2. Abschnitt über Rechtsgeschäfte aufgenommen hat. Aus dieser systematischen Stellung des Art 11 hat der BGH in anderem Zusammenhang bereits abgeleitet, daß die im 1. Unterabschnitt des 5. Abschnitts über das Schuldvertragsrecht enthaltenen Kollisionsregeln, die sich nach ihrem Wortlaut nur auf diesen Unterabschnitt beziehen, die Kollisionsregeln des Art 11 nicht erfassen (BGH 28. 1. 1993, BGHZ 121, 224 = NJW 1993, 1126 m Anm CORDES 2427 = ZEuP 1994, 493 m Anm BÜLOW = WuB I.F 1 a Nr 8.93 m Anm THODE = IPRspr 1993 Nr 24 zu Art 34 EGBGB). Diese Argumentation aus dem System des EGBGB ist jedoch verfehlt; denn die Art 11 Abs 1–4 EGBGB sind im wesentlichen aus Art 9 EVÜ übernommen worden. Daraus folgt aber, daß die in Art 36 EGBGB normierte Verpflichtung der deutschen Gerichte zu einer einheitlichen „europäischen" Auslegung und Anwendung aller Kollisionsregeln des EVÜ auch für Art 11 Abs 1–4 EGBGB gilt (zutr SANDROCK RIW 1986, 841, 844; SIEHR BerGesVR 27 [1985] 125; MEYER-SPARENBERG, Staatsvertragliche Kollisionsnormen [1989] 170 f; JAYME/KOHLER IPRax 1994, 405, 414). Damit bezieht sich der Ausschluß von Rück- und Weiterverweisung in Art 35 Abs 1 EGBGB aber im Hinblick auf Art 15 iVm Art 9 EVÜ auch auf die Anknüpfung der Form von Schuldverträgen.

IX. Außervertragliche Schuldverhältnisse*

1. Ungerechtfertigte Bereicherung

Im Recht der ungerechtfertigten Bereicherung ist auf der Grundlage von Art 4 Abs 1 („Sinn der Verweisung") danach zu unterscheiden, ob das jeweils *nächstverwandte Statut* Sachnorm- oder Gesamtverweisungen ausspricht (vBAR, IPR II Rn 744; W LORENZ, in: FS Zweigert [1981] 199, 231; ähnlich auch EBENROTH/EYLES IPRax 1989, 1, 7). **285**

a) Leistungskondiktion

Für den Bereicherungsausgleich wegen gescheiterter Leistungsbeziehungen gilt grundsätzlich das Recht, welches das Rechtsverhältnis beherrscht, auf das die Leistung bezogen ist. Im Regelfall von gescheiterten Vertragsbeziehungen entscheidet mithin das *Vertragsstatut* (MünchKomm/KREUZER I Vor Art 38 Rn 9; REITHMANN/MARTINY Internationales Vertragsrecht[5] [1996] Rn 335 f, jeweils mwN; vgl auch Art 38 Abs 1 RefE). Da im Rahmen der Bestimmung des Vertragsstatuts der Renvoi generell unbeachtlich ist (Art 35 Abs 1), wäre es wenig zweckmäßig, im Falle der vertragsakzessorisch anzuknüpfenden Abwicklungsansprüche anders zu entscheiden; denn nur so wird vermieden, daß der Bereicherungsausgleich einem anderen Recht untersteht als vertragliche Rückabwicklungsansprüche (zB Ansprüche aus Rücktritt vom Vertrag, vgl Art 32 Abs 1 Nr 3 und 5). Mangels abweichender Rechtswahl (vgl § 42 RefE) unterliegen daher sämtliche Rückabwicklungsansprüche wegen gescheiterter *vertraglicher* Schuldverhältnisse den Sachnormen des Vertragsstatuts (BAUER 248 ff; REITHMANN/MARTINY Rn 339 ff; MünchKomm/KREUZER I Vor Art 38 Rn 6; vBAR, IPR II Rn 744; EBENROTH/EYLES IPRax 1989, 1, 7; SCHLECHTRIEM IPRax 1995, 65, 70; ebenso § 46 S 2 öst IPRG, vgl OGH 13. 1. 1981, ZfRvgl 22 [1981] 224). Da auch das *Unterhaltsstatut* mit Hilfe einer Sachnormverweisung ermittelt wird (Art 18 EGBGB), hat die Beachtung einer Rück- oder Weiterverweisung auch für die Rückforderung rechtsgrundlos erbrachter Unterhaltsleistungen auszuscheiden (vBAR aaO; BAUER 249; REITHMANN/MARTINY aaO; MünchKomm/KREUZER aaO; **aA** noch IPG 1972 Nr 21 [München]; IPG 1973 Nr 8 [Heidelberg]; LG Münster 7. 12. 1973, IPRspr 1973 Nr 44, die allerdings nach damaligem internationalen Unterhaltsrecht noch von einer Gesamtverweisung ausgingen). Aber auch wenn das Statut, dem die Leistungsbeziehung untersteht, mit Hilfe einer Gesamtverweisung ermittelt wird, darf ein Renvoi nach Art 4 Abs 1 nicht zur Durchbrechung der akzessorischen Anknüpfung des Bereicherunganspruchs führen. Werden daher Leistungen, die in Erfüllung eines Vermächtnisses erbracht wurden, als ungerechtfertigte Bereicherung

---

* **Schrifttum:** BAUER, Renvoi im internationalen Schuld- und Sachenrecht (1983); DESSAUER, Zum Renvoi im internationalen Deliktsrecht, ZVglRW 81 (1982) 215; JAYME, Rückverweisung durch im Ausland geltende Staatsverträge, in: FS Beitzke (1979) 541.

zurückgefordert, so ist eine Rück- oder Weiterverweisung nur im Rahmen der Bestimmung des – die Leistungsbeziehung beherrschenden – Erbstatuts (Art 25 Abs 1 EGBGB) zu beachten; eine hiervon losgelöste (Gesamt-) Verweisung auf das ausländische internationale Bereicherungsrecht findet hingegen nicht statt (vBAR aaO).

b) Nichtleistungskondiktion

286 Bei der deliktsrechtsähnlichen Eingriffs- und der sachenrechtsähnlichen „sonstigen" Nichtleistungskondiktion ist dagegen ebenso zu verfahren wie im Delikts- und im Sachenrecht. Danach ist eine Rückverweisung durch die vom deutschen IPR zur Anwendung berufene Rechtsordnung grundsätzlich zu beachten (s u Rn 289 ff und 305 ff). Wird daher im Falle der Eingriffskondiktion auf das Recht des Staates verwiesen, in dem der Eingriffstatbestand verwirklicht wurde (vgl STAUDINGER/LORENZ [1994] § 816 Rn 34; MünchKomm/KREUZER I Vor Art 38 Rn 24; dazu Art 38 Abs 2 RefE), so ist ein etwaiger Renvoi auf das Recht des Lageorts des verletzten Rechtsguts oder auf das Recht des Ortes, an dem die Bereicherung eingetreten ist (vgl § 46 S 1 öst IPRG; Art 128 Abs 2 schweiz IPRG), zu befolgen (MünchKomm/KREUZER I Vor Art 38 Rn 7; vBAR, IPR II Rn 744). Entsprechendes gilt für eine Rück- oder Weiterverweisung durch das – für sonstige Nichtleistungskondiktionen maßgebende (vgl Art 38 Abs 3 RefE) – Recht des Staates, in dem die Bereicherung eingetreten ist (MünchKomm/KREUZER aaO; vBAR aaO; aA SCHLECHTRIEM IPRax 1995, 65, 70; STAUDINGER/LORENZ [1994] § 812 Rn 128).

c) Schranken

287 Rück- und Weiterverweisung durch das vom deutschen IPR berufene ausländische Kollisionsrecht scheiden in jedem Falle aus, wenn das Bereicherungsstatut als solches im Wege zulässiger (nachträglicher) *Parteivereinbarung* gewählt wurde (Art 4 Abs 2). Dieser Ausschluß des Renvoi gilt unabhängig davon, welcher Bereicherungstyp in Frage steht (zur Zulässigkeit der Rechtswahl im internationalen Bereicherungsrecht MünchKomm/KREUZER I vor Art 38 Rn 3; REITHMANN/MARTINY Rn 336; s auch Art 42 RefE). Ein Renvoi wird ferner auch dann nicht berücksichtigt, wenn das Bereicherungsstatut mit Hilfe der Ausweichklausel bestimmt worden ist (vgl zur künftigen Ausweichklausel im internationalen Bereicherungsrecht Art 41 RefE). Denn die Befolgung eines Renvoi würde in diesem Fall dem Sinn der Verweisung widersprechen (Art 4 Abs 1 S 1; vgl MünchKomm/KREUZER I Vor Art 38 Rn 5, sowie allg o Rn 97).

2. Geschäftsführung ohne Auftrag

288 Gesetzliche Ansprüche aus der Besorgung eines fremden Geschäfts unterliegen grundsätzlich dem Recht des Staates, in dem das Geschäft vorgenommen worden ist (lex loci gestionis, vgl OLG Koblenz 20. 6. 1991, IPRax 1992, 383, 384 m Anm BRÜCKNER = VersR 1992, 612 m Anm WANDT = IPRspr 1991 Nr 49; MünchKomm/KREUZER II Vor Art 38 Rn 2; REITHMANN/MARTINY Rn 365; SOERGEL/KEGEL[11] vor Art 7 Rn 535; vgl auch Art 39 Abs 1 RefE sowie § 47 1 HS 1 öst IPRG). Verweist dieses Recht auf deutsches Recht zurück bzw auf ein drittes Recht weiter, so ist dies nach Art 4 Abs 1 grundsätzlich zu beachten (vBAR, IPR II Rn 729). Ein Renvoi entfällt hingegen auch hier, wenn die Parteien das Statut der GoA vereinbart haben (Art 4 Abs 2). Darüber hinaus widerspricht die Beachtung des Renvoi dem Sinn der Verweisung, wenn das Statut der GoA vertragsakzessorisch oder mit Hilfe der Ausweichklausel bestimmt wurde (MünchKomm/KREUZER II

Vor Art 38 Rn 7; REITHMANN/MARTINY Rn 335 f; EBENROTH/EYLES IPRax 1989, 1, 7; WANDT, Die Geschäftsführung ohne Auftrag im IPR [1989] 266 f).

3. Unerlaubte Handlungen

Solange von der allgemeinen Maßgeblichkeit der Tatortregel ausgegangen wurde, 289 stellte sich das Problem der Rück- oder Weiterverweisung im internationalen Deliktsrecht praktisch nicht (vgl RAAPE, IPR^5 70). Völlig ausgeschlossen war sie freilich auch damals nicht, weil der Deliktsort in den einzelnen nationalen Kollisionsrechten unterschiedlich bestimmt wird (vgl RABEL, Conflict II 301 ff; BAUER 137 f). Insbesondere bei einem Auseinanderfallen von Handlungs- und Erfolgsort waren wechselseitige Rück- bzw Weiterverweisungen schon bisher möglich (MünchKomm/KREUZER Art 38 Rn 23). Mit der zunehmenden Auflockerung der Tatortregel (dazu MünchKomm/KREUZER Art 38 Rn 13 ff; STAUDINGER/vHOFFMANN^{12} Art 38 Rn 125 ff) gewinnt die Frage nach der Bedeutung des Renvoi im internationalen Deliktsrecht größere praktische Bedeutung.

a) Meinungsstand
aa) Rechtsprechung

Die ältere Rechtsprechung hat bei sog *Platzdelikten* häufig das Sachrecht der lex loci 290 delicti commissi angewandt, ohne einen Renvoi zu prüfen (vgl BGH 29. 1. 1959, BGHZ 29, 237, 239 = NJW 1959, 769 = IPRspr 1958/59 Nr 73; BGH 30. 6. 1961, BGHZ 35, 329, 333 ff = NJW 1962, 37, 38 = IPRspr 1960/61 Nr 155; [Wettbewerbsrecht]; BGH 28. 3. 1961, VersR 1961, 518; BGH 18. 12. 1973, NJW 1974, 495, 498; BGH 5. 10. 1976, NJW 1977, 496 = IPRspr 1976 Nr 17; OLG Karlsruhe 12. 9. 1980, VersR 1981, 739 = IPRspr 1980 Nr 39). Ausdrücklich gegen die Beachtung einer Rückverweisung im internationalen Deliktsrecht hat sich lediglich das OLG Karlsruhe mit Entscheidung vom 7. 12. 1978 (IPRspr 1978 Nr 29) ausgesprochen. Das OLG Saarbrücken wollte den Renvoi jedenfalls dann nicht beachten, wenn hierdurch das im internationalen Deliktsrecht geltende Günstigkeitsprinzip unterlaufen würde (OLG Saarbrücken 22. 10. 1957, NJW 1958, 752 m Anm BOISSEREE 1239 = IPRspr 1956/57 Nr 42; ebenso OLG Saarbrücken 5. 3. 1963, IPRspr 1962/63 Nr 38).

Demgegenüber tendieren die deutschen Instanzgerichte in jüngerer Zeit überwie- 291 gend zur **Beachtung einer Rückverweisung**. Dies gilt insbesondere für einen Renvoi durch das ausländische *Tatortrecht* (vgl OLG Hamm 18. 4. 1978, IPRspr 1978 Nr 22; LG München I 3. 8. 1982, VersR 1983, 645 = IPRax 1983, 244 [vHOFFMANN] und OLG München 10. 12. 1983, VersR 1984, 745 m Anm MANSEL = IPRspr 1983 Nr 29 [Portugal]; OLG Köln 12. 7. 1990, IPRspr 1991 Nr 51 und 27. 5. 1993, NJW-RR 1994, 95, 96 = RIW 1995, 858 = IPRspr 1993 Nr 39 [Türkei]; LG Darmstadt 15. 11. 1975, IPRspr 1975 Nr 24 [Österreich]; AG Köln 19. 10. 1977, VersR 1978, 56 = IPRspr 1978 Nr 32 [Niederlande]; LG Schweinfurt 25. 10. 1979, IPRax 1981, 26 m Anm JAYME 17 = IPRspr 1979 Nr 23 A [Jugoslawien]; LG Nürnberg-Fürth 31. 1. 1980, VersR 1980, 955 m Anm DÖRNER = IPRspr 1980 Nr 32 [Jugoslawien]). Teilweise wurde aber auch eine Rück- oder Weiterverweisung durch das gemeinsame ausländische Heimatrecht/Aufenthaltsrecht von Schädiger und Geschädigten angenommen (OLG Hamm 29. 5. 1979, VersR 1979, 926 = IPRspr 1979 Nr 23 [Weiterverweisung des gemeinsamen iranischen Heimatrechts auf türkisches Tatortrecht]; OLG Köln 4. 2. 1980, NJW 1980, 2646 m krit Anm KROPHOLLER = IPRspr 1980 Nr 33 [Weiterverweisung des gemeinsamen türkischen Heimatrechts auf jugoslawisches Tatortrecht nach türkischem IPR als Sachnormverweisung gewertet und deshalb erneute Weiterverweisung des jugoslawischen IPR auf deutsches Recht am gemeinsamen Registrierungsort der beteiligten Fahrzeuge abgelehnt]; LG Heidelberg 4.12.1990, IPRax 1992, 96 m zust Anm FURTAK 79 = IPRspr 1991 Nr 52 [Rückverweisung des gemeinsamen US-amerikanischen Heimatrechts auf deutsches Tatortrecht]).

292 Der **BGH** hat sich zur Frage des Renvoi im internationalen Deliktsrecht bisher nicht abschließend geäußert. Gelegentliche obiter dicta sprechen jedoch dafür, daß er grundsätzlich von der Geltung des Grundsatzes der Gesamtverweisung ausgeht (vgl BGH 9.11.1965, VersR 1966, 283, 284 = IPRspr 1964/65 Nr 53; BGH 8.3.1983, BGHZ 87, 95, 97 = NJW 1983, 1972 = IPRax 1984, 30 m Anm HOHLOCH 14 = IPRspr 1983 Nr 31; ausdrücklich offenlassend hingegen BGH 13.3.1984, BGHZ 90, 294, 297 = NJW 1984, 2032 = IPRax 1985, 104 m Anm W LORENZ 85 = JZ 1984, 669 m Anm vBAR = IPRspr 1984 Nr 29; BGH 8.1.1985, BGHZ 93, 214 = NJW 1985, 1285 = IPRax 1986, 108 m Anm vHOFFMANN 90 = JZ 1985, 411 m Anm W LORENZ = IPRspr 1985 Nr 37).

bb) Schrifttum

293 Im Schrifttum ist die Beachtlichkeit einer Rückverweisung umstritten. *Befürwortet* wird sie vor allem aus Gründen des internationalen Entscheidungseinklangs sowie unter Hinweis auf den allgemeinen Grundsatz in Art 4 Abs 1 (für Gesamtverweisung SOERGEL/LÜDERITZ[11] Art 12 aF Rn 78; KEGEL, IPR[7] § 10 V; FERID, IPR[3] Rn 3-99,9; vBAR, IPR I Rn 621 und II Rn 692; PALANDT/HELDRICH Art 38 Rn 2; KRÜGER, Verkehrsunfälle in der Türkei, VersR 1980, 680, 681; DÖRNER VersR 1980, 956; JAYME, in: FS Beitzke [1979] 541, 547 f; ders, IPRax 1981, 17 [für Rückverweisung durch staatsvertragliche Kollisionsnormen]; HOHLOCH NZV 1988, 166; ders, JuS 1989, 88; BAUER 202 ff; DESSAUER ZVerglRW 81 [1982] 215, 236 ff; HEPTING DAR 1983, 97, 101; HILGENBERG, Das IPR der Gefährdungshaftung für Atomschäden [1963] 178 f; W LORENZ DAR 1983, 273, 278). Auch Institutsgutachten sprachen sich für eine Rückverweisung aus (IPG 1969 Nr 7 [München]; IPG 1973 Nr 9 [Bonn]).

294 Die **Gegner der Rückverweisung** betonen insbesondere das vorrangige Interesse an der unmittelbaren Anwendung der sachgerechten eigenen Kollisionsnorm. Das differenzierte Anknüpfungssystem des deutschen internationalen Deliktsrechts, das durch eine vielfältige Auflockerung der klassischen Tatortregel gekennzeichnet sei, stehe der Berücksichtigung einer Rück- oder Weiterverweisung entgegen, weil damit die Wertung des inländischen Kollisionsrechts zunichte gemacht würde (für Sachnormverweisung daher vHOFFMANN IPRax 1996, 1, 7; STAUDINGER/vHOFFMANN[12] Art 38 Rn 164; RAAPE/STURM, IPR § 11 II 6; BEITZKE, in: FS Wilburg [1975] 31 ff; NANZ VersR 1981, 212, 216 f; DÖRNER Jura 1990, 57, 62; WANDT VersR 1990, 1310; KROPHOLLER RabelsZ 33 [1969] 601, 643 ff; WEICK NJW 1984, 1993, 1997; BGB-RGRK/WENGLER § 15 c 4). Daneben wird vor allem auf die praktischen Schwierigkeiten der Ermittlung ausländischen Kollisionsrechts hingewiesen (vgl NANZ VersR 1981, 212, 217; STAUDINGER/vHOFFMANN aaO).

295 In der neueren Literatur werden zunehmend **differenzierende Lösungen** vertreten. Ausgehend von der Geltung des Prinzips der Gesamtverweisung auch auf dem Gebiet des Deliktsrechts wird die Beachtlichkeit einer Rück- oder Weiterverweisung für bestimmte Fallgruppen eingeschränkt oder ausgeschlossen (vgl MünchKomm/KREUZER Art 38 Rn 26 ff; MANSEL VersR 1984, 747; ders ZVglRW 1986, 19; SACK GRUR Int 1988, 329; W LORENZ JZ 1985, 444; HOHLOCH JR 1985, 24). Auch Institutsgutachten befürworten eine Rückverweisung zT nur unter der Voraussetzung, daß dadurch eine Auflockerung der Tatortregel erreicht werden konnte (IPG 1978 Nr 11 [München] und IPG 1978 Nr 12 [Göttingen]).

cc) Ausländisches Recht

In ausländischen Rechten ist die Haltung zum Renvoi im internationalen Delikts- **296** recht jeweils maßgeblich durch die allgemeine Einstellung zum Renvoi-Problem geprägt. Die einem Renvoi generell aufgeschlossenen Rechtsordnungen erstrecken den Grundsatz der Gesamtverweisung idR auch auf das internationale Deliktsrecht (vgl zum österreichischen Recht SCHWIMANN, Grundriß 170; dazu krit BEITZKE RabelsZ 43 [1979] 245, 251). Abweichend davon schließt das neue italienische IPRG, das in Art 13 Abs 1 ebenfalls das Prinzip der Gesamtverweisung befolgt, den Renvoi auf dem Gebiet der außervertraglichen Schuldverhältnisse aus (Art 13 Abs 2 lit c; dazu Anh Rn 220). Rechtsordnungen hingegen, die vom Grundsatz der Sachnormverweisung ausgehen, sehen in der Regel keine Notwendigkeit, von diesem Grundsatz für den Bereich des Deliktrechts abzuweichen (so zB das schweizerische Recht, vgl Art 14 IPRG).

dd) Reformentwurf

Der Entwurf eines Gesetzes zur Ergänzung des Internationalen Privatrechts sieht in **297** seiner letzten Fassung vom 1. 12. 1993 – abweichend von den Vorschlägen des Deutschen Rats für IPR und vorausgegangenen Entwürfen – keinen ausdrücklichen Ausschluß des Renvoi mehr vor. Die Gesetzesbegründung verweist darauf, daß in den Fällen der akzessorischen Anknüpfung eine Rück- oder Weiterverweisung schon nach dem „Sinn der Verweisung" ausgeschlossen sei. Im übrigen bestehe aber kein zwingender Anlaß zu einer Abweichung vom Prinzip der Gesamtverweisung, das sich in der Zeit seit der Neuregelung des IPR auch für außervertragliche Schuldverhältnisse in der Praxis weiter bewährt habe.

b) Stellungnahme
aa) Grundsatz

Die Beachtung einer Rück- oder Weiterverweisung ist für das deutsche IPR in Art 4 **298** Abs 1 als allgemeiner Grundsatz normiert, der nicht auf bestimmte Rechtsgebiete beschränkt ist. Da ein ausdrücklicher gesetzlicher Ausschluß des Renvoi, wie er in Art 35 Abs 1 für das Schuldvertragsrecht angeordnet ist, im internationalen Deliktsrecht fehlt, ist mit der hM in der Rechtsprechung (s o Rn 291 f) ein Renvoi jedenfalls dann zu bejahen, wenn das deutsche IPR mit Hilfe der Tatortregel auf einen einheitlichen ausländischen Deliktsort verweist. Bei einem derartigen *Platzdelikt*, bei dem keine Wahlmöglichkeit zwischen dem Recht des Handlungs- und des Erfolgsorts besteht, ist daher eine Rück- oder Weiterverweisung durch das – autonome wie staatsvertragliche – Kollisionsrecht des Begehungsorts zu beachten (zutr MünchKomm/ KREUZER Art 38 Rn 28; vBAR, IPR II Rn 692; **aA** DÖRNER Jura 1990, 57, 62; STAUDINGER/vHOFFMANN[12] Art 38 Rn 164). In Betracht kommt hier insbesondere bei Straßenverkehrsunfällen im Ausland eine Rückverweisung auf das Recht des Registrierungsorts, wenn der Unfall in einem Vertragsstaat des Haager Übereinkommens von 1971 geschehen ist (s o Rn 135 f).

Gleiches muß aber auch dann gelten, wenn die Tatortanknüpfung nach deutschem **299** internationalen Deliktsrecht zugunsten der Anknüpfung an den **gemeinsamen gewöhnlichen Aufenthaltsort** von Schädiger und Geschädigtem zurücktritt (vgl Art 40 Abs 2 RefE). Das Argument, durch die Beachtung eines Renvoi (zB auf das Tatortrecht) würde in diesen Fällen die Wertung des inländischen Kollisionsrechts zunichtegemacht und damit dem Sinn der Verweisung widersprochen (so OLG Karlsruhe 7. 2. 1978, IPRspr 1978 Nr 29; KROPHOLLER RabelsZ 33 [1969] 601, 645 f; DESSAUER ZVglRW 81

[1982] 215, 223 f, 236; ERMAN/HOHLOCH Art 38 Rn 10; MünchKomm/KREUZER Art 38 Rn 27; STAUDINGER/vHOFFMANN[12] Art 38 Rn 164), rechtfertigt keine andere Beurteilung, weil es sich bei der Anknüpfung an den gewöhnlichen Aufenthalt der Beteiligten gerade nicht um eine differenzierte Kollisionsregel handelt, die den besonderen Umständen des Einzelfalles Rechnung trägt. Das Ordnungsinteresse am internationalen Entscheidungseinklang, dem Art 4 Abs 1 dient (s o Rn 14 f), setzt sich daher im Falle der Anknüpfung an den gewöhnlichen Aufenthaltsort der Beteiligten im internationalen Deliktsrecht in gleicher Weise durch wie im internationalen Familienrecht (BAUER 237; vBAR, IPR II Rn 691; FURTAK IPRax 1992, 78, 81; SOERGEL/LÜDERITZ[11] Art 12 aF Rn 78; vgl auch die in Rn 291 referierte Rspr; aA BEITZKE, in: FS Wilburg [1977] 31, 39; STAUDINGER/vHOFFMANN[12] aaO; DÖRNER aaO).

bb) **Schranken**

300 Aus dem zuvor Gesagten folgt zugleich, daß eine andere Beurteilung dann geboten ist, wenn von den Regelanknüpfungen an den Tatort bzw an den gemeinsamen gewöhnlichen Aufenthalt der Beteiligten ausnahmsweise deshalb abgewichen wird, weil der Sachverhalt mit einem anderen Staat eine wesentlich engere Verbindung hat. Macht das deutsche Gericht von dieser **Ausweichklausel** (vgl Art 41 Abs 1 RefE) Gebrauch, so würde eine Rück- oder Weiterverweisung – zB auf das Recht des Tatorts bzw des gewöhnlichen Aufenthalts von Schädiger und Geschädigtem – dem Sinn der Verweisung widersprechen (insoweit zutr OLG Karlsruhe aaO; MANSEL ZVerglRW 86 [1987] 1, 19; MünchKomm/KREUZER aaO). Dies gilt namentlich auch für das internationale *Wettbewerbsrecht* mit seinen marktbezogenen Anknüpfungskriterien (MünchKomm/KREUZER aaO; BAUER 206 f; SACK GRUR Int 1988, 329).

301 Nur eingeschränkt beachtlich ist der Renvoi ferner, wenn das **Deliktsstatut akzessorisch** an ein Hauptstatut angeknüpft wird. Ist im Rahmen der Bestimmung des Hauptstatuts ein Renvoi beachtlich, so wirkt sich dies freilich mittelbar auch auf die akzessorische Anknüpfung des Deliktsstatuts aus (KROPHOLLER RabelsZ 33 [1969] 601, 645; DESSAUER ZVglRW 81 [1982] 215, 236; BAUER 237 f; MünchKomm/KREUZER Art 38 Rn 29). Denn andernfalls würde die mit der akzessorischen Anknüpfung bezweckte einheitliche Beurteilung eines Lebensverhältnisses nach einem einzigen Recht zunichte gemacht. Daraus folgt zugleich, daß in dem praktisch wichtigsten Fall der *vertrags*akzessorischen Anknüpfung eines Anspruchs aus unerlaubter Handlung ein Renvoi wegen Art 35 Abs 1 auch im internationalen Deliktsrecht ausscheidet (ebenso MANSEL VersR 1984, 747; ders ZVglRW 85 [1986], 1, 19; KROPHOLLER, IPR[2] § 24 II 7 c).

302 Der Renvoi ist auch dann ausgeschlossen, wenn die Parteien das **Deliktsstatut wirksam vereinbart** haben (zur Zulässigkeit einer Rechtswahl BGH 17. 3. 1981, NJW 1981, 1606, 1607 = IPRspr 1981 Nr 25; 24. 9. 1986, BGHZ 98, 263, 274 = IPRax 1988, 159 m Anm HAUSMANN 140 = IPRspr 1986 Nr 144; MünchKomm/KREUZER Art 38 Rn 57 ff mwN; ferner Art 42 RefE). Denn die Parteien vereinbaren ein Recht um eines bestimmten materiellen Inhalts willen oder um unliebsame materiell-rechtliche Regeln des objektiven Deliktsstatuts auszuschalten. Beide Ziele werden nur durch eine Sachnormverweisung erreicht; demgemäß gilt der Grundsatz des § 4 Abs 2 auch im internationalen Deliktsrecht (zutr MünchKomm/KREUZER Art 38 Rn 26; im Erg ebenso OLG Stuttgart 25. 7. 1990, VersR 1991, 1042 = IPRspr 1990 Nr 45).

303 Entsprechend ist auch für die von der hM anerkannte Wahl des für den Geschädigten

günstigeren Rechts bei Distanzdelikten zu entscheiden. Billigt man dieses Wahlrecht dem *Geschädigten* zu (so MünchKomm/Kreuzer Art 38 Rn 51; ferner Art 40 Abs 1 S 2 RefE), so folgt dies unmittelbar aus Art 4 Abs 2; denn der Geschädigte trifft diese Rechtswahl aufgrund eines Vergleichs der Sachnormen des am Handlungs- bzw Erfolgsort geltenden Rechts und nicht aufgrund eines Vergleichs der Sachnormen, die von den am Handlungs- bzw Erfolgsort geltenden Kollisionsnormen berufen werden (MünchKomm/Kreuzer Art 38 Rn 26). Nichts anderes gilt aber auch dann, wenn man diese Entscheidung – mit der bisher hM (BGH 23. 6. 1964, NJW 1964, 2012 = IPRspr 1964/65 Nr 51; BGH 17. 3. 1981 aaO; Palandt/Heldrich Art 38 Rn 3) – dem Gericht überläßt. Auch in diesem Fall wäre die Rück- oder Weiterverweisung des für den Geschädigten günstigeren Rechts am Erfolgsort auf das ihm ungünstigere Recht am Handlungsort (bzw umgekehrt) mit dem Sinn der Verweisung nicht vereinbar (zutr OLG Saarbrücken 22. 10. 1957, NJW 1958, 752, 753 = IPRspr 1956/57 Nr 42; im Erg auch OLG Karlsruhe 4. 8. 1977, MDR 1978, 61, 62 = IPRspr 1977 Nr 27; ferner Bauer 208 f; Mansel VersR 1984, 747; Nanz VersR 1981, 212, 217; MünchKomm/Kreuzer Art 38 Rn 26 aE; Staudinger/vHoffmann[12] Art 38 Rn 164; Soergel/Lüderitz[12] Art 38 Rn 118; aA IPG 1973 Nr 9 [Bonn]).

Schließlich ist zu beachten, daß **verkehrsrechtliche Verhaltensnormen** stets kraft Sonderanknüpfung dem Recht des Handlungsorts zu entnehmen sind, mag Deliktsstatut auch ein hiervon abweichendes gemeinsames Umweltrecht von Schädiger und Geschädigtem sein (BGH 8. 3. 1983, BGHZ 87, 95, 87 = NJW 1983, 1972 = IPRspr 1983 Nr 31; BGH 7. 7. 1992, BGHZ 119, 137, 140; OLG München 17. 2. 1976, NJW 1977, 502; Palandt/Heldrich Art 38 Rn 12 mwN). Daraus folgt, daß auch eine nach Art 4 Abs 1 zu beachtende Rück- oder Weiterverweisung des Tatortrechts sich nicht auf die dort geltenden Verhaltensnormen bezieht.

X. Sachenrecht

1. Bedeutung

Für Immobilien gilt die *lex rei sitae* weltweit ohne Ausnahme, so daß die Frage, ob die Situsregel als Verweisung auf fremdes Kollisions- oder Sachrecht zu verstehen ist, idR der praktischen Bedeutung entbehrt. Auch für Mobilien hat die Problematik des Renvoi die Rechtsprechung in der Vergangenheit wenig beschäftigt. Das Problem der Gesamtverweisung kann sich hier freilich in Zukunft häufiger stellen, weil das Sachstatut für Mobilien ohne festen Lageort (insbesondere für Waren auf dem Transport) in ausländischen Kollisionsrechten zunehmend nicht mehr durch den jeweiligen Lageort, sondern durch andere Anknüpfungsmomente bestimmt wird.

So verweisen die Kollisionsnormen mancher Belegenheitsrechte auf das Personalstatut des Eigentümers („mobilia ossibus inhaerent"). Personalstatut kann entweder das Wohnsitzrecht oder das Recht der Staatsangehörigkeit sein. Der Wohnsitz des Eigentümers ist etwa im argentinischen Código civil von 1869 maßgeblich; dabei muß es sich um bewegliche Sachen handeln, die nicht an einem Ort auf Dauer verwahrt werden, sondern die der Eigentümer ständig bei sich hat oder die seinem persönlichen Gebrauch dienen, oder um bewegliche Sachen, die zum Verkauf oder zur Beförderung an einen anderen Ort bestimmt sind (Art 11 Cc). Hinsichtlich der Voraussetzungen und Wirkungen des Eigentumsübergangs an einer beweglichen Sache kommt auch eine Verweisung des Belegenheitsstatuts auf *das Statut des Ver-*

trages in Betracht, der den Rechtsübergang an einer Sache herbeiführen soll. Praktisch wird die Frage vor allem, wenn ein Verkäufer sich das Eigentum vorbehalten hat und das Belegenheitsrecht die Wirksamkeit des Eigentumsvorbehalts im Verhältnis zwischen Verkäufer und Käufer dem Vertragsstatut unterwirft (vgl LG Frankfurt 9. 7. 1958, IPRspr 1958 Nr 109 = AWD 1958, 1990 [Italien]). Teilweise wird auch auf das Rechts des Absendeorts (§ 6 S 2 des tschechischen/slowakischen IPRG 1963; Art 10 Nr 1 Abs 3 des spanischen Código Civil) oder auf den *Bestimmungsort* (Art 46 Nr 2 des portugiesischen Código Civil 1966; s auch Art 101, 103, 104 Abs 1 schweiz IPRG) abgestellt.

307 Noch größer ist die Vielfalt der Anknüpfungskriterien in bezug auf **Transportmittel**. Hier sieht Art 45 Abs 1 RefE eine Anknüpfung an die Staatsangehörigkeit für Luftfahrzeuge (Nr 1), an den Staat der Registereintragung bzw den Heimathafen oder Heimatort für Wasserfahrzeuge (Nr 2) und den Staat der Zulassung für Schienenfahrzeuge vor. Ähnlich vielfältig sind die Anknüpfungen im Ausland; so gilt das Heimatrecht in Thailand (§ 16 Abs 2 IPRG 1938), das Wohnsitzrecht in Argentinien (Art 11 HS 2 Código Civil 1869) und Brasilien (Art 8 § 1 EinfG zum Código Civil 1942), das Flaggenrecht in Spanien (Art 10 Nr 2 Código Civil 1978) und das Recht des Registrierungsorts in Portugal (Art 46 Nr 3 Código Civil 1966).

2. Grundsatz

308 Die Verweisung auf das Recht des Lageorts wurde von der hM bereits vor der IPR-Reform von 1986 als Gesamtverweisung verstanden; Rück- und Weiterverweisung wurden in entsprechender Anwendung von Art 27 aF beachtet (LG Kiel 18. 12. 1959, IPRspr 1958/59 Nr 54; LG Frankfurt 2. 7. 1958, IPRspr 1958/59 Nr 109; SOERGEL/KEGEL[11] vor Art 7 Rn 583; STAUDINGER/STOLL[12] IntSachenR Rn 69; RAAPE/STURM, IPR I § 11 III 5; BAUER 279 ff; aA LEWALD IPR 171 f). Daran hat sich auch nach 1986 nichts geändert. Da Art 4 Abs 1 die Anerkennung einer Rück- oder Weiterverweisung nicht auf bestimmte Rechtsgebiete beschränkt, gilt die Vorschrift auch im internationalen Sachenrecht. Um hinkende Sachenrechtsverhältnisse zu vermeiden, hat der Gesichtspunkt der internationalen Entscheidungsharmonie hier sogar besonderes Gewicht (STAUDINGER/STOLL[12] aaO). Eine von der ausländischen lex rei sitae ausgesprochene Rück- oder Weiterverweisung ist daher grundsätzlich zu beachten, zumal sich die Geltung sachenrechtlicher Normen gegen den Willen des Belegenheitsrechts idR ohnehin nicht durchsetzen läßt (so zuletzt ausdrücklich BGH 26. 9. 1989, BGHZ 108, 353, 357 = NJW 1990, 242 = IPRax 1991, 338 m Anm KRONKE/BERGER 316 = EWiR 1990, 87 m Anm EBENROTH = IPRspr 1989 Nr 59 [Rückverweisung des schweizerischen IPR für die Frage des Eigentumserwerbs an einem Scheck durch dessen Übergabe in Basel verneint]; ebenso für Mobilien KG 29. 9. 1987, NJW 1988, 341, 342 = IPRspr 1987 Nr 41; OLG Koblenz 5. 2. 1993, RIW 1993, 502 = IPRax 1994, 302 m Anm FRANK 279 = IPRspr 1993 Nr 51; für Immobilien OLG Celle 31. 3. 1987, RIW 1988, 137 = IPRspr 1987 Nr 17; zust EBENROTH/EYLES IPRax 1989, 1, 7; PALANDT/HELDRICH Anh II zu Art 38 Rn 1; FERID, IPR[3] Rn 7–36; vBAR, IPR II Rn 751; MünchKomm/KREUZER nach Art 38 Anh I Rn 21). Ansprüche aus Grundstücksimmissionen sind nach zutreffender Auffassung deliktsrechtlich zu qualifizieren (KRONKE/BERGER IPRax 1991, 316; STAUDINGER/STOLL[12] IntSachenR Rn 162; vgl auch Art 44 RefE); insoweit ist ein etwaiger Renvoi daher nach den dort geltenden Grundsätzen anzuerkennen (MünchKomm/KREUZER nach Art 38 Anh I Rn 20).

3. Schranken

Soweit man im internationalen Sachenrecht überhaupt eine *Rechtswahl* zuläßt (so für internationale Verkehrsgeschäfte STAUDINGER/STOLL[12] IntSachenR Rn 216 ff; SIEHR ZVglRW 1984, 100; JAYME, in: FS Serick [1992] 241; **aA** aus Gründen der Rechtssicherheit KEGEL, IPR[7] § 19 I; MünchKomm/KREUZER nach Art 38 Anh I Rn 35, 67; PALANDT/HELDRICH Art 38 Anh II Rn 2), ist ein Renvoi nach Art 4 Abs 2 ausgeschlossen (STAUDINGER/STOLL[12] IntSachenR Rn 70). Erkennt man mit dem RefE (Art 43 Abs 4) auch im internationalen Sachenrecht eine *Ausweichklausel* an, die aufgrund der besonderen Umstände des Einzelfalles zur Anwendung eines von der lex rei sitae abweichenden Rechts führt, so widerspricht die Beachtung einer Rück- oder Weiterverweisung (zB auf die lex rei sitae) dem Sinn dieser Anknüpfung an die engste Verbindung (dazu allg o Rn 97).

XI. Immaterialgüterrecht

Immaterialgüterrechte unterliegen – vorbehaltlich abweichender staatsvertraglicher Regelungen – nach nahezu allgM dem Recht des Schutzlandes (lex loci protectionis, vgl MünchKomm/KREUZER Art 38 Anh II Rn 7; SCHRICKER/KATZENBERGER, Urheberrecht [1987] vor §§ 120 ff Rn 69, 73; SOERGEL/KEGEL[11] Anh zu Art 7 Rn 23 mwN). Darunter ist das Recht des Staates zu verstehen, für dessen Gebiet Immaterialgüterschutz in Anspruch genommen wird. Auch die Berufung der lex loci protectionis ist grundsätzlich als Gesamtverweisung zu verstehen, so daß Rück- und Weiterverweisung zu befolgen sind. Insoweit hat Art 4 Abs 1 S 1 lediglich den schon bisher geltenden Rechtszustand bestätigt (SCHACK, Zur Anknüpfung des Urheberrechts im IPR [1979] 33; DROBNIG RabelsZ 40 [1976] 195, 199; ULMER, Die Immaterialgüterrechte im IPR [1975] 12 f, 108; MünchKomm/KREUZER nach Art 38 Anh II Rn 10). Die praktische Bedeutung der Renvoi-Problematik ist im internationalen Immaterialgüterrecht freilich gering, weil die deutsche Verweisung aufgrund des quasi weltweit geltenden Schutzlandprinzips regelmäßig angenommen wird. Ausnahmen gelten namentlich aufgrund von Staatsverträgen, die stattdessen das Recht des Ursprungslandes (lex originis) zur Anwendung berufen. Derartige staatsvertragliche Kollisionsnormen können zur Rück- oder Weiterverweisung führen, wenn die Bundesrepublik Deutschland dem jeweiligen Staatsvertrag nicht beigetreten ist und der Staatsvertrag im Schutzland als „loi uniforme" angewandt wird.

E. Unteranknüpfung bei Mehrrechtsstaaten (Abs 3)*

I. Normzweck

In zahlreichen ausländischen Staaten ist das Privatrecht nicht vereinheitlicht, son-

---

* **Schrifttum: 1. Interlokales Privatrecht:** BEITZKE, Internationales und interlokales Privatrecht, in: FS Nipperdey (1955) 41; BUNGERT, Ehescheidung in Deutschland wohnender US-Amerikaner aus verschiedenen Einzelstaaten, IPRax 1993, 10; DROOP, Sachrechte der Gliedstaaten der USA und ihre kollisionsrechtliche Bewältigung, Jura 1993, 293; EILERS, Systeme des interlokalen Privatrechts, Rechtsvergleichung und Versuch einer Typisierung (1954); GRAVESON, Problems of Private International Law in Non-Unified Legal Systems, Rec des Cours 141 (1974-I) 187; HAY, Die Anwendung US-amerikanischer jurisdiction-Regeln als Ver-

dern *räumlich* gespalten, weil diese Staaten die Regelung bestimmter privatrechtlicher Fragen regionalen oder lokalen Normgebern übertragen haben. In diesen Fällen reicht die Verweisung des deutschen Kollisionsrechts auf das „Recht" des fremden Mehrrechtsstaates nicht aus, um die maßgebenden materiellen Rechtsvorschriften zu bezeichnen; es muß vielmehr zusätzlich geklärt werden, welche von den

weisungsnorm bei Scheidung von in Deutschland wohnhaften Amerikanern, IPRax 1988, 265; JAYME, Spanisches interregionales und deutsches internationales Privatrecht, IPRax 1989, 287; ders, Rechtsspaltung im spanischen Privatrecht und deutsche Praxis, RabelsZ 55 (1991) 303; KEGEL, Die Anwendung des Rechts ausländischer Staaten mit räumlicher Rechtsspaltung, in: FS Arnold (1955) 61; LALIVE, Droit interrégional et droit international privé, Schweizer Landesbericht zum IV. internationalen Kongress für Rechtsvergleichung in Paris 1954 (1955) 103; VMEHREN, Conflict of Laws in a Federal System – Some Perspectives, 18 IntCompLQ (1969) 681; DE NOVA, Il richiamo di ordinamenti plurilegislativi (1940); ders, Les systèmes juridiques complexes en droit international privé, Rev crit 1955, 1; ders, Diritto interlocale e diritto internazionale privato: ancora un raffronto, Riv dir int priv proc 12 (1976) 5 ff = Gedächtnisschrift Ehrenzweig (1976) 111; OTTO, Die Bedeutung des Art 4 Abs 3 EGBGB bei Verweisung auf das Recht eines Mehrrechtsstaates, IPRax 1994, 1; RAUSCHER, Die Ausschaltung fremden interlokalen Rechts durch Art 4 Abs 3 S 1 EGBGB, IPRax 1987, 206; SAJKO, Die Rechtsspaltung im jugoslawischen Familien- und Erbrecht und ihre kollisionsrechtlichen Auswirkungen, StAZ 1977, 93; SPICKHOFF, Die engste Verbindung im interlokalen und internationalen Familienrecht, JZ 1991, 336; STOLL, Kollisionsrechtliche Fragen bei räumlicher Spaltung des anwendbaren Rechts, in: FS Keller (1989) 511; SUMAMPOUW, Droit interrégional privé et droit international privé, in: FS Kokkini-Iatridou (1994) 221; VITTA, Interlocal Conflict of Laws, IntEnc CompL III 9 (1985).

2. Interpersonales Privatrecht: BARTHOLOMEW, Private Interpersonal Law, 1 IntCompLQ (1952) 325; BENATHAR, Problèmes relatifs au droit international privé de la famille dans les pays de droit personnel, Rec des Cours 121 (1967-II) 1; BOPARAI, The Customary and Statutory Law of Marriage in Nigeria, RabelsZ 46 (1982) 530; BUNGERT, Nigerianische Stammesehen vor deutschen Gerichten, StAZ 1993, 140; ELGEDDAWY, Relations entre systèmes confessionnel et laïque en droit international privé (1971); EMILIANIDES, Interracious and Interreligious Law in Cyprus, Rev hell dr int 1958, 286; GANNAGÉ, La coexistence des droits confessionnels et des droits laïcisés dans les relations privées internationales, Rec des Cours 164 (1973-III) 339; ders, Droit intercommunautaire et droit international privé, Clunet 110 [1983] 479; GOUWGIOKSIONG, Interpersonal Law in Indonesia, RabelsZ 29 (1965) 545; KOLLEWIJN, Intergentiel recht (1955); KOTZUR, Kollisionsrechtliche Probleme christlich-islamischer Ehen (1988); LEMAIRE, Kwesties bij de studie von het intergentiel recht (1956) = DirInt 15 (1961) 103; LIPSTEIN/SZÁSZY, Interpersonal Conflict of Laws, IntEncCompL III 10 (1985); PEARL, Interpersonal Conflict of Laws in India, Pakistan and Bangladesh (London/Bombay 1981); RICHTER, Die Rechtsspaltung im malaysischen Familienrecht – zugleich ein Beitrag zur „gestuften" Unteranknüpfung im IPR (1978); SANDERS, The Internal Conflict of Laws in South Africa (Durban 1990); STIEHL, Das interpersonale Kollisionsrecht im IPR (Diss Augsburg 1989); SZÁSZY, Le conflit de lois interpersonnel dans les pays en voie de développement, Rec des Cours 138 (1973-I) 81; ders, Interpersonal Conflicts of Laws, in: FS Wengler II (1973) 793; VITTA, The Conflict of Law in Matters of Personal Status in Palestine (1947); ders, Il diritto interpersonale, AnnDirComp 28 (1953) 119; WÄHLER, Interreligiöses Kollisionsrecht im Bereich privatrechtlicher Rechtsbeziehungen (1978); ders, Internationales Privatrecht und interreligiöses Kollisionsrecht, IPRax 1981, 163; WENGLER, Internationales und interreligiöses Recht in Palästina, RabelsZ 12 (1939) 772; ders, The Problems of „Intergen-

mehreren lokalen Rechtsordnungen anzuwenden ist. Entsprechende Probleme stellen sich, wenn das Recht eines fremden Staates *personal* gespalten ist, weil für die Angehörigen verschiedener Religionen oder Stämme unterschiedliches Recht gilt. Auf eine derartige Rechtsspaltung kann sowohl das Kollisionsrecht des Forums als auch das Recht des ausländischen Mehrrechtsstaates unterschiedlich reagieren. Das Kollisionsrecht des Forums kann die maßgebende Teilrechtsordnung selbst bestimmen. Dies kommt regelmäßig nur in den Fällen einer räumlichen Rechtsspaltung, nicht dagegen in den Fällen einer personalen Rechtsspaltung in Betracht (s u Rn 342 f). Erforderlich hierfür ist ein Anknüpfungskriterium im Kollisionsrecht des Forums, das unmittelbar zu der Teilrechtsordnung hinführt, weil zB auf den Wohnsitz, Aufenthalts- oder Handlungsort im Gebiet einer Teilrechtsordnung abgestellt wird (dazu u Rn 321 ff). Verweist das Kollisionsrecht des Forums nicht direkt auf eine Teilrechtsordnung, so ist es primär Sache des fremden Mehrrechtsstaates, die Rechtsanwendung durch interlokales oder interpersonales Privatrecht zu regeln. Allerdings besitzen keineswegs alle Mehrrechtsstaaten derartige Vorschriften. Soll die deutsche Kollisionsnorm, die – zB mit Hilfe der Anknüpfung an die Staatsangehörigkeit – das Recht eines solchen Staates für maßgeblich erklärt, nicht leerlaufen, so muß sie bis zu einer Teilrechtsordnung verlängert werden. Zu diesem Zwecke ist das Kollisionsrecht des Forums um spezifische Kollisionsregeln zur Konkretisierung der Verweisung auf das Recht eines Mehrrechtsstaates zu ergänzen (dazu u Rn 327 ff).

Zur Lösung der vorstehenden Problematik hat der Gesetzgeber in Art 4 Abs 3 Kollisionsregeln zur **"Unteranknüpfung"** in Fällen der Verweisung auf das Recht eines Mehrrechtsstaates kodifiziert. Die Vorschrift entscheidet zum einen darüber, ob das deutsche IPR direkt auf eine ausländische Partikularrechtsordnung verweist oder ob diese Entscheidung dem Recht des ausländischen Staates überlassen bleibt (Satz 1). Sie trifft darüber hinaus Vorsorge für den Fall, daß das Recht des Mehrrechtsstaates keine eigene Regelung bereithält (Satz 2). Eine Sonderregelung für vertragliche Schuldverhältnisse enthält Art 35 Abs 2. Spezielle Vorschriften zur Unteranknüpfung bei Mehrrechtsstaaten enthalten ferner zahlreiche Staatsverträge (dazu u Rn 348 ff); diese Regeln haben nach Art 3 Abs 2 Vorrang vor Art 4 Abs 3.

II. Staaten mit Rechtsspaltung

Über Probleme der interlokalen oder interpersonalen Rechtsspaltung in wichtigen Mehrrechtsstaaten informiert die Länderübersicht im Anhang (vgl ferner STAUDINGER/ STURM Einl Rn 537–544 m ausf Nachw). An dieser Stelle genügt daher ein knapper Überblick über die wichtigsten Fälle der Rechtsspaltung und die Bewältigung der sich hieraus ergebenden Rechtsanwendungsprobleme.

1. Lokale Rechtsspaltung

a) Einheitliches interlokales Privatrecht
Eine Reihe von Staaten bestimmt den Anwendungsbereich der lokalen Teilrechte

---

tile" Law and the Possible Methods of their Solutions in Private International Law, Rec de Cours 104 (1961- III) 274, 289; ders, Grundprobleme des interreligiösen Kollisionsrechts, in: FS Fragistas II (1967) 485.

durch gesamtstaatliches Verfassungsrecht oder interlokales Privatrecht. Dies trifft etwa für (Rest)-Jugoslawien und Spanien (dazu näher im Anh Rn 248 ff und 328 ff) zu. Hierher gehören ferner Staaten, die zwar die interlokale Rechtsanwendung nicht gesetzlich geregelt haben, in denen aber die Rechtsprechung gesamtstaatliches Richterrecht auf diesem Gebiet entwickelt hat, wie dies etwa in Deutschland nach der Angliederung Österreichs und weiterer Gebiete geschehen war (RG 17.7.1943, DR 1944, 854). Auch der Fall, daß gesamtstaatliches Verfassungsrecht die Jurisdiktionsgewalt bestimmten Gliedstaaten zuweist und dabei voraussetzt, daß diese ihre lex fori anwenden, gehört hierher (MünchKomm/SONNENBERGER Rn 72); ob dies für das US-amerikanische Scheidungsrecht zutrifft (so HAY IPRax 1988, 267), ist freilich fraglich (dazu näher u Rn 330 ff).

b) Gespaltenes interlokales Privatrecht

315 Eine zweite Gruppe von Staaten ist dadurch gekennzeichnet, daß die lokalen Partikularrechte selbst ihren interlokalen Geltungsbereich festlegen. Hierzu zählen etwa das Vereinigte Königreich, Australien, Kanada und die USA (dazu näher im Anh Rn 23, 47, 67 und 79) Hier reicht die Rechtsetzungskompetenz der Teilstaaten zT soweit, daß sogar Organe des Gesamtstaates, die in einem Teilstaat residieren, das interlokale Recht ihres Sitzstaates anzuwenden haben, wie dies namentlich auf die Rechtsprechung der amerikanischen Bundesgerichte zutrifft (vgl Erie Railroad Co v Tompkins, 304 US 64 [1938]; Klaxon Co & Stentor Electric Mfg Co, 313 US 487 [1941]; dazu DROOP Jura 1993, 293, 294 f). Abgemildert werden die Rechtsanwendungsprobleme in derartigen Systemen dadurch, daß die Teilstaaten bei der Ausformung des interlokalen Privatrechts auf die Rechtsentwicklung in anderen Teilstaaten Rücksicht nehmen, so daß zumindest inhaltlich weitgehend übereinstimmendes interlokales Recht entsteht. Dies gilt insbesondere für die USA, wo das American Law Institute sich bemüht hat, aus den partikularen Interlokalrechten gemeinsame Grundsätze herauszufiltern und im Restatement of the Law of Conflict of Laws zusammenzufassen (vgl Restatement of the Laws Second, Conflict of Laws [1971], bearbeitet von REESE und SCOTT; krit dazu vor allem EHRENZWEIG 103 U Pa L Rev 133 [1954] und 113 U Pa L Rev 1230 [1965]).

c) Teilweise vereinheitlichtes interlokales Privatrecht

316 Eine dritte Gruppe bilden diejenigen Staaten, die auf gesamtstaatlicher Ebene nur wenige Grundsätze des interlokalen Privatrechts kodifiziert haben und deshalb für alle nicht geregelten Fragen auf das interlokale Privatrecht der Einzelstaaten verweisen bzw deren Regelung den Einzelstaaten überlassen. So verhält es sich etwa im *mexikanischen Recht*, wo Art 121 der Bundesverfassung zwar für die Anknüpfung der Rechtsverhältnisse an in Mexiko belegenen Sachen gewisse interlokalrechtliche Regeln enthält, im übrigen aber den einzelnen Bundesstaaten die Lösung interlokalrechtlicher Konflikte überläßt. Die neueren Kodifikationen im Bundesdistrikt und in Nuevo León erklären insoweit ausdrücklich die einzelstaatlichen IPR-Regeln auf interlokale Konflikte für entsprechend anwendbar (dazu näher im Anh Rn 437 ff).

2. Personale Rechtsspaltung

317 Während die Bedeutung standesrechtlicher Partikularrechte heute im Schwinden ist, spielen religiöse und stammesgebundene Sonderregeln vor allem auf den Gebieten des Familien- und Erbrechts in zahlreichen Staaten Afrikas sowie des Nahen und Fernen Ostens nach wie vor eine bedeutende Rolle. Dabei reagieren staatliche

Gesetzgeber auf die vorgefundene personale Rechtsspaltung unterschiedlich. Während bis in unser Jahrhundert hinein vor allem zahlreiche Staaten der islamischen Welt diese Rechtsmaterien vollständig der Regelung durch religiöse Gerichte überlassen haben, sind die Voraussetzungen für die Anwendung des Rechts einer Religionsgemeinschaft oder eines Stammes heute regelmäßig durch staatliche Gesetze festgelegt. Der Inhalt dieses staatlichen interpersonalen Privatrechts differiert freilich zum Teil beträchtlich und hängt insbesondere vom Grad der Säkularisierung und vom jeweiligen Stand der Bemühungen um eine Rechtsvereinheitlichung über Religions- und Stammesgrenzen hinweg ab (vgl STAUDINGER/STURM Einl Rn 542 ff).

So gibt es Staaten, die ihren Bürgern ein **vereinheitlichtes weltliches Familienrecht** und 318
das traditionelle religiöse oder stammesgebundene Familienrecht alternativ zur Verfügung stellen. Ein Beispiel hierfür bietet das *nigerianische Eherecht*. Dort haben die Ehegatten die Wahl zwischen der Eingehung einer monogamen statutarischen Ehe oder einer Ehe nach den Stammesrechten. Ersterenfalls unterliegen Ehevoraussetzungen, Ehewirkungen und Eheauflösung wegen der ausschließlichen Gesetzgebungszuständigkeit des Bundesstaats dem Common Law. Entscheiden sich die Ehegatten hingegen für eine Ehe nach islamischem Recht oder nach Stammesrecht, so unterwirft das gesamtstaatliche interpersonale Recht Nigerias die Ehe insgesamt dem gewählten Partikularrecht (vgl BOPAREI RabelsZ 46 [1982] 530, 542 ff; ferner ASIEDU-AKROFI, Judicial Recognition and Adoption of Customary Law in Nigeria, AmJCompL 37 [1989] 571; IPG 1972 Nr 189 [Köln]. Zur Frage, ob auch Nicht-Stammeszugehörige für die Geltung von Stammesrecht optieren können, vgl OLG München 22.12.1992, StAZ 1992, 151 = IPRspr 1992 Nr 84; dazu BUNGERT StAZ 1993, 140 ff). Demgegenüber gilt in *Indonesien* religiöses oder stammesgebundenes Eherecht nur ergänzend zu dem für alle Indonesier primär maßgeblichen staatlichen Ehegesetz Nr 1/1974. Da dieses Gesetz sich aber auf die Kodifikation weniger Grundsätze beschränkt, wird in Art 2 Abs 1 zur Lückenfüllung ausdrücklich auf die Rechte der verschiedenen Religionsgemeinschaften verwiesen (vgl näher GOUWGIOKSIONG RabelsZ 29 [1965] 545 ff; ferner CAMMACK, Islamic Law in Indonesia's New Order, IntCompLQ 38 [1989] 53; IPG 1970 Nr 23 [Köln]).

Abweichend von den zuvor genannten Rechten kennt etwa der *Libanon* überhaupt 319
kein staatliches Eherecht. Vielmehr hat sich der staatliche Gesetzgeber auf die Regelung der interpersonalen Konflikte beschränkt. In Art 15 des staatlichen Gesetzes über die Zuständigkeit der religiösen Gerichte vom 2.4.1951 überläßt er den Verlobten die Wahl des religiösen Eherechts und erklärt in Ermangelung einer solchen Wahl die Religion des Mannes für maßgeblich. Indem der Gesetzgeber ferner die religiösen Gerichte zur Entscheidung aller familienrechtlichen Rechtsstreitigkeiten für zuständig erklärt, hat er mittelbar zugleich das interpersonal anwendbare Familienrecht staatlich bestimmt, weil religiöse Gerichte stets das Recht ihrer eigenen Religion anwenden (vgl GANNAGÉ Clunet 110 [1983] 479 ff; ferner HOUEISS, Le régime matrimonial légal à travers les conflits internes de lois et de juridictions. Etude de droit libanais, Rev dr int dr comp 1981, 105).

III. Rechtsanwendungsprobleme in Fällen lokaler Rechtsspaltung

Die meisten Regeln des heutigen IPR sind ursprünglich auf interlokaler und interre- 320
gionaler Ebene entwickelt worden. In Deutschland wurde das Problem der Rück-

und Weiterverweisung erstmals anhand eines interlokalrechtlichen Falles erkannt (OAG Lübeck 21. 3. 1986, SeuffA 14 Nr 107 S 164: Weiterverweisung der Kollisionsnorm von Mainz auf das Recht von Frankfurt; dazu näher o Rn 28 f). Es war daher nur folgerichtig, wenn der in Art 27 EGBGB aF zum Ausdruck kommende Grundsatz der Gesamtverweisung auch die Rück- oder Weiterverweisung auf eine lokale oder regionale Teilrechtsordnung einbezog. Verwies also eine deutsche Kollisionsnorm auf das Recht eines fremden Staates, der seinerseits auf eine – eigene oder drittstaatliche – Teilrechtsordnung weiterverwies, so wurde dies von deutschen Gerichten schon vor der IPR-Reform von 1986 weithin berücksichtigt und die betreffende Teilrechtsordnung angewendet (vgl die Nachw u Rn 329; ferner STAUDINGER/GRAUE[12] Art 27 aF Rn 166 ff). Der Reformgesetzgeber hat die Problematik der interlokalen Rechtsspaltung nunmehr in Art 4 Abs 3 ausdrücklich geregelt.

1. Unmittelbare Verweisung auf eine Teilrechtsordnung

a) Die Regelung in Art 4 Abs 3 S 1

321 Abweichend von der staatsvertraglichen Praxis (dazu u Rn 348 ff), die Art 4 Abs 3 nach der Begründung der Bundesregierung lediglich verallgemeinern soll (BR-Drucks 222/83, BT-Drucks 10/504, jeweils S 39), und von der bisher ganz hM (vgl nur SOERGEL/KEGEL[11] Art 27 aF Rn 13 mit Weiterverweisung auf Vor Art 7 Rn 145–152 speziell 146; RAAPE/STURM, IPR I 380; STAUDINGER/GRAUE[12] Art 27 aF Rn 168) überläßt S 1 auch in den Fällen, in denen der ausländische Staat ein gesamtstaatliches interlokales Privatrecht besitzt, die Unteranknüpfung nicht primär diesem, sondern normiert auch insoweit den Vorrang des deutschen IPR. Denn das interlokale Privatrecht des fremden Staates soll nur insoweit zur Anwendung kommen, als nicht bereits das deutsche IPR die maßgebende Teilrechtsordnung selbst bezeichnet. Dazu heißt es in der Gesetzesbegründung, das interlokale Privatrecht des ausländischen Mehrrechtsstaates sei nur dann heranzuziehen, wenn die deutsche Verweisungsnorm an die *Staatsangehörigkeit* anknüpfe. Knüpfe sie dagegen „etwa an den gewöhnlichen Aufenthalt oder den Lageort von Vermögensgegenständen (an), wird die anwendbare Teilrechtsordnung unmittelbar berufen" (BR-Drucks 222/83, BT-Drucks 10/504 jeweils S 40). Bezeichnet die deutsche Kollisionsnorm die maßgebende Teilrechtsordnung also durch Verwendung einer räumlichen bzw ortsbezogenen Anknüpfung – namentlich an den gewöhnlichen Aufenthalt oder Wohnsitz einer natürlichen Person, den Sitz einer juristischen Person, den Tatort, den Belegenheitsort von Sachen oder den Abschlußort von Rechtsgeschäften – selbst, so hat es nach hL bei dieser Anknüpfung sein Bewenden. Die deutsche Verweisung sei in diesem Falle nicht auf das Recht des *Staates*, in dem der Ort liegt, sondern auf das (Teil-)Recht des *Gebiets*, in dem der Ort liegt, gerichtet. Deshalb sei das gesamtstaatliche interlokale Privatrecht des ausländischen Mehrrechtsstaates in diesem Falle nicht mehr heranzuziehen (so – im Anschluß an die Gesetzesbegründung – PALANDT/HELDRICH Rn 14; ERMAN/HOHLOCH Rn 22; KEGEL, IPR[7] § 11 II; KROPHOLLER, IPR[2] § 29 II 2; STOLL, in: FS Keller [1989] 511, 517; EBENROTH/EYLES IPRax 1989, 1, 6).

b) Kritik

322 Die Regelung in Abs 3 S 1 ist unproblematisch, wenn die von der deutschen Kollisionsnorm verwendete lokale Anknüpfung unmittelbar zur Teilrechtsordnung eines Staates führt, der über kein gesamtstaatliches interlokales Privatrecht verfügt (MünchKomm/SONNENBERGER Rn 88). Sie überzeugt hingegen nicht, soweit sie sich – entgegen ihrer Intention – über die ganz vorherrschende staatsvertragliche Praxis hinwegsetzt, die dem Mehrrechtsstaat das uneingeschränkte Primat einräumt, das anwendbare Partikularrecht selbst zu bestimmen (dazu u Rn 351 f). Mit der in Art 4 Abs 3 S 1 kodifizierten Lösung sollte offenbar eine Harmonisierung mit Art 35 Abs 2 erreicht werden. Allerdings wurde nicht hinreichend bedacht, daß ein erheblicher Unterschied besteht, ob sich Staaten im Rahmen einer Konvention darauf verständigen, für einen bestimmten Rechtsbereich ein Partikularrecht eines Partnerstaates ohne Rücksicht auf dessen interlokales Privatrecht unmittelbar anzuwenden, oder ob ein Staat eine solche Unteranknüpfung als generelle Regel einführt und sich damit über das interlokale Privatrecht der maßgebenden ausländischen Rechtsordnung hinwegsetzt (zutr MünchKomm/SONNENBERGER Rn 86). Letzteres kann nicht Ziel der – zumindest auch – auf Entscheidungseinklang bedachten Regelung in Art 4 Abs 3 S 1 sein; vielmehr sollte auch das deutsche Kollisionsrecht respektieren, daß es primär Sache des ausländischen Mehrrechtsstaates selbst ist, seine internen Gesetzeskollisionen zu lösen (zutr vBAR, IPR I Rn 281; JAYME IPRax 1989, 287, 288; MünchKomm/ SONNENBERGER Rn 85 ff; SPICKHOFF JZ 1993, 336, 338; OTTO IPRax 1994, 1 ff). Dieser Standpunkt herrscht mit Recht auch im Ausland vor (vgl zB § 5 Abs 3 öst IPRG; Art 18 ital IPRG; für Frankreich AUDIT, DIP n 287 ff).

c) **Lösungsmöglichkeiten**
Um trotz der unglücklichen Formulierung des Abs 3 S 1 zu einer mit dem interlokalen Privatrecht des fremden Mehrrechtsstaates übereinstimmenden Lösung zu gelangen, werden in der Literatur unterschiedliche Lösungsvorschläge unterbreitet. Teilweise wird eine unmittelbare Bezeichnung der maßgebenden Teilrechtsordnung durch eine deutsche Kollisionsnorm nur dann angenommen, wenn diese – wie zB Art 26 Abs 1 Nr 2 (Errichtungsort der letztwilligen Verfügung), Nr 3 (Aufenthalt des Testators) und Nr 4 (Belegenheit von Nachlaßgegenständen) – an das an einem bestimmten „Ort" geltende Recht anknüpft. Dagegen soll es bei der Geltung des ausländischen interlokalen Privatrechts verbleiben, wenn die deutsche Kollisionsnorm auf das **Recht eines „Staates"** Bezug nimmt, wie zB bei der Anknüpfung an den gewöhnlichen oder schlichten Aufenthalt in Art 5 Abs 2, Art 14 Abs 1 Nr 2, Art 18 Abs 1 S 1 und Abs 3 2. Alt, Art 19 Abs 1 S 4 und Abs 2 S 2, Art 20 Abs 1 S 3, 2. Alt und Abs 2 oder bei der Anknüpfung an den Vornahmeort in Art 11 Abs 1, an den Sitz im internationalen Gesellschaftsrecht oder an den Belegenheitsort in Art 15 Abs 2 Nr 3 (vBAR, IPR I Rn 281; ebenso schon vor der Reform RAAPE/STURM, IPR § 20 I mwN). Dagegen spricht freilich, daß Abweichungen im Wortlaut von historischen Zufällen abhängen und deshalb nicht geeignet sind, bei räumlich gespaltenem Recht unterschiedliche Folgerungen zu tragen. So bedeutet es für die Maßgeblichkeit der lex loci actus in Formfragen offensichtlich keinen Unterschied, ob auf die „Gesetze des Ortes" (so Art 11 Abs 1 S 2 EGBGB aF), auf das „Recht des Staates" (so Art 11 Abs 1 EGBGB nF) oder auf das „Recht des Ortes" (so Art 26 Abs 1 Nr 2 EGBGB) verwiesen wird (zutr KROPHOLLER, IPR[2] § 29 II 2; LÜDERITZ, IPR[2] Rn 171).

Ein anderer Vorschlag geht dahin, den Vorbehalt in Abs 3 S 1 zugunsten des eigenen Kollisionsrechts auf Fälle der **Sachnormverweisung** zu beschränken, während in allen Fällen der Gesamtverweisung primär das gesamtstaatliche interlokale Privatrecht des ausländischen Mehrrechtsstaates heranzuziehen sein soll (so RAUSCHER IPRax 1987, 206, 208 f; ähnlich OTTO IPRax 1994, 1 f). Dies erscheint sachgerecht, weil die räumlich bezogene deutsche Kollisionsnorm nur in Fällen der Sachnormverweisung das maßgebliche *materielle* Recht – am fremden interlokalen Privatrecht vorbei – bezeichnet.

Beachten wir aus Gründen einer sachnahen Anknüpfung nicht einmal eine internationale Rück- oder Weiterverweisung nach Art 4 Abs 1, so besteht auch keine Veranlassung, diese Anknüpfung mit Hilfe des fremden interlokalen Privatrechts zu korrigieren. Insoweit steht Art 4 Abs 3 S 1 auch im Einklang mit Art 35 Abs 2 EGBGB, weil die Verweisungen des internationalen Schuldvertragsrechts ebenfalls durchgängig Sachnormverweisungen sind (Art 35 Abs 1). Hingegen läßt sich die Umgehung des fremden interlokalen Privatrechts im Falle von Gesamtverweisungen nur schwer begründen. Insbesondere überzeugt es nicht, die Beachtung einer interlokalrechtlichen Weiterverweisung davon abhängig zu machen, daß die vom deutschen IPR unmittelbar bezeichnete Teilrechtsordnung über ein eigenes ILR verfügt.

325 In die gleiche Richtung zielt die Auffassung, welche die Redaktion des Art 4 Abs 3 als **gesetzgeberische Fehlleistung** wertet und den einschränkenden Nebensatz des ersten Satzes – in Übereinstimmung mit den staatsvertraglichen Vorbildern – nur in den zweiten Satz hineinliest (so vBAR, IPR I Rn 281; MünchKomm/SONNENBERGER Rn 87 aE; SPICKHOFF JZ 1993, 336, 337). Danach ist für eine unmittelbare Bezeichnung einer Teilrechtsordnung durch das deutsche Kollisionsrecht überhaupt nur insoweit Raum, als das Recht des ausländischen Mehrrechtsstaates auf gesamtstaatlicher Ebene keine interlokalrechtliche Regelung trifft. Der Unterschied zur hL verringert sich freilich beträchtlich, soweit auch diese eine interlokalrechtliche Weiterverweisung der vom deutschen IPR unmittelbar bezeichneten Teilrechtsordnung befolgt (dazu u Rn 336 f).

2. Verweisung auf das Recht des Gesamtstaates

a) Anwendung des gesamtstaatlichen interlokalen Privatrechts

326 Bezeichnet die deutsche Kollisionsnorm die maßgebende Teilrechtsordnung nicht durch die Verwendung räumlicher Anknüpfungskriterien selbst, sondern knüpft sie zB an die Staatsangehörigkeit des fremden Mehrrechtsstaates an, so entscheidet über die Unteranknüpfung nach Art 4 Abs 3 S 1 in erster Linie das interlokale Privatrecht der berufenen Rechtsordnung. Dies setzt voraus, daß der Mehrrechtsstaat, auf dessen Recht verwiesen ist, über ein gesamtstaatliches Binnenkollisionsrecht verfügt, wie dies etwa auf (Rest-) Jugoslawien (vgl das „Gesetz betreffend die Entscheidung über Gesetzes- und Zuständigkeitskollisionen in Status-, Familien- und Erbbeziehungen vom 27.2.1979; dazu BayObLG 13.11.1986, 466 = NJW 1987, 1198 = IPRspr 1986 Nr 114, sowie näher im Anh Rn 328 ff) und Spanien (vgl Art 13–16 Código civil; dazu OLG Karlsruhe 9.11.1987, IPRax 1989, 301 m Anm JAYME 287 = IPRspr 1987 Nr 129, sowie näher im Anh Rn 248 ff) zutrifft. Darüber hinaus lassen sich auch in jenen Mehrrechtsstaaten, die – wie zB die USA, Kanada und Australien – ein einheitliches Binnenkollisionsrecht nicht entwickelt haben, aus verfassungsrechtlichen Jurisdiktionsregeln iVm dem lex fori-Prinzip für den Gesamtstaat geltende interlokalrechtliche Prinzipien ableiten, die eine Anwendung von Abs 3 S 1 rechtfertigen können (vgl HAY IPRax 1988, 265, 266; zust MünchKomm/SONNENBERGER Rn 72; ERMAN/HOHLOCH Rn 23).

b) Bestimmung der maßgebenden Teilrechtsordnung mit Hilfe des Kriteriums der „engsten Verbindung"

327 Wird mit Hilfe der Staatsangehörigkeitsanknüpfung nur auf das Recht des ausländi-

schen Mehrrechtsstaates insgesamt verwiesen, so bedarf diese Verweisung dann der Ergänzung, wenn in dem betreffenden Staat – wie zB in Großbritannien, Kanada oder den USA – ein gesamtstaatliches interlokales Privatrecht fehlt. Art 4 Abs 3 S 2 erklärt für diesen Fall dasjenige Partikularrecht für anwendbar, mit dem „der Sachverhalt am engsten verbunden ist". Hierzu ist zunächst richtig zu stellen, daß es nicht auf die Verbindung des Sachverhalts, sondern auf diejenige des Anknüpfungssubjekts zu einer Teilrechtsordnung ankommt (STOLL IPRax 1984, 1, 3; ders, in: FS Keller [1989] 521). Denn Art 4 Abs 3 S 2 zielt nur auf eine Präzisierung des Anknüpfungselements, nicht auf seine Veränderung. Die Vorschrift führt den Sinn der Staatsangehörigkeitsanknüpfung konsequent fort, die ebenfalls den Heimatbezug des Anknüpfungssubjekts in den Vordergrund stellt (MünchKomm/SONNENBERGER Rn 89). Ähnliche Regelungen finden sich auch in den Kollisionsrechten anderer Staaten (vgl § 5 Abs 3 öst IPRG, Art 18 ital IPRG).

aa) Konkretisierung der „engsten Verbindung"

Das Kriterium der „engsten Verbindung" in Art 4 Abs 3 S 2 steht seiner Funktion **328** nach in einem engen Zusammenhang mit der entsprechenden Anknüpfung bei Doppelstaatern nach Art 5 Abs 1. Dies spricht dafür, die zur Ermittlung der effektiven Staatsangehörigkeit eines Mehrstaaters entwickelten Wertungen entsprechend heranzuziehen (so auch MünchKomm/SONNENBERGER Rn 91; ERMAN/HOHLOCH Rn 24). Die engste Verbindung ergibt sich danach auf den hier vornehmlich in Betracht zu ziehenden Gebieten des Personen-, Familien- und Erbrechts regelmäßig aus dem **gewöhnlichen Aufenthalt** und, falls ein solcher nicht vorhanden ist, aus dem letzten gewöhnlichen Aufenthalt im Gebiet einer Teilrechtsordnung (so auch BR-Drucks 222/83, BT-Drucks 10/504, jeweils S 40; RAUSCHER IPRax 1987, 206; STOLL, in: FS Keller [1989] 520; KROPHOLLER, IPR² § 29 II 1 b; vBAR, IPR I Rn 282; PALANDT/HELDRICH Rn 14; MünchKomm/SONNENBERGER aaO; ERMAN/HOHLOCH aaO; ebenso schon früher LG Zweibrücken 7. 6. 1968, IPRspr 1968/69 Nr 94 [Malta]; AG Stolberg 18. 2. 1964, IPRspr 1964/65 Nr 116 [USA/New York]). Hatte das Anknüpfungssubjekt zu keiner Zeit den gewöhnlichen Aufenthalt in seinem Heimatstaat, so kann auch auf eine etwa vorhandene *Teilstaatsangehörigkeit* abgestellt werden (MünchKomm/SONNENBERGER aaO m ausf Nachw aus der Rspr vor der IPR-Reform in Fn 148; ferner NEUHAUS, Grundbegriffe² § 41 III 1; RAAPE/STURM, IPR I § 20 A I 3 b). Letztlich hat der deutsche Rechtsanwender zur Ermittlung der „engsten Verbindung" in Art 4 Abs 3 S 2 eine Gesamtwürdigung der Umstände vorzunehmen, die auf die Verbindung des Anknüpfungssubjekts zu einer Teilrechtsordnung hinweisen (vgl AG Tübingen 25. 3. 1992, StAZ 1992, 217 = IPRspr 1992 Nr 150 [Großbritannien/Trinidad und Tobago]).

Überholt ist damit die bisher vor allem in der Rechtsprechung verbreitete Auffas- **329** sung, die Unteranknüpfung sei mit Hilfe derjenigen Kriterien vorzunehmen, die ein **Gericht des Heimatstaates** des Anknüpfungssubjekts zugrundelegen würde. Ist also über die Erbfolge nach einem US-amerikanischen Staatsangehörigen zu entscheiden, so kommt es im Rahmen von Art 4 Abs 3 S 2 nicht mehr darauf an, in welchem Bundesstaat der Erblasser sein (letztes) *domicile* hatte (so die bis zur IPR-Reform hM, vgl BayObLG 7. 2. 1958, BayObLGZ 1958, 34, 38 = IPRspr 1958/59 Nr 143 [USA/Kalifornien]; 23. 4. 1971, BayObLGZ 1971, 157 = NJW 1971, 1528 = IPRspr 1971 Nr 164 [USA/Ohio]; OLG Frankfurt 2. 5. 1972, DNotZ 1972, 543 = IPRspr 1972 Nr 125 [USA/Kalifornien]; AG Münster 19. 9. 1972, StAZ 1973, 17 m Anm ROHLFF/STRÜMPELL = IPRspr 1972 Nr 119 [USA/Ohio]; BayObLG 21. 2. 1975, BayObLGZ 1975, 86, 90 = NJW 1975, 1075 = IPRspr 1975 Nr 115 [USA/New York]; 1. 2. 1980, BayObLGZ 1980, 42, 46 = IPRax 1980, 907 m Anm FIRSCHING 98 = IPRspr 1980

Nr 124 [USA/New Jersey]; ebenso zuletzt noch OLG Karlsruhe 29. 6. 1989, NJW 1990, 1420 = IPRax 1990, 407 m Anm SCHURIG 389 = IPRspr 1989 Nr 164 [USA/Texas]; vgl dazu im Anh Rn 92 ff mwN). Maßgebend ist vielmehr der (letzte) gewöhnliche Aufenthalt in einem US-Bundesstaat, wobei der *deutsche* Begriff des gewöhnlichen Aufenthalts (dazu BAETGE, Der gewöhnliche Aufenthalt im IPR [1994]; PALANDT/HELDRICH Art 5 Rn 10 ff; MünchKomm/SONNENBERGER Art 5 Rn 3 ff) zugrundezulegen ist (MünchKomm/SONNENBERGER Rn 91; ERMAN/HOHLOCH Rn 24; RAUSCHER IPRax 1987, 206; STOLL, in: FS Keller [1989] 520; vgl auch OLG Hamm 25. 3. 1991, NJW 1991, 3101 = IPRspr 1991 Nr 90). Allerdings kann es im Rahmen einer auch hier zu beachtenden interlokalen Weiterverweisung letztendlich doch darauf ankommen, in welchem Teilstaat der Erblasser sein (letztes) domicile hatte (s u Rn 338 f).

bb) Mehrere Anknüpfungssubjekte

330 Kommt es – wie namentlich bei den meisten Anknüpfungen des internationalen Ehe- und Kindschaftsrechts – nicht nur auf eine Person an, so entscheiden auch für die Unteranknüpfung nach Art 4 Abs 3 S 2 die Verhältnisse *beider* Ehegatten bzw *sämtlicher* Mitglieder der Familienrechtsbeziehung. Im internationalen Familienrecht ist daher die Anknüpfungsleiter des Art 14 Abs 1 entsprechend anwendbar. Danach ist auch hier in erster Linie das Recht derjenigen Teilrechtsordnung maßgebend, in der beide Ehegatten/Eltern ihren gewöhnlichen Aufenthalt haben oder hatten, sofern einer der Ehegatten ihn noch hat. Hilfsweise ist auf die engste Verbindung beider Ehegatten zu einer Teilrechtsordnung iSv Art 14 Abs 1 Nr 3 abzustellen. Dabei sind alle Anwendungsinteressen der Betroffenen abzuwägen (vgl näher SPICKHOFF JZ 1993, 336, 338 ff). Bedeutung kann danach insbesondere einer gemeinsamen Teilstaatsangehörigkeit zukommen (SPICKHOFF aaO, der – in entsprechender Anwendung von Art 14 Abs 1 Nr 1 – sogar primär auf eine gemeinsame Teilstaatsangehörigkeit abstellt; dagegen zurecht KEGEL, IPR^7 § 11 III aE).

331 Läßt sich eine gemeinsame engste Verbindung zu einem Teilrechtsgebiet nicht feststellen, so wird teilweise vorgeschlagen, die **Primäranknüpfung an die Staatsangehörigkeit als gescheitert** zu betrachten und das Ehewirkungsstatut nach Art 14 Abs 1 Nr 2 und 3 zu bestimmen. Im Falle der Ehescheidung von US-amerikanischen Ehegatten aus verschiedenen Bundesstaaten soll daher – auch soweit die Voraussetzungen für die Annahme einer versteckten Rückverweisung (dazu o Rn 191 ff) nicht erfüllt sind – deutsches Recht zur Anwendung gelangen, wenn beide Ehegatten ihren gewöhnlichen Aufenthalt im Inland haben (so STOLL, in: FS Keller [1989] 511, 520; zust MünchKomm/SONNENBERGER Rn 91 aE; KROPHOLLER, IPR^2 § 29 II 1c; AG Rosenheim 14. 7. 1992, IPRspr 1992 Nr 104). Da sich die Anknüpfung an die Staatsangehörigkeit nicht auf die Zugehörigkeit zu einer Teilrechtsordnung bezieht, ist die *international-privatrechtliche* Anknüpfung nach Art 14 Abs 1 Nr 1 indes gerade nicht gescheitert. Deshalb sollte in einem solchen Falle nur die Wahl zwischen den von der deutschen Kollisionsnorm allein für anwendbar erklärten Teilrechtsordnungen des Mehrrechtsstaates bleiben. Der Sprung auf die nächste Sprosse der Anknüpfungsleiter des Art 14 Abs 1 widerspricht der vom deutschen Gesetzgeber bewußt getroffenen Grundsatzentscheidung zugunsten der vorrangigen Anknüpfung an die gemeinsame Staatsangehörigkeit (zutr SPICKHOFF JZ 1993, 336, 339; BUNGERT IPRax 1993, 10). In einem solchen Falle kann die Bestimmung der maßgeblichen Teilrechtsordnung offenbleiben, wenn die Anwendung der in Betracht kommenden Sachrechte zum gleichen Ergebnis führt (zutr SPICKHOFF JZ 1993, 336, 340). Die Ehe zwischen einem New Yorker und seiner kalifornischen

Ehefrau kann daher durch ein deutsches Recht geschieden werden, wenn die Ehescheidung sowohl nach New Yorker Recht wie nach kalifornischem Recht zulässig ist. Da nur die Entscheidung zwischen zwei ausländischen Teilrechtsordnungen offengelassen wird, bestehen gegen ein solches Vorgehen unter revisionsrechtlichen Gesichtspunkten keine Einwände (vgl BGH 25.1.1991, NJW 1991, 2214 = IPRspr 1991 Nr 3; BGH 5.11.1980, BGHZ 78, 318, 321 = JZ 1981, 139 = IPRspr 1980 Nr 41; KROPHOLLER, IPR² § 59 I 4).

Für den – in der Praxis eher seltenen – Fall, daß die Konkretisierung der „engsten Verbindung" in Art 4 Abs 3 S 2 zu einem „Patt" der kollisionsrechtlichen Parteiinteressen führt, so daß sich eine gemeinsame enge Beziehung der Beteiligten zu einer Teilrechtsordnung nicht feststellen läßt, wird ein ganzer Strauß von Lösungen angeboten. So hat sich KEGEL im Rahmen des Art 14 Abs 1 Nr 3 für den „Grundsatz des schwächeren Rechts" ausgesprochen; danach sollen nur solche Rechtsfolgen anerkannt werden, die nach den Personalstatuten beider Ehegatten begründet sind (IPR⁷ § 20 V 1 a). LÜDERITZ möchte in diesem Falle diejenige Teilrechtsordnung anwenden, die in dem betreffenden Mehrrechtsstaat die weiteste Verbreitung besitzt (sog „Wahrscheinlichkeitsgrundsatz", vgl IPR² Rn 174). SPICKHOFF befürwortet die Anwendung desjenigen Teilrechts, das im Ergebnis dem Recht am gemeinsamen gewöhnlichen Aufenthalt der Beteiligten am nächsten kommt (JZ 1993, 336, 340 f). Schließlich wird – namentlich im internationalen Scheidungsrecht – auch erwogen, den Beteiligten in einem solchen Falle die Wahl zwischen den in Betracht kommenden Teilrechtsordnungen zu gestatten (so HAY IPRax 1988, 265, 266). Keiner dieser Vorschläge vermag indes voll zu überzeugen. Die Feststellung eines „schwächeren", „wahrscheinlichsten" oder der lex fori „am nächsten stehenden" Teilrechts ist mit erheblichen Unsicherheiten behaftet und erfordert zudem einen in der Praxis kaum zu leistenden Aufwand an rechtsvergleichenden Überlegungen. Den Vorzug verdient daher im Interesse der Rechtssicherheit und der leichten Feststellbarkeit der Anknüpfung die Anwendung der Teilrechtsordnung am Ort der jeweiligen **Landeshauptstadt** (so AG Überlingen 15.12.1988, IPRspr 1988 Nr 163 [Jugoslawien]; ferner KEGEL, IPR⁷ § 11 III; FERID, IPR³ § 2–36; BUNGERT IPRax 1993, 10, 16). Da die einzelnen Teilrechtsordnungen der wichtigen Mehrrechtsstaaten – von wenigen Ausnahmen abgesehen – in einer gemeinsamen Rechtstradition stehen, verkörpert das Recht am Ort der Bundeshauptstadt idR in repräsentativer Weise die in den einzelnen Teilstaaten geltenden Rechte. Dies trifft in besonderem Maße auf das Recht des mexikanischen Bundesdistrikts zu, gilt aber mit Einschränkungen auch für das Recht des District of Columbia in den USA. Die Anwendung des in der jeweiligen Bundeshauptstadt geltenden Rechts wird dem Ziel des Art 4 Abs 3 (iVm Art 14 Abs 1) jedenfalls besser gerecht, als die Anwendung des Rechts am gemeinsamen gewöhnlichen Aufenthaltsort, das von den konkurrierenden Teilrechtsordnungen des gemeinsamen Heimatstaats regelmäßig stark abweicht.

3. Unteranknüpfung und Gesamtverweisung

Spricht das deutsche IPR eine Gesamtverweisung auf das Recht eines fremden Mehrrechtsstaates aus, so bleibt es hierbei auch dann, wenn infolge lokaler Rechtsspaltung im berufenen Recht eine Unteranknüpfung stattfinden muß. Für die Prüfung des Renvoi ist danach zu unterscheiden, ob der Mehrrechtsstaat, auf den die deutsche Kollisionsnorm verweist, über ein vereinheitlichtes Kollisionsrecht verfügt oder nicht.

a) Einheitliches Kollisionsrecht
aa) Staatsangehörigkeitsanknüpfung

334 Verweist das deutsche IPR auf das Heimatrecht des Angehörigen eines Mehrrechtsstaates, der über ein vereinheitlichtes internationales Privatrecht verfügt, so entscheiden diese einheitlichen Kollisionsnormen über eine etwaige Rück- oder Weiterverweisung. Das Problem der Unteranknüpfung nach Art 4 Abs 3 stellt sich in diesem Falle nur, wenn das einheitliche IPR des ausländischen Mehrrechtsstaates die deutsche Verweisung annimmt (KROPHOLLER[2], IPR § 29 II 1 a). Für diesen Fall ist in einem zweiten Schritt festzustellen, ob der ausländische Mehrrechtsstaat darüber hinaus – wie etwa Jugoslawien oder Spanien – auch über ein einheitliches interlokales Privatrecht verfügt; dieses bestimmt dann gemäß Art 4 Abs 3 S 1, welche Teilrechtsordnung anzuwenden ist.

335 Beispiel: Stirbt etwa ein aus der Republik Serbien stammender jugoslawischer Staatsangehöriger in Deutschland, so ist zunächst festzustellen, daß das jugoslawische IPR-Gesetz von 1982 (Art 30 Abs 1) die von Art 25 Abs 1 EGBGB ausgesprochene Gesamtverweisung auf das jugoslawische Heimatrecht annimmt. Sodann kommt Art 4 Abs 3 S 1 EGBGB zum Zuge. Das jugoslawische Gesetz zur Lösung interlokaler Gesetzeskollisionen von 1979 stellt, wenn der Erblasser im Zeitpunkt seines Todes keinen Wohnsitz in (Rest-) Jugoslawien hatte, auf die Republikzugehörigkeit ab (Art 34 Abs 2), so daß serbisches Erbrecht anzuwenden ist (dazu näher im Anh Rn 335). Geht es um die Beerbung eines Spaniers, so wird die deutsche Gesamtverweisung nach Art 25 Abs 1 EGBGB ebenfalls vom gesamtspanischen IPR (Art 9 Nr 8 Cc) akzeptiert. Im zweiten Schritt kommt es dann nach Art 16 Nr 1, 14 f Cc auf die sog „vecindad" des Erblassers an, dh seine Zugehörigkeit zum Gebiet des gemeinspanischen Rechts (derecho común) oder zum Gebiet eines partikularen (Foral-) Rechts (dazu näher im Anh Rn 248 ff).

bb) Lokale Anknüpfung

336 Die vorgenannten Grundsätze gelten auch dann, wenn das deutsche IPR territoriale Anknüpfungsmomente verwendet, die unmittelbar auf die maßgebende Teilrechtsordnung führen. Dies ist selbstverständlich, wenn man den Vorbehalt in Art 4 Abs 3 S 1 zugunsten des eigenen Kollisionsrechts mit der hier vertretenen Ansicht (Rn 322 ff) überhaupt auf Fälle der Sachnormverweisung beschränkt oder jedenfalls dann nicht anwendet, wenn der ausländische Mehrrechtsstaat über ein einheitliches interlokales Privatrecht verfügt. Denn dann ist die deutsche Gesamtverweisung – trotz Anknüpfung an ein territoriales Merkmal – auf das Recht des Gesamtstaates gerichtet und damit auf dessen Vorschriften über internationales *und* interlokales Privatrecht (so vBAR, IPR I Rn 281; RAUSCHER IPRax 1987, 206, 208 f; JAYME IPRax 1989, 287, 288; MünchKomm/SONNENBERGER Rn 87 aE; OTTO IPRax 1994, 1 f). Im Ergebnis berücksichtigt freilich auch die hL, die in Fällen der lokalen Anknüpfung eine Anwendung des fremden gesamtstaatlichen interlokalen Privatrechts nach Art 4 Abs 3 S 1 EGBGB ausschließt, einen Renvoi durch das gesamtstaatliche internationale bzw interlokale Privatrecht. Zur Begründung verweist sie darauf, daß das gesamtstaatliche IPR bzw ILR zugleich als Bestandteil der vom deutschen IPR unmittelbar berufenen Teilrechtsordnung anzuwenden sei (so STOLL, in: FS Keller [1989] 521; PALANDT/HELDRICH Rn 15; KEGEL, IPR[7] § 11 III; LÜDERITZ, IPR[2] Rn 171). Die Ansicht KEGELS (IPR[7] § 11 II S 303), es bleibe gleich, „ob man in das fremde Haus durch den ‚Keller' oder durch das ‚Dach' einsteigt", trifft freilich nur im Ergebnis zu; konstruktiv ist der „Dacheinstieg" wesentlich eleganter als der „Kellereinstieg", weil es in den betroffenen Mehrrechtsstaaten (zB Jugoslawien, Spanien) weder ein internationales noch ein interlokales Privatrecht der vom deutschen IPR unmittelbar bezeichneten Teilrechtsordnungen gibt.

Beispiel: Heiratet also ein Spanier in Barcelona eine Deutsche und wird die Ehe zunächst in Barcelona geführt, bevor die Eheleute sich endgültig in Deutschland niederlassen, so ergibt sich für die Prüfung des Ehegüterstatuts die folgende Prüfungsreihenfolge: Die deutsche Verweisung nach Art 15 Abs 1 iVm Art 14 Abs 1 Nr 2 EGBGB ist auf spanisches Recht als das Recht des Staates gerichtet, in dem die Ehegatten ihren gewöhnlichen Aufenthalt zur Zeit der Eheschließung hatten. Das nach Art 4 Abs 1 EGBGB zur Anwendung berufene spanische IPR nimmt die Verweisung an, weil es bei verschiedener Staatsangehörigkeit der Ehegatten nach Art 9 Abs 2 Cc idF von 1990 ebenfalls auf den ersten gemeinsamen gewöhnlichen Aufenthalt abstellt. Im zweiten Schritt ist die maßgebende spanische Teilrechtsordnung gemäß Art 4 Abs 3 S 1 nach den Grundsätzen des vereinheitlichten spanischen interlokalen Privatrechts zu bestimmen (RAUSCHER IPRax 1987, 206, 208). Danach kommt es auf die Gebietszugehörigkeit („vecindad") des Ehemannes an (Art 16 Nr 1 Cc). Hat der Ehemann daher nicht die katalanische, sondern eine gemeinspanische Zugehörigkeit, so ist das Ehegüterrecht des Código Civil maßgebend. Die hL gelangt zum gleichen Ergebnis, in dem sie eine interlokale Weiterverweisung des unmittelbar zur Anwendung berufenen katalanischen Sonderrechts annimmt (KROPHOLLER, IPR² § 29 II 2; JAYME IPRax 1989, 287, 288 und RabelsZ 1991, 314 ff; aA FERID, IPR³ Rn 2–38, 1, der von einer unmittelbaren Bezeichnung des katalanischen Sachrechts durch das deutsche IPR ausgeht).

b) Gespaltenes Kollisionsrecht
aa) Staatsangehörigkeitsanknüpfung
Besitzt der ausländische Mehrrechtsstaat weder ein einheitliches IPR noch ein einheitliches interlokales Privatrecht, wie etwa die Vereinigten Staaten, Kanada oder Australien, so kann über die Frage einer nach Art 4 Abs 1 zu beachtenden Rück- oder Weiterverweisung erst entschieden werden, wenn die maßgebende Teilrechtsordnung im Wege der Unteranknüpfung nach Art 4 Abs 3 S 2 bestimmt worden ist. Über die Annahme der deutschen Gesamtverweisung entscheidet mithin das Kollisionsrecht derjenigen Teilrechtsordnung, mit der der Sachverhalt am engsten verbunden ist. Das nach Art 4 Abs 3 S 2 erforderliche Aufsuchen der engsten Verbindung einer Person mit einer Teilrechtsordnung hat also in diesem Falle nicht zur Folge, daß die Beachtung eines Renvoi dem Sinn der Verweisung nach Art 4 Abs 1 widerspricht (KROPHOLLER, IPR² § 29 II 1 b; PALANDT/HELDRICH Rn 15; ERMAN/HOHLOCH Rn 26; MünchKomm/SONNENBERGER Rn 92).

Beispiel: Ist also über die Erbfolge nach einem in Deutschland verstorbenen US-Amerikaner zu befinden, so ist die Verweisung nach Art 25 Abs 1 EGBGB gemäß Art 4 Abs 3 S 2 zu demjenigen amerikanischen Bundesstaat zu verlängern, in dem der Erblasser seinen letzten gewöhnlichen Aufenthalt hatte (s o Rn 328). Erklärt das Kollisionsrecht dieses Staates das Recht am letzten „domicile" des Erblassers für maßgebend, so ist eine daraus folgende Rück- oder Weiterverweisung für den deutschen Richter nach Art 4 Abs 1 beachtlich, mag der Erblasser auch mit diesem „Domizilstaat" aus unserer Sicht weniger eng verbunden sein, als mit dem Staat seines letzten gewöhnlichen Aufenthalts. Die Befolgung des Renvoi hängt ferner nicht davon ab, ob dieser (international) auf das Recht eines anderen Staates oder (interlokal) auf das Recht eines anderen Gliedstaates gerichtet ist.

bb) Lokale Anknüpfung

340 Soweit das deutsche IPR territoriale Anknüpfungsmomente verwendet, bezeichnet unsere eigene Kollisionsnorm regelmäßig bereits die maßgebende Teilrechtsordnung innerhalb des ausländischen Mehrrechtsstaates. Dies ist auch unbedenklich, wenn dieser Staat über kein vereinheitlichtes interlokales Privatrecht verfügt (NEUHAUS, Grundbegriffe[2] § 41 III 3; KEGEL, IPR[7] § 11 III; MünchKomm/SONNENBERGER Rn 88). Bei gespaltenem Kollisionsrecht bestimmt daher die an dem maßgebenden Ort geltende Teilrechtsordnung über die Annahme der Verweisung nach Art 4 Abs 1. Darüber hinaus übernimmt das Kollisionsrecht der bezeichneten Teilrechtsordnung auch die Funktion des fehlenden einheitlichen interlokalen Privatrechts. Eine interlokale Weiterverweisung auf das Recht eines anderen Teilstaates ist daher vom deutschen Richter zu befolgen. Ist also über die gesetzliche Vertretung einer US-Corporation zu entscheiden, die in Delaware gegründet wurde und ihren Verwaltungssitz in Chicago hat, so ist kraft interlokaler Weiterverweisung des Sitzrechts von Michigan auf das Gründungsrecht das Gesellschaftsrecht von Delaware maßgebend (so schon RG 3. 6. 1927, RGZ 117, 215; zust RAUSCHER IPRax 1987, 206, 207 f; aA MünchKomm/SONNENBERGER Rn 87). Entsprechendes gilt in den Fällen der Anknüpfung an den Aufenthalts- oder Handlungsort (vgl schon BGH 9. 6. 1960, NJW 1960, 1720 = IPRspr 1060/61 Nr 23: Mögliche Weiterverweisung des Rechts von Louisiana als Erfüllungsort auf das Recht von Illinois als Abschlußort).

IV. Rechtsanwendungsprobleme in Fällen personaler Rechtsspaltung

341 Der auffälligste Unterschied zwischen der lokalen und der personalen Rechtsspaltung besteht aus deutscher Sicht darin, daß Art 4 Abs 3 EGBGB zur Bewältigung von Kollisionen zwischen personalen Teilrechtsordnungen nur eine einzige Regel zur Verfügung stellt. Danach hat der deutsche Richter, den sein Kollisionsrecht zum innerstaatlichen Recht eines Landes mit personaler Rechtsspaltung führt, in erster Linie das dort geltende staatliche interpersonale Privatrecht anzuwenden, auch soweit dessen Regeln sich lediglich aus dem dortigen Jurisdiktionsrecht ableiten lassen (vgl BGH 21. 4. 1993, FamRZ 1993, 1053 = IPRspr 1993 Nr 6: „Welche der verschiedenen Teilrechtsordnungen des islamischen Familienrechts hier Anwendung findet, richtet sich nach islamischem Recht, Art 4 III EGBGB"; dazu WÄHLER, Interreligiöses Kollisionsrecht 319 ff). Die beiden Hauptprobleme der interlokalen Rechtsspaltung, nämlich einerseits die unmittelbare Verweisung deutschen Kollisionsrechts auf eine ausländische Teilrechtsordnung (s o Rn 321 ff), andererseits die Notwendigkeit, die deutschen Rechtsanwendungsregeln in Fällen der Staatsangehörigkeitsanknüpfung zu ergänzen (s o Rn 327 ff), stellen sich hier nicht. Denn das deutsche IPR kennt eine unmittelbare Verweisung auf ein personales Partikularrecht nicht (MünchKomm/SONNENBERGER Rn 93). Ferner versagt im Falle personaler Rechtsspaltung weder die Anknüpfung an die Staatsangehörigkeit noch an räumliche Bezugspunkte (Aufenthaltsort, Abschlußort etc). Denn beide beziehen sich zunächst auf einheitliches staatliches interpersonales Recht, mit dessen Hilfe das maßgebliche Sachrecht ermittelt werden kann (VBAR, IPR I Rn 300; LÜDERITZ, IPR[2] Rn 173).

1. Staatliches und nichtstaatliches interpersonales Privatrecht

Erleichtert wird die Bewältigung der Rechtsprobleme personaler Rechtsspaltung 342 dadurch, daß praktisch sämtliche Länder, deren sachliches Privatrecht personal gespalten ist, Normen des *staatlichen* Rechts zur Regelung dieser interpersonalen Konflikte vorsehen. Eine personale Spaltung auch des interpersonalen Rechts, also ein Verzicht auf ein einheitliches staatliches interpersonales Recht würde nämlich zu kaum lösbaren Problemen führen. Denn in den Ländern, in denen die Anwendung des religiösen Rechts weltlichen Gerichten übertragen ist (zB in Ägypten, Tunesien, Algerien, Marokko, Sudan, Indonesien, Indien, Pakistan und Bangladesch; vgl LIPSTEIN/SZÀSZY IntEncCompL III 10–9 ff; PEARL, Interpersonal Conflict of Laws 99 ff, 152 ff; WÄHLER, Interreligiöses Kollisionsrecht 373 ff), „würde es den Stillstand der Rechtspflege bedeuten, stellte man diesen Gerichten kein einheitliches Rechtsanwendungsrecht zur Verfügung" (vBar, IPR I Rn 297). Andererseits müssen in den Ländern, in denen religiöse Gerichte kraft staatlicher Delegation ihr eigenes Recht anwenden (zB in Syrien, Jordanien und im Irak), zumindest Zuständigkeitsregeln widersprechende Entscheidungen gleichrangiger Gerichte verhindern (vBAR aaO; zur Einrichtung eigener Konfliktsgerichtshöfe zu diesem Zweck vgl WÄHLER aaO 360 Fn 39). Die Notwendigkeit einheitlichen staatlichen interpersonalen Privatrechts ergibt sich vor allem daraus, daß die personalen (religiösen) Rechte zum einen keine übereinstimmenden Rechtsanwendungsregeln kennen, zum anderen überhaupt nur selten über Normen verfügen, die nicht das eigene, sondern ein aus ihrer Sicht fremdes Recht, nämlich staatliches Recht oder das Recht einer anderen religiösen Gemeinschaft für anwendbar erklären (vgl näher WÄHLER aaO 243 ff).

Soweit neben das staatliche noch ein **religiöses interpersonales Privatrecht** tritt, kann es 343 freilich im Einzelfall zu einer komplizierten Prüfung der Rechtsanwendung kommen: Auf der 1. Stufe ist – im Falle der Gesamtverweisung – das ausländische internationale Privatrecht daraufhin zu prüfen, ob es die deutsche Verweisung annimmt oder eine Rück- bzw Weiterverweisung ausspricht. Scheidet ein Renvoi aus – wie in der Regel bei einer Verweisung auf die islamisch geprägten Rechtsordnungen Nordafrikas und des Nahen Ostens (vgl dazu näher im Anh Rn 467) oder enthält das deutsche IPR eine Sachnormverweisung, so ist auf der 2. Stufe das dortige staatliche interpersonale Recht festzustellen. Verweist dieses auf das Recht einer bestimmten Religionsgemeinschaft, die über eigenes interpersonales Privatrecht verfügt, so ist dieses auf der 3. Stufe auf eine mögliche Weiterverweisung (zB im Falle der Mischehe auf ein anderes religiöses Recht) zu untersuchen, welches dann endgültig als das maßgebliche personale Sachrecht anzuwenden ist.

2. Anknüpfungskriterien des interpersonalen Privatrechts

Die Kollisionsnormen des staatlichen interpersonalen Rechts unterscheiden sich 344 auch inhaltlich erheblich von den Kollisionsnormen interlokaler Rechte. Denn lokale Anknüpfungen scheiden hier von vornherein aus. Wichtigster Anknüpfungspunkt ist vielmehr die Religions-, Stammes- oder sonstige Gruppenzugehörigkeit. Auf sie kommt es nicht nur an, wenn weltliche Gerichte religiöses Recht anwenden (vgl dazu etwa AG Bielefeld 17.8.1989, IPRax 1981, 179 m krit Anm WÄHLER 163); sie prägen vielmehr auch das interpersonale Privatrecht von Staaten, die interpersonale Konflikte durch die Zuweisung von Zuständigkeiten (zB an religiöse Gerichte) lösen (vgl dazu RG 21. 10. 1939, DR 1940, 1375 [Ägypten]; ferner Trib civ Nouméa 9. 8. 1984, Clunet 1985, 431 m Anm AGOSTINI). Demgemäß besteht das Hauptproblem des interpersonalen Rechts darin, die Kriterien dieser Gruppenzugehörigkeit zu bestimmen. Diese Aufgabe wird dem Rechtsanwender erleichtert, soweit das staatliche interpersonale Recht den Betroffenen die Möglichkeit einräumt, sich selbst für ein bestimmtes personales Recht zu entscheiden. Ein solches *Wahlrecht* zwischen dem „moderneren" europäischen Recht und dem Eingeborenenrecht besteht heute vor allem in afrikanischen Rechtsordnungen (vgl für Nigeria BOPARAI RabelsZ 46 [1982] 530, 543 und o Rn 318; für Ghana LIPSTEIN/SZÀSZY IntEncCompL III 10–23). Auch Länder mit religiöser Rechtsspaltung gewähren ein solches Optionsrecht zT mittelbar dadurch, daß sie es dem Kläger freistellen, ob er vor einem religiösen oder vor einem staatlichen Gericht klagt (vgl für Israel BIN-NUN, Einführung in das Recht des Staates Israel [1983] 18). Wird in einem solchen Falle die Klage vor einem deutschen Gericht erhoben, wird man dem Kläger daher ein auf das materielle – staatliche oder religiöse – Recht bezogenes Wahlrecht einräumen können (vBAR, IPR I Rn 301).

345 Erhebliche Probleme wirft aber auch die für das interreligiöse Recht entscheidende Frage nach der **Zugehörigkeit zu einer bestimmen Religionsgemeinschaft** auf. Schwierigkeiten bereitet dabei nicht nur in vielen Fällen schon die tatsächliche Feststellung der Religionszugehörigkeit; vielmehr sind auch vielfältige Rechtsfragen zu lösen, namentlich in Fällen des Glaubenswechsels (vgl zu den Fällen einer Konversion zum Islam bzw einer Apostasie vom Islam näher KOTZUR, Kollisionsrechtliche Probleme christlich-islamischer Ehen [1988] 25 ff), sowie bei der Bestimmung der Religionszugehörigkeit nichtehelicher Kinder (dazu WÄHLER, Interreligiöses Kollisionsrecht 104 ff). Im übrigen stellen sich im Zusammenhang mit der Glaubensanknüpfung im interpersonalen Recht in abgewandelter Form ganz ähnliche Probleme, wie sie von der Staatsangehörigkeitsanknüpfung im IPR her bekannt sind. So fehlt es im interreligiösen Privatrecht von Staaten mit personaler Rechtsspaltung nicht selten an Kollisionsregeln für familien- und erbrechtliche Verhältnisse von *religionslosen Personen*. Ferner bedarf es ergänzender Kollisionsregeln für religiös gemischte Ehen, soweit diese überhaupt zugelassen werden (vgl zu den religiösen Ehehindernissen STAUDINGER/VBAR[12] Art 13 Rn 158 ff; zur Behandlung religiös gemischter Ehen aus der Sicht des islamischen Kollisionsrechts KOTZUR 17 ff). Die für diese Fälle entwickelten Hilfsanknüpfungen erinnern durchaus an die Ersatzlösungen im Bereich der Staatsangehörigkeitsanknüpfung. Teilweise wird auch hier auf die Religionszugehörigkeit nur eines Beteiligten (idR des Ehemannes, vgl für Marokko WÄHLER, Interreligiöses Kollisionsrecht 377) abgestellt oder eine Rechtswahl erlaubt (s o Rn 344). Teilweise wird auch die subsidiäre Geltung eines dritten religiösen Rechts (zB des islamischen Rechts für Nichtmuslime verschiedener Religion in Kuwait [vgl ELWAN IPRax 1985, 305, 306], sowie in Ägypten [vgl GANNAGÉ Clunet 1983, 479, 490 f] – angeordnet. Auch die Geltung der lex fori in Gestalt von subsidiär anwendbarem staatlichen Recht (so zB teilweise im israelischen Recht, vgl BIN-NUN, Einführung 18 ff) oder die kumulative Anwendung beider Personalstatuten (so zB in Jordanien, vgl WÄHLER, Interreligiöses Kollisionsrecht 375) wird vertreten. Schließlich wird die Bestimmung des maßgeblichen personalen Rechts in manchen Rechten auch in das Ermessen des Gerichts gestellt (so zB in Nigeria, vgl BOPARAI RabelsZ 46 [1982] 530, 543).

3. Voraussetzungen für die Anwendung personalen (religiösen) Rechts durch deutsche Gerichte

Zu beachten ist schließlich, daß der Begriff „personale Rechte" aus der Sicht dieser Rechte einerseits und aus der Sicht des staatlichen Rechts andererseits eine unterschiedliche Bedeutung hat. Ein personales Recht, das sich allein auf ethnische Zugehörigkeiten oder auf das Glaubensbekenntnis gründet, gibt es als „objektives „Recht" nach deutscher Auffassung überhaupt nicht (vgl RG 16. 2. 1904, RGZ 57, 250 ff; BGH 12. 12. 1979, NJW 1980 1221). vBAR formuliert treffend: „Islamisches, jüdisches oder katholisches Privatrecht läßt sich als personales Recht in diesem umfassenden Sinne nur denken, wenn man sich auf den Standpunkt dieser religiösen Gemeinschaften stellt. Denn nur dann kommt es im Prinzip nicht darauf an, wo jemand lebt oder wessen Landes Staatsangehöriger jemand ist; entscheidend ist vielmehr allein, ob er (nach den Kriterien der jeweiligen Gemeinschaft) zu *ihr* gehört oder nicht" (vBAR, IPR I Rn 296). Ein Staat kann zwar – in den Grenzen seines Verfassungsrechts – die Religions- oder Stammeszugehörigkeit einer Person ebenfalls zu einem Anknüpfungskriterium des interpersonalen Rechts machen. Er kann sogar das Recht einer bestimmten Religion als verbindlich für alle seine Bürger erklären (wie zB die arabische Republik Jemen auf dem Gebiet des Familien- und Erbrechts, vgl SOHBI StAZ 1975, 124 ff). Diese staatliche Anordnung wirkt jedoch immer nur für das Territorium bzw für die Bürger des anordnenden Staates. **346**

Den sich hieraus ergebenden **Konflikt zwischen den Rechten der personalen und der staatlichen Gemeinschaften** entscheidet das deutsche Recht eindeutig zugunsten der letzteren: Verhaltensnormen des religiösen Rechts haben schon nach deutschem sachlichen Recht keine Bindungswirkung (vgl § 1588 BGB). Für das IPR hat diese strikte Trennung zwischen staatlichem Recht und religiöser Bindung zur Folge, daß Vorschriften, die dem religiösen (oder sonstigem personalen) Recht angehören, niemals um ihrer selbst willen, sondern nur dann zu berücksichtigen sind, wenn die maßgeblichen deutschen Kollisionsnormen das Recht eines Staates für anwendbar erklären, der seinerseits das religiöse Recht *auch im staatlichen Bereich* als verbindlich anerkennt (BGH aaO; MünchKomm/SONNENBERGER Rn 82; plastisch vBAR, IPR I Rn 296: „Die sog. personalen Rechte müssen ... erst einmal 'territorialisiert' worden sein, um in den Gesichtskreis des deutschen Kollisionsrechts zu kommen"). Aus deutscher Sicht ist es daher unbeachtlich, wenn ein Mohammedaner nach islamischen Rechtsvorstellungen seine Ehefrau verstoßen kann, weil Islamrecht für ihn überall gilt; wir beachten diesen Standpunkt des islamischen Rechts nur dann, wenn der Ehemann einem Staat angehört, dessen staatliches interpersonales Recht auf diesen Grundsatz des islamischen Rechts verweist. Entsprechendes gilt für die Scheidung nach jüdischem Recht mittels Übergabe eines Scheidebriefs durch den Ehemann in Gegenwart eines Rabbiners (MünchKomm/SONNENBERGER Rn 83). **347**

V. Staatsvertragliche Sonderregeln

1. Allgemeines

Nach Art 3 Abs 2 EGBGB treten die autonomen Kollisionsregeln des Art 4 Abs 3 zurück, soweit die Unteranknüpfung in Fällen der Verweisung auf das Recht von Mehrrechtsstaaten in staatsvertraglichen Kollisionsnormen besonders geregelt ist. **348**

Unter den von der Bundesrepublik Deutschland ratifizierten IPR-Konventionen enthalten derartige Sonderregeln insbesondere

– Art 14 des Haager Minderjährigenschutzabkommens von 1961

– Art 1 Abs 2 des Haager Testamentsformabkommens von 1961

– Art 16 des Haager Unterhaltsstatutsabkommens von 1973

– Art 31, 32 des Haager Kindesentführungsabkommens von 1980

– Art 26 des Europäischen Sorgerechtsübereinkommens von 1980.

349 Der **Anwendungsbereich** dieser staatsvertraglichen Anknüpfungsregeln reicht unterschiedlich weit. Art 14 des Haager Minderjährigenschutzabkommens gilt nur für die Fälle der Anknüpfung an das Heimatrecht des Minderjährigen (Art 3, 12 MSA) und Art 1 Abs 2 des Haager Testamentsformabkommens erfaßt nur die Fälle der Anknüpfung an die Staatsangehörigkeit des Erblassers. Entsprechend bezieht sich die Mehrrechtsstaatenklauseln in Art 31 des Haager Kindesentführungsabkommens nur auf die Kollisionsnormen dieses Staatsvertrags, die an den gewöhnlichen Aufenthalt anknüpfen. Demgegenüber gelten die Mehrrechtsstaatenklauseln in Art 16 des Haager Unterhaltsstatutsabkommens und des Europäischen Sorgerechtsabkommens sowohl für die Anknüpfung an den gewöhnlichen Aufenthalt wie an die Staatsangehörigkeit.

350 Während die älteren Staatsverträge idR einheitliche Vorschriften für die Unteranknüpfung sowohl bei **räumlicher wie bei personaler Rechtsspaltung** vorsahen (vgl Art 14 Haager Minderjährigenschutzabkommen, Art 1 Abs 2 Haager Testamentsformabkommen, Art 16 Haager Unterhaltsstatutsabkommen), wird in den neueren Übereinkommen zwischen beiden Fällen unterschieden. Während Art 26 Abs 2 des Europäischen Sorgerechtsübereinkommens aber in Fällen der personalen Rechtsspaltung die Regelung in Abs 1 betreffend die lokale Rechtsspaltung für entsprechend anwendbar erklärt, weichen die Regelungen in Art 31 und 32 des Haager Kindesentführungsabkommens auch inhaltlich voneinander ab.

2. Interlokale Rechtsspaltung

a) Lokales Privatrecht des Mehrrechtsstaates

351 In grundsätzlicher Übereinstimmung mit Art 4 Abs 3 S 1 EGBGB gehen auch die staatsvertraglichen Normen davon aus, daß in Fällen einer räumlichen Rechtsspaltung in erster Linie das einheitliche interlokale Privatrecht des Mehrrechtsstaates maßgebend ist (vgl idS zur Staatsangehörigkeitsanknüpfung Art 1 Abs 2 des Haager Testamentsformabkommens und Art 14 des Minderjährigenschutzabkommens). Im Einklang mit der vorherrschenden Auslegung des Art 4 Abs 3 S 1 EGBGB, die in Fällen der Verwendung von räumlichen Anknüpfungsmerkmalen durch die verweisende deutsche Kollisionsnorm eine unmittelbare Verweisung auf diejenige Teilrechtsordnung annimmt, in deren Gebiet das Anknüpfungskriterium verwirklicht ist (s o Rn 321), steht auch Art 31 des Haager Kindesentführungsabkommens. Wird nämlich von einer Kollisionsnorm dieses Übereinkommens auf den gewöhnlichen Auf-

enthalt in einem Mehrrechtsstaat verwiesen, so ist dies „als Verweisung auf den gewöhnlichen Aufenthalt in einer Gebietseinheit dieses Staates zu verstehen" (lit a); dies gilt nach dem eindeutigen Wortlaut von Art 31 auch dann, wenn der ausländische Mehrrechtsstaat – wie zB Jugoslawien oder Spanien – über ein einheitliches interlokales Privatrecht verfügt.

In Übereinstimmung mit der hier vertretenen Auffasung (s o Rn 322 ff) erkennt dem- **352** gegenüber Art 16 des Haager Unterhaltsstatutsübereinkommens von 1973 den Primat des interlokalen Privatrechts des Mehrrechtsstaates, auf dessen Recht als Unterhaltsstatut verwiesen ist, auch für die Fälle an, in denen Anknüpfungspunkt der gewöhnliche Aufenthalt des Unterhaltsberechtigten ist. Jedenfalls auf dem Gebiet des internationalen Unterhaltsrechts kann auch die ortsbezogene Verweisung wegen des Vorrangs von Art 16 vor dem autonomen Kollisionsrecht daher nicht als unmittelbare Verweisung auf die betreffende Teilrechtsordnung interpretiert werden. Gleiches gilt auch für die Verweisung auf das Recht eines Mehrrechtsstaates im Rahmen des Europäischen Sorgerechtsübereinkommens. Denn auch nach Art 26 lit a dieses Übereinkommens ist die Verweisung auf das Recht des gewöhnlichen Aufenthalts „als Verweisung auf das Rechtssystem zu verstehen, daß von den in diesem Staat geltenden Rechtsvorschriften bestimmt wird".

b) Anknüpfung an die engste Verbindung
Fehlt es im Recht des ausländischen Mehrrechtsstaats an einem einheitlichen inter- **353** lokalen Privatrecht – wie zB in England, Australien, Kanada oder den USA – so stellen sämtliche genannten staatsvertraglichen Kollisionsregeln in Übereinstimmung mit Art 4 Abs 3 S 2 EGBGB auf diejenige Teilrechtsordnung ab, zu der die jeweils betroffene Person die engste Beziehung hat. Zur Konkretisierung dieser engsten Beziehung wird dabei auf ähnliche Kriterien zurückgegriffen wie im deutschen autonomen IPR (s o Rn 327 ff). Maßgebend ist danach in erster Linie die durch den gewöhnlichen Aufenthalt vermittelte Verknüpfung mit einer Teilrechtsordnung; hilfsweise ist auf eine Teilstaatsangehörigkeit, den Wohnsitz oder den schlichten Aufenthalt in einem Teilgebiet abzustellen (vgl zu Art 14 MSA PALANDT/HELDRICH Anh zu Art 24 Rn 48; MünchKomm/SIEHR Anh zu Art 19 Rn 442; zu Art 1 Abs 2 des Haager Testamentsformabkommens MünchKomm/BIRK Art 26 Rn 50; STAUDINGER/DÖRNER [1995] Vorbem 56 zu Art 25 f).

3. Personale Rechtsspaltung

Wird auf das Recht eines Staates mit personaler Rechtsspaltung verwiesen, so gelten **354** nach den genannten staatsvertraglichen Regeln keine Abweichungen gegenüber den Grundsätzen des autonomen deutschen IPR (s o Rn 341 ff). Maßgebend ist danach das staatliche interpersonale Privatrecht der zur Anwendung berufenen Rechtsordnung. Der – grundsätzlich auch hier vorgesehene – Rückgriff auf die engste Beziehung zu einer personalen Teilrechtsordnung ist nur erforderlich, sofern das staatliche interpersonale Privatrecht ausnahmsweise für eine Unteranknüpfung nicht ausreichen sollte.

Anhang zu Art 4 EGBGB

Länderberichte zum Renvoi und zur Unteranknüpfung bei Mehrrechtsstaaten

Systematische Übersicht

Vorbemerkung		1	bb)	Quebec	58
			b)	Rück- und Weiterverweisung im kanadischen Recht	65
I.	**Rechtskreis des Common Law**				
1.	England	5	c)	Rück- und Weiterverweisung aus deutscher Sicht	67
a)	Kollisionsnormen	5			
aa)	Domicile	5	aa)	Unteranknüpfung	67
bb)	Lex rei sitae	11	bb)	Einzelfälle	68
cc)	Lex actus	12	d)	Staatsverträge	70
b)	Rück- und Weiterverweisung im englischen Recht	13	6.	Vereinigte Staaten	71
			a)	Kollisionsnormen	72
aa)	Die „foreign court theory" in der englischen Praxis	13	b)	Rück- und Weiterverweisung in Praxis und Schrifttum	73
bb)	Die Kritik der englischen Lehre	20	aa)	Die Rechtsprechung von New York	73
c)	Rück- und Weiterverweisung aus deutscher Sicht	23	bb)	Die Rechtsprechung anderer Einzelstaaten	74
aa)	Unteranknüpfung	23	cc)	Die Lehre	77
bb)	Grundstücke	24	dd)	Restatements	78
cc)	Ehescheidung	25	ee)	Gesetzgebung	79
dd)	Adoption	28	c)	Rück- und Weiterverweisung aus deutscher Sicht	80
ee)	Erbrecht	30			
d)	Staatsverträge	31	aa)	Unteranknüpfung	80
2.	Schottland	32	bb)	Qualifikationsverweisung	81
a)	Kollisionsnormen	33	cc)	Einzelfälle	82
b)	Rück- und Weiterverweisung aus deutscher Sicht	34	7.	Südafrika	96
			a)	Kollisionsnormen	96
3.	Irland	35	b)	Rück- und Weiterverweisung aus deutscher Sicht	99
a)	Kollisionsnormen	35			
b)	Rück- und Weiterverweisung aus deutscher Sicht	36	c)	Staatsverträge	100
c)	Staatsverträge	37	**II.**	**Nordische Rechte**	
4.	Australien	38	1.	Nordische Konvention	101
a)	Kollisionsnormen	40	2.	Dänemark	102
b)	Rück- und Weiterverweisung im australischen Recht	46	a)	Kollisionsnormen	102
			b)	Rück- und Weiterverweisung im dänischen Recht	103
c)	Rück- und Weiterverweisung aus deutscher Sicht	47	c)	Rück- und Weiterverweisung aus deutscher Sicht	105
d)	Staatsverträge	48			
5.	Kanada	49	d)	Staatsverträge	106
a)	Kollisionsnormen	50	3.	Norwegen	109
aa)	Common Law-Provinzen	50	a)	Kollisionsnormen	109

b)	Rück- und Weiterverweisung im norwegischen Recht	110		c)	Rück- und Weiterverweisung aus deutscher Sicht	197
c)	Rück- und Weiterverweisung aus deutscher Sicht	112		d)	Staatsverträge	198
d)	Staatsverträge	114		4.	Niederlande	199
4.	Schweden	115		a)	Kollisionsnormen	199
a)	Kollisionsnormen	115		b)	Rück- und Weiterverweisung im niederländischen Recht	207
b)	Rück- und Weiterverweisung im schwedischen Recht	122		c)	Rück- und Weiterverweisung aus deutscher Sicht	209
c)	Rück- und Weiterverweisung aus deutscher Sicht	128		aa)	Erbrecht	209
				bb)	Eherecht	210
d)	Staatsverträge	131		cc)	Kindschaftsrecht	211
5.	Finnland	132		d)	Staatsverträge	212
a)	Kollisionsnormen	132		5.	Italien	213
b)	Rück- und Weiterverweisung im finnischen Recht	141		a)	Kollisionsnormen	213
c)	Rück- und Weiterverweisung aus deutscher Sicht	139		b)	Rück- und Weiterverweisung im italienischen Recht	219
d)	Staatsverträge	142		c)	Rück- und Weiterverweisung aus deutscher Sicht	221
				d)	Staatsverträge	227
III.	**Romanische Rechte**			6.	Portugal	228
1.	Frankreich	143		a)	Kollisionsnormen	228
a)	Kollisionsnormen	143		b)	Rück- und Weiterverweisung im portugiesischen Recht	233
b)	Rück- und Weiterverweisung im französischen Recht	153		c)	Rück- und Weiterverweisung aus deutscher Sicht	237
aa)	Die Entwicklung der Rechtsprechung	153				
bb)	Zurückhaltung im Schrifttum	161		d)	Staatsverträge	240
cc)	Tendenz zur Sachnormverweisung in neueren IPR-Reformgesetzen	163		7.	Spanien	241
				a)	Kollisionsnormen	241
c)	Rück- und Weiterverweisung aus deutscher Sicht	166		b)	Rück- und Weiterverweisung im spanischen Recht	246
aa)	Erbrecht	167		c)	Rück- und Weiterverweisung aus deutscher Sicht	247
bb)	Güterrecht	170				
cc)	Scheidungsrecht	171		aa)	Spanisches Internationales Privatrecht	247
dd)	Kindschaftsrecht	172				
d)	Staatsverträge	174		bb)	Spanisches interlokales Privatrecht	248
2.	Belgien	175		d)	Staatsverträge	251
a)	Kollisionsnormen	175				
b)	Rück- und Weiterverweisung im belgischen Recht	182		**IV.**	**Mitteleuropäische Rechte**	
				1.	Österreich	252
aa)	Rechtsprechung	182		a)	Kollisionsnormen	252
bb)	Schrifttum	184		b)	Rück- und Weiterverweisung im österreichischen Recht	259
c)	Rück- und Weiterverweisung aus deutscher Sicht	185		c)	Rück- und Weiterverweisung aus deutscher Sicht	263
d)	Staatsverträge	187				
3.	Luxemburg	188		d)	Staatsverträge	267
a)	Kollisionsnormen	188		2.	Schweiz	268
b)	Rück- und Weiterverweisung im luxemburgischen Recht	196		a)	Kollisionsnormen	268

b)	Rück- und Weiterverweisung im schweizerischen Recht _____ 275		c)	Rück- und Weiterverweisung aus deutscher Sicht _____ 343	
c)	Rück- und Weiterverweisung aus deutscher Sicht _____ 277		d)	Staatsverträge _____ 345	
d)	Staatsverträge _____ 281		5.	Rumänien _____ 346	
3.	Griechenland _____ 282		a)	Kollisionsnormen _____ 346	
a)	Kollisionsnormen _____ 282		b)	Rück- und Weiterverweisung im rumänischen Recht _____ 355	
b)	Rück- und Weiterverweisung im griechischen Recht _____ 288		c)	Rück- und Weiterverweisung aus deutscher Sicht _____ 356	
c)	Rück- und Weiterverweisung aus deutscher Sicht _____ 290		d)	Staatsverträge _____ 357	
d)	Staatsverträge _____ 293		6.	Russische Föderation und Nachfolgestaaten der ehemaligen UdSSR _____ 358	
4.	Türkei _____ 294		a)	Kollisionsnormen _____ 359	
a)	Kollisionsnormen _____ 294		aa)	Grundlagen des Ehe- und Familienrechts von 1968 _____ 360	
b)	Rück- und Weiterverweisung im türkischen Recht _____ 298		bb)	Grundlagen der Zivilgesetzgebung von 1961 _____ 363	
c)	Rück- und Weiterverweisung aus deutscher Sicht _____ 299		b)	Rück- und Weiterverweisung im russischen Recht _____ 365	
d)	Staatsverträge _____ 302		c)	Rück- und Weiterverweisung aus deutscher Sicht _____ 366	
V.	**Osteuropäische Rechte**		d)	Staatsverträge _____ 367	
1.	Albanien _____ 303		7.	Tschechische und Slowakische Republik _____ 369	
a)	Kollisionsnormen _____ 303		a)	Kollisionsnormen _____ 369	
b)	Rück- und Weiterverweisung im albanischen Recht _____ 309		b)	Rück- und Weiterverweisung im tschechischen und slowakischen Recht _____ 374	
c)	Rück- und Weiterverweisung aus deutscher Sicht _____ 310		c)	Rück- und Weiterverweisung aus deutscher Sicht _____ 375	
2.	Bulgarien _____ 311		d)	Staatsverträge _____ 376	
a)	Kollisionsnormen _____ 311		8.	Ungarn _____ 377	
b)	Rück- und Weiterverweisung aus deutscher Sicht _____ 318		a)	Kollisionsnormen _____ 377	
3.	Jugoslawien und die selbständigen Republiken Bosnien-Herzegowina, Kroatien, Mazedonien und Slowenien 319		b)	Rück- und Weiterverweisung im ungarischen Recht _____ 382	
a)	Kollisionsnormen _____ 319		c)	Rück- und Weiterverweisung aus deutscher Sicht _____ 383	
b)	Rück- und Weiterverweisung im jugoslawischen Recht _____ 325		d)	Staatsverträge _____ 384	
c)	Rück- und Weiterverweisung aus deutscher Sicht _____ 326		**VI.**	**Lateinamerikanische Rechtsordnungen**	
aa)	Jugoslawisches internationales Privatrecht _____ 326		1.	Allgemeines _____ 385	
bb)	Jugoslawisches interlokales Privatrecht _____ 328		2.	Argentinien _____ 386	
d)	Staatsverträge _____ 336		a)	Kollisionsnormen _____ 386	
4.	Polen _____ 337		b)	Rück- und Weiterverweisung im argentinischen Recht _____ 394	
a)	Kollisionsnormen _____ 337		c)	Rück- und Weiterverweisung aus deutscher Sicht _____ 395	
b)	Rück- und Weiterverweisung im polnischen Recht _____ 341		d)	Staatsverträge _____ 398	

3.	Brasilien	399
a)	Kollisionsnormen	399
b)	Rück- und Weiterverweisung im brasilianischen Recht	404
c)	Rück- und Weiterverweisung aus deutscher Sicht	405
d)	Staatsverträge	408
4.	Chile	409
a)	Kollisionsnormen	409
b)	Rück- und Weiterverweisung im chilenischen Recht	416
c)	Rück- und Weiterverweisung aus deutscher Sicht	417
5.	Ecuador und Kolumbien	418
a)	Kollisionsnormen	418
b)	Rück- und Weiterverweisung	421
c)	Staatsverträge	422
6.	Kuba	423
a)	Kollisionsnormen	423
b)	Rück- und Weiterverweisung im kubanischen Recht	426
c)	Rück- und Weiterverweisung aus deutscher Sicht	427
7.	Mexiko	428
a)	Kollisionsnormen	429
aa)	Grundsatz der Territorialität	429
bb)	IPR-Reform im Bundesdistrikt von 1988	432
cc)	IPR-Reform in Nuevo León von 1991	433
b)	Interlokales Privatrecht	437
c)	Rück- und Weiterverweisung im mexikanischen Recht	438
d)	Rück- und Weiterverweisung aus deutscher Sicht	440
8.	Paraguay	442
a)	Kollisionsnormen	442
b)	Rück- und Weiterverweisung aus deutscher Sicht	448
9.	Peru	449
a)	Kollisionsnormen	449
b)	Rück- und Weiterverweisung im peruanischen Recht	455
c)	Rück- und Weiterverweisung aus deutscher Sicht	456
10.	Uruguay	457
a)	Kollisionsnormen	457
b)	Rück- und Weiterverweisung aus deutscher Sicht	459
11.	Venezuela	460
a)	Kollisionsnormen	461
b)	Rück- und Weiterverweisung im venezolanischen Recht	464
c)	Rück- und Weiterverweisung aus deutscher Sicht	465

VII. Rechtsordnungen des Nahen Ostens

1.	Vorbemerkungen	466
a)	Kollisionsnormen	466
b)	Rück- und Weiterverweisung	467
c)	Interpersonale Rechtsspaltung	468
2.	Ägypten	
a)	Kollisionsnormen	469
b)	Rück- und Weiterverweisung aus deutscher Sicht	473
3.	Algerien	
a)	Kollisionsnormen	474
b)	Rück- und Weiterverweisung aus deutscher Sicht	477
4.	Irak	
a)	Kollisionsnormen	478
b)	Rück- und Weiterverweisung aus deutscher Sicht	481
5.	Iran	
a)	Kollisionsnormen	482
b)	Rück- und Weiterverweisung im iranischen Recht	483
c)	Rück- und Weiterverweisung aus deutscher Sicht	
aa)	Deutsch-iranisches Niederlassungsabkommen	484
bb)	Autonomes Recht	488
cc)	Unteranknüpfung	489
6.	Jordanien	
a)	Kollisionsnormen	490
b)	Rück- und Weiterverweisung aus deutscher Sicht	493
7.	Syrien	
a)	Kollisionsnormen	494
b)	Rück- und Weiterverweisung aus deutscher Sicht	497
8.	Tunesien	
a)	Kollisionsnormen	498
b)	Rück- und Weiterverweisung aus deutscher Sicht	500
9.	Israel	
a)	Kollisionsnormen	502
b)	Rück- und Weiterverweisung im israelischen Recht	509

c) Rück- und Weiterverweisung aus deutscher Sicht _____ 511
d) Staatsverträge _____ 514

VIII. Rechtsordnungen des Fernen Ostens
1. Republik China (Taiwan)
a) Kollisionsnormen _____ 515
b) Rück- und Weiterverweisung im chinesischen Recht _____ 521
c) Rück- und Weiterverweisung aus deutscher Sicht _____ 522
2. Japan
a) Kollisionsnormen _____ 523
b) Rück- und Weiterverweisung im japanischen Recht _____ 530

c) Rück- und Weiterverweisung aus deutscher Sicht _____ 533
d) Staatsverträge _____ 534
3. Korea
a) Kollisionsnormen _____ 535
b) Rück- und Weiterverweisung im koreanischen Recht _____ 541
c) Rück- und Weiterverweisung aus deutscher Sicht _____ 542
4. Thailand
a) Kollisionsnormen _____ 543
b) Rück- und Weiterverweisung im thailändischen Recht _____ 549
c) Rück- und Weiterverweisung aus deutscher Sicht _____ 550

Alphabetische Länderübersicht

Ägypten	469 ff	Jordanien	490 ff
Albanien	303 ff	Jugoslawien	319 ff
Algerien	474 ff		
Argentinien	387 ff	Kanada	49 ff
Australien	38 ff	Kolumbien	418 ff
		Korea	535 ff
Belgien	175 ff	Kroatien	319 ff
Bosnien-Herzegowina	319 ff	Kuba	423 ff
Brasilien	399 ff		
Bulgarien	311 ff	Luxemburg	188 ff
Chile	409 ff	Mazedonien	319 ff
China (Republic)	515 ff	Mexico	428 ff
Dänemark	102 ff	Niederlande	199 ff
		Norwegen	109 ff
Ecuador	418 ff		
England	5 ff	Österreich	252 ff
Finnland	132 ff	Paraguay	442 ff
Frankreich	143 ff	Peru	449 ff
		Polen	337 ff
Griechenland	282 ff	Portugal	228 ff
Irak	478 ff	Quebec	58 ff
Iran	482 ff		
Irland	35 ff	Republik China (Taiwan)	515 ff
Israel	502 ff	Rumänien	346 ff
Italien	213 ff	Russische Förderation und Nachfolgestaaten der ehemaligen UdSSR	358 ff
Japan	523 ff		

Schottland	32 ff	Thailand	543 ff
Schweden	115 ff	Tschechische Republik	369 ff
Schweiz	268 ff	Tunesien	498 ff
Slowakei	569 ff	Türkei	294 ff
Slowenien	319 ff		
Spanien	241 ff	Ungarn	377 ff
Südafrika	96 ff	Uruguay	457 ff
Syrien	494 ff		
		Venezuela	460 ff
Taiwan	515 ff	Vereinigte Staaten	71 ff

Vorbemerkung

Mit den folgenden Länderberichten wird ein dreifaches Ziel verfolgt: 1

(1) Sie sollen die Kollisionsnormen der einzelnen Rechtsordnungen vorführen und auf diejenigen aufmerksam machen, aus denen sich im Verhältnis zum inländischen Recht eine Rück- oder Weiterverweisung ergeben kann. Dabei sind vor allem diejenigen fremden Rechte zu beachten, deren Kollisionsnormen in den Bereichen des Personen-, Familien- und Erbrechts auf den Wohnsitz abstellen und diesen in sehr unterschiedlicher Weise definieren.

(2) Weiterhin soll gezeigt werden, wie die betreffenden Rechtsordnungen selbst zum 2 Problem der Rück- und Weiterverweisung stehen. Die Frage ist nicht nur von akademischem Interesse. Verzichtet nämlich das fremde Recht seinerseits auf die Annahme einer durch deutsche Kollisionsnormen ausgesprochenen Rückverweisung, so kann Entscheidungseinklang erreicht werden, weil das deutsche Recht dann nicht nur aufgrund der eigenen Rückverweisungsregeln, sondern auch nach dem Willen des fremden Rechts entscheidet; dies ist etwa im Verhältnis zum dänischen und norwegischen Recht sowie zum Recht der meisten Einzelstaaten der USA der Fall. Nimmt das fremde Recht dagegen eine durch deutsche Kollisionsnormen ausgesprochene Verweisung als Rückverweisung an, ohne die deutschen Rückverweisungsregeln zu beachten, so besteht kein Entscheidungseinklang, weil jedes der beiden Rechte aufgrund der eigenen Rückverweisungsregeln maßgeblich sein will; diese Situation kann etwa im Verhältnis zwischen deutschem und französischem Recht eintreten. Zwar ist der deutsche Richter zur Beachtung dieser Frage nicht verpflichtet; sie sollte aber trotzdem gestellt werden. Bezüglich der Weiterverweisung ergeben sich noch schwierigere, wenn auch in der Praxis nicht so häufig auftretende Fragen.

(3) Schließlich wird wegen Art 4 Abs 3 EGBGB besonders auf Rechtsordnungen 3 hingewiesen, in denen eine räumliche oder personale Rechtsspaltung zu beachten ist; in diesem Zusammenhang werden die jeweiligen Vorschriften des interlokalen bzw interpersonalen Privatrechts der betreffenden Staaten vorgestellt.

Die folgende Darstellung beginnt mit den Rechtsordnungen der englischsprachigen 4 Welt; danach werden die kontinentaleuropäischen Rechtsordnungen und ihre außereuropäischen Tochterrechte dargestellt. Aus Raumgründen beschränkt sich die

Übersicht auf die unter dem Gesichtspunkt der Rück- und Weiterverweisung besonders wichtigen Rechtsordnungen. In sachlicher Hinsicht steht das Personen-, Familien- und Erbrecht im Mittelpunkt, weil hier der Renvoi die größte praktische Bedeutung hat. Ausgespart bleiben das Unterhaltsrecht, die Form von Testamenten und das Schuldvertragsrecht, weil das deutsche IPR insoweit Sachnormverweisungen ausspricht (vgl Art 18, 26 Abs 1−3, 35 EGBGB). Verzichtet wird auch auf eine Einbeziehung des internationalen Vormundschaftsrechts, weil auf diesem Gebiet Staatsverträge dominieren, die für einen Renvoi nur wenig Raum lassen.

I. Rechtskreis des Common Law

1. England*

a) Kollisionsnormen
aa) Domicile

5 Die für personen-, familien- und erbrechtliche Verhältnisse maßgeblichen Kollisionsnormen des englischen Rechts knüpfen nicht an die Staatsangehörigkeit, sondern an den Wohnsitz (domicile) an. Der Domizilbegriff des englischen Rechts ist mit dem deutschen Wohnsitzbegriff nicht identisch. Domizil bedeutet Zugehörigkeit zu einem Rechtsgebiet, nicht zu einem bestimmten Ort. Jede Person muß ein domicile, kann aber nur ein einziges domicile haben (DICEY/MORRIS, Conflict[12] Rules 5 und 6, S 119 f; HENRICH RabelsZ 25 [1960] 456 ff). Nach einem berühmten, wenn auch die Problematik eher verdeckenden Ausspruch von Lord CRANWORTH ist Wohnsitz in

---

* **Schrifttum:** BENTWICH, The development of the Doctrine of Renvoi in England in Cases of Succession, RabelsZ 4 (1930) 433; BERGMANN/FERID/HENRICH Großbritannien (Stand 1992) 23−32; CHESHIRE/NORTH, Private International Law[12] (London, Dublin, Edinburgh 1992); COHN, English Law before German Courts, Essays in Tribute to Keeton (1967) 115; COLLIER, Conflict of Laws[2] (London 1994); DAVIE, Matrimonial Property in English and American Conflicts of Laws, IntCompLQ 141 (1992) 855; DICEY/MORRIS, The Conflict of Laws[12], 2 Bde, bearbeitet von L COLLINS (London 1993); EDLER, Zur jüngsten englischen Rechtsprechung über die Rückverweisung, RabelsZ 5 (1931) 64; FARNBOROUGH, Anerkennung einer in Deutschland erwirkten Scheidung seitens englischer Gerichte, NJW 1974, 396; FERID/FIRSCHING/HENRICH Großbritannien (Stand 1984) Grdz Rn 4−96; GORDON, Foreign Divorces: English Law and Practice (London 1988); GRAVESON, The Conflict of Laws[7] (London 1974); HENRICH, Der Domizilbegriff im englischen Internationalen Privatrecht, RabelsZ 25 (1960) 456; HOYLE, Private International Law, Cases and Materials (London 1982); JAFFEY, Introduction to the Conflicts of Laws (London 1988); JAYME, Deutsch-englische Adoptionen, in: FS Lipstein (1980) 65; MEISTER, Die Anerkennung deutscher Ehescheidungsurteile im United Kingdom, FamRZ 1977, 108; MORRIS, Some Recent Developments in the English Private International Law of Adoption, in: FS Ferid (1978) 241; ders, The Conflict of Laws[4], bearbeitet von MC CLEAN (London 1993); MORRIS/NORTH, Private International Law (London 1984); NEUHAUS, Anm zum Urteil Re Duke of Wellington, RabelsZ 15 (1949/50) 161; NORTH, The Private International Law of Matrimonial Causes in the British Isles and the Republic of Ireland (London 1977); ders, Private International Law Problems in Common Law Jurisdictions (London 1993); NOTT, The Impact of Statutes on the Conflict of Laws, 33 IntCompLQ (1984) 437; PECHER, Die internationale Erbschaftsverwaltung bei deutsch-englischen Erbfällen (1995); SMITH, Conflict of Laws (London 1993); STONE, The Conflict of Laws (London 1995).

diesem Sinne „home, the permanent home" (Whicker v Hume, [1858] 7 HLC 124; DICEY/ MORRIS, Conflict[12] Rule 4 [1], S 115). Auf dem Gebiet des Kollisionsrechts wird durch den Wohnsitz die Verbindung einer Person zu einer bestimmten Rechtsordnung hergestellt.

Jedermann erwirbt mit der Geburt ein „**domicile of origin**", das er solange behält, bis 6
er sich in einem anderen Rechtsgebiet mit der Absicht niederläßt, dort für immer oder doch für unbestimmte Zeit zu bleiben *(animus manendi)*. Eheliche Kinder haben ihr domicile of origin am Wohnsitz des Vaters, nichteheliche Kinder am Wohnsitz der Mutter im Zeitpunkt der Geburt (Udny v Udny, [1869] LR 1 Sc & Div 441; DICEY/MORRIS, Conflict[12] Rule 9, S 124 ff). So beurteilte das House of Lords als höchstes britisches Gericht in einer Nachlaßsteuersache den Nachlaß eines aus New Jersey stammenden Amerikaners nach dessen Heimatrecht, obwohl der Erblasser aus gesundheitlichen Gründen in Brighton gelebt, eine Britin geheiratet, als Geschäftsmann kontinentaleuropäische Staaten bereist und die USA jahrzehntelang nicht mehr betreten hatte; die britische Krone (dh der Fiskus) habe nicht beweisen können, daß der als patriotischer Bürger seines Staates bekannte Erblasser keinen Rückkehrwillen mehr gehabt habe (Winans v Attorney-General, [1904] AC 287). In einem anderen Fall hatte ein Erblasser aus Glasgow jahrzehntelang bei seinen Geschwistern in Liverpool gelebt und seine schottische Heimat nie wieder besucht, sich aber stets als „Glasgow man" bezeichnet und eine Zeitung aus Glasgow gelesen; sein nach schottischem Recht gültiges, nach englischem Recht ungültiges Testament wurde vom House of Lords nach schottischem Recht beurteilt (Ramsay v Liverpool Royal Infirmary, [1930] AC 588 = 46 TLR 465 [HL] = RabelsZ 5 [1931] 60). Nicht einmal der Erwerb einer fremden Staatsangehörigkeit deutet ausnahmslos auf das Fehlen eines Rückkehrwillens hin. So wurden zwei in Deutschland errichtete Nachtragstestamente (codicils) eines aus Deutschland stammenden und in Kanada eingebürgerten Erblassers für unwirksam erklärt, weil sie nach deutschem Recht formungültig waren; daß sie nach englischem Recht und dem Recht der kanadischen Provinz Ontario wirksam waren, änderte daran nichts, denn der Erblasser hatte nach Ansicht des Gerichts den Willen zur Rückkehr nach Deutschland nie aufgegeben und ihn gerade durch die Errichtung dieser Testamente in Deutschland bestätigt (Estate of Fuld [No 3], [1968] P 675; dazu GRAVESON 15 IntLQRev [1966] 937, 941).

Wird dagegen ausnahmsweise ein „animus manendi" festgestellt, so hat die betref- 7
fende Person ein Wahldomizil („**domicile of choice**") begründet und sich damit dem dort geltenden Recht unterworfen. Es kommt nicht darauf an, ob das Recht dieses Wahlwohnsitzes selbst den Erwerb eines Wohnsitzes von weiteren, insbesondere administrativen Voraussetzungen abhängig macht. So wurde entschieden, daß eine britische Erblasserin durch jahrzehntelangen Aufenthalt in Frankreich und das Fehlen eines Rückkehrwillens ein Wahldomizil erworben und sich damit französischem Recht unterworfen habe, obwohl ihr die nach damaligem französischen Recht für eine Wohnsitzbegründung erforderliche Genehmigung (admission à domicile) niemals erteilt worden war (In re Annesley, [1926] Ch 692). Selbst nach Begründung eines Wahlwohnsitzes bleibt die Bindung an den Ursprungswohnsitz (domicile of origin) freilich latent bestehen; wird der Wahlwohnsitz aufgegeben, lebt der Ursprungswohnsitz wieder auf, sofern kein neuer Wahlwohnsitz erworben wird (Udny v Udny, [1869] LR 1 Sc & Div 441, 454 f).

8 Minderjährige können nur einen vom Wohnsitz des Vaters oder der Mutter abhängigen Wohnsitz („**domicile of dependency**") haben. Ein eigenes Wahldomizil können sie erst ab Vollendung des 16. Lebensjahres begründen (Sec 3 Domicile and Matrimonial Proceedings Act 1973). Leben die Eltern getrennt, so teilt das Kind grundsätzlich das Domizil des Elternteils, bei dem es lebt (Sec 4 Domicile and Matrimonial Proceedings Act 1973; zu den Einzelheiten DICEY/MORRIS, Conflict[12] Rule 15, S 150 ff). Eine entsprechende Kollisionsnorm bezüglich des Wohnsitzes der verheirateten Frau, die selbst im Falle einer Trennung der Ehegatten allein die Gerichte im Wohnsitzstaat des Mannes für zuständig erklärte (Attorney General for Alberta v Cook, [1926] AC 444), wurde später von Lord DENNING als „the last barbarous relic of a wife's servitude" angeprangert (Formosa v Formosa, [1962] P 419, 422 [CA] = 3 All ER 167) und schließlich durch den Domicile and Matrimonial Proceedings Act von 1973 beseitigt (FARNBOROUGH NJW 1974, 396). Seither können Ehefrauen ein vom Ehemann unabhängiges eigenes Domizil begründen.

9 Der so verstandene **englische Wohnsitzbegriff**, der sich vom kontinentaleuropäischen ebenso unterscheidet wie vom amerikanischen (s u Rn 71), ähnelt durch seinen dauerhaften Charakter der Staatsangehörigkeit, beruht aber stets auf tatsächlichen und nicht auf gesetzlichen oder verwaltungsrechtlichen Voraussetzungen (dazu CHESHIRE/NORTH, PrIntLaw[12] 165 ff). Das Domizilrecht beherrscht im Eherecht die materiellen Ehevoraussetzungen, die persönlichen Ehewirkungen und die vermögensrechtlichen Auswirkungen der Ehe auf bewegliche Sachen, im Kindschaftsrecht die Ehelichkeit und Legitimation (Sec 2, 3 Legitimacy Act 1976) und im Erbrecht die Erbfolge in den beweglichen Nachlaß (vgl näher BERGMANN/FERID/HENRICH Großbritannien 25 ff und FERID/FIRSCHING/HENRICH Großbritannien Grdz 45 ff mwN).

10 Die Bindung an den starren Wohnsitzbegriff wird neuerdings in England selbst als nachteilig empfunden. Hierdurch erklärt sich, daß Großbritannien einer Reihe **internationaler Abkommen** beigetreten ist, die neben dem Wohnsitz den gewöhnlichen oder ständigen Aufenthalt (habitual residence, residence) im Gebiet der betreffenden Rechtsordnung genügen lassen (Haager Testamentsabkommen von 1961; Haager Adoptionsabkommen von 1965; Haager Abkommen über die Anerkennung von Ehescheidungen und Ehetrennungen von 1970; Haager Abkommen über die internationale Kindesentführung von 1980; s u Rn 31). Die Abkommen wurden jeweils durch parlamentarische Gesetze (statutes) in das geltende Recht überführt (Wills Act 1963; Adoption Act 1978; Recognition of Divorces and Legal Separations Act 1971; Domicile and Matrimonial Proceedings Act 1973; Child Abduction and Custody Act 1985; Family Law Act 1986). Die hiermit verbundene Aufnahme des Rechtsbegriffs „gewöhnlicher Aufenthalt" in das englische Recht wurde im Schrifttum begrüßt (GRAVESON, Conflict[7] 194: „[Residence] appears to be the most appropriate available concept to meet the demands of a fluid, modern society") oder zumindest im Hinblick auf die erwiesenen Mängel des Wohnsitzbegriffs hingenommen (CHESHIRE/NORTH, PrIntLaw[12] 167 ff). Es bleibt abzuwarten, ob der überkommene Wohnsitzbegriff durch dieses neue Staatsvertragsrecht zumindest in Teilbereichen aufgelockert und kontinentaleuropäischen Anknüpfungsmerkmalen angenähert werden wird.

bb) Lex rei sitae

11 Entsprechend der mittelalterlichen Statutenlehre wird unbewegliches Vermögen (immovables) dem Recht der Belegenheit unterstellt. Das gilt für Grundstücks-

geschäfte unter Lebenden ebenso wie für den Rechtsübergang von Todes wegen (Nelson v Bridport, [1846] 8 Beav 547: „The incidents to real estate, the right of alienating or limiting it, and the course of succession to it, depend entirely on the law of the country where the estate is situated"; ferner DICEY/MORRIS, Conflict[12] Rule 117, S 960 ff). Auch die Geschäftsfähigkeit und die Verfügungsmacht (zB von Ehegatten) über Gründstücke beurteilt sich nach der lex rei sitae (Bank of Africa Ltd v Cohen, [1909] 2 Ch 129, 135 [CA]: „The court in dealing with a contract relating to immovables is bound to determine this question of capacity by the lex situs, and if the lex situs shows that the contracting party had not the capacity to contract, the whole contract is void, and nothing can be done in this country to enforce that contract against the contracting party"). Geht es um das rechtliche Schicksal einer aus Liegenschaften und Fahrnis zusammengesetzten Vermögensmasse, so können demnach Grundstücke und bewegliches Vermögen verschiedenen Rechtsordnungen unterliegen, wenn sich der Wohnsitz einerseits und Grundstücksvermögen andererseits im Bereich verschiedener Rechtsordnungen befinden. Dabei bereitet die Abgrenzung zwischen beweglichem und unbeweglichem Vermögen manchmal erhebliche Schwierigkeiten (Beispiele bei CHESHIRE/NORTH, PrIntLaw[12] 779 ff).

cc) **Lex actus**
Fragen der Form unterliegen regelmäßig dem Recht, das den Vorgang als solchen **12** beherrscht. Sind die Formvorschriften dieses Rechts befolgt worden, so ist das Geschäft gültig, auch wenn die Formvorschriften am Vornahmeort nicht eingehalten worden sind. Dies gilt im *Ehegüterrecht* (Van Grutten v Digby, [1862] 31 Beav 561; CHESHIRE/NORTH, PrIntLaw[12] 877 f mwN), aber auch im *Testamentsrecht*. Das in englischer Form errichtete Testament eines mit letztem Wohnsitz im Ausland verstorbenen Engländers war daher nichtig, wenn es den Formvorschriften des Wohnsitzrechts nicht entsprach (Bremer v Freeman, [1857] 10 Moo PC C 306). Durch den Beitritt Großbritanniens zum Haager Testamentsabkommen von 1961 und dessen Übernahme in das britische Gesetzesrecht (Wills Act 1963) sind jedoch weitere Gültigkeitskriterien geschaffen worden, insbesondere die Gültigkeit nach dem Recht des Errichtungsortes. Die Form der *Eheschließung* unterliegt von jeher dem Ortsrecht (CHESHIRE/NORTH, PrIntLaw[12] 572 ff). So war eine in Argentinien durch Stellvertreter geschlossene Ehe zwischen Verlobten mit Wohnsitz in Argentinien bzw England gültig, weil das Ortsrecht sie zuließ (Apt v Apt, [1947] 2 All ER 677 = [1948] P 83).

b) **Rück- und Weiterverweisung im englischen Recht**
aa) **Die „foreign court theory" in der englischen Praxis**
Das Problem der Rück- oder Weiterverweisung hat englische Gerichte vergleichs- **13** weise früh beschäftigt. Meist ging es um die Erbfolge nach britischen Untertanen (British subjects), die vor ihrem Tode jahrzehntelang in kontinentaleuropäischen Ländern gelebt und nachweislich keinen Rückkehrwillen gehabt hatten. Gingen die Kollisionsnormen des betreffenden Wohnsitzlandes von anderen Kriterien, wie etwa von der Staatsangehörigkeit aus, so mußte entschieden werden, ob mit der Anknüpfung an den Wohnsitz nur die dort geltenden Sachnormen oder auch die zurück- oder weiterverweisenden Kollisionsnormen gemeint waren. Zur Lösung dieses Problems haben die englischen Gerichte von Anfang an einen Lösungsweg gewählt, der von der kontinentalen Denkmethode deutlich abweicht. Schon 1841 erklärte Sir Herbert Jenner, er werde so zu entscheiden suchen, wie es an seiner Stelle ein Richter des Wohnsitzlandes tun würde (Collier v Rivaz, [1841] 2 Curt 855: Formgültigkeit letztwilliger Verfügungen, die von einem in Belgien wohnhaften Engländer handschriftlich und ohne Rücksicht

auf die Formvorschriften des damals geltenden Wills Act 1837 errichtet worden waren). Diese Entscheidung begründete die bis heute geltende „foreign court doctrine", die den englischen Richter anweist, sich gewissermaßen in den Richter des Wohnsitzlandes hineinzuversetzen. Dabei handelt es sich nicht eigentlich um eine besondere Spielart der Rückverweisungslehre, sondern lediglich um eine Folge der kollisionsrechtlichen Anknüpfung an den Wohnsitz: In der Begründung eines Wahlwohnsitzes wird zugleich eine stillschweigende Unterwerfung unter die Rechtsgrundsätze des Wahlwohnsitzlandes einschließlich seiner Kollisionsnormen gesehen.

14 Die „foreign court doctrine" ermöglichte den englischen Gerichten die Anpassung an sehr unterschiedliche Kollisionsnormen des Auslandes. Im **Verhältnis zu Frankreich und Belgien** mußte anfangs berücksichtigt werden, daß nach dortigem Recht der Erwerb eines Wohnsitzes durch Ausländer der behördlichen Genehmigung bedurfte. Seit den Entscheidungen der Cour de Cassation im Fall Forgo (zuletzt Req 22.2.1882, S 1882.1.393; dazu u Rn 153 ff) konnten englische Gerichte davon ausgehen, daß französische Gerichte die Verweisung englischer Kollisionsnormen auf das französische Wohnsitzrecht als Rückverweisung annehmen und damit französisches Recht anwenden würden; folglich wandten sie auf den Nachlaß britischer Erblasser, die mit Wahlwohnsitz in Frankreich verstorben waren, französisches Recht an, auch wenn der Erblasser keine Wohnsitzgenehmigung erhalten und daher aus französischer Sicht keinen Wohnsitz in Frankreich erworben hatte (Re Annesley, [1926] Ch 692 = RabelsZ 2 [1928] 253; dazu BENTWICH RabelsZ 4 [1930] 443 f). Für Belgien galt dasselbe (Collier v Rivaz, [1841] 2 Curt 855).

15 Auch im **Verhältnis zu Deutschland** wurde berücksichtigt, daß deutsche Gerichte – ausgehend von der Staatsangehörigkeit – die Rückverweisung durch fremde Kollisionsnormen annehmen würden. So konnte das im Ehebruch erzeugte und nichtehelich geborene Kind eines mit Wahlwohnsitz in Deutschland lebenden Briten nach dessen Eheschließung mit der deutschen Kindesmutter gemäß deutschem Recht als legitimiert und erbberechtigt angesehen werden, während dies nach damaligem englischen Recht nicht der Fall gewesen wäre (Re Askew, [1930] 2 Ch 259; dazu EDLER RabelsZ 5 [1931] 64 ff). Ging es dagegen um den Wahlwohnsitz eines britischen Erblassers in *Italien*, so wurde die Verweisung italienischer Kollisionsnormen auf das Recht der Staatsangehörigkeit als Sachnormverweisung verstanden, weil das italienische Recht bis zur IPR-Reform von 1995 die Rück- oder Weiterverweisung nicht annahm (Re Ross, [1930] 1 Ch 377 = RabelsZ 4 [1930] 824; dazu BENTWICH RabelsZ 4 [1930] 433 ff; Re O'Keefe, [1940] 1 Ch 124). Entsprechendes galt, wenn der Erblasser in Italien Grundstücksvermögen hinterließ, auf das aus englischer Sicht das Belegenheitsrecht anwendbar gewesen wäre; die umfassende italienische Verweisung auf die letzte Staatsangehörigkeit des Erblassers wurde auch hier beachtet und als Sachnormverweisung angenommen, womit sich materiell die unbegrenzte Testierfreiheit nach englischem Recht gegenüber dem italienischen Noterbrecht nächster Angehöriger durchsetzte (Re Ross, ibidem). Im Verhältnis zu *Spanien* wurde gleichfalls festgestellt, daß in Erbfällen die Verweisung der englischen Kollisionsnorm auf spanisches Wohnsitz- und Belegenheitsrecht von den spanischen Kollisionsnormen mit einer umfassenden Verweisung auf das Recht der letzten Staatsangehörigkeit erwidert wurde, die von englischen Gerichten als Sachnormverweisung anzunehmen sei (Re Duke of Wellington, deceased, [1947] Ch 506 = RabelsZ 15 [1949/50] 149; FALCONBRIDGE, Renvoi and the Law of Situs, Essays on the Conflict of Laws[2] [1954] 229).

In diesen Fällen standen englische Gerichte allerdings vor der ungewohnten Frage, **16** was eigentlich unter der **Staatsangehörigkeit eines „British subject"** zu verstehen sei. Zu Beginn des 20. Jahrhunderts konnte Richter FARWELL sagen: „There is no uniform law of this Empire which can be taken for this purpose as the law of the nationality of the propositus" (Re Johnson, [1903] Ch 821). Im Fall einer britischen Erblasserin irischer Herkunft, die 1860 in Indien geboren war und nach vorübergehenden Aufenthalten in England, Frankreich und Spanien von 1890 bis zu ihrem Tode im Jahre 1937 in Neapel gelebt hatte, sah das Gericht in der Verweisung der italienischen Kollisionsnormen auf die letzte Staatsangehörigkeit eine Sachnormverweisung auf das Recht des Freistaates Irland, obwohl die Erblasserin Irland nur 1878 zusammen mit ihrem in Irland geborenen Vater für kurze Zeit besucht und auch die Staatsangehörigkeit der viel später entstandenen Republik nie erworben hatte (Re O'Keefe, [1940] Ch 124); das Gericht verstand also die Kollisionsnormen des Wahlwohnsitzlandes (domicil of choice) als Weiterverweisung auf den Ursprungswohnsitz (domicil of origin) im englischrechtlichen Sinne (hierzu sehr krit CHESHIRE/NORTH, PrIntLaw^{12} 65 f). Dieser Gedanke läßt sich auch dann verwerten, wenn das inländische Recht, auf das ein fremdes Recht zurückverweist, kein einheitliches ist, sondern bestimmten Religionsgemeinschaften oder sozialen Gruppen ihre eigenen familien-, erb- und grundstücksrechtlichen Normen beläßt. Das für Rechtsmittel aus dem Commonwealth zuständige Judicial Committee of the Privy Council mußte 1941 über den im damaligen Mandatsgebiet Palästina belegenen Grundstücksnachlaß eines Libanesen entscheiden; die palästinensische Kollisionsnorm verwies zwar auf libanesisches Recht als Recht der letzten Staatsangehörigkeit; dieses aber verwies zurück auf das palästinensische Belegenheitsrecht, so daß die Nachlaßverteilung den allgemeinen Regeln des palästinensischen Mandatsrechts entnommen werden mußte (Kotia v Nahas, [1941] AC 403 = 3 All ER 20; krit hierzu FALCONBRIDGE, Essays 220; DICEY/MORRIS, Conflict^{12} 75 f).

Die „foreign court doctrine" kann dazu führen, daß Rechtshandlungen, die nach **17** englischem Recht wirksam wären, nach dem sich selbst für maßgeblich erklärenden ausländischen Recht unwirksam sind. Schon 1857 hatte der Privy Council das in englischer Form errichtete **Testament** eines mit Wahlwohnsitz in Frankreich verstorbenen Engländers für unwirksam erklärt, weil es den französischen Formvorschriften widersprach (Bremer v Freeman, [1857] 10 Moo PC 306); dies war sozusagen das logische Gegenstück zu der 16 Jahre früher ergangenen Entscheidung, die anhand eines nach den Vorschriften des belgischen Wahlwohnsitzes gültigen und nach englischem Recht ungültigen Testaments die „foreign court doctrine" begründet hatte (Collier v Rivaz, [1841] 2 Curt 855). Die Entscheidung führte zu einer gesetzlichen Ausweitung der kollisionsrechtlichen Gültigkeitskriterien (Wills Act 1861; dazu CHESHIRE/ NORTH, PrIntLaw^{12} 839 f). Aber selbst in neuerer Zeit, nachdem das Haager Testamentsabkommen von 1961 und seine Übernahme durch den Wills Act 1963 diese Anknüpfungsmöglichkeiten noch erweitert hatte, mußte ein englisches Gericht zwei Nachtragstestamente (codicils) eines in Ontario/Kanada eingebürgerten früheren Deutschen gemäß dem früheren Rechtszustand für unwirksam erklären, obwohl sie nach englischem Recht und dem Recht von Ontario gültig waren; da nämlich der Erblasser die Verfügungen in Deutschland errichtet hatte und mit letztem Wohnsitz in Deutschland verstorben war, konnte es nach dem auf diesen Fall noch anwendbaren Wills Act 1861 nur auf ihre Geltung nach deutschem Recht ankommen; nach diesem, das sich – wegen der nach Art 27 EGBGB aF zu beachtenden Rückverweisung durch das Recht von Ontario – auch selbst für maßgeblich erklärte, waren sie aber unwirksam (Estate of Fuld [No 3], [1965] 3 All ER 776 = [1968] P 675; dazu GRAVESON 15 IntLQRev [1966] 937, 941 ff).

18 Andererseits konnte mit Hilfe der „foreign court theory" die **Legitimation** eines Ehebruchskindes, die nach englischem materiellen Recht nicht möglich gewesen wäre, dadurch erreicht werden, daß der englische Vater des Kindes einen Wahlwohnsitz in Deutschland erwarb. Denn danach war die Rückverweisung, die das englische Heimatrecht des Vaters aus deutscher Sicht aussprach, vom englischen Gericht nachzuvollziehen, mit der Folge, daß deutsches Sachrecht maßgeblich war (Re Askew, [1930] 2 Ch 259; dazu EDLER RabelsZ 5 [1931] 64 ff).

19 Wie schon erwähnt, richtet sich die **Form von Rechtsgeschäften** grundsätzlich nach dem Recht des Vornahmeortes einschließlich seiner etwaigen Kollisionsnormen. Läßt das Ortsrecht eine bestimmte Form der *Eheschließung* nicht zu, würde es aber diese Form ausreichen lassen, wenn sie dem gemeinsamen Heimatrecht der Verlobten entspricht, so liegt darin eine Rück- oder Weiterverweisung, die aus englischer Sicht zu beachten ist. Die zwischen polnischen Staatsangehörigen vor einem polnischen Feldgeistlichen in Italien während der Besetzung des Landes durch alliierte Truppen geschlossene Ehe ist demnach gültig (Taczanowska v Taczanowski, [1957] 2 All ER 563 = P 301). Dagegen wurde die von zwei „British subjects" nach dem Ritus der Church of England in Bagdad geschlossene Ehe von einem englischen Gericht für nichtig erklärt, weil der Eheschließung kein Aufgebot (banns) vorausgegangen war. Zwar hätte die Eheschließung ohne Aufgebot dem irakischen Ortsrecht genügt, aber das englische Gericht fühlte sich an die Rückverweisung der irakischen Kollisionsnormen auf das englische Recht als Recht der gemeinsamen Staatsangehörigkeit gebunden (Hooper v Hooper, [1959] 2 All ER 575 = 1 WLR 1021). Im Testamentsrecht sind die kollisionsrechtlichen Anknüpfungen des Wills Act 1963 der seinerseits auf dem Haager Abkommen von 1961 beruht, regelmäßig als Sachnormverweisungen anzusehen; dies entspricht der Intention des Abkommens wie des Gesetzes, durch eine Vielzahl von Anknüpfungen die Gültigkeit letztwilliger Verfügungen nach Möglichkeit zu gewährleisten, insbesondere die in manchen Ländern noch bestehenden Verbote handschriftlicher Testamente zu unterlaufen (FERID/FIRSCHING/HENRICH Großbritannien Grdz Rn 28; dazu Art 4 Rn 126 f). Eine Erweiterung der Formgültigkeit von im Ausland errichteten Testamenten hat die Ratifikation des Washingtoner Übereinkommens über internationale Testamente von 1973 durch das Vereinigte Königreich gebracht (vgl Sec 27 Administration of Justice Act 1982; dazu CHESHIRE/NORTH, PrIntLaw[12] 843).

bb) Die Kritik der englischen Lehre

20 Im englischen Schrifttum wird die Lehre vom Renvoi und insbesondere ihre englische Ausprägung in Gestalt der „foreign court theory" teilweise abgelehnt und stattdessen die Anwendung der ausländischen Sachnormen verlangt. In einem führenden Lehrbuch (CHESHIRE/NORTH, PrIntLaw[12] 63) heißt es: „... it is objectionable in principle, is based on unconvincing authority and cannot be said to represent the general rule of English law. It is submitted that, subject to certain well-defined exceptions, an English judge, when referred by a rule for the choice of law to the legal system of a foreign country, is not required to consider whether the renvoi doctrine is recognized by the private international law of either country, but must administer the internal law of the legal system to which he has been referred". Zur

Begründung wird ausgeführt: (1) die Lehre führe keinen internationalen Entscheidungseinklang herbei, weil sie nur gegenüber fremden Rechtsordnungen brauchbar sei, die ihrerseits von starren Kollisionsnormen ausgehen; (2) sie verlange völliges Zurücktreten englischer gegenüber fremden Rechtsauffassungen; (3) sie sei in der Praxis schwer anwendbar, weil sie nicht nur genaue Kenntnis ausländischer Kollisionsnormen, sondern auch eine sichere Voraussage der Entscheidung erfordere, die ein ausländischer Richter im konkreten Fall treffen würde. Ausnahmen vom hiermit empfohlenen Grundsatz, englische Kollisionsnormen als Sachnormverweisungen aufzufassen, sollen nur in vier Fallgruppen gelten: (1) Testamentarische oder gesetzliche Erbfolge in Fahrnisvermögen; (2) Rechte an ausländischen Grundstücken; (3) Entstehung von Rechten an Fahrnisvermögen, soweit die englische Kollisionsnorm auf das Belegenheitsrecht zur Zeit des angeblichen Erwerbs verweist und (4) gewisse familienrechtliche Fragen, zB Form der Eheschließung, Ehegüterrecht und Legitimation (CHESHIRE/NORTH, PrIntLaw[12] 72 f). Ein großer Teil der bisherigen Rechtsprechung wird, wie ein Vergleich deutlich macht, von diesen Ausnahmen abgedeckt; der Meinungsunterschied betrifft demnach vor allem das Verhältnis von Regel und Ausnahme.

Auch die Kritik der „foreign court theory" durch ein weiteres Lehrbuch von Rang **21** (DICEY/MORRIS, Conflict[12] 77 ff) wendet sich eher gegen den Grundgedanken als gegen die Ergebnisse. Zunächst werden Rück- und Weiterverweisungen schon wegen ihrer von Zufällen bestimmten Entstehung skeptisch betrachtet („The history of the renvoi doctrine is the history of a chapter of accidents"); dies läßt sich freilich auch von anderen Institutionen des englischen Rechts sagen, die heute nicht mehr in Frage gestellt werden. Die Kritik bezieht sich vor allem auf die Unvorhersehbarkeit der Ergebnisse im Einzelfall, auf die Gefahr einer theoretisch unendlichen Hinundherverweisung (circulus inextricabilis) und auf die in der Praxis (so in re O'Keefe, [1940] 1 Ch 124: Sachnormverweisung des italienischen Wohnsitzrechts auf das Recht der letzten Staatsangehörigkeit) aufgetretene Schwierigkeit, das für „British nationals" maßgebliche Regionalrecht (englisches, schottisches, nordirisches Recht usw; vgl u Rn 23) zu bestimmen (S 82 ff). Trotzdem wird auch hier eingeräumt, daß fremde Kollisionsnormen jedenfalls dann zu beachten seien, wenn es um Rechte an im Ausland belegenen Grundstücken und beweglichen Sachen und um die formelle Gültigkeit einer Eheschließung gehe.

Bei einem angesehenen Autor findet die „foreign court theory" sogar grundsätzlich **22** Zustimmung (GRAVESON, Conflict[7] 74: „... unique contribution to the science of private international law"). Aber auch hier wird ihrer Eingrenzung das Wort geredet (77): „... the policy of English law should be to reduce (the) operation (of renvoi) to the minimum essential scale within the overall purpose of the system of achieving a just result. The legal complexity of the remedy, especially in its English form, has sometimes made it appear worse than the disease. Like most remedies, renvoi demands perceptive and discriminating application". Für die englische Gerichtspraxis sind diese Lehrmeinungen bisher bedeutungslos geblieben. Aussicht auf Durchsetzung haben sie nur auf dem Weg über das parlamentarische Gesetzgebungsverfahren und über internationale Staatsverträge, die ihrerseits der Ratifikation durch das Parlament bedürfen. So wurde denn auch die Verdrängung des Renvoi durch das Haager Testamentsabkommen von 1961 und den Wills Act 1963 von wissenschaftlicher Seite ausdrücklich begrüßt (GRAVESON 14 IntLQRev [1965] 528).

c) Rück – und Weiterverweisung aus deutscher Sicht
aa) Unteranknüpfung

23 England ist ein Teilstaat des Vereinigten Königreichs von Großbritannien und Nordirland. Da weder ein gesamtstaatliches Kollisionsrecht noch ein gesamtstaatliches interlokales Privatrecht existiert (CHESHIRE/NORTH, PrIntLaw[12] 61; vgl auch OLG Hamm 2. 5. 1958, IPRspr 1958/59 Nr 183), ist die maßgebliche Teilrechtsordnung mit Hilfe einer Unteranknüpfung nach den Grundsätzen des Art 4 Abs 3 (dazu Art 4 Rn 320 ff) zu ermitteln. Nur wenn diese Unteranknüpfung zur englischen Teilrechtsordnung führt, ist über einen etwaigen Renvoi an Hand der englischen Kollisionsregeln zu entscheiden. Diese bieten nur scheinbar eine reiche Zahl von Anlässen für Rück- und Weiterverweisungen. Bei näherem Hinsehen bleibt davon – vor allem wegen der Schwierigkeit für britische Staatsangehörige, ein domicile of choice im Ausland zu erwerben – nur wenig übrig.

bb) Grundstücke

24 Am ehesten lassen sich Rück- und Weiterverweisungen vorstellen, wenn es um Grundstücksvermögen geht. Gehört ein in der Bundesrepublik Deutschland oder in einem dritten Land belegenes Grundstück zu einer Vermögensmasse, die gemäß der deutschen Anknüpfung an die Staatsangehörigkeit (Art 15 Abs 1, 19 Abs 2, jeweils iVm Art 14 Abs 1 Nr 1; 25 Abs 1 EGBGB) vom englischen Recht beherrscht wird, so verweist die für unbewegliches Vermögen geltende englische Kollisionsnorm auf deutsches Recht zurück oder auf ein drittes Recht weiter (vgl für das Güterrecht OLG Hamm 18. 1. 1974, IPRspr 1974 Nr 62; für das Erbrecht OLG Frankfurt 2. 7. 1953, NJW 1954, 111, 112 = RabelsZ 19 [1954] 554 m Anm NEUHAUS = IPRspr 1952/53 Nr 238; BayObLG 30. 9. 1982, BayObLGZ 1982, 331 = IPRspr 1982 Nr 119; BayObLG 26. 5. 1983, DNotZ 1984, 47 = IPRspr 1983 Nr 117; FERID/FIRSCHING/HENRICH Großbritannien Grdz Rn 20). Dasselbe gilt, wenn der Vermögensträger staatenlos ist und im maßgeblichen Zeitpunkt seinen gewöhnlichen Aufenthalt (Art 5 Abs 2 EGBGB) in England hatte oder hat (BayObLG 3. 1. 1967, BayObLGZ 1967, 1, 4 = IPRspr 1966/67 Nr 175). Zur Annahme einer solchen Teilrückverweisung bedarf es aus deutscher Sicht nicht des Rückgriffs auf Art 3 Abs 3 EGBGB; denn es handelt sich nicht um Sondervermögen im Sinne dieser Vorschrift, sondern um die Anwendung einer durch die deutsche Verweisung auf die Staatsangehörigkeit berufenen selbständigen englischen Kollisionsnorm, deren Eigenheit darin liegt, daß sie sich lediglich auf bestimmte Vermögensteile bezieht (s o Art 3 Rn 100). Kommt es hiernach hinsichtlich eines Grundstücks oder mehrerer Grundstücke zur Rückverweisung auf deutsches materielles Recht, so gilt dieses nur für das inländische Grundstücksvermögen. In Erbfällen ist ein Erbschein zu erteilen, der ausdrücklich auf das in der Bundesrepublik Deutschland belegene Grundstücksvermögen beschränkt ist; da er auf deutschem Erbrecht beruht, ist er jedoch kein gegenständlich beschränkter Fremdrechtserbschein iSv § 2369 BGB (FERID/FIRSCHING Deutschland Grdz Rn 68).

cc) Ehescheidung

25 In Fragen des persönlichen Status und des beweglichen Vermögens verweisen die überkommenen Kollisionsnormen des englischen Rechts auf den Wohnsitz. Aus deutscher Sicht muß die Qualifikation dieses Begriffs dem englischen Recht folgen (s o Art 4 Rn 56); andernfalls würden Rück- und Weiterverweisung in zahlreichen Fällen zu Unrecht angenommen. In früheren Jahren wurde vor allem in Scheidungssachen, an denen britische Staatsangehörige beteiligt waren, häufig vorschnell eine

Rückverweisung bejaht, weil angeblich durch mehrjährigen, oft nur dienstlich oder beruflich begründeten Aufenthalt in der Bundesrepublik Deutschland der englische Ursprungswohnsitz aufgegeben und ein deutscher Wahlwohnsitz begründet worden sei (LG Köln 28. 4. 1959, NJW 1959, 1591 = IPRspr 1958/59 Nr 186; LG Duisburg 12. 5. 1959, MDR 1960, 1015). Mit solchen Begründungen wurde praktisch der englische Wohnsitzbegriff dem deutschen gleichgestellt. Diese Praxis mochte zwar – jedenfalls in Fällen der einverständlichen Scheidung – den Wünschen der Scheidungswilligen entgegenkommen, beruhte aber auf einem krassen Mißverständnis der englischen Kollisionsnormen, die man anzuwenden vorgab (COHN, English Law before German Courts, Essays in Tribute to Keeton [1967] 115, 118). Auch die französische Praxis hielt sich, wenn in solchen Fällen eine Rückverweisung in Betracht kam, bei der Prüfung des englischen Wohnsitzbegriffes nicht lange auf (Cass req 10. 5. 1939, S 1942. 1.73 m Anm NIBOYET = Clunet 1940–1945, 107; Cass civ 1. 4. 1954, Bull civ 1954. 2. 101).

Eine Besserung dieses Zustands trat erst ein, als das House of Lords es möglich **26** machte, im Ausland ergangene Scheidungsurteile anzuerkennen, sofern nur eine „real and substantial connection" der beteiligten Parteien mit der Rechtsordnung des Landes bestand, dessen Gerichte entschieden hatten (Indyka v Indyka, [1969] 1 AC 33). Nachdem das Vereinigte Königreich dem Haager Abkommen von 1970 über die Anerkennung von Ehescheidungen und Ehetrennungen beigetreten war (vgl den Text bei JAYME/HAUSMANN[8] Nr 90), wurde die Anerkennung fremder Scheidungsurteile durch den Recognition of Divorces and Legal Separations Act 1971 auch auf gesetzlicher Ebene erleichtert. Die entsprechende Regelung findet sich heute in Sec 44 ff des Family Law Act 1986 (Text bei BERGMANN/FERID/HENRICH Großbritannien 121 ff). Hiernach genügt es für die Anerkennung, daß wenigstens einer der Ehegatten mit dem Gerichtsland durch gewöhnlichen Aufenthalt, Staatsangehörigkeit oder Wohnsitz im Sinne des betreffenden fremden Rechts verbunden war (Sec 46 [1]). Damit ging die frühere Rechtsprechung im Gesetz auf (Einzelheiten bei CHESHIRE/NORTH, PrIntLaw[12] 655 ff; ADAM IPRax 1987, 98 ff mwN). Diese Gesetzgebung wurde ergänzt durch den Domicile and Matrimonial Proceedings Act 1973, der für die internationale Zuständigkeit englischer Gerichte den einjährigen gewöhnlichen Aufenthalt eines Ehegatten in England genügen läßt (Sec 5 [3]); dazu näher CHESHIRE/NORTH, PrIntLaw[12] 630 ff). Im Gegensatz zum früheren Recht kann nunmehr die Ehefrau einen selbständigen Wohnsitz oder ständigen Aufenthalt haben (Sec 1; dazu o Rn 8). Das hiernach zuständige englische Gericht scheidet die Ehe stets nach englischem Recht (DICEY/MORRIS, Conflict[12] Rule 79, 1; S 719 ff).

Die jüngere deutsche Praxis entnimmt aus den genannten englischen Zuständigkeits- **27** vorschriften eine **versteckte Rückverweisung** auf die deutsche lex fori, wenn einer der Ehegatten am Tag der Rechtshängigkeit des Scheidungsantrags seinen gewöhnlichen Aufenthalt in der Bundesrepublik Deutschland hatte (vgl LG Frankfurt 21. 4. 1976, FamRZ 1976, 640 = IPRspr 1976 Nr 152; OLG Stuttgart 24. 5. 1984, FamRZ 1986, 687 = IPRspr 1985 Nr 68; OLG Hamm 10. 4. 1990, IPRax 1991, 197 = IPRspr 1990 Nr 82; JAYME NJW 1988, 2417, 2419; HENRICH IntFamR 95). Daran ändert es auch nichts, wenn das englische Recht im Hinblick auf den gewöhnlichen Aufenthalt des anderen Ehegatten in England eine eigene (konkurrierende) Scheidungszuständigkeit in Anspruch nimmt (s Art 4 Rn 191 ff; offengelassen vom OLG Hamm 25. 3. 1991, NJW 1991, 3101 = IPRspr 1991 Nr 90).

dd) Adoption

28 In Adoptionssachen war eine solche Bereitschaft deutscher Gerichte, vorschnell einen deutschen Wahlwohnsitz britischer Adoptiveltern zu bejahen, nicht erkennbar (LG Lüneburg 15. 12. 1952, MDR 1953, 424 = IPRspr 1952/53 Nr 228; OLG Celle 14. 4. 1954, JZ 1954, 702 m zust Anm NEUHAUS = IPRspr 1954/55 Nr 125; AG Bielefeld 15. 9. 1960, StAZ 1960, 321, lobend erwähnt bei COHN, Essays in Tribute to Keeton, [1967] 117 Fn 9; AG Bielefeld 19. 3. 1963, StAZ 1965, 80; anders aber zuletzt AG Heidelberg 30. 12. 1991, IPRax 1992, 327 m krit Anm OTTO 309 = IPRspr 1991 Nr 137). Wie berechtigt diese Vorsicht war, zeigt eine Entscheidung des Supreme Court of Victoria (Australien), in der die Adoption eines deutschen Kindes durch deutsche Adoptiveltern vor ihrer gemeinsamen Auswanderung nach Australien nicht anerkannt wurde, weil die Bestätigung der Adoption durch das deutsche Gericht erst stattfand, als die Beteiligten schon seit drei Jahren in Australien lebten und damit nach Ansicht des australischen Gerichts ihr deutsches Ursprungsdomizil aufgegeben hatten (R v A, ex parte E, [1955] Victoria L Rev 241, teilweise abgedr in RabelsZ 22 [1957] 357; dazu DOPFFEL RabelsZ 22 [1957] 220 ff). Eine spätere Entscheidung des Court of Appeal übernahm zwar den Begriff der „real and substantial connection" in das internationale Adoptionsrecht, lehnte aber die Anerkennung einer in Südafrika vorgenommenen Adoption südafrikanischer Kinder durch rhodesische Eltern ab (Re Valentine's Settlement, [1965] 2 All ER 226 [CA]). Auch hier entschied aus englischer Sicht die internationale Zuständigkeit (jurisdiction); welches materielle Recht angewandt wurde, war schon deshalb nicht wesentlich, weil englische Gerichte aus der Anerkennung fremder Zuständigkeit in Adoptionssachen (entsprechend ihren eigenen Regeln) die Anwendbarkeit des am Gerichtsort geltenden Rechts ableiten.

29 Inzwischen haben jedoch der Beitritt des Vereinigten Königreichs zum **Haager Adoptionsabkommen von 1965** (Text bei JAYME/HAUSMANN[8] Nr 33) und die Aufnahme seines Inhalts in die parlamentarische Gesetzgebung (Adoption Act 1968; Adoption Act 1976) die Adoption durch britische Staatsangehörige im Ausland wesentlich vereinfacht. Eine in der Bundesrepublik Deutschland vorgenommene „overseas adoption" wird nunmehr in England anerkannt und einer inländischen Adoption gleichgestellt; die britischen Adoptiveltern brauchen in der Bundesrepublik Deutschland keinen Wahlwohnsitz im englisch-rechtlichen Sinne erworben zu haben, und die Adoption kann nach deutschem Recht erfolgt sein (Einzelheiten bei CHESHIRE/NORTH, PrIntLaw[12] 765 ff; MORRIS, in: FS Mann [1977] 241; aus der deutschen Praxis LG Wuppertal 8. 7. 1976, FamRZ 1976, 714 = IPRspr 1976 Nr 111; AG Darmstadt 10. 8. 1979, StAZ 1979, 324 m zust Anm JAYME = IPRspr 1979 Nr 133 und 15. 5. 1986, IPRspr 1986 Nr 108 A; KG 19. 11. 1982, OLGZ 1983, 129, 131 f = IPRspr 1982 Nr 108). Hieraus wird deutscherseits eine versteckte Rückverweisung auf deutsches Recht entnommen (KG aaO; dazu Art 4 Rn 241 mwN). Damit erfährt die Lehre von der versteckten Rückverweisung einen zusätzliche Erweiterung, die sich aber durch den Verzicht des britischen Gesetzgebers auf die ausschließliche Zuständigkeit seiner Gerichte und damit auf die Anwendung englischen Adoptionsrechts hinlänglich rechtfertigen läßt.

ee) Erbrecht

30 Im internationalen Erbrecht behält der englische Wohnsitzbegriff, soweit es um die Erbfolge in den beweglichen Nachlaß geht (zur Vererbung von Immobilien s o Rn 24), einstweilen seine traditionelle Bedeutung. Daß der letzte Wohnsitz eines Erblassers in der Bundesrepublik Deutschland gelegen habe, läßt sich demgemäß nur aus-

nahmsweise begründen (abl trotz zehnjährigen Aufenthalts im Inland zuletzt noch AG Groß-Gerau 23. 12. 1991, IPRspr 1991 Nr 151: Indien). Es trifft am ehesten auf Staatenlose zu, die als Verfolgte des Dritten Reiches in England ihren ständigen Aufenthalt hatten, jedoch die Absicht einer Rückkehr nach Deutschland nie aufgegeben und daher ihren letzten Wohnsitz in Deutschland behalten hatten (BayObLG 3. 1. 1967, BayObLGZ 1967, 1, 4 f = MDR 1967, 495 = IPRspr 1966/67 Nr 175). Darüber hinaus kommt die Annahme eines domicile (of origin) in Deutschland in Betracht, wenn eine britische Erblasserin, die ihre ursprüngliche deutsche Staatsangehörigkeit infolge der Eheschließung mit einem Briten verloren hatte, mit diesem während der gesamten Ehezeit in Deutschland gelebt hat (BayObLG 30. 9. 1982, BayObLGZ 1982, 331, 336 = IPRspr 1982 Nr 119 und 5. 5. 1988, FamRZ 1988, 1100 = IPRspr 1988 Nr 132).

d) Staatsverträge

Großbritannien ist dem Haager Testamentsabkommen von 1961 beigetreten. Die **31** Vorschriften dieses Abkommens sind in den Wills Act von 1963 aufgenommen worden (Wortlaut bei FERID/FIRSCHING/HENRICH Texte 158 ff). Sie verweisen jeweils auf das innerstaatliche Recht („internal law") und schließen Rück- oder Weiterverweisungen damit aus (FERID/FIRSCHING/HENRICH Großbritannien Grdz Rn 28; CHESHIRE/NORTH, PrIntLaw[12] 852 f; dazu auch Art 4 Rn 126 f). Großbritannien ist ferner Mitgliedstaat des Haager Kindesentführungsabkommens von 1980, das in seinem Art 3 Abs 1 eine Gesamtverweisung auf das Recht am gewöhnlichen Aufenthaltsort des Kindes vorsieht (s Art 4 Rn 132 f), sowie des Haager Trust-Übereinkommens von 1985, das den Renvoi in seinem Art 17 ausdrücklich ausschließt (s Art 4 Rn 139).

2. Schottland*

Das schottische Recht (Scots Law) hat sich unabhängig vom englischen Common **32** Law entwickelt, ist aber von diesem seit dem Zusammenschluß beider Länder im Jahre 1707 erheblich beeinflußt worden (WEBER, Einf Teil A). Es wird als Mischung aus römischrechtlichen und englischrechtlichen Elementen verstanden, die nicht durch umfassende Gesetzgebung zusammengefaßt sind (uncodified mixed jurisdiction); dies hat es mit Südafrika und Sri Lanka gemein (SMITH, The Preservation of the Civilian Tradition in „Mixed Jurisdictions", in: YIANNOPOULOS [Hrsg], Civil Law in the Modern World [1965] 3). Die Mehrzahl der englischen Statutes zum materiellen Ehe- und Kindschaftsrecht gilt nicht für Schottland.

a) Kollisionsnormen

Die Kollisionsnormen des schottischen Rechts weisen gegenüber den englischen **33** keine wesentlichen Unterschiede auf (vgl zu Einzelheiten BERGMANN/FERID/HENRICH Großbritannien IV 1 ff). Auch schottisches Recht geht im Bereich des Personen-, Familien- und Erbrechts vom Wohnsitz (domicile) im englischen Sinne aus und vollzieht dessen Unterscheidung zwischen Ursprungswohnsitz (domicile of origin), Wahlwohnsitz (domicile of choice) und abhängigem Wohnsitz (domicile of dependence) nach (dazu

---

* **Schrifttum:** ANTON, Private International Law – A Treatise from the Standpoint of Scots Law[2] (Edinburgh 1990); BERGMANN/FERID/HENRICH Großbritannien IV (Stand 1986) 157–159; MAHER, International Private Law: Cases & Statutes (Edinburgh 1985); WALKER, Principles of Scottish Private Law[3] Bd I (Edinburgh 1982); WEBER, Einführung in das schottische Recht (1978).

o Rn 5 ff); die englischen Leitentscheidungen werden auch für den Bereich des schottischen Rechts als maßgeblich angesehen (ANTON, PrIntLaw² 121 ff). Dazu trägt bei, daß viele Entscheidungen des Oberhauses (House of Lords) auf Sachverhalten beruhen, die nach schottischem Recht zu beurteilen sind oder eine Abgrenzung zwischen englischem und schottischem Recht erforderlich machen. Schon 1804 entschied das House of Lords, daß die Wirkungen eines nach englischem Recht eingetretenen Güterstandes durch spätere Wohnsitzverlegung nach Schottland aufgehoben werden und die erbrechtliche Stellung der Ehefrau nunmehr nach schottischem Recht zu beurteilen sei (Lashley v Hog, [1804] 4 Paton 581; dazu ANTON, PrIntLaw² 584 f). Später erklärte das Oberhaus das nach englischem Recht ungültige Testament eines gebürtigen Schotten nach schottischem Recht für gültig, obwohl der Erblasser jahrzehntelang in England gelebt und Schottland nicht mehr besucht hatte; aus den Begleitumständen – der Erblasser hatte sich stets als „Glasgow man" bezeichnet und eine schottische Zeitung gelesen – wurde gefolgert, daß er die Verbindung zu Schottland nie aufgegeben habe und daher auch nicht im Sinne des englischen und schottischen Wohnsitzbegriffs in England heimisch geworden sei (Ramsay v Liverpool Royal Infirmary, [1930] AC 588 = 46 TLR 465 [HL] = 1930 SC [HL] 83 = RabelsZ 5 [1931] 60; dazu CHESHIRE/NORTH, PrIntLaw¹² 146 f). Zu *unterschiedlichen Anknüpfungen* kommt es hingegen, soweit das Kollisionsrecht in Statutes kodifiziert worden ist. Dies trifft etwa auf dem Gebiet des Legitimationsrechts zu (vgl einerseits Sec 2 des englischen Legitimacy Act 1976, andererseits Sec 15 des schottischen Legitimacy Act 1968; dazu STAUDINGER/HENRICH¹² Art 20 Rn 26).

b) **Rück- und Weiterverweisung aus deutscher Sicht**

34 Aus deutscher Sicht kann also mit den zuvor genannten Einschränkungen davon ausgegangen werden, daß die englischen und schottischen Kollisionsnormen einander entsprechen. Angesichts der zum Teil erheblichen Unterschiede zwischen den materiellen Normen beider Rechtsordnungen muß jeweils nach den Grundsätzen über die Unteranknüpfung (Art 4 Abs 3; dazu Art 4 Rn 320 ff) ermittelt werden, welche von beiden maßgeblich ist. Greift danach schottisches Recht ein, weil der Betroffene seinen gewöhnlichen Aufenthalt in Schottland hat, so ist zu prüfen, ob nach schottischem Recht etwas anderes gilt als nach englischem (kurzerhand verneint von AG Hamburg 5. 3. 1974, StAZ 1974, 183 = IPRspr 1974 Nr 74). Eine etwaige Rück- oder Weiterverweisung ist nach schottischem Recht zu begründen.

3. **Irland***

a) **Kollisionsnormen**

35 Für das irische Recht ist bisher der Einfluß der englischen Gerichtspraxis bestimmend geblieben. Im Personen-, Familien- und Erbrecht herrscht der englische Wohnsitzbegriff mit seinen charakteristischen Erscheinungsformen – domicile of origin, domicile of choice, domicile of dependence (s o Rn 5 ff) – immer noch vor (BERGMANN/FERID/COESTER-WALTJEN Irland 13 f mN). Ferner wird im Ehegüter- und Erb-

---

* **Schrifttum:** BINCHY, Irish Conflicts of Law (1988); BERGMANN/FERID/COESTER-WALTJEN Irland (Stand: 1993) 13–15; FERID/FIRSCHING/ COESTER/WALTJEN Irland (Stand 1993) Grdz Rn 4–21; HICKEY, Irish Private International Law, RabelsZ 42 (1978) 268; NORTH PM, The Private International Law of the Matrimonial Causes in the British Isles and the Republic of Ireland, Problems of Private International Law (1977).

recht ebenfalls zwischen beweglichem und unbeweglichem Vermögen unterschieden (FERID/FIRSCHING/COESTER-WALTJEN Irland Grdz Rn 4). Auch in Bezug auf die Beachtlichkeit von Rück- und Weiterverweisung folgt die irische Praxis und Literatur der englischen Common-Law-Tradition (vgl In re Adams Deceased, [1967] I R 455; BINCHY, Conflicts 35 ff; dazu o Rn 13 ff). Die englischen Leitentscheidungen aus der Zeit vor der Unabhängigkeit des Landes werden in der Praxis weiterhin als richtungweisend anerkannt. Nur allmählich, teilweise sogar später als in England selbst, verdrängen Gesetze das Richterrecht. Auch im irischen Recht ist das Domizil der Ehefrau seit Inkrafttreten des „Domicile and Recognition of Foreign Divorces Act 1986" (Sec 1) unabhängig vom Domizil des Ehemannes zu bestimmen. Kinder teilen bis zur Erreichung der Volljährigkeit oder Heirat das Domizil ihrer Eltern. Die irische Verfassung von 1937 untersagte ausdrücklich die gesetzliche Einführung der Ehescheidung (Art 41 [3] 2) und verbot überdies die Wiederheirat im Ausland geschiedener Personen, wenn die Ehe nach irischem Recht gültig zustandegekommen ist (Art 41 [3] 3); eine Änderung dieser Bestimmungen – und damit die Einführung der Ehescheidung im irischen Recht – steht jedoch nach der (knappen) Niederlage der Scheidungsgegner im Referendum von 1995 bevor.

b) **Rück- und Weiterverweisung aus deutscher Sicht**
Zu einer (Teil-) Rückverweisung des irischen Rechts auf deutsches Recht kommt es – **36** in Übereinstimmung mit den hier weithin entsprechend geltenden Grundsätzen zum deutsch-englischen Rechtsverkehr (s o Rn 24 ff) – insbesondere im **ehelichen Güterrecht und Erbrecht**, wenn zum Vermögen der Ehegatten bzw des Erblassers in Deutschland belegene Immobilien gehören. Im übrigen verweist das – im Eherecht als gemeinsames Heimatrecht der Ehegatten oder im Erbrecht als letztes Heimatrecht des Erblassers maßgebende – irische Recht auf deutsches Recht zurück, wenn die Eheleute bzw der Erblasser im Inland ein Wahldomizil iS des irischen Rechts begründet hatten. Für die Anfechtung der Ehelichkeit durch das Kind gegen den irischen Ehemann seiner Mutter nimmt das irische Recht hingegen die Verweisung des deutschen IPR an (LG Berlin 3. 7. 1986, IPRax 1987, 123 = IPRspr 1986 Nr 74).

Auch wenn das irische Sachrecht wegen Art 41 (3) 2 der irischen Verfassung die **37** **Ehescheidung** bisher nicht kennt, ergibt sich doch aus Sec 5 (1) des „Domicile and Recognition of Foreign Divorces Act 1986", daß bei ausländischem Domizil auch nur *eines* Ehegatten die Ehe nach ausländischem Recht geschieden werden kann und die Scheidung in Irland anerkannt wird („that a divorce shall be recognized if granted in the country where either spouse is domiciled"). Hat also ein irischer Ehegatte ein Wahldomizil in der Bundesrepublik Deutschland begründet, so kann die Ehe nach deutschem Recht geschieden werden, weil aus der genannten Regelung eine Rückverweisung des irischen auf deutsches Recht zu entnehmen ist, die gemäß Art 4 Abs 1 zu beachten ist (OLG Köln 12. 5. 1988, IPRax 1989, 297 m Anm COESTER-WALTJEN 282 = IPRspr 1988 Nr 74; AG München 17. 1. 1991, IPRax 1992, 108 = IPRspr 1991 Nr 186; vgl auch COESTER-WALTJEN IPRax 1985, 162). Der gewöhnliche Aufenthalt eines Ehegatten im Inland genügt freilich nicht; erforderlich ist vielmehr ein inländisches *domicile* eines Ehegatten iS des irischen Rechts, wobei die Ehefrau ein vom Ehemann unabhängiges *domicile* haben kann.

c) **Staatsverträge**
Irland ist dem Haager Testamentsabkommen von 1961 beigetreten. Die Vorschriften **38**

dieses Abkommens sind in das Erbrechtsgesetz (Succession Act) von 1965 aufgenommen worden (Sec 102; Wortlaut in FERID/FIRSCHING Irland Texte 1 ff); sie verweisen auf das „internal law" und schließen die Beachtung einer Rück- oder Weiterverweisung damit aus (FERID/FIRSCHING/COESTER-WALTJEN Grdz Rn 8; dazu Art 4 Rn 126 f). Irland ist ferner Mitgliedsstaat des Haager Kindesentführungsabkommens von 1980, das in seinem Art 3 Abs 1 eine Gesamtverweisung auf das Recht am gewöhnlichen Aufenthaltsort des Kindes vorsieht (s Art 4 Rn 132 f).

4. Australien*

39 Australien ist ein Bundesstaat. Der am 1.1.1901 proklamierte Commonwealth of Australia gliedert sich in sechs Einzelstaaten (Neu-Süd-Wales, Victoria, Süd-Australien, West-Australien, Queensland, Tasmanien) sowie mehrere Territorien (Bundeshauptstadt Canberra, Nordterritorium, Papua und Neuguinea). Ein gemeinsames IPR des Bundes gibt es bisher nur in Ansätzen auf dem Gebiet des Familienrechts (Marriage Act 1961; Family Act 1975); im übrigen hat jedes Territorium auf dem Gebiet des Personen-, Familien- und Erbrechts sein eigenes internationales und interlokales Privatrecht, das jedoch in den Grundzügen übereinstimmt und sich stark am englischen Vorbild orientiert (zur geplanten Kodifikation des IPR Australiens s den „Choice of Law Bill 1992", abgedr in RabelsZ 58 [1994] 741).

a) Kollisionsnormen

40 Das australische IPR ist geprägt durch die englische Common Law-Tradition. Demgemäß ist zentrales Anknüpfungsmerkmal im internationalen Personen-, Familien- und Erbrecht der *Wohnsitz*. Der traditionelle Begriff des „domicile" im englischen Common-Law (s o Rn 5 ff) ist allerdings durch die australische Gesetzgebung des Bundes wie der Einzelstaaten zum Teil modifiziert worden. Die neuen Regeln sind anzuwenden, wann immer das domicile einer Person für die Zeit nach dem 1.7.1982 zu ermitteln ist. Ein wesentlicher Unterschied gegenüber dem Common-Law besteht vor allem darin, daß die Regel vom Wiederaufleben des Ursprungsdomizils bei Aufgabe eines Wahldomizils in Australien beseitigt worden ist; nach den Domicile Acts von 1982 gilt stattdessen die Regel, daß ein wirksam begründetes domicile of choice solange fortbesteht, bis ein neues domicile erworben wird (NYGH, Conflict³ 177 f). Minderjährige Kinder teilen den Wohnsitz ihrer Eltern; leben die Eltern getrennt, so kommt es auf den Wohnsitz desjenigen Elternteils an, mit dem das Kind hauptsächlich zusammenlebt (Sec 9 [1] Domicile Act). Das domicile der Ehefrau ist grundsätzlich unabhängig vom domicile des Ehemannes; auch eine Vermutung, wonach die Ehefrau das domicile des Ehemannes teilt, gilt nicht mehr (Sec 6 Domicile Act). In der jüngeren Gesetzgebung gewinnen jedoch auch die Staatsangehörigkeit und der

---

* **Schrifttum:** BERGMANN/FERID/FINLAY Australien (Stand 1986) 26 f; FERID/FIRSCHING Australien (Stand:1982) Grdz Rn 14–22; NYGH, Conflict of Laws in Australia⁶ (Sydney 1995); ders, Conflict of Laws in Australia, RabelsZ 43 (1979) 708; ders, Reform of Private International Law in Australia, RabelsZ 57 (1994) 465; PRYLES, Conflicts in Matrimonial Law (London 1975); ders, Interstate Conflict of Laws in Australia, RabelsZ 43 (1979) 708; PRYLES/HANKS, Federal Conflict of Laws (London 1974); SYKES/PRYLES, Conflict of Laws, in: An Annual Survey of Australian Law (1984) 220; dies, Australian Private International Law³ (Sydney 1991).

gewöhnliche Aufenthalt (residence) als Anknüpfungskriterien im australischen IPR zunehmend an Bedeutung (NYGH, Conflict³ 185 ff).

Das internationale **Eherecht** Australiens ist im wesentlichen bundesrechtlich geregelt. Durch den Marriage Amendment Act 1985, wurde das Haager Übereinkommen über die Eheschließung und die Anerkennung der Gültigkeit von Ehen von 1978 in das australische Recht umgesetzt hat. Danach ist eine Ehe sowohl in formeller wie in materieller Hinsicht gültig, wenn sie in Übereinstimmung mit dem nationalen Recht am Ort der Eheschließung eingegangen worden ist (Sec 88 D [1] Marriage Act 1961). Ausgeschlossen ist die Anerkennung nach Sec 88 D (2) und (3) nur, wenn bestimmte Ehehindernisse des australischen Rechts einer gültigen Eheschließung entgegenstanden. Wird die Ehe in Australien geschlossen, so gilt auch für die sachlichen Ehevoraussetzungen allein das australische Recht. Für vor dem 7. 4. 1986 geschlossene Ehen behalten die allgemeinen Kollisionsregeln des Common Law weiter Bedeutung, soweit sie die Anerkennung im Ausland geschlossener Ehen in weiterem Umfang ermöglichen als das Haager Übereinkommen. **41**

Im internationalen **Ehegüterrecht** unterscheidet das Kollisionsrecht der australischen Einzelstaaten – der Common Law Tradition entsprechend – zwischen beweglichem und unbeweglichem Vermögen. Ehegüterstatut für das bewegliche Vermögen ist das Recht am „matrimonial domicile" der Ehegatten zur Zeit der Eheschließung. Die Ehegatten sind jedoch frei, als Ehegüterstatut ein anderes Recht als dasjenige ihres ersten ehelichen Wohnsitzes zu vereinbaren. Ein entsprechender Parteiwille braucht nicht ausdrücklich geäußert zu werden, sondern kann sich auch aus den Umständen ergeben (NYGH, Conflict³ 380 f). Ein ausdrücklich oder stillschweigend gewähltes Ehegüterstatut wird auch durch einen späteren Wohnsitzwechsel der Ehegatten nicht berührt. Das in einem Ehevertrag ausdrücklich gewählte Ehegüterstatut gilt auch für das unbewegliche Vermögen, sofern die Rechtswahl nach der lex rei sitae wirksam ist. In Ermangelung eines Ehevertrages beherrscht hingegen die jeweilige lex situs die güterrechtlichen Beziehungen der Ehegatten an Immobilien. **42**

Das **Ehescheidungsrecht** ist in Australien bundeseinheitlich im Family Law Act 1975 geregelt. Nach diesem Gesetz sind die australischen Gerichte für eine Ehescheidung international zuständig, wenn ein Ehegatte die australische Staatsangehörigkeit besitzt, in Australien domiziliert ist oder seinen gewöhnlichen Aufenthalt für mindestens ein Jahr vor Beginn des Scheidungsverfahrens in Australien hatte (Sec 39 [3] Family Law Act 1975). Das hiernach zuständige australische Gericht wendet in der Sache stets die lex fori, dh die materiellen Vorschriften des Family Law Act 1975 an (SYKES/PRYLES, PrIntL³ 460). Die jurisdiction australischer Gerichte für ein Ehenichtigkeitsverfahren ist darüberhinaus schon dann gegeben, wenn nur ein Ehegatte seinen schlichten Aufenthalt in Australien hat (Sec 39 [4] Family Law Act 1975). **43**

Im internationalen **Kindschaftsrecht** haben die meisten Australischen Staaten (Neu-Süd-Wales, Victoria, Süd-Australien, Tasmanien und Queensland) die Unterscheidung zwischen ehelichen und nichtehelichen Kindern dadurch beseitigt, daß sie die Vorschriften des Family Law Act 1975 auf nichteheliche Kinder erstreckt haben. Soweit es auf den Status als eheliches Kind hiernach noch ankommt, entscheidet hierüber das Wohnsitzrecht des Kindes im Zeitpunkt seiner Geburt. Die *Legitimation* durch nachfolgende Eheschließung der Eltern tritt gem Sec 89 Marriage Act **44**

1961 nach Maßgabe des australischen Rechts ein, wenn im Zeitpunkt der Eheschließung ein Elternteil in Australien domiziliert war oder wenn die Ehe in Australien geschlossen wurde. Entsprechend wird eine Legitimation, die nach dem Wohnsitzrecht eines Elternteils kraft Eheschließung im Ausland eingetreten ist, in Australien anerkannt (Sec 90 Marriage Act 1961). Auf dem Gebiet des *Adoptionsrechts* regeln die Gesetze der australischen Einzelstaaten jeweils nur die jurisdiction; sie ist grundsätzlich dann eröffnet, wenn der oder die Antragssteller domicile oder residence im Gerichtsstaat haben. Nach dem Adoptions Act von Victoria reicht es für die Jurisdiction in Adoptionssachen auch aus, daß das Kind in Victoria geboren worden ist und zur Zeit der Antragstellung unter Vormundschaft der dortigen Behörden steht. Das hiernach zuständige Gericht wendet in der Sache stets sein eigenes Recht an; dies gilt auch dann, wenn das Kind in einem fremden Land domiziliert ist, das die Adoption nicht zuläßt oder weitergehende Voraussetzungen (zB Zustimmungserfordernisse) aufstellt (NYGH, Conflict³ 422 f).

45 Im internationalen **Erbrecht** folgen die australischen Teilrechtsordnungen dem Grundsatz der Nachlaßspaltung. Die Vererbung des unbeweglichen Vermögens richtet sich nach dem Reht des jeweiligen Lageortes; demgegenüber unterliegt die Erbfolge in bewegliches Vermögen dem Recht am letzten domicile des Erblassers (NYGH, Conflict³ 516 f).

b) Rück- und Weiterverweisung im australischen Recht
46 Das australische Recht steht bisher – anders als etwa das kanadische Recht (s u Rn 65 ff) – auch hinsichtlich der Befolgung eines renvoi noch ganz in der englischen Tradition. Maßgebend ist danach die „foreign court theory" in dem Umfang wie sie heute noch im englischen Recht praktiziert wird (dazu o Rn 13 ff). In der australischen Literatur überwiegt demgegenüber eine kritische Haltung (vgl NYGH, Conflict³ 212 ff: „renvoi is a device at best to be tolerated, but certainly not to be encouraged or extended").

c) Rück- und Weiterverweisung aus deutscher Sicht
47 Australien ist ein Mehrrechtsstaat. Da es auch an einem einheitlichen Kollisionsrecht fehlt, ist die maßgebende Teilrechtsordnung zunächst durch Unteranknüpfung gem Art 4 Abs 3 EGBGB zu ermitteln. Soweit an die Staatsangehörigkeit angeknüpft wird, gibt im Zweifel der letzte gewöhnliche Aufenthalt der Person in einem Teilstaat den Ausschlag (vgl näher Art 4 Rn 320 ff).

Aufgrund der weitgehenden Übereinstimmung der Kollisionsregeln in den australischen Einzelstaaten mit dem englischen Recht kann wegen der denkbaren Fälle, in denen es aus deutscher Sicht zu einer Rück- und Weiterverweisung kommt, auf die Ausführungen in Rn 24–30 verwiesen werden.

d) Staatsverträge
48 Australien ist dem Haager Testamentsabkommen von 1961 beigetreten; die Kollisionsnormen dieses Abkommens sind in die einzelstaatlichen Gesetze übernommen worden und schließen eine Rück- oder Weiterverweisung aus (NYGH, Conflict³ 519 ff). Australien ist ferner Mitgliedsstaat des Haager Kindesentführungsabkommens von 1980, das in seinem Art 3 Abs 1 eine Gesamtverweisung auf das Recht am gewöhnlichen Aufenthaltsort des Kindes vorsieht (s Art 4 Rn 132 f; dazu näher NYGH, Conflict³

405 ff), aber auch des Haager Trust-Übereinkommens von 1985, das nach seinem Art 17 nur Sachnormverweisungen enthält (s Art 4 Rn 139).

5. Kanada*

Kanada ist ein Bundesstaat, der sich aus 10 Provinzen (Alberta, British Columbia, Manitoba, New Brunswick, New Foundland, Nova Scotia, Ontario, Prinz Edward Island, Quebec, Saskatchewan) und zwei Bundesterritorien (Northwest Territories und Yukon) zusammensetzt. Die Rechtsvereinheitlichung auf Bundesebene ist bisher auf wenige Materien – wie etwa das Scheidungsrecht (Divorce Act 1985) – beschränkt. Im übrigen kennt jede Provinz bzw jedes Territorium sein eigenes Privat- und Kollisionsrecht. Während das Recht der Provinz Quebec stark vom französischen Recht beinflußt ist (HERING 89 ff), beruhen die Rechtssysteme der übrigen Provinzen und Territorien im wesentlichen auf dem englischen Common Law, haben sich aber auf den Gebieten des Familien- und Erbrechts durch die jüngere Gesetzgebung zum Teil deutlich vom englischen Vorbild entfernt. **49**

a) Kollisionsnormen
aa) Common Law-Provinzen
Das internationale Privatrecht der kanadischen Common Law-Provinzen hat sich im wesentlichen aus dem englischen Recht entwickelt. Zentrale Anknüpfung im internationalen Personen-, Familien- und Erbrecht ist daher der Wohnsitz, wobei im wesentlichen der *englische Begriff des domicile* zugrunde gelegt wird (dazu o Rn 5 ff). Demgemäß unterscheidet auch das IPR der kanadischen Common Law-Provinzen zwischen dem „domicile of origine", dem „domicile of choice" und dem domicile von abhängigen Personen (dazu näher CASTEL, Conflict[3] 75 ff). Die Ehefrau kann nach den Gesetzen sämtlicher Common Law-Provinzen ein vom Ehemann unabhängiges domicile of choice begründen (CASTEL, Conflict[3] 83). Minderjährige Kinder teilen nach der Gesetzgebung der Common Law-Provinzen das domicile ihrer Eltern; leben die **50**

---

* **Schrifttum:** ABRELL, Der Quebecer Entwurf einer Kodifikation des internationalen Privatrechts (1978); BERGMANN/FERID/RIECK Kanada (Stand 1988) 22–24; BLOM, Canadian Private International Law: An English System Transplanted into a Federal State, NILR 1992, 153; CASTEL, Constitutional Aspects of Private International Law in Australia and Canada, Rec des Cours 1969–1, 1; ders, Commentaire sur certaines dispositions du Code civil du Québec se rapportant au droit international privé, Clunet 1992, 625; ders, Canadian Conflicts of Laws[3] (Toronto 1993); ders, Droit international privé québécois (1980); ders, Some Recent Important Trends in Canadian Private International Law, NILR 1993, 15; DESCHÊNES, La théorie du renvoi en droit québécois, in: Mélanges Bissonette (1963) 265; DUBLER, Partage des pouvoirs et droit international privé dans la Fédération Canadienne, SchwJblntR XL (1984) 66; FALCONBRIDGE, Essays on the Conflict of Laws[2] (1954); GLENN, Codification of Private International Law in Quebec – an Overview, IPRax 1994, 308; GROFFIER, Précis de droit international privé québécois[4] (Cowansville 1990); dies, La réforme du droit international privé québécois, Rev crit 1992, 584; dies, La réforme du droit international privé québécois (Cowansville 1993); HERING, Die gesetzlichen Rechte des überlebenden Ehegatten in deutsch-kanadischen Erbfällen (1984); MC LEOD, The Conflict of Laws (Calgary 1983); SWAN, The Canadian Constitution, Federation and the Conflict of Laws, 63 Can Bar Rev (1985) 273; TALPIS/GOLDSTEIN, Analyse critique de l'Avant-projet de loi du Québec en droit international privé, Rev Not 91 (1989) 293.

Eltern getrennt, so kommt es auf das domicile desjenigen Elternteils an, mit dem das Kind gewöhnlich zusammenlebt (CASTEL, Conflict[3] 91 f).

51 Das **Eherecht** der kanadischen Common Law-Provinzen beruht auf dem englischen Recht; dies gilt auch für kollisionsrechtliche Fragen. Demgemäß bemißt sich die Formgültigkeit einer Eheschließung nach der lex loci celebrationis. Die Einhaltung der Formvorschriften im Wohnsitzstaat der Ehegatten ist weder erforderlich noch ausreichend (CASTEL, Conflict[3] 328). Nur wenn die Einhaltung der Ortsform unüberwindliche Schwierigkeiten bereitet, genügt auch die Einhaltung der Eheschließungsform nach Common Law. Die sachlichen Voraussetzungen der Eheschließung bestimmen sich demgegenüber nach dem Personalstatut der Verlobten zur Zeit der Eheschließung; haben diese ihr domicile in verschiedenen Ländern, so muß jeder Verlobte die nach seinem Wohnsitzrecht vorgeschriebenen Ehevoraussetzungen erfüllen (CASTEL, Conflict[3] 333 f).

52 Auf dem Gebiet des **Ehegüterrechts** erkennen sämtliche Common Law-Provinzen Kanadas einen zwischen den Ehegatten geschlossenen Ehevertrag (domestic contract) an. Dieser ist formgültig, wenn er entweder den Formvorschriften am Ort des Vertragsschlusses oder dem auf den Vertrag anwendbaren Recht entspricht (CASTEL, Conflict[3] 470). Die inhaltliche Gültigkeit des Ehevertrages unterliegt hinsichtlich des beweglichen Vermögens dem „proper law of the contract"; dieses Recht beherrscht ferner die Auslegung und die Wirkungen eines Ehevertrages. Maßgebend ist danach in erster Linie eine von den Ehegatten ausdrücklich oder stillschweigend getroffene Rechtswahl; in Ermangelung einer Rechtswahl kommt es auf das Recht am „matrimonial domicile" an (CASTEL, Conflict[3] 472 f). Dieses Recht wird durch einen nachträglichen Wohnsitzwechsel der Ehegatten grundsätzlich nicht beeinflußt. Soweit sich der Ehevertrag auf unbewegliches Vermögen bezieht, beurteilen sich die Rechte und Pflichten der Ehegatten ebenfalls nach dem „proper law of the contract"; sachenrechtliche Wirkungen des Ehevertrags können jedoch nur in Übereinstimmung mit der jeweiligen lex rei sitae eintreten (CASTEL, Conflict[3] 471 f).

53 Haben die Ehegatten *keinen Ehevertrag* geschlossen, so bestimmen sich die güterrechtlichen Wirkungen der Ehe heute weitgehend nach den kodifizierten Kollisionsnormen der einzelnen Provinzen, die zum Teil erheblich voneinander abweichen. So gelten in British Columbia und Saskatchewan die Common Law-Regeln fort; danach werden ehegüterrechtliche Auseinandersetzungen wie gewöhnliche Streitigkeiten um Eigentumsrechte zwischen Ehegatten behandelt. Rechte an Immobilien beurteilen sich daher nach der jeweiligen lex rei sitae, während die Rechte an Mobilien den Gesetzen am „matrimonial domicile" unterliegen (CASTEL, Conflict[3] 463 f). Demgegenüber regeln die Gesetze von Alberta, Manitoba und New Brunswick lediglich die *jurisdiction* in güterrechtlichen Fragen, die vor allem an den gewöhnlichen Aufenthalt der Ehegatten in der jeweiligen Provinz anknüpft; das zuständige Gericht wendet dann stets das eigene materielle Recht an (CASTEL, Conflict[3] 464 ff). Abweichend davon enthalten die Gesetze von Newfoundland, Prince Edward Island, Nova Scotia und Yukon echte güterrechtliche Kollisionsnormen. Danach unterliegen die güterrechtlichen Beziehungen der Ehegatten und ihre Liquidation primär dem internen Recht des Staates, in dem die Ehegatten ihren letzten gemeinsamen gewöhnlichen Aufenthalt hatten; in Bezug auf Immobilien gilt hingegen die jeweilige lex rei sitae (CASTEL, Conflict[3] 466 f). Auch nach dem Recht von Ontario, das eine Form der

Errungenschaftsgemeinschaft („community of acquests") als gesetzlichen Güterstand vorsieht, ist Güterrechtsstatut das Recht am letzten gemeinsamen gewöhnlichen Aufenthaltsort der Ehegatten; eine besondere Anknüpfung für die güterrechtlichen Beziehungen an unbeweglichem Vermögen ist dort nicht vorgesehen (CASTEL, Conflict³ 467 f).

Das **Ehescheidungsrecht** ist in Kanada bundesrechtlich geregelt. Sec 3 (1) Divorce Act 1985 macht die jurisdiction in Ehescheidungssachen davon abhängig, daß einer der Ehegatten sich in der betreffenden Provinz zumindest für ein Jahr vor Beginn des Verfahrens gewöhnlich aufgehalten hat (vgl näher CASTEL, Conflict³ 344 ff). Der Divorce Act 1985 enthält hingegen keine Kollisionsnormen. Dies hat jedoch – anders als nach dem Recht der meisten US-Bundesstaaten (dazu u Rn 86) – nicht zur Folge, daß das zuständige kanadische Gericht stets die lex fori anwendet. Maßgebend ist vielmehr das Personalstatut des klagenden Ehegatten. Da das Personalstatut durch das domicile bestimmt wird, hat das nach Sec 3 (1) Divorce Act 1985 aufgrund der „ordinary residence" des beklagten Ehegatten zuständige kanadische Gericht daher uU nicht die materiellen Vorschriften des Divorce Act, sondern ausländisches Scheidungsrecht anzuwenden, wenn der klagende Ehegatte sein domicile außerhalb Kanadas hat (CASTEL, Conflict³ 347 f). 54

Im **Kindschaftsrecht** ist die Common Law-Unterscheidung zwischen ehelichen und nichtehelichen Kindern inzwischen in allen Provinzen beseitigt worden. Die Kollisionsregeln über Ehelichkeit und Legitimation spielen daher nur noch eine untergeordnete Rolle. Soweit es noch darauf ankommt, wird ein Kind als ehelich angesehen, wenn es aus einer – aus kanadischer Sicht – gültigen Ehe hervorgegangen ist. Darüber hinaus genügt es aber auch, daß das Kind nach dem Personalstatut eines Elternteils im Zeitpunkt seiner Geburt als ehelich gilt (CASTEL, Conflict³ 410 f). Die Legitimation eines nichtehelichen Kindes wird in den Common Law-Provinzen Kanadas anerkannt, wenn sie nach dem Domizilrecht des Vaters zur Zeit der Geburt des Kindes und zur Zeit der nachfolgenden Eheschließung eingetreten ist. Gesetzlich geregelt ist die Legitimation nur noch in den Provinzen Alberta und Nova Scotia. Aus der gesetzlichen Gleichstellung legitimierter und ehelicher Kinder wird in diesen Provinzen gefolgert, daß das jeweilige Wirkungsstatut auch die Vorfrage der Legitimation beherrscht. Ist also das Recht von Alberta als Erbstatut berufen, so erben nach dem Recht dieser Provinz legitimierte Kinder gleich ehelichen Kindern, auch wenn die Legitimation nach dem Domizilrecht des Vaters im Zeitpunkt der Geburt des Kindes nicht eingetreten sein sollte (CASTEL, Conflict³ 411 f). 55

Das Rechtsinstitut der **Adoption** ist in Kanada erst durch Gesetze der Provinzen eingeführt worden. Diese Gesetze regeln nur die jurisdiction in Adoptionssachen; für ihre Begründung reicht es idR aus, daß entweder der Annehmende oder das angenommene Kind sein domicile oder seine residence in der betreffenden Provinz hat (CASTEL, Conflict³ 414 ff). Das zuständige Gericht wendet in der Sache stets die lex fori an. In ähnlicher Weise beschränkt sich die Gesetzgebung der kanadischen Common Law-Provinzen auch auf dem Gebiet der *elterlichen Sorge* (custody, guardianship) auf die Regelung der Gerichtszuständigkeit. Danach begründet insbesondere der gewöhnliche Aufenthalt des Kindes in einer Provinz die jurisdiction der dortigen Gerichte. Die Zuständigkeit für die Regelung der elterlichen Sorge im Rahmen eines Scheidungsverfahrens ist durch den Divorce Act 1985 in Kanada bundeseinheitlich 56 geregelt. In der Sache wenden kanadische Gerichte auch auf Streitigkeiten über das elterliche Sorgerecht stets die lex fori an (CASTEL, Conflict³ 378).

57 Auf dem Gebiet des **Erbrechts** gilt in den Common Law-Provinzen Kanadas die Nachlaßspaltung nach englischem Vorbild. Danach wird das bewegliche Vermögen nach dem Wohnsitzrecht des Erblassers im Zeitpunkt seines Todes, das unbewegliche Vermögen nach Maßgabe der lex rei sitae vererbt (CASTEL, Conflict³ 488 ff). Die Qualifkation der Begriffe „movables" und „immovables" wird der jeweiligen lex rei sitae überlassen (HERING 92 ff). Das Formstatut für Testamente ist in den meisten Provinzen eingehend gesetzlich geregelt. Danach reicht es überwiegend aus, daß das Testament die Formerfordernisse des Erbstatuts oder des Rechts des Staates erfüllt, in dem der Testator zur Zeit der Testamentserrichtung sein domicile oder seinen gewöhnlichen Aufenthalt hatte oder dem er zu diesem Zeitpunkt angehörte. Eine vom Erblasser im Testament getroffene Rechtswahl ist jedenfalls insoweit beachtlich, als die letztwillige Verfügung nach dem – ausdrücklich oder stillschweigend – gewählten Recht auszulegen ist (CASTEL, Conflict³ 494 ff; vgl auch STAUDINGER/DÖRNER [1995] Anh zu Art 25 f Rn 274 ff).

bb) Quebec

58 Eine Sonderstellung in Kanada nimmt die Provinz Quebec ein. Im Unterschied zu den Common Law-Provinzen hat man in Quebec nicht nur das Zivilrecht, sondern auch das internationale Privatrecht im 10. Buch des neuen Code civil von 1991 umfassend kodifiziert. Die Neuregelung ist am 1. 1. 1994 in Kraft getreten (GLENN IPRax 1994, 308). Hauptanknüpfungspunkt im internationalen Personen-, Familien- und Erbrecht bleibt auch nach der Neukodifikation der **Wohnsitz**. Dabei wird auch in Quebec an der traditionellen Konzeption des „domicile" festgehalten; die Definition in Art 78 Cc erfordert insbesondere weiterhin den Nachweis der „intention", einen bestimmten Ort zum dauernden Wohnsitz zu machen (krit GROFFIER, Réforme 20 f). Neben dem „domicile" gewinnt jedoch der Begriff der „residence" zunehmende Bedeutung, namentlich für die Bestimmung der internationalen Zuständigkeit in familienrechtlichen Streitigkeiten. Die Definition in Art 77 Cc erfordert nicht, daß es sich um den „gewöhnlichen" Aufenthalt handeln muß.

59 Das **Personalstatut** einer natürlichen Person wird nach Art 3083 Abs 1 Cc durch ihren Wohnsitz bestimmt. Für juristische Personen kommt es nach Art 3083 Abs 2 Cc auf das Recht des Gründungsstaates an; der gutgläubige Vertragspartner wird allerdings gegen Beschränkungen der Vertretungsmacht von im Ausland gegründeten Gesellschaften geschützt. Auch die Vormundschaft über Minderjährige und die Rechtsstellung schutzbedürftiger Volljähriger bestimmt sich gem Art 3085 Cc nach ihrem Wohnsitzrecht. Der inländische Rechtsverkehr wird auch hier – ähnlich wie nach Art 12 EGBGB – im Interesse gutgläubiger Kontrahenten geschützt (Art 3086 Cc).

60 Die materiellen Voraussetzungen der **Eheschließung** beurteilen sich gem. Art 3088 Abs 1 Cc nach dem Personalstatut eines jeden Verlobten. Für die Formgültigkeit der Ehe genügt hingegen die Einhaltung der Formvorschriften der lex loci celebrationis oder des Wohnsitz- bzw Heimatrechts eines der Ehegatten (Art 3088 Abs 2 Cc). Die *persönlichen Wirkungen der Ehe* unterliegen dem Recht am gemeinsamen Domizil der Ehegatten. Sind die Ehegatten in verschiedenen Staaten domiziliert, so kommt

es auf ihren gemeinsamen bzw letzten gemeinsamen Aufenthalt an; hilfsweise gilt das Recht des Eheschließungsorts (GROFFIER, Réforme 65). Im wesentlichen die gleichen Anknüpfungskriterien gelten nach Art 3090 Cc auch für die Ehetrennung; lediglich auf der letzten Stufe der Anknüpfungsleiter gilt hier an Stelle des Rechts am Eheschließungsort die lex fori des angerufenen Gerichts. Für die *Ehescheidung* verbleibt es hingegen auch in Quebec bei den Regeln des Divorce Act 1985 (s o Rn 54).

Auf dem Gebiet des **Ehegüterrechts** ist zwischen vertraglichem und gesetzlichem 61 Güterstand zu unterscheiden. Die inhaltliche Gültigkeit eines Ehevertrages unterliegt nach Art 3122 Cc dem Vertragsstatut, das in Anwendung der allgemeinen Grundsätze des internationalen Schuldvertragsrecht zu ermitteln ist. Maßgebend ist danach in erster Linie eine von den Ehegatten ausdrücklich getroffene Rechtswahl; in Ermangelung einer solchen gilt das Recht des Staates, mit dem der Ehevertrag am engsten verbunden ist. Haben die Ehegatten keinen Ehevertrag geschlossen, so beurteilen sich ihre güterrechtlichen Beziehungen in erster Linie nach dem Recht ihres gemeinsamen Wohnsitzes im Zeitpunkt der Eheschließung (Art 3123 Abs 1 Cc). Haben die Ehegatten ihr Domizil zu diesem Zeitpunkt in verschiedenen Staaten, so gilt folgende Anknüpfungsleiter: (1) erster gemeinsamer gewöhnlicher Aufenthalt; (2) gemeinsames Heimatrecht; (3) Recht am Ort der Eheschließung. Die Zulässigkeit einer nachträglichen Änderung des Güterstandes bestimmt sich nach dem Wohnsitzrecht der Ehegatten im Zeitpunkt dieser Änderung (Art 3124 Cc).

Im **Kindschaftsrecht** wird zwischen ehelicher und nichtehelicher Abstammung nicht 62 mehr unterschieden. Für die Feststellung der Abstammung ist nach Art 3091 Cc alternativ an das Wohnsitz- oder Heimatrecht des Kindes oder eines Elternteils anzuknüpfen, wobei die dem Kind günstigste Rechtsordnung anzuwenden ist. Die Wirkungen der Abstammung richten sich hingegen einheitlich nach dem Wohnsitzrecht des Kindes (GROFFIER, Réforme 74). Die Zulässigkeit einer *Adoption* und das Erfordernis von Einwilligungserklärungen unterliegen nach Art 3092 Cc dem Domizilrecht des Adoptierten. Die in der Person des Adoptanten zu erfüllenden materiellen Voraussetzungen bestimmen sich hingegen nach dessen Domizilrecht (GROFFIER, Réforme 75). Für das *elterliche Sorgerecht* gilt nach Art 3093 Cc das Wohnsitzrecht des Kindes. Haben die Eltern kein gemeinsames Domizil, so wird nach Art 80 Cc vermutet, daß das Kind sein Domizil bei demjenigen Elternteil hat, mit dem es gewöhnlich zusammenlebt, soweit gerichtlich kein anderes Domizil bestimmt worden ist.

Sachenrechte werden in Art 3097 Abs 1 Cc grundsätzlich der lex rei sitae unterworfen. 63 Die Rechte an Sachen auf dem Transport bestimmen sich hingegen nach dem Recht ihres Bestimmungslandes (Art 3097 Abs 2 Cc). Darüberhinaus enthält der neue Code Civil detaillierte Anknüpfungsregeln für Sicherungsrechte an beweglichen Sachen (Art 3103–3106 Cc) und für Treuhandvermögen (Art 3107 f Cc).

Im internationalen **Erbrecht** hält auch der neue Code civil von Quebec am Grund- 64 satz der Nachlaßspaltung fest. Nach Art 3098 Abs 1 beurteilt sich die Erbfolge an beweglichen Sachen nach dem Recht des letzten Wohnsitzes des Erblassers, während Immobilien nach der jeweiligen lex rei sitae vererbt werden. Für die Form des Testaments sieht Art 3109 Cc alternative Anknüpfungen vor, die sich an Art 1 des

Haager Testamentsabkommens von 1961 orientieren; allerdings genügt die Einhaltung der Form am letzten gewöhnlichen Aufenthaltsort des Erblassers nicht. Bemerkenswert ist, daß das Kollisionsrecht von Quebec in Art 3098 Abs 2 Cc eine beschränkte Parteiautonomie im internationalen Erbrecht anerkennt. Danach kann der Erblasser das auf seine Erbfolge anwendbare Recht in der Form eines Testaments wählen; zur Wahl stehen sein Heimatrecht und sein Wohnsitzrecht im Zeitpunkt der Testamentserrichtung oder seines Todes, sowie – beschränkt auf Immobilien – die jeweilige lex rei sitae. Die Wirkungen einer solchen Rechtswahl werden allerdings in Art 3099 Cc in zweifacher Hinsicht eingeschränkt: zum einen bleibt die Rechtswahl insoweit ohne Wirkung, als sie dem Ehegatten oder einem Kind des Erblassers Erb- oder Pflichtteilsrechte in erheblichem Umfang entzieht, die diesen beim Fehlen einer Rechtswahl zugestanden hätten (Abs 1). Zum anderen berührt die Rechtswahl nicht solche Vorschriften, denen zufolge bestimmte Sachen nach dem Recht ihres Belegenheitsstaates aufgrund ihrer wirtschaftlichen, familiären oder sozialen Bestimmung einer Sondererbfolge unterworfen sind, wie dies nach dem Recht vom Quebec etwa auf die Ehewohnung oder ein von Erben geführtes Unternehmen zutrifft (Abs 2).

b) Rück- und Weiterverweisung im kanadischen Recht

65 Die kanadischen Gerichte haben sich bisher nur selten zur Frage des Renvoi geäußert. Der Supreme Court von Kanada hat lediglich in einer bereits vor der Jahrhundertwende ergangenen Entscheidung die Renvoi-Doctrin anerkannt. Die Entscheidung betraf die Gültigkeit eines Testaments, das ein in Quebec domizilierter Testator anläßlich eines Besuchs in New York in handschriftlicher Form errichtet und in dem er über sein gesamtes bewegliches und unbewegliches Vermögen in Quebec verfügt hatte. Das Testament war nach seinem Wohnsitzrecht formgültig, nach dem New Yorker Recht am Errichtungsort hingegen formnichtig. Der Supreme Court legte die in Art 7 des Civil Code of Lower Canada enthaltene Verweisung auf das Recht des Errichtungsorts als Gesamtverweisung aus und erklärte das Testament für formgültig, weil das New Yorker Kollisionsrecht seinerseits ein Testament, das der Form am Domizil des Testators genügt, für wirksam erachtet (Ross v Ross, [1894] 25 SCR 307). In einer jüngeren Entscheidung hat auch der Supreme Court von Nova Scotia in einer güterrechtlichen Streitigkeit den Renvoi beachtet. Zu entscheiden war über das Güterstatut iranischer Ehegatten, die ihren letzten gemeinsamen gewöhnlichen Aufenthalt in der Bundesrepublik Deutschland gehabt hatten. Das Gericht interpretierte die Verweisung in Sec 22 (1) des Matrimonial Property Act auf das Recht am letzten gemeinsamen Aufenthaltsort der Ehegatten als Gesamtverweisung und befolgte deshalb die vom deutschen Kollisionsrecht ausgesprochene Weiterverweisung auf das gemeinsame iranische Heimatrecht der Ehegatten. Da die strikte Gütertrennung des iranischen Rechts als unvereinbar mit dem ordre public von Nova Scotia angesehen wurde, wandte das Gericht im Ergebnis freilich das deutsche materielle Güterrecht an (Vladi v Vladi, [1987] 39 DLR [4th] 563; kritisch dazu CASTEL, Conflict[3] 112 f). Die „foreign court theory" des englischen Kollisionsrechts ist hingegen bisher von kanadischen Gerichten nicht übernommen worden.

66 In der **kanadischen Literatur** wird die Renvoi-Doctrin überwiegend abgelehnt. Ihre praktischen Nachteile – zB die Kosten für Sachverständige zum Auslandsrecht – überwögen bei weitem ihre Vorzüge. Internationale Entscheidungsharmonie sei mit Hilfe der Lehre von der Rückverweisung nicht zu erreichen und das mit ihr betrie-

bene Heimwärtsstreben bedeute „the negation of conflict of laws" (CASTEL, Conflict³ 114 ff). Dementsprechend erklären die in jüngeren Gesetzen der kanadischen Provinzen enthaltenen Kollisionsnormen idR ausdrücklich das „internal law" für maßgebend (vgl etwa zum Ehegüterrecht Sec 15 des Family Law Act von Ontario; ferner CASTEL, Conflict³ 466 ff mwN). In Quebec hat der Gesetzgeber im Zuge der IPR-Reform vom 1991 die Beachtung eines Renvoi in 3080 Cc grundsätzlich ausgeschlossen. Nach dieser Vorschrift sind die im 10. Buch enthaltenen Verweisungen auf das Recht eines ausländischen Staates auf dessen Sachnormen unter Ausschluß der Kollisionsregeln gerichtet (krit dazu GROFFIER, Réforme 35 f).

c) **Rück- und Weiterverweisung aus deutscher Sicht**
aa) **Unteranknüpfung**
Bundeseinheitliches IPR hat sich in Kanada bisher nur in wenigen Teilbereichen, wie 67 zB im internationalen Scheidungsrecht (s o Rn 54) entwickelt. Im übrigen stellt sich bei jeder Verweisung deutscher Kollisionsnormen auf kanadisches Recht die Frage nach der Unteranknüpfung. Insoweit gelten die zu Art 4 Abs 3 entwickelten Grundsätze (s Art 4 Rn 320 ff). Namentlich in Fällen der Anknüpfung an die kanadische Staatsangehörigkeit muß daher wegen der auch kollisionsrechtlichen Spaltung Kanadas nach Art 4 Abs 3 S 2 jeweils ermittelt werden, mit welcher kanadischen Provinz die betreffende Person am engsten verbunden ist oder war. Erst danach kann geklärt werden, ob die Kollisionsregeln der ermittelten Provinz eine Rück- oder Weiterverweisung aussprechen.

bb) **Einzelfälle**
Die Kollisionsnormen der kanadischen Provinzen und Territorien führen im Ergeb- 68 nis nicht selten zu einer Rück- oder Weiterverweisung. Ein Renvoi kommt im Personen-, Familien- und Erbrecht insbesondere in Betracht, soweit die Kollisionsregeln der kanadischen Provinzen an das domicile eines kanadischen Staatsangehörigen anknüpfen. Dabei ist freilich jeweils sehr sorgfältig zu prüfen, ob die verhältnismäßig strengen Voraussetzungen des kanadischen Rechts für den Erwerb eines „domicile of choice" im Inland erfüllt worden sind. Darüber hinaus ist eine Rückverweisung vor allem auf dem Gebiet des Erbrechts, mit Einschränkungen aber auch auf dem Gebiet des Ehegüterrechts in Bezug auf das in Deutschland oder einem Drittstaat belegene unbewegliche Vermögen zu beachten (vgl BGH 29.3.1972, NJW 1972, 1001 = IPRspr 1972 Nr 124 [Ontario]).

Erhebliche praktische Bedeutung hat im Verhältnis zu den kanadischen Common 69 Law Provinzen auch die **versteckte Rückverweisung**. Denn die dortigen Gesetzgeber haben sich insbesondere auf den Gebieten des elterlichen Sorgerechts und des Adoptionsrechts, teilweise aber auch auf dem Gebiet des Ehegüterrechts auf die Regelung der jurisdiction der eigenen Gerichte beschränkt. Sind deutsche Gerichte nach diesen Regeln zur Entscheidung international zuständig, so dürfen sie – dem Vorbild der kanadischen Gerichte folgend – in der Sache die lex fori, dh deutsches materielles Recht anwenden. Zu beachten ist allerdings, daß – abweichend vom früheren Recht (vgl LG Ravensburg 13.7.1967, IPRspr 1966/67 Nr 230 [Quebec]) – eine versteckte Rückverweisung in *Scheidungssachen* seit Inkrafttreten des kanadischen Divorce Act 1985 nicht mehr in Betracht kommt (s o Rn 54).

d) Staatsverträge

70 Kanada ist dem Haager Kindesentführungsabkommen von 1980 beigetreten, das in seinem Art 3 Abs 1 eine Gesamtverweisung auf das Recht am gewöhnlichen Aufenthaltsort des Kindes vorsieht (s Art 4 Rn 132 f). Kanada ist ferner Mitgliedsstaat des Haager Trust-Übereinkommens von 1985, das in seinem Art 17 die Beachtung eines Renvoi ausdrücklich ausschließt (s Art 4 Rn 139).

6. Vereinigte Staaten*

71 Die Aufgliederung der USA in nunmehr 50 Einzelstaaten (states) und mehrere Gebiete unter Bundesverwaltung (District of Columbia mit der Hauptstadt Washington sowie die Federal Territories) hat eine Vielzahl kollisionsrechtlicher Probleme im Verhältnis zwischen den Einzelstaaten entstehen lassen, im Vergleich hiermit ist die Bedeutung kollisionsrechtlicher Streitfragen im Verhältnis zu ausländischen Rechts-

---

* **Schrifttum:** American Law Institute (Hrsg), Restatement of the Law, Conflict of Laws 2 d (1971); BEALE, A Treatise on the Conflict of Laws, 3 Bde (New York 1935); BONDZIO, Zum internationalen Ehegüter- und Ehegattenerbrecht der Vereinigten Staaten von Amerika (1984); BERGMANN/FERID/HENRICH USA (Stand 1994) 49−62; BRILMAYER/MARTIN, Conflict of Laws[3] (Boston, Toronto, London 1990); CLAUSNITZER, Die güter- und erbrechtliche Stellung des überlebenden Ehegatten nach den Kollisionsrechten der BRepD und der USA (1986); CRAMPTON/CURRIE/KAY/KRAMER, Conflict of Laws[5] (St Paul, Minn 1993); DROBNIG, American-German Private International Law[2] (1972); EHRENZWEIG, Treatise on the Conflict of Laws (St Paul, Minn 1962); ders, Private International Law, General Part (Leyden 1967); EHRENZWEIG/JAYME, Private International Law, Bd II, Special Part (Jurisdiction, Judgments, Persons, Family) und Bd III, Special Part (Obligations) (Leyden, New York 1973/77); FALCONBRIDGE, Renvoi in New York and Elsewhere, 6 Vanderbilt L Rev (1953) 708; FIRSCHING; Deutsch-amerikanische Erbfälle (1965); GOODRICH/SCOLES, Conflict of Laws[4] (St Paul, Minn 1964); GRISWOLD, Renvoi Revisited, 51 HarvLRev (1938) 1165; GÜNDISCH, Zur Adoption deutscher Kinder in den USA, FamRZ 1957, 199; HAY, Conflict of Laws[2] (St Paul, Minn 1994); ders, Die Qualifikation der Verjährung im US-amerikanischen Kollisionsrecht, IPRax 1989, 197; JAYME, Neue Kodifikation des IPR in Louisiana, IPRax 1993, 56; KRAMER, Return of the Renvoi, 66 NYUL Rev (1991) 979; LEFLAR/MCDOUGAL/FELIX, American Conflicts Law[4] (Charlottesville, Virg 1986); LEWALD, Renvoi Revisited? in: FS Fritzsche (1952) 165; LORENZEN, The Renvoi Theory and the Application of Foreign Law, 10 Columbia LRev (1910) 190; MARTIN, Conflict of Laws, Cases and Materials[2] (1984); VMEHREN, The Renvoi and its Relation to Various Approaches to the Choice-of-Law Problem, in: FS Yntema (1961) 380; VMEHREN/TRAUTMANN, The Law of Multistate Problems (Boston, Toronto 1965); MERKT, Die ehegüterrechtliche Auseinandersetzung nach New Yorker Recht, IPRax 1992, 197; NAFZIGER, Conflict of Laws – A Northwest Perspective (Seattle 1985); PÜTTER, Adoption in den USA – Voraussetzungen, Verfahren und Wirkungen (1972); REESE/ROSENBERG, Cases and Materials on Conflict of Laws[8] (Mineola, New York 1984, m Suppl 1987); RICHMAN/REYNARDS, Understanding Conflict of Laws (1984); RÖDER, Die Anwendung US-amerikanischen internationalen Kindschaftsrechts in Statusfragen durch deutsche Gerichte (1972); SCOLES/HAY, Conflict of Laws[2] (St Paul, Minn 1992); SHERWOOD, Renvoi and Contractual Choice of Law, 5 AmJCompL (1956) 123; SIEGEL, Conflicts in a Nutshell[2] (St Paul, Minn 1994); WEINTRAUB, Commentary on the Conflict of Laws[3] (Mineola, New York 1986); WOCHNER, Zum Güterrechtsstatut bei deutsch-amerikanischen Ehen, IPRax 1985, 89.

ordnungen gering. Die Frage nach einer Rück- oder Weiterverweisung stellt sich also vor allem auf interlokaler Ebene.

a) Kollisionsnormen

Im Bereich des internationalen Personen-, Familien- und Erbrechts knüpfen die Kollisionsnormen der Einzelstaaten hinsichtlich des beweglichen Vermögens an den Wohnsitz (domicile), hinsichtlich des Grundstücksvermögens an dessen jeweilige Belegenheit (situs) an. Der amerikanische Wohnsitzbegriff ist mit Rücksicht auf die erhebliche Binnenwanderung in den USA allerdings elastischer als der englische; insbesondere werden an die Begründung eines Wahlwohnsitzes (domicile of choice) und demgemäß an die Aufgabe des Ursprungswohnsitzes (domicile of origin) geringere Anforderungen gestellt (EHRENZWEIG, Treatise §§ 72, 136; SCOLES/HAY, Conflict[2] 181 ff; FERID/FIRSCHING US Grdz C II Rn 43 mwN). So steht die Absicht, unter bestimmten Voraussetzungen an das Ursprungsdomizil zurückzukehren, dem Erwerb eines Wahldomizils nicht notwendig entgegen (Crowley v Glaze, 710 F 2 d 676 [1983]; WEINTRAUB, Conflict[3] § 2.4). Damit nähert sich der amerikanische Wohnsitzbegriff dem kontinentaleuropäischen an (vgl näher BERGMANN/FERID/HENRICH USA 50 ff). Die Abgrenzung zwischen den Geltungsbereichen des Wohnsitz- und des Belegenheitsrechts wird dadurch erschwert, daß die kollisionsrechtlichen Begriffe „movables" und „immovables" sich mit den materiellrechtlichen Begriffen „personal property" und „real property" nicht genau decken (näheres bei FIRSCHING, Deutsch-amerikanische Erbfälle [1965] Rn 38 a).

b) Rück- und Weiterverweisung in Praxis und Schrifttum

Die Einheitlichkeit im Verständnis der kollisionsrechtlichen Grundbegriffe hat wesentlich dazu beigetragen, daß bis heute die Rück- und Weiterverweisung in Rechtsprechung und Schrifttum kaum Anhänger gefunden hat.

aa) Die Rechtsprechung von New York

Charakteristisch ist die Rechtsprechung im Staat New York. Hier beurteilte 1919 der Nachlaßrichter Winthrop den beweglichen Nachlaß eines mit letztem Wohnsitz in Frankreich verstorbenen Amerikaners nach französischem Recht; nach umfassender Erörterung französischer, englischer und amerikanischer Quellen ließ er die Rückverweisung der französischen Kollisionsnorm auf das Recht des Heimatstaates unberücksichtigt und wandte die französischen Sachnormen an (Matter of Tallmadge, 109 Misc 696, 181 NYS 336 [1919], abgedr bei LORENZEN, Cases and Materials on the Conflict of Laws[5] [1946] 318: „On account of its inconsistency with common-law theories of the conflict of laws, its fundamental unsoundness, and the chaos which would result from its application to the conflicts arising between the laws of the states of this country, it is my opinion that ‚renvoi' has no place in our jurisprudence"). Zwar entnahm 1950 Nachlaßrichter Frankenthaler im Fall eines mit Wohnsitz in New York verstorbenen Erblassers, der zugleich Bürger der Schweiz und des Staates New York gewesen war, den schweizerischen Kollisionsnormen und dem Staatsvertrag zwischen den USA und der Schweiz von 1850 eine Rückverweisung auf das Recht von New York, die sich auch auf das in der Schweiz belegene unbewegliche Vermögen beziehen sollte (Re Schneider's Estate, 96 NYS 2 d 652 [1950] = RabelsZ 16 [1951] 620). Als Fortschritt konnte dieses Bekenntnis zur Rückverweisung jedoch nicht einmal von ihren Befürwortern empfunden werden, weil es auf unrichtiger Interpretation sowohl des Staatsvertrages wie auch der damaligen schweizerischen Kollisionsnorm (Art 28 Ziff 1 NAG) beruhte (krit LEWALD, Renvoi Revisited? in: FS Fritzsche [1952]

165 ff; WENGLER NJW 1951, 300; ZWEIGERT RabelsZ 16 [1951] 633; FALCONBRIDGE, Renvoi in New York and Elsewhere, 6 Vanderbilt LRev [1953] 708 = Essays on the Conflict of Laws² [1954] 232; EHRENZWEIG, PrIntLaw/GP [1967] No 75). Inzwischen ist die Rückverweisung in New York wiederum verworfen worden (Wyatt v Fulrath, 239 NYS 2 d 486 [1963]: „... is not followed in New York ... nor has it found acceptance generally in the United States"; erstinstanzliche Entscheidung dazu 254 NYS 2 d 216 [App Div 1964]; 16 NYS 2 d 169, 211 NE 2 d 637 [1965]).

bb) Die Rechtsprechung anderer Einzelstaaten

74 Im Verhältnis zwischen den Einzelstaaten der USA stellte sich das Problem der Rück- und Weiterverweisung ferner an einer Nahtstelle zwischen Vertragsrecht und **Ehewirkungsrecht**. In zahlreichen Einzelstaaten war oder ist die Übernahme einer Bürgschaft oder sonstigen Sicherheit durch eine verheiratete Frau gesetzlichen Beschränkungen unterworfen, während in den übrigen Staaten solche nicht oder nicht mehr bestehen. In Massachusetts hatte der Supreme Judicial Court bereits 1878 entschieden, daß für die Gültigkeit der von Ehefrauen übernommenen Bürgschaften jeweils das für den Vertrag maßgebliche Recht des Abschlußortes entscheidend sei (Milliken v Pratt, 125 Mass 374 [1878]). In Illinois, wo solche Beschränkungen nicht bestanden, wurde dagegen 1914 entschieden, daß die von einer Ehefrau in Florida erklärte Zustimmung zur treuhänderischen Übertragung eines Grundstücks in Illinois unwirksam sei, weil das Recht von Florida einer Ehefrau solche Geschäfte verbiete (Burr v Beckler, 264 Ill 230, 106 NE 206 [1914]). Der Supreme Court of Michigan mußte 1936 über die Gültigkeit einer Verpflichtung entscheiden, die eine in Michigan wohnhafte Ehefrau gegenüber der University of Chicago zur Sicherung eines Darlehens eingegangen war. Der Darlehensgeber hatte der Frau über seine Bank in Michigan zwecks Unterschrift einige vorformulierte Erklärungen zugesandt, durch die sich die Frau zur Zahlung der Darlehensschuld verpflichten und eine Hypothek an ihrem in Illinois gelegenen Grundstück bestellen sollte. Sie unterzeichnete die Erklärungen an ihrem Wohnsitz in Michigan und sandte sie über die Bank an den Gläubiger zurück. Die vom Gläubiger erhobene Zahlungsklage wurde mit 4 gegen 3 Stimmen abgewiesen; zwar unterliege nach den Kollisionsnormen von Michigan der Vertrag dem Recht von Illinois, aber dieses verweise hinsichtlich der Gültigkeit solcher Erklärungen, wie die erwähnte Entscheidung (Burr v Beckler aaO) belege, auf das Recht von Michigan zurück, das in ähnlicher Weise wie das Recht von Florida die Geschäftsfähigkeit von Ehefrauen begrenze. Die drei unterlegenen Richter meinten dagegen, aus der Sicht von Michigan sei der Vertrag ein „Illinois contract" und dabei müsse es bleiben; Richter Butzel sah eine „hopeless confusion" voraus, wenn man auch noch die Kollisionsnormen des fremden Rechts beachten wollte (University of Chicago v Dater, 277 Mich 658, 270 NW 175 [1936]).

75 In neuerer Zeit mußte sich die Rechtsprechung auch mit der Rück- oder Weiterverweisung im **Deliktsrecht** befassen. Schwerpunkte waren bisher die Haftung des Kraftfahrers gegenüber einem mitfahrenden Ehegatten oder Dritten, sowie die Haftung des Bundes gegenüber Personen, die durch die Tätigkeit oder Untätigkeit von Bundesbediensteten geschädigt worden sind. Der Supreme Court von Wisconsin entschied die Frage, ob ein Ehegatte den anderen und dessen Versicherung nach einem Verkehrsunfall auf Schadenersatz verklagen könne, nach dem Recht des gemeinsamen Wohnsitzes (Wisconsin) und ließ eine etwaige Rückverweisung durch das Recht des Unfallortes (Kalifornien) unberücksichtigt (Haumschild v Continental

Casualty Co, 7 Wis 2 d 130, 95 NW 2 d 814, 820 [1959]: „... renvoi is not a part of law of the United States"; dazu WEINTRAUB, Conflict³ § 3.3). In New Jersey wurde entschieden, daß nach einem Verkehrsunfall in Iowa, in den ein Fahrer aus New Jersey und ein Mitfahrer aus Connecticut verwickelt waren, der verletzte Mitfahrer seine Klage gegen den Halter nur auf das Recht von Connecticut als das Recht des Erfolgsortes stützen könne, dessen Weiterverweisung auf das Recht von Iowa als Tatortrecht und damit auf das Gesetz über die Ansprüche von Mitfahrern (guest statute) von Iowa dagegen nicht zu beachten sei (Pfau v Trent Aluminium Co, 55 NJ 511, 263 A 2 d 129 [1970]; dazu CRAMPTON/CURRIE/KAY/KRAMER, Conflict⁵ 223 ff). Dagegen legte der US Supreme Court die gesetzliche Haftung des Bundes für unerlaubte Handlungen (Federal Tort Claims Act, 28 USC § 1346) dahin aus, daß die dort vorgesehene Anknüpfung an den Handlungs- oder Unterlassungsort (place of act or omission) auch die Kollisionsnormen des betreffenden Einzelstaates umfasse und daher gegebenenfalls eine Rück- oder Weiterverweisung auf das Recht des Erfolgsortes (place of injury) zu berücksichtigen sei (Richards v United States, 369 US 1 [1962]; dazu SHAPIRO, Choice of Law Under the Federal Tort Claims Act: Richards and Renvoi Revisited, 70 North Carolina LRev [1992] 641). Ebenso wandte ein Bundesgericht (Federal Court of Appeals) auf die Ansprüche eines in New Jersey wohnhaften früheren Soldaten gegen den Bund wegen ärztlicher Behandlungsfehler (malpractice) in einem Militärkrankenhaus in New York nicht das dortige Tatortrecht, sondern das Recht von New Jersey als Recht des Erfolgsortes an, weil die im Recht von New York entwickelte Kollisionsnorm auf diese weiterverweise (Tyminski v US, 481 F 2 d 257 [1973]).

Überwiegend wird die Lehre des Renvoi hingegen in der **neueren Judikatur** verworfen, weil sie die Manipulation des anwendbaren Rechts begünstige (Clark v Clark, 107 N H 351, 222 A 2 d 205 [1966]), den Wertungen des fremden Kollisionsrechts den Vorzug vor dem eigenen einräume (Conklin v Horner, 38 Wis 2 d 468, 157 NW 2 d 579 [1968]) und vor allem durch einen „circular process" Verwirrung im IPR stifte (Breslin v Liberty Mutual Insurance Co, 134 NJ Super 357 [367], 341 A2 d 342 [1975]; Re Danato's Estate, 86 NJ Super 107, 206 A 2 d 171 [App Dir 1965]).

cc) **Die Lehre**
Zwischen dieser Gerichtspraxis und dem Schrifttum besteht eine auffällige Wechselwirkung. Das ältere Schrifttum lehnte die Rückverweisung geschlossen ab (LORENZEN, The Renvoi Theory and the Application of Foreign Law, 10 Columbia L Rev 190 [1910] 327: „The renvoi doctrine is no part of the conflict of laws of the United States"; ebenso BEALE, Conflict of Laws [1935] Bd 1, 56; GOODRICH, Conflict of Laws³ [1949] § 218; COOK, The Logical and Legal Basis of Conflict of Laws, 33 Yale L Rev [1924] 457, 471 ff). Auf diese Autoren beriefen sich auch diejenigen Richter, die in früheren Entscheidungen eine Rückverweisung ablehnten; sowohl der Nachlaßrichter in Matter of Tallmadge wie die Minderheit in University of Chicago v Dater bezogen sich auf Abhandlungen von LORENZEN bzw das Lehrbuch von GOODRICH. Aber auch die Mehrheitsmeinung im letzten Fall wie die Lehre von der Rückverweisung überhaupt wurden unterstützt (GRISWOLD, Renvoi Revisited, 51 HarvLRev [1938] 1165). Diese Ansicht beeinflußte wiederum den Nachlaßrichter in Re Schneider's Estate, dessen Entscheidung jedoch im Schrifttum als sachlich verfehlt abgelehnt wurde (dazu o Rn 73). Auch heute noch ist die Haltung des Schrifttums gegenüber der Rück- und Weiterverweisung überwiegend ablehnend (vgl etwa EHRENZWEIG, Conflict §§ 116 f; ders, PrIntLaw/GP Nos 68–70; WEINTRAUB, Conflict³ 33 ff,

66 ff; ausdrücklich positiv hingegen etwa SCOLES/HAY, Conflict² 67 ff; KRAMER, Return of the Renvoi, 66 NYUL Rev [1991] 979 ff).

dd) Restatements

78 Die Einstellung der Praxis wie des Schrifttums spiegelt sich in den beiden Restatements of the Conflict of Laws von 1934 und 1971. Es handelt sich dabei um Versuche privater Autoren, das vorhandene Gesetzes- und Entscheidungsmaterial zu allgemeinen Sätzen zusammenzufassen, in denen freilich auch bestimmte rechtspolitische Vorstellungen zum Ausdruck kommen können; sie enthalten weder verbindliche Normen noch zuverlässige Wiedergaben des Rechtszustandes in den verschiedenen Staaten und sind daher nur mit großer Vorsicht als Hilfsinformation über die Rechtslage verwertbar. Nach dem ersten Restatement war eine Verweisung auf fremdes Recht, grundsätzlich auf dessen Sachnormen gerichtet (§ 7). Ausnahmen sollten nur für Rechte an Grundstücken (title to land) und für Scheidungsurteile (divorce decrees) gelten; insoweit sollte im ersten Fall das Belegenheitsrecht im zweiten Fall das Wohnsitzrecht der Ehegatten jeweils einschließlich seiner Kollisionsnormen anzuwenden sein (§ 8). Im Schrifttum wurde diese enge Eingrenzung begrüßt, da sie die einheitliche Anwendung der jeweiligen Kollisions- und Sachnormen gewährleiste (BEALE, Conflict [1935] 57). An dem früheren Ausgangspunkt hält auch das Restatement Second fest. Es will jedoch die Rück- und Weiterverweisung nunmehr bereits anerkennen, wenn die betreffende Kollisionsnorm im konkreten Einzelfall zwischen dem angerufenen Gericht und den Gerichten des anderen Staates den Entscheidungseinklang bewirken soll (§ 8 (2): „... when the objective of the particular choice-of-law rule is that the forum reach the same result on the very facts involved as would the courts of another state"). Die Formulierung ist auf Kritik gestoßen (EHRENZWEIG, PrIntLaw/GP [1967] 142 No 68: „This test is unacceptable analytically, since it is, of course, met always and never. For ... ‚Entscheidungseinklang' is always desired as an ideal, and never reachable in fact") und hat in der Praxis noch nicht zu einer großzügigeren Berücksichtigung des Renvoi geführt (SCOLES/HAY, Conflict² 71 mwN).

ee) Gesetzgebung*

79 Eine Kodifikation des internationalen Privatrechts ist am 1.1.1992 im US-Bundesstaat Lousiana in Kraft getreten; das IPR-Gesetz Nr 923/1991 hat den Civil Code um ein neues IV. Buch ergänzt, das in Art 3515–3549 den allgemeinen und den besonderen Teil des Kollisionsrechts regelt (vgl JAYME IPRax 1983, 56; Text des Gesetzes in IPRax 1993, 56 und in RabelsZ 56 [1993] 508). Entsprechend dem vorherrschenden Trend in Rechtsprechung und Lehre schließt auch der Gesetzgeber von Lousiana in Art 3517 Abs 1 Cc die Beachtung eines Renvoi grundsätzlich aus.

Art 3517. Renvoi. Except as otherwise indicated, when the law of another state is applicable under this Book, that law shall not include the law of conflict of laws of that state.

Dieser Grundsatz wird freilich in einigen Vorschriften des Gesetzes ganz gezielt durchbrochen und die Beachtung eines Renvoi nach Maßgabe der „foreign court

---

* **Schrifttum:** JAYME, Neue Kodifikation des IPR in Louisiana, IPRax 1993, 56; SYMEONIDES, Private International Law Codification in a Mixed Jurisdiction: the Louisiana Experience, RabelsZ 56 (1993) 460; ders, Les grands problèmes de droit international privé et la nouvelle codification de Louisiane, Rev crit 1992, 223.

theory" ausdrücklich vorgeschrieben. So unterliegt die (gesetzliche wie testamentarische) Erbfolge in Immobilien, die außerhalb des Domizilstaates des Erblassers belegen sind, nach Art 3534 Cc dem Recht „that would be applied by the courts of that state". Gleiches gilt für die Form eines Testaments betreffend solche Immobilien (Art 3528 [4] Cc).

Darüber hinaus läßt Art 3517 Abs 2 Cc im Rahmen der Grundsatzanknüpfung nach Art 3515 Cc eine „Berücksichtigung" des fremden Kollisionsrechts durch die Gerichte Lousianas zu. Nach Art 3515 Cc unterliegen auslandsbezogene Sachverhalte grundsätzlich dem Recht des Staates „whose policies would be most seriously impaired if its law were not applied". Die Einbeziehung des fremden Kollisionsrechts erscheint in diesem Falle konsequent, weil ein Staat dadurch, daß er eine Rück- oder Weiterverweisung ausspricht, gerade zu erkennen gibt, daß von ihm für wesentlich erachtete eigene Staatsinteressen bei Nichtanwendung seiner Sachnormen nicht beeinträchtigt werden. In gleicher Weise kann ein Renvoi nach Art 3517 Abs 2 Cc auch bei der Bestimmung des Personalstatuts natürlicher Personen (Art 3519), sowie – interessanterweise – bei der Ermittlung des (objektiven) Vertragsstatuts (Art 3537 Cc) und des Deliktsstatuts (Art 3542) Cc) berücksichtigt werden, weil auch in diesen Fällen das anwendbare Recht im Wege einer Gesamtbewertung der „policies" der betroffenen Staaten bestimmt wird.

c) **Rück- und Weiterverweisung aus deutscher Sicht**
aa) **Unteranknüpfung***

Da die USA ein Mehrrechtsstaat sind, wirft jede Verweisung deutscher Kollisionsnormen auf das Recht der USA die Frage auf, welche der Rechtsordnungen im Staatsverband der USA auf die deutsche Verweisung durch ihre Sach- oder Kollisionsnormen antworten soll. Insoweit gelten die zu Art 4 Abs 3 entwickelten Grundsätze (s o Art 4 Rn 320 ff). Danach kommt es in Fällen der Gesamtverweisung wegen der auch kollisionsrechtlichen Spaltung in den USA auf die Kollisionsnormen der durch Unteranknüpfung bestimmten Teilrechtsordnung an. Wenn eine deutsche Kollisionsnorm also auf die Staatsangehörigkeit einer Person abstellt und diese Person Bürger der USA ist, so ist nach Art 4 Abs 3 S 2 festzustellen, mit welchem Einzelstaat oder Territorium die betreffende Person, vor allem durch ihren (letzten) gewöhnlichen Aufenthalt am engsten verbunden ist oder war. Für diesen Zweck muß also die Verweisung der inländischen Kollisionsnorm auf die Staatsangehörigkeit der USA durch eine interlokalrechtliche Verweisung auf die tatsächliche Bindung der betreffenden Person an einen Einzelstaat oder ein Territorium ergänzt werden (dazu näher o Art 4 Rn 328 f). Erst wenn dies geschehen ist, kann die Frage gestellt werden, ob die Kollisionsnorm des ermittelten Einzelstaates auf das deutsche Recht zurück- oder auf das Recht eines dritten Staates weiterverweist. Zu beachten ist auch eine interlokale Weiterverweisung auf das Recht eines anderen Einzelstaates der USA (vgl näher Art 4 Rn 338 f).

---

* **Schrifttum:** BUNGERT, Ehescheidung in Deutschland wohnender US-Amerikaner aus verschiedenen Einzelstaaten, IPRax 1993, 10; DROOP, Sachrechte der Gliedstaaten der USA und ihre kollisionsrechtliche Bewältigung, Jura 1993, 293; HAY, Die Anwendung US-amerikanischer jurisdiction-Regeln als Verweisungsnorm bei Scheidung von in Deutschland wohnhaften Amerikanern, IPRax 1988, 265.

bb) Qualifikationsverweisung

81 Ist die im amerikanischen Sinne richtige Rechtsordnung ermittelt und sprechen ihre Kollisionsnormen eine Rück- oder Weiterverweisung aus, dann muß diese in dem Umfang und in der Richtung berücksichtigt werden, die sie nach dem Inhalt der betreffenden Kollisionsnorm haben soll (s allg o Art 4 Rn 56). Verweist die inländische Kollisionsnorm auf das Recht eines Einzelstaates als Güterstatut, und verweist dieses insoweit auf deutsches Recht zurück, als sich unbewegliches Vermögen der Ehegatten im Inland befindet, so gilt hinsichtlich dieses unbeweglichen Vermögens deutsches Güterrecht, dh mangels anderweitiger Vereinbarung Zugewinngemeinschaft mit Zugewinnausgleich (JAYME FamRZ 1973, 653 und ZfRvgl 17 [1976] 94 f, 105 gegen LG Wiesbaden 30. 3. 1973, FamRZ 1973, 657 = IPRspr 1973 Nr 46).

Ist unklar, ob ein bestimmter im Inland belegener Vermögensgegenstand dem **beweglichen oder unbeweglichen Vermögen** zuzurechnen ist, so entscheidet über die Grenzziehung in erster Linie die Kollisionsnorm des fremden Staates, aus der sich angeblich eine Rück- oder Weiterverweisung ergibt. Jedoch kann diese Kollisionsnorm dem Recht der Belegenheit – insbesondere eines Grundstücks – die Abgrenzung überlassen (so im Erg richtig, aber ohne genaue Prüfung der einzelstaatlichen Kollisionsnormen BGH 5. 6. 1957, BGHZ 24, 352, 356 ff = NJW 1957, 1316 = MDR 1957, 744 m Anm THIEME = IPRspr 1956/57 Nr 146). Der Anteil eines mit Wohnsitz in Kalifornien verstorbenen Staatenlosen an einer inländischen Personengesellschaft ist demnach bewegliches Vermögen und unterliegt dem Erbrecht von Kalifornien, auch wenn und soweit zum Gesellschaftsvermögen inländische Grundstücke gehören (BGH aaO; dazu FERID, in: FS Hueck 343; ebenso BFH 7. 5. 1986, BFHE 147, 70 = RIW 1986, 837 = IPRspr 1986 Nr 112; KEGEL, IPR[7] § 10 VI). Die zum Nachlaß eines mit letztem Wohnsitz in Illinois verstorbenen Bürgers der USA gehörige Hypothek oder Grundschuld an einem inländischen Grundstück ist dagegen wegen des engen Bezugs zum Gegenstand der Belastung unbewegliches Vermögen und vererbt sich folglich nach deutschem Recht (JAYME ZfRvgl 17 [1976] 95, 106). Ob gleiches auch für den Miterbenanteil an einem deutschen Grundstück (so LG Kassel 25. 9. 1958, IPRspr 1958/59 Nr 146) oder gar für Rückerstattungsansprüche in Bezug auf deutsches Grundvermögen (so LG München 23. 5. 1958, IPRspr 1958/59 Nr 144 = DNotZ 1959, 355 m Anm FIRSCHING) gilt, erscheint hingegen fraglich. Die bereits 1958 aufgehobene Grenzziehung zwischen unbeweglichem und beweglichem Vermögen im deutschen materiellen (Güter-) Recht, derzufolge Grundpfandrechte dem letzteren zugerechnet wurden (§ 1551 Abs 2 aF BGB), ist kollisionsrechtlich nicht verwertbar (JAYME aaO gegen NEUHAUS RabelsZ 19 [1954] 556 ff, 564 f; BAADE JbIntR 6 [1956] 291 ff, 296; FERID, IPR[3] Rn 3–98; dazu näher Art 4 Rn 64 ff).

cc) Einzelfälle

82 Aus deutscher Sicht begründen die Kollisionsnormen der Einzelstaaten der USA in zahlreichen Fällen eine Rück- oder Weiterverweisung; dies ist insbesondere der Fall, wenn sie auf den Wohnsitz (domicile) einer Person oder auf die Belegenheit (situs) eines Grundstücks abstellen und der Wohnsitz oder das Grundstück sich in der Bundesrepublik Deutschland oder einem dritten Lande befinden. Beachtet der deutsche Richter diese Kollisionsnormen und wendet er infolgedessen deutsches Recht oder das Recht des dritten Landes an, so entscheidet er regelmäßig ebenso, wie an seiner Stelle ein Richter des betreffenden Einzelstaates entscheiden würde; denn wenn in den USA die Rück- und Weiterverweisung in Praxis und Schrifttum zumeist abgelehnt wird, so bedeutet dies, daß die Verweisungen der einzelstaatlichen Kollisionsnormen auf deutsches oder ein drittes Recht als *Sachnormverweisungen* und damit als endgültig anzusehen sind. Schon das Reichsgericht wies in einer Leitentscheidung (RG 2. 6. 1932, RGZ 136, 361 = JW 1932, 2808) auf die in den USA erkennbare Ablehnung des Renvoi hin (365), ließ es aber letztendlich darauf nicht ankommen, weil gemäß Art 27 EGBGB aF im Falle einer Rückverweisung ohnehin deutsche Sachnormen anzuwenden seien (366). Die Einwände der Wissenschaft gegen diese Ansicht (MELCHIOR, Grundlagen 532 ff; SOERGEL/KEGEL[11] Art 27 aF Rn 27; KEGEL, IPR[7] § 10 I und III 2) haben sich nicht durchgesetzt. Wenn also im Gefolge einer Rückverweisung die von Art 4 Abs 1 S 2 nunmehr ausdrücklich vorgeschriebene Anwendung deutscher Sachnormen zum amerikanisch-deutschen Entscheidungseinklang führt, so ist dies jeweils ein unbeabsichtigter Glücksfall. Die deutsche Rückverweisungslehre erscheint vereinzelt sogar in amerikanischen Entscheidungen als zusätzliches Argument für die Anwendung deutschen Rechts, wenn einzelstaatliche Kollisionsnormen auf dieses verweisen (so in einem Streit um die Vererbung deutschen Grundbesitzes: In re Estate of Strauss, 347 NYS 2 d 840, 844 [Surrogate Court 1973]: „... under the doctrine of renvoi Germany accepts United States references to German law in the case of real property").

Geht es um die **Geschäftsfähigkeit** eines Staatsbürgers der USA, so ist zunächst mit Hilfe von Art 4 Abs 3 S 2 EGBGB festzustellen, welche einzelstaatliche Rechtsordnung zuständig ist. Hat ein US-Amerikaner in der Bundesrepublik Deutschland einen Vertrag geschlossen, so verweist die Kollisionsnorm seines „Heimatstaates" auf deutsches Recht als Recht des Abschlußortes; diese Rückverweisung ist deutscherseits anzunehmen (DROBNIG 142; Beispiel bei FERID, IPR[3] Rn 3–106). Ist die Fähigkeit zur Vornahme eines Geschäfts über ein Grundstück zu ermitteln, das sich in der Bundesrepublik Deutschland befindet, so verweist die einzelstaatliche Kollisionsnorm auf deutsches Recht als Belegenheitsrecht zurück (Beispiel bei FERID, IPR[3] Rn 7–21 ff); STAUDINGER/BEITZKE[12] Art 7 aF Rn 4 f; vgl auch Art 4 Rn 143 mwN). **83**

Hinsichtlich der Voraussetzungen einer **Eheschließung** ist die Rückverweisung des einzelstaatlichen Heimatrechts auf deutsches Recht als Recht des Wohnsitzes eines oder beider Verlobten oder als Recht des Eheschließungsortes anzunehmen (LG Tübingen 25. 7. 1934, JW 1934, 2802 [Wohnsitz]; OLG Karlsruhe 3. 10. 1968, StAZ 1969, 71 = IPRspr 1968/69 Nr 69 [Eheschließungsort]). Entsprechendes gilt für die Weiterverweisung auf ein drittes Recht (DROBNIG 83 f). Verweist das in Art 14 Abs 1 Nr 1 EGBGB bezeichnete gemeinsame Heimatrecht der Ehegatten – also das Recht des Einzelstaates, dem beide durch ihren letzten gewöhnlichen Aufenthalt gemeinsam am engsten verbunden sind (vgl dazu näher Art 4 Rn 330 ff) – für die *persönlichen Ehewirkungen* auf das Recht des derzeit ständigen Aufenthalts (residence), so ist auch eine sich hieraus ergebende Rück- oder Weiterverweisung zu beachten. **84**

Auch im **Ehegüterrecht** ist die Rück- oder Weiterverweisung durch das in Art 15 Abs 1 iVm Art 14 Abs 1 Nr 1 EGBGB bezeichnete gemeinsame Heimatrecht der Ehegatten auf deutsches Belegenheits- oder Wohnsitzrecht zu berücksichtigen (KG 20. 6. 1930, IPRspr 1930 Nr 70 [Belegenheit]; JAYME FamRZ 1973, 659 [Wohnsitz früherer Soldaten]). Soweit die Rückverweisung reicht, sind die von ihr betroffenen Vermögensgegenstände in den Zugewinnausgleich nach deutschem Recht aufzunehmen (LG Wiesbaden 30. 3. 1973, FamRZ 1973, 657). Kommt es zur (Teil-) Rückverweisung nur deshalb, weil ein Ehegatte in der Bundesrepublik Deutschland Grundstücksvermögen **85** hat, so errechnet sich der Zugewinnausgleich allein aus dem im Inland belegenen unbeweglichen Vermögen (JAYME FamRZ 1973, 659 gegen LG Wiesbaden aaO).

86 Verweist Art 17 Abs 1 S 1 iVm Art 14 Abs 1 Nr 1 EGBGB für die **Ehescheidung** amerikanischer Staatsangehöriger auf das einzelstaatliche Heimatrecht der Ehegatten in den USA, so trifft diese Verweisung vielfach nicht auf echte Kollisionsnormen, sondern auf einseitige Normen über die internationale Zuständigkeit der Gerichte (jurisdiction). Stellen diese Normen auf den Wohnsitz (domicile) zumindest eines Ehegatten im Gerichtsstaat ab und befindet sich dieser Wohnsitz in der Bundesrepublik Deutschland, so wird dadurch in spiegelbildlicher Anwendung der einzelstaatlichen Zuständigkeitsnormen eine internationale Zuständigkeit der deutschen Gerichte begründet (OLG Frankfurt 1.2.1971, FamRZ 1973, 33 m Anm JAYME = IPRspr 1971 Nr 136). Sind aber deutsche Gerichte für die Ehescheidung international zuständig, so dürfen sie auch deutsches Recht anwenden (*versteckte Rückverweisung*, vgl LG Hamburg 23.1.1974, IPRspr 1974 Nr 65 [Georgia]; LG Weiden 26.7.1974, NJW 1974, 2190 = IPRspr 1974 Nr 165 [Massachusetts]; LG Bamberg 14.9.1976, IPRspr 1976 Nr 155 [South Carolina]; OLG Bamberg 2.8.1979, FamRZ 1979, 930 = IPRspr 1979 Nr 71 [Georgia]); dazu näher Art 4 Rn 72 ff und 191 ff). Dies setzt allerdings voraus, daß die einzelstaatlichen Zuständigkeitsnormen richtig angewandt werden, insbesondere die Frage einer Wohnsitzbegründung in der Bundesrepublik Deutschland sorgfältig gepüft wird. Geschieht dies, so kann mit der Anerkennung des deutschen Scheidungsurteils im Heimatstaat der Ehegatten gerechnet werden. Haben hingegen beide Ehegatten ihr domicile in den USA behalten, so scheidet eine internationale Zuständigkeit der deutschen Gerichte (und damit eine versteckte Rückverweisung) selbst dann aus, wenn beide Ehegatten ihren Aufenthalt (residence) im Inland haben und sich auf den Rechtsstreit eingelassen haben (HAY IPRax 1988, 265).

87 Die versteckte Rückverweisung auf deutsches Recht erfaßt allerdings nicht zwangsläufig auch die **vermögensrechtlichen Scheidungsfolgen**; denn die hierfür erforderliche „personal jurisdiction" besteht grundsätzlich nur am domicile des Antragsgegners. Liegt dieses nicht im Inland, so kann eine versteckte Rückverweisung nur angenommen werden, wenn der Antragsgegner sich auf den Rechtsstreit in Inland einläßt; andernfalls hat das deutsche Gericht auf die vermögensrechtlichen Scheidungsfolgen (einschließlich des *Versorgungsausgleichs*) die lex domicilii des Antragsgegners anzuwenden (HAY IPRax 1988, 265, 267; dazu Art 4 Rn 205 mwN).

88 Verweist das von Art 19 Abs 1 S 1 iVm Art 14 Abs 1 Nr 1 EGBGB berufene einzelstaatliche Heimatrecht der amerikanischen Ehegatten in der Frage der **ehelichen Abstammung** auf das Recht des ehelichen Wohnsitzes und liegt dieser in der Bundesrepublik Deutschland, so ist die hierin liegende Rückverweisung nach Art 4 Abs 1 zu beachten. Haben die Ehegatten Wohnsitze in verschiedenen Ländern, so richtet sich die Abstammung nur gegenüber dem in der Bundesrepublik Deutschland lebenden Elternteil kraft Rückverweisung nach deutschem Recht (LG Hamburg 30.9.1968, StAZ 1970, 23 = IPRspr 1968/69 Nr 268: Ehemann in New York, Ehefrau in Deutschland wohnhaft, Kind in New York nichtehelich, in Deutschland ehelich).

89 Soweit das Haager Minderjährigenschutzabkommen von 1961 reicht, haben deutsche Gerichte es auf Schutzmaßnahmen zugunsten von Minderjährigen – wie zB die Regelung der **elterlichen Sorge** nach Ehescheidung oder -trennung – anzuwenden,

wenn nur der Minderjährige seinen gewöhnlichen Aufenthalt in einem Vertragsstaat hat (Art 13 Abs 1 des Abkommens). Daß die USA dem Abkommen nicht beigetreten sind, ist folglich belanglos. Die autonomen Kollisionsnormen betreffend die eheliche und nichteheliche Kindschaft (Art 19 Abs 2, 20 Abs 2) werden also, soweit das Abkommen eingreift, verdrängt (STAUDINGER/HENRICH [1994] Art 19 Rn 20). In diesem Rahmen schließt die ausdrückliche Bezugnahme des Abkommens auf das innerstaatliche Recht („loi interne") des Aufenthalts- oder Heimatstaates (Art 2 und 3 des Abkommens) die Rück- und Weiterverweisung aus (STAUDINGER/KROPHOLLER [1994] Vorbem 251, 299 ff zu Art 19; dazu näher Art 4 Rn 128). In Kindesentführungsfällen wird das Abkommen freilich im deutsch-amerikanischen Verhältnis durch das neue Haager Abkommen über die internationale Kindesentführung von 1980 verdrängt. Aufgrund dieser staatsvertraglichen Sonderregeln kommt es zu Rück- oder Weiterverweisungen auf dem Gebiet des Sorgerechts nur noch in Ausnahmefällen.

Verweist Art 21 Abs 1 iVm Art 14 Abs 1 Nr 1 EGBGB hinsichtlich der **Legitimation** 90 durch nachfolgende Eheschließung auf das Recht eines Einzelstaates der USA als gemeinsames Heimatrecht der Ehegatten, so kommt eine Rück- oder Weiterverweisung in Betracht, wenn die Ehegatten ihr domicile in der Bundesrepublik Deutschland oder in einem dritten Staat haben (vgl zu Art 22 aF EGBGB BayObLG 31. 5. 1966, BayObLGZ 1966, 203 = FamRZ 1968, 105 = IPRspr 1966/67 Nr 146 [Michigan]; KG 25. 9. 1973, NJW 1974, 415 = OLGZ 1974, 82 = IPRspr 1973 Nr 97 [Kalifornien]), oder wenn die Kollisionsnormen des Heimatstaates auf das deutsche oder ein anderes Recht als Wohnsitzrecht des Kindes verweisen (AG Münster 9. 12. 1975, IPRspr 1975 Nr 106 [Illinois]; dazu SCOLES/HAY, Conflict^2 536 f).

Ist ein deutsches Gericht aus der Sicht der von Art 22 Abs 1 EGBGB berufenen 91 einzelstaatlichen Rechtsordnung für den Ausspruch einer **Adoption** international zuständig, so darf es auch deutsches Recht anwenden (*versteckte Rückverweisung*; vgl näher Art 4 Rn 240 f). Ob eine internationale Zuständigkeit deutscher Gerichte besteht, ist durch spiegelbildliche Anwendung der einzelstaatlichen Zuständigkeitsnormen zu ermitteln. Diese stellen zT auf den Wohnsitz (domicile) oder ständigen Aufenthalt (residence) des oder der Annehmenden, zT aber auch auf den Wohnsitz oder ständigen Aufenthalt des Kindes ab (SCOLES/HAY, Conflict^2 542 f). Daraus ergab sich für deutsche Gerichte die Versuchung, die Adoption eines deutschen Kindes durch Bürger der USA nach deutschem Recht vorzunehmen, obwohl die Voraussetzungen ihrer Wirksamkeit nicht immer gesichert waren (BayObLG 22. 3. 1957, BayObLGZ 1957 118 = IPRspr 1956/57 Nr 137; KG 31. 7. 1959, NJW 1960, 148 = IPRspr 1958/59 Nr 140 [Pennsylvania]). Die Begründung eines deutschen domicile durch den Annehmenden war zT ebenso zweifelhaft wie eine konkurrierende Zuständigkeit der deutschen Gerichte am Wohnsitz des Kindes nach Maßgabe der einzelstaatlichen jurisdiction-Regeln (BEITZKE NJW 1960, 249 und RabelsZ 37 [1973] 390). In solchen Fällen ist von einer Adoption durch deutsche Gerichte und nach deutschem Recht abzusehen (BGH 4. 3. 1960, FamRZ 1960, 229 = StAZ 1960, 206 = IPRspr 1960/61 Nr 128 [Ohio]; BayObLG 9. 7. 1965, BayObLGZ 1965, 245 = IPRspr 1964/65 Nr 164 [Adoption durch Staatenlosen mit Wohnsitz in Ohio]; LG Mainz 17. 10. 1974, IPRspr 1975 Nr 203 a und OLG Zweibrücken 13. 12. 1974, IPRspr 1975 Nr 203 b [Florida/New Mexico]).

Die Kollisionsnormen der Einzelstaaten auf dem Gebiet des **Erbrechts** verweisen 92 hinsichtlich des unbeweglichen Vermögens (immovables) auf das Recht der jeweiligen Belegenheit (situs) und hinsichtlich des beweglichen Vermögens (movables), auf das Recht am letzten Wohnsitz (last domicile) des Erblassers (FERID/FIRSCHING US Grdz Rn 38 ff mwN). Ist *unbewegliches Vermögen* eines Staatsangehörigen der USA im Inland belegen, so gilt hierfür kraft Rückverweisung deutsches Erbrecht; für dieses Vermögen ist ein *Eigenrechtserbschein* (§ 2353 BGB) zu erteilen (BGH 20. 3. 1967, FamRZ 1967, 473 = IPRspr 1966/67 Nr 177 [Illinois]; BayObLG 27. 5. 1974, BayObLGZ 1974, 223, 225 = IPRspr 1974 Nr 131 [Wisconsin]; 21. 2. 1975, BayObLGZ 1975, 86, 88 = NJW 1975, 1075 = IPRspr 1975 Nr 115 [New York]; 1. 2. 1980, BayObLGZ 1980, 42, 46 = IPRax 1982, 111 m Anm FIRSCHING 98 = IPRspr 1980 Nr 124 [New Jersey]; OLG Dresden 6. 5. 1930, IPRspr 1930 Nr 95 [New Jersey]; OLG Frankfurt 25. 9. 1958, DNotZ 1959, 354 m Anm FIRSCHING = IPRspr 1958/59 Nr 145 und 29. 10. 1962, IPRspr 1962/63 Nr 146 [Missouri]); OLG Karlsruhe 29. 6. 1990, NJW 1990, 1420, 1421 = IPRax 1990, 407 m Anm SCHURIG 389 = IPRspr 1989 Nr 164 [Texas]).

93 Befand sich der letzte Wohnsitz eines Staatsangehörigen der USA in einem der amerikanischen Einzelstaaten oder in einem anderen ausländischen Staat, so unterliegt sein *beweglicher Nachlaß* insgesamt und ohne Rücksicht auf die Belegenheit dem Recht des betreffenden Staates. Ist bewegliches Vermögen in Deutschland belegen, muß darüber ein gegenständlich beschränkter Fremdrechtserbschein (§ 2369 BGB) ausgestellt werden (OLG Frankfurt 2. 5. 1972, DNotZ 1972, 543 = IPRspr 1972 Nr 125 [Kalifornien]; LG Hamburg 2. 9. 1977, IPRspr 1977 Nr 104 [New York]). Ist der amerikanische Erblasser hingegen mit letztem Wohnsitz in der Bundesrepublik Deutschland verstorben, so vererbt sich der gesamte bewegliche Nachlaß ohne Rücksicht auf seine Belegenheit nach deutschem Recht (BayObLG 7. 2. 1958, BayObLGZ 1958, 34 = IPRspr 1958/59 Nr 143 [Kalifornien]; 27. 10. 1983, Rpfleger 1984, 66 = IPRspr 1983 Nr 118 [New York]). Insoweit ist ein Eigenrechtserbschein zu erteilen, der lediglich den außerhalb Deutschlands belegenen Immobiliarnachlaß ausnimmt (BayObLG 6. 11. 1967, BayObLGZ 1967, 418, 430 = IPRspr 1966/67 Nr 175; 21. 2. 1975, BayObLGZ 1975, 86 = NJW 1975, 1075 = IPRspr 1975 Nr 115 [New York]; zu der erforderlichen Abgrenzung zwischen unbeweglichem und beweglichem Vermögen s o Rn 81 f).

94 Soweit insgesamt oder teilweise eine Rückverweisung auf deutsches Recht stattfindet, ist für die nach dem Recht der Einzelstaaten der USA vorgeschriebene Tätigkeit eines vom Erblasser ernannten oder vom Nachlaßgericht eingesetzten **Nachlaßtreuhänders** (executor, administrator) kein Raum, weil der Nachlaß nach deutschem Recht ipso iure auf die Erben übergeht (§ 1922 BGB). Hat allerdings der Erblasser dem von ihm ernannten Nachlaßtreuhänder (executor) bestimmte Aufgaben zugewiesen, die auch nach deutschem Recht von einem Testamentsvollstrecker wahrzunehmen sind, kann der Treuhänder als solcher tätig werden, bedarf aber der entsprechenden Bestellung durch das deutsche Gericht (vgl BGH 17. 10. 1968, WM 1969, 72 = IPRspr 1968/69 Nr 161; BayObLG 1. 2. 1980, IPRspr 1980 Nr 124 S 397; FERID/FIRSCHING US Grdz C III Rn 62 f; STAUDINGER/FIRSCHING[12] § 2368 BGB Rn 46 ff; abw LG Hamburg 29. 7. 1980, IPRspr 1980 Nr 190). Wegen des im US-amerikanischen Kollisionsrecht herrrschenden Grundsatzes der Territorialität der Nachlaßabwicklung gilt dies sogar dann, wenn die Erbfolge als solche dem Recht eines Einzelstaats der USA unterliegt; in diesem Fall ist nur hinsichtlich der Testamentsvollstreckung eine versteckte Rückverweisung auf deutsches Recht anzunehmen, soweit die Befugnisse des Testamentsvollstreckers sich auf den im Inland belegenen Nachlaß beziehen (FERID/FIRSCHING US Grdz Rn 55 b, 60 d; FERID, IPR[3] Rn 9–21 mit 22). Hat der Erblasser durch Rechtsgeschäft ein Treuhandvermögen (trust) begründet und einen Treuhänder (trustee) zum Verwalter eingesetzt, so kann auch dieser für das im Inland belegene Vermögen als Testamentsvollstrecker bestellt werden (OLG Frankfurt 2. 5. 1972, DNotZ 1972, 543 = IPRspr 1972 Nr 125). Als Erbe kann er dagegen nicht angesehen werden, da seine Stellung als Rechtsnachfolger des Erblassers, die ihm das Common Law zuweist, nur eine treuhänderische ist (LG Nürnberg-Fürth 29. 12. 1962, IPRspr 1962/63 Nr 148).

d) Staatsverträge
Die Vereinigten Staaten sind Mitgliedsstaat des Haager Kindesentführungsabkommens von 1980 und haben damit jedenfalls im Anwendungsbereich dieses Staatsvertrages den Renvoi durch das Recht am gewöhnlichen Aufenthaltsort des Kindes anerkannt (s Art 4 Rn 132 f). **95**

7. Südafrika*

a) Kollisionsnormen
Die Kollisionsnormen des südafrikanischen Rechts sind aus dem römisch-holländischen Recht (Roman-Dutch Law) hervorgegangen, dessen Quellen vor allem in den Schriften der niederländischen Schule des 17. und 18. Jahrhunderts zu suchen sind (hierzu FORSYTH, PrIntLaw² 20 ff; KEGEL, IPR⁷ § 3 V mwN). Die Anknüpfung der heutigen Kollisionsnormen an das Wohnsitzrecht (lex domicilii) und das Belegenheitsrecht (lex situs) wird auf diesen Einfluß und nicht auf denjenigen des englischen Common Law zurückgeführt. Immerhin unterscheiden die Kollisionsnormen, die an den Wohnsitz anknüpfen, wie die englischen zwischen Ursprungswohnsitz (domicile of origin), Wahlwohnsitz (domicile of choice) und dem Wohnsitz abhängiger Personen (domicile of dependence; vgl FERID/FIRSCHING/DANNENBRING Südafrika Grdz Rn 9; dazu o Rn 5 ff). Auch inhaltlich stimmt das domicile-Konzept des südafrikanischen Rechts weitgehend mit demjenigen des englischen Rechts überein (vgl näher FORSYTH, PrIntLaw² 101 ff). **96**

Die Gültigkeit der **Eheschließung** – in materieller wie formeller Hinsicht – beurteilt sich nach der lex loci celebrationis (FORSYTH, PrIntLaw² 237 ff). Demgegenüber unterliegen die persönlichen Ehewirkungen der jeweiligen lex domicilii der Ehegatten (FORSYTH, PrIntLaw² 250 ff). Über Fragen des *ehelichen Güterrechts* entscheidet in Ermangelung eines Ehevertrages das Wohnsitzrecht des Ehemannes im Zeitpunkt der Eheschließung (SILBERBERG, The determination of matrimonial property rights and the **97**

---

* **Schrifttum:** BENNET, The Application of Customary Law in Southern Africa (1985); BERGMANN/FERID/DANNENBRING Südafrika (Stand: 1986) 17–20; CORBETT/HAHLO/HOFMEYR/KAHN, 1985 Supplement to the Law of Succession in South Africa, with an Appendix on the Conflict of Laws (1985); FERID/FIRSCHING/DANNENBRING Südafrika (Stand: 1983) Grdz Rn 7–20; FORSYTH, Private International Law (The modern Roman-Dutch law, including the jurisdiction of the Supreme Court)² (Johannesburg 1990); KAHN, The South African Law of Domicile of Natural Persons (Kapstadt 1972); SANDERS, The Internal Conflict of Laws in South Africa (Durban 1990); SCHMIDT C H W, Conflict of Laws, in: JOUBERT (Hrsg), The Law of South Africa, Bd 2 (1977) 329; SPIRO, Conflicts of Laws (Kapstadt 1973); ders, The General Principles of the Conflict of Laws (Kapstadt 1982); THOMASHAUSEN, Some Problems in the Application of South African Private International Law, CompIntLJ of Southern Africa 27 (1984) 78; VAN WYK, Einige Probleme des internationalen Eherechts im südlichen Afrika, in: Internationales Privatrecht – Internationales Wirtschaftsrecht (1985).

doctrine of immutability in the conflict of laws, CompIntL of Southern Africa VI [1973] 323, 325 mwN). Eine nachträgliche Wohnsitzverlegung ändert das Güterstatut nicht; haben also Personen, die in Südafrika durch Einwanderung wohnhaft geworden sind, bei Eingehung der Ehe ihren Wohnsitz in einem anderen Land gehabt, so gilt dessen Recht weiter (Frankel's Estate v The Master, [1950] 1 South African Law Reports 220: deutsches Güterrecht gilt für deutschen Einwanderer, der in der CSSR eine Tschechin geheiratet hatte und damals schon zur Auswanderung nach Südafrika entschlossen gewesen war). Die lex domicilii des Ehemannes im Zeitpunkt der Eheschließung beherrscht die güterrechtlichen Beziehungen grundsätzlich ohne Rücksicht auf die Belegenheit einzelner Vermögensgegenstände; sie gilt – abweichend vom englischen Recht – auch für Immobilien (FORSYTH, PrIntLaw^2 254 m Nachw).

98 Das Domizilprinzip gilt auch für das internationale **Kindschaftsrecht**. So tritt die Legitimation durch nachfolgende Eheschließung nach dem Wohnsitzrecht der Eltern im Zeitpunkt der Eheschließung ein (FORSYTH, PrIntLaw^2 255). Im internationalen **Erbrecht** herrscht hingegen der Grundsatz der Nachlaßspaltung. Das unbewegliche Vermögen unterliegt dem jeweiligen Belegenheitsrecht, während der Mobiliarnachlaß sich nach dem Recht des Wohnsitzes des Erblassers im Zeitpunkt seines Todes vererbt (KAHN, Choice of Law in Succession in the South African Conflict of Laws, 73 South African LJ [1956] 303 und 74 South African LJ [1957] 43; FERID/FIRSCHING/DANNENBRING Südafrika Grdz Rn 8).

b) **Rück- und Weiterverweisung aus deutscher Sicht**

99 Aus deutscher Sicht kann sowohl die Anknüpfung an den Wohnsitz wie diejenige an die Belegenheit im internationalen *Erbrecht* eine Rück- oder Weiterverweisung begründen (BayObLG 15. 12. 1972, BayObLGZ 1972, 383, 385 f = IPRspr 1972 Nr 128 [Rückverweisung des südafrikanischen Heimatrechts der Erblasserin auf deutsches Belegenheitsrecht und Weiterverweisung auf schweizerisches Wohnsitzrecht]; KG 6. 3. 1970, RzW 1972, 135 = IPRspr 1971 Nr 113 a; ORG Berlin 18. 11. 1971, RzW 1972, 253 = IPRspr 1971 Nr 113 b; vgl ferner IPG 1965/66 Nr 60 [Hamburg]; IPG 1969 Nr 39 [Köln]). Im internationalen Ehe- und Kindschaftsrecht kommt ein Renvoi immer dann in Betracht, wenn die Beteiligten ihr gemeinsames domicile im Inland oder in einem Drittstaat haben (vgl AG Kirchheim/Teck 12. 5. 1967, IPRspr 1966/67 Nr 103 zur Anknüpfung der gesetzlichen Vertretung eines Minderjährigen nach südafrikanischem IPR).

c) **Staatsverträge**

100 Südafrika hat das Haager Testamentsabkommen von 1961 ratifiziert und in sein Testamentsgesetz (Wills Act 1963, Sec 3 bis) aufgenommen (FERID/FIRSCHING/DANNENBERG Grdz Rn 17); im sachlichen Geltungsbereich dieses Abkommens scheiden Rück- und Weiterverweisung daher aus (s Art 4 Rn 126 f).

II. Nordische Rechte*

1. Nordische Konvention

101 Zwischen den skandinavischen Staaten Dänemark, Finnland, Island, Norwegen

---

* **Schrifttum:** KORKISCH, Der Anteil der nordischen Länder an den Fragen des IPR, RabelsZ 23 (1958) 599; ders, Einführung in das Privatrecht der nordischen Länder, Bd I (1977).

und Schweden hat das **Übereinkommen betreffend internationalprivatrechtliche Bestimmungen über Ehe, Adoption und Vormundschaft** vom 6. 2. 1931 (idF vom 10. 4. 1954 – abgedruckt bei BERGMANN/FERID Dänemark 33 ff) Vorrang vor dem autonomen Kollisionsrecht. Nach Art 1 Abs 1 werden die *Ehevoraussetzungen* von Angehörigen der Vertragsstaaten nach dem Recht des Vertragsstaats beurteilt, in dem die Ehe geschlossen werden soll, sofern mindestens einer der Verlobten dort seinen Wohnsitz hat, ansonsten nach dem Heimatrecht des Nupturienten. Das Heimatrecht ist ferner dann anzuwenden, wenn ein Verlobter dies verlangt.

Die *güterrechtlichen Verhältnissen* zwischen Ehegatten, die Staatsangehörige der Vertragsstaaten sind und es bei Eingehung der Ehe waren, beurteilen sich nach dem Recht des Vertragsstaates, in dem die Ehegatten bei Eingehung der Ehe ihren Wohnsitz genommen haben (Art 3 Abs 1 S 1). Haben beide Ehegatten später ihren Wohnsitz in einen anderen Staat verlegt, so ist stattdessen das Recht dieses Staates anzuwenden; die Gültigkeit von vorher geschlossenen Rechtsgeschäften bleibt jedoch unberührt (Art 3 Abs 1 S 2). Die Befugnis eines Ehegatten zur Verfügung über Grundstücke oder grundstücksgleiche Rechte beurteilt sich hingegen stets nach dem Recht des Belegenheitsstaates, sofern dies ein Vertragsstaat ist (Art 3 Abs 2). Ein Ehevertrag zwischen Personen, die Staatsangehörige der Vertragsstaaten sind und es bei Eingehung der Ehe waren und die ferner damals ihren Wohnsitz in einem Vertragstaat hatten, ist bereits dann formgültig, wenn die Formvorschriften des Heimatrechts eines der Ehegatten eingehalten worden sind (Art 4).

Auf die *Ehetrennung bzw Ehescheidung* von Staatsangehörigen der Vertragsstaaten sowie über die Trennungs- bzw Scheidungsfolgen (elterliche Sorge, Ehegatten- und Kindesunterhalt) entscheiden die Gerichte der Vertragsstaaten jeweils nach Maßgabe der lex fori (Art 9 Abs 1 S 1); auf die Vermögensteilung aus Anlaß der Ehetrennung oder -scheidung findet jedoch das nach Art 3 bestimmte Ehegüterrechtsstatut Anwendung (Art 9 Abs 1 S 2). In gleicher Weise entscheiden die Behörden der Vertragsstaaten (Art 9 Abs 1 S 1) auch über die *Adoption* nach Maßgabe der jeweiligen lex fori, soweit nur Angehörige der Vertragsstaaten beteiligt sind (Art 12 S 1).

Soweit der sachliche und persönliche Anwendungsbereich der Nordischen Konvention eröffnet ist, sind deren Kollisionsnormen im Rahmen einer Rück- oder Weiterverweisung durch das Recht der Vetragsstaaten auch nach Art 4 Abs 1 EGBGB vorrangig zu berücksichtigen (vgl dazu allg Art 4 Rn 134 ff). Erklärt also Art 3 Abs 1 S 2 der Konvention das Güterstatut für wandelbar, wenn der dänische Ehemann und seine schwedische Ehefrau ihren Wohnsitz im Verlaufe der Ehe von Dänemark nach Schweden verlegen, so ist die sich hieraus ergebende Weiterverweisung des nach Art 15 Abs 1 Nr 2 EGBGB zur Anwendung berufenen dänischen Rechts auf das schwedische Recht vom deutschen Richter zu beachten.

2. Dänemark*

a) Kollisionsnormen

Für das dänische IPR ist im Bereich des gesamten Personen-, Familien- und

---

* **Schrifttum:** BERGMANN/FERID/DOPFFEL Dänemark (Stand: 1988) 14–33; BORUM, Lovkonflikter[6] (Kopenhagen 1967); DÖRNER, Fremdrechtszeugnis gem § 1507 BGB und Erbschein,

Erbrechts die Anknüpfung an den **Wohnsitz** (domicil, bopael) ausschlaggebend (PHILIP 133 ff). Die Anknüpfung geht auf das Gesetzbuch Christians V. von 1683 zurück, das ausdrücklich die Geltung für alle im Königreich wohnhaften oder sich aufhaltenden Personen beanspruchte (Danske lov 1–15). Erforderlich für die Wohnsitzbegründung sind in objektiver Hinsicht der tatsächliche Aufenthalt, mag er auch durch häufige Reisen unterbrochen sein (PHILIP 143 f mwN), und in subjektiver Hinsicht die Absicht nicht nur kurzfristigen Verbleibens (PHILIP 147 f; SCHMIDT 15 ff, jeweils mwN). Es handelt sich folglich um einen elastischen Wohnsitzbegriff, der von dänischer Seite dem amerikanischen und kontinentaleuropäischen gleichgestellt und zugleich vom englischen abgegrenzt wird (PHILIP 146). Insgesamt steht der dänische Wohnsitzbegriff dem Konzept des „gewöhnlichen Aufenthalts" in den neuen Haager Übereinkommen und im deutschen IPR sehr nahe (BERGMANN/FERID/DOPFFEL Dänemark 15). Eine fehlende Aufenthalts- oder Arbeitserlaubnis schließt daher den Erwerb eines Wohnsitzes nach dänischem Recht nicht aus. Einen gesetzlichen Wohnsitz für Ehefrauen oder Minderjährige kennt das dänische Recht hingegen nicht. Zu internationalprivatrechtlichen Konflikten kann es demnach vor allem kommen, wenn die dänische Kollisionsnorm auf ein fremdes Recht verweist, das – wie etwa das deutsche – vom Staatsangehörigkeitsgrundsatz ausgeht. Da die dänische Anknüpfung an den Wohnsitz sich sowohl auf Fahrnis wie auf Grundstücke bezieht, kann es schließlich vor allem im internationalen Ehegüter- und Erbrecht zu Kollisionen mit denjenigen Rechtsordnungen kommen, die – wie das englische, amerikanische und teilweise das französische Recht – Grundstücksvermögen der jeweiligen lex rei sitae unterwerfen.

b) Rück- und Weiterverweisung im dänischen Recht

103 Die sich hieraus ergebenden Möglichkeiten der Rück- und Weiterverweisung werden von der dänischen Praxis und Lehre bewußt unberücksichtigt gelassen. Das Östliche Landgericht (Ostre Landret) wandte 1940 auf den Nachlaß einer nach 42jährigem Aufenthalt in Paris verstorbenen Dänin französisches Recht an und erklärte demgemäß ihr handschriftliches Testament für gültig, obwohl es den dänischen Formvorschriften nicht entsprach; eine etwaige Rück- oder Weiterverweisung französischer Kollisionsnormen auf dänisches oder ein anderes Recht wurde ausdrücklich für bedeutungslos erklärt (Ugeskrift for Retsvaesen [UfR] 1940, 857). In einem Streit zwischen zwei dänischen Eheleuten, die 1950 in New York geheiratet, später in Connecticut gewohnt und 1961 ein in Dänemark erworbenes Haus bezogen hatten, entschied 1968 das Güter- und Nachlaßteilungsgericht (Skifteret) von Helsingor, daß die güterrechtlichen Verhältnisse dem Recht des Landes unterlägen, in dem der Ehemann bei Eingehung der Ehe den Wohnsitz gehabt habe, und daß eine Rückverweisung der Kollisionsnormen von New York und Connecticut auf das dänische Belegenheitsrecht nicht zu beachten sei; sowohl hinsichtlich des Fahrnis- wie des Grundstücksvermögens gelte daher Gütertrennung nach dem Recht von New York bzw

---

DNotZ 1980, 662; FERID/FIRSCHING/THORBEK/STEINIGER Dänemark (Stand: 1981) Grdz C Rn 1–12; HOECK, Das Personalstatut im dänischen internationalen Eherecht (1939); JAYME/KRAUSE, Die Eheschließung von Ausländern in Dänemark, IPRax 1983, 307; LOOKOFSKY, International privatret (1993); PHILIP, Dansk international privat- og procesret^3 (Kopenhagen 1976); ders, American-Danish Private International Law (1957); SCHMIDT, International person-, familie- og arveret (Kopenhagen 1990); SIESBY, Laerebog i international privatret^2 (Kopenhagen 1989).

Connecticut, nicht dagegen die Gütergemeinschaft (faelleseje) nach dänischem Recht (UfR 1968, 637). Damit steht fest, daß die dänische Praxis die Verweisung dänischer Kollisionsnormen auf fremdes Wohnsitzrecht als *Sachnormverweisung* ansieht.

Auch in anderen Bereichen werden Rückverweisungen fremder Kollisionsnormen nur am Rande zur Kenntnis genommen. So entschied das See- und Handelsgericht Kopenhagen nach einem Zusammenstoß zwischen einem dänischen und einem niederländischen Schiff in der Bucht von Odense, daß die **deliktische Haftung** der niederländischen Reederei nach dem Tatortrecht – also nach dänischem Recht – und nicht nach dem Recht der Flagge zu beschränken sei; außer Betracht könne bleiben, daß nach niederländischem Recht der Zusammenstoß von Schiffen gleichfalls dem Tatortrecht unterliege (SH 23.1.1956, UfR 1956, 912). Die Regel, daß die Verweisung dänischer Kollisionsnormen auf fremdes Recht stets als Sachnormverweisung anzusehen ist, wird nur durch zwei gesetzliche Ausnahmen durchbrochen: In § 79 des Wechselgesetzes (Veksellov) und § 58 des Scheckgesetzes (Checklov) idF vom 25.8.1986, die auf den Genfer Abkommen von 1930/31 beruhen, werden die Wechsel- und Scheckfähigkeit nicht nur – abweichend von der sonstigen Anknüpfung an den Wohnsitz – nach der jeweiligen Staatsangehörigkeit beurteilt, sondern auch etwaige Rück- oder Weiterverweisungen anerkannt. Gerade die Vertragstreue, mit der hier gleich zwei staatsvertragliche Ausnahmen von innerstaatlichen Regeln übernommen werden, kann allerdings vielfach zu der nach dänischem IPR eigentlich beabsichtigten Anknüpfung zurückführen (PHILIP 51, 180). Zusammenfassend gilt daher im dänischen Recht der Grundsatz, daß „die Renvoi-Regel keine Anwendung findet, sofern nicht in der Gesetzgebung hierfür ein positiver Grund besteht" (PHILIP 50; ähnlich BORUM 80 f; LOOKOFSKY 18 f).

c) Rück- und Weiterverweisung aus deutscher Sicht

Da die dänischen Kollisionsnormen durchweg die Verweisung deutscher Kollisionsnormen auf das Recht der Staatsangehörigkeit mit einer Verweisung auf das Wohnsitzrecht beantworten, ist der dänisch-deutsche Rechtsverkehr geradezu ein Lehrbeispiel für Rück- und Weiterverweisung. Da überdies aus dänischer Sicht ein Renvoi durch ausländische Kollisionsnormen nicht angenommen wird, bewirkt im Falle einer Rückverweisung durch dänische Kollisionsnormen die Anwendung deutschen Rechts den *Entscheidungseinklang*. Die deutsche Praxis geht davon aus, daß im Bereich des Personen-, Familien- und Erbrechts eine Rückverweisung stets in Betracht kommt, wenn der Fall einen dänischen Staatsangehörigen betrifft, der seinen Wohnsitz in der Bundesrepublik Deutschland hat. So wurde die *Geschäftsfähigkeit* eines dänischen Minderjährigen mit Wohnsitz im Inland nach deutschem Recht beurteilt (BayObLG 17.5.1963, BayObLGZ 1963, 123 = IPRspr 1962/63 Nr 107). Auch die *güterrechtlichen Verhältnisse* zwischen dänischen Ehegatten, die zur Zeit der Eheschließung und später ihren Wohnsitz im Inland hatten, wurden deutschem Recht unterworfen (OLG Breslau 31.10.1929, IPRspr 1930 Nr 68). Daran hat sich auch durch die deutsche IPR-Reform von 1986 nichts geändert.

Die **Ehescheidung** zwischen dänischen Ehegatten wurde deutschem Recht unterstellt, wenn der Ehemann zur Zeit der Klageerhebung seinen Wohnsitz im Inland hatte (RG 6.4.1936, RGZ 151, 103; LG Hamburg 5.12.1973, IPRspr 1973 Nr 146 und 6.3.1974, IPRspr

1974 Nr 67). Die schon früh bejahte (Anerkennungs-)Zuständigkeit deutscher Gerichte für die Scheidung in Deutschland wohnhafter dänischer Ehegatten (KG 3.8.1939, DR 1940, 1383) ergibt sich nunmehr aus einer dänischen Zuständigkeitsnorm (§ 448 d Retsplejelov, eingefügt durch Bek Nr 609 vom 19.12.1969), die dem Justizminister die Befugnis zur Bestimmung des zuständigen Gerichts gibt, wenn keine der Parteien ihren Wohnsitz in Dänemark hat. Dies läuft praktisch auf eine Anerkennung ausländischer Urteile hinaus, die am ausländischen Wohnsitz der Ehegatten ergehen, und läßt demnach die Anerkennung eines unter solchen Voraussetzungen ergangenen deutschen Urteils in Dänemark erwarten (LG Hamburg 5.12.1973 und 6.3.1974 aaO). Der Verzicht des dänischen Gesetzgebers auf die Zuständigkeit dänischer Gerichte für die Scheidung von Auslandsdänen begründet nicht nur aus dänischer Sicht eine anerkennungsfähige deutsche Zuständigkeit, sondern auch die Anwendbarkeit deutschen Scheidungsrechts. Entsprechendes gilt für die Scheidungsfolgen. So wurde zwischen geschiedenen dänischen Ehegatten mit Wohnsitz im Inland die *Wohnraum- und Hausratsteilung* nach deutschem Recht vorgenommen (BayObLG 20.3.1953, BayObLGZ 1953, 102 = IPRspr 1953 Nr 175). Auch der *Versorgungsausgleich* zwischen einem Dänen und einer Deutschen wurde kraft Rückverweisung auf das deutsche Wohnsitzrecht nach deutschem Recht durchgeführt (OLG Schleswig 10.7.1981, SchlHA 1982, 27 = IPRspr 1981 Nr 77).

107 Auf die **Anerkennung der Vaterschaft** durch einen im Inland wohnhaften dänischen Staatsangehörigen wurde deutsches Recht angewandt (LG Augsburg 20.4.1972, IPRspr 1972 Nr 98). Gleiches gilt für die *Legitimation* und *Adoption*, soweit die beteiligten dänischen Staatsangehörigen ihren Wohnsitz im Inland haben. Schließlich bestimmt sich auch die **Erbfolge** nach einem mit letztem Wohnsitz im Inland verstorbenen Dänen kraft Rückverweisung durch das dänische IPR insgesamt nach deutschem Recht (FERID/FIRSCHING/THORBEK/STEINIGER Dänemark Grdz Rn 4; zur Anwendung dänischen Güterrechts neben deutschem Erbrecht vgl DÖRNER DNotZ 1980, 662 ff).

d) Staatsverträge

108 Während Dänemark die Rück- und Weiterverweisung auf dem Gebiet der Wechsel- und Scheckfähigkeit durch den Beitritt zu den Genfer Abkommen von 1930/31 anerkannt hat (s Art 4 Rn 118 f), ist ein Renvoi im deutsch-dänischen Rechtsverkehr auf dem Gebiet der Testamentsform durch das Haager Übereinkommen von 1961 ausgeschlossen (s Art 4 Rn 126 f). Demgegenüber enthält das von Dänemark ebenfalls ratifizierte Haager Kindesentführungsübereinkommen von 1980 in Art 3 Abs 1 wiederum eine Gesamtverweisung auf das Aufenthaltsrecht des Kindes (s Art 4 Rn 132 f).

3. Norwegen*

a) Kollisionsnormen

109 Das autonome internationale Privatrecht ist in Norwegen überwiegend nicht kodifiziert. Im Bereich des internationalen Personen-, Familien- und Erbrechts ist

---

* **Schrifttum:** BERGMANN/FERID/KORKISCH/ MARTINY Norwegen (Stand: 1991) 10−17; GAARDER, Inforing i internasjonal privatrett[2] (Oslo 1993); ders, Internasjonal Privatrett (Oslo 1963); GJELSVIK, Laerebok i Millomfolkeleg Privatrett (Oslo 1918); deutsche Ausgabe von WOLGAST, Das internationale Privatrecht in Norwegen, Allgemeiner Teil [1936].

grundsätzlich „das Heimatrecht" (hjemlandslov) der betroffenen Person maßgebend. Dies ist nach norwegischer Auffassung jedoch nicht das Recht des Staates, dem die Person angehört, sondern das Recht des Landes, in dem sie zum maßgebenden Zeitpunkt ihren **Wohnsitz** („bopel") hatte (Gjelsvik 75 = Wolgast 83; Gaarder, Inforing² 73 ff). Der Wohnsitz wird dabei als der Ort definiert, an dem die Person sich tatsächlich niedergelassen hat, in der Absicht, dort auf Dauer zu wohnen (Gjelsvik aaO).

b) Rück- und Weiterverweisung im norwegischen Recht
Die Verweisung auf das Wohnsitzrecht wird in der Lehre zugleich als endgültig verstanden. Geht das fremde Recht von der Staatsangehörigkeit aus, so ist dies auf die norwegische Verweisung regelmäßig ohne Einfluß. Herrscht also im fremden Wohnsitzland die Anknüpfung an die Staatsangehörigkeit, so nimmt das norwegische Recht eine solche Rückverweisung („tilbakevisning") grundsätzlich nicht an. Beachtet das fremde Recht – wie das deutsche in Art 4 Abs 1 EGBGB – die norwegische Verweisung als Rückverweisung, so besteht ohnehin Entscheidungseinklang. Die Annahme einer fremden Rückverweisung kommt allenfalls in Betracht, wenn das fremde Wohnsitzland eines Norwegers – wie zB Griechenland – durch seine Kollisionsnorm endgültig auf das norwegische Heimatland verweist (Sachnormverweisung). Die Weiterverweisung wird dagegen niemals berücksichtigt, weil für sie keinerlei rechtspolitisches Bedürfnis erkennbar sei (Gjelsvik 82 ff = Wolgast 83 ff; Gaarder, Inforing² 84 ff).

110

Für die Rechtsprechung hat sich die Frage der Rückverweisung erstmals im Bereich des **Deliktsrechts** gestellt. Als in einer engen Fahrrinne vor der norwegischen Küste ein norwegischer und ein deutscher Frachter zusammenstießen, mußte unabhängig von der Schuldfrage geklärt werden, ob eine etwaige Beschränkung der seerechtlichen Haftung der deutschen Beklagten dem deutschen oder norwegischen Recht unterliege; dabei berief sich – paradoxerweise, aber aus wohlverstandenem Eigeninteresse – der norwegische Schiffseigner auf das deutsche Recht der Flagge, das damals noch von dem Grundsatz der Haftung mit Schiff und Fracht ausging, die deutsche Reederei dagegen auf das norwegische Recht des Tatorts, das damals wie heute vom Grundsatz der Summenhaftung beherrscht wurde. Das Stadtgericht (byrett) von Bergen stellte fest, daß im norwegischen Schrifttum einstimmig das Recht der Flagge für maßgeblich gehalten werde. Zwar werde in Lehre und Praxis des Auslands auch die gegenteilige Meinung vertreten: „Aber für uns dreht es sich um die Feststellung, was im *norwegischen* internationalen Privatrecht gilt, denn es müssen die eigenen Rechtsregeln jedes einzelnen Landes entscheiden, wie die Gerichte des Landes die ihnen vorliegenden international-privatrechtlichen Fragen lösen sollen ... Da das Gericht somit seiner Entscheidung über den Umfang und die Art der Reederhaftung das Flaggenrecht zugrundelegt, wird im vorliegenden Fall das *deutsche materielle Recht* ohne Rücksicht auf die deutschen Kollisionsnormen angewandt. Die Frage, welches nationale Recht in einem Rechtsfall angewandt werden soll, der von norwegischen Gerichten zu entscheiden ist, wird endgültig aufgrund der norwegischen Kollisionsnormen entschieden. Der Renvoi-Grundsatz wird hier außer in einigen Sonderfällen nicht anerkannt ... Es bleibt also ohne Bedeutung, daß das deutsche Recht auch der Entscheidung über die Frage des Umfangs der Reederhaftung das Recht des Unfallortes zugrundelegt" (Norsk Retstidende 1958, 46 f; Hervorhebung im Urteilstext). Das Urteil wurde später vom Obersten Gericht

111

(Hoyesterett) bestätigt (Norsk Retstidende 1958, 38). Damit ist zwischen Lehre und Praxis Einigkeit hergestellt: Verweisungen norwegischer Kollisionsnormen auf fremdes Recht sind grundsätzlich Sachnormverweisungen. Im Schrifttum wird allerdings betont, daß aus einer solchen Einzelfallentscheidung keine verallgemeinernden Schlüsse gezogen werden dürften (GAARDER, Inforing² 90 f).

c) **Rück- und Weiterverweisung aus deutscher Sicht**

112 Da das norwegische Kollisionsrecht – ähnlich wie das dänische – die Verweisung deutscher Kollisionsnormen auf das Recht der Staatsangehörigkeit mit einer Verweisung auf das Wohnsitzrecht beantwortet, kommt im Bereich des Personen-, Familien- und Erbrechts, eine Rückverweisung stets dann in Betracht, wenn der Fall einen norwegischen Staatsangehörigen betrifft, der seinen (letzten) Wohnsitz in der Bundesrepublik Deutschland hat bzw hatte. Liegt der Wohnsitz in einem Drittstaat, so ist auch die sich hieraus ergebende Weiterverweisung nach Art 4 Abs 1 zu beachten. Deutsche Gerichte haben eine Rückverweisung auf deutsches Recht als Wohnsitzrecht ua angenommen im Fall der *Ehescheidung* norwegischer Ehegatten (OLG Celle 15. 10. 1925, JW 1926, 538 m Anm NEUMEYER). Ebenso wurde entschieden für die *Legitimation* eines Kindes durch Eheschließung seiner norwegischen Eltern (AG Hamburg 20. 2. 1968, IPRspr 1968/69 Nr 130).

113 Im internationalen **Kindschaftsrecht** halten sich norwegische Gerichte für Abstammungs- oder Ehelichkeitsanfechtungsklagen für zuständig, wenn einer der Klageberechtigten seinen Wohnsitz in Norwegen hat; in diesem Fall wenden sie norwegisches Recht an. Daraus folgt eine versteckte Rückverweisung auf deutsches Recht, wenn einer der Klageberechtigten seinen Wohnsitz in Deutschland hat (STAUDINGER/HENRICH [1994] Art 19 Rn 244). Entsprechende Grundsätze gelten auch im internationalen Adoptionsrecht.

d) **Staatsverträge**

114 Da Norwegen den Genfer Abkommen über das internationale Wechsel- und Scheckprivatrecht von 1930/31 beigetreten ist, werden für die Beurteilung der Wechsel- und Scheckfähigkeit – ähnlich wie in Dänemark – ausnahmsweise sowohl das Staatsangehörigkeitsprinzip wie die Rück- und Weiterverweisung anerkannt (s Art 4 Rn 118 f). Norwegen hat andererseits das Haager Testamentsabkommen von 1961 ratifiziert, das in seinem sachlichen Anwendungsbereich einen Renvoi ausschließt (s Art 4 Rn 126 f). Im deutsch-norwegischen Verhältnis gilt schließlich das Haager Kindesentführungsabkommen von 1980, das in Art 3 Abs 1 eine Gesamtweisung auf das Aufenthaltsrecht des Kindes ausspricht (s Art 4 Rn 132 f).

4. **Schweden***

a) **Kollisionsnormen**

115 Abweichend vom dänischen und norwegischen Recht dominierte im schwedischen

---

* **Schrifttum:** BECKMANN, Das internationale Privat- und Prozeßrecht in der schwedischen Rechtsprechung und Literatur, RabelsZ 25 (1960) 496; BERGMANN/FERID/KORKISCH/CARSTEN Schweden (Stand: 1991) 6–10; BOGDAN, Svensk internationell privat- och processrätt⁴ (Lund 1992); ders, Ein neues schwedisches IPR-Gesetz zum Ehegüterrecht, IPRax 1991, 70; EEK, The Swedish Conflict of Laws (Den Haag 1965); ders, Conflict of Laws in Swedish

IPR auf dem Gebiet des Personen-, Familien- und Erbrechts bisher das **Staatsangehörigkeitsprinzip**. In neueren Reformgesetzen wird dieser Grundsatz allerdings durch erweiterte Rechtswahlmöglichkeiten und die stärkere Berücksichtigung der Anknüpfung an den gewöhnlichen Aufenthalt gelockert (dazu PÅLSSON Rec des Cours 199 [1986] 332 ff).

Das Staatsangehörigkeitsprinzip gilt – entsprechend den Haager Abkommen von 1902 und 1905, denen Schweden damals beitrat – insbesondere noch für das **Ehe- und Vormundschaftsrecht**. Das Gesetz über gewisse internationale Rechtsverhältnisse betreffend Ehe und Vormundschaft vom 8. 7. 1904 (Text bei BERGMANN/FERID/CARSTEN Schweden 14 ff) knüpft im Regelfall die Voraussetzungen für die Eheschließung und die Vormundschaft über Minderjährige an die Staatsangehörigkeit an (Kap 1 § 1, Kap 4 § 1). Nur die Eheschließung schwedischer Staatsgehöriger, die seit wenigstens zwei Jahren im Ausland wohnhaft sind, kann nach ihrer Wahl auch gemäß dem Wohnsitzrecht stattfinden (Kap 1 § 2 Abs 1 idF von 1973). **116**

Völlig neu geregelt wurde hingegen das schwedische internationale **Ehegüterrecht** durch das Gesetz über gewisse internationale Fragen betreffend das eheliche Güterrecht vom 23. 5. 1990 (Text bei BERGMANN/FERID/CARSTEN Schweden 21 ff; dazu BOGDAN IPRax 1991, 70 ff). Danach können die Ehegatten das Güterrechtsstatut durch *Rechtswahl* bestimmen; zur Wahl stehen die Rechte des Landes, in dem ein Ehegatte seinen gewöhnlichen Aufenthalt (hemvist) hat oder dessen Staatsangehörigkeit einer der Ehegatten im Zeitpunkt des Vertragsschlusses innehat (§ 3 Abs 1). In Ermangelung einer Rechtswahl ist das Recht des Staates anwendbar, in dem die Ehegatten im Zeitpunkt der Eheschließung ihren gewöhnlichen Aufenthalt hatten (§ 4 Abs 1). Das Güterrechtsstatut ist ferner – abweichend vom früheren Recht – jetzt *wandelbar*: Haben die Ehegatten ihren gewöhnlichen Aufenthalt nach der Eheschließung in einem anderen Staat genommen und dort mindestens zwei Jahre gewohnt, so bestimmt das neue Aufenthaltsrecht auch den Güterstand; der Statutenwechsel tritt sofort ein, wenn die Ehegatten im neuen Aufenthaltsstaat während der Ehe schon früher einmal gemeinsam gewohnt hatten oder wenn sie beide Angehörige dieses Staates sind (§ 4 Abs 2). Die inhaltliche Gültigkeit eines Ehevertrages beurteilt sich hingegen umwandelbar nach dem Güterrechtsstatut zur Zeit des Vertragsschlusses (§ 5; vgl zur Entwicklung des schwedischen internationalen Güterrechts eingehend PÅLSSON, Rec des Cours 199 [1986] 378 ff). **117**

Im internationalen **Kindschaftsrecht** unterscheidet das schwedische Recht nicht mehr zwischen ehelichen und nichtehelichen Kindern; die neuen Kollisionsregeln sind im Gesetz über internationale Vaterschaftsfragen vom 30. 5. 1985 enthalten (Text bei **118**

Courts, IntCompLQ (1971) 605; KARLGREN, Internationell privat- och processrätt[5] (Lund 1976); MICHAELI, Internationales Privatrecht gemäß schwedischem Recht und schwedischer Rechtsprechung (Stockholm 1948); NIAL, American-Swedish Private International Law (1965); PÅLSSON Författningssamling i internationell privaträtt[3] (1983); ders, Rättsfalls- och övningsmaterial i internationell privaträtt[4]

(Lund 1987); ders, Utvecklingslinjer och aktuella problem i svensk internationell privaträtt, Svensk Juristtidning 1984, 841; ders, Svensk rättspraxis i internationell familje- och arvsrätt (Stockholm 1986); ders, Rules, problems and trends in family conflict of laws – especially in Sweden, Rec des Cours 199 (1986) 313; VOGEL, Schwedisches Erbrecht (1979).

BERGMANN/FERID/CARSTEN 19 ff; dazu näher PÅLSSON Rec des Cours 199 [1986] 342 ff). Danach entscheidet über die Vaterschaft eines Mannes, der mit der Mutter des Kindes verheiratet ist oder war, das Recht des Staates, in dem das Kind bei der Geburt seinen gewöhnlichen Aufenthalt hat. Ist der Ehemann der Mutter nach diesem Recht nicht Vater des Kindes, so genügt es auch, wenn sich die Vaterschaft aus dem Recht eines Staates ergibt, dessen Staatsangehörigkeit das Kind bei seiner Geburt erworben hat; dies gilt jedoch nicht, wenn das Kind seinen gewöhnlichen Aufenthalt bei der Geburt in Schweden hatte (§ 2). Gerichtliche Klagen auf Feststellung oder Aufhebung der Vaterschaft werden nach dem Recht des Staates beurteilt, in dem das Kind im Zeitpunkt der Entscheidung erster Instanz seinen gewöhnlichen Aufenthalt hat (§ 5 Abs 1).

119 Für eine **Adoption** sind nach dem Gesetz Nr 796 über internationale Rechtsverhältnisse betreffend die Adoption vom 10.11.1971 schwedische Gerichte zuständig, wenn der Annehmende oder die Annehmenden schwedische Staatsangehörige sind oder ihren Wohnsitz in Schweden haben oder eine Regierungserlaubnis vorliegt (§ 1). In diesem Fall ist schwedisches Recht (als lex fori) anzuwenden (§ 2 Abs 1).

120 Nach Abschaffung der Entmündigung und der Vormundschaft über Volljährige im schwedischen materiellen Recht ist die Anknüpfung der **Betreuung Volljähriger** im 5. Kapitel des Gesetzes von 1904 (Rn 116) durch Gesetz vom 1.12.1988 neu geregelt worden. Die neuen Vorschriften gehen zwar weiterhin vom Staatsangehörigkeitsprinzip aus, lassen jedoch in weitem Umfang auch die Anordnung einer Betreuung nach Maßgabe des Aufenthaltsrechts zu.

121 Für das **Erbrecht** ist nach dem Gesetz über internationale Nachlaßangelegenheiten vom 5.3.1937 (Text bei FERID/FIRSCHING/CARSTEN Schweden 62 ff) das Recht der jeweils letzten Staatsangehörigkeit maßgeblich (Kap 1 § 1 Abs 1; vgl auch IPG 1965/66 Nr 57 [Kiel]; IPG 1977 Nr 30 [Köln]). Soweit allerdings für ein zum Nachlaß gehöriges Grundstück (fast egendom) und dessen Zubehör im Belegenheitsstaat besondere Vorschriften (särskilda regler) gelten, verdrängen diese das Heimatrecht (Kap 1 § 2). Diese Regelung entspricht Art 3 Abs 3 EGBGB (vgl dort Rn 54).

b) **Rück- und Weiterverweisung im schwedischen Recht**

122 Rück- und Weiterverweisung, in den ersten Jahrzehnten nach 1900 in Gesetzgebung und Rechtsprechung verankert, sind inzwischen fast völlig aufgegeben worden. Eine eindeutige gesetzliche Anerkennung findet sich nur noch in § 79 Abs 1 S 2 des Wechselgesetzes (växellag) und § 58 Abs 1 S 2 des Scheckgesetzes (checklag), beide vom 13.5.1932; hier wird – entsprechend den Genfer Konventionen von 1930/31, denen Schweden beigetreten ist – für die Wechsel- und Scheckfähigkeit die Beachtung eines Renvoi ausdrücklich vorgeschrieben.

123 Auch das **internationale Eheschließungsrecht**, das nach dem Beitritt Schwedens zu den Haager Abkommen von 1902 im Gesetz über einzelne internationale Rechtsverhältnisse betreffend Ehe und Vormundschaft vom 8.7.1904 geregelt war, erkannte den Renvoi zunächst an. Der einschlägige Abschnitt dieses Gesetzes ist aber im Zuge der Eherechtsreform von 1973 neugefaßt worden (Svensk Författningssamling 1973, 942). Gemäß Kap 1 § 1 ist bei der Eheschließung vor schwedischen Behörden die Ehefähigkeit jedes Verlobten nach dem Recht des Landes festzustellen, dessen Staatsan-

gehöriger er ist. Nach § 2 Abs 1 kann jedoch ein schwedischer Verlobter, der seit mindestens zwei Jahren im Ausland wohnt, mit Zustimmung des anderen Verlobten seine Ehefähigkeit auch nach dem Recht des Wohnsitzstaates nachweisen; nach § 2 Abs 2 gilt Entsprechendes für Ausländer, die seit mindestens zwei Jahren in Schweden oder in einem dritten Staat wohnen. Die frühere Kollisionsnorm wird damit zu einer Sachnorm für Eheschließungen mit Auslandsberührung; Ausgangspunkt ist weiterhin die Staatsangehörigkeit, aber der Zweck der früheren Rück- und Weiterverweisung wird nun durch eine an zeitliche Voraussetzungen geknüpfte Berücksichtigung des Wohnsitzrechts erreicht.

124 Eine völlige Kehrtwendung hat schließlich die schwedische Rechtsprechung im internationalen **Erbrecht** vollzogen. Das Höchste Gericht (Högsta Domstol) hatte noch 1919 in einer Nachlaßsache, in der es um das schwedische Grundstück eines zuletzt in den USA wohnhaften Schweden ging, die Rückverweisung der amerikanischen Kollisionsnorm auf das schwedische Belegenheitsrecht anerkannt (Nytt Juridiskt Arkiv 1919, 546). Zwanzig Jahre später wandte es dagegen in einer Plenarentscheidung auf den in Schweden belegenen Grundstücksnachlaß eines aus Schweden stammenden und mit letztem Wohnsitz im State of Washington verstorbenen Staatenlosen das Recht des Wohnsitzstaates an und nahm die Rückverweisung durch dessen Kollisionsnorm ausdrücklich nicht an (Nytt, Juridiskt Arkiv 1939, 96; Bericht in RabelsZ 13 [1940/41] 842 ff).

125 Noch einmal hatte das Höchste Gericht 1969 eine Gelegenheit zur Stellungnahme: Hier ging es um Schadensersatzansprüche, die nach einem **Kraftfahrzeugunfall** auf niederländischem Gebiet von einer schwedischen Ehefrau als verletzter Insassin gegen ihren schwedischen Ehemann als Fahrer des Fahrzeugs und dessen Versicherung geltendgemacht wurden. Obwohl die Klägerin darauf hinwies, daß vom niederländischen internationalen Privatrecht eine Rückverweisung auf das schwedische Recht als gemeinsames Heimatrecht der Unfallbeteiligten ausgesprochen werde, erklärte das Gericht dies vom Standpunkt des schwedischen IPR für belanglos (HD 1. 5. 1969, Nytt Jurisdikt Arkiv 1969, 163; vollständiger Wortlaut auch bei PÅLSSON, Rättsfalls- och övningsmaterial i internationell privaträtt [1977] 215).

126 Im **Schrifttum** werden Rück- und Weiterverweisung seit der Plenarentscheidung von 1939 nur noch gelegentlich verteidigt (MICHAELI, IPR [1947] 100 ff). Andere Autoren halten die Frage seit der Entscheidung für erledigt (BECKMANN RabelsZ 25 [1960] 496 ff, 518 f; NIAL, American-Swedish Private International Law [1965] 13 f). Es finden sich aber auch grundsätzliche Stellungnahmen, in denen die Entscheidung begrüßt wird. Zur Begründung wird ausgeführt, daß die Frage der Rück- oder Weiterverweisung lediglich eine Zweckmäßigkeits- und Wertungsfrage sei. Habe der Gesetzgeber den Richter einmal durch eine Kollisionsnorm auf fremdes materielles Rechts verwiesen, so solle es dabei sein Bewenden haben. Im übrigen löse die Rück- oder Weiterverweisung die Kollisionsprobleme nicht, solange nicht Staatsangehörigkeits- und Wohnsitzanknüpfungen aufeinander abgestimmt seien (EEK, The Swedish Conflict of Laws [1965] 175 ff mwN aus der ält Lit).

127 **Zusammenfassung:** Soweit nicht, wie im Wechsel- oder Scheckrecht, gesetzliche Kollisionsnormen eine Rück- oder Weiterverweisung durch ausländische Kollisionsnormen ausdrücklich zulassen, werden diese heute nicht mehr anerkannt. Seit der

Entscheidung des Högsta Domstol von 1939 hat sich die Ablehnung der Rück- und Weiterverweisung zum Gewohnheitsrecht entwickelt. Die Verweisung einer schwedischen Kollisionsnorm auf fremdes Recht ist daher, vorbehaltlich gesetzlicher Ausnahmen, als *Sachnormverweisung* anzusehen. Dies ist vor allem im Rechtsverkehr mit denjenigen Staaten von Bedeutung, die im Gegensatz zu Schweden von der Anknüpfung an den Wohnsitz ausgehen.

c) **Rück- und Weiterverweisung aus deutscher Sicht**

128 Aus deutscher Sicht war im schwedisch-deutschen Rechtsverkehr mit Rück- oder Weiterverweisung kaum zu rechnen, weil die schwedischen Kollisionsnormen bis Mitte der achtziger Jahre weithin den deutschen entsprachen. So wurde die *Geschäftsfähigkeit* einer schwedischen Minderjährigen – allerdings ohne nähere Prüfung des schwedischen IPR – nach ihrem schwedischen Heimatrecht beurteilt (KG 7.6.1929, IPRspr 1929 Nr 88). Auch hinsichtlich der **Erbfolge** nach einer mit letztem Wohnsitz in Stockholm verstorbenen staatenlosen Erblasserin wurde von einer Annahme der deutschen Verweisung durch das schwedische IPR ausgegangen (KG 30.4.1985, OLGZ 1985, 280 = IPRax 1986, 41 m Anm FIRSCHING 25 = IPRspr 1985 Nr 115).

129 Demgegenüber kann es aufgrund der jüngsten Reformen des schwedischen Kollisionsrechts künftig verstärkt zu Rück- und Weiterverweisungen des als Heimatrecht zur Anwendung berufenen schwedischen Rechts kommen. Dies gilt insbesondere auf dem Gebiet des **ehelichen Güterrechts**, wo das schwedische IPR nunmehr von der Staatsangehörigkeitsanknüpfung vollständig abgerückt ist. Die güterrechtlichen Beziehungen von schwedischen Ehegatten, die ihren gewöhnlichen Aufenthalt im Zeitpunkt der Eheschließung in der Bundesrepublik Deutschland hatten oder ihn während der Ehe nach Deutschland verlegt haben und hier länger als zwei Jahre leben, bestimmen sich nunmehr kraft Rückverweisung durch das schwedische Kollisionsrecht nach deutschem Recht.

130 Eine Rückverweisung kommt ferner auf dem Gebiet des **Kindschaftsrechts** im Rahmen von *Ehelichkeitsanfechtungs- bzw Vaterschaftsfeststellungsklagen* in Betracht, weil das schwedische Kollisionsrecht insoweit nicht mehr – wie das deutsche Recht (Art 19 Abs 1 S 1, 20 Abs 1 S 1 EGBGB) – primär an die Staatsangehörigkeit der Eltern, sondern an den gewöhnlichen Aufenthalt des Kindes anknüpft (s o Rn 118). Schließlich wird man den Vorschriften des schwedischen Gesetzes von 1971 über internationale *Adoptionen* eine versteckte Rückverweisung auf deutsches Recht entnehmen können, wenn der oder die schwedischen Antragsteller ihren Wohnsitz in Deutschland haben; Einschränkungen gelten lediglich dann, wenn das zu adoptierende Kind ebenfalls die schwedische Staatsangehörigkeit besitzt (vgl § 3 des Gesetzes; Text bei STAUDINGER/HENRICH[12] Vorbem 14 zu Art 22).

d) **Staatsverträge**

131 Schweden hat – außer den Genfer Wechsel- und Scheckrechtskonventionen (s Art 4 Rn 118 f) – auch das Haager Testamentsabkommen von 1961 ratifiziert und hat die einschlägigen Vorschriften des Gesetzes über internationale Nachlaßangelegenheiten von 1937 entsprechend abgeändert (Kap 1 § 4 idF von 1976, abgedr bei FERID/ FIRSCHING Schweden 62 ff). Das Abkommen verweist jeweils nur auf die Sachnormen des anzuwendenden Rechts (s Art 4 Rn 126 f). Im deutsch-schwedischen Rechtsverkehr gilt ferner das Haager Kindesentführungsabkommen von 1980, das in Art 3

Abs 1 eine Gesamtverweisung auf das Aufenthaltsrecht des Kindes ausspricht (s Art 4 Rn 132 f).

5. Finnland*

a) Kollisionsnormen

Eine umfassende Kodifikation des IPR fehlt bisher in Finnland. Das internationale Familienrecht ist jedoch eingehend im Gesetz betreffend gewisse familienrechtliche Verhältnisse internationaler Natur vom 5. 12. 1929 (Text bei BERGMANN/FERID Finnland 42 ff) geregelt. Geändert und ergänzt wird dieses Gesetz durch das Adoptionsgesetz vom 8. 2. 1985 (Text bei BERGMANN/FERID 81 ff), das Familiennamensgesetz vom 9. 8. 1985 (Text bei BERGMANN/FERID 92 ff) sowie durch das Eherechtsreformgesetz vom 6. 11. 1987. Während das Gesetz von 1929 auf dem Gebiet des Familienrechts grundsätzlich von der **Staatsangehörigkeit** ausgeht, hat sich in den neueren Reformgesetzen das lex-fori-Prinzip durchgesetzt.

So bestimmen sich die sachlichen Voraussetzungen der **Eheschließung** für jeden Verlobten nach seinem Heimatrecht (§ 2 Abs 1). Ehehindernisse, von denen nach finnischem Recht eine Befreiung nicht möglich ist, stehen der Eheschließung eines Ausländers vor einer finnischen Behörde jedoch in jedem Fall entgegen (§ 2 Abs 2). Die Form einer in Finnland geschlossenen Ehe beurteilt sich ausschließlich nach finnischem Recht (§ 5 Abs 1). Demgegenüber gilt für die Form einer im Ausland geschlossenen Ehe primär das Recht des Eheschließungsortes (§ 7 Abs 1); es genügt jedoch auch die Einhaltung der Form nach dem Geschäftsrecht, dh nach dem Heimatrecht der beiden Verlobten (§ 7 Abs 3). Besonderheiten gelten für Eheschließungen vor diplomatischen bzw konsularischen Behörden (vgl § 5 Abs 2, 7 Abs 2).

Die persönlichen **Rechtswirkungen der Ehe** unterliegen in erster Linie dem gemeinsamen Heimatrecht der Ehegatten. In staatsangehörigkeitsrechtlich gemischten Ehen gilt der Grundsatz des strengeren Rechts, dh kein Ehegatte kann weitergehende Rechtswirkungen der Ehe geltend machen als sie die Heimatrechte beider Ehegatten gewähren (§ 14 Abs 1). Über das *eheliche Güterrecht* entscheidet das Heimatrecht des Ehemannes zur Zeit der Eheschließung; ein späterer Wechsel der Staatsangehörigkeit des Ehemannes ist auf den Güterstand ohne Einfluß (Grundsatz der Unwandelbarkeit, § 14 Abs 2). Ist danach ausländisches Recht als Güterstatut berufen, so können die Verlobten durch Ehevertrag die güterrechtlichen Wirkungen ihrer Ehe dem finnischen Recht unterwerfen (§ 17). Die Formgültigkeit eines Ehevertrages bestimmt sich primär nach dem Heimatrecht der Vertragsschließenden; es genügt jedoch auch die Einhaltung der Ortsform, soweit das Heimatrecht dem nicht entgegensteht (§ 15 Abs 2).

Für die **Ehescheidung** durch finnische Gerichte gilt stets finnisches Recht als lex fori (§ 9). Die finnischen Gerichte sind für eine Ehescheidung allerdings nur dann inter-

---

* **Schrifttum:** BERGMANN, Hauptprobleme des internationalen Privatrechts (Diss Berlin 1986); BERGMANN/FERID/KORKISCH Finnland (Stand: 1989) 12–19; BURE/HÄGGLUND, Security interests in corporal movables in conflict of laws (1978); JAYME, Zur Kodifikation des internationalen Namensrechts in Finnland, IPRax 1986, 319; KLAMI, Private International Law in Finnland: An Outline (1986).

national zuständig, wenn entweder einer der Ehegatten seinen Wohnsitz in Finnland hat oder wenn der Antragsteller in dem ausländischen Wohnsitzstaat eines oder beider Ehegatten eine Ehescheidung nicht oder nur unter unzumutbaren Schwierigkeiten erlangen könnte, sofern eine hinreichend enge Verbindung zu Finnland besteht (§ 8 Abs 1).

136 Die **Ehelichkeit eines Kindes** beurteilt sich nach dem Heimatrecht des Ehemannes der Mutter zur Zeit der Geburt des Kindes bzw, wenn er vorher verstorben ist, zur Zeit seines Todes (§ 18). Auf das Rechtsverhältnis zwischen einem ehelichen Kind und seinen Eltern findet das Recht des Staates Anwendung, dem Eltern und Kind jeweils angehören; besitzen die Eltern oder ein Elternteil eine andere Staatsangehörigkeit als das Kind, so ist das Heimatrecht des Kindes maßgebend (§ 19). Dieses Recht gilt auch für das Rechtsverhältnis eines nichtehelichen Kindes zu seiner Mutter (§ 20) und – mit Ausnahme von Unterhaltsansprüchen – für das Rechtsverhältnis zu seinem Vater (§ 21 S 3). Für die Vaterschaftsfeststellung gilt hingegen finnisches Recht als lex fori (BERGMANN 137). Die Voraussetzungen einer *Legitimation* durch nachfolgende Eheschließung oder infolge eines anderen Umstandes bestimmen sich hingegen nach dem Heimatrecht des Vaters im Zeitpunkt der Legitimation (§ 22).

137 Eine Abkehr vom Staatsangehörigkeitsprinzip hat hingegen – ebenso wie im internationalen Scheidungsrecht – auch im finnischen internationalen **Adoptionsrecht** stattgefunden. Hier bestimmen sich die Voraussetzungen einer Adoption nach dem Adoptionsgesetz vom 8. 2. 1985 stets nach finnischem Recht, wenn die finnischen Gerichte für die Adoption international zuständig sind (Art 35 Abs 2). Die internationale Zuständigkeit der finnischen Gerichte ist gegeben, wenn entweder die Annehmenden oder der Anzunehmende den gewöhnlichen Aufenthalt in Finnland haben oder wenn eine der beteiligten Personen finnischer Staatsangehöriger ist. Darüber hinaus kommt eine Zuständigkeit dann in Betracht, wenn die Behörden im Wohnsitzstaat der Adoptierenden nicht zuständig sind und ein enger Bezug des Sachverhalts zu Finnland besteht (Art 34). Die Zustimmung der Eltern zur Adoption kann im Ausland jedoch auch nach Maßgabe des Ortsrechts erteilt werden (Art 36 Abs 1).

138 Das Staatsangehörigkeitsprinzip herrscht hingegen im – bisher nicht kodifizierten – internationalen **Erbrecht**. Maßgebend ist das Heimatrecht des Erlassers im Zeitpunkt seines Todes (STAUDINGER/DÖRNER [1995] Anh zu Art 25 f Rn 151 mwN). Hiervon wird in Übereinstimmung mit Art 3 Abs 3 EGBGB nur abgewichen, wenn Sondervorschriften eines ausländischen Belegenheitsrechts für dort belegene Nachlaßgegenstände gelten (BERGMANN 143 ff).

b) Rück- und Weiterverweisung im finnischen Recht

139 Das Gesetz vom 5. 12. 1929 sucht den möglichen Kollisionen mit ausländischen Anknüpfungen an den Wohnsitz oder die Belegenheit in § 53 durch ein Bekenntnis zur Rück- und Weiterverweisung zu begegnen:

Wenn das Recht eines bestimmten Landes, das als Heimatrecht des Betroffenen anzuwenden wäre, auf ein anderes Recht verweist, so ist dieses Recht anzuwenden.

140 Wie aus der Begründung zum Gesetz von 1929 hervorgeht, folgte der finnische

Gesetzgeber mit der Anerkennung des Renvoi im Familienrecht dem Vorbild des deutschen und des damaligen ungarischen IPR. Über das deutsche IPR glaubte er sogar hinauszugehen, weil in Art 27 EGBGB aF nur die Rückverweisung erwähnt wird; daß die Weiterverweisung damals bereits in der deutschen Rechtsprechung anerkannt wurde, scheint ihm nicht bekannt gewesen zu sein. Die Zulassung des Renvoi wurde in den Motiven mit dem damals beliebten, aber irreführenden Beispiel des in Finnland bzw Dänemark wohnhaften Engländers begründet; daß der englische Wohnsitzbegriff in solchen Fällen nur selten Rück- oder Weiterverweisungen auslöst, wurde nicht erkannt (Lagberedningens publikationer no 4 [1927] 44). Im Schrifttum begegnete die Übernahme der Rück- und Weiterverweisung scharfer Kritik; es handle sich um ein „umstrittenes und fragwürdiges Prinzip", das den internationalen Entscheidungseinklang nicht fördere und seine Beliebtheit nur dem Umstand verdanke, daß es die Anwendung des inländischen Rechts erleichtere (NYKOPP, Nagra ord med anledning av aterförvisningsprincipeens införande, Tidskrift, utgiven av Juridiska Föreningen i Finland [1930] 176, 181). Inzwischen haben sich Theorie und Praxis an die Regelung gewöhnt; umstritten ist nur noch, ob Rück- oder Weiterverweisung auch jenseits der gesetzlich geregelten Fälle anzuerkennen sind. Die Praxis scheint bisher keine Gelegenheit zur Äußerung gehabt zu haben; das Schrifttum befürwortet überwiegend die Beachtung der Rück- und Weiterverweisung im gesamten Personen-, Familien- und Erbrecht (BERGMANN 22).

c) Rück- und Weiterverweisung aus deutscher Sicht

141 Da die finnischen Kollisionsnormen in ihrer Ausrichtung auf die Staatsangehörigkeit weitgehend den deutschen Kollisionsnormen entsprechen, sind Rück- oder Weiterverweisung im finnisch-deutschen Rechtsverkehr auf den Gebieten des Personen-, Familien- und Erbrechts bisher selten. In Betracht kommt insbesondere eine (versteckte) Rückverweisung auf deutsches Recht für die Scheidung von finnischen Eheleuten, die in Deutschland ihren gewöhnlichen Aufenthalt haben, sowie für die Adoption durch in Deutschland wohnhafte Finnen.

d) Staatsverträge

142 Finnland ist den Genfer Abkommen über das internationale Wechsel- und Scheckprivatrecht von 1930/31 beigetreten; hinsichtlich der Wechsel- und Scheckfähigkeit werden Rück- und Weiterverweisungen daher anerkannt (s o Art 4 Rn 118 f). Finnland hat aber auch das Haager Testamentsabkommen von 1961 ratifiziert, das nur auf die Sachnormen des anzuwendenden Rechts verweist (s Art 4 Rn 126 f). Schließlich gilt im finnisch-deutschen Rechtsverkehr das Haager Kindesentführungsabkommen von 1980, das in Art 3 Abs 1 eine Gesamtverweisung auf das Aufenthaltsrecht des Kindes ausspricht (s Art 4 Rn 132 f).

III. Romanische Rechte

1. Frankreich*

a) Kollisionsnormen

143 Die spärlichen Kollisionsnormen des Code civil von 1804 sowie die seither in Recht-

---

* **Schrifttum:** ANCEL/LEQUETTE, Grands arrêts de la jurisprudence française de droit international privé (Paris 1987); AUDIT, Droit international privé (Paris 1991); BATIFFOL/LAGARDE,

sprechung und Gesetzgebung entwickelten Regeln bilden ein System höchst unterschiedlicher Anknüpfungen, dessen Ziel eine möglichst umfassende Anwendbarkeit französischen Rechts auf französische Staatsangehörige einerseits und Vorgänge auf französischem Staatsgebiet andererseits ist. Ausgangspunkt für das französische internationale Personen- und Familienrecht ist Art 3 Abs 3 Cc, der den Personenstand, sowie die Rechts- und Geschäftsfähigkeit französischer Staatsangehöriger dem französischen Recht unterwirft. Als französische Staatsangehörige werden dabei auch Mehrstaater behandelt, sofern sie nur auch die französische Staatsangehörigkeit besitzen (vgl zuletzt Cass civ 13. 10. 1992, Rev crit 1993, 41 m Anm LAGARDE; 9. 11. 1993, Rev crit 1994, 644 m Anm KERCKHOVE). Das **Staatsangehörigkeitsprinzip** gilt auch im internationalen *Namensrecht* (AUDIT, DIP n 592). Ferner bestimmt sich auch der Schutz von minderjährigen und geschäftsunfähigen Personen – zB durch die Anordnung einer Entmündigung, Vormundschaft oder Pflegschaft – nach dem Heimatrecht des Betroffenen, soweit keine vorrangigen Staatsverträge eingreifen (AUDIT, DIP n 598 ff).

144 Auch die materiellen Voraussetzungen der **Eheschließung** beurteilen sich für jeden Verlobten nach seinem Heimatrecht (AUDIT, DIP n 626). Demgegenüber gilt für die Form die Regel „locus regit actum"; in Frankreich kann die Ehe daher nur in stan-

Droit international privé, Bd 1[8] (Paris 1993); Bd 2[7] (Paris 1983); BERGMANN/FERID Frankreich (Stand 1987) 15–24; BOULANGER, Etudes comparatives du droit international privé des successions en France et en Allemagne (1964); ders, Les successions internationales (Paris 1981); CHAUSSADE-KLEIN, Die Ermittlung des Güterrechtsstatuts nach französischem IPR, IPRax 1992, 406; DALLOZ, Répertoire de droit International (nach Stichworten), 2 Bde (1968–69) hrsg v FRANCESCAKIS; DERRUPPÉ, Droit international privé[11] (Paris 1995); DROZ, Les nouvelles règles de conflit françaises en matière de régimes matrimoniaux, Rev crit 1992, 631; EKKERNKAMP, Abwicklung deutsch-französischer Erbfälle, BWNotZ 1988, 159; FERID, Französisches Zivilrecht, Bd I (§ 5 B: Räumliche Geltung der Gesetze; 1970); Juris Classeur de Droit International, Vol VI-VIII (Hrsg GOLDMAN); FERID/FIRSCHING Frankreich (Stand: 1987) Grdz C Rn 5-20; FOYER, Requiem pour le renvoi, Trav com fr dr i p 1980, 105; FRANCESCAKIS, La théorie du renvoi et les conflits de systèmes en droit international privé (Paris 1958); GAUDEMET-TALLON, Le droit français de l'adoption internationale, Rev int dr comp 1990, 567; HÉRON, Le morcellement des successions internationales (Paris 1986); HOLLEAUX/FOYER/DE GEOUFFRE DE LA PRA-

DELLE, Droit international privé (Paris ua 1987); LEQUETTE, Grands arrêts de la jurisprudence française de droit international privé[2] (Paris 1987); LOUSSOUARN/BOUREL, Droit international privé[4] (Paris 1993); LOUIS-LUCAS, Vue simplifiée du renvoi, Rev crit 1964, 1; MAJOROS, Le droit international privé[2] (Paris 1981); P MAYER, Droit international privé[5] (Paris 1994); DE MEO, Das französische IPR-System im Vergleich mit der Neuregelung des deutschen IPR, ZfRvgl 1987, 12 und 107; MEZGER, Die Beerbung von Franzosen in Deutschland, JZ 1956, 303; ders, L'évolution récente du droit international privé et son influence sur les relations juridiques entre la France et l'Allemagne, ZVglRW 1988, 301; PHILONENKO, L' affaire Forgo (1874–1882), Clunet 1932, 281; REVILLARD, Droit international privé et pratique notariale[3] (Paris 1993); RIERING, Das gemeinschaftliche Testament deutsch-französischer Ehegatten, ZEV 1994, 225; SIPP-MERCIER, Die Abwicklung deutsch-französischer Erbfälle in der Bundesrepublik Deutschland und in Frankreich (1985); TOTUT, La question du renvoi (Paris 1913); VEELKEN, Französische Substitution und deutsche Vor- und Nacherbschaft – Probleme des internationalen Erbrechts, RabelsZ 48 (1984) 5.

desamtlicher Form geschlossen werden (vgl Art 170 Cc). Die religiöse Eheschließung wird dabei als Formfrage qualifiziert, auch wenn das Heimatrecht der Verlobten die Einhaltung der religiösen Form als sachliche Voraussetzung einer gültigen Ehe begreift (Cass 22. 6. 1955 [Caraslanis], Rev crit 1955, 723 m Anm BATIFFOL; Cass 15. 6. 1982 [Zagha], D 1983 I R 151 m Anm AUDIT). Für die *persönlichen Ehewirkungen* gilt primär das gemeinsame Heimatrecht der Ehegatten; in gemischtnationalen Ehen kommt das Recht des gemeinsamen Wohnsitzes zur Anwendung (Cass civ 12. 6. 1979, D 1979 I R 459; 3. 4. 1990, D 1990 IR 107; AUDIT, DIP n 650).

Auf dem Gebiet des **Ehegüterrechts** gilt für die nach dem 1. 9. 1992 geschlossenen Ehen das Haager Übereinkommen über das auf Ehegüterstände anwendbare Recht vom 14. 3. 1978 als „loi uniforme"; die Regeln des Abkommens sind mithin auch dann anzuwenden, wenn auf das Recht eines Nichtvertragsstaats (zB auf deutsches Recht) verwiesen wird (vgl Art 4 Rn 138 f). Maßgebend ist in erster Linie das von den Ehegatten bezeichnete Sachrecht (Art 3 Abs 1). Die Rechtswahl ist allerdings beschränkt auf die Rechtsordnungen der Staaten, denen ein Ehegatte angehört oder in denen ein Ehegatte seinen gewöhnlichen Aufenthalt hat; hilfsweise kann auch das Recht des Staates gewählt werden, in dem ein Ehegatte nach der Eheschließung seinen ständigen Aufenthalt begründen wird (Art 3 Abs 2). Das gewählte Recht gilt für das gesamte Vermögen der Ehegatten (Art 3 Abs 3). Für alle oder einzelne Grundstücke ist jedoch auch die Wahl des Rechts am jeweiligen Lageort gestattet (Art 3 Abs 2). Die Rechtswahl kann ausdrücklich in der Form des Ehevertrages nach dem gewählten Recht oder nach dem Recht am Ort des Vertragsschlusses getroffen werden. Ausreichend ist aber auch eine stillschweigende Rechtswahl, sofern sie sich unzweifelhaft aus einem wirksam geschlossenen Ehevertrag ergibt.

In Ermangelung einer Rechtswahl gilt grundsätzlich das Recht des *ersten gemeinsamen gewöhnlichen Aufenthalts* nach der Eheschließung (Art 4 Abs 1). Stattdessen kommt ausnahmsweise nach Art 4 Abs 2 das gemeinsame Heimatrecht der Ehegatten zur Anwendung,

(1) wenn die Ehegatten einem Vertragsstaat angehören, der einen entsprechenden Vorbehalt nach Art 5 Abs 1 erklärt hat; der Vorrang des gemeinsamen Heimatrechts greift in diesem Fall jedoch nicht ein, wenn die Ehegatten während eines Zeitraums von fünf Jahren nach der Eheschließung den gemeinsamen gewöhnlichen Aufenthalt im gleichen Staat gehabt haben, es sei denn dieser Aufenthaltsstaat hat – als Vertragsstaat – ebenfalls den Vorbehalt zugunsten des gemeinsamen Heimatrechts erklärt oder er knüpft – als Nichtvertragsstaat – in seinem autonomen IPR an die gemeinsame Staatsangehörigkeit der Ehegatten an;

(2) wenn die Ehegatten gemeinsam einem Nichtvertragsstaat angehören, dessen autonomes IPR die Anwendung des gemeinsamen Heimatrechts vorschreibt, vorausgesetzt, die Ehegatten begründen ihren ersten gewöhnlichen Aufenthalt nach der Eheschließung in einem Vertragsstaat, der einen Vorbehalt zugunsten des gemeinsamen Heimatrechts nach Art 5 erklärt hat, oder in einem Nichtvertragsstaat, der im Güterrecht an die gemeinsame Staatsangehörigkeit anknüpft;

(3) wenn die Ehegatten ihren ersten gewöhnlichen Aufenthalt nicht in dem gleichen Staat begründen.

Hilfsweise gilt nach Art 4 Abs 3 das Recht, mit dem der Güterstand am engsten verbunden ist, wenn die Ehegatten weder einen gemeinsamen gewöhnlichen Aufenthalt noch eine gemeinsame Staatsangehörigkeit besitzen.

147 Der Güterstand ist grundsätzlich *unwandelbar* (Art 7 Abs 1). Eine nachträgliche Änderung durch Rechtswahl ist jedoch zulässig; die nachträgliche Rechtswahl ist dabei ähnlich eingeschränkt wie eine anfängliche Rechtswahl (Art 6 Abs 1–4). Darüber hinaus ändert sich auch das objektive Güterrechtsstatut automatisch zugunsten des Rechts am gemeinsamen gewöhnlichen Aufenthalt der Ehegatten, wenn Aufenthaltsrecht und gemeinsames Heimatrecht zusammentreffen oder wenn der gemeinsame Aufenthalt in einem Staat länger als zehn Jahre nach der Eheschließung gedauert hat (Art 7 Abs 2). Für die vor dem 1. 9. 1992 geschlossenen Ehen verbleibt es hingegen bei den bisherigen Kollisionsregeln (App Colmar 19. 1. 1993, Rev crit 1993, 281 m Anm LAGARDE; dazu u Rn 158); die Ehegatten können jedoch durch Rechtswahl das Güterstatut in den Grenzen des Art 6 ändern (vgl Art 21; dazu App Paris 3. 11. 1993, Rev crit 1994, 88 m Anm LAGARDE).

148 Das internationale **Scheidungsrecht** ist durch Gesetz vom 11. 7. 1975 in Art 310 Cc neu geregelt worden. Die Vorschrift erklärt einseitig das französische Recht für anwendbar, wenn beide Ehegatten entweder französische Staatsangehörige sind (Abs 1) oder ihren Wohnsitz in Frankreich haben (Abs 2). Abweichend vom deutschen IPR (Art 17 Abs 1 S 1 iVm Art 14 Abs 1 Nr 1 EGBGB) setzt sich das gemeinsame französische Aufenthaltsrecht also auch gegenüber einer gemeinsamen ausländischen Staatsangehörigkeit der Ehegatten durch (AUDIT, DIP n 660). Darüber hinaus ist französisches Recht auch dann anwendbar, wenn die französischen Gerichte für die Ehescheidung oder -trennung international zuständig sind und kein ausländisches Recht sich für anwendbar erklärt (Abs 3). In diesem Fall muß der französische Richter mithin vor der Anwendung französischen Rechts feststellen, daß keines der in Betracht kommenden ausländischen Rechte nach seinen Kollisionsnormen auf die Ehescheidung angewandt werden will. Diese Regel gilt auch, wenn ein Ehegatte französischer Staatsangehöriger ist (Cass civ 1. 4. 1981, Clunet 1981, 812 m Anm ALEXANDRE); die Anwendung französischen Rechts ist – vorbehaltlich des ordre public – in diesem Fall auch dann ausgeschlossen, wenn ein scheidungsfeindliches Recht sich für anwendbar hält. Die Feststellungen zum ausländischen IPR hat der französische Richter von Amts wegen zu treffen (Cass civ 25. 5. 1987, Rev crit 1988, 60 m Anm LEQUETTE).

149 Kodifiziert wurde durch Gesetz vom 3. 1. 1972 auch das internationale **Kindschaftsrecht** in Art 311–14 bis 311–18 Cc. Danach gilt für die Feststellung der – ehelichen wie nichtehelichen – Abstammung primär das Heimatrecht der Mutter im Zeitpunkt der Geburt des Kindes (vgl Cass civ 18. 11. 1992, Rev crit 1993, 276 m Anm ANCEL), hilfsweise das Heimatrecht des Kindes, wenn die Mutter unbekannt ist (Art 311–14 Cc). Eine Sonderanknüpfung gilt für die sog „possession d'état"; sie bestimmt sich nach französischem Recht, wenn das eheliche Kind und seine Eltern bzw das nichteheliche Kind und einer seiner Elternteile ihren gewöhnlichen Aufenthalt in Frankreich haben (Art 311–15 Cc).

150 Das nichteheliche Kind wird ferner durch eine Reihe alternativer Anknüpfungen begünstigt. So tritt die **Legitimation** durch nachfolgende Eheschließung ein, wenn sie entweder das Ehewirkungsstatut oder das Heimatrecht eines der Ehegatten oder schließlich das Heimatrecht des Kindes vorsieht (Art 311–16 Abs 1 Cc; vgl Cass civ 10. 3. 1993, Rev crit 1993, 456 m Anm ANCEL). Für die Legitimation durch Gerichtsbeschluß gilt – nach Wahl des Antragstellers – dessen Heimatrecht bzw das Heimatrecht des Kindes (Art 311–16 Abs 2 Cc). Schließlich ist die freiwillige Anerkennung eines nichtehelichen Kindes durch Vater oder Mutter gültig, wenn sie entweder dem Heimatrecht des Anerkennenden oder dem Heimatrecht des Kindes entspricht (Art 311–17 Cc). Die Eltern-Kind-Beziehungen unterwirft die hM dem gleichen Recht, das die Feststellung der Abstammung beherrscht (DERRUPPE, DIP[11] 113).

Das internationale **Adoptionsrecht** ist bisher nicht kodifiziert. Die Voraussetzungen **151** der Adoption werden primär nach dem gemeinsamen Heimatrecht des Annehmenden und des Angenommenen beurteilt; bei unterschiedlicher Staatsangehörigkeit der Beteiligten tendiert die hM zu einer Anknüpfung an das Heimatrecht des Annehmenden (Cass 10. 5. 1995, Rev crit 1995, 547 m Anm WATT). Das Recht des Angenommenen gilt jedoch in jedem Fall für seine gesetzliche Vertretung im Adoptionsverfahren und die erforderlichen Einwilligungserklärungen (Cass civ 7. 11. 1984, D 1985. 459 = Rev crit 1985, 533 m Anm SIMON-DEPITRE = Clunet 1985, 434 m Anm GAUDEMET-TALLON; dazu MANSEL StAZ 1985, 247 ff; vgl auch Cass civ 31. 1. 1990, Rev crit 1990, 519 m Anm POISSON-DROCOURT; 1. 6. 1994, Rev crit 1994, 654 m Anm WATT). Für die Wirkungen der Adoption gilt hingegen allein das Heimatrecht des Annehmenden. Bei der Adoption durch Ehegatten mit unterschiedlicher Staatsangehörigkeit wird an das Recht des gemeinsamen gewöhnlichen Aufenthalts angeknüpft (MANSEL aaO).

Im internationalen **Erbrecht** gilt der Grundsatz der Nachlaßspaltung. Die Erbfolge in **152** den unbeweglichen Nachlaß beurteilt sich aufgrund einer allseitigen Auslegung von Art 3 Abs 2 Cc nach dem jeweiligen Belegenheitsrecht (Cass civ 24. 11. 1953, Rev crit 1955, 698 m Anm MEZGER; 14. 3. 1961, Rev crit 1961, 774 m Anm BATIFFOL; MAYER, DIP[5] n 802); demgegenüber unterliegt die Erbfolge in den Mobiliarnachlaß dem Recht am letzten Wohnsitz des Erblassers (Cass civ 19. 6. 1939 [Labedan], S 1940. 1. 49 m Anm NIBOYET; LOUSSOUARN/BOUREL, DIP[4] n 429 f; AUDIT n 860, 866). Dabei ist der französische Wohnsitzbegriff (vgl Art 103 Cc) auch dann zugrundezulegen, wenn der Erblasser im Ausland verstorben ist (dazu näheres RIERING ZEV 1994, 225, 227). Die Parteiautonomie ist im Erbrecht nicht anerkannt (vgl Trib civ Seine 26. 2. 1958, Clunet 1959, 430 m Anm PONSARD).

b) Rück- und Weiterverweisung im französischen Recht
aa) Die Entwicklung der Rechtsprechung
Zu den vielen Verdiensten der französischen Praxis um die Fortbildung des Interna- **153** tionalen Privatrechts gehört nicht zuletzt die – zwar nicht erste, aber endgültige und international wegweisende – Entdeckung des Renvoi durch drei Entscheidungen des Kassationshofs in derselben Nachlaßsache (Cass 5. 5. 1875, DP 1875. 1. 343; 24. 6. 1878, S 1878. 1. 429 = DP 1879. 1. 56; Req 22. 2. 1882, DP 1882. 1. 202 = S 1882. 1. 393 m Anm LABBÉ [Forgo]). Heute wäre dieser Erbfall ohne Zuhilfenahme der Rückverweisung dem französischen Recht unterworfen; denn der Erblasser hatte eindeutig seinen Wohnsitz in Frankreich, so daß seine ausländische (bayerische) Staatsangehörigkeit der Anwendbarkeit französischen Rechts auf den beweglichen Nachlaß nicht entgegenstehen würde. Da er aber die nach damaligem Recht (Art 13 Cc aF) erforderliche Erlaubnis zur Wohnsitzbegründung in Frankreich (admission à domicile), die erst

1927 durch Gesetzesänderung entfiel, trotz langem Aufenthalt in Frankreich nie erhalten hatte, war er aus französischer Sicht weiterhin in Bayern wohnhaft. Zur Rückverweisung kam es nur, weil die Kollisionsnormen des damals noch geltenden Bayerischen Landrechts von 1756 auf den tatsächlichen Wohnsitz zurückverwiesen und damit dem französischen Wohnsitzrecht die Entscheidung überließen.

154 Die Selbstverständlichkeit mit der in den **arrêts Forgo** die Verweisung auf das bayerische Recht als Verweisung auf dessen Kollisionsnormen verstanden und deren Rückverweisung auf das französische Recht angenommen wurde, konnte damals noch die Vermutung nahelegen, es handle sich um einen vom Interesse des Staates bestimmten Sonderfall; ging es doch um einen umfangreichen Nachlaß, der nach französischem Recht mangels anderer gesetzlicher Erben der Administration des Domaines zufallen mußte (Art 768 Cc). Der Vorprüfungssenat des Kassationshofs (Chambre de requêtes) bestätigte denn auch 23 Jahre später eine Entscheidung, die in einem Streit um ehegüterrechtliche Fragen das Recht von New York, wo sich der eheliche Wohnsitz befand, für maßgeblich erklärte und eine angebliche Rückverweisung auf französisches Recht als das Recht der Belegenheit einzelner Fahrnisgegenstände schon mit Rücksicht auf die Unteilbarkeit des ehelichen Güterstandes ablehnte (Req 18. 7. 1905, Rev dr int privé 1906, 200 = Clunet 1906, 446; dazu FRANCESCAKIS, La théorie du renvoi [1958] n 245). Über alle Zweifel und Bedenken hinweg bekannte sich jedoch der Vorprüfungssenat bald darauf endgültig zum Renvoi, indem er die Anwendung französischen Rechts auf den beweglichen Nachlaß einer in Frankreich verstorbenen Amerikanerin guthieß (Req 9. 3. 1910 [Soulié], DP 1912. 1. 262 = S 1913. 1. 105 = Clunet 1910, 888; dazu FRANCESCAKIS, La théorie du renvoi [1958] n 244). Mehr noch als die Entscheidung selbst erregte die Begründung Aufsehen, die der Berichterstatter DENIS für seinen Vorschlag, den Renvoi anzunehmen, gefunden hatte: „Avant tout autre chose, il semble que l'on devrait se réjouir de voir la loi étrangère renvoyer, pour la transmission du patrimoine mobilier d'une étrangère résidant en France, à la loi française. Les tribunaux français doivent considérer la loi française comme préférable, meilleure, plus équitable, renfermant une conception plus élevée du droit ... J'aime mieux que les tribunaux français, quand cela leur est permis, jugent d'après la loi française que la loi étrangère qu'ils ne connaissent pas. J'aime mieux la loi française que la loi étrangère" (Clunet 1912, 1009). Sinn und Unsinn der Rückverweisung sind in diesem Bekenntnis kaum voneinander zu trennen. Jedenfalls wurden die arrêts Forgo und Soulié international zur Kenntnis genommen. In England berief sich Lord RUSSELL in der Chancery ausdrücklich auf beide Entscheidungen, um die Anwendung der „foreign court theory" und damit französischer Sachnormen auf den beweglichen Nachlaß einer Engländerin zu begründen, die gleichfalls keine Wohnsitzerlaubnis erhalten, aber aus englischer Sicht ein domicil of choice in Frankreich erworben hatte (Re Annesley, [1926] Ch 692 = RabelsZ 2 [1928] 253). Ein Jahr später wurde das Erfordernis der Wohnsitzerlaubnis in Frankreich beseitigt.

155 Der Renvoi wurde auch weiterhin auf **bewegliche Nachlässe von Ausländern** angewandt. Die Chambre de requêtes bestätigte ein Urteil der Cour d'appel d'Alger, mit dem eine Rückverweisung des in Gibraltar geltenden englischen Rechts auf das mosaische Gewohnheitsrecht im damaligen Protektorat Tunesien angenommen worden war (Req 7. 11. 1933 [Guez c Ben Attar], D 1933. 2. 101 = S 1934. 1. 321 m Anm AUDINET), und die Chambre civile nahm die Rückverweisung argentinischen Rechts auf das französische an (Cass civ 7. 3. 1938 [de Marchi della Costa], DH 1938, 258 = Clunet 1938, 472 m

Anm BATIFFOL 784). Bald danach bestätigte der Vorprüfungssenat die Anwendung französischen Rechts auf den *Scheidungsstreit* zwischen in Frankreich wohnhaften Engländern (Req 10. 5. 1939 [Birchall], S 1942. 1. 73 = Clunet 1940−45, 107 m Anm NIBOYET); der 2. Senat der Zivilabteilung verfuhr in einer anderen Scheidungssache zwischen englischen Ehegatten ebenso (Cass civ 1. 4. 1954 [Bradford], Bull civ 1954. 2. 101). Ob in diesen Fällen bei der Feststellung des französischen Wohnsitzes seitens der Untergerichte die strengen Anforderungen des englischen Rechts an die Begründung eines domicile of choice (dazu o Rn 7) beachtet wurden, ist allerdings zumindest zweifelhaft. Im Bereich der *nichtehelichen Kindschaft* wurde die Rückverweisung des damals geltenden polnischen Gesetzes über Internationales Privatrecht von 1926 auf französisches Recht vom Kassationshof gleichfalls anerkannt (Cass civ 8. 12. 1953 [Sommer c Dame Mayer], Rev crit 1955, 133 m Anm MOTULSKY = D 1955.167 = JCP 1954.II.8080 m Anm SAVATIER). Ob damit die Rückverweisung endgültig als allgemeiner Grundsatz anerkannt ist, wird allerdings bezweifelt, weil der Kassationshof durchaus die Möglichkeit hätte, seine Rechtsprechung ohne Verstoß gegen eine Gesetzesnorm zu ändern (FRANCESCAKIS, La théorie du renvoi [1958] n 249 ff). Dennoch läßt die bisherige Praxis den Schluß zu, daß auch künftig und auch in bisher nicht betroffenen Bereichen die Rückverweisung durch ausländische Kollisionsnormen angenommen werden wird (BATIFFOL/LAGARDE, DIP I^8 n 302).

Schon früheren Entscheidungen ließ sich ein grundsätzliches Bekenntnis nicht nur **156** zur Rückverweisung, sondern auch zur **Weiterverweisung** (renvoi au second degré) entnehmen. Als höchstrichterlich anerkannt gilt die Weiterverweisung seit einem Urteil des Kassationshofes, das im Scheidungsstreit zwischen bolivianischen Ehegatten die Weiterverweisung des bolivianischen Rechts auf das spanische Recht des Eheschließungsortes berücksichtigte und demgemäß die Scheidung in diesem Fall mangels gesetzlicher Grundlage für unmöglich erklärte (Cass civ 15. 5. 1963 [Patiño], Clunet 1963, 1016 m Anm MALAURIE = Rev crit 1964, 532 m Anm LAGARDE = JCP 1963.II.13365 m Anm MOTULSKY; zust BATIFFOL/LAGARDE, DIP I^8 n 307). Gesetzlich vorgesehen sind Rück- und Weiterverweisung im Bereich der Wechsel- und Scheckfähigkeit, da Frankreich den Genfer Abkommen von 1930/31 beigetreten ist. Das Haager Eheschließungsabkommen von 1902, das gleichfalls Rück- und Weiterverweisung vorsieht (Art 1) und dem Frankreich ursprünglich beigetreten war, wurde schon 1913 gekündigt. Im internationalen *Gesellschaftsrecht* wurde die Weiterverweisung durch das Sitzstatut (loi du siège social) auf ein anderes Rechtssystem berücksichtigt (App Paris 19. 3. 1966 [Banque Ottomane], Clunet 1966, 118 m Anm GOLDMAN = Rev crit 1967, 5 m Anm LAGARDE = Rev trim dr comm 1967, 332 m Anm LOUSSOUARN).

Ausgeschlossen sind Rück- und Weiterverweisung dagegen, wenn eine bestimmte **157** Rechtsordnung durch *vertragliche Einigung* gewählt wird, mag diese nun ausdrücklich oder stillschweigend erfolgt sein (BATIFFOL/LAGARDE, DIP I^8 n 311; LOUSSOUARN/ BOUREL, DIP^4 n 218). Dies gilt seit jeher im internationalen Schuldvertragsrecht. Hier lehnt die französische Rechtsprechung auch in der Frage der Verjährung von vertraglichen Ansprüchen einen Renvoi kraft abweichender (prozessualer) Qualifikation ab (vgl App Paris 3. 3. 1994, Rev crit 1994, 532 m Anm ANCEL).

Darüber hinaus liegt es ganz im Sinne der französischen Rechtstradition, wenn **158** Rück- und Weiterverweisung auch im **Ehegüterrecht** nicht berücksichtigt werden (Cass civ 27. 1. 1969 [Lardans], Rev crit 1969, 710 m Anm DERRUPPÉ = Clunet 1969, 644 m Anm

PONSARD; BATIFFOL/LAGARDE, DIP I^8 n 311). Denn nach französischer Auffassung wurde der Güterstand auch schon vor Inkrafttreten des Haager Übereinkommens vom 14. 3. 1978 (s o Rn 145 ff). durch ausdrückliche oder stillschweigende Rechtswahl bestimmt und die den Eheleuten unterstellte Wahl des ersten ehelichen Wohnsitzes (premier domicile conjugal) unterwarf zugleich den Güterstand dem Wohnsitzrecht zur Zeit der Eheschließung (vgl zuletzt Cass civ 9. 10. 1991, JCP 1992.II.21873 m Anm KERCKHOVE = Rev crit 1992, 479 m Anm KHAIRALLAH; dazu CHAUSSADE- KLEIN IPRax 1992, 406; Cass civ 3. 12. 1991, JCP 1992.II.21948 m Anm KERCKHOVE; Cass civ 13. 12. 1994, Rev crit 1995, 319 m Anm REVILLARD). Der Güterstand russischer Emigranten, die noch unter der Geltung des zaristischen Rechts geheiratet hatten, beurteilte sich also nach dem damals geltenden Güterstand der Gütertrennung und nicht nach der später eingeführten Errungenschaftsgemeinschaft; die Rückverweisung der früheren russischen Kollisionsnormen auf das französische Recht und damit auf die Fahrnis- bzw seit 1965 Errungenschaftsgemeinschaft wurde nicht angenommen (Cass civ 1. 2. 1972 [Gouthertz], Rev crit 1972, 644 m Anm WIEDERKEHR = Clunet 1972, 594 m Anm KAHN). Dies läuft freilich auf eine Geisterbeschwörung hinaus (LOUSSOUARN/BOUREL, DIP^4 n 145: „Mais n'était-il pas aussi étrange, en faisant application de l'ancienne loi russe, de ressusciter l'Empire des tsars disparu depuis plus de cinquante ans?"); indessen wäre die Anwendung sowjetischen Rechts erst recht unangebracht gewesen. So wird diese Ansicht als Bemühen verstanden, die Bindung an den ersten Ehewohnsitz durch flexible Anpassung an den Einzelfall – ein Gegenstück zur englischen Lehre vom „proper law" – abzusichern (LOUSSOUARN/ BOUREL aaO). In neueren Entscheidungen wurde die Beachtlichkeit des Renvoi im internationalen Ehegüterrecht auch unter Berufung auf den französischen *ordre public* abgelehnt (Cass civ 24. 1. 1984 [Mari-Magni], Rev crit 1984, 631 m Anm ANCEL = D 1984. 561 m Anm POISSON-DROCOURT = Clunet 1984, 868 m Anm DERRUPPÉ; App Paris 1. 6. 1978, Rev crit 1979, 768 m Anm WIEDERKEHR = Clunet 1979, 103 m Anm LABRUSSE; Paris 3. 12. 1980, Rev crit 1981, 501 m Anm GAUDEMET-TALLON = Clunet 1981, 579 m Anm WIEDERKEHR).

159 Ferner soll der Renvoi auch dann entfallen, wenn es um die **Formgültigkeit eines Rechtsgeschäfts** geht, für das – entsprechend der Regel „locus regit actum" – das Ortsrecht maßgeblich ist. Verweist dieses also auf ein anderes Recht weiter, nach dem das – nach der lex loci formgültige – Rechtsgeschäft formnichtig wäre, so ist jenes Recht aus französischer Sicht nicht anzuwenden. Als Beispiel wird insbesondere die Weiterverweisung des englischen Ortsrechts auf die lex rei sitae hinsichtlich der Formgültigkeit von Grundstücksgeschäften genannt (BATIFFOL/LAGARDE, DIP I^8 n 311 mwN; LOUSSOUARN/BOUREL, DIP^4 n 221). Die Tendenz geht hier freilich dahin, den Renvoi dann zuzulassen, wenn er zur Gültigkeit des Rechtsgeschäfts führt („renvoi sélectif", vgl Cass civ 15. 6. 1982 [Zagha], D 1983. 431 m Anm AGOSTINI = Rev crit 1983, 300 m Anm BISCHOFF = Clunet 1983, 595 m Anm LEHMANN: Weiterverweisung des italienischen Rechts auf das jüdische Recht bezüglich der Form einer in Italien zwischen jüdischen Syrern geschlossenen Ehe angenommen; zust App Aix-en-Provence 21. 8. 1992, Rev crit 1992, 297 m Anm LEGIER und MESTRE; LOUSSOUARN/BOUREL, DIP^4 n 221–1; AUDIT, DIP n 221 f).

160 Schließlich soll nach einer freilich noch nicht höchstrichterlich abgesicherten Entscheidung im Bereich der **unerlaubten Handlungen** die Rück- oder Weiterverweisung der Normen des Tatortrechts auf ein anderes Recht nicht berücksichtigt werden (Trib gr inst Paris 21. 6. 1969, D 1970. 780: Rückverweisung des deutschen Tatortrechts auf französisches Recht als gemeinsames Heimatrecht des Geschädigten und des Schädigers nicht angenommen; zust AUDIT, DIP n 223).

bb) Zurückhaltung im Schrifttum

Im französischen Schrifttum wurde der Renvoi von angesehenen Autoren bekämpft **161** und nur als elastische Ausnahme von der *Regel* verstanden, daß eine Verweisung französischer Kollisionsnormen auf fremdes Recht sich auf dessen *Sachnormen* bezieht; er wird als Mittel oder Verfahren zur Regelung von Streitfragen beschrieben, dessen Wirksamkeit anhand der von Fall zu Fall verschiedenen Zwecke seiner Anwendung zu überprüfen ist (FRANCESCAKIS, La théorie du renvoi [1958] n 271: „Le renvoi est, en réalité, ... un moyen ou un procédé de règlementation dont l'efficacité doit être contrôlée en relation avec les buts qu'on lui assigne, buts dont on a déjà dit qu'ils en commandent chacun une construction particulière"). Andere Autoren setzen die Gewichte umgekehrt (LOUSSOUARN/BOUREL, DIP⁴ n 203; „... l'admission du renvoi est le principe et son exclusion l'exception"; ebenso DERRUPPÉ, DIP¹¹ 73 f). Die neuere Literatur tritt überwiegend für eine elastische Handhabung des Renvoi unter Berücksichtigung des Zwecks der Verweisung ein (vgl BATIFFOL/LAGARDE, DIP I⁸ n 311, wo – unter ausdrücklicher Bezugnahme auf Art 4 Abs 1 EGBGB – die Anerkennung des Renvoi davon abhängig gemacht wird, „qu'elle correspond au fondement et à l'objectif de la règle de conflit"; ähnlich AUDIT, DIP n 221 ff: „raisonnement fonctionnel").

Andererseits hat sich das französische Schrifttum eindeutig gegen die Befolgung **162** ausländischer Rück- oder Weiterverweisungsnormen (**double renvoi**) ausgesprochen. Das gilt auch für die – von der Praxis offenbar nie ernstlich erwogene – Übernahme der englischen „foreign court theory". Als wesentlicher Grund wird angegeben, daß diese Lehre nur im Verhältnis zu solchen Ländern eingreifen kann, die ihrerseits zum Renvoi eindeutig – positiv oder negativ – Stellung beziehen; würde man sie übernehmen, so gäbe es für den Richter zumindest gegenüber anderen Ländern, die ebenso verfahren, keinerlei Richtschnur (BATIFFOL/LAGARDE, DIP I⁸ n 309: „Pareil système est entaché d'un relativisme excessif"). Spricht also eine fremde Kollisionsnorm aus französischer Sicht eine Rück- oder Weiterverweisung aus, so wird diese befolgt und damit das Spiel der Hinundherverweisungen abgebrochen (LOUSSOUARN/BOUREL, DIP⁴ n 214; abw aber Tr gr inst Paris 20. 4. 1982, Clunet 1983, 583 m Anm DERRUPPÉ = Rev crit 1984, 290 m Anm FOYER). Insoweit ist das Ergebnis nicht anders, als es nach deutschem Recht schon vom Gesetz (Art 4 Abs 1 S 2 EGBGB) vorgeschrieben ist.

cc) Tendenz zur Sachnormverweisung in neueren IPR-Reformgesetzen

Soweit das französische IPR in den vergangenen Jahren durch Reformgesetze **163** ergänzt oder geändert worden ist, wird in diesen oder jedenfalls in ihrer Auslegung eine gewisse *Abkehr vom Renvoi* sichtbar. So enthalten die im Zuge der Reform des **Kindschaftsrechts** durch Gesetz vom 3. 1. 1972 eingeführten Kollisionsnormen (Art 311–14 – 311–18 Cc; dazu o Rn 149 f) zwar keine Aussage zum Problem des Renvoi. Die neue Kollisionsnorm über die Maßgeblichkeit des gewöhnlichen Aufenthalts (résidence habituelle) des Unterhaltsberechtigten für *Unterhaltsansprüche* (Art 311–18) ist jedoch offensichtlich dem Haager Abkommen von 1956 nachgebildet und schon deshalb als Sachnormverweisung anzusehen; sie geht über das Abkommen insoweit hinaus, als sie dem Unterhaltsgläubiger die Wahl zwischen dem Recht des eigenen Aufenthalts und dem Aufenthaltsrecht des Schuldners läßt.

Ferner hat die französische Praxis auch die für die *Abstammung* (filiation) geltende **164** Kollisionsnorm in Art 311–14 Cc zur Sachnormverweisung erklärt und die sich

anbietende Rückverweisung durch das schweizerische Aufenthaltsrecht der staatenlosen Mutter abgelehnt (App Paris 11. 5. 1975, D 1976.633 m Anm MASSIP = Rev crit 1977, 109 m Anm FADLALLAH: „Considérant que l'article 311–14 du Code civil ne laisse pas à la loi personnelle de la mère le soin de déterminer les règles de conflit applicables à la filiation mais contient une désignation directe et impérative de la loi applicable; que l'application d'une loi différente de celle ainsi désignée aboutirait à violer la règle française de conflit et à la vider en fait de toute portée véritable; qu'une telle solution serait d'ailleurs contraire à l'intention même du législateur, celui-ci ayant retenu la compétence de la loi de la mère en matière de filiation dans le souci d'écarter toute incertitude quant à la loi applicable, incertitude que le jeu du renvoi ne pourrait que faire renaître; qu'il convient donc d'appliquer les règles du droit suisse à la contestation de reconnaissance faite par [le mari de la mère] . . .“; ebenso App Lyon 31. 10. 1979, D 1980 I R 332 m Anm AUDIT = Rev crit 1980, 558 m Anm ANCEL = Clunet 1981, 54 m Anm FOYER; App Paris 20. 4. 1982, Clunet 1983, 582 m Anm DERRUPPÉ = Rev crit 1984, 290 m Anm FOYER und 15. 6. 1991, D 1990 J 540 m Anm COESTER-WALTJEN IPRax 1992, 125). Diese deutliche Ablehnung des Renvoi in der französischen Gerichtspraxis widerlegt die im Schrifttum geäußerte Erwartung, die nunmehr vorgesehene Anknüpfung von Kindschaftsverhältnissen an das Heimatrecht der Mutter werde eine Vielzahl von Rück- und Weiterverweisungen auslösen (so LOUSSOUARN/BOUREL DIP^4 n 203) und dadurch wenigstens im Einzelfall zu vernünftigen Ergebnissen führen (BATIFFOL/LAGARDE, L'improvisation des nouvelles règles de conflits de lois en matière de filiation, Rev crit 1972, 1, 7).

165 Schließlich wird dem Renvoi im Bereich des **Scheidungsrechts** als Folge der neuen Kollisionsnorm (Art 310 Cc; dazu o Rn 148) eine erhebliche Einschränkung vorausgesagt (LOUSSOUARN/BOUREL, DIP^4 n 203: „Les nouvelles dispositions de l'article 310 du Code civil ont pour effet de condamner le renvoi, du moins sous sa forme classique"). Die vor allem auf die einseitige Formulierung der Kollisionsregeln des Art 310 Cc gestützte Befürchtung hat sich freilich nicht ganz bewahrheitet. Obwohl Art 310 Abs 3 Cc keine klassischen Kollisionsregeln enthält, hat der französische Kassationshof die Vorschrift dahin ausgelegt, daß der französische Richter im Rahmen seiner Feststellung, ob ein fremdes Recht sich für zuständig erklärt, auch einen Renvoi dieses Rechts zu beachten hat (Cass civ 13. 10. 1992, Rev crit 1993, 41 m Anm LAGARDE).

c) **Rück- und Weiterverweisung aus deutscher Sicht**
166 Aus deutscher Sicht führen die französischen Kollisionsnormen insoweit zur Rück- oder Weiterverweisung, als die in ihnen enthaltenen Anknüpfungsmerkmale sich mit den entsprechenden deutschen Verweisungstatbeständen nicht decken. Daran fehlt es, soweit das deutsche IPR im Personen- und Familienrecht an die (gemeinsame) Staatsangehörigkeit der Beteiligten anknüpft (vgl zB OLG Stuttgart 24. 10. 1989, IPRax 1991, 53 m Anm COESTER 36 = IPRspr 1989 Nr 239: Namensrecht).

aa) **Erbrecht**
167 Ein Renvoi kommt hingegen vor allem im internationalen *Erbrecht* in Betracht. Wie erwähnt, knüpfen die französischen Kollisionsnormen die Erbfolge in unbewegliches Vermögen an die Belegenheit (Art 3 Abs 2 Cc), diejenige in bewegliches Vermögen an den letzten Wohnsitz (s o Rn 152; ferner VEELKEN RabelsZ 48 [1984] 7 ff mwN). Hieraus folgt zunächst, daß der deutsche Richter kraft Rückverweisung auf die in der Bundesrepublik Deutschland belegenen Grundstücke französischer Erblasser deutsches Erbrecht anzuwenden hat (OLG Saarbrücken 16. 12. 1966, NJW 1967, 732 m zust Anm MEZGER = IPRspr 1966/67 Nr 174; BayObLG 16. 8. 1982, BayObLGZ 1982, 284, 289 = Rpfleger 1982,

423 m Anm MEYER-STOLTE = IPRspr 1982 Nr 117; FERID, Das französische Zivilrecht, Bd 1 [1970] 172 mwN). Dasselbe gilt für Grundstücke von Staatenlosen, die mit letztem gewöhnlichen Aufenthalt in Frankreich verstorben sind (OLG Köln 3. 12. 1954, NJW 1955, 755 = IPRspr 1954/55 Nr 132). Ist ein französischer Erblasser mit letztem Wohnsitz in der Bundesrepublik Deutschland verstorben, so verweist aus deutscher Sicht die von der französischen Rechtsprechung gebildete Kollisionsnorm ebenfalls auf deutsches Recht zurück (vgl BayObLG 3. 4. 1990, NJW-RR 1990, 1033 = FamRZ 1990, 1123 = IPRspr 1990 Nr 144; FERID/FIRSCHING Frankreich Grdz Rn 8; MEZGER JZ 1956, 303). Die in deutsch-französischen Erbfällen somit wichtige Qualifikation von Nachlaßgegenständen als beweglich oder unbeweglich ist hierbei nach Maßgabe des zurück- oder weiterverweisenden französischen IPR vorzunehmen (FERID/FIRSCHING Rn 9; dazu näher IPG 1976 Nr 39 [Freiburg]: Miterbenanteil an deutschem Grundstück; IPG 1977 Nr 34 [Göttingen]). Hat ein französischer Erblasser ein gemeinschaftliches Testament in Deutschland errichtet, kommt eine Rückverweisung kraft abweichender Qualifikation (Art 4 Rn 60 ff) in Betracht, weil das französische IPR die Bindung an ein gemeinschaftliches Testament als Formproblem erachtet und insoweit auf die lex loci actus verweist (vgl Trib gr inst Paris 24. 4. 1980, Rev crit 1982, 684; BATIFFOL/LAGARDE DIP II² n 653; RIERING ZEV 1994, 225, 228).

Zweifel an der Richtigkeit dieser Verfahrensweise könnten sich daraus ergeben, **168** daß der französische Richter die Verweisung der deutschen erbrechtlichen Kollisionsnorm (Art 25 Abs 1 EGBGB) auf das Heimatrecht eines französischen Erblassers *seinerseits als Rückverweisung* behandelt und deshalb französisches materielles Erbrecht anwendet. Gerade einer solchen Situation verdankt – wie ausgeführt (Rn 153 ff) – der Renvoi in Frankreich seine Entdeckung. So mißlich der Gedanke ist, es könnten in ein und demselben Fall sowohl ein deutscher wie ein französischer Richter jeweils vom Standpunkt der eigenen Kollisionsnormen mit Hilfe der Rückverweisung die eigenen Sachnormen anwenden, so läßt sich dies im Verhältnis zwischen zwei Systemen, die beide eine etwaige Rück- oder Weiterverweisung annehmen, nicht vermeiden. Zu einer Übernahme der „foreign court theory" braucht sich keine der beiden Seiten verpflichtet zu fühlen (MEZGER JZ 1956, 303). Im übrigen läßt die französische Rechtsprechung insoweit die Fähigkeit zur Selbstbeschränkung erkennen, als sie mehrfach eine eigene Zuständigkeit zur Beurteilung der Erbfolge in ausländisches Grundstücksvermögen in Frage gestellt und dem ausländischen Recht die endgültige Entscheidung überlassen hat (Cass civ 5. 7. 1933 [Nagalingampoullé], D 1934. 1. 133 = S 1934. 1. 337 = Rev crit 1934, 166; Trib civ St Julien-en-Genevois 21. 10. 1947, Rev crit 1948, 304 = GazPal 1948. 1. 83). Mit Recht ist gesagt worden, daß die von den französischen Kollisionsnormen bewirkte Trennung weniger Schwierigkeiten verursacht als der dem deutschen internationalen Erbrecht zugrundeliegende Gedanke der kollisionsrechtlichen Nachlaßeinheit; denn die Unterwerfung von Grundstücken unter das jeweilige Belegenheitsrecht erspart den Beteiligten von vornherein das Bemühen, inländische Rechtsvorstellungen an einem ausländischen Grundstück durchzusetzen (MEZGER JZ 1956, 306; ders, in: FS Ferid [1978] 649).

Kommt es auf diese Weise zur Rückverweisung auf deutsches Recht, so hat der **169** deutsche Nachlaßrichter einen *Eigenrechtserbschein* auszustellen (§ 2353 BGB). Zwar ist dieser gegebenenfalls inhaltlich auf den in der Bundesrepublik Deutschland belegenen unbeweglichen Nachlaß oder auf das bewegliche Vermögen des französischen Erblassers zu beschränken; er wird dadurch aber nicht zu einem gegenständlich beschränkten Fremdrechtserbschein (§ 2369 BGB), sondern bleibt Eigenrechtserbschein, weil es nicht „an einem zur Erteilung des Erbscheins zuständigen deutschen Nachlaßgericht fehlt" (OLG Köln 3.12.1954, NJW 1955, 755; MEZGER JZ 1956, 304 Fn 8; OLG Saarbrücken 16.12.1966, NJW 1967, 732 m Anm MEZGER; PALANDT/EDENHOFER § 2369 Rn 9).

bb) **Güterrecht**

170 Zu einer Rückverweisung durch das nach Art 15 Abs 1 EGBGB – als gemeinsames Heimat- oder Aufenthaltsrecht der Ehegatten – zur Anwendung berufene französische Recht kann es ferner deshalb kommen, weil dieses eine Rechtswahl im internationalen Ehegüterrecht in weiterem Umfang zuläßt als das deutsche Recht. Diese großzügige Anerkennung der Parteiautonomie, die der sachlich-rechtlichen Wertung des ehelichen Güterrechts als Teil des Vertragsrechts und des vertragslosen Güterstands als „régime conventionnel tacite" entspricht, führte im Ergebnis bisher meist zur Anwendung des Rechts am ersten ehelichen Wohnsitz (s o Rn 158). Lag dieser in Deutschland, so lebten französische Ehegatten, die keinen Ehevertrag geschlossen hatten, kraft Rückverweisung im gesetzlichen deutschen Güterstand der Zugewinngemeinschaft (vgl IPG 1972 Nr 43 [München]). Seit Inkrafttreten des Haager Güterrechtsübereinkommens von 1978 in Frankreich sind die Kollisionsnormen dieses Staatsvertrages im Rahmen der Prüfung eines Renvoi nach Art 4 Abs 1 auch vom deutschen Richter zu beachten, weil sie auch im Verhältnis zu Nichtvertragsstaaten gelten (dazu näher Art 4 Rn 138 f).

cc) **Scheidungsrecht**

171 Im internationalen Scheidungsrecht nimmt das französische IPR die deutsche Verweisung auf das gemeinsame Heimatrecht der Ehegatten (Art 17 Abs 1 iVm Art 14 Abs 1 Nr 1 EGBGB) an (Art 310 Cc; vgl BGH 26.5.1982, NJW 1982, 1990 = IPRax 1983, 180 m Anm HENRICH 161 = IPRspr 1982 Nr 66). Gleiches gilt für die Verweisung auf das französische Recht am (letzten) gemeinsamen gewöhnlichen Aufenthalt der Ehegatten in gemischtnationalen Ehen (Art 17 Abs 1 iVm Art 14 Abs 1 Nr 2 EGBGB; vgl AG Mainz 18.1.1990, NJW-RR 1990, 279 = IPRspr 1990 Nr 78). Der Renvoi spielt somit in deutsch-französischen Scheidungsfällen nur noch eine untergeordnete Rolle; insbesondere kann aus Art 310 Cc keine versteckte Rückverweisung auf die deutsche lex fori entnommen werden (HENRICH IntFamR § 4 I 1 b).

dd) **Kindschaftsrecht**

172 Auch im Recht der *ehelichen Abstammung akzeptiert* das französische Recht die deutsche Verweisung auf das gemeinsame Heimatrecht (vgl LG Offenburg 18.1.1991, StAZ 1991, 229 = IPRspr 1991 Nr 131 und LG Rottweil 25.2.1991, FamRZ 1991, 1226 = NJW 1992, 630 = IPRspr 1991 Nr 132: Mutterschaftsanerkenntnis; OLG Köln 2.12.1981, IPRspr 1981 Nr 117 b: Legitimation). Zu einer Rückverweisung auf deutsches Recht durch das nach Art 19 EGBGB zur Anwendung berufene französische Recht kann es hingegen kommen, wenn die Mutter die deutsche Staatsangehörigkeit besitzt (vgl Art 311–14 Cc). Ein Renvoi scheidet freilich aus, wenn die Mutter auch die französische Staatsangehörigkeit erworben hat, weil Art 5 Abs 1 S 2 EGBGB im Rahmen der Prüfung einer Rückverweisung durch fremdes IPR keine Anwendung findet; maßgebend ist vielmehr die Sicht des französischen Kollisionsrechts, das die Mehrstaaterin stets als Inländerin behandelt, wenn sie auch die französische Staatsangehörigkeit besitzt

(zutr BGH 9. 7. 1986, NJW 1986, 3022 = IPRax 1987, 22 m Anm STURM 1 = IPRspr 1986 Nr 11; vgl auch OLG Hamm 10. 12. 1981, OLGZ 1982, 289 = IPRax 1982, 194 m Anm HENRICH 180 = IPRspr 1981 Nr 115).

Eine **Ehegattenadoption** unterliegt bei gemischt-nationaler Ehe aus französischer 173 Sicht dem Recht am gemeinsamen gewöhnlichen Aufenthalt der Ehegatten. Über die Frage, wer in die Adoption einwilligen muß und das Kind dabei gesetzlich vertreten kann, entscheidet hingegen das Heimatrecht des Kindes (vgl AG Kaufbeuren 31. 1. 1984, StAZ 1984, 207 m zust Anm MANSEL = IPRspr 1984 Nr 109: Teilrückverweisung auf deutsches Recht und Teilweiterverweisung auf chilenisches Recht bei Annahme eines chilenischen Kindes durch deutschen Ehemann und französische Ehefrau; abw noch AG Darmstadt 21. 9. 1981, DAVorm 1981, 933 = IPRspr 1981 Nr 122: Rückverweisung auf das deutsche Heimatrecht des Kindes).

d) **Staatsverträge**
Die Abkehr des französischen Rechts vom Renvoi kommt auch in der jüngeren 174 Praxis zur Ratifikation von Staatsverträgen auf dem Gebiet des IPR zum Ausdruck. So ist Frankreich 1964 dem Haager Übereinkommen von 1955 über das auf internationale *Käufe beweglicher Sachen* anzuwendende Recht (Text bei JAYME/HAUSMANN[8] Nr 47) beigetreten, das eine Rechtswahl ausdrücklich auf die Sachnormen des gewählten Rechts beschränkt (Art 2). Es hat weiterhin nicht nur das Haager Abkommen von 1956 über das auf Unterhaltspflichten gegenüber Kindern anwendbare Recht ratifiziert, sondern auch das weitergehende Haager Abkommen von 1973 über das auf Unterhaltspflichten anwendbare Recht. Beide Abkommen verweisen jeweils auf die Sachnormen des Aufenthaltsrechts und schließen damit die Rück- und Weiterverweisung aus (LOUSSOUARN/BOUREL, DIP[4] n 358; dazu Art 4 Rn 125 ff, 131 ff mwN). Ferner hat sich Frankreich den beiden Haager Abkommen von 1961 über den Schutz Minderjähriger und die Testamentsform angeschlossen, die ebenfalls Sachnormverweisungen enthalten (s Art 4 Rn 126 ff mwN). Der Beitritt zum Minderjährigenschutzabkommen ist auch sonst als Zeichen internationaler Aufgeschlossenheit zu sehen, denn die nach dem Abkommen vorgesehene Anknüpfung des Gewaltverhältnisses (rapport d'autorité) an das Heimatrecht des Minderjährigen (Art 3) verdrängte die geltende französische Kollisionsregel, die die eheliche Kindschaftsbeziehung (filiation légitime) dem Recht der persönlichen Ehewirkungen unterstellt hatte (LOUSSOUARN/BOUREL, DIP[4] n 353, 358). Soweit das französische Schrifttum den Renvoi grundsätzlich bejaht, will es den staatsvertraglichen Verzicht auf ihn freilich nur als Zeichen des Entgegenkommens gegenüber anderen Vertragsstaaten gedeutet wissen, die ihn grundsätzlich ablehnen (LOUSSOUARN/BOUREL, DIP[4] n 205).

Frankreich ist aber zuletzt auch dem Haager Kindesentführungsabkommen von 1980 beigetreten, das in Art 3 eine Gesamtverweisung auf das Aufenthaltsrecht des Kindes ausspricht (s Art 4 Rn 132 ff). Eine Rückverweisung kann sich aus deutscher Sicht schließlich aus den zwar nicht von der Bundesrepublik Deutschland, wohl aber von Frankreich ratifizierten Haager Übereinkommen über das anwendbare Recht auf Straßenverkehrsunfälle von 1971, auf die Produkthaftpflicht von 1973 und auf die Ehegüterstände von 1978 ergeben, die als „loi uniforme" auch im Verhältnis zu Nichtvertragsstaaten angewendet werden (s Art 4 Rn 135 ff).

2. Belgien*

a) Kollisionsnormen

175 Der belgische Code civil enthielt anfangs nur dieselben Kollisionsnormen wie der Code Napoléon, dem er nachgebildet war. Danach gilt belgisches Recht für unerlaubte Handlungen auf belgischem Staatsgebiet (Art 3 Abs 1 Cc), Rechte an belgischen Grundstücken (Art 3 Abs 2 Cc) sowie für den Personenstand und die Geschäftsfähigkeit belgischer Staatsangehöriger (Art 3 Abs 3 Cc). Diese einseitigen Kollisionsnormen werden ebenso wie diejenigen des französischen Code civil spiegelbildlich angewandt, wenn es sich um unerlaubte Handlungen im Ausland, ausländische Grundstücke oder Angehörige fremder Staaten handelt.

176 Demgemäß ist Ausgangspunkt im internationalen Personen- und Familienrecht auch in Belgien das **Staatsangehörigkeitsprinzip** (RIGAUX/FALLON, DIP II^2 n 945 ff). So bestimmen sich etwa die materiellen Voraussetzungen einer *Eheschließung* für jeden Verlobten nach seinem Heimatrecht; eine Einschränkung gilt lediglich für die Wiederheirat nach rechtskräftiger Ehescheidung in Belgien, die auch dann zugelassen wird, wenn das Heimatrecht das belgische Scheidungsurteil nicht anerkennt (RIGAUX/ FALLON, DIP II^2 n 977 ff). Für die Form der Eheschließung gilt hingegen – wie in Frankreich – die Regel „locus regit actum". Danach wird die in der ausländischen Ortsform geschlossene Ehe von Belgiern anerkannt; hingegen können Ausländer die Ehe in Belgien nur in der dort zwingend vorgeschriebenen standesamtlichen Form schließen (vgl Art 170 Cc; dazu RIGAUX/FALLON, DIP II^2 n 985). Auch die persönlichen *Ehewirkungen* bestimmen sich primär nach dem gemeinsamen Heimatrecht der Ehegatten (Art 3 Abs 3 Cc). Besitzen diese in dem Zeitpunkt, zu dem der Konflikt entsteht, keine gemeinsame Staatsangehörigkeit, so gilt das Recht des ersten ehelichen Wohnsitzes (Cass 25. 5. 1992, T Not 1992, 432 m Anm BOUCKAERT = Rev crit 1993, 615 m Anm FALLON; RIGAUX/FALLON, DIP II^2 n 1000). Die gleiche Lösung wird auch für die

---

* **Schrifttum:** BERGMANN/FERID/RIECK Belgien (Stand: 1991) 14 b–18; ERAUW, Beginselen van Internationaal Privaatrecht (Gent 1986); ders, Bronnen van Internationaal Privaatrecht (Antwerpen 1991); ders, The New Regime Governing International Adoptions in Belgium, NTIR 1988, 117; ders, Das neue „Privilegium Belgicum" – Eine Überraschung im belgischen internationalen Erbrecht, IPRax 1982, 260; ERAUW/ DEFOER, Internationaal Privaatrecht (Gent 1982); ERAUW/WATTÉ, Les sources du droit international privé belge et communautaire (Antwerpen/Brüssel 1993); FERID/FIRSCHING/CIESLAR Belgien (Stand: 1990) Grdz Rn 5–12; GRAULICH, Principes de droit international privé (Paris 1961); D'HAEYER, Overzicht van tut Belgisch Internationaal Privaatrecht (Gent 1992); VAN HECKE/LENAERTS, Internationaal Privaatrecht^2 (1989); JAYME/PINTENS, Deutsch- belgische Legitimationen, StAZ 1980, 5; RIGAUX, Précis de droit international privé (1968); RIGAUX/FALLON, Droit international privé, Bd I^3: Théorie générale (Brüssel 1992); Bd II^2: Droit positif belge (Brüssel 1993); RIGAUX/ZORBAS, Les grands arrêts de la jurisprudence belge – Droit international privé (Brüssel 1981); SERICK/HARRIES, Belgisches internationales Privatrecht nach der neueren Rechtsprechung, RabelsZ 25 (1960) 544; VAN DER ELST/ WESER, Droit international privé belge et droit conventionnel international (Bd I: VAN DER ELST, Conflits de lois; Bd II: WESER/JENARD, Conflits de juridictions; Brüssel 1983–85); VERWILGHEN/CARLIER/DEBROUX/BURLET, L'adoption internationale en droit belge (Brüssel 1991); WATTÉ, Les droits et devoirs respectifs des époux en droit international privé (Brüssel 1987).

allgemeinen vermögensrechtlichen Wirkungen der Ehe („régime primaire") vertreten (RIGAUX/FALLON, DIP II^2 n 1453).

Im internationalen **Ehegüterrecht** ist Belgien dem Haager Übereinkommen über das 177 auf Ehegüterstände anzuwendende Recht vom 14. 3. 1978 bisher nicht beigetreten. Das belgische Recht unterscheidet insoweit zwischen vertraglichem und gesetzlichem Güterstand. Haben die Ehegatten einen Ehevertrag geschlossen, so gilt das von den Ehegatten – ausdrücklich oder stillschweigend – gewählte Recht (Bruxelles 23. 5. 1989, Rev not 1990, 347; RIGAUX/FALLON, DIP II^2 n 1437). Die Form der Rechtswahlvereinbarung beurteilt sich nach dem Recht am Abschlußort. In Ermangelung eines Ehevertrages gilt primär das gemeinsame Heimatrecht, auch wenn es erst durch die Eheschließung erworben wurde (Cass 10. 4. 1980, Pas 1980 I 968 = Rev crit jur belge 1981, 309 m Anm Rigaux; RIGAUX/FALLON, DIP II^2 n 1443 mwN). Hatten die Ehegatten keine gemeinsame Staatsangehörigkeit, so galt traditionell das Heimatrecht des Ehemannes. Die neuere Rechtsprechung stellt demgegenüber für Ehen, die nach Inkrafttreten des Gesetzes vom 14. 7. 1976 (28. 9. 1976) geschlossen worden sind, aus Gründen der Gleichberechtigung auf den ersten gemeinsamen gewöhnlichen Aufenthalt ab (grundlegend Cass 9. 9. 1993, Rev trim dr fam 1994, 471; ferner App Mons 22. 10. 1975, Rev not belge 1976, 520 m Anm VAN DER ELST; RIGAUX/FALLON, DIP II^2 n 1444 mwN; zur Übergangsregelung VAN HECKE/LENAERTS, IPR Rn 579 ff). Das Güterstatut ist grundsätzlich unwandelbar (Anvers 11. 1. 1988, Pas 1988 II 91; RIGAUX/FALLON, DIP II^2 n 1446 mwN).

Auch im internationalen **Scheidungsrecht** ist Ausgangspunkt das gemeinsame Hei- 178 matrecht der Ehegatten (Art 3 Abs 3 Cc). Bereits durch Gesetz vom 27. 6. 1960 wurde die Ehescheidung in Belgien aber auch dann ermöglicht, wenn das gemeinsame Heimatrecht sie nicht zuließ oder ein gemeinsames Heimatrecht fehlte. Nach Art 1 dieses Gesetzes ist die Scheidung nach belgischem Recht als lex fori zulässig, wenn die Ehe zwischen Ausländern aus einem bestimmten Grund („pour cause déterminée") geschieden werden soll, sofern das Heimatrecht des antragstellenden Ehegatten nicht widerspricht; dabei genügt es, daß das maßgebende ausländische Recht die Scheidung aus bestimmten Gründen überhaupt zuläßt; nicht erforderlich ist hingegen, daß ein Scheidungsgrund im konkreten Fall nach dem Heimatrecht des Antragstellers vorliegt (Cass 20. 9. 1989, Pas 1989 I 868; ferner – zum deutschen Recht – App Bruxelles 24. 5. 1982, Pas 1982 II 85). Nach Art 2 entscheidet das belgische Recht ferner immer dann über die Zulässigkeit der Ehescheidung, wenn ein Ehegatte die belgische Staatsangehörigkeit besitzt; dies gilt nicht nur, wenn die Scheidung aus einem bestimmten Grund begehrt wird, sondern auch dann, wenn sie einvernehmlich erfolgen oder eine Ehetrennung in eine Ehescheidung umgewandelt werden soll. Soweit die Ehescheidung nach Art 1 oder 2 zulässig ist, bestimmt über ihre sachlichen Voraussetzungen allein das belgische Recht (Art 3). Demgemäß kann etwa auch eine Irländerin die Scheidung von ihrem belgischen Ehemann verlangen (vgl – zum früheren scheidungsfeindlichen spanischen Recht – App Liège 25. 1. 1981, Rev trim dr fam 1981, 282). Art 1 des Scheidungsgesetzes von 1960 gilt analog auch für eine Scheidung wegen Zerrüttung der Ehe, obwohl diese in Belgien erst 1974 eingeführt wurde (App Bruxelles 19. 12. 1989, Pas 1990 II 123). Hingegen ist die Vorschrift auf die einverständliche Ehescheidung zwischen Ausländern nicht analog anwendbar. Insoweit gilt das gemeinsame Heimatrecht der Ehegatten und in Fällen unterschiedlicher Staatsangehörigkeit das gemeinsame Wohnsitz- bzw Aufenthaltsrecht (RIGAUX/FALLON, DIP II^2 n 1033 mwN; aA [kumulative Anwendung der Heimatrechte] noch Cass 14. 12. 1978, Pas 1979 I 445).

179 Im internationalen **Kindschaftsrecht** ist auf Fragen der Abstammung, sowie auf die Ehelichkeitsanfechtung, die Anerkennung nichtehelicher Kinder und die Legitimation grundsätzlich das gemeinsame Heimatrecht der Beteiligten anwendbar (Art 3 Abs 3 Cc; vgl RIGAUX/FALLON, DIP II^2 n 1077 mwN). Bei unterschiedlicher Staatsangehörigkeit der Beteiligten gilt das Heimatrecht der Mutter für die Mutterschaftsfeststellung; hingegen beurteilen sich die Ehelichkeits- und Vaterschaftsvermutungen sowie deren Widerlegung durch Ehelichkeitsanfechtung nach dem Heimatrecht des Vaters (RIGAUX/FALLON, DIP II^2 n 1079 mwN); teilweise wird aber auch auf das Recht des gemeinsamen Wohnsitzes der Eltern abgestellt (VAN HECKE/LENAERTS, IPR^2 228 ff). Auf die *Legitimation* durch nachfolgende Eheschließung wendet die Rechtsprechung überwiegend noch das Heimatrecht des Vaters an (App Bruxelles 15. 6. 1981, J trib 1981, 760); zT geben die belgischen Gerichte insoweit aber auch dem Heimatrecht des Kindes den Vorzug (vgl RIGAUX/FALLON, DIP^2 n 1080; STAUDINGER/HENRICH^{12} Art 20 Rn 26 mwN). Die materielle Gültigkeit einer freiwilligen Anerkennung der Vater- bzw Mutterschaft richtet sich in jedem Fall nach dem Heimatrecht des Kindes (RIGAUX/FALLON, DIP II^2 n 1081 mwN). Gleiches gilt für die Vaterschaftsfeststellungsklage eines nichtehelichen Kindes (RIGAUX/FALLON, DIP II^2 n 1085).

180 Detaillierte Kollisionsregeln hat der belgische Gesetzgeber durch Gesetz vom 27. 4. 1987 in Art 344–344 quater Cc für die **Adoption** eingeführt. Diese unterscheiden zwischen der Adoption von Minderjährigen bis zum vollendeten 15. Lebensjahr und der Adoption von Personen, die dieses Alter überschritten haben. Die Voraussetzungen der Minderjährigenadoption beurteilen sich gemäß Art 344 § 1 Abs 1 Cc nach dem Heimatrecht des Annehmenden bzw dem gemeinsamen Heimatrecht der Annehmenden, wenn dieses Recht die Adoption kennt. Gehören die Annehmenden verschiedenen Staaten an, die beide die Adoption kennen, so gilt belgisches Recht. Läßt das Heimatrecht des Annehmenden bzw eines Annehmenden die Adoption nicht zu, so gilt belgisches Recht nur dann, wenn der Annehmende bzw die Annehmenden ihren gewöhnlichen Aufenthalt seit fünf Jahren in Belgien haben und das zu adoptierende Kind in Belgien geboren worden ist oder sich dort seit mindestens zwei Jahren aufhält. Soll hingegen eine Person adoptiert werden, *die älter als 15 Jahre* ist, so beurteilen sich die materiellen Voraussetzungen der Adoption gemäß Art 344 § 2 Cc sowohl für den oder die Annehmenden wie für den Anzunehmenden nach dem jeweiligen Heimatrecht. Die Adoption ist nur zulässig, wenn sämtliche kumulativ anwendbaren Rechte sie vorsehen. Das Heimatrecht des Anzunehmenden bestimmt in jedem Falle über die erforderlichen Zustimmungserklärungen zur Adoption (Art 344 § 3 Cc). Die Wirkungen der Adoption unterliegen grundsätzlich dem gleichen Recht wie deren Voraussetzungen; eine Ausnahme gilt nur im Fall des Art 344 § 2 Cc, wo die Wirkungen der Adoption dem belgischen Recht unterworfen werden (Art 344 ter Cc).

181 Im internationalen **Erbrecht** hat sich – im Anschluß an die französische Rechtsentwicklung – ebenfalls der Grundsatz der Nachlaßspaltung durchgesetzt. Danach unterliegt die Erbfolge in Grundstücke der jeweiligen lex rei sitae (Cass 31. 10. 1968, Pas 1969 I 227). Demgegenüber wird bewegliches Vermögen nach dem Recht am letzten Wohnsitz des Erblassers vererbt (App Bruxelles 19. 10. 1990, Rev not belge 1992, 218; RIGAUX/FALLON, DIP II^2 n 1458 mwN). Eine Modifizierung des Erbstatuts kann sich freilich aus dem Vorwegnahmerecht („droit de prélèvement") nach Art 912 Cc im Rahmen der Auseinandersetzung der Erbschaft ergeben, wenn ein Teil des Nachlasses in Belgien, der andere im Ausland belegen ist. Dieses früher nur belgischen Staatsangehörigen zustehende Privileg kann seit 1980 auch von Ausländern geltend gemacht werden (vgl ERAUW IPRax 1982, 260).

b) Rück- und Weiterverweisung im belgischen Recht
aa) Die Rechtsprechung

Die belgische Rechtsprechung beachtet grundsätzlich eine Rückverweisung des zur **182** Anwendung berufenen ausländischen Rechts. Nur wenige Tage nach dem letzten Urteil des französischen Kassationshofs im Fall Forgo (Cass Req 22.2.1882, D 1882.1.202 = S 1882.393) befolgte die belgische Cour de Cassation in einem *Scheidungsstreit* zwischen zwei in Belgien wohnhaften Engländern den Renvoi auf das belgische Wohnsitzrecht (Cass 9.3.1882, Pas 1882 I 62 [Bigwood]). Seither hat sich in Belgien die Auffassung durchgesetzt, daß im Bereich des Personen- und Familienrechts eine Rückverweisung des fremden Heimatrechts (Art 3 Abs 3 Cc) auf das belgische Wohnsitzrecht grundsätzlich zu beachten ist (RIGAUX/FALLON, DIP II² n 951; Rspr bis 1958 bei SERICK/HARRIES RabelsZ 25 [1960] 546 Fn 13). Zwar wurde durch Gesetz vom 27.6.1960 die Anwendung belgischen Rechts auf Scheidungsstreitigkeiten zwischen Ausländern sowie zwischen Belgiern und Ausländern ermöglicht (Rn 178); wenn aber beide Ehegatten Ausländer sind und das gemeinsame Heimatrecht auf das belgische Recht als Wohnsitzrecht zurückverweist, ist dieses schon wegen der Rückverweisung und nicht aufgrund des erwähnten Gesetzes anwendbar (RIGAUX/FALLON, DIP II² n 1019). So wurde die Ehe englischer Ehegatten mit belgischem Wohnsitz gemäß belgischem Recht durch einverständliche Scheidung beendet (Trib civ Liège 24.5.1966, J trib 1966, 653). Mit derselben Begründung fand belgisches Recht auf einen Scheidungsstreit zwischen Schweizern (Trib civ Bruxelles 23.8.1957, Pas 1958 II 272) und zwischen Iren (App Bruxelles 9.3.1990, J trib 1990, 597 = Rev trim dr fam 1990, 409 m Anm FALLON) Anwendung. Verweist nur das Heimatrecht eines Ehegatten auf belgisches Wohnsitzrecht zurück, so ist auch dies beachtlich (Cass 14.12.1978, Pas 1979 1 I 445: Scheidung der Ehe zwischen Engländer und Italienerin).

Ebenso wurde auf den **Ehelichkeitsanfechtungsstreit** zwischen einem in Belgien wohn- **183** haften Norweger und dem von ihm durch Eheschließung legitimierten Kind wegen der Rückverweisung der norwegischen Kollisionsnorm auf das Wohnsitzrecht belgisches Recht angewandt (App Bruxelles 24.6.1964, Pas 1965 II 216); in gleicher Weise wurde der Renvoi auf belgisches Wohnsitzrecht in Fragen der Geschäftsfähigkeit (App Bruxelles 22.12.1967, Pas 1968 III 61) und des Ehegüterrechts (App Bruxelles 7.7.1943, J trib 1944/45, 41; Trib civ Audenarde 29.6.1982 Rechtsk Weekbl 1982/83, 1135 m Anm ERAUW; RIGAUX/FALLON, DIP II² n 1447), sowie im Rahmen der Anknüpfung des Sorge- und Besuchsrechts (App Bruxelles 24.11.1971, Pas 1972 II 31) beachtet. In allen genannten Fällen mußte der Wohnsitzbegriff jeweils nach Maßgabe des rückverweisenden fremden Rechts bestimmt werden (vgl App Bruxelles 1.6.1982, Rev trim dr fam 1983, 173 m Anm WYCKAERT). Schließlich wird auch im internationalen Adoptionsrecht ein Renvoi von belgischen Gerichten befolgt (vgl Cass 4.11.1993, Rev trim dr fam 1994, 494).

bb) Schrifttum

Das belgische Schrifttum stand der Rückverweisung früher ablehnend gegenüber. **184** Heute wird sie entweder grundsätzlich bejaht (GRAULICH, Précis DIP n 191 ff) oder unter dem Vorbehalt internationaler Koordinierung hingenommen (RIGAUX/FALLON, DIP I² n 405: „Le principe du renvoi ne saurait être correctement résolu que par une convention internationale fixant l'attitude respective des Etats intéressés"). Die *Weiterverweisung* scheint in der Praxis bisher nicht vorgekommen zu sein, wäre aber nach Ansicht des Schrifttums ebenfalls zu berücksichtigen (RIGAUX/FALLON, DIP I² n 400; VAN DER ELST/WESER, DIP I 323; VAN HECKE/LENAERTS, DIP n 315).

c) **Rück- und Weiterverweisung aus deutscher Sicht**

185 Aufgrund des auch im belgischen internationalen Familienrecht geltenden Staatsangehörigkeitsprinzips sind deutsche Gerichte idR von einer Annahme der deutschen Verweisung auf das belgische Heimatrecht ausgegangen (vgl zur Ehescheidung OLG Saarbrücken 10. 12. 1989, IPRspr 1989 Nr 70; zur Legitimation BGH 5. 2. 1975, BGHZ 64, 19 = IPRspr 1975 Nr 98 [incidenter]; LG Bonn 14. 3. 1978, StAZ 1978, 345 = IPRspr 1978 Nr 111 und 18. 3. 1980, StAZ 1980, 238 = IPRspr 1980 Nr 108; LG Bonn 16. 10. 1984, StAZ 1984, 344 = IPRspr 1984 Nr 106). Im internationalen Scheidungsrecht läßt sich aus der belgischen Regelung im Gesetz vom 27. 6. 1960 (Rn 178) freilich auch eine versteckte Rückverweisung auf die deutsche lex fori entnehmen (HENRICH IntFamR § 4 I 1 b), und zwar auch dann, wenn beide Ehegatten die belgische Staatsangehörigkeit besitzen.

186 Rück- oder Weiterverweisungen können sich aus deutscher Sicht hingegen vor allem im internationalen **Erbrecht** ergeben. Hinterläßt ein belgischer Erblasser ein *Grundstück* in der Bundesrepublik Deutschland oder in einem dritten Staat, so folgt aus der entsprechenden Anwendung der einseitigen Kollisionsnorm über belgische Grundstücke (Art 3 Abs 2 Cc) eine Rück- oder Weiterverweisung auf das deutsche oder anderweitige *Belegenheitsrecht* (RIGAUX, Précis DIP n 396), die nach Art 4 Abs 1 zu berücksichtigen ist (so schon zu Art 27 EGBGB aF RG 8. 11.1917, RGZ 91, 139: Weiterverweisung auf russisches Belegenheitsrecht; BGH 2. 5. 1966, BGHZ 45, 351 = NJW 1966, 2270 = IPRspr 1966/67 Nr 3: Weiterverweisung auf österreichisches Belegenheitsrecht; OLG Köln 19. 2. 1986, OLGZ 1986, 289 = NJW 1986, 2199 = IPRspr 1986 Nr 110: Rückverweisung auf deutsches Belegenheitsrecht; zum geltenden Recht OLG Köln 24. 2. 1992, FamRZ 1992, 860 = IPRax 1994 376 m Anm DÖRNER 364 = IPRspr 1992 Nr 158: Weiterverweisung auf französisches Belegenheitsrecht). Hinsichtlich des *beweglichen Vermögens* wird die Erbfolge dem Recht des letzten Wohnsitzstaates des Erblassers unterstellt (Cass 28. 3. 1952 [Etat belge c Etat suédois], Pas 1952 I 483: Beweglicher Nachlaß eines mit letztem Wohnsitz in Schweden verstorbenen Belgiers fällt, wenn keine gesetzlichen oder testamentarischen Erben vorhanden sind, dem schwedischen Fiskus zu). Die Verweisung der belgischen Kollisionsnorm auf das deutsche oder ein drittes Recht als Wohnsitzrecht ist daher deutscherseits als Rück- oder Weiterverweisung zu berücksichtigen (vgl zu Art 27 EGBGB aF OLG Hamm 21. 7. 1954, NJW 1954, 1731 = IPRspr 1954/55 Nr 206: Beweglicher Nachlaß eines während des Krieges umgekommenen Staatenlosen deutscher Herkunft, dessen letzter Wohnsitz in Belgien lag, untersteht zwar belgischem Recht; dieses verweist aber hinsichtlich der Qualifikation von Wiedergutmachungsansprüchen als beweglich oder unbeweglich auf deutsches Recht zurück; BGH 2. 5. 1966 aaO: Weiterverweisung auf schweizerisches Wohnsitzrecht; zum geltenden Recht OLG Köln 24. 2. 1992 aaO: Rückverweisung auf deutsches Wohnsitzrecht).

d) **Staatsverträge**

187 Belgien ist den Genfer Abkommen über das internationale Wechsel- und Scheckprivatrecht von 1930/31 beigetreten; beide entsprechen mit der Anerkennung von Rück- und Weiterverweisung hinsichtlich der Wechsel- und Scheckfähigkeit (s Art 4 Rn 118 ff) dem belgischen Standpunkt. Andererseits hat Belgien das Haager Vormundschaftsabkommen von 1905, sowie die Haager Abkommen über das auf

Unterhaltspflichten gegenüber Kindern anwendbare Recht von 1956 und über die Testamentsform von 1961 ratifiziert, die jeweils die Rück- und Weiterverweisung ausschließen (s Art 4 Rn 117, 125 ff). Das erweiterte Haager Unterhaltsabkommen von 1973 hat Belgien zwar gezeichnet, aber bisher nicht ratifiziert. Auch dem Haager Minderjährigenschutzabkommen von 1961 ist Belgien bisher nicht beigetreten. Hingegen ist Belgien seit 1975 Mitgliedsstaat des Haager Straßenverkehrsunfallabkommens von 1971 (s Art 4 Rn 135 f).

3. Luxemburg*

a) Kollisionsnormen

Luxemburg hat bereits im Jahre 1807 den französischen Code civil rezipiert. Ausgangspunkt ist daher auch im luxemburgischen IPR Art 3 Abs 3 Cc, der den Personenstand, sowie die Rechts- und Geschäftsfähigkeit luxemburgischer Staatsangehöriger dem luxemburgischen Recht unterwirft. Die Vorschrift ist Ausdruck des **Staatsangehörigkeitsprinzips**, das auch heute noch das luxemburgische internationale Personen- und Familienrecht beherrscht. Das Heimatrecht entscheidet daher über die Geschäftsfähigkeit, den Schutz von Minderjährigen und geschäftsunfähigen Personen (zB durch die Anordnung einer Entmündigung, Vormundschaft oder Pflegschaft), sowie über den Namen einer Person (vgl auch Art 57 Abs 2 Cc). **188**

Auch die materiellen Voraussetzungen der **Eheschließung** beurteilen sich gem Art 3 Abs 3, 170, 171 Cc nach dem Heimatrecht der Verlobten im Zeitpunkt der Eheschließung; allerdings wird gewissen Ehehindernissen des luxemburgischen Rechts (zB Mindestalter, Verbot der Doppelehe) ordre public-Charakter beigelegt. Die Form der Eheschließung unterliegt hingegen ohne Rücksicht auf die Staatsangehörigkeit der Ehegatten dem Recht am Ort der Eheschließung (SCHOCKWEILER, Conflits n 242 ff). Eine Eheschließung im Großherzogtum Luxemburg kann daher formgültig nur vor einem luxemburgischen Zivilstandsbeamten nach Maßgabe der Art 165 ff Cc erfolgen. Die persönlichen *Ehewirkungen* richten sich primär nach dem gemeinsamen Heimatrecht der Ehegatten; bei verschiedener Staatsangehörigkeit der Ehegatten wird – wandelbar – das Recht des jeweiligen gemeinsamen Wohnsitzes angewandt (SCHOCKWEILER, Conflits n 272 mwN). **189**

Das **Ehegüterrecht** wurde in Luxemburg – entsprechend dem französischen Vorbild – traditionell dem Vertragsstatut unterstellt mit der Möglichkeit der freien Rechtswahl für die Verlobten oder Ehegatten („loi d'autonomie"). Die ursprünglich nahezu unbegrenzte Vertragsfreiheit ist jedoch mit Inkrafttreten des Gesetzes vom 17. 3. 1984, mit dem Luxemburg dem Haager Übereinkommen über das auf das Ehegüterrecht anzuwendende Recht vom 14. 3. 1978 zugestimmt hat, auf die ausdrückliche oder zweifelsfreie Wahl eines Rechts mit objektivem Bezug zu den vermögensrechtlichen Beziehungen der Ehegatten eingeschränkt worden. Die Vorschriften dieses Übereinkommens wurden in Luxemburg durch das vorerwähnte Gesetz vom 17. 3. 1984 in das autonome IPR übernommen und gelten daher auch für **190**

---

* **Schrifttum**: BERGMANN/FERID/CIESLAR Luxemburg (Stand: 1990) 19–29; SCHOCKWEILER, Les conflits de lois et les conflits de juridictions en droit international privé luxemburgeois (Luxemburg 1987).

Ehen, auf die das Übereinkommen selbst nicht anwendbar ist (zum Inhalt der güterrechtlichen Kollisionsnormen des Übereinkommens s o Rn 145 ff).

191 Das internationale **Ehescheidungsrecht** ist in Luxemburg durch Gesetz vom 17. 12. 1990 in Art 305 Cc neu geregelt worden. Danach ist Scheidungsstatut in erster Linie das gemeinsame Heimatrecht der Ehegatten. Bei verschiedener Staatsangehörigkeit der Ehegatten gilt das gemeinsame Wohnsitzrecht. Fehlt es auch an einem gemeinsamen Wohnsitz, so ist die Ehe nach der lex fori zu scheiden.

192 Im internationalen **Kindschaftsrecht** wurde die frühere Rechtsprechung, welche die Ehelichkeits- und Vaterschaftsanfechtung dem Heimatrecht des Vaters unterstellt hatte, zwischenzeitlich aufgegeben. Nunmehr gilt für die Frage der Ehelichkeit eines Kindes das Ehewirkungsstatut (SCHOCKWEILER, Conflits n 314). Maßgebend ist danach das gemeinsame Heimatrecht der Eltern und in staatsangehörigkeitsrechtlich gemischten Ehen das Recht ihres gemeinsamen Wohnsitzes; hilfsweise gilt auch insoweit die lex fori. Die gleiche Anknüpfungsleiter gilt ferner für das Rechtsverhältnis zwischen einem ehelichen Kind und seinen Eltern. Demgegenüber entscheidet über die Abstammung eines *nichtehelichen* Kindes, insbesondere die freiwillige Anerkennung bzw gerichtliche Feststellung der Vaterschaft, das Heimatrecht des Kindes (SCHOCKWEILER, Conflits n 320 ff mwN); nach diesem beurteilt sich auch die elterliche Sorge über nichteheliche Kinder.

193 Für die **Legitimation** durch nachfolgende Ehe gelten die Kollisionsregeln des CIEC-Übereinkommens von 1970; danach tritt die Legitimation nach dem Heimatrecht des Vaters oder der Mutter ein, je nach dem, welches der beiden Rechte legitimationsfreundlicher ist. Scheitert die Legitimation nach den Heimatrechten der Eltern, so wird vorgeschlagen, das gemeinsame Wohnsitzrecht der Eltern ergänzend heranzuziehen, wenn es zur Legitimation des Kindes führt (SCHOCKWEILER, Conflits n 316).

194 Das internationale **Adoptionsrecht** ist in Luxemburg durch Gesetz vom 13. 6. 1989 in Art 370 Cc neu geregelt worden. Danach bestimmen sich die Voraussetzungen der Adoption nach dem Heimatrecht des oder der Adoptanten (Abs 1). Im Fall der Adoption durch Ehegatten mit unterschiedlicher Staatsangehörigkeit ist das Recht des gemeinsamen gewöhnlichen Aufenthalts zum Zeitpunkt der Antragstellung maßgebend; dieses Recht gilt auch, wenn einer oder beide Ehegatten staatenlos sind (Abs 2). Demgegenüber unterliegen die Voraussetzungen der Adoption, die in der Person des Adoptierten vorliegen müssen, dessen Heimatrecht; jedoch gilt auch insoweit das Heimatrecht des Adoptanten, wenn der Adoptierte aufgrund der Adoption die Staatsangehörigkeit des Adoptanten erwirbt (Abs 3). Die Wirkungen der Adoption bestimmen sich nach dem Heimatrecht des oder der Adoptanten. Besitzen adoptierende Ehegatten keine gemeinsame Staatsangehörigkeit oder ist einer von ihnen staatenlos, so ist stattdessen das Recht ihres gemeinsamen gewöhnlichen Aufenthalts zum Zeitpunkt des Eintritts der Adoptionswirkungen maßgeblich (Abs 4). Soweit die Heimatrechte des Adoptanten und des Adoptierten einander widersprechende Vorschriften enthalten, ist die Adoption auch dann gültig, wenn sie den Vorschriften des Landes entspricht, in dem sie erfolgt ist (Abs 5).

195 Im internationalen **Erbrecht** gilt – wie in Frankreich und Belgien – der Grundsatz der Nachlaßspaltung. Die Erbfolge in den unbeweglichen Nachlaß beurteilt sich auf-

grund einer allseitigen Auslegung von Art 3 Abs 2 Cc nach dem jeweiligen Belegenheitsrecht; demgegenüber unterliegt die Erbfolge in den Mobiliarnachlaß dem Recht am letzten Wohnsitz des Erblassers (SCHOCKWEILER, Conflits n 421 f mwN).

b) Rück- und Weiterverweisung im luxemburgischen Recht
Auch bezüglich der Beachtung eines Renvoi orientiert sich die Rechtsprechung und **196** Lehre in Luxemburg im wesentlichen am französischen Vorbild. Danach werden Rück- und Weiterverweisung grundsätzlich anerkannt (SCHOCKWEILER, Conflits n 105 ff mwN).

c) Rück- und Weiterverweisung aus deutscher Sicht
Zu einer Rück- oder Weiterverweisung kann es im deutsch-luxemburgischen Rechts- **197** verkehr insbesondere auf dem Gebiet des internationalen Erbrechts kommen, wenn der luxemburgische Erblasser unbewegliches Vermögen in der Bundesrepublik Deutschland oder in einem Drittstaat hinterlassen hat bzw mit letztem Wohnsitz in Deutschland oder in einem Drittstaat verstorben ist. Auch im internationalen Güterrecht kann sich aus den Kollisionsregeln des Haager Abkommens von 1978 eine Rückverweisung auf deutsches Recht ergeben, wenn luxemburgische Ehegatten ihren ersten gewöhnlichen Aufenthalt in der Bundesrepublik Deutschland begründet haben (s o Art 4 Rn 138 f). Schließlich kommt im Recht der nichtehelichen Kindschaft ein Renvoi in Betracht, weil das vom deutschen Recht zur Anwendung berufene luxemburgische Aufenthaltsrecht des Kindes auf dessen Heimatrecht zurückverweist.

d) Staatsverträge
Luxemburg ist den Genfer Abkommen über das internationale Wechsel- und **198** Scheckprivatrecht von 1930/31 beigetreten, die mit der Anerkennung von Rück- und Weiterverweisung hinsichtlich der Wechsel- und Scheckfähigkeit (s Art 4 Rn 118 f) dem luxemburgischen Standpunkt entsprechen. Luxemburg hat jedoch auch die beiden Haager Unterhaltsabkommen von 1956 und 1961, sowie die Haager Abkommen über die Testamentsform und den Minderjährigenschutz von 1961 ratifiziert, die jeweils die Rück- und Weiterverweisung ausschließen (s Art 4 Rn 126 ff). Luxemburg ist ferner dem Haager Kindesentführungsabkommen von 1980 beigetreten, das in Art 3 eine Gesamtverweisung auf das Aufenthaltsrecht des Kindes ausspricht (s Art 4 Rn 132 f). Zu beachten ist schließlich, daß sich aus deutscher Sicht eine Rückverweisung auch aus Staatsverträgen ergeben kann, die von der Bundesrepublik Deutschland nicht ratifiziert worden sind, aber in Luxemburg als „loi uniforme" gelten; dies trifft namentlich auf die Haager Abkommen über Straßenverkehrsunfälle von 1971, über die Produkthaftung von 1973 und über die ehelichen Güterstände von 1978 zu (dazu Art 4 Rn 135 ff).

4. Niederlande*

a) Kollisionsnormen
Das internationale Privatrecht der Niederlande ist weitgehend ungeschriebenes, **199**

---

* **Schrifttum:** Asser Instituut (Hrsg), Nederlands Internationaal Privaatrecht. Repertorium op Vertragsrecht, Wetgeving, Rechtsspraak en Literatur (1985); dass, Studiemateriaal Internationaal Privatrecht, Bd I Allgemeen gedeelte Personen- en Familienrecht, Erfrecht[4] (Antwer-

größtenteils durch die Rechtsprechung gebildetes Recht. Gesetzliche Regelungen finden sich im Gesetz vom 15. 5. 1829 betreffend allgemeine Vorschriften über die Gesetzgebung des Königreichs (Wet houdende algemeene bepalingen der wetgeving van Koningrik, abgekürzt AB), sowie in neueren Gesetzen betreffend die Ehescheidung vom 25. 3. 1981, die Eheschließung vom 7. 9. 1989, den Familiennamen vom 3. 7. 1989, das Ehegüterrecht vom 20. 11. 1991 und die Ehewirkungen vom 16. 9. 1993. Eine umfassende Reform des niederländischen internationalen Privatrechts wird derzeit vorbereitet (vgl BOELE-WOELKI IPRax 1995, 264 ff).

200 Aus Art 6 AB, demzufolge die Gesetze über Rechte, Personenstand und Geschäftsfähigkeit für alle Niederländer verbindlich sind, auch wenn sie sich im Ausland aufhalten, ist der Grundsatz abgeleitet worden, daß im internationalen Personen-Familien- und Erbrecht grundsätzlich an die **Staatsangehörigkeit** anzuknüpfen sei (LEMAIRE, IPR 67 ff mwN). Am Staatsangehörigkeitsprinzip hat der niederländische

pen 1987); Bd II Vermogensrecht, Rechtspersonen[4] (Antwerpen 1986); BAADE, The Netherlands Private International Law of Succession and the German Courts, NTIR 6 (1959) 174; BERGMANN/FERID/WEBER Niederlande (Stand: 1991) 16–26; BOELE-WOELKI, Die Effektivitätsprüfung der Staatsangehörigkeit im niederländischen internationalen Familienrecht (1983); dies, IPR-Gesetzgebung in den Niederlanden – Das Namenskollisions- und das Ehekollisionsgesetz, IPRax 1990, 337; dies, Die internationale Ehescheidung in den Niederlanden, StAZ 1980, 266; dies, Kodifikation des niederländischen Internationalen Privat- und Verfahrensrechts, IPRax 1995, 264; COHEN HENRIQUES, IPR-Trends (Deventer 1980); EBKE, Die Anknüpfung der Rechtsnachfolge von Todes wegen nach niederländischem Kollisionsrecht, RabelsZ 48 (1984) 319; VAN ERP, Internationaal huwelijksvermogensrecht (Zwolle 1985); FERID/FIRSCHING/WEBER, Niederlande (Stand: 1984) Grdz Rn 15–33; KLINKE, Entwicklungen im niederländischen internationalen Ehegüterrecht, DNotZ 1981, 351; ders, Deutsch-niederländisches Ehegüterrecht im Wandel der Zeiten, MittRhNotK 1984, 45; ders, Internationales und intertemporales niederländisches Ehegüterrecht, IPRax 1983, 132; LEMAIRE, Nederlands internationaal privaatrecht (Leiden 1968); LÜDERITZ, Niederländisches Internationales Adoptionsrecht – Chancen und Grenzen von Richterrecht, RabelsZ 45 (1981) 604; LUKAS/VAN ROOIJ, Burgerlijk Wetboek, Internationale Regelingen[3] (1987); PEHE,

Keine lex rei sitae in den Niederlanden, JR 1960, 216; POLAK, Codificatie van het IPR, NJ (1988), Special 695; ders, Arbeitsverhoudingen in het Nederlandse internationaal privaatrecht (1988); VAN ROOIJ, Pays Bas – Divorce -Conflits de lois – Jugements étrangers, Rev crit 70 (1981) 809; VAN ROOIJ/POLAK, Private International Law in the Netherlands (Deventer 1987); SAUVEPLANNE, Elementair Internationaal Privaatrecht[8] (Deventer 1986); STRIKWERDA, Inleiding tot het Nederlandse Internationaal Privaatrecht[4] (Groningen 1995); VAN SASSE VAN YSSELT, Wohnsitz und Staatsangehörigkeit nach niederländischem Erbrecht, NJW 1958, 1668; VERHEUIL, Dutch International Divorce Act, NILR 28 (1981) 391; VERHEUL/FETERIS, Rechtsmacht in het Nederlandse internationaal privaatrecht, Bd II Overige verdragen, Het Commune IPR (1986); VLAS, Rechtspersonen in het internationaal privaatrecht (1982); ders, Neue Entwicklungen im niederländischen Internationalen Privatrecht, IPRax 1995, 194; VONKEN, Het internationale afstammingsrecht in perspectief (Arnhem 1987); VOSKUIL, Emancipation of Dutch Conflicts Law in Family Matters, RabelsZ 43 (1979) 346; WENDELS, Internationaale echtscheidingen (Zwolle 1983); ders, The New Dutch Private International Law Legislation regarding the Law to be Applied to International Divorce and the Recognition of Divorces Granted Abroad, NILR 29 (1982), 401; WOLDE, Bronnen van Interregionaal Privaatrecht (Zwolle 1991).

Gesetzgeber auch in dem Gesetz über das Kollisionsrecht auf dem Gebiet des *Familien- und Vornamens* vom 3. 7. 1989 festgehalten (Text in IPRax 1990, 337 f und bei BERGMANN/FERID/WEBER Niederlande 16 f). Danach bestimmen sich der Familienname und der Vorname eines Ausländers – in Anlehnung an das von der Niederlande ratifizierte CIEC-Übereinkommen vom 5. 9. 1980 – nach dem Recht des Staates, dessen Staatsangehörigkeit er besitzt (Art 1 Abs 1 S 1). Entsprechend unterliegt der Name eines Niederländers nach Art 2 dem niederländischem Recht, auch wenn er durch familienrechtliche Beziehungen beeinflußt wird, die ihrerseits nach ausländischem Recht zu beurteilen sind. Der Grundsatz von der Maßgeblichkeit des Heimatrechts ist mit Einschränkungen auch in der sonstigen neueren IPR-Gesetzgebung beibehalten worden.

Das im Zusammenhang mit der Ratifikation des Haager Eheschließungsabkommens **201** vom 14. 3. 1978 erlassene Gesetz über das Kollisionsrecht der **Eheschließung** vom 7. 9. 1989 (Text in IPRax 1990, 338 f und bei BERGMANN/FERID/WEBER Niederlande 19–20 a) unterscheidet zwischen Eheschließungen in den Niederlanden und der Anerkennung von Eheschließungen im Ausland. In den Niederlanden ist die Eheschließung zulässig, wenn jeder der künftigen Ehegatten die Voraussetzungen des niederländischen Rechts für die Eheschließung erfüllt und einer von ihnen die niederländische Staatsangehörigkeit besitzt oder seinen gewöhnlichen Aufenthalt in den Niederlanden hat oder wenn jeder der künftigen Ehegatten die Voraussetzungen seines Heimatrechts für die Eheschließung erfüllt (Art 2). In letztgenanntem Fall werden allerdings gewisse Ehehindernisse des niederländischen Rechts mit Hilfe des ordre public durchgesetzt (Art 3). In formeller Hinsicht ist zwingend die standesamtliche Eheschließung unter Beachtung der Vorschriften des niederländischen Rechts vorgeschrieben (Art 4). Außerhalb der Niederlande geschlossene Ehen werden in den Niederlanden anerkannt, soweit sie nach dem Recht des Staates, in dem die Eheschließung stattgefunden hat, rechtsgültig sind (Art 5 Abs 1); Schranke der Anerkennung ist lediglich der niederländische ordre public (Art 6).

Für die Beurteilung der persönlichen **Ehewirkungen** kann nicht mehr – wie früher – **202** von der Maßgeblichkeit des Heimatrechts des Ehemannes ausgegangen werden; das Gebot der Gleichberechtigung von Mann und Frau hat vielmehr auch im niederländischen IPR zu einer gestuften Anknüpfung geführt. Danach ist in erster Linie die gemeinsame Staatsangehörigkeit der Ehegatten, bei verschiedener Staatsangehörigkeit das Recht des gemeinsamen Wohnsitzes und mangels eines solchen das Recht des Landes maßgebend, zu dem die engsten Beziehungen bestehen (vgl Hof Arnhem 1. 10. 1986, NJ 1988 Nr 52 = NIPR 1987 Nr 96 und 21. 4. 1987 NIPR 1987 Nr 423; LEMAIRE, IPR 94). Diese Anknüpfungsleiter ist durch das am 1. 1. 1994 in Kraft getretene Gesetz über das Kollisionsrecht der Ehewirkungen vom 16. 9. 1993 kodifiziert worden.

Im *Ehegüterrecht* hatte die Rechtsprechung den Verlobten bereits seit längerem das Recht zugebilligt, das anwendbare Recht zu wählen; das gewählte Ehegüterstatut bleibt dann für die Gesamtdauer der Ehe maßgeblich (HR 10. 12. 1976, NJ 1977 Nr 275 und 27. 3. 1981, NJ 1981 Nr 335; dazu näher KLINKE DNotZ 1981 351 ff und MittRhNotK 1984, 45 ff; BOELE-WOELKI DNotZ 1981, 666 ff). Diese Rechtswahl können Ehegatten – etwa zum Zwecke der Auseinandersetzung des Güterstands im Falle der Scheidung – auch nachträglich treffen (vgl HR 7. 4. 1989, NIPR 1989 Nr 187 m Anm STRIKWERDA; BERGMANN/FERID/WEBER Niederlande 20 b, c mwN). In Ermangelung einer Rechtswahl gilt – jedenfalls für nach dem 10. 12. 1976 geschlossene Ehen – das gemeinsame Heimatrecht der Eheleute zur Zeit der Eheschließung; bei verschiedener Staatsangehörigkeit der Ehegatten kommt das Recht des ersten ehelichen Wohnsitzes und mangels eines solchen das Recht des Landes zur Anwendung, zu dem die engsten Beziehungen bestehen (HR 14. 5. 1976, NJ 1977 Nr 355; 10. 12. 1976, NJ 1977 Nr 275; 19. 3. 1993, NJ 1994 Nr 187 m Anm SCHULTZ; COHEN HENRIQUES, IPR-Trends 106; KLINKE DNotZ 1981, 351, 356 ff; VLAS IPRax 1995, 195 f). Diese Regeln des autonomen niederländischen Richterrechts sind für die nach dem 1. 9. 1992 geschlossenen Ehen abgelöst worden durch die Kollisionsregeln des Haager Übereinkommens über das auf Ehegüterstände anzuwendende Recht vom 14. 3. 1978, die als „loi uniforme" (Art 2) auch im Verhältnis zu Nichtvertragsstaaten Anwendung finden (vgl dazu o Rn 145 ff).

203 Das auf die **Ehescheidung** und die Trennung von Tisch und Bett anwendbare Recht ist für die Niederlande mit Gesetz vom 25. 3. 1981 (Text in IPRax 1982, 82) neu geregelt worden. Danach gilt folgende Anknüpfungsleiter: (1) gemeinsames Heimatrecht; (2) gemeinsamer gewöhnlicher Aufenthalt; (3) niederländisches Recht (Art 1 Abs 1). Dem Fehlen eines gemeinsamen Heimatrechts wird der Fall gleichgestellt, daß für eine der Parteien eine wirkliche gesellschaftliche Verbundenheit mit dem Land der gemeinsamen Staatsangehörigkeit offensichtlich fehlt; in diesem Fall kommt das gemeinsame Heimatrecht nur zur Anwendung, wenn die Parteien eine entsprechende Rechtswahl treffen (Art 1 Abs 2). Schließlich haben die Parteien in jedem Fall das Recht, zugunsten der Anwendung niederländischen Scheidungsrechts zu optieren (Art 1 Abs 4; vgl VAN ROOIJ/POLAK, PrIntLaw 215 ff).

204 Auch im internationalen **Kindschaftsrecht** wird grundsätzlich an die Staatsangehörigkeit angeknüpft (COHEN HENRIQUES, IPR-Trends 68 mwN). Dabei werden die Ehelichkeit von Kindern und die Rechtsbeziehungen zwischen Eltern und ehelichen Kindern nach dem Heimatrecht des Vaters beurteilt (HR 12. 2. 1965, NJ 1965 Nr 199; SAUVEPLANNE, IPR[8] 39 f). Gleiches gilt für das Vaterschaftsanerkenntnis und die Anfechtung der Ehelichkeit (FRANX, Gutachten zu HR 25. 9. 1987, NJ 1988 152 = NIPR 1988 Nr 281 mwN). Ist die Anfechtung der Ehelichkeit nach dem Heimatrecht des Vaters nicht möglich, kommt niederländisches Recht zur Anwendung, wenn Mutter und Kind in den Niederlanden leben (Rb Rotterdam 10. 5. 1982, NIPR 1983, 160; Rb Amsterdam 25. 8. 1983; VAN ROOIJ/POLAK, PrIntLaw 204 f). Für die Rechtsbeziehungen zwischen einem nichtehelichen Kind und seiner Mutter bzw seinem Vater ist das Heimatrecht des jeweiligen Elternteils maßgebend. Für die *Legitimation* durch nachfolgende Eheschließung gilt Art 1 des CIEC-Abkommens von 1970.

205 Bezüglich der **Annahme an Kindes Statt** neigt die niederländische Rechtsprechung dazu, unter den in Betracht kommenden Rechten dasjenige anzuwenden, das zu dem für das Kind günstigsten Ergebnis führt, wobei ein deutliches „Heimwärtsstreben" zum niederländischen Recht unverkennbar ist. Die Adoption ausländischer Kinder durch niederländische Staatsangehörige wird daher in den Niederlanden grundsätzlich in Anwendung niederländischen Rechts vorgenommen, sofern auch das Heimatrecht des Kindes ein entsprechendes Rechtsinstitut kennt und die Vorschriften dieses Rechts betreffend die Zustimmung der leiblichen Eltern und den Schutz des Kindes beachtet sind (BERGMANN/FERID/WEBER Niederlande 24f; LÜDERITZ RabelsZ 45 [1981] 604 ff; STAUDINGER/HENRICH[12] Vorbem 14 zu Art 22, jeweils m ausf Nachw).

Obwohl Grundstücke nach Art 7 AB – dem Vorbild des Code civil (Art 3 Abs 2) **206**
entsprechend – dem Belegenheitsrecht unterliegen sollen, wird die **Erbfolge** heute
entgegen der früheren Rechtsprechung des Obersten Gerichts (Hoge Raad) einheitlich dem Recht der letzten Staatsangehörigkeit des Erblassers unterworfen (HR
2. 1. 1959, NJ 1959 Nr 188 = RabelsZ 29 [1965] 747; 22. 1. 1965, NJ 1966 Nr 291; SAUVEPLANNE, IPR
52, 47; EBKE RabelsZ 48 [1984] 319, 325 f m ausf Nachw). Teilweise wird in der niederländischen Gerichtspraxis und Lehre zwar auch auf die lex domicilii abgestellt, wenn der
Erblasser zu seinem (niederländischen) Wohnsitzstaat wesentlich engere Bindungen
als zu seinem Heimatstaat hatte (Hof Amsterdam 11. 7. 1946, NJ 1947 Nr 66; Hof Leuwaarden
3. 3. 1957, NJ 1954 Nr 328; Rb Middelburg 12. 6. 1974, NJ 1977 Nr 326 m Anm SCHULTZ; dazu
BAADE NTIR 6 [1959] 174, 180; COHEN HENRIQUES, IPR-Trends 129); diese Auffassung hat
sich freilich bisher nicht durchsetzen können (EBKE RabelsZ 48 [1984] 319, 326 ff mwN).

b) Rück- und Weiterverweisung im niederländischen Recht
Rück- und Weiterverweisung werden in der niederländischen Praxis bisher nur ausnahmsweise anerkannt. So werden Fragen der *Erbfolge*, wenn es zu einer Kollision **207**
zwischen dem Recht der Staatsangehörigkeit des Erblassers und der Anknüpfung
fremder Kollisionsnormen an den letzten Wohnsitz kommt, ohne Rücksicht auf eine
etwaige Rück- oder Weiterverweisung nach dem Recht der Staatsangehörigkeit entschieden. Das Berufungsgericht in Den Haag verwarf die Rückverweisung mit dem
Argument, das nach niederländischer Rechtsauffassung maßgebliche Recht brauche
demjenigen, das von fremden Kollisionsnormen für maßgeblich erklärt werde, nicht
zu weichen (Hof's-Gravenhage 23. 2. 1942, NJ 1942 Nr 327; ebenso Hof's-Gravenhage 28. 4. 1947,
NJ 1947 Nr 743; Rb Utrecht 17. 11. 1954, NJ 1955 Nr 372). Auch das ältere Schrifttum war
strikt gegen die Rückverweisung eingestellt. So leitet ein maßgeblicher Autor seine
Darstellung des Problems mit der knappen Feststellung ein: „Ons ipr, zo bleek
reeds, kent het renvoi niet" (LEMAIRE, IPR 362; einschränkend auch VAN ROOIJ/POLAK, PrIntLaw 240 f).

Während sich an der ablehnenden Haltung der niederländischen Praxis zur Berück- **208**
sichtigung einer *Weiter*verweisung nichts geändert hat, tendieren niederländische
Gerichte in neuerer Zeit verstärkt zu einer Beachtung der *Rück*verweisung auf niederländisches Recht. So wurde im Falle der *Adoption* italienischer Kinder durch
niederländische Eltern die Rückverweisung des italienischen Rechts auf niederländisches Recht anerkannt (Rb Utrecht 25. 1. 1967, NJ 1970 Nr 262; vgl ferner Rb Middelburg
21. 12. 1984, NIPR 1985, 351). Dieser Trend findet auch in der neueren niederländischen
Literatur Zustimmung (vgl COHEN HENRIQUES, IPR-Trends 50; SAUVEPLANNE, IPR[8] 80 ff,
jeweils mwN). Demgemäß hat auch der niederländische Gesetzgeber in den jüngeren
Gesetzen zum internationalen Namensrecht vom 3. 7. 1989 (Art 1 Abs 1 S 2) und
zum Kollisionsrecht der Eheschließung vom 7. 9. 1989 (Art 5 Abs 3) klargestellt, daß
es sich bei den dort normierten Verweisungen auf ausländisches Recht um Gesamtverweisungen handelt. Im Zuge der niederländischen IPR-Reform soll an der
grundsächlichen Ablehnung einer Rück- oder Weiterverweisung festgehalten werden (vgl BOELE-WOELKI IPRax 1995, 266).

c) Rück- und Weiterverweisung aus deutscher Sicht
Da die niederländischen Kollisionsnormen den deutschen in ihrer grundsätzlichen **209**
Ausrichtung auf die Staatsangehörigkeit entsprechen, sind aus deutscher Sicht Fälle
der Rück- oder Weiterverweisung selten.

aa) Erbrecht

Soweit im internationalen Erbrecht unter Hinweis auf eine frühe höchstrichterliche niederländische Entscheidung (HR 5. 4. 1907, WR Nr 8524) eine Rückverweisung auf deutsches Belegenheitsrecht angenommen wurde (LG Kleve 21. 12. 1962, IPRspr 1962/63 Nr 147), beruhte dies auf einem Mißverständnis, denn die auf das Belegenheitsrecht verweisende niederländische Kollisionsnorm (Art 7 AB) gilt nach nunmehr hM nicht im Erbrecht, so daß ein niederländischer Erblasser grundsätzlich insgesamt und ohne Rücksicht auf die Belegenheit der Nachlaßgegenstände nach niederländischem Recht beerbt wird (zutr OLG Düsseldorf 2. 6. 1963, NJW 1963, 2227 = IPRspr 1962/63 Nr 149; 26. 8. 1963, DNotZ 1964, 351 = IPRspr 1962/63 Nr 151; 23. 3. 1985, IPRspr 1985 Nr 104; OLG Köln 6. 9. 1963, IPRspr 1962/63 Nr 152; OLG Hamm 18. 12. 1963, NJW 1964, 553 = IPRspr 1962/63 Nr 154; AG Bad Homburg 13. 7. 1977, IPRspr 1977 Nr 103; OLG Celle 22. 1. 1982, IPRspr 1982 Nr 113). Etwas anderes gilt nur für im Inland belegene Nachlaßgegenstände, die einer inländischen Sonderregelung, insbesondere der Höfeordnung der ehemals Britischen Zone unterliegen; hier ergibt sich jedoch die Anwendung deutschen Rechts aus Art 3 Abs 3 und nicht aus Art 4 Abs 1 EGBGB (OLG Köln 1. 12. 1954, IPRspr 1954/55 Nr 133; dazu Art 3 Rn 108). Allgemeine Vorschriften des deutschen Rechts, wie etwa die Bestimmungen über die Erteilung eines Testamentsvollstreckerzeugnisses oder über die Verfügungsbefugnis eines Miterben, sind keine „besonderen Vorschriften" iS des Art 3 Abs 3 und ändern daher nichts an der Geltung niederländischen Erbrechts für den gesamten Nachlaß (OLG Neustadt 25. 5. 1951, JZ 1951, 644 m Anm NEUHAUS = IPRspr 1950/51 Nr 112; LG Aachen 11. 12. 1970, IPRspr 1970 Nr 93 A). Auch eine Rückverweisung auf das Recht am letzten Wohnsitz des Erblassers kommt nach derzeitigem niederländischem Kollisionsrecht nicht in Betracht, mag der Erblasser auch besonders enge Bindungen zur Rechtsordnung seines Wohnsitzstaates unterhalten haben (EBKE RabelsZ 48 [1984] 335 ff; aA LG Koblenz 17. 7. 1958, JZ 1959, 316 m abl Anm DROBNIG = IPRspr 1958/59 Nr 206).

bb) Eherecht

210 Grundsätzlich nimmt das niederländische IPR die deutsche Verweisung auf das Heimatrecht niederländischer Ehegatten an (vgl OLG Oldenburg 22. 5. 1991, Rpfleger 1991, 412 = IPRspr 1991 Nr 81). Zu einer Rück- bzw Weiterverweisung des – nach Art 13 Abs 1 EGBGB maßgeblichen – niederländischen Heimatrechts von Verlobten, die in Deutschland oder in einem Drittstaat die Ehe geschlossen haben, führt Art 5 des niederländischen Gesetzes über das Kollisionsrecht der Eheschließung vom 7. 9. 1989, der auch hinsichtlich der materiellen Ehevoraussetzungen auf das Recht des Staates verweist, in dem die Eheschließung stattgefunden hat. Im internationalen *Scheidungsrecht* kommt eine Rückverweisung des – als gemeinsames Heimatrecht der Ehegatten nach Art 17 Abs 1 iVm Art 14 Abs 1 Nr 1 EGBGB zur Anwendung berufenen – niederländischen Rechts auf das deutsche Aufenthaltsrecht in Betracht, wenn die Ehegatten eine wirkliche gesellschaftliche Verbundenheit mit den Niederlanden offensichtlich verloren haben (Art 1 Abs 2 Gesetz vom 25. 3. 1981).

cc) Kindschaftsrecht

211 Aufgrund der Neigung niederländischer Gerichte zur Anwendung des eigenen Rechts in Fragen des Kindschaftsrechts scheidet ein Renvoi idR aus (vgl AG Flensburg 31. 12. 1980, StAZ 1981 1998 = IPRspr 1980 Nr 115 und LG Koblenz 7. 3. 1991, StAZ 1991, 169 = IPRspr 1991 Nr 112, jeweils zur ehelichen Abstammung; AG Stolzenau 17. 3. 1980, IPRspr 1980

Nr 107 und 21. 5. 1985, IPRspr 1985 Nr 110, jeweils zur Adoption eines deutschen Kindes durch ein niederländisches Ehepaar).

d) Staatsverträge
Die Niederlande sind den Genfer Wechsel- und Scheckabkommen von 1930/31 bei- **212** getreten, haben also auf staatsvertraglicher Ebene insoweit die Rück- und Weiterverweisung anerkannt (s o Art 4 Rn 118 f). Andererseits haben sie auch die beiden Haager Unterhaltsabkommen von 1956 und 1973 sowie das Haager Minderjährigenschutzabkommen von 1961 ratifiziert, die eine Verweisung auf fremdes Recht nur als Sachnormverweisung behandelt wissen wollen (s o Art 4 Rn 125, 128 ff). Auch dem Haager Testamentsabkommen von 1961, für das gleiches gilt (s o Art 4 Rn 126 f), sind die Niederlande nach längerem Zögern im Jahre 1982 beigetreten; gleichzeitig wurde das Verbot eigenhändiger Testamente im niederländischen materiellen Erbrecht (Art 992 BW aF; dazu FERID/FIRSCHING/WEBER Niederlande Vorbem 2; STAUDINGER/ FIRSCHING[12] Vorbem 278 zu Art 24–26 EGBGB) beseitigt (BREEMHAAR IPRax 1983, 93 f). Im deutsch-niederländischen Rechtsverkehr gilt aber auch das Haager Kindesentführungsabkommen von 1980, das in Art 3 Abs 1 eine Gesamtverweisung auf das Aufenthaltsrecht des Kindes ausspricht (s Art 4 Rn 132 f). Eine Rückverweisung kann sich aus deutscher Sicht auch aus den zwar nicht von der Bundesrepublik Deutschland, wohl aber von den Niederlanden ratifizierten Haager Übereinkommen über das anwendbare Recht auf Straßenverkehrsunfälle von 1971, auf die Produkthaftpflicht von 1973 und auf die Ehegüterstände von 1978 ergeben, die als „loi uniforme" auch im Verhältnis zu Nichtvertragsstaaten angewandt werden (s Art 4 Rn 135 ff). Für das Güterrecht in vor dem 23. 8. 1977 geschlossenen Ehen kommt auch ein Renvoi auf das Heimatrecht des Ehemannes nach Art 2 des Haager Ehewirkungsabkommens von 1905 in Betracht, das in den Niederlanden auf solche Altehen weiter angewandt wird (HR 27. 3. 1981, NJ 1981 Nr 335; SCHOTTEN IPR Anh II Rn 405).

5. Italien*

a) Kollisionsnormen
Das italienische Zivilgesetzbuch (Codice civile) von 1942 enthielt in seinen Einfüh- **213**

---

* Schrifttum: BALLADORE PALLIERI, Diritto internazionale privato italiano (1974); ders, Sul progetto di riforma del sistema italiano di diritto internazionale privato, Riv dir int 73 (1990) 741; BALLARINO, Diritto internazionale privato (1982); BAREL, in: CIAN/TRABUCCHI (Hrsg), Commentario breve al codice civile[3] (1988); BARILE, Lezioni di Diritto Internazionale Privato[2] (1989); CAMPIGLIO, Il rapporto di filiazione nel diritto internazionale privato italiano (1990); DAVÌ, Problemi di diritto internazionale privato relativi all'applicazione della nuova legge italiana sull'adozione, Dir Fam 1988, 481; ders, Le questioni generali del diritto internazionale privato nel progetto di riforma, Riv dir int 73 (1990) 556; EBENROTH/KLEISER, Das internazionale Erbrecht in Italien und seine Reform, RIW 1993, 353; FERID/FIRSCHING/STADLER Italien (Stand: 1994) Grdz Rn 9-20; FRANCESCHELLI, Il nuovo diritto internazionale privato (Milano 1995); FUMAGALLI, La riforma del diritto internazionale privato nel disegno di legge governativo, Riv dir int priv proc 1993, 494; GAJA (Hrsg), La Riforma del diritto internazionale privato e processuale (Milano 1994); GAROFALO, I rapporti patrimoniali tra coniugi nel diritto internazionale privato (1987); HOHLOCH, Verfassungswidrigkeit des Ehewirkungs- und Ehescheidungsstatuts des italienischen Rechts (Art 18 Disp prel al Codice Civile), IPRax 1987, 257; JAYME, Neues Adoptionsrecht in Italien – Sachnormen und Internationa-

rungsvorschriften (disposizioni preliminari) nur wenige Kollisionsnormen, die in den Bereichen des Personen-, Familien- und Erbrechts durchwegs auf die Staatsangehörigkeit abstellten (Art 17–21, 23 disp prel). Da diese Vorschriften im wesentlichen noch auf der Kodifikation von 1865 beruhten und teilweise wegen Verstoßes gegen den Grundsatz der Gleichberechtigung von Mann und Frau von der Corte Costituzionale für verfassungswidrig erklärt worden waren, ist in Italien am 31. 5. 1995 ein **neues IPR-Gesetz** verabschiedet worden, das – anknüpfend an moderne IPR-Kodifikationen in anderen europäischen Staaten – eine umfassende Regelung des internationalen Privat- und Verfahrensrechts enthält. Das Gesetz ist am 1. 9. 1995 in Kraft getreten (vgl zur Geschichte der Reform näher STAUDINGER/STURM Einl 445 ff).

214 Auch das neue IPR-Gesetz knüpft im internationalen Personen-, Familien- und Erbrecht – italienischer Tradition entsprechend – primär an die **Staatsangehörigkeit** an. Im Falle der *Mehrstaatigkeit* kommt es auf das Heimatrecht an, mit dem die engste Verbindung besteht; die italienische Staatsangehörigkeit hat jedoch stets Vorrang (Art 19 Abs 2). Für *Staatenlose* gilt stattdessen das Wohnsitzrecht und hilfsweise das Aufenthaltsrecht (Art 19 Abs 1). Das Heimatrecht gilt uneingeschränkt für personenrechtliche Fragen, wie die Rechtsfähigkeit (Art 20), Verschollenheit und Todesvermutungen (Art 22), die Geschäftsfähigkeit (Art 23), sowie für das Bestehen und den Inhalt von Persönlichkeitsrechten (Art 24). Gesellschaften und juristische Personen unterstehen grundsätzlich dem Recht des Staates, in dem sie gegründet wurden; haben sie ihren Verwaltungssitz in Italien, so gilt aber stets italienisches Recht (Art 25 Abs 1).

215 Die Ehefähigkeit und die sonstigen materiellen Voraussetzungen der **Eheschließung** bestimmen sich für jeden Verlobten nach seinem Heimatrecht im Zeitpunkt der Heirat; die Auflösung einer früheren Ehe durch ein in Italien gesprochenes oder anerkanntes Urteil ist jedoch ohne Rücksicht auf das Heimatrecht zu beachten (Art 27). Hinsichtlich der Form ist die Ehe gültig, wenn die Formvorschriften des Eheschließungsorts, des Heimatrechts mindestens eines Ehegatten oder des Rechts

les Privatrecht, IPRax 1983, 305; ders, Internationalprivatrechtliche Fragen des neuen italienischen Scheidungsrechts, FamRZ 1988, 790; ders, Verfassungswidrigkeit der Anknüpfung an das Heimatrecht des Vaters im italienischen IPR, IPRax 1988, 322; ders, Italienischer Gesetzentwurf zur Reform des Internationalen Privatrechts, IPRax 1990, 832; JÜRGENS, Verfassungsrecht und IPR in Italien, RabelsZ 52 (1988) 342; ders, IPR und Verfassung in Italien und in der Bundesrepublik Deutschland (1990); S LORENZ, Rückverweisung des italienischen internationalen Erbrechts auf die lex rei sitae bezüglich der Ausgestaltung der Erbengemeinschaft, IPRax 1990, 82; LUTHER, Das italienische sachliche und internationale Adoptionsrecht nach dem Gesetz vom 4. 5. 1983, StAZ 1983, 333; MENGOZZI, Diritto internazionale privato (1990); MONACO, L'efficacia della legge nello spazio (1964); MORELLI, Elementi di diritto internazionale privato italiano[11] (Ristampa 1984); POCAR, Le disposizioni generali sui conflitti di legge nel progetto italiano di riforma del diritto internazionale privato, in: FS Schwind (1993) 117; SIEHR, Reform des italienischen IPR, RabelsZ 48 (1984) 743 und 54 (1990) 735; VITTA, Diritto internazionale privato, 3 Bde (1972–1975); VITTA/MOSCONI, Corso di diritto internazionale privato e processuale[5] (1994); WENGLER, Zur Anwendung italienischen Adoptionsrechts durch deutsche Gerichte, IPRax 1987, 8; WINKLER, Zum Reformentwurf für das neue italienische Kollisionsrecht, JbItalR 1991, 101.

am gemeinsamen gewöhnlichen Aufenthalt der Ehegatten im Zeitpunkt der Eheschließung eingehalten worden sind (Art 28).

Die **persönlichen Ehewirkungen** unterliegen primär dem gemeinsamen Heimatrecht **216** der Ehegatten (Art 29 Abs 1); in gemischtnationalen Ehen gilt das Recht desjenigen Staates, in dem die Ehe vorwiegend geführt wird (Art 29 Abs 2). Für das eheliche *Güterrecht* räumt der italienische Gesetzgeber den Ehegatten nunmehr ein beschränktes Wahlrecht ein; danach können sie entweder das Heimatrecht oder das Aufenthaltsrecht eines jeden Ehegatten wählen (Art 30 Abs 1 S 2). Die Rechtswahl ist jedoch nur dann gültig, wenn sie entweder vom gewählten Recht oder vom Recht des Ortes, an dem die Rechtswahl getroffen wurde, als solche anerkannt wird (Art 30 Abs 2). In Ermangelung einer Rechtswahl unterliegt das eheliche Güterrecht – wandelbar – dem Ehewirkungsstatut (Art 30 Abs 1 S 1). *Ehetrennung und Ehescheidung* bestimmen sich primär nach dem gemeinsamen Heimatrecht der Ehegatten im Zeitpunkt der Klageerhebung; in Ermangelung eines gemeinsamen Heimatrechts gilt auch hier das Recht des Staates, in dem die Ehe vorwiegend geführt worden ist (Art 31 Abs 1). Ist nach dem anwendbaren ausländischen Recht eine Ehescheidung bzw -trennung nicht vorgesehen, so gilt hilfsweise italienisches Recht (Art 31 Abs 2).

Im **internationalen Kindschaftsrecht** ist zentrales Anknüpfungsmerkmal die Staatsan- **217** gehörigkeit des Kindes. So bestimmt dessen Heimatrecht im Zeitpunkt der Geburt über seinen Status (Art 33 Abs 1). Darüber hinaus ist das Kind jedoch auch dann ehelich, wenn es diesen Status nach dem Heimatrecht eines Elternteils erlangt hat (Art 33 Abs 2). Das Heimatrecht des Kindes im Zeitpunkt der Geburt regelt auch die Voraussetzungen und Wirkungen einer Feststellung bzw Bestreitung der ehelichen oder nichtehelichen Abstammung; die nach dem Heimatrecht eines Elternteils bestehende Ehelichkeit kann jedoch nur nach Maßgabe dieses Rechts angefochten werden (Art 33 Abs 3). Auf die *Legitimation* durch nachfolgende Eheschließung ist alternativ das Heimatrecht des Kindes oder das Heimatrecht eines der Eltern zur Zeit des Eintritts der Legitimation anwendbar (Art 34 Abs 1). In allen anderen Fällen bestimmt sich die Legitimation nach dem Heimatrecht des Elternteils, dem gegenüber das Kind legitimiert werden soll; maßgebend ist das Heimatrecht im Zeitpunkt der Klageerhebung bzw – wenn die Feststellung der Legitimation erst nach dem Tode des Elternteils erfolgen soll – im Zeitpunkt des Todes (Art 34 Abs 2). Die Voraussetzungen der *Vaterschaftsanerkennung* gegenüber einem nichtehelichen Kind beurteilen sich alternativ nach dem Heimatrecht des Kindes im Zeitpunkt der Geburt oder dem Heimatrecht des Anerkennenden im Zeitpunkt der Abgabe des Anerkenntnisses (Art 35 Abs 1). Auch die persönlichen und vermögensrechtlichen Beziehungen zwischen Eltern und Kindern einschließlich der *elterlichen Sorge* unterstehen dem Heimatrecht des Kindes (Art 36).

Die Voraussetzungen der **Adoption** unterliegen dem Heimatrecht des Annehmen- **218** den; im Fall der Ehegattenadoption entscheidet primär das gemeinsame Heimatrecht der Annehmenden, hilfsweise ihr gemeinsames Aufenthaltsrecht und bei dessen Fehlen das Recht des Staates, in dem das eheliche Leben der Annehmenden im Zeitpunkt der Adoption seinen Schwerpunkt hat (Art 38 Abs 1 S 1). Jedoch gilt italienisches Recht, wenn bei einem italienischen Gericht der Antrag auf Adoption eines Minderjährigen gestellt wird, die diesem den Status eines ehelichen Kindes verschafft (Art 38 Abs 1 S 2). Etwaige Zustimmungserfordernisse für die Volljährigenadoption bestimmen sich in jedem Fall nach dem Heimatrecht des Angenommenen (Art 38 Abs 2). Für *Schutzmaßnahmen* zugunsten Minderjähriger verweist Art 42 auf das Haager Minderjährigenschutzabkommen vom 5. 10. 1961. Die Vorschriften dieses Übereinkommens werden in Italien auch auf Personen angewandt, die nur nach ihrem Heimatrecht minderjährig sind, sowie auf Personen, die ihren gewöhnlichen Aufenthalt nicht in einem Vertragsstaat haben (Art 42 Abs 2). Die Voraussetzungen und Wirkungen von Maßnahmen zum Schutz von geschäftsunfähigen Volljährigen sowie die Rechtsbeziehungen zwischen dem Geschäftsunfähigen und seinem gesetzlichen Vertreter beurteilen sich nach dem Heimatrecht des Geschäftsunfähigen (Art 43 S 1).

219 Die **Rechtsnachfolge von Todes wegen** bestimmt sich grundsätzlich nach dem Heimatrecht des Erblassers im Zeitpunkt seines Todes (Art 46 Abs 1). Jedoch läßt das italienische Recht nunmehr eine begrenzte Rechtswahl des Erblassers zugunsten des Rechts seines Aufenthaltsstaates zu. Die Rechtswahl muß ausdrücklich in testamentarischer Form erklärt werden; sie kann nicht auf einzelne Teile der Erbschaft beschränkt werden und verliert ihre Wirksamkeit, wenn der Erblasser im Zeitpunkt seines Todes seinen Aufenthalt nicht mehr in diesem Staat hat. Ferner berührt die Rechtswahl eines italienischen Erblassers nicht die Rechte der Pflichterben nach italienischem Erbrecht, sofern diese sich im Zeitpunkt des Erbfalls in Italien aufhalten (Art 46 Abs 2). Das Erbstatut gilt grundsätzlich auch für die Erbauseinandersetzung; insoweit sind die Miterben jedoch berechtigt, eine Rechtswahl zugunsten des Rechts am Ort der Eröffnung der Erbschaft oder zugunsten des Belegenheitsrechts eines oder mehrerer Nachlaßgegenstände zu treffen (Art 46 Abs 3). Die Testierfähigkeit beurteilt sich nach dem Heimatrecht des Testators im Zeitpunkt der Errichtung, der Änderung oder des Widerrufs des Testaments (Art 47).

b) Rück- und Weiterverweisung im italienischen Recht

220 Die Beachtlichkeit einer Rück- oder Weiterverweisung (rinvio indietro/rinvio oltre) wurde bis zur IPR-Reform von 1995 im italienischen IPR (Art 30 disp prel) eindeutig verneint. Der italienische Gesetzgeber verstand also die eigenen Kollisionsnormen durchgängig als *Sachnormverweisungen*. Den italienischen Gerichten ist dieser Verzicht auf Rück- und Weiterverweisung allerdings nicht immer leicht gefallen, entzog er ihnen doch die Möglichkeit, im Einklang mit fremden Kollisionsnormen eigene Rechtsvorstellungen zu verwirklichen. So mußten in einem Erbstreit alle drei Instanzen bis hin zur Corte di Cassazione dem Testament einer gebürtigen Italienerin und naturalisierten Amerikanerin gegenüber den italienischen Noterbrechtsvorschriften zur Durchsetzung verhelfen, obwohl die Erblasserin ihren letzten Wohnsitz in Italien gehabt hatte und ein amerikanischer Richter deshalb vermutlich – auch seinerseits unter Verzicht auf eine Rückverweisung – italienisches Recht angewandt hätte (Cass 3. 4. 1970 [Mastroianni c Sgueglia ed altri], Riv dir int priv proc 1971, 617; zust VITTA, DIP I 347–348). Im Streit um die Gültigkeit der Ehe zwischen einem italienischen und einer britischen Adeligen waren zwar alle drei Instanzen darüber einig, daß die frühere Ehe der Frau vom Tribunal de la Seine (Paris) wirksam geschieden worden war, der klagende Ehemann sich also nicht auf die Unwirksamkeit der Eheschließung berufen könne; sie mußten dabei aber die französische Scheidung für wirksam erklären, ohne die Weiterverweisung des englischen Heimatrechts der Ehefrau auf das französische Scheidungsstatut berücksichtigen zu können. Die Bedeutung des Falles lag nicht zuletzt darin, daß zur Zeit des Rechtsstreits in Italien noch keine Scheidung möglich war, die Auflösung einer Ehe also nur durch Geltendmachung von Ehenichtigkeitsgründen erreicht werden konnte. In erster Instanz bemühte das Tribunale das Haager Eheschließungsabkommen von 1902, das zwar von Italien, nicht aber von Großbritannien ratifiziert worden ist und daher nicht anwendbar war; die Corte d'Appello und schließlich die Corte di Cassazione behalfen sich mit dem Argument, das französische Urteil werde als anzuerkennende Statusänderung unmittelbar von den Sachnormen des englischen Rechts gedeckt, ohne daß es des Umwegs über die Kollisionsnormen bedürfe (Cass 14. 3. 1968 [Rossi di Montelera c Forbes de Granard], Riv dir int priv proc 1968, 674; VITTA, DIP I 349–350).

Nachdem der vom italienischen Senat bereits gebilligte Entwurf für das IPR-Gesetz **221** den vollständigen Ausschluß des Renvoi in Art 13 zunäcnt wiederum festgeschrieben hatte, hat sich der italienische Gesetzgeber in letzer Minute doch noch für eine flexiblere Lösung der Rückverweisungsproblematik entschieden. Art 13 IPRG lautet in seiner Gesetz gewordenen Fassung wie folgt:

(1) Wenn in den nachfolgenden Artikeln auf ausländisches Recht verwiesen wird, so ist eine (Rück- oder Weiter-) Verweisung des ausländischen internationalen Privatrechts auf das Recht eines anderen Staates zu berücksichtigen:

a) wenn das Recht dieses Staates die Verweisung annimmt;

b) wenn es sich um eine Verweisung auf das italienische Recht handelt.

(2) Die Anwendung von Abs. 1 ist jedoch ausgeschlossen:

a) in den Fällen, in denen die Vorschriften dieses Gesetzes ausländisches Recht auf der Grundlage einer von den betroffenen Parteien vereinbarten Rechtswahl für anwendbar erklären;

b) in Bezug auf die Vorschriften, welche die Form von Rechtsgeschäften betreffen;

c) in Bezug auf die Vorschriften des XI. Kapitels dieses Titels.

(3) In den Fällen der Art 33, 34 und 35 wird eine Rück- oder Weiterverweisung nur beachtet, wenn sie zur Anwendung eines Rechts führt, das die Feststellung der Abstammung zuläßt.

(4) Soweit dieses Gesetz ein internationales Abkommen für allseitig anwendbar erklärt, ist bezüglich einer Rück- oder Weiterverweisung stets die Lösung des Übereinkommens zu befolgen.

Mit dieser Regelung hat das italienische Kollisionsrecht eine bemerkenswerte Kehrtwendung gegenüber der Lösung im Codice Civile von 1942 und von 1865 vollzogen. Nach Art 13 Abs 1 b ist – in Übereinstimmung mit Art 4 Abs 1 EGBGB – nunmehr eine Rückverweisung von den italienischen Gerichten grundsätzlich zu beachten. Für die Weiterverweisung gilt dies nach Art 13 Abs 1 a nur eingeschränkt für den Fall, daß das Recht des dritten Staates die Verweisung annimmt. Ebenfalls in Übereinstimmung mit dem deutschen Recht (Art 4 Abs 2 EGBGB) werden Rück- und Weiterverweisung nach Art 13 Abs 2 a nicht beachtet, wenn die Parteien – zB im Ehegüterrecht (Art 30) oder Erbrecht (Art 46 Abs 2) – eine zulässige Rechtswahl getroffen haben. Der Ausschluß des Renvoi gilt ferner für alle Kollisionsregeln, welche die Form von Rechtsgeschäften betreffen, sowie auf dem gesamten Gebiet der im Kapitel XI des Titels III geregelten außervertraglichen Schuldverhältnisse. Als Sachnormverweisungen gewertet werden danach insbesondere die Kollisionsregeln auf dem Gebiet des Wertpapierrechts (Art 59), der Vollmacht (Art 60), der Geschäftsführung ohne Auftrag und der ungerechtfertigten Bereicherung (Art 61), sowie der unerlaubten Handlungen (Art 62) und der Produkthaftung (Art 63). Schließlich wird im internationalen Kindschaftsrecht (Art 33 bis 35) eine Rück- oder Weiterverweisung nur beachtet, wenn sie die Feststellung der – ehelichen bzw nichtehelichen – Abstammung begünstigt. Soweit die italienischen Kollisionsnormen ausdrücklich auf einen Staatsvertrag verweisen und diesen für allseitig anwendbar erklären, ist der Standpunkt des Staatsvertrags zur Frage des Renvoi auch insoweit maßgeblich, als seine Regelungen nur kraft der Verweisung des italienischen autonomen Kollisionsrecht gelten (vgl dazu u Rn 227).

c) **Rück- und Weiterverweisung aus deutscher Sicht**

222 Der in Art 30 disp prel angeordnete Ausschluß der Rück- oder Weiterverweisung hinderte deutsche Gerichte freilich schon bisher nicht, die italienische Sachnormverweisung als Rück- oder Weiterverweisung zu berücksichtigen (so schon BGH 14. 2. 1958, NJW 1958, 750 m krit Anm RAAPE = AWD 1958, 57 m zust Anm GRAUE = IPRspr 1958/59 Nr 39; MEZGER Rev crit 47 [1958] 550), zumal gerade dadurch Entscheidungseinklang hergestellt wurde.

Im **Personen- und Familienrecht** trat das Problem mit Rücksicht auf die gemeinsame Anknüpfung beider Rechtsordnungen an die Staatsangehörigkeit bis zur deutschen IPR-Reform von 1986 praktisch nicht auf. Die deutschen Gerichte gingen daher durchwegs von einer Annahme der deutschen Verweisung durch das italienische Kollisionsrecht aus (vgl etwa zur Ehetrennung BGH 22. 3. 1967, BGHZ 47, 324 = FamRZ 1967, 452 = JZ 1967, 671 m Anm HELDRICH = IPRspr 1966/67 Nr 90; OLG Karlsruhe 14. 7. 1981, IPRax 1982, 75 m Anm JAYME 56 = IPRspr 1981 Nr 78; OLG Stuttgart 13. 11. 1981, FamRZ 1982, 296 = IPRspr 1981 Nr 86; OLG Frankfurt 18. 1. 1985, FamRZ 1985, 619 = IPRspr 1985 Nr 172; zur Ehescheidung AG München 15. 3. 1982, IPRspr 1982 Nr 156; AG Passau 25. 1. 1983, IPRspr 1983 Nr 62; OLG Celle 19. 12. 1983, FamRZ 1984, 280 = IPRspr 1983 Nr 158 und 17. 4. 1984, IPRspr 1984 Nr 62; zur Ehelichkeit von Kindern BGH 15. 2. 1984, BGHZ 90, 129 = NJW 1984, 1299 = StAZ 1984, 194 m Anm BEITZKE = IPRax 1986, 35 m Anm KLINKHARDT 21 = IPRspr 1984 Nr 96; OLG Stuttgart 6. 11. 1984, StAZ 1985, 106 = IPRspr 1984 Nr 204; zur Legitimation LG Bonn 12. 2. 1980, IPRax 1981, 27 m Anm JAYME 18 = IPRspr 1980 Nr 106; AG Hildesheim 29. 7. 1980, IPRspr 1980 Nr 112; AG Flensburg 16. 12. 1980, IPRspr 1980 Nr 114; LG Köln 23. 1. 1985, StAZ 1985, 108 = IPRspr 1985 Nr 102; zur Adoption AG Darmstadt 15. 3. 1982, IPRspr 1982 Nr 103).

223 Danach konnte es namentlich in **gemischt-nationalen Ehen** zu einer Rückverweisung auf deutsches Recht kommen, wenn die Eheleute ihren (letzten) gemeinsamen gewöhnlichen Aufenthalt in Italien hatten und das – von Art 14 Abs 1 Nr 2 (gegebenenfalls iVm mit Art 15 Abs 1, 17 Abs 1 S 1, 19 Abs 1 S 1 EGBGB) zur Anwendung berufene – italienische Kollisionsrecht an die deutsche Staatsangehörigkeit des Ehemannes bzw Vaters anknüpfte. Ein solcher Renvoi war grundsätzlich von den deutschen Gerichten zu beachten, weil er im Ergebnis die Ehefrau bzw Mutter nicht benachteiligte (vgl KG 13. 2. 1986, IPRax 1987, 117 m Anm JAYME 85 = IPRspr 1987 Nr 47 a; dazu allg o Art 4 Rn 101f); er war hingegen ausgeschlossen, soweit die Ehegatten eine

schlüssige Rechtswahl iSv Art 220 Abs 3 S 1 Nr 2 EGBGB getroffen hatten (BGH 8. 4. 1987, NJW 1988, 638 = IPRax 1988, 100 m Anm SCHURIG 88 = IPRspr 1987 Nr 47 b). Nach der Neuregelung des italienischen internationalen Eherechts verbleibt es hingegen regelmäßig bei der Geltung italienischen Sachrechts, weil das IPR-Gesetz von 1995 im Ehewirkungs-, Ehegüter- und Ehescheidungsrecht – in Übereinstimmung mit dem deutschen IPR – primär auf die gemeinsame Staatsangehörigkeit und bei deren Fehlen an den gemeinsamen gewöhnlichen Aufenthalt abstellt. Zu einer Rück- oder Weiterverweisung kann es freilich weiterhin im internationalen *Ehegüterrecht* kommen, weil das italienische IPR den Güterstand nunmehr wandelbar anknüpft (anders das bisherige Recht, vgl noch OLG Karlsruhe 16. 2. 1989, IPRax 1990, 122 m Anm JAYME 102 = IPRspr 1989 Nr 87).

Auch nach 1986 hatte ein Renvoi hingegen regelmäßig auszuscheiden, soweit das **224** deutsche IPR an die Staatsangehörigkeit einer Person oder an die **gemeinsame Staatsangehörigkeit** von Ehegatten oder von Eltern und Kindern anknüpfte (vgl zum Namensrecht LG Rottweil 29. 3. 1989, IPRspr 1990 Nr 130 b; zu den sachlichen Ehevoraussetzungen OLG München 23. 9. 1987, IPRax 1988, 394 m Anm WINKLER VMOHRENFELS 341 = IPRspr 1987 Nr 43 b; OLG Düsseldorf 27. 1. 1982, FamRZ 1992, 815 = IPRax 1993, 251 m Anm HENRICH 236 = IPRspr 1992 Nr 74; zum Ehegüterrecht AG Frankfurt 18. 1. 1991, IPRspr 1991 Nr 80; zur Ehetrennung BGH 1. 4. 1987, NJW 1988, 636 = IPRax 1988, 173 m Anm HEPTING 153 = IPRspr 1987 Nr 59; OLG Stuttgart 8. 1. 1988, NJW-RR 1989, 261 = IPRspr 1988 Nr 166; zum Versorgungsausgleich OLG Koblenz 21. 3. 1991, FamRZ 1991, 1323 = IPRspr 1991 Nr 89; zum Vaterschaftsanerkenntnis KG 18. 10. 1990, IPRspr 1990 Nr 138). Eine Rückverweisung wurde aber auch dann ausgeschlossen, wenn italienisches Recht als (letztes) gewöhnliches Aufenthaltsrecht der Ehegatten zur Anwendung berufen war (vgl zur Ehescheidung OLG Köln 27. 4. 1989, IPRax 1989, 310 = IPRspr 1989 Nr 89; AG Mainz 24. 7. 1991, IPRspr 1991 Nr 95). Daran hat sich auch durch das Inkrafttreten des italienischen IPRG nichts geändert.

Rück- oder Weiterverweisung kommen demgegenüber künftig vor allem im interna- **225** tionalen **Kindschaftsrecht** in Betracht, wo das IPRG – soweit keine Staatsverträge eingreifen – nicht an den gewöhnlichen Aufenthalt, sondern an die Staatsangehörigkeit des Kindes anknüpft (vgl – zum bisherigen Recht – auch LG Memmingen 12. 7. 1989, DAVorm 1989, 796 = IPRspr 1989 Nr 160: Rückverweisung des italienischen Aufenthaltsrechts des nichtehelichen Kindes auf das deutsche Heimatrecht der Mutter nach Art 20 disp prel). Auf dem Gebiet der Adoption von Minderjährigen sprach das bisherige italienische Recht eine Teilrückverweisung auf deutsches Recht aus, wenn ein deutsches Kind vom italienischen Ehemann seiner Mutter adoptiert wurde (vgl AG Recklinghausen 14. 6. 1982, IPRspr 1982 Nr 104; AG Wolfsburg 10. 6. 1983, IPRspr 1983 Nr 110; AG Münster 4. 1. 1985, IPRspr 1985 Nr 106; OLG Hamm 31. 3. 1993, FamRZ 1994, 657 = IPRspr 1993 Nr 112; dazu JAYME Riv dir int priv proc 21 [1985] 453 ff). Demgegenüber dürfte es sich bei der neuen Regelung in Art 38 Abs 1 S 2 IPRG um eine spezielle Vorbehaltsklausel handeln, der keine versteckte Rückverweisung auf deutsches Recht entnommen werden kann, wenn ein Italiener die Adoption eines Minderjährigen in Deutschland beantragt.

Im internationalen **Erbrecht** folgt das italienische Recht zwar grundsätzlich dem **226** Staatsangehörigkeitsprinzip und dem Grundsatz der Nachlaßeinheit, so daß auch insoweit ein Renvoi regelmäßig ausscheidet (vgl BayObLG 2. 12. 1965, BayObLGZ 1965, 423 = NJW 1967, 447 = IPRspr 1964/65 Nr 297 und 3. 8. 1993, FamRZ 1994, 330 = IPRspr 1993

Nr 116; OLG Frankfurt 17. 5. 1985, IPRax 1986, 111 m Anm GRUNDMANN 94 = IPRspr 1985 Nr 116; OLG Hamm 13. 8. 1992, FamRZ 1993, 607 m Anm HAAS = IPRspr 1992 Nr 161). Das italienische Recht unterscheidet insoweit jedoch – ähnlich wie das österreichische Recht (s u Rn 264) – zwischen „titulus" und „modus". Während der „titulus" der Erbfolge, also insbesondere die Bestimmung der gesetzlichen Erben und deren Quoten sowie die inhaltliche Gültigkeit einer Verfügung von Todes wegen, dem durch die Staatsangehörigkeit des Erblassers zum Zeitpunkt seines Todes bestimmten Erbstatut unterliegt, entscheidet über den „modus" die jeweilige lex rei sitae (VITTA/MOSCONI, Corso 305; CIAN/TRABUCCHI Art 23 Disp prel Anm IV 1, V 1). Zum „modus" gehört insbesondere die Frage, in welcher Art die Berechtigung an den einzelnen Nachlaßgegenständen entsteht; die lex rei sitae entscheidet daher namentlich auch über die Ausgestaltung der *Erbengemeinschaft* (zB als Bruchteils- oder Gesamthandsgemeinschaft). Die dingliche Berechtigung von Miterben an in Deutschland belegenen Grundstücken bestimmt sich daher kraft einer (Teil-) Rückverweisung des italienischen IPR nach deutschem Recht (§§ 2032 ff BGB; vgl S LORENZ IPRax 1990, 82 f). Zu einer Rückverweisung auf deutsches Recht kann es ferner vor allem aufgrund der neu eingeführten *Rechtswahlmöglichkeiten* im italienischen internationalen Erbrecht kommen; hat ein in Deutschland lebender italienischer Staatsangehöriger testamentarisch die Geltung deutschen Rechts angeordnet, so ist diese Rechtswahl nicht nur – nach Art 25 Abs 2 EGBGB – für den inländischen Immobiliarnachlaß, sondern kraft Rückverweisung (Art 46 Abs 2 IPRG) auch für den gesamten beweglichen Nachlaß wirksam.

d) Staatsverträge

227 Soweit Rück- oder Weiterverweisung durch internationale Abkommen zugelassen werden, denen Italien beigetreten ist, sind sie zu berücksichtigen. Dies gilt für das Haager Eheschließungsabkommen von 1902 (s o Art 4 Rn 116), sowie – abweichend vom autonomen italienischen Kollisionsrecht (Art 13 Abs 2 c iVm Art 59 IPRG) – für die Genfer Wechsel- und Scheckrechtsabkommen von 1930/31 (s o Art 4 Rn 118 f). Andererseits hat Italien das Haager Vormundschaftsabkommen von 1905, sowie die beiden Haager Unterhaltsabkommen von 1956 und 1973 ratifiziert, die jeweils die Rück- und Weiterverweisung ausschließen (s o Art 4 Rn 117, 125, 131). Gleiches gilt für das Haager Minderjährigenschutzabkommen von 1961, das aufgrund der Regelung in Art 42 IPRG in Italien als „loi uniforme" auch auf Minderjährige angewandt wird, die keinen gewöhnlichen Aufenthalt in Italien oder einem anderen Vertragsstaat haben (s o Art 4 Rn 128 ff). Italien hat aber zuletzt auch das Haager Kindesentführungsabkommen von 1980 ratifiziert, das in Art 3 Abs 1 eine Gesamtverweisung auf das Aufenthaltsrecht des Kindes ausspricht (s o Art 4 Rn 132 f).

6. Portugal*

a) Kollisionsnormen

228 Das portugiesische Zivilgesetzbuch vom 25. 11. 1966 regelt das IPR in Art 14–65;

---

* **Schrifttum:** BAPTISTA MACHADO, Liçoes de direito internacional privado[4] (Coimbra 1990); BERGMANN/FERID/HÖRSTER Portugal (Stand: 1982) 9–17; BOGLER, Qualifikationsproblem und Günstigkeitsprinzip in deutsch-portugiesischen Legitimationen, StAZ 1987, 160; FERRER CORREIA, Liçoes de direito internacional privado (Coimbra 1973); ders, Consideraçoes sobre o direito internacional privado (1982); ders, Le principe de l'autonomie du droit international privé dans le système juridique portugais, in: FS Kegel II (1987) 119; ders, Une codification na-

es knüpft den Personenstand, die familienrechtlichen Beziehungen und die Erbfolge in Art 25 grundsätzlich an das Personalstatut (lei pessoal) an. Hierunter wird die *Staatsangehörigkeit* verstanden (Art 31 Abs 1 Cc: „A lei pessoal é a da nacionalidade do indivíduo"). Für Staatenlose ist das Recht des gewöhnlichen, hilfsweise des tatsächlichen Aufenthalts maßgebend (Art 32 Cc). Beim Zusammentreffen mehrerer Staatsangehörigkeiten ist nur die Staatsangehörigkeit des Staates maßgeblich, in dem der Mehrstaater seinen gewöhnlichen Aufenthalt hat oder zu dem er – bei Fehlen eines solchen – die engeren Bindungen unterhält; die portugiesische Staatsangehörigkeit hat jedoch in jedem Falle Vorrang (Art 27, 28 Staatsangehörigkeitsgesetz Nr 37/81 vom 3. 10. 1981; vgl JAYME IPRax 1982, 166).

Das Personalstatut beherrscht insbesondere die Rechts- und Geschäftsfähigkeit, die Persönlichkeitsrechte und die Vormundschaft (Art 26–30 Cc). Auch im internationalen *Eherecht* bestimmt sich die Fähigkeit zur Eingehung der Ehe oder zum Abschluß eines Ehevertrages für jeden der Eheschließenden nach seinem Personalstatut (Art 49 Cc). Die Form der Eheschließung unterliegt hingegen grundsätzlich dem Recht des Staates, in dem sie vorgenommen worden ist (Art 50 Cc); allerdings sieht das portugiesische IPR gewisse Formerleichterungen für die Eheschließung sowohl von Ausländern in Portugal wie von Portugiesen im Ausland vor (Art 51 Abs 1 und 2 Cc).

Im **Statut der Familienbeziehungen** hat die Reform des Zivilgesetzbuchs durch Gesetzesdekret vom 25. 11. 1977 – aufgrund entsprechender verfassungsrechtlicher Vorgaben – nunmehr jede Diskriminierung zwischen Mann und Frau bzw zwischen ehelichen und nichtehelichen Kindern beseitigt. Zu diesem Zweck hat der portugiesische Gesetzgeber – in Übereinstimmung mit dem deutschen Reformgesetzgeber von 1986 – ein System gestufter Anknüpfungen gewählt. So bestimmen sich die *persönlichen Beziehungen zwischen Ehegatten* (einschließlich des Rechts auf Unterhalt) gem Art 52 Cc in erster Linie nach dem gemeinsamen Heimatrecht, bei dessen Fehlen nach dem Recht des gemeinsamen gewöhnlichen Wohnorts und hilfsweise nach dem Recht des Landes, mit dem das familiäre Leben am engsten verbunden ist. Diese Anknüpfungsleiter gilt gem Art 55 Abs 1 Cc auch für die gerichtliche Ehetrennung und die *Ehescheidung*. Entsprechend unterliegen nach Art 53 Cc auch die *güterrechtlichen Wirkungen der Ehe* primär dem gemeinsamen Heimatrecht der Ehe-

tionale du droit international privé à l'épreuve du principe d'égalité: le code civil portugais de 1966 „revisited", in: FS Ago I (1987) 63; ders, O problema do reenvio (devolução) em direito internacional privado, in: Estudos juridicos, Bd III: Direito internacional privado (Coimbra 1970) 99; ders, La question du renvoi dans le nouveau code civil portugais, ibidem 204; GARCÎA VELASCO, Concepción del Derecho internacional privado en el nuevo Código civil portugués (Salamanca 1971); GALVÃO, Rückverweisung in deutsch-portugiesischen Legitimationsfällen?, IPRax 1984, 257; JAYME, Kollisionsnormen im neuen portugiesischen Staatsangehörig-

keitsgesetz, IPRax 1982, 166; ders, Neues Gesellschaftsrecht in Portugal – IPR und Fremdenrecht, IPRax 1987, 46; MARQUES DOS SANTOS, Direito internacional privado (Lissabon 1987); MAGALHAES COLLAÇO, Direito internacional privado, Textas de apoio (Lissabonn 1982); MOURA RAMOS, Portugal – Droit de la famille – Dispositions intéressant le droit international privé, Rev crit 67 (1978) 598; ders, Direito internacional privado português (Coimbra 1987); ders, Aspects récents du droit international privé au Portugal, Rev crit 1988, 473 ff; NEUHAUS/RAU, Das IPR im neuen portugiesischen ZGB, RabelsZ 32 (1968) 500.

schließenden (Abs 1) und ersatzweise dem Recht ihres gemeinsamen gewöhnlichen Aufenthalts im Zeitpunkt der Eheschließung (Abs 2, 1. Alt.); fehlt es an beidem, so gilt in letzter Linie das Recht des ersten ehelichen Wohnortes. Zu einer Änderung des gesetzlichen oder vereinbarten Güterstandes sind die Ehegatten nur nach Maßgabe des nach Art 53 Cc anwendbaren Rechts befugt (Art 54 Cc). Eine Rechtswahlmöglichkeit besteht im portugiesischen internationalen Ehegüterrecht nicht.

230 Da das portugiesische **Kindschaftsrecht** nicht mehr zwischen ehelicher und nichtehelicher Abstammung unterscheidet, sind durch Art 5 des Reformgesetzes Nr 496/77 die Kollisionsregeln über die Legitimation und über die nichteheliche Kindschaft (Art 58, 59 Cc) aufgehoben worden. Die Begründung der Kindschaft bestimmt sich gem. Art 56 Abs 1 Cc nach dem Personalstatut des Erzeugers im Zeitpunkt der Begründung des Verhältnisses. Handelt es sich um das Kind einer verheirateten Frau, wird die Begründung der Kindschaft im Verhältnis zum Vater (der nicht notwendig der Ehemann sein muß) primär durch das gemeinsame Heimatrecht der Mutter und des Ehemannes geregelt; bei seinem Fehlen ist das Recht des gemeinsamen gewöhnlichen Wohnorts der Ehegatten anwendbar und hilfsweise das Personalstatut des Kindes (Art 56 Abs 2 Cc). Maßgebender Zeitpunkt ist grundsätzlich die Geburt des Kindes (Art 56 Abs 3 Cc). Die Beziehungen zwischen Eltern und Kindern werden nach Art 57 Abs 1 Cc durch das gemeinsame Heimatrecht der Eltern und in Ermangelung eines solchen durch das Recht ihres gemeinsamen gewöhnlichen Aufenthalts geregelt; hilfsweise gilt auch hier das Personalstatut des Kindes.

231 Auf die Begründung der **Adoptivkindschaft** ist grundsätzlich das Personalstatut des Adoptierenden anwendbar (Art 60 Abs 1 Cc). Wird die Adoption durch Ehegatten vorgenommen oder ist der zu Adoptierende ein Kind des Ehegatten des Adoptierenden, so ist das gemeinsame Heimatrecht der Ehegatten und bei dessen Fehlen das Recht ihres gemeinsamen gewöhnlichen Aufenthalts anwendbar; hilfsweise gilt das Recht des Landes, mit dem das familiäre Leben der Adoptierenden am engsten verbunden ist (Art 60 Abs 2 Cc). Die Wirkungen der Adoption unterliegen dem Personalstatut des Adoptierenden; im Fall der Ehegattenadoption wird auf die Anknüpfungsleiter des Art 57 Cc verwiesen (Art 60 Abs 3 Cc). Sonderanknüpfungen gelten für erforderliche Zustimmungen des zu Adoptierenden bzw Dritter (Art 61).

232 Im **Erbrecht** gilt der Grundsatz der Nachlaßeinheit. Maßgebend ist nach Art 62 Cc das Personalstatut des Erblassers im Zeitpunkt seines Todes. Demgegenüber bestimmt das Personalstatut im Zeitpunkt der Errichtung einer Verfügung von Todes wegen über die Testierfähigkeit (Art 63 Cc), sowie über die Testamentsauslegung, etwaige Willensmängel und die Zulässigkeit gemeinschaftlicher Testamente und Erbverträge (Art 64 Cc).

b) **Rück- und Weiterverweisung im portugiesischen Recht**

233 Zur Rück- und Weiterverweisung äußert sich der portugiesische Codigo civil mit großer Ausführlichkeit. Grundsätzlich erklärt er in Art 16 die Verweisungen seiner Kollisionsnormen auf fremdes Recht für *Sachnormverweisungen*, spricht sich also gegen Rück- und Weiterverweisung aus:

Die Verweisung der Kollisionsnormen auf ein fremdes Recht bestimmt, soweit keine gegenteilige Vorschrift eingreift, die Anwendung der Sachnormen dieses Rechts. (A referência das normas de conflitos a qualquer lei estrangeira determina apenas, na falta de preceito em contrário, a aplicação do direito interno dessa lei).

Von diesem Grundsatz werden jedoch in Art 17 und 18 Ausnahmen gemacht. **234** Zunächst wird die **Weiterverweisung** des berufenen fremden Rechts auf ein anderes Recht für den Fall anerkannt, daß dieses sich selbst für maßgeblich erklärt (Art 17 Abs 1 Cc). Ist das erstberufene fremde Recht allerdings das Personalstatut und hat der Betreffende seinen gewöhnlichen Aufenthalt (residência habitual) in Portugal, so gilt dies nicht; die Weiterverweisung wird auch dann nicht beachtet, wenn der Betreffende seinen gewöhnlichen Aufenthalt in einem Land hat, dessen Kollisionsnormen die Sachnormen des Landes, dessen Staatsangehöriger er ist, für maßgeblich erklären (Art 17 Abs 2 Cc). Hierin zeigt sich der Wille des Gesetzgebers, Abweichungen vom Grundsatz der Sachnormverweisung eng zu begrenzen. Andererseits soll die Weiterverweisung des erstberufenen Rechts in Fällen der Vormundschaft oder Pflegschaft, der Güterrechtsbeziehungen, der elterlichen Sorge, der Beziehungen zwischen Beteiligten eines Adoptionsverhältnisses und der Erbfolge dennoch gelten, soweit das berufene Recht der Staatsangehörigkeit durch seine Kollisionsnormen auf das Recht der *Belegenheit von unbeweglichen Sachen* verweist und das Belegenheitsrecht sich selbst für maßgeblich erklärt (Art 17 Abs 3 Cc); damit wird auf die Fälle der kollisionsrechtlichen Spaltung im englischen und französischen Recht sowie in den Rechtsordnungen der westlichen Hemisphäre Rücksicht genommen.

Ungeachtet des grundsätzlichen Bekenntnisses zur Sachnormverweisung in Art 16 **235** Cc wird ferner die **Rückverweisung** des fremden Rechts auf portugiesisches Recht anerkannt, wenn sie *Sachnormverweisung* ist (Art 18 Abs 1 Cc). Handelt es sich jedoch um eine Frage, die zum Personalstatut gehört, so ist das portugiesische Recht kraft Rückverweisung nur anwendbar, wenn der Betreffende auf dem portugiesischen Staatsgebiet seinen gewöhnlichen Aufenthalt hat oder wenn auch das Recht seines gewöhnlichen Aufenthaltsstaates die portugiesischen Sachnormen für maßgeblich erklärt (Art 18 Abs 2 Cc). Das Oberste Gericht hat die Möglichkeit einer Rückverweisung auf dem Gebiet des *internationalen Deliktsrechts* anläßlich eines Verkehrsunfalls auf portugiesischem Gebiet erörtert, an dem ein spanisches und ein portugiesisches Fahrzeug beteiligt waren. Klägerin war eine in Spanien berufstätige deutsche Mitfahrerin im spanischen Fahrzeug, Beklagte die spanische Versicherung des bei dem Unfall getöteten Fahrers. Das Oberste Gericht entnahm der Kollisionsnorm des Art 45 Abs 3 Cc eine Verweisung auf spanisches Recht, die von der Kollisionsnorm des spanischen Rechts mit einer Rückverweisung auf das portugiesische Recht als Tatortrecht beantwortet werde (Art 10 Abs 9 Decreto no 1836/1974). Da aber das portugiesische Recht nur die Rückverweisung auf portugiesische Sachnormen anerkenne und das spanische IPR eine Gesamtverweisung ausspreche (Art 12 Abs 2 Decreto no 1836/1974; dazu u Rn 246), müsse es bei der Anwendung spanischen Rechts verbleiben (Tribunal Supremo de Justiça 8.11.1979, mitgeteilt von JAYME IPRax 1981, 30).

Eine Sachnormverweisung ist schlechthin anzunehmen, wenn nach den vorgenann- **236** ten Ausnahmevorschriften der Art 17, 18 Cc ein **Rechtsgeschäft**, das im Falle einer

Sachnormverweisung wirksam wäre, durch Rück- oder Weiterverweisung unwirksam würde, oder wenn eine Person, die im Falle der Sachnormverweisung ehelich wäre, durch Rück- oder Weiterverweisung nichtehelich würde (Art 19 Abs 1 Cc). Insoweit soll also die Beachtung einer Rück- oder Weiterverweisung die im Falle einer Sachnormverweisung eintretende *Rechtsstellung nicht gefährden*. Umgekehrt erklärt Art 36 Abs 2 Cc ein Rechtsgeschäft auch dann für formgültig, wenn anstelle der vom Ortsrecht vorgeschriebenen Form die Form desjenigen Rechts eingehalten wurde, auf welches das Ortsrecht verweist. Schließlich entfällt die Rück- und Weiterverweisung – wie im deutschen Recht (Art 4 Abs 2 EGBGB) – in allen Fällen einer zulässigen *Rechtswahl* (Art 19 Abs 2 Cc).

Insgesamt hat das portugiesische Recht damit eine sehr subtile Lösung der Renvoi-Problematik getroffen. Besondere Anerkennung verdient das in dieser Regelung zum Ausdruck kommende Bemühen um Entscheidungseinklang und um die Erhaltung rechtsgeschäftlicher und familienrechtlicher Positionen.

c) **Rück- und Weiterverweisung aus deutscher Sicht**

237 Da die portugiesischen Kollisionsnormen denjenigen des deutschen Rechts weithin entsprechen, kommt aus deutscher Sicht eine Rück- oder Weiterverweisung nur ausnahmsweise in Betracht. Zwar betraf eine der ersten Entscheidungen, in denen nach dem Inkrafttreten des EGBGB die Frage einer Rückverweisung vor dem Reichsgericht erörtert wurde, die Unterhaltspflicht zwischen in Hamburg wohnhaften portugiesischen Ehegatten; ob sich aus den damaligen portugiesischen Kollisionsnormen überhaupt eine Rückverweisung ergab, war jedoch unklar und wurde auch vom Reichsgericht nicht geklärt (RG 15.2.1906, RGZ 62, 400). Seit dem Inkrafttreten des portugiesischen Codigo civil von 1966 war eine Rückverweisung nur selten zu erörtern; sie wurde auch regelmäßig verneint (vgl LG Hamburg 8.10.1975, IPRspr 1975 Nr 38: Doppelehe als Ehehindernis; AG Münster 12.3.1975, IPRspr 1975 Nr 100 und 17.3.1977, IPRspr 1977 Nr 93: Vaterschaftsfeststellung und Legitimation; AG Besigheim 28.11.1983, IPRspr 1983 Nr 157; AG Cuxhaven 19.6.1984, IPRspr 1984 Nr 66; OLG Karlsruhe 7.6.1989, NJW-RR 1990, 777 = IPRspr 1989 Nr 98 jeweils zur Ehescheidung von Portugiesen).

238 Zu einer Rückverweisung kann es hingegen nach Beseitigung des Rechtsinstituts der Legitimation im portugiesischen Recht in deutsch-portugiesischen **Legitimationsfällen** aufgrund einer analogen Anwendung von Art 56 bzw 57 Cc kommen (LG Bonn 29.1.1979, StAZ 1979, 202 f m zust Anm JAYME = IPRspr 1979 Nr 118 und 7.6.1979, StAZ 1984, 15; LG Bielefeld 20.6.1983, StAZ 1984, 14 = IPRax 1984, 274 m krit Anm GALVAO 257 = IPRspr 1983 Nr 104; dazu näher o Art 4 Rn 235).

239 Ferner wurde eine Rückverweisung des portugiesischen IPR auch im internationalen **Deliktsrecht** angenommen (LG München I 3.8.1982, VersR 1983, 645 m Anm vHOFFMANN = IPRspr 1982 Nr 29; aA OLG München 10.12.1982, VersR 1984, 785, 785 m Anm MANSEL = IPRspr 1983 Nr 29).

d) **Staatsverträge**

240 Staatsvertraglich hat Portugal den Renvoi bereits frühzeitig durch den Beitritt zu den Genfer Abkommen zum internationalen Wechsel- und Scheckrecht von 1930/31 akzeptiert (s Art 4 Rn 118 f). Andererseits wurden auch die beiden Haager Unterhaltsabkommen von 1956 und 1973 sowie das Haager Minderjährigenschutzabkommen

von 1961 ratifiziert, die jeweils eine Rück- und Weiterverweisung ausschließen (s Art 4 Rn 125, 128 ff). Portugal ist schließlich auch dem Haager Kindesentführungsabkommen von 1980 beigetreten, das in Art 3 eine Gesamtverweisung auf das Aufenthaltsrecht des Kindes ausspricht (s Art 4 Rn 132 f).

7. Spanien*

a) Kollisionsnormen
Der einleitende Abschnitt des spanischen Zivilgesetzbuches von 1889 (Titulo preli- **241**

* **Schrifttum:** ADROHER BIOSCA, Forma del matrimonio y derecho internacional privado (Barcelona 1993); AGUILAR NAVARRO (Hrsg), Lecciones de derecho civil internacional español, Departamento de Derecho Internacional Privado² (1983); ders, Derecho internacional privado, Bd I/1⁴ (Madrid 1982), Bd II/2³ (Madrid 1982); ARCE JANARIZ, Communidades autonomas y conflictos de Leyes (Madrid 1987); BERGMANN/FERID/RAU Spanien (Stand: 1991) 12−17; BOSCH PORTOLES, La determinación del derecho aplicable en los actos de jurisdicción voluntaria, Rev esp dir int 1987, 67; CALVO CARAVACA, IPR-Reform in Spanien und Deutschland (Kolloquiumsbericht), RabelsZ 48 (1984) 745; CARRILLO SALCEDO, Derecho internacional privado³ (Madrid 1983; Nachdruck 1985); ders, La nouvelle réglementation du mariage dans le droit international privé espagnol, Rev crit 1983, 1; CASTAN VASQUES, La réforme du titre préliminaire du Code civil espagnol, Rev int dir comp 1974, 835; CREMADES/MACEDA, Das neue spanische IPR, RIW/AWD 1975, 375; DIEZ DE VELASCO (Hrsg), Practicas de derecho internacional privado³ (Madrid 1986); ESPINAR VICENTE, Derecho international privado español, Bd 1⁸ (Madrid 1984); ders, Derecho internacional privado − la nacionalidad² (Madrid 1988); FERNANDEZ-FLORES, Manual de derecho internacional privado (1980); FERNANDEZ ROZAS, Tráfico juridico externo y sistema de Derecho internacional privado (Oviedo 1985); ders (Hrsg), España y la codificación internacional del Derecho internacional privado (Madrid 1993); FERNANDEZ ROZAS/SANCHEZ LORENZO, Lecciones de derecho internacional privado (Oviedo 1988); dies, Curso de derecho internacional privado² (Madrid 1993); GONZÁLES BEILFUSS, Zur Reform des spanischen internationalen und interregionalen Privatrechts, IPRax 1992, 396; GONZÁLES BASTELLA, El nuevo Titulo preliminar del Codigio civil, Doc Jur 1974, 1159; GONZÁLES CAMPOS, Derecho internacional privado − Parte general⁵ (Madrid 1992); Parte especial⁶ (Madrid 1995); HERNAN SANCHEZ, Das Kollisions-, Zuständigkeits- und Anerkennungsrecht der internationalen Ehescheidung in Spanien (1987); vHOFFMANN/ORTIZ-ARCE, Das neue spanische IPR, RabelsZ 39 (1975) 647; IGLESIAS BUIGUES, Le nouveau système de règles de conflit du droit international privé espagnol, Rev crit 1976, 397; KIRCHMAYER, Das reformierte internationale und interlokale Privatrecht in Spanien, StAZ 1991, 158; MARÍN LÓPEZ, Derecho internacional privado español, Bd I⁹ (Granada 1994); Bd II⁸ (Granada 1994); MIAJA DE LA MUELA, Derecho internacional privado, Bd I⁹ (Madrid 1985); Bd II¹⁰ (Madrid 1987); ORTIZ DE LA TORRE, Derecho Internacional Privado, Tecnica aplicativa de la regla de conflicto (Madrid 1986); ders, Derecho internacional privado, Bd I (Madrid 1992); Bd II² (Madrid 1993); ORTIZ-ARCE DE LA FUENTE, Derecho internacional privado español y derecho comunitario europeo (Madrid 1988); PÉREZ VERA, Derecho internacional privado, Bd II: Derecho Civil internacional⁴ (Madrid 1992); PÉREZ, La información de la ley extranjera en el derecho internacional privado (1988); PUENTE EGIDO, Derecho Internacional Privado Español: Doctrina legal del Tribunal Supremo, 1841−1977 (Madrid 1988); RAU, Neues spanisches internationales Familienrecht, IPRax 1981, 189; ders, Zur Reform des spanischen Internationalen und Interregionalen Privatrechts, IPRax 1986, 254; RODRIGUEZ MATEUS, La adopción internacional (Oviedo 1988); RUDOLPH, Grundzüge des spanischen Ehe- und

minar del Código civil), der schon bisher die Vorschriften über internationales Privatrecht enthielt, ist durch Gesetzesdekret no 1836 vom 31. 5. 1974 völlig umgestaltet und erheblich erweitert worden (zur Vorgeschichte vHOFFMANN/ORTIZ-ARCE RabelsZ 29 [1975] 647). Auch die nunmehrigen Kollisionsnormen des Kapitels IV (Art 8–12) gehen im Bereich des Personen-, Familien- und Erbrechts vom Personalstatut (ley personal) aus, das sich nach der Staatsangehörigkeit (nacionalidad) bestimmt (Art 9 Abs 1 Cc). Die gleichberechtigungswidrigen Anknüpfungen an das Heimatrecht des Ehemannes bzw Vaters im spanischen internationalen Familienrecht sind durch Gesetz vom 15. 10. 1990 beseitigt worden (vgl GONZÁLES BEILFUSS IPRax 1992, 396 ff; deutscher Text in RabelsZ 55 [1992] 153 ff).

242 Nach der Neuregelung in Art 9 Abs 2 Cc richten sich die – persönlichen wie güterrechtlichen – **Wirkungen der Ehe** nach dem gemeinsamen Personalstatut der Ehegatten zur Zeit der Eheschließung. Fehlt es an einem solchen, so können die Ehegatten das Heimatrecht oder das Recht am gewöhnlichen Aufenthaltsort eines jeden Ehegatten durch schriftliche beurkundete Erklärung vor der Eheschließung wählen. In Ermangelung einer Rechtswahl ist das Recht an dem unmittelbar nach Eingehung der Ehe begründeten gemeinsamen gewöhnlichen Aufenthaltsort maßgebend, hilfsweise das Recht des Eheschließungsortes. Art 9 Abs 2 Cc stellt – unwandelbar – auf den Zeitpunkt der Eheschließung ab. Die Ehegatten können allerdings das Güterrechtsstatut nachträglich abändern. Darauf gerichtete Vereinbarungen oder Eheverträge sind aber nur gültig, wenn sie sowohl dem Ehewirkungsstatut als auch dem Heimat- oder Aufenthaltsrecht eines der Vertragsteile im Zeitpunkt des Vertragsschlusses entsprechen (Art 9 Abs 3 Cc).

243 Auf die durch Gesetz vom 7. 7. 1981 eingeführte **Ehescheidung** und die Ehetrennung ist in erster Linie das gemeinsame Heimatrecht der Ehegatten zur Zeit der Klageerhebung, in Ermangelung eines solchen das Recht des gemeinsamen gewöhnlichen Aufenthalts, und hilfsweise das spanische Recht anwendbar, sofern die internationale Zuständigkeit der spanischen Gerichte eröffnet ist (Art 107 Abs 1 Cc).

244 Die Begründung und der Inhalt von **Kindschaftsverhältnissen**, einschließlich der Adoption und der Beziehungen zwischen Eltern und Kindern, richten sich seit der Reform des spanischen Adoptionsrechts durch Gesetz vom 11. 11. 1987 nach dem Personalstatut des Kindes (Art 9 Abs 4 Cc). Für die Legitimation durch nachfolgende Eheschließung reicht es aus, daß sie alternativ nach dem Heimatrecht des Kindes oder eines Elternteils eintritt (GONZÁLES CAMPOS, DIP Bd II^5 204; MIAJA DE LA MUELA, DIP Bd II^{10} 488). Die Voraussetzungen der von einem spanischen Richter auszusprechenden *Adoption* beurteilen sich nach den Vorschriften des spanischen Rechts. Es muß jedoch das Heimatrecht des zu Adoptierenden hinsichtlich seiner Geschäftsfähigkeit und der notwendigen Zustimmungen beachtet werden, wenn dieser seinen gewöhnlichen Aufenthalt außerhalb Spaniens hat oder wenn er – trotz Aufenthalts in Spanien – durch die Adoption nicht die spanische Staatsangehörigkeit

---

Erbrechts unter Berücksichtigung der Vorschriften des IPR im Verhältnis zur BRD, MittRhNotK 1990, 93; RUIZ VAPILLO, Commentario a la Ley de Bases para la modificación del titulo preliminar del Codigo Civil, Rev gen der 1973, 506 und 618; SANCHEZ-APELLANIZ VALDERRAMA, La reforma del sistema espanol de Derecho internacional privado, Doc Jur 1974, 1345.

erwirbt. Auf Antrag kann der Richter im Interesse des zu Adoptierenden außerdem Zustimmungen und Anhörungen nach weiteren berührten Rechten verlangen (Art 9 Abs 5 Cc).

Die **Erbfolge** bestimmt sich gemäß Art 9 Abs 8 Cc nach dem Heimatrecht des Erb- **245** lassers im Zeitpunkt seines Todes, und zwar ohne Rücksicht auf die Natur der Nachlaßgegenstände und den Ort ihrer Belegenheit (Grundsatz der Nachlaßeinheit, S 1). Letztwillige Verfügungen und Erbverträge, die im Einklang mit dem Heimatrecht des Testators errichtet wurden, behalten freilich ihre Gültigkeit auch im Falle eines späteren Statutenwechsels (S 2). Die gesetzlichen Rechte des überlebenden Ehegatten bestimmen sich hingegen – unbeschadet der vom Erbstatut festgelegten Noterbrechte von Abkömmlingen des Erblassers – nach dem Ehewirkungsstatut (S 3 iVm Abs 2).

b) Rück- und Weiterverweisung im spanischen Recht
Bei der Reform des spanischen Kollisionsrechts wurden Rück- und Weiterverwei- **246** sung erstmals in Art 12 Abs 2 Cc gesetzlich geregelt:

La remisión al derecho extranjero se entenderá hecha a su Ley material, sin tener en cuenta el reenvio que sus normas de conflicto puedan hacer a otra Ley que no sea la espanola.

Die Verweisung einer spanischen Kollisionsnorm auf ein fremdes Recht ist danach grundsätzlich als Verweisung auf dessen Sachnormen aufzufassen. Eine *Weiterverweisung* durch die Kollisionsnormen des fremden Rechts ist *nicht* zu beachten, *wohl aber* die *Rückverweisung* auf spanisches Recht. Damit wird eine Unterscheidung vorgenommen, die sich weniger durch logische als durch praktische Erwägungen rechtfertigen läßt; auch bleibt fraglich, ob *jede* Rückverweisung durch ausländische Kollisionsnormen angenommen werden soll (vHOFFMANN/ORTIZ-ARCE RabelsZ 39 [1975] 654f). Die Verweisungen im spanischen interlokalen Privatrecht sind hingegen stets Sachnormverweisungen (Art 16 Abs 1 Nr 2 Cc).

c) Rück- und Weiterverweisung aus deutscher Sicht
aa) Spanisches Internationales Privatrecht
Da die spanischen Kollisionsnormen von den deutschen nur in wenigen Einzelheiten **247** abweichen, führt die Verweisung auf spanisches Recht regelmäßig zur Anwendung *spanischer Sachnormen*. Dementsprechend wandte die deutsche Praxis seit 1975 jeweils spanisches Recht auf den *Namen der Ehefrau* (LG Hamburg 28.12.1977, StAZ 1978, 162 = IPRspr 1977 Nr 62; AG Bonn 21.6.1985, StAZ 1986, 13 = IPRspr 1985 Nr 12), die *Ehetrennung* (AG Rüsselsheim 17.9.1985, FamRZ 1985, 185 = IPRspr 1985 Nr 153) und die *Ehescheidung* spanischer Eheleute (AG Gütersloh 13.7.1983, IPRax 1984, 214 m Anm PILTZ 194 = IPRspr 1983 Nr 88), sowie auf die *Legitimation* durch nachfolgende Eheschließung (BGH 8.6.1983, IPRax 1984, 271 m Anm HENRICH 255 = IPRspr 1983 Nr 11; OLG Celle 25.1.1990, IPRax 1991, 121 m Anm Prinz v SACHSEN GESSAPHE 107 = IPRspr 1990 Nr 138) und auf die *Erbfolge* an (OLG Karlsruhe 9.11.1987, IPRax 1989, 301 m Anm JAYME 287 = IPRspr 1988 Nr 129). Nur ausnahmsweise wurde den spanischen Kollisionsnormen eine Verweisung auf ein anderes Recht entnommen (vgl zur Vaterschaftsfeststellung OLG Hamburg 8.6.1976, IPRspr 1976 Nr 89: Weiterverweisung des spanischen Rechts auf das jugoslawische Heimatrecht der Mutter).

bb) Spanisches interlokales Privatrecht*

248 Zu beachten ist freilich, daß Spanien ein Mehrrechtsstaat ist. Denn auf dem Gebiet des Familien- und Erbrechts haben sich in Aragon, den baskischen Provinzen Biscaya und Alava, Galizien, Katalonien, Navarra und auf den Balearen sog *Foralrechte* erhalten, die in jüngerer Zeit kodifiziert worden sind (vgl zu den Rechtsquellen JAYME RabelsZ 55 1991, 306 mit Fn 6, 7). Ist nach den Bestimmungen des deutschen und spanischen internationalen Privatrechts spanisches Recht anzuwenden, so ist zunächst nach den Regeln des spanischen interlokalen Privatrechts zu ermitteln, welches spanische Teilrecht zur Anwendung kommt (dazu allg o Art 4 Rn 320 ff). Einheitlich in ganz Spanien gelten allerdings – neben den im Código civil enthaltenen Regeln des internationalen und interlokalen Privatrechts – das im IV. Titel des ersten Buches geregelte *Eherecht* (mit Ausnahme des Ehegüterrechts), sowie das Personenstandsrecht. Die übrigen Bestimmungen des Bürgerlichen Gesetzbuchs gelten im gemeinspanischen Rechtsgebiet unmittelbar und in den anderen Rechtsgebieten subsidiär (Art 13 Abs 2 Cc).

249 Anknüpfungspunkt des spanischen interlokalen Privatrechts ist die **Gebietszugehörigkeit** („vecindad civil"). Diese wurde in Art 14 und 15 Cc durch Gesetze vom 15. 10. und 17. 12. 1990 unter Berücksichtigung des Gleichberechtigungsgrundsatzes neu geregelt (Text in IPRax 1986, 255 f und 1992, 400, sowie bei BERGMANN/FERID/RAU Spanien 15 ff). Sie wird grundsätzlich durch Geburt oder Adoption vermittelt (Art 14 Abs 2 Cc). Haben die Eltern bei der Geburt des Kindes oder bei dessen Adoption verschiedene Gebietszugehörigkeiten, so kommt es auf die Gebietszugehörigkeit desjenigen Elternteils an, zu dem die Abstammung früher bestimmt worden ist; hilfsweise erwirbt das Kind die Gebietszugehörigkeit des Geburtsortes und letztendlich diejenige des gemeinspanischen Rechts (Art 14 Abs 3 Cc). Die Eltern oder sonstigen Inhaber des Sorgerechts können dem Kind jedoch innerhalb einer Frist von sechs Monaten ab der Geburt bzw Adoption die Gebietszugehörigkeit eines von ihnen beilegen. Die Eheschließung ändert die Gebietszugehörigkeit nicht, jedoch kann jeder Ehegatte für die Gebietszugehörigkeit des anderen optieren, solange die Ehegatten zusammenleben (Art 14 Abs 4 Cc). Erworben wird die Gebietszugehörigkeit schließlich auch durch den dauernden Aufenthalt im Gebiet einer spanischen Teilrechtsordnung während zweier Jahre, sofern ein entsprechender Wille zum Ausdruck gebracht wird, ansonsten durch zehnjährigen dauernden Aufenthalt (Art 14 Abs 5 Cc). Ein *Ausländer*, der die spanische Staatsangehörigkeit erwirbt, muß bei Eintragung des Erwerbs für eine Gebietszugehörigkeit optieren; dabei hat er die Wahl zwischen der Gebietszugehörigkeit des Aufenthaltsorts, des Geburtsorts, der letzten Gebietszugehörigkeit eines seiner Elternteile oder derjenigen des Ehegatten (Art 15 Abs 1 Cc).

250 Zur **Regelung der interlokalen Gesetzeskollisionen** verweist Art 16 Cc grundsätzlich auf die in Kap IV enthaltenen Vorschriften des internationalen Privatrechts:

(1) Die Gesetzeskonflikte, die durch das Nebeneinanderbestehen verschiedener Zivilrechtsordnun-

---

* **Schrifttum:** DURAN RIVACOBA, El nuevo régimen de la vecindad civil y los conflictos interregionales (Madrid 1992); JAYME, Spanisches interregionales und deutsches internationales Privatrecht, IPRax 1989, 287; ders, Rechtsspaltung im spanischen Privatrecht und deutsche Praxis, RabelsZ 55 (1991) 303.

gen innerhalb eines Staatsgebiets entstehen können, werden gemäß den in Kap. IV enthaltenen Normen entschieden, mit folgenden Besonderheiten:

1. Das Personalstatut wird durch die Gebietszugehörigkeit bestimmt.

2. Nicht anwendbar sind die Bestimmungen des Art 12 Nr 1, 2 und 3 über Qualifikation, Verweisung und öffentliche Ordnung.

(2) [Betrifft das Nießbrauchsrecht des überlebenden Ehegatten in Aragon]

(3) Die Wirkungen der Eheschließung unter Spaniern richten sich nach demjenigen spanischen Recht, welches nach den Kriterien des Art 9 als anwendbar erscheint, und mangels eines solchen nach dem Código Civil.

Im letzteren Fall wird die Regelung der Gütertrennung des Código Civil angewandt, wenn nach dem einen und nach dem anderen Personalstatut der Vertragschließenden ein System der Gütertrennung herrschen sollte. Hervorzuheben ist schließlich, daß die Verweisungen im spanischen interlokalen Privatrecht stets Sachnormverweisungen sind (Art 16 Abs 1 Nr 2 Cc). Die vorstehenden Regeln des spanischen interlokalen Privatrechts sind vom deutschen Richter nach Art 4 Abs 3 S 1 EGBGB nicht nur dann anzuwenden, wenn die deutsche Kollisionsnorm an die Staatsangehörigkeit anknüpft; sie sind vielmehr in gleicher Weise beachtlich, wenn das deutsche IPR eine lokale Anknüpfung (zB an den gewöhnlichen Aufenthaltsort) verwendet (vgl dazu allg Art 4 Rn 323 ff; zur Anwendung spanischer Foralrechte in der deutschen Praxis vgl OLG Karlsruhe 9. 12. 1987, IPRax 1989, 301 m Anm JAYME 287 = IPRspr 1988 Nr 129 [Erbrecht/Katalonien]; JAYME RabelsZ 55 [1991], 314 ff mwN).

d) Staatsverträge
Spanien hat sowohl die beiden Haager Unterhaltsabkommen von 1956 und 1973 als auch die Haager Übereinkommen von 1961 über den Schutz Minderjähriger und die Testamentsform ratifiziert, die eine Rück- und Weiterverweisung jeweils ausschließen (s Art 4 Rn 125 ff). Es ist aber auch dem Haager Kindesentführungsabkommen von 1980 beigetreten, das in Art 3 eine Gesamtverweisung auf das Aufenthaltsrecht des Kindes ausspricht (s Art 4 Rn 132 f). Eine Rückverweisung auf dem Gebiet des Deliktsrechts kann sich auch aus den von Spanien ratifizierten Haager Übereinkommen über das auf Straßenverkehrsunfälle und auf die Produkthaftung anwendbare Recht von 1971 bzw 1973 ergeben (s Art 4 Rn 135 ff).

IV. Mitteleuropäische Rechte

1. Österreich*

a) Kollisionsnormen
Bis Ende 1978 waren die österreichischen Kollisionsnormen teilweise im Allgemei-

---

* **Schrifttum:** BEITZKE, Neues österreichisches Kollisionsrecht, RabelsZ 43 (1979) 245; BERGMANN/FERID/SCHWIMANN Österreich (Stand: 1990) 36–46; DUCHEK/SCHWIND, Internationales Privatrecht (Wien 1979); PALMER, The Austrian Codification of Conflicts Law, 28 AmJCompL (1980) 197; FERID/FIRSCHING Österreich (Stand: 1985) Grdz Rn 10–46; FIR-

nen Bürgerlichen Gesetzbuch (ABGB) von 1811 (§§ 4, 34−37, 300), teilweise in Sondergesetzen enthalten. Bedeutsam war vor allem die am 25. 10. 1941 erlassene 4. DVO zum Ehegesetz von 1938, die zahlreiche Kollisionsnormen des deutschen EGBGB auf dem Gebiet des internationalen Familienrechts (Art 13−14, 17−23) sowie die allgemeinen Vorschriften über Rück- und Weiterverweisung, Einzel- und Gesamtstatut, Staatenlosigkeit und Vorbehaltsklausel (Art 27−30) in das österreichische Recht übernahm (§§ 6−18 DVO). Die genannten und zahlreiche weitere Kollisionsnormen des alten Rechts verloren ihre Gültigkeit, als zum 1. 1. 1979 das Bundesgesetz über das Internationale Privatrecht vom 15. 6. 1978 (BGBl 1978 Nr 304, abgedr in RabelsZ 43 [1979] 375 ff) in Kraft trat (§§ 50, 51 IPRG).

253 Die Kollisionsnormen des IPR-Gesetzes verstehen sich als Ausprägungen des Grundsatzes der „stärksten Beziehung" (§ 1). Die Anknüpfung im internationalen Personen-, Familien- und Erbrecht ist vom **Staatsangehörigkeitsprinzip** beherrscht. Grundsätzlich wird nämlich an das „Personalstatut" angeknüpft (vgl §§ 9−10, 12−30). Hierunter wird das Recht des Staates verstanden, dem eine natürliche Person angehört oder in dem sie, wenn sie staatenlos ist, ihren gewöhnlichen Aufenthalt hat (§ 9 Abs 1 und 2); Personalstatut einer juristischen Person ist das Recht des Staates, in dem sich der tatsächliche Sitz ihrer Hauptverwaltung befindet (§ 10). Dem Personalstatut unterliegt insbesondere das gesamte *Personenrecht* (Rechts- und Handlungsfähigkeit, Name, Todeserklärung, Entmündigung §§ 12−15).

254 Im internationalen **Eherecht** werden die materiellen Voraussetzungen der Eheschließung sowie die Ehenichtigkeit und Eheaufhebung für jeden Verlobten nach seinem Personalstatut beurteilt (§ 17 Abs 1). Ist eine Ehe für den österreichischen Bereich wirksam aufgelöst worden, so bildet die Nichtanerkennung dieser Auflösung nach

SCHING, Österreichische Nachlässe, IPRax 1983, 166; HELLER, Das IPR in der österreichischen Rechtsordnung, in: Europarecht, Internationales Privatrecht, Rechtsvergleichung (1988) 9; JAYME, Grundfragen des internationalen Erbrechts − dargestellt an deutsch-österreichischen Erbfällen, ZfRvgl 24 (1983) 162; KÖHLER/GÜRTLER, Internationales Privatrecht, IPR-Gesetz mit den einschlägigen Nebengesetzen und Staatsverträgen (1979); S LORENZ, Nachlaßspaltung im geltenden österreichischen IPR?, IPRax 1990, 206; ders, Staatserbrecht bei deutsch- österreichischen Erbfällen, Rpfleger 1993, 433; MÄNHARDT, Die Kodifikation des österreichischen IPR (1978); MÄNHARDT/ POSCH, Internationales Privatrecht, Privatrechtsvergleichung, Einheitsprivatrecht (Wien 1994); MARTINY, Nichtanerkennung deutscher Sicherungsübereignung in Österreich, IPRax 1985, 168; SCHWIMANN, Grundriß des IPR (Wien 1982); ders, Das neue internationale Familienrecht Österreichs, FamRZ 1982, 14; ders,

Kommentar zum IPR-G, in: RUMMEL (Hrsg), Kommentar zum ABGB Bd II² (Wien 1992); ders, Internationales Privatrecht mit vielen Beispielen (Wien 1993); ders, Zur versteckten Rückverweisung im österreichischen IPR, ZfRvgl 17 (1976) 29; ders, Österreichische Entscheidungen zum IPR bis 1983 (Wien 1984); SCHWIND, Prinzipien des neuen österreichischen IPR-Gesetzes, StAZ 1979, 109; ders, Internationales Privatrecht (Wien 1990); ders, Grundzüge des österreichischen IPR, Archivum Juridicum Cracoviense XVI (1983) 65; WIRNER, Österreich: Neues Güterrecht und IPR-Gesetz, MittBayNot 1979, 1; ZEMEN, IPR in bilateralen Staatsverträgen Österreichs, ZfRvgl 18 (1977) 317; ders, Die jüngste Rechtsprechung des Obersten Gerichtshofes auf dem Gebiete des Internationalen Erbrechts, ZfRvgl 29 (1988) 89; ders, Zum Stand der gesetzlichen Erbfolge nach dem österreichischen IPR-Gesetz, ZfRvgl 24 (1983) 67.

dem Personalstatut der Verlobten allerdings kein Hindernis für eine neue Eheschließung (§ 17 Abs 2). Die Form der Inlandstrauung richtet sich nach inländischem Recht; die Form der Auslandstrauung nach dem Personalstatut jedes Verlobten, wobei aber auch die Einhaltung der Ortsform genügt (§ 16). Auf dem Gebiet der *persönlichen Ehewirkungen* trägt das IPR-Gesetz dem Erfordernis der Gleichbehandlung von Mann und Frau durch eine Anknüpfungsleiter Rechnung. Primär ist danach das gemeinsame Personalstatut maßgebend; fehlt ein solches, so gilt das letzte gemeinsame Personalstatut der Ehegatten, sofern es einer von ihnen beibehalten hat. Versagt auch diese Anknüpfung, so ist das Recht des Staates anwendbar, in dem beide Ehegatten ihren gewöhnlichen Aufenthalt haben bzw hatten, sofern einer ihn beibehalten hat (§ 18 Abs 1). Bei hinkenden Ehen, die zwar nicht nach dem als Ehewirkungsstatut maßgebenden Recht, wohl aber nach österreichischem Recht wirksam zustandegekommen sind, gilt das von § 18 Abs 1 nächstberufene Ehewirkungsstatut, für dessen Bereich die Ehe besteht. In letzter Linie ist österreichisches Recht anzuwenden, sofern die Ehe nach österreichischem Recht wirksam ist; haben die Eheleute jedoch stärkere Beziehungen zu einem dritten Staat, für den die Ehe ebenfalls wirksam ist, so ist dessen Recht maßgebend (§ 18 Abs 2). Das *Ehegüterrecht* unterliegt in erster Linie dem von den Parteien ausdrücklich gewählten Recht; die Rechtswahl kann vor oder nach der Eheschließung getroffen werden und bedarf nicht der Form des Ehepaktes (SCHWIND StAZ 1979, 109, 114; SCHWIMANN FamRZ 1982, 14, 17). Mangels Rechtswahl gilt unwandelbar das Ehewirkungsstatut zur Zeit der Eheschließung (§ 19). Voraussetzungen und Wirkungen der *Ehescheidung* bestimmen sich nach dem Ehewirkungsstatut zur Zeit der Scheidung (§ 20 Abs 1). Versagt diese Anknüpfung oder verweigern alle nach § 18 maßgeblichen Rechte die Scheidung, so kommt subsidiär das Personalstatut des Klägers zur Zeit der Scheidung zum Zuge (§ 20 Abs 2).

Das internationale **Kindschaftsrecht** des IPRG geht nach dem Grundsatz vor, daß die Herstellung des Kindschaftsverhältnisses nach dem Personalstatut der Eltern, seine Wirkungen hingegen nach dem Personalstatut des Kindes beurteilt werden (§§ 21–26). Demgemäß unterstehen die *eheliche Abstammung* und ihre Bestreitung dem Personalstatut der Ehegatten im Zeitpunkt der Geburt des Kindes bzw im Zeitpunkt einer etwaigen vorherigen Eheauflösung; bei unterschiedlichem Personalstatut der Ehegatten ist das für die Ehelichkeit des Kindes günstigere Recht anzuwenden (§ 21). Die Voraussetzungen der *Legitimation* durch nachfolgende Ehe sind primär nach dem CIEC-Legitimationsabkommen von 1970 anzuknüpfen. Die autonome Kollisionsnorm des § 22 IPRG gilt gegenüber dem Legitimationsabkommen nur subsidiär, wenn hierdurch die Legitimation begünstigt wird. Die Vorschrift knüpft zwar in Übereinstimmung mit Art 1 des CIEC-Abkommens an das Personalstatut der Eltern an und läßt bei Verschiedenheit des Personalstatuts das für die Legitimation günstigere Recht entscheiden; jedoch sind hier – anders als nach dem Abkommen – gem § 5 IPRG Rück- und Weiterverweisung zu beachten. Die Voraussetzungen der Legitimation durch *Ehelicherklärung* richten sich nach dem (jeweiligen bzw letzten) Personalstatut des Vaters; verlangt das Personalstatut des Kindes besondere Einwilligungserklärungen, so ist dafür zusätzlich das Kindesrecht heranzuziehen (§ 23). Die Wirkungen der Ehelichkeit und der Legitimation eines Kindes – also das Rechtsverhältnis zu seinen Eltern – sind hingegen einheitlich nach dem Personalstatut des Kindes zu beurteilen (§ 24).

256 Feststellung, Anerkenntnis und Bestreitung der **unehelichen Vaterschaft** unterliegen dem Personalstatut des Kindes zur Zeit der Geburt; ist diesem eine Vaterschaftsfeststellung unbekannt, so ist ein etwaiges späteres Personalstatut des Kindes maßgebend, das eine Vaterschaftsermittlung als solche erlaubt (§ 25 Abs 1). Der Inhalt des unehelichen Kindschaftsverhältnisses und die Stellung des Kindes sind, soweit keine vorrangigen Staatsverträge eingreifen, gem § 25 Abs 2 nach dem jeweiligen Personalstatut des Kindes zu beurteilen. Für etwaige Ansprüche der Kindsmutter gegen den unehelichen Vater aus Schwangerschaft und Entbindung gilt das Personalstatut der Mutter (§ 25 Abs 3).

257 Die Voraussetzungen einer **Adoption** unterliegen gem. § 26 Abs 1 dem Personalstatut jedes Annehmenden; im Fall der Adoption durch Ehegatten mit unterschiedlicher Staatsangehörigkeit sind daher die Voraussetzungen nach beiden Heimatrechten zu erfüllen. Verlangt das Personalstatut des Kindes besondere Einwilligungserklärungen des Kindes oder ihm familienrechtlich verbundener Dritter, so ist diesbezüglich das Kindesrecht zusätzlich anzuwenden. Die Adoptionswirkungen werden hingegen, sofern nicht staatsvertragliche Sonderregeln eingreifen, gem § 26 Abs 2 an das jeweilige Personalstatut des Annehmenden angeknüpft; bei Annahme durch ein Ehepaar gilt dessen Ehewirkungsstatut (§ 18), nach dem Tod eines Ehegatten das Personalstatut des Überlebenden und nach dessen Tod sein letztes Personalstatut.

258 Die Erbfolge bestimmt sich nach dem Personalstatut des Erblassers im Zeitpunkt seines Todes, ohne daß zwischen beweglichem und unbeweglichem Vermögen unterschieden wird (§ 28 Abs 1). Nur für den Fall, daß eine Verlassenschaftsabhandlung in Österreich stattfindet, sollen der Erbschaftserwerb und die Haftung für Nachlaßschulden dem österreichischen Recht unterliegen (§ 28 Abs 2). Ist nach dem Personalstatut kein Erbe bzw eine Gebietskörperschaft als gesetzlicher Erbe vorgesehen, so soll jeweils das Recht der Belegenheit von Vermögensgegenständen maßgeblich sein (§ 29). Die Testierfähigkeit und die sonstigen Erfordernisse für die Gültigkeit einer Verfügung von Todes wegen sind nach dem Personalstatut des Erblassers im Zeitpunkt der Errichtung zu beurteilen; ist die Verfügung danach unwirksam, so gilt das Personalstatut des Erblassers im Zeitpunkt seines Todes, wenn dieses zur Wirksamkeit der Verfügung führt (§ 30).

b) **Rück- und Weiterverweisung im österreichischen Recht**
259 Rück- und Weiterverweisung werden in § 5 Abs 1 IPRG grundsätzlich anerkannt:

Die Verweisung auf eine fremde Rechtsordnung umfaßt auch deren Verweisungsnormen.

Die Rückverweisung führt schlechthin zur Anwendung österreichischer Sachnormen, die ausdrücklich als „Rechtsnormen mit Ausnahme der Verweisungsnormen" umschrieben werden (§ 5 Abs 2 HS 1). Für den Fall einer Weiterverweisung sollen die Sachnormen derjenigen Rechtsordnung maßgeblich sein, die „ihrerseits nicht mehr verweist bzw auf die erstmals zurückverwiesen wird" (§ 5 Abs 2 HS 2). Eine Rückverweisung wird allerdings – ebenso wie nach deutschem IPR (s Art 4 Rn 49 ff) – ohne Rücksicht darauf angenommen, ob das fremde Recht die Verweisung durch eine österreichische Kollisionsnorm etwa seinerseits als Rückverweisung ansieht. Eine Gesamtrückverweisung auf das österreichische IPR wird also durch Umdeutung in eine Sachnormrückverweisung „abgebrochen". Auf Entscheidungseinklang wird damit verzichtet, ein „double renvoi" nicht anerkannt (vgl zuletzt OGH 14. 5. 1992, IPRax 1994, 188 m zust Anm SCHWIND 196). Dagegen wird die Weiterverweisung nach dem Gesetz – anders als nach dem Entwurf SCHWIND – erst dann abgebrochen, wenn eines der zur Anwendung berufenen Rechte selbst entscheiden will oder auf ein früher benanntes zurückverweist, wie im Falle des mit letztem Wohnsitz in Italien verstorbenen Dänen (zust BEITZKE RabelsZ 43 [1979] 251: „sicherlich die folgerichtigere Lösung"; abl SCHWIND StAZ 1979, 113). Ausschlaggebend ist also die *erste Sachnorm- oder Rückverweisung* (RUMMEL/SCHWIMANN § 5 IPRG Rn 8).

Das Problem der Unteranknüpfung im Fall der Verweisung auf das Recht eines **260** **Mehrrechtsstaates** löst das Gesetz dadurch, daß es die Anwendung derjenigen Teilrechtsordnung vorschreibt, „auf welche die in der fremden Rechtsordnung bestehenden Regeln verweisen"; bestehen solche Regeln nicht, so entscheidet diejenige Teilrechtsordnung, „zu der die stärkste Beziehung besteht" (§ 5 Abs 3). Damit wird die Leitidee des Gesetzes verwendet, wonach für Sachverhalte mit Auslandsberührung jeweils diejenige Rechtsordnung maßgeblich sein soll, „zu der die stärkste Beziehung besteht" (§ 1 Abs 1). Will man das von den eigenen Kollisionsnormen berufene fremde Recht richtig anwenden, so bedeutet dies, daß die fremde Teilrechtsordnung nach den im Rahmen des Gesamtstaatsverbandes geltenden Kollisionsnormen zu ermitteln ist, also nicht aus der Sicht des österreichischen Kollisionsrechts (so auch BEITZKE RabelsZ 43 [1979] 250; PALMER 28 AmJCompL [1980] 210; DUCHEK/SCHWIND, IPR § 5 A 6–7; zur teilweise abweichenden Regelung in Art 4 Abs 3 EGBGB s Art 4 Rn 323 ff).

Rück- und Weiterverweisung sind aber schon nach dem Gesetzeswortlaut nicht stets **261** zu beachten. Eine **Rechtswahl** bezieht sich – ebenso wie nach Art 4 Abs 2 EGBGB – im Zweifel nicht auf die Verweisungsnormen der gewählten Rechtsordnung (§ 11 Abs 1). Das gilt nicht allein für das Schuldrecht (§ 35 Abs 1), sondern auch für die Wahl des Güterstatuts (§ 19). „Abhängige Rechtsgeschäfte" (zB Abtretung, Bürgschaft) unterliegen jeweils den Sachnormen des die maßgebliche Verbindlichkeit beherrschenden Rechts (§ 45). Das Bestehen eines Bereicherungsanspruchs richtet sich nach dem Sachrecht des Staates, in dem die Bereicherung eingetreten ist (§ 46). Ansprüche aus unerlaubter Handlung (§ 48) können dagegen von einer Rück- oder Weiterverweisung beeinflußt werden; daran ändert die Ausweichklausel in § 48 Abs 1 S 2 nichts (RUMMEL/SCHWIMANN § 48 Rn 5 c). Ist eine Person Flüchtling im Sinne der Genfer Flüchtlingskonvention von 1951 oder sind ihre Beziehungen zum Heimatstaat aus vergleichbar schwerwiegenden Gründen abgebrochen, so ist das Recht ihres Wohnsitzes, ersatzweise dasjenige ihres gewöhnlichen Aufenthalts als Personalstatut anzusehen; „eine Verweisung dieses Rechtes auf das Recht des Heimatstates (§ 9) ist unbeachtlich" (§ 8 Abs 3; dazu DUCHEK/SCHWIND, IPR § 9 A 8).

Auch in der österreichischen Wissenschaft und Praxis wird die sog **versteckte Rück-** **262** **verweisung** anerkannt. Sie ermöglicht die Anwendung österreichischen Rechts, wenn das zur Anwendung berufene fremde Kollisionsrecht bei Jurisdiktion seiner eigenen Gerichte einseitig nur sein eigenes Sachrecht beruft und der fremde Staat im konkreten Fall seine Jurisdiktion verneint, während die Jurisdiktionsvoraussetzungen in Österreich erfüllt sind. Dies kommt insbesondere in Betracht, wenn die einseitig gefaßten Zuständigkeitsnormen von Einzelstaaten der USA in Ehescheidungs- oder Adoptionssachen mangels Wohnsitzes der Beteiligten in dem betreffenden Staat keine Zuständigkeit der eigenen Gerichte vorsehen und der hiernach maßgebliche Wohnsitz sich in Österreich befindet (vgl DUCHEK/SCHWIND, IPR § 5 A 4; SCHWIMANN ZfRvgl 17 [1976] 29 und NJW 1976, 1000; ADAM IPRax 1987, 98).

c) Rück- und Weiterverweisung aus deutscher Sicht

263 Vor Inkrafttreten des IPRG 1978 ergaben sich aus deutscher Sicht Anlässe für Rück- und Weiterverweisungen aus den Kollisionsnormen des ABGB, soweit diese von den deutschen abwichen. Dies galt insbesondere für § 300 ABGB, der – ursprünglich vor allem der interlokalrechtlichen Abgrenzung dienend – das **Grundstücksvermögen** einer Person jeweils dem Recht der Belegenheit unterwarf. Da die österreichische Praxis die Vorschrift auch auf das *Erbrecht* erstreckte, konnte § 300 ABGB von der deutschen Rechtsprechung als Rückverweisung auf deutsches Recht verstanden werden, wenn und soweit zum Nachlaß eines österreichischen Erblassers ein deutsches Grundstück gehörte (RG 31.5.1906, RGZ 63, 356, 357; BayObLG 15.2.1971, BayObLGZ 1971, 34, 37 f = NJW 1971, 981 = FamRZ 1971, 307 m Anm GAMILLSCHEG = ZfRvgl 12 [1971] 124 m Anm KRALIK = IPRspr 1971 Nr 51 und 10.4.1975, BayObLGZ 1975, 153, 155 = NJW 1975, 1062 = ZfRvgl 1975, 237 m Anm HOYER = IPRspr 1975 Nr 52; KG 4.5.1977, IPRspr 1977 Nr 186; dazu näher o Rn Art 4 Rn 267 f). Von der ursprünglichen Anwendung des § 300 ABGB auch auf das *Ehegüterrecht* war die österreichische Praxis schon vor der Neukodifikation des IPR abgerückt (OGH 10.12.1968, ÖJZ 1969, 321 = JBl 1969, 501 m Anm SCHWIND); auf das in der Bundesrepublik Deutschland belegene Grundstücksvermögen eines österreichischen Ehemannes war folglich österreichisches und nicht mehr kraft Rückverweisung deutsches Recht anzuwenden (GAMILLSCHEG FamRZ 1971, 307 und HOYER StAZ 1972, 329, 331 gegen BayObLG 15.2.1971 aaO).

264 Seit 1979 hatten sich deutsche Gerichte vor allem in deutsch-österreichischen **Erbrechtsfällen** mit Problemen der Rückverweisung zu befassen. Dabei herrschte zunächst Unsicherheit, inwieweit auch nach Inkrafttreten des IPRG 1978 weiterhin von einer Nachlaßspaltung im österreichischen Recht auszugehen war. Probleme warf in diesem Zusammenhang insbesondere die Reichweite von § 32 IPRG auf, der die Geltung der lex rei sitae für den Erwerb und Verlust dinglicher Rechte an unbeweglichen Sachen auch für den Bereich des Erbrechts bekräftigt. Während der österreichische OGH diese Vorschrift zunächst iS einer Fortgeltung des Prinzips der Nachlaßspaltung im österreichischen internationalen Erbrecht interpretiert hatte (OGH 27.5.1986, IPRax 1988, 35), hat er sich in seiner neueren Rechtsprechung eindeutig zum Grundsatz der Nachlaßeinheit bekannt und hat die Geltung des Belegenheitsrechts auf die Fragen des Erbschaftserwerbs beschränkt. Berufungsgrund, Erbquote, Bestimmung der Person des Erben, Vermächtnisse und Pflichtteilsansprüche beurteilen sich hingegen unabhängig vom Lageort der Nachlaßgegenstände einheitlich nach dem Heimatrecht des Erblassers (vgl OGH 19.11.1986, IPRax 1988, 246 m Anm HOYER 255; S LORENZ IPRax 1990, 206). Hinterläßt daher ein österreichischer Erblasser ein Nachlaßgrundstück in Deutschland, so kommt hierfür eine (Teil-)Rückverweisung auf deutsches Recht nicht mehr in Betracht (zutr BayObLG 23.9.1980, BayObLGZ 1980, 276, 278 = IPRax 1981, 100 m Anm FIRSCHING 86 und Coester 206 = IPRspr 1980 Nr 191; 14.5.1981, BayObLGZ 1981, 178 = DNotZ 1982, 50 m Anm DÖRNER = IPRspr 1981 Nr 130). Lediglich der „Modus" des Erbschaftserwerbs – zB die Frage, ob ein Vermächtnis dinglich oder nur schuldrechtlich wirkt – wird nach dem jeweiligen Belegenheitsrecht beurteilt (vgl OGH 8.10.1991, IPRax 1992, 328, 329). In diesem Fall kann ein gegenständlich beschränkter Erbschein auch ohne vorherige Einantwortung in Österreich erteilt werden (LG Köln 8. 10. 1990, IPRspr 1990 Nr 147).

Im **internationalen Eherecht** kam es nach Inkrafttreten des österreichischen IPR- 265 Gesetzes von 1978 vor allem in gemischt-nationalen Ehen verstärkt zur Rückverweisung auf das (letzte) gemeinsame deutsche Aufenthaltsrecht, soweit deutsche Gerichte von der Fortgeltung der Anknüpfung an das Heimatrecht des Ehemannes/ Vaters ausgingen (vgl AG Darmstadt 6. 3. 1981, IPRspr 1981 Nr 71A; AG Eggenfelden 6. 11. 1981, IPRspr 1981 Nr 177; AG Pforzheim 11. 2. 1982, IPRspr 1982 Nr 56 [mit Ausnahme des Versorgungsausgleichs; vgl dazu o Art 4 Rn 201]; AG Hamburg 10. 3. 1983, IPRspr 1983 Nr 64; OLG München 7. 5. 1986, FamRZ 1986, 807 = IPRspr 1986 Nr 67, jeweils zur Ehescheidung) oder im Ehegattenunterhaltsrecht eine Gesamtverweisung auf das Aufenthaltsrecht des unterhaltsberechtigten Ehegatten befürworteten (BGH 17. 2. 1982, NJW 1982, 1216 = IPRax 1983, 71 m Anm Henrich 62 = IPRspr 1982 Nr 47). Im *Ehegüterrecht* wurde auch eine Rückverweisung kraft einer nach österreichischem IPR wirksam getroffenen Rechtswahl zugunsten des deutschen Rechts bejaht (BayObLG 14. 5. 1981, BayObLGZ 1981, 178 = DNotZ 1982, 50 m Anm Dörner = IPRspr 1981 Nr 130). Seit der Reform des deutschen IPR von 1986 stimmen die Anknüpfungen in beiden Ländern hingegen weithin überein, so daß Fälle, in denen ein Renvoi anzunehmen ist, im deutsch-österreichischen Rechtsverkehr selten geworden sind. Eine Rückverweisung scheidet insbesondere aus, wenn *beide* Ehegatten die österreichische Staatsangehörigkeit besitzen oder zuletzt besessen haben (vgl zur Ehescheidung BGH 8. 12. 1982, BGHZ 86, 57, 69 = NJW 1983, 1249 m Anm Otto = IPRax 1983, 236 m Anm Jayme 221 = IPRspr 1982 Nr 75). In Fragen des Scheidungsunterhalts scheitert eine Rückverweisung bereits am staatsvertraglichen Charakter von Art 8 des Haager Unterhaltsabkommens von 1973 bzw Art 18 Abs 4 EGBGB (BGH 6. 11. 1991, NJW 1992, 438 = IPRspr 1991 Nr 6; vgl Art 4 Rn 206 ff). Möglich bleibt eine Rückverweisung kraft abweichender Qualifikation im Scheidungsfolgenrecht, weil das österreichische IPR die Aufteilung des ehelichen Gebrauchsvermögens und der ehelichen Ersparnisse nicht – wie das deutsche IPR – güterrechtlich, sondern scheidungsrechtlich qualifiziert (vgl Art 4 Rn 62; dazu näher S Lorenz IPRax 1995, 47 ff).

Heute kann es vor allem im internationalen **Kindschaftsrecht** zu Rück- und Weiter- 266 verweisungen durch das österreichische IPR kommen, weil dieses das Rechtsverhältnis zwischen Eltern und (ehelichem wie nichtehelichem) Kind – abweichend von Art 19 Abs 2, 20 Abs 2 EGBGB – dem Heimatrecht des Kindes unterstellt (vgl LG Hamburg 15. 10. 1982, DAVorm 1983, 535 = IPRspr 1983 Nr 90) und im Adoptionsrecht das Heimatrecht des Angenommenen bezüglich etwaiger Einwilligungserfordernisse kumulativ berücksichtigt (vgl AG Darmstadt 8. 10. 1985, IPRspr 1985 Nr 111; s auch AG Darmstadt 30. 10. 1981, IPRspr 1981 Nr 80, wo eine Rückverweisung des österreichischen IPR auf deutsches Recht trotz österreichischer Staatsangehörigkeit der Annehmenden nach dem Prinzip der „stärksten Beziehung" [§ 1 Abs 1 IPRG] bejaht wird).

d) Staatsverträge
Österreich ist den Genfer Abkommen über das internationale Wechsel- und Scheck- 267 recht von 1930/31 beigetreten. Die darin enthaltenen Kollisionsnormen, die bezüglich der Wechsel- und Scheckfähigkeit die Rück- und Weiterverweisung vorsehen (s o Art 4 Rn 118 f), gelten im österreichischen Recht weiter (§ 91 WechselG und § 60 ScheckG, beide vom 16. 2. 1955, abgedr bei Duchek/Schwind, IPR A II und III); sie sind

durch das IPR-Gesetz nicht berührt worden (§ 52 Nr 2 und 3 IPRG). Österreich ist ferner Mitgliedstaat des Haager Kindesentführungsabkommens von 1980, das in seinem Art 3 eine Gesamtverweisung auf das Recht am gewöhnlichen Aufenthalt des Kindes vorsieht (s Art 4 Rn 132 f). Andererseits hat Österreich das Haager Unterhaltsabkommen von 1956, sowie die Haager Abkommen von 1961 über den Minderjährigenschutz und die Testamentsform ratifiziert, die jeweils die Rück- und Weiterverweisung durch schlüssige oder ausdrückliche Bezugnahme auf das „innerstaatliche" Recht ausschließen (s Art 4 Rn 125 ff). Österreich ist ferner Mitgliedsstaat des Haager Adoptionsübereinkommens von 1965, des Haager Straßenverkehrsunfallabkommens von 1971 und des CIEC-Übereinkommens über die Legitimation durch nachfolgende Ehe von 1970, die ebenfalls den Renvoi ausdrücklich ausschließen. Während das Haager Adoptionsübereinkommen im deutsch-österreichischen Rechtsverkehr keine Anwendung findet, kann sich aus dem Haager Straßenverkehrsunfallabkommen und dem CIEC-Legitimationsabkommen, deren Anwendung in Österreich nicht auf die Angehörigen der Vertragsstaaten beschränkt ist, eine vom deutschen Richter zu beachtende Rück- oder Weiterverweisung ergeben (s Art 4 Rn 134 ff).

2. Schweiz*

a) Kollisionsnormen

268 Das schweizerische Kollisionsrecht ist durch das Bundesgesetz über das Internatio-

---

* **Schrifttum:** BROGGINI, La nouvelle loi fédérale sur le droit international privé – considérations comparées, SchwJbIntR 1988, 132; ders, Il nuovo diritto internazionale privato in Svizzera (1990); A BUCHER, Droit international privé suisse, Bd II, Personnes, Famille, Successions (Basel/Frankfurt 1992); BUSCHOR, Nachlaßplanung („estate planning") nach schweizerischem internationalen Erbrecht (Zürich 1994); CANDRIAN, Scheidung und Trennung im IPR der Schweiz (St Gallen 1994); EBENROTH/MESSER, Das Gesellschaftsrecht im neuen schweizerischen IPRG, ZSR NF 108 (1989) 49; GREINER/GEISER, Die güterrechtlichen Regelungen des IPR- Gesetzes, ZBJV 1991, 1; HANSGARTNER (Hrsg), Die allgemeinen Bestimmungen des Bundesgesetzes über das IPR (1988); HEINI/KELLER/SIEHR/VISCHER/VOLKEN, IPRG-Kommentar (1993); KNÖPFLER/SCHWEIZER, La nouvelle loi fédérale suisse sur le droit international privé (partie générale), Rev crit 1988, 207; dies, Précis de droit international privé suisse (Bern 1990); KOPP, Das neue Bundesgesetz über das IPR, SchwJbIntR 1988, 105; KRZYWON, Die erbrechtlichen Bestimmungen des schweizerischen Bundesgesetzes über das IPR aus deutscher Sicht, BWNotZ 1989, 153; S LORENZ, Disharmonie im deutsch-schweizerischen internationalen Erbrecht, DNotZ 1993, 148; VOVERBECK, Das neue schweizerische Bundesgesetz über das IPR, IPRax 1988, 329; ders, Le droit des personnes, de la famille, des régimes matrimoniaux et des sucessions dans la nouvelle loi fédérale suisse sur le droit international privé, Rev crit 1988, 237; SAMUEL, The New Swiss Private International Law Act, IntCompLQ 37 (1988) 681; SCHNYDER, Das neue IPR-Gesetz: Eine Einführung in das Bundesgesetz vom 18. Dezember 1987 über das IPR[2] (1990); SCHWANDER, Einführung in das IPR, Bd I Allg Teil[2] (St Gallen 1990); SCHWENZER, Grundlinien des materiellen und internationalen Güterrechts der Schweiz, StAZ 1991, 419; SIEHR, Die Beerbung von Schweizer Bürgern mit letztem Wohnsitz in der Bundesrepublik Deutschland, in: FS Piotet (1990) 531; STURM, Zur Reform des internationalen Familien- und Erbrechts in der Schweiz und der Bundesrepublik Deutschland, FamRZ 1984, 744; ders, Die allgemeinen Grundsätze im schweizerischen IPR-Gesetzentwurf. Eine kritische Analyse, in: FS Moser (1987) 3; ders, Codification et unification des

nale Privatrecht (IPRG) vom 1. 1. 1989 umfassend neu geregelt worden (Text in IPRax 1988, 376); diese Neuregelung ersetzt das Bundesgesetz vom 25. 6. 1891 betreffend die zivilrechtlichen Verhältnisse der Niedergelassenen und Aufenthalter (NAG). Das IPRG hält – schweizerischer Tradition entsprechend – im Personen-, Familien- und Erbrecht an der *Wohnsitzanknüpfung* als Ausgangspunkt fest, lockert diese freilich durch erweiterte Rechtswahlmöglichkeiten und die Anknüpfung an die Staatsangehörigkeit – vor allem bei Auslandsschweizern – vielfältig auf (vgl auch STAUDINGER/ STURM Einl 459 ff).

Nach dem Wohnsitzrecht bestimmt sich insbesondere die *Geschäfts- und Handlungsfähigkeit* (Art 35) und der *Name* einer Person (Art 37 Abs 1). Die materiell-rechtlichen Voraussetzungen der **Eheschließung** in der Schweiz verknüpft Art 44 Abs 1 mit der Zuständigkeitsregelung in Art 43. Danach kommt schweizerisches Recht aufgrund des gemeinsamen Wohnsitzes der Verlobten in der Schweiz oder der gemeinsamen schweizerischen Staatsangehörigkeit zur Anwendung. Sind die Brautleute hingegen weder durch Staatsangehörigkeit noch durch Wohnsitz mit der Schweiz verbunden (Touristenheirat), so gilt schweizerisches Recht als lex fori. Im Interesse des favor matrimonii kann die Ehe zwischen Ausländern ferner auch dann geschlossen werden, wenn zwar die Voraussetzungen nach schweizerischem Recht nicht erfüllt sind, wohl aber diejenigen des Heimatrechts eines der Brautleute (Art 44 Abs 2). Die Form der Eheschließung in der Schweiz untersteht hingegen in jedem Falle schweizerischem Recht (Art 44 Abs 3). Im Ausland gültig geschlossene Ehen werden in der Schweiz grundsätzlich anerkannt (Art 45 Abs 1); insoweit verweist das schweizerische IPR mithin auf die lex loci celebrationis. **269**

Für die Anknüpfung der **persönlichen Ehewirkungen** sieht Art 48 folgende Anknüpfungsleiter vor: In erster Linie unterstehen die ehelichen Rechte und Pflichten dem Recht des Staates, in dem die Ehegatten ihren Wohnsitz haben (Abs 1). Haben sie ihren Wohnsitz nicht im gleichen Staat, so gilt das Recht desjenigen Wohnsitzstaats, mit dem der Sachverhalt in engerem Zusammenhang steht (Abs 2). Für praktisch seltene Ausnahmefälle ist schließlich eine subsidiäre Geltung der schweizerischen lex fori vorgesehen (Abs 3). Die *güterrechtlichen Verhältnisse* unterstehen demgegenüber in erster Linie dem von den Ehegatten gewählten Recht (Art 52 Abs 1). Dabei haben diese die Wahl zwischen dem Recht des Staates, in dem beide ihren Wohnsitz haben oder nach der Eheschließung haben werden, und dem Recht eines ihrer Heimatstaaten (Art 52 Abs 2). Die Rechtswahl muß schriftlich vereinbart sein oder sich eindeutig aus einem Ehevertrag ergeben (Art 53 Abs 1). Sie kann jederzeit getroffen oder geändert werden; eine nachträgliche Rechtswahl wirkt in Ermangelung einer abweichenden Vereinbarung auf den Zeitpunkt der Eheschließung zurück (Art 53 Abs 2). Haben die Ehegatten keine Rechtswahl getroffen, so unterstehen die güterrechtlichen Verhältnisse primär dem Recht des Staates, in dem beide gleichzeitig ihren Wohnsitz haben bzw zuletzt gehabt haben (Art 54 Abs 1). Hatten die **270**

règles de conflit dans la Suisse du XIXe siècle, Liber Memoralis Laurent (1989) 1099; ders, Die Entrechtung des Auslandsschweizers im neuen IPR-Gesetz, in: FS Keller (1989) 529; ders, Die Parteiautonomie im schweizerischen IPR-Gesetz, in: FS Giger (1989) 673; VISCHER/ VOLKEN, Bundesgesetz über das internationale Privatrecht (IPR-Gesetz) Gesetzentwurf der Expertenkommission (Zürich 1978); WESTENBERG, Staatsangehörigkeit im schweizerischen IPRG (Zürich 1992). Vgl auch die Bibliographie in IPRax 1990, 270 ff.

Ehegatten nie gleichzeitig Wohnsitz im gleichen Staat, so ist ihr gemeinsames Heimatrecht anwendbar (Art 54 Abs 2). Fehlt es auch an einer gemeinsamen Staatsangehörigkeit, so gilt hilfsweise die Gütertrennung des schweizerischen Rechts (Art 54 Abs 3). Das Güterrechtsstatut ist wandelbar und ändert sich daher – in Ermangelung einer abweichenden Vereinbarung – rückwirkend auf den Zeitpunkt der Eheschließung, wenn die Ehegatten ihren Wohnsitz von einem Staat in einen anderen verlegen (Art 55).

271 Eine komplizierte Regelung des internationalen **Ehescheidungsrechts** enthält Art 61 iVm den Zuständigkeitsvorschriften der Art 59 und 60. Aus diesen Vorschriften ergibt sich folgende Anknüpfungsleiter: (1) das gemeinsame schweizerische Wohnsitzrecht der Ehegatten (Art 61 Abs 1 und 2); bei Fehlen eines solchen gilt (2) das gemeinsame (effektive) Heimatrecht beider Ehegatten (Art 61 Abs 2); läßt dieses die Scheidung nicht zu oder erschwert es sie außerordentlich, so kann es ersetzt werden durch (3) die schweizerische lex fori, sofern ein genügender Kontakt zur Schweiz (Staatsangehörigkeit eines Ehegatten oder zweijähriger Aufenthalt) vorliegt (Art 61 Abs 3); (4) das Wohnsitzrecht des Beklagten (Art 59 lit a iVm mit Art 61 Abs 1); (5) das Wohnsitzrecht des Klägers (Art 59 lit b iVm mit Art 61 Abs 1), sofern dieser sich seit einem Jahr in der Schweiz aufhält oder Schweizer Bürger ist; schließlich (6) die lex fori des schweizerischen Heimatrichters (Art 61 Abs 4). Das so ermittelte Scheidungsstatut gilt dann auch für die Nebenfolgen der Scheidung, sofern diese nicht – wie der Name, die Unterhaltspflicht, das Güterrecht und der Minderjährigenschutz – selbständig anzuknüpfen sind (Art 63 Abs 2).

272 Im **Kindschaftsrecht** wird die Wohnsitzanknüpfung – in Übereinstimmung mit den neueren Haager Übereinkommen – durch die Anknüpfung an den *gewöhnlichen Aufenthalt* ersetzt. So beurteilt sich die Entstehung des Kindesverhältnisses sowie dessen Feststellung oder Anfechtung nach dem Recht am gewöhnlichen Aufenthalt des Kindes (Art 68 Abs 1); haben jedoch weder Vater noch Mutter Wohnsitz im Aufenthaltsstaat des Kindes, besitzen aber Eltern und Kind die gleiche Staatsangehörigkeit, so ist ihr gemeinsames Heimatrecht anzuwenden (Art 68 Abs 2). Maßgebender Zeitpunkt für die Bestimmung des anwendbaren Rechts ist die Geburt des Kindes, bei gerichtlicher Feststellung oder Anfechtung des Kindesverhältnisses jedoch die Klageerhebung, sofern ein überwiegendes Interesse des Kindes dies erfordert (Art 69). Die *Anerkennung* kann in der Schweiz alternativ nach dem Recht am gewöhnlichen Aufenthalt des Kindes, nach dessen Heimatrecht, nach dem Recht am Wohnsitz oder nach dem Heimatrecht der Mutter oder des Vaters erfolgen; maßgebend ist der Zeitpunkt der Anerkennung (Art 72 Abs 1); eine im Ausland erfolgte Anerkennung eines Kindes wirkt auch in der Schweiz, wenn sie nach einem der vorgenannten Rechte gültig ist (Art 73 Abs 1). Gleiches gilt für die Anerkennung einer im Ausland erfolgten *Legitimation* (Art 74).

273 Die Voraussetzungen einer **Adoption** in der Schweiz unterstehen grundsätzlich schweizerischem Recht (Art 77 Abs 1); dies gilt insbesondere, wenn die schweizerischen Gerichte oder Behörden aufgrund des Wohnsitzes des oder der Adoptierenden zuständig sind (Art 75 Abs 1). Nehmen Schweizer Adoptierende mit Wohnsitz im Ausland hingegen die Heimatzuständigkeit nach Art 76 in Anspruch, so ist nach Art 77 Abs 2 kumulativ ihr ausländisches Wohnsitzrecht zu berücksichtigen, wenn die Adoption nach schweizerischem Recht dort nicht anerkannt und dem Kind dar-

aus ein schwerwiegender Nachteil erwachsen würde. Unter den gleichen Voraussetzungen ist ferner das Heimatrecht der Adoptierenden zu berücksichtigen, wenn die Adoption durch Ausländer in der Schweiz erfolgt. Die *Beziehungen zwischen Eltern und Kindern* unterstehen dem Recht am gewöhnlichen Aufenthalt des Kindes (Art 82 Abs 1); das gemeinsame Heimatrecht von Eltern und Kind gilt jedoch dann, wenn weder Mutter noch Vater Wohnsitz im Aufenthaltsstaat des Kindes haben (Art 82 Abs 2).

Im **Erbrecht** unterscheidet das IPRG – in Übereinstimmung mit der bisherigen Regelung in Art 22 Abs 1 NAG – danach, ob der Erblasser mit letztem Wohnsitz in der Schweiz oder im Ausland verstorben ist. Im ersteren Fall untersteht der Nachlaß nach Art 90 Abs 1 grundsätzlich dem schweizerischen Recht, und zwar ohne Rücksicht darauf, ob sich die Nachlaßgegenstände im In- oder Ausland befinden und ob es sich um Mobilien oder Immobilien handelt (Grundsatz der Nachlaßeinheit). Eine Ausnahme gilt gem Art 86 Abs 2 lediglich für solche im Ausland belegenen Grundstücke, für die der Belegenheitsstaat eine ausschließliche Zuständigkeit in Anspruch nimmt und dadurch mittelbar die Anwendung der rex rei sitae zwingend vorschreibt. Ein Ausländer kann jedoch – wie schon bisher (Art 22 Abs 2 NAG) – durch letztwillige Verfügung oder Ehevertrag den Nachlaß einem seiner Heimatrechte unterstellen (professio iuris); diese Rechtswahl wird allerdings unwirksam, wenn der Erblasser im Zeitpunkt seines Todes diesem Staat nicht mehr angehört hat oder wenn er Schweizer Bürger geworden ist (Art 90 Abs 2). Demgegenüber untersteht der Nachlaß einer Person mit letztem Wohnsitz im Ausland dem Recht, auf welches das Kollisionsrecht des Wohnsitzstaates verweist (Art 91 Abs 1; dazu näher Rn 276, 279). War der Erblasser freilich Schweizer Bürger mit letztem Wohnsitz im Ausland, so untersteht der Nachlaß schweizerischem Recht, wenn entweder die Behörden seines Wohnsitzstaates sich mit dem Nachlaß nicht befassen oder wenn er sein in der Schweiz gelegenes Vermögen oder seinen gesamten Nachlaß durch letztwillige Verfügung oder Erbvertrag dem schweizerischen Recht unterstellt hat (Art 91 Abs 2 iVm Art 87 Abs 1 und 2); etwas anderes gilt nur dann, wenn der Auslandsschweizer in der letztwilligen Verfügung eine ausdrückliche Rechtswahl zugunsten des Rechts an seinem letzten Wohnsitz getroffen hat. Besondere Kollisionsregeln gelten schließlich für die inhaltliche Gültigkeit von Erbverträgen und gegenseitigen Verfügungen von Todes wegen (Art 95). **274**

b) Rück- und Weiterverweisung im schweizerischen Recht
Der Renvoi wird im schweizerischen Kollisionsrecht nur eingeschränkt beachtet. Art 14 IPRG bestimmt hierzu: **275**

(1) Sieht das anwendbare Recht eine Rückverweisung auf das schweizerische Recht oder eine Weiterverweisung auf ein anderes ausländisches Recht vor, so ist sie zu beachten, wenn dieses Gesetz sie vorsieht.

(2) In Fragen des Personen- oder Familienstandes ist die Rückverweisung auf das schweizerische Recht zu beachten.

Art 14 stellt klar, daß die durch das IPRG angeordnete Verweisung grundsätzlich als *Sachnormverweisung* zu behandeln ist. Ausdrücklich angeordnet wird die Beachtung einer Rück- oder Weiterverweisung in Art 37 Abs 1 (Namensrecht) und Art 91 Abs 1

(Erbrecht). Eine alternative Berücksichtigung des Renvoi ist im Interesse des favor negotii ferner in den Art 119 Abs 3 (Form von Grundstücksverträgen) und Art 124 Abs 3 (Formvorschriften zum Schutz einer Vertragspartei) vorgesehen.

276 Praktisch wichtig ist vor allem die Anerkennung des Renvoi im **internationalen Erbrecht**. Die Verweisung auf das ausländische Wohnsitzrecht des Erblassers in Art 91 Abs 1 IPRG ist im Interesse des Grundsatzes der Nachlaßeinheit als *Gesamtverweisung* ausgestaltet, so daß Rück- und Weiterverweisung vom schweizerischen Richter zu beachten sind. Streitig ist allerdings, ob dies auch dann zu gelten hat, wenn der ausländische Wohnsitzstaat des schweizerischen Erblassers die Verweisung des Art 91 Abs 1 IPRG – wie das deutsche Recht (Art 4 Abs 1 Satz 2 EGBGB) – seinerseits als Rückverweisung behandelt und abbricht. Hier wird aus dem Fehlen einer dem Art 4 Abs 1 Satz 2 EGBGB entsprechenden Vorschrift zum Teil gefolgert, Art 91 Abs 1 IPRG könne dahin ausgelegt werden, daß das schweizerische IPR insoweit der englischen „foreign court theory" (dazu o Rn 13 ff) folge; der Schweizer Richter habe daher die Erbfolge nach einem Auslandsschweizer dem gleichen Recht zu unterwerfen wie das Gericht des ausländischen Wohnsitzstaates (vgl idS SIEHR, in: FS Piotet [1990] 531, 547; HEINI, in: HEINI/KELLER ua, IPRG Art 91 Rn 3). Andere möchten die Rückverweisung des ausländischen Wohnsitzrechts auf das schweizerische Heimatrecht nur dann beachten, wenn es sich um eine Sachnormverweisung handelt (so WESTENBERG, Staatsangehörigkeit im schweiz IPRG 54 f). Teilweise wird aber auch in der Schweiz für einen Abbruch der vom Wohnsitzrecht des schweizerischen Erblassers ausgesprochenen Gesamtverweisung auf das Heimatrecht plädiert (so SCHNYDER, Das neue IPRG² [1990] 30; zust S LORENZ DNotZ 1993, 148, 152).

Darüber hinaus ist jedenfalls die Rückverweisung auf das schweizerische Recht nach Art 14 Abs 2 auch in Fragen des **Personen- oder Familienstandes** zu beachten. Dies trifft namentlich auf die Anknüpfung der Ehescheidung nach Art 61 Abs 2 und die Entstehung des Kindesverhältnisses nach Art 68 zu (HEINI Art 14 Rn 23).

c) Rück- und Weiterverweisung aus deutscher Sicht

277 Aufgrund des im schweizerischen IPR vorherrschenden Wohnsitzprinzips kommt es im deutsch-schweizerischen Verhältnis auf den Gebieten des Personen-, Familien- und Erbrechts häufig zu Rück- und Weiterverweisungen, sofern schweizerische Staatsangehörige ihren **Wohnsitz in Deutschland** oder in einem Drittstaat haben. So bestimmt sich die Geschäftsfähigkeit und der Name eines im Inland lebenden Schweizers kraft Rückverweisung nach deutschem Recht. Gleiches gilt für die persönlichen Wirkungen einer im Inland zwischen Schweizern geführten Ehe. Auch auf die güterrechtlichen Beziehungen schweizerischer Ehegatten ist – in Ermangelung einer abweichenden Rechtswahl – kraft Rückverweisung deutsches Recht anwendbar, wenn die Ehegatten ihren Wohnsitz im Inland haben; dies gilt – aufgrund der Wandelbarkeit des Güterstatuts nach schweizerischem Recht – sogar dann, wenn die Ehegatten den deutschen Wohnsitz erst während der Ehe begründet haben. Schließlich dürfte aus Art 61 Abs 1 und 2 IPRG auch im internationalen Scheidungsrecht eine Rückverweisung auf deutsches Recht zu entnehmen sein, wenn *beide* schweizerischen Ehegatten ihren Wohnsitz bei Antragstellung in Deutschland haben (HENRICH IntFamR 94).

278 Im internationalen **Kindschaftsrecht** verweist das in Fragen der Abstammung oder

Ehelichkeitsanfechtung von Art 19 Abs 1 S 1 (iVm mit Art 14 Abs 1 Nr 1) zur Anwendung berufene gemeinsame schweizerische Heimatrecht der Kindeseltern auf das inländische Recht zurück, wenn das Kind seinen gewöhnlichen Aufenthalt im Inland hat (Art 68 Abs 1 IPRG). Gleiches gilt hinsichtlich der Beziehungen zwischen den Eltern und einem ehelichem Kind (Art 82 Abs 1 IPRG).

Im internationalen **Erbrecht** nimmt das schweizerische Heimatrecht des Erblassers **279** die Verweisung nach Art 25 Abs 1 EGBGB an, wenn der Erblasser seinen letzten Wohnsitz in der Schweiz hatte; schweizerisches Erbrecht gilt dann auch für etwaige in Deutschland belegene Nachlaßgrundstücke. Ist der schweizerische Erblasser hingegen mit letztem Wohnsitz in Deutschland verstorben, so ist der Regelung in Art 91 Abs 1 IPRG – abweichend vom bisherigen Recht (Art 28 NAG, vgl LG Hamburg 6. 5. 1980, IPRspr 1980 Nr 127; FERID/FIRSCHING Schweiz Grdz C III Rn 9) – eine Rückverweisung auf deutsches Recht zu entnehmen. Der Umstand, daß das schweizerische IPR insoweit eine Gesamtverweisung ausspricht, führt wegen Art 4 Abs 1 S 2 zu keiner anderen Beurteilung; diese Vorschrift steht der Anerkennung eines „double renvoi" auch dann entgegen, wenn ein solcher von der ausländischen Verweisungsnorm angestrebt wird. Interpretiert der schweizerische Richter die Verweisung in Art 91 Abs 1 IPR iS der „foreign court theory", so wird auf diese Weise der internationale Entscheidungseinklang gewahrt, weil er dann neben Art 25 Abs 1 auch Art 4 Abs 1 S 2 EGBGB zu berücksichtigen und deshalb deutsches materielles Erbrecht anzuwenden hat (so im Erg auch KRZYWON BWNotZ 1989, 153, 156; SIEHR, in: FS Piotet [1990] 547; HEINI, in: HEINI/KELLER ua, IPRG Art 91 Rn 8; aA S LORENZ DNotZ 1993, 148, 152). Angesichts der umstrittenen Auslegung von Art 91 Abs 1 IPRG (dazu Rn 276) kann ein in Deutschland lebender Schweizer eine einheitliche Beurteilung der Erbfolge durch deutsche und schweizerische Nachlaßgerichte nur sicherstellen, indem er durch eine Rechtswahl im Testament die Geltung deutschen oder schweizerischen Rechts ausdrücklich festlegt (S Lorenz DNotZ 1993, 148, 155 ff mit Beispielen).

Zu Rück- und Weiterverweisung kann es schließlich auch im internationalen **Gesell-** **280** **schaftsrecht** kommen, weil die Schweiz in Art 154 Abs 1 IPRG grundsätzlich an das Gründungsrecht der Gesellschaft anknüpft (vgl OLG Frankfurt 24. 4. 1990, NJW 1990, 2204 = IPRax 1991, 403 m Anm GROSSFELD/KÖNIG = EWiR 1990, 827 m Anm EBENROTH = IPRspr 1990 Nr 21: Weiterverweisung auf das panamaische Recht).

d) Staatsverträge
Die Schweiz ist den Genfer Abkommen über das internationale Wechsel- und **281** Scheckrecht von 1930/31 beigetreten, so daß eine Rück- oder Weiterverweisung – über die Fälle des Art 14 IPRG hinaus – auch bezüglich der Wechsel- und Scheckfähigkeit beachtet wird (s o Art 4 Rn 118 f). Die Schweiz hat ferner das Haager Kindesentführungsabkommen von 1980 ratifiziert, das in Art 3 eine Gesamtverweisung auf das Recht am gewöhnlichen Aufenthaltsort des Kindes vorsieht (s o Art 4 Rn 132 f). Andererseits ist die Schweiz Mitgliedsstaat der Haager Unterhaltsabkommen von 1956 und 1973, sowie der Haager Übereinkommen von 1961 über den Minderjährigenschutz und die Testamentsform, die jeweils die Rück- und Weiterverweisung durch eine schlüssige oder ausdrückliche Bezugnahme auf das innerstaatliche Recht ausschließen (s o Art 4 Rn 125 ff). Schließlich ist die Schweiz – im Gegensatz zur Bundesrepublik Deutschland – dem Haager Straßenverkehrsunfallabkommen von 1971 beigetreten, dessen Kollisionsnormen zu einer auch vom deutschen Richter zu

beachtenden Rück- oder Weiterverweisung (zB auf das Recht am gemeinsamen Registrierungsort der Fahrzeuge) führen können (s o Art 4 Rn 135 f).

3. Griechenland*

a) Kollisionsnormen

282 Die Kollisionsnormen des griechischen Zivilgesetzbuchs (Astikos Kodix) vom 15. 3. 1940 (Art 5–33) waren großenteils den entsprechenden Vorschriften des deutschen EGBGB nachgebildet, gingen aber über ihre Vorbilder weit hinaus und regelten zahlreiche Fragen, deren Lösung der deutsche Gesetzgeber seinerzeit Rechtsprechung und Lehre überlassen hatte. Im Personen-, Familien- und Erbrecht wird demgemäß grundsätzlich an die **Staatsangehörigkeit** angeknüpft. Das Heimatrecht beherrscht daher die Rechts- und Geschäftsfähigkeit (Art 5, 7), die Verschollenheit (Art 6) und die Entmündigung (Art 8).

283 Die materiellen Voraussetzungen der **Eheschließung** richten sich für beide Verlobten nach dem Heimatrecht einer einzigen dieser Personen (Art 13 Abs 1; dazu CHIOTELLIS IPRax 1982, 171 f). Für die Formgültigkeit der Eheschließung reicht es nach Art 13 Abs 2 idF des Gesetzes Nr 1250/82 vom 4. 7. 1982 (Text in IPRax 1982, 214 f) aus, daß die Formerfordernisse des Heimatrechts eines Verlobten oder des Rechts am Eheschließungsort eingehalten werden. Die im Ausland nach griechisch-orthodoxem Ritus geschlossene Ehe wird daher in Griechenland als rechtswirksam erachtet, wenn auch nur ein Verlobter die griechische Staatsangehörigkeit besitzt, mag auch die Ehe am Eheschließungsort – wie nach deutschem Recht (vgl Art 13 Abs 3 EGBGB) – als Nichtehe behandelt werden.

284 Dem Grundsatz der **Gleichberechtigung von Mann und Frau** hat der griechische Gesetzgeber im Kollisionsrecht durch Gesetz Nr 1329/83 vom 18. 2. 1983 (Text in IPRax 1983, 801) Rechnung getragen. Danach wird – in weitgehender Übereinstimmung mit dem geltenden deutschen internationalen Familienrecht – in Fällen der verschiedenen Staatsangehörigkeit von Ehegatten nicht mehr an die Staatsangehörigkeit des Mannes, sondern an die letzte gemeinsame Staatsangehörigkeit, sofern einer der Ehegatten diese beibehalten hat, hilfsweise an den (letzten) gemeinsamen gewöhnlichen Aufenthalt während der Ehezeit und an letzter Stelle an das Recht der engsten Verbindung angeknüpft. Diese Anknüpfungsleiter gilt sowohl für die per-

---

* **Schrifttum:** BERGMANN/FERID Griechenland (Stand 1986) 10–12; CHIOTELLIS, Zur Einführung der Zivilehe in Griechenland – Sachnormen und IPR, IPRax 1982, 169; ders, Zur Reform des griechischen Familienrechts, IPRax 1983, 302; ders, Récentes modifications des dispositions du droit international privé du Code Civil hellénique, Rev hell dr int 1982–83, 407; EVRIGENIS, Regards sur le droit international privé héllenique contemporain, in: FS Kegel (1977) 341; ders, Projet introduisant l'égalité entre hommes et femmes en d.i.p héllenique, Rev hell dr int 1981, 87; FERID/FIRSCHING/ GEORGIADES, Griechenland (Stand 1979) Grdz Rn 10–22; GOGOS/AUBIN, Das IPR im griechischen ZGB von 1940, RabelsZ 15 (1949/50) 240, 337; GRAMMATICAKIS/ALEXIOU, Private international law, Rev hell dr int 1984, 387; KOUTSOURADIS, Das neue griechische Eheschließungsrecht, FamRZ 1983, 851, 857; MARIDAKIS, Idiotikon Diethnes Dikaion (IPR), 2 Bde^2 (1967/68); OEHLER/VLASSOPOULOU, Das neue griechische Ehegüterrecht – Sachnormen und IPR, IPRax 1985, 171; VRELLIS, L'adoption en droit international privé grec, Rev hell dr int 1991, 85.

sönlichen Rechtsbeziehungen der Ehegatten (Art 14) als auch für das Ehegüter- und Ehescheidungsrecht (Art 15, 16), wobei in den beiden letztgenannten Fällen unwandelbar auf den Zeitpunkt unmittelbar nach der Eheschließung bzw zu Beginn des Scheidungsverfahrens abgestellt wird. Die Möglichkeit einer Rechtswahl im internationalen Ehegüterrecht besteht nicht.

Die Anknüpfungsleiter des Ehewirkungsstatuts gilt auch für die **Abstammung** ehelicher Kinder (Art 17); maßgebend ist der Zeitpunkt der Geburt des Kindes. Im Wege einer gestuften Anknüpfung ist auch das auf die Eltern-Kind-Beziehungen anwendbare Recht zu ermitteln. Danach kommt es primär auf das Recht der (letzten) gemeinsamen Staatsangehörigkeit und ersatzweise auf das Recht am (letzten) gemeinsamen gewöhnlichen Aufenthaltsort an (Art 18 Abs 1, 2; Art 19 Abs 1, 2). Hingegen werden auf der dritten Stufe der Anknüpfungsleiter für eheliche und nichteheliche Kinder unterschiedliche Kriterien gewählt. So gilt für die Rechtsbeziehungen zwischen Eltern und ehelichen Kindern auf der dritten Stufe das Heimatrecht des Kindes (Art 18 Abs 3); hingegen beurteilen sich die Rechtsbeziehungen eines nichtehelichen Kindes zu seiner Mutter bzw seinem Vater hilfsweise nach dem Heimatrecht des jeweiligen Elternteils (Art 19 Abs 3, 20 Abs 3). **285**

Die **Legitimation** durch nachfolgende Eheschließung unterliegt dem Ehewirkungsstatut der Eltern unmittelbar nach der Eheschließung (Art 22 S 1). Die Legitimation durch gerichtliche oder behördliche Entscheidung richtet sich nach dem Heimatrecht des Vaters im Zeitpunkt der Entscheidung (Art 22 S 2). Die Voraussetzungen der *Adoption* werden für jeden Beteiligten nach seinem Heimatrecht beurteilt. Für die Adoptionswirkungen gilt hingegen das letzte gemeinsame Heimatrecht des Adoptanten und des Adoptierten während des Annahmeverhältnisses; in Ermangelung eines solchen wird das Heimatrecht des Annehmenden zZ der Annahme angewandt. **286**

Das internationale **Erbrecht** des griechischen ZGB beruht auf dem Prinzip der Nachlaßeinheit. Erbstatut für alle erbrechtlichen Verhältnisse ist das Recht des Staates, dem der Erblasser im Zeitpunkt seines Todes angehört (Art 28; vgl OLG Karlsruhe 11. 7. 1990, FamRZ 1990, 1398, 1399). Demgemäß beurteilt der griechische Richter auch die Vererbung von ausländischen Grundstücken nach dem Heimatrecht des Erblassers, mag auch die lex rei sitae als „Einzelstatut" ihre Geltung beanspruchen (Ferid/Firsching/Georgiades Griechenland Grdz Rn 22). **287**

b) Rück- und Weiterverweisung im griechischen Recht
Ganz entgegen dem EGBGB und in Übereinstimmung mit dem um wenige Jahre älteren Codice civile werden Rück- und Weiterverweisung in Art 32 AK ausdrücklich abgelehnt: **288**

Zum anzuwendenden ausländischen Recht gehören nicht die Kollisionsnormen des ausländischen Staates.

Die Verweisung einer griechischen Kollisionsnorm auf fremdes Recht ist demnach stets eine Verweisung auf dessen Sachnormen.

Verweist eine deutsche Kollisionsnorm auf griechisches Recht und betrifft der Fall **289** die personen-, familien- oder erbrechtlichen Verhältnisse eines griechischen Staatsangehörigen **mohammedanischen Bekenntnisses**, so sind die für Angehörige dieser Religionsgemeinschaft maßgeblichen Normen zu ermitteln; aufgrund des Friedensvertrags von Lausanne von 1923 gewährt die griechische Gesetzgebung der islamischen Minderheit sowohl die Anwendung islamischen Rechts wie auch eine gesonderte Gerichtsbarkeit durch die Muftis (vgl bei BENDERMACHER-GEROUSSIS, Das Interpersonale Recht in Griechenland und insbesondere in Thrazien, in: FS Ferid [1978] 61).

c) **Rück- und Weiterverweisung aus deutscher Sicht**

290 Angesichts der – auch nach den jüngsten IPR-Reformen – weitgehenden Übereinstimmung zwischen den griechischen und den deutschen Kollisionsnormen sind Fälle der Rück- und Weiterverweisung durch das griechische IPR aus deutscher Sicht selten. Deutsche Gerichte haben denn auch bisher vor allem im **Eherecht** einen Renvoi durch griechische Kollisionsnormen regelmäßig verneint (vgl OLG Stuttgart 17.11.1975, FamRZ 1976, 359 m krit Anm JAYME = IPRspr 1975 Nr 77 [Folgen der nur vor einem griechischen Archimandriten vorgenommenen Eheschließung zwischen einem Italiener und einer Griechin]; LG Frankfurt 5.5.1978, IPRspr 1978 Nr 43 [Kein Kranzgeldanspruch einer Italienerin gegen ihren griechischen Verlobten]; OLG Karlsruhe 4.2.1987, IPRax 1988, 294 m Anm JAYME/BISSIAS 280 = IPRspr 1987 Nr 49 [Rückzahlung der Mitgift]; OLG Hamm 2.7.1987, IPRax 1988, 108 m Anm JAYME/BISSIAS = IPRspr 1987 Nr 53; OLG Stuttgart 20.12.1988, NJW 1990, 641 = FamRZ 1989, 622 = IPRspr 1988 Nr 66 und 7.2.1989, IPRax 1990, 250 m Anm KERAMEUS 228 = IPRspr 1989 Nr 86 [jeweils zum Auskunftsanspruch betr den Zugewinn zwischen griechischen Ehegatten]; AG München 6.6.1980, IPRspr 1980 Nr 57 [Zuweisung von Ehewohnung und Hausrat zwischen getrennt lebenden Griechen]; OLG Frankfurt 26.5.1975, FamRZ 1975, 693 = IPRspr 1975 Nr 152 und 6.5.1981, IPRax 1982, 22 m Anm HENRICH 9 = IPRspr 1981 Nr 74; OLG Hamm 3.2.1978, FamRZ 1978, 511 = IPRspr 1978 Nr 59 a; AG Stuttgart 18.3.1986, IPRax 1986, 248 = IPRspr 1986 Nr 64 und 6.6.1991, FamRZ 1992, 945 = IPRspr 1991 Nr 92; OLG Stuttgart 2.2.1993, FamRZ 1994, 383 = IPRspr 1993 Nr 64 [alle zur Ehescheidung von Griechen]). Möglich ist eine Rückverweisung im Eheschließungsrecht, weil das griechische IPR sich mit der Ehefähigkeit des griechischen Verlobten nach deutschem Recht begnügt, wenn dieser eine Deutsche heiratet (Art 13 Abs 1 S 1 ZGB; vgl HENRICH IntFamR § 1 II 3).

291 In gleicher Weise wurde auch im **Kindschaftsrecht** eine Rückverweisung regelmäßig ausgeschlossen (vgl LG Bonn 14.10.1975, FamRZ 1976, 229 = IPRspr 1975 Nr 93 [Anerkennung der Vaterschaft mit Standesfolge]; LG Aurich 1.12.1975, IPRspr 1975 Nr 95: [kein Erbrecht des vom Vater nicht anerkannten nichtehelichen Kindes]; OLG Frankfurt 18.12.1978, FamRZ 1979, 743 = IPRspr 1978 Nr 93 [Zuteilung der Personensorge unter Beachtung des Haager Minderjährigenschutzabkommens]; OLG Karlsruhe 3.4.1986, IPRspr 1986 Nr 72 [Ehelichkeitsanfechtung]; BayObLG 7.5.1986, BayObLGZ 1986, 155 = IPRax 1987, 182 m Anm WENGLER 164 = IPRspr 1986 Nr 9: [Familienname des Kindes aus einer hinkenden Ehe griechischer Eltern]; BayObLG 7.12.1989, StAZ 1990, 69 = IPRspr 1989 Nr 151 [Vornamensbestimmung für Adoptivkinder]).

292 Schließlich nimmt das griechische IPR auch im **Erbrecht** die deutsche Verweisung auf das Heimatrecht des Erblassers an (vgl OLG Karlsruhe 11.7.1990, FamRZ 1990, 1398 = IPRspr 1990 Nr 146 [Beerbung einer Griechin mit gewöhnlichem Aufenthalt in Deutschland]).

d) **Staatsverträge**

293 Griechenland ist den Genfer Abkommen über das internationale Wechsel- und Scheckrecht von 1930/31 beigetreten und hat damit – entgegen seiner renvoifeind-

lichen Grundhaltung – in diesem Bereich die Rück- und Weiterverweisung anerkannt (s Art 4 Rn 118f). Gleiches gilt für den Beitritt zum Haager Kindesentführungsabkommen von 1980, das in Art 3 ebenfalls eine Gesamtverweisung auf das Recht am gewöhnlichen Aufenthalt des Kindes vorsieht (s Art 4 Rn 132 f). Andererseits hat Griechenland auch das HaagerAbkommen über die Testamentsform von 1961 ratifiziert, das in Übereinstimmung mit Art 32 AK den Renvoi ausschließt (s Art 4 Rn 126 f).

4. Türkei*

a) Kollisionsnormen

Das türkische Rechtssystem baut weitgehend auf kontinental-europäischen Grundlagen auf. Das Zivilrecht und das Zivilprozeßrecht entsprechen in großen Teilen dem schweizerischen Recht. Das internationale Privat- und Verfahrensrecht wurde durch Gesetz Nr 2675 vom 20. 5. 1982 umfassend neu geregelt (Text in IPRax 1982, 254 und bei BERGMANN/FERID Türkei 14–18). Zentrales Anknüpfungskriterium des IPR-Gesetzes ist die *Staatsangehörigkeit*. Bei unterschiedlicher Staatsangehörigkeit der Parteien bestimmt sich das anzuwendende Recht nach dem Wohnsitz oder dem gewöhnlichen Aufenthalt. Ein Wahlrecht wird den Parteien nur in engen Grenzen auf dem Gebiet des Güterrechts eingeräumt. Nach dem Recht der Staatsangehörigkeit beurteilen sich die Rechts- und Handlungsfähigkeit (Art 8 Abs 1), die Vormundschaft, Pflegschaft und Entmündigung (Art 9 Abs 1) sowie die Verschollenheits- und Todeserklärung (Art 10).

Im **Eherecht** unterliegen die materiellen Voraussetzungen einer Eheschließung (Art 12 Abs 1 S 1) dem Heimatrecht jedes Verlobten; demgegenüber richtet sich die Form der Eheschließung nach der lex loci actus (Art 12 Abs 1 S 2). Für die *allgemeinen Ehewirkungen* sieht Art 12 Abs 2 IPRG folgende Anknüpfungsleiter vor: Gemeinsames Heimatrecht, gemeinsamer Wohnsitz, gemeinsamer gewöhnlicher Aufenthalt, türkisches Recht. Diese Leiter gilt auch für die *Ehescheidung* (Art 13 Abs 1 und 2); dabei ist auf den Zeitpunkt der Scheidung abzustellen. Im ehelichen *Güterrecht* ist die Anknüpfungsleiter des Art 12 Abs 2 mit der Modifikation heran-

---

* **Schrifttum:** ANSAY, Zur Scheidung von Türken in der BRepD nach Inkrafttreten des neuen IPR-Gesetzes, StAZ 1983, 29; ders, Das neue Gesetz über das IPR der Türkei, in: HOLL/KLINKE (Hrsg), Internationales Privatrecht – Internationales Wirtschaftsrecht (1985) 161; ANSAY/SCHNEIDER, The New Private International Law of Turkey, NILR 1990, 139; BERGMANN/FERID Türkei (Stand: 1992) 11–13; KRÜGER, Türkei: Internationales Privat- und Zivilverfahrensrecht, StAZ 1983, 49; ders, Das türkische IPR-Gesetz von 1982, IPRax 1982, 252; ders, Neues IPR in der Türkei, ZfRvgl 23 (1982) 169; ders, Anerkennung deutscher Scheidungsurteile in der Türkei, IPRax 1985, 304; NOMER, Devleter Hukula[6] (Istanbul 1990); ders, Türkisches IPR und doppelte Staatsangehörigkeit, JZ 1993, 1142; ÖZSUNAY, Türkisches internationales Ehe- und Kindschaftsrecht, in: HOLL/KLINKE (Hrsg), Internationales Privatrecht – Internationales Wirtschaftsrecht (1985) 365; SAKMAR, Le nouveau droit international privé turc, Rec des Cours 223 (1990–IV) 303; TEKINALP, Der türkische „Gesetzentwurf über internationales Privatrecht und Zivilverfahrensrecht", RabelsZ 46 (1982) 26; dies, Das türkische Gesetz über internationales Privatrecht und Zivilverfahrensrecht von 1982, RabelsZ 47 (1983) 74 und 131; ULUOCAK, Milletlerarsi özel hukuk dersleri: Kifisel statü – miras statüsü (Lehrbuch des IPR: Personalstatut, Erbstatut) (1987).

zuziehen, daß bei Fehlen einer gemeinsamen Staatsangehörigkeit bzw eines gemeinsamen Wohnsitzes zur Zeit der Eheschließung an das Recht des Ortes angeknüpft wird, an dem sich die einzelnen Vermögensgegenstände befinden (Art 14). Die Ehegatten können stattdessen das Güterrechtsstatut auch durch Rechtswahl bestimmen, wobei sie zwischen dem Recht ihres Wohnsitzes und ihren Heimatrechten zur Zeit der Eheschließung wählen können. Erwerben die Ehegatten nach der Eheschließung eine neue gemeinsame Staatsangehörigkeit, so können sie sich auch diesem Recht unterstellen.

296 Im **Kindschaftsrecht** gilt für die eheliche Abstammung die gleiche Anknüpfungsleiter wie für die allgemeinen Ehewirkungen; dabei ist der Zeitpunkt der Geburt des Kindes maßgebend (Art 15). Hingegen wird die *Legitimation* entsprechend dem Günstigkeitsprinzip nach dem Heimatrecht des Vaters zur Zeit der Legitimation, ersatzweise nach dem Heimatrecht der Mutter und, wenn sie auch danach nicht möglich ist, nach dem Heimatrecht des Kindes beurteilt (Art 16). Die persönlichen und vermögensrechtlichen Beziehungen eines nichtehelichen Kindes zu seiner Mutter und seinem Vater richten sich nach dem Heimatrecht des jeweiligen Elternteils (Art 17). Die Voraussetzungen der *Adoption* werden für jeden der Beteiligten nach seinem Heimatrecht im Zeitpunkt der Adoption bestimmt, während die Wirkungen der Adoption grundsätzlich vom Heimatrecht des Annehmenden bzw – im Falle einer Ehegattenadoption – vom Ehewirkungsstatut beherrscht werden (Art 18). Die elterliche Sorge unterliegt dem gleichen Recht wie die Abstammung (Art 19 iVm Art 15, 12 Abs 2).

297 Die **Erbschaft** richtet sich grundsätzlich nach dem Heimatrecht des Erblassers im Zeitpunkt seines Todes. Hinsichtlich des in der Türkei belegenen unbeweglichen Vermögens gilt jedoch türkisches Recht (Art 22). Die Eröffnung des Erbganges, der Erwerb und die Teilung der Erbschaft unterliegen hingegen dem Recht des Ortes, an dem sich der Nachlaß befindet (Art 22 Abs 2). Im deutsch-türkischen Rechtsverkehr sind allerdings staatsvertragliche Sonderregeln zu beachten (s u Rn 302).

b) **Rück- und Weiterverweisung im türkischen Recht**
298 Eine Rück- oder Weiterverweisung wurde in der türkischen Praxis bereits vor Inkrafttreten des IPR-Gesetzes von 1982 berücksichtigt. Die Beachtlichkeit des Renvoi ist nunmehr – abweichend von den Entwürfen zum IPR-Gesetz (vgl TEKINALP RabelsZ 46 [1982] 56 f) – in Art 2 Abs 3 ausdrücklich normiert:

Wenn die Kollisionsnormen des anzuwendenden ausländischen Rechts auf ein anderes Recht verweisen, werden die Sachnormen dieses Rechts angewandt.

Hinsichtlich der Rückverweisung stimmt die türkische Regelung mit Art 4 Abs 1 S 2 EGBGB überein; danach wird die Rückverweisung stets als Verweisung auf die türkischen Sachnormen gewertet. Im Gegensatz zum deutschen Gesetzgeber hat der türkische diesen Grundsatz aber auch für den Fall der Weiterverweisung festgeschrieben. Danach wird nur eine einmalige Weiterverweisung des vom türkischen IPR zur Anwendung berufenen Rechts beachtet, die zwingend zur Anwendung der Sachnormen derjenigen Rechtsordnung führt, auf die weiterverwiesen wird. Die gegenteilige Auffassung des fremden Kollisionsrechts, das seine (Weiter-)Verweisung als Gesamtverweisung begreift, wird nicht berücksichtigt.

c) Rück- und Weiterverweisung aus deutscher Sicht

Da das türkische Personen-, Familien- und Erbrecht mit der Grundsatzanknüpfung an die Staatsangehörigkeit und der Verwendung von Anknüpfungsleitern in Fällen unterschiedlicher Staatsangehörigkeit der Beteiligten dem deutschen Kollisionsrecht sehr nahesteht, sind Fälle der Rück- oder Weiterverweisung im deutsch-türkischen Rechtsverkehr seit Inkrafttreten des deutschen IPR-Gesetzes von 1986 selten geworden. Die deutsche Praxis geht im internationalen **Eherecht** vielmehr fast durchwegs von einer Annahme der deutschen Verweisung durch das türkische IPR aus (vgl etwa zum Ehegüterrecht OLG Hamm 10. 4. 1992, FamRZ 1992, 963 = IPRspr 1992 Nr 88; zur Ehescheidung OLG Köln 21. 8. 1986, IPRspr 1986 Nr 69 und 28. 10. 1988, IPRspr 1988 Nr 91; OLG Hamm 2. 6. 1986, IPRspr 1986 Nr 68; 21. 2. 1989, FamRZ 1989, 1191 = IPRspr 1989 Nr 95 und 21. 3. 1991, NJW 1991, 3099 = IPRspr 1991 Nr 87; OLG Oldenburg 3. 4. 1990, NJW 1991, 1430 = IPRspr 1990 Nr 81; OLG Stuttgart 14. 8. 1990, NJW 1991, 2217 = IPRspr 1990 Nr 87; OLG Düsseldorf 29. 11. 1991, IPRspr 1991 Nr 98, 18. 2. 1992, FamRZ 1992, 946 = IPRspr 1992 Nr 95 und 18. 11. 1993, FamRZ 1994, 1110; OLG Frankfurt 14. 7. 1992, FamRZ 1993, 329 = IPRspr 1992 Nr 103; AG Freiburg 25. 6. 1991, FamRZ 1991, 1304 = IPRspr 1991 Nr 94; KRÜGER IPRax 1982, 255 und StAZ 1983, 52; zur Hausratsteilung OLG Stuttgart 10. 11. 1989, FamRZ 1990, 1354 = IPRspr 1980 Nr 85; OLG Köln 20. 2. 1989, NJW-RR 1989, 646 = IPRspr 1989 Nr 94; HENRICH IPRax 1985, 88, 89; zur Rückforderung von Verlobungs- oder Hochzeitsgeschenken KG 7. 6. 1989, FamRZ 1990, 45 = IPRspr 1989 Nr 80; LG Essen 15. 2. 1990, FamRZ 1990 884 = IPRspr 1990 Nr 67; LG Krefeld 31. 5. 1990, StAZ 1990, 336 m Aufs KRÜGER 313 = IPRspr 1990 Nr 70; LG Berlin 10. 2. 1992, FamRZ 1993, 198 = IPRspr 1992 Nr 86; LG Tübingen 4. 2. 1992, FamRZ 1992, 1437 = IPRspr 1992 Nr 93).

In gleicher Weise wird auch im **Kindschaftsrecht** ein Renvoi des türkischen IPR regelmäßig verneint (vgl etwa zur elterlichen Sorge für nichteheliche Kinder BayObLG 26. 5. 1983, BayObLGZ 1983, 125 = FamRZ 1983, 948 = IPRax 1984, 96 m Anm KROPHOLLER 81 = IPRspr 1983 Nr 83; zur Ehelichkeit eines nach Ehescheidung geborenen Kindes AG Bonn 16. 6. 1988, StAZ 1988, 354 = IPRspr 1988 Nr 81; zur Ehelichkeitsanfechtung BGH 23. 12. 1981, NJW 1982, 1215 = IPRspr 1981 Nr 2; AG Erding 9. 5. 1986, IPRspr 1986, 742; zur Anfechtung eines Vaterschaftsanerkenntnisses OLG Schleswig 13. 4. 1984, IPRspr 1984 Nr 98; zur Adoption AG Siegen 22. 1. 1992, IPRax 1993, 184 m Anm SCHNABEL 169 = IPRspr 1992 Nr 147).

Zu einer **Rückverweisung auf deutsches Recht** kam es vor allem in der Zeit bis 1986 in Fällen der Scheidung gemischtnationaler Ehen, wenn die Ehegatten ihren gewöhnlichen Aufenthalt in der Bundesrepublik Deutschland hatten (AG Altena 24. 2. 1983, IPRspr 1983 Nr 145), sowie in Unterhaltsstreitigkeiten zwischen im Inland lebenden türkischen Ehegatten, weil die Türkei das Haager Unterhaltsstatutabkommen von 1973 bereits mit Wirkung vom 1. 11. 1983 ratifiziert hatte (vgl OLG Stuttgart 13. 5. 1986, FamRZ 1987, 700 = IPRspr 1986 Nr 55; OLG Karlsruhe 6. 2. 1986, IPRax 1987, 38 = IPRspr 1986 Nr 61; OLG Oldenburg 8. 9. 1987, FamRZ 1988, 170 = IPRspr 1987 Nr 72). Im geltenden Recht kann es gelegentlich noch zu einer Rückverweisung aufgrund abweichender Qualifikation durch das zur Anwendung berufene türkische IPR kommen (vgl zum Ehenamensrecht OLG Hamm 28. 1. 1991, StAZ 1991, 138, 141 = NJW 1991, 2218 = IPRspr 1991 Nr 12).

d) Staatsverträge

Ausgeschlossen sind Rück- und Weiterverweisung in verschiedenen von der Türkei ratifizierten Staatsverträgen; dies gilt etwa für die beiden Haager Unterhaltsübereinkommen von 1956 und 1973 (s Art 4 Rn 125, 131). Die Türkei ist ferner den Haager Übereinkommen von 1961 über den Minderjährigenschutz und die Testamentsform beigetreten, die ebenfalls nur Sachnormverweisungen enthalten (s Art 4 Rn 126 ff). Auf dem Gebiet des Erbrechts ist schließlich der *deutsch-türkische* Konsularvertrag von 1929 zu beachten, der in einer Anlage zu Art 20 (Text bei JAYME/HAUSMANN[8] Nr 40) erbrechtliche Kollisionsregeln enthält. Wird hiernach für den beweglichen Nachlaß auf das Heimatrecht des Erblassers (§ 14 Abs 1) oder hinsichtlich des unbeweglichen Nachlasses auf das Recht der Belegenheit (§ 14 Abs 2) verwiesen, so bleibt eine Rück- bzw Weiterverweisung freilich beachtlich, soweit danach das Recht eines Drittstaats zur Anwendung berufen ist (vgl zu diesem Abkommen OLG Köln 30. 1. 1986, IPRspr 1986 Nr 109).

V. Osteuropäische Rechte*

1. Albanien**

a) Kollisionsnormen

303 Das albanische IPR ist im Gesetz über die Inanspruchnahme von Zivilrechten durch Ausländer und die Anwendung ausländischer Gesetze vom 21. 11. 1964 (Nr 3920; Text bei BERGMANN/FERID/STOPPEL Albanien 50 ff) geregelt. Danach gilt auf dem Gebiet des internationalen Personen-, Familien- und Erbrechts das **Staatsangehörigkeitsprinzip**. Bei Mehrstaatern wird grundsätzlich an die zuletzt erworbene Staatsangehörigkeit angeknüpft; die albanische Staatsangehörigkeit hat jedoch in jedem Fall Vorrang (Art 23). Staatenlose unterliegen dem Recht ihres Wohnsitzstaates.

304 Nach dem Heimatrecht einer Person bestimmt sich daher ihre **Rechts- und Geschäftsfähigkeit** (Art 3). Auch die Voraussetzungen der *Eheschließung* werden für jeden Verlobten nach seinem Heimatrecht beurteilt (Art 5). Für die Form der Eheschließung gilt grundsätzlich das Recht am Eheschließungsort; eine im Ausland geschlossene Ehe zwischen albanischen Staatsangehörigen, die ihren Wohnsitz in Albanien haben, ist aber nur gültig, wenn sie als Ziviltrauung erfolgt (Art 6).

305 Die **Ehescheidung** unterliegt dem Recht des Staates, dem beide Ehegatten zur Zeit der Klageerhebung angehören (Art 7 Abs 1). Sind die Ehegatten nicht Angehörige desselben Staates und stimmen ihre Heimatrechte nicht überein, so wird die Ehe nach albanischem Recht aufgelöst (Art 7 Abs 2). Albanisches Recht gilt ferner auch dann, wenn das Heimatrecht der Ehegatten eine Ehescheidung nicht oder nur bei

---

* **Schrifttum:** BALLARINO, Osservazioni sulla codificazione di diritto internazionale privato nell' Europa centro-orientale, in: FS Ago (1987) 3; BOGUSLAWSKIJ (Hrsg), Private International Law. Contemporary Problems, 2 Bde (1993); KORKISCH, Neues IPR in Ostmitteleuropa, RabelsZ 32 (1968) 601; ders, Neue Tendenzen im IPR Osteuropas, JbOstR 21 (1980) 9; LUNZ, L'objet et les principes fondamenteaux du droit international privé en U.R.S.S. et dans les autres pays socialistes européens, Clunet 1973, 96; SZÁSZY, Private International Law in the European People's Democracies (1964); ders, Private International Law in Socialist Countries, Rec des Cours 1964-I 163.

** **Schrifttum:** BERGMANN/FERID/STOPPEL, Albanien (Stand: 1986) 6–8; HAEBLER, Gesetz über den Genuß von Zivilrechten durch Ausländer und die Anwendung ausländischen Rechts (Übersetzung), WGO 1965, 77.

Vorliegen besonders schwerwiegender Gründe zuläßt, sofern einer oder beide Ehegatten ihren Wohnsitz seit längerer Zeit in Albanien haben (Art 7 Abs 3). Die vorgenannten Regeln gelten für die Nichtigerklärung der Ehe mit der Maßgabe entsprechend, daß es auf die Staatsangehörigkeit der Ehegatten im Zeitpunkt der Eheschließung ankommt (Art 7 Abs 4). Auch für die *persönlichen und güterrechtlichen Beziehungen* der Ehegatten ist primär das gemeinsame Heimatrecht maßgebend (Art 8 Abs 1); im Falle unterschiedlicher Staatsangehörigkeit gilt auch hier ersatzweise albanisches Recht, soweit die Heimatrechte der Ehegatten nicht übereinstimmen (Art 8 Abs 2).

Die Anerkennung und Anfechtung der **Vater- bzw Mutterschaft** richtet sich nach dem Heimatrecht des Kindes im Zeitpunkt der Geburt (Art 9 Abs 1). Im übrigen unterliegen die Beziehungen zwischen Eltern und Kindern dem jeweiligen Heimatrecht des Kindes (Art 9 Abs 2). Lebt das Kind in Albanien, so kann sowohl auf die Anerkennung und die Anfechtung der Vater- bzw Mutterschaft wie auch auf die Eltern-Kind-Beziehungen albanisches Recht angewandt werden, soweit dies im Interesse des Kindes liegt (Art 9 Abs 3).

Die **Adoption** und ihre Aufhebung richten sich nach dem Heimatrecht des Annehmenden im Zeitpunkt der Adoption bzw ihrer Aufhebung (Art 10 Abs 1). Besitzt das Kind eine ausländische Staatsangehörigkeit, so sind die nach seinem Heimatrecht erforderlichen Zustimmungen des Kindes oder seines gesetzlichen Vertreters einzuholen (Art 10 Abs 2). Für die Adoption durch Ehegatten mit unterschiedlicher Staatsangehörigkeit sind grundsätzlich die Heimatrechte beider Ehegatten kumulativ anzuwenden; ist danach die Adoption nicht oder nur unter erschwerten Voraussetzungen zulässig, so gilt albanisches Recht, wenn zumindest einer der annehmenden Ehegatten seinen Wohnsitz seit längerer Zeit in Albanien hat.

Im internationalen **Erbrecht** wird grundsätzlich an das Heimatrecht des Erblassers im Zeitpunkt seines Todes angeknüpft (Art 14 Abs 1). Der in Albanien belegene unbewegliche Nachlaß vererbt sich allerdings stets nach albanischem Recht (Art 14 Abs 2). Die Testierfähigkeit beurteilt sich nach Heimatrecht des Erblassers im Zeitpunkt der Testamentserrichtung (Art 15).

b) Rück- und Weiterverweisung im albanischen Recht
Zum Renvoi äußert sich das albanische IPR-Gesetz ausdrücklich in Art 25:

> Findet nach den Bestimmungen dieses Gesetzes ausländisches Recht Anwendung, so gelten die Vorschriften der ausländischen Gesetze unbeschadet einer Verweisung auf eine andere Rechtsordnung. Verweisen jedoch die ausländischen Gesetze auf das albanische Recht zurück, so ist diese Rückverweisung zu berücksichtigen.

Damit ist nur die einfache Rückverweisung anerkannt; die Weiterverweisung auf das Recht eines dritten Staates wird nicht beachtet.

c) Rück- und Weiterverweisung aus deutscher Sicht
Die für das albanische IPR-Gesetz von 1964 charakteristische Kombination von Anknüpfungen an die Staatsangehörigkeit und an das eigene (albanische) Recht führt aus deutscher Sicht nur selten zu einer Rück- oder Weiterverweisung. Denkbar

ist ein Renvoi im internationalen Güterrecht in Fällen eines Staatsangehörigkeitswechsels, weil das albanische IPR das Güterstatut wandelbar anknüpft. Auch im internationalen Kindschaftsrecht ist eine Rückverweisung denkbar, soweit das – als Aufenthaltsrecht des Kindes oder der Eltern zur Anwendung berufene – albanische Recht an die deutsche Staatsangehörigkeit des Kindes anknüpft.

2. Bulgarien*

a) Kollisionsnormen

311 In Bulgarien fehlt bisher noch eine übergreifende Kodifikation des IPR. Der Familienkodex vom 18. 5. 1985 (Text bei BERGMANN/FERID/JESSEL-HOLST Bulgarien 42 ff) enthält jedoch in seinem 11. Kapitel (Art 129–143) detaillierte Kollisionsregeln auf dem Gebiet des internationalen Familienrechts. Hauptanknüpfungspunkt ist dabei – entsprechend der bisherigen Tradition – *die Staatsangehörigkeit*.

312 Die materiellen Voraussetzungen für die **Eheschließung** bestimmen sich für einen Bulgaren, der im Ausland heiraten will, gem. Art 131 Abs 1 FamK nach bulgarischem Recht. Dagegen muß ein Ausländer, der vor einem bulgarischen Zivilstandsorgan die Ehe mit einem bulgarischen Bürger eingehen will, die Voraussetzungen seines Heimatrechts und zusätzlich die Anforderungen des Art 131 FamK erfüllen. Für die Eheschließung zwischen Ausländern vor einem bulgarischen Zivilstandsorgan müssen kumulativ die Voraussetzungen ihrer Heimatrechte sowie diejenigen des Art 131 Abs 1 FamK vorliegen (Art 131 Abs 3 FamK). Hinsichtlich der Form der Eheschließung genügt in jedem Falle die Einhaltung der Ortsform (Art 129 FamK). Die Aufhebung der Ehe, in der mindestens ein Ehegatte die bulgarische Staatsangehörigkeit besitzt, und ihre Folgen richten sich stets nach bulgarischem Recht (Art 132 Nr 1 FamK).

313 Die persönlichen und vermögensrechtlichen **Ehewirkungen** beurteilen sich, soweit sie auf bulgarischem Gebiet verwirklicht werden, nach bulgarischem Recht, wenn auch nur einer der Ehegatten bulgarischer Bürger ist (Art 133 Abs 1 FamK). Sind beide Ehegatten Ausländer, so gilt in erster Linie ihr gemeinsames Heimatrecht; besitzen sie verschiedene Staatsangehörigkeiten, so sind die übereinstimmenden Vorschriften ihrer Heimatrechte anzuwenden. Fehlen solche, so gilt bulgarisches Sachrecht (Art 133 Abs 2 FamK). Verfügungen über unbewegliches Vermögen auf bulgarischem Staatsgebiet unterliegen in jedem Falle bulgarischem Recht (Art 133 Abs 3 FamK).

314 Die **Ehescheidung** folgt bulgarischem Recht, wenn auch nur einer der Ehegatten

---

* **Schrifttum:** ASSOCIATION BULGARE DE DROIT INTERNATIONAL (Hrsg), Droit international privé et public, Nr 1, Recueil d'études et de documentation (1978); BERGMANN/FERID/JESSEL-HOLST, Bulgarien (Stand: 1993) 33–38; DZELEPOV/CIPEV, Voprosy na mezdunarodnoto castno pravo (Fragen des IPR; Sofia 1983); JESSEL-HOLST, Die Neuregelung des bulgarischen Internationalen Familienrechts im Familienkodex von 1985, RabelsZ 51 (1987) 35; KOUTIKOV, Internationales Privatrecht der Republik Bulgarien[3] (in bulgarischer Sprache; Sofia 1976); POPOV, Bulgarisches IPR, RabelsZ 41 (1977) 726 und RabelsZ 47 (1983) 519; STALEV, Suscuost i funkcija na mezdunarodnoto castno pravo (Wesen und Funktion des IPR; Sofia 1983).

bulgarischer Staatsangehöriger ist (Art 134 Nr 1 FamK). Sind beide Ehegatten Ausländer, so gilt ihr gemeinsames Heimatrecht im Zeitpunkt der Einreichung des Scheidungsantrags (Art 134 Nr 2 FamK). Besitzen die Ehegatten verschiedene ausländische Staatsangehörigkeiten, so finden die Vorschriften ihrer Heimatrechte Anwendung, soweit sie übereinstimmen. Fehlt eine solche Übereinstimmung, so gilt dasjenige Heimatrecht, das die Scheidung zuläßt; die Scheidungsfolgen bestimmen sich in diesem Fall nach demjenigen Recht, das für die aus der Ehe hervorgegangenen Kinder oder für den schuldlosen Ehegatten günstiger ist (Art 134 Nr 3 FamK).

Auf die **Adoption** findet bulgarisches Sachrecht Anwendung, wenn einer der Beteiligten die bulgarische Staatsangehörigkeit besitzt (Art 136 Abs 1 S 1 FamK). Ist der Anzunehmende Bulgare, so ist die Zustimmung des bulgarischen Ministers der Justiz erforderlich; für eine solche Adoption nehmen die bulgarischen Gerichte die ausschließliche Zuständigkeit in Anspruch (Art 156 Abs 1 S 2 FamK). Sind beide Teile Ausländer, so bestimmt sich die Adoption primär nach ihrem gemeinsamen Heimatrecht (Art 136 Abs 2 S 1 FamK); im Falle unterschiedlicher Staatsangehörigkeit der Beteiligten sind deren Heimatrechte kumulativ anzuwenden (Art 156 Abs 2 S 2 FamK). Die Wirkungen der Adoption richten sich nach dem Heimatrecht des Annehmenden (Art 136 Abs 3 FamK) und die Voraussetzungen für ihre Beendigung nach dem Heimatrecht des Adoptierten (Art 136 Abs 4 FamK).

Im sonstigen internationalen **Kindschaftsrecht** wird zwischen ehelichen und nichtehelichen Kindern nicht unterschieden. Die *Abstammung* des Kindes bestimmt sich nach dem Recht des Staates, dem es im Zeitpunkt seiner Geburt angehört hat (Art 135 FamK). Die Beziehungen zwischen Eltern und Kindern unterliegen dem Heimatrecht des Kindes, es sei denn, die Eltern haben die gleiche Staatsangehörigkeit und ihr Heimatrecht ist für das Kind günstiger (Art 137 FamK). Diese Regelung dürfte auch für die Legitimation gelten.

Das internationale **Erbrecht** ist bisher nicht kodifiziert. Gewohnheitsrechtlich anerkannt ist jedoch der Grundsatz der Nachlaßeinheit, danach wird unabhängig von der Natur und Belegenheit der Nachlaßgegenstände an die Staatsangehörigkeit des Erblassers zur Zeit seines Todes angeknüpft (vgl STAUDINGER/DÖRNER [1995] Anh zu Art 25 f Rn 87).

b) Rück- und Weiterverweisung aus deutscher Sicht

Aufgrund der Kollisionsregeln im bulgarischen Familienkodex von 1985 kommt es im deutsch-bulgarischen Verhältnis nur selten zu Rück- oder Weiterverweisungen. Dies folgt vor allem daraus, daß das bulgarische IPR auch in gemischt-nationalen Ehen für die persönlichen Ehewirkungen, das Güterrecht und die Ehescheidung die Anwendung des eigenen Rechts vorschreibt, wenn auch nur ein Ehegatte die bulgarische Staatsangehörigkeit besitzt. Gleiches gilt für die Adoption unter Beteiligung eines bulgarischen Staatsangehörigen. Rück- und Weiterverweisung kommen somit vornehmlich auf dem Gebiet des Kindschaftsrechts in Betracht, weil das bulgarische IPR insoweit am Staatsangehörigkeitsprinzip festhält und in Fragen der Abstammung oder der Rechtsbeziehungen zwischen Eltern und Kindern auf das Heimatrecht des Kindes abstellt, ohne zwischen ehelichen und nichtehelichen Kindern zu differenzieren.

3. Jugoslawien und die selbständigen Republiken Bosnien-Herzegowina, Kroatien, Mazedonien und Slowenien*

a) **Kollisionsnormen**

319 Das jugoslawische IPR ist durch das Gesetz vom 15. 7. 1982 zur Lösung von Gesetzeskollisionen mit den Vorschriften anderer Staaten für bestimmte Verhältnisse (Text in IPRax 1983, 6, 94 und bei BERGMANN/FERID Jugoslawien 24 ff) umfassend neu geregelt worden. Das Gesetz gilt nach dem Zerfall des ehemaligen jugoslawischen Bundesstaates für Restjugoslawien (bestehend aus den Republiken Serbien und Montenegro sowie den autonomen Gebieten Kosovo und Woiwodina) fort; es wird auch in den nunmehr selbständigen Republiken Bosnien-Herzegowina, Kroatien, Mazedonien und Slowenien kraft Übernahme in das Recht dieser Republiken weiter angewandt (vgl etwa zur Übernahme in Kroatien ABl Nr 53/1991 Pos 1307; dazu JAYME, IPRax 1992, 333). Das IPR-Gesetz geht – in Übereinstimmung mit dem früheren Recht – im internationalen Personen-, Familien- und Erbrecht vom **Staatsangehörigkeitsprinzip** aus. Das Heimatrecht gilt namentlich für die Anknüpfung der *Rechts- und Geschäftsfähigkeit* (Art 14 Abs 1).

320 Im internationalen **Eherecht** beurteilen sich die Voraussetzungen der Eheschließung für jeden Verlobten nach seinem Heimatrecht (Art 32 Abs 1); die Ehehindernisse der Doppelehe und der Verwandtschaft stehen einer Heirat in Jugoslawien jedoch in jedem Falle entgegen (Art 32 Abs 2). Für die Form der Eheschließung gilt die lex loci actus (Art 33). Die *Ehescheidung* unterliegt primär dem Recht des Staates, dem beide Ehegatten zur Zeit der Erhebung der Scheidungsklage angehören (Art 35 Abs 1); bei verschiedener Staatsangehörigkeit der Ehegatten wird dem Grundsatz der Gleichberechtigung dadurch Rechnung getragen, daß die Heimatrechte der Ehegatten kumulativ angewandt werden (Art 35 Abs 2). Ist danach die Scheidung nicht möglich, so gilt jugoslawisches Recht, wenn einer der Ehegatten zur Zeit der Erhebung der Scheidungsklage seinen Wohnsitz in Jugoslawien hatte (Art 35 Abs 3). Hat ein jugoslawischer Ehegatte seinen Wohnsitz im Ausland, so kann die Ehe im Fall des Art 35 Abs 2 auch nach jugoslawischem Recht geschieden werden (Art 35 Abs 4).

321 Für die persönlichen und vermögensrechtlichen **Ehewirkungen** gilt nach Art 36 die

---

* **Schrifttum**: CIGOJ, Yougoslavie – Droit international privé, Rev crit 1983, 375; DUROVIC, Medunarodno Privadno Pravo⁶ (Belgrad 1986); FERID/FIRSCHING, Jugoslawien (Stand: 1987) Grdz Rn 16–51; FIRSCHING, Das neue jugoslawische IPR-Gesetz, IPRax 1983, 1; GEC-KOROSEC/HAGER, Auswirkungen des neuen jugoslawischen IPR-Gesetzes auf deutsch-jugoslawische Familienbeziehungen, RabelsZ 49 (1985) 467; LIPOWSCHEK, Jugoslawien: Internationales Privat- und Prozeßrecht, StAZ 1983, 38; POLAJNAR-PAVCNIK/WEDAM/LUKIC, Erbrechtliche Verhältnisse mit auf fremdes Recht weisenden Elementen, ZfRvgl 26 (1985) 264; SAJKO, Zum neuen jugoslawischen Internationalen Privat- und Prozeßrecht, JbOstR 1983, 71; ŠARČEVIC, The New Yugoslav Private International Law Act, AmJCompL 33 (1985) 283; STOJANOVIC, Rück- und Weiterverweisung im neuen jugoslawischen internationalen Privatrecht, ZfRvgl 28 (1987) 255; VÁRADY, Somme Observations on the New Yugoslav Private International Law Code, Riv dir int priv proc 1983, 69; ders, Medjunarodno privatno pravo² (Internationales Privatrecht; Novi Sad 1987); WOHLGEMUTH, Zustimmungsstatut und deutsch-jugoslawische Adoptionen, ROW 1988, 75.

folgende Anknüpfungsleiter: (1) gemeinsame Staatsangehörigkeit; (2) gemeinsamer Wohnsitz; (3) letzter gemeinsamer Wohnsitz; (4) jugoslawisches Recht. Das Ehewirkungs- und Güterstatut ist grundsätzlich *wandelbar*; nur soweit die Ehegatten ihre güterrechtlichen Beziehungen durch Ehevertrag regeln, gilt unwandelbar das im Zeitpunkt des Vertragsschlusses maßgebliche Güterrechtsstatut (Art 37 Abs 1). Eine güterrechtliche Rechtswahl ist nur insoweit beachtlich, als das nach Art 37 Abs 1 zur Anwendung berufene ausländische Recht sie zuläßt (Art 37 Abs 2). Die für die Ehewirkungen maßgeblichen Kollisionsregeln der Art 36, 37 gelten nach Art 39 im wesentlichen entsprechend für die Wirkungen nichtehelicher Lebensgemeinschaften.

Im internationalen **Kindschaftsrecht** sieht Art 40 IPRG für das Eltern-Kind-Verhältnis die folgende Anknüpfungsleiter vor: (1) gemeinsame Staatsangehörigkeit, (2) gemeinsamer Wohnsitz; (3) jugoslawisches Recht, wenn das Kind oder ein Elternteil die jugoslawische Staatsangehörigkeit besitzt; (4) Heimatrecht des Kindes. Anerkennung, Feststellung oder Anfechtung der Vaterschaft bzw Mutterschaft richten sich nach dem Recht des Staates, dem die Person, deren Vaterschaft oder Mutterschaft anerkannt, festgestellt oder bestritten wird, zur Zeit der Geburt des Kindes angehörte (Art 41). Die *Legitimation* beurteilt sich nach dem gemeinsamen Heimatrecht der Eltern; besitzen diese verschiedene Staatsangehörigkeiten, so gilt das Heimatrecht desjenigen Ehegatten, das die Legitimation eintreten läßt. Ist dies nach dem Heimatrecht keines Elternteils der Fall, so ist jugoslawisches Recht maßgebend, wenn die Eltern und das Kind ihren Wohnsitz in Jugoslawien haben (Art 43 Abs 2). Für etwaige Zustimmungserfordernisse des Kindes oder Dritter gilt jedoch das Heimatrecht des Kindes (Art 43 Abs 3).

Für die Voraussetzungen der **Adoption** ist primär das Recht des Staates maßgebend, dem der Angenommene und der Annehmende gemeinsam angehören; im Falle unterschiedlicher Staatsangehörigkeit der Beteiligten beurteilen sich die Adoptionsvoraussetzungen kumulativ nach den Rechten ihrer Heimatstaaten (Art 44 Abs 1, 2). Auf die Ehegattenadoption sind neben dem Heimatrecht des Angenommenen auch die Heimatrechte beider Ehegatten anzuwenden (Art 44 Abs 3). Für die Form der Adoption gilt hingegen die lex loci actus (Art 44 Abs 4) und für ihre Wirkungen die folgende Anknüpfungsleiter: (1) gemeinsame Staatsangehörigkeit; (2) gemeinsamer Wohnsitz; (3) jugoslawisches Recht, wenn der Annehmende oder der Angenommene jugoslawischer Staatsangehöriger ist; (4) Heimatrecht des Angenommenen (Art 45).

Im internationalen **Erbrecht** befolgt das IPR-Gesetz den Grundsatz der Nachlaßeinheit. Für die gesetzliche wie die testamentarische Erbfolge ist das Recht des Staates maßgebend, dem der Erblasser im Zeitpunkt seines Todes angehört hat (Art 30 Abs 1), und zwar ohne Rücksicht auf die Nachlaßbelegenheit. Demgegenüber beurteilt sich die Testierfähigkeit nach dem Heimatrecht des Erblassers zur Zeit der Testamentserrichtung (Art 30 Abs 2).

b) Rück- und Weiterverweisung im jugoslawischen Recht
In Jugoslawien waren Rück- und Weiterverweisung schon vor Inkrafttreten des IPR-Gesetzes anerkannt; dies galt namentlich nach Art 156 des Erbgesetzes von 1955 im

internationalen Erbrecht. Nunmehr findet sich eine ausdrückliche Regelung in Art 6 IPRG:

(1) Verweist eine Bestimmung dieses Gesetzes auf ausländisches Recht, so werden dessen Kollisionsnormen berücksichtigt.

(2) Verweist die ausländische Kollisionsregel auf das Recht der SFR Jugoslawien zurück, so wird das Recht der SFR Jugoslawien ohne Rücksicht auf die jugoslawischen Kollisionsnormen angewendet.

Damit folgt das jugoslawische IPR – in Übereinstimmung mit Art 4 Abs 1 EGBGB – dem *Prinzip der Gesamtverweisung*; sowohl eine Rück- wie eine Weiterverweisung des zur Anwendung berufenen ausländischen Rechts ist zu beachten. Ferner wird die Rückverweisung auf jugoslawisches Recht abgebrochen und – ohne Rücksicht auf den Standpunkt der fremden Kollisionsnorm – als Sachnormverweisung behandelt (vgl näher STOJANOVIC ZfRvgl 28 [1987] 255 ff).

c) **Rück- und Weiterverweisung aus deutscher Sicht**
aa) **Jugoslawisches internationales Privatrecht**

326 Da das jugoslawische IPR-Gesetz von 1982 im internationalen Familien- und Erbrecht ebenfalls vom **Staatsangehörigkeitsprinzip** ausgeht, wird die von deutschen Kollisionsnormen ausgesprochene Verweisung auf das jugoslawische Heimatrecht idR angenommen; davon gehen auch die deutschen Gerichte aus (vgl etwa zum Ehegüterrecht OLG Frankfurt 2. 10. 1990, NJW-RR 1991, 583 = IPRspr 1990 Nr 77; BayObLG 2. 4. 1992, BayObLGZ 1992, 85 = FamRZ 1992, 1204 = IPRspr 1992 Nr 67; zur Ehescheidung OLG Karlsruhe 2. 8. 1983, FamRZ 1984, 57 = IPRax 1984, 270 m Anm VARADY 249 = IPRspr 1983 Nr 149; OLG Hamburg 3. 7. 1990, IPRax 1992, 38 m Anm RAUSCHER 14 = IPRspr 1990 Nr 191; zum Versorgungsausgleich BGH 30. 9. 1992, NJW-RR 1993, 3 = FamRZ 1993, 416 = IPRspr 1992 Nr 106; zur Ehelichkeitsanfechtung AG Mannheim 9. 6. 1989, IPRspr 1989 Nr 124; zur Legitimation OLG Bremen 26. 3. 1984, StAZ 1984, 342 = IPRspr 1984 Nr 104; OLG Hamm 24. 7. 1990, FamRZ 1991, 221 = IPRspr 1990 Nr 189; zur Adoption OLG Hamburg 1. 10. 1992, IPRspr 1992 Nr 153; zum Erbrecht BayObLG 10. 4. 1981, BayObLGZ 1981, 145 = IPRspr 1981 Nr 129; BayObLG 13. 11. 1986, BayObLGZ 1986, 466 = NJW 1987, 1148 = IPRspr 1986 Nr 114; OLG Zweibrücken 28. 10. 1991, NJW-RR 1992, 587 = FamRZ 1992, 608 = IPRspr 1991 Nr 149). Entsprechendes gilt, wenn auf die (gemeinsame) Staatsangehörigkeit der nunmehr selbständigen Republiken Bosnien-Herzegowina, Kroatien, Mazedonien und Slowenien verwiesen wird (vgl OLG Koblenz 2. 12. 1993, NJW-RR 1994, 648 = IPRspr 1993 Nr 62: Güterstand von kroatischen Ehegatten; OLG München 16. 2. 1993, IPRspr 1993 Nr 59: Güterstand und Ehescheidung von Angehörigen der Republik Bosnien-Herzegowina).

327 Zur Rück- bzw Weiterverweisung kommt es hingegen auf den Gebieten, in denen das jugoslawischen IPR- Gesetz von 1982 **andere Anknüpfungen als das deutsche EGBGB** vorsieht. Dies trifft etwa für das Gebiet des *Ehegüterrechts* zu, wenn sich die Staatsangehörigkeit eines Ehegatten nach der Eheschließung geändert hat; denn das jugoslawische IPR knüpft den Güterstand – im Gegensatz zu Art 15 Abs 1 EGBGB – wandelbar an (Rn 321). Wesentliche Abweichungen bestehen ferner vor allem auf dem Gebiet des internationalen *Kindschaftsrechts*, weil das jugoslawische Recht hier zwischen ehelichen und nichtehelichen Kindern nicht unterscheidet und deshalb besondere Anknüpfungen für die nichteheliche Kindschaft, wie sie Art 20 EGBGB

vorsieht, nicht kennt. Auch die Anknüpfungen auf dem Gebiet des Adoptionsrechts weichen von Art 22 EGBGB ab. Adoptiert ein Jugoslawe das nichteheliche Kind seiner deutschen Ehefrau, so gilt für die Vorausetzungen der Adoption jugoslawisches und kraft (Teil-)Rückverweisung kumulativ deutsches Recht. Für die Wirkungen der Adoption ist allein deutsches Recht maßgebend, weil das jugoslawische IPR auf das gemeinsame Wohnsitzrecht zurückverweist (AG Landshut 13. 1. 1983, IPRax 1983, 246 = IPRspr 1983 Nr 107).

bb) Jugoslawisches interlokales Privatrecht*

Soweit die deutschen und jugoslawischen Kollisionsregeln hingegen **parallel** laufen und deshalb eine Rück- oder Weiterverweisung ausscheidet, haben die deutschen Gerichte das materielle Personen- Familien- und Erbrecht der nunmehr selbständigen Republiken Bosnien-Herzegowina, Kroatien, Mazedonien und Slowenien anzuwenden. Wird hingegen auf das Recht von *Restjugoslawien* verwiesen, so ist zu beachten, daß es sich um einen Mehrrechtsstaat handelt, in dem die Gesetzgebungskompetenz für das materielle Familien- und Erbrecht seit der Verfassungsreform von 1971 bei den einzelnen Teilrepubliken und autonomen Gebieten liegt. Zur Lösung der hieraus resultierenden interlokalen Konflikte hatte die Sozialistische Föderative Republik Jugoslawien bereits drei Jahre vor Verabschiedung des IPR-Gesetzes das Gesetz betreffend die Entscheidung über Gesetzes- und Zuständigkeitskollisionen in Status-, Familien- und Erbbeziehungen vom 27. 2. 1979 (Text in StAZ 1979, 173) erlassen. Der Anwendungsbereich dieses Gesetzes beschränkt sich nach der völkerrechtlichen Anerkennung der ehemaligen Teilrepubliken Bosnien-Herzegowina, Kroatien, Mazedonien und Slowenien heute auf das Gebiet von Restjugoslawien, dh auf interlokalrechtliche Konflikte im Verhältnis der Republiken Serbien und Montenegro, sowie auf innerserbische Konflikte im Verhältnis zu den autonomen Gebieten Kosovo und Wojwodina. Demgegenüber ist etwa auf die Ehescheidung zwischen einem in Deutschland lebenden Kroaten und seiner bosnischen Ehefrau durch ein deutsches Gericht nicht mehr – wie bis zum Zerfall der SFR Jugoslawien – jugoslawisches Recht anwendbar, dessen Sachnormen mit Hilfe des dortigen interlokalen Privatrechts zu ermitteln wären; vielmehr gilt gemäß Art 17 Abs 1 S 1 iVm Art 14 Abs 1 Nr 2 EGBGB deutsches Aufenthaltsrecht.

Verweist das deutsche Kollisionsrecht auf das Recht von Restjugoslawien, so gelten für die erforderliche Unteranknüpfung nach Art 4 Abs 3 S 1 EGBGB (dazu näher Art 4 Rn 320 ff) die folgenden Grundsätze des Gesetzes von 1979:

Im Bereich des **Personenrechts** wird primär an den Wohnsitz in einem Teilgebiet angeknüpft; in Ermangelung eines solchen ist das Recht der Republik maßgebend,

---

* **Schrifttum:** BLAGOJEVIC, Das interlokale Recht in Jugoslawien, in : FS Zweigert (1981) 59; CIGOJ, Yougoslavie, Conflits internes – Etat civil, Famille, Successions, Rev crit 1981, 368; CIGOJ/FIRSCHING, Jugoslawisches Familienrecht (1980) 4 ff; HEPTING, Bemerkungen zur Anwendung der jugoslawischen Teilrechte in der deutschen Praxis, StAZ 1977, 99; POUCH, Das innerstaatliche Kollisionsrecht Jugoslawiens, StAZ 1979, 161; SAJKO, Die Rechtsspaltung im jugoslawischen Familien- und Erbrecht und ihre kollisionsrechtlichen Auswirkungen, StAZ 1977, 93; ders, Zu einigen Fragen der Anwendung des jugoslawischen interlokalen Privatrechts, WGO 1981, 225; VÁRADY, Die Eigenarten der internen Gesetzeskollisionen in Jugoslawien, ZfRvgl 28 (1987) 38.

deren Angehöriger die Person ist (vgl Art 9 zur Rechts- und Geschäftsfähigkeit, Art 12 zur Todeserklärung). In gleicher Weise unterliegen auch die materiellen Voraussetzungen einer *Eheschließung* in erster Linie dem Teilrecht, in dessen Gebiet der jugoslawische Verlobte seinen Wohnsitz hat; hilfsweise gilt auch hier das Recht der Republikzugehörigkeit (Art 13). Die Form der Eheschließung unterliegt hingegen dem Recht des Teilgebiets, in dem die Ehe geschlossen wurde (Art 15 Abs 1)

330 Für die **persönlichen und vermögensrechtlichen Beziehungen** jugoslawischer Ehegatten gilt gem Art 16 die folgende Anknüpfungsleiter: (1) gemeinsamer Wohnsitz; (2) gemeinsame Republikzugehörigkeit; (3) einvernehmlich bestimmte Teilrechtsordnung; (4) Eheschließungsort. Die Stufen 2–4 dieser Leiter gelten entsprechend, wenn einer oder beide Ehegatten ihren Wohnsitz nicht in (Rest-)Jugoslawien haben (Art 16 Abs 3). Ist einer oder sind beide Ehegatten Ausländer, so wird nach Art 17 primär an den letzten gemeinsamen Wohnsitz und hilfsweise an den Eheschließungsort in einem Teilgebiet angeknüpft (vgl OLG Frankfurt 2.10. 1990, NJW-RR 1991, 583 = IPRspr 1990 Nr 77; BayObLG 2. 4. 1992, BayObLGZ 1992, 85 = FamRZ 1992, 1204 = IPRspr 1992 Nr 87; AG Böblingen 16.1. 1992, IPRspr 1992 Nr 85). Die Anknüpfung ist auch im interlokalen Ehegüterrecht wandelbar (FERID, IPR³ § 2–38,5).

331 Für die **Ehescheidung** jugoslawischer Ehegatten gilt nach Art 18 die folgende Anknüpfungsleiter: (1) gemeinsamer Wohnsitz zZ der Klageerhebung bzw (2) letzter gemeinsamer Wohnsitz in einem Teilgebiet; (3) gemeinsame Republikzugehörigkeit; (4) Eheschließungsort. Ist die Ehe im Ausland geschlossen worden und haben die Eheleute weder einen gemeinsamen Wohnsitz in (Rest-)Jugoslawien noch eine gemeinsame Republikzugehörigkeit, so ist nach Art 19 die Ehe nach dem Recht des Teilgebiets zu scheiden, in dem einer der Ehegatten seinen Wohnsitz hat oder in dem – in Ermangelung eines solchen Wohnsitzes – der Rechtsstreit geführt wird. Ist ein Ehegatte Ausländer, so ist nach Art 20 in erster Linie an den letzten gemeinsamen Wohnsitz in einem Teilgebiet, hilfsweise an den Eheschließungsort und letztlich an den Gerichtsort in einem Teilgebiet anzuknüpfen (vgl dazu OLG Karlsruhe 2. 8. 1983, FamRZ 1984, 57 = IPRax 1984, 270 m Anm VARADY 249 = IPRspr 1983 Nr 149; AG Biberach 6. 7. 1984, IPRax 1985, 47 [JAYME]; OLG Hamburg 11.3. 1985, IPRspr 1985 Nr 149 und 3. 7. 1990, IPRax 1992, 38 m Anm RAUSCHER 14 = IPRspr 1990 Nr 191; ebenso zum Scheidungsunterhalt OLG Stuttgart 22. 1. 1987, IPRax 1990, 125 m Anm ZUPANCIC 103 = IPRspr 1987 Nr 82 A; OLG Karlsruhe 20. 4. 1989, FamRZ 1989, 1310 = IPRspr 1989 Nr 204). Führt diese Unteranknüpfung zu keinem Ergebnis, weil die Ehegatten mit keiner Teilrechtsordnung gemeinsam verbunden sind, so ist serbisches Recht als das Recht der Landeshauptstadt maßgebend (AG Überlingen 15.12. 1988, IPRspr 1988 Nr 163; dazu allg o Art 4 Rn 332 ff mwN).

332 Für das **Eltern-Kind-Verhältnis** gilt nach Art 22 grundsätzlich die folgende Anknüpfungsleiter: (1) gemeinsamer Wohnsitz in einem Teilgebiet (2) gemeinsame Republikzugehörigkeit; (3) Wohnsitz oder Republikzugehörigkeit des klagenden Elternteils bzw Kindes, je nach dem, welches Recht dem Kläger günstiger ist. Halten sich Eltern oder Kind im Ausland auf, so ist primär das Recht des Teilgebiets anwendbar, in dem die Eltern oder das Kind ihren Wohnsitz haben; statt dessen kann in Unterhaltsstreitigkeiten auch das Recht der Republikzugehörigkeit des Gläubigers angewandt werden, wenn es dem Gläubiger günstiger ist (Art 23 Abs 1). Haben weder Eltern noch Kind ihren Wohnsitz in (Rest-)Jugoslawien, so gilt primär das Recht ihrer gemeinsamen Republikzugehörigkeit (vgl dazu OLG Hamm 24. 7. 1990, FamRZ 1991,

221 = IPRspr 1990 Nr 139: Legitimation); hilfsweise kommt es in Unterhaltssachen auf die Republikzugehörigkeit des Unterhaltsgläubigers an (Art 23 Abs 2). Ist einer der Beteiligten Ausländer, so ist folgende Anknüpfungsleiter maßgebend: (1) Gemeinsamer Wohnsitz in einem Teilgebiet; (2) Wohnsitz des Unterhaltsgläubigers bzw -schuldners in einem Teilgebiet, sofern diese Person die jugoslawische Staatsangehörigkeit besitzt; (3) Republikzugehörigkeit des jugoslawischen Elternteils bzw Kindes (vgl dazu KG 27. 11. 1987, OLGZ 1987, 145 = IPRax 1987, 320 m Anm Siehr 302 = IPRspr 1987 Nr 77).

Für die **Feststellung bzw Anfechtung der Vaterschaft** gilt primär das Recht des Teilgebiets, in dem der mutmaßliche Vater seinen Wohnsitz hat; hat er keinen Wohnsitz in (Rest-)Jugoslawien, so wird auf das Recht der Republikzugehörigkeit abgestellt (Art 28 Abs 1). Besitzt der mutmaßliche Vater nicht die jugoslawische Staatsangehörigkeit, so gilt in erster Linie das Recht des Teilgebiets, in dem er seinen Wohnsitz hat; in Ermangelung eines solchen, kommt das Recht des Teilgebiets zur Anwendung, in dem sich der Wohnsitz des Kindes befindet. Fehlt auch ein solcher, so entscheidet die Republikzugehörigkeit des Kindes (Art 28 Abs 2; vgl AG Mannheim 9. 6. 1989, IPRspr 1989 Nr 124). 333

Die Voraussetzungen einer **Adoption** bestimmen sich primär nach dem Recht des Teilgebiets, in dem der Angenommene seinen Wohnsitz hat; kann danach die Adoption nicht erfolgen, so ist das Recht des Teilgebiets anzuwenden, in dem der Annehmende seinen Wohnsitz hat bzw dessen Republikzugehörigkeit er besitzt (Art 29). Ist jugoslawisches Recht auf die Adoption anzuwenden, obwohl der Annehmende oder der Angenommene Ausländer ist, so unterliegen die Voraussetzungen der Adoption in erster Linie dem Recht des Teilgebiets, in dem der Angenommene seinen Wohnsitz hat; in Ermangelung eines solchen gilt das Recht des Teilgebiets, in dem der Annehmende seinen Wohnsitz hat, sofern er jugoslawischer Staatsangehöriger ist. Haben weder der Annehmende noch der Angenommene ihren Wohnsitz in (Rest-)Jugoslawien, so ist das Recht des Teilgebiets anzuwenden, dessen Republikzugehörigkeit der Annehmende oder der Angenommene hat (Art 30 Abs 1; vgl AG Landshut 13. 1. 1983, IPRax 1983, 246 [Serbien]; OLG Hamburg 1. 10. 1992, IPRspr 1992 Nr 153 [Wojwodina]). 334

Die **Erbfolge** nach einem jugoslawischen Staatsangehörigen ist primär nach dem Recht des Teilgebiets zu beurteilen, in dem der Erblasser seinen Wohnsitz zur Zeit seines Todes hatte (Art 34 Abs 1). Hatte der Erblasser seinen Wohnsitz außerhalb Jugoslawiens, so entscheidet die Republikzugehörigkeit zZ seines Todes (Art 34 Abs 2). Diese Regeln gelten für die Anknüpfung der Testierfähigkeit mit der Maßgabe entsprechend, daß nicht auf den Zeitpunkt des Todes, sondern auf den Zeitpunkt der Errichtung der letztwilligen Verfügung abzustellen ist (Art 34 Abs 3). 335

d) Staatsverträge
Jugoslawien hat das Haager Testamentsformabkommen von 1961 ratifiziert, das Rück- und Weiterverweisungen ausschließt (s Art 4 Rn 126 f); dieses Abkommen gilt seit ihrer Unabhängigkeit auch für die Republiken Bosnien-Herzegowina, Kroatien, Mazedonien und Slowenien. Jugoslawien ist aber auch Mitgliedstaat des Haager Kindesentführungsabkommens von 1980, das in seinem Art 3 eine Gesamtverwei- 336

sung auf das Recht am gewöhnlichen Aufenthaltsort des Kindes vorsieht (s Art 4 Rn 132 f); auch dieses Abkommen gilt für die nunmehr selbständigen ehemaligen Teilrepubliken weiter. Auf dem Gebiet des internationalen Deliktrechts sind schließlich mögliche Rück- oder Weiterverweisungen durch das Haager Straßenverkehrsunfallabkommen von 1971 und das Haager Produkthaftungsabkommen von 1973 zu beachten, die ebenfalls in den selbständigen ehemaligen Teilrepubliken fortgelten (s Art 4 Rn 135 ff).

4. Polen*

a) **Kollisionsnormen**

337 Das polnische Gesetz über IPR vom 2. 8. 1926, in seiner Zeit eine Pionierleistung, ist durch das Gesetz über das Internationale Privatrecht vom 12. 11. 1965 aufgehoben worden. Das nunmehr geltende Gesetz (deutscher Text in WGO 1965, 378 und JbOstR 1965, 213; Überblick bei PUSYLEWITSCH, Die Rechtsstellung des Ausländers in Polen [1976] 91 ff) regelt internationale Verhältnisse im Bereich des Zivil-, Familien- und Vormundschaftsrechts sowie des Arbeitsrechts (Art 1 § 1). Bevorzugter Anknüpfungspunkt ist im Personen-, Familien- und Erbrecht wie schon früher die **Staatsangehörigkeit** (Art 9 ff, 14 ff, 34 f). Für Doppelstaater gilt das Recht, mit dem der Betreffende am engsten verbunden ist; die polnische Staatsangehörigkeit hat jedoch stets Vorrang vor einer daneben bestehenden ausländischen Staatsangehörigkeit (Art 2). Für Staatenlose wird das Personalstatut durch den Wohnsitz bestimmt (Art 3).

338 Während die **Rechts- und Geschäftsfähigkeit** natürlicher Personen sowie die *Ehevoraussetzungen* und Ehenichtigkeitsgründe dem jeweiligen Heimatrecht unterliegen (Art 9 § 1, 14, 16), entscheidet über persönliche und vermögensrechtliche *Ehewirkungen* in erster Linie das jeweilige gemeinsame Heimatrecht der Ehegatten (Art 17 § 1), bei verschiedener Staatsangehörigkeit das Recht des jeweiligen gemeinsamen Wohnsitzes und bei Fehlen eines solchen das polnische Recht (Art 17 § 3). Für die *Ehescheidung* gilt dieselbe Anknüpfungsleiter (Art 18).

339 Im **Kindschaftsrecht** ist für die Eltern-Kind-Beziehungen das jeweilige Heimatrecht des Kindes (Art 19 § 1) und für die Feststellung der Vater- oder Mutterschaft das Heimatrecht des Kindes zur Zeit der Geburt maßgeblich (Art 19 § 2). Das Heimatrecht des Kindes entscheidet daher auch über die Legitimation durch nachfolgende Ehe. Die *Adoption* unterliegt grundsätzlich dem Heimatrecht des Annehmenden (Art 22 § 1); über die erforderlichen Zustimmungserklärungen des Anzunehmenden

---

* **Schrifttum:** BERGMANN/FERID/GRALLA Polen (Stand 1987) 14−17; KORKISCH, Der Entwurf eines polnischen Gesetzes über das IPR, in: FS Maridakis Bd III (1964) 69; LASOK, The Polish System of Private International Law, AmJCompL 15 (1966/67) 330; LUDWICZAK, Miedzynarodowe pravo prywatne (IPR; Warschau 1990); MACZYNSKI/SKAPSKI, Wybár, zródel polshiego prawa prywatnego miedzynardowego (Quellenauswahl, 1983); PAZDAN, Prawo prywatne miedzynarodowe² (Warschau 1993); PUSYLEWITSCH, Die Rechtsstellung des Ausländers in Polen (1976); RAJSKI, The New Polish Private International Law, IntCompLQ (1966) 457; SOŚNIAK, Précis de droit international privé polonais (1976); SZER, La nouvelle loi polonaise sur le droit international privé, Clunet 1966, 346; USCHAKOV, Das neue polnische Gesetz über das IPR, ROW 1966, 198; WALASCEK/SOSNIAK, Zarys prava miedzynarodowego privatnego (Grundriß des IPR) (1973).

bzw von dessen gesetzlichem Vertreter entscheidet jedoch das Heimatrecht des Anzunehmenden (Art 22 § 2).

Die **Erbfolge** unterliegt ohne Rücksicht auf Art und Belegenheit von Nachlaßgegen- **340** ständen dem Heimatrecht des Erblassers zur Zeit seines Todes (Art 34). Für die Gültigkeit eines Testaments oder anderer Rechtsgeschäfte von Todes wegen gilt hingegen das Heimatrecht des Erblassers zur Zeit der Vornahme dieser Geschäfte (Art 35).

b) Rück- und Weiterverweisung im polnischen Recht
Rück- und Weiterverweisung werden nach Art 4 IPRG ausdrücklich anerkannt: **341**

§ 1. Bestimmt das nach diesem Gesetz anzuwendende fremde Recht, daß für das betreffende Rechtsverhältnis das polnische Recht anzuwenden sei, so findet das polnische Recht Anwendung.

§ 2. Bestimmt das nach diesem Gesetz anzuwendende fremde Heimatrecht, daß für das betreffende Rechtsverhältnis ein anderes fremdes Recht anzuwenden sei, so findet dieses andere Recht Anwendung.

Der polnische Gesetzgeber hat die Beachtlichkeit von Rück- und Weiterverweisung also nicht auf solche Fälle beschränkt, in denen sie einer zweckmäßigen und gerechten Lösung dienen (vgl Art 35 IPRG der Tschechischen und der Slowakischen Republik). Eine Weiterverweisung soll aber nur berücksichtigt werden, wenn sie vom *Heimatrecht* ausgesprochen wird. Für die Rückverweisung gilt dies nicht; sie ist also auch dann zu beachten, wenn sie vom Wohnsitzrecht oder der lex loci actus angeordnet wird.

Eine ausdrückliche Kollisionsnorm regelt auch die Verweisung auf **Mehrrechtsstaa-** **342** **ten.** Art 5 lautet:

Gelten in einem Staat, dessen Recht anzuwenden ist, verschiedene Rechtssysteme, so entscheidet das Recht dieses Staates darüber, welches dieser Rechtssysteme anzuwenden ist.

Die Vorschrift beruht auf den Erfahrungen der Zeit zwischen den beiden Weltkriegen, als Polen selbst der Prototyp eines Mehrrechtsstaates war und gerade dadurch zu der für damalige Verhältnisse vorbildlichen Gesetzgebung von 1926 über internationales und interlokales Privatrecht veranlaßt wurde.

c) Rück- und Weiterverweisung aus deutscher Sicht
Da das polnische IPR ebenfalls vom Staatsangehörigkeitsprinzip ausgeht, scheidet **343** ein Renvoi aus, soweit über familien- oder erbrechtliche Verhältnisse zu entscheiden ist, an denen nur polnische Staatsangehörige beteiligt sind (vgl zum Familiennamen BGH 17. 2. 1993, BGHZ 121, 305, 311 = NJW 1993, 2241 = IPRspr 1993 Nr 8 b; zur Ehescheidung OLG Düsseldorf 10. 11. 1986 FamRZ 1987, 195 m Anm HENRICH = IPRspr 1986 Nr 70; OLG Celle 8. 9. 1988, FamRZ 1989, 623 m Anm HENRICH = IPRspr 1987 Nr 77; OLG Hamm 2. 10. 1992, FamRZ 1993, 839 = IPRspr 1992 Nr 109; zum Versorgungsausgleich OLG Karlsruhe 22. 9. 1988, FamRZ 1988, 399 = IPRspr 1988 Nr 78; zur Legitimation AG Hildesheim 28. 7. 1980, IPRspr 1980 Nr 111; BayObLG 11. 1. 1990, BayObLGZ 1990, 1 = StAZ 1990, 131 m Anm HEPTING = IPRax 1991, 119 m Anm WENGLER 105 = IPRspr 1990 Nr 137; OLG Celle 7. 2. 1991, FamRZ 1991, 1100 = IPRax 1993,

36 m Anm HEPTING 24 = IPRspr 1991 Nr 136; AG Köln 16. 10. 1992, IPRspr 1992 Nr 145; zum Erbrecht OLG Hamm 8. 2. 1983, Rpfleger 1983, 276 = IPRspr 1983 Nr 116).

344 Eine Rück- oder Weiterverweisung kann sich nur ergeben, soweit die polnischen Kollisionsnormen von den deutschen abweichen. Dies war bis zur deutschen IPR-Reform vor allem bei der Anknüpfung von Ehewirkungen und -scheidung in gemischt-nationalen Ehen der Fall (vgl OLG Stuttgart 22. 5. 1979, FamRZ 1979, 1022 = IPRspr 1979 Nr 64: Rückverweisung des polnischen internationalen Ehescheidungsrechts auf deutsches Wohnsitzrecht). Nach geltendem Recht sind Fälle der Rück- oder Weiterverweisung im deutsch-polnischen Rechtsverkehr hingegen selten geworden (vgl AG Meldorf 4. 4. 1984, IPRspr 1984 Nr 61: Ehescheidung; OLG Hamm 21. 10. 1991, FamRZ 1992, 337 m Anm BREHM/OVERDICK = IPRax 1993, 107 m Anm DÖRNER 83 = IPRspr 1991 Nr 225: elterliche Sorge).

d) Staatsverträge
345 Polen ist den Genfer Abkommen über das internationale Wechsel- und Scheckprivatrecht von 1930/31 beigetreten: für die Beurteilung der Wechsel- und Scheckfähigkeit sind Rück- und Weiterverweisung damit anerkannt (s Art 4 Rn 118 f). Polen hat ferner die Haager Abkommen über die Testamentsform und den Minderjährigenschutz von 1961 ratifiziert, die in ihrem sachlichen Anwendungsbereich Rück- und Weiterverweisungen ausschließen (s Art 4 Rn 126 ff). Polen ist schließlich Mitgliedsstaat des Haager Kindesentführungabkommens von 1980, das in seinem Art 3 eine Gesamtverweisung auf das Recht am gewöhnlichen Aufenthaltsort des Kindes vorsieht (s Art 4 Rn 132 f).

5. Rumänien*

a) Kollisionsnormen
346 Das rumänische Kollisionsrecht war bisher nur bruchstückhaft und in verschiedenen Gesetzen verstreut geregelt. Diesem unbefriedigenden Rechtszustand hat der rumänische Gesetzgeber mit dem „Gesetz zur Regelung der internationalen Privatrechtsverhältnisse" vom 22. 9. 1992 abgeholfen (deutscher Text in RabelsZ 58 [1994] 534 ff). Das neue IPR-Gesetz enthält in 183 Artikeln eine sehr detaillierte Kodifikation der Materie, die sich sowohl an den Traditionen des rumänischen Rechts wie auch an neueren ausländischen IPR-Gesetzen orientiert.

347 Der Personenstand, die Rechts- und Geschäftsfähigkeit, sowie die Familienbeziehungen einer natürlichen Person unterliegen grundsätzlich ihrem Heimatrecht (Art 11), dh dem Recht des Staates, dessen **Staatsangehörigkeit** sie besitzt (Art 12 Abs 1). Besitzt ein Mehrstaater auch die rumänische Staatsangehörigkeit, so ist diese maßgebend; ansonsten gilt als Heimatrecht eines Mehrstaaters das Recht seines Wohnsitzes oder hilfsweise seines Aufenthalts (Art 12 Abs 2, 3). Das Wohnsitz- oder hilfsweise das Aufenthaltsrecht findet ferner auch auf Staatenlose Anwendung

---

* **Schrifttum:** CĂPĂTÎNĂ, Das neue rumänische IPR, RabelsZ 58 (1994) 465; ders, La réforme du droit international privé roumain, Rev crit 1994, 167; FILIPESCU, Drept international privat[2] (Bukarest 1982); FERID/FIRSCHING/MONTEANU Rumänien (Stand: 1985) Grdz 23–30; LEONHARDT, Das neue IPR Rumäniens, IPRax 1994, 156; MINDACH, Rumänisches Internationales Privat- und Verfahrensrecht, ROW 1993, 349.

(Art 12 Abs 4). Dem Heimatrecht unterliegen auch der Name einer Person (Art 14), sowie die Voraussetzungen und Wirkungen einer Verschollenheitserklärung (Art 16).

Die sachlichen Voraussetzungen der **Eheschließung** bestimmen sich nach dem Heimatrecht jedes der künftigen Ehegatten (Art 18 Abs 1). In ausländischen Rechten vorgesehene Ehehindernisse, die aus rumänischer Sicht mit der Eheschließungsfähigkeit unvereinbar sind, bleiben jedoch unberücksichtigt, wenn einer der Verlobten rumänischer Staatsangehöriger ist und die Ehe in Rumänien geschlossen wird (Art 18 Abs 2). Auf die Form der Eheschließung ist das Ortsrecht anzuwenden (Art 19 Abs 1). Sonderregeln gelten für konsularische und diplomatische Eheschließungen von Rumänen im Ausland (Art 19 Abs 2, 3). **348**

Die persönlichen und vermögensrechtlichen **Beziehungen zwischen den Ehegatten** werden dem gemeinsamen Heimatrecht, bei unterschiedlicher Staatsangehörigkeit dem Recht des (ggfls letzten) gemeinsamen Wohnsitzes der Ehegatten unterworfen (Art 20 Abs 1); hilfsweise gilt das Recht des gemeinsamen Aufenthalts oder das Recht des Staates, zu dem die Ehegatten gemeinsam die engsten Beziehungen unterhalten (Art 20 Abs 3). Das Ehewirkungs- und Ehegüterrechtsstatut ist unwandelbar, wird also von einem Staatsangehörigkeits- oder Wohnsitzwechsel eines der Ehegatten nicht berührt (Art 20 Abs 2). Die materiellen Voraussetzungen eines *Ehevertrages* unterliegen dem Heimatrecht eines jeden der künftigen Ehegatten (Art 21 Abs 1). Demgegenüber werden Inhalt und Wirkungen des Ehevertrages nach dem gewählten Recht, hilfsweise nach dem in Art 20 bezeichneten Recht beurteilt; dieses Recht befindet auch über die Zulässigkeit einer Änderung oder den Abschluß eines neuen Ehevertrages während bestehender Ehe (Art 20 Abs 3). **349**

Die **Ehescheidung** unterliegt gem Art 22 Abs 1 grundsätzlich dem Ehewirkungsstatut des Art 20. Ist danach die Scheidung nur unter besonders einschränkenden Voraussetzungen zulässig, so gilt rumänisches Recht, wenn zur Zeit der Klageerhebung einer der Ehegatten rumänischer Staatsangehöriger ist (Art 22 Abs 2). Die Nichtigerklärung einer Ehe richtet sich demgegenüber nach dem Recht, das die Ehevoraussetzungen beherrscht (Art 24). **350**

Die Festellung der **Abstammung** eines ehelichen Kindes unterliegt dem Recht, das im Zeitpunkt der Geburt des Kindes gemäß Art 20 die Wirkungen der Ehe seiner Eltern beherrscht (Art 25 Abs 1); endet die Ehe der Eltern vor der Geburt des Kindes, so kommt es auf den Zeitpunkt der Beendigung der Ehe an (Art 25 Abs 2). Das Abstammungsstatut gilt auch für die Vaterschaftsanfechtung, den Namenserwerb durch das Kind und das Eltern-Kind-Verhältnis (Art 26). Die *Legitimation* eines nichtehelichen Kindes durch nachfolgende Eheschließung bestimmt sich nach dem Ehewirkungsstatut (Art 27 iVm Art 20). Die Feststellung der Abstammung eines nichtehelichen Kindes unterliegt dem Heimatrecht des Kindes im Zeitpunkt seiner Geburt; besitzt das Kind mehrere ausländische Staatsangehörigkeiten, so ist das für das Kind günstigere Recht anzuwenden (Art 28 Abs 1). Das so ermittelte Abstammungsstatut gilt inbesondere für die Anerkennung des Kindes, die Anfechtung der Anerkennung und das Eltern-Kind-Verhältnis (Art 28 Abs 2). Der Aufwendungsersatzanspruch der Mutter gegen den nichtehelichen Vater beurteilt sich hingegen nach dem Heimatrecht der Mutter (Art 29). **351**

352 Die sachlichen Voraussetzungen einer **Adoption** bestimmen sich nach dem Heimatrecht sowohl des Adoptierenden als auch des Angenommenen; dabei sind von beiden sämtliche Voraussetzungen zu erfüllen, die von jedem ihrer Heimatrechte gefordert werden (Art 30 Abs 1). Die materiellen Voraussetzungen einer Ehegattenadoption unterliegen hingegen dem Ehewirkungsstatut (Art 30 Abs 2 iVm Art 20). Auf die Wirkungen der Adoption findet demgegenüber allein das Heimatrecht des Adoptierenden Anwendung; stattdessen gilt im Falle einer Ehegattenadoption wiederum das Ehewirkungsstatut (Art 31). Für die Form der Adoption gilt Ortsrecht (Art 32).

353 Dingliche Rechte an unbeweglichen wie beweglichen Sachen unterliegen dem Recht des Ortes, an dem sie sich befinden oder belegen sind, sofern besondere Bestimmungen nichts anderes vorsehen (lex rei sitae, Art 49). Differenzierte sachenrechtliche Kollisionsregeln gelten für bewegliche Sachen, (Art 52–54), Beförderungsmittel (Art 55 f), Wertpapiere (Art 57–59), Immaterialgüterrechte (Art 50–63) und Publizitätserfordernisse (Art 64 f). Eine auf dem Transport befindliche Sache untersteht dem Recht des Staates, von dem aus sie abgesandt wurde, sofern nicht die Parteien ein Recht gewählt haben, das etwas anderes bestimmt, oder die Sache zwischengelagert wird (dann lex rei sitae) oder die Sache zu den persönlichen Gütern eines Reisenden gehört (dann Heimatrecht des Reisenden, Art 53). Die Voraussetzungen und Wirkungen eines Eigentumsvorbehalts an einer zum Export bestimmten Sache beurteilen sich in Ermangelung einer Rechtswahl nach dem Recht des Bestimmungslandes (Art 54).

354 Im internationalen **Erbrecht** gilt gemäß Art 66 *Nachlaßspaltung*, wobei das IPR-Gesetz Geschäftsvermögen grundsätzlich den unbeweglichen Sachen gleichstellt. Nach Art 66 lit a unterliegt die Erbfolge hinsichtlich beweglicher Sachen, wo immer sich diese befinden, dem Heimatrecht des Erblassers im Zeitpunkt seines Todes; demgegenüber beurteilt sich die Erbfolge hinsichtlich unbeweglicher Sachen und des Geschäftsvermögens gemäß Art 66 lit b nach dem Recht des Ortes, an dem die Sachen oder das Vermögen belegen sind. Der Erblasser ist allerdings nach Art 68 Abs 1 berechtigt, durch Verfügung von Todes wegen ein anderes als das in Art 66 bezeichnete Recht zu wählen; er kann durch eine solche Rechtswahl allerdings die zwingenden Vorschriften des Erbstatuts iSv Art 66 nicht ausschließen.

b) **Rück- und Weiterverweisung im rumänischen Recht**

355 In Art 4 geht das IPR-Gesetz vom Grundsatz der Gesamtverweisung aus und erklärt eine Rückverweisung auf rumänisches Recht für beachtlich. Hingegen bleibt eine Weiterverweisung auf das Recht eines dritten Staates außer Betracht:

(1) Verweist das gemäß den nachfolgenden Vorschriften maßgebende ausländische Recht auf das rumänische Recht zurück, so ist rumänisches Recht anzuwenden, sofern nicht ausdrücklich etwas anderes bestimmt ist.

(2) Die Weiterverweisung des ausländischen Rechts auf das Recht eines anderen Staates entfaltet keine Wirkung.

Gänzlich ausgeschlossen ist der Renvoi nach Art 85 im internationalen Schuldvertragsrecht. Wird auf das Recht eines *Mehrrechtsstaates* verwiesen, so wird diesem in Art 5 die Unteranknüpfung überlassen:

Gelten in dem Staat des ausländischen Rechts nebeneinander mehrere Rechtsordnungen, so bestimmt das Recht dieses Staates die anwendbaren Rechtsvorschriften.

c) Rück- und Weiterverweisung aus deutscher Sicht

Deutsche Entscheidungen zum rumänischen Kollisionsrecht aus der Zeit nach Inkrafttreten des IPR-Gesetzes liegen noch nicht vor. Zu Rück- und Weiterverweisungen des rumänischen IPR, die nach Art 4 Abs 1 von deutschen Gerichten zu beachten sind, wird es künftig – wie schon bisher (vgl BayObLG 28. 11. 1974, BayOLGZ 1974, 460, 462 = IPRspr 1974 Nr 133) – vor allem auf dem Gebiet des internationalen *Erbrechts* kommen, soweit zum Nachlaß unbewegliche Sachen oder Geschäftsvermögen gehören. Sind Nachlaßgrundstücke oder Geschäftsvermögen rumänischer Erblasser in der Bundesrepublik Deutschland belegen, so ist insoweit kraft (Teil-)Rückverweisung deutsches Erbrecht maßgeblich. Demgegenüber geht das neue rumänische IPRG im *Güterrecht* vom Grundsatz der Einheitlichkeit des Güterstandes aus; eine Rückverweisung auf deutsches Belegenheitsrecht von Immobilien findet daher insoweit nicht mehr statt (anders zum bisherigen Recht noch AG Wolfratshausen 25. 8. 1980, IPRax 1982, 23 m Anm JAYME 11 = IPRspr 1980 Nr 69 A). Im internationalen *Kindschaftsrecht* sind Rückverweisungen hingegen selten, weil auch das rumänische IPR an die Staatsangehörigkeit anknüpft und in gemischtnationalen Ehen auf den gewöhnlichen Aufenthalt ausweicht (vgl zum bisherigen Recht OLG Nürnberg 30. 10. 1985, NJW-RR 1986, 301 = IPRspr 1985 Nr 84; Ehelichkeit eines Kindes rumänischer Eltern: AG Freiburg 26. 7. 1985, StAZ 1986, 14 = IPRspr 1985 Nr 103 A, bestätigt durch LG Freiburg 9. 11. 1987, IPRspr 1987 Nr 92: Legitimation).

d) Staatsverträge

Rumänien hat von den Haager IPR-Übereinkommen bisher nur das Kindesentführungsabkommen von 1980 ratifiziert, das in seinem Art 3 eine Gesamtverweisung auf das Recht am gewöhnlichen Aufenthaltsort des Kindes vorsieht (s Art 4 Rn 132 f).

6. Russische Föderation und Nachfolgestaaten der ehemaligen UdSSR*

Die Russische Föderation ist der wichtigste Nachfolgestaat auf dem Territorium der

---

* **Schrifttum:** BOGUSLAWSKIJ (Hrsg), Internationales Privatrecht (deutsche Übersetzung), 2 Bde (1976); ders, Doctrine et pratique soviétiques en droit international privé, Rec des Cours 170 (1981-I) 331; ders, Private International Law: The Soviet Approach (Dordrecht, Boston, Lancaster 1988); ders, Das internationale Privatrecht der UdSSR, RIW 1988, 161; ders, Ausarbeitung neuer Kollisionsnormen in der Sowjetunion und in den Mitgliedstaaten der GUS, IPRax 1992, 401; ders, Private International Law – Contemporary Problems, 2 Bde (Moskau 1993); BUDDE, Die Rechtsstellung des Ausländers in der Sowjetunion (1981); FERID/FIRSCHING/BILINSKY UdSSR (Stand: 1984) Grdz Rn 48–77; GRZYBOWSKI, Soviet Private International Law (Leyden 1965); LUNZ, Internationales Privatrecht (deutsche Übersetzung), 2 Bde Allgemeiner Teil, Besonderer Teil$^{3/2}$ (1973/75); ders, L'objet et les principes fondamentaux du droit international privé en U.R.S.S. et dans les autres pays socialistes européens, Clunet 100 (1973) 97; MATTEUCCI, La legislazione e la dottrina sovietiche sul diritto internazionale privato, Riv dir int priv proc 1983, 562; WAEHLER, Das internationale Pri-

am 1.1.1992 aufgelösten Union der Sozialistischen Sowjetrepubliken. Auf dem Gebiet des internationalen Privatrechts gelten die bisherigen Gesetze der UdSSR in der Russischen Föderation zunächst fort; gleiches dürfte auch für die weiteren unabhängigen Staaten (Armenien, Aserbeidschan, Belarus [Weißrußland], Estland, Georgien, Kasachstan, Kirgisien, Lettland, Litauen, Moldawien, Tadschikistan, Turkmenistan, Ukraine, Usbekistan) gelten, die aus dem Zerfall der Sowjetunion hervorgegangen sind (vgl BOGUSLAWSKIJ IPRax 1992, 403). Da die Grundlagen für die Zivilgesetzgebung der UdSSR und der Unionsrepubliken in der Neufassung vom 31.5.1991 (Text in IPRax 1992, 403) wegen der Auflösung der UdSSR nicht mehr in Kraft traten, sind vorerst die Grundlagen der Zivilgesetzgebung von 1961 und die Grundlagen des Ehe- und Familienrechts von 1968 sowie die hierauf beruhenden Zivil- und Familiengesetzbücher der in der GUS verbundenen Staaten weiter anzuwenden (vgl BOGUSLAWSKIJ IPRax 1992, 403). In **Kasachstan** und der **Ukraine** sind allerdings im Zuge der Neuregelung des Ehe- und Familienrechts auch die IPR-Vorschriften geändert worden (vgl STAUDINGER/STURM Einl 479 ff; WEISHAUPT IPRax 1994, 311 ff).

a) Kollisionsnormen

359 Die Kollisionsnormen der ehemaligen Sowjetunion waren durch das Bestreben gekennzeichnet, einerseits die Rechtsverhältnisse sowjetischer Staatsangehöriger ohne Rücksicht auf ihren Wohnsitz oder dauernden Aufenthalt dem sowjetischen Recht vorzubehalten, andererseits die Rechtsverhältnisse der in der UdSSR befindlichen Ausländer und die in der UdSSR vorgenommenen Rechtshandlungen ohne Rücksicht auf die Staatsangehörigkeit der Beteiligten ebenfalls dem sowjetischen Recht zu unterwerfen. Hieraus ergab sich eine Mischung von Anknüpfungen an die Staatsangehörigkeit, den Wohnsitz (oder Aufenthalt) und den Vornahmeort, die in den weitaus meisten Fällen mit Auslandsberührung zwangsläufig zur Anwendung sowjetischen Rechts führten.

aa) Grundlagen des Ehe- und Familienrechts von 1968

360 Dieser Trend zum „Heimwärtsstreben" kam insbesondere im sowjetischen internationalen Familienrecht zum Ausdruck. Die einschlägigen gesetzlichen Kollisionsnormen in den „Grundlagen für die Gesetzgebung der UdSSR und der Unionsrepubliken über Ehe und Familie" vom 27.6.1968 (Text bei BERGMANN/FERID/BILINSKY UdSSR 53 ff), die durch Erlaß des Präsidiums des Obersten Sowjets vom 9.10.1979 geändert und erweitert worden sind (dazu WAEHLER FamRZ 1980, 424 ff), gelten vorläufig in Rußland und den übrigen Nachfolgestaaten der ehemaligen UdSSR weiter. Hiernach sind Ausländer und Staatenlose mit **Wohnsitz in Rußland** dem russischen Familienrecht unterworfen (Art 30 Abs 1).

---

vatrecht der UdSSR, IWB 1980, 287 ff; ders, Neues internationales Familienrecht der UdSSR, FamRZ 1980, 424; ders, Grundlagen für die Gesetzgebung der Union der SSR und der Unionsrepubliken über Ehe und Familie (GREF vom 27.6.1968 idF vom 9.10.1979) – Zur Novellierung des sowjetischen internationalen Familienrechts, StAZ 1980, 203; ders,

Zur Novellierung des sowjetischen IPR, WGO 1977, 97; ders, Zur Novellierung des sowjetischen Internationalen Zivilprozeßrechts, WGO 1978, 91; WEISHAUPT, Zur Entwicklung des Kollisions- und internationalen Zivilprozeßrechts der Republik Kasachstan, IPRax 1994, 311; WOHLGEMUTH, Die sowjetische Adoption und der deutsche Richter, ROW 1986, 234.

Die **Eheschließung** zwischen russischen Staatsangehörigen und Ausländern unter- 361
liegt, wenn sie in Rußland stattfindet, dem russischen Recht (Art 31 Abs 1); Sondervorschriften gelten für Eheschließungen vor diplomatischen oder konsularischen Vertretungen fremder Staaten (Art 31 Abs 2) sowie für Eheschließungen im Ausland, bei denen die materiellen Normen des russischen Rechts beachtet werden müssen, soweit russische Staatsbürger beteiligt sind (Art 32). Eine *Ehescheidung* in Rußland muß stets nach russischem Recht erfolgen (Art 33 Abs 1); ausländische Ehescheidungen russischer Staatsangehöriger werden anerkannt, wenn der russische Ehegatte bzw die russischen Ehegatten zur Zeit der Scheidung im Ausland lebten (Art 33 Abs 2-3). Diese Großzügigkeit gegenüber ausländischen Scheidungen erklärt sich dadurch, daß außerhalb Rußlands das Scheidungsrecht vielfach strenger ist (WAEHLER FamRZ 1980, 426).

Im **Kindschaftsrecht** ist dasselbe Heimwärtsstreben zu beobachten. Die Vaterschaft 362
wird in Rußland ohne Rücksicht auf die Staatsangehörigkeit oder den Wohnsitz der Beteiligten stets nach russischem Recht festgestellt (Art 34 Abs 1); eine Ausnahme gilt für russische Eltern mit Wohnsitz im Ausland (Art 34 Abs 2). Ähnliche Schranken kennt das russische Recht für die *Adoption*; danach können russische Kinder durch Ausländer ebenso wie ausländische Kinder, die in Rußland leben, nur nach russischem Recht adoptiert werden (Art 35 Abs 3). Russische Kinder können unter besonderen administrativen Voraussetzungen im Ausland adoptiert werden (Art 35 Abs 1-2).

In der Republik **Kasachstan** werden die Eheschließung, die Beziehungen zwischen den Ehegatten und zwischen Eltern und Kindern, die Adoption, die Feststellung der Vaterschaft, die Vormundschaft und Pflegschaft, die Auflösung der Ehe und die Registrierung des Personenstandes stets nach kasachischem Recht beurteilt, wenn kasachische Gerichte oder Behörden darüber zu entscheiden haben (Art 8 Ehe- und Familiengesetz idF vom 23.11.1993; dazu WEISHAUPT IPRax 1994, 312).

bb) Grundlagen der Zivilgesetzgebung von 1961

Kollisionsnormen enthält ferner der Teil VII der „Grundlagen der Zivilgesetzgebung 363
der UdSSR und der Republiken", die am 31.5.1991 vom Obersten Sowjet verabschiedet wurden (Text in IPRax 1992, 403). Die „Grundlagen" von 1991 sind freilich wegen der zwischenzeitlichen Auflösung der UdSSR nicht mehr in Kraft getreten. Daher gelten in der Russischen Föderation die Kollisionsnormen des Zivilgesetzbuches der Russischen Sozialistischen Föderativen Sowjetrepublik vom 1.10.1964 fort (BOGUSLWASKIJ IPRax 1992, 403). Sie übernehmen in der Sache die Vorschriften der „Grundlagen der Zivilgesetzgebung der UdSSR und der Unionsrepubliken" vom 8.12.1961, die am 1.5.1962 in Kraft getreten waren. Die „Grundlagen" von 1961 gelten auch in den weiteren Staaten, die aus dem Zerfall der UdSSR hervorgegangen sind, einstweilen fort. Danach bestimmt sich die *zivile Handlungsfähigkeit* eines Ausländers zwar grundsätzlich nach seinem Heimatrecht; für die in Rußland abgeschlossenen Rechtsgeschäfte gilt insoweit hingegen stets russisches Recht. Auch Entscheidungen betreffend die Entmündigung, Verschollenheit oder Todeserklärung durch ein russisches Gericht unterliegen stets dem russischen Recht. Die Rechtsfähigkeit *juristischer Personen* bestimmt sich nach dem Recht des Staates, in dem sie gegründet werden.

364 Über die **Erbfolge** entscheidet grundsätzlich das Recht am Wohnsitz des Erblassers im Zeitpunkt seines Todes (Art 127 Abs 1). Die Testierfähigkeit bestimmt sich hingegen nach dem Wohnsitzrecht des Testators zur Zeit der Testamentserrichtung (Art 127 Abs 2). Eine Sonderregelung gilt für in Rußland belegene Bauwerke und Grundstücke, sowie daran bestehende dingliche Rechte; sie werden gem Art 127 Abs 3 stets nach russischem Recht vererbt. Vorrang vor diesen autonomen Kollisionsregeln hat freilich im deutsch-russischen Rechtsverkehr der deutsch-sowjetische Konsularvertrag vom 25. 4. 1958 (BGBl 1959 II 233), der auch eine erbrechtliche Kollisionsnorm enthält (dazu u Rn 368).

b) Rück- und Weiterverweisung im russischen Recht
365 Die Frage nach der Beachtung einer Rück- oder Weiterverweisung wird durch die geltenden Vorschriften ebensowenig beantwortet wie durch die früheren Fassungen der Grundlagen (WAEHLER FamRZ 1980, 426). Die Rückverweisung wird von russischen Autoren mit Wohlwollen betrachtet, weil sie zur Anwendung russischen Rechts führt, selbst wenn dieses sich nicht schon selbst für maßgeblich erklärt (LUNZ, IPR I 232 mwN).

c) Rück- und Weiterverweisung aus deutscher Sicht
366 Aufgrund des beschriebenen Trends des russischen IPR, nach Möglichkeit zur Anwendung des eigenen Rechts zu kommen, haben Rück- oder Weiterverweisungen Seltenheitswert. Während bis zum Zerfall der Sowjetunion bei Fehlen eines Renvoi das Recht derjenigen Teilrepublik zu ermitteln war, mit der die Personen, Gegenstände oder Vorgänge, über die zu entscheiden war, nach den internen Abgrenzungsnormen der UdSSR am engsten verbunden waren (OLG Hamm 8. 6. 1973, NJW 1973, 2156 = IPRspr 1973 Nr 107 [Lettland]), gelten die Kollisionsregeln der ehemaligen UdSSR vorläufig als Vorschriften der nunmehr völkerrechtlich selbständigen Staaten Armenien, Aserbeidschan, Georgien, Kasachstan, Kirgisien, Moldawien, Rußland, Turkmenistan, Ukraine, Usbekistan und Weißrußland fort. In den Baltenrepubliken (Estland, Lettland, Litauen) wurden demgegenüber die dort vor der Eingliederung in die UdSSR geltenden Gesetze wieder in Kraft gesetzt.

d) Staatsverträge
367 Sowohl Rück- wie Weiterverweisung werden aufgrund der Genfer Abkommen über internationales Wechsel- und Scheckrecht von 1930/31, denen die UdSSR beigetreten ist, in den Bereichen der Wechsel- und Scheckfähigkeit anerkannt (vgl Art 36 Abs 1-2 Scheckordnung vom 6. 11. 1929; für das Wechselrecht gilt Art 2 des Genfer Abkommens unmittelbar; dazu o Art 4 Rn 118 f).

368 Der **deutsch- sowjetische Konsularvertrag** vom 20. 4. 1959 (BGBl II 469; auszugsweise abgedr bei STAUDINGER/DÖRNER [1995] Vorbem 199 zu Art 25 f EGBGB) enthält in Art 28 Abs 3 eine Kollisionsnorm, wonach „hinsichtlich der unbeweglichen Nachlaßgegenstände" die Rechtsvorschriften des Belegenheitsstaates Anwendung finden. Diese Regelung hat gem Art 3 Abs 2 S 1 EGBGB Vorrang vor den autonomen erbrechtlichen Kollisionsnormen (Art 25 Abs 1, 26 Abs 5 EGBGB) und dürfte die Beachtung einer Rück- oder Weiterverweisung ausschließen. Dieser Konsularvertrag gilt aufgrund der Übernahme der völkerrechtlichen Verträge der UdSSR durch die Russische Föderation (Note vom 24. 12. 1991, BGBl 1992 II 1016) im deutsch-russischen Verhältnis weiter. Seine Fortgeltung wurde durch Gemeinsame Erklärungen bzw

Notenwechsel ferner im Verhältnis zu Armenien (BGBl 1993 II 169), Georgien (BGBl 1992 II 1128), Kasachstan (BGBl 1992 II 1120), Kirgisien (BGBl 1992 II 1015), der Ukraine (BGBL 1993 II 1189) und Usbekistan (BGBl 1993 II 2038) klargestellt. Im Verhältnis zu den übrigen selbständigen Staaten, die nach dem Zerfall der UdSSR auf deren Territorium entstanden sind, ist die Lage derzeit ungeklärt (vgl näher STAUDINGER/DÖRNER [1995] Vorbem 193 zu Art 25 f EGBGB).

7. Tschechische und Slowakische Republik*

a) Kollisionsnormen

Die ehemalige Tschechoslowakische Sozialistische Republik (CSSR) hat sich mit Wirkung vom 1.1.1993 selbst aufgelöst; an ihre Stelle sind zwei selbständige Staaten, nämlich die Tschechische Republik und die Slowakische Republik getreten. Die Gesetze der ehemaligen CSSR gelten freilich für die beiden neuen unabhängigen Staaten fort, soweit sie nicht aufgehoben worden sind (Art 1 Abs 1 VerfassungsG des tschechischen Nationalrats Nr 4 v 15.12.1992; vgl HOŠKOVÁ, ZaöRV 53 [1993] 659). Dies trifft auch auf das Gesetz über Internationales Privat- und Verfahrensrecht vom 4.12.1963 (Text auszugsweise bei BERGMANN/FERID Tschechoslowakei 13 ff) zu, das zur Regelung kollisionsrechtlicher Sachverhalte sowohl in der Tschechischen wie in der Slowakischen Republik weiterhin heranzuziehen ist. Dieses Gesetz knüpft auf den Gebieten des Personen-, Familien- und Erbrechts grundsätzlich an die **Staatsangehörigkeit** an. Bei Mehrstaatern entscheidet die zuletzt erworbene Staatsangehörigkeit; ist der Mehrstaater auch Tscheche bzw Slowake, so hat die tschechische bzw slowakische Staatsangehörigkeit jedoch stets Vorrang (Art 33 Abs 1 und 2). Staatenlose unterliegen dem Recht ihres Wohnsitzes, hilfsweise dem Recht ihres Aufenthalts (Art 33 Abs 3).

Nach dem Heimatrecht beurteilen sich insbesondere die **Rechts- und Geschäftsfähig-**

---

* **Schrifttum:** BERGMANN/FERID/BOHATA Tschechoslowakei (Stand 1988) 9–13; BYSTRIKY, The New Czechoslovak Act Concerning Private International Law and the Rules of Procedure Relating Thereto, Bulletin of Czechoslovak Law 1963, 209; ders, Les traits généraux de la codification tchécoslovaque en droit international privé, Rec des Cours 1968-I, 409; DONNER, Das neue tschechoslowakische Gesetz über das internationale Privat- und Prozeßrecht, ZfRvgl 1964, 207; FERID/FIRSCHING/BOHATA CSSR (Stand: 1985) Grdz Rn 1–7; FLORIO, La codificazione del diritto internazionale privato e processuale in Cecoslovacchia (1967); GLOS, The Czechoslovak Law of Conflicts of Laws, Rev Socialist L 9 (1983) 261; HOŠKOVÁ, Die Selbstauflösung der CSFR – ausgewählte rechtliche Aspekte, ZaöRV 53 (1993) 689; KALENSKY, Trends of Private International Law (1971); ders, Das neue tschechoslowakische IPR, WGO 1964, 151; KORKISCH, Neues internationales Privatrecht in Ostmitteleuropa, RabelsZ 32 (1968) 601; ders, Zum Außenprivatrecht der Tschechoslowakei unter besonderer Berücksichtigung des IPR, WGO 12 (1970) 133; KUCERA, Mezinárodni právo soukromé² (Prag 1980); ders, Private International Law in Czechoslovakia, Bulletin of Czechoslovak Law (1985) 6; ders, La loi tchécoslovaque du 4 décembre 1963 sur le droit international privé et de procédure, Clunet 1966, 783; ASILKO/STEINER, Mezinárodni právo soukromé v praxi (IPR in der Praxis) (1976); SCHMIDT, Das internationale Erbrecht der Tschechoslowakei, WGO 1986, 257 ff, 263 ff; dies, Das Internationale Erbrecht der Tschechoslowakei, Berichte des Bundesinstituts für ostwissenschaftliche und internationale Studien (1987) 3; STEINER, Das neue tschechoslowakische Internationale Privat- und Prozeßrecht, StuR 1965, 412.

keit einer Person (§ 3 Abs 1) sowie die materiellen Voraussetzungen einer *Eheschließung* (§ 19). Auch die persönlichen und vermögensrechtlichen Beziehungen zwischen Ehegatten sowie die Ehescheidung unterliegen primär dem gemeinsamen Heimatrecht der Ehegatten (§§ 21 Abs 1 S 1, 22 Abs 1 S 1). Die Gleichberechtigung von Mann und Frau im internationalen Eherecht verwirklicht das IPR-Gesetz von 1963 dadurch, daß es in allen Fällen, in denen Ehegatten keine gemeinsame Staatsangehörigkeit haben, die Anwendung inländischen Rechts vorschreibt (§ 21 Abs 1 S 2 für das Ehewirkungs- und Güterrechtsstatut; § 22 Abs 1 S 2 für das Scheidungsstatut). An einer gemeinsamen Staatsangehörigkeit fehlt es seit dem 1. 1. 1993 auch dann, wenn ein Ehegatte Tscheche der andere Slowake ist. Ehewirkungs- und Güterstatut werden grundsätzlich wandelbar.angeknüpft; nur ein vertraglich vereinbarter Güterstand beurteilt sich unwandelbar nach dem Recht, das die Vermögensbeziehungen im Zeitpunkt des Vertragsschlusses beherrscht (§ 21 Abs 2).

371 Im internationalen **Kindschaftsrecht** sucht das Gesetz das Kindeswohl dadurch zu fördern, daß es sowohl die Fragen der Abstammung als auch die Beziehungen zwischen Eltern und Kindern grundsätzlich dem Heimatrecht des Kindes unterwirft (§§ 23 Abs 1, 24 Abs 1 S 1). Dieses dürfte daher auch für die Legitimation gelten. Zugunsten eines in der Tschechischen bzw Slowakischen Republik lebenden Kindes wird jedoch die Anwendung inländischen Rechts gestattet, sofern dies im Interesse des Kindes liegt (§§ 23 Abs 2, 24 Abs 1 S 2). Ein Vaterschaftsanerkenntnis wird auch dann als wirksam erachtet, wenn die Vorschriften des Staates eingehalten wurden, in dem die Anerkennung erfolgte (§ 23 Abs 3).

372 Die **Adoption** richtet sich grundsätzlich nach dem Heimatrecht des Annehmenden (§ 26 Abs 1); bei der Ehegattenadoption müssen, sofern die Ehegatten verschiedene Staatsangehörigkeiten haben, die Voraussetzungen nach beiden Heimatrechten erfüllt sein. Zugunsten eines in der Tschechischen bzw Slowakischen Republik lebenden Annehmenden kann jedoch wiederum inländisches Recht angewandt werden, sofern das Heimatrecht des Annehmenden die Adoption nur unter außergewöhnlich erschwerenden Umständen zuläßt (§ 26 Abs 3).

373 Im **Erbrecht** wird einheitlich an das Heimatrecht des Erblassers im Zeitpunkt seines Todes angeknüpft (§ 17); eine Unterscheidung zwischen beweglichen und unbeweglichen Nachlaßgegenständen findet mithin nicht statt. Die Testierfähigkeit sowie die Zulässigkeit gemeinschaftlicher Testamente und Erbverträge bestimmt sich nach dem Heimatrecht des Testators im Zeitpunkt der Errichtung der letztwilligen Verfügung (§ 18 Abs 1).

b) **Rück- und Weiterverweisung im tschechischen/slowakischen Recht**
374 Rück- oder Weiterverweisung werden nach dem IPR-Gesetz von 1963 unter dem Vorbehalt der Zweckdienlichkeit im Einzelfall anerkannt. § 35 bestimmt hierzu:

Ist nach diesem Gesetz eine Rechtsordnung anzuwenden, deren Vorschriften auf das tschechoslowakische Recht zurückverweisen oder auf das Recht eines anderen Staates weiterverweisen, so kann eine solche Rück- oder Weiterverweisung angenommen werden, wenn dies einer zweckmäßigen und billigen Regelung des betreffenden Rechtsverhältnisses entspricht.

Damit wird den tschechischen und slowakischen Gerichten zwar einerseits die

Annahme einer Rück- oder Weiterverweisung ermöglicht, andererseits wird ihnen aber eine weitreichende Ermessensfreiheit gewährt. Im Schrifttum ist hervorgehoben worden, daß mit dem Wortlaut des § 35 IPR-G eine Lösung gefunden worden sei, die den Gerechtigkeitserfordernissen entspreche, eine elastische Handhabung ermögliche und die Gefahr eines circulus vitiosus vermeide (BYSTRICKY, Bulletin de droit tchécoslovaque [1963] 249 f; KALENSKY, Trends of private international law [1971] 242). Aus der Sicht eines ausländischen Beobachters hat diese Regelung freilich den Nachteil, daß sie kaum eine Voraussage über die Anerkennung oder Nichtanerkennung einer Rück- oder Weiterverweisung durch tschechische oder slowakische Gerichte bzw Verwaltungsbehörden zuläßt. Sicher ist nur, daß die einverständliche Rechtswahl durch die Parteien die Rück- oder Weiterverweisung ausschließt (vgl für Schuldverträge § 9 Abs 2 IPRG 1963).

c) **Rück- und Weiterverweisung aus deutscher Sicht**
Die für das IPR-Gesetz von 1963 charakteristische Kombination der Anknüpfung an 375 die Staatsangehörigkeit und an das eigene (tschechische/slowakische) Recht führt aus deutscher Sicht nur selten zu einer Rück- oder Weiterverweisung. Deutsche Gerichte haben deshalb im Verhältnis zur vormaligen CSSR einen Renvoi zumeist abgelehnt (LG München I 20. 11. 1973, StAZ 1974, 134 = IPRspr 1974 Nr 1: Namensrecht; AG Parsberg 14. 11. 1972, FamRZ 1973, 461 = IPRspr 1972 Nr 57: Ehelichkeitsanfechtung; LG München II 31. 1. 1974, DAVorm 1974, 482 = IPRspr 1974 Nr 100: Anfechtung eines Vaterschaftsanerkenntnisses; AG Wunsiedel 3. 4. 1978, FamRZ 1978, 513 = IPRspr 1978 Nr 63 und OLG Bamberg 3. 11. 1983, IPRspr 1983 Nr 59: Ehegüterrecht). Daran wird sich auch künftig wenig ändern.

d) **Staatsverträge**
Die Tschechische und die Slowakische Republik sind dem Haager Straßenverkehrs- 376 unfallabkommen von 1971 beigetreten; daraus kann sich eine Rückverweisung auf deutsches Recht ergeben, wenn die an einem Unfall beteiligten Fahrzeuge im Inland zugelassen sind (s Art 4 Rn 135 f).

8. Ungarn*

a) **Kollisionsnormen**
Das ungarische Kollisionsrecht ist durch die am 1. 7. 1979 in Kraft getretene Geset- 377 zesverordnung Nr 13/1979 über das Internationale Privatrecht umfassend neu geregelt worden (Text in StAZ 1980, 78, sowie bei BERGMANN/FERID/VEKÁS Ungarn 24 ff). Die

---

* **Schrifttum:** BENKÖ/PEUSTER, Grundzüge des ungarischen IPR, Osteuropa-Recht 1980, 39; BERGMANN/FERID/VEKÁS Ungarn (Stand: 1989) 8–13; FERID/FIRSCHING/EMBER Ungarn (Stand: 1989) Grdz Rn 46–56; GABOR, A Socialist Approach to Codification of Private International Law in Hungary, 55 Tul L Rev (1980) 63; JESSEL, Zur Kodifikation des ungarischen IPR, WGO 1979, 179; MÁDL, Systems and Principles of the Hungarian Code of Private International Law, Rev hell dr int 1991, 227;

MÁDL/VEKÁS, Über das ungarische IPR-Gesetz in rechtsvergleichender Betrachtung, ZfRvgl 23 (1982) 266; SZIGETI, Codification du droit international privé en Hongrie, Clunet 1980, 636; VEKÁS, Zur Kodifikation des ungarischen IPR, JbOstR 1979, 297 und NJ 1981, 122 f; ders, A nemzetközi magánjog elméleti alapjai (Die theoretischen Grundlagen des IPR) (1986); ZOLTAN, La nouvelle réglementation hongroise en droit international privé, Rev int dr comp 32 (1980) 87.

Gesetzesverordnung enthält in 75 Paragraphen erstmals eine detaillierte Kodifikation des gesamten ungarischen internationalen Zivil-, Familien-, Arbeits- und Verfahrensrechts (vgl JESSEL, WGO-MfOR 1979, 179). Die Kollisionsnormen des Personen-, Familien- und Erbrechts gehen vom Personalstatut aus. Personalstatut ist grundsätzlich das durch die **Staatsangehörigkeit** bestimmte Heimatrecht (§ 11 Abs 1; BERGMANN/FERID/VEKÁS Ungarn 9). Das Personalstatut eines Mehrstaaters, der auch die ungarische Staatsangehörigkeit besitzt, ist das ungarische Recht (§ 11 Abs 2); das Personalstatut sonstiger Mehrstaater und staatenloser Personen ist das Wohnsitzrecht, hilfsweise das Aufenthaltsrecht (§ 11 Abs 3 und 4).

378 Das Personalstatut entscheidet über die **Rechts- und Geschäftsfähigkeit**, sowie über den Personenstand (§ 10). Auch die materiellen Voraussetzungen einer *Eheschließung* sind grundsätzlich nach dem Personalstatut jedes der beiden Verlobten zu beurteilen (§ 37 Abs 1); allerdings können Ausländer in Ungarn eine Ehe auch dann nicht wirksam eingehen, wenn ihr ein unüberwindliches Ehehindernis nach ungarischem Recht entgegensteht (§ 38 Abs 2). Für die förmlichen Voraussetzungen der Eheschließung ist das Recht am Heiratsort maßgebend (§ 37 Abs 2).

379 Das ungarische IPR trennt nicht zwischen den persönlichen und den güterrechtlichen **Ehewirkungen** und unterwirft beide primär dem gemeinsamen Personalstatut der Ehegatten, ersatzweise dem letzten gemeinsamen Personalstatut, dem letzten gemeinsamen Wohnsitz und schließlich der lex fori (§ 39 Abs 1–3). Maßgebend ist der Zeitpunkt der Beurteilung; auch das Güterrechtsstatut ist damit wandelbar. Die Anknüpfungsleiter des § 39 gilt auch für die Beurteilung von Eheverträgen; eine Rechtswahlmöglichkeit besteht insoweit nicht. Eine Änderung des Personalstatuts der Ehegatten berührt allerdings einen wirksam geschlossenen Ehevertrag nicht (§ 39 Abs 4). Entsprechendes gilt für die *Ehescheidung* mit der Besonderheit, daß auf den Zeitpunkt der Klageerhebung abzustellen ist und bei Fehlen eines gemeinsamen (letzten) Personalstatuts ungarisches Recht gilt, falls einer der Ehegatten die ungarische Staatsangehörigkeit besitzt (§ 40 Abs 2). Scheidungshindernisse des ausländischen Rechts stehen einer Scheidung jedoch nicht entgegen, wenn das ungarische Recht eine Scheidung zuläßt (§ 41).

380 Im **Kindschaftsrecht** entscheidet grundsätzlich das Personalstatut des Kindes und zwar sowohl über die Feststellung der Vater- oder Mutterschaft und die Ehelichkeitsanfechtung (§ 42 Abs 1) als auch über die Rechtsbeziehungen zwischen Eltern und Kind (§ 45). Ist an dem Kindschaftsverhältnis ein ungarischer Staatsangehöriger beteiligt oder ein in Ungarn wohnhaftes Kind, so ist freilich ungarisches Recht anzuwenden, wenn dies für das Kind günstiger ist (§ 46). Diese Regelung dürfte auch für die Legitimation gelten. Die Voraussetzungen einer *Adoption* sind kumulativ nach dem Personalstatut des Annehmenden und des Angenommenen zur Zeit der Adoption zu beurteilen (§ 43 Abs 1); zur Adoption eines ungarischen Kindes durch Ausländer bzw eines ausländischen Kindes durch ungarische Staatsangehörige ist die Zustimmung der ungarischen Vormundschaftsbehörde erforderlich (§ 43 Abs 2–4). Die Rechtswirkungen der Adoption bestimmen sich demgegenüber grundsätzlich nach dem Personalstatut des Annehmenden (§ 44 Abs 1); im Fall der Ehegattenadoption gilt für die Adoptionswirkungen folgende Anknüpfungsleiter : (1) letztes gemeinsames Personalstatut der Ehegatten; (2) gemeinsamer Wohnsitz der Eheleute zZ der Adoption; (3) lex fori (§ 44 Abs 2).

Im **Erbrecht** gilt das Prinzip der Nachlaßeinheit. Erbstatut ist sowohl für bewegliches **381** wie für unbewegliches Vermögen das Heimatrecht des Erblassers zur Zeit seines Todes (§ 36 Abs 1). Für die Form von letztwilligen Verfügungen sieht § 36 Abs 2 in Anlehnung an das Haager Testamentsformabkommen von 1961 alternative Anknüpfungen vor.

b) Rück- und Weiterverweisung im ungarischen Recht
Zur Beachtlichkeit einer Rückverweisung enthält das Gesetz in § 4 folgende Regelung: **382**

Falls nach dieser Gesetzesverordnung ausländisches Recht anzuwenden ist, sind die die aufgeworfene Frage unmittelbar regelnden Vorschriften des anzuwendenden ausländischen Rechts maßgebend. Verweist aber in der aufgeworfenen Frage das ausländische Recht auf das ungarische Recht zurück, so ist es unter Beachtung dieser Vorschrift anzuwenden.

Damit wird die Rückverweisung anerkannt und die Weiterverweisung abgelehnt. Die Verweisung durch das ungarische IPR ist also grundsätzlich *Sachnormverweisung*; etwas anderes gilt nur im Falle der Rückverweisung, die ihrerseits als Sachnormverweisung behandelt wird.

c) Rück- und Weiterverweisung aus deutscher Sicht
Die Kollisionsnormen der ungarischen Gesetzesverordnung von 1979 begründen **383** infolge des dominierenden Staatsangehörigkeitsprinzips und der Verwendung von Anknüpfungsleitern im internationalen Ehewirkungs- und Scheidungsrecht nur selten eine Rück- bzw Weiterverweisung auf deutsches Recht. Auch im internationalen Erbrecht findet sich eine mit Art 25 Abs 1, 26 EGBGB weithin übereinstimmende Regelung. Deutsche Gerichte haben eine Rückverweisung daher fast durchwegs abgelehnt (vgl etwa AG Freiburg 17. 9. 1981, StAZ 1981, 326 = IPRspr 1981 Nr 118: Legitimation; LG Memmingen 23. 3. 1984, IPRax 1985, 41 m Anm Vekás 24 = IPRspr 1984 Nr 52: Ehegüterrecht). Am ehesten kommt ein Renvoi im Bereich des Kindschaftsrechts in Betracht, wenn das Kind die deutsche Staatsangehörigkeit besitzt.

d) Staatsverträge
Ungarn ist den Genfer Abkommen über das internationale Wechsel- und Scheckpri- **384** vatrecht von 1930/31 beigetreten; für die Beurteilung der Wechsel- und Scheckfähigkeit ist damit ausnahmsweise auch aus ungarischer Sicht eine Weiterverweisung zu beachten (s Art 4 Rn 118 f). Ferner hat Ungarn das Haager Kindesentführungsabkommen von 1980 ratifiziert, das in seinem Art 3 eine Gesamtverweisung auf das Recht am gewöhnlichen Aufenthaltsort des Kindes vorsieht (s Art 4 Rn 132 f).

VI. Lateinamerikanische Rechtsordnungen

1. Allgemeines*

Das internationale Privatrecht in Lateinamerika ist in erheblichem Umfang durch **385**

---

* **Schrifttum:** Fernández Arroyo, Codificación del derecho internacional privado en America Latina (Madrid 1994); Goldschmidt, Droit international privé latino-américain, Clunet 1973, 65; Parra-Aranguren, Recent Developments of Conflict of Laws Conventions in

Staatsverträge geprägt. So gelten im Verhältnis zwischen Argentinien, Bolivien, Kolumbien und Peru die ursprünglichen Verträge von Montevideo über internationales Privat- und Handelsrecht vom 12. 2. 1889. Demgegenüber finden im Verhältnis zwischen Argentinien, Paraguay und Uruguay die Verträge von Montevideo über internationales Privat- und Handelsrecht idF von 1940 Anwendung (vgl SAMTLEBEN, Internationales Privatrecht in Lateinamerika, Bd I 14 ff). Die Kollisionsnormen der Verträge von Montevideo gelten aber nur zwischen den Vertragsstaaten; im Verhältnis dieser Staaten zur Bundesrepublik Deutschland sind sie ohne Bedeutung. Den Staatsvertrag von Havanna über Interantionales Privatrecht vom 3. 2. 1928 („Código Bustamante") haben Bolivien, Brasilien, Chile, Ecuador, Guatemala, Honduras, Kuba, Nicaragua, Panama, Peru und Venezuela – zT mit weitreichenden Vorbehalten gegenüber einzelnen Bestimmungen – ratifiziert (vgl SAMTLEBEN aaO Bd I 285 ff). Zwar finden auch die Vorschriften dieses Übereinkommens nur im Verhältnis der Vertragsstaaten Anwendung und gehen insoweit dem jeweiligen autonomen Kollisionsrecht vor; ihnen kommt jedoch auch im Verhältnis zu Nichtvertragsstaaten insofern Bedeutung zu, als sie zur Ausfüllung von Lücken des autonomen Kollisionsrechts der Vertragsstaaten herangezogen werden.

2. Argentinien*

a) Kollisionsnormen

386 Die Kollisionsnormen des Código Civil von 1869 werden vom Grundsatz der territorialen Geltung der Gesetze gegenüber allen Personen beherrscht, die im Inland wohnhaft sind oder sich vorübergehend aufhalten (Art 1: „Las leyes son obligatorias

---

Latin America, Rec des Cours 164 (1979-III) 55; ders, Codificación del derecho internacional privado en América (1982); PEREZNIETO CASTRO, La tradition territorialiste en droit international privé dans les pays d'Amérique latine, Rec des Cours 1985 I 271; SAMTLEBEN, IPR in Lateinamerika – Der Código Bustamante in Theorie und Praxis, Bd I (1979); ders, Die interamerikanischen Spezialkonferenzen für IPR, RabelsZ 44 (1980) 257; ders, Neue interamerikanische Konventionen zum IPR, RabelsZ 56 (1992) 1; TIEDEMANN, Internationales Erbrecht in Deutschland und Lateinamerika: Kollisionsrechtliche Regelung zwischen Nachlaßeinheit und Nachlaßspaltung (1993); VILLELA, L'unification du droit international privé en Amérique latine, Rev crit 73 (1984) 233.

* **Schrifttum:** BALESTRO, Manual de derecho internacional privado (Buenos Aires 1988); BERGMANN/FERID/WEINBERG Argentinien (Stand: 1989) 6 f; BOGGIANO, Derecho internacional privado^3, 3 Bde (Buenos Aires 1991); ders, Curso de derecho internacional privado (Buenos Aires 1993); DAHL, Argentina: Draft Code of Private International Law, in: International Legal Materials 24 (1985) 269; FELDSTEIN DE CÁRDENAS, Derecho internacional privado (Buenos Aires 1994); FERID/FIRSCHING/WEINBERG Argentinien (Stand: 1986) Grdz Rn 4–15; GOLDSCHMIDT, Derecho internacional privado^7 (Buenos Aires 1990); ders, Einführung in das argentinische IPR, JbIntR 7 (1958) 283 ff; GOLDSCHMIDT/RODRIGUEZ-NOVAS, American-Argentine Private International Law (1966); KALLER DE ORCHANSKY, Manual de derecho internacional privado (Buenos Aires 1990); NOODT TAQUELA, Derecho internacional privado (Buenos Aires 1992); PALLARES, Derecho internacional privado matrimonial (Buenos Aires 1988); PARDO, Derecho internacional privado/Parte general (Buenos Aires 1977); PILTZ, Neues materielles und internationales Scheidungsrecht in Argentinien, IPRax 1988, 320 ff; RAPALLINI, Temática de Derecho Internacional Privado (La Plata 1992); ZUCCHERINO, Derecho internacional privado (Buenos Aires 1976).

para todos los que habiten el territorio de la República, sean ciudadanos o estranjeros, domiciliados o transeuntes"). Demgemäß knüpfen die einzelnen Vorschriften entweder an den Wohnsitz einer Person oder an den Ort einer Rechtshandlung oder an die Belegenheit eines Vermögensgegenstandes an. Aus diesen Normen ergibt sich im argentinisch-deutschen Rechtsverkehr eine Vielzahl von Möglichkeiten der Rück- oder Weiterverweisung.

Als Kriterium der Anknüpfung spielt nicht nur im Personen-, Familien- und Erbrecht, sondern auch darüber hinaus der **Wohnsitz** (domicilio) eine beherrschende Rolle. Das Gesetz unterscheidet zwischen dem tatsächlichen Wohnsitz am bevorzugten Aufenthalts- und Tätigkeitsort und dem Ursprungswohnsitz, den ein Kind am Wohnsitz des Vaters zur Zeit der Geburt erwirbt (Art 89 Cc). Damit eine Wohnung zum Wohnsitz wird, bedarf es eines gewöhnlichen und nicht zufälligen Aufenthalts; die Absicht einer Niederlassung für immer wird nicht verlangt (Art 92 Cc). Dies entspricht im wesentlichen den Voraussetzungen eines Wohnsitzes nach deutschem Recht (vgl zum Wohnsitzbegriff des argentinischen Rechts näher TIEDEMANN 142 f).

Die **Geschäftsfähigkeit** einer in Argentinien wohnhaften Person wird ohne Rücksicht auf ihre Staatsangehörigkeit nach argentinischem Recht beurteilt, auch wenn die betreffende Rechtshandlung im Ausland vorgenommen worden ist oder der betreffende Vermögensgegenstand sich im Ausland befindet (Art 6 Cc); umgekehrt unterliegt die Geschäftsfähigkeit einer außerhalb des Staatsgebiets wohnhaften Person dem jeweiligen Wohnsitzrecht, auch wenn der Vornahmeort der Rechtshandlung oder der von ihr betroffene Vermögensgegenstand in Argentinien liegt (Art 7 Cc).

Rechtsgeschäfte und Erwerbsvorgänge, die nicht am Wohnsitzort der betreffenden Person stattgefunden haben, unterliegen dem Recht des Vornahmeortes, können aber hinsichtlich in Argentinien belegener Vermögensgegenstände nur dann in Argentinien durchgesetzt werden, wenn sie den argentinischen Gesetzen über Geschäftsfähigkeit und Personenstand entsprechen (Art 8 Cc). Auch die Form von Verträgen und öffentlichen Urkunden untersteht dem Recht des Vornahmeortes (Art 12 Cc).

Argentinische **Grundstücke** unterliegen ausschließlich argentinischem Recht; das gilt für ihre Eigenschaft als solche, die an ihnen bestehenden dinglichen Rechte, die Erwerbsfähigkeit, die Veräußerung und die Form derselben. Das Recht an einem Grundstück kann nur im Einklang mit dem argentinischen Recht erworben oder übertragen werden bzw untergehen (Art 10 Cc). Hieraus ergibt sich für Grundstücke außerhalb des argentinischen Staatsgebiets ein Umkehrschluß zugunsten des Rechts ihrer jeweiligen Belegenheit. Besonders charakteristisch für die territoriale Abgrenzung der Kollisionsnorm ist die Regel, daß auch *bewegliche Sachen*, die einen *festen Standort* haben und dort ohne Absicht einer Entfernung verwahrt werden, dem Recht ihrer Belegenheit unterstehen, während Gegenstände, die der Eigentümer stets bei sich hat oder die seinem persönlichen Gebrauch dienen, sowie diejenigen, die zum Verkauf oder zur Beförderung an einen anderen Ort bestimmt sind, dem Recht am Wohnsitz ihres Eigentümers unterliegen, auch wenn sich dieser nicht an seinem Wohnsitz befindet (Art 11 Cc).

391 Die unter die erbrechtlichen Sachnormen aufgenommene Kollisionsnorm des Art 3283 Cc erklärt für das **Erbrecht** ohne Rücksicht auf die Staatsangehörigkeit der Erben den Wohnsitz des Erblassers im Zeitpunkt seines Todes als maßgeblich (Art 3282 Cc). Obwohl damit scheinbar eine kollisionsrechtliche Unterwerfung des gesamten Nachlasses unter das jeweilige Wohnsitzrecht angestrebt wird, hat die argentinische Rechtsprechung auf die Erbfolge in argentinische Nachlaßgrundstücke von Auslandsargentiniern (und anderen mit Wohnsitz im Ausland Verstorbenen) ständig argentinisches Recht angewandt und damit der Sondernorm für inländische Grundstücke (Art 10 Cc) den Vorrang eingeräumt (vgl GOLDSCHMIDT, DIP[7] [1990] 377 f; FERID/FIRSCHING/WEINBERG Argentinien Grdz Rn 15; TIEDEMANN 144 ff; IPG 1982 Nr 80 [Hamburg]; aA BOGGIANO, DIP Bd 1 [1983] 545 f). Entsprechend wird überwiegend auch bezüglich von beweglichen Nachlaßgegenständen verfahren, die einen festen Lageort in Argentinien haben (TIEDEMANN aaO). Dies führt zu einer Nachlaßspaltung, wenn ein mit Wohnsitz im Ausland verstorbener Erblasser in Argentinien belegenes Vermögen hinterläßt. Bezüglich des außerhalb Argentiniens belegenen Nachlasses verbleibt es demgegenüber beim Grundsatz der Wohnsitzanknüpfung; eine allseitige Anwendung der Art 10,11 Cc auf dem Gebiet des internationalen Erbrechts wird überwiegend abgelehnt (vgl TIEDEMANN 146; STAUDINGER/DÖRNER [1995] Anh zu Art 25 f Rn 24 f mwN). Die Erbfähigkeit untersteht dem Domizilrecht des Erben zZ des Erbfalls (Art 3286 Cc), die Testierfähigkeit dem Domizilrecht des Erblassers zZ der Testamentserrichtung (Art 3611 Cc). Die inhaltliche Gültigkeit eines *Testaments* beurteilt sich nach dem Erbstatut (Art 3612 Cc).

392 Die Kollisionsnormen des **Eherechts** finden sich nunmehr in Art 159 ff des Zivilgesetzbuchs idF des Gesetzes vom 8. 6. 1987 (Text bei BERGMANN/FERID/WEINBERG Argentinien 19 ff). Danach beurteilt sich die Gültigkeit einer Eheschließung grundsätzlich nach dem Recht des Eheschließungsortes, auch wenn die Ehegatten zum Zweck der Gesetzesumgehung ihren Wohnsitz verlassen haben (Art 159 Cc). Bestimmte Ehehindernisse des argentinischen Rechts – insbesondere Verwandtschaft und Doppelehe – sind allerdings selbst bei Geltung eines ausländischen Gültigkeitsstatuts immer zu beachten (Art 160 Cc). Die persönlichen Beziehungen der Ehegatten richten sich nach dem Recht ihres effektiven gemeinsamen Wohnsitzes (Art 162 Abs 1 Cc). Das eheliche Güterrecht wird unwandelbar an das Recht des ersten ehelichen Wohnsitzes angeknüpft, vorbehaltlich entgegenstehender zwingender Vorschriften des Belegenheitsrechts (Art 163 Cc). Ehescheidung und -trennung richten sich nach dem Recht des letzten Wohnsitzes der Ehegatten (Art 164 Cc); die Ehescheidung ist in Argentinien durch Gesetz vom 8. 6. 1987 (wieder) eingeführt worden.

393 Auf die **Adoption** wenden argentinische Gerichte grundsätzlich argentinisches Recht, nämlich die Vorschriften des Adoptionsgesetzes vom 21. 7. 1971 (Text bei BERGMANN/FERID/WEINBERG Argentinien 38 ff) an. Demgegenüber wird eine Auslandsadoption von argentinischen Gerichten nach dem Recht des Wohnsitzes des Adoptierten zZ der Adoption beurteilt (Art 32 AdoptionsG; vgl WEINBERG, Änderungen des argentinischen Gesetzes über die internationale Annahme an Kindes Statt, StAZ 1972, 284). Das Rechtsinstitut der *Legitimation* ist im argentinischen Recht durch Gesetz vom 16. 10. 1985 beseitigt worden; damit sind auch die in Art 314, 315 Cc aF enthaltenen Kollisionsnormen aufgehoben worden.

b) Rück- und Weiterverweisung im argentinischen Recht

Soweit argentinische Kollisionsnormen auf ein fremdes Recht verweisen, wird eine **394** Rück- oder Weiterverweisung durch die Kollisionsnormen dieses Rechts in Argentinien nicht anerkannt (GOLDSCHMIDT, DIP[7] [1990] n 137). Die Veweisungen auf fremdes Recht gelten folglich als *Sachnormverweisungen* (vgl KG 5. 2. 1932, StAZ 1932, 162). Der im neueren Schrifttum unterbreitete Vorschlag, zur elastischen Anpassung an fremde Kollisionsnormen überzugehen, also praktisch die englische „foreign court theory" zu übernehmen (BOGGIANO, DIP I² [1983] 284 f), hat sich bisher nicht durchgesetzt. Wenn der deutsche Richter eine argentinische Rückverweisung annimmt und deutsches Recht anwendet, kann er mithin davon ausgehen, daß ihm das argentinische Recht die Anwendung deutschen Rechts gestattet. Es kommt in diesen Fällen also zum Entscheidungseinklang.

c) Rück- und Weiterverweisung aus deutscher Sicht

Die für das argentinische IPR charakteristische Kombination von Anknüpfungen **395** an den Wohnsitz und an die Belegenheit von Sachen führt verhältnismäßig häufig zu Rück- und Weiterverweisungen, die nach Art 4 Abs 1 vom deutschen Richter zu beachten sind. Dies gilt namentlich auf dem Gebiet des **Erbrechts**, wenn der Erblasser seinen letzten Wohnsitz in Deutschland oder einem Drittstaat hatte; ausgenommen vom Renvoi sind in diesem Falle nur zum Nachlaß gehörige Grundstücke oder bewegliche Sachen mit festem Standort, die in Argentinien belegen sind (vgl KG 2. 7. 1962, IPRspr 1962/63 Nr 144 mwN; IPG 1965/66 Nr 56 [Köln]; IPG 1970 Nr 30 [Heidelberg]; IPG 1976 Nr 38 [Heidelberg]; STAUDINGER/DÖRNER [1995] Anh zu Art 25 f Rn 26). Bezüglich der in Deutschland oder einem Drittstaat belegenen Nachlaßgrundstücke eines mit letztem Wohnsitz in Argentinien verstorbenen Erblassers findet ein Teilrenvoi hingegen nicht statt (IPG 1982 Nr 30 [Hamburg]; STAUDINGER/ DÖRNER [1995] Rn 24 mwN).

Auch im **Kindschaftsrecht** verweist das vom deutschen IPR zur Anwendung berufene **396** argentinische Heimatrecht der Beteiligten auf das Wohnsitzrecht zurück bzw weiter (vgl zur Legitimation KG 1. 11. 1930, IPRspr 1930 Nr 88 und 5. 2. 1932 IPRspr 1932 Nr 96 = StAZ 1932, 162: zuerst Rückverweisung, dann Weiterverweisung auf das Recht von Florida als Recht des nunmehrigen Wohnsitzes).

Schließlich richtet sich auch die **Scheidung** argentinischer Ehegatten kraft Rückver- **397** weisung nach dem deutschen Wohnsitzrecht (vgl zur Rechtslage vor Einführung der Scheidung in Argentinien LG Hamburg 18. 7. 1973, FamRZ 1974, 460 = IPRspr 1973 Nr 143; KG 25. 7. 1979, FamRZ 1980, 450 = NJW 1980, 535 = IPRspr 1979 Nr 178; zum geltenden Recht AG Freiburg 27. 4. 1988, IPRax 1989, 108 = IPRspr 1988 Nr 73; AG Bonn 27. 10. 1988, IPRax 1989, 108 [JAYME] = IPRspr 1988 Nr 80; AG Detmold 13. 9. 1989, IPRax 1990, 415 = IPRspr 1989 Nr 100).

d) Staatsverträge

Argentinien ist Mitgliedstaat des Haager Kindesentführungsabkommens von 1980, **398** das in Art 3 eine Gesamtverweisung auf das Recht am gewöhnlichen Aufenthaltsort des Kindes vorsieht (s Art 4 Rn 132 f).

2. Brasilien*

a) Kollisionsnormen

399 Das Einführungsgesetz zum Zivilgesetzbuch (Lei de Introdução ao Código Civil Brasileiro, L I) vom 4.9.1942 enthält eine ebenso ausführliche wie eigenwillige Regelung kollisionsrechtlicher Sachverhalte (Art 7–16 L I). Abweichend vom früheren Einführungsgesetz vom 1.1.1916, das im wesentlichen dem Staatsangehörigkeitsprinzip gefolgt war, knüpft das geltende brasilianische IPR konsequent an den *Wohnsitz* an. Die Staatsangehörigkeit hat im Bereich des Ehe- und Kindschaftsrechts nur noch Bedeutung bei der Anerkennung der Auslandsscheidung von Brasilianern (Art 7 § 6 L I). Gemäß Art 31 Cc wird der Wohnsitz einer natürlichen Person durch die Niederlassung an einem bestimmten Ort mit der Absicht begründet, dort auf Dauer zu bleiben (vgl TIEDEMANN 185 f). Ein mehrfacher Wohnsitz kommt kollisionsrechtlich nicht in Betracht. Kinder und Ehegatten teilen für die Zwecke des IPR grundsätzlich den Wohnsitz des Vaters/Mannes (Art 7 § 7 L I; WEISHAUPT 202). Juristische Personen unterstehen hingegen nicht dem Recht ihres Sitzes, sondern dem Recht des Staates, in dem sie gegründet wurden (Art 11 L I).

400 Das Wohnsitzrecht entscheidet über **Rechts- und Geschäftsfähigkeit**, den Namen und die familienrechtliche Stellung (Art 7 L I). Eine in Brasilien geschlossene Ehe unterliegt den dort geltenden zwingenden Ehehindernissen und Förmlichkeiten (Art 7 § 1 L I). Demgegenüber gilt für eine im Ausland geschlossene Ehe sowohl hinsichtlich ihrer materiellen Voraussetzungen wie hinsichtlich der Form ausschließlich das Recht des Eheschließungsortes; die entgegenstehende Vorschrift des Art 7 § 3 L I wird als Redaktionsfehler des Gesetzgebers angesehen und nicht angewendet (Supremo Trib Fed 13.9.1972, RTJ 63, 609 ff; BERGMANN/FERID/WEISHAUPT Brasilien 9).

401 Das **Ehewirkungsstatut** wird wandelbar an den jeweiligen Wohnsitz der Ehegatten angeknüpft; demgegenüber unterliegt das *Güterrecht* unwandelbar dem Recht des Landes, in dem die Verlobten zur Zeit der Eheschließung ihren Wohnsitz hatten bzw – bei Verschiedenheit des Wohnsitzes – dem Recht des Landes, in dem sie ihren ehe-

---

* **Schrifttum:** AMORIN/ARAÚJA, Introdução ao direito internacional privado (Rio de Janeiro 1988); BERGMANN/FERID/WEISHAUPT, Brasilien (Stand: 1991) 8–13; DE CASTRO, Direito internacional privado[4] (Rio de Janeiro 1987); DOLINGER, Direito internacional privado, Parte geral[3] (Rio de Janeiro 1994); FERID/FIRSCHING/WEISHAUPT, Brasilien (Stand:1992) Grdz Rn 4–43; FERNANDEZ DIAZ DA SILVA, Introdução ao direito internacional privado[2], Bd I (1982); Bd II (1978); RECHSTEINER, Die neuere brasilianische Rechtsprechung zur Anerkennung ausländischer Scheidungsurteile, RabelsZ 49 (1985) 138 ff; ROCHA, Curso de direito internacional privado[4] (1986); RODAS, Direito internacional privado (1993); SAMTLEBEN, Die brasilianische Rechtsprechung zur Anerkennung ausländischer Scheidungsurteile, RabelsZ 30 (1966) 459; ders, Wiederheirat einer in Deutschland geschiedenen Brasilianerin, StAZ 1969, 108; ders, Erbfolge, Güterrecht und Steuern in deutsch-brasilianischen Erbfällen (1986); SCAVONE (Hrsg), Legislaçao de direito internacional privado (Brasileira e comparada) (1984); STRENGER, Direito internacional privado, Bd 1. Parte Geral[2] (Sao Paulo 1991); TENORIO, Direito internacional privado, 2 Bde[10/9] (Rio de Janeiro 1970); VALLADAO, Direito internacional privado, Bd I[5] (1980); Bd II[2] (1977); Bd III (1978); VILLELA, O Divorcio no direito internacional privado brasileira (Rio de Janeiro, 1980); WEISHAUPT, Die vermögensrechtlichen Beziehungen der Ehegatten im brasilianischen Sach- und Kollisionsrecht (1981).

lichen Wohnsitz begründen (Art 7 § 4 L I). Die von der neuen Bundesverfassung vom 5. 10. 1988 stark erleichterte *Ehescheidung* (vgl Art 226 § 6, abgedr bei BERGMANN/ FERID/WEISHAUPT Brasilien 24 b) wird ebenso angeknüpft wie die gerichtliche Trennung; maßgebend ist danach das Wohnsitzrecht der Ehegatten im Zeitpunkt der Scheidung.

Aufgrund der umfassenden Anknüpfung in Art 7 L I gilt Wohnsitzrecht auch für die **402** Feststellung bzw Anfechtung der Ehelichkeit eines Kindes sowie für die **Eltern-Kind-Beziehungen**. Dabei entscheidet der Wohnsitz der Eltern bei ehelichen Kindern (Art 7 § 7); hingegen wird bei nichtehelichen Kindern nach dem Günstigkeitsprinzip vorrangig das Wohnsitzrecht des Kindes angewandt (BERGMANN/FERID/WEISHAUPT Brasilien 10 f). Die *Legitimation* durch Heirat richtet sich nach dem Wohnsitzrecht der Eltern im Zeitpunkt der Eheschließung. Die Voraussetzungen einer *Adoption* werden für jeden Beteiligten nach seinem Wohnsitzrecht beurteilt.

Die Qualifikation von **Sachen** und die Regelung der Rechtsbeziehungen zu ihnen **403** sind grundsätzlich dem Belegenheitsrecht überlassen (Art 8 L I); indessen werden bewegliche Sachen, die ihr Eigentümer mit sich führt oder die zur Beförderung an andere Orte bestimmt sind, dem Recht des Wohnsitzes ihres Eigentümers unterworfen (Art 8 § 1). Anders als in den spanischsprachigen Nachbarstaaten (vgl zu Argentinien o Rn 391) kommt es aber im internationalen **Erbrecht** auf die Belegenheit nicht an. Der gesamte Erbgang nach Tod und Verschollenheit folgt vielmehr ohne Rücksicht auf die Art und Belegenheit einzelner Nachlaßgegenstände dem Recht am letzten Wohnsitz des Erblassers (Art 10 L I). Der Wohnsitz wird somit als einheitliche und umfassende Anknüpfung verstanden (VALLADAO, DIP II^2 [1977] no 6: „criterio unitario e universalista"). Gemäß Art 5 Nr XXXI der brasilianischen Verfassung vom 5. 10. 1988 werden allerdings in Brasilien befindliche Nachlaßgegenstände zugunsten des brasilianischen Ehepartners und der brasilianischen Kinder nach brasilianischem Recht vererbt, sofern diese Erben nach dem Personalstatut des Erblassers (dh dem ausländischen Wohnsitzrecht) nicht günstiger gestellt sind. Art 10 § 1 L I erstreckt diesen Schutz des brasilianischen Erbrechts auf alle ehelichen Kinder des Erblassers (dh ohne Rücksicht auf deren Staatsangehörigkeit, vgl näher TIEDEMANN 186 ff; STAUDINGER/ DÖRNER [1995] Anh zu Art 25 f Rn 79 f mwN).

b) Rück- und Weiterverweisung im brasilianischen Recht

Zur Rück- und Weiterverweisung äußert sich das Einführungsgesetz zum Zivilge- **404** setzbuch in seinem Art 16 in eindeutig ablehnender Weise:

Ist nach den vorhergehenden Bestimmungen ein fremdes Gesetz anzuwenden, so ist die in ihm getroffene Regelung zu beachten, ohne daß die von ihm vorgenommene Verweisung auf ein anderes Gesetz berücksichtigt werden darf.

Die Ausdrucksweise stimmt fast wörtlich mit derjenigen des Rückverweisungsverbots im früheren italienischen Einführungsgesetz (Art 30 Disp prel Cc aF) überein; die beiden Regelungen entstammen demselben Jahr. Ebenso wie die italienischen Kollisionsnormen, die allerdings grundsätzlich auf die Staatsangehörigkeit abstellen, werden also die brasilianischen als *Sachnormverweisungen* aufgefaßt (VALLADAO, DIP I^3 238 ff). Die hierin zum Ausdruck kommende Entschlossenheit des Gesetzgebers, Rück- oder Weiterverweisungen durch fremde Kollisionsnormen unbeachtet zu lassen, entsprach den im älteren brasilianischen Schrifttum geäußerten Ansichten. So heißt es etwa, das Verbot der Rück- oder Weiterverweisung erfasse alle Fälle, in denen eine brasilianische Kollisionsnorm auf fremdes Zivil- oder Handelsrecht verweise, sofern nicht der Gesetzgeber ausdrücklich eine Ausnahme anordne (TENORIO, Direito internacional privado I[10] [1970] n 516); der brasilianische Richter dürfe nur fremde Sachnormen anwenden und müsse die fremden Kollisionsnormen selbst dann unbeachtet lassen, wenn sie ihm die Anwendung des eigenen Rechts erlaubten (TENORIO n 517). Ein anderer Autor erklärt die Rück- und Weiterverweisung schlechthin für eine Irrlehre, die alle Grundsätze des IPR untergrabe (DE CASTRO, DIP I[4] [1987] n 106: „O retorno é concepção falsa, subversiva de todas as regras de direito internacional privado"). Die neuere Lehre nimmt zur Frage des Renvoi hingegen eine differenziertere Haltung ein. So hat insbesondere VALLADAO in seinem Vorentwurf für ein neues brasilianisches IPR-Gesetz den Ausschluß des Renvoi auf die Fälle beschränkt, in denen das brasilianische IPR auf die lex rei sitae verweist; hingegen soll eine Rück- oder Weiterverweisung beachtet werden, wenn ausländisches Recht aufgrund anderer Anknüpfungskriterien (zB Staatsangehörigkeit, Wohnsitz, Aufenthalt) zur Anwendung berufen ist (VALLADAO aaO; zust STRENGER, DIP[2] [1991] 397 ff).

c) **Rück- und Weiterverweisung aus deutscher Sicht**

405 Aus deutscher Sicht kommt somit eine Rück- oder Weiterverweisung vor allem in Betracht, wenn sich der maßgebliche Wohnsitz des betroffenen brasilianischen Staatsangehörigen nicht in Brasilien, sondern in der Bundesrepublik Deutschland oder in einem dritten Land befindet. Dies gilt insbesondere auf dem Gebiet des **Erbrechts**, wenn ein brasilianischer Erblasser mit letztem Wohnsitz außerhalb Brasiliens verstorben ist. Allerdings ist zu beachten, daß die Verweisung des Art 25 Abs 1 EGBGB hinsichtlich des in Brasilien belegenen Nachlaßvermögens vom brasilianischen IPR angenommen wird, soweit brasilianische Angehörige zur Erbschaft berufen sind und durch die Anwendung brasilianischen Erbrechts begünstigt werden (vgl o Rn 403; TIEDEMANN 191 f). Auch die Erforderlichkeit der Einwilligung eines im Inland wohnhaften brasilianischen Kindes in die *Adoption* bestimmt sich kraft Rückverweisung des brasilianischen IPR nach deutschem Recht (AG Bielefeld 8. 3. 1988, IPRax 1989, 172 m Anm JAYME 157 = IPRspr 1988 Nr 112). Gleiches gilt für die *Legitimation* eines Kindes, wenn Eltern und Kind ihren Wohnsitz im Inland haben (AG Hamburg 17. 2. 1967, IPRspr 1966/67 Nr 154).

406 Nach dem früheren brasilianischen Rechtszustand, der durch das Verbot der **Ehescheidung** vom Bande gekennzeichnet war, konnte ein nicht in Brasilien wohnhafter brasilianischer Staatsangehöriger sich an seinem ausländischen Wohnsitz nur dann scheiden lassen, wenn der andere Ehegatte die Staatsangehörigkeit des Gerichtslandes hatte, und selbst dann war er nicht zur Wiederheirat in Brasilien berechtigt (vgl SAMTLEBEN RabelsZ 30 [1966] 479). Angesichts des gesetzgeberischen Willens, das Scheidungsverbot auch im Ausland durchzusetzen, kam eine Rückverweisung auf deutsches Recht nicht in Betracht (SAMTLEBEN StAZ 1969, 108 gegen OLG Celle 18. 9. 1968, StAZ 1969, 16 = FamRZ 1969, 88 = IPRspr 1968/ 69 Nr 67). Die durch Verfassungsänderung vom 28. 6. 1977 vorbereitete Einführung der Ehescheidung durch Gesetz vom 26. 12. 1977 hat jedoch die Rechtslage im größten katholischen Land der Welt geändert (RabelsZ 42 [1978] 332). Eine Wiederheirat ist jedenfalls möglich, wenn die Trennungsfristen des brasilianischen Rechts eingehalten sind. Diese Fristen sind durch Art 226 § 6 der neuen Bundesverfassung vom 5. 10. 1988 auf ein Jahr nach Erlaß eines Trennungsurteils bzw zwei Jahre nach einer faktischen Trennung festgelegt worden (vgl BERGMANN/ FERID/WEISHAUPT Brasilien 14).

Rück- oder Weiterverweisung können aber auch im internationalen **Sachenrecht** auftreten, wenn die Belegenheit einer beweglichen Sache und der Wohnsitz des Eigentümers auseinanderfallen (dazu o Rn 403). Auch im internationalen *Gesellschaftsrecht* kommt ein Renvoi auf das Gründungsrecht in Betracht (vgl OLG Hamburg 4.9.1992, IPRspr 1992 Nr 171 b). **407**

d) **Staatsverträge**
Brasilien ist den Genfer Abkommen über das internationale Wechsel- und Scheckprivatrecht von 1930/31 beigetreten; für die Beurteilung der Wechsel- und Scheckfähigkeit sind Rück- und Weiterverweisung damit anerkannt (s Art 4 Rn 118 f). **408**

4. **Chile***

a) **Kollisionsnormen**
Die allgemeinen Bestimmungen des IPR sind in dem einleitenden Teil des Código Civil von 1855 (Art 14 bis 18) enthalten. Für die Eheschließung und die Ehescheidung in Fällen mit Auslandsbezug gelten ferner Art 120 bis 121 Cc und Art 15 des Ehegesetzes von 1884. Für das Erbrecht enthalten Art 955 und 998 Cc Kollisionsregeln. Art 135 Cc regelt das Güterrecht von Ehegatten, die im Ausland geheiratet haben. Darüber hinaus hat Chile den Vertrag von Havanna über Internationales Privatrecht von 1928 ratifiziert und damit den Código Bustamante angenommen (Text auszugsweise in deutscher Übersetzung bei BERGMANN/FERID Venezuela 6 b–12). In einem Vorbehalt hat Chile allerdings klargestellt, daß die Kollisionsregeln des Código Bustamante nur subsidiär gelten sollen. Die somit vorrangigen Kollisionsnormen in Art 14 bis 18 Cc enthalten – dem Beispiel des Code Napoléon folgend – eine Mischung aus Anknüpfungen an Staatsangehörigkeit, Wohnsitz, Handlungsort und Belegenheit. **409**

Grundsätzlich werden in Art 14 Cc alle sich in Chile aufhaltenden Personen einschließlich der Ausländer den inländischen Gesetzen unterworfen; insoweit gilt also der **Territorialitätsgrundsatz**. Andererseits bleiben Chilenen auch dann, wenn sie **410**

---

* **Schrifttum:** ALBÓNICO/VALENZUELA, Manual de Derecho Internacional Privado (Santiago 1958); BERGMANN/FERID/ZIMMER-LORENZ, Chile (Stand: 1989) 7–12; DUNCKER BIGGS, Derecho Internacional Privado[3] (Santiago 1967); ETCHEBERRY, American-Chilean Private International Law (1960); FERID/FIRSCHING/ZIMMER-LORENZ, Chile (Stand: 1989) Grdz Rn 4–17; FRISCH, Zur Auslandsscheidung von Chilenen – Der Fall Pablo Neruda, RabelsZ 33 (1969) 253; GESCHE, Der Código Bustamante im chilenischen IPR, RabelsZ 31 (1967) 640; GUZMAN LATORRE, Tratado de derecho internacional privado[2] (Santiago 1989); HAMILTON, Solución de conflictos de leyes y jurisdicciòn en Chile (Derecho Internacional Privado, Santiago 1966); HOHNERLEIN, Die Adoption chilenischer Kinder in Deutschland, IPRax 1994, 197; LEON STEFFENS, Nuevas normas de derecho internacional privado, nociones fundamentales (Santiago 1986); MULLER ua, Jurisprudencia y tratados en derecho internacional privado chileno (1982); NAVARRETE, El reenvio en el derecho internacional privado (Santiago 1969); PESCIO, Les règles de droit international privé dans le code chilien, Rev dr int dr comp 1963, 181; TOVAR/TOVAR, Derecho internacional privado (1987).

ihren Aufenthalt oder Wohnsitz im Ausland haben, in bezug auf ihren Personenstand und ihre Fähigkeit, Geschäfte vorzunehmen, die in Chile Wirkung haben sollen, dem chilenischen Recht unterworfen; gleiches gilt für die Rechte und Pflichten aus Familienbeziehungen, soweit chilenische Ehegatten bzw Verwandte betroffen sind (Art 15 Cc). Demgemäß bestimmt sich die *Geschäftsfähigkeit* der Einwohner Chiles nach chilenischem Recht, während die Geschäftsfähigkeit von Chilenen im Ausland sich nach ihrem Heimatrecht richtet, wenn die Rechtshandlung in Chile wirken soll.

411 Die materiellen Voraussetzungen einer **Eheschließung**, die in Chile vorgenommen werden soll, richtet sich ausschließlich nach chilenischem Recht, auch wenn die Verlobten Ausländer sind (Art 14 Cc). Die Eheschließung von Chilenen im Ausland wird nur anerkannt, wenn die Voraussetzungen der Art 4 bis 7 EheG gewahrt sind; hingegen genügt für die Eheschließung zwischen Ausländern im Ausland die Erfüllung der Ehevoraussetzungen am Eheschließungsort (Art 15 EheG).

412 Die **persönlichen Wirkungen** einer in Chile geschlossenen Ehe bestimmen sich ohne Rücksicht auf die Staatsangehörigkeit der Ehegatten nach chilenischem Recht (Art 14 Cc). Gleiches gilt für die Wirkungen einer im Ausland zwischen Chilenen geschlossenen Ehe (Art 15 Cc). Besitzt nur einer der Ehegatten die chilenische Staatsangehörigkeit, so wird, solange sie sich im Ausland aufhalten, der Código Bustamante angewandt; danach gilt das gemeinsame Personalstatut und in Ermangelung eines solchen das Personalstatut des Ehemannes (Art 43 CB). Hinsichtlich der güterrechtlichen Wirkungen der Ehe gelten in erster Linie die Bestimmungen eines geschlossenen Ehevertrages. Ansonsten gilt für alle in Chile geschlossenen Ehen der Güterstand der Gütergemeinschaft nach chilenischem Recht (Art 14, 135 Abs 1 Cc). Verlegen ausländische Ehegatten, die im Ausland geheiratet haben, ihren Wohnsitz nach Chile, so gilt Gütertrennung, sofern nicht nach den Gesetzen, unter deren Herrschaft sie geheiratet haben, die Gütergemeinschaft im Sinne des chilenischen Rechts zwischen ihnen besteht (Art 135 Abs 2 Cc). In sonstigen das Güterrecht betreffenden kollisionsrechtlichen Fragen ist der Código Bustamante anzuwenden, der an das gemeinschaftliche Personalstatut der Ehegatten, und in Ermangelung eines solchen an das Gesetz des ersten ehelichen Wohnsitzes anknüpft (Art 187 CB).

413 Das chilenische Recht kennt die **Scheidung** des Ehebandes nicht, sondern nur die Trennung von Tisch und Bett. Eine Ehescheidung in Chile ist daher ausgeschlossen, auch wenn das Heimatrecht der Ehegatten sie zuläßt (Art 121 Cc). Eine im Ausland ausgesprochene Ehescheidung wird nicht anerkannt, wenn ein Ehegatte chilenischer Staatsangehöriger ist (Art 15 Cc). Eine Auslandsscheidung ermöglicht ferner eine Eheschließung in Chile nicht, solange der andere Partner der geschiedenen Ehe noch lebt (Art 120 Cc).

414 Auf dem Gebiet des **Kindschaftsrechts** bestimmt sich die Ehelichkeit eines Kindes nach chilenischem Recht, wenn das Kind in Chile geboren worden ist; dies gilt auch dann, wenn die Eltern Ausländer sind und im Ausland geheiratet haben (Art 14 Cc). Chilenisches Recht gilt ferner dann, wenn das Kind zwar im Ausland geboren wurde, die Eltern jedoch chilenische Staatsangehörige sind (Art 15 Ziff 2 Cc). Für sonstige im Ausland geborene Kinder ist der Código Bustamante anzuwenden, der sich im allgemeinen für das Personalstatut des Kindes entscheidet (Art 57 CB). Auch die

Rechtsstellung von ehelichen wie nichtehelichen Kindern und die elterliche Sorge richten sich nach chilenischem Recht, solange die Kinder sich in Chile aufhalten, mögen auch die Eltern Ausländer sein (Art 14 Cc). Schließlich unterstehen auch Legitimation und Adoption unter diesen Voraussetzungen dem chilenischen Recht. Hält sich das Kind im Ausland auf, so gilt in den genannten Fällen ebenfalls chilenisches Recht, wenn das Kind die chilenische Staatsangehörigkeit besitzt.

In Chile befindliche Vermögensgegenstände unterliegen ohne Rücksicht auf die **415** Staatsangehörigkeit des Eigentümers dem chilenischen Recht (Art 16 Cc). Abweichend vom Vorbild in Art 3 Abs 2 des französischen Code civil gilt diese Vorschrift freilich nicht auf dem Gebiet des **Erbrechts**; Chile folgt vielmehr dem Prinzip der Nachlaßeinheit und unterwirft den gesamten Nachlaß ohne Rücksicht auf seine Belegenheit dem Recht am letzten Wohnsitz des Erblassers (Art 955 Abs 2 Cc; vgl ETCHEBERRY 48 ff; TIEDEMANN 163 f, jeweils mwN). Danach werden auch in Chile belegene Grundstücke nach ausländischem Recht vererbt, wenn der Erblasser seinen letzten Wohnsitz im Ausland hatte. Eingeschränkt wird dieser Grundsatz freilich durch Art 15 Nr 2 und Art 998 Cc. Nach Art 15 Nr 2 Cc beurteilten sich die Erbrechte des chilenischen Ehegatten und der chilenischen Verwandten eines *chilenischen Erblassers* stets nach dem gemeinsamen chilenischen Heimatrecht; dies gilt auch dann, wenn das ausländische Wohnsitzrecht des Erblassers dessen Ehegatten bzw dessen Verwandte günstiger stellen würde. Demgegenüber sichert Art 998 Cc chilenischen Staatsangehörigen zumindest die Erb- und Pflichtteilsrechte des chilenischen Rechts, auch wenn der ausländische Erblasser mit Wohnsitz im Ausland verstorben ist; stattdessen kann der chilenische Erbe es aber auch bei der Geltung des ihm günstigeren ausländischen Rechts belassen (vgl näher TIEDEMANN 166 ff; STAUDINGER/ DÖRNER [1995] Anh zu Art 25 f Rn 101 f mwN). Die Testierfähigkeit eines chilenischen Erblassers richtet sich nach seinem Heimatrecht (Art 15 Nr 1 Cc).

b) Rück- und Weiterverweisung im chilenischen Recht

Das Problem der Rück- und Weiterverweisung hat im chilenischen Kollisionsrecht **416** keine gesetzliche Regelung erfahren. Das chilenische Oberste Gericht (Tribunal Supremo) hat aber in einem Fall die Weiterverweisung anerkannt, in dem es um das Ehegut einer mit chilenischem Wohnsitz verstorbenen Deutschen ging, die in Deutschland einen Schweizer geheiratet und sich mit ihm in Chile niedergelassen hatte; das Gericht ging von einer Gesamtverweisung auf das deutsche Recht aus und gelangte über Art 15 EGBGB aF zum schweizerischen Heimatrecht des Ehemannes; es beurteilte den Güterstand daher nach schweizerischen Sachnormen, denen es eine modifizierte Gütertrennung entnahm (Rev Der Jur 42 [1944] 1–325). In gleicher Weise wird der Renvoi auch für das Eheschließungsrecht bejaht (Rev der jur 49 [1951] I-325).

c) Rück- und Weiterverweisung aus deutscher Sicht

Aus der Kombination von Territorialitäts- und Staatsangehörigkeitsprinzip in **417** Art 14, 15 Cc folgt, daß chilenische Staatsangehörige auf dem Gebiet des Personen- und Familienrechts grundsätzlich ihrem Heimatrecht unterworfen bleiben, auch wenn sie ihren Wohnsitz oder gewöhnlichen Aufenthalt in Deutschland haben; eine Rück- oder Weiterverweisung findet insoweit nicht statt. Demgegenüber kommt es in Fragen des *Erbrechts* aufgrund des Wohnsitzprinzips im chilenischen IPR zu einer Rück- oder Weiterverweisung, wenn ein Chilene mit Wohnsitz in Deutschland oder in einem Drittstaat verstorben ist. Der Umfang der Rückverweisung wird freilich durch Art 15 Nr 2 eingeschränkt, so daß chilenische Ehegatten und Verwandte Rechte auch am deutschen Nachlaß nach chilenischem Recht geltend machen können, jedenfalls soweit dieses ihnen günstiger ist als das deutsche Recht (FERID/ FIRSCHING/ZIMMER-LORENZ Chile Grdz Rn 15).

5. Ecuador und Kolumbien*

a) Kollisionsnormen

418 Der chilenische Código civil von 1855 hat den Zivilgesetzbüchern von Ecuador und Kolumbien als Muster gedient. Der ecuadorianische Código Civil von 1860 und der kolumbianische Código civil von 1883/1886 haben sowohl die Kollisions- wie die Sachnormen ihres chilenischen Vorbilds fast wörtlich übernommen. Den Art 14−18 des chilenischen ZGB entsprechen in Ecuador Art 13−17 Cc und in Kolumbien Art 18−21 Cc. Dem Beispiel des Code Napoléon (Art 3) folgend enthalten auch die Kollisionsnormen dieser beiden Staaten eine Mischung aus Anknüpfungen an die Staatsangehörigkeit, den Wohnsitz, den Handlungsort und die Belegenheit. Alle sich im Inland befindlichen In- und Ausländer werden den inländischen Gesetzen unterworfen. In bezug auf den Personenstand, die Geschäftsfähigkeit und die Familienbeziehungen unterstehen die eigenen Staatsangehörigen, auch wenn sie sich im Ausland aufhalten, dem inländischen Recht, soweit Geschäfte im Inland Wirkung entfalten sollen oder inländische Ehegatten bzw Verwandte betroffen sind. Im Inland befindliche Sachen unterliegen ohne Rücksicht auf die Staatsangehörigkeit ihrer Eigentümer dem inländischen Recht. Die Form eines Geschäfts beurteilt sich nach dem Recht des Vornahmeortes. Ergänzend gelten in beiden Staaten die Kollisionsregeln des Código Bustamante.

419 Auf dem Gebiet des **Ehescheidungsrechts** gilt in Ecuador der Grundsatz, daß eine im Inland geschlossene Ehe nur durch Urteil eines ecuadorianischen Gerichts aufgelöst werden kann, wenn ein Ehegatte Ecuadorianer ist (Art 93 Cc). Auf die Ehescheidung wird stets ecuadorianisches Recht angewandt. Da die Scheidung hiernach − anders als in vielen Nachbarstaaten − auch im gegenseitigen Einverständnis zulässig ist (Art 106 Cc), können Ausländer in Ecuador allerdings nur geschieden werden, wenn sie ihren Wohnsitz (Art 45 Cc) in Ecuador begründet und eine endgültige Aufenthaltsgenehmigung erlangt haben. Das kolumbianische Recht unterstellt die Scheidung einer im Ausland geschlossenen Zivilehe hingegen im Scheidungsgesetz vom 19. 1. 1976 dem Recht des gemeinsamen Ehewohnsitzes und bei dessen Fehlen dem Wohnsitzrecht des beklagten Ehegatten (Art 163). Die Scheidung einer in

---

* **Schrifttum: 1. Ecuador:** BERGMANN/FERID/ ZIMMER-LORENZ Ecuador (Stand: 1992) 7−9; FERID/FIRSCHING/ZIMMER-LORENZ Ecuador (Stand: 1987) Grdz Rn 2−12; LARREA HOLGUIN, Derecho internacional privado[4] (Quito 1991); SALAZAR FLOR, Derecho Civil Internacional (Quito 1956).

2. Kolumbien: BERGMANN/FERID/RIECK Kolumbien (Stand: 1994) 8−10; BETANCOURT, Heirat und Scheidung im kolumbianischen IPR, in: HOLL/KLINKE (Hrsg), Internationales Privatrecht-Internationales Wirtschaftsrecht (1985); CALCEDO CASTILLA, Derecho internacional privado[6] (Bogotá 1967); COCK ARANGO, Tratado de derecho internacional privado[4] (Bogotá 1952); EDER, American-Colombian Private International Law (1956); LECOMPTE LUNA, Derecho Internacional Privado (Bogotá 1979); MANTILLA REY, Apuntes de Derecho Internacional Privado[2] (Bogotá 1982); MONROY CABRA, Tratado de derecho internacional privado[2] (Bogotá 1973).

Kolumbien geschlossenen Zivilehe durch ausländische Gerichte wird nur anerkannt, wenn der geltend gemachte Scheidungsgrund auch im kolumbianischen Recht vorgesehen ist (Art 164).

Die **Erbfolge** richtet sich grundsätzlich nach dem Recht am letzten Wohnsitz des Erblassers (Ecuador: Art 1019 Cc;. Kolumbien: Art 1012 Cc). Das Verhältnis des Wohnsitzprinzips zur Geltung des Belegenheitsrechts für Vermögensgegenstände wird allerdings in den beiden Ländern unterschiedlich gesehen: Während der gesamte Nachlaß in Ecuador – wie in Chile (Rn 415) – ohne Rücksicht auf seine Belegenheit einheitlich dem Wohnsitzrecht unterstellt wird, hat in Kolumbien gerade umgekehrt die Belegenheit eines Gegenstandes im Inland ohne Rücksicht auf den letzten Wohnsitz des Erblassers die Anwendung inländischen Rechts zur Folge (EDER 48 mwN; vgl auch TIEDEMANN 179). In beiden Ländern wird der Wohnsitzgrundsatz allerdings – ebenso wie in Chile (Rn 415) – in zweierlei Hinsicht eingeschränkt: zum einen findet das gemeinsame – ecuadorianische bzw kolumbianische – Heimatrecht von Erblasser und Erben auf die Erbfolge Anwendung, auch wenn der Erblasser mit Wohnsitz im Ausland verstorben ist (Ecuador: Art 14 Nr 2 Cc; Kolumbien: Art 19 Nr 2 Cc). Zum anderen werden Staatsangehörige dieser Länder auch am Nachlaß von Ausländern zumindest in dem Umfang beteiligt, den das eigene Recht vorsieht (Ecuador: Art 1058 Cc; Kolumbien: Art 1054 Cc). **420**

b)   Rück- und Weiterverweisung
Zur Anerkennung des Renvoi fehlen in den genannten Ländern ausdrückliche gesetzliche Regelungen. Auch die Rechtsprechung zur Renvoi-Problematik ist spärlich. Das Schrifttum steht jedoch der Berücksichtigung eines Renvoi überwiegend aufgeschlossen gegenüber (vgl MANTILLA REY, DIP [1982] 114 ff). **421**

Zu einer Rückverweisung auf deutsches Recht kommt es insbesondere auf dem Gebiet des Erbrechts, wenn ein Angehöriger der genannten Staaten mit letztem Wohnsitz in der Bundesrepublik Deutschland verstorben ist (vgl OLG Hamburg 25. 7. 1988, FamRZ 1988, 1322 = IPRspr 1988 Nr 135: Kolumbien; zur Wirkung eines Vindikationslegats nach kolumbianischem Erbrecht an einem deutschen Grundstück zuletzt BGH 28. 9. 1994, WM 1994, 2124 = IPRax 1996, 39 m Anm DÖRNER 26). Einschränkungen gelten allerdings zum Schutz ecuadorianischer bzw kolumbianischer Erben (s o Rn 420; dazu näher STAUDINGER/DÖRNER [1995] Anh zu Art 25 f Rn 134, 296).

c)   Staatsverträge
Ecuador ist Mitgliedsstaat des Haager Kindesentführungsabkommens von 1980, das in seinem Art 3 eine Gesamtverweisung auf das Recht am gewöhnlichen Aufenthaltsort des Kindes ausspricht (s Art 4 Rn 132 f). **422**

6.   Kuba*

a)   Kollisionsnormen
Nachdem in Kuba fast einhundert Jahre lang der spanische Código Civil von 1889 **423**

---

* **Schrifttum:** CARCÍA VELASCO, El sistema de derecho internacional privado de la República de Cuba, Rev esp der int 1989, 669; HUZEL, Neues internationales Privatrecht in Kuba, IPRax 1990, 416.

gegolten hatte, ist am 12.4.1988 das neue kubanische Zivilgesetzbuch vom 16.7.1987 in Kraft getreten. Dieses enthält in seinen Einleitungsbestimmungen (Art 11–21) sowie in drei Sondervorschriften („Disposiciones especiales") kollisionsrechtliche Regelungen. Abweichend von dem ansonsten in Lateinamerika vorherrschenden Wohnsitzprinzip hält auch das geltende kubanische IPR – entsprechend der spanischen Tradition – im Personen-, Familien- und Erbrecht am **Staatsangehörigkeitsprinzip** fest.

424 Demgemäß unterliegt die Rechts- und Geschäftsfähigkeit natürlicher Personen deren Heimatrecht (Art 12 Abs 1 Cc), während für juristische Personen das Recht des Gründungsstaates gilt (Art 12 Abs 3 Cc). Nach Ziff 2 der „Disposiciones especiales" werden auch der **Personenstand und die Rechte und Pflichten der Familie** grundsätzlich nach dem Heimatrecht der Betroffenen beurteilt. Die persönlichen und vermögensrechtlichen Beziehungen zwischen Ehegatten richten sich gem Ziff 3 dieser besonderen Bestimmungen auch dann nach den kubanischen Gesetzen, wenn nur einer von ihnen kubanischer Staatsangehöriger ist. Sind beide Ehegatten Ausländer mit unterschiedlichem Personalstatut, so ist ebenfalls kubanisches Recht anwendbar, solange sie sich in Kuba aufhalten. Schließlich beurteilt sich auch die **Erbfolge** nach dem Heimatrecht des Erblassers zur Zeit seines Todes, und zwar ohne Rücksicht auf die Art und Belegenheit der zum Nachlaß gehörenden Gegenstände (Art 15 Cc).

425 Die **Form von Rechtsgeschäften** richtet sich nach dem Recht des Vornahmeortes (Art 13 Abs 1 Cc). Dieser Grundsatz wird für die Form von Eheschließungen, die in Kuba vorgenommen werden, in Ziff 1 der „Besonderen Bestimmungen" noch einmal ausdrücklich bekräftigt. Für das internationale *Sachenrecht* stellt Art 14 Abs 1 Cc klar, daß die lex rei sitae gleichermaßen für unbewegliche wie bewegliche Sachen gilt. Die Geltung des Belegenheitsrechts wird ferner ausdrücklich auf die Form von Rechtsgeschäften erstreckt, die sich auf bewegliche und unbewegliche Sachen beziehen.

b) Rück- und Weiterverweisung im kubanischen Recht
426 Der Renvoi ist nunmehr in Art 19 Cc ausdrücklich geregelt:

Bei Verweisung auf ein ausländisches Recht, das seinerseits auf das kubanische zurückverweist, ist dieses anwendbar. Trifft die Verweisung auf die eines anderen Staates, ist diese Weiterverweisung immer dann zulässig, wenn die Anwendung jenes Rechts nicht gegen Art 21 verstößt. In diesem letzten Fall ist kubanisches Recht anwendbar.

Danach sind Rück- und Weiterverweisung zwar grundsätzlich beachtlich. Die Weiterverweisung steht jedoch unter Vorbehalt des ordre public nach Art 21 Cc. Ist die Weiterverweisung wegen Unvereinbarkeit des drittstaatlichen Rechts mit dem kubanischen ordre public nicht zu beachten, so kommt freilich nicht das Recht des weiterverweisenden Staates zur Anwendung; vielmehr gilt stattdessen nach Art 19 S 3 Cc kubanisches Recht.

c) Rück- und Weiterverweisung aus deutscher Sicht
427 Wegen der Geltung des Staatsangehörigkeitsprinzips im kubanischen Familien- und Erbrecht, das sich auch gegenüber einem abweichenden Belegenheitsrecht durch-

setzt, sind Fälle der Rück- oder Weiterverweisung im deutsch-kubanischen Rechtsverhältnis selten.

7. Mexiko*

Ähnlich den USA ist Mexiko ein Bundesstaat, der sich aus 31 Einzelstaaten und **428** dem Bundesdistrikt (Distrito Federal) zusammensetzt. Nach der Bundesverfassung, die die Verteilung der Gesetzgebungskompetenzen zwischen der Union und den Einzelstaaten trifft, fallen weder das Zivilrecht noch das IPR in die Bundeskompetenz. Deshalb verfügt jeder mexikanische Gliedstaat über ein eigenes Zivilgesetzbuch mit eigenen Kollisionsnormen; dabei folgt die Gesetzgebungsbefugnis für das Kollisionsrecht aus derjenigen für das Zivilrecht (PRINZ vSACHSEN GESSAPHE IPRax 1989, 111, 112). Diese Aufspaltung des mexikanischen Kollisions- und Zivilrechts in 32 verschiedene Rechtsordnungen erschwert den Zugang für den deutschen Richter, der vom eigenen Kollisionsrecht auf mexikanisches Recht verwiesen wird, erheblich.

a) Kollisionsnormen
aa) Grundsatz der Territorialität

Vorbild für die Kollisionsrechte der mexikanischen Bundesstaaten war das Zivilge- **429** setzbuch des Bundesdistrikts von 1932. In Anlehnung an Art 12 Cc DF gilt daher noch heute in den meisten Bundesstaaten der Grundsatz der *Territorialität* der Gesetze. Dadurch wird die Anwendung ausländischen Rechts auf ein Minimum reduziert. In Anlehnung an Art 12 Cc DF aF wenden mexikanische Gerichte und Standesbeamte idR auf Fragen des Personen- und Familienrechts sämtlicher in Mexiko wohnhafter oder sich dort aufhaltender Personen das Recht des jeweiligen Bundesstaates ohne Rücksicht auf die Staatsangehörigkeit der Betroffenen an (zB Art 6 Cc Yucatan). Umgekehrt werden die materiellen Voraussetzungen einer *Eheschließung* von im Ausland wohnhaften Personen, auch wenn sie die mexikanische Staatsangehörigkeit besitzen, grundsätzlich nach dem Recht des Ortes der Eheschließung beurteilt (vgl zB Art 78, 79 Cc Yucatan).

Die **Form von Rechtsgeschäften** richtet sich grundsätzlich nach dem Recht des Vornah- **430** meortes; die Parteien können jedoch für die Form derjenigen mexikanischen Teilrechtsordnung optieren, in der das Rechtsgeschäft Wirkungen entfalten soll (Art 13 Abs 4 Cc DF; Art 8 Cc Yucatan; Art 21bis VI Cc Nuevo Léon).

---

* **Schrifttum:** ARELLANO GARCÍA, Derecho Internacional Privado[10] (1992); BERGMANN/FERID Mexiko (Stand: 1992) 10–12; FERID/FIRSCHING/FRISCH PHILIPP Mexiko (Stand: 1990) Grdz Rn 7–36; FRISCH PHILIPP ua, Derecho internacional privado y derecho procesal internacional (Mexico, 1993); PRINZ vSACHSEN GESSAPHE, Conflictos de Leyes entre la Republica Federal de Alemania y los Estados Unidos Mexicanos, Revista de Investigaciones Juridicas 8 (1984) 819; ders, Das mexikanische internationale Erbrecht und seine Bedeutung für deutsch-mexikanische Nachlaßfälle (1987); ders, Neues IPR in Mexiko, IPRax 1989, 111 ff; TRINGUEROS SARAVIA, Estudios de derecho internacional privado (1980); PEREZNIETO CASTRO, Derecho Internacional Privado[4] (1989); VARGAS, Conflict of Laws in Mexico: The New Rules Introduced by the 1988 Amendments, IntLaw 1994, 659; VASQUEZ PANDO, New Trends in Mexican Private International Law, in: FS Gold [1990] 423.

431 Die Begründung, der Inhalt und das Erlöschen **dinglicher Rechte** an unbeweglichen wie beweglichen Sachen unterliegen dem Recht ihres Belegenheitsortes, auch wenn sie im Eigentum von Ausländern stehen (Art 13 Abs 3 Cc DF). Diese Vorschrift wird im internationalen **Erbrecht** zum Teil entsprechend herangezogen und bewirkt vielfach eine Nachlaßspaltung. Jedenfalls der in Mexiko belegene Immobiliarnachlaß unterliegt zwingend dem mexikanischen Recht seiner Belegenheit (PRINZ VSACHSEN GESSAPHE 177 ff); hinsichtlich des beweglichen Nachlasses ist hingegen eine Abkehr vom Territorialitätsgrundsatz zugunsten der Wohnsitzanknüpfung zu beobachten (FERID/FIRSCHING/PHILIPP FRISCH Mexiko Grdz Rn 29; vgl auch IPG 1975 Nr 37 [Heidelberg]; STAUDINGER/DÖRNER [1995] Anh zu Art 25 f Rn 331 mwN).

bb) IPR-Reform im Bundesdistrikt von 1988

432 Eine abweichende Anknüpfung gilt seit einer IPR-Reform durch Dekret vom 7. 1. 1988 im Bundesdistrikt (zur Reform näher PRINZ VSACHSEN GESSAPHE IPRax 1989, 111, 114 ff). Zwar hält Art 12 Cc DF im Ausgangspunkt am Territorialitätsgrundsatz fest, wenn dort bestimmt wird, daß die mexikanischen Gesetze für alle Personen, die sich in der Republik aufhalten, sowie für alle Handlungen und Ereignisse, welche auf ihrem Gebiet geschehen oder ihrer Gerichtsbarkeit unterworfen sind, gelten sollen. Der Territorialitätsgrundsatz gilt jedoch nur noch insoweit, als die mexikanischen Gesetze oder von Mexiko ratifizierte Staatsverträge nicht die Anwendung ausländischen Rechts anordnen. Eine solche Anordnung trifft Art 13 Abs 2 Cc DF für das Personen- und Familienrecht. Danach wird der Personenstand, sowie die Rechts- und Geschäftsfähigkeit natürlicher Personen durch eine allseitige Kollisionsnorm dem Recht ihres *Wohnsitzes* unterworfen. Der Wohnsitzbegriff bestimmt sich nach Art 29 ff Cc DF: Wohnsitz ist danach der gewöhnliche Aufenthaltsort („residencia habitual"); teilweise wird ein Wohnsitz aber auch unabhängig vom tatsächlichen Aufenthalt vermutet (Art 30 f Cc DF).

cc) IPR-Reform in Nuevo León von 1991

433 Eine vom Kollisionsrecht der übrigen Bundesstaaten deutlich abweichende und stark an europäischen Vorbildern orientierte IPR-Kodifikation hat der Gesetzgeber von Nuevo León durch Gesetz vom 8. 8. 1991 in Art 21bis des dortigen Zivilgesetzbuchs eingeführt. Leitmotiv der Kodifikation ist der Grundsatz der engsten Verbindung („principio de la relación más estrecha"). Dieser Grundsatz ist nicht nur bei der Auslegung der Anknüpfungen des besonderen Teils zu beachten; er setzt sich vielmehr als generelle Ausweichklausel gegenüber jeder Einzelanknüpfung durch, wenn dies aufgrund der gesamten Umstände des Einzelfalls gerechtfertigt scheint. Im internationalen Personen- und Familienrecht wird an das Personalstatut angeknüpft. Dieses wird für natürliche Personen durch den Wohnsitz (Ziff VIII) und für juristische Personen durch den Gründungsort (Ziff IX) bestimmt. Das **Wohnsitzprinzip** gilt demnach für die Rechts- und Geschäftsfähigkeit, den Namen, die Verschollenheit, Todeserklärung und Entmündigung (Ziff X bis XIII).

434 Auch die persönlichen Voraussetzungen der **Eheschließung** bestimmen sich für jeden Verlobten nach seinem Personalstatut (Ziff XV). Für die persönlichen *Wirkungen der Ehe* gilt primär das Recht des gemeinsamen Wohnsitzes; haben die Ehegatten verschiedene Wohnsitze, so kommt das Recht des letzten gemeinsamen Wohnsitzes zur Anwendung, sofern ihn einer der Ehegatten beibehalten hat (Ziff XV). Güterrechtsstatut ist in erster Linie das von den Ehegatten gewählte Recht und in Ermangelung einer Rechtswahl das Ehewirkungsstatut im Zeitpunkt der Eheschließung (Ziff XVIII). Voraussetzungen und Wirkungen einer *Ehescheidung* bestimmen sich nach dem Ehewirkungsstatut im Zeitpunkt der Einreichung der Scheidungsklage (Ziff XIX).

Im internationalen **Kindschaftsrecht** beurteilt sich die Ehelichkeit eines Kindes nach dem gemeinsamen Personalstatut der Eltern im Zeitpunkt der Geburt des Kindes bzw im Zeitpunkt einer vorherigen Beendigung der Ehe; haben die Ehegatten verschiedene Wohnsitze, so gilt sowohl für die Feststellung wie für die Anfechtung der Ehelichkeit das für die Ehelichkeit des Kindes günstigere Recht. Die Voraussetzungen einer *Legitimation* durch nachfolgende Eheschließung bestimmen sich nach dem gemeinsamen Personalstatut der Eltern und bei dessen Fehlen nach dem der Legitimation günstigeren Recht (Ziff XXI Abs 1). Für sonstige Formen der Legitimation gilt das Günstigkeitsprinzip uneingeschränkt (Ziff XXI Abs 2). Die Wirkungen der Legitimation beurteilen sich in jedem Falle nach dem Personalstatut des Kindes. Im *Adoptionsrecht* gilt das Personalstatut des Annehmenden und des Anzunehmenden jeweils für die in ihrer Person zu erfüllenden Voraussetzungen und Zustimmungen (Ziff XXII). Die Voraussetzungen der Feststellung bzw Anerkennung der Vaterschaft zu einem nichtehelichen Kind richten sich nach dem Heimatrecht des Kindes im Zeitpunkt seiner Geburt; die Wirkungen der nichtehelichen Kindschaft unterliegen dem jeweiligen Heimatrecht des Kindes (Ziff XXIII). **435**

Die **Erbfolge** unterliegt dem Personalstatut des Erblassers im Zeitpunkt seines Todes (Ziff XXIV Abs 1). Abweichend vom Recht der übrigen mexikanischen Bundesstaaten gilt das Wohnsitzrecht interlokal für den gesamten Nachlaß des Erblassers ohne Rücksicht auf seine Belegenheit (Ziff XXIV Abs 2). Im Verhältnis zu ausländischen Staaten beurteilt sich die Erbfolge in Immobilien hingegen nach der jeweiligen lex rei sitae (Ziff XXVII Abs 1). **436**

b) Interlokales Privatrecht
Die Mehrheit der mexikanischen Teilstaaten hat sich zwar am Vorbild des Código Civil des Bundesdistrikts in seiner Fassung von 1932 orientiert; dennoch weichen die Zivilgesetzbücher der Einzelstaaten zum Teil erheblich von ihrem Vorbild ab. Dies gilt insbesondere auf dem Gebiet des Kollisionsrechts seit den IPR-Reformen von 1988 im Bundesdistrikt und von 1991 in Nuevo León. Verweist das deutsche IPR auf mexikanisches Recht, so ist daher eine Unteranknüpfung erforderlich. Während das mexikanische IPR gespalten ist, sind die Kollisionen seiner Gebietsrechte zT auf Bundesebene geregelt. Vereinheitlichtes interlokales Privatrecht enthält vor allem Art 121 der mexikanischen Bundesverfassung, wonach die „beweglichen und unbeweglichen Güter ... dem an ihrem Belegenheitsort geltenden Recht unterliegen" (PRINZ VSACHSEN GESSAPHE 164). Daneben regeln aber auch einzelne Zivilgesetzbücher ausdrücklich interlokalrechtliche Konflikte (zB Art 13, 15 Abs 1 Cc Morellos). Darüber hinaus lassen sich die meisten IPR-Normen der mexikanischen Einzelstaaten auf den interlokalen Bereich entsprechend anwenden; Art 14 S 2 Cc DF und Art 21bis Ziff VIII Cc Nuevo León ordnen nunmehr eine solche analoge Anwendung ausdrücklich an. **437**

c) **Rück- und Weiterverweisung im mexikanischen Recht**

438 Während die Zivilgesetzbücher des Bundesdistrikts und der mexikanischen Einzelstaaten bisher keine ausdrücklichen Vorschriften zum allgemeinen Teil des IPR und damit auch zur Frage des Renvoi enthielten, hat der Gesetzgeber des **Bundesdistrikts** das Problem der Rück- bzw Weiterverweisung nunmehr in Art 14 Cc ausdrücklich geregelt:

Bei der Anwendung ausländischen Rechts ist zu beachten:
...

II. Es ist das ausländische materielle Recht anzuwenden, es sei denn, die besonderen Umstände des Falles erforderten ausnahmsweise die Kollisionsnormen dieses Rechts zu beachten, welche das materielle Recht Mexikos oder eines dritten Staates für anwendbar erklären.

Die Bestimmungen dieses Artikels sind gleichermaßen zu beachten, wenn das Recht eines anderen Teilstaates der Union zur Anwendung gelangt.

Damit sind die Verweisungen nach Art 13 Cc DF grundsätzlich als *Sachnormverweisungen* zu werten. Nur ausnahmsweise soll das fremde Kollisionsrecht Beachtung finden, sofern die besonderen Umstände des Einzelfalles dies erfordern. Im Hinblick auf die im mexikanischen Kollisionsrecht noch immer starken territorialistischen Tendenzen dürfte diese Ausnahmeregelung nur selten zum Zuge kommen.

439 Mit der bisherigen Tradition des mexikanischen Kollisionsrechts gebrochen hat auch in der Frage der Beachtung eines Renvoi die neue IPR-Kodifikation in **Nuevo León**. Nach Art 21bis Ziff II Cc umfaßt eine Verweisung auf ausländisches Recht nunmehr grundsätzlich auch dessen Kollisionsnormen, sofern dies nicht dem Sinn der Verweisung widerspricht. Etwas anderes gilt nur, wenn die eigene Kollisionsnorm ausdrücklich auf die Sachnormen des fremden Rechts verweist. Sowohl Rück- wie Weiterverweisung werden allerdings nur als Sachnormverweisung beachtet; ein „double renvoi" sowie eine mehrfache Weiterverweisung werden nicht anerkannt.

d) **Rück- und Weiterverweisung aus deutscher Sicht**

440 Wird ein deutscher Richter vom inländischen Kollisionsrecht auf mexikanisches Recht verwiesen, so hat er – in Ermangelung eines bundeseinheitlichen mexikanischen IPR-Gesetzes – zunächst festzustellen, welches mexikanische Teilrecht anzuwenden ist. Soweit im deutschen internationalen Personen-, Familien- oder Erbrecht die mexikanische Staatsangehörigkeit eines Beteiligten Anknüpfungspunkt ist, sind zur Ermittlung der maßgebenden mexikanischen Teilrechtsordnung gemäß Art 4 Abs 3 S 1 EGBGB in einem ersten Schritt die Grundsätze des mexikanischen interlokalen Privatrechts auf Bundesebene, insbesondere Art 121 der mexikanischen Bundesverfassung heranzuziehen. Führt deren Anwendung noch nicht zum Ziel, so ist gem Art 4 Abs 3 S 2 EGBGB diejenige Teilrechtsordnung maßgebend, mit welcher der Sachverhalt am engsten verbunden ist. Hier wird im Interesse einer möglichst konzeptgetreuen Anwendung des mexikanischen Rechts zT auf den Wohnsitz in einem mexikanischen Bundesstaat und bei im Ausland lebenden Mexikanern auf den letzten Wohnsitz in Mexiko abgestellt, wobei die Art 29–32 Cc DF zugrundegelegt werden (BERGMANN/FERID/RAU Mexiko 11; ebenso PRINZ VSACHSEN GESSAPHE 242 ff für außerhalb Mexikos belegenes Nachlaßvermögen). Richtig dürfte es freilich sein, auch insoweit die engste Verbindung mit Hilfe der Kriterien des deutschen IPR zu bestimmen, so daß es auf den (letzten) gewöhnlichen Aufenthalt der Person in einem mexikanischen Teilstaat ankommt (s o Art 4 Rn 330 f).

Ist die maßgebende mexikanische Teilrechtsordnung aufgefunden, so hat der deutsche Richter dann in einem zweiten Schritt aufgrund des dortigen Kollisionsrechts zu prüfen, ob dieses die Verweisung annimmt. Das partikuläre Kollisionsrecht kann aber auch einen Renvoi aussprechen, der wiederum entweder interlokal oder international sein kann (dazu eingehend – am Beispiel erbrechtlicher Sachverhalte – PRINZ vSACHSEN GESSAPHE 125–250). Im internationalen *Personen- und Familienrecht* kommt eine Rückverweisung auf deutsches Recht regelmäßig in Betracht, wenn die betroffenen mexikanischen Staatsangehörigen ihren Wohnsitz in Deutschland haben. Im internationalen *Erbrecht* begründet auch die Belegenheit von Nachlaßgegenständen im Inland oder in einem Drittstaat einen Renvoi auf das Belegenheitsrecht (vgl OLG Hamburg 26. 5. 1981, IPRax 1982, 252 = IPRspr 1981 Nr 131: Teilrückverweisung des Rechts von Jalisco auf deutsches Recht hinsichtlich der im Inland belegenen – auch beweglichen – Nachlaßgegenstände). Auch bezüglich der *Form* von Rechtsgeschäften kommt eine Rückverweisung des mexikanischen Geschäftsrechts auf deutsches Vornahmerecht in Betracht (OLG Hamm 8. 3. 1993, IPRspr 1993 Nr 20). 441

8. Paraguay*

a) Kollisionsnormen

Das IPR von Paraguay ist nunmehr im wesentlichen im Eingangstitel des neuen Zivilgesetzbuchs vom 18. 12. 1985 enthalten, der am 1. 1. 1987 in Kraft getreten ist (Text in RabelsZ 1987, 454). Weitere Kollisionsnormen auf dem Gebiet des Eherechts finden sich in Art 132 ff Cc, sowie in Art 3 des Scheidungsgesetzes Nr 45/91. Zentraler Anknüpfungspunkt ist danach der *Wohnsitz* einer Person; daneben kommen die lex loci actus für die Vornahme von Rechtshandlungen und die lex rei sitae für sachenrechtliche Vorgänge in Betracht. Von besonderer Bedeutung ist schließlich, daß das neue Zivilgesetzbuch in Art 22 Abs 2 einen allgemeinen *Günstigkeitsvorbehalt* zugunsten des inländischen Rechts enthält. Danach sind ausländische Gesetze nicht anzuwenden, wenn die Bestimmungen des Zivilgesetzbuchs für die Wirksamkeit der Rechtshandlungen günstiger sind. 442

Mit dieser Einschränkung richten sich die Rechts- und Geschäftsfähigkeit sowie der **Personenstand** aller natürlichen Personen, die ihren Wohnsitz in Paraguay haben, nach inländischem Recht, auch wenn die Rechtshandlungen im Ausland vorgenommen werden oder im Ausland belegenes Vermögen betreffen (Art 11 Cc). Umgekehrt bestimmt sich die Geschäftsfähigkeit von Personen mit Wohnsitz außerhalb Paraguays nach den Gesetzen ihres Wohnsitzes, auch wenn es um Rechtsgeschäfte geht, die in Paraguay ausgeführt werden oder dort belegenes Vermögen betroffen ist (Art 12 Cc). 443

---

* **Schrifttum:** BAEZ ALLENDE, Derecho internacional privado ante la legislación comparada y el Código Bustamante (1972); BAUS, Der neue Código Civil von Paraguay und seine Kollisionsnormen, RabelsZ 51 (1987) 440; BERGMANN/FERID/RIECK Paraguay (Stand: 1993) 4–5; NELLE, Der neue Código Civil von Paraguay, ZVglRW 90 (1991) 25; SILVA ALFONSO, Derecho civil internacional[2] (Asunción 1978).

444 Sowohl die materiellen Voraussetzungen der **Eheschließung** als auch ihre Form richtet sich nach dem Recht am Ort der Eheschließung (Art 132 Cc). Demgegenüber unterliegen die *persönlichen Ehewirkungen* dem Gesetz am Ort des ehelichen Wohnsitzes (Art 133 Cc). Dieses Recht beherrscht ferner auch die Voraussetzungen der im Jahre 1991 eingeführten *Scheidung* vom Ehebande (Art 3 ScheidG Nr 45/91). Der *Güterstand* bezüglich des in Paraguay gelegenen Vermögens und für die in Paraguay geschlossenen Ehen richtet sich nach dem Sachrecht von Paraguay, auch wenn die Ehegatten im Zeitpunkt der Auflösung ihrer Ehe den Wohnsitz im Ausland hatten (Art 134 Cc). Haben Ehegatten, die im Ausland geheiratet haben, Vermögen und Wohnsitz in Paraguay, so können sie bei der Auflösung der Ehe die Erfüllung der ehevertraglichen Vereinbarungen verlangen, sofern diese nicht den Bestimmungen des Zivilgesetzbuches oder der öffentlichen Ordnung zuwiderlaufen. Unter den gleichen Voraussetzungen sind in Paraguay auch im Ausland geschlossene Ehevereinbarungen durchsetzbar, wenn die Ehegatten ihren Wohnsitz beim Abschluß der Vereinbarung im Ausland hatten und im Zeitpunkt der Eheauflösung in Paraguay wohnen (Art 135 Cc).

445 Zum internationalen **Kindschaftsrecht** fehlen auch im neuen Código Civil Kollisionsnormen. Insoweit ist daher grundsätzlich auf das Wohnsitzprinzip zurückzugreifen, das allgemein für den Personenstand gilt (BAUS RabelsZ 51 [1987] 440, 446).

446 Der Besitz, das Eigentum und sonstige **Sachenrechte** unterliegen den Gesetzen des Ortes, an dem sich der betreffende Vermögensgegenstand befindet (Art 16 Cc). Die *Form von Rechtshandlungen* beurteilt sich grundsätzlich nach den Gesetzen am Ort der Vornahme; Besonderheiten gelten für Rechtshandlungen, die im Ausland vor diplomatischen oder konsularischen Vertretern vorgenommen werden (Art 23 Cc) oder Immobilien betreffen (Art 24 Cc).

447 Die **Erbfolge** beurteilt sich nach dem Wohnsitzrecht des Erblassers zur Zeit seines Todes und zwar ohne Rücksicht darauf, ob die Erben In- oder Ausländer sind (Art 25, 2447 S 1 Cc). Die Wohnsitzanknüpfung wird in Art 2447 S 2 Cc für das in Paraguay belegene unbewegliche Nachlaßvermögen eingeschränkt; insoweit kommt stets die paraguayische lex rei sitae zur Anwendung.

b) Rück- und Weiterverweisung aus deutscher Sicht

448 Aus deutscher Sicht kommt es in Fragen des Personenstands und der familienrechtlichen Beziehungen von paraguayischen Staatsangehörigen aufgrund des in Paraguay herrschenden Wohnsitzprinzips immer dann zu einer Rück- oder Weiterverweisung, wenn die Betroffenen ihren Wohnsitz in Deutschland oder in einem Drittstaat haben (vgl AG Siegen 15. 1. 1992, IPRax 1992, 259 = IPRspr 1992 Nr 146: Adoption eines paraguayischen Kindes durch Deutsche).

9. Peru*

a) Kollisionsnormen

449 Wesentliche Grundlage des peruanischen internationalen Privatrechts ist das

---

* **Schrifttum:** BERGMANN/FERID/SAMTLEBEN Peru (Stand: 1988) 11–13; GAVRO, Peru: Private International Law in the New Civil Code of 1984, International Legal Materials 25 (1985)

X. Buch des Zivilgesetzbuchs vom 14. 11. 1984 (Text in RabelsZ 1985, 522). Diese ausführliche Neukodifikation (Art 2046–2111) knüpft an die kollisionsrechtlichen Grundsätze des Zivilgesetzbuchs von 1936 (Art V–XX) an. Das peruanische IPR beruht daher noch stärker als früher auf dem **Wohnsitzprinzip**. Für alle persönlichen Rechtsverhältnisse ist der Wohnsitz der maßgebende Anknüpfungspunkt (Art 2068 ff Cc); die Staatsangehörigkeit ist als Anknüpfungsmerkmal ohne Bedeutung (Tovar Gil, DIP [1987] 57 ff). Der Begriff des Wohnsitzes bestimmt sich nach den – ebenfalls neu gefaßten – allgemeinen Bestimmungen (Art 33 bis 41 Cc). Danach wird der Wohnsitz grundsätzlich durch den gewöhnlichen Aufenthalt, hilfsweise durch den schlichten Aufenthalt bestimmt. Auf subjektive Kriterien (zB animus manendi) kommt es – abweichend vom bisherigen Recht – nicht mehr an; ein nur vorübergehender Auslandsaufenthalt läßt aber den Wohnsitz unberührt (Art 38 Abs 2 Cc). Der Ehewohnsitz wird von den Ehegatten gemeinsam festgelegt und kann nur einverständlich verlegt werden (Art 36 Cc). Handlungsunfähige Personen teilen den Wohnsitz ihrer gesetzlichen Vertreter (Art 37 Cc).

Die **Rechts- und Handlungsfähigkeit** natürlicher Personen beurteilen sich nach dem Recht ihres Wohnsitzes (Art 2068 Abs 1, 2070 Abs 1 Cc). Das Wohnsitzrecht beherrscht ferner die Verschollenheitserklärung eines Vermißten (Art 2069 Cc), sowie die Vormundschaft und weitere Schutzmaßnahmen für handlungsunfähige Personen (Art 2071 Abs 1 Cc).

Die Fähigkeit zur Eingehung der Ehe und die sonstigen materiellen **Ehevoraussetzungen** bestimmen sich für einen jeden der Eheschließenden nach den Gesetzen seines jeweiligen Wohnsitzes (Art 2075 Cc); demgegenüber unterliegt die Form der Ehe dem Recht des Eheschließungsortes (Art 2076 Cc). Für die persönlichen Ehewirkungen gilt das Recht des Ehewohnsitzes. Haben die Ehegatten verschiedene Wohnsitze, so findet das Recht des letzten gemeinschaftlichen Wohnsitzes Anwendung (Art 2077 Cc). Das Güterrecht und die sonstigen vermögensrechtlichen Beziehungen der Ehegatten unterliegen dem Recht des ersten Ehewohnsitzes. Ein Wechsel dieses Wohnsitzes bewirkt keine Änderung des maßgebenden Güterrechts (Art 2078 Cc).

Auch die **Ehescheidung** richtet sich in Peru grundsätzlich nach dem Recht des Ehewohnsitzes (Art 2081 Cc). Leben die Ehegatten getrennt, so ist der letzte gemeinsame Wohnsitz maßgebend (Art 36 Cc). Demgemäß bestimmt das Recht des letzten Ehewohnsitzes über die Scheidungsgründe, die nach dem Erwerb dieses Wohnsitzes eingetreten sind; auf andere Gründe kann die Scheidung nur gestützt werden, soweit sie auch nach dem Recht des früheren Wohnsitzes die Scheidung rechtfertigen würden (Art 2082 Abs 1 Cc). Dem Recht des letzten Ehewohnsitzes unterliegen auch die Scheidungsfolgen, jedoch mit Ausnahme der vermögensrechtlichen Wirkungen, über die das unwandelbare Güterrechtsstatut entscheidet (Art 2182 Abs 2 Cc).

Das **Kindschaftsrecht** ist kollisionsrechtlich nicht einheitlich geregelt; die materielle Gleichstellung aller Kinder findet hier keine Entsprechung. So gilt für die eheliche

---

997; Lisbonne, Les dispositions de droit international privé du nouveau code civil du Pérou, Rev crit 75 (1986) 192; Samtleben, Neues IPR in Peru, RabelsZ 49 (1985) 486 (Textanhang 522); Tovar Gil, Derecho Internacional Privado (Lima 1987).

Abstammung das Wohnsitzrecht der Eltern zZ der Eheschließung oder zur Zeit der Geburt des Kindes nach dem Günstigkeitsprinzip (Art 2083 Cc), für die nichteheliche Abstammung ein abgestuftes Wohnsitzprinzip (Art 2084 Cc), für die Anerkennung des Kindes allein sein Wohnsitzrecht (Art 2085 Cc). Die – im materiellen Recht beseitigte – Legitimation durch nachfolgende Ehe bestimmt sich nach dem Recht des Eheschließungsortes, die Legitimation in sonstiger Weise kumulativ nach dem Wohnsitzrecht des Legitimierenden und des Kindes (Art 2086 Cc). Für die Adoption ist sowohl das Wohnsitzrecht des Adoptierenden wie das des Adoptierten zu beachten, wobei beiden Rechten unterschiedliche Voraussetzungen der Adoption zu entnehmen sind (Art 2087 Cc).

454 Die **Erbfolge** richtet sich, unabhängig vom Lageort des Vermögens, nach dem Recht des letzten Wohnsitzes des Erblassers (Art 2100 Cc). Nur wenn die Anwendung des ausländischen Wohnsitzrechts zu einer gesetzlichen Erbberechtigung des Fiskus führt, gilt stattdessen peruanisches Recht (Art 2101 Cc).

b) Rück- und Weiterverweisung im peruanischen Recht

455 Das peruanische IPR folgt dem Grundsatz der *Sachnormverweisung*. Die Beachtung von Rück- oder Weiterverweisungen sind nach Art 2048 Cc ausdrücklich ausgeschlossen:

Die Richter haben allein das materielle Recht des Staates anzuwenden, welcher durch die peruanische Kollisionsnorm für maßgebend erklärt wird.

c) Rück- und Weiterverweisung aus deutscher Sicht

456 Die strikte Anwendung des Wohnsitzprinzips im peruanischen IPR führt im deutsch-peruanischen Rechtsverkehr zu vielfältigen Möglichkeiten der Rück- und Weiterverweisung. So unterliegt die *Scheidung* peruanischer Eheleute, die in Deutschland wohnen, kraft Rückverweisung dem deutschen Recht (AG Hamburg 4. 12. 1985, NJW-RR 1986, 374 = IPRspr 1985 Nr 78). Auch die *Erbfolge* nach einem Peruaner, der mit letztem Wohnsitz in der Bundesrepublik Deutschland gestorben ist, bestimmt sich insgesamt nach deutschem Erbrecht. Hingegen wird die deutsche Verweisung auf das peruanische Heimatrecht angenommen, wenn die Betroffenen im maßgeblichen Zeitpunkt ihren Wohnsitz noch in Peru hatten (vgl KG 11. 3. 1986, OLGZ 1986, 273 = FamRZ 1986, 724 = IPRspr 1986 Nr 100: Legitimation).

10. Uruguay*

a) Kollisionsnormen

457 Die wesentlichen Kollisionsnormen des internationalen Personen- und Familienrechts sind seit dem Gesetz vom 3. 12. 1941 in den Art 2393–2404 des Zivilgesetzbuches enthalten. Zentrales Anknüpfungskriterium ist danach der *Wohnsitz*. Nach dem

---

* **Schrifttum:** ALFONSIN, Curso de derecho privado internacional con especial referencia al derecho uruguayo y a los Tratados de Montevideo de 1889, Bd I (Montevideo 1955) und Bd II (1961); SAPENA PASTOR, Derecho Internacional Privado[2] (Montevideo 1980); TELLECHEA BERGMANN, Derecho internacional privado y derecho procesual internacional (Montevideo 1982); ders, Derecho internacional privado de familia y minoridad (Montevideo 1988); VIEIRA, Derecho internacional privado[7] (Montevideo 1987).

Wohnsitzrecht bestimmen sich daher der Personenstand und die Geschäftsfähigkeit (Art 2393 Cc). Für die (formelle und materielle) Gültigkeit einer Ehe gilt hingegen das Recht des Eheschließungsorts (Art 2395 Cc), für den Güterstand der erste eheliche Wohnsitz (Art 2397 Cc) und für die Ehescheidung sowie für Kindschaftsverhältnisse der jeweilige eheliche Wohnsitz (Art 2396 Cc). Die gesetzlichen Anforderungen an die Begründung eines Wohnsitzes (Art 24 Cc) können dadurch unterlaufen werden, daß an seiner Stelle auch vorübergehender Aufenthalt genügt (Art 31 Cc). Deshalb und wegen seiner geographischen Nähe war Uruguay ein beliebtes Reiseziel scheidungswilliger Argentinier. Mit der Anerkennung solcher Scheidungen hielt sich die deutsche Praxis mit Recht zurück (BayObLG 11. 6. 1979, StAZ 1979, 265 = FamRZ 1979, 1015). Inzwischen ist dem Problem durch Wiedereinführung der Ehescheidung in Argentinien die Schärfe genommen.

Vermögensgegenstände unterliegen dem Recht ihrer jeweiligen **Belegenheit** **458** (Art 2398 Cc). Dies gilt auch für Nachlaßgegenstände, und zwar bei der gesetzlichen wie bei der testamentarischen *Erbfolge* (Art 2400 Cc). Der Gesetzgeber befolgt mit dieser Vorschrift das Abkommen von Montevideo, das Uruguay in beiden Fassungen – 1889 wie 1940 – ratifiziert hat; das Abkommen stellt gleichfalls auf das jeweilige Belegenheitsstatut ab (Art 45). Die selbst für lateinamerikanische Verhältnisse sehr weitgehende Bindung von Vermögensrechten an das jeweilige Staatsgebiet ihrer Belegenheit kann zu einer vielfachen Nachlaßspaltung führen.

b) Rück- und Weiterverweisung aus deutscher Sicht
Aus deutscher Sicht kann sich aus den genannten Anknüpfungen, sofern sich der **459** maßgebliche Wohnsitz, Vornahme- oder Lageort nicht in Uruguay, sondern im Inland oder in einem Drittstaat befindet, jeweils eine Rück- oder Weiterverweisung ergeben.

11. Venezuela*

Der venezolanische Código civil vom 13. 7. 1942 gehört zu den jüngeren Zivilge- **460** setzbüchern der lateinamerikanischen Gruppe. Mit Gesetz vom 6. 7. 1982 erfolgte eine Teilreform des Familienrechts, durch die namentlich die Rechtsstellung der Ehefrau verbessert und das Kindschaftsrecht weithin neu gefaßt wurde. Die Kollisionsnormen des venezolanischen Rechts sind einerseits durch diejenigen des chilenischen Código civil von 1955 und damit durch das Vorbild des Code Napoléon geprägt; andererseits hat sich auf ihn aber auch das Normensystem des Código Bustamante von 1928 (abgedr in deutscher Übersetzung bei BERGMANN/FERID Venezuela 6 n–12), den Venezuela 1931 ratifiziert hatte, ausgewirkt (hierzu SAMTLEBEN RabelsZ 39 [1975] 478 ff).

---

* **Schrifttum:** BERGMANN/FERID Venezuela (Stand: 1980) 5–6 a; FEBRES POBEDA, Apuntes de derecho internacional privado[2] (Cáracas 1962); LOMBARD, American-Venezuelan Private International Law (1965); MUCI ABRAHAM, Jurisprudencia Venezolana en Materia de Reenvio, Revista de la Facultad de Derecho, Universidad Central de Venezuela 3 (1955) 119; PARRA-ARRANGUREN, Monografias selectas de derecho internacional privado (Cáracas 1984); SAMTLEBEN, Die Anwendung des Código Bustamante in Venezuela, RabelsZ 39 (1975) 478.

a) Kollisionsnormen

461 Venezolanisches Recht gilt für alle im Inland befindlichen Personen, also auch für Ausländer (Art 8 Cc). Personenstand und Geschäftsfähigkeit venezolanischer Staatsangehöriger werden ohne Rücksicht auf ihren Wohnsitz oder Aufenthalt von ihrem Heimatrecht bestimmt (Art 9 Cc). Diese offensichtlich vom französischen und chilenischen Vorbild beeinflußte Vorschrift gestattet den Umkehrschluß, daß Ausländer insoweit dem eigenen Heimatrecht unterstehen (LOMBARD 21 f; SAMTLEBEN RabelsZ 39 [1975] 490 f). Formelle Voraussetzungen eines Rechtsgeschäfts unterliegen dem Recht des Vornahmeortes (Art 11 Abs 1 Cc); dies gilt auch für die *Eheschließung* (LOMBARD 37). Materielle Voraussetzungen der Ehe werden dagegen, weil zum Personenstand und zur Geschäftsfähigkeit gehörig (Art 9 Cc), dem Heimatrecht unterworfen (LOMBARD 44; vgl auch Art 36 ff Código Bustamante). Fragen des *Ehegüterrechts* sind von der venezolanischen Rechtsprechung nach venezolanischem Recht entschieden worden, wenn sich der erste eheliche Wohnsitz in Venezuela befunden hatte; auf den Ort der Eheschließung kam es, auch wenn die Ehegatten von dort nach Venezuela eingewandert waren, nicht an (LOMBARD 44 mwN).

462 Entsprechend dem Código Bustamante ist für die seit 1904 zulässige **Ehescheidung** in der Zivilprozeßordnung von 1916 ein Gleichlauf von internationaler Zuständigkeit und Anwendung venezolanischen Rechts vorgesehen: die venezolanische Zuständigkeit wird ohne Rücksicht auf die Staatsangehörigkeit der Beteiligten durch den ehelichen Wohnsitz bestimmt (Art 543 Código de procedimiento civil); soweit sie besteht, entscheidet das Gericht nach venezolanischem Recht (Art 544 Cpc). Sofern ein venezolanischer Staatsangehöriger seinen Wohnsitz im Ausland hat, ist im Gesetz keine Scheidungsmöglichkeit vorgesehen; ob sie dennoch besteht, ist umstritten (LOMBARD 44 f; SAMTLEBEN RabelsZ 39 [1975] 496 mwN). Mit Sicherheit läßt sich jedoch durch Umkehrschluß aus dieser Rechtslage entnehmen, daß die Gerichte im Land des ehelichen Wohnsitzes aus venezolanischer Sicht zuständig sind und die Scheidung nach ihrem Recht aussprechen können; mit der Anerkennung eines solchen Urteils in Venezuela kann gerechnet werden (SAMTLEBEN RabelsZ 39 [1975] 498 mwN).

463 In Venezuela belegene **Sachen** unterstehen ohne Rücksicht auf Staatsangehörigkeit oder Wohnsitz des Rechtsträgers dem inländischen Recht (lex rei sitae, Art 10 Cc); dies gilt gleichermaßen für bewegliche wie unbewegliche Sachen. Die Belegenheit entscheidet in Ermangelung einer erbrechtlichen Kollisionsnorm auch über die *Erbfolge* in den einzelnen Gegenstand (LOMBARD 54 mwN). Dementsprechend kommt das jeweilige Belegenheitsrecht auch auf die im Ausland befindlichen Vermögensteile zur Anwendung (TIEDEMANN 129 f). Vereinzelt wurden sogar die postmortalen Wirkungen eines ausländischen Güterstandes jeweils dem venezolanischen Recht als Recht der Belegenheit zugewiesen (LOMBARD 43 mwN).

b) Rück- und Weiterverweisung im venezolanischen Recht

464 Rück- und Weiterverweisung werden im venezolanischen Wechselrecht ausdrücklich anerkannt (Art 483 Ccom). Auch sonst werden sie grundsätzlich berücksichtigt (vgl zum Erbrecht TIEDEMANN 132). Schon 1906 beurteilte ein venezolanisches Gericht die Adoption eines Kindes durch ein im Inland wohnhaftes Ehepaar österreichischer Herkunft nach venezolanischem Recht, wobei es die damals geltende österreichische Kollisionsnorm, die auf den Wohnsitz verwies, als Rückverweisung auffaßte (LOMBARD 29 mwN).

c) Rück- und Weiterverweisung aus deutscher Sicht

Aus deutscher Sicht folgt aus den venezolanischen Kollisionsregeln des allgemeinen **465** Personenrechts, daß venezolanische Staatsangehörige in diesem Bereich ihrem Heimatrecht unterworfen bleiben, auch wenn sie in Deutschland oder einem dritten Land ihren Wohnsitz haben; eine Rück- oder Weiterverweisung findet also nicht statt (AG Darmstadt 10. 8. 1979, StAZ 1979, 324 m zust Anm JAYME 326 = IPRspr 1979 Nr 133). Demgegenüber kann es im internationalen *Erbrecht* zu Rück- und Weiterverweisungen kommen, wenn und soweit Nachlaßgegenstände im Inland oder in einem Drittstaat belegen sind. Im internationalen *Scheidungsrecht* wird aus den Art 435 f Cc gefolgert, daß deutsche Gerichte für die Scheidung venezolanischer Staatsangehöriger mit gewöhnlichem Aufenthalt im Inland nicht nur international zuständig sind, sondern kraft (versteckter) Rückverweisung auch deutsches Scheidungsrecht anzuwenden haben (AG Düsseldorf 26. 10. 1977, IPRspr 1977 Nr 72).

VII. Rechtsordnungen des Nahen Ostens*

1. Vorbemerkung

a) Kollisionsnormen

Die Zivilgesetzbücher der meisten arabischen Länder enthalten jeweils in ihren **466** einführenden Vorschriften Kollisionsnormen, die einander in Anordnung und Inhalt sehr stark ähneln. Vorbild war das ägyptische ZGB von 1948 (Art 10–28); ihm folgten das syrische ZGB von 1949 (Art 11–30), das irakische ZGB von 1951 (Art 14–33), das libysche ZGB von 1953 (Art 10–28), das algerische ZGB von 1975 (Art 9–24) und das jordanische ZGB von 1976 (Art 12–29). Das hochentwickelte ägyptische IPR kann daher im Zweifel zur Ergänzung und Lückenfüllung des Kollisionsrechts der übrigen arabischen Staaten herangezogen werden. Die überwiegend einseitigen Kollisionsnormen dieser Gesetzeswerke gehen, soweit sie dem internationalen Personen- Familien- und Erbrecht gewidmet sind, jeweils von der **Staatsangehörigkeit** aus. Demgegenüber hat sich in Israel – in Anlehnung an das britische Vorbild – heute weitgehend das Wohnsitzprinzip durchgesetzt.

b) Rück- und Weiterverweisung

Der Renvoi wird in den arabischen Staaten ausdrücklich abgelehnt. Hierzu bestimmt **467** etwa Art 27 des ägyptischen ZGB:

> Ist ein ausländisches Recht anzuwenden, so werden nur dessen Sachnormen unter Ausschluß des internationalen Privatrechts angewandt.

Einen gleichlautenden Ausschluß des Renvoi ordnen das irakische ZGB in Art 31 Abs 1, das syrische ZGB in Art 29 und das jordanische ZGB in Art 28 an. Der Grundsatz der Sachnormverweisung gilt darüber hinaus als ungeschriebenes Gewohnheitsrecht aber auch im algerischen und tunesischen IPR. Mit gewissen Ein-

---

* **Schrifttum:** CARLIER/VERWILGHEN (Hrsg), Le statut personnel des musulmans (1992); GANNAGÉ, Observations sur la codification du droit international privé dans les États de la Ligue arabe, in: FS Ago IV (1987) 105; KOTZUR, Kollisionsrechtliche Probleme christlich-islamischer Ehen (1988); MENHOFER, Religiöses Recht und internationales Privatrecht: dargestellt am Beispiel Ägypten (1995); NASIR, The Islamic Law of Personal Status[2] (1990).

schränkungen beachtet wird der Renvoi hingegen im Iran (s u Rn 483) und in Israel (s u Rn 509). Das Kollisionsrecht der arabischen Staaten enthält ferner im wesentlichen gleichlautende Regelungen für den Fall der Verweisung auf einen Mehrrechtsstaat. Danach entscheidet über die Unteranknüpfung das – interlokale oder interpersonale – Recht des zur Anwendung berufenen Mehrrechtsstaates (vgl in Ägypten Art 28 ZGB; im Irak Art 31 Abs 2 ZGB; in Syrien Art 28 ZGB; in Jordanien Art 27 ZGB; in Algerien Art 23 ZGB).

c) Interpersonale Rechtsspaltung

468 Der Verzicht der arabischen Gesetzgeber auf Rück- und Weiterverweisung hat rechtspolitische Gründe: In allen nachfolgend behandelten Rechten des Nahen Ostens mit Ausnahme Tunesiens ist das Personen-, Familien- und Erbrecht interpersonal gespalten, wobei jeweils an die Zugehörigkeit zu einer bestimmten *Religionsgemeinschaft* angeknüpft wird. Zur Lösung dieser interreligiösen Konflikte erklärt das staatliche Recht idR ausdrücklich das Recht der jeweiligen Religionsgemeinschaft für maßgeblich. Verweist also eine deutsche Kollisionsnorm im Personen-, Familien- oder Erbrecht auf das Recht eines der nachfolgend behandelten Staaten (mit Ausnahme Tunesiens) als das Heimatrecht einer Person, so wird diese Verweisung mit Hilfe des interpersonalen Privatrechts des jeweiligen Staates zu derjenigen Religionsgemeinschaft verlängert, der die betreffende Person angehört oder angehört hat (FERID, IPR³ Rn 2–40, 41; NEUHAUS, Grundbegriffe² § 42; dazu allg Art 4 Rn 341 ff). Ist dies schon aus deutscher Sicht schwierig, so wird aus der Sicht der arabischen Rechtsordnungen die Rückverweisung einer fremden Kollisionsnorm vollends als unnötige Erschwerung des Rechtsfindungsprozesses empfunden; die Anwendung des von den eigenen Kollisionsnormen ermittelten fremden Rechts, mag dieses auch selbst gar nicht angewandt sein wollen, ist demgegenüber das kleinere Übel (ELGEDDAWY, Relations entre systèmes confessionnel et laïque en droit international privé [1971] n 107 f).

2. Ägypten*

a) Kollisionsnormen

469 Das ägyptische Zivilgesetzbuch vom 16. 7. 1948 regelt das IPR in den Art 10–28. Anknüpfungspunkt im internationalen Personen-, Familien- und Erbrecht ist die **Staatsangehörigkeit**. Dem Heimatrecht unterliegen daher der *Personenstand* und die *Geschäftsfähigkeit* (Art 11).

470 Auch die sachlichen Voraussetzung der **Eheschließung** richten sich für jeden Verlobten nach seinem Heimatrecht (Art 12). Die Wirkungen der Ehe einschließlich des ehelichen Güterrechts beurteilen sich nach dem Heimatrecht des Ehemannes im Zeitpunkt der Eheschließung (Art 13 Abs 1). Die Zulässigkeit einer Verstoßung richtet sich nach dem Heimatrecht des Ehemannes zur Zeit der Verstoßung; demgegenüber unterliegt die gerichtliche *Ehescheidung* bzw -trennung dem Heimatrecht des Ehemannes im Zeitpunkt der Klageerhebung (Art 13 Abs 2). Ist jedoch ein

---

* **Schrifttum:** BERGMANN/FERID Ägypten (Stand: 1989) 8–9; EL-MIKAYIS, Internationales und interreligiöses Personen-, Familien- und Erbrecht in der Vereinigten Arabischen Republik, RabelsZ 33 (1969) 517; SAWARBI/UTMAN, Einführung in das ägyptische IPR (1991); WÄHLER, Internationales Privatrecht und interreligiöses Kollisionsrecht, IPRax 1981, 163.

Ehegatte zur Zeit der Eheschließung Ägypter, so gilt in den Fällen des Art 12 und 13 allein ägyptisches Recht; lediglich die Ehefähigkeit des ausländischen Ehegatten beurteilt sich auch dann nach seinem Heimatrecht.

Die **Ehelichkeit** eines Kindes bestimmt sich als Statusfrage grundsätzlich nach dem **471** gemeinsamen Heimatrecht der Beteiligten. In staatsangehörigkeitsrechtlich gemischten Ehen gilt – entsprechend Art 13 Abs 1 – das Heimatrecht des Ehemannes zur Zeit der Eheschließung (IPG 1967/68 Nr 28 [Köln]).

Die **Erbfolge** unterliegt ohne Rücksicht auf die Belegenheit einzelner Nachlaßgegen- **472** stände dem Heimatrecht des Erblassers zur Zeit seines Todes (Art 17 Abs 1); für die Erbteilung gilt hingegen – jedenfalls hinsichtlich des in Ägypten belegenen Nachlasses – nach Art 18 die lex rei sitae (vgl STAUDINGER/DÖRNER [1995] Anh zu Art 25 f Rn 4).

b) Rück- und Weiterverweisung aus deutscher Sicht
Haben deutsche Gerichte sich mit personen-, familien- oder erbrechtlichen Verhält- **473** nissen ägyptischer Staatsangehöriger zu befassen, so werden sie – soweit nicht deutsches materielles Recht als Aufenthaltsrecht zur Anwendung kommt – kraft interpersonaler Unteranknüpfung auf das Teilrecht der betreffenden Religionsgemeinschaft verwiesen, die zweckmäßigerweise in der Entscheidung anzugeben ist. Eine Rückverweisung auf deutsches Recht kommt idR nicht in Betracht (vgl AG Bielefeld 17. 8. 1979, IPRax 1981, 179 m krit Anm WÄHLER und KG 27. 3. 1981, NJW 1982, 528 = IPRspr 1981 Nr 116 [Legitimation; Verweisung auf das Recht der koptisch-katholischen Religion gemäß Art 6 ägypt Gesetz Nr 462/1955 iVm Art 13 Gesetz 147/1949]; OLG München 14. 12. 1983, IPRax 1984, 163 = IPRspr 1983 Nr 80 [Ehelichkeitsanfechtung durch ägyptischen Vater]; OLG Stuttgart 10. 3. 1986, IPRspr 1986 Nr 77 [elterliche Sorge nach Scheidung ägyptischer Eheleute]; LG Berlin 22. 9. 1987, FamRZ 1988, 208 = IPRspr 1987 Nr 90 [Legitimanerkennung]; OLG Koblenz 6. 1. 1994, NJW-RR 1994, 647, 648 [Ehescheidung]).

3. Algerien*

a) Kollisionsnormen
Das algerische IPR ist überwiegend im Zivilgesetzbuch vom 26. 9. 1975 (Art 9–24) **474** normiert; vereinzelte Kollisionsnormen finden sich jedoch auch im Familiengesetzbuch vom 9. 6. 1984 (Art 31 Abs 2, 221), sowie in der Verordnung über den Zivilstand (Art 95 ff, vgl die Texte bei BERGMANN/FERID, Algerien 14 ff). Im Personen-, Familien- und Erbrecht ist zentraler Anknüpfungspunkt die **Staatsangehörigkeit**. Das Heimatrecht entscheidet daher über die *Geschäftsfähigkeit* natürlicher Personen (Art 10 Abs 1 ZGB). Auch die Voraussetzungen für die *Gültigkeit der Ehe* werden durch das Heimatrecht eines jeden der beiden Ehegatten bestimmt (Art 11 ZGB, 31 Abs 2 FamGB). Die Form der Eheschließung sowie sonstiger Rechtsgeschäfte unter Lebenden ist hingegen grundsätzlich dem Recht des Vornahmeortes unterworfen. Ausreichend ist es jedoch auch, wenn die Form nach dem gemeinsamen Heimatrecht der Parteien eingehalten wird (Art 19 ZGB; 97 ZivilstandsVO).

---

* **Schrifttum:** BERGMANN/FERID/RIECK Algerien (Stand: 1991) 8–10; DUTOIT, Le droit international privé algérien dans le nouveau code civil du 26 septembre 1975, in: FS Beitzke (1979) 459.

475 Die persönlichen und vermögensrechtlichen **Ehewirkungen** unterliegen dem Heimatrecht des Ehemannes im Zeitpunkt der Eheschließung (Art 12 Abs 1). Die *Auflösung der Ehe* richtet sich nach dem Heimatrecht des Ehemannes im Zeitpunkt der Klageerhebung (Art 12 Abs 2). Ehewirkungs-, Güterrechts- und Scheidungsstatut ist jedoch allein das algerische Recht, wenn im Zeitpunkt der Eheschließung einer der Ehegatten Algerier ist (Art 13).

476 Die **Erbfolge** einschließlich der inhaltlichen Gültigkeit von letztwilligen Verfügungen unterliegt dem Heimatrecht des Erblassers zur Zeit seines Todes (Art 16 Abs 1).

b) Rück- und Weiterverweisung aus deutscher Sicht

477 Aufgrund der Grundsatzanknüpfung des algerischen IPR an die Staatsangehörigkeit kommt es im internationalen Familien- und Erbrecht nur selten zur Rückverweisung auf deutsches Recht. Deutsche Gerichte haben vielmehr nach Maßgabe des algerischen interpersonalen Privatrechts idR die Vorschriften des algerisch-islamischen Familien- und Erbrechts angewandt (vgl zur Ehelichkeit des Kindes eines algerischen Vaters OLG Frankfurt 3. 1. 1984, OLGZ 1984, 138 = IPRspr 1984 Nr 101; AG Essen 25. 10. 1985, IPRspr 1985 Nr 83; AG Hamburg 20. 12. 1985, IPRspr 1985 Nr 105 A; aA zu Unrecht AG Duisburg 24. 7. 1980, StAZ 1980, 355 = IPRspr 1980 Nr 110).

4. Irak*

a) Kollisionsnormen

478 Das irakische IPR ist in den Art 14 bis 33 des Zivilgesetzbuchs Nr 40 von 1951 geregelt (Text bei BERGMANN/FERID Irak 8 ff). Es folgt im internationalen Personen-, Familien- und Erbrecht dem **Staatsangehörigkeitsprinzip**. Dem Heimatrecht unterliegt daher die Geschäftsfähigkeit natürlicher Personen (Art 18 Abs 1).

479 Die sachlichen Voraussetzungen der **Eheschließung** beurteilen sich hinsichtlich eines jeden Verlobten nach seinem Heimatrecht (Art 19 Abs 1 S 1). Für die Form der Eheschließung gilt grundsätzlich das Recht des Landes, in dem die Ehe geschlossen worden ist; ausreichend ist jedoch auch die Einhaltung der Form nach dem Heimatrecht der Ehegatten (Art 19 Abs 1 S 2). Die *Ehewirkungen* einschließlich des ehelichen Güterrechts unterliegen dem Heimatrecht des Ehemannes zur Zeit der Eheschließung (Art 19 Abs 2). Auf die *Ehescheidung* oder -trennung ist das Heimatrecht des Ehemannes zur Zeit der Klageerhebung anzuwenden. Im *Kindschaftsrecht* gilt das Heimatrecht des Vaters für alle die Vaterschaft betreffenden Fragen, sowie für die Rechte und Pflichten im Vater-Kind-Verhältnis (Art 19 Abs 4). In allen von Art 19 geregelten Fällen des internationalen Ehe- und Kindschaftsrechts ist jedoch allein das irakische Recht maßgebend, wenn einer der Ehepartner zur Zeit der Eheschließung die irakische Staatsbürgerschaft besaß (Art 19 Abs 5).

---

* **Schrifttum:** AL HADDAWI, Al- wagiz fi al- qanun al- dawli al- hass (Lehrbuch des IPR), 2 Bde (1961- 1963); ANDERSON, A Law of Personal Status for Iraq, IntCompLQ 1960, 542; ders, Changes in the Law of Personal Status in Iraq, InCompLQ 1963, 1026; BERGMANN/FERID/LÖSCHNER Irak (Stand: 1991) 7 f; KRÜGER, Das Internationale Privat- und Zivilverfahrensrecht des Irak, IPRax 1988, 180; Hinweise bei KÜPPERS, Das irakische Zivilgesetzbuch, ZVglRW 62 (1960) 181.

Im **Erbrecht** wird grundsätzlich an das Heimatrecht des Erblassers zur Zeit seines **480** Todes angeknüpft. Ein Ausländer ist jedoch nach einem irakischen Erblasser nur erbberechtigt, wenn sein Heimatrecht einem irakischen Staatsangehörigen das gleiche Recht zubilligt; ein im Irak belegener erbenloser Nachlaß fällt in jedem Falle an den irakischen Staat (Art 22). Die inhaltliche Gültigkeit eines Testaments beurteilt sich grundsätzlich nach dem Heimatrecht des Testators im Zeitpunkt seines Todes (Art 23 Abs 1); hinsichtlich des im Irak belegenen unbeweglichen Nachlaßvermögens wird die Gültigkeit der letztwilligen Verfügung jedoch nach irakischem Recht bestimmt (Art 23 Abs 2).

b) Rück- und Weiterverweisung aus deutscher Sicht
Die Verknüpfung des Staatsangehörigkeitsprinzips mit der weitgehenden Durchset- **481** zung des eigenen Rechts in staatsangehörigkeitsrechtlich gemischten Ehen (Art 19 Abs 5 ZGB) schließt eine Rückverweisung des irakischen IPR auf deutsches Recht praktisch aus. Deutsche Gerichte sind demgemäß durchwegs von einer Annahme der deutschen Verweisung durch das irakische IPR ausgegangen und haben die interpersonale (Weiter-)Verweisung auf das Recht der jeweiligen Religionsgemeinschaft befolgt (vgl OLG Hamm 10. 6. 1973, OLGZ 1973, 440 = NJW 1973, 2158 = IPRspr 1973 Nr 36 [Ehefähigkeitszeugnis für irakischen Moslem]; AG Hamburg 30. 5. 1967, StAZ 1967, 274 = IPRspr 1966/67 Nr 155 [Ehelichkeit des Kindes eines irakischen Vaters]).

5. Iran*

a) Kollisionsnormen
Die spärlichen Kollisionsnormen des iranischen Zivilgesetzbuches von 1928 unter- **482** werfen iranische Staatsangehörige hinsichtlich des Personenstandes, der Eheschließung, der Ehescheidung, der Geschäftsfähigkeit und der Erbfolge dem iranischen Recht, auch wenn sie sich im Ausland befinden (Art 6 ZGB). Für Ausländer soll dementsprechend ihr jeweiliges Heimatrecht maßgeblich sein, auch wenn sie sich im Iran aufhalten (Art 7 ZGB). Damit gilt in diesen Bereichen die **Staatsangehörigkeit** als Anknüpfungspunkt. Gehören Ehegatten verschiedenen Staaten an, so bestimmen sich die persönlichen und güterrechtlichen Wirkungen der Ehe nach dem Heimatrecht des Mannes (Art 963 ZGB). In gleicher Weise unterliegen die Rechtsbeziehungen zwischen Eltern und Kindern dem Heimatrecht des Vaters; das Heimatrecht der Mutter gilt aber dann, wenn nur ihr gegenüber die Abstammung festgestellt ist (Art 964 ZGB). Für die Vormundschaft gilt das Heimatrecht des Mündels (Art 965 ZGB), für das Erbrecht das Heimatrecht des Erblassers zur Zeit seines Todes (Art 967 ZGB). Unbewegliches Vermögen, das Ausländer im Iran besitzen oder erwerben, unterliegt in jeder Hinsicht dem iranischen Recht (Art 8 ZGB). Die Form von Rechtsgeschäften bestimmt sich nach dem Recht des Errichtungsorts (Art 969 ZGB).

b) Rück- und Weiterverweisung im iranischen Recht
Das iranische Recht äußert sich zur Frage der Beachtlichkeit eines Renvoi ausdrück- **483** lich in Art 973 ZGB. Danach haben iranische Gerichte ihn „nur insoweit zu beach-

---

* **Schrifttum:** BERGMANN/FERID Iran (Stand: 1991) 9 ff; DÖRNER, Zur Beerbung eines in der Bundesrepublik verstorbenen Iraners, IPRax 1994, 33.

ten, als es sich um eine Verweisung auf ein iranisches Gesetz handelt". Damit wird nur die Rückverweisung, nicht aber die Weiterverweisung anerkannt.

c) **Rück- und Weiterverweisung aus deutscher Sicht**
aa) **Deutsch- iranisches Niederlassungsabkommen**

484 Im deutsch-iranischen Verhältnis hat das am 4. 11. 1954 wieder in Kraft gesetzte und auch nach der iranischen Revolution von 1979 fortgeltende deutsch-iranische Niederlassungsabkommen vom 17. 2. 1929 (RGBl 1930 II 1006) Vorrang vor den Regeln des autonomen Kollisionsrechts (vgl Art 3 Abs 2 EGBGB). Danach untersteht ein iranischer Staatsangehöriger in der Bundesrepublik Deutschland dem iranischen Personen-, Familien- und Erbrecht (Art 8 Abs 3). Welche Fragen damit gemeint sind, ergibt sich aus dem Schlußprotokoll des Abkommens zu Art 8 Abs 3 (abgedr bei JAYME/HAUSMANN[8] Nr 17). Eine Rück- oder Weiterverweisung durch das iranische Recht wird insoweit nicht beachtet. Namentlich auf dem Gebiet des **Erbrechts** wird ein Renvoi daher durch Art 8 Abs 3 S 1 des Abkommens ausgeschlossen (vgl zuletzt OLG Hamm 29. 4. 1992, FamRZ 1993, 111 = IPRax 1994, 49, 51 m zust Anm DÖRNER 33; im Erg auch LG Hamburg 12. 2. 1991, IPRspr 1991 Nr 142, wo allerdings zu Unrecht auf das autonome iranische IPR abgestellt wird). Auch eine sich bei allseitiger Auslegung des Art 8 ZGB etwa ergebende Rück- oder Weiterverweisung auf das ausländische Belegenheitsrecht von Grundstücken wird im Geltungsbereich des Abkommens durch die Staatsangehörigkeitsanknüpfung in Art 8 Abs 3 verdrängt. Hinterläßt ein iranischer Erblasser in der Bundesrepublik Deutschland also ein Grundstück, so vererbt sich auch dieses nach iranischem Recht.

485 Die Sachnormverweisung des deutsch-iranischen Niederlassungsabkommens gilt auch für die **persönlichen und güterrechtlichen Ehewirkungen**, sowie für die **Ehescheidung**, wenn beide Ehegatten ausschließlich die iranische Staatsangehörigkeit besitzen (vgl OLG Hamm 8. 3. 1991, FamRZ 1991, 1319 = IPRspr 1991 Nr 78 [Morgengabe]; KG 11. 9. 1987, FamRZ 1988, 296 = IPRspr 1987 Nr 73 [Morgengabe]; OLG Köln 23. 4. 1956, FamRZ 1956, 235 = IPRspr 1956/57 Nr 106 [Prozeßkostenvorschuß]; LG Paderborn 8. 11. 1972, FamRZ 1973, 377 m Anm KRÜGER = IPRspr 1972 Nr 149 und AG Heidelberg 26. 1. 1988, IPRspr 1988 Nr 68 [Ehescheidung]; OLG Oldenburg 16. 9. 1980, IPRax 1981, 136 m abl Anm BEITZKE 122 = IPRspr 1980 Nr 60 [Getrenntlebensunterhalt]).

486 Auch in Fragen des internationalen **Kindschaftsrechts** verweist Art 8 Abs 3 des Abkommens unmittelbar auf das iranische Sachrecht, wenn sämtliche Beteiligten ausschließlich Iraner sind (vgl OLG Bremen 21. 10. 1991, NJW-RR 1992, 1288 = FamRZ 1992, 343 = IPRspr 1991 Nr 127; OLG Frankfurt 19. 11. 1990, FamRZ 1991, 730 = NJW-RR 1992, 136 = IPRspr 1990 Nr 129; OLG Celle 5. 12. 1989, FamRZ 1990, 656 = IPRax 1991, 258 m Anm COESTER 236 = IPRspr 1989 Nr 133 [alle zur elterlichen Sorge]; OLG Celle 17. 4. 1990, FamRZ 1990, 1131 = IPRspr 1990 Nr 127 [Besuchsrecht]; OLG Celle 24. 10. 1988, IPRax 1989, 390 m Anm SIEHR 373 = IPRspr 1988 Nr 102 [Kindesherausgabe]; BayObLG 25. 6. 1987, BayObLGZ 1987, 203 = NJW-RR 1987, 1155 = IPRspr 1987 Nr 87 [Legitimanerkennung]; unrichtig AG Hannover 10. 4. 1990, DAVorm 1990, 832 m Anm ULLE = IPRspr 1990 Nr 132 [Vaterschaftsanerkenntnis trotz iranischer Staatsangehörigkeit aller Beteiligten gem Art 20 Abs 1 S 3 EGBGB nach deutschem Aufenthaltsrecht beurteilt]).

487 Zu beachten ist allerdings, daß das Abkommen auf dem Gebiet des Eherechts nur für rein deutsche Ehen im Iran und **rein iranische Ehen in Deutschland** gilt (BGH

20. 12. 1972, BGHZ 60, 68, 74 f = IPRspr 1972 Nr 59 b; MünchKomm/SIEHR Art 14 Rn 4; vBAR, IPR I Rn 202). Auf die persönlichen oder güterrechtlichen Wirkungen von deutsch-iranischen Mischehen ist das Abkommen daher nicht anwendbar (vgl LG Krefeld 11. 5. 1977, IPRspr 1977 Nr 63); ebensowenig auf die *Ehescheidung*, mag auch die deutsche Ehefrau die iranische Staatsangehörigkeit des Ehemannes durch die Eheschließung hinzuerworben haben (vgl BGH 18. 10. 1989, NJW 1990, 686 = IPRax 1991, 54 m Anm DÖRNER/KÖTTERS 39 = IPRspr 1989 Nr 88 b; OLG Bremen 25. 10. 1984, IPRspr 1984 Nr 92; BayObLG 24. 6. 1977, BayObLGZ 1977, 180 = IPRspr 1977 Nr 163; OLG Hamm 4. 11. 1975, FamRZ 1976, 29 = IPRspr 1975 Nr 59). Gleiches gilt für *Eltern-Kind-Beziehungen* bei unterschiedlicher Staatsangehörigkeit der Beteiligten (vgl BGH 15. 1. 1986, FamRZ 1986, 345 m Anm NOLTING = IPRax 1986, 382 m Anm BÖHMER 362 = IPRspr 1986 Nr 85 [gesetzliche Vertretung des iranischen Kindes im Unterhaltsprozeß gegen den iranischen Vater durch die deutsche Mutter]: KG 13. 12. 1978, OLGZ 1979, 187 = IPRspr 1978 Nr 92 [Sorgerechtsregelung nach Scheidung der Ehe zwischen Iraner und deutsch-iranischer Doppelstaaterin]). In diesen Fällen verbleibt es also bei den Kollisionsnormen der Art 14 ff, 19 ff EGBGB und der Beachtung einer allfälligen Rück- oder Weiterverweisung des iranischen IPR. Dies gilt auch, wenn beide Ehegatten zwar noch die iranische Staatsangehörigkeit besitzen, ein Ehegatte aber in Deutschland als inländischer Flüchtling oder Asylberechtigter anerkannt worden ist (BGH 18. 10. 1989 aaO).

bb) **Autonomes Recht**
Auch soweit das autonome iranische IPR anzuwenden war, gingen deutsche Gerichte bis zur IPR-Reform von 1986 davon aus, daß im Personen-, Familien- und Erbrecht eine Rück- oder Weiterverweisung durch iranische Kollisionsnormen idR nicht stattfindet. Dies wurde etwa festgestellt für *Eheverbote* nach iranischem Recht (KG 14. 9. 1961, FamRZ 1961, 480 = IPRspr 1960/61 Nr 91), für die *Ehescheidung* (OLG München 19. 9. 1988, IPRax 1989, 238 m Anm JAYME 223 = IPRspr 1989 Nr 88a; OLG Köln 28. 2. 1980, FamRZ 1980, 886 = IPRspr 1980 Nr 73; LG Hamburg 24. 5. 1977, StAZ 1977, 339 = IPRspr 1977 Nr 68 [jeweils zu Art 17 EGBGB aF]) und für die Herstellung ehelicher *Kindschaftsbeziehungen* durch Vaterschaftsanerkenntnis, Legitimation oder Adoption (AG Hamburg 15. 2. 1961, StAZ 1961, 290 = IPRspr 1960/61 Nr 121; AG Münster 3. 4. 1975, StAZ 1976, 175 = IPRspr 1975 Nr 102; OLG Frankfurt 30. 3. 1976, NJW 1976, 1592 = IPRspr 1976 Nr 109; AG Hannover 18. 9. 1981, StAZ 1982, 72 = IPRspr 1981 Nr 119; AG Hagen 14. 3. 1984, IPRspr 1984 Nr 110). Dies gilt auch nach geltendem Recht, soweit in staatsangehörigkeitsrechtlich gemischten Ehen auf iranisches Recht – zB als Aufenthaltsrecht – verwiesen ist.

cc) **Unteranknüpfung**
Bei der Ermittlung des iranischen Heimatrechts ist zu beachten, daß der Iran ein **Mehrrechtsstaat** mit unterschiedlichen, durch die *Religionszugehörigkeit* bestimmten Normen über Personenstand, Eheschließung, Kindschaft, Adoption und Erbrecht ist (vgl Art 12, 13 der iranischen Verfassung vom 15. 11. 1979; abgedr bei BERGMANN/FERID Iran 15). Im Fall einer Verweisung des deutschen – staatsvertraglichen oder autonomen – Kollisionsrechts auf iranisches Recht ist die maßgebende Teilrechtsordnung daher im Wege der Unteranknüpfung nach Art 4 Abs 3 EGBGB zu bestimmen. Das iranische ZGB von 1928 enthält eine Regelung nur für schiitische Moslems als Angehörige der iranischen Staatsreligion. Für die nicht der schiitischen Glaubensrichtung des Islam anhängenden Bevölkerungsgruppen gilt das Gesetz vom 22. 7. 1933 über den Personenstand der Nichtschiiten (Text bei BERGMANN/FERID Iran 8);

danach sind die „religiösen Gebräuche und Gewohnheiten" der Parteien zu berücksichtigen. Dies ist auch deutscherseits nach Art 4 Abs 3 S 1 EGBGB zu beachten (vgl BGH 14. 10. 1992, BGHZ 120, 29, 32 = NJW 1993, 848 = IPRax 1993, 102 m Anm HENRICH 81 = JZ 1993, 208 m Anm SPICKHOFF = JR 1994, 195 m Aufs RAUSCHER 184 = IPRspr 1992 Nr 3 b; BGH 21. 4. 1993, FamRZ 1993, 1053 = IPRspr 1993 Nr 6; ebenso schon vor der IPR-Reform AG Hamburg 22. 8. 1961, IPRspr 1960/61 Nr 111; OLG Hamm 4. 11. 1975, FamRZ 1976, 29 = IPRspr 1975 Nr 59; dazu näher DÖRNER IPRax 1994, 33 und in STAUDINGER [1995] Anh zu Art 25 f Rn 221 mwN).

6. Jordanien*

a) Kollisionsnormen

490 Das jordanische IPR ist erstmals in den Art 12−29 des Zivilgesetzbuchs Nr 43/1976 kodifiziert worden (Text in IPRax 1987, 129 ff), das am 1. 1. 1977 in Kraft getreten ist. Auch das jordanische IPR geht vom **Staatsangehörigkeitsprinzip** aus. Vorbild war auch hier das ägyptische IPR, auf das zur Lückenfüllung im Zweifel zurückgegriffen werden kann. Das Heimatrecht gilt daher insbesondere für den Status und die Geschäftsfähigkeit einer Person (Art 12 Abs 1).

491 Auch die sachlichen Voraussetzungen der **Eheschließung** unterliegen dem Heimatrecht jedes der Eheschließenden (Art 13 Abs 1). Hinsichtlich der Form einer Ehe zwischen Ausländern oder zwischen einem Ausländer und einem Jordanier gilt alternativ das Recht des Eheschließungsortes oder das Heimatrecht der Eheschließenden (Art 13 Abs 2). Auf die *Wirkungen der Ehe* einschließlich der vermögensrechtlichen ist das Heimatrecht des Ehemannes zur Zeit der Heirat (Art 14 Abs 1) anzuwenden. Für die *Verstoßung* gilt das Heimatrecht des Ehemannes zur Zeit ihrer Vornahme; die gerichtliche Ehescheidung oder -trennung beurteilt sich nach dem Heimatrecht des Ehemannes zur Zeit der Klageerhebung (Art 14 Abs 2). Auch nach jordanischem IPR ist jedoch auf die in Art 13 und 14 ZGB geregelten Fragen des internationalen Eherechts allein jordanisches Recht anzuwenden, wenn einer der beiden Ehegatten zur Zeit der Heirat Jordanier ist; eine Ausnahme gilt lediglich für die Ehefähigkeit (Art 15). Die *elterliche Sorge* beurteilt sich nach dem Heimatrecht des Kindes (Art 17).

492 Die **Erbfolge** einschließlich der Gültigkeit einer Verfügung von Todes wegen unterliegt dem Heimatrecht des Erblassers zur Zeit seines Todes (Art 18). Aufgrund der interreligiösen Rechtsspaltung gelten jedoch für die Angehörigen der verschiedenen Religionsgemeinschaften unterschiedliche Gesetze (vgl STAUDINGER/DÖRNER [1995] Anh zu Art 25 f Rn 260 ff).

b) Rück- und Weiterverweisung aus deutscher Sicht

493 Zu einer Rückverweisung auf deutsches Recht kommt es – ähnlich wie im ägyptischen und irakischen Recht – praktisch nicht. Deutsche Gerichte sind deshalb durchwegs von einer Annahme der deutschen Verweisung durch das jordanische IPR ausgegangen und haben aufgrund der interreligiösen Spaltung des jordanischen

---

* **Schrifttum:** BEHRENS, Das Kollisionsrecht Jordaniens (1970); KRÜGER, Das IPR Jordaniens, IPRax 1987, 126.

Familienrechts das Recht der jeweiligen Religionsgemeinschaft angewandt (vgl BGH 30. 9. 1981, NJW 1982, 521 = IPRax 1982, 192 m Anm JAYME/GOUSSOUS 179 = IPRspr 1981 Nr 120 [Legitimanerkennung]; OLG Hamm 12. 9. 1986, StAZ 1986, 352 = IPRspr 1986 Nr 5 und AG Bremen 27. 4. 1990, StAZ 1991, 232 = IPRspr 1990 Nr 69 [Eheschließung]; LG Koblenz 31. 7. 1986, ZfJ 1987, 185 m Anm KRÜGER = IPRspr 1986 Nr 6 [Geschäftsfähigkeit]; OLG Köln 2. 6. 1986, IPRax 1987, 378 m Anm KLINKHARDT 360 = IPRspr 1986 Nr 101 [Legitimanerkennung]; OLG Frankfurt 12. 7. 1984, FamRZ 1985, 76 = IPRspr 1984 Nr 186 [Verstoßung]; LG Berlin 3. 5. 1984, IPRspr Nr 105 [Legitimanerkennung]. Vgl auch OLG Hamm 8. 2. 1990, FamRZ 1990, 781 m Anm HENRICH = IPRax 1991, 191 m Anm KLINKHARDT 174 = IPRspr 1990 Nr 124 [elterliche Sorge], wo die Anwendung jordanischen Sachrechts ohne Prüfung eines möglichen Renvoi wegen Verstoßes gegen den deutschen ordre public abgelehnt wird).

7. Syrien

a) Kollisionsnormen

Das syrische IPR ist in den Art 7 – 30 des Zivilgesetzbuchs Nr 84 vom 18. 5. 1949 **494** geregelt (Text bei BERGMANN/FERID Syrien 8 ff). Entsprechend dem ägyptischen Vorbild knüpft auch das syrische IPR in erster Linie an die **Staatsangehörigkeit** an. Demgemäß beurteilen sich der Personenstand und die Handlungsfähigkeit einer Person nach ihrem Heimatrecht (Art 12 Abs 1).

Gleiches gilt nach Art 13 für die sachlichen Voraussetzungen der **Eheschließung**. **495** Die Wirkungen der Ehe einschließlich der vermögensrechtlichen bestimmen sich nach dem Heimatrecht des Ehemannes zur Zeit der Eheschließung (Art 14 Abs 1). Für die Verstoßung gilt wiederum das Heimatrecht des Ehemannes zur Zeit der Vornahme, während die gerichtliche Ehescheidung oder -trennung dem Heimatrecht des Ehemannes zur Zeit der Klageerhebung unterliegt (Art 14 Abs 2). Auch nach syrischem IPR setzt sich das syrische Recht gegen das in Art 13 und 14 zur Anwendung berufene ausländische Heimatrecht durch, wenn ein Ehegatte zur Zeit der Eheschließung Syrer war; eine Ausnahme gilt nur für die Ehefähigkeit (Art 15).

Die **Erbfolge** einschließlich der Gültigkeit letztwilliger Verfügungen unterliegt ein- **496** heitlich dem Heimatrecht des Erblassers zur Zeit seines Todes (Art 18 Abs 1).

b) Rück- und Weiterverweisung aus deutscher Sicht

Aufgrund der inhaltlichen Ausgestaltung des syrischen IPR scheidet ein Renvoi auf **497** deutsches Recht praktisch aus. Deutsche Gerichte sind daher bisher durchwegs von einer Annahme der deutschen Verweisung durch das syrische IPR ausgegangen und haben das anzuwendende materielle Familienrecht mit Hilfe der interpersonalen Kollisionsregeln des syrischen Rechts bestimmt (vgl LG Mönchengladbach 27. 8. 1971 IPRspr 1972 Nr 73 [Reiseerlaubnis für Ehegatten und Kind]; LG Hannover 21. 4. 1972, NJW 1972, 1625 = IPRspr 1972, 1625 = IPRspr 1972 Nr 67 [elterliche Sorge]; AG Duisburg 23. 4. 1980, IPRspr 1980 Nr 109 [Legitimanerkennung]; AG Einbeck 8. 11. 1990, FamRZ 1991, 590 = IPRspr 1990 Nr 128 [elterliche Sorge]).

8. Tunesien*

a) Kollisionsnormen

498 Das tunesische Kollisionsrecht findet sich im Dekret zur Regelung kollisionsrechtlicher Fragen vom 12. 7. 1956 (idF vom 24. 7. 1957; Text bei BERGMANN/FERID Tunesien 8 ff). Nach Art 1 ist für den personenrechtlichen Status der Ausländer ihr Heimatrecht maßgebend. Dieser Grundsatz der Anknüpfung an die **Staatsangehörigkeit** gilt gemäß Art 2 für den Personenstand, die Geschäftsfähigkeit, die Ehewirkungen und das eheliche Güterrecht, die Ehescheidung und -trennung, die Verstoßung, die Abstammung, die Anerkennung und Anfechtung der Vaterschaft, die Rechtsbeziehungen zwischen Eltern und Kindern, den Unterhalt, die Legitimation und Adoption, die Entmündigung und Volljährigkeitserklärung, die Vormundschaft und Pflegschaft, die Erbfolge sowie die Verschollenheit und die Todeserklärung.

499 Haben die Beteiligten **unterschiedliche Staatsangehörigkeiten**, so ist gemäß Art 4 hinsichtlich des Personenstandes, der Geschäftsfähigkeit und der Ehevoraussetzungen das Heimatrecht eines jeden Beteiligten anzuwenden (Nr 1). Für die gegenseitigen Rechte und Pflichten der Ehegatten, das eheliche Güterrecht, die Ehescheidung, Ehetrennung und Verstoßung gilt das Heimatrecht des Ehemannes zur Zeit der Eheschließung (Nr 2). Die Abstammung, die Legitimation sowie die Anerkennung und Anfechtung der Vaterschaft unterliegen dem Heimatrecht des Vaters (Nr 5). Für die Adoption gilt kumulativ das Heimatrecht des Annehmenden und des Angenommenen (Nr 6), hinsichtlich der Adoptionswirkungen hingegen nur das Heimatrecht des Adoptanten (Nr 7). Für das Erb- und Testamentsrecht kommt das Heimatrecht des Erblassers bzw Testators zur Anwendung (Nr 8). Verschollenheit und Todeserklärung bestimmen sich nach dem Heimatrecht des Vermißten bzw für tot Erklärten (Nr 8).

b) Rück- und Weiterverweisung aus deutscher Sicht

500 Soweit das deutsche IPR im Personen-, Familien- und Erbrecht auf tunesisches Recht als Heimatrecht verweist, scheidet eine Rückverweisung auf deutsches Recht regelmäßig aus. Die deutsche Rechtsprechung ist daher durchwegs von der Maßgeblichkeit materiellen tunesischen Rechts ausgegangen (BGH 26. 10. 1977, BGHZ 69, 387 = NJW 1978, 496 = IPRspr 1977 Nr 98 b [Legitimanerkennung]; AG Flensburg 31. 12. 1980, StAZ 1981, 199 = IPRspr 1980 Nr 115 [Legitimanerkennung]; OLG Hamm 8. 9. 1987, FamRZ 1988, 516 = IPRspr 1987 Nr 55 [Morgengabe]; AG Ingolstadt 12. 2. 1992, IPRax 1992, 326, 327 m Anm S LORENZ 305 = IPRspr 1992 Nr 141 [elterliche Sorge]).

501 Soweit die deutsche Verweisung hiernach angenommen wird, ist zu beachten, daß das tunesische Familien- und Erbrecht – abweichend von den zuvor genannten arabischen Staaten – seit dem 1. 10. 1957 **nicht mehr interreligiös gespalten** ist. Die Vorschriften des tunesischen Code du Statut Personnel vom 13. 8. 1956 gelten daher für alle tunesischen Staatsangehörigen unabhängig von ihrer Religion.

---

* **Schrifttum:** MEZIOU, Les relations en droit international privé de la famille entre les systèmes tunisiens et français (1982); NIZARD, Le droit international tunisien en matière du statut personnel (1968).

9. Israel*

a) Kollisionsnormen

Zur Zeit des britischen Mandats (1922—1947) waren die palästinensischen Kollisionsnormen, soweit sie das Personen-, Familien- und Erbrecht betrafen, an der jeweiligen *Religionszugehörigkeit und Staatsangehörigkeit* ausgerichtet („personal law"). Die Palestine Order-in-Council von 1922 wies die Gerichtsbarkeit über Statusfragen, denen das gesamte Ehe- und Kindschaftsrecht zugerechnet wurde, den Gerichten der Religionsgemeinschaften zu (Art 51—54). Ausländer unterstanden den weltlichen Gerichten, soweit nicht auch sie einer religiösen Gerichtsbarkeit zugeordnet waren (Art 64 [1] Order-in-Council). Maßgeblich war als Personalstatut das Recht ihrer Staatsangehörigkeit; eine Rückverweisung dieses Rechts auf das palästinensische Recht als Wohnsitzrecht war anzunehmen (Art 64 [2]: „The personal law shall be the law of the nationality of the foreigner concerned, unless that law imports the law of the domicile in which case the latter shall apply"). Entsprechendes galt für das Erbrecht nach der Succession Ordinance von 1923; maßgeblich war das Heimatrecht des Erblassers, aber die Rückverweisung eines fremden Heimatrechts auf das palästinensische Recht, sei es als Recht des Wohnsitzes oder der Belegenheit, war zu berücksichtigen (Sec 4 [3]). Demgemäß beurteilten der Supreme Court of Palestine und anschließend der Privy Council als höchstes Gericht für Revisionssachen aus dem Commonwealth die Erbfolge in den palästinensischen Grundstücksnachlaß eines libanesischen Erblassers nach den palästinensischen Normen über ungebundenes Grundstückseigentum, das sog Mulk-Land (Jaber Elias Kotia v Katr Bint Jviyes Nahas, [1941] AC 33, 3 All ER 20; dazu krit FALCONBRIDGE, Essays 220 ff; CHESHIRE/NORTH, PrIntLaw[12] 73).

Auch **nach der Entstehung des Staates Israel** blieb vor allem das materielle Eherecht *an die Religion gebunden*. Das jüdische Eherecht, insbesondere das Ehehindernis der Religionsverschiedenheit, galt für israelische wie nichtisraelische Staatsangehörige jüdischer Religionszugehörigkeit weiter (PRADER, Das religiöse Eherecht [1973] 106 ff). Eheschließungen zwischen Angehörigen der jüdischen Religionsgemeinschaft und Personen anderer Religionszugehörigkeit wurden allerdings, wenn sie außerhalb Israels stattfanden, von der weltlichen Rechtsordnung Israels stillschweigend geduldet. Erst seit Beginn der sechziger Jahre hat die staatliche Gesetzgebung Israels im Interesse einer einheitlichen Rechtsanwendung die Anknüpfung an die Religionszugehörigkeit durch diejenige an den *Wohnsitz* verdrängt. Dabei hat der anglo-

---

* **Schrifttum:** BERGMANN/FERID/SCHEFTELOWITZ Israel (Stand: 1987) 35—46; ENGLARD, Law and Religion in Israel, AmJCompL 35 (1987) 185; FALK/LEHMANN, Conflits de juridictions en matière de statut personnel en droit israelien Clunet 1980, 76; FERID/FIRSCHING/PERLES Israel (Stand: 1991) Altes Recht: Grdz C Rn 7—44; Neues Recht: Grdz C Rn 20—52; GOLDWATER, Private International Law Cases in Israel in the Field of Divorce 1963—1972, NTIR 1972, 288; KRETZMER, The legal Status of Arabs in Israel (1990); SCHEFTELOWITZ, Interkonfessionelles und internationales Kollisionsrecht in Israel, AcP 152 (1952/53) 516; SHAKI, The Criterion „Domicile" and its Preference over the Criterion of Nationality in Israel Private International Law, in: TEDESCHI/YADIN, Studies in Israel Legislative Problems (1966) 163; SHAPIRO, Private internationel law and scope-delineating of legislation in the Israeli legal system, NILR 1984, 73; SHIFMAN, Religious Affiliation in Israeli Interreligious Law, Israel L Rev 15 (1980) 1; VITTA, The choice of Law in Matters of Personal Status in Palestine (1947).

amerikanische Einfluß auf israelisches Rechtsdenken eine wesentliche Rolle gespielt; indessen wird der Begriff „place of domicile" (hebräisch: moshav) in einigen Gesetzen als „place where the centre of a person's life is" definiert, was dem kontinentaleuropäischen Verständnis des Wohnsitzes näher kommt (SHAKI, The Criterion „Domicile" and its Preference over the Criterion of Nationality in Israel Private International Law, in: TEDESCHI/YADIN, Studies in Israel Legislative Problems [1966] 163, 169).

504 Das Gesetz betreffend die **Geschäftsfähigkeit** und die **Vormundschaft** (Legal Capacity and Guardianship Law 5722/1962) verbindet den Wohnsitz des Minderjährigen, Geschäftsunfähigen oder Mündels mit dem Wohnsitz des Gewalthabers, läßt aber den Beweis eines anderweitigen Lebensmittelpunktes zu (Sec 80: „Place of domicile in relation to any person means the place where the centre of his life is; a minor, a legally incompetent person or a ward shall be presumed to have his place of domicile at the place of domicile of his representative unless it has been proved that his life is centred in some other place"). Anzuwenden ist jeweils das am hiernach ermittelten Wohnsitz geltende Recht (Sec 77; Text bei BERGMANN/FERID/SCHEFTELOWITZ Israel 90). Auch die Zuständigkeit der israelischen Gerichte für eine Entmündigung oder die Anordnung einer Vormundschaft hängt primär vom Wohnsitz oder gewöhnlichen Aufenthalt des Betroffenen ab (Sec 76). Auf dem Weg zum Wohnsitzprinzip stellt dieses Gesetz einen besonders wichtigen Schritt dar (SHAKI 171).

505 Wenige Jahre später übernahm auch das **Erbgesetz** (Succession Law 5725/1965) die Anknüpfung an den Wohnsitz sowohl für die internationale Zuständigkeit der israelischen Gerichte (Sec 136: „The Courts of Israel have jurisdiction over the estate of any person who was domiciled in Israel at the time of his death or who left property in Israel") wie für die Regelung der Erbfolge (Sec 137: „The law applicable to the succession shall be the law of the domicile of the deceased at the time of his death . . .") und die Testierfähigkeit (Sec 139: „The testator's capacity to make a will shall be governed by the law of the place where he was domiciled at the time of making the will"). Die Entscheidung für den Wohnsitz fiel nach sorgfältiger Abwägung der für und gegen diese Anknüpfung sprechenden Gesichtspunkte (YADIN, The Law of Succession and Other Steps Towards a Civil Code, in : TEDESCHI/YADIN 104, 119). Das Wohnsitzrecht tritt allerdings gem Sec 138 gegenüber einem ausländischen Belegenheitsrecht zurück, sofern dieses Sonderstatut zwingende Anwendung erheischt. Wie im Gesetz über Geschäftsfähigkeit und Vormundschaft wurde der Wohnsitz (domicile, moshav) als „the place where a person's life is centred" umschrieben und der Wohnsitz eines Minderjährigen, Geschäftsunfähigen oder Mündels vorbehaltlich des Gegenbeweises mit demjenigen des Gewalthabers gleichgesetzt (Sec 135). Damit wurde auch im Bereich des Erbrechts die frühere Bindung an die Staatsangehörigkeit aufgegeben.

506 Die israelische Gesetzgebung hat sich schließlich auch der Kollisionsnormen des **Eherechts** angenommen, die anfangs ganz an der Religionszugehörigkeit ausgerichtet waren. Noch das Gesetz über die Gerichtsbarkeit der Rabbinatsgerichte in Ehe- und Scheidungssachen (Rabbinical Courts Jurisdiction [Marriage and Divorce] Law 5713/1953; Text bei BERGMANN/FERID/SCHEFTELOWITZ Israel 69 f) begründete die Zuständigkeit einerseits mit der israelischen Staatsangehörigkeit, andererseits mit dem israelischen Wohnsitz der jüdischen Beteiligten (Sec 1); überdies erklärte es schlechthin jüdisches Recht in Fragen der Eheschließung und Scheidung für maßgeblich (Sec 2). Damit wurde insoweit die Verweisung der Palestine Order-in-Council auf das Heimatrecht ausländischer Staatsangehöriger (Art 64; dazu o Rn 502) praktisch gegenstandslos (SHAKI 166).

Später wurde durch ein weiteres Gesetz (Dissolution of Marriage Jurisdiction [Special Cases] Law 5729/1969) die **Scheidung** zwischen Eheleuten, für die keine ausschließliche Zuständigkeit eines religiösen Gerichts vorgesehen war, dem innerstaatlichen Recht des gegenwärtigen oder letzten gemeinsamen Wohnsitzes der Ehegatten und nur ersatzweise dem Recht der gemeinsamen Staatsangehörigkeit oder letztlich dem Recht des Eheschließungsortes unterstellt (Sec 5; Text bei BERGMANN/FERID/SCHEFTELOWITZ Israel 83 ff). 507

Mit dem **Ehegüterrecht** befaßt sich das Gesetz betreffend die Vermögensverhältnisse zwischen Ehegatten (Matrimonial Property Relations Law 5733/1973; Text bei BERGMANN/FERID/SCHEFTELOWITZ Israel 77 ff). Dieses erklärt das Recht am Wohnsitz der Ehegatten zur Zeit der Eheschließung für maßgeblich, gestattet aber eine nachträgliche Vereinbarung, die dann dem Recht des nunmehrigen Ehewohnsitzes unterliegen soll (Sec 15). Unterhaltsansprüche und Rechte aus einem Ehevertrag nach jüdischem Recht (Ketubah) werden hierdurch nicht berührt (Sec 17). 508

b) Rück- und Weiterverweisung im israelischen Recht

Das Problem des Renvoi hat auf dem Gebiet des **Erbrechts** im israelischen Erbgesetz von 1965 eine ausdrückliche Regelung erfahren. Dieses erklärt in Sec 142 die Weiterverweisung der Kollisionsnormen eines fremden Wohnsitzrechts auf ein drittes Recht für unbeachtlich und demgemäß die Sachnormen des Wohnsitzstaates für anwendbar. Falls aber die Kollisionsnormen dieses Staates auf israelisches Recht verweisen, soll diese Rückverweisung angenommen und israelisches materielles Recht angewendet werden: 509

Notwithstanding anything in this Law, where the law of a particular state applies and such law refers to some other law such reference shall be disregarded and the domestic law of that state shall apply, provided that if the law of that state refers to Israel law, the reference shall be made and domestic Israel law apply.

Die Folge, daß der israelische Richter damit uU ein fremdes Recht anwendet, das der Richter in dem betreffenden Land selbst nicht anwenden würde, wird in Kauf genommen.

Demgegenüber schließt das israelische **Scheidungsgesetz** 5729/1969 durch die ausdrückliche Verweisung auf das jeweilige „innerstaatliche" Recht auch eine Rückverweisung auf israelisches Recht aus (GOLDWATER, Private International Law Cases in Israel in the Field of Divorce 1963–1972, NTIR 19 [1972] 288, 291). 510

c) Rück- und Weiterverweisung aus deutscher Sicht

Da das geltende israelische IPR auf den Gebieten des Personen-, Familien- und Erbrechts weithin dem Wohnsitzprinzip folgt, kommt es häufig zu einer nach Art 4 Abs 1 EGBGB zu beachtenden Rück- oder Weiterverweisung. Dies gilt etwa für die *Ehescheidung* von in Deutschland lebenden Israelis (LG Berlin 11.3.1971, NJW 1971, 2130 = IPRspr 1971 Nr 137; SCHEFTELOWITZ, Neue familienrechtliche Gesetze in Israel, StAZ 1970, 511

27 f). Auch auf dem Gebiet des *Ehegüterrechts* kann sich eine Rückverweisung auf das deutsche Recht ergeben, sofern dieses das Recht des ersten Ehewohnsitzes oder – im Falle eines späteren Ehevertrages – das Wohnsitzrecht zur Zeit des Vertragsschlusses war (vgl idS schon vor Inkrafttreten des israelischen Matrimonial Property Relations Law von 1973 für den Fall, daß sich der Wohnsitz der israelischen Ehegatten anfangs in Israel befunden hatte, später aber in die Bundesrepublik Deutschland verlegt worden war, OLG Hamm 18. 1. 1974, IPRspr 1974 Nr 62; das Gericht verwies auf die [über Art 46 der Palestine Order-in-Council anwendbaren] Grundsätze des englischen internationalen Ehegüterrechts).

512 Unter dem Einfluß der neueren israelischen Gesetzgebung können Fälle der Rückverweisung auch im Bereich der Statusfragen auftreten, die anfangs gänzlich an die Religionszugehörigkeit gebunden waren (Art 51–54 Palestine Order-in-Council). So kann die **Legitimation** eines Kindes kraft Rückverweisung nach deutschem Recht stattfinden, wenn Kind, Mutter und Vater in der Bundesrepublik wohnhaft sind (AG Münster 5. 5. 1975, DAVorm 1975, 395 = IPRspr 1975 Nr 103; das Gericht berief sich auf eine Auskunft der israelischen Botschaft). Hingegen kann in der bloßen Hinnahme einer gegen das religiöse Recht verstoßenden *Eheschließung* von israelischen Staatsangehörigen jüdischen Glaubens in Deutschland eine Rückverweisung selbst dann nicht gesehen werden, wenn die israelischen Beteiligten ihren Wohnsitz in der Bundesrepublik Deutschland haben (OLG Hamm 17. 10. 1970, FamRZ 1971, 26 = IPRspr 1970 Nr 48; BGH 12. 5. 1971, BGHZ 56, 180 = NJW 1971, 1519 = IPRspr 1971 Nr 40; OLG Hamm 3. 9. 1976, FamRZ 1977, 323 = IPRspr 1976 Nr 33; für Annahme einer Rückverweisung STURM, in: FS Ferid [1978] 422 Fn 20).

513 Im internationalen **Erbrecht** bereitete die Anwendung der Sec 137, 142 des israelischen Erbgesetzes den deutschen Gerichten im Rahmen der Prüfung einer Rückverweisung nach Art 27 EGBGB aF Schwierigkeiten. So vertraten sie in derselben Nachlaßsache, die das in der Bundesrepublik belegene Vermögen eines mit letztem Wohnsitz in München verstorbenen Israeli betraf, ganz unterschiedliche Ansichten: das Nachlaßgericht kam über die Annahme eines „double renvoi" zur Anwendung israelischen Rechts (AG München 15. 1. 1974, IPRspr 1974 Nr 130), das Beschwerdegericht wollte aufgrund der (Rück-)Verweisung durch Sec 137 auf das Recht des letzten Wohnsitzes deutsches Recht anwenden, und das Bayerische Oberste Landesgericht deutete die Anerkennung einer Rückverweisung im israelischen Erbgesetz (Sec 140) – unter Hinweis auf die parallele Regelung im damaligen schweizerischen IPR (Art 28 Nr 2 NAG) – als Vorbehalt der Anwendung inländischen Rechts gegenüber der allgemeinen Geltung des Wohnsitzprinzips (BayObLG 22. 6. 1976, BayObLGZ 1976, 151, 160 = NJW 1976, 2076 = IPRspr 1976 Nr 115). Nach der Regelung in Art 4 Abs 1 EGBGB hat das deutsche Gericht indes auf den Standpunkt des israelischen IPR zur Frage der Rückverweisung keine Rücksicht zu nehmen; die Verweisung in Sec 137 des israelischen Erbgesetzes auf das deutsche Wohnsitzrecht des Erblassers ist daher – entgegen der Ansicht des BayObLG – als Sachnormverweisung auf deutsches Erbrecht zu behandeln.

d) **Staatsverträge**

514 Israel ist dem Haager Testamentsabkommen von 1961 beigetreten, dessen Verweisungen auf das „internal law" einen Renvoi ausschließen (s Art 4 Rn 126 f). Israel ist aber auch Mitgliedstaat des Haager Kindesentführungsabkommens von 1980, das in

seinem Art 3 Abs 1 eine Gesamtverweisung auf das Recht am gewöhnlichen Aufenthalt des Kindes vorsieht (s Art 4 Rn 132 f).

VIII. Rechtsordnungen des Fernen Ostens

1. Republik China (Taiwan)*

a) **Kollisionsnormen**
Das IPR der Republik China ist im Gesetz über die Rechtsanwendung für internationale Zivilsachen vom 6. 6. 1953 (Text bei BERGMANN/FERID 35 ff) kodifiziert. Hauptanknüpfungspunkt im internationalen Personen-, Familien und Erbrecht ist danach die **Staatsangehörigkeit**. Bei Mehrstaatern, die ihre Staatsangehörigkeit sukzessiv erworben haben, wird an die zuletzt erworbene Staatsangehörigkeit angeknüpft; bei gleichzeitigem Erwerb kommt es auf dasjenige Heimatrecht an, zu dem die engste Verbindung besteht. Die Staatsangehörigkeit der Republik China hat jedoch in jedem Falle Vorrang (§ 26). Für Staatenlose gilt das Recht des Wohnsitzes, hilfsweisen das Recht ihres Aufenthaltsorts (§ 27).

Demgemäß richtet sich die **Geschäftsfähigkeit** einer Person nach ihrem Heimatrecht (§ 1 S 1). Eine Entmündigung von Ausländern in der Republik China setzt hingegen voraus, daß ein Entmündigungsgrund sowohl nach dem Heimatrecht als auch nach chinesischem Recht vorliegt.

Die sachlichen Voraussetzungen der **Eheschließung** beurteilen sich nach dem jeweiligen Heimatrecht der Parteien (§ 11 Abs 1 S 1). Hinsichtlich der Form der Eheschließung genügt die Einhaltung der Formvorschriften am Ort der Eheschließung (§ 11 Abs 1 S 2). Wird die Ehe in der Republik China geschlossen, so sind jedoch zwingend die dort geltenden Formvorschriften einzuhalten, wenn eine der Parteien Staatsangehöriger der Republik China ist (§ 11 Abs 2). Die *Wirkungen der Ehe* bestimmen sich grundsätzlich nach dem Heimatrecht des Ehemannes; das Recht der Republik China ist jedoch dann anwendbar, wenn die Ehefrau die Staatsangehörigkeit der Republik China durch die Eheschließung mit einem Ausländer nicht verloren hat und ihren Wohnsitz oder Aufenthalt in der Republik China hat (§ 12). Das eheliche *Güterrecht* unterliegt grundsätzlich dem Heimatrecht des Ehemannes zur Zeit der Eheschließung. Die Ehegatten können aber auch die Geltung des Rechts der Republik China vereinbaren (§ 13 Abs 1). In Übereinstimmung mit Art 3 Abs 3 EGBGB geht jedoch ein Einzelstatut vor, soweit es für unbewegliches Vermögen der Ehegatten Sondervorschriften aufstellt (§ 13 Abs 3).

Wird Klage auf **Ehescheidung** in der Republik China erhoben, so kann die Ehe nur geschieden werden, wenn sowohl nach dem Heimatrecht des Ehemannes als auch nach dem Recht der Republik China ein Scheidungsgrund vorliegt. Ist einer der Ehegatten aber Staatsangehöriger der Republik China, so richtet sich die Eheschei-

---

* **Schrifttum:** BERGMANN/FERID/ALTENBURGER, Republik China (Stand: 1990) 8–14; CHENG, Das IPR der natürlichen Person in der Republik China (Diss Münster 1980); FERID/FIRSCHING/CORINTH, Republik China (Stand: 1969) Grdz C Rn 6–11; LIU, Zur internationalprivatrechtlichen Problematik der Eheschließungen der Ausländer in der Bundesrepublik Deutschland und die Anerkennung von Privatscheidungen (Diss Regensburg 1986).

dung ausschließlich nach chinesischem Recht (§ 14). Die Wirkungen der Ehescheidung beurteilen sich grundsätzlich nach dem Heimatrecht des Ehemannes (§ 15 Abs 1); hingegen gilt das Recht der Republik China, wenn die Ehefrau durch die Eheschließung mit einem Ausländer die Staatsangehörigkeit der Republik China nicht verloren hat (§ 15 Abs 2).

519 Im **Kindschaftsrecht** wird zwischen der Begründung und den Rechtswirkungen eines Kindschaftsverhältnisses unterschieden. Der Status als eheliches Kind bestimmt sich nach dem Heimatrecht des Ehemannes der Mutter zur Zeit der Geburt des Kindes bzw im Zeitpunkt einer etwaigen vorherigen Beendigung des Kindschaftsverhältnisses (§ 16 Abs 1). Demgegenüber beurteilen sich die Voraussetzungen der Anerkennung eines *nichtehelichen Kindes* sowohl für den Anerkennenden wie für das Kind nach seinem jeweiligen Heimatrecht (§ 17 Abs 1). Die Wirkungen der Anerkennung unterliegen hingegen einheitlich dem Heimatrecht des Anerkennenden (§ 17 Abs 2). Das Rechtsverhältnis zwischen Eltern und Kindern richtet sich nach dem Heimatrecht des Vaters und, wenn kein Vater vorhanden ist, nach dem Heimatrecht der Mutter (§ 19 S 1). Hingegen gilt das Recht der Republik China, wenn der Vater die Staatsangehörigkeit der Republik China verloren hat, die Mutter und die Kinder sie jedoch behalten haben (§ 19 S 2). Die sachlichen Voraussetzungen der Begründung oder Aufhebung einer *Adoption* beurteilen sich für den Adoptierenden und den Adoptierten nach ihrem jeweiligen Heimatrecht. Für die Wirkungen der Adoption ist hingegen allein das Heimatrecht des Adoptierenden maßgebend (§ 18).

520 Die **Beerbung** richtet sich nach dem Heimatrecht des Erblassers zur Zeit seines Todes. Ist jedoch ein Staatsangehöriger der Republik China nach seinem Heimatrecht als Erbe eines Ausländers berufen, so erbt er den Nachlaß, der in der Republik China belegen ist (§ 22). Das Recht der Republik China gilt ferner für die Behandlung eines erbenlosen Nachlasses, der in der Republik China belegen ist (§ 23). Die inhaltlichen Voraussetzungen für die Errichtung eines Testaments und seine Wirkungen beurteilen sich nach dem Heimatrecht des Erblassers zur Zeit der Testamentserrichtung (§ 24 Abs 1).

b) **Rück- und Weiterverweisung im chinesischen Recht**
521 Zum Renvoi enthält das IPR-Gesetz der Republik China eine ausdrückliche Regelung in § 29:

Ist nach dem Heimatrecht, das nach diesem Gesetz für das gegebene Rechtsverhältnis anzuwenden ist, ein anderes Recht anzuwenden, so findet das letztere Anwendung. Das gleiche gilt, wenn nach dem anderen Recht ein weiteres anderes Recht anzuwenden ist. Ist jedoch nach dem anderen Recht das Recht der Republik China anzuwenden, so ist dieses maßgebend.

Damit sind grundsätzlich sowohl Rück- wie Weiterverweisung anerkannt. Der Renvoi wird jedoch abgebrochen, wenn auf das Recht der Republik China zurückverwiesen wird. Bei Verweisungen auf einen Mehrrechtsstaat findet das Recht der Teilrechtsordnung Anwendung, in der sich der Wohnsitz der betreffenden Person befindet; läßt sich dieser nicht feststellen, so wird auf die Teilrechtsordnung abgestellt, in der sich die Hauptstadt befindet (§ 28).

c) Rück- und Weiterverweisung aus deutscher Sicht

Da das IPR der Republik China auf dem Gebiet des Personen-, Familien- und 522
Erbrechts ebenfalls vom Staatsangehörigkeitsprinzip ausgeht und hiervon nur
zugunsten der Anwendung des eigenen Rechts abweicht, nimmt es die Verweisung
des deutschen Kollisionsrechts in aller Regel an (vgl etwa AG München 20. 10. 1983, StAZ
1984, 211: Ehename). Denkbar ist eine Rückverweisung in staatsangehörigkeitsrechtlich gemischten Ehen, wenn das – als Aufenthaltsrecht der Ehegatten oder des
Kindes zur Anwendung berufene – Recht der Republik China seinerseits das deutsche Heimatrecht des Ehemannes/Vaters für anwendbar erklärt.

2. Japan*

a) Kollisionsnormen

Das japanische Kollisionsrecht war ursprünglich im Rechtsanwendungsgesetz 523
(Hôrei) vom 21. 6. 1898 kodifiziert, das auf dem Entwurf von GEBHARD für den
kollisionsrechtlichen Teil des BGB beruhte (Text bei BERGMANN/FERID Japan Rn 9 ff). Es
stimmte daher in den Anknüpfungen zumeist mit den ursprünglichen Kollisionsnormen des EGBGB überein, unterschied sich aber von ihnen nicht nur durch die
allseitige Fassung der Kollisionsnormen, sondern auch durch die Regelung zahlreicher Fragen, die im EGBGB nicht behandelt waren (vgl EHRENZWEIG/IKEHARA/JENSEN,
American-Japanese Private International Law [1964] 18). Nur wenige Jahre nach der deutschen IPR-Reform hat man 1989 auch in Japan das internationale Familienrecht
grundlegend reformiert. Hauptziel der Neuregelung vom 28. 6. 1989, die am
1. 1. 1990 in Kraft getreten ist, war auch dort die Verwirklichung der Gleichberechtigung von Mann und Frau im IPR; ferner sollte das Kindeswohl im internationalen
Kindschaftsrecht stärker berücksichtigt und das autonome japanische IPR mit den
von Japan ratifizierten Haager Abkommen auf dem Gebiet des internationalen
Familienrechts harmonisiert werden.

Auch das Reformgesetz hat am **Staatsangehörigkeitsprinzip** als Grundlage des inter- 524
nationalen Personen-, Familien- und Erbrechts festgehalten. Heimatrecht eines
Mehrstaaters ist nach Art 28 Abs 1 nF das Recht des Staates, in dem er seinen
gewöhnlichen Aufenthalt hat; hilfsweise kommt das Recht des Staates zur Anwendung, mit dem er ansonsten am engsten verbunden ist. Die japanische Staatsangehörigkeit geht jedoch in jedem Falle vor (Art 28 Abs 1 S 3). Personalstatut eines
Staatenlosen ist das Recht seines gewöhnlichen Aufenthalts (Art 28 Abs 2 S 1).

Nach dem Heimatrecht beurteilen sich insbesondere die **Geschäftsfähigkeit** (§ 3), die 525
Voraussetzungen einer Entmündigung (§ 4 Abs 1) und einer **Eheschließung** (§ 13

---

* **Schrifttum:** EHRENZWEIG/IKEHARA/JENSEN, American-Japanese Private International Law (1964); KAMITANI, Zur Reform des internationalen Familienrechts in Japan, FamRZ 1991, 284; KAWAKAMI, Die Entwicklung des internationalen Privat- und Prozeßrechts in Japan nach dem 2. Weltkrieg, RabelsZ 33 (1969) 498; KIM New Japanese Private International Law. The 1990 Hôrei, AmJCompL 40 (1992) 1; KONO, Staatsangehörigkeitsprinzip und Reform des japanischen internationalen Privatrechts, in: JAYME/MANSEL (Hrsg), Nation und Staat im internationalen Handelsrecht; ders, Double Renvoi in Japan, IPRax 1993, 197; M SCHMIDT, Die Reform des japanischen internationalen Privatrechts (1992); YAMAUCHI, Zur Änderung des internatioalen Ehe- und Kindschaftsrechts in Japan, IPRax 1990, 268.

Abs 1). Die Form der Eheschließung wurde durch das Reformgesetz erleichtert. Nach Art 13 Abs 2 unterliegt sie grundsätzlich dem Recht des Ortes der Eheschließung. Ausreichend ist jedoch auch die Einhaltung der Form nach dem Heimatrecht der Parteien; ist allerdings ein Ehegatte Japaner und wird die Ehe in Japan geschlossen, so ist zwingend die Form des japanischen Rechts einzuhalten (Art 13 Abs 3).

526 Während die **Ehewirkungen** bis zum 1.1.1990 dem Heimatrecht des Ehemannes unterlagen, sieht Art 14 nF nunmehr eine – stark an Art 14 Abs 1 EGBGB orientierte – Anknüpfungsleiter vor; danach gilt primär das gemeinsame Heimatrecht der Ehegatten und in Ermangelung eines solchen das Recht des gemeinsamen gewöhnlichen Aufenthalts. Hilfsweise ist das Recht des Staates maßgebend, mit dem die Ehegatten sonst am engsten verbunden sind. Diese Anknüpfungsleiter gilt nach Art 15 Abs 1 HS 1 nF nunmehr auch für das *eheliche Güterrecht* entsprechend; damit ist das Güterstatut – abweichend vom bisherigen Recht – in Japan wandelbar. Darüber hinaus hat das Reformgesetz die Möglichkeit der Rechtswahl des Güterstatuts eingeführt. In weitgehender Übereinstimmung mit Art 15 Abs 2 EGBGB haben die Ehegatten die Wahl zwischen dem Recht des Staates, dem einer von ihnen angehört oder in dem einer von ihnen seinen gewöhnlichen Aufenthalt hat. Ferner kann für unbewegliches Vermögen auch das Recht des Lageorts gewählt werden (Art 15 Abs 1 HS 2). Die Anknüpfungsleiter des Art 14 gilt schließlich auch für die *Ehescheidung* entsprechend (Art 16 S 1); auch das Scheidungsstatut ist wandelbar, so daß es auf das Vorliegen der Anknüpfungskriterien im Zeitpunkt der letzten mündlichen Verhandlung ankommt. Ist allerdings ein Ehegatte Japaner und hat er seinen gewöhnlichen Aufenthalt in Japan, so unterliegt die Scheidung dem japanischen Recht (Art 16 S 2).

527 Im internationalen **Kindschaftsrecht** begünstigt das neue japanische IPR die Ehelichkeit des Kindes durch alternative Anknüpfungen. Demgemäß genügt es nach Art 17 Abs 1, daß das Kind nach dem Heimatrecht eines der Ehegatten im Zeitpunkt seiner Geburt ehelich ist. Stirbt der Ehemann vor der Geburt des Kindes, so kommt es auf sein Heimatrecht im Zeitpunkt seines Todes an (Art 17 Abs 2). Die gleichen Regeln gelten auch für die Anfechtung der Ehelichkeit. Demgegenüber unterliegt die Begründung eines nichtehelichen Kindschaftsverhältnisses im Verhältnis zu Vater und Mutter dem Heimatrecht des jeweiligen Elternteils (Art 18 Abs 1 S 1). Die Anerkennung des nichtehelichen Kindes kann darüber hinaus auch nach dem Heimatrecht des Anerkennenden oder des Kindes im Zeitpunkt der Anerkennung erfolgen (Art 18 Abs 2 S 1). Nach dem Heimatrecht des Kindes erforderliche Zustimmungen des Kindes oder eines Dritten zur Anerkennung müssen jedoch zusätzlich erfüllt werden (Art 18 Abs 1 S 2). Für die *Legitimation* eines nichtehelichen Kindes genügt es nach Art 19 Abs 1, wenn ihre Voraussetzungen nach dem Heimatrecht des Vaters, dem Heimatrecht der Mutter oder dem Heimatrecht des Kindes im Zeitpunkt der Legitimation vorliegen; stirbt einer der Beteiligten vor Eintritt der Legitimation, so kommt es stattdessen auf das Heimatrecht im Zeitpunkt des Todes an (Art 19 Abs 2).

528 Die **Adoption** unterliegt dem Heimatrecht des Annehmenden im Zeitpunkt der Kindesannahme (Art 20 Abs 1). Fordert das Heimatrecht des Anzunehmenden eine Zustimmung des Anzunehmenden oder eines Dritten oder eine behördliche bzw gerichtliche Erlaubnis, so muß auch dieses Erfordernis erfüllt werden. Das Heimat-

recht des Annehmenden gilt auch für die Wirkungen der Adoption im Verhältnis zu den Verwandten des Angenommenen und für die Auflösung der Adoption (Art 20 Abs 2). Das Rechtsverhältnis zwischen Eltern und Kind unterliegt dem Heimatrecht des Kindes, wenn dieses mit dem Heimatrecht des Vaters oder dem der Mutter übereinstimmt; ist dies nicht der Fall, so gilt das Recht am gewöhnlichen Aufenthalt des Kindes (Art 21).

Die **Erbfolge** beruht auf dem Prinzip der Nachlaßeinheit und richtet sich insgesamt **529** nach dem Heimatrecht des Erblassers zur Zeit seines Todes (Art 26). Für die Errichtung und die Wirkung eines Testaments gilt jedoch das Heimatrecht des Erblassers zur Zeit der Testamentserrichtung (Art 27 Abs 1). Dingliche Rechte werden vom Belegenheitsstatut beherrscht (Art 10).

b) Rück- und Weiterverweisung im japanischen Recht

Aus japanischer Sicht wird die Rückverweisung angenommen, soweit die japani- **530** schen Kollisionsnormen auf das *Heimatrecht* einer Person verweisen und dieses seinerseits das japanische Recht für maßgeblich erklärt (Art 32 nF). Damit wird auf die Weiterverweisung verzichtet und die Rückverweisung auf Kollisionen des Heimatrechts mit anderen Anknüpfungskriterien – Wohnsitz, Aufenthalt, Belegenheit oder Staatsangehörigkeit einer anderen beteiligten Person – beschränkt. Die japanische Praxis hatte schon früher von der ihr gebotenen Möglichkeit der Rückkehr zum eigenen Recht häufig – wenn auch nicht immer zu Recht – Gebrauch gemacht, wenn die Verweisung auf das Recht der Staatsangehörigkeit von diesem – etwa dem Recht eines Einzelstaates der USA – durch eine Verweisung auf den Wohnsitz erwidert und dieser in Japan festgestellt wurde (Nachw bei EHRENZWEIG/IKEHARA/JENSEN 61 [Eheschließung] 66 ff [Ehescheidung], 77 [Adoption], 80 [Güterrecht] und 45 [Erbrecht], sowie bei KAWAKAMI RabelsZ 33 [1969] 502 f]).

Nach der Neuregelung des Art 32 Hôrei ist der Renvoi nur noch anzuerkennen, **531** wenn das **Heimatrecht als Personalstatut** anzuwenden ist, also auf den Gebieten des Personenrechts (Art 3–5) sowie des Familien- und Erbrechts (Art 13–27), nicht hingegen im Vertrags- oder Deliktsrecht. Ferner wird auch in den genannten Bereichen eine Rückverweisung nicht beachtet, wenn die Verweisung auf das Heimatrecht Teil einer Anknüpfungsleiter – zB für die Ehewirkungen, das Güter- oder Scheidungsrecht oder die Eltern-Kind-Beziehungen – ist. Ob nach Art 32 nF auch ein „double renvoi" zu beachten ist, so daß es bei der Anwendbarkeit des vom japanischen IPR berufenen ausländischen Heimatrechts verbleibt, wenn dieses eine Gesamtverweisung auf japanisches Recht ausspricht (und deshalb seinerseits eine Rückverweisung durch das japanische IPR annimmt), ist streitig, wird aber in der Literatur zunehmend befürwortet (vgl KONO IPRax 1993, 197 ff mwN).

Im Fall einer personalen Rechtsspaltung entscheidet über das anwendbare Recht in **532** erster Linie das interpersonale Recht des Heimatstaates; hilfsweise kommt das Recht zur Anwendung, mit dem die betreffende Person am engsten verbunden ist (Art 31 Abs 1). Entsprechend ist im Falle einer räumlichen Rechtsspaltung zu verfahren, wenn also die Anknüpfung an den gewöhnlichen Aufenthalt zum Recht eines Staates mit mehreren Teilrechtsordnungen führt (Art 31 Abs 2).

c) Rück- und Weiterverweisung aus deutscher Sicht

533 Aus deutscher Sicht kam es zu einer Rück- oder Weiterverweisung durch die japanischen Kollisionsnormen schon bisher nur in den seltenen Fällen, in denen die Anknüpfungen des japanischen IPR ausnahmsweise von den deutschen abwichen (LG Heidelberg 15. 3. 1971, DAVorm 1971, 207 = IPRspr 1971 Nr 45: Rückverweisung des japanischen Heimatrechts der Ehefrau auf deutsches Namensrecht, weil nach Art 14 Hôrei aF für den Fall verschiedener Staatsangehörigkeit der Ehegatten das Heimatrecht des – in diesem Fall deutschen – Ehemannes entschied; LG Berlin 12. 4. 1983, StAZ 1985, 14 m Anm Beitzke 73 = IPRspr 1983 Nr 103: Teilrückverweisung auf deutsches Recht für Legitimation des Kindes durch Eheschließung des japanischen Vaters mit der deutschen Mutter). Nach der japanischen IPR-Reform von 1988 sind beide Kollisionsrechte nahezu deckungsgleich, so daß eine Renvoi praktisch ausscheidet.

d) Staatsverträge

534 Japan hat durch den Beitritt zu den Genfer Abkommen über internationales Wechsel- und Scheckrecht von 1930 auf dem Gebiet der Wechsel- und Scheckfähigkeit sowohl die Rück- wie die Weiterverweisung in die entsprechenden japanischen Gesetze aufgenommen (Art 88 Abs 1 WechselG; Art 76 Abs 1 ScheckG); durch das Bekenntnis zur Weiterverweisung gingen diese Kollisionsnormen über Art 29 Hôrei aF hinaus (Ehrenzweig/Ikehara/Jensen 90). Japan hat andererseits nach dem 2. Weltkrieg die Haager Unterhaltsabkommen von 1956 und 1973, sowie das Haager Testamentsformabkommen von 1961 ratifiziert; diese Abkommen enthalten eine – schlüssige bzw ausdrückliche – Verweisung auf die Sachnormen des jeweils anwendbaren Rechts, womit Rück- und Weiterverweisung entfallen (s Art 4 Rn 125 ff).

3. Korea*

a) Kollisionsnormen

535 Das IPR der Republik Korea ist kodifiziert im Gesetz über das internationale Privatrecht vom 15. 1. 1962 (Nr 966; Text bei Bergmann/Ferid/Chang Korea 27 ff). Danach folgt das koreanische IPR im Personen-, Familien- und Erbrecht dem **Staatsangehörigkeitsprinzip**. In Fällen der Doppel- oder Mehrstaatigkeit wird an diejenige Staatsangehörigkeit angeknüpft, welche die Person zuletzt erworben hat; die koreanische Staatsangehörigkeit geht jedoch in jedem Falle vor (Art 2 Abs 1). Für staatenlose Personen gilt das Recht ihres Wohnsitzes, hilfsweise ihres Aufenthaltsortes (Art 2 Abs 2).

536 Nach dem Heimatrecht beurteilen sich insbesondere die **Geschäftsfähigkeit** (Art 6 Abs 1) sowie die Gründe für die beschränkte und volle Entmündigung einer Person (Art 7 Abs 1). Eine Todeserklärung wird durch koreanische Gerichte nur hinsichtlich des in Korea befindlichen Vermögens und der vom koreanischen Recht beherrschten Rechtsverhältnisse nach Maßgabe des koreanischen Rechts ausgesprochen (Art 8).

537 Hinsichtlich der Voraussetzungen der **Eheschließung** ist für jede Partei ihr Heimat-

---

* **Schrifttum:** Bergmann/Ferid/Chang (Stand: 1993) 9–14; Lee, Internationales Privatrecht (Seoul 1991; koreanisch).

recht maßgebend; demgegenüber bestimmt sich die Form nach dem am Ort der Eheschließung geltenden Recht (Art 15 Abs 1). Die allgemeinen Wirkungen der Ehe beurteilen sich nach dem (jeweiligen) Heimatrecht des Ehemannes (Art 16 Abs 1); für das eheliche *Güterrecht* ist hingegen – unwandelbar – das Heimatrecht des Ehemannes zur Zeit der Eheschließung maßgebend (Art 17 Abs 1). Für die *Ehescheidung* gilt grundsätzlich das Heimatrecht des Ehemannes zur Zeit der Ereignisse, welche die Scheidung begründen; ein koreanisches Gericht kann jedoch die Ehescheidung nur aussprechen, wenn auch ein Scheidungsgrund nach koreanischem Recht vorliegt (Art 18).

Für die Vermutung, die Anerkennung oder Anfechtung der **Ehelichkeit eines Kindes** 538 ist das Heimatrecht des Ehemannes der Mutter zur Zeit der Geburt des Kindes anzuwenden; ist der Ehemann vor der Geburt des Kindes gestorben, so gilt sein Heimatrecht im Todeszeitpunkt (Art 19). Die Voraussetzungen für die Anerkennung eines nichtehelichen Kindes bestimmen sich hinsichtlich des Vaters oder der Mutter nach deren Heimatrecht und hinsichtlich des Kindes nach dessen Heimatrecht; maßgebend ist jeweils der Zeitpunkt der Anerkennung (Art 20 Abs 1). Die Wirkungen der Anerkennung unterliegen dem jeweiligen Heimatrecht des anerkennenden Elternteils (Art 20 Abs 2).

Die Voraussetzungen der **Adoption** bestimmen sich hinsichtlich jeder Partei nach 539 deren Heimatrecht; für die Wirkungen und die Auflösung der Adoption gilt hingegen allein das Heimatrecht des Adoptierenden (Art 21). Für die rechtlichen Beziehungen zwischen Eltern und Kind ist das Heimatrecht des Vaters oder, wenn das Kind keinen Vater hat, das Heimatrecht der Mutter maßgebend (Art 22).

Die **Erbfolge** unterliegt einheitlich dem Heimatrecht des Erblassers im Zeitpunkt 540 seines Todes (Art 26). Für die Errichtung und Wirkung eines Testaments ist das Heimatrecht des Testators zur Zeit der Errichtung, für den Widerruf das Heimatrecht des Testators zur Zeit des Widerrufs (Art 27 Abs 1 und 2) maßgebend.

b)   **Rück- und Weiterverweisung im koreanischen Recht**
Zum Renvoi äußert sich das koreanische IPRG ausdrücklich in Art 4: **541**

Wenn in den Fällen, in denen das Heimatrecht der Parteien maßgebend sein soll, dieses Heimatrecht bestimmt, daß das Recht der Republik Korea maßgebend sein soll, so ist letzteres anzuwenden.

Damit wird nur die einfache Rückverweisung, nicht hingegen die Weiterverweisung auf das Recht eines dritten Staates anerkannt (vgl zur Beachtung eines Renvoi im koreanischen Scheidungsrecht BERGMANN/FERID/CHANG Korea 11 m Nachw in Fn 20).

c)   **Rück- und Weiterverweisung aus deutscher Sicht**
Da das koreanische IPR auf dem Gebiet des Personen-, Familien- und Erbrechts 542 ebenfalls vom Staatsangehörigkeitsprinzip ausgeht, sind Rückverweisungen auf deutsches Recht selten. Die deutschen Gerichte gehen daher idR von einer Annahme der deutschen Verweisung aus (vgl LG Berlin 13.1.1989, StAZ 1989, 315 = IPRspr 1989 Nr 7: Ehename; AG Tübingen 17.10.1988, IPRspr 1988 Nr 183: Legitimation). In Betracht kommt eine Rückverweisung namentlich in staatsangehörigkeitsrechtlich gemischten Ehen, wenn das – als Aufenthaltsrecht (Art 14 Abs 1 Nr 2 EGBGB) zur

Anwendung berufene – koreanische IPR das deutsche Heimatrecht des Ehemannes/ Vaters für anwendbar erklärt.

4. Thailand*

a) Kollisionsnormen

543 Das thailändische IPR ist kodifiziert im Gesetz betreffend Gesetzeskollisionen vom 4. 8. 1937, das am 10. 3. 1938 in Kraft getreten ist (Text bei BERGMANN/FERID Thailand 6 ff) Danach folgt das thailändische IPR im Personen- und Familienrecht dem **Staatsangehörigkeitsprinzip**. Bei doppelter Staatsangehörigkeit wird an die zuletzt erworbene Staatsangehörigkeit angeknüpft (Art 6 Abs 2); bei gleichzeitigem Erwerb entscheidet das Recht des Heimatstaats, in dem der Betroffene seinen Wohnsitz hat. Hat der Doppelstaater seinen Wohnsitz in einem Drittstaat, so wird an das Recht seines Wohnsitzes, hilfsweise seines Aufenthaltsortes angeknüpft (Art 6 Abs 2). Die thailändische Staatsangehörigkeit hat jedoch immer Vorrang (Art 6 Abs 3). Für Staatenlose wird das Personalstatut durch das Recht ihres Wohnsitzes, hilfsweise ihres Aufenthaltsortes bestimmt (Art 6 Abs 4).

544 Demgemäß bestimmt sich die **Geschäftsfähigkeit** natürlicher Personen nach ihrem Heimatrecht (§ 10 Abs 1). Eine Einschränkung gilt lediglich für Rechtsgeschäfte in bezug auf Immobilien; insoweit beurteilt sich auch die Geschäftsfähigkeit nach der jeweiligen lex rei sitae (§ 10 Abs 3).

545 Sowohl die Fähigkeit zur Eingehung einer Verlobung wie die sachlichen Voraussetzungen der **Eheschließung** bestimmen sich nach dem Heimatrecht der jeweiligen Partei (§ 18 S 1, 19). Die Formgültigkeit der Eheschließung richtet sich grundsätzlich nach dem Recht des Eheschließungsortes; eine im Ausland geschlossene Ehe, an der ein thailändischer Staatsangehöriger beteiligt ist, ist jedoch auch dann formgültig, wenn die Form des thailändischen Rechts eingehalten wird (§ 20). Die persönlichen und güterrechtlichen *Ehewirkungen* unterliegen grundsätzlich dem gemeinsamen Heimatrecht der Ehegatten; in staatsangehörigkeitsrechtlich gemischten Ehen ist das Heimatrecht des Ehemannes maßgebend (§§ 21, 22). Dabei ist nicht nur das Ehegüter-, sondern auch das Ehewirkungsstatut unwandelbar (§ 23).

546 Die inhaltliche Gültigkeit eines **Ehevertrages** bemißt sich primär nach dem gemeinsamen Heimatrecht der Ehegatten, ansonsten nach dem – ausdrücklich oder stillschweigend – gewählten Recht und hilfsweise nach dem Recht des ehelichen Wohnsitzes. Bezüglich des unbeweglichen Vermögens der Ehegatten gilt jedoch in jedem Falle das Belegenheitsrecht (§ 25). Die einvernehmliche *Privatscheidung* ist nur wirksam, wenn sie nach dem Heimatrecht beider Ehegatten zulässig ist (§ 26). Eine gerichtliche Ehescheidung kann nur stattfinden, wenn die Heimatrechte beider Ehegatten sie zulassen; für diesen Fall bestimmen sich die Scheidungsgründe nach der lex fori des angerufenen Gerichts (§ 27). Demgegenüber gilt für die gerichtliche Nichtigerklärung einer Ehe das Eheschließungsstatut (§ 28 Abs 1).

547 Die **Ehelichkeit eines Kindes** sowie deren Anfechtung bestimmen sich nach dem Hei-

---

* **Schrifttum:** BERGMANN/FERID Thailand
(Stand: 1983) 6–9.

matrecht des Ehemannes der Mutter zur Zeit der Geburt des Kindes bzw zur Zeit des Todes des Ehemannes der Mutter, wenn dieser schon vorher verstorben ist (§ 29). Die Rechte und Pflichten zwischen den Eltern und dem ehelichen Kind werden nach dem Heimatrecht des Vaters beurteilt (§ 30 Abs 1). Demgegenüber gilt für die Rechte und Pflichten zwischen einem nichtehelichen Kind und seiner Mutter das Heimatrecht der Mutter (§ 30 Abs 2). Die *Legitimation* eines Kindes richtet sich nach dem Heimatrecht des Vaters zur Zeit der Legitimation (§ 31). Für die *Adoption* gilt in erster Linie das gemeinsame Heimatrecht des Annehmenden und des Angenommenen (§ 35 Abs 1); fehlt es an einer gemeinsamen Staatsangehörigkeit, so richten sich die Voraussetzungen und die Fähigkeit, zu adoptieren bzw adoptiert zu werden, für jede Partei nach ihrem Heimatrecht (§ 35 Abs 2 S 1). Die Wirkungen der Adoption im Innenverhältnis unterliegen hingegen einheitlich dem Heimatrecht des Annehmenden (§ 35 Abs 2 S 1).

Im **Erbrecht** folgt das thailändische IPR im wesentlichen dem Vorbild des französischen Rechts. Danach gilt der Grundsatz der Nachlaßspaltung. Die Erbfolge in das unbewegliche Vermögen unterliegt dem jeweiligen Belegenheitsrecht (§ 37); demgegenüber beurteilt sich die gesetzliche und testamentarische Erbfolge in das bewegliche Vermögen nach dem Wohnsitzrecht des Erblassers im Zeitpunkt seines Todes (§ 38). Die Testierfähigkeit unterliegt dem Heimatrecht des Testators zur Zeit der Testamentserrichtung (§ 39). Die materielle Wirksamkeit und die Auslegung von Testamenten richtet sich wiederum nach dem Heimatrecht des Testators zur Zeit seines Todes (§ 41). **548**

b) Rück- und Weiterverweisung im thailändischen Recht
Eine Rückverweisung durch die Kollisionsnormen der vom thailändischen IPR für maßgeblich erklärten Rechtsordnung ist nach § 4 IPRG zu beachten; sie wird – in Übereinstimmung mit Art 4 Abs 1 S 2 EGBGB – abgebrochen und führt zur Anwendung thailändischen materiellen Rechts. Die Weiterverweisung auf das Recht eines dritten Staates wird hingegen nicht anerkannt. Im Fall der Verweisung auf einen Mehrrechtsstaat bestimmen die Normen des ausländischen interlokalen und interpersonalen Privatrechts über die Unteranknüpfung (§ 6 Abs 5). **549**

c) Rück- und Weiterverweisung aus deutscher Sicht
Auf dem Gebiet des internationalen Personen- und Familienrechts kommt es im deutsch-thailändischen Rechtsverkehr nur verhältnismäßig selten zu einer vom deutschen Richter zu beachtenden Rückverweisung. Abweichende Anknüpfungen gelten seit der deutschen IPR-Reform 1986 jedoch in staatsangehörigkeitsrechtlich gemischten Ehen, wo das thailändische IPR bisher am Vorrang des Mannesrechts festhält. Daraus kann sich – vorbehaltlich des ordre public-Einwands (Art 6 EGBGB) – eine Rückverweisung des thailändischen Aufenthaltsrechts der Ehegatten/Eltern auf deutsches Recht ergeben, wenn der Ehemann/Vater Deutscher ist. Im internationalen *Scheidungsrecht* läßt sich aus § 27 Abs 2 IPRG eine Rückverweisung hinsichtlich der Scheidungsgründe auf deutsches Recht entnehmen, wenn die Ehe durch ein deutsches Gericht geschieden wird. Eine in Thailand vollzogene Privatscheidung kann im Inland nicht anerkannt werden, wenn für die Scheidung aus deutscher Sicht (auch) deutsches Recht maßgebend ist (vgl BGH 21. 2. 1990, BGHZ 110, 267 = NJW 1990, 2194 = FamRZ 1990, 607 = IPRspr 1990 Nr 216 mwN). Die im Inland vollzogene Privatscheidung zwischen thailändischen Ehegatten verstößt gegen das **550**

Scheidungsmonopol der deutschen Gerichte (Art 17 Abs 2 EGBGB) und ist deshalb aus deutscher Sicht ebenfalls unwirksam (BGH 14. 10. 1981, BGHZ 82, 34, 41 = NJW 1982, 517 = FamRZ 1982, 447 = IPRspr 1981 Nr 192).

Im internationalen **Erbrecht** verweist das thailändische Heimatrecht des Erblassers auf deutsches Recht zurück, wenn dieser seinen letzten Wohnsitz in der Bundesrepublik Deutschland hatte bzw deutsche Grundstücke zum Nachlaßvermögen gehören.

Art 5 EGBGB. Personalstatut

[1] Wird auf das Recht des Staates verwiesen, dem eine Person angehört, und gehört sie mehreren Staaten an, so ist das Recht desjenigen dieser Staaten anzuwenden, mit dem die Person am engsten verbunden ist, insbesondere durch ihren gewöhnlichen Aufenthalt oder durch den Verlauf ihres Lebens. Ist die Person auch Deutscher, so geht diese Rechtsstellung vor.

[2] Ist eine Person staatenlos oder kann ihre Staatsangehörigkeit nicht festgestellt werden, so ist das Recht des Staates anzuwenden, in dem sie ihren gewöhnlichen Aufenthalt oder, mangels eines solchen, ihren Aufenthalt hat.

[3] Wird auf das Recht des Staates verwiesen, in dem eine Person ihren Aufenthalt oder ihren gewöhnlichen Aufenthalt hat, und ändert eine nicht voll geschäftsfähige Person den Aufenthalt ohne den Willen des gesetzlichen Vertreters, so führt diese Änderung allein nicht zur Anwendung eines anderen Rechts.

Materialien: KÜHNE, IPR-Entwurf: Entwurf eines Gesetzes zur Reform des internationalen Privat- und Verfahrensrechts (1980); G-Entw d BReg z Neuregelung des IPR v 20. 5. 1983 (BR-Drucks 222/83, 7, 40 ff); G-Entw d BReg z Neuregelung des IPR v 20. 10. 1983 (BT-Drucks 10/504, 7, 40 ff); Beschlußempfehlung u Ber d RA (6. Ausschuß) v 9. 6. 1986 (BT-Drucks 10/5632, 6, 40); Gesetzesbeschluß z Neuregelung des IPR vom 20. 6. 1986 (BR-Drucks 293/86, 1 f); G z Neuregelung des IPR v 25. 7. 1986 (BGBl I 1142 ff).

Schrifttum

SCHÄTZEL, Das deutsche Staatsangehörigkeitsrecht (2. Aufl 1958; 1. Aufl 1928)
HOFFMEYER, Aberkennung der deutschen Staatsangehörigkeit und Erbstatut in Entschädigungssachen, JZ 1959, 81
HOFFMANN, Kurzer Grundriß des deutschen Staatsangehörigkeitsrechts (1959)
REINKE, Die Verwirkung des Einbürgerungsanspruchs nach dem Gesetz zur Regelung von Fragen der Staatsangehörigkeit vom 22. Februar 1955, DÖV 1960, 527
KÜHL/BRAASCH, Die bigamische Ehe im Staatsangehörigkeitsrecht, StAZ 1960, 261; 325

PAPKE, Über den rechtlichen Inhalt der deutschen Staatsangehörigkeit, NJW 1960, 2326
MAKAROV, Staatsangehörigkeitsfragen im Luftrecht, in: FS Schätzel (1960) 307
WENGLER, Betrachtungen zum Begriff der Staatsangehörigkeit, in: FS Schätzel (1960) 545
ADAM, Deutsche Staatsangehörigkeit – deutsche Volkszugehörigkeit, StAZ 1961, 109
KÜHL/BRAASCH, Ist eine erweiternde Auslegung des § 19 Abs 2 RuStAG geboten?, StAZ 1961, 213
KANEIN, Deutsches Staatsangehörigkeitsrecht (1961)

MAKAROV, Die Staatenlosigkeit im internationalen und innerstaatlichen Recht, Friedens-Warte 56 (1961/62) 357
ders, Allgemeine Lehren des Staatsangehörigkeitsrechts (1962)
REUSCHER, Bemerkungen zum Ersten Staatsangehörigkeitsregelungsgesetz, StAZ 1962, 43 (dazu GUNDRUM ebenda 222 und REUSCHER ebenda 223)
GERHARDT, Derivativer Erwerb der Rechtsstellung eines Deutschen ohne deutsche Staatsangehörigkeit, DÖV 1962, 260
SCHÄTZEL, Internationales Recht III (Internationales Staatsangehörigkeitsrecht) (1962)
STACKEBRANDT, Grundzüge des Staatsangehörigkeitsrechts, auch mit Blickrichtung auf das Personenstandswesen, StAZ 1963, 142
REUSCHER, Nochmals zu dem Einbürgerungsanspruch der Ausländerin nach dem Gesetz vom 19. 8. 1957, StAZ 1963, 245
PAUL, Tendenzen der Entwicklung des Staatsangehörigkeitsrechts in der Rspr des Bundesverwaltungsgerichts, DÖV 1963, 410
HOFFMANN, Die Staatsangehörigkeit des ehelichen Kindes einer deutschen Mutter und eines ausländischen Vaters, StAZ 1964, 35
SCHNITZERLING, Der Verlust der deutschen Staatsangehörigkeit durch Minderjährige, StAZ 1964, 122
KANEIN, Zum Gesetz zur Änderung des Reichs- und Staatsangehörigkeitsgesetzes vom 19. 12. 1963, StAZ 1964, 234
REUSCHER, Zur deutschen Staatsangehörigkeit der Untersteiermärker usw nach dem (Ersten) Staatsangehörigkeits-Regelungsgesetz, StAZ 1964, 262
MAKAROV, Zur Staatsangehörigkeitsnovelle vom 19. Dezember 1963, JZ 1964, 708
SCHEFFLER, Die Staatsangehörigkeit der Kinder aus Ehen deutscher Frauen mit Ausländern, FamRZ 1965, 471
MANNES, Deutsche Staatsangehörigkeit als Wirkung der Wiedergutmachung, RzW 1965, 534
LICHTER-HOFFMANN, Staatsangehörigkeitsrecht (3. Aufl 1966)
SCHÜLER, Wiedergutmachung und deutsche Staatsangehörigkeit, RzW 1966, 202
BOETIUS, Rechtsprobleme des Art 16 Abs 1 GG im Lichte des 2. StARegG, AÖR 92 (1967) 33
GUNDRUM, Ursachen und Probleme der staatsangehörigkeitsrechtlichen Mischehe, FamRZ 1967, 125
NEUHAUS, Zur „staatsangehörigkeitsrechtlichen Mischehe", FamRZ 1967, 315
REUSCHER, Haben Spanierinnen, die in einem Drittstaat mit einem geschiedenen deutschen Staatsangehörigen die Ehe schließen, einen Einbürgerungsanspruch?, StAZ 1967, 216
SCHOLLER, Staatsangehörigkeit und Freizügigkeit, Zum Problem des Rückrufs, DÖV 1967, 469
BÖCKENFÖRDE, Die Teilung Deutschlands und die deutsche Staatsangehörigkeit, in: FS Carl Schmitt (1968) II 423
SPICKSCHEN, Staatsangehörigkeitserschleichung ausländischer Prostituierter durch Eheschließung nach § 6 RuStAG, StAZ 1968, 198
SACHSE, Zur Verfassungsmäßigkeit des § 6 RuStAG nF, DVBl 1968, 454
DIERK-MÜLLER, Die deutsche Staatsangehörigkeit ausgebürgerter Emigranten, Zum Beschluß des BVerfG vom 14. 2. 1968, RabelsZ 32 (1968) 676
BRUNN, Zur Kritik am Bundesverfassungsgericht, RzW 1968, 381, RzW 1969, 166; 676
ROELLECKE/GENZEL/WESTERATH/MAKAROV, Die Staatsangehörigkeit ausgebürgerter Juden, JZ 1969, 97
KARL, Zur Auslegung des Art 116 Abs 2 des Grundgesetzes durch das Bundesverfassungsgericht, RzW 1969, 163
BRESLAUER, Zur Staatsangehörigkeit des ausgebürgerten Verfolgten, RzW 1969, 164
SKRIVER, Gleichberechtigung im Einbürgerungsrecht, ZRP 1969, 76
GENZEL, Die Staatsangehörigkeit ausgebürgerter deutscher Emigranten, StAZ 1969, 113
BRAASCH, Kann die nach den §§ 25, 19 RuStAG erforderliche Genehmigung des deutschen Vormundschaftsgerichts auch noch nach dem Erwerb der ausländischen Staatsangehörigkeit erteilt werden?, StAZ 1969, 129
KANEIN, Aktuelle Fragen aus dem Staatsangehörigkeitsrecht, StAZ 1969, 174 (betr Art 116 Abs 1 GG, Einbürgerungsanspruch des Ausländers bei Heirat einer Deutschen, Einbürge-

rungspolitik, Staatsbürgerschaftsgesetz der DDR)
BRÖLL, Die Einbürgerung ausländischer Ehegatten deutscher Staatsangehöriger, NJW 1969, 1520
REUSCHER, Zur Einbürgerung ausländischer Ehegatten deutscher Staatsangehöriger nach dem Bundesgesetz vom 8. 9. 1969, StAZ 1969, 345
ARNDT, Gleichberechtigung der Geschlechter im Staatsangehörigkeitsrecht, StAZ 1969, 348
MAKAROV, Die Staatsangehörigkeitsnovelle vom 8. 9. 1969, JZ 1970, 57
KANEIN, Die Novelle zum Staatsangehörigkeitsrecht vom 8. 9. 1969, NJW 1970, 545
ders, Die Staatsangehörigkeitsnovelle vom 8. 9. 1969 – Registrierung und Bedeutung der Staatsangehörigkeit, StAZ 1970, 177
RUHLE, Die Einbürgerung ausländischer Ehegatten deutscher Staatsangehöriger, NJW 1970, 984
SCHRÖDER-HILGENDORFF, Die Gleichberechtigung im Staatsangehörigkeitsrecht, NJW 1970, 1583
ARNDT, Zur Gleichberechtigungsnovelle im Staatsangehörigkeitsrecht, NJW 1970, 1909
HECKER, Mehrseitige völkerrechtliche Verträge zum Staatsangehörigkeitsrecht (1970)
ORLICH/EY/KANEIN, Nochmals: Die Staatsangehörigkeitsnovelle vom 8. 9. 1969, StAZ 1971, 74
MÖSSNER, Einbürgerungen nach § 9 nF RuStAG und nichtige Ehen, StAZ 1971, 125
SCHÜRMANN, Verfassungswidrige Ungleichbehandlung von Mann und Frau im Staatsangehörigkeitsrecht, NJW 1971, 269
JAYME/NEUHAUS, Neufassung des § 4 RuStAG?, NJW 1971, 832
SCHICKEDANZ, Art 3 Abs 2 GG und § 4 RuStAG, StAZ 1971, 330
SCHÜRMANN, Gleichbehandlung von Mann und Frau bei Staatsangehörigkeit des ehelichen Kindes, NJW 1972, 236
SCHÜRIG, Neuere amerikanisch-deutsche Staatsangehörigkeitsfragen bei ehemals deutschen US-Bürgern, StAZ 1972, 121
GUNDRUM, 100 Jahre deutsche Staatsangehörigkeit, StAZ 1972, 213
MEESSEN, Verfassungsrechtliche Grenzen einer Neuregelung der Staatsangehörigkeit im geteilten Deutschland, JZ 1972, 673
BEITZKE, Staatenlose, Flüchtlinge und Mehrstaater, in: LAUTERBACH, Vorschläge und Gutachten zur Reform des deutschen internationalen Personen- und Sachenrechts (1972) 143
SEIFERT, Die deutsche Staatsangehörigkeit darf nicht entzogen werden, DÖV 1972, 671
MOSLER, Gleichheit der Eltern beim Erwerb der Staatsangehörigkeit der Kinder, in: FS Scheuner (1973) 473
SAMTLEBEN, Die Staatsangehörigkeit des ehelichen Kindes und der Grundsatz der Gleichberechtigung, FamRZ 1973, 1
LÖWISCH/MEESSEN, Eine praktische Frage der Neuregelung der Staatsangehörigkeit im geteilten Deutschland, JZ 1973, 117
MANN, The Present Validity of Nazi Nationality Laws, LQRev 89 (1973) 194
MAKAROV, Die Behandlung staatsangehörigkeitsrechtlicher Fragen im Europarat, ZaöRV 33 (1973) 108
THEOBALD, Zur Frage der Staatsangehörigkeit von „Anschlußdeutschen" nach §§ 14, 15 RuStAG (Ernennung zum Beamten), StAZ 1973, 194
GRAWERT, Staat und Staatsangehörigkeit, Verfassungsgeschichtliche Untersuchung zur Entstehung der Staatsangehörigkeit (1973)
HENRICH, Gleichberechtigung im IPR und im Staatsangehörigkeitsrecht, FamRZ 1974, 105
RUMPF, Die deutsche Staatsangehörigkeit nach dem Grundvertrag, ZRP 1974, 201
HOYER, Erwerb der Staatsangehörigkeit durch Eingehen einer Doppelehe (Bigamie)?, StAZ 1974, 264
STURM, Deutsch wie Vater oder Mutter, Zum Beschluß des BVerfG vom 21. 5. 1974 und einer lex ferenda, FamRZ 1974, 617
KRÜGER, Das Staatsangehörigkeitsrecht in Deutschland (Bundesrepublik und DDR), Textausgabe mit Hinweisen und Übersichten (1975)
ARNDT, Staatsangehörigkeit und Gleichberechtigung, NJW 1975, 140
STURM, Zur Staatsangehörigkeitsnovelle 1974, FamRZ 1975, 198
KRUMME, Zur Staatsangehörigkeit von Kindern aus gemischt-nationalen Ehen, ZblJR 1975, 115

HAILBRONNER, Deutsche Staatsangehörigkeit und diplomatischer Schutz durch die BRD, JZ 1975, 596

BREUNIG, Zur rechtlichen Problematik der mehrfachen Staatsangehörigkeit, DVBl 1975, 758

HECKER, Bibliographie zum Staatsangehörigkeitsrecht in Deutschland in Vergangenheit und Gegenwart (1976)

BERNHARDT, Der Begriff des Deutschen und die deutsche Staatsangehörigkeit nach dem Recht der Bundesrepublik Deutschland, in: KOKOT/SKUBISZEWSKI (Hrsg), Staatsangehörigkeit, soziale Grundrechte, wirtschaftliche Zusammenarbeit (1976) 15

COLUMBUS, Zur Altfallregelung im Reichs- und Staatsangehörigkeitsänderungsgesetz 1974, JR 1976, 140

VMORR, Der Bestand der deutschen Staatsangehörigkeit nach dem Grundvertrag (1977)

FROWEIN, Das Individuum als Rechtssubjekt im Konsularrecht, Zu den Konsularverträgen mit der DDR, in: FS Mann (1977) 367

ZIEGER, Deutsche Staatsangehörigkeit und Drittstaaten, in: FS Mann (1977) 505

RIDDER, Die „deutsche Staatsangehörigkeit" und die beiden deutschen Staaten, in: Gedächtnisschrift Klein (1977) 437

ARNDT, Neuregelung zur Verringerung von Staatenlosigkeit, NJW 1977, 1564

STURM, Allemagne fédérale – Nationalité – Lois du 20 décembre 1974 et du 2 juillet 1976, Rev crit dr i p 1977, 416 (Texte 416–418, 425 f)

BLUMENWITZ, Die deutsche Staatsangehörigkeit und die Schutzpflicht der Bundesrepublik Deutschland, in: FS Ferid (1978) 439

FRAUENSTEIN, Staatsangehörigkeit und Namensführung der Aussiedler, StAZ 1978, 29

DÖRR, Die Auswirkungen des Adoptionsgesetzes vom 2. 7. 1976 auf das deutsche Staatsangehörigkeitsrecht, StAZ 1978, 271

KLEIN, Deutsche Staatsangehörigkeit und Inlandbegriff, Zur Auslegung von § 25 Abs 1 RuStAG, DVBl 1978, 876

BLECKMANN, German Nationality Within the Meaning of the EEC Treaty, CMLRev 15 (1978) 435

RIEGE, Die Staatsangehörigkeitsdoktrin der BRD-Interpretation und Konsequenzen, NJW 1979, 68

SCHLESER, Übersicht über die Erwerbs- und Verlustgründe der deutschen Staatsangehörigkeit, StAZ 1979, 192

ders, Aktuelle Staatsangehörigkeitsfragen, StAZ 1979, 254 (Text der Richtlinien für die Prüfung der Staatsangehörigkeit und Namensführung der Aussiedler im Grenzdurchgangslager Friedland 256)

RENCK, Staatsangehörigkeit und Art 116 Abs 2 GG, JZ 1979, 752

SCHLESER, Die deutsche Staatsangehörigkeit (4. Aufl 1980)

SILAGI, Rechtsfolgen nichtiger Ausbürgerungen, StAZ 1981, 105

FUCHS, Erwerb der deutschen Staatsangehörigkeit durch Kinder aus gemischt-nationalen Verbindungen, Speziell zur Auslegung von Art 3 Abs VII RuStAÄndG 1974, FamRZ 1981, 422

HAILBRONNER, Forum: Deutsche Staatsangehörigkeit und DDR-Staatsbürgerschaft, JuS 1981, 712

ZULEEG, Einbürgerung von ausländischen Ehepartnern Deutscher, NJW 1981, 1878

MANN, Ausbürgerung und Wiedereinbürgerung nach Art 116 Abs 2 GG in der Rechtsprechung des Bundesverfassungsgerichts und des Auslands, in: FS Coing (1982) 323

JELLINEK, Einbürgerungsanspruch für die Angehörigen der „zweiten" Ausländergeneration?, ZAR 1982, 91

SILAGI, Zu Güterstand und Staatsangehörigkeit deutsch-österreichischer Sowjetzonenflüchtlinge, IPRax 1982, 100

LAPENNA, Il problema di rifugiato oggi, in: Menschenrechte, Volksgruppen, Regionalismus (1982) 259

BEITZ, Europäische Flüchtlingscharta, eine letzte Chance?, AWR-Bull 1982, 97

RIEGE, Die Staatsbürgerschaft der DDR (1982)

RIDDER, Bemerkungen zum juristischen Inhalt und zur politisch-ideologischen Funktion der Doktrin von der deutschen Staatsangehörigkeit, in: New Directions in International Law (1982) 548

HUPKA, Die Last der doppelten Staatsangehörigkeit. Unmenschliche Praxis der Ostblockstaaten, Deutschland-Union-Dienst (1983)

ECKART, DDR-Staatsbürgerschaftserwerb und deutsche Staatsangehörigkeit, NJW 1983, 2289
WYDUCKEL, Erwerb der deutschen Staatsangehörigkeit durch Einbürgerung in der DDR?, Recht und Staat im sozialen Wandel 1983, 663
MAMPEL, Das Staatsangehörigkeitsrecht der DDR und die deutsche Staatsangehörigkeit. Weiteres zum Urteil des BVerwG vom 30. 11. 1982, Recht in Ost und West 1983, 233
HECKER, Schutzangehörigkeit und Staatsangehörigkeit in Deutschland, Archiv des Völkerrechts 1983, 433
GINSBURG, The Citizenship Law of the USSR (1983)
MIKAT, Zur Diskussion um die Lehre vom Vorrang der effektiven Staatsangehörigkeit (1983)
vMANGOLDT, Mehrstaatigkeit und Legitimation. Vorrang der effektiven Staatsangehörigkeit auch bei den Deutschen? in: FS Bachof (1984) 77
JACOBSEN-LÜBBEN, Deutsche Staatsangehörigkeit und Staatsbürgerschaft der DDR, deutsches Staatsangehörigkeitsrecht und deutsches interlokales Privatrecht, Praxis des internationalen Privat- und Verfahrensrechts 1984, 2, 79
ZIEGER, Das Verhältnis der Staatsangehörigkeitsregelungen in den beiden deutschen Staaten, NJW 1984, 699
KAMMAN, Probleme mehrfacher Staatsangehörigkeit unter besonderer Berücksichtigung des Völkerrechts (1984)
vMANGOLDT, Zur Einheit der deutschen Staatsangehörigkeit im Spiegel jüngerer Konsularverträge, Archiv des Völkerrechts 1984, 138
GRAWERT, Staatsangehörigkeit und Staatsbürgerschaft, Der Staat 1984, 179
vMANGOLDT, Effektive Staatsangehörigkeit bei familienrechtlichen Vorfragen des deutschen Staatsangehörigkeitsrechts? Bemerkungen zum Urteil des BVerwG im Fall Krakinowski, JZ 1984, 821
WANG, Quelques considérations sur la nationalité en droit Chinois et en droit japonais, Journal du droit international, 1984, 291
SILAGI, Reichs- und Staatsangehörigkeitsgesetz in Ost-Berlin, StAZ 1984, 277
CZAPLINSKI, La citoyenneté de la République démocratique allemande et la nationalité allemande, Rev crit dr i p 1984, 439

SCHOLZ-PITSCHAS, Effektive Staatsangehörigkeit und Grundgesetz, NJW 1984, 2721
YAMAUCHI, Zur Änderung des japanischen Staatsangehörigkeits- und Personenstandsgesetzes, IPRax 1985, 59
MANSEL, Doppelstaater mit Drittstaatenaufenthalt und die Bestimmung ihrer effektiven Staatsangehörigkeit im Rahmen des Art 3 MSA, IPRax 1985, 209
ders, Verfassungsrechtlicher Gleichheitssatz, deutsche Doppelstaater und die Lehre von der effekiven Staatsangehörigkeit im Internationalen Privatrecht, NJW 1986, 625
BASEDOW, Die Neuregelung des Internationalen Privat- und Prozeßrechts, NJW 1986, 2971, 3190
BERNHARDT, Die Neuregelung des Internationalen Privatrechts, DB 1986, 2009
BÖHMER, Der Entwurf eines Gesetzes zur Neuregelung des Internationalen Privatrechts, JA 1986, 236
FERID, Internationales Privatrecht (3. Aufl 1986)
HOFMANN, A propos des nouvelles règles de la partie générale du droit international privé en Republique Fédérale d'Allemagne, en Autriche et en Suisse, Rev int de dr comp 1986, 921
JAYME, Das neue IPR-Gesetz – Brennpunkte der Reform, IPRax 1986, 265
KELLER-SIEHR, Allgemeine Lehren des internationalen Privatrechts (1986)
LICHTENBERGER, Zum Gesetz zur Neuregelung des Internationalen Privatrechts, DNotZ 1986, 644
vMANGOLDT, La nationalité allemande, la citoyenneté de la République démocratique allemande et le statut juridique des territoires au-delà de la ligne Oder-Neisse, Rev crit dr i p 1986, 33
STURM, Erwerb des Schweizer Bürgerrechts durch Kinder einer schweizer Mutter, StAZ 1986, 29, 57
HECKER, Die Staatsangehörigkeit in Entscheidungen des Bundessozialgerichts, StAZ 1986, 337
ders, Völkerrechtliche Regelungen von Staatsangehörigkeitsfragen im Dekolonisierungsprozeß, Verfassung und Recht in Übersee (VRÜ) 1986, 451

2. Kapitel. IPR
1. Abschnitt. Verweisung

HERRMANN, Die deutsche Staatsangehörigkeit, Jura 1986, 562
vBAR, Internationales Privatrecht, Bd 1, Allgemeine Lehren (1987)
HECKER, Deutsch-deutsche Doppelstaatsangehörigkeit, ROW 1987, 294
MEYER, Die deutsche Staatsangehörigkeit in der Rechtsprechung des BVerwG, NVwZ 1987, 15
SCHMITZ, Staatsangehörigkeitsakte der DDR und deutsche Staatsangehörigkeit, NVwZ 1987, 31
GRAWERT, Staatsvolk und Staatsangehörigkeit, in: Handbuch des Staatsrechts, Bd 1 (1987) 663
MANSEL, Personalstatut, Staatsangehörigkeit und Effektivität (Internationalprivat- u verfahrensrechtl Untersuchung zu Mehrstaatern, einer Ausweichklausel für die StA-Anknüpfung u zum innerdeutschen Kollisionsrecht) (1988)
SONNENBERGER/vMANGOLDT, Anerkennung der Staatsangehörigkeit und effektive Staatsangehörigkeit natürlicher Personen im Völkerrecht und im internationalen Privatrecht (Berichte der Deutschen Gesellschaft für Völkerrecht) (1988)
HECKER, Staatsangehörigkeitsfragen in zweiseitigen Verträgen der Bundesrepublik Deutschland (1988)
FIEDLER, Die staats- und völkerrechtliche Stellung der Bundesrepublik Deutschland, JZ 1988, 132
WYDUCKEL, Anmerkung zu BVerfG, Beschluß v 21. 10. 1987, DVBl 1988, 284
MANSEL, Vertragsautonome Mehrstaateranknüpfung und nicht feststellbare Effektivität, IPRax 1988, 22
MEYER, Die Rechtsprechung des BVerwG zum Aufenthalts- u Einbürgerungsrecht 1986/87, NVwZ 1988, 206
WIESSNER, Die Funktion der Staatsangehörigkeit: eine historisch-rechtsvergleichende Analyse unter besonderer Berücksichtigung der Rechtsordnungen der USA, der UdSSR und der BR Deutschland (1989)
DE GROOT, Staatsangehörigkeitsrecht im Wandel: eine rechtsvergleichende Studie über Erwerbs- u Verlustgründe der Staatsangehörigkeit (1989)
HECKER, Staatsangehörigkeitsfragen in zweiseitigen Verträgen der Bundesrepublik Deutschland, ROW 1989, 378
ALEXY, Rechtsfragen des Aussiedlerzuzugs, NJW 1989, 2850
JAYME/MANSEL, Nation u Staat im internationalen Privatrecht: zum kollisionsrechtlichen Staatsangehörigkeitsprinzip in verfassungsrechtlicher u international privatrechtlicher Sicht (1990)
LANG, Grundkonzeption und Entwicklung des deutschen Staatsangehörigkeitsrechts (1990)
DÖRNER, Moderne Anknüpfungstechniken im internationalen Personen- und Familienrecht, StAZ 1990, 1
vMANGOLDT, Zur heutigen Bedeutung der Entscheidung des Grundgesetzes für die deutsche Staatsangehörigkeit, in: FS Dürig (1990) 119
ders, Rückwirkende internationalprivatrechtliche Anknüpfung und deutsche Staatsangehörigkeit, StAZ 1990, 245
HÄUSSER, Aktuelle Probleme bei der Statusfeststellung nach dem Bundesvertriebenengesetz, DÖV 1990, 918
KEMPER, Die Rechtsprechung des BVerwG zum Aufenthalts- u Einbürgerungsrecht 1988/89, NVwZ 1990, 1122
RITTSTIEG, Doppelte Staatsangehörigkeit im Völkerrecht, NJW 1990, 1401
PREDEICK, Staatsangehörigkeitsrecht und Ausländerpolitik, Verfassungsrechtliche Probleme der Einführung des ius soli-Prinzips, DVBl 1991, 623
HAILBRONNER/RENNER, Staatsangehörigkeitsrecht (Kommentar) (1991)
RITTSTIEG, Staatsangehörigkeit und Minderheiten in der transnationalen Industriegesellschaft, NJW 1991, 1383
BLECKMANN, Völker- und verfassungsrechtliche Probleme des Erwerbs und des Verlusts der deutschen Staatsangehörigkeit (1992)
HECKER, Staatsangehörigkeitsfragen in völkerrechtlichen Verträgen mit osteuropäischen Staaten, ArchVR 30 (1992) 326
MAKAROV/vMANGOLDT, Deutsches Staatsangehörigkeitsrecht (3. Aufl 1993)
WEIDELENER/HEMBERGER, Deutsches Staatsangehörigkeitsrecht (4. Aufl 1993; Vorschriftensammlung mit Einführung)

STURM, Ineinandergreifen von IPR und Staatsangehörigkeitsrecht, in: FS Jahr (1993) 497
ZIEMSKE, Mehrstaatigkeit und Prinzipien des Erwerbs der deutschen Staatsangehörigkeit, ZRP 1993, 334
KEMPER, Die neuere Rechtsprechung des BVerwG zum Ausländer- und Staatsangehörigkeitsrecht, NVwZ 1993, 746
RENNER, Verhinderung von Mehrstaatigkeit bei Erwerb und Verlust der Staatsangehörigkeit, ZAR 1993, 18
BLUMENWITZ, Territorialitätsprinzip und Mehrstaatigkeit, ZAR 1993, 151
LÖWER, Abstammungsprinzip und Mehrstaatigkeit, ZAR 1993, 156
vMANGOLDT, Öffentlich-rechtliche und völkerrechtliche Probleme mehrfacher Staatsangehörigkeit aus deutscher Sicht, JZ 1993, 965
MARTINY, Probleme der Doppelstaatsangehörigkeit im deutschen Internationalen Privatrecht, JZ 1993, 1145
WOLLENSCHLÄGER/SCHRAML, Ius soli und Hinnahme von Mehrstaatigkeit, ZRP 1994, 225
ZIEMSKE, Verfassungsrechtliche Garantien des Staatsangehörigkeitsrechts, ZRP 1994, 229
vMANGOLDT, Ius sanguinis- und ius soli-Prinzip in der Entwicklung des deutschen Staatsangehörigkeitsrechts, StAZ 1994, 33
MEIREIS, Aspekte einer Neuregelung des deutschen Staatsangehörigkeitsrechts, StAZ 1994, 241
STURM, Der neue § 4 Abs 1 RuStAG, StAZ 1994, 273
HEMBERGER, Auswirkungen der Neuregelungen im Staatsangehörigkeitsrecht in der standesamtlichen Praxis, StAZ 1994, 306
FIRSCHING/vHOFFMANN, Internationales Privatrecht (4. Aufl 1994)
ZENG, Die erleichterte Einbürgerung nach §§ 85, 86 AuslG, StAZ 1995, 129
DETHLOFF, Doppelstaatsangehörigkeit und Internationales Privatrecht, JZ 1995, 64
KEGEL, IPR (7. Aufl 1995)
SCHOTTEN, Das internationale Privatrecht in der notariellen Praxis (1995).

Systematische Übersicht

A.	Vorbemerkung zur gesetzlichen Neuregelung	1		
B.	Grundlagen des Staatsangehörigkeitsprinzips und des internationalen Staatsangehörigkeitsrechts			
I.	Allgemeine Bedeutung und Wesen der Staatsangehörigkeit			
1.	StA als Kriterium der rechtlichen Stellung im öffentlichen und privaten Bereich	5		
2.	StA als rechtliche Eigenschaft	6		
3.	StA als Schutzangehörigkeit	7		
4.	StA und Europäische Unionsbürgerschaft	8		
a)	Inhalt und Ausgestaltung der Unionsbürgerschaft	9		
b)	Defizite der Unionsbürgerschaft im Vergleich zu einer echten StA	10		
aa)	Grundmerkmale der StA			
bb)	Ausgestaltung der StA-Merkmale in der Unionsbürgerschaft			
c)	Praktische Bedeutung der Unionsbürgerschaft für das nationale Recht, das Gemeinschaftsrecht und das IPR	11		
II.	Die besondere Bedeutung der Staatsangehörigkeit als Anknüpfungspunkt	12		
1.	Das Personalstatut	13		
2.	Rechtfertigung des Staatsangehörigkeitsprinzips	17		
a)	Ausdruck staatlicher Personalhoheit	17		
b)	Ausdruck des Heimatbezugs	18		
c)	Versagen der Anknüpfung an die Staatsangehörigkeit	19		
3.	Die Rolle des Staatsangehörigkeitsprinzips im deutschen IPR	20		
4.	Multikulturelle Gesellschaft: Auswirkungen der soziologischen und ausländerpolitischen Entwicklung auf die Anknüpfung im IPR	23		
a)	IPR-politische Bedeutung der StA als Anknüpfungspunkt	26		

b)	Erleichterung des Erwerbs mehrfacher StA?	35	bb)	11. VO zum Reichsbürgergesetz v 25. 11. 1941	73
aa)	BVerfG: Grundsätzliche Ablehnung mehrfacher StA	35	c)	Die Sammeleinbürgerungen	74
bb)	Internationale Ablehnung mehrfacher StA	36	aa)	Österreich	75
			bb)	Sudetengebiet	76
cc)	Zweites Protokoll zum Mehrstaater-Übereinkommen	37	cc)	Böhmen-Mähren	77
			dd)	Memelland	78
dd)	Mehrfache StA aus ordnungspolitischer Sicht	38	ee)	Danzig und die eingegliederten Ostgebiete	79
			ff)	Ukraine	85
III.	Das internationale Staatsangehörigkeitsrecht		gg)	Untersteiermark, Kärnten und Krain	86
1.	Die Bedeutung völkerrechtlicher Schranken	40	hh)	Elsaß-Lothringen, Luxemburg	87
			ii)	Eupen-Malmedy, Moresnet	88
2.	Die völkerrechtlichen Schranken	44	d)	Umsiedlungen	89
a)	Grundsatz der Maßgeblichkeit des Rechts des in Anspruch genommenen Staates	45	4.	Die Bewältigung der Kriegs- und Nachkriegsprobleme	99
			a)	Die Beseitigung nationalsozialistischen Unrechts	101
b)	Gebot einer näheren tatsächlichen Beziehung	48	aa)	Die staatsangehörigkeitsrechtliche Behandlung der Ausbürgerungsfälle	104
c)	Einbürgerung nur mit Zustimmung des Betroffenen	49	bb)	Die Regelung der durch Sammeleinbürgerung entstandenen Fragen	111
d)	Staatsangehörigkeit eines völkerrechtlich nicht anerkannten Staates	52	α)	Rechtsprechung des Bundesverfassungsgerichts	112
e)	De-facto Staatsangehörigkeit	53	β)	Gesetzliche Regelung	113
			γ)	Nicht bestätigte Sammeleinbürgerungen	118
				– Österreich	119
C.	Die Deutsche Staatsangehörigkeit			– Elsaß-Lothringen; Luxemburg	124
I.	Die historische Entwicklung	55		– Eupen-Malmedy; Moresnet	125
1.	Vom Norddeutschen Bund bis zum Versailler Vertrag	56	b)	Der Status nicht eingebürgerter Volksdeutscher (Art 116 Abs 1 GG)	126
a)	Gesetz über die Erwerbung und den Verlust der Reichs- und Staatsangehörigkeit v 1. 6. 1870	56	c)	Die staatsangehörigkeitsrechtlichen Folgen gebietsbezogener Regelungen nach dem 2. Weltkrieg	135
b)	Reichs- und Staatsangehörigkeitsgesetz v 22. 7. 1913	57	aa)	Die Eigenschaft als Saarländer	135
2.	Die staatsangehörigkeitsrechtlichen Regelungen im und nach dem Versailler Vertrag	58	bb)	Optionsrechte zugunsten Belgiens und der Niederlande	136
			cc)	Die staatsangehörigkeitsrechtliche Lage der Deutschen in den ehemaligen deutschen Ostgebieten	138
3.	Staatsangehörigkeitsrechtliche Änderungen unter nationalsozialistischer Herrschaft	69	α)	Entwicklung von 1945 bis 1990	138
a)	Die Gleichschaltung der Länder	70	β)	Die „abschließende Regelung in bezug auf Deutschland" (2+4-Vertrag), Grenzbestätigungs- u Nachbarschaftsvertrag mit Polen	147
b)	Die Ausbürgerung mißliebiger Staatsangehöriger	71			
aa)	Gesetz v 14. 7. 1933	72	II.	Die staatsangehörigkeitsrechtlichen	

Folgen der Teilung Deutschlands bis
zum 3. 10. 1990 _____ 150

III. Erwerbs- und Verlustgründe
1. Nach dem als Bundesrecht fortgeltenden und fortentwickelten RuStAG _____ 152
a) Erwerb deutscher Staatsangehörigkeit durch _____ 152
aa) Geburt _____ 152
bb) Legitimation _____ 158
cc) Annahme als Kind (Adoption) _____ 161
dd) Einbürgerung _____ 164
ee) Anstellung als Beamter _____ 181
ff) Option _____ 182
gg) Sammeleinbürgerung _____ 183
hh) Dienst in der Deutschen Wehrmacht _____ 184
b) Verlust deutscher Staatsangehörigkeit durch _____ 185
aa) Entlassung auf Antrag _____ 185
bb) Erwerb einer fremden Staatsangehörigkeit _____ 188
cc) Verzicht _____ 194
dd) Annahme als Kind durch einen Ausländer _____ 195
ee) Ausspruch der Behörde _____ 196
ff) Nichterfüllung der Wehrpflicht _____ 197
gg) längeren Auslandsaufenthalt _____ 198
hh) Legitimation _____ 199
ii) Eheschließung _____ 200
kk) Widerruf der Einbürgerung oder Aberkennung der deutschen StA _____ 201
ll) Option _____ 202
mm) Nichtigerklärung von Sammeleinbürgerungen _____ 203
2. Die Regelungen in der ehemaligen DDR und ihre Auswirkungen auf die (gesamt-)deutsche Staatsangehörigkeit _____ 204
a) Die maßgeblichen Vorschriften bis 1990 _____ 207
aa) Das Staatsbürgerschaftsgesetz (StbG) der DDR v 20. 2. 1967 _____ 208
bb) Das Gesetz zur Regelung von Fragen der Staatsbürgerschaft v 16. 10. 1972 _____ 209
cc) Erwerb und Verlust der Staatsbürgerschaft _____ 210
b) Gesetz zur Änderung des G über die Stb der DDR v 29. 1. 1990 _____ 211
c) Vom Bundesrecht abweichende Regelungen des DDR-Staatsbürgerschaftsrechts
aa) Erwerb _____ 212
bb) Verlust _____ 213
cc) Staatsverträge _____ 214
d) Auswirkungen auf die (gesamt-)deutsche Staatsangehörigkeit, sog Teso-Beschluß _____ 220

D. Ausländisches Staatsangehörigkeitsrecht

I. Ermittlung ausländischen Staatsangehörigkeitsrechts _____ 224

II. Erwerbs- und Verlustgründe im Staatsangehörigkeitsrecht wichtiger ausländischer Staaten

Abu Dhabi _____ 225
Ägypten _____ 226
Äthiopien _____ 227
Afghanistan _____ 228
Albanien _____ 229
Algerien _____ 230
Andorra _____ 231
Angola _____ 232
Antigua _____ 233
Antillen (Curacao) _____ 234
Argentinien _____ 235
Armenien _____ 236
Aserbeidschan _____ 237
Australien _____ 238
Bahamas _____ 239
Bahrain _____ 240
Bangladesch _____ 241
Barbados _____ 242
Belgien _____ 243
Belize _____ 244
Benin _____ 245
Bermuda _____ 246
Bolivien _____ 247
Bosnien-Herzegowina _____ 248
Brasilien _____ 249
Brunei _____ 250
Bulgarien _____ 251
Burkina Faso (früher Obervolta) _____ 252
Burundi _____ 253

2. Kapitel. IPR
1. Abschnitt. Verweisung

Chile	254	Kamerun	295
China, Republik	255	Kanada	296
China, Volksrepublik	256	Kapverdische Republik	297
Costa Rica	257	Kasachstan	298
		Katar	299
Dänemark	258	Kenia	300
Dominica	259	Kirgisien	301
Dominikanische Republik	260	Kolumbien	302
		Kongo	303
Ecuador	261	Korea (Nord)	304
Elfenbeinküste	262	Korea (Süd)	305
El Salvador	263	Kroatien	306
Estland	264	Kuba	307
		Kuwait	308
Finnland	265		
Frankreich	266	Laos	309
		Leeward-Inseln	310
Gabun	267	Lettland	311
Gambia	268	Libanon	312
Georgien	269	Liberia	313
Ghana	270	Libyen	314
Grenada	271	Liechtenstein	315
Griechenland	272	Litauen	316
Großbritannien	273	Luxemburg	317
Guatemala	274		
Guinea-Bissau	275	Madagaskar	318
Guyana	276	Makedonien	319
		Malawi	320
Haiti	277	Malaysia	321
Honduras	278	Malediven	322
Hong Kong	279	Mali	323
		Malta	324
Indien	280	Marokko	325
Indonesien	281	Mauretanien	326
Irak	282	Mauritius	327
Iran	283	Mexiko	328
Irland	284	Moldau	329
Island	285	Monaco	330
Israel	286	Mongolei	331
Italien	287	Mosambik	332
		Myanmar (früher Burma)	333
Jamaika	288		
Japan	289	Namibia	334
Jemen	290	Nepal	335
Jordanien	291	Neuseeland	336
Jugoslawien (Serbien u Montenegro)	292	Nicaragua	337
Jungfern-Inseln	293	Niederlande	338
		Niger	339
Kambodscha	294	Nigeria	340

Norwegen	341
Obervolta	342
Österreich	343
Oman	344
Pakistan	345
Panama	346
Paraguay	347
Peru	348
Philippinen	349
Polen	350
Portugal	351
Puerto Rico	352
Ruanda	353
Rumänien	354
Rußland	355
San Marino	356
Sao Tomé und Principe	357
Saudi Arabien	358
Schweden	359
Schweiz	360
Senegal	361
Seychellen	362
Sierra Leone	363
Singapur	364
Slowakische Republik	365
Slowenien	366
Somalia	367
Sowjetunion (frühere)	368
Spanien	369
Sri Lanka	370
St Christopher (Kitt), Nevis und Anguilla	371
St Lucia	372
St Pierre et Miquelon	373
St Vincent	374
Sudan	375
Südafrika	376
Syrien	377
Tadschikistan	378
Tansania	379
Thailand	380
Togo	381
Transkei (frühere)	382
Trinidad und Tobago	383
Tschad	384
Tschechische Republik	385
Türkei	386
Tunesien	387
Turkmenistan	388
Uganda	389
Ukraine	390
Ungarn	391
Uruguay	392
Usbekistan	393
Vanuatu (Neue Hebriden)	394
Vatikanstadt	395
Venezuela	396
Vereinigte Arabische Emirate	397
Vereinigte Staaten von Amerika (USA)	398
Vietnam	399
Weißrußland	400
Zaire	401
Zentralafrikanische Republik	402
Zypern	403

E. **Mehrstaater**

I.	Begriff und Entstehung	404
II.	Anknüpfung	407
1.	Verzicht auf eine gesetzliche Regelung im deutschen Recht bis zum Inkrafttreten des Gesetzes zur Neuregelung des IPR am 1. 9. 1986	409
a)	Vorrang der inländischen Staatsangehörigkeit	410
b)	Vorrang der effektiven Staatsangehörigkeit	412
c)	Hilfsweise Anknüpfung an den gewöhnlichen Aufenthalt	415
d)	Entwürfe zur Neuregelung	416
2.	Die am 1. 9. 1986 in Kraft getretene Neuregelung	417
a)	Die miteinander konkurrierenden Staatsangehörigkeiten sind sämtlich solche fremder Staaten (Art 5 Abs 1 S 1)	418
aa)	Grundsatz der engsten Verbindung	418
bb)	Ermittlung der engsten Verbindung	421

b) Die Person mit fremder Staatsangehörigkeit ist zugleich Deutscher (Art 5 Abs 1 S 2) — 423
aa) Vorrang deutschen Personalstatuts — 423
bb) Sonderfälle — 431

III. Staatsverträge — 435
1. Die Bestimmung des Vertragsanwendungsbereichs durch die Staatsangehörigkeit — 436
2. Die Verweisung durch inhaltliche Regelungen auf das Heimatrecht — 437

IV. Rechtsvergleichende Hinweise — 438

F. Staatenlose

I. Begriff und Entstehung der Staatenlosigkeit — 441
1. Internationale Regelungen — 442
a) UN-Konvention — 442
b) Menschenrechtserklärung und -konvention — 443
2. De-jure-Staatenlosigkeit — 444
a) Prüfungszuständigkeit — 445
b) Entstehungsgründe — 446
3. De-facto-Staatenlosigkeit — 449
a) Entstehungsgründe — 450
b) Rechtliche Behandlung — 454
4. Nicht feststellbare Staatsangehörigkeit — 455

II. Kollisionsrechtliche Regelung
1. Entwicklung der Kollisionsnorm — 457
a) Art 29 a F — 457
b) Art 29 n F — 458
c) Neuregelung durch das IPRG — 459
2. Art 5 Abs 2 — 460
a) Vorbemerkung zur aktuellen Bedeutung der Norm — 460
b) Anknüpfung — 463
aa) Gewöhnlicher Aufenthalt — 464
bb) Schlichter Aufenthalt — 468
cc) Mehrfacher gewöhnlicher oder schlichter Aufenthalt — 469
dd) Fehlen eines gewöhnlichen oder schlichten Aufenthalts — 471

c) Frage nach dem für die Anknüpfung maßgeblichen Zeitpunkt — 472
d) Gegenständlicher Anwendungsbereich — 474
e) Anwendbarkeit der allgemeinen kollisionsrechtlichen Vorschriften — 477
3. Intertemporalrechtliche Fragen — 478
4. Früheres interlokales Recht — 481

III. Die kollisionsrechtlichen Regelungen des UN-Übereinkommens über die Rechtsstellung der Staatenlosen v 28. 9. 1954 — 482
1. Anwendungsbereich (Art 1) — 483
2. Anknüpfung (Art 12 Abs 1) — 486
a) Wohnsitz — 487
aa) Bestimmung des Wohnsitzbegriffs durch das deutsche Recht — 488
bb) Gleichsetzung von Wohnsitz und gewöhnlichem Aufenthalt — 489
b) Aufenthalt — 491
3. Überleitungsfragen — 492
a) Intertemporale Überleitungsprobleme — 492
b) Einfluß des Statutenwechsels auf erworbene Rechte (Art 12 Abs 2) — 493
4. Rück- und Weiterverweisung — 494

G. Unrechtmäßige grenzüberschreitende Änderung des Aufenthalts (Art 5 Abs 3)

I. Anwendungsbereich der Norm — 497

II. Inhalt der Regelung
1. Grundsatz der Unbeachtlichkeit der unrechtmäßigen grenzüberschreitenden Änderung des Aufenthalts — 499
2. Beachtlichkeit der unrechtmäßigen grenzüberschreitenden Änderung des Aufenthalts bei Begründung fester und dauerhafter Bindung zur neuen sozialen Umwelt — 501

III. Zu den einzelnen Tatbestandsmerkmalen der Norm

1. Mangelnde Geschäftsfähigkeit — 503

2. Unfreiwillige Aufenthaltsänderung 504	Aspekte internationaler Kindsentführung 507
3. Gesetzlicher Vertreter 505	
4. Aufenthaltsbestimmung durch einen Elternteil gegen den Willen des anderen 506	2. Europäisches Übereinkommen v 20. 5. 1980 über die Anerkennung und Vollstreckung von Entscheidungen über das Sorgerecht für Kinder und die Wiederherstellung des Sorgerechts 508
IV. Anhang	
1. Haager Übereinkommen v 25. 10. 1980 über die zivilrechtlichen	

Alphabetische Übersicht

Abkommen über die Konflikte der Staatsangehörigkeit v 12. 4. 1930 45	Baden 56
Abkommen über die Staatsangehörigkeit der verheirateten Frau 49	Bahamas 239
	Bahrain 240
	Baltische Staaten 451
Abstammungsprinzip 35, 38, 55	Banat 126
Abu Dhabi 225	Bangladesch 241
Ägypten 226, 438	Barbados 242
Äthiopien 227	Batschka 126
Afghanistan 228	Bayern 56
Albanien 132, 229	Belarus (s Weißrußland)
Algerien 230, 438	Belgien 88, 136 f, 203, 243, 466
Allgemeine Erklärung der Menschenrechte 443	Belize 244
	Benin 245
Allgemeine Bedeutung der Staatsangehörigkeit 5 ff	Bermuda 246
	Bessarabien 95
Andorra 231	Böhmen und Mähren 77, 113
Angola 232	Bolivien 247
Annexion 112, 448	Bosnien-Herzegowina 248
Anschluß Österreichs 75	Brasilien 249, 438
Antigua 233	Brown-Inseln 57
Antillen 234	Brunei 250
Argentinien 235	Bukowina 95
Armenien 236	Bulgarien 98, 132, 251
Aserbeidschan 237	Bundesangehörigkeit 204
Aufenthalt 15 f, 20, 26, 30, 420 f, 463 ff, 499 ff	Bundesrepublik Deutschland 151 ff, 204 ff, 220 ff
– unrechtmäßige grenzüberschreitende Änderung des A 495 ff	Burkina Faso 252
Aufenthaltsprinzip 15 f, 22	Burundi 253
Ausbürgerung 71 ff, 101, 104 ff, 447	
Ausgebürgerte 105, 108	Chile 254
Ausgliederung deutscher Staatsgebiete 100	China 132, 255 f
Ausländisches Staatsangehörigkeitsrecht 224 ff	– Republik 255, 438
Auslieferung 53	– Volksrepublik 256
Aussiedler 130, 172 f	Convention concernant certaines questions relatives aux conflits de lois sur la nationalité v 12. 4. 1930 428
Auswanderung 447	
Australien 238	
Autochthone 140	Costa Rica 257

Dänemark — 258
Danziger Staatsbürger — 82 ff
Danzig — 62, 79 ff, 113
Deutsch-Danziger Optionsvertrag v 8. 11. 1920 — 62
- Gesetz über den Erwerb oder Verlust der Danziger Staatsangehörigkeit — 62
- Preußische Ausführungsanweisung v 20. 12. 1921 — 62
DDR (frühere) — 127 f, 151, 189, 194, 204 ff, 220 ff
- DDR-Bürger — 151, 208 ff, 429
- DDR-Deutsche — 151, 429
Deutsch-belgische Optionserklärung v 31. 8. 1922 — 60
Deutsch-belgisches Optionsabkommen v 11. 9. 1922 — 60
Deutsch-bulgarischer Notenwechsel v 22. 1. 1943 — 98
Deutsch-dänisches Abkommen v 16. 4. 1922 — 61
Deutscher Rat für IPR — 416
Deutsches Reich — 144 ff, 151, 204 ff
Deutsch-estnisches Protokoll über die Umsiedlung der deutschen Volksgruppe Estlands in das Deutsche Reich v 15. 10. 1939 — 91
Deutsch-italienisches Abkommen v 31. 8. 1941 — 96
Deutsch-italienischer Vertrag über die Richtlinien für die Rückwanderung der Reichsdeutschen und Abwanderung der Volksdeutschen aus dem Alto Adige in das Deutsche Reich v 21. 10. 1939 — 90
Deutsch-kroatisches Abkommen v 30. 9. 1942 — 97
Deutschland als Ganzes — 99
Deutsch-lettischer Vertrag über die Umsiedlung lettischer Bürger deutscher Volkszugehörigkeit in das Deutsche Reich v 30. 10. 1939 — 92
Deutsch-litauischer Vertrag zur Ausführung der Memelkonvention v 8. 5. 1924/10. 2. 1925 — 63
Deutsch-litauischer Vertrag v 22. 3. 1939 — 78
Deutsch-litauischer Vertrag v 8. 7. 1939 — 78
Deutsch-Neuguinea — 57
Deutsch-Ostafrika — 57
Deutsch-polnisches Abkommen über Oberschlesien v 15. 5. 1922 — 64
Deutsch-polnisches Abkommen über Staatsangehörigkeits- und Optionsfragen v 30. 8. 1924 — 64
Deutsch-polnisches Ausreiseprotokoll v 9. 10. 1975 — 144 ff
Deutsch-rumänischer Vertrag über die Umsiedlung der deutschstämmigen Bevölkerung der Südbukowina und der Dobrudscha in das Deutsche Reich v 22. 10. 1940 — 95
Deutsch-sowjetisches Abkommen über die Umsiedlung der deutschen Reichsangehörigen und Personen deutscher Volkszugehörigkeit aus der litauischen SSR v 10. 1. 1941 — 93
Deutsch-sowjetische Vereinbarung über die Umsiedlung der deutschstämmigen Bevölkerung aus dem zur Interessenzone der UdSSR gehörenden Gebiet des früheren polnischen Staates v 16. 11. 1939 — 94
Deutsch-sowjetischer Vertrag über die Umsiedlung der deutschstämmigen Bevölkerung aus den Gebieten von Bessarabien und der nördlichen Bukowina in das Deutsche Reich v 5. 9. 1940 — 95
Deutsch-Südwestafrika (s a Namibia) — 57, 68
Deutsch-tschechoslowakischer Vertrag über Staatsangehörigkeits- und Optionsfragen v 20. 11. 1938 — 76
Dobrudscha — 95
Dominica — 259
Dominikanische Republik — 260
Donauschwaben — 126
Doppelstaater (s a Mehrstaater) — 25, 34 ff, 39, 149, 214 ff, 404 ff

Ecuador — 261
Einbürgerung — 25, 27, 36 f, 49, 51, 164 ff
- Erstreckung auf Ehegatten und minderjährige Kinder — 49
- in besetzten Gebieten — 50
Einigungsvertrag — 219
Elfenbeinküste — 262
El Salvador — 263
Elsaß-Lothringen — 56, 59, 87, 118, 124
Erwerbsgründe der deutschen Staatsangehörigkeit — 152 ff

Estland — 91, 264
Eupen-Malmedy — 60, 88, 118, 125
Europäisches Übereinkommen v 20. 5. 1980 über die Anerkennung und Vollstreckung von Entscheidungen über das Sorgerecht für Kinder und die Wiederherstellung des Sorgerechts — 498, 502, 508
Europäische Unionsbürgerschaft — 8 ff
Europarats-Übereinkommen über die Verringerung der Mehrstaatigkeit v 6. 5. 1963 — 36 f, 134, 188, 191 ff

Findelkind — 53, 157, 210
Finnland — 265
Flüchtlinge — 53 f, 127 ff, 209, 450, 452, 461, 483 ff
– Volksdeutsche — 128
Frankreich — 124, 136, 180, 203, 266, 438

Gabun — 267
Gambia — 268
Gastarbeiter — 21
Gebietsabtretung — 50
Gebietsveränderungen — 120 ff
Genuine Connection — 48, 51
Georgien — 269
Gesetz über den Erwerb und den Verlust der Reichs- und Staatsangehörigkeit v 1. 6. 1870 — 56
Gesetz zur Regelung von Fragen der Staatsbürgerschaft v 16. 10. 1972 — 209
Ghana — 270
Grenada — 271
Grenz- und Freundschaftsvertrag zwischen dem Deutschen Reich und der UdSSR v 28. 9. 1939 — 79
Griechenland — 272, 438
Großbritannien (s auch Vereinigtes Königreich) — 273
Grundgesetz — 104 ff, 127 f, 135, 145, 151, 163, 166, 171 ff, 186, 194, 196, 199, 201, 204 ff, 220 ff, 484
Grundvertragsurteil — 151, 204, 220
Guatemala — 274
Guinea-Bissau — 275
Guyana — 276

Haager Übereinkommen v. 25. 10. 1980 über die zivilrechtlichen Aspekte internationaler Kindesentführung — 498, 502, 507
Haager Übereinkommen v 5. 10. 1961 über die Zuständigkeit der Behörden und das anzuwendende Recht auf dem Gebiet des Schutzes von Minderjährigen (Minderjährigenschutzabkommen) — 20, 436 f, 500
Haiti — 277
Helgoland — 56
Hessen — 56
Historische Entwicklung der Deutschen Staatsangehörigkeit — 55 ff
Honduras — 278
Hong Kong — 279
Hultschiner Ländchen — 65, 76

Indien — 280
Indonesien — 281
Interlokales Recht — 481
Internationaler Pakt über bürgerliche und politische Rechte v 19. 12. 1966 — 443
Internationales Staatsangehörigkeitsrecht — 40 ff
Irak — 282, 438
Iran — 180, 283
Irland — 284
Island — 285
Israel — 286, 438
Italien — 487
Ius sanguinis — 48, 405, 421, 446
Ius soli — 25, 35, 38, 48, 156, 405, 443, 446

Jamaika — 288
Japan — 289, 438
Jemen — 290
Jordanien — 291
Juden — 73, 102, 108, 110, 201, 447
Jugoslawien (Serbien u Montenegro) — 86, 132, 180, 292, 438
Jungfern-Inseln — 293

Kärnten — 86, 113
Kambodscha — 294
Kamerun — 57, 295
Kanada — 296
Kapverdische Republik — 297
Karolinen — 57
Karpatendeutsche — 126
Kasachstan — 298
Katar — 299

Kattowitz — 79
Kenia — 300
Kiautschou — 57
Kindesentführung — 495 ff
– Europäisches Übereinkommen v 20. 5. 1980 über die Anerkennung und Vollstreckung von Entscheidungen über das Sorgerecht für Kinder und die Wiederherstellung des Sorgerechts 498, 502, 508
– Haager Übereinkommen v 5. 10. 1980 über die zivilrechtlichen Aspekte internationaler Kindesentführung — 498, 502, 507
Kirgisien — 301
Kollektiveinbürgerung (s a Sammeleinbürgerung) — 112, 203
Kollektiveingebürgerte — 113 ff, 203
Kolumbien — 302
Kongo — 303
Korea — 304 f
– Nord — 304
– Süd — 305, 438
Krain — 86, 113
Kroatien — 97, 306
Kuba — 307
Kuwait — 308, 438

Laibach — 96
Laos — 309
Leeward-Inseln — 310
Legal kidnapping — 495 f
Lettland — 92, 311
Libanon — 312
Liberia — 313
Libyen — 314
Liechtenstein — 315, 438
Litauen — 93, 316
Litzmannstadt — 79, 184
Luxemburg — 87, 118, 124, 136, 203, 317

Madagaskar — 318
Makedonien — 319
Malawi — 320
Malaysia — 321
Malediven — 322
Mali — 323
Malta — 324
Marianen — 57
Marokko — 325
Marschall-Inseln — 57

Mauretanien — 326
Mauritius — 327
Mehrrechtsstaat — 2
Mehrstaater (s a Doppelstaater) — 17, 36 ff, 194, 214 ff, 404 ff
Mehrstaatigkeit — 19, 35 ff, 54, 103, 134, 178, 191 ff, 404 ff
Memelgebiet — 63, 78, 113
Memelkonvention v 8. 5. 1924 — 63
Mexiko — 328
Minderjährigenschutzabkommen — 20, 436 f, 500
Moldau — 329
Monaco — 330
Moskauer Vertrag vom 12. 8. 1970 — 143 ff
Mongolei — 331
Moresnet — 60, 88, 118, 125
Mosambik — 332
Münchner Abkommen v 29. 9. 1938 — 76, 103
Multikulturelle Gesellschaft — 23 ff
– Anpassungsinteresse — 34, 37
– Kontinuitätsinteresse — 33 f, 37
Myanmar (früher Burma) — 333

Namibia — 57, 68, 334
Narew Gebiet — 94
Nationalsozialistische Herrschaft — 69 ff
Naturalisierung — 49
Nepal — 335
Neuseeland — 336
Nicaragua — 337
Niederlande — 136 f, 338
Niger — 339
Nigeria — 340
Norddeutscher Bund — 55 ff
Nordschleswig — 61
Norwegen — 341

Oberschlesien — 64, 79, 113
Obervolta (s a Burkina Faso) — 252, 342
Oder-Neiße-Gebiete — 127, 139 ff, 430
Österreich — 75, 86, 90, 203, 343, 438
Österreicher — 118 ff
Oman — 344
Ordre public — 21, 36, 41, 222
Ostdeutschland (früheres) — 127, 138 ff
Ostgalizien — 94
Ostgebiete (frühere deutsche) — 127, 138 ff
Ostpolen — 94

Ostpreußen	127, 138	Spanien	369, 438
Ostverträge	143 ff	Sri Lanka	370
Ostvertragsbeschluß d BVerfG	145	Staatenlose	142, 176 f, 212, 441 ff
		– de facto	449 ff
Pakistan	345	– de iure	444 ff, 451, 454
Palästina	452, 462, 484	– UN-Übereinkommen über die Rechtsstellung der Staatenlosen v 28. 9. 1954	482 ff
Palau	57		
Panama	346	Staatenlosigkeit	19, 90, 176 f, 212, 441 ff
Paraguay	347	-de facto	449 ff
Personalstatut	1, 13 ff, 26 f, 423 ff	-de iure	444 ff
Peru	348	Staatsangehörige vgl bei den einzelnen Ländernamen	
Philippinen	349		
Polen	79 ff, 132, 139 ff, 350, 438	– französische	124
Portugal	351	– jugoslawische	86
Posen	64, 79, 113	– litauische	78
Postglossatoren	13	– luxemburgische	124
Providence-Inseln	57	– österreichische	75, 90, 118 ff
Puerto Rico	352	– tschechoslowakische (frühere)	76 f
		Staatsangehörigkeit vgl bei den einzelnen Ländernamen	
Reichsangehörigkeit	70		
Reichs- und Staatsangehörigkeitsgesetz v 22. 7. 1913 (RuStAG)	27, 57, 152 ff	– als Anknüpfungspunkt	1 ff, 12 ff, 17, 407
		– ausländische	224 ff
Ruanda	353	– Bedeutung	5 ff, 10 f
Rumänien	132, 354, 438	– britische	56
Rußland (s a Sowjetunion, frühere)	355	– Convention concernant certaines questions relatives aux conflits des lois sur la nationalité v 12. 4. 1930	428
Saargebiet	66		
Saarländer	135	– de facto	53 f, 157
Saarland	127, 135	– deutsche	55 ff, 152 ff
Sammeleinbürgerung	74 ff, 101, 110 ff, 113, 118, 124, 126, 141, 174, 183, 203	– effektive	412 ff, 419 ff, 424 f
		– nicht feststellbare	455 f
Samoa	57	– von Deutschen im Oder-Neiße-Gebiet	138 ff, 430
San Marino	356		
Sao Tomé und Principe	357	Staatsangehörigkeitsprinzip	14 ff, 26, 28 ff, 34, 38, 407, 489
Saudi Arabien	358		
Schutzangehörige des Deutschen Reiches	84, 86	– Rechtfertigung	17 f
		– Rolle im deutschen IPR	20 ff, 28 ff
Schutzgebiete	57, 67 f	Staatsangehörigkeitsrechtliche Folgen der Teilung Deutschlands	151
Schweden	359		
Schweiz	360, 438	Staatsangehörigkeitsregistergesetz	155, 166, 173 ff, 201
Senegal	361, 438		
Seychellen	362	Staatsangehörigkeitsvertrag zwischen dem Deutschen Reich und der tschechoslowakischen Republik v 29. 6. 1920	65
Siebenbürger Sachsen	126		
Sierra Leone	363		
Singapur	364	Staatsbürger vgl bei den einzelnen Ländernamen	
Slowakische Republik	365		
Slowenien	366	– Danziger	82 ff
Somalia	367	– der früheren DDR	128, 151, 194
Sowjetunion (frühere)	132, 138, 143 ff, 168	– litauische	78

- österreichische — 90
- polnische — 82 ff
- tschechoslowakische (frühere) — 76, 116
Staatsbürgerschaft vgl bei den einzelnen Ländernamen
- DDR (frühere) 151, 194, 205 f, 207 ff, 220 ff
- Auswirkungen auf die gesamtdeutsche Staatsangehörigkeit — 151, 204 ff, 220 ff
- Erwerb — 210
- Gesetz zur Regelung von Fragen der S v 16. 10. 1972 — 209
- Negierung — 251
- Staatsverträge — 214 ff
- Verlust — 210
- von Bundesrecht abweichende Regelungen — 212 ff
- litauische — 78
- sowjetische (frühere) — 138
- tschechoslowakische (frühere) — 76, 116
Staatsbürgerschaftsgesetz der DDR v 20. 2. 1967 — 207 f
Staatsverträge — 214 ff, 435 ff
Status-Deutsche — 127, 130 f, 134
St Christopher (Kitt), Nevis und Anguilla — 371
St Lucia — 372
St Pierre et Miquelon — 373
St Vincent — 374
Sudan — 375
Sudetendeutsche — 116
Sudetengebiet — 76, 113
Südafrika — 376
Südafrikanische homelands — 452
Südtiroler — 90, 182
Südwestafrika (s a Namibia) — 57, 68, 334
Syrien — 377, 438

Tadschikistan — 378
Taiwan (s Republik China) — 255, 438
Tansania — 379
Teilung Deutschlands — 151
Territorialprinzip — 38, 55
Teso-Beschluß d BVerfG — 205, 220 ff
Thailand — 380, 438
Tibet — 452
Togo — 57, 381
Transkei (frühere) — 382
Trinidad und Tobago — 383
Tschad — 384
Tschechische Republik — 385

Tschechoslowakei (frühere) — 76 f, 113 ff, 116, 132, 385, 438
Türkei — 386
Tunesien — 387
Turkmenistan — 388

UdSSR (s Sowjetunion, frühere) — 132, 138, 143 ff, 368
Uganda — 389
Ukraine — 85, 113, 390
Umsiedlungen — 89 ff
Ungarn — 132, 391, 438
Untersteiermark — 86, 113
UN-Überkeinkommen über die Rechtsstellung der Staatenlosen v 28. 9. 1954 — 177, 442, 444, 454, 460 ff, 482 ff
UN-Übereinkommen über die Verminderung der Staatenlosigkeit v 30. 8. 1961 — 442 f, 445, 454
Uruguay — 392
Usbekistan — 393

Vanuatu — 394
Vatikanstadt — 395
Venezuela — 396
Vereinigte Arabische Emirate — 397
Vereinigtes Königreich — 136, 273
Vereinigte Staaten von Amerika (USA) — 136, 398
Verlustgründe der deutschen Staatsangehörigkeit — 185 ff
Versailler Vertrag — 58 ff, 79, 88, 182
Vertrag über die abschließende Regelung in bezug auf Deutschland vom 12. 9. 1990 (2+4-Vertrag) — 127, 147 ff
Vertrag zwischen der Bundesrepublik Deutschland und der Republik Polen über die Bestätigung der zwischen ihnen bestehenden Grenze v 14. 11. 1990 (Grenzbestätigungsvertrag) — 147
Vertrag zwischen der Bundesrepublik Deutschland und der Republik Polen über gute Nachbarschaft und gute freundschaftliche Zusammenarbeit vom 17. 6. 1991 (Nachbarschaftsvertrag) — 148
Vertreibung (s a Vertriebene) — 144, 173
Vertreibungsgebiete — 127

Vertriebene	127, 129, 131, 172 f	Weißrußland	400
Vietnam	399	Westpreußen	64, 79, 113
Volksdeutsche	81 ff, 90 ff, 115 ff, 126 ff, 461, 484	Wohnsitz	15
		Wohnsitzprinzip	15, 26 f, 34
Volksliste	81 ff, 112 f	Wolhynien	94
Volkszugehörige	126, 172	Württemberg	56
Volkszugehörigkeit	76 ff, 127, 144 f		
– deutsche	76 ff, 127	Zaire	401
– litauische	78	Zentralafrikanische Republik	402
		Zichenau	79
Warschauer Vertrag v 7. 12. 1970	143 ff	Zypern	403
Wehrdienst	5, 36, 142, 176, 421, 466		

A. Vorbemerkung zur gesetzlichen Neuregelung

1 Art 5 setzt die Grundregel, wonach das Personalstatut durch die **Staatsangehörigkeit** bestimmt wird, voraus und faßt einige allgemeine Regeln zusammen, die in den Fällen heranzuziehen sind, in denen die Anknüpfung an die Staatsangehörigkeit (Abs 1 und 2) oder den Aufenthalt fehl geht oder nicht zu einem befriedigendem Ergebnis führt.

2 Bei Zugehörigkeit zu einem **Mehrrechtsstaat** mit verschiedenen territorialen oder personellen Teilrechtsordnungen verhilft die Anknüpfung an die Staatsangehörigkeit ebenfalls nicht zu einer anwendbaren Rechtsordnung; die erforderliche Zusatzregel zur Ermittlung der Teilrechtsordnung enthält nunmehr Art 4 Abs 3.

3 Art 5 Abs 1 und 3 sind als gesetzliches Recht neu; Art 5 Abs 2 übernimmt den bisherigen Art 29 EGBGB:

„Soweit die Gesetze des Staates, dem eine Person angehört, für maßgebend erklärt sind, werden die Rechtsverhältnisse einer staatenlosen Person nach den Gesetzen des Staates beurteilt, in dem sie ihren gewöhnlichen Aufenthalt oder mangels eines solchen ihren Aufenthalt hat oder zu der maßgebenden Zeit gehabt hat."

4 Art 29 in der bis zum 12. 4. 1938 geltenden Fassung lautete:

„Gehört eine Person keinem Staate an, so werden ihre Rechtsverhältnisse, soweit die Gesetze des Staates, dem eine Person angehört, für maßgebend erklärt sind, nach den Gesetzen des Staates beurteilt, dem die Person zuletzt angehört hat, und, wenn sie auch früher einem Staate nicht angehört hat, nach den Gesetzen des Staates, in welchem sie ihren Wohnsitz und in Ermangelung eines Wohnsitzes ihren Aufenthalt hat oder zu der maßgebenden Zeit gehabt hat."

Die neue Fassung von Art 29 beruhte auf Art 7 § 25 FamRÄndG v 12. 4. 1938 (RGBl I 380). Sie *galt* trotz Aufhebung des FamRÄndG v 12. 4. 1938 durch Art 9 Abs 2 Nr 9 des FamRÄndG v 11. 8. 1961 (BGBl I 1221) nach Absicht des Gesetzgebers *fort*.

B. Grundlagen des Staatsangehörigkeitsprinzips und des internationalen Staatsangehörigkeitsrechts

I. Allgemeine Bedeutung und Wesen der Staatsangehörigkeit

1. Staatsangehörigkeit als Kriterium der rechtlichen Stellung im öffentlichen und privaten Bereich

Die **Bedeutung der Staatsangehörigkeit** ist offensichtlich: Sie ist Kriterium für die rechtliche Stellung im privaten und öffentlichen Bereich des Lebens. Sie ist Voraussetzung für die Bestimmung der Rechte. Sie ist Anknüpfungsmerkmal für das aktive und passive Wahlrecht, für den Zugang zum öffentlichen Dienst. Sie bestimmt auch den Pflichtenumfang, beispielsweise die Verpflichtung zum Wehrdienst. Sie ist maßgeblich bei der Bestimmung der Pflichten- und Rechtskreise in wirtschaftlicher Betätigung, in der Familie und im Beruf.

Besonders deutlich zeigt das BVerfG (BVerfGE 37, 217, 246 f) die Bedeutung der Staatsangehörigkeit im Kind-Eltern-Verhältnis: Die Ausländereigenschaft nur des Kindes führe zu unüberwindlichen Schwierigkeiten und damit zur Beeinträchtigung der Elternrechte. Einschneidend sei die Gefahr der Ausweisung.

2. Staatsangehörigkeit als rechtliche Eigenschaft

Die Staatsangehörigkeit ist eine **rechtliche Eigenschaft** (str). Sie kennzeichnet die Person als zu einem bestimmten Staat zugehörig und grenzt mithin die Staatsangehörigen von den Ausländern ab, die Fremde sind und die Staatsangehörigkeit eines anderen Staates besitzen oder staatenlos sind. **Der die Staatsangehörigkeit besitzende Inländer wird staatsrechtlich zum Träger von Rechten und Pflichten.** Er unterliegt der deutschen Rechtsordnung und seine Minder- oder Volljährigkeit beurteilt sich nach deutschem Recht. Nur ein Deutscher kann zum Bundespräsidenten gewählt werden (Art 54 Abs 1 GG). Nur ein Deutscher hat Zugang zu einem öffentlichen Amt (Art 33 Abs 2 GG).

Zur Rechtsnatur der Staatsangehörigkeit s MAKAROV, Allgemeine Lehren des Staatsangehörigkeitsrechts (2. Aufl) 10; 19, 29; KIMMINICH, in: Bonner Kommentar (zu Art 16); ders, Einführung in das öffentliche Recht, 115 f; MAUNZ, in: MAUNZ/DÜRIG/HERZOG/SCHOLZ, GG (zu Art 16); BERBER, Völkerrecht I 353. Zusammenfassend kann gesagt werden, daß die Staatsangehörigkeit das Bindeglied der rechtlichen Zugehörigkeit einer Person zu einem Staat darstellt und diese Beziehung entweder als Rechtsverhältnis oder als rechtliche Eigenschaft (Status) bezeichnet wird. Entscheidend ist indes, daß aus der Beziehung Rechte und Pflichten erwachsen. Sie sind begriffsnotwendig (MAKAROV, Allgemeine Lehren 19) und nivellieren die geringen konstruktiven Unterschiede der verschiedenen Auffassungen.

3. Staatsangehörigkeit als Schutzangehörigkeit

Aus dem völkerrechtlichen Blickwinkel betrachtet bedeutet die Staatsangehörigkeit vor allem Schutzangehörigkeit (HORMANN, Die Staatsangehörigkeit in deutschen Bundesländern, AöR 1956, 300). Entscheidend ist nicht die innerstaatliche Ausgestaltung des

Staatsangehörigkeitsrechts, sondern vielmehr die Bereitschaft des Heimatstaates, den eigenen Staatsbürgern bei der Wahrnehmung berechtigter Interessen im Ausland Hilfe und Schutz zu gewähren. Ob eine Schutzpflicht in jedem Fall besteht, die, wird sie bejaht, auch einklagbar sein muß, ist umstritten (hierzu BLUMENWITZ, Die deutsche Staatsangehörigkeit und die Schutzpflicht der Bundesrepublik, in: FS Ferid [1978] 439 mwN).

4. Staatsangehörigkeit und Europäische Unionsbürgerschaft*

8 Mit Inkrafttreten des Maastrichter Vertrages am 1. 11. 1993 wurde in Art 8 ff EGV die Unionsbürgerschaft eingeführt. Mit dieser Entwicklung vom rein wirtschaftlich relevanten Marktbürger (zur Frage der EG-Marktbürgerschaft vor dem Unionsvertrag vgl STAUDINGER/BLUMENWITZ[12] Rn 8) zum Unionsbürger zeigt sich eine Erweiterung der Union um eine politische Dimension. Der Schritt zu einer echten Staatsangehörigkeit ist damit allerdings noch nicht getan.

a) **Inhalt und Ausgestaltung der Unionsbürgerschaft**
9 Die Unionsbürgerschaft verleiht den Staatsangehörigen der Mitgliedstaaten besondere Rechte. Voraussetzung für deren Inanspruchnahme bleibt aber immer die Inhaberschaft der Staatsangehörigkeit eines Mitgliedstaates.

– **Art 8 a EGV (Freizügigkeit).** Nach Art 8 a Abs 1 hat jeder Unionsbürger das Recht, sich im Hoheitgebiet der Mitgliedstaaten frei zu bewegen. Beschränkungen sind nur zum Schutz der öffentlichen Ordnung, der Sicherheit und der Gesundheit zulässig.

– **Art 8 b Abs 1 EGV (Kommunalwahlrecht).** Jeder Unionsbürger mit Wohnsitz in einem Mitgliedstaat, dessen Staatsangehörigkeit er nicht besitzt, hat im Wohnsitzstaat das aktive und passive Wahlrecht bei Kommunalwahlen zu denselben Bedingungen wie die Angehörigen des betreffenden Staates. Dieses Recht wird durch einen Vorbehalt in Art 8 b Abs 1 S 2 EGV eingeschränkt, der dazu dienen soll, ein einheitliches Wahlverfahren in allen Mitgliedstaaten zu schaffen, um der Gefahr der Mehrfachwahl zu begegnen. Nach der RL 94/80/EG v 19. 12. 1994 über die Einzelheiten der Ausübung des aktiven und passiven Wahlrechts bei den Kommunalwahlen für Unionsbürger mit Wohnsitz in einem Mitgliedstaat, dessen Staatsangehörigkeit sie nicht besitzen (ABl EG L 368/38) soll eine einheitliche Ausübung des Wahlrechts gewährleistet werden. Die bis zum 1. 1. 1996 vorgeschriebene Umsetzung wurde in den meisten Bundesländern bereits durch Änderung der Kommunalwahlgesetze durchgeführt (vgl dazu WOLLENSCHLÄGER/SCHRAML, Kommunalwahlrecht für nichtdeutsche Unionsbürger, BayVBl 1995, 386).

– **Art 8 b Abs 2 EGV (Wahlen zum Europäischen Parlament).** Jeder Unionsbürger mit Wohnsitz in dem Mitgliedstaat, dessen Staatsangehörigkeit er nicht besitzt, hat das aktive und passive Wahlrecht zum Europäischen Parlament zu denselben Bedin-

---

* BLECKMANN, Der Vertrag über die Europäische Union, DVBl 1992, 335; FISCHER, Die Unionsbürgerschaft, EuZW 1992, 566; HOBE, Die Unionsbürgerschaft nach dem Vertrag von Maastricht, Der Staat 1993, 245; SAUERWALD, Die Unionsbürgerschaft und das Staatsangehörigkeitsrecht in den Mitgliedstaaten der EU, 1995.

gungen wie die Angehörigen des Aufenthaltsstaates. Eine Regelung ist erfolgt durch die Richtlinie 93/109/EG v 6. 12. 1993 (Richtlinie des Rates über die Einzelheiten der Ausübung des aktiven und passiven Wahlrechts bei den Wahlen zum Europäischen Parlament für Unionsbürger mit Wohnsitz in einem Mitgliedstaat, dessen Staatsangehörigkeit sie nicht besitzen, ABl EG L 329/34). Vgl auch das EuropawahlG v 16. 6. 1978 (BGBl I 709) idF der Änderung v 8. 3. 1994 (BGBl I 419, 423) und die EuropawahlO v 27. 7. 1988 (BGBl I 1433; 1989 I 228) idF der Änderung v 15. 3. 1994 (BGBl I 544, 985).

- **Art 8 c EGV (diplomatischer und konsularischer Schutz).** Jeder Unionsbürger genießt im Hoheitsgebiet eines dritten Landes, in dem der Mitgliedstaat, dessen Staatsangehörigkeit er besitzt, nicht vertreten ist, den diplomatischen und konsularischen Schutz eines jeden Mitgliedstaates unter denselben Bedingungen wie Staatsangehörige dieses Staates. Es handelt sich um einen Fall der völkerrechtlichen Vertretung in dem Sinne, daß ein Staat, der zu einem Drittstaat eine diplomatische Beziehung unterhält, mit der Wahrnehmung seiner Interessen diesem gegenüber einen anderen Staat beauftragt.

- **Art 8 d EGV (Petitionsrecht).** Unionsbürger haben ein Petitionsrecht beim Europäischen Parlament und das Recht, sich beschwerdeführend an dessen Bürgerbeauftragten zu wenden. Ein Petitionsrecht bestand schon vor Inkrafttreten des Maastrichter Vertrages, neu ist lediglich das Beschwerderecht; beide Rechte sollen eine Kontrolle der Organe der Union effektiver gestalten.

- **Grundrechtsschutz.** Der Grundrechtsschutz wird in Art F Abs 2 EUV erwähnt. Darin wird allerdings lediglich die Rechtsprechung des EuGH bestätigt, nach der die EU durch die gemeinsame Verfassungstradition der Mitgliedstaaten sowie an die in der EMRK verankerten Grundrechte gebunden ist. Ein gemeinschaftsrechtlicher Grundrechtskatalog besteht indes (noch) nicht.

- **Art 8 e EGV (Fortentwicklung).** Über die Fortentwicklungsklausel sind Erweiterungen und Ergänzungen der Unionsbürgerschaft möglich.

Zusammenfassend kann festgestellt werden, daß die einzelnen Elemente, die die Unionsbürgerschaft ausmachen, nicht erst mit Inkrafttreten des Maastrichter Vertrages entstanden sind. Der Großteil der Rechte bestand schon vorher, nur kommt es durch die Art 8 ff EGV jetzt zu einer primärrechtlichen Absicherung. Beispielsweise ließ sekundäres Gemeinschaftsrecht schon früher fast alle EG-Bürger in den Genuß der Freizügigkeit kommen, selbst wenn sie sich nach Primärrecht nicht auf die Arbeitnehmerfreizügigkeit, die Niederlassungs- oder die Dienstleistungsfreiheit berufen konnten (z.B. Studenten, Pensionäre, Familienangehörige). Auch hatten EG-Bürger bereits das Wahlrecht zum Europäischen Parlament sowie zT ein Kommunalwahlrecht, ferner bestand schon früher das Petitionsrecht.

b) Defizite der Unionsbürgerschaft im Vergleich zu einer echten Staatsangehörigkeit
Die Unionsbürgerschaft tritt nicht an die Stelle der nationalen Staatsangehörigkeit, sondern setzt diese voraus. Die Annahme liegt nahe, daß schon allein aus diesem Grunde nicht von einer europäischen „Staats"-angehörigkeit gesprochen werden

kann. Im Hinblick auf die für das Vorliegen einer Staatsangehörigkeit vorausgesetzten Grundmerkmale weist die Unionsbürgerschaft in mehreren Punkten Defizite auf.

aa) Grundmerkmale der Staatsangehörigkeit
– im Völkerrecht:
Maßgebendes Kriterium der Staatsangehörigkeit im völkerrechtlichen Sinne ist der Bestand eines effektiven Auslandsschutzes für die eigenen Staatsangehörigen.

– im Staatsrecht:
Im Staatsrecht stellt man hingegen auf das Vorliegen bestimmter Strukturmerkmale ab. Die Staatsangehörigkeit muß danach unmittelbar, persönlich, beständig, ausschließlich und effektiv sein.

bb) Ausgestaltung der Staatsangehörigkeitsmerkmale in der Unionsbürgerschaft
Bezüglich des völkerrechtlich maßgeblichen Auslandsschutzes verweist Art 8 c EGV auf den diplomatischen und konsularischen Schutz durch die einzelnen Mitgliedstaaten. Die Union übt selbst für ihre Angehörigen keinen Schutz aus. Somit kann die Unionsbürgerschaft keine Staatsangehörigkeit im völkerrechtlichen Sinne sein.

Unmittelbarkeit ist deswegen nicht gegeben, da der einzelne die direkte rechtliche Bindung zu seinem Heimatstaat nicht aufgibt. Erst über diesen wird er Unionsbürger und erhält die daraus entstehenden Rechte und Pflichten. Allerdings wird ein spezifisches Rechtsverhältnis des einzelnen zur Union begründet. So erhält der Unionsbürger ein Aufenthaltsrecht im Gebiet der Unionsstaaten, des weiteren ein Wahlrecht sowohl zum Europaparlament als auch bei den Kommunalwahlen und schließlich ein Petitions- und Beschwerderecht.

Personalhoheit über die Unionsbürger besitzt die Gemeinschaft fast ausschließlich in wirtschaftlichen Angelegenheiten. Bezüglich politischer Materien bleiben die EU-Bürger weiterhin über die Mitgliedstaaten mediatisiert.

Für das Kriterium der Beständigkeit, dh einer ewigen, exklusiven Rechtsbeziehung, fehlt es der Gemeinschaft an einem eigenen Hoheitsgebiet. Die Bindungen des Bürgers wie Aufenthalt, Wohnsitz und Integration in das Wirtschafts- und Sozialgefüge sind immer auf das Hoheitsgebiet des jeweiligen Mitgliedstaates bezogen. Allerdings kann man aufgrund der in Art 8 a EGV gewährten Freizügigkeit dem Verhältnis Bürger – Union wenigstens ansatzweise das Merkmal der Beständigkeit zusprechen, auch wenn eine Territorialhoheit der Gemeinschaft im eigentlichen Sinne nicht vorliegt.

Das Verhältnis des Unionsbürgers zur Gemeinschaft ist auch nicht ausschließlich. Wie Art 8 Abs 1 EGV zeigt, verdrängt die Gemeinschaftszugehörigkeit die nationale Staatsangehörigkeit gerade nicht im Sinne eines Über-/Unterordnungsverhältnisses; vielmehr bestehen beide Rechtsverhältnisse nebeneinander. Auch das Fehlen einer echten „EU-Botschaft" beweist, daß die Gemeinschaft nicht ausschließlich für den Schutz ihrer Angehörigen zuständig ist.

Schließlich fehlt bei der Unionsbürgerschaft auch das Merkmal der Effektivität, da insbesondere der Auslandsschutz für die Unionsbürger nicht von der Gemeinschaft, sondern von den Mitgliedstaaten gewährt wird.

Es bleibt festzuhalten, daß die Unionsbürgerschaft nach Art 8 ff EGV weder im völker- noch im staatsrechtlichen Sinne eine Staatsangehörigkeit darstellt, da es nach ihrer gegenwärtigen Ausgestaltung an unentbehrlichen Elementen fehlt, auch wenn diese in Ansätzen schon bestehen und entwicklungsfähig sind.

c) **Praktische Bedeutung der Unionsbürgerschaft für das nationale Recht, das Gemeinschaftsrecht und das Internationale Privatrecht**

Auch nach der Einführung der Unionsbürgerschaft bleibt es bei der bisherigen Rechtslage, daß die Staatsangehörigkeit eines Unionsbürgers nach dem nationalen Recht seines Heimatstaates bestimmt wird. Die Mitgliedstaaten haben durch den Maastrichter Vertrag keinerlei Hoheitsrechte im Bereich der Personalhoheit auf die Gemeinschaft übertragen. 11

Gemeinschaftsrechtlich bringt die Unionsbürgerschaft also keine wirklichen Neuerungen; bereits früher meist sekundärrechtlich verbürgte Rechte werden jetzt lediglich erstmals primärrechtlich verankert. Die neue Bezeichnung und die Ausgestaltung im Vertrag zielen vielmehr darauf ab, das Gemeinschaftsbewußtsein und den Willen zur Integrationsförderung bei den Unionsbürgern zu stärken. Im Ergebnis bleiben sie aber tatsächlich Marktbürger. Mit wachsender Integrationsbereitschaft könnte es jedoch zur Übertragung weiterer Hoheitsrechte durch die Mitgliedstaaten und zu einer Fortentwicklung iSd Art 8 e EGV kommen, so daß sich die Unionsbürgerschaft einer echten europäischen Staatsbürgerschaft annähern könnte.

Die Einführung der Unionsbürgerschaft hat keinen Einfluß auf das deutsche Internationale Privatrecht. Ein Unionsbürger, der nicht die deutsche Staatsangehörigkeit besitzt, wird weiterhin als Ausländer behandelt, der zwar die aus der Unionsbürgerschaft erwachsenden Rechte hat, die aber nicht notwendig deckungsgleich mit den Rechten der Inländer sind.

II. Die besondere Bedeutung der Staatsangehörigkeit als Anknüpfungspunkt

Die Staatsangehörigkeit ist ein wichtiger Anknüpfungspunkt im Kollisionsrecht. Die Anknüpfung geschieht im IPR durch die (Teil-)Kollisionsnorm, die den materiellprivatrechtlichen Sachverhalt mit einem bestimmten Staat verknüpft (vgl STAUDINGER/ KORKISCH[10/11] Einl 9 ff zu EGBGB; KEGEL, IPR 317; RAAPE/STURM, IPR 35 ff). 12

1. Das Personalstatut

Mit der Art 5 vorangestellten Überschrift „Personalstatut" hält ein international verbreiteter, bis auf die Postglossatoren des 14. Jahrhunderts zurückgehender Terminus Eingang in die deutsche Gesetzessprache (FERID, IPR 1–18, 3). Bis zum Inkrafttreten des IPRG war der Begriff Personalstatut nur im Staatsvertragsrecht der Bundesrepublik gebraucht worden. 13

14 Das „Personalstatut" im Sinne der herkömmlichen Bezeichnung umfaßt die **Anknüpfungsgegenstände des Personen-, Familien- und Erbrechts** (KEGEL, IPR 321; NEUHAUS 201 und die Begründung des IPRG-E BT-Drucks 10/504, 30). Diese Rechtsbereiche sind dadurch gekennzeichnet, daß dort Grundvoraussetzungen und Grundfragen der persönlichen Existenz eines Menschen geregelt werden. Das gebietet die Anknüpfung an ein Recht, mit dem die Person möglichst eng verbunden ist.

Eine derartig enge Beziehung findet in der Anknüpfung an das „Heimatrecht", an die Staatsangehörigkeit, ihren Ausdruck.

15 Die Staatsangehörigkeit ist allerdings nicht der alleinige personenbezogene Anknüpfungspunkt. Eine vom Tatbestand persönlich betroffene Person kann eine Anknüpfung auch an den Wohnsitz oder den Aufenthalt bedingen. Je nach dem Anknüpfungsmerkmal wird das Personalstatut dann vom Staatsangehörigkeits-, Wohnsitz- oder Aufenthaltsprinzip geprägt (KEGEL, IPR 321; RAAPE/STURM, IPR 105, 114, 131, 133, 151 f, 330 ff; NEUHAUS 201 ff; MAKAROV Grundriß, 67 ff; MELCHIOR, Grundlagen 435). Mit den Art 7, 13–15, 17–25 EGBGB a F ging Deutschland im Jahre 1900 vom Wohnsitzprinzip zum Staatsangehörigkeitsprinzip über; in Baden und Sachsen galt dieses Prinzip schon vor dem Inkrafttreten des BGB.

Dem Staatsangehörigkeitsprinzip folgten in mehr oder minder großem Umfang vor allem die Kollisionsrechte der kontinental-europäischen Staaten und die der von diesen abhängigen Rechtsordnungen (vgl RAAPE/STURM, IPR, 115 mwN; FERID/FIRSCHING, Internationales Erbrecht, Bd I Einf, Rn 48 ff; BERGMANN/FERID, Internationales Ehe- und Kindschaftsrecht; STAUDINGER/GAMILLSCHEG[10/11] Vorbem 92 ff zu Art 13 und de lege ferenda LORENZ ZRP 1982, 153).

Im Wettstreit zwischen Staatsangehörigkeitsprinzip und dem Recht des Wohnsitzes (gewöhnlicher Aufenthalt) entscheidet sich das IPRG zugunsten des Staatsangehörigkeitsprinzips – allerdings in differenzierter und vielfach einschränkender Weise (FERID 1–18, 1; BT-Drucks 10/504, 30):

16 Das EGBGB nF folgt für zahlreiche Fragen ganz oder doch im Ansatz dem Prinzip der Anknüpfung an die Staatsangehörigkeit, so für die Rechts- und Geschäftsfähigkeit (Art 7), die Todeserklärung (Art 9), die Voraussetzungen der Eheschließung (Art 13), die allgemeinen Ehewirkungen (Art 14) und – zT mittelbar wegen der Bezugnahme auf Art 14 – das eheliche Güterrecht (Art 15), die Scheidung (Art 17), die Abstammung (Art 19 Abs 1, 20 Abs 1), die eheliche Kindschaft (Art 19 Abs 2 S 1), die Legitimation (Art 21), die Annahme als Kind (Art 22), die Vormundschaft und Pflegschaft (Art 24) sowie das Erbrecht (Art 25).

Diese Grundsatzentscheidung schließt für einige Sachbereiche, in denen es um Wirkungen von Statusverhältnissen geht und bei denen ein Bedürfnis für schnelle Entscheidung besteht, so für das Kindschaftsrecht außerhalb der Statusbegründung und das Unterhaltsrecht, eine Anknüpfung an den gewöhnlichen Aufenthalt nicht aus. Auch im internationalen Eherecht bringt das EGBGB nF einen abgestuften Wechsel der Anknüpfungen, wenn das Staatsangehörigkeitsprinzip mangels gemeinsamer Staatsangehörigkeit der Ehegatten versagt. Ferner trägt der besonders im Recht der Ehewirkungen den Beteiligten eingeräumte Einfluß auf die Bestimmung des anwendbaren Rechts zur differenzierenden Anpassung der Anknüpfung an die Gegebenheiten und Bedürfnisse des Einzelfalls bei.

Darüber hinaus berücksichtigt das IPRG den im Aufenthaltsprinzip auch zutage tretenden Schutzgedanken durch Einführung zusätzlicher Anknüpfungen, zB in Art 8 (Entmündigung fremder Staatsangehöriger im Inland) und Art 19 Abs 1 S 4, Abs 3 (Anfechtung der Ehelichkeit durch das Kind selbst, kindschaftsrechtliche Schutzmaßnahmen), ähnlich in Art 24 Abs 1 S 2, Abs 3 (Vormundschaft über nach Art 8 entmündigte fremde Staatsangehörige, vorläufige Maßregeln im Vormundschaftsrecht) und bei den Änderungen des internationalen Verfahrensrechts.

2. Rechtfertigung des Staatsangehörigkeitsprinzips

a)   Das Staatsangehörigkeitsprinzip wurde wesentlich geprägt vom Souveränitätsgedanken des 19. Jahrhunderts. Kollisionsrechtlich spielte hierbei vor allem die Vorstellung eine entscheidende Rolle, daß die **Personalhoheit des Staates** unmittelbar zur **Anwendung des inländischen Rechts auf die personenrechtlichen Verhältnisse** der eigenen Staatsangehörigen führt.

Vgl ZITELMANN IPR I (1897) 119: „Jeder Staat herrscht kraft seiner Personalhoheit über die ihm angehörigen Personen." Zur geschichtlichen Entwicklung der Staatsangehörigkeit als Anknüpfungsgrund s KORKISCH, in: FS Dölle Bd II 87 ff.

Ein vom nationalen Souveränitätsdenken geprägtes Kollisionsrecht gilt heute allgemein als überholt (vgl grundlegend NEUHAUS, Grundbegriffe 71 ff), wenngleich auch Restbestände – vor allem im Kollisionsrecht der Mehrstaater (vgl Rn 404 ff) – sich erhalten haben.

b)   Das Staatsangehörigkeitsprinzip ist aber nicht nur Ausdruck staatlicher Hoheitsinteressen, sondern **reflektiert auch die Verwurzelung des einzelnen im Heimatstaat**, die durch die staatsangehörigkeitsrechtlichen Bande bestimmt wird: Der Mensch ist mit der Rechtsordnung seines Heimatstaates am engsten verbunden; diese bildet deshalb auch die Grundlage seiner persönlichen Rechtsverhältnisse (vgl Vorschläge und Gutachten zur Reform des deutschen internationalen Eherechts [1962] 10; BVerfGE 31, 58, 78, ferner BT-Drucks 10/504, 31). Demgegenüber wird mit Recht darauf verwiesen, daß in Einzelfällen vermehrt engere persönliche Verbindungen zu einem Staat bestehen können, dessen Staatsangehörigkeit der Betreffende nicht besitzt (vgl NEUHAUS, Grundbegriffe 209). Dennoch besteht immer noch in der weit überwiegenden Mehrzahl der kollisionsrechtlich relevanten Fälle eine engere persönliche und kulturelle Beziehung zum Heimatstaat und zu dessen Rechtsordnung. Die Staatsangehörigkeit ist zudem im Regelfall ein eindeutiges und relativ leicht feststellbares Anknüpfungsmoment; aus Gründen der Rechtssicherheit muß deshalb in Kauf genommen werden, daß die Anknüpfung an die Staatsangehörigkeit nicht durchweg dem rechtspolitischen Anliegen gerecht wird, die Rechtsordnung zu ermitteln, die dem einzelnen tatsächlich am nächsten steht. Die Staatsangehörigkeit ist kollisionsrechtlich **mehr als nur ein Indikator für den Heimatbezug**.

c)   Die Anknüpfung an die Staatsangehörigkeit versagt oder führt zu besonderen Schwierigkeiten in Fällen der Staatenlosigkeit (vgl Rn 441 ff), der Mehrstaatigkeit (vgl

Rn 404 ff) und in familienrechtlichen Fällen bei verschiedener Staatsangehörigkeit von Mann und Frau, wenn der Anknüpfung an die Staatsangehörigkeit nur des Mannes Verfassungsnormen entgegenstehen (vgl MünchKomm/SONNENBERGER Einleitung IPR Rn 206 zur Rechtslage in der BR Dtl nach der IPR-Reform).

3. Die Rolle des Staatsangehörigkeitsprinzips im deutschen IPR

20 Das deutsche IPR wird heute allgemein als **Mischsystem** beschrieben. Die Staatsangehörigkeit dient vornehmlich als Anknüpfungsmoment in Angelegenheiten, in denen die Kontinuität des Heimatbezugs im Vordergrund steht. Das Staatsangehörigkeitsprinzip weicht gegenwärtig zurück, wenn besondere Ordnungs- und Fürsorgeinteressen des Aufenthaltsstaates angesprochen werden (vgl zB Haager Unterhaltsabkommen und Minderjährigenschutzabkommen, STAUDINGER/KROPHOLLER [1994] Vorbem zu Art 18). Die Tendenz, das Staatsangehörigkeitsprinzip im Wege der Rechtsfortbildung zu verdrängen, ist unverkennbar; das Anknüpfungskriterium des gewöhnlichen Aufenthalts wurde so bereits als „tragender Pfeiler des deutschen IPR" bezeichnet (vgl KROPHOLLER JZ 1972, 16 f; SAMTLEBEN RabelsZ 42 [1978] 472 f). Dennoch bleibt die Anknüpfung an die Staatsangehörigkeit im kontinental-europäischen Rechtsbewußtsein verwurzelt. Im Zeitalter der Öffnung nationaler Grenzen und der zwischenstaatlichen Kooperation ermöglicht es gerade das Staatsangehörigkeitsprinzip dem einzelnen, seine Identität in der nationalen Zugehörigkeit zu wahren (vgl MünchKomm/SONNENBERGER Einleitung IPR Rn 514).

21 Aus diesem Grunde erscheint zB auch ein Abweichen vom Staatsangehörigkeitsprinzip und eine **kollisionsrechtliche Sonderbehandlung der Gastarbeiter nicht geboten** (vgl ANSAY Rec 1977 III, 48 ff; ANSAY/MARTIN in: ANSAY/GESSNER, Gastarbeiter in Gesellschaft und Recht [1974] 197 ff; FERID, in: FS Oskar Möhring [1973] 5 ff; KEGEL, IPR § 13 II 3; KÜHNE, Gutachten für den 53. DJT 1980, S C 56, ferner BT-Drucks 10/504, 31; zu den sich aus einer „multikulturellen Gesellschaft" ergebenden etwaigen Besonderheiten noch unten Rn 23 ff).

Das Staatsangehörigkeitsprinzip führt im nichtvermögensrechtlichen IPR nicht zur Diskriminierung fremder Staatsangehöriger etwa im Sinn des Art 6 Abs 1 EGV, sondern versucht, den Besonderheiten der auf die Person bezogenen Regelungsbereiche gerecht zu werden. Vor- und Nachteile der unterschiedlichen Staatsangehörigkeit wirken sich gleichermaßen aus. Als Grenze der Unterscheidung genügt der ordre public (vgl BT-Drucks 10/504, 31; s Art 6).

22 Die vielfach als Vorzug des Aufenthaltsprinzips hervorgehobene wesentlich häufigere Anwendung deutschen Rechts durch deutsche Gerichte vermag die Grundsatzentscheidung zugunsten des Staatsangehörigkeitsprinzips nicht in Frage zu stellen, weil damit ein rechtspolitischer Gedanke Vorrang erhielte, der internationalprivatrechtlich nicht allgemein zu rechtfertigen ist. Berücksichtigung findet das Bestreben nach häufigerer Anwendung deutschen Rechts bei der Behandlung der Rückverweisung (Art 4 Abs 1) und im Ergebnis bei den an einigen Stellen erforderlich erscheinenden Sonderanknüpfungen zugunsten deutschen Rechts (s o Rn 15).

4. Multikulturelle Gesellschaft: Auswirkungen der soziologischen und ausländerpolitischen Entwicklung auf die Anknüpfung im IPR

Internationale Wanderungsbewegungen haben in den vergangenen 30 Jahren zu 23 einem bislang nicht gekannten Anwachsen der ausländischen Wohnbevölkerung in einzelnen Staaten geführt. Allein in der Bundesrepublik Deutschland leben derzeit etwa 5 Millionen Ausländer, von denen ca 70% bereits zehn Jahre und länger ansässig sind (HAILBRONNER, Einbürgerung von Wanderarbeitnehmern und doppelte StA, 1992, 10). Der Anteil der Ausländer an der Gesamtbevölkerung liegt bei etwa 8%. Die weit überwiegende Zahl der Ausländer sind Monostaater. Aufgeworfen werden durch diese Entwicklung insbesondere folgende Fragen:

– Ist die Anknüpfung an die ausländische Staatsangehörigkeit angesichts der Perma- 24 nenz des Aufenthalts in Deutschland (ipr-politisch) noch vertretbar? (Rn 26 ff)

– Sollte diesen Ausländern die Möglichkeit vereinfachter Einbürgerung in Deutsch- 25 land unter Hinnahme einer etwaigen doppelten Staatsangehörigkeit eröffnet werden? Ist die Einführung des ius soli-Prinzips für Kinder der dritten Generation geboten? (Rn 35 ff)

a) IPR-politische Bedeutung der Staatsangehörigkeit als Anknüpfungspunkt

aa) In der Literatur (BASEDOW/DIEHL-LEISTNER, Das StAprinzip im Einwanderungsland, in: 26 JAYME/MANSEL, Nation und Staat im IPR [1990] 13 ff) wird die Durchsetzung des Staatsangehörigkeits-Prinzips in Deutschland auf die Massenauswanderung im 19. Jahrhundert zurückgeführt. Hauptziel dieser Politik sei die Bewahrung des Deutschtums im Ausland gewesen. Aus der gegenläufigen Bewegung der letzten Jahrzehnte wird deshalb die Forderung abgeleitet, die Anknüpfungsregeln des IPR so zu gestalten, daß die Fälle der Anwendung fremden Rechts vermindert werden. Vorrangiger Anknüpfungspunkt soll der Wohnsitz sein, wenn die jeweilige Person ihren gewöhnlichen Aufenthalt in Deutschland länger als fünf Jahre hat; erst wenn das nicht der Fall ist, soll das Staatsangehörigkeits-Prinzip greifen. Modifiziert wird diese Anknüpfung durch einen etwaigen „Effektivitätstest" auf Antrag der Parteien; das nach Wohnsitz- oder Staatsangehörigkeits-Prinzip ermittelte Recht ist danach nicht anzuwenden, wenn ein Beteiligter nachweist, daß die Person eine engere Verbindung zu einem anderen Land hat. Außerdem sollen die Parteien auch nach Ablauf des fünfjährigen Aufenthalts im Inland die Möglichkeit erhalten, durch Vereinbarung das bisher maßgebliche Heimatrecht durch eine je nach Rechtsgebiet einseitige oder zweiseitige Rechtswahl als Personalstatut beizubehalten. Um sicherzustellen, daß der Betreffende Kenntnis von der Möglichkeit der Rechtswahl hat, wird vorgeschlagen, in Deutschland lebende Ausländer nach fünfjährigem Inlandsaufenthalt durch die Ausländerbehörden auf den Statutenwechsel und die Rechtswahlmöglichkeit hinzuweisen.

bb) Gegen diese Position ist bereits angemahnt worden, daß trotz der zu beobach- 27 tenden Wanderungsbewegung die **Bundesrepublik Deutschland** nach eigener Einschätzung gerade **kein Einwanderungsland** (wie zB Kanada, Australien) sein will. Insbesondere sind die mittelbaren Auswirkungen für das Staatsangehörigkeitsrecht selbst zu beachten. So hat vMANGOLDT (Diskussionsbeitrag, in: JAYME/MANSEL 311 f) auf folgenden Zusammenhang hingewiesen: „Ausländerintegration kann ... nur insoweit in Betracht kommen, als sie nicht direkt die politische Zielsetzung, kein Einwanderungsland zu sein, unterläuft und nahezu direkt am Ende auf Einbürgerung der Betroffenen hinausläuft. Übergang zum Wohnsitzprinzip für hier niedergelassene Ausländer aber hätte eine solche Wirkung. Deutsches Personalstatut, Familien- und Erbrecht bedeutet für den betroffenen Ausländer eine weitere Integration in den deutschen Staatsverband. Das Wohnsitzprinzip stellt also einen wesentlichen Integrationsfaktor dar. Dies zeigt sich auch im Staatsangehörigkeitsrecht, das bei der Einbürgerung nach § 8 RuStAG diejenigen Ausländer begünstigt, welchen durch deutsches Recht das deutsche Personalstatut zur Verfügung gestellt worden ist... Wenn man also für das IPR Schlüsse ziehen will, dann den, daß eine Rechtsordnung, die aufgrund politischer Entscheidung, die in den geltenden Staatsangehörigkeits-Normen ihren Niederschlag findet, die Einbürgerung allzu vieler Ausländer vermeiden will, nicht mit dem Wohnsitzprinzip Tatbestände schaffen darf, die dem an das rechtsstaatliche Konsequenzgebot gebundenen Staat nachher die Einbürgerung geradezu aufnötigen."

28 cc)   Ohne Frage hat der vermehrte – und zT unkontrollierte – Zuzug von Ausländern zu einem Anwachsen kollisionsrechtlicher Fallgestaltungen geführt. Daß die Anwaltschaft den daraus erwachsenen Anforderungen bei der Recherche und Anwendung fremden Rechts heute möglicherweise nicht (mehr) entsprechen kann (wie BASEDOW/DIEHL-LEISTNER 40 behaupten), wäre zwar bedauerlich, allein aber für die grundsätzliche Anknüpfung an den Wohnsitz nicht ausreichend. Entscheidend ist vielmehr die Ermittlung des Schwerpunktrechts, dh das Auffinden derjenigen Rechtsordnung, mit der eine Person typischerweise am engsten verbunden ist. Daß der Gesetzgeber insoweit an die Staatsangehörigkeit anknüpft, wurde bereits vor der Reform des EGBGB (1986) vom **BVerfG** (E 31, 78; vgl auch BVerfGE 37, 343; 63, 195; 68, 390) gebilligt: „Die Entscheidung des deutschen Gesetzgebers für das Staatsangehörigkeits-Prinzip beruht auf der Annahme, es entspreche den Interessen der Beteiligten, in persönlichen Angelegenheiten nach dem Recht ihres Heimatstaates beurteilt zu werden, weil bei genereller Betrachtung die Staatsangehörigkeit ihre fortdauernde persönliche Verbundenheit mit diesem Staat dokumentiere und ihnen das vom Gesetzgeber der eigenen Nationalität geschaffene, auf Personen ihrer Nationalität ausgerichtete Recht am vertrautesten sei."

29 dd)   Hat sich an dieser Aussage durch die Tatsache vermehrter Immigration etwas geändert? Allein die quantitative Zunahme von Ausländern in Deutschland läßt die Interessen des einzelnen an der Anwendung seines Heimatrechts unberührt. Anders könnte sich die Situation aber aufgrund der Dauerhaftigkeit des Aufenthalts ohne Rückkehrwillen oder sogar mit konkret geäußertem Bleibewillen darstellen. Obwohl der Reformgesetzgeber 1986 die Problematik des Daueraufenthalts von Ausländern kannte, hat er bei Monostaatern dennoch vom Staatsangehörigkeits-Prinzip keine Ausnahmen zugelassen. Folgende Gründe waren maßgeblich (vgl die Zusammenstellung bei MANSEL, Personalstatut Rn 55):

30 – Zunächst gebietet der **Gedanke der Rechtssicherheit** die Anknüpfung an die Staatsangehörigkeit, ist diese doch als juristischer Deduktionsvorgang weniger leicht zu manipulieren als die möglicherweise im Einzelfall nicht objektivierbare Darstellung tatsächlicher Gegebenheiten (zB Vorspiegelung eines bestimmten inländischen gewöhnlichen Aufenthalts, vgl dazu WENGLER JR 1981, 270).

– Das Staatsangehörigkeits-Prinzip liegt den meisten Heimat-Rechtsordnungen der 31
in Deutschland lebenden Ausländer zugrunde. Dadurch werden **eine internationale
Entscheidungsharmonie** erzielt und hinkende Familienverhältnisse weitgehend vermieden.

– Daß die **Bindung zum Heimatstaat** (und zu dessen Rechtsordnung) noch besteht, 32
zeigt sich gerade in der **Tatsache des nicht vorhandenen Einbürgerungswillens**. Der
grundsätzlich vorausgesetzte Verlust der bisherigen Staatsangehörigkeit wird von
den betroffenen Ausländern selbst für den Fall nicht akzeptiert, daß sie auf Dauer
in Deutschland bleiben werden. Teilweise wird die Heimatverbundenheit des Ausländers vermutet, solange er sich nicht einbürgern läßt (BT-Drucks 10/504, 31; JAYME
IPRax 1983, 221).

Hinzu kommt bei Ausländern mit **religiöser Bindung an den Islam** ein **Interesse an der** 33
Kontinuität ihrer Rechtsverhältnisse, zumal der Islam für die ethnische Identifikation
bedeutsam ist und an seine Angehörigen einen weitgehenden Gehorsamsanspruch
stellt. Dem wachsenden Unterschied der Kulturen und der Rechtsauffassung, teilweise geprägt von durch den Islam beeinflußten Traditionen, sozialen Werten und
Verhaltensmustern, teilweise bewußt laizistisch gehalten (wie in den vorherrschenden westlichen Kulturen), entspricht der steigende Unterschied zwischen den
Rechtsordnungen (vgl MANSEL, Personalstatut Rn 66 mwN: „Je größer das Gefälle aber ist,
desto unangemessener ist die Anwendung des Aufenthaltsrechts auf eine Person, die ihrem Heimatrecht noch verbunden ist.").

ee)   Ein allgemeiner Grundsatz, daß bei in Deutschland aufgewachsenen Auslän- 34
dern das **Kontinuitätsinteresse** von einem **Anpassungsinteresse** überlagert wird, der
eine Anknüpfung an das Wohnsitzprinzip erlauben würde, läßt sich nicht aufstellen.
Zu unterschiedlich sind im Einzelfall die familiären, religiösen und sonstigen Bindungen an den Heimatstaat. Die Anknüpfung an das Staatsangehörigkeits-Prinzip
bei ausländischen Monostaatern auch im Zuge der IPR-Reform hat deshalb eine
tatsächliche Vermutung der Richtigkeit iSd Schwerpunktrechts für sich. Einer
Grundsatzregelung de lege ferenda, wonach bei fünfjährigem Inlandsaufenthalt eine
(widerlegbare) gesetzliche Vermutung für den größeren Inlandsbezug spricht,
ermangelt es an dem erforderlichen Nachweis des tatsächlichen Inlandsbezugs im
Regelfall, ganz abgesehen von den Argumenten der Rechtssicherheit und der internationalen Entscheidungsharmonie. Die Perpetuierung des Anpassungsinteresses ist
regelmäßig erst dann hinreichend deutlich, wenn der betreffende Ausländer einen
Einbürgerungsantrag stellt. Wird diesem stattgegeben, was im Normalfall den Verlust der bisherigen Staatsangehörigkeit bedeutet, erübrigen sich kollisionsrechtliche
Fragestellungen, da – zumindest über Art 5 Abs 1 S 2 – allein deutsches Recht
anwendbar ist.

b)   **Erleichterung des Erwerbs mehrfacher Staatsangehörigkeit ?**
aa)   **BVerfG: Grundsätzliche Ablehnung mehrfacher Staatsangehörigkeit**
Eine andere Frage ist, ob die soziologische Entwicklung die Erleichterung der Ein- 35
bürgerung von Ausländern bzw die Einführung des ius soli-Prinzips für die dritte
Ausländergeneration erforderlich macht. Verbunden wäre dies, wie neuere politische Gesetzgebungsinitiativen beweisen (vgl den Gesetzentwurf der SPD-Bundestagsfraktion, BT-Drucks 12/4533, dazu kritisch BLUMENWITZ ZAR 1993, 151 ff), für den Regelfall mit

der Hinnahme der doppelten Staatsangehörigkeit. Die dadurch aufgeworfenen Probleme sind weniger solche des IPR, für das die Staatsangehörigkeit lediglich indizieller Natur ist für den Nachweis des Schwerpunktrechts, sondern mehr solche der sich aus der doppelten Staatsangehörigkeit ergebenden öffentlich-rechtlichen, sich oftmals widersprechenden Pflichtenstellung. Das BVerfG (E 37, 254) hat in einer grundlegenden Entscheidung festgestellt, es treffe zu, „daß innerstaatlich und international **doppelte oder mehrfache Staatsangehörigkeit** als ein **Übel** betrachtet wird, **das sowohl im Interesse der Staaten wie im Interesse der betroffenen Bürger nach Möglichkeit vermieden oder beseitigt werden sollte.**" Staatsangehörigkeit ist nach der zutreffenden Ansicht des BVerfG eine „Grundbeziehung" zwischen Staat und Bürger, bei der der „inneren Beziehung des freien Bürgers zu einem freiheitlichen Gemeinwesen die Unentziehbarkeit dieser Rechtsstellung entspricht." (BVerfGE 37, 241) Die Legitimation des Abstammungsprinzips sieht es in Art 6 Abs 1 GG, der sogar den Übergang zum reinen ius soli verbieten könnte (249). Der deutsche Vater oder die deutsche Mutter böten „die Gewähr" dafür, „daß das Kind eine echte Bindung zum deutschen Volk, seiner Rechtsordnung und Kultur erwirbt und in den deutschen Staatsverband hineinwächst." (252) Identifizierung mit der deutschen Nation ist mithin eine wesentliche Voraussetzung der Verleihung der deutschen Staatsangehörigkeit (BLUMENWITZ ZAR 1993, 152 f).

bb) Internationale Ablehnung mehrfacher Staatsangehörigkeit

36 Konflikte mehrfacher StA entstehen dadurch, daß jeder Staat an seinen Bürger den Anspruch der Ausschließlichkeit stellt. Betroffen sind davon sowohl die Pflicht zur Loyalität gegenüber dem jeweiligen Staat als auch Fragen der Wehrpflicht, des internationalen Strafrechts, der Doppelbesteuerung, nicht zuletzt auch des diplomatischen Schutzes, um nur die wichtigsten Problemkreise zu nennen. Nicht immer gelingt die Lösung durch zwischenstaatliche Verträge. Auf internationaler Ebene hat sich vornehmlich der Europarat mit der Problematik mehrfacher Staatsangehörigkeit befaßt. Das **Übereinkommen über die Verringerung der Mehrstaatigkeit** und über die **Wehrpflicht von Mehrstaatern vom 6. Mai 1963** (BGBl 1969 II 1953) versucht eine Begrenzung von Mehrstaatigkeit und Regulierung des durch sie entstehenden Konfliktpotentials. Art 1 des Abkommens legt fest, daß volljährige Staatsangehörige einer Vertragspartei ihre Staatsangehörigkeit verlieren, wenn sie aufgrund einer ausdrücklichen Willenserklärung durch Einbürgerung, Option oder Wiedereinbürgerung die Staatsangehörigkeit einer anderen Vertragspartei erwerben. Außerdem werden in Art 5 und 6 die Folgen mehrfacher Staatsangehörigkeit für die Wehrpflicht zwischen den Vertragsparteien geregelt. Um die Wirksamkeit des Mehrstaater-Übereinkommens zu erhöhen, hat die Parlamentarische Versammlung des Europarats in der Empfehlung 696 (1973) betreffend bestimmte Aspekte des Staatsangehörigkeits-Erwerbs (abgedruckt bei HANNAPPEL, StA und Völkerrecht 79 ff) die Mitgliedstaaten zum Beitritt aufgefordert. Mehrfache Staatsangehörigkeit wird nur ausnahmsweise hingenommen, wenn übergeordnete Interessen dies erfordern. Das ist in Deutschland dann gegeben, wenn die Nichtverleihung zu verfassungswidrigen Zuständen oder zu Widersprüchen mit verfassungsrechtlichen Wertentscheidungen führen (Gebot der Gleichbehandlung von Mann und Frau), Grundprinzipien des deutschen staatsangehörigkeitsrechtlichen ordre public gefährden, völkerrechtliche Verpflichtungen Deutschlands berühren oder sonst die Verfolgung wesentlicher staatlicher Interessen Deutschlands stören würde (vMANGOLDT JZ 1993, 969 ff mwN). Im überwiegenden Interesse der Kinder aus gemischt-nationalen Ehen hat zudem die

Beratende Versammlung des Europarats in der Empfehlung 1081 (1988) ausdrücklich hervorgehoben, daß diese das Recht haben sollten, ihre Staatsangehörigkeit nach beiden Elternteilen zu behalten.

cc) **Zweites Zusatzprotokoll zum Mehrstaater-Übereinkommen**
Ein Perspektivwechsel des Europarats wird möglicherweise durch das 2. Zusatzprotokoll zum Mehrstaater-Übereinkommen vorgenommen. Danach wird den Vertragsstaaten das **Recht** eingeräumt, **den fortdauernden Besitz ihrer eigenen Staatsangehörigkeit zu ermöglichen, wenn antragsgebunden die Staatsangehörigkeit eines anderen Vertragsstaates erworben wird**, der Einzubürgernde auf dessen Hoheitsgebiet geboren wurde oder vor Vollendung des 18. Lebensjahres dort langfristig ansässig war. Abgelehnt wird diese Neukonzeptionierung neben weiteren europäischen Staaten (ua Frankreich, Belgien, Dänemark, Schweden, Norwegen, Österreich) auch von der BR Deutschland. Die Bundesregierung hat insoweit ausdrücklich erklärt (BT-Drucks 12/2035, Antwort zu Frage 15): „Bei der Formulierung der Erleichterungen wurde berücksichtigt, daß einige Mitgliedstaaten die Beibehaltung der ursprünglichen Staatsangehörigkeit als einen wichtigen Faktor betrachten. Die überwiegende Anzahl der Vertreter der Mitgliedstaaten ist jedoch der Auffassung, daß die Prinzipien des Mehrstaaterabkommens weiterhin aufrecht erhalten bleiben müssen."

Von besonderer Bedeutung ist der zu beobachtende partielle Umschwung in der internationalen Entwicklung vor allem für die zweite und jede weitere Ausländergeneration (vgl auch HANNAPPEL, StA und Völkerrecht 58 f). Ihre bevorzugte Einbürgerung – unter Hinnahme der doppelten Staatsangehörigkeit – kommt jedoch nur dann in Betracht, wenn ihr Anpassungsinteresse das Kontinuitätsinteresse überwiegt. Dies wird man nicht generell annehmen können (vgl Rn 34).

dd) **Mehrfache Staatsangehörigkeit aus ordnungspolitischer Sicht**
Der Einführung vermehrter Doppelstaatigkeit durch zB Einführung des Territorialprinzips (ius soli) für Ausländer der zweiten oder dritten Generation steht regelmäßig entgegen, daß es sich bei der Staatsangehörigkeit (auch) um ein rechtliches Ordnungsprinzip handelt. Es ist nicht sinnvoll, jeden auf deutschem Territorium geborenen Ausländer – ungefragt – zum deutschen Staatsangehörigen zu machen. Vielmehr ist seine Loyalität zum Herkunftsland seiner Vorfahren auch in der neuen Heimat zu respektieren. Die Anknüpfung an die Abstammung ist im Staatsangehörigkeitsrecht keineswegs überholt. Sie ist nicht – wie gelegentlich behauptet wird – Ausdruck der Überbewertung der eigenen Nation, sondern im Zeitalter grenzüberschreitender Mobilität allgemein anerkanntes Ordnungsprinzip. **Die Zufälligkeit der Geburt auf einem bestimmten Territorium vermittelt nicht mehr materielle Gerechtigkeit als das Abstammungsprinzip.**

Aus innerstaatlicher Sicht ist die Doppelstaatsangehörigkeit für den davon Betroffenen zudem nicht nur von Vorteil. Durch die doppelte Staatsangehörigkeit wird er mit zwei möglicherweise divergierenden Rechtsordnungen verknüpft. Das hat vor allem **Auswirkungen auf die familien- und erbrechtlichen Geschäfte**, die der Parteiautonomie entzogen sind. Der Doppelstaater muß eine eingeschränkte Rechtssicherheit und möglicherweise erhöhte Kosten bei der Rechtsverfolgung in Kauf nehmen.

III. Das internationale Staatsangehörigkeitsrecht

40 1. Jeder innerstaatlichen Staatsangehörigkeitsregelung sind **völkerrechtliche Schranken** gesetzt, die es nicht zu überschreiten gilt. Damit sind zwei Gesichtspunkte zu beachten: Einmal die Völkerrechtsgemäßheit des ausländischen Rechts, zum anderen die des eigenen Staatsangehörigkeitsrechts. Ist nach der Kollisionsnorm ausländisches Recht betroffen, so ist das dem Völkerrecht widersprechende oder gegen Staatsverträge verstoßende Staatsangehörigkeitsrecht nicht anzuwenden (MAKAROV, Allgemeine Lehren des Staatsangehörigkeitsrechts 186; MELCHIOR, Grundlagen 437; KEGEL, IPR 243; PARRY, in: Makarov-Festgabe [1958] 337–368; MünchKomm/SONNENBERGER Einleitung IPR Rn 432 ff).

41 Ob zur Begründung der Nichtanwendung der deutsche ordre public (Art 6) herangezogen werden kann, ist umstritten (dagegen SOERGEL/KEGEL Art 29 Rn 4; aA zB MAKAROV 204). Bei wörtlicher Auslegung des Art 6 ist jedenfalls ein Verstoß gegen deutsches Recht erforderlich. Zwingend ist demnach, daß ein Verstoß gegen Völkerrecht zugleich ein Verstoß gegen deutsches Recht beinhaltet. Unter den Voraussetzungen des Art 25 S 1 GG ist dies zu bejahen. Deutsche Gerichte werden durch Art 25 S 1 GG daran gehindert, ausländisches Staatsangehörigkeitsrecht anzuwenden, das einer allgemeinen Regel des Völkerrechts – also dem universellen Völkergewohnheitsrecht oder einer Regel des partikulären Völkergewohnheitsrechts, an deren Übung die Bundesrepublik partizipiert – widerspricht (MAUNZ/DÜRIG/HERZOG/SCHOLZ Art 25 Rn 77). In Zweifelsfragen ist die Entscheidung des Bundesverfassungsgerichts gem Art 100 Abs 2 GG einzuholen.

42 Verstößt ausländisches Staatsangehörigkeitsrecht gegen völkerrechtliche Verträge, so wird auch innerstaatliches Recht, sofern die verletzte Vertragsnorm – in der Regel durch Vertragsgesetz nach Art 59 Abs 2 S 1 GG – in deutsches Recht transformiert wurde, verletzt.

43 Soweit das eigene Staatsangehörigkeitsrecht gegen Völkerrecht verstößt, ist Heilung möglich (LG Dortmund StAZ 1967, 47).

2. Die völkerrechtlichen Schranken

44 Die im einzelnen zu beachtenden völkerrechtlichen Schranken des internationalen Staatsangehörigkeitsrechts sind umstritten; in der Staatenpraxis lassen sich jedoch folgende Rechtsprinzipien nachweisen*:

a) Grundsatz der Maßgeblichkeit des Rechts des in Anspruch genommenen Staats

45 Es entspricht der Unabhängigkeit und dem rechtlichen Selbstverständnis der Staa-

---

* **Schrifttum:** Vgl MAKAROV, Règles générales du droit de la nationalité, Rec des Cours 74 (1949 I) 273 ff; VAN PANKUYS, The Role of Nationality in International Law (1959); BROWNLIE, The Relations of Nationality in Public International Law, BYIL 39 (1963) 284 ff; LAPENNA, La cittadinanza nel diritto internazionale generale (1966); GRAWERT, Staat und Staatsangehörigkeit (1973); ferner: UN Legislative Series: Laws concerning Nationality (1954) und Supplement ST/LEG/SER B/4 und 9.

ten, daß die Frage, welche Staatsangehörigkeit eine Person hat, sich nach dem **Recht des in Anspruch genommenen Staates** beantwortet.

Vgl Art 1 des auf der Haager Kodifikationskonferenz am 12. April 1930 abgeschlossenen und im Jahre 1937 in Kraft getretenen Abkommens über die Konflikte der Staatsangehörigkeit (in: HECKER, Mehrseitige völkerrechtliche Verträge zum Staatsangehörigkeitsrecht, Bd 30, Sammlung geltender Staatsangehörigkeitsgesetze [1970]). Der Erwerb oder Verlust einer Staatsangehörigkeit kann aber aus Gründen der **Gesetzesumgehung** (fraus legis) für die lex fori unbeachtlich sein (STAUDINGER/GAMILLSCHEG$^{10/11}$ Vorbem 210 ff zu Art 13).

Dies gilt auch für die Frage nach dem **räumlichen Geltungsbereich** der maßgeblichen 46 Staatsangehörigkeitsnormen. Die mit der Bestimmung der Staatsangehörigkeit auftauchenden **Vorfragen** sind ebenfalls nach dem Recht des Staates, um dessen Angehörigkeit es geht, zu beurteilen. Hier entscheidet das vom IPR des in Frage stehenden Staates berufene materielle Recht.

Die Vorfrage wird also dem Recht der Hauptfrage unterstellt (zB BayObLG 1963, 265; 47 OLG Frankfurt FamRZ 1967, 481, 483; MELCHIOR, Grundlagen 442 f; MAKAROV, Allgemeine Lehren des Staatsangehörigkeitsrechts 239−290; RAAPE/STURM, IPR 287 ff), was sich als Ausnahme darstellt, denn grundsätzlich werden Vorfragen selbständig nach deutschem Recht angeknüpft (RAAPE/STURM, IPR 290; PALANDT/HELDRICH Einl Rn 29 vor Art 3 EGBGB; DÖLLE, IPR 105).

b) **Gebot einer näheren tatsächlichen Beziehung**
Zwischen dem Staat und seinen Angehörigen muß eine nähere **tatsächliche Beziehung** 48 („genuine connection") bestehen; als solche werden außer der Abstammung von einem Staatsangehörigen (**ius sanguinis**) und dem Geburtsort im Inland (**ius soli**) auch der Antritt eines öffentlichen Amtes, der dauernde Wohnsitz im Inland sowie die Verehelichung einer Ausländerin mit einem Staatsangehörigen, nicht aber der bloße Besitz von Grundstücken oder eine nur vorübergehende Beschäftigung im Inland anerkannt (vgl IGH vom 6. April 1955 im Fall Nottebohm, ICJ Reports 1955, 24 ff).

c) **Einbürgerung nur mit Zustimmung des Betroffenen**
Eine Einbürgerung (Naturalisierung) darf grundsätzlich **nur mit Zustimmung** der 49 betroffenen Person erfolgen. Bzgl der **automatischen Erstreckung** der Einbürgerungswirkung auf Ehegattin und minderjährige Kinder gilt heute das am 20. Februar 1957 abgeschlossene und am 11. August 1958 in Kraft getretene **Abkommen über die Staatsangehörigkeit der verheirateten Frau** (BGBl 1973 II 1249): Weder die Schließung noch die Auflösung der Ehe noch der Wechsel der Staatsangehörigkeit des Ehemanns dürfen sich **automatisch** auf die Staatsangehörigkeit der Ehefrau auswirken.

Nur im Falle der **Gebietsabtretung** darf ein Staat seine Staatsangehörigkeit jenen 50 Personen ohne ihre Zustimmung verleihen, die Staatsangehörige des zedierenden Staates waren und im abgetretenen Gebiet ihren Wohnsitz haben (vgl KG Berlin ZaöRV 28 [1968] 107; ferner: MANN, Zwangseinbürgerungen und das Völkerrecht, FW 53 [1955/56] 101 ff; SEIDL/HOHENVELDERN, Völkerrecht Rn 1322). Einbürgerungen im besetzten Gebiet während des Krieges sind dagegen völkerrechtswidrig.

51 Die Einbürgerung eines Ausländers ist auf sein Ersuchen selbst dann zulässig, wenn er aus seinem **früheren Staatsverband nicht förmlich entlassen** wurde, sofern zum einbürgernden Staat eine nähere tatsächliche Beziehung besteht (vgl oben Rn 48).

Völkervertraglich kann allerdings geregelt werden, daß die Einbürgerung auch in diesen Fällen der Zustimmung des Vertragspartners bedarf, vgl zB Ziff II des Schlußprotokolls zum deutsch-iranischen Niederlassungsabkommen vom 17. 2. 1929 (RGBl II 1002, 1006, Wiederanwendung: BGBl 1955 II 829).

d) **Staatsangehörigkeit eines völkerrechtlich nicht anerkannten Staates**
52 Mit Literatur und Rechtsprechung ist davon auszugehen, daß die völkerrechtliche Anerkennung des fremden Staates Voraussetzung für die Anwendung seines Staatsangehörigkeitsrechts ist (MAKAROV, Allgemeine Lehren des Staatsangehörigkeitsrechts 177 ff mwN); zur Anwendung des effektiv geltenden Privatrechts des nicht anerkannten Staates s MünchKomm/SONNENBERGER Einleitung IPR Rn 530 ff.

e) **De-facto-Staatsangehörigkeit**
53 Die De-facto-Staatsangehörigkeit ist nur ein Hilfsmittel völkerrechtsgemäßer Behandlung, vor allem von Flüchtlingen, um ihnen innerstaatlichen Schutz zu gewähren. Die Verdrängung einer möglicherweise noch bestehenden Staatsangehörigkeit zum Herkunftsland mag die De-facto-Staatsangehörigkeit nicht bewirken; eine Auslieferung indes kann sie verhindern. (Vgl SCHÄTZEL, De-facto-Staatsangehörigkeit und De-facto-Staatenlosigkeit, in: FS Verdroß [1960] 217 ff; RANDELZHOFER, Bonner Kommentar Art 16 GG Rn 57).

Deutsche De-facto-Staatsangehörige sind die Deutschen ohne deutsche Staatsangehörigkeit iS von Art 116 GG, aber auch das Findelkind nach § 4 Abs 2 RuStAG.

54 Der Aufnahmestaat ist zuständig für die Ausstellung der Ausweispapiere, für die Gewährung von Schutz sowie für die grundsätzliche Gleichbehandlung in zivilrechtlichen Angelegenheiten. Im Verhältnis zu Drittstaaten wird in der Regel die De-facto-Staatsangehörigkeit als De-jure-Staatsangehörigkeit behandelt. Zur Entscheidung, ob die Herkunftsstaatsangehörigkeit noch besteht und die De-facto-Staatsangehörigkeit fortwirkt, sind jedenfalls nicht die Drittstaaten berufen. Die (vermeintliche) Mehrstaatigkeit ist von Drittstaaten hinzunehmen; unter Umständen ist an die effektive Staatsangehörigkeit anzuknüpfen (vgl unten Rn 412; BVerfG IPRspr 1952/53 Nr 316 a; KG IPRspr 1964/65 Nr 10; OLG Köln IPRspr 1976 Nr 41).

C. **Die Deutsche Staatsangehörigkeit**

I. **Die historische Entwicklung**

55 Vor der Gründung des Norddeutschen Bundes gab es in Deutschland keine einheitliche Staatsangehörigkeitsregelung, sondern nur die **Partikularrechte über Landesangehörigkeit** (LICHTER, Das Staatsangehörigkeitsrecht im Großdeutschen Reich 491 ff). Teils galt das Territorialprinzip, so im Bayerischen Edikt über das Indigenat v 26. 5. 1818 (GSBl 141), teils das Abstammungsprinzip, nämlich im vorbildlichen preußischen Gesetz v

31. 12. 1842 (GBl 1843, 15). Der Versuch, in der Paulskirchenversammlung eine Reichsbürgerschaft durchzusetzen, scheiterte.

1. Vom Norddeutschen Bund bis zum Versailler Vertrag

a) Gesetz über die Erwerbung und den Verlust der Reichs- und Staatsangehörigkeit v 1. 6. 1870

Erst die Gründung des Norddeutschen Bundes am 1. 7. 1867 forderte auch ein rechtliches Band der Landesangehörigen zum Bund. Geregelt wurde dies durch das **Gesetz über die Erwerbung und den Verlust der Reichs- und Staatsangehörigkeit** v 1. 6. 1870 (RGBl 355), in Kraft getreten am 1. 1. 1871 in den **Gebieten des ehemaligen Norddeutschen Bundes**, in **Württemberg, Baden** und **Hessen** südlich des Mains am 13. 5. 1871, in **Bayern** gem § 9 des Gesetzes v 22. 4. 1871 (RGBl 87) iVm Art 2 der Verfassung des Deutschen Reiches v 16. 4. 1871 (BGBl 63) am 31. 3. 1873, in **Elsaß-Lothringen** gem Art 2 des Gesetzes betreffend die Einführung des Reichsgesetzes über die Erwerbung und den Verlust der Reichs- und Staatsangehörigkeit v 1. 6. 1870 und v 8. 1. 1873 (RGBl 51) am 14. 1. 1873. Am 1. 4. 1891 trat das Gesetz in **Helgoland** gem Art 1 Abs 1 der Verordnung betreffend die Einführung von Reichsgesetzen in Helgoland v 22. 3. 1891 (RGBl 21) vorbehaltlich des Rechts der alteingesessenen Bevölkerung, durch Erklärung vor dem 1. 1. 1892 die britische Staatsangehörigkeit zu wählen, in Kraft.

b) Reichs- und Staatsangehörigkeitsgesetz v 22. 7. 1913

Im Februar 1912 wurde dem Deutschen Reichstag der Entwurf des heute noch geltenden **Reichs- und Staatsangehörigkeitsgesetzes** (RuStAG) vorgelegt, welches am 22. 7. 1913 (RGBl 583) verkündet wurde und am 1. 4. 1914 in Kraft trat. Gem § 2 RuStAG galten auch die **Schutzgebiete** als Inland. Zu ihnen zählten 1914: Deutsch-Ostafrika, Deutsch-Südwestafrika (heute Namibia), Deutsch-Neuguinea mit dem Inselgebiet der Karolinen, Palau und Marianen und Marschall-, Brown- und Providence-Inseln, Kamerun, Kiautschou, Samoa und Togo.

Durch Naturalisation konnte den Einwohnern dieser Gebiete gem § 9 des Schutzgebietsgesetzes idF vom 10. 9. 1906 (RGBl 813) die Reichsangehörigkeit verliehen werden. Näheres bestimmte das Staatsangehörigkeitsgesetz v 1. 6. 1870, sowie Art 3 Reichsverfassung und § 4 Reichstagswahlgesetz v 31. 5. 1869 (BGBl 145) in entsprechender Anwendung. Gem § 33 Ziff 1 RuStAG hatten auch Ausländer und Eingeborene der Schutzgebiete die Möglichkeit, die unmittelbare Reichsangehörigkeit zu erwerben. Diese Möglichkeit sah das Gesetz auch in § 34 RuStAG für Ausländer im Reichsdienst und mit dienstlichem Wohnsitz im Ausland, sowie für ehemalige Deutsche, die sich in Deutschland nicht niedergelassen hatten, vor.

2. Die staatsangehörigkeitsrechtlichen Regelungen im und nach dem Versailler Vertrag

Durch die Niederlage des Deutschen Reichs im Ersten Weltkrieg verloren ca sechs Millionen Deutsche ihre deutsche Staatsangehörigkeit. Die maßgeblichen Vorschriften sind im **Versailler Vertrag** (in Kraft getreten am 10. 1. 1920 [RGBl 1919 II 678]) und in zahlreichen Staatsangehörigkeits- und Optionsverträgen enthalten (auszugsweise abgedruckt bei MASSFELLER, Deutsches Staatsangehörigkeitsrecht von 1970 bis zur Gegenwart).

Das Deutsche Reich verpflichtete sich, die neue Staatsangehörigkeit seiner vom Gebietswechsel betroffenen Angehörigen anzuerkennen und sie von jeder Pflicht gegenüber ihrem Heimatstaat zu entbinden (Art 278 Versailler Vertrag).

Für die abgetretenen deutschen Gebiete galt im einzelnen folgendes:

59 – **Elsaß-Lothringen:** Art 51, 53, 54 Versailler Vertrag nebst Anlage zu Teil III, Abschn 5 Art 79; Französisches Dekret betr Reintegration und Reclamation der französischen Staatsangehörigkeit in Elsaß-Lothringen v 11. 1. 1920. (Zur Wirkung des Versailler Vertrags auf die Staatsangehörigkeit einer aus Elsaß-Lothringen stammenden Person vgl BayVGH VBlBW 1988, 394.)

60 – **Eupen-Malmedy und Moresnet:** Art 32–37 Versailler Vertrag; Deutsch-belgische Optionserklärung v 31. 8. 1922 (MBliV 909); Deutsch-belgisches Optionsabkommen v 11. 9. 1922 (RGBl 1924 II 227).

61 – **Nordschleswig:** Art 112 und 113 Versailler Vertrag; Deutsch-dänisches Abkommen zur Ausführung der Art 112 und 113 Versailler Vertrag v 16. 4. 1922 (RGBl 1922 II 201) nebst DurchführungsVO v 24. 7. 1922 (RGBl II 686 und 688), ferner Preußischer MdI v 31. 5. 1922 (MBliV 567) und Preußische Ausführungsanweisung v 11. 8. 1922 (MBliV 865).

62 – **Danzig:** Art 105 und 106 Versailler Vertrag; Deutsch-Danziger Optionsvertrag v 8. 11. 1920 (RGBl 1921, 186) nebst Preußischer Ausführungsanweisung v 20. 12. 1921 (MBliV 401) und Gesetz über den Erwerb oder Verlust der Danziger Staatsangehörigkeit v 30. 5. 1922 (Danziger GBl 129; abgedruckt bei MASSFELLER II 140).

63 – **Memelgebiet:** Art 99 Versailler Vertrag und Memelkonvention zwischen den alliierten und assoziierten Hauptmächten und Litauen v 8. 5. 1924 nebst Memelstatut (RMBl 1925, 122); Deutsch-litauischer Vertrag zur Ausführung der Memelkonvention v 8. 5. 1924/10. 2. 1925 (RGBl 1925 II, 59); ferner Preußische Ausführungsanweisung v 23. 2. 1925 (MBliV 209) und Memelländisches Gesetz über den Erwerb und Verlust der Eigenschaft als Bürger des Memelgebietes v 5. 12. 1928 (Abl 773 – auszugsweise abgedruckt bei MASSFELLER II 161).

64 – **Posen – Westpreußen – Oberschlesien:** Art 91 Versailler Vertrag nebst Minderheitenvertrag zwischen den alliierten und assoziierten Hauptmächten und Polen v 28. 6. 1919; Deutsch-polnisches Abkommen über Staatsangehörigkeits- und Optionsfragen v 30. 8. 1924 (RGBl 1925 II 33) und Deutsch-Polnisches Abkommen über Oberschlesien v 15. 5. 1922 (RGBl II 237) nebst Preußischer Ausführungs-Anweisung v 15. 5. 1924 (MBliV 524).

65 – **Hultschiner Ländchen:** Art 84–86 Versailler Vertrag und Minderheitenvertrag zwischen den alliierten und assoziierten Hauptmächten und der Tschechoslowakei v 10. 9. 1919; Staatsangehörigkeitsvertrag zwischen dem Deutschen Reich und der Tschechoslowakischen Republik vom 29. 6. 1920 (RGBl II 2284).

66 – **Saargebiet:** Art 49 Versailler Vertrag nebst Anlage zu Abschn IV, Teil III § 27; VO der Regierungskommission des Saargebietes über die Eigenschaft als „Saarein-

wohner" vom 14. 6. 1921 (ABl 92 – abgedruckt bei MASSFELLER II 188); VO des RMdI zur Einführung reichsrechtlicher Vorschriften im Saarland aus dem Gebiete der allgemeinen inneren Verwaltung vom 22. 2. 1935 (RGBl I 224).

– **Deutsche Schutzgebiete:** Art 119, 122, 127, 156 Versailler Vertrag; nicht-deutsche 67 Eingeborene wurden Schutzangehörige der jeweiligen Mandatsmacht; Bestimmungen über die Staatsangehörigkeit der weißen deutschen Bevölkerung enthielt der Vertrag nicht, da dieser Personenkreis ausgewiesen werden sollte.

Die Ausweisungen sind in den meisten deutschen Schutzgebieten durchgeführt wor- 68 den – nicht jedoch in **Südwestafrika (Namibia)**, wo nur deutsche Beamte und Soldaten ausgewiesen wurden. Alle in den Schutzgebieten zurückgebliebenen Deutschen haben die deutsche Staatsangehörigkeit beibehalten und nach den Regeln des RuStAG weitervermittelt (SCHÄTZEL, Staatsangehörigkeitsrecht 130; STEINBERG, Das Staatsangehörigkeitsrecht der Südafrikanischen Union einschließlich Südwestafrika 36).

3. Staatsangehörigkeitsrechtliche Änderungen unter nationalsozialistischer Herrschaft

Die vom Nationalsozialismus beabsichtigte Neukodifizierung des deutschen Staats- 69 angehörigkeitsrechts kam nicht zustande. Zahlreiche Einzelregelungen brachten jedoch einschneidende Änderungen, die Gesetzgebung, Verwaltung und Rechtsprechung nach 1945/49 nachhaltig beschäftigten.

a) Die Gleichschaltung der Länder

Die Verordnung über die deutsche Staatsangehörigkeit vom 5. 2. 1934 (RGBl I 85) hob 70 § 9 RuStAG auf; **fortan entfiel die Staatsangehörigkeit in den deutschen Ländern** und es gab nur mehr die deutsche Reichsangehörigkeit; die Länder konnten Entscheidungen auf dem Gebiet des Staatsangehörigkeitsrechts nur im Namen und im Auftrag des Reichs durchführen.

b) Die Ausbürgerung mißliebiger Staatsangehöriger

Ein weiteres Phänomen nationalsozialistischer Gesetzgebung war die **Ausbürgerung** 71 „**unerwünschter Personen**".

aa) Das Gesetz über den Widerruf von Einbürgerungen und die Aberkennung der 72 deutschen Staatsangehörigkeit vom 14. 7. 1933 (RGBl I 480 nebst Ausführungsbestimmungen vom 26. 7. 1933, RGBl I 538) ermöglichte den **Widerruf einer** nach dem 8. 11. 1918 erfolgten **Einbürgerung** einer „unerwünschten" Person sowie **die Aberkennung der StA** eines im Ausland lebenden Regimegegners oder eines Reichsbürgers, der einer Rückkehraufforderung des RdI nicht Folge leistete.

bb) Durch die Elfte Verordnung zum Reichsbürgergesetz vom 25. 11. 1941 (RGBl I 73 722) wurden alle **deutschen Juden** mit gewöhnlichem Aufenthalt im Ausland am 27. 11. 1941 **kollektiv aus dem deutschen Staatsverband ausgebürgert.** § 5 der Ersten Verordnung zum Reichsbürgergesetz vom 14. 11. 1935 (RGBl I 1333) bestimmte, wer als Jude anzusehen war. Deutsche Juden, die nach dem 27. 11. 1941 ihren gewöhnlichen Aufenthalt ins Ausland verlegten, verloren damit zugleich ihre deutsche

Staatsangehörigkeit. Zur Aufhebung dieser nationalsozialistisches Unrecht enthaltenden Vorschriften vgl unter Rn 101 ff.

c) **Die Sammeleinbürgerungen**

74 Die durch die nationalsozialistische Expansionspolitik auftretenden staatsangehörigkeitsrechtlichen Fragen wurden meist durch das völkerrechtlich umstrittene Institut der **Sammeleinbürgerung** gelöst (vgl MASSFELLER I 167 ff; SCHÄTZEL AöR Bd 74, 273; SCHLESER 75 ff).

75 aa) **Österreich:** Durch das Reichsgesetz über die Wiedervereinigung Österreichs mit dem Deutschen Reich vom 13. 3. 1938 ging nach damaliger Auffassung Österreich als Völkerrechtssubjekt und unabhängiger Staat unter; seine Bürger wurden automatisch deutsche Staatsangehörige, vgl Verordnung über die deutsche Staatsangehörigkeit im Lande Österreich vom 3. 7. 1938 (RGBl I 790).

76 bb) **Sudetengebiet:** Auf der Grundlage des sog Münchner Abkommens (vgl Bekanntmachung vom 31. 10. 1938 [RGBl II 853]) schlossen das Deutsche Reich und die Tschechoslowakische Republik am 20. 11. 1938 einen **Vertrag über Staatsangehörigkeits- und Optionsfragen** (RGBl II 896). Aufgrund dieses Vertrages und der Verordnung über die deutsche Staatsangehörigkeit in den sudetendeutschen Gebieten vom 12. 2. 1939 (RGBl I 205) erwarben mit Wirkung vom 10. 10. 1938, unter Verlust der tschechoslowakischen Staatsbürgerschaft, die deutsche Staatsangehörigkeit durch Sammeleinbürgerung:

(1) diejenigen tschechoslowakischen Staatsbürger (gleich welchen Volkstums), die am 10. 10. 1938 ihren Wohnsitz in einer mit dem Deutschen Reich vereinigten Gemeinde gehabt haben, wenn sie

(a) vor dem 1. 1. 1910 in dem mit dem Deutschen Reich vereinigten Gebiet geboren wurden, oder

(b) die deutsche Staatsangehörigkeit mit dem 10. 1. 1920 verloren haben (Bewohner des sog Hultschiner Ländchens, vgl oben Rn 65), oder

(c) Kinder oder Enkelkinder einer Person sind, auf die die Voraussetzungen der Buchstaben (a) oder (b) zutrafen,

(d) Ehefrauen von Personen sind, auf die die Voraussetzungen der Buchstaben (a), (b) oder (c) zutrafen (entsprechend der staatsbürgerlichen Familieneinheit erwarb die Ehefrau die deutsche Staatsbürgerschaft nach den genannten Vorschriften nicht, wenn ihr Ehemann sie nicht erwarb),

(2) diejenigen tschechoslowakischen Staatsbürger deutscher Volkszugehörigkeit, die am 10. 10. 1938 ihren Wohnsitz außerhalb der Tschechoslowakei, ihr Heimatrecht (gem altösterr Heimatgesetz) aber in einer mit dem Deutschen Reich vereinigten Gemeinde hatten.

77 cc) **Protektorat Böhmen und Mähren:** Die Eingliederung erfolgte durch den Erlaß über das Protektorat Böhmen und Mähren vom 16. 3. 1939 (RGBl I 485); die Staatsangehörigkeitsfragen wurden durch die Verordnung über den Erwerb der deutschen Staatsangehörigkeit durch frühere tschechoslowakische Staatsangehörige deutscher

Volkszugehörigkeit vom 20. 4. 1939 (RGBl I 815) und durch einige weitere Verordnungen (Nachweise SCHLESER 91 ff) geregelt:

Die deutsche Staatsangehörigkeit mit Wirkung ab 16. 3. 1939 erwarben die früheren tschechoslowakischen Staatsangehörigen deutscher Volkszugehörigkeit, die am 10. 10. 1938 das Heimatrecht in einer Gemeinde der ehemaligen Länder Böhmen und Mähren/Schlesien besessen haben, sofern sie die deutsche Staatsangehörigkeit nicht bereits aufgrund des Vertrags vom 20. 11. 1938 (vgl Rn 76) erworben haben.

dd) **Memelland:** Das mit Wirkung vom 10. 1. 1920 vom Deutschen Reich abgetrennte Gebiet (vgl Rn 63) wurde durch den **deutsch-litauischen Vertrag v 22. 3. 1939** (RGBl II 608) mit dem Reich wiedervereinigt, vgl Gesetz v 23. 3. 1939 (RGBl I 559). Die Staatsangehörigkeitsfragen wurden im deutsch-litauischen Vertrag v 8. 7. 1939 (RGBl II 999) geregelt.

Mit Wirkung ab 22. 3. 1939 hat derjenige litauische Staatsbürger unter Verlust der litauischen Staatsangehörigkeit die deutsche Staatsangehörigkeit durch Sammeleinbürgerung erworben,

(1) der die deutsche Staatsangehörigkeit mit dem 30. 7. 1924 oder auf Grund einer Option für die litauische Staatsangehörigkeit verloren, oder

(2) der deutscher Volkszugehöriger ist und die litauische Staatsangehörigkeit durch Option erworben, oder

(3) seine Staatsangehörigkeit von einer der unter (1) oder (2) bezeichneten Personen durch Geburt, Legitimation oder Eheschließung abgeleitet hat.

Personen litauischer Volkszugehörigkeit behielten ihre litauische Staatsbürgerschaft (und erwarben die deutsche nicht), wenn sie vor dem 8. 7. 1939 ihren Wohnsitz aus dem Memelgebiet nach Litauen verlegten oder bis zum 31. 12. 1939 für Litauen optierten.

ee) **Danzig und die eingegliederten Ostgebiete:** Die durch den Versailler Vertrag von Deutschland getrennte **Freie Stadt Danzig** (vgl oben Rn 62) wurde durch ein der Danziger Verfassung nicht gemäßes „Staatsgrundgesetz" vom 1. 9. 1939 mit dem Reich wiedervereinigt, s a Gesetz über die Wiedervereinigung der Freien Stadt Danzig mit dem Deutschen Reich vom 1. 9. 1939 (RGBl I 1547). Nach der militärischen Niederlage Polens, der Flucht des polnischen Staatspräsidenten und der polnischen Regierung gingen das Deutsche Reich und die Sowjetunion – völkerrechtswidrig – vom Untergang der Republik Polen aus (vgl BLUMENWITZ, Occupatio bellica und lex rei sitae, in: FS Constantinesco [1983] 83). Die Interessenabgrenzung zwischen dem Deutschen Reich und der UdSSR erfolgte durch den **Grenz- und Freundschaftsvertrag v 28. 9. 1939** (Bekanntmachung vom 30. 12. 1939 [RGBl 1940 II 3]). In das sog „Großdeutsche Reich" wurden nicht nur die durch Versailles verlorenen Ostgebiete (vgl oben Rn 64), sondern auch die Bezirke Litzmannstadt (Lodsch), Kattowitz und Zichenau eingegliedert (nicht aber das sog Generalgouvernement), vgl Erlasse über Gliederung und Verwaltung der Ostgebiete v 8. 10. 1939 (RGBl I 2042), v 2. 11. 1939 (RGBl I 2135) und v 29. 1. 1940 (RGBl I 251).

Gem RdErldRMdI betr den Erwerb der deutschen Staatsangehörigkeit in den in das

Deutsche Reich eingegliederten Ostgebieten v 25. 11. 1939 (RMBliV 2385) wurden zunächst diejenigen deutschen Volkszugehörigen deutsche Staatsangehörige, die

(1) bis zum 1. 9. 1939 die Danziger Staatsangehörigkeit besessen haben, oder

(2) bis zum 26. 10. 1939 die polnische Staatsangehörigkeit besessen und zu diesem Zeitpunkt zu den Bewohnern des Großdeutschen Reiches einschließlich der eingegliederten Ostgebiete gehört haben, oder

(3) nach Verlust der polnischen Staatsangehörigkeit bis zum 26. 10. 1939 staatenlos waren und zu diesem Zeitpunkt zu den Bewohnern des Großdeutschen Reiches gehört haben.

81 Eine weitere Regelung der staatsangehörigkeitsrechtlichen Fragen erfolgte durch die Verordnung über die deutsche Volksliste und die deutsche Staatsangehörigkeit in den eingegliederten Ostgebieten vom 4. 3. 1941 idF der 2. VO v 31. 1. 1942. In die in vier Abteilungen gegliederte **Deutsche Volksliste** wurden gem RdErl des RMdI vom 13. 3. 1941 (abgedruckt bei MASSFELLER 244 ff) aufgenommen:

(1) in **Abteilung 1** die Volksdeutschen, die sich vor Kriegsausbruch aktiv zum Deutschtum bekannt hatten, einschließlich ihrer Angehörigen,

(2) in **Abteilung 2** die nicht in Abteilung 1 einzutragenden Volksdeutschen, die sich ihr Deutschtum aber nachweislich vor dem 1. 9. 1939 bewahrt hatten,

(3) in **Abteilung 3** die deutschstämmigen Personen, die Bindungen zum Polentum eingegangen waren, bei denen aber die Voraussetzungen gegeben waren, sie wieder zum Deutschtum zurückzuführen; ferner nichtdeutsche Personen, die mit einem Deutschen die Ehe eingegangen waren, in welcher das deutsche Element überwog; schließlich Personen, die blutsmäßig und kulturell zum Deutschtum hinneigten, aber eine slawische Muttersprache hatten,

(4) in **Abteilung 4** alle Deutschen, die völlig im Polentum aufgegangen waren und sich deutschfeindlich betätigt hatten; dieser Personenkreis konnte für sich – nicht aber für Ehefrau und Kinder – die Eintragung ablehnen.

82 Die **ehemals Danziger Staatsbürger** erwarben die deutsche Staatsangehörigkeit durch Sammeleinbürgerung mit Wirkung ab 1. 9. 1939, sofern die zuständigen Stellen nicht bis zum 30. 9. 1942 festgestellt hatten, daß sie die Voraussetzungen für die Aufnahme in die Abteilungen 1 und 2 der Deutschen Volksliste nicht erfüllten. Die **ehemals polnischen Staatsbürger** erhielten die deutsche Staatsbürgerschaft durch Sammeleinbürgerung mit Wirkung ab 26. 10. 1939, wenn sie die Voraussetzungen für die Aufnahme in die Abteilung 1 oder 2 der Volksliste erfüllten.

83 Die ehemaligen Danziger und polnischen Staatsbürger, die in Abteilung 3 der Volksliste Aufnahme fanden, erwarben die **deutsche Staatsangehörigkeit auf Widerruf** gem der 12. VO zum Reichsbürgergesetz vom 25. 4. 1943 (RGBl I 268) betreffend die Staatsangehörigkeit auf Widerruf; Widerruf und Verzicht auf das Widerrufsrecht waren binnen 10 Jahren möglich (§ 28 StAReg b), tatsächlich bis zum 8. 5. 1945.

84 Die ehemaligen Danziger und polnischen Staatsbürger, die in Abteilung 4 der Volksliste aufgenommen wurden, erwarben die deutsche Staatsangehörigkeit auf Widerruf durch Einbürgerung. Sie wurden **Schutzangehörige des Deutschen Reiches**, vgl VO über die Schutzangehörigkeit des Deutschen Reiches vom 25. 4. 1943 (RGBl I 271).

ff) Ukraine: Entsprechend dem oben (Rn 81 ff) geschilderten Verfahren erhielten 85 auch die Volksdeutschen im „Reichskommissariat Ukraine" durch Aufnahme in die **Deutsche Volksliste Ukraine** mit Wirkung vom 21. 6. 1941 durch Sammeleinbürgerung die deutsche Staatsangehörigkeit oder die deutsche Staatsangehörigkeit auf Widerruf; vgl VO über die Verleihung der deutschen Staatsangehörigkeit an die in die Deutsche Volksliste der Ukraine eingetragenen Personen vom 19. 5. 1943 (RGBl I 321).

gg) Untersteiermark, Kärnten und Krain (Oberkrain): Diese bis zu den Pariser Vor- 86 ortverträgen zu Österreich gehörenden Gebiete wurden nach der militärischen Niederlage Jugoslawiens unter deutsche Verwaltung gestellt. Staatsangehörigkeitsfragen wurden durch die VO über den Erwerb der Staatsangehörigkeit in den befreiten Gebieten der Untersteiermark, Kärntens und Krains vom 14. 10. 1941 (RGBl I 648) geregelt:

(1) Mit Wirkung vom 14. 4. 1941 erwarben die deutsche Staatsangehörigkeit durch Sammeleinbürgerung die ehemaligen **jugoslawischen Staatsangehörigen** (oder Staatenlosen) deutscher Volkszugehörigkeit, die am 14. 4. 1941 in den Gebieten der Untersteiermark, Kärntens und Krains Wohnsitz hatten oder das Heimatrecht besaßen.

(2) Die deutsche Staatsangehörigkeit auf Widerruf (vgl oben Rn 83) erwarben auf entsprechende Weise die Personen deutschen oder artverwandten Blutes, sofern sie Angehörige der heimattreuen Bevölkerung waren.

(3) Schutzangehörige des Deutschen Reiches waren die in den eingegliederten Gebieten ansässigen ehemaligen jugoslawischen Staatsangehörigen, die nicht unter die Kategorien (1) oder (2) fielen.

hh) Elsaß-Lothringen; Luxemburg: Die deutschstämmige Bevölkerung wurde durch 87 VO vom 23. 8. 1942 (RGBl I 533) eingebürgert (vgl oben Rn 59).

ii) Eupen-Malmedy; Moresnet: Die Sammeleinbürgerung der Bewohner dieser 88 durch den Versailler Vertrag an Belgien abgetretenen Gebiete (vgl oben Rn 60) erfolgte durch VO vom 23. 9. 1941 (RGBl I 584 und 652).

d) Umsiedlungen
Während des Zweiten Weltkriegs wurde bestimmten Personengruppen deutscher 89 Volkszugehörigkeit auf Grund zwischenstaatlicher Vereinbarungen die Möglichkeit gegeben, in das Gebiet des damaligen Deutschen Reiches umzusiedeln und die **deutsche Staatsangehörigkeit durch Einzeleinbürgerung** zu erwerben. Die Umsiedlungen und die damit zusammenhängenden staatsangehörigkeitsrechtlichen Fragen wurden in den folgenden Verträgen geregelt:

aa) Südtiroler und Kanaltaler: Deutsch-italienischer Vertrag über die Richtlinien für die Rückwan- 90 derung der Reichsdeutschen und Abwanderung der Volksdeutschen aus dem Alto Adige in das Deutsche Reich vom 21. 10. 1939 mit Zusatzvereinbarung vom 17. 11. 1939, abgedruckt bei LESKE-

LÖWENFELD, Rechtsverfolgung Bd 7/1, 1116 ff; s a italienisches Gesetz betreffend Vorschriften über den Verlust der Staatsangehörigkeit bei Personen deutscher Herkunft und Sprache mit Wohnsitz im Alto Adige vom 21. 8. 1939 (Gazz uff v 2. 9. 1939, 4204).

Hinweis: Voraussetzung der Einzeleinbürgerung war die Optionserklärung, die Aushändigung einer Einbürgerungsurkunde und die Abwanderung in das Gebiet des damaligen Deutschen Reiches (vgl hierzu aber auch VG Köln v 17. 2. 1967 -4 K 307/66-); die in das Gebiet der heutigen Republik Österreich abgewanderten Südtiroler wurden nach Kriegsende österreichischen Staatsbürgern „gleichgestellt", was aber ihre etwaige deutsche Staatsangehörigkeit nicht berührt. Zur Reoptierung der eingebürgerten Südtiroler nach Kriegsende für Italien s SCHLESER 108.

91 bb)   Volksdeutsche aus **Estland**: Deutsch-estnisches Protokoll über die Umsiedlung der deutschen Volksgruppe Estlands in das Deutsche Reich v 15. 10. 1939, abgedruckt in ZOR 1939, 143; s a RdErldRMdI v 29. 12. 1939 (MBliV 1940, 13).

92 cc)   Volksdeutsche aus **Lettland**: Deutsch-lettischer Vertrag über die Umsiedlung lettischer Bürger deutscher Volkszugehörigkeit in das Deutsche Reich v 30. 10. 1939, abgedruckt in ZOR 1939, 148; s a RdErldRMdI v 10. 11. 1939 (MBliV 2325).

93 dd)   Volksdeutsche aus **Litauen**: Deutsch-sowjetisches Abkommen über die Umsiedlung der deutschen Reichsangehörigen und der Personen deutscher Volkszugehörigkeit aus der litauischen SSR v 10. 1. 1941; s a RdErldRMdI v 5. 12. 1941 (RMBliV 2167).

94 ee)   Volksdeutsche aus **Ostpolen**: Deutsch-sowjetische Vereinbarung v 16. 11. 1939 über die Umsiedlung der deutschstämmigen Bevölkerung aus dem zur Interessenzone der UdSSR gehörenden Gebiet des früheren polnischen Staates (Ostgalizien, Wolhynien und Narew Gebiet), abgedruckt bei LESKE-LÖWENFELD 1170; s a RdErldRMdI v 15. 4. 1940 (MBliV 803).

95 ff)   Volksdeutsche aus **Bessarabien, der Bukowina** und der **Dobrudscha**: Deutsch-sowjetischer Vertrag über die Umsiedlung der deutschstämmigen Bevölkerung aus den Gebieten von Bessarabien und der Nördlichen Bukowina in das Deutsche Reich v 5. 9. 1940 und Deutsch-rumänischer Vertrag über die Umsiedlung der deutschstämmigen Bevölkerung der Südbukowina und der Dobrudscha in das Deutsche Reich v 22. 10. 1940; s a RdErldRMdI v 17. 11. 1941 (RMBliV 2071).

96 gg)   Volksdeutsche aus der **Provinz Laibach**: Deutsch-italienisches Abkommen v 31. 8. 1941.

97 hh)   Volksdeutsche aus bestimmten Gebieten **Kroatiens**: Deutsch-kroatisches Abkommen v 30. 9. 1942.

98 ii)   Volksdeutsche aus **Bulgarien**: Deutsch-bulgarischer Notenwechsel v 22. 1. 1943.

4. Die Bewältigung der Kriegs- und Nachkriegsprobleme

99 Nach der für alle Organe der Bundesrepublik Deutschland maßgeblichen Rechtsprechung des Bundesverfassungsgerichts ist davon auszugehen, **„daß das Deutsche Reich den Zusammenbruch 1945 überdauert hat und weder mit der Kapitulation noch durch Ausübung fremder Staatsgewalt in Deutschland durch die alliierten Okkupationsmächte noch später untergegangen ist"** (BVerfGE 36, 1 ff). Andernfalls wäre mit der Niederlage Deutschlands und der Übernahme der Obersten Gewalt („Supreme Authority") durch die Siegermächte auch die deutsche Staatsangehörigkeit untergegangen; damit wären mehr als 80 Millionen staatenlos geworden. Dies konnte nicht den Interessen der Siegermächte entsprechen. Auch die Siegermächte gingen bei ihren nach 1945 verhängten Maßnahmen von der **Fortexistenz des deutschen Völkerrechtssubjekts in seinen Grenzen v 31. 12. 1937** („Deutschland als Ganzes") und vom Fortbestand der deutschen Staatsangehörigkeit aus.

Nach dem Zusammenbruch des Nationalsozialismus stellten sich damit für das deut- 100 sche Staatsangehörigkeitsrecht drei große Aufgaben:

(1) Die Bewältigung des nationalsozialistischen Unrechts auf staatsangehörigkeitsrechtlichem Gebiet.

(2) Die Aufnahme zahlreicher deutschstämmiger Gruppen (namentlich aus Ost- und Südosteuropa) nach deren Vertreibung.

(3) Die Lösung der aus der Teilung Deutschlands und aus der Ausgliederung deutscher Staatsgebiete – ohne abschließende friedensvertragliche Regelung – resultierenden staatsangehörigkeitsrechtlichen Probleme.

a) **Die Beseitigung nationalsozialistischen Unrechts**
Nationalsozialistisches Unrecht zeigte sich vornehmlich bei der diskriminierenden 101 Ausbürgerung, namentlich aus rassischen Gründen, aber auch bei der exorbitanten Einbürgerung, hier vornehmlich bei den völkerrechtswidrigen Sammeleinbürgerungen in besetzten Gebieten. Durch das Kontrollratsgesetz Nr 1 (ABl KR S 3) wurden deshalb ua folgende staatsangehörigkeitsrechtliche Bestimmungen aufgehoben:

Das Gesetz über den Widerruf von Einbürgerungen und die Aberkennung der deut- 102 schen Staatsangehörigkeit v 14. 7. 1933 (RGBl I 480; s o Rn 72). Die Elfte Verordnung zum Reichsbürgergesetz v 25. 11. 1941 über die Ausbürgerung der Juden (s o Rn 73).

Die Zwölfte Verordnung zum Reichsbürgergesetz v 25. 4. 1943 (RGBl I 268) betr die Einführung der Staatsangehörigkeit auf Widerruf und der Schutzangehörigkeit nebst den dazugehörigen Verordnungen v 25. 4. 1943 (s o Rn 83 f).

Die Aufhebung der gen Vorschriften bedeutete nicht deren Nichtigkeit; die in der 103 Vergangenheit eingetretenen Wirkungen blieben zumindest zunächst in Kraft; damit bot sich Gesetzgebung und Rechtsprechung Gelegenheit zu sachgemäß differenzierten Regelungen. Gleichzeitig wurde dadurch dem völkerrechtlichen Effektivitätsprinzip Genüge geleistet. Auch eine völkerrechtswidrig entzogene oder verliehene Staatsangehörigkeit hat für den betroffenen Personenkreis Rechtsfolgen, die – gerade im Hinblick auf ihre Auswirkungen auf das IPR – nicht einfach wegfingiert werden können, da menschenrechtlich verbürgte Grundrechte auf dem Spiel stehen. Eine pauschale „ex-tunc"-Nichtigkeit ist dem Völkerrecht fremd (vgl FROWEIN, Zum Begriff und zu den Folgen der Nichtigkeit von Verträgen im Völkerrecht, in: FS Scheuner [1973] 107 ff; BLUMENWITZ, Zur Nichtigkeit des Münchner Abkommens v 29. September 1939, Teil II: Analyse der Nichtigkeitsformel und ihrer rechtlichen Konsequenzen, JOR Bd XVI/I [1975], 181 ff).

Auf staatsangehörigkeitsrechtlichem Gebiet würde sie zudem zur unerwünschten Mehrstaatigkeit oder zur Staatenlosigkeit führen.

aa) Die staatsangehörigkeitsrechtliche Behandlung der Ausbürgerungsfälle*

104 Schon vor dem Inkrafttreten des GG ergingen in einigen Ländern Regelungen, die die Nichtigerklärung von Ausbürgerungen auf Antrag regelten (die Gesetze sind abgedruckt bei MAKAROV, Staatsangehörigkeitsrecht 289).

105 Seit dem Inkrafttreten des Grundgesetzes am 23. 5. 1949 gelten gem Art 116 Abs 2 S 1 GG zwischen dem 30. 1. 1933 und dem 8. 5. 1945 aus politischen, rassischen oder religiösen Gründen Ausgebürgerte als nicht ausgebürgert (Wirkung ex tunc!), sofern sie

– nach dem 8. 5. 1945 ihren Wohnsitz in Deutschland genommen und

– nicht einen entgegenstehenden Willen zum Ausdruck gebracht haben.

(Sog einfache Wiederinanspruchnahme der deutschen Staatsangehörigkeit durch heimgekehrte Verfolgte des NS-Regimes).

106 Da Art 116 Abs 2 S 2 GG keine Befristung enthält, ist die Wohnsitznahme und der damit verbundene – jedoch mit einem Widerspruchsrecht versehene – Staatsangehörigkeitserwerb jederzeit möglich. Der Ausgebürgerte darf allerdings in der Zwischenzeit keine andere Staatsangehörigkeit auf Antrag erworben haben (anerkannter Verlustgrund nach § 25 Abs 1 RuStAG, differenzierend BSG VersR 1985, 1065); in diesem Fall besteht ein Anspruch auf gebührenfreie Einbürgerung mit Wirkung ex nunc, s u Rn 107.

107 Im übrigen vermittelt Art 116 Abs 2 S 1 GG den Verfolgten des nationalsozialistischen Regimes einen **unbefristeten Rechtsanspruch auf Einbürgerung**, wenn die Ausbürgerung – und nicht schon die etwaige vorherige Erfüllung eines anerkannten Verlusttatbestandes des RuStAG (zB Erwerb einer anderen Staatsangehörigkeit auf Antrag, § 25 Abs 1 RuStAG) – den Verlust der deutschen Staatsangehörigkeit bewirkt hatte. Da jedoch der Erwerb einer fremden Staatsangehörigkeit oftmals im engen Zusammenhang mit dem Vertreibungsschicksal stand, gewährte § 12 des 1. StARegG (vorbehaltlich der Sicherheitsklausel in § 13 des 1. StARegG) auch diesen Personen einen Einbürgerungsanspruch, wenn sie die fremde Staatsangehörigkeit vor dem 26. 2. 1955 (dem Tag des Inkrafttretens des 1. StARegG) erworben haben.

Der ursprünglich bis zum 31. 12. 1956 befristete Anspruch gilt heute auf Grund der Neufassung des § 12 des 1. StARegG durch Art III des 3. StARegG v 19. 8. 1957 (BGBl I 1251) unbefristet.

---

* **Schrifttum:** MAKAROV, Deutsches Staatsangehörigkeitsrecht (2. Aufl 1971) 255 ff; MAUNZ, in: MAUNZ/DÜRIG/HERZOG/SCHOLZ Art 116 GG Rn 271; RENCK, Staatsangehörigkeitsrecht und Art 116 Abs 2 GG, JZ 1979, 752; MANN, Ausbürgerung und Wiedereinbürgerung nach Art 116 Abs 2 GG in der Rechtssprechung des BVerfG und des Auslands, in: FS Coing Bd II (1982) 323.

Vor dem 9.5.1945 verstorbene, kollektiv ausgebürgerte deutsche Juden sind laut **108**
Beschluß des Bundesverfassungsgerichts v 14.2.1968 (BVerfGE 23, 98) Deutsche
geblieben, falls ein gegenteiliger Wille nicht erkennbar (hierzu MAKAROV, Staatsangehörigkeitsrecht 257 ff) geworden ist (ferner BVerfGE 54, 74 mit Anm SILAGI StAZ 1981, 105 ff
betreffend die nach § 2 des Ges v 14.7.1937 Ausgebürgerten).

Die Vorschriften über die Wiederinanspruchnahme und über den Einbürgerungsan- **109**
spruch gelten auch für **Abkömmlinge**; deren Einbürgerungsanspruch wurde allerdings
gem § 12 Abs 1 des 1. StARegG idF des 3. StARegG bis zum 31.12.1970 befristet.
Die **nichtehelichen Kinder** haben keinen Einbürgerungsanspruch (OVG Hamburg StAZ
1981, 204).

Der von den Sammeleinbürgerungen (vgl oben Rn 74 ff) **ausgeschlossene Jude deutscher** **110**
Volkszugehörigkeit erhielt gem § 11 1. StARegG Anspruch auf Einbürgerung, wenn
er in Deutschland seinen dauernden Aufenthalt nahm und sofern er nicht in der
Zwischenzeit eine andere Staatsangehörigkeit erworben hatte.

bb) Die Regelung der durch die Sammeleinbürgerungen entstandenen Fragen
Im Zuge seiner Expansionspolitik nach dem 31.12.1937 verlieh das Deutsche Reich **111**
der volksdeutschen Bevölkerung in den reichsangeschlossenen bzw annektierten
Gebieten die deutsche Staatsbürgerschaft durch Sammeleinbürgerung (vgl oben
Rn 74 ff). Die Rechtswirksamkeit dieser Sammeleinbürgerungen war lange Zeit
umstritten (zusammenfassend MASSFELLER I 167 ff).

α) In seiner Entscheidung v 28.5.1952 gelangte das **Bundesverfassungsgericht** zu **112**
dem Ergebnis, daß aus der Unwirksamkeit der nach dem 31.12.1937 vorgenommenen Annexionen nicht die Folgerung gezogen werden könne, daß alle mit den
Annexionen zusammenhängenden Zwangsverleihungen der deutschen Staatsangehörigkeit als nichtig zu betrachten seien (BVerfGE 1, 322). Die Verleihung der
deutschen Staatsangehörigkeit im Wege von Kollektiveinbürgerungen sei **nur insoweit als unwirksam zu betrachten, als die betreffenden Personen von den Staaten, deren**
Gebiet rechtswidrig annektiert wurde, als ihre Staatsangehörigen in Anspruch genommen
werden. Ist dies nicht der Fall, zB weil die betreffenden Staaten die deutschstämmige
Bevölkerung ohnehin ausgebürgert oder vertrieben haben, bestehe kein Anlaß, sie
als Nichtdeutsche (in der Regel also als Staatenlose) zu behandeln (vgl BVerfGE 1, 322,
331; 2, 98, 99; 4, 322, 329 ff). Durch die Einbürgerung nach der Deutschen Volksliste und
durch das Recht auf rückwirkende Ausschlagung (§§ 1 Abs 1, 3, 5 Abs 1 StARegG)
wurde zudem der Wille der Betroffenen berücksichtigt, so daß eine ausreichende
Verknüpfung (vgl oben Rn 48 f) zum deutschen Staatsverband besteht.

β) Dieser Rechtserkenntnis folgend stellt das 1. Gesetz zur Regelung von Fragen **113**
der Staatsangehörigkeit v 22.2.1955 (BGBl I 65) fest, daß die durch Sammeleinbürgerung erfolgten **Verleihungen der deutschen Staatsangehörigkeit an deutsche Volkszugehörige** in

- den Sudetengebieten,
- dem Memelgebiet,
- dem ehemaligen Protektorat Böhmen und Mähren,
- den ehemals eingegliederten Ostgebieten, einschließlich Danzigs,

– der Untersteiermark, Kärnten und Krain,
– sowie an die in die Deutsche Volksliste der Ukraine eingetragenen Personen

rechtswirksam sind, sofern die Kollektiveingebürgerten nicht von ihrem Ausschlagungsrecht Gebrauch gemacht haben oder Gebrauch machen (§ 1 Abs 1 u § 5 Abs 1 StARegG). Dies gilt auch für **Abkömmlinge** des Kollektiveingebürgerten und für dessen **Ehefrau**, sofern die Ehe bis zum Ablauf des 31. 3. 1953 geschlossen worden ist und soweit sie nach deutschem Recht ihre Staatsangehörigkeit von ihm ableitet.

114   Strittig ist, ob das StARegG auch **Kollektiveingebürgerte** erfassen kann, die **außerhalb des Geltungsbereichs des GG** ihren Wohnsitz oder gewöhnlichen Aufenthalt haben. Da dem Wortlaut des Gesetzes keine räumliche Einschränkung zu entnehmen ist, bleibt es beim allgemeinen Grundsatz, daß staatsangehörigkeitsrechtliche Regelungen ohne Rücksicht darauf anzuwenden sind, wo die erfaßten Personen ihren Wohnsitz haben (so SCHÄTZEL, Staatsangehörigkeitsrecht 251; BLUMENWITZ, Zur Nichtigkeit des Münchner Abkommens, JOR Bd XVI/I [1975] 223 f; unentschieden SCHMIED, Das Staatsangehörigkeitsrecht der Tschechoslowakei [1956] 37).

115   Obwohl der Gesetzgeber beim Erlaß v § 1 StARegG im Sinne der Rechtsprechung des Bundesverfassungsgerichts davon ausging, daß die kollektiveingebürgerten Volksdeutschen von anderen Staaten nicht in Anspruch genommen werden, gilt die Vorschrift ohne Rücksicht darauf, ob die in ihrer Heimat Verbliebenen, dort zunächst als Staatenlose behandelten Deutschen **eine weitere Staatsangehörigkeit** verliehen bekamen.

116   Beispiel: Durch Dekret v 2. 8. 1945 (deutsche Übersetzung: Jahrbuch für internationales und ausländisches öffentliches Recht 1948, 212) verloren die 1938 kollektiv eingebürgerten Sudetendeutschen nochmals die tschechoslowakische Staatsbürgerschaft. Die „Personen deutscher Nationalität" wurden aber durch § 1 des Gesetzes über den Erwerb der tschechoslowakischen Staatsangehörigkeit durch die in der Tschechoslowakei verbliebenen Volksdeutschen (deutsche Übersetzung: Dokumentation der Vertreibung der Deutschen aus Ost-Mittel-Europa, Bd IV/I [1957] 314) wieder kollektiv tschechoslowakische Staatsbürger. Hieraus ergab sich für die kollektiv eingebürgerten Sudetendeutschen nach unserer Sicht eine deutsch-tschechoslowakische Doppelstaatsangehörigkeit (vgl BLUMENWITZ, Zur Nichtigkeit des Münchner Abkommens). An dieser Doppelstaatsangehörigkeit hat sich auch durch das Auseinanderfallen der Tschechoslowakei in die Tschechische und die Slowakische Republik grundsätzlich nichts geändert, da dieses Auseinanderbrechen, unabhängig davon, ob es sich um eine Separation oder um eine Dismembration gehandelt hat (vgl dazu WENK, Das konfiszierte deutsche Privatvermögen in Polen und der Tschechoslowakei [1993] 66 ff), auf die deutsche Staatsangehörigkeit keinen Einfluß hatte.

117   Die **Ausschlagung** nach § 5 StARegG ließ den Status als „Volksdeutscher" (s o Rn 81) unberührt. Der letzte Tag, an dem die Ausschlagung erklärt werden konnte, war der 25. 2. 1956, s aber Sonderregelung für die ehemalige DDR, Berlin(O) und die fremd verwalteten deutschen Gebiete nach § 19 StARegG. Nach dem Beitritt der DDR zur BR Deutschland ist § 19 Abs 2 StARegG mit Wirkung vom 3. 10. 1990 obsolet geworden.

γ) Die **kollektive Einbürgerung der Österreicher** nach dem sog Anschluß (s oben **118**
Rn 75) und die **Sammeleinbürgerung in Elsaß-Lothringen, Luxemburg, Eupen-Malmedy
und Moresnet** (s oben Rn 87 f) wurden dagegen nicht bestätigt.

Mit Wirkung v 27. 4. 1945 haben die **österreichische Staatsangehörigkeit** alle Personen **119**
wiedererworben, die am 13. 3. 1938 österreichische Staatsangehörige waren oder bei
Fortgeltung des Bundesgesetzes v 30. 7. 1925 (BGBl Nr 285) über den Erwerb und den
Verlust der Landes- und Bundesbürgerschaft in der Zeit v 13. 3. 1938 bis 27. 4. 1945
österreichische Staatsangehörige kraft Ableitung geworden wären.

Deutscherseits wurde die Wiederinanspruchnahme der mit dem Anschluß Österreichs eingebürgerten Personen anerkannt (vgl HOFFMANN DVBl 1954, 73; LICHTER DÖV 1955, 56).

Strittig blieb jedoch die **Frage eines damit verbundenen Verlustes der deutschen Staats- 120
angehörigkeit** – vor allem bei den eingebürgerten Österreichern mit ständigem
Aufenthalt in Deutschland –, da das RuStAG einen Verlust der deutschen Staatsangehörigkeit durch Gebietsveränderungen nicht regelt, völkervertragliche Regelungen fehlten und sich auch kein allgemeiner Satz des Völkerrechts des Inhalts
nachweisen läßt, daß Gebietsveränderungen automatisch zu einer bestimmten
Abgrenzung der Staatsangehörigkeit der betroffenen Staaten führen müssen (vgl
BGHZ 3, 178; BVerwGE 1, 206).

Das Bundesverfassungsgericht ging in seiner Entscheidung v 9. 11. 1955 (BVerfGE 4, **121**
322) – in „Würdigung der politisch-historischen Zusammenhänge" und das „Verhalten der Beteiligten bei der Wiederherstellung der Bundesrepublik Österreich"
interpretierend – nicht von einem durch den Anschluß bewirkten Untergang Österreichs im Jahre 1938 aus, sondern eher von einem bloßen Ruhen der österreichischen
Staatlichkeit. Es gelangte so zu dem Ergebnis,

daß „von der Wiedererrichtung des selbständigen österreichischen Staates das ihm vor dem
‚Anschluß' zugehörige Staatsvolk wieder ausschließlich zugeordnet ist und daß seine Angehörigen
demgemäß – gleichgültig, wo sie sich am Tage der Unabhängigkeitserklärung aufhielten – **die auf dem
‚Anschluß' Österreichs beruhende deutsche Staatsangehörigkeit** genauso **verloren**, wie sie sie am
13. 3. 1938 ipso facto erworben hatten."

Demgemäß erklärte § 1 2. StARegG – deklaratorisch – die durch die Verordnungen **122**
v 3. 7. 1938 und 30. 6. 1939 (s oben Rn 75) vermittelte **deutsche Staatsangehörigkeit mit
Ablauf des 26. 4. 1945 für erloschen**. Der derivative Staatsangehörigkeitserwerb – zB
nach § 5 oder § 6 RuStAG – war damit nicht ausgeschlossen.

Personen, deren deutsche Staatsangehörigkeit nach Maßgabe des § 1 Satz 2 2. StA- **123**
RegG erloschen war, hatten aber das Recht, sie **durch Erklärung** gem § 3 Abs 1
2. StARegG mit Rückwirkung auf den Zeitpunkt des Erlöschens wieder zu erwerben, wenn sie ihren dauernden **Aufenthalt seit dem 26. 4. 1945 in Deutschland** hatten.
(Bzgl weiterer Einzelheiten s SCHLESER, Das 2. Gesetz zur Regelung von Fragen der Staatsangehörigkeit [1956]).

Die in **Elsaß-Lothringen** und in **Luxemburg** durchgeführten Sammeleinbürgerungen **124** der deutschstämmigen Bevölkerung (vgl oben Rn 87) verstießen gegen die Rechtsgrundsätze der occupatio bellica und waren deshalb völkerrechtswidrig (vgl oben Rn 50); ihnen war nach 1945 keine Bedeutung beizumessen, da die von Deutschland eingebürgerten Personen (von wenigen Ausnahmen abgesehen) wieder von Frankreich und Luxemburg als eigene Staatsangehörige in Anspruch genommen wurden und das **AHK-Gesetz Nr 12 v 17. 11. 1949 über die Nichtigkeit von nationalsozialistischen Rechtsvorschriften über Staatsangehörigkeit** (ABl AHK S 36) die deutsche EinbürgerungsVO v 23. 8. 1942 (vgl oben Rn 87) als von Anfang an nichtig und unwirksam bezeichnete, soweit sie – was unterstellt wird – die zwangsweise Übertragung der deutschen Staatsangehörigkeit auf französische und luxemburgische Staatsangehörige zum Gegenstand hatte (s hierzu auch StAZ 1950, 271; 1951, 78 u 171; ferner hinsichtlich Personen nichtfranzösischer Staatsangehörigkeit BVerwG Urt v 25. 11. 1965 – I C 76/63).

125 Nach den (vgl oben Rn 124) dargelegten Grundsätzen wird auch die Sammeleinbürgerung der Bewohner von **Eupen-Malmedy** und **Moresnet** (vgl oben Rn 88) als rechtsunwirksam angesehen, vgl Verbalnote des AA an die Kgl Belgische Botschaft in Bonn v 25. 1. 1954 (BAnz Nr 84 v 4. 5. 1954, 1).

b) **Der Status nicht eingebürgerter Volksdeutscher (Art 116 Abs 1 GG)**

126 Mit dem Kriegsende mußten hunderttausende deutsche Volkszugehörige ihre angestammte Heimat verlassen, obgleich sie nicht die deutsche Staatsangehörigkeit durch Sammel- oder Einzeleinbürgerungen (s oben Rn 74 ff) erworben hatten (so in erster Linie die deutschstämmige Bevölkerung der Slowakei, Ungarns, Rumäniens, Bulgariens und Jugoslawiens – bekannt unter Sammelnamen wie „Donauschwaben", „Siebenbürger Sachsen", „Karpatendeutsche", Deutsche aus dem Banat und der Batschka usw).

127 Art 116 Abs 1 GG schuf mit dem Status von „**Deutschen ohne deutsche Staatsangehörigkeit**" nach unterschiedlichen Bestimmungen der Rechte und Pflichten in den Flüchtlingsgesetzen der Länder (vgl zusammenfassend THOMAS, Das Recht der Vertriebenen [1950]) eine bundeseinheitliche Regelung.

Der „Deutsche ohne deutsche Staatsangehörigkeit" hat staatsrechtlich die gleichen Rechte und Pflichten wie ein deutscher Staatsangehöriger; auf dem Gebiet des IPR und des Zivilprozeßrechts erlangte er die volle Gleichstellung gem Art 9 Abs 2 Nr 5 des Familienrechtsänderungsgesetzes v 11. 8. 1961 (BGBl I 1221). Diesen Status vermittelt Art 116 Abs 1 GG demjenigen, der als Flüchtling oder Vertriebener (vgl § 1 BVFG – BGBl 1953 I, 201 idF der Neubekanntmachung v 2. 6. 1993 – BGBl I 829 – sowie BVerwGE 9, 231 u BVerwG NVwZ-RR 1990, 659) deutscher Volkszugehörigkeit (vgl § 6 BVFG) oder als dessen Ehegatte (auch nicht deutscher Volkszugehörigkeit) oder Abkömmling in dem Gebiet des Deutschen Reiches nach dem Stande v 31. 12. 1937 Aufnahme gefunden hat bzw findet (vgl Einzelheiten bei HAILBRONNER/RENNER, StAngR Art 116 GG Rn 15 ff).

Ein Volksdeutscher konnte demgemäß auch Status-Deutscher durch Aufnahme in Ostpreußen, in den Oder/Neiße-Gebieten, in der DDR oder vor dem 1. 1. 1957 im Saarland werden und diesen Status nach den analog anzuwendenden Bestimmungen des RuStAG (vgl unten Rn 132) weiter vermitteln; soweit die gen Gebiete „Vertreibungsgebiete" iS des BVFG geworden sind (vgl BVerwGE 38, 224) ist dort ein originärer Erwerb des Status nicht mehr möglich (vgl BayObLG IPRspr 1975 Nr 184). Restriktiv zu interpretieren ist nach dem 3. 10. 1990 und dem Inkrafttreten des 2+4-Vertrages (BGBl 1990 II 1318) Art 116 Abs 1 GG hinsichtlich des dort geregelten Aufnahmegebietes. Allein maßgebliches Gebiet ist aufgrund der zu diesem Datum eingetretenen territorialen Veränderungen, insbesondere aufgrund der nunmehr endgültigen Nichtzugehörigkeit der Ostgebiete zum deutschen Staat, das Gebiet der BR Deutschland.

Volksdeutsche Flüchtlinge, die in der DDR Aufnahme fanden, erhielten in der Regel 128 DDR-Personalausweise ohne ein vorheriges Einbürgerungsverfahren und galten nach § 3 DVO StbG v 3. 8. 1967 (GBl II 681) als DDR-Staatsbürger. Soweit nach hM die Einbürgerung nach § 3 DVO nicht die deutsche Staatsangehörigkeit iS des GG vermittelte (vgl BVerwG Urt v 30. 11. 1982), waren diese DDR-Staatsbürger im Geltungsbereich des RuStAG „Deutsche ohne deutsche Staatsangehörigkeit", sofern sie die Voraussetzungen des Art 116 Abs 1 GG erfüllten, s aber auch unten Rn 220 ff zur Teso-Entscheidung des BVerfG. Flüchtlinge aus der seinerzeitigen DDR fallen nicht unter Art 116 Abs 1 GG, weil ihre Flucht nicht durch die deutsche Volkszugehörigkeit ausgelöst sein kann, BVerwG Beschl v 30. 4. 1993, 1 B 216/92. Zum sog Sowjetzonenflüchtling vgl § 3 BVFG.

Flüchtlinge und Vertriebene deutscher Volkszugehörigkeit, die in Deutschland Auf- 129 nahme gefunden haben, erwerben den Status **nicht wider ihren erklärten Willen** (vgl SCHLESER 115 u LG Frankfurt WM 1962, 911).

„**Aussiedler**" iS des § 1 Abs 2 Ziff 3 BVFG sind in der Regel Status-Deutsche, wenn 130 sie die deutsche Staatsangehörigkeit nicht besitzen und in Deutschland dauernden Aufenthalt nehmen. Seit dem 1. 7. 1990 wird für Aussiedler ein förmliches Aufnahmeverfahren für die Anerkennung als Statusdeutscher durchgeführt, Art 1 Nr 5 AAG (BGBl I 1247). Sie sind grundsätzlich verpflichtet, ihre Aufnahme in Deutschland aus dem Ausland zu betreiben. Das Bundesverwaltungsamt stellt dann einen Aufnahmebescheid aus, §§ 26, 27 Abs 1, 28 Abs 1 BVFG.

Keine Vertriebenen und damit auch keine Status-Deutschen sind Volksdeutsche aus 131 Vertreibungsgebieten, die in Deutschland schon vor dem 2. Weltkrieg (oder ohne Zusammenhang mit diesem) Wohnsitz genommen haben und nicht mehr in ihre angestammte Heimat zurückkehren können; ihnen gewährt § 8 1. StARegG einen Einbürgerungsanspruch. Ebenfalls keine Status-Deutschen sind volksdeutsche Vertriebene, die auf ihrem Fluchtwege nicht bis in das Gebiet des Deutschen Reichs nach dem Stande v 31. 12. 1937 (zu den territorialen Restriktionen seit dem 3. 10. 1990 vgl Rn 127) gelangten und im Ausland dauernden Aufenthalt nehmen; ihnen gewährt § 9 Abs 1 1. StARegG die Möglichkeit der Ermessenseinbürgerung.

Auf den **derivativen Erwerb und den Verlust des Status des „Deutschen ohne Staatsange-** 132 **hörigkeit"** finden nach hM und Verwaltungspraxis die Bestimmungen des RuStAG analoge Anwendung (vgl BVerwGE 8, 340; 71, 301; SCHLICHTING 132). Zwei Verlustgründe sind spezialgesetzlich geregelt; der Status geht (sofern hierdurch keine Staatenlosigkeit eintritt, § 7 a StARegG) verloren

- mit der Unanfechtbarkeit des die Einbürgerung ablehnenden Bescheids (§ 6 Abs 2 StARegG) sowie

- durch die freiwillige Aufenthaltnahme in einem Vertreibungsstaat (Sowjetunion, Polen, CSSR, Ungarn, Rumänien, Bulgarien, Jugoslawien, Albanien und China), vgl § 7 StARegG.

133 Ob ein Volksdeutscher seinen Status auch durch die Verlegung seines dauernden Aufenthalts in einen dritten Staat verliert, ist str (vgl BEITZKE, Staatenlose, Flüchtlinge, Mehrstaater 163). Ein öffentlichrechtlicher Status wie die Volksdeutscheneigenschaft kann jedoch ohne gesetzliche Grundlage durch bloße Verlegung des Aufenthalts nicht verloren gehen.

134 Ein **Verzicht auf den Status ist** seit 1. 1. 1975 gem § 26 RuStAG möglich, wenn der Betroffene noch die Staatsangehörigkeit eines anderen Vertragsstaates des **Übereinkommens (des Europarates) v 6. 5. 1963 über die Verringerung der Mehrstaatigkeit** (BGBl 1969 II 1953) besitzt. Im Anwendungsbereich dieses Übereinkommens gelten auch Statusdeutsche als Deutsche iSd § 1 RuStAG.

c) Die staatsangehörigkeitsrechtlichen Folgen gebietsbezogener Regelungen nach dem 2. Weltkrieg
aa) Die Eigenschaft als „Saarländer"

135 Im Zuge der französischen Bestrebungen, das Saarland aus dem deutschen Staatsverband auszugliedern, wurde am 15. 7. 1948 ein saarländisches Staatsangehörigkeitsgesetz (ABl Saar 947) erlassen, das in seinem § 2 vom „Verlust der deutschen Staatsangehörigkeit" ausging (vgl hierzu MAKAROW StAZ 1948, 51 und MÜNCH ZaöRV 1958, 318). Die Bundesregierung erkannte jedoch die saarländische Staatsangehörigkeit nicht als eine die deutsche verdrängende Staatsbürgerschaft an, vgl RdErl BMI v 9. 11. 1950 (StAZ 1951, 2). Da das Grundgesetz für die Bundesrepublik Deutschland die Befugnis zur kontinuierlichen weiteren Regelung der „gesamtdeutschen" Staatsangehörigkeit beanspruchte und die Verdrängung der deutschen Staatsangehörigkeit durch eine saarländische Staatsangehörigkeit durch die Besatzungsmacht völkerrechtswidrig war (vgl oben Rn 50), ist nach der Eingliederung des Saarlandes mit Wirkung v 1. 1. 1957 auf der Grundlage des deutsch-französischen Vertrages v 27. 10. 1956 (BGBl II 1589) und des Eingliederungsgesetzes v 23. 12. 1956 (BGBl I 1011) davon auszugehen, daß das deutsche Staatsangehörigkeitsrecht einschließlich seiner in der Bundesrepublik ergangenen Änderungen im Saarland grundsätzlich auch für die Zeit bis zum 1. 1. 1957 Geltung beansprucht. Art 5 der Anlage 1 zum deutschfranzösischen Vertrag v 27. 10. 1956 (aaO) enthält eine besondere Bestimmung für „Saarländer" (iSd Ges v 15. 7. 1948), die Status-Deutsche sind oder die deutsche Staatsangehörigkeit nicht besitzen (vgl Einzelheiten MAKAROV/VMANGOLDT, Staatsangehörigkeitsrecht [Lieferung Aug 1993] 15).

bb) Optionsrechte zugunsten Belgiens und der Niederlande
136 Die Regierungen Belgiens, Frankreichs, Luxemburgs, der Niederlande, des Vereinigten Königreichs und der Vereinigten Staaten beschlossen in den Jahren 1948 und 1949, „an der Westgrenze Deutschlands mit vorläufiger Wirkung gewisse Berichtigungen geringen Umfangs" vorzunehmen. Hierüber wurde am 22. 3. 1949 – also kurz vor der Gründung der Bundesrepublik Deutschland – in Paris ein Protokoll unter-

zeichnet. Über die Staatsangehörigkeit der ca 13500 betroffenen Deutschen wurde nichts geregelt. Die von den westlichen Siegermächten einseitig ausgesprochenen Grenzkorrekturen wurden später Gegenstand bilateraler Verträge mit der Bundesrepublik Deutschland:

Im **deutsch-belgischen Vertrag** v 24. 9. 1956 – in Kraft getreten am 28. 8. 1958 (BGBl 1958 II 263) – trat die Bundesrepublik vorbehaltlich einer abschließenden friedensvertraglichen Regelung 1000 ha des unter belgischer Verwaltung stehenden Gebiets an Belgien ab; den betroffenen ca 60 Bewohnern wurde ein **Optionsrecht zugunsten Belgiens** eingeräumt.

Im **deutsch-niederländischen Vertrag** v 8. 4. 1960 – in Kraft getreten am 1. 8. 1963 (BGBl 1963 II 463) – wurden etwa 94% der unter niederländischer Verwaltung stehenden Gebiete mit ca 1000 Einwohnern an die Bundesrepublik übertragen; den 23 im niederländischen Hoheitsgebiet verbliebenen Deutschen wurde ein **Optionsrecht zugunsten der Niederlande** eingeräumt.

cc) **Die staatsangehörigkeitsrechtliche Lage der Deutschen in den ehemaligen deutschen Ostgebieten***

α) **Entwicklung von 1945 bis 1990**

Die **Sowjetunion** hat bis zu ihrem Auseinanderfallen eine gesetzliche Neuregelung der Staatsangehörigkeit für die Bewohner des nördlichen Ostpreußen nicht vorgenommen. Die in diesem Gebiet wohnenden oder aus ihm stammenden, in der Sowjetunion lebenden deutschen Staatsangehörigen wurden nach sowjetischem Recht als Ausländer angesehen; sofern sie nicht freiwillig die sowjetische Staatsbürgerschaft erworben haben, ist ihre deutsche Staatsangehörigkeit auch durch die Einbeziehung des nördlichen Ostpreußen in den Staatsverband der Sowjetunion nicht untergegangen (vgl GEILKE, Das Staatsangehörigkeitsrecht der Sowjetunion [1964] 235 ff).

Schon im Juni 1945 begann **Polen** mit der stufenweisen Aussiedlung der deutschen Bevölkerung aus den Oder-Neiße-Gebieten. Diese Maßnahme hatte Bevölkerungs-

---

* **Älteres Schrifttum:** MAKAROV/vMANGOLDT, StAngR-Komm (3. Aufl) Einleitung V („Die gesamtdeutsche Staatsangehörigkeit"); SEELER, Die Staatsangehörigkeit der Volksdeutschen (1960); KIMMINICH, Der Warschauer Vertrag und die Staatsangehörigkeit der „Polen-Deutschen", DÖV 1971, 577 ff; FRANSSEN, Grundgesetz und Ostverträge, DRiZ 1972, 114 ff; MEESEN, Verfassungsrechtliche Grenzen einer Neuregelung der Staatsangehörigkeit im geteilten Deutschland, JZ 1972, 67311; KLEIN, Deutsche Staatsangehörigkeit und Inlandsbegriff – Zur Auslegung von § 25 Abs 1 RuStAG, DVBl 1978, 876; STOLL, Staatsangehörigkeits- und Vermögensverlust von Spätaussiedlern aus dem polnischen Herrschaftsbereich, JOR Bd 19/II (1978) 183 ff; SEELER, Die Staatsangehörigkeit der deutschen Aussiedler aus Polen, NJW 1978, 924 f; ZIEGER, Die gesamtdeutsche Staatsangehörigkeit als rechtliches Band des deutschen Staatsvolkes unter besonderer Berücksichtigung der Ostdeutschen, Auslegung der Ostverträge und gesamtdeutsche Staatsangehörigkeit, hrsg von der Kulturstiftung der Vertriebenen (1980) 85 ff; BLUMENWITZ, Der Inlandsbegriff in der Gesetzgebung der Bundesrepublik Deutschland, Reden zu Deutschland. Eine Dokumentation ausgewählter Reden, Vorträge und Erklärungen des Jahres 1980 zur deutschen Frage unter besonderer Berücksichtigung ostdeutscher Thematik (1981) 143 ff.

verluste zur Folge, die auch durch die anschließende systematische Neuansiedlung von polnischen Emigranten und von Siedlern aus Zentralpolen nicht ausgeglichen werden konnten. Die sich hieraus ergebenden wirtschaftlichen Nachteile führten zu der Forderung, einen Teil der einheimischen Bevölkerung Ostdeutschlands zurückzubehalten (vgl dazu STOLL, Die Rechtsstellung der deutschen Staatsangehörigen in den polnisch verwalteten Gebieten [1968] 53).

140 Das polnische Gesetz vom 28. April 1946, das am 10. Mai 1946 in Kraft trat (Dziennik Ustaw Rzeczypospolitej Polskiej [Gesetzblatt der Republik Polen] 1946 Nr 15 Pos 106), regelte die Staatsangehörigkeit der sogenannten **Autochthonen**. Zu den Autochthonen gehörte vor allem die große Gruppe deutscher Staatsangehöriger, bei denen der Gesetzgeber davon ausging, daß sie polnischer Abstammung und assimilierungsfähig seien. Die Autochthonen sollten die polnische Staatsangehörigkeit in der Regel nur nach dem erfolgreichen Abschluß eines besonderen Verifizierungsverfahrens erwerben. Das bevölkerungspolitische Ziel, die einheimische Bevölkerung der Oder-Neiße-Gebiete, soweit sie als deutsch angesehen wurde, auszusiedeln und die als autochthon angesehenen Personen im Verifizierungsverfahren einzubürgern, wurde in den Jahren 1945 bis 1951 nicht erreicht. Anfang 1951 hatten noch beträchtliche Teile der einheimischen Bevölkerung, das heißt die nicht verifizierten Autochthonen und die anerkannten Deutschen, nicht die polnische Staatsangehörigkeit.

141 Diese Rechtslage änderte sich mit dem Gesetz vom 8. Januar 1951 (Dziennik Ustaw Rzeczypospolitej Polskiej [Gesetzblatt der Republik Polen] 1951 Nr 4 Pos 25), das eine Neuregelung der polnischen Staatsangehörigkeit vorsah und die Staatsangehörigkeitsgesetze vom 20. Januar 1920 und 28. April 1946 ablöste. Das neue Gesetz gestattete den polnischen Behörden, die Autochthonen von Amts wegen einzubürgern. Dies führte zu einer Gesamteinbürgerung der Autochthonen auch ohne oder gegen ihren Willen. Das neue Gesetz über die polnische Staatsbürgerschaft vom 15. Februar 1962 (Dziennik Ustaw Rzeczypospolitej [Gesetzblatt der Republik Polen] 1962 Nr 10 Pos 49) enthält demgemäß nichts mehr, was auf eine besondere Stellung dieses Personenkreises im polnischen Staatsverband hinweisen könnte.

142 Die als Deutsche angesehenen Personen wurden in der Nachkriegszeit zunächst als Ausländer behandelt. Dieser Bevölkerungsteil wurde auch durch das Gesetz vom 8. Januar 1951 nicht zwangsweise eingebürgert. Die polnischen Behörden haben in der Folge die Staatsangehörigkeit dieser Personen vielmehr „als nicht festgestellt" betrachtet; sie wurden daher in der Regel wie Staatenlose behandelt. Später wurden Versuche unternommen, auch diese Deutschen in das polnische Staatsvolk einzugliedern, indem sie – ohne förmliche Feststellung ihrer Staatsangehörigkeit – zum Teil als Wehrpflichtige in Anspruch genommen wurden. Auch erhielten sie das aktive und passive Wahlrecht bei den polnischen Parlamentswahlen. Damit wurde ihnen eine Rechtsstellung eingeräumt, die der Stellung eines polnischen Staatsangehörigen angenähert ist.

143 Der **Moskauer Vertrag** vom 12. 8. 1970 (BGBl 1972 II 353) und der **Warschauer Vertrag vom** 7. 12. 1970 (BGBl 1972 II 361) enthielten gebietsbezogene Regelungen, die nach der Auffassung der drei westlichen Siegermächte nicht einem Friedensvertrag mit Deutschland vorgreifen konnten (vgl Noten der drei Westmächte zu den gen Verträgen BGBl 1972 II 356 ff). Bei den Grenzregelungen der Verträge handelte es sich nach **Auffassung**

der **Bundesregierung** nur um eine „Konkretisierung des Gewaltverzichts"; von der Bundesrepublik Deutschland wurde daher nur das Unterlassen von Maßnahmen geschuldet, die auf eine gewaltsame Veränderung der in den Verträgen bezeichneten (damals noch nicht völkerrechtlich anerkannten) Grenzen gerichtet gewesen wären (vgl Erklärung des Bundesministers des Auswärtigen vor dem Bundesrat am 9.2.1972, Bericht über die 376. Sitzung des Bundesrates am 9.2.1972, 405 ff). Nach der **Entschließung des Bundestages** zu den Verträgen vom 10.5.1972 enthielten diese nur „Elemente eines modus vivendi"; sie „nehmen eine friedensvertragliche Regelung für Deutschland nicht vorweg und schaffen keine Rechtsgrundlage für die heute bestehenden Grenzen" (Verhandlungen des Deutschen Bundestages, 6. Wahlperiode [1969] StenBer Bd 80 10960, 187. Sitzung, Anlage 6 Umdruck 287). In seinem Beschluß vom 7.7.1975 (BVerfGE 40, 141) zur Verfassungsmäßigkeit der Ostverträge führte das **Bundesverfassungsgericht** aus, den Verträgen könne **nicht** die Wirkung beigemessen werden, daß die Gebiete östlich von Oder und Neiße mit dem Inkrafttreten der Ostverträge am 3.6.1972 aus der rechtlichen Zugehörigkeit zu Deutschland entlassen und der Souveränität, also sowohl der territorialen wie der personalen Hoheitsgewalt der Sowjetunion und Polens endgültig unterstellt worden seien. Zur Auswirkung der beiden Verträge auf die Schutzklausel in § 25 RuStAG vgl STAUDINGER/BLUMENWITZ[12] Rn 126.

Die Verträge von Moskau und Warschau enthielten weder direkt noch mittelbar **144** staatsangehörigkeitsrechtlich relevante Vorschriften. Der Bundesminister des Auswärtigen erklärte im **amtlichen Kommuniqué der Bundesregierung zum Warschauer Vertrag**: „Wir haben in den Verhandlungen unterstrichen, daß die Bundesregierung durch den Abschluß dieses Vertrages die Vertreibung der deutschen Bevölkerung und die damit verbundenen Maßnahmen nicht als rechtmäßig anerkennt ... Wir haben ferner betont, daß **durch den Vertrag niemandem Rechte verloren gehen, die ihm nach unseren geltenden Gesetzen zustehen, zB Staatsangehörigkeit**" (Bulletin, Presse- und Informationsamt der Bundesregierung 8.12.1970 Nr 171 1818 [1819]).

In diesem Sinne entschied auch das Bundesverfassungsgericht im schon erwähnten **145** Ostvertragsbeschluß (BVerfGE 40, 141, 170 ff), daß denjenigen, die vor Inkrafttreten der Verträge die deutsche Staatsangehörigkeit besaßen, diese auch weiterhin zustünde. Damit haben Personen in den früheren Ostgebieten, die nach Reichs- oder Bundesrecht deutsche Staatsangehörige oder Deutsche ohne deutsche Staatsangehörigkeit iS des Art 116 Abs 1 GG (vgl oben Rn 126 ff) sind, ihren Status durch die Verträge nicht verloren; sie erwerben oder verlieren ihn auch weiterhin nach den in der Bundesrepublik geltenden Regeln (vgl SCHLESER, Die deutsche Staatsangehörigkeit 180 f; zur Regelung staatsangehörigkeitsrechtlicher Fragen im Zusammenhang mit der deutschen Einheit vgl unten Rn 147 ff).

Für die polnische Seite ist demgegenüber das Deutsche Reich bereits im Jahre 1945 **146** als Völkerrechtssubjekt untergegangen; damit entfiel für Polen auch die (gesamt-) deutsche Staatsangehörigkeit (vgl hierzu unten Rn 350). In den Beziehungen zwischen der Bundesrepublik und Polen trat deshalb an die Stelle der deutschen Staatsangehörigen im polnischen Machtbereich die „Person mit unbestreitbar deutscher Volkszugehörigkeit" (vgl BLUMENWITZ, Das Deutsch-Polnische Ausreiseprotokoll v 9. Oktober 1975, in: FS von der Heydte [1977] 47 ff). Dieser Dissens über Vorfragen des Warschauer Vertrages berührte jedoch nicht die vom staatlichen Selbstverständnis der Bundesrepublik getragene deutsche Staatsangehörigkeit. Die vom Vertragswerk „unberührt" gebliebenen Rechte und Verantwortlichkeiten der Vier Siegermächte für Deutschland als Ganzes gestatteten es der Bundesrepublik weiterhin, auch auf internationaler Ebene auf die fortbestehende deutsche Staatsangehörigkeit zu verweisen.

β) **Die „abschließende Regelung in bezug auf Deutschland" (2+4-Vertrag), Grenzbestätigungs- und Nachbarschaftsvertrag mit Polen**

147 Keine Auswirkungen auf die Staatsangehörigkeit der deutschen Restbevölkerung hatten die Reorganisation Deutschlands 1990 und die in diesem Zusammenhang abgeschlossenen zwischenstaatlichen Vereinbarungen. Weder eine konstitutive noch eine deklaratorische Regelung der Grenzfrage mit Polen enthält der „Vertrag über die abschließende Regelung in bezug auf Deutschland" (sog 2+4-Vertrag) vom 12. September 1990 (BGBl II 1318). Art 1 Abs 2 des Vertrages stellt lediglich fest, daß das vereinte Deutschland und die Republik Polen die „zwischen ihnen bestehende Grenze in einem völkerrechtlich verbindlichen Vertrag" bestätigen werden (zum 2+4-Vertrag vgl BLUMENWITZ NJW 1990, 3041 ff). Die dadurch geforderte Vereinbarung erfolgte in Form des „Vertrages zwischen der BR Deutschland und der Republik Polen über die Bestätigung der zwischen ihnen bestehenden Grenze" (sog Grenzbestätigungsvertrag) vom 14. November 1990 (BGBl 1991 II 1329). Darin „bestätigen" die Vertragsparteien „die zwischen ihnen bestehende Grenze" und nehmen zur genauen Festlegung des Grenzverlaufs Bezug auf den Görlitzer Vertrag und die zu seiner Durchführung und Ergänzung geschlossenen Vereinbarungen zwischen der DDR und der Volksrepublik Polen sowie auf den Warschauer Vertrag. Wann und durch welchen konstitutiven Akt die territoriale Souveränität über die Oder-Neiße-Gebiete von Deutschland auf Polen übergegangen ist, bleibt offen. Beide Vertragspartner wählten die Formulierung im Grenzvertrag bewußt als Kompromißformel zur Aufrechterhaltung der bisherigen Rechtsstandpunkte (vgl zu den divergierenden Rechtsansichten Rn 99, 144 ff). Konsens herrschte zwischen den Parteien insoweit, als nunmehr Polen die uneingeschränkte Souveränität über die (ehemals) deutschen Ostgebiete hat. Außerdem waren sie sich einig, die Frage nach dem konkreten Rechtsakt für den Souveränitätsübergang nicht anzusprechen.

148 Der am 17. Juni 1991 unterzeichnete „Vertrag zwischen der BR Deutschland und der Republik Polen über gute Nachbarschaft und freundschaftliche Zusammenarbeit" (sog Nachbarschaftsvertrag), der am 16. Januar 1992 zusammen mit dem Grenzbestätigungsvertrag in Kraft getreten ist (BGBl 1991 II 1315), verfolgt den Zweck, die mit den Rechtsänderungen eingetretenen praktischen politischen Fragen, insbesondere zu den Schutzpflichten der BR Deutschland für die in den Oder-Neiße-Gebieten zurückgebliebene deutsche Restbevölkerung, einer Klärung zuzuführen. Auch hier zeigte sich in etlichen Fragen ein nicht zu überbrückender Dissens. Zu diesem ungelösten Komplex gehört neben der Frage des Verbleibs und der Zuordnung des nach 1945 enteigneten deutschen Vermögens auch die Frage der Staatsangehörigkeit. Im Zusammenhang mit der Unterzeichnung des Nachbarschaftsvertrages tauschten der Außenminister der BR Deutschland und sein polnischer Amtskollege gleichlautende Briefe aus, die in Ziff 5 folgende gemeinsame Erklärung enthalten: „Dieser Vertrag befaßt sich nicht mit Fragen der Staatsangehörigkeit und nicht mit Vermögensfragen." (Abdruck des Briefes bei BLUMENWITZ, Das Offenhalten der Vermögensfrage in den deutsch-polnischen Beziehungen [1992] 123 f)

149 Ein automatischer Verlust oder eine Entlassung aus der deutschen Staatsangehörig-

keit hat in bezug auf die deutsche Restbevölkerung nicht stattgefunden. Die BR Deutschland ist weiterhin ua zur Gewährung diplomatischen Schutzes verpflichtet (vgl BLUMENWITZ, Staatennachfolge und die Einigung Deutschlands, Teil 1 [1992] 74; ders, Oder-Neiße-Linie, in: WEIDENFELD/KORTE (Hrsg), Handbuch zur deutschen Einheit [1993] 503 ff). Daß die deutsche Restbevölkerung regelmäßig aufgrund dieser Konstellation die doppelte (deutsch-polnische) Staatsangehörigkeit besitzt, ist im Rahmen der ip-rechtlichen Anknüpfung nach Art 5 Abs 1 Satz 2, die auf die Effektivität nicht abstellt, irrelevant. Ausschlaggebend ist allein die deutsche StA.

Durch die Erlangung der unbestrittenen Territorialhoheit über die Gebiete östlich von Oder und Neiße hat Polen nunmehr auch das Recht, der Bevölkerung dieses Gebietes, soweit sie ihren Wohnsitz dort behält, die polnische Staatsangehörigkeit zu verleihen. Die rechtliche Wirksamkeit der polnischen Staatsangehörigkeit kann nach dem Inkrafttreten der Verträge nicht mehr in Frage gestellt werden. Art 20 des Nachbarschaftsvertrages erwähnt bereits die polnische Staatsangehörigkeit der deutschen Minderheit in Polen. (Zum Ganzen vgl WENK, Das konfiszierte deutsche Privatvermögen in Polen und der Tschechoslowakei [1993] 30 ff.)

II. Die staatsangehörigkeitsrechtlichen Folgen der Teilung Deutschlands bis zum 3. 10. 1990

Das Schicksal der gesamtdeutschen Staatsangehörigkeit nach 1945 war untrennbar 150 mit dem rechtlichen Schicksal des deutschen Staates verbunden. Wäre das Deutsche Reich 1945 oder später untergegangen, wäre damit auch zwingend die deutsche Staatsangehörigkeit erloschen. Die Rechtsprechung des BVerfG (E 36, 1 ff, sog Grundvertragsurteil) ging wie die ganz hM in der Literatur vom Fortbestand des Deutschen Reiches aus (zu den Gründen und zum Diskussionsstand STAUDINGER/BLUMENWITZ[12] Rn 130 ff). Die deutschen Staatsangehörigen wurden deshalb auch zutreffend als Angehörige des weiterhin existierenden deutschen Gesamtstaates angesehen. Von bundesdeutscher Seite wurde diese Rechtsposition ohne Unterbrechung vertreten. Eine „DDR-Staatsbürgerschaft" wurde – trotz vereinzelter politischer Initiativen – nicht anerkannt. (Vgl ausführlich STAUDINGER/BLUMENWITZ[12] Rn 130 ff.)

Zu den rechtlichen Auswirkungen des StbG der DDR auf die (gesamt-) deutsche 151 Staatsangehörigkeit noch unten Rn 204 ff.

III. Erwerbs- und Verlustgründe

1. Erwerbs- und Verlustgründe nach dem als Bundesrecht fortgeltenden und fortentwickelten RuStAG

a) **Erwerb deutscher Staatsangehörigkeit**
aa) **Erwerb durch Geburt**
Seit der Neufassung des § 4 Abs 1 RuStAG durch G v 30. 6. 1993 (BGBl I 1062) 152 erwirbt ein Kind durch Geburt die deutsche Staatsangehörigkeit, wenn ein Elternteil die deutsche Staatsangehörigkeit besitzt. Ist bei der Geburt eines nichtehelichen Kindes nur der Vater deutscher Staatsangehöriger, bedarf es zur Geltendmachung des Erwerbs einer nach den deutschen Gesetzen wirksamen Feststellung der Vaterschaft. § 4 RuStAG findet entsprechende Anwendung, wenn der die Staatsangehö-

rigkeit vermittelnde Elternteil Deutscher ohne deutsche Staatsangehörigkeit iSd Art 116 Abs 1 GG ist (BVerwGE 71, 301).

153 Nach der Rechtslage bis zum 31. 12. 1963 erwarb gem § 4 RuStAG das eheliche Kind einer Deutschen die Staatsangehörigkeit des Vaters, das uneheliche Kind einer Deutschen die Staatsangehörigkeit der Mutter durch Geburt. Diese Regelung war nach der Rechtslage v 1. 1. 1964 bis zum 31. 12. 1974 dahingehend zu ergänzen, daß das eheliche Kind einer Deutschen durch die Geburt die Staatsangehörigkeit der Mutter erwarb, wenn es sonst staatenlos sein würde (§ 4 Abs 1 S 2, eingefügt durch Art 1 des Gesetzes v 19. 12. 1963 [BGBl 982]).

154 Die Altfallregelung für in der Zeit v 1. 4. 1953 bis zum 31. 12. 1974 geborene eheliche Kinder deutscher Mütter, aber auch von Müttern mit der Rechtsstellung von Deutschen ohne deutsche Staatsangehörigkeit (Art 3 RuStA ÄndG 1974 [BGBl I 3714]), sah einen Erwerb durch Erklärung vor.

155 Das bis zum 31. 12. 1977 befristete **Erklärungsrecht** stand auch dem nichtehelich geborenen Kind zu, das durch eine von einem Ausländer bewirkte und nach den deutschen Gesetzen wirksame Legitimation seine durch Geburt erworbene deutsche Staatsangehörigkeit verloren hat. Das Erklärungsrecht bestand nicht, wenn das Kind nach der Geburt oder der Legitimation die deutsche Staatsangehörigkeit besessen oder ausgeschlagen hat. Hierunter fallen Kinder, die nach der Geburt oder der Legitimation zB eingebürgert und später wieder aus der Staatsangehörigkeit entlassen wurden oder die Staatsangehörigkeit nach den Bestimmungen des 1. oder 2. StAngRegG oder RuStAÄndG 1963 ausgeschlagen haben.

156 Unbeachtlich war und ist, in welchem Staat das Kind geboren ist und ob in diesem Staat das ius-soli-Prinzip gilt. Doppelstaatigkeit ist also möglich.

157 Ein Kind, das auf deutschem Gebiet aufgefunden wird (**Findelkind**), gilt bis zum Beweis des Gegenteils als Kind eines deutschen Staatsangehörigen, § 4 Abs 2 RuStAG (s de-facto Staatsangehörigkeit oben Rn 53).

bb) Erwerb durch Legitimation
158 Eine nach den deutschen Gesetzen wirksame Legitimation durch einen Deutschen begründet für das Kind die Staatsangehörigkeit des Vaters. Die Legitimationswirkung erstreckt sich auch auf bereits vor der Legitimation geborene Kinder des Legitimierten, § 16 Abs 2 RuStAG analog. Für nach Eintritt der Legitimationswirkung geborene Kinder gilt § 4 Abs 1 RuStAG.

159 Die Legitimation erfolgt durch nachfolgende Ehe der Eltern gem § 1719 BGB (neu gefaßt durch das Familienrechtsänderungsgesetz v 11. 8. 1961 [BGBl I 1221]), durch Ehelicherklärung auf Antrag des Vaters gem § 1723 BGB (neu gefaßt durch das Gesetz über die rechtliche Stellung der nichtehelichen Kinder v 19. 8. 1969 [BGBl I 1243]), schließlich durch Ehelichkeitserklärung auf Antrag des Kindes gemäß § 1740 a BGB (eingefügt mit Wirkung v 1. 7. 1970 durch das Gesetz über die rechtliche Stellung der nichtehelichen Kinder v 19. 8. 1969 [BGBl I 1243]).

160 Das legitimierte Kind kann volljährig sein.

cc) Erwerb durch Annahme als Kind (Adoption)

Bis zum 31. 12. 1976 stellte die Adoption keinen Erwerbsgrund dar. Ab 1. 1. 1977 **161** erwirbt das minderjährige Kind nach den §§ 3 Nr 3 und 6 RuStAG (durch Art 9 des Adoptionsgesetzes v 2. 7. 1976 [BGBl I 1749] eingefügt) die deutsche Staatsangehörigkeit mit der nach den deutschen Gesetzen wirksamen Annahme als Kind durch einen Deutschen.

Der Erwerb der Staatsangehörigkeit erstreckt sich auf Abkömmlinge des Kindes. **162**

Nach der Altfallregelung v 1. 1. 1977 bis 31. 12. 1979 für am 1. 1. 1977 noch minder- **163** jährige Adoptierte war in Art 12 § 4 des Adoptionsgesetzes v 2. 7. 1976 (BGBl I 1749) der Erwerb durch Erklärung durch den Annehmenden vorgesehen. Die Altfallregelung war auch anwendbar, wenn der Annehmende Deutscher ohne deutsche Staatsangehörigkeit iSd Art 116 Abs 1 GG war.

dd) Erwerb durch Einbürgerung

Die deutsche Staatsangehörigkeit kann auf Antrag durch Einbürgerung erworben **164** werden.

Die **Einbürgerung eines Ausländers**, der sich im Inland niedergelassen hat, kann gem § 8 RuStAG vollzogen werden, wenn er nach den Gesetzen seiner bisherigen Heimat unbeschränkt geschäftsfähig ist oder nach den deutschen Gesetzen unbeschränkt geschäftsfähig sein würde oder der Antrag von seinem gesetzlichen Vertreter oder, wenn die Person das sechzehnte Lebensjahr vollendet hat, mit dessen Zustimmung gestellt wird. Der Ausländer muß außerdem an dem Orte seiner Niederlassung eine eigene Wohnung oder ein Unterkommen gefunden haben und schließlich imstande sein, an diesem Orte sich und seine Angehörigen zu ernähren. § 8 Abs 2 Ziff 2 RuStAG verlangte bislang, daß der Ausländer „einen unbescholtenen Lebenswandel geführt hat." Durch G v 30. 6. 1993 (BGBl I 1062) ist diese Voraussetzung in Wegfall gekommen. Erforderlich ist nunmehr lediglich, daß kein Ausweisungsgrund nach § 46 Ziff 1 bis 4 AuslG oder § 47 Abs 1 u 2 AuslG besteht.

Ehegatten Deutscher sollen gemäß § 9 RuStAG nach den gleichen Voraussetzungen **165** eingebürgert werden, wenn sie ihre bisherige Staatsangehörigkeit verlieren oder aufgeben und gewährleistet ist, daß sie sich in die deutschen Lebensverhältnisse einordnen, es sei denn, daß der Einbürgerung erhebliche Belange der Bundesrepublik Deutschland entgegenstehen.

Nach der Rechtslage bis 31. 3. 1953 erwarb die Frau durch die Eheschließung mit **166** einem Deutschen die Staatsangehörigkeit des Mannes. Zwischen 1. 4. 1953 und 23. 8. 1957 war die Eheschließung kein Erwerbsgrund, die Ehefrau hatte stets einen eigenen Antrag auf Einbürgerung zu stellen (Folge v Art 3 Abs 2 GG). Nach der Rechtslage v 24. 8. 1957 bis 31. 12. 1969 (nach Maßgabe der §§ 3 Nr 3, 6 Abs 1 und 6 Abs 2 RuStAG idF des 3. StARegG v 19. 8. 1957 [BGBl I 1251]) erfolgte der Erwerb der deutschen Staatsangehörigkeit durch Einbürgerung oder durch Ausübung des Rechts, vor dem Standesbeamten der Eheschließung eine entsprechende Willenserklärung abzugeben. Die Altfallregelung erfolgte durch Art 2 des 3. StAngRegG. Danach hatten Ausländerinnen, die in der Zeit v 1. 4. 1953 bis zum 23. 8. 1957 einen Deutschen geheiratet haben, einen Rechtsanspruch auf Einbürgerung nach Maßgabe des § 6 Abs 1 RuStAG idF des 3. StARegG oder das bis 23. 8. 1958 befristete Erklärungsrecht nach Art 2 Abs 2 des 3. StARegG.

Die §§ 3 Nr 3 und 6 RuStAG sowie das 3. StA RegG wurden durch Art 1 des Gesetzes v 8. 9. 1969 (BGBl I 1581) mit Einfügung des neuen § 9 RuStAG aufgehoben.

167 Das **nichteheliche Kind** eines Deutschen ist gem § 10 RuStAG einzubürgern, wenn eine nach den deutschen Gesetzen wirksame Feststellung der Vaterschaft erfolgt ist, das Kind seit drei Jahren rechtmäßig seinen dauernden Aufenthalt im Inland hat und den Antrag vor Vollendung des dreiundzwanzigsten Lebensjahres stellt.

Der Erwerb der deutschen Staatsangehörigkeit durch das nichteheliche Kind eines deutschen Vaters durch Einbürgerung ist seit 1. 1. 1975 möglich (nach Maßgabe des § 10 RuStAG idF des Art 1 Ziff 2 RuStAÄndG v 20. 12. 1974 [BGBl I 3714], durch Art 4 des Gesetzes zur Verminderung der Staatenlosigkeit v 29. 6. 1977 [BGBl I 1101] geändert).

Die Altfallregelung erfolgte gemäß Art 4 RuStAÄndG 1974. Danach stand der Anspruch auf Einbürgerung nach § 10 RuStAG idF des RuStAÄndG 1974 bis zum Ablauf von 3 Jahren (31. 12. 1977) auch dem nach dem 31. 3. 1953 geborenen volljährigen nichtehelichen Kind eines Deutschen zu, wenn dessen Vaterschaft festgestellt war.

168 Ein **ehemaliger Deutscher**, der sich nicht im Inland niedergelassen hat, kann gemäß § 13 RuStAG auf seinen Antrag eingebürgert werden, wenn er nach den Gesetzen seiner bisherigen Heimat unbeschränkt geschäftsfähig ist oder nach den deutschen Gesetzen unbeschränkt geschäftsfähig sein würde oder sein Antrag wie bei der Einbürgerung eines Ausländers von seinem gesetzlichen Vertreter oder mit dessen Zustimmung gestellt wird und ein Ausweisungsgrund nicht vorliegt. Auch entfernte direkte Abkömmlinge eines deutschen Vaters oder einer deutschen Mutter sowie Legitimierte und Abkömmlinge Legitimierter können auf diese Weise eingebürgert werden.

169 Für **Ausländer, die Angehörige des deutschen öffentlichen Dienstes** sind, besteht eine Einbürgerungsmöglichkeit nach § 15 Abs 2 RuStAG.

170 Nach § 1 der Verordnung zur Regelung von Staatsangehörigkeitsfragen v 20. 1. 1942 (RGBl I 40) kann ein Ausländer im Ausland bei **staatsangehörigkeitsrechtlicher Schutzlosigkeit** oder völkerrechtlich zulässiger Anknüpfung eingebürgert werden.

171 Wer aufgrund des **Art 116 Abs 1 GG Deutscher ist**, ohne die deutsche Staatsangehörigkeit zu besitzen, muß auf seinen Antrag gemäß § 6 StARegG eingebürgert werden, wenn nicht dadurch die innere oder äußere Sicherheit der Bundesrepublik oder eines deutschen Landes gefährdet wird.

172 Gemäß § 8 StARegG haben **deutsche Volkszugehörige, die nicht Deutsche im Sinne des GG sind**, aber am 26. 2. 1955 in Deutschland ihren dauernden Aufenthalt hatten und denen eine Rückkehr in die Heimat nicht zugemutet werden kann, einen Anspruch auf Einbürgerung.

Deutsche Volkszugehörige, die nicht Deutsche im Sinne des Art 116 Abs 1 GG sind, jedoch die Rechtsstellung von Vertriebenen nach § 1 BVFG besitzen oder als Aussiedler im Sinne des § 1 Abs 2 Nr 3 BVFG im Bundesgebiet Aufnahme finden sollen, können gemäß § 9 StARegG die Einbürgerung vom Ausland her beantragen. Wird die Einbürgerung beantragt, so kann bei bestehender Ehe der Ehegatte, der nicht deutscher Volkszugehöriger ist, ebenfalls vom Ausland her einen Einbürgerungsantrag stellen.

Ehemaligen Wehrmachtsangehörigen deutscher Volkszugehörigkeit, die die Rechtsstellung von Vertriebenen besitzen, oder als „Aussiedler" im Sinne des § 1 Abs 2 Nr 3 BVFG im Geltungsbereich des Gesetzes Aufnahme finden sollen, nach der Vertreibung keine fremde Staatsangehörigkeit erworben haben und nicht aus einem Staate stammen, der die durch Sammeleinbürgerung in den Jahren 1938 bis 1945 Eingebürgerten als seine Staatsangehörigen in Anspruch nimmt (vgl oben Rn 119 ff), müssen Einbürgerungsanträge gemäß § 9 Abs 2 StARegG stattgegeben werden. **173**

Personen, die **aus rassischen Gründen von einer der Sammeleinbürgerungen** (vgl oben Rn 110) **ausgeschlossen** worden sind, haben gemäß § 11 StARegG einen Anspruch auf Einbürgerung, wenn sie am 26. 2. 1955 ihren dauernden Aufenthalt in Deutschland genommen und eine fremde Staatsangehörigkeit zwischenzeitlich nicht erworben hatten. **174**

Der Anspruch auf Einbürgerung steht gemäß § 12 StARegG auch den früheren deutschen Staatsangehörigen zu, die im Zusammenhang mit Verfolgungsmaßnahmen aus politischen, rassischen oder religiösen Gründen in der Zeit von 1933 bis 1945 vor dem 26. 2. 1955 **eine fremde Staatsangehörigkeit erworben** haben, auch wenn sie ihren dauernden Aufenthalt im Ausland beibehalten. § 12 StARegG stellt eine Erweiterung des Art 116 Abs 2 GG dar, wonach frühere deutsche Staatsangehörige, denen zwischen dem 30. 1. 1933 und dem 8. 5. 1945 die deutsche Staatsangehörigkeit aus politischen, rassischen oder religiösen Gründen entzogen worden ist, und ihre Abkömmlinge auf Antrag wieder einzubürgern sind. **175**

Sie gelten gemäß Art 116 Abs 2 S 2 GG als nicht ausgebürgert, sofern sie nach dem 8. 5. 1945 ihren Wohnsitz in Deutschland genommen und nicht einen entgegengesetzten Willen zum Ausdruck gebracht haben.

Ein **Einbürgerungsanspruch** nach den §§ 6, 8, 9 Abs 2, 11 und 12 StARegG **besteht nicht**, wenn Tatsachen vorliegen, welche die Annahme rechtfertigen, daß der Antragsteller die innere oder äußere Sicherheit der Bundesrepublik oder eines deutschen Landes gefährden wird. **176**

Gemäß § 2 Abs 2 S 2 WPflG haben **staatenlose Wehrpflichtige**, die ihren Grunddienst abgeleistet haben, einen Anspruch auf Einbürgerung.

Einen Einbürgerungsanspruch gewährt § 85 AuslG in der seit dem 1. 1. 1991 geltenden Fassung (Art 1 d G zur Neuregelung des Ausländerrechts v 9. 7. 1990 [BGBl I 1354]). Danach ist ein Ausländer, der nach Vollendung seines 16. und vor Vollendung seines 23. Lebensjahres die Einbürgerung beantragt, „in der Regel einzubürgern", wenn er seit acht Jahren rechtmäßig seinen gewöhnlichen Aufenthalt im Bundesge- **177** biet hat, sechs Jahre im Bundesgebiet eine Schule, davon mindestens vier Jahre eine allgemeinbildende Schule besucht hat, nicht wegen einer Straftat verurteilt worden ist. Außerdem fordert § 85 Ziff 1 AuslG, daß der Einzubürgernde seine bisherige Staatsangehörigkeit aufgibt oder verliert. Von diesem Erfordernis ist allerdings dann gem § 87 Abs 1 AuslG abzusehen, wenn der Ausländer seine bisherige Staatsangehörigkeit nicht oder nur unter besonders schwierigen Bedingungen aufgeben kann. Das ist beispielsweise dann anzunehmen, wenn das Recht des Heimatstaates das Ausscheiden aus der bisherigen Staatsangehörigkeit nicht vorsieht, der Heimatstaat die Entlassung regelmäßig oder willkürlich verweigert, obwohl der hier Einzubürgernde dies ordnungsgemäß beantragt hat, oder wenn es sich um Angehörige bestimmter Personengruppen handelt, insbesondere politische Flüchtlinge, für die eine Forderung nach Entlassung aus der bisherigen Staatsangehörigkeit eine unzumutbare Härte bedeuten würde.

Eine erleichterte Einbürgerung für Ausländer mit langem und rechtmäßigem Aufenthalt in der BR Deutschland (15 Jahre) sieht § 86 AuslG vor. Auch hier kann unter den bereits genannten Sonderfällen von der grundsätzlich zu verlangenden Aufgabe bzw dem Verlust der bisherigen Staatsangehörigkeit abgesehen werden.

Nach Art 2 des Gesetzes zur Verminderung der Staatenlosigkeit v 29. 6. 1977 (BGBl I 1101) sind seit 6. 7. 1977 einbürgerungsberechtigt seit Geburt **Staatenlose** (iSd Art 1 Abs 1 des Übereinkommens v 28. 9. 1954 über die Rechtsstellung der Staatenlosen [BGBl 1976 II 473]), geboren im Geltungsbereich des Gesetzes oder an Bord eines Schiffes, das berechtigt ist, die Bundesflagge der Bundesrepublik Deutschland zu führen, oder in einem Luftfahrzeug, das das Staatsangehörigkeitszeichen der Bundesrepublik Deutschland führt, wenn sie seit fünf Jahren rechtmäßig dauernden Aufenthalt im Geltungsbereich des Gesetzes haben, den Antrag vor Vollendung des 21. Lebensjahres stellen und nicht rechtskräftig zu einer Freiheits- oder Jugendstrafe von fünf Jahren oder mehr verurteilt worden sind.

178 **Einbürgerungsrichtlinien** (GMBl 1978, 16–21, zuletzt geändert durch Rundschreiben d BMI v 7. 3. 1989, GMBl 1989, 195); enthalten die zwischen dem Bundesminister des Innern und den Innenministern(-senatoren) der Länder abgestimmten Richtlinien für die Einbürgerung, um eine einheitliche Staatsangehörigkeit in der Familie herzustellen, damit Konflikte zwischen der Familienbindung und den Pflichten gegenüber dem Staate ausgeschlossen werden, um Mehrstaatigkeit zu vermeiden und um zwischenstaatliche Gesichtspunkte zu berücksichtigen. Zur Rechtsnatur und (allein verwaltungsinternen) Bindungswirkung der Einbürgerungsrichtlinien vgl MEYER NVwZ 1987, 15 (20 f).

179 Die Einbürgerung wird **wirksam** mit der Aushändigung der von der zuständigen Staatsangehörigkeitsbehörde hierüber gefertigten Urkunde (§ 16 Abs 1 RuStAG). Die Einbürgerung erstreckt sich, falls in der Urkunde kein Vorbehalt gemacht worden ist, auf die minderjährigen Kinder, deren gesetzliche Vertretung dem Eingebürgerten kraft elterlicher Gewalt zusteht. Sie erstreckt sich jedoch nicht auf verheiratete oder verheiratet gewesene minderjährige Töchter. Faktisch wird § 16 Abs 2 RuStAG aufgehoben durch die Verwaltungspraxis, wonach ausschließlich Einbürgerungsurkunden ausgehändigt werden, auf denen der Erstreckungserwerb ausgeschlossen ist. (Zu den damit verbundenen Rechtsfragen HAILBRONNER/RENNER, StAngR § 16 RuStAG Rn 12 f.)

Die Einbürgerungsmöglichkeit wird eingeschränkt durch Vereinbarungen mit **180** Frankreich (BGBl 1953 II 151) und Jugoslawien (BGBl 1974 II 1257) in Auslieferungsfällen, sowie mit dem Iran (RGBl 1930 II 1002, BGBl 1955 II 829) durch eine Zustimmungsklausel.

ee) Erwerb durch Anstellung als Beamter

Gemäß den §§ 14 und 15 RuStAG konnte die deutsche Staatsangehörigkeit durch **181** Anstellung als Beamter erworben werden, wenn nicht Anstellungen wegen Ausländereigenschaft nach dem maßgebenden Bundes- oder Landesrecht nichtig waren. Der zu Unrecht angenommene Besitz der deutschen Staatsangehörigkeit stand bis zum Inkrafttreten des Bundesbeamtengesetzes v 14. 7. 1953 (BGBl I 551) der Wirksamkeit der Ernennung zum Beamten nicht entgegen. Ein Erwerb der deutschen Staatsangehörigkeit über die §§ 14 und 15 RuStAG war daher bis zu diesem Zeitpunkt möglich.

Die §§ 14 und 15 Abs 1 RuStAG wurden durch § 194 Abs 2 BBG außer Kraft gesetzt.

ff) Erwerb durch Option

Der Erwerb der deutschen Staatsangehörigkeit war möglich aufgrund besonderer **182** Bestimmungen des Versailler Vertrages und nach dem 1. Weltkrieg abgeschlossener Optionsabkommen sowie der deutsch-italienischen Vereinbarung über die Aussiedlung der Südtiroler (vgl oben Rn 58, 90).

gg) Erwerb durch Sammeleinbürgerung

Die Rechtswirksamkeit des durch Sammeleinbürgerung erfolgten Erwerbes der **183** deutschen Staatsangehörigkeit stellt § 1 StAngRegG (BGBl 1955 I 65) deklaratorisch fest. Demzufolge sind alle Personen als deutsche Staatsangehörige anzusehen, die von den oben (Rn 74 ff) aufgeführten Bestimmungen erfaßt worden sind, sofern sie nicht den Erwerb der deutschen Staatsangehörigkeit ausdrücklich ausgeschlagen haben oder ausschlagen.

hh) Erwerb durch Dienst in der Deutschen Wehrmacht

Nach § 10 StARegG hat der Dienst in der deutschen Wehrmacht, der Waffen-SS, der **184** deutschen Polizei, der Organisation Todt und dem Reichsarbeitsdienst für sich allein den Erwerb der deutschen Staatsangehörigkeit nicht zur Folge gehabt. Deutsche Staatsangehörige sind nur diejenigen geworden, für die ein Feststellungsbescheid der zuständigen Stellen vor Inkrafttreten des StARegG ergangen und zugestellt worden ist. Feststellungsbescheide über den Erwerb der deutschen Staatsangehörigkeit aufgrund des sogenannten „Führererlasses" v 19. 5. 1943 (RGBl I 315) wurden während des Krieges von der Einwandererzentrale Litzmannstadt erteilt. Die Akten dieser Behörde liegen der Alliierten Dokumentenzentrale in Berlin-Zehlendorf, Wasserkäfersteig 2, vor. Eine Nachprüfung im Einzelfall ist daher über den Bundesbevollmächtigten in Berlin (Bundesallee 216/218, 10719 Berlin) möglich.

b) Verlust deutscher Staatsangehörigkeit
aa) Verlust durch Entlassung auf Antrag

185 Ein Deutscher wird gemäß § 18 RuStAG auf seinen Antrag aus der deutschen Staatsangehörigkeit entlassen, wenn er den Erwerb einer ausländischen Staatsangehörigkeit beantragt und ihm die zuständige Stelle die Verleihung zugesichert hat. Die Entlassung darf nach § 22 RuStAG nicht erteilt werden Beamten, Richtern, Soldaten der Bundeswehr und sonstigen Personen, die in einem öffentlich-rechtlichen Dienst- oder Amtsverhältnis stehen, solange ihr Dienst- oder Amtsverhältnis nicht beendet ist, mit Ausnahme der ehrenamtlich tätigen Personen, sowie Wehrpflichtigen, solange nicht der Bundesminister der Verteidigung oder die von ihm bezeichnete Stelle erklärt hat, daß gegen die Entlassung Bedenken nicht bestehen.

186 Die Entlassung erstreckt sich gemäß § 19 RuStAG nicht kraft Gesetzes auf die minderjährigen Kinder. Für diese muß die Entlassung besonders beantragt werden, und zwar von dem gesetzlichen Vertreter und mit Zustimmung des deutschen Vormundschaftsgerichts. Aus Gründen der Rechtssicherheit wird als Folge von Art 3 Abs 2 GG im Regelfall ein Antrag beider sorgeberechtigter Elternteile gefordert. Die Genehmigung des Vormundschaftsgerichts ist nicht erforderlich, wenn der Inhaber des Personensorgerechts (Vater und/oder Mutter) die Entlassung für sich und zugleich kraft elterlicher Sorge für ein Kind beantragt. Sind beide Eltern sorgeberechtigt und also gesetzliche Vertreter, und stellt nur ein Elternteil den Antrag, bedarf es der Genehmigung des Vormundschaftsgerichts. Die Entlassung wird wirksam mit der Aushändigung einer von der zuständigen Staatsangehörigkeitsbehörde ausgefertigten Entlassungsurkunde.

Die Entlassung gilt gemäß § 24 RuStAG als nicht erfolgt, wenn der Entlassene die ihm zugesicherte ausländische Staatsangehörigkeit nicht innerhalb eines Jahres nach der Aushändigung der Entlassungsurkunde erworben hat. Es kann somit – vorübergehend – Staatenlosigkeit eintreten.

187 Bis zum 6. 7. 1977 wurde die Entlassung rückwirkend unwirksam, wenn der Entlassene beim Ablauf eines Jahres nach Aushändigung der Entlassungsurkunde seinen Wohnsitz oder seinen dauernden Aufenthalt im Inland hatte. Bis zum 31. 3. 1953 konnte die Entlassung einer Ehefrau nur vom Mann und, falls dieser Deutscher war, nur zugleich mit seiner Entlassung beantragt werden. Der Antrag bedurfte der Zustimmung der Frau, er konnte allerdings auch von der Ehefrau gestellt werden, wenn der Ehemann die Zustimmung erteilt hatte.

bb) Verlust durch Erwerb einer fremden Staatsangehörigkeit

188 Ein Deutscher, der im Inland, dh im Gebiet der BR Deutschland weder seinen Wohnsitz noch seinen dauernden Aufenthalt hat, verliert gemäß § 25 RuStAG seine Staatsangehörigkeit mit dem Erwerb einer ausländischen Staatsangehörigkeit, wenn dieser Erwerb auf seinen Antrag oder auf den Antrag des gesetzlichen Vertreters erfolgt. (Zum Inlandsbegriff bis zum 3. 10. 1990: Identität von staatsangehörigkeitsrechtlichem Inlandsbegriff und staatsrechtlichem Deutschlandbegriff vgl E KLEIN DVBl 1978, 879.) Der Vertretene verliert die deutsche Staatsangehörigkeit jedoch nur, wenn die Voraussetzungen vorliegen, unter denen nach § 19 die Entlassung beantragt werden kann. Erstreckt sich die Einbürgerung im fremden Staat antragslos auf die Kinder, verlieren diese die deutsche Staatsangehörigkeit nicht (BVerwG StAZ 1958, 151). Eine

Ausnahme gilt nach dem Europarats-Übereinkommen v 6. 5. 1963 (s Rn 191). Ein Verlust der bisherigen Staatsangehörigkeit tritt ebenfalls nicht ein bei einer gesetzlichen Einbürgerungserstreckung auf die Ehefrau, selbst wenn diese eine Einverständniserklärung mit dem Antrag des Ehemannes auf Erwerb der fremden StA abgegeben hat (OVG Münster OVGE 26, 260; aA HAILBRONNER/RENNER, StAngR § 25 RuStAG Rn 17).

189 Als Erwerb auf Antrag ist nicht nur der Erwerb einer fremden Staatsangehörigkeit im Wege einer nachgesuchten Naturalisation, sondern auch derjenige im Wege eines Optionsrechts nach Maßgabe des betreffenden fremden Gesetzes oder eines Vertrages zu verstehen.

Keinen Antrag iSd § 25 Abs 1 RuStAG stellt die Geltendmachung des Besitzes einer fremden Staatsangehörigkeit oder die Nichtausübung eines Ausschlagungsrechtes dar. Keine fremde Staatsangehörigkeit war die Staatsbürgerschaft der DDR (vgl Rn 151).

190 Bis 31. 3. 1953 hatte die Ehefrau die deutsche Staatsangehörigkeit nur verloren, wenn der Ehemann mit Zustimmung der Frau und, falls der Ehemann Deutscher war, er zugleich für sich die Verleihung einer fremden Staatsangehörigkeit beantragt und erhalten hat. Die Verlustvoraussetzungen waren erfüllt, wenn die Ehefrau mit Zustimmung des Ehemannes die fremde Staatsangehörigkeit erworben hat.

Ab 1. 4. 1953 hatte die Ehefrau einen eigenen Antrag zu stellen.

191 Nach Art 1 Abs 1 des **Europarat-Übereinkommens v 6. 5. 1963 über die Verringerung der Mehrstaatigkeit und über die Wehrpflicht von Mehrstaatern** (BGBl 1969 II 1953; zuletzt geändert durch G v 20. 12. 1974, BGBl I 3714) verliert ab 1. 1. 1975 ein volljähriger Deutscher die deutsche Staatsangehörigkeit oder die Rechtsstellung eines Deutschen ohne deutsche Staatsangehörigkeit iSd Art 116 Abs 1 GG auch bei Wohnsitz und dauerndem Aufenthalt im Inland, wenn er auf seine Willenserklärung hin die Staatsangehörigkeit einer anderen Vertragspartei erwirbt. Ein Minderjähriger verliert die deutsche Staatsangehörigkeit nach Maßgabe des Art 1 Abs 2 und 3. Vom Tag des Inkrafttretens des Übereinkommens für die Bundesrepublik am 18. 12. 1969 bis zum 31. 12. 1974 wurde die Befreiung vom Erfordernis des Auslandsaufenthalts im Wege der Entlassung erteilt.

192 Die deutsche Staatsangehörigkeit verliert nicht, wer vor dem Erwerb der ausländischen Staatsangehörigkeit auf seinen Antrag die schriftliche **Genehmigung** der zuständigen Behörde zur Beibehaltung der deutschen Staatsangehörigkeit erhalten hat. Vor Erteilung der Genehmigung ist gemäß § 25 Abs 2 RuStAG der deutsche Konsul zu hören. Die Genehmigung der Beibehaltung der deutschen Staatsangehörigkeit für den Fall des Erwerbs einer fremden führt zur Mehrstaatigkeit.

Um die Mehrstaatigkeit, die eine Gefahr für die Rechtssicherheit schafft und zum Widerstreit von Pflichten gegenüber verschiedenen Rechtsordnungen führt, zu vermeiden, kommen Beibehaltungsgenehmigungen grundsätzlich nur in Betracht, wenn ein herausragendes öffentliches Interesse besteht oder die Hinnahme von Mehrstaatigkeit im öffentlichen Interesse geboten ist (vgl RdSchr d BMI v 5. 5. 1976).

193 Zu verweigern wird eine Beibehaltungsgenehmigung grundsätzlich sein, wenn der fremde Staat von dem Einbürgerungsbewerber einen Verzicht auf die deutsche Staatsangehörigkeit oder einen Schwur zur Lösung des bisherigen Treueverhältnisses fordert. In Ausnahmefällen existentieller Art sind die Interessen des Antragstellers und der beteiligten Staaten sorgsam abzuwägen und unzumutbare Härten zu vermeiden (Rdschr d BMI v 2. 1. 1969).

Wird die Staatsangehörigkeit einer Vertragspartei des Europarats-Übereinkommens erworben, ist die Erteilung einer Beibehaltungsgenehmigung aufgrund der Nr 3 der Anlage des Übereinkommens zwar zulässig, aber nur möglich, wenn die Vertragspartei, deren Staatsangehörigkeit gemäß Art 1 zu erwerben beantragt wird, dem vorher zugestimmt hat.

cc) Verlust durch Verzicht

194 Nach § 26 RuStAG kann ein Deutscher auf seine Staatsangehörigkeit verzichten, wenn er auch die Staatsangehörigkeit eines anderen Staates besitzt, also Mehrstaater ist. Die Eigenschaft als Staatsbürger der DDR begründete in diesem Sinne keine Mehrstaatigkeit (vgl oben Rn 151).

§ 26 RuStAG findet auch auf Deutsche ohne deutsche Staatsangehörigkeit iSd Art 116 Abs 1 GG Anwendung, wenn sie neben dieser Rechtsstellung die Staatsangehörigkeit einer anderen Vertragspartei des Europarat-Übereinkommens (vgl Rn 191) besitzen.

Die erforderliche Genehmigung der Verzichtserklärung ist zu versagen, wenn eine Entlassung nach § 22 Abs 1 RuStAG nicht erteilt werden dürfte (vgl Rn 185). Dies gilt jedoch nicht, wenn der Verzichtende seit mindestens 10 Jahren seinen dauernden Aufenthalt im Ausland hat oder als Wehrpflichtiger in einem der Staaten, deren Staatsangehörigkeit er besitzt, Wehrdienst geleistet hat.

Der Verzicht wird wirksam mit der Aushändigung der Verzichtsurkunde.

Für Minderjährige gilt § 19 RuStAG (vgl oben Rn 186) entsprechend.

dd) Verlust durch Annahme als Kind durch einen Ausländer

195 Ein Deutscher verliert gemäß § 27 RuStAG (eingefügt durch Art 9 des Adoptionsgesetzes v 2. 7. 1976 [BGBl I 1749]) mit der nach den deutschen Gesetzen wirksamen Annahme als Kind durch einen Ausländer die Staatsangehörigkeit, wenn er dadurch die Staatsangehörigkeit des Annehmenden erwirbt.

Der Verlust tritt nicht ein, wenn er mit einem deutschen Elternteil verwandt bleibt.

Der Verlust erstreckt sich auf die minderjährigen Abkömmlinge, für die dem Angenommenen die alleinige Sorge für die Person zusteht, wenn auch der Erwerb der Staatsangehörigkeit durch den Angenommenen nach Satz 1 sich auf die Abkömmlinge erstreckt. Das angenommene Kind kann volljährig sein, sein Abkömmling muß minderjährig sein.

Die Verwandtschaft mit einem deutschen Elternteil bleibt bestehen, wenn ein Ausländer ein Kind adoptiert und dessen deutsche Mutter heiratet.

Der § 27 RuStAG ist entsprechend anwendbar auf Deutsche ohne deutsche Staatsangehörigkeit.

Bis zum 31. 12. 1976 bewirkte die Adoption nicht den Verlust der deutschen Staatsangehörigkeit.

ee) **Verlust durch Ausspruch der Behörde**
Die deutsche Staatsangehörigkeit konnte gemäß § 27 RuStAG aF wegen Nichtbefolgung einer Rückkehraufforderung im Kriegsfalle oder bei Kriegsgefahr, gemäß § 28 RuStAG wegen Eintritts in fremde Staatsdienste ohne Genehmigung durch Ausspruch der Behörde verloren gehen. Da beide Vorschriften in Widerspruch zu Art 16 Abs 1 GG stehen, sind sie gegenstandslos.

ff) **Verlust durch Nichterfüllung der Wehrpflicht**
Mit Vollendung des 31. Lebensjahres konnte gem § 26 RuStAG aF bei Wohnsitz im Ausland die deutsche Staatsangehörigkeit verloren gehen, wenn keine endgültige Entscheidung über die Dienstpflicht herbeigeführt wurde. Der Verlust der deutschen Staatsangehörigkeit trat ferner ein bei Fahnenflucht zwei Jahre nach Bekanntmachung des Beschlusses, durch den der Betroffene für fahnenflüchtig erklärt worden ist (§ 279 Militärstrafgerichtsordnung v 4. 11. 1933 [RGBl I 921]).

§ 26 RuStAG wurde bereits während des Zweiten Weltkrieges durch die Verordnung des Ministerrats für die Reichsverteidigung v 20. 1. 1942 (RGBl I 40) mit rückwirkender Kraft aufgehoben und ist daher gegenstandslos.

gg) **Verlust durch längeren Auslandsaufenthalt**
Nach § 21 des am 31. 12. 1913 außer Kraft getretenen Gesetzes über die Erwerbung und den Verlust der Reichs- und Staatsangehörigkeit v 1. 6. 1870 (RGBl 355) verloren die deutsche Staatsangehörigkeit Deutsche, die das Reichsgebiet verlassen und sich 10 Jahre ununterbrochen im Ausland aufgehalten hatten. Der hiernach eingetretene Verlust der deutschen Staatsangehörigkeit erstreckte sich zugleich auf die Ehefrau und die unter väterlicher Gewalt stehenden minderjährigen Kinder, soweit sie sich bei dem Ehemann bzw Vater befanden.

Für Deutsche, die sich mindestens 5 Jahre lang ununterbrochen im Ausland aufgehalten und zugleich fremde Staatsangehörigkeit erworben hatten, konnte die zehnjährige Frist bis auf eine fünfjährige vermindert werden.

hh) **Verlust durch Legitimation**
Seit 1. 1. 1975 stellt die Legitimation keinen Verlustgrund für die deutsche Staatsangehörigkeit mehr dar (Art 1 Ziff 3 lit b RuStAÄndG 1974 v 20. 12. 1974 [BGBl I 3714]).

Bis zum 23. 5. 1949 trat bei einer nach deutschem Recht wirksamen Legitimation durch einen Ausländer der Verlust deutscher Staatsangehörigkeit ein, auch wenn Staatenlosigkeit die Folge war.

Vom 24. 5. 1949 bis 31. 12. 1974 verlor das Kind die deutsche Staatsangehörigkeit durch Legitimation nur, wenn es die Staatsangehörigkeit des Vaters erwarb oder mit Verlust der deutschen Staatsangehörigkeit einverstanden war (Schutzwirkung des Art 16 Abs 1 GG). Es war daher eine Willenserklärung des Kindes bzw seines gesetzlichen Vertreters herbeizuführen. Der Fortbestand der deutschen Staatsangehörigkeit wurde allerdings unterstellt, wenn eine Einverständniserklärung mit dem Verlust der Staatsangehörigkeit nicht abgegeben war.

ii) Verlust durch Eheschließung

200 Ab 1. 4. 1953 verliert eine Deutsche durch Eheschließung mit einem Ausländer nicht mehr die deutsche Staatsangehörigkeit, auch nicht, wenn sie die Staatsangehörigkeit des Ehemannes erwirbt. Nach der Rechtslage bis 23. 5. 1949 verlor eine Deutsche durch Eheschließung mit einem Ausländer die deutsche Staatsangehörigkeit kraft Gesetzes (§ 17 Nr 6 RuStAG), auch wenn sie dadurch staatenlos wurde.

Vom 24. 5. 1949 bis zum 31. 3. 1953 verlor eine Deutsche durch Eheschließung mit einem Ausländer nur dann ihre deutsche Staatsangehörigkeit, wenn sie kraft Gesetzes die Staatsangehörigkeit ihres Ehemannes erwarb oder mit dem Verlust der deutschen Staatsangehörigkeit einverstanden war (Schutzwirkung des Art 16 Abs 1 GG).

Im Ausland nachträglich abgegebene Erklärungen wurden anerkannt, wenn glaubhaft gemacht werden konnte, daß die Frau ständig den Willen bekundet hatte, als Deutsche behandelt zu werden, und wenn es ihr bei der Eheschließung nicht möglich war, die Erklärung abzugeben. Im wesentlichen kam es daher auf die Willensbekundung an.

kk) Verlust durch Widerruf von Einbürgerungen oder Anerkennung der deutschen Staatsangehörigkeit

201 Das Gesetz über den Widerruf von Einbürgerungen und die Aberkennung der deutschen Staatsangehörigkeit v 14. 7. 1933 (RGBl I 480) mit den Ausführungsbestimmungen v 26. 7. 1933 (RGBl I 538) sowie die 11. Verordnung zum Reichsbürgergesetz v 25. 11. 1941 (RGBl I 722), betreffend die kollektive Ausbürgerung der deutschen Staatsangehörigen jüdischen Glaubens, die sich beim Inkrafttreten der Verordnung am 27. 11. 1941 im Ausland befunden haben, sind durch Gesetz des Alliierten Kontrollrats Nr 1 aufgehoben worden, doch blieben die in der Vergangenheit eingetretenen Wirkungen rechtswirksam.

Die Betroffenen haben nach Art 116 Abs 2 GG bzw nach § 12 StAngRegG einen Rechtsanspruch auf Einbürgerung. Sie gelten als nicht ausgebürgert, wenn sie nach dem 8. 5. 1945 ihren Wohnsitz wieder in Deutschland genommen und einen entgegenstehenden Willen nicht zum Ausdruck gebracht haben (Art 116 Abs 2 S 2 GG).

ll) Verlust durch Option

202 Der Verlust der deutschen Staatsangehörigkeit durch Option trat nur aufgrund besonderer zwischenstaatlicher Vereinbarungen, vor allem nach dem Ersten Weltkrieg ein (vgl Rn 58, 136).

mm) Verlust durch Nichtigerklärung von Sammeleinbürgerungen

Verschiedene Personengruppen, denen im Anschluß an die Ausdehnung der Grenzen des Deutschen Reiches in den Jahren 1938 bis 1945 die deutsche Staatsangehörigkeit durch Sammeleinbürgerungen verliehen wurde (vgl oben Rn 74 ff), werden von den betreffenden Staaten Österreich, Frankreich, Belgien, Luxemburg als ihre Staatsangehörigen in Anspruch genommen. Diese Kollektiveinbürgerungen sind gemäß den vom Bundesverfassungsgericht in seiner Entscheidung v 28. 5. 1952 (BVerfGE 1, 322) aufgestellten Grundsätzen unwirksam. **203**

2. Die Regelungen in der ehemaligen DDR und ihre Auswirkungen auf die (gesamt-)deutsche Staatsangehörigkeit*

Die BR Deutschland hat immer daran festgehalten, daß es nur eine (gesamt-)deutsche Staatsangehörigkeit gibt, deren Erwerb und Verlust sich grundsätzlich nach dem RuStAG richtet. Art 16 und 116 GG nehmen – wenn sie die „deutsche Staatsangehörigkeit" nennen – Bezug allein auf diese (gesamt-)deutsche Staatsangehörigkeit, vgl BVerfGE 36, 1, 30; 40, 141, 163. Grundlage dieser Staatsangehörigkeit war die Erkenntnis vom Fortbestehen des Deutschen Reiches. (Zu dieser mittlerweile primär rechtshistorisch interessierenden Fragestellung vgl die ausführliche Darstellung STAUDINGER/BLUMENWITZ[12] Rn 130 ff und oben Rn 151.) Eine separate, von der deutschen Staatsangehörigkeit zu unterscheidende Staatsangehörigkeit der BR Deutschland gibt es nicht und hat es nie gegeben. (Vgl BVerwG v 30. 11. 1982, JZ 1983, 539 ff, wonach die deutsche Staatsangehörigkeit „wegen ihres Bezugs auf Gesamtdeutschland keine bloße Bundesangehörigkeit" ist, sondern ein „Rechtsinstitut der BR Deutschland".) **204**

Die Regelungen der ehemaligen DDR beanspruchen noch insoweit Beachtung, als ein Ausländer durch deren Anwendung nicht nur die DDR-Staatsbürgerschaft erwarb, sondern die (gesamt-)deutsche (vgl den sog Teso-Beschluß des BVerfG, unten Rn 220 ff). **205**

Bis 1967 fand das RuStAG Anwendung auch in der DDR. Die Verfassung v 7. 10. 1949 verkündete noch in Art 1 Abs 4: „Es gibt nur eine deutsche Staatsangehörigkeit." Erst durch das G über die Staatsbürgerschaft der DDR v 20. 2. 1967 (GBl 1967 I 3) wurde das RuStAG abgelöst. Auch die Verfassung der DDR v 9. 4. 1969 (GBl 1969 I 199) idF v 7. 4. 1974 (GBl I 425) kannte in Art 19 Abs 4 fortan nur noch die „Staatsbürgerschaft" der DDR. Das Staatsbürgerschaftsrecht der ehemaligen DDR ist heute lediglich relevant für die Frage, inwieweit eine Person über die Anwendung **206**

---

* **Schrifttum:** BERNHARDT, Deutschland nach 30 Jahren Grundgesetz, VVDStRL 38, 7 (40); MAKAROV/vMANGOLDT, StAngR-Komm (3. Aufl) Einleitung V Rn 72; DOEHRING, Das Staatsangehörigkeitsrecht der Bundesrepublik Deutschland (2. Aufl 1980) 94; SCHEUNER, Die deutsche einheitliche Staatsangehörigkeit ein fortdauerndes Problem der deutschen Teilung, EA 1979, 345 ff; STERN, Das Staatsrecht der Bundesrepublik Deutschland, Bd I (2. Aufl 1984) 264; ders DVBl 1982, 165 (172); ZIEGER, Das Problem der deutschen Staatsangehörigkeit, in: Fünf Jahre Grundvertragsurteil des Bundesverfassungsgerichts (1979) 189 (213); SCHLESER, Die deutsche Staatsangehörigkeit (4. Aufl 1980) 304; HAILBRONNER JuS 1981, 712; WENGLER NJW 1981, 963; RIEGE, Die Staatsbürgerschaft der DDR (Berlin Ost 1982) 162.

der seinerzeitigen DDR-Vorschriften die (gesamt-) deutsche Staatsangehörigkeit erworben hat.

a) Die maßgeblichen Vorschriften bis 1990

207 In der DDR galt das RuStAG bis zum Inkrafttreten des Gesetzes über die **Staatsbürgerschaft** der Deutschen Demokratischen Republik v 20. 2. 1967 (GBl I 3) am 23. 2. 1967. Zum Staatsbürgerschaftsgesetz (StbG) erging die DurchführungsVO v 3. 8. 1967 (GBl II 681), in Kraft getreten am 5. 10. 1967 (abgedruckt bei HAILBRONNER/ RENNER, StAngR Anhang A 566 ff).

aa) Das Staatsbürgerschaftsgesetz (StbG) der DDR v 20. 2. 1967

208 Staatsbürger der DDR wurde nach § 1 StbG „wer

(1) zum Zeitpunkt der Gründung der DDR deutscher Staatsangehöriger war, in der DDR seinen Wohnsitz oder ständigen Aufenthalt hatte und die Staatsbürgerschaft der DDR seitdem nicht verloren hat;

(2) zum Zeitpunkt der Gründung der DDR deutscher Staatsbürger war, seinen Wohnsitz oder ständigen Aufenthalt außerhalb der DDR hatte, danach keine andere Staatsbürgerschaft erworben hat und entsprechend seinem Willen durch Registrierung bei einem dafür zuständigen Organ der DDR als Bürger der DDR geführt wird;

(3) nach den geltenden Bestimmungen die Staatsbürgerschaft der DDR erworben und sie seitdem nicht verloren hat."

bb) Das Gesetz zur Regelung von Fragen der Staatsbürgerschaft v 16. 10. 1972

209 Die von § 1 StbG zunächst auch erfaßten ca 3 Millionen DDR-Flüchtlinge verloren nach Maßgabe des Gesetzes zur Regelung von Fragen der Staatsbürgerschaft vom 16. 10. 1972 (GBl I 265) mit Wirkung vom 17. 10. 1972 die DDR-Staatsbürgerschaft:

„Bürger der DDR, die vor dem 1. 1. 1972 unter Verletzung der Gesetze des Arbeiter- und Bauern-Staates die DDR verlassen und ihren Wohnsitz nicht wieder in der DDR genommen haben", Abkömmlinge der gen Personen, „soweit sie ohne Genehmigung der staatlichen Organe der DDR ihren Wohnsitz außerhalb der DDR haben".

cc) Erwerb und Verlust der Staatsbürgerschaft

210 Die Staatsbürgerschaft der DDR wurde **erworben** durch

(1) Abstammung, wenn die Eltern des Kindes oder ein Elternteil Staatsbürger der DDR waren,

(2) Geburt auf dem Territorium der DDR, wenn das Kind durch Geburt eine andere Staatsangehörigkeit nicht erwarb oder – als Findelkind – der Besitz einer anderen Staatsangehörigkeit nicht nachgewiesen wurde.

(3) Verleihung.

Die Staatsbürgerschaft der DDR wurde **verloren** durch

(1) Entlassung,

(2) Widerruf der Verleihung,

(3) Aberkennung.

b) Gesetz zur Änderung des Gesetzes über die Staatsbürgerschaft der DDR v 29. 1. 1990
Durch das G zur Änderung des StbG v 29. 1. 1990 (GBl I 31) wurden die Vorschriften über Widerruf und Aberkennung der DDR-Staatsbürgerschaft aufgehoben und als Verlustgrund der Verzicht eingeführt.

c) Vom Bundesrecht abweichende Regelungen des DDR-Staatsbürgerschaftsrechts
aa) Erwerb
In den folgenden Fällen vermittelte das Staatsangehörigkeitsrecht der DDR Personen die Staatsbürgerschaft, die die deutsche Staatsbürgerschaft nach dem als Bundesrecht fortgeltenden und fortentwickelten RuStAG **nicht besaßen** (sog Divergenzfälle, vgl HEINZEL, in: SCHLESER, Die Deutsche Staatsangehörigkeit 304):

(1) zwischen 1954 und 1975 geborene **eheliche Kinder deutscher Mütter und ausländischer Väter** (die DDR hatte die Neufassung des § 4 Abs 1 RuStAG durch das RuStÄndG 1974 für sich schon durch Anordnung v 30. 8. 1954 vorweggenommen; diese Regelung war bis 1967 auf die [gesamt-]deutsche Staatsangehörigkeit bezogen),

(2) **nichteheliche Kinder deutscher Väter** und ausländischer Mütter (nach § 10 RuStAG nur Einbürgerungsanspruch),

(3) in der DDR geborene **Kinder, die staatenlos geworden wären** (nach Art 1 des Gesetzes zur Verminderung der Staatenlosigkeit v 29. 6. 1977 nur Einbürgerungsanspruch),

(4) in der DDR eingebürgerte Personen, einschließlich derjenigen, die durch **Erteilung von Personalpapieren in der DDR** zu DDR-Staatsbürgern geworden sind.

bb) Verlust
In den folgenden Fällen ergaben sich Unterschiede wegen der nicht übereinstimmenden *Verlustgründe*:

(1) beim **Wechsel in eine ausländische Staatsangehörigkeit** ging die deutsche Staatsangehörigkeit unter; die DDR-Staatsbürgerschaft blieb bestehen,

(2) die **Entlassung aus der DDR-Staatsbürgerschaft** ließ die deutsche Staatsangehörigkeit unberührt,

(3) die **Legitimation vor dem 1. 1. 1975** hat die deutsche Staatsangehörigkeit nach § 17 Nr 5 RuStAG erlöschen lassen, aber nicht die DDR-Staatsbürgerschaft.

cc) Staatsverträge

214 Bei **Staatsangehörigkeitsänderungen aufgrund völkerrechtlicher Vereinbarungen der DDR** (Mehrstaaterverträge mit dritten Staaten) hängt die Auswirkung auf die deutsche Staatsangehörigkeit davon ab, ob und wie die fremde Staatsangehörigkeit erworben wurde (also nicht davon, ob die DDR-Staatsbürgerschaft verloren ging).

215 Die DDR hatte mit anderen Staaten des damaligen Ostblocks Doppelstaaterabkommen abgeschlossen (Sowjetunion, Ungarn, Bulgarien, Tschechoslowakei, Polen). Diese Abkommen sind mit dem 3. 10. 1990 gegenstandslos geworden.

216 Zum einen fehlt es nunmehr an einem Vertragsgegenstand, da die DDR-„Staatsbürgerschaft" nicht mehr existiert. Zum anderen ist die BR Deutschland auch nicht nach den Regeln von der Staatensukzession in diese Verträge (an Stelle der untergegangenen DDR) eingetreten. Das Völkerrecht lehnt in all den Fällen, in denen völkerrechtliche Verträge das Schicksal der Staatsangehörigkeit der vom Gebietswechsel betroffenen Bevölkerung nicht ausdrücklich regeln, einen automatischen Staatsangehörigkeitswechsel ab. Die Staatsangehörigkeit ist Ausdruck der Personalhoheit eines Staates; sie enthält ein personales Band zwischen Staat und Bürger (vgl Rn 18). Hingegen wird sie nicht geprägt durch die Beziehungen der einzelnen Person zum jeweiligen Staatsgebiet.

217 Den Nachfolgestaat trifft keine Pflicht, der vom Gebietswechsel betroffenen Bevölkerung seine Staatsangehörigkeit zu verleihen; selbst dann nicht, wenn der Vorgängerstaat als Völkerrechtssubjekt untergegangen und seine Staatsangehörigkeit damit erloschen ist. Er ist allerdings zu einer derartigen Staatsangehörigkeitsverleihung berechtigt. (Zum Schicksal der Staatsbürgerschaftsverträge der DDR vgl ausführlich WITTKOWSKI, Die Staatensukzession in völkerrechtliche Verträge unter besonderer Berücksichtigung der Herstellung der staatlichen Einheit Deutschlands [1992] 358 ff.)

218 Diese Frage stellte sich beim Untergang der DDR nicht, da alle Inhaber der DDR-„Staatsbürgerschaft" ohnehin die (gesamt-)deutsche Staatsangehörigkeit hatten. (Zur Erlangung der gesamtdeutschen Staatsangehörigkeit über die DDR-„Staatsbürgerschaft", ohne daß die Voraussetzungen des RuStAG erfüllt sein müssen vgl BVerfGE 77, 137 ff, sog Teso-Entscheidung, dazu BLUMENWITZ JuS 1988, 607 u unten Rn 220 ff.)

219 Die Doppelstaater-Abkommen der ehemaligen DDR unterliegen – obwohl mittlerweile obsolet geworden (vgl oben Rn 215 f) – der Regelung in Art 12 EV (vgl zB die Bekanntmachungen über das Erlöschen völkerrechtlicher Übereinkünfte der DDR mit Ungarn und Bulgarien in StAZ 1992, 31 f). Der Bekanntmachung kommt insoweit allein deklaratorische Bedeutung zu.

d) **Auswirkungen auf die (gesamt-)deutsche Staatsangehörigkeit, sog Teso-Beschluß**

220 Aus dem Grundvertragsurteil des Bundesverfassungsgerichts ergibt sich zweifelsfrei, daß **Bürger der DDR** nach dem Staatsangehörigkeitsrecht der Bundesrepublik Deutschland grundsätzlich den **Status eines Deutschen im Sinne der Art 16, 116 Abs 1 GG** besaßen (BVerfGE 36, 1 [30], vgl oben Rn 128, 151). Ob und inwieweit sich das Staatsangehörigkeitsrecht der DDR – vor allem in den Punkten, in denen es von dem nach Bundesrecht fortgeltenden und weiterentwickelten RuStAG abwich – auf den

Erwerb der deutschen Staatsangehörigkeit iS des Grundgesetzes auswirkte, war im einzelnen strittig (zum Diskussionsstand vor der Wiedervereinigung vgl STAUDINGER/BLUMEN-WITZ[12] Rn 212–219).

Aus dem Beschluß des Zweiten Senats des BVerfG vom 21. 10. 1987 (2 BvR 373/83 – **221** BVerfGE 77, 137 ff) (sog Teso-Beschluß) folgt, daß **dem Erwerb der Staatsbürgerschaft der DDR für die Rechtsordnung der Bundesrepublik Deutschland die Rechtswirkung des Erwerbs der deutschen Staatsangehörigkeit beizumessen ist**. Hierbei spielt es keine Rolle, ob die Staatsbürgerschaft der DDR unmittelbar kraft Gesetzes der DDR oder durch Einzelakt (§ 7 StbG sprach von „Verleihung") ihrer Behörden erworben wurde.

Das Bundesverfassungsgericht hat im Teso-Beschluß dem damals noch in der Präambel des GG verankerten **Wiedervereinigungsgebot** verfassungsrechtliche Bedeutung beigemessen (vgl auch die vorangegangenen Entscheidungen in BVerfGE 5, 85, 127 f; 36, 1, 17 f). Aus dem Wiedervereinigungsgebot wurde das „Einheitswahrungsgebot" abgeleitet, nämlich die Pflicht „alles zu unterlassen, was die Wiedervereinigung vereiteln würde" (BVerfGE 36, 1, 18). Das Einheitswahrungsgebot wurde nach dieser Erkenntnis des Zweiten Senats für den Bereich des in der Bundesrepublik Deutschland geltenden Staatsangehörigkeitsrechts in Art 116 Abs 1, 16 Abs 1 vom Grundgesetz selbst konkretisiert. Hieraus folgte die **verfassungsrechtliche Pflicht, die Identität des deutschen Staatsvolkes zu erhalten**.

Mit der Akzentuierung der aus Wiedervereinigungs- und Einheitswahrungsgebot abzuleitenden verfassungsrechtlichen Pflichten stellte das Bundesverfassungsgericht gleichzeitig klar, daß die besondere Wirkung des Erwerbs der DDR-Staatsbürgerschaft für die Rechtsordnung der Bundesrepublik Deutschland auf einer **Rechtsnorm der Bundesrepublik Deutschland** und nicht auf alliiertem oder deutsch-deutschem Recht beruhte (vgl E KLEIN JuS 1987, 279 [281], vgl zum Teso-Beschluß außerdem BLUMENWITZ JuS 1988, 607; GUSSEK NJW 1988, 1302; KOKOTT NVwZ 1988, 799; RÖPER DÖV 1988, 488).

Die Zurückführung der besonderen Wirkung des Erwerbs der DDR-Staatsbürger- **222** schaft für die Rechtsordnung der Bundesrepublik auf eine Rechtsvorschrift („Akzeptanznorm") der Bundesrepublik Deutschland rechtfertigt die **Anwendung des ordre public**: Dem Erwerb der damaligen DDR-Staatsbürgerschaft ist für die Bundesrepublik Deutschland nur in den Grenzen des ordre public die Rechtswirkung des Erwerbs der deutschen Staatsangehörigkeit beizumessen. Insoweit besteht Einklang zwischen dem Beschluß des Zweiten Senats (19 f) und der Rechtsprechung des Bundesverwaltungsgerichts (Urt v 17. 12. 1985 – 1 C 45/82 = NJW 1986, 1506 mit Anmerkung E KLEIN JuS 1987, 279 = JZ 1986, 1002 m Anm v vMANGOLDT = StAZ 1986, 217 m ausf Darstellung des Sachverhalts).

Der 1924 in Lodz (Polen) geborene polnische Staatsangehörige erhielt 1954 in Berlin (Ost) einen „Personalausweis für Deutsche Staatsangehörige" der DDR ausgehändigt, in dem „Breslau" als Geburtsort und „deutsch" als Nationalität angegeben war; er war anschließend in der Bundesrepublik für östliche Geheimdienste tätig. In diesem Fall sind die Interessen der Bundesrepublik Deutschland so stark verletzt, daß eine punktuelle Einschränkung der mit dem staatsangehörigkeitsrechtlichen Einheitswahrungsgebot verfolgten Ziele in Kauf genommen werden muß.

223 Andererseits hat ein deutscher Staatsangehöriger im Sinne des Grundgesetzes und des RuStAG diese Staatsangehörigkeit nicht dadurch verloren, daß ihn die DDR seinerzeit aus ihrer Staatsbürgerschaft entlassen hat (B-W VGH, VBlBW 1988, 66).

D. Ausländisches Staatsangehörigkeitsrecht

Schrifttum

1. Allgemein

BERGMANN/FERID, Internationales Ehe- und Kindschaftsrecht (mit Staatsangehörigkeitsrecht) (5. Aufl 1976 ff)
HECKER, Die Staatsangehörigkeitsregelungen in Europa (1974)
LESKE/LOEWENFELD, Die Rechtsverfolgung im internationalen Verkehr VII: Das Recht der Staatsangehörigkeit der europäischen und außereuropäischen Staaten; Sammlung geltender Staatsangehörigkeitsgesetze (SGS). Herausgegeben vom Institut für Internationale Angelegenheiten der Universität Hamburg (Früher: Forschungsstelle für Völkerrecht und ausländisches öffentliches Recht der Universität Hamburg)
SCHLESER, Das ausländische Staatsangehörigkeitsrecht, StAZ 1979, 234
ders, Die deutsche Staatsangehörigkeit (4. Aufl 1980) 359.

2. Afrikanische Staaten

TOMSON, Das Staatsangehörigkeitsrecht des frankophonen Schwarzen Afrika (1967)
HECKER, Die Staatsangehörigkeitsvorschriften der Staaten Afrikas, VRÜ 1968, 65, Ergänzungen VRÜ 1969, 231
DUTOIT ua, La nationalité de la femme mariée II (Afrique) (1976) HECKER (Hrsg), Das Staatsangehörigkeitsrecht des anglophonen Afrika (1981)
KOHLER, Kollisionsrechtssysteme der Neustaaten und Nationalitätsprinzip, in: JAYME/MANSEL (Hrsg), Nation und Staat im IPR (1990) 273 ff.

3. Arabische Staaten

Konvention betreffend die Staatsangehörigkeit der Bürger der arabischen Staaten, die ihren Wohnsitz außerhalb ihres Heimatlandes haben v 9. 6. 1953, StAZ 1955, 68 (Auszug)
KRUSE, Das Staatsangehörigkeitsrecht der Arabischen Staaten (1955)
BELKEZIZ, La nationalité dans les états arabes (Rabat und Paris 1963)
OPPERMANN-YOUSRY, Das Staatsangehörigkeitsrecht der Arabischen Staaten (Ergänzungsband 1964)
KOTZUR, Kollisionsrechtliche Probleme christlich-islamischer Ehen (1988)
ELWAN, Einflüsse des Islam und der Begriff der arabischen Nation auf das Staatsangehörigkeits-, Fremden- und Kollisionsrecht der arabischen Staaten, in: JAYME/MANSEL (Hrsg), Nation und Staat im IPR (1990) 291 ff.

4. Asiatische Staaten

HECKER, Das Staatsangehörigkeitsrecht in Asien, VRÜ 1969, 329
TOMSON, Das Staatsangehörigkeitsrecht der ostasiatischen Staaten (1971).

5. Nordische Staaten

SCHNEIDER, Das neue Staatsangehörigkeitsrecht der nordischen Länder, RabelsZ 17 (1951/52) 86
MARCUS, Das Staatsangehörigkeitsrecht der nordischen Staaten (1952) (dazu SIMSON ZaöRV 14 [1951/52] 857)
NAGEL, Die Staatsangehörigkeit der Ehefrau nach dem skandinavischen Recht, aus den Motiven zu dem neuen schwedischen Staatsange-

hörigkeitsgesetz v 22. Juni 1950, StAZ 1952, 235
SCHNEIDER, Skandinavische Staatsangehörigkeitsgesetze, RabelsZ 17 (1951/52) 100–108.

6. Osteuropäische Staaten

HECKER, Staatsangehörigkeitsfragen in völkerrechtlichen Verträgen osteuropäischer Staaten, in: ArchVR 1992, 326 ff.
Weitere bibliographische Hinweise enthält die Aufsatzdokumentation zur Privatrechtsvergleichung, Privatrechtsvereinheitlichung und zum IPR (Hamburg seit 1968); die Staatsangehörigkeit erscheint bis 1976 unter dem Ordnungssystem C 02 04 06, seit 1977 unter C 02 05 06.

I. Ermittlung ausländischen Staatsangehörigkeitsrechts

Die folgende Darstellung des Staatsangehörigkeitsrechts der wichtigeren ausländischen Staaten muß sich im wesentlichen auf die aus der Sicht des deutschen Kollisionsrechts wichtigen Erwerbs- und Verlustgründe sowie auf Hinweise auf weiterführende Literatur beschränken. Besonderes Augenmerk wurde – soweit möglich – auf die staatsangehörigkeitsrechtlichen Veränderungen im Zuge der staatlichen Umwälzungen in Osteuropa gelegt.

Gutachten über ausländisches Staatsangehörigkeitsrecht erstellen die einschlägigen wissenschaftlichen Einrichtungen (Max-Planck-Institute; Institute und Lehrstühle der Universitäten, soweit sie über die einschlägige Literatur verfügen).

Rechtsauskünfte werden im Rahmen des Europäischen Übereinkommens betreffend Auskünfte über ausländisches Recht v 7. 6. 1968 erteilt. Das Abkommen ist für die Bundesrepublik seit dem 19. 3. 1975 in Kraft (BGBl 1974 II 938; 1975 II 360; Deutsches Ausführungsgesetz v 5. 7. 1974 [BGBl I 1433]).

Die Auskunftsersuchen sind an die Landesjustizverwaltungen als Übermittlungsstellen zu richten (vgl hierzu WOLF NJW 1975, 1583).

Vertragsstaaten sind Belgien, Bulgarien, Costa Rica, Dänemark, Finnland, Frankreich, Griechenland, Island, Italien, Liechtenstein, Luxemburg, Malta, Niederlande, Norwegen, Österreich, Polen, Portugal, Rumänien, Russische Föderation, Schweden, Schweiz, Spanien, Türkei, Ungarn, Vereinigtes Königreich, Zypern. In beschränktem Umfang erteilen auch deutsche oder ausländische Vertretungen Auskünfte über das Staatsangehörigkeitsrecht des Empfangs- bzw Entsendestaates.

II. Erwerbs- und Verlustgründe im Staatsangehörigkeitsrecht ausländischer Staaten

Abu Dhabi

Schrifttum: StAZ 1985, 145.

Als Staatsangehöriger kraft Geburt gilt jede Person, deren Vater zur Zeit der Geburt Staatsangehöriger von Abu Dhabi ist oder die im Hoheitsgebiet von einer Mutter geboren ist, welche die Staatsangehörigkeit von Abu Dhabi besitzt, während der Vater keine oder eine unbekannte Staatsangehörigkeit besitzt. Als Staatsbürger kraft Einbürgerung gilt jede ausländische Frau, die den Antrag auf Erwerb der Staatsangehörigkeit gestellt hat, mit einem Staatsangehörigen verheiratet ist, sich in dem ihrer Antragstellung vorausgehenden Jahr in Abu Dhabi als Ehefrau aufgehalten hat, auf ihre bisherige Staatsangehörigkeit verzichtet hat und vom Herrscher ein entsprechendes Zeugnis erhalten hat. Seine Staatsangehörigkeit kann durch Verfügung des Herrschers verlieren, wer freiwillig eine andere Staatsangehörigkeit annimmt oder die Staatsangehörigkeit von Abu Dhabi freiwillig aufgibt oder wem der Herrscher die Staatsangehörigkeit entzieht.

226 Ägypten

Schrifttum: MAKAROV, Das Staatsangehörigkeitsgesetz v 1950, RabelsZ 16 (1950/51) 480; SCHNEIDER, Das neue ägyptische Staatsangehörigkeitsrecht, StAZ 1951, 187; RIAD, A propos de la nouvelle législation égyptienne sur la nationalité, Rev ég dr int 33 (1977), 1; ELWAN, Einflüsse des Islam u d Begriff d arabischen Nation, in: JAYME/MANSEL, Nation und Staat im IPR (1990) 295 f; s auch Arabische Staaten.

Nach dem StAG Ägyptens v 21. 5. 1975 wird die StA des Landes durch Abstammung vom ehelichen Vater und unter bestimmten Voraussetzungen durch Abstammung von der ehelichen oder der nichtehelichen Mutter erworben. Heiratet eine Ausländerin einen Staatsangehörigen Ägyptens, so erlangt sie das Recht auf Erwerb der StA des Landes auf Antrag. Keine Auswirkungen auf den Erwerb oder Verlust der StA hat die Eheschließung eines Ausländers mit einer ägyptischen Staatsangehörigen. Erwirbt ein volljähriger Staatsangehöriger Ägyptens auf eigenen Antrag eine fremde StA, ohne im Besitz einer vorgesehenen Genehmigung zur Beibehaltung der StA zu sein, verliert er die StA nur, wenn der Erwerb der fremden StA von der eigenen Regierung genehmigt wird.

227 Äthiopien

Schrifttum: HECKER, Die Staatsangehörigkeitsvorschriften der Staaten Afrikas, VRÜ 1968, 65; Ergänzungen VRÜ 1969, 231.

Das StAG stammt v 24. 7. 1930. Die StA wird durch Abstammung vom ehelichen oder vom festgestellten nichtehelichen Vater sowie von der ehelichen oder von der nichtehelichen Mutter erworben. Heiratet eine Ausländerin einen äthiopischen Staatsangehörigen, so erwirbt sie die äthiopische StA kraft Gesetzes. Heiratet ein Ausländer eine Staatsangehörige des Landes, so hat dies keine Auswirkungen auf seine StA. Heiratet eine Staatsangehörige des Landes einen Ausländer, so verliert sie die StA kraft Gesetzes, falls der Erwerb fremder StA durch Eheschließung erfolgt. Erwirbt ein volljähriger äthiopischer Staatsangehöriger auf eigenen Antrag eine fremde StA, so verliert er die äthiopische StA.

228 Afghanistan

Schrifttum: SACHSE, Afghanisches Staatsangehörigkeitsrecht, StAZ 1967, 111; BERGMANN/FERID, Intern Ehe- u KindschaftsR, Länderteil Afghanistan, Bearb HECKER (Stand: 31. 10. 1990).

Nach dem StAG von Afghanistan v 8. 11. 1936 wird die StA durch Abstammung von

Eltern afghanischer StA erworben sowie durch Geburt auf dem Staatsgebiet Afghanistans, bei Eltern mit ausl StA unter der Voraussetzung, daß ein Elternteil in Afghanistan geboren wurde u in der Folgezeit ununterbrochen in Afghanistan seinen Wohnsitz gehabt hat. Heiratet eine Staatsangehörige Afghanistans einen Ausländer, dann verliert sie die StA des Landes kraft Gesetzes. Erwirbt ein volljähriger Staatsangehöriger Afghanistans auf eigenen Antrag eine fremde StA, erfolgt kein automatischer Verlust der StA Afghanistans. Ergänzt werden diese Vorschriften durch das StAG v 5. 5. 1986.

Albanien 229

Schrifttum: BEITZKE, Das Staatsangehörigkeitsrecht von Albanien, Bulgarien, Rumänien (1951); VOKOPOLA, The Nationality Law of Albania, Osteuropa-Recht 1967, 241; HECKER, Die Staatsangehörigkeitsregelungen in Europa (1974).

Nach dem albanischen Staatsangehörigkeitsgesetz v 7. 6. 1954 wird die albanische StA durch Abstammung erworben, wenn beide Eltern albanische Staatsangehörige sind, ferner wenn ein Elternteil albanischer Staatsangehöriger ist, soweit wenigstens ein Elternteil bei Geburt des Kindes auf dem Gebiet der Volksrepublik Albanien wohnt. Ist bei der Geburt des Kindes nur ein Elternteil alb Staatsangehöriger u wohnen beide Eltern in diesem Zeitpunkt außerhalb Albaniens, dann richtet sich die StA des Kindes nach einer Vereinbarung der Eltern. Da die Eltern auf den Erwerb einer fremden StA keinen Einfluß haben, kann das nur bedeuten, daß die Eltern entscheiden können, ob das Kind die alb StA erwerben soll oder nicht. Im letzten Fall wird es regelmäßig staatenlos werden. Die Eheschließung eines oder einer StA mit einem Ausländer hat eine Änderung der StA nicht zur Folge.

Algerien 230

Schrifttum: RIECK, Gesetz über die algerische Staatsangehörigkeit, StAZ 1974, 12–15; s auch Arabische Staaten.

Nach dem algerischen StAG v 15. 12. 1970 wird die StA des Landes erworben durch Abstammung von einem algerischen Vater, unter bestimmten Voraussetzungen durch Abstammung von einer algerischen Mutter sowie durch Geburt im Staatsgebiet. Eine algerische Staatsangehörige, die einen Ausländer heiratet und die StA des Ehemannes erwirbt und die ermächtigt wurde, auf ihre algerische StA zu verzichten, verliert die StA Algeriens. Die StA des Landes verliert auch der Algerier, der freiwillig im Ausland eine ausländische StA erworben hat und der ermächtigt ist, auf die algerische StA zu verzichten.

Andorra 231

Schrifttum: HECKER, Das Staatsangehörigkeitsrecht von Andorra, Liechtenstein, Monaco, San Marino, der Vatikan-Stadt (1958); VINAS FARRÉ, Notas para ima reforma del Código de la Nacionalidas Andorrama, Riv dir int priv proc 1983, 87; RAU, Andorra – Staatsangehörigkeitsrecht, StAZ 1986, 228.

Die Staatsangehörigkeit von Andorra richtet sich nach dem StAG v 8. 9. 1985, verkündet am 16. 9. 1985. Sie kann erworben werden durch Abstammung von einem andorranischen Elternteil sowie unter bestimmten Voraussetzungen durch Adoption und durch Eheschließung, sofern in Andorra der „effektive" Wohnsitz genommen wird. Die Staatsangehörigkeit geht verloren durch Verzicht oder durch den freiwilligen Erwerb einer anderen Staatsangehörigkeit.

232 Angola

Schrifttum: StAZ 1984, 220.

Nach dem StAG v 11. 5. 1991 erwerben die angol StA Kinder von Angolanern, unabhängig davon, ob sie in Angola oder im Ausland geboren sind. Ein Erwerb ist zudem möglich durch Voll-Adoption seitens eines Angolaners. Der mit einem angol Staatsangehörigen verheiratete Ausländer kann auf Antrag die angol StA erwerben. Gleiches gilt für die minderjährigen oder geschäftsunfähigen Kinder von in Angola eingebürgerten Personen. Unter bestimmten Voraussetzungen – ua gewöhnlicher u regelmäßiger Wohnsitz in Angola seit mindestens zehn Jahren – ist eine Einbürgerung möglich. Zum Verlust der StA führt die freiwillige Annahme einer ausl StA, sofern der Betreffende deutlich macht, kein Angolaner sein zu wollen, und bei im Ausland geborenen minderjährigen Kindern angol Staatsangehöriger, wenn sie infolge dieser Tatsache in gleicher Weise eine andere StA besitzen, sofern sie bei Erreichen der Volljährigkeit den Anspruch bekunden, keine Angolaner sein zu wollen.

233 Antigua

Schrifttum: HECKER VRÜ 1970, 394.

234 Antillen (Curaçao)

Schrifttum: HECKER VRÜ 1970, 400.

235 Argentinien

Schrifttum: RdErl MdI Nds StAZ 1956, 288 a E; MOOSMAYER, Das Staatsangehörigkeitsrecht von Argentinien, Uruguay, Paraguay (1972). Neues argentinisches Staatsangehörigkeitsrecht, StAZ 1979, 327.

Durch das G v 6. 4. 1984 wurde das zuvor geltende G v 18. 5. 1978 aufgehoben und das StAG Nr 346 v 8. 10. 1869 wieder in Kraft gesetzt. Argentinier sind danach alle Personen, die auf argentinischem Gebiet geboren sind, ohne Rücksicht auf die StA ihrer Eltern. Gleiches gilt für im Ausland geborene Kinder gebürtiger Argentinier, die für das arg Staatsbürgerrecht optieren. Eine Einbürgerung ist möglich bei Ausländern, die sich in bestimmter Weise für Argentinien verdient gemacht haben.

236 Armenien

Bekannt ist aus Armenien lediglich ein Entwurf zum StAG (ohne Datum). Als Staatsbürger Armeniens werden danach anerkannt die ehemaligen Staatsbürger der

Sowjetunion, die in Armenien ihren ständigen Wohnsitz haben, sofern sie nicht innerhalb von sechs Monaten nach Inkrafttreten des Gesetzes ihren Verzicht auf die StA Armeniens erklären. Gleiches gilt für Staatenlose, sofern sie innerhalb von einem Jahr nach dem vorgenannten Zeitpunkt die armen StA beantragen. Staatsbürger können zudem die in der Republik Armenien geborenen und außerhalb der Republik Armenien wohnhaften ehemaligen Staatsbürger der Sowjetunion werden, die keine andere StA besitzen und innerhalb eines Jahres nach Inkrafttreten des StAG die armen StA beantragt haben. Das Kind, dessen Eltern bei seiner Geburt Staatsbürger Armeniens sind, erwirbt die armen StA unabhängig von seinem Geburtsort. Ist nur ein Elternteil armen Staatsbürger, erwirbt es die StA, wenn der andere Elternteil unbekannt oder staatenlos ist. Ist der zweite Elternteil Inhaber einer ausl StA, müssen die Eltern dem Erwerb der armen StA schriftlich zustimmen. Ohne die Zustimmung erwirbt das Kind im letzten Fall dennoch die armen StA, wenn es auf armen Staatsgebiet geboren wurde oder wenn es ansonsten staatenlos würde. Erleichterte Aufnahme in die armen StA finden die ausl Ehepartner armen Staatsbürger.

Aserbeidschan

Geregelt ist die aserb StA im StAG v 26. 6. 1990, in Kraft getreten am 1. 1. 1991. Danach sind aserb Staatsangehörige Kinder, deren beide Elternteile im Moment der Geburt Staatsangehörige der aserb SSR sind, unabhängig vom Geburtsort. Ist nur ein Elternteil aserb Staatsangehöriger, der zweite Elternteil Inhaber einer ausl StA, besitzt das Kind die aserb StA, sofern es auf dem Gebiet der Aserbeidschanischen SSR geboren wurde oder – bei Geburt im Ausland – wenn zumindest ein Elternteil seinen ständigen Wohnsitz auf aserb Staatsgebiet hat. Ist der zweite Elternteil staatenlos, besitzt das Kind die aserb StA unabhängig vom Geburtsort. Im Falle einer Vaterschaftsfeststellung wird ein Kind, dessen Mutter staatenlos ist und dessen Vaterschaft von einem aserb Staatsangehörigen anerkannt wird, unabhängig von seinem Geburtsort aserb Staatsangehöriger. Staatsangehörige anderer (ehemaliger) Unionsrepubliken, ausl Staatsangehörige und Staatenlose können auf Antrag eingebürgert werden. Adoption durch einen Staatsangehörigen Aserbeidschans führt zum Erwerb der aserb StA durch den Angenommenen.

Australien

Schrifttum: HECKER, Staatsangehörigkeitsregelungen in Australien und der Südsee, VRÜ 1968, 472.

Nach dem StAG Australiens v 21. 12. 1948 idF v 31. 12. 1974 wird die StA des Landes durch Abstammung vom ehelichen Vater oder von der ehelichen oder nichtehelichen Mutter, unter bestimmten Voraussetzungen durch Geburt im Staatsgebiet oder durch auf die Geburt folgende Eheschließung (Legitimation) erworben. Heiratet ein(e) Ausländer(in) eine(n) Staatsangehörige(n) Australiens, so erhält diese(r) ein Recht auf Erwerb der StA Australiens auf Antrag. Erwirbt ein volljähriger Staatsangehöriger des Landes auf einen Antrag eine fremde StA, so verliert er die StA Australiens nur, wenn ein Erwerb fremder StA im Ausland erfolgt.

239 Bahamas

Schrifttum: HECKER VRÜ 1970, 394.

240 Bahrain

Schrifttum: StAZ 1986, 21; StAZ 1990, 24.

Die Staatsangehörigkeit von Bahrain ergibt sich aus Art 17 der Verfassung sowie aus dem StAG v 28. 4. 1983, in Kraft rückwirkend zum 16. 9. 1963, in der Fassung des G v 13. 7. 1989.

Die Staatsangehörigkeit wird erworben durch Abstammung von einem bahr Vater, unabhängig davon, ob die Geburt im In- oder Ausland erfolgt ist, sowie durch Abstammung von einer bahr Mutter, sofern der Vater unbekannt ist. Als bahr StA gilt ferner, wer in Bahrain von unbekannten Eltern geboren worden ist sowie das Findelkind. Im übrigen wird die StA durch Einbürgerung erlangt, die – auch im Falle der Eheschließung – im Ermessen des Innenministers steht.

Die bahrainische Staatsangehörigkeit geht verloren durch Einbürgerung in einen anderen Staat oder durch Verzicht, sofern deswegen eine Ausbürgerungsordnung des Emirs ergeht. Die Ausbürgerung erstreckt sich auch auf die ehelichen minderjährigen Kinder.

241 Bangladesch

Schrifttum: HECKER, Das Staatsangehörigkeitsrecht von Bangladesch, Burma, Sri Lanka (Ceylon), Thailand und den Malediven (1975).

Nach dem Gesetz v 15. 12. 1972 idF v 19. 5. 1973 wird die StA des Landes unter bestimmten Voraussetzungen durch Abstammung vom Vater oder Großvater erworben, die in den Gebieten geboren wurden, die jetzt zu Bangladesch gehören, oder durch Geburt im Staatsgebiet.

242 Barbados

Schrifttum: HECKER StAZ 1968, 25.

243 Belgien

Text: StAZ 1985, 225; BERGMANN/FERID, Intern Ehe- u KindschaftsR, Länderabschnitt Belgien, Bearb RIECK (Stand: 30. 9. 1991).

Schrifttum: BRANDIS, Staatsangehörigkeit in Belgien, StAZ 1933, 66; HASSELBLATT, Das belgische Ausbürgerungsgesetz und Eupen-Malmedy, Völkerbund und Völkerrecht 1 (1934) 210; DE LEVAL, Das Staatsangehörigkeitsrecht von Belgien und von Belgisch-Kongo, in: LESKE/LOEWENFELD (vgl oben) (1940) 567; DISCHLER, Das Staatsangehörigkeitsrecht von Belgien und Luxemburg (1950); Novelle zum Staatsangehörigkeitsgesetz v 30. 12. 1953, StAZ 1955, 43; DISCHLER, Zum belgischen Staatsangehörigkeitsrecht, StAZ 1958, 75; ders, Die Staatsangehörigkeitsregelung in der belgischen

Kongokolonie, StAZ 1958, 77; LENEARTS, Der Staatsangehörigkeitsgrundsatz im belgischen IPR, in: JAYME/MANSEL, Nation u Staat im IPR (1990) 165 ff.

Nach dem StAG v 28. 6. 1984 (letzte Änderung durch G v 13. 6. 1991) wird die belgische StA erworben durch Abstammung von einem belgischen Vater oder einer belgischen Mutter, gleich ob ehelich oder nichtehelich, sowie unter bestimmten Voraussetzungen durch Adoption. Die Eheschließung eines Ausländers mit einem belgischen Staatsangehörigen hat keinen Einfluß auf einen Erwerb der StA durch den Ausländer. Der ausländische Ehepartner kann allerdings unter erleichterten Bedingungen eingebürgert werden. Daneben kann ein in Belgien von Ausländern geborenes Kind durch Option Belgier werden. Nach dem G v 13. 6. 1991 haben Ausländer, deren Eltern bereits in Belgien geboren wurden, Anspruch auf die belg StA. Außerdem werden die Wartezeiten für Ausländer der zweiten Generation verkürzt.

Belize (früher Britisch Honduras) 244

Schrifttum: HECKER VRÜ 1970, 395; ders, Das Staatsangehörigkeitsrecht von Amerika (1984).

Benin (früher Dahomey) 245

Schrifttum: Rev crit dr i p 1966, 752.

Das StAG stammt v 23. Juni 1965.

Bermuda 246

Schrifttum: HECKER VRÜ 1970, 395.

Bolivien 247

Schrifttum: Bolivianisches Staatsangehörigkeitsrecht, StAZ 1953, 236; MEYER-LINDENBERG/ SCHMIDT-SCHLEGEL/MOOSMAYER, Das Staatsangehörigkeitsrecht von Bolivien und Peru (1963).

Die StA regelt die Verfassung v 2. 2. 1967. Gebürtige Bolivianer sind danach die im Gebiet der Republik Bolivien Geborenen (Ausnahme: Kinder von Ausländern, die sich im Dienst ihrer Regierung in Bolivien befinden) sowie im Ausland geborene Kinder eines boliv Vaters oder einer boliv Mutter, wenn sie sich in Bolivien niederlassen oder sich bei den Konsulaten einschreiben. Die boliv StA können ohne Verzicht auf ihre angeborene StA erwerben Spanier u Lateinamerikaner, sofern mit ihren jeweiligen Regierungen Abkommen über mehrfache StA bestehen. Weiterhin können eingebürgert werden Ausländer nach einem regelmäßigen Aufenthalt in Bolivien von zwei Jahren, wenn sie einen boliv Ehegatten oder boliv Kinder haben bereits nach einem Jahr. Ohne Belang für die StA ist die Adoption eines Ausländers durch einen Bolivianer oder umgekehrt. Die mit einem Ausländer verheirate Bolivianerin verliert dadurch nicht ihre boliv StA. Die mit einem Bolivianer verheiratete Ausländerin erwirbt die StA ihres Ehemannes, falls sie im Lande wohnt u ihre Einwilligung erklärt. Die boliv StA geht durch den Erwerb einer ausl StA verloren, wobei zu ihrem Wiedererwerb die Wohnsitzbegründung in Bolivien ausreicht. Ausgenommen davon sind allein solche Personen, die unter den Grundsatz mehrfacher StA nach Maßgabe von Abkommen fallen, die zu diesem Zweck geschlossen werden.

248 Bosnien-Herzegowina

Schrifttum: HECKER, Jugoslawien und Nachfolgestaaten: Das Staatsangehörigkeitsrecht im Gebiete Jugoslawiens einst und jetzt, StAZ 1994, 90; BRANDHUBER/ZEYRINGER, Standesamt für Ausländer, Länderteil Bosnien-Herzegowina (Stand: Juni 1994).

Das StAG umfaßt 40 Artikel und stammt v 6.10.1992. Erwerbsgrund der StA ist die Abstammung von Eltern mit der StA Bosnien-Herzegowinas; zumindest von einem bosn-herzegow Elternteil, sofern das Kind im Inland geboren ist. Bei Geburt im Ausland ist Voraussetzung, daß der zweite Elternteil staatenlos ist oder das Kind selbst andernfalls staatenlos wäre. Daneben gibt es die Möglichkeit des StA-Erwerbs durch Adoption oder Einbürgerung. Entlassung aus der StA setzt ua den Besitz oder zumindest die Zusicherung einer anderen StA voraus. Gleiches gilt für den Verzicht. Während des Kriegszustands wird – selbst bei Vorliegen der jeweiligen Voraussetzungen – weder eine Entlassung gewährt noch ein Verzicht anerkannt. Das Übergangsrecht regeln die §§ 27–29 StAG.

249 Brasilien

Schrifttum: SCHMIDT-SCHLEGEL, Das Staatsangehörigkeitsrecht von Brasilien und Chile (1957); SACHSE, Brasilianisches Staatsangehörigkeitsrecht, StAZ 1969, 80; HECKER VRÜ 1970, 95; SAMTLEBEN, Erwerb der brasilianischen Staatsangehörigkeit bei Auslandsgeburten, StAZ 1975, 273; HECKER, Staatsangehörigkeitsrecht in Amerika (1984); BERGMANN/FERID, Intern Ehe- u KindschaftsR, Länderteil Brasilien, Bearb WEISHAUPT (Stand: 30.11.1991).

Brasilien regelt Staatsangehörigkeitsfragen in seiner Verfassung v 5.10.1988, im AusländerG v 19.8.1980 und (subsidiär) im StAG v 18.9.1949. Die brasilianische StA wird durch Geburt in Brasilien erworben, selbst wenn das Kind von ausl Eltern abstammt (Ausnahme: wenn die ausl Eltern im Dienst ihres Landes stehen), bei Geburt im Ausland durch Abstammung von einem brasil Vater oder einer brasil Mutter, sofern einer von ihnen im Dienst des brasil Staates steht. Ist letzteres nicht der Fall, bleibt die Möglichkeit, das Kind bei der zuständigen brasil Stelle registrieren zu lassen oder vor Erlangung der Volljährigkeit in Brasilien Wohnsitz zu nehmen und für die brasil StA zu optieren. Eine Einbürgerung auf Antrag kommt in Betracht für Ausländer, die seit mehr als 30 Jahren ununterbrochen in Brasilien ansässig sind (Mindeswartezeit durch das AusländerG herabgesetzt auf vier Jahre), für Ausländer, die aus Ländern portugiesischer Sprache stammen, bei einem ununterbrochenen Wohnsitz von einem Jahr. Die Mindestwohnsitzdauer nach dem AusländerG verkürzt sich weiter, wenn der Einzubürgernde ein brasilianisches Kind oder einen brasilianischen Ehepartner hat oder selbst Kind eines Brasilianers ist.

Wird die StA mit der Registrierung der Geburt bei der brasilianischen Auslandsvertretung erworben, ist umstritten, ob die Registrierung auf den Zeitpunkt der Geburt zurückwirkt oder nicht (vgl BayObLG StAZ 1984, 67, einerseits und Samtleben StAZ 1984, 337, andererseits).

Die Einbürgerung bewirkt nicht automatisch den Erwerb der brasil StA seitens des Ehegatten oder der Kinder des Eingebürgerten u berechtigt diese auch nicht, nach Brasilien einzureisen oder sich dort niederzulassen, ohne die gesetzl Voraussetzungen zu erfüllen.

Brunei 250

Schrifttum: HECKER, Das Staatsangehörigkeitsrecht von Brunei, Indonesien, Malaysia, Singapur und Philippinen (1978).

Nach dem StAG von Brunei v 6. 12. 1961 idFv 1963 wird die StA des Landes unter bestimmten Voraussetzungen durch Abstammung vom Vater oder durch Geburt im Staatsgebiet erworben. Heiratet eine Staatsangehörige des Landes einen Ausländer, verliert sie unter bestimmten Voraussetzungen die StA Bruneis nur, falls ein Erwerb einer fremden StA durch Eheschließung erfolgt. Erwirbt ein volljähriger Staatsangehöriger auf eigenen Antrag eine fremde StA – außer der von Großbritannien –, verliert er die StA von Brunei.

Bulgarien 251

Text: WGO 1968, 298 und StAZ 1969, 21.

Schrifttum: KESIAKOFF, Die bulgarische Staatsangehörigkeit nach innerstaatlichem bulgarischen Gesetze und nach dem Friedensvertrag von Neuilly, ZOstR 1 (1927) 353; KATZAROFF, Das Staatsangehörigkeitsrecht des Königreichs Bulgarien, in: LESKE/LOEWENEELD (vgl oben) (1934) 218; LICHTER, Die bulgarische Staatsangehörigkeit, StAZ 1939, 253; KOJUCHAROFF, Das Gesetz v 16. 12. 1940 über die Staatsangehörigkeit, ZOR (NF) 9 (1941/42), 316; BEITZKE, Neues bulgarisches Staatsangehörigkeitsrecht, DRZ 1949, 466; HUBERNAGEL, Das neue bulgarische Staatsangehörigkeitsgesetz v 19. 3. 1948, StAZ 1951, 135; ders, Das Staatsangehörigkeitsrecht von Albanien, Bulgarien und Rumänien (1951, Nachtrag 1956); HUBERNAGEL, Änderungen im Staatsangehörigkeitsrecht Bulgariens, StAZ 1955, 69; Gesetz über die bulgarische Staatsangehörigkeit v 7. 10. 1968 (übersetzt von GEILKE), WGO 1968, 298; WAEHLER, Das bulgarische Staatsbürgerschaftsgesetz v Oktober 1968, StAZ 1969, 21 (mit Übersetzung des Gesetzes 21–24); LUCHTERHANDT, Das Institut der Staatsbürgerschaft in der Staatsbürgerschaft des sozialistischen Rechts, OsteuropaR 1984, 130; TRATNIK, Die Änderung des bulgarischen Staatsangehörigkeitsgesetzes von 1986, Monatshefte f Osteurop Recht 1989, 83 ff; SPASOV, An overview of the new Bulgarian Constitution, Austrian Journal of Public and International Law 1992, 177 ff.

Nach dem StAG Bulgariens v 7. 10. 1968 idF v 19. 5. 1989 wird die StA des Landes kraft Abstammung erworben von jeder Person, deren Eltern oder ein Elternteil bulg Staatsangehöriger ist sowie kraft des Geburtsortes von jeder Person, die in Bulgarien von Eltern ausl StA geboren wird, sofern nicht eine ausl StA kraft Abstammung erlangt wird. Dasselbe gilt für Findelkinder sowie Kinder, die in Bulgarien von staatenlosen Eltern oder Eltern unbekannter StA geboren werden. Eine Einbürgerung setzt grundsätzlich einen Mindestaufenthalt von fünf Jahren auf dem Staatsgebiet Bulgariens voraus. Ohne Mindestaufenthalt ist der Erwerb durch Einbürgerung möglich bei bulg Volkszugehörigen sowie – unter Vorliegen weiterer Bedingungen – wenn die Eltern oder ein Elternteil die bulg StA besaßen oder noch besitzen oder wenn der Betreffende von einem bulg StA adoptiert wird. Erleichterte Einbürgerung ist zudem möglich für Ausländer, Staatenlose u Personen mit unbekannter StA, wenn sie die Ehe mit einem bulg StA eingehen. Ein bulg StA darf eine fremde StA nur dann erwerben, wenn er zuvor aus der bulg StA entlassen wurde.

252 Burkina Faso (früher Obervolta)

Nach dem StAG von Obervolta v 1.12.1961 wird die StA des Landes erworben durch Abstammung vom ehelichen oder festgestellten nichtehelichen Vater, von der ehelichen oder nichtehelichen Mutter, durch Legitimation durch nachfolgende Eheschließung oder Ehelichkeitserklärung, durch Adoption oder Anerkennung der Vaterschaft. Heiratet ein(e) Ausländer(in) eine(n) Staatsangehörige(n) von Burkina Faso, dann erwirbt der (die) Ausländer(in) die StA des Landes kraft Gesetzes. Heiratet eine Staatsangehörige von Burkina Faso einen Ausländer, verliert sie die eigene StA kraft Gesetzes, falls ein Erwerb fremder StA durch die Eheschließung erfolgt. Erwirbt ein volljähriger Staatsangehöriger des Landes auf eigenen Antrag eine fremde StA, ohne im Besitz einer vorgesehenen Genehmigung zur Beibehaltung der StA zu sein, verliert er die von Burkina Faso.

253 Burundi

Schrifttum: Code de la nationalité et mesures d'exécution, Gesetzes-Dekret Nr 1/93 v 10.8.1971, Revue Administrative et Juridique du Burundi 6 (1972) Nr 18–19, 9–18.

Die StA regelt das Gesetz v 10.8.1971. Die StA wird erworben durch Abstammung vom ehelichen Vater oder der ehelichen oder nichtehelichen Mutter, ferner durch Geburt im Staatsgebiet, falls keine andere StA erworben wird, schließlich durch Legitimation durch nachfolgende Eheschließung oder Ehelichkeitserklärung oder durch Anerkennung der Vaterschaft. Heiratet eine Ausländerin einen Staatsangehörigen Burundis, so erwirbt sie die StA des Landes kraft Gesetzes, falls Verlust der Heimat-StA durch Eheschließung eintritt. Heiratet ein Ausländer eine Staatsangehörige Burundis, so hat dies keine Auswirkungen auf seine StA. Heiratet eine Staatsangehörige des Landes einen Ausländer, so bedeutet dies den Verlust ihrer Staatsangehörigkeit kraft Gesetzes, falls ein Erwerb fremder StA durch die Eheschließung erfolgt. Erwirbt ein volljähriger StA Burundis auf eigenen Antrag eine fremde StA, so verliert er die Burundis.

254 Chile

Schrifttum: Bericht über chilenisches Staatsangehörigkeitsrecht, StAZ 1952, 260; SCHMIDT-SCHLEGEL, Das Staatsangehörigkeitsrecht von Brasilien und Chile (1957); HECKER, Neue Staatsangehörigkeitsbestimmungen in Chile, StAZ 1959, 161; ders VRÜ 1970, 104; ders, Verlust der chilenischen Staatsangehörigkeit bei Einbürgerung in der Bundesrepublik, StAZ 1989, 309 f.

Nach der Verfassung von Chile v 11.8.1980 wird die StA des Landes unter bestimmten Voraussetzungen durch Abstammung von einem chilenischen Elternteil oder Geburt im Staatsgebiet erworben. Eheschließungen mit Ausländern haben auf den Erwerb oder den Verlust der chilenischen StA keinen Einfluß. Erwirbt ein volljähriger chilenischer Staatsangehöriger auf eigenen Antrag eine fremde StA, so hat dies nicht zwingend den Verlust der chilenischen StA zur Folge.

China, Republik (Taiwan) 255

Schrifttum: HECKER, Das Recht der Staatsangehörigkeit in China, StAZ 1959, 301.

Die StA regelt das Gesetz v 5. 2. 1929. Sie wird erworben durch Abstammung vom ehelichen Vater oder unter bestimmten Voraussetzungen durch Abstammung von der ehelichen Mutter. Heiratet eine Ausländerin einen Staatsangehörigen der Republik China, dann erwirbt sie das Recht auf Erwerb der StA auf eigenen Antrag. Heiratet ein Ausländer eine Staatsangehörige des Landes, so kann er unter erleichterten Bedingungen die StA erwerben.

China, Volksrepublik 256

Text: StAZ 1981, 30.

Schrifttum: HECKER, Das Recht der Staatsangehörigkeit in China, StAZ 1959, 301; SACHSE, Staatsangehörigkeitsrecht der Volksrepublik China, StAZ 1969, 307; TOMSON, Das Staatsangehörigkeitsrecht der ostasiatischen Staaten (1971); Das Staatsangehörigkeitsgesetz der Volksrepublik China, StAZ 1981, 30; CORINTH, Das neue Ehe- und Kindschaftsrecht sowie das Staatsangehörigkeitsgesetz der Volksrepublik China, (österr) ZRvgl 1981, 1–3; GINSBURGS, The 1980 Nationality law of the People's Republic of China, AmJCompL 30 (1982) 459.

Nach dem StAG der Volksrepublik China aus dem Jahre 1980 wird die StA des Landes erworben durch Abstammung von einem chinesischen Staatsbürger, soweit nicht mit der Geburt eine ausländische Staatsangehörigkeit erworben wird und ein Elternteil oder beide Eltern sich im Ausland niedergelassen haben. Die StA wird ferner durch Geburt im Staatsgebiet erworben, wenn die Eltern sich in China niedergelassen haben und staatenlos sind oder deren StA ungewiß ist. Eine Einbürgerung ist auf Antrag unter bestimmten Voraussetzungen zulässig. Erwirbt ein chinesischer Staatsangehöriger auf eigenen Antrag eine fremde StA, dann verliert er automatisch die chinesische Staatsangehörigkeit.

Costa Rica 257

Schrifttum: FINDORFF, Erwerb und Verlust der Staatsangehörigkeit in Mittelamerika, StAZ 1955, 119; HECKER StAZ 1962, 195; ders, VRÜ 1970, 105.

Das StAG stammt v 22. 4. 1950. Die StA kann erworben werden durch Abstammung vom ehelichen oder festgestellten nichtehelichen Vater oder von der ehelichen oder nichtehelichen Mutter, ferner durch Geburt im Staatsgebiet, durch Legitimation durch nachfolgende Eheschließung oder Ehelichkeitserklärung, durch Adoption und schließlich durch Anerkennung der Vaterschaft. Heiratet eine Ausländerin einen Staatsangehörigen des Landes, so ist für sie der Erwerb der StA Costa Ricas unter erleichterten Bedingungen möglich. Das gleiche gilt, wenn ein Ausländer eine costaricanische Staatsangehörige heiratet. Heiratet eine Staatsangehörige des Landes einen Ausländer, so hat dies keine Auswirkungen auf die StA. Ein volljähriger Staatsangehöriger, der auf eigenen Antrag eine fremde StA erwirbt, verliert die costaricanische StA.

258 Dänemark

Schrifttum: REUTER, Das Recht der Staatsangehörigkeit in Dänemark (1929); ANDERSEN-LARSEN, Das Staatsangehörigkeitsrecht der Königreiche Dänemark und Island (1934) 31; LICHTER, Die dänische Staatsangehörigkeit, StAZ 1936, 51; Neues dänisches Staatsangehörigkeitsrecht, ZJBl 1949, 111; SCHILDKNECHT, Teilweise Beseitigung diskriminierender Bestimmungen im dänischen Staatsangehörigkeitsrecht, DV 1949, 459; HAUSEN, Dänische Staatsangehörigkeitsgesetze von 1926, 1946, 1948, StAZ 1949, 240; MARCUS, Neue Richtlinien für die Einbürgerung in Dänemark, StAZ 1952, 164; BERGMANN/FERID/DOPFFEL, Intern Ehe- u KindschaftsR, Länderabschnitt Dänemark (Stand: 31.12.1986).

Nach dem StAG Dänemarks v 27. 5. 1950 idF v 17. 6. 1991 wird die StA des Landes durch Abstammung vom ehelichen Vater oder der ehelichen Mutter, durch Legitimation durch nachfolgende Eheschließung, des weiteren durch Auffindung und Adoption erworben. Die Eheschließung von Dänen mit Ausländern hat keinerlei Auswirkungen auf deren StA. Der freiwillige Erwerb einer ausl StA führt idR zum Verlust der dän StA.

259 Dominica (Dominicanischer Bund)

Schrifttum: HECKER VRÜ 1970, 396.

260 Dominikanische Republik

Schrifttum: HECKER VRÜ 1970, 106.

Die Dominikanische Republik regelt die StA in ihrer Verfassung v 28. 11. 1966. Die StA wird danach durch Abstammung vom ehelichen Vater oder der ehelichen oder nichtehelichen Mutter sowie durch Geburt im Staatsgebiet erworben. Heiratet eine Ausländerin einen Staatsangehörigen des Landes, so erwirbt sie die StA, falls der Verlust der Heimat-StA durch die Eheschließung eintritt. Keine Auswirkungen auf die StA hat die Eheschließung eines Ausländers mit einer Staatsangehörigen der Dominikanischen Republik. Erwirbt ein volljähriger Staatsangehöriger des Landes auf eigenen Antrag eine fremde StA, dann verliert er die StA seines Landes.

261 Ecuador

Schrifttum: MOOSMAYER, Das Staatsangehörigkeitsrecht von Kolumbien, Ekuador und Venezuela (1960); HECKER VRÜ 1970, 239; BERGMANN/FERID/HECKER, Ehe- u KindschaftsR, Länderteil Ecuador (Stand: 31.3.1992).

In Ecuador regelt die Verfassung v 23. 5. 1977 idF v 24. 8. 1983 die StA. Die Einbürgerung ist geregelt im EinbürgerungsG v 2. 4. 1976. Die ecuad StA erwirbt, wer im Staatsgebiet von Ecuador geboren wird oder wer im Ausland geboren wird, sofern Vater oder Mutter durch Geburt die ecuad StA besitzen und weitere Voraussetzungen erfüllt sind. Einbürgerung durch Adoption ist möglich. Die StA eines Ehepartners ändert sich weder durch Eheschließung noch durch die Auflösung der Ehe. Unter der Voraussetzung der Gegenseitigkeit können eingebürgert werden Spanier u Iberoamerikaner von Geburt, die in Ecuador ihren Wohnsitz nehmen, ohne daß damit der Verlust der bisherigen StA verbunden ist. Wer eine andere StA erwirbt, ohne zu diesem insoweit privilegierten Personenkreis zu zählen, verliert dadurch die ecuad StA. Eine erleichterte Einbürgerung ist möglich für mit Ecuadorianern verheiratete Ausländer.

Elfenbeinküste 262

Schrifttum: Ges Nr 61–415 v 14. 12. 1961, Rev crit dr i p 1963, 174.

Nach dem StAG v 14. 12. 1961 wird die StA unter bestimmten Voraussetzungen durch Abstammung vom ehelichen Vater oder von der ehelichen Mutter oder durch Geburt im Staatsgebiet erworben sowie durch Adoption. Heiratet eine Ausländerin einen Staatsangehörigen des Landes, so erwirbt diese die StA kraft Gesetzes. Keine Auswirkungen auf den Erwerb oder den Verlust der StA hat eine Eheschließung zwischen einem Ausländer und einer Staatsangehörigen der Elfenbeinküste. Erwirbt ein volljähriger Staatsangehöriger des Landes auf eigenen Antrag eine fremde StA, so verliert er die der Elfenbeinküste.

El Salvador 263

Schrifttum: FINDORFF, Erwerb und Verlust der Staatsangehörigkeit in Mittelamerika, StAZ 1955, 119; HECKER StAZ 1962, 108; ders VRÜ 1970, 95; ders, Das Staatsangehörigkeitsrecht von Amerika (1984).

Die StA wird geregelt durch die Verfassung v 25. 12. 1983 und das AusländerG v 20. 2. 1986. Wichtigste Erwerbstatbestände sind die Geburt in El Salvador sowie die Geburt im Ausland, wenn das Kind einen salv Vater oder eine salv Mutter hat. Die salv StA durch Einbürgerung können erwerben Spanier und Hispanoamerikaner von Geburt, die einen einjährigen Aufenthalt im Inland nachweisen; Ausländer jeglicher Abstammung nach fünfjährigem Aufenthalt und mit einem salv StA verheiratete Ausländer bei einem zweijährigen Aufenthalt. Gebürtige Salvadorianer haben das Recht auf eine doppelte oder mehrfache StA.

Estland 264

Schrifttum: MADDINSON, Die estnische Staatsbürgerschaft (Reval 1929); vCSEKEY, Das Staatsangehörigkeitsrecht der Republik Estland, in: LESKE/LOEWENFELD (vgl oben) (1934), 111; MEDER, Das estländische Staatsangehörigkeitsgesetz v 11. 4. 1938, ZOR (N F) 5 (1939) 618; LICHTER, Neues estnisches Staatsangehörigkeitsrecht, StAZ 1939, 352; MEDER, Die Novelle zum estländischen Staatsangehörigkeitsgesetz v 11. 12. 1939, ZOR (N F) 6 (1940), 404; MEDER, Das Staatsangehörigkeitsrecht der UdSSR und der baltischen Staaten, Sammlung geltender Staatsangehörigkeitsgesetze, Bd 3 (1950); LEVITS, Die staatlichen Akte Estlands, Lettlands und Litauens über die Wiederherstellung der Unabhängigkeit, Jahrbuch des baltischen Deutschtums 1991, 158; GINSBURGS, From the 1990 law on the citizenship of the USSR to the citizenship laws of the successor republics, Review of Central and East European Law, 1992, 1 und 1993, 233; KOFMEL, Die neue Verfassung der Republik Estland v 28. 6. 1992, ZaöRV 1993, 135; HECKER, Materialien zur Staatsangehörigkeitsgesetzgebung der Baltenstaaten, StAZ 1993, 226; SCHMIDT, Der Minderheitenschutz in den baltischen Staaten (1993).

Mit Wiedererlangung der Unabhängigkeit hat der Oberste Rat der Republik Estland das Wiederinkrafttreten des StAG v 11. 4. 1938 idF v 16. 6. 1940 zum 26. 2. 1992 beschlossen. Damit werden Personen, die vor 1940 estnische Staatsangehörige waren, sowie deren Nachkommen automatisch als estnische Staatsangehörige betrachtet. Ein Beschluß des Obersten Rates v 26. 2. 1992 erläutert und modifiziert das StAG, wobei am grundsätzlichen Erwerb der StA durch Abstammung festgehalten wird. Die neue estnische Verfassung v 28. 6. 1992 gewährt jedem Kind, von dem ein Elternteil estnischer Staatsangehöriger ist, ein Recht auf die estnische StA kraft Geburt. Die StA des Landes wird ferner durch Geburt im Staatsgebiet erworben, sofern der Vater zur Zeit der Geburt staatenlos war, durch Anerkennung, Legitimation und Adoption. Die Eheschließung einer Ausländerin mit einem estnischen Staatsangehörigen hat nach dem Beschluß v 26. 2. 1992 entgegen dem StAG nicht mehr den Erwerb der estnischen StA zur Folge. Heiratet demnach ein(e) Ausländer(in) eine(n) estnische(n) Staatsangehörige(n), so wird die estnische StA nur über die allgemeinen Einbürgerungsvorschriften erworben. Heiratet ein(e) estnische(r) Staatsangehörige(r) ein(e) Ausländer(in), so berührt dies nicht die estnische StA. Ein estnischer Staatsangehöriger kann nicht gleichzeitig Staatsangehöriger eines anderen Staates sein. Durch Beschluß der Regierung kann aus der estnischen StA ausgeschlossen werden, wer eine fremde StA angenommen hat, ohne aus der estnischen StA entlassen zu sein. Nach dem Beschluß v 26. 2. 1992 gilt dies nicht bei estnischen Staatsangehörigen, die ihre StA durch Geburt erworben haben. Anfang Februar 1995 unterzeichnete der estnische Präsident ein neues Gesetz über die estnische Staatsbürgerschaft, das am 1. 4. 1995 in Kraft treten soll. Danach muß ein Bewerber für die estnische StA vor dem Antrag auf Einbürgerung bereits fünf Jahre im Land gelebt haben und dann eine Sprachprüfung und einen landeskundlichen Test absolvieren.

265 Finnland

Schrifttum: BJÖRKSTEN, Das Staatsangehörigkeitsrecht der Republik Finnland, in: LESKE/LOEWENFELD (vgl oben) (1934) 57; HECKER StAZ 1971, 171, s auch Nordische Staaten.

Nach dem StAG Finnlands v 28. 6. 1968 idF v 10. 8. 1984 wird die StA des Landes erworben, wenn die Mutter finn StA ist, der Vater finn StA u mit der Mutter des Kindes verheiratet ist oder das Kind in Finnland geboren wird u durch die Geburt nicht die StA eines fremden Staates erwirbt. Ein im Inland aufgefundenes Findelkind gilt bis zum Beweis des Gegenteils als finn StA. Erwerb der StA kraft Legitimation und durch Adoption ist möglich. Verloren geht die StA durch den Erwerb einer fremden StA, der auf Antrag oder mit ausdrücklicher Einwilligung eines fremden Staates erfolgt, durch Legitimation eines unverheirateten Kindes unter 18 Jahren, wenn es seinen inländischen Wohnsitz aufgibt, durch Entlassung aus dem finn Staatsverband, wenn der Antragsteller schon eine fremde StA besitzt oder noch erwirbt. Heirat ist weder ein Erwerbs- noch ein Verlustgrund für die finn StA.

266 Frankreich

Schrifttum: SPEIDEL, Das französische Gesetz über die Staatsangehörigkeit v 10. 8. 1927 (1929); LESKE/LOEWENFELD (vgl oben) (1940) 523; DIETZ, Das neue französische Staatsangehörigkeitsgesetz, SJZ 1946, 127; RAAPE, Das französische Staatsangehörigkeitsgesetz v 1945, StAZ 1948, 12, 29; FÜSSLEIN, Das französische Staatsangehörigkeitsrecht (1949) ; MAKAROV, Das französische Staatsangehörigkeitsgesetz v 1945, RabelsZ 15 (1949/50) 328; LICHTER, Der neue französische Staatsangehörigkeits-Code als Vorbild für die Gesetzgebung anderer Staaten, StAZ 1954, 121; DISCHLER, Neues französisches Staatsangehörigkeitsrecht, StAZ 1957, 19 (mit Texten in deutscher Übersetzung); ders, Änderung des Kodex über die französische Staatsangehörigkeit auf Grund des Saarvertrages, StAZ 1957, 163; MARQUARDT, Staatsangehörigkeit minderjähriger ehelicher, unehelicher, legitimierter und an Kindes Statt angenommener Kinder nach französischem Recht, StAZ 1959, 247; Auswirkungen des dritten Gesetzes zur Regelung von Fragen der Staatsangehörigkeit v 19. 8. 1957 (BGBl I 1251) auf die Staatsangehörigkeit der französischen Frau, StAZ 1960, 185; LOISEL, La nationalité française et sa preuve (4. Aufl 1964); LAGARDE, De quelques conséquences de la décolonisation sur le droit français de la nationalité, in: FS Savatier (1965), 511; ders, La disparition de la faculté pour les Algériens de statut musulman de se faire reconnaître la nationalité française, Rev crit dr i p 1967, 55; HECKER/TOMSON, Das Staatsangehörigkeitsrecht Frankreichs einschließlich der Überseegebiete und ehemaligen Kolonien (1968); TOMSON, Das Staatsangehörigkeitsrecht Frankreichs (1974); PLENDER, The New French Nationality Law, IntCompLQ 23 (1974) 709; LAGARDE, La nationalité française (Paris 1975); BATIFFOL, Evolution du droit de la perte de la nationalité française, in: FS Ancel (1975) I 243 = BATIFFOL, Choix d'articles (Paris 1976), 157; Lagarde, Das französische Staatsangehörigkeitsrecht und die Eingliederung der Ausländer, StAZ 1995, 65.

Das franz StAG v 19. 10. 1945 idF v 22. 7. 1993 bestimmt, daß die StA des Landes durch Abstammung von einem ehelichen oder nichtehelichen Elternteil erworben wird. Durch Geburt in Frankreich erwerben Kinder ausl Eltern, von denen mindestens ein Elternteil ebenfalls in Frankreich geboren ist, die franz StA, daneben auch die Kinder Staatenloser und Findelkinder. Die Eheschließung mit einem franz Staatsangehörigen wirkt sich auf die StA des ausl Ehegatten abgesehen von Einbürgerungserleichterungen nicht aus. Mit dem freiwilligen Erwerb einer ausl StA geht der Verlust der franz StA nur in gesetzlich ausdrücklich geregelten Fällen einher. Die Änderungen im G v 22. 7. 1993 betreffen in erster Linie Einschränkungen bei der Einbürgerung von Ausländern etwa wegen rechtskräftiger Verurteilung in Frankreich sowie das Verfahren u den Rechtsweg betreffende Modifikationen.

Gabun

Schrifttum: HELD, Staatsangehörigkeits- und Namensrecht von Gabun, StAZ 1977, 88.

Das StAG stammt v 2. 3. 1962. Die StA wird erworben durch Abstammung vom ehelichen oder vom festgestellten nichtehelichen Vater oder von der ehelichen oder nichtehelichen Mutter, ferner durch Adoption und Anerkennung der Vaterschaft. Heiratet eine Ausländerin einen Staatsangehörigen Gabuns, tritt ein Erwerb der StA des Landes kraft Gesetzes ein. Eine Ausschlagung ist aber möglich. Heiratet ein Ausländer eine Staatsangehörige Gabuns, ist ein Erwerb der StA unter erleichterten Bedingungen möglich. Heiratet eine Staatsangehörige Gabuns einen Ausländer, hat dies keine Auswirkungen auf die StA.

Gambia

Die StA wird geregelt in der Verfassung v 24. 4. 1970 und im Gesetz v 11. 1. 1965, in Kraft getreten am 18. 2. 1965. Sie wird erworben durch Abstammung vom ehelichen

Vater oder unter bestimmten Voraussetzungen durch Geburt im Staatsgebiet. Heiratet eine Ausländerin einen Staatsangehörigen Gambias, erwirbt sie die StA kraft Gesetzes. Keine Auswirkungen auf seine StA hat es, wenn ein Ausländer eine Staatsangehörige des Landes heiratet. Das gleiche gilt, wenn eine Staatsangehörige des Landes einen Ausländer heiratet, für ihre StA. Erwirbt ein volljähriger Staatsangehöriger des Landes auf eigenen Antrag eine fremde StA, ohne im Besitz einer vorgesehenen Genehmigung zur Beibehaltung der StA zu sein, verliert er die StA Gambias.

269 Georgien

Geregelt ist die StA im StAG v 22. 4. 1993. Georg Staatsangehöriger ist danach eine Person mit einem dauernden Aufenthalt in Georgien von nicht weniger als fünf Jahren, die auch am Tag des Inkrafttretens des StAG dort noch wohnhaft war und den Erwerb der StA nicht innerhalb der folgenden drei Monate abgelehnt hat. Unabhängig vom Geburtsort erwirbt ein Kind die georg StA, wenn beide Elternteile zum Zeitpunkt der Geburt georg Staatsangehörige sind. Ist nur ein Elternteil georg Staatsangehöriger, der zweite im Besitz einer ausl StA, erwirbt das Kind nur dann die georg StA, wenn es in Georgien geboren wird oder – bei Geburt im Ausland – wenn ein Elternteil auf dem Staatsgebiet von Georgien dauernd wohnhaft ist. Sind im letzten Fall beide Elternteile im Ausland wohnhaft, können sie sich gemeinsam für die georg StA des Kindes entscheiden. Die Heirat eines georg Staatsangehörigen mit einem ausl StA hat ebensowenig wie die Scheidung unmittelbare Auswirkungen auf die StA der Ehepartner. Auch berührt die Scheidung der Eltern nicht die StA der Kinder.

270 Ghana

Die StA Ghanas wird geregelt durch das Gesetz v 3. 7. 1971. Sie wird erworben durch Abstammung vom ehelichen oder festgestellten nichtehelichen Vater oder durch Abstammung von der ehelichen oder nichtehelichen Mutter, ferner durch Anerkennung der Vaterschaft. Heiratet eine Ausländerin einen Staatsangehörigen des Landes, ist der Erwerb der StA Ghanas unter erleichterten Bedingungen möglich. Heiraten ein Ausländer und eine Staatsangehörige Ghanas, hat dies keine Auswirkungen auf die StA. Erwirbt ein volljähriger Staatsangehöriger des Landes auf eigenen Antrag eine fremde StA, so verliert er die StA Ghanas.

271 Grenada

Schrifttum: HECKER VRÜ 1970, 397; ders, Das Staatsangehörigkeitsrecht von Amerika (1984); BRANDHUBER/ZEYRINGER, Standesamt für Ausländer, Länderteil Grenada.

272 Griechenland

Schrifttum: DIOBOUNIOTIS, Das Staatsangehörigkeitsrecht der Republik Griechenland, in: LESKE/LOEWENFELD (vgl oben) (1934) 393; BENDERMACHER-GEROUSSIS/HECKER, Das Staatsangehörigkeitsrecht von Griechenland (1956).

Das StAG stammt v 29. 9. 1955 idF der letzten Änderung v 8. 5. 1984. Das Kind einer

Griechin oder eines Griechen erlangt mit der Geburt die griech StA. Gleiches gilt für denjenigen, der auf griech Staatsgebiet geboren wird, sofern er nicht durch Geburt eine fremde StA erlangt oder wenn er unbekannter StA ist. Ein Ausländer, der nichtehelich geboren wurde und rechtmäßig als Kind eines Griechen oder einer Griechin anerkannt worden ist, erhält die griech StA mit der Anerkennung, wenn er zu diesem Zeitpunkt sein 18. Lebensjahr noch nicht vollendet hatte. Das Eingehen der Ehe mit einem ausl StA führt weder zur Begründung noch zur Aufhebung der griech StA. Personen griech Volkstums mit Wohnsitz im Ausland erwerben durch Anerkennung die StA. Einbürgerung ist grundsätzlich möglich nach einem Aufenthalt von mindestens acht Jahren in Griechenland. Verlust der StA tritt ein, wenn mit Erlaubnis eine ausl StA willentlich erworben wird und bei Mehrstaatern, sofern der Antrag auf Ablegung der griech StA angenommen wird. Außerdem kennt das griech Recht noch den Verlust der StA wegen Verlassens des griech Hoheitsgebietes bei mangelndem Rückkehrwillen für griech StA fremden Volkstums sowie die Aberkennung der StA.

Großbritannien

Schrifttum: LICHTER, Die britische Staatsangehörigkeit, StAZ 1936, 425; SCHWARZ, Das Staatsangehörigkeitsrecht von Großbritannien, in: LESKE/LOEWENFELD (vgl oben) (1940) 593; SCHWENN, Die Fälle der deutsch-englischen Doppelstaater, HansRGZ 1941, 81; RIDDE, Das neue britische Staatsangehörigkeitsgesetz, DV 1949, 37; WENGLER, Das neue britische Staatsangehörigkeitsrecht, AÖR 75 (1949) 26; MOSHEIM, Das neue britische Staatsangehörigkeitsrecht, NJW 1949, 657; WENGLER, Das neue britische Staatsangehörigkeitsgesetz von 1945, DRZ 1949, 466; GRAUPNER, Die Neuregelung der britischen Staatsangehörigkeit, ArchVölkR 2 (1949/50) 193; LÖHNING, Das britische Staatsangehörigkeitsgesetz von 1948, RabelsZ 15 (1949/50) 420; HAMPE, Das Staatsangehörigkeitsrecht von Großbritannien (1951); DOERNER, Ehenichtigkeit und Staatsangehörigkeit im englischen Recht, StAZ 1960, 281; KRAKAU, Gutachten zu einigen Fragen des polnischen und englischen Staatsangehörigkeitsrechtes, StAZ 1962, 340; GIESE, Staatsangehörigkeitsrechtliche Bestimmungen in völkerrechtlichen Vereinbarungen Großbritanniens (1976); ders, Das Staatsangehörigkeitsrecht von Großbritannien (1978); vMANGOLDT, Großbritannien: Neuregelung des Staatsangehörigkeitsrechts des Vereinigten Königreichs (British Nationality Act 1981), StAZ 1983, 220 (Text 222–231).

Der British Nationality Act von 1981 reformierte das in Gesetzen von 1948, 1958, 1964 und 1965 geregelte britische Staatsangehörigkeitsrecht. Eines der Hauptanliegen des Staatsangehörigkeitsgesetzes von 1981 ist die Ersetzung der alten einheitlichen Staatsbürgerschaft des Vereinigten Königreiches und der Kolonien durch drei neue und voneinander zu unterscheidende: die britische Staatsbürgerschaft (Teil I BNA 1981), die British Dependent Citizenship (Teil II BNA) und die British Overseas Citizenship (Teil III BNA). Die britische Staatsbürgerschaft (entsprechendes gilt gemäß Art 15, 16 für die British Dependent Citizenship) wird unter bestimmten Voraussetzungen durch Abstammung vom ehelichen Vater oder der ehelichen oder nichtehelichen Mutter erworben, ferner durch Geburt im Staatsgebiet, wenn zum Geburtszeitpunkt Vater oder Mutter britischer Staatsbürger oder im Vereinigten Königreich niedergelassen ist, schließlich unter bestimmten Voraussetzungen durch nachfolgende Eheschließung oder Adoption. Heiratet eine Ausländerin einen britischen Staatsangehörigen, ist der Erwerb der britischen StA auf Antrag unter erleichterten Bedingungen möglich. Keine Auswirkungen auf die StA hat eine Eheschließung eines Ausländers mit einer britischen Staatsangehörigen.

274 Guatemala

Schrifttum: FINDORFF, Erwerb und Verlust der Staatsangehörigkeit in Mittelamerika, StAZ 1955, 119; HECKER, Übersicht zum Staatsangehörigkeitsrecht Guatemalas, StAZ 1961, 143; RIECK StAZ 1974, 212.

Die StA wird geregelt durch die Verfassung v 31.5.1985 und das Gesetz v 22.9.1966. Sie wird erworben durch Geburt im Staatsgebiet sowie durch Geburt im Ausland als Kind eines guatemaltekischen Vaters oder einer guatemaltekischen Mutter. Heiratet ein(e) Ausländer(in) eine(n) Staatsangehörige(n) Guatemalas, so entsteht ein Recht auf Erwerb der StA auf Antrag. Heiratet eine Staatsangehörige des Landes einen Ausländer, erfolgt der Verlust der StA kraft Gesetzes, falls Erwerb fremder StA durch die Eheschließung erfolgt. Ein volljähriger Staatsangehöriger verliert die StA, wenn er auf eigenen Antrag eine fremde StA erwirbt.

275 Guinea-Bissau

Schrifttum: StAZ 1982, 116.

Nach dem StAG v 1976 wird die StA von Guinea-Bissau durch Abstammung vom ehelichen Vater oder der ehelichen Mutter und unter bestimmten Voraussetzungen durch Geburt im Staatsgebiet erworben. Heiratet ein(e) Ausländer(in) eine(n) Staatsangehörige(n) des Landes, so ist der Erwerb der StA von Guinea-Bissau unter erleichterten Bedingungen möglich. Heiratet eine Staatsangehörige einen Ausländer, verliert diese die StA, falls Erwerb fremder StA durch die Eheschließung erfolgt. Erwirbt ein volljähriger Staatsangehöriger des Landes auf eigenen Antrag eine fremde StA, dann verliert er die von Guinea-Bissau.

276 Guyana

Schrifttum: HECKER StAZ 1968, 25 f.

277 Haiti

Schrifttum: HECKER VRÜ 1970, 240.

Die StA Haitis regelt die Verfassung v 10.3.1987 und das Gesetz v 27.2.1974. Kraft Geburt besitzt die hait StA jede von einem hait Vater oder einer hait Mutter geborene Person, sofern Vater oder Mutter selbst Haitianer von Geburt sind; bei Geburt durch eine hait Mutter ist weitere Voraussetzung, daß die Vaterschaft nicht festgestellt ist. Hait StA aufgrund Geburt besitzen zudem alle Personen, die in Haiti von einem ausl Vater abstammen, welcher der afrikanischen Rasse angehört. Das gleiche gilt – wenn die Vaterschaft nicht anerkannt ist – bei Geburt von einer ausl Mutter. Die hait StA, die einen Ausländer heiratet, behält ihre StA. Verloren geht die StA durch Einbürgerung in einem ausl Staat.

Honduras

Schrifttum: FINDORFF, Erwerb und Verlust der Staatsangehörigkeit in Mittelamerika, StAZ 1955, 120; HECKER StAZ 1962, 20; ders VRÜ 1970, 245; ders, Das Staatsangehörigkeitsrecht von Amerika (1984).

Die StA von Honduras wird geregelt in der Verfassung v 11. 1. 1982. Honduraner durch Geburt sind grundsätzlich die im Staatsgebiet geborenen Personen, im Ausland geborene Kinder eines Vaters oder einer Mutter, die Honduraner durch Geburt sind. Honduraner durch Einbürgerung können Ausländer werden, die mindestens drei Jahre ununterbrochen im Inland gewohnt haben; privilegiert werden insoweit gebürtige Zentralamerikaner sowie gebürtige Spanier u Ibero-Amerikaner. Weder Ehe noch Scheidung berühren die StA der Ehegatten oder ihrer Kinder. Verloren wird die StA durch Einbürgerung im Ausland und durch Widerruf der Einbürgerungsurkunde.

Hong Kong

Schrifttum: WSC, Hong Kong and the Law of British Nationality, HKLJ 13 (1983) 1; ZIMMERMANN, Staatsangehörigkeitsrechtliche Probleme des Souveränitätsübergangs in Hongkong u Macao, StAZ 1991, 93 ff.

Es gilt britisches Staatsangehörigkeitsrecht.

Indien

Schrifttum: FINDORFF, Indisches Staatsangehörigkeitsrecht, StAZ 1955, 18; MAKAROV, Das indische Staatsangehörigkeitsgesetz v 30. 12. 1955, ZaöRV 17 (1956/57) 631 (Vorbem 631–633, Gesetzestext 634–642); HECKER, Das Staatsangehörigkeitsrecht von Indien, Pakistan, Nepal (1965).

Das StAG Indiens stammt v 30. 12. 1955 idF der letzten Änderung v 28. 11. 1986. Die StA des Landes wird erworben durch Abstammung vom ehelichen Vater oder durch Geburt im Staatsgebiet. Heiratet ein(e) Ausländer(in) eine(n) indische(n) Staatsangehörige(n), erhält er (sie) ein Recht auf Erwerb der indischen StA auf Antrag. Heiratet eine indische Staatsangehörige einen Ausländer, verliert sie die StA, falls ein Erwerb einer fremden StA durch die Eheschließung erfolgt. Erwirbt ein volljähriger Staatsangehöriger des Landes eine fremde StA, dann verliert er die StA Indiens.

Indonesien

Schrifttum: HECKER, Das Staatsangehörigkeitsrecht von Brunei, Indonesien, Malaysia, Singapur und den Philippinen (1978).

Nach dem StAG Indonesiens v 29. 7. 1958 wird die StA erworben durch Abstammung vom ehelichen Vater oder der nichtehelichen Mutter, durch Geburt im Staatsgebiet, falls keine andere StA erworben wird, durch Legitimation durch nachfolgende Eheschließung und durch Adoption oder Anerkennung der Vaterschaft. Heiratet eine Ausländerin einen Staatsangehörigen des Landes, erwirbt sie kraft

Gesetzes die indonesische StA, falls Verlust der Heimat-StA durch Eheschließung eintritt. Heiratet ein Ausländer eine Staatsangehörige des Landes, erlangt er das Recht auf Erwerb der StA auf eigenen Antrag. Heiratet eine Staatsangehörige einen Ausländer, verliert sie die indonesische StA, falls Erwerb fremder StA durch die Eheschließung erfolgt. Erwirbt ein volljähriger Staatsangehöriger des Landes auf eigenen Antrag eine fremde StA, so verliert er die indonesische StA nur, wenn der Erwerb fremder StA im Ausland erfolgt oder wenn der Erwerb fremder StA von der eigenen Regierung genehmigt wird.

282 Irak

Schrifttum: HECKER, Änderungen im irakischen Staatsangehörigkeitsrecht, StAZ 1961, 294; ders, Weitere Änderungen im irakischen Staatsangehörigkeitsrecht, StAZ 1964, 258; ders, Neues irakisches Staatsangehörigkeitsgesetz, StAZ 1972, 19; s auch Arabische Staaten.

Die StA wird geregelt durch die Gesetze von 1963/1964/1968/1970/1972. Sie wird durch Abstammung vom irakischen Vater, unter bestimmten Voraussetzungen durch Abstammung von der irakischen Mutter sowie durch Anerkennung der Vaterschaft erworben. Heiratet eine Ausländerin einen irakischen Staatsangehörigen, so erlangt sie ein Recht auf Erwerb der StA auf Antrag. Keine Auswirkungen auf den Erwerb der irakischen StA durch einen Ausländer hat dessen Eheschließung mit einer Staatsangehörigen des Irak. Heiratet eine irakische Staatsangehörige einen Ausländer, verliert sie ihre StA, falls Erwerb fremder StA durch die Eheschließung erfolgt. Erwirbt ein volljähriger Staatsangehöriger des Landes eine fremde StA auf eigenen Antrag, ohne im Besitz einer Genehmigung zur Beibehaltung der StA zu sein, verliert er die StA des Irak nur, wenn ein Erwerb einer fremden StA im Ausland erfolgt.

283 Iran

Schrifttum: Iranisches Ehe-, Kindschafts- und Staatsangehörigkeitsgesetz, Erl des Senators für Inneres Bremen v 3. 8. 1965, StAZ 1966, 72; LÖSCHNER, Der Erwerb der iranischen Staatsangehörigkeit, ZvglRW 72 (1971) 78.

Nach dem Zivilgesetzbuch des Iran v 16. 2. 1935 idF v 27. 2. 1983 wird die StA erworben durch Abstammung vom ehelichen Vater, von der nichtehelichen Mutter oder durch Anerkennung der Vaterschaft. Heiratet eine Ausländerin einen Staatsangehörigen des Landes, erwirbt sie kraft Gesetzes die StA des Iran. Heiratet ein Ausländer eine Staatsangehörige des Landes, ist ein Erwerb der StA unter erleichterten Bedingungen möglich. Heiratet eine Staatsangehörige des Landes einen Ausländer, so tritt der Verlust der StA kraft Gesetzes ein, falls Erwerb fremder StA durch Eheschließung erfolgt. Erwirbt ein volljähriger Staatsangehöriger auf eigenen Antrag eine fremde StA, so verliert er die StA nur, wenn Erwerb fremder StA von der eigenen Regierung genehmigt wird.

Zu beachten ist im Verhältnis zur BR Deutschland das Niederlassungsabkommen zwischen dem Deutschen Reich und dem Kaiserreich Persien v 17. 2. 1929 (RGBl 1930 II 1006; BGBl 1955 II 829).

Irland 284

Schrifttum: RYNNE, Das Staatsangehörigkeitsrecht von Irland, in: LESKE/LOEWENFELD (vgl oben) (1940) 665; HAMPE, Das Staatsangehörigkeitsrecht von Spanien, Portugal und Irland (1954, Ergänzungsband 1960); SPEER, The Irish Nationality Laws, 16 (1967) Int Comp L Q 223–227; BERGMANN/FERID/COESTER-WALTJEN, Intern Ehe- u KindschaftsR, Länderteil Irland (Stand: 31. 3. 1992).

Nach dem StAG von Irland v 17. 7. 1956 idF v 1. 7. 1987 wird die StA erworben vom ehelichen Vater oder von der ehelichen oder nichtehelichen Mutter, ferner durch Geburt im Staatsgebiet, durch Adoption oder durch Ehelichkeitserklärung. Heiratet eine Ausländerin einen Staatsangehörigen Irlands, so erlangt sie ein Recht auf Erwerb der StA auf eigenen Antrag. Keine Auswirkungen auf die StA hat eine Eheschließung eines Ausländers mit einer Staatsangehörigen Irlands. Erwirbt ein Staatsangehöriger des Landes auf eigenen Antrag eine fremde StA, so tritt kein automatischer Verlust der irischen StA ein.

Island 285

Schrifttum: HOFFMANN, Neues Staatsangehörigkeitsrecht in Island, StAZ 1954, 66; s auch Nordische Staaten.

Nach dem StAG v 23. 12. 1952 wird die StA erworben durch Abstammung vom ehelichen Vater oder der nichtehelichen Mutter, unter bestimmten Voraussetzungen auch durch Abstammung von der ehelichen Mutter, ferner durch Legitimation durch nachfolgende Eheschließung. Heiratet ein(e) Ausländer(in) eine(n) Staatsangehörige(n) Islands, so ist ein Erwerb der StA unter erleichterten Bedingungen möglich. Heiratet eine Staatsangehörige Islands einen Ausländer, hat dies keine Auswirkungen auf ihre StA. Erwirbt ein volljähriger Staatsangehöriger des Landes auf eigenen Antrag eine fremde StA, so verliert er die StA Islands.

Israel 286

Schrifttum: PAGENER, Das Staatsangehörigkeitsrecht des Staates Israel und des ehemaligen Mandatsgebietes Palästina (1954); SEELER, Die Staatsangehörigkeit der aus Israel wieder ausgewanderten israelischen Staatsangehörigen, StAZ 1956, 69; GOULDMAN, Recent Changes in Israel's Nationality Law 4 (1969), Isr L Rev 551–558; GERA-GRÜNBAUM/ZWERGBAUM, Das Staatsangehörigkeitsrecht von Israel (2. Aufl 1974); KRAINES, The Impossible Dilemma: Who is a Jew in the State of Israel (1976).

Nach dem StAG von Israel v 8. 4. 1952 wird die StA erworben durch Abstammung vom ehelichen oder vom festgestellten nichtehelichen Vater oder von der ehelichen oder nichtehelichen Mutter, ferner unter bestimmten Voraussetzungen durch Geburt im Staatsgebiet, falls keine andere StA erworben wird oder durch Anerkennung der Vaterschaft. Heiratet ein(e) Ausländer(in) eine(n) Staatsangehörige(n) Israels, so ist ein Erwerb der StA Israels unter erleichterten Bedingungen möglich. Heiratet eine Staatsangehörige des Landes einen Ausländer, hat dies keine Auswirkungen auf ihre StA. Erwirbt ein volljähriger Staatsangehöriger Israels auf eigenen Antrag eine fremde StA, dann tritt kein automatischer Verlust der StA Israels ein.

287 Italien

Schrifttum: TAMBARO, Das Staatsangehörigkeitsrecht des Königreichs Italien und seiner Kolonien, in: LESKE/LOEWENFELD (vgl oben) (1934) 465; BEITZKE, Südtiroler Optanten-Fälle, WBVR III 1962, 415; DOERNER/HECKER, Das Staatsangehörigkeitsrecht Italiens (1967); DURANTE, Adozione speciale e cittadinanza, Riv dir int 1968, 501; JAYME, Neues italienisches Staatsangehörigkeitsgesetz, IPRax 1983, 253; FORTONATO-GIARDINA, Le nuove disposizioni in materia di cittadinanza, GiurJt 1983 IV, 324 ; JAYME, Staatsangehörigkeit und Name in der deutsch-italienischen Familie, StAZ 1984, 59; LETTIERI, Die beabsichtigte italienische IPR-Reform unter besonderer Berücksichtigung des Staatsangehörigkeitsprinzips, in: JAYME/MANSEL, Nation u Staat im IPR (1990) 203 ff; MANSEL, Neues ital Staatsrecht u dt-ital Doppelstaater-Konstellationen, StAZ 1990, 29 ff; RIECK, Italien: Neues StA-Recht, StAZ 1992, 188; ALBERTI, Neue Vorschriften über die ital StA, ZZiv 1992, 173; CUBEDDU, Das neue ital Staatsangehörigkeitsgesetz, IPRax 1993, 51 ff.

In Italien ist am 27. 4. 1983 ein neues Staatsangehörigkeitsgesetz in Kraft getreten. Die Neuordnung des italienischen Staatsangehörigkeitsrechts wurde notwendig, nachdem der italienische Verfassungsgerichtshof einige Bestimmungen des alten Staatsangehörigkeitsgesetzes v 13. 6. 1912 für verfassungswidrig erklärt hatte, da sie mit dem Gleichberechtigungsgrundsatz nicht vereinbar waren. Das alte Gesetz vom 13. 6. 1912 nebst Ergänzungsgesetzen gilt jedoch, soweit es mit dem neuen Recht noch vereinbar ist, weiter. Zu beachten sind außerdem Art 143 ter Codice civile, das Adoptionsgesetz v 4. 5. 1983 sowie die Regeln, die die Rechtsprechung aufgestellt hat. Die Neufassung des StAG v 5. 2. 1992 hat zur Rechtsvereinheitlichung und -vereinfachung beigetragen, jedoch keine bedeutenden inhaltlichen Änderungen mit sich gebracht.

Vater und Mutter vermitteln in gleicher Weise die italienische Staatsangehörigkeit und zwar für eheliche wie für nichteheliche Kinder. Auch das Adoptivkind eines italienischen Vaters oder einer italienischen Mutter ist italienischer Staatsbürger. Die italienische StA wird ferner erworben durch Geburt im Staatsgebiet, falls keine andere StA erworben wird. Der ausländische und staatenlose Ehegatte eines italienischen Staatsangehörigen erwirbt die italienische Staatsangehörigkeit durch Einbürgerung in der Form eines Dekrets; hierauf besteht ein Anspruch, wenn er seit mindestens sechs Monaten auf dem Staatsgebiet der Republik seinen Wohnort hat oder nach drei Jahren seit dem Zeitpunkt der Eheschließung, wenn die Ehe noch besteht. Das neue G v 5. 2. 1992 sieht die Beibehaltung der ital StA vor, wenn ein Staatsangehöriger eine andere StA besitzt oder erwirbt.

288 Jamaika

Schrifttum: HECKER StAZ 1968, 26.

Nach dem StAG von Jamaika v 19. 12. 1962 wird die StA des Landes erworben durch Geburt im Staatsgebiet, durch Legitimation durch nachfolgende Eheschließung oder Ehelichkeitserklärung und Anerkennung der Vaterschaft sowie durch Adoption. Heiratet ein(e) Ausländer(in) eine(n) Staatsangehörige(n) Jamaikas, so ist der Erwerb der StA des Landes unter erleichterten Bedingungen möglich. Keine Auswirkungen auf die StA einer Staatsangehörigen hat deren Eheschließung mit einem Ausländer.

Japan

Schrifttum: SCHNEIDER, Das neue japanische Staatsangehörigkeitsgesetz, StAZ 1951, 282 ; HECKER, Übersicht zum Staatsangehörigkeitsrecht Japans, StAZ 1966, 324; TOMSON, Das Staatsangehörigkeitsrecht der ostasiatischen Staaten (1971); YAMAUCHI, Der Zwischenentwurf zur Änderung des japanischen Staatsangehörigkeitsgesetzes (1983) 17; SAKURODA, Zum Staatsangehörigkeitsprinzip im japanischen IPR (1980); YAMAUCHI, Zur Änderung des japan Staatsangehörigkeits- u Personenstandsgesetzes, IPRax 1985, 59; KONO, Staatsangehörigkeitsprinzip u Reform des japanischen IPR, in: JAYME/MANSEL, Nation u Staat im IPR (1990) 259 ff.

Nach dem StAG Japans v 4. 5. 1950 idF v 25. 5. 1984 (einschließlich Zusatzbestimmungen) wird die japanische StA erworben durch Geburt, wenn der Vater oder die Mutter die japan StA besitzen, wenn das Kind in Japan geboren ist und wenn beide Eltern unbekannt oder verstorben sind. Heiratet ein(e) Ausländer(in) eine(n) Staatsangehörige(n) des Landes, so ist der Erwerb der japanischen StA unter erleichterten Bedingungen möglich. Heiratet eine Staatsangehörige Japans einen Ausländer, dann hat dies keine Auswirkungen auf die StA. Erwirbt ein volljähriger Staatsangehöriger Japans auf eigenen Antrag eine fremde StA, dann verliert er die Japans. Verzicht auf die japan StA ist bei doppelter StA möglich.

Jemen, Republik

Schrifttum: SOBHI-WIEDENSOHLER, Das Staatsangehörigkeitsrecht der Arabischen Republik Jemen, StAZ 1977, 171; KRÜGER/KÜPPERS, Das Internationale Privat- u Verfahrensrecht der Arabischen Republik Jemen, IPRax 1987, 42; ELWAN, Einflüsse des Islam u d Begriff d arabischen Nation, in JAYME/MANSEL, Nation u Staat im IPR (1990) 291 (295); BRANDHUBER/ZEYRINGER, Standesamt für Ausländer, Länderteil Jemen (Stand: Juni 1994).

Am 22. 5. 1990 vereinigten sich die Jemenitische Arabische Republik und die Demokratische Volksrepublik zur Republik Jemen. Das StAG , G Nr 6, stammt vom 31. 8. 1990. Vorrangiger Erwerbsgrund ist die Abstammung bei ehelicher Geburt von einem jemenit Vater oder – bei unbekanntem oder staatenlosem Vater oder nicht feststehender Vaterschaft – durch Abstammung von einer jemenit Mutter. Geburt im Jemen führt nur dann zur jemenit StA, wenn die Eltern unbekannt sind oder wenn es sich um ein Findelkind handelt bis zum Beweis des Gegenteils. Einbürgerung ist möglich. Erleichterungen bestehen insbesondere für Kinder jemenit Frauen mit Aufenthalt im Jemen, für im Jemen geborene Ausländer sowie für Abkömmlinge und Ehefrauen von jemenit StA. Bei Genehmigung durch die jemenit Behörden führt der Erwerb einer ausl StA zum Verlust der jemenit StA.

Jordanien

Schrifttum: RIECK, Staatsangehörigkeitsrecht des Haschemitischen Königreichs Jordaniens, StAZ 1975, 100; ELWAN, Einflüsse des Islam u d Begriff der arabischen Nation, in: JAYME/MANSEL, Nation u Staat im IPR (1990) 291 (295).

Das StAG Jordaniens stammt v 16. 2. 1954. Es wurde zuletzt im Jahre 1987 ergänzt. Die StA Jordaniens wird erworben durch Abstammung vom ehelichen Vater oder der nichtehelichen Mutter. Heiratet eine Ausländerin einen Staatsangehörigen des

Landes, dann kann sie privilegiert die jordan StA erwerben. Heiratet ein Ausländer eine Staatsangehörige Jordaniens, dann hat dies keine Auswirkungen auf die StA des Ausländers. Hat die jordan Staatsangehörige die StA ihres ausl Ehemannes erworben, behält sie ihre jordan StA, es sei denn, sie beantragt ihre Entlassung aus der jordan StA. Verlust der StA ist möglich durch Verzicht, um die StA eines anderen Staates zu erwerben, und durch Aufgabe, um die StA eines arabischen Staates zu erwerben.

292 Jugoslawien, Föderative Republik (Serbien u Montenegro)

Schrifttum: SAGADIN, Das Staatsangehörigkeitsrecht des Königreichs Jugoslawiens, in: LESKE/LOEWENFELD (vgl oben) (1934) 374 Jugoslawisches Staatsangehörigkeitsrecht, StAZ 1950, 212; HÜBMANN, Zur jugoslawischen Staatsangehörigkeit, NJW 1952, 173; HECKER, Staatsangehörigkeitsabkommen UdSSR – Jugoslawien, StAZ 1956, 203 (deutsche Übersetzung des Abkommens: StAZ 1956, 275); SEELER, Das Staatsangehörigkeitsrecht von Jugoslawien (1956); LIPOWSCHEK, Jugoslawien, Änderungen im Staatsangehörigkeitsrecht, WGO 7 (1965) 87 mit Text des Staatsangehörigkeitsgesetzes v 15. 9. 1964 ebenda 92–98, Text dieses Gesetzes auch StAZ 1965, 168–170 (als Datum hier 17. 9. 1964 genannt); SACHSE, Jugoslawisches Staatsangehörigkeitsrecht, StAZ 1967, 111; SCHWEISSGUTH, Gesetz über die Staatsangehörigkeit der Sozialistischen Föderativen Republik Jugoslawien, JbOstR 1976 (2. Heft) 223; ZUPANCIC, Zum Erwerb d jugoslawischen Staatsangehörigkeit durch im Ausland geborene Kinder, wenn nur ein Elternteil Jugoslawe ist, IPRax 1990, 342 ff; HECKER, Jugoslawien und Nachfolgestaaten: Das Staatsangehörigkeitsrecht im Gebiete Jugoslawiens einst und jetzt, StAZ 1994, 90.

Nach dem jugoslawischen StAG v 24. 12. 1976 erwirbt die StA Jugoslawiens ein Kind, dessen beide Elternteile jugoslawische Staatsangehörige sind, ein in Jugoslawien geborenes Kind, wenn ein Elternteil jugoslawischer Staatsangehöriger ist oder beide Elternteile unbekannt oder unbekannter StA oder staatenlos sind, ein im Ausland geborenes Kind, wenn ein Elternteil jugoslawischer StA ist, der andere staatenlos, ein im Ausland geborenes Kind eines jugoslawischen Elternteils, wenn es bis zum 18. Lebensjahr auf Antrag als jugoslawischer Staatsangehöriger registriert wird oder sich ständig in Jugoslawien niederläßt oder (sonst) staatenlos bliebe, schließlich auch durch Adoption. Heiratet ein(e) Ausländer(in) eine(n) Staatsangehörige(n) des Landes, dann ist der Erwerb der jugoslawischen StA unter erleichterten Bedingungen möglich. Keine Auswirkungen auf ihre StA hat es, wenn eine Staatsangehörige Jugoslawiens einen Ausländer heiratet. Erwirbt ein volljähriger Staatsangehöriger des Landes auf eigenen Antrag eine fremde StA, dann erfolgt kein automatischer Verlust der jugoslawischen StA.

Das Auswärtige Amt hat durch Schreiben v 19. 4. 1994 bekanntgemacht, daß der Eintrag „Jugoslawien" im Verzeichnis der Staatennamen und im Länderverzeichnis für den amtlichen Gebrauch in der BR Deutschland um folgende präzisierende Erläuterung zu ergänzen ist: „Soweit es um die Identifizierung des Staates geht, ist in deutschen Texten bis zur Anerkennung des Staates die Bezeichnung ‚Bundesrepublik Jugoslawien (Serbien/Montenegro)' zu benutzen. Bei Übersetzungen ins Deutsche richtet sich die Bezeichnung nach der im Ausgangstext gewählten Form." (StAZ 1994, 230)

Zum StA-Recht der abgespaltenen Staaten vgl die Ausführungen zu Bosnien-Herzegowina, Kroatien, Makedonien und Slowenien.

Jungfern-Inseln

Schrifttum: HECKER VRÜ 1970, 391 f.

Kambodscha

Schrifttum: WOHLGEMUTH, Volksrepublik Kamputschea: Staatsangehörigkeitsrecht, StAZ 1989, 86.

Die StA ist geregelt im Zivilgesetzbuch v 25. 2. 1920 idF v 16. 10. 1968 u in der Verordnung über die Einbürgerung v 30. 11. 1954 idF v 26. 10. 1959. Danach erwirbt die kambodsch StA unabhängig vom Geburtsort das legitime Kind eines kambodschanischen Vaters oder einer kambodsch Mutter sowie das illegitime Kind, wenn seine Abstammung von einem Elternteil kambodsch StA erwiesen ist; außerdem jedes in Kambodscha geborene Kind, sofern Vater oder Mutter selbst in Kambodscha geboren wurden sowie ein Findelkind. Die ausl Ehefrau eines kambodsch StA wird automatisch ebenfalls kambodsch StA. Ein Verlust der kambodsch StA ist im Falle der Heirat mit einem ausl StA nicht vorgesehen. Verlust der StA tritt ein, wenn der kambodsch StA mit Genehmigung der Regierung eine ausl StA erwirbt. Anerkennung der StA ist ebenso möglich wie Einbürgerung.

Kamerun

Schrifttum: VO Nr 56—66 v 26. 11. 1959, Rev crit dr i p 1963, 143.

Nach dem StAG von Kamerun v 11. 6. 1968 wird die StA des Landes erworben durch Abstammung vom ehelichen oder unter bestimmten Voraussetzungen vom festgestellten nichtehelichen Vater, von der ehelichen oder der nichtehelichen Mutter, ferner durch Geburt im Staatsgebiet, falls keine andere StA erworben wird oder durch Anerkennung der Vaterschaft. Heiratet eine Ausländerin einen Staatsangehörigen des Landes, dann erhält sie ein Recht auf Erwerb der StA Kameruns. Keine Auswirkungen auf den Erwerb oder den Verlust der StA des Landes hat eine Eheschließung zwischen einem Ausländer und einer Staatsangehörigen des Landes. Erwirbt ein volljähriger Staatsangehöriger Kameruns auf eigenen Antrag eine fremde StA, dann verliert er die StA Kameruns.

Kanada

Schrifttum: HECKER VRÜ 1970, 391 f; HUNTER, Conscientious Objection and Canadian Citizenship, Dalhousie LJ 4 (1978) 781.

Nach dem StAG von Kanada v 13. 4. 1976 wird die StA erworben durch Abstammung vom ehelichen oder festgestellten nichtehelichen Vater oder von der ehelichen oder nichtehelichen Mutter. Bei der Geburt im Ausland in zweiter Generation ist eine Registrierung erforderlich, ferner ein Antrag auf Beibehaltung der kanadischen StA. Die StA wird ferner erworben durch Geburt im Staatsgebiet. Heiratet ein(e)

Ausländer(in) eine(n) kanadische(n) Staatsangehörige(n), dann hat dies keine Auswirkungen auf die Staatsangehörigkeit. Das gleiche gilt für den Fall, daß eine kanadische Staatsangehörige einen Ausländer heiratet, für deren Staatsangehörigkeit. Erwirbt ein volljähriger Staatsangehöriger Kanadas auf eigenen Antrag eine fremde StA, dann hat dies nicht den automatischen Verlust der kanadischen StA zur Folge. Eine Entlassung aus der StA des Landes ist aber auf Antrag möglich.

297 Kapverdische Republik

Schrifttum: BERGMANN/FERID/JAYME, Intern Ehe- u KindschaftsR, Länderteil Kapverdische Republik (Stand: 30.11.1986).

Die StA ist geregelt im StAG v 24.7.1976 und in der StA-Verordnung v 20.11.1976. Sie wird erworben durch die Geburt als Kind eines Vaters oder einer Mutter, die in Cabo Verde geboren wurden, oder wenn die Eltern staatenlos oder von unbekannter StA sind und ihren Wohnsitz in Cabo Verde haben. Personen, die als Kinder ausl Eltern auf dem Staatsgebiet der Kapverdischen Republik geboren werden, erlangen die StA, wenn die Eltern sich nicht im Dienst ihres Heimatstaates befinden, sofern sie nicht auf die StA der Kapverd Republik verzichten. Unter bestimmten Voraussetzungen ist die Geburt im Ausland ausreichend, wenn Vater oder Mutter die kapverd StA besitzen. Der Erwerb der StA für ausl Ehegatten ist möglich, sofern auf die bisherige StA verzichtet wird. Wer willentlich eine andere StA erwirbt, verliert die kapverd StA.

298 Kasachstan

Schrifttum: BERGMANN/FERID/WEISHAUPT, Intern Ehe- u KindschaftsR, Länderteil Kasachstan (Stand: 30.4.1994).

Das StAG v 20.12.1991 bestimmt als Staatsangehörige diejenigen Personen, die am Tag des Inkrafttretens des StAG in der Republik Kasachstan wohnhaft sind. Allen Kasachen, die zwangsweise das Hoheitsgebiet der Republik verlassen und ihren Wohnsitz in anderen Staaten haben, wird die StA der Republik Kasachstan neben anderen StA anerkannt, sofern dies nicht den Gesetzen der Staaten, deren Angehörige sie sind, widerspricht. Ein Kind, dessen beide Elternteile zum Zeitpunkt der Geburt die StA der Republik Kasachstan besitzen, ist unabhängig vom Geburtsort Staatsangehöriger Kasachstans. Im Falle, daß nur ein Elternteil die kasach StA besitzt, ist das Kind Staatsangehöriger Kasachstans nur dann, wenn es im Hoheitsgebiet Kasachstans geboren ist oder – bei Geburt im Ausland – wenn zumindest ein Elternteil zu dieser Zeit seinen ständigen Wohnsitz im Hoheitsgebiet von Kasachstan hat. Bei unterschiedlicher StA der Eltern u Geburt im Ausland erfordert der Erwerb der kasach StA eine entsprechende Vereinbarung der Eltern. Erwerb durch Vaterschaftsanerkenntnis ist möglich, wenn die Mutter staatenlos ist. Die Eheschließung eines kasach Staatsangehörigen mit einem ausl StA sowie die Ehescheidung mit einer solchen Person führen nicht zur Änderung der StA.

299 Katar

Text: StAZ 1987, 293.

Schrifttum: BRANDHUBER/ZEYRINGER, Standesamt für Ausländer, Länderteil Katar (Stand: September 1994).

Kenia 300

Die StA Kenias wird in der Verfassung v 10. 4. 1969, die inhaltlich an den Unabhängigkeitstag vom 12. 12. 1963 anknüpft, sowie im Gesetz gleichen Datums geregelt. Sie wird erworben durch Abstammung vom ehelichen oder festgestellten nichtehelichen Vater, durch Geburt im Staatsgebiet, durch Legitimation durch nachfolgende Eheschließung oder Ehelichkeitserklärung oder durch Anerkennung der Vaterschaft. Heiratet eine Ausländerin einen Staatsangehörigen Kenias, dann ist der Erwerb der StA des Landes unter erleichterten Bedingungen möglich. Keine Auswirkungen auf den Erwerb oder den Verlust der StA Kenias hat es, wenn ein Ausländer und eine Staatsangehörige Kenias heiraten. Erwirbt ein volljähriger Staatsangehöriger des Landes auf eigenen Antrag eine fremde StA, dann verliert er die Kenias.

Kirgisien (Kirgistan) 301

Von Kirgisien ist bislang erst ein Gesetzentwurf bekannt. Die einzelnen Regelungen entsprechen im wesentlichen den StA-Vorschriften der anderen Nachfolgestaaten der Sowjetunion, vgl dort.

Kolumbien 302

Schrifttum: MOOSMAYER, Das Staatsangehörigkeitsrecht von Kolumbien, Ekuador und Venezuela (1960); HECKER VRÜ 1970, 105; ders, Das Staatsangehörigkeitsrecht von Amerika (1984) 73 ff.

Die StA Kolumbiens ist geregelt in der Verfassung v 4. 7. 1991. Die kolumb StA erwerben durch Geburt die in Kolumbien geborenen Personen, sofern Vater oder Mutter auch dort geboren sind oder die StA besitzen oder – falls die Eltern Ausländer sind – wenn ein Elternteil im Zeitpunkt der Geburt seinen Wohnsitz im Inland hatte. Im Ausland geborene Kinder eines kolumb Vaters oder einer kolumb Mutter erlangen die StA, wenn sie später in Kolumbien ihren Wohnsitz nehmen. Einbürgerung ist möglich, vgl G über die Einbürgerung von Ausländern v 29. 2. 1936. Erwirbt ein kolumb StA zusätzlich eine fremde StA geht er der bisherigen StA nicht verlustig; gleiches gilt für den Fall der Einbürgerung eines Ausländers in Kolumbien.

Kongo 303

Schrifttum: Kongo (Brazzaville): Ges Nr 35–61 v 20. 6. 1961, Rev crit dr i p 1963, 162.

Nach dem StAG des Kongo v 20. 6. 1961 wird die StA durch Abstammung vom ehelichen Vater oder der ehelichen oder nichtehelichen Mutter erworben, ferner durch Geburt im Staatsgebiet, wenn keine andere StA erlangt wird. Heiratet eine Ausländerin einen Staatsangehörigen des Kongo, so erhält sie unter bestimmten Voraussetzungen ein Recht auf Erwerb der StA des Landes auf Antrag. Die Eheschließung eines Ausländers mit einer Staatsangehörigen des Kongo hat keine Auswirkungen auf den Erwerb der kongolesischen StA durch den Ausländer. Heiratet eine Staatsangehörige des Kongo einen Ausländer, dann verliert sie die StA, falls ein Erwerb fremder Staatsangehörigkeit durch die Eheschließung erfolgt. Erwirbt ein Staatsangehöriger auf eigenen Antrag eine fremde StA, verliert er die StA des Kongo.

304 Korea (Nord), Volksrepublik

Schrifttum: KIM, Das Staatsangehörigkeitsgesetz der Koreanischen Demokratischen Volksrepublik, Osteuropa-Recht 17 (1971) 7.

305 Korea (Süd), Republik

Schrifttum: TOMSON, Das Staatsangehörigkeitsrecht der ostasiatischen Staaten (1971).

Die StA von Südkorea ist geregelt im StAG v 20. 12. 1948. Sie wird erworben durch Abstammung vom ehelichen Vater oder von der nichtehelichen Mutter, durch Geburt im Staatsgebiet, wenn keine andere StA erworben wird, durch Legitimation durch nachfolgende Eheschließung oder durch Ehelichkeitserklärung, durch Adoption oder durch Anerkennung der Vaterschaft. Ein Recht auf Erwerb der StA von Südkorea besteht, wenn ein(e) Ausländer(in) und ein(e) Staatsangehörige(r) des Landes heiraten. Der Verlust der StA tritt kraft Gesetzes ein, wenn eine Staatsangehörige des Landes einen Ausländer heiratet und ein Erwerb der fremden StA durch die Eheschließung erfolgt. Erwirbt ein volljähriger Staatsangehöriger des Landes auf eigenen Antrag eine fremde StA, so verliert er die Südkoreas.

306 Kroatien

Text: G über die kroatische Staatsangehörigkeit v 26. 6. 1991, JbOstR 1992, 444 ff; StAZ 1993, 325.

Schrifttum: PINTARIC, Das neue Staatsangehörigkeits- u Ausländerrecht von 1991: Einführung; BORIC, Staatsangehörigkeitsrecht in Kroatien, StAZ 1993, 313; NEUNER, Das neue kroatische Staatsbürgerschaftsrecht – nationalstaatliches Recht in einem Nationalitätenstaat?, ROW 1994, 86; HECKER, Jugoslawien und Nachfolgestaaten: Das Staatsangehörigkeitsrecht im Gebiete Jugoslawiens einst und jetzt, StAZ 1994, 90.

Die kroatische StA ist geregelt im StAG v 26. 6. 1991 idF v 8. 5. 1992, in Kraft getreten am 8. 10. 1991. Ein Kind erwirbt die kroat StA, wenn beide Elternteile zum Zeitpunkt der Geburt kroat Staatsangehörige sind, wenn ein Elternteil zu diesem Zeitpunkt kroat Staatsangehöriger ist und das Kind in der Republik Kroatien geboren wurde oder – bei Geburt im Ausland – wenn der zweite Elternteil staatenlos ist oder seine StA unbekannt ist. Erwerb durch Adoption ist möglich. Einbürgerung setzt grundsätzlich den Verlust der bisherigen StA voraus. Ein mit einem kroat Staatsangehörigen verheirateter Ausländer kann unter erleichterten Voraussetzungen eingebürgert werden. Beendet wird die StA durch Entlassung und Verzicht.

307 Kuba

Schrifttum: HECKER, Das Staatsangehörigkeitsrecht von Amerika (1984) 96; BERGMANN/FERID/HECKER, Ehe- u KindschaftsR, Länderteil Kuba (Stand: 31. 12. 1993).

Die wesentlichen Vorschriften zur kub StA enthält die Verfassung v 24. 2. 1976 idF v 13. 7. 1992. Erworben wird die kub StA durch Geburt auf dem Staatsgebiet Kubas sowie, unter besonderen Voraussetzungen, bei Geburt im Ausland durch Abstammung von einem kub Vater oder einer kub Mutter. Keine Auswirkungen auf die StA hat die Ehe mit einem Ausländer. Wer eine fremde StA erwirbt, verliert die kub StA.

Kuwait 308

Text: StAZ 1989, 236; 1990, 178.

Schrifttum: KRÜGER, Das Staatsangehörigkeitsrecht Kuwaits, StAZ 1989, 197.

Geregelt ist die kuwait StA in der Verordnung betr G über die kuwait StA v 5. 12. 1959 idF v 2. 8. 1987. Die kuwait StA besitzt jeder, der in Kuwait oder im Ausland als Kind eines kuwait Vaters geboren worden ist. Wird ein Kind in Kuwait von unbekannten Eltern geboren, erwirbt es die kuwait StA. Nur unter besonderen Voraussetzungen kann die kuwait StA demjenigen verliehen werden, der in Kuwait oder im Ausland von einer kuwait Mutter geboren wurde, dessen Vater unbekannt ist oder dessen Abstammung von seinem Vater rechtlich nicht bewiesen wurde. Eine kuwait Frau, die einen Ausländer heiratet, verliert ihre kuwait StA nur dann, wenn sie auf eigenen Wunsch die StA ihres Ehemannes erwirbt. Der Verlust der kuwait StA tritt ein bei freiwilligem Erwerb einer fremden StA.

Laos 309

Text: StAZ 1992, 386.

Schrifttum: BERGMANN/FERID, Intern Ehe- u KindschaftsR, Länderteil Laos (Stand: 31. 7. 1994).

Leeward-Inseln (Montserrat und Britische Jungfern-Inseln) 310

Schrifttum: HECKER VRÜ 1970, 397.

Lettland 311

Schrifttum: MINTZ, Das Staatsangehörigkeitsrecht der Republik Lettland, in: LESKE/LOEWENFELD (vgl oben) (1934) 67; HERWAGEN, Die Novelle zum lettländischen Staatsangehörigkeitsgesetz v 20. 9. 1938, ZOR (N F) 5 (1939) 450; MEDER, Das Staatsangehörigkeitsgesetz der UdSSR und der baltischen Staaten (Sammlung geltender Staatsangehörigkeitsgesetze, Bd 3 (1950); GINSBURGS, From the 1990 law on the citizenship of the USSR to the citizenship laws of the successor republics, Review of Central and East European Law 1992, 1 und 1993, 233; BOJÄRS, The citizenship and human regulation in the Republic of Latvia, Osteuropa Recht 1993, 132; HECKER, Materialien zur Staatsangehörigkeitsgesetzgebung der Baltenstaaten, StAZ 1993, 226; SCHMIDT, Der Minderheitenschutz in den baltischen Staaten – Dokumentation und Analysen (1993).

Mit Wiedererlangung der Unabhängigkeit wurde durch Beschluß des Obersten Rates der Republik Lettland über die Wiederherstellung der Rechte der Bürger der Republik Lettland und der Grundvoraussetzungen für die Einbürgerung v

15.10.1991 klargestellt, daß das StAG v 23. 8. 1919 idF v 21. 9. 1938 fortbesteht. Das Dekret des Obersten Sowjets der UdSSR v 7. 9. 1940, das den Erwerb der StA der UdSSR durch die Bürger der Lettischen SSR regelte, wurde für unwirksam erklärt. Staatsangehörige des Landes sind nach dem Beschluß des Obersten Rates in erster Linie Personen, die am 17. 6. 1940 Staatsangehörige der Lettischen Republik waren sowie deren Nachkommen, die im Zeitpunkt des Inkrafttretens des Beschlusses in der Lettischen Republik leben. Nach dem StAG v 23. 8. 1919 wird die StA grundsätzlich durch Abstammung erworben. Minderjährige teilen bis zur Volljährigkeit die StA der Eltern. Eine Ausländerin erwirbt durch die Eheschließung die StA des Mannes. Heiratet eine lettische Staatsangehörige einen Ausländer, dessen Heimatgesetz den Erwerb der StA des Mannes durch die Eheschließung nicht vorsieht, so behält sie die lettische StA. Erwirbt ein volljähriger lettischer Staatsangehöriger auf eigenen Antrag eine fremde StA, so verliert er die lettische StA. Das in weiten Teilen veraltete StAG v 23. 8. 1919 soll durch ein neues StAG ersetzt werden, dessen Entwurf in erster Lesung am 25. 11. 1993 vom Parlament angenommen wurde, wegen der darin enthaltenen umstrittenen Bestimmung zu den jährlichen Einbürgerungsquoten jedoch noch nicht in Kraft getreten ist. Nach diesem Entwurf erwirbt ein Kind die lettische StA, wenn zum Zeitpunkt der Geburt zumindest ein Elternteil lettischer Staatsangehöriger ist. Für ein in Lettland geborenes Kind, dessen Eltern nicht bekannt sind, gilt das ius soli. Heiratet ein(e) Ausländer(in) eine(n) Staatsangehörige(n) des Landes, so kann ihm (ihr) auf Antrag die lettische StA verliehen werden, sofern die Ehe mindestens fünf Jahre und der ständige Wohnsitz zuletzt mindestens drei Jahre in Lettland bestanden hat. Heiratet ein(e) Staatsangehörige(r) des Landes eine(n) Ausländer(in), so berührt dies nicht die lettische StA. Auch der StAG-Entwurf untersagt im Einklang mit der neuen Verfassung v 10. 12. 1991 die doppelte StA.

312 Libanon

Schrifttum: KRÜGER, Die Staatsangehörigkeit der Ehefrau im libanesischen Recht, StAZ 1975, 152.

Die StA des Libanon regeln die Verordnung v 19. 1. 1925 sowie das Gesetz v 11. 1. 1960. Sie wird erworben durch Abstammung vom ehelichen oder festgestellten nichtehelichen Vater oder durch Abstammung von der nichtehelichen Mutter, ferner durch Geburt im Staatsgebiet, falls keine andere StA erworben wird, durch Legitimation durch nachfolgende Eheschließung oder Ehelichkeitserklärung oder durch Anerkennung der Vaterschaft. Ein Recht auf Erwerb der StA des Libanon besteht für eine Ausländerin, wenn sie einen Staatsangehörigen des Libanon heiratet. Der Erwerb der StA ist für einen Ausländer unter erleichterten Bedingungen möglich, wenn er eine Staatsangehörige des Landes heiratet. Heiratet eine Staatsangehörige des Libanon einen Ausländer, hat dies keine Konsequenzen für deren StA. Erwirbt ein volljähriger StA des Landes auf eigenen Antrag eine fremde StA, dann verliert er die des Libanon nur, wenn der Erwerb einer fremden StA von der eigenen Regierung genehmigt wird.

313 Liberia

Das Ausländer- u StAG v 9. 5. 1974 bestimmt, daß nur derjenige die StA durch

Geburt erwirbt, der Neger ist oder von Negern abstammt, in Liberia geboren ist u dessen Gerichtsbarkeit unterliegt; außerdem derjenige, der außerhalb Liberias geboren ist, sofern der Vater gebürtiger Staatsbürger Liberias war und vor der Geburt des Kindes in Liberia wohnte. Auch die Einbürgerung setzt voraus, daß der Einzubürgernde Neger ist oder von Negern abstammt. Heiratet eine ausl Frau einen lib Staatsangehörigen, erwirbt sie dadurch nicht – selbst wenn sie selbst von Negern abstammt – sie StA Liberias. Verlust der StA tritt ein bei Einbürgerung in einem anderen Staat auf Antrag.

Libyen 314

Die arabische (nicht: libysche) StA ist geregelt im StAG v 4. 11. 1980 sowie in den Durchführungsbestimmungen v 14. 12. 1980. Anspruch auf die arab StA hat jeder Araber – mit Ausnahme palästinensischer Araber – , der das libysche Staatsgebiet betritt u die arab StA zu erwerben wünscht. Als Araber gilt, wer seiner StA nach einem der arab Staaten angehört oder wer nachweist, daß er selbst oder ein Elternteil der arab Nation angehört. Die arab StA kann verliehen werden den Kindern von Frauen mit arab StA, die nicht mit einem Bürger Libyens verheiratet sind, Ausländerinnen, die mit arab StA verheiratet sind, vorausgesetzt, daß sie ihre ausl StA verlieren. Eine Frau verliert die arab StA nicht allein durch das Ende ihrer Ehe, sondern nur, wenn sie einen Ausländer heiratet, ihren gewöhnlichen Aufenthalt im Ausland nimmt oder eine bereits zuvor besessene ausl StA wiedererlangt. Die arab StA verliert, wer eine ausl StA freiwillig erwirbt. Eine Aberkennung der arab StA kommt ua in Betracht, wenn die Person nachweislich politisches Asyl in einem fremden Land erhalten hat u sich dort in dieser Eigenschaft aufhält, wenn sie den islamischen Glauben ablegt oder wenn sie sich weigert, nach Beendigung eines Auftrags oder Studiums, zu dem sie ins Ausland entsandt wurde, in die Heimat zurückzukehren.

Liechtenstein 315

Schrifttum: HECKER, Das Staatsangehörigkeitsrecht von Andorra, Liechtenstein, Monaco, San Marino, der Vatikanstadt (1958); Gesetzesänderung durch Ges v 11. 7. 1974, RabelsZ 39 (1975) 97; BRANDHUBER/ZEYRINGER, Standesamt für Ausländer, Länderteil Liechtenstein (Stand: September 1994).

StAG v 4. 1. 1934 idF v 30. 12. 1986.

Litauen 316

Text: Parliamentary record Nr 1 (1992) 2.

Schrifttum: ROBINSON, Die litauische Staatsangehörigkeit, ZOstR 2 (1928) 437; ROLNIK, Das Staatsangehörigkeitsrecht der Republik Litauen, in: LESKE/LOEWENFELD (vgl oben) (1934) 111; SWETSCHIM, Das litauische Staatsangehörigkeitsgesetz v 5. 8. 1939, ZOR (N F) 6 (1940) 134; MEDER, Das Staatsangehörigkeitsrecht der UdSSR und der baltischen Staaten, Sammlung geltender Staatsangehörigkeitsgesetze, Bd 3 (1950); GINSBURGS, From the 1990 law on the citizenship of the USSR to the citizenship laws of the successor republics, Review of Central and East European Law, 1992, 1 und 1993, 233; ZIMMERMANN, Litauen: Neues Staatsangehörigkeitsgesetz, StAZ 1992, 118; RENNER,

Mehrstaatigkeit in Europa, ZAR 1993, 49; HECKER, Materialien zur Staatsangehörigkeitsgesetzgebung der Baltenstaaten, StAZ 1993, 226; SCHMIDT, Der Minderheitenschutz in den baltischen Staaten – Dokumentation und Analysen (1993).

Als einziger der baltischen Staaten hat Litauen mit der Wiedererlangung seiner Unabhängigkeit nicht das alte StAG v 5. 8. 1939 wieder in Kraft gesetzt, sondern mit dem StAG v 3. 11. 1989 seine StA vorläufig und mit dem StAG v 5. 12. 1991 endgültig neu geregelt. Staatsangehörige der Republik Litauen sind demnach in erster Linie Personen, die am 15. 6. 1940 Staatsangehörige der Republik Litauen waren oder vom 9. 1. 1919 bis 15. 6. 1940 ständig auf dem Territorium des Landes gelebt haben sowie in beiden Fällen deren Kinder und Enkel, soweit sie am 11. 12. 1991 ständig in Litauen gelebt haben und nicht Bürger eines anderen Staates sind. Die StA wird erworben durch Abstammung, soweit beide Elternteile zum Zeitpunkt der Geburt litauische Staatsangehörige sind. Ist nur ein Elternteil litauischer Staatsangehöriger, so wird die litauische StA nur dann erworben, wenn das Kind auf litauischem Territorium geboren wird oder bei Geburt außerhalb Litauens zumindest ein Elternteil zum Zeitpunkt der Geburt seinen ständigen Wohnsitz in Litauen hat. Für ein in Litauen geborenes Kind, dessen Eltern staatenlos oder nicht bekannt sind, gilt das ius soli. Heiratet ein(e) Ausländer(in) eine(n) litauische(n) Staatsangehörige(n), so soll der (die) Ausländer(in) unter erleichterten Bedingungen eingebürgert werden, sofern die Ehe die letzten drei Jahre bestanden hat und der (die) Ausländer(in) den ständigen Wohnsitz in Litauen hatte. Heiratet ein(e) Staatsangehörige(r) des Landes eine(n) Ausländer(in), so berührt dies nicht die litauische StA. Erwirbt ein volljähriger litauischer Staatsangehöriger auf eigenen Antrag eine fremde StA, dann führt dies zum Verlust der litauischen StA.

317 Luxemburg

Schrifttum: LOESCH, Das Staatsangehörigkeitsrecht des Großherzogtums Luxemburg, in: LESKE/ LOEWENFELD (vgl oben) (1940) 691; DISCHLER, Das Staatsangehörigkeitsrecht von Belgien und Luxemburg (1950); DELVAUX, Das luxemburgische Staatsangehörigkeitsrecht, StAZ 1973, 6; RIECK, Ges v 22. 2. 1968 über die luxemburgische Staatsangehörigkeit, StAZ 1973, 21; FRANCK, Das neue luxemburgische Staatsangehörigkeitsrecht, StAZ 1975, 285.

Die StA Luxemburgs wird geregelt im StAG v 22. 2. 1968 idF des koordinierten Textes v 23. 12. 1986. Die lux StA erwirbt ein Kind unabhängig vom Ort seiner Geburt, wenn es von einem lux Elternteil abstammt, sofern die Abstammung vor seinem 18. Lebensjahr festgestellt ist und der Elternteil Luxemburger im Zeitpunkt der Feststellung war; gleiches gilt für das im Großherzogtum von gesetzlich unbekannten Eltern geborene Kind (Möglichkeit der geheimen Niederkunft nach Art 47 Abs 3 Cc), das Findelkind sowie jedes im Großherzogtum geborene Kind, soweit es keine andere StA besitzt. Erwerb durch Adoption ist zulässig. Einbürgerung setzt ua einen Aufenthalt von zehn Jahren, davon die letzten fünf ohne Unterbrechung, voraus. Erwerb durch Option ist möglich ua für Ehegatten lux StA sowie im Inland geborene Kinder eines ausl Elternteils. Verlust der StA tritt ein durch freiwilligen Erwerb einer fremden StA vom vollendeten 18. Lebensjahr an sowie durch Verzichtserklärung, wenn der Verzichtende nachweist, daß er eine ausl StA besitzt oder daß er sie kraft der Erklärung erwirbt.

Madagaskar 318

Schrifttum: BILBAO, Le droit malgache de la nationalité (1965).

Die StA Madagaskars wird im Gesetz v 22. 7. 1960 festgelegt. Sie wird erworben durch Abstammung vom ehelichen Vater oder unter bestimmten Voraussetzungen durch Abstammung vom festgestellten nichtehelichen Vater, durch Abstammung von der ehelichen oder nichtehelichen Mutter, durch Geburt im Staatsgebiet, falls keine andere StA erworben wird, durch Legitimation durch nachfolgende Eheschließung oder durch Ehelichkeitserklärung, unter bestimmten Voraussetzungen durch Adoption oder Anerkennung der Vaterschaft. Heiratet eine Ausländerin einen Staatsangehörigen des Landes, so erwirbt sie die StA Madagaskars kraft Gesetzes, falls ein Verlust der HeimatStA durch die Eheschließung eintritt, ansonsten besteht ein Recht auf Erwerb der StA auf Antrag. Keine Auswirkungen auf die StA eines Ausländers hat es, wenn dieser eine Staatsangehörige Madagaskars heiratet. Heiratet eine Staatsangehörige des Landes einen Ausländer, dann tritt der Verlust ihrer StA ein, falls ein Erwerb fremder StA durch die Eheschließung erfolgt. Erwirbt ein volljähriger Staatsangehöriger des Landes auf eigenen Antrag eine fremde StA, dann verliert er die Madagaskars.

Makedonien 319

Schrifttum: HECKER, Jugoslawien und Nachfolgestaaten: Das Staatsangehörigkeitsrecht im Gebiete Jugoslawiens einst und jetzt, StAZ 1994, 90.

Das StAG stammt v 28. 10. 1992. Die StA der Republik Makedonien erwirbt ein Kind durch Abstammung, wenn beide Elternteile zum Zeitpunkt der Geburt die StA der Republik Makedonien besitzen oder wenn ein Elternteil zu diesem Zeitpunkt die maked StA besitzt und das Kind in der Republik Makedonien geboren wurde, es sei denn, daß die Eltern im gegenseitigen Einvernehmen bestimmen, daß das Kind die StA des anderen Elternteils erhalten soll. Das setzt aber immer voraus, daß das Staatsangehörigkeitsrecht des anderen Elternteils eine derartige Wahl zuläßt. Die dritte Möglichkeit des unmittelbaren Abstammungserwerbs erfaßt die Fälle, in denen ein Elternteil zum Zeitpunkt der Geburt des Kindes die maked StA besitzt, der andere Elternteil unbekannt oder staatenlos ist oder eine unbekannte StA besitzt und das Kind im Ausland geboren wurde. Mittelbarer Erwerb der StA durch Abstammung ist möglich durch Adoption und, bei Vorliegen besonderer Voraussetzungen, durch Registrierung. Nach dem Territorialprinzip erwirbt ein im Hoheitsgebiet Makedoniens gefundenes Kind die maked StA, wenn beide Elternteile unbekannt sind. Erleichterte Einbürgerungsvoraussetzungen normiert das Gesetz für ausl Ehegatten maked Staatsangehöriger.

Malawi 320

Nach dem StAG von Malawi v 6. 7. 1966 wird die StA durch Abstammung vom ehelichen oder festgestellten nichtehelichen Vater oder der ehelichen oder nichtehelichen Mutter erworben. Heiratet eine Ausländerin einen Staatsangehörigen des Landes, dann ist für sie der Erwerb der StA Malawis unter erleichterten Bedingungen möglich. Keine Auswirkungen auf die StA des Ausländers hat es, wenn dieser eine Staatsangehörige des Landes heiratet. Heiratet eine Staatsangehörige Malawis einen Ausländer, dann tritt der Verlust ihrer StA kraft Gesetzes ein, falls ein Erwerb fremder StA durch die Eheschließung erfolgt. Erwirbt ein volljähriger Staatsangehöriger Malawis auf eigenen Antrag eine fremde StA, dann verliert er die seines Landes.

321 Malaysia

Schrifttum: HECKER, Das Staatsangehörigkeitsrecht von Brunei, Indonesien, Malaysia, Singapur und den Phillipinen (1978).

Nach malaysischem Recht, geregelt in den Art 14 bis 31 der Verfassung, wird die StA des Landes durch Abstammung vom ehelichen Vater oder durch Geburt im Staatsgebiet unter bestimmten Voraussetzungen erworben. Heiratet eine Ausländerin einen Staatsangehörigen Malaysias, dann ist für sie der Erwerb der malaysischen StA unter erleichterten Bedingungen möglich. Keine Auswirkungen hat es auf die StA, wenn ein Ausländer und eine malaiische Staatsangehörige heiraten. Erwirbt ein volljähriger Staatsangehöriger des Landes auf eigenen Antrag eine fremde StA, dann bedeutet dies keinen automatischen Verlust der malaysischen StA.

322 Malediven

Schrifttum: HECKER, Das Staatsangehörigkeitsrecht von Bangladesch, Burma, Sri Lanka (Ceylon), Thailand und der Malediven (1975).

323 Mali

Schrifttum: Staatsangehörigkeitsges Nr 62–18 v 3. 2. 1962, Rev crit dr i p 1964, 176.

Die StA von Mali wird nach dem Gesetz v 1. 3. 1962 erworben durch Abstammung vom ehelichen oder festgestellten nichtehelichen Vater oder durch Abstammung von der ehelichen oder nichtehelichen Mutter. Sie kann ferner durch Adoption erworben werden. Heiratet eine Ausländerin einen Staatsangehörigen Malis, so erwirbt sie die StA des Landes kraft Gesetzes. Heiratet ein Ausländer eine Staatsangehörige Malis, so besteht ein Recht auf Erwerb der StA des Landes auf Antrag. Keine Auswirkungen auf die StA einer Staatsangehörigen Malis hat es, wenn diese einen Ausländer heiratet. Erwirbt ein volljähriger Staatsangehöriger des Landes auf eigenen Antrag eine fremde StA, ohne im Besitz einer vorgesehenen Genehmigung zur Beibehaltung der StA zu sein, dann verliert er die StA Malis nur, wenn ein Erwerb fremder StA von der eigenen Regierung genehmigt wird.

324 Malta

Schrifttum: HECKER StAZ 1970, 137; BERGMANN/FERID/HECKER, Intern Ehe- u KindschaftsR, Länderteil Malta (Stand: 30. 4. 1994).

Die StA Maltas ist geregelt in der Verfassung v 2. 9. 1964 idF der Änderung v 1. 8. 1989 und im StAG v 27. 8. 1965 idF v 1. 8. 1989. Die StA von Malta besitzt jeder in Malta Geborene, der vor dem 21. 9. 1964 (Tag der Unabhängigkeit) Bürger des

Vereinigten Königreichs und seiner Kolonien war. Das gilt nicht für Personen, deren beide Elternteile außerhalb Maltas geboren wurden. Jede am oder nach dem 21. 9. 1964 geborene Person wird am Tag der Geburt Staatsangehöriger Maltas. Besonderheiten gelten für Personen, die am oder vor dem 31. 7. 1989 (Tag vor Inkrafttreten der Änderung von 1989) geboren wurden. Gestrichen wurde 1989 die privilegierte Einbürgerung von Commonwealth-Angehörigen durch bloßes Registrieren. Die Gleichstellung von Mann und Frau wurde verwirklicht.

Marokko 325

Schrifttum: HECKER, Der Staatsangehörigkeitskodex Marokkos, StAZ 1959, 161; RENNER, Ehe-, Kindschafts- und Staatsangehörigkeitsrecht in Marokko, StAZ 1959, 163. S auch Arabische Staaten; ELWAN, Einflüsse des Islam u der Begriff der arabischen Nation, in: JAYME/MANSEL, Nation u Staat im IPR (1990) 291 (295 f).

Nach dem StAG Marokkos v 6. 9. 1958 wird die StA des Landes erworben durch Abstammung vom ehelichen Vater oder der nichtehelichen Mutter, ferner durch Geburt im Staatsgebiet, falls keine andere StA erworben wird. Heiratet eine Ausländerin einen marokkanischen Staatsangehörigen, dann besteht für sie das Recht auf Erwerb der marokkanischen StA auf Antrag. Heiratet ein Ausländer eine marokkanische Staatsangehörige, dann ist für ihn der Erwerb der StA dieses Landes unter erleichterten Bedingungen möglich, wenn bestimmte Voraussetzungen erfüllt sind. Keine Auswirkungen auf die StA einer Staatsangehörigen hat es, wenn sie einen Ausländer heiratet. Erwirbt ein volljähriger Staatsangehöriger des Landes auf eigenen Antrag eine fremde StA, dann erfolgt kein automatischer Verlust der StA Marokkos.

Mauretanien 326

Schrifttum: Ges Nr 61–112 v 12. 6. 1961, Rev crit dr i p 1964, 377.

Nach dem StAG von Mauretanien v 12. 6. 1961 wird die StA erworben durch Abstammung vom ehelichen Vater, unter bestimmten Voraussetzungen durch Abstammung von der ehelichen Mutter, durch Abstammung von der nichtehelichen Mutter, durch Geburt im Staatsgebiet, wenn keine andere StA erworben wird, durch Legitimation durch nachfolgende Eheschließung oder unter bestimmten Voraussetzungen durch Adoption. Heiratet eine Ausländerin einen Staatsangehörigen Mauretaniens, dann erwirbt sie die StA des Landes kraft Gesetzes, falls der Verlust der Heimat-StA durch Eheschließung eintritt. Keine Auswirkungen auf den Erwerb oder den Verlust der StA hat eine Eheschließung zwischen einem Ausländer und einer Staatsangehörigen Mauretaniens. Erwirbt ein volljähriger Staatsangehöriger des Landes auf eigenen Antrag eine fremde StA, dann verliert er die Mauretaniens.

Mauritius 327

Nach dem StAG von Mauritius v 14. 12. 1968 wird die StA durch Registrierung von Bürgern des Commonwealth auf Antrag sowie durch Adoption erworben. Heiratet ein(e) Ausländer(in) eine(n) Staatsangehörige(n) von Mauritius, dann ist für den (die) Ausländer(in) der Erwerb der StA von Mauritius unter erleichterten Bedingungen möglich.

328 Mexiko

Schrifttum: HECKER VRÜ 1970, 246–252; BERGMANN/FERID/RAU, Intern Ehe- u KindschaftsR, Länderteil Mexiko (Stand: 31. 8. 1989).

Geregelt ist die mexikanische StA in der Verfassung v 5. 2. 1917, zuletzt geändert durch Dekret v 7. 4. 1986, und im StAG v 5. 1. 1934. Die StA erlangt ohne Rücksicht auf die StA der Eltern jedes im Staatsgebiet Mexikos geborene Kind, im Ausland geborene Kinder mex Eltern, eines mex Vaters oder einer mex Mutter. Durch Einbürgerung erwerben die StA Ausländer, welche die Ehe mit einem mex StA eingehen und ihren Wohnsitz auf mex Hoheitsgebiet haben oder begründen. Bevorzugt eingebürgert werden ua Personen indianisch-lateinischer oder spanischer Abkunft, die ihren Aufenthalt in der Republik nehmen. Die Tatsache der Eheschließung mit einem Ausländer führt für mex StA nicht automatisch zu deren Verlust.

329 Moldau

Das StAG stammt v 5. 6. 1991. Staatsangehörige der Republik Moldau sind danach Personen, die nach dem Stand v 28. 6. 1940 im heutigen Gebiet der Republik Moldau wohnhaft waren, sowie deren Abkömmlinge, wenn sie am Tag der Verabschiedung dieses Gesetzes im Gebiet der Republik ihren Wohnsitz hatten, Personen, die im Gebiet der Moldaurepublik wohnen und nicht Staatsbürger eines anderen Staates sind, wenn sie selbst oder wenigstens ein Elternteil bzw Vorfahren im erwähnten Gebiet geboren sind, sowie weitere Personen, die vor Verabschiedung der Deklaration über die Souveränität der Republik Moldau – einschließlich des Tages ihrer Verabschiedung (23. 6. 1990) – ihren ständigen Wohnsitz im Gebiet der Republik Moldau und eine Dauerarbeitsstelle oder eine andere legale Existenzgrundlage hatten. Dem letzten Personenkreis wurde ein Optionsrecht zugunsten der mold StA eingeräumt, auszuüben innerhalb eines Jahres. Erworben wird die StA durch Geburt im Staatsgebiet der Republik oder im Ausland, soweit mindestens ein Elternteil mold StA besitzt. Weitere Erwerbstatbestände sind die Annahme als Kind, die Einbürgerung sowie die Wiedereinbürgerung.

330 Monaco

Schrifttum: AUREGLIA, La nationalité en droit monégasque (Nationality in Monegasque Law) (1958) 74; HECKER, Das Staatsangehörigkeitsrecht von Andorra, Liechtenstein, Monaco, San Marino, der Vatikan-Stadt (1958); BERGMANN/FERID/HECKER, Intern Ehe- u KindschaftsR, Länderteil Monaco (Stand: 31. 3. 1992).

331 Mongolei

Schrifttum: TOMSON, Das Staatsangehörigkeitsrecht der ostasiatischen Staaten (1971).

Mosambik 332

Text: StAZ 1994, 159.

Schrifttum: WILL StAZ 1981, 58; ZITSCHER, Mosambik: Staatsangehörigkeitsrecht, StAZ 1994, 158.

Das StA-Recht Mosambiks ist geregelt in der Verfassung v 2.11.1990. Ursprüngliche StA sind Personen, wenn sie in Mosambik geboren wurden und ein Elternteil mosambik StA ist oder wenn sie zum Zeitpunkt der Unabhängigkeit (25.6.1975) ihren Wohnsitz in Mosambik hatten. Gelegenheit zur Ausschlagung der mosambik StA bestand im letzten Fall innerhalb einer Frist von neunzig Tagen nach der Proklamation der Unabhängigkeit. Personen, die nach der Proklamation der Unabhängigkeit in Mosambik geboren wurden, sind grundsätzlich Mosambikaner. Eine Einbürgerung setzt – auch bei ausl Ehefrauen – grundsätzlich die Aufgabe der bisherigen StA voraus.

Myanmar (früher Burma bzw Birma) 333

Text: StAZ 1988, 114.

Schrifttum: HECKER, Das Staatsangehörigkeitsrecht von Bangladesch, Burma, Sri Lanka (Ceylon), Thailand und der Malediven (1975).

Das StAG stammt v 1982 (G Nr 4, veröffentlicht am 16.10.1982), geändert durch Deklaration v 6.5.1993. Die StA knüpft an die Zugehörigkeit zu einem in Myanmar lebenden Volk (Kachin, Kayah, Karen, Chin, Burmanen, Mon, Rakhine, Shan) oder zu einer dort bereits vor 1823 niedergelassenen ethnischen Gruppe an. Der Staatsrat entscheidet, ob eine ethnische Gruppe ein Volk ist. Jeder Angehörige eines Volkes und jede Person, die von Eltern abstammt, die beide einem Volk angehören, sind StA durch Geburt. Unabhängig von ihrem Geburtsort erhalten die StA ua Personen, deren Eltern beide StA von Myanmar sind. Das StAG läßt den Erwerb durch Einbürgerung zu. Daneben gibt es die Besonderheit einer assoziierten StA (Kapitel III). Die Eheschließung mit einem myanmar StA führt für den ausl Ehegatten nicht automatisch zum Erwerb der StA. Eine zweite StA darf ein myanmar StA nicht erwerben. Der Verlust der StA tritt ein, wenn der myanmar StA den Staat auf Dauer verläßt oder die StA eines anderen Landes erwirbt.

Namibia 334

Schrifttum: KIESSWETTER, Die Verfassungsentwicklung in Namibia (1993) 179 f; zu staatensukzessionsrechtlichen Fragen im Hinblick auf die StA aufgrund der Entlassung Namibias in die Unabhängigkeit am 21.3.1990, S 68 f.

Geregelt ist die namib StA in Art 4 der Verfassung sowie im Namibian Citizenship Act 1990 (Act 14, veröffentlicht am 30.8.1990). Personen, die vor dem Zeitpunkt der Unabhängigkeit in Namibia geboren wurden und deren Vater oder Mutter zum Zeitpunkt ihrer Geburt Namibier gewesen wäre, wäre die Verfassung zu dieser Zeit in Kraft gewesen, sind Namibier. Gleiches gilt für Personen, die vor dem Zeitpunkt der Unabhängigkeit in Namibia geboren wurden, und deren Vater oder Mutter zum Zeitpunkt ihrer Geburt legal in Namibia ansässig war, und für Personen, die nach dem Zeitpunkt der Unabhängigkeit in Namibia geboren werden und deren Vater oder Mutter zum Zeitpunkt ihrer Geburt Namibier ist. Namibier durch Heirat sind auf ihren Antrag hin Personen, die in gutem Glauben einen Namibier heiraten und nach der Heirat mindestens zwei Jahre legal in Namibia ansässig waren. Die Einbürgerung setzt einen mindestens fünfjährigen festen Wohnsitz in Namibia voraus. Der Verlust der namib StA tritt bei Eingebürgerten ein, wenn die betreffende Person freiwillig eine andere StA erwirbt, wenn sie im Dienst ausl Streit- oder Sicherheitskräfte gestanden hat oder wenn sie mindestens zwei Jahre ihren Wohnsitz in einem anderen Land hatte.

335 Nepal

Text: StAZ 1991, 202.

Schrifttum: HECKER, Das Staatsangehörigkeitsrecht von Indien, Pakistan, Nepal (1965); ders, Die Staatsangehörigkeit von Nepal, StAZ 1991, 183 ff.

Die nepalesische StA ist geregelt in der Verfassung v 16. 12. 1962 idF v 15. 12. 1980, auf welche die Verfassung v 9. 12. 1990 insoweit noch Bezug nimmt, sowie im StAG v 27. 2. 1964 id Konsolidation v 1990. Grundlegend ist Art 7 der Verfassung v 1962. Die nepal StA erwarb danach jede Person, die bei Inkrafttreten der Verfassung ihr Domizil in Nepal hatte und in Nepal geboren wurde oder von der mindestens ein Elternteil in Nepal geboren wurde, die Ehefrau eines nepal StA war oder die bereits eine StA-Bescheinigung erhalten hatte. Nach Art 3 des StAG wird StA Nepals durch Abstammung, wer nach Inkrafttreten des G geboren wurde und dessen Vater StA Nepals ist. Diesem steht gleich ein Kind, das innerhalb möglicher Frist nach dem Tod des Vaters geboren ist.

336 Neuseeland

Die gesetzl Regelung findet sich im StAG v 1. 12. 1977 idF v 17. 12. 1985. Grundsätzlich gilt jede in Neuseeland am oder nach dem 1. 1. 1949 geborene Person als Staatsbürger Neuseelands kraft Geburt. Erleichterte Einbürgerung ist möglich für Minderjährige, mit neuseeländ Staatsangehörigen Verheiratete, wenn ein Elternteil Staatsangehöriger kraft Geburt war sowie bei öffentlichem Interesse und bei Staatenlosen.

337 Nicaragua

Schrifttum: FINDORFF, Erwerb und Verlust der Staatsangehörigkeit in Mittelamerika, StAZ 1955, 120; HECKER StAZ 1962, 140 ; ders VRÜ 1970, 253; ders, Staatsangehörigkeitsrecht von Amerika (1984).

Geregelt ist das Staatsangehörigkeitsrecht in der Verfassung v 9. 1. 1987 sowie dem StAG v 30. 6. 1992. Die nicarag StA erlangen grundsätzlich alle im Staatsgebiet Geborenen, die Kinder eines nicarag Vaters oder einer nicarag Mutter (bei Geburt im Ausland) sowie Kinder unbekannter Eltern, die auf nicarag Staatsgebiet aufgefunden werden. Die im Ausland geborenen Kinder, deren Vater oder Mutter ursprünglich nicarag Staatsangehörige waren, gelten ebenfalls als ursprüngliche Staatsangehörige, sofern sie nach Erlangung der Volljährigkeit oder Emanzipation einen diesbezüglichen Antrag stellen. Ein Optionsrecht haben Zentralamerikaner kraft Abstammung, ohne daß damit ein Verzicht auf die bisherige StA verbunden ist, wenn sie sich in Nicaragua aufhalten. Die mit Ausländern verheirateten nicarag Staatsangehörigen behalten ihre StA, auch wenn sie nach dem Heimatrecht des Ehegatten dessen StA erwerben, solange sie nicht ausdrücklich auf die nicarag StA verzichten. Der Verlust der nicarag StA tritt ein, wenn eine freiwillige Einbürgerung in einem fremden Staat erfolgt, es sei denn, es handelt sich um die StA eines anderen zentralamerikanischen Staates oder es kommt ihnen eine Vereinbarung über Doppelstaatsangehörigkeit zugute.

Niederlande

Text: StAZ 1985, 228.

Schrifttum: VAN GELDEREN, Das Staatsangehörigkeitsrecht des Königreichs der Niederlande und seiner Kolonien, in: LESKE/LOEWENFELD (vgl oben) (1934) 507; Neues aus dem niederländischen Staatsangehörigkeits- und Eherecht, Der Standesbeamte 1949, 109; CZAPSKI, Die Kriegs- und Nachkriegsbestimmungen über Verlust und Erwerb der Staatsangehörigkeit und ihre Auswirkungen auf Deutsche, RabelsZ 16 (1950/51) 108; BACHMANN, Änderungen des niederländischen Staatsangehörigkeitsgesetzes v 29. 12. 1950, StAZ 1952, 92; BAUMANN, Das Staatsangehörigkeitsrecht der Niederlande (1953); CZAPSKI, Zur Frage des Verlusts der niederländischen Staatsangehörigkeit, RabelsZ 19 (1953/54) 121; DISCHLER, Neues niederländisches Staatsangehörigkeitsrecht, StAZ 1957, 132 (mit deutscher Übersetzung der Gesetze); Niederländisches Staatsangehörigkeitsrecht: Staatsangehörigkeit von Niederländerinnen, die seit dem 1. 4. 1953 einen Deutschen geheiratet haben (RdErl d MdI Hessen v 11. 4. 1960), StAZ 1960, 143; BACHMANN, Verlust der niederländischen Staatsangehörigkeit bei Eheschließung einer Niederländerin mit einem Deutschen vor einem deutschen Standesbeamten, StAZ 1960, 158; Staatsangehörigkeit der Niederländerin, die mit einem deutschen Staatsangehörigen vor einem deutschen Standesbeamten die Ehe schließt (Erl MdI Baden-Württemberg v 21. 7. 1961), StAZ 1961, 268; Reichsgesetz v 12. 7. 1962 zur Änderung des Gesetzes über die niederländische Staatsangehörigkeit und die Eingesessenheit, StAZ 1963, 103; weitere Änderung durch Gesetz v 14. 11. 1963, StAZ 1964, 126, 145 (Berichtigung 226); BACHMANN, Die Staatsangehörigkeit der Ehefrau nach dem neuen niederländischen Recht, StAZ 1964, 147; STÖSSEL, Zum neuen niederländischen Staatsangehörigkeitsrecht, StAZ 1964, 284; CZAPSKI, Zu einigen Streitfragen im niederländischen Staatsangehörigkeitsrecht, StAZ 1968, 56; VAN SASSE-VAN YSSELT, Technische Staatenlosigkeit, StAZ 1969, 265; VOSKUIL, Emancipation of Dutch Conflicts Law in Family Matters, RabelsZ 43 (1979) 346 (353); DE GROOT, Staatsangehörigkeitsrecht im Wandel (1988) 125 ff; STILLE, Abweichung von der Staatsangehörigkeitsanknüpfung bei ineffektiver Staatsangehörigkeit von Monostaatern – Die aktuelle Entwicklung in den Niederlanden, in: JAYME/MANSEL, Nation u Staat im IPR (1990) 223 ff.

Nach dem StAG der Niederlande v 19. 12. 1984 wird die StA der Niederlande durch Abstammung vom ehelichen oder festgestellten nichtehelichen Vater, durch Abstammung von der nichtehelichen Mutter, durch Geburt im Staatsgebiet – sofern sich nicht innerhalb von fünf Jahren ab der Geburt herausstellt, daß das Kind eine andere Staatsangehörigkeit erworben hat –, wenn keine andere StA erworben wird, durch Legitimation durch nachfolgende Eheschließung oder Ehelichkeitserklärung, durch Adoption oder Anerkennung der Vaterschaft erworben. Heiratet ein(e) Ausländer(in) eine(n) niederländische(n) Staatsangehörige(n), dann besteht ein Recht auf Erwerb der StA auf eigenen Antrag. Keine Auswirkungen auf die StA einer niederländischen Staatsangehörigen hat deren Eheschließung mit einem Ausländer. Zwar verliert ein niederl StA laut G die StA beim freiwilligen Erwerb einer anderen StA. Nach der seit dem 1.1.1992 betriebenen Einwanderungspolitik werden die entsprechenden Vorschriften (Art 9 Abs 1 lit b StAG) allerdings nicht mehr angewandt und wird die Entstehung von Mehrstaatigkeit zugelassen. Ein entsprechender Gesetzentwurf zur Änderung des StAG liegt vor.

339 Niger

Schrifttum: Ges Nr 61−26 v 12.7.1961, Rev crit dr i p 1964, 386; BRANDHUBER/ZEYRINGER, Standesamt für Ausländer, Länderteil Niger (Stand: Juni 1994).

Nach dem StAG von Niger v 23.8.1984, durch das das G v 12.7.1961 abgelöst wurde, wird die StA Nigers erworben durch Abstammung, wenn das Kind ehelich und der Vater nigr StA ist oder wenn bei einem nichtehelichen Kind die Vaterschaft eines nigr StA nachgewiesen ist. Ausreichend ist aber auch die Geburt im Inland, wenn ein Elternteil bereits in Niger geboren wurde. Die Eheschließung mit einem nigr StA führt für eine ausl Ehefrau nur dann zum Erwerb der nigr StA, wenn die Ehefrau innerhalb eines Jahres dafür optiert. Freiwilliger Erwerb einer fremden StA führt ebenso zum Verlust der nigr StA wie Entlassung und Aberkennung.

340 Nigeria

Schrifttum: NWOGUGU, Recent Changes in Nigerian Nationaly and Citizenship Law, IntCompLQ 25 (1976), 423.

Die Regelungen des Staatsangehörigkeitsrechts finden sich in der Verfassung von 1979. Danach erlangt die StA jede Person, die innerhalb Nigerias vor dem 1.10.1960 (Datum der Unabhängigkeit) geboren wurde und die über ein Elternteil oder Großelternteil verfügt, welches einer der in Nigeria ansässigen Volksgruppen angehört(e). Vorausgesetzt wird weiter, daß mindestens ein Elternteil oder Großelternteil in Nigeria geboren wurde. Für Personen, die innerhalb Nigerias nach dem 1.10.1960 geboren wurden, ist Bedingung, daß ein Eltern- oder Großelternteil niger Staatsangehöriger ist. Für im Ausland geborene Personen wird (unabhängig vom Datum der Geburt) verlangt, daß sie über ein Elternteil mit niger StA verfügen. Grundsätzlich kann jede Frau als Staatsangehörige von Nigeria registriert werden, die mit einem Staatsangehörigen Nigerias verheiratet ist oder war. Der Verlust der StA tritt ein, wenn die jeweilige Person eine andere StA oder Nationalität erwirbt.

341 Norwegen

Schrifttum: S Nordische Staaten; BRANDHUBER/ZEYRINGER, Standesamt für Ausländer, Länderteil Norwegen (Stand: November 1992).

Nach dem StAG Norwegens v 8.12.1950, zuletzt geändert durch G v 9.6.1989, wird die StA dieses Landes erworben durch Abstammung, wenn bei einem ehelichen

Kind ein Elternteil, bei einem nichtehelichen Kind die Mutter die norweg StA besitzt. Der Erwerb durch Eheschließung tritt ein, wenn die ausl Mutter und der norweg Vater die Ehe eingehen, das Kind unverheiratet und noch nicht 18 Jahre alt ist. Verlust der norweg StA tritt ein durch Erwerb einer fremden StA, wenn diese auf Antrag oder mit ausdrücklicher Einwilligung erworben wird.

Obervolta

S Burkina Faso (Rn 252).

Österreich

Schrifttum: GIEGL, Heimat- und Staatsbürgerrecht (3. Aufl Wien 1912); SCAPINELLI, Die Erwerbung der Staatsbürgerschaft in Deutsch-Österreich nach dem Gesetz v 5. 12. 1918, mit Nachtrag (Dresden 1919); LANGHOFF, Staatsbürgerschaft und Heimatrecht in Österreich (Wien 1920); SEIDLER, Österreich, Staatsbürgerrecht und Heimatrecht seit dem Umsturz, (öst) JBl 1921, Heft 3/4; KRAMER, Die Staatsangehörigkeit der Österreicher und Ungarn nach den Friedensverträgen (Wien 1926); KUNZ, Das Staatsangehörigkeitsrecht der Republik Österreich, in: LESKE/LOEWENFELD (vgl oben) (1934) 275; SEIDL-HOHENVELDERN, Die österreichische Staatsbürgerschaft von 1938 bis heute, ÖstZÖffR N F 6 (1953) 19; WERNER, Die Beseitigung der Landesbürgerschaft, (öst) JBl 1953, 277; ERMACORA, Landesbürgerschaft und Staatsbürgerschaft, eine offene Verfassungsfrage?, (öst) JBl 1953, 280; WERNER, Vom Erwerb der öst Staatsbürgerschaft durch Erklärung, (öst) JBl 1954, 5; ders, Rechtsfragen aus dem Gebiet des Staatsbürgerschaftsrechts, (öst) JBl 1955, 162; MEYER, Die staatliche Stellung der Österreicherin nach ihrer Eheschließung mit einem deutschen Staatsangehörigen, ÖJZ 1957, 366; SEELER, Das Staatsangehörigkeitsrecht Österreichs (1957, Nachtrag 1966); MASSFELLER, Erwerb der österreichischen Staatsangehörigkeit durch einen in Deutschland eingebürgerten Österreicher, StAZ 1962, 117; BEITZKE, Südtiroler Optanten-Fälle, WBVR III 1962, 415; Bundesgesetz v 15. 7. 1965 über die österreichische Staatsbürgerschaft: abgedruckt StAZ 1966, 26 (dazu Vermerk StAZ 1965, 310); MAKAROV, Das österreichische Bundesgesetz v 15. 7. 1965 über die Staatsbürgerschaft, ZaöRV 25 (1965) 693 (Text: 717); GOLDEMUND, Die Neuregelung des österreichischen Staatsbürgerschaftsrechtes, StAZ 1966, 33; Erlaß des MdI Baden-Württemberg v 1. 12. 1965 über Verlust der österreichischen Staatsangehörigkeit durch Einbürgerung Minderjähriger in Deutschland, StAZ 1966, 97; ZEDTWITZ, Staatsbürgerschaftsgesetz 1965 (Wien 1966); ders, Staatsbürgerschaftsgesetz, 2. Teil (Wien 1966); RINGHOFER, Strukturprobleme des Rechtes, dargestellt am Staatsbürgerschaftsgesetz 1965 (Wien 1966); vSCHWIND, Österreichisches Staatsbürgerschaftsgesetz und internationales Privatrecht, in: FS Ficker (1967) 452; SCHÄFFER, Staatsbürgerschaftserwerb durch Adoption ÖJZ 1967, 509 und Erwiderungen von KALTENEGGER u a ebenda 624; SACHSE, Österreichisches und deutsches Staatsangehörigkeitsrecht, StAZ 1975, 169; GOLDEMUND-RINDHOFER-THENER, Das österreichische Staatsbürgerrecht (Wien 1975); MÄNHARDT, Kollisionsrechtsprobleme bei der Zustimmung zum österreichischen Staatsangehörigkeitserwerb, StAZ 1976, 293; Bundesgesetz v 3. 3. 1983, mit dem das Staatsbürgerschaftsges 1965 (Staatsbürgerschafts-Novelle 1983) und das Gebührenges 1957 geändert werden, StAZ 1983, 146 (Text).

Die StA ist in Österreich im Staatsbürgerschaftsgesetz (StbG) v 1985 idF der Stb-Novelle v 30. 7. 1993 geregelt. Sie wird erworben durch Abstammung vom ehelichen Vater oder der ehelichen oder nichtehelichen Mutter, durch Legitimation durch nachfolgende Eheschließung oder Ehelichkeitserklärung. Heiratet ein(e) Ausländer(in) eine(n) Staatsangehörige(n) Österreichs, dann ist ihm (ihr) unter bestimmten Voraussetzungen die Staatsbürgerschaft zu verleihen. Erwirbt ein volljähriger

Staatsangehöriger des Landes auf eigenen Antrag eine fremde StA, ohne im Besitz einer vorgesehenen Genehmigung zur Beibehaltung der StA zu sein, dann verliert er die StA Österreichs. Vgl auch die Änderung der Stb-Verordnung 1985 durch Verordnung v 28. 9. 1993 (StAZ 1994, 23).

344 Oman

Schrifttum: StAZ 1986, 333; zum früheren Recht: WOHLGEMUTH, Ges Nr 1/1972 über die omanische Staatsangehörigkeit, StAZ 1980, 313.

Nach dem StAG des Oman (Dekret Nr 3/1983 in der Fassung des Dekrets Nr 5/1986) wird die StA des Landes erworben durch Abstammung vom omanischen Vater, es sei denn, der Ehevertrag mit der ausländischen Ehefrau wurde nach dem 1. Februar 1986 ohne Genehmigung des Innenministeriums geschlossen, durch Abstammung von einer omanischen Mutter, wenn das Kind nichtehelich ist oder wenn der Vater die omanische Staatsangehörigkeit verloren hat, oder durch Geburt in Oman als Kind unbekannter Eltern sowie durch Einbürgerung bei einem tatsächlichen ununterbrochenen und legalen Aufenthalt in Oman von einer Dauer von nicht weniger als 10 Jahren und Erfüllung weiterer Voraussetzungen auf Antrag. Heiratet eine Ausländerin einen omanischen Staatsangehörigen, kann sie auf Antrag die omanische StA erwerben, es sei denn, die Eheschließung ist nach dem 1. 2. 1986 ohne Genehmigung des Innenministeriums erfolgt. Heiratet eine Staatsangehörige Omans einen Ausländer, behält sie die StA des Oman, es sei denn, sie beantragt Entlassung aus der StA. Erwirbt ein volljähriger Staatsangehöriger des Landes eine fremde StA, dann verliert er die StA des Oman, es sei denn er hat einen Dispens durch Dekret des Sultans erhalten.

345 Pakistan

Schrifttum: StAZ 1954, 186 ; HECKER, Das Staatsangehörigkeitsrecht von Indien, Pakistan, Nepal (1965).

Nach Abspaltung des Ostteils von Pakistan und Gründung des Staates Bangladesch hat Pakistan die Bewohner dieses Landesteils aus seinem Staatsverband entlassen. Pakistan wandte hierbei die Regeln der Staatensukzession an und stellte auf den Wohnsitz im Zeitpunkt der Abspaltung ab. Optionsmöglichkeiten bestanden für Beamte der Zentralregierung, Personen mit Familienangehörigen in Westpakistan, für eine begrenzte Anzahl von Biharaflüchtlingen sowie für sonstige Härtefälle. Nach dem StAG von Pakistan v 13. 4. 1951 wird die StA des Landes erworben durch Abstammung vom ehelichen Vater oder der nichtehelichen Mutter, ferner durch Geburt im Staatsgebiet. Heiratet ein(e) Ausländer(in) eine(n) pakistanische(n) Staatsangehörige(n), ist der Erwerb der StA für den (die) Ausländer(in) unter erleichterten Bedingungen möglich. Keine Auswirkungen auf die StA hat es, wenn eine Staatsangehörige des Landes einen Ausländer heiratet. Erwirbt ein volljähriger Staatsangehöriger des Landes auf eigenen Antrag eine fremde StA, dann verliert er die StA Pakistans.

Panama 346

Schrifttum: HECKER, Das Staatsangehörigkeitsrecht von Panama als Beispiel für die Entwicklung der eigenständigen Erwerbs- und Verlustgründe im Staatsangehörigkeitsrecht, StAZ 1960, 268; ders, VRÜ 1970, 253; ders, Das Staatsangehörigkeitsrecht von Amerika (1984) 182.

Die StA Panamas ist in der Verfassung des Landes v 11. 10. 1972 geregelt, die insoweit auch durch die Totalrevision von 1983 nicht beeinträchtigt wurde. Sie wird unter bestimmten Voraussetzungen erworben durch Abstammung vom ehelichen Vater oder von der ehelichen Mutter, ferner durch Geburt im Staatsgebiet und unter bestimmten Voraussetzungen durch Adoption. Eheschließungen mit Ausländern oder Ausländerinnen haben auf den Erwerb oder den Verlust der StA keinen Einfluß. Erwirbt ein volljähriger Staatsangehöriger des Landes auf eigenen Antrag eine fremde StA, dann gehen die Staatsbürgerrechte, nicht aber die durch Geburt erworbene Nationalität verloren; verloren geht auch die derivativ oder durch Naturalisation erworbene StA.

Paraguay 347

Schrifttum: MOOSMAYER, Das Staatsangehörigkeitsrecht von Argentinien, Uruguay und Paraguay (1972) 125; BERGMANN/FERID/RIECK, Intern Ehe- u KindschaftsR, Länderteil Paraguay (Stand: 31. 8. 1993).

Nach der Verfassung von Paraguay v 20. 6. 1992 erwerben die paragu StA die im Staatsgebiet Geborenen sowie die im Ausland geborenen Kinder eines paragu StA, sofern Vater oder Mutter im Dienst des paragu Staates stehen oder die Kinder sich im Inland dauerhaft niederlassen. Hinzu kommen Findelkinder. Einbürgerung von Ausländern setzt ua einen Wohnsitz von mindestens drei Jahren im Staatsgebiet Paraguays voraus.

Peru 348

Schrifttum: MEYER-LINDENBERG/SCHMIDT-SCHLEGEL/MOOSMAYER, Das Staatsangehörigkeitsrecht von Bolivien und Peru (1963); BERGMANN/FERID/SAMTLEBEN, Intern Ehe- u KindschaftsR, Länderteil Peru (Stand: 1. 3. 1988).

Nach der Verfassung Perus v 1979, in Kraft getreten am 28. 7. 1980, erwirbt die StA jeder im Staatsgebiet Geborene sowie unter weiteren Voraussetzungen im Ausland geborene Kinder eines peruan Vaters oder einer peruan Mutter. Für die peruan StA optieren kann das im Ausland geborene Kind eines Ausländers mit Erreichen der Volljährigkeit, soweit es seit dem Alter von fünf Jahren in der Republik gelebt hat. Die peruan StA erwirbt der volljährige Ausländer, der mindestens zwei aufeinanderfolgende Jahre in der Republik wohnhaft ist auf Antrag, wenn er auf seine bisherige StA verzichtet. Lateinamerikaner u Spanier von Geburt, die in Peru wohnhaft sind, können sich einbürgern lassen, ohne ihre bisherige StA zu verlieren, wenn sie einen entsprechenden Willen ausdrücklich äußern. Der Peruaner, der die StA eines anderen lateinamerikanischen Landes oder die span StA annimmt, verliert dadurch nicht die peruan StA. Weder die Ehe noch ihre Auflösung bewirken eine Änderung der

StA der Ehegatten. Der ausl Ehegatte kann jedoch für die peruan StA optieren, falls er (sie) zwei Jahre verheiratet ist u ebensolange Wohnsitz in Peru hat.

349 Philippinen

Schrifttum: PECK, Nationalistic Influences on the Philippine Law of Citizenship, AmJCompL 14 (1965) 459; HECKER, Das Staatsangehörigkeitsrecht von Brunei, Indonesien, Malaysia, Singapur und den Philippinen (1978); BERGMANN/FERID/CIESLAR, Intern Ehe- u KindschaftsR, Länderteil Philippinen (Stand: 31. 3. 1993).

Nach der Verfassung der Philippinen v 1986, in Kraft getreten am 11. 2. 1987, sind philipp Staatsangehörige diejenigen, deren Väter oder Mütter die StA der Philippinen besitzen, die Staatsangehörige der Philippinen waren, als diese Verfassung angenommen wurde, sowie die vor dem 17. 1. 1973 (Inkrafttreten der Vorgänger-Verfassung) Geborenen, deren Mütter philipp Staatsangehörige sind, sofern sie bei Erreichen der Volljährigkeit die philipp StA wählen. Philipp Staatsangehörige, die einen Ausländer heiraten, sollen ihre StA solange behalten, bis durch ihr Handeln oder Unterlassen nach Maßgabe der Gesetze vermutet wird, daß sie auf ihre StA verzichten. Nach Maßgabe des Commonwealth Act Nr 63 v 21. 10. 1936 idF v 2. 6. 1947 verliert ein philipp Staatsangehöriger seine StA ua aufgrund der Einbürgerung in einem fremden Land.

350 Polen

Text: WGO 1962, 68.

Schrifttum: KOLLENSCHER, Die polnische Staatsangehörigkeit nach dem Vertrag v 28. 6. 1919 (1920); GARGAS, Erwerb und Verlust der polnischen Staatsangehörigkeit, BlVerglRW 15 (1920) 162; RUKSE, Die polnische Staatsangehörigkeit, JW 1921, 149; RAPPE-BERNACZEK, Das Staatsangehörigkeitsrecht der Republik Polen, in: Leske/Loewenfeld (vgl oben) (1934) 149; GEILKE, Das Staatsangehörigkeitsrecht von Polen DRZ 1951, 210; MAKAROV, Das polnische Staatsangehörigkeitsgesetz v 8. 1. 1951, RabelsZ 17 (1951/52) 407 (Text des Gesetzes 453); GEILKE, Das Staatsangehörigkeitsrecht von Polen (1952); PORALLA, Zur Staatsangehörigkeit der Deutschen in Polen, Osteuropa-Recht 1958, 219; KRAKAU, Gutachten zu einigen Fragen des polnischen und englischen Staatsangehörigkeitsrechtes, StAZ 1962, 340; GEILKE, Das neue polnische Staatsangehörigkeitsrecht v 1962, WGO 4 (1962) 67 (Text: 68–72); ders, Das polnische Staatsangehörigkeitsgesetz v 1962, StAZ 1963, 251 (Text: 252); STOLL, Die Rechtsstellung der deutschen Staatsangehörigen in den polnisch verwalteten Gebieten, Zur Integration der sogenannten Autochthonen in die polnische Nation (1968); USCHAKOW, Gebietsänderungen und die Staatsangehörigkeit der Volksrepublik Polen nach dem Zweiten Weltkrieg, ROW 1972, 113; KOKOT, Die polnische Staatsbürgerschaft – Grundsätze, Erwerb, Verlust, in: KOKOT-SKUBISZEWSKI (Hrsg), Staatsangehörigkeit, soziale Grundrechte, wirtschaftliche Zusammenarbeit (1976) 34; STOLL, Staatsangehörigkeits- und Vermögensverlust von Spätaussiedlern aus dem polnischen Herrschaftsbereich, JbOstR 19 (1978) 183; GEILKE, Polnische Staatsangehörigkeit, StAZ 1979, 18 (ein Gutachten); LUCHTERHANDT, Das Institut der Staatsbürgerschaft in der Perspektive des sozialistischen Rechts, Osteuropa-Recht 1984, 130.

Nach dem StAG von Polen v 15. 2. 1962 wird die StA Polens durch Geburt erworben, wenn beide Elternteile Polen sind, unter bestimmten Voraussetzungen auch dann, wenn nur ein Elternteil die polnische StA besitzt. Heiratet eine Ausländerin einen polnischen Staatsangehörigen, dann ist für sie der Erwerb der polnischen StA unter erleichterten Bedingungen möglich. Keine Auswirkungen auf den Erwerb oder den Verlust der StA hat eine Eheschließung zwischen einem Ausländer und einer polnischen Staatsangehörigen. Erwirbt ein volljähriger Staatsangehöriger des Landes auf eigenen Antrag eine fremde StA, dann verliert er die StA Polens, sofern der StA-Erwerb von den zuständigen polnischen Stellen genehmigt wurde.

Portugal 351

Schrifttum: PENHA GARCIA, Das Staatsangehörigkeitsrecht der Republik Portugal und seiner Kolonien, in: LESKE/LOEWENFELD (vgl oben) (1940) 635; HAMPE, Das Staatsangehörigkeitsrecht von Spanien, Portugal und Irland (1954, Ergänzungsband 1960); Neues Staatszugehörigkeitsrecht in Portugal, StAZ 1959, 332 (Ges v 29. 7. 1959); THOMASHAUSEN, Neues Staatsangehörigkeitsrecht, StAZ 1981, 331; JAYME, Kollisionsnormen im neuen portugiesischen Staatsangehörigkeitsgesetz vom 3. 10. 1981, IPRax 1982, 166; VIEIRA DE ANDRADE, Der Erwerb der deutschen Staatsangehörigkeit durch ausländische Arbeitnehmer im Hinblick auf das neue portugiesische Staatsangehörigkeitsrecht, InfAuslR 1982, 186.

Nach dem StAG von Portugal v 3. 10. 1981 idF v 12. 8. 1982 wird die StA des Landes unter Erfüllung weiterer Voraussetzungen durch Abstammung von einem portugiesischen Vater oder einer portugiesischen Mutter oder durch Geburt im Staatsgebiet sowie durch Adoption erworben. Mit einem portugiesischen Staatsangehörigen verheiratete Ausländer können die StA des Landes auf Antrag erwerben. Eine Eheschließung einer portugiesischen Staatsangehörigen mit einem Ausländer hat keine Auswirkungen auf deren StA. Die Staatsangehörigkeit Portugals verliert, wer als Staatsangehöriger eines anderen Staates erklärt, daß er nicht Portugiese sein wolle.

Puerto Rico 352

Schrifttum: HECKER VRÜ 1970, 392.

Ruanda 353

Nach dem StAG von Ruanda v 28. 9. 1963 wird die StA des Landes durch Abstammung vom ehelichen oder festgestellten nichtehelichen Vater, durch Abstammung von der ehelichen oder nichtehelichen Mutter, durch Geburt im Staatsgebiet, falls keine andere StA erworben wird, durch Adoption und Anerkennung der Vaterschaft erworben. Heiratet eine Ausländerin einen Staatsangehörigen Ruandas, dann erwirbt sie die StA kraft Gesetzes. Keine Auswirkungen für den Erwerb der StA des Landes hat es, wenn ein Ausländer eine Staatsangehörige Ruandas heiratet. Für die Staatsangehörige Ruandas bedeutet eine Heirat mit einem Ausländer aber den Verlust ihrer StA kraft Gesetzes, falls ein Erwerb fremder StA durch Eheschließung erfolgt. Erwirbt ein volljähriger Staatsangehöriger Ruandas auf eigenen Antrag eine fremde StA, dann verliert er die StA seines Landes.

354 Rumänien

Text: StAZ 1992, 26.

Schrifttum: DUTCZACK, Die Feststellung der rumänischen Staatsangehörigkeit (Cernauti 1924); DRAGANESCU, Das Staatsangehörigkeitsrecht des Königreichs Rumänien, in: LESKE/LOEWENFELD (vgl oben) (1934) 412; GÜNDISCH, Das Gesetz v 21. 1. 1938 betr die Überprüfung der rumänischen Staatsangehörigkeit, ZOR (N F) 5 (1938/39) 710; LICHTER, Die rumänische Staatsangehörigkeit, StAZ 1940, 65; KOJUCHAROFF, Das Gesetz v 18. 11. 1940 zur Regelung der Staatsangehörigkeit in der Dobrudscha, ZOR (N F) 7 (1940/41) 497; BEITZKE, Das Staatsangehörigkeitsrecht von Albanien, Bulgarien und Rumänien (1951, Nachtrag 1956); Gesetz über die rumänische Staatsbürgerschaft v 17. 12. 1971, WGO 1972, 39; FILIP, La règlementation de la citoyenneté en Roumanie, Rev roum sc soc sc jur 1973, 23; SUGA, Die Staatsangehörigkeit in der Sozialistischen Republik Rumänien, Osteuropa-Recht 1973, 1; WOLLOCH, Die geschichtliche Entwicklung des Staatsangehörigkeitsrechts in Rumänien, (Diss 1988); LEONHARDT, Rumänien: Das neue StAG, StAZ 1992, 24.

Nach dem StAG von Rumänien v 1. 3. 1991, in Kraft getreten am 5. 4. 1991, erwerben die rum StA die auf dem Territorium Rumäniens oder außerhalb Rumäniens geborenen Kinder, sofern mindestens ein Elternteil die rum StA besitzt, sowie Findelkinder. Erwerb durch Adoption, Repatriierung oder Einbürgerung ist möglich. Verlust der StA tritt insbesondere ein bei Entziehung oder Verzicht.

355 Rußland (Rußländische Föderation, RSFSR)

Schrifttum: LEVITS, Das Staatsangehörigkeitsrecht Rußlands, StAZ 1992, 171 ff; DMITRIEVA/LAKASHUK, The Russian Federation law on citizenship, Rev of Central and East European Law 1993, 267 ff; BERGMANN/FERID/BILINSKY, Intern Ehe- u KindschaftsR, Länderteil Rußland (Stand: 31. 12. 1993); vMANGOLDT, The Nationality Act of the Russian Federation of 28 November 1991 and the Act on Amendments and Additions of 17 June 1993 Thereto in the Light of the Russian Federation's Obligations Under Public International Law, Austrian Journal of Public and International Law 1995, 65.

Nach dem G v 28. 11. 1991 sind Staatsbürger der RSFSR durch Anerkennung Personen, die Staatsbürger der ehemaligen Sowjetunion waren u am Tag des Inkrafttretens dieses G ständig auf dem Territorium der RSFSR leben, sofern sie nicht innerhalb eines Jahres nach diesem Tag ihren gegenteiligen Wunsch zum Ausdruck bringen. Am 30. 12. 1922 und danach geborene Personen, welche die Staatsbürgerschaft der ehemaligen Sowjetunion verloren haben, gelten als Staatsbürger der RSFSR kraft Geburt, wenn sie auf dem Territorium der RSFSR geboren sind oder ein Elternteil im Zeitpunkt der Geburt des Kindes Staatsbürger der Sowjetunion war und ständig auf dem Territorium der RSFSR gelebt hat. Unter Territorium der RSFSR ist in diesem Fall das Territorium der RSFSR nach dem Stand am Tag der Geburt zu verstehen. Ein Kind, dessen Eltern im Zeitpunkt der Geburt Staatsbürger der RSFSR sind, ist unabhängig vom Geburtsort Staatsbürger der RSFSR. Ist nur ein Elternteil Staatsbürger der RSFSR, der zweite staatenlos, erwirbt das Kind ebenfalls die Staatsbürgerschaft; ist der zweite Elternteil im Besitz einer ausl StA, wird die StA des Kindes unabhängig vom Geburtsort durch eine schriftliche Vereinbarung der Eltern bestimmt. Ohne eine derartige Vereinbarung, die sich allein mit der Frage des Erwerbs der russ StA befassen kann, erwirbt das Kind die Bürgerschaft der

RSFSR, wenn es auf deren Territorium geboren ist oder wenn es andernfalls staatenlos wäre. Ein auf dem Territorium der RSFSR geborenes Kind ist Bürger der RSFSR, wenn seine Eltern Staatsbürger der nach dem Stand v 1. 9. 1991 zum Bestand der Sowjetunion gehörenden Republiken oder anderer Staaten waren u diese Republiken oder Staaten dem Kind ihre Staatsbürgerschaft nicht verleihen. Im Registrierungsverfahren erwerben die Staatsbürgerschaft der RSFSR ua Personen, deren Ehegatte oder Verwandter in gerader aufsteigender Linie Bürger der RSFSR ist sowie ständig auf dem Territorium der anderen Republiken, die nach dem Stand v 1. 9. 1991 unmittelbar dem Bestand der Sowjetunion angehörten, lebende Staatsbürger der Sowjetunion, wenn sie nicht Staatsbürger dieser Republiken sind und innerhalb von drei Jahren ab Inkrafttreten dieses Gesetzes erklären, die Bürgerschaft der RSFSR erwerben zu wollen. Die Staatsbürgerschaft der RSFSR gilt als wiederhergestellt bei ehemaligen Bürgern der RSFSR, denen die Staatsbürgerschaft aufgrund des außer Kraft getretenen Erlasses des Präsidiums des Obersten Sowjets der Sowjetunion v 17. 2. 1967 Nr 818 oder aufgrund sonstiger Erlasse des Präsidiums des Obersten Sowjets der Sowjetunion ohne ihre freie Willenserklärung entzogen worden ist, sofern sie nicht ihren Verzicht auf die Staatsbürgerschaft der RSFSR erklären.

San Marino

Schrifttum: HECKER, Das Staatsangehörigkeitsrecht von Andorra, Liechtenstein, Monaco, San Marino, der Vatikan-Stadt (1958); BERGMANN/FERID/REINKENHOF, Intern Ehe- u KindschaftsR, Länderteil San Marino (Stand: 30. 6. 1993).

Sao Tomé und Principe

Schrifttum: JAYME, Staatsangehörigkeitsgesetz v 1. Dezember 1975, StAZ 1980, 205.

Nach dem StAG von Sao Tomé und Principe v 1. 12. 1975 wird die StA des Landes erworben durch Abstammung von einem santomeischen Vater oder einer santomeischen Mutter, ohne daß es auf die Ehelichkeit ankommt, sowie unter Erfüllung weiterer Bedingungen durch Geburt im Staatsgebiet. Heiratet eine Ausländerin einen santomeischen Staatsangehörigen, erwirbt sie die StA des Landes kraft Gesetzes. Heiratet ein Ausländer eine santomeische Staatsangehörige, ist der Erwerb der StA dieses Landes unter erleichterten Bedingungen möglich. Erwirbt ein Staatsangehöriger von Sao Tomé und Principe eine fremde StA auf eigenen Antrag, verliert er die santomeische StA.

Saudi Arabien

Nach dem StAG von Saudi Arabien v 20. 10. 1954 wird die StA erworben durch Abstammung vom ehelichen Vater oder Vaterschaftsanerkennung. Heiratet eine Ausländerin einen Staatsangehörigen des Landes, ist für sie der Erwerb der saudiarabischen StA unter erleichterten Bedingungen möglich. Keine Auswirkungen auf den Erwerb der StA hat es, wenn ein Ausländer eine Staatsangehörige des Landes heiratet. Die Staatsangehörige verliert für den Fall der Eheschließung mit einem Ausländer die StA Saudi-Arabiens, falls ein Erwerb einer fremden StA durch die

Eheschließung erfolgt. Erwirbt ein volljähriger Staatsangehöriger des Landes auf eigenen Antrag eine fremde StA, dann verliert er die StA Saudi-Arabiens.

359 Schweden

Schrifttum: HAMBRO, Das Staatsangehörigkeitsrecht des Königreichs Schwedens, in: LESKE/LOEWENFELD (vgl oben) (1934) 17. S auch Nordische Staaten.

Nach dem StAG Schwedens v 22. 6. 1950 wird die StA des Landes erworben durch Abstammung vom ehelichen Vater oder der nichtehelichen Mutter sowie durch Legitimation durch nachfolgende Eheschließung oder Ehelichkeitserklärung. Eine Eheschließung mit einem Ausländer oder einer Ausländerin hat keine Auswirkung auf den Erwerb oder den Verlust der schwedischen StA. Erwirbt ein schwedischer volljähriger Staatsangehöriger auf Antrag eine fremde StA, ohne im Besitz einer vorgesehenen Genehmigung zur Beibehaltung der StA zu sein, dann verliert er die schwedische StA.

360 Schweiz

Schrifttum: STOLL, Der Verlust des Schweizerbürgerrechtes (Diss Zürich 1888); RIESE, Das Schweizerbürgerrecht (Diss Berlin 1892); TEG, Die Einbürgerung kraft Geburt auf dem Schweizerboden, (Diss Zürich 1922); HUBER, Die Naturalisation in der Schweiz, (Diss Zürich 1922); GUGGENHEIM, Das Staatsangehörigkeitsrecht der Schweizerischen Eidgenossenschaft, in: LESKE/LOEWENFELD (vgl oben) (1934) 325–358; STEINHEIM, Die Wiedereinbürgerung ehemaliger Schweizerbürger (Diss Zürich 1937); ETTER, Der Verlust des Schweizerbürgerrechtes (Diss Zürich 1945); SCHRÖDER, Das schweizerische Staatsangehörigkeitsrecht (1949, mit Nachtrag 1954); DE LA RUE, Das neue schweizerische Staatsangehörigkeitsgesetz, RabelsZ 19 (1953) 80; DELITZ, Das neue schweizerische Staatsangehörigkeitsrecht, StAZ 1953, 193; RENNEFAHRT u a, Das Schweizerbürgerrecht, Sonderheft der ZSchweizR, N F 71 (1953) Heft 6; GÖTZ, Die schweizerische Staatsangehörigkeit und das schweizerische Familienregister, StAZ 1956, 53; IMMER, La perte de la nationalité suisse par l'écoulement du temps (Lausanne 1964); BENZ, Die ordentliche Einbürgerung von Ausländern in der Schweiz (Zürich 1968); HELMERKING, Über das Schweizer Bürgerrecht und dessen Verlust, SchwJZ 1968, 365; FREUND, Die Erleichterung der Einbürgerung als Maßnahme gegen die Überfremdung, ZSchweizR N F 93 (1974 I) 61; WIEDERKEHR, Erwerb und Verlust des Schweizer Bürgerrechts von Gesetzes wegen (1983); HUBER, Heimatrecht u Domizilprinzip in der schweizerischen Kollisionsrechtsreform, in: JAYME/MANSEL, Nation u Staat im IPR (1990) 193 ff; HOTTELIER, Le nouveau droit de la nationalité suisse, Rev intern de droit comparé 1991, 565 ff; WESTENBERG, Staatsangehörigkeit im schweizerischen IPRG (1992) (Schweizer Studien zum internat Recht 74).

Nach dem StA-Gesetz der Schweiz v 29. 9. 1952 in der Fassung der letzten Änderung v 23. 3. 1990 (Gleichstellung von Mann und Frau), in Kraft seit 1. 1. 1992, erwirbt die StA (Bürgerrecht) durch Abstammung ein Kind, dessen Eltern miteinander verheiratet sind und dessen Vater oder Mutter schweiz Bürger ist, ein Kind einer Schweizer Bürgerin, die mit dem Vater nicht verheiratet ist sowie das durch Heirat legitimierte Kind. Auch das Findelkind ist Schweizerbürger. Wird ein unmündiges ausl Kind von einem schweiz Bürger adoptiert, erwirbt es das schweiz Bürgerrecht. Wird umgekehrt ein unmündiger schweiz Bürger von einem Ausländer adoptiert, verliert er mit der Adoption das schweiz Bürgerrecht, wenn er damit die StA des Adoptierenden erwirbt oder diese bereits besitzt. Erleichterte Einbürgerung ist vorgesehen für Ausländer nach der Eheschließung mit einem schweiz Bürger.

Senegal 361

Schrifttum: Ges Nr 61–10 v 7. 3. 1961, Rev crit dr i p 1964, 393.

Nach dem StAG von Senegal v 15. 3. 1961, zuletzt geändert am 26. 12. 1989, wird die StA erworben durch Abstammung vom ehelichen Vater und unter bestimmten Voraussetzungen auch durch Abstammung vom festgestellten nichtehelichen Vater oder der ehelichen oder nichtehelichen Mutter. Die StA wird ferner erworben durch Legitimation durch nachfolgende Eheschließung oder Ehelichkeitserklärung sowie durch Adoption. Heiratet eine Ausländerin einen senegalesischen Staatsangehörigen, dann erwirbt sie die StA des Landes kraft Gesetzes. Allerdings hat sie ein Recht zur Ausschlagung. Eine Eheschließung zwischen einem Ausländer und einer senegalesischen Staatsangehörigen hat keine Auswirkungen auf den Erwerb oder den Verlust der StA des Landes. Erwirbt ein volljähriger Staatsangehöriger Senegals auf eigenen Antrag eine fremde StA, dann verliert er die seines Landes.

Seychellen 362

Schrifttum: BERGMANN/FERID/BRINK, Intern Ehe- u KindschaftsR, Länderteil Seychellen (Stand: 31. 10. 1988).

Geregelt ist die StA der Seychellen in einem Anhang zur Verfassung v 23. 3. 1979 sowie in der Verordnung über die StA v 22. 6. 1976, in Kraft getreten am 29. 6. 1976. Wer unmittelbar vor dem 5. 6. 1979 StA der Seychellen war, bleibt StA. Eine Person, die an oder nach diesem Tag auf den Seychellen geboren wurde oder wird, wird mit dem Tag ihrer Geburt Staatsangehöriger, es sei denn, zum Zeitpunkt ihrer Geburt war keiner ihrer Elternteile Staatsangehöriger der Seychellen. Personen, die am oder nach dem 5. 6. 1979 im Ausland geboren wurden, sind nur dann im Besitz der StA, wenn ihr Vater oder ihre Mutter zum Zeitpunkt ihrer Geburt Staatsangehöriger der Seychellen war. Erwerb der StA aufgrund Adoption ist nur unter der Voraussetzung möglich, daß der Adoptierende oder bei einer gemeinsamen Adoption der Mann zum Zeitpunkt der Adoption Staatsangehöriger war. Ein volljähriger und geschäftsfähiger Staatsangehöriger kann eine Verzichtserklärung auf seine StA der Seychellen abgeben, wenn er Staatsangehöriger eines zweiten Staates ist. Ein volljähriger registrierter oder eingebürgerter Staatsangehöriger, der durch freiwilliges Handeln (nicht durch Heirat) die StA eines anderen Landes erwirbt, soll mit dem Datum des Erwerbs der StA jenes anderen Landes aufhören, StA der Seychellen zu sein.

Sierra Leone 363

Schrifttum: BERGMANN/FERID/CIESLAR, Intern Ehe- u KindschaftsR, Länderteil Sierra Leone (Stand: 30. 11. 1991).

Nach dem StAG von Sierra Leone v 30. 3. 1973 wird die StA unter bestimmten Voraussetzungen durch Abstammung vom ehelichen oder festgestellten nichtehelichen Vater, durch Abstammung von der ehelichen oder nichtehelichen Mutter erworben, sowie durch Geburt im Staatsgebiet, falls keine andere StA erworben wird. Heiratet eine Ausländerin einen Staatsangehörigen der Sierra Leone, dann erwirbt sie ein Recht auf die StA auf Antrag. Erwirbt ein volljähriger Staatsangehöriger auf eigenen Antrag eine fremde StA, dann verliert er die StA der Sierra Leone.

364 Singapur

Schrifttum: HECKER, Das Staatsangehörigkeitsrecht von Brunei, Indonesien, Malaysia, Singapur und den Philippinen (1978); BERGMANN/FERID/HECKER, Intern Ehe- u KindschaftsR, Länderteil Singapur (Stand: 31. 3. 1989).

Nach der Verfassung von Singapur v 31. 3. 1980 idF v 2. 1. 1986 ist jede Person, die in Singapur geboren wird, ein Staatsbürger Singapurs, es sei denn, daß keiner der beiden Elternteile die StA Singapurs zum Zeitpunkt der Geburt besaß. Eine Person, die außerhalb Singapurs geboren wird, erwirbt die StA Singapurs durch Abstammung, wenn ihr Vater zum Zeitpunkt der Geburt ein Staatsbürger Singapurs durch Geburt oder durch Registrierung ist. Neben dem Erwerb der StA durch Registrierung kommt ein Erwerb kraft Einbürgerung in Betracht. Jeder Staatsangehörige Singapurs ab 21 Jahren, der auch eine andere StA besitzt oder beantragt hat, kann auf seine StA Singapurs durch Erklärung verzichten.

365 Slowakische Republik

Nach dem Gesetz Nr 40/1993 Zb der Slowakei sind Personen, die zum 31. 12. 1992 slowakische Staatsbürger nach dem Gesetz Nr 206/1968 Zb waren, zum 1. 1. 1993 slowakische Staatsbürger geworden. Staatsbürger der CSFR, die am 31. 12. 1992 nicht gleichzeitig slowakische Staatsbürger waren, konnten bis zum 31. 12. 1993 für die slowakische Staatsangehörigkeit durch eine schriftliche Erklärung optieren. Minderjährige Kinder folgten in beiden Fällen automatisch ihren Eltern. Ansonsten erwirbt die slowakische StA ein Kind durch Geburt, wenn mindestens ein Elternteil slow Staatsbürger ist oder es als Kind von Staatenlosen auf dem Gebiet der Slowakei geboren wurde, durch Adoption, wenn mindestens ein Elternteil slow Staatsbürger ist, auf eigenen Antrag grundsätzlich nur dann, wenn ein ständiger Wohnsitz auf dem Gebiet der Slowakei nachgewiesen wird und in den letzten fünf Jahren keine rechtskräftige Verurteilung wegen einer vorsätzlichen Straftat vorliegt. Ohne Erfüllung dieser Voraussetzungen ist eine Einbürgerung ausnahmsweise möglich bei Heirat eines slow Staatsbürgers sowie bei Personen, die sich auf dem Gebiet der Wirtschaft, Wissenschaft, Kultur und Technologie für die Slowakei verdient gemacht haben. Auf eigenen Antrag können Personen aus der slow StA entlassen werden, wenn sie eine fremde StA bereits erworben haben oder diese erst nach der Entlassung erwerben dürfen (Zusicherung). Nicht entlassen werden Personen, die Steuerschulden haben oder gegen die ein Strafverfahren eingeleitet worden ist oder die eine von einem slow Gericht verhängte Freiheitsstrafe noch nicht verbüßt haben. Nach dem Wortlaut des Gesetzes besteht offensichtlich kein Rechtsanspruch auf eine Entlassung aus dem Staatsverband. Begünstigend wird jedoch ua berücksichtigt, wenn ein fremder Staatsangehöriger geheiratet worden ist, der Wohnsitz dauerhaft ins Ausland verlegt wurde oder die Ehe nicht mehr besteht, aufgrund derer die slow Staatangehörigkeit früher verliehen wurde. (Vgl auch die Ausführungen zur Tschechischen Republik.)

Slowenien

Text: IPRax 1993, 121.

Schrifttum: GEC-KOROSEC, Neuregelung des Staatsangehörigkeitsrechts in der Republik Slowenien, IPRax 1993, 118; dies, Überblick über das Rechtssystem der selbständigen Republik Slowenien, WGO 1992, 345.

Geregelt ist die StA Sloweniens im StAG v 5. 6. 1991 idF der letzten Änderung v 29. 7. 1992. Ein Kind erwirbt die slowen StA, wenn bei seiner Geburt Vater und Mutter die slowen StA besitzen, oder wenn bei seiner Geburt zwar nur ein Elternteil slowen Staatsangehöriger ist, das Kind aber im Staatsgebiet Sloweniens geboren wurde, oder wenn das Kind im Ausland geboren wurde, sofern bei seiner Geburt ein Elternteil slowen Staatsangehöriger ist, der zweite Elternteil unbekannt ist, eine unbekannte StA besitzt oder staatenlos ist. Ein im Ausland geborenes Kind, bei welchem ein Elternteil bei seiner Geburt Staatsangehöriger der Republik Slowenien ist, der andere Elternteil aber eine ausl StA hat, erwirbt durch Abstammung die StA Sloweniens, wenn es vor Vollendung des 18. Lebensjahres als slowen Staatsangehöriger angemeldet wird oder wenn es sich vor Vollendung des 18. Lebensjahres tatsächlich ständig im Bereich der Republik Slowenien mit dem Elternteil ansiedelt, der Staatsangehöriger der Republik Slowenien ist. Das ius soli ist insoweit normiert, als ein Kind die slowen StA erwirbt durch Geburt oder Auffinden in Slowenien, sofern Vater und Mutter unbekannt, unbekannter StA oder staatenlos sind. Einbürgerung setzt grundsätzlich die Entlassung aus der bisherigen StA sowie einen Aufenthalt von zehn Jahren in Slowenien voraus, davon die letzten fünf Jahre bis zur Antragstellung ohne Unterbrechung. Einem Staatsangehörigen der Republik Slowenien, der tatsächlich im Ausland lebt und auch die ausl StA besitzt, kann die slowen StA entzogen werden, wenn er durch seine Tätigkeit den internationalen oder anderen Interessen Sloweniens schadet.

Somalia (Demokratische Republik)

Schrifttum: BERGMANN/FERID/BRINK, Intern Ehe- u KindschaftsR, Länderteil Somalia (Stand: 31. 12. 1988).

Die StA in der Demokratischen Republik Somalia wird geregelt durch das Gesetz v 22. 12. 1962 und die Verordnung v 19. 2. 1963. Sie wird erworben durch Abstammung vom ehelichen Vater, der nichtehelichen Mutter und unter bestimmten Voraussetzungen auch von der ehelichen Mutter, ferner durch Legitimation durch nachfolgende Eheschließung. Heiratet eine Ausländerin einen Staatsangehörigen des Landes, dann erwirbt sie die StA Somalias kraft Gesetzes. Keine Auswirkungen auf den Erwerb der StA Somalias hat eine Eheschließung zwischen einem Ausländer und einer Staatsangehörigen. Heiratet eine Staatsangehörige des Landes einen Ausländer, dann verliert sie die StA nur, wenn ein Erwerb fremder StA im Ausland erfolgt. Erwirbt ein volljähriger Staatsangehöriger des Landes auf eigenen Antrag eine fremde StA, dann verliert er die StA Somalias.

368 Sowjetunion (ehemalige)

Text: WGO 1978, 182.

Schrifttum: ROBINSON, Die litauische Staatsangehörigkeit, ZOstR 2 (1928) 437; MADDINSON, Die estnische Staatsbürgerschaft (Reval 1929); FREUND, Die Staatsangehörigkeit in Deutschland lebender Personen russisch-polnischer Herkunft, JW 1929, 3455; ders, Das neue Staatsangehörigkeitsrecht der UdSSR, ZOstR 4 (1930) 706; DURDENEWSKI, Die Sowjet-Staatsangehörigkeit und ihre Regelung im Jahre 1930, ZOstR 5 (1931) 332; MAKAROV, Zur Frage der Staatsangehörigkeit in Deutschland lebender Personen russisch-polnischer Herkunft, JW 1932, 3800; ders, Das Staatsangehörigkeitsrecht der Union der Sozialistischen Sowjet-Republiken, in: LESKE/LOEWENFELD (vgl oben) (1934) 121; ROLNIK, Das Staatsangehörigkeitsrecht der Republik Litauen, in: LESKE/LOEWENFELD (vgl oben) (1934) 111; MINTZ, Das Staatsangehörigkeitsrecht der Republik Lettland, in: LESKE/LOEWENFELD (vgl oben) (1934) 67; vCSEKEY, das Staatsangehörigkeitsrecht der Republik Estland, in: LESKE/LOEWENFELD (vgl oben) (1934) 79; MEDER, Das estländische Staatsangehörigkeitsgesetz v 11. 4. 1938, ZOR (N F) 5 (1939) 618; LICHTER, Neues estnisches Staatsangehörigkeitsrecht, StAZ 1939, 352; HERWAGEN, Die Novelle zum lettländischen Staatsangehörigkeitsgesetz v 20. 9. 1938, ZOR (N F) 5 (1939) 450; MEDER, Die Novelle zum estländischen Staatsangehörigkeitsgesetz v 11. 12. 1939, ZOR (N F) 6 (1940) 404; SWETSCHIM, Das litauische Staatsangehörigkeitsgesetz v 5. 8. 1939, ZOR (N F) 6 (1940) 134; MAURACH, Das Staatsangehörigkeitsrecht der Sowjetunion (1942); MEDER, Das Staatsangehörigkeitsrecht der UdSSR und der baltischen Staaten (1950); HECKER, Staatsangehörigkeitsabkommen UdSSR – Jugoslawien, StAZ 1956, 203 (deutsche Übersetzung des Abkommens: StAZ 1956, 275); GEILKE, Das Staatsangehörigkeitsrecht der Sowjetunion (1964); GINSBURGS, Soviet Citizenship Legislation and Statelessness as a Consequence of the Conflict of Nationality Laws, 15 (1966) Int Comp L Q 1–54; GEILKE, Das Staats- und Volksangehörigkeitsrecht der UdSSR, StAZ 1975, 305 UIBOPUU, Staatsangehörigkeit der UdSSR, Osteuropa-Recht 1978, 63; PUSYLEWITSCH, Das neue Staatsangehörigkeitsrecht der Sowjetunion, Osteuropa-Recht 1979, 247; RUBANOV, Major Controversial Issues in Legislation on Citizenship, SovLGov 18 (1980) 37; OSAKWE, Recent Soviet Citizenship Legislation, AmJCompL 28 (1980) 625; KOWAL-WOLK, Die sowjetische Staatsbürgerschaft (1982); LUCHTERHANDT, Das Institut der Staatsbürgerschaft in der Perspektive des sozialistischen Rechts, Osteuropa-Recht 1984, 130; GINSBURGS, From the 1990 law on the citizenship laws of the successor republics, Rev of Central and East European Law 1993, 233 ff.

Obwohl die Sowjetunion nicht mehr existiert, wird ihr Staatsangehörigkeitsrecht hier dargestellt. Soweit Nachfolgestaaten bislang kein eigenes Staatsangehörigkeitsrecht besitzen, kommt noch das StAG der Sowjetunion zur Anwendung, obwohl es mit dem Untergang der Sowjetunion mangels eines Bezugssubjekts ebenfalls nicht mehr unmittelbar existiert. Einzelne StAG der Nachfolgestaaten knüpfen zudem bei ihren Erwerbstatbeständen an die Innehabung der sowjetischen StA an.

Nach dem StAG der Sowjetunion v 1. 2. 1978 wurde die StA des Landes durch Abstammung von einem sowjetischen Staatsangehörigen erworben. Eine Unterscheidung zwischen ehelicher und nichtehelicher Abstammung wurde nicht getroffen. Heiratete ein(e) Ausländer(in) eine(n) sowjetische(n) Staatsangehörige(n), dann erhielt er(sie) ein Recht auf Erwerb der StA des Landes auf Antrag. Für eine sowjetische Staatsangehörige hatte eine Eheschließung mit einem Ausländer keine Auswirkung auf ihre StA. Erwarb ein volljähriger Staatsangehöriger auf eigenen

Antrag eine fremde StA, hatte dies nicht automatisch den Verlust der sowjetischen StA zur Folge.

Die auf dem Gebiet der früheren Sowjetunion entstandenen Staaten haben sich fast ausschließlich neue Staatsangehörigkeitsgesetze gegeben. Vgl insoweit die Darstellung zu Aserbeidschan, Estland, Georgien, Kasachstan, Lettland, Litauen, Moldau, Rußland, Tadschikistan, Ukraine, Usbekistan, Weißrußland. Lediglich von Turkmenistan ist insoweit nichts bekannt; von Armenien und Kirgisien liegen Gesetzentwürfe vor. Vgl im einzelnen den jeweiligen Länderbericht.

Spanien

Text: StAZ 1991, 236.

Schrifttum: CRUSEN, Das Staatsangehörigkeitsrecht der spanischen Republik, in: LESKE/LOEWENFELD (vgl oben) (1940) 647; vWALDHEIM, Zuständigkeit in Staatsangehörigkeitsfragen, Verlust der spanischen Staatsangehörigkeit durch Wehrdienst in einer fremden Macht, StAZ 1951, 65; ders, Zwei wichtige Entscheidungen des spanischen Justizministeriums über die Staatsangehörigkeit von mit Ausländern verheirateten Spanierinnen, StAZ 1953, 162; HAMPE, Das Staatsangehörigkeitsrecht von Spanien, Portugal und Irland (1954, Ergänzungsband 1960); HOFFMANN, Änderungen im spanischen Staatsangehörigkeitsrecht, StAZ 1955, 242; vWALDHEIM, Das spanische Staatsangehörigkeitsgesetz v 15. Juli 1954, StAZ 1956, 122; MIAJA DE LA MUELA, Los convenios de doble nacionalidad entre Espana y algunas Republicas americanas, Rev esp der int 19 (1966) 381; SERRANO GARCÍA, Notas sobre la nacionalidad de los cónyuges según la reforma del Código Civil de 2 mayo 1975, DocJur 1978, 665; RAU (Übers), Gesetz 51/1982 v 13. 7. 1982 betr Änderung der Art 17–26 Código civil, StAZ 1982, 289; DEL CORRAL RIVAS, Principios de la reforma en materia de nacionalidad, Rev der priv 1983, 791; SORIANO, Nationality and Double Nationality Principles in Spanish Private International Law System, in: JAYME/MANSEL, Nation u Staat im IPR (1990) 237 ff; KIRCHMAYER, Das neue Staatsangehörigkeitsrecht in Spanien, StAZ 1991, 217; MANGOLD, Das neue spanische Staatsangehörigkeitsrecht – wesentliche Inhalte der Reform, IPRax 1992, 391.

Die StA ist in Spanien in den Art 17 ff des Zivilgesetzbuches (letzte Änderung durch das StAG v 17. 12. 1990) geregelt. Sie wird erworben durch Abstammung von der Mutter oder dem Vater mit span StA oder durch Adoption. Ferner erwerben Kinder von Ausländern, von denen wenigstens ein Elternteil in Spanien geboren ist, sowie Kinder von Staatenlosen und Findelkinder die StA durch Geburt in Spanien. Heiratet ein(e) Ausländer(in) eine(n) spanische(n) Staatsangehörige(n), dann erhält der (die) Ausländer(in) ein Recht auf Erwerb der span StA auf Antrag. Heiratet eine Staatsangehörige des Landes einen Ausländer, dann verliert sie die StA kraft Gesetzes, falls ein Erwerb einer fremden StA durch die Eheschließung erfolgt. Der grundsätzliche Verlust der span StA bei Erwerb einer anderen StA tritt bei Staatsangehörigen der iberoamerikanischen Länder, Andorras, der Philippinen, Äquatorial-Guineas und Portugals nicht ein.

Sri Lanka

Schrifttum: HECKER, Das Staatsangehörigkeitsrecht von Bangladesch, Burma, Sri Lanka (Ceylon), Thailand und den Malediven (1975).

Nach dem StAG v 15. 11. 1948 wird die StA durch Abstammung vom ehelichen oder festgestellten nichtehelichen Vater, durch Abstammung von der nichtehelichen Mutter, durch Geburt im Staatsgebiet, falls keine andere StA erworben wird, sowie durch Legitimation durch nachfolgende Eheschließung erworben. Heiratet ein(e) Ausländer(in) eine(n) Staatsangehörige(n) des Landes, dann erhält sie (er) ein Recht auf Erwerb der StA Sri Lankas auf eigenen Antrag. Heiratet eine Staatsangehörige von Sri Lanka einen Ausländer, dann tritt ein Verlust der StA kraft Gesetzes ein, falls ein Erwerb fremder StA durch Eheschließung erfolgt. Erwirbt ein volljähriger Staatsangehöriger von Sri Lanka auf eigenen Antrag eine fremde StA, dann verliert er die StA Sri Lankas.

371 St Christopher (Kitt), Nevis und Anguilla

Schrifttum: HECKER VRÜ 1970, 397.

372 St Lucia

Schrifttum: HECKER VRÜ 1970, 398.

373 St Pierre und Miquelon

Schrifttum: HECKER VRÜ 1970, 400.

374 St Vincent

Schrifttum: HECKER VRÜ 1970, 398.

375 Sudan

Nach dem StAG von Sudan v 25. 6. 1957 wird die StA durch Abstammung vom ehelichen Vater oder der nichtehelichen Mutter erworben. Heiratet eine Ausländerin einen Staatsangehörigen des Sudan, dann ist für sie der Erwerb der StA des Landes unter erleichterten Bedingungen möglich. Eheschließungen zwischen einem Ausländer und einer Staatsangehörigen des Sudan haben keine Auswirkungen auf den Erwerb oder den Verlust der StA des Landes. Erwirbt ein volljähriger Staatsangehöriger des Sudan auf eigenen Antrag eine fremde StA, ohne im Besitz einer vorgesehenen Genehmigung zur Beibehaltung der StA zu sein, verliert er die StA des Sudan.

376 Südafrika (Südafrikanische Republik)

Schrifttum: Südafrikanisches Staatsangehörigkeitsrecht, StAZ 1954, 282; STEINBERG, Das Staatsangehörigkeitsrecht der Südafrikanischen Union (einschließlich Südwest-Afrika) (1955); ders, Der Gesetzesentwurf zur Abänderung des südafrikanischen Staatsangehörigkeitsgesetzes des Jahres 1949, StAZ 1958, 135; SACHSE, Südafrikanisches Staatsangehörigkeitsrecht, StAZ 1967, 112; RYCROFT, Citizenship and Rights, in: RYCROFT u a (Hrsg), Race and Law in South Africa 221 ff; STEINMEYER, Verfassungsrechtliche Ansätze zur Neuordnung der multirassischen Gesellschaft Südafrikas (1991) 98 ff.

Nach dem StAG Südafrikas v 28. 6. 1949 wird die StA des Landes unter bestimmten Voraussetzungen durch Abstammung vom ehelichen Vater, durch Geburt im Staatsgebiet, durch Legitimation durch nachfolgende Eheschließung oder Ehelichkeitserklärung oder durch Adoption erworben. Heiratet eine Ausländerin einen südafrikanischen Staatsangehörigen, ist ein Erwerb der StA unter erleichterten Bedingungen möglich. Eheschließungen zwischen einem Ausländer und einer Staatsangehörigen Südafrikas haben keine Auswirkungen auf den Erwerb oder den Verlust der StA des Landes. Erwirbt ein volljähriger Staatsangehöriger des Landes auf eigenen Antrag eine fremde StA, dann verliert er die StA Südafrikas nur, wenn ein Erwerb fremder StA im Ausland erfolgt. – Der South African Citizenship Act 1949 gilt bis auf weiteres fort. Die am 27. 4. 1994 in Kraft getretene (Übergangs-)Verfassung der Republik Südafrika (vgl Constitution of the Republic of South Africa, Gazette No 15466 v 28. 1. 1994) bestimmt in Sec 5: „(1) There shall be a South African citizenship. (2) South African citizenship and the acquisition, loss and restoration of South African citizenship shall (...) be regulated by an Act of Parliament. (3) Every person who is a South African citizen shall (...) be entitled to enjoy all rights, privileges and benefits of South African citizenship (...)." Die letzte Vorschrift stellt klar, daß auch die Einwohner der ehedem pro forma unabhängigen Homelands die südafrikanische Staatsangehörigkeit besitzen. Zur Staatsangehörigkeit der Bewohner der Homelands s a Restoration of South Africa Citizenship Act 1986 (Act No 73 of 1986).

Syrien, Arabische Republik

Schrifttum: StAZ 1971, 117; ELWAN, Einflüsse des Islam u der Begriff der arabischen Nation, in: JAYME/MANSEL, Nation u Staat im IPR (1990) 291 (294).

Nach dem StAG Syriens v 24. 11. 1969 idF d G v 19. 11. 1986 wird die StA erworben durch Abstammung von einem syrisch-arabischen Vater, unter bestimmten Voraussetzungen durch Abstammung von einer syrisch-arabischen Mutter, durch Geburt im Staatsgebiet, falls keine andere StA erworben wird. Heiratet eine Ausländerin einen syrischen Staatsangehörigen, dann erwirbt sie ein Recht auf die StA Syriens unter bestimmten Voraussetzungen auf Antrag. Keine Auswirkungen auf die StA hat eine Eheschließung zwischen einer syrischen Staatsangehörigen und einem Ausländer. Erwirbt ein volljähriger Staatsangehöriger des Landes auf eigenen Antrag eine fremde StA, ohne im Besitz einer vorgesehenen Genehmigung zur Beibehaltung der StA zu sein, dann verliert er die syrische StA nur, wenn der Erwerb einer fremden StA von der eigenen Regierung genehmigt wird.

Tadschikistan

Das StAG stammt v 28. 6. 1991. Staatsangehörige Tadschikistans sind Personen, die ihren ständigen Wohnsitz auf dem Hoheitsgebiet Tadschikistans hatten, und zur ständigen Wohnsitznahme in die Republik eingereiste Personen. Ein Kind, dessen beide Elternteile im Moment seiner Geburt tadsch Staatsangehörige sind, ist unabhängig von seinem Geburtsort Staatsangehöriger Tadschikistans. Bei unterschiedlicher StA der Eltern, von denen ein Elternteil zum Zeitpunkt der Geburt des Kindes Staatsangehöriger Tadschikistans ist, besitzt das Kind ebenfalls die tadsch StA, wenn es auf dem Hoheitsgebiet Tadschikistans geboren ist oder – bei Geburt im Ausland – wenn zumindest ein Elternteil zu diesem Zeitpunkt seinen ständigen Wohnsitz in

Tadschikistan hat. Haben zu diesem Zeitpunkt beide Elternteile ihren ständigen Wohnsitz außerhalb Tadschikistans, wird die tadsch StA des Kindes durch schriftliche Übereinkunft der Eltern bestimmt. Erwerb der StA durch Vaterschaftsfeststellung oder Adoption ist möglich. Die Eheschließung eines tadsch StA mit einer Person, die die StA einer (ehemaligen) Unionsrepublik oder eines ausl Staates besitzt oder staatenlos ist, sowie die Scheidung einer solchen Ehe begründen keine Veränderung der StA der Ehegatten. Ein Wechsel der StA eines der Ehepartner begründet keinen Wechsel der StA des anderen Ehepartners.

379 Tansania

Nach dem StAG Tansanias v 1961 wird die StA durch Abstammung vom Vater erworben. Es wird kein Unterschied zwischen ehelicher und nichtehelicher Abstammung gemacht. Die StA wird weiterhin durch Geburt im Staatsgebiet erworben, wenn ein Elternteil Tansanier ist. Heiratet eine Ausländerin einen Staatsangehörigen des Landes, dann erwirbt sie ein Recht auf die StA Tansanias. Eine Eheschließung zwischen einer Ausländerin und einem Staatsangehörigen des Landes hat keine Auswirkung auf den Erwerb oder den Verlust der StA. Erwirbt ein volljähriger Staatsangehöriger des Landes auf Antrag eine fremde StA, dann verliert er die StA Tansanias.

380 Thailand

Schrifttum: SRIJAYANTA, Das siamesische Staatsangehörigkeitsrecht (1936); OELITZ, Neues thailändisches Staatsangehörigkeitsrecht, StAZ 1955, 44; ders, Änderungen im thailändischen Staatsangehörigkeitsrecht, StAZ 1958, 304; HECKER, Übersicht zum Staatsangehörigkeitsrecht von Thailand, StAZ 1967, 84, 140; Staatsangehörigkeitsgesetz v 21. 7. 1964, StAZ 1967, 167; ders, Das Staatsangehörigkeitsrecht von Bangladesch, Burma, Sri Lanka (Ceylon), Thailand und der Malediven (1975).

Nach dem thailändischen StAG v 21. 7. 1965 wird die StA durch Abstammung vom ehelichen Vater und unter gewissen Voraussetzungen auch durch Abstammung von der nichtehelichen Mutter oder durch Geburt im Staatsgebiet erworben. Heiratet eine Ausländerin einen Staatsangehörigen Thailands, dann besteht ein Recht auf Erwerb der StA auf eigenen Antrag. Keine Auswirkungen auf den Erwerb oder den Verlust der StA hat eine Eheschließung zwischen einem Ausländer und einer thailändischen Staatsangehörigen. Erwirbt ein volljähriger Staatsangehöriger des Landes auf eigenen Antrag eine fremde StA, dann verliert er die StA Thailands.

381 Togo

Schrifttum: Ges Nr 61–18 v 25. 7. 1961, Rev crit dr i p 1964, 800.

Nach dem StAG Togos v 25. 7. 1961 wird die StA durch Abstammung vom ehelichen oder festgestellten nichtehelichen Vater oder durch Abstammung von der ehelichen oder nichtehelichen Mutter, durch Geburt im Staatsgebiet, falls keine andere StA erworben wird, durch Legitimation durch nachfolgende Eheschließung oder Ehelichkeitserklärung, durch Adoption oder Anerkennung der Vaterschaft erworben. Heiratet eine Ausländerin einen Staatsangehörigen Togos, dann erwirbt sie die StA des Landes kraft Gesetzes. Heiraten ein Ausländer und eine Staatsangehörige des Landes, so hat dies keine Auswirkungen auf den Erwerb oder den Verlust der StA. Erwirbt ein volljähriger Staatsangehöriger Togos auf eigenen Antrag eine fremde StA, dann verliert er die StA nur, wenn der Erwerb der fremden StA von der eigenen Regierung genehmigt wird.

Transkei (frühere) 382

Schrifttum: DEAN, A citizen of Transkei, CILSA 11 (1978) 57.

Trinidad und Tobago 383

Schrifttum: HECKER StAZ 1968, 26; BRANDHUBER/ZEYRINGER, Standesamt für Ausländer, Länderteil Trinidad und Tobago (Stand: September 1994).

Nach dem StAG von Trinidad und Tobago v 1976, geändert 1988, wird die StA erworben durch Abstammung und Geburt im Inland, wenn ein Elternteil StA von Trinidad und Tobago ist. Weitere Erwerbstatbestände sind Adoption, Registrierung (Erleichterungen für ausl Ehefrauen) und Einbürgerung. Die StA geht verloren durch den Erwerb einer ausl StA, wenn der Erwerb freiwillig erfolgt und eine Verzichtserklärung abgegeben wird.

Tschad 384

Schrifttum: BERGMANN/FERID/WEISHAUPT, Intern Ehe- u KindschaftsR, Länderteil Tschad (Stand: 31. 10. 1990).

Nach der Verordnung v 14. 8. 1962 wird die StA des Tschad unter bestimmten Voraussetzungen durch Abstammung vom ehelichen oder festgestellten nichtehelichen Vater oder durch Abstammung von der ehelichen oder nichtehelichen Mutter erworben, ferner durch Geburt im Staatsgebiet, falls keine andere StA erworben wird, sowie durch Adoption. Heiratet ein(e) Ausländer(in) eine(n) Staatsangehörige(n) des Tschad, dann erwirbt sie(er) unter bestimmten Voraussetzungen die StA des Landes auf Antrag. Erwirbt ein volljähriger Staatsangehöriger des Tschad auf eigenen Antrag eine fremde StA, dann verliert er die StA des Landes unter bestimmten Voraussetzungen.

Tschechische Republik 385

Schrifttum: SCHWELB, Tschechoslowakische Staatsbürgerschaft, Prager Archiv 1926, 625; ders, Die tschechoslowakische Staatsangehörigkeitsnovelle v 1. 7. 1926, ZOstR 1 (1927) 35; SCHMIEDT-SOLLISLAU, Die Staatsangehörigkeit der tschechoslowakischen Republik, in: LESKE/LOEWENFELD (vgl oben) (1934) 239; Gesetz über den Erwerb und den Verlust der tschechoslowakischen Staatsangehörigkeit v 13. 7. 1949, RabelsZ 17 (1952) 476; RASCHE, Die neue tschechoslowakische Staatsangehörigkeit, DRZ 1950, 178, BACHMANN, Die neue tschechoslowakische Staatsangehörigkeitsregelung, StAZ 1953, 283, SCHMIED, Das Staatsangehörigkeitsrecht der Tschechoslowakei (1956); ders, Das neue tschechoslowakische Staatsbürgerschaftsgesetz v 1958, Osteuropa-Recht 1959, 119 (mit Übersetzung 129); BRÜGEL, Das neue tschechoslowakische Staatsbürgerschaftsgesetz v 1958, Osteuropa-Recht 1962, 70; SCHMIED, Entgegnung, ebenda 71; KORKISCH, Das Staatsangehörigkeitsrecht der Tschechoslowakei, WGO 1969, 157 (Gesetzestexte ebenda 164); SCHMIED, Das Staatsangehörigkeitsrecht der Tschechoslowakei (2. Aufl 1974); SCHMID, Staatsangehörigkeitsprobleme der Tschechoslowakei (1979); SCHWAB, Staatsangehörigkeitsrechtliche Situation in der Tschechoslowakei nach dem 29. 9. 1938, IFLA 1991, 139 ff; BRANDHUBER/ZEYRINGER, Standesamt für Ausländer, Länderteil Tschechische Republik (Stand: September 1994).

Die tschech Republik hat kurz vor der Teilung der Tschechoslowakei ein eigenes StAG verabschiedet, das zum 1. 1. 1993 in Kraft getreten ist. Vorgesehen ist als Regelfall der Besitz nur einer StA (Ausnahme insbesondere für tschech Staatsangehörige, die ihren Wohnsitz in der Slowakischen Republik haben. Ihnen wird das Recht auf doppelte StA zugestanden). Tschechoslowakische StA, die am 31. 12. 1992 gleichzeitig tschechische StA waren, gelten ab 1. 1. 1993 als StA der tschechischen Republik. Wer neben der tschechoslowakischen die slowakische StA besaß, kann für die tschechische StA optieren, wenn er bestimmte Voraussetzungen erfüllt (ua ständiger Wohnsitz auf dem Gebiet der heutigen Tschechischen Republik von mindestens fünf Jahren). Wer aus einem Drittland die tschechische StA erwerben will, muß ua mindestens fünf Jahre auf dem Gebiet der tschech Republik gelebt haben und eine Entlassungsurkunde aus seiner letzten StA vorlegen. Verloren geht die tschechische StA durch Verzichtserklärung oder durch den Erwerb einer fremden StA. Das gilt dann nicht, wenn der Erwerb der StA des Drittstaates durch Heirat oder Geburt erfolgt. Keine Auswirkungen hat das neue StAG auf das Gesetz Nr 88/1990, das spezielle Fragen für Bürger regelt, die nach 1948 die Tschechoslowakei verlassen haben.

386 Türkei

Text: StAZ 1981, 334.

Schrifttum: NARLIOGLU, Das neue türkische Staatsangehörigkeitsgesetz v 11. 2. 1964, StAZ 1964, 226; HECKER, Übersicht zum Staatsangehörigkeitsrecht der Türkei, StAZ 1966, 240; AYITER, Das Staatsangehörigkeitsrecht der Türkei (1970); ÖZTAN-WILL, Türkei, Gesetz No 2383 v 13. 2. 1981 zur Änderung einiger Artikel des türkischen Staatsangehörigkeitsgesetzes No 403 vom 11. 2. 1964 und zur Einführung zweier Übergangsartikel zu diesem Gesetz, StAZ 1981, 334; AKSOY, Der Erwerb der deutschen Staatsangehörigkeit durch ausländische Arbeitnehmer aus der Sicht der Türkei, Inf AuslR 1982, 183; KILIC, Deutsch-türkische Doppelstaatsangehörigkeit?, StAZ 1994, 73.

Nach dem StAG der Türkei v 11. 2. 1964, geändert am 13. 2. 1981, wird die StA durch Abstammung von einem türkischen Vater oder einer türkischen Mutter erworben, ferner durch Legitimation durch nachfolgende Eheschließung oder Ehelichkeitserklärung oder Anerkennung der Vaterschaft. Heiratet eine Ausländerin einen türkischen Staatsangehörigen, dann erwirbt sie die StA des Landes kraft Gesetzes, falls Verlust der Heimat-StA durch die Eheschließung eintritt. Ansonsten besteht ein Recht auf Erwerb der türkischen StA auf Antrag. Heiratet ein Ausländer eine Staatsangehörige des Landes, dann ist für ihn der Erwerb der türkischen StA unter erleichterten Bedingungen möglich. Keine Auswirkungen hat eine solche Eheschließung auf die StA der türkischen Staatsangehörigen. Erwirbt ein türkischer Staatsangehöriger auf eigenen Antrag eine fremde StA, dann verliert er die StA der Türkei, wenn der Erwerb der fremden StA von der eigenen Regierung genehmigt wird.

Tunesien 387

Schrifttum: StAZ 1956, 203; StAZ 1976, 56. S auch Arabische Staaten.

Nach dem StAG v 28. 2. 1963 idF d G v 23. 6. 1993 wird die StA des Landes erworben durch Abstammung von einem tunes Vater oder einer tunes Mutter und einem Vater, der unbekannt oder staatenlos ist oder dessen StA unbekannt oder der Ausländer ist. Außerdem gehört dazu das in Tunesien geborene Kind, dessen Vater und Großvater väterlicherseits dort ebenfalls geboren sind. Das im Ausland geborene Kind einer tunes Mutter und eines ausl Vaters erhält die StA unter dem Vorbehalt, daß dies durch Erklärung innerhalb einer einjährigen Frist, die der Volljährigkeit vorausgeht, beantragt wird. Eine Ausländerin, die einen Tunesier heiratet, erwirbt die tunes StA mit der Eheschließung, wenn sie nach ihrem Heimatrecht ihre ursprüngliche StA durch die Heirat verliert. Behält die Ausländerin in diesem Fall ihre bisherige StA, kann sie die tunes StA beantragen, wenn die Ehegatten sich seit mindestens zwei Jahren in Tunesien aufhalten. Ein Ausländer, der mit einer Tunesierin verheiratet ist und mit ihr zur Zeit der Antragstellung in Tunesien lebt, kann erleichtert eingebürgert werden. Erwirbt ein Tunesier freiwillig eine fremde StA, kann ihm die tunes StA aberkannt werden. Der Verlust der tunes StA kann auf die Ehefrau und die minderjährigen, unverheirateten Kinder ausgedehnt werden, sofern diese dadurch nicht staatenlos werden.

Turkmenistan 388

Inwieweit ein StAG besteht, ist bislang nicht bekannt (vgl Länderbericht Sowjetunion).

Uganda 389

Schrifttum: StAZ 1985, 262.

Nach der Verfassung von Uganda v 1967 wird die StA des Landes durch Geburt im Staatsgebiet erworben, wenn Eltern oder Großeltern ugandische Staatsangehörige sind oder waren, oder durch Geburt außerhalb des Staatsgebiets, wenn lediglich ein Eltern- oder Großelternteil ugandischer Staatsangehöriger war, sofern der Vater nach anderen Voraussetzungen Ugander war. Ugandischer Staatsangehöriger ist auch, wer dies bereits vor Inkrafttreten der Verfassung aufgrund des bisherigen StAG v 6. 6. 1957 war. Heiratet eine Ausländerin einen Staatsangehörigen Ugandas, dann erwirbt sie ein Recht auf die StA dieses Landes. Keine Auswirkungen auf den Erwerb der StA hat die Eheschließung eines Ausländers mit einer Staatsangehörigen. Erwirbt ein volljähriger Staatsangehöriger auf eigenen Antrag eine fremde StA, dann verliert er die StA Ugandas, sofern er älter als 21 Jahre ist oder wird.

Ukraine 390

Text: BERGMANN/FERID, Intern Ehe- u KindschaftsR, Länderteil Ukraine (Stand: 31. 12. 1993).

Geregelt wird die StA im StAG v 8. 10. 1991 idF d G v 28. 1. 1993. Die StA der Ukraine besitzen Personen, die im Zeitpunkt des Inkrafttretens dieses Gesetzes in der Ukraine gelebt haben, soweit sie nicht die StA anderer Staaten besitzen und sich nicht weigern, die Staatsbürgerschaft der Ukraine zu erwerben. Ein Kind, dessen beide Elternteile im Zeitpunkt seiner Geburt Bürger der Ukraine sind, ist ebenfalls Staatsangehöriger, unabhängig davon, ob es auf dem Gebiet der Ukraine oder im Ausland geboren ist. Ist nur einer der beiden Elternteile Bürger der Ukraine, der andere Elternteil Inhaber einer sonstigen StA, dann besitzt das Kind ebenfalls die ukrain StA, wenn es auf dem Gebiet der Ukraine geboren ist. Bei Geburt im Ausland gilt das gleiche, wenn die Eltern oder ein Elternteil in diesem Zeitpunkt den ständigen Wohnsitz innerhalb der Ukraine hatten. Ohne Rücksicht auf den Geburtsort ist das Kind ukrain Bürger, wenn der zweite Elternteil staatenlos ist. Erwerb durch Adoption ist möglich. Die Forderung Rußlands, die Möglichkeit einer russisch-ukrainischen Doppelstaatsangehörigkeit einzuräumen, wird von der Ukraine strikt abgelehnt.

391 Ungarn

Text: StAZ 1994, 126.

Schrifttum: KRAMER, Die Staatsangehörigkeit der Altösterreicher und Ungarn nach den Friedensverträgen (Wien 1926); EGYED, Das Staatsangehörigkeitsrecht des Königreichs Ungarn, in: LESKE/ LOEWENFELD (vgl oben) (1934) 187; BENKÖ, Das ungarische Staatsangehörigkeitsgesetz v 24.12.1948, RabelsZ 16 (1950/51) 293; FERID, Zum ungarischen Staatsangehörigkeitsrecht nach dem Gesetz v 24.12.1948 (Ges Art LX/1948, nebst Erg), StAZ 1951, 66, 115; Erlaß MdI Hessen StAZ 1954, 247; SZIRMAI, Das neue Staatsbürgerschaftsgesetz Ungarns v 1959, Osteuropa-Recht 1957, 112 mit deutscher Übersetzung ebenda 114; DVO zum Staatsbürgerschaftsgesetz v 1957 in deutscher Übersetzung: ebenda 1958, 224; SZLEZAK, Das Staatsangehörigkeitsrecht von Ungarn (1959); LUCHTERHANDT, Das Institut der Staatsbürgerschaft in der Perspektive des sozialistischen Rechts, Osteuropa-Recht 1984, 130; PAJOR-BYTMOSKI, Die Neuregelung des ungarischen Staatsangehörigkeitsrechts, Monatshefte f osteuropäisches Recht 1993, 157; HARGITAI, Das neue Gesetz über die ungarische Staatsangehörigkeit, StAZ 1994, 111.

Das neue ungar StAG stammt vom 15.6.1993 (Verkündung) und trat am 1.10.1993 in Kraft. Die ungar StA besitzt, wer zum Zeitpunkt des Inkrafttretens des StAG die ungar StA besaß; des weiteren wird das Kind eines ungar Staatsangehörigen durch die Geburt ebenfalls zum ungar Staatsangehörigen. Die ungar StA eines nicht ungar staatsangehörigen Elternteils entsteht mit rückwirkender Kraft am Tag der Geburt, wenn der andere Elternteil – auf der Grundlage eines rechtswirksamen Vaterschaftsanerkenntnisses, einer nachträglichen Eheschließung oder einer richterlichen Feststellung der Vaterschaft oder der Mutterschaft – ungar Staatsangehöriger ist. Das Findelkind und das in Ungarn geborene Kind eines Staatenlosen mit Wohnsitz in Ungarn ist bis zum Beweis des Gegenteils als ungar Staatsangehöriger anzusehen. Ein nicht ungar Staatsangehöriger kann unter erleichterten Voraussetzungen eingebürgert werden, wenn er drei Jahre ununterbrochen in Ungarn wohnhaft ist und mit einem ungar Staatsangehörigen seit mindestens drei Jahren verheiratet ist, sein minderjähriges Kind ungar Staatsangehöriger ist oder ihn ein ungar Staatsangehöriger adoptiert hat. Der im Ausland lebende ungar Staatsangehörige kann durch Erklärung auf seine ungar StA verzichten, wenn er auch über eine fremde StA verfügt oder deren Erlangung glaubhaft macht.

Uruguay 392

Schrifttum: HECKER, Übersicht zum Staatsangehörigkeitsrecht Uruguays, StAZ 1961, 91; MOOS-MAYER, Das Staatsangehörigkeitsrecht von Argentinien, Uruguay und Paraguay (1972); BRANDHUBER/ZEYRINGER, Standesamt für Ausländer, Länderteil Uruguay (Stand: Juli 1992).

Die uruguayische StA ist geregelt in der Verfassung des Landes v 24. 8. 1966 und im Gesetz v 13. 4. 1989. Erwerbsgründe sind die Geburt in Uruguay, die Abstammung von einem urugu Vater oder einer urugu Mutter, sofern das Kind in Uruguay geboren ist oder sich in Uruguay niederläßt und im Bürgerregister eingetragen wird, sowie die Einbürgerung. Keine Auswirkungen auf die StA hat eine Eheschließung zwischen einem Ausländer oder einer Ausländerin mit einem oder einer Staatsangehörigen des Landes. Erwirbt ein volljähriger Staatsangehöriger auf eigenen Antrag eine fremde StA, dann gehen die Bürgerrechte nicht verloren, wenn es sich um einen Wiedererwerb der eigenen früheren StA handelt.

Usbekistan 393

Nach dem usbek StAG v 2. 7. 1992 sind Bürger der Republik Usbekistan Personen, die zum Zeitpunkt der Inkraftsetzung des StAG ihren ständigen Wohnsitz in Usbekistan hatten, falls sie nicht Bürger anderer Staaten sind und den Wunsch zur Erlangung der usbek Staatsbürgerschaft ausgesprochen haben. Ein Kind, dessen beide Elternteile zum Zeitpunkt seiner Geburt Staatsbürger der Republik Usbekistan sind, ist ebenfalls usbek Staatsbürger, unabhängig davon, ob es auf usbek Territorium oder im Ausland geboren ist. Hat nur ein Elternteil die usbek StA, der andere Elternteil eine sonstige StA, besitzt das Kind die usbek StA nur, wenn es auf dem Territorium der Republik Usbekistan geboren wurde oder – bei Geburt im Ausland – wenn zumindest ein Elternteil in dieser Zeit seinen ständigen Wohnsitz auf diesem Territorium hatte. Haben in einem solchen Fall beide Elternteile ihren ständigen Wohnsitz im Ausland, wird die usbek StA des außerhalb Usbekistans geborenen Kindes durch Vereinbarung zwischen den Eltern in schriftlicher Form festgelegt. Einbürgerung und StA-Erwerb infolge Adoption ist möglich. Die Eheschließung eines usbek Staatsangehörigen mit einem ausl Staatsangehörigen oder mit einer staatenlosen Person oder die Scheidung einer solchen Ehe führen zu keiner Änderung der StA der Ehepartner. Die Änderung der StA durch einen der Ehepartner führt nicht zur Änderung der StA des zweiten Ehepartners.

Vanuatu (früher Neue Hebriden) 394

Schrifttum: WOHLGEMUTH, Staatsangehörigkeitsbestimmungen von 1980, StAZ 1981, 150.

Nach den StA-Bestimmungen von Vanuatu in der Verfassung des Landes v 1980 sowie in den Verordnungen v 20. 5. und 8. 7. 1980 wird Staatsangehöriger des Landes, wer 4 Großeltern hat, welche einem Eingeborenenstamm oder einer Eingeborenengemeinde der Neuen Hebriden angehörten, oder Vorfahren auf den Neuen Hebriden hat, die weder eine bestimmte StA noch einen Optantenstatus besitzen. Ansonsten besteht das Recht zum Erwerb der StA auf Antrag unter Erfüllung bestimmter Voraussetzungen. Die StA wird ferner erworben durch Abstammung, wenn mindestens ein Elternteil Staatsangehöriger der Neuen Hebriden ist, sowie durch Adoption. Jede Frau, die mit einem Staatsangehörigen des Landes verheiratet ist, ist berechtigt, die StA des Landes auf Antrag zu erwerben. Erwirbt ein volljähriger Staatsangehöriger auf eigenen Antrag eine fremde StA, dann verliert er die der Neuen Hebriden.

395 Vatikanstadt

Schrifttum: HECKER, Das Staatsangehörigkeitsrecht von Andorra, Liechtenstein, Monaco, San Marino, der Vatikan-Stadt (1958); GUJHO, La citoyenneté vaticane, in: FS Vincent (1981) 103.

Nach dem Gesetz v 7.6.1929 sind Staatsangehörige der Vatikanstadt im Vatikan oder in Rom residierende Kardinäle sowie alle Personen, die aus Gründen der Würde, der Aufgabe, des Amtes, der Anstellung oder mit Genehmigung des Papstes in der Vatikanstadt residieren, sowie gegebenenfalls ihre haushaltszugehörigen Ehegatten, Kinder, Verwandten in aufsteigender Linie und Geschwister. Die vatikanische StA geht verloren mit Aufgabe des Wohnsitzes, mit dem Ende der Würde sowie mit Ablauf oder durch Widerruf der Wohnsitzgenehmigung.

396 Venezuela

Schrifttum: MOOSMAYER, Das Staatsangehörigkeitsrecht von Kolumbien, Ekuador und Venezuela (1960); ders, Neue Staatsangehörigkeitsbestimmungen in Venezuela, StAZ 1961, 234; PARRA ARRANGUREN, La nacionalidad venezolana originaria (Caracas 1964); HECKER, Zum Umgang mit ausländischem öffentlichen Recht, Betrachtungen zu einem Urteil des OLG München über venezolanisches Staatsangehörigkeitsrecht, VRÜ 1968, 466; PARRA ARRANGUREN, La nacionalidad venezolana de los imigrados en el siglo XIX (Caracas 1969); HECKER VRÜ 1970, 256; PARRA ARRANGUREN, Las Cuestiones de nacionalidad ante el Tribunal Nacional de Reparaciones de Guerra, Primeras Jornadas latinoamericanas de derecho internacional 1979, 409; ders La influencia del matrimonio sobre la nacionalidad de la mujer en la legislacion venezolana (1983); ZINKE, Doppelstaatigkeit eines venezolanischen Staatsangehörigen, StAZ 1984, 17.

Die StA Venezuelas ist geregelt in der Verfassung des Landes v 23.1.1961 sowie im Gesetz v 8.7.1955. Die StA des Landes wird durch Geburt im Staatsgebiet sowie unter bestimmten Voraussetzungen durch Abstammung vom ehelichen oder festgestellten nichtehelichen Vater, von der ehelichen oder nichtehelichen Mutter sowie durch Geburt im Staatsgebiet erworben. Heiratet eine Ausländerin einen Staatsangehörigen des Landes, dann erhält sie das Recht auf Erwerb der StA auf Antrag. Keine Auswirkungen auf die StA hat eine Eheschließung zwischen einem Ausländer und einer Staatsangehörigen. Erwirbt ein volljähriger Staatsangehöriger des Landes auf eigenen Antrag eine fremde StA, dann verliert er die StA Venezuelas.

397 Vereinigte Arabische Emirate

Schrifttum: WOHLGEMUTH, Unionsgesetz Nr 17/1972 über die Staatsangehörigkeit und die Reisepässe der Vereinigten Arabischen Emirate, StAZ 1981, 299; KRÜGER/KÜPPERS, Das internationale Privatrecht der Vereinigten Arabischen Emirate, IPRax 1986, 389; ELWAN, Einflüsse des Islam u der Begriff der arabischen Nation, in: JAYME/MANSEL, Nation u Staat im IPR (1990) 291 (295).

Nach dem StAG der Vereinigten Arabischen Emirate v 18.12.1972 wird die StA erworben durch Abstammung von einem Staatsangehörigen der Vereinigten Arabischen Emirate, unter bestimmten Voraussetzungen auch durch Abstammung von einer Staatsangehörigen der Emirate oder durch Geburt im Staatsgebiet. Heiratet eine Ausländerin einen Staatsangehörigen des Landes, ist der Erwerb der StA der Vereinigten Arabischen Emirate unter erleichterten Bedingungen möglich. Eine Eheschließung einer Staatsangehörigen mit einem Ausländer bedeutet den Verlust der StA nur, wenn sie mit der Eheschließung eine andere StA annimmt. Erwirbt ein volljähriger Staatsangehöriger auf eigenen Antrag eine fremde StA, verliert er die StA der Vereinigten Arabischen Emirate.

Vereinigte Staaten von Amerika (USA)

Schrifttum: FERID, Gründe für den Verlust der Staatsangehörigkeit nach der neuen Gesetzgebung der Vereinigten Staaten, NachrStudG 1950 (Heft 6) 3; Nachweis der USA-Staatsangehörigkeit, BB 1950, 936; FERID, Das Staatsangehörigkeitsrecht der Vereinigten Staaten von Nordamerika (1951); BAECK, Das neue Immigrations- und Staatsbürgerschaftsgesetz in den USA, (öst) JBl 1953, 118; FINDORFF, Erwerb der Staatsangehörigkeit der USA durch Ehegatten amerikanischer Staatsangehöriger nach dem Immigration and Nationality Act, 1952, StAZ 1955, 144; ROSDEN, Entwicklungen im USA-Staatsangehörigkeitsrecht und bei der Vermögensrückgabe, NJW 1966, 288; BLUMENWITZ, Die Fortentwicklung des Staatsangehörigkeitsrechtes der Vereinigten Staaten von Amerika durch die Rechtsprechung des Supreme Court unter besonderer Berücksichtigung der Ausbürgerungstatbestände, StAZ 1967, 61; ROSDEN, Änderungen im Staatsangehörigkeitsrecht der USA und deren Einfluß auf die Rückgabe von Auslandsvermögen, NJW 1967, 2099; CIESLAR, Erwerb und Verlust der US-Staatsangehörigkeit, StAZ 1974, 57; FERID/BLUMENWITZ, Das Staatsangehörigkeitsrecht der Vereinigten Staaten von Nordamerika (2. Aufl 1975); KETTNER, The Development of American Citizenship, The University of North Carolina Press 1978, 1607; CABRANES, Citizenship and the American Empire, UPaLRev 127 (1978) 392; VARAT, State „Citizenship" and the Interstate Equality, UChiLRev 48 (1981) 487; HECKER, Das Staatsangehörigkeitsrecht von Amerika (1984).

Nach dem StAG v 27. 6. 1952 idF v 31. 12. 1965 wird die StA erworben durch Abstammung vom ehelichen Vater oder der ehelichen Mutter außerhalb der USA sowie durch Abstammung vom festgestellten nichtehelichen Vater oder von der nichtehelichen Mutter, ferner durch Geburt im Staatsgebiet sowie durch Legitimation durch Ehelichkeitserklärung. Heiratet ein(e) Ausländer(in) eine(n) Staatsangehörige(n) der Vereinigten Staaten, dann erlangt er(sie) ein Recht auf Erwerb der StA auf eigenen Antrag. Erwirbt ein volljähriger Staatsangehöriger auf eigenen Antrag eine fremde StA, dann verliert er die StA der Vereinigten Staaten.

Vietnam

Text: StAZ 1989, 23.

Geregelt ist das Staatsangehörigkeitsrecht im StAG v 28. 6. 1988, das am 15. 7. 1988 in Kraft getreten ist. Weitere Bestimmungen enthält ein Beschluß des Ministerrats betreffs Durchführungsbestimmungen zum StAG v 5. 2. 1990. Ein Kind, dessen Eltern beide vietn Staatsbürger sind, erwirbt die vietn StA unabhängig vom Geburtsort. Ist nur ein Elternteil vietn Staatsbürger und der andere staatenlos oder unbekannt, erwirbt das Kind ebenfalls die vietn StA. Ist der zweite Elternteil Inhaber einer ausl StA, erwirbt das Kind die vietn StA nur, wenn es innerhalb des vietn

Hoheitsgebietes geboren ist oder die Eltern ihren gemeinsamen dauernden Aufenthalt zur Zeit der Geburt des Kindes in Vietnam haben, es sei denn, die Eltern wählen für das Kind übereinstimmend eine andere Staatsbürgerschaft. Da jeder Staat nur sein eigenes Staatsangehörigkeitsrecht regeln darf, bedeutet das, daß die Eltern lediglich vereinbaren können, ob das Kind die vietn StA erhalten soll oder nicht; andere StAG können nicht betroffen sein. Findelkinder und in Vietnam geborene Kinder von Staatenlosen besitzen ebenfalls die vietn StA. Die StA von Kindern, deren Eltern die StA gewechselt haben verändert sich – soweit es den Erwerb, Verzicht oder Wiedererwerb der vietn StA betrifft – automatisch in Übereinstimmung mit derjenigen ihrer Eltern.

400 Weißrußland

Text: WGO 1994, 105.

Schrifttum: HECKER, Die Staatsangehörigkeit in Weißrußland, WGO 1994, 45.

Nach dem StAG v 18. 10. 1991 sind Bürger der weißruss Republik Personen, die am Tag des Inkrafttretens des Gesetzes ihren Wohnsitz auf dem Gebiet der Republik Weißrußland hatten sowie Personen, die die StA in Übereinstimmung mit diesem Gesetz erwerben. Ein Kind, dessen Eltern im Zeitpunkt seiner Geburt Bürger Weißrußlands sind, ist unabhängig vom Geburtsort Staatsbürger Weißrußlands. Besitzt nur ein Elternteil die StA Weißrußlands, ist das Kind Staatsbürger, wenn es entweder auf dem weißrussischen Staatsgebiet geboren wird oder – bei Geburt im Ausland – wenn die Eltern oder ein Elternteil im Zeitpunkt der Geburt den Wohnsitz auf dem Staatsgebiet Weißrußlands hatten. War ein Elternteil im Zeitpunkt der Geburt des Kindes unbekannt oder staatenlos, während der andere die weißruss StA besaß, ist das Kind unabhängig vom Geburtsort Inhaber der weißruss StA. Gleiches gilt für Findelkinder. Eheschließung oder Ehescheidung eines weißruss Staatsangehörigen mit einem ausl Staatsangehörigen oder mit einem Staatenlosen hat keinen Einfluß auf die StA der Ehegatten. Erwerb aufgrund von Adoption ist möglich. Erleichterte Einbürgerung des ausl Ehepartners eines weißruss Staatsangehörigen ist vorgesehen. Die StA geht verloren infolge des Erwerbs der StA eines anderen Staates.

401 Zaire

Nach dem StAG von Zaire v 5. 1. 1972 wird die StA des Landes erworben durch Abstammung vom ehelichen Vater oder unter bestimmten Voraussetzungen vom festgestellten nichtehelichen Vater sowie durch Abstammung von der nichtehelichen Mutter. Sie wird ferner erworben durch Geburt im Staatsgebiet, falls keine andere StA erworben wird, sowie durch Adoption oder Anerkennung der Vaterschaft. Heiratet eine Ausländerin einen zair Staatsangehörigen, dann erlangt sie das Recht auf Erwerb der StA auf eigenen Antrag. Heiratet eine Staatsangehörige einen Ausländer, dann verliert sie die StA von Zaire kraft Gesetzes, falls ein Erwerb fremder StA durch die Eheschließung erfolgt. Erwirbt ein volljähriger Staatsangehöriger des Landes auf eigenen Antrag eine fremde StA, dann verliert er die StA Zaires nur, wenn der Erwerb einer fremden StA im Ausland erfolgt.

Zentralafrikanische Republik 402

Schrifttum: Ges Nr 61–212 v 27. 5. 1961, Rev crit dr i p 1963, 150.

Nach den Gesetzen v 27. 5. 1961 und 17. 5. 1963 wird die StA durch Abstammung vom ehelichen oder festgestellten nichtehelichen Vater, sowie durch Abstammung von der ehelichen oder nichtehelichen Mutter erworben. Sie wird ferner erworben durch Geburt im Staatsgebiet, falls keine andere StA erworben wird, ferner durch Legitimation durch nachfolgende Eheschließung oder durch Ehelichkeitserklärung, durch Adoption oder Anerkennung der Vaterschaft. Heiratet eine Ausländerin einen Staatsangehörigen der Zentralafrikanischen Republik, dann erwirbt sie die StA kraft Gesetzes. Heiratet ein Ausländer eine Staatsangehörige dieses Landes, dann erwirbt er ein Recht auf Erwerb der StA auf eigenen Antrag. Die Eheschließung mit einem Ausländer hat keine Auswirkungen auf die StA einer Staatsangehörigen. Erwirbt ein volljähriger Staatsangehöriger des Landes auf eigenen Antrag eine fremde StA, dann verliert er die der Zentralafrikanischen Republik.

Zypern 403

Schrifttum: HECKER, Staatsangehörigkeitsvorschriften der drei Mittelmeergebiete des britischen Commonwealth: Cypern (Republik), Malta (Dominion), Gibraltar (Kolonie), StAZ 1970, 136; ders, Das Staatsangehörigkeitsgesetz von Zypern v 28. 7. 1967, StAZ 1973, 190.

Nach dem StAG Zyperns v 28. 7. 1967 wird die StA durch Abstammung vom ehelichen Vater oder der nichtehelichen Mutter, durch Geburt im Staatsgebiet, wenn weitere Voraussetzungen erfüllt sind, durch Legitimation durch nachfolgende Eheschließung sowie durch Adoption erworben. Heiratet eine Ausländerin einen Staatsangehörigen des Landes, ist für sie der Erwerb der StA unter erleichterten Bedingungen möglich. Keine Auswirkungen auf den Erwerb oder den Verlust der StA hat eine Eheschließung zwischen einem Ausländer und einer zypriotischen Staatsangehörigen. Erwirbt ein volljähriger Staatsangehöriger Zyperns eine fremde StA, hat dies nicht automatisch den Verlust der zypriotischen StA zur Folge.

E. Mehrstaater

I. Begriff und Entstehung

Staatsangehörigkeit wird als eine Rechtsbeziehung definiert, kraft deren ein Mensch 404 als mit einem bestimmten Staat in effektiver, dauernder und regelmäßig ausschließlicher Weise verbunden angesehen wird, und zwar sowohl von seinem eigenen Staat wie auch von dritten Staaten (vgl oben Rn 12 ff und BERBER, Völkerrecht I 274). Trotzdem sind heute Fälle doppelter oder mehrfacher Staatsangehörigkeit keine Seltenheit. Resultiert die Staatenlosigkeit aus einem negativen Kompetenzkonflikt der nationalen Staatsangehörigkeitsrechte (vgl unten Rn 441 ff), so ist Mehrstaatigkeit das Ergebnis eines positiven Konflikts zwischen zwei oder mehreren Staatsangehörigkeitsrechten, die eine Person als ihren Staatsangehörigen beanspruchen.

Die enge Verflechtung der modernen Welt macht die Überschneidungen verschiede- 405 ner staatsangehörigkeitsrechtlicher Anknüpfungen (ius soli einerseits und ius sanguinis andererseits) besonders fühlbar und führt zu einer Vermehrung der Situationen, in denen verschiedene Staaten eine Person als ihren Staatsangehörigen beanspruchen. Aber auch bei identischer Anknüpfung im Staatsangehörigkeitsrecht kann mehrfache Staatsangehörigkeit durch unterschiedliche Beurteilung von Vorfragen entstehen (vgl MAKAROV, Allgemeine Lehren 292 f). Ferner kann eine weitere Staatsangehörigkeit zB durch Eheschließung oder andere familienrechtliche Vorgänge hinzuerworben werden (BayObLGZ 1978, 162).

406 Das Gesetz zur Änderung des Reichs- und Staatsangehörigkeitsgesetzes vom 20. 12. 1974 (BGBl I 3714), wonach das eheliche Kind die deutsche Staatsangehörigkeit erwirbt, wenn ein Elternteil Deutscher ist, hat in der Bundesrepublik die Fälle doppelter Staatsangehörigkeit erheblich vermehrt (vgl kritisch SAMTLEBEN FamRZ 1973, 1, 3 f); in den kommenden Jahren ist hier mit einem Zuwachs von über zehntausend Doppelstaatern pro Jahr zu rechnen (vgl NEUHAUS 212 f und SAMTLEBEN RabelsZ 42 [1978] 457).

II. Anknüpfung

407 Soweit das Kollisionsrecht vom Staatsangehörigkeitsprinzip beherrscht wird (vgl oben Rn 12 ff), führt die Anknüpfung bei Mehrstaatern nicht zu einer von vornherein bestimmten Rechtsordnung; die Frage nach dem Heimatrecht bleibt offen. Im Kollisionsrecht wurden verschiedene Ansätze entwickelt, um die für die persönlichen Rechtsverhältnisse des Mehrstaaters maßgebliche Rechtsordnung zu ermitteln:

408 – Man kann zwischen inländischen und ausländischen Doppelstaatern differenzieren und die inländischen Doppelstaater – unter Vernachlässigung ihrer ausländischen Staatsangehörigkeit – ausschließlich dem inländischen Personalstatut unterstellen.
– Man kann bei ausländischen Doppelstaatern (aber auch bei inländischen, sofern man nicht die inländische Staatsangehörigkeit von vornherein prävalieren läßt) die effektive Staatsangehörigkeit ermitteln.
– Man kann bei Mehrstaatigkeit vom Versagen des Staatsangehörigkeitsprinzips ausgehen und hilfsweise an den Wohnsitz oder an den gewöhnlichen Aufenthalt anknüpfen.
– Daneben bleibt immer zu beachten, ob nicht typische kollisionsrechtliche Normen oder Lagen (zB Inländerschutzklauseln oder Besitz einer Staatsangehörigkeit, die man mit einer anderen am Rechtsverhältnis beteiligten Person gemeinsam hat) Ausnahmen von der allgemeinen Regel gebieten.

1. Verzicht auf eine gesetzliche Regelung im deutschen Recht bis zum Inkrafttreten des Gesetzes zur Neuregelung des Internationalen Privatrechts am 1. 9. 1986

409 Die Väter des BGB verzichteten bewußt auf eine kollisionsrechtliche Regelung für Mehrstaater.

Vgl Motive zum ersten Entwurf 1881 (zit n NIEMEYER, Vorgeschichte des IPR im Deutschen BGB [1915] 255): „Dem Ermessen des Richters muß es überlassen werden, insoweit das Richtige zu treffen" und zum zweiten Entwurf (ebd 368): „Ein so anormales Verhältnis, wie die zweifache Staatsangehörigkeit, verträgt keine grundsätzliche Regelung". Die Hilfsanknüpfung an den Wohnsitz wurde ausdrücklich abgelehnt (vgl HARTWIEG-KORKISCH, Die geheimen Materialien zur Kodifikation des deutschen IPR [1973] 141 f), ebenso die Anknüpfung an die zuletzt erworbene Staatsangehörigkeit (ebd 293). Nach dem Entwurf des Auswärtigen Amtes sollte für deutsche Doppelstaater stets das deutsche Recht maßgebend sein (ebd 329), letztlich setzte sich aber das Reichs-Justizamt mit der Ansicht durch, daß eine solche Regelung weder notwendig noch zweckmäßig sei, „da sich Fälle denken ließen, in welchen die Anwendbarkeit des ausländischen Rechts allein zu richtigen Ergebnissen führe..." (ebd 354 f).

a)   Vorrang der inländischen Staatsangehörigkeit

Die traditionelle Lehre im deutschen IPR (dargestellt bei NIEMEYER, IPR 64; ZITELMANN I **410** 175; MELCHIOR 447; FERID RabelsZ 23 (1958) 498, 500 und MAKAROV 297) ging vom **Vorrang der deutschen Staatsangehörigkeit** bei inländischen Doppelstaatern aus; hieran hielt auch ein Teil der neueren Lehre fest. (Vgl GAMILLSCHEG RabelsZ 27 [1962/63] 586; DÖLLE, IPR [1972] 66; FIRSCHING, Einführung in das IPR [1974] 33, 73; ders JZ 1974, 182; STURM FamRZ 1974, 621; OTTO FamRZ 1974, 655; JANSEN DNotZ 1975, 759; ERMAN-MARQUORDT, Handkommentar zum BGB II [7. Aufl 1981] vor Art 7 EGBGB Rn 24; RAAPE/STURM, IPR I [1977] 133; differenzierend STAUDINGER/GAMILLSCHEG[10/11] Vorbem 153, 160 ff Art 13. Ebenso § 140 Abs 2 der Dienstanweisung für die Standesbeamten [1978].)

Der traditionellen Lehre folgte lange Zeit auch die Rechtsprechung. (Nachweise bei **411** SAMTLEBEN RabelsZ 42 [1978] 460; MAKAROV 295 N 17; SOERGEL/KEGEL [1970] Art 29 EGBGB Rn 37 N 7; RAAPE/STURM 141 N 57; aus der Rechtsprechung: KG v 27. 4. 1973 IPRspr 1973, Nr 105; OLG Düsseldorf v 5. 7. 1974 IPRspr 1974, Nr 164; OLG Hamm v 13. 6. 1975 IPRspr 1975, Nr 58; 15. 7. 1975 IPRspr 1975, Nr 117; ganz auf dieser Linie lag zunächst auch noch die Rspr des BGH vgl BGH v 4. 10. 1951, BGHZ 3, 178, 180 f = IPRspr 1950–51, Nr 159 und BGH v 18. 10. 1968, IPRspr 1968–69, Nr 88. Kritisch dazu MÜLLER-GINDULLIS, Das IPR in der Rechtsprechung des BGH [1971] 8. In seinem Vorlagebeschluß vom 20. 12. 1972 zu § 4 RuStAG erklärt der IV. Senat des BGH im Rahmen des Art 3 Minderjährigenschutzabkommens bei einem deutschen Doppelstaater mit gewöhnlichem Aufenthalt im Inland das **deutsche Recht des Aufenthaltsstaates für maßgebend**. Vgl BGH v 20. 12. 1972, BGHZ 60, 68, 82 – IPRspr 1972, Nr 59 b; ebenso 19. 3. 1975, IPRspr 1975, Nr 86 [226] und beiläufig BGH v 7. 12. 1977, FamRZ 1978, 233, 234. – Diesem Ergebnis ist die übrige Rechtsprechung einhellig gefolgt: BayObLG v 17. 10. 1975, IPRspr 1975, Nr 76; OLG Stuttgart v 18. 2. 1974, IPRspr 1974, Nr 80; OLG Zweibrücken v 13. 9. 1974, IPRspr 1974, Nr 91; OLG Frankfurt v 16. 12. 1974, IPRspr 1974, Nr 93; KG v 17. 2. 1976, IPRspr 1976, Nr 59; OLG Hamm v 14. 4. 1976, IPRspr 1976, Nr 63; OLG Düsseldorf v 26. 5. 1976, IPRspr 1976, Nr 65.)

b)   Vorrang der effektiven Staatsangehörigkeit

Die neuere Lehre des deutschen Kollisionsrechts gab auch beim Konflikt zwischen **412** der inländischen und einer ausländischen Staatsangehörigkeit der sog **effektiven Staatsangehörigkeit** den Vorrang. (Vgl FERID, Der Neubürger im IPR I [1949] 561 f; ders RabelsZ 23 [1958] 508; KEGEL 245; MAKAROV, Grundriß des IPR [1970] 69; NEUHAUS 213; JAYME FamRZ 1975, 697 N 8; KROPHOLLER RabelsZ 33 [1969] 100; MÜLLER-FREIENFELS, in: Essay in Jurisprudence in Honor of Roscoe Pound [1962] 622; ENNECCERUS/NIPPERDEY, Allgemeiner Teil des Bürgerlichen Rechts I [1959] 410 f; BEITZKE, in: FS Schnitzer [1979] 28; MANSEL NJW 1986, 625 ff; ders, Personalstatut, Staatsangehörigkeit u Effektivität [1988]; SONNENBERGER/vMANGOLDT BdGVR 29 [1988].)

413 In der Regel wurde im **Wohnsitz oder im gewöhnlichen Aufenthalt in einem der Heimatstaaten** ein gewichtiges Indiz für die engere Verbindung mit diesem Staat gesehen. Das Bundesverfassungsgericht gab in seiner Prüfung der Verfassungswidrigkeit von § 4 Abs 1 RuStAG aF (der dem ehelichen Kind einer deutschen Mutter und ihres ausländischen Ehemanns deutsche Staatsangehörigkeit nur gewährte, falls es staatenlos wurde) einen weiteren Anstoß zugunsten der Anknüpfung an die effektive Staatsangehörigkeit auch bei inländischen Doppelstaatern; das Gericht erklärte, eine aus dem sanguinis a matre sich ergebende doppelte Staatsangehörigkeit des Kindes sei in ihren kollisionsrechtlichen Auswirkungen nicht ungünstig, weil sie zur Anwendung des den Beteiligten näher stehenden Rechts führe, sofern sich die Anknüpfung an die effektive Staatsangehörigkeit durchsetze (BVerfGE 37, 217, 243, 257 = IPRspr 1974 Nr 205 [573, 582] = NJW 1974, 1609 ff). Der BGH unterzog sodann in zwei grundlegenden Entscheidungen die deutsche Staatsangehörigkeit eines Doppelstaaters der Prüfung, ob sie die effektive ist (BGHZ 75, 32 = NJW 1979, 1776 ff m Anm KROPHOLLER NJW 1979, 2468 und HELDRICH FamRZ 1979, 1006; BGH NJW 1980, 2016 m Anm SAMTLEBEN NJW 1980, 2645). Voraussetzung für die Anknüpfung an die ausländische Staatsangehörigkeit eines inländischen Mehrstaaters war danach, daß „die Beziehung des Mehrstaaters zu seinem ausländischen Heimatstaat wesentlich enger ist" und daß ihr „ein derartiges Übergewicht zukommt, daß sie für das anzuwendende Recht bestimmend ist".

414 Die höchstrichterliche Rechtsprechung war zurückhaltender als gemeinhin die Lehre, bei der Anknüpfung an die effektive Staatsangehörigkeit zugunsten der ausländischen Staatsangehörigkeit zu entscheiden (vgl FIRSCHING IPRax 1981, 14, 16). Bei inländischen Doppelstaatern wurde in der Praxis von einer – allerdings widerlegbaren – Vermutung zugunsten der inländischen als der bestimmenden Staatsangehörigkeit ausgegangen. Für den Vorrang einer ausländischen effektiven Staatsangehörigkeit ließen sich in der Rechtsprechung nur wenige Belege vorweisen (vgl zB OLG Stuttgart v 5. 4. 1968, IPRspr 1968–69 Nr 232 [Israel]; OLG Düsseldorf v 17. 5. 1974, IPRspr 1974 Nr 182 b [Israel]; OLG Köln v 26. 6. 1975, IPRspr 1975 Nr 116 [Großbritannien]; BSozG v 30. 3. 1977, FamRZ 1977, 636 [Polen]). Meist wurde die deutsche Staatsangehörigkeit als die effektive angesehen oder die Frage offen gelassen (vgl zB KG v 14. 8. 1961 IPRspr 1960–61 Nr 107; LG Hamburg v 22. 3. 1971, IPRspr 1971 Nr 80; 30. 3. 1971, ebd Nr 3; 28. 11. 1972, IPRspr 1972 Nr 127; AG Tübingen v 9./10. 1. 1973, IPRspr 1973 Nr 74; OLG Köln v 19. 3. 1973, ebd Nr 158; OLG Hamm v 4. 11. 1975, IPRspr 1975 Nr 59; OLG Düsseldorf v 28. 11. 1975, ebd Nr 186; 26. 5. 1976 IPRspr 1976 Nr 65).

c) **Hilfsweise Anknüpfung an den gewöhnlichen Aufenthalt**

415 Die von SAMTLEBEN (RabelsZ 42 [1978] 470 ff) im Anschluß an KAHN (Abhandlungen zum IPR I [1928] 59 f) und REGELSBERGER (Pandekten I [1893] 167) wieder vorgeschlagene hilfsweise Anknüpfung an den gewöhnlichen Aufenthalt (weil Anknüpfung an die Staatsangehörigkeit unmöglich ist) fand demgegenüber kaum Zustimmung (vgl BEITZKE, in: FS Schnitzer [1979] 21).

d) **Entwürfe zur Neuregelung**

416 Im Anschluß an die „Vorschläge und Gutachten des Deutschen Rates zur Reform des deutschen internationalen Personen- und Sachenrechts" (1972), 5, behandelte der Entwurf von KÜHNE (§ 4) die Fälle der miteinander konkurrierenden fremden

Staatsangehörigkeiten und das Zusammentreffen der deutschen mit einer fremden Staatsangehörigkeit gleichermaßen nach dem Grundsatz der engsten Verbindung.

2. Die am 1. 9. 1986 in Kraft getretene Neuregelung

Die Neuregelung in Art 5 Abs 1 unterscheidet zwei Fallgruppen: 417

(1) Die miteinander konkurrierenden Staatsangehörigkeiten sind sämtlich solche fremder Staaten.

(2) Eine Person mit fremder Staatsangehörigkeit ist zugleich Deutscher.

a) Die miteinander konkurrierenden Staatsangehörigkeiten sind sämtlich solche fremder Staaten
aa) Grundsatz der engsten Verbindung
In diesem Fall erklärt Art 5 Abs 1 S 1 die Angehörigkeit zu dem Staat für ausschlag- 418 gebend, mit dem der Mehrstaater am engsten verbunden ist und erläutert beispielhaft den Grundsatz der engsten Verbindung. Insoweit steht die gesetzliche Regelung im Einklang mit der bisherigen Lehre und Rechtsprechung (s oben Rn 412). Die von den Vätern des BGB beabsichtigte Flexibilität bleibt erhalten.

Der modernen Lehre von der effektiven Staatsangehörigkeit geht es nicht nur 419 darum, eine ineffektive, lediglich formell fortbestehende Staatsangehörigkeit auszuschalten, sondern von zwei Staatsangehörigkeiten die stärkere, die relativ effektivere zu bestimmen. Das Abstellen auf die „engste Verbindung" ist im Kollisionsrecht eine allgemein konsensfähige Formel, führt aber gerade bei der Abwägung zwischen zwei Staatsangehörigkeiten zu nicht unerheblichen Schwierigkeiten, da viele Doppelstaater die mit ihrem Doppelstatus zusammenhängenden Vorteile in beiden Heimatländern nutzen wollen (vgl SAMTLEBEN RabelsZ 42 [1978] 468; zu der Frage, wenn – wie zB häufig bei Kindern – zu keinem Heimatstaat eine echte Verbindung hergestellt werden kann, IPRspr 1972 Nr 25; 1974 Nr 26 und Nr 40). Diffizile Abwägungen im „psychologischen" Raum (FRANKENSTEIN, IPR I [1926] 92) machen Entscheidungen möglicherweise nicht mehr voraussehbar. Die Anknüpfung an die effektive Staatsangehörigkeit des Mehrstaaters wird dadurch jedoch nur erschwert und nicht generell unmöglich gemacht.

Der Grundsatz der engsten Verbindung für Mehrstaater mit nur fremden Staatsan- 420 gehörigkeiten nach Satz 1 muß im Einzelfall konkretisiert werden. Die Neuregelung stellt hierbei auf die Hilfsanknüpfung an den **gewöhnlichen Aufenthalt** ab. Die engste Verbindung soll sich aber auch aus dem **Verlauf des Lebens des Mehrstaaters** ergeben. Diese Formulierung entspricht Art 14 Abs 1 Nr 3 (wonach die allgemeinen Wirkungen der Ehe dem Recht des Staates unterliegen, mit dem die Ehegatten auf andere Weise gemeinsam am engsten verbunden sind). Nach der Begründung des Gesetzesentwurfs der Bundesregierung (BT-Drucks 10/504, 41) soll damit „nicht nur die bisherige, sondern auch die für die Zukunft geplante Entwicklung" in die Überlegungen mit einbezogen werden; für die künftig geplante Entwicklung müssen allerdings „in der Regel objektive Anhaltspunkte" vorliegen.

bb) Ermittlung der engsten Verbindung
Die die effektive Staatsangehörigkeit bestimmenden Kriterien sind nicht notwendi- 421

gerweise identisch mit den besonderen Merkmalen, die die Völkerrechtswissenschaft und die internationale Gerichtsbarkeit bei der Ermittlung der effektiven Staatsangehörigkeit zwecks Abgrenzung staatlicher Personalhoheit herausgearbeitet haben, da es im zwischenstaatlichen Bereich nicht um die Ermittlung des richtigen Rechts, sondern um die Ausübung der diplomatischen Schutzrechte geht. KEGEL (IPR 285) will die engere Verbindung mit einem der Heimatstaaten durch folgende Hilfsanknüpfungen bestimmen: gewöhnlicher Aufenthalt, hilfsweise letzter gewöhnlicher Aufenthalt, schlichter Aufenthalt, zuletzt erworbene Staatsangehörigkeit, kraft ius sanguinis erworbene Staatsangehörigkeit. Allerdings wird diese Formalisierung der notwendigen konkreten Abwägung im Einzelfall nicht im erforderlichen Umfang gerecht. Wohnsitz oder gewöhnlicher Aufenthalt in einem der Heimatstaaten sind in der Regel ein gewichtiges Indiz für die engere Beziehung zu diesem Staat; daneben sind jedoch auch andere objektive Umstände von Bedeutung, wie zB bestimmte Vermögensdispositionen, berufliche Beziehungen, Ausübung des Wahlrechts oder Erfüllung der Wehrpflicht in einem Land, Bekenntnis zur Volkszugehörigkeit, Beschränkung der Ausreisemöglichkeit usw (vgl FERID, Neubürger 57; ders RabelsZ 23 [1958] 508; KÜHNE, IPR-Gesetzentwurf 51; NEUHAUS, Grundbegriffe § 27 III 4; ferner die Begründung zum österreichischen IPR-Gesetzentwurf von 1978: „Es sind dabei alle Tatsachen zu berücksichtigen und gegeneinander abzuwägen, die für die Lebensverhältnisse der Person von maßgebender Bedeutung sind, so vor allem der Wohnsitz oder gewöhnliche Aufenthalt, der Zeitpunkt des Erwerbs der einzelnen Staatsangehörigkeiten, aber auch die wirtschaftlichen Bindungen dieser Personen, ihre Erziehung und Sprache, die Ausübung öffentlich-rechtlicher Befugnisse (Wahlrecht) und Funktionen (Wehrdienst) in einem der mehreren Heimatstaaten..." Vgl auch OLG München FamRZ 1994, 634: „Maßgebend ist dabei insbesondere die kulturelle Prägung, die Sprache, die beruflichen und privaten Verbindungen sowie die Erfüllung staatsbürgerlicher Pflichten.") Die Anrufung der Gerichte eines Heimatstaates dürfte jedoch allein nicht als objektives Kriterium ausreichen (so aber allem Anschein nach BEITZKE, in: FS Schnitzer 28). Ebenso dürfte der Besitz einer Staatsangehörigkeit, die man mit einer anderen am Rechtsverhältnis beteiligten Person gemeinsam hat, noch nicht für die Bestimmung der effektiven Staatsangehörigkeit ausreichend sein (vgl BGH v 28.1.1976 IPRspr 1976 Nr 34).

422 Bei der Konkretisierung des Grundsatzes der engsten Verbindung können sich für die einzelnen Sachbereiche des IPR unterschiedliche Regeln ergeben (vgl BT-Drucks 10/504, 41 und BEITZKE, in: Vorschläge und Gutachten zur Reform des deutschen internationalen Personen- und Sachenrechts [1972] 143, 171 ff).

b) Die Person mit fremder Staatsangehörigkeit ist zugleich Deutscher
aa) Vorrang deutschen Personalstatuts

423 Mehrstaater mit deutscher Staatsangehörigkeit haben nunmehr nach Satz 2 immer deutsches Personalstatut. Die Neuregelung setzt sich damit über eine in der höchstrichterlichen Rechtsprechung (zusammenfassend BGHZ 75, 32) sich durchsetzende Tendenz zu größerer Flexibilität bei der Anknüpfung der Rechtsverhältnisse inländischer Doppelstaater hinweg (vgl FERID, IPR 1-35) und „kehrt aus Gründen der Rechtsklarheit und Praktikabilität zu der früher in der Rechtsprechung überwiegenden Auffassung zurück" (so die amtliche Begründung BT-Drucks 10/504, 40).

424 Der Gesetzgeber entscheidet sich für den Vorrang der eigenen Staatsangehörigkeit, weil die Beachtung der effektiven Staatsangehörigkeit häufig zu Grenzfällen führt, in

denen kein eindeutiger Vorrang einer Staatsangehörigkeit festgestellt werden kann. „Diese Unsicherheit könnte zu Lasten der eigenen Rechtsordnung nur hingenommen werden, wenn keine klare und einfache Lösung zur Verfügung stünde" (amtl Begr aaO).

Wie die von FERID (IPR 1-35, 1) gebildeten Beispiele zeigen, kann sich allerdings auch bei Deutschen mit zugleich fremder Staatsangehörigkeit die fremde Staatsangehörigkeit als die eindeutig effektivere Staatsangehörigkeit erweisen und die nunmehr gesetzlich vorgeschriebene Anknüpfung an das deutsche Personalstatut zu Nachteilen für den betroffenen Personenkreis führen. Hierbei muß auch die staatsangehörigkeitsrechtliche Lage berücksichtigt werden: Das RuStAÄndG vom 20.12.1974 bedingt mehr Doppelstaater, die kraft Abstammung auch im Ausland ihren Abkömmlingen die deutsche Staatsangehörigkeit vermitteln, wenn diese keinen effektiven Bezug mehr zur deutschen Rechtsordnung haben. Die Rechtswahlmöglichkeiten nach Art 10 Abs 3 und Art 14 Abs 2 schaffen hier nur unvollkommen Abhilfe (s unten Rn 431 f).

Eine Durchbrechung der Regel des Art 5 Abs 1 Satz 2 wird für solche Fälle erwogen, **425** „wo das Ergebnis in eklatantem Widerspruch zur kollisionsrechtlichen Sachgerechtigkeit stehen würde." (MANSEL, Personalstatut Rn 269 ff; ähnlich MünchKomm/SONNENBERGER Einl IPR Rn 509, Art 5 Rn 13: Die von Art 5 Abs 1 Satz 2 angeordnete ausschließliche Beachtung der deutschen Staatsangehörigkeit ist danach „außer acht zu lassen, wenn sie im Einzelfall zu einem Ergebnis führt, das in einem offenkundigen Widerspruch zu den Kriterien kollisionsrechtlicher Anknüpfungsgerechtigkeit steht.") Gerechtfertigt wird die teleologische Reduktion der Norm mit deren (systemwidrigem) Ausnahmecharakter und der Erwägung, ansonsten wäre das Ziel der Anknüpfung an das Schwerpunktrecht gänzlich verfehlt. Erfaßt werden sollen von dieser Einschränkung des personellen Anwendungsbereichs des Art 5 Abs 1 Satz 2 deutsch-ausländische Mehrstaater ohne jegliche Bindung zur BR Deutschland, die also nicht über mehr als eine „bloße formale Inhaberschaft" der deutschen Staatsangehörigkeit verfügen, denen mithin das deutsche Personalstatut „aufgezwungen" würde. Vorausgesetzt wird, daß die deutsche Staatsangehörigkeit „vollkommen ineffektiv" ist, weil der Mehrstaater „keinerlei Beziehungen (mehr) zur BR Deutschland" hat (MANSEL Rn 272).

Art 5 Abs 1 S 2 bringt eine erhebliche Vereinfachung bei der Rechtsanwendung. Bei **426** einem deutschen Staatsangehörigen braucht grundsätzlich (vgl zu den Ausnahmen Rn 433) künftig nicht geprüft werden, ob er weiteren Staaten angehört und welche Staatsangehörigkeit gegebenenfalls die wirksamere ist.

Die Vertreter der Schule, die der inländischen Staatsangehörigkeit eines Mehrstaa- **427** ters bedingungslosen Vorrang einräumte, berufen sich zudem auf den öffentlichrechtlichen Charakter der Staatsangehörigkeit (vgl OTTO FamRZ 1974, 655, 656; STURM FamRZ 1974, 621, 622), auf entsprechende völkerrechtliche Kollisionsnormen und auf einen weitreichenden internationalen Konsens (RAAPE/STURM, IPR 134, s u rechtsvergleichende Hinweise Rn 438 ff. Zu den verfassungsrechtlichen Vorgaben vgl ausführlich PITSCHAS, in: JAYME/MANSEL [Hrsg], Nation und Staat 40 ff; SCHOLZ/PITSCHAS NJW 1984, 2326).

Die angesprochene internationale Übereinstimmung besteht jedoch weitgehend nur **428** in einem internationalen Konsens über den Dissens, weil jeder Staat einseitig seinem eigenen Recht Vorrang einräumt und weder eine einheitliche Lösung für alle Fälle mehrfacher Staatsangehörigkeit ermöglicht, noch – bei Beteiligung von Inländern – die internationale Entscheidungsharmonie gewährleistet wird. Die Haager Kodifikationskonferenz hat zwar den Grundsatz bestätigt, daß Doppelstaater von jedem der Heimatstaaten grundsätzlich als Inländer behandelt werden können (vgl Art 3 Convention concernant certaines questions relatives aux conflits de lois sur la nationalité v 12. 4. 1930, LNTS 179, 89; das Abkommen wurde von Deutschland nicht ratifiziert, vgl MAKAROV 293 ff; WENGLER, Völkerrecht II 991). Die Konvention schreibt jedoch den Vorrang der inländischen Staatsangehörigkeit nicht zwingend vor (vgl KORTERS Rev dr i p 25 [1930] 421). Zudem geht es im deutschen IPR bei der Verwirklichung des Staatsangehörigkeitsprinzips nicht um die öffentlichrechtliche Seite der Staatsangehörigkeit (die im zwischenstaatlichen Bereich bei der Abgrenzung der Schutzgewährung im Vordergrund steht), sondern um die Frage, welches Recht nach sachlichen Gesichtspunkten den Vorzug verdient; (vgl MünchKomm/SONNENBERGER Art 5 Rn 8).

429 Der **Begriff des „Deutschen"** richtet sich nach Art 116 Abs 1 GG, Art 9 Abs 2 Nr 5 FamRÄndG vom 11. August 1961 (BGBl I 1221), s oben Rn 127. Deutsche aus der DDR waren keine deutsch-deutschen Doppelstaatsangehörigen, sondern besaßen nach unserer Auffassung nur die deutsche Staatsangehörigkeit (s oben Rn 151, 194). Insoweit fand Art 5 Abs 1 S 2 keine Anwendung, was die amtl Begründung (BT-Drucks 10/504, 41) ausdrücklich klarstellt.

430 Auch die in den ehemals deutschen Gebieten jenseits von Oder und Neiße zurückgebliebenen Deutschen besitzen noch die deutsche Staatsangehörigkeit. Ohne einen die Abgrenzung der Personalhoheit regelnden Friedensvertrag konnte der in den genannten Gebieten verbliebenen Bevölkerung weder die deutsche Staatsangehörigkeit aberkannt noch eine fremde Staatsangehörigkeit verliehen werden. Zur Staatsangehörigkeit der deutschen Minderheit in diesen Gebieten nach dem 2+4-Vertrag und den beiden Verträgen mit Polen vgl bereits Rn 139 ff, insb 147 ff.

bb) Sonderfälle
431 Art 5 Abs 1 schließt nicht aus, daß in Sonderfällen auch die nicht effektive oder nicht deutsche Staatsangehörigkeit eines Mehrstaaters zu berücksichtigen ist. Das gilt für die Rechtswahlmöglichkeiten nach Art 10 Abs 2 und 3 (idF des FamNamRG v 16. 12. 1993, BGBl I 2054) und Art 14 Abs 2 (vgl dazu WEGMANN NJW 1987, 1740).

432 Ob allerdings diese Ausnahmeregelungen der starren Anknüpfung an die deutsche Staatsangehörigkeit die wünschenswerte Flexibilität in besonders gelagerten Fällen verleihen können, muß bezweifelt werden. Gehört ein Ehegatte mehreren Staaten an, so können die Ehegatten zwar ungeachtet des Art 5 Abs 1 hinsichtlich der Ehewirkungen das Recht eines dieser Staaten wählen, falls ihm auch der andere Ehegatte angehört. Die Wahlmöglichkeit erstreckt sich aber zB nicht auf das Rechtsverhältnis zwischen Eltern und einem ehelichen Kind (Art 19 Abs 2), das meist, wie seine Eltern, Mehrstaater ist. Durch die einheitliche Wahl der die Ehewirkungen bestimmenden Rechtsordnung nach Art 14 Abs 2 wird deshalb fast zwangsläufig ein Graben zwischen Eltern und ihrem ehelichen Kind gezogen, sollten sie sich gegen das deutsche Heimatstatut entscheiden.

433 Weiterhin geht dem Art 5 Abs 1 S 2 die Regelung des Art 7 Abs 2 vor, wenn der

Betroffene zusätzlich zu einer ausländischen Staatsangehörigkeit nun die deutsche hinzuerwirbt und damit nach dem maßgeblichen deutschen Personenstatut eigentlich rechts- oder geschäftsunfähig sein müßte. Ferner tritt die deutsche Staatsangehörigkeit hinter einer ausländischen dann zurück, wenn das Gesetz, wie zB in Art 14 Abs 1 Nr 1, an eine gemeinsame Staatsangehörigkeit anknüpft und die ausländische Staatsangehörigkeit diese Voraussetzung erfüllt (aA PALANDT/HELDRICH Art 14 Rn 7; OLG Hamm FamRZ 1990, 54); insoweit handelt es sich nämlich um eine Spezialvorschrift.

Im übrigen gilt Art 5 Abs 1 nur für das IPR; im internationalen Verfahrensrecht kann die mehrfache Staatsangehörigkeit – wie die amtliche Begründung hervorhebt – „zu anderen, teilweise erheblich abweichenden Folgen führen" (vgl STAUDINGER/ GAMILLSCHEG[10/11] § 606 b ZPO Rn 100 mwN, § 328 ZPO Rn 81 ff und SAMTLEBEN RabelsZ 42 [1978] 176 f). **434**

III. Staatsverträge

Für mehrseitige IPR-Verträge gelten eigene Auslegungsregeln, die den spezifischen Erfordernissen der Rechtsvereinheitlichung Rechnung tragen (vgl KROPHOLLER, Internationales Einheitsrecht [1975] 258 ff, ferner MATSCHER/SIEHR/DELBRÜCK, Multilaterale Staatsverträge erga omnes und deren Inkorporation in nationale IPR-Kodifikationen, Berichte der Deutschen Gesellschaft für Völkerrecht, Heft 27 [1986]). **435**

1. Die Bestimmung des Vertragsanwendungsbereichs durch die Staatsangehörigkeit

Wird bei IPR-Verträgen der Anwendungsbereich durch die Staatsangehörigkeit oder Nichtzugehörigkeit der betroffenen Person zu einem Vertragsstaat bestimmt, so ist zu vermuten, daß jeder Vertragsstaat einen Mehrstaater mit inländischer Staatsangehörigkeit nur als Inländer betrachtet (vgl SAMTLEBEN RabelsZ 42 [1978] 479 f, und KROPHOLLER, Das Haager Abkommen über den Schutz Minderjähriger [1977] 24, 47). Bei ausländischen Mehrstaatern, die die Staatsangehörigkeit nur eines Vertragsstaates besitzen, spricht die Vermutung dafür, daß diese Staatsangehörigkeit für die Anwendung des Vertrages den Ausschlag gibt (vgl MAKAROV 316 f). **436**

2. Verweisung durch inhaltliche Regelungen auf das Heimatrecht

Verweist die inhaltliche Regelung eines IPR-Vertrages auf das Heimatrecht eines der Beteiligten, so ist bei Mehrstaatern nach Sinn und Zweck der jeweiligen Vereinbarung zu verfahren. **437**

Beispiel: Nach dem **Haager Testamentsabkommen** von 1961 ist eine letztwillige Verfügung formell gültig, wenn sie der Form des Heimatrechts entspricht. Sinn der Vorschrift ist der favor testamenti. Demgemäß ist bei Mehrstaatern eine alternative Anknüpfung möglich: Die Beachtung eines der Heimatrechte des Mehrstaaters ist ausreichend. Weniger eindeutig sind Sinn und Zweck der Anknüpfung an Staatsangehörigkeits- und Aufenthaltsprinzip im **Haager Minderjährigenschutzabkommen** (vgl KROPHOLLER 57 ff, 82 ff und 114 ff). Besitzt der minderjährige Doppelstaater die Staatsangehörigkeit des Aufenthaltstaates, so wird nach BGH v 20.12.1972 jede daneben bestehende Staatsangehörigkeit verdrängt (BGHZ 60, 68 [82] = IPRspr 1972 Nr 59 b).

Hieran ändert die Neuregelung in Art 5 Abs 1 S 2 nichts – was Art 3 Abs 2 ausdrücklich feststellt: Regelungen in völkerrechtlichen Vereinbarungen gehen, soweit sie unmittelbar anwendbares innerstaatliches Recht geworden sind, den Vorschriften des EGBGB vor.

IV. Rechtsvergleichende Hinweise

438 Wie nunmehr auch in der Bundesrepublik Deutschland wird die kollisionsrechtliche Behandlung von Mehrstaatern in zahlreichen Ländern gesetzlich geregelt, wobei sowohl an die zuletzt erworbene Staatsangehörigkeit, an Wohnsitz oder Aufenthalt, aber auch an die engere Verbindung zu einem der Heimatstaaten angeknüpft wird.

Ägypten: Art 25 ZGB (1948); **Albanien:** Art 23 IPR-Gesetz (1964); **Algerien:** Art 22 ZGB (1975); **Griechenland:** Art 31 ZGB (1940); **Irak:** Art 33 ZGB (1951); **Israel:** s 14 (b) StaatsangehörigkeitsG (1952); **Japan:** § 27 I Horei (1898); **Jugoslawien:** Art 11 IPR-Gesetz (1982); **(Süd-)Korea:** § 2 I IPR-Gesetz (1962); **Kuweit:** Art 70 IPR-Gesetz (1961); **Liechtenstein:** Art 30 ZGB (1926); **Österreich:** IPR-Gesetz (1978) § 9 I 2; **Polen:** Art 2 IPR-Gesetz (1965); **Portugal:** Art 27/28 StaatsangehörigkeitsG (1981); **Rumänien:** Art 12 II/III IPR-Gesetz (1992); **Schweiz:** Art 23 IPR-Gesetz (1987); **Senegal:** Art 849 FamGB (1972); **Spanien:** Art 9 Nr 9 ZGB (idF von 1990); **Syrien:** Art 27 ZGB (1949); **Taiwan:** § 26 IPR-Gesetz (1953); **Thailand:** § 6 IPR-Gesetz (1938); **Tschechoslowakei:** § 33 IPR-Gesetz (1963); **Ungarn:** § 11 II Ges Nr 13 (1979); vgl RAAPE/STURM 133 ff; SAMTLEBEN RabelsZ 42 (1978) 457, ferner für den lateinamerikanischen Bereich Art 9–11 Codigo Bustamante. S a die Entwürfe für IPR-Gesetze in **Brasilien** (1970) Art 19; **Frankreich** (1967) Art 2285.

439 Die DDR verfügte in § 5 Gesetz über die Anwendung des Rechts auf internationale zivil-, familien- und arbeitsrechtliche Beziehungen sowie auf internationale Wirtschaftsverträge vom 5.12.1975 (in Kraft getreten am 1.1.1976 [GBl 1975 I 748]) ebenfalls über eine gesetzliche Regelung: Zwischen in- und ausländischen Mehrstaatern wurde differenziert; im ersten Fall prävalierte die Staatsbürgerschaft der DDR, im zweiten Fall wurde an die effektive Staatsbürgerschaft angeknüpft.

Die Vorschrift lautete:

„Ist nach den Bestimmungen dieses Gesetzes die Staatsbürgerschaft für das anzuwendende Recht maßgeblich, so ist

. . . . .

b) bei Bürgern mit mehrfacher Staatsbürgerschaft, wenn sie zugleich auch Staatsbürger der DDR sind, das Recht der Deutschen Demokratischen Republik anzuwenden;

c) bei Bürgern mit mehrfacher Staatsbürgerschaft, wenn sie nicht zugleich auch

Staatsbürger der DDR sind, das Recht des Staates anzuwenden, zu dem die engere Beziehung besteht."

Die Lehre in vielen europäischen Ländern hält für inländische Doppelstaater stets **440** das eigene Recht für maßgebend (vgl KAHN, Abhandlungen zum IPR I [1928] 59 f und SAMT-LEBEN RabelsZ 42 [1978] 458 f):

Belgien: POULLET, Manuel de d i p belge (1947) 88 f; GRAULICH, Principes de d i p (1961) 104; VAN HECKE, American-Belgian Private International Law (1968) 18; VAN DER ELST, d i p (1983/85) 10; BURLET Rev belg dr int 12 (1976) 81; RIGAUX, d i p I (1977) 161 f - **Bulgarien:** DAMJANOV, Stulknovitelnite normi po nasledstvenoto pravo na NR Bulgarija (1977) 56. – **Dänemark:** PHILIP, Dansk international privat- og procesret (1976) 168. – **Frankreich:** NIBOYET, Traité de d i p francais I (1947) 523; SAVATIER, Cours de d i p (1953) 48; ARMINJON, Précis de d i p II (1958) 41; LEREBOURS-PIGEONNIERE, d i p (1970) 229; BATIFFOL-LAGARDE d i p I (1974) 87, II (1976) 13; P MAYER, d i p (1977) 600; LAGARDE, La nationalité francaise rétrécie, Rev crit dr i p 1993, 536. **Italien:** MONACO, L'efficacia della legge nello spazio (1964) 62; BALLARINO, dip (1970) 93; MORELLI, Elementi di dip (1971) 85; MANSEL, Neues italienisches Staatsangehörigkeitsrecht und deutsch-italienische Doppelstaaterkonstellation, StAZ 1990, 42. – **Jugoslawien:** JEZDIC, Medunarodno privatno pravo I (1969) 100; KATICIC Rec des Cours 131 (1970-III) 420. – **Niederlande:** Nachweise bei KOSTERS-DUBBINK, Allgemeen deel van het Nederlandse IPR (1962) 658 N 67. – **Norwegen:** GJELSVIK, Das IPR in Norwegen (Leipzig 1935) 114. – **Rumänien:** CAPATINA WGO 15 (1973) 315 – **Schweden:** MICHAELI, IPR gemäß schwedischem Recht und schwedischer Rechtsprechung (Stockholm 1948) 50; KARLGREN, Internationell Privatoch Processrätt (1960) 80; NIAL, American-Swedish Private International Law (1965) 20; EEK, Lagkonflikter i tvistemal (1972) 181; – **Schweiz:** BECK, in: (Berner) Kommentar zum Schweizerischen ZGB V/2 (1932) 71; HOOL, Les effets de la double nationalité en droit suisse (1949) 73; SCHNITZER, Handbuch des IPR I (1957) 162; VISCHER, IPR, in: Schweizerisches Privatrecht I (1969) 509 (540) = D I P (1974) 32; STAUFFER, Praxis zum NAG (1975) 8; – **Sowjetunion:** PERETERSKI-KRYLOW, Lehrbuch des IPR (Ost-Berlin 1962) 65 N 1. – **Türkei:** ANSAY, American-Turkish Private International Law (1966) 17; KILIC, Deutsch-türkische Doppelstaatsangehörigkeit, StAZ 1994, 74. – **Ungarn:** REDZEI, IPR (Budapest 1960) 157; SZASZY, Private International Law in the European People's Democracies (Budapest 1964) 124. An die **effektive Staatsangehörigkeit** knüpfen auch in diesem Fall an: **Niederlande:** LEMAIRE, Nederlands IPR (1968) 80; SAUVEPLANNE, Elementair IPR (1976) 22. – **Österreich:** MÄNHARDT, Das internationale Personen- und Familienrecht Österreichs (1971) 27; BYDLINSKI Z f Rvgl 6 (1965) 237; REICHELT Z f Rvgl 9 (1968) 227 – **Schweden:** PALSSON, Marriage and Divorce in Comparative Conflict of Laws (Leiden 1974) 89. – **Schweiz:** DUBOIS, Die Frage der völkerrechtlichen Schranken landesrechtlicher Regelung der Staatsangehörigkeit (1955) 39; SCHMIDHEINY, Die privatrechtlichen Folgen der selbständigen Staatsangehörigkeit der Ehefrau (1958) 38.

F. Staatenlose

I. Begriff und Entstehung der Staatenlosigkeit

Staatenlos ist, wer nach keinem innerstaatlichen Recht als Staatsangehöriger zu **441** behandeln ist (s a STAUDINGER/GAMILLSCHEG[10/11] Vorbem 126 ff zu Art 13).

1. Internationale Regelungen

a) UN-Konventionen

442 Dieser Definition folgt auch das **UN-Übereinkommen vom 28. 9. 1954 über die Rechtsstellung der Staatenlosen** (BGBl 1976 II 473), das die aus der Schutzlosigkeit der Staatenlosen sich ergebenden Härten mindern will. Die Staatenlosigkeit selbst einzuschränken ist das Ziel des **UN-Übereinkommens vom 30. 8. 1961 über die Verminderung der Staatenlosigkeit** (BGBl 1977 II 597) und des CIEC-Übereinkommens vom 13. 9. 1973 zur Verringerung der Fälle von Staatenlosigkeit (BGBl 1977 II 597, 613. Vgl REERMANN, Das UN-Übereinkommen über die Verminderung der Staatenlosigkeit, in: Vereinte Nationen [1977] 40). Die Abkommen enthalten Vorschriften, die dazu dienen, das Entstehen von Staatenlosigkeit zu verhindern oder bestehende Staatenlosigkeit zu beseitigen (vgl REERMANN, Zur Übernahme des UN-Übereinkommens über die Verminderung der Staatenlosigkeit, in: Vereinte Nationen [1978] 3; ferner: SCHLESER 152 ff). Der deutsche Gesetzgeber versucht, den Eintritt künftiger Staatenlosigkeit (oder völkerrechtlicher Schutzlosigkeit) nach Möglichkeit zu verhindern oder bereits eingetretene Staatenlosigkeit wieder zu beseitigen; dies geschieht durch sog Staatenlosen-Schutzklauseln. Daneben ist die Rechtsstellung der Flüchtlinge und Staatenlosen weiter zu verbessern und ihnen politischer und administrativer Schutz im Aufnahmeland zu sichern, vgl amtl Begr des am 6. 7. 1977 in Kraft getretenen Ausführungsgesetzes zu den beiden Übereinkommen (BGBl 1977 I 1101), abgedruckt in: GMBl 1977, 314. Inländerprivilegien können jedoch Staatenlose mit Aufenthalt in der Bundesrepublik Deutschland weiterhin nicht in Anspruch nehmen (vgl RAAPE/STURM, IPR 131).

b) Menschenrechtserklärungen und -konventionen

443 In den internationalen **Menschenrechtserklärungen und -konventionen** wird heute vermehrt ein Recht des Individuums auf Staatsangehörigkeit anerkannt (vgl hierzu auch BVerwGE 15, 226, 230 und Urt v 24. 6. 1971 VIII C 165.70, BUCHHOLZ 130 zu § 4 RuStAG Nr 4). Art 15 der **Allgemeinen Erklärung der Menschenrechte** (Res 217 [III] der Generalversammlung der Vereinten Nationen v 10. 12. 1948), auf den auch Art 7 des UN-Übereinkommens v 30. 8. 1961 verweist, bestimmt: „Jeder Mensch hat Anspruch auf Staatsangehörigkeit. Niemandem darf seine Staatsangehörigkeit willkürlich entzogen werden ..." (vgl hierzu UIBOPUU, Das Recht des Einzelmenschen auf eine Staatsangehörigkeit, in: AWR-Bulletin 1978, 35). Der am 23. 3. 1976 in Kraft getretene **Internationale Pakt über bürgerliche und politische Rechte** v 19. 12. 1966 (BGBl 1973 II 1533) räumt in Art 24 Abs 3 jedem Kind das Recht ein, „eine Staatsangehörigkeit zu erwerben".

Transformation und unmittelbare Anwendung dieser Bestimmung im deutschen Recht ist jedoch unklar (vgl BLECKMANN, Begriff und Kriterien der innerstaatlichen Anwendbarkeit völkerrechtlicher Verträge 20). Sie bedeutet nicht die Verankerung des ius-soli Grundsatzes, sondern räumt dem Kind einen Einbürgerungsanspruch im Geburtsland ein, falls es staatenlos ist (vgl HECKER, Die Regelung von Staatsangehörigkeitsfragen in völkerrechtlichen Verträgen, in: FS Menzel 177).

2. De-jure-Staatenlosigkeit

444 Als de-jure staatenlos werden in der Bundesrepublik Personen behandelt,

(1) für die sich feststellen läßt, daß sie nach keinem der in Betracht kommenden

(anwendbaren) Staatsangehörigkeitsrechte als Staatsangehörige eines bestimmten Staates anzusehen sind (Art 1 Nr 1 des Gesetzes zur Verminderung der Staatenlosigkeit v 29. 6. 1977 [BGBl I 1101] iVm Art 1 Abs 1 des UN-Übereinkommens v 28. 9. 1954 über die Rechtsstellung der Staatenlosen [BGBl 1976 II 473], bzgl der Personen mit nicht feststellbarer Staatsangehörigkeit s unten Rn 455 f),

(2) die einen Reiseausweis nach Art 28 des UN-Übereinkommens v 28. 9. 1954 erhalten haben.

a) Prüfungszuständigkeit

Die **Prüfungszuständigkeit der deutschen innerstaatlichen Behörden** ist gegeben, da es 445 bei der Feststellung der Staatenlosigkeit nicht darum geht, den Besitz einer fremden Staatsangehörigkeit verbindlich festzustellen bzw nicht festzustellen, sondern weil anhand geltender Rechtsvorschriften der betroffenen Einzelstaaten im Wege der Rechtsanwendung der Nichtbesitz einer Staatsangehörigkeit aufgezeigt werden soll. Die Prüfung, ob Staatenlosigkeit vorliegt, ist Sache der Ausländer- und Staatsangehörigkeitsbehörden. Die Frage der Staatenlosigkeit kann aber auch in jedem anderen Verfahren als Vorfrage auftauchen und ist dann inzidenter zu entscheiden. Die Äußerungen der bei den Vereinten Nationen nach Art 11 des UN-Übereinkommens v 30. 8. 1961 (BGBl 1977 II 597) errichteten internationalen Stelle sind für deutsche Behörden nicht bindend, aber bei der Prüfung zu berücksichtigen.

b) Entstehungsgründe

Die Entstehungsgründe der Staatenlosigkeit sind vielfältig. Sie beruhen zum einen 446 darauf, daß mehrere Staaten beim Erwerb und Verlust der Staatsangehörigkeit an die gleichen Kriterien anknüpfen, zum anderen entweder auf den Verschiedenheiten der beachteten Grundsätze oder auf Unterschieden in den Einzelbestimmungen.

Durch Geburt wird staatenlos, wer in einem Staat des ius sanguinis geboren wird, während der eheliche Vater oder die uneheliche Mutter einem Staat des ius soli angehört. Eine Frau wird staatenlos, wenn sie durch Heirat ihre Staatsangehörigkeit verliert (zB in Liechtenstein), die Staatsangehörigkeit ihres Mannes aber nicht erwirbt.

Auswanderung und **Ausbürgerung** können weitere Gründe sein, die zur Staatenlosig- 447 keit führen.

So vermehrte der nationalsozialistische Gesetzgeber die Staatenlosigkeit durch zahlreiche Ausbürgerungsmaßnahmen, vgl zB die 11. VO v 25. 11. 1941 betreffend die kollektive Ausbürgerung aller deutschen Juden mit gewöhnlichem Aufenthalt im Ausland (hierzu BVerfGE 23, 106 und oben Rn 73).

Staatenlos können auch diejenigen sein, die auf einem Gebiet, das nicht Staat iSd 448 Völkerrechts ist, wohnen, zB Mandatsgebiete (BGB-RGRK/Wengler VI 1, 252). Staatenlosigkeit kann auch bei völkerrechtswidriger Annexion entstehen oder bei Debellatio ohne nachfolgende Annexion.

3. De-facto-Staatenlosigkeit

449 Neben der De-jure-Staatenlosigkeit hat sich in den zwischenstaatlichen Beziehungen noch die sog De-facto-Staatenlosigkeit herausgebildet (vgl SCHÄTZEL, De-facto-Staatsangehörigkeit und De-facto-Staatenlosigkeit, in: FS Verdross [1960] 217 ff). „De-facto-Staatenlose" sind erweislich (de jure) nicht staatenlos, entbehren aber des völkerrechtlichen Auslandsschutzes durch den Heimatstaat, weil dieser entweder handlungsunfähig ist oder von sich aus seine Schutzgewährung verweigert. MAKAROV (Grundriß des IPR [1970] 71) bezeichnet jene als „Quasi-Staatenlose", die bei formeller Betrachtung nicht ihre Staatsangehörigkeit, aber den diplomatischen Schutz ihres Heimatstaates verloren haben.

a)   Entstehungsgründe
450 De-facto-Staatenlosigkeit entsteht einmal durch **negative Kompetenzkonflikte in Fällen ungeregelter Staatensukzession** (vgl zB den österreichisch-ungarischen Pensionistenstreit: alle Nachfolgestaaten der k-u-k-Monarchie bestritten die Staatsangehörigkeit bestimmter Pensionisten, um sich der Pensionszahlungen zu entziehen, SCHÄTZEL, Regelung der Staatsangehörigkeit [1927] 177), aber auch bei Flüchtlingen, wenn der verpflichtete Staat die Staatsangehörigkeit nicht anerkennt oder die Person aus der Staatsangehörigkeit nicht entlassen will.

451 Geht man davon aus, daß die von der Sowjetunion 1940 annektierten baltischen Staaten völkerrechtlich weiter bestanden, so sind die **Angehörigen der baltischen Staaten** de jure nie staatenlos geworden; sie konnten aber von ihren Heimatstaaten nicht mehr geschützt werden und waren deshalb den Staatenlosen gleichzustellen (vgl BVerwG v 7.7.1959 StAZ 1960, 12).

452 De-facto-Staatenlose sind weiter **Flüchtlinge aus Palästina und Tibet**, deren ursprüngliche Staatsangehörigkeit fortbesteht und die von der Bundesrepublik Deutschland unmittelbar in deutsche Obhut übernommen worden sind oder denen die Rückkehr in einen anderen Obhutsstaat nicht mehr möglich ist; ferner die **Angehörigen der südafrikanischen homelands**, die aus dem südafrikanischen Staatsverband ausgegliedert, aber nicht als Staaten im Sinne des Völkerrechts anerkannt wurden (vgl KLEIN, Die Nichtanerkennungspolitik der Vereinten Nationen gegenüber den in die Unabhängigkeit entlassenen südafrikanischen homelands, ZaöRV 1979, 472).

453 Jedoch vermag allein die Unwilligkeit des Betroffenen, die Verbindung zu seinem Heimatstaat aufzunehmen und sich in dessen Fürsorge oder Obhut zu begeben, die De-facto-Staatenlosigkeit und damit die Staatenlosenbehandlung nicht zu begründen.

b)   Rechtliche Behandlung
454 Nach dem UN-Übereinkommen v 30.8.1961 (G zur Verminderung der Staatenlosigkeit v 29.6.1977 [BGBl I 1101]) und dem Übereinkommen v 28.9.1954 über die Rechtsstellung der Staatenlosen (Vertragsgesetz v 12.4.1976 [BGBl II 473]) wird eine **Gleichbehandlung der De-facto-Staatenlosen mit den De-jure-Staatenlosen anempfohlen** (BT-Drucks 8/12, 20; GMBl 1977, 333).

Im übrigen spielt der vornehmlich im Völkerrecht entwickelte Begriff des De-facto-

Staatenlosen im Kollisionsrecht kaum mehr eine Rolle; er wird hier zT auch als mißverständlich abgelehnt (vgl FERID 1–32, 1).

4. Die nicht feststellbare Staatsangehörigkeit

Die nicht feststellbare Staatsangehörigkeit erscheint als Teilaspekt der nicht feststell- 455
baren Anknüpfung (vgl FERID 1–32, 2).

Den Richter trifft die Pflicht zur kollisionsrechtlichen Prüfung von Amts wegen (vgl BEITZKE, Grundgesetz und IPR [1961]). Dies beinhaltet auch die Ermittlung der Anknüpfungstatsachen von Amts wegen, soweit das Verfahren nicht unter der Dispositionsmaxime der Parteien steht (FERID 4–106).

Personen, deren Staatsangehörigkeit nicht festzustellen war, wurden in der Praxis 456
den Staatenlosen gleichgestellt (Nachweise bei SOERGEL/KEGEL [11. Aufl 1983] Rn 114 vor
Art 7 EGBGB). Art 5 Abs 2 sieht nunmehr diese Gleichstellung ausdrücklich vor.

II. Die kollisionsrechtliche Regelung

1. Die Entwicklung der Kollisionsnorm

a) Die ursprüngliche Fassung des Art 29 differenzierte zwischen den staatenlos 457
Gewordenen und staatenlos Geborenen. Bei den ersteren war maßgeblich das Recht
ihrer letzten Staatsangehörigkeit, bei den letzteren das Recht ihres Wohnsitzes bzw
das Recht des schlichten Aufenthaltes. Die Regelung erwies sich als rechtspolitisch
bedenklich bei Emigranten, die ihre Heimat aus politischen Gründen verließen.
Ihnen folgte das Heimatrecht, dessentwillen sie geflohen waren.

b) Von dieser Einsicht getragen erfolgten auch bald die ersten gesetzlichen Ände- 458
rungen. Art 4 des Gesetzes v 6. 1. 1926 bestimmt über die deutsch-russischen Verträge v 12. 10. 1925 (RGBl 1926 II 1), daß grundsätzlich deutsches Erbrecht gelte, wenn
der Erblasser seinen letzten Wohnsitz in Deutschland hatte. Hilfsweise war an den
Aufenthalt anzuknüpfen (STAUDINGER/RAAPE^9 734 f). Art 7 § 25 FamRÄndG v
12. 4. 1938 (RGBl I 380) gab dem Art 29 schließlich seine bis zum 1. 9. 1986 gültige
Fassung. Der Wohnsitzbegriff wurde durch den des Aufenthaltes ersetzt.

c) Art 5 Abs 2 der Neuregelung entspricht sachlich (zu den sprachlichen Änderungen 459
s Rn 3 f) der bis zum 1. 9. 1986 gültigen Regelung. Im Gegensatz zum Übergang von
Art 29 aF zu Art 5 (s unten Rn 472) ergeben sich aus Neuregelung grundsätzlich
keine intertemporalen Probleme.

2. Art 5 Abs 2

a) Vorbemerkung zur aktuellen Bedeutung der Norm
Wie schon Art 29 EGBGB in seiner bis zum 1. 9. 1986 geltenden Fassung wird Art 5 460
Abs 2 durch völkervertragliche Regelungen weitgehend beschränkt (vgl insbes das
UN-Übereinkommen v 28. 9. 1954 über die Rechtsstellung der Staatenlosen unten
Rn 482 u Art 3 Abs 2).

461 Der persönliche Anwendungsbereich des Art 5 Abs 2 wird auf „staatenlose Personen" durch eine Reihe von Sonderkollisionsregeln in der Praxis stark eingeschränkt. **Nicht** unter Art 5 Abs 2 fallen:

- **staatenlose Volksdeutsche**, soweit sie deutschen Staatsangehörigen gleichstehen (vgl Rn 110 ff);
- durch NS-Vorschriften zu Unrecht **ausgebürgerte Deutsche jüdischer Religion** (vgl Rn 104 ff);
- **Verschleppte und Flüchtlinge**, die staatenlos sind oder deren Staatsangehörigkeit nicht feststellbar ist;
- staatenlose Flüchtlinge iS des Abkommens über die Rechtsstellung der Flüchtlinge und des ergänzenden Protokolls;
- Staatenlose, die § 3 AsylVfG – unter bestimmten Voraussetzungen – und § 1 Gesetz über Maßnahmen für im Rahmen humanitärer Hilfsaktionen aufgenommene Flüchtlinge dem Art 12 des Abkommens über die Rechtsstellung der Flüchtlinge unterstellt;
- Staatenlose iS des UN-Übereinkommens über die Rechtsstellung der Staatenlosen v 28. 9. 1954 (vgl Rn 482 ff).

462 Trotz seines weiter geschrumpften Anwendungsradius ist jedoch Art 5 Abs 2 nicht – wie dies RAAPE/STURM, IPR 129 bei Art 29 unterstellte – obsolet geworden (vgl die Regierungsbegründung BT-Drucks 10/504 S 41).

So ist das UN-Übereinkommen über die Rechtsstellung der Staatenlosen v 28. 9. 1954 zB nicht anwendbar auf **Palästina-Flüchtlinge** und Personen, denen bestimmte Arten von Verbrechen zur Last gelegt werden (vgl Rn 484).

b) Anknüpfung

463 Ist eine Person staatenlos, so werden ihre Rechtsverhältnisse nach den Gesetzen des Staates beurteilt, in dem sie ihren gewöhnlichen Aufenthalt hat. Dies gilt auch für Personen, die von Staatenlosen rechtlich abhängig sind (sog personae coniunctae). Was unter gewöhnlichem oder schlichtem Aufenthalt zu verstehen ist, bestimmt das deutsche Recht; denn die Anknüpfungsgründe sind nach der Rechtsordnung auszulegen, deren Kollisionsnormen angewandt werden (RAAPE/STURM, IPR 106).

aa) Gewöhnlicher Aufenthalt

464 Nach dem Willen des Gesetzgebers soll der gewöhnliche Aufenthalt der **Mittelpunkt wirtschaftlicher und persönlicher Beziehung** sein (DJ 1938, 624). Gewöhnlicher Aufenthalt ist der Schwerpunkt aller sozialen, kulturellen und wirtschaftlichen Beziehungen. Er ist **Daseinsmittelpunkt** (SOERGEL/KEGEL [11. Aufl 1983] Art 29 Rn 31; KEGEL, IPR 345; NEUHAUS 153; RAAPE/STURM, IPR 130; STAUDINGER/GAMILLSCHEG[10/11] Vorbem 107 zu Art 13 u BGH NJW 1975, 1068). Diese Auffassung deckt sich auch mit Regel 9 der vom Ministerkomitee des Europarates am 18. 1. 1972 angenommenen Entschließung (72) I zur Vereinheitlichung der Rechtsgrundbegriffe „Wohnsitz" und „Aufenthalt":

„Für die Frage, ob ein Aufenthalt als gewöhnlicher Aufenthalt anzusehen ist, sind die Dauer und die Beständigkeit des Aufenthalts sowie andere Umstände persönlicher oder beruflicher Art zu berücksichtigen, die dauerhafte Beziehungen zwischen einer Person und ihrem Aufenthalt anzeigen" (mit einer Vorbem von LOEWE und dem Erläuternden Bericht in deutscher Übersetzung abgedruckt in: ÖJZ 1974, 144).

In erster Linie ist der gewöhnliche Aufenthalt aus „nach außen zutage getretenen, **465** objektiven Merkmalen eines längeren Aufenthalts zu schließen" (so die Regierungsbegründung, BT-Drucks 10/504, 41 unter Hinweis auf § 9 S 1 der Abgabenordnung [AO 1977]: „Den gewöhnlichen Aufenthalt hat jemand dort, wo er sich unter Umständen aufhält, die erkennen lassen, daß er an diesem Ort oder in diesem Gebiet nicht nur vorübergehend verweilt"). Es sind berufliche und persönliche Umstände zu berücksichtigen, die auf dauerhafte Beziehung zwischen Person und Aufenthalt schließen lassen.

Von einem Daseinsmittelpunkt kann nicht mehr gesprochen werden, wenn die **Bewe- 466 gungsfreiheit fehlt** (KEGEL, IPR 346; aA RAAPE/STURM, IPR 130). Zwangsverschleppung, Wehrdienst, Kriegsgefangenschaft, Arbeitseinsatz, (nicht lebenslange) Strafhaft begründen deshalb in der Regel keinen Aufenthalt. (Vgl OLG Hamm NJW 1954, 1731 bzgl Zwangsverschleppung eines deutschen Emigranten aus Belgien durch die deutsche Besatzungsmacht ohne Aussicht auf Rückkehr nach Belgien; OLG Schleswig SchlHA 1955, 98 bzgl nicht lebenslangem Aufenthalt in einer Strafanstalt; OLG Köln NJW 1955, 755 bzgl Aufenthalt im Konzentrationslager; s a MANN JZ 1956, 468; NAGEL/ZAIP 1957, 185; aM OLG Hessen IPRspr 1950/51, Nr 133 für Haft.)

Strittig ist, ob zum Nachweis des gewöhnlichen Aufenthalts die Tatsache des **467** Daseinsmittelpunkts genügt oder ob der **Wille, an diesem Ort den Daseinsmittelpunkt zu begründen oder zu behalten**, hinzukommen muß (vgl RAAPE/STURM, IPR 130). Die von der hM in Literatur und Rspr vertretene „objektive" Auffassung verdient den Vorzug, da der Gesetzgeber mit dem Begriff des „Aufenthalts" die Anknüpfung von subjektiven Einschlägen entlasten wollte (vgl NAGEL/ZAIP 1957, 183). Dies schließt jedoch nicht aus, daß bei bestimmten Fallgestaltungen auch subjektive Merkmale eine erhebliche, zT sogar ausschlaggebende Rolle spielen können (vgl Regierungsbegründung BT-Drucks 10/504, 42). Die Bedeutung subjektiver Elemente in einem Sonderfall behandelt Art 5 Abs 3 (s unten Rn 495 ff).

bb) Schlichter Aufenthalt
Der schlichte Aufenthalt (vom Gesetz einfach als „Aufenthalt" bezeichnet) wird **468** auch durch einen nur vorübergehenden Aufenthalt begründet (vgl OLG Karlsruhe NJW 1955, 1885). Die bloße Durchreise genügt nicht, nach STAUDINGER/RAAPE[9] 783 wohl aber eine Schiffsreise; das OLG Braunschweig (OLGZ 20, 285) stellt auf die Möglichkeit der Klagezustellung ab.

cc) Mehrfacher gewöhnlicher oder schlichter Aufenthalt
Ein mehrfacher gewöhnlicher oder schlichter Aufenthalt ist möglich (RAAPE/STURM, **469** IPR 131; WOLFF, IPR 43; SOERGEL/KEGEL [11. Aufl 1983] Art 29 Rn 40; Entschließung des Europarates, Begründung Nr 50, abgedruckt bei LOEWE, Die Empfehlungen des Europarates zur Vereinheitlichung der Rechtsbegriffe „Wohnsitz" und „Aufenthalt", ÖJZ 1974, 144; PAPENFUSS, Der gewöhnliche Aufenthalt im internationalen und interlokalen Privatrecht [Diss Köln 1963] 101; BayObLG 1980, 52; aA STOLL RabelsZ 22 [1957] 190; KG WM 1957, 819; GUTZLER NJW 1949, 154; KROPHOLLER, Das Haager Abkommen über den Schutz Minderjähriger [1966] 111; MünchKomm/ SONNENBERGER Art 5 Rn 32 f).

470 Für diesen Fall ist an den effektiv(er)en Aufenthalt anzuknüpfen, dh es sind die Regeln über mehrfache Staatsangehörigkeit entsprechend anzuwenden (SOERGEL/ KEGEL [11. Aufl 1983] Art 29 Rn 40 f), wobei allerdings der Aufenthalt im Inland nicht die Privilegierung erfährt, die die deutsche Staatsangehörigkeit neben der fremden nunmehr nach Art 5 Abs 1 S 2 erlangt hat.

Zu einem ähnlichen Ergebnis gelangen die Autoren, die einen doppelten gewöhnlichen Aufenthalt begrifflich ablehnen: Hält sich eine Person abwechselnd an mehreren Orten auf, so ist entweder der eine gewöhnlicher und der andere einfacher Aufenthaltsort oder beide sind einfache Aufenthaltsorte; der gewöhnliche Aufenthaltsort bzw der im konkreten Einzelfall maßgebliche einfache Aufenthaltsort wird ebenfalls durch das Kriterium der engeren Beziehung der Bezugsperson zum Aufenthaltsort ermittelt.

dd) Fehlen eines gewöhnlichen oder schlichten Aufenthalts
471 Läßt sich (zB bei Landfahrern und Nichtseßhaften) weder ein gewöhnlicher noch ein schlichter Aufenthalt ermitteln, richtet sich das Personalstatut nach dem **letzten gewöhnlichen oder schlichten Aufenthalt** (aA RAAPE/STURM, IPR 131, der an die lex fori anknüpfen will).

c) Frage nach dem für die Anknüpfung maßgeblichen Zeitpunkt
472 Art 29 aF sprach von der „maßgeblichen Zeit" und verwies damit auf den Zeitpunkt, der bei Staatsangehörigen, die ihre Staatsangehörigkeit gewechselt haben, dafür maßgebend ist, ob das neue oder das alte Heimatrecht anzuwenden ist. Ist ein Statut unwandelbar, war ein nachträglicher Wechsel des Wohnsitzes, hilfsweise Aufenthalts (Art 29 aF) oder des gewöhnlichen, hilfsweise schlichten Aufenthalts (Art 5) ohne Bedeutung. In den übrigen Fällen entschied der Wohnsitz, hilfsweise Aufenthalt (Art 29 aF) oder der gewöhnliche, hilfsweise schlichte Aufenthalt (Art 5) im jeweils maßgeblichen Zeitpunkt: zB für die Gültigkeit der Ehe der Zeitpunkt der Heirat, für die Erbfolge der Zeitpunkt des Todes (vgl SOERGEL/KEGEL [11. Aufl 1983] Art 29 Rn 27).

473 Obgleich in Art 5 Abs 2 der ausdrückliche Hinweis des Gesetzgebers auf die „maßgebende Zeit" fehlt, kommt es wie bei den vorangegangenen Regelungen jeweils auf **den Aufenthalt in dem nach den einzelnen IPR-Vorschriften maßgeblichen Zeitpunkt** an. Dies bedarf laut Regierungsbegründung (BT-Drucks 10/504, 41) „– wie bei Abs 1, aber im Gegensatz zum bisherigen Artikel 29 EGBGB – keiner besonderen Erwähnung".

d) Gegenständlicher Anwendungsbereich
474 Art 29 aF griff ein, „**soweit die Gesetze des Staates, dem eine Person angehört, für maßgebend erklärt sind**". Das war immer dann der Fall, wenn das Kollisionsrecht das Heimatrecht beruft; Art 29 griff damit hauptsächlich im internationalen Personen-, Familien- und Erbrecht ein. Art 29 kam dagegen nicht zur Anwendung, wenn die einseitig formulierte Kollisionsnorm nicht zur allseitigen auszuweiten und die deutsche Staatsangehörigkeit mit dem Ziel Anknüpfungsgrund war, Inländern eine bevorzugte Behandlung zukommen zu lassen (vgl SOERGEL/KEGEL [11. Aufl 1983] Art 29 Rn 11).

475 In der Neuregelung fehlt der einschränkende Soweit-Satz. Dies hängt wohl damit zusammen, daß das IPRG allgemein zum System der allseitigen Kollisionsnormen übergegangen ist und die früher so bedeutsame Unterscheidung kaum noch eine Rolle spielt (vgl FERID 1–12). Geblieben ist allerdings die Problematik der **Exklusivnormen**, die ausschließlich die Begünstigung von Inländern zum Ziel haben (früher Art 12, 17 Abs 3, 18 Abs 2, 19 S 2, 21, 25 S 2; heute nur mehr Art 17 Abs 1 S 2 für scheidungswillige deutsche Ehegatten und Art 18 Abs 5 bei Unterhaltspflichten unter Deutschen in einer Ausnahmesituation, s KEGEL, 230; FERID 1–12, 1).

Bei Staatenlosen (wie bei anderen Personengruppen ohne deutsche Staatsangehörigkeit) stellt sich die Frage, ob das deutsche Personalstatut die Anwendung der inländerbegünstigenden Exklusivnormen bedingt. Daß der Gesetzgeber – wie im alten Recht – die nur Inländer begünstigenden Exklusivnormen nicht auf Personen erstrecken wollte, die deutsches Personalstatut, aber nicht die deutsche Staatsangehörigkeit besitzen, ergibt sich nach FERID, 1–29, 2 schon argumentum e contrario aus dem Personenstandsgesetz idF des IPRG; hier wird in § 15 a Abs 2 Nr 1 (Ausstellung eines Familienbuches) und in § 41 Abs 3 (Personenstandsfall im Ausland) ausnahmsweise die Erstreckung auf Personen mit deutschem Personalstatut, aber ohne deutsche Staatsangehörigkeit angeordnet.

e) **Die Anwendbarkeit der allgemeinen kollisionsrechtlichen Vorschriften**
Diese – insbes **Art 4 Abs 1 u Art 6** – gelten auch für Staatenlose; eine **Rück- oder Weiterverweisung** des von Art 5 Abs 2 berufenen Rechts ist beachtlich, da der Entscheidungseinklang mit dem Staat, dessen Rechtsordnung nach Art 5 Abs 2 berufen wird, auch anzustreben ist, wenn es sich um Staatenlose handelt (zu der besonderen Problematik des Ausschlusses der Gesamtverweisung nach Art 4 Abs 1 S 1, „wenn dies dem Sinn der Verweisung widerspricht", FERID 3–99, 1). Eine Rück- und Weiterverweisung kann sich auch infolge eines unterschiedlichen Aufenthaltsbegriffs in den einzelnen Rechtsordnungen ergeben (vgl STAUDINGER/GRAUE[10/11] Art 27 Rn 163; s aber auch Rn 486 bzgl Art 12 Abs 1 Staatenlosenkonvention).

3. Intertemporalrechtliche Fragen

Da sich die kollisionsrechtlichen Vorschriften in Art 5 Abs 2 und Art 29 in seiner bis zum 1. 9. 1986 gültigen Fassung weitgehend decken (s oben Rn 3), ergeben sich hier keine intertemporalrechtlichen Probleme; aus der Folge von Art 29 in seiner ursprünglichen Fassung und seiner Neufassung v 12. 4. 1938 (s oben Rn 3 f) kann sich aber auch heute noch bei „langlebigen" Materien (wie zB im Ehegüter- und im Erbrecht) die Frage ergeben, auf welche Fälle die alte und auf welche Fälle die neue Fassung des früheren Art 29 anzuwenden ist.

Nach hM (vgl RAAPE/STURM, IPR 132 mN) wirkt sich die Neufassung einer Kollisionsnorm wie ein Staatenwechsel aus.

So auch die Übergangsvorschriften der Neuregelung im Fünften Teil des EGBGB, in dem das Intertemporalrecht für den Bereich des gesamten BGB und des EGBGB zusammengefaßt ist: Gem Art 220 Abs 1 gilt das bisherige IPR für alle vor der Rechtsänderung vollendeten abgeschlossenen Tatbestände, so zB für Statusbegründungen und -änderungen (vgl FERID 1–12).

480 Auf Tatbestände vor dem Inkrafttreten findet die alte, auf spätere **Tatbestände** die neue Regelung Anwendung; die Neuregelung hat demzufolge keine Rückwirkung, wie dies in mehr oder minder großem Umfang gelegentlich in der Literatur angenommen wurde (vgl RAAPE, IPR [5. Aufl] 55; BRINTZINGER FamRZ 1968, 4). Für den Standpunkt der hM sprechen allgemeine rechtspolitische Erwägungen: Jede Rückwirkung schadet dem Ansehen der Rechtsordnung und ist auf die Fälle zu beschränken, in denen die Anwendung des alten Rechts gegen den ordre public des neuen Rechts verstößt.

4. Früheres interlokales Recht

481 § 5 Gesetz über die Anwendung des Rechts auf internationale zivil-, familien- und arbeitsrechtliche Beziehungen sowie auf internationale Wirtschaftsverträge v 5. 12. 1975 (in Kraft getreten am 1. 1. 1976 [GBl DDR 1975 I 748]) bestimmte:

„§ 5 Rechtsanwendung bei Staatenlosen. Ist nach den Bestimmungen dieses Gesetzes die Staatsbürgerschaft für das anzuwendende Recht maßgeblich, so ist a) bei Staatenlosen das Recht des Staates anzuwenden, in dem sie ihren Wohnsitz oder Aufenthalt haben; oder zu der maßgeblichen Zeit gehabt haben..."

III. Die kollisionsrechtlichen Regelungen des UN-Übereinkommens über die Rechtsstellung der Staatenlosen v 28. 9. 1954*

(Ratifiziert durch Gesetz v 12. 4. 1976 [BGBl II 473 ff]; für die Bundesrepublik in Kraft getreten am 24. 1. 1977 [BGBl II 235]).

Materialien: Denkschrift der Bundesregierung, BT-Drucks 7/4170 v 17. 10. 1975, 33.

482 Übereinkommen über die Rechtsstellung der Staatenlosen

Präambel
DIE HOHEN VERTRAGSPARTEIEN –

IN DER ERWÄGUNG, daß die Charta der Vereinten Nationen und die am 10. Dezember 1948 von der Generalversammlung der Vereinten Nationen gebilligte Allgemeine Erklärung der Menschenrechte den Grundsatz bestätigt haben, daß die Menschen ohne Unterschied die Menschenrechte und Grundfreiheiten genießen sollen,

IN DER ERWÄGUNG, daß die Vereinten Nationen wiederholt die tiefe Verantwortung, die sie für die Staatenlosen empfinden, zum Ausdruck gebracht und sich bemüht haben, diesen die Ausübung der Menschenrechte und Grundfreiheiten in möglichst großem Umfang zu sichern,

IN DER ERWÄGUNG, daß nur diejenigen Staatenlosen, die gleichzeitig Flüchtlinge sind, durch

---

* **Schrifttum:** KIMMINICH, Der internationale Rechtsstatus des Flüchtlings (1962) 336; ROBINSON (Hrsg), Convention Relating to the Status of Stateless Persons (New York 1955); VUKAS, International Instruments Dealing with the Status of Stateless Persons and of Refugees, Revue belge de droit international 1972, 143; WEIS, The Convention Relating to the Status of Stateless Persons, The International and Comparative Law Quarterly 10 (1961) 255.

das Abkommen vom 28. Juli 1951 über die Rechtsstellung der Flüchtlinge erfaßt werden und daß jenes Abkommen auf zahlreiche Staatenlose nicht anwendbar ist,

IN DER ERWÄGUNG, daß es wünschenswert ist, die Rechtsstellung der Staatenlosen durch ein internationales Übereinkommen zu regeln und zu verbessern –

HABEN folgendes VEREINBART:

Kapitel I
Allgemeine Bestimmungen

Artikel 1
Definition des Begriffs „Staatenloser"
(1) Im Sinne dieses Übereinkommens ist ein „Staatenloser" eine Person, die kein Staat auf Grund seines Rechtes als Staatsangehörigen ansieht.

(2) Dieses Übereinkommen findet keine Anwendung

i) auf Personen, denen gegenwärtig ein Organ oder eine Organisation der Vereinten Nationen mit Ausnahme des Hohen Flüchtlingskommissars der Vereinten Nationen Schutz oder Beistand gewährt, solange sie diesen Schutz oder Beistand genießen;

ii) auf Personen, denen die zuständigen Behörden des Landes, in dem sie ihren Aufenthalt genommen haben, die Rechte und Pflichten zuerkennen, die mit dem Besitz der Staatsangehörigkeit dieses Landes verknüpft sind;

iii) auf Personen, bei denen aus schwerwiegenden Gründen die Annahme gerechtfertigt ist,

a) daß sie ein Verbrechen gegen den Frieden, ein Kriegsverbrechen oder ein Verbrechen gegen die Menschlichkeit im Sinne der internationalen Übereinkünfte begangen haben, die abgefaßt wurden, um Bestimmungen hinsichtlich derartiger Verbrechen zu treffen;

b) daß sie ein schweres nichtpolitisches Verbrechen außerhalb ihres Aufenthaltslands begangen haben, bevor sie dort Aufnahme fanden;

c) daß sie sich Handlungen zuschulden kommen ließen, die den Zielen und Grundsätzen der Vereinten Nationen zuwiderlaufen.

Artikel 2
Allgemeine Verpflichtungen
Jeder Staatenlose hat gegenüber dem Land, in dem er sich befindet, Pflichten, zu denen insbesondere die Verpflichtung gehört, die Gesetze und sonstigen Rechtsvorschriften sowie die zur Aufrechterhaltung der öffentlichen Ordnung getroffenen Maßnahmen zu beachten.

Artikel 3
Verbot unterschiedlicher Behandlung
Die Vertragsstaaten wenden dieses Übereinkommen auf Staatenlose ohne Unterschied der Rasse, der Religion oder des Herkunftslands an.

Artikel 4
Religion
Die Vertragsstaaten gewähren den Staatenlosen in ihrem Hoheitsgebiet in bezug auf die Freiheit der Religionsausübung und die Freiheit des Religionsunterrichts ihrer Kinder eine mindestens ebenso günstige Behandlung wie ihren Staatsangehörigen.

Artikel 5
Unabhängig von diesem Übereinkommen gewährte Rechte
Rechte und Vergünstigungen, die ein Vertragsstaat den Staatenlosen unabhängig von diesem Übereinkommen gewährt, bleiben von dessen Bestimmungen unberührt.

Artikel 6
Der Ausdruck „unter den gleichen Umständen"
Im Sinne dieses Übereinkommens ist der Ausdruck „unter den gleichen Umständen" dahingehend zu verstehen, daß der Betreffende alle Erfordernisse erfüllen muß (einschließlich derjenigen, die sich auf die Dauer und die Bedingungen des vorübergehenden oder des dauernden Aufenthalts beziehen), die er, wenn er nicht Staatenloser wäre, erfüllen müßte, um in den Genuß des in Betracht kommenden Rechtes zu gelangen, mit Ausnahme von Erfordernissen, die ihrer Natur nach ein Staatenloser nicht erfüllen kann.

Artikel 7
Befreiung von der Gegenseitigkeit
(1) Soweit dieses Übereinkommen keine günstigeren Bestimmungen enthält, gewährt jeder Vertragsstaat den Staatenlosen die gleiche Behandlung, die er Ausländern allgemein gewährt.

(2) Nach dreijährigem Aufenthalt sind alle Staatenlosen im Hoheitsgebiet der Vertragsstaaten von dem Erfordernis der gesetzlichen Gegenseitigkeit befreit.

(3) Jeder Vertragsstaat gewährt den Staatenlosen weiterhin die Rechte und Vergünstigungen, auf die sie auch bei fehlender Gegenseitigkeit im Zeitpunkt des Inkrafttretens dieses Übereinkommens für den betreffenden Staat bereits Anspruch hatten.

(4) Die Vertragsstaaten werden wohlwollend die Möglichkeit prüfen, auch bei fehlender Gegenseitigkeit den Staatenlosen Rechte und Vergünstigungen zusätzlich zu denen zu gewähren, auf die sie nach den Absätzen 2 und 3 Anspruch haben, sowie die Befreiung von dem Erfordernis der Gegenseitigkeit auf solche Staatenlosen auszudehnen, welche die Voraussetzungen der Absätze 2 und 3 nicht erfüllen.

(5) Die Absätze 2 und 3 finden auf die in den Artikeln 13, 18, 19, 21 und 22 genannten Rechte und Vergünstigungen sowie auf die in diesem Übereinkommen nicht vorgesehenen Rechte und Vergünstigungen Anwendung.

Artikel 8
Befreiung von außergewöhnlichen Maßnahmen
Außergewöhnliche Maßnahmen, die gegen die Person, das Eigentum oder die Interessen der Staatsangehörigen oder ehemaligen Staatsangehörigen eines fremden Staates ergriffen werden können, werden von den Vertragsstaaten nicht allein deshalb auf einen Staatenlosen angewendet, weil er früher die Staatsangehörigkeit des betreffenden fremden Staates besaß. Die Vertragsstaaten, deren Rechtsvorschriften der Anwendung des in diesem Artikel aufgestellten allgemeinen Grundsatzes

entgegenstehen, werden in geeigneten Fällen Befreiungen zugunsten solcher Staatenlosen gewähren.

Artikel 9
Vorläufige Maßnahmen
Dieses Übereinkommen hindert einen Vertragsstaat nicht daran, in Kriegszeiten oder unter sonstigen schwerwiegenden und außergewöhnlichen Umständen in bezug auf eine bestimmte Person vorläufig die Maßnahmen zu treffen, die er im Hinblick auf seine Sicherheit für unerläßlich hält, solange dieser Vertragsstaat noch nicht festgestellt hat, ob die betreffende Person tatsächlich staatenlos und die Aufrechterhaltung der in bezug auf sie getroffenen Maßnahmen im Interesse der Staatssicherheit erforderlich ist.

Artikel 10
Fortdauer des Aufenthalts
(1) Ist ein Staatenloser während des Zweiten Weltkriegs zwangsverschleppt und in das Hoheitsgebiet eines Vertragsstaats verbracht worden und hat er dort seinen Aufenthalt, so gilt die Dauer seines Zwangsaufenthalts als rechtmäßiger Aufenthalt in diesem Hoheitsgebiet.

(2) Ist ein Staatenloser während des Zweiten Weltkriegs aus dem Hoheitsgebiet eines Vertragsstaats zwangsverschleppt worden und vor Inkrafttreten dieses Übereinkommens dorthin zurückgekehrt, um dort seinen Aufenthalt zu nehmen, so gilt die Zeit vor und nach seiner Zwangsverschleppung als ununterbrochener Aufenthalt für jeden Zweck, für den ein ununterbrochener Aufenthalt erforderlich ist.

Artikel 11
Staatenlose Seeleute
Bei Staatenlosen, die ordnungsgemäß als Besatzungsmitglieder an Bord eines Schiffes Dienst tun, das die Flagge eines Vertragsstaats führt, wird dieser Staat wohlwollend die Möglichkeit prüfen, ihnen die Niederlassung in seinem Hoheitsgebiet zu gestatten und ihnen Reiseausweise auszustellen oder sie vorläufig in sein Hoheitsgebiet zuzulassen, insbesondere um ihre Niederlassung in einem anderen Land zu erleichtern.

Kapitel II
Rechtsstellung

Artikel 12
Personalstatut
(1) Das Personalstatut eines Staatenlosen bestimmt sich nach den Gesetzen des Landes seines Wohnsitzes oder, wenn er keinen Wohnsitz hat, nach den Gesetzen seines Aufenthaltslands.

(2) Die von einem Staatenlosen früher erworbenen, sich aus seinem Personalstatut ergebenden Rechte, insbesondere die aus der Eheschließung, werden von jedem Vertragsstaat vorbehaltlich der nach seinen Gesetzen gegebenenfalls zu erfüllenden Förmlichkeiten geachtet; hierbei wird vorausgesetzt, daß es sich um ein Recht handelt, das nach den Gesetzen dieses Staates anerkannt worden wäre, wenn der Berechtigte nicht staatenlos geworden wäre.

Artikel 13
Bewegliche und unbewegliche Sachen
Hinsichtlich des Erwerbs von Eigentum an beweglichen und unbeweglichen Sachen und sonstiger

diesbezüglicher Rechte sowie hinsichtlich von Miet-, Pacht- und sonstigen Verträgen über bewegliche und unbewegliche Sachen gewähren die Vertragsstaaten jedem Staatenlosen eine möglichst günstige und jedenfalls nicht weniger günstige Behandlung, als Ausländern allgemein unter den gleichen Umständen gewährt wird.

Artikel 14
Urheberrechte und gewerbliche Schutzrechte
Hinsichtlich des Schutzes von gewerblichen Rechten, insbesondere an Erfindungen, Mustern und Modellen, Warenzeichen und Handelsbezeichnungen, sowie des Schutzes von Rechten an Werken der Literatur, Kunst und Wissenschaft erhält jeder Staatenlose in dem Land, in dem er seinen gewöhnlichen Aufenthalt hat, den gleichen Schutz, der den Staatsangehörigen dieses Landes gewährt wird. Im Hoheitsgebiet jedes anderen Vertragsstaats erhält er den gleichen Schutz, der dort den Staatsangehörigen des Landes gewährt wird, in dem er seinen gewöhnlichen Aufenthalt hat.

Artikel 15
Vereinigungsrecht
Die Vertragsstaaten gewähren den Staatenlosen, die sich rechtmäßig in ihrem Hoheitsgebiet aufhalten, hinsichtlich der Vereinigungen, die weder politische noch Erwerbszwecke verfolgen, und hinsichtlich der Berufsverbände eine möglichst günstige und jedenfalls nicht weniger günstige Behandlung, als Ausländern allgemein unter den gleichen Umständen gewährt wird.

Artikel 16
Zugang zu den Gerichten
(1) Ein Staatenloser hat im Hoheitsgebiet aller Vertragsstaaten freien und ungehinderten Zugang zu den Gerichten.

(2) Ein Staatenloser erfährt in dem Vertragsstaat, in dem er seinen gewöhnlichen Aufenthalt hat, die gleiche Behandlung wie dessen Staatsangehörige hinsichtlich des Zugangs zu den Gerichten, einschließlich des Armenrechts und der Befreiung von der Sicherheitsleistung für Prozeßkosten.

(3) Ein Staatenloser erfährt in den Vertragsstaaten, in denen er nicht seinen gewöhnlichen Aufenthalt hat, hinsichtlich der in Absatz 2 genannten Angelegenheiten die gleiche Behandlung wie die Staatsangehörigen des Landes, in dem er seinen gewöhnlichen Aufenthalt hat.

Kapitel III
Erwerbstätigkeit

Artikel 17
Unselbständige Erwerbstätigkeit
(1) Die Vertragsstaaten gewähren den Staatenlosen, die sich rechtmäßig in ihrem Hoheitsgebiet aufhalten, hinsichtlich der Ausübung einer unselbständigen Erwerbstätigkeit eine möglichst günstige und jedenfalls nicht weniger günstige Behandlung, als Ausländern allgemein unter den gleichen Umständen gewährt wird.

(2) Die Vertragsstaaten werden wohlwollend die Möglichkeit prüfen, die Rechte aller Staatenlosen in bezug auf die Ausübung einer unselbständigen Erwerbstätigkeit den Rechten ihrer Staatsangehörigen anzugleichen; dies gilt insbesondere für Staatenlose, die auf Grund eines Programms zur Anwerbung von Arbeitskräften oder eines Einwanderungsplans in ihr Hoheitsgebiet eingereist sind.

Artikel 18
Selbständige Erwerbstätigkeit
Die Vertragsstaaten gewähren den Staatenlosen, die sich rechtmäßig in ihrem Hoheitsgebiet befinden, hinsichtlich der Ausübung einer selbständigen Erwerbstätigkeit in Landwirtschaft, Industrie, Handwerk und Handel sowie hinsichtlich der Errichtung von Handelsgesellschaften eine möglichst günstige und jedenfalls nicht weniger günstige Behandlung, als Ausländern allgemein unter den gleichen Umständen gewährt wird.

Artikel 19
Freie Berufe
Jeder Vertragsstaat gewährt den staatenlosen Inhabern eines von seinen zuständigen Behörden anerkannten Diploms, die sich rechtmäßig in seinem Hoheitsgebiet aufhalten und einen freien Beruf auszuüben wünschen, eine möglichst günstige und jedenfalls nicht weniger günstige Behandlung, als Ausländern allgemein unter den gleichen Umständen gewährt wird.

Kapitel IV
Wohlfahrtswesen

Artikel 20
Rationierung
Soweit ein Rationierungssystem besteht, das für die gesamte Bevölkerung gilt und die allgemeine Verteilung von Mangelwaren regelt, werden Staatenlose wie Staatsangehörige behandelt.

Artikel 21
Wohnungswesen
Soweit das Wohnungswesen durch Gesetze oder sonstige Rechtsvorschriften geregelt ist oder der Überwachung durch öffentliche Stellen unterliegt, gewähren die Vertragsstaaten den Staatenlosen, die sich rechtmäßig in ihrem Hoheitsgebiet aufhalten, eine möglichst günstige und jedenfalls nicht weniger günstige Behandlung, als Ausländern allgemein unter den gleichen Umständen gewährt wird.

Artikel 22
Öffentliches Erziehungswesen
(1) Die Vertragsstaaten gewähren den Staatenlosen in bezug auf den Grund- und Hauptschulunterricht die gleiche Behandlung wie ihren Staatsangehörigen.

(2) Die Vertragsstaaten gewähren den Staatenlosen hinsichtlich aller sonstigen Erziehungseinrichtungen eine möglichst günstige und jedenfalls nicht weniger günstige Behandlung, als Ausländern allgemein unter den gleichen Umständen gewährt wird; dies gilt insbesondere für die Zulassung zum Studium, die Anerkennung ausländischer Schulzeugnisse, Diplome und akademischer Titel, den Erlaß von Gebühren und Abgaben und die Zuerkennung von Stipendien.

Artikel 23
Öffentliche Fürsorge
Die Vertragsstaaten gewähren den Staatenlosen, die sich rechtmäßig in ihrem Hoheitsgebiet aufhalten, in bezug auf öffentliche Fürsorge und Unterstützung die gleiche Behandlung wie ihren Staatsangehörigen.

Artikel 24
Arbeitsrecht und Soziale Sicherheit
(1) Die Vertragsstaaten gewähren den Staatenlosen, die sich rechtmäßig in ihrem Hoheitsgebiet aufhalten, in bezug auf folgende Angelegenheiten die gleiche Behandlung wie ihren Staatsangehörigen:

a) Arbeitsentgelt einschließlich Familienbeihilfen, wenn diese Bestandteil des Arbeitsentgelts sind, Arbeitszeit, Überstundenregelung, bezahlter Urlaub, Beschränkungen in der Heimarbeit, Mindestalter für die Beschäftigung, Lehrzeit und Berufsausbildung, Arbeit von Frauen und Jugendlichen sowie die Inanspruchnahme der auf Tarifverträgen beruhenden Vergünstigungen, soweit diese Angelegenheiten durch Rechtsvorschriften geregelt sind oder in die Zuständigkeit der Verwaltungsbehörden fallen;

b) Soziale Sicherheit (gesetzliche Bestimmungen über Arbeitsunfälle, Berufskrankheiten, Mutterschaft, Krankheit, Arbeitsunfähigkeit, Alter, Tod, Arbeitslosigkeit, Familienunterhalt sowie jedes andere nach den innerstaatlichen Rechtsvorschriften durch ein System der Sozialen Sicherheit gedeckte Wagnis), vorbehaltlich

i) geeigneter Regelungen in bezug auf die Wahrung erworbener Rechte und Anwartschaften sowie

ii) besonderer innerstaatlicher Rechtsvorschriften des Aufenthaltslands über Leistungen oder Leistungsteile, die ausschließlich aus öffentlichen Mitteln bestritten werden, sowie über Zuwendungen an Personen, welche die zur Erlangung einer normalen Rente festgesetzten Beitragsbedingungen nicht erfüllen.

(2) Ist der Tod eines Staatenlosen durch einen Arbeitsunfall oder eine Berufskrankheit verursacht, so wird das Recht auf Ersatz des Schadens nicht dadurch berührt, daß sich der Berechtigte außerhalb des Hoheitsgebiets des Vertragsstaats aufhält.

(3) Die Vertragsstaaten gewähren die Vorteile der Abkommen, die sie zur Wahrung erworbener Rechte und Anwartschaften auf dem Gebiet der Sozialen Sicherheit untereinander geschlossen haben oder schließen werden, auch den Staatenlosen, soweit diese die Voraussetzungen erfüllen, die für Angehörige der Unterzeichnerstaaten der betreffenden Abkommen gelten.

(4) Die Vertragsstaaten werden wohlwollend die Möglichkeit prüfen, die Vorteile ähnlicher Abkommen, die zwischen Vertragsstaaten und Nichtvertragsstaaten jetzt oder künftig in Kraft sind, soweit wie möglich auch den Staatenlosen zu gewähren.

Kapitel V
Verwaltungsmaßnahmen

Artikel 25
Verwaltungshilfe
(1) Würde die Ausübung eines Rechtes durch einen Staatenlosen normalerweise die Unterstützung der Behörden eines anderen Landes erfordern, die er nicht in Anspruch nehmen kann, so trägt der Vertragsstaat, in dessen Hoheitsgebiet er sich aufhält, dafür Sorge, daß dessen eigene Behörden dem Staatenlosen diese Unterstützung gewähren.

(2) Die in Absatz 1 bezeichneten Behörden werden den Staatenlosen diejenigen Urkunden und Bescheinigungen ausstellen oder unter ihrer Aufsicht ausstellen lassen, die Ausländern normalerweise von den Behörden ihres eigenen Landes oder durch deren Vermittlung ausgestellt werden.

(3) Die so ausgestellten Urkunden oder Bescheinigungen ersetzen die amtlichen Schriftstücke, die Ausländern sonst von den Behörden ihres eigenen Landes oder durch deren Vermittlung ausgestellt werden; sie haben vorbehaltlich des Gegenbeweises volle Beweiskraft.

(4) Abgesehen von Ausnahmen, die gegebenenfalls zugunsten Bedürftiger zugelassen werden, können für die in diesem Artikel erwähnten Amtshandlungen Gebühren erhoben werden; sie müssen mäßig sein und denjenigen entsprechen, die von den eigenen Staatsangehörigen für ähnliche Amtshandlungen erhoben werden.

(5) Die Bestimmungen dieses Artikels lassen die Artikel 27 und 28 unberührt.

Artikel 26
Freizügigkeit
Jeder Vertragsstaat gewährt den Staatenlosen, die sich rechtmäßig in seinem Hoheitsgebiet befinden, das Recht auf freie Wahl ihres Aufenthaltsorts und auf Freizügigkeit in diesem Hoheitsgebiet, vorbehaltlich der Bestimmungen, die auf Ausländer allgemein unter den gleichen Umständen Anwendung finden.

Artikel 27
Personalausweise
Die Vertragsstaaten stellen jedem Staatenlosen, der sich in ihrem Hoheitsgebiet befindet und keinen gültigen Reiseausweis besitzt, einen Personalausweis aus.

Artikel 28
Reiseausweis
Die Vertragsstaaten stellen den Staatenlosen, die sich rechtmäßig in ihrem Hoheitsgebiet aufhalten, Reiseausweise aus, die ihnen Reisen außerhalb dieses Hoheitsgebiets gestatten, es sei denn, daß zwingende Gründe der Staatssicherheit oder der öffentlichen Ordnung dem entgegenstehen; auf diese Ausweise findet der Anhang zu diesem Übereinkommen Anwendung. Die Vertragsstaaten können auch jedem anderen in ihrem Hoheitsgebiet befindlichen Staatenlosen einen solchen Reiseausweis ausstellen; sie werden insbesondere wohlwollend die Möglichkeit prüfen, solche Reiseausweise denjenigen in ihrem Hoheitsgebiet befindlichen Staatenlosen auszustellen, die von dem Land, in dem sie ihren rechtmäßigen Aufenthalt haben, keinen Reiseausweis erhalten können.

Artikel 29
Steuerliche Lasten
(1) Die Vertragsstaaten erheben von den Staatenlosen keine anderen oder höheren Gebühren, Steuern oder sonstigen Abgaben gleich welcher Art oder Bezeichnung, als von ihren Staatsangehörigen unter entsprechenden Voraussetzungen jetzt oder künftig erhoben werden.

(2) Absatz 1 schließt nicht aus, daß die Gesetze und sonstigen Rechtsvorschriften über Gebühren für die Ausstellung von Verwaltungsurkunden einschließlich Personalausweisen an Ausländer auf Staatenlose angewandt werden.

Artikel 30
Überführung von Vermögenswerten
(1) Jeder Vertragsstaat gestattet in Übereinstimmung mit seinen Gesetzen und sonstigen Rechtsvorschriften den Staatenlosen, die Vermögenswerte, die sie in sein Hoheitsgebiet gebracht haben, in ein anderes Land zu überführen, in das sie zur Wiederansiedlung zugelassen worden sind.

(2) Jeder Vertragsstaat wird wohlwollend die Anträge Staatenloser auf Erlaubnis zur Überführung von – wo immer befindlichen – Vermögenswerten prüfen, die sie zur Wiederansiedlung in einem anderen Land benötigen, in das sie zugelassen worden sind.

Artikel 31
Ausweisung
(1) Die Vertragsstaaten weisen keinen Staatenlosen aus, der sich rechtmäßig in ihrem Hoheitsgebiet befindet, es sei denn aus Gründen der Staatssicherheit oder der öffentlichen Ordnung.

(2) Die Ausweisung eines Staatenlosen darf nur in Ausführung einer Entscheidung erfolgen, die in einem ordentlichen gesetzlichen Verfahren ergangen ist. Soweit nicht zwingende Gründe der Staatssicherheit dem entgegenstehen, ist dem Staatenlosen zu gestatten, Beweise zu seiner Entlastung beizubringen, Rechtsmittel einzulegen und sich zu diesem Zweck vor einer zuständigen Behörde oder vor einer oder mehreren Personen vertreten zu lassen, die von der zuständigen Behörde besonders bestimmt sind.

(3) Die Vertragsstaaten gewähren einem solchen Staatenlosen eine angemessene Frist, in der er in einem anderen Land um rechtmäßige Zulassung nachsuchen kann. Die Vertragsstaaten behalten sich vor, während dieser Frist die ihnen erforderlich erscheinenden Maßnahmen innerstaatlicher Art zu ergreifen.

Artikel 32
Einbürgerung
Die Vertragsstaaten erleichtern soweit wie möglich die Eingliederung und Einbürgerung Staatenloser. Sie werden insbesondere bestrebt sein, das Einbürgerungsverfahren zu beschleunigen und dessen Kosten soweit wie möglich herabzusetzen.

Kapitel VI
Schlußbestimmungen

Artikel 33
Auskünfte über innerstaatliche Rechtsvorschriften
Die Vertragsstaaten teilen dem Generalsekretär der Vereinten Nationen den Wortlaut der Gesetze und der sonstigen Rechtsvorschriften mit, die sie zur Durchführung dieses Übereinkommens erlassen.

Artikel 34
Beilegung von Streitigkeiten
Jede Streitigkeit zwischen Vertragsparteien dieses Übereinkommens über dessen Auslegung oder Anwendung, die auf andere Weise nicht beigelegt werden kann, wird auf Antrag einer Streitpartei dem Internationalen Gerichtshof vorgelegt.

Artikel 35
Unterzeichnung, Ratifikation und Beitritt

(1) Dieses Übereinkommen liegt bis zum 31. Dezember 1955 am Sitz der Vereinten Nationen zur Unterzeichnung auf.

(2) Es liegt zur Unterzeichnung auf

a) für jedes Mitglied der Vereinten Nationen,

b) für jeden anderen Staat, der zur Teilnahme an der Konferenz der Vereinten Nationen über die Rechtsstellung der Staatenlosen eingeladen wurde, und

c) für jeden Staat, den die Generalversammlung der Vereinten Nationen einlädt, es zu unterzeichnen oder ihm beizutreten.

(3) Es bedarf der Ratifikation; die Ratifikationsurkunden werden beim Generalsekretär der Vereinten Nationen hinterlegt.

(4) Die in Absatz 2 bezeichneten Staaten können diesem Übereinkommen beitreten. Der Beitritt erfolgt durch Hinterlegung einer Beitrittsurkunde beim Generalsekretär der Vereinten Nationen.

Artikel 36
Geltungsbereichsklausel

(1) Ein Staat kann bei der Unterzeichnung, der Ratifikation oder dem Beitritt erklären, daß sich dieses Übereinkommen auf alle oder auf einzelne Hoheitsgebiete erstrecken soll, für deren internationale Beziehungen er verantwortlich ist. Eine solche Erklärung wird wirksam, sobald das Übereinkommen für den betreffenden Staat in Kraft tritt.

(2) Jede spätere derartige Erstreckung erfolgt durch eine an den Generalsekretär der Vereinten Nationen zu richtende Notifikation; die Erstreckung wird mit dem neunzigsten Tag nach Eingang der Notifikation beim Generalsekretär der Vereinten Nationen oder mit dem Zeitpunkt wirksam, an dem dieses Übereinkommen für den betreffenden Staat in Kraft tritt, falls dieser Zeitpunkt der spätere ist.

(3) Hinsichtlich derjenigen Hoheitsgebiete, auf die dieses Übereinkommen bei der Unterzeichnung, der Ratifikation oder dem Beitritt nicht erstreckt worden ist, wird jeder in Betracht kommende Staat die erforderlichen Schritte in Erwägung ziehen, um dieses Übereinkommen so bald wie möglich auf diese Hoheitsgebiete zu erstrecken, vorbehaltlich der Zustimmung ihrer Regierungen, soweit eine solche aus verfassungsmäßigen Gründen erforderlich ist.

Artikel 37
Bundesstaatklausel

Für Bundes- oder Nichteinheitsstaaten gelten folgende Bestimmungen:

a) Soweit für bestimmte Artikel dieses Übereinkommens der Bund die Gesetzgebungszuständigkeit besitzt, hat die Bundesregierung die gleichen Verpflichtungen wie die Vertragsparteien, die nicht Bundesstaaten sind;

b) soweit für bestimmte Artikel dieses Übereinkommens die Gliedstaaten, -provinzen oder

-kantone die Gesetzgebungszuständigkeit besitzen, ohne nach der Verfassungsordnung des Bundes zum Erlaß von Rechtsvorschriften verpflichtet zu sein, bringt die Bundesregierung den zuständigen Stellen der Gliedstaaten, -provinzen oder -kantone diese Artikel so bald wie möglich befürwortend zur Kenntnis;

c) richtet ein Vertragsstaat dieses Übereinkommens über den Generalsekretär der Vereinten Nationen an einen Bundesstaat, der Vertragspartei ist, eine Anfrage über das Recht und die Praxis des Bundes und seiner Glieder in bezug auf einzelne Bestimmungen dieses Übereinkommens, so legt dieser Bundesstaat eine Darstellung vor, aus der ersichtlich ist, inwieweit die betreffenden Bestimmungen durch den Erlaß von Rechtsvorschriften oder durch sonstige Maßnahmen wirksam geworden sind.

Artikel 38
Vorbehalt
(1) Bei der Unterzeichnung, der Ratifikation oder dem Beitritt kann jeder Staat zu Artikeln des Übereinkommens, mit Ausnahme der Artikel 1, 3, 4, 16 Absatz 1 und 33 bis 42, Vorbehalte einlegen.

(2) Hat ein Vertragsstaat gemäß Absatz 1 einen Vorbehalt eingelegt, so kann er ihn jederzeit durch eine diesbezügliche an den Generalsekretär der Vereinten Nationen zu richtende Mitteilung zurücknehmen.

Artikel 39
Inkrafttreten
(1) Dieses Übereinkommen tritt mit dem neunzigsten Tag nach Hinterlegung der sechsten Ratifikations- oder Beitrittsurkunde in Kraft.

(2) Für jeden Staat, der das Übereinkommen nach Hinterlegung der sechsten Ratifikations- oder Beitrittsurkunde ratifiziert oder ihm beitritt, tritt es am neunzigsten Tag nach Hinterlegung seiner eigenen Ratifikations- oder Beitrittsurkunde in Kraft.

Artikel 40
Kündigung
(1) Ein Vertragsstaat kann dieses Übereinkommen jederzeit durch eine an den Generalsekretär der Vereinten Nationen zu richtende Notifikation kündigen.

(2) Die Kündigung wird für den betreffenden Vertragsstaat ein Jahr nach dem Tag wirksam, an dem sie beim Generalsekretär der Vereinten Nationen eingegangen ist.

(3) Jeder Staat, der eine Erklärung oder eine Notifikation gemäß Artikel 36 eingereicht hat, kann in der Folge dem Generalsekretär der Vereinten Nationen jederzeit durch eine Notifikation mitteilen, daß das Übereinkommen auf ein in der Notifikation bezeichnetes Hoheitsgebiet keine Anwendung mehr finden soll. Das Übereinkommen tritt sodann ein Jahr nach Eingang der Notifikation beim Generalsekretär für das betreffende Hoheitsgebiet außer Kraft.

Artikel 41
Revision
(1) Jeder Vertragsstaat kann jederzeit durch eine an den Generalsekretär der Vereinten Nationen zu richtende Notifikation die Revision dieses Übereinkommens beantragen.

(2) Die Generalversammlung der Vereinten Nationen empfiehlt die Maßnahmen, die gegebenenfalls in bezug auf einen solchen Antrag zu ergreifen sind.

Artikel 42
Notifikationen des Generalsekretärs der Vereinten Nationen
Der Generalsekretär der Vereinten Nationen notifiziert allen Mitgliedern der Vereinten Nationen und den in Artikel 35 bezeichneten Nichtmitgliedstaaten

a) die Unterzeichnungen, Ratifikationen und Beitritte nach Artikel 35;

b) die Erklärungen und Notifikationen nach Artikel 36;

c) die Einlegung und Zurücknahme von Vorbehalten nach Artikel 38;

d) den Tag, an dem das Übereinkommen nach Artikel 39 in Kraft tritt;

e) die Kündigungen und Notifikationen nach Artikel 40;

f) die Revisionsanträge nach Artikel 41.

ZU URKUND DESSEN haben die hierzu gehörig befugten Unterzeichneten dieses Übereinkommen im Namen ihrer Regierungen unterschrieben.

GESCHEHEN zu New York am 28. September 1954 in einer Urschrift, deren englischer, französischer und spanischer Wortlaut gleichermaßen verbindlich ist; sie wird im Archiv der Vereinten Nationen hinterlegt; allen Mitgliedern der Vereinten Nationen und den in Artikel 35 bezeichneten Nichtmitgliedstaaten werden beglaubigte Abschriften übermittelt.

Anhang

§ 1
(1) Der in Artikel 28 dieses Übereinkommens genannte Reiseausweis hat die Feststellung zu enthalten, daß sein Inhaber Staatenloser im Sinne des Übereinkommens vom 28. September 1954 ist.

(2) Der Ausweis ist in mindestens zwei Sprachen abzufassen; eine davon muß das Englische oder das Französische sein.

(3) Die Vertragsstaaten werden prüfen, ob es wünschenswert ist, das beigefügte Muster eines Reiseausweises zu verwenden.

§ 2
Vorbehaltlich der in dem Ausstellungsland geltenden Vorschriften können Kinder in den Reiseausweis eines Elternteils oder – unter außergewöhnlichen Umständen – eines anderen Erwachsenen miteingetragen werden.

§ 3
Die Gebühren für die Ausstellung des Ausweises dürfen den für Pässe von Staatsangehörigen geltenden Mindestsatz nicht überschreiten.

§ 4

Abgesehen von besonderen oder Ausnahmefällen hat der Ausweis für die größtmögliche Zahl von Ländern zu gelten.

§ 5

Der Ausweis hat mindestens drei Monate und höchstens zwei Jahre lang gültig zu sein.

§ 6

(1) Für die Erneuerung oder Verlängerung des Ausweises ist die ausstellende Behörde zuständig, solange der Inhaber sich nicht rechtmäßig in einem anderen Hoheitsgebiet niedergelassen hat und rechtmäßig im Hoheitsgebiet der genannten Behörde wohnhaft ist. Für die Ausstellung eines neuen Ausweises ist unter den gleichen Voraussetzungen die Behörde zuständig, die den früheren Ausweis ausgestellt hat.

(2) Diplomatische oder konsularische Dienststellen können ermächtigt werden, die Gültigkeitsdauer von Reiseausweisen, welche ihre Regierung ausgestellt hat, für eine Zeitspanne von höchstens sechs Monaten zu verlängern.

(3) Die Vertragsstaaten werden wohlwollend die Möglichkeit der Erneuerung oder Verlängerung von Reiseausweisen oder der Ausstellung neuer Ausweise für Staatenlose prüfen, die sich in ihrem Hoheitsgebiet nicht mehr rechtmäßig aufhalten und von dem Land ihres rechtmäßigen Aufenthalts keinen Reiseausweis erhalten können.

§ 7

Die Vertragsstaaten erkennen die Gültigkeit der nach Artikel 28 dieses Übereinkommens ausgestellten Ausweise an.

§ 8

Sind die zuständigen Behörden des Landes, in das sich der Staatenlose zu begeben wünscht, bereit, ihn zuzulassen, und ist hierfür ein Sichtvermerk erforderlich, so versehen sie den Ausweis, dessen Inhaber er ist, mit einem Sichtvermerk.

§ 9

(1) Die Vertragsstaaten verpflichten sich zur Erteilung von Durchreise-Sichtvermerken an Staatenlose, die Sichtvermerke für das Hoheitsgebiet eines Bestimmungslands erhalten haben.

(2) Die Erteilung eines solchen Sichtvermerks kann aus Gründen verweigert werden, die jedem Ausländer gegenüber die Verweigerung eines Sichtvermerks rechtfertigen würden.

§ 10

Die Gebühren für die Erteilung von Ausreise-, Einreise- oder Durchreise-Sichtvermerken dürfen den Mindestsatz für Sichtvermerke in ausländischen Pässen nicht überschreiten.

§ 11

Wechselt ein Staatenloser seinen Aufenthaltsort und läßt er sich rechtmäßig im Hoheitsgebiet eines anderen Vertragsstaats nieder, so ist für die Ausstellung eines neuen Ausweises nach Maßgabe des Artikels 28 die Behörde jenes Hoheitsgebiets zuständig, bei welcher der Staatenlose einen Antrag zu stellen berechtigt ist.

§ 12
Die Behörde, die einen neuen Ausweis ausstellt, zieht den alten ein und gibt ihn an das Land zurück, das ihn ausgestellt hat, wenn in dem alten Ausweis die Rückgabe an das Ausstellungsland vorgesehen ist; andernfalls zieht sie ihn ein und macht ihn ungültig.

§ 13
(1) Ein nach Artikel 28 dieses Übereinkommens ausgestellter Reiseausweis berechtigt seinen Inhaber, sofern darin nichts Gegenteiliges bestimmt ist, während der Gültigkeitsdauer des Ausweises jederzeit in das Hoheitsgebiet des ausstellenden Staates wieder einzureisen. Die Frist für die Wiedereinreise des Inhabers in das Land, das den Ausweis ausgestellt hat, muß mindestens drei Monate betragen, es sei denn, daß das Land, in das der Staatenlose zu reisen beabsichtigt, nicht darauf besteht, daß der Reiseausweis das Recht zur Wiedereinreise vorsieht.

(2) Vorbehaltlich des Absatzes 1 kann ein Vertragsstaat von dem Inhaber eines Ausweises verlangen, daß er alle Förmlichkeiten erfüllt, die für die Ausreise aus seinem Hoheitsgebiet und für die Wiedereinreise dorthin vorgeschrieben sind.

§ 14
Mit dem einzigen Vorbehalt des Paragraphen 13 läßt dieser Anhang die Gesetze und sonstigen Rechtsvorschriften unberührt, die in den Hoheitsgebieten der Vertragsstaaten die Zulassung, die Durchreise, den Aufenthalt, die Niederlassung und die Ausreise regeln.

§ 15
Weder die Ausstellung des Ausweises noch die darin vorgenommenen Eintragungen bestimmen oder berühren die Rechtsstellung des Inhabers, insbesondere in bezug auf seine Staatsangehörigkeit.

§ 16
Die Ausstellung des Ausweises gibt dem Inhaber keinen Anspruch auf den Schutz der diplomatischen oder konsularischen Dienststellen des Ausstellungslands und verleiht diesen nicht ohne weiteres ein Schutzrecht.

Vertragsstaaten (BGBl 1994, 308)

Vertragsparteien	in Kraft am	Vertragsparteien	in Kraft am
Algerien	13. 10. 1964	Frankreich	6. 6. 1960
Antigua und Barbuda*1,5	1. 11. 1981	Griechenland	2. 2. 1976
Argentinien	30. 8. 1972	Guinea	19. 6. 1962
Australien	13. 3. 1974	Irland	17. 3. 1963
Barbados*1	30. 11. 1966	Israel	6. 6. 1960
Belgien	25. 8. 1960	Italien	3. 3. 1963
Bolivien*3	4. 1. 1984	Jugoslawien, ehemaliges	6. 6. 1960
Botsuana*1	30. 9. 1966	Kiribati*1,4	12. 7. 1979
Costa Rica*2	31. 1. 1978	Korea (Republik)	20. 11. 1962
Dänemark	6. 6. 1960	Kroatien*1,7	8. 10. 1991
Ecuador	31. 12. 1970	Lesotho*1	4. 10. 1966
Fidschi*1	10. 10. 1970	Liberia	10. 12. 1964
Finnland	8. 1. 1969	Libyen*6	14. 8. 1989

Vertragsparteien	in Kraft am	Vertragsparteien	in Kraft am
Luxemburg	25. 9. 1960	Slowenien*[1,8]	25. 6. 1991
Niederlande	11. 7. 1962	Trinidad und Tobago*[1]	31. 8. 1962
Norwegen	6. 6. 1960	Tunesien	27. 10. 1969
Sambia*[1]	24. 10. 1964	Uganda	14. 7. 1965
Schweden	1. 7. 1965	Vereinigtes Königreich	6. 6. 1960
Schweiz	1. 10. 1972		

1. Anwendungsbereich

483 Die Staatenlosenkonvention findet auf alle Staatenlosen (vgl Rn 441 ff) Anwendung, also grundsätzlich auch auf Flüchtlinge. Art 1 Abs 2 bringt allerdings eine nicht unerhebliche Ausnahmeregelung, die sicherstellen soll, daß Staatenlose, die schon bisher bevorzugt behandelt wurden, diesen Status beibehalten können (Art 1 Abs 2 i und ii); weiter soll verhindert werden, daß Staatenlose, die der Begehung von Kriegsverbrechen, Verbrechen gegen die Menschlichkeit uä Delikte dringend verdächtigt werden, in den Genuß der Konvention gelangen (Art 1 Abs 2 iii). Im einzelnen findet die Konvention **keine** Anwendung auf Personen,

484 – denen ein Organ oder eine Organisation der Vereinten Nationen (mit Ausnahme des Hohen Flüchtlingskommissars) Schutz oder Beistand gewährt; hierzu zählen die **Palästina-Flüchtlinge**, die unter der speziellen Obhut der United Nations Relief and Works Agency for Palestine Refugees in the Near East stehen und nach dem Wunsch der arabischen Staaten unmittelbar unter UN-Kompetenz verbleiben sollen (vgl KIMMINICH, Rechtsstatus 291);

– denen Rechte und Pflichten zuerkannt wurden, die mit dem Besitz der Staatsangehörigkeit des Aufenthaltslandes verknüpft sind; in diese Gruppe fallen auch die **staatenlosen Volksdeutschen**, auf die Art 116 Abs 1 GG anzuwenden ist;

– bei denen der schwerwiegende **Verdacht** besteht, daß sie **Kriegsverbrechen, Verbrechen gegen die Menschlichkeit, schwere nichtpolitische Verbrechen** begangen haben oder daß sie sich Handlungen zuschulden kommen ließen, die den Zielen und Grundsätzen der Vereinten Nationen zuwiderlaufen; die Regelung, die die Anwendbarkeit einer Kollisionsnorm vom Verdacht einer Straftat oder gar von nur „UN-widrigen" Handlungen abhängig macht, stößt aus deutscher Sicht auf verfassungsrechtliche Bedenken; sie blieb in den vergangenen Jahren ohne praktische Bedeutung (vgl MünchKomm/SONNENBERGER Art 5 Anh I Rn 2).

485 Soweit die Konvention keine Anwendung findet, greifen entweder die speziellen Regelungen für Flüchtlinge ein oder es verbleibt bei der Anwendung von Art 5 Abs 2 (vgl Rn 460 ff). Für die hier interessierenden Fragen des Kollisionsrechts erübrigt sich die an sich erforderliche Abgrenzung zwischen Staatenlosenkonvention und Genfer

---

* 1 Erklärung über die Weiteranwendung
   2 Bek vom 15. 1. 1982 – 1982 II 85
   3 Bek vom 29. 12. 1983 – 1984 II 12
   4 Bek vom 6. 4. 1984 – 1984 II 482

5 Bek vom 26. 6. 1989 – 1989 II 624
6 Bek vom 24. 7. 1990 – 1990 II 803
7 Bek vom 7. 7. 1993 – 1993 II 1219
8 Bek vom 9. 9. 1993 – 1993 II 2166

Flüchtlingskonvention, da die Art 12 beider Konventionen betreffend das Personalstatut, abgesehen von bedeutungslosen Unterschieden in der Formulierung, praktisch identisch sind (vgl MünchKomm/Sonnenberger Art 5 Anh I Rn 2); im übrigen geht die Flüchtlingskonvention als Spezialregelung der Staatenlosenkonvention vor (vgl Kimminich, Rechtsstatus 337; Raape/Sturm, IPR 133).

2. Anknüpfung

Nach der in Art 12 Abs 1 der Konvention enthaltenen Kollisionsnorm für das Personalstatut wird in Deutschland angeknüpft, wenn das deutsche IPR die Staatsangehörigkeit der Bezugsperson für maßgeblich erklärt (vgl Rn 20). Nach Art 12 Abs 1 der Konvention bestimmt sich das Personalstatut eines Staatenlosen nach den Gesetzen des Landes seines **Wohnsitzes** oder, wenn er keinen Wohnsitz hat, nach den Gesetzen des Landes seines **Aufenthalts**. 486

a) Wohnsitz

Die Bestimmung dessen, was als **Wohnsitz iS der Staatenlosenkonvention** anzusehen ist, hat in der Literatur zu einer noch anhaltenden Kontroverse geführt. Sieht man im Wohnsitz das Anknüpfungssurrogat für die Staatsangehörigkeit bei der Bestimmung des Personalstatuts, so liegt es nahe, das Recht des Staates entscheiden zu lassen, in dessen Gebiet der Wohnsitz liegen soll (vgl zB Art 1 Abs 3 Haager Testamentsformabkommen). Andererseits handelt es sich beim Wohnsitz gerade nicht wie bei der Staatsangehörigkeit um einen (zumindest auch) öffentlich-rechtlichen Status, so daß die Gesichtspunkte des internationalen öffentlichen Rechts vernachlässigt werden können und deutsches Recht zu entscheiden hätte, wo der Staatenlose seinen Wohnsitz hat (vgl MünchKomm/Sonnenberger IPR Einleitung Rn 540 f). 487

aa) Bestimmung des Wohnsitzbegriffs durch das deutsche Recht

Bestimmt die deutsche lex fori, wo der Staatenlose seinen Wohnsitz hat, so können damit die Wohnsitzvorschriften des BGB oder ein – allerdings erst im Entstehen begriffener – eigenständiger „international-privatrechtlicher" Wohnsitzbegriff angesprochen sein. Das deutsche Kollisionsrecht greift derzeit noch überwiegend auf den Wohnsitzbegriff des BGB zurück (vgl Neuhaus, Grundbegriffe § 28 II; Kegel, IPR 343). Eine Ausnahme wird jedoch bei völkerrechtlichen Verträgen gemacht, die den Wohnsitz nicht selbst definieren. Der Wohnsitzbegriff der Staatenlosenkonvention wird in diesem Sinn „autonom" als „gewöhnlicher Aufenthalt" interpretiert (vgl Mezger JZ 1954, 663; Neuhaus, Grundbegriffe § 29 II; MünchKomm/Sonnenberger IPR Einleitung Rn 440; aA Kegel, IPR 345; Raape/Sturm, IPR 151; Beitzke, in: Lauterbach, Vorschläge und Gutachten zur Reform des deutschen internationalen Personen- und Sachenrechts [1972] 148; unter Berücksichtigung der neuen kollisionsrechtlichen Lage Ferid 1–32). 488

bb) Gleichsetzung von Wohnsitz und gewöhnlichem Aufenthalt

Die schlichte Gleichsetzung von Wohnsitz und Aufenthalt überschreitet die jeder grammatikalischen Auslegung gesetzten Grenzen, da die Konvention selbst in Art 12 Abs 1 zwischen „Wohnsitz" und „Aufenthaltsland" des Staatenlosen unterscheidet. Die verbreitete Erkenntnis der deutschen Wissenschaft und Lehre, daß sich der Wohnsitz nur schlecht als kollisionsrechtlicher Anknüpfungspunkt eignet, daß sich der gewöhnliche Aufenthalt zu einem „tragenden Pfeiler" des deutschen IPR herausgebildet hat (vgl Kropholler JZ 1972, 16 f mwN) und daß auf den gewöhn- 489 lichen Aufenthalt immer dort abzustellen sei, wo das Staatsangehörigkeitsprinzip versagt (vgl SAMTLEBEN RabelsZ 42 [1978] 473), rechtfertigt nicht eine Interpretation gegen den klaren Wortlaut der Konvention. Überzeugender ist die von Münch-Komm/SONNENBERGER (1. Aufl) Einleitung IPR Rn 540 vorgetragene Argumentation, die Auslegung von Wohnsitz iS von gewöhnlichem Aufenthalt diene dem Hauptziel der Konventionen, eine einheitliche Rechtsanwendung zu erreichen; es bleibt dann allerdings noch abzuwarten, ob sich die anderen Konventionsstaaten der korrigierenden Vertragspraxis der Bundesrepublik anschließen.

490 Ansatzpunkt für eine sachgemäße Lösung der Problematik ist die **Frage nach der Befugnis zur Interpretation** der Konvention. Die zur Vertretung der Bundesrepublik nach außen zuständigen Organe sind im Rahmen der völkerrechtlich zulässigen Auslegungsregeln zur Interpretation bzw Klarstellung einzelner im Vertragstext nicht abschließend geregelter Begriffe befugt. Insoweit wird es in erster Linie auf den Standpunkt der Bundesregierung zu der umstrittenen Auslegungsfrage ankommen. Die Bundesregierung hat sich in ihrer Denkschrift zum Staatenlosen-Übereinkommen, BT-Drucks 7/4170, 35, dafür ausgesprochen, den Wohnsitz iS der Konvention nicht iS des materiellen deutschen Rechts auszulegen; sie tat dies nicht zuletzt auch deshalb, um die sich aus Art 29 EGBGB (nunmehr Art 5 Abs 2) ergebende Anknüpfung im Interesse der betroffenen Staatenlosen beizubehalten und um einen abermaligen Statutenwechsel (vgl Rn 493) zu vermeiden. Dieses rechtspolitische Ziel steht mit den Intentionen der Konvention im Einklang; die Bundesregierung *durfte* die in Art 12 Abs 1 der Konvention ausgesprochene Verweisung auf das deutsche innerstaatliche Recht auch noch als Verweisung auf den gewöhnlichen Aufenthalt iS des deutschen Kollisionsrechts der Staatenlosen (vgl Rn 464 ff) verstehen. Da den gesetzgebenden Körperschaften der Rechtsstandpunkt der Bundesregierung im Gesetzgebungsverfahren bekannt gemacht wurde, kann unterstellt werden, daß sich auch der für die Umsetzung des Konventionsrechts in innerstaatliches Recht verantwortliche Gesetzgeber die Vertragsauslegung durch die Bundesregierung zu eigen gemacht hat.

b) Aufenthalt

491 Der **Begriff des Aufenthalts iS der Konvention** entspricht dem **einfachen Aufenthalt** (vgl Rn 468).

3. Überleitungsfragen

a) Intertemporale Überleitungsprobleme

492 Nach der hier vertretenen Auffassung ergeben sich aus Art 12 Abs 1 Staatenlosenkonvention im Hinblick auf Art 29 aF und Art 5 Abs 2 nF **keine intertemporalrechtlichen Überleitungsprobleme**, da die Anknüpfungsgründe in Art 12 Abs 1 der Regelung in Art 5 nF entsprechen. Soweit die interpretative Angleichung von Art 12 Abs 1 Staatenlosenkonvention an Art 5 Abs 2 abgelehnt wird, muß auch hier die Rückwirkung der Neuregelung ausgeschlossen werden (vgl Rn 480 und RAAPE/STURM, IPR § 9 A V).

b) Einfluß des Statutenwechsels auf erworbene Rechte

493 Art 12 Abs 2 gibt nur wieder, was allgemein für den Einfluß des Statutenwechsels auf vorher erworbene Rechte sowie entstandene Rechtslagen und Rechtsverhältnisse gilt (vgl hierzu grundsätzlich STAUDINGER/STOLL[12] IntSachenR Rn 442 ff).

4. Rück- und Weiterverweisung

Ob bei der Verweisung nach Art 12 Abs 1 ein **Renvoi** zu beachten ist, ist strittig **494** (bejahend: RAAPE/STURM, IPR § 9 A VI und MünchKomm/SONNENBERGER Art 5 Anh I Rn 10 [da nur ein „an die Stelle der Staatsangehörigkeit tretender Anknüpfungsgrund" bereitgestellt wird]; verneinend: PALANDT/HELDRICH Art 5 Anh I Vorb Rn 2, der Art 12 Genfer Flüchtlings-Konvention in Bezug nimmt und dort grundsätzlich Renvoi verneint, und STAUDINGER/GRAUE[10/11] Art 27 Rn 164). Wie bei anderen internationalen Konventionen kollisionsrechtlichen Inhalts (insbesondere bei den Flüchtlingsabkommen) muß auch bei der Staatenlosenkonvention dem Interesse an einer international einheitlichen Auslegung Vorrang eingeräumt werden. Art 12 Abs 1 muß deshalb als Sachnormverweisung angesehen werden, die die Anwendung der Kollisionsnormen des berufenen Rechts, aus denen sich eine Rück- oder Weiterverweisung ergeben könnte, ausschließt.

G. Unrechtmäßige grenzüberschreitende Änderung des Aufenthalts (Art 5 Abs 3)

Bei der Ermittlung des gewöhnlichen Aufenthalts sind in der Regel objektive **495** Umstände maßgebend (vgl oben Rn 436). Art 5 Abs 3 macht von diesem Grundsatz eine Ausnahme zugunsten subjektiver Elemente. Es handelt sich im Grunde aber nur scheinbar um eine Ausnahme: Bei der Ermittlung des gewöhnlichen Aufenthalts einer Person geht der Gesetzgeber selbstverständlich davon aus, daß der objektive Umstand der Aufenthaltsnahme von einem entsprechenden Willen der betreffenden Person oder ihres gesetzlichen Vertreters getragen wird. An dieser Übereinstimmung fehlt es beim sog **„legal kidnapping"**, bei **der widerrechtlichen Verbringung eines Minderjährigen in einen anderen Staat.**

Das legal kidnapping hat in neuerer Zeit erhebliche Bedeutung im internationalen **496** Kindschaftsrecht erlangt, wo in zunehmendem Maß in völkervertraglichen wie in innerstaatlichen Regelungen der gewöhnliche Aufenthalt des Kindes zum maßgebenden Anknüpfungspunkt bestimmt wird. Im Zusammenhang mit Sorgerechtsstreitigkeiten im Gefolge von Trennung oder Scheidung ereignen sich nicht selten unrechtmäßige grenzüberschreitende Änderungen (des Aufenthalts von Minderjährigen, vgl Regierungsbegründung BT-Drucks 10/504, 42).

I. Anwendungsbereich der Norm

Aus dem Standort der Norm im Gesetzestext ergibt sich, daß die Regelung nicht nur **497** auf unrechtmäßige grenzüberschreitende Änderung des Aufenthalts von Kindern Anwendung findet. Nach der Regierungsbegründung (aaO) soll ein Heranziehen des Art 5 Abs 3 zugrundeliegenden Gedankens bei anderen Personen nicht ausgeschlossen sein.

Art 5 Abs 3 steht im Einklang mit dem Europäischen Übereinkommen vom **498** 20.5.1980 über die Anerkennung und Vollstreckung von Entscheidungen über das Sorgerecht für Kinder und die Wiederherstellung des Sorgerechts sowie mit dem

Haager Übereinkommen vom 25. 10. 1980 über die zivilrechtlichen Aspekte internationaler Kindesentführung.

II. Inhalt der Regelung

1. Grundsatz der Unbeachtlichkeit der unrechtmäßigen grenzüberschreitenden Änderung des Aufenthalts

499 Art 5 Abs 3 besagt nur, daß die widerrechtliche Verbringung des Minderjährigen in einen anderen Staat für sich **allein nicht** bewirken kann, daß der neue Aufenthalt für die kollisionsrechtliche Anknüpfung maßgeblich wird (vgl FERID 8−219, 1). Insoweit ist die unfreiwillige Änderung des Aufenthalts und erst recht des gewöhnlichen Aufenthalts bei nicht voll Geschäftsfähigen unbeachtlich (vgl OLG Stuttgart NJW 1976, 483; OLG Karlsruhe NJW 1976, 485).

500 Die Regelung steht im Einklang mit dem Haager Übereinkommen vom 5. 10. 1961 über die Zuständigkeit der Behörden und das anzuwendende Recht auf dem Gebiet des Schutzes von Minderjährigen (BGBl 1971 II 217), für die Bundesrepublik Deutschland in Kraft getreten am 17. 9. 1971 (BGBl 1971 II 1150; vgl hierzu KROPHOLLER, Das Haager Abkommen über den Schutz Minderjähriger [2. Aufl 1977]; STAUDINGER/KROPHOLLER [1994] Vorbem 16 ff zu Art 19; SIEHR, in: BÖHMER/SIEHR, Das gesamte Familienrecht, Bd 2, Das internationale Recht [3. Aufl 1979 ff]).

2. Beachtlichkeit der unrechtmäßigen grenzüberschreitenden Änderung des Aufenthalts bei Begründung fester und dauerhafter Bindung zur neuen sozialen Umwelt

501 Die Annahme eines neuen gewöhnlichen Aufenthalts als Folge einer unfreiwilligen Aufenthaltsveränderung ist dann nicht ausgeschlossen, wenn der Minderjährige eine feste und dauerhafte Bindung an seine neue soziale Umwelt hergestellt hat; es geht hier vorrangig um das Wohl des Kindes, hinter dem das Elternrecht zurücktreten muß (vgl BGH NJW 1981, 520 = FamRZ 1981, 215 = IPRax 1981, 139; OLG Hamm NJW 1989, 672; Regierungsbegründung BT-Drucks 10/504, 42; FERID 8−219, 1; PALANDT/HELDRICH, Art 24 Anh 1, Art 1 des Minderjährigenschutz-Übereinkommens Rn 12).

502 Anhaltspunkte dafür, welche Zeiträume mindestens bis zur Entstehung einer derartigen Bindung des Kindes an seine neue soziale Umwelt verstrichen sein müssen, ergeben sich aus den einschlägigen internationalen Abmachungen:

6 Monate gem Art 8 Abs 1 lit b und Art 9 des Europäischen Übereinkommens vom 20. 5. 1980 über die Anerkennung und Vollstreckung von Entscheidungen über das Sorgerecht für Kinder und die Wiederherstellung des Sorgerechts;

1 Jahr gem Art 12 des Haager Übereinkommens vom 15. 10. 1980 über die zivilrechtlichen Aspekte internationaler Kindesentführung.

III. Zu den einzelnen Tatbestandsmerkmalen der Norm

1. Über die **mangelnde Geschäftsfähigkeit** einer Person entscheidet das gem Art 7 maßgebende Recht.

2. Die **Unfreiwilligkeit der Aufenthaltsänderung** richtet sich nach dem Willen des zur Bestimmung des Aufenthalts berechtigten gesetzlichen Vertreters.

3. Wer **gesetzlicher Vertreter** ist, beurteilt sich nach dem jeweiligen familienrechtlichen Verhältnis und den darauf anwendbaren Kollisionsnormen. Kommt es auch insoweit auf den gewöhnlichen Aufenthalt des nicht voll Geschäftsfähigen an (zB Art 19 Abs 2 S 2, Art 20 Abs 2), so ist für die Bestimmung des gesetzlichen Vertreters auf den Aufenthalt des Kindes **vor** der Änderung abzustellen.

Diese Regelung ergibt sich zwar nicht unmittelbar aus dem Wortlaut des Gesetzes, entspricht aber offenkundig dem Zweck der Regelung; nach der Regierungsbegründung (BT-Drucks 10/504, 42) bedurfte es hierfür keiner zusätzlichen Vorschrift.

4. Eine unfreiwillige Änderung des Aufenthalts liegt insbesondere dann vor, wenn beide Elternteile gemeinsam zur Aufenthaltsbestimmung berufen sind und nur **ein Elternteil gegen den Willen des anderen** den Aufenthalt des Kindes ändert (vgl FERID 8–219,1).

IV. Anhang*

1. Haager Übereinkommen vom 25. 10. 1980 über die zivilrechtlichen Aspekte internationaler Kindsentführung

Das Übereinkommen ist abgedruckt und ausführlich kommentiert bei STAUDINGER/ PIRRUNG (1995) Vorbem 627 ff zu Art 19 EGBGB.

2. Europäisches Übereinkommen vom 20. 5. 1980 über die Anerkennung und Vollstreckung von Entscheidungen über das Sorgerecht für Kinder und die Wiederherstellung des Sorgerechts

Das Übereinkommen ist abgedruckt und ausführlich kommentiert bei STAUDINGER/ PIRRUNG (1995) Vorbem 732 ff zu Art 19 EGBGB.

---

* **Neues Schrifttum:** GÜLICHER, Internationale Kindesentführung. Das Haager Übereinkommen über die zivilrechtlichen Aspekte internationaler Kindesentführungen v 25. 10. 1980 und das Übereinkommen über die Anerkennung und Vollstreckung von Entscheidungen über das Sorgerecht für Kinder (Diss iur Göttingen 1992/1993).

Anhang zu Art 5 EGBGB

Das internationale Flüchtlingsrecht

Schrifttum

CABRAL DE MONCADA, Das interne völkerrechtliche Asyl auf Grund der Staatenpraxis seit dem Wiener Kongreß, ZöffR 23 (1944) 403
FERID, Der Neubürger im IPR I (1949)
ders, Familienstandsfragen bei verschleppten Personen und ausländischen Flüchtlingen, in: FS Haff (1950) 197
DÖLLE, Das Gesetz Nr 23 über die Rechtsverhältnisse verschleppter Personen und Flüchtlinge, StAZ 1950, 106
GRUND, Die Scheidung der Ehe verschleppter Personen und von Flüchtlingen nach dem Gesetz Nr 23 der Alliierten Hohen Kommission, MDR 1950, 468
Institut für Besatzungsfragen, Das DP-Problem (1950)
MAKAROV, Das Gesetz Nr 23 über die Rechtsverhältnisse verschleppter Personen und Flüchtlinge, DRZ 1950, 318
ders, Das internationale Flüchtlingsrecht und die Rechtsstellung heimatloser Ausländer nach dem Bundesgesetz v 25. 4. 1951, ZaöRV 14 (1951/52) 431
SCHWENN, Die Rechtsstellung der sog verschleppten Personen und Flüchtlinge nach dem Gesetz Nr 23 des Rates der Alliierten Hohen Kommission im Internationalen Privatrecht und im Verfahren, SJZ 1950, 652
vSTACKELBERG, Die persönlichen Rechtsbeziehungen der Displaced Persons, NJW 1950, 808
JAHN, Das Gesetz über die Rechtsstellung heimatloser Ausländer im Bundesgebiet, JZ 1951, 326
BEITZKE/BACHMANN, Der Personenstand heimatloser Ausländer in Deutschland (1952)
BODE, Zur bevorstehenden Ratifikation des Genfer Abkommens über die Rechtsstellung der Flüchtlinge v 28. 7. 1951, BAnz Nr 1975 v 10. 9. 1952, 5
MÜLLER, Grundzüge der Stellung des Flüchtlings im geltenden Völkerrecht (Diss Freiburg 1952)
FERID, Limites de l'intégration des réfugiés en matière de droit privé, Rev Int Croix Rouge 1954, 989
ders, Die Bedeutung der Inkraftsetzung der Flüchtlingskonvention v 28. 7. 1951 in der Bundesrepublik für das Personalstatut von „internationalen" und „volksdeutschen" Flüchtlingen, die sich noch im Besitze ihrer Ursprungsstaatsangehörigkeit befinden, DNotZ 1954, 350
MÜLLER, Das Personalstatut der Flüchtlinge seit dem 25. 12. 1953, JZ 1954, 663
ROGGE, Zum internationalen Abkommen über die Rechtsstellung der Flüchtlinge vom 28. 7. 1951, AWR-Bull 1954, 193
WEIS, Die Genfer Flüchtlingskonvention v 28. 7. 1951, JIR 4 (1954) 53
SCHÄTZEL, Die Staatsangehörigkeit der politischen Flüchtlinge, ArchVR 5 (1955) 63
BEITZKE, Amtsvormundschaft für Flüchtlinge und heimatlose Ausländer?, ZblJugR 1956, 190
FERID, Hat die Gleichstellung der Vertriebenen mit Inländern in Art 116 I GG kollisionsrechtlichen Gehalt? in: FS Nawiasky (1956) 395
MOSER, Die Erweiterung der inländischen Zivilgerichtsbarkeit durch die Konvention über die Rechtsstellung der Flüchtlinge, ÖJZ 1957, 58
HENRICHS, Die Amtshaftung gegenüber de-facto-Staatenlosen, NJW 1958, 89
MEZGER, Ein interessantes französisches Urteil über die Rechtsstellung deutscher Flüchtlinge, JZ 1958, 118
ROGGE, Das Flüchtlingsproblem als internationale Rechtsfrage, IntRDipl 3 (1958) 28, 109, 236
STRASSMANN-NITSCHE, Kommentar zum Bundesvertriebenengesetz (1958)
EEK, The Administration of Justice in Conflict

Cases Involving Refugees, Scandinavian Studies in Law III (1959) 21
PIKART, Die Rechtsprechung des Bundesgerichtshofs zum Bundesvertriebenengesetz, WM 1960, 178
SCHÄTZEL-VEITER, Handbuch des internationalen Flüchtlingsrechts (1960)
SEIDL-HOHENVELDERN, Die internationale Flüchtlingskonvention von 1951 in der Praxis, in: FS Schätzel (1960) 441
VEITER, Handbuch des internationalen Flüchtlingsrechts (1960)
WIERER, Probleme der heimatlosen Ausländer in der Bundesrep Deutschland (1960)
MICHEL, Zur Scheidung der Ehe ungarischer Staatsangehöriger, die nach dem Aufstand von 1956 in die Bundesrepublik Deutschland flüchteten, FamRZ 1961, 198
MÜLLER, Zum Recht der Vertriebenen und Sowjetzonenflüchtlinge nach der Verwaltungsrechtsprechung, WM 1961, 166
FRANZ, Zur Vereinbarung über Flüchtlingsseeleute, DVBl 1962, 579
GERHARDT, Derivativer Erwerb der Rechtsstellung eines Deutschen ohne deutsche Staatsangehörigkeit, DÖV 1962, 260
JAHN, Neuerungen auf dem Gebiet des Flüchtlingsrechts, JZ 1962, 209
KIMMINICH, Der internationale Rechtsstatus der Flüchtlinge (1962)
VEITER, Vertreibung, Zuflucht, Heimat (1962)
GRAHL-MADSEN, Further Development of International Refugee Law, Nord T Int R 35 (1965) 159
KLOESEL-CHRIST, Deutsches Ausländerrecht (1965)
MANNES, Deutsche Staatsangehörigkeit als Wirkung der Wiedergutmachung, RzW 1965, 534
SCHNYDER, Les aspects juridiques actuels du problème des réfugiés, Rec des Cours 114 (1965) 335
BEITZKE, Problem der Flüchtlingsentscheidung, Aphieroma Fragistas I (1966) 377
BRINTZINGER, Rückwirkung des Art 12 der Genfer Flüchtlingskonvention von 1951 (1966)
FRANZ, Das Asylrecht im Schatten der Flüchtlingskonvention, DVBl 1966, 623
KANEIN, Das Ausländergesetz (1966)
PIEPKE, Personalstatut der Palästina-Flüchtlinge im Gaza-Gebiet, StAZ 1966, 120
RAUBALL-STRÄTER, Kommentar zum Ausländergesetz (1966)
ROTHOLZ, Die Rechtsprechung der deutschen Gerichte zur Genfer Konvention von 1951, AWR-Bull 1966, 91
WEISSMANN, Ausländergesetz (1966)
KIMMINICH, Stand der Entwicklung des internationalen Flüchtlingsrechts, Nord T Int R 37 (1967) 64
MARXEN, Deutsches Ausländerrecht (1967)
WEIS, The 1967 Protocol Relating to the Status of Refugees and Some Questions of the Law of Treaties, Brit-YB 42 (1967) 39
BRINTZINGER, Rückwirkung des gesetzlichen Statutenwechsels im Flüchtlingsrecht?, FamRZ 1968 I
FÉAUX DE LA CROIX, Zum Begriff der Flüchtlingseigenschaft iS der Genfer Konferenz, RzW 1968, 289
Gutachten des Amtes des Hohen Kommissars der Vereinten Nationen für Flüchtlinge: Die Flüchtlingseigenschaft im Sinne von Art 1 der Flüchtlingskonvention v 28. 7. 1951 im Zusammenhang mit den deutschen Entschädigungsgesetzen, RzW 1968, 150
STOLL, Die Rechtsstellung der deutschen Staatsangehörigen in den polnisch verwalteten Gebieten (1968)
BAUMANN, Die Ausstattung von Flüchtlingen mit Personenstandsurkunden nach dem Genfer Abkommen v 28. 7. 1951, StAZ 1969, 226
KNOEPFLER, Réfugiés et statut personnel, SchwJZ 1970, 268
BEITZKE, Staatenlose, Flüchtlinge und Mehrstaater, Vorschläge und Gutachten zur Reform des deutschen internationalen Personen- und Sachenrechts (1972) 143
GRAHL-MADSEN, The Status of Refugees in International Law I (Refugee Character) (1966) II (Asylum, Entry and Sojourn) (1972)
HIRSCHBERG, Scheidung von Flüchtlingen im Sinne der Genfer Flüchtlingskonvention, NJW 1972, 361
PFAFF-WAEHLER, Familien- und Erbrecht der Flüchtlinge und Umsiedler, Gutachten zum Internationalen Privatrecht und Staatsangehörig-

keitsrecht sowie zum Recht der sozialistischen Länder (1972)
FRITSCHE, Benötigen Asylberechtigte und ausländische Flüchtlinge zur Eheschließung in der BRD ein Ehefähigkeitszeugnis oder die Befreiung hiervon?, StAZ 1973, 30
RABL, Der Flüchtlingsbegriff in recht-phänomenologischer Sicht, AWR-Bull 1973, 168
ZIEMER, Deutscher Exodus, Vertreibung und Eingliederung von 15 Millionen Ostdeutschen (1973)
MELANDER, The Protection of Refugees, Scand Stud L 18 (1974) 151
O'DONOVAN, Legal Status of Refugees, New L J 125 (1975) 417
BOHMANN, Woher kommen die Aussiedler? Die Zuwanderung aus Osteuropa in Zahlen, Als Deutsche unter Deutschen leben (1978) 13
VEITER, Grenzen des diplomatischen Asyls, AWR-Bull 1978, 177
BRATISLAVA, Thesen zur Aussiedlung der Deutschen aus der Tschechoslowakei, DA 1979, 712
BUCHEN, Der deutsche „Gilt-Vertriebene" nach 1 Abs 3 BVFG, Anm zBVerwGE v 16. 3. 1977 – VIII C 58/76. Informationsdienst z Lastenausgleich (1979)
FOIGHEL, Anerkendelsesprocedure, Nord T Int R 48 (1979) 143 (mit engl summary)
ders, The legal Status of the Boat-People, Nord T Int R, Vol 48 (1979) 217
FRANZ, Das Asylrecht, Die Friedenswarte 62 (1979) 7
GRAHL-MADSEN, Anerkjennelse av Flyktninger i Norge, Nord T Int R 48 (1979), 158 (mit engl summary)
HARMSEN, Forschungsprojekt, Integration jugendlicher Spätaussiedler aus den Ostgebieten, AWR-Bull 1979, 51
RIEDEL, Auslieferung und Asylgewährung am Beispiel der Terrorismusbekämpfung in Europaratstaaten, DÖV 1979, 27
VEITER, Entwurzelung und Integration, Rechtliche, soziale und politische Probleme von Flüchtlingen und Emigranten (1979)
WOLLENSCHLÄGER, Das Gesetz zur Beschleunigung des Asylverfahrens, BayVBl 1979, 8
BÖDDEKER, Die Flüchtlinge, Die Vertreibung der Deutschen im Osten (1980)
HENKEL, Internationaler und nationaler Rechtsschutz für Flüchtlinge, Gegenwärtige Bemühungen des Hohen Flüchtlingskommissars, Vereinte Nationen (1980) 156
VPOLLERN, Das moderne Asylrecht, Völkerrecht u Verfassungsrecht der Bundesrepublik Deutschland (1980)
WOLLENSCHLÄGER, Das Gesetz über Maßnahmen für im Rahmen humanitärer Hilfsaktionen aufgenommene Flüchtlinge, BayVBl 1980, 681
BEITZ/WOLLENSCHLÄGER, Handbuch des Asylrechts, Unter Einschluß des Rechts der Kontingentflüchtlinge, Bd 1 u 2 (1980/81)
BAER, Rechtlicher Status der unbeteiligten minderjährigen Flüchtlinge in der Bundesrepublik Deutschland, Nachrichtendienst d Dt Vereins f öff u priv Fürsorge 1981, 165
Benecke Stiftung, Praktizierte Humanitas: Weltproblem Flüchtlinge – eine europäische Herausforderung (1981)
FENGE, Weiterwanderung und Rückkehr von Flüchtlingen und Asylbewerbern, Aufgaben nach dem Flüchtlingsprogramm der Bundesregierung, Zeitschrift für Sozialhilfe 1981, 225
GEORGEL, La réforme du statut des étrangers en France. Das Europa der zweiten Generation (1981) 807
GUSY, Asylrecht, Mit Musteranträgen u prakt Hinweisen (1981)
HENKEL, Internationaler und nationaler Rechtsschutz für Flüchtlinge, Praktizierte Humanitas (1981) 305
JACOB, Asylantrag und ausländerrechtliches Verfahren, VBlBW 1981, 73
LEBER, Reintegration und Weiterwanderung von Asylbewerbern und Flüchtlingen, Caritas 1981, 225
LIEBER, Das neue schweizerische Asylrecht, Schweizer Zentralbl f Staats- u Gemeindeverwaltung 82 (1981) 49
MEIER-BRAUN, Das Asylanten-Problem, Ein Grundrecht in der Bewährungsprobe (1981)
NEWLAND, Die Flüchtlingsfrage als Problem der internationalen Politik, EA 1981, 512
VPOLLERN, Die Bekämpfung des Asylmißbrauchs durch neuere Maßnahmen von Parlament und Exekutive, Bad-Wü VerwPr 1981, 158
RITTSTIEG, Stand und Entwicklung des Asylrechts, ZRP 1981, 153
RÜHMANN, Die Genfer Flüchtlingskonvention

und das „Zweitasyl" in der Bundesrepublik Deutschland, EuGRZ 1981, 385
SCHILLING, Zum Flüchtlingsproblem in kriegerischen Konflikten, Aus Politik u Zeitgeschichte 1981, 3
THEDIECK, Die neuere Entwicklung des Asylrechts, JA 1981, 85
WOLF, Kommt es bei der Feststellung der Vertriebeneneigenschaft auf die Motive der Ausreise an?, Informationsdienst z Lastenausgleich 1981, 61
FREY, Das Asylantenproblem, Ausländer bei uns – Fremde oder Mitbürger? (1982) 195
GRAHL-MADSEN, International Refugee Law. Today and Tomorrow, ArchVR Bd 20 (1982) 141
HUBER, Probleme der Rechtsstellung des Asylbewerbers während des Verfahrens, Praxisprobleme im Asylverfahren 1982, 121
KIMMINICH, Die Entwicklung des internationalen Flüchtlingsrechts – faktischer und rechtsdogmatischer Rahmen, ArchVR Bd 20 (1982) 369
VAN KRIEKEN, Repatriation of Refugees under International Law, NethYBInt Vol 13 (1982) 93
LADOR-LEDERER, Refugee Care and Affinity Organizations, AWR-Bull 1982, 230
MIDDELMANN, Ausgangslage bei Übernahme der Verantwortung für Flüchtlinge durch die Vereinten Nationen, AWR-Bull 1982, 206
NAWRATIL, Vertreibungsverbrechen an Deutschen. Tatbestand, Motive, Bewältigung (1982)
ROGERS, Facts About Refugees, AWR-Bull 1982, 28
BÜTOW, Der Schutz des Verfolgten als Frage einer „Rollenübernahme"?, Neue Entwicklungen in der Asylrechtsprechung, 1983, 77
ERMACORA, 30 Jahre UN-Flüchtlingskonvention, AWR-Bull 1983, 107
GHOSHAL, Refugees and Immigrants: A Human Rights Dilemma, Human Rights Quarterly Vol 5 (1983), 327
GOLDSCHMIDT-BOESCH, The World Refugee Problem: Refugee and Development, Refugees and Development 1983, 15
GOODWIN-GILL, The Refugee in International Law (1983)
GRAHL-MADSEN, Ways and Prospects of International Cooperation in Refugee Matters, AWR-Bull 1983, 113
GUSY, Das Asylrecht in der Rechtsprechung des Bundesverfassungsgerichts. Zentrale Dokumentationsstelle der Freien Wohlfahrtspflege für Flüchtlinge (ZDWF) (1983)
JAEGER/MELANDER/PALUDAN/VAN DE VAART, A Handbook for Agencies Assisting Refugees (1983)
KIMMINICH, Der Flüchtling im System der internationalen Beziehungen, Asylpolitik der Bundesrepublik Deutschland (1983) 221
KRAUS, Zielvorgaben und Methodenfragen für die Verteilung, Unterbringung und Betreuung von Asylbewerbern, ZfSozialhilfe 1983, 9
LAPENNA, Le droit à l'identité personelle et les réfugiés, AWR-Bull 1983, 223
PAGENKOPF, Gesetze und Asylverheißung, Asylpolitik der Bundesrepublik Deutschland (1983) 65
PETIT, Les problèmes de réfugiés dans le monde en 1981–1982, AWR-Bull Vol 21 (1983) 26
VPOLLERN, Die Entwicklung der Asylbewerberzahlen im Jahre 1982, ZfAusländerR 1983, 94
BOESCH-GOLDSCHMIDT (Eds), Refugees and Development, International Conference Organized by the Development Policy Forum of the German Foundation for International Development (DSE) in Consultation with United Nations High Commissioner for Refugees (UNHCR) (1983)
RICCI, Asile extradition et terrorisme: Pour une convention européenne sur l'asile territorial, AWR-Bull 1983, 215
SÄCKER, Probleme des materiellen Asylrechts, Justiz und Recht 1983, 97
UIBOPUU, Der Schutz des Flüchtlings im Rahmen des Europarates, ArchVR Bd 21 (1983) 60
VEITER, Begriffe und Definitionen zum Flüchtlingsrecht, AWR-Bull 1983, 118
WOLLENSCHLÄGER, Die arbeitsrechtliche und sozialrechtliche Lage von Asylbewerbern, Asylberechtigten und Kontingentflüchtlingen, Probleme des Asylrechts in der Bundesrepublik Deutschland (1983) 224
BAUM, Aufnahme und Status von Zufluchtsuchenden aus humanitären Gründen, Flüchtlinge in Europa, hrsg v WOLFGANG G BEITZ (1984) 171

ERLENKÄMPER, Aktuelle Probleme des Asyl- und Ausländerrechts, Kommunen, Bürger und Verwaltungsgerichte (1984) 73
FELLMER, Entwicklung des materiellen Asylrechts, Informationsbrief Ausländerrecht 1984, 81
FRITZ, Verfahrensrechtliche Anforderungen für das behördliche und gerichtliche Verfahren bei offensichtlich unbegründetem Asylantrag, NVwZ 1984, 697
HATHAWAY, The Evolution of Refugee Status in International Law, 1920–1950, International and Comparative Law Quarterly Vol 33 (1984) 348
HENNEKAMP, Gewillkürte Nachfluchtgründe, eine offene Flanke des Asylrechts?, NVwZ 1984, 71
HOFMANN, Die Flüchtlingskonvention der Organization of African Unity von 1969, ZfAusländerR 1984, 155
JAEGER, Europäische Staatenpraxis bei der Integration von Flüchtlingen, Flüchtlinge in Europa, hrsg v WOLFGANG G BEITZ (1984) 127
KIMMINICH, Harmonisierung des Flüchtlingsrechts und der Asylverfahren im europäischen Rahmen, Flüchtlinge in Europa, hrsg v WOLFGANG G BEITZ (1984) 53
KREUZBERG, Grundrecht auf Asyl. Materialien und Entstehungsgeschichte (1984)
KÜHNHARDT, Die Flüchtlingsfrage als Weltordnungsproblem, Massenzwangswanderungen in Geschichte und Politik (1984)
MARX, Eine menschenrechtliche Begründung des Asylrechts. Rechtstheoretische und -dogmatische Untersuchungen zum Politikbegriff im Asylrecht (1984)
NEUBAUER, Der Strom der Asylbewerber schwillt weiter an, Bayerische Staatszeitung 1984, 1
NICOLAUS, Kein Asylrecht trotz Verfolgung? Eine Studie zum Problem der inländischen Fluchtalternative (1984)
REITERER, The Protection of Refugees by their State of Asylum (1984)
RENNER, Asylanerkennung oder Abschiebung und Auslieferung bei Menschenrechtsverletzungen?, NJW 1984, 1257
SIEVERING (Hrsg), Politisches Asyl und Einwanderung (1984)
VEITER, Fragen der Wahrung der ethnischen Identität von Flüchtlingsvolksgruppen, AWR-Bull 1984, 40
WIESTNER, Die Rechtsstellung der Kontingentflüchtlinge in der Bundesrepublik Deutschland (1984)
ZEIDLER, Einige Bemerkungen zu den Versuchen, den Begriff „politische Verfolgung" zu bestimmen, Freiheit und Verantwortung im Verfassungsstaat (1984) 551
BLUMENWITZ, An der Grenze des Völkermordes. Die Vertreibung der Deutschen in völkerrechtlicher Sicht, Deutscher Ostdienst 1985, 10
WOLLENSCHLÄGER-WEICKHARDT, Entscheidungssammlung zum Ausländer- und Asylrecht (1985)
HECKER, Völkerrechtliche Regelungen von Staatsangehörigkeitsfragen im Dekolonisierungsprozeß, VRÜ 1986, 451
HANNAPPEL, Staatsangehörigkeit und Völkerrecht. Die Einwirkung des Völkerrechts auf das Staatsangehörigkeitsrecht der Bundesrepublik Deutschland (1986)
RITTSTIEG, Asylrecht gegen Flüchtlinge, in: Informationsbrief Ausländerrecht (1986) 322
SCHNEIDER, Flucht. Bemerkungen zum Weltflüchtlingsproblem und die Negation des Asylrechts in der Bundesrepublik Deutschland, AWR-Bulletin 1986, 179
GORNIG, Das „nonrefoulement"-Prinzip, ein Menschenrecht in „statu nascendi", EuGRZ 1986, 521
ders, Das Refoulement-Verbot im Völkerrecht, Abhandlungen zu Flüchtlingsfragen, Vol XVIII (1987)
HAILBRONNER, Das Refoulement-Verbot und die humanitären Flüchtlinge im Völkerrecht, in: ZfAusländerR 1987, 3
HOFMANN, Nachfluchtgründe und Flüchtlingsvölkerrecht, NVwZ 1987, 299
HYNDMAN, The 1951 Convention definition of refugee: An appraisal with particular reference to the case of Sri Lankan Tamil applicants, in: Human rights quarterly vol 9 (1987) 49
VEITER, Polen und die Flüchtlings- und Wanderungsproblematik, AWR-Bulletin 1987, 1
JAYME, Novelle zum italienischen Staatsangehörigkeitsgesetz (zum italienischen Gesetz v 15. 5. 1986, u 180, Gazz uff Nr 113/1986), in:

Praxis des internationalen Privat- und Verfahrensrechts (1987) 191
MANSEL, Personalstatut. Staatsangehörigkeit und Effektivität (1988)
SONNENBERGER-vMANGOLDT, Anerkennung der Staatsangehörigkeit und effektive Staatsangehörigkeit natürlicher Personen im Völkerrecht und im IPR, BerDGesVR, Heft 29 (1988)
BLUMENWITZ, Die deutsche Staatsangehörigkeit und der deutsche Staat, JuS 1988, 607
WENGLER, Anerkennung und Umdeutung der DDR-Staatsbürgerschaft in die deutsche Staatsangehörigkeit des Rechts der Bundesrepublik als grundgesetzlich gebotene Folgerung aus dem Wiedervereinigungsgebot, ROW 1988, 145
BLUMENWITZ, Das Weltflüchtlingsproblem und die Menschenrechte, AWR-Bulletin 1989, 77
ALEXY, Rechtsfragen des Aussiedlerzuzugs, NJW 1989, 2850
GOTTLIEB, Widerlegbare Vermutung für Ausreise von Aussiedlern als Spätfolge der Vertreibung?, NVwZ 1989, 30
BLECKMANN, Rechtsprobleme der Staatenlosenkonvention, ZAR 1989, 147
HAILBRONNER, Das Gesetz zur Neuregelung des Ausländerrechts, NJW 1990, 2153
HÄUSSER/KAPINOS/CHRIST, Die Statusfeststellung nach dem Bundesvertriebenengesetz (1990)
WEWEL, Aussiedleraufnahme in der zweiten und dritten Nachkriegsgeneration, NVwZ 1991, 757
RICHTER, Selbstgeschaffene Nachfluchtgründe und die Rechtsstellung von Konventionsflüchtlingen nach der Rechtsprechung des Bundesverfassungsgerichts zum Grundrecht auf Asyl und dem Gesetz zur Neuregelung des Ausländerrechts, ZaöRV 1991, 1
JAYME, Zum Personalstatut „spätgeborener" Aussiedler, IPrax 1991, 36
GOTTLIEB, Wer ist eigentlich (noch) Aussiedler (in) ?, NVwZ 1992, 859
AMANN, Recht auf Asyl – Recht im Asyl und die Genfer Flüchtlingskonvention, AWR-Bulletin 1992, 24
DRÜKE/WEIGELT (Hrsg), Fluchtziel Europa. Strategien für eine neue Flüchtlingspolitik (1993)
UIHLEIN, Zur Harmonisierung des Asylrechts in Europa, AWR-Bull 1993, 15
MORAWA, Gedanken zum Maßstab der Prüfung des non-refoulement Gebots, AWR 1993, 96
ALEXY, Zur Neuregelung des Aussiedlerzuzugs, NVwZ 1993, 1171
HENKEL, Das neue Asylrecht, NJW 1993, 2705
GAA-UNTERPAUL, Das Kriegsfolgenbereinigungsgesetz und die Änderungen für das Vertriebenenrecht, NJW 1993, 2080
HAILBRONNER, Der Flüchtlingsbegriff der Genfer Flüchtlingskonvention und die Rechtsstellung von De-facto-Flüchtlingen, ZAR 1993, 3
RENNER, Der Asylkompromiß und seine Folgen, NVwZ 1994, 46
NONNENMACHER, Der Rechtsstatus von Bürgerkriegsflüchtlingen, VBlBW 1994, 46
WOLLENSCHLÄGER/SCHRAML, Kriegs- u Bürgerkriegsflüchtlinge im nationalen u internationalen Recht, AWR-Bull 1994, 110
ANDRICK, Asylrecht u Asylverfahrensrecht in der Praxis, ZAP 1994, 229.
LASS, Der Flüchtling im deutschen Internationalen Privatrecht (1995).

Systematische Übersicht

I. **Überblick**
1. Grenzüberschreitende Flüchtlingsströme als weltweites Problem ___ 1
2. Internationale Abmachungen ___ 3
3. Unterscheidung zwischen verschiedenen Flüchtlings- und Vertreibungsgruppen ___ 5

II. **Volksdeutsche Flüchtlinge und Vertriebene** ___ 11

III. **Ausgebürgerte Deutsche**
1. Art 116 Abs 2 GG ___ 16
2. Einzelne Ausbürgerungsfälle ___ 17
   a) Personen, die den 8. 5. 1945 überlebt und ihren Wohnsitz wieder in Deutschland genommen haben ___ 17
   b) Personen, die den 8. 5. 1945 überlebt haben und im Ausland geblieben sind, ohne eine fremde Staatsangehörigkeit zu erwerben ___ 18

c) Ausgebürgerte, die im Ausland geblieben sind und eine fremde Staatsangehörigkeit erworben haben	19
d) Ansicht des Bundesverfassungsgerichts	20
IV. Nichtdeutsche Flüchtlinge und Verschleppte sowie heimatlose Ausländer	21
1. AHKG 23 vom 17. 3. 1950 über die Rechtsverhältnisse verschleppter Personen und Flüchtlinge	22
a) Persönlicher Anwendungsbereich	23
b) Ersetzung der Staatsangehörigkeitsanknüpfung des EGBGB durch Art 1 AHKG	24
c) Keine intertemporalrechtliche Regelung in AHKG	23, 25
d) Anknüpfung an den gewöhnlichen, ersatzweise an den einfachen Aufenthalt durch Art 1 AHKG	26
2. Gesetz über die Rechtsstellung heimatloser Ausländer im Bundesgebiet vom 25. 4. 1951	27
a) Persönlicher Geltungsbereich	28
b) Kollisionsrechtliche Regelung	29
3. Verhältnis zur Genfer Flüchtlingskonvention	30
a) Genfer Flüchtlingskonvention als lex posterior	30
b) Keine rückwirkende Anwendung der Genfer Flüchtlingskonvention	31
V. Konventionsflüchtlinge	
1. Vorbemerkung	32
2. Die getroffenen Vereinbarungen	35
a) Abkommen über die Rechtsstellung der Flüchtlinge v 28. 7. 1951	35
b) Protokoll über die Rechtsstellung der Flüchtlinge v 31. 1. 1967	36
c) Geltungsbereich von Konvention und Protokoll	37
3. Persönlicher Anwendungsbereich	38
a) Nansen-IRO-Flüchtlinge	39
b) Status als Konventionsflüchtling	40
aa) Verfahren	41
bb) Anerkennungsvoraussetzungen	42
cc) Ende des Flüchtlingsstatus	47
dd) Abgeleiteter Flüchtlingsstatus	48
4. Anknüpfung	49
5. Renvoi	51
VI. Flüchtlingsseeleute	52
VII. Asylberechtigte	54
1. Anwendungsbereich des AsylVfG	55
2. Entfallen der Gründe für die Asylberechtigung	57
VIII. Kontingentflüchtlinge	59

Alphabetische Übersicht

Abkommen über die Rechtsstellung der Flüchtlinge (s auch Flüchtlingskonvention, Genfer Abkommen, Genfer Flüchtlingskonvention)	4, 35, 52, 54, 55
AHKG 23 v 17. 3. 1950	8, 21 ff, 28 ff, 32, 56
Allgemeine Erklärung der Menschenrechte	4
Anknüpfung an Staatsangehörigkeit	5, 31, 48, 49
Anspruch auf Wiedereinbürgerung	19
Asyl	4
Asylanten	6, 54
Asylberechtigte	8, 54, 57 ff
Asylberechtigung	41, 57
Asylgewährung	4
Aufenthalt	10, 21, 23, 25, 28, 31, 42, 49 f, 60
Ausbürgerung	17 ff, 44
Ausgebürgerte	6 f, 16 ff
Ausländer, heimatlose	6, 8, 21, 27 ff, 32, 54
Ausländergesetz	8, 41, 54 ff, 59 f
Ausländerzentralregister	59 f
Australien	9
Belgien	9
boat people	59
Bundesamt für die Anerkennung ausländischer Flüchtlinge	41
Bundesvertriebenengesetz	12
DDR-Deutsche (frühere)	13, 46
„de facto"-Flüchtlinge	10
de facto-staatenlos	18

Deutsche, ausgebürgerte — 6, 16, 18 ff
Doppelstaater — 13

Effektivitätsprinzip — 16

Familienrechtsänderungsgesetz — 14
Flucht — 7, 25, 44 f, 47, 50
Flüchtlinge, internationale — 7 f
Flüchtlinge, nichtdeutsche — 1, 6, 21
Flüchtlinge ohne Asylland — 10
Flüchtlinge, volksdeutsche — 1, 6 f, 11, 32
Flüchtlingsbegriff — 36, 38 f, 41 ff
Flüchtlingseigenschaft — 41, 43 ff
Flüchtlingskonvention (s auch Abkommen über die Rechtsstellung der Flüchtlinge, Genfer Abkommen, Genfer Flüchtlingskonvention) — 4, 29 ff
Flüchtlingsseeleute — 6, 8, 52 f
Flüchtlingsstatus (s auch Flüchtlingseigenschaft) — 7, 9, 30, 33, 39, 47 f, 50, 57
Frankreich — 9
Fremdenrecht — 5
Furcht vor Verfolgung — 44

Genfer Abkommen v 28. 7. 1951 (s auch Abkommen über die Rechtsstellung der Flüchtlinge, Flüchtlingskonvention, Genfer Flüchtlingskonvention) — 8
Genfer Flüchtlingskonvention (s auch Abkommen über die Rechtsstellung der Flüchtlinge, Flüchtlingskonvention, Genfer Abkommen) — 30 ff
Gesetz über die Rechtsstellung heimatloser Ausländer im Bundesgebiet v 25. 4. 1951 — 8, 21, 27 ff, 32
Gesetz über Maßnahmen für im Rahmen humanitärer Hilfsaktionen aufgenommene Flüchtlinge v 22. 7. 1980 — 8, 59

Haager Vereinbarung über Flüchtlingsseeleute v 23. 11. 1957 — 8
Heimatrecht — 18
Hoher Kommissar für Flüchtlinge — 3
Hoher Kommissar der Vereinten Nationen für das Flüchtlingswesen — 3, 23

IRO-Ausweis — 39
IRO-Flüchtlinge — 38
International Refugee Organization (IRO) — 3, 23
Italien — 9

Kanada — 9
Kontingentflüchtlinge — 6, 8, 59 f
Konventionsflüchtlinge — 6, 8, 32 ff, 38, 48, 54 ff
Kriegsverbrechen — 34
Koreaflüchtlinge — 33

Massenvertreibung — 1 f

Nansen-Flüchtlinge — 38 f
Nansen-Paß — 3, 39

Palästinaflüchtlinge — 2, 33
personae coniunctae — 12, 23, 48, 58
Protokoll über die Rechtsstellung der Flüchtlinge v 31. 1. 1967 — 4, 8, 31 f, 35 ff, 42 f, 56

refoulement — 4
Reichs- und Staatsangehörigkeitsgesetz — 19, 46

Scheckgesetz — 24
Schweden — 9
Staatenlose — 18, 24, 28, 42
Staatenlosenkonvention — 34, 50
Staatenlosigkeit — 13, 15
Staatsangehörigkeit — 1, 5, 11, 13 ff, 23 f, 31, 35, 48 f, 51
Staatsangehörigkeit, deutsche — 11, 13 ff
Statutenwechsel — 18 f, 26, 49, 61

UN-Flüchtlingsbehörde — 23, 39
United Nations High Commissioner for Refugees (UNHCR) — 2 f, 35

Verbrechen gegen die Menschlichkeit — 34
Vereinigtes Königreich — 9
Vereinigte Staaten — 9
Verfolgte — 20, 56, 59
Verfolgung — 44, 56
Verschleppte — 22 f, 25, 31 f
Verschollenheitsgesetz — 24
Vertriebene — 6 f, 11 f, 15, 59 f
Vertriebene, Volksdeutsche — 6 f, 15
Vertriebenenausweis — 12
Völkerbund — 2
Volksdeutsche — 1, 6 f, 11, 13, 15
Volkszugehörigkeit — 11 ff

Volkszugehörigkeit, deutsche	11 ff, 15	Wiedereinbürgerung	18 f
		Wiener Übereinkommen über das Recht	
Wechselgesetz	24	der Verträge	49
West-Berlin (früher)	22, 25, 27 f, 31	Wohnsitz	18, 28, 32, 49 ff
West-Berliner G	9, 22, 28 f		

I. Überblick

1. Grenzüberschreitende Flüchtlingsströme als weltweites Problem

1 Der Erste und vermehrt noch der Zweite Weltkrieg brachten es mit sich, daß ganze Bevölkerungsgruppen aus nationalen, rassischen oder politischen Gründen ihre Heimatländer verlassen mußten. **Deutschland** wurde wie kaum ein anderes europäisches Land von dieser Entwicklung erfaßt: Die osteuropäischen Flüchtlinge nach der bolschewistischen Machtergreifung im Jahre 1917, die nach dem Zusammenbruch des Deutschen Reichs 1945 erneut aus Osteuropa kommenden volksdeutschen Flüchtlinge, die nichtdeutschen Flüchtlinge, die vielfach mit den deutschen Truppen vor der heranrückenden Sowjetarmee ihre Heimat verließen, die von den Deutschen verschleppten Personen, die nicht mehr in ihre Heimat zurückkehren konnten, die vor dem NS-System ins Ausland geflohenen Juden, denen die deutsche Staatsangehörigkeit entzogen worden war, die sich zum Teil in einer neuen Heimat einlebten, zum Teil aber auch wieder in der Bundesrepublik eine Existenzgrundlage suchten, sind nur einige Gruppen, die besondere Erwähnung verdienen.

2 Über die deutschen und europäischen Grenzen hinaus haben sich heute die **grenzüberschreitenden Flüchtlingsströme zu einem weltweiten Problem ausgewachsen**.

Zu der Massenvertreibung von Deutschen aus ihrer Heimat, die zahlenmäßig alle früheren Flüchtlingsvorgänge übertraf, kamen die arabischen Flüchtlinge aus Palästina, die Hindu-Flüchtlinge aus Pakistan, die muslimischen Flüchtlinge aus Indien, chinesische, japanische, koreanische, vietnamesische Flüchtlinge; 1950 wurde die Zahl der Flüchtlinge in der ganzen Welt vom Internationalen Roten Kreuz auf 60 Millionen geschätzt. Die gewaltsame Unterdrückung des ungarischen und tschechoslowakischen Freiheitskampfes, die kommunistische Machtergreifung in Kuba und Indochina, die sowjetische Intervention in Afghanistan, aber auch zahlreiche Revolutionen und Aufstände (zB im Iran und in Äthiopien) haben in den vergangenen Jahrzehnten zu einem Massenexodus geführt. In jüngster Zeit war Ursache für große Flüchtlingsströme insbesondere der anhaltende Krieg auf dem Territorium des früheren Jugoslawien, vornehmlich in Bosnien-Herzegowina, sowie der Bürgerkrieg im Sommer 1994 in Ruanda*.

---

* **Schrifttum:** KRIZEK, Die Kontinuität des Flüchtlingsproblems in Österreich, AWR-Bull 1977, 272; LENDL, Flüchtlingsfragen im mittleren und fernen Osten Asiens, AWR-Bull 1977; SAITO, Some Aspects of the Refugee Problems in Asia with Special Reference to Japan, AWR-Bull 1978, 43; WEGEN, Flüchtlingsströme in allen Kontinenten – Zum gegenwärtigen Stand eines weltweiten Problems, Herderkorrespondenz 1979/12, 637; GRAHL-MADSEN, The boat people, Still a Concern, AWR-Bull 1980, 110; HARMSEN, Über 700000 neue Afghanistan-Flüchtlinge, AWR-Bull 1980, 118; KÜRSCHNER, Flüchtlingsprobleme in Afrika, Afrika Spek-

2. Internationale Abmachungen

Zur Bewältigung des Flüchtlingsproblems wurden eine Reihe von internationalen **3** Abmachungen getroffen und Einrichtungen geschaffen. Um Flüchtlingen einen gewissen Schutz zukommen zu lassen, wurde 1922 unter den Auspizien des Völkerbundes der **Nansen-Paß** als Ausweispapier eingeführt und 1933 ein Hoher Kommissar für Flüchtlinge **eingesetzt**. Im Jahre 1946 schuf die UN-Generalversammlung die **International Refugee Organization** (IRO) als eine auf Zeit angelegte Spezialorganisation mit der Aufgabe der Heimbeförderung der während des Zweiten Weltkriegs verschleppten Personen. Am 1. 1. 1951 wurde die IRO aufgelöst und durch das **Amt des Hohen Kommissars der Vereinten Nationen für das Flüchtlingswesen** (United Nations High Commissioner for Refugees, UNHCR) ersetzt (Generalversammlungsresolution 428 [V] vom 14. 12. 1950). Der Hohe Kommissar hat formal den Status eines Hilfsorgans der Generalversammlung, verfolgt jedoch seine Aufgaben weitgehend selbständig. Zu diesen Aufgaben zählt der internationale Schutz der Flüchtlinge und das Erarbeiten von dauerhaften Lösungen für das Flüchtlingsproblem. Das Amt hat seinen Sitz in Genf und Zweigstellen in über 70 Staaten, ua auch in der Bundesrepublik. Wirken diese Stellen bei der Anerkennung des Flüchtlingsstatus mit (zB in Frankreich und Italien, nicht aber in der Bundesrepublik), so geschieht das auf der Grundlage des zuständigen nationalen Ausländerrechts, nicht aber aufgrund einer völkerrechtlichen Verpflichtung.

Im Rahmen seiner Souveränität kann jeder Staat selbst bestimmen, ob und unter **4** welchen Voraussetzungen ein Ausländer in sein Gebiet einreisen darf. Gem Art 14 der **Allgemeinen Erklärung der Menschenrechte** vom 10. 12. 1948 haben zwar alle Menschen das Recht, in anderen Ländern vor Verfolgung Asyl zu suchen und zu erhalten; dem entspricht jedoch keine allgemeine völkerrechtliche Pflicht der Staaten, Asyl zu gewähren. Auch in dem am 28. 7. 1951 abgeschlossenen **Abkommen über die Rechtsstellung der Flüchtlinge verpflichten** sich die Vertragsstaaten nicht, dem geschützten Personenkreis Asyl zu gewähren; das Abkommen regelt die Rechtsstellung dieser Personen im Aufenthaltsstaat nach der Aufnahme und verbietet – aus Gründen der Humanität – lediglich das „refoulement", dh Flüchtlinge über die Grenzen von Gebieten auszuweisen oder zurückzuweisen, in denen ihr Leben oder ihre Freiheit bedroht sind. Durch das **Protokoll vom 31. 1. 1967 über die Rechtsstellung der Flüchtlinge** wird sichergestellt, daß die Flüchtlingskonvention von 1951 weltweit auf **alle Flüchtlingssituationen** angewendet werden kann (und nicht nur auf „infolge von vor

---

trum 15 (1980) 269, 248; PATEL, Tibetian Refugees in Orissa (1980); TROTMAN, Consideration of Some Legal Aspects of the Cuban Refugee Crisis, West India Law Journal 1980 (May), 47; MATTHIES, Flüchtlingsprobleme der dritten Welt, Gegenwartskunde 30 (1981) 317; PLASCO, The Palestinian Refugees in Jordan 1948–1957 (1981); BÖHM, Grenzüberschreitende Flüchtlingsströme, Präventive Behandlung im Rahmen der Vereinten Nationen, VN 30 (1982) 48; MIGNOT, Les réfugiés du Cambodge, du Laos, du Vietnam en France (Diss École des hautes études en sciences sociales 1982); JAEGER, Das Weltflüchtlingsproblem, in: Flucht und Asyl 1988; BLUMENWITZ, Das Weltflüchtlingsproblem und die Menschenrechte, AWR-Bull 1989, 77; ANTALOVSKY, Im Schatten der Millionen Bosnien-Herzegowina-Flüchtlinge, AWR-Bull 1992, 154; VEITER, Jugoslawien und das Flüchtlingsproblem, AWR-Bull 1992, 186; DRÜKE/WEIGELT (Hrsg), Fluchtziel Europa. Strategien für eine neue Flüchtlingspolitik (1993).

dem 1. Januar 1951 eingetretenen Ereignissen"). Dagegen sind bislang auf UNO-Ebene alle Versuche fehlgeschlagen, die Asylgewährung („territoriales Asyl") durch Konvention zu regeln.*

3. Unterscheidung zwischen den verschiedenen Flüchtlings- und Vertreibungsgruppen

5 Der Schwerpunkt der juristischen Bewältigung des **Flüchtlingsproblems** liegt immer noch im **nationalen Fremdenrecht**. Für das IPR ergibt sich in erster Linie die Aufgabe, die spezielle Flüchtlingslage zu berücksichtigen und vor allem dort korrigierend einzugreifen, wo die **Anknüpfung an die Staatsangehörigkeit untunlich** oder gar **offenkundig untauglich** geworden ist. Eine besondere Schwierigkeit ergibt sich aus dem Umstand, daß es bislang weder international noch national geglückt ist, eine für alle Flüchtlinge gleichermaßen anwendbare Regelung zu finden. Somit muß auch weiterhin kollisionsrechtlich zwischen verschiedenen Flüchtlings- und Vertriebenengruppen unterschieden werden. Deshalb kommt es auch in der Praxis immer wieder zu die Rechtsanwendung erschwerenden Abgrenzungsschwierigkeiten.

6 Aus der Sicht des deutschen Rechts sind folgende Personengruppen zu unterscheiden:

(1) volksdeutsche Flüchtlinge und Vertriebene (Rn 7, 11 ff, 32),

(2) aus politischen, rassischen oder religiösen Gründen ausgebürgerte Deutsche (Rn 7),

(3) nichtdeutsche Flüchtlinge und Verschleppte sowie heimatlose Ausländer (Rn 21 ff),

(4) Konventionsflüchtlinge (Rn 8, 32 ff, 38, 48, 54 ff),

---

* **Schrifttum:** PLENDER, International Migration Law (1972); WEIS, The Present Status of International Law on Territorial Asylum, SchwJIR 31 (1975), 71; KIMMINICH, Probleme der Anpassung der Genfer Flüchtlingskonvention an gewandelte Verhältnisse, in: FS Menzel (1976) 307; GOODWIN-GILL, International Law and the Movement of Persons Between States (1978); HENKEL, Internationaler und nationaler Rechtsschutz für Flüchtlinge, VN 28 (1980) 156; BEITZ/WOLLENSCHLÄGER, Handbuch des Asylrechts, 2 Bde (1980/81); AGA KHAN, Study on Human Rights and Massive Exoduses (1981); GRAHL-MADSON, The League of Nations and the Refugees, AWR-Bull 1982, 86; KÄLIN, Das Prinzip des Non-Refoulement (1982); KIMMINICH, Die Entwicklung des Asylrechts in der Bundesrepublik Deutschland, ZAR 1982, 16; ders, Die Entwicklung des internationalen Flüchtlingsrechts, ArchV 1982, 369; AVERY, Refugee Status Decision-Making: The System of Ten Countries, Standford Journal of International Law 1984, 235; GORNIG, Das „nonrefoulement"-Prinzip, ein Menschenrecht „in statu nascendi", EuGRZ 1986, 521; ders, Das Refoulement-Verbot im Völkerrecht (1987); KIMMINICH, Das internationale Flüchtlingsrecht in der neuen Weltordnung, AWR-Bull 1991, 171; MARTIN, Large-scale Migration of Asylum Seekers, AJIL 76 (1982) 598; NAFZIGER, The General Admission of Aliens under International Law, AJIL 77 (1983) 804; WOLLENSCHLÄGER/SCHRAML, Kriegs- u Bürgerkriegsflüchtlinge im nationalen u internationalen Recht, AWR-Bull 1994, 110.

(5) Flüchtlingsseeleute (Rn 52 f),

(6) Asylanten (Rn 54 ff),

(7) Kontingentflüchtlinge (Rn 8, 59).

Bei den unter (1) und (2) genannten Personengruppen handelt es sich um Personen, 7
die **kraft Grundgesetz deutschen Staatsangehörigen gleichgestellt** sind. Ihr Rechtsstatus erscheint damit nicht als Besonderheit des Flüchtlingsstatus, sondern als Besonderheit des deutschen Staatsangehörigkeitsrechts (zum Status dieser Personengruppe siehe deshalb oben die Darlegungen zum deutschen Staatsangehörigkeitsrecht Art 5 Rn 55 ff); gleichwohl teilten sie das Schicksal von Flucht und Vertreibung mit den dafür charakteristischen kollisionsrechtlichen Problemen. Aus diesem Grund werden die einschlägigen IPR-Fragen im Zusammenhang mit der kollisionsrechtlichen Lage der sog internationalen Flüchtlinge erörtert (vgl Rn 32 ff).

Im Mittelpunkt der **internationalen Flüchtlinge** stehen die sog Konventionsflüchtlinge 8
(Rn 32 ff), deren Status durch das **Genfer Abkommen über die Rechtsstellung von Flüchtlingen vom 28. 7. 1951** und das dieses ergänzende **Protokoll vom 31. 1. 1967** geregelt wird (vgl Rn 36), und die international ihnen gleichgestellten Flüchtlinge (zB Haager Vereinbarung über Flüchtlingsseeleute vom 23. 11. 1957, Rn 52).

Die „verschleppten Personen und Flüchtlinge" iS des AHKG 23 vom 17. 3. 1950 und die „heimatlosen Ausländer" iS des Gesetzes vom 25. 4. 1951 (Gesetz über die Rechtsstellung heimatloser Ausländer im Bundesgebiet) erfassen zeitlich begrenzte Sonderfälle der Nachkriegszeit, denen keine größere rechtliche Bedeutung mehr zukommt (vgl Rn 21 ff). Durch das Asylverfahrensgesetz vom 26. 6. 1992 in der Fassung der Bekanntmachung v 27. 7. 1993 (BGBl I 1361) und das Gesetz über Maßnahmen für im Rahmen humanitärer Hilfsaktionen aufgenommene Flüchtlinge v 22. 7. 1980 wird der Anwendungsbereich der Genfer Flüchtlingskonvention durch den deutschen Gesetzgeber generell auf anerkannte Asylberechtigte und sog Kontingentflüchtlinge ausgedehnt (vgl Rn 51 ff und 59 ff).

Der Personenkreis, dem ein Flüchtlingsstatus zugutekommt, wird durch die entspre- 9
chenden behördlichen Akte klar umgrenzt. Dies reflektiert den Grundsatz des allgemeinen Völkerrechts, wonach jeder Staat autonom darüber entscheiden kann, ob und unter welchen Voraussetzungen ein Ausländer in sein Gebiet einreisen und sich dort aufhalten darf.

Rechtsvergleichend zu den Anerkennungsverfahren in den wichtigsten Aufnahmeländern s AVERY, 244 ff. **Australien:** Migration Act 1958–1973 (7 Australian Acts 773 [1975]) nebst Kabinettsbeschlüssen vom 24. 5. 1977 und 16. 3. 1978 sowie der Verfahrensordnung des Determination of Refugee Status Committee. **Belgien:** Loi du 15. 12. 1980 sur l'accès au territoire, le séjour, l'établissement et l'éloignement des étrangers (Moniteur Belge vom 31. 12. 1980) nebst Königl Dekret vom 8. 10. 1981 (Moniteur Belge vom 27./28. 10. 1981). **Canada:** Immigration Act 1976 (Can Stat 1976–77 ch 52), Immigration Appeal Board Rules 1978 (Can Gaz pt II, Vol 112, no 8), Immigration Regulations 1978 (Can Gaz, pt IIVol 112, no 5). **Frankreich:** Ordonnance No 45–2658 vom 2. 11. 1945 (Journal Officiel 1945, 7225); Loi No 80–9 vom 10. 1. 1980 (Journal Officiel

1980, 71); Loi No 81−973 vom 29. 10. 1981 (Journal Officiel 1981, 2970); Loi No 52−893 portant création d'un office francais de protection des réfugiés et apatrides vom 27. 7. 1952 (Journal Officiel 1952, 7642) nebst dem dazugehörigen Décret No 53−377 vom 3. 5. 1953 (Journal Officiel 1953, 4029). **Italien:** Art 10 Abs 3 der Verfassung vom 22. 12. 1947; durch Gesetz No 722 vom 24. 7. 1954 und Gesetz No 95 vom 14. 2. 1970 (Gazz Uff 1954, 969 und 1970, 79) hat Italien die Genfer Flüchtlingskonvention und das dazugehörige Protokoll in innerstaatliches Recht übernommen und mit UNHCR eine gemeinsame Anerkennungskommission gebildet. **Schweden:** Ausländergesetz nebst Durchführungsverordnung von 1980 (Utlänningslagen 1980 und Utlänningsforordning, Svensk Forfattningssamling No 376 und No 377 vom 5. 6. bzw 1. 7. 1980). **Schweiz:** Art 69 der Bundesverfassung vom 29. 5. 1874; Asylgesetz vom 5. 10. 1979 nebst Asylverordnung vom 12. 11. 1980 (Sammlung der Eidgenössischen Gesetze 1980, 1718 bzw 1730). **Vereinigtes Königreich:** Immigration Act of 1971, ch 77; Immigration Appeals Rules of 1972, Stat Inst 1972/1684. **Vereinigte Staaten:** Refugee Act of 1980 (Pub L No 96−212, 94 Stat 102 [1980], 8 USC 1101−1525 [1982]); ferner die vom Justizminister verfügten Asylverfahrensregelungen (Asylum Procedures issued by the Attorney General, 8 CFR 208 [1982]; Fritz, Zum Aufnahmegesetz-Beseitigung der Not, in: Recht im Amt 1988, 85).

10   Ein behördlicher Eingliederungsakt ist auch in der Bundesrepublik erforderlich; eine bloße Aufenthaltsnahme als „de facto Flüchtlinge" ist ebensowenig ausreichend wie die Verbringung (zB eines Kindes) ins Bundesgebiet durch eine private oder kirchliche Organisation. In den genannten Fällen folgt das Kollisionsrecht dem Ausländerrecht.*

II.   Volksdeutsche Flüchtlinge und Vertriebene

11   Flüchtlinge und Vertriebene deutscher Volkszugehörigkeit sowie deren Ehegatten und Abkömmlinge sind gem Art 116 Abs 1 GG „Deutsche im Sinne des Grundgesetzes", sofern sie „in dem Gebiet des Deutschen Reiches nach dem Stande vom 31. Dezember 1937 Aufnahme gefunden" haben. Seit der Reform des Vertriebenenrechts durch das Kriegsfolgenbereinigungsgesetz (in Kraft seit 1. 1. 1993) und der Neufassung des Bundesvertriebenengesetzes vom 2. 6. 1993 zählen nun zu dieser Gruppe auch die Spätaussiedler, die ihren Wohnsitz in der Bundesrepublik nehmen (§ 4 BVFG; vgl auch VGH Baden-Württemberg mit Anm von Jayme IPRax 1991, 51; Gaa-Unterpaul NJW 1993, 2080).

Art 116 Abs 1 GG lautet:

„Deutscher im Sinne des Grundgesetzes ist vorbehaltlich anderweitiger gesetzlicher Regelung, wer die deutsche Staatsangehörigkeit besitzt oder als Flüchtling oder Vertriebener deutscher Volkszuge-

---

* **Schrifttum**: Zum Problem der „**Flüchtlinge ohne Asylland**" (de facto Flüchtlinge, „Refugees in orbit") vgl Melander, Refugees in Orbit, AWR-Bull 1978, 59; Grahl-Madsen, Refugees in Orbit − Some Constructive Proposals, AWR-Bull 1979, 118; Beckh, Contribution au problème des „réfugiés en orbite", AWR-Bull 1980, 108; Lapenna, Les réfugiés de facto − Un nouveau problème pour l'Europe. Perspective d'une réglementation en la matière, AWR-Bull 1981, 61; Hailbronner, Der Flüchtlingsbegriff der Genfer Flüchtlingskonvention und die Rechtsstellung von De-facto-Flüchtlingen, ZAR 1993, 3.

hörigkeit oder als dessen Ehegatte oder Abkömmling in dem Gebiet des Deutschen Reiches nach dem Stande vom 31. Dezember 1937 Aufnahme gefunden hat".

Zum **persönlichen Anwendungsbereich** der Norm, insbes zum Begriff „Flüchtling oder **12** Vertriebener" sowie zu den personae coniunctae s Rn 13 ff und zum Begriff „Spätaussiedler" §§ 1,4 BVFG und Bundesverwaltungsgericht NJW 1993, 2257; zu der heute kaum mehr bedeutsamen Feststellung der Vorfragen eingehend FERID, Der Neubürger im IPR, I 3 ff. Ist eine Spätaussiedlerbescheinigung nach § 15 BVFG ausgestellt, so hat sie bindende Wirkung; im übrigen hat das Gericht die Volkszugehörigkeit als ip-rechtliche Vorfrage selbständig zu prüfen (vgl RAAPE/STURM, IPR § 10 B I 2; MünchKomm/SONNENBERGER Art 5 Anh II Rn 30).

Bei den in Art 116 Abs 1 GG angesprochenen Personen steht die deutsche Volkszu- **13** gehörigkeit der deutschen Staatsangehörigkeit gleich. Es muß sich jedoch selbstverständlich um einen deutschen Volkszugehörigen, der nicht die deutsche Staatsangehörigkeit besitzt, handeln (Art 116 Abs 1 GG war deshalb nicht auf die Deutschen aus der DDR anwendbar, die nach der Auffassung der Bundesrepublik weiterhin die deutsche Staatsangehörigkeit besaßen, s Art 5 Rn 151, 220 ff). Staatsangehörigkeitsrechtliche Ermittlungen erübrigten sich deshalb weitgehend. Die Staatsbürgerschaft der DDR ist durch den Beitritt der DDR im Zuge des Einigungsvertrages am 3. 10. 1990 erloschen. In der Regel ist der Volksdeutsche staatenlos; Staatenlosigkeit ist jedoch nicht Voraussetzung für die Anwendung des Art 116 Abs 1 GG, der Art 5 EGBGB verdrängt (s Art 5 Rn 126 ff). Besitzt der Volksdeutsche gleichzeitig noch eine fremde Staatsangehörigkeit, so hat er kollisionsrechtlich die Stellung eines Doppelstaaters mit zugleich inländischer Staatsangehörigkeit (vgl Art 5 Rn 410 f); wegen des in Art 116 Abs 1 GG vorausgesetzten Inlandsbezugs ergeben sich jedoch keine Abgrenzungsschwierigkeiten.

Gem Art 116 Abs 1 GG vertritt die deutsche Volkszugehörigkeit nicht nur im **öffent-** **14** **lichrechtlichen** Bereich, sondern in **allen rechtlichen Zusammenhängen** die **deutsche Staatsangehörigkeit;** sie ist damit automatisch auch ip-rechtlicher Anknüpfungsgrund. Dies stellt Art 9 Abs 2 Ziff 5 FamRÄndG v 11. 8. 1961 (BGBl I 1221) mit deklaratorischer Wirkung fest:

„Soweit im deutschen bürgerlichen Recht oder im deutschen Verfahrensrecht die Staatsangehörigkeit einer Person maßgebend ist, stehen den deutschen Staatsangehörigen die Personen gleich, die, ohne die deutsche Staatsangehörigkeit zu besitzen, Deutsche im Sinne des Artikels 116 Abs 1 des Grundgesetzes sind. Rechtskräftige gerichtliche Entscheidungen bleiben unberührt."

Die Norm erfaßt nicht nur die allseitigen, sondern auch die einseitigen exklusiv für Deutsche bestimmten Kollisionsnormen.

Für die Gleichstellung von deutscher Volkszugehörigkeit und deutscher Staatsange- **15** hörigkeit kommt Art 116 Abs 1 GG konstitutive Bedeutung zu. Vor dem Inkrafttreten des Grundgesetzes am 24. Mai 1949 können die Flüchtlinge und Vertriebenen deutscher Volkszugehörigkeit auch ip-rechtlich nicht als deutsche Staatsangehörige behandelt werden; hinsichtlich der materiellen Voraussetzungen eines vor diesem Zeitpunkt geschlossenen Rechtsgeschäfts gilt gegebenenfalls das fremde Heimatrecht des Volksdeutschen oder – bei Staatenlosigkeit – das nach Art 5 Abs 2 berufene

Recht. Volksdeutsche, die vor dem 24. 5. 1949 verstorben sind oder die die Eigenschaft als Volksdeutsche verloren haben, haben die Gleichstellung mit dem Inkrafttreten des Grundgesetzes nicht erlangt.

III. Ausgebürgerte Deutsche

1. Art 116 Abs 2 GG

16 Art 116 Abs 2 GG, der die Wiedergutmachung staatsangehörigkeitsrechtlichen Unrechts der NS-Zeit bezweckt (vgl Art 5 Rn 101 ff), enthält keine ausdrückliche kollisionsrechtliche Regelung:

„Frühere deutsche Staatsangehörige, denen zwischen dem 30. Januar 1933 und dem 8. Mai 1945 die Staatsangehörigkeit aus politischen, rassischen oder religiösen Gründen entzogen worden ist, und ihre Abkömmlinge sind auf Antrag wieder einzubürgern. Sie gelten als nicht ausgebürgert, sofern sie nach dem 8. Mai 1945 ihren Wohnsitz in Deutschland genommen haben und nicht einen entgegengesetzten Willen zum Ausdruck gebracht haben."

Deshalb ist zweifelhaft, ob eine nach Art 116 Abs 2 GG – möglicherweise ex tunc (vgl Art 5 Rn 105 f) – wiedererlangte deutsche Staatsangehörigkeit auch nach deutschem IPR als vollwertiger Anknüpfungsgrund zu gelten hat. In der Literatur wird gelegentlich die durch Art 116 Abs 2 GG geschaffene staatsangehörigkeitsrechtliche Lage auch ohne weiteres der kollisionsrechtlichen Lage zugrunde gelegt (vgl PALANDT/ HELDRICH Anh II 1 zu Art 5 Rn 13). Die heute hM schlägt eine Prüfung von Fall zu Fall unter Berücksichtigung der spezifischen Funktion der Staatsangehörigkeit im IPR vor (vgl BRESLAUER RzW 1969, 164; MÜLLER RabelsZ 32 [1968] 676; s a BGHZ 27, 375 [379]; BGH RzW 1962, 563). Diesem Verfahren ist zuzustimmen, da nur so der tatsächlichen Lage des Ausgebürgerten, die auch seine privatrechtlichen Beziehungen bestimmt, und dem völkerrechtlichen Effektivitätsprinzip ausreichend Rechnung getragen werden kann.

2. Einzelne Ausbürgerungsfälle

Für die einzelnen Ausbürgerungsfälle **gilt** folgendes:

17 **a)** **Personen, die den 8. 5. 1945 überlebt und ihren Wohnsitz wieder in Deutschland genommen haben**, haben nach Art 116 Abs 2 S 2 GG ihre deutsche Staatsangehörigkeit, sofern sie sich nicht gegen diese ausgesprochen haben, niemals verloren (Art 5 Rn 105 f). Die rückwirkende Wiedereinsetzung der Ausgebürgerten in ihre vollen Bürgerrechte kann jedoch nicht alle Folgen der Ausbürgerung ungeschehen machen. Die vom NS-Staat Ausgebürgerten konnten seinerzeit nicht davon ausgehen, wieder als Deutsche behandelt zu werden. Sie mußten sich möglicherweise bei der Gestaltung ihrer privatrechtlichen Beziehungen gem dem Recht ihrer neuen Umgebung verhalten. Kollisionsrechtlich sind deshalb hier zwei Gruppen zu unterscheiden:

(1) Haben die Ausgebürgerten im Vertrauen auf die Wiederherstellung rechtsstaatlicher Zustände in Deutschland ihre Rechtsverhältnisse, für die das deutsche IPR an

die Staatsangehörigkeit anknüpft, nach deutschem Recht geregelt, so wirkt sich die ex tunc wiedererlangte deutsche Staatsangehörigkeit auch ip-rechtlich voll aus.

(2) Haben sich dagegen die Ausgebürgerten dem Gebot der Stunde gehorchend nach dem Recht des Zufluchtlandes verhalten, so hat dies das deutsche Recht zu respektieren, da andernfalls der Wiedergutmachungscharakter des Art 116 Abs 2 GG nicht zur Geltung käme (vgl BGHZ 27, 375 [382]).

b) **Personen, die den 8. 5. 1945 überlebt haben und im Ausland geblieben sind, ohne eine fremde Staatsangehörigkeit zu erwerben:** Nach BVerfGE 23, 98 liegt die besondere Bedeutung des Art 116 Abs 2 GG für den genannten Personenkreis darin, „daß der deutsche Staat sie – unbeschadet des Umstandes, daß sie die deutsche Staatsangehörigkeit durch Ausbürgerung nicht verloren haben – nicht als Deutsche betrachtet, solange sie nicht durch Wohnsitzbegründung oder Antragstellung sich auf ihre deutsche Staatsangehörigkeit berufen". Offen bleibt die Frage, ob die Berufung auf die deutsche Staatsangehörigkeit zur Folge hat, daß der Betreffende rückwirkend wieder als Deutscher zu betrachten ist.

Geht man auch hier vom Wiedergutmachungscharakter der **Verfassungsnorm** aus, so ist ihr Sinn nur so zu verstehen, daß dem rechtswidrig Ausgebürgerten die Wiedereinbürgerung erspart werden soll; bis zur Aktualisierung der nur latent erhalten gebliebenen deutschen Staatsangehörigkeit war der betroffene Personenkreis de facto staatenlos. Zumindest das IPR wird aus Gründen einer sachgerechten Anknüpfung die durch die nichtige Ausbürgerung entstandene faktische Lage nicht unberücksichtigt lassen dürfen. Schwebezustände im privatrechtlichen Status können nicht in Einklang mit dem Wiedergutmachungszweck der Norm stehen. Letztlich steht auch die rückwirkende Anknüpfung an ein seinerzeit nicht erkennbares Heimatrecht nicht in Einklang mit der zu fordernden internationalen Entscheidungsharmonie. Diese Würdigung durch das IPR präjudiziert in keiner Weise eine mögliche Rückwirkung der Norm in den weniger kollisionsträchtigen öffentlichrechtlichen Bereich (vgl hierzu RENCK JZ 1979, 753; ferner: ROELLECKE JZ 1969, 97). Ip-rechtlich ist der rechtswidrig ausgebürgerte deutsche Staatsangehörige bis zur Aktualisierung seiner Staatsangehörigkeit Staatenloser und demzufolge nach Art 5 zu behandeln; das Schicksal der entsprechend dem danach maßgeblichen Statut erworbenen Rechte richtet sich nach den allgemeinen Grundsätzen des Statutenwechsels (vgl MAKAROV 259; MünchKomm/SONNENBERGER Art 5 Anh II Rn 39).

c) **Ausgebürgerte, die im Ausland geblieben sind und eine fremde Staatsangehörigkeit erworben haben**, haben unabhängig von der rechtswidrigen Ausbürgerung durch das NS-Regime nach § 17 RuStAG die deutsche Staatsangehörigkeit verloren (s Art 5 Rn 104 ff). Das IPR hat diese staatsangehörigkeitsrechtliche Lage zu respektieren. Gem Art 116 Abs 2 S 1 GG besteht lediglich ein Anspruch auf Wiedereinbürgerung, der zur Wiedererlangung der deutschen Staatsangehörigkeit ex nunc und damit ip-rechtlich zum Statutenwechsel führt (s Art 5 Rn 106).

d) **Zu den ausgebürgerten Deutschen, die den 8. 5. 1945 nicht überlebt haben**, stellt das BVerfG (BVerfGE 23, 111 f) folgendes verbindlich fest:

„Die Staatsangehörigkeit dieser Verfolgten fällt ... nicht unter Art 116 Abs. 2 GG. Vielmehr haben sie ihre deutsche Staatsangehörigkeit nicht verloren, weil die 11. Verordnung von Anfang an nichtig war. Die Verfolgten, die vor dem 8.5.1945 verstorben sind, können nicht anders behandelt werden als diejenigen, die das Inkrafttreten des Grundgesetzes erlebt haben ... (Es) ist daher in Betracht zu ziehen, daß sie möglicherweise ihre deutsche Staatsangehörigkeit aufgeben wollten ... Die bloße Tatsache der Emigration kann ... nicht als Indiz für die Absicht, die deutsche Staatsangehörigkeit aufzugeben, gewertet werden. Ebensowenig spricht für die Absicht der Verfolgten, ihre deutsche Staatsangehörigkeit aufzugeben, daß sie sich dem Recht ihrer Gastländer angepaßt oder am Kampf gegen das nationalsozialistische Regime teilgenommen haben. Schließlich kann auch die Haltung des Gastlandes gegenüber den deutschen Emigranten und die ausländische Reaktion auf die nationalsozialistische Ausbürgerungen nicht für die Beurteilung der Frage entscheidend sein, ob die Betroffenen die deutsche Staatsangehörigkeit behalten wollten. Nur wenn sich konkrete Anhaltspunkte dafür ergeben, daß die Betroffenen nach dem Zusammenbruch des nationalsozialistischen Regimes und im Bewußtsein der Möglichkeit, in ein freies, rechtsstaatlich-demokratisches Deutschland zurückkehren zu können, von dieser Möglichkeit keinen Gebrauch mehr hätten machen wollen, wird man annehmen müssen, daß sie auf ihre deutsche Staatsangehörigkeit verzichten wollten".

Auch hier folgt das IPR der staatsangehörigkeitsrechtlichen Lage. Die vom BVerfG geforderte objektive Wertung aufgrund der individuellen Umstände des Einzelfalles läßt genügend Spielraum für kollisionsrechtliche Anknüpfungsgerechtigkeit im Einzelfall.

IV. Nichtdeutsche Flüchtlinge und Verschleppte sowie heimatlose Ausländer

21 Nach den Umwälzungen des Zweiten Weltkriegs hielten sich in Deutschland nichtdeutsche und nichtvolksdeutsche Personengruppen auf, deren Heimatbezug und weiteres Schicksal unklar war. Es war nicht sicher, ob sie in ihre Heimat zurückkehren, auswandern oder in Deutschland bleiben würden. Die Ermittlung ihres Heimatrechts war wegen der undurchsichtigen Staatsangehörigkeitsverhältnisse und wegen der Unsicherheiten der Rechtsanwendung nach den revolutionären Umwälzungen in Ost- und Südosteuropa schwierig. Der damalige Gesetzgeber sah deshalb als Maßnahme der Rechtsfürsorge die begrenzte Anknüpfung an das Recht des gewöhnlichen Aufenthalts bei Personen vor, deren Heimatbezug instabil geworden war. Die einschlägigen Vorschriften sind im AHKG 23 v 17.3.1950 und im G über die Rechtsstellung heimatloser Ausländer im Bundesgebiet vom 25.4.1951 enthalten.

22 **1. AHKG 23 vom 17.3.1950 über die Rechtsverhältnisse verschleppter Personen und Flüchtlinge**

Art 1
Soweit das Einführungsgesetz zum Bürgerlichen Gesetzbuch bestimmt, daß die Gesetze des Staates, dem eine Person angehört, maßgebend sind, werden die Rechtsverhältnisse einer verschleppten Person oder eines Flüchtlings nach dem Recht des Staates beurteilt, in welchem die Person oder der Flüchtling zu der maßgebenden Zeit den gewöhnlichen Aufenthalt hat oder gehabt hat, oder falls ein gewöhnlicher Aufenthalt fehlt, nach dem Recht des Staates, in welchem die Person oder der Flüchtling sich zu der maßgebenden Zeit befindet oder befunden hat.

Art 2
Artikel 1 findet keine Anwendung auf die in den Artikeln 25 und 26 des Einführungsgesetzes zum Bürgerlichen Gesetzbuch geregelten Gegenstände.

...

Art 10
Im Sinne dieses Gesetzes bedeutet:

a) Der Ausdruck „verschleppte Personen und Flüchtlinge" Personen, die nicht die deutsche Staatsangehörigkeit besitzen oder deren Staatsangehörigkeit nicht festgestellt werden kann, sofern sie ihren Aufenthalt im Gebiete der Bundesrepublik haben und eine amtliche Bescheinigung darüber besitzen, daß sie der Obhut der internationalen Organisation unterstehen, die von den Vereinten Nationen mit der Betreuung der verschleppten Personen und Flüchtlinge beauftragt ist (...).

a) Der **persönliche Anwendungsbereich** des AHKG 23 ergibt sich aus Art 10 lit a. Voraussetzung ist demnach die Eigenschaft als nichtdeutscher (hierzu DÖLLE StAZ 1950, 106) **Verschleppter oder Flüchtling** und eine Obhutsbescheinigung der UN-Flüchtlingsbehörde. Bei Inkrafttreten des Gesetzes war dies die International Refugee Organisation (IRO), an deren Stelle am 1. 2. 1952 der Hohe Kommissar der Vereinten Nationen für das Flüchtlingswesen getreten ist (s Einzelheiten bei MAKAROV ZaöRV 1951/52, 436 und RAAPE/STURM, IPR § 10 Fn 3). Die Norm findet auch auf diejenigen Personen Anwendung, die ihren staatsangehörigkeitsrechtlichen Status von einem Verschleppten oder Flüchtling iSd Art 10 lit a ableiten (sog **personae coniunctae**, s hierzu eingehend MASSFELLER StAZ 1951, 133). Schließlich ist erforderlich, daß die Anknüpfungsperson zu dem Zeitpunkt, den das deutsche IPR hinsichtlich der Staatsangehörigkeit für maßgeblich erklärt, Aufenthalt in Deutschland hat bzw gehabt hat (s SOERGEL/KEGEL Anh nach Art 29 Rn 12).

b) **Art 1 ersetzt die Staatsangehörigkeitsanknüpfung** des EGBGB und gleicht die vom AHKG 23 erfaßten Verschleppten und Flüchtlinge weitgehend den Staatenlosen an, ohne sie jedoch privatrechtlich soweit einzugliedern wie Art 5 EGBGB. Art 1 bezieht sich nach hM auf die allseitigen bzw als allseitige auszulegenden Kollisionsnormen, *nicht* auf die Exklusivnormen für Deutsche. Über den Wortlaut des Art 1 hinaus werden nicht nur die Kollisionsnormen des EGBGB, sondern auch Kollisionsnormen in anderen Gesetzen erfaßt, die auf die Staatsangehörigkeit abstellen, – wie zB § 12 VerschG, Art 91 WG und Art 60 ScheckG (s Nachweise bei RAAPE/STURM, IPR § 10 A I 1 a; MünchKomm/SONNENBERGER Art 5 Anh II Rn 55; einschränkend MAKAROV DRZ 1950, 320).

Gem Art 2 werden die **erbrechtlichen Kollisionsnormen** (Art 25, 26 EGBGB) ausgenommen (s BEITZKE, Staatenlose 160; SOERGEL/KEGEL Anh nach Art 29 Rn 10).

c) Das AHKG 23 enthält keine **intertemporalrechtliche Regelung**. Es stellt sich deshalb die Auslegungsfrage, ob der Gesetzeszweck – ähnlich wie bei Art 5 EGBGB (s Art 5 Rn 472 f) – eine rückwirkende Anwendung der Kollisionsnorm gebietet und nur Vorgänge erfaßt, die sich nach dem Inkrafttreten des AHKG am 1. 4. 1950 (Berlin: nach dem 11. 9. 1950) ereignet haben. Die ausnahmsweise Rückwirkung des Art 5 EGBGB erscheint als kollisionsrechtlicher Nachvollzug der Flüchtlingseingliederung gerechtfertigt. Das AHKG 23 beabsichtigt jedoch nicht die Integration von Verschleppten und Flüchtlingen, sondern galt der Rechtsfürsorge für noch offene Flüchtlingsschicksale. Insoweit erscheint eine Rückwirkung auf alle Vorgänge nach Verschleppung und Flucht nicht geboten (hM PALANDT/HELDRICH Art 5 Anh II 1 Rn 14;

SOERGEL/KEGEL Anh nach Art 29 Rn 13 mwN; MünchKomm/SONNENBERGER Art 5 Anh II Rn 56; aA RAAPE/STURM IPR § 10 A I 1).

26 d) Art 1 AHKG knüpft an den **gewöhnlichen, ersatzweise** an den **einfachen Aufenthalt** an. Da Art 1 nicht in die Konstruktion der allgemeinen Kollisionsnormen eingreift, kommt es nach Aufenthaltsnahme in der Bundesrepublik nach dem 1.4.1950 oder nach Rückkehr in die Bundesrepublik zu einem **Statutenwechsel** (s MASSFELLER StAZ 1951, 156; BRINTZINGER FamRZ 1968, 7; s a Rn 42).

2. Gesetz über die Rechtsstellung heimatloser Ausländer im Bundesgebiet v 25.4.1951

27 Aufgrund einer Note der AHK wurde das HeimatlAuslG v 25.4.1951 (BGBl I 269) erlassen, zuletzt geändert durch das AuslG v 9.7.1990 (BGBl I 1354). In West-Berlin wurde das Gesetz in gleicher Fassung am 28.2.1952 (GVBl 126) übernommen. Im Saarland trat es am 1.9.1957 gem § 1 Nr 11, 3 VO v 26.8.1957 (BGBl I 1255) in Kraft.

28 a) Der persönliche Geltungsbereich des HeimatlAuslG stimmt im wesentlichen mit dem im AHKG 23 und dem West-Berliner G 9 überein, verlangt aber, daß der heimatlose Ausländer am 30.6.1950 seinen Aufenthalt im Geltungsbereich des GG oder West-Berlin hatte.

Zu den übrigen Voraussetzungen vgl die §§ 1, 2, 26 HeimatlAuslG, die folgenden Wortlaut haben:

§ 1

(1) Heimatloser Ausländer im Sinne dieses Gesetzes ist ein fremder Staatsangehöriger oder Staatenloser, der

a) nachweist, daß er der Obhut der Internationalen Organisation untersteht, die von den Vereinten Nationen mit der Betreuung verschleppter Personen und Flüchtlinge beauftragt ist, und

b) nicht Deutscher nach Artikel 116 des Grundgesetzes ist und

c) am 30. Juni 1950 seinen Aufenthalt im Geltungsbereich des Grundgesetzes oder in Berlin (West) hatte oder die Rechtsstellung eines heimatlosen Ausländers auf Grund der Bestimmungen des § 2 Abs 3 erwirbt.

(2) Wer seine Staatsangehörigkeit von einem heimatlosen Ausländer ableitet und im Zeitpunkt des Inkrafttretens des Gesetzes zur Neuregelung des Ausländerrechts rechtmäßig seinen gewöhnlichen Aufenthalt im Geltungsbereich dieses Gesetzes hatte, steht einem heimatlosen Ausländer im Sinne dieses Gesetzes gleich.

§ 2

(1) Ein heimatloser Ausländer verliert diese Rechtsstellung, wenn er nach dem 30. Juni 1950 eine neue Staatsangehörigkeit erwirbt oder seinen gewöhnlichen Aufenthalt außerhalb des Geltungsbereichs des Grundgesetzes oder von Berlin (West) nimmt.

(2) Hat ein heimatloser Ausländer seinen gewöhnlichen Aufenthalt außerhalb des Geltungsbereichs des Grundgesetzes oder von Berlin (West) genommen, so kann er innerhalb zweier Jahre seit dem Zeitpunkt seiner Ausreise aus dem Geltungsbereich des Grundgesetzes oder aus Berlin (West) seinen gewöhnlichen Aufenthalt in den Geltungsbereich des Grundgesetzes oder nach Berlin (West) zurückverlegen. Mit der Rückkehr erlangt er wieder die Rechtsstellung eines heimatlosen Ausländers.

(3) Ein fremder Staatsangehöriger oder Staatenloser, der die Bestimmungen des § 1 Abs. 1 a und b erfüllt, nach dem 1. Juli 1948 seinen gewöhnlichen Aufenthalt im Geltungsbereich des Grundgesetzes oder in Berlin (West) hatte und ihn danach außerhalb des Geltungsbereichs des Grundgesetzes oder von Berlin (West) verlegt hat, erlangt die Rechtsstellung eines heimatlosen Ausländers, wenn er innerhalb von 2 Jahren seit dem Zeitpunkt seiner Ausreise aus dem Geltungsbereich des Grundgesetzes oder aus Berlin (West) rechtmäßig seinen Wohnsitz oder dauernden Aufenthalt in den Geltungsbereich des Grundgesetzes oder nach Berlin (West) zurückverlegt.

§ 26
Dieses Gesetz findet keine Anwendung auf Personen, die in Umsiedlung begriffen sind und von der Internationalen Flüchtlings-Organisation (IRO) Fürsorge und Unterhalt erhalten.

b) § 8 HeimatlAuslG enthält eine nicht eindeutige **kollisionsrechtliche Bestimmung** (s SOERGEL/KEGEL Anh nach Art 29 Rn 16 ff); die Regelung lautet:

§ 8
Hat ein heimatloser Ausländer vor Inkrafttreten dieses Gesetzes nach anderen als den deutschen Vorschriften Rechte erworben, so behält er diese, sofern die Gesetze des Ortes beobachtet sind, an dem das Rechtsgeschäft vorgenommen ist. Dies gilt insbesondere für eine vor Inkrafttreten dieses Gesetzes geschlossene Ehe.

Die Formulierung ist unklar und widersprüchlich: Einerseits will die Bestimmung die erworbenen Rechte des heimatlosen Ausländers schützen, ähnlich wie das Art 12 Nr 2 FlüchtlKonv bezweckt, andererseits ist in der FlüchtlKonv sowie in Art 1, 2 AHKG 23 und West-Berliner G 9 nur das Personalstatut der Flüchtlinge geregelt, weshalb sich die Schutzbestimmungen auch nur auf das Personalstatut beziehen können. § 8 aber will über das Personalstatut hinaus erworbene Rechte schützen und verbindet den Schutz mit der Ortsform (Art 11 Abs 1, 2. Alt EGBGB). Mit hA kann dem § 8 HeimatlAuslG daher nur der Sinn abgenommen werden, daß Art 1 AHKG 23 und West-Berliner G 9 nicht zurückwirken (SOERGEL/KEGEL Anh nach Art 29 Rn 18; aA BRINTZINGER FamRZ 1968, 6). Insoweit spielt es auch keine Rolle, daß § 8 erst ein Jahr nach Art 1 AHKG in Kraft getreten ist (MünchKomm/SONNENBERGER Art 5 Anh II Rn 59). Für überflüssig halten die Vorschrift MAKAROV ZaöRV 1951/52, 457 und BEITZKE, Staatenlose 157.

3. Verhältnis zur Genfer Flüchtlingskonvention

a) Die praktische Bedeutung von Art 1, 2 AHKG 23/ § 8 HeimatlAuslG ist heute relativ gering, da die am 24. 12. 1953 für die Bundesrepublik in Kraft getretene und seit dem 22. 4. 1954 völkerrechtlich verbindliche **Genfer Flüchtlingskonvention** (s Rn 8) als **lex posterior** vorgeht (BEITZKE, Staatenlose, 159; KEGEL, IPR § 13 II 7 b; RAAPE/STURM § 10 A II; MünchKomm/SONNENBERGER Art 5 Anh II Rn 19). AHKG 23 und HeimatlAuslG gelten heute nur noch für den kleinen Kreis verschleppter Personen, die nicht zugleich Flüchtlinge iS der Konvention sind (s Rn 38 f) und für Personen, die den Flüchtlingsstatus verloren haben.

31 b)   Für die Flüchtlinge iS der Genfer Flüchtlingskonvention, die vor dem 24. 12. 1953 im Bundesgebiet oder in West-Berlin Aufenthalt genommen haben, ergibt sich darüber hinaus noch eine Restbedeutung, da die Konvention nach hM keine rückwirkende Anwendung findet.

Wird eine Rückwirkung der Genfer Flüchtlingskonvention angenommen, so können sich Schwierigkeiten aus der unterschiedlichen Anknüpfung ergeben: Art 12 FlüchtlKonv knüpft an den Wohnsitz und nicht an den Aufenthalt an; Wohnsitz iS der Konvention wird dann aber iS von gewöhnlichem Aufenthalt verstanden, um Art 12 FlüchtlKonv und Art 1 AHKG 23 anzugleichen. Unterschiede bleiben aber auf alle Fälle im Bereich des Erbrechts, wenn der Flüchtling oder Verschleppte eine Staatsangehörigkeit besaß, weil Art 2 AHKG 23 die Anknüpfung an die Staatsangehörigkeit zwingend vorschreibt. Dies hat vor allem praktische Konsequenzen, wenn der Flüchtling oder Verschleppte vor dem 24. 12. 1953 verstorben war und Erben bereits Rechte erwachsen sind. Hier stößt die rückwirkende Berufung eines anderen Erbstatuts auf verfassungsrechtliche Bedenken.

V.   Konventionsflüchtlinge

1.   Vorbemerkung

32   Die Genfer Flüchtlingskonvention vom 28. 7. 1951 und das sie ergänzende Protokoll vom 31. 1. 1967 erfassen – wie das AHKG 23 und das HeimatlAuslG – nur internationale, also – aus der Sicht der Bundesrepublik – nicht deutsche Flüchtlinge. Daß den deutschen Staatsbürgern gleichgestellte volksdeutsche Flüchtlinge nicht unter die Konvention fallen, ergibt sich aus Art 1 E (s Rn 38 ff). Die Konvention verfolgt eine weitergehende Integration der Flüchtlinge in den Aufenthaltsstaat, als das seinerzeit mit den Verschleppten und mit den heimatlosen Ausländern bezweckt war (s zur begrenzten Rechtsfürsorge oben Rn 21). Die Flüchtlinge werden praktisch den Einwohnern des Wohnsitzstaates gleichgestellt; die FlüchtlKonv will auf diese Weise die Eingliederung der Flüchtlinge in die neue Umwelt sicherstellen (Schätzel ROW 1958, 139).

33   Dieses rechtspolitische Ziel erscheint heute der Mehrheit der Staaten für die im Nahen Osten lebenden **Palästina-Flüchtlinge**, die unmittelbar der Verantwortung der Vereinten Nationen unterstehen, nicht akzeptabel. Auf Antrag Ägyptens, Libyens und Saudi-Arabiens wurde deshalb Art 1 D in die Konvention aufgenommen. Die Konvention wird ipso facto anwendbar, sobald der Palästina-Flüchtling nicht mehr von der zuständigen UN-Organisation betreut wird (s Kimminich, Der internationale Rechtsstatus des Flüchtlings [1962] 291; Nicolaus-Saramo ZAR 1989, 67). Art 1 D war auch für die **Koreaflüchtlinge** bedeutsam, die als Folge des Koreakrieges von 1950 von einer UN-Organisation betreut wurden.

34   Wie die Staatenlosenkonvention (vgl Art 5 Rn 482 ff) findet auch die Flüchtlingskonvention (vgl Art 1 F) nicht auf Personen Anwendung, bei denen der schwerwiegende

Verdacht besteht, daß sie **Kriegsverbrechen, Verbrechen gegen die Menschlichkeit** usw begangen haben, oder daß sie sich Handlungen zuschulden kommen ließen, die den Zielen und Grundsätzen der Vereinten Nationen zuwiderlaufen. Eine Regelung, die die Anwendbarkeit einer privatrechtlichen Kollisionsnorm vom Verdacht einer Straftat oder „UN-widrigen" Handlungen abhängig macht, stößt aus deutscher Sicht auf verfassungsrechtliche Bedenken. Art 1 F spielte in der deutschen (und, soweit bekannt wurde, ausländischen) Vertragspraxis bislang keine Rolle. Zumindest verstieße die Bundesrepublik nicht gegen die Konvention, würde sie die mit der Konvention verbundenen Vorteile auch Personen verschaffen, die diesen nach der Konvention an sich nicht zustünden.

2. Die getroffenen Vereinbarungen

a) Abkommen über die Rechtsstellung der Flüchtlinge v 28. 7. 1951 (FlüchtlKonv)

(BGBl 1953 II 560, ratifiziert durch Gesetz v 1. 9. 1953 [BGBl II 559], für die Bundesrepublik in Kraft getreten am 24. 12. 1953, völkerrechtlich bindend seit 22. 4. 1954 [BGBl II 619]). Amtliche deutsche Übersetzung aus dem lt Schlußklausel maßgeblichen englischen und französischen Wortlaut (Auszug):

KAPITEL I
Allgemeine Bestimmungen

Artikel 1
Definition des Begriffs „Flüchtling"
A.
Im Sinne dieses Abkommens findet der Ausdruck „Flüchtling" auf jede Person Anwendung:

1. Die in Anwendung der Vereinbarungen vom 12. Mai 1926 und 30. Juni 1928 oder in Anwendung der Abkommen vom 28. Oktober 1933 und 10. Februar 1938 und des Protokolls vom 14. September 1939 oder in Anwendung der Verfassung der Internationalen Flüchtlingsorganisation als Flüchtling gilt.

Die von der Internationalen Flüchtlingsorganisation während der Dauer ihrer Tätigkeit getroffenen Entscheidungen darüber, daß jemand nicht als Flüchtling im Sinne ihres Status anzusehen ist, stehen dem Umstand nicht entgegen, daß die Flüchtlingseigenschaft Personen zuerkannt wird, die die Voraussetzungen der Ziffer 2 dieses Artikels erfüllen;

2. Die infolge von Ereignissen, die vor dem 1. Januar 1951 eingetreten sind, und aus der begründeten Furcht vor Verfolgung wegen ihrer Rasse, Religion, Nationalität, Zugehörigkeit zu einer bestimmten sozialen Gruppe oder wegen ihrer politischen Überzeugung sich außerhalb des Landes befindet, dessen Staatsangehörigkeit sie besitzt, und den Schutz dieses Landes nicht in Anspruch nehmen kann oder wegen dieser Befürchtungen nicht in Anspruch nehmen will; oder die sich als staatenlose infolge solcher Ereignisse außerhalb des Landes befindet, in welchem sie ihren gewöhnlichen Aufenthalt hatte, und nicht dorthin zurückkehren kann oder wegen der erwähnten Befürchtungen nicht dorthin zurückkehren will.

Für den Fall, daß eine Person mehr als eine Staatsangehörigkeit hat, bezieht sich der Ausdruck „das Land, dessen Staatsangehörigkeit sie besitzt" auf jedes der Länder, dessen Staatsangehörigkeit diese

Person hat. Als des Schutzes des Landes, dessen Staatsangehörigkeit sie hat, beraubt gilt nicht eine Person, die ohne einen stichhaltigen, auf eine begründete Befürchtung gestützten Grund den Schutz eines der Länder nicht in Anspruch genommen hat, deren Staatsangehörigkeit sie besitzt.

B.

1. Im Sinne dieses Abkommens können die im Artikel 1 Abschnitt A enthaltenen Worte „Ereignisse, die vor dem 1. Januar 1951 eingetreten sind" in dem Sinne verstanden werden, daß es sich entweder um

a) „Ereignisse, die vor dem 1. Januar 1951 in Europa eingetreten sind" oder

b) „Ereignisse, die vor dem 1. Januar 1951 in Europa oder anderswo eingetreten sind"

handelt. Jeder vertragschließende Staat wird zugleich mit der Unterzeichnung, der Ratifikation oder dem Beitritt eine Erklärung abgeben, welche Bedeutung er diesem Ausdruck vom Standpunkt der von ihm auf Grund dieses Abkommens übernommenen Verpflichtungen zu geben beabsichtigt.

2. Jeder vertragschließende Staat, der die Formulierung zu a) angenommen hat, kann jederzeit durch eine an den Generalsekretär der Vereinten Nationen gerichtete Notifikation seine Verpflichtungen durch Annahme der Formulierung b) erweitern.

C.

Eine Person, auf die die Bestimmungen des Absatzes A zutreffen, fällt nicht mehr unter dieses Abkommen,

1. wenn sie sich freiwillig erneut dem Schutz des Landes, dessen Staatsangehörigkeit sie besitzt, unterstellt; oder

2. wenn sie nach dem Verlust ihrer Staatsangehörigkeit diese freiwillig wiedererlangt hat; oder

3. wenn sie eine neue Staatsangehörigkeit erworben hat und den Schutz des Landes, dessen Staatsangehörigkeit sie erworben hat, genießt; oder

4. wenn sie freiwillig in das Land, das sie aus Furcht vor Verfolgung verlassen hat oder außerhalb dessen sie sich befindet, zurückgekehrt ist und sich dort niedergelassen hat; oder

5. wenn sie nach Wegfall der Umstände, auf Grund deren sie als Flüchtling anerkannt worden ist, es nicht mehr ablehnen kann, den Schutz des Landes in Anspruch zu nehmen, dessen Staatsangehörigkeit sie besitzt.

Hierbei wird jedoch unterstellt, daß die Bestimmung dieser Ziffer auf keinen Flüchtling im Sinne der Ziffer 1 des Abschnittes A dieses Artikels Anwendung findet, der sich auf zwingende, auf früheren Verfolgungen beruhende Gründe berufen kann, um die Inanspruchnahme des Schutzes des Landes abzulehnen, dessen Staatsangehörigkeit er besitzt;

6. wenn es sich um eine Person handelt, die keine Staatsangehörigkeit besitzt, falls sie nach Wegfall der Umstände, auf Grund deren sie als Flüchtling anerkannt worden ist, in der Lage ist, in das Land zurückzukehren, in dem sie ihren gewöhnlichen Wohnsitz hat. Dabei wird jedoch unterstellt, daß die Bestimmung dieser Ziffer auf keinen Flüchtling im Sinne der Ziffer 1 des Abschnittes A dieses

Artikels Anwendung findet, der sich auf zwingende, auf früheren Verfolgungen beruhende Gründe berufen kann, um die Rückkehr in das Land abzulehnen, in dem er seinen gewöhnlichen Aufenthalt hatte.

D.
Dieses Abkommen findet keine Anwendung auf Personen, die zur Zeit den Schutz oder Beistand einer Organisation oder einer Institution der Vereinten Nationen mit Ausnahme des Hohen Kommissars der Vereinten Nationen für Flüchtlinge genießen.

Ist dieser Schutz oder diese Unterstützung aus irgendeinem Grunde weggefallen, ohne daß das Schicksal dieser Personen endgültig gemäß den hierauf bezüglichen Entschließungen der Generalversammlung der Vereinten Nationen geregelt worden ist, so fallen diese Personen ipso facto unter die Bestimmungen dieses Abkommens.

E.
Dieses Abkommen findet keine Anwendung auf eine Person, die von den zuständigen Behörden des Landes, in dem sie ihren Aufenthalt genommen hat, als eine Person anerkannt wird, welche die Rechte und Pflichten hat, die mit dem Besitz der Staatsangehörigkeit dieses Landes verknüpft sind.

F.
Die Bestimmungen dieses Abkommens finden keine Anwendung auf Personen, in bezug auf die aus schwerwiegenden Gründen die Annahme gerechtfertigt ist,

a) daß sie ein Verbrechen gegen den Frieden, ein Kriegsverbrechen oder ein Verbrechen gegen die Menschlichkeit im Sinne der internationalen Vertragswerke begangen haben, die ausgearbeitet worden sind, um Bestimmungen bezüglich dieser Verbrechen zu treffen;

b) daß sie ein schweres nichtpolitisches Verbrechen außerhalb des Aufnahmelandes begangen haben, bevor sie dort als Flüchtling aufgenommen wurden;

c) daß sie sich Handlungen zuschulden kommen ließen, die den Zielen und Grundsätzen der Vereinten Nationen zuwiderlaufen.

KAPITEL II
Rechtsstellung

Artikel 12
Personalstatut
1. Das Personalstatut jedes Flüchtlings bestimmt sich nach dem Recht des Landes seines Wohnsitzes oder, in Ermangelung eines Wohnsitzes, nach dem Recht seines Aufenthaltslandes.

2. Die von einem Flüchtling vorher erworbenen und sich aus seinem Personalstatut ergebenden Rechte, insbesondere die aus der Eheschließung, werden von jedem vertragschließenden Staat geachtet, gegebenenfalls vorbehaltlich der Formalitäten, die nach dem in diesem Staat geltenden Recht vorgesehen sind. Hierbei wird jedoch unterstellt, daß das betreffende Recht zu demjenigen gehört, das nach den Gesetzen dieses Staates anerkannt worden wäre, wenn die in Betracht kommende Person kein Flüchtling geworden wäre.

Abkommen vom 28. 7. 1951 über die Rechtsstellung der Flüchtlinge
(BGBl 1994, Fundstellennachweis B, S 288)

Vertragsparteien	in Kraft am	BGBl Jg S	
Ägypten*20	20. 8.1981	81 II	937
Albanien	16.11.1992	93 II	32
Algerien*1	3. 7.1962	64 II	256
Angola	21. 9.1981	81 II	1060
Äquatorialguinea	8. 5.1986	86 II	672
Argentinien*23	13. 2.1962	62 II	802
Aserbaidschan	13. 5.1993	93 II	2167
Äthiopien*13	8. 2.1970	70 II	466
Australien*10	22. 4.1954	54 II	619
Belgien	22. 4.1954	54 II	619
Belize	25. 9.1990	90 II	1406
Benin*1,21	1. 8.1960	62 II	1522
Bolivien	10. 5.1982	82 II	528
Botsuana*22	6. 4.1969	69 II	849
Brasilien*16,24	14. 2.1961	61 II	140, 1115
Burkina Faso	16. 9.1980	80 II	1143
Burundi	17.10.1963	64 II	256
Chile	27. 4.1972	72 II	688
China	23.12.1982	83 II	211
Costa Rica	26. 6.1978	78 II	866
Côte d'Ivoire*1,9	7. 8.1960	62 II	802
Dänemark*2	22. 4.1954	54 II	619
Dominikanische Republik	4. 4.1978	78 II	395
Dschibuti*1	27. 6.1977	77 II	1168
Ecuador*16	15.11.1955	57 II	506
El Salvador	27. 7.1983	83 II	592
Fidschi*1	10.10.1970	72 II	1471
Finnland	8. 1.1969	69 II	849
Frankreich*12	21. 9.1954	54 II	1204
Gabun	26. 7.1964	65 II	140
Gambia*1	18. 2.1965	67 II	2364
Ghana	16. 6.1963	64 II	256
Griechenland*18	4. 7.1960	61 II	140
Guatemala	21.12.1983	85 II	765
Guinea*1	2.10.1958	66 II	1432
Guinea-Bissau	11. 5.1976	76 II	1066
Haiti	24.12.1984	84 II	971
Heiliger Stuhl*8	13. 6.1956	57 II	506
Honduras	21. 6.1992	92 II	1135
Iran	26.10.1976	76 II	1908
Irland*11	27. 2.1957	57 II	506
Island	28. 2.1956	57 II	506
Israel	30.12.1954	55 II	604
Italien*3,24	13. 2.1955	55 II	604

Vertragsparteien	in Kraft am	BGBl Jg S
Jamaika*1	6. 8.1962	65 II 140
Japan	1. 1.1982	82 II 82
Jemen*25	17. 4.1980	80 II 582
Jugoslawien, ehem	14. 3.1960	61 II 140
Kambodscha	13. 1.1993	93 II 1199
Kamerun*1	1. 1.1960	62 II 802
Kanada*14	2. 9.1969	69 II 2190
Kenia	14. 8.1966	66 II 1432
Kolumbien	8. 1.1962	62 II 802
Kongo*1	15. 8.1960	63 II 260
Korea (Republik)	3. 3.1993	93 II 1199
Kroatien*1	8.10.1991	93 II 1199
Lesotho	12. 8.1981	81 II 626
Liberia	13. 1.1965	65 II 140
Liechtenstein	6. 6.1957	57 II 1682
Luxemburg*16	22. 4.1954	54 II 619
Madagaskar	17. 3.1968	68 II 1094
Malawi	9. 3.1988	88 II 1141
Mali*1	22. 9.1960	73 II 931
		74 II 1282
Malta	15. 9.1971	72 II 30
Marokko*1	2. 3.1956	57 II 1682
Mauretanien	3. 8.1987	87 II 719
Monaco	16. 8.1954	54 II 1204
Mosambik	15. 3.1984	84 II 565
Neuseeland	28. 9.1960	61 II 140
Nicaragua	26. 6.1980	80 II 836
Niederlande*15	1. 8.1956	57 II 506
Niger*1,7	3. 8.1960	62 II 802
Nigeria	21. 1.1968	67 II 2612
Norwegen	22. 4.1954	54 II 619
Österreich	3. 1.1955	55 II 604
Panama	31.10.1978	78 II 1243
Papua-Neuguinea	15.10.1986	87 II 399
Paraguay*26	30. 6.1970	70 II 1054
Peru*19	21. 3.1965	66 II 1432
Philippinen	20.10.1981	81 II 1060
Polen	26.12.1991	92 II 186
Portugal*17	22. 3.1961	61 II 1115
Ruanda	2. 4.1980	80 II 582
Rumänien	5.11.1991	92 II 186
Russische Föderation	3. 5.1993	93 II 2167
Sambia*1	24.10.1964	70 II 466
Samoa	20.12.1988	89 II 75
Sao Tomé und Principe	2. 5.1978	78 II 786
Schweden*4	24. 1.1955	55 II 604
Schweiz*5	21. 4.1955	55 II 604

Vertragsparteien	in Kraft am	BGBl Jg S	
Senegal*1,3	20. 8. 1960	64 II	256
Seychellen	22. 7. 1980	80 II	836
Sierra Leone	20. 8. 1981	81 II	937
Simbabwe	23. 11. 1981	81 II	1060
Slowakei*1	1. 1. 1993	93 II	2167
Slowenien*1,27	25. 6. 1991	93 II	32
Somalia	8. 1. 1979	79 II	66
Spanien	12. 11. 1978	79 II	66
Sudan	23. 5. 1974	74 II	1282
Suriname*1	25. 11. 1975	79 II	66
Tansania	10. 8. 1964	65 II	140
Togo*1	27. 4. 1960	63 II	260
Tschad	17. 11. 1981	81 II	1060
Tschechoslowakei, ehem	24. 2. 1992	92 II	339
Tunesien*1	20. 3. 1956	65 II	140
Türkei	28. 6. 1962	62 II	1522
Tuvalu*1	1. 10. 1978	86 II	805
Uganda	26. 12. 1976	77 II	261
Ungarn	12. 6. 1989	89 II	636
Uruguay	21. 12. 1970	71 II	54
Vereinigtes Königr.*6	9. 6. 1954	54 II	1204
Zaire	17. 10. 1965	66 II	1432
Zentralafrikanische Republik*1	13. 8. 1960	63 II	260
Zypern*1	16. 8. 1960	64 II	256

36 b) Protokoll über die Rechtsstellung der Flüchtlinge v 31. 1. 1967
(BGBl 1969 II 1294, ratifiziert durch G v 11. 7. 1969 [BGBl II 1293], für die Bundesrepublik in Kraft getreten am 5. 11. 1969 [BGBl 1970 II 194]).

* 1 Erklärung über die Weiteranwendung
2 Weitere Bek – 1963 II 260; 1968 II 1094
3 Weitere Bek – 1965 II 140
4 Weitere Bek – 1961 II 1115; 1967 II 2364; 1970 II 1054
5 Weitere Bek – 1964 II 256; 1973 II 96; 1981 II 156
6 Weitere Bek – 1957 II 1682; 1961 II 140; 1969 II 849; 1970 II 1054
7 Weitere Bek – 1966 II 1432
8 Weitere Bek – 1962 II 802
9 Weitere Bek – 1967 II 2364
10 Weitere Bek – 1968 II 132; 1971 II 1096
11 Weitere Bek – 1969 II 849
12 Weitere Bek – 1970 II 466
13 Weitere Bek – 1970 II 1054
14 Weitere Bek – 1971 II 155
15 Weitere Bek – 1972 II 138
16 Weitere Bek – 1973 II 96
17 Weitere Bek – 1976 II 1908
18 Weitere Bek – 1978 II 1243
19 Weitere Bek – 1981 II 93
20 Weitere Bek – 1982 II 82
21 Weitere Bek – 1983 II 211
22 Weitere Bek – 1983 II 415
23 Weitere Bek – 1985 II 765
24 Weitere Bek – 1990 II 713
25 Vertragspartei war bis zum Zusammenschluß mit der Demokratischen Volksrepublik Jemen am 22. 5. 1990 die Jemenitische Arabische Republik
26 Weitere Bek – 1991 II 739
27 Weitere Bek – 1993 II 1199

Nach **Art XI** des Protokolls ist der chinesische, englische, französische, russische und spanische Wortlaut gleichermaßen bindend (BGBl 1969 II 1298).

Der hier interessierende **Art I** des Protokolls lautet in amtlicher Übersetzung:

(1) Die Vertragsstaaten dieses Protokolls verpflichten sich, die Art 2 bis 34 des Abkommens auf Flüchtlinge im Sinne der nachstehenden Begriffsbestimmung anzuwenden.

(2) Außer für die Anwendung des Absatzes 3 dieses Artikels bezeichnet der Ausdruck „Flüchtling" im Sinne dieses Protokolls jede unter die Begriffsbestimmung des Artikel 1 des Abkommens fallende Person, als seien die Worte „infolge von Ereignissen, die vor dem 1. Januar 1951 eingetreten sind, und..." sowie die Worte „...infolge solcher Ereignisse" in Artikel I Abschnitt A Absatz 2 nicht enthalten.

(3) Dieses Protokoll wird von seinen Vertragsstaaten ohne jede geographische Begrenzung angewendet; jedoch finden die bereits nach Artikel 1 Abschnitt B Absatz 1 Buchstabe a) des Abkommens abgegebenen Erklärungen von Staaten, die schon Vertragsstaaten des Abkommens sind, auch auf Grund dieses Protokolls Anwendung, sofern nicht die Verpflichtungen des betreffenden Staates nach Artikel 1 Abschnitt B Absatz 2 des Abkommens erweitert worden sind.

Vertragsstaaten (Fundstellennachweis B, BGBl 1994, 420):

Vertragsparteien	in Kraft am	BGBl Jg S
Ägypten	22. 5.1981	81 II 937
Albanien	18. 8.1992	93 II 32
Algerien	8.11.1967	70 II 194
Angola	23. 6.1981	81 II 1060
Äquatorialguinea	7. 2.1986	86 II 672
Argentinien	6.12.1967	70 II 194
Aserbaidschan	12. 2.1993	93 II 2167
Äthiopien	10.11.1969	70 II 194
Australien	13.12.1973	74 II 1282
Belgien	8. 4.1969	70 II 194
Belize	27. 6.1990	90 II 1406
Benin	6. 7.1970	70 II 1373
Bolivien	9. 2.1982	82 II 528
Botsuana*4	6. 1.1969	70 II 194
Brasilien	7. 4.1972	73 II 96
Burkina Faso	18. 6.1980	80 II 1143
Burundi	15. 3.1971	71 II 1119
Chile	27. 4.1972	72 II 747
China	24. 9.1982	83 II 211
Costa Rica	28. 3.1978	78 II 866
Dänemark	29. 1.1968	70 II 194
Dominikanische Republik	4. 1.1978	78 II 395
Dschibuti*1	27. 6.1977	77 II 1168
Ecuador	6. 3.1969	70 II 194
Elfenbeinküste	16. 2.1970	70 II 1044
El Salvador	28. 4.1983	83 II 592

Vertragsparteien	in Kraft am	BGBl Jg	S
Fidschi*1	10. 10. 1970	72 II	1471
Finnland	10. 10. 1968	70 II	194
Frankreich	3. 2. 1971	71 II	1119
Gabun	28. 8. 1973	73 II	1568
Gambia	4. 10. 1967	70 II	194
Ghana	30. 10. 1968	70 II	194
Griechenland	7. 8. 1968	70 II	194
Guatemala	22. 9. 1983	85 II	765
Guinea	16. 5. 1968	70 II	194
Guinea-Bissau	11. 2. 1976	76 II	1066
Haiti	25. 9. 1984	84 II	971
Heiliger Stuhl	4. 10. 1967	70 II	194
Honduras	23. 3. 1992	92 II	1135
Iran	28. 7. 1976	76 II	1908
Irland	6. 11. 1968	70 II	194
Island	26. 4. 1968	70 II	194
Israel	14. 6. 1968	70 II	194
Italien	26. 1. 1972	72 II	612
Jamaika	30. 10. 1980	81 II	93
Japan	1. 1. 1982	82 II	278
Jemen*5	18. 1. 1980	80 II	582
Jugoslawien, ehem	15. 1. 1968	70 II	194
Kambodscha	15. 10. 1992	93 II	1199
Kamerun	4. 10. 1967	70 II	194
Kanada	4. 6. 1969	70 II	194
Kap Verde	9. 7. 1987	88 II	156
Kenia	13. 11. 1981	82 II	82
Kolumbien	4. 3. 1980	80 II	718
Kongo	10. 7. 1970	71 II	54
Korea (Republik)	3. 12. 1992	93 II	1199
Kroatien*1	8. 10. 1991	93 II	1199
Lesotho	14. 5. 1981	81 II	626
Liberia	27. 2. 1980	80 II	718
Liechtenstein	20. 5. 1968	70 II	194
Luxemburg	22. 4. 1971	71 II	1119
Malawi	10. 12. 1987	88 II	1141
Mali	2. 2. 1973	73 II	931
Malta	15. 9. 1971	72 II	30
Marokko	20. 4. 1971	71 II	1119
Mauretanien	5. 5. 1987	87 II	719
Mosambik	1. 5. 1989	89 II	709
Neuseeland	6. 8. 1973	73 II	1499
Nicaragua	28. 3. 1980	80 II	836
Niederlande*2	29. 11. 1968	70 II	194
Niger	2. 2. 1970	70 II	194
Nigeria	2. 5. 1968	70 II	194
Norwegen	28. 11. 1967	70 II	194

Vertragsparteien	in Kraft am	BGBl Jg S
Österreich	5. 9.1973	73 II 1568
Panama	2. 8.1978	78 II 1243
Papua-Neuguinea	17. 7.1986	87 II 399
Paraguay	1. 4.1970	70 II 1044
Peru	15. 9.1983	83 II 783
Philippinen	22. 7.1981	81 II 1060
Polen	27. 9.1991	92 II 186
Portugal	13. 7.1976	76 II 1908
Ruanda	3. 1.1980	80 II 582
Rumänien	7. 8.1991	92 II 186
Russische Föderation	2. 2.1993	93 II 2167
Sambia	24. 9.1969	70 II 194
Sao Tomé und Principe	1. 2.1978	78 II 786
Schweden	4.10.1967	70 II 194
Schweiz	20. 5.1968	70 II 194
Senegal	4.10.1967	70 II 194
Seychellen	23. 4.1980	80 II 836
Sierra Leone	22. 5.1981	81 II 937
Simbabwe	25. 8.1981	81 II 1060
Slowakei*[1]	1. 1.1993	93 II 2167
Slowenien*[1]	25. 6.1991	93 II 32
Somalia	10.10.1978	79 II 66
Spanien	14. 8.1978	79 II 66
Sudan	23. 5.1974	74 II 1282
Suriname*[1]	25.11.1975	79 II 66
Swasiland	28. 1.1969	70 II 194
Tansania	4. 9.1968	70 II 194
Togo	1.12.1969	70 II 194
Tschad	19. 8.1981	81 II 1060
Tschechoslowakei ehem	26.11.1991	92 II 339
Tunesien	16.10.1968	70 II 194
Tuvalu*[1]	1.10.1978	86 II 805
Türkei	31. 7.1968	70 II 194
Uganda	27. 9.1976	77 II 261
Ungarn	14. 3.1989	89 II 636
Uruguay	22. 9.1970	71 II 54
Venezuela	19. 9.1986	87 II 399
Vereinigtes Königreich*[3]	4. 9.1968	70 II 194
Vereinigte Staaten	1.11.1968	70 II 194
Zaire	13. 1.1975	75 II 1227
Zentralafrikanische Republik	4.10.1967	70 II 194
Zypern	9. 7.1968	70 II 194

* 1 Erklärung über die Weiteranwendung
 2 Weitere Bek – 1972 II 138; 1987 II 604
 3 Weitere Bek – 1970 II 1044
 4 Weitere Bek – 1983 II 415

5 Vertragspartei war bis zum Zusammenschluß mit der Demokratischen Volksrepublik Jemen am 22. 5. 1990 die Jemenitische Arabische Republik

37 **c)** **Protokoll und Konvention stehen in einem engen inneren Zusammenhang**; Staaten, die dem Protokoll ohne vorherige Ratifizierung der FlüchtlKonv beigetreten sind, haben damit de facto auch die Konvention übernommen (s KIMMINICH, in: FS Menzel 315).

3. Persönlicher Anwendungsbereich

38 Die in Art 12 FlüchtlKonv enthaltene Kollisionsnorm bezieht sich auf „Flüchtlinge" i S der Konvention und des Protokolls (Konventionsflüchtlinge); maßgeblich sind Art 1 A FlüchtlKonv, Art 1 Protokoll. Konventionsflüchtlinge sind demnach Personen, die

(1) nach den in Art 1 A Ziff 1 genannten völkerrechtlichen Vereinbarungen Flüchtlinge sind (sog **Nansen-Flüchtlinge**)

(2) in Anwendung der in Art 1 A Ziff 1 genannten Verfassung der IRO Flüchtlinge sind (sog **IRO-Flüchtlinge**)

(3) nach der Definition in Art 1 A Ziff 2 Flüchtlinge sind (sog **Konventionsflüchtlinge**)

(4) in Folge der Ausweitung der FlüchtlKonv durch Art 1 Protokoll v 31. 1. 1967 Konventionsflüchtlinge sind.

39 a) Die in Art 1 A Ziff 1 genannten völkerrechtlichen Abkommen sind vollständig abgedruckt im Schweiz Jahrb f intern Recht III (1946) 129. Die sog Nansen-Flüchtlinge weisen sich durch den Nansen-Paß aus (benannt nach FRIDTJOF NANSEN, dem ersten Hohen Kommissär des Völkerbundes für das Flüchtlingswesen). Die unter Ziff (2) fallenden Personen weisen sich durch den IRO-Ausweis oder eine sonstige Bescheinigung der UN-Flüchtlingsbehörde aus, die ersichtlich macht, daß sie unter die Betreuung der IRO fielen (vgl hierzu BayObLGZ 1964, 127 und BGH RzW 1969, 495; ferner MAKAROV ZaöRV 1951/52, 435 und 452).

Fehlt ein solcher Ausweis oder hat die IRO den Flüchtlingsstatus abgelehnt, so steht den Betreffenden weiterhin die Möglichkeit offen, sich auf den Flüchtlingsbegriff der Konvention (Art 1 A Ziff 2) zu berufen.

40 b) Wie oben Rn 9 erwähnt, verfügt die FlüchtlKonv nicht über ein Vertragsorgan, das verbindlich über die Flüchtlingseigenschaft entscheiden könnte; die Anwendung des Art 1 A Ziff 2 obliegt demzufolge den zuständen innerstaatlichen Organen der Mitgliedsstaaten. (Vgl Office of the United Nations High Commissioner for Refugees, Handbook on Procedures and Criteria for Determining Refugee Status 45 [1979]: „It is therefore left to each contracting state to establish the procedure that it considers most appropriate, having regard to its particular constitutional and administrative structure".)

41 aa) Für die Bundesrepublik gilt eine Person als Flüchtling i S Art 1 A Ziff 2 FlüchtlKonv, wenn sie nach den §§ 3, 5 ff AsylVfG (idF der Bekanntmachung vom 27.7.1993 [BGBl 1993 I 1361] geändert durch Gesetz vom 2. 8. 1993 [BGBl 1993 I 1442]; s a u Rn 54 ff und RICHTER ZaöRV 1991, 32) als asylberechtigt anerkannt ist. Zuständig ist das

Bundesamt für die Anerkennung ausländischer Flüchtlinge. Da weder die Asylberechtigung noch die Flüchtlingseigenschaft in einem anderen Verfahren erneut zu prüfen sind, kommt der Anerkennung konstitutive Bedeutung zu, sofern der Begünstigte de facto die Voraussetzungen des Art 1 A Ziff 2 FlüchtlKonv nicht erfüllen sollte. Der Flüchtling hat einen klagbaren Anspruch auf Feststellung und Anerkennung seines Status als Flüchtling, ebenso die mit ihm im Familienband stehenden Personen (vgl BVerwGE 7, 333 mit Anm GURADZE JZ 1959, 282).

Die Entscheidungen anderer (auch ausländischer) Behörden, in denen die Flüchtlingseigenschaft bejaht wird, haben nur Indizfunktion und binden die Gerichte und andere Behörden nicht (s PALANDT/HELDRICH Art 5 Anh II Rn 26; SOERGEL/KEGEL Anh nach Art 29 Rn 25; MünchKomm/SONNENBERGER Art 5 Anh II Rn 63). Die Entscheidung des Bundesamtes im Asylverfahren ist in allen Angelegenheiten verbindlich, in denen die Anerkennung rechtserheblich ist. Gegen die Ablehnung des Asylantrags ist Klage möglich.

Ist noch nicht über die Flüchtlingseigenschaft entschieden worden oder liegt noch keine verbindliche Verwaltungsentscheidung vor, so entscheiden die Gerichte selbst über die Voraussetzungen des Art 1 A Ziff 2 FlüchtlKonv (s OLG Stuttgart FamRZ 1962, 160 [161]; BayObLG StAZ 1974, 149 [150]; SOERGEL/KEGEL Anh nach Art 29 Rn 30).

bb) Art 1 A Ziff 2 FlüchtlKonv verlangt Aufenthalt außerhalb des Heimatlandes **42** (bei Staatenlosen Aufenthalt außerhalb des Landes ihres bisherigen gewöhnlichen Aufenthaltes) infolge von Ereignissen, die vor dem 1. 1. 1951 stattfanden. Diese **Zeitgrenze** hat Art 1 Abs 2 des Protokolls v 31. 1. 1967 **beseitigt**. Aus deutscher Sicht kommt der Regelung des Protokolls im wesentlichen nur klarstellende Bedeutung zu, da die Rechtsprechung die Zeitschranke meist dadurch relativierte, daß Ereignisse nach dem 1. 1. 1951 (wie zB die ungarische Volkserhebung von 1956) auf Ereignisse vor dem 1. 1. 1951 (Machtübernahme durch totalitäre Regime) zurückgeführt wurden (PALANDT/HELDRICH Art 5 Anh II Rn 21 ff; MünchKomm/SONNENBERGER Art 5 Anh II Rn 64).

Neben der Zeitgrenze sieht die Konvention in Art 1 B Ziff 1 noch die Möglichkeit **43** der **räumlichen Begrenzung** vor. Es wird den Konventionsstaaten freigestellt, die FlüchtlKonv nur auf Flüchtlinge infolge von Ereignissen in Europa oder darüber hinaus auch in anderen Teilen der Welt anzuwenden. Die Bundesrepublik hatte sich seinerzeit für die universelle Anwendung der Konvention entschieden (BGBl 1953 II 579). Die räumliche Schranke wurde für die Unterzeichnerstaaten des Protokolls v 31. 1. 1967 generell aufgehoben (vgl Art 1 Abs 3). Auch das Territorium eines Konventionsstaates kann Verfolgungsgebiet sein; auch in diesem Fall kann die Flucht die Flüchtlingseigenschaft begründen (s BVerwG NJW 1962, 2267; LG Hamburg NJW 1970, 2168; OLG Hamm StAZ 1993, 78).

Der Flüchtling iSd FlüchtlKonv muß sich aus **Furcht vor Verfolgung** außerhalb seines **44** Heimatlandes aufhalten. Die hierfür maßgeblichen objektiven Beweggründe werden in Art 1 A Ziff 2 aufgezählt; nur subjektives Furchtempfinden oder bloße Unzufriedenheit mit der politischen oder wirtschaftlichen Entwicklung im Heimatland reichen nicht aus (vgl KIMMINICH, in: FS Menzel 311; HAILBRONNER ZAR 1993, 3). **Verfolgung** bedeutet eine staatliche Maßnahme im Heimatland; Naturkatastrophen oder Hungersnot begründen demnach nicht die Flüchtlingseigenschaft. Die die Flüchtlingseigenschaft begründenden Verfolgungsmaßnahmen richten sich gegen Leben, Freiheit und Gesundheit; auch Angriffe auf die materielle Existenzgrundlage fallen unter die Konvention. Nicht ganz geklärt (und von den näheren Umständen des Einzelfalles abhängig) ist die Lage, wenn die Verfolgung nicht von der Staatsgewalt, sondern von Untergrundorganisationen ausgeht. Die Flucht wegen einzelner gewalttätiger Aktionen von Terrorgruppen führt zumindest solange nicht zur Flüchtlingseigenschaft iSd Konvention, als die legale Staatsgewalt die Umtriebe mit Erfolg bekämpft oder den Opfern im eigenen Land Schutz gewähren kann.

45 **Flucht** iS v Art 1 A Ziff 2 liegt auch dann vor, wenn der Betreffende zwar **unter** normalen Verhältnissen ausreisen konnte, aber an der sicheren Rückkehr gehindert wird.

46 **Doppelstaater** sind solange keine Flüchtlinge, solange sie noch den Schutz eines ihrer Heimatländer in Anspruch nehmen können. (Dies galt für DDR-Bürger, die ins Ausland geflohen waren, wenn der Zufluchtstaat – entgegen dem RuStAG – von einer deutsch-deutschen Doppelstaatsangehörigkeit ausging; „DDR-Flüchtlinge" in der Bundesrepublik waren deutsche Staatsangehörige und fielen nicht unter die Konvention.)

47 cc) Der Flüchtlingsstatus endet, wenn der Flüchtling selbst wieder Beziehungen zum Herkunftsland anknüpft (Art 1 C Ziff 1–4; vgl OLG Hamm FamRZ 1993, 113; LG Stuttgart StAZ 1992, 347) oder der objektive Grund für die Flucht durch die Wiederherstellung rechtsstaatlicher Verhältnisse in der Heimat des Flüchtlings entfallen ist (Art 1 C Ziff 5), was besonders bei Flüchtlingen aus Osteuropa nach dem Zusammenbruch des Kommunismus häufig der Fall ist.

48 dd) Die FlüchtlKonv ist auch auf Personen anwendbar, die zwar nicht selbst Flüchtling sind, jedoch ihren staatsangehörigkeitsrechtlichen Status von einem Konventionsflüchtling herleiten (abgeleiteter Flüchtlingsstatus; vgl HENRICH StAZ 1989, 160; **aA** OLG Düsseldorf StAZ 1989, 282). Ist zB der Vater, von dem das Kind seine Staatsangehörigkeit herleitet, Flüchtling, so tritt an die Stelle der nach Art 3 MSA maßgeblichen Anknüpfung an die Staatsangehörigkeit des Kindes die Anknüpfung nach Art 12 FlüchtlKonv. In allen Fällen muß jedoch zunächst geprüft werden, ob die betreffende Person nicht selbst Flüchtling ist. Dies gilt zB für die Ehefrau, die mit ihrem Mann geflüchtet ist. Stellt sie sich nach Art 1 C Ziff 1 erneut unter den Schutz ihres Heimatstaates, wogegen der Ehemann im Zufluchtsland verbleibt, verliert sie den Flüchtlingsstatus und erwirbt nicht einen abgeleiteten Status als persona coniuncta (s BayObLG 2 1974, 95 [99 f]).

4. Anknüpfung

49 Nach der in Art 12 FlüchtlKonv enthaltenen Kollisionsnorm wird in Deutschland angeknüpft, wenn das deutsche IPR die Staatsangehörigkeit für maßgeblich erklärt. Da die Vorschrift generell die Anknüpfung an die Staatsangehörigkeit ersetzt, hängt die Anwendung von Art 12 auch nicht davon ab, daß der anerkannte Flüchtling in einem Konventionsstaat lebt (SOERGEL/KEGEL Anh nach Art 29 Rn 22; MünchKomm/SONNENBERGER Art 5 Anh II Rn 60). Art 12 enthält **keine intertemporale Kollisionsnorm**. Die in Art 12 Abs 2 getroffene Regelung erhält nur Rechte aufrecht, die vor dem Zeitpunkt der neuen Anknüpfung nach Art 12 Abs 1 entstanden sind; sie betrifft damit den **Statutenwechsel**, nicht die Rückwirkung. Aus der auf die Integration der Flüchtlinge gerichteten Zielsetzung der FlüchtlKonv ließe sich zwar – ähnlich wie bei der Neufassung von Art 5 EGBGB – eine rückwirkende Ersetzung der Staatsangehörigkeitsanknüpfung bezogen auf die Begründung des Wohnsitzes oder des gewöhnlichen Aufenthalts im Zufluchtsland interpretativ erschließen, auch wenn der Flüchtling schon vor dem Inkrafttreten der Konvention den Wohnsitz oder Aufenthalt begründete. Einer derart weitreichenden teleologischen Auslegung sind jedoch bei Normen völkerrechtlicher Herkunft Grenzen gesetzt. Art 28 des Wiener Übereinkommens über das Recht der Verträge vom 23. 5. 1969 geht von der Nichtrückwirkung völkerrechtlicher Verträge aus:

„Sofern keine abweichende Absicht aus dem Vertrag hervorgeht oder anderweitig festgestellt ist, binden seine Bestimmungen eine Vertragspartei nicht in bezug auf eine Handlung oder Tatsache, die vor dem Inkrafttreten des Vertrages hinsichtlich der betreffenden Vertragspartei vorgenommen wurde oder eingetreten ist, sowie in bezug auf eine Lage, die vor dem genannten Zeitpunkt zu bestehen aufgehört hat".

Art 28 des Wiener Übereinkommens über das Recht der Verträge gibt eine allgemeine Regel des Völkerrechts wieder; der Umstand, daß das Wiener Übereinkommen selbst nur pro futuro wirken will (vgl Art 4) und für die Bundesrepublik am 20. 8. 1987 in Kraft getreten ist, spielt demnach keine Rolle. Auch die bei multilateralen Verträgen anzustrebende einheitliche Vertragsauslegung durch alle Vertragsstaaten wäre gefährdet, sollte die Flüchtlingskonvention in der Bundesrepublik rückwirkend angewendet werden.

50 Hinsichtlich der **Anknüpfungsgründe** (Wohnsitz, Aufenthalt) entspricht Art 12 Abs 1 der FlüchtlKonv dem Art 12 Abs 1 StaatenlKonv (vgl Art 5 Rn 482 ff). Mit der Begründung des Flüchtlingsstatus entfällt die Anknüpfung an das alte Heimatrecht des Flüchtlings. Materielle Rechtsänderungen, die im Heimatland des Flüchtlings nach seiner Flucht rückwirkend in Kraft gesetzt worden sind, bleiben für den Flüchtling unbeachtlich; dies ergibt sich schon aus dem kollisionsrechtlichen Grundsatz der Nichtanwendung neuen Rechts auf Personen, die vor seinem Inkrafttreten mit dem betreffenden Staat gebrochen haben (MünchKomm/Sonnenberger Art 5 Anh II Rn 75 und Art 5 Anh I Rn 7 ff).

Art 12 Abs 2 S 2 enthält einen ordre-public-Vorbehalt für das einen Flüchtling aufnehmende Land (vgl hierzu Kimminich, Der internationale Rechtsstatus des Flüchtlings [1962] 313 und Brintzinger 53).

5. Renvoi

51 Art 12 Abs 1 wird in der Literatur teilweise als eine mit Parteiinteressen (Flüchtlingssituation) begründete Sachnormverweisung verstanden. (Vgl Erman-Hohloch Art 5 Rn 87; Soergel/Kegel Anh nach Art 29 Rn 46; Palandt/Heldrich Anh II zu Art 5 Rn 27; OLG Hamm StAZ 1993, 79; Staudinger/Graue[12] Art 27 Rn 164.) Damit entfiele die Beachtlichkeit eines Renvoi. Eine Ausnahme soll allerdings gelten, sofern das berufene ausländische Recht bestimmte Rechtsfragen nicht zum Personalstatut rechnet. Ist zB nach Art 12 Abs 1 FlüchtlKonv iVm Art 25, 26 EGBGB das Recht des gewöhnlichen Aufenthalts Erbstatut und unterstellt dieses Recht Grundstücke dem Erbrecht am Lageort, so wäre der Renvoi hier zu beachten.

Sinn und Zweck des Art 12 Abs 1 beschränken sich jedoch darauf, die Staatsangehörigkeit durch die Anknüpfung an den Wohnsitz bzw gewöhnlichen Aufenthalt zu ersetzen, da beim Flüchtling die Staatsangehörigkeit ihre legitime Bedeutung als Anknüpfung eingebüßt hat, zumindest die Anknüpfung an Wohnsitz oder Aufenthalt eher geeignet erscheint, den Lebensmittelpunkt des Flüchtlings zu bezeichnen. Darüber hinaus soll nicht in das kollisionsrechtliche System der Unterzeichnerstaaten eingewirkt werden. Insoweit bleibt auch der Charakter der deutschen IPR-Norm als Gesamtverweisung erhalten und ein Renvoi bedeutsam (ebenso RAAPE/STURM, IPR § 10 A I 3, 153 und MünchKomm/SONNENBERGER Art 5 Anh 2 Rn 78). Anders verhält es sich, wenn die in Verbindung mit Art 12 Abs 1 anzuwendende deutsche Kollisionsnorm eine Sachnormverweisung enthält (vgl zB Art 3 MSA) oder wenn das Kollisionsrecht eines Nichtkonventionsstaates auf das Recht des Vertreibungsstaates weiter verweisen sollte (Art 12 Abs 1 findet auch Anwendung, wenn der Forumstaat Mitglied der Konvention ist, der Aufenthaltsstaat jedoch nicht). Im zuletzt genannten Fall würde die Beachtung der Weiterverweisung dem Sinn der FlüchtlKonv (nämlich die Respektierung des neuen Lebensmittelpunktes des Flüchtlings) zuwiderlaufen.

VI. Flüchtlingsseeleute*

52 Die Haager Vereinbarung über Flüchtlingsseeleute vom 23.11.1957 mit dem Zustimmungsgesetz v 3.7.1961 (BGBl 1961 II 828) trat in der Bundesrepublik am 27.12.1961 (BGBl 1961 II 1670) in Kraft.

Die amtliche deutsche Übersetzung lautet:

Vereinbarung über Flüchtlingsseeleute

Präambel

DIE REGIERUNGEN des Königreichs Belgien, des Königreichs Dänemark, der Bundesrepublik Deutschland, der Französischen Republik, des Vereinigten Königreichs Großbritannien und Nordirland, des Königreichs der Niederlande, des Königreichs Norwegen und des Königreichs Schweden –

als Regierungen von Vertragsstaaten des Abkommens vom 28. Juli 1951 über die Rechtsstellung der Flüchtlinge,

in dem Wunsche, das Problem der Flüchtlingsseeleute einer Lösung im Geiste des Artikels 11 des genannten Abkommens näherzubringen und insbesondere nach Maßgabe des Artikels 35 des genannten Abkommens mit dem Hohen Kommissar der Vereinten Nationen für Flüchtlinge bei der Erfüllung seiner Aufgaben weiterhin zusammenzuarbeiten –

SIND WIE FOLGT ÜBEREINGEKOMMEN:

---

* **Schrifttum:** FRANZ, Zur Vereinbarung über Flüchtlingsseeleute, DVBl 1962, 579.

KAPITEL I

Artikel 1
Im Sinne dieser Vereinbarung bezeichnet

(a) der Ausdruck „Abkommen" das Abkommen vom 28. Juli 1951 über die Rechtsstellung der Flüchtlinge;

(b) der Ausdruck „Flüchtlingsseemann" jede Person, die nach der Begriffsbestimmung des Artikels 1 des Abkommens und auf Grund der Erklärung oder Notifikation des betreffenden Vertragsstaates gemäß Abschnitt B des genannten Artikels Flüchtling ist und – gleichviel in welcher Eigenschaft – auf einem Handelsschiff Seemannsdienste leistet oder berufsmäßig auf einem Handelsschiff als Seemann ihren Lebensunterhalt verdient.

KAPITEL II

Artikel 2
Hat ein Flüchtlingsseemann keinen rechtmäßigen Aufenthalt außer im Hoheitsgebiet eines Staates, in dem er die begründete Befürchtung hegt, wegen seiner Rasse, Religion, Staatsangehörigkeit, Zugehörigkeit zu einer bestimmten sozialen Gruppe oder wegen seiner politischen Überzeugung verfolgt zu werden, und auch keine Aufenthaltsgenehmigung außer für das Hoheitsgebiet eines solchen Staates, so gilt für die Anwendung des Artikels 28 des Abkommens als Gebiet seines rechtmäßigen Aufenthalts

(a) das Hoheitsgebiet der Vertragspartei, unter deren Flagge er während der letzten drei Jahre vor der Anwendung dieser Vereinbarung auf seinen Fall insgesamt mindestens 600 Tage lang als Flüchtling und Seemann auf Schiffen Dienst getan hat, die mindestens zweimal jährlich Häfen in diesem Hoheitsgebiet angelaufen haben; hierbei bleiben Dienste unberücksichtigt, die dieser Seemann leistete, bevor oder während er in einem anderen Staat Aufenthalt genommen hat; oder, wenn es eine solche Vertragspartei nicht gibt,

(b) das Hoheitsgebiet der Vertragspartei, in dem er sich während der letzten drei Jahre vor der Anwendung dieser Vereinbarung auf seinen Fall zuletzt als Flüchtling rechtmäßig aufgehalten hat, sofern er nicht unterdessen in einem anderen Staat Aufenthalt genommen hat.

Artikel 3
Hat bei Inkrafttreten dieser Vereinbarung ein Flüchtlingsseemann

(i) keinen rechtmäßigen Aufenthalt außer im Hoheitsgebiet eines Staates, in dem er die begründete Befürchtung hegt, wegen seiner Rasse, Religion, Staatsangehörigkeit, Zugehörigkeit zu einer bestimmten sozialen Gruppe oder wegen seiner politischen Überzeugung verfolgt zu werden, und auch keine Aufenthaltsgenehmigung außer für das Hoheitsgebiet eines solchen Staates, und hat er

(ii) nach Auffassung einer Vertragspartei keinen rechtmäßigen Aufenthalt gemäß Artikel 2 in ihrem Hoheitsgebiet,

so gilt für die Anwendung des Artikels 28 des Abkommens als Gebiet seines rechtmäßigen Aufenthalts

(a) das Hoheitsgebiet der Vertragspartei, die ihm als Flüchtling nach dem 31. Dezember 1945 und vor dem Inkrafttreten dieser Vereinbarung zuletzt einen zur Rückkehr in ihr Hoheitsgebiet berechtigenden Reiseausweis ausgestellt, verlängert oder erneuert hat, auch wenn dieser nicht mehr gültig ist;

oder, wenn es eine solche Vertragspartei nicht gibt,

(b) das Hoheitsgebiet der Vertragspartei, in dem er sich nach dem 31. Dezember 1945 und vor dem Inkrafttreten dieser Vereinbarung zuletzt als Flüchtling rechtmäßig aufgehalten hat; oder, wenn es eine solche Vertragspartei nicht gibt,

(c) das Hoheitsgebiet der Vertragspartei, unter deren Flagge er nach dem 31. Dezember 1945 und vor dem Inkrafttreten dieser Vereinbarung zuletzt während eines beliebigen Zeitabschnitts von drei Jahren insgesamt mindestens 600 Tage lang als Flüchtling und Seemann auf Schiffen Dienst getan hat, die mindestens zweimal jährlich Häfen in diesem Hoheitsgebiet angelaufen haben.

Artikel 4
Sofern eine Vertragspartei nicht anders entscheidet, gilt der Aufenthalt eines Flüchtlingsseemanns in ihrem Hoheitsgebiet nicht mehr als rechtmäßig, wenn dieser Seemann nach dem letzten Zeitpunkt, in dem ihm gemäß Artikel 2 oder 3 die Aufenthaltsberechtigung zustand,

(a) im Hoheitsgebiet eines anderen Staates Aufenthalt genommen hat oder wenn er

(b) während eines beliebigen Zeitabschnitts von sechs Jahren nach diesem Zeitpunkt insgesamt mindestens 1350 Tage lang auf Schiffen Dienst getan hat, welche die Flagge ein und desselben anderen Staates führen, oder wenn er

(c) während eines beliebigen Zeitabschnitts von drei Jahren nach diesem Zeitpunkt nicht insgesamt mindestens 30 Tage lang als Seemann auf Schiffen Dienst getan hat, welche die Flagge dieser Vertragspartei führen und mindestens zweimal jährlich Häfen ihres Hoheitsgebiets angelaufen haben, oder wenn er sich während eines solchen Zeitabschnitts nicht insgesamt mindestens 10 Tage lang im Hoheitsgebiet dieser Vertragspartei aufgehalten hat.

Artikel 5
Um die Lage einer möglichst großen Anzahl von Flüchtlingsseeleuten zu verbessern, wird jede Vertragspartei wohlwollend die Möglichkeit prüfen, die Vergünstigungen dieser Vereinbarung auch Flüchtlingsseeleuten zu gewähren, denen sie auf Grund der Vereinbarung nicht zustehen.

KAPITEL III

Artikel 6
Jede Vertragspartei gewährt einem Flüchtlingsseemann, der im Besitz eines von einer anderen Vertragspartei ausgestellten und ihn zur Rückkehr in deren Hoheitsgebiet berechtigenden Reiseausweises ist, in bezug auf die Einreise in ihr Hoheitsgebiet zwecks Erfüllung eines bestehenden Heuervertrags oder zwecks Landurlaubs die gleiche Behandlung wie den Seeleuten, die Staatsangehörige der Vertragspartei sind, welche den Ausweis ausgestellt hat, oder mindestens eine nicht weniger günstige Behandlung als ausländischen Seeleuten im allgemeinen.

Artikel 7
Stellt ein Flüchtlingsseemann, der einen ihn zur Rückkehr in das Hoheitsgebiet einer Vertragspartei berechtigenden Reiseausweis besitzt, zur Erleichterung seiner Niederlassung in einem dritten Staat oder aus sonstigen triftigen Gründen einen Antrag auf Genehmigung einer befristeten Einreise in das Hoheitsgebiet einer anderen Vertragspartei, so wird diese den Antrag wohlwollend prüfen.

Artikel 8
Jede Vertragspartei wird sich bemühen sicherzustellen, daß ein unter ihrer Flagge Dienst tuender Flüchtlingsseemann, der keinen gültigen Reiseausweis erlangen kann, einen Personalausweis erhält.

Artikel 9
Ein Flüchtlingsseemann darf, soweit es in der Macht der Vertragsparteien steht, nicht gezwungen werden, an Bord eines Schiffes zu bleiben, wenn dies seine körperliche oder geistige Gesundheit ernstlich gefährden würde.

Artikel 10
Ein Flüchtlingsseemann darf, soweit es in der Macht der Vertragsparteien steht, nicht gezwungen werden, an Bord eines Schiffes zu bleiben, das einen Hafen anlaufen oder durch Gewässer fahren soll, wo er die begründete Befürchtung hegt, wegen seiner Rasse, Religion, Staatsangehörigkeit, Zugehörigkeit zu einer bestimmten sozialen Gruppe oder wegen seiner politischen Überzeugung verfolgt zu werden.

Artikel 11
Die Vertragspartei, deren Hoheitsgebiet das Gebiet des rechtmäßigen Aufenthalts eines Flüchtlingsseemanns ist oder gemäß dieser Vereinbarung für die Anwendung des Artikels 28 des Abkommens als Gebiet seines rechtmäßigen Aufenthalts gilt, gestattet ihm auf Antrag der Vertragspartei, in deren Hoheitsgebiet er sich befindet, die Einreise in ihr Hoheitsgebiet.

Artikel 12
Rechte und Vergünstigungen, die eine Vertragspartei Flüchtlingsseeleuten unabhängig von dieser Vereinbarung gewährt, werden durch diese Vereinbarung nicht berührt.

Artikel 13
(1) Jede Vertragspartei kann aus zwingenden Gründen der Staatssicherheit oder der öffentlichen Ordnung ihre Verpflichtungen aus dieser Vereinbarung gegenüber einem Flüchtlingsseemann als hinfällig betrachten. Dem betreffenden Flüchtlingsseeman ist Gelegenheit zu geben, der zuständigen Behörde innerhalb einer angemessenen Frist Beweismaterial zu seiner Entlastung vorzulegen, sofern nicht begründeter Anlaß zu der Annahme besteht, daß er eine Gefahr für die Sicherheit des Staates darstellt, in dem er sich befindet.

(2) Eine Entscheidung gemäß Absatz (I) entbindet die betreffende Vertragspartei nicht von ihren Verpflichtungen aus Artikel 11 gegenüber einem Flüchtlingsseemann, dem sie einen Reiseausweis ausgestellt hat, es sei denn, daß dieser Ausweis schon seit über 120 Tagen nicht mehr gültig ist, wenn ihr der Antrag auf Genehmigung der Einreise in ihr Hoheitsgebiet von einer anderen Vertragspartei zugeleitet wird.

KAPITEL IV

Artikel 14
Jede zwischen den Vertragsparteien über die Auslegung oder Anwendung dieser Vereinbarung entstehende Streitigkeit, die nicht auf andere Weise beigelegt werden kann, wird auf Antrag einer der streitenden Parteien dem Internationalen Gerichtshof vorgelegt.

Artikel 15
Diese Vereinbarung bedarf der Ratifizierung. Die Ratifikationsurkunden werden bei der Regierung des Königreichs der Niederlande hinterlegt.

Artikel 16
Diese Vereinbarung tritt am neunzigsten Tage nach Hinterlegung der achten Ratifikationsurkunde in Kraft.

Artikel 17
(1) Jede Regierung, welche gegenüber Flüchtlingsseeleuten die in Artikel 28 des Abkommens vorgesehenen oder entsprechende Verpflichtungen zu übernehmen bereit ist, kann dieser Vereinbarung beitreten.

(2) Die Beitrittsurkunden werden bei der Regierung des Königreichs der Niederlande hinterlegt.

(3) Für jede beitretende Regierung tritt diese Vereinbarung am neunzigsten Tage nach Hinterlegung ihrer Beitrittsurkunde in Kraft, jedoch nicht vor dem in Artikel 16 bestimmten Zeitpunkt.

Artikel 18
(1) Jede Regierung kann bei der Ratifizierung oder dem Beitritt oder zu jedem späteren Zeitpunkt erklären, daß sich diese Vereinbarung auch auf eines oder mehrere der Hoheitsgebiete erstreckt, für deren internationale Beziehungen sie verantwortlich ist, sofern sie bezüglich dieser Hoheitsgebiete die in Artikel 17 Absatz (1) genannten Verpflichtungen zu übernehmen bereit ist.

(2) Diese Erstreckung erfolgt durch eine an die Regierung des Königreichs der Niederlande gerichtete Notifizierung.

(3) Die Erstreckung tritt am neunzigsten Tage nach Eingang der Notifizierung bei der Regierung des Königreichs der Niederlande in Kraft, jedoch nicht vor dem in Artikel 16 bestimmten Zeitpunkt.

Artikel 19
(1) Jede Vertragspartei kann diese Vereinbarung jederzeit durch eine an die Regierung des Königreichs der Niederlande gerichtete Notifizierung kündigen.

(2) Die Kündigung wird ein Jahr nach Eingang der Notifizierung bei der Regierung des Königreichs der Niederlande wirksam. Erfolgt eine Kündigung, so kann jede andere Vertragspartei die Vereinbarung nach Konsultierung der übrigen Vertragsparteien kündigen; diese Kündigung wird zu dem genannten Zeitpunkt wirksam, sofern eine Frist von sechs Monaten eingehalten wurde.

Artikel 20
(1) Jede Vertragspartei, die eine Notifizierung gemäß Artikel 18 vorgenommen hat, kann zu jedem späteren Zeitpunkt durch eine an die Regierung des Königreichs der Niederlande gerichtete Notifi-

zierung erklären, daß die Vereinbarung für eines oder mehrere der in der Notifizierung bezeichneten Hoheitsgebiete nicht mehr gilt.

(2) Für das betreffende Hoheitsgebiet endet die Gültigkeit der Vereinbarung ein Jahr nach Eingang der Notifizierung bei der Regierung des Königreichs der Niederlande.

Artikel 21
Die Regierung des Königreichs der Niederlande unterrichtet alle in der Präambel genannten und alle beigetretenen Regierungen von den Hinterlegungen und Notifizierungen, die gemäß den Artikeln 15, 17, 18, 19 und 20 vorgenommen werden.

ZU URKUND DESSEN haben die hierzu gehörig befugten Unterzeichneten diese Vereinbarung unterschrieben.

GESCHEHEN in Den Haag am 23. November 1957 in englischer und französischer Sprache, wobei jeder Wortlaut gleichermaßen verbindlich ist, in einer Urschrift, die im Archiv der Regierung des Königreichs der Niederlande hinterlegt wird; diese übermittelt jeder in der Präambel genannten und jeder beitretenden Regierung eine beglaubigte Abschrift.

Vertragsstaaten sind neben der Bundesrepublik Deutschland (Fundstellennachweis B, BGBl 1994 II 338):

Vertragsparteien	in Kraft am	BGBl Jg S
Australien	17. 7.1973	73 II 557
Belgien	27.12.1961	61 II 1670
Dänemark	27.12.1961	61 II 1670
Frankreich	27.12.1961	61 II 1670
Irland	20. 7.1964	64 II 1260
Italien	29. 1.1967	67 II 735
Jugoslawien, ehemaliges	3. 3.1964	64 II 99
Kanada	28. 8.1969	69 II 1526
Marokko	27.12.1961	61 II 1670
Mauritius*1	12. 3.1968	71 II 6
Monaco	27.12.1961	61 II 1670
Neuseeland	19. 1.1975	75 II 196
Niederlande*3	27.12.1961	61 II 1670
Norwegen	27.12.1961	61 II 1670
Portugal	1. 6.1965	65 II 900
Schweden	27.12.1961	61 II 1670
Schweiz	12. 3.1963	63 II 140
Vereinigtes Königr.*2	27.12.1961	61 II 1670

Die Konvention ergänzt die FlüchtlKonv im besonderen Lebensbereich der See- **53** leute. Die Flüchtlingsseeleute (sog „**fliegende Holländer**") sind Flüchtlinge iSd

---

* 1 Erklärung über die Weiteranwendung
  2 Weitere Bek – 1964 II 422, 1327
  3 Weitere Bek – 1986 II 670

FlüchtlKonv. Die Haager Vereinbarung will spezielle Nachteile ausgleichen, mit denen dieser Personenkreis konfrontiert wird (starke Bindung an das Schiff wegen fehlender Landeerlaubnis; geringe Entlohnung). Die Haager Vereinbarung enthält keine Kollisionsnorm; Art 12 FlüchtlKonv findet deshalb Anwendung.

VII. Asylberechtigte*

54 Das deutsche Asylverfahrensgesetz in der Fassung der Bekanntmachung vom 27. Juli 1993 stellt anerkannte Asylberechtigte den Konventionsflüchtlingen (s oben Rn 32 ff) gleich. Dies ist vor allem fremdenrechtlich von Bedeutung; die Verweisung auf die FlüchtlKonv erfaßt aber auch die kollisionsrechtliche Regel in Art 12 und erweitert somit den Anwendungsbereich dieser Norm. Die maßgeblichen Vorschriften des Asylverfahrensgesetzes (AsylVfG) lauten:

§ 1
Geltungsbereich

(1) Dieses Gesetz gilt für Ausländer, die Schutz als politisch Verfolgte nach Artikel 16 a Abs. 1 des Grundgesetzes oder Schutz vor Abschiebung oder einer sonstigen Rückführung in einen Staat beantragen, in dem ihnen die in § 51 Abs. 1 des Ausländergesetzes bezeichneten Gefahren drohen.

(2) Dieses Gesetz gilt nicht

1. für heimatlose Ausländer im Sinne des Gesetzes über die Rechtsstellung heimatloser Ausländer im Bundesgebiet in der im Bundesgesetzblatt Teil III, Gliederungsnummer 243–1, veröffentlichten bereinigten Fassung, zuletzt geändert durch Artikel 4 des Gesetzes vom 9. Juli 1990 (BGBl I S 1354),

2. für Ausländer im Sinne des Gesetzes über Maßnahmen für im Rahmen humanitärer Hilfsaktionen aufgenommene Flüchtlinge vom 22. Juli 1980 (BGBl I S 1057), zuletzt geändert durch Artikel 5 des Gesetzes vom 9. Juli 1990 (BGBl I S 1354)

§ 2
Rechtsstellung Asylberechtigter

(1) Asylberechtigte genießen im Bundesgebiet die Rechtsstellung nach dem Abkommen über die Rechtsstellung der Flüchtlinge vom 28. Juli 1951 (BGBl 1953 II S 559).

(2) Unberührt bleiben die Vorschriften, die den Asylberechtigten eine günstigere Rechtsstellung einräumen.

(3) Ausländer, denen bis zum Wirksamwerden des Beitritts in dem in Artikel 3 des Einigungsvertrages genannten Gebiet Asyl gewährt worden ist, gelten als Asylberechtigte.

---

* **Schrifttum:** FRANSSEN, Der neue Art 16 a GG als „Grundrechtshinderungsvorschrift", DVBl 1993, 300; HENKEL, Das neue Asylrecht, NJW 1993, 2705; SCHOCH, Das neue Asylrecht gemäß Art 16 a GG, DVBl 1993, 1161; HEHL, Die Neuregelung des Asylrechts, ZRP 1993, 301; WOLLENSCHLÄGER/SCHRAML, Art 16 a GG, das „neue Grundrecht" auf Asyl?, JZ 1994, 61; RENNER, Der „Asylkompromiß" und seine Folgen, NVwZ 1994, 452.

1. Anwendungsbereich

Die §§ 1–3 AsylVfG bestimmen den Geltungsbereich des Gesetzes. Das Gesetz gilt für Ausländer iSd § 1 AuslG, die einen Antrag auf Schutzgewährung nach Art 16 a Abs 1 GG stellen. Nicht vom Asylverfahrensgesetz erfaßt werden gemäß § 1 Abs 2 Ziff 1 diejenigen Ausländer, deren Status durch das Gesetz über die Rechtstellung heimatloser Ausländer im Bundesgebiet v 25. 4. 1951 (BGBl I 269, zuletzt geändert durch Art 4 des Gesetzes zur Neuregelung des Ausländerrechts v 6. 7. 1990) festgelegt ist sowie die sog Kontingentflüchtlinge gemäß § 1 Abs 2 Ziff 2; beide Gruppen sind jedoch nicht aus dem Schutzbereich des Art 16 a Abs 1 GG ausgenommen, sondern lediglich vom Erfordernis einer formellen Anerkennung nach dem Asylverfahrensgesetz befreit. Während jedoch die heimatlosen Ausländer nach HeimatlAuslG (vgl insbesondere § 2 Abs 2; § 12, insbesondere S 2 u 3; §§ 13; 16 HeimatlAuslG) eine stärkere Rechtsposition als Asylberechtigte innehaben, sind die Kontingentflüchtlinge weitaus weniger bevorzugt (vgl Art 13, 15, 17, 18, 19, 26 FlüchtlKonv).

§ 2 AsylVfG, der § 44 aF AuslG nachgebildet ist, erweitert den Anwendungsradius des Art 12 FlüchtlKonv. Kraft deutschen innerstaatlichen Rechts gilt er nämlich auch dann, wenn der anerkannt politisch Verfolgte nicht Konventionsflüchtling war. Seitdem die zeitliche und geographische Schranke bei der Anwendung der FlüchtlKonv durch das Protokoll v 31. 1. 1967 (s oben Rn 36) entfallen ist, sind derartige Fälle selten, kommen aber vor, weil der Begriff des „Verfolgten" weiter geht als der des „Flüchtlings": Art 16 a Abs 1 GG schützt seinem Wortlaut nach vor jeder politischen Verfolgung, wogegen die FlüchtlKonv nur bei politischer Verfolgung wegen bestimmter Umstände (s oben Rn 44) eingreift.

2. Entfallen der Gründe für die Asylberechtigung

Sind die Gründe für die Asylberechtigung entfallen, so entfällt der Asylstatus in gleicher Weise wie der Flüchtlingsstatus (s oben Rn 47). Verzichtet der Asylant auf seine Asylberechtigung, so wird die Asylberechtigung widerrufen; bei Nachweis erneuter Bedrohung kann die Asylberechtigung wieder zuerkannt werden. Insoweit muß in besonders gelagerten Einzelfällen das Problem der fraudulösen Herstellung von Anknüpfungen beachtet werden (vgl Ferid, IPR 3–154, 84 ff: Verzicht auf die Asylberechtigung im Berufungsverfahren nach Scheidungsurteil).

Für die familienrechtlich mit dem Asylberechtigten verbundenen Personen gelten die kollisionsrechtlichen Grundsätze der personae coniunctae (s oben Rn 12, 23, 48). Ehegatten und minderjährige Kinder, die gem § 26 AsylVfG als Asylberechtigte anerkannt sind, genießen im Rahmen von § 2 Abs 1 AsylVfG die Rechtsstellung von Kontingentflüchtlingen (dazu BVerwG InfAuslR 91, 313; 93, 152). Bzgl der Anknüpfungsgründe s o Ausführungen zu Art 12 FlüchtlKonv (Rn 49).

VIII. Kontingentflüchtlinge*

Als Kontingentflüchtlinge werden die Personen bezeichnet, die in der Bundesrepu-

---

* **Schrifttum:** Jayme, Zum Personalstatut der „Kontingentflüchtlinge", IPRax 1981, 73.

blik im Rahmen einer humanitären Aktion Aufnahme gefunden haben. Die näheren Einzelheiten werden durch das Gesetz über Maßnahmen für im Rahmen humanitärer Hilfsaktionen aufgenommene Flüchtlinge v 22. 7. 1980 (BGBl I 1057) idF v 9. 7. 1990 (BGBl I 1354) geregelt, das am 1. 8. 1980 in Kraft getreten ist. Die ip-rechtlich bedeutsamen Vorschriften lauten:

§ 1
Rechtsstellung

(1) Wer als Ausländer im Rahmen humanitärer Hilfsaktionen der Bundesrepublik Deutschland auf Grund der Erteilung einer Aufenthaltserlaubnis vor der Einreise in der Form des Sichtvermerks oder auf Grund einer Übernahmeerklärung nach § 33 (1) des Ausländergesetzes im Geltungsbereich dieses Gesetzes aufgenommen worden ist, genießt im Geltungsbereich dieses Gesetzes die Rechtsstellung nach den Artikeln 2 bis 34 des Abkommens über die Rechtsstellung der Flüchtlinge vom 28. Juli 1951 (BGBl 1953 II S 559).

(2) Auch ohne Aufenthaltserlaubnis oder Übernahmeerklärung genießt die Rechtsstellung nach Absatz 1, wer als Ausländer vor Vollendung des 16. Lebensjahres und vor Inkrafttreten des Gesetzes zur Neuregelung des Ausländerrechts im Rahmen humanitärer Hilfsaktionen der Bundesrepublik Deutschland im Geltungsbereich dieses Gesetzes aufgenommen worden ist.

(3) Dem Ausländer wird eine unbefristete Aufenthaltserlaubnis erteilt.

§ 2
Nachweis

(1) Der Flüchtling im Sinne des § 1 erhält zum Nachweis seiner Rechtsstellung eine amtliche Bescheinigung.

(2) Seine Aufnahme wird im Ausländerzentralregister gesondert vermerkt.

Das Gesetz erweitert ebenso wie das AsylVfG den Anwendungsbereich der **FlüchtlKonv**. Ohne spezielle Anerkennung als Asylberechtigte werden von der Bundesrepublik Gruppen von Personen aufgenommen, die ihre Heimatländer als Flüchtlinge, Vertriebene oder politisch Verfolgte verlassen müssen. Aufnahme in der Bundesrepublik haben auf diese Weise zB die sog „boat people" (hierzu GRAHL-MADSEN AWR-Bull 1980, 110) aus dem südostasiatischen Raum sowie Flüchtlinge aus Argentinien, Chile und Uganda gefunden (vgl WOLLENSCHLÄGER BayVBl 1980, 681).

60 § 1 des Gesetzes führt fremden- wie kollisionsrechtlich eine Gleichstellung der **Kontingentflüchtlinge** mit den Konventionsflüchtlingen herbei. Voraussetzung ist gem § 1 Abs 1 die Erteilung einer Aufenthaltserlaubnis vor der Einreise in der Form des Sichtvermerks (§ 3 Abs 1 u 3 AuslG) oder die Übernahmeerklärung (§ 33 Abs 1 AuslG). Auf die Erteilung einer solchen Übernahmeerklärung besteht für den Flüchtling kein subjektiv öffentlicher Anspruch; es handelt sich um einen rein humanitären Akt. Aufenthaltserlaubnis oder Übernahmeerklärung – nicht aber der Eingliederungsakt der deutschen Behörde – sind entbehrlich, wenn ein Ausländer vor der Vollendung des 16. Lebensjahres und vor Inkrafttreten des Gesetzes zur Neuregelung des Ausländerrechts im Rahmen einer humanitären Hilfsaktion in der Bundesrepublik aufgenommen worden ist.

2. Kapitel. IPR
1. Abschnitt. Verweisung

Die Bescheinigung und die gesonderte Aufnahme im Ausländerzentralregister nach § 2 haben deklaratorische Bedeutung.

Die Regeln über den abgeleiteten Status von Personen, die familienrechtlich mit dem Aufgenommenen verbunden sind, finden Anwendung; gleiches gilt für die Beendigung des Status als Aufgenommener.

Das am 1. 8. 1980 in Kraft getretene Gesetz erfaßt nur die ab diesem Zeitpunkt **61** **vollendeten Tatbestände**. Auf früher aufgenommene Flüchtlinge ist dieses **Gesetz nicht** anzuwenden, schon weil es die Flüchtlinge nicht schlechthin schützen will. Eine Rückwirkung kommt nicht in Betracht. Soweit die Flüchtlinge bereits von der FlüchtlKonv erfaßt wurden, liegt insoweit auch kein Statutenwechsel vor.

Art 6 EGBGB. Öffentliche Ordnung (ordre public)

Eine Rechtsnorm eines anderen Staates ist nicht anzuwenden, wenn ihre Anwendung zu einem Ergebnis führt, das mit wesentlichen Grundsätzen des deutschen Rechts offensichtlich unvereinbar ist. Sie ist insbesondere nicht anzuwenden, wenn die Anwendung mit den Grundrechten unvereinbar ist.

Materialien: KÜHNE, IPR-Gesetz-Entwurf, Entwurf eines Gesetzes zur Reform des internationalen Privat- und Verfahrensrechts (1980); G-Entw d BReg z Neuregelung des IPR v 20. 5. 1983 (BR-Drucks 222/83, 8, 42 ff); G-Entw d BReg z Neuregelung des IPR v 20. 10. 1983 (BT-Drucks 10/504, 8, 42 ff); Beschlußempfehlung u Ber d RA (6. Ausschuß) v 9. 6. 1986 (BT-Drucks 10/5632, 7, 40); Gesetzesbeschluß zur Neuregelung des IPR v 20. 6. 1986 (BR-Drucks 293/86, 2); G z Neuregelung des IPR v 25. 7. 1986 (BGBl I 1142 f).

Schrifttum

CARL LUDWIG VBAR, Theorie und Praxis des Internationalen Privatrechts, 2 Bde (2. Aufl 1889)
ZITELMANN, Internationales Privatrecht, 2 Bde (1897, 1912)
LEWALD, Die staatsvertragliche Regelung der international-privatrechtlichen Vorbehaltsklausel, MittGesVölkR 7 (1926) 47
KAHN, Die Lehre vom ordre public, Abhandlungen zum internationalen Privatrecht, Bd 2 (1928) 161
GUTZWILLER, Internationalprivatrecht (1931)
LEWALD, Das deutsche internationale Privatrecht auf Grundlage der Rechtsprechung (1931)
MELCHIOR, Die Grundlagen des deutschen internationalen Privatrechts (1932)
NUSSBAUM, Deutsches internationales Privatrecht (1932)

MARTI, Der Vorbehalt des eigenen Rechts im IPR der Schweiz (ordre public), Abhandlungen zum schweizerischen Recht Heft 176 (1940)
DÖLLE, Der ordre public im internationalen Privatrecht, Deutsche Landesreferate zum III. Internationalen Kongreß für Rechtsvergleichung in London (1950) 89, 397
GOLDSCHMIDT, Die philosophischen Grundlagen des internationalen Privatrechts, in: FS Wolff (1952) 203
NUSSBAUM, Grundzüge des internationalen Privatrechts unter besonderer Berücksichtigung des amerikanischen Rechts (1952)
VALLINDAS, Der Vorbehalt des ordre public im internationalen Privatrecht, RabelsZ 1953, 1
MAURY, L'ordre public en droit international privé français et en droit international privé allemand, Rev crit dr i p 43 (1954) 7

SCHNITZER, Handbuch des internationalen Privatrechts einschließlich Prozeßrecht unter besonderer Berücksichtigung der schweizerischen Gesetzgebung und Rechtsprechung, 2 Bde (4. Aufl 1957/1958)
MAIER, Der Ausgleichsanspruch des Handelsvertreters und Eigenhändlers und der ordre public, NJW 1958, 1327
GAMILLSCHEG, Internationales Arbeitsrecht (1959)
MAKAROV, Die Haager internationalprivatrechtlichen Abkommen und die Vorbehaltsklausel, in: FS Gutzwiller (1959) 303
SIMITIS, Gute Sitten und ordre public: Ein kritischer Beitrag zur Anwendung des § 138 Abs 1 BGB (1960)
BEITZKE, Ordre public, in: STRUPP/SCHLOCHAUER, Wörterbuch des Völkerrechts, Bd 2 (1961) 665
GRAULICH, Principes de droit international privé, Conflit de lois – Conflit de juridictions (1961)
LUNZ, Internationales Privatrecht (1961/1964)
vBRUNN, Der europäische ordre public, NJW 1962, 985
SONNENBERGER, Die Bedeutung des Grundgesetzes für das deutsche IPR (Diss München 1962)
FERID, Die 9. Haager Konferenz, RabelsZ 27 (1962/63) 426
NEUMAYER, Zur positiven Funktion der kollisionsrechtlichen Vorbehaltsklausel, in: FS Dölle Bd II (1963) 179
STENGER, Der ordre public im internationalen Privatrecht (Diss Würzburg 1963)
WOLFF, Internationales Privatrecht Deutschlands (3. Aufl 1964)
GAMILLSCHEG, Die Grundrechte bei der Anwendung ausländischen Rechts, in: FS Nipperdey Bd 1 (1965) 323
JAYME, Die Wiederanwendung der Haager Familienrechtsabkommen von 1902 und 1905, NJW 1965, 13
MEISE, Zur Relativität der Vorbehaltsklausel im internationalen und interlokalen Privatrecht (Diss Hamburg 1965)
NEUHAUS, Ehehindernisse der Religionsverschiedenheit und ordre public, StAZ 1965, 279
BEITZKE, Rechtsvergleichende Bemerkungen zur Anerkennung und Vollstreckung ausländischer zivilrechtlicher Entscheidungen in Jugoslawien, RabelsZ 30 (1966) 642
HENRICH, Wann verbietet der deutsche ordre public die Anwendung ausländischen Rechts?, StAZ 1966, 301
AUBIN, Die rechtsvergleichende Konkretisierung von Kontrollmaßstäben des Verfassungsrechts und des Kollisionsrechts in der deutschen Rechtsprechung, Deutsche Landesreferate zum VII. Internationalen Kongreß für Rechtsvergleichung in Uppsala (1966/67) 99
BATIFFOL, Droit International Privé (4ème edition 1967)
EHRENZWEIG, Private international law (1967)
JAENICKE, Zur Frage des internationalen ordre public, BerDGesVölkR 1967, 77
ROTH, Der Vorbehalt des ordre public gegenüber fremden gerichtlichen Entscheidungen (Diss Würzburg 1967)
WIETHÖLTER, Zur Frage des internationalen ordre public, BerDGesVölkR 1967, 133
STÖCKER, Art 30 EGBGB im Spannungsfeld zwischen Religion und Vernunft, StAZ 1968, 33
GEIMER, Zur Nichtanerkennung ausländischer Urteile wegen nicht ordnungsmäßigen erststaatlichen Verfahrens, JZ 1969, 12
vHEYMANN, Der ordre public in der privaten Schiedsgerichtsbarkeit (1969)
LEREBOURS-PIGEONNIÈRE/LOUSSOUARN, Droit international privé, Etudes Ripert I (9ème édition 1970)
MAKAROV, Grundriß des Internationalen Privatrechts (1970)
MANN, Der internationale Währungsfonds und das internationale Privatrecht, JZ 1970, 709
SIEHR, Ehrenzweigs lex-fori-Theorie und ihre Bedeutung für das amerikanische und deutsche Kollisionsrecht, RabelsZ 34 (1970) 585
STÖCKER, Vom ordre-public-Vorbehalt zur internationalprivatrechtlichen Härteklausel, StAZ 1970, 325 ff
GURADZE, Anmerkung zu BVerfG, Beschl vom 4. 5. 1971, NJW 1971, 2121
DÖLLE, Internationales Privatrecht (2. Aufl 1972)
HENRICH, Grundrechte und ordre public, RabelsZ 36 (1972) 2

MANN, Anmerkung zu BGH-Urt v 22. 6. 1972, abgedr in NJW 72, 1572, NJW 1972, 2179

SCHULZE, Das öffentliche Recht im internationalen Privatrecht (1972)

SEIDL-HOHENVELDERN, Voraussetzungen für die Anwendung ausländischen öffentlichen Rechts, Rev esp der int 25 (1972) 349

SIEHR, Grundrecht der Eheschließungsfreiheit. Zugleich ein Beitrag zum ordre public, RabelsZ 36 (1972) 93

BAUR, Einige Bemerkungen zum verfahrensrechtlichen ordre public, in: FS Guldener (1973) 1

DROBNIG, Der Grundvertrag und die internationalen Zivilrechtsbeziehungen, RabelsZ 37 (1973) 485

HABSCHEID, Zur Anerkennung klageabweisender ausländischer Eheurteile, FamRZ 1973, 432

MANN, Eingriffsgesetze und Internationales Privatrecht, in: FS Wahl (1973) 139

BLECKMANN, Sittenwidrigkeit wegen Verstoßes gegen den ordre public international, Anm zum Urteil des BGH vom 22. Juni 1972 (BGHZ 59, 83), ZaöRV 1974, 112

BÖCKSTIEGEL, Enteignungs- oder Nationalisierungsmaßnahmen gegen ausländische Kapitalgesellschaften, BerDGesVölkR 1974, 13, 38

FIRSCHING, Anmerkungen zu: BGH, Vorlegungs-Beschluß v 20. 12. 1972 – IV ZB 20/72 (Kammergericht), JZ 1974, 181 ff

STÖCKER, Der internationale ordre public im Familien- und Familienerbrecht, RabelsZ 38 (1974) 79

JAYME/MEESSEN, Staatsverträge zum Internationalen Privatrecht, BerDGesVölkR 16 (1975) 1

SCHWANDER, Lois d'application immédiate, Sonderanknüpfung, IPR-Sachnormen und andere Ausnahmen von der gewöhnlichen Anknüpfung im internationalen Privatrecht, Schweizer Studien zum internationalen Recht, Bd 1 (1975)

MANN, Beiträge zum Internationalen Privatrecht (1976)

NEUHAUS, Die Grundbegriffe des Internationalen Privatrechts, Beiträge zum ausländischen und internationalen Privatrecht (2. Aufl 1976)

GEIMER, Das Anerkennungsverfahren gemäß Art 26 Abs 2 des EWG-Übereinkommens vom 27. September 1968, JZ 1977, 145

RAAPE/STURM, Internationales Privatrecht, Bd 1, Allgemeine Lehren (6. Aufl 1977)

WUPPERMANN, Die deutsche Rechtsprechung zum Vorbehalt des ordre public im internationalen Privatrecht seit 1945 vornehmlich auf dem Gebiet des Familienrechts, Schriftenreihe der wiss Gesellschaft für Personenstandswesen und verwandte Gebiete mbH, Bd 10 (1977)

KEGEL/SEIDL-HOHENVELDERN, Zum Territorialitätsprinzip im internationalen öffentlichen Recht, in: FS Ferid (1978) 233

KROPHOLLER, Das kollisionsrechtliche System des Schutzes der schwächeren Vertragspartei, RabelsZ 42 (1978) 634

MANN, Börsentermingeschäfte und internationales Privatrecht, in: FS Caemmerer (1978) 737

DILGER, Deutsches Recht als Ersatzrecht?, StAZ 1979, 37

LÜER, Börsentermingeschäftsfähigkeit und Differenzeinwand, JZ 1979, 171

WENGLER, Sonderanknüpfung, positiver und negativer ordre public, JZ 1979, 175

HÜBNER, Allgemeine Geschäftsbedingungen und Internationales Privatrecht, NJW 1980, 2601

JAYME, Wandlungen des ordre public im internationalen Kindschaftsrecht, StAZ 1980, 301

KNOKE, Deutsches interlokales Privat- und Privatverfahrensrecht nach dem Grundvertrag (1980)

KORKISCH, Neue Tendenzen im Internationalen Privatrecht Osteuropas, in: JbOstR XXI (1980) 23

KÜHNE, IPR-Gesetz-Entwurf, Entwurf eines Gesetzes zur Reform des internationalen Privat- und Verfahrensrechts (1980)

NEUHAUS/KROPHOLLER, Entwurf eines Gesetzes über Internationales Privat- und Verfahrensrecht, RabelsZ 44 (1980) 326

BEITZKE, Zur Reform des Kollisionsrechts des Ehegüterrechts, in: BEITZKE (Hrsg), Vorschläge und Gutachten zur Reform des deutschen internationalen Personen-, Familien- und Erbrechts (1981) 146

SCHURIG, Kollisionsnorm und Sachrecht, zu Struktur, Standort und Methode des IPR (1981)

SIMITIS, Zur Kodifikation der Vorbehaltsklau-

sel, in: BEITZKE (Hrsg), Vorschläge und Gutachten zur Reform des deutschen internationalen Personen-, Familien- und Erbrechts (1981) 267 ff
STÖCKER, Internationaler ordre public zum Schutz der Menschenrechte, StAZ 1981, 16
WEITZ, Inlandsbeziehungen und ordre public in der deutschen Rechtsprechung zum internationalen Familienrecht (1981)
WENGLER, BGB-RGRK, Bd VI, Internationales Privatrecht (12. Aufl 1981) (zit: BGB-RGRK/WENGLER)
EPE, Die Funktion des ordre public im deutschen internationalen Privatrecht (Diss Tübingen 1983)
MORGENSTERN, Vereinbarkeit von Strafgesetzen der DDR mit rechtsstaatlichen Grundsätzen und dem ordre public der Bundesrepublik Deutschland. Zur Problematik der Schranken des § 2 Abs 1 des Gesetzes über die innerdeutschen Rechts- und Amtshilfe in Strafsachen, Schriften zum öffentlichen Recht, Bd 443 (1983)
SCHWÜNG, Die Rechtsfolgen aus der Anwendung der ordre public-Klausel im IPR (Diss Mainz 1983)
WENGLER, Legitimation und ordre public, IPRax 1983, 28
SCHÜTZ, Der internationale ordre public. Der Ausschluß völkerrechtswidrigen fremden Rechts im Internationalen Privatrecht der Bundesrepublik Deutschland, Schriften zum Staats- und Völkerrecht, Bd 15 (1984)
STOLL, Bemerkungen zu den Vorschriften über den „Allgemeinen Teil" im Gesetzentwurf der Bundesregierung zur Neuregelung des IPR, IPRax 1984, 1
FERID, Internationales Privatrecht (3. Aufl 1986)
KELLER/SIEHR, Allgemeine Lehren des internationalen Privatrechts (1986)
CHRISTIAN VBAR, Internationales Privatrecht, Bd 1, Allgemeine Lehren (1987), Bd 2, Besonderer Teil (1991) (zit: CHR VBAR)
FIRSCHING, Einführung in das Internationale Privatrecht (3. Aufl 1987)
KNÜPPEL, Zwingendes materielles Recht und internationale Schuldverträge (Diss Bonn 1988)

REITHMANN/MARTINY, Internationales Vertragsrecht (4. Aufl 1988)
JAYME, Methoden der Konkretisierung des ordre public im Internationalen Privatrecht, Jur Studienges Karlsruhe H 183 (1989)
ARETZ/KORTH, Internationales Privat- und Verfahrensrecht (1989)
KOCH/MAGNUS/WINKLER VON MOHRENFELS, IPR und Rechtsvergleichung (1989)
SPICKHOFF, Der ordre public im internationalen Privatrecht. Entwicklung – Struktur – Konkretisierung (1989)
SONNENBERGER, Art 6 EGBGB, in: Münchener Kommentar, Bd 7 (2. Aufl 1990) (zit: MünchKomm/SONNENBERGER)
SCHWIND, Internationales Privatrecht (1990)
HÜSSTEGE, Internationales Privatrecht (1990/1992)
SCHACK, Internationales Zivilverfahrensrecht (1991)
LÜDERITZ, Internationales Privatrecht (2. Aufl 1992)
KUNZ, Internationales Privatrecht (3. Aufl 1992)
OLLICK, Das kollisionsrechtliche Vorfragenproblem und die Bedeutung des Ordre public unter besonderer Berücksichtigung der deutschen Rechtsprechung zum internationalen Familienrecht (Diss Köln 1992)
CHRISTIAN VBAR, Ausländisches Privat- und Privatverfahrensrecht in deutscher Sprache, Bibliographie (1993)
BATIFFOL/LAGARDE, Droit international privé (8ème édition 1993)
ERMAN/HOHLOCH, Art 6 EGBGB, Bd 2 (9. Aufl 1993)
BARBER, Objektive Schiedsfähigkeit und ordre public in der internationalen Schiedsgerichtsbarkeit (1994)
KROPHOLLER, Internationales Privatrecht (2. Aufl 1994)
FIRSCHING/VHOFFMANN, Internationales Privatrecht (4. Aufl 1994)
PALANDT/HELDRICH, Art 6 EGBGB (54. Aufl 1995)
KEGEL, Internationales Privatrecht (7. Aufl 1995).

Systematische Übersicht

I. Vorbemerkung zu Inhalt und Tragweite der gesetzlichen Neuregelung
1. Überblick ... 1
   a) Die Allgemeine Vorbehaltsklausel, Art 6 ... 1
   b) Die Sonderanknüpfung zwingender Eingriffsnormen, Art 34 EGBGB ... 2
   c) Der Wegfall der gesetzlichen Grundlage für die Ausübung des Vergeltungsrechts (Art 31 EGBGB aF) ... 3
   d) Die Regelung spezieller Vorbehaltsklauseln ... 4
   e) Die Anpassungsänderungen
      aa) § 328 Abs 1 Nr 4 ZPO ... 5
      bb) § 16 a FGG ... 6
2. Zu den einzelnen Elementen der gesetzlichen Neufassung der allgemeinen Vorbehaltsklausel, Art 6 Satz 1 ... 7
   a) Keine sachliche Änderung des Art 30 EGBGB aF ... 7
   b) „Offensichtliche Unvereinbarkeit" ... 8
   c) „Wesentliche Grundsätze des deutschen Rechts" ... 9
      aa) Zweck eines deutschen Gesetzes ... 10
      bb) Gute Sitten ... 11
      cc) Schonung fremden Rechts ... 12
3. Grundrechte und ordre public, Art 6 Satz 2 ... 13

II. Allgemeines zum ordre public
1. Geschichtliches ... 14
2. Notwendigkeit und Begriff der Vorbehaltsklausel ... 15
3. Funktion der Vorbehaltsklausel und Rechtsnatur ... 16
   a) Negative Funktion des ordre public ... 18
      aa) Generalklausel ... 19
      bb) Ausnahmevorschrift ... 20
   b) Positive Funktion des ordre public ... 22
      aa) Herkunft und Inhalt der positiven Funktion des ordre public ... 23
      bb) Kritik ... 24
4. Abgrenzung des ordre public von anderen Rechtsinstituten ... 27
   a) Lois d'application immédiate ... 27
   b) Sonderanknüpfung ... 29
   c) Eingriffsnormen ... 32
      aa) Inländische Eingriffsnormen ... 33
      bb) Ausländische Eingriffsnormen ... 35
   d) Gesetzesumgehung (fraus legis) ... 40
   e) Angleichung ... 45
5. Arten des Vorbehalts ... 46
   a) Allgemeiner und besonderer ordre public ... 46
      aa) Spezielle Vorbehaltsklauseln im EGBGB ... 47
      bb) Die staatsvertraglichen Vorbehaltsklauseln ... 49
   b) Internationaler ordre public ... 54
      aa) Der ordre public international im französischen Recht ... 55
      bb) Der internationale ordre public im deutschen Recht ... 56
   c) Europäischer ordre public ... 63
   d) Interlokaler ordre public ... 68
   e) Ausländischer ordre public
      aa) Grundsätzliche Unbeachtlichkeit des ausländischen ordre public ... 72
      bb) Beachtlichkeit bei renvoi ... 74
      cc) § 606 a Abs 1 Z 4 ZPO ... 75
   f) Prozessualer ordre public ... 76
      aa) Verhältnis der prozessualen inländischen Vorbehaltsklauseln zu staatsvertraglichen Vorbehaltsklauseln ... 81
      bb) Verhältnis von § 328 Abs 1 Z 4 ZPO zu Art 6 ... 82

III. Handhabung des ordre public
1. Prüfungsgegenstand ... 84
   a) Rechtsnorm eines anderen Staates ... 84
   b) Anwendung der Rechtsnorm eines anderen States ... 86
2. Prüfungsmaßstab ... 88
   a) Überblick über Rechtsprechung und Meinungsstand zu Art 30 EGBGB aF ... 89
   b) Inhalt und Umfang der „wesentlichen Grundsätze des deutschen Rechts" ... 93
      aa) Allgemeines, Überblick über die Kasuistik ... 94
      bb) Grundrechte als Bestandteil der öffentlichen Ordnung ... 102
3. Handhabung im engeren Sinne, insbesondere Wirkungsweise, Einschränkungen und Rechtsfolgen ... 108

a)	Wirkungsweise	109	2.	Anwendung eines fremden Rechts bei Nichtanerkennung eines ausländischen Staates bzw einer ausländischen Regierung 143
b)	Einschränkungen	110		
aa)	Offensichtliche Unvereinbarkeit	111		
bb)	Relativität der Vorbehaltsklausel	114		
(1)	Örtliche Relativität	116	V.	**Der ordre public in anderen Rechtsordnungen** 144
(2)	Zeitliche Relativität	123		
(3)	Sachliche Relativität	127	1.	Romanischer Rechtskreis 145
c)	Rechtsfolgen des Eingreifens der Vorbehaltsklausel	129	a)	Frankreich 145
			b)	Italien 146
aa)	Kollisionsrechtliche Lösungen	130	2.	Germanischer Rechtskreis 147
bb)	Materiellrechtliche Lösungen	134	a)	Schweiz 147
cc)	Stellungnahme	137	b)	Österreich 148
IV.	**Der ordre public und das Völkerrecht**	140	3.	Angloamerikanischer Rechtskreis 149
1.	Die Vereinbarkeit der Vorbehaltsklausel mit dem Völkerrecht	142	a)	England 149
			b)	USA 150

Alphabetische Übersicht

Anerkennung
– ausländischer Urteile und Schiedssprüche ———— 5 f, 60, 78, 81 ff, 125
– völkerrechtliche ———— 142 f
Angleichung ———— 45, 85
Anknüpfung ———— 29, 41, 44, 81 f, 130, 135
Arbeitsrecht ———— 23, 100
ausländischer ordre public ———— 72 ff, 144 ff

Belgien ———— 66
Besatzungsrecht ———— 58
Bigamie s Mehrehe
Börsentermingeschäfte ———— 30, 99

Chile-Kupfer-Streit s Enteignung

DDR ———— 63, 69 ff
Devisen ———— 2, 25, 37, 99
Differenzeinwand s Börsentermingeschäfte
Doppelehe s Mehrehe

„effet attenué" ———— 60, 79
Ehescheidung ———— 95
Eheschließung ———— 95, 118, 123, 139, 141
Eheverbot ———— 74, 95
Eigentumsvorbehalt ———— 99
Eingriffsnormen ———— 2, 17, 32 ff, 38
England ———— 101, 149
Enteignung ———— 32, 57 ff, 62, 99, 121
Erbrecht ———— 98

europäischer ordre public ———— 63, 122
Familienrecht ———— 95 ff, 126
Frankreich ———— 14, 55, 95, 99, 145
fraus legis ———— 40
Fremdenrecht ———— 27

Generalklausel ———— 7, 9, 19, 26, 28, 46, 77, 90, 93
Grundrechte ———— 5 f, 13, 71, 93, 102 ff, 109
gute Sitten ———— 1, 9, 11, 71

Handelsrecht ———— 28, 99

Inlandsbezug ———— 12 f, 60, 95, 104 ff, 112 ff, 129
interlokaler ordre public ———— 68 f
internationaler ordre public ———— 54 ff, 105, 140
Iran ———— 52, 95 ff
Italien ———— 23, 74, 87, 95, 99, 146
„ius cogens" ———— 61 f

Kranzgeld ———— 95, 123
Kündigungsschutz ———— 100
Kulturgutentscheidung ———— 56

lex fori ———— 22, 85, 131 f, 137, 139
lois d'application immédiate ————
———— 14, 27 f, 30, 33, 55, 145
lois d'ordre public s lois d'application immédiate

„Marcks"-Fall — 66
Mehrehe — 95, 118, 127
Menschenrechte — 56, 62, 65 f, 105, 119, 148

Namensrecht — 96
negativer ordre public — 16 ff, 23, 25, 147
nichteheliche Kinder — 97, 139
Niederlande — 96

„öffentlich-rechtliches Kollisionsrecht" — 34
örtliche Relativität der Vorbehaltsklausel
  s Inlandsbezug
Österreich — 74, 95, 123, 148
„ordre public international" s internationaler
  ordre public

positiver ordre public —
  16 ff, 22 ff, 28, 30 f, 138, 147
prozessualer ordre public — 75 ff, 101
„punitive damages" s Strafschadensersatz

rechtliches Gehör — 95, 101
renvoi — 74
Restitution — 58
Rückverweisung s renvoi

sachliche Relativität der Vorbehaltsklausel — 114 f, 127
SBZ — 58
Scheidungsverbot — 95

Schuldrecht — 38, 99, 126, 141
Schweiz — 68, 99, 131, 147
Sonderanknüpfung — 2, 28 ff, 36
Sorgerecht — 96
„Spanier"-Entscheidung — 13, 93, 102 ff
spezielle Vorbehaltsklauseln — 4, 47 f, 77
Staatsangehörigkeit — 27, 70, 74, 104, 120, 133
staatsvertragliche Vorbehaltsklauseln —
  49 ff, 81, 88, 141
Strafschadensersatz — 99

talaq-Scheidung — 95
Territorialitätsprinzip — 35 f, 39, 58
„Teso"-Entscheidung — 70
Trennung von Tisch und Bett — 87, 95

Unterhalt — 4, 8, 52, 96, 99, 118, 127
USA — 68, 150

Vergeltungsrecht — 3, Anhang
Vereinigte Staaten von Amerika s USA
Verjährung — 32, 99, 131, 136, 149
Vorfrage — 36, 39, 127 f

Weiterverweisung s renvoi

zeitliche Relativität der Vorbehaltsklausel — 114 f, 123 ff
zwingende Normen des Völkerrechts s „ius cogens"

I. Vorbemerkung zu Inhalt und Tragweite der gesetzlichen Regelung

1. Überblick

a) Die allgemeine Vorbehaltsklausel

Art 6 enthält die bis 1986 in Art 30 EGBGB aF („Die Anwendung eines ausländi- **1** schen Gesetzes ist ausgeschlossen, wenn die Anwendung gegen die guten Sitten oder gegen den Zweck eines deutschen Gesetzes verstoßen würde") geregelte allgemeine **Vorbehaltsklausel**. Der Rechtsausschuß (6. Ausschuß) des Deutschen Bundestages fügte bei den abschließenden Beratungen noch die in Klammern gesetzte Hilfsüberschrift „ordre public" an (BT-Drucks 10/5632, 7), um vermeintlichen Mißverständnissen vorzubeugen (hierzu kritisch FERID § 3–11, 1).

b) Die Sonderanknüpfung zwingender Eingriffsnormen

Die Neufassung des EGBGB enthält in Art 34 noch eine weitere Vorschrift, die die **2** Anwendung von Normen gebietet, die nicht dem von den Kollisionsnormen an sich berufenen Statut angehören. Mit dem Hinweis auf die **Sonderanknüpfung zwingender**

Eingriffsnormen folgt der Gesetzgeber Art 7 Abs 2 des EG-Schuldvertragsübereinkommens v 19. 6. 1980 (BGBl 1986 II 810). Es geht hierbei darum, bestimmte nicht dem Schuldvertragsstatut angehörende fremde Normen (zB des Währungs-, Devisen- und Kartellrechts) aufgrund der sie tragenden wirtschafts- und sozialpolitischen Interessen auch außerhalb ihres Ursprungsstaates anzuwenden oder zu berücksichtigen (vgl Begründung des Regierungsentwurfs BT-Drucks 10/504, 43). Hingegen hat die Bundesrepublik Deutschland gegen die Anwendung des Art 7 Abs 1 EG-SchVÜbk ihren Vorbehalt gem Art 22 Abs 1 a des Vertrages erklärt.

Die speziell im internationalen Schuldrecht entwickelten Grundsätze lassen sich nicht zu einem allgemeinen, das gesamte Kollisionsrecht bestimmenden Prinzip ausbauen. Wegen des weit größeren Bedürfnisses nach Rechtssicherheit können sie insbesondere nicht unbesehen auf das internationale Familienrecht ausgedehnt werden (s dazu unten Rn 95 ff).

c) Der Wegfall der gesetzlichen Grundlage für die Ausübung des Vergeltungsrechts

3 Im Gegensatz zur aF (Art 31 EGBGB) verzichtet der Gesetzgeber nunmehr im IPR auf die Normierung einer gesetzlichen Grundlage für die Ausübung des **Vergeltungsrechts** (s Anhang). Wie beim ordre public ist beim Vergeltungsrecht die Anstößigkeit fremden Rechts Anwendungsvoraussetzung. Während der ordre public zur Nichtanwendung der nach deutschem Kollisionsrecht an sich anwendbaren **ausländischen** Sachnormen führt, verfolgt die Vergeltung die Nichtanwendung des allgemeinen **deutschen** internationalen oder materiellen Privatrechts.

d) Die Neuregelung spezieller Vorbehaltsklauseln

4 Neben der allgemeinen Vorbehaltsklausel in Art 6 hat der Gesetzgeber im EGBGB noch eine Reihe spezieller Vorbehaltsklauseln zT neu normiert, die in bestimmten Fragen dem an sich nicht anwendbaren deutschen Recht den Vorrang vor dem nach deutschem Kollisionsrecht maßgebenden Auslandsrecht einräumen (vgl FERID § 3–29):

– Art 13 Abs 2 Nr 3: Deutsche materielle Ehevoraussetzungen bei Unvereinbarkeit des Ehestatuts mit der Eheschließungsfreiheit (dazu SCHWIMANN, Der rätselhafte Art 13 Abs 2 nF, StAZ 1988, 35);

– Art 13 Abs 3 S 1: Eheschließung in Deutschland grundsätzlich nur in deutscher Form mit der Ausnahme des Art 13 Abs 3 S 2;

– Art 17 Abs 1 S 2: Scheidung nach deutschem Recht, wenn Scheidung nach fremdem Recht gemäß Abs 1 S 1 nicht möglich und der die Scheidung begehrende Ehegatte bei Eintritt der Rechtshängigkeit des Scheidungsantrages Deutscher iSv Art 116 GG ist oder es im Zeitpunkt der Eheschließung war;

– Art 17 Abs 2: Inlandsscheidung nur durch Gericht;

– Art 17 Abs 3 S 2: Versorgungsausgleich nach deutschem Recht, wenn Heimatstaaten keinen Versorgungsausgleich gewähren;

– Art 18 Abs 2: Unterhalt nach deutschem Recht, wenn Unterhaltsstatut jeden Unterhalt verweigert;

– Art 18 Abs 5: Unterhalt nach deutschem Recht bei Vorliegen bestimmter Inlandsbeziehungen ;

– Art 18 Abs 7: Berücksichtigung der Leistungsfähigkeit und der Bedürftigkeit auch gegen das Unterhaltsstatut;

– Art 23 S 3: Deutsches Recht statt Heimatrecht des Kindes für Erklärungen über das Kindschaftsstatut, wenn dies das Kindeswohl erfordert;

– Art 27 Abs 3: Einschränkungen der materiellrechtlichen Verweisung bei Verträgen ohne Auslandselemente;

– Art 29 Abs 1–3 und Abs 4 S 2: Einschränkung der materiellrechtlichen Verweisung zugunsten des Verbrauchers bei Verbraucherverträgen;

– Art 30 Abs 1: Einschränkung der Rechtswahl bei Arbeitsverträgen zugunsten des Arbeitnehmers;

– Art 38 (Art 12 aF): Schutz des inländischen Delikttäters gegen die Inanspruchnahme über das Maß des deutschen Deliktrechts hinaus (S hierzu unten Rn 47).

e) Die Anpassungsänderungen

aa) Durch Art 4 des Gesetzes zur Neuregelung des Internationalen Privatrechts (IPRG) vom 25. Juli 1986 betreffend Änderungen der Zivilprozeßordnung wurde § 328 Abs 1 Nr 4 ZPO entsprechend der Vorbehaltsklausel neu gefaßt:

Die Anerkennung eines ausländischen Urteils ist ausgeschlossen, „wenn die Anerkennung des Urteils zu einem Ergebnis führt, das mit wesentlichen Grundsätzen des deutschen Rechts offensichtlich unvereinbar ist, insbesondere wenn die Anerkennung mit den Grundrechten unvereinbar ist."

bb) In weitgehender Parallelität zu § 328 ZPO wurde erstmals die Anerkennung ausländischer Entscheidungen in FGG-Sachen geregelt. Durch Art 5 IPRG wurde ein § 16 a in das Gesetz über die Angelegenheiten der freiwilligen Gerichtsbarkeit eingefügt:

Die Anerkennung einer ausländischen Entscheidung ist nach § 16 a Nr 4 FGG ausgeschlossen, „wenn die Anerkennung der Entscheidung zu einem Ergebnis führt, das mit wesentlichen Grundsätzen des deutschen Rechts offensichtlich unvereinbar ist, insbesondere wenn die Anerkennung mit den Grundrechten unvereinbar ist" (vgl KÜHNE 189, 194; FERID E 8 f; s unten Rn 76 ff).

2. Zu den einzelnen Elementen der gesetzlichen Neufassung der allgemeinen Vorbehaltsklausel, Art 6 S 1

a) Keine sachliche Änderung des Art 30 EGBGB aF

7 Mit der Neuregelung in Art 6 strebte der Gesetzgeber **keine Veränderung des sachlichen Gehaltes** der Vorschrift in Art 30 EGBGB aF an; mit der neuen Fassung sollte die Vorbehaltsklausel lediglich der „internationalen Rechtslage unter Berücksichtigung der Erfordernisse der Rechtsklarheit" (so die Regierungsbegründung, BT-Drucks 10/504, 42) angepaßt werden. Die Rechtsprechung und Literatur zu Art 30 EGBGB aF bleiben deshalb unmittelbar für die Rechtsanwendung bedeutsam (vgl FERID § 3–11, 1; CHR VBAR JZ 1987, 755, 760). Obwohl präziser normiert als die alte Regelung, wird der Vorbehalt des ordre public weiterhin nur als **Generalklausel** formuliert. Wie bisher muß die Vielzahl denkbarer Fallgestaltungen der richterlichen Einzelfallentscheidung überlassen bleiben. Die ordre public-Klausel bezweckt, das durch Kollisionsnormen berufene fremde Recht abzuwehren, wenn dessen Anwendung im Einzelfall zu Ergebnissen führen würde, „die den Kernbestand der inländischen Rechtsordnung antasten" (vgl Regierungsbegründung, BT-Drucks 10/504, 42). Die materiellen Grundwerte der eigenen Rechtsordnung werden so vor den durch die Kollisionsnormen grundsätzlich zugelassenen Auswirkungen fremden Rechts geschützt.

b) „Offensichtliche Unvereinbarkeit"

8 Nach Art 6 S 1 muß die fragliche ausländische Norm **„offensichtlich unvereinbar"** mit wesentlichen Grundsätzen des deutschen Rechts sein. Der Gesetzgeber formuliert hier bewußt eng und orientiert sich hierbei auch an der neueren völkervertraglichen Praxis.

Vgl zB Art 11 Abs 1 des Übereinkommens über das auf Unterhaltspflichten anzuwendende Recht vom 2. Oktober 1973; Art 7 des Übereinkommens über das auf die Form letztwilliger Verfügungen anzuwendende Recht vom 5. Oktober 1961; Art 16 des EG-Schuldvertragsübereinkommens vom 19. Juni 1980; die Übereinkommen verlangen die **„offensichtliche"** (manifestly, manifestement) **Unvereinbarkeit.**

Aber auch hieraus soll sich keine sachliche Abweichung vom bisherigen nationalen Recht ergeben.

Die Regierungsbegründung verweist darauf, daß aus der beabsichtigten Ratifikation des EG-Schuldvertragsübereinkommens (in Kraft getreten am 1. 4. 1991, BGBl 1991 II 871) die Verpflichtung folge, den Vorbehalt des ordre public mit der dort vorgesehenen Einschränkung für das internationale Schuldvertragsrecht zu übernehmen. „Da eine unterschiedliche Formulierung des Vorbehalts in verschiedenen Bereichen des IPR trotz sachlich übereinstimmenden Inhalts nicht sinnvoll ist, soll das Erfordernis der offensichtlichen Unvereinbarkeit aus Art 16 des EG-Schuldvertragsübereinkommens für das gesamte deutsche IPR vorgesehen werden" (BT-Drucks 10/504, 43).

c) Wesentliche Grundsätze des deutschen Rechts

9 Unter dem Begriff der **„wesentlichen Grundsätze des deutschen Rechts"** faßt der Gesetzgeber die in Art 30 EGBGB aF enthaltenen Begriffe der guten Sitten und des Zwecks eines deutschen Gesetzes zusammen.

Die neue Terminologie ist zu begrüßen: sie überwindet den sich an den Begriffen des Gesetzesverstoßes (§ 134 BGB) und der guten Sitten (§ 138 BGB) orientierenden Dualismus der aF, vermeidet ein abqualifizierendes Messen ausländischer Rechtsnormen am inländischen Rechtsgefühl und die Orientierung an einem möglicherweise zweifelhaften oder an einem für die Vorbehaltsklausel zu engen Gesetzeszweck (vgl FERID § 3–11, 4). Zu erwägen bleibt, ob der Gesetzgeber nicht besser an Stelle einer neuen, interpretationsbedürftigen Generalklausel („wesentliche Grundsätze des deutschen Rechts") den international eingeführten Begriff der „öffentlichen Ordnung" verwendet und damit den Gleichklang zum völkervertraglichen Kollisionsrecht hergestellt hätte (vgl KÜHNE 61 f; BEITZKE, Vorschläge 15; NEUHAUS/KROPHOLLER RabelsZ 44 [1980] 326, 336).

aa) Zweck eines deutschen Gesetzes

Zur Ausdeutung der Begriffe kann weiterhin auf die einschlägige höchstrichterliche **10** Rechtsprechung zum **Zweck eines deutschen Gesetzes** zurückgegriffen werden.

Der BGH stellt in seiner neueren Rechtsprechung darauf ab, „ob das Ergebnis der Anwendung des ausländischen Rechts zu den **Grundgedanken der deutschen Regelung** und der in ihnen liegenden Gerechtigkeitsvorstellungen in so starkem Widerspruch steht, daß es von uns für untragbar gehalten wird" (BGHZ 50, 370, 376; 54, 123, 130; 54, 132, 140; 104, 240, 243; 118, 312, 330). (S hierzu unten Rn 91.)

bb) Gute Sitten

Die Bedeutung der **guten Sitten** soll sich nach der Begründung des Regierungsent- **11** wurfs (BT-Drucks 10/504, 43) auch künftig in dem Hinweis auf die nicht in speziellen Rechtssätzen niedergelegten, sondern in den Generalklauseln enthaltenen rechtsethischen Grundsätze erschöpfen.

cc) Schonung fremden Rechts

Wie schon die aF der Vorbehaltsklausel betont Art 6 S 1, daß nicht auf den abstrak- **12** ten fremden Rechtssatz, sondern auf das **Ergebnis der Rechtsanwendung** im Einzelfall abzustellen ist. Hierbei spielt vor allem, wie nach dem alten Recht, Art und Maß des Inlandsbezugs eine maßgebliche Rolle (vgl Begründung des Regierungsentwurfs, BT-Drucks 10/504, 43).

Art 6 verzichtet – wie schon Art 30 EGBGB aF- auf eine tatbestandliche Umschreibung der **Rechtsfolgen eines Verstoßes gegen den ordre public**. Nach dem Willen des Gesetzgebers soll damit der Praxis der Weg zu „flexiblen und differenzierten Lösungen", die dem Grundsatz einer möglichst weitgehenden Schonung des fremden Rechts entsprechen, offengehalten werden (Begründung des Regierungsentwurfs, BT-Drucks 10/504, 44; s hierzu unten Rn 127 ff).

3. Grundrechte und ordre public, Art 6 S 2

Nach Art 6 S 2 sind die **Grundrechte ein wichtiger und vorrangig zu beachtender** **13** **Bestandteil der deutschen öffentlichen Ordnung.** Der Gesetzgeber bestätigt damit im wesentlichen die Lösung, die Rechtsprechung und Lehre in den der IPR-Reform vorangegangenen zwei Jahrzehnten für die Behandlung grundrechtswidrigen Auslandsrechts entwickelt haben (vgl BGHZ 42, 7, 12 f = NJW 1964, 2013, 2014; BGHZ 54, 123,

129 f = NJW 1970, 1503, 1504; BGHZ 54, 132, 140 = NJW 1970, 2160, 2161 f; BGHZ 60, 68 = NJW 1973, 417; BGHZ 63, 219, 226 = NJW 1975, 114, 116).*

Die Vorschrift betont die vom Bundesverfassungsgericht in der sog „Spanierentscheidung" (BVerfGE 31, 58, 70) hervorgehobene Bedeutung der Grundrechte bei der Anwendung fremden Rechts. Eine Grundrechtsverletzung im Einzelfall durch die Anwendung einer Vorschrift fremden Rechts ist damit stets ein „offensichtlicher" Verstoß gegen wesentliche Grundsätze des deutschen Rechts.

Der deutschen öffentlichen Ordnung widerspricht jedoch nicht jede Rechtsanwendung, die bei einem Inlandsfall grundrechtswidrig wäre. Eine uneingeschränkte Durchsetzung der Grundrechte in ganz oder überwiegend auslandsbezogenen Sachverhalten würde nach der Rechtsprechung des Bundesverfassungsgerichts den Sinn des Grundrechtsschutzes verfehlen (BVerfGE 31, 58, 77). Art 6 S 2 verlangt deshalb eine **„differenzierende Anwendung der Grundrechte bei Sachverhalten mit Auslandsberührung"** (Begründung des Regierungsentwurfs, BT-Drucks 10/504, 44). Die Grundrechte erscheinen nicht als spezielle Vorbehaltsklauseln. Der Gesetzgeber lehnt mit Art 6 S 2 die Bildung eines besonderen „Verfassungskollisionsrechts" ab; der ordre public ist vielmehr die Einbruchsstelle der Grundrechte, die es erlaubt, **bei hinreichendem Inlandsbezug** Grundrechte gegenüber ausländischen Sachnormen durchzusetzen. (S hierzu unten Rn 100 ff.)

II. Allgemeines zum ordre public

1. Geschichtliches

14 Der Begriff des ordre public stammt aus Art 6 des im Jahre 1804 entstandenen französischen code civil.

„On ne peut déroger, par des conventions particulières, aux lois qui intéressent l'ordre public et les bonnes moeurs."

Im romanischen Rechtskreis versteht man unter „lois d'ordre public" bzw „lois d'application immédiate" Rechtsnormen, die absolute Geltung im jeweiligen Staatsgebiet beanspruchen und somit auch eventuell anwendbare ausländische Rechtssätze verdrängen. Der Italiener MANCINI erblickte in dieser absoluten Geltung gewisser

---

* **Schrifttum:** SONNENBERGER, Die Bedeutung des Grundgesetzes für das deutsche IPR (Diss München 1962); FIRSCHING JZ 1974, 181; HENRICH RabelsZ 36 (1972) 2; KEGEL 381 ff; RAAPE/STURM 207 ff; PALANDT/HELDRICH (45. Aufl 1986) vor Art 7 EGBGB Anm 15; MünchKomm/SONNENBERGER (1983) IPR Einl Rn 176; MünchKomm/KREUZER (1983) Art 30 EGBGB Rn 40; FERID §§ 2–51, 3–49. S a KÜHNE 1 einerseits und STOLL IPRax 1984, 4 andererseits. **Schrifttum nach der IPR-Reform:** JAYME, Grundgesetz und Neuorientierung des Internationalen Privatrechts, in: Rechtsentwicklung unter dem Bonner Grundgesetz (1990) 127 ff; SPICKHOFF, Eheschließung, Ehescheidung und ordre public, JZ 1991, 323 ff; ders, Zur Ausserkraftsetzung ausländischer Regelungen über die elterliche Sorge durch den deutschen ordre public, JZ 1993, 210 ff; DAMM, Die Einwirkung der Grundrechte des GG auf das nach deutschem IPR anwendbare ausländische Sach- und Kollisionsrecht (Diss Mannheim 1993).

Rechtsnormen einen Grundsatz des IPR, während nach SAVIGNY die ordre public-Klausel eine Ausnahme vom Prinzip der Anwendbarkeit ausländischen Rechts, das durch unsere Kollisionsnorm berufen wird, darstellt (vgl MAKAROV 94; NEUMAYER, in: FS Dölle 183; EPE 111).

In diesen beiden Auffassungen deutet sich bereits der Konflikt an, der später unter der Bezeichnung positive und negative Funktion des ordre public ausgetragen wird (vgl unten Rn 16 ff).

2. Notwendigkeit und Begriff der Vorbehaltsklausel

Die internationalprivatrechtliche Methode, die mittels einer Kollisionsnorm die **15** anzuwendende Rechtsordnung ermittelt, ist ein „Sprung ins Dunkle" (RAAPE/STURM 199). Daher macht von der grundsätzlichen Anwendbarkeit des ausländischen Rechts bei Privatrechtsfällen mit Auslandsberührung Art 6 EGBGB unter bestimmten Voraussetzungen eine Ausnahme. Die Berechtigung dieser Ausnahmevorschrift, bzw die Notwendigkeit eines gesetzlichen Vorbehaltes ergibt sich daraus, daß der inländische Richter ausländisches Recht, das gegen die fundamentalen Grundsätze unserer Rechtsordnung verstößt, nicht anwenden soll. Im Inland soll keine Entscheidung ergehen, die unseren Rechtsanschauungen grob widerspricht. Die ordre public-Klausel enthält also gegenüber dem ausländischen Recht einen Vorbehalt und wird deshalb auch Vorbehaltsklausel genannt. Dieser Begriff geht auf ZITELMANN zurück (ZITELMANN Bd 1, 317 ff). Eine Klausel, die Art 6 entspricht, ist Bestandteil des geschriebenen oder ungeschriebenen Rechts aller Staaten und stellt den unantastbaren Teil einer Rechtsordnung dar (KEGEL 117, 373 ff; kritisch: SIMITIS, Vorschläge 267 ff, 272 ff, 283, 285; BGB-RGRK/WENGLER 73).

3. Funktion der Vorbehaltsklausel und Rechtsnatur

Der Vorbehalt des ordre public gegenüber dem ausländischen Recht ist auf zwei **16** Weisen denkbar: **der negative ordre public dient zur Abwehr eines fremden Rechtssatzes, der positive zur Durchsetzung eines inländischen Rechtssatzes.** Beide Funktionen sind jedoch nicht scharf zu trennen, denn der positive ordre public schreibt nicht nur die Anwendung eigenen Rechts vor, sondern hat die Verdrängung des ausländischen Rechts zur Folge (MünchKomm/SONNENBERGER Art 6 Rn 3 f; NEUMAYER, in: FS Dölle 184). Teilweise wird der negative ordre public auch nur als Variante des positiven bezeichnet, denn die negative Funktion zwingt zwar nicht zur Anwendung eines inländischen Rechtssatzes, aber doch zur Beachtung inländischer Rechtsgedanken (RAAPE/STURM 200; NEUHAUS 365 ff; zur Funktion allgemein: MünchKomm/SONNENBERGER Art 6 Rn 2 ff, 16; WUPPERMANN 36; EPE 125 ff; MAKAROV 94 ff; SIEHR RabelsZ 36 [1972] 101 ff; ROTH 132). Der negative und der positive ordre public haben unmittelbar unterschiedliche Wirkungen: beim negativen entsteht das Problem der Lückenfüllung (vgl unten Rn 137), beim positiven tritt inländisches Recht neben oder an Stelle des ausländischen Rechts.

Im einzelnen ist jedoch die positive Funktion der ordre-public-Klausel, sowie ihre **17** Abgrenzung von der allgemein anerkannten negativen Funktion äußerst umstritten. Überlagert wird die Frage der positiven Funktion des ordre public in neuerer Zeit noch dazu von der Problematik des öffentlich-rechtlichen Kollisionsrechts bzw der

Staatseingriffsnormen (vgl unten Rn 32 ff; NEUHAUS 366; MünchKomm/SONNENBERGER Art 6 Rn 4, 31 ff; ERMAN/HOHLOCH Art 6 Rn 2 ff).

Es ist daher erforderlich, auf die Abgrenzung der verschiedenen Funktionen des ordre public und die damit zusammenhängenden Fragen näher einzugehen.

a) Negative Funktion des ordre public

18 Art 6 bestimmt, daß die Anwendung eines ausländischen Rechtssatzes ausgeschlossen ist, wenn sie zu einem Ergebnis führt, das mit den wesentlichen Grundsätzen des deutschen Rechts, insbesondere mit den Grundrechten, nicht vereinbar ist. Die Vorbehaltsklausel ordnet also zunächst einmal an, daß ein nach den deutschen Kollisionsnormen anwendbares Recht in concreto nicht zur Anwendung kommen darf, wenn dadurch die eigene öffentliche Ordnung gestört würde.

aa) Generalklausel

19 Es handelt sich bei Art 6 um eine **Generalklausel**, daran hat auch die Neufassung durch das IPR-Gesetz und die Erwähnung der Grundrechte in Art 6 S 2 nichts geändert. Es bleibt vielmehr dabei, daß der ordre public den wichtigsten allgemeinen Rechtsgrundsatz im IPR darstellt (GAMILLSCHEG, Int ArbR 63). Eine Konkretisierung des Art 6 erfolgt durch immer neu zu fällende Einzelregeln. Diese Unbestimmtheit ist wegen der unvorhersehbaren und wechselnden Konstellationen des internationalen Rechtsverkehrs notwendig (NEUHAUS 370; BGHZ 22, 162 f; 54, 132, 138; BayObLG 1970, 6, 11 f; MünchKomm/SONNENBERGER Art 6 Rn 15).

bb) Ausnahmevorschrift

20 Art 6 dient nur als ultima ratio des Richters. Dieser muß bei seiner Ermessensprüfung berücksichtigen, daß Art 6 eine **Ausnahmevorschrift** ist. Die Vorbehaltsklausel ist grundsätzlich eng auszulegen. Ihre Anwendung soll gerade dort unterbleiben, wo sonst hinkende Rechtsverhältnisse geschaffen würden. Ein Eingreifen des Art 6 kommt nur in Betracht, um im Einzelfall ein unerträgliches Ergebnis zu vermeiden (NEUHAUS 377; RAAPE/STURM 202; GAMILLSCHEG, Int ArbR 63; DÖLLE 399; ROTH 24; BEITZKE, Ordre public 665; STÖCKER StAZ 1970, 325 f; sowie die Rspr: BGHZ 22, 162, 167; 28, 375, 384; 44, 190; BGH NJW 1966, 276, 730; BVerfGE NJW 1989, 1275; NJW 1991, 1420).

21 Daher handelt es sich bei Art 6 nicht um ein selbständiges Anknüpfungsprinzip, bzw eine eigenständige Kollisionsnorm. Die **hM sieht in Art 6 heute eine unselbständige Kollisionsnorm**, die in jeder anderen Kollisionsnorm enthalten ist. Als Bestandteil jeder Kollisionsnorm schränkt sie deren Tragweite ein und setzt deren Anwendung Grenzen. Der ordre public dient also zur Kontrolle und Korrektur des Anknüpfungsprinzips (DÖLLE 80; ROTH 22; MARTI 65; **aA** jedoch SCHURIG 253, der in Art 6 bzw Art 30 EGBGB aF eine Kollisionsnorm erblickt). Sieht man den ordre public als Ausdruck eines eigenständigen Anknüpfungsprinzips des IPR an, das die absolute Geltung aller inländischen Gesetze, die unter den ordre public fallen, anordnet, würde diese Funktion derjenigen einer selbständigen Kollisionsnorm entsprechen (an diesem Punkt drängt sich die Parallele zu dem Meinungsstreit zwischen SAVIGNY und MANCINI auf, vgl oben Rn 14).

b) Positive Funktion des ordre public

22 Als positiver ordre public werden die Normen der lex fori bezeichnet, die auch in

Fällen mit Auslandsberührung angewandt werden wollen, unabhängig von dem Inhalt der an sich anwendbaren ausländischen Rechtsnorm. Solche zwingenden Vorschriften wurden als sogenannte **„streng positive Gesetze"**, oder als **lois d'ordre public** bezeichnet (NEUHAUS 364, vgl auch unten Rn 27 ff). Sie können sowohl positivierte Rechtsgrundsätze oder Rechtsnormen sein als auch Regeln des Gewohnheitsrechts.

aa) Herkunft und Inhalt der positiven Funktion des ordre public
Die traditionelle romanische Lehre über den ordre public in seiner positiven Funktion geht auf den Italiener MANCINI zurück (vgl oben Rn 14). Der ordre public hatte die Aufgabe, entgegen den sonstigen Kollisionsnormen, die Anwendbarkeit einer inländischen Rechtsnorm zu begründen. Diese Normen waren dann Normen eines „ordre public-Gesetzes", die „lois d'ordre public" oder in Italien die „legge di ordine pubblico". Hinter diesen Gesetzen verbergen sich sowohl öffentlich-rechtliche Vorschriften als auch privatrechtliche, die man gesondert anknüpfen wollte. Die italienische Lehre sah in der positiven Funktion des ordre public dabei ein eigenes Anknüpfungsprinzip (vgl GAMILLSCHEG, Int Arb 66 ff; NEUMAYER, in: FS Dölle 181). Gerade im Arbeitsrecht wurden die lois d'ordre public im romanischen Rechtskreis angewandt, ohne daß die sonstigen Kollisionsnormen beachtet wurden (GAMILLSCHEG, Int ArbR 68 ff, Fälle dazu 71 ff; vgl KAHN 194; NUSSBAUM 60; MELCHIOR 328; SCHNITZER Bd I 200; LEWALD 24; BATIFFOL 274). Das Eingreifen des positiven ordre public ist also im Gegensatz zum negativen ordre public nicht von dem Ergebnis der Anwendung ausländischen Rechts im Einzelfall abhängig, sondern ergibt sich aus der betreffenden Norm selbst (WUPPERMANN 26; MAKAROV 94; NEUHAUS 257; ROTH 66 f; SIEHR RabelsZ 36 [1972] 93 ff, 101 ff; BGB-RGRK/WENGLER 89 f).

bb) Kritik
Schon früh stieß jedoch der im romanischen Rechtskreis verbreitete Rechtsgedanke der Existenz von international zwingenden Rechtsnormen auf Kritik, die sich insbesondere darauf stützte, daß damit der Grundsatz der Anwendbarkeit ausländischen Rechts und das System der Kollisionsnormen durchbrochen werde (vgl CARL LUDWIG vBAR Bd I 128 f; KAHN 246; DÖLLE, ordre public 407; ROTH 70 ff; NEUMAYER, in: FS Dölle 205; eine umfassende Übersicht zum Meinungsstand findet sich bei EPE 125 ff). Teilweise wurde die positive Funktion des ordre public aus dem Wortlaut des Art 30 EGBGB aF hergeleitet (Verstoß gegen „Zweck eines deutschen Gesetzes") (vgl MAKAROV 97; DÖLLE, ordre public 407).

Die Rechtsprechung hat sich nie expressis verbis für die positive Funktion des ordre public geäußert, doch gibt es Entscheidungen, die in diese Richtung interpretiert werden können (IPRspr 1926–27, Nr 12; 1928, Nr 12; RG JW 1932, 591; Devisenrecht: IPRspr 1945–49, Nr 2, 3, 4; Beschlagnahme deutschen Vermögens in der Tschechoslowakei: BGH IPRspr 1966–67, Nr 251; 1968–69, Nr 245, BGHZ 22, 1, 15, 35, 329; BGH NJW 1979, 488 ff). Gerade die Lektüre dieser Entscheidungen zeigt jedoch, daß die positive und die negative Funktion des ordre public nicht auseinandergehalten werden können, denn der BGH überprüfte stets zunächst die betreffende ausländische Rechtsnorm, bevor er sie wegen des entgegenstehenden Zwecks einer inländischen Vorschrift für unanwendbar erklärte; er wandte also nicht blind die inländische Norm an, sondern erklärte das ausländische Recht aufgrund einer Wertung, die am Maßstab der innerstaatlichen Rechtsvorschriften vorgenommen wurde, für unanwendbar. Diese Wertung ist aber typisch für die negative Funktion des ordre public (vgl oben Rn 18). Negative und positive Funktion sind daher nur zwei Seiten derselben Medaille (vgl auch ZITELMANN Bd 1, 26; SIEHR RabelsZ 36 [1972] 93 ff; SCHURIG 251; KELLER/SIEHR 539).

26 Das heißt keineswegs, daß der ordre public eine Generalklausel ist, die inländische Normen „zwingenden Ranges" zur Anwendung bringt (ROTH 21, 26), oder eine allgemeine Ausweich- bzw Härteklausel, die immer dann hilft, wenn der zu entscheidende Sachverhalt mit dem Forumstaat besondere persönliche, örtliche oder sachliche Beziehungen aufweist, so daß eine Anwendung der inländischen Rechtsnormen als das einzig sachgerechte Ergebnis erscheint (vgl hierzu MünchKomm/SONNENBERGER Art 6 Rn 7 ff).

Doch ist das, was bei Art 30 EGBGB aF als Verstoß gegen den Zweck eines deutschen Gesetzes empfunden und teilweise dem positiven ordre public zugerechnet wurde (vgl MAKAROV 97; DÖLLE 407), als Maßstab bei der Eliminierung ausländischen Rechts mit Hilfe der ordre public-Klausel anzusehen.

4. Abgrenzung des ordre public von anderen Rechtsinstituten

a) Lois d'application immédiate*

27 Die **lois d'application immédiate** sind materielle inländische Rechtssätze, die unabhängig von einer Verweisung durch eine Kollisionsnorm direkt angewendet werden (SCHWANDER 248; BGB-RGRK/WENGLER 765, Fn 50; NEUHAUS 105). STURM (RAAPE/STURM 22 ff) zählt zu diesen Vorschriften das Fremdenrecht. Doch handelt es sich bei den lois d'application immédiate nicht um ein Sonderrecht für Ausländer, sondern vielmehr um Vorschriften, die zwingende Geltung sowohl für eigene als auch für fremde Staatsangehörige beanspruchen.

28 Insofern drängt sich ein Vergleich mit der eben behandelten positiven Funktion des ordre public auf. Der Unterschied zwischen lois d'application immédiate und positiver Funktion des ordre public besteht darin, daß der positive ordre public eine Generalklausel sein soll, während die lois d'application immédiate Spezialnormen sind. Meist sind diese Normen Sachnormen des öffentlichen Rechts oder Privatrechtsnormen mit öffentlichrechtlichem Einschlag, wie zB arbeitsrechtliche oder handelsrechtliche Vorschriften. Als lois d'application immédiate kann zB § 92 c Abs 1 HGB bezeichnet werden. Diese Vorschrift bestimmt den Geltungsbereich der §§ 87 a Abs 3 und 4, 87 c, 89, 89 a und b HGB. Nach der hM ist § 92 c Abs 1 HGB keine Kollisionsnorm, bestimmt aber den Geltungsbereich dieser Vorschriften (ERMAN/HOHLOCH Art 6 Rn 3; MAIER; BGH MDR 1961, 496). Den gleichen Charakter hat § 98 Abs 2 GWB (vgl NEUHAUS 106; BGHZ 35, 329).

b) Sonderanknüpfung

29 Unter **Sonderanknüpfung im weiteren Sinne** versteht man die Suche nach einer „besse-

---

* **Schrifttum:** SCHWANDER 248, 313; FRANCESCAKIS, Quelques précisions sur les „lois d'application immédiate" et leurs rapports avec les règles de conflits de lois, Rev crit dr i p 55 (1966) 1 ff; GRAULICH 632 ff; NUSSBAUM 68 ff; MAIER, Der Ausgleichsanspruch des Handelsvertreters und Eigenhändlers und der ordre public, NJW 1958, 1327 ff; SCHWUNG 38 ff; STAUDINGER/STURM Einl 11 ff zu Art 7 ff EGBGB.

ren", unkonventionellen Anknüpfung. **Im engeren Sinne** ist die gesonderte Anknüpfung von Teilfragen mit einer kumulativen oder alternativen Anknüpfung gemeint.

Das Problem der Sonderanknüpfung fällt nicht in den Bereich des ordre public (SCHWANDER 447, ERMAN/HOHLOCH Art 6 Rn 3; WENGLER JZ 1979, 176). Der sonderangeknüpfte Rechtssatz geht jedem abweichenden ausländischen Rechtssatz vor, ohne daß dessen Nichtanwendung mit dem ordre public begründet werden muß.

Dafür, daß die Abgrenzung im Einzelfall jedoch gar nicht so einfach ist, bietet ein vom BGH (NJW 1979, 488 ff) entschiedener Fall ein anschauliches Beispiel: In dieser Entscheidung verneinte der BGH die Gültigkeit eines in New York abgeschlossenen Börsentermingeschäfts unter Berufung auf Art 30 aF EGBGB. Das Börsentermingeschäft sei wie ein Differenzgeschäft zu behandeln und verstoße wegen des in §§ 764, 762 BGB zum Ausdruck kommenden Rechtsgedankens gegen den ordre public (uU hat der BGH hier mehr an die positive Funktion des ordre public gedacht). 30

Dem ist WENGLER zwar nicht im Ergebnis, wohl aber in der Begründung entgegengetreten (JZ 1979, 175 ff): es gebe im innerstaatlichen Recht gewisse Rechtssätze mit zwingender Wirkung, die unabhängig vom Kollisionsrecht kraft Sonderanknüpfung zur Anwendung kämen.

Diese Argumentation verdeutlicht, wie nahe positiver ordre public, lois d'application immédiate und Sonderanknüpfung beieinander liegen (vgl auch zu der Frage der §§ 764, 762 BGB im Rahmen des ordre public-Vorbehalts: STEINDORFF, Termingeschäfte an ausländischen Börsen, IPRax 1982, 49 ff).

Ein weiteres Beispiel für die Verquickung dieser Problemkreise ist § 12 AGBG. (Zur Frage, ob § 12 AGBG sonderangeknüpft wird oder ob die Vorschrift eine positive ordre public-Klausel ist, vgl PALANDT/HEINRICHS § 12 AGBG Rn 6, KROPHOLLER RabelsZ 42 [1978] 651, die die Funktion der Vorschrift ähnlich derjenigen des positiven ordre public sehen; s hierzu auch SCHWUNG 44 f; GRUNDMANN, Europäisches Vertragsrechtsübereinkommen, EWG-Vertrag und § 12 AGBG, IPRax 1992, 1 ff. Zur Sonderanknüpfung von öffentlichrechtlichen Vorschriften vgl unten Rn 32 ff*.) 31

c) **Eingriffsnormen**
In engem Zusammenhang mit dem eben erörterten Problem der Sonderanknüpfung steht die Frage, **wie Eingriffsnormen, dh Normen des öffentlichen Rechts**, kollisionsrechtlich zu behandeln sind. International-privatrechtliche Sachverhalte sind nicht isoliert privatrechtlich zu betrachten, sondern weisen häufig enge Beziehungen zum öffentlichen Recht auf (zB Enteignungen, devisenrechtliche Sachverhalte). Zudem gibt es Rechtsinstitute, die in einer Rechtsordnung zum Zivilrecht, in der anderen zum öffentlichen Recht zählen (so gehört beispielsweise die Verjährung, in Deutschland Bestandteil des materiellen Privatrechts, im anglo-amerikanischen Recht grundsätzlich dem – öffentlichen – Prozeßrecht an, in England auch dem materiellen 32

---

* Weiteres **Schrifttum** zur Sonderanknüpfung: KEGEL 230, 495 ff; MANN, in: FS Wahl 139 ff; BGH zu Devisenbestimmungen: NJW 1970, 1002; 1507; BGHZ 31, 371; 32, 99; 55, 336; SIEHR RabelsZ 34 (1970) 617 f; EHRENZWEIG 204 ff, 227 ff; vgl auch BGHZ 59, 82 (Kulturgutfall); MANN NJW 1972, 2179; ders RabelsZ 21 (1956) 1 ff; ders JZ 1970, 709; SCHWUNG 45.

Recht [vgl Foreign Limitation Period Act 1984]). Schließlich spielen öffentlich-rechtliche Normen und Wertungen auch bei zivilrechtlichen Generalklauseln, zB § 138 BGB, eine Rolle. Zunächst ist zwischen zwingenden Normen des inländischen öffentlichen Rechts und solchen anderer Staaten zu unterscheiden.

aa) Inländische Eingriffsnormen

33 Inländische Eingriffsnormen entsprechen den eben behandelten „lois d'application immédiate" (vgl oben Rn 27 ff), soweit diese öffentlich-rechtlicher Natur sind. Es handelt sich also um öffentlich-rechtliche Vorschriften, die zwingende Geltung unabhängig von der nach Kollisionsrecht gefundenen Lösung beanspruchen. Insofern ist Art 6 hier nicht einschlägig.

34 In diesen Zusammenhang gehört Art 34 EGBGB, der sicherstellt, daß im Bereich des Schuldrechts neben den nach Kollisionsrecht anwendbaren ausländischen Rechtsvorschriften auch zwingende Normen des deutschen Rechts – womit eben die sog Eingriffsnormen gemeint sind (PALANDT/HELDRICH Art 34 EGBGB Rn 1) – Geltung beanspruchen (vgl BT-Drucks 10/504, 43).

bb) Ausländische Eingriffsnormen*

35 Komplizierter ist die kollisionsrechtliche Behandlung von ausländischen Eingriffsnormen.

Auch hier geht es nicht in erster Linie – wie früher angenommen (RGZ 126, 196; RG JW 1936, 2058) – um ein Problem des ordre public, sondern um **Fragen des öffentlich-rechtlichen Kollisionsrechts**. Zu beachten ist jedoch, daß der Begriff „öffentlich-rechtliches Kollisionsrecht" mißverständlich ist, denn es geht hier nicht wie im IPR um die Unterscheidung von Sach- und Kollisionsnormen; das öffentliche Recht kennt vielmehr nur Sachnormen, die uU auf internationale Sachverhalte Anwendung finden (vgl hierzu CHR vBAR 217 ff).

36 Nach Ansicht des BGH **wird das öffentlich-rechtliche Kollisionsrecht vom Territorialitätsprinzip beherrscht**, dh ausländisches öffentliches Recht wird grundsätzlich nicht im Inland angewendet, sondern ist auf das Territorium des jeweiligen Staates beschränkt (BGHZ 31, 367, 370 ff; 43, 162; 64, 183; BGH IPRspr 1962–63, Nr 163); etwas anderes soll nur dann gelten, wenn es sich um einen Rechtssatz handelt, der – obwohl öffentlich-rechtlicher Natur – hauptsächlich den Interessen einzelner dienen soll (BGHZ 31, 367; ERMAN/ARNDT [7. Aufl 1981] Art 30 EGBGB Rn 9).

37 In der Literatur wird das Territorialitätsprinzip des BGH teilweise abgelehnt und die

---

* **Schrifttum:** KLEINSCHMIDT, Zur Anwendbarkeit zwingenden Rechts im internationalen Vertragsrecht (1985); RADTKE, Schuldstatut und Eingriffsrecht, ZVglRWiss 1985, 325; KREUZER, Ausländisches Wirtschaftsrecht vor deutschen Gerichten. Zum Einfluß fremdstaatlicher Eingriffsnormen auf private Rechtsgeschäfte (1986); SIEHR, Normen mit eigenem Anwendungsbereich, RabelsZ 46 (1982) 357 ff; KELLER/SIEHR 547 ff; HEINI, Die Anwendung wirtschaftlicher Zwangsmaßnahmen im Völkerrecht und im Internationalen Privatrecht, BerDGesVölkR Heft 22 (1982) 37 ff; LEHMANN, Eingriffsnormen dritter Staaten und die deutsche IPR-Reform, ZRP 1987, 319 ff; SCHURIG, Zwingendes Recht, „Eingriffsnormen" und neues IPR, RabelsZ 54 (1990) 217 ff.

Meinung vertreten, öffentlich-rechtliche Vorfragen seien gesondert anzuknüpfen und einem Sonderstatut unterworfen (WENGLER ZvglRW 1941, 168; ZWEIGERT RabelsZ 14 [1942] 283 ff; weitere Nachweise bei MünchKomm/SONNENBERGER IPR Einl Rn 30 ff, 272 und Fn 629). Feste Regeln für diese Sonderanknüpfung können allerdings nicht aufgestellt werden; in den meisten Fällen wird daher das Recht des Vertragsstatuts als das mit dem Sachverhalt im engsten Zusammenhang stehende Rechtssystem Anwendung finden (MANN, in: FS Wahl 157).

Eine vertragliche „öffentlich-rechtliche Kollisionsnorm" findet sich in Art VIII 2 b **38** des Abkommens über den Internationalen Währungsfond von Bretton-Woods (BGBl 1952 II 637, 645), wonach aus „Devisenkontrakten, die die Währung eines Mitglieds berühren und die im Gegensatz stehen zu den von dem Mitglied in Übereinstimmung mit diesem Abkommen aufrechterhaltenen oder eingeführten Devisenkontrollbestimmungen" in den Gebieten der Mitglieder nicht geklagt werden kann. Der BGH sieht hierin eine Regelung, die im Gegensatz zu dem Prinzip der Nichtanwendung ausländischen öffentlichen Rechts die Anerkennung ausländischer Devisenbestimmungen, unabhängig von dem den Sachverhalt regelnden (privatrechtlichen) Vertragsstatut, beinhaltet (BGH NJW 1970, 1507, vgl hierzu auch MANN JZ 1970, 709 ff).

Für den hier interessierenden Art 6 bedeutet die eben dargestellte Problematik: Man **39** wird davon ausgehen müssen, daß die durch die Kollisionsnorm ausgewählte Rechtsordnung als ganze Anwendung findet und sich öffentlich-rechtliche Normen nicht willkürlich von privatrechtlichen trennen lassen (STOLL, Rechtliche Inhaltskontrolle bei internationalen Handelsgeschäften, in: FS Kegel [1987] 628; MANN, in: FS Wahl 146). Insoweit ist also auch eine strenge Anwendung des Territorialitätsprinzips undurchführbar, die ja auch der BGH nicht vertritt (aA KREUZER, in: SCHLECHTRIEM, Zum deutschen und internationalen Schuldrecht [1983] 89). Ausländische öffentlich-rechtliche Normen, die demgemäß nach innerstaatlichem Kollisionsrecht Anwendung finden – sei es, weil sie in erster Linie den Interessen Privater dienen (BGH), sei es, daß sie als verwaltungsrechtliche Vorfrage sonderangeknüpft werden (Teil der Lehre) – unterliegen selbstverständlich der Kontrolle des Art 6.

Zu der Problematik rechtswidriger staatlicher Enteignungen s unter „internationaler ordre public" unten Rn 56 ff.

d) Gesetzesumgehung (fraus legis)*

Eine Gesetzesumgehung oder fraus legis liegt vor, wenn künstlich eine Beziehung **40**

---

* **Schrifttum:** RÖMER, Die Gesetzesumgehung im deutschen IPR (1955); VISCHER, Zum Problem der rechtsmißbräuchlichen Anknüpfung im IPR, in: FS Simonius (1955) 401 ff; VIDAL, Essai d'une théorie générale de la fraude en droit francais (1957) 87 ff, 270, 276; KNICKENBERG, Gretna Green, StAZ 1960, 45 ff; ERDSIEK, Gretna Green, NJW 1960, 2232 f; MARIDAKIS, Reflexions sur la question de la fraude à la loi d'après le droit international privé, Melanges Maury (1960 I) 231 ff; SEIDL-HOHENVELDERN, L'ordre public international et la fraude à la loi, leur importance en droit international public, Melanges Maury 473 ff; TEICHMANN, Die Gesetzesumgehung (1962); CASTEL, La fraude à la loi en droit int privé quebécois, Revue de Barreau de la Province de Quebec 24 (1964) 1 ff; NEUHAUS 193 ff; BGHZ 78, 318; HANISCH, Internationalprivatrecht der Gläubigeranfechtung, ZIP 1981, 569 ff; PALANDT/HELDRICH Einl v EGBGB 3 Rn 25 f; FERID § 3–154.

zu einem Staat hergestellt wird, um einem an sich anwendbaren ausländischen Rechtssatz auszuweichen. **Dem ordre public und der Gesetzesumgehung ist die Mißbilligung eines bestimmten Ergebnisses in einem international-privatrechtlichen Fall bei Anwendung der „an sich" anwendbaren Normen gemeinsam.**

41 Kennzeichnend für die Gesetzesumgehung ist die Umkehrung von Ursache und Wirkung bei der Anknüpfung: die Kollisionsnorm bestimmt die Anwendung eines bestimmten Rechts aufgrund eines Anknüpfungspunktes; der Umgehungstatbestand setzt voraus, daß die Parteien den Anknüpfungspunkt wählen, um ein bestimmtes Recht mit einer gewünschten Rechtsfolge zur Anwendung kommen zu lassen (STAUDINGER/VBAR[12] Art 13 EGBGB Rn 33 ff).

42 Strittig ist, ob die Umgehung absichtlich erfolgen muß. Eine konkrete Umgehungsabsicht wird in jedem Fall schwer nachzuweisen sein. Die hM hält die Absicht nicht für erforderlich (**aA** KEGEL 350, vgl aber auch 352; RAAPE/STURM 326 ff). Uneinigkeit herrscht über die Frage, ob die Gesetzesumgehung ein Unterfall des ordre public ist oder ob sie ein Rechtsinstitut mit eigenen Regeln ist.

43 Ein Teil der Literatur sieht in der Gesetzesumgehung zumindest dann, wenn deutsches Recht umgangen wird, einen Unterfall des ordre public (DÖLLE, IPR 65; WOLFF 47 ff; ERMAN/ARNDT [7. Aufl 1981] Art 30 EGBGB Rn 19 ist für eine analoge Anwendung des ordre public in Ausnahmefällen; FIRSCHING 56; LG Hamburg StAZ 1955, 61; MELCHIOR 379).

Liegt keine Umgehung deutscher Gesetze vor, wird grundsätzlich die deutsche öffentliche Ordnung nicht verletzt; ein Eingreifen des ordre public scheidet dann also aus. Sollen die Folgen einer Gesetzumgehung auch in diesen Fällen vermieden werden, da sie eine Störung des internationalen Entscheidungseinklangs darstellen, ist die Lösung mit Hilfe des ordre public nicht ausreichend.

44 Aus diesem Grund sieht wohl die hM in der Gesetzesumgehung ein eigenes Rechtsinstitut (NEUMAYER, in: FS Dölle Fn 105 a; NUSSBAUM 75; MAKAROV 103; SCHNITZER Bd 1, 249; NIEDERER 322; RAAPE/STURM 331; SIMITIS, Vorschläge 283). Beim ordre public steht die materiell-privatrechtliche Gerechtigkeit im Vordergrund, bei der Gesetzesumgehung die international-privatrechtliche. Die beiden Rechtsinstitute haben insoweit unterschiedliche Ziele. Die Gesetzesumgehung kann schon deshalb kein Unterfall des ordre public sein. Auch würde der ordre public selbst dann nicht eingreifen, wenn aufgrund der fraudulösen Anknüpfung ein untragbares Ergebnis erzielt werden würde, denn der ordre public richtet sich gegen einen **an sich** anwendbaren ausländischen Rechtssatz; nach den Regeln der „fraude à la loi" wird aber gerade eine fraudulöse Anknüpfung als nicht existent behandelt und folglich die ausländische Rechtsordnung nicht angewandt, sondern diejenige Rechtsordnung, die ohne die fraudulöse Anknüpfung berufen wäre. Insoweit bestehen also auch unterschiedliche Rechtsfolgen.

e) Angleichung

45 Auch die Angleichung ist ein Instrument, um ein unerwünschtes Ergebnis in einem international-privatrechtlichen Fall zu korrigieren.

Es gibt Fälle, in denen das Kollisionsrecht sich widersprechende Rechtssätze zur

Lösung desselben Falles beruft (Normenwiderspruch) oder ein Normenmangel oder eine Normenhäufung vorliegt (Beispiele bei CHR VBAR 538 ff und SOERGEL/KEGEL Vor Art 7 EGBGB Rn 102 f). In diesen Fällen besteht die Notwendigkeit, fremdes Recht nicht blind zu übernehmen, sondern anzugleichen, um zu einem praktikablen und gerechten Ergebnis zu gelangen (MünchKomm/SONNENBERGER IPR Einl Rn 424).

Während jedoch der ordre public-Vorbehalt ein mit den Grundsätzen unserer Rechtsordnung unvereinbares Ergebnis, das durch die Anwendung ausländischer Sachnormen entstanden ist, ausschaltet, wird die Korrektur bei der Angleichung idR bereits auf kollisionsrechtlicher Ebene vorgenommen (CHR VBAR 537; vgl hierzu auch KROPHOLLER, in: FS Ferid [1978] 279). Die Angleichung löst die seltenen Fälle, in denen die international-privatrechtliche Methode der Kollisionsnorm zu keinem sinnvollen und gerechten Ergebnis führt.

5. Arten des Vorbehalts

a) Allgemeiner und besonderer ordre public

Art 6 enthält den allgemeinen Vorbehalt. Neben dieser Generalklausel gibt es noch **46** spezialisierte Vorbehaltsklauseln.

aa) Spezielle Vorbehaltsklauseln im EGBGB

Die besonderen Vorbehaltsklauseln bestimmen, wann deutsches Recht unbedingt **47** oder ergänzend neben ausländischen Rechtsnormen anwendbar ist. Sie sollen die Rechtsanwendung in Fällen mit Auslandsberührung berechenbar machen (BGB-RGRK/WENGLER 84).

Spezielle Vorbehaltsklauseln finden sich im nunmehr kodifizierten deutschen IPR in Art 13 Abs 2 Nr 3, 13 Abs 3 S 1, 17 Abs 1 S 2, 17 Abs 2, 17 Abs 3 S 2, 18 Abs 2, 18 Abs 5, 18 Abs 7, 23 S 3, 27 Abs 3, 29 Abs 1-3, Abs 4 S 2, 30 Abs 1, 38 EGBGB (s oben Rn 4).

Strittig ist, ob neben den speziellen Vorbehaltsklauseln eine Berufung auf Art 6 mög- **48** lich ist (verneinend BGHZ 42, 10 f; LG Hamburg IPRspr 1934, Nr 6 für den Fall, daß ein ausländisches Recht zwar wegen Ehebruch der Frau, nicht aber des Mannes einen Scheidungsgrund gewährt; bejahend BGHZ 42, 105; SIMITIS, Vorschläge 270; differenzierend ERMAN/HOHLOCH Art 6 Rn 10).

Überzeugend ist die Ansicht von FERID (§ 3-30), wonach die besonderen Vorbehaltsklauseln gleichsam nur ein Minimum an deutschen Rechtsnormen festschreiben, das auf jeden Fall Geltung beanspruchen soll. Daneben bleibt jedoch noch Raum für die Anwendung des Art 6.

Zu den besonderen Vorbehaltsklauseln zählt auch § 61 BörsG (vgl SOERGEL/KEGEL Art 30 EGBGB Rn 25; SCHWARK, BörsG [1976] § 61 Rn 1; BGH WM 1965, 766).

bb) Die staatsvertraglichen Vorbehaltsklauseln

Besondere Vorbehaltsklauseln finden sich auch in Staatsverträgen. Hier sind insbe- **49** sondere die Haager Abkommen zu nennen. Der ordre public dieser Verträge ist meist gleichlautend formuliert. „Die Bestimmungen des Abkommens sind unbeachtlich, wenn sie mit der öffentlichen Ordnung offensichtlich unvereinbar sind". Durch diese Formulierung ergeben sich keine sachlichen Abweichungen gegenüber dem Art 6 EGBGB. Im Gegenteil: die Neufassung des ordre public-Vorbehalts in Art 6 hat sich der staatsvertraglichen Praxis angepaßt (vgl oben Rn 8).

50 In der Lehre ist umstritten, ob und inwieweit der nationale ordre public neben dem staatsvertraglichen ordre public eingreift, wenn der Vertrag eine diesbezügliche Regelung enthält.

Die hM geht davon aus, daß der staatsvertragliche ordre public lex specialis ist und ein zusätzlicher Anwendungsbereich für Art 6 nicht gegeben ist (SIMITIS, Vorschläge 279; MAKAROV, in: FS Gutzwiller 303 ff; PALANDT/HELDRICH Art 6 Rn 11; JAYME NJW 1965, 17 f; BGH FamRZ 1993, 316; 1053; OLG Hamm FamRZ 1993, 111; kritisch zu den Haager int ordre public-Klauseln: FERID RabelsZ 27 [1962/63] 426; aA RAAPE/STURM 222).

51 Dies gilt auch dann, wenn die ordre public-Klausel nicht allgemein gehalten ist, sondern nur bestimmte Einzelfälle betrifft (zB Art 2, 3 des Haager Eheschließungsabkommens von 1902). Im Zweifel haben damit die Vertragsstaaten eine Berufung auf den allgemeinen ordre public ausgeschlossen (MünchKomm/SONNENBERGER Art 6 Rn 27; vgl SCHOTTEN/WITTKOWSKI, Das deutsch-iranische Niederlassungsabkommen im Familien- und Erbrecht, FamRZ 1995, 264, 267).

52 Schließlich stellt sich noch die Frage, ob die allgemeine Vorbehaltsklausel des Art 6 Anwendung findet, wenn der Staatsvertrag zu der Frage des ordre public ganz schweigt. In diesem Fall ist mit MAKAROV (102 f) zwischen „offenen" und „geschlossenen" internationalen Verträgen zu unterscheiden. Geschlossene Abkommen sind solche, die nur für die Staaten, die an der Ausarbeitung teilgenommen haben, in Kraft treten. Die Auslegung eines solchen Staatsvertrages ergibt, daß er dem einzelstaatlichen Kollisionsrecht und somit auch dem ordre public-Vorbehalt vorgeht. So kritisiert auch BEITZKE (IPRax 1981, 122 ff) eine Entscheidung des OLG Oldenburg, das iranisches Recht – es ging um Unterhaltsansprüche der Ehefrau bei Getrenntleben – mit Hilfe des Art 30 aF EGBGB ausschaltete. Seine Kritik gründet sich darauf, daß Deutschland in einem deutsch-iranischen Niederlassungsvertrag den in Deutschland lebenden Iranern grundsätzlich die Anwendung iranischen Rechts garantiert hatte, so daß in diesem Abkommen ein Verzicht auf die Anwendung der ordre public-Klausel zu erblicken war.

53 Anders stellt sich die Rechtslage bei offenen Abkommen dar, denen jederzeit neue Vertragspartner beitreten können. Denn in diesem Fall muß für die ursprünglichen Vertragspartner die Möglichkeit bestehen bleiben, die Anwendung der neuen Rechtsordnung durch die nationale Vorbehaltsklausel im Einzelfall zu verhindern (MAKAROV 102 f; ders, in: FS Gutzwiller 312 ff; MünchKomm/SONNENBERGER Art 6 Rn 27; FERID § 3–113).

b) Internationaler ordre public
54 Eine Definition des sog „internationalen ordre public" bereitet Schwierigkeiten, denn der Begriff taucht in unterschiedlicher Bedeutung in der deutschsprachigen Literatur auf.

aa) Der „ordre public international" im französischen Recht

Der Begriff internationaler ordre public hat seinen Ursprung im romanischen 55
Rechtskreis, wo er als **Gegensatz zum „ordre public interne"** entwickelt wurde. In
beiden Fällen geht es darum, einen Bestand von innerstaatlich zwingenden Rechtssätzen (die sog „lois de police" oder „lois d'application immédiate") vor der Verdrängung durch andere Normen zu schützen. Doch während der ordre public interne nur
Inlandssachverhalte betrifft, findet der ordre public international in Fällen mit Auslandsberührung Anwendung. Der ordre public international, in diesem Sinne verstanden, entspricht in etwa der umstrittenen positiven Funktion des ordre public (vgl
oben Rn 22 ff; s auch RAAPE/STURM 200; NEUHAUS 365; NEUMAYER, in: FS Dölle 184; SCHÜTZ 9;
zur Begriffsbestimmung: BGHZ 48, 331).

bb) Der internationale ordre public im deutschen Recht

Der Begriff des internationalen ordre public, wie er sich inzwischen in Deutschland 56
durchgesetzt hat, darf nicht mit dem französischen ordre public international verwechselt werden. Er verpflichtet vielmehr die Staaten, bei der Anwendung des IPR
völkerrechtlich anerkannte Grundwerte (hierzu zählen beispielsweise die internationalen Menschenrechtspakte) zu schützen (RAAPE/STURM 201; BGB-RGRK/WENGLER 93;
BLECKMANN ZaöRV 1974, 113; STÖCKER StaZ 1970, 325; ders RabelsZ 38 [1974] 87; MOSER ÖJZ
1974, 651; einen entscheidenden Schritt in Richtung auf eine Internationalisierung des ordre public
tat der BGH in der sog „Kulturgutentscheidung" in BGHZ 59, 83; 22, 163 = IPRspr 1960/61, Nr 155;
JAYME StAZ 1980, 301; LEREBOURS-PIGEONNIÈRE, Etudes Ripert I 255; KELLER/SIEHR 540 f;
SCHÜTZ, Der internationale ordre public). Ein Teil der Lehre steht dem Begriff zurückhaltend gegenüber (NEUHAUS 372 f; RAAPE/STURM 201).

Doch spricht für die Existenz des internationalen ordre public nicht zuletzt Art 25 57
GG, wonach die allgemeinen Regeln des Völkerrechts den Gesetzen vorgehen.
Diese Verfassungsnorm enthält eine eindeutige Wendung zugunsten des Völkerrechts, die auch bei der Interpretation von Generalklauseln, wie sie der Art 6
darstellt, berücksichtigt werden muß (SCHÜTZ 44). In der Praxis spielt der internationale ordre public insbesondere eine Rolle bei **völkerrechtswidrigen entschädigungslosen Enteignungen** (vgl LG Hamburg RabelsZ 37 [1973] 579 ff zum chilenischen Kupferstreit;
BÖCKSTIEGEL, Enteignungs- oder Nationalisierungsmaßnahmen gegen ausländische Kapitalgesellschaften, BerDGesVölkR 13 [1974] 38; OLG Bremen, IPRspr 1958/59, Nr 7 a; vgl hierzu auch
RAAPE/STURM 201, der schon aufgrund allgemeiner Grundsätze des Völkerrechts [UN-Res 1803]
einer völkerrechtswidrigen, entschädigungslosen Enteignung die Anerkennung versagen will und
hierfür nicht den ordre public bemüht).

Der (internationale) ordre-public findet nach der Rechtsprechung des Bundesverfas- 58
sungsgerichts (BVerfGE 84, 90, 123) auf die **entschädigungslose Enteignung auf besatzungsrechtlicher und besatzungshoheitlicher Grundlage** (sog „demokratische" Bodenreform 1945–1949 in der SBZ) keine Anwendung, weil keine hinreichende Inlands-
und Gegenwartsbeziehung bestehe. Vielmehr gelte das Territorialitätsprinzip des
deutschen internationalen Enteignungsrechts, wonach die Enteignungen eines fremden Staates einschließlich der entschädigungslosen „Konfiskationen" grundsätzlich
als wirksam angesehen werden, soweit der Staat innerhalb der Grenzen seiner Macht
geblieben ist. Die Regelung des verfassungsändernden Gesetzgebers in Art 143
Abs 3 GG verstoße folglich nicht gegen die Schranken des Art 79 Abs 3 GG, da den
Betroffenen keine vermögenswerte, durchsetzbare Rechtsposition verblieben war,

in die der Gesetzgeber hätte eingreifen können. Inzwischen hat die 1. Kammer des Ersten Senats des BVerfG diese Rechtsprechung sachlich im wesentlichen mit dem Hinweis bestätigt, es seien keine neuen Erkenntnisse hinzugekommen (VIZ 1993, 301). Die Nichtanwendung des ordre-public-Vorbehalts wird auch aus der Derogation des einfachgesetzlichen Art 6 EGBGB durch (Verfassungs-)Gesetz abgeleitet (LEISNER, Das Bodenreform-Urteil des Bundesverfassungsgerichts, NJW 1991, 1569, 1571). Das Bundesverfassungsgericht läßt jedoch außer Acht, daß die besatzungshoheitlichen Konfiskationen nicht alltägliche Enteignungen sind, die nach internationalem Enteignungsrecht hingenommen werden müßten, sondern die Schranken der occupatio bellica verletzt haben und zusätzlich Verfolgungscharakter haben könnten. Der Regelungsgehalt des Art 143 Abs 3 GG („Eingriffe in das Eigentum dürfen nicht mehr rückgängig gemacht werden") muß restriktiv interpretiert werden, denn Rechtsstaatsprinzip, Schutz der Menschenwürde und des Eigentums sowie die nach Art 25 GG verbindlichen allgemeinen Regeln des Völkerrechts fordern eine Auslegung, die keine weitergehenden Eingriffe in das Eigentum duldet, als dies die Vertragspartner Deutschlands im Einklang mit dem Völkerrecht verlangen dürfen. Ein Restitutionsverbot läßt sich völkerrechtlich hier nicht begründen (BLUMENWITZ, Die besatzungshoheitlichen Konfiskationen in der SBZ, BayVBl 1993, 705; ders, Zu den völkerrechtlichen Schranken einer Restitutions- oder Ausgleichsregelung in der Bundesrepublik Deutschland, DtZ 1993, 258). Von WASMUTH wird der Restitutionsausschluß daher für verfassungswidrig gehalten. Die Zustimmung der Sowjetunion zur Herstellung der Einheit Deutschlands sei nicht von einem Rückgabeverbot abhängig gemacht worden, wie von der Bundesregierung vorgetragen und vom Bundesverfassungsgericht seiner Entscheidung zugrundegelegt (WASMUTH, Zur Verfassungswidrigkeit des Restitutionsausschlusses für Enteignungen auf besatzungsrechtlicher oder besatzungshoheitlicher Grundlage, NJW 1993, 2476; vgl dazu auch: STOLL, Neuere Entwicklungen im internationalen Enteignungsrecht, in: Osnabrücker Rechtswissenschaftliche Abhandlungen, Bd 34, Rechtsfragen des vereinten Deutschlands [1992] 77).

59 Zum rechtlichen Schicksal des in den **ehemals deutschen Ostgebieten** entschädigungslos enteigneten (konfiszierten) Privatvermögens besagt Ziff 5 des Briefwechsels zum Vertrag zwischen der Bundesrepublik Deutschland und der Republik Polen über gute Nachbarschaft und freundschaftliche Zusammenarbeit vom 17. Juni 1991 (Bulletin des Presse- und Informationsamtes der Bundesregierung 1991, 574), daß „dieser Vertrag sich nicht ... mit Vermögensfragen befaßt". Gleiches gilt auch für den Deutsch – Tschechoslowakischen Vertrag vom 27. 2. 1992 (BGBl 1992 II 463) mit dem entsprechenden Briefwechsel. Die Existenz des deutschen Privateigentums wird vom BVerfG in einem Kammerbeschluß vom 5. 6. 1992 bestätigt (NJW 1992, 3222; zur Auswirkung dieser Völkerrechtsfrage auf das innerstaatliche Recht der Bundesrepublik Deutschland, vgl BLUMENWITZ, Das Offenhalten der Vermögensfrage in den deutsch-polnischen Beziehungen [1992] 73 ff).

60 In neueren Entscheidungen vertritt der BGH die Auffassung, daß auch, soweit es um die **Anerkennung ausländischer Schiedssprüche** (bzw Gerichtsentscheidungen) geht, (nur) der internationale ordre public als Maßstab anzulegen ist (BGH NJW 1986, 3027; 1990, 2199). Die Anerkennung ausländischer Schiedssprüche ist danach im Interesse des internationalen Handelsverkehrs, sowie mit Rücksicht darauf, daß der Inlandsbezug der Entscheidung sich im wesentlichen auf die Vollstreckung bezieht, regelmäßig einem weniger strengen Regime unterworfen als die inländischen Schiedsgerichtsentscheidungen. Die Vollstreckbarerklärung scheidet danach nur aus, wenn das schiedsgerichtliche Verfahren an einem schwerwiegenden Mangel leidet, der die Grundlage staatlichen und wirschaftlichen Lebens berührt (kritisch hierzu KORNBLUM, Das „Gebot überparteilicher Rechtspflege" und der deutsche schiedsrechtliche ordre public, NJW 1987, 1105 ff; zustimmend jedoch vWINTERFELD, Noch einmal: Der deutsche ordre public in der internationalen Schiedsgerichtsbarkeit, NJW 1987, 3059 ff; vgl auch SCHLOSSER, Ausländische Schiedssprüche und ordre public „international", IPRax 1991, 218 ff; RAESCHKE-KESSLER, Binnenmarkt, Schiedsgerichtsbarkeit und ordre public, EuZW 1990, 145 ff; BARBER, Objektive Schiedsfähigkeit und ordre public in der internationalen Schiedsgerichtsbarkeit [1994]). Die Wirkung des verfahrensrechtlichen internationalen ordre public ist nicht mit dem „effet atténué" zu verwechseln; dieser bezieht sich auf den materiellen ordre public im Anerkennungs- und Vollstreckungsverfahren (vgl dazu Rn 72 ff).

Der **internationale ordre public als Bestandteil des IPR muß vom völkerrechtlichen ordre** 61
public als Bestandteil des Völkerrechts unterschieden werden. Einen völkerrechtlichen ordre public als Bestandteil des Völkerrechts – also eine Völkerrechtsnorm mit dem Inhalt, daß alle Völker bei Anwendung ihres IPR die Völkerrechtsregeln beachten müssen – gibt es mit Ausnahme des sog „ius cogens" (vgl unten Rn 62) nicht (NEUHAUS 74). Dies bedeutet aber nicht, daß ein einzelner Staat seinen nationalen ordre public nicht in der Weise ausdehnen kann, daß er in einem international-privatrechtlichen Fall, der eine Völkerrechtsverletzung beinhaltet, seinen nationalen ordre public einschaltet. Dies würde dem internationalen ordre public als Bestandteil des nationalen IPR entsprechen (vgl hierzu unten Rn 138 ff).

Grundsätzlich obliegt es dem innerstaatlichen Recht zu entscheiden, ob und in wel- 62
cher Weise Völkerrechtsverstöße auswärtiger Staaten durch innerstaatliche Nichtbeachtung völkerrechtswidriger Hoheitsakte oder Normen zu ahnden sind. So besteht zB für Drittstaaten prinzipiell weder eine unmittelbar aus dem Völkerrecht herzuleitende Verpflichtung zur Anerkennung noch zur Nichtanerkennung ausländischer völkerrechtswidriger Hoheitsakte und Konfiskationen (vgl IPSEN, Völkerrecht § 43 Rn 31; SEIDL-HOHENVELDERN, Völkerrecht Rn 1491). Eine gesicherte Staatenpraxis besteht nicht (vgl SEIDL-HOHENVELDERN, Internationales Enteignungsrecht, in: FS Kegel [1977] 265 ff mwN; ders, Völkerrechtswidrige Akte fremder Staaten vor innerstaatlichen Gerichten [1965] 593 ff). Eine Ausnahme bildet das **ius cogens, die zwingenden Normen des Völkerrechts** (gem Art 53 Wiener Übereinkommen über das Recht der Verträge eine Norm, „die von der internationalen Staatengemeinschaft in ihrer Gesamtheit angenommen und anerkannt wird als eine Norm, von der nicht abgewichen werden darf"). Stellte man die Hinnahme oder Anerkennung von Hoheitsakten oder Normen, die gegen das ius cogens verstoßen, in das Belieben der Staaten, könnte gerade von einem **zwingenden** Charakter des völkerrechtlichen ius cogens nicht mehr gesprochen werden. Gehört eine Völkerrechtsnorm zum ius cogens, so ist sie der individuellen Disposition der einzelnen Staaten entzogen und die Anwendung des dem ius cogens widersprechenden ausländischen Rechtssatz ist untersagt. Nur ein enger Kernbereich völkerrechtlicher Grundsätze und menschenrechtlicher Verpflichtungen kann den zwingenden Normen zugeordnet werden. Zu ihrem Bestand zählen beispielsweise das Recht auf Leben, das Verbot des Völkermordes, der Sklaverei und des Menschenhandels, das Verbot des Rassismus sowie der Folter (vgl FROWEIN, Die Verpflichtungen erga omnes im Völkerrecht und ihre Durchsetzung, in: FS Mosler [1983] 241 ff; SIMMA, Menschenrechtspolitik mit wirtschaftlichen Mitteln [1987] 73 ff). Auch die entschädigungslose Enteignung kann –

wenn der enteignende Staat mit dieser Maßnahme die Vernichtung oder Vertreibung einer Bevölkerungsgruppe verfolgt („ethnische Säuberung") – gegen zwingende Normen des Völkerrechts verstoßen (vgl ERMACORA, Rechtsgutachten über die Sudetendeutschen Fragen [1991] 185 ff).

Auch wenn die innerstaatliche Rechtsordnung im Bereich der zwingenden Normen des Völkerrechts nicht frei disponieren kann, bleibt offen, auf welchem Wege diese in das innerstaatliche Recht vordringen. Dies kann über Generalklauseln des innerstaatlichen Rechts, durch den internationalprivatrechtlichen ordre public, der die Völkerrechtsverletzung miteinbezieht, oder durch die Öffnung der verfassungsmäßigen Ordnung gegenüber den „allgemeinen Regeln des Völkerrechts" geschehen (Art 25 GG). Die Mitgliedstaaten des Zusatzprotokolles zur Konvention zum Schutze der Menschenrechte und Grundfreiheiten vom 20. 3. 1952 (BGBl 1956 II 1880) werden zB beim Entzug des Eigentums an die Einhaltung der „allgemeinen Grundsätze des Völkerrechts" gebunden (vgl Art 1 Abs 1 des Protokolls).

c) Europäischer ordre public

63 Der Begriff des „europäischen" ordre public hat sich angesichts der Tatsache, daß die sozialistischen Länder untereinander ihren ordre public nicht anwendeten, entwickelt. Dies kam zB auch dadurch zum Ausdruck, daß in einigen Staatsverträgen keine ordre public-Klauseln mehr enthalten waren. So der Vertrag der DDR mit der UdSSR vom 19. 9. 1979 (BGB-RGRK/WENGLER 1292 Anm 55; vgl LUNZ 220; ferner KORKISCH, Neue Tendenzen im Internationalen Privatrecht Osteuropas, JbOstR XXI [1980] 23). Die EU-Staaten sollten sich nicht gegenseitig bescheinigen, daß ihre rechtlichen und sittlichen Grundvorstellungen nicht übereinstimmen. Ein gemeinsamer „europäischer" ordre public kann in der Weise wirken, daß alle Bürger der EU-Staaten wie Bürger des eigenen Staates behandelt werden (hierzu unten Rn 120), er kann aber auch den Bestand der gemeinsamen Rechtsgrundsätze beinhalten (MünchKomm/SONNENBERGER Art 6 Rn 66; SCHÜTZ 14; RAAPE/STURM 204; HÜBNER NJW 1980, 2603; NEUHAUS 74; ERMAN/HOHLOCH Art 6 Rn 23; STEINDORFF EuR 1981, 426; MARTINY, in: CHR vBAR, Europäisches Gemeinschaftsrecht und IPR [1991] 211; HORN RabelsZ 44, 423).

64 Der gemeinsame wirtschaftliche Markt schafft jedenfalls noch keine gemeinsame öffentliche Ordnung (SIMITIS, Vorschläge 282).

65 Am ehesten ließe sich ein „europäischer" ordre public den Normen der Europäischen Konvention zum Schutze der Menschenrechte und Grundfreiheiten vom 9. 12. 1950 entnehmen. Da Art 25 der Konvention auch natürlichen Personen und nichtstaatlichen Personenvereinigungen das Recht einräumt, sich wegen Vertragsverletzungen an die Europäische Kommission für Menschenrechte zu wenden, und durch Transformation innerstaatliches Recht in den Unterzeichnerstaaten geworden ist, reicht die Völkerrechtsnorm auch unmittelbar in die Privatrechtssphäre, verliert damit aber nicht ihren primär völkerrechtlichen Charakter.

66 Hier kann uU ein Normenkonflikt für den inländischen Richter entstehen: So hat beispielsweise der Europäische Gerichtshof für Menschenrechte entschieden (Fall „**Marckx**", abgedruckt in StAZ 1981, 23), daß Art 334 des belgischen code civil, der die Frage, ob das nichteheliche Kind mit seiner Mutter verwandt ist, von einer Anerkennung durch die Mutter abhängig machte, gegen die europäische MRK verstoße und deshalb vom belgischen Richter nicht mehr zu beachten sei.

Die konventionswidrigen Normen galten jedoch zunächst weiter, da sie vom belgischen Gesetzgeber nicht sofort außer Kraft gesetzt wurden. Daher war in Belgien umstritten, ob dem Urteil „Marcks" unmittelbare Wirkung zukomme oder ob es nur als ein Appell an den Gesetzgeber zu verstehen sei (s hierzu RIGAUX, La loi condamnée. A propos de l'arrêt du 13 juin 1979 de la Cour europeenne des droits de l'homme, J trib [1979] 513 ff; BOSSUYT, L'arrêt Marcks de la cour europeenne des droits de l'homme, Rev belge dr int [1980] 53 ff). Die Frage hat jedoch inzwischen an Aktualität eingebüßt, da der belgische Gesetzgeber das nichteheliche Kind – dem Urteil des Europäischen Gerichtshofs folgend – weitgehend dem ehelichen Kind gleichgestellt hat.

In der Bundesrepublik wäre ein derartiger Normenkonflikt wegen des unser Verfassungsrecht beherrschenden Grundsatzes der Völkerrechtsfreundlichkeit zugunsten von Art 1 MRK zu lösen (STÖCKER StAZ 1981, 21). Art 1 MRK kann folglich auch zur Abweisung ausländischen Rechts führen, wenn eine Konventionsverletzung vorliegt, unabhängig davon, ob auch der nationale ordre public verletzt ist. Die belgischen Vorschriften, die nach der Entscheidung des Europäischen Gerichtshofes für vertragswidrig erklärt worden waren, waren somit in der Zwischenzeit in Deutschland nicht mehr zu beachten (STÖCKER StAZ, 1981, 21). 67

d) Interlokaler ordre public

Der nationale ordre public wehrt das fremde Recht eines anderen Staates ab, der interlokale ordre public Gesetze eines Teilgebietes ein und desselben Staates. In Mehrrechtsstaaten gelten verschiedene Rechte nebeneinander. Die Anwendung eines Teilrechts kann in dem Geltungsbereich eines anderen Teilrechts mit Hilfe einer ordre public-Klausel eingeschränkt werden. Mehrrechtsstaaten sind zB die Schweiz auf bestimmten Rechtsgebieten, die USA, Kanada und Australien (RAAPE/ STURM 203 f; BEITZKE, Vorschläge 43 ff). 68

Geht man mit dem Bundesverfassungsgericht vom Fortbestand des Deutschen Reiches aus und betrachtet man demgemäß das Recht der ehemaligen DDR nicht als „ausländisches" Recht (BVerfGE 36, 1, 17), so zählte auch Deutschland zu den sog Mehrrechtsstaaten. Aus dem grundgesetzlichen Wiedervereinigungsgebot folgte keine Ausschaltung der Vorbehaltsklausel im Verhältnis DDR-Bundesrepublik – dies hätte zu weit geführt –, sondern vielmehr nur eine gewisse Zurückhaltung bei der Anwendung des Art 6 (vgl hierzu insbesondere KNOKE, Deutsches interlokales Privat- und Privatverfahrensrecht nach dem Grundvertrag [1980] 105, 111 ff; SOERGEL/KEGEL Vor Art 7 EGBGB Rn 134 ff; DROBNIG RabelsZ 37 [1973] 485 ff; für weniger Zurückhaltung bei Anwendung des ordre public im Verhältnis DDR-Bundesrepublik: MünchKomm/KREUZER [1983] Art 30 EGBGB Rn 43; PALANDT/HELDRICH [48. Aufl 1989] Art 6 Anm 3 d; RAAPE/STURM 383). 69

Urteile des Bundesverwaltungsgerichts und des Bundesverfassungsgerichts bestätigten die Anwendung des ordre public Vorbehalts im Verhältnis zur DDR. Dem Urteil des Bundesverwaltungsgerichts (DVBl 1986, S 16 ff) lag folgender Sachverhalt zugrunde: Ein ursprünglich polnischer Staatsangehöriger, der 1954 die Staatsangehörigkeit der DDR erworben hatte und für diese später in der Bundesrepublik geheimdienstlich tätig war, beantragte im Jahre 1974, ihm eine Urkunde darüber 70 auszustellen, daß er deutscher Staatsangehöriger sei. Die zuständige Behörde weigerte sich, eine entsprechende Urkunde auszustellen; die Klage blieb in allen Instanzen erfolglos. Das BVerwG begründete seine Entscheidung mit Erwägungen des ordre public, wobei es letztlich dahin gestellt sein ließ, ob der Erwerb der DDR-Staatsbürgerschaft unter dem Gesichtspunkt der einheitlichen deutschen Staatsangehörigkeit (BVerfGE 36, 1, 30) die bundesdeutschen Behörden zur Ausstellung einer entsprechenden Urkunde verpflichte; denn auf jeden Fall scheitere eine Anerkennung am ordre public-Vorbehalt, da der Kläger eine Gefahr für die innere und äußere Sicherheit der Bundesrepublik darstelle. Die Einbürgerung durch die DDR-Behörden sei somit mit dem ordre public der Bundesrepublik nicht vereinbar und widerspreche Sinn und Zweck des geltenden Einbürgerungsrechts. Auch die Verpflichtung, die Vorbehaltsklausel im Lichte des grundgesetzlichen Gebots, die deutsche Einheit zu wahren, zu betrachten, zwinge nicht zu einer anderen Entscheidung (vgl hierzu auch Art 5 EGBGB Rn 220). Der Teso-Beschluß des Bundesverfassungsgerichts (BVerfGE 77, 137) bestätigte diese Rechtsprechung. Das Bundesverfassungsgericht folgert in seiner Entscheidung aus dem Gebot der Wahrung der Einheit der deutschen Staatsangehörigkeit, daß dem Erwerb der Staatsangehörigkeit der DDR für die Rechtsordnung der Bundesrepublik **in den Grenzen des ordre public** die Rechtswirkung des Erwerbs der deutschen Staatsangehörigkeit zuzumessen sei (BVerfGE 77, 137, LS 1, 149, 153; vgl dazu auch: FIEDLER, Die staats- und völkerrechtliche Stellung der Bundesrepublik Deutschland – nach dem Teso-Beschluß des Bundesverfassungsgerichts, JZ 1988, 132, 133 f; BLUMENWITZ, Die deutsche Staatsangehörigkeit und der deutsche Staat, Jus 1988, 607 ff).

71 Der Einigungsvertrag ordnet die Weitergeltung partiellen DDR-Rechts auch nach der Wiedervereinigung an. Dabei ist zu differenzieren zwischen Bestimmungen, die als Bundes- oder Landesrecht **fortgelten** (Art 9 EV iVm Anlage II des EV) und denjenigen Rechtsvorschriften, die aufgrund des intertemporalen Kollisionsrechts auf Fälle weiter **angewendet** werden müssen, die sich vor dem 3. 10. 1990 ereignet haben. Hinsichtlich des fortgeltenden DDR-Rechts ist eine Anwendung des Art 6 EGBGB entbehrlich, da es integraler Bestandteil des Bundes- oder Landesrechts geworden ist und einer verfassungskonformen Auslegung unterliegt (OETKER, Rechtsvorschriften der ehemaligen DDR als Problem methodengerechter Gesetzesanwendung, JZ 1992, 608 ff). Hinsichtlich des aufgrund innerdeutschen Kollisionsrechts (bundesdeutsches IPR bzw RAG-DDR; dazu HELDRICH, Interlokales Privatrecht im vereinten Deutschland, in: FS Lerche [1993] 913 ff) und intertemporalen Kollisionsrechts auf Altfälle weiter anzuwendenden DDR-Rechts ist strittig, ob für die Anwendung des ordre public noch Raum ist (für die Anwendung des ordre public: LG Berlin ZOV 1992, 103; LG Berlin ZOV 1992, 108, 109; OLG Dresden DtZ 1993, 345; ERMAN/HOHLOCH Art 6 Rn 25). Die Anwendung des ordre public kann danach beispielsweise dazu führen, daß im Rahmen der nach Art 232 §§ 1, 10 EGBGB anwendbaren §§ 327 ff ZGB (unerlaubte Handlung) bei der Beurteilung, ob eine „widerrechtliche Verletzung" vorliegt, Vorschriften des DDR-Rechts unbeachtet bleiben können (hier: §§ 225 Abs 1, 213 Abs 3 StGB-DDR und §§ 92, 93 Abs 1 S 1 StPO-DDR, Anzeigepflicht hinsichtlich einer beabsichtigten „Republikflucht"), wenn ihre Anwendung zu einem Ergebnis führen würde, das mit wesentlichen Grundsätzen des deutschen Rechts offensichtlich unvereinbar ist (OLG Dresden DtZ 1993, 345).

Die hM hält auch hier den ordre public für überflüssig. Da mit dem Wirksamwerden des Beitritts das Grundgesetz gem Art 3 EV in der ehemaligen DDR in Kraft getreten ist, ist eine dort vertretene Gesetzesauslegung nur maßgebend, wenn sie mit dem Grundgesetz vereinbar ist (BGH NJW 1994, 582, 583). Die anwendbaren Vorschriften des DDR-Rechts müssen mit den grundlegenden Werten des deutschen Rechts, insbesondere den Grundrechten, in Einklang stehen und verfassungskonform ausgelegt werden (BGHZ 117, 35 = NJW 1992, 821; BGH DtZ 1992, 120, 121; BVerfG DtZ 1993, 309). Die in der DDR herausgearbeiteten Auslegungsresultate sind gegebenenfalls einer Korrektur zu unterziehen (BGH NJW 1992, 824). Sie unterliegen den elementaren Rechtsprinzipien der guten Sitten (Dresden NJ 1993, 228) und den Grundsätzen von Treu und Glauben (BGH NJW 1993, 259, 261 f; 1856, 1859 – Wegfall der Geschäftsgrundlage; vgl auch BGH DtZ 1993, 210 f). Vorschriften, die auf sozialistischen Wertungen und Grundsätzen beruhen, bleiben unberücksichtigt (BGH NJW 1993, 2531 f). Bereits Art 1 des DDR Gesetzes (Verfassungsgrundsätze) vom 17. 6. 1990 (GBl DDR I 1990, 299) und Art 2 und 4 des 1. Staatsvertrags (BGBl II 1990, 537) sowie die im Gemeinsamen Protokoll enthaltenen Leitsätze haben nach dieser Ansicht die notwendige Harmonisierung von DDR-Vorschriften mit der Werteordnung des Grundgesetzes herbeigeführt (BGH NJW 1993, 259, 260; BGH NJW 1994, 583; PALANDT/HELDRICH Art 6 Rn 12). Diese Grundsätze strahlen auch auf die Anwendung der nach intertemporalem Kollisionsrecht einschlägigen Vorschriften des DDR-Rechts aus (OETKER JZ 1992, 613; ähnlich HORN DWiR 1992, 45 ff; zum Mietrecht der DDR STAUDINGER/SONNENSCHEIN[12] Art 232 § 2 EGBGB Rn 54).

e) **Ausländischer ordre public**
aa) **Grundsätzliche Unbeachtlichkeit des ausländischen ordre public**
Prinzipiell hat der deutsche Richter den ordre public eines anderen Staates nicht zu beachten (ERMAN/HOHLOCH Art 6 Rn 22; SOERGEL/KEGEL Art 30 EGBGB Rn 26; PALANDT/HELDRICH Art 6 Rn 8; MünchKomm/SONNENBERGER Art 6 Rn 62; FERID § 3–39). **72**

So ist zB eine Ehe, die an einem Ort unter Einhaltung (nur) kirchlicher Vorschriften geschlossen, aber nach der lex causae wirksam ist, nach deutschem IPR als gültig anzusehen, auch wenn sie nach dem Recht des Ortes als formnichtig gilt und dieses Recht eine dem Art 13 Abs 3 S 1 EGBGB entsprechende Vorschrift kennt (RAAPE/STURM 220). **73**

bb) **Beachtlichkeit bei renvoi**
Etwas anderes gilt jedoch nach der hM für die Fälle der Rück- und Weiterverweisung (renvoi). Nach dem **Prinzip der Gesamtverweisung** ist nämlich in diesen Fällen die gesamte ausländische Rechtsordnung, also auch deren ordre public-Vorbehalt, berufen. Folgendes Beispiel dient zur Verdeutlichung (RGZ 132, 416 = IPRspr 1931 Nr 5 nach RAAPE/STURM 220): **74**

Im Jahr 1918 heiratete ein protestantischer Österreicher eine russische Jüdin. Zunächst zog das Ehepaar nach Triest, wo beide die italienische Staatsangehörigkeit erwarben, später nach Deutschland. Dort erhob der Ehemann Ehenichtigkeitsklage. Das RG berief nach deutschem Kollisionsrecht (Art 13 aF EGBGB) das italienische Heimatrecht der Ehegatten, das zunächst auf österreichisches Recht als Heimatrecht des Ehemannes bei Eheschließung weiterverwies. Die dort nach § 64 ABGB vorgesehene Nichtigkeitsklage wegen Verschiedenheit der Religionen (Impedimentum disparitatis cultus) verstieß zur damaligen Zeit noch nicht gegen den deutschen ordre public (zur heutigen Rechtslage vgl jedoch unten Rn 95). Doch empfand das RG die Anwendung des § 64 ABGB als unbefriedigend im Hinblick auf den internationalen Entscheidungseinklang; denn beide Eheleute hatten zwischenzeitlich die italienische Staatsangehörigkeit erworben, und italienische Gerichte beurteilten bereits das Eheverbot als Verstoß gegen den italienischen ordre public. Nach dem Grundsatz, daß Ehesachen nach Heimatrecht zu entscheiden sind, fand der italienische ordre public Berücksichtigung und kam eine Ehenichtigkeitsklage nach § 64 ABGB nicht in Betracht.

cc) § 606 a Abs 1 Z 4 ZPO

75 Nach § 606 a Abs 1 Z 4 ZPO ist vom deutschen Richter bei der Prüfung der internationalen Zuständigkeit in Ehesachen der ausländische ordre public zu berücksichtigen.

Für Ehesachen sind die deutschen Gerichte zuständig, wenn ein Ehegatte seinen gewöhnlichen Aufenthalt im Inland hat, es sei denn, daß die zu fällende Entscheidung offensichtlich nach dem Recht keines der Staaten anerkannt würde, denen einer der Ehegatten angehört. § 606 a Abs 1 Z 4 ZPO ersetzt den alten § 606 b Z 1 ZPO, der nur auf das Heimatrecht des ausländischen Ehemannes bezüglich der Anerkennung des deutschen Urteils abstellte und durch Beschluß des Bundesverfassungsgerichts (BGBl 1986 I 242) mit Art 3 Abs 2 GG für unvereinbar erklärt worden ist. § 606 a Abs 1 Z 4 ZPO spricht von der Anerkennung einer deutschen Entscheidung im Ausland, betrifft also den ausländischen prozessualen ordre public, nicht den materiellrechtlichen (zu dieser Unterscheidung vgl die folgenden Rn).

f) Prozessualer ordre public*

76 Art 6 EGBGB verhindert, **daß der inländische Richter eine Sachentscheidung trifft**, die im Widerspruch zu den materiellen Grundwerten der inländischen Rechtsordnung steht.

Der prozessuale ordre public soll verhindern, daß **ausländische Entscheidungen und Schiedssprüche**, die mit den unabdingbaren Grundsätzen des deutschen Verfahrensrechts (hierzu zählt zB der Grundsatz des rechtlichen Gehörs, Art 103 Abs 1 GG) unvereinbar sind, im Inland eine Wirkung erlangen (MünchKomm/SONNENBERGER Art 6 Rn 20; AG Hamburg-Wandsbek DtZ 1991, 307; vgl hierzu oben Rn 60 und unten Rn 99 sowie STAUDINGER/RAUSCHER[12] Art 234 § 7 EGBGB Rn 16).

77 Die Unterscheidung hat sich im wesentlichen erst nach dem 2. Weltkrieg entwickelt (vgl IPRspr 1954–57, Nr 368 b; BAUR, in: FS Guldener 1 ff; IPRspr 1970, Nr 122). Der allgemeine Rechtsgedanke des ordre public ist für den prozessualen Bereich nicht in einer Generalklausel geregelt, vielmehr gibt es einige spezielle Vorbehaltsklauseln: §§ 328 Abs 1 Nr 4, 722 Abs 1, 723 Abs 2, 1044 Abs 2 Nr 2 ZPO, § 16 a Nr 4 FGG, Art 7 § 1 FamRÄndG.

78 Doch muß beachtet werden, daß einem ausländischen Urteil bzw Schiedsspruch

---

* **Schrifttum:** MARTINY, Handbuch des Internationalen Zivilverfahrensrechts, Bd III/1 (1984); WAEHLER, Anerkennung nach bilateralen Staatsverträgen (1984); WOLFF, Vollstreckbarerklärung (1984).

nicht nur wegen Verstoßes gegen den prozessualen ordre public nach § 328 Abs 1 Z 4 ZPO bzw § 1044 Abs 2 Z 4 ZPO die Anerkennung versagt werden kann, sondern auch wegen Verstoßes gegen zwingende Rechtsgrundsätze des deutschen materiellen Rechts (SIEHR, Anerkennung israelischer Entscheidungen, RabelsZ 50 [1986] 586, 602).

Allerdings ist im Rahmen der §§ 328 Abs 1 Z 4, 723 Abs 2, 1044 Abs 2 Z 2 ZPO eine **79** höhere Toleranz geboten als bei der Anwendung ausländischer Vorschriften durch den inländischen Richter, da die Parteien durch die ausländische Entscheidung bereits eine Rechtsposition erworben haben. Man spricht deshalb auch vom abgeschwächten ordre public („effet attenué") (STAUDINGER/SPELLENBERG[12] § 328 ZPO Rn 399; RAAPE/STURM 204; WUPPERMANN 11 ff; MünchKomm/SONNENBERGER Art 6 Rn 21; vgl bereits oben Rn 60).

Umgekehrt können auch Grundsatznormen des Verfahrensrechts, wie beispielsweise **80** Art 103 Abs 1 GG im Rahmen des Art 6 Bedeutung erlangen (vgl BayObLG IPRax 1982, 104 ff).

aa) **Verhältnis der prozessualen inländischen Vorbehaltsklauseln zu staatsvertraglichen Vorbehaltsklauseln**
Wie auch bei der Anknüpfung im IPR haben die staatsvertraglichen Regelungen **81** Vorrang vor den inländischen entsprechenden Bestimmungen. Besondere Bedeutung kommt in diesem Zusammenhang dem EWG-Übereinkommen über die gerichtliche Zuständigkeit und die Vollstreckung gerichtlicher Entscheidungen in Zivil- und Handelssachen von 1968 zu (BGBl 1972 II 774). Dieses Abkommen enthält in Art 27 Abs 1 Nr 1 eine dem § 328 Abs 1 ZPO entsprechende Vorschrift. Art 27 Abs 1 ist Ausnahmevorschrift zu Art 26 Abs 1, der bestimmt, daß die Anerkennung ausländischer Entscheidungen in den Vertragsstaaten keines eigenen Verfahrens bedarf (BAUMBACH/LAUTERBACH/ALBERS, ZPO [52. Aufl 1994] Schlußanhang V C 1 Art 27 EuGVÜ Rn 1; GEIMER JZ 1977, 145; BEITZKE RabelsZ 30 [1966] 649; HABSCHEID FamRZ 1973, 431).

bb) **Verhältnis von § 328 Abs 1 Z 4 ZPO zu Art 6**
§ 328 Abs 1 Nr 4 ZPO entspricht im prozessualen Bereich Art 6. Gemäß § 328 Abs 1 **82** Nr 4 ZPO ist die Anerkennung eines ausländischen Urteils ausgeschlossen, wenn diese zu einem Ergebnis führt, das mit den Grundsätzen des deutschen Rechts, insbesondere mit den Grundrechten unvereinbar ist. Der Wortlaut der beiden Vorschriften stimmt überein. Beide Vorschriften sind **Ausnahmeregeln**: Art 6 EGBGB weicht von der **normalen Anknüpfung** durch das Kollisionsrecht ab, § 328 Abs 1 Nr 4 ZPO von der **grundsätzlichen Anerkennung ausländischer Urteile** (vgl BAUMBACH/LAUTERBACH/HARTMANN § 328 Rn 1).

§ 328 Abs 1 Nr 4 ZPO kann mithin als Ergänzung von Art 6 EGBGB angesehen werden.

Der Unterschied zwischen beiden Vorschriften liegt in der Sache selbst: Bei der **83** Anwendung ausländischen Rechts durch die eigenen Gerichte geht es nur um das materielle Recht, bei der Anerkennung einer ausländischen Entscheidung im Inland geht es auch um das ausländische Verfahrensrecht (NEUHAUS 437; BGHZ 48, 327 = JZ

1968, 594 mit Anm von WENGLER; REITHMANN NJW 1970, 1004; GEIMER JZ 1969, 13; BGB-RGRK/ WENGLER 389 f).

Aus diesem Unterschied ergibt sich auch die unterschiedliche Reichweite beider Vorschriften.

III. Handhabung des ordre public

1. Prüfungsgegenstand

a) **Rechtsnorm eines anderen Staates**

84 Für den Sachverhalt muß ein **bestimmtes oder bestimmbares ausländisches** Recht **anwendbar sein**. Es genügt nicht, wenn nachweislich nicht das deutsche Recht zum Zuge kommt.

Für die Prüfung, ob ein Rechtssatz zu einem untragbaren Ergebnis führt, muß dieser Rechtssatz genau feststehen. Es muß also der Inhalt des ausländischen Rechts ermittelt werden. Das ausländische Recht umfaßt sowohl die Normen des geschriebenen als auch des ungeschriebenen Rechts sowie allgemeine Rechtsgrundsätze. Neben fremden Sachnormen werden auch Kollisionsnormen erfaßt. Dies ist aber nur für die Fälle der Rück- und Weiterverweisung relevant.

Ein Verstoß einer Kollisionsnorm gegen wesentliche Grundsätze deutschen Rechts (Art 3 Abs 2 GG!) ist beispielsweise dann gegeben, wenn die fremde Kollisionsnorm für Ehefrau und Kinder auf das Mannesrecht verweist und die Rechtsverfolgung dadurch für die Familie erheblich erschwert wird (s hierzu Beispiele bei RAAPE/STURM 221 ff).

Zum Verstoß ausländischer Normen des öffentlichen Rechts gegen den deutschen ordre public s oben Rn 35 ff.

85 Bei Normwidersprüchen im fremden Recht und bei Unklarheiten hat die **Angleichung** Vorrang vor Art 6 (KROPHOLLER, in: FS Ferid 288; KEGEL 260 ff).

Ist es nicht möglich, den Inhalt des ausländischen Rechts zu ermitteln, so ist die lex fori nur als ultima ratio heranzuziehen (FERID § 4–100).

b) **Anwendung der Rechtsnorm eines anderen Staates**

86 Nach der hM muß **nicht das ausländische Recht an sich, sondern seine Anwendung** gegen die deutsche öffentliche Ordnung verstoßen. Dabei wird nicht isoliert auf den Inhalt, sondern auch auf die konkrete Rechtsfolge einer Norm abgestellt. Dh ein ausländischer Rechtssatz kann an sich anstößig erscheinen, nicht aber seine Anwendung in einem bestimmten Fall (SOERGEL/KEGEL Art 30 EGBGB Rn 4; ERMAN/ARNDT Art 30 EGBGB Rn 3; MARQUART StAZ 1963, 235; NEUMEYER RabelsZ 1955, 73; GUGGENMOS StAZ 1954, 5; NEUHAUS StAZ 1965, 280; HENRICH NJW 1964, 2061; RAAPE/STURM 213). Dies wird auch durch den Wortlaut der Neufassung des Art 6 hervorgehoben (BT-Drucks 10/504, 43).

87 Ebenso kann die Anwendung eines nicht anstößigen Rechtssatzes im Einzelfall zu einem für unsere Anschauungen untragbaren Ergebnis führen (s hierzu RGZ 150, 283, 285; BGHZ 22, 162, 163; 39, 173, 177; 35, 329, 337).

Der Entscheidung des RG in RGZ 150, 283 ff lag folgender Sachverhalt zugrunde: Ein italienischer Ehemann klagte gegen seine ungarische Frau auf Herstellung der häuslichen Gemeinschaft. Da sich der letzte gemeinsame Wohnsitz der Eheleute in Italien befand, war gem Art 14 aF EGBGB italienisches Recht anzuwenden. Art 130 und 181 der damaligen Fassung des Codice civile verpflichteten die Frau zu Treue, Unterstützung und gemeinsamem Wohnsitz mit dem Ehegatten, entsprachen also in etwa unserem § 1353 Abs 1 BGB. Ein Weigerungsrecht, wie § 1353 Abs 2 BGB es vorsieht, bestand nach italienischem Recht nicht, vielmehr mußte die italienische Ehefrau auf Trennung von Tisch und Bett klagen. Das RG sah allerdings darin, daß die Trennung von Tisch und Bett an formell und materiell strengere Voraussetzungen geknüpft ist, als das deutsche Recht sie in § 1353 Abs 2 BGB vorsieht, keinen Verstoß gegen den deutschen ordre public. Doch konnte eine Trennung von Tisch und Bett von deutschen Gerichten nicht ausgesprochen werden, so daß eine Regelungslücke entstand, die anstößig erschien. Daher mußte der Grundsatz des § 1353 Abs 2 BGB über die Vorbehaltsklausel Anwendung finden.

2. Prüfungsmaßstab

Das Eingreifen des Art 6 setzt voraus, daß die Anwendung einer ausländischen **88** Rechtsnorm zu einem Ergebnis führt, das mit wesentlichen Grundsätzen des deutschen Rechts offensichtlich unvereinbar ist. In dieser Formulierung werden die in Art 30 aF EGBGB enthaltenen Begriffe „Verstoß gegen die guten Sitten" und „Verstoß gegen den Zweck eines deutschen Gesetzes" zusammengefaßt (BT-Drucks 10/504, 43). Die frühere Zweiteilung war von Anfang an umstritten (vgl NEUHAUS 370; SOERGEL/KEGEL Art 30 EGBGB Rn 5; SIMITIS, Vorschläge 287; KAHN 178, zur Entstehungsgeschichte; RGZ 60, 269, 298; DÖLLE, Ordre public 405, der vor allem den Zweckverstoß kritisiert; STENGER 44; STÖCKER StAZ 1970, 329; 1968, 34 f; WUPPERMANN 53 ff, 64 ff), und so ist die Neufassung der Vorschrift in jeder Hinsicht zu begrüßen (CHR vBAR 540). Die Formulierung knüpft an die Fassung des ordre public in neueren Staatsverträgen an (vgl Art 16 des EG-Schuldvertragsübereinkommens vom 19. Juni 1980; Art 7 des Übereinkommens über das auf die Form letztwilliger Verfügungen anzuwendende Recht vom 5. Oktober 1961), insbesondere was das Erfordernis der offensichtlichen Unvereinbarkeit mit den Grundsätzen des deutschen Rechts anbelangt. Doch hat der Gesetzgeber mit der Neufassung eine Änderung des sachlichen Gehalts nicht angestrebt (BT-Drucks 10/504, 42), und daher ist die Rechtsprechung und Literatur zu Art 30 aF EGBGB bei der Auslegung von Art 6 weiterhin zu berücksichtigen (s oben Rn 7).

a) Überblick über Rechtsprechung und Meinungsstand zu Art 30 aF EGBGB

Nach dem RG lag ein Verstoß gegen Art 30 EGBGB dann vor, wenn „der Unter- **89** schied zwischen den staatspolitischen oder sozialen Anschauungen, auf denen das nach den Vorschriften des IPR an sich maßgebende Recht des Auslandes und das davon abweichende deutsche Recht beruhen, so erheblich ist, daß die Anwendung des ausländischen Rechts direkt die **Grundlagen des deutschen staatlichen oder wirtschaftlichen Lebens angreifen würde**" (RGZ 60, 296, 300; 63, 18, 19; 93, 182, 183; 138, 214, 216;

169, 240, 245; Wuppermann mwN der Rspr 56, Fn 13; BGB-RGRK/Wengler 773, Fn 41; Soergel/ Kegel Art 30 EGBGB Rn 10; Raape/Sturm 211).

90 Diese Formel des RG wurde in der Lehre stark kritisiert. Teils schon deshalb, weil das RG überhaupt eine Formel aufgestellt hat und damit den Sinn der Generalklausel mißverstanden habe (Wolff 57, 64; Erman/Arndt Art 30 EGBGB Rn 4; Dölle, Ordre public 407; Raape 97), teils weil die Formel von der Staatsautorität ausgehe und deshalb zu eng sei (Firsching 57; Soergel/Kegel Art 30 EGBGB Rn 11; Stein/Jonas, ZPO § 328 VIII; Ferid § 3–15, 2). Privatrechtliche Einzelfälle können nicht die Grundlagen des staatlichen und wirtschaftlichen Lebens ins Wanken bringen (vgl auch Stöcker StAZ 1970, 328; Henrich StAZ 1966, 301).

Nach Neuhaus (370) kommt es weder auf Ethik, noch auf wirtschaftliche und staatspolitische Grundsätze, noch auf bloße Interessen des Staates und seiner Bürger an, sondern nur auf die Grundlagen der deutschen Gesetze und der in ihnen liegenden Gerechtigkeitsvorstellungen. Gemeint ist damit ein bestimmter Bestand von Fundamentalgrundsätzen, die den einzelnen nationalen Normen oft unausgesprochen zugrunde liegen (Neuhaus 369).

91 Auch der BGH, der zunächst der Definition des RG gefolgt ist (vgl BGHZ 22, 162, 167; 28, 375, 384 f; 35, 329, 337), hat später die Formel aufgegeben und mehr auf das Privatrechtliche der dem ordre public unterfallenden Rechtsbeziehungen abgestellt. Nach dem BGH liegt ein Verstoß dann vor, „wenn das Ergebnis der Anwendung eines ausländischen Rechts zu den **Grundgedanken der deutschen Regelungen und der ihnen zugrundeliegenden Gerechtigkeitsvorstellungen** in so starkem Widerspruch steht, daß es von uns für untragbar gehalten wird" (BGHZ 50, 370, 375 = FamRZ 1968, 642 = JZ 1969, 299 = MDR 1969, 36 = NJW 1969, 369 = StAZ 1969, 10; BGHZ 54, 123, 130, 132, 140; BGHZ 36, 180, 191 f; BGHZ 118, 312, 330 = NJW 1992 3096, 3102; Wuppermann mwN der Rspr 57 Fn 14 f, 17 ff).

Die Rechtsprechung stellt also nicht mehr auf die Staatsautorität ab, sondern wie die Lehre auf die Grundwerte unserer Rechtsordnung.

92 Vergleicht man die Formel des BGH mit dem neuen Art 6, so wird die Ähnlichkeit der Formulierungen augenfällig. Diese Ähnlichkeit ist auch beabsichtigt, denn der Gesetzgeber wollte durch die Neufassung des ordre public-Vorbehalts endlich der umstrittenen Dichotomie des Art 6 und den damit verbundenen Subsumtionsschwierigkeiten ein Ende bereiten und gleichzeitig die Vorschrift der modernen völkervertraglichen Staatenpraxis anpassen.

b) **Inhalt und Umfang der „wesentlichen Grundsätze des deutschen Rechts"**
93 Eine präzise Umschreibung des von Art 6 vorbehaltenen Bereichs fällt naturgemäß schwer, da es sich um eine Generalklausel handelt, deren Konkretisierung im Einzelfall erfolgt (MünchKomm/Kreuzer Art 30 EGBGB Rn 55; Roth 23; Raape/Sturm 201). Daran hat sich auch nichts durch Art 6 S 2 geändert, der ausdrücklich die Grundrechte in den von Art 6 S 1 geschützten Bereich einbezieht. Vielmehr stellt Art 6 S 2 nur klar, was seit dem berühmten Spanier-Beschluß des Bundesverfassungsgerichts (BVerfGE 31, 58 f; vgl unten Rn 100 ff) ohnehin für das gesamte Kollisionsrecht gilt (Chr vBar 540).

aa) Allgemeines, Überblick über die Kasuistik

Aus dem Ausnahmecharakter des Art 6 folgt, daß das fremde Recht mit tragenden **94** Rechtsgrundsätzen nicht nur des Privatrechts, sondern des Rechts aller Rechtsbereiche unvereinbar sein muß. Ein Verstoß gegen wesentliche Grundsätze des deutschen Rechts liegt vor, wenn das Ergebnis der Anwendung eines ausländischen Rechtssatzes eine **schwerwiegende, untragbare und tiefgreifende Abweichung von inländischen Grundsatznormen** herbeiführen würde (vgl WUPPERMANN 57 mit Rspr in Fn 19, 59, Fn 25; NEUHAUS 369; DÖLLE, IPR 82; ROTH 23 f; MARTI 80; GOLDSCHMIDT, in: FS Wolff 214).

Am häufigsten wird die Vorbehaltsklausel im **Familienrecht** angewendet: Während **95** das RG noch im österreichischen **Eheverbot der Religionsverschiedenheit** keinen Verstoß gegen den deutschen ordre public erblickte (RGZ 132, 416 ff = IPRspr 1931, Nr 59, vgl oben Rn 74; RGZ 148, 383 ff), entschied der BGH im Jahr 1971 bezüglich des entsprechenden israelischen Verbotes im Hinblick auf Art 140 GG im entgegengesetzten Sinne (BGHZ 56, 180 ff = IPRspr 1971, Nr 40), wobei allerdings ein stärkerer Inlandsbezug – die Ehefrau war Deutsche – gegeben war. Das **Verbot der Doppelehe**, § 20 EheG, gehört zumindest bei nicht allzu engem Inlandsbezug (s unten Rn 116) nicht zu dem von Art 6 geschützten Bereich. Doch kommt es hier auf den Einzelfall, insbesondere auf den Grad des Inlandsbezuges an (BVerwGE 71, 228; BVerwG IPRax 1985, 351, zum Nachzug der Zweitehefrau in die Bundesrepublik; OLG Hamm StAZ 1986, 352. Zum **Eheschließungsrecht der Transsexuellen** vgl AG Hamburg StAZ 1984, 42 und CHR VBAR JZ 1987, 755, 760). Hinsichtlich der **Formvorschriften** für die Eheeingehung nimmt die Rechtsprechung einen großzügigen Standpunkt ein (RGZ 138, 217 ff, 157, 257 ff; BGHZ 29, 137 [italienische Handschuhehe]; OLG Celle MDR 1958, 101). Ausländischem Recht, das den **Kranzgeldanspruch** nicht kannte, versagte der BGH unter Hinweis auf Art 30 aF EGBGB die Anwendung (BGHZ 28, 375 ff = IPRspr 1958/59, Nr 110), stellte jedoch in einem obiter dictum klar, daß er heute eine entsprechende Entscheidung nicht mehr treffen würde (BGHZ 62, 282 ff; vgl hierzu auch unten Rn 121). Keinen Anlaß für die Anwendung des ordre public-Vorbehalts sah der BGH im **Scheidungsverbot**, das insbesondere im romanischen Rechtskreis noch bis vor kurzem zu finden war (BGHZ 42, 7 ff = IPRspr 1964/65, Nr 5; BGHZ 46, 87 ff = IPRspr 1966/67, Nr 59 b; s auch OLG Karlsruhe NJW 1973, 425: das Scheidungs- bzw Wiederverheiratungsverbot nach portugiesischem Recht verstößt nicht gegen den ordre public; doch kommt es auf das Ausmaß der Inlandsbeziehung an; vgl hierzu BGH NJW 1972, 161; 1977, 1014. Zum Problem der in romanischen Rechten anstelle des § 1353 Abs 2 BGB vorgesehenen **Trennung von Tisch und Bett** vgl oben Rn 87 sowie RGZ 55, 345 ff; 167, 193 ff; BGHZ 47, 324 ff; OLG Celle IPRspr 1952/53, Nr 127). Eine **private** (iranische) **Ehescheidung** im Inland ist, zumindest wenn das Einverständnis aufgrund einer „Vorausvollmacht" erfolgt ist, mit dem deutschen ordre public, zu dem § 23 EheG gehört, unvereinbar (BayObLG FamRZ 1978, 243); dies gilt wegen §§ 1564 S 1 BGB, 23 EheG auch dann, wenn die im Inland erfolgende Ehescheidung zweier Ausländer unter Mitwirkung einer ausländischen Behörde, zB einer Botschaft oder eines Konsulats, vorgenommen wird (BGH NJW 1982, 517, BayObLG NJW 1985, 2095). Als Sonderform der Privatscheidung wirft die im islamischen Rechtskreis anzutreffende **talaq-Scheidung** (einseitige Verstoßung der Frau durch den Mann) Probleme im Hinblick auf den Grundsatz des rechtlichen Gehörs auf (vgl hierzu BayObLG NJW 1982, 1949; OLG Frankfurt NJW 1985, 1993; OLG Düsseldorf IPRax 1986, 305; AG Hamburg IPRax 1986, 114). Eine Ehescheidung nach dem **Verschuldensprinzip**, wie sie zB Art 245 des französischen code civil vorsieht, verstößt nicht gegen den deutschen ordre public (BGH

IPRax 1983, 180, 182), ebensowenig das Zugrundelegen eines falschen Trennungszeitpunktes (BayObLG FamRZ 1993, 1469).

96 Bei der Frage der **Personensorge** für die gemeinsamen Kinder nach der Ehescheidung sind es wiederum der islamische und bis in die jüngste Vergangenheit hinein auch der romanische Rechtskreis, die unter Gleichberechtigungsgesichtspunkten untragbare Lösungen bieten. Trotzdem ist die Rechtsprechung, was diesbezügliche Korrekturen durch die Vorbehaltsklausel anbelangt, äußerst zurückhaltend (BGHZ 54, 123 = IPRspr 1970, Nr 59 b; BGHZ 54, 132 = IPRspr 1970, Nr 61 b; BayObLG lPRspr 1968/69, Nr 106; OLG Hamm IPRspr 1968/69, Nr 113, OLG Frankfurt FamRZ 1980, 79; anders jedoch OLG München NJW 1960, 1771; KG NJW 1968, 361; OLG Frankfurt IPRspr 1981, Nr 110; OLG Hamm IPRax 1991, 191; OLG Karlsruhe FamRZ 1992, 1465). Ein Verstoß gegen den ordre public kann nur vorliegen, wenn durch das ausländische Recht der Personensorge das Kindeswohl verletzt wird und bei Anwendung dieses Rechts auch kein anderes Ergebnis erzielt werden kann (BGHZ 120, 29 = NJW 1993, 848 = JR 1994, 195 = IPRax 1993, 102; BGH FamRZ 1993, 1053; OLG Frankfurt FamRZ 1991, 730; HENRICH IPRax 1993, 81; RAUSCHER JR 1994, 184 zum iranischen Sorgerecht). Im Hinblick auf den unterhaltsrechtlichen Grundsatz der Eigenverantwortung, § 1569 BGB, verstößt die Anwendung ausländischen Rechts, das bei Scheidung keinen **Unterhaltsanspruch** gegen den anderen Ehegatten gewährt, nicht gegen den deutschen ordre public (OLG Bremen FamRZ 1980, 570; OLG Frankfurt FamRZ 1981, 1191; OLG Karlsruhe IPRax 1990, 406); unbedenklich auch das Fehlen des **Versorgungsausgleichs** (OLG Frankfurt FamRZ 1983, 728). Abgelehnt wurde dagegen die Anwendung türkischen Rechts, das im Gegensatz zum deutschen Recht die Möglichkeit vorsieht, auf zukünftigen Kindesunterhalt zu verzichten (OLG Koblenz IPRax 1986, 40); die Verneinung eines Unterhaltsanspruchs des nichtehelichen Kindes gegen den Erzeuger verstieß nicht gegen den ordre public (LG Stuttgart JW 1932, 1415; LG Düsseldorf MDR 1954, 615); diese Rechtsprechung ist im Hinblick auf Satz 2 der Neufassung der Vorbehaltsklausel und Art 6 Abs 5 GG nicht mehr haltbar. Die Verurteilung zur Zahlung von Kindesunterhalt in Deutscher Mark durch ein ausländisches Gericht verstößt hingegen nicht gegen den ordre public (BGH ZZP 1990, 471, mit Anm GEIMER 477 ff).

Hinsichtlich der **namensrechtlichen** Folgen der Ehescheidung erblickte der BGH keinen Verstoß gegen den ordre public darin, daß das niederländische Recht keine dem § 1355 Abs 4 S 2 entsprechende Vorschrift kannte, sondern die geschiedene Ehefrau wieder ihren Mädchennamen annehmen mußte (BGHZ 44, 121 = IPRspr 1964/65, Nr 95 b; vgl auch das OLG Frankfurt IPRspr 1966/67, Nr 80). Keinen Verstoß gegen den ordre public beinhaltet die Anwendung ausländischen Rechts, das die Führung unterschiedlicher Ehenamen von Mann und Frau vorsieht (KG NJW 1963, 52; OLG Hamm StAZ 1979, 170). Die Aberkennung der estnischen Adelsprädikate durch Sowjetgesetze wurde vom BVerwG für unbedenklich gehalten (BVerwG NJW 1960, 452; kritisch SOERGEL/KEGEL Anh 7 Rn 26 ff; ERMAN/ARNDT Art 30 EGBGB Rn 7 aE); so auch BayVGH (BayVBl 1989, 692) bezüglich der Aberkennung ungarischer Adelsprädikate.

97 Die Anwendung ausländischen Rechts, das die **Legitimation von Ehebruchskindern** durch nachfolgende Ehe bzw Anerkennung durch den Vater nicht kennt, verstößt vor dem Hintergrund des Art 6 Abs 5 GG gegen den ordre public (BGHZ 50, 370 ff = IPRspr 1968/69, Nr 127 b zu Art 252 Abs 2 aF des codice civile; s auch BGHZ 69, 387 ff; OLG Karlsruhe FamRZ 1970, 251 zur entsprechenden Regelung im algerischen Recht; OLG Celle NJW

1972, 397; OLG Karlsruhe FamRZ 1972, 651; KG NJW 1982, 528, OLG Köln StAZ 1977, 106; AG Freiburg StAZ 1981, 149; AG Hannover StAZ 1982, 72). Immer wieder eine Rolle in der ordre public-Rechtsprechung spielen auch die **Anfechtungsfristen** für die Geltendmachung der Nichtehelichkeit durch den Scheinvater, die teilweise erheblich kürzer sind als die Zweijahresfrist des § 1594 BGB. Darin liegt jedoch kein Verstoß gegen den ordre public (BGHZ 75, 43; OLG Düsseldorf FamRZ 1973, 313), selbst wenn die Frist so kurz bemessen ist, daß die Anfechtung nur am Geburtstag des Kindes bzw an den traditionellen Glückwunschtagen erfolgen kann (so im hanefitischen Recht, vgl OLG München NJW 1984, 2043). Nach Ansicht des AG Hagen ist das **Adoptionsverbot** des iranischen Rechts mit deutschen **Gerechtigkeitsvorstellungen** nicht vereinbar (IPRax 1984, 279; zur älteren Rechtsprechung vgl KG IPRspr 1934, Nr 67 bzgl des sowjetischen Rechts; zu dem Problemkreis s außerdem AG St Ingbert StAZ 1983, 317 und AG Wolfsburg IPRax 1984, 44).

Im **Erbrecht** tauchen Fragen des ordre public insbesondere im Zusammenhang mit **98** dem **Pflichtteilsrecht** auf, denn im anglo-amerikanischen Rechtssystem existiert ein dem deutschen Pflichtteilsanspruch vergleichbares Rechtsinstitut nicht. Die Anwendung des entsprechenden Erbrechts scheidet jedoch in diesem Fall nicht unter Ordre-public-Gesichtspunkten aus (RG JW 1912, 22 ff; OLG Köln FamRZ 1976, 170 ff = IPRspr 1975, Nr 116); keinen Verstoß gegen Art 6 stellt auch das gesetzliche Erbrecht der Lebensgefährtin dar (BayObLG NJW 1976, 2076). Wie schon im islamischen Personensorgerecht (vgl oben Rn 96), verstößt die Bevorzugung des Mannes auch nach iranischem Nachlaßrecht nicht ohne weiteres gegen den deutschen ordre public (OLG Hamm FamRZ 1993, 111; dazu kritisch: DÖRNER IPRax 1994, 33).

Im **Schuld- bzw Handelsrecht** wurden beispielsweise folgende Fälle mit Hilfe des ordre **99** public-Vorbehalts gelöst:

Die **Unverjährbarkeit** einer schweizerischen Forderung verstieß gegen den deutschen ordre public, zu dem § 194 BGB gezählt wird (RGZ 106, 82 ff; vgl auch unten Rn 25); dagegen bestehen keine Bedenken gegen eine von unserem Recht abweichende Verjährungsregelung. In ähnlicher Weise entschied das RG für die Anfechtung nach **§ 123 BGB**: sofern sie nur unter eingeschränkten Voraussetzungen zugelassen wurde, erblickte es hierin keinen Verstoß gegen den ordre public (RG IPRspr 1933, Nr 16); anders jedoch, wenn das ausländische Recht überhaupt keine Anfechtung wegen Drohung vorsieht (RG IPRspr 1928, Nr 10). Die Anwendung ausländischer Vorschriften, die den **Differenzeinwand bei Börsentermingeschäften** ausschließen, ist mit dem Zweck der §§ 762, 764 BGB nicht vereinbar (BGHZ 58, 1 ff; BGH NJW 1979, 488 ff); dies gilt auch, wenn auf deutscher Seite börsentermingeschäftsfähige Personen beteiligt sind (vgl BGH NJW 1981, 1899 f). Diese Ansicht des BGH ist auf heftige Kritik gestoßen (vgl WENGLER JZ 1979, 175; STEINDORFF EuR 1981, 426 ff; MANN, in: FS vCaemmerer 737, 762; SAMTLEBEN, Börsentermingeschäfte und EWG-Vertrag, RabelsZ 45 [1981] 218, 235), da die §§ 762, 764 BGB keine Gesetze seien, die zu tragenden Normen unseres Rechtsstaates gehören (vgl oben Rn 30). Nach BGHZ 22, 162 ff (so auch BGHZ 118, 312 = NJW 1992, 3096, 3101; dazu kritisch SCHÜTZE RIW 1993, 139, 140) stellt die Vereinbarung eines **Erfolgshonorars** für einen amerikanischen Anwalt keinen Verstoß gegen den ordre public dar, da der ausländische Anwalt kein Organ der deutschen Rechtspflege sei; dies gilt jedoch nicht im Hinblick auf § 13 Abs 3 GKG aF (§ 17 Abs 2 GKG nF), wenn der Rechtsstreit die Unterhaltsrente aus einer unerlaubten Handlung zum Gegenstand hat (BGHZ 44, 183 ff), und auch nicht für einen nach Frankreich emigrierten ehemaligen deutschen Rechtsanwalt, der gemäß § 183 Abs 1 BEG Befugnisse eines deutschen Rechtsanwaltes wahrnimmt (BGHZ 51, 290 ff). **Strafschadensersatz (punitive damages)** nach US-amerikanischem Recht verstößt gegen den deutschen ordre public (BGHZ 118, 312 = NJW 1992, 3096, 3102 = IPRax 1993, 310 mit Anm KOCH/ZEKOLL 288 = RIW 1993, 132 mit Anm SCHÜTZE 139 ff), sofern er Sühne- und Präventivcharakter hat. Auf die Höhe der Schadensersatzsumme kommt es dabei nicht an. Entscheidend ist, ob der Schadensersatz seine Ausgleichsfunktion übersteigt. Dann jedenfalls kommt eine Vollstreckbarkeit insoweit nicht in Betracht; unberührt davon bleibt jedoch die Zustellbarkeit des Urteils nach dem Haager Zustellungsübereinkommen (BGBl 1977 II 1452; OLG München RIW 1993, 70). Hingegen liegt kein Verstoß vor, wenn ein deutscher Beamter im Ausland wegen einer dort begangenen Amtspflichtverletzung zum Ersatz des Sachschadens verurteilt wird (BGH NJW 1993, 3269), anders wegen des Personenschadens bei Haftungsfreistellung nach §§ 636, 637 RVO (BGH NJW 1993, 3271; dazu BASEDOW IPRax 1994, 85. Zur Anwendung des ordre public im Bereich der **Devisen-Zahlungsverbots- und Einfuhrverbotsgesetze** s BGH NJW 1957, 61; REITHMANN Rn 662 mwN; anders BGH NJW 1964, 985; zum **Spielvertrag** s BGB-RGRK/WENGLER 58). Ein nur **relativ**, nicht absolut wirkender **Eigentumsvorbehalt**, wie er im italienischen Recht anzutreffen ist, ist mit deutschen Gerechtigkeitsvorstellungen durchaus vereinbar, da dem deutschen Recht zumindest das Institut des relativ unwirksamen Rechtsgeschäftes bekannt ist (BGHZ 45, 97 ff); ebensowenig verstößt die Anwendung französischen Rechts, das nur das besitzlose Registerpfandrecht kennt, nicht gegen den ordre public (BGHZ 39, 177). **§ 817 S 2 BGB**, die „bürgerlich-rechtliche Vorschrift mit Strafcharakter", gehört nicht zum Grundbestand der Normen, die dem ordre public zuzurechnen sind (BGH IPRspr 1966/67, Nr 5). Die Anwendung iranischen Rechts auf einen deutschen **Handelsvertreter**, der für eine iranische Firma tätig geworden ist, verstößt nicht gegen den ordre public, da insoweit eine „soziale Schlechterstellung" nicht zu verzeichnen sei (BGH NJW 1981, 1899 f); § 89 b HGB gehört nicht zu zwingenden Gerechtigkeitsvorstellungen deutschen Rechts (BGH MDR 1961, 496; LG Frankfurt IPRax 1981, 134. Zur völkerrechtswidrigen **entschädigungslosen Enteignung** vgl oben Rn 57 und BGHZ 8, 378 ff = IPRspr 1952/53, Nr 294; BGHZ 31, 168 ff; LG Braunschweig IPRspr 1971, Nr 144). Die Inanspruchnahme eines Bürgen kann bei entschädigungsloser Enteignung gegen den ordre public verstoßen, wenn die Bürgschaftsgläubigerin von dem enteignenden Staat beherrscht wird (BGH NJW 1988, 2173).

100 Im **Arbeitsrecht** zählen die Grundlagen des Kündigungsschutzes zum ordre public: ein völliges Fehlen von Kündigungsschutzbestimmungen ist mit dem ordre public nicht vereinbar (BAG NJW 1979, 1119, 1120); andererseits wurde das Eingreifen des ordre public verneint bei Ausschluß eines Kündigungsschutzes zu Beginn der Beschäftigungszeit (BAGE 27, 99, 112 f = DB 1975, 1896; BAG DB 1990, 1666, 1668) und bei fristloser Kündigung ohne wichtigen Grund (LAG AWD 1975, 521; zur Gleichberechtigung der Geschlechter vgl LAG Köln IPRspr 1982, Nr 40; zu § 613 a BGB: BAG IPRax 1994, 123).

101 Zu den tragenden Grundprinzipien in **prozessualer** Hinsicht zählt insbesondere der Grundsatz des **rechtlichen Gehörs**, Art 103 Abs 1 GG; die englische Regel des „contempt of court" (Ausschluß einer Partei bei Nichtbefolgung einer Anordnung des Gerichts) führt unter diesem Gesichtspunkt zu einem Verstoß gegen die Vorbehaltsklausel (BGHZ 48, 327 ff; vgl hierzu auch BGHZ 53, 359 ff und BGH NJW 1980, 529 ff). Nach dieser Rechtsprechung besteht im Hinblick auf den prozessualen ordre public kein

Recht auf eine bestimmte verfahrensrechtliche Ausgestaltung, sofern nur die Grundwerte der Rechtsstaatlichkeit und Menschenwürde gewahrt sind. Auch die Vorbehaltsklausel des Art 27 Nr 2 EuGVÜ gewährleistet nur zwei Kernpunkte des rechtlichen Gehörs: im Falle der Abwesenheit des Beklagten muß das verfahrenseinleitende Schriftstück ordnungsgemäß und so rechtzeitig zugestellt sein, daß sich der Beklagte verteidigen konnte; Verletzungen des Grundsatzes des rechtlichen Gehörs im übrigen Verfahren können sonst nur über den Vorbehalt des Art 27 Nr 1 EuGVÜ (vgl oben Rn 81) abgewehrt werden, sofern im Einzelfall von einem geordneten rechtsstaatlichen Verfahren nicht mehr gesprochen werden kann (BGH NJW 1990, 2201, 2202 ff). Die Beweisermittlung vor Beginn eines Zivilprozesses nach anglo-amerikanischem Recht (pre-trial discovery) verstößt für sich genommen grundsätzlich nicht gegen den deutschen ordre public iSd § 328 Abs 1 Nr 4 ZPO, solange nicht darin eine unzulässige Ausforschung der gegnerischen Partei zu sehen ist (BGHZ 118, 312 = NJW 1992, 3096, 3099; SCHÜTZE RIW 139, 141. Zur **Anerkennung ausländischer Schiedssprüche** BGH NJW 1986, 3027 f mit kritischer Anmerkung von KORNBLUM NJW 1987, 1105 ff; s auch WINTERFELD NJW 1987, 3059 ff; BGH NJW 1990, 2199. Vgl hierzu oben Rn 76 ff und Rn 95 [talaq-Scheidung]).

bb) Grundrechte als Bestandteil der deutschen öffentlichen Ordnung, Art 6 S 2
Seit dem „**Spanierbeschluß**"* des Bundesverfassungsgerichts (BVerfGE 31, 58 ff = IPRspr 1971, Nr 31) gehört es zum sicheren Bestand, daß die Grundrechte bei der Auslegung der Vorbehaltsklausel zu berücksichtigen sind. Diese Rechtsprechung hat nun der Gesetzgeber in Art 6 S 2 ausdrücklich festgeschrieben, wonach eine fremde Rechtsnorm insbesondere dann nicht anzuwenden ist, wenn ihre Anwendung mit den Grundrechten unvereinbar ist.

Daß der ordre public-Vorbehalt bei der Anwendung fremden Rechts die **Einbruchstelle im IPR** für das nationale Verfassungsrecht und die Grundrechte ist, war schon vor dem „Spanierbeschluß" in Rechtsprechung und Lehre relativ unumstritten (BGHZ 50, 370, 375 f; 54, 123, 129 f; 132, 140; FERID, in: FS Dölle Bd II 119 ff, 143 ff; GAMILLSCHEG, in: FS Nipperdey Bd I 323 ff, 327 ff; NEUHAUS FamRZ 1964, 610 f).

Insbesondere bedeutet dies keine unzulässige Ausweitung des Geltungsbereiches des Grundgesetzes auf die Rechtsnormen eines fremden Staates oder einen Verstoß gegen völkerrechtliche Grundsätze, vgl Art 25 GG (BVerfGE 31, 58, 74 f), da – wie allgemein bei der Handhabung der Vorbehaltsklausel (vgl unten Rn 115 f) – auch insoweit der **Inlandsbeziehung des zu beurteilenden Sachverhalts besondere Bedeutung zukommt**. So ist also in einem Fall, der eine starke Inlandsberührung aufweist, ein Grundrechtsverstoß, der auf der Anwendung fremden Rechts beruht, eher unter Berufung auf Art 6 abzuwehren als in einem Fall mit nur schwachem Inlandsbezug (vgl BVerfGE 31, 58, 77; BGHZ 60, 68, 78 f; BT-Drucks 10/504, 44; CHR VBAR 541). Bezeichnend ist in diesem Zusammenhang, daß der BGH in einem im Jahr 1972 entschiedenen Fall (BGHZ 60, 68) den gewöhnlichen Aufenthalt aller Beteiligten im Geltungsbereich des Grundgesetzes und die Staatsangehörigkeit nicht als ausrei-

---

* **Schrifttum** zum Spanierbeschluß: HENRICH, KEGEL, LÜDERITZ, MAKAROV, MÜLLER, NEUMAYER, SIEHR, WENGLER, NEUHAUS RabelsZ 36 (1972) 1–144; STURM, Scheidung und Wiederheirat von Spaniern in der Bundesrepublik, RabelsZ 37 (1973) 61; GURADZE, Anmerkung zu BVerfG Beschluß vom 4.5.1971, NJW 1971, 2121; BECKER, Zur Geltung der Grundrechte im IPR, NJW 1971, 1491; HENRICH, Gleichberechtigung im IPR, FamRZ 1974, 105.

chend ansah, um einen Verstoß gegen Art 3 Abs 2 GG mit Hilfe des Art 30 EGBGB aF zu korrigieren (BGHZ 60, 68, 78). Diese wenig grundrechtsfreundliche Rechtsprechung dürfte wohl kaum noch mit der Neufassung des Ordre-public-Vorbehalts zu vereinbaren sein.

105 Sind in Fällen mit starkem Inlandsbezug die Beteiligten über Art 6 S 2 in vollem Umfang grundrechtsähnlich geschützt, so stellt sich die Frage, wie weit der Grundrechtsschutz bei Sachverhalten mit schwacher Binnenbeziehung reicht. Die Antwort hierauf geben die **internationalen** Konventionen **zum Schutze der Menschenrechte** (CHR vBAR 542; SCHÜTZ 26 ff; STÖCKER StAZ 1981, 16 ff), denn sie setzen im internationalen Rahmen einen „völkerrechtlichen Minimumstandard" fest, der auf dem Konsens der Staatengemeinschaft beruht. Stellt also ein Grundrechtsverstoß gleichzeitig einen Verstoß gegen einen internationalen Menschenrechtspakt dar, so findet Art 6 auch bei schwacher Inlandsbeziehung Anwendung; denn bei dieser Konstellation besteht keine Gefahr für den im IPR stets angestrebten internationalen Entscheidungseinklang.

Der eben skizzierte „völkerrechtliche Minimumstandard", der unter allen Umständen von Art 6 geschützt ist, entspricht im übrigen dem sog „internationalen ordre public" (vgl oben Rn 54).

106 Durch die Neufassung der Vorbehaltsklausel, insbesondere durch die Klarstellung in Art 6 S 2 dürfte nun auch endlich die Streitfrage geklärt sein, **auf welche Weise den Grundrechten im kollisionsrechtlichen Bereich Geltung verschafft werden kann.** Den Methodenstreit hatte das Bundesverfassungsgericht selbst durch den „Spanierbeschluß" provoziert, indem es zwei Wege zur verfassungsmäßigen Rechtsanwendung ausländischen Rechts aufzeigte: entweder man begreife **Art 30 aF EGBGB als „Einfallstor" für die Grundrechte, mit der Folge**, daß jede durch die Anwendung ausländischen Rechts hervorgerufene Grundrechtsverletzung das Eingreifen des Ordrepublic-Vorbehalts auslöse, oder man betrachte die **Grundrechte als unmittelbare Schranke** für die Anwendung fremden Rechts ohne den Umweg über Art 6 bzw Art 30 aF EGBGB (BVerfGE 31, 58, 86). Die zweite Lösung würde auf die Schaffung eines besonderen „Grundrechtskollisionsrechts" hinauslaufen und wurde daher im Schrifttum vielfach abgelehnt (SOERGEL/KEGEL Vor Art 7 EGBGB Rn 16 ff; KEGEL 382; ERMAN/ARNDT Art 30 EGBGB Rn 5; MünchKomm/KREUZER Art 30 EGBGB Rn 40 f; aA BERNSTEIN, Ein Kollisionsrecht für die Verfassung, NJW 1965, 2273 ff; STÖCKER JR 1965, 458; STURM FamRZ 1972, 16 ff; LG Hannover IPRspr 1972, Nr 59 a). Ihr ist nun auch mit Neufassung der Vorbehaltsklausel endgültig die Grundlage entzogen worden, denn Art 6 stellt ausdrücklich klar, daß den Grundrechten im Rahmen des ordre public hervorgehobene Bedeutung zukommt, wobei das Maß sich nach dem Inlandsbezug des zu entscheidenden Falles richtet (vgl BVerfGE 31, 58, 86 f; oben Rn 102 f). Dieser methodische Ansatz entspricht auch der allgemein anerkannten Lehre von der Drittwirkung, wonach die Grundrechte im Privatrecht nur mittelbar über Generalklauseln wirken (BVerfGE 7, 198, 206).

107 Von dem eben erörterten Problem, inwieweit für anwendbar erklärtes fremdes Recht an den Grundrechten zu messen ist, ist die Frage der **Verfassungsmäßigkeit der deutschen Kollisionsnorm selbst** zu unterscheiden. Hier gilt dasselbe wie für jedes andere im Rang unter der Verfassung stehende Gesetz: die Vorschriften des EGBGB müssen mit dem Grundgesetz, also auch mit den Grundrechten, vereinbar sein. Prüfungsgegenstand ist bei einer Kollisionsnorm insbesondere der in ihr enthaltene Anknüpfungspunkt (zB Bevorzugung des Mannesrechts, vgl hierzu BVerfGE 31, 58, 73).

3. Handhabung im engeren Sinne, insbesondere Wirkungsweise, Einschränkungen und Rechtsfolgen

Ist die Bestimmung, welche Normen und Grundwerte zum ordre public gehören, im Einzelfall schwierig, so ist auf der anderen Seite die Handhabung und Methode der Vorbehaltsklausel einfach (vgl NEUHAUS 369, 375): **108**

a) Wirkungsweise

Zunächst ist das durch ausländisches Recht gefundene Ergebnis mit dem entsprechenden (hypothetischen) nach deutschem Recht gefundenen Ergebnis zu vergleichen. Ergibt sich bei diesem Vergleich eine erhebliche Diskrepanz (offensichtliche Unvereinbarkeit: vgl unten Rn 111 ff), so ist in einem zweiten Schritt zu prüfen, ob das hypothetisch anwendbare deutsche Recht wesentliche Grundsätze, wie sie insbesondere die Grundrechte darstellen, verkörpert (MünchKomm/KREUZER Art 30 EGBGB Rn 56). **109**

JAYME (StAZ 1980, 307) gibt eine praktikable „Gebrauchsanweisung" für die Ordrepublic-Vorschrift. Kriterien für die Eliminierung ausländischen Rechts mit Hilfe der Vorbehaltsklausel sind dabei insbesondere die Anstößigkeit im konkreten Fall (vgl oben Rn 84 ff), Zweifel an der rechtspolitischen Berechtigung der Vorschrift im Ausland, und internationale Kontrollmaßstäbe bei der Prüfung des Grundwertgehaltes der deutschen entsprechenden Norm.

b) Einschränkungen

Doch bedarf die eben aufgezeigte Handhabung der Vorbehaltsklausel in vielerlei Beziehung der Einschränkung: **110**

aa) Offensichtliche Unvereinbarkeit

Unvereinbarkeit liegt nicht schon immer dann vor, wenn das ausländische Recht nicht unseren Vorstellungen entspricht oder wenn es von zwingenden inländischen Vorschriften abweicht (BGH MDR 1961, 469; PALANDT/HELDRICH Rn 2). Würde jede Abweichung vom eigenen Recht genügen, so wäre Art 6 keine Ausnahmevorschrift mehr, sondern würde in jedem Fall eingreifen, in dem unterschiedliche gesetzliche Regelungen bestehen und die entsprechenden deutschen Normen dem ordre public zuzurechnen sind. Daher macht der Gesetzgeber in Anlehnung an die neuere staatsvertragliche Praxis das Eingreifen des Art 6 nun ausdrücklich davon abhängig, daß die Anwendung fremden Rechts mit den Grundsätzen unserer Rechtsordnung **offensichtlich unvereinbar** ist. **111**

Das Erfordernis dieser Voraussetzung war bereits für Art 30 aF EGBGB anerkannt und wurde in Kommentaren unter dem Stichwort „Erheblichkeit" des Verstoßes gegen die guten Sitten oder Zweck eines deutschen Gesetzes behandelt (SOERGEL/KEGEL Art 30 EGBGB Rn 15; MünchKomm/KREUZER Art 30 EGBGB Rn 73).

112 Offensichtliche Unvereinbarkeit ist dann gegeben, wenn die Anwendung fremden Rechts im Einzelfall zu einem für die deutschen Anschauungen **untragbaren Ergebnis** führt (NEUHAUS 238; KEGEL 376; vgl auch SOERGEL/KEGEL Art 30 EGBGB Fn 9, der eine sehr ausführliche Auflistung der diesbezüglichen Rechtsprechung gibt).

113 Nach STÖCKER (StAZ 1970, 325, RabelsZ 38 [1974] 124) greift der ordre public nur dann ein, wenn das anwendbare ausländische Recht für einen der Beteiligten zu einer unzumutbaren Härte führen würde. Auf diese Weise kann eine Politisierung der Vorbehaltsklausel vermieden werden, denn es wird nur auf die subjektiven Auswirkungen im Einzelfall Rücksicht genommen (vgl auch FIRSCHING 13 I).

bb) Relativität der Vorbehaltsklausel

114 Der ordre public ist zeitlich, örtlich und sachlich relativ. Das heißt, der ordre public setzt nicht einfach die Zuweisung an den ausländischen Rechtssatz außer Kraft, sondern hat zur Folge, daß in einem **bestimmten Zeitpunkt, bei bestimmten Inlandsbeziehungen und bestimmten Zusammenhängen** der ausländische **Rechtssatz** vom inländischen Gericht nicht angewandt wird.

115 Die örtliche, zeitliche und sachliche Relativität sind weitere Voraussetzungen, die die Anwendung des Art 6 nur in einem beschränkten Rahmen zulassen und dadurch den Ausnahmecharakter der Vorschrift betonen (MEISE 11 ff, 59 ff, 88 ff; KEGEL 379 f; BGB-RGRK/WENGLER 79; SIMITIS, Vorschläge 275 ff).

(1) Örtliche Relativität*

116 Die örtliche Relativität wird meist mit dem Begriff der **Inlands- oder Binnenbeziehung** umschrieben.

Die Störung der inländischen öffentlichen Ordnung setzt voraus, daß der Sachverhalt eine gewisse Inlandsbeziehung aufweist (vgl oben Rn 102 f). Nur dann kommt eine Unvereinbarkeit einer ausländischen Rechtsnorm mit wesentlichen Grundsätzen des deutschen Rechts in Betracht; ansonsten hat der internationale Entscheidungseinklang Vorrang vor den Grundwerten der deutschen Rechtsordnung. Das inländische Recht will also nur dann gelten, wenn gleichzeitig Beziehungen des Falls zum Inland bestehen, die selbst als Anknüpfungspunkte geeignet wären. Fehlt jegliche Beziehung zum Inland, so ist idR das ausländische Recht anzuwenden, ungeachtet dessen, ob es für sich betrachtet unseren Vorstellungen entspricht oder nicht (FIRSCHING 59; ERMAN/ARNDT Art 30 EGBGB Rn 3).

117 Wann eine bestimmte Inlandsbeziehung das Eingreifen des ordre public rechtfertigt, kann nicht eindeutig festgelegt werden. Umschrieben wird die Intensität der Inlandsbeziehung mit folgenden Adjektiven: „hinreichend" (IPRspr 1952–53, Nr 200); „genügend" (IPRspr 1954–55, Nr 110; IPRspr 1964–65, Nr 78; vgl WUPPERMANN mwN 28 ff).

118 Je stärker die Inlandsbeziehung ist, desto eher kommt eine Abwendung fremden Rechts mit Hilfe der Vorbehaltsklausel in Betracht, und je geringer die Inlandsbe-

---

* **Schrifttum:** STÖCKER StAZ 1981, 17; KEGEL 215; BayObLGZ 1969, 81; BGHZ 28, 385; 39, 379 f; ERMAN/ARNDT Art 30 EGBGB Rn 6; 252; 50, 370; WUPPERMANN 29 ff; FERID BGB-RGRK/WENGLER 443 ff; RAAPE/STURM § 3–18 ff

ziehung ist, umso eher wird ein fremdartiges Ergebnis hingenommen (NEUHAUS 367; SOERGEL/KEGEL Art 30 EGBGB Rn 17).

Geht es zum Beispiel um die Unterhaltsansprüche einer Frau aus einer polygamen Ehe, die in Saudi-Arabien geschlossen wurde, besteht bezüglich der Heirat eine schwächere Inlandsbeziehung, als wenn die Eheschließung mit der zweiten Frau in Deutschland erfolgen sollte. Im ersten Fall würde die Frau die Unterhaltsansprüche zugesagt bekommen, eine Heirat im zweiten Fall wäre jedoch nicht in Deutschland möglich. In beiden Fällen geht es um die Anerkennung der Mehrehe. Sowohl örtliche als auch sachliche Relativität (vgl unten Rn 125) sind in beiden Fällen verschieden intensiv, so daß im ersten Fall die inzidente Anerkennung der Mehrehe keinen Verstoß gegen den ordre public darstellt.

WUPPERMANN (29, 31) sieht in der Inlandsbeziehung nicht nur ein Kriterium für das Vorliegen eines Verstoßes gegen den ordre public, sondern darüber hinaus eine Voraussetzung für die Anwendung der Vorbehaltsklausel überhaupt. Konsequenterweise könnte dann der Schutz der Vorbehaltsklausel selbst bei eklatanten Menschenrechtsverletzungen, wenn die entsprechende Binnenbeziehung fehlt, nicht eingreifen. Doch wurde oben bereits dargestellt (vgl Rn 104), daß ein **gewisses Minimum von Grundwerten**, das durch die internationalen Menschenrechte bestimmt werden könnte, **unabhängig von der Inlandsbeziehung** vom deutschen ordre public geschützt wird. Dies folgt letztlich aus der Völkerrechtsfreundlichkeit des Grundgesetzes. Beispiel für eine Konstellation mit fehlender Inlandsbeziehung ist der Fall, daß die einzige Beziehung zur Bundesrepublik durch Erhebung der Klage vor einem deutschen Gericht hergestellt wird. Nach der Rechtsprechung genügt dieser Inlandsbezug grundsätzlich nicht (LG Bremen AWD 1959, 105 f; OLG Hamburg JZ 1951, 444 f).

Die Inlandsbeziehung kann sowohl eine persönliche als auch eine sachliche sein. Persönliche Bezugspunkte sind zB die Staatsangehörigkeit, der Wohnsitz, der gewöhnliche Aufenthalt, die kulturelle und rechtliche Bindung an das Inland, der Geburtsort, der Zeugungsort, der Unternehmenssitz usw (Rspr hierzu vgl WUPPERMANN 46 ff Fn 59 ff, 28; MEISE 97 mwN, 162; IPRax 1982, 97, 197; vgl zum Verhältnis fremde Staatsangehörigkeit und gewöhnlicher Aufenthaltsort in der Bundesrepublik Deutschland: LG Hannover IPRspr 1972, Nr 67; AG Tübingen IPRspr 1971, Nr 90; JAYME JR 1973, 248 ff; BGH IPRspr 1972, Nr 41; KG IPRspr 1972, Nr 59 a; OLG Karlsruhe IPRspr 1970, Nr 83).

Sachliche Bezugspunkte sind zB die Belegenheit von Vermögensmassen (WUPPERMANN 48, Fn 65 f), von einzelnen Gegenständen; im Rahmen des Enteignungsrechts begründete nach Ansicht des LG Hamburg das Verbringen enteigneter Sachen nach Deutschland noch keine ausreichende Inlandsbeziehung (vgl den Chile-Kupfer-Streit, LG Hamburg RabelsZ 37 [1973] 579, 583; OLG Hamburg IPRspr 1960/61, Nr 1 d; oben Rn 57, **aA** jedoch RAAPE/STURM 217).

In der Tat hätte das LG Hamburg wegen des eklatanten Verstoßes gegen völkerrechtliche Enteignungsgrundsätze (es war von seiten Chiles keinerlei Entschädigung gewährt worden!) trotz schwacher Inlandsbeziehung zur Anwendung des Art 30 aF EGBGB kommen müssen (vgl auch MünchKomm/KREUZER Art 30 EGBGB Rn 77).

Zurückhaltend ist die Lehre in der Frage, ob die **Beziehung zu einem EU-Staat wie eine**

Inlandsbeziehung zu bewerten ist (ERMAN/ARNDT Art 30 EGBGB Rn 3; MünchKomm/KREUZER Art 30 EGBGB Rn 79). Die Problematik steht in enger Beziehung zu der Frage nach einem europäischen ordre public und wird in der Literatur auch teilweise unter diesem Gesichtspunkt abgehandelt (NEUHAUS 372, vgl oben Rn 63). Man könnte jedoch folgendermaßen differenzieren: Auf Rechtsgebieten, die aufgrund von Verträgen weitgehend in den verschiedenen Mitgliedsstaaten angeglichen sind, vgl auch Art 100 EGV, kann ein Bezug zu einem EU-Staat wie eine Binnenbeziehung gewertet werden (eine Übersicht über die bereits angeglichenen Rechtsgebiete findet sich bei TASCHNER, in: GROEBEN/BOEKH/THIESING/EHLERMANN, EWG-Vertrag [3. Aufl 1983] Art 100 Rn 24; BLECKMANN, Europarecht [5. Aufl 1990] 442), während auf anderen Rechtsgebieten, die in keiner Weise mit der europäischen Integration zusammenhängen, wohl noch eine echte Inlandsbeziehung gefordert werden muß (in diesem Sinne äußert sich auch SAMTLEBEN RabelsZ 45 [1981] 218, 245).

(2) Zeitliche Relativität*

123 Die zeitliche Relativität berücksichtigt den **Wandel der Rechtsanschauungen**. Voraussetzung für ein Eingreifen des Art 6 ist eine **Gegenwartsbeziehung des Sachverhalts**. Die Inlandsbeziehung soll zum Zeitpunkt der Beurteilung bestehen, und die Beurteilung richtet sich wiederum nach den Anschauungen im Augenblick der Entscheidung (so schon RGZ 114, 171 ff). Ein gutes Beispiel für die Änderung des ordre public durch Wandel der Rechtsanschauung ist der berühmte Kranzgeldanspruch, § 1300 BGB; während der BGH (noch in BGHZ 28, 375 ff) § 1300 BGB zum Bestandteil des ordre public erklärte und österreichischem Recht, das keinen entsprechenden Anspruch kannte, unter Berufung auf Art 30 aF EGBGB die Anwendung versagte, stellte der IV. Zivilsenat (BGHZ 62, 282 ff) in einem obiter dictum (es ging um die Vereinbarkeit von § 1300 BGB mit Art 3 Abs 2 GG!) fest, daß der Kranzgeldanspruch nicht mehr zu den Grundwerten der deutschen Rechtsordnung zählt; sicherlich eine begrüßenswerte Entscheidung (vgl hierzu auch CHR vBAR JZ 1987, 755, 760, der eine ähnliche Entwicklung beim Eheschließungsrecht der Transsexuellen aufzeigt; in diesem Sinne auch BVerfG, FamRZ 93, 662).

124 Maßgeblich ist also der Zeitpunkt der Entscheidung. Diese Feststellung kann jedoch auch nicht absolut getroffen werden, denn grundsätzlich sind die Umstände des Einzelfalls zu berücksichtigen. So kann auch bei besonderen Umständen der Zeitraum bis zur Entscheidung ausschlaggebend sein (vgl Rspr bei WUPPERMANN 36 Fn 27).

125 Bei der Anerkennung einer ausländischen Entscheidung kommt es nicht auf den Termin der letzten mündlichen Verhandlung, sondern auf die Vollstreckbarkeitsentscheidung im Inland an. Bei Rechtsmitteln gegen die Vollstreckbarkeitsentscheidung ist die endgültige Entscheidung maßgeblich (Rspr vgl WUPPERMANN 65 Fn 45).

126 Bei Dauerschuldverhältnissen oder familienrechtlichen Beziehungen ist nicht nur auf den Zeitpunkt der Entscheidung, sondern auch auf die **künftigen** Veränderungen in der Rechtslage abzustellen.

---

* **Schrifttum:** SOERGEL/KEGEL Art 30 EGBGB Rn 1; RAAPE/STURM 218; DÖLLE, IPR 115; ERMAN/ARNDT Art 30 EGBGB Rn 4; FERID § 3–27; Hamm OLGZ 1973, 298; RGZ 114, 171; OLG Düsseldorf IPRspr 1972, Nr 114.

(3) Sachliche Relativität
127 Grundsätzlich soll nach der hM für die Anwendung des ordre public ein Hauptpunkt des Sachverhalts betroffen sein. Als Beispiel wird auch hier die erneute Heirat bei einer Mehrehe und die Durchsetzung der Unterhaltsansprüche aus einer solchen Ehe im Inland genannt. Die Anerkennung der Ehe ist bei der Frage des Unterhaltsanspruchs nur eine Vorfrage, bei der Heirat eine Hauptfrage (vgl oben Rn 116; KEGEL 380; DÖLLE 404; FIRSCHING 39; MELCHIOR 331; RAAPE/STURM 216).

128 Die Anknüpfung einer Vorfrage mittels einer untragbaren Norm oder die untragbare Lösung einer Vorfrage kann immer noch zu einem tragbaren Ergebnis des Falls führen. Für die Entscheidung, ob bei einer Vorfrage der ordre public eingreift oder nicht, kann es daher keine allgemein gültige Lösung geben, sondern es kommt vielmehr auf den Einzelfall an. Es ist also die Art der Vorfrage, ihre Bedeutung für den gesamten Fall, das Ausmaß der Unbilligkeit usw entscheidend, ob der ordre public eingreift oder nicht.

c) Rechtsfolgen des Eingreifens der Vorbehaltsklausel
129 Liegen die Voraussetzungen für das Eingreifen des Art 6 – also insbesondere Unvereinbarkeit der Anwendung ausländischen Rechts mit den Grundsätzen unserer Rechtsordnung und hinreichender Inlandsbezug – vor, so wird zunächst einmal mit Hilfe der Vorbehaltsklausel ausländisches Recht eliminiert. Damit stellt sich dann die **Frage nach der Ausfüllung der durch die Anwendung des ordre public geschaffenen Lücke**. Art 6 ordnet als Rechtsfolge lediglich die Nichtanwendung des ausländischen Rechts an. Über die Ausfüllung der dadurch entstandenen Lücke schweigt die Vorschrift (vgl SCHWUNG, Ersatzrecht beim ordre public, RabelsZ 49 [1985] 407, 408). In Rechtsprechung und Lehre werden hierzu verschiedene Lösungswege diskutiert:

aa) Kollisionsrechtliche Lösungen
130 Man kann versuchen, dem Problem auf **kollisionsrechtlichem Weg, dh durch Anwendung einer** anderen **Rechtsordnung als derjenigen, auf die verwiesen wird**, zu begegnen.

131 Die einfachste (kollisionsrechtliche) Lösung ist die Anwendung der **lex fori als Ersatzrecht**. So wurde beispielsweise vom RG die Unverjährbarkeit einer schweizerischen Forderung durch die deutsche 30jährige Verjährung ersetzt, obwohl man auch mit der schweizerischen Regelverjährung von 10 Jahren hätte helfen können (RGZ 106, 82, 85 f, zur Kritik dieser Entscheidung CHR VBAR 547). Die Schwäche dieser Lösung liegt in ihrem Verstoß gegen den internationalen Entscheidungseinklang und der selbstherrlichen Durchsetzung des eigenen Rechts. Doch zeigt gerade der vom RG zitierte Fall, daß auch auf diese Weise durchaus ein internationaler Entscheidungseinklang hergestellt werden kann: die deutsche Regelverjährungszeit von 30 Jahren kam der Unverjährbarkeit der Forderung, die nach schweizerischem Recht bestand, näher als die Schweizer Regelverjährung von 10 Jahren (vgl KELLER/SIEHR 547).

132 Die Anwendung der lex fori als Ersatzrecht wird in den europäischen Nachbarstaaten weitgehend vertreten (BATIFFOL 411; BADIALI, Ordine pubblico e diritto straniero [1963] 285 ff), und auch die deutsche Rechtsprechung greift in den meisten Fällen, in denen der ordre public zur Anwendung kommt, auf das deutsche Recht als Ersatzrecht zurück (vgl die ausführliche Zusammenstellung der diesbezüglichen Rechtsprechung auf dem Gebiet des Familienrechts bei WUPPERMANN 68 ff).

133 Eine weitere kollisionsrechtliche Lösung besteht in der Wahl einer dritten Rechtsordnung mit Hilfe eines anderen Anknüpfungspunktes. So könnte beispielsweise bei Flüchtlingen an das Aufenthalts- oder Wohnsitzrecht angeknüpft werden, wenn das Staatsangehörigkeitsrecht durch Art 6 ausgeschaltet ist (NEUHAUS 391). Doch ist dieser Fall zumindest in der Bundesrepublik Deutschland schwer vorstellbar, da sie sowohl die Genfer Flüchtlingskonvention (BGBl 1953 II 559 ff) als auch das Protokoll über die Rechtsstellung der Flüchtlinge vom 31. 1. 1967 (BGBl II 1970, 194 ff) ratifiziert hat und die Genfer Flüchtlingskonvention in Art 12 sowieso eine Anknüpfung an das Recht des Wohnsitz- bzw Aufenthaltsstaates vorsieht (zum Geltungsbereich der Genfer Konvention vgl GORNIG, Das Refoulement – Verbot im Völkerrecht [1987] 18 Fn 64). In Betracht kommt auch die Anwendung einer anderen Rechtsordnung desselben Rechtskreises, die insoweit nicht gegen den ordre public verstößt (vgl FERID § 4–100).

bb) Materiellrechtliche Lösungen
134 Die bei Anwendung des ordre public entstandene Lücke kann jedoch auch mit **Sachnormen des berufenen Rechts** bzw mit **eigens dafür entwickelten Sachnormen** gefüllt werden.

135 So geht die wohl hM davon aus, daß der ordre public nicht unbedingt zur Anwendung der eigenen Rechtsordnung berechtigt, sondern vielmehr zunächst die Lösung in dem von der Kollisionsnorm berufenen fremden Recht gesucht werden muß (RAAPE/STURM 219; MünchKomm/KREUZER Art 30 EGBGB Rn 84; WUPPERMANN 72; NEUMAYER, in: FS Dölle 20 ff; MAKAROV 100). Diese Überlegungen, die auf dem Ausnahmecharakter der Vorbehaltsklausel wie auch auf Erwägungen des internationalen Entscheidungseinklangs beruhen, werden auch von der Rechtsprechung in einigen Fällen angestellt (RGZ 106, 82, 86; BGHZ 28, 375, 387; BGH NJW 1993, 848, 850; KG NJW 1968, 118, 120).

136 KEGEL schließlich (IPR 384 f; SOERGEL/KEGEL Art 30 EGBGB Rn 23) vertritt die Auffassung, das Problem der Lückenfüllung sei mit für diesen Zweck eigens auszubildenden Sachnormen zu lösen. Doch die Beispiele, die sich bei KEGEL finden (Ersatz der ausländischen Unverjährbarkeit einer Forderung durch die für uns „gerade noch vertretbare" Verjährungsfrist von 50 Jahren; Ersatz eines nach ausländischem Recht nicht gegebenen Unterhaltsanspruches mit einem für unser Gerechtigkeitsempfinden „gerade noch ausreichenden" Unterhaltsanspruch), zeigen die Schwäche dieser Lösung: Gerechtigkeitsvorstellungen können von Gericht zu Gericht und von Jahr zu Jahr differieren und einer ganz erheblichen Rechtsunsicherheit Tür und Tor öffnen (vgl auch FERID § 3–36). Freilich hat auch der BGH vereinzelt – und sicher mit zufriedenstellendem Ergebnis – diesen Lösungsweg gewählt. So setzte er das nach ausländischem Recht wirksame, aber mit Art 30 aF EGBGB unvereinbare Erfolgshonorar für einen Anwalt nach allgemeinen Billigkeitserwägungen herunter (BGHZ 44, 183, 190; auch SCHURIG 261 ist für die Anwendung neuer Sachnormen, die durch das Nebeneinander fremder materieller Normen und der eigenen Wertprinzipien gebildet werden).

cc) Stellungnahme
137 Auszugehen ist sicherlich von dem Grundsatz „**minimum d'atteinte portée à la loi étrangère**" (PILLET-NIBOYET, Manuel de droit international privé [1928] 554), dh von einer

möglichst restriktiven Handhabung der Vorbehaltsklausel. Das bedeutet, daß das Eingreifen des Art 6 nicht gleich die Anwendung der lex fori rechtfertigt, sondern daß vielmehr zunächst eine Lösung im ausländischen Recht, das mit Hilfe der Kollisionsnorm ermittelt ist, gefunden werden soll.

Dies gilt freilich nur als Grundsatz und Richtschnur. Denn in Fällen, in denen die positive Funktion des ordre public Platz greift (vgl oben Rn 22 ff und Rn 27 ff), folgt bereits aus dem **zwingenden Charakter der deutschen Norm**, daß sie ohne Rücksicht auf das ausländische Recht Anwendung findet. Ein klassisches Beispiel hierfür ist der Differenzeinwand der §§ 762, 764 BGB (BGH NJW 1979, 488 ff = JZ 1978, 802 ff; vgl oben Rn 30). §§ 762, 764 BGB ordnen hier direkt die Unwirksamkeit entsprechender Geschäfte an, ohne daß es des Rückgriffs auf das ausländische Recht bedürfte (MünchKomm/KREUZER Art 30 EGBGB Rn 86). **138**

Auch für die übrigen Fälle wird man trotz des oben aufgestellten Prinzips im Ergebnis oft zur Anwendung der lex fori kommen. Denn in Fällen, in denen das ausländische Recht eine **qualitativ** andere Regelung als die des Forumstaates enthält, kann auch meist nicht mit Hilfe des ausländischen Rechts eine andere, unserem ordre public gemäße Lösung gefunden werden (MünchKomm/KREUZER Art 30 EGBGB Rn 87 f). Wenn beispielsweise eine Rechtsordnung die Legitimation des nichtehelichen Kindes durch nachträgliche Eheschließung nicht kennt, so kann diese Lücke nur durch das deutsche Recht geschlossen werden (LG Tübingen IPRspr 1964/65, Nr 155; LG Krefeld IPRspr 1966/67, Nr 150; WENGLER IPRax 1983, 30 Fn 23). **139**

Im Einzelfall kann sich jedoch auch der Rückgriff auf fallbezogene Sachnormen (MünchKomm/KREUZER Art 30 EGBGB Rn 88) oder allgemeine Rechtsgrundsätze (NEUHAUS 391) anbieten.

Auf jeden Fall verbietet der Charakter des Art 6 als Generalklausel jede schematische Handhabung, so daß hier nur einige Grundregeln aufgestellt werden können, an Hand derer sich eine Lösung zu orientieren hat (in diesem Sinne auch SCHWUNG RabelsZ 49 [1985] 407, 417, der sich auch in seiner Dissertation [174 ff] eingehend mit der Frage des anwendbaren Ersatzrechts befaßt).

IV. Der ordre public und das Völkerrecht

Bereits oben wurde an verschiedenen Stellen auf völkerrechtliche Aspekte im Zusammenhang mit dem ordre public hingewiesen: So fließen über Art 25 GG völkerrechtliche Grundsätze und Grundwerte auch bei der Auslegung der Generalklausel des Art 6 ein und werden neuerdings mit der Bezeichnung „internationaler ordre public" umschrieben (vgl hierzu MünchKomm/SONNENBERGER Art 6 EGBGB Rn 69 ff sowie oben Rn 54 ff). **140**

In Staatsverträgen, die international-privatrechtliche Fragen regeln, finden sich häufig besondere Ordre-public-Klauseln (vgl zB Art 16 des Haager Übereinkommens über die Zuständigkeit der Behörden und das anzuwendende Recht auf dem Gebiet des Schutzes von Minderjährigen vom 5. 10. 1961 [BGBl 1971 II 219]; Art 10 des Haager Übereinkommens über das auf Straßenverkehrsunfälle anzuwendende Recht vom 4. 5. 1971; Art 16 des Übereinkommens über das auf vertragliche Schuldverhält- **141** nisse anzuwendende Recht vom 19. 6. 1980 [BGBl 1986 II 810]), die dann insoweit den Umfang der Berufung auf den ordre public völkervertraglich festlegen. Hierdurch wird die allgemeine Ordre-public-Klausel des Art 6 mehr oder weniger stark modifiziert (vgl zB Art 2 Abs 2 des Haager Abkommens zur Regelung des Geltungsbereiches der Gesetze auf dem Gebiete der Eheschließung vom 12. 6. 1902 [RGBl 1904, 221], wonach die Berufung auf den ordre public im Bereich der Ehehindernisse stark eingeschränkt wird). Bei gänzlichem Schweigen eines Staatsvertrages zur Frage des ordre public kann sogar uU ein vertraglicher Ausschluß der Berufung auf den Ordre-public-Vorbehalt vorliegen (BEITZKE, ordre public 665; MünchKomm/SONNENBERGER Art 6 Rn 27; vgl oben Rn 52).

An dieser Stelle sollen daher nur noch zwei völkerrechtliche Aspekte behandelt werden.

1. Die Vereinbarkeit der Vorbehaltsklausel mit dem Völkerrecht

142 Der Gebrauch der Vorbehaltsklausel ist grundsätzlich mit dem Völkerrecht vereinbar (vgl auch BEITZKE, ordre public 665). Es existiert kein Satz des Völkerrechts, der die Staaten zur Anerkennung ausländischer Rechtssätze verpflichtet. Allerdings erfährt diese Freiheit, was den Gebrauch des Ordre-public-Vorbehalts betrifft, eine kleine Einschränkung dahingehend, daß der Sachverhalt eine irgendwie geartete Binnenbeziehung haben muß. Diese Einschränkung der Berufung auf Art 6 fußt daher nicht nur im innerstaatlichen Recht (vgl oben Rn 114 ff), sondern ist auch völkerrechtlich geboten (SEIDL-HOHENVELDERN, Völkerrecht [8. Aufl 1994] Rn 1366; BGB-RGRK/WENGLER 26).

2. Anwendung eines fremden Rechts bei Nichtanerkennung eines ausländischen Staates bzw einer ausländischen Regierung

143 Ein durch deutsche Kollisionsnormen berufenes ausländisches Recht kann nicht mit Hilfe von Art 6 ausgeschlossen werden, weil der betroffene Staat völkerrechtlich nicht anerkannt worden ist. Das Problem der völkerrechtlichen Anerkennung oder Nichtanerkennung von Staaten, das sich insbesondere bei neu entstandenen Staatengebilden stellt (s hierzu als aktuelle Beispiele die auf den Gebieten der ehemaligen Sowjetunion und des ehemaligen Jugoslawien neu entstandenen Staaten), hat in erster Linie politische Dimensionen (vgl hierzu BERBER, Lehrbuch des Völkerrechts, Bd 1 [1975] 229 ff; SEIDL-HOHENVELDERN Rn 642 ff; VERDROSS/SIMMA, Universelles Völkerrecht [3. Aufl 1984] Rn 961 ff; DAHM/DELBRÜCK/WOLFRUM, Völkerrecht Bd I 1 [2. Aufl 1989] 185 ff) und keinen Einfluß auf private Rechtsverhältnisse. Dies gilt grundsätzlich auch bei Nichtanerkennung der Regierung des jeweiligen Landes, da einer solchen Anerkennung von Regierungen bereits völkerrechtlich enge Grenzen gesetzt sind (SEIDL-HOHENVELDERN Rn 674 ff; BERBER 237 ff, 239). Das Eingreifen des ordre public kann in solchen Fällen aber eher in Betracht kommen, wenn nämlich die Nichtanerkennung von fremden Regierungen mit untragbaren Gesetzen im Zusammenhang steht.

V. Der ordre public in anderen Rechtsordnungen

144 Der Gedanke des ordre public, das heißt der nationale Vorbehalt gegenüber fremden Rechtsordnungen, findet sich auch in jedem ausländischen Kollisionsrecht; eine andere Frage ist, ob dieser Vorbehalt kodifiziert ist, wie in Art 6, oder ob er auf gewohnheitsrechtlicher Grundlage beruht. Im folgenden soll der Ordre-public-Vorbehalt in anderen Rechtsordnungen als der deutschen kurz dargestellt werden, wobei es sich natürlich nur um einen knappen Überblick ohne jeglichen Anspruch auf Vollständigkeit handeln kann (vgl hierzu RAAPE/STURM 222, der eine relativ ausführliche Darstellung bringt).

1. Der romanische Rechtskreis

a) Frankreich

Schrifttum: NIBOYET, Traité de droit international privé francais, tome III (Paris 1944) n 1020 ff; MAKAROV, Der allgemeine Teil des IPR im Entwurf des neuen französischen Kodifikationswerkes, in: FS Wolff (1952) 258; BATIFFOL, Droit international privé (Paris 4. Aufl 1967); ISAAD, Droit international privé, tome I (Paris 1986) 202 ff; HOLLEAUX/FOYER/DE GEOUFFRE DE LA PRADELLE, Droit international privé (Paris 1987) 289 ff; AUDIT, Droit international privé (Paris 1991) 255 ff; BATIFFOL/LAGARDE, Droit international privé (Paris 8. Aufl 1993); LOUSSOUARN/BOUREL, Droit international privé (Paris 4. Aufl 1993) 265 ff; MAYER, Droit international privé (Paris 5. Aufl 1994).

Art 6 des Code Napoleon spricht zwar von den „lois d'ordre public" (vgl oben Rn 14), **145** doch ohne Bezug zum Kollisionsrecht; gemeint ist damit vielmehr der sog „ordre public interne".

Eine gesetzliche Normierung des Ordre-public-Vorbehalts fehlt im französischen Kollisionsrecht, doch hat die Ordre-public-Klausel gewohnheitsrechtliche Geltung. Die französische Rechtsprechung ist bei Anwendung der Vorbehaltsklausel im Vergleich zur deutschen wenig zimperlich und setzt sie gerne ein, um nationalen Gerechtigkeitsvorstellungen zur Geltung zu verhelfen. Im Unterschied zu deutschem Recht kommt als Ersatzrecht stets das Recht des Forumstaates zur Anwendung.

b) Italien

Schrifttum: MONACO, Manuale di diritto internazionale pubblico e privato (1950) 471 ff; BALLADORE-PALLIERI, Diritto internazionale privato (1974) 116 ff; MORELLI, Elementi di diritto internazionale privato italiano (11. Aufl 1982); JÜRGENS, IPR und Verfassung in Italien und in der Bundesrepublik Deutschland (1990); CAPOTORTI/STARACE u a, La Giurisprudenza Italiana di Diritto Internazionale e Processuale – Repertorio 1967 – 1990 (Mailand 1991) 1387 ff; VITTA/MOSCONI, Corso di Diritto Internazionale Privato e Processuale (Turin 4. Aufl 1991) 151 ff.

Art 31 des codice civile lautet: „Ungeachtet der Bestimmungen der vorstehenden **146** Artikel haben Gesetze und Akte eines fremden Staates, Satzungen oder private Verfügungen und Vereinbarungen keine Wirkung, wenn sie der öffentlichen Ordnung oder den guten Sitten widersprechen".

Anders als im französischen Recht existiert also eine Normierung der Ordre-public-Klausel. Inhaltlich kann jedoch auf die Anwendung des ordre public in Frankreich verwiesen werden.

2. Der germanische Rechtskreis

a) Schweiz

Schrifttum: KELLER/SIEHR, Allgemeine Lehren des IPR (Zürich 1986) mit ausführlichem Literaturverzeichnis; HANGARTNER, Die allgemeinen Bestimmungen des Bundesgesetzes über das IPR (St Gallen 1988) 74 ff; SCHNYDER, Das neue IPR-Gesetz (Zürich 2. Aufl 1990); KNÖPFLER/SCHWEIZER, Précis de droit international privé suisse (Bern 1990) 349 ff; HEINI u a/VISCHER, IPRG-Kommentar, Art 17 f (Zürich 1993).

147 Der Ordre-public-Vorbehalt, der bislang auf gewohnheitsrechtlicher Basis im schweizerischen Kollisionsrecht Geltung beansprucht, erfährt nun in Art 17 und 18 des schweizerischen IPR-Gesetzes seine gesetzliche Ausgestaltung. Art 17 des schweizerischen IPR-Gesetzes normiert dabei eher die negative Funktion der Vorbehaltsklausel (Korrektur eines aufgrund ausländischen Rechts gefundenen Ergebnisses, das mit dem „ordre public" offensichtlich unvereinbar ist), während Art 18 die positive Funktion betont: „Vorbehalten bleiben Bestimmungen des schweizerischen Rechts, die wegen ihres besonderen Zweckes, unabhängig von dem durch dieses Gesetz bezeichneten Recht, zwingend anzuwenden sind".

b) Österreich

Schrifttum: KÖHLER/GÜRTLER, Internationales Privatrecht (Wien 1979); SCHWIND, Internationales Privatrecht (Wien 1990) 64 ff; SCHWIMANN aaO; ders, IPR (Wien 1993) 33 ff.

148 § 6 des IPR-Gesetzes von 1978 lautet: „Eine Bestimmung des fremden Rechts ist nicht anzuwenden, wenn ihre Anwendung zu einem Ergebnis führen würde, das mit den Grundwerten der österreichischen Rechtsordnung unvereinbar ist. An ihrer Stelle ist erforderlichenfalls die entsprechende Bestimmung des österreichischen Rechts anzuwenden."

Inhaltlich entspricht der Ordre-public-Vorbehalt in etwa der deutschen Fassung; auch wenn § 6 des IPR-Gesetzes keine **offensichtliche** Unvereinbarkeit fordert, so verlangt doch zumindest die österreichische Lehre (SCHWIMANN, Grundriß des IPR [1982] 48) eine entsprechende Einschränkung des „Störenfriedes" ordre public. Ähnlich wie in der Bundesrepublik gehören zum vorbehaltenen Bereich insbesondere Verfassungsgrundsätze und international festgeschriebene Menschenrechte. Eine Besonderheit der Vorschrift ist, daß sie auch die Rechtsfolgen der Anwendung des ordre public regelt: Im Falle des Entstehens einer Lücke soll österreichisches Recht gelten.

3. Der angloamerikanische Rechtskreis

Schrifttum: WOLFF, Private international law (2. Aufl 1950) 176 ff; KAHN-FREUND, Reflexions on public policy in the English conflicts of law, Verhandlungen der Grotius Society (1958); SIMITIS, Gute Sitten und ordre public (1960) 112 ff; FREISLER, Public policy in den Kollisionsrechten der USA gestern und heute (Diss Freiburg 1989); ANTON, Private International Law (Edinburgh 2. Aufl 1990) 99 ff; CHESHIRE/NORTH/FAWCETT, Private international law (London 12. Aufl 1992); SCOLES/HAY, Conflict of Laws (St Paul/USA 2. Aufl 1992) 72 ff; DICEY and MORRIS on the Conflict of Laws (London 12. Aufl 1993); MORRIS/MCCLEAN, The conflicts of Law (London 4. Aufl 1993) 41 ff.

a) England

Die Gerichte in England wenden den ordre public, der nicht gesetzlich normiert ist, **149** sehr selten an.

Dies beruht nicht etwa auf einem anderen Verständnis der public policy, sondern ist die Folge einer unterschiedlichen international-privatrechtlichen und international-prozeßrechtlichen Vorstellung.

Zum einen führt das Domizilprinzip fast immer zum einheimischen Recht. Fälle, die nach ausländischem Recht entschieden werden müssen, sind also seltener als in den kontinentalen Rechtsordnungen.

Zum anderen wird unterschiedlich qualifiziert: Einige Rechtsinstitute, die bei uns zum materiellen Recht gezählt werden, gehören in England zum formellen Recht (zB die Verjährung). Entsprechende Rechtsfragen werden folglich nach englischem (Prozeß-)Recht entschieden.

b) USA

Wie im englischen, so ist auch im amerikanischen Recht die allgemeine Vorbehalts- **150** klausel nicht ausdrücklich normiert. Früher wurden Klagen, die ausländischem Recht unterlagen, oft bereits als unzulässig abgewiesen, weil die berufene Rechtsordnung „substantially dissimilar" war. Diese Frage ist jetzt jedoch durch § 90 Restatement Second geregelt, der einen Ordre-public-Vorbehalt für die Klagbarkeit vor amerikanischen Gerichten beinhaltet: „no action will be entertained on a foreign cause of action the enforcement of which is contrary to the strong public policy of the forum".

Zum Inhalt der public policy zählen – ähnlich wie in den europäischen Rechtsordnungen – grundlegende Gerechtigkeitsvorstellungen, die sich insbesondere aus der Verfassung, aber auch aus den allgemeinen Gesetzen und den Präjudizien ergeben (SIMITIS, Gute Sitten und ordre public 143 f).

Anhang zu Art 6 EGBGB

Vergeltungsrecht

Schrifttum

DERNBURG, Lehrbuch des preußischen Privatrechts, Bd 1 (1875)
HAHN, Die gesamten Materialien zur Konkursordnung (1881)
BELING, Die geschichtliche Entwicklung der Retorsion und Kompensation von Beleidigung und Körperverletzung im römischen und kanonischen Recht und in der italienischen Wissenschaft bis zum Beginn des 17. Jahrhunderts (1893)
REATZ, Die zweite Lesung, Berlin 1896, Ent-

wurf eines BGB für das Deutsche Reich, 2. Lesung. Auf amtliche Veranlassung (Berlin 1894)
KLEIN, Das Erfordernis der verbürgten Gegenseitigkeit bei der Vollstreckung ausländischer Urteile in Deutschland, NiemZ 9 (1899) 206
LABAND, Das Staatsrecht des Deutschen Reiches (1902)
KLEIN, Zur Erläuterung der Retorsionsbestimmung des Art 31 EG, ÖstGZ 1903, 313
RUNDSTEIN, Die Retorsionsbestimmung des Art 31 EGBGB zum BGB, DJZ 8 (1903) 79
HABICHT, Internationales Privatrecht nach dem Einführungsgesetz zum Bürgerlichen Gesetzbuch (1907)
NIEMEYER, Zur Vorgeschichte des internationalen Privatrechts im deutschen bürgerlichen Gesetzbuch (1915)
NEUMEYER, Die gemeinrechtliche Entwicklung bis zur Mitte des 13. Jahrhunderts (1916)
RAPISARDI-MIRABELLI, La ritorsione (1919)
KLEIN, Das Verhältnis der Vorbehaltsklausel zur Retorsionsbestimmung (EGBGB Art 30, 31), ZVölkR 11 (1920) 321
BLUMENSTEIN, Zur Frage der Steuerretorsion, Vierteljahresschrift für schweiz Abgabenrecht 1923, 97
LENZ-SCHMIDT, Die deutschen Vergeltungsmaßnahmen im Wirtschaftskriege (1924)
OHANOWICZ, Das Fremdenrecht in den Polnischen, Deutschen, Danziger und Litauischen Aufwertungsgesetzen, OstR (1926) 34
STAUFFER, Vom Gegenrecht in der internationalen Urteilsvollstreckung, ZBernJV 62 (1926) 5
NIBOYET, La notion de réciprocité dans les traités diplomatiques de droit international privé, Rec des Cours 52 (1935-II) 255
KRAFT, De la réciprocité en droit international privé, SchwJZ 39 (1943) 46
SPERDUTI, La reciprocità nella giurisdizione sugli stranieri e nel riconoscimento delle sentenze di Stati esteri, ComStudi 2 (1946) 223
LOUIS-LUCAS, L'idée de réciprocité dans le règlement des conflits de lois, Rev crit d i p 36 (1947) 13
ERNST, Gegenseitigkeit und Vergeltung im IPR (Diss Zürich 1950)
RUSSEL, Fluctuations in Reciprocity, IntCompLQ 1 (1952) 181, 345

CASTEL, Le principe de la réciprocité et l'exécution des jugement français aux Etat-Unis, Rev crit d i p 42 (1953) 317
LENHOFF, Reciprocity, NYULRev 49 (1955) 619, 752
MONTOJO, Estudio de la reciprocidad en la doctrina, legislación y jurisprudencia, Rev Esp Der Int 9 (1957) 147
DAHM, Völkerrecht Bd II (1960)
MAKAROV, IPR und Völkerrecht, in: STRUPP/ SCHLOCHAUER, Wörterbuch des Völkerrechts II (1961) 129
SEIDL-HOHENVELDERN, Reprisals and the Taking of Private Property, NTIR (1962), Sonderheft De conflictu lege, 470
NAGEL, Reciprocity in International Procedural Law under the Aspect of New States, AnnAAA 1962/63, 7
WENGLER, Völkerrecht Bd I (1964)
WRIGHT, The Cuba Quarantine, AmJIntL 57 (1963) 546
BISCOTTINI, Il principio di reciprocità nell'ordinamento italiano, Dir Int 21 (1967) 40
VIRALLY, Le principe de réciprocité en droit international contemporain, Rec des Cours 122 (1967-III)
FRANÇON, Réciprocité, Répertoire Francescakis II (1969) 714
SAJKO, Gegenseitigkeit und Vergeltung im jugoslawischen internationalen Privatrecht, WGO 12 (1970) 45
KASER, Das römische Privatrecht 1. Abschnitt (2. Aufl 1971)
HARTWIEG-KORKISCH (Hrsg), Die geheimen Materialien zur Kodifikation des deutschen und internationalen Privatrechts 1881–1896 (1973)
HEPTING, Die Gegenseitigkeit im internationalen Privatrecht und internationalen Zivilprozeßrecht (Diss München 1973)
TOMUSCHAT, Repressalie und Retorsion, ZaöRV 33 (1973) 179
VITTA, Le clausole di reciprocità nelle norme di conflitto, in: FS Wengler II (1973) 849
COMBACAU, Le pouvoir de sanction de l'Onu (1974)
DOEHRING-ISENSEE, Die staatsrechtliche Stellung der Ausländer in der Bundesrepublik Deutschland, VVDStRL 32 (1974) 7, 49–106
SHIHATA, Destination Embargo of Arab Oil: Its

Legality under International Law, AmJIntL 68 (1974) 591

LAGARDE, La condition de réciprocité dans l'application des traités internationaux: son appréciation par le juge interne, Rev crit d i p 64 (1975) 25

BERBER, Lehrbuch des Völkerrechts, Bd III (2. Aufl 1977)

BEYERLING-STRASSER, Handbuch Vereinte Nationen, Art „Sanktionen" (1977) 378

GUTZWILLER, Die Retorsion, ein verschollenes Institut des Internationalprivatrechts, in: FS Mann (1977) 169–182

NEUHOLD, Internationale Konflikte – verbotene und erlaubte Mittel ihrer Austragung (1977)

BLUMENWITZ, Die deutsche Staatsangehörigkeit und die Schutzpflicht der Bundesrepublik Deutschland, in: FS Ferid (1978) 439

ERMACORA, Völkerrechtliche Verantwortlichkeit für Menschenrechtsverletzungen, in: FS Verdroß (1980) 372

BLECKMANN, Gedanken zur Repressalie, in: FS Schlochauer (1981) 193

KEWENIG/HEINI, Die Anwendung wirtschaftlicher Zwangsmaßnahmen im Völkerrecht und im Internationalen Privatrecht (1982)

NAGY, Die Unrechtsfolgen mit Zwangscharakter im Völkerrecht, Osteuropa-Recht 28 (1982) 94

DUPUY, La pratique récente des sanctions, Rev gén dr int publ 87 (1983) 505

FROWEIN, Verpflichtungen erga omnes im Völkerrecht und ihre Durchsetzung, in: FS Mosler (1983) 241

MALANCZUK, Countermeasures and Self-Defense as Circumstances Precluding Wrongfulness in the ILC's Draft Articles on State Responsibility, ZaöRV 43 (1983) 755

PAAL, Bundesrat und Außenpolitik (Diss Würzburg 1983)

KISSLER, Die Zulässigkeit von Wirtschaftssanktionen der Europäischen Gemeinschaft gegenüber Drittstaaten (Diss Würzburg 1984)

VERDROSS/SIMMA, Universelles Völkerrecht (3. Aufl 1984)

STENGER, Das Handelsembargo im Außenwirtschaftsrecht (Diss Gießen 1988)

DAHM/DELBRÜCK/WOLFRUM, Völkerrecht, Bd II (2. Aufl 1989)

NEUSS, Handelsembargos zwischen Völkerrecht und IPR (Diss Bayreuth 1989)

GORNIG, Die völkerrechtliche Zulässigkeit eines Handelsembargos, JZ (1990) 113

IPSEN, Völkerrecht (3. Aufl 1990)

HÄDE, Rechtliche Aspekte des Irak-Embargos, BayVBl (1991) 485

MESTMÄCKER/ENGEL, Das Embargo gegen Irak und Kuweit (1991)

SEIDL-HOHENVELDERN (Hrsg), Lexikon des Rechts, Völkerrecht (2. Aufl 1992)

ERMAN/HOHLOCH Bd 2 Art 6 EGBGB Rn 60 ff (9. Aufl 1993)

SEIDL-HOHENVELDERN, Völkerrecht (8. Aufl 1994).

Systematische Übersicht

I. **Rechtsgeschichtliche Entwicklung**
1. Das Retorsionsprinzip im gemeinen Recht _____ 1
2. Das „Wiedervergeltungsrecht" des Preußischen Allgemeinen Landrechts ___ 3
3. Die Vorgeschichte des Art 31 aF EGBGB _____ 4

II. **Der Wegfall von Art 31 aF EGBGB durch das IPR-Gesetz**
1. Die beschränkte rechtliche und praktische Bedeutung von Art 31 EGBGB 11
a) Innerstaatliche Ermächtigung zur Anordnung eines Vergeltungsrechts ___ 12

b) Verfassungswidrigkeit der vorkonstitutionellen Ermächtigung _____ 13
c) Rechtspolitische Erwägungen gegen die Vergeltung mit Mitteln des Privatrechts _____ 15
   aa) Keine praktische Bedeutung _____ 16
   bb) Funktion der allgemeinen Vorbehaltsklausel _____ 17
   cc) Unzweckmäßigkeit des vergeltungsweisen Eingriffs in das Privatrecht ___ 18
2. Die rechtlichen Folgen des Wegfalls von Art 31 aF EGBGB _____ 20
a) Fortbestand anderer Ermächtigungen

zur Anordnung eines Vergeltungs-
rechts 20
b) Unberührtheit der kollisions- und völkerrechtlichen Lage 21
III. **Das aktuelle Vergeltungsrecht** 25
1. Die völkerrechtliche Ausgangslage 26
a) Die Vergeltung als Frage des zwischenstaatlichen Rechts 27
b) Die Zulässigkeit von Selbsthilfemaß-
nahmen 28
aa) Retorsion 30
bb) Repressalie 31
c) Sanktionsentscheidungen internatio-
naler Organisationen 36
2. Eigenständiges Sanktionrecht der
EG/EU 39
a) Praktische Bedeutung der Frage 39
b) Rechtslage vor dem Vertrag von
Maastricht 40
c) Gegenwärtige Rechtslage 41
3. Die Ausfüllung des internationalen
Sanktionsrechts durch das nationale
Vergeltungsrecht 42

a) Das freie Ermessen über die Ausübung des Vergeltungsrechts 42
b) Die Bestimmung der innerstaatlich
zuständigen Organe 43
c) Rechtspolitische Erwägungen 45
aa) Die Nichtanwendung einer ausländischen Rechtsordnung in ihren Sach-
und Kollisionsnormen 46
bb) Grenzen bei der Gestaltung des
Fremdenrechts 47
4. Besonderheiten des Vergeltungsrechts
unter der Herrschaft des Kriegsvöl-
kerrechts 48
a) Die kontinentaleuropäische Entwick-
lung 49
b) Die angloamerikanische Praxis des
Wirtschaftskrieges 51
c) Die deutsche Praxis 52
IV. **Rechtsvergleichende Hinweise** 53
a) Österreich 54
b) Schweiz 55

Alphabetische Übersicht

Allgemeines Landrecht für die Preußi-
schen Staaten 3
Ausländer bzw ausländische Staatsan-
gehörige 13, 20, 25, 27, 50

Bundeskanzler 14
Bundesrat .... 5, 10, 13 f

diplomatischer Schutz 27
Diskriminierung .... 6 f

Exekutive .... 12 ff, 22, 43, 52

Fremdenrecht 20, 45

Gegenseitigkeitsprinzip .... 18 ff, 31
Grundgesetz .... 13 f
Grundrechte 14, 19

Internationale Organisationen .... 36 f

Menschenrechte .... 19, 32 f
menschenrechtlicher Minimumstandard 27, 47

ordre public 17

Proportionalität s Verhältnismäßigkeit

Rechtsstaatsprinzip 14
Rechtsverordnung 13
Reichskanzler .... 9, 13 f
Reichsverfassung 14
Repressalie .... 29, 31, 33 ff
Retorsion .... 29 f, 38
Retorsionsrecht bzw Retorsionsprinzip .. 1, 8

Staatsrecht .... 23 f

Verhältnismäßigkeit 30, 33
Völkerrecht .... 1, 23, 25 ff
Wirtschaftssanktionen 32, 38

I. Rechtsgeschichtliche Entwicklung

1. Das Retorsionsprinzip im gemeinen Recht

Das in Art 31 aF EGBGB angesprochene „**Vergeltungsrecht**" reicht weit in die **1** Rechtsgeschichte zurück (GUTZWILLER 169 ff). Im klassischen römischen Recht aus dem Gedanken der unmittelbaren **Selbstverteidigung** („vim vi repellere licet") entstanden (KASER [1971] 222, 405, 411; BELING 11 f), spielt es in der gemeinrechtlichen Entwicklung als **Retorsionsprinzip** in Anbetracht des im Mittelalter noch unterentwickelten staatlichen Sanktionsapparates eine erhebliche Rolle (NEUMEYER 17 ff). In der gemeinrechtlichen Tradition wird die Retorsion, das „**Wiedervergeltungsrecht**", als ein einheitliches Institut angesehen, das im Privat-, Straf-, Fremden- und Völkerrecht gleichermaßen zur Anwendung gelangt.

Ausgangspunkt der Retorsion ist eine „beschwerliche Verordnung" (ius molestum) **2** des fremden Staates, durch die die Rechte der Fremden in unbilliger Weise beeinträchtigt werden. Hieran knüpft auch der Gesetzgeber des ausgehenden 18. Jahrhunderts an. Bei der gesetzlichen Normierung stellte sich die weitere Frage, welche staatliche Stelle berechtigt sein sollte, das Retorsionsrecht auszuüben. Nach hM war der Richter Diener einer ihn bindenden Vorschrift und deshalb nicht Retorquent („Ne incolae sed magistratus retorquet") (GUTZWILLER 175 f).

2. Das „Wiedervergeltungsrecht" des Preußischen Allgemeinen Landrechts

Das am 1. 6. 1794 endgültig in Kraft getretene Allgemeine Landrecht für die Preu- **3** ßischen Staaten enthält in seiner Einleitung einen eigenen Abschnitt „Vom Retorsionsrechte". Die maßgebliche Bestimmung enthält § 43 („Wenn aber der fremde Staat, zum Nachtheil der Fremden überhaupt, oder der hiesigen Unterthanen insbesondere, beschwerende Verordnungen macht, oder dergleichen Mißbräuche wissentlich gegen diesseitige Unterthanen duldet, so findet das Wiedervergeltungs-Recht statt"). Die Unterrichter sollten ohne Genehmigung ihrer Vorgesetzten gegen Fremde nicht auf Retorsion erkennen (§ 44); durch Abtretung von Rechten konnte man sich der Retorsion nicht entziehen (§ 45). Das Preußische Allgemeine Landrecht blieb in den preußischen Ländern bis zum Inkrafttreten des BGB am 1. 1. 1900 verbindlich und ist für die historische Auslegung des Art 31 aF EGBGB neben den Entwürfen zum EGBGB bedeutsam.

3. Die Vorgeschichte des Art 31 aF EGBGB

Die früheren Entwürfe zum EGBGB sahen ein Vergeltungsrecht nur gegen die **4** Angehörigen des ausländischen Staates und deren Rechtsnachfolger vor, **nicht** auch gegen den auswärtigen Staat selbst (REATZ 135); ebenso: Entwurf eines BGB für das Deutsche Reich, 2. Lesung, § 2265, 711; dort auch die entsprechende **Vorschrift** (als § 2931) der ZPO: „Die Anerkennung des Urteils eines ausländischen Gerichts ist ausgeschlossen..., wenn die Rechte der Fremden in unbilliger Weise beeinträchtigt werden". Die Erweiterung in Richtung eines Vergeltungsrechts gegen einen ausländischen Staat erfolgte auf Betreiben des Bundesrates, der damit einem Vorschlag Bayerns folgte (HARTWIEG-KORKISCH 294, 356). Der historische Gesetzgeber war von der **außenpolitischen Relevanz** der Bestimmung überzeugt (so das Votum des Preußischen Außenministers und des Preußischen Justizministers [HARTWIEG-KORKISCH 221, 227]). In jeder Stufe der Beratungen wurde jedoch davon ausgegangen, daß Art 31 EGBGB primär dem Schutz der rechtlichen **Interessen der eigenen Staatsangehörigen** gegenüber einer ausländischen Rechtsordnung zu dienen bestimmt war (HARTWIEG-KORKISCH 156 f, 197 f, 221, 227, 244, 246, 298, 356, 420); die Erweiterung wurde im Ergebnis für notwendig erachtet, um den Eindruck zu vermeiden, eine Retorsion sei weder für die Gerichte noch für die politischen Zentralbehörden möglich; im Staatsinteresse und zum Schutz der eigenen Staatsangehörigen müsse die Möglichkeit einer Retorsion offengehalten werden (so die Beratungen der 1. Komm, Prot 11608 [HARTWIEG-KORKISCH 156 f]).

5   Die Absicht des historischen Gesetzgebers, die **Diskriminierung Deutscher im Ausland** zu verhindern, kommt in den Entwürfen deutlicher zum Ausdruck als in der endgültigen Fassung der Norm.

6   Der (2.) Entwurf von GEBHARD (§ 39) lautete: „Sind in einem Staate Deutsche kraft des Gesetzes schlechter gestellt als die Staatsangehörigen, so kann ... ein Vergeltungsrecht zur Anwendung gebracht werden" (HARTWIEG-KORKISCH 74; der Sache nach ebenso schon der 1. Entwurf von GEBHARD ebd 67 f; ferner die GEBHARD'schen Motive zu § 39 seines Entwurfs, vgl NIEMEYER 299 f). Die in den Entwürfen enthaltene Vergeltungsvoraussetzung der Diskriminierung wurde von der ersten Kommission gestrichen, um die Fassung dem Wortlaut des bereits geltenden § 4 Abs 2 (jetzt § 5 Abs 2) KO (RGBl 1877, 351) anzupassen; eine sachliche Änderung war damit nicht beabsichtigt (vgl Prot der 1. Komm [HARTWIEG-KORKISCH 157]).

7   Weder die Materialien zur Vergeltungsvorschrift der KO, der Art 31 EGBGB nachgebildet wurde, noch diejenigen zum EGBGB enthalten eine eingehende Begründung für die **Wahl des Retorquenten** und warum das Vorgehen des Reichskanzlers an die Zustimmung des Bundesrates geknüpft wurde (vgl RAAPE/STURM 255 Anm 383).

8   Nach GUTZWILLER (177 Anm 38), geht die Regelung auf den prominenten Autor und Mitglied des preußischen Herrenhauses HEINRICH DERNBURG zurück, der in seinem 1875 erschienenen Lehrbuch des preußischen Privatrechts schreibt: „Da das Retorsionsrecht nur Mittel zu einem bestimmten politischen Zweck sein soll, so wäre es nicht ungerechtfertigt, seine Anwendung von vorgängiger Entscheidung der höchsten politischen Behörde abhängig zu machen." Aus dem Bericht der Reichstagskommission ergibt sich, daß die Vergeltung als politische **Maßnahme der „höchsten Staatsgewalt"**, der „politischen Centralbehörde", überlassen bleiben sollte, die bei ihrer Entscheidung auch die möglichen außenpolitischen Auswirkungen der Retorsion berücksichtigen konnte (vgl HARTWIEG-KORKISCH 420 und 157).

9   Nach der Reichsverfassung von 1871 (RV) repräsentierte der **Reichskanzler** die oberste „politische Centralbehörde" (vgl MORSEY, Die oberste Reichsverwaltung unter Bismarck [1957]).

10 Die besonderen Kompetenzen des **Bundesrates** der RV sind geprägt von den historischen Umständen der Reichsgründung als einem Zusammenschluß souveräner Einzelstaaten. **Träger der Reichssouveränität war die Gesamtheit der verbündeten Staaten** (LABAND 18 f). Vertreten wurde der Reichssouverän durch den Bundesrat als einer

Versammlung der Bevollmächtigten dieser Staaten. Diese gegenüber den anderen Reichsorganen **hervorgehobene Position des Bundesrates** manifestierte sich in seiner starken **Stellung bei der Rechtsetzung** des Reichs; Art 7 Abs 1 Ziff 2 RV wurde als allgemeine Ermächtigungsnorm zum Erlaß von gesetzesausführenden Rechtsverordnungen verstanden (LABAND 98). Als Vertretungsorgan des Reichssouverän hatte der Bundesrat aber auch umfangreiche **Mitwirkungsrechte an der Ausübung der auswärtigen Gewalt** (LABAND 42), die noch als „Hausgut der Exekutive" angesehen wurde. Die Zustimmungsbefugnis des Bundesrates gem Art 31 EGBGB ist daher zu Recht als Ausdruck seiner Exekutivfunktion und seiner Kompetenz, an der Ausübung der auswärtigen Gewalt des Reiches mitzuwirken, gesehen worden (so PAAL 226).

II. Der Wegfall von Art 31 aF EGBGB durch das IPR-Gesetz

Art 31 aF EGBGB regelte das Vergeltungsrecht wie folgt:

„Unter Zustimmung des Bundesrates kann durch Anordnung des Reichskanzlers bestimmt werden, daß gegen einen ausländischen Staat sowie dessen Angehörige und ihre Rechtsnachfolger ein Vergeltungsrecht zur Anwendung gebracht wird."

1. Die beschränkte rechtliche und praktische Bedeutung von Art 31 EGBGB

Diese allgemein als „Retorsionsvorschrift" bezeichnete Bestimmung wurde in die Neufassung nicht übernommen. Die Problematik des Vergeltungsrechts, so wie es sich mit Ausstrahlungen in das Privatrecht in den vergangenen Jahrhunderten entwickelt hat, ist damit nicht gegenstandslos geworden.

a) Der aufgehobene Art 31 aF EGBGB betraf nur die innerstaatliche **Ermächtigung** zur Anwendung eines Vergeltungsrechts. Der Verordnungsgeber sollte in die Lage versetzt werden, rasch zum Schutz der privaten Interessen deutscher Staatsbürger im Ausland tätig zu werden.

Vgl Protokoll der 1. Kommission zur Ausarbeitung des Entwurfs eines BGB (abgedr bei HARTWIEG-KORKISCH, Die geheimen Materialien zur Kodifikation des deutschen und internationalen Privatrechts 1881–1896 [1973] 157). Der Sinn des Art 31 aF EGBGB bestand darin, über die bereits konkret ausformulierten Gegenseitigkeitsklauseln des materiellen Privatrechts hinaus sicherzustellen, daß eine Unbilligkeit der ausländischen Rechtsetzung – ohne Tätigwerden des Gesetzgebers – durch die Exekutive beantwortet werden konnte.

Von dieser Ermächtigung durch den Gesetzgeber war die von der Exekutive zu normierende Vergeltungsmaßnahme zu trennen.

In der DDR und Berlin (Ost) galt der Art 31 EGBGB aF zunächst uneingeschränkt fort. Art 27 Nr 4 EGBGB vom 30. 12. 1965 (GBl 1966 I 19; Berlin: ÜbernahmeVO vom 28. 1. 1966, VOBl I 135) ließ Art 31 unberührt. Die Vorschrift wurde jedoch dann durch Art 15 Abs 2 Nr 2 EGZGB vom 19. 6. 1975 (GBl I 517; Berlin: VOBl 77) aufgehoben. Das Rechtsanwendungsgesetz (RAG) vom 5. 12. 1975 (GBl I 748; Berlin: VOBl 1976, 9) enthielt keine Ermächtigungsgrundlage mehr für Vergeltungsmaßnahmen (vgl hierzu SOERGEL/KEGEL [10. Aufl 1970] Art 31 EGBGB Rn 7). Die Vermutung von ERMAN/ARNDT

(Art 31 EGBGB, [7. Aufl 1981]), die Ermächtigung zur Vergeltung in Art 31 EGBGB aF fehle im RAG, weil die „Retorsion des Art 31 EGBGB dem Völkerrecht angehöre" ist wohl nicht zutreffend (s unten Rn 23); nach dem Rechts- und Verfassungssystem der ehemaligen DDR benötigte die Exekutive keine Ermächtigung durch den Gesetzgeber, um Vergeltung zu üben.

13 b) Ob Art 31 aF EGBGB als Ermächtigungsnorm zur Anordnung eines Vergeltungsrechts überhaupt im Einklang mit dem Grundgesetz stand, ist zweifelhaft (eingehend hierzu PAAL, Bundesrat und Außenpolitik [Diss Würzburg 1983] 206 ff). Da Art 31 aF EGBGB das Vergeltungsrecht nicht dem Gesetzgeber vorbehielt, sondern „Reichskanzler" und „Bundesrat" zuwies, konnte eine Vergeltungsanordnung nur in der der Exekutive vorbehaltenen Form der Rechtssetzung als Rechtsverordnung ergehen. Zwar gelten die Anforderungen des Art 80 Abs 1 Satz 2 GG nicht im vollen Umfang für vorkonstitutionelle Ermächtigungsnormen (vgl BVerfGE 2, 307, 327; 15, 268, 271); deren Fortgeltung beurteilt sich nach Art 129 GG, der in Abs 3 nur die Ermächtigung zu gesetzesvertretenden Verordnungen beseitigte. Allerdings folgt aus Art 129 Abs 3 iVm Art 123 Abs 1 GG, daß vorkonstitutionelle Ermächtigungen, die zu Grundrechtseingriffen ermächtigen, nach Ablauf einer Übergangszeit nur noch fortgelten, wenn sie den Anforderungen des Art 80 Abs 1 S 2 GG entsprechen (BVerfGE 9, 338, 343; KIENZLE, Zur Frage des Übergangs vorkonstitutioneller Ermächtigung nach Art 129 Abs 1 GG, NJW 1961, 298 f). Auch Ausländer sind im retorsionsträchtigen Bereich der Menschenrechte (Schutz von Ehe und Familie, von Eigentum und persönlicher Freiheit) Grundrechtsträger. Art 31 aF EGBGB hätte die ins Auge gefaßten Vergeltungsmaßnahmen insoweit nach Inhalt, Zweck und Ausmaß hinreichend bestimmen müssen. Hieran fehlt es schon deshalb, weil Art 31 aF EGBGB weder Inhalt noch Intensität der Vergeltungsanordnung einer Beschränkung unterwarf (vgl zu den Anforderungen an die Verfassungsmäßigkeit von Eingriffsgesetzen BVerfGE 7, 282 [296]; 14, 174 [185]; 18, 52 [60]; 23, 62 [73]).

Durch die Reduzierung der Anwendungsbreite der Ermächtigungsnorm (so Münch-Komm/KREUZER [1983] Art 31 EGBGB Rn 9) läßt sich das Problem der Eingriffstiefe bei gesetzesvertretenden Verordnungen nicht verfassungskonform lösen.

14 Wegen der besonderen Bedeutung der Grundrechte und des Rechtsstaatsprinzips in der Werteordnung des Grundgesetzes läßt es sich im Gegensatz zur Reichsverfassung von 1871 und 1919 nicht mehr rechtfertigen, daß Grundrechtspositionen ausländischer Staatsangehöriger ohne eine Entscheidung des Gesetzgebers zur Disposition der Exekutive stehen.

Die in der Literatur oft erörterte Frage, auf welches zuständige Staatsorgan die Ermächtigung nach Art 31 aF EGBGB unter der Herrschaft von Art 129 Abs 1 GG übergegangen ist, spielt demgegenüber nur eine nachgeordnete Rolle.

Die Frage stellte sich schon unter der Weimarer Reichsverfassung: STAUDINGER/RAAPE[9] Art 31 EGBGB Anm IV ging von der Zuständigkeit von Reichsjustizminister und Reichsrat aus. Unter Berufung auf Art 129 GG wurden die zuständigen Organe im Bundesjustizminister (so PALANDT/HELDRICH [45. Aufl 1986] Art 31 EGBGB Anm 1; ERMAN/ARNDT [7. Aufl 1981] Art 31 EGBGB; FIRSCHING, Einführung in das IPR [1974] 64) bzw Bundeskanzler (RAAPE/STURM 228) gesehen. KEGEL (SOERGEL/KEGEL [11. Aufl 1983] Art 31 EGBGB Rn 3; IPR 337) und BEITZKE (ACHILLES/

GREIFF/BEITZKE Art 31 EGBGB Fn 1) zufolge entschieden an Stelle des Reichskanzlers die Bundesminister des Auswärtigen und der Justiz gemeinsam, die Zustimmung des Bundesrates wurde durch die Zustimmung des Bundesministers des Innern ersetzt (abschließend zu diesem Fragenkomplex PAAL 210 ff).

c) Festzuhalten ist, daß der Gesetzgeber nunmehr auf die Ermächtigung des Verordnungsgebers zum Erlaß von Vergeltungsmaßnahmen im Regelungsbereich des Gesetzes verzichtet hat. Hierfür waren rechtspolitische Überlegungen ausschlaggebend. **15**

aa) In der Literatur, aber auch in der Regierungsbegründung (BT-Drucks 10/504, 35), wird an erster Stelle darauf hingewiesen, daß Art 31 aF EGBGB nie angewendet wurde. Allerdings spricht die Nichtanwendung einer Vergeltungsermächtigung nicht gegen die Regelung – im Gegenteil: der Sinn einer Vergeltungsregelung in den zwischenstaatlichen Beziehungen besteht nicht darin, Vergeltung zu üben, sondern Rechtsbrüche, die die Vergeltung nach sich ziehen, von vornherein zu verhindern. Die bloße Möglichkeit der Vergeltung soll abschreckend wirken und den auswärtigen Staat zur Beachtung des Rechts veranlassen. **16**

Schon durch die bloße Möglichkeit einer Vergeltung soll auf fremde Staaten eingewirkt werden, um sie von deutsche Staatsbürger diskriminierenden gesetzlichen Maßnahmen abzuhalten (vgl Protokoll der 1. Kommission 11610 [abgedr bei HARTWIEG-KORKISCH 157]).

bb) Nicht überzeugend ist die Überlegung, die Retorsionsvorschrift sei „im Hinblick auf die allgemeine Vorbehaltsklausel" überflüssig (KÜHNE, IPR-Gesetz [1980] 207). Ordre public und Retorsion haben verschiedene Aktionsbereiche: **17**

Die allgemeine Vorbehaltsklausel ermöglicht dem Richter im Einzelfall die Nichtanwendung einer durch die deutschen Kollisionsnormen berufenen ausländischen Rechtsordnung aus Gründen der öffentlichen Ordnung; ferner soll die bevorzugte Anwendung einzelner deutscher Rechtsnormen sichergestellt werden, soweit dies grundlegende Gerechtigkeitsvorstellungen der deutschen Rechtsordnung fordern. Während jedoch der ordre public auf diese Weise wesentliche Gerechtigkeitsvorstellungen im **Inland** sicherstellen will, verfolgt die Retorsion das Ziel, die **ausländische** Rechtsordnung von einer unbilligen Behandlung deutscher Bürger abzuhalten. Sowohl für Art 6 als auch für Art 31 aF EGBGB ist die Anstößigkeit fremden Rechts Anwendungsvoraussetzung. Vergeltung greift jedoch nur ein, wenn das ausländische Recht „diskriminierend" ist, dh deutsche Staatsbürger unter Verstoß gegen den Gleichheitssatz benachteiligt.

Die Anwendung des Art 6 führt zur Nichtanwendung der nach deutschem Kollisionsrecht an sich anwendbaren **ausländischen** Sachnormen; Retorsion führt im Vergeltungsfall zur Nichtanwendung des allgemeinen **deutschen** internationalen oder materiellen Privatrechts, da dieses durch fremdenrechtliche Sondernormen ersetzt wird.

cc) Anders als noch zur Zeit der Entstehung des BGB bestehen heute Zweifel, ob ein Eingriff in das nationale Zivilrecht ein taugliches Mittel sein kann, um unbillige **18**

ausländische Normsetzung zu verhindern. Ähnliche Erwägungen gelten im übrigen auch bei den konkreten Ausprägungen des Gegenseitigkeitsprinzips in den verschiedenen innerstaatlichen Rechtsnormen, die sich von der Vergeltungsermächtigung des Art 31 EGBGB aF insoweit unterscheiden, als sie nicht als Reaktion auf unbillige Normen eines ausländischen Staates und als Ausdruck der Gegenseitigkeit im **negativen** Sinn erfolgen, sondern positiv die Anerkennung und Anwendung ausländischer Rechtsnormen oder die Geltung inländischer Rechtsnormen für Ausländer unter den Vorbehalt der Gegenseitigkeit stellen. (So weist FERID [§ 3–9] darauf hin, daß es „immer einen Unschuldigen trifft"; s a HEPTING, Die Gegenseitigkeit im internationalen Privatrecht und internationalen Zivilprozeßrecht [Diss München 1973] 17 ff.)

19 Die Vergeltung mit den Mitteln des Privatrechts wird in aller Regel, soll sie wirksam sein und ihre abschreckende Wirkung nicht verfehlen, in die Schichten der Grund- und Menschenrechte vordringen. Es entspricht aber dem modernen Menschenrechtsverständnis, daß diese Rechte im zwischenstaatlichen Bereich um ihrer selbst willen und nicht auf der Grundlage der Gegenseitigkeit verbürgt werden. Die Tendenz, die Verbürgung der Gegenseitigkeit zu vernachlässigen, findet sich im übrigen auch in den neueren kollisionsrechtlichen Übereinkommen mit weltweitem Anwendungsanspruch; das vertraglich vorgeschriebene Recht gilt ohne Rücksicht darauf, ob das anzuwendende materielle Recht dasjenige eines Vertragsstaats ist (BT-Drucks 10/504, 35). Im übrigen verfügt der moderne Staat mit seinen vielfältigen Möglichkeiten, **hoheitlich** direkt auf Privatrechtsverhältnisse einzuwirken, über ausreichende Mittel und Wege, einem auswärtigen Staat eine geeignete Antwort auf unliebsame innen- und außenpolitische Maßnahmen zu erteilen. (Vgl § 27 Außenwirtschaftsgesetz, der – im Gegensatz zu Art 31 EGBGB aF – als generelle Maßnahme zur Durchsetzung staatlicher Außenpolitik zu verstehen ist.)

2. Die rechtlichen Folgen des Wegfalls von Art 31 aF EGBGB

20 a) Die Streichung von Art 31 aF EGBGB berührt nicht die in anderen Gesetzen ausgesprochene Ermächtigung zur Anwendung eines Vergeltungsrechts. Die mit Art 31 aF EGBGB wörtlich übereinstimmende Regelung in § 24 EGZPO gilt fort, ebenso § 5 Abs 2 KO, der die Vergeltungsanordnung auf ausländische Staatsangehörige beschränkt (gleichwohl bestehen auch gegen diese Ermächtigungsnormen verfassungsrechtliche Bedenken, vgl oben Rn 13). Unberührt bleibt zB auch das Recht der Länder, nach Art 88 EGBGB den Grundstückserwerb durch Ausländer auf der Grundlage der Verbürgung der Gegenseitigkeit der Genehmigungspflicht zu unterwerfen (STAUDINGER/MERTEN/KIRCHHOF[12] Art 88 EGBGB).

21 b) Die Streichung von Art 31 aF EGBGB hat weder Auswirkungen auf die **völkerrechtliche** Befugnis der Bundesrepublik Deutschland, Vergeltung zu üben, noch ergeben sich Konsequenzen im staats- oder kollisionsrechtlichen Bereich oder Änderungen im Fremdenrecht.

22 Es war zwar in der Literatur weitgehend anerkannt, daß Art 31 aF EGBGB – trotz seiner Einfügung ins IPR – keine unmittelbare kollisionsrechtliche Bedeutung zukam, da er sich nicht auf die Anwendbarkeit oder Nichtanwendbarkeit einer bestimmten Rechtsordnung auswirkte, solange die Ermächtigung durch den Gesetzgeber von der Exekutive nicht ausgefüllt wurde (so schon STAUDINGER/RAAPE[9] Art 31 EGBGB Anm I).

Entgegen einer verbreiteten Auffassung war aber die sog „Retorsionsvorschrift" **23** auch keine Norm des Staats- oder Völkerrechts. (SOERGEL/KEGEL [1983] Art 31 EGBGB Rn 2 qualifiziert Art 31 EGBGB als staatsrechtliche Kompetenznorm, ERMAN/ARNDT Art 31 EGBGB [7. Aufl 1981] als Völkerrechtsnorm, RAAPE/STURM 229 spricht von der staats- und völkerrechtlichen Komponente des Art 31 EGBGB.)

Unstreitig können durch innerstaatliche Gesetzgebung Völkerrechtssätze weder geschaffen noch aufgehoben werden. Die Qualifizierung als Völkerrechtsnorm kann angesichts der Schaffung des Art 31 aF EGBGB durch den deutschen Gesetzgeber nur bedeuten, daß die Vertreter dieser Ansicht davon ausgehen, es existiere eine mit Art 31 aF EGBGB gleichlautende Norm des Völkerrechts. Dies ist aber nicht der Fall. Die Entscheidung, welches Staatsorgan die Vergeltungsmaßnahme anordnet, überläßt das Völkerrecht der innerstaatlichen Organisation (so unten Rn 43).

Damit war aber Art 31 EGBGB noch nicht eine Norm des materiellen Staatsrechts. **24** Die aufgehobene Bestimmung war weder ein für die Organisation der obersten Staatsorgane konstitutiver Rechtssatz noch regelte sie tragende Prinzipien des Staates oder das Grundverhältnis zwischen Staat und Bürger (vgl zur Definition der Normen des materiellen Staatsrechts STERN, Das Staatsrecht der Bundesrepublik Deutschland, Bd I [2. Aufl 1984] 7 ff). Sie war eine Norm des öffentlichen Rechts; ihr öffentlichrechtlicher Charakter ergab sich schon aus dem Umstand, daß sie – ausschließlich Hoheitsträgern zugeordnet – Sonderrecht des Staates war (so zB schon STAUDINGER/RAAPE[9] Art 31 EGBGB Anm 1 und MELCHIOR, Die Grundlagen des deutschen IPR [1932] 434).

III. Das aktuelle Vergeltungsrecht

Das nach wie vor gültige allgemeine Vergeltungsrecht, die Möglichkeit, durch pri- **25** vatrechtliche Sonderregelung für ausländische Staatsangehörige auf den ausländischen Staat einzuwirken, berührt sowohl den völkerrechtlichen als auch den innerstaatlichen Rechtsbereich. Zu Recht kritisiert GUTZWILLER, daß bei der Behandlung des nationalen Retorsionsrechts allzu oft das Wesen völkerrechtlicher Vergeltungsmaßnahmen verkannt wird (GUTZWILLER, Die Retorsion, Ein verschollenes Institut des Internationalprivatrechts, in: FS Mann 179 Anm 43). Das gilt auch für terminologische Fragen. So hat zB der in der IPR-Literatur mit der Vergeltung gleichgesetzte Retorsionsbegriff im Völkerrecht eine engere, spezifische Bedeutung (siehe unten Rn 30 f).

1. Die völkerrechtliche Ausgangslage

Ausgangspunkt jeder Vergeltungsproblematik – ganz gleich ob sie sich innerstaatlich **26** im Bereich des Privatrechts oder auf anderen Gebieten auswirken soll – ist das Völkerrecht, da nur das Völkerrecht zur Entscheidung der Frage berufen sein kann, ob ein Staat gegenüber einem anderen Staat oder gegenüber dessen Bürgern Vergeltung üben darf.

a) Vergeltung kann nur unter Staaten geübt werden. Vergeltungsmaßnahmen **27** können deshalb nur gegen einen Staat iSd Völkerrechts gerichtet werden, der Völkerrecht bricht oder sich in sonstiger Weise unbillig gegenüber anderen Staaten verhält. Der Ausländer, der die einzelne Vergeltungsmaßnahme zu spüren bekommt, erleidet sie stellvertretend für seinen Heimatstaat; das durch seinen Heimatstaat mediatisierte Individuum kann wegen der Vergeltungsmaßnahme – soweit der menschenrechtliche Mindeststandard eingehalten ist – aus der Sphäre des Völkerrechts keine Ansprüche stellen. Sein Heimatrecht entscheidet darüber, ob wegen der durch die Vergeltung individuell erlittenen Nachteile Ersatzansprüche gestellt werden können. Der Staat haftet als Völkerrechtssubjekt für bestimmte Handlungen von Individuen in seinem Hoheitsbereich und kann umgekehrt die durch auswärtige Staaten beeinträchtigten Rechte seiner Bürger im Rahmen des diplomatischen Schutzes verfolgen. (Vgl zu Einzelheiten BLUMENWITZ, Die deutsche Staatsangehörigkeit und die Schutzpflicht der Bundesrepublik Deutschland, in: FS Ferid [1978] 439 ff.)

28 b)   Die zulässige Vergeltung erscheint als Selbsthilfemaßnahme, die das Völkerrecht rechtfertigt, weil es in der Regel keine Rechtspflegeorgane zur Verfügung stellen kann, die den Rechtsfrieden und die Rechtsanwendung sicherstellen.

Das allgemeine Völkerrecht kennt eine Vielzahl von Rechtfertigungsgründen, die in ihrer Funktion als Unrechtsausschluß jetzt systematisch im Entwurf der International Law Commission (ILC) über die Staatenverantwortlichkeit zusammengefaßt werden (vgl Art 29–34, ILC Yearbook [1980] Bd II Teil 2, 30 ff; hierzu MALANCZUK 705 ff). Art 30 des ILC-Entwurfs spricht von „**Gegenmaßnahmen**" („countermeasures"); hiermit sollen in erster Linie die herkömmlichen staatlichen Sanktionsmittel und die autoritativen Sanktionsentscheidungen eines internationalen Organs umschrieben werden (ILC Yearbook [1979] Bd II Teil 2, 116 ff).

29   Unter der Herrschaft des Kriegsvölkerrechts kann es zu einer erheblichen Ausweitung staatlicher Zwangsmaßnahmen kommen. Dies gilt nicht nur hinsichtlich der nunmehr erlaubten Anwendung von Gewalt, sondern auch in bezug auf die Einwirkung auf die Rechte Privater im sog Wirtschaftskrieg (vgl BERBER II, Kriegsrecht [1969] 202 ff). Die wichtigste Selbsthilfemaßnahme unter der Herrschaft des Friedensvölkerrechts sind Repressalie und Retorsion.

30 aa)   Nach der völkerrechtlichen Terminologie erfaßt die **Retorsion** interessenschädigende, aber noch völkerrechtsmäßige Maßnahmen, die auf den sanktionierten Staat einwirken sollen. Da die Maßnahme im Ergebnis zwar unfreundlich, nicht aber völkerrechtswidrig ist, unterliegt sie nicht der strengen Proportionalität, die nach Friedensvölkerrecht für Vergeltungsmaßnahmen gilt. (Vgl DAHM, Völkerrecht, Bd II [1960] 435; TOMUSCHAT, Repressalie und Retorsion, ZaöRV 33 [1973] 185; BERBER III 94; NAGY, Die Unrechtsfolgen mit Zwangscharakter im Völkerrecht, in: Osteuropa-Recht 28 [1982] 107 f.)

31 bb)   Unter **Repressalie** versteht das Völkerrecht eine an sich rechtswidrige Maßnahme gegen den Rechtsbrecher, die auf die Wiederherstellung des Rechts abzielt (vgl zB Resolution des Institut de Droit International von 1934, Annuaire 38 [1934] 708). Sie unterscheidet sich von anderen Arten der Selbsthilfe (wie zB Notwehr und Selbstverteidigung) durch ihren „aggressiven" Charakter und durch ihren Straf- und Vergeltungszweck. (WENGLER, Völkerrecht, Bd I [1964] 515 ff; BERBER III 98; DUPUY, La pratique récente des sanctions, Rev gén dr int publ 87 [1983], ferner ILC Yearbook [1980] Bd II Teil 2, 53.)

Die Tatbestandsvoraussetzungen der Repressalienbefugnis sind im einzelnen umstritten. Aus dem völkerrechtlichen Prinzip der Gegenseitigkeit wird abgeleitet, daß das Repressalienrecht nur im Verhältnis geschädigtes Völkerrechtssubjekt – Rechtsbrecher besteht; Sanktionsmaßnahmen dürfen deshalb grundsätzlich nicht von unbeteiligten Dritten ergriffen werden und dürfen auch die Rechte dritter Staaten nicht beeinträchtigen.

Probleme ergeben sich hier aus dem Bestreben von Staaten, Handels- und Verkehrssperren – im Interesse der „Effektivität" von Wirtschaftssanktionen – möglichst „breit" anzulegen; (zur Verletzung von Rechten Dritter durch Blockademaßnahmen [UdSSR während der „Kuba-Quarantäne" durch die USA 1962] s WRIGHT, The Cuba Quarantine, AmJIntL 57 [1963], 554; zur Rechtfertigung von Einwirkungen auf dritte Staaten durch Notstandsrechte ILC-Kommentar, Yearbook [1979] Bd II Teil 2, 120).

Bei Verstößen gegen einen im einzelnen sehr umstrittenen Kreis von Normen wird 32 eine **universale Aktivlegitimation** angenommen. Es handelt sich bei den zu sanktionierenden Delikten um **Handlungen „erga omnes"**, um Verletzungen besonders „fundamentaler" Regeln der Völkerrechtsgemeinschaft, die dem allgemeinen Gewohnheitsrecht, wie auch universellen „traités lois" entnommen werden. (Vgl IGH Barcelona-Traction Fall, ICJ-Reports 1970, 32; grundlegend FROWEIN, Verpflichtungen erga omnes im Völkerrecht und ihre Durchsetzung, in: FS Mosler [1983] 241. Die Einhaltung und Durchsetzung dieser Normen wird als Angelegenheit der gesamten Rechtsgemeinschaft angesehen; vgl zu den „international crimes" DUPUY 538, zum „ius cogens" MALANCZUK, Countermeasures and Self-Defense as Circumstances Precluding Wrongfulness in the ILC's Draft Articles on State Responsibility, ZaöRV 43 [1983] 742 ff und zum Bereich des Menschenrechtsschutzes SIMMA, Fragen der zwischenstaatlichen Durchsetzung vertraglich vereinbarter Menschenrechte, in: FS Schlochauer [1981] 635 ff und ERMACORA, Völkerrechtliche Verantwortlichkeit für Menschenrechtsverletzungen, in: FS Verdross [1980] 372).

Ein zu Repressalien befugter Staat ist im Rahmen der Verhältnismäßigkeit in der 33 Wahl der Mittel frei. Die ergriffene Maßnahme muß nicht eine Gleichartigkeit mit der vorherigen Unrechtshandlung aufweisen. Delikte aus dem menschen- und fremdenrechtlichen Bereich können so zB auch mit allgemeinen wirtschaftlichen Maßnahmen sanktioniert werden. (Vgl BLECKMANN, Gedanken zur Repressalie, in: FS Schlochauer 193 ff; DAHM II 429 ff; SIMMA, Menschenrechtspolitik mit wirtschaftlichen Mitteln: Ihr völkerrechtlicher Rahmen, in: Menschenrechte und wirtschaftliche Gegenleistungen, Staats- und völkerrechtliche Abhandlungen der Studiengruppe für Politik und Völkerrecht, Bd 5 [1987] 73 ff.)

Die speziellen Repressalienverbote des modernen Völkerrechts müssen beachtet 34 werden. Dies gilt vor allem für das Verbot gewaltsamer Repressalien (s NEUHOLD, Internationale Konflikte – verbotene und erlaubte Mittel ihrer Austragung [1977] 222; zur Geltung kriegsvertraglicher Repressalienverbote auch im Friedensrecht SEIDL-HOHENVELDERN, 470 ff [zu weit gehend wohl die Ableitung eines **allgemeinen** Verbots der repressalienweisen Konfiskation aus dem Schutz des Privateigentums im Krieg]). Der **endgültige** Entzug von Vermögen des sanktionierten Staates oder seiner Angehörigen ist nur dann rechtmäßig, wenn die

Selbsthilfe zur Befriedigung von vermögenswerten Forderungen gegen den Sanktionierten erfolgt, die Vermögensverschiebung damit einen Rechtsgrund hat.

35 Schließlich darf die Repressalie nur solange verhängt und aufrechterhalten werden, wie dies zur Wiederherstellung des rechtmäßigen Zustands erforderlich ist (vgl DAHM II 429).

36 c) Der zu Sanktionen berechtigte Staat kann grundsätzlich frei darüber entscheiden, ob er in den zwischenstaatlichen Beziehungen Beugezwang einsetzen will oder nicht. Umstritten ist, ob **Sanktionsentscheidungen internationaler Organisationen** die Mitgliedstaaten zu entsprechenden Maßnahmen berechtigen oder gar verpflichten können. (Vgl zu Sanktionsbeschlüssen im System der Vereinten Nationen COMBACAU, Le pouvoir de sanction de l'Onu [1974] 159 f; MALANCZUK 749; BEYERLIN-STRASSER, Handbuch Vereinte Nationen, Art „Sanktionen", 378 f; ferner ILC Yearbook, Bd II, Teil 2, 119; zur entsprechenden Rechtslage nach europäischem Gemeinschaftsrecht: KISSLER, Die Zulässigkeit von Wirtschaftssanktionen der Europäischen Gemeinschaft gegenüber Drittstaaten [Diss Würzburg 1984] 199 ff. Vgl WRIGHT 558 [Zur Verletzung der Schiffahrtsfreiheit der UdSSR durch OAS-Beschluß]; SHIHATA 619 ff [Zur Rechtfertigung des arabischen Ölembargos mit Beschlüssen der Arabischen Liga]).

37 Sanktionsbeschlüsse internationaler Organisationen können grundsätzlich nur die Rechtslage der Mitglieder, die dem Satzungsregime unterworfen sind, verschlechtern, nicht aber einen Eingriff in die Rechte Dritter rechtfertigen.

38 Die nach dem Kapitel VII der Charta der Vereinten Nationen (Art 39 ff) ergehenden sog „mandatorischen" Beschlüsse des Sicherheitsrates sind hier die einzige Ausnahme.

Mit der Resolution 232 vom 16. Dezember 1966 entschied der Sicherheitsrat, daß die durch die einseitige Unabhängigkeitserklärung des weißen Minderheitenregimes in **Rhodesien** entstandene Situation eine Bedrohung des Weltfriedens darstelle, und verpflichtete die UN-Mitgliedstaaten zu einem umfassenden Wirtschaftsembargo. Gegen **Südafrika** wurde durch die Sicherheitsratsresolution 418 vom 4. November 1977 ein Waffenembargo verhängt. Bis zum Wegfall des Ost-West-Gegensatzes blieben dies die einzigen Fälle mandatorischer Anordnung von Wirtschaftssanktionen durch den Sicherheitsrat, hernach erfolgten eine ganze Reihe dieser Beschlüsse: **Wirtschaftssanktionen gegen Irak** (Res 661 [1990] vom 6. 8. 1990; Res 665 [1990] vom 25. 8. 1990; Res 670 [1990] vom 25. 9. 1990); **bindendes Waffenembargo gegen Jugoslawien** (Res 713 [1991] vom 25. 9. 1991; Res 724 [1991] vom 15. 12. 1991); **bindendes Waffenembargo gegen Somalia** (Res 733 [1992] vom 23. 1. 1992); **wirtschaftliche Sanktionen gegen die Föderative Republik Jugoslawien (Serbien und Montenegro)** (Res 757 [1992] vom 30. 5. 1992; Res 787 [1992] vom 16. 11. 1992); **Waffenembargo gegen Liberia** (Res 788 [1992] vom 19. 11. 1992); **Waffen-und Erdölembargo gegen Haiti** (Res 841 [1993] vom 16. 6. 1993; Res 875 [1993] vom 16. 10. 1993); **Waffen- und Erdölembargo gegen die UNITA** (Res 864 [1993] vom 15. 9. 1993); **Partielles Wirtschaftsembargo gegen Libyen** (Res 883 [1993] vom 11. 11. 1993); **Waffenembargo gegen rwandische Konfliktparteien** (Res 918 [1994] vom 17. 5. 1994).

Die Verpflichtung zur Durchführung durch die Mitgliedsstaaten ergibt sich aus Art 48 der Charta. Aus dem Erfordernis der „Durchführung" dürfte abzuleiten sein, daß auch mandatorische Sicherheitsratsbeschlüsse nicht „self-executing" sind – also auch hier der innerstaatliche Normgeber konkretisierend tätig werden muß.

2. Ein eigenständiges Sanktionsrecht der EG/EU ist umstritten*

a) Praktische Bedeutung der Frage

Der Streit um ein eigenständiges Sanktionsrecht der EU ist in zweierlei Richtung 39 von Bedeutung: Zum einen wären einseitige nationale Embargomaßnahmen bei Bejahung der im Bereich des Art 113 EGV ausschließlichen Gemeinschaftskompetenz (EuGH 1975, 1362 – Lokale Kosten) nur noch im Rahmen der engen Ausnahmevorschriften der Art 224, 115 I 2 EGV zulässig. Zum anderen könnte in diesem Fall einzelnen Mitgliedsstaaten die Teilnahme an Embargomaßnahmen aufgezwungen werden, denn Entscheidungen im Bereich des Art 113 EGV werden vom Rat grundsätzlich mit qualifizierter Mehrheit (Art 113 Abs 4 iVm Art 148 Abs 2 EGV) getroffen.

Diskutiert wurde die Frage der Kompetenz ferner im Zusammenhang mit staatshaftungsrechtlichen und entschädigungsrechtlichen Ansprüchen, wobei allerdings der BGH der Kompetenzfrage insoweit keine Entscheidungsrelevanz beimaß (BGH Urt v 27. 1. 1994 – III ZR 42/92, NJW 1994, 858 ff = EuZW 1994, 219 ff m Anm Ress 223 f).

b) Rechtslage vor dem Vertrag von Maastricht

Schon vor dem EU-Vertrag vom 7. 2. 1992 war es umstritten, ob Sanktionsmaßnah- 40 men unter den Begriff der gemeinsamen Handelspolitik des Art 113 EWGV (jetzt EGV) fallen. So stellten die Kommission und die hM (sog „*instrumentelle Auffassung*" [Nachweise bei Grabitz-Vedder Art 113 EGV Rn 57]) allein auf die Instrumente der Sanktionsmaßnahmen ab, die in den Bereich des Handels fallen und kamen so zur Bejahung einer gemeinschaftsrechtlichen Kompetenz. Hingegen sprach sich der Rat früher zu Recht wegen des außenpolitischen Ziels der Sanktionsmaßnahmen (sog „*finalistische Auffassung*" [Grabitz-Vedder Art 113 EGV Rn 56]) für eine ausschließlich nationale Kompetenz in diesem Bereich aus. Vermittelnd ging die Praxis mit Zustimmung der Literatur von einem gemischten Vorgehen der Mitgliedsstaaten und der EG aus, dh die Embargos wurden im Rahmen der EPZ (= Europäische politische Zusammenarbeit, durch den EUV weiterentwickelt zur GASP = Gemeinsame Außen- und Sicherheitspolitik) beschlossen und dann im Rahmen des Art 113 EGV umgesetzt (vgl Mestmäcker/Engel 26 ff; ferner Nachw bei Grabitz-Vedder Art 113 EGV Rn 58; Geiger Art 224 Rn 7). Das gemischte Vorgehen fand keine Grundlage im EGV und der EEA und war deshalb abzulehnen (Stenger 56 ff, 60 ff; im Ergebnis auch Kissler 199 ff, 252 ff).

---

* **Schrifttum:** Kissler, Die Zulässigkeit von Wirtschaftssanktionen der Europäischen Gemeinschaft gegen Drittstaaten (1984); Kampf, Art 113 EWG-Vertrag als Grundlage für Embargomaßnahmen seitens der EWG, RIW (1989) 792 ; Geiger, EG-Vertrag (1993); Grabitz/Hilf (Hrsg), Kommentar zur Europäischen Union (Stand: 7. Erg-Lief 1994); Kadelbach, Staatshaftung für Embargoschäden, JZ (1993) 1134; Janik, Möglichkeiten und Grenzen einer gemeinsamen Exportkontrolle für sensitive Waren und Dienstleistungen im Lichte des Gemeinschaftsrechts (Diss Würzburg 1994).

c) Gegenwärtige Rechtslage

41 Ein von den Mitgliedsstaaten unabhängiges Sanktionsrecht der EU ist **weiterhin abzulehnen**, auch wenn insbesondere der EuGH (Beschl des Gerichtshofes im einstweiligen Anordnungsverfahren zum griechischen Embargo gegen Mazedonien vom 29. 6. 1994, EuGH 1994 I 3037 ff, 3060) dies nun anders entschieden. Einen zusätzlichen Aspekt eröffnet zwar die mit dem Vertrag über die europäische Union eingeführte Vorschrift des Art 228 a EGV. Die Vorschrift bestimmt für den Fall, daß in gemeinsamen Standpunkten oder gemeinsamen Aktionen, die nach den Bestimmungen des Vertrages über die Europäische Union betreffend die Gemeinsame Außen- und Sicherheitspolitik angenommen worden sind, Wirtschaftssanktionen gegen einen oder mehrere Staaten vorgesehen werden, der Rat die Kompetenz zu den erforderlichen Sofortmaßnahmen hat. Hinsichtlich dieser Sofortmaßnahmen beschließ der Rat auf Vorschlag der Kommission mit qualifizierter Mehrheit. (Art 73 g EGV trifft eine parallele Regelung hinsichtlich des Kapitalverkehrs.) Jedenfalls die rein instrumentelle Ansicht ist damit widerlegt. Im übrigen stellt die Vorschrift aber eine eigene Ausnahmekompetenzvorschrift dar und spricht nicht zwingend für das gemischte Vorgehen (aA GEIGER Art 224 EGV Rn 7; Art 228 a EGV Rn 1 f; VG Frankfurt/M EuZW 1994, 380 ff, 382 – Vorlagebeschluß an den EuGH m Anm JESTAEDT). Art 228 a EGV verweist nämlich keineswegs auf Art 113 EGV. Grundsätzlich ist der Bereich der GASP durch den EU-Vertrag noch nicht integriert (insoweit „Maastrichtentscheidung" des BVerfG NJW 1993, 3047 ff, 3049 = BVerfGE 89, 155 ff, 176 f). Gemeinschaftskompetenzen im Bereich der GASP stellen Ausnahmeregelungen dar, die eng auszulegen sind.

Bei der Umsetzung von UN-Embargos folgte die Praxis allerdings in der letzten Zeit dem sog. gemischten Vorgehen, so im Falle des Embargos gegen Irak (zB VO [EWG] Nr 2340/90; 3155/90; 542/91), gegen Serbien und Montenegro (zB VO [EWG] Nr 1432/92 vom 1. 6. 1992), gegen Libyen (zB VO [EWG] Nr 945/92 vom 14. 4. 1992), gegen Haiti (zB VO [EWG] Nr 1608/93 vom 24. 6. 1993)

3. Die Ausfüllung des internationalen Sanktionsrechts durch das nationale Vergeltungsrecht

42 a) Das Völkerrecht überläßt dem sanktionsberechtigten wie dem sanktionsverpflichteten Staat die Durchführung im Rahmen seines autonom gestaltbaren nationalen Vergeltungsrechts. Die grundsätzlich freie Entscheidung über die Durchführung der Vergeltung wird nicht durch eine allgemeine Regel des Völkerrechts, der in der Bundesrepublik nach Art 25 GG Vorrang einzuräumen wäre, vorbestimmt. Hier liegt der methodische Fehler der von FERID zu Recht kritisierten Entscheidung des AG Nürnberg aus dem Jahre 1952 (IPRspr 1952, Nr 227):

Ein Deutscher hatte in New York urkundlich die Vaterschaft anerkannt und sich zu Unterhaltsleistungen gegenüber dem amerikanischen Kind verpflichtet. Das Kind klagt in Nürnberg auf Zahlung der Alimente. Das Gericht wies die Klage ab und führte zur Begründung unter anderem aus, die USA weigerten sich, nichtehelichen Kindern deutscher Mütter Rechtsschutz zu gewähren, den sie umgekehrt für die nichtehelichen Kinder ihrer Mütter in Anspruch nähmen. Dies sei ein Grund zur Retorsion, wie sie das Völkerrecht zulasse, dessen allgemeine Grundsätze nach Art 25 GG Bestandteil des Bundesrechts seien.

Die allgemeine Regel des Völkerrechts **gebietet nicht** dem deutschen Richter die Vergeltung, sondern läßt die Vergeltung durch das verletzte Völkerrechtssubjekt zu.

b) Das Völkerrecht gestattet dem verletzten Staat, im Rahmen der Gesetzes- und Verfassungsautonomie die Staatsorgane zu benennen, die über die Ausübung des Sanktionsrechts entscheiden sollen. In der Ausfüllung dieses „Blanketts" lag die rechtliche Bedeutung des Art 31 EGBGB aF. Nunmehr hat der Gesetzgeber darauf verzichtet, eine innerstaatliche Ermächtigungsgrundlage zu schaffen, die es der Exekutive in Fällen rechtswidriger oder unbilliger Behandlung deutscher Staatsangehöriger durch ausländisches Recht ermöglicht, gegen den auswärtigen Staat bzw gegen die durch diesen mediatisierten Ausländer mit den Mitteln des deutschen Privatrechts Vergeltung zu üben.

Selbstverständlich darf der an Gesetz und Recht gebundene Richter nicht die Aufgabe von Legislative und Exekutive an sich ziehen und selbst Vergeltung üben. So zu Recht das Berufungsurteil des LG Nürnberg-Fürth (IPRspr 1954/55, Nr 3) im Alimentenstreit: die Verantwortung für eine derartige Anordnung, die weitgehende politische, rechtliche und wirtschaftliche Folgen haben kann, könne nicht von einzelnen Richtern getragen werden, sondern nur von der Staatsführung.

Damit wird die völkerrechtliche Befugnis der Bundesrepublik Deutschland in Fällen rechtswidriger oder unbilliger Behandlung deutscher Staatsangehöriger durch ausländisches Recht nicht präjudiziert; die Bundesregierung kann in diesen Fällen mit jedem adäquaten Mittel Vergeltung üben; sie kann im Rahmen der bestehenden Ermächtigungsnormen (zB § 27 Außenwirtschaftsgesetz) Maßnahmen ergreifen; sie ist allerdings bis auf weiteres gehindert, im Wege der Vergeltung in das bestehende deutsche bürgerliche Recht einzugreifen.

c) Eine Reihe gewichtiger rechtspolitischer Erwägungen sprechen dafür, das bürgerliche Recht und das Fremdenrecht nicht zur Spielwiese zwischenstaatlicher Vergeltung zu machen.

Nach dem verfassungsrechtlich bedenklichen Art 31 aF EGBGB konnte die Anordnung der Vergeltung in verschiedene Richtung gehen:

– Nichtanwendung einer ausländischen Rechtsordnung in ihren Sach- oder Kollisionsnormen und bzw oder
– besondere Gestaltung des Fremdenrechts.

aa) Die Nichtanwendung einer ausländischen Rechtsordnung in ihren Sach- oder **Kollisionsnormen** berührt die völkerrechtliche Ebene nur marginal. Völkerrechtliche Schranken der staatlichen Regelungskompetenz auf dem Gebiet des IPR bestehen nur insoweit, als kein Staat die Berücksichtigung oder Anwendung fremden Rechts prinzipiell oder im Einzelfall willkürlich verweigern darf. (Vgl VERDROSS-SIMMA 571; MAKAROV, IPR und Völkerrecht 129 f; NEUHOLD, Internationale Konflikte – verbotene und erlaubte Mittel ihrer Austragung [1977] 73; BGB-RGRK/WENGLER 13 f.)

Die Anwendung einer bestimmten Rechtsordnung ist völkerrechtlich geboten, wenn ein Sachverhalt nur zu dieser Anknüpfungen aufweist, die Anwendung der eigenen Rechtsordnung ist dagegen verboten, wenn der Sachverhalt keine einzige sinnvolle Anknüpfung (genuine link) enthält. In der Praxis wird jedoch aus eigenem Interesse kein Staat solche Regelungen treffen, so daß sich keine bedeutsamen Beschränkungen der staatlichen Regelungsbefugnis ergeben. Ausnahmen gelten nur, soweit die **Rechtsanwendung durch völkerrechtliche Verträge vorgezeichnet ist** (Einzelheiten bei BGB-RGRK/WENGLER 1159 ff).

47 bb) Die Gestaltung des Fremdenrechts berührt dagegen neben einschlägigen völkerrechtlichen Verträgen (insbes Handels-, Konsular- und Niederlassungsverträge sowie die Regelungen der Gemeinschaftsverträge) in aller Regel auch völkerrechtliche Grundsätze. Dies gilt vor allem im Hinblick auf den **internationalen Mindeststandard des Ausländerschutzes** bei der Gestaltung der fremdenrechtlichen Bestimmungen. (Vgl Einzelheiten bei DOEHRING-ISENSEE, Die staatsrechtliche Stellung der Ausländer in der Bundesrepublik Deutschland, VVDStRL 32 [1974] 7 ff, 49 ff; ferner RAAPE/STURM 23.) Der Mindeststandard wird durch eine Reihe von Menschenrechtsverträgen näher konkretisiert, so zB den UN-Pakt über bürgerliche und politische Rechte v 19. 2. 1966 (BGBl II 1973, 1534) hinsichtlich der Gewährleistung der Unverletzlichkeit der Person des Ausländers und des Anspruchs auf Zugang zu den Gerichten sowie einen „fairen Prozeß".

Völkerrechtlich geschützt sind weiter die Rechtssubjektivität jedes Ausländers und die rechtmäßig erworbenen Privatrechte; jeder Staat ist verpflichtet, Ausländer gegen verbrecherische Angriffe auf Leben, Freiheit und Eigentum zu schützen und sie nur im Falle eines ernsteren Verdachtes einer strafbaren Handlung in Haft zu nehmen (vgl VERDROSS-SIMMA 586 f).

4. Besonderheiten des Vergeltungsrechts unter der Herrschaft des Kriegsvölkerrechts

48 Im Kriegsfall hat die alte barbarische Regelung, daß feindliche Untertanen außerhalb des Rechts stehen, daß gleichsam beliebig auch in ihre Privatrechtsverhältnisse eingegriffen werden darf (vgl Dig 41 I 51: „Et quae res hostiles apud nos sunt, non publicae, sed occupantium fiunt"), nach dem Ersten Weltkrieg wieder an Bedeutung gewonnen.

49 a) In der Entwicklung des kontinentaleuropäischen Völkerrechts hatte sich bis zum Ausbruch des Ersten Weltkriegs die Überzeugung durchgesetzt, daß auch das Kriegsvölkerrecht Eingriffe in die Privatrechtssphäre feindlicher Ausländer nicht gestattet. Ausdruck dieser Rechtsüberzeugung ist der heute als Gewohnheitsrecht geltende Art 23 (h) Haager Landkriegsordnung vom 18. 10. 1907 (RGBl 1910, 107).

„Abgesehen von den durch Sonderverträgen aufgestellten Verboten, ist namentlich untersagt: ... (h) die Aufhebung oder zeitweilige Außerkraftsetzung der Rechte und Forderungen von Angehörigen der Gegenpartei oder die Ausschließung ihrer Klagbarkeit".

50 Demgemäß entschied das Reichsgericht zu Beginn des Ersten Weltkriegs in einem Urteil vom 26. 10. 1914 (RGZ 85, 376):

„Dem deutschen Völkerrecht liegt die Anschauung gewisser ausländischer Rechte fern, daß der

Krieg unter möglichster wirtschaftlicher Schädigung der Angehörigen feindlicher Staaten zu führen ist und daß diese daher in weitem Umfang der Wohltaten des gemeinen bürgerlichen Rechts zu berauben sind. Vielmehr gilt der Grundsatz, daß der Krieg nur gegen den feindlichen Staat als solchen und gegen dessen bewaffnete Macht geführt wird und daß die Angehörigen der feindlichen Staaten in bezug auf das bürgerliche Recht den Inländern in demselben Maße gleichgestellt sind, wie dies vor dem Krieg der Fall war, mithin soweit nicht gesetzliche Ausnahmen bestehen in allen Beziehungen".

b) Die anglo-amerikanische Praxis und diejenige ihrer im Ersten und Zweiten 51 Weltkrieg Verbündeten geht dagegen von der prinzipiellen Rechtlosigkeit der in ihrem Herrschaftsbereich domizilierten feindlichen Ausländer aus. Selbst der Grundsatz der Waffengleichheit vor den Gerichten wird durchbrochen: Angehörige der Feindstaaten können vor den Gerichten nicht klagen, wohl aber verklagt werden.

Vgl zB für den Ersten Weltkrieg: den 5. britischen Trading with the Enemy Act, 1914 (4 and 5 Geo V c 87); den amerikanischen Trading with the Enemy Act vom 6. 10. 1917 (AmJIntL 1918 Suppl 27 ff); das französische Dekret vom 27. 9. 1914 (Rev gén dr int publ 1915, Doc 27 ff); für den Zweiten Weltkrieg: den britischen Trading with the Enemy Act, 1939 (2 and 3 Geo VI c 89); den amerikanischen Trading with the Enemy Act vom 18. 12. 1941; die französische Verordnung vom 1. 9. 1939.

Die Friedensverträge bestätigten in der Regel die Praxis der Siegermächte (vgl zB Art 299 des Versailler Friedensvertrages und den Annex 16 zum Friedensvertrag mit Italien vom 10. 12. 1947). (Einzelheiten bei DOMKE, Trading with the Enemy in World War II [1943]; ders, The Control of Alien Property [1947]; STREBEL, Die Behandlung des feindlichen Vermögens, ZaöRV 10 [1950] 887.)

c) Deutschland folgte auch im Zweiten Weltkrieg dem Grundsatz nach dem durch 52 Art 23 (h) Haager Landkriegsordnung vorgezeichneten Weg der Schonung der Privatrechtsbeziehungen. Die mit „Feinden" abgeschlossenen privatrechtlichen Verträge wurden nicht kraft öffentlichen Rechts aufgehoben, sondern die Einwirkungen des Krieges bestimmten sich nach Privatrecht (zB privatrechtliche Auflösung des Vertrages, Rücktrittsrecht oder Kündigung wegen wirtschaftlicher Unmöglichkeit oder wegen Wegfalls der Geschäftsgrundlage). Die öffentlich-rechtliche Einwirkung beschränkte sich zunächst auf Zahlungsverbote und auf die Milderung von Härten, zB durch Anordnung von Zahlungsfristen, Nichteintreten von Verwirkungsfolgen und richterliche Vertragshilfe (vgl Vertragshilfeverordnung vom 30. 11. 1939 [RGBl I 2329]. Allerdings führten dann im Wege der Kriegsrepressalie geübte Vergeltungsmaßnahmen zu die bürgerlichen Rechte der feindlichen Ausländer mißachtenden Maßnahmen.

IV. Rechtsvergleichende Hinweise

Die Vergeltung mit Mitteln des Privatrechts spielt unter der Herrschaft des Friedens- 53 völkerrechts auch in anderen Ländern nur eine geringe Rolle.

1. In **Österreich** gestattet § 33 ABGB die Vergeltung; das Retorsionsrecht wird 54 Satz 2 der gen Vorschrift entnommen:

„Auch müssen die Fremden, um gleiches Recht mit den Eingeborenen zu genießen, in zweifelhaften Fällen beweisen, daß der Staat, dem sie angehören, die hierländigen Staatsbürger in Rücksicht des Rechts, wovon die Frage ist, ebenfalls wie die seinigen behandle" (vgl KÖHLER 30; MÄNHARDT 28; auf eine entsprechende Vorschrift verzichtete der SCHWIND'sche Entwurf, ZfRvgl 12 [1971] 161).

55 2. In der **Schweiz** gibt es keine ausdrückliche gesetzliche Regelung. Dennoch droht die Schweiz gelegentlich mit Vergeltung, um die Belange Schweizer Gesellschaften oder Schweizer Bürger zu schützen. (Zur Anordnung einer Retorsion der Schweiz gegen Frankreich wegen Schlechterstellung Schweizer Versicherungsgesellschaften vgl BURCKHARDT, Schweizerisches Bundesrecht I [1930] Nr 114, ferner SCHNITZER 265, und RAAPE/STURM 256 Anm 394.)

Sachregister

Die fetten Zahlen beziehen sich auf die Paragraphen, die mageren Zahlen auf die Randnummern.

Abgeschlossener Tatbestand
Änderung der Anknüpfung **Einl IPR** 521
Abkommen (Übereinkommen)
im Ausland geltende **Art 4** 134 ff
Auslegung **Art 3** 33; **Einl IPR** 270 f
Autonome Qualifikation **Art 3** 33
Begriff, Sprachgebrauch **Einl IPR** 317
Bilaterale, multilaterale **Art 3** 28, 29
Inkorporation **Einl IPR** 324, 594
Kollision von Abkommen **Einl IPR** 269
Kollisionsnormen, Vorrang **Art 4** 112
Kollsionsrecht **Einl IPR** 267 ff
Konventionskonflikte **Art 3** 37 ff; **Einl IPR** 269
Ordre public **Art 6** 49
Rückverweisung **Art 4** 112 ff
Sachnormverweisung **Art 4** 113
Sachrecht **Einl IPR** 240 ff
der Staaten
s. einzelne Staaten
Transformation **Art 3** 18 ff
Unteranknüpfung **Art 4** 348 ff
Verfassungsmäßigkeit **Art 3** 28
Völkerrechtliche Verträge **Einl IPR** 315
Vorrang vor dem nationalen Recht **Art 3** 13 ff
Weiterverweisung **Art 4** 112 ff
Abstammung
Eheliche
s. Eheliche Abstammung
Abstammungsstatut
und Einheitlichkeit des Familienstatuts **Art 4** 93
Abu Dhabi
Staatsangehörigkeit (Erwerb, Verlust) **Art 5** 225
Actes of documents
Haager Staatenkonferenz **Einl IPR** 275
Adoption
Adoptionsstatut **Art 4** 236, 237, 243
Adoptionsstatut und Einheitlichkeit des Familienstatuts **Art 4** 93
Anerkennung ausländischer Adoptionen **Art 4** 80
Anknüpfungsgrundsatz **Art 4** 236
Ehegattenadoption **Art 4** 237
durch einen Ausländer **Art 5** 195
und Erwerb deutscher Staatsangehörigkeit **Art 5** 161 ff

Adoption (Forts.)
Haager Abkommen zum anwendbaren Recht, zur Anerkennung von Entscheidungen 1965 **Art 4** 241; **Einl IPR** 278
Haager Übereinkommen 1993 **Einl IPR** 278
und ordre public **Art 6** 97
Rück- und Weiterverweisung **Art 4** 238, 238 ff
und Staatsangehörigkeitsprinzip **Art 5** 16
Ägypten
Ausländische Schiedssprüche, Abkommen zur Anerkennung und Vollstreckung 1958 **Einl IPR** 278
CISG **Einl IPR** 244
Eherecht **Anh Art 4** 470
Ehescheidungsanerkennung, Abkommen 1970 **Einl IPR** 278
Erbfolge **Anh Art 4** 472
Erbstatut **Art 4** 254
Flüchtlinge, Protokoll über die Rechtsstellung 1967 **Anh Art 5** 36
Flüchtlingskonvention (Genfer Abkommen 1951) **Anh Art 5** 35
IPR **Anh Art 4** 469; **Einl IPR** 488
Kindschaftsrecht **Anh Art 4** 471
Luftfahrzeuge, Abkommen zur internationalen Anerkennung von Rechten 1948 **Einl IPR** 278
Mehrstaater **Art 5** 438
Rechtsspaltung **Einl IPR** 496, 543
Rück- und Weiterverweisung **Art 4** 467; **Anh Art 4** 473
Staatsangehörigkeit (Erwerb, Verlust) **Art 5** 226
Verjährungsabkommen (Warenkauf) **Einl IPR** 245
Zivilprozeßabkommen 1954 **Einl IPR** 278
Zustellungsabkommen 1965 **Einl IPR** 278
Äquatorialguinea
Flüchtlinge, Protokoll über die Rechtsstellung 1967 **Anh Art 5** 36
Flüchtlingsabkommen 1951 **Anh Art 5** 35
Äthiopien
Flüchtlinge, Protokoll über die Rechtsstellung 1967 **Anh Art 5** 36
Flüchtlingskonvention (Genfer Abkommen 1951) **Anh Art 5** 35
Luftfahrzeuge, Abkommen zur internationalen Anerkennung von Rechten 1948 **Einl IPR** 278

Äthiopien (Forts.)
Staatsangehörigkeit (Erwerb, Verlust) **Art 5** 227
Afghanistan
IPR **Einl IPR** 488
Rechtsspaltung **Einl IPR** 496
Staatsangehörigkeit (Erwerb, Verlust) **Art 5** 228
AGBG Einl IPR 390
Mißbräuchliche Klauseln **Einl IPR** 631
AHKG 23 vom 17.3.1950
Rechtsverhältnisse verschleppter Personen und Flüchtlinge **Anh Art 5** 8, 21 ff, 28 ff, 32, 56; **Einl IPR** 350, 389
Akzessorische Anknüpfung
Adoption **Art 4** 237
Delikt **Art 4** 301
Eheliche Abstammung **Art 4** 210
Güterstatut **Art 4** 174
Legitimation durch nachfolgende Ehe **Art 4** 230
Renvoi-Ausschluß, für die Hauptanknüpfung angeordneter **Art 4** 91 ff
als Sachnormverweisung **Art 4** 91
Schweiz **Einl IPR** 130
Vorfragenklärung **Art 5** 46
Zweck **Art 4** 91
Albanien
Abstammung **Anh Art 4** 306
Adoption **Anh Art 4** 307
Ehegüterstatut, wandelbare Anknüpfung **Art 4** 178
Eheliche Abstammung **Art 4** 216
Ehescheidung **Anh Art 4** 305
Eheschließung **Anh Art 4** 304
Eltern-Kind-Beziehung **Art 4** 220
Erbrecht **Anh Art 4** 308
Erbstatut **Art 4** 254
Flüchtlinge (Genfer Abkommen 1951) **Anh Art 5** 35
Flüchtlinge, Protokoll über die Rechtsstellung 1967 **Anh Art 5** 36
IPR **Anh Art 4** 303; **Einl IPR** 472
Mehrstaater **Art 5** 438
Rück- und Weiterverweisung **Anh Art 4** 309, 310
Staatsangehörigkeit (Erwerb, Verlust) **Art 5** 229
Staatsangehörigkeitsprinzip **Anh Art 4** 303
Algerien
Ausländische Schiedssprüche, Abkommen zur Anerkennung und Vollstreckung 1958 **Einl IPR** 278
Eherecht **Anh Art 4** 474, 475
Erbfolge **Anh Art 4** 476
Erbstatut **Art 4** 254
Flüchtlinge, Protokoll über die Rechtsstellung 1967 **Anh Art 5** 36

Algerien (Forts.)
Flüchtlingskonvention (Genfer Abkommen 1951) **Anh Art 5** 35
Geschäftsfähigkeit **Anh Art 4** 474
IPR **Anh Art 4** 474; **Einl IPR** 488
Luftfahrzeuge, Abkommen zur internationalen Anerkennung von Rechten 1948 **Einl IPR** 278
Mehrstaater **Art 5** 438
Rechtsspaltung **Einl IPR** 543
Rück- und Weiterverweisung **Anh Art 4** 467, 477
Staatenlose – UN-Übereinkommen 1954 **Art 5** 482
Staatsangehörigkeit (Erwerb, Verlust) **Art 5** 230
Staatsangehörigkeitsprinzip **Anh Art 4** 474
Unterhaltsansprüche im Ausland, Übereinkommen über die Geltendmachung 1956 **Einl IPR** 278
Allstate Insurance v Hague-Fall Einl IPR 542
Alternative Anknüpfung Art 4 83, 86 ff, 149, 211, 224, 231, 234; **Art 6** 29; **Einl IPR** 115, 143, 450, 587, 604
und Günstigkeitsprinzip **Einl IPR** 142
Andorra
IPR **Einl IPR** 433
Staatsangehörigkeit (Erwerb, Verlust) **Art 5** 231
Anerbenrecht Art 3 45, 70, 80, 85, 109, 111
Anerkennung
ausländischer Entscheide **Einl IPR** 398, 430, 438, 450, 452, 455, 457, 460, 473, 487, 501, 555, 590, 609, 631, 633
deutscher Ehescheidung **Art 4** 197
fremden Staates **Einl IPR** 311
von Gesellschaften, juristischen Personen (gegenseitige) **Einl IPR** 290
Haager Übereinkommen 1956 zur Rechtspersönlichkeit ausländischer Gesellschaften **Einl IPR** 278
Anerkennungs- und Vollstreckungsabkommen Einl IPR 278, 279, 282, 283, 290, 294, 297, 301, 320, 398, 405 ff
Haager Staatenkonferenz zur Frage eines neuen – **Einl IPR** 279
Angleichung
Korrekturfunktion einer – **Art 6** 45
und ordre public **Art 6** 85
Angola
Flüchtlinge, Protokoll über die Rechtsstellung 1967 **Anh Art 5** 36
Flüchtlingskonvention (Genfer Abkommen 1951) **Anh Art 5** 35
Staatsangehörigkeit (Erwerb, Verlust) **Art 5** 232

Anknüpfung Art 5 407, 408, 455, 463, 486; **Art 6** 29, 41, 44, 81, 82, 130, 135
Akzessorietät **Einl IPR** 128, 157
Familienrecht **Einl IPR** 145
Flucht in das Ausland aus der – **Anh Art 5** 49
und Fortbildung klassischen Kollisionsrechts **Einl IPR** 77
Gespaltene **Art 3** 59
Innerdeutsche Verhältnisse **Einl IPR** 554; **Einl IPR** 553
Kumulative **Art 6** 29
Referentenentwurf 1993 **Einl IPR** 620
Rückverweisung aufgrund anderer – **Art 4** 60
und Schwerpunkt des zu beurteilenden Rechtsverhältnisses **Einl IPR** 55
Staatsangehörigkeitsprinzip **Art 5** 26 ff
Staatsbürgerschaft **Art 5** 12 ff
Statutenwechsel **Einl IPR** 520 ff
Subsidiäre **Einl IPR** 115, 142, 149 ff
Unteranknüpfung **Einl IPR** 528, 534
Weiterverweisung aufgrund anderer – **Art 4** 60

Anknüpfungsleiter
Eilentscheidungen **Einl IPR** 181
Kegelsche Leiter **Einl IPR** 606

Antigua und Barbuda
Ausländische Schiedssprüche, Abkommen zur Anerkennung und Vollstreckung 1958 **Einl IPR** 278
Ausländische Urkunden, Befreiung von der Legalisation (Übereinkommen 1961) **Einl IPR** 278
Staatenlose – UN-Übereinkommen 1954 **Art 5** 482
Staatsangehörigkeit (Erwerb, Verlust) **Art 5** 233
Testamentsformabkommen 1961 **Einl IPR** 278
Zustellungsabkommen 1965 **Einl IPR** 278

Antillen
Staatsangehörigkeit (Erwerb, Verlust) **Art 5** 234

Anwendbares Recht
Frage nach – **Einl IPR** 1

Arbeitnehmer
Anwerbe- und Vermittlungsvereinbarung **Einl IPR** 349

Arbeitsrecht
Internationales **Einl IPR** 197
und ordre public **Art 6** 100

Arbeitsverhältnisse
und Ausweichsklausel, spezielle **Einl IPR** 161
Schutzvorschriften **Einl IPR** 119
Sonderanknüpfung ausländischer Eingriffsnorm **Einl IPR** 45

Argentinien
Adoptionsrecht **Anh Art 4** 393
Ausländische Schiedssprüche, Abkommen zur Anerkennung und Vollstreckung 1958 **Einl IPR** 278
Ausländische Urkunden, Befreiung von der Legalisation (Übereinkommen 1961) **Einl IPR** 278
Beweisaufnahme im Ausland, Übereinkommen 1970 **Einl IPR** 278
CISG **Einl IPR** 244
Ehegüterstatut **Art 4** 175
Eherecht **Anh Art 4** 392
Ehescheidung **Art 4** 188; **Anh Art 4** 397
Erbrecht **Anh Art 4** 391
Erbstatut **Art 4** 262, 266
Flüchtlinge, Protokoll über die Rechtsstellung 1967 **Anh Art 5** 36
Flüchtlingskonvention (Genfer Abkommen 1951) **Anh Art 5** 35
Geschäftsfähigkeit **Anh Art 4** 388
Grundstücksverkehr **Anh Art 4** 390
IPR **Anh Art 4** 386; **Einl IPR** 429
Kindesentführungsabkommen 1980 **Einl IPR** 278
Kindschaftsrecht **Anh Art 4** 396
Luftfahrzeuge, Abkommen zur internationalen Anerkennung von Rechten 1948 **Einl IPR** 278
Mobilia ossibus inhaerent **Art 4** 306
Montevideo-Verträge **Einl IPR** 295
Rück- und Weiterverweisung **Anh Art 4** 394, 395
Staatenlose – UN-Übereinkommen 1954 **Art 5** 482
Staatsangehörigkeit (Erwerb, Verlust) **Art 5** 235
Stellvertretung, Übereinkommen über anzuwendendes Recht 1978 **Einl IPR** 278
Unterhaltsansprüche im Ausland, Übereinkommen über die Geltendmachung 1956 **Einl IPR** 278
Verjährungsabkommen (Warenkauf) **Einl IPR** 245
Wohnsitzprinzip **Anh Art 4** 387
Zivilprozeßabkommen 1954 **Einl IPR** 278

Armenien
Erfüllung von der UdSSR eingegangener völkerrechtlicher Verpflichtungen **Einl IPR** 331
Fortgeltung des IPR der UdSSR **Anh Art 4** 358
Staatsangehörigkeit (Erwerb, Verlust) **Art 5** 236

Arrest
Ermittlung fremden Rechts **Einl IPR** 183

Aserbaidschan
Flüchtingskonvention (Genfer Abkommen 1951) **Anh Art 5** 35
Flüchtlinge, Protokoll über die Rechtsstellung 1967 **Anh Art 5** 36
Fortgeltung des IPR der UdSSR **Anh Art 4** 358
Staatsangehörigkeit (Erwerb, Verlust) **Art 5** 237
Asylberechtigte Einl IPR 352
und Kontingentflüchtlinge **Anh Art 5** 59, 60
als Konventionsflüchtlinge **Anh Art 5** 54 ff
Atomhaftungsrecht
Akommen **Einl IPR** 252
Aufenthaltsgenehmigung Einl IPR 357, 358
Aufenthaltsort
Deliktische Anknüpfung **Art 4** 299
Aufenthaltsprinzip
Bewegungsfreiheit, fehlende **Art 5** 466
Daseinsmittelpunkt **Art 5** 464
Ehegatten **Art 4** 330
Eheliche Abstammung **Art 4** 215
Ehescheidungsstatut **Art 4** 195
Ehewirkungsstatut **Art 4** 171
Eltern-nichteheliches-Kind-Verhältnis **Art 4** 228
als engste Verbindung **Art 4** 328
Flüchtlingskonvention **Anh Art 5** 50
Hilfsanknüpfung **Art 5** 415, 420
und interlokales Privatrecht ausländischen Mehrrechtsstaates **Art 4** 321
Kindesschutzmaßnahmen **Art 4** 229
Legal kidnapping **Art 5** 495
Letzter Aufenthalt **Art 5** 471
Mehrfacher gewöhnlicher, schlichter Aufenthalt **Art 5** 469
Objektive Bestimmung **Art 5** 467, 495
Rechtsvereinheitlichung, Empfehlung **Einl IPR** 284
Schlichter Aufenthalt **Art 5** 468
Staatenlose **Art 5** 463 ff
und Staatenlosenkonvention **Art 5** 489, 491
Staatenlosenkonvention und unrechtmäßige grenzüberschreitende Aufenthaltsänderung **Art 5** 495 ff
und Staatsangehörigkeitsprinzip **Art 5** 20, 22
Unterhaltsstatut **Art 4** 207
Verlöbnisbruch **Art 4** 61
Verschleppte, Flüchtlinge (nichtdeutsche) **Anh Art 5** 26
und Vorrang effektiver Staatsangehörigkeit **Art 5** 413
und Wohnsitz **Art 5** 464, 489
Aufrechnung
Qualifikation **Art 4** 63

Aufwertungsrecht
Anwendung deutschen – **Art 3** 93
Ausbürgerung
von Juden durch das Naziregime **Art 5** 461
kollektive Ausbürgerung der Juden während des Naziregimes **Art 5** 108
und Staatenlosigkeit **Art 5** 447
während des Naziregimes **Art 5** 71 ff
Wiedergutmachung des NS-Unrechts **Anh Art 5** 16 ff
Ausländer
und deutsches Fremdenrecht **Einl IPR** 342 ff
Inlandsgrundstücke **Art 3** 70
und völkerrechtliche Grundsätze zu ihrem Schutz **Anh Art 6** 47
Ausländische Flüchtlinge
und Anerkennung im Sinne der Flüchtlingskonvention (Genfer Abkommen 1951) **Anh Art 5** 41, 42
Ausländische Gesellschaften, Anerkennungsabkommen 1956
Haager Übereinkommen **Einl IPR** 278
Ausländische juristische Person Einl IPR 362
Ausländische Schiedssprüche
New Yorker Übereinkommen über Anerkennung, Vollstreckung 1958 **Einl IPR** 282
Ausländische Urteile
Haager Übereinkommen über Anerkennung, Vollstreckung 1971 **Einl IPR** 278
Ausländischer Rechtsakt
Völkerrechtswidriger – **Einl IPR** 312
Ausländischer Staat
Anerkennung **Einl IPR** 311
Ausländischer Verwaltungssitz
einer juristischen Person **Art 4** 151
Ausländisches Gesamtstatut
und im Inland belegenes Vermögen **Art 3** 70
Ausländisches Recht
Abbruch einer Verweisungskette **Art 4** 55
Anwendung im Ausland **Einl IPR** 229
und Auslandsrechtskunde **Einl IPR** 218
Belegenheitsrecht **Art 3** 49 ff
Belegenheitsrechte, besondere Vorschriften **Art 3** 99 ff
Deliktsrecht, Renvoi **Art 4** 296
Diskriminierung Deutscher **Anh Art 6** 5
Eherecht
s. Einzelstaaten
Eilsachen **Einl IPR** 180 ff
Eingriffsnormen **Art 6** 35 ff; **Einl IPR** 42, 44, 115
Erbrecht
s. Einzelstaaten
Erkenntnisquellen **Einl IPR** 222

848

Ausländisches Recht (Forts.)
  Ermittlung von Amts wegen **Einl IPR** 194, 221
  Ermittlung, nicht mögliche **Einl IPR** 232
  Ermittlung durch die Parteien **Einl IPR** 225
  Europäisches Übereinkommen über Auskünfte 1968 **Einl IPR** 283
  Fortbildung **Einl IPR** 231
  Gesetzesverstoß, revisibler **Einl IPR** 225
  Grundrechte als Schranke für die Anwendung – **Art 6** 106
  Grundrechtswidriges **Art 6** 13
  Gutachten **Einl IPR** 218 ff
  und IPR **Einl IPR** 216 ff
  IPR, fremdes **Einl IPR** 217
  IPR (Übersicht) **Einl IPR** 415 ff
  IPR-Änderungen **Einl IPR** 507
  Kindschaftsrecht
    s. Einzelstaaten
  Kollisionsrecht **Art 3** 54, 66; **Art 4** 17, 47 ff
  Kollisionsrecht, Auslegung **Art 4** 56, 57
  Kollisionsrecht einzelner Staaten
    s. Einzelstaaten
  Lex fori als Ersatzrecht **Einl IPR** 232
  Lücken **Art 4** 57
  Nichtfeststellbarkeit **Art 4** 107
  Notar **Einl IPR** 235, 236
  Öffentliches Recht **Art 3** 8; **Einl IPR** 33 ff
  Ordre public **Art 6** 72 ff, 144 ff
  Parteivortrag **Einl IPR** 185
  und rechtsprechende Gewalt **Einl IPR** 175
  Renvoi, Außerachtlassung **Art 4** 85
  Revisibilität des Inhalts, der Anwendung **Einl IPR** 226
  Richterkenntnis, nicht erforderliche **Einl IPR** 221
  Sachnormverweisung oder Gesamtverweisung **Art 4** 5
  Schonung fremden Rechts **Art 6** 12
  Staatsangehörigkeitsrecht
    s. Einzelstaaten
  Streitfragen **Einl IPR** 230
  Territorialitätsprinzip **Art 6** 36
  Überschätzung des Wertes seiner Heranziehung **Einl IPR** 172
  Unvereinbarkeit, offensichtliche mit wesentlichen Grundsätzen deutschen Rechts **Art 6** 8 ff
  Verdrängung **Art 6** 16
  ZPO § 293 **Einl IPR** 224
Auslandsberührung Art 3 4 ff; **Art 6** 13; **Einl IPR** 2, 4, 8 ff, 12, 81, 91, 195, 197, 217, 304
  und Anwendbarkeit einer Kollisionsregel **Art 3** 4
  und Einheitsrechtsforderung **Einl IPR** 96 ff
  und Fallentscheidung **Art 3** 5

Auslandsberührung (Forts.)
  und Herausbildung besonderer Sachnormen **Einl IPR** 91
Auslegung
  fremder Kollisionsnorm **Art 4** 56, 57
  letztwilliger Verfügung **Art 4** 281
  mehrseitiger IPR-Verträge **Art 5** 435
  von Staatsverträgen, von autonomen Rechtsvorschriften **Art 3** 33
Aussiedler Art 5 130
Australien
  Adoption **Art 4** 239
  Ausländische Schiedssprüche, Abkommen zur Anerkennung und Vollstreckung 1958 **Einl IPR** 278
  Ausländische Urkunden, Befreiung von der Legalisation (Übereinkommen 1961) **Einl IPR** 278
  Beweisaufnahme im Ausland, Übereinkommen 1970 **Einl IPR** 278
  CISG **Einl IPR** 244
  Domicile **Art 4** 40; **Anh Art 4** 40
  Ehegüterrecht **Anh Art 4** 42
  Ehegüterstatut **Art 4** 175
  Eherecht **Anh Art 4** 41
  Ehescheidungsanerkennung, Abkommen 1970 **Einl IPR** 278
  Ehescheidungsrecht **Anh Art 4** 43
  Eheschließung, Ehegültigkeit, Übereinkommen 1978 **Einl IPR** 278
  Erbrecht **Anh Art 4** 45
  Flüchtlinge, Protokoll über die Rechtsstellung 1967 **Anh Art 5** 36
  Flüchtlingskonvention (Genfer Abkommen 1951) **Anh Art 5** 35
  Flüchtlingsseeleute-Vereinbarung 1957 **Anh Art 5** 52
  Flüchtlingsstatus **Anh Art 5** 9
  Interlokales Privatrecht **IPR Einl** 540
  IPR **Anh Art 4** 40; **Einl IPR** 418
  Kindesentführungsabkommen 1980 **Anh Art 4** 48; **Einl IPR** 278
  Kindschaftsrecht **Anh Art 4** 44
  Rück- und Weiterverweisung **Anh Art 4** 46
  Rück- und Weiterverweisung aus deutscher Sicht **Anh Art 4** 47
  Staatenlose – UN-Übereinkommen 1954 **Art 5** 482
  Staatsangehörigkeit (Erwerb, Verlust) **Art 5** 238
  Testamentsformabkommen 1961 **Anh Art 4** 48; **Einl IPR** 278
  Trust, anwendbares Recht **Einl IPR** 278
  Unterhaltsansprüche im Ausland, Übereinkommen über die Geltendmachung 1956 **Einl IPR** 278
Auswanderung
  und Staatenlosigkeit **Art 5** 447

Ausweichklauseln Einl IPR 115, 152 ff
  Delikt **Art 4** 300
  bei engerer Beziehung **Art 4** 97
  und Förderung der Anwendung der lex fori **Einl IPR** 170
  Referentenentwurf 1993 **Einl IPR** 622
  Sachenrecht **Art 4** 309

Bagatellsachen
  und Anwendung der lex fori **Einl IPR** 176, 177
Bahamas
  Ausländische Urkunden, Befreiung von der Legalisation (Übereinkommen 1961) **Einl IPR** 278
  Kindesentführungsabkommen 1980 **Einl IPR** 278
  Staatsangehörigkeit (Erwerb, Verlust) **Art 5** 239
Bahrain
  Ausländische Schiedssprüche, Abkommen zur Anerkennung und Vollstreckung 1958 **Einl IPR** 278
  IPR **Einl IPR** 492
  Rechtsspaltung **Einl IPR** 496
  Staatsangehörigkeit (Erwerb, Verlust) **Art 5** 240
Bangladesch
  Ausländische Schiedssprüche, Abkommen zur Anerkennung und Vollstreckung 1958 **Einl IPR** 278
  Luftfahrzeuge, Abkommen zur internationalen Anerkennung von Rechten 1948 **Einl IPR** 278
  Rechtsspaltung **Einl IPR** 542
  Staatsangehörigkeit (Erwerb, Verlust) **Art 5** 241
Barbados
  Ausländische Schiedssprüche, Abkommen zur Anerkennung und Vollstreckung 1958 **Einl IPR** 278
  Beweisaufnahme im Ausland, Übereinkommen 1970 **Einl IPR** 278
  Staatenlose – UN-Übereinkommen 1954 **Art 5** 482
  Staatsangehörigkeit (Erwerb, Verlust) **Art 5** 242
  Unterhaltsansprüche im Ausland, Übereinkommen über die Geltendmachung 1956 **Einl IPR** 278
  Zustellungsabkommen 1965 **Einl IPR** 278
Bedingte Verweisung Art 3 75
Beitrittsgebiet
  Abwicklung von Altverträgen **Einl IPR** 111, 112
  und intertemporales Recht **Einl IPR** 504
  und Rechtseinheit **Einl IPR** 557 ff

Beitrittsgebiet (Forts.)
  UN-Kaufrecht, Verjährungsabkommen **Einl IPR** 245
  Vereinheitliches Kollisionsrecht **Art 4** 106
  Weitergeltung partiellen DDR-Rechts **Art 6** 71
Belarus (Weißrußland)
  Ausländische Schiedssprüche, Abkommen zur Anerkennung und Vollstreckung 1958 **Einl IPR** 278
  Ausländische Urkunden, Befreiung von der Legalisation (Übereinkommen 1961) **Einl IPR** 278
  CISG **Einl IPR** 244
  Erfüllung von der UdSSR eingegangenen völkerrechtlichen Verpflichtungen **Einl IPR** 331
  Fortgeltung des IPR der UdSSR **Anh Art 4** 358
  Zivilprozeßabkommen 1954 **Einl IPR** 278
Belegenheitsrecht
  Besondere Vorschriften des inländischen – **Art 3** 78 ff
Belegenheitsstaat
  s. Lex rei sitae
Belgien
  Abstammung, nichteheliche **Art 4** 226
  Adoption **Anh Art 4** 180
  Anerkennung und Vollstreckung, bilaterales Abkommen **Einl IPR** 405
  Auskünfte über ausländisches Recht, Übereinkommen 1968 **Einl IPR** 278
  Ausländische Schiedssprüche, Abkommen zur Anerkennung und Vollstreckung 1958 **Einl IPR** 278
  Ausländische Urkunden, Befreiung von der Legalisation (Übereinkommen 1961) **Einl IPR** 278
  Ehegüterrecht **Anh Art 4** 177
  Ehegüterrecht und Rechtswahl der Parteien **Art 4** 180
  Ehelichkeitsanfechtung **Anh Art 4** 183
  Ehescheidung **Anh Art 4** 178
  Eheschließung **Anh Art 4** 176
  Eheschließungsabkommen 1902 **Einl IPR** 278
  Erbrecht **Anh Art 4** 181, 186
  Erbstatut **Art 4** 261, 265
  EuGVÜ **Einl IPR** 290
  Flüchtlinge, Protokoll über die Rechtsstellung 1967 **Anh Art 5** 36
  Flüchtlingskonvention (Genfer Abkommen 1951) **Anh Art 5** 35
  Flüchtlingsseeleute-Vereinbarung 1957 **Anh Art 5** 53
  Flüchtlingsstatus **Anh Art 5** 9
  Handelsschiedsgerichtsbarkeit, Vereinbarung 1962 **Einl IPR** 278

Belgien (Forts.)
   IPR **Anh Art 4** 175; **Einl IPR** 425
   Kauf beweglicher Sachen, Haager Übereinkunft 1955 **Einl IPR** 278
   Kindschaftsrecht **Anh Art 4** 179
   Luftfahrzeuge, Abkommen zur internationalen Anerkennung von Rechten 1948 **Einl IPR** 278
   Mehrstaater, inländische **Art 5** 440
   Nachlaßspaltung **Art 4** 261
   Nichteheliche Kinder, Abkommen zur Anerkennung 1961 **Einl IPR** 286
   Rück- und Weiterverweisung **Anh Art 4** 182 ff
   Rück- und Weiterverweisung aus deutscher Sicht **Anh Art 4** 185
   Sorgerechtsentscheidungen, Übereinkommen 1980 **Einl IPR** 278
   Staatenlose – UN-Übereinkommen 1954 **Art 5** 482
   Staatsangehörigkeit (Erwerb, Verlust) **Art 5** 243
   Staatsangehörigkeit, Option **Art 5** 137
   Staatsangehörigkeitsprinzip **Anh Art 4** 176
   Testamentsformabkommen 1961 **Einl IPR** 278
   Übereinkommen über die Form eines internationalen Testaments 1973 **Einl IPR** 250
   Unterhaltsansprüche im Ausland, Übereinkommen über die Geltendmachung 1956 **Einl IPR** 278
   Unterhaltsstatutabkommen 1956 **Einl IPR** 278
   Unterhaltsvollstreckungsabkommen für Kinder 1958 **Einl IPR** 278
   Verkehrsunfälle, Abkommen 1971 über anzuwendendes Recht **Einl IPR** 278
   Vormundschaftabkommen 1902 **Einl IPR** 278
   Zivilprozeßabkommen 1954 **Einl IPR** 278
   Zustellungsabkommen 1965 **Einl IPR** 278
Belize
   Ausländische Urkunden, Befreiung von der Legalisation (Übereinkommen 1961) **Einl IPR** 278
   Flüchtlinge, Protokoll über die Rechtsstellung 1967 **Anh Art 5** 36
   Flüchtlingsabkommen 1951 **Anh Art 5** 35
   Kindesentführungsabkommen 1980 **Einl IPR** 278
   Staatsangehörigkeit (Erwerb, Verlust) **Art 5** 244
Benin
   Ausländische Schiedssprüche, Abkommen zur Anerkennung und Vollstreckung 1958 **Einl IPR** 278
   Flüchtlinge, Protokoll über die Rechtsstellung 1967 **Anh Art 5** 36

Benin (Forts.)
   Flüchtlingskonvention (Genfer Abkommen 1951) **Anh Art 5** 35
   Staatsangehörigkeit (Erwerb, Verlust) **Art 5** 245
Bereicherungsansprüche
   Akzessorische Anknüpfung **Art 4** 92
Bermuda
   Staatsangehörigkeit (Erwerb, Verlust) **Art 5** 246
Besitzschutz
   Inländische Vorschriften **Art 3** 96
Betreuung
   Eilsachen **Einl IPR** 180
Better law approach
   Ersatzmodell gegenüber traditionellem IPR **Einl IPR** 74 ff
   und Verständnis des deutschen IPR **Art 4** 89
Beweisaufnahme im Ausland
   Haager Übereinkommen 1970 **Einl IPR** 278
Böhmen (Protektorat)
   Sammeleinbürgerung, rechtswirksame **Art 5** 113
   Sammeleinbürgerung 1939 **Art 5** 77
Börsentermingeschäfte
   und ordre public **Art 6** 99
Bolivien
   Ausländische Schiedssprüche, Abkommen zur Anerkennung und Vollstreckung 1958 **Einl IPR** 278
   Código Bustamante **Einl IPR** 296
   Flüchtlinge, Protokoll über die Rechtsstellung 1967 **Anh Art 5** 36
   Flüchtlingskonvention (Genfer Abkommen 1951) **Anh Art 5** 35
   IPR **Einl IPR** 428
   Montevideo-Verträge **Einl IPR** 295
   Staatenlose – UN-Übereinkommen 1954 **Art 5** 482
   Staatsangehörigkeit (Erwerb, Verlust) **Art 5** 247
Bosnien-Herzegowina
   Ausländische Schiedssprüche, Abkommen zur Anerkennung und Vollstreckung 1958 **Einl IPR** 278
   Ausländische Urkunden, Befreiung von der Legalisation (Übereinkommen 1961) **Einl IPR** 278
   CISG **Einl IPR** 244
   Fortgeltung älterer Staatsverträge **Einl IPR** 333
   Gerichtszugang, Übereinkommen zur Erleichterung 1980 **Einl IPR** 278
   IPR **Anh Art 4** 328; **Einl IPR** 474 f
   Kindesentführungsabkommen 1980 **Einl IPR** 278

Bosnien-Herzegowina (Forts.)
Klarstellung hinsichtlich bilateraler, multilateraler Verträge **Einl IPR** 333
Luftfahrzeuge, Abkommen zur internationalen Anerkennung von Rechten 1948 **Einl IPR** 278
Staatsangehörigkeit (Erwerb, Verlust) **Art 5** 248
Testamentsformabkommen 1961 **Einl IPR** 278
Übereinkommen über die Form eines internationalen Testaments 1973 **Einl IPR** 250
Unterhaltsansprüche im Ausland, Übereinkommen über die Geltendmachung 1956 **Einl IPR** 278
Verjährungsabkommen (Warenkauf) **Einl IPR** 245
Verkehrsunfälle, Abkommen 1971 über anzuwendendes Recht **Einl IPR** 278
Zivilprozeßabkommen 1954 **Einl IPR** 278

Botsuana
Ausländische Schiedssprüche, Abkommen zur Anerkennung und Vollstreckung 1958 **Einl IPR** 278
Ausländische Urkunden, Befreiung von der Legalisation (Übereinkommen 1961) **Einl IPR** 278
Flüchtlinge, Protokoll über die Rechtsstellung 1967 **Anh Art 5** 36
Flüchtlingskonvention (Genfer Abkommen 1951) **Anh Art 5** 35
Staatenlose – UN-Übereinkommen 1954 **Art 5** 482
Testamentsformabkommen 1961 **Einl IPR** 278
Zustellungsabkommen 1965 **Einl IPR** 278

Bozen
Höferecht **Art 3** 106

Brasilien
Adoption **Anh Art 4** 405
Belegenheitsrecht, besondere Vorschriften **Art 3** 122
Código Bustamante **Einl IPR** 296
Ehegüterstatut **Art 4** 175
Ehescheidung **Anh Art 4** 401, 406
Eheschließung **Anh Art 4** 400
Ehewirkungsstatut **Anh Art 4** 401
Eltern-Kind-Beziehung **Art 4** 219; **Anh Art 4** 402
Erbstatut **Art 4** 258
Flüchtlinge, Protokoll über die Rechtsstellung 1967 **Anh Art 5** 36
Flüchtlingskonvention (Genfer Abkommen 1951) **Anh Art 5** 35
IPR **Anh Art 4** 399; **Einl IPR** 430
Legitimation **Anh Art 4** 405

Brasilien (Forts.)
Luftfahrzeuge, Abkommen zur internationalen Anerkennung von Rechten 1948 **Einl IPR** 278
Mehrstaater **Art 5** 438
Rechts- und Geschäftsfähigkeit **Anh Art 4** 400
Rück- und Weiterverweisung **Anh Art 4** 404 ff
Sachenrecht **Anh Art 4** 403
Staatsangehörigkeit (Erwerb, Verlust) **Art 5** 249
Unterhaltsansprüche im Ausland, Übereinkommen über die Geltendmachung 1956 **Einl IPR** 278
Wohnsitzprinzip **Anh Art 4** 399, 400

Bretton-Woods-Abkommen Art 6 38; **Einl IPR** 36, 202, 203

Brunei Darussalam
Ausländische Urkunden, Befreiung von der Legalisation (Übereinkommen 1961) **Einl IPR** 278
Staatsangehörigkeit (Erwerb, Verlust) **Art 5** 250
Testamentsformabkommen 1961 **Einl IPR** 278

Bulgarien
Adoption **Anh Art 4** 315
Auskünfte über ausländisches Recht, Übereinkommen 1968 **Einl IPR** 278
Ausländische Schiedssprüche, Abkommen zur Anerkennung und Vollstreckung 1958 **Einl IPR** 278
CISG **Einl IPR** 244
EG-Assoziierungsabkommen **Einl IPR** 347
Eheliche Abstammung **Art 4** 216
Ehescheidung **Anh Art 4** 314
Eheschließung **Anh Art 4** 312
Ehewirkungen **Anh Art 4** 313
Eltern-Kind-Beziehung **Art 4** 220
Erbrecht **Anh Art 4** 317
Erbstatut **Art 4** 254
IPR **Anh Art 4** 311; **Einl IPR** 478
Kindschaftsrecht **Anh Art 4** 316
Mehrstaater, inländische **Art 5** 440
Rück- und Weiterverweisung **Anh Art 4** 318
Staatsangehörigkeit (Erwerb, Verlust) **Art 5** 251
Staatsangehörigkeitsprinzip **Anh Art 4** 311

Bundesbaugesetz
Genehmigung von Grundstücksgeschäften **Art 3** 91

Bundesrepublik Deutschland
Abstammung, Feststellung mütterlicher (CIEC) **Einl IPR** 286
Anerkennung und Vollstreckung ausländischer Entscheidungen (zweiseitige Staatsverträge) **Einl IPR** 405 ff

Bundesrepublik Deutschland (Forts.)
Asylberechtigte als Konventionsflüchtlinge **Anh Art 5** 54
Auskünfte über ausländisches Recht, Europäisches Übereinkommen **Einl IPR** 283
Beitritt der ehemaligen DDR **Einl IPR** 409 ff
Beweisaufnahme im Ausland (Haager Abkommen) **Einl IPR** 278
Bretton Woods-Abkommen **Einl IPR** 202
CISG **Einl IPR** 244
Eheschließung, Abkommen über die Erleichterung im Ausland (CIEC) **Einl IPR** 286
Eheschließungsabkommen (Haager) **Einl IPR** 278; **IPR 3** 26; **IPR 4** 116
EuGVÜ **Einl IPR** 290
EVÜ **Art 3** 20; **Art 4** 283; **Einl IPR** 290
Flüchtlinge, Protokoll über deren Rechtsstellung **Anh Art 5** 36; **Einl IPR** 282
Flüchtlingskonvention (Genfer Abkommen 1951) **Anh Art 5** 35; **Einl IPR** 282; **IPR 4** 121, 122
Flüchtlingsseeleute (Haager Vereinbarung) **Anh Art 5** 52
Gemeinschaftsrecht, vorrangiges **Art 3** 36
Haager Einheitliches Kaufrecht **Einl IPR** 110
Handelsschiedsgerichtsbarkeit, Genfer Übereinkommen über internationale **Einl IPR** 282
Handelsschiedsgerichtsbarkeit, Pariser Vereinbarung über internationale **Einl IPR** 283
Inkorporierte Staatsverträge **Art 3** 30 ff
Kfz-Haftpflichtversicherung, Europarat-Übereinkommen 1959 **Einl IPR** 253
Kindesentführungsabkommen (Haager) **Art 3** 25; **Art 4** 132, 133, 348 f; **Einl IPR** 278
Legalisation (Europäisches Übereinkommen) **Einl IPR** 283
Legalisation (Haager Befreiungsabkommen) **Einl IPR** 278
Luftfahrzeuge, Genfer Abkommen über die internationale Anerkennung von Rechten **Einl IPR** 282
Lugano-Übereinkommen **Einl IPR** 290
Minderjährigenschutzabkommen (Haager) **Art 3** 24; **Art 4** 128 ff, 246, 348 ff; **Einl IPR** 278
Namensänderungsübereinkommen (CIEC) **Einl IPR** 286
Nichteheliche Kinder, Behördenanerkennung (CIEC) **Einl IPR** 286
Polen, Grenzbestätigungs- und Nachbarschaftsvertrag **Art 5** 147 ff

Bundesrepublik Deutschland (Forts.)
Rechtshilfeverträge ehemaliger DDR **Einl IPR** 410
Rück- und Weiterverweisung in Staatsverträgen **Art 4** 112 ff
Schiedssprüche, New Yorker Übereinkommen über Anerkennung und Vollstreckung ausländischer **Einl IPR** 282
Sorgerechtsübereinkommen, Europäisches **Art 4** 348; **Einl IPR** 283
Staatenlose, New Yorker Übereinkommen über deren Rechtsstellung **Art 4** 123 f; **Art 5** 482; **Einl IPR** 282
Staatsangehörigkeit
s. dort
Staatsverträge (mehrseitige) **Einl IPR** 411 ff
Staatsverträge (zweiseitige) **Einl IPR** 404 ff
Testamentsformabkommen (Haager) **Art 3** 21, 24, 25, 27; **Art 4** 126 f, 158, 278, 348 ff; **Einl IPR** 278
Transformation von Staatsverträgen **Art 3** 18 ff
Unterhaltsansprüche im Ausland, UN-Übereinkommen über deren Geltendmachung **Einl IPR** 282
Unterhaltsstatutabkommen (Haager) **Art 3** 21 ff; **Art 4** 131; **Einl IPR** 278
Unterhaltsstatutabkommen 1973 (Haager) **Art 4** 206, 348 ff
Unterhaltsvollstreckungsabkommen (Haager) **Art 4** 125; **Einl IPR** 278
Verfassungsmäßigkeit eines Abkommens **Art 3** 28
Verkehrsunfälle, Schadendeckungsabkommen **Einl IPR** 377
Vormundschaftsabkommen (Haager) **Art 4** 245; **Einl IPR** 278
Vorrang von Staatsverträgen **Art 3** 13 ff; **Art 4** 245 ff
Wechsel- und Scheckrecht (Haager Abkommen) **Art 4** 118; **Einl IPR** 413; **IPR 4** 119
Zivilprozeß (Haager Abkommen) **Einl IPR** 278
Zustellung von Schriftstücken im Ausland (Haager Abkommen) **Einl IPR** 278
Bundesverfassungsgericht
s. Verfassungsrecht, Verfassungsmäßigkeit
Burkina Faso
Ausländische Schiedssprüche, Abkommen zur Anerkennung und Vollstreckung 1958 **Einl IPR** 278
Flüchtlinge, Protokoll über die Rechtsstellung 1967 **Anh Art 5** 36
Flüchtlingskonvention (Genfer Abkommen 1951) **Anh Art 5** 35
IPR **Einl IPR** 427

Burkina Faso (Forts.)
Kindesentführungsabkommen 1980 **Einl IPR** 278
Staatsangehörigkeit (Erwerb, Verlust) **Art 5** 252
Unterhaltsansprüche im Ausland, Übereinkommen über die Geltendmachung 1956 **Einl IPR** 278
Burma
Rechtsspaltung **Einl IPR** 542
Burundi
Flüchtlinge, Protokoll über die Rechtsstellung 1967 **Anh Art 5** 36
Flüchtlingskonvention (Genfer Abkommen 1951) **Anh Art 5** 35
IPR **Einl IPR** 427
Staatsangehörigkeit (Erwerb, Verlust) **Art 5** 253

Changes in the connecting factors
s. Statutenwechsel
Chile
Ausländische Schiedssprüche, Abkommen zur Anerkennung und Vollstreckung 1958 **Einl IPR** 278
Belegenheitsrecht, besondere Vorschriften **Art 3** 123
CISG **Einl IPR** 244
Código Bustamante **Einl IPR** 296
Ehegüterstatut **Art 4** 175
Ehescheidung **Anh Art 4** 413
Eheschließung **Anh Art 4** 411
Ehewirkung **Anh Art 4** 412
Eltern-Kind-Beziehung **Art 4** 219
Erbrecht **Anh Art 4** 415
Erbstatut **Art 4** 258
Flüchtlinge, Protokoll über die Rechtsstellung 1967 **Anh Art 5** 36
Flüchtlingskonvention (Genfer Abkommen 1951) **Anh Art 5** 35
IPR **Anh Art 4** 409; **Einl IPR** 428
Kindesentführungsabkommen 1980 **Einl IPR** 278
Kindschaftsrecht **Anh Art 4** 414
Luftfahrzeuge, Abkommen zur internationalen Anerkennung von Rechten 1948 **Einl IPR** 278
Rück- und Weiterverweisung **Anh Art 4** 416, 417
Staatsangehörigkeit (Erwerb, Verlust) **Art 5** 254
Staatsangehörigkeitsprinzip **Anh Art 4** 417
Territorialitätsprinzip **Anh Art 4** 410, 417
Unterhaltsansprüche im Ausland, Übereinkommen über die Geltendmachung 1956 **Einl IPR** 278
China (Taiwan)
Ehescheidung **Anh Art 4** 518

China (Taiwan) (Forts.)
Eheschließung **Anh Art 4** 517
Eltern-Kind-Beziehung **Art 4** 220
Erbstatut **Art 4** 254
Geschäftsfähigkeit **Anh Art 4** 516
IPR-Rechtsquellen **Einl IPR** 486
Kindschaftsrecht **Anh Art 4** 519
Mehrstaater **Art 5** 438
Rück- und Weiterverweisung **Anh Art 4** 521 f
Staatsangehörigkeit (Erwerb, Verlust) **Art 5** 256
China (Volksrepublik)
Ausländische Schiedssprüche, Abkommen zur Anerkennung und Vollstreckung 1958 **Einl IPR** 278
CISG **Einl IPR** 244
Ehegüterstatut **Art 3** 54
Flüchtlinge, Protokoll über die Rechtsstellung 1967 **Anh Art 5** 36
Flüchtlingskonvention (Genfer Abkommen 1951) **Anh Art 5** 35
IPR-Rechtsquellen **Einl IPR** 487
Staatsangehörigkeit (Erwerb, Verlust) **Art 5** 255
Zustellungsabkommen 1965 **Einl IPR** 278
Choice of law
Begriff **Einl IPR** 30
CIEC
Abkommen über die Verminderung der Staatenlosigkeit 1961 **Art 5** 442
Aufgabe **Einl IPR** 255
Staatsverträge (Übersicht) **Einl IPR** 286
Übereinkommen über die Legitimation durch nachfolgende Ehe **Art 4** 234
CISG
Kaufrechtsvereinheitlichung **Einl IPR** 110, 242 ff
Clauses échappatoires
s. Ausweichklauseln
Codes of conduct Einl IPR 108
Código Bustamante Einl IPR 296, 318
Collier-v.-Rivaz-Fall Art 4 27
Comecon
Einheitliche Sonderregelungen **Einl IPR** 112
Comparative impairment-Theorie
Ersatzmodell gegenüber traditionellem IPR **Einl IPR** 73
Conflicts revolution
US-amerikanische Methodenkritik **Einl IPR** 61 ff
Conflictus legum
Conflict of laws, conflit de lois **Einl IPR** 25
Conflit mobile
s. Statutenwechsel

Costa Rica
  Auskünfte über ausländisches Recht, Übereinkommen 1968 **Einl IPR** 278
  Ausländische Schiedssprüche, Abkommen zur Anerkennung und Vollstreckung 1958 **Einl IPR** 278
  Código Bustamante **Einl IPR** 296
  Flüchtlinge, Protokoll über die Rechtsstellung 1967 **Anh Art 5** 36
  Flüchtlingskonvention (Genfer Abkommen 1951) **Anh Art 5** 35
  IPR **Einl IPR** 429
  Staatenlose – UN-Übereinkommen 1954 **Art 5** 482
  Staatsangehörigkeit (Erwerb, Verlust) **Art 5** 257
Côte d'Ivoire
  s. Elfenbeinküste

Dänemark
  Auskünfte über ausländisches Recht, Übereinkommen 1968 **Einl IPR** 278
  Ausländische Schiedssprüche, Abkommen zur Anerkennung und Vollstreckung 1958 **Einl IPR** 278
  Beweisaufnahme im Ausland, Übereinkommen 1970 **Einl IPR** 278
  CISG **Einl IPR** 244
  Ehegüterstatut **Art 4** 175
  Eheliche Abstammung **Art 4** 214
  Ehescheidungsanerkennung, Abkommen 1970 **Einl IPR** 278
  Ehescheidungsstatut **Art 4** 188
  Eltern-Kind-Beziehung **Art 4** 219
  Erbstatut **Art 4** 255
  EuGVÜ **Einl IPR** 290
  Flüchtlinge, Protokoll über die Rechtsstellung 1967 **Anh Art 5** 36
  Flüchtlingskonvention (Genfer Abkommen 1951) **Anh Art 5** 35
  Flüchtlingsseeleute-Vereinbarung 1957 **Anh Art 5** 53
  Handelsschiedsgerichtsbarkeit, Vereinbarung 1962 **Einl IPR** 278
  IPR **Anh Art 4** 102; **Einl IPR** 432
  Kauf beweglicher Sachen, Haager Übereinkunft 1955 **Einl IPR** 278
  Kfz-Haftpflichtversicherung, Europarat-Übereinkommen 1959 **Einl IPR** 253
  Kindesentführungsabkommen 1980 **Anh Art 4** 108; **Einl IPR** 278
  Luftfahrzeuge, Abkommen zur internationalen Anerkennung von Rechten 1948 **Einl IPR** 278
  Mehrstaater, inländische **Art 5** 440
  Nachlaßanknüpfung **Art 3** 68
  Nordische Konventionen **Einl IPR** 294

Dänemark (Forts.)
  Rück- und Weiterverweisung **Anh Art 4** 103, 104
  Rück- und Weiterverweisung aus deutscher Sicht **Anh Art 4** 105 ff
  Sorgerechtsentscheidungen, Übereinkommen 1980 **Einl IPR** 278
  Staatenlose – UN-Übereinkommen 1954 **Art 5** 482
  Staatsangehörigkeit (Erwerb, Verlust) **Art 5** 258
  Testamentsformabkommen 1961 **Einl IPR** 278
  Unterhaltsansprüche im Ausland, Übereinkommen über die Geltendmachung 1956 **Einl IPR** 278
  Unterhaltsvollstreckungsabkommen 1973 **Einl IPR** 278
  Vaterschaftsanerkennung **Anh Art 4** 107
  Zivilprozeß-Abkommen 1954 **Einl IPR** 278
  Zustellungsabkommen 1965 **Einl IPR** 278
Danzig
  Sammeleinbürgerung, rechtswirksame **Art 5** 113
  Sammeleinbürgerung 1939 **Art 5** 79, 79 ff
Dauertatbestand
  und neue Kollisionsnorm **Einl IPR** 510
  und Statutenwechsel **Einl IPR** 522
DDR, ehemalige
  Bodenreform und entschädigungslose Enteignung **Art 6** 58
  BVerfG-Grundgesetzurteil **Art 5** 220 ff
  Deutsch-deutsche Beziehungen aus der Sicht der – **Einl IPR** 556
  EGBGB und RAG **Einl IPR** 515 ff
  Flucht in das Ausland aus der – **Anh Art 5** 46
  GIW 1976 **Einl IPR** 111
  und Grundlagenvertrag **Einl IPR** 549
  Innerdeutsches Privatrecht **Einl IPR** 548 ff
  Lex fori als Ersatzrecht **Einl IPR** 234
  Ordre-public-Vorbehalt im Verhältnis zur – **Art 6** 70; **Einl IPR** 550
  RAG 1975 **Art 3** 84 ff; **Einl IPR** 403
  Rechtshilfeverträge **Einl IPR** 410
  Retorsion **Anh Art 6** 12
  Staatenlose **Art 5** 481
  Staatsangehörigkeitsrecht der – **Art 5** 204 ff; **Art 6** 70
  UN-Kaufrecht, Verjährungsabkommen **Einl IPR** 245
  Volksdeutsche **Art 5** 128
  Weitergeltung partiellen Rechts der – **Art 6** 71
Deliktsrecht
  Ausweichregeln **Art 4** 97; **Einl IPR** 622
  Conflicts revolution **Einl IPR** 88

Deliktsrecht (Forts.)
Handlungsort, Erfolgsort **Einl IPR** 128, 620, 624
und Parteiautonomie **Einl IPR** 127, 621
Renvoiproblematik **Art 4** 90
Statutenwechsel **Einl IPR** 525
Vereinigtes Königreich **Einl IPR** 163
Verlöbnisbruch **Art 4** 61
Deutsch-Neuguinea **Art 5** 57
Deutsch-Ostafrika **Art 5** 57
Deutsch-Südwestafrika **Art 5** 57
Deutschenprivileg
IPR-NRG **Einl IPR** 613
Deutscher
s. Staatsangehörigkeitsrecht (deutsches Recht)
Deutscher Rat für IPR Einl IPR 576
Deutsches Recht
Verweisung **Art 4** 82
wesentliche Grundsätze **Art 6** 8 ff
Devisenbewirtschaftung
Maßnahmen **Einl IPR** 202 ff
Devisenkontrakte
und Bretton-Woods-Abkommen **Art 6** 38; **Einl IPR** 202
Differenzeinwand
und ordre public **Art 6** 99
Dingliche Rechte
Numerus clausus **Art 3** 97
Diplomatische Vertreter
Urkunden, Befreiung von der Legalisation **Einl IPR** 283
Distanzdelikt
Günstigkeitsprinzip **Einl IPR** 144
Dokumentenakkreditiv
Einheitliche Richtlinien und Gebräuche **Einl IPR** 106, 107
Domicile
Empfehlung zur Rechtsvereinheitlichung **Einl IPR** 284
Dominica
Ausländische Schiedssprüche, Abkommen zur Anerkennung und Vollstreckung 1958 **Einl IPR** 278
Staatsangehörigkeit (Erwerb, Verlust) **Art 5** 259
Dominikanische Republik
Código Bustamante **Einl IPR** 296
Flüchtlinge, Protokoll über die Rechtsstellung 1967 **Anh Art 5** 36
Flüchtlingsabkommen 1951 **Anh Art 5** 35
IPR **Einl IPR** 428
Staatsangehörigkeit (Erwerb, Verlust) **Art 5** 260
Verjährungsabkommen (Warenkauf) **Einl IPR** 245
Domizilprinzip
s. Wohnsitzprinzip

Doppelehe
und ordre public **Art 6** 95
Doppelstaater
und Flüchtlingseigenschaft **Anh Art 5** 46
Double renvoi
Rückverweisung **Art 4** 10, 11
Drittstaaten
Gesellschaftsgründung, wirksame **Art 4** 152
IPR (fremdes), Gesamtverweisung auf das Recht von – **Art 4** 51
und mehrfache Weiterverweisung **Art 4** 54
Renvoi **Art 4** 52
Dschibuti
Ausländische Schiedssprüche, Abkommen zur Anerkennung und Vollstreckung 1958 **Einl IPR** 278
Flüchtlinge, Protokoll über die Rechtsstellung 1967 **Anh Art 5** 36
Flüchtlingskonvention (Genfer Abkommen 1951) **Anh Art 5** 35

Economic Commission for Europe Einl IPR 106
Ecuador
Ausländische Schiedssprüche, Abkommen zur Anerkennung und Vollstreckung 1958 **Einl IPR** 278
CISG **Einl IPR** 244
Código Bustamante **Einl IPR** 296
Ehegüterstatut **Art 4** 175
Ehescheidung **Anh Art 4** 419
Erbfolge **Anh Art 4** 420
Flüchtlinge, Protokoll über die Rechtsstellung 1967 **Anh Art 5** 36
Flüchtlingskonvention (Genfer Abkommen 1951) **Anh Art 5** 35
IPR **Anh Art 4** 418; **Einl IPR** 428
Kindesentführungsabkommen 1980 **Einl IPR** 278
Luftfahrzeuge, Abkommen zur internationalen Anerkennung von Rechten 1948 **Einl IPR** 278
Rück- und Weiterverweisung **Anh Art 4** 421
Staatenlose – UN-Übereinkommen 1954 **Art 5** 482
Staatsangehörigkeit (Erwerb, Verlust) **Art 5** 261
Übereinkommen über die Form eines internationalen Testaments 1973 **Einl IPR** 250
Unterhaltsansprüche im Ausland, Übereinkommen über die Geltendmachung 1956 **Einl IPR** 278
Effektive Staatsangehörigkeit
Vorrang im Konfliktsfall **Art 5** 412
EFTA-Staaten
Privilegierte Ausländer **Einl IPR** 346
EG-Assoziierungsabkommen
Privilegierte Ausländer **Einl IPR** 347

EG-Schuldvertragsübereinkommen
s. EVÜ
EG-Staaten
Privilegierte Ausländer **Einl IPR** 345
EGV
Diskriminierungsverbot **Einl IPR** 390
Freizügigkeit, Berufsfreiheit **Einl IPR** 355
Privilegierte Ausländer **Einl IPR** 345
Ehefähigkeitszeugnis
Münchener Übereinkommen über Ausstellung 1980 **Einl IPR** 286
Ehegattenerbrecht
Erhöhung des gesetzlichen – **Art 4** 264
Ehegültigkeitsabkommen
Haager Übereinkommen 1978 **Einl IPR** 278
Ehegüterstände
Haager Übereinkommen über anzuwendendes Recht 1978 **Art 4** 138, 180; **Einl IPR** 278
Ehegüterstatut
Akzessorische Anknüpfung **Art 4** 174
Ausländisches – **Art 3** 70
und Ehewirkungsstatut kraft Rechtswahl **Art 4** 95
und Einheitlichkeit des Familienstatuts **Art 4** 93
Familienrechtliche Grundsatzkollisionsnorm **Art 4** 174
als Gesamtstatut **Art 3** 40
Rechtswahl **Art 4** 104
Rechtswahl und Ausschluß der Rück- und Weiterverweisung **Art 4** 184
und Rückverweisung **Art 4** 16
Rückverweisung kraft beweglicher Anknüpfung **Art 4** 178
Rückverweisung kraft Rechtswahl **Art 4** 180 ff
Rückverweisung auf die lex rei sitae **Art 4** 176
Rückverweisung auf das Wohnrecht **Art 4** 175
Schranken der Rück- und Weiterverweisung **Art 4** 183 ff
Spaltung, kollisionsrechtliche **Art 3** 59
und Staatsangehörigkeitsprinzip **Art 5** 16
Vorrang besonderer Belegenheitsnormen **Art 3** 61
Wandelbarkeit **Art 4** 179
Eheliche Abstammung
Alternative Anknüpfung **Art 4** 211; **Einl IPR** 145
Anknüpfungsgrundsatz **Art 4** 210
Ehelichkeitsanfechtung **Art 4** 212, 213
Ehelichkeitsfeststellung **Art 4** 212
Ehelichkeitsvermitungen (lex fori) **Art 4** 217
Rückverweisung auf das Aufenthaltsrecht des Kindes **Art 4** 215

Eheliche Abstammung (Forts.)
Rückverweisung auf das Heimatrecht **Art 4** 216
Rückverweisung auf das Wohnsitzrecht **Art 4** 214
und Staatsangehörigkeitsprinzip **Art 5** 16
Eherecht
Adoption **Anh Art 4** 56
Domicile **Anh Art 4** 51
Ehegüterrecht **Anh Art 4** 52, 53
Ehescheidung **Anh Art 4** 54
Erbrecht **Anh Art 4** 57
Kindschaftsrecht **Anh Art 4** 55
Ehesachen
und ausländischer ordre public **Art 6** 75
Eilsachen **Einl IPR** 183
Ehesachen, Entscheidungsanerkennung
Luxemburger Übereinkommen 1967 **Einl IPR** 286
Ehescheidung
Akzessorische Anknüpfung **Art 4** 187
Ehescheidungsfolgen und – **Art 4** 199
und Ehewirkungsstatut kraft Rechtswahl **Art 4** 95
als eigenständiges Statut **Art 4** 187
und Einheitlichkeit des Familienstatuts **Art 4** 93
und ordre public **Art 6** 95
Rückverweisung auf das Wohnsitzrecht **Art 4** 188 ff
Schranken der Rückverweisung **Art 4** 198
und Staatsangehörigkeitsprinzip **Art 5** 16
statt Trennung von Tisch und Bett **Art 4** 57
und Unterhaltsstatut **Art 4** 208
Ehescheidungsabkommen
Haager Übereinkommen 1902 **Einl IPR** 278, 320
Ehescheidungsanerkennung
Haager Übereinkommen 1970 **Einl IPR** 278
Ehescheidungsfolgen
und Ehescheidungsstatut **Art 4** 199
Qualifikation **Art 4** 70
Renvoi kraft abweichender Qualifikation **Art 4** 62
Vorrang besonderer Belegenheitsnorm **Art 3** 61
Eheschließung
Anknüpfungen, kollidierende **Art 4** 165
Form **Art 4** 167 ff
Rück- und Weiterverweisung **Art 4** 163, 164
und Staatsangehörigkeit **Art 5** 200
und Staatsangehörigkeitsprinzip **Art 5** 16
Voraussetzungen, materielle **Art 4** 163
Eheschließungsabkommen
Haager Übereinkommen 1902 **Art 3** 25; **Art 4** 116; **Einl IPR** 278, 320

Eheschließungserleichterung
　Pariser Übereinkommen 1964 **Einl IPR** 286
Ehevertrag
　Ehegüterstatut und Bedeutung der Rechtswahl **Art 4** 180 ff
Ehewirkungsabkommen
　Haager Übereinkommen 1905 **Art 3** 28, 53; **Einl IPR** 278, 320
Ehewirkungsstatut
　Anknüpfung an die engste Beziehung **Art 4** 99
　durch ausländisches IPR **Art 4** 94
　Ehelichkeit, festgestellte und deren Anfechtung **Art 4** 213
　und Eltern-Kind-Verhältnis **Art 4** 218
　Gleichlaufstörungen **Art 4** 94
　und Legitimationsvoraussetzungen **Art 4** 230
　Rechtswahl **Art 4** 95, 198
　Rück- und Weiterverweisungen **Art 4** 170 ff
　und Staatsangehörigkeitsprinzip **Art 5** 16
　statt Staatsangehörigkeit **Art 4** 331
　Verpflichtungsbeschränkungen zum Schutz des Familienvermögens **Art 4** 172
　und Versorgungsanwartschaften **Art 3** 74
Eigentumsschutz
　Inländische Vorschriften **Art 3** 96
Eigentumsübergang
　Haager Abkommen für internationalen Kauf 1958 **Einl IPR** 278
Eigentumsvorbehalt
　und ordre public **Art 6** 99
Einbürgerung
　Erwerb deutscher Staatsangehörigkeit **Art 5** 164 ff
　Richtlinien zur – **Art 5** 178
　Verfolgte des Naziregimes **Art 5** 107
　Völkerrecht **Art 5** 49, 49 ff
Einheitliche Richtlinien
　im internationalen Handelsverkehr **Einl IPR** 106
Einheitliches Recht
　s. Rechtsvereinheitlichung
Einheitsrecht
　für internationale Sachverhalte **Einl IPR** 96 ff, 110 ff
Einigungsvertrag
　und Beseitigung der Rechtsspaltung **Einl IPR** 557
　EGBGB und RAG **Einl IPR** 515 ff
　IPR **Einl IPR** 386
Einstweiliger Rechtsschutz
　Kollisionsrecht **Einl IPR** 178 ff
Einzelstatut
　Vorrang vor dem Gesamtstatut **Art 3** 40 ff
El Salvador
　Código Bustamante **Einl IPR** 296

El Salvador (Forts.)
　Flüchtlinge, Protokoll über die Rechtsstellung 1967 **Anh Art 5** 36
　Flüchtlingskonvention (Genfer Abkommen 1951) **Anh Art 5** 35
　IPR **Einl IPR** 428
　Luftfahrzeuge, Abkommen zur internationalen Anerkennung von Rechten 1948 **Einl IPR** 278
　Staatsangehörigkeit (Erwerb, Verlust) **Art 5** 263
Elfenbeinküste
　Ausländische Schiedssprüche, Abkommen zur Anerkennung und Vollstreckung 1958 **Einl IPR** 278
　Flüchtlinge, Protokoll über die Rechtsstellung 1967 **Anh Art 5** 36
　Flüchtlingsabkommen 1951 **Anh Art 5** 35
　Luftfahrzeuge, Abkommen zur internationalen Anerkennung von Rechten 1948 **Einl IPR** 278
　Staatsangehörigkeit (Erwerb, Verlust) **Art 5** 262
Elsaß-Lothringen
　Sammeleinbürgerung, nicht bestätigte **Art 5** 87, 118, 124
Elterliche Sorge
　Legal kidnapping **Art 5** 495, 496
　und ordre public **Art 6** 96
Eltern-Kind-Verhältnis
　Anknüpfungsgrundsatz **Art 4** 218
　Bedeutung der Staatsangehörigkeit **Art 5** 5
　Gesetzliches Gewaltverhältnis, Heimatrecht der Eltern **Art 4** 219
　Nichteheliche Abstammung **Art 4** 223 ff, 228, 229
　Sorgerechtsregelung **Art 4** 220 ff
　Sorgerechtsstatut **Art 4** 218, 220
　Vorrang besonderer Belegenheitsnormen **Art 3** 61
Embargo-Vorschriften
　Beachtung US-amerikanischer – **Einl IPR** 37
Engste Beziehung
　Anknüpfung **Art 4** 96 ff; **Art 5** 418 ff
Enteignungen
　im Ausland erfolgte **Einl IPR** 200
　Entschädigungslose **Einl IPR** 314
　Völkerrechtswidrige **Art 6** 57; **Einl IPR** 312 ff
Entmündigungsabkommen
　Haager Übereinkommen 1905 **Einl IPR** 278
Entscheidungseinklang (internationaler)
　Abbruch der Rückverweisung **Art 4** 49
　aufgrund Rückverweisung **Art 4** 14, 15
　Eheliche Abstammung **Art 4** 210
　Familienrecht, internationales **Art 4** 93
　und mehrfache Weiterverweisung **Art 4** 54

Entscheidungseinklang (internationaler) (Forts.)
und Rückverweisung **Art 4** 18
Rückverweisung im Deliktsrecht **Art 4** 293
Sachenrechtsverhältnisse **Art 4** 308
Sachrecht eines Drittstaates, anzuwendendes **Art 4** 51
Vereinheitlichung des IPR **Einl IPR** 239
und Vereinheitlichung des Kollisionsrechts **Einl IPR** 270
Erbausschlagung
und innerdeutsches Kollisionsrecht **Art 3** 87
Erbengemeinschaft
Erbteilveräußerung und ausländisches Gesamtstatut **Art 3** 92
Erbfolge
Anknüpfungsgrundsatz **Art 4** 249
Erbstatut und Auslegung letztwilliger Verfügung **Art 4** 281
Gesamtverweisung oder Sachnormverweisung **Art 4** 253
Lex rei sitae **Art 4** 259
Nachlaßspaltung **Art 4** 250, 251, 259
Rückverweisung **Art 4** 249
Rückverweisung kraft Rechtswahl **Art 4** 269
Rückverweisung auf die lex rei sitae **Art 4** 263
Rückverweisung auf das Wohnsitzrecht **Art 4** 255
Schranken der Rück- und Weiterverweisung **Art 4** 271 ff
Teilverweisung **Art 4** 250
Weiterverweisung **Art 4** 253
Erblasser
Testierfähigkeit, Errichtungsstatut **Art 4** 277
Erbrecht
Anknüpfung, gespaltene **Art 3** 59
einheitliches Vermögensstatut **Art 3** 40
Entwurf eines Übereinkommens über Zuständigkeit, Vollstreckung (EU) in Erbrechtssachen **Einl IPR** 292
Lex rei sitae und Vermögensstatut **Art 3** 55 ff
und Personalstatut **Art 5** 14
Rechtsverschiedenheit nach Bevölkerungsgruppen (Staatenübersicht) **Einl IPR** 542 ff
Rechtswahl **Art 4** 104; **Einl IPR** 138
Schranken der Privatautonomie **Art 4** 269, 270, 272
und Staatsangehörigkeitsprinzip **Art 5** 16
Verschleppte, Flüchtlinge (nichtdeutsche) **Anh Art** 24
Vorrang des Einzelstatuts vor erbrechtlichem Gesamtstatut **Art 4** 273

Erbrechtsübereinkommen 1989
Haager Übereinkommen **Art 4** 114
Erbschein
Fremdrechtserbschein **Art 3** 89
Gleichlaufgrundsatz **Art 3** 76
und innerdeutsches Kollisionsrecht **Art 3** 88
Rück- oder Weiterverweisung durch das Heimatrecht **Art 4** 274 ff
Erbstatut
und besondere Vorschriften inländischen Belegenheitsrechts **Art 3** 78 ff
und Gesellschaftsstatut **Art 3** 73
ohne Rücksicht auf Belegenheit **Art 3** 69
und Pflichtteilsansprüche **Art 3** 76
Vorrang besonderer Belegenheitsnormen **Art 3** 61, 62
Erbvertrag
Form **Art 4** 278, 279
Erfolgsort
Deliktsrecht **Einl IPR** 128
Erwachsenenschutz
Haager Entwurf **Einl IPR** 279
Estland
Ausländische Schiedssprüche, Abkommen zur Anerkennung und Vollstreckung 1958 **Einl IPR** 278
CISG **Einl IPR** 244
EG-Assoziierungsabkommen **Einl IPR** 347
Fortgeltung des IPR der UdSSR **Anh Art 4** 358
keine Geltung völkerrechtlicher Verträge früherer UdSSR **Einl IPR** 332
Luftfahrzeuge, Abkommen zur internationalen Anerkennung von Rechten 1948 **Einl IPR** 278
Staatenlosigkeit **Art 5** 451
Staatsangehörigkeit (Erwerb, Verlust) **Art 5** 264
Umsiedlungen 1939 **Art 5** 91
EU-Sanktionsrecht
Frage eines eigenständigen – **Anh Art 6** 39 ff
EU-Staatenbeziehung
als Inlandsbeziehung **Art 6** 122
EuGVÜ
Auslegung **Einl IPR** 271
Brüsseler Übereinkommen 1968 **Einl IPR** 290
Vertragsstaaten **Einl IPR** 290
als völkerrechtlicher Vertrag **Einl IPR** 316
Eupen-Malmedy
Sammeleinbürgerung, nicht bestätigte **Art 5** 118, 125
Sammeleinbürgerung 1941 **Art 5** 88
Europäische Konvention
zum Schutz der Menschenrechte und Grundfreiheiten 1950 **Art 6** 65

Europäische Privatrechtskodifikation
Diskussion **Einl IPR** 261
Europäische Union
Rechtsvereinheitlichung **Einl IPR** 288
Staatsverträge (Übersicht) **Einl IPR** 290
Vereinheitlichtes, harmonisiertes Recht **Einl IPR** 257 ff
Europäische Unionsbürgerschaft
Ausgestaltung **Art 5** 10
Diplomatischer, konsularischer Schutz **Art 5** 9
und echte Staatsbürgerschaft **Art 5** 10
Einführung **Art 5** 8
Fortentwicklungsklausel **Art 5** 9
Freizügigkeit **Art 5** 9; **Einl IPR** 345, 355
Grundrechtsschutz **Art 5** 9; **Einl IPR** 355
Kommunalwahlrecht **Art 5** 9; **Einl IPR** 355
Petitionsrecht **Art 5** 9
Praktische Bedeutung **Art 5** 11
Wahlen zum Europäischen Parlament **Art 5** 9
Europäischer Gerichtshof
Aufgabenbereich **Einl IPR** 271
Europäischer ordre public Art 6 63 ff
Europäisches Kartellrecht Einl IPR 214
Europäisches Niederlassungsübereinkommen 1995
Fremdenrechtliche Erleichterungen **Einl IPR** 348
Europäisches Schuldvertragsübereinkommen s. EVÜ
Europäisches Übereinkommen
betreffend Auskünfte über ausländisches Recht **Einl IPR** 179, 219, 283
Europäisierung der Rechtswissenschaft- Einl IPR 262
Europarat
Abkommen kollisionsrechtlichen Inhalts (Übersicht) **Einl IPR** 283
Haftpflichtversicherung-Kfz, Übereinkommen 1959 **Einl IPR** 253
EVÜ
Auslegung **Einl IPR** 271
Ausschluß von Rück- und Weiterverweisung **Art 4** 283
und Ausweichklausel, spezielle **Einl IPR** 161
und EGBGB **Einl IPR** 162
Einarbeitung in nationale Kodifikation **Art 3** 20; **Einl IPR** 607
Formgültigkeit von Rechtsgeschäften **Einl IPR** 143
und Parteiautonomie **Einl IPR** 126
Schutz des Schwächeren **Einl IPR** 119
Sonderanknüpfung zwingender Eingriffsnormen **Art 6** 2
Vertragsstaaten **Einl IPR** 290
als völkerrechtlicher Vertrag **Einl IPR** 316

EWGV
Rechtsangleichung **Einl IPR** 259
Exklusivnormen **Art 5** 475; **Anh Art 5** 24
Export von Maschinen und Anlagen
Allgemeine Lieferbedingungen **Einl IPR** 106

Factoring
UNIDROIT-Übereinkommen 1988 **Einl IPR** 248
Fahrnis
und unbewegliches Vermögen **Art 3** 47, 59
Familienfideikommisse
als besondere Vorschriften inländischen Belegenheitsrechts **Art 3** 82
Familienrecht
Akzessorische Anknüpfung **Art 4** 93 ff
Alternative Anknüpfung **Einl IPR** 145
Deutsches interlokales Privatrecht **Einl IPR** 545 ff
Deutsches internationales **Einl IPR** 133
Einheitliches Vermögensstatut **Art 3** 40
Einheitlichkeit des Familienstatuts **Art 4** 237
IPR-NRG **Einl IPR** 606
IPR-Quellen außerhalb des EGBGB **Einl IPR** 392
Lex rei sitae und Vermögensstatut **Art 3** 55 ff
und ordre public **Art 6** 95
und Personalstatut **Art 5** 14
Rechtsverschiedenheit nach Bevölkerungsgruppen (Staatenübersicht) **Einl IPR** 542 ff
und Rückverweisung **Art 4** 16
Vereinheitlichtes weltliches – **Art 4** 318
Familienrechtliches Verhältnis
und Zustimmungserklärungen eines Kindes **Art 4** 243
Familienrechtskommission
des Deutschen Rats für IPR **Einl IPR** 578
Familiensachen
Entwurf eines Übereinkommens über Zuständigkeit, Vollstreckung (EU) **Einl IPR** 292
Familienvermögen
Verpflichtungsbeschränkungen zum Schutz des – **Art 4** 172
Favor conventionis Art 3 28
Favor validitatis Einl IPR 143
Favorem divortii
Anknüpfung, subsidiäre **Einl IPR** 151
Fidschi
Ausländische Urkunden, Befreiung von der Legalisation (Übereinkommen 1961) **Einl IPR** 278
Flüchtlinge, Protokoll über die Rechtsstellung 1967 **Anh Art 5** 36

Fidschi (Forts.)
Flüchtlingskonvention (Genfer Abkommen 1951) **Anh Art 5** 35
Staatenlose – UN-Übereinkommen 1954 **Art 5** 482
Testamentsformabkommen 1961 **Einl IPR** 278
Finanzierungsleasing
UNIDROIT-Übereinkommen 1988 **Einl IPR** 248
Finnland
Adoptionsrecht **Anh Art 4** 137
Auskünfte über ausländisches Recht, Übereinkommen 1968 **Einl IPR** 278
Ausländische Schiedssprüche, Abkommen zur Anerkennung und Vollstreckung 1958 **Einl IPR** 278
Ausländische Urkunden, Befreiung von der Legalisation (Übereinkommen 1961) **Einl IPR** 278
Beweisaufnahme im Ausland, Übereinkommen 1970 **Einl IPR** 278
CISG **Einl IPR** 244
Ehelichkeit eines Kindes **Anh Art 4** 136
Ehescheidung **Anh Art 4** 135
Ehescheidungsanerkennung, Abkommen 1970 **Einl IPR** 278
Eheschließung **Anh Art 4** 133
Ehewirkungen **Anh Art 4** 134
Erbrecht **Anh Art 4** 138
Erbstatut **Art 4** 254
Flüchtlinge, Protokoll über die Rechtsstellung 1967 **Anh Art 5** 36
Flüchtlingskonvention (Genfer Abkommen 1951) **Anh Art 5** 35
Gerichtzugang, Übereinkommen zur Erleichterung 1980 **Einl IPR** 278
IPR **Einl IPR** 432
Kauf beweglicher Sachen, Haager Übereinkunft 1955 **Einl IPR** 278
Kindesentführungsabkommen 1980 **Anh Art 4** 142; **Einl IPR** 278
Kollisionsrecht **Anh Art 4** 132 ff
Nordische Konventionen **Einl IPR** 294
Produkthaftpflicht, Übereinkommen über anzuwendendes Recht 1973 **Einl IPR** 278
Rück- und Weiterverweisung **Anh Art 4** 139, 140
Rück- und Weiterverweisung aus deutscher Sicht **Anh Art 4** 141
Sorgerechtsentscheidungen, Übereinkommen 1980 **Einl IPR** 278
Staatenlose – UN-Übereinkommen 1954 **Art 5** 482
Staatsangehörigkeit (Erwerb, Verlust) **Art 5** 265
Testamentsabkommen 1961 **Anh Art 4** 142

Finnland (Forts.)
Testamentsformabkommen 1961 **Einl IPR** 278
Unterhaltsansprüche im Ausland, Übereinkommen über die Geltendmachung 1956 **Einl IPR** 278
Unterhaltsvollstreckungsabkommen 1973 **Einl IPR** 278
Zivilprozeß-Abkommen 1954 **Einl IPR** 278
Zustellungsabkommen 1965 **Einl IPR** 278
Flüchtlingsrecht (internationales)
AHKG 1950 **Anh Art 5** 8, 21 ff, 28 ff, 32; **Einl IPR** 350
Allgemeine Erklärung der Menschenrechte **Anh Art 5** 4
Anknüpfung an die Staatsangehörigkeit **Anh Art 5** 5, 31, 48, 49
Anspruch auf Wiedereinbürgerung **Anh Art 5** 19
Asyl, Asylanten **Anh Art 5** 4, 6, 8, 54, 57 ff; **Einl IPR** 352
Aufenthaltsprinzip **Anh Art 5** 10, 21, 23, 26, 28, 31, 42, 49 f, 60
Ausbürgerung **Anh Art 5** 17 ff
Ausgebürgerte **Anh Art 5** 6, 7, 16 ff
Ausländergesetz **Anh Art 5** 8, 41, 54 ff, 59, 60; **Einl IPR** 357
Ausländerzentralregister **Anh Art 5** 59, 60
Australien **Anh Art 5** 9
Begriff des Flüchtlings **Anh Art 5** 36, 38, 39, 41 ff
Belgien **Anh Art 5** 9
Boat people **Anh Art 5** 59
Bundesamt für die Anerkennung ausländischer Flüchtlinge **Anh Art 5** 41
Bundesvertriebenengesetz **Anh Art 5** 11
DDR-Deutsche, frühere **Anh Art 5** 13, 46
De-facto-Flüchtlinge **Anh Art 5** 10
De-facto-Staatenlose **Anh Art 5** 18
Deutsche, ausgebürgerte **Anh Art 5** 6, 16, 18 ff
Deutsche Situation **Anh Art 5** 1
Deutsches Recht und zu unterscheidende Personengruppen **Anh Art 5** 6
Doppelstaater **Anh Art 5** 13
Effektivitätsprinzip **Anh Art 5** 16
Familienrechtsänderungsgesetz **Anh Art 5** 14
Flucht **Anh Art 5** 7, 25, 44, 45, 50
Flüchtlinge, internationale **Anh Art 5** 8
Flüchtlinge, nichtdeutsche **Anh Art 5** 1, 6, 21
Flüchtlinge ohne Asylland **Anh Art 5** 10
Flüchtlinge, volksdeutsche **Anh Art 5** 1, 6, 7, 11, 32
Flüchtlingseigenschaft **Anh Art 5** 41, 43 ff

Flüchtlingsrecht (internationales) (Forts.)
Flüchtlingskonvention (Genfer Abkommen 1951) Art 3 19; Art 4 121, 122; Anh Art 5 4, 35, 52, 54, 55; Einl IPR 282, 350
Flüchtlingsseeleute Anh Art 5 6, 8, 52, 53
Flüchtlingsstatus Anh Art 5 7, 9, 30, 33, 39, 47, 48, 50, 57
Frankreich Anh Art 5 9
Fremdenrecht Anh Art 5 5
Fremdenrecht, nationales Anh Art 5 5; Einl IPR 335 ff
Furcht vor Verfolgung Anh Art 5 44
Gesetz über Maßnahmen für im Rahmen humanitärer Hilfsaktionen aufgenommene Flüchtlinge 1980 Anh Art 5 8, 59; Einl IPR 351
Gesetz über die Rechtsstellung heimatloser Ausländer 1951 Anh Art 5 8, 21, 27 ff, 32; Einl IPR 350
Haager Vereinbarung über Flüchtlingsseeleute 1957 Anh Art 5 8
Heimatlose Ausländer Anh Art 5 6, 8, 21, 27 ff, 32, 54; Einl IPR 350
Heimatrecht Anh Art 5 18
Hoher Kommissar der Vereinten Nationen für das Flüchtlingswesen Anh Art 5 3, 23
IPR-Aufgabe Anh Art 5 5
IRO Anh Art 5 3, 23
IRO-Ausweis Anh Art 5 39
IRO-Flüchtlinge Anh Art 5 38
Italien Anh Art 5 9
Kanada Anh Art 5 9
Kontingentflüchtlinge Anh Art 5 6, 8, 59 f
Konventionsflüchtlinge Anh Art 5 6, 8, 32 ff, 38, 48, 54 ff
Koreaflüchtlinge Anh Art 5 33
Kriegsverbrechen Anh Art 5 34
Massenvertreibung Anh Art 5 1, 2
Massenvertreibungen Anh Art 5 2
Nansen-Flüchtlinge Anh Art 5 38, 39
Palästinaflüchtlinge Anh Art 5 2, 33
Personae coniunctae Anh Art 5 12, 23, 48, 58
Protokoll über die Rechtsstellung der Flüchtlinge 1967 Anh Art 5 4, 8, 32, 36 ff, 42, 43, 56; Einl IPR 282
Refoulement Anh Art 5 4
Reichs- und Staatsangehörigkeitsrecht Anh Art 5 19, 46
Scheckgesetz Anh Art 5 24
Schweden Anh Art 5 9
Staatenlose Anh Art 5 18, 24, 28, 42
Staatenlosenkonvention Anh Art 5 34, 50
Staatenlosigkeit Anh Art 5 13, 15
Staatsangehörigkeit Anh Art 5 1, 5, 11, 13 ff, 23, 24, 31, 35, 48, 49, 51

Flüchtlingsrecht (internationales) (Forts.)
Staatsangehörigkeit, deutsche Anh Art 5 11, 13 ff
Statutenwechsel Anh Art 5 18, 19, 26, 49, 61
UN-Flüchtlingsbehörde Anh Art 5 23, 39
Verbrechen gegen die Menschlichkeit Anh Art 5 34
Vereingte Staaten Anh Art 5 9
Vereinigtes Königreich Anh Art 5 9
Verfolgte Anh Art 5 20, 56, 59
Verschleppte Anh Art 5 22, 23, 25, 31, 32
Verschollenheitsgesetz Anh Art 5 24
Vertriebene Anh Art 5 6, 7, 11, 12, 15, 59, 60
Vertriebene, Volksdeutsche Anh Art 5 6, 7, 15
Vertriebenenausweis Anh Art 5 12
Volksdeutsche Anh Art 5 1, 6, 7, 11, 13, 15
Volkszugehörigkeit Anh Art 5 11 ff
Volkszugehörigkeit, deutsche Anh Art 5 11 ff, 15
Wechselgesetz Anh Art 5 24
Weltweites Flüchtlingsproblem Anh Art 5 2
West-Berlin (früher) Anh Art 5 22, 25, 27, 28, 31
Wiedereinbürgerung Anh Art 5 18, 19
Wiener Übereinkommen über das Recht der Verträge Anh Art 5 49
Wohnsitz Anh Art 5 18, 28, 32, 49 ff
Flüchtlingsseeleute
Haager Vereinbarung 1957 Anh Art 5 52
Foreign-court-Theorie
Rückverweisung Art 4 11
Forgo-Fall Art 4 25, 26
Form eines internationalen Testaments
Washingtoner Abkommen 1973 Einl IPR 250
Form letztwilliger Verfügungen Art 4 278, 279
Form von Rechtsgeschäften
Geschäftsrecht, Ortsrecht Art 4 153
Lex causae oder lex loci actus entsprechende Formgültigkeit Einl IPR 143
Renvoi Art 4 154
Sachnormverweisung hinsichtlich Formerfordernissen Art 4 154
von Schuldverträgen Art 4 284
Forum non conveniens Einl IPR 82
Forum shopping
Hinnahme Art 4 78
unerwünschtes Einl IPR 82
Frankreich
Adoption Anh Art 4 151, 173
Anerbenrecht Art 3 46
Auskünfte über ausländisches Recht, Übereinkommen 1968 Einl IPR 278
Ausländische Devisenvorschriften Einl IPR 206

Frankreich (Forts.)
Ausländische Schiedssprüche, Abkommen zur Anerkennung und Vollstreckung 1958 **Einl IPR** 278
Ausländische Urkunden, Befreiung von der Legalisation (Übereinkommen 1961) **Einl IPR** 278
Belegenheitsrecht, besondere Vorschriften **Art 3** 104, 105
Beweisaufnahme im Ausland, Übereinkommen 1970 **Einl IPR** 278
CISG **Einl IPR** 244
Deliktsrecht **Anh Art 4** 160
Deutscher Erblasser und Grundstück in – **Art 3** 76
Ehegüterrecht **Anh Art 4** 145, 158, 170
Ehegüterrecht und Rechtswahl der Parteien **Art 4** 180
Ehegüterstände, Abkommen über anzuwendendes Recht 1978 **Einl IPR** 278
Ehegüterständeabkommen 1978 **Anh Art 4** 174
Eheliche Abstammung **Art 4** 216; **Anh Art 4** 172
Ehescheidung **Anh Art 4** 148, 165, 171
Eheschließung **Anh Art 4** 144
Eheschließungsabkommen 1902 **Einl IPR** 278
Ehewirkungen **Anh Art 4** 144
Erbrecht **Anh Art 4** 152, 167, 167 ff
Erbstatut **Art 4** 261, 265
EuGVÜ **Einl IPR** 290
Fall Forgo **Art 4** 25, 26
Fall Fougerolle v Banque du Proche Orient **Einl IPR** 100
Fall Pabalk v Norsolor **Einl IPR** 100
Fall Primary Coal v Compania Valenciana **Einl IPR** 100
Familienname – Bescheinigung, Übereinkommen 1982 **Einl IPR** 286
Familienrecht, alternative Anknüpfung **Einl IPR** 146
Finanzierungsleasing, internationales **Einl IPR** 248
Flüchtlinge, Protokoll über die Rechtsstellung 1967 **Anh Art 5** 36
Flüchtlingskonvention (Genfer Abkommen 1951) **Anh Art 5** 35
Flüchtlingsseeleute-Vereinbarung 1957 **Anh Art 5** 52
Flüchtlingsstatus **Anh Art 5** 9
Formgültigkeit eines Rechtsgeschäfts **Anh Art 4** 159
Fremdes Recht, Beachtung **Einl IPR** 192
Freundschafts-, Handels- und Niederlassungsabkommen **Einl IPR** 353
Gerichtszugang, Übereinkommen zur Erleichterung 1980 **Einl IPR** 278

Frankreich (Forts.)
Grundstück und Fahrnis **Art 3** 48
Haager Güterrechts-IPR **Einl IPR** 136
Handelsschiedsgerichtsbarkeit, Vereinbarung 1962 **Einl IPR** 278
IPR **Anh Art 4** 143; **Einl IPR** 424
Kauf beweglicher Sachen, Haager Übereinkunft 1955 **Einl IPR** 278
Kindesentführungsabkommen 1980 **Anh Art 4** 174; **Einl IPR** 278
Kindschaftsrecht **Anh Art 4** 149, 172
Legitimation **Art 4** 234; **Anh Art 4** 150
Legitimation, Übereinkommen 1970 **Einl IPR** 286
Luftfahrzeuge, Abkommen zur internationalen Anerkennung von Rechten 1948 **Einl IPR** 278
Mehrrechtsstaat **Einl IPR** 531
Mehrstaater **Art 5** 438
Mehrstaater, inländische **Art 5** 440
Minderjährigenschutzabkommen 1961 **Anh Art 4** 174; **Einl IPR** 278
Nachlaßspaltung **Art 4** 261
Namensänderung, Übereinkommen 1958 **Einl IPR** 286
Nichteheliche Kinder, Abkommen zur Anerkennung 1961 **Einl IPR** 286
Ordre public **Art 6** 145
Ordre public international **Art 6** 55
Produkthaftpflicht, Übereinkommen über anzuwendendes Recht 1973 **Einl IPR** 278
Produkthaftpflichtabkommen 1973 **Anh Art 4** 174
Rechtswahl im Familienrecht **Einl IPR** 135
Rück- und Weiterverweisung **Anh Art 4** 153 ff
Rück- und Weiterverweisung aus deutscher Sicht **Anh Art 4** 166 ff
Sachnormverweisung in neueren IPR-Reformgesetzen **Anh Art 4** 163 ff
Sorgerechtsentscheidungen, Übereinkommen 1980 **Einl IPR** 278
Sraßenverkehrsunfälle, Abkommen über anwendbares Recht 1973 **Anh Art 4** 174
Staatenlose – UN-Übereinkommen 1954 **Art 5** 482
Staatsangehörigkeit (Erwerb, Verlust) **Art 5** 266
Staatsangehörigkeitsprinzip **Anh Art 4** 143
Stellvertretung beim internationalen Warenkauf (Unidroit) **Einl IPR** 248
Stellvertretung, Übereinkommen über anzuwendendes Recht 1978 **Einl IPR** 278
Teilrenvoi **Art 3** 67
Testamentsformabkommen 1961 **Anh Art 4** 174; **Einl IPR** 278
Übereinkommen über die Form eines internationalen Testaments 1973 **Einl IPR** 250

Frankreich (Forts.)
Unterhaltsansprüche im Ausland, Übereinkommen über die Geltendmachung 1956 **Einl IPR 278**
Unterhaltsstatutabkommen für Kinder 1956 **Anh Art 4** 174; **Einl IPR** 278
Unterhaltsstatutabkommen 1973 **Einl IPR** 278
Unterhaltsvollstreckungsabkommen 1973 **Einl IPR** 278
Urkunden diplomatischer, konsularischer Vertreter, Übereinkommen 1968 **Einl IPR** 278
Verkehrsunfälle, Abkommen 1971 über anzuwendendes Recht **Einl IPR** 278
Zivilprozeßabkommen 1954 **Einl IPR** 278
Zustellungsabkommen 1965 **Einl IPR** 278

Frau und Mann
Ehegüterrecht, fehlende Geschlechtsneutralität **Art 4** 183
Gleichheitswidrige ausländische Kollisionsnorm **Art 4** 101, 102

Fraus legis
und ordre public **Art 6** 40 ff

Freiwillige Gerichtsbarkeit
Anerkennung ausländischer Entscheidungen **Art 6** 6
Feststellungen fremden Rechts **Einl IPR** 228
Internationales Recht **Einl IPR** 195

Fremdenrecht
Deutsches – **Einl IPR** 342 ff
Flüchtlingsproblem **Anh Art 5** 5
und IPR **Einl IPR** 335 ff
und Retorsion **Anh Art 6** 21
und völkerrechtliche Grundsätze **Anh Art 6** 46

Fremdes öffentliches Recht Einl IPR 34 ff

Fremdes Recht
s. Ausländisches Recht

Fremdwährungsschulden
Europäisches Übereinkommen 1967 **Einl IPR** 283

Freundschaft-, Handels- und Niederlassungsabkommen
Fremdenrechtliche Bevorzugungen **Einl IPR** 353

Functional law approach
Ersatzmodell gegenüber traditionellem IPR **Einl IPR** 65 ff

Gabun
Flüchtlinge, Protokoll über die Rechtsstellung 1967 **Anh Art 5** 36
Flüchtlingskonvention (Genfer Abkommen 1951) **Anh Art 5** 35
IPR **Einl IPR** 427

Gabun (Forts.)
Luftfahrzeuge, Abkommen zur internationalen Anerkennung von Rechten 1948 **Einl IPR** 278
Staatsangehörigkeit (Erwerb, Verlust) **Art 5** 267

Gambia
Flüchtlinge, Protokoll über die Rechtsstellung 1967 **Anh Art 5** 36
Flüchtlingskonvention (Genfer Abkommen 1951) **Anh Art 5** 35
Rechtsspaltung **Einl IPR** 543
Staatsangehörigkeit (Erwerb, Verlust) **Art 5** 268

Garantien
Einheitliche Richtlinien für auf Anfordern zahlbare – **Einl IPR** 106

Gastarbeiter
und Staatsangehörigkeitsprinzip **Art 5** 21

Geldschulden, Zahlungsort
Europäisches Übereinkommen 1972 **Einl IPR** 283

Geltungsanspruch einer Norm Einl IPR 14, 69, 79, 339

Gemeinschaft unabhängiger Staaten (GUS)
s. a. Russische Föderation
Fortgeltung des IPR der UdSSR **Einl IPR** 480
und Fortgeltung völkerrechtlicher Verpflichtungen der UdSSR **Einl IPR** 331

Genfer Abkommen
IPR-Vereinheitlichung (Übersicht) **Einl IPR** 282

Georgien
Ausländische Schiedssprüche, Abkommen zur Anerkennung und Vollstreckung 1958 **Einl IPR** 278
CISG **Einl IPR** 244
Erfüllung von der UdSSR eingegangenen völkerrechtlichen Verpflichtungen **Einl IPR** 331
Fortgeltung des IPR der UdSSR **Anh Art 4** 358
Staatsangehörigkeit (Erwerb, Verlust) **Art 5** 269

Gerechtigkeit
Trennung grenz- und sachrechtlicher – **Einl IPR** 56

Gerichtliche Entscheidungen (Anerkennung, Vollstreckung)
Brüsseler Übereinkommen 1968 **Einl IPR** 290

Gerichtliche Zuständigkeit
Brüsseler Übereinkommen 1968 **Einl IPR** 290

Gerichtsstandsvereinbarung
Haager Übereinkommen bei internationalen Käufen 1958 **Einl IPR** 278

Gerichtsstandsvereinbarung (Forts.)
  Haager Übereinkommen 1965 **Einl IPR** 278
Gerichtsverfassungsrecht
  Internationales **Einl IPR** 398
Gerichtszugang (erleichterter)
  Haager Übereinkommen 1980 **Einl IPR** 278
Gesamtstatut
  Abweichende Bestimmung gegenüber deutschem IPR **Art 3** 68
  aufgrund Rechtswahl **Art 3** 63
  Ausländisches **Art 3** 70
  Verdrängung des Gesamtvermögensstatuts durch bedingte Verweisung als lex specialis **Art 3** 75
  Vorrang des Einzelstatuts **Art 3** 40 ff
Gesamtverweisung
  Ausländischen Kollisionsrechts **Art 4** 49 ff
  Voraussetzungen **Einl IPR** 217
Geschäftsfähigkeit
  Rück- und Weiterverweisung **Art 4** 140 ff
  und Staatsangehörigkeitsprinzip **Art 5** 16
Geschäftsführung ohne Auftrag
  Lex loci gestionis **Art 4** 288; **Einl IPR** 620
Geschäftsrecht
  und Form von Rechtsgeschäften **Art 4** 153 ff
Geschäftsstatut (lex causae)
  Formgültigkeit von Rechtsgeschäften **Einl IPR** 143
  und Vollmacht (gesonderte Anknüpfung) **Art 4** 160
Gesellschaften
  Fremdenrecht **Einl IPR** 380
Gesellschaften (Anerkennung)
  EU-Übereinkommen 1968 **Einl IPR** 290
Gesellschaftsanteile
  Sondernachfolge **Art 3** 73, 98
Gesellschaftsrecht
  Rückverweisung, Weiterverweisung **Art 4** 151, 152
Gesellschaftsstatut
  und Erbstatut **Art 3** 73
Gesetz gegen Wettbewerbsbeschränkungen (GWB)
  Geltungsbereich **Einl IPR** 209
Gesetzesumgehung
  und ordre public **Art 6** 40 ff
Gesetzliche Gewaltverhältnisse
  Haager Minderjährigenschutzabkommen 1961 **Art 4** 129
Gewerbe
  ausländischer juristischer Person **Einl IPR** 362
Gewerblicher Rechtsschutz
  IPR-Quellen außerhalb des EGBGB **Einl IPR** 395

Gewohnheitsrecht
  Internationales – durch Gerichtsgebrauch **Einl IPR** 7
Ghana
  Ausländische Schiedssprüche, Abkommen zur Anerkennung und Vollstreckung 1958 **Einl IPR** 278
  Flüchtlinge, Protokoll über die Rechtsstellung 1967 **Anh Art 5** 36
  Flüchtlingskonvention (Genfer Abkommen 1951) **Anh Art 5** 35
  Rechtsspaltung **Einl IPR** 543
  Staatsangehörigkeit (Erwerb, Verlust) **Art 5** 270
  Verjährungsabkommen (Warenkauf) **Einl IPR** 245
Gleichberechtigung
  IPR-NRG **Einl IPR** 603
Gleichheitsgrundsatz
  Gleichheitswidrige ausländische Kollisionsnorm **Art 4** 101, 102
Gleichlaufgrundsatz
  im Nachlaßverfahren **Art 3** 76
Goa
  IPR **Einl IPR** 427
Governmental interests analysis
  Ersatzmodell gegenüber traditionellem IPR **Einl IPR** 70 ff
Grenada
  Luftfahrzeuge, Abkommen zur internationalen Anerkennung von Rechten 1948 **Einl IPR** 278
  Staatsangehörigkeit (Erwerb, Verlust) **Art 5** 271
  Testamentsformabkommen 1961 **Einl IPR** 278
Grenzfälle
  s. Auslandsberührung
Griechenland
  Abstammung ehelicher Kinder **Anh Art 4** 285
  Adoption **Art 4** 242
  Anerkennung und Vollstreckung, bilaterales Abkommen **Einl IPR** 405, 406
  Anwerbe- und Vermittlungsvereinbarung **Einl IPR** 349
  Auskünfte über ausländisches Recht, Übereinkommen 1968 **Einl IPR** 278
  Ausländische Schiedssprüche, Abkommen zur Anerkennung und Vollstreckung 1958 **Einl IPR** 278
  Ausländische Urkunden, Befreiung von der Legalisation (Übereinkommen 1961) **Einl IPR** 278
  Eheschließung **Anh Art 4** 283
  Eheschließung im Ausland, Übereinkommen 1964 **Einl IPR** 286
  Erbrecht **Anh Art 4** 287

Griechenland (Forts.)
Erbstatut **Art 4** 254
EuGVÜ **Einl IPR** 290
Flüchtlinge, Protokoll über die Rechtsstellung 1967 **Anh Art 5** 36
Flüchtlingsabkommen 1951 **Anh Art 5** 35
Freundschafts-, Handels- und Niederlassungsabkommen **Einl IPR** 353
Gleichberechtigung von Mann und Frau **Anh Art 4** 284
IPR **Anh Art 4** 282; **Einl IPR** 443
Kfz-Haftpflichtversicherung, Europarat-Übereinkommen 1959 **Einl IPR** 253
Kindesentführungsabkommen 1980 **Einl IPR** 278
Legitimation **Art 4** 234; **Anh Art 4** 286
Legitimation, Übereinkommen 1970 **Einl IPR** 286
Luftfahrzeuge, Abkommen zur internationalen Anerkennung von Rechten 1948 **Einl IPR** 278
Mehrstaater **Art 5** 438
Mütterliche Abstammung, Übereinkommen 1962 **Einl IPR** 286
Nichteheliche Kinder, Abkommen zur Anerkennung 1961 **Einl IPR** 286
Rechtsspaltung **Einl IPR** 544
Rück- und Weiterverweisung **Anh Art 4** 288 ff
Sorgerechtsentscheidungen, Übereinkommen 1980 **Einl IPR** 278
Staatenlose – UN-Übereinkommen 1954 **Art 5** 482
Staatsangehörigkeit (Erwerb, Verlust) **Art 5** 272
Testamentsformabkommen 1961 **Einl IPR** 278
Unterhaltsansprüche im Ausland, Übereinkommen über die Geltendmachung 1956 **Einl IPR** 278
Urkunden diplomatischer, konsularischer Vertreter, Übereinkommen 1968 **Einl IPR** 278
Zustellungsabkommen 1965 **Einl IPR** 278
Großbritannien
s. Vereinigtes Königreich
Gründungstheorie Art 4 151
Grundrechte
und ordre public **Art 6** 5, 6, 13, 71, 93, 102 ff, 109
Grundstücke
und Fahrnis **Art 3** 47; **Art 4** 58, 59
Fremdenrecht **Einl IPR** 367
Grundstückserwerb
durch Ausländer **Einl IPR** 367
Grundstücksgeschäfte
Rück- oder Weiterverweisung, beachtliche **Art 4** 143

Grundstücksverkehr
Sondernormen **Art 3** 45
Grundstücksverkehrsgesetz 1961
als besondere Vorschriften inländischen Belegenheitsrechts **Art 3** 81
Guatemala
Ausländische Schiedssprüche, Abkommen zur Anerkennung und Vollstreckung 1958 **Einl IPR** 278
Código Bustamante **Einl IPR** 296
Flüchtlinge, Protokoll über die Rechtsstellung 1967 **Anh Art 5** 36
Flüchtlingskonvention (Genfer Abkommen 1951) **Anh Art 5** 35
IPR **Einl IPR** 430
Luftfahrzeuge, Abkommen zur internationalen Anerkennung von Rechten 1948 **Einl IPR** 278
Staatsangehörigkeit (Erwerb, Verlust) **Art 5** 274
Unterhaltsansprüche im Ausland, Übereinkommen über die Geltendmachung 1956 **Einl IPR** 278
Günstigkeitsprinzip Art 4 224, 231
Alternative, subsidiäre Anknüpfungen **Einl IPR** 142 ff
Deliktsrecht **Einl IPR** 128
Distanzdelikt **Einl IPR** 144
Formgültigkeit von Rechtsgeschäften **Einl IPR** 143
IPR-Referentenentwurf **Einl IPR** 128
Güterbeförderung
Vereinheitlichung **Einl IPR** 251
Güterstatut
s. Ehegüterstatut
Guinea
Ausländische Schiedssprüche, Abkommen zur Anerkennung und Vollstreckung 1958 **Einl IPR** 278
CISG **Einl IPR** 244
Flüchtlinge, Protokoll über die Rechtsstellung 1967 **Anh Art 5** 36
Flüchtlingskonvention (Genfer Abkommen 1951) **Anh Art 5** 35
IPR **Einl IPR** 427
Luftfahrzeuge, Abkommen zur internationalen Anerkennung von Rechten 1948 **Einl IPR** 278
Staatenlose – UN-Übereinkommen 1954 **Art 5** 482
Verjährungsabkommen (Warenkauf) **Einl IPR** 245
Guinea-Bissau
Flüchtlinge, Protokoll über die Rechtsstellung 1967 **Anh Art 5** 36
Flüchtlingskonvention (Genfer Abkommen 1951) **Anh Art 5** 35

Guinea-Bissau (Forts.)
Staatsangehörigkeit (Erwerb, Verlust) **Art 5** 275
Gutachten
und Auslandsrechtskunde **Einl IPR** 218
Gutachterpraxis
Bedeutung **Einl IPR** 576
Guten Sitten
und ordre public **Art 6** 1, 9, 11, 71
Guyana
Staatsangehörigkeit (Erwerb, Verlust) **Art 5** 276

Haager Staatenkonferenz
s. Sachgebiete
und IPR-Vereinheitlichung **Einl IPR** 272 ff
Haftpflichtversicherung
Europarats-Übereinkommen 1959 (Kfz) **Einl IPR** 253
Haiti
Ausländische Schiedssprüche, Abkommen zur Anerkennung und Vollstreckung 1958 **Einl IPR** 278
Código Bustamante **Einl IPR** 296
Flüchtlinge, Protokoll über die Rechtsstellung 1967 **Anh Art 5** 36
Flüchtlingskonvention (Genfer Abkommen 1951) **Anh Art 5** 35
Luftfahrzeuge, Abkommen zur internationalen Anerkennung von Rechten 1948 **Einl IPR** 278
Staatsangehörigkeit (Erwerb, Verlust) **Art 5** 277
Unterhaltsansprüche im Ausland, Übereinkommen über die Geltendmachung 1956 **Einl IPR** 278
Waffen- und Erdölembargo **Anh Art 6** 38
Handelsbräuche
im internationalen Handelsverkehr **Einl IPR** 106, 107
Handelsrecht
IPR-Quellen außerhalb des EGBGB **Einl IPR** 393
Handelsschiedsgerichtsbarkeit
Genfer Übereinkommen 1961 **Einl IPR** 282
Pariser Vereinbarung 1962 **Einl IPR** 283
Handlungsort
Deliktsrecht **Einl IPR** 128
Harmonisiertes Recht
Kollisionsrecht **Einl IPR** 267
Harmonisierung des Rechts
Europäische Bemühungen **Einl IPR** 257 ff
Hausratsgegenstände
und ausländisches Güterrechtsstatut **Art 3** 70
Rechtsstreit zwischen ausländischen Ehegatten **Art 3** 96

Heiliger Stuhl
Ausländische Schiedssprüche, Abkommen zur Anerkennung und Vollstreckung 1958 **Einl IPR** 278
Flüchtlinge, Protokoll über die Rechtsstellung 1967 **Anh Art 5** 36
Flüchtlingskonvention (Genfer Abkommen 1951) **Anh Art 5** 35
Staatsangehörigkeit (Erwerb, Verlust) **Art 5** 395
Unterhaltsansprüche im Ausland, Übereinkommen über die Geltendmachung 1956 **Einl IPR** 278
Zivilprozeß-Abkommen 1954 **Einl IPR** 278
Heimatlose Ausländer Einl IPR 359
und Flüchtlingskonvention (Genfer Abkommen 1951) **Anh Art 5** 30, 31
HeimatlAuslG 1951 **Anh Art 5** 27 ff;
Einl IPR 350
Wohlerworbene Rechte **Einl IPR** 389
Heimatrecht
s. Staatsangehörigkeitsprinzip
Heimatrecht/Wohnsitzrecht-Abkommen 1955
Haager Staatenkonferenz **Einl IPR** 278
Heimatstaatprinzip
und Staatsangehörigkeitsprinzip **Art 5** 18
Höferecht
und ausländischer Gesamtvermögensstatut **Art 3** 51
Höfeordnung als besondere Vorschrift inländischen Belegenheitsrechts **Art 3** 78
Hoher Kommissar der Vereinten Nationen
für das Flüchtlingswesen **Anh Art 5** 3
Honduras
Código Bustamante **Einl IPR** 296
Flüchtlinge, Protokoll über die Rechtsstellung 1967 **Anh Art 5** 36
Flüchtlingskonvention (Genfer Abkommen 1951) **Anh Art 5** 35
IPR **Einl IPR** 428
Kindesentführungsabkommen 1980 **Einl IPR** 278
Staatsangehörigkeit (Erwerb, Verlust) **Art 5** 278
Hong Kong
Staatsangehörigkeit (Erwerb, Verlust) **Art 5** 279
Hultschiner Ländchen
Versailler Vertrag und Staatsangehörigkeitsregelung **Art 5** 65

Immaterialgüterrechte
Lex loci protectionis **Art 4** 310
Referentenentwurf 1993 **Einl IPR** 627
Schutz Fremder **Einl IPR** 365
Vorschriften, besondere des Belegenheitsstaates **Art 3** 72

Immobilien
und Fahrnis **Art 3** 59; **Art 4** 65 ff
Immovables
und movables **Art 3** 47; **Art 4** 65 ff
Indien
Ausländische Schiedssprüche, Abkommen zur Anerkennung und Vollstreckung 1958 **Einl IPR** 278
IPR **Einl IPR** 418
Rechtsspaltung **Einl IPR** 542
Staatsangehörigkeit (Erwerb, Verlust) **Art 5** 280
Indonesien
Ausländische Schiedssprüche, Abkommen zur Anerkennung und Vollstreckung 1958 **Einl IPR** 278
Eherecht **Art 4** 318
IPR **Einl IPR** 427
Rechtsspaltung **Einl IPR** 542
Staatsangehörigkeit (Erwerb, Verlust) **Art 5** 281
Inkorporation
Methode der – **Art 3** 20
Innerdeutsches Kollisionsrecht
Rück- und Weiterverweisung **Art 4** 106
und Vermögensspaltung aufgrund besonderer Vorschriften **Art 3** 84 ff
Insolvenzordnung
und internationales Insolvenzrecht **Einl IPR** 634
Interamerikanische Konventionen (Übersicht) Einl IPR 297 ff
Interessenjurisprudenz
und Methode des Kollisionsrechts **Einl IPR** 56, 56 ff
Interlokaler ordre public Art 6 68 ff
Interlokales Privatrecht Art 4 313 ff
Allgemeine Grundsätze **Einl IPR** 527 ff
Deutsches – **Einl IPR** 545 ff
EGBGB-Anwendung **Art 3** 9
International Commercial Terms Einl IPR 106
International Law Association
Förderung des Welthandelsrechts **Einl IPR** 7
Internationale Abkommen
s. Abkommensrecht
Internationale Handelskammer
Förderung des Welthandelsrechts **Einl IPR** 7
Klauselrecht **Einl IPR** 106
Internationale Investitionen
OECD-Erklärung **Einl IPR** 108
Internationale Organisationen
Verhaltensrichtlinien (codes of conduct) **Einl IPR** 108
Internationale Sachverhalte
und Forderung einheitlicher Sachnormen (Einheitsrecht) **Einl IPR** 96 ff

Internationale Verflechtung
und Herausbildung besonderer Sachnormen **Einl IPR** 92
Internationaler Handelsverkehr
und Wählbarkeit nichtstaatlichen Rechts **Einl IPR** 98 ff
Internationales Einheitsrecht
IPR als – **Einl IPR** 5
Internationales Flüchtlingsrecht
s. Flüchtlingsrecht (internationales)
Internationales Gewohnheitsrecht
durch Gerichtsgebrauch **Einl IPR** 7
Internationales Privatrecht
s. Kollisionsrecht
Intertemporales Recht
Allgemeine Grundsätze **Einl IPR** 502 ff
Innerdeutsches – **Einl IPR** 513 ff
Staatenlose **Art 5** 478 ff
Staatenlosenkonvention **Art 5** 492
Verschleppte, Flüchtlinge (nichtdeutsche) **Anh Art 5** 25
IPR-Ergänzungsgesetz, Referentenentwurf Einl IPR 128, 614 ff
IPR-NRG Art 3 60; **Art 4** 24, 53, 66, 84; **Art 5** 16, 417 ff; **Art 6** 3; **Einl IPR** 49, 133, 187, 323, 384 f, 390, 397, 514 ff, 533, 552, 562, 571, 599 ff, 614
Irak
CISG **Einl IPR** 244
Eherecht **Anh Art 4** 479
Erbrecht **Anh Art 4** 480
Erbstatut **Art 4** 254
IPR **Anh Art 4** 478; **Einl IPR** 488
Luftfahrzeuge, Abkommen zur internationalen Anerkennung von Rechten 1948 **Einl IPR** 278
Mehrstaater **Art 5** 438
Rechtsspaltung **Einl IPR** 496, 542
Rück- oder Weiterverweisung, **Anh Art 4** 467
Rück- und Weiterverweisung **Anh Art 4** 481
Staatsangehörigkeit (Erwerb, Verlust) **Art 5** 282
Staatsangehörigkeitsprinzip **Anh Art 4** 478
Wirtschaftssanktionen gegen den – **Anh Art 6** 38
Iran
Deutsch-iranisches Niederlassungsabkommen 1954 **Anh Art 4** 484 ff; **Einl IPR** 404
Eherecht **Anh Art 4** 485, 487, 488
Eltern-Kind-Beziehungen **Anh Art 4** 487
Erbrecht **Anh Art 4** 484
Erbstatut **Art 4** 254
Flüchtlinge, Protokoll über die Rechtsstellung 1967 **Anh Art 5** 36
Flüchtlingskonvention (Genfer Abkommen 1951) **Anh Art 5** 35

Iran (Forts.)
   Freundschafts-, Handels- und Niederlassungsabkommen **Einl IPR** 353
   IPR **Anh Art 4** 482; **Einl IPR** 495, 496
   Kindschaftsrecht **Anh Art 4** 486, 488
   als Mehrrechtsstaat **Anh Art 4** 489
   Niederlassungabkommen 1929 **Einl IPR** 404
   Rück- oder Weiterverweisung **Anh Art 4** 467
   Rück- und Weiterverweisung **Anh Art 4** 483, 483 ff
   Staatsangehörigkeit (Erwerb, Verlust) **Art 5** 283
   Staatsangehörigkeitsprinzip **Anh Art 4** 482
   Unteranknüpfung **Anh Art 4** 489
Irland
   Ausländische Schiedssprüche, Abkommen zur Anerkennung und Vollstreckung 1958 **Einl IPR** 278
   Ehegüterstatut **Art 4** 175
   Ehescheidungsstatut **Art 4** 189
   EuGVÜ **Einl IPR** 290
   Flüchtlinge, Protokoll über die Rechtsstellung 1967 **Anh Art 5** 36
   Flüchtlingskonvention (Genfer Abkommen 1951) **Anh Art 5** 35
   Flüchtlingsseeleute-Vereinbarung 1957 **Anh Art 5** 52
   IPR **Art 4** 35; **Einl IPR** 417
   Kindesentführungsabkommen 1980 **Art 4** 38; **Einl IPR** 278
   Rück- und Weiterverweisung aus deutscher Sicht **Art 4** 36, 37
   Sorgerechtsentscheidungen, Übereinkommen 1980 **Einl IPR** 278
   Staatenlose – UN-Übereinkommen 1954 **Art 5** 482
   Staatsangehörigkeit (Erwerb, Verlust) **Art 5** 284
   Testamentsformabkommen 1961 **Art 4** 38; **Einl IPR** 278
IRO-Flüchtlinge **Anh Art 5** 38
Islam
   und Staatsangehörigkeitsprinzip **Art 5** 33
Island
   Auskünfte über ausländisches Recht, Übereinkommen 1968 **Einl IPR** 278
   Ehescheidungsstatut **Art 4** 188
   Flüchtlinge, Protokoll über die Rechtsstellung 1967 **Anh Art 5** 36
   Flüchtlingskonvention (Genfer Abkommen 1951) **Anh Art 5** 35
   IPR **Einl IPR** 432
   Luftfahrzeuge, Abkommen zur internationalen Anerkennung von Rechten 1948 **Einl IPR** 278
   Nordische Konventionen **Einl IPR** 294

Island (Forts.)
   Staatsangehörigkeit (Erwerb, Verlust) **Art 5** 285
Israel
   Anerkennung und Vollstreckung, bilaterales Abkommen **Einl IPR** 405
   Ausländische Schiedssprüche, Abkommen zur Anerkennung und Vollstreckung 1958 **Einl IPR** 278
   Ausländische Urkunden, Befreiung von der Legalisation (Übereinkommen 1961) **Einl IPR** 278
   Belegenheitsrecht, besondere Vorschriften **Art 3** 119 ff
   Beweisaufnahme im Ausland, Übereinkommen 1970 **Einl IPR** 278
   Ehegüterrecht **Anh Art 4** 508, 511
   Ehegüterstatut **Art 4** 175
   Eherecht **Anh Art 4** 503, 506
   Ehescheidung **Anh Art 4** 507, 511
   Eheschließung **Anh Art 4** 512
   Einzel- und Vermögensstatut **Art 3** 54
   Erbrecht **Anh Art 4** 505, 513
   Erbstatut **Art 4** 256
   Flüchtlinge, Protokoll über die Rechtsstellung 1967 **Anh Art 5** 36
   Flüchtlingskonvention (Genfer Abkommen 1951) **Anh Art 5** 35
   Geschäftsfähigkeit **Anh Art 4** 504
   IPR **Einl IPR** 278, 501
   Kollisionsrecht **Anh Art 4** 502
   Legitimation **Anh Art 4** 512
   Mehrstaater **Art 5** 438
   Rechtsspaltung **Einl IPR** 501, 542
   Religionszugehörigkeit und Staatsangehörigkeit **Anh Art 4** 502
   Rück- und Weiterverweisung **Anh Art 4** 509 ff
   Staatenlose – UN-Übereinkommen 1954 **Art 5** 482
   Staatsangehörigkeit (Erwerb, Verlust) **Art 5** 286
   Testamentsformabkommen 1961 **Einl IPR** 278
   Unterhaltsansprüche im Ausland, Übereinkommen über die Geltendmachung 1956 **Einl IPR** 278
   Vormundschaft **Anh Art 4** 504
   Wohnsitzprinzip **Anh Art 4** 511
   Zivilprozeßabkommen 1954 **Einl IPR** 278
   Zustellungsabkommen 1965 **Einl IPR** 278
Italien
   Abstammung, nichteheliche **Art 4** 226
   Adoption **Anh Art 4** 218
   Anerkennung und Vollstreckung, bilaterales Abkommen **Einl IPR** 405, 406
   Anwerbe- und Vermittlungsvereinbarungen **Einl IPR** 349

Italien (Forts.)
Auskünfte über ausländisches Recht, Übereinkommen 1968 **Einl IPR** 278
Ausländische Schiedssprüche, Abkommen zur Anerkennung und Vollstreckung 1958 **Einl IPR** 278
Ausländische Urkunden, Befreiung von der Legalisation (Übereinkommen 1961) **Einl IPR** 278
Ausweichklausel **Einl IPR** 169
Belegenheitsrecht, besondere Vorschriften **Art 3** 106, 107
Belegenheitsrecht, fremdes **Art 3** 49
Beweisaufnahme im Ausland, Übereinkommen 1970 **Einl IPR** 278
CISG **Einl IPR** 244
Ehefähigkeitszeugnis, Übereinkommen 1980 **Einl IPR** 286
Ehegüterrecht und Rechtswahl der Parteien **Art 4** 181
Ehegüterstatut, wandelbare Anknüpfung **Art 4** 178
Ehescheidung **Anh Art 4** 216
Ehescheidungsanerkennung, Abkommen 1970 **Einl IPR** 278
Eheschließung **Anh Art 4** 215
Eheschließungsabkommen 1902 **Einl IPR** 278
Ehewirkungen **Anh Art 4** 216
Entmündigungsabkommen **Einl IPR** 278
Erbrecht **Anh Art 4** 226; **Einl IPR** 141
Erbstatut **Art 4** 254
EuGVÜ **Einl IPR** 290
Familienname-Bescheinigung, Übereinkommen 1982 **Einl IPR** 286
Familienrecht, alternative Anknüpfung **Einl IPR** 148
Finanzierungsleasing, internationales **Einl IPR** 248
Flüchtlinge, Protokoll über die Rechtsstellung 1967 **Anh Art 5** 36
Flüchtlingskonvention (Genfer Abkommen 1951) **Anh Art 5** 35
Flüchtlingsseeleute-Vereinbarung 1957 **Anh Art 5** 52
Flüchtlingsstatus **Anh Art 5** 9
Freundschafts-, Handels- und Niederlassungsabkommen **Einl IPR** 353, 371
Gemischt-nationale Ehen **Anh Art 4** 223
Güterrecht **Einl IPR** 137
Handelsschiedsgerichtsbarkeit, Vereinbarung 1962 **Einl IPR** 278
Höferecht der autonomen Provinz Bozen **Art 3** 106
Inkorporation multilateraler Staatsverträge **Einl IPR** 324
IPR **Anh Art 4** 213; **Einl IPR** 444 ff, 510

Italien (Forts.)
IPR-Kodifikation 1995 **Anh Art 4** 213; **Einl IPR** 449 ff
Kauf beweglicher Sachen, Haager Übereinkunft 1955 **Einl IPR** 278
Kindesentführungsabkommen 1980 **Einl IPR** 278
Kindschaftsrecht **Anh Art 4** 217, 225
Legitimation **Art 4** 234
Legitimation, Übereinkommen 1970 **Einl IPR** 286
Lex fori als Ersatzrecht **Einl IPR** 234
Luftfahrzeuge, Abkommen zur internationalen Anerkennung von Rechten 1948 **Einl IPR** 278
Mehrstaater, inländische **Art 5** 440
Minderjährigenschutzabkommen 1961 **Einl IPR** 278
Namensänderung, Übereinkommen 1958 **Einl IPR** 286
Namensrecht, anzuwendendes Übereinkommen 1980 **Einl IPR** 286
Nichteheliche Kinder, Abkommen zur Anerkennung 1961 **Einl IPR** 286
Norme di applicazione necessaria **Einl IPR** 18
ordre public **Art 6** 23, 146
Rechtsnachfolge von Todes wegen **Anh Art 4** 219
Rechtswahl **Einl IPR** 137, 141
Rück- und Weiterverweisung **Anh Art 4** 220 ff
Sorgerechtsentscheidungen, Übereinkommen 1980 **Einl IPR** 278
Staatenlose – UN-Übereinkommen 1954 **Art 5** 482
Staatsangehörigkeit (Erwerb, Verlust) **Art 5** 287
Staatsangehörigkeitsprinzip **Anh Art 4** 214, 224
Stellvertretung beim internationalen Warenkauf (Unidroit) **Einl IPR** 248
Trust, anwendbares Recht **Einl IPR** 278
Übereinkommen über die Form eines internationalen Testaments 1973 **Einl IPR** 250
Umsiedlungen 1939 **Art 5** 90
Unterhaltsansprüche im Ausland, Übereinkommen über die Geltendmachung 1956 **Einl IPR** 278
Unterhaltsstatutabkommen 1973 **Einl IPR** 278
Unterhaltsvollstreckungsabkommen 1973 **Einl IPR** 278
Urkunden diplomatischer, konsularischer Vertreter, Übereinkommen 1968 **Einl IPR** 278
Vormundschaftabkommen 1902 **Einl IPR** 278

Italien (Forts.)
  Zivilprozeßabkommen 1954 **Einl IPR** 278
  Zustellungsabkommen 1965 **Einl IPR** 278

Jamaika
  Flüchtlinge, Protokoll über die Rechtsstellung 1967 **Anh Art 5** 36
  Flüchtlingsabkommen 1951 **Anh Art 5** 35
  Staatsangehörigkeit (Erwerb, Verlust) **Art 5** 288

Japan
  Adoption **Anh Art 4** 528
  Ausländische Schiedssprüche, Abkommen zur Anerkennung und Vollstreckung 1958 **Einl IPR** 278
  Ausländische Urkunden, Befreiung von der Legalisation (Übereinkommen 1961) **Einl IPR** 278
  Ehegüterrecht und Rechtswahl der Parteien **Art 4** 181
  Ehegüterstatut, wandelbare Anknüpfung **Art 4** 178
  Eherecht **Anh Art 4** 525, 526
  Erbfolge **Anh Art 4** 529
  Erbstatut **Art 4** 254
  Flüchtlinge, Protokoll über die Rechtsstellung 1967 **Anh Art 5** 36
  Flüchtlingskonvention (Genfer Abkommen 1951) **Anh Art 5** 35
  Freundschafts-, Handels- und Niederlassungsabkommen **Einl IPR** 353
  Geschäftsfähigkeit **Anh Art 4** 524
  IPR **Anh Art 4** 523; **Einl IPR** 484
  Kindschaftsrecht **Anh Art 4** 527
  Mehrstaater **Art 5** 438
  Rück- und Weiterverweisung **Anh Art 4** 530 ff
  Staatsangehörigkeit (Erwerb, Verlust) **Art 5** 289
  Staatsangehörigkeitsprinzip **Anh Art 4** 524
  Testamentsformabkommen 1961 **Einl IPR** 278
  Unterhaltsstatutabkommen 1973 **Einl IPR** 278
  Zivilprozeßabkommen 1954 **Einl IPR** 278
  Zustellungsabkommen 1965 **Einl IPR** 278

Jemen
  Flüchtlinge, Protokoll über die Rechtsstellung 1967 **Anh Art 5** 36
  Flüchtlingskonvention (Genfer Abkommen 1951) **Anh Art 5** 35
  IPR **Einl IPR** 488
  Staatsangehörigkeit (Erwerb, Verlust) **Art 5** 290

Jordanien
  Ausländische Schiedssprüche, Abkommen zur Anerkennung und Vollstreckung 1958 **Einl IPR** 278

Jordanien (Forts.)
  Eherecht **Anh Art 4** 491
  Erbfolge **Anh Art 4** 492
  Erbstatut **Art 4** 254
  IPR **Einl IPR** 488
  Kollisionsrecht **Anh Art 4** 490
  Rechtsspaltung **Einl IPR** 542
  Rück- oder Weiterverweisung **Anh Art 4** 467
  Rück- und Weiterverweisung **Anh Art 4** 493
  Staatsangehörigkeit (Erwerb, Verlust) **Art 5** 291
  Staatsangehörigkeitsprinzip **Anh Art 4** 490

Jugoslawien (Bundesrepublik) Einl IPR 333
  Fortgeltung älterer Staatsverträge **Einl IPR** 333
  Interlokales Privatrecht **Einl IPR** 538
  IPR **Art 4** 319; **Einl IPR** 474
  Mehrrechtsstaat **Einl IPR** 530
  Staatsangehörigkeit (Erwerb, Verlust) **Art 5** 292
  Wirtschaftliche Sanktionen **Anh Art 6** 38

Jugoslawien (ehemaliges)
  Adoption **Art 4** 242
  Anwerbe- und Vermittlungsvereinbarung **Einl IPR** 349
  Ausländische Schiedssprüche, Abkommen zur Anerkennung und Vollstreckung 1958 **Einl IPR** 278
  Ausländische Urkunden, Befreiung von der Legalisation (Übereinkommen 1961) **Einl IPR** 278
  CISG **Einl IPR** 244
  Ehegüterstatut, wandelbare Anknüpfung **Art 4** 178
  Erbstatut **Art 4** 254
  Flüchtlinge, Protokoll über die Rechtsstellung 1967 **Anh Art 5** 36
  Flüchtlingskonvention (Genfer Abkommen 1951) **Anh Art 5** 35
  Flüchtlingsseeleute-Vereinbarung 1957 **Anh Art 5** 53
  Gerichtzugang, Übereinkommen zur Erleichterung 1980 **Einl IPR** 278
  IPR **Einl IPR** 474
  Kindesentführungsabkommen 1980 **Einl IPR** 278
  Kollsionsrecht **Anh Art 4** 319
  Luftfahrzeuge, Abkommen zur internationalen Anerkennung von Rechten 1948 **Einl IPR** 278
  Mehrstaater **Art 5** 438
  Mehrstaater, inländische **Art 5** 440
  Produkthaftpflicht, Übereinkommen über anzuwendendes Recht 1973 **Einl IPR** 278
  Staatenlose – UN-Übereinkommen 1954 **Art 5** 482
  Testamentsformabkommen 1961 **Einl IPR** 278

Jugoslawien (ehemaliges) (Forts.)
Übereinkommen über die Form eines internationalen Testaments 1973 **Einl IPR** 250
Unterhaltsansprüche im Ausland, Übereinkommen über die Geltendmachung 1956 **Einl IPR** 278
Verjährungsabkommen (Warenkauf) **Einl IPR** 245
Verkehrsunfälle, Abkommen 1971 über anzuwendendes Recht **Einl IPR** 278
Zivilprozeßabkommen 1954 **Einl IPR** 278

Jungfern-Inseln
Staatsangehörigkeit (Erwerb, Verlust) **Art** 5 293

Juristische Personen
EU-Staatsvertrag 1968 zur Anerkennung **Einl IPR** 290
Fremdenrecht **Einl IPR** 380
Gründungstheorie **Art** 4 151
Rückverweisung **Art** 4 151
Sitztheorie **Art** 4 150
Weiterverweisung **Art** 4 152

Justizgewährung
gegenüber Fremden **Einl IPR** 378

Kärnten
Sammeleinbürgerung, rechtswirksame **Art** 5 113
Sammeleinbürgerung 1941 **Art** 5 86

Kambodscha
Ausländische Schiedssprüche, Abkommen zur Anerkennung und Vollstreckung 1958 **Einl IPR** 278
Flüchtlinge, Protokoll über die Rechtsstellung 1967 **Anh Art** 5 36
Flüchtlingskonvention (Genfer Abkommen 1951) **Anh Art** 5 35
Staatsangehörigkeit (Erwerb, Verlust) **Art** 5 294

Kamerun
Ausländische Schiedssprüche, Abkommen zur Anerkennung und Vollstreckung 1958 **Einl IPR** 278
Flüchtlinge, Protokoll über die Rechtsstellung 1967 **Anh Art** 5 36
Flüchtlingskonvention (Genfer Abkommen 1951) **Anh Art** 5 35
Luftfahrzeuge, Abkommen zur internationalen Anerkennung von Rechten 1948 **Einl IPR** 278
Staatsangehörigkeit (Erwerb, Verlust) **Art** 5 295

Kanada
s. a. Quebec
Ausländische Schiedssprüche, Abkommen zur Anerkennung und Vollstreckung 1958 **Einl IPR** 278
CISG **Einl IPR** 244

Kanada (Forts.)
Domicile **Anh Art** 4 50
Ehegüterstatut **Art** 4 175
Eheliche Abstammung **Art** 4 214
Flüchtlinge, Protokoll über die Rechtsstellung 1967 **Anh Art** 5 36
Flüchtlingsabkommen 1951 **Anh Art** 5 35
Flüchtlingsseeleute-Vereinbarung 1957 **Anh Art** 5 52
Flüchtlingsstatus **Anh Art** 5 9
Geschäftsfähigkeit für Immobiliengeschäfte **Art** 4 143
Interlokales Privatrecht **Einl IPR** 538, 539
IPR **Anh Art** 4 50 ff; **Einl IPR** 418
Kindesentführungsabkommen 1980 **Anh Art** 4 70; **Einl IPR** 278
Rück- und Weiterverweisung **Anh Art** 4 65, 66
Rück- und Weiterverweisung aus deutscher Sicht **Anh Art** 4 67 ff
Staatsangehörigkeit (Erwerb, Verlust) **Art** 5 296
Trust, anwendbares Recht **Einl IPR** 278
Übereinkommen über die Form eines internationalen Testaments 1973 **Einl IPR** 250
Zustellungsabkommen 1965 **Einl IPR** 278

Kap Verde
Flüchtlinge, Protokoll über die Rechtsstellung 1967 **Anh Art** 5 36
Staatsangehörigkeit (Erwerb, Verlust) **Art** 5 297
Unterhaltsansprüche im Ausland, Übereinkommen über die Geltendmachung 1956 **Einl IPR** 278

Kartellrecht
Europäisches **Einl IPR** 214
Internationales **Einl IPR** 208

Kasachstan
Erfüllung von der UdSSR eingegangener völkerrechtlicher Verpflichtungen **Einl IPR** 331
Fortgeltung des IPR der UdSSR **Anh Art** 4 358
IPR **Einl IPR** 481
Kindschaftsrecht **Anh Art** 4 362
Staatsangehörigkeit (Erwerb, Verlust) **Art** 5 298

Katar
IPR **Einl IPR** 494
Rechtsspaltung **Einl IPR** 496
Staatsangehörigkeit (Erwerb, Verlust) **Art** 5 299

Kaufrecht
Haager Übereinkommen über das auf Eigentumsübergang anwendbare Recht 1958 **Einl IPR** 278

Kaufrecht (Forts.)
  Haager Übereinkommen über das auf internationale Käufe beweglicher Sachen anwendbare Recht 1955 **Einl IPR** 278
  Haager Übereinkommen über das auf internationale Wareneinkäufe anwendbare Recht 1986 **Einl IPR** 278
  Haager Übereinkommen über die Zuständigkeit des vertraglich vereinbarten Gerichts 1958 **Einl IPR** 278
  UNIDROIT-Übereinkommen zur Stellvertretung beim internationalen Warenkauf 1983 **Einl IPR** 248
  Verjährung beim internationalen Warenkauf (UIV-Abkommen 1974) **Einl IPR** 245
Kenia
  Ausländische Schiedssprüche, Abkommen zur Anerkennung und Vollstreckung 1958 **Einl IPR** 278
  Flüchtlinge, Protokoll über die Rechtsstellung 1967 **Anh Art 5** 36
  Flüchtlingskonvention (Genfer Abkommen 1951) **Anh Art 5** 35
  Rechtsspaltung **Einl IPR** 543
  Staatsangehörigkeit (Erwerb, Verlust) **Art 5** 300
Kindesentführungsabkommen
  Haager Übereinkommen über zivilrechtliche Aspekte 1980 **Art 3** 24, 25, 26; **Art 4** 132, 133, 348; **Art 5** 502, 507; **Einl IPR** 278
Kindeswohlgefährdung
  Schutzmaßnahmen **Art 4** 222
Kindschaftsrecht
  Eheliche Abstammung
  s. Eheliche Abstammung
  Legal kidnapping **Art 5** 495, 496
  Referentenentwurf 1994 **Einl IPR** 632
  Spaltung, kollisionsrechtliche **Art 3** 59
Kindschaftssachen
  Eilsachen **Einl IPR** 183
Kindschaftsstatut
  und Einheitlichkeit des Familienstatuts **Art 4** 93
Kirgisien
  Erfüllung von der UdSSR eingegangener völkerrechtlicher Verpflichtungen **Einl IPR** 331
  Fortgeltung des IPR der UdSSR **Anh Art 4** 358
  Staatsangehörigkeit (Erwerb, Verlust) **Art 5** 301
Kiribati
  Staatenlose – UN-Übereinkommen 1954 **Art 5** 482

Klauselrecht
  und internationaler Handelsverkehr **Einl IPR** 106 f
Kollisionsrecht
  s. a. Anknüpfung
  Abkommenskollision **Einl IPR** 269
  Abkommensrecht, vorrangiges **Einl IPR** 186, 268
  Abwehransprüche **Art 3** 96
  Änderung **Einl IPR** 502
  und Änderung der Staatsgrenzen **Einl IPR** 310
  Änderung zugleich der Sachnorm **Einl IPR** 505
  Allgemein anerkanntes **Einl IPR** 81
  Anknüpfung, ausschließlich territoriale **Einl IPR** 86
  Arbeitsrecht **Einl IPR** 197
  Auffangregel **Einl IPR** 81
  Aufgabe **Art 4** 88, 89; **Einl IPR** 1 ff, 11 ff
  Ausländische – **Einl IPR** 415 ff
  Ausländisches, gleichheitswidriges Recht **Art 4** 101, 102
  und ausländisches interlokales Privatrecht **Art 4** 323
  Ausländisches Recht **Art 4** 17, 47 ff, 73, 108 ff
  und ausländisches Recht **Einl IPR** 216 ff
  Auslandsberührung, erforderliche **Art 3** 4
  und Auslandsrechtskunde **Einl IPR** 218
  Auslegung fremden Rechts **Art 4** 56, 57
  Ausschluß autonomen Rechts durch Staatsverträge (Übersicht) **Art 4** 116 ff
  außerhalb EGBGB **Art 3** 17
  Ausweichklauseln **Einl IPR** 152 ff
  und bedingte Verweisung **Art 3** 75
  Begriff **Art 3** 2; **Einl IPR** 4 ff, 9 ff
  Belegenheitsrecht, fremdes **Art 3** 49 ff
  Belegenheitsrecht und Kollisionsnormen **Art 3** 47, 48
  Berücksichtigung mehrerer Rechtsordnungen **Einl IPR** 93
  Bezeichnung anwendbaren Rechts **Art 3** 7
  Deutsches IPR außerhalb EGBGB **Einl IPR** 388 ff
  Deutsches IPR, Umfang **Art 3** 3
  Devisenbewirtschaftung **Einl IPR** 202
  EGBGB **Art 3** 3; **Einl IPR** 10
  EGBGB als Quelle des deutschen – **Einl IPR** 384 ff
  EGBGB-Entwicklung **Einl IPR** 562 ff
  Eilentscheidungen und einschlägiges fremdes Sachrecht **Einl IPR** 183
  Einführung neuen Rechts mit rückwirkender Kraft **Einl IPR** 511
  Einführung neuen Rechts, Übergangsrecht **Einl IPR** 508
  Engste Verbindung **Art 5** 418 ff

Kollisionsrecht (Forts.)
Enteignung **Einl IPR** 200
Ermittlungsproblematik **Einl IPR** 181, 182
Ersatz durch Sachnormen **Einl IPR** 91 ff
Europäisches Gemeinschaftsrecht **Art 3** 3
Exklusivnormen **Art 5** 475
Fakultatives **Einl IPR** 115, 174 f, 185 ff, 611
Fortbildung **Einl IPR** 77
Freiwillige Gerichtsbarkeit **Einl IPR** 195
und Fremdenrecht **Einl IPR** 335 ff, 337
Funktion **Art 3** 7; **Einl IPR** 9 ff
Gegenstand der Bundesgesetzgebung **Art 3** 18
Gerechtigkeit **Einl IPR** 56
Gesamtverweisung **Einl IPR** 217
Gleichgültigkeit, kollisionsrechtliche **Art 4** 74
und Grundsatz einheitlichen Vermögensstatuts **Art 3** 83
Günstigkeitsprinzip **Einl IPR** 142 ff
Heimwärtsstreben **Einl IPR** 83
als innerstaatliches Recht **Einl IPR** 304
Interessen **Einl IPR** 56 ff
Internationaler ordre public als Bestandteil des – **Art 6** 61
und IPR **Einl IPR** 9, 195
IPRG und System allseitiger Kollisionsnormen **Art 5** 475
Kartellrecht **Einl IPR** 208
Konkursrecht **Einl IPR** 195
Landesrechtliches IPR **Einl IPR** 400 ff
und lex causae (Sachnorm) **Einl IPR** 11
und lex fori **Einl IPR** 172
Lex fori als Ausgangspunkt **Einl IPR** 79
und lois d'application immediate **Art 6** 27; **Einl IPR** 14 ff
und Mehrrechtsstaat **Einl IPR** 528
Mehrrechtsstaat, Verweisung **Art 4** 311 ff
Methoden, Modelle **Einl IPR** 54 ff
Methodenstreit **Einl IPR** 54 ff
Moderne Tendenzen **Einl IPR** 114 ff
Name **Einl IPR** 21 ff
Name, Ursprung **Einl IPR** 28
und öffentliches Recht **Art 3** 8; **Einl IPR** 34 ff
und öffentlichrechtliche Vorschriften, Frage ihrer Einbeziehung **Einl IPR** 34 ff
und ordre-public-Einordnung **Art 6** 15
Parteiautonomie als Regelungsprinzip **Einl IPR** 123 ff
und Qualifikationsproblematik **Art 4** 60
Quellen **Einl IPR** 381 ff
Rechtsnatur **Einl IPR** 31 ff
Rechtsquellen **Einl IPR** 5 ff
und Rechtsvereinheitlichung **Einl IPR** 239 ff
und Rechtsvergleichung **Einl IPR** 237, 238

Kollisionsrecht (Forts.)
Referentenentwurf 1993 **Einl IPR** 614 ff
Renvoi-Beachtung, Grundlage **Art 4** 48
und Retorsion **Anh Art 6** 17
Rückverweisung bei Anwendung fremden – **Art 4** 1
Rückverweisung auf – **Art 4** 8
und Sachnormen mit unmittelbarem Geltungsanspruch **Einl IPR** 14
Sachnormverweisung, besondere **Art 4** 202
Schiedsgerichtsbarkeit **Einl IPR** 195
Schutz des Schwächeren **Einl IPR** 116 ff
Selbständige, unselbständige Kollisionsnorm **Art 6** 21
und Sonderanknüpfung fremder Eingriffsnormen **Einl IPR** 20
Sondergesetze außerhalb EGBGB **Art 3** 3
Sozialrecht **Einl IPR** 197
Spaltung **Art 3** 59
Staatsangehörigkeitsrecht **Einl IPR** 198
Staatsangehörigkeitsrecht und Berufung fremden Sachrechts **Einl IPR** 216
Staatsverträge **Art 3** 3
Staatsvertraglich vereinbartes **Einl IPR** 404 ff
Statutenwechsel **Einl IPR** 520 ff
Steuerrecht **Einl IPR** 196
Strafrecht **Einl IPR** 196
Systembegriffe, fremde **Art 4** 56
Unbekannte materiellrechtliche Institute, Einordnung **Art 4** 201
US-amerikanische Lehren **Einl IPR** 64 ff
Vereinheitlichtes Kollisionsrecht **Einl IPR** 267 ff
Verfassungsmäßigkeit **Art 3** 28
Verfassungsmäßigkeit des deutschen – **Art 6** 107
Verwaltungsrecht **Einl IPR** 196
Verweisung **Art 3** 10 ff
Verweisung des ausländischen – **Art 4** 47
und Völkerrecht **Einl IPR** 304 ff, 308
Vorrang materiellrechtlicher Lösung **Einl IPR** 75, 76
Vorrang von Staatsverträgen **Art 3** 13 ff
Weiterverweisung bei Anwendung fremden – **Art 4** 1
Wertneutralität **Einl IPR** 142
Zivilprozeß **Einl IPR** 195
und Zugang zum anwendbaren Recht **Einl IPR** 90
oder Zuständigkeitsregel **Art 3** 75

Kolumbien
Ausländische Schiedssprüche, Abkommen zur Anerkennung und Vollstreckung 1958 **Einl IPR** 278
Ehegüterstatut **Art 4** 175
Ehescheidung **Anh Art 4** 419
Erbfolge **Anh Art 4** 420

Kolumbien (Forts.)
  Erbstatut **Art 4** 262, 266
  Flüchtlinge, Protokoll über die Rechtsstellung 1967 **Anh Art 5** 36
  Flüchtlingskonvention (Genfer Abkommen 1951) **Anh Art 5** 35
  IPR **Anh Art 4** 418; **Einl IPR** 428
  Montevideo-Verträge **Einl IPR** 295
  Rück- und Weiterverweisung **Anh Art 4** 421
  Staatsangehörigkeit (Erwerb, Verlust) **Art 5** 302
Kommorientenvermutungen Art 4 145
Konferenz
  Haager Staatenkonferenz **Einl IPR** 274
Kongo
  Flüchtlinge, Protokoll über die Rechtsstellung 1967 **Anh Art 5** 36
  Flüchtlingskonvention (Genfer Abkommen 1951) **Anh Art 5** 35
  Luftfahrzeuge, Abkommen zur internationalen Anerkennung von Rechten 1948 **Einl IPR** 278
  Rechtsspaltung **Einl IPR** 543
  Staatsangehörigkeit (Erwerb, Verlust) **Art 5** 303
Konkurskonvention
  Europäische 1990 **Einl IPR** 283
Konkursrecht
  EG-Kommissionsentwurf, gescheiterter **Einl IPR** 291
  internationales **Einl IPR** 195
Konsularische Vertreter
  Urkunden, Befreiung von der Legalisation **Einl IPR** 283
Kontingentflüchtlinge Anh Art 5 6, 8, 59, 60; **Einl IPR** 351, 389
Konventionsflüchtlinge Anh Art 5 6, 8, 32 ff, 38, 48, 54 ff
Konventionskonflikte Art 3 37 ff; **Einl IPR** 269
Korea (Nordkorea)
  Staatsangehörigkeit (Erwerb, Verlust) **Art 5** 304
Korea (Südkorea)
  Adoption **Anh Art 4** 539
  Anwerbe- und Vermittlungsvereinbarung **Einl IPR** 349
  Ausländische Schiedssprüche, Abkommen zur Anerkennung und Vollstreckung 1958 **Einl IPR** 278
  Eherecht **Anh Art 4** 537
  Eltern-Kind-Beziehung **Art 4** 220
  Erbfolge **Anh Art 4** 540
  Erbstatut **Art 4** 254
  Flüchtlinge, Protokoll über die Rechtsstellung 1967 **Anh Art 5** 36
  Flüchtlingskonvention (Genfer Abkommen 1951) **Anh Art 5** 35
  Geschäftsfähigkeit **Anh Art 4** 536

Korea (Südkorea) (Forts.)
  IPR **Anh Art 4** 535; **Einl IPR** 485
  Kindschaftsrecht **Anh Art 4** 538
  Mehrstaater **Art 5** 438
  Rück- und Weiterverweisung **Anh Art 4** 541, 542
  Staatenlose – UN-Übereinkommen 1954 **Art 5** 482
  Staatsangehörigkeit (Erwerb, Verlust) **Art 5** 305
  Staatsangehörigkeitsprinzip **Anh Art 4** 535
Korea-Flüchtlinge
  und Genfer Flüchtlingskonvention **Anh Art 5** 33
Kraftfahrzeuge
  Haftpflichtversicherung (Europarat-Übereinkommen 1959) **Einl IPR** 253
Kraftfahrzeugunfälle
  Ansprüche gegen den Entschädigungsfonds **Einl IPR** 375
Kraftverkehrsunfälle
  Londoner Abkommen **Einl IPR** 254
Krain
  Sammeleinbürgerung, rechtswirksame **Art 5** 113
  Sammeleinbürgerung 1941 **Art 5** 86
Kranzgeldanspruch
  und ordre public **Art 6** 95, 123
Kroatien
  Ausländische Schiedssprüche, Abkommen zur Anerkennung und Vollstreckung 1958 **Einl IPR** 278
  Ausländische Urkunden, Befreiung von der Legalisation (Übereinkommen 1961) **Einl IPR** 278
  Flüchtlinge, Protokoll über die Rechtsstellung 1967 **Anh Art 5** 36
  Flüchtlingskonvention (Genfer Abkommen 1951) **Anh Art 5** 35
  Fortgeltung älterer Staatsverträge **Einl IPR** 333
  Gerichtszugang, Übereinkommen zur Erleichterung 1980 **Einl IPR** 278
  IPR **Anh Art 4** 328; **Einl IPR** 474 ff
  Kindesentführungsabkommen 1980 **Einl IPR** 278
  Klarstellung hinsichtlich bilateraler, multilateraler Verträge **Einl IPR** 333
  Luftfahrzeuge, Abkommen zur internationalen Anerkennung von Rechten 1948 **Einl IPR** 278
  Produkthaftpflicht, Übereinkommen über anzuwendendes Recht 1973 **Einl IPR** 278
  Staatenlose – UN-Übereinkommen 1954 **Art 5** 482
  Staatsangehörigkeit (Erwerb, Verlust) **Art 5** 306

Kroatien (Forts.)
Testamentsformabkommen 1961
Einl IPR 278
Umsiedlungen 1942 **Art 5** 97
Unterhaltsansprüche im Ausland, Übereinkommen über die Geltendmachung 1956
Einl IPR 278
Verkehrsunfälle, Abkommen 1971 über anzuwendendes Recht **Einl IPR** 278
Zivilprozeßabkommen 1954 **Einl IPR** 278
Kuba
Ausländische Schiedssprüche, Abkommen zur Anerkennung und Vollstreckung 1958 **Einl IPR** 278
CISG **Einl IPR** 244
Codigo Bustamante **Einl IPR** 296
Form von Rechtsgeschäften **Anh Art 4** 425
IPR **Anh Art 4** 423; **Einl IPR** 430
Luftfahrzeuge, Abkommen zur internationalen Anerkennung von Rechten 1948
Einl IPR 278
Personenstand **Anh Art 4** 424
Rück- und Weiterverweisung **Anh Art 4** 426, 427
Staatsangehörigkeit (Erwerb, Verlust) **Art** 5 307
Verjährungsabkommen (Warenkauf)
Einl IPR 245
Kühne-Entwurf Einl IPR 586
Kuwait
Ausländische Schiedssprüche, Abkommen zur Anerkennung und Vollstreckung 1958 **Einl IPR** 278
IPR **Einl IPR** 490
Luftfahrzeuge, Abkommen zur internationalen Anerkennung von Rechten 1948
Einl IPR 278
Mehrstaater **Art 5** 438
Staatsangehörigkeit (Erwerb, Verlust) **Art** 5 308

Lageort
s. Lex rei sitae
Landesrechtliches IPR Einl IPR 400 ff
Laos
Luftfahrzeuge, Abkommen zur internationalen Anerkennung von Rechten 1948
Einl IPR 278
Staatsangehörigkeit (Erwerb, Verlust) **Art** 5 309
Leeward-Inseln
Staatsangehörigkeit (Erwerb, Verlust) **Art** 5 310
Legalisation (ausländische öffentliche Urkunden)
Haager Übereinkommen 1961 **Einl IPR** 278

Legalisation (diplomatische, konsularische Vertreter – Urkunden)
Europäisches Übereinkommen 1968
Einl IPR 283
Leges uniformes Einl IPR 110
Legitimation
Akzessorische Anknüpfung **Art 4** 230
Alternative Anknüpfung **Art 4** 230;
Einl IPR 145
Anknüpfungsgrundsatz **Art 4** 230
und Einheitlichkeit des Familienstatuts **Art** 4 93
und Erwerb deutscher Staatsangehörigkeit
Art 5 158 ff
und ordre public **Art 6** 97
Qualifikationsprobleme **Art 4** 235
Römisches Übereinkommen 1970
Einl IPR 286
Rückverweisung kraft zusätzlicher alternativer Anknüpfung **Art 4** 234
Rückverweisung auf das Wohnsitzrecht **Art** 4 232
und Staatsangehörigkeitsprinzip **Art 5** 16
Lesotho
Ausländische Schiedssprüche, Abkommen zur Anerkennung und Vollstreckung 1958 **Einl IPR** 278
Ausländische Urkunden, Befreiung von der Legalisation (Übereinkommen 1961)
Einl IPR 278
CISG **Einl IPR** 244
Flüchtlinge, Protokoll über die Rechtsstellung 1967 **Anh Art 5** 36
Flüchtlingskonvention (Genfer Abkommen 1951) **Anh Art 5** 35
Staatenlose – UN-Übereinkommen 1954
Art 5 482
Testamentsformabkommen 1961
Einl IPR 278
Lettland
Ausländische Schiedssprüche, Abkommen zur Anerkennung und Vollstreckung 1958 **Einl IPR** 278
Beweisaufnahme im Ausland, Übereinkommen 1970 **Einl IPR** 278
EG-Assoziierungsabkommen **Einl IPR** 347
Fortgeltung des IPR der UdSSR **Anh Art** 4 358
keine Geltung völkerrechtlicher Verträge der früheren UdSSR **Einl IPR** 332
Staatenlosigkeit **Art 5** 451
Staatsangehörigkeit (Erwerb, Verlust) **Art** 5 311
Umsiedlungen 1939 **Art 5** 92
Zivilprozeßabkommen 1954 **Einl IPR** 278
Zustellungsabkommen 1965 **Einl IPR** 278
Letztwillige Verfügungen
Auslegung **Art 4** 281

Letztwillige Verfügungen (Forts.)
  Form Art 4 278, 279
  Gültigkeit als Wirksamkeitsvoraussetzungen Art 4 280
  Haager Testamantsformabkommen 1961 Art 3 31
  Washingtoner Übereinkommen über die Form eines internationalen Testaments 1973 Einl IPR 250
Lex causae
  s. Sachnorm (lex causae)
Lex fori
  als allseitige Kollisionsnorm Art 4 74
  Anwendung eigenen Rechts als – Art 4 77
  Auffangregel Einl IPR 81
  als Ausgangspunkt kollisionsrechtlicher Betrachtung Einl IPR 79
  und ausländische Eingriffsnorm Einl IPR 44
  Ausnahmeklausel und Anwendung der – Einl IPR 156
  Ausweichklauseln, Förderung der – Einl IPR 170
  Bagatellsachen Einl IPR 176, 177
  Basic, residuary rule Einl IPR 79
  und deutsches Kollisionsrecht Einl IPR 172
  Deutsches Recht als – Art 4 73
  Ehesachen Art 4 191
  Einstweiliger Rechtsschutz Einl IPR 180 f
  als Ersatzrecht für ausländisches Recht Einl IPR 232 ff
  und Fälle mit Auslandsberührung Einl IPR 2
  Fakultative Zuständigkeiten und – Art 4 78
  Forum shopping, unerwünschtes Einl IPR 82
  Freie Wählbarkeit der – Einl IPR 185
  Inlandsfälle Art 3 4
  und Interesse der Beteiligten Einl IPR 59
  und Konfliktsituation Einl IPR 71
  Lex fori approach und Kritik am traditionellen IPR-Verständnis Einl IPR 79
  Loi d'application immédiate Einl IPR 17
  Mehrrechtsstaat und Rechtsspaltung Einl IPR 532, 536
  und ordre public Art 6 131; Einl IPR 171
  Ortsgebundene Regeln (local data) Einl IPR 82
  Rückverweisung auf die – Art 4 76
  Verjährung Art 4 161
  Versteckte Rückverweisung Art 4 78
  Wohnsitzbestimmung Art 5 488
Lex loci delicti commissi Art 4 290
Lex loci protectionis
  Immaterialgüterrechte Art 4 310
Lex mercatoria
  als Einheitsrecht Einl IPR 98 ff

Lex rei sitae
  Auflockerungstendenzen, Privatautonomie Einl IPR 131
  Ehegüterstatut Art 4 176
  und erbrechtliches Vermögensstatut Art 3 41
  Erbstatut Art 4 259, 263 ff
  und familienrechtliches Vermögensstatut Art 3 41
  Geschäftsfähigkeit für Immobiliengeschäfte Art 4 143
  Immaterialgüterrechte Art 3 72
  Immobilien im Ehegüter- und Erbrecht Art 3 59
  Kollisionsnormen des Belegenheitsstaates Art 3 59
  Numerus clausus dinglicher Rechte Art 3 97
  oder Personalstatut Art 3 59
  Rechtswahl des Vermögensstatuts, vorrangiges Recht der Belegenheit Art 3 63
  Sachenrecht (Immobilien) Art 4 305
  Schutz privater Interessen Art 3 58
  und Staatsangehörigkeitsprinzip Art 3 52
  Verdrängung des einheitlichen familien- und erbrechtlichen Statuts Art 3 55 ff
  Vorfragen Art 3 64
  Vorrang besonderer Belegenheitsnormen Art 3 61, 62
Lex specialis
  Vorrang Einl IPR 269
Lex uniformis Einl IPR 119, 325
Libanon
  Eherecht Art 4 319
  IPR Einl IPR 493
  Luftfahrzeuge, Abkommen zur internationalen Anerkennung von Rechten 1948 Einl IPR 278
  Rechtsspaltung Einl IPR 496, 542
  Staatsangehörigkeit (Erwerb, Verlust) Art 5 312
  Zivilprozeßabkommen 1954 Einl IPR 278
Liberia
  Flüchtlinge, Protokoll über die Rechtsstellung 1967 Anh Art 5 36
  Flüchtlingskonvention (Genfer Abkommen 1951) Anh Art 5 35
  Staatenlose – UN-Übereinkommen 1954 Art 5 482
  Staatsangehörigkeit (Erwerb, Verlust) Art 5 313
  Waffenembargo Anh Art 6 38
Libyen
  Erbstatut Art 4 254
  IPR Einl IPR 488
  Luftfahrzeuge, Abkommen zur internationalen Anerkennung von Rechten 1948 Einl IPR 278

Libyen (Forts.)
  Rechtsspaltung **Einl IPR** 496
  Staatenlose – UN-Übereinkommen 1954 **Art 5** 482
  Staatsangehörigkeit (Erwerb, Verlust) **Art 5** 314
  Testament, Form eines internationalen **Einl IPR** 250
  Wirtschaftsembargo **Anh Art 6** 38
Liechtenstein
  Auskünfte über ausländisches Recht, Übereinkommen 1968 **Einl IPR** 278
  Ausländische Urkunden, Befreiung von der Legalisation (Übereinkommen 1961) **Einl IPR** 278
  Ausweichklausel **Einl IPR** 169
  Flüchtlinge, Protokoll über die Rechtsstellung 1967 **Anh Art 5** 36
  Flüchtlingskonvention (Genfer Abkommen 1951) **Anh Art 5** 35
  IPR **Einl IPR** 436, 437
  Mehrstaater **Art 5** 438
  Staatsangehörigkeit (Erwerb, Verlust) **Art 5** 315
  Unterhaltsstatutabkommen 1956 **Einl IPR** 278
  Unterhaltsvollstreckungsabkommen für Kinder 1958 **Einl IPR** 278
  Urkunden diplomatischer, konsularischer Vertreter, Übereinkommen 1968 **Einl IPR** 278
Liegenschaften
  und Fahrnis **Art 3** 47; **Art 4** 65 ff
Litauen
  Ausländische Schiedssprüche, Abkommen zur Anerkennung und Vollstreckung 1958 **Einl IPR** 278
  CISG **Einl IPR** 244
  EG-Assoziierungsabkommen **Einl IPR** 347
  Fortgeltung des IPR der UdSSR **Anh Art 4** 358
  keine Geltung völkerrechtlicher Verträge der früheren UdSSR **Einl IPR** 332
  Staatenlosigkeit **Art 5** 451
  Staatsangehörigkeit (Erwerb, Verlust) **Art 5** 316
  Umsiedlungen 1941 **Art 5** 93
Lois d'application immédiate Art 6 14, 27, 28, 30, 33, 55; **Einl IPR** 14 ff, 115
Lois de police Einl IPR 15
Lois d'ordre public Art 6 14, 145
Lois uniformes Einl IPR 325
Londoner Abkommen
  Internationale Kraftverkehrsunfälle **Einl IPR** 254
Lücken
  aufgrund ordre-public-Anwendung **Art 6** 134

Lücken (Forts.)
  im deutschen IPR **Art 4** 75
  im System ausländischen Kollisionsrechts **Art 4** 57
Luftfahrzeuge
  Genfer Abkommen über die internationale Anerkennung von Rechten 1948 **Einl IPR** 282
Luganer Übereinkommen Einl IPR 290, 406
Luxemburg
  Adoption **Anh Art 4** 194; **Einl IPR** 426
  Auskünfte über ausländisches Recht, Übereinkommen 1968 **Einl IPR** 278
  Ausländische Schiedssprüche, Abkommen zur Anerkennung und Vollstreckung 1958 **Einl IPR** 278
  Ausländische Urkunden, Befreiung von der Legalisation (Übereinkommen 1961) **Einl IPR** 278
  Beweisaufnahme im Ausland, Übereinkommen 1970 **Einl IPR** 278
  Ehefähigkeitszeugnis, Übereinkommen 1980 **Einl IPR** 286
  Ehegüterrecht **Anh Art 4** 190
  Ehegüterrecht und Rechtswahl der Parteien **Art 4** 180; **Einl IPR** 136
  Ehegüterstände, Abkommen über anzuwendendes Recht 1978 **Einl IPR** 278
  Ehescheidung **Anh Art 4** 191
  Ehescheidungsanerkennung, Abkommen 1970 **Einl IPR** 278
  Eheschließung **Anh Art 4** 189
  Eheschließung, Ehegültigkeit, Übereinkommen 1978 **Einl IPR** 278
  Eheschließungsabkommen 1902 **Einl IPR** 278
  Erbrecht **Anh Art 4** 195
  Erbstatut **Art 4** 261, 265
  EuGVÜ **Einl IPR** 290
  Flüchtlinge, Protokoll über die Rechtsstellung 1967 **Anh Art 5** 36
  Flüchtlingskonvention (Genfer Abkommen 1951) **Anh Art 5** 35
  Haager Güterrechts-IPR **Einl IPR** 136
  Handelsschiedsgerichtsbarkeit, Vereinbarung 1962 **Einl IPR** 278
  IPR **Anh Art 4** 188; **Einl IPR** 425
  Kindesentführungsabkommen 1980 **Einl IPR** 278
  Kindschaftsrecht **Anh Art 4** 192
  Legitimation **Art 4** 234; **Anh Art 4** 193
  Legitimation, Übereinkommen 1970 **Einl IPR** 286
  Luftfahrzeuge, Abkommen zur internationalen Anerkennung von Rechten 1948 **Einl IPR** 278
  Minderjährigenschutzabkommen 1961 **Einl IPR** 278

Luxemburg (Forts.)
Mütterliche Abstammung, Übereinkommen 1962 **Einl IPR** 286
Nachlaßspaltung **Art 4** 261
Namensänderung, Übereinkommen 1958 **Einl IPR** 286
Produkthaftpflicht, Übereinkommen über anzuwendendes Recht 1973 **Einl IPR** 278
Rück- und Weiterverweisung **Anh Art 4** 196, 197
Sammeleinbürgerung, nicht bestätigte **Art 5** 118, 124
Sammeleinbürgerung 1942 **Art 5** 87
Sorgerechtsentscheidungen, Übereinkommen 1980 **Einl IPR** 278
Staatenlose – UN-Übereinkommen 1954 **Art 5** 482
Staatsangehörigkeit (Erwerb, Verlust) **Art 5** 317
Staatsangehörigkeitsprinzip **Anh Art 4** 188
Testamentsformabkommen 1961 **Einl IPR** 278
Unterhaltsansprüche im Ausland, Übereinkommen über die Geltendmachung 1956 **Einl IPR** 278
Unterhaltsstatutabkommen 1973 **Einl IPR** 278
Unterhaltsvollstreckungsabkommen 1973 **Einl IPR** 278
Urkunden diplomatischer, konsularischer Vertreter, Übereinkommen 1968 **Einl IPR** 278
Verkehrsunfälle, Abkommen 1971 über anzuwendendes Recht **Einl IPR** 278
Vormundschaftabkommen 1902 **Einl IPR** 278
Zivilprozeßabkommen 1954 **Einl IPR** 278
Zustellungsabkommen 1965 **Einl IPR** 278

Maastrichter Vertrag 1993
Europäische Unionsbürgerschaft s. dort

Madagaskar
Ausländische Schiedssprüche, Abkommen zur Anerkennung und Vollstreckung 1958 **Einl IPR** 278
Flüchtlingskonvention (Genfer Abkommen 1951) **Anh Art 5** 35
IPR **Einl IPR** 427
Luftfahrzeuge, Abkommen zur internationalen Anerkennung von Rechten 1948 **Einl IPR** 278
Staatsangehörigkeit (Erwerb, Verlust) **Art 5** 318

Mähren (Protektorat)
Sammeleinbürgerung, rechtswirksame **Art 5** 113
Sammeleinbürgerung 1939 **Art 5** 77

Malawi
Ausländische Urkunden, Befreiung von der Legalisation (Übereinkommen 1961) **Einl IPR** 278
Flüchtlinge, Protokoll über die Rechtsstellung 1967 **Anh Art 5** 36
Flüchtlingskonvention (Genfer Abkommen 1951) **Anh Art 5** 35
Staatsangehörigkeit (Erwerb, Verlust) **Art 5** 320
Zustellungsabkommen 1965 **Einl IPR** 278

Malaysia
Ausländische Schiedssprüche, Abkommen zur Anerkennung und Vollstreckung 1958 **Einl IPR** 278
Rechtsspaltung **Einl IPR** 542
Staatsangehörigkeit (Erwerb, Verlust) **Art 5** 321

Malediven
Staatsangehörigkeit (Erwerb, Verlust) **Art 5** 322

Mali
Ausländische Schiedssprüche, Abkommen zur Anerkennung und Vollstreckung 1958 **Einl IPR** 278
Flüchtlinge, Protokoll über die Rechtsstellung 1967 **Anh Art 5** 36
Flüchtlingskonvention (Genfer Abkommen 1951) **Anh Art 5** 35
Luftfahrzeuge, Abkommen zur internationalen Anerkennung von Rechten 1948 **Einl IPR** 278
Staatsangehörigkeit (Erwerb, Verlust) **Art 5** 323

Malta
Auskünfte über ausländisches Recht, Übereinkommen 1968 **Einl IPR** 278
Ausländische Urkunden, Befreiung von der Legalisation (Übereinkommen 1961) **Einl IPR** 278
Flüchtlinge, Protokoll über die Rechtsstellung 1967 **Anh Art 5** 36
Flüchtlingskonvention (Genfer Abkommen 1951) **Anh Art 5** 35
Staatsangehörigkeit (Erwerb, Verlust) **Art 5** 324

Mandatsgebiete
und Staatenlosigkeit **Art 5** 448

Mann und Frau
Ehegüterrrecht, fehlende Geschlechtsneutralität **Art 4** 183
Gleichheitswidrige ausländische Kollisionsnorm **Art 4** 101, 102

Marcks-Urteil Art 6 66

Marokko
Anwerbe- und Vermittlungsvereinbarungen **Einl IPR** 349

Marokko (Forts.)
Ausländische Schiedssprüche, Abkommen zur Anerkennung und Vollstreckung 1958 **Einl IPR** 278
Flüchtlinge, Protokoll über die Rechtsstellung 1967 **Anh Art 5** 36
Flüchtlingskonvention (Genfer Abkommen 1951) **Anh Art 5** 35
Flüchtlingsseeleute-Vereinbarung 1957 **Anh Art 5** 52
IPR **Einl IPR** 497
Luftfahrzeuge, Abkommen zur internationalen Anerkennung von Rechten 1948 **Einl IPR** 278
Rechtsspaltung **Einl IPR** 543
Staatsangehörigkeit (Erwerb, Verlust) **Art 5** 325
Unterhaltsansprüche im Ausland, Übereinkommen über die Geltendmachung 1956 **Einl IPR** 278
Zivilprozeßabkommen 1954 **Einl IPR** 278

Marshallinseln
Ausländische Urkunden, Befreiung von der Legalisation (Übereinkommen 1961) **Einl IPR** 278

Mauretanien
Flüchtlinge, Protokoll über die Rechtsstellung 1967 **Anh Art 5** 36
Flüchtlingskonvention (Genfer Abkommen 1951) **Anh Art 5** 35
IPR **Einl IPR** 491
Luftfahrzeuge, Abkommen zur internationalen Anerkennung von Rechten 1948 **Einl IPR** 278
Staatsangehörigkeit (Erwerb, Verlust) **Art 5** 326

Mauritius
Ausländische Urkunden, Befreiung von der Legalisation (Übereinkommen 1961) **Einl IPR** 278
Flüchtlingsseeleute-Vereinbarung 1957 **Anh Art 5** 52
Kindesentführungsabkommen 1980 **Einl IPR** 278
Luftfahrzeuge, Abkommen zur internationalen Anerkennung von Rechten 1948 **Einl IPR** 278
Staatsangehörigkeit (Erwerb, Verlust) **Art 5** 327
Testamentsformabkommen 1961 **Einl IPR** 278

Max-Planck-Institut
für ausländisches und internationales Privatrecht **Einl IPR** 220, 389, 575, 587, 588, 594

Mazedonien
Ausländische Schiedssprüche, Abkommen zur Anerkennung und Vollstreckung 1958 **Einl IPR** 278
Ausländische Urkunden, Befreiung von der Legalisation (Übereinkommen 1961) **Einl IPR** 278
Fortgeltung älteren Rechts **Einl IPR** 333
Gerichtszugang, Übereinkommen zur Erleichterung 1980 **Einl IPR** 278
IPR **Anh Art 4** 328; **Einl IPR** 474
Luftfahrzeuge, Abkommen zur internationalen Anerkennung von Rechten 1948 **Einl IPR** 278
Produkthaftpflicht, Übereinkommen über anzuwendendes Recht 1973 **Einl IPR** 278
Staatsangehörigkeit (Erwerb, Verlust) **Art 5** 319
Testamentsformabkommen 1961 **Einl IPR** 278
Unterhaltsansprüche im Ausland, Übereinkommen über die Geltendmachung 1956 **Einl IPR** 278
Verkehrsunfälle, Abkommen 1971 über anzuwendendes Recht **Einl IPR** 278

Mehrrechtsstaaten
Interlokales, interpersonales Privatrecht **Einl IPR** 527 ff
Interlokales Privatrecht **Einl IPR** 537 ff
Unteranknüpfung **Art 4** 311 ff; **Einl IPR** 532 ff

Mehrstaater
Anknüpfung an die engste Beziehung **Art 4** 98
Anknüpfung nach dem Heimatrecht **Art 5** 407, 408
und Aufenthaltsprinzip **Art 5** 415, 420
Deutscher, Begriff **Art 5** 429
Deutsches Personalstatut, Vorrang **Art 5** 423 ff
Engste Verbindung, Grundsatz und Ermittlung **Art 5** 418 ff
Europarat-Übereinkommen 1963 **Art 5** 191
IPR-NRG **Art 5** 417 ff
Kollisionsrechtliche Behandlung **Art 4** 56
und Ordnungspolitik **Art 5** 38, 39
Rechtsvergleichende Hinweise **Art 5** 438 ff
Staatsverträge **Art 5** 435 ff
Übereinkommen 1963 **Art 5** 36, 37
Vorrang deutscher Staatsangehörigkeit **Art 5** 410, 411; **Einl IPR** 605
Vorrang effektiver Staatsangehörigkeit **Art 5** 412 ff
Wehrpflicht **Art 5** 191

Memelland
Sammeleinbürgerung 1939 **Art 5** 78, 113

Menschenrechtserklärungen
und Staatsangehörigkeitsrecht **Art 5** 443

MERCOSUR
  Südamerikanischer Gemeinsamer Markt
    Einl IPR 301
Mexiko
  Adoptionszusammenarbeit, Übereinkommen 1993 **Einl IPR** 278
  Ausländische Schiedssprüche, Abkommen zur Anerkennung und Vollstreckung 1958 **Einl IPR** 278
  Ausländische Urkunden, Befreiung von der Legalisation (Übereinkommen 1961) **Einl IPR** 278
  Beweisaufnahme im Ausland, Übereinkommen 1970 **Einl IPR** 278
  CISG **Einl IPR** 244
  Dingliche Rechte **Anh Art 4** 431
  Eherecht **Anh Art 4** 434
  Eheschließung **Anh Art 4** 429, 434
  Erbfolge **Anh Art 4** 436
  Form von Rechtsgeschäften **Anh Art 4** 430
  Interlokales Privatrecht **Anh Art 4** 437; **Einl IPR** 538
  IPR **Anh Art 4** 429; **Einl IPR** 429
  IPR-Reform 1988 **Anh Art 4** 432
  IPR-Reform 1991 **Anh Art 4** 433
  Kindesentführungsabkommen 1980 **Einl IPR** 278
  Kindschaftsrecht **Anh Art 4** 435
  Luftfahrzeuge, Abkommen zur internationalen Anerkennung von Rechten 1948 **Einl IPR** 278
  Rück- und Weiterverweisung **Anh Art 4** 438, 438 ff, 439
  Staatsangehörigkeit (Erwerb, Verlust) **Art 5** 328
  Territorialitätsgrundsatz **Anh Art 4** 429
  Unterhaltsansprüche im Ausland, Übereinkommen über die Geltendmachung 1956 **Einl IPR** 278
  Verjährungsabkommen (Warenkauf) **Einl IPR** 245
Mietvertrag
  über im Ausland gelegene Ferienwohnung **Einl IPR** 162
Minderjährigenschutzabkommen 1961 Art 4 228
  Haager **Art 3** 24, 24 ff, 30, 38; **Art 4** 128 ff, 245, 246, 348; **Art 5** 437
  Haager Übereinkommen **Einl IPR** 278
Modellgesetz Einl IPR 180, 324
  und Harmonisierung des Rechts **Einl IPR** 247
Moldau
  CISG **Einl IPR** 244
  Staatsangehörigkeit (Erwerb, Verlust) **Art 5** 329
  Zivilprozeßabkommen 1954 **Einl IPR** 278

Moldawien
  Fortgeltung des IPR der UdSSR **Anh Art 4** 358
Monaco
  Ausländische Schiedssprüche, Abkommen zur Anerkennung und Vollstreckung 1958 **Einl IPR** 278
  Flüchtlingskonvention (Genfer Abkommen 1951) **Anh Art 5** 35
  Flüchtlingsseeleute-Vereinbarung 1957 **Anh Art 5** 52
  Kindesentführungsabkommen 1980 **Einl IPR** 278
  Luftfahrzeuge, Abkommen zur internationalen Anerkennung von Rechten 1948 **Einl IPR** 278
  Staatsangehörigkeit (Erwerb, Verlust) **Art 5** 330
  Unterhaltsansprüche im Ausland, Übereinkommen über die Geltendmachung 1956 **Einl IPR** 278
Mongolei
  Ausländische Schiedssprüche, Abkommen zur Anerkennung und Vollstreckung 1958 **Einl IPR** 278
  Staatsangehörigkeit (Erwerb, Verlust) **Art 5** 331
Montevideo-Verträge Einl IPR 295
Moresnet
  Sammeleinbürgerung, nicht bestätigte **Art 5** 118, 125
  Sammeleinbürgerung 1941 **Art 5** 88
Mosambik
  Flüchtlinge, Protokoll über die Rechtsstellung 1967 **Anh Art 5** 36
  Flüchtlingskonvention (Genfer Abkommen 1951) **Anh Art 5** 35
  Staatsangehörigkeit (Erwerb, Verlust) **Art 5** 332
Moskauer Vertrag 1970 Art 5 143
Multinationale Unternehmen
  OECD-Erklärung **Einl IPR** 108
Muttermilchersatznahrung
  WHO-Kodex 1981 **Einl IPR** 108
Myanmar
  Staatsangehörigkeit (Erwerb, Verlust) **Art 5** 333

Nachlaßeinheit
  und Rückverweisung **Art 4** 16
Nachlaßkonkurs
  und Nachlaßspaltung **Art 3** 77
Nachlaßspaltung Art 3 59, 60
  und bewegliches Vermögen **Art 4** 250 ff
Nachlaßverwaltung
  Haager Übereinkommen 1973 **Einl IPR** 278

Name, Vorname (anwendbares Recht)
Münchener Übereinkommen 1980
Einl IPR 286
Namensänderung
Istanbuler Übereinkommen 1958
Einl IPR 286
Namensführung (Ausstellung von Bescheinigungen)
Haager Übereinkommen 1982 **Einl IPR** 286
Namensrecht
Alternative Anknüpfung **Art 4** 149
und ordre public **Art 6** 96
Rechtswahl **Art 4** 104, 148; **Einl IPR** 133
Renvoi kraft abweichender Qualifikation
Art 4 62
Rück- und Weiterverweisungen **Art 4** 147
Staatsangehörigkeitsprinzip **Art 4** 146
Namibia Art 5 57
Staatsangehörigkeit (Erwerb, Verlust) **Art 5** 334
Versailler Vertrag und Staatsangehörigkeitsregelung **Art 5** 68
Nansen-Flüchtlinge Anh Art 5 38, 39
Nansen-Paß Anh Art 5 3
Nationalsozialismus
Ausbürgerungsmaßnahmen **Art 5** 447
Beseitigung des Unrechts im Staatsangehörigkeitsrecht **Art 5** 101 ff
und Entwicklung des Staatsangehörigkeitsrechts **Art 5** 69 ff
Nepal
Staatsangehörigkeit (Erwerb, Verlust) **Art 5** 335
Neu-Kaledonien
Rechtsspaltung **Einl IPR** 544
Neuseeland
Ausländische Schiedssprüche, Abkommen zur Anerkennung und Vollstreckung 1958 **Einl IPR** 278
CISG **Einl IPR** 244
Ehegüterstatut **Art 4** 175
Flüchtlinge, Protokoll über die Rechtsstellung 1967 **Anh Art 5** 36
Flüchtlingskonvention (Genfer Abkommen 1951) **Anh Art 5** 35
Flüchtlingsseeleute-Vereinbarung 1957 **Anh Art 5** 52
Kindesentführungsabkommen 1980 **Einl IPR** 278
Staatsangehörigkeit (Erwerb, Verlust) **Art 5** 336
Unterhaltsansprüche im Ausland, Übereinkommen über die Geltendmachung 1956 **Einl IPR** 278
New Yorker Staatenlosenabkommen 1954 Art 4 123
Nicaragua
Código Bustamante **Einl IPR** 296

Nicaragua (Forts.)
Flüchtlinge, Protokoll über die Rechtsstellung 1967 **Anh Art 5** 36
Flüchtlingskonvention (Genfer Abkommen 1951) **Anh Art 5** 35
IPR **Einl IPR** 430
Staatsangehörigkeit (Erwerb, Verlust) **Art 5** 337
Nichteheliche Kinder
Alternative Anknüpfung **Art 4** 224
Amtspflegschaft **Einl IPR** 366
Anknüpfungsgrundsatz **Art 4** 223
Brüsseler Übereinkommen über Feststellung mütterlicher Abstammung 1962 **Einl IPR** 286
und eheliche Kinder, beabsichtigte Gleichstellung **Einl IPR** 632
Einbürgerung **Art 5** 167
Eltern-Kind-Verhältnis **Art 4** 228 ff
Münchener Übereinkommen über freiwillige Anerkennung 1980 **Einl IPR** 286
Namensrecht **Art 4** 149
und ordre public **Art 6** 97
Reformvorhaben (Referentenentwurf) **Einl IPR** 632
Renvoi **Art 4** 226 ff
Römisches Übereinkommen über Behördenzuständigkeit zur Anerkennung 1961 **Einl IPR** 286
Unterhaltsstatut, Abstammungsstatut **Art 4** 225
Niederlande
Adoption **Anh Art 4** 205, 208
Anerkennung und Vollstreckung ausländischer Urteile, Übereinkommen 1971 **Einl IPR** 278
Anerkennung und Vollstreckung, bilaterales Abkommen **Einl IPR** 405, 406
Auskünfte über ausländisches Recht, Übereinkommen 1968 **Einl IPR** 278
Ausländische Devisenvorschriften **Einl IPR** 207
Ausländische Schiedssprüche, Abkommen zur Anerkennung und Vollstreckung 1958 **Einl IPR** 278
Ausländische Urkunden, Befreiung von der Legalisation (Übereinkommen 1961) **Einl IPR** 278
Ausweichklausel **Einl IPR** 153, 159
Belegenheitsrecht, besondere Vorschriften **Art 3** 108
Beweisaufnahme im Ausland, Übereinkommen 1970 **Einl IPR** 278
CISG **Einl IPR** 244
Ehefähigkeitszeugnis, Übereinkommen 1980 **Einl IPR** 286
Ehegüterrecht **Anh Art 4** 202

Niederlande (Forts.)
Ehegüterrecht und Rechtswahl der Parteien **Art 4** 180
Ehegüterstände, Abkommen über anzuwendendes Recht 1978 **Einl IPR** 278
Eherecht **Anh Art 4** 210
Ehesachen, Übereinkommen zur Anerkennung von Entscheidungen 1967 **Einl IPR** 286
Ehescheidung **Anh Art 4** 203
Ehescheidungsanerkennung, Abkommen 1970 **Einl IPR** 278
Eheschließung **Anh Art 4** 201
Eheschließung im Ausland, Übereinkommen 1964 **Einl IPR** 286
Eheschließung, Ehegültigkeit, Übereinkommen 1978 **Einl IPR** 278
Eheschließungsabkommen 1902 **Einl IPR** 278
Ehewirkungen **Anh Art 4** 202
Erbfolge **Anh Art 4** 207
Erbrecht **Anh Art 4** 209; **Einl IPR** 141
Erbstatut **Art 4** 254
EuGVÜ **Einl IPR** 290
Familienname-Bescheinigung, Übereinkommen 1982 **Einl IPR** 286
Flüchtlinge, Protokoll über die Rechtsstellung 1967 **Anh Art 5** 36
Flüchtlingskonvention (Genfer Abkommen 1951) **Anh Art 5** 35
Flüchtlingsseeleute-Vereinbarung 1957 **Anh Art 5** 52
Gerichtzugang, Übereinkommen zur Erleichterung 1980 **Einl IPR** 278
Haager Güterrechts-IPR **Einl IPR** 136
interlokales Privatrecht **Einl IPR** 541
IPR **Anh Art 4** 199; **Einl IPR** 438, 438 ff
Kindesentführungsabkommen 1980 **Einl IPR** 278
Kindschaftsrecht **Anh Art 4** 204, 211
Legitimation **Art 4** 234
Legitimation, Übereinkommen 1970 **Einl IPR** 286
Lex fori als Ersatzrecht **Einl IPR** 234
Luftfahrzeuge, Abkommen zur internationalen Anerkennung von Rechten 1948 **Einl IPR** 278
Mehrstaater, inländische **Art 5** 440
Minderjährigenschutzabkommen 1961 **Einl IPR** 278
Mütterliche Abstammung, Übereinkommen 1962 **Einl IPR** 286
Namensänderung, Übereinkommen 1958 **Einl IPR** 286
Namensrecht **Anh Art 4** 200
Nichteheliche Kinder, Abkommen zur Anerkennung 1961 **Einl IPR** 286

Niederlande (Forts.)
Produkthaftpflicht, Übereinkommen über anzuwendendes Recht 1973 **Einl IPR** 278
Rück- und Weiterverweisung **Anh Art 4** 207 ff
Sonderanknüpfung ausländischer Eingriffsnormen **Einl IPR** 53
Sorgerechtsentscheidungen, Übereinkommen 1980 **Einl IPR** 278
Staatenlose – UN-Übereinkommen 1954 **Art 5** 482
Staatsangehörigkeit (Erwerb, Verlust) **Art 5** 338
Staatsangehörigkeit, Option **Art 5** 137
Staatsangehörigkeitsprinzip **Anh Art 4** 200
Stellvertretung, Übereinkommen über anzuwendendes Recht 1978 **Einl IPR** 278
Testamentsformabkommen 1961 **Einl IPR** 278
Unterhaltsansprüche im Ausland, Übereinkommen über die Geltendmachung 1956 **Einl IPR** 278
Unterhaltsstatutabkommen 1973 **Einl IPR** 278
Unterhaltsvollstreckungsabkommen 1973 **Einl IPR** 278
Urkunden diplomatischer, konsularischer Vertreter, Übereinkommen 1968 **Einl IPR** 278
Verkehrsunfälle, Abkommen 1971 über anzuwendendes Recht **Einl IPR** 278
Zivilprozeßabkommen 1954 **Einl IPR** 278
Zustellungsabkommen 1965 **Einl IPR** 278
Nießbrauch
Nachlaß ausländischen Erblassers und – am inländischen Grundstück **Art 3** 95
Niger
Ausländische Schiedssprüche, Abkommen zur Anerkennung und Vollstreckung 1958 **Einl IPR** 278
Flüchtlinge, Protokoll über die Rechtsstellung 1967 **Anh Art 5** 36
Flüchtlingskonvention (Genfer Abkommen 1951) **Anh Art 5** 35
Kauf beweglicher Sachen, Haager Übereinkunft 1955 **Einl IPR** 278
Luftfahrzeuge, Abkommen zur internationalen Anerkennung von Rechten 1948 **Einl IPR** 278
Staatsangehörigkeit (Erwerb, Verlust) **Art 5** 339
Übereinkommen über die Form eines internationalen Testaments 1973 **Einl IPR** 250
Unterhaltsansprüche im Ausland, Übereinkommen über die Geltendmachung 1956 **Einl IPR** 278
Nigeria
Ausfuhrverbot von Kulturgut **Einl IPR** 37

Nigeria (Forts.)
Ausländische Schiedssprüche, Abkommen zur Anerkennung und Vollstreckung 1958 **Einl IPR** 278
Eherecht **Art 4** 318
Finanzierungsleasing, internationales **Einl IPR** 248
Flüchtlinge, Protokoll über die Rechtsstellung 1967 **Anh Art 5** 36
Flüchtlingskonvention (Genfer Abkommen 1951) **Anh Art 5** 35
IPR **Einl IPR** 418
Rechtsspaltung **Einl IPR** 543
Staatsangehörigkeit (Erwerb, Verlust) **Art 5** 340
Stellvertretung beim internationalen Warenkauf (Unidroit) **Einl IPR** 248
Norddeutscher Bund
und Regelung der Staatsangehörigkeit **Art 5** 56
Nordische Konventionen
IPR-Bestimmungen über Ehe, Adoption und Vormundschaft, Übereinkommen 1931
Nordische Konventionen (Übersicht) Einl IPR 294
Norwegen
Anerbenrecht **Art 3** 46
Anerkennung und Vollstreckung, bilaterales Abkommen **Einl IPR** 405, 406
Auskünfte über ausländisches Recht, Übereinkommen 1968 **Einl IPR** 278
Ausländische Schiedssprüche, Abkommen zur Anerkennung und Vollstreckung 1958 **Einl IPR** 278
Ausländische Urkunden, Befreiung von der Legalisation (Übereinkommen 1961) **Einl IPR** 278
Belegenheitsrecht, besondere Vorschriften **Art 3** 109, 110
Beweisaufnahme im Ausland, Übereinkommen 1970 **Einl IPR** 278
CISG **Einl IPR** 244
Ehegüterstatut **Art 4** 175
Eheliche Abstammung **Art 4** 214
Ehescheidungsanerkennung, Abkommen 1970 **Einl IPR** 278
Ehescheidungsstatut **Art 4** 188
Erbstatut **Art 4** 255
Flüchtlinge, Protokoll über die Rechtsstellung 1967 **Anh Art 5** 36
Flüchtlingskonvention (Genfer Abkommen 1951) **Anh Art 5** 35
Flüchtlingsseeleute-Vereinbarung 1957 **Anh Art 5** 52
IPR **Anh Art 4** 109; **Einl IPR** 432
Kauf beweglicher Sachen, Haager Übereinkunft 1955 **Einl IPR** 278

Norwegen (Forts.)
Kfz-Haftpflichtversicherung, Europarat-Übereinkommen 1959 **Einl IPR** 253
Kindesentführungsabkommen 1980 **Anh Art 4** 114; **Einl IPR** 278
Kindschaftsrecht **Anh Art 4** 113
Legitimation **Art 4** 232
Luftfahrzeuge, Abkommen zur internationalen Anerkennung von Rechten 1948 **Einl IPR** 278
Mehrstaater, inländische **Art 5** 440
Nordische Konventionen **Einl IPR** 294
Produkthaftpflicht, Übereinkommen über anzuwendendes Recht 1973 **Einl IPR** 278
Rück- und Weiterverweisung **Anh Art 4** 110, 111
Rück- und Weiterverweisung aus deutscher Sicht **Anh Art 4** 112
Sorgerechtsentscheidungen, Übereinkommen 1980 **Einl IPR** 278
Staatenlose – UN-Übereinkommen 1954 **Art 5** 482
Staatsangehörigkeit (Erwerb, Verlust) **Art 5** 341
Testamentsformabkommen 1961 **Anh Art 4** 114; **Einl IPR** 278
Unterhaltsansprüche im Ausland, Übereinkommen über die Geltendmachung 1956 **Einl IPR** 278
Unterhaltsvollstreckungsabkommen 1973 **Einl IPR** 278
Urkunden diplomatischer, konsularischer Vertreter, Übereinkommen 1968 **Einl IPR** 278
Verjährungsabkommen (Warenkauf) **Einl IPR** 245
Zivilprozeßabkommen 1954 **Einl IPR** 278
Zustellungsabkommen 1965 **Einl IPR** 278
Notar
Kenntnis, Anwendung fremden Rechts **Einl IPR** 235, 236

Oberkrain
Sammeleinbürgerung 1941 **Art 5** 86
Oberschlesien
Versailler Vertrag und Staatsangehörigkeitsregelung **Art 5** 64
Obervolta
Staatsangehörigkeit (Erwerb, Verlust) **Art 5** 342
OECD-Erklärung
über internationale Investitionen, multinationale Unternehmen **Einl IPR** 108
Öffentlich-rechtliche Vorschriften
IPR-Normen, Einbeziehung – **Einl IPR** 34 ff

Öffentliches Recht
  Fremdenrechtliche Beschränkungen
    Einl IPR 354
  und IPR **Art 3** 8; **Einl IPR** 34 ff
  kollisionsrechtliche Behandlung **Art 6** 32
Ölverschmutzungsschäden
  Abkommen zur Haftung **Einl IPR** 252
Österreich
  Abbruch einer Verweisungskette **Art 4** 55
  Abstammung, nichteheliche **Art 4** 226
  Adoption **Art 4** 241, 242; **Anh Art 4** 257
  Adoptionsrecht und Adoptionsanerkennung, Übereinkommen 1965
    Einl IPR 278
  Anerbenrecht **Art 3** 46
  Anerkennung und Vollstreckung, bilaterales Abkommen **Einl IPR** 405, 406
  Auskünfte über ausländisches Recht, Übereinkommen 1968 **Einl IPR** 278
  Ausländische Schiedssprüche, Abkommen zur Anerkennung und Vollstreckung 1958 **Einl IPR** 278
  Ausländische Urkunden, Befreiung von der Legalisation (Übereinkommen 1961) **Einl IPR** 278
  Ausweichklausel **Einl IPR** 158
  Ausweichklausel, allgemeine **Einl IPR** 154
  Ausweichklauseln, spezielle **Einl IPR** 164
  Belegenheitsrecht, besondere Vorschriften **Art 3** 111 ff
  CISG **Einl IPR** 244
  deutsch-österreichisches Vormundschaftsabkommen 1927 **Art 4** 247
  Ehefähigkeitszeugnis, Übereinkommen 1980 **Einl IPR** 286
  Ehegüterrecht **Anh Art 4** 263, 265
  Ehegüterrecht und Rechtswahl der Parteien **Art 4** 181
  Eheliche Abstammung **Anh Art 4** 255
  Eherecht **Anh Art 4** 254, 265
  Ehesachen, Übereinkommen zur Anerkennung von Entscheidungen 1967 **Einl IPR** 286
  Ehewirkungen **Anh Art 4** 254
  Erbfälle deutsch-österreichisch **Art 3** 65
  Erbfolge **Art 3** 65; **Anh Art 4** 258
  Erbrecht **Anh Art 4** 264; **Einl IPR** 139
  Erbstatut **Art 4** 267, 268
  Fall Pabalk v Norsolor **Einl IPR** 100
  Familienrecht, alternative Anknüpfung **Einl IPR** 147
  Flüchtlinge, Protokoll über die Rechtsstellung 1967 **Anh Art 5** 36
  Flüchtlingskonvention (Genfer Abkommen 1951) **Anh Art 5** 35
  Grundstück und Fahrnis **Art 3** 48
  Grundstücksvermögen **Anh Art 4** 263

Österreich (Forts.)
  Handelsschiedsgerichtsbarkeit, Vereinbarung 1962 **Einl IPR** 278
  IPR **Anh Art 4** 252; **Einl IPR** 456, 457, 509
  Kfz-Haftpflichtversicherung, Europarat-Übereinkommen 1959 **Einl IPR** 253
  Kindesentführungsabkommen 1980 **Einl IPR** 278
  Kindschaftsrecht **Anh Art 4** 255, 266
  Kollisionsrechtliche Rechtswahl **Einl IPR** 129
  Legitimation **Art 4** 234; **Anh Art 4** 255
  Legitimation, Übereinkommen 1970 **Einl IPR** 286
  Lex fori als Ersatzrecht **Einl IPR** 234
  Mehrrechtsstaat **Einl IPR** 531
  Mehrstaater **Art 5** 438
  Mehrstaater, inländische **Art 5** 440
  Minderjährigenschutzabkommen 1961 **Einl IPR** 278
  Namensänderung, Übereinkommen 1958 **Einl IPR** 286
  Ordre public **Art 6** 148
  Rechtswahl im Familienrecht **Einl IPR** 135
  Retorsionsrecht **Anh Art 6** 54
  Rück- und Weiterverweisung **Anh Art 4** 259 ff
  Sammeleinbürgerung, nicht bestätigte **Art 5** 118, 119
  Sammeleinbürgerung 1938 **Art 5** 75
  Scheidungsfolgenqualifikation **Art 4** 62
  Schutz des Schwächeren **Einl IPR** 120, 121
  Sonderanknüpfung ausländischer Eingriffsnorm **Einl IPR** 45
  Sorgerechtsentscheidungen, Übereinkommen 1980 **Einl IPR** 278
  Staatsangehörigkeit (Erwerb, Verlust) **Art 5** 343
  Staatsangehörigkeitsprinzip **Anh Art 4** 253
  Statutenwechsel **Einl IPR** 521
  Testamentsformabkommen 1961 **Einl IPR** 278
  Unterhaltsansprüche im Ausland, Übereinkommen über die Geltendmachung 1956 **Einl IPR** 278
  Unterhaltsstatutabkommen 1956 **Einl IPR** 278
  Unterhaltsvollstreckungsabkommen für Kinder 1958 **Einl IPR** 278
  Urkunden diplomatischer, konsularischer Vertreter, Übereinkommen 1968 **Einl IPR** 278
  Vaterschaftsfeststellung **Anh Art 4** 256
  Verkehrsunfälle, Abkommen 1971 über anzuwendendes Recht **Einl IPR** 278
  Vormundschaftsabkommen 1927 **Einl IPR** 404
  Zivilprozeßabkommen 1954 **Einl IPR** 278

Oman
IPR **Einl IPR** 403
Luftfahrzeuge, Abkommen zur internationalen Anerkennung von Rechten 1948 **Einl IPR** 278
Rechtsspaltung **Einl IPR** 496
Staatsangehörigkeit (Erwerb, Verlust) **Art 5** 344

Ordnungspolitischer Charakter
international zwingender Anwendungsbereich **Einl IPR** 17

Ordre public
s. a. Vergeltungsrecht
Abwehr fremden Rechtssatzes **Art 6** 16
Adoptionsrecht **Art 6** 97
als allgemeine Vorbehaltsklausel **Art 6** 1
Anerkennung ausländischer Urteile, Schiedssprüche **Art 6** 5, 6, 60, 78, 81 ff, 125
Anfechtung der Ehelichkeit **Art 6** 97
Angleichung **Art 6** 45, 85
Anknüpfung **Art 6** 29, 41, 81, 82, 128, 133
als Anknüpfungsprinzip **Art 6** 23
Anwendung fremden IPR's **Art 4** 56
Arbeitsrecht **Art 6** 23, 100
Arten **Art 6** 46 ff
Ausländischer ordre public **Art 6** 72 ff, 144 ff; **Einl IPR** 496
Auslandssachverhalte und Grundrechtsberührung **Art 6** 13
als Ausnahmevorschrift **Art 6** 20
und Ausweichklauseln **Einl IPR** 170
Belgien **Art 6** 66
Besatzungsrecht **Art 6** 58
BGH-Prüfungsweise **Art 6** 25
Börsentermingeschäfte **Art 6** 30, 99
DDR, ehemalige **Art 6** 63, 69 ff
DDR-Staatsbürgerschaft **Art 5** 222
Devisen **Art 6** 2, 25, 38, 99
Durchsetzung inländischen Rechtssatzes **Art 6** 16
effet attenué **Art 6** 60, 79
EG-Schuldvertragsübereinkommen 1980 **Art 6** 2
Ehescheidung **Art 6** 95
Eheschließung **Art 6** 95, 118, 123, 139, 141
Eheverbot **Art 6** 74, 95
Eigentumsvorbehalt **Art 6** 99
Eingriffsnormen **Art 6** 2, 17, 32 ff, 38
Einigungsvertrag und Weitergeltung partiellen DDR-Rechts **Art 6** 71
England **Art 6** 101, 149
Enteignung **Art 6** 32, 57 ff
Enteignung, entschädigungslose **Einl IPR** 314
Erbrecht **Art 6** 98

Ordre public (Forts.)
Erfolgshonorar **Art 6** 99
Europäischer ordre public **Art 6** 63, 63 ff, 122
Familienrecht **Art 6** 95 ff, 126
FGG-Sachen **Art 6** 6
Frankreich **Art 6** 14, 55, 95, 99, 145
fraus legis **Art 6** 40
Fremdenrecht **Art 6** 27
und fremdes öffentliches Recht **Einl IPR** 37
Generalklausel **Art 6** 7, 9, 19, 26, 28, 46, 77, 90, 93
Grundrechte **Art 6** 5, 6, 13, 71, 93, 102 ff, 109
Gute Sitten **Art 6** 1, 9, 11, 71
Handelsrecht **Art 6** 28, 99
Handelsvertreter **Art 6** 99
Inländischer Richter und fremder – **Einl IPR** 19
Inlandsbezug **Art 6** 12, 13, 60, 95, 104, 116 ff, 129
Interlokaler ordre public **Art 6** 68, 69
Internationaler ordre public **Art 6** 54 ff, 105, 140
IPR-NRG **Art 6** 5
IPR-NRG und Art 30 EGBGB aF **Art 6** 7
Iran **Art 6** 52, 95 ff
Italien **Art 6** 23, 74, 87, 95, 99, 146
Ius cogens **Art 6** 61, 62
Kollisionsnorm, unselbständige **Art 6** 21
Kranzgeld **Art 6** 95, 123
Kündigungsschutz **Art 6** 100
Kulturgutentscheidung **Art 6** 56
Lex fori **Art 6** 22, 85, 131, 132, 137, 139
und Lex-fori-Anwendung **Einl IPR** 171
lois d'application immédiate **Art 6** 14, 27, 28, 30, 33,, 55, 145; **Einl IPR** 14 f
Marcks-Fall **Art 6** 66
Mehrehe **Art 6** 95, 118, 127
Menschenrechte **Art 6** 56, 62, 65, 66, 105, 119, 140
Menschenrechtskonvention **Art 6** 105
Namensrecht **Art 6** 96
Negativer ordre public **Art 6** 16 ff, 23, 25, 147
Nichteheliche Kinder **Art 6** 97, 139
Niederlande **Art 6** 96
Öffentlich-rechtliches Kollisionsrecht **Art 6** 34
Österreich **Art 6** 74, 95, 123, 148
Offensichtliche Unvereinbarkeit **Art 6** 8
Personensorge **Art 6** 96
Pflichtteilsrecht **Art 6** 98
Positiver ordre public **Art 6** 16 ff, 22 ff, 28, 30, 31 138, 147; **Einl IPR** 15
Prozessualer ordre public **Art 6** 76 ff, 101
Rechtliches Gehör **Art 6** 95, 101
Renvoi **Art 6** 74

Ordre public (Forts.)
Restitution **Art 6** 58
Sachliche Relativität der Vorbehaltsklausel **Art 6** 114, 115, 127
Scheidungsverbot **Art 6** 95
Schonung fremden Rechts **Art 6** 12
Schuldrecht **Art 6** 38, 99, 126, 141
Schutz des Schwächeren **Einl IPR** 117
Schweiz **Art 6** 68, 131, 147
und soft law **Einl IPR** 109
Sonderanknüpfung **Art 6** 2, 29 ff, 37
Sorgerecht **Art 6** 96
Spanier-Entscheidung **Art 6** 13, 93, 102 ff; **Einl IPR** 583
Spezielle Vorbehaltsklauseln **Art 6** 4, 47, 48, 77
Spezielle Vorbehaltsklauseln (EGBGB-Übersicht) **Art 6** 4
Staatsangehörigkeit **Art 6** 27, 70, 74, 104, 120, 133
Staatsvertragliche Vorbehaltsklauseln **Art 6** 49 ff, 81, 88, 141
Strafschadensersatz **Art 6** 99
talaq-Scheidung **Art 6** 95
Territorialitätsprinzip **Art 6** 36, 37, 39, 58
Teso-Entscheidung **Art 6** 70
Trennung von Bett und Tisch **Art 6** 87, 95
als unantastbarer Teil der Rechtsordnung **Art 6** 15
Unterhalt **Art 6** 4, 8, 52, 96, 118, 127
Unvereinbarkeit, offensichtliche **Art 6** 8
Vereinigte Staaten **Art 6** 68, 150
Verjährung **Art 6** 32, 99, 131, 136, 149
Versorgungsausgleich **Art 6** 96
Völkerrechtliche Anerkennung **Art 6** 142 f
und völkerrechtswidriger Rechtsakt **Einl IPR** 313
Vorfrage **Art 6** 37, 39, 127, 128
Wesentliche Grundsätze deutschen Rechts **Art 6** 9 ff
Wesentliche Grundsätze des deutschen Rechts **Art 6** 93 ff
Zeitliche Relativität der Vorbehaltsklausel **Art 6** 114, 115, 123 ff
Zweck eines deutschen Gesetzes **Art 6** 10
Flüchtlingsvorbehalt **Anh Art 5** 50

Organisation amerikanischer Staaten
Konventionen **Einl IPR** 297

Ortsgebundene Regeln Einl IPR 82

Ortsrecht
und Form von Rechtsgeschäften **Art 4** 156

Ortsstatut (lex loci actus)
Formgültigkeit von Rechtsgeschäften **Einl IPR** 143

Ostblockstaaten
Wirtschaftsverträge **Einl IPR** 111

Pakistan
Luftfahrzeuge, Abkommen zur internationalen Anerkennung von Rechten 1948 **Einl IPR** 278
Rechtsspaltung **Einl IPR** 542
Staatsangehörigkeit (Erwerb, Verlust) **Art 5** 345
Unterhaltsansprüche im Ausland, Übereinkommen über die Geltendmachung 1956 **Einl IPR** 278
Zustellungsabkommen 1965 **Einl IPR** 278

Palästina Flüchtlinge
Staatenlose – UN-Übereinkommen 1954 **Art 5** 484
und Genfer Flüchtlingskonvention (Flüchtlingsabkommen 1951) **Anh Art 5** 33
Staatenlosigkeit **Art 5** 452
UN-Übereinkommen über Staatenlose 1954 **Art 5** 462

Panama
Ausländische Schiedssprüche, Abkommen zur Anerkennung und Vollstreckung 1958 **Einl IPR** 278
Ausländische Urkunden, Befreiung von der Legalisation (Übereinkommen 1961) **Einl IPR** 278
Código Bustamante **Einl IPR** 296
Flüchtlinge, Protokoll über die Rechtsstellung 1967 **Anh Art 5** 36
Flüchtlingskonvention (Genfer Abkommen 1951) **Anh Art 5** 35
IPR **Einl IPR** 429
Kindesentführungsabkommen 1980 **Einl IPR** 278
Rechts- und Parteifähigkeit panamesischer Gesellschaft **Art 4** 152
Staatsangehörigkeit (Erwerb, Verlust) **Art 5** 346

Papua-Neuguinea
Flüchtlinge, Protokoll über die Rechtsstellung 1967 **Anh Art 5** 36
Flüchtlingskonvention (Genfer Abkommen 1951) **Anh Art 5** 35

Paraguay
Ehegüterstatut **Art 4** 175
Eherecht **Anh Art 4** 444
Erbfolge **Anh Art 4** 447
Flüchtlinge, Protokoll über die Rechtsstellung 1967 **Anh Art 5** 36
Flüchtlingskonvention (Genfer Abkommen 1951) **Anh Art 5** 35
IPR **Anh Art 4** 442; **Einl IPR** 430
Kindschaftsrecht **Anh Art 4** 445
Luftfahrzeuge, Abkommen zur internationalen Anerkennung von Rechten 1948 **Einl IPR** 278
Montevideo-Verträge **Einl IPR** 295
Personenstand **Anh Art 4** 443

Paraguay (Forts.)
Rück- und Weiterverweisung **Anh Art 4** 448
Sachenrechte **Anh Art 4** 446
Staatsangehörigkeit (Erwerb, Verlust) **Art 5** 347
Wohnsitzprinzip **Anh Art 4** 442
Parteiautonomie Einl IPR 80, 115, 123 ff, 168, 612
s. a. Rechtswahl
und Abkommensvorrang **Einl IPR** 186
und Familienrecht, deutsches internationales **Einl IPR** 133
als kollisionsrechtliches Regelungsprinzip **Einl IPR** 123 ff
Lex rei sitae **Einl IPR** 131
und Verbraucherschutz **Einl IPR** 117
und Wählbarkeit nichtstaatlichen Rechts **Einl IPR** 105
Personalhoheit des Staates
und Staatsangehörigkeitsprinzip **Art 5** 17
Personalstatut
Anknüpfungsgegenstände, hiervon erfaßte **Art 5** 14
Aufenthaltsprinzip
s. dort
oder lex rei sitae **Art 3** 59
Spaltung **Einl IPR** 496, 501, 536, 542 ff
Staatsangehörigkeitsprinzip
s. dort
Wohnsitzprinzip
s. dort
Personenrecht
und Personalstatut **Art 5** 14
Rück- und Weiterverweisung (Übersicht) **Art 4** 140 ff
Personensorge
und ordre public **Art 6** 96
Personenstandsrecht
Harmonisierung **Einl IPR** 285
Peru
Ausländische Schiedssprüche, Abkommen zur Anerkennung und Vollstreckung 1958 **Einl IPR** 278
Código Bustamante **Einl IPR** 296
Ehegüterstatut **Art 4** 175
Eherecht **Anh Art 4** 451, 452
Ehescheidungsstatut **Art 4** 188
Erbfolge **Anh Art 4** 454
Erbstatut **Art 4** 258
Flüchtlinge, Protokoll über die Rechtsstellung 1967 **Anh Art 5** 36
Flüchtlingskonvention (Genfer Abkommen 1951) **Anh Art 5** 35
IPR **Anh Art 4** 449; **Einl IPR** 430
Kindschaftsrecht **Anh Art 4** 453
Montevideo-Verträge **Einl IPR** 295
Rechts- und Handlungsfähigkeit **Anh Art 4** 450

Peru (Forts.)
Rück- und Weiterverweisung **Anh Art 4** 455, 456
Staatsangehörigkeit (Erwerb, Verlust) **Art 5** 348
Wohnsitzprinzip **Anh Art 4** 449
Pflegschaft
Eilsachen **Einl IPR** 180
und Staatsangehörigkeitsprinzip **Art 5** 16
Pflichtteilsrecht
Innerdeutsches Kollisionsrecht **Art 3** 87
Philippinen
Ausländische Schiedssprüche, Abkommen zur Anerkennung und Vollstreckung 1958 **Einl IPR** 278
Flüchtlinge, Protokoll über die Rechtsstellung 1967 **Anh Art 5** 36
Flüchtlingskonvention (Genfer Abkommen 1951) **Anh Art 5** 35
Luftfahrzeuge, Abkommen zur internationalen Anerkennung von Rechten 1948 **Einl IPR** 278
Staatsangehörigkeit (Erwerb, Verlust) **Art 5** 349
Unterhaltsansprüche im Ausland, Übereinkommen über die Geltendmachung 1956 **Einl IPR** 278
Piloten
Arbeitsverträge **Einl IPR** 162
Platzdelikte Art 4 290, 298
Polen
Auskünfte über ausländisches Recht, Übereinkommen 1968 **Einl IPR** 278
Ausländische Schiedssprüche, Abkommen zur Anerkennung und Vollstreckung 1958 **Einl IPR** 278
CISG **Einl IPR** 244
Deutsche ehemaliger Ostgebiete, Rechtsstatus **Art 5** 139 ff
EG-Assoziierungsabkommen **Einl IPR** 347
Ehegüterstatut, wandelbare Anknüpfung **Art 4** 178
Eheliche Abstammung **Art 4** 216
Eherecht **Anh Art 4** 338
Eheschließungsabkommen 1902 **Einl IPR** 278
Eltern-Kind-Beziehung **Art 4** 220
Entmündigungsabkommen **Einl IPR** 278
Erbrecht **Anh Art 4** 340
Erbstatut **Art 4** 254
Flüchtlinge, Protokoll über die Rechtsstellung 1967 **Anh Art 5** 36
Flüchtlingskonvention (Genfer Abkommen 1951) **Anh Art 5** 35
Gerichtszugang, Übereinkommen zur Erleichterung 1980 **Einl IPR** 278
Grenzbestätigungs- und Nachbarschaftsvertrag 1990 **Art 5** 147, 148

Polen (Forts.)
IPR **Anh Art 4** 337; **Einl IPR** 471
Kindesentführungsabkommen 1980
Einl IPR 278
Kindschaftsrecht **Anh Art 4** 339
Mehrstaater **Art 5** 438
Minderjährigenschutzabkommen 1961
Einl IPR 278
Nachbarschaftsvertrag 1991 **Art 6** 59
Rechtsverkehrsabkommen **Einl IPR** 371
Rück- und Weiterverweisung **Anh Art 4** 341
Staatsangehörigkeit (Erwerb, Verlust) **Art 5** 350
Staatsangehörigkeit zurückgebliebener Deutscher **Art 5** 430
Staatsangehörigkeitsprinzip **Anh Art 4** 337
Testamentsformabkommen 1961
Einl IPR 278
Umsiedlungen 1939 **Art 5** 94
Unterhaltsansprüche im Ausland, Übereinkommen über die Geltendmachung 1956
Einl IPR 278
Urkunden diplomatischer, konsularischer Vertreter, Übereinkommen 1968
Einl IPR 278
Verjährungsabkommen (Warenkauf)
Einl IPR 245
Vormundschaftabkommen 1902
Einl IPR 278
Warschauer Vertrag 1970 **Art 5** 143 ff
Zivilprozeßabkommen 1954 **Einl IPR** 278
Policies
und Interesse des Forumstaates
Einl IPR 71, 72
Portugal
Adoption **Anh Art 4** 231
Anerkennung und Vollstreckung ausländischer Urteile, Übereinkommen 1971
Einl IPR 278
Anwerbe- und Vermittlungsvereinbarung
Einl IPR 349
Auskünfte über ausländisches Recht, Übereinkommen 1968 **Einl IPR** 278
Ausländische Schiedssprüche, Abkommen zur Anerkennung und Vollstreckung 1958 **Einl IPR** 278
Ausländische Urkunden, Befreiung von der Legalisation (Übereinkommen 1961)
Einl IPR 278
Beweisaufnahme im Ausland, Übereinkommen 1970 **Einl IPR** 278
Deliktsrecht **Anh Art 4** 235, 239
Ehefähigkeitszeugnis, Übereinkommen 1980 **Einl IPR** 286
Ehescheidungsabkommen 1902
Einl IPR 278
Ehescheidungsanerkennung, Abkommen 1970 **Einl IPR** 278

Portugal (Forts.)
Ehewirkungsabkommen 1905 **Einl IPR** 278
Eigentumsübergang an beweglicher Sache
Art 4 306
Entmündigungsabkommen **Einl IPR** 278
Erbrecht **Anh Art 4** 232
Erbstatut **Art 4** 254
EuGVÜ **Einl IPR** 290
Flüchtlinge, Protokoll über die Rechtsstellung 1967 **Anh Art 5** 36
Flüchtlingskonvention (Genfer Abkommen 1951) **Anh Art 5** 35
Flüchtlingsseeleute-Vereinbarung 1957
Anh Art 5 52
IPR **Anh Art 4** 228; **Einl IPR** 453, 454
Kindesentführungsabkommen 1980
Einl IPR 278
Kindschaftsrecht **Anh Art 4** 230
Legitimation **Art 4** 235; **Anh Art 4** 238
Luftfahrzeuge, Abkommen zur internationalen Anerkennung von Rechten 1948
Einl IPR 278
Mehrstaater **Art 5** 438
Minderjährigenschutzabkommen 1961
Einl IPR 278
Nachlaßverwaltung, Übereinkommen 1973
Einl IPR 278
Namensänderung, Übereinkommen 1958
Einl IPR 286
Namensrecht, anzuwendendes Übereinkommen 1980 **Einl IPR** 286
Nichteheliche Kinder, Abkommen zur Anerkennung 1961 **Einl IPR** 286
Rück- und Weiterverweisung **Anh Art 4** 233 ff
Sorgerechtsentscheidungen, Übereinkommen 1980 **Einl IPR** 278
Staatsangehörigkeit (Erwerb, Verlust) **Art 5** 351
Staatsangehörigkeitsprinzip **Anh Art 4** 228
Statut der Familienbeziehungen **Anh Art 4** 229
Stellvertretung, Übereinkommen über anzuwendendes Recht 1978 **Einl IPR** 278
Übereinkommen über die Form eines internationalen Testaments 1973 **Einl IPR** 250
Unterhaltsansprüche im Ausland, Übereinkommen über die Geltendmachung 1956
Einl IPR 278
Unterhaltsstatutabkommen 1973
Einl IPR 278
Unterhaltsvollstreckungsabkommen 1973
Einl IPR 278
Urkunden diplomatischer, konsularischer Vertreter, Übereinkommen 1968
Einl IPR 278
Vormundschaftsabkommen 1902
Einl IPR 278

Portugal (Forts.)
Zivilprozeßabkommen 1954 **Einl IPR** 278
Zustellungsabkommen 1965 **Einl IPR** 278
Preußisches Allgemeines Landrecht
Wiedervergeltungsrecht **Anh Art 6** 3
Principles for International Commercial Contracts Einl IPR 265
Principles of preference Einl IPR 67
Privatautonomie
s. Parteiautonomie
s. Rechtswahl
Privatrecht
und IPR **Einl IPR** 5, 8
IPR als – **Einl IPR** 31 ff
Produkthaftpflicht
Haager Übereinkommen 1973 **Art 4** 137; **Einl IPR** 278
Proper law of the contract
Geschäftsfähigkeit für Schuldverträge **Art 4** 143
Prozeßrecht
s. Verfahrensrecht
Prozessualer ordre public
und ausländischer ordre public **Art 6** 76
Puerto Rico
IPR **Einl IPR** 466
Staatsangehörigkeit (Erwerb, Verlust) **Art 5** 352

Qualifikation
Legitimation **Art 4** 235
von Nachlaßgegenständen **Art 3** 86
Reichweite erbrechtlicher/gesellschaftsrechtlicher Kollisionsnorm **Art 3** 73
Rückverweisung kraft abweichender **Art 4** 60 ff
einer Sache als unbeweglich **Art 4** 177
Verweisung **Art 4** 64 ff
Quatar
IPR **Einl IPR** 494
Rechtsspaltung **Einl IPR** 496
Staatsangehörigkeit (Erwerb, Verlust) **Art 5** 299
Quebec
Ausweichklausel, allgemeine **Einl IPR** 153
Ehegüterrecht **Anh Art 4** 61
Eheschließung **Anh Art 4** 60
Einzel- und Vermögensstatut **Art 3** 54
Erbrecht **Anh Art 4** 64
Fremdes Recht, Beachtung **Einl IPR** 191
Interlokales Privatrecht **Einl IPR** 539
IPR **Einl IPR** 465
Kindschaftsrecht **Anh Art 4** 62
Personalstatut **Anh Art 4** 59
Sachenrechte **Anh Art 4** 63

Rechtliches Gehör
und ordre public **Art 6** 101

Rechtsanwendungsregeln
Begriff der – **Einl IPR** 13
Rechtsfähigkeit
und Staatsangehörigkeitsprinzip **Art 5** 16
Rechtsfortbildung
und Staatsangehörigkeitsprinzip **Art 5** 20
Rechtsgeschäft
Statutenwechsel bei unwirksamem – **Einl IPR** 526
Rechtsgeschäftslehre
Rück- und Weiterverweisung (Übersicht) **Art 4** 153 ff
Rechtshilfeverträge Einl IPR 302 f, 410
Rechtsnachfolge von Todes wegen
Haager Übereinkommen über anwendbares Recht 1989 **Einl IPR** 278
Rechtsordnung
Sachverhalt und beherrschende – **Einl IPR** 1
Rechtspersönlichkeit
Haager Übereinkommen 1956 zur Rechtspersönlichkeit ausländischer Gesellschaften **Einl IPR** 278
Rechtsprechende Gewalt
und Anwendung fremden Rechts **Einl IPR** 175
Rechtsprechungswandel Einl IPR 512
Rechtsschutzklauseln
in Rechtsverkehrs- und Freundschaftsverträgen **Einl IPR** 371
Rechtssicherheit
und better law approach **Einl IPR** 78
und functional law approach **Einl IPR** 68
und klassische IPR-Methode **Einl IPR** 51
und Parteiautonomie **Einl IPR** 125
und Staatsangehörigkeitsprinzip **Art 5** 30
Rechtsspaltung
Staaten mit – **Art 4** 313 ff; **Einl IPR** 496, 537 ff
Rechtsvereinheitlichung
und IPR **Einl IPR** 239 ff
Kollisionsrecht **Einl IPR** 267 ff
Rechtsvergleichung
und IPR **Einl IPR** 237, 238
Rechtswahl
s. a. Parteiautonomie
Bereicherungsstatut **Art 4** 287
und Deliktsrecht **Einl IPR** 127
Deliktsstatut **Art 4** 302
und Ehegüterstatut **Art 4** 180
Ehewirkungsstatut **Art 4** 93
Erbrecht **Einl IPR** 138 ff
Erbstatut **Art 4** 269 ff
Familienrecht **Einl IPR** 133
und Gesamtstatut **Art 3** 63
IPR des gewählten Rechts **Art 4** 103 ff
und IPR-NRG **IPR Einl** 612
und lex mercatoria **Einl IPR** 100 ff

Rechtswahl (Forts.)
und Nachlaßspaltung **Art 4** 251
Renvoi-Ausschluß **Art 4** 103
Sachenrecht **Einl IPR** 621
Sachenrechtsverhältnisse **Art 4** 309
Sachvorschriften, anwendbare **Art 4** 103
Schuldvertragsrecht, Ausschluß von Rück- und Weiterverweisung **Art 4** 283
und Verbraucherschutz **Einl IPR** 119
Referentenentwurf 1993 Einl IPR 614 ff
Reichs- und StaatsangehörigkeitsG (RuStAG) 1913
s. Staatsangehörigkeitsrecht (deutsches)
Religionen
und Personalstatut, gespaltenes **Einl IPR** 536
Religionsgemeinschaft
Anknüpfung **Anh Art 4** 468
Renvoi au premier degré
s. Rückverweisung
Renvoi au second degré
s. Weiterverweisung
Repressalie
im Völkerrecht **Anh Art 6** 31
Résidence
Empfehlung zur Rechtsvereinheitlichung **Einl IPR** 284
Retorsionsprinzip
s. Vergeltungsrecht
Revision
Anwendung ausländischer Kollisionsnormen **Art 4** 108 ff
und Anwendung fremden Rechts **Einl IPR** 175
Ermittlungspflicht ausländischen Rechts **Einl IPR** 225
Inhalt ausländischen Rechts **Einl IPR** 226
Richter
Anwendung, Ermittlung ausländischen Rechts **Einl IPR** 221 ff
Römisches Recht
IPR-Ursprung **Einl IPR** 29
Ius gentium als Einheitsrecht **Einl IPR** 97
Ruanda
Flüchtlinge, Protokoll über die Rechtsstellung 1967 **Anh Art 5** 36
Flüchtlingskonvention (Genfer Abkommen 1951) **Anh Art 5** 35
Luftfahrzeuge, Abkommen zur internationalen Anerkennung von Rechten 1948 **Einl IPR** 278
Staatsangehörigkeit (Erwerb, Verlust) **Art 5** 353
Rückverweisung
Abbruch **Art 4** 9, 23, 49 ff
Abweichende Qualifikation **Art 4** 60 ff, 147, 203
Akzessorische Anknüpfung **Art 4** 91

Rückverweisung (Forts.)
Alternative Anknüpfung **Art 4** 86
Anknüpfung an die engste Beziehung **Art 4** 96
Anknüpfung, staatsvertragliche **Art 4** 101
Anknüpfungsdifferenzen **Art 4** 60
Argumente für/gegen **Art 4** 12 ff
auf Aufenthaltsrecht **Art 4** 215
Ausländische Kollisionsnorm, gleichheitswidrige **Art 4** 101
durch ausländische Kollsionsnorm **Art 4** 49, 50
und ausländischer ordre public **Art 6** 74
Auslegung fremder Kollisionsnormen **Art 4** 56
Ausschluß und Einschränkungen **Art 4** 81, 87 ff
Begriff **Art 4** 2
auf Belegenheitsrecht **Art 4** 176, 263 ff
doppelte **Art 4** 10, 50
einfache **Art 4** 9
Entscheidungseinklang **Art 4** 41
und Entscheidungseinklang **Art 4** 18
Entstehung, Auslegung EGBGB Art 27 aF **Art 4** 30 ff
Fall Collier v Rivaz **Art 4** 27
Fall Forgo **Art 4** 25, 26
Familienstatut, Einheit **Art 4** 16
Flüchtlingskonvention 1951 **Anh Art 5** 51
Foreign-court-Theorie **Art 4** 11, 28, 38
Gegenständlich beschränkte – **Art 4** 36, 143
Gesamtverweisung ausländischen Kollisionsrechts **Art 4** 49 ff
auf gewähltes Recht **Art 4** 180 ff, 269 ff
Grundsatz der Gesamtverweisung **Art 4** 45 ff
Grundsatz der Gesamtverweisung, Ausnahmen **Art 4** 81 ff
Güterstatut, Einheit **Art 4** 16
und Heimwärtsstreben **Art 4** 13
Internationaler Entscheidungseinklang **Art 4** 14, 15
und IPR fremder Rechtsordnung **Art 4** 46
IPR-Rückverweisung **Art 4** 8 ff, 49 ff
Lücken **Art 4** 57
Nichtfeststellbarkeit **Art 4** 107
OAG-Lübeck-Fall **Art 4** 28, 29
Praktikabilität **Art 4** 12
Problemstellung **Art 4** 3
Qualifikationsprobleme **Art 4** 60 ff, 235
Qualifikationsverweisung **Art 4** 64 ff
Rechtswahl und Nichtbeachtung eines renvoi **Art 4** 103
Revisibilität ausländischer Kollisionsnormen **Art 4** 109
Sachbereiche, einzelne **Art 4** 140 ff

Rückverweisung (Forts.)
  Sachnormrückverweisung **Art 4** 7, 38, 39, 42
  Sachnormverweisung ausländischen Kollisionsrechts **Art 4** 47, 48
  Sachnormverweisung oder Gesamtverweisung **Art 4** 5
  Schranken **Art 4** 63
  sinnwidrige **Art 4** 84 ff, 160, 183, 271
  Staatenlose **Art 5** 477
  Staatenlosenkonvention **Art 5** 494
  in Staatsverträgen **Art 4** 112 ff
  staatsvertragliche **Art 4** 112 ff
  Teilrückverweisung **Art 4** 58
  Umfang **Art 4** 56
  Ursachen **Art 4** 60
  Verfahrensrecht **Art 4** 107
  versteckte **Art 4** 72 ff, 111, 191 ff, 205, 217, 221, 227, 240, 241
  und Weiterverweisung **Art 4** 21, 22
  auf Wohnsitzrecht **Art 4** 142, 147, 165, 175, 188 ff, 214, 232, 233, 239, 255 ff
Rules of displacement
  Kritik am klassischen Kollisionsrecht und – **Einl IPR** 152 ff
Rumänien
  Abstammung ehelichen Kindes **Anh Art 4** 351
  Adoption **Art 4** 242; **Anh Art 4** 352
  Adoptionszusammenarbeit, Übereinkommen 1993 **Einl IPR** 278
  Auskünfte über ausländisches Recht, Übereinkommen 1968 **Einl IPR** 278
  Ausländische Schiedssprüche, Abkommen zur Anerkennung und Vollstreckung 1958 **Einl IPR** 278
  CISG **Einl IPR** 244
  Dingliche Rechte **Anh Art 4** 353
  EG-Assoziierungsabkommen **Einl IPR** 347
  Ehescheidung **Anh Art 4** 350
  Ehescheidungsabkommen 1902 **Einl IPR** 278
  Eheschließung **Anh Art 4** 348
  Ehewirkungen **Anh Art 4** 349
  Ehewirkungsabkommen 1905 **Einl IPR** 278
  Entmündigungsabkommen **Einl IPR** 278
  Erbrecht **Anh Art 4** 354
  Erbstatut **Art 4** 266
  Flüchtlinge, Protokoll über die Rechtsstellung 1967 **Anh Art 5** 36
  Flüchtlingskonvention (Genfer Abkommen 1951) **Anh Art 5** 35
  IPR **Anh Art 4** 346; **Einl IPR** 476, 477
  Kindesentführungsabkommen 1980 **Einl IPR** 278
  Lex fori als Ersatzrecht **Einl IPR** 234

Rumänien (Forts.)
  Luftfahrzeuge, Abkommen zur internationalen Anerkennung von Rechten 1948 **Einl IPR** 278
  Mehrstaater **Art 5** 438
  Mehrstaater, inländische **Art 5** 440
  Nachlaßspaltung **Art 4** 266; **Anh Art 4** 354
  Rück- und Weiterverweisung **Anh Art 4** 355
  Staatsangehörigkeit (Erwerb, Verlust) **Art 5** 354
  Staatsangehörigkeitsprinzip **Anh Art 4** 347
  Unterhaltsansprüche im Ausland, Übereinkommen über die Geltendmachung 1956 **Einl IPR** 278
  Verjährungsabkommen (Warenkauf) **Einl IPR** 245
  Vormundschaftsabkommen 1902 **Einl IPR** 278
  Zivilprozeßabkommen 1954 **Einl IPR** 278
Russische Föderation
  Auskünfte über ausländisches Recht, Übereinkommen 1968 **Einl IPR** 278
  Ausländische Schiedssprüche, Abkommen zur Anerkennung und Vollstreckung 1958 **Einl IPR** 278
  Ausländische Urkunden, Befreiung von der Legalisation (Übereinkommen 1961) **Einl IPR** 278
  CISG **Einl IPR** 244
  Ehe- und Familienrecht 1968 **Anh Art 4** 360
  Eheschließung **Anh Art 4** 361
  Erbfolge **Anh Art 4** 364
  Erfüllung von der UdSSR eingegangener völkerrechtlicher Verpflichtungen **Einl IPR** 331
  Flüchtlinge, Protokoll über die Rechtsstellung 1967 **Anh Art 5** 36
  Flüchtlingskonvention (Genfer Abkommen 1951) **Anh Art 5** 35
  Kindschaftsrecht **Anh Art 4** 362
  Kollisionsrecht **Anh Art 4** 359
  Konsularvertrag (deutsch-sowjetischer 1959) **Anh Art 4** 368
  Rück- und Weiterverweisung **Anh Art 4** 365, 366
  Staatsangehörigkeit (Erwerb, Verlust) **Art 5** 355
  Zivilgesetzgebung 1961 **Anh Art 4** 363
  Zivilprozeßabkommen 1954 **Einl IPR** 278
Rußland
  Erbstatut **Art 4** 258
  IPR **Einl IPR** 483

Saargebiet
  Versailler Vertrag und Staatsangehörigkeitsregelung **Art 5** 66
Saarland
  Eigenschaft als Saarländer **Art 5** 135

Sachenrecht
  Anknüpfungen **Art 4** 305, 306, 307
  Ausweichklausel **Art 4** 309; **Einl IPR** 622
  Ausweichregeln **Art 4** 97
  Eilentscheidungen und lex fori-Anwendung **Einl IPR** 181
  Grundsatz **Art 4** 308
  Lex rei sitae
    s. dort
  Numerus clausus dinglicher Rechte **Art 3** 97
  Rechtswahl **Art 4** 309; **Einl IPR** 621
  Rück- oder Weiterverweisung **Art 4** 309
  SchiffsRG, LuftfzRG **Einl IPR** 391
  Situsregel, Bedeutung **Art 4** 305
Sachnorm (lex causae)
  Änderung des Kollisionsrechts und zugleich der – **Einl IPR** 505
  und Anwendbarkeit fremden öffentlichen Rechts **Einl IPR** 42
  Ausländische Eingriffsnormen **Einl IPR** 44
  Ausländische, ihren Geltungsbereich selbst bestimmende – **Einl IPR** 19
  und Einheitsrechtsforderung **Einl IPR** 96 ff
  Einstweiliger Rechtsschutz, einschlägige fremde – **Einl IPR** 183
  Entscheidung in der Sache selbst **Einl IPR** 12
  Herausbildung für internationale Sachverhalte **Einl IPR** 91
  und Kollisionsnorm **Einl IPR** 11
  Kollisionsnorm, durch Sachnormen ersetzte **Einl IPR** 91 ff
  Rechtswahl als Sachnormverweisung **Art 4** 103 ff
  Rückverweisung auf eine – **Art 4** 7
  Sachnormverweisung **Art 4** 253, 324
  Sachnormverweisung und Ausschluß der Rück- und Weiterverweisung **Art 4** 243
  sich selbst begrenzende **Einl IPR** 14
  und Sonderstatut **Art 3** 76
  Staatsangehörigkeitsrecht und Berufung fremden Sachrechts **Einl IPR** 216
  Staatsverträge und Sachnormverweisungen **Art 4** 113
  mit unmittelbarem Geltungsanspruch **Einl IPR** 14
  Vereinheitlichtes Sachrecht **Einl IPR** 240 ff
  Verweisung **Art 3** 10; **Art 4** 83
  Völkerrechtswidrigkeit einer – **Einl IPR** 312
  Weiterverweisung fremden IPR's, Deutung als Sachnormverweisung **Art 4** 53
Sachrecht
  Fremdenrecht als – **Einl IPR** 337
  Sachnormverweisung des ausländischen Kollisionsrechts **Art 4** 47 ff
Sambia
  CISG **Einl IPR** 244

Sambia (Forts.)
  Flüchtlinge, Protokoll über die Rechtsstellung 1967 **Anh Art 5** 36
  Flüchtlingskonvention (Genfer Abkommen 1951) **Anh Art 5** 35
  IPR **Einl IPR** 418
  Staatenlose – UN-Übereinkommen 1954 **Art 5** 482
  Verjährungsabkommen (Warenkauf) **Einl IPR** 245
Samoa
  Flüchtlingsabkommen 1951 **Anh Art 5** 35
San Marino
  Ausländische Schiedssprüche, Abkommen zur Anerkennung und Vollstreckung 1958 **Einl IPR** 278
  Ausländische Urkunden, Befreiung von der Legalisation (Übereinkommen 1961) **Einl IPR** 278
  IPR **Einl IPR** 434
  Staatsangehörigkeit (Erwerb, Verlust) **Art 5** 356
São Tomé und Principe
  Flüchtlinge, Protokoll über die Rechtsstellung 1967 **Anh Art 5** 36
  Flüchtlingskonvention (Genfer Abkommen 1951) **Anh Art 5** 35
  Staatsangehörigkeit (Erwerb, Verlust) **Art 5** 357
Saudi Arabien
  Staatsangehörigkeit (Erwerb, Verlust) **Art 5** 358
  Ausländische Schiedssprüche, Abkommen zur Anerkennung und Vollstreckung 1958 **Einl IPR** 278
Savigny
  IPR-Verständnis der Legaldefinition **Art 3** 7
  Methode des Kollisionsrechts **Einl IPR** 55
  Moderne Tendenzen **Einl IPR** 114
  Name des IPR **Einl IPR** 24
  Prinzip wertneutraler Kollisionsnormen **Einl IPR** 142
Schadensersatz
  und ordre public **Art 6** 99
Scheckrecht
  Genfer Abkommen **Einl IPR** 322, 413
  Internationales – **Einl IPR** 413
  Vereinheitlichung **Art 3** 20; **Art 4** 118, 119; **Einl IPR** 251
Scheidungsfolgenstatut
  s. Ehescheidungsfolgen
Schiedsgericht
  Lex mercatoria **Einl IPR** 100
Schiedsgerichtsbarkeit
  Internationale – **Einl IPR** 195

Schiedssprüche (ausländische)
  New Yorker Übereinkommen über Anerkennung, Vollstreckung 1958 **Einl IPR** 282, 324
Schiedsverfahrensrecht
  Neuregelung **Einl IPR** 636
Schottland
  Kollisionsnormen **Art 4** 33
  Rück- und Weiterverweisung aus deutscher Sicht **Art 4** 34
Schuldrecht
  IPR-Quellen außerhalb des EGBGB **Einl IPR** 390
Schuldrecht (außervertragliches)
  Akzessorische Anknüpfung **Art 4** 92
  Bereicherungsrecht **Art 4** 285 ff
  Geschäftsführung ohne Auftrag **Art 4** 288
  Unerlaubte Handlungen **Art 4** 289 ff
Schuldrechtliche Verträge
  Ausschluß der Beachtung von Rück- oder Weiterverweisung **Art 4** 157
  Ausschluß von Rück- und Weiterverweisung **Art 4** 283
  und Ausweichklausel, spezielle **Einl IPR** 161
  Bemühungen um materielles Einheitsrecht **Einl IPR** 260 ff
  Familienvermögen, Verpflichtungsbeschränkungen **Art 4** 172
  Formfragen **Art 4** 284
  Geschäftsfähigkeit **Art 4** 143
  Geschäftsfähigkeit, proper law of the contract **Art 4** 143
  IPR-Ausschluß der Verweisung **Art 4** 83
  Rückabwicklungsansprüche wegen Scheiterns **Art 4** 285
Schuldrechtskommission
  des deutschen Rats für IPR **Einl IPR** 578
Schutz des Schwächeren
  im neueren IPR **Einl IPR** 115, 116 ff
Schutzlandprinzip Einl IPR 627
  Lex loci protectionis **Art 4** 310
Schweden
  Adoption **Anh Art 4** 119
  Auskünfte über ausländisches Recht, Übereinkommen 1968 **Einl IPR** 278
  Ausländische Schiedssprüche, Abkommen zur Anerkennung und Vollstreckung 1958 **Einl IPR** 278
  Betreuung **Anh Art 4** 120
  Beweisaufnahme im Ausland, Übereinkommen 1970 **Einl IPR** 278
  CISG **Einl IPR** 244
  Ehegüterrecht **Anh Art 4** 117, 129
  Eherecht **Anh Art 4** 116
  Ehescheidungsanerkennung, Abkommen 1970 **Einl IPR** 278

Schweden (Forts.)
  Eheschließungsabkommen 1902 **Anh Art 4** 123; **Einl IPR** 278
  Einzel- und Vermögensstatut **Art 3** 54
  Erbfolge **Anh Art 4** 128
  Erbrecht **Anh Art 4** 121, 124
  Erbstatut **Art 4** 254
  Flüchtlinge, Protokoll über die Rechtsstellung 1967 **Anh Art 5** 36
  Flüchtlingskonvention (Genfer Abkommen 1951) **Anh Art 5** 35
  Flüchtlingsseeleute-Vereinbarung 1957 **Anh Art 5** 52
  Flüchtlingsstatus **Anh Art 5** 9
  Gerichtzugang, Übereinkommen zur Erleichterung 1980 **Einl IPR** 278
  IPR **Anh Art 4** 115; **Einl IPR** 432
  Kauf beweglicher Sachen, Haager Übereinkunft 1955 **Einl IPR** 278
  Kfz-Haftpflichtversicherung, Europarat-Übereinkommen 1959 **Einl IPR** 253
  Kindesentführungsabkommen 1980 **Anh Art 4** 131; **Einl IPR** 278
  Kindschaftsrecht **Anh Art 4** 118, 130
  Luftfahrzeuge, Abkommen zur internationalen Anerkennung von Rechten 1948 **Einl IPR** 278
  Mehrstaater, inländische **Art 5** 440
  Nordische Konventionen **Einl IPR** 294
  Rück- und Weiterverweisung **Anh Art 4** 122 ff
  Rück- und Weiterverweisung aus deutscher Sicht **Anh Art 4** 128 ff
  Sorgerechtsentscheidungen, Übereinkommen 1980 **Einl IPR** 278
  Staatenlose – UN-Übereinkommen 1954 **Art 5** 482
  Staatsangehörigkeit (Erwerb, Verlust) **Art 5** 359
  Staatsangehörigkeitsrecht **Anh Art 4** 116
  Testamentsformabkommen 1961 **Anh Art 4** 131; **Einl IPR** 278
  Unterhaltsansprüche, Übereinkommen über die Geltendmachung im Ausland 1956 **Einl IPR** 278
  Unterhaltsvollstreckungsabkommen 1973 **Einl IPR** 278
  Urkunden diplomatischer, konsularischer Vertreter, Übereinkommen 1968 **Einl IPR** 278
  Vormundschaftsrecht **Anh Art 4** 116
  Zivilprozeßabkommen 1954 **Einl IPR** 278
  Zustellungsabkommen 1965 **Einl IPR** 278
Schweiz
  Adoption **Art 4** 241; **Anh Art 4** 273
  Adoptionsrecht und Adoptionsanerkennung, Übereinkommen 1965 **Einl IPR** 278

Schweiz (Forts.)
Akzessorietätsprinzip **Einl IPR** 130
Anerbenrecht **Art 3** 46
Anerkennung und Vollstreckung, bilaterales Abkommen **Einl IPR** 405, 406
Anwendbarkeit fremden öffentlichen Rechts **Einl IPR** 43
Anwendung fremden Rechts **Einl IPR** 227
Arbeitsverträge, Konsumentenverträge **Einl IPR** 122
Auskünfte über ausländisches Recht, Übereinkommen 1968 **Einl IPR** 278
Ausländische Devisenvorschriften **Einl IPR** 205
Ausländische Schiedssprüche, Abkommen zur Anerkennung und Vollstreckung 1958 **Einl IPR** 278
Ausländische Urkunden, Befreiung von der Legalisation (Übereinkommen 1961) **Einl IPR** 278
Ausweichklausel, allgemeine **Einl IPR** 153, 156
Bankgarantie, Auslegung nach lex mercatoria **Einl IPR** 100
Belegenheitsrecht, besondere Vorschriften **Art 3** 116 ff
Beweisaufnahme im Ausland, Übereinkommen 1970 **Einl IPR** 278
CISG **Einl IPR** 244
Ehefähigkeitszeugnis, Übereinkommen 1980 **Einl IPR** 286
Ehegüterrecht **Anh Art 4** 270
Ehegüterrecht und Rechtswahl der Parteien **Art 4** 181
Ehegüterstatut **Art 4** 175
Ehegüterstatut, wandelbare Anknüpfung **Art 4** 178
Eheliche Abstammung **Art 4** 215
Ehescheidung **Anh Art 4** 271
Ehescheidungsanerkennung, Abkommen 1970 **Einl IPR** 278
Ehescheidungsstatut **Art 4** 188
Eheschließung **Anh Art 4** 269
Eheschließungsabkommen 1902 **Einl IPR** 278
Ehewirkungen **Anh Art 4** 270
Eigentumsübergang an beweglicher Sache **Art 4** 306
Einzel- und Vermögensstatut **Art 3** 54
Eltern-Kind-Beziehung **Art 4** 219
Erbrecht **Anh Art 4** 274, 276, 279; **Einl IPR** 139
Erbstatut **Art 4** 257
Familienrecht, alternative Anknüpfung **Einl IPR** 146
Familienstand **Anh Art 4** 276
Familienvermögen, Verpflichtungsbeschränkungen **Art 4** 172

Schweiz (Forts.)
Flüchtlinge, Protokoll über die Rechtsstellung 1967 **Anh Art 5** 36
Flüchtlingskonvention (Genfer Abkommen 1951) **Anh Art 5** 35
Flüchtlingsseeleute-Vereinbarung 1957 **Anh Art 5** 53
Flüchtlingsstatus **Anh Art 5** 9
Freundschafts-, Handels- und Niederlassungsabkommen **Einl IPR** 353
Generalvorbehalt **Einl IPR** 18
Gerichtzugang, Übereinkommen zur Erleichterung 1980 **Einl IPR** 278
Gesellschaftsrecht **Anh Art 4** 280
Grundstück und Fahrnis **Art 3** 48
Inkorporation multilateraler Staatsverträge **Einl IPR** 324
IPR **Anh Art 4** 268; **Einl IPR** 459 ff, 510
Kauf beweglicher Sachen, Haager Übereinkunft 1955 **Einl IPR** 278
Kindesentführungsabkommen 1980 **Einl IPR** 278
Kindschaftsrecht **Anh Art 4** 272, 278
Lex fori als Ersatzrecht **Einl IPR** 234
Lex fori, nachträgliche Wahl **Einl IPR** 130
Lex-fori-Beachtung **Einl IPR** 189
Luftfahrzeuge, Abkommen zur internationalen Anerkennung von Rechten 1948 **Einl IPR** 278
Mehrrechtsstaat **Einl IPR** 531
Mehrstaater **Art 5** 438
Mehrstaater, inländische **Art 5** 440
Minderjährigenschutzabkommen 1961 **Einl IPR** 278
Mütterliche Abstammung, Übereinkommen 1962 **Einl IPR** 286
Nichteheliche Kinder, Abkommen zur Anerkennung 1961 **Einl IPR** 286
Ordre public **Art 6** 147
Personenstand **Anh Art 4** 276
Rechtswahl mit inter-partes-Wirkung **Einl IPR** 132
Retorsionsrecht **Anh Art 6** 54
Rück- und Weiterverweisung **Anh Art 4** 275 ff, 277 ff
Sonderanknüpfung ausländischer Eingriffsnorm **Einl IPR** 45
Sorgerechtsentscheidungen, Übereinkommen 1980 **Einl IPR** 278
Staatenlose – UN-Übereinkommen 1954 **Art 5** 482
Staatsangehörigkeit (Erwerb, Verlust) **Art 5** 360
Statutenwechsel **Einl IPR** 523
Testamentsformabkommen 1961 **Einl IPR** 278

Schweiz (Forts.)
Unterhaltsansprüche, Übereinkommen über die Geltendmachung im Ausland 1956 **Einl IPR** 278
Unterhaltsstatutabkommen 1973 **Einl IPR** 278
Unterhaltsvollstreckungsabkommen 1973 **Einl IPR** 278
Urkunden diplomatischer, konsularischer Vertreter, Übereinkommen 1968 **Einl IPR** 278
Verkehrsunfälle, Abkommen 1971 über anzuwendendes Recht **Einl IPR** 278
Vertragsstatut, verdrängtes **Einl IPR** 46
Wohnsitzprinzip **Anh Art 4** 268, 269
Zivilprozeßabkommen 1954 **Einl IPR** 278
Zustellungsabkommen 1965 **Einl IPR** 278

Seearbeitsvertrag Einl IPR 162
Self-executing-Normen Art 3 18; **Einl IPR** 323
Senegal
Ausländische Schiedssprüche, Abkommen zur Anerkennung und Vollstreckung 1958 **Einl IPR** 278
Flüchtlinge, Protokoll über die Rechtsstellung 1967 **Anh Art 5** 36
Flüchtlingskonvention (Genfer Abkommen 1951) **Anh Art 5** 35
IPR **Einl IPR** 427
Mehrstaater **Art 5** 438
Rechtsspaltung **Einl IPR** 543
Staatsangehörigkeit (Erwerb, Verlust) **Art 5** 361

Sessions
Haager Staatenkonferenz **Einl IPR** 274

Seychellen
Ausländische Urkunden, Befreiung von der Legalisation (Übereinkommen 1961) **Einl IPR** 278
Flüchtlinge, Protokoll über die Rechtsstellung 1967 **Anh Art 5** 36
Flüchtlingskonvention (Genfer Abkommen 1951) **Anh Art 5** 35
Luftfahrzeuge, Abkommen zur internationalen Anerkennung von Rechten 1948 **Einl IPR** 278
Staatsangehörigkeit (Erwerb, Verlust) **Art 5** 362
Zustellungsabkommen 1965 **Einl IPR** 278

Sierra Leone
Flüchtlinge, Protokoll über die Rechtsstellung 1967 **Anh Art 5** 36
Flüchtlingskonvention (Genfer Abkommen 1951) **Anh Art 5** 35
Rechtsspaltung **Einl IPR** 543
Staatsangehörigkeit (Erwerb, Verlust) **Art 5** 363

Simbabwe
Ausländische Schiedssprüche, Abkommen zur Anerkennung und Vollstreckung 1958 **Einl IPR** 278
Flüchtlinge, Protokoll über die Rechtsstellung 1967 **Anh Art 5** 36
Flüchtlingskonvention (Genfer Abkommen 1951) **Anh Art 5** 35
IPR **Einl IPR** 418
Luftfahrzeuge, Abkommen zur internationalen Anerkennung von Rechten 1948 **Einl IPR** 278
Rechtsspaltung **Einl IPR** 543

Singapur
Ausländische Schiedssprüche, Abkommen zur Anerkennung und Vollstreckung 1958 **Einl IPR** 278
Beweisaufnahme im Ausland, Übereinkommen 1970 **Einl IPR** 278
CISG **Einl IPR** 244
Staatsangehörigkeit (Erwerb, Verlust) **Art 5** 364

Sitztheorie Art 4 150, 152
Slowakei
Adoption **Art 4** 242; **Anh Art 4** 372
Ausländische Schiedssprüche, Abkommen zur Anerkennung und Vollstreckung 1958 **Einl IPR** 278
Beweisaufnahme im Ausland, Übereinkommen 1970 **Einl IPR** 278
CISG **Einl IPR** 244
EG-Assoziierungsabkommen **Einl IPR** 347
Ehegüterstatut, wandelbare Anknüpfung **Art 4** 178
Eheliche Abstammung **Art 4** 216
Ehescheidungsanerkennung, Abkommen 1970 **Einl IPR** 278
Eheschließung **Anh Art 4** 370
Eigentumsübergang an beweglicher Sache **Art 4** 306
Eltern-Kind-Beziehung **Art 4** 220
Erbrecht **Anh Art 4** 373
Erbstatut **Art 4** 254
Flüchtlinge, Protokoll über die Rechtsstellung 1967 **Anh Art 5** 36
Flüchtlingskonvention (Genfer Abkommen 1951) **Anh Art 5** 35
Fortgeltung älterer Staatsverträge **Einl IPR** 333
IPR **Einl IPR** 469, 470
Kindschaftsrecht **Anh Art 4** 371
Klarstellung hinsichtlich bilateraler, mulilateraler Verträge **Einl IPR** 333
Nachlaßverwaltung, Übereinkommen 1973 **Einl IPR** 278
Rechts- und Geschäftsfähigkeit **Anh Art 4** 370
Rück- und Weiterverweisung **Anh Art 4** 374

Slowakei (Forts.)
  Staatsangehörigkeit (Erwerb, Verlust) **Art 5** 365
  Staatsangehörigkeitsprinzip **Anh Art 4** 369
  Unterhaltsansprüche, Übereinkommen über die Geltendmachung im Ausland 1956 **Einl IPR** 278
  Unterhaltsvollstreckungsabkommen 1973 **Einl IPR** 278
  Verjährungsabkommen (Warenkauf) **Einl IPR** 245
  Verkehrsunfälle, Abkommen 1971 über anzuwendendes Recht **Einl IPR** 278
  Zivilprozeßabkommen 1954 **Einl IPR** 278
  Zustellungsabkommen 1965 **Einl IPR** 278
Slowenien
  Ausländische Schiedssprüche, Abkommen zur Anerkennung und Vollstreckung 1958 **Einl IPR** 278
  Ausländische Urkunden, Befreiung von der Legalisation (Übereinkommen 1961) **Einl IPR** 278
  CISG **Einl IPR** 244
  Flüchtlinge, Protokoll über die Rechtsstellung 1967 **Anh Art 5** 36
  Flüchtlingskonvention (Genfer Abkommen 1951) **Anh Art 5** 35
  Fortgeltung älterer Staatsverträge **Einl IPR** 333
  Gerichtzugang, Übereinkommen zur Erleichterung 1980 **Einl IPR** 278
  IPR **Anh Art 4** 328; **Einl IPR** 474 f
  Kindesentführungsabkommen 1980 **Einl IPR** 278
  Klarstellung hinsichtlich bilateraler, multilateraler Verträge **Einl IPR** 333
  Produkthaftpflicht, Übereinkommen über anzuwendendes Recht 1973 **Einl IPR** 278
  Staatenlose – UN-Übereinkommen 1954 **Art 5** 482
  Staatsangehörigkeit (Erwerb, Verlust) **Art 5** 366
  Testamentsformabkommen 1961 **Einl IPR** 278
  Übereinkommen über die Form eines internationalen Testaments **Einl IPR** 250
  Unterhaltsansprüche, Übereinkommen über die Geltendmachung im Ausland 1956 **Einl IPR** 278
  Verkehrsunfälle, Abkommen 1971 über anzuwendendes Recht **Einl IPR** 278
  Zivilprozeßabkommen 1954 **Einl IPR** 278
Soft law Einl IPR 109
Somalia
  Flüchtlinge, Protokoll über die Rechtsstellung 1967 **Anh Art 5** 36
  Flüchtlingskonvention (Genfer Abkommen 1951) **Anh Art 5** 35

Somalia (Forts.)
  IPR **Einl IPR** 488
  Staatsangehörigkeit (Erwerb, Verlust) **Art 5** 367
  Waffenembargo gegen – **Anh Art 6** 38
Sonderanknüpfung
  ausländischer Eingriffsnormen **Einl IPR** 19, 42, 44 ff
  Drittstaatliche Eingriffsnormen und Resolution des Institut de Droit International 1991 **Einl IPR** 52
  EGBGB Art 34 **Einl IPR** 17, 119
  EVÜ **Einl IPR** 48
  IPR-NRG **Einl IPR** 49
  und ordre public **Art 6** 2, 29 ff
  und Schutz des Schwächeren **Einl IPR** 119
  Vertragsstatut, verdrängtes **Einl IPR** 46
Sondervermögen
  Lex rei sitae und Vermögensstatut **Art 3** 56
Sorgerechtsentscheidungen, Anerkennung und Vollstreckung
  Europäisches Übereinkommen 1980 **Art 4** 348; **Art 5** 502, 507; **Einl IPR** 283
Sorgerechtsstatut
  s. Eltern-Kind-Verhältnis
Souveränitätsgedanke
  und Staatsangehörigkeitsprinzip **Art 5** 17
Sowjetunion (ehemalige)
  Auskünfte über ausländisches Recht, Übereinkommen 1968 **Einl IPR** 278
  Ausländische Schiedssprüche, Abkommen zur Anerkennung und Vollstreckung 1958 **Einl IPR** 278
  CISG **Einl IPR** 244
  Deutsche ehemaliger Ostgebiete, Rechtsstatus **Art 5** 138
  Fortgeltung völkerrechtlicher Verpflichtungen in GUS-Staaten **Einl IPR** 331
  IPR **Einl IPR** 479, 480
  Konsularvertrag 1958 **Einl IPR** 404
  Mehrstaater, inländische **Art 5** 440
  Moskauer Vertrag 1970 **Art 5** 143 ff
  Staatsangehörigkeit (Erwerb, Verlust) **Art 5** 368
  Zivilprozeßabkommen 1954 **Einl IPR** 278
Sozialistische Staaten
  IPR **Einl IPR** 468
  Rechtshilfeverträge **Einl IPR** 302
Sozialrecht
  Internationales – **Einl IPR** 197
Spanien
  Anerkennung und Vollstreckung, bilaterales Abkommen **Einl IPR** 405, 406
  Anwerbe- und Vermittlungsvereinbarung **Einl IPR** 349
  Auskünfte über ausländisches Recht, Übereinkommen 1968 **Einl IPR** 278

Spanien (Forts.)
Ausländische Schiedssprüche, Abkommen zur Anerkennung und Vollstreckung 1958 **Einl IPR** 278
Ausländische Urkunden, Befreiung von der Legalisation (Übereinkommen 1961) **Einl IPR** 278
Beweisaufnahme im Ausland, Übereinkommen 1970 **Einl IPR** 278
CISG **Einl IPR** 244
Ehefähigkeitszeugnis, Übereinkommen 1980 **Einl IPR** 286
Ehescheidung **Anh Art 4** 243
Eheschließung im Ausland, Übereinkommen 1964 **Einl IPR** 286
Ehewirkungen **Anh Art 4** 242
Eigentumsübergang an beweglicher Sache **Art 4** 306
Erbfolge **Anh Art 4** 245
Erbstatut **Art 4** 254
EuGVÜ **Einl IPR** 290
Familienname-Bescheinigung, Übereinkommen 1982 **Einl IPR** 286
Flüchtlinge, Protokoll über die Rechtsstellung 1967 **Anh Art 5** 36
Flüchtlingskonvention (Genfer Abkommen 1951) **Anh Art 5** 35
Freundschafts-, Handels- und Niederlassungsabkommen **Einl IPR** 353
Gebietszugehörigkeit **Anh Art 4** 249
Gerichtzugang, Übereinkommen zur Erleichterung 1980 **Einl IPR** 278
Interlokales Privatrecht **Anh Art 4** 248; **Einl IPR** 538
IPR **Anh Art 4** 241; **Einl IPR** 455
Kindesentführungsabkommen 1980 **Einl IPR** 278
Kindschaftsrecht **Anh Art 4** 244
Lex-fori-Beachtung **Einl IPR** 189
Mehrrechtsstaat **Einl IPR** 530
Mehrstaater **Art 5** 438
Minderjährigenschutzabkommen 1961 **Einl IPR** 278
Mütterliche Abstammung, Übereinkommen 1962 **Einl IPR** 286
Namensänderung, Übereinkommen 1958 **Einl IPR** 286
Namensrecht, anzuwendendes Übereinkommen 1980 **Einl IPR** 286
Nichteheliche Kinder, Abkommen zur Anerkennung 1961 **Einl IPR** 286
Produkthaftpflicht, Übereinkommen über anzuwendendes Recht 1973 **Einl IPR** 278
Rück- und Weiterverweisung **Anh Art 4** 246 ff
Sorgerechtsentscheidungen, Übereinkommen 1980 **Einl IPR** 278

Spanien (Forts.)
Staatsangehörigkeit (Erwerb, Verlust) **Art 5** 369
Staatsangehörigkeitsprinzip **Anh Art 4** 241
Testamentsformabkommen 1961 **Einl IPR** 278
Unterhaltsansprüche, Übereinkommen über die Geltendmachung im Ausland 1956 **Einl IPR** 278
Unterhaltsstatutabkommen 1973 **Einl IPR** 278
Unterhaltsvollstreckungsabkommen 1973 **Einl IPR** 278
Urkunden diplomatischer, konsularischer Vertreter, Übereinkommen 1968 **Einl IPR** 278
Vormundschaftabkommen 1902 **Einl IPR** 278
Zivilprozeßabkommen 1954 **Einl IPR** 278
Zustellungsabkommen 1965 **Einl IPR** 278
Spanierentscheid des BVerfG Art 6 13, 102 und IPR-Reformarbeiten **Einl IPR** 583
Sri Lanka
Adoptionszusammenarbeit, Übereinkommen 1993 **Einl IPR** 278
Ausländische Schiedssprüche, Abkommen zur Anerkennung und Vollstreckung 1958 **Einl IPR** 278
IPR **Einl IPR** 427
Luftfahrzeuge, Abkommen zur internationalen Anerkennung von Rechten 1948 **Einl IPR** 278
Staatsangehörigkeit (Erwerb, Verlust) **Art 5** 370
Unterhaltsansprüche, Übereinkommen über die Geltendmachung im Ausland 1956 **Einl IPR** 278
St Christopher
Staatsangehörigkeit (Erwerb, Verlust) **Art 5** 371
St Kitts und Newis
Ausländische Urkunden, Befreiung von der Legalisation (Übereinkommen 1961) **Einl IPR** 278
Kindesentführungsabkommen 1980 **Einl IPR** 278
St Lucia
Staatsangehörigkeit (Erwerb, Verlust) **Art 5** 372
St Pierre et Miquelon
Staatsangehörigkeit (Erwerb, Verlust) **Art 5** 373
St Vincent
Staatsangehörigkeit (Erwerb, Verlust) **Art 5** 374
Staatenlose
Anknüpfung **Art 5** 463 ff, 486 ff

Staatenlose (Forts.)
  Aufenthaltsänderung, unrechtmäßige **Art 5** 495 ff
  Aufenthaltsprinzip **Art 5** 464 ff
  Begriff, Entstehung der Staatenlosigkeit **Art 5** 441 ff
  De-facto-Staatenlosigkeit **Art 5** 449 ff
  De-jure-Staatenlosigkeit **Art 5** 444 ff
  Flüchtlingsrecht
    s. dort
  und Fremdenrecht **Einl IPR** 342
  Intertemporales Recht **Art 5** 478, 479, 492
  Menschenrechtserklärungen **Art 5** 443
  New Yorker Übereinkommen 1954 **Einl IPR** 282
  Nichtfeststellbarkeit der Staatenangehörigkeit **Art 5** 455, 456
  Rück- oder Weiterverweisung **Art 5** 477
  Rück- und Weiterverweisung **Art 5** 494
  und Staatshaftung **Einl IPR** 372
  Statutenwechsel **Art 5** 493
  UN-Übereinkommen 1954 **Art 5** 442, 482 ff; **Einl IPR** 324
  Wohnsitz und Aufenthalt **Art 5** 489
  Wohnsitzprinzip **Art 5** 486 ff
Staatennachfolge
  und Staatenlosigkeit **Art 5** 450
  Wiener Konvention über Staatennachfolge in Verträge 1978 **Einl IPR** 329
Staatsangehörigkeitskonflikte
  Haager Abkommen 1937 **Art 5** 45
Staatsangehörigkeitsprinzip
  Adoption **Art 4** 236
  Anknüpfung an die engste Beziehung **Art 4** 98
  Anknüpfungspunkt **Art 5** 12 ff
  und Aufenthalt einer Person **Art 5** 15, 16
  und Aufenthaltsprinzip **Art 5** 22
  und ausländische lex rei sitae **Art 3** 52
  Bedeutung der Staatsangehörigkeit **Art 5** 5 ff
  EGBGB **Einl IPR** 216
  EGBGB (Übersicht) **Art 5** 16
  Eheliche Abstammung **Art 4** 216
  Ehewirkungsstatut **Art 4** 171
  Eltern-Kind-Verhältnis **Art 4** 219
  Erbstatut **Art 4** 249, 254
  Europäische Unionsbürgerschaft und Staatsangehörigkeit **Art 5** 8, 8 ff
  Fehlentwicklung **Einl IPR** 173
  Gastarbeiter **Art 5** 21
  und Gesamtstaatverweisung **Art 4** 326 ff
  Haager Übereinkommen 1955 zur Konfliktregelung Wohnsitzrecht und – **Einl IPR** 278
  und Heimatbezug **Art 5** 18
  als Heimatrecht **Art 5** 14

Staatsangehörigkeitsprinzip (Forts.)
  und interlokales Privatrecht eines ausländischen Mehrrechtsstaates **Art 4** 321
  IPR, deutsches **Art 5** 20 ff
  IPR und Staatsangehörigkeitsrecht **Einl IPR** 198
  IPR-NRG **Einl IPR** 604
  IPR-politische Bedeutung **Art 5** 26 ff
  und Legitimationsvoraussetzungen **Art 4** 230, 232
  Mehrfache Staatsangehörigkeit **Art 5** 35, 36
  Mehrstaater
    s. dort
  Mobilia ossibus inhaerent **Art 4** 306
  Multikulturelle Gesellschaft **Art 5** 23 ff
  Nichteheliche Abstammung **Art 4** 223
  als Personalstatut **Art 5** 13 ff
  Rechtfertigung **Art 5** 17 ff
  Rechtsnatur der Staatsangehörigkeit **Art 5** 6
  Rechtssicherheit **Art 5** 30
  Rückverweisung **Art 4** 56
  und Rückverweisung **Art 4** 15
  Staatenlose
    s. dort
  Staatsangehörigkeit als Schutzangehörigkeit **Art 5** 7
  Überbetontes – **Einl IPR** 172
  Verbreitung **Art 5** 15
  Verlöbnisbruch **Art 4** 61
  Verweis auf deutsches Kollisionsrecht **Einl IPR** 396
  Völkerrecht und innerstaatliche Staatsangehörigkeitsregelung **Art 5** 40 ff
  Vormundschaftsstatut **Art 4** 244
  Vorrang deutscher Staatsangehörigkeit **Einl IPR** 605
  Willkür **Einl IPR** 309
  und Wohnsitzprinzip **Art 5** 15, 16
Staatsangehörigkeitsrecht (Ausländisches Recht)
  s. Einzelstaaten
Staatsangehörigkeitsrecht (Deutsches Recht)
  Art 5 55 ff
  Ausbürgerungsfälle **Art 5** 104, 105
  Ausgebürgerte Deutsche **Anh Art 5** 16 ff
  Aussiedler **Art 5** 130
  Begriff des Deutschen **Anh Art 5** 11 ff; **Einl IPR** 343, 389
  DDR-Regelung **Art 5** 204 ff
  Deutsche ohne deutsche Staatsangehörigkeit **Art 5** 127
  Deutsche Volkszugehörigkeit, deutsche Staatsangehörigkeit : Gleichstellung **Anh Art 5** 15
  Erwerb durch Annahme als Kind **Art 5** 161 ff
  Erwerb durch Anstellung als Beamter **Art 5** 181

Staatsangehörigkeitsrecht (Deutsches Recht)
(Forts.)
Erwerb durch Einbürgerung **Art 5** 164 ff
Erwerb durch Geburt **Art 5** 152 ff
Erwerb durch Legitimation **Art 5** 158 ff
Erwerb durch Option **Art 5** 182
Erwerb durch Sammeleinbürgerung **Art 5** 183
Erwerb durch Wehrmachtsdienst **Art 5** 184
Erwerbs- und Verlustgründe **Art 5** 152 ff
Nazi-Unrecht, Beseitigung **Art 5** 101 ff
Naziregime **Art 5** 69 ff
Ostgebiete, ehemalige deutsche **Art 5** 138 ff
Polen, Nachbarschaftsvertrag **Art 5** 148 ff
Reichs- und Staatsangehörigkeitsgesetz (RuStAG) **Art 5** 57
Sammeleinbürgerungen während der Nazizeit **Art 5** 74 ff
Teilung Deutschlands bis zum 3.10.1990 **Art 5** 150 ff
Verlust durch Anerkennungswiderruf **Art 5** 201
Verlust durch Annahme als Kind durch einen Ausländer **Art 5** 195
Verlust durch Auslandsaufenthalt (längeren) **Art 5** 198
Verlust durch Behördenausspruch **Art 5** 196
Verlust durch Eheschließung **Art 5** 200
Verlust durch Einbürgerungswiderruf **Art 5** 201
Verlust durch Entlassung auf Antrag **Art 5** 185 ff
Verlust durch Erwerb fremder Staatsangehörigkeit **Art 5** 188 ff
Verlust durch Legitimation **Art 5** 199
Verlust durch Nichterfüllung der Wehrpflicht **Art 5** 197
Verlust durch Nichtigerklärung von Sammeleinbürgerungen **Art 5** 203
Verlust durch Option **Art 5** 202
Verlust durch Verzicht **Art 5** 194
Versailler Vertrag **Art 5** 58, 58 ff
Volksdeutsche **Art 5** 127 ff
Volksdeutsche, Status nicht eingebürgerter **Art 5** 126 ff
Vorrang deutscher Staatsangehörigkeit **Art 5** 410, 411

Staatsbürger
Inanspruchnahme als – **Einl IPR** 309

Staatsgrenzen
Völkerrechtliche Regeln **Einl IPR** 310

Staatshaftung
Haftung gegenüber Ausländern **Einl IPR** 368

Staatsverträge
s. Abkommen (Übereinkommen)

Statusverhältnisse
und alternative Anknüpfungsbegriffe **Einl IPR** 145

Statutenlehre
Scheitern der – **Einl IPR** 69

Statutenwechsel
Abgeschlossene Tatbestände **Einl IPR** 521
Dauerverhältnis **Einl IPR** 510, 522
Staatenlosenkonvention **Art 5** 493

Stellvertretung
Anknüpfung für rechtsgeschäftlich erteilte Vollmacht **Art 4** 159
Haager Übereinkommen über anzuwendendes Recht 1978 **Einl IPR** 278
Renvoi des Rechts des Wirkungslandes **Art 4** 160
Übereinkommen beim internationalen Warenkauf 1983 **Einl IPR** 248

Steuerrecht
Internationales **Einl IPR** 196

Story, Joseph
Name des IPR **Einl IPR** 21

Strafrecht
internationales **Einl IPR** 196

Straßenverkehrsunfallabkommen (Haager Abkommen 1971) Art 4 135, 136; **Einl IPR** 324

Subsidiäre Anknüpfung Einl IPR 115, 149 ff
und Günstigkeitsprinzip **Einl IPR** 142

Sudan
Flüchtlinge, Protokoll über die Rechtsstellung 1967 **Anh Art 5** 36
Flüchtlingskonvention (Genfer Abkommen 1951) **Anh Art 5** 35
IPR **Einl IPR** 418, 488
Rechtsspaltung **Einl IPR** 543
Staatsangehörigkeit (Erwerb, Verlust) **Art 5** 375

Sudetengebiet
Sammeleinbürgerung, rechtswirksame **Art 5** 113
Sammeleinbürgerung 1939 **Art 5** 76

Südafrika
Adoption **Art 4** 239
Ausländische Schiedssprüche, Abkommen zur Anerkennung und Vollstreckung 1958 **Einl IPR** 278
Ausländische Urkunden, Befreiung von der Legalisation (Übereinkommen 1961) **Einl IPR** 278
Ehegüterrecht **Anh Art 4** 97
Ehegüterstatut **Art 4** 175
Eheschließung **Anh Art 4** 97
IPR **Anh Art 4** 96 ff; **Einl IPR** 418
Kindschaftsrecht **Anh Art 4** 98
Rechtsspaltung **Einl IPR** 543
Rück- und Weiterverweisung aus deutscher Sicht **Anh Art 4** 99

Südafrika (Forts.)
Staatsangehörigkeit (Erwerb, Verlust) **Art 5** 376
Testamentsformabkommen 1961 **Anh Art 4** 100; **Einl IPR** 278
Waffenembargo 1977 **Anh Art 6** 38
Südamerikanischer Gemeinsamer Markt
Mercosur **Einl IPR** 301
Südwestafrika
Versailler Vertrag und Staatsangehörigkeitsregelung **Art 5** 68
Superlaw Einl IPR 81
Supranationale Rechtssetzung
von internationalen Organisationen **Einl IPR** 6
Suriname
Ausländische Urkunden, Befreiung von der Legalisation (Übereinkommen 1961) **Einl IPR** 278
Flüchtlinge, Protokoll über die Rechtsstellung 1967 **Anh Art 5** 36
Flüchtlingskonvention (Genfer Abkommen 1951) **Anh Art 5** 35
Unterhaltsansprüche, Übereinkommen über die Geltendmachung im Ausland 1956 **Einl IPR** 278
Unterhaltsvollstreckungsabkommen für Kinder 1958 **Einl IPR** 278
Zivilprozeßabkommen 1954 **Einl IPR** 278
Swasiland
Ausländische Urkunden, Befreiung von der Legalisation (Übereinkommen 1961) **Einl IPR** 278
Flüchtlinge, Protokoll über die Rechtsstellung 1967 **Anh Art 5** 36
Testamentsformabkommen 1961 **Einl IPR** 278
Syrien
Ausländische Schiedssprüche, Abkommen zur Anerkennung und Vollstreckung 1958 **Einl IPR** 278
CISG **Einl IPR** 244
Eherecht **Anh Art 4** 495
Erbfolge **Anh Art 4** 496
Erbstatut **Art 4** 254
IPR **Einl IPR** 488
Kollisionsrecht **Anh Art 4** 494
Mehrstaater **Art 5** 438
Rechtsspaltung **Einl IPR** 496, 542
Rück- und Weiterverweisung **Anh Art 4** 497
Staatsangehörigkeit (Erwerb, Verlust) **Art 5** 377
Systemdenken
und Methode des IPR **Einl IPR** 60

Tadschikistan
Erfüllung von der UdSSR eingegangener völkerrechtlicher Verpflichtungen **Einl IPR** 331
Fortgeltung des IPR der UdSSR **Anh Art 4** 358
Staatsangehörigkeit (Erwerb, Verlust) **Art 5** 378
Taiwan
s. China
Tansania
Ausländische Schiedssprüche, Abkommen zur Anerkennung und Vollstreckung 1958 **Einl IPR** 278
Flüchtlinge, Protokoll über die Rechtsstellung 1967 **Anh Art 5** 36
Flüchtlingskonvention (Genfer Abkommen 1951) **Anh Art 5** 35
Rechtsspaltung **Einl IPR** 543
Staatsangehörigkeit (Erwerb, Verlust) **Art 5** 379
Tatortrecht
s. Unerlaubte Handlung
Teilverweisung
Teilrückverweisung, Teilweiterverweisung **Art 4** 58, 59
Territorialitätsprinzip
Enteignungsrecht **Art 6** 58; **Einl IPR** 201
und öffentlich-rechtliches Kollisionsrecht **Art 6** 36
Teso-Beschluß Art 5 220 ff
Testament
Washingtoner Abkommen über die Form eines internationalen Testaments 1973 **Einl IPR** 250
Testamentsauslegung
und innerdeutsches Kollisionsrecht **Art 3** 87
Testamentsformabkommen
Haager Übereinkommen 1961 **Art 3** 21, 24; **Art 4** 126, 127, 158, 278, 348; **Art 5** 437; **Einl IPR** 278, 323, 607
Testamentsvollstreckung
und ausländisches Gesamtstatut **Art 3** 90
und innerdeutsches Kollisionsrecht **Art 3** 87
Testierfähigkeit
Errichtungsstatut **Art 4** 277
Thailand
Adoption **Anh Art 4** 547
Ausländische Schiedssprüche, Abkommen zur Anerkennung und Vollstreckung 1958 **Einl IPR** 278
Eherecht **Anh Art 4** 545, 546
Eltern-Kind-Beziehung **Art 4** 220
Erbrecht **Anh Art 4** 548, 550
Erbstatut **Art 4** 254
Geschäftsfähigkeit **Anh Art 4** 544

Thailand (Forts.)
IPR **Einl IPR** 486
Kindschaftsrecht **Anh Art 4** 547
Kollisionsrecht **Anh Art 4** 543
Legitimation **Anh Art 4** 547
Luftfahrzeuge, Abkommen zur internationalen Anerkennung von Rechten 1948 **Einl IPR** 278
Mehrstaater **Art 5** 438
Rück- und Weiterverweisung **Anh Art 4** 549, 550
Staatsangehörigkeit (Erwerb, Verlust) **Art 5** 380
Staatsangehörigkeitsprinzip **Anh Art 4** 543
Tibet
Staatenlosigkeit der Flüchtlinge **Art 5** 452
Todeserklärungen
Domizilprinzip **Art 4** 145
und Staatsangehörigkeitsprinzip **Art 5** 16
Togo
Flüchtlinge, Protokoll über die Rechtsstellung 1967 **Anh Art 5** 36
Flüchtlingskonvention (Genfer Abkommen 1951) **Anh Art 5** 35
Luftfahrzeuge, Abkommen zur internationalen Anerkennung von Rechten 1948 **Einl IPR** 278
Staatsangehörigkeit (Erwerb, Verlust) **Art 5** 381
Tonga
Ausländische Urkunden, Befreiung von der Legalisation (Übereinkommen 1961) **Einl IPR** 278
Testamentsformabkommen 1961 **Einl IPR** 278
Transkei
Staatsangehörigkeit (Erwerb, Verlust) **Art 5** 382
Transmission
s. Weiterverweisung
Transportmittel
Anknüpfungen **Art 4** 307
Trinidad und Tobago
Ausländische Schiedssprüche, Abkommen zur Anerkennung und Vollstreckung 1958 **Einl IPR** 278
Staatenlose – UN-Übereinkommen 1954 **Art 5** 482
Staatsangehörigkeit (Erwerb, Verlust) **Art 5** 383
Trust-Übereinkommen
Haager Übereinkommen 1985 **Art 4** 139; **Einl IPR** 278
Tschad
Flüchtlinge, Protokoll über die Rechtsstellung 1967 **Anh Art 5** 36
Flüchtlingskonvention (Genfer Abkommen 1951) **Anh Art 5** 35

Tschad (Forts.)
IPR **Einl IPR** 427
Luftfahrzeuge, Abkommen zur internationalen Anerkennung von Rechten 1948 **Einl IPR** 278
Staatsangehörigkeit (Erwerb, Verlust) **Art 5** 384
Tschechische Republik
Adoption **Art 4** 242; **Anh Art 4** 372
Ausländische Schiedssprüche, Abkommen zur Anerkennung und Vollstreckung 1958 **Einl IPR** 278
Beweisaufnahme im Ausland, Übereinkommen 1970 **Einl IPR** 278
CISG **Einl IPR** 244
EG-Assoziierungsabkommen **Einl IPR** 347
Ehegüterstatut, wandelbare Anknüpfung **Art 4** 178
Eheliche Abstammung **Art 4** 216
Ehescheidungsanerkennung, Abkommen 1970 **Einl IPR** 278
Eheschließung **Anh Art 4** 370
Eigentumsübergang an beweglicher Sache **Art 4** 306
Eltern-Kind-Beziehung **Art 4** 220
Erbrecht **Anh Art 4** 373
Erbstatut **Art 4** 254
Fortgeltung älterer Staatsverträge **Einl IPR** 333
IPR **Einl IPR** 469, 470
Kindschaftsrecht **Anh Art 4** 371
Klarstellung hinsichtlich bilateraler, mulilateraler Verträge **Einl IPR** 333
Nachlaßverwaltung, Übereinkommen 1973 **Einl IPR** 278
Rechts- und Geschäftsfähigkeit **Anh Art 4** 370
Rück- und Weiterverweisung **Anh Art 4** 374
Staatsangehörigkeit (Erwerb, Verlust) **Art 5** 385
Staatsangehörigkeitsprinzip **Anh Art 4** 369
Unterhaltsansprüche, Übereinkommen über die Geltendmachung im Ausland 1956 **Einl IPR** 278
Unterhaltsvollstreckungsabkommen 1973 **Einl IPR** 278
Verjährungsabkommen (Warenkauf) **Einl IPR** 245
Verkehrsunfälle, Abkommen 1971 über anzuwendendes Recht **Einl IPR** 278
Zivilprozeßabkommen 1954 **Einl IPR** 278
Zustellungsabkommen 1965 **Einl IPR** 278
Tschechoslowakei (ehemalige)
Flüchtlinge, Protokoll über die Rechtsstellung 1967 **Anh Art 5** 36
Flüchtlingskonvention (Genfer Abkommen 1951) **Anh Art 5** 35

Sachregister

Türkei
Adoption **Art 4** 242
Anwerbe- und Vermittlungsvereinbarung **Einl IPR** 349
Auskünfte über ausländisches Recht, Übereinkommen 1968 **Einl IPR** 278
Ausländische Schiedssprüche, Abkommen zur Anerkennung und Vollstreckung 1958 **Einl IPR** 278
Ausländische Urkunden, Befreiung von der Legalisation (Übereinkommen 1961) **Einl IPR** 278
Ehefähigkeitszeugnis, Übereinkommen 1980 **Einl IPR** 286
Ehegüterrecht und Rechtswahl der Parteien **Art 4** 181
Eherecht **Anh Art 4** 295, 299
Ehesachen, Übereinkommen zur Anerkennung von Entscheidungen 1967 **Einl IPR** 286
Ehescheidung **Anh Art 4** 295
Eheschließung im Ausland, Übereinkommen 1964 **Einl IPR** 286
Erbrecht **Anh Art 4** 297
Erbstatut **Art 4** 266
EWG-Assoziierungsabkommen **Einl IPR** 347
Flüchtlinge, Protokoll über die Rechtsstellung 1967 **Anh Art 5** 36
Flüchtlingskonvention (Genfer Abkommen 1951) **Anh Art 5** 35
Freundschafts-, Handels- und Niederlassungsabkommen **Einl IPR** 353
IPR **Anh Art 4** 294; **Einl IPR** 458 ff
Kindschaftsrecht **Anh Art 4** 296, 300
Konsularvertrag 1929 **Einl IPR** 404
Legitimation **Art 4** 234
Legitimation, Übereinkommen 1970 **Einl IPR** 286
Lex-fori-Beachtung **Einl IPR** 189
Mehrstaater, inländische **Art 5** 440
Minderjährigenschutzabkommen 1961 **Einl IPR** 278
Mütterliche Abstammung, Übereinkommen 1962 **Einl IPR** 286
Nachlaßspaltung **Art 4** 266
Namensänderung, Übereinkommen 1958 **Einl IPR** 286
Nichteheliche Kinder, Abkommen zur Anerkennung 1961 **Einl IPR** 286
Rechtsverkehrsabkommen **Einl IPR** 371
Rechtswahl im Familienrecht **Einl IPR** 135
Rück- und Weiterverweisung **Anh Art** 4 298 ff
Staatsangehörigkeit (Erwerb, Verlust) **Art** 5 386
Staatsangehörigkeitsprinzip **Anh Art 4** 294, 299

Türkei (Forts.)
Testamentsformabkommen 1961 **Einl IPR** 278
Unterhaltsansprüche, Übereinkommen über die Geltendmachung im Ausland 1956 **Einl IPR** 278
Unterhaltsstatutabkommen 1973 **Einl IPR** 278
Unterhaltsvollstreckungsabkommen 1973 **Einl IPR** 278
Urkunden diplomatischer, konsularischer Vertreter, Übereinkommen 1968 **Einl IPR** 278
Zivilprozeßabkommen 1954 **Einl IPR** 278
Zustellungsabkommen 1965 **Einl IPR** 278

Tunesien
Anerkennung und Vollstreckung, bilaterales Abkommen **Einl IPR** 405
Anwerbe- und Vermittlungsvereinbarungen **Einl IPR** 349
Ausländische Schiedssprüche, Abkommen zur Anerkennung und Vollstreckung 1958 **Einl IPR** 278
Eherecht **Anh Art 4** 499
Flüchtlinge, Protokoll über die Rechtsstellung 1967 **Anh Art 5** 36
Flüchtlingskonvention (Genfer Abkommen 1951) **Anh Art 5** 35
IPR **Anh Art 4** 498; **Einl IPR** 498
Luftfahrzeuge, Abkommen zur internationalen Anerkennung von Rechten 1948 **Einl IPR** 278
Rück- oder Weiterverweisung, **Anh Art** 4 467
Rück- und Weiterverweisung **Anh Art 4** 500, 501
Staatenlose – UN-Übereinkommen 1954 **Art 5** 482
Staatsangehörigkeit (Erwerb, Verlust) **Art** 5 387
Staatsangehörigkeitsprinzip **Anh Art 4** 498, 499
Unterhaltsansprüche, Übereinkommen über die Geltendmachung im Ausland 1956 **Einl IPR** 278

Turkmenistan
Fortgeltung des IPR der UdSSR **Anh Art** 4 358
Staatsangehörigkeit (Erwerb, Verlust) **Art** 5 388

Tuvalu
Flüchtlinge, Protokoll über die Rechtsstellung 1967 **Anh Art 5** 36
Flüchtlingskonvention (Genfer Abkommen 1951) **Anh Art 5** 35

Übereinkommen
s. Abkommen

Übergangsrecht
s. Intertemporales Recht
Überweisungsverkehr
UNCITRAL-Modellgesetz zum internationalen – **Einl IPR** 247
Uganda
Ausländische Schiedssprüche, Abkommen zur Anerkennung und Vollstreckung 1958 **Einl IPR** 278
CISG **Einl IPR** 244
Flüchtlinge, Protokoll über die Rechtsstellung 1967 **Anh Art 5** 36
Flüchtlingskonvention (Genfer Abkommen 1951) **Anh Art 5** 35
Staatenlose – UN-Übereinkommen 1954 **Art 5** 482
Staatsangehörigkeit (Erwerb, Verlust) **Art 5** 389
Verjährungsabkommen (Warenkauf) **Einl IPR** 245
Ukraine
Auskünfte über ausländisches Recht, Übereinkommen 1968 **Einl IPR** 278
Ausländische Schiedssprüche, Abkommen zur Anerkennung und Vollstreckung 1958 **Einl IPR** 278
CISG **Einl IPR** 244
Erfüllung von der UdSSR eingegangener völkerrechtlicher Verpflichtungen **Einl IPR** 331
Fortgeltung des IPR der UdSSR **Anh Art 4** 358
IPR **Einl IPR** 482
Kindschaftsrecht **Anh Art 4** 358
Sammeleinbürgerung 1941 **Art 5** 85
Staatsangehörigkeit (Erwerb, Verlust) **Art 5** 390
Verjährungsabkommen (Warenkauf) **Einl IPR** 245
Umdeutung
getroffener Rechtswahl in Sachnormverweisung **Art 4** 105
UN-Abkommen, Übereinkommen
Flüchtlingsrecht
s. dort
IPR-Vereinheitlichung (Übersicht) **Einl IPR** 282
Kaufrecht
s. dort
über die Rechtsstellung der Staatenlosen 1954 **Art 5** 442 ff, 454, 461, 482
zur Verminderung der Staatenlosigkeit 1961 **Art 5** 442, 454
UN-Allgemeine Erklärung der Menschenrechte 1948 **Art 5** 443
UN-Internationaler Pakt
über bürgerliche und politische Rechte **Art 5** 443

UN-Kodex
zur Kontrolle wettbewerbsbeschränkender Geschäftspraktiken **Einl IPR** 108
UN-Sanktionen **Anh Art 6** 38
Unbewegliches Vermögen
als Anknüpfungsmerkmal **Art 4** 69
und bewegliches Vermögen **Art 4** 250
und Fahrnis **Art 3** 47
UNCITRAL
Förderung des Welthandelsrechts **Einl IPR** 7
Modellgesetz zum internationalen Überweisungsverkehr **Einl IPR** 247
und vereinheitlichtes Sachrecht **Einl IPR** 241 ff
Wiener Kaufrecht **Einl IPR** 110
Unerlaubte Handlung
Akzessorisches Deliktsstatut **Art 4** 301
Aufenthaltsort, gemeinsamer **Art 4** 299
Ausweichklausel **Art 4** 300; **Einl IPR** 622
Beachtung einer Rückverweisung **Art 4** 291
Grundsatz der Gesamtverweisung **Art 4** 292, 293
Nichtleistungskondiktion **Art 4** 286
Platzdelikte **Art 4** 290
Rechtswahl **Art 4** 302; **Einl IPR** 621
Tatortregel, Auflockerung **Art 4** 295
Tatortregel und Ausschluß der Rück- und Weiterverweisung **Art 4** 289
Verkehrsrechtliche Verhaltensnormen **Art 4** 304
Ungarn
Adoption **Art 4** 242; **Anh Art 4** 380
Auskünfte über ausländisches Recht, Übereinkommen 1968 **Einl IPR** 278
Ausländische Schiedssprüche, Abkommen zur Anerkennung und Vollstreckung 1958 **Einl IPR** 278
Ausländische Urkunden, Befreiung von der Legalisation (Übereinkommen 1961) **Einl IPR** 278
CISG **Einl IPR** 244
EG-Assoziierungsabkommen **Einl IPR** 347
Ehegüterstatut, wandelbare Anknüpfung **Art 4** 178
Eheliche Abstammung **Art 4** 216
Ehescheidung **Anh Art 4** 379
Eheschließung, Ehewirkungen **Anh Art 4** 378, 379
Eheschließungsabkommen 1902 **Einl IPR** 278
Eltern-Kind-Beziehung **Art 4** 220
Erbstatut **Art 4** 254
Flüchtlinge, Protokoll über die Rechtsstellung 1967 **Anh Art 5** 36
Flüchtlingskonvention (Genfer Abkommen 1951) **Anh Art 5** 35
IPR **Anh Art 4** 377; **Einl IPR** 473

904

Ungarn (Forts.)
Kindesentführungsabkommen 1980 **Einl IPR** 278
Kindschaftsrecht **Anh Art 4** 380
Luftfahrzeuge, Abkommen zur internationalen Anerkennung von Rechten 1948 **Einl IPR** 278
Mehrstaater **Art 5** 438
Mehrstaater, inländische **Art 5** 440
Rechts- und Geschäftsfähigkeit **Anh Art 4** 378
Rück- und Weiterverweisung **Anh Art 4** 383, 384
Staatsangehörigkeit (Erwerb, Verlust) **Art 5** 391
Staatsangehörigkeitsprinzip **Anh Art 4** 377
Unterhaltsansprüche, Übereinkommen über die Geltendmachung im Ausland 1956 **Einl IPR** 278
Unterhaltsvollstreckungsabkommen für Kinder 1958 **Einl IPR** 278
Verjährungsabkommen (Warenkauf) **Einl IPR** 245
Wahl der lex fori **Einl IPR** 193
Zivilprozeßabkommen 1954 **Einl IPR** 278

Ungerechtfertigte Bereicherung
Eingriffskondiktion **Art 4** 286
Leistungskondiktion und Vertragsstatut **Art 4** 285

UNIDROIT
Factoring-Übereinkommen 1988 **Einl IPR** 248
Finanzierungsleasing-Übereinkommen 1988 **Einl IPR** 248
Grundprinzipien zum Recht der Schuldverträge **Einl IPR** 265
Übereinkommen über Stellvertretung beim internationalen Warenkauf **Einl IPR** 248

Unionsbürgerschaft (europäische)
s. Europäische Unionsbürgerschaft

UNITA
Waffen- und Erdölembargo **Anh Art 6** 38
Unteranknüpfung Art 4 311 ff; **Einl IPR** 532 ff

Unterbringung
Eilsachen **Einl IPR** 180

Unterhaltsrecht
Abstammungsstatut, Unterhaltsstatut **Art 4** 225
Anknüpfungsregel, allgemeine **Art 4** 207
Bereicherungsansprüche **Art 4** 285
Eilsachen **Einl IPR** 180
Geltendmachung von Unterhaltsansprüchen im Ausland (UN-Abkommen 1956) **Einl IPR** 282
Haager Unterhaltsstatutabkommen 1973 **Art 3** 21, 24, 31; **Art 4** 131, 206, 348; **Einl IPR** 278, 324, 607
und ordre public **Art 6** 96

Unterhaltsrecht (Forts.)
Sonderreglungen für Scheidungs- und Trennungsunterhalt **Art 4** 208
Unterhaltsstatutabkommen für Kinder (Haager Übereinkommen 1956) **Art 3** 24 ff, 31 ff, 38; **Art 4** 125; **Einl IPR** 278
Unterhaltsvollstreckungsabkommen (Haager Übereinkommen 1973) **Einl IPR** 278
Unterhaltsvollstreckungsabkommen für Kinder (Haager Übereinkommen 1958) **Einl IPR** 278

Untersteiermark
Sammeleinbürgerung, rechtswirksame **Art 5** 113
Sammeleinbürgerung 1941 **Art 5** 86

Uruguay
Ausländische Schiedssprüche, Abkommen zur Anerkennung und Vollstreckung 1958 **Einl IPR** 278
Belegenheitsprinzip **Anh Art 4** 458
Ehegüterstatut **Art 4** 175
Eherecht **Anh Art 4** 457
Erbfolge **Anh Art 4** 458
Erbstatut **Art 4** 263
Flüchtlinge, Protokoll über die Rechtsstellung 1967 **Anh Art 5** 36
Flüchtlingskonvention (Genfer Abkommen 1951) **Anh Art 5** 35
IPR **Anh Art 4** 457; **Einl IPR** 428, 430
Luftfahrzeuge, Abkommen zur internationalen Anerkennung von Rechten 1948 **Einl IPR** 278
Montevideo-Verträge **Einl IPR** 295
Rück- und Weiterverweisung **Anh Art 4** 459
Staatsangehörigkeit (Erwerb, Verlust) **Art 5** 392
Unterhaltsansprüche, Übereinkommen über die Geltendmachung im Ausland 1956 **Einl IPR** 278
Wohnsitzprinzip **Anh Art 4** 457

Usbekistan
Erfüllung von der UdSSR eingegangener völkerrechtlicher Verpflichtungen **Einl IPR** 331
Fortgeltung des IPR der UdSSR **Anh Art 4** 358
Staatsangehörigkeit (Erwerb, Verlust) **Art 5** 393

Vanuatu
Staatsangehörigkeit (Erwerb, Verlust) **Art 5** 394

Vaterschaftsfeststellung
und alternative Anknüpfung **Einl IPR** 145

Vatikanstadt
s. Heiliger Stuhl

Venezuela
Ausländische Schiedssprüche, Abkommen zur Anerkennung und Vollstreckung 1958 **Einl IPR** 278
Beweisaufnahme im Ausland, Übereinkommen 1970 **Einl IPR** 278
Código Bustamante **Einl IPR** 296
Eherecht **Anh Art 4** 461, 462
Ehescheidungsstatut **Art 4** 188
Eltern-Kind-Beziehung **Art 4** 219
Erbstatut **Art 4** 263
Flüchtlinge, Protokoll über die Rechtsstellung 1967 **Anh Art 5** 36
IPR **Anh Art 4** 460, 460 ff; **Einl IPR** 429
Rück- und Weiterverweisung **Anh Art 4** 464, 465
Sachenrecht **Anh Art 4** 463
Staatsangehörigkeit (Erwerb, Verlust) **Art 5** 396
Wohnsitzprinzip **Anh Art 4** 461
Zustellungsabkommen 1965 **Einl IPR** 278

Verbraucherschutz
Deutsches Kollisionsrecht **Einl IPR** 118, 119, 631
und ordre public **Einl IPR** 117
Sonderanknüpfung ausländischer Eingriffsnorm **Einl IPR** 45

Vereine
Fremdenrecht **Einl IPR** 380

Vereinigte Arabische Emirate
IPR-Kodifikation **Einl IPR** 488
Rechtsspaltung **Einl IPR** 496
Staatsangehörigkeit (Erwerb, Verlust) **Art 5** 397

Vereinigte Arabische Republik
Rechtsspaltung **Einl IPR** 542

Vereinigte Staaten von Amerika
Abstammung, nichteheliche **Art 4** 227
Adoption **Art 4** 238, 240; **Anh Art 4** 91
Ausländische Devisenvorschriften **Einl IPR** 205
Ausländische Schiedssprüche, Abkommen zur Anerkennung und Vollstreckung 1958 **Einl IPR** 278
Ausländische Urkunden, Befreiung von der Legalisation (Übereinkommen 1961) **Einl IPR** 278
Belegenheitsrecht, besondere Vorschriften **Art 3** 102, 103
Belegenheitsrecht und Sachnormen **Art 3** 43
Better law approach **Einl IPR** 74 ff
Beweisaufnahme im Ausland, Übereinkommen 1970 **Einl IPR** 278
CISG **Einl IPR** 244
Comparative-impairment-Theorie **Einl IPR** 73
Conflicts revolution **Einl IPR** 61 ff

Vereinigte Staaten von Amerika (Forts.)
Deliktsrecht **Anh Art 4** 75
Ehegüterrecht **Anh Art 4** 85
Ehegüterstatut **Art 4** 175, 176
Ehegüterstatut, wandelbare Anknüpfung **Art 4** 178, 179
Eheliche Abstammung **Anh Art 4** 88
Ehelichkeitsvermutungen **Art 4** 217
Ehescheidung **Anh Art 4** 86, 87
Ehescheidungsstatut **Art 4** 191, 192, 193, 194
Ehescheidungsstatut und konkurrierende jurisdiction **Art 4** 196
Eheschließung **Anh Art 4** 84
Ehewirkungsrecht **Anh Art 4** 74
Eltern-Kind-Beziehung **Art 4** 221
Embargo-Vorschriften **Einl IPR** 37
Erbfolge und Frage des letzten domiciles **Art 4** 329
Erbrecht **Anh Art 4** 92 ff
Erbstatut **Art 4** 260, 264, 281
Familienvermögen, Verpflichtungsbeschränkungen **Art 4** 172
Flüchtlinge, Protokoll über die Rechtsstellung 1967 **Anh Art 5** 36
Flüchtlingsstatus **Anh Art 5** 9
Fremdes Recht, Beachtung **Einl IPR** 190
Freundschafts-, Handels- und Niederlassungsabkommen **Einl IPR** 353
Functional law approach **Einl IPR** 65 ff
Geschäftsfähigkeit **Anh Art 4** 83
Geschäftsfähigkeit für Immobiliengeschäfte **Art 4** 143
Governmental interests analysis **Einl IPR** 70 ff
Interlokales Privatrecht **Einl IPR** 538
IPR **Anh Art 4** 72; **Einl IPR** 419 ff
IPR-Kodifikation **Anh Art 4** 79
IPR-Lehren und Europäische Reaktion **Einl IPR** 89 ff
Kindesentführungsabkommen 1980 **Anh Art 4** 95; **Einl IPR** 278
Legitimation **Art 4** 232; **Anh Art 4** 90
Lex fori approach **Einl IPR** 79
Louisiana, IPR **Einl IPR** 464
Luftfahrzeuge, Abkommen zur internationalen Anerkennung von Rechten 1948 **Einl IPR** 278
Mehrrechtsstaat **Einl IPR** 530
Minderjährigenschutzabkommen 1961 **Anh Art 4** 89
Nachlaß, beweglicher und unbeweglicher **Art 4** 65
Nachlaßspaltung **Art 4** 260; **Anh Art 4** 92 ff
Nachlaßtreuhänder **Anh Art 4** 94
Ordre public **Art 6** 149
Qualifikationsverweisung **Anh Art 4** 81

906

Vereinigte Staaten von Amerika (Forts.)
Restatement Second, Ausweichklauseln **Einl IPR** 165
Rück- und Weiterverweisung **Anh Art 4** 73 ff
Rück- und Weiterverweisung aus deutscher Sicht **Anh Art 4** 80 ff
Staatsangehörigkeit (Erwerb, Verlust) **Art 5** 398
Statutenwechsel **Einl IPR** 524
Unteranknüpfung **Anh Art 4** 80
Verjährung **Art 4** 161
Verjährungsabkommen (Warenkauf) **Einl IPR** 245
Zustellungsabkommen 1965 **Einl IPR** 278
Vereinigtes Königreich
Abstammung, nichteheliche **Art 4** 227
Adoption **Art 4** 28, 238, 239, 241
Adoptionsabkommen 1965 **Art 4** 29
Adoptionsrecht und Adoptionsanerkennung, Übereinkommen 1965 **Einl IPR** 278
Anerkennung und Vollstreckung, bilaterales Abkommen **Einl IPR** 405, 406
Auskünfte über ausländisches Recht, Übereinkommen 1968 **Einl IPR** 278
Ausländische Schiedssprüche, Abkommen zur Anerkennung und Vollstreckung 1958 **Einl IPR** 278
Ausländische Urkunden, Befreiung von der Legalisation (Übereinkommen 1961) **Einl IPR** 278
Belegenheitsrecht, besondere Vorschriften **Art 3** 99 ff
Belegenheitsrecht und Sachnormen **Art 3** 43
Beweisaufnahme im Ausland, Übereinkommen 1970 **Einl IPR** 278
Deliktsrecht, internationales **Einl IPR** 163
Domicile **Art 4** 5
Domicile of choice **Art 4** 7
Domicile of dependency **Art 4** 8
Domicile of origin **Art 4** 6
Ehegüterrecht und Rechtswahl der Parteien **Art 4** 182
Ehegüterstatut **Art 4** 175, 176
Eheliche Abstammung **Art 4** 214
Ehelichkeitsvermutungen **Art 4** 217
Ehescheidungsanerkennung, Abkommen 1970 **Einl IPR** 278
Ehescheidungsstatut **Art 4** 191, 192, 194, 195
Ehescheidungsstatut und konkurrierende jurisdiction **Art 4** 196
Eltern-Kind-Beziehung **Art 4** 221
English Law Commission **Einl IPR** 263
Erblasser und Domizilrecht **Art 3** 69
Erbrecht **Art 4** 30

Vereinigtes Königreich (Forts.)
Erbstatut **Art 4** 259, 264
EuGVÜ **Einl IPR** 290
Fall Collier v Rivaz **Art 4** 27
Fall Dt Schachtbau- und Tiefbohrgesellschaft v Rakoil **Einl IPR** 100
Flüchtlinge, Protokoll über die Rechtsstellung 1967 **Anh Art 5** 36
Flüchtlingskonvention (Genfer Abkommen 1951) **Anh Art 5** 35
Flüchtlingsseeleute-Vereinbarung 1957 **Anh Art 5** 53
Flüchtlingsstatus **Anh Art 5** 9
Foreign-court-Doktrin **Art 4** 13, 50
Form von Rechtsgeschäften **Art 4** 19
Fremdes Recht, Beachtung **Einl IPR** 190
Geschäftsfähigkeit für Immobiliengeschäfte **Art 4** 143
Interlokales Privatrecht **Einl IPR** 538
IPR **Art 4** 5 ff; **Einl IPR** 416
Kindesentführungsabkommen 1980 **Einl IPR** 278
Legitimation **Art 4** 18, 232, 233
Lex actus **Art 4** 12
Lex rei sitae **Art 4** 11
Mehrrechtsstaat **Einl IPR** 530
Nachlaß, beweglicher und unbeweglicher **Art 4** 65
Nachlaßspaltung **Art 4** 259
Ordre public **Art 6** 149
Rück- und Weiterverweisung **Art 4** 13 ff
Rück- und Weiterverweisung aus deutscher Sicht **Art 4** 23 ff
Sorgerechtsentscheidungen, Übereinkommen 1980 **Einl IPR** 278
Staatenlose – UN-Übereinkommen 1954 **Art 5** 482
Staatsangehörigkeit eines British subject **Art 4** 16
Staatsangehörigkeit (Erwerb, Verlust) **Art 5** 273
Teilrenvoi **Art 3** 67
Testamentsformabkommen 1961 **Art 4** 31; **Einl IPR** 278
Trust, anwendbares Recht **Einl IPR** 278
Unterhaltsansprüche, Übereinkommen über die Geltendmachung im Ausland 1956 **Einl IPR** 278
Unterhaltsvollstreckungsabkommen 1973 **Einl IPR** 278
Urkunden diplomatischer, konsularischer Vertreter, Übereinkommen 1968 **Einl IPR** 278
Verjährung **Art 4** 161
Wohnsitzbegriff, unterschiedlicher **Art 4** 9
Zustellungsabkommen 1965 **Einl IPR** 278
Verfahrensrecht
Reform **Einl IPR** 633

Verfahrensrecht (Forts.)
Rück- oder Weiterverweisung, Schranken Art 4 63
Verfassungsrecht, Verfassungsmäßigkeit
Anwendung fremden Rechts **Einl IPR** 175
Ausländer, Schlechterstellung bei der Staatshaftung **Einl IPR** 369
Ausländerscheidungen **Einl IPR** 600
Bodenreform und entschädigungslose Enteignung Art 6 58
Deutscher, Begriff Art 116 Abs 1 GG **Anh Art 5** 11 ff; **Einl IPR** 343
Deutsches Kollisionsrecht Art 6 107
Deutsches Reich, Fortbestand Art 5 150
Fortbestand des Deutschen Reiches nach 1945 Art 5 99
Fremdenrecht, Grenzen innerstaatlichen **Einl IPR** 341
Grundrechte als Bestandteil deutscher öffentlicher Ordnung Art 6 102
Grundrechte, fremdenrechtliche Beschränkungen **Einl IPR** 354
Grundrechte und ordre public Art 6 5, 6, 13, 71, 93, 102 ff, 109
Kollektiveinbürgerungen Art 5 112
Ostverträge Art 5 143, 143 ff
Parteiautonomie, privatrechtliche Gestaltungsfreiheit **Einl IPR** 124
Rechtsstaatsprinzip **Einl IPR** 585
Spanier-Entscheidung Art 6 13, 102; **Einl IPR** 583
Staatsangehörigkeit, mehrfache Art 5 35
Vergeltungsrecht **Anh Art 6** 12, 13
Vorrang von Staatsverträgen Art 3 13
Vorrang staatsvertraglicher Kollisionsnormen Art 3 28
Verfolgter
und Flüchtling **Anh Art 5** 56
Vergeltungsrecht
Ausländer, ausländische Staatsangehörige **Anh Art 6** 13, 20, 25, 27, 50
Ausländerschutz, internationaler Mindeststandard **Anh Art 6** 47
Bundeskanzler **Anh Art 6** 14
Bundesrat **Anh Art 6** 5, 10, 13, 14
Diplomatischer Schutz **Anh Art 6** 27
Diskriminierung **Anh Art 6** 6, 7
Diskriminierung Deutscher, zu verhindernde **Anh Art 6** 5
EGBGB Art 88 **Anh Art 6** 20
EGZPO § 24 **Anh Art 6** 20
EU-Sanktionsrecht **Anh Art 6** 39
Exekutive **Anh Art 6** 12 ff, 22, 43, 52
Fremdenrecht **Anh Art 6** 21, 45
Gegenseitigkeitsprinzip **Anh Art 6** 18 ff, 31
Grundgesetz **Anh Art 6** 13, 14
Grundrechte **Anh Art 6** 14, 19

Vergeltungsrecht (Forts.)
Interessen eigener Staatsangehöriger **Anh Art 6** 4
Internationale Organisationen **Anh Art** 6 36, 37
IPR-RG und Wegfall des EGBGB 31 aF **Anh Art 6** 11 ff
ius molestum **Anh Art 6** 2
KO § 5 Abs 2 **Anh Art 6** 20
Kriegsvölkerrecht **Anh Art 6** 48 ff
Menschenrechte **Anh Art 6** 19, 32, 33
Menschenrechtlicher Mindeststandard **Anh Art 6** 27, 47
Ordre public **Anh Art 6** 17
Preußisches Allgemeines Landrecht **Anh Art 6** 3
Rechtsstaatsprinzip **Anh Art 6** 14
Rechtsvergleichende Hinweise **Anh Art 6** 53
Rechtsverordnung **Anh Art 6** 13
Reichskanzler **Anh Art 6** 9, 13 f
Reichsverfassung **Anh Art 6** 14
Repressalie **Anh Art 6** 29, 31, 33 ff
Retorsion **Anh Art 6** 29, 30, 38
Retorsion, Repressalie **Anh Art 6** 30, 31
Retorsionsprinzip **Anh Art 6** 1, 8
Staatensanktionen der UN (Übersicht) **Anh Art 6** 38
Staatsrecht **Anh Art 6** 23, 24
Verhältnismäßigkeit **Anh Art 6** 30, 33
vim vi repellere licet **Anh Art 6** 1
Völkerrecht **Anh Art 6** 1, 23, 25 ff
Völkerrechtliche Befugnis **Anh Art 6** 21
Wirtschaftssanktionen **Anh Art 6** 31, 38
Verhaltensrichtlinien
internationaler Organisationen **Einl IPR** 108
Verjährung
beim internationalen Warenkauf, UN-Abkommen 1974 **Einl IPR** 245
Materielles oder verfahrensrechtliches Recht Art 4 161, 162
Qualifikation Art 4 63
Verkehrsrechtliche Verhaltensnormen
Sonderanknüpfung Art 4 304
Verkehrsschutz
Geschäftsfähigkeit Art 4 144
Verkehrsunfälle
Abkommen über Schadendeckung 1969 **Einl IPR** 377
Haager Übereinkommen über anzuwendendes Recht 1971 **Einl IPR** 278, 509
Verlöbnisbruch
Qualifikationsproblematik Art 4 61
Vermögensspaltung
Materiellrechtliche, kollisionsrechtliche Art 3 63

Vermögensstatut
  Familienrechtliches, erbrechtliches **Art 3** 40, 41
Verschleppte Personen
  Rechtsverhältnisse **Anh Art 5** 22, 23, 25, 31, 32
  als Staatenlose **Art 5** 461
Versicherungsrecht
  IPR-Quellen außerhalb des EGBGB **Einl IPR** 394
Versorgungsanwartschaften
  und Ehewirkungsstatut **Art 3** 74
Versorgungsausgleich
  Ausländisches berufenes Recht und dort unbekannter – **Art 4** 201
  und Einheitlichkeit des Familienstatuts **Art 4** 93
  Kollisionsrecht, eigenständiges **Art 4** 200
  und ordre public **Art 6** 96
  Qualifikationsprobleme **Art 4** 70, 71
  Rück- oder Weiterverweisung **Art 4** 203 ff
Vertrag
  Abspaltung abtrennbaren Teils **Einl IPR** 161
  und Ausweichklausel, spezielle **Einl IPR** 161
Vertragsgarantien
  Einheitliche Richtlinien **Einl IPR** 106
Vertragsrecht
  Europäisches **Einl IPR** 263
  und Parteiautonomie **Einl IPR** 126
  Wiener Übereinkommen über das Recht der Verträge 1969 **Einl IPR** 269, 327
Vertragsstatut
  s. a. Schuldvertragsrecht
  Bereicherungsansprüche (Leistungskondiktion) **Art 4** 285
  Eigentumsübergang an beweglicher Sache **Art 4** 306
  und lex mercatoria **Einl IPR** 104
  und Schutz des Schwächeren **Einl IPR** 120
  und Sonderanknüpfung ausländischer Eingriffsnormen **Einl IPR** 46
Vertriebene
  als Deutsche **Anh Art 5** 11 ff
Verwaltungsrecht
  Internationales – **Einl IPR** 196
Verweisung
  auf Sachnormen **Art 3** 10 ff
Vietnam
  Staatsangehörigkeit (Erwerb, Verlust) **Art 5** 399
Völkerrecht
  Allgemeine Regeln **Art 3** 28
  Bedeutung der Staatsangehörigkeit **Art 5** 7
  und Einbürgerung **Art 5** 49 ff
  und Enteignung **Art 6** 57
  und Fremdenrecht **Einl IPR** 341

Völkerrecht (Forts.)
  und IPR **Einl IPR** 304 ff
  Ius cogens **Art 6** 62
  Konventionskonflikte **Art 3** 39
  und ordre public **Art 6** 140 ff
  ordre public international **Art 6** 56
  und Repressalie **Anh Art 6** 31
  und Retorsion **Anh Art 6** 21, 26 ff
  und Staatsangehörigkeitsrecht **Art 5** 40 ff
  Verträge als superlaw **Einl IPR** 81
  Völkerrechtlicher ordre public als Bestandteil des – **Art 6** 61
  Vorrang von Staatsverträgen **Art 3** 13 ff
  Wiener Vertragsrechtskonvention **Einl IPR** 328
Volksdeutsche Art 5 127 ff
  Staatenlose **Art 5** 461
Volksdeutsche Flüchtlinge
  als Deutsche **Anh Art 5** 11 ff
Volljährigkeitsalter
  Rück- und Weiterverweisung **Art 4** 140 ff
Vollstreckung gerichtlicher Entscheidungen
  Brüsseler Übereinkommen 1968 **Einl IPR** 290
Vorfragen
  Staatsangehörigkeit **Art 5** 46
  Verweis auf einheitliches Vermögensstatut **Art 3** 64
Vormundschaft
  Anknüpfungsgrundsatz **Art 4** 244
  Haager Vormundschaftsabkommen 1902 **Art 4** 117, 245; **Einl IPR** 278
  und Staatsangehörigkeitsprinzip **Art 5** 16
  Vorrang von Staatsverträgen **Art 4** 245 ff

Warenkauf
  s. Kaufrecht
Warschauer Vertrag 1970 Art 5 143
Washingtoner Übereinkommen
  Einheitliches Recht der Form eines internationalen Testaments 1973 **Einl IPR** 250
Wechselrecht
  Genfer Abkommen 1930, 1931 **Einl IPR** 322, 413
  International gezogene Wechsel, Eigenwechsel, Abkommen 1988 **Einl IPR** 245
  Vereinheitlichung **Art 3** 20; **Art 4** 118, 119; **Einl IPR** 251, 413
Weißrußland
  s. Belarus
Weiterverweisung
  Abbruch **Art 4** 23, 24
  Akzessorische Anknüpfung **Art 4** 91
  Alternative Anknüpfung **Art 4** 86
  Anerkennung **Art 4** 21, 22
  Anknüpfung, staatsvertragliche **Art 4** 100
  Anknüpfungsdifferenzen **Art 4** 60

Weiterverweisung (Forts.)
Ausländische Kollisionsnorm, gleichheitswidrige **Art 4** 101
und ausländischer ordre public **Art 6** 74
Auslegung fremder Kollisionsnormen **Art 4** 56
Begriff **Art 4** 2
Einzelfälle **Art 4** 143, 152, 186, 253
Entscheidungseinklang **Art 4** 51
Entstehung, Auslegung EGBGB Art 27 aF **Art 4** 37, 38
Fall Collier v Rivaz **Art 4** 27
Fall Forgo **Art 4** 25, 26
Flüchtlingskonvention **Anh Art 5** 51
als Gesamtverweisung **Art 4** 54
IPR-Weiterverweisung **Art 4** 81 ff
Mehrfache **Art 4** 54
OAG Lübeck-Fall **Art 4** 28, 29
auf Recht dritten Staates **Art 4** 51
Rechtswahl und Nichtbeachtung eines renvoi **Art 4** 103
Revisibilität ausländischer Kollisionsnormen **Art 4** 110
Rückverweisung und – **Art 4** 21
Sachbereiche, einzelne **Art 4** 140 ff
Sachnorm-Weiterverweisung **Art 4** 47, 48
als Sachnormverweisung **Art 4** 53
Sachnormverweisung ausländischen Kollisionsrechts **Art 4** 47, 48
Sachrecht eines Drittstaates **Art 4** 51
Schranken **Art 4** 63
Staatenlose **Art 5** 477
Staatenlosenkonvention **Art 4** 494
in Staatsverträgen **Art 4** 112 ff
Teilweiterverweisung **Art 4** 58
Ursachen **Art 4** 60
Verfahrensrecht **Art 4** 107
Welthandelsrecht
als Einheitsrecht **Einl IPR** 99
Förderung **Einl IPR** 7
Wesentliche Grundsätze
deutschen Rechts **Art 6** 9 ff
Wettbewerbsbeschränkende Geschäftspraktiken
Einl IPR 108
Wettbewerbsrecht
GWB, Geltungsbereich **Einl IPR** 209
Wiener Kaufrecht Einl IPR 110, 242
Wiener Konvention
über Staatennachfolge in Verträge 1978 **Einl IPR** 329
Wiener Übereinkommen
über das Recht der Verträge 1969 **Einl IPR** 269, 327
Wirkungsstatut
und Frage der Geschäftsfähigkeit **Art 4** 143
Wirtschaftsrecht
IPR-Quellen außerhalb des EGBGB **Einl IPR** 393

Wohnsitzprinzip
und Aufenthalt **Art 5** 464, 489
BGB-Wohnsitzbegriff **Art 5** 488
Ehegüterstatut **Art 4** 176
Eheliche Abstammung **Art 4** 214
Ehescheidungsstatut **Art 4** 188 ff
Empfehlung zur Rechtsvereinheitlichung **Einl IPR** 284
Erbstatut **Art 4** 249, 255
und Genfer Flüchtlingskonvention 1951 **Anh Art 5** 32, 33, 50
Geschäftsfähigkeit, Verweisung auf den Wohnsitz **Art 4** 141
Haager Übereinkommen 1955 zur Konfliktregelung Heimatrecht und – **Einl IPR** 278
Lex fori, deutsche **Art 5** 488
mobilia ossibus inhaerent **Art 4** 306
und Rückverweisung **Art 4** 15
Staatenlosenkonvention **Art 5** 487
und Staatsangehörigkeitsprinzip **Art 5** 15; **Einl IPR** 172
und Vorrang effektiver Staatsangehörigkeit **Art 5** 413

Zahlungsort bei Geldschulden
Europäisches Übereinkommen 1972 **Einl IPR** 283
Zaire
Flüchtlinge, Protokoll über die Rechtsstellung 1967 **Anh Art 5** 36
Flüchtlingskonvention (Genfer Abkommen 1951) **Anh Art 5** 35
Staatsangehörigkeit (Erwerb, Verlust) **Art 5** 401
Zentralafrikanische Republik
Ausländische Schiedssprüche, Abkommen zur Anerkennung und Vollstreckung 1958 **Einl IPR** 278
Flüchtlinge, Protokoll über die Rechtsstellung 1967 **Anh Art 5** 36
Flüchtlingskonvention (Genfer Abkommen 1951) **Anh Art 5** 35
IPR **Einl IPR** 427
Luftfahrzeuge, Abkommen zur internationalen Anerkennung von Rechten 1948 **Einl IPR** 278
Staatsangehörigkeit (Erwerb, Verlust) **Art 5** 402
Unterhaltsansprüche, Übereinkommen über die Geltendmachung im Ausland 1956 **Einl IPR** 278
Zinssenkungsvorschriften
Anwendung inländischer – **Art 3** 94
Zivilprozeßabkommen
Haager Übereinkommen 1905, 1954 **Einl IPR** 278

Zivilprozeßrecht
　Internationales – **Einl IPR** 195, 398
Zivilstandskommission
　CIEC **Einl IPR** 255
Zuständigkeit (internationale) Einl IPR 2, 278, 290, 292, 301, 398, 438, 440, 450, 457, 462, 473, 487, 608
　IPR-NRG **IPR Einl** 608
Zustellung von Schriftstücken
　Haager Übereinkommen 1965 **Einl IPR** 278
Zypern
　Adoption, Übereinkommen 1993 über den Schutz von Kindern und die Zusammenarbeit auf dem Gebiet internationaler – **Einl IPR** 278
　Anerkennung und Vollstreckung ausländischer Urteile, Übereinkommen 1971 **Einl IPR** 278
　Auskünfte über ausländisches Recht, Übereinkommen 1968 **Einl IPR** 278
　Ausländische Schiedssprüche, Abkommen zur Anerkennung und Vollstreckung 1958 **Einl IPR** 278
　Ausländische Urkunden, Befreiung von der Legalisation (Übereinkommen 1961) **Einl IPR** 278

Zypern (Forts.)
　Beweisaufnahme im Ausland, Übereinkommen 1970 **Einl IPR** 278
　Ehescheidungsanerkennung, Abkommen 1970 **Einl IPR** 278
　Flüchtlinge, Protokoll über die Rechtsstellung 1967 **Anh Art 5** 36
　Flüchtlingskonvention (Genfer Abkommen 1951) **Anh Art 5** 35
　Kindesentführungsabkommen 1980 **Einl IPR** 278
　Rechtsspaltung **Einl IPR** 542
　Sorgerechtsentscheidungen, Übereinkommen 1980 **Einl IPR** 278
　Staatsangehörigkeit (Erwerb, Verlust) **Art 5** 403
　Übereinkommen über die Form eines internationalen Testaments 1973 **Einl IPR** 250
　Unterhaltsansprüche, Übereinkommen über die Geltendmachung im Ausland 1956 **Einl IPR** 278
　Urkunden diplomatischer, konsularischer Vertreter, Übereinkommen 1968 **Einl IPR** 278
　Zustellungsabkommen 1965 **Einl IPR** 278

**J. von Staudingers
Kommentar zum Bürgerlichen Gesetzbuch
mit Einführungsgesetz und Nebengesetzen**

Übersicht Nr 31/31. Juli 1996

Die Übersicht informiert über die Erscheinungsjahre der Kommentierungen in der 12. Auflage und in der 13. Bearbeitung (= Gesamtwerk Staudinger). *Kursiv* geschrieben sind diejenigen Teile, die zur Komplettierung der 12. Auflage noch ausstehen.

	12. Auflage	13. Bearbeitung
Erstes Buch. Allgemeiner Teil		
Einl BGB; §§ 1 - 12; VerschG	1978/1979	1995
§§ 21 - 103	1980	1995
§§ 104 - 133	1980	
§§ 134 - 163	1980	1996
§§ 164 - 240	1980	1995
Zweites Buch. Recht der Schuldverhältnisse		
§§ 241 - 243	1981/1983	1995
AGBG	1980	
§§ 244 - 254	1980/1983	
§§ 255 - 292	1978/1979	1995
§§ 293 - 327	1978/1979	1995
§§ 328 - 361	1983/1985	1995
§§ 362 - 396	1985/1987	1995
§§ 397 - 432	1987/1990/1992/1994	
§§ 433 - 534	1978	1995
Wiener UN-Kaufrecht (CISG)		1994
§§ 535 - 563 (Mietrecht 1)	1978/1981 (2. Bearb.)	1995
§§ 564 - 580 a; 2. WKSchG (Mietrecht 2)	1978/1981 (2. Bearb.)	
§§ 581 - 606	1982	1996
§§ 607 - 610	1988/1989	
§§ 611 - 619	1989/1993	
§§ 620 - 630	1979	1995
§§ 631 - 651	1990	1994
§§ 651 a - 651 k	1983	
§§ 652 - 704	1980/1988	1995
§§ 705 - 740	1980	
§§ 741 - 811	1982/1985	
§§ 812 - 822	1979	1994
§§ 823 - 832	1985/1986	
§§ 833 - 853	1986	
Drittes Buch. Sachenrecht		
§§ 854 - 882	1982/1983	1995
§§ 883 - 902	1985/1986/1987	1996
§§ 903 - 924; Umwelthaftungsrecht	1982/1987/1989	1996
§§ 925 - 984	1979/1983/1987/1989	1995
§§ 985 - 1011	1980/1982	1993
ErbbVO; §§ 1018 - 1112	1979	1994
§§ 1113 - 1296	1981	
WEG		
Viertes Buch. Familienrecht		
§§ 1297 - 1302; EheG u.a.; §§ 1353 - 1362	1990/1993	
§§ 1363 - 1563	1979/1985	1994
§§ 1564 - 1568	1994	
HausratsVO		
§§ 1569 - 1586 b		

	12. Auflage	13. Bearbeitung
§§ 1587- 1588; VAHRG	1995	
§§ 1589 - 1625	1983/1985/1992/1993	
§§ 1626 - 1630	1992	
§§ 1631 - 1633; RKEG		
§§ 1634 - 1665	1989	
§§ 1666 - 1772	1984/1991/1992	
§§ 1773 - 1895; Anh §§ 1773 - 1895 (KJHG)	1993/1994	
§§ 1896 - 1921	1995	

Fünftes Buch. Erbrecht

§§ 1922 - 1966	1979/1989	1994
§§ 1967 - 2086	1978/1981/1987	1996
§§ 2087 - 2196	1980/1981	
§§ 2197 - 2264	1979/1982	1996
§§ 2265 - 2385; BeurkG	1979/1981/1983	

EGBGB

Einl EGBGB; Art 1 - 6, 32 - 218	1985	
Art 219 - 221, 230 - 236	1993	

EGBGB/Internationales Privatrecht

Einl IPR; Art 3, 4 (= Art 27, 28 aF), 5, 6	1981/1984/1988	1996
Art 7 - 11	1984	
IntGesR	1980	1993
IntEheR (Art 13 - 17); IntEheprozeßR	1983/1990/1992	
Kindschaftsrechtl. Ü; Art 19 (= Art 18, 19 aF)	1979	1994
Art 20 - 24	1988	
Art 25, 26 (= Art 24 - 26 aF)	1981	1995
Vorb Art 27 - 37	1987	
Art 10, 27 - 37		
Art 38; IntSachenR	1985/1992	

Demnächst erscheinen

§§ 741 - 764		1996
§§ 779 - 811		1996
§§ 1113 - 1203		1996
HausratsVO	1996	
§§ 2087 - 2196		1996
§§ 2339 - 2385		1996
Art 13 - 18 EGBGB		1996
Art 20 - 24 EGBGB		1996
IntSachenR		1996
Art 219 - 222, 230 - 236 EGBGB		1996

Nachbezug der 12. Auflage

Abonnenten der 13. Bearbeitung haben die Möglichkeit, die 12. Auflage komplett oder in Teilen zum Vorzugspreis zu beziehen (so lange der Vorrat reicht). Hierdurch verfügen sie schon zu Beginn ihres Abonnements über das Gesamtwerk Staudinger.

Dr. Arthur L. Sellier & Co. - Walter de Gruyter & Co., Berlin